U0880297

2016 年 4 月，教育部党组书记、部长袁贵仁（任职时间：2009 年 10 月至 2016 年 7 月）到四川大学调研。

杨秀建 摄

2016 年 7 月，教育部党组书记、部长陈宝生（任职时间：2016 年 7 月至 2021 年 8 月）到清华大学调研。

张宇 摄

2016 年 12 月 30 日，教育部党组副书记、副部长沈晓明深入上海交通大学学生宿舍，了解学生住宿生活情况。

李立基 摄

2016 年 2 月 26 日，教育部党组成员、中央纪委驻教育部纪检组组长王立英在 2016 年教育系统党风廉政建设工作视频会议上，对 2015 年教育系统党风廉政建设和反腐败工作进行总结，并对 2016 年工作作出部署。

张劲松 摄

2016 年 8 月 5 日，教育部党组成员、副部长朱之文到四川工程职业技术学院调研。

张启国 摄

2016 年 3 月 1 日，教育部党组成员、副部长杜占元到合肥师范学院考察蓝莓实训基地。

束临河 摄

《中国教育年鉴》（2017）编辑部

主　　　编　宋德民　李曜升

副　主　编　黄兴胜　黄　强　郭　戈　张新洲　夏　越　陈　昆

编辑部主任　韩廷斌

编　　　辑　李　挥　李　硕

中国教育年鉴

（2017）

《中国教育年鉴》编辑部　编

人民教育出版社
·北京·

图书在版编目（CIP）数据

中国教育年鉴. 2017 /《中国教育年鉴》编辑部编.
北京：人民教育出版社，2024. 12. --ISBN 978-7-107
-37772-3

Ⅰ. G52-54

中国国家版本馆 CIP 数据核字第 2024AK2066 号

中国教育年鉴（2017）

ZHONGGUO JIAOYU NIANJIAN 2017

责任编辑：程　军　胡兰江　　　责任设计：郭　威

责任校对：王　飞　　　　　　　责任印制：邢同锐

出版发行　人民教育出版社

（北京市海淀区中关村南大街 17 号院 1 号楼　邮编：100081）

网　　址　http://www.pep.com.cn

经　　销　全国新华书店

印　　刷　山东临沂新华印刷物流集团有限责任公司

版　　次　2024 年 12 月第 1 版

印　　次　2025 年 3 月第 1 次印刷

开　　本　890 毫米×1 240 毫米　1/16

印　　张　87

插　　页　7

字　　数　2 649 千字

定　　价　365.00 元

版权所有・未经许可不得采用任何方式擅自复制或使用本产品任何部分・违者必究

如发现内容质量问题、印装质量问题，请与本社联系。电话：400-810-5788

编 辑 说 明

《中国教育年鉴》是教育部组织编纂的按年度向国内外发布中国教育改革和发展情况的专业性年鉴。它是各级教育行政部门、各级各类学校执行党和国家的教育法律法规与方针政策、做好教育工作的经验总结，是中国教育事业发展进程的真实记录。编纂本年鉴是为教育管理决策、教育科研提供参考，为教育战线沟通信息、交流经验开辟园地，为宣传交流中国教育改革与发展成就设立窗口，为热心关注和研究中国教育的相关部门及读者提供信息资料。

《中国教育年鉴》的基本内容有：党和国家领导人出席重要教育活动的报道或综述，教育部领导关于教育工作的重要讲话或专文，年度教育工作要点，教育发展统计，教育综合管理，教育人事管理，教育财务与审计，基础教育，职业教育与成人教育，高等教育，民族教育，教师工作，学校体育、艺术与国防教育，教育考试，教育信息化建设，语言文字工作，国际与港、澳、台教育合作与交流，教育科研与学术活动，教育出版产业，教育新闻媒体，各省、自治区、直辖市教育，港、澳、台教育情况简介，教育部直属高校教育情况，教育工作文件选编，等等。

按目前国际、国内通例，当年的教育年鉴反映的是上一年教育改革和发展的基本情况。某些需要多年才能完成的工作，当年的年鉴主要记述的是上一年此项工作的进展情况。

本年鉴发布的统计数据除计划单列市数据由计划单列市教育部门提供外，其余数据均由教育部发展规划司统计处提供，引用应以此为准。但某些条目的数据由于统计口径不一，可能有不一致的地方，请读者使用时注意。全国综合数字，目前未包括香港特别行政区、澳门特别行政区和台湾省。

在年鉴的编纂过程中，编辑部虽力求做到内容全面系统、资料准确无误、文字简明精练，但由于我们水平有限，仍有一些需要改进之处，欢迎广大读者批评、指正。

《中国教育年鉴》编辑部

2017 年 12 月

目 录

特 载 …… (1)

以新的发展理念为引领　全面提高教育质量　加快推进教育现代化 …… 袁贵仁 (1)

让教师成为让人羡慕的职业…… 陈宝生 (12)

把党的十八届六中全会精神刻在心里　落到实处…… 沈晓明 (15)

扎实推进教育脱贫　着力阻断贫困代际传递…… 朱之文 (17)

在中国语言资源保护工程现场推进会上的讲话…… 杜占元 (23)

统筹国内国际两个大局　做好教育对外开放工作…… 郝　平 (28)

名校长的使命与担当…… 刘利民 (31)

一流大学要办好一流本科教育…… 林蕙青 (33)

综 述 …… (37)

习近平考察南昌大学 …… (37)

习近平致信祝贺清华大学建校 105 周年 …… (38)

习近平考察中国科学技术大学 …… (39)

习近平给大陈岛老垦荒队员后代、浙江省台州市椒江区 12 名小学生的回信…… (40)

习近平对李保国同志先进事迹做出重要批示 …… (41)

李克强考察清华大学和北京大学 …… (42)

李克强召开高等教育改革创新座谈会 …… (43)

李克强考察四川大学 …… (44)

李克强对全国普通高等学校毕业生就业创业工作电视电话会议做出重要批示 …… (45)

刘云山在上海调研 …… (46)

刘延东出席国务院教育督导委员会第三次会议 …… (47)

刘延东出席国务院学位委员会第三十二次会议 …… (49)

刘延东考察四川教育扶贫工作 …… (50)

刘延东在宁夏回族自治区调研 …… (51)

刘延东出席 2016 年职业教育活动周启动仪式暨全国职业院校技能大赛开幕式…… (52)

刘延东出席教育系统座谈会 …… (53)

刘延东在江苏省调研 …… (54)

国务院常务会议部署加快中西部教育发展补“短板” …… (55)

国务院常务会议部署加强困境儿童保障工作 …… (56)

国务院常务会议通过国家教育事业发展“十三五”规划 …… (57)

教育部 2016 年工作要点 …………………………………………………………………… (58)

教育发展统计 …………………………………………………………………………………… (64)

2016 年全国教育事业发展统计公报 …………………………………………………………… (64)

2016 年全国各级各类教育发展基本情况 ……………………………………………………… (67)

2016 年全国教育基本建设投资完成情况 …………………………………………………… (110)

2016 年全国高校科研活动基本情况 ………………………………………………………… (113)

教育综合管理 …………………………………………………………………………………… (120)

教育新闻宣传 ………………………………………………………………………………… (120)

教育政务公开 ………………………………………………………………………………… (121)

全国人大代表建议和全国政协委员提案承办工作 …………………………………………… (124)

教育政策研究和法制建设 ……………………………………………………………………… (125)

教育信访工作 ………………………………………………………………………………… (127)

教育发展规划 ………………………………………………………………………………… (128)

综合改革 ……………………………………………………………………………………… (130)

教育督导 ……………………………………………………………………………………… (131)

教育巡视工作 ………………………………………………………………………………… (133)

教育纪检监察 ………………………………………………………………………………… (134)

离退休干部工作 ……………………………………………………………………………… (136)

关心下一代工作 ……………………………………………………………………………… (140)

全国学生资助管理工作 ……………………………………………………………………… (143)

教育人事管理 …………………………………………………………………………………… (147)

综合管理 ……………………………………………………………………………………… (147)

人事任免 ……………………………………………………………………………………… (148)

高层次人才培养 ……………………………………………………………………………… (163)

国家教育行政学院培训工作 ………………………………………………………………… (176)

教育财务与审计 ………………………………………………………………………………… (179)

教育部　国家统计局　财政部关于 2015 年全国教育经费执行情况统计公告 ………………… (179)

教育审计 ……………………………………………………………………………………… (189)

基础教育 ………………………………………………………………………………………… (190)

学前教育 ……………………………………………………………………………………… (190)

职业教育与成人教育 …………………………………………………………………………… (195)

高等教育 …………………………………………………………………………………… (200)
高校思想政治工作……………………………………………………………………… (203)
高校社会科学研究……………………………………………………………………… (206)
高校科技………………………………………………………………………………… (210)
高校学生工作…………………………………………………………………………… (223)
学位与研究生教育工作………………………………………………………………… (229)

民族教育 …………………………………………………………………………………… (232)

教师工作 …………………………………………………………………………………… (234)

学校体育、卫生、艺术与国防教育 ……………………………………………………… (239)

教育考试 …………………………………………………………………………………… (245)
考务管理………………………………………………………………………………… (245)
高校入学考试…………………………………………………………………………… (246)
高等教育自学考试……………………………………………………………………… (247)
社会考试………………………………………………………………………………… (247)
中小学教师资格考试…………………………………………………………………… (248)
海外考试………………………………………………………………………………… (249)
国家题库建设…………………………………………………………………………… (250)
考试评价………………………………………………………………………………… (251)
外语能力测评体系建设………………………………………………………………… (251)

教育信息化建设 …………………………………………………………………………… (252)
教育管理信息中心……………………………………………………………………… (252)
国家开放大学…………………………………………………………………………… (253)
中央电化教育馆………………………………………………………………………… (257)

语言文字工作………………………………………………………………………………… (260)

国际及港、澳、台地区教育合作与交流 …………………………………………………… (269)
国际合作与交流………………………………………………………………………… (269)
民间交流………………………………………………………………………………… (275)
与联合国教科文组织合作……………………………………………………………… (277)
留学基金管理…………………………………………………………………………… (280)
留学服务………………………………………………………………………………… (282)
国际汉语教育和推广…………………………………………………………………… (285)
与港、澳、台地区教育交流与合作…………………………………………………… (288)

教育科研与学术活动 …… (292)
中国教育科学研究院…… (292)
教育发展研究中心…… (295)
高等学校社会科学发展研究中心…… (296)
教育部职业技术教育中心研究所…… (299)
高等教育教学评估中心…… (300)
教育装备研究与发展中心…… (302)
中国教育学会…… (303)
中国高等教育学会…… (306)
中国民办教育协会…… (309)
中国职业技术教育学会…… (312)
中国成人教育协会…… (316)
中国教育装备行业协会…… (320)

教育出版产业 …… (322)
中国教育出版传媒集团有限公司…… (322)
（一）中国教育出版传媒股份有限公司 …… (322)
（二）人民教育出版社有限公司 …… (323)
（三）高等教育出版社有限公司 …… (325)
（四）语文出版社有限公司 …… (326)
（五）中国教学仪器设备有限公司 …… (327)
（六）中国教育图书进出口有限公司 …… (328)

教育新闻媒体 …… (329)
中国教育报刊社…… (329)
（一）《中国教育报》…… (330)
（二）《人民教育》杂志…… (332)
（三）《中国高等教育》杂志…… (333)
（四）《神州学人》杂志及网站…… (334)
（五）《中国民族教育》杂志…… (335)
（六）《中国教师报》…… (335)
（七）中国教育新闻网 …… (336)
（八）中国教育之声·蒲公英评论 …… (337)
（九）中国教育之声·微信矩阵 …… (337)
中国教育电视台…… (338)

北京市教育 …… (342)
概况…… (342)
基础教育…… (350)

职业教育与成人教育……(352)
高等教育……(354)

天津市教育……(356)
概况……(356)
基础教育……(363)
职业教育与成人教育……(365)
高等教育……(367)

河北省教育……(369)
概况……(369)
基础教育……(378)
职业教育与成人教育……(379)
高等教育……(381)

山西省教育……(383)
概况……(383)
基础教育……(392)
职业教育与成人教育……(393)
高等教育……(394)

内蒙古自治区教育……(397)
概况……(397)
基础教育……(406)
职业教育与成人教育……(407)
高等教育……(407)

辽宁省教育……(409)
概况……(409)
基础教育……(418)
职业教育与成人教育……(420)
高等教育……(422)
大连市教育……(425)
概况……(425)
基础教育……(428)
职业教育与成人教育……(429)
高等教育……(431)

吉林省教育 …… (432)
概况 …… (432)
基础教育 …… (441)
职业教育与成人教育 …… (443)
高等教育 …… (443)

黑龙江省教育 …… (446)
概况 …… (446)
基础教育 …… (455)
职业教育与成人教育 …… (456)
高等教育 …… (456)

上海市教育 …… (458)
概况 …… (458)
基础教育 …… (468)
职业教育与成人教育 …… (469)
高等教育 …… (471)

江苏省教育 …… (473)
概况 …… (473)
基础教育 …… (482)
职业教育与成人教育 …… (483)
高等教育 …… (485)

浙江省教育 …… (487)
概况 …… (487)
基础教育 …… (496)
职业教育与成人教育 …… (497)
高等教育 …… (498)
宁波市教育 …… (500)
概况 …… (500)
基础教育 …… (503)
职业教育与成人教育 …… (503)
高等教育 …… (504)

安徽省教育 …… (505)
概况 …… (505)
基础教育 …… (514)
职业教育 …… (515)

高等教育……(517)

福建省教育……(519)
概况……(519)
基础教育……(527)
职业教育与成人教育……(529)
高等教育……(530)

江西省教育……(532)
概况……(532)
基础教育……(540)
职业教育与成人教育……(542)
高等教育……(544)

山东省教育……(546)
概况……(546)
基础教育……(554)
职业教育与成人教育……(556)
高等教育……(556)
青岛市教育……(559)
概况……(559)
基础教育……(563)
职业教育……(564)
高等教育……(565)

河南省教育……(567)
概况……(567)
基础教育……(576)
职业教育……(577)
高等教育……(577)

湖北省教育……(580)
概况……(580)
基础教育……(589)
职业教育……(591)
高等教育……(592)

湖南省教育……(595)
概况……(595)

基础教育……（603）
职业教育与成人教育……（605）
高等教育……（606）

广东省教育……（608）
概况……（608）
基础教育……（617）
职业教育与成人教育……（618）
高等教育……（619）
深圳市教育……（621）
概况……（621）
基础教育……（625）
职业教育与成人教育……（626）
高等教育……（627）

广西壮族自治区教育……（628）
概况……（628）
基础教育……（637）
职业教育与成人教育……（638）
高等教育……（640）

海南省教育……（643）
概况……（643）
基础教育……（653）
职业教育与成人教育……（655）
高等教育……（656）

重庆市教育……（658）
概况……（658）
基础教育……（667）
职业教育与成人教育……（668）
高等教育……（669）

四川省教育……（671）
概况……（671）
基础教育……（680）
职业教育与成人教育……（681）
高等教育……（682）

贵州省教育 …… (685)
概况…… (685)
基础教育…… (694)
职业教育…… (696)
高等教育…… (697)

云南省教育 …… (699)
概况…… (699)
基础教育…… (707)
职业教育…… (709)
高等教育…… (710)

西藏自治区教育 …… (713)
概况…… (713)
基础教育…… (722)
职业教育与成人教育…… (723)
高等教育…… (724)

陕西省教育 …… (725)
概况…… (725)
基础教育…… (734)
职业教育与成人教育…… (736)
高等教育…… (737)

甘肃省教育 …… (741)
概况…… (741)
基础教育…… (751)
职业教育与成人教育…… (752)
高等教育…… (752)

青海省教育 …… (755)
概况…… (755)
基础教育…… (764)
职业教育与成人教育…… (766)
高等教育…… (767)

宁夏回族自治区教育 …… (769)
概况…… (769)
基础教育…… (778)

职业教育与成人教育……（780）
高等教育……（781）

新疆维吾尔自治区教育 ……（783）
概况……（783）
基础教育……（791）
职业教育……（793）
高等教育……（794）
新疆生产建设兵团教育……（796）
概况……（796）
基础教育……（800）
职业教育与成人教育……（801）
高等教育……（803）

香港特别行政区教育情况简介……（805）

澳门特别行政区教育情况简介……（807）

台湾地区教育情况简介 ……（810）

教育部直属高校 ……（811）
北京大学……（811）
清华大学……（815）
中国人民大学……（819）
北京师范大学……（825）
中国农业大学……（827）
北京外国语大学……（830）
北京语言大学……（832）
北京科技大学……（835）
北京化工大学……（838）
北京交通大学……（841）
北京邮电大学……（844）
中国地质大学（北京）……（846）
中国矿业大学（北京）……（849）
中国石油大学（北京）……（852）
北京林业大学……（854）
中国传媒大学……（857）
中央财经大学……（860）
中国政法大学……（862）

中央音乐学院…………………………………………………………………………………………（865）
中央戏剧学院…………………………………………………………………………………………（867）
中央美术学院…………………………………………………………………………………………（870）
北京中医药大学………………………………………………………………………………………（873）
对外经济贸易大学……………………………………………………………………………………（874）
华北电力大学…………………………………………………………………………………………（878）
南开大学………………………………………………………………………………………………（881）
天津大学………………………………………………………………………………………………（885）
大连理工大学…………………………………………………………………………………………（888）
东北大学………………………………………………………………………………………………（890）
吉林大学………………………………………………………………………………………………（892）
东北师范大学…………………………………………………………………………………………（896）
东北林业大学…………………………………………………………………………………………（897）
复旦大学………………………………………………………………………………………………（901）
上海交通大学…………………………………………………………………………………………（904）
同济大学………………………………………………………………………………………………（907）
华东理工大学…………………………………………………………………………………………（911）
东华大学………………………………………………………………………………………………（914）
华东师范大学…………………………………………………………………………………………（916）
上海外国语大学………………………………………………………………………………………（919）
上海财经大学…………………………………………………………………………………………（923）
南京大学………………………………………………………………………………………………（926）
东南大学………………………………………………………………………………………………（927）
中国矿业大学…………………………………………………………………………………………（929）
河海大学………………………………………………………………………………………………（931）
江南大学………………………………………………………………………………………………（933）
南京农业大学…………………………………………………………………………………………（936）
中国药科大学…………………………………………………………………………………………（938）
合肥工业大学…………………………………………………………………………………………（941）
浙江大学………………………………………………………………………………………………（944）
厦门大学………………………………………………………………………………………………（946）
山东大学………………………………………………………………………………………………（948）
中国海洋大学…………………………………………………………………………………………（950）
中国石油大学（华东）………………………………………………………………………………（953）
武汉大学………………………………………………………………………………………………（955）
华中科技大学…………………………………………………………………………………………（957）
中国地质大学（武汉）………………………………………………………………………………（960）
武汉理工大学…………………………………………………………………………………………（961）
华中师范大学…………………………………………………………………………………………（964）
华中农业大学…………………………………………………………………………………………（966）

中南财经政法大学…………（969）
湖南大学…………（972）
中南大学…………（974）
中山大学…………（977）
华南理工大学…………（979）
重庆大学…………（981）
西南大学…………（983）
四川大学…………（986）
西南财经大学…………（989）
西南交通大学…………（992）
电子科技大学…………（995）
西安交通大学…………（997）
西北农林科技大学…………（1001）
陕西师范大学…………（1003）
西安电子科技大学…………（1006）
长安大学…………（1008）
兰州大学…………（1010）

文件选编…………（1014）
国务院关于加强农村留守儿童关爱保护工作的意见（2016 年 2 月 4 日）…………（1014）
国务院关于统筹推进县域内城乡义务教育一体化改革发展的若干意见
（2016 年 7 月 2 日）…………（1018）
国务院关于鼓励社会力量兴办教育促进民办教育健康发展的若干意见
（2016 年 12 月 29 日）…………（1022）
国务院办公厅关于强化学校体育促进学生身心健康全面发展的意见
（2016 年 4 月 21 日）…………（1027）
国务院办公厅关于加快中西部教育发展的指导意见（2016 年 5 月 11 日）…………（1031）
国务院办公厅关于印发《老年教育发展规划（2016—2020 年）》的通知
（2016 年 10 月 5 日）…………（1037）
国务院食品安全办等 6 部门关于进一步加强学校校园及周边食品安全工作的意见
（2016 年 6 月 16 日）…………（1041）
国务院教育督导委员会办公室关于印发《中小学（幼儿园）安全工作专项督导暂行办法》
的通知（2016 年 11 月 30 日）…………（1044）
中华人民共和国教育部令第 39 号（2016 年 1 月 5 日）…………（1047）
中华人民共和国教育部令第 40 号（2016 年 6 月 16 日）…………（1053）
教育部关于印发《依法治教实施纲要（2016—2020 年）》的通知（2016 年 1 月 7 日）…………（1056）
教育部　国家语委关于发布《汉字应用水平等级及测试大纲》（2016 年修订）的通知
（2016 年 1 月 7 日）…………（1062）
教育部关于办好开放大学的意见（2016 年 1 月 16 日）…………（1099）
教育部　中华全国总工会关于印发《农民工学历与能力提升行动计划——“求学圆梦行动”

实施方案》的通知（2016 年 3 月 1 日） …………………………………………… (1103)
教育部关于加强师范生教育实践的意见（2016 年 3 月 17 日） ……………………………… (1106)
教育部关于进一步规范工商管理硕士专业学位研究生教育的意见
(2016 年 3 月 22 日) …………………………………………………………………………… (1107)
教育部关于进一步规范高等教育招生计划管理工作的意见（2016 年 3 月 27 日） ………… (1109)
教育部关于进一步加强高校自主招生信息公开和监督管理工作的意见
(2016 年 3 月 28 日) …………………………………………………………………………… (1111)
教育部等五部门关于印发《职业学校学生实习管理规定》的通知
(2016 年 4 月 11 日) …………………………………………………………………………… (1113)
教育部等七部门关于加强集成电路人才培养的意见（2016 年 4 月 21 日） ………………… (1116)
教育部等七部门关于印发《职业学校教师企业实践规定》的通知
(2016 年 5 月 11 日) …………………………………………………………………………… (1118)
教育部等四部门关于 2016 年规范教育收费治理教育乱收费工作的实施意见
(2016 年 5 月 12 日) …………………………………………………………………………… (1121)
教育部 国务院学位委员会 国家语委关于宣布失效一批规范性文件的通知
(2016 年 6 月 3 日) ……………………………………………………………………………… (1124)
教育部关于印发《教育信息化“十三五”规划》的通知（2016 年 6 月 7 日） ……………… (1143)
教育部关于中央部门所属高校深化教育教学改革的指导意见（2016 年 6 月 13 日） ……… (1149)
教育部 司法部 全国普法办关于印发《青少年法治教育大纲》的通知
(2016 年 6 月 28 日) …………………………………………………………………………… (1151)
教育部等九部门关于进一步推进社区教育发展的意见（2016 年 6 月 28 日） ……………… (1158)
教育部关于印发《国际合作联合实验室立项建设与验收标准》的通知
(2016 年 7 月 12 日) …………………………………………………………………………… (1161)
教育部关于新形势下进一步做好普通中小学装备工作的意见（2016 年 7 月 13 日） ……… (1162)
教育部关于印发《推进共建“一带一路”教育行动》的通知（2016 年 7 月 13 日） ……… (1165)
教育部关于印发《全国教育系统开展法治宣传教育的第七个五年规划（2016—2020 年)》
的通知（2016 年 7 月 21 日） ……………………………………………………………… (1169)
教育部关于印发《督学管理暂行办法》的通知（2016 年 7 月 29 日） ……………………… (1173)
教育部 科技部关于加强高等学校科技成果转移转化工作的若干意见
(2016 年 8 月 3 日) ……………………………………………………………………………… (1176)
教育部 国家语委关于印发《国家语言文字事业“十三五”发展规划》的通知
(2016 年 8 月 23 日) …………………………………………………………………………… (1179)
教育部关于深化高校教师考核评价制度改革的指导意见（2016 年 8 月 25 日） …………… (1186)
教育部等七部门关于加强青少年法治教育实践基地建设的意见（2016 年 9 月 1 日） …… (1189)
教育部 国家统计局 财政部关于加强和完善教育经费统计工作的意见
(2016 年 9 月 14 日) …………………………………………………………………………… (1191)
教育部关于进一步推进高中阶段学校考试招生制度改革的指导意见
(2016 年 9 月 18 日) …………………………………………………………………………… (1193)
教育部关于发布《立方体组》等 11 个教育行业标准的通知（2016 年 10 月 24 日） ……… (1196)
财政部 教育部关于印发《高等学校哲学社会科学繁荣计划专项资金管理办法》的通知

（2016 年 10 月 26 日） …………………………………………………………………………… (1196)
教育部　财政部关于实施职业院校教师素质提高计划（2017—2020 年）的意见
（2016 年 10 月 28 日） …………………………………………………………………………… (1201)
教育部等九部门关于防治中小学生欺凌和暴力的指导意见（2016 年 11 月 1 日） ……………… (1204)
教育部关于印发《高等学校“十三五”科学和技术发展规划》的通知
（2016 年 11 月 18 日） …………………………………………………………………………… (1206)
教育部关于印发《高等学历继续教育专业设置管理办法》的通知
（2016 年 11 月 18 日） …………………………………………………………………………… (1221)
教育部关于发布实施《盲校义务教育课程标准（2016 年版）》《聋校义务教育课程标准（2016 年版）》《培智学校义务教育课程标准（2016 年版）》的通知
（2016 年 11 月 25 日） …………………………………………………………………………… (1225)
教育部等 11 部门关于推进中小学生研学旅行的意见（2016 年 11 月 30 日） …………………… (1226)
教育部关于大力推行中小学教师培训学分管理的指导意见（2016 年 12 月 13 日） ……………… (1228)
教育部等六部门关于印发《教育脱贫攻坚“十三五”规划》的通知
（2016 年 12 月 16 日） …………………………………………………………………………… (1230)
教育部关于加强普通高中学业水平考试考务管理的意见（2016 年 12 月 27 日） ………………… (1235)
教育部　人力资源社会保障部　工业和信息化部关于印发《制造业人才发展规划指南》的通知（2016 年 12 月 27 日） ………………………………………………………………… (1237)
教育部等五部门关于印发《民办学校分类登记实施细则》的通知
（2016 年 12 月 30 日） …………………………………………………………………………… (1245)
教育部　人力资源社会保障部　工商总局关于印发《营利性民办学校监督管理实施细则》的通知（2016 年 12 月 30 日） ………………………………………………………………… (1247)
中共教育部党组关于做好高等学校“学党章党规、学系列讲话，做合格党员”学习教育有关工作的通知（2016 年 3 月 8 日） …………………………………………………………… (1252)
中共教育部党组关于印发《中共教育部党组贯彻〈中国共产党巡视工作条例〉实施办法》的通知（2016 年 3 月 14 日） …………………………………………………………………… (1254)
中共教育部党组关于深入学习贯彻习近平总书记有关教育工作和青年成长成才重要指示精神开展“五四”系列主题教育活动的通知（2016 年 4 月 28 日） ……………………… (1257)
中共教育部党组　中央纪委驻教育部纪检组关于高等学校践行监督执纪四种形态的指导意见
（2016 年 5 月 13 日） ……………………………………………………………………………… (1260)
中共教育部党组关于教育系统学习贯彻习近平总书记在庆祝中国共产党成立 95 周年大会上的讲话的通知（2016 年 7 月 7 日） ……………………………………………………… (1262)
中共教育部党组关于印发《高等学校深化落实中央八项规定精神的若干规定》的通知
（2016 年 8 月 16 日） ……………………………………………………………………………… (1265)
中共教育部党组关于深入学习宣传以习近平同志为总书记的党中央治国理政新理念新思想新战略的通知（2016 年 9 月 2 日） ………………………………………………………………… (1266)
中共教育部党组关于教育系统学习贯彻习近平总书记教师节重要讲话精神的通知
（2016 年 9 月 12 日） ……………………………………………………………………………… (1269)
中共教育部党组关于教育系统认真学习贯彻习近平总书记在纪念长征胜利 80 周年大会上重要讲话精神的通知（2016 年 10 月 28 日） …………………………………………………… (1271)

中共教育部党组关于学习贯彻落实全国高校思想政治工作会议精神的通知
（2016 年 12 月 13 日） …………………………………………………………………… (1273)
教育部办公厅关于印发乡村教师培训指南的通知（2016 年 1 月 13 日） ……………………… (1276)
教育部办公厅关于印发《普通学校特殊教育资源教室建设指南》的通知
（2016 年 1 月 20 日） ……………………………………………………………………… (1286)
教育部办公厅关于推进中国语言资源保护工程建设的通知（2016 年 2 月 19 日） …………… (1289)
教育部办公厅关于落实国务院决定取消中央指定地方实施行政审批事项的通知
（2016 年 3 月 4 日） ……………………………………………………………………… (1292)
教育部办公厅关于推进实施高校思想政治理论课特聘教授制度的通知
（2016 年 3 月 25 日） ……………………………………………………………………… (1293)
教育部办公厅　中国银监会办公厅关于加强校园不良网络借贷风险防范和教育引导工作
的通知（2016 年 4 月 13 日） ……………………………………………………………… (1294)
教育部办公厅关于进一步规范中小学生学籍管理相关问题处理的通知
（2016 年 6 月 6 日） ……………………………………………………………………… (1295)
教育部办公厅关于印发《全国青少年校园足球教学指南（试行）》和《学生足球运动技能
等级评定标准（试行）》的通知（2016 年 6 月 27 日） ……………………………………… (1302)
教育部办公厅关于印发《教育课程教材改革与质量标准工作专项资金管理办法（试行）》
的通知（2016 年 9 月 9 日） ……………………………………………………………… (1325)
教育部办公厅关于印发《职业教育专业教学资源库建设资金管理办法》的通知
（2016 年 9 月 13 日） ……………………………………………………………………… (1327)
教育部办公厅关于统筹全日制和非全日制研究生管理工作的通知
（2016 年 9 月 14 日） ……………………………………………………………………… (1331)
教育部办公厅关于开展校园网贷风险防范集中专项教育工作的通知
（2016 年 9 月 26 日） ……………………………………………………………………… (1332)
教育部办公厅关于印发《促进高等学校科技成果转移转化行动计划》的通知
（2016 年 10 月 13 日） …………………………………………………………………… (1333)
教育部办公厅等四部门关于印发《普通高中建档立卡家庭经济困难学生免除学杂费政策
对象的认定及学杂费减免工作暂行办法》的通知（2016 年 10 月 18 日） ………………… (1336)
教育部办公厅关于进一步做好内地西藏班和新疆班学生学籍管理工作的通知
（2016 年 11 月 2 日） ……………………………………………………………………… (1339)
教育部办公厅关于印发《国家级实验教学示范中心管理办法》的通知
（2016 年 12 月 3 日） ……………………………………………………………………… (1340)
教育部办公厅关于进一步加强和规范高校家庭经济困难学生认定工作的通知
（2016 年 12 月 30 日） …………………………………………………………………… (1343)

2016 年教育大事记………………………………………………………………………… (1345)

Contents

Feature Article ······ (1)

Guided by New Development concept, Comprehensively Improve the Quality of Education and Accelerate its Modernization ······ (1)

Making teaching an Enviable Profession ······ *Chen Baosheng* (12)

Engrave the Spirit of the Sixth Plenary Session of the 18th CPC Central Committee in Our Hearts and Put It into Practice ······ *Shen Xiaoming* (15)

Making Solid Progress on poverty alleviation Through Education and Focus on Stopping the Intergenerational Transmission of Poverty ······ *Zhu Zhiwen* (17)

Speech at the on-site Promotion Meeting of the Chinese Language Resource Protection Project ······ *Du Zhanyuan* (23)

The Co-ordination between Domestic and International Situations for the Opening-up Education ······ *Hao Ping* (28)

The Mission and Responsibilities of Renowed Principals ······ *Liu Limin* (31)

First-class Universities Should Provide First-class Undergraduate Education ······ *Lin Huiqing* (33)

Reviews ······ (37)

Xi Jinping Inspects Nanchang University ······ (37)

Xi Jinping Sends a Letter to Congratulate Tsinghua University on Its 105th Anniversary ······ (38)

Xi Jinping Inspects University of Science and Technology of China ······ (39)

Xi Jinping Replies a letter to 12 Primary School Students Who Are Descendants of the Former Reclamation Team from the Island of Dachenin Jiaojiang District, Taizhou City, Zhejiang Province ······ (40)

Xi Jinping Makes Important Instructions on Model Deeds of Comrade Li Baoguo ······ (41)

Li Keqiang Inspects Tsinghua University and Peking University ······ (42)

Li Keqiang Holds a Symposium on Reform and Innovation in Higher Education ······ (43)

Li Keqiang Inspects Sichuan University ······ (44)

Li Keqiang Makes Important Instructions on a Teleconference About Employment and Entrepreneurship for Graduates in Colleges and Universities ······ (45)

Liu Yunshan Makes an Investigation in Shanghai ······ (46)

Liu Yandong Attends the 3rd Meeting of the Education Steering Committee of the State Council ······ (47)

Liu Yandong Attends the 32nd Meeting of Academic Degrees Committee of the State Council .... (49)
Liu Yandong Inspects Sichuan for Poverty Alleviation Work of Education .... (50)
Liu Yandong Makes an Investigation in Ningxia Hui Autonomous Region .... (51)
Liu Yandong Attends the Launching Ceremony of 2016 Vocational Education Activity Week and the Opening Ceremony of the National Vocational College Skills Competition .... (52)
Liu Yandong Attends a Symposium of Education System .... (53)
Liu Yandong Makes an Investigation in Jiangsu .... (54)
The State Council Executive Meeting Deployed to Accelerate Education Development in Central and Western China to Strengthen Areas of Weakness .... (55)
The State Council Executive Meeting Deployed to Strengthening the Security Work for Children in Difficulties to Give Them More Caring and Help for Their Growth .... (56)
The State Council Executive Meeting Approves the 13th Five-Year Plan for Education, Promoting Education Modernization to Provide Talent Support for National Construction .... (57)

Key Work tasks of the Ministry of Education in 2016 .... (58)

Statistics for Educational Development .... (64)
Statistical Bulletin for National Education Undertakings in 2016 .... (64)
Basic Conditions on All Kinds of Education Development in 2016 .... (67)
Completion of National Capital Construction Investment in the Education Sector .... (110)
Basic Conditions on Campaigns for Scientific Research of Institutions of Higher .... (113)

General Administration in Education .... (120)
Educational News Publicity .... (120)
Making Public Government Affairs on Education .... (121)
Handling Droposals from Depaties of Uationol People's Congress and Members of National Committee of CPPCC .... (124)
Education Policy Research and Legal Construction .... (125)
Cetters of Complains and Calls from People .... (127)
Development Plan for Education .... (128)
Comprehensive Reform .... (130)
The Supervision of Education .... (131)
Education Inspections .... (133)
The Discipline Inspection and Supervision of Education .... (134)
Affairs on Retired Cadres .... (136)
Caring for the Next Generation .... (140)
National Management of Student Financial Aid .... (143)

Personnel Administration in Education ······ (147)
General Management ······ (147)
Personnel Appointment and Dismissal ······ (148)
High-Level Personnel Development ······ (163)
Training Work of the National Academy of Education Administration ······ (176)

Educational Finance and Auditing ······ (179)
Announcement of the Ministry of Education, the National Bureau of Statistics and the Ministry of Finance on the Implementation of National Education Funds in 2015 ······ (179)
Educational Auditing ······ (189)

Basic Education ······ (190)
Preschool Education ······ (190)

Vocational and Adult Education ······ (195)

Higher Education ······ (200)
Ideological and Political Work in Universities ······ (203)
Social Science Researches in Universities ······ (206)
Science and Technology in Universities ······ (210)
College Students' Work ······ (223)
Work of Academic Degree and Postgraduate Education ······ (229)

Ethnic Minority Education ······ (232)

The Work of Teachers ······ (234)

Physical Education, Health Education, Arts Education and National Defense Education ······ (239)

Examination and Evaluation of Education ······ (245)
Management of Examination ······ (245)
College Entrance Examination ······ (246)
Self-Study Examinations in Higher Education ······ (247)
Social Examination ······ (247)
Qualification Examination for Primary and Secondary School Teachers ······ (248)
Overseas Examination ······ (249)
Construction of National Item Bank ······ (250)
Evaluation System ······ (251)
Construction of Assessment System of Foreign Languages Ability ······ (251)

Construction of Educational Informatization …… (252)
Educational Management Information Center …… (252)
The Open University of China …… (253)
National Center for Educational Technology …… (257)

The Language Work …… (260)

Educational Cooperation and Exchanges with Hong Kong, Macao, Taiwan and Foreign Countries …… (269)
International Cooperation and Exchanges …… (269)
Non-Governmental Exchanges …… (275)
Cooperation with the UNESCO …… (277)
Scholarship Management for Studying Abroad …… (280)
Scholarly Exchange Service …… (282)
Education and Promotion of International Chinese …… (285)
Educational Exchanges and Cooperation with Hong Kong, Macao and Taiwan …… (288)

Scientific Researches and Academic Activities in Education …… (292)
National Institute of Education Sciences …… (292)
National Center for Education Development Research …… (295)
Research Center for the Development of Social Sciences in Colleges and Universities …… (296)
Central Institute for Vocational and Technical Education …… (299)
Higher Education Evaluation Centerof the Ministry of Education …… (300)
Educational Equipment Research & Development Center …… (302)
The Chinese Society of Education …… (303)
China Association of Higher Education …… (306)
The China Association for Non-Government Education …… (309)
The Chinese Society for Vocational and Technical Education …… (312)
China Adult Education Association …… (316)
China Educational Equipment Industry Association …… (320)

Educational Publishing Industry …… (322)
China Education Publishing & Media Group Ltd. …… (322)
(1) China Education Publishing Media Group Co. Ltd. …… (322)
(2) People's Education Press Co. Ltd. …… (323)
(3) Higher Education Press Co. Ltd. …… (325)
(4) Language & Culture Press Co. Ltd. …… (326)
(5) China Educational Instrument & Equipment Corp. …… (327)
(6) China Educational Publications Import & Export Corporation Ltd. …… (328)

Educational News Media …… (329)
China Education Press Agency …… (329)
(1) China Education Daily …… (330)
(2) *The Journal of People's Education* …… (332)
(3) *The Journal of China Higher Education* …… (333)
(4) *The Journal of China Scholars Abroad and Website* …… (334)
(5) *The Journal of Ethnic Education of China* …… (335)
(6) China Teacher Daily …… (335)
(7) China Education News Online …… (336)
(8) Voice of Chinese Education · Dandelion Comments …… (337)
(9) Voice of Chinese Education · WeChat Matrix …… (337)
China Education Television …… (338)

Education in Beijing …… (342)
Overview …… (342)
Basic Education …… (350)
Vocational and Adult Education …… (352)
Higher Education …… (354)

Education in Tianjin …… (356)
Overview …… (356)
Basic Education …… (363)
Vocational and Adult Education …… (365)
Higher Education …… (367)

Education in Hebei …… (369)
Overview …… (369)
Basic Education …… (378)
Vocational and Adult Education …… (379)
Higher Education …… (381)

Education in Shanxi …… (383)
Overview …… (383)
Basic Education …… (392)
Vocational and Adult Education …… (393)
Higher Education …… (394)

Education in Inner Mongolia Autonomous Region …… (397)
Overview …… (397)
Basic Education …… (406)

Vocational and Adult Education ········ (407)
Higher Education ········ (407)

Education in Liaoning ········ (409)
Overview ········ (409)
Basic Education ········ (418)
Vocational and Adult Education ········ (420)
Higher Education ········ (422)
Education in Dalian ········ (425)
Overview ········ (425)
Basic Education ········ (428)
Vocational and Adult Education ········ (429)
Higher Education ········ (431)

Education in Jilin ········ (432)
Overview ········ (432)
Basic Education ········ (441)
Vocational and Adult Education ········ (443)
Higher Education ········ (443)

Education in Heilongjiang ········ (446)
Overview ········ (446)
Basic Education ········ (455)
Vocational and Adult Education ········ (456)
Higher Education ········ (456)

Education in Shanghai ········ (458)
Overview ········ (458)
Basic Education ········ (468)
Vocational and Adult Education ········ (469)
Higher Education ········ (471)

Education in Jiangsu ········ (473)
Overview ········ (473)
Basic Education ········ (482)
Vocational and Adult Education ········ (483)
Higher Education ········ (485)

Education in Zhejiang ········ (487)
Overview ········ (487)

Basic Education ………… (496)
Vocational and Adult Education ………… (497)
Higher Education ………… (498)
Education in Ningbo ………… (500)
Overview ………… (500)
Basic Education ………… (503)
Vocational and Adult Education ………… (503)
Higher Education ………… (504)

Education in Anhui ………… (505)
Overview ………… (505)
Basic Education ………… (514)
Vocational and Adult Education ………… (515)
Higher Education ………… (517)

Education in Fujian ………… (519)
Overview ………… (519)
Basic Education ………… (527)
Vocational and Adult Education ………… (529)
Higher Education ………… (530)

Education in Jiangxi ………… (532)
Overview ………… (532)
Basic Education ………… (540)
Vocational and Adult Education ………… (542)
Higher Education ………… (544)

Education in Shandong ………… (546)
Overview ………… (546)
Basic Education ………… (554)
Vocational and Adult Education ………… (556)
Higher Education ………… (556)
Education in Qingdao ………… (559)
Overview ………… (559)
Basic Education ………… (563)
Vocational and Adult Education ………… (564)
Higher Education ………… (565)

Education in Henan ………… (567)
Overview ………… (567)

Basic Education ······ (576)
Vocational and Adult Education ······ (577)
Higher Education ······ (577)

Education in Hubei ······ (580)
Overview ······ (580)
Basic Education ······ (589)
Vocational and Adult Education ······ (591)
Higher Education ······ (592)

Education in Hunan ······ (595)
Overview ······ (595)
Basic Education ······ (603)
Vocational and Adult Education ······ (605)
Higher Education ······ (606)

Education in Guangdong ······ (608)
Overview ······ (608)
Basic Education ······ (617)
Vocational and Adult Education ······ (618)
Higher Education ······ (619)
Education in Shenzhen ······ (621)
Overview ······ (621)
Basic Education ······ (625)
Vocational and Adult Education ······ (626)
Higher Education ······ (627)

Education in Guangxi Zhuang Autonomous Region ······ (628)
Overview ······ (628)
Basic Education ······ (637)
Vocational and Adult Education ······ (638)
Higher Education ······ (640)

Education in Hainan ······ (643)
Overview ······ (643)
Basic Education ······ (653)
Vocational and Adult Education ······ (655)
Higher Education ······ (656)

Education in Chongqing …… (658)
Overview …… (658)
Basic Education …… (667)
Vocational and Adult Education …… (668)
Higher Education …… (669)

Education in Sichuan …… (671)
Overview …… (671)
Basic Education …… (680)
Vocational and Adult Education …… (681)
Higher Education …… (682)

Education in Guizhou …… (685)
Overview …… (685)
Basic Education …… (694)
Vocational and Adult Education …… (696)
Higher Education …… (697)

Education in Yunnan …… (699)
Overview …… (699)
Basic Education …… (707)
Vocational and Adult Education …… (709)
Higher Education …… (710)

Education in Xizang Autonomous Region …… (713)
Overview …… (713)
Basic Education …… (722)
Vocational and Adult Education …… (723)
Higher Education …… (724)

Education in Shaanxi …… (725)
Overview …… (725)
Basic Education …… (734)
Vocational and Adult Education …… (736)
Higher Education …… (737)

Education in Gansu …… (741)
Overview …… (741)
Basic Education …… (751)
Vocational and Adult Education …… (752)

Higher Education …… (752)

Education in Qinghai …… (755)
Overview …… (755)
Basic Education …… (764)
Vocational and Adult Education …… (766)
Higher Education …… (767)

Education in Ningxia Hui Autonomous Region …… (769)
Overview …… (769)
Basic Education …… (778)
Vocational and Adult Education …… (780)
Higher Education …… (781)

Education in Xinjiang Uygur Autonomous Region …… (783)
Overview …… (783)
Basic Education …… (791)
Vocational and Adult Education …… (793)
Higher Education …… (794)
Education in Xinjiang Production and Construction Corp …… (796)
Overview …… (796)
Basic Education …… (800)
Vocational and Adult Education …… (801)
Higher Education …… (803)

Introduction to Education in Hong Kong Special Administrative Region …… (805)

Introduction to Education in Macao Special Administrative Region …… (807)

Introduction to Education in Taiwan Province …… (810)

Universities Under the Direct Affiliation of the Ministry of Education (MOE) …… (811)
Peking University …… (811)
Tsinghua University …… (815)
Renmin University of China …… (819)
Beijing Normal University …… (825)
China Agricultural University …… (827)
Beijing Foreign Studies University …… (830)
Beijing Language and Culture University …… (832)
University of Science & Technology Beijing …… (835)

Beijing University of Chemical Technology …… (838)
Beijing Jiaotong University …… (841)
Beijing University of Posts and Telecommunications …… (844)
China University of Geosciences (Beijing) …… (846)
China University of Mining & Technology (Beijing) …… (849)
China University of Petroleum (Beijing) …… (852)
Beijing Forestry University …… (854)
Communication University of China …… (857)
Central University of Finance and Economics …… (860)
China University of Political Science and Law …… (862)
Central Conservatory of Music …… (865)
The Central Academyof Drama …… (867)
Central Academy of Fine Art …… (870)
Beijing University of Chinese Medicine …… (873)
University of International Business and Economics …… (874)
North China Electric Power University …… (878)
Nankai University …… (881)
Tianjin University …… (885)
Dalian University of Technology …… (888)
Northeastern University …… (890)
Jilin University …… (892)
Northeast Normal University …… (896)
Northeast Forestry University …… (897)
Fudan University …… (901)
Shanghai Jiao Tong University …… (904)
Tongji University …… (907)
East China University of Science and Technology …… (911)
Donghua University …… (914)
East China Normal University …… (916)
Shanghai International Studies University …… (919)
Shanghai University of Finance and Economics …… (923)
Nanjing University …… (926)
Southeast University …… (927)
China University of Miningand Technology …… (929)
Hohai University …… (931)
Jiangnan University …… (933)
Nanjing Agricultural University …… (936)
China Pharmaceutical University …… (938)
Hefei University of Technology …… (941)
Zhejiang University …… (944)

Xiamen University …… (946)
Shandong University …… (948)
Ocean University of China …… (950)
China University of Petroleum (Huadong) …… (953)
Wuhan University …… (955)
Huazhong University of Science and Technology …… (957)
China University of Geosciences (Wuhan) …… (960)
Wuhan University of Technology …… (961)
Central China Normal University …… (964)
Huazhong Agricultural University …… (966)
Zhongnan University of Economics and Law …… (969)
Hunan University …… (972)
Central South University …… (974)
Sun Yat-sen University …… (977)
South China University of Technology …… (979)
Chongqing University …… (981)
Southwest University …… (983)
Sichuan University …… (986)
Southwestern University of Finance and Economics …… (989)
Southwest Jiaotong University …… (992)
University of Electronic Science and Technology of China …… (995)
Xi'an Jiaotong University …… (997)
Northwest A & F University …… (1001)
Shaanxi Normal University …… (1003)
Xidian University …… (1006)
Chang'an University …… (1008)
Lanzhou University …… (1010)

Documents Compilation …… (1014)
Opinions of the State Council on Strengthening the Care and Protection of the Left-Behind Children in Rural Areas …… (1014)
Several Opinions of the State Council on Comprehensively Promoting Reform and Development to Integrate Urban and Rural Compulsory Education Within County Areas …… (1018)
Several Opinions of the State Council on Encouraging Social Forces to Set up Education and Promoting the Healthy Development of Private Education …… (1022)
Opinions of the General Office of the State Council on Enhancing Physical Education in Schools to Promote the Comprehensive Development of Physical and Mental Health of Students …… (1027)
Guiding Opinions of the General Office of the State Council on Accelerating the Development of Education in the Central and Western Regions …… (1031)

Circular of the General Office of the State Council on Printing and Issuing the Plan for the Development of Elderly Education (2016—2020) …… (1037)
Opinions of the Food Safety Office of the State Council and Five Other Departments on Further Strengthening the Work of Food Safety in Schools and Surrounding Areas …… (1041)
Circular of the General Office of the Education Supervision Committee of the State Council on Printing and Issuing *the Interim Measures for Special Supervision of Safety Work in Primary and Secondary Schools (Kindergartens)* …… (1044)
Decree of the Ministry of Education of the People's Republic of China (No. 39) …… (1047)
Decree of the Ministry of Education of the People's Republic of China (No. 40) …… (1053)
Circular of the Ministry of Education of China on Printing and Issuing *the Outline for Administering Education by Law (2015—2030)* …… (1056)
Circular of the Ministry of Education and the State Language Commission on Issuing *Outlines of Application Level of Chinese Characters and Test (Revised in 2016)* …… (1062)
Opinions of the Ministry of Education on Successfully Running the Open University …… (1099)
Circular of the Ministry of Education and the All-China Federation of Trade Union on Printing and Issuing *the Implementation Plan of the Action Plan for Improving Education Background and Ability of Migrant Workers: Learning to Fulfill Their Dreams* …… (1103)
Opinions of the Ministry of Education on Strengthening the Educational Practice for Students of Teacher Education …… (1106)
Opinions of the Ministry of Education on Further Regulating Postgraduate Education for Professional MBA Degree …… (1107)
Opinions of the Ministry of Education on Further Standardizing the Management of Higher Education Enrollment Plan …… (1109)
Opinions of the Ministry of Education on Further Strengthening the Information Disclosure and Supervision of Independent Enrollment in Colleges and Universities …… (1111)
Circular of the Ministry of Education and Four Other Departments on Printing and Issuing *the Provisions on Administration of Internships of Students in Vocational School* …… (1113)
Opinions of the Ministry of Education and Six Other Departments on Strengthening the Cultivation of Integrated Circuit Talents …… (1116)
Circular of the Ministry of Education and Six Other Departments on Printing and Issuing *Regulations on Vocational School Teachers' Practice in Enterprises* …… (1118)
Implementation Opinions of the Ministry of Education and Three Other Departments on the Work of Standardizing Educational Fees against Unauthorized Chargesin 2016 …… (1121)
Circular of the Ministry of Education, the State Council Academic Degrees Committee and the State Language Commission on Declaring Invalidation of a Batch of Normative Documents …… (1124)
Circular of the Ministry of Education on Printing and Issuing *the Thirteenth Five-Year Plan for Information Technology in Education* …… (1143)
Guiding Opinions of the Ministry of Education on Deepening the Reform of Education and Teaching in Institutions of Higher Education Subordinate to Central Departments …… (1149)
Circular of the Ministry of Education, the Ministry of Justice and the National Office of Law

Popularizationon Printing and Issuing *the Outline of Law Education for Young Teenagers* …… (1151)
Opinions of the Ministry of Education and Eight Other Departments on Further Promoting the Development of Community Education …… (1158)
Circular of the Ministry of Education on Printing and Issuing the *Project Construction and Acceptance Criteria of Joint Laboratories for International Cooperation* …… (1161)
Opinions of the Ministry of Education on Further Improving the Equipment Work of Ordinary Elementary and Middle Schools Under the New Situation …… (1162)
Circular of the Ministry of Education on Printing and Issuing *Co-Construction of the B & R Education Action* …… (1165)
Circular of the Ministry of Education on Printing and Issuing *the Seventh Five-Year Plan (2016—2020) for Carrying out Publicity and Education on the Rule of Law Within the National Education System* …… (1169)
Circular of the Ministry of Education on Printing and Issuing *the Interim Measures for Supervision of School Management* …… (1173)
Several Opinions of the Ministry of Education and the Ministry of Science and Technology on Strengthening the Transfer and Transformation of Scientific and Technological Achievements in Institutions of Higher Education …… (1176)
Circular of the Ministry of Education and the State Language Commission on Printing and Issuing *the 13th Five-Year Development Plan of the National Language Undertakings* …… (1179)
Guiding Opinions of the Ministry of Education on Deepening the Reform of the Assessment and Evaluation System for Teachers in Colleges and Universities …… (1186)
Opinions of the Ministry of Education and Six Other Departments on Strengthening the Construction of Legal Education Practice Base for Teenagers …… (1189)
Opinions of the Ministry of Education, the National Bureau of Statistics and the Ministry of Finance on Strengthening and Improving the Statistical Work of Educational Expenditure …… (1191)
Guiding Opinions of the Ministry of Education on Further Promoting the Reform of the High School Years Examination and Enrollment System …… (1193)
Circular of the Ministry of Education on Issuing Standards in Eleven Education Industries Including *Cube Group* …… (1196)
Circular of the Ministry of Finance and the Ministry of Education on Printing and Issuing *Measures for the Administration of Special Funds for the Prosperity Plan for Philosophy and Social Sciences in Institutions of Higher Education* …… (1196)
Opinions of the Ministry of Education and the Ministry of Finance on the Implementation of the Plan (2017—2020) to Improve the Quality of Teachers in Vocational Schools …… (1201)
Guiding Opinions of the Ministry of Education and Eight Other Departments on Prevention of Bullying and Violence Among Primary and Secondary School Students …… (1204)
Circular of the Ministry of Education on Printing and Issuing the *13th Five-Year Plan for Scientific and Technological Development in Colleges and Universities* …… (1206)
Circular of the Ministry of Education on Printing and Issuing *Measures for the Administration of Major Settings for Continuing Education in Colleges and Universities* …… (1221)

Circular of the Ministry of Education on Issuing the Implementation of *Curriculum Standards for Compulsory Education in Blind Schools (2016 Edition), Curriculum Standards for Compulsory Education in Deaf Schools (2016 Edition) and Curriculum Standards for Compulsory Education in Special Schools for Mental Retardation (2016 Edition)* ······ (1225)
Opinions of the Ministry of Education and Ten Other Departments on the Promotion of Research and Learning Travel for Primary and Secondary School Students ······ (1226)
Guiding Opinions of the Ministry of Education on Vigorously Promoting Credit Management of Teacher Training in Primary and Secondary Schools ······ (1228)
Circular of the Ministry of Education and Five Other Departments on Printing and Issuing *the 13th Five-Year Plan for Poverty Elimination Through Education* ······ (1230)
Opinions of the Ministry of Education on Strengthening the Administrative Work of the Achievement Test of High Schools ······ (1235)
Circular of the Ministry of Education, the Ministry of Human Resources and Social Security and the Ministry of Industry and Information Technology on Printing and Issuing *Guidelines for Development of Manufacturing Talents* ······ (1237)
Opinions of the Ministry of Education on Strengthening Education Counterpart Support for Tibet and Tibetan Areas in Four Provinces During *the 13th Five-Year Plan* Period ······ (1245)
Circular of the Ministry of Education, the Ministry of Human Resources and Social Security and the State Administration for Industry and Commerce on Printing and Issuing *the Implementation Rules for the Supervision and Administration of For-profit Private Schools* ······ (1247)
Circular of the Party Group of the Ministry of Education of the CPC on Making Series of Learning Education Including "Studying Constitution and Regulations of the Party and Speech Series and Becoming Qualified Party Members" ······ (1252)
The Party Group of the Ministry of Education of the CPC issued the "Implementation Measures for the Party Group of the Ministry of Education of the CPC to Implement the Regulation on the Inspection of the CPC" ······ (1254)
Circular of the Party Group of the Ministry of Education of the CPC on Printing and Issuing *The Party Group of the Ministry of Education of the CPC on Implementing Measures of Regulations on Inspection Work of the CPC* ······ (1257)
Circular of the Party Group of the Ministry of Education of the CPC on Deeply Learning the Spirit of Important Instructionsby General Secretary Xi Jinping About Educational Work and Teenagers Growth and Development, and Carrying out the May 4th Series of Themed Educational Activities ······ (1260)
Guiding Opinions of the Central Commission for Discipline Inspection of the CPC Under the Party Group of the Ministry of Education of the CPC Stationed in the Discipline Inspection Department of the Ministry of Educationon Four Forms About Practice and Supervision and Discipline Enforcement in Colleges and Universities ······ (1262)
Circular of the Party Group of the Ministry of Education of the CPC on Studying and Implementing the General Secretary Xi Jinping's Speechin the 95th Anniversary of the Founding of the

Communist Party of China ······ (1265)
Circular of the Party Group of the Ministry of Education of the CPC on Printing and Issuing *Several Provisions on Deepening and Implementing the Spirit of the Eight Provisions of the CPC Central Committee in Colleges and Universities* ······ (1266)
Circular of the Party Group of the Ministry of Education of the CPC on Studying and Implementing Important Spirit About General Secretary Xi Jinping's Speech on Teacher's Day in Educational System ······ (1269)
Circular of the Party Group of the Ministry of Education of the CPC on Studying and Implementing Important Spirit About General Secretary Xi Jinping's Speech at the Conference Commemorating the 80th Anniversary of the Victory of the Long March in Educational System ······ (1271)
Circular of the Party Group of the Ministry of Education of the CPC on Studying and Implementing the Spirit of the National Conference on Ideological and Political Work in Colleges and Universities ······ (1273)
Circular of the General Office of the Ministry of Education on Printing and Issuing Guidelines for Rural Teacher Training ······ (1276)
Circular of the General Office of the Ministry of Education on Printing and Issuing *Guidelines for Classroom Construction of Special Education Resources in Ordinary Schools* ······ (1286)
Circular of the General Office of the Ministry of Education on Promoting the Project Construction of the Chinese Language Resources Protection ······ (1289)
Circular of the General Office of the Ministry of Education on the Implementation of the State Council's Decision to Cancel Administrative Examination and Approval About the Implementation of the Local Government by the Central Government Designated ······ (1292)
Circular of the General Office of the Ministry of Education on Promoting the Implementation of the System of Distinguished Professors of Ideological and Political Theory Courses in Colleges and Universities ······ (1293)
Circular of the General Office of the Ministry of Education and the General Office of the China Banking Regulatory Commission on Strengthening Risk Prevention and Education Guidance Work for Unhealthy Online Lending on Campus ······ (1294)
Circular of the General Office of the Ministry of Education on Further Regulating Issues About Management of School Roll for Primary and Secondary School Students ······ (1295)
Circular of the General Office of the Ministry of Education on Printing and Issuing the *Teaching Guide of National Teenagers Campus Football (Trial Implementation) and the Grading Standards of Students' Football Sports Skills (Trial Implementation)* ······ (1302)
Circular of the General Office of the Ministry of Education on Printing and Issuing *Measures for the Administration of Special Funds for the Reform of Educational Curriculum and Materials and the Work of Quality Standards (Trial Implementation)* ······ (1325)
Notice on the Issuance of the Measures for the Management of Constraction Funding for Professional Teaching Resource Repositories in Vocational Education by the General Office of the Ministry of Education ······ (1327)
Circular of the General Office of the Ministry of Education on Coordinating the Management of

Full-Time and Part-Time Graduate Students ··· (1331)

Circular of the General Office of the Ministry of Education on the Implementation of Special Education Work About Campus Network Loan Risk Prevention ··· (1332)

Circular of the General Office of the Ministry of Education on Printing and Issuing the *Action Plan for Promoting the Transfer and Transformation of Scientific and Technological Achievements in Colleges and Universities* ··· (1333)

Circular of the General Office of the Ministry of Education and Three Other Departments on Printing and Issuing the *Identification of Objects About Exempting Tuition and Miscellaneous Fees Policy and the Interim Measures of Exempting Tuition and Miscellaneous Fees of Ordinary Senior High School Students Whose Families Are in Financial Difficulties* ··· (1336)

Circular of the General Office of the Ministry of Education on Further Improving the Management of Student Status in Inland Tibetan and Xinjiang Classes ··· (1339)

Circular of the General Office of the Ministry of Educationon Printing and Issuing the *Administrative Measures for National Experimental Teaching Demonstration Centers* ··· (1340)

Circular of the General Office of the Ministry of Educationon Further Strengthening and Standardizing the Identification of Students from Poor Families in Colleges and Universities ··· (1343)

Chronicle of Educational Events in 2016 ··· (1345)

特 载

以新的发展理念为引领 全面提高教育质量 加快推进教育现代化*

袁贵仁

同志们：

这次全国教育工作会议，是在全面建成小康社会进入决胜阶段和教育现代化进入关键时期召开的。主要任务是，深入贯彻党的十八大和十八届三中、四中、五中全会精神，深入贯彻习近平总书记系列重要讲话精神，总结去年工作，分析当前形势，部署今年和“十三五”期间的教育工作。

中央领导对这次会议非常重视。会前，李克强总理做出重要批示。批示指出：“‘十二五’时期，全国教育系统认真贯彻党中央、国务院决策部署，推动教育改革发展迈上新台阶。向同志们特别是长期奋斗在一线的广大教育工作者致以衷心问候！‘十三五’时期，望牢固树立新的发展理念，围绕保障教育公平和提升教育质量，适应经济社会发展需要，进一步深化教育综合改革，优化调整教育结构；进一步缩小城乡、区域、校际的教育资源配置差距，继续提高贫困家庭学生上重点大学的比例；进一步提升教学和研究水平，重视加强创业创新教育，大力发展现代职业教育，培养更多高技能人才、创新人才和拔尖人才，为全面建成小康社会发挥好关键支撑作用”。李克强总理的重要批示充分肯定了“十二五”期间的教育改革发展成就，深刻阐述了教育工作在经济社会发展全局中的战略地位，对今后的工作提出了明确要求。我们要深刻学习领会、全面贯彻落实。

一、我国教育改革发展迈上新台阶

刚刚过去的 2015 年，是“十二五”规划收官之年，是《国家中长期教育改革和发展规划纲要》实施承前启后之年，在我国教育改革发展史上意义重大、极不平凡。过去一年，教育系统认真贯彻党中央、国务院决策部署，科学谋划、统筹安排，精准施策、定向发力，积极作为、真抓实干，工作有进展、有亮点、有突破。

一是落实全面从严治党主体责任。把从严治党的责任扛在肩上、落到实处。深入学习习近平总书记系列重要讲话精神，学习党章党规特别是新修订的《中国共产党廉洁自律准则》和《中国共产党纪律处分条例》，把严守政治纪律和政治规矩放在首位。扎实开展“三严三实”专题教育，认真讲好党课，开展专题研讨，深入查摆问题，强化整改落实和立规执纪。加强和改进党的领导和建设，举办“全国高校党委书记、校长学习贯彻习近平总书记

* 在 2016 年全国教育工作会议上的讲话。

系列重要讲话和中央精神专题研讨班”，努力办好高校思想政治理论课，全力维护高校政治安全。积极主动配合做好中央专项巡视工作，把巡视作为对全面从严治党的一次“把脉”，对干部队伍的一次全面诊断，对违反中央八项规定精神的行为坚决查处、公开通报。通过巡视，进一步深化了对教育系统党风廉政建设和反腐败斗争严峻复杂形势的认识，强化了领导干部在全面从严治党、加强党的领导方面的责任担当。

二是构建育人新机制。全面贯彻党的教育方针，系统出台促进学生德智体美全面发展的政策措施。将社会主义核心价值观融入教育教学全过程，修订课程标准、完善课程设置、修订学生守则，建立学生志愿服务管理制度。加强革命传统教育，组织学校开展中国人民抗日战争暨世界反法西斯战争胜利 70 周年纪念活动。加强优秀传统文化教育，开展“礼敬中华优秀传统文化”活动，举办“中国汉字听写大会”，启动中国语言资源保护工程。强化体育课和课外锻炼，在全国布局 8 700 多所校园足球特色学校。制定全面加强和改进学校美育工作的意见，构建美育课程体系，提升学生审美和人文素养。加强中小学劳动教育，建立评价制度，将评价结果记入综合素质评价档案，作为升学评优参考依据。落实《国务院办公厅关于深化高等学校创新创业教育改革的实施意见》，举办首届中国“互联网+”大学生创新创业大赛，2015 年创业及参与创业大学生总人数 42.3 万人，比 2014 年增长 6.8 个百分点。首批确定 165 家现代学徒制试点单位，深入推进职业教育集团化办学。国务院首次将每年 5 月第二周设为“职业教育活动周”，在全社会弘扬劳动光荣、技能宝贵、创造伟大的时代风尚。加强家庭教育，推动家庭、学校、社会密切配合。

三是深化考试招生制度改革。按照促进公平、科学选才原则，全面展开、有序推进。高考录取率最低省份与全国平均水平的差距缩小至 5 个百分点以内，比 2014 年下降 1 个百分点。扩大实施专项计划，提高重点高校招收农村学生比例，定向录取贫困地区农村学生 7.5 万名，比 2014 年增长 10.5%。全国性高考鼓励类加分项目全部取消，地方性加分项目减少 63%。31 个省份全面实行平行志愿投档录取。自主招生调整为全国统一高考后进行，重点考查学生的学科特长和创新潜质，实际录取比 2014 年减少 52%。通过高职院校分类考试录取的学生占到招生计划数的 50%。上海、浙江高考综合改革试点扎实推进，其余 29 个省份也陆续制定了考试招生制度改革实施方案。出台《残疾人参加普通高等学校招生全国统一考试管理规定（暂行）》，首次从国家层面为残疾人参加高考提供便利做出规定。

四是推动高等教育多样化发展。按照分类管理、多样化办学的总体思路，积极推进高等教育结构调整。国务院印发《统筹推进世界一流大学和一流学科建设总体方案》，推动一批高水平大学和学科进入世界一流行列。多部门联合出台政策措施，引导部分地方普通本科高校向应用型转变。加强中外合作办学，新批准一批高水平中外合作办学机构项目，支持有条件的大学走出国门与国外高水平大学联合办学。

五是加强教师队伍建设。从完善制度入手，改善教师待遇、提高教师素质、优化教师配置。国务院办公厅印发《乡村教师支持计划（2015—2020年）》，这是国家第一个专门针对乡村教师队伍建设下发的政策文件，29 个省份出台了实施办法。着力落实连片特困地区乡村教师生活补助政策，中央财政核拨奖补资金 22.8 亿元，惠及乡村教师 94.9 万人。扩大实施特岗计划，除连片特困地区外，265 个省贫县也纳入了实施范围，工资性补助标准提高到西部人均每年 3.1 万元、中部人均每年 2.8 万元。深化中小学教师职称制度改革，建立统一的中小学教师职务制度。发布普通高中校长、中职学校校长、幼儿园园长、特殊教育教师专业标准，将专业标准作为教师队伍建设和管理的重要依据。出台《严禁中小学校和在职中小学教师有偿补课的规定》。研制《职业学校教师企业实践规定》，加强职业学校双师型教师队伍建设。高校“长江学者奖励计划”首次设立青年学者项目。

六是完善教育经费投入机制。针对薄弱领域，构建经费投入长效机制。国务院决定从 2016 年开始统一城乡义务教育生均公用经费基准定额，统一“两免一补”政策，实现相关经费可携带性。建立完善的职业学校生均拨款制度，所有省份都制定了高职生均拨款标准，22个省份制定了中职生均拨款标准。进一步完善国家资助政策，高中阶段教育国家助学金资助标准每生每年从1 500元提高到2 000元，11个连片特困地区和西藏、涉藏州县、新疆南疆四地州中职学校农村学生全部纳入助学金范围。国家助学贷款最长期限从14年延长至20年，偿还本金起始年限由毕业后2年延长至3年。

七是转变教育治理方式。系统谋划管办评分离路径，加快形成政府依法管理、学校依法自主办学、社会各界依法参与和监督评价的教育公共治理新格局。全国人大常委会审议通过《中华人民共和国教育法》《中华人民共和国高等教育法》修正案，组织开展《中华人民共和国职业教育法》首次执法检查。全面完成非行政许可审批清理工作，规范保留的教育行政审批流程，公开行政审批服务指南，畅通监督举报渠道。全国绝大多数中小学、幼儿园已建立家长委员会。全国普通本科高校章程制定核准工作基本完成。在“一市两校”率先启动教育综合改革的基础上，22个省份、100多所部属高校完成综合改革方案编制报备工作。重视社会监督和评价，委托中科院、社科院、工程院、中国残联等单位对教育规划纲要实施情况开展第三方中期评估。在第三方开展的国务院部门信息公开测评中，2014年、2015年教育部均名列第一。

八是推进教育对外开放。服务国家对外开放战略，拓展教育对外交流合作。中央深改组审议通过《关于做好新时期教育对外开放工作的若干意见》，加强教育对外开放的顶层设计。制定《推进共建“一带一路”教育行动》，深化沿线国家教育交流合作。全面启动非通用语种等五类国家急需人才培养工作。孔子学院、孔子课堂遍布134个国家，孔子学院达500所、孔子课堂达1 000个。人文交流、政治互信、经贸合作成为发展中外关系的三大支柱。

一年来的工作，为“十二五”时期教育改革发展画上了圆满句号。五年来特别是党的十八大以来，教育普及程度快速提高，人力资源开发迈上新台阶。2015年，学前阶段三年毛入园率为75%，达到中高收入国家平均水平；小学阶段净入学率为99.95%、初中阶段毛入学率为104%，九年义务教育巩固率为93%，普及程度超过高收入国家平均水平；高中阶段毛入学率为87%，高等教育毛入学率为40%，超过中高收入国家平均水平。教育公平政策体系已基本建成，人民群众获得感不断提升。中央财政投入1 200亿元，全面改善农村义务教育学校和教学点的办学条件。投入100亿元支持中西部高校加强基础能力建设，投入60亿元支持14个没有部属高校的中西部省份建设1所有特色、高水平地方高校。义务教育均衡发展深入推进，1 302个县（市、区）通过县域义务教育均衡发展国家督导评估认定。实施特殊教育提升计划，特殊教育保障机制不断健全。国务院出台《关于加快发展民族教育的决定》，教育部会同相关部门召开第六次全国民族教育工作会议，更好地保障少数民族和民族地区群众的受教育权利。从学前教育到研究生教育的家庭经济困难学生资助政策体系基本建立，全国学生资助资金共计5 564亿元，累计资助学生4.1亿人次，保障了学生不因家庭经济困难而失学。高校毕业生初次就业率连续13年超过70%。教育内涵发展稳步推进，质量标准体系逐步健全。全面修订义务教育各学科课程标准和教材。建立中小学生学业质量绿色指标体系。首次在全国启动义务教育数学、体育质量监测工作。全面对接职业标准，制定并公布410个高职专业、230个中职专业的教学标准。完成全部92个本科专业类教学质量国家标准和博士、硕士学位基本要求制定工作。上海学生在经合组织开展的国际学生能力测试中连续两次获得第一。2013年我国成为本科工程教育国际互认协议成员，标志着我国工程教育认证获得国际认可。我国高校600余个学科进入基本科学指标数据库全球学科排名（ESI）前百分之一，约50个学科进入前千分之一。在2015年国家科学技术奖三大奖项中，高校获得174项，占全国通用项目获奖总数的74.7%。教育改革有序展开，教育活力持续增强。考试招生制度改革全面启动。教育管理体制改革有序推进，取消或下放21项教育行政审批事项，评审评估评价事项减少1/3。国务院出台《教育督导条例》，成立教育督导委员会，在教育部设立教育督导局，整合监督评估职能，独立开展督学、督政和监测评价工作。现代学校制度建设迈出关键步伐，以党委领导下的校长负责制为核心，以高校章程为基础，以学术委员会、教职工代表大会、理事会为支撑的现代大学制度框架基本形成。教育对外开放呈现出出国留学与学成归国人员同步扩大、来华留学与攻读学位人员同步增长、“引进来”与“走出去”同步提高的新局面，我国成为新兴留学目的地国。教育经费投入取得历史性突破，教育保障水平大幅提高。2012 年首次实现 4%目标。2014 年全国财政性教育经费达 2.64 万亿元，比 2010 年翻了近一番。五年来，共招聘农村特岗教师 31 万名，为中西部 21 个省份、1 000 多个县、3 万多所农村学校补充了新鲜血液。教育信息化水平显著提高，全国中小学互联网接入率达 85%，数字教育设备和资源覆盖全国全部 6.4 万个教学点。教育系统党的建设全面加强，持续保持和谐稳定的良好局面。不断加强教育系统党的领导，全面贯彻党的教育方针，坚持社会主义办学方向，广大青少年衷心拥护以习近平同志为总书记的党中央，高度认同党中央治国理政大政方针，对中国特色社会主义的道路自信、理论自信、制度自信更加坚定。教育系统妥善应对境内外、校内外敏感复杂事端，高校连续 26 年保持和谐稳定的局面。教育规划纲要中期第三方评估显示，我国教育总体发展水平跃居世界中上行列，与发达国家差距进一步缩小。这些目标任务的完成，标志着“十二五”规划胜利收官。

五年来特别是党的十八大以来，在党中央、国务院的坚强领导下，我们始终坚持以规划纲要为统领，汇聚各方力量。牢牢抓住《教育规划纲要》这张蓝图干到底，最广泛地统一思想，最大程度凝聚共识，上下联动、各方协同，汇聚关心理解支持教育工作的强大合力。我们始终坚持围绕工作方针不动摇，保持战略定力。把育人为本作为核心内容，把促进公平、提高质量作为两大战略重点，把优先发展、改革创新作为两大重要保障，坚定方向、保持定力，一以贯之、持续用力。我们始终坚持把人民期待作为努力的方向，认真解决教育热点问题。择校热、减负、随迁子女入学升学等群众关切的问题得到重视，教育改革发展成果更多地惠及广大人民群众。我们始终坚持健全体制机制，狠抓工作落地落实。完善分工落实机制，提高落实能力，按照既定的路线图、时间表和任务书，明确实施进度和考核指标，及时跟进检查指导、督导评估。我们始终坚持完善教育治理体系，努力提高治理能力。积极简政放权，重视标准和制度建设，完善学术治理机制，强化教育督导力度，发挥社会评价的作用，运用法治思维和法治方式推动改革、促进发展、维护稳定。

成绩来之不易，经验弥足珍贵。这是党中央、国务院高度重视、坚强领导的结果，是全社会真诚关心、积极支持的结果，是教育系统广大教职员工无私奉献、不懈奋斗的结果。这些成绩凝聚着大家的智慧和汗水，在此，我代表教育部党组向关心支持教育事业的各级党委政府、各有关部门和社会各界表示诚挚感谢！向长期以来奋斗在教育一线、为教育事业做出艰辛贡献的广大教育工作者表示由衷敬意！

二、以新的发展理念引领教育质量的提高

“十三五”时期是全面建成小康社会、实现我们党确定的“两个一百年”奋斗目标的第一个百年奋斗目标的决胜阶段。党的十八届五中全会通过的“十三五”规划建议，描绘了未来五年国家发展的新蓝图。我们要在国家总体战略和宏伟蓝图指引下，认真谋划教育事业的改革发展。

当前，世界范围内新一轮科技革命和产业革命蓄势待发，创新已经成为大国竞争的制高点，人才竞争愈加激烈。世界各国竞相聚焦教育竞争力，纷纷出台教育发展规划，强调教育为未来发展做准备。我国经济发展进入新常态，呈现出速度变化、方式转变、结构调整、动力转换的态势，亟须提升劳动者素质，优化劳动力结构，厚植创新驱动根基。人口结构变化，老龄化加快、全面二孩政策对教育供给、布局和结构提出新的要求。要清醒看到，我们的教育还不能很好适应这些新形势新任务新要求。人才培养和社会需求存在一定程度的脱节。教育发展不平衡，结构不尽合理，各级各类教育衔接不够畅通，城乡、区域、校际资源配置存在差距。教育管理水平、服务意识有待提升，学校自主发展、自我约束能力还不强，广大师生的积极性还没有得到充分发挥。科学的教育观还未真正树立，实际工作、现实生活中，背离科学的人才观、质量观的情况还时有发生。要整体提高50多万所学校、2.6亿学生这一庞大教育体系的公平和质量，全面提升13亿人口的人力资源开发水平，我们的任务十分繁重、十分艰巨。

发展是硬道理，是解决一切问题的基础和关键。发展必须是科学发展，以先进理念引领发展，牢固树立、全面贯彻党的十八届五中全会提出的创新、协调、绿色、开放、共享五大发展理念。

以创新发展激发教育活力。创新发展注重的是解决发展动力问题。要创新教育观念，倡导有教无类、因材施教、终身学习、人人成才，使学生文化知识学习与思想品德修养相统一、理论学习与社会实践相统一、全面发展与个性发展相统一。要创新教育体制机制，少一些计划思维、少一些直接管理，多一些实实在在的服务，调动学校、教师、学生的积极性，激发全社会的教育活力。要创新教育内容和方式，深入掌握不同阶段学生必须具备的基本知识和能力、必须形成的核心素养，深化教育改革、提高教学水平，掀起一场“课堂革命”，为大众创业、万众创新提供有力支撑。

以协调发展优化教育结构。协调发展注重的是解决发展不平衡问题。在教育与经济社会的关系上，经济社会发展要依靠教育，教育要服务经济社会发展，使学校布局结构、学科专业结构、人才层次类型结构与经济社会发展相协调。在区域教育发展上，要加大对中西部教育支持力度，全面提升中西部教育水平。在城乡教育发展上，要把农村教育作为重中之重，健全覆盖城乡的均等化基本公共教育服务体系。在普职教育问题上，要加快建立现代职业教育体系，大力增强职业教育吸引力，培养更多应用型人才，传承技术技能，促进就业创业。在公办民办教育问题上，要更加注重释放社会力量的办学活力，鼓励民办教育发展，创新和扩大教育服务多样化供给。

以绿色发展引领教育风尚。绿色发展注重的是解决发展可持续问题。要深入研究、真正尊重、切实遵循教育教学规律和学生身心发展规律，全面实施素质教育，按规律办学、按规律育人。要培养师生绿色观念，反对奢侈浪费，崇尚勤俭节约，养成绿色的生活方式和行为规范。要建设绿色文明校园，以朴实、安全、适用为基本原则，杜绝建设豪华学校，营造浓郁人文环境，积淀深厚文化底蕴，提升办学品质，启迪学生心智，陶冶学生情操。

以开放发展拓展教育资源。开放发展注重的是解决发展内外联动问题。要扩大系统内部开放共享，实现校校协同、城乡一体、科教结合，使大中小学有机衔接。要主动对社会开放，强化教育与社会联系，充分利用社会资源，分享教育资源，形成家校共育、学校社会协同的良好教育生态。要坚持教育对外开放，以我为主、兼容并蓄，双向交流、合作共赢，办出中国特色、世界水平的现代教育。

以共享发展促进教育公平。共享发展注重的是解决社会公平正义问题。要关注身处不同环境中的孩子，千方百计为家庭经济困难学生、进城务工人员随迁子女、留守儿童、残疾儿童少年提供更多的关爱和帮助。要大力支持民族教育，全面提高少数民族和民族地区教育发展水平。要更加重视发展继续教育，为进城定居农民工、现代职业农民、现代产业工人和退役军人等群体提供方便、灵活、个性化的继续教育培训服务。

教育系统树立和落实新的发展理念，关系到改革发展稳定，关系到各级各类教育全过程。当前，最根本、最集中、最迫切的是要切实增强质量意识，提高教育质量。抓住了质量这一主题，就抓住了新理念的要义和精髓。党的十八届五中全会明确提出，在“十三五”时期我国发展的指导思想是“以提高发展质量和效益为中心”，具体到教育领域，特别强调要“提高教育质量”。习近平总书记指出，要推进教育改革，提高教育质量，培养更多、更高素质的人才。李克强总理要求，“十三五”期间要把教育质量放在更加突出的位置，力争有新的突破。过去的一个时期，我们花了不少时间、精力、财力，建新校区、盖新大楼、买新设备，扩大规模、争取项目，这是必要的。但这些都终究是外延性的，只是提高质量的必要条件。现在我们要把时间、精力和资源更多地用在内涵建设上，实实在在地把质量作为新时期我国教育工作的主题，实现我国教育更高质量、更有效率、更加公平、更可持续的发展。

今天我们强调的质量，是全面建成小康社会新目标下的质量，是全球教育竞争新态势下的质量，是实现教育现代化新要求的质量。提高质量，要把促进人的全面发展、适应经济社会发展作为根本标准，全面提升学校办学综合实力、学生成长成才能力、社会贡献力、国际竞争力。提升学校办学综合实力，需要遵循办学治校的内在规律，更新办学理念，提升管理水平，提高教师队伍素质，形成良好校风学风。不以学校规模大小比水平，不以论文数量多少论英雄。培养学生成长成才能力，就是要着眼学生的全面发展、长远发展，培养他们适应社会发展的能力、终身发展的能力，不单纯以升学率考核学校，不单纯以分数评价学生。增强社会贡献力，就是要在服务经济社会发展、办好人民满意的教育方面比水平、比贡献，更多地让社会评价教育、监督教育，不能关门办学，不能脱离经济社会的需要。提高国际竞争力，就是要发挥我国教育传统优势，借鉴各国经验，增强中国教育的吸引力、影响力、引导力，在国际舞台上争高低，不能自拉自唱、自说自话。总之，我们要牢固树立科学的质量观，转变思维，改变工作惯性，增强提高质量的自觉性、主动性、紧迫感。

三、牢牢把握提高教育质量的重点任务

2016年是“十三五”开局之年。教育工作总的要求是全面贯彻党的十八大和十八届三中、四中、五中全会精神，以邓小平理论、“三个代表”重要思想、科学发展观为指导，深入学习贯彻习近平总书记系列重要讲话精神，按照“五位一体”总体布局和“四个全面”战略布局，牢固树立和贯彻落实创新、协调、绿色、开放、共享的发展理念，全面贯彻党的教育方针，紧紧围绕提高教育质量这一战略主题，以立德树人为根本任务、以促进公平为基本要求、以优化结构为主攻方向、以深化改革为根本动力、以健全法治为可靠保障，以加强党的领导为坚强保证，加快推进教育现代化，为全面建成小康社会发挥关键支撑作用。

（一）落实立德树人根本任务

立德树人是提高教育质量的政治要求。要坚持德育为先、能力为重、全面发展，教育广大青少年时刻把祖国和人民放在心中，勤学、修德、明辨、笃实，不断增强社会责任感、创新精神、实践能力，成为德智体美全面发展的社会主义建设者和接班人。

坚定不移加强理想信念教育。要深入开展中国特色社会主义和中国梦的宣传教育，大力培育和践行社会主义核心价值观，加强革命传统教育，深入阐释、广泛宣传，丰富载体、强化实践，确保工作落细、落小、落实。充分发挥课堂主渠道作用，抓好义务教育教材的编写、修订、审查和使用工作，更好地发挥教材在理想信念教育中的系统传授作用。完成普通高中课程标准修订工作，将理想信念、核心素养和学业质量要求充实到课程标准中。加强高校马工程教材的编审和使用。大力推广和规范使用国家通用语言文字，提升国民语言能力，弘扬中华优秀传统文化。要以“文明校园”建设为重要抓手，营造良好育人环境。把爱国主义教育作为国民教育的永恒主题，培养学生爱国主义情怀、集体主义观念、社会主义信念。

千方百计促进学生身心健康。要始终牢固树立健康第一的教育理念，培养学生运动兴趣，使他们养成锻炼习惯、掌握运动技能、磨炼意志品质。今后，学生体质监测报告、学校体育督导评估结果要向社会公开。各级教育部门要动员社会各方面的力量，做好校园足球等工作，带动学校体育蓬勃发展。要高度重视学生心理健康问题，关注学生的情感需求，全面加强体育卫生、心理健康和艺术审美教育，培育学生积极健康向上的精神状态。

多种形式提高学生实践能力。下决心彻底改变“闭门读书”的习惯，真正使教育与生产劳动、社会实践相结合。加强劳动教育，对各学段课程目标、主要内容和实践形式提出明确要求，让学生从小热爱劳动、参与劳动。加强社会实践，做好实习实训，推进志愿服务，开展研学旅行，让学生拓展视野、丰富知识、了解社会。加强创新创业教育，修订人才培养方案，完善创新创业教育课程体系，推进协同育人，开展丰富多彩的创新创业实践活动。抓紧修订《普通高等学校学生管理规定》，放宽学生修业年限，允许学生休学创业，建立创新创业学分积累与转换制度，让学生在创新创业中展现才华、服务社会。各地各校要拓宽办学视野，拓展办学空间，积极主动寻求各方支持，努力把更多社会资源转化为教育资源。

（二）加快教育结构调整

结构调整是提高质量的主攻方向。结构不合理、资源错配会造成教育资源的浪费。要抓好教育供给侧结构性改革，增强教育结构的适应性和灵活性，使教育服务经济发展的新常态和人民日益增长的教育新需求。

发展普惠性学前教育。学前教育普惠性资源相对短缺，特别是农村地区学前教育基础薄弱，投入机制还不健全。要以完善普惠性幼儿园发展与投入机制为着力点，扎实推进第二期学前教育三年行动计划。在新型城镇化和新农村建设中，必须配套建设小区幼儿园，加大对企事业单位、集体办园和普惠性民办园的扶持力度。要创新管理体制，充分发挥公办幼儿园、乡镇中心园的辐射带动作用，让每一个在园儿童享受有质量保障的学前教育。研究制订第三期学前教育三年行动计划，进一步扩大普惠性资源覆盖面，提高学前教育普及率，解决好学前教育这个短板。

普及高中阶段教育。党的十八届五中全会明确要求“普及高中阶段教育”。教育部将出台普及高中阶段教育的实施意见，明确普及的目标、任务和重大政策。解决中西部贫困地区特别是集中连片特困地区高中阶段教育资源不足的问题，是下一步工作的重点。要实施普及高中阶段教育攻坚计划，将民族地区、集中连片特困地区、国家级扶贫开发工作重点县、部分中部人口大省的省级贫困县等纳入精准攻坚范围。要着力增强中等职业教育吸引力，努力使没有升入普通高中的初中毕业生都进入中等职业学校，掌握一技之长，促进家庭脱贫，提高劳动年龄人口受教育年限。

鼓励具备条件的普通本科高校向应用型转变。高校转型的前提是政府要改变管理方式，实质是高校人才培养模式改革。修改高校设置标准，既鼓励发展综合性大学，也支持发展小而精、有专业特色的学校。制定应用型高校标准，引导高校面向市场主动调整专业设置和资源配置，引入第三方特别是需求方对人才培养进行评价。完善全国高等教育质量常态监测国家数据平台，增强学生、家长选择的透明度，引导高校调整类型定位。中央财政将通过支持地方高校发展等专项资金，对改革成效显著的给予奖励。各地要把转型试点和高校布局结构调整结合起来，加大对试点高校的支持。高校要依据区域性、行业性需求，加快发展适应新产业、新业态、新技术发展的新专业，拓展传统学科专业的内涵。创新人才培养机制，深化产教融合、校企合作，培养应用型、技术技能型人才。

推进世界一流大学和一流学科建设。建设创新型国家和人力资源强国需要若干一流大学和一批一流学科。这是教育强国的重要标志。一流大学的建设，要有一批一流的学科，为社会培养一流的人才，对国家做出一流的贡献，在国际上产生一流的影响力。世界一流大学和一流学科建设，要坚持继承和创新相结合，坚持发展方向，改进实施方式。高校要以学科为基础，强化优势特色，自主确定建设目标，避免平均用力。政府要强化绩效评价，根据高校办学目标实现程度，对支持力度进行动态调整。要形成开放机制，对支持的学科进行适时调整，避免身份固化。充分发挥大数据作用，重点依据已公开的数据、成果和质量报告，引导高校把功夫放在日常质量提高和一流水平建设上，避免不重平时、只重一时。教育部正会同有关部门研究制定实施办法及资金管理办法。

推进全民继续教育。新一轮科技革命对传统产业造成巨大冲击，经济转型中新业态、新岗位不断涌现，提高全要素生产率要求人才素质和能力不断提升。要更加重视职业培训，充分依托高等教育、中等职业教育资源，建设职工继续教育基地，提高广大劳动者的就业能力、工作能力和职业转换能力，帮助他们更好适应市场变化和就业条件变化。要更多地通过政府购买、财政补贴等方式推进学习型城市、学习型组织建设，进一步推进社区教育改革发展，办好开放大学，着力提升全体社会成员的思想道德、科学文化和健康素质。实施《老年教育发展规划（2016—2020 年）》，扩大老年教育资源供给，加强老年教育服务。要加快继续教育基础性制度建设，探索建立个人学习账号，推进学习成果积累和转换试点工作，推动多种学习方式、学习过程相互衔接，实现学习成果“零存整取”，搭建人才成长“立交桥”，畅通继续教育、终身学习通道。

（三）下大功夫抓好教育公平

提高教育质量是对所有学校和受教育者而言的，促进公平是提高质量的内在要求。中央把“发展教育脱贫一批”作为重要举措。我们要加快实施教育扶贫工程，实施精准帮扶，把钱花在对特定人群特殊困难的针对性帮扶上，使他们有切实的获得感，使他们及其后代发展能力得到有效提升，阻断贫困的代际传递。各级教育部门、各级各类学校都要竭尽所能，用心用力为打赢脱贫攻坚战做出各自的努力。

精准帮扶困难群体。要加大帮扶力度，坚持应帮尽帮、该补则补，确保帮扶不遗漏，资助不冒领。建立以学籍为基础的全国学生资助管理信息系统，加强与人口、低保、扶贫等部门信息系统的对接。完善多部门合作机制，强化监护人的责任，构建政府主导、家校联动、社会参与的留守儿童关爱服务体系。简化随迁子女入学流程、证件要求，为每一个符合条件的随迁子女提供平等入学升学机会。落实“一人一案”，提高残疾儿童少年义务教育入学率，用最大的爱心、尽最大的努力帮助他们成长成才。逐步分类推进中等职业教育免除学杂费工作，从建档立卡的家庭经济困难学生开始，实施普通高中免除学杂费。对虚报受助学生人数、套取国家财政资金等行为，发现一起查处一起。

加快改造薄弱学校。加快城乡义务教育学校标准化建设。优化学校布局，努力消除城镇“大班额”现象，逐步实现区域内校际资源均衡配置。今年要把全面改薄工作进展情况作为专项督导主要内容，对项目进展不力、出现严重问题的地区进行问责，确保2018年年底前全面完成改造任务。《国务院关于深入推进义务教育均衡发展的意见》提出，到2020年95%的县（市、区）应实现基本均衡。完成这个目标的还有近1 600个县（市、区），时间紧、任务重。拟要再评估认定500个以上，同时对已通过评估认定的地区进行监测复查。

全面提升中西部教育水平。实施《加快中西部教育发展行动计划（2016—2020）》，优化顶层设计，整合工程项目，集中力量攻坚克难。深入实施《中西部高等教育振兴计划（2012—2020年）》，启动实施中西部高校基础能力建设二期工程。继续提高中西部地区高考录取率，做好重点大学面向农村贫困地区定向招生工作，实现民族自治县全覆盖，比2015年增加1万人。做好教育部牵头联系滇西片区扶贫工作，对接政策、项目、资金需求，助力滇西与全国一道迈入全面小康社会。

（四）提升办学要素水平

人力、物力、财力既是提高质量的保障条件，也是提高质量的基础性要素。2015年年底召开的中央经济工作会议指出，要加大投资于人的力度。李克强总理强调，无论财政收支压力有多大，我们对教育的支持力度不会减，向教师队伍倾斜的政策不会变，建设教育强国的决心不动摇。

提升教师队伍整体素质。提高教育质量，关键是教师。要加强乡村教师队伍建设。各地要认真落实连片特困地区乡村教师生活补助政策，尽快实现连片特困县全覆盖。建立省级统筹规划、统一选拔的乡村教师补充机制，从源头上提高乡村教师质量。国务院教育督导委员会将对这项工作进行联合督查。要创新教师培养培训机制。完善国家师范生免费教育政策，推动地方实施师范生免费教育。加强职业教育双师型教师队伍建设，推进高校、大中型企业和职业院校共建教师培养培训体系。要大力推进教师考核评价制度改革，更加重视对教学水平的评价，更加重视教师科研成果的创新和实际贡献，促进教研相长、教学相长。要加强师德师风建设，明确教师以身作则、教书育人的职责，加强课堂教学管理，查处师德失范行为。

加快推进教育信息化。信息技术为提高质量提供了新动力、新手段。要继续推进“三通两平台”的建设与应用，加强偏远农村中小学信息化基础设施建设，推动实现互联网全覆盖和网络教学环境初步普及。要深入开展“一师一优课、一课一名师”活动，组织建设优质数字教育资源，推进线上线下相结合的课程共享，探索信息技术支撑的教育服务供给新模式。要完善国家教育资源公共服务体系，实现平台互联互通、资源共建共享，向农村地区、偏远地区、民族地区推送优质教育资源。要坚持应用驱动，持续提高教师的信息技术应用能力，充分利用现代信息技术推动教学模式、学习方式的深度变革。

依法保证教育投入稳定增长。投资教育就是投资经济、投资未来。国家要加大人力资本投资，教育要加大投资于人的力度。新修订的教育法再次明确了教育经费“两个提高”“三个增长”的要求，充分表明了党中央、国务院实施教育优先发展战略的坚定决心。自2012年以来，尽管国家财政性教育经费支出占国内生产总值（GDP）的比例连续三年保持在4%以上，但一些地方在加大财政教育投入上有所松懈。要落实法定增长要求。特别是要保证教育财政拨款的增长高于财政经常性收入的增长，保证财政支出总额中教育经费所占比例逐步提高。要将教育经费增长落实情况纳入国家教育督导重要事项，要和转移支付、招生计划、院校设置等工作紧密挂钩。要以建立健全各级教育生均拨款制度为抓手，加快形成保证财政教育投入稳定增长的长效机制。今年要重点落实好统一后的城乡义务教育学校生均公用经费基准定额，建立健全中职学校生均拨款制度。要充分调动社会资本投入教育的积极性，满足群众多层次、多样性、个性化的教育需求，促进教育消费的扩大升级。要突出经费分配重点。加大对中西部和边疆、民族地区、贫困地区及革命老区投入力度，进一步向基础教育、职业教育倾斜，向贫困学生、乡村教师倾斜，多做雪中送炭的事，切实把中央的惠民政策落到实处。要完善经费使用监管。健全管理制度，完善管理办法，堵塞管理漏洞。强化经费使用全过程监督检查，坚决依法依规查处浪费、挤占、挪用、贪污教育经费的行为。要落实管理责任，加快预算执行进度，提高使用绩效。不该花的钱坚决不花，该花的一定要花好。有的钱既可以打酱油，也可以买醋；有的钱只能打酱油，不能买醋；无论是打酱油还是买醋，都得有程序、讲效益、受监督。

四、提高教育质量必须深化改革、加强法治

坚持深化改革和依法治教“双轮驱动”。通过改革调整政府、社会、学校的关系，释放办学活力。通过法治引领、保障、促进改革，构建有效支撑质量提升的教育治理体系。

深化“放管服”改革。中央反复强调要简政放权、放管结合、优化服务，这是释放教育活力、提高教育质量的“总闸门”。要继续简政放权，深化管办评分离改革。简化行政审批流程，规范审批行为，方便群众办事，方便学校办学。要切实解决检查评比多、随意性强、重形式轻内容的问题，能取消的取消、能合并的合并、能多部门联合的就不要重复检查。要创新监管方式，提高监管的针对性和有效性。2016年要加快完善国家教育标准体系，用标准加强引导、加强监管、加强问责。公开是常态、不公开是例外，高校本科教学评估报告、专业评估报告、教学质量年度报告、就业质量年度报告、教学质量常态监测数据都要向社会公开，并作为今后加强和改进一流大学和一流学科建设的基本参考数据。建立省级政府履行教育职责督导评价制度，促进地方政府更好履行教育职责，健全教育督导制度体系。要强化服务意识，让学校把更多的时间精力用在办学治校上。教育部门要回应学校办学需求，从学校反映最多、师生愿望最迫切的事做起，在教育教学指导、质量监测评估诊断、就业创业指导、基础设施建设等方面为学校提供优质高效服务。要从调动教师积极性、提高教育质量出发，积极稳妥推进学校人事制度、分配制度改革。加大对青年教师的关心支持，解决他们工作和生活中的实际困难，努力为他们成长发展提供更多机会。

紧紧抓住考试招生制度改革这个枢纽环节。各地考试招生制度改革方案已基本完成，要按照方案提出的时间表，积极稳慎推进。要充分发挥高考的育人功能和积极导向作用，推进考试内容改革。各地要加强考试机构和命题队伍建设，严格规范组织高中学业水平考试，强化考试安全制度和体系建设。加快推行高职分类考试，进一步扩大录取比例。教育部将研究并提出加强普通高中教学管理和学生综合素质评价的指导意见，各地要稳步推进选课走班制度，方便学生选学选考。要逐步建立学生发展指导制度，加强对学生理想、心理、学业、生涯等方面的辅导。建立完善省级综合素质评价工作电子化管理平台，建立诚信机制和公开机制，保证综合素质评价材料真实、可靠、管用。

支持和规范民办教育分类发展。进一步理顺政府与学校的关系，加快建立民办学校分类管理制度，完善法人登记制度、产权制度、资产和财务管理制度、会计核算和审计制度，加快完善管理服务体系，鼓励社会力量和民间资本提供多样化教育服务。要研究制定非营利性、营利性民办学校差别化扶持政策，特别是在政府补贴、政府购买服务、助学贷款、基金奖励、捐资激励、土地划拨等方面加大对非营利性民办学校支持力度。研究制定加强民办学校党的建设工作的意见，健全民办学校党组织设置，选好配强学校党组织负责人，更好地发挥党组织在办学治校中的作用。

深化高校科技体制改革。高校是国家实施创新驱动发展战略的生力军。要完善科研组织方式，加强学科交叉，组建科研大团队，承担国家重大科研攻关项目。要深化高校科技成果转化机制改革，建立专业的知识产权运营机构，完善促进科技成果转化的政策机制。要深入推进科技评价改革，系统调整教育部高校重点实验室、工程中心、社科基地的评估导向和办法，将年度状态监测和专家评估相结合，更加注重实际贡献和创新质量。

提升教育对外开放质量和水平。要提高出国留学效益。围绕创新驱动战略做好选派规划，更好发挥国家公派留学对高端人才培养的重要作用。要打造“留学中国”品牌。启动来华留学人才培养质量保障体系建设，出台《学校招收和培养国际学生管理办法》。充分发挥“丝绸之路”中国政府奖学金等项目的示范引领作用，吸引更多国际优质生源来华学习，培养来华青年杰出人才。要提升中外合作办学质量。完善评估认证办法，建立年度报告制度，强化退出机制，形成高效可靠的中外合作办学质量保障体系和监督合力。同时，要加强与我国港澳台地区学生、教师的交流合作，促进海峡两岸暨港澳地区教育共同发展。

全面加强依法治教。积极配合全国人大完成《民办教育促进法（修正案）》审议工作。加快《职业教育法修正案（草案）》《残疾人教育条例》送审工作。做好《中华人民共和国教师法（修订草案）》《学前教育法》《终身学习法》《国家教育考试条例》《学校安全条例》《关于健全中小学安全风险防控机制的意见》起草工作。出台《健全学校法律顾问制度的意见》，为依法治校提供专业化法律服务。建立高校章程实施监督机制，引入第三方评价，加强对高校章程执行及现代大学制度建设情况的指导评估。推进中小学学校章程建设。制定依法治校评价指标体系，将依法治校作为评价学校办学水平的重要方面。出台深化教育行政执法体制机制改革的意见，通过教育执法促进教育法律全面有效实施。发布实施《青少年法治教育大纲》，编写法治教育教材，在中小学开设法治知识课程，在广大青少年中弘扬社会主义法治精神。

五、切实肩负起管党治党的政治责任

办好中国的事情，关键在党。教育工作面临的形势越复杂、任务越繁重，越要加强党的领导。

坚持把思想政治建设放在首位。要始终把坚定正确的政治方向放在第一位。习近平总书记系列重要讲话，是马克思主义中国化的最新成果。加强新形势下党的思想政治建设，最重要的是用系列重要讲话精神统一思想、凝聚共识，武装头脑、指导工作。要发挥高校哲学社会科学的人才优势、学科优势，深入研究、系统宣传以习近平同志为总书记的党中央治国理政新理念新思想新战略。要强化看齐意识，自觉向党中央看齐，向党的理论和路线方针政策看齐，始终在思想上政治上行动上同党中央保持高度一致。要把意识形态工作作为一项极端重要的工作来抓，增强政治警觉性和政治鉴别力，矢志不移地坚定马克思主义信仰、共产主义信念，坚定不移地走中国特色社会主义教育发展道路。

不断强化基层党组织整体功能。加强党对教育的领导，对学校基层党组织建设十分重要。2016年，中组部、教育部将制定印发关于加强高校基层党支部建设的意见、关于加强民办学校党的建设的意见、关于加强中小学校党的建设工作的相关意见。各级党组织都要牢固树立“抓好党建是最大政绩”的理念，全面落实党建工作责任制，强化“党政同责”“一岗双责”意识，切实担负起全面从严治党主体责任。

持续推进党风廉政建设和反“四风”工作。认真落实党的十八届中央纪委第六次全会精神，坚持全面从严治党、依规治党。严格遵守中国共产党廉洁自律准则和纪律处分条例，追求道德高线，守住纪律底线。要保持反“四风”、正党风、反腐败、倡清廉的战略定力，严守党的政治纪律、组织纪律、廉洁纪律、群众纪律、工作纪律、生活纪律，始终握牢纪律戒尺。全面落实好中央巡视组反馈意见，不折不扣、从严从实，全面整改。教育部将加大对直属高校、直属单位巡视力度和频次，对巡视中发现的问题不整改、不查处的，要严肃执纪问责。要将巡视结果作为干部考核评价、选拔任用的重要依据，将巡视工作贯穿于领导班子、干部队伍建设的全过程。持续保持惩治腐败高压态势，严守有权不可任性，坚持信任不能替代监督，牢记严管就是厚爱的道理，用好监督执纪“四种形态”，努力营造风清气正的教育政治生态。

以良好的精神状态和作风推进各项工作落实。现在，中央关于教育改革发展的大政方针已明确，关键是要抓好落实，以严的精神、实的作风推动各项决策部署落地生根、开花结果。要严明责任，把目标任务分解到部门、落实到岗位、量化到个人，消除改革“中梗阻”，打通落实“最后一公里”。领导干部要在抓落实上起好示范表率作用。要强化日常管理，深化平安校园建设，确保校园和谐稳定和师生安全。要着力提高舆论引导能力，善于把握本质、主流和趋势，善于把握社会心理，“时、度、效”，有针对性地做好宣传思想工作，争取社会各界对教育的理解和支持。

教育部正在制定“十三五”教育规划，研究加快推进教育现代化的意见，希望各地各校积极参与，多提意见。各地各校也要抓紧规划编制工作。要全面贯彻党的十八届五中全会精神，坚持以人民为中心的发展思想，把握经济新常态对教育改革发展的总体要求，紧密结合国家重大战略，明确思路，找准定位，确定目标，对拟纳入“十三五”教育规划的重大政策举措、重大工程项目要进行科学论证。要坚持开门编制规划，广泛征求各方意见、集思广益，把“十三五”教育规划编制作为加快推进教育现代化的规划、全面服务全面建成小康社会的规划。

同志们，提高教育质量，加快推进教育现代化，是时代赋予我们的崇高使命，是党和人民赋予我们的重大责任。让我们紧密团结在以习近平同志为总书记的党中央周围，统一思想、凝聚力量，锐意进取、攻坚克难，不断谱写教育改革新篇章，开创教育发展新局面，为全面建成小康社会、实现中华民族伟大复兴的中国梦，做出新的更大贡献！

（2016年1月15日）

让教师成为让人羡慕的职业*

陈宝生

2016 年 9 月 9 日，习近平总书记到八一学校看望慰问师生，发表重要讲话。讲话高瞻远瞩，内涵丰富，思想深邃，情真意切，是推进教育改革发展的行动指南。在讲话中，总书记强调，各级党委和政府要关心教师，让广大教师安心从教、热心从教、舒心从教、静心从教，让广大教师在岗位上有幸福感、事业上有成就感、社会上有荣誉感，让教师成为让人羡慕的职业。这一重要论述，是总书记继 2014 年教师节在北京师范大学发表重要讲话提出“使教师成为最受社会尊重的职业”后，对教师职业社会地位新的诠释，是对教师工作提出的更高要求。

当前，全党全国人民正在统筹推进“五位一体”总体布局，协调推进“四个全面”战略布局，着力实施创新驱动、建设世界科技强国、建设中国制造强国、“一带一路”建设等任务，朝着实现中华民族伟大复兴的中国梦和“两个一百年”奋斗目标阔步迈进。要实现上述一系列宏伟目标，关键在人才，基础在教育，根本在教师。学习好、贯彻好总书记重要讲话精神，努力建设一支师德高尚、业务精湛、结构合理、充满活力的高素质专业化教师队伍，培养出更多更好能够满足党、国家、人民、时代需要的人才，意义重大而紧迫。

强化待遇保障，让教师在岗位上有幸福感

习近平总书记多次指出，要改善教师待遇，关心教师健康，维护教师权益，充分信任、紧紧依靠广大教师，支持优秀人才长期从教、终身从教。要让教师成为让人羡慕的职业，就要按照习近平总书记的要求，切实加强待遇保障，让教师在岗位上有幸福感。

组织上有依靠。增强为广大教师服务好、服好务的思想意识和行动自觉，做到政治上充分信任、思想上主动引导、工作上创造条件、生活上关心照顾，多为他们办实事、做好事、解难事。做广大教师的挚友、诤友、贴心朋友，善于运用沟通、协商、谈心等方式做好思想工作，多了解他们工作生活中的困难，多鼓励他们取得的成绩和进步，支持他们充分释放自己的才华和创造力。

工作上更体面。建设现代学校制度，完善内部治理结构，健全议事规则和决策程序，突出教师主体地位，切实保障教师在办学模式、育人方式、资源配置、人事管理等方面的知情权、参与权、表达权和监督权。加强编制管理，健全教职工补充长效机制，保证充足的人员配备，减轻教师的工作压力，让他们在工作之余享受生活的美好。

生活上更有尊严。健全教师工资保障长效机制，实现稳步增长，确保不低于或高于当地公务员工资水平。健全符合教师职业特点的工资分配激励约束机制，充分发挥绩效工资的激励导向作用。

实现教师为本，让教师在事业上有成就感

习近平总书记指出，百年大计，教育为本；教育大计，教师为本。希望广大教师认清肩负的使命和责任，努力为发展具有中国特色、世界水平的现代教育，培养社会主义事业建设者和接班人做出更大贡献。这是总书记对教师履行使命责任的殷切希望，也是对各级党委和政府支持教师建功立业的明

* 原文副标题为《深入学习贯彻习近平总书记在八一学校看望慰问师生时的重要讲话精神》。

确要求。

促进专业成长。推进师范教育综合改革，加大师范院校支持力度，办好师范院校和师范专业，构建现代师范教育体系。创新培养模式，完善高校、地方政府、中小学“三位一体”协同育人机制，优化专业课程，加强教育实践，健全质量保障，提升教师的社会责任感、创新精神和实践能力。抓好教师培训，落实5年一周期不少于360学时的培训制度，分级分层分类开展各具特色的培训项目，提高培训的针对性和实效性。健全教研制度，发挥教学名师和优秀教师的示范带动作用，引领青年教师快速成长。鼓励教师大胆探索，创新教育思想、模式和方法，不断获得专业成长。

优化管理服务。推进教育治理体系和治理能力现代化，深化“放管服”改革，推进管办评分离，进一步破解体制机制障碍和瓶颈问题，最大程度地激发教师的积极性、主动性、创造性。完善教师资格制度，实施中小学教师资格考试和定期注册制度改革，制定符合教育行业特点的教师聘用制度。深化职称制度改革，完善岗位管理，打破教师职业发展的“天花板”。深入推进考核评价制度改革，努力扭转中小学单纯以学生学业考试成绩和升学率评价教师的倾向，努力扭转高校教师评价重科研轻教学、重数量轻质量的倾向，引导教师潜心教书、静心研究。积极稳妥推进收入分配制度改革，给教学、科研人员更多经费使用权，更多创新成果使用、处置和收益权，充分体现知识价值。

成就事业华章。引领广大教师始终同党和人民站在一起，站稳政治立场，明辨是非正误，全面贯彻党的教育方针，坚持社会主义办学方向，成为教育事业健康发展的压舱石。支持广大教师落实立德树人根本任务，努力培养德智体美全面发展的社会主义建设者和接班人，成为人才培养的重要力量。鼓励高校以科研为主的教师，不断取得具有世界一流水平的科技成果，成为建设世界科技强国的主力军。引导广大教师弘扬中华传统美德，弘扬时代新风，用社会主义核心价值观凝魂聚力，成为社会风尚的引领者。

弘扬尊师风尚，让教师在社会上有荣誉感

习近平总书记指出，教师做的是传播知识、传播思想、传播真理的工作，是塑造灵魂、塑造生命、塑造人的工作。他们理应受到尊敬，要在全社会弘扬尊师重教的良好风尚。他还强调，要让教师有荣誉感，要让教师成为让人羡慕的职业。我们要按照总书记的要求，大力弘扬尊师风尚，使尊师思想深深植根于人们的头脑中，内化为大家的自觉意识，外化为大家的自觉行动，让教师有荣誉感。

厚植尊师文化。文化是民族精神的载体，是凝聚社会共识的纽带，必须把尊师文化建设摆在突出位置。深入学习习近平总书记关于教育和教师工作重要讲话精神，学深悟透其中的尊师思想、立场、观点和方法，统领构建新时期尊师文化。继承发扬中华民族尊师重教、崇智尚学的优良传统，大力弘扬源远流长的中华优秀传统文化，奠定新时期尊师文化的民族根基。

加强尊师教育。加强社会教育，通过报刊、电视、广播、街道板报等多种渠道，营造全社会尊师光荣、鄙师可耻的浓厚氛围。加强校园教育，把尊师文化作为中华优秀传统文化和社会主义核心价值观教育的重要内容，通过课堂教学、校园文化和社会实践多位一体的育人平台，为每个孩子从小种下尊师的种子。加强学生家长教育，加强他们对教师工作的理解支持。

落实尊师行动。把尊师文化融入各级党委和政府治国理政理念和实践中，把加强教师队伍建设作为基础工作来抓，坚持教育规划、资金、政策等要素优先向教师队伍建设倾斜。完善教师荣誉制度，深入做好长江学者奖励计划、教学名师、全国教育系统先进集体和先进个人、全国教书育人楷模等评选推选活动，鼓励地方结合实际设立荣誉奖项，构建中央和地方系统衔接、层次分明的荣誉体系。

维护师道尊严，教师要增强成为好老师的使命感

习近平总书记强调，做好老师，要有理想信念、有道德情操、有扎实学识、有仁爱之心。他还指出，广大教师要做学生锤炼品格的引路人，做学生学习知识的引路人，做学生创新思维的引路人，做学生奉献祖国的引路人。成为好老师，做学生健康成长的引路人，既是总书记对广大教师提出的殷切希望，也是教师成为让人羡慕的职业的前提。

自觉崇德修身。坚定理想信念，忠诚于党和人民的教育事业，将党的教育方针贯彻于教育教学全过程；加强中国特色社会主义理论体系的学习，不断增强中国特色社会主义道路自信、理论自信、制度自信、文化自信。自觉涵养道德情操，弘扬和践行社会主义道德和中华传统美德，做一个以德立身、德行天下的品行之师。自觉培育仁爱之心，树立崇高的职业理想和坚定的职业信念，爱岗敬业，以爱化人，浇灌学生心灵之花，滋润学生人格之树健康常青。

夯实扎实学识。自觉树立终身学习理念，勤于学习、敏于求知，下苦功夫，求真学问。主动学习中外优秀经典名著，博览群书，丰富知识，深厚学养。积极站在时代前沿，刻苦钻研，充实新知，特别要提升专业素养，与时俱进地更新专业理念、升华专业知识。适应“互联网+”的时代需要，不断运用信息技术提高教学设计、教学实施、教学评价等专业能力，进而提高教育教学实效和人才培养质量。

提高创新本领。自觉提高教育创新的本领，直面教育改革发展的重大理论和现实问题，大胆探索，勇于实践，不断革新教育思想理念、改进教学方式方法、破解育人瓶颈障碍。努力提高科技创新的本领，围绕国家需要、人民需求，努力取得卓越的科技成果。不断提高创新教育的本领，成为学生创新精神的守护者、创造能力的培育者、创业生涯的引导者，把大学生、职教学生培养成推动大众创业、万众创新，建设世界科技强国的一代新人。

（本文原载《人民日报》2016年12月8日）

把党的十八届六中全会精神刻在心里 落到实处*

沈晓明

习近平总书记在党的十八届六中全会上的重要讲话，全面总结了一年来党和国家工作，科学分析了世情国情党情的发展变化，深刻阐明了全面从严治党的重大意义，深入回答了管党治党的一系列重大理论和现实问题，是推进全面从严治党、开创党的建设新局面的行动纲领。我们要结合教育实际，认真学习贯彻。

第一，增强“四个意识”，要始终同以习近平同志为核心的党中央保持高度一致。党的十八届六中全会强调，全党要牢固树立政治意识、大局意识、核心意识、看齐意识，坚定不移维护党中央权威和党中央集中统一领导。“四个意识”是统一整体，为的是确保全党方向和立场坚定正确，确保局部和整体协调一致，确保团结和集中统一，确保队伍整齐有力。如何检验“四个意识”？首先要看是否紧密团结在党中央周围，团结在党的核心周围；是否向党中央看齐，向党的核心看齐。全会明确习近平总书记在党中央的核心地位，正式提出“以习近平同志为核心的党中央”，这反映了全党全军全国各族人民的共同心愿。教育肩负着学习研究宣传马克思主义、培养中国特色社会主义事业建设者和接班人的重大任务。要进一步增强“四个意识”，特别是核心意识、看齐意识，把维护核心变成思想自觉，变成党性观念，变成纪律要求，变成实际行动。要经常、主动向党中央看齐，向党的理论和路线方针政策看齐，向党中央决策部署看齐。要把党中央、国务院关于教育改革发展稳定的重大部署落实到实际工作中。近期要重点抓好三个方面工作，为党的十九大召开营造良好氛围。要牢牢把握高校意识形态工作领导权、主导权。落实意识形态工作责任制实施细则，从机制和力量上进一步理顺教育宣传工作，加强理论研究、课堂教学、网络新媒体等“三个阵地”的建设，坚持露头就打、重在转化，做好重点人工作。要全力筹备召开全国高校思想政治工作会议。根据中央要求，配合做好中央领导同志讲话稿起草、会议文件起草等工作。按照中办批复的会议方案，进一步细化任务分工，明确时间节点，实施精细化管理，确保万无一失。坚持早谋划、早动手，着手研究制定学习贯彻会议精神的具体举措。要切实维护教育系统和谐稳定，这方面的任务很重，当前重点是认真落实刘延东副总理相关重要批示精神，细化措施、明确责任、抓好落实，特别是指导和督促相关地方按既定政策稳妥解决问题。

第二，落实“一岗双责”，要坚定不移推进教育部机关全面从严治党。党的十八届六中全会以加强和规范党内政治生活、加强党内监督为重要抓手，对全面从严治党做出了重大部署。全会审议通过的《关于新形势下党内政治生活的若干准则》（简称《准则》）和《中国共产党党内监督条例》（简称《条例》）内在统一、相辅相成，是推进全面从严治党的重要制度法规保障。直属机关党组织建

* 在教育部党组理论学习中心组集中学习研讨党的十八届六中全会精神时的发言。

设是党的建设新的伟大工程的重要组成部分。习近平总书记要求各部门各单位把机关党建工作摆在重要位置，要求机关各级党组织努力做落实中央决策的表率、服务人民群众的表率、推动改革创新的表率、注重强基固本的表率、弘扬清风正气的表率。在宝生同志的重视和指导下，教育部直属机关党建工作全面加强。前不久，我们结合“两学一做”学习教育，印发了以“四个合格”为目标要求、加强直属机关党建工作的实施方案，成立了领导小组，制定了任务分解表。推进落实“四个合格”，是贯彻落实六中全会精神的重要抓手，要持续用力、久久为功。下一步，要按照“一岗双责”的要求，在部机关重点抓好三个方面工作。一是，要认真贯彻落实《准则》和《条例》。结合“两学一做”学习教育，加强分类指导，强化督促检查，掀起学习贯彻六中全会精神的热潮。推动党员、干部认真学习《准则》和《条例》，做到应知应会、常记牢记，并自觉落实到行动中。二是，要全面推进落实“四个合格”。落实部党组印发的实施方案，把全面推进落实“四个合格”作为教育改革发展长期坚持的重要部署和部机关党的建设的重要目标，持续跟进落实。三是，要积极筹备召开直属机关第七次党代会。按照党组会审议通过的工作方案，认真做好报告起草、代表选举、两委会委员候选人推选等筹备工作，确保把直属机关第七次党代会开成团结鼓劲、风清气正的大会。

第三，加强统筹协调，要切实抓好分管领域教育改革发展稳定各项工作。学习贯彻党的十八届六中全会精神，前提是学习领会，关键是贯彻落实。学习贯彻六中全会精神的成效，最终要体现在推进工作的成效上。要把深入学习贯彻六中全会精神与学习宣传党中央治国理政新理念新思想新战略结合起来，与落实中央专项巡视整改任务结合起来，推动学习贯彻全会精神落到实处、取得实效。要坚持发展抓公平、改革抓体制、安全抓责任、整体抓质量、保证抓党建，把学习贯彻六中全会精神贯彻到教育改革发展稳定全过程、各方面，贯彻到推进分管领域各项工作中，做到两手抓、两促进。到年底只有一个月的时间，要着力抓好各方面的工作。要统筹明年拟考虑的重点工作。在已经收集、汇总各司局拟提请中央层面决策和支持的重大教育改革发展事项的基础上，进一步做好凝练和聚焦。要落实分管领域 2016 年工作任务。根据全年工作部署，对照年度工作计划，逐项对照、确保落实。切实整改国务院第三次大督查发现的问题，进一步加强城乡义务教育经费管理。要谋划分管领域 2017 年重点工作。在做好今年工作的基础上，积极谋划好 2017 年有关工作安排。

第四，坚持以身作则，要在学习贯彻六中全会精神上发挥示范和表率作用。习近平总书记强调，加强和规范党内政治生活，加强党内监督，必须从领导干部特别是高级干部做起。刘云山同志在中央党校 2016 年秋季学期第二批入学学员开学典礼上的重要讲话中指出，领导干部要在深入学习六中全会精神、增强核心意识、强化党性修养、勇于担当负责四个方面当好表率。我要努力做到“三个带头”。要带头坚定理想信念。坚持不忘初心、继续前进，坚定中国特色社会主义道路自信、理论自信、制度自信、文化自信，不断增强政治敏锐性和政治鉴别力，对各种错误言行敢于斗争、敢于亮剑。要带头遵守党章党规。严格遵守党章，以《准则》和《条例》为镜，自觉按照党的组织原则和党内政治生活准则办事，自觉接受党的纪律约束和各方面监督，勇于开展批评和自我批评，要求别人做到的自己首先做到，要求别人不做的自己首先不做。要带头落实“四个合格”。始终保持忠诚干净担当，自觉做到“四个合格”，大力营造风清气正的教育政治生态，为推动教育系统全面从严治党和教育改革发展做出贡献。

（2016 年 11 月 25 日）

扎实推进教育脱贫
着力阻断贫困代际传递

朱之文

一、认真学习习近平总书记关于教育扶贫的重要论述

习近平总书记历来高度重视扶贫工作，重视教育在扶贫开发中的重要作用。早在 20 世纪 80 年代，总书记在福建宁德工作期间撰写了《摆脱贫困》一书，特别强调“越穷的地方越需要办教育，越不办教育就越穷”。2013 年 12 月，总书记在河北阜平考察时明确指出：“治贫先治愚，要把下一代的教育工作做好，特别是要注重山区贫困地区下一代的成长。把贫困地区孩子培养出来，这才是根本的扶贫之策。”2015 年 9 月，总书记在给北师大贵州教师研修班参训教师的回信中指出：“扶贫必扶智，让贫困地区的孩子们接受良好教育，是扶贫开发的重要任务，也是阻断贫困代际传递的重要途径。”2015 年 11 月下旬，总书记在中央扶贫开发工作会议上特别强调指出：“教育是阻断贫困代际传递的治本之策。贫困地区教育事业是管长远的，必须下大力气抓好。扶贫既要富口袋，也要富脑袋。”

2015 年 11 月，《中共中央　国务院关于打赢脱贫攻坚战的决定》明确提出，要用 5 年时间完成 7 000 多万农村贫困人口脱贫任务，解决区域性整体贫困。教育作为脱贫的五大举措之一，被赋予重大使命。做好“十三五”时期的教育脱贫工作，关键是认真学习总书记关于教育扶贫的重要论述，自觉把思想和行动统一到中央的决策部署上来，着力把握好以下几个方面。

（一）做好教育脱贫工作要有优先意识

许多家庭之所以陷入贫困、难以摆脱贫困，一方面，是因为贫困地区产业发展滞后，就业机会少，缺乏致富渠道。另一方面，是因为教育观念落后，不具备劳动致富所需的知识和技能，摆脱贫困信心不足、能力不足、动力不足。长远来看，从根本上消除贫困离不开教育。要将发展教育摆在优先位置，加大教育投入，不断提升贫困地区人力资源开发水平，增强贫困人口自我发展能力，为当地群众提供更多的就业岗位和发展机会，促进当地特色产业发展和经济转型升级。

（二）做好教育脱贫工作要有“一盘棋”意识

中央对如何打赢脱贫攻坚战，提出了实施“五个一批”工程。教育脱贫是“五个一批”的重要组成部分，需与其他“四个一批”相互衔接和支撑。为此，必须树立“一盘棋”意识，立足脱贫工作全局统筹谋划、统筹部署、统筹推进。一方面，在推进其他“四个一批”时，要同步考虑教育的问题。另一方面，在推进教育扶贫时，要格外重视教育，为整个脱贫工作提供人才支撑和智力保障。同时，教育内部也要加强统筹，处理好普通教育与职业教育的关系，加大政策、措施、项目的整合力度，形成整体效应。

（三）做好教育脱贫工作要有精准意识

实施精准扶贫是中央明确提出的要求，贫困地区教育规模大、需求多样，教育脱贫工作更应精准发力。在工作目标上要扶真贫，了解教育的真贫在哪些地区、哪些环节、哪些人群，表现形式是什

么。在政策制定上，要科学分析贫困地区教育发展滞后的根本原因，找准教育扶贫的路径，把资金用到“刀刃上”。针对贫困地区的倾斜政策，既要是他们迫切需要的，也要符合当地实际。在资源投放上要重实惠，项目安排、师资配备、资金投入都要“对症”，才能切实解决问题。在责任落实上要见实效，谁来干、什么时候干、干到什么程度、不干怎么问责，都要有“说法”。

（四）做好教育脱贫工作要有创新意识

受客观条件制约，贫困地区教育发展面临许多特殊困难。在5年时间内，让贫困地区教育水平接近全国平均水平是繁重而艰巨的任务，没有特别的举措，是难以实现的。为此，需在教育扶贫的思路、举措、方法等方面注重创新，走出一条贫困地区教育事业发展的新路。比如，在路径选择上，要坚持因地制宜、问题导向、聚集重点，由扶持重点地区向既扶持重点地区又扶持重点学校、重点人群转变。在支持方式上，需立足全局加强资源统筹，有效整合资金和项目，聚焦重点，避免平均用力。在扶贫对象上，在面向学龄人口提供教育服务的同时，注重向全社会成员提供教育服务，着力培养培训当地急需的党政人才、企业经营管理人才、专业技术人才和农村实用人才。

二、教育脱贫工作取得的成绩与经验

（一）惠民、富民政策措施的实施取得显著成效

支持贫困地区教育事业发展，推进教育扶贫，是一项基础性、长期性工作。进入21世纪以来，特别是十八大以来，按照中央的部署，教育部会同有关部门，实施了一系列教育惠民、富民的政策措施，取得了显著成效。

1. 加大资源倾斜力度，大力支持贫困地区教育事业发展，着力扩大贫困人群受教育机会。一是实施学前教育三年行动计划。中央财政设立学前教育专项资金，5年累计投入600多亿元，重点支持中西部农村地区、贫困地区学前教育发展。截至2015年年底，中西部幼儿园数量比2011年增长44.9%，是东部增速的1.5倍；在园幼儿数量比2011年增长29.6%，是东部增速的1.3倍。通过实施该计划，集中连片特困地区学前三年毛入园率接近70%，超额实现65%的全国“十二五”规划目标。二是全面改善农村贫困地区义务教育薄弱学校基本办学条件。“十二五”期间，中央财政投入1 190多亿元，实施了中小学校舍安全工程、中西部农村初中校舍改造工程、薄弱学校改造计划等重大项目，大力改善贫困地区办学条件。在中西部许多边远山区和贫困地区，农村学校面貌焕然一新，“最好的建筑在学校、最美的环境在学校”这个理念得到广泛认同。三是实施农村义务教育学生营养改善计划。针对贫困地区农村学生营养不良、发育迟缓这一突出问题，按照每生每天4元的标准，为贫困地区学生提供营养膳食补助，覆盖集中连片特困地区699个县，全国超过1/3的县实施了该计划。中央财政累计投入1 491亿元，惠及3 200多万名学生。四是实施面向贫困地区定向招生专项计划。自2012年起，所有“211”高校和中央部属高校专门安排招生计划，面向贫困地区定向招生，覆盖832个贫困县。累计录取学生18.3万人，贫困地区农村学生上重点高校人数连续两年增长10%以上。2016年将安排6万个专项计划。该计划提高了贫困地区农村学生上重点高校的机会，拓宽了贫寒子弟纵向流动的通道。比如，四川省阿坝藏族羌族自治州九寨沟县羌族考生兰易就通过定向招生计划成为本地区第一位考上北大的学生。

2. 建立起覆盖从学前教育到研究生教育的学生资助政策体系，从制度上保障了不让一个学生因贫失学辍学。学前教育阶段，从2011年秋季学期起建立资助制度，地方政府对普惠性幼儿园在园家庭经济困难儿童、孤儿和残疾儿童予以资助，中央财政给予适当奖补。义务教育阶段，从2009年起全部免除城乡学生学杂费，对所有农村学生和城市低保家庭学生免费提供教科书，对家庭经济困难寄宿生补助生活费，标准为小学每生每天4元、初中5元。“十二五”期间，中央财政累计投入3 400多亿元。普通高中教育阶段，从2010年秋季学期起，中央与地方政府共同设立国家助学金，资助普通高中在校生中的家庭经济困难学生。目前，约20%的普通高中在校生享受资助。中等职业教育阶段，对所有农村学生、涉农专业学生和家庭经济困难学生免除学费，并给予每生每年2 000元的国家助学

金资助。这一政策已实现集中连片特困地区全覆盖。高等教育阶段，建立国家奖学金、国家励志奖学金、国家助学金、国家助学贷款、勤工助学、学费减免等多种方式并举的资助体系。目前，每年资助学生8 500多万人次、资助总额超过1 400亿元。“十二五”期间，累计减轻贫困学生家庭经济负担超过6 000亿元。

3. 全面加强乡村教师队伍建设，努力破解乡村教师“下不去、留不住、教不好”的难题。针对贫困地区乡村教师待遇低、教师岗位缺乏吸引力等突出问题，有针对性地采取一系列政策措施。一是着力提高乡村教师待遇水平。从2013年起，出台连片特困地区乡村教师生活补助政策。目前，全国22个省份的699个连片特困县中，已有604个县实施该政策，乡村学校和乡村教师受益面分别达到94%和87%。二是推进边远艰苦贫困地区农村学校教师周转宿舍建设。中央财政累计投入138亿元，建设教师周转宿舍25万套，覆盖中西部地区1 485个县，农村教师生活条件不断改善。三是建立贫困地区乡村教师补充机制。在6所部属师范大学率先实施师范生免费教育，累计培养4.5万余名免费师范生，91.1%以上毕业生到中西部任教。实施农村教师特岗计划，“十二五”期间，中央财政共投入190多亿元，招聘特岗教师37.17万名，覆盖中西部22个省份、1 000多个县、3万多所农村学校。四是促进城乡教师资源均衡配置。出台城乡统一的义务教育学校教师编制标准，建立城乡义务教育学校校长教师交流轮岗制度，在职称评定、专业发展等方面对乡村教师予以照顾倾斜，引导教师向农村学校流动。

4. 实施特殊支持政策，精准发力补足短板中的短板。一是支持西藏实施15年免费教育，新疆南疆四地州实施14年免费教育。西藏15年免费教育覆盖了从学前至高中阶段所有农牧民子女和城镇困难家庭子女，年受益学生52.5万人，资助金额达15亿元。新疆南疆四地州的14年免费教育年受益人数达190万人，资助金额超过50亿元。二是大力培养少数民族优秀人才。举办内地西藏班、新疆班，累计招生17万多人。举办少数民族预科班，累计培养40万余人。自2006年起实施少数民族高层次骨干人才培养计划，累计招收近3万名学生，缓解了民族地区人才严重匮乏的矛盾。三是实施《国家贫困地区儿童发展规划（2014—2020年）》。将集中连片特困地区从出生到义务教育阶段结束的农村儿童作为实施范围，在健康、教育等方面加大干预力度，着力编成一张保障贫困地区儿童成长的安全网。四是加大特殊教育支持和保障力度。出台特殊教育提升计划，实施自新中国成立以来规模最大的特殊教育学校建设项目，首期投入78亿元，在中西部地区新建、改扩建1 182所特殊教育学校，基本实现30万人口以上且残疾儿童较多的县都有1所独立设置的特殊教育学校。

5. 扎实开展教育对口支援，凝聚多方力量推进教育扶贫。一是大力推进教育援藏、援疆。组织17个省市实施教育援藏项目148个，投入6亿元，用于学校基础设施建设、教师交流培训、贫困生资助等。截至2014年，19个援疆省市共实施教育项目386项，投入85亿元，培训教师14万人次，派出支教教师3 000余人次。二是实施职业教育团队式对口支援。2012年，东部地区10个职业教育集团与滇西10市州签署战略合作协议，对口帮扶滇西职业学校发展。2014年，组织17个东中部职教集团，对口支援西藏和涉藏地区17个地州的职业教育发展。三是开展直属高校定点扶贫。组织44所科研实力强、以理工科院校为主的直属高校，承担44个国家级贫困县的定点扶贫任务。各高校发挥优势，在人才培养、产业发展、城乡规划、医疗服务、科技成果转化等方面，为定点扶贫县提供帮扶。据不完全统计，各高校累计投入资金和物资折合5.3亿余元。

（二）贫困地区教育事业发展取得长足进步

通过不懈努力，我国贫困地区教育事业发展取得长足进步，各级各类教育普及水平大幅提升，学校办学条件明显改善，教育惠民、富民的作用得到较好发挥。一是促进了贫困家庭子女就业。通过接受教育，贫困人口获得知识和技能，就业能力明显增强，职业教育对贫困家庭子女就业能力的提升作用尤为明显。“十二五”期间，中职毕业生就业率保持在95%以上，高职毕业生就业率保持在90%以上，基本实现“教育一人、就业一人、脱贫一人”。二是促进了贫困地区产业发展。全国近60%的高校布局在集中连片特困地区省份，近年来50%左右的职业院校毕业生在贫困地区就业。通过发展教育，提高了贫困地区人力资源的质量，改善了劳动力的结构，为中西部地区承接东部产业转移、加快经济发展提供了重要人才支撑。三是促进了社会纵向流动。据不完全统计，全国有近950万个贫困家庭出现了第一个大学生。2015年，贫困地区每100个适龄青少年中近30个能上大学，更多贫困家庭学生有机会接受高质量的教育，为他们改变命运、实现人生出彩创造了条件。四是促进了国家人力资本整体素质的提高。通过发展教育，明显提升了贫困地区人力资本的整体水平，加速了国家人力资本积累。目前，我国新增劳动力95%以上接受了初中阶段以上教育，平均受教育年限从2010年的12.42年提高到2014年的13.25年，主要劳动年龄人口中受过高等教育的比例达15.83%，比2009年提高5.93个百分点。

（三）在教育扶贫方面积累了宝贵经验

总体上看，我国在教育扶贫方面已经开展了大量卓有成效的工作，为下一步打赢脱贫攻坚战积累了宝贵经验。一是坚持政府主导。消除贫困是政府的责任。许多地方克服困难，将教育扶贫作为重大民生工程，切实加强组织领导，加大保障力度，这是做好教育扶贫工作的重要前提。比如，甘肃省出台推进精准扶贫的意见，把教育扶贫摆在突出位置，在学前教育、义务教育、职业教育、高等教育、学生资助、教师队伍建设等方面提出明确目标和措施，各项免费和资助政策精准到人。陕西省安康市把教育扶贫作为政府的首要任务，确定了以劳动力技术培训为重点，通过义务教育阶段的“9+2”模式，确保“义务教育学生不掉队，职业教育学生可致富”，初步走出一条欠发达地区教育脱贫的路子。二是持续加大投入。完善经费保障机制，优先落实教育脱贫资金，是推动教育脱贫的重要保障。进入21世纪以来，中央财政持续加大对贫困地区农村义务教育的倾斜，所有教育惠民政策都先让集中连片特困地区的孩子享受，所有大的教育工程、项目均率先覆盖集中连片特困地区的学校。“十二五”期间，中央财政教育转移支付资金90%用于中西部，重点向农村、贫困地区、民族地区和革命老区倾斜。各省（自治区、直辖市）将贫困、边境、民族地区和革命老区作为教育投入重点，力度不断加大。比如，贵州自2011年以来，地方各级财政共投入37.3亿元，加上中央投入的32亿元，全部用于幼儿园建设，新建成4 940所公办幼儿园，解决了47万幼儿的就读问题，推动贵州这个财政小省的学前教育实现跨越式发展。三是坚持因地制宜。我国贫困地区地域辽阔，经济社会情况复杂，致贫原因也不同。结合本地实际，找准贫困地区短板，有针对性地采取措施，是推动教育脱贫取得实效的关键所在。许多地方进行了积极探索。比如，四川结合涉藏地区实际，实施了“9+3”免费教育计划，组织涉藏地区初中毕业生和未升学的高中毕业生到本省其他地区职业学校免费接受教育，在帮助涉藏地区群众脱贫方面发挥了重要作用。宁夏在银川市建设六盘山高中和育才中学，专门面向区内贫困地区招生，所有学生异地免费入学，农村学生还可享受每年1 500元的资助，使优质教育资源真正惠及贫困地区农村学生。四是动员社会参与。在落实政府责任同时，积极争取各方面支持，协同多方力量共同推进教育扶贫。比如，海南省自2008年以来，与香港言爱基金会共同投入14亿元，建成24所思源学校，专门招收贫困地区农村孩子，实行免学费、免住宿费、补助生活费等政策，全面保障孩子在校期间就学和生活需求。思源学校的毕业生绝大多数升入普通高中、职业学校，为阻断贫困代际传递奠定了基础。

三、未来几年做好教育脱贫工作的主要考虑

（一）贫困地区教育发展仍面临困难

虽然教育脱贫取得了很大进展，但我们也清醒地看到，贫困地区教育发展仍比较滞后，面临不少困难和问题。一是客观条件差，教育基础薄弱。贫困地区大都地处山区、牧区和高寒高海拔地区，资源禀赋差、教育欠账多、办学条件不足。比如，全国连片特困地区尚有1 020多万平方米中小学危房，义务教育学校近40%的理科实验室缺仪器设备、超过22%的校园未接入互联网；全国有1 346所学校有饮水困难、2 976所学校校内没有厕所，这些都主要集中在贫困地区。从小学五年保留率、初中三年保留率、小学招生中受过学前教育的比例、初中毕业升学率等指标来看，集中连片特困地区与全国平均水平比仍有较大差距。比如，小学五年保留率比全国平均水平低十多个百分点，初中毕业生升学率低二十多个百分点。二是城镇化进程迅速，合理布局教育资源难度大。城镇化、工业化引发了大规模人口流动，导致学龄人口变动频繁，出现了大量农村留守儿童和进城务工人员随迁子女。2015 年全国共有 2 019 万农村留守儿童、1 367 万进城务工随迁子女。保障这一庞大群体接受教育，避免让他们在教育的起跑线上就种下贫困的“种子”，是一项复杂而艰巨的任务。近年来，一些地方出现了农村学校空心化和城镇学校“大班额”矛盾叠加的现象。如何面对这一新情况，科学合理地布局城乡教育资源，是一个重大挑战。三是职业教育发展滞后，人才培养水平亟待提升。连片特困地区县多是农业大县、工业弱县，产业结构单一，职业教育发展滞后。全国有 253 个县没有中等职业学校，基本都在集中连片特困地区。贫困地区的职业学校，普遍缺乏实习实训条件，难以培养学生的实践操作能力。部分学生因对职业学校教学条件不满而选择辍学，有的职业学校学生毕业后难以在当地顺利就业。四是农村教师整体素质不高，成为制约教育质量提升的主要瓶颈。近年来，虽然贫困地区农村教师队伍建设取得明显进展，但仍是教育最薄弱的环节，主要问题是待遇偏低，性别、年龄、学科结构不合理，结构性缺编问题突出，教师发展机会较少，“下不去、留不住、教不好”的问题依然突出。五是经费保障不足，财政投入难以满足教育持续发展的需要。贫困地区普遍经济发展滞后，贫困面大、贫困程度深，95%以上的县财政难以自给，财政能力和城乡居民收入水平对教育的支撑能力不足。“十三五”期间，贫困地区在扩大乡村普惠性学前教育资源、全面完成义务教育薄弱学校改造任务、完善普通高中经费保障机制、化解普通高中债务、推进职业院校发展等方面，仍需要大量经费投入。六是贫困地区脱贫致富的内生动力需进一步激发。多年来，一些贫困地区的干部群众不同程度存在“等靠要”思想，发展教育、摆脱贫困的主观能动性需进一步调动。另外，受宗教因素和“读书无用论”的影响，部分地区的群众不愿送子女上学，青少年辍学外出打工的现象时有发生。

需要在下一步教育扶贫工作中积极应对。做好“十三五”教育脱贫攻坚工作，首先要明确目标任务。根据中央要求，结合教育实际，我们认为教育脱贫的目标任务主要包括 6 个方面。一是教育基本公共服务实现贫困人口全覆盖，学前三年毛入学率、义务教育巩固率、高中阶段教育毛入园率达到或接近全国平均水平。二是进一步完善学生资助体系，扩大资助范围，提高资助标准，覆盖各学段贫困学生，消除因贫失学辍学的现象。三是职业教育取得长足发展，未能在普通高中和普通高校就读的贫困家庭子女，都有机会接受职业教育或技能培训，职业教育的富民作用得到有效发挥。四是加大对贫困地区高等教育的支持力度，引导贫困地区高等院校办出特色、办出水平，更好地服务区域经济社会发展。五是为贫困地区农村学生提供更多上重点大学的机会，进一步拓宽贫困人群向上流动的通道。六是发挥高校在人才培养、科技服务、决策咨询等方面的优势，为发展生产脱贫、易地搬迁脱贫、生态补偿脱贫等提供支撑。

（二）采用常规举措精确对准教育最薄弱领域和最贫困群体

关于未来几年的教育脱贫工作，总体考虑是：以精准扶贫、精准脱贫为基本方略，以集中连片特困地区和建档立卡贫困人口为重点，采取超常规举措，精确对准教育最薄弱领域和最贫困群体，促进教育强民、技能富民、就业安民，着力从源头上阻断贫困的代际传递。

1. 做好教育脱贫的顶层设计。一是摸清贫困地区教育人口底数。会同扶贫部门，开展建档立卡贫困人口数据库与中小学学籍管理信息系统、学生资助管理系统等教育数据库的对接工作，进一步摸清贫困人口中学龄人口的底数，为开展教育扶贫提供依据。二是编制好教育脱贫攻坚行动计划。按照中央领导同志的要求，教育部正研究制定“十三五”教育脱贫攻坚行动计划，将进一步明确教育扶贫的目标任务、主要举措和保障措施，对教育脱贫攻坚做出系统部署。三是各地也应结合实际，系统谋划有关教育脱贫的政策措施，加强与本地区经济社会发展规划的衔接。通过编制规划，进一步找准差距，锁定重点，明确措施，细化时间表、路线图，扎实推进。希望各有关部门在制定部门和行业规划时，从脱贫攻坚大局出发，对教育扶贫做出相应安排，在资金、政策、项目安排等方面尽可能提供支持。

2. 针对不同教育群体分类施策。对于学龄前儿童，主要是保障每个人都有机会接受学前三年教育。继续实施学前教育三年行动计划，逐步建成以公办园为主体的农村学前教育服务网络，解决普惠性学前教育资源不足的问题。对于义务教育阶段儿童，主要是保障他们都有机会接受公平且高质量的义务教育。适应城镇化进程，进一步优化教育资源布局，全面完成薄弱学校改造，基本实现标准化办学，切实解决好农村留守儿童、随迁子女、残疾儿童等特殊困难群体的教育问题。对于高中阶段学生，主要是保障每个人都能接受高中阶段教育。实施普及高中阶段教育攻坚计划，重点解决贫困地区高中阶段教育资源不足问题，使没有升入普通高中的初中毕业生都进入中职学校，掌握一技之长，促进家庭脱贫。对于高等教育阶段的学生，主要是继续拓宽纵向流动通道。继续实施贫困地区定向招生计划、中西部地区招生协作计划，进一步扩大东西部职业学校联合招生规模，使贫困家庭学生有更多机会接受高等教育。对于学龄后贫困人口，主要是为每个人提供职业培训机会。特别是针对职业农民、进城农民工等群体，加大职业培训力度，提升职业技能和就业创业能力，帮助他们脱贫致富。

3. 全面保障教育扶贫政策落实。一是强化责任。中央明确要求，脱贫攻坚由中央统筹，省级负总责，市县抓落实。教育扶贫方面，责任主体也在地方。目前，中央与各省区市签署了脱贫攻坚责任状，专门出台了考核评价办法，各地也层层分解了责任，建立了考核评价机制。教育脱贫攻坚行动计划出台后，我们也将专门制定分工方案，将责任划分到各相关部门。希望各地在检查督促脱贫攻坚任务时，对教育脱贫一并考虑。教育部将按照中央要求，采取适当方式对各地各部门教育脱贫任务落实情况进行跟踪评价。二是加强保障。教育脱贫攻坚任务需大量经费投入。新修订的《教育法》重申了财政教育投入“两个提高、三个增长”的要求。过去几年，各级财政在增加教育投入上不懈努力，2012 年以来，我国财政性教育经费占 GDP 的比例保持在 4%以上，贫困地区教育投入持续增加。但近年来，受经济下行影响，一些地方出现了下降趋势。因此，请同志们多为教育呼吁，依法保证财政对教育的投入，特别是财政资金投入要向贫困地区倾斜，确保教育脱贫的每一项任务，都有相应的经费保障。三是完善工作机制。根据中央安排，教育脱贫工作由教育部牵头，具体谋划和实施离不开各地各部门的大力支持。下一步，教育部将会同国务院扶贫办等部门，建立工作协调和推进机制，定期研究讨论教育脱贫涉及的重大问题，检查督促各项任务落实。

4. 广泛动员各方力量参与。一是继续组织好教育对口帮扶。发挥教育系统优势，针对贫困地区的实际需求，找准贫困领域，创新帮扶举措，在产业合作、科技成果转化、人才帮扶、决策咨询等方面进一步加大支持力度，务求实效。二是积极争取社会支持。利用《民办教育促进法》修订的契机，进一步拓宽社会资金进入教育的渠道，完善激励引导政策，吸引更多社会资金投资、捐资教育。广泛动员企业、基金、社会各界人士，利用资源、资金支持贫困地区教育事业发展。三是加强舆论宣传。及时总结推广教育脱贫攻坚中的典型案例、先进集体和优秀个人，加强正面引导，营造良好社会氛围。

打赢教育脱贫攻坚战意义重大，使命光荣，任务艰巨。教育部将按照中央决策部署，主动履责，切实加强与各地各部门的沟通协调，广泛争取方方面面的理解和支持，全力完成党中央、国务院交办的任务，为全国打赢脱贫攻坚战做出应有贡献。

（本文原载《行政管理改革》2016 年第 7 期）

在中国语言资源保护工程现场推进会上的讲话

杜占元

2016年8月，教育部、国家语委发布了《国家语言文字事业“十三五”发展规划》（简称《规划》），科学规划了未来五年的发展目标和重点任务。之后不久，在纪念《中华人民共和国国家通用语言文字法》实施15周年暨国务院发布《关于推广普通话的指示》60周年座谈会上，刘延东副总理发表了重要讲话，对语言文字工作提出了明确要求，特别强调语言文字工作要落实创新、协调、绿色、开放、共享的发展理念，要牢牢抓住“服务国家发展需求”这条主线。

前不久，我们召开了语言文字工作年度会议。今天，我们又在华夏文明的重要发祥地——语言文化资源丰富、具有光荣传统的革命圣地延安召开中国语言资源保护工程现场推进会，这对相关工作的落实和推进具有重要的意义。刚才庄省长介绍了陕西省语言文字工作的经验与做法，几位同志做了典型发言，从不同角度介绍了推进语保工程建设取得的成绩及经验，有认识、有思路，有举措、有实效，对语保工程在全国范围内的推进具有非常重要的借鉴意义，听后很受启发。下面，我谈几点意见。

一、中国语言资源保护工程建设一年来进展顺利，取得实效

2008年，教育部、国家语委在江苏启动了语保工程的前身——中国语言资源有声数据库试点工作，并相继在上海、北京、辽宁、广西、山东、河北、福建等地开展，得到社会的广泛支持。2015年5月，教育部、国家语委正式启动了语保工程建设，这标志着我国语言资源保护工作从学界的探索性研究发展为一项重大的国家语言文化工程，具有里程碑意义。一年来，工程的实施取得了明显进展和初步的阶段性成果，主要有以下几个方面。

第一，政府统筹规划部署，“上下联动、各方协同”机制初步建立。根据我国汉语方言、少数民族语言的分布和差异情况，教育部、国家语委组织专家研究制定了语保工程整体规划，计划用5年时间，在全国范围内开展约1 500个汉语方言、少数民族语言和语言文化点的调查，并在调查的基础上形成若干语言资源成果。截至目前，已按计划完成2015年度81个少数民族语言调查点、53个汉语方言调查点和32个语言文化调查点的工作任务；在2015年4个省级行政单位率先启动的基础上，2016年已扩展到包括港澳台在内的34个省级行政单位，在全国范围内全面展开。正在建设中的89个少数民族语言调查点、349个汉语方言调查点和27个语言文化调查点已按要求完成了中期检查。以上已经完成和正在开展的调查点合计631个，占总体规划的42%。国家财政给予了专项资金保障，共投入经费7 500万元。另据不完全统计，从有声数据库试点开始，地方投入配套资金已经超过3 000万元。同时，教育部、国家语委注重完善工程管理制度，制定了《中国语言资源保护工程管理办法》《中国语言资源保护工程专项资金管理办法》，研制了工程系列工作规范和技术规范，确立了“国家统一规划、地方和专家共同实施、鼓励社会参与”的工作模式。联合国家民委共同推进语保工程少数民族语言调查，“中国方言文化典藏”获国家出版基金资助。

语保工程启动一年多来，各地积极响应，社会反响良好，工程建设进展顺利。全国所有省份都按时启动工程建设并制定了本地区建设规划，年度调查点在10个以上的省份均召开启动会，进一步明确任务要求、工作机制和责任分工，科学有序部署建设任务。黑龙江、上海等地将工程建设列入本地教育“十三五”规划，陕西将工程纳入对省教育厅的年度考核任务，省政府高度重视，从宏观层面保障工程的顺利实施；甘肃、四川成立工程领导小组；河南、内蒙古、辽宁等地教育厅分管领导担任项目负责人，有效指导工程建设；浙江、重庆、湖南等地将语保工程作为推动语言文字工作的重要抓手，建立多方联动的工作机制，下发配套文件明确市县语委、教育局的工作任务和职责，特别是做好发音人招募、摄录场所安排等关键性工作；北京、陕西等地加强与文化、档案等部门合作，协同开展当地方言的建档工作，发挥了语委统筹协调的重要职能。

第二，依靠专家整合资源，强化内功、确保质量。语保工程既是一项综合性工程，又是一项专业性、学术性工程。教育部、国家语委委托北京语言大学、中央民族大学（联合中国社会科学院民族学与人类学研究所）牵头，在全国范围内整合、组织专家学者成立调查团队，在北京语言大学设立了专业机构“中国语言资源保护研究中心”，并组建语保工程核心专家组，为工程实施提供有力支持。绝大多数省份按照本地区建设规划需要，组织专家成立了调查团队，在顶层设计、专业技术指导、成果开发应用等方面充分发挥作用。截至目前，共有超过250所高校和科研机构参与工程建设，组建专家团队近500个，参与的专业技术人员近1 500人，组织开展了工程层面培训共计15期1 000多人次。其中，山西推动工程建设项目按照省内重大专项管理，对专家队伍及方言学科发展产生了重要影响；山东、湖北、安徽、吉林、内蒙古、贵州等地组织不同形式的调查团队专项培训。绝大多数省份能够严格执行各项检查验收制度，河北、江西、广东、福建等地还通过开展预验收，提升工程质量管理水平。

第三，注重建设成果开发应用，初步取得良好的社会影响。从某种意义上说，语保工程也是一个宣传的工程。语保工程的宣传作用十分重要，要通过语保工程宣传语言文字事业的重要性，彰显国家语委的综合协调职能，展示语言文字工作的成果。目前，语保工程总体规划各调查点得到国家财政专项资金支持，经过各方面的努力，成果开发应用取得了初步成效，形成了一定的社会影响。一些企业也开始关注并支持工程建设，特别是启动较早的部分省市，成果的应用效果已经开始显现，江苏、广西、北京、上海、福建、山东、浙江、重庆等地积极争取地方财政配套资金，为语言资源保护和展示开发提供保障。“中国语言资源保护工程采录展示平台”初步完成，今天正式启动上线，将通过网站、App、微信公众号等方式展示工程成果。《中国语言方言文化典藏》《中国濒危语言志》等成果编写工作正在顺利开展。江苏在中国语言资源有声数据库建设的基础上，制作《江苏语言资源资料汇编》和《方言话江苏》等文字和声像制品；浙江、湖南、上海启动了本地语言资源集的编写工作；北京、上海、福建等地已经建成或正在筹建本地语言文化资源展示网或体验馆等；陕西推出了当地方言掌上通App，通过语保工程促进了地方文化建设整体发展，得到社会广泛的关注与支持。

一年多来，在各级政府高度重视和积极推进下，在广大专家学者和社会多方力量的支持下，语保工程建设部署周密、推动有序、进展顺利、成效显著。成绩的取得来之不易，经验的积累弥足珍贵。在此，我代表教育部、国家语委，向参与语保工程建设的全国语委系统和相关部门的同志们、向各位专家以及关心支持语言文字事业发展的社会各界表示衷心的感谢！

在总结语保工程取得成效的同时，我们也看到工程实施过程中还存在一些问题和薄弱环节，下一步要努力克服。主要表现在：一些地方对加强语言资源保护的重要性和紧迫性认识不够，未能准确把握语言文字发展规律，充分认识主体性和多样性辩证统一的关系；尚未将语保工程作为推动语言文字工作整体发展的有效抓手而给予应有的重视，在配套经费、调动各方力量保障方面还不到位；个别调查团队没有严格执行工程技术和工作规范，中期检查发现存在质量问题；管理体制机制和方式有待进一步加大创新力度；社会参与的积极性还没有得到有效调动。

二、深刻把握新形势下推进中国语言资源保护工程的紧迫性和新要求

中国语言资源保护工程是由国家财政专项资金支持的重要语言文化工程，是自1956年开展全国汉语方言和少数民族语言普查以来，时隔60年我国语言文字领域又一个由政府组织实施的大型语言文化类国家工程，是以先进理念为指导、以先进技术为支撑的高标准和具有时代性的语言调查项目，也是目前世界上规模最大的语言资源保护项目。

第一，推进语言资源保护工程，是“十三五”时期一项重要而迫切的任务。党的十八大和十七届六中全会明确提出了“科学保护各民族语言文字”“弘扬中华优秀传统文化”“繁荣发展少数民族文化事业”的要求。国务院领导同志多次就语言资源保护做出重要批示并提出明确要求，强调要作为抢救工程制定时间表，切实做好汉语方言和少数民族语言的整理，包括方言故事的收集。这充分体现了党中央、国务院对语言资源保护工作的高度重视。我们必须从贯彻落实五大发展理念的角度，深刻认识这项工作的重要性、紧迫性。

我国是世界上语言资源较为丰富的国家之一。改革开放以来，随着经济社会的快速发展、城镇化进程的加快和人员流动的增加，一些少数民族语言和汉语方言使用人口减少，语言文化衰亡的趋势引起社会的高度关注。“十三五”规划了核心目标，就是到2020年在全国范围内基本普及普通话，这是一个宏伟的目标。只有处理好推广普通话跟方言和少数民族语言的保护和发展之间的辩证关系，才能既实现“语同音”的宏伟目标，又能够发展和保护我们的方言和少数民族语言，这个任务独特而艰巨。在这种形势下，语保工程不仅意义重大，也更加紧迫。语保工程要通过科学规划，利用现代化技术手段全面调查保存我国汉语方言、少数民族语言和口头文化的实态语料，及时抢救和保护弱势与濒危的语言和方言，这对保护中华语言文化遗产、传承弘扬中华优秀传统文化具有重要的现实意义和历史意义。通过语保工程，建立基于统一调查的语言资源数据库，将为科学制定语言规划和语言政策提供科学依据，为语言文字信息化建设打好基础，有利于社会稳定、民族团结和国家安全，更好地服务国家发展的需要。

第二，推进语言资源保护工程，是“十三五”时期语言文字事业发展的重要抓手。语言文字事业基础性、全局性、社会性和全民性的特点决定了推动事业发展需要突出重点，抓住关键，找准抓手。语保工程作为《规划》提出的未来五年重点攻关的五大重点工程之一，涉及面广、影响力大，承载着传承弘扬中华优秀语言文化、推动全社会提升语言资源保护自觉意识和国民文化自信、文化认同、民族认同的重要使命。其内涵与社会主义文化强国建设、国家信息化发展、“一带一路”倡议等国家发展需求息息相关，是语言文字事业融入国家发展大局的结合点和着力点。语保工程是国家语委近年来第一个获国家财政专项资金支持的重大工程，在为工程实施提供经费保障的同时，也为我们整合力量、推动事业发展提供了可行的工作手段。当前，语保工程已经具备良好的基础，能够发挥引领作用，各级语委应将其作为贯彻落实《规划》和推动工作整体向前发展的有效抓手予以规划、部署和实施。

第三，推进语言资源保护工程，是新形势下创新语言文字事业工作机制的新探索。科学有效的机制创新，是语言文字事业发展的重要保障。语言文字事业涉及面广，面临社会发展带来的许多新问题、国家发展提出的新需求、治理能力和治理水平的新挑战。因此，语言文字部门要充分利用政府、专家和社会力量的积极性，不断改革创新，在探索工作机制、提高治理能力和服务水平上下大力气。语保工程具有社会化、协同化的特点，同时，这项工作量大面广，是全面探索语言文字工作机制的契机，有利于语言文字工作更好地走向持续发展和加快发展的道路。社会对语言资源保护的共识度高，为新形势下创新工作机制、凝聚多方力量提供了时机。各地语言文字部门要调动市县等各级语委的积极性，探索完善上下联动的工作机制；积极争取相关部门和社会力量的支持配合，探索完善分工协作、资源共享的多方协同机制；组织和动员专家队伍，进一步发展壮大语言文字事业专业力量，探索有效支撑事业发展的人才保障机制，夯实事业发展基础，从体制和机制上促进语言文字事业的整体发展。同样，到2020年在全国范围内实现基本普及普通话这一目标，也要创新机制。普通话的普及需要有规范、有标准、有步骤、有程序，也可以吸收和借鉴语保工程中的一些好的机制。

三、攻坚克难、扎实推进中国语言资源保护工程建设

2016年是“十三五”的开局之年，也是《国家语言文字事业“十三五”发展规划》实施的第一年，语言文字战线要继续深入学习贯彻习近平总书记系列重要讲话精神，认真领会刘延东副总理在纪念座谈会上的讲话要求，深刻认识语言文字事业面临的形势和挑战，增强忧患意识、责任意识和大局意识。特别是要以全面深化改革为动力，以实施《规划》为重点，贯彻“一条主线”、强化“五个面向”的指导思想，以及“一个基本、两个全面”的发展目标，到2020年，在全国范围内基本普及国家通用语言文字，全面提升语言文字信息化水平，全面提升语言文字事业服务国家需求的能力，实现国家语言能力与综合国力相适应。下面，我主要就做好语保工程提几点要求。

第一，要牢牢抓住以服务国家发展需求为主线的基本思路。这是语言文字工作指导思想的关键和核心。要提高认识，深刻理解加强语言资源保护对服务国家发展需求的重要作用和现实意义。要主动围绕维护国家安全、国家信息化、“一带一路”倡议、新型城镇化建设以及提高人民生活水平等国家发展需求开展工作，有针对性地在语言规划和语言政策制定、语言学习、语言鉴别等方面出谋划策、提供支撑。服务国家需求包括服务经济社会发展、群众生活和地方文化建设三个方面。文化建设是国家当前的重点建设内容之一，很多省市都有文博会、艺术节等文化活动，在这些方面，语言文字可以起到很重要的作用。语言文字工作要主动与区域发展战略、当地文化建设规划等结合起来。例如，在2014年世界语言大会上，江苏将《方言话江苏》等方言文化产品作为大会礼品赠送与会国内外嘉宾，积极打造地方语言文化名片就是一个很好的探索。要服务我国产业发展的需求，在语保工程丰富多样的语言资源汇聚基础上进行开发利用，推动我国语言文化产业的创新发展。

第二，要不断创新工作机制。创新和完善体制机制建设是保证语保工程全面、有序、高效推进的关键。要将语保工程建设中行之有效的创新性工作举措进一步落到实处，使之制度化、常态化、系统化。要明确“主体责任制”，各地教育行政部门主管领导要负起主体责任，加强组织协调，提供保障支持，充分调动各方积极性，形成合力共同推进。要落实“专家参与制”，专家参与机制是推动语保工程建设的基本保障，各地应当明确本地首席专家和相应的工作职责，首席专家要切实承担起技术管理、规范指导和咨询等职责，不能做甩手掌柜，要积极配合教育行政部门推进工程建设和成果应用。要完善“部门协调制”，进一步发挥语委的组织协调作用，健全与文化、档案、民政等相关部门的协同机制。要创新“社会参与制”，尽可能扩大工程社会影响力，广泛吸引如书法协会、诗词协会等社会团体，以及一些文化企业等的关注和参与。要推动“抢救性机制”，语保工程的一些工作十分紧迫，需要及时推进，在经费安排、工程进度等方面要有充分周全的考虑。总之，创新工作机制就是要充分发挥地方的积极性和创造性，争取资源，开拓领域，提高效率。

第三，要确保进度，注重质量，打造精品工程。语保工程功在当代，利在千秋，保证质量是工程建设至关重要的。各地要在确保进度的基础上强化精品意识，秉持对历史负责的精神，精益求精、扎实推进，将语保工程打造成时代精品和示范工程。要严格执行语保工程的工作和技术规范，以及工程管理办法规定的中期检查、年度报告、验收等质量管理制度，切实抓好培训、实施、验收等环节，确保工程质量。全国核心专家组、各地首席专家、各调查团队要进一步提升责任感和使命感，积极支持配合地方语委工作，以认真负责的态度按时保质保量完成工程任务。近期，在中期检查的基础上，重点要保质完成结项验收工作。同时要认识到，语保工程建设不是简单的数据堆积，而是要形成一批有价值或标志性意义的成果。各地要注重加强建设成果的开发应用，在资金筹措、成果设计等方面多想办法，早设计、早谋划、早实施，积极建设本地区的语言文化资源库或数字博物馆，编写出版本地区语言资源集等，努力在第一个“百年”到来之际，形成标志性的精品成果。

第四，通过语保工程培养保障力量。人才是事业发展最重要的保障力量。应根据实际需要，加大对专家学者的组织动员，将本地高校、研究机构相关学科带头人和领军人物引入工程，并加大扶持力度。要重视发挥中青年学者的作用，开展制度化的培训，支持他们在语保工程中承担重要任务，在实践中不断成长，从而形成较为稳定的人才培养和使用机制。各地要在国家财政经费之外，结合本地实际加大配套支持力度，积极动员社会力量，筹集社会资金。要以语保工程建设为契机，建立或更新本地的语言文字工作专家库，加强专家队伍建设，进一步发展壮大支撑语言文字事业发展的人才基础。

同志们，“强国必须强语，强语助力强国”。站在新的历史起点上，做好语言文字工作，使命光荣，责任重大。我们要以这次现场推进会为契机，加快推进包括中国语言资源保护工程在内的《国家语言文字事业“十三五”发展规划》的各项任务，把《规划》的贯彻实施不断引向深入。让我们紧密团结在以习近平同志为总书记的党中央周围，齐心协力，开拓创新，全面推进语言文字事业科学发展，为实现教育现代化、推进社会主义文化强国建设、全面建成小康社会做出更大贡献！

（2016年11月18日）

统筹国内国际两个大局 做好教育对外开放工作

郝 平

“开放发展”是引领我国未来五年乃至更长时期发展的新发展理念之一。教育对外开放是我国改革开放事业的重要组成部分，在新的历史时期已进入内涵发展、水平提升的新阶段。中央全面深化改革领导小组第十九次会议审议通过的《关于做好新时期教育对外开放工作的若干意见》指出，要服务党和国家工作大局，统筹国内国际两个大局，提升教育对外开放质量和水平。这为我们做好新时期教育对外开放工作提供了基本遵循。

一、提升教育国际交流合作的质量和水平

改革开放 38 年来，我国基本形成了全方位、多层次、宽领域的教育国际交流合作格局。在改革开放的新时期，要坚持围绕中心、服务大局，提高质量水平，做强中国教育。

借鉴与弘扬并举。不断扩大对外开放、提高对外开放水平，以开放促改革、促发展，是我国发展不断取得新成就的重要法宝。在新的历史时期，要继续推进教育领域有序开放，借鉴国际先进教育理念和教育经验，促进我国教育改革与发展，提升我国教育的国际地位、竞争力和影响力。在学习借鉴世界文明成果与办学治校经验时，坚持取长补短、择善而从；坚持中国特色，本着既不妄自菲薄也不妄自尊大的态度，从不同文明中寻求智慧、汲取营养，保持对自身文化的自信。独特的文化传统、历史命运和基本国情，决定了我们必须要走适合自己特点的文化发展道路，扎根中国大地办学，努力办出中国特色、世界水平的现代教育。

“引进来”与“走出去”并重。一方面，加强高端引领，以优质教育资源请进来为重点，引进世界一流大学和特色学科，开展高水平人才联合培养和科学联合攻关，促进高校科技国际协同创新，加快高水平师资队伍建设，助推我国一流大学和一流学科建设，提升我国教育实力和创新能力。截至 2015 年年底，我国已批准设立宁波诺丁汉大学、上海纽约大学等 5 所中外合作大学，批准设立包括上海交通大学密西根学院、北京航空航天大学中法工程师学院等在内的中外合作办学机构和项目，为满足人民群众多元的教育需求发挥了重要作用。另一方面，以教育走出去为重点，加强统筹谋划，扩大与发展中国家教育合作交流，稳步推进境外办学。在习近平主席和约旦国王共同见证下，中约两国签署共建“中约大学”框架协议并开始筹建，厦门大学马来西亚分校等已开始招生，英国政府自 2014 年以来每年邀请上海数学教师前去讲学等，反映出我国教育的影响力不断扩大。此外，我们还推动学历学位互认，已与 43 个国家和地区签署学历学位互认协议。

在深化双边、多边教育合作过程中积极参与全球教育治理。一是完善教育国际交流合作格局，加强与大国、周边国家、发展中国家及国际组织的务实合作，形成重点推进、合作共赢的教育对外开放局面。二是积极承担国际责任，开展教育国际援助，通过提供中国政府奖学金和设立专门奖项，开展短期培训项目，派遣志愿者教师，支持高校对口合作，在联合国教科文组织设立中国援非教育信托基金和直接捐赠等形式，帮助发展中国家培养培训

专门人才。三是积极参与联合国教科文组织等联合国机构和其他国际组织多边教育行动，主动在全球教育发展议题上提出新主张、新倡议和新方案，主动参与国际教育规则和标准制定。2012 年，联合国秘书长潘基文发起“教育第一”全球倡议，我国受邀作为倡导国之一。我国积极参与联合国教科文组织《2030 年教育行动框架》的制定，为推动包容、公平的优质教育和全民终身学习做出贡献。今后还要有计划地培养选拔优秀人才到国际组织竞聘，为国际组织提供人才支持。

主动实施“一带一路”教育行动。“一带一路”建设是我国在新的历史条件下实行全方位对外开放的重大举措，推行互利共赢的重要平台。“一带一路”沿线各国教育特色鲜明、资源丰富、互补性强、合作空间大，我们必须以更高的站位和更广的视野，主动实施和推进共建“一带一路”教育行动，充分发挥教育在“一带一路”建设中的重要作用。秉持亲诚惠容，坚持共商共建共享原则，通过开展教育互联互通合作、人才培养培训合作和共建丝路合作机制，对接沿线各国教育需求，促进沿线各国共同行动，构建“一带一路”教育共同体，推进民心相通，提供人才支撑，实现共同发展和合作共赢。

二、提升留学工作的质量和水平

留学事业历来与国家和民族的命运紧密相连。1978 年，邓小平同志以前瞻的战略眼光，做出了恢复派遣留学生的重大决策，由此开启了我国对外开放的大门。改革开放 38 年来，我国留学事业取得了令人瞩目的成绩，为社会主义现代化建设做出了重要贡献。在改革开放的新时期，我们要进一步坚持统筹谋划，突出工作重点，更好发挥作用，提升留学工作水平。

把统筹谋划作为战略思路。习近平总书记 2014 年年底对留学工作做出重要指示，留学工作要适应国家发展大势和党和国家工作大局，统筹谋划出国留学和来华留学，综合运用国际、国内资源，培养造就更多优秀人才，努力开创留学工作新局面。2015 年，我国出国留学人员总数为 52.37 万人，其中国家公派 2.59 万人、单位公派 1.60 万人、自费留学 48.18 万人，我国已成为全球最大留学人员生源地国。2015 年，各类留学回国人员总数为 40.91 万人，其中国家公派 2.11 万人、单位公派 1.42 万人、自费留学 37.38 万人。年度出国与年度回国人数比例从 2006 年的 3.15 : 1 下降到了 2015 年的 1.28 : 1。2015 年，共有来自 202 个国家和地区的 39.76 万名各类外国留学人员在我国的高等学校、科研院所及其他教学机构中学习，预计到 2020 年将实现来华留学 50 万人，使我国成为亚洲最大的国际学生流动目的地国。在留学事业快速发展的同时，我们还要进一步坚持统筹谋划的战略思路，坚持出国留学和来华留学并重，公费留学和自费留学并重，规模和质量并重，依法管理和完善服务并重，人才培养和发挥作用并重，统筹推进我国留学事业发展。

把提高质量作为工作重点。出国留学和来华留学工作的重点是提高质量。2016 年，我国计划选派各类国家公派出国留学人员 29 000 名，其中要重点培养国家现代化建设急需、紧缺、薄弱、空白、关键领域的拔尖创新人才和行业领军人才，同时加快培养服务国家外交工作需要的国际组织人才、非通用语种人才、国别与区域研究人才。在来华留学工作中，要加快培养知华、友华，以及致力于中外友好事业的人才。已有 279 所中国大学承担获得中国政府奖学金的来华留学生的培养任务，人才培养层次和水平进一步提高，着力打造“留学中国”品牌。

把发挥作用作为根本目标。出国留学人员是我国现代化建设的战略人才资源。1985 年，我国制定了“支持留学，鼓励回国，来去自由”的留学工作方针。2013 年，习近平总书记增加“发挥作用”四个字，为出国留学工作方针画龙点睛。十六字方针准确把握新时期留学工作的新问题、新矛盾、新趋势，将工作重点放在提升留学的社会效益上。从留学工作来看，作用能否发挥好，关键在于政策设计、资源配置、绩效评估等是否有助于提供留学人员大展宏图的环境。致天下之治者在人才，实施创新驱动发展战略、科教兴国战略、人才强国战略，留学人员是重要力量。要完善法律法规，创新体制机制，优化环境氛围，搭建平台舞台，鼓励留学人员回国工作或者以多种形式为国服务，让他们回到祖国有用武之地，留在国外有报国之门，成为大众创业、万众创新的生力军。

三、提升人文交流的质量和水平

“国之交在于民相亲，民相亲在于心相通。”人文交流是我国外交战略的三大支柱之一。在改革开放新时期，要立体推进人文交流发展，进一步发挥人文交流在国家对外工作大局中的支柱作用，提升人文交流的质量和水平，提升国家文化软实力。

用好人文交流机制。文明因交流而多彩，因互鉴而丰富。和风细雨、润物无声的人文交流，既是增进各国人民友谊的桥梁、推动人类社会进步的动力、维护世界和平的纽带，又是让世界变得更加美丽、各国人民生活得更加美好的必由之路。人文交流的意义在长远，应从坚持和平发展、促进民族复兴的全局出发，促进重点领域交流的机制化和常态化，以长远眼光培育合作伙伴精神。具体来说，要整合搭建政府间教育高层磋商、教育领域专业人士务实合作、教师学生友好往来的平台，推进中外人文交流机制建设。中美、中俄、中英、中欧、中法和中印尼六大高级别人文交流机制已经建立起来，与世界其他国家和地区的人文交流也日益深化和机制化，立体推进中外人文交流的发展格局正在形成。

加强国际理解教育。随着世界多极化、经济全球化深入发展，文化多样化、社会信息化持续推进，国际社会日益成为你中有我、我中有你的“命运共同体”。习近平总书记对国际理解教育提出重要要求：通过更加密切的互动交流，促进对人类各种知识和文化的认知，对各民族现实奋斗和未来愿景的体认，以促进各国学生增进相互了解、树立世界眼光、激发创新灵感，确立为人类和平与发展贡献智慧和力量的远大志向。加强国际理解教育，要推动跨文化交流，增进学生对不同国家、不同文化的认识和理解。要促进中外语言互通，在深化与世界各国语言合作交流上下功夫，还要进一步深入推进友好城市、友好学校教育深度合作与人文交流。

提升国家文化软实力。通过教育国际交流合作传播中国声音，讲好中国故事，提升国家文化软实力，对于确立我国在世界文化格局中的定位，扩大我国国际地位和国际影响力具有重要意义。孔子学院是我国国家文化软实力的重要载体。孔子学院、孔子课堂已遍布 139 个国家和地区，成为世界认识中国的重要平台和中外语言文化交流的窗口和桥梁。习近平总书记多次出席孔子学院签字或揭牌仪式，希望孔子学院秉承“相互尊重、友好协商、平等互利”的校训，为传播文化、沟通心灵、促进世界文明多样性做出新的更大贡献。我们要继续办好孔子学院，增强对外话语的创造力、感召力、公信力，讲好中国故事，传播好中国声音，阐释好中国特色，向世界展现一个真实、立体、全面的中国。与此同时，还要激发海外学生学者爱国热情，发挥来华留学人员和外籍教师宣介作用，不断扩大国际社会对中华文化、中国道路、中国模式的理解认同。继续深化内地和港澳、大陆和台湾地区教育交流合作，宣传中华优秀传统文化，宣传祖国发展伟大成就，凝聚民族复兴情感力量。

（本文原载《求是》2016 年第 18 期）

名校长的使命与担当

刘利民

“我们要努力培养造就一大批一流教师，不断提高教师队伍整体素质”，习近平总书记在2014年对北京师范大学师生说的话，已为中国教育人所熟知。近年来，党和国家大力倡导教育家办学，高度重视干部教师尤其是名校长培养工作。2014年，教育部启动“校长国培计划”中小学名校长领航班培训工作，对全国64位校长进行为期3年的培训研修，领航班成为新中国成立以来我国中小学校长培训中最高层次的培训班。

借助这些项目，笔者也一直在思考：校长的使命何在？名校长应有何担当？名校长要想真正认识名校长与普通校长、名校校长的区别，真正理解自己肩负的使命与担当，就要真正明确名校长之“名”的深刻含义：要志存高远，具有远大理想；要丰富学养，具有教育思想；要勇于探索，具有创新实践；要情系家国，具有大爱之心。

名校长要志存高远，具有远大理想。理想信念决定一个人的方向和高度。习近平总书记曾指出，正确的理想信念是教书育人、播种未来的指路明灯。一个人只有坚定理想信念，才能站得高、看得远，才能开风气之先、引时代之潮。一个没有崇高理想信念的人无法成为一位称职的校长，更不必说名校长了。名校长要始终同党和人民站在一起，自觉做中国特色社会主义的坚定信仰者和忠实践行者，严肃认真对待自己的职责。名校长要加强对中国历史文化和现实国情的研究和学习，加深对中国道路和制度的思想认同、理论认同和情感认同。

名校长要丰富学养，具有教育思想。教育是心灵的沟通、灵魂的交融、思想的碰撞、人格的对话。名校长和普通校长的根本区别，就在于其是否形成系统的教育思想。一般校长只要能坚决执行党和国家的教育方针政策，做好学校的教育教学管理工作，就可算是称职的校长。名校长还应具备一定的理论水平与较系统的教育思想。教育思想是在理论学习、实践总结中得以凝练提升的。名校长要牢固树立终身学习的思想，多了解科学、文学、艺术、历史、哲学等方面的知识，多学习古今中外教育家的思想与理论，提升抓住事物本质、掌握事物发展规律的能力。名校长要多了解社会政治、经济变革的趋势，把握新时期学生成长的特征，寻找适合学生成长的教育教学规律，把所学所悟对接于教育教学实践，通过实践去检验，通过检验去试错，通过试错去反思，通过反思去提升，从而不断凝练升华自己的教育思想。

名校长要勇于探索，具有创新实践精神。名校长不是单纯的思想家、理论家，而是稳稳站立于大地之上的实践家。陶行知先生认为，“书生教育家”不是真正的教育家，因为他们比较重视“理论”而轻视“实践”。与“教育学家”不同的是，教育家不仅注重理论研究，更注重实践探索。所以，陶先生身体力行，创办了晓庄试验乡村师范学校。名校长要着眼于中国乃至世界发展的全局，着眼于教育改革发展的大势，着眼于基础教育改革发展的热点难点问题，自觉将教育管理理论与管理实践相结合，勇于创新，“敢探未发明的新理和敢入未开化的边疆”。

名校长要情系家国，具有大爱之心。名校长只有走出一校围墙，心怀一地一域乃至全国教育事业，才能成为真正的名校长。名校长的思想水平、价值追求、办学境界将在很大程度上影响中国教育的发展与未来。从这个意义上说，其使命已经远远超出了办好自己的学校本身。名校长理应多一些“家国情怀”，要胸怀天下、心系未来，“修身、齐家、治国、平天下”；名校长也必须多一些“家国情怀”，恪尽兴国之责，“苟利国家生死以，岂因祸福避趋之”，树立“为国育才、为民育子”的教育情怀。

“大事难事看担当，逆境顺境看襟度”“穷则独善其身，达则兼济天下”。引领区域乃至全国的教育事业发展是名校长的使命与担当，是名校长之“名”闻遐迩、“名”播天下的最大价值。名校长之“名”，非一校一人之“名”，乃吾土吾民之“名”也！

（本文原载《中小学管理》2016 年第 9 期）

一流大学要办好一流本科教育

林蕙青

一、建设一流本科教育是“双一流”建设的重要任务

1. 建设一流本科教育，是“双一流”建设的重要基础

人才培养是高等学校的根本任务，人才培养水平是衡量高校办学水平的根本标准。2015 年新修订的《高等教育法》再次强调，高等学校应以人才培养为中心，开展教学、科研、社会服务。人才培养是中心、是根本，是大学的本质属性，是大学的存在价值。党中央、国务院高度重视高校人才培养工作，《中共中央关于制定国民经济和社会发展第十三个五年规划的建议》和《国民经济和社会发展第十三个五年规划纲要》都聚焦人才培养，对高等教育改革发展做出了全面部署，并明确提出“提高高校教学水平和创新能力，使若干高校和一批学科达到或接近世界一流水平”，这凸显了党和政府对加强高校人才培养工作、提高教学水平的高度重视和殷切希望，凸显了提高人才培养质量在“双一流”建设中的地位和作用。本科教育在人才培养工作中占据基础地位，是大学教育的主体部分。本科教育质量直接影响大学办学声誉。因此，一流的本科教育是一流大学的重要基础和基本特征，建设一流大学必须建设一流本科。坚持“本科为本”，是我国一流大学建设的必然选择。

纵观国外一流大学，普遍将本科人才培养和本科教育质量置于学校发展的重要战略地位，将培养一流本科生作为学校发展的坚定目标和不懈追求。世纪之交，美国有关机构发布了《重建本科教育——美国研究型大学发展蓝图》，提出“重建以学生为中心的研究型大学本科教育”，推动了美国研究型大学的教学改革。近年来，美国一些研究型大学持续深入推进本科教学改革，斯坦福大学 2012 年发布了《本科教育研究报告》(*The Study of Undergraduate Education at Stanford*)，开启了新一轮大规模本科教学改革。国外高水平大学对本科教育的办学定位和做法，对我们推进中国特色、世界一流高水平大学建设具有重要的启示和借鉴。

2. 建设一流本科教育，是适应新形势、服务国家经济社会发展的迫切需要

我国高等教育面临新形势、新要求。从世界形势看，世界多极化、经济全球化深入发展，文化多样化、社会信息化持续推进，世界科技革命和产业变革加速，综合国力竞争越发激烈。各国无一例外都将高等教育作为国家竞争力的核心要素，并为保障和提升高等教育质量做了大量探索和努力。从改革发展形势看，我国进入全面建成小康社会决胜阶段；中央提出了创新驱动发展战略、“一带一路”倡议以及一系列区域、产业发展战略举措；经济发展步入新常态，动力转换、结构调整、方式转变、产业升级任务紧迫。这迫切需要高等教育发挥重要的人才支撑作用。从教育对象特点看，90 后大学生是互联网时代的“原住民”，他们的价值观念、思维方式、学习方式、交往方式与上一代学生相比有明显不同，我们以往的教育理念、教学内容和方式、管理手段，迫切需要做出相应调整。

“985 工程”“211 工程”高校汇聚了优质的生源，担负着为国家和社会培养支撑和引领未来发展的领军人才和骨干人才的重要使命。这些高校要深入研究新形势新变化，主动适应经济社会发展和学

生健康成长提出的新要求，遵循高等教育发展规律，加快改革创新，加快推动人才培养链与国家创新链、产业链有机衔接，大力提升为社会主义现代化建设服务、为人民服务的能力。

3. 建设一流本科教育，是解决我国高水平大学发展中突出问题的现实需要

改革开放以来，我国高等教育改革发展取得了历史性成就。但总体上看，我国还不是高等教育强国，“大而不强”的问题十分突出。特别是在人才培养方面，一些学校包括高水平大学还存在较大差距，主要表现在办学理念、专业设置、人才培养机制等脱离社会实际；教学内容、教学方法和评价方式相对陈旧单一；实验、实习、实训环节相对薄弱；学生的社会责任感、创新精神、实践能力仍有待增强。

一些高校在办学中“重科研轻教学”的问题比较突出，领导对本科教学工作重视不够、师资不足、优质资源保障不到位。高校要特别注意防止三种情况。一是防止只重视学科建设而忽视专业建设。学科建设侧重于知识体系的继承与创新。专业建设是社会需求与不同学科知识体系的结合，侧重于专门人才的培养。一流学科是一流专业建设、一流人才培养的有利条件，但不等同于一流教学。在“双一流”建设中，要把提高教学水平和提高科研创新能力相结合，使一流学科建设与一流专业建设成为有机统一体，相互融合、相互支撑、相互促进。二是防止只重视研究生教育而忽视本科生教育。研究生教育的特点决定了学生与教师以及科研项目有着直接、紧密的联系。一些高水平大学无论是校方还是教师都十分关注研究生教育，但我们不能只重视研究生教育而忽视本科生教育。一流本科教育是高质量研究生教育的基础，没有一流本科，也难以实现一流的研究生教育。三是防止只重视培养少数拔尖人才而忽视全体学生的发展。一些高校实施的面向少数学生的改革实验班，集中优质教学资源重点培养，这十分必要。但同时，要将实验班先行先试的教学改革成功经验进行推广，使教学改革的成果惠及全体学生。这也是高水平大学建设一流本科、深化教学改革的必然要求。

二、建设一流本科教育，要着力深化教学改革

当前和今后一个时期，高水平大学要认真贯彻落实党的十八届五中全会和国家“十三五”规划精神，紧紧围绕实现更高质量高等教育这一主题，全面贯彻党的教育方针，落实立德树人根本任务，以“创新、协调、绿色、开放、共享”五大发展理念为引领，以支撑创新驱动发展战略、服务经济社会发展为导向，深化教育教学改革，切实增强学生的社会责任感、创新精神和实践能力，全面提高教学水平和人才培养质量。教学改革是一项系统工程，涉及各个方面，需要解决的问题很多。各校的情况不同，改革重点也各不相同，但有几项任务是共同的。

更新教育理念。目前，我们与世界一流大学的差距，最主要的是教育理念的差距。结合我国新时期大学的使命和世界高水平大学的改革趋势，我们需要更加注重以学生为本，坚持立德树人，加强培养学生的国家意识、社会责任感；更加注重创新性，加强探究式教学，培养学生的创新意识、创新精神和能力；更加注重实践性，加强培养学生解决实际问题的能力；更加注重开放性，培养学生的国际视野和尊重多元文化、跨文化交流能力；更加注重选择性，因材施教，为学生创造更加个性化、多样化的学习机会和学习体验；更加注重适应性，培养学生在未来学习新知识、适应新环境、解决新问题的各项能力；等等。总体而言，大学的教育教学理念要体现国家社会需求，体现时代精神，体现不同学校办学定位，既有共性又各具特色。改革理念不仅是改革设计者的目标，更重要的是成为广大师生的共同理念。

深化创新创业教育改革。深化创新创业教育改革，是当前推进高等教育综合改革的重中之重和突破口。目前各高校积极行动，改革取得了重要进展，但总体来看，还在起步和推进阶段，一些高校重视程度不够、认识有偏差、与专业结合不紧密等问题仍然比较突出。

推进创新创业教育改革，应面向全体学生，引导全体教师参与，贯穿人才培养特别是本科教学全过程。通过教育，促进学生全面而有个性的发展，把创新意识和创新能力真正内化为学生的一种素

质。应着力于培养方案和课程体系改革，重新修订、设计人才培养方案，把创新创业教育融入人才培养体系之中；学校的各类课程包括通识课、专业课都应体现创新创业教育的要求，挖掘和充实各类课程的教育资源，与专门的创新创业教育课程共同构成完整有机的课程体系。应着力于教学内容、方法和考核方式改革。鼓励教师用新理论、新知识、新技术更新教学内容，充分发挥高水平大学的优势。应开展启发式、参与式、讨论式教学，改革单纯知识考核、期末一张试卷定成绩的简单做法。着力于教学管理制度改革，建立创新创业学分积累、转换和支持休学创新创业的制度，使学生有更多的选择机会。

调整优化学科专业结构。高校要根据国家发展需求、科技发展趋势，结合学校办学定位、学科专业优势，制定好学科专业发展规划，明确发展方向。积极设置国家战略性新兴产业、经济社会发展和民生改善领域急需的相关专业。高水平大学肩负着为国家培养高质量急需人才的重任，要结合实际，主动适应国家和区域发展需要，培育新的专业增长点。对传统学科专业进行更新升级，努力适应新科技、新产业、新业态的发展，注重不同学科知识的交叉融合，寻求新的学科专业建设方向，不断提高传统学科专业的人才培养质量。

完善开放办学、协同育人机制。学校与社会实务部门、科研院所、行业企业协同育人机制是优化人才培养机制的重要制度创新。我们要着力完善这个机制，把更多的优质社会资源转化为教学资源。着力与行业企业共同推进全流程协同育人，使用人部门自始至终参与应用型专业的人才培养，使教学更加贴近实际，贴近行业和产业发展需求。着力建设与行业企业共建共享的协同育人实践基地。高校要结合专业特点与行业企业以多种形式共建实践基地，促进政产学研深度结合，切实提高实践教学水平和能力。着力加强综合实训中心建设。整合校内资源，建设功能集约、资源共享、运行高效的专业或跨专业实验教学平台。着力建立健全高校教师与实务部门专家双向交流机制。一方面，积极吸引更多行业企业优秀人才投身教育，聘用有丰富实践经验的人员担任专兼职教师；另一方面，积极支持教师获得校外工作、研究、实践经历，特别是支持实践教学教师和创新创业教育教师到行业企业挂职锻炼，提高实践教学能力。

提升国际交流合作能力。随着我国高等教育国际化的发展，高水平大学师生和教学资源的跨国流动已成常态，要进一步提高水平。在人才培养标准上，一些学科专业要积极稳步推进国际实质等效标准，促使我国教育质量的评价标准既有中国特色，又有世界水平。还要看到，一批世界高水平大学在建设一流本科教育方面进行了长期探索，取得了显著成效，我国高校要认真研究和科学借鉴，结合国情和校情探索这些国际经验的本土化实践。

推进信息技术与教育教学深度融合。高水平大学要主动适应，积极引领信息技术与教育教学深度融合的大趋势。当前，主要有三项重要任务：一是建设课程。学校要积极组织、鼓励和指导支持教师发挥教学、科研优势，建设优质在线开放课程，使更多学生共享名师名课，也让更多中国优质课程走向世界。二是加强应用。积极探索优质在线开放课程多种形式的应用，积极探索如何运用信息技术深化教学改革。三是创建制度。要积极探索建立线上线下相结合的管理方式和学分互认等配套管理制度。

深入推进拔尖创新人才培养。高水平大学承担着培养拔尖创新人才的重要使命。“十二五”期间，有19所高校在数、理、化、生、计算机等领域实施了“基础学科拔尖学生培养计划”，建立了拔尖人才培养试验区。“十三五”期间，要继续实施好基础学科“拔尖计划”，改革、完善选拔培养机制，吸引优秀学生投身基础科学学习、研究。各校都要积极创造条件，加强各类拔尖创新人才培养，充分利用国内外优质教育资源，促进拔尖创新人才茁壮成长。同时，也要充分发挥“拔尖计划”的示范引领作用，引领学校整体教学改革，促进整体教学水平提升。

三、建设一流本科教育，要狠抓工作落实

做好顶层整体设计。当前，高校正在修改完善“十三五”规划、制定“双一流”建设方案。规划和方案把加强一流本科、深化教学改革作为重点内容纳入，提出了明确的目标、政策和举措。

落实主体责任。要进一步明确高校主要领导是管理本科教学工作的责任主体。学校党委常委会、校长办公会要定期研究部署本科教学工作，积极、务实、有效地解决教育教学中的重点难点问题。

加大政策和资金支持。高校要加大对本科教学工作和改革的政策、资金支持力度，形成系统化、高强度、可持续的支持保障机制。一是支持优秀教师将主要精力投入教学。教授必须为本科生授课，这是世界一流大学的共识和通则。必须非常明确，高校教师“老师”是第一身份、人才培养是第一要务、“上好课”是第一责任；要进一步改进完善教师评聘、奖励、考核、监督等机制，积极引导教师热爱教学，淡泊名利、潜心治学、追求卓越。特别要重视确保一流教师为本科生授课，两院院士、长江学者、国家杰青等高端人才都要站上本科讲台，不但要开研讨课、举办讲座，还要为本科生完整讲授基础课和专业课。二是加大对院系和教师开展教学改革的资金支持力度。大学的校领导们拥有大量可支配、可利用的资源，关键看他们是否足够重视，是否以推进教学改革、提高教学质量为己任。三是一流资源要配置给本科教学，除了确保本科教育所需经费，还要努力聚集更多优质资源，使学校一流学科、一流科研、一流成果转化为一流的本科教学。

建立学校教学质量自我评估机制，促进质量提升。要努力完善学生、教师、管理者和社会用人单位等多方参与的教学质量评价制度；建立通过自我评估不断发现问题、解决问题并不断优化教学过程、提高教学质量的机制；培育教师、学生、管理者把促进质量提升作为共同价值追求和行动自觉的质量文化。

（本文原载《光明日报》2016 年 5 月 17 日）

综 述

习近平考察南昌大学

2016 年 2 月 1 日至 3 日，在中华民族传统节日农历猴年春节即将来临之际，中共中央总书记、国家主席、中央军委主席习近平来到江西，看望慰问广大干部群众和驻赣部队，祝全国各族人民健康快乐吉祥，祝改革发展和人民生活蒸蒸日上，向全体解放军指战员、武警部队官兵、民兵预备役人员致以新春祝福。

在南昌大学，习近平视察了国家硅基 LED 工程技术研究中心实验室。这个实验室由江风益教授牵头研究的“硅衬底蓝色发光二极管”项目，获得 2015 年度国家技术发明奖一等奖。习近平听取实验室研究成果介绍，察看芯片制作流程，了解实验室科技创新、人才培养、产学研结合等情况，并参观了南昌光谷展厅，肯定科研人员攻科研难题和抓成果转化决心大、目标高、工作实、成效好。习近平指出，高校作为科技创新的生力军，要创新人才培养机制和教育方法，为国家现代化建设培养造就更多的合格人才、创新人才。习近平希望当代大学生珍惜韶华，把学习成长同党和国家的事业紧紧联系起来、同社会和人民的需要密切结合起来，用青春铺路，让理想延伸。

王沪宁、范长龙、栗战书和中央有关部门负责同志陪同考察，并分别参加有关活动。

习近平致信祝贺清华大学建校105周年

2016年4月22日，中共中央总书记、国家主席、中央军委主席习近平致信祝贺清华大学建校105周年，向全体师生员工和广大校友致以热烈的祝贺和诚挚的问候。

习近平在贺信中指出，清华大学是我国高等教育的一面旗帜。105年来，清华大学秉承自强不息、厚德载物的校训，开创了中西融汇、古今贯通、文理渗透的办学风格，形成了爱国奉献、追求卓越的精神和又红又专、全面发展的培养特色，培养了大批学术大师、兴业英才、治国人才，为国家、为民族做出了重要贡献。

习近平强调，办好高等教育，事关国家发展、事关民族未来。我国高等教育要紧紧围绕实现“两个一百年”奋斗目标、实现中华民族伟大复兴的中国梦，源源不断培养大批德才兼备的优秀人才。站在新的起点上，清华大学要坚持正确方向、坚持立德树人、坚持服务国家、坚持改革创新，面向世界、勇于进取，树立自信、保持特色，广育祖国和人民需要的各类人才，深度参与创新驱动发展战略实施，努力在创建世界一流大学方面走在前列，为国家发展、人民幸福、人类文明进步做出新的更大的贡献。

习近平考察中国科学技术大学

2016年4月26日上午，中共中央总书记、国家主席、中央军委主席习近平来到中国科学技术大学先进技术研究院，观看了高新技术企业科技成果集中展示。在智能语音、智能机器人、装备制造业、新材料、生物医药、智慧新能源等展区，习近平同科研单位和企业人员亲切交流，询问科研进展、成果转化、应用前景等。在量子通信京沪干线运管中心，潘建伟院士做了介绍，习近平对量子通信研发工作给予肯定。他说："很有前途、非常重要。"习近平表示，这些科研成果表明你们在新兴产业发展方面动作快、力度大、成绩明显。习近平对科技人员说，合肥这个地方是"养人"的，培养出了这么多优秀人才，是创新的天地。希望大家再接再厉、更上层楼。祝大家创新愉快。

习近平在中国科学技术大学先进技术研究院同科技人员交谈时强调，创新居于五大新发展理念之首。我国经济发展进入新常态，必须用新动能推动新发展。要依靠创新，不断增加创新含量，把我国产业提升到中高端。习近平指出，我国的经济体量到了现在这个块头，科技创新完全依赖国外是不可持续的。我们毫不动摇坚持开放战略，但必须在开放中推进自主创新。

在观看高新技术企业科技成果展时，习近平走到科大讯飞展台前，一个圆头圆脑的机器人说："总书记您好，我是小曼，我们早就期盼您的到来了，我也很高兴能加入到实现中华民族伟大复兴的进程中来。"机器人佳佳说："见到敬爱的总书记真开心。佳佳祝总书记天天开心。"科研负责人介绍了语音合成技术，习近平询问仿真率多少，成本怎么样，商业前景如何。习近平对这项技术应用于语音翻译、双语教学、对外交流合作等方面取得的成果给予肯定。习近平强调，新兴产业发展令人瞩目，希望你们的事业蒸蒸日上。

下午，习近平来到学校图书馆自习室。见到总书记来了，学生们围拢过来，争着向总书记问好。"家是哪里的？一个人来合肥上大学爸妈放心吗？""国防班有多少人？招生时就定向了吧？""去西部地区支教这一年感受很深吧？农村的孩子，不忘初衷。""在图书馆学习觉得氛围很好吧？还得早点来占个座？"习近平同身边的学生愉快交谈着。大家你一言我一语地回答习近平总书记提出的问题，谈自己的大学生活，讲人生的目标和理想。

听了同学们的话，习近平说，过去中国人口多、人手多，现在正转变成人才多。建设制造业强国、实现"两个一百年"奋斗目标，教育是基础。我们对中国建设国际一流大学、培养国际一流人才充满自信。我们的胸襟是开放的，包容并蓄。幸福不是从天降，中国人民取得的成就是很了不起的，不要妄自菲薄，同时要自强不息。年青人在学校要心无旁骛，学成文武艺，报效祖国和人民，报效中华民族。同学们好好学吧！

中国科技大学工程学院国防生邵云飞听到习近平总书记询问自己毕业后的打算时，坚定地回答："服从祖国分配！"习近平问他："将来立志当将军吗？"邵云飞说："平平凡凡做好自己工作就行。"习近平点头赞许："踏踏实实做事，踏踏实实做人。"走出图书馆，千百名师生挤满了道路两侧，冒着小雨来向习近平总书记道别。习近平同他们亲切握手，师生们高声唱科大校歌《永恒的东风》，歌声久久回荡在校园里。

王沪宁、栗战书和中央有关部门负责同志陪同考察。

习近平给大陈岛老垦荒队员后代、浙江省台州市椒江区 12 名小学生的回信

张婧怡等小朋友：

你们好！看了你们的来信，我想起了 10 年前的大陈岛之行，也想起了当时同你们爷爷奶奶交谈的情景。60 年前，你们的爷爷奶奶远离家乡，登上大陈岛垦荒创业，用青春和汗水培育了艰苦创业、奋发图强、无私奉献、开拓创新的垦荒精神。正如你们所说，他们是最可敬的人。请代我向你们的爷爷奶奶、乡亲们问好。

你们在信中表示，你们是老垦荒队员的后代，决心牢记爷爷奶奶当年的奋斗精神，好好学习，砥砺品格，长大后报效祖国和人民，我感到很欣慰。希望你们向爷爷奶奶学习，热爱党、热爱祖国、热爱人民，努力成长为有知识、有品德、有作为的新一代建设者，准备着为实现中华民族伟大复兴的中国梦贡献力量。

“六一”国际儿童节即将来临，我祝你们节日快乐，祝全国小朋友节日快乐。

习近平

2016 年 5 月 30 日

习近平对李保国同志先进事迹做出重要批示

新华社2016年6月12日电　中共中央总书记、国家主席、中央军委主席习近平近日对李保国同志先进事迹做出重要批示。他指出："李保国同志35年如一日，坚持全心全意为人民服务的宗旨，长期奋战在扶贫攻坚和科技创新第一线，把毕生精力投入到山区生态建设和科技富民事业之中，用自己的模范行动彰显了共产党员的优秀品格，事迹感人至深。李保国同志堪称新时期共产党人的楷模，知识分子的优秀代表，太行山上的新愚公。广大党员、干部和教育、科技工作者要学习李保国同志心系群众、扎实苦干、奋发作为、无私奉献的高尚精神，自觉为人民服务、为人民造福，努力做出无愧于时代的业绩。"

李克强考察清华大学和北京大学

2016年4月15日上午，李克强来到清华大学。在校史馆，学校负责人介绍了清华走过的百年历程，李克强饶有兴致地在展板前驻足观看，并与部分知名学者交流。在听取学校开展的第四代先进核能技术、新能源汽车、下一代互联网、凝聚态物理、类脑计算机等重大项目研发和应用情况介绍后，李克强十分高兴。他说，创新既要靠自己的力量，也要积极借鉴国际先进理念和经验，加强院校、科研机构之间的协同创新，避免在同一水平上并行研究，以更有效地利用人才和资源，形成合力，这样创新的速度会更快、成果也会更多。

在生命科学学院蛋白质设施实验技术中心，李克强向负责的院士详细询问他们的研究方向、方法原理和与国际先进水平的比较，得知团队成员很年轻，引进了大量海内外人才，在大脑机理研究等方面取得多项世界级成果，李克强表示赞许。他说，你们的研究事关人类健康，希望通过更加灵活的人才激励机制，进一步汇聚高端人才，在关键核心技术攻关上争做全球领跑者，为我国十三亿人乃至全人类的健康做出贡献。

在建筑学院，李克强与老师和同学们交流，并勉励他们说，我国正处在新型城镇化和新农村建设加快推进过程中，急需大量专业人才。你们要更好地把才能发挥出来，投身国家建设，为人民造福。

"清华简"是一批记录大量经史类书籍的战国竹简。李克强仔细察看竹简的清理、保护情况，与专家深入交流，询问竹简的研究进展以及其与目前经典古籍的差别。他说，你们的工作很了不起，对于传承和弘扬中华优秀传统文化具有十分重要的意义。希望你们加大研究力量，开展多方合作，争取有更多重大发现，弥补史学研究上的空白缺憾。

下午，李克强来到北京大学，学校负责人汇报了学校的发展情况。在学校的国家发展研究院，李克强仔细翻阅桌上展示的最新研究成果。他指出，当前，经济社会发展面临不少困难，宏观调控、升级发展等都需要在理论与实践上不断创新。听到研究院运用大数据编制推出了新经济指数，李克强指出，北京大学做了一件开创性的工作。我们要积极发展新经济、培育新动能，因为传统发展动能在减弱，只靠传统动能难以实现经济中高速增长。新经济发展能够带动大量就业，也会为传统动能改造提升创造条件。

李克强来到数学科学学院，详细了解基础数学研究进展和后续人才情况。听到这几年报考数学专业的学生明显增加，李克强欣慰地说，数学是自然科学皇冠上的明珠。我国与世界发达国家在科学技术上存在差距，很大程度上是基础研究特别是基础数学存在"短板"。希望把基础数学研究放在重要位置，有一批人能够静下心来甘于坐"冷板凳"，把板凳坐热。要建立对基础研究的长效支持机制，让教学和科研人员拥有合理稳定的收入保障和受人尊敬的社会地位。

在沿途经过经济学院、光华管理学院、法学院时，李克强与围拢过来的师生亲切交流。得知北大山鹰社正在为从北坡攀登珠穆朗玛峰做准备，李克强向他们致以美好祝愿并叮嘱要注意安全，并希望广大学生们加强体育锻炼，在学习知识的同时强健体魄，更好地为国家和社会服务。

李克强还来到北大学生食堂，与学生们一起用餐，了解食堂饭菜价格和学生学习生活情况。他叮嘱学校负责人，要为广大学生营造更好的环境。

刘延东、郭金龙、杨晶陪同考察。

李克强召开高等教育改革创新座谈会

2016年4月15日，中共中央政治局常委、国务院总理李克强在北京召开高等教育改革创新座谈会，并做重要讲话。53所在京的部属、市属、民办高校和有关部门负责人参加会议。

李克强表示，教育是国家发展的基础，关系民族的未来，高水平教育是国家综合竞争力的重要体现，世界经济强国无一不是教育强国。中华文明几千年生生不息，其根本在于重视教育。改革开放以来，我们始终坚持教育优先发展，教育成为推动经济发展和社会进步的重要力量。面对当前国际政治经济形势变化和新一轮科技革命的兴起，教育要全面贯彻党的教育方针，培养中国特色社会主义事业建设者和接班人，在促进经济保持中高速增长、迈向中高端水平，跨越中等收入陷阱，实现全面建成小康社会的征程中，教育要担负更大责任、发挥支撑作用。

李克强指出，创新是推动国家发展和社会进步的不竭动力，当今世界各国的竞争实际上是创新的竞争。党的十八大以来，党中央坚持实施创新驱动发展战略，就是要把蕴藏在亿万民众中的创造力发挥出来。高等教育要着力围绕服务国家创新发展，促进大众创业、万众创新，培育更多创新型人才。注重培养学生创新意识，开展启发式、讨论式、探究式教学，激发他们的想象力，打牢知识根基，拓宽学术视野，推动科技创新。注重增强学生的实践能力，培育工匠精神，践行知行合一，多为学生提供动手机会，提高解决实际问题的能力。注重推动教育公平，继续向农村和贫困地区学生倾斜，让更多困难家庭孩子能够受到良好教育，在公平竞争中获得上升通道、释放创造潜能。

李克强指出，要加快建设一批高水平大学。国家确立了推进世界一流大学和一流学科建设的重大举措，鼓励公办民办各类学校办出特色、分类发展。当前，要抓紧出台促进一流学科建设的具体措施，在政策和资金上给予精准支持。通过一流学科率先突破，示范和带动提升我国高等教育综合实力和国际竞争力，促进新经济、培育新动能，推动文化繁荣和社会进步。

李克强指出，要加快推进高等教育领域“放管服”改革。结合高校特点，给学校更大办学自主权。凡高校能够依法自主管理的事项，相关行政审批权该下放的下放，要抓紧修改或废止不合时宜的行政法规和政策文件，解除制约学校发展的不合理束缚。同时，有关部门要完善督导监管，积极探索为学校、教师、学生服务的新途径、新方式。各级党委、政府要健全制度，完善政策，为教育发展创造更好环境。

李克强强调，建设高水平大学要充分调动广大教学和科研人员的积极性。健全教师评价制度，对教学、科研人员包括兼任行政职务的专家教授，实行符合智力劳动特点和规律的政策，不能简单套用针对行政人员的规定和经费管理办法，充分尊重知识、尊重人才，给教学和科研人员更多经费使用权，更多创新成果使用、处置和收益权，更好调动广大知识分子的积极性和创造性。要积极提携青年教师，为青年教师施展才华提供舞台，帮助他们解决实际困难，形成人才辈出的局面，推动教育强国建设。

刘延东主持座谈会，郭金龙、杨晶参加。

李克强考察四川大学

2016 年 4 月 25 日，中共中央政治局常委、国务院总理李克强考察四川大学。在高分子材料工程国家重点实验室，李克强参观了实验室自主研发的世界首个石墨烯橡胶轮胎、首个国产血液透析器、锂电池隔膜成套新技术等成果，他鼓励科研人员要加快成果转化。

李克强还专程考察了四川大学就业指导中心。今年高校毕业生再创历史新高，加上中专技校毕业生，就业压力不小。李克强指出，大学生是推动社会发展的重要动力，川大是国务院确定的首批“双创”示范基地之一，要为全国“双创”带头，担起保就业、惠民生的重任。

李克强对全国普通高等学校毕业生就业创业工作电视电话会议做出重要批示

2016年5月20日，全国普通高等学校毕业生就业创业工作电视电话会议在北京召开。中共中央政治局常委、国务院总理李克强做出重要批示。批示指出：高校毕业生是国家的宝贵财富。近年来，各地区、各部门、各高校主动作为，千方百计促就业扶创业，高校毕业生就业一直保持较高水平，成绩来之不易。今年经济下行压力仍然较大，高校毕业生人数再创历史新高，各级政府一定要把促进毕业生就业创业作为当前十分重要而紧迫的任务，措施想得更实，工作抓得更紧。要进一步实施大学生就业创业促进计划，加强就业市场供需衔接和精准帮扶，多方拓宽就业渠道；进一步深入推进简政放权和商事制度改革，为广大毕业生投身创业创新清障减负，以创业带动就业；进一步加快发展新经济，不断催生新技术、新产业、新业态、新模式，创造更多适合高素质年轻群体的就业岗位。各方面同心协力，确保今年高校毕业生就业水平不降低，为完成全年经济社会发展目标任务做出新贡献。

刘云山在上海调研

2016年6月19日至20日，中共中央政治局常委、中央书记处书记刘云山来到上海，深入学校、农村，就高校思想政治工作、精神文明建设和基层党建工作进行调研。

在上海交通大学、复旦大学，刘云山实地考察高校教学、科研情况，就马克思主义理论教学、大学生思想政治教育等问题与师生深入交流，并召开了高校思想政治工作和党的建设座谈会。刘云山指出，高校思想政治工作关系培养什么人的根本问题，要牢牢把握社会主义办学方向，加强和改善党的领导，按照又红又专、德才兼备、全面发展的要求，努力培养合格的建设者和可靠接班人。要用好马克思主义的真理力量，用好中国特色社会主义的实践力量，用好五千年历史传承的文化力量，引导师生坚定对中国道路、理论和制度的信念，保持对中华文化和中国价值的自信。要贴近师生的思想特点和实际需求，创新工作机制和方式方法，积极运用互联网等新的手段，使思想教育工作更接地气、更有活力。

中共中央政治局委员、中央书记处书记、中宣部部长刘奇葆，中共中央政治局委员、上海市委书记韩正参加调研。

刘延东出席国务院教育督导委员会第三次会议

2016年1月4日，国务院教育督导委员会第三次会议在北京召开。中共中央政治局委员、国务院副总理、国务院教育督导委员会主任刘延东在会上强调，要认真贯彻党中央、国务院决策部署，落实《教育督导条例》，突出督导工作重点，抓住关键，完善机制，为全面深化教育综合改革、加快推进教育现代化提供坚强保障。

会议提出，“十二五”以来教育督导工作成绩显著。我国首次颁布实施《教育督导条例》，成立国务院教育督导委员会，督政、督学、评估监测三位一体的督导体系不断健全，督导的权威性、科学性进一步增强，在督促政府落实责任、推动重大教育政策项目实施、促进学校内涵发展、维护教育系统稳定等方面发挥了重要作用，成为教育改革发展的一大亮点。2015年，聚焦教育热点难点问题，开展专项督导50余次，对校园踩踏事件、学生食物中毒、交通事故等重大突发事件及校园暴力、师德师风等社会高度关注的热点问题加大了督导力度，建立了“哪里有教育问题，哪里就有教育督导”的工作机制，切实保障了师生的生命财产安全，全国全年未发生一起重大校车安全事故。聚焦教育公平问题，开展义务教育均衡发展督导评估认定，全国已有1 268个县（市、区）通过国家认定；印发专项督导办法，推动全面改善贫困地区义务教育薄弱学校基本办学条件工作各项任务落实，确保3 200多万名农村义务教育学生吃上营养餐。聚焦教育质量问题，首次在全国开展义务教育阶段数学和体育质量监测，建立中小学素质教育督导评估制度，开展学术论文“打假”工作，完善高等教育质量保障体系。聚焦规范办学问题，基本实现了全国30万所中小学校责任督学挂牌督导全覆盖。

刘延东充分肯定了教育督导取得的成绩，强调教育督导是推进教育现代化的重要制度安排，促进了教育管理模式的变革。今年是全面实施“十三五”规划的开局之年，教育事业的机遇与挑战并存，教育督导任务更加艰巨繁重。要按照党的十八届五中全会的新部署，贯彻建设法治政府、推进依法治教的新要求，进一步明确教育督导的方向和重点，有效开展对各级各类教育的督导评估、检查验收和质量监测工作，转变教育管理方式，提升教育治理能力。要充分发挥教育督导的督政职能，继续开展义务教育均衡发展督导评估认定，建立完善地方政府履行教育职责评价制度，做好全面改善贫困地区义务教育薄弱学校基本办学条件工作和农村义务教育学生营养改善计划，加强校园安全和校车安全监管，实施重大政策落实情况专项督导，切实督促各级政府尽职履责。要充分发挥教育督导的督学职能，完善中小学校责任督学挂牌督导制度，建立中小学校管理评价制度，做好博士硕士学位论文抽检和学位论文作假行为查处，纠正学校违规办学行为，推动学校提高办学水平。要进一步健全教育质量评估监测体系，加强对中小学校素质教育评估，做好全国义务教育质量监测，分类开展职业院校和本科院校评估，发挥社会组织在教育评估监测中的作用，确保教育评估监测的质量和效益，为加快教育现代化和全面建成小康社会做出积极贡献。

刘延东要求，必须将严的要求、实的作风贯穿教育督导全过程。真督实查是教育督导的核心要求，督导要敢于担当、敢于较真、敢于碰硬，要点准“穴位”、打准靶子、加点“辣味”，打通政策落实“最后一公里”。要健全督导体制机制，创新督导方式方法，运用现代信息技术手段，完善督导结果运用机制，加大约谈问责和结果公开力度，提高督导实效。要加强队伍建设，进一步明确督学权责，提升督学专业化水平，推动教育督导工作迈上新台阶。

刘延东出席国务院学位委员会第三十二次会议

2016年1月8日，国务院学位委员会第三十二次会议在北京召开。中共中央政治局委员、国务院副总理、国务院学位委员会主任委员刘延东在会上强调，要按照“四个全面”战略布局和“五个发展”理念，以提高质量为中心，突出结构调整优化和培养模式转变，构建良好学术生态环境，使学位与研究生教育实现更高质量、更有效率发展，为全面建成小康社会培养高素质人才。

刘延东指出，“十二五”期间，学位与研究生教育以“服务需求、提高质量”为主线，深化综合改革，加快发展方式转变，重点领域改革迈出坚实步伐，质量保障和投入支持体系更加完善，国际影响力不断提升，为经济社会发展提供了有力支撑。

刘延东强调，要聚焦国家重大战略和发展需求，瞄准科技前沿，加强科教协同、产学研结合，动态调整优化学位授权和学科专业布局，提高服务经济社会发展能力。要坚持育人为本、立德树人，深化研究生培养模式改革，加快健全内部质量评估和监督保障体系，提高研究生的社会责任感、创新能力和实践能力。要大力推进科研诚信和学术道德教育，健全学术不端惩戒机制，对学术造假行为零容忍、严打击。要立足推动研究生教育发展转型，科学制定研究生教育发展“十三五”规划，统筹推进世界一流大学和一流学科建设，努力建设一流的研究生教育体系。

刘延东考察四川教育扶贫工作

2016年2月27日至28日，中共中央政治局委员、国务院副总理刘延东深入四川省大凉山腹地昭觉县彝族村寨，考察乡村小学和幼教点，看望留守儿童家庭，考察了民办职业技术学校，召开教育扶贫座谈会听取意见建议。

刘延东充分肯定了四川省教育扶贫工作。她指出，扶贫要扶智，教育扶贫作为脱贫“五个一批”工程之一，肩负重要使命。要把发展普惠性学前教育、全面改善薄弱学校办学条件、推进教育标准化建设、加强乡村教师队伍建设作为教育扶贫基础性工作，着力扩大教育公共服务供给，让贫困家庭子女都能接受公平且有质量的教育。要以集中连片特困地区和建档立卡贫困人口为重点，针对教育薄弱领域和贫困群体，精确帮扶，促进教育强民、技能富民、就业安民。要构建全领域结对帮扶关系，鼓励社会力量广泛参与，精准帮扶要全面覆盖贫困地区的每所学校、每位教师、每名学生。对留守儿童要持续关爱帮扶，使贫困地区孩子上升有通道、就业有技能、发展有希望，有效阻断贫困代际传递。

刘延东在宁夏回族自治区调研

2016年4月24日至26日，中共中央政治局委员、国务院副总理刘延东在宁夏回族自治区调研。

刘延东来到同心、中宁等偏远贫困地区农村中小学，实地考察营养改善计划实施情况，与师生共进营养餐。随后召开了中西部省份座谈会，研究贫困地区学生营养改善工作。刘延东充分肯定了宁夏在发展教育、卫生等社会民生事业、提升百姓获得感方面所做的工作。刘延东指出，营养改善计划5年前从宁夏开始试点，目前已覆盖全国1/3的县和1/2的义务教育学校，仅中央财政就累计安排1 200多亿元，共惠及3 300多万名学生，成为促进教育公平、提升学生营养健康水平的民生基础工程。她强调，改善学生营养是阻断贫困代际传递的重要举措，也是使贫困地区儿童共享全面小康的重要举措。“十三五”时期要继续加大投入，落实地方政府主体责任，构建长效机制，实现国家扶贫开发重点县全覆盖。要提高规范化精细化管理水平，促进监督评估和信息公开，严守食品和资金“两个安全”底线，精准落实营养膳食补助，确保学生“舌尖上的安全”。要加大对地方试点奖补力度，探索建立补助标准动态调整机制。要积极推进学生营养立法工作，加强营养知识和传统美德教育，引导学生养成健康节约的饮食习惯。刘延东还考察了宁夏大学及职教园区，要求合理布局学科专业，深化教育改革，培养更多适应经济社会发展需要的各类人才。

刘延东出席2016年职业教育活动周启动仪式暨全国职业院校技能大赛开幕式

2016年5月8日，中共中央政治局委员、国务院副总理刘延东出席2016年职业教育活动周启动仪式暨全国职业院校技能大赛开幕式时强调，要全面贯彻党中央、国务院关于加快发展现代职业教育的决策部署，更加注重技术技能人才培养，大力弘扬工匠精神，办好中国特色、世界水平的现代职业教育，为全面建成小康社会提供充足的技术技能人才支撑。

刘延东指出，2016年是《职业教育法》颁布实施20周年，中国近现代职业教育产生150周年。近年来，职业教育快速发展，现代职业教育体系框架基本形成，发展理念日趋成熟，释放出巨大人才红利，为国家现代化建设做出了重要贡献。

刘延东强调，“十三五”时期，职业教育要坚持服务发展、促进就业的办学方向，紧扣提高质量、促进公平两大主题，着眼经济社会发展和供给侧改革的需求，着力深化改革、加快发展，不断提升发展质量、服务能力和现代化水平。要把职业教育摆在更加突出的位置，推动职业教育与经济社会同步规划、同步发展，使其与经济新常态下产业结构升级、技术更新换代和大众创业、万众创新的时代需求更加契合，确保中央决策部署落地生根。要紧跟新技术革命和产业发展潮流，适应产业结构调整的需要，适应广大人民群众生产生活的需求，创造和提供优质的教育供给，加快培养发展高端制造业、现代服务业、战略性新兴产业等急需的高质量技术技能人才，进一步服务好国家战略。要教育学生坚定理想信念、崇尚劳动、敬业守信，精益求精、敢于创新、报国成才，掌握中高端技术技能，成为帮助“中国制造”走向“优质制造”“精品制造”的生力军。要落实好逐步分类推进中等职业教育免除学杂费等政策，统筹办好各级各类职业教育和培训，实行国家基本职业培训包制度，为阻断贫困代际传递、实施精准扶贫、精准脱贫做出更大贡献。

刘延东出席教育系统座谈会

2016年5月25日，教育系统在北京召开座谈会，学习贯彻习近平总书记在哲学社会科学工作座谈会上重要讲话精神。中共中央政治局委员、国务院副总理刘延东出席会议并讲话，强调要深入学习贯彻习近平总书记重要讲话精神，积极完善学科体系、教材体系、学术体系、话语体系和人才培养体系，提高高校哲学社会科学学术水准和影响力，为加快构建中国特色哲学社会科学、培养社会主义合格建设者和接班人提供支撑。

刘延东指出，高校作为我国哲学社会科学发展的主力军和重要阵地，要深刻领会习近平总书记重要讲话的丰富内涵，把握核心要义，切实提高做好哲学社会科学工作的思想自觉和行动自觉。

刘延东强调，要高举旗帜、引领方向，坚持和巩固马克思主义在高校哲学社会科学领域的指导地位。要实施以育人育才为中心的哲学社会科学整体发展战略，加强教材建设，构筑学生、学术、学科一体的综合发展体系。要深化科研管理体制改革，发挥高校人才、智力和学科优势，提升学术原创能力，激发创新创造活力，建设中国特色新型高校智库。要以人为本，从人抓起，积极实施人才工程，构建种类齐全、梯队衔接的高校哲学社会科学人才体系。要加强组织领导、做好统筹规划、营造良好的学术生态，形成统筹推进高校哲学社会科学发展新格局。

刘延东在江苏省调研

2016年6月19日至20日，中共中央政治局委员、国务院副总理刘延东在江苏省调研时强调，教育是国家发展、民族振兴的重要基础，要坚持教育优先发展战略，全面深化教育综合改革，推动教育现代化取得重要进展。要围绕立德树人根本任务，创新人才培养模式，切实增强学生的社会责任感、创新精神和实践能力。要坚守教育公平底线，积极回应和解决群众关切的热点问题，健全完善公平公正入学制度，为困难群体就学创造更多便利，妥善解决义务教育大班额问题。要加强教师队伍建设，强化师德师风，提升综合素质，落实好乡村教师支持计划，为教育改革发展奠定坚实基础。

国务院常务会议部署加快中西部教育发展补“短板”

2016年4月27日，国务院总理李克强主持召开国务院常务会议，部署加快中西部教育发展补“短板”，夯实发展基础、促进社会公平。

会议指出，加快中西部教育发展，把提升最贫困地区教育供给能力和最困难人群受教育水平作为重点任务，提高教育质量，是夯实发展基础，促进教育公平，保障和改善民生，推动实现全面脱贫和全面建成小康社会目标的重要举措。会议确定了加快中西部教育发展的措施。一是促进县域内义务教育均衡发展。合理布局教学点，按标准配置教学设施。改善寄宿制学校教学、图书、就餐、取暖等条件，加快消除“大通铺”现象。到2018年，基本解决县城和乡镇学校超大班额问题。继续实施营养改善计划。扩大乡村教师特设岗位数量，采取免费教育、学费补偿等方式为乡村学校定向培养教师。二是大力发展职业教育。完善中职学校生均经费标准，逐步分类推进中职教育免除学杂费，提高职业院校办学能力，推广现代学徒制，推行校企联合，强化实习实训，增强实践和就业创业能力，为承接东部地区产业转移创造条件。三是加快普及高中阶段教育。新建和改扩建一批普通高中，提升乡村高中办学条件，加快实现宽带接入，率先对贫困家庭学生实施普通高中免除学杂费，到2020年使中西部地区高中阶段教育毛入学率达到90%。四是支持建设一批高水平大学和学科，扩大中西部学生接受优质高等教育的机会。在没有教育部直属高校的14个省份，各重点支持建设一所高校。继续扩大重点高校面向农村贫困地区的招生规模。五是办好农村学前教育，支持普惠性托儿所和幼儿园尤其是民办托幼机构发展。六是加大对少数民族和民族地区政策倾斜力度，增强学生的发展能力。搞好特殊教育学校和特教资源中心建设，提高残疾人受教育比例。会议要求，要强化地方发展教育主体责任，通过改革创新留住人才、用好教育资源。

国务院常务会议部署加强困境儿童保障工作

2016年6月1日，国务院总理李克强主持召开国务院常务会议，部署加强困境儿童保障工作，对他们的成长给予更多关爱和帮助。

会议指出，儿童是家庭的希望和国家、民族的未来。我国儿童权益保障体系不断健全，生存发展环境进一步优化，但也有一些儿童因家庭贫困、自身残疾或缺乏有效监护陷入生活困境。为困境儿童提供保障是社保兜底机制的重要内容，也是家庭、政府和社会的共同责任。一要将困境儿童分类纳入孤儿保障、特困人员救助供养、最低生活保障、临时救助等范围，确保其基本生活。对父母没有监护能力且无其他监护人的儿童，由儿童福利机构抚养。二要对重病、重残儿童，居民基本医保和大病保险给予倾斜，医疗救助对符合条件的适当提高报销比例与封顶线。对低保家庭儿童、重残儿童参加基本医保个人缴费给予补贴，对纳入特困人员救助供养的参保儿童给予全额资助。三要建立随班就读保障体系，为家庭困难的残疾儿童提供包括高中阶段在内的12年免费教育，确保困境儿童不失学。四要构建县、乡、村三级网络，强化家庭责任，完善政府向社会组织购买服务等机制，为困境儿童提供关爱照料、心理疏导、监护干预指导等服务，依法维护他们的合法权益，使他们安全无虞、生活无忧。

国务院常务会议通过国家教育事业发展“十三五”规划

2016年12月28日，国务院总理李克强主持召开国务院常务会议，通过国家教育事业发展“十三五”规划，推进教育现代化为国家建设提供人才支撑。

会议指出，“十二五”时期，按照党中央、国务院决策部署，在各方共同努力下，我国教育改革发展取得显著成就，“十三五”时期要继续把教育摆在优先发展的战略地位。会议通过了国家教育事业发展“十三五”规划，并提出：一是推进教育公平。推动义务教育东中西部均衡发展，尤其要提高义务教育巩固率。增加中西部地区、贫困地区、革命老区、民族和边疆地区的教育投入。继续提高重点高校招收贫困地区学生的比例。实施教育扶贫结对帮扶，确保每一所贫困地区学校都有对口支援学校。保障残疾少儿、家庭经济困难学生、随迁子女、留守儿童等特殊群体平等接受教育的权利。二是推进教育教学改革，促进提高学生创新和实践能力。落实学校办学自主权，鼓励有条件的普通高中实行“选课制”“走班制”，推行产教融合的职业教育模式，新增高教资源向新的城镇化地区、产业集聚区等延伸，探索建立适应弹性学习、学分制和主辅修制的本科教学制度，逐步建立基于平时学业表现和统一考试成绩和综合素质评价的普通高中和高校招生录取机制。鼓励高校推进内设机构取消行政级别试点工作。依法保障和提高教师待遇，吸引一流人才从教。三是优化教育结构。在加强通识教育的同时，优先发展应用技术类和特色院校，新增高校招生计划主要向应用型人才和技术技能型人才倾斜，加快培养现代农业、先进制造、服务业等急需人才。四是扩大教育开放合作，鼓励社会力量和民间资本参与办学，尝试对非营利性和营利性民办学校实行差别化扶持，依法完善中外合作办学办法，提高教育国际交流合作水平。利用大数据、云计算等信息技术，推动“互联网+教育”的发展，促进优质教育资源共建共享。

教育部2016年工作要点

2016年教育工作的总体要求是：全面贯彻党的十八大和十八届三中、四中、五中全会精神，以邓小平理论、“三个代表”重要思想、科学发展观为指导，深入学习贯彻习近平总书记系列重要讲话精神，按照“五位一体”总体布局和“四个全面”战略布局，牢固树立和贯彻落实创新、协调、绿色、开放、共享的发展理念，全面贯彻党的教育方针，紧紧围绕提高教育质量这一战略主题，以立德树人为根本任务、以促进公平为基本要求、以优化结构为主攻方向、以深化改革为根本动力、以健全法治为可靠保障、以加强党的领导为坚强保证，加快推进教育现代化，为全面建成小康社会发挥关键支撑作用。

一、切实加强党的建设，全面维护教育系统和谐稳定

1. 深入学习贯彻习近平总书记系列重要讲话精神。把讲话精神作为党委（党组）中心组学习重要内容，纳入干部培训教学计划。按照中央统一部署，组织开展专题党性教育。巩固深化“三严三实”专题教育成果，推动践行“三严三实”要求制度化常态化长效化。认真落实《教育部直属机关党员干部遵守党的政治纪律的规定》，切实加强对政治纪律和政治规矩执行情况的监督检查。

2. 切实加强学校党建工作。加强党对高校的领导，专项督查党委领导下的校长负责制落实情况，健全高校党建工作责任体系。制定加强高校基层党支部建设的意见，制定高校学生党建工作标准。制定关于加强高校统一战线工作的意见。召开全国高校党建工作年度会议。出台关于加强民办高校、中小学党建工作的意见。召开全国中小学党建工作会议。

3. 加强教育系统政风行风学风建设。聚焦全面从严治党，全面落实中央巡视组专项巡视工作各项要求，保证巡视后的整改落实工作取得成效。落实中央巡视组巡视中管高校的工作要求。强化对被巡视单位党组织的巡视，突出政治巡视。结合教育巡视工作实际，制定《贯彻〈中国共产党巡视工作条例〉实施办法》。出台高等学校学术不端行为处理办法，严厉打击学术造假行为。切实加强高校科研经费管理。落实窗口服务单位首问负责制，优化工作流程，提高服务意识。健全完善群众来信来访接待受理工作机制。进一步加强教育重点领域的信息公开。

4. 加强教育管理干部队伍建设。做好各级各类干部选拔任用工作，加大培养选拔年轻干部、女干部、少数民族干部和党外干部的力度。积极推进教育系统内外干部交流，选派优秀干部到中西部地区特别是西藏、新疆、青海等艰苦边远地区挂职、任职。研究制定高校、直属单位领导人员管理办法。坚持从严管理监督干部，开展选人用人专项检查。规范直属高校、直属单位领导班子薪酬管理。全面做好离退休干部服务工作。

5. 加强党风廉政建设。认真落实中央八项规定，切实执行“六大纪律”。举办学习贯彻《中国共产党廉洁自律准则》《中国共产党纪律处分条例》专题培训班。把廉洁从政作为专门的教学单元纳入党员干部培训计划，坚持廉政谈话提醒制度。全面落实教育部党组《关于落实党风廉政建设主体责任的实施意见》《关于落实党风廉政建设监督责任的实施意见》，举办专题培训班。加大对违纪和腐败案件的查处力度，严格实行问责机制，落实“一案双查”。认真做好廉政风险点的动态监控。

6. 切实维护学校安全稳定。加强学生安全教育，开展安全教育教学能力展示活动。深化平安校园建设，研究制定加强高校安全稳定综合防控体系建设、中小学校安全防控及评估指标体系等文件，开展校园安全稳定隐患排查和依法整治、强化校园反恐防范工作。健全职业院校学生实习责任保险制度。推动各地制定省级校车服务方案。继续开展“护校安园”行动。

二、始终贯彻落实立德树人根本任务，着力提高教育质量

7. 加强和改进德育工作。将培育践行社会主义核心价值观、增强学生社会责任感、创新精神、实践能力作为重点任务，贯彻到国民教育全过程。推动中小学文明校园创建活动。加强中小学劳动教育。印发《关于教育系统深入开展爱国主义教育的实施意见》，推动各级各类学校深入开展爱国主义教育。组织好2016年全国“开学第一课”。促进中小学班主任工作经验交流，推动区域性班主任工作共同体建设。启动实施大学生思想政治教育质量提升工程。修订《普通高等学校辅导员队伍建设规定》，完善《高等学校辅导员职业能力标准（暂行）》，落实《普通高等学校辅导员培训规划（2013—2017年）》。实施“思想政治教育中青年杰出人才支持计划”。启动新一轮全国大学生思想政治教育测评工作。指导支持关心下一代工作。

8. 深化课程改革。抓紧义务教育品德、语文、历史教材的编写、修订和审查，推动社会主义核心价值观教育融入教育教学全过程，加强中华优秀传统文化、法治教育等内容。组织开展新编三科教材使用工作。印发《中小学教材管理办法》。加快推进普通高中课程方案、课程标准修订工作。印发《新形势下进一步做好基础教育装备工作的意见》，研制基础教育装备管理办法。启动建立基础教育课程实施监测机制。印发新修（制）订的中职部分公共基础课程标准。加快推进“马工程”重点教材编写审议和统一使用。实施《马克思主义理论学科发展规划（2016—2020年）》。全面实施高校思政课建设体系创新计划，实施好思政课教学方法改革择优推广计划和教学科研团队择优支持计划，研究制定高校马克思主义学院建设标准。加强高校出版阵地管理，提高教材等出版物质量。

9. 切实加强学校体育美育工作。出台关于深化学校改革、强化体育课和课外锻炼的实施意见，提升学生健康素养和体质健康水平。实施学校体育改革示范引领项目。举办全国第十三届学生运动会。推动学校体育场馆向社会开放。加快推进校园足球的普及，广泛开展校园足球活动竞赛，加强校园足球特色学校和试点单位建设。落实《国务院办公厅关于全面加强和改进学校美育工作的意见》，深化学校美育综合改革，进一步强化美育的育人功能，启动学校美育改革发展备忘录签署工作，推动以省为单位确定推进学校美育综合改革的时间表和路线图。深入推进全国农村学校艺术教育实验县工作，抓好中华优秀传统文化艺术传承学校与基地建设。探索建立学生军事营地育人长效机制。

10. 优化高校人才培养机制。深入实施“基础学科拔尖学生培养试验计划”，继续实施系列卓越计划和协同育人行动计划，推动人才培养联盟建设。建设国家级实验教学示范中心、国家级虚拟仿真实验教学中心、综合性临床技能培训中心和大学生校外实习实践教育基地，引导高校进一步完善实践教学体系，建设一批与行业企业共建的协同育人开放共享实践基地。深化专业学位研究生教育综合改革，推进临床医学博士专业学位研究生培养与专科医师规范化培训有机衔接。开展博士研究生培养模式综合改革试点，研究制定关于加强博士研究生培养工作的意见、博士生导师学术指导职责指南。

11. 深入推进高校创新创业教育改革。贯彻落实《国务院办公厅关于深化高等学校创新创业教育改革的实施意见》，把创新创业教育融入人才培养全过程各环节。推动高校完善创新创业教育课程体系，面向全体学生开发开设纳入学分管理的创新创业课程，推出一批资源共享的创新创业教育在线开放课程。推动高校完善教学管理制度，建立创新创业学分积累与转换制度。建设全国万名优秀创新创业导师人才库。配合实施好“大学生创业引领计划”，办好全国大学生创新创业大赛等各类赛事。推动建设大学生创新创业服务平台。推动各地建立大学生创业孵化园。建设一批高校实践育人创新创业基地。修订《普通高等学校学生管理规定》。

12. 培养造就高素质专业化教师队伍。全面实施《乡村教师支持计划（2015—2020年）》，优化乡村教师资源配置，落实集中连片特困地区乡村教师生活补助政策。继续实施特岗计划，推动城镇优秀校长教师向乡村学校流动，推动地方落实城乡统一的中小学教职工编制标准，国培计划集中支持中西部乡村教师校长培训。推进教师教育改革，深入实施“卓越教师”培养计划，加快研制中小学教师、校长培训课程标准。深入实施全国中小学教师信息技术应用能力提升工程。启动实施“十三五”职业院校教师素质提高计划。会同有关部门指导地方完成中小学教师职称制度改革的平稳过渡和首次评审工作。推动高校教师考核评价制度改革。全面推进中小学教师资格考试和定期注册制度改革。继续推动落实师德建设长效机制。

13. 加快推进教育信息化。印发《教育信息化“十三五”规划》，加快推动信息技术与教育教学融合创新发展。大力推进“三通两平台”建设与应用。完善偏远农村中小学信息化基础设施建设。深入开展“一师一优课、一课一名师”活动，加快推进“网络学习空间人人通”，提高师生信息素养，普及信息化教学常态应用。完善国家教育资源公共服务体系。充分利用市场机制建设在线开放课程等优质数字教育资源，推进线上线下结合的课程共享与应用。推动教育信息管理系统的整合与应用。落实信息安全等级保护制度，提升信息安全保障能力。

14. 深入推进语言文字工作。发布实施《国家语言文字事业“十三五”发展规划》。加强重点区域和行业领域的语言文字工作。启动实施国家通用语言文字普及攻坚工程。组织举办第19届全国推广普通话宣传周。大力提升青壮年农牧民普通话能力。研究制定进一步加强学校语言文字工作的意见。扎实推进中华经典诵写讲行动。推进语言文字规范标准建设，发布《普通话异读词审音表（修订稿）》，发布《公共服务领域英文译写规范》9个分则国家标准。大力推进“中国语言资源保护工程”。加强语言文字工作督导与评估。

三、坚持改革创新，不断为教育事业发展注入动力活力

15. 制定实施教育“十三五”规划。做好教育“十三五”规划编制工作，明确“十三五”时期教育改革发展的指导思想、目标任务和重大政策举措。组织开展宣传和解读，推进规划的实施及监测。

16. 推进民办教育分类改革。进一步修改并出台鼓励社会力量兴办教育、促进民办教育健康发展的若干意见。研究制定民办学校分类登记实施细则、营利性民办学校监督管理实施细则等，有序实施民办学校分类管理。召开全国民办教育工作会议。

17. 深化考试招生制度改革。指导各地落实考试招生制度改革实施方案。印发进一步做好义务教育招生入学工作文件。加强普通高中教学管理和学生综合素质评价工作指导。加快推进高职分类考试改革，突出“文化素质+职业技能”考核评价方式，进一步扩大高职分类考试录取的比例。推进考试内容改革，充分发挥高考命题的育人功能和积极导向作用。确保国家教育考试平稳安全有序进行。扩大重点高校面向农村贫困地区学生定向招生计划。加强对特殊类型招生的规范管理。探索研究生招生计划分类管理改革办法，推进专业学位硕士研究生考试招生改革试点，进一步扩大博士研究生招生“申请—考核”和“分流淘汰”机制。研究制定成人高校考试招生制度改革指导意见。落实和完善随迁子女在当地参加中考、高考政策。加大对高校招生的监管力度，落实招生信息“十公开”，严肃查处各类违规招生行为。

18. 深入推进教育管办评分离。深化教育行政审批制度改革，进一步规范教育行政审批行为，推进教育行政审批网上平台建设。进一步落实和扩大省级政府教育统筹权，进一步落实和扩大高校办学自主权。推进中小学章程和现代学校制度建设，推进高校完善内部治理结构，健全学术委员会、理事会等制度，建立健全高校章程实施的监督机制。加快完善国家教育标准体系。做好教育管办评分离改革试点工作。推进部属事业单位分类改革和机构布局优化调整。

19. 加快一流大学和一流学科建设。制订“双一流”实施办法，研究制定资金管理、绩效评价办法，建立信息公示网络平台。推进教育人才发展体制机制改革，深入实施“长江学者奖励计划”，进一步加大向中西部、东北部地区倾斜力度，加大力度支持培养青年人才。制定实施高校科技发展“十三五”规划，推进体制机制创新。组织高校承担国家重大科学基础设施和国家实验室建设任务，组织高校参与国家重大科技计划项目，建立完善高校基础研究稳定支持机制。完善促进科技成果转化的政策机制，推动高校建立知识产权运营机构。深入推进科技评价改革，完善教师考核评价和学科评估机制。持续推进“2011计划”取得实效。深化高校人文社科重点研究基地改革，启动高校专业化智库建设。

20. 着力提高教育经费保障与管理水平。督促各地依法落实教育经费法定增长，建立健全教育投入长效机制。从2016年春季学期起，统一城乡义务教育学校生均公用经费基准定额，督促各地落实中职学校和高职院校生均拨款制度。推动建立健全地方所属高校研究生教育生均拨款制度。完善非义务教育阶段成本分担机制，规范学校收费管理。推进中央高校预算拨款制度改革。加强改进教育经费统计工作，加大教育经费使用监管力度，推动财务信息公开。

21. 进一步强化教育督导。印发《地方政府履行教育职责督导评价暂行办法》。继续开展义务教育均衡发展督导评估认定。开展中小学校责任督学挂牌督导创新县（市、区）评估认定。印发《中小学校素质教育督导评估办法》《中小学校管理评价办法》。开展中等职业学校办学能力评估和高等职业院校适应社会需求能力评估，制订高等职业院校专业评估试点方案。开展好义务教育质量监测、普通高校本科教学评估、研究生学位论文抽检。

22. 大力推进依法治教。加强教育立法，配合做好《民办教育促进法》修正案审议，起草上报《职业教育法修正案（草案）》。起草完成《学校安全条例（草案）》《国家教育考试条例（草案）》。落实《全面依法治教实施纲要（2016—2020年）》，推进教育行政部门依法行政、学校依法治校能力建设，深化教育行政执法体制改革，建立健全教育系统法律顾问制度。全面加强学校法治教育，实施《青少年法治教育大纲》。推进青少年法治教育实践基地建设，健全青少年法治教育的支持体系和评价机制。启动依法治校示范校和法治校园创建活动。研究制定关于加强学校安全风险防控机制建设的意见。进一步做好教育行政复议和行政应诉工作。

23. 完善教育对外开放战略布局。落实“一带一路”倡议，深入开展教育合作交流。充实中俄、中美、中英、中欧、中法、中印尼等高级别中外人文交流机制内涵，开创人文交流新局面。推动与教科文组织建立高层定期磋商机制。贯彻《关于做好新时期教育对外开放工作的若干意见》。出台《学校招收和培养国际学生办法》《高等学校国际学生勤工助学管理办法》。打造“留学中国”品牌，优化出国留学服务。试点探索职业教育与企业合作“走出去”的发展模式。编制孔子学院“十三五”行动计划。加强内地与港澳教育交流合作。

四、坚持协调发展，不断优化教育结构

24. 发展普惠性学前教育。全面推进实施第二期学前教育三年行动计划和国家学前教育重大项目。推进学前教育改革国家实验区建设，完善普惠性幼儿园发展机制。出台新修订的《幼儿园工作规程》。研究制定第三期学前三年行动计划。

25. 统筹城乡义务教育一体化发展。印发《关于新型城镇化背景下统筹推进城乡义务教育一体化发展的若干意见》，加快缩小城乡教育差距。贯彻落实《国务院关于进一步完善城乡义务教育经费保障机制的通知》，建立城乡统一、重在农村的义务教育经费保障机制。会同有关部门印发《城乡义务教育补助经费资金管理办法》《关于全面实施城乡义务教育教科书免费提供和做好部分免费教科书循环使用工作的意见》等配套文件，确保城乡义务教育经费保障机制相关政策落地。深化《义务教育学校管理标准（试行）》贯彻实施。加强义务教育基础信息管理工作。

26. 加快普及高中阶段教育。做好普及高中阶段教育顶层设计，研究制定普及高中阶段教育攻坚计划。制定支持中西部贫困地区普通高中发展的倾斜政策。推动普通高中多样化有特色发展。继续实施普通高中改造计划。

27. 加快推进建设现代职业教育体系。实施《高等职业教育创新发展行动计划（2015—2018

年）》。启动高职专业教学标准研制工作。出台职业教育校企合作促进办法。编制《制造业人才发展规划（2016—2020年）》。推进现代学徒制试点。推动实施《职业院校管理水平提升行动计划》。开展职业院校教学诊断与改进工作。制定《全国职业院校技能大赛实施规划（2016—2020年）》。继续实施现代职业教育质量提升计划。启动职业教育产教融合工程。引导社会力量举办职业教育。开展县级职教中心综合改革试点。

28. 优化高等教育布局与结构。制定并出台《教育部关于“十三五”时期高等学校设置工作的意见》，明确“十三五”高校设置方针和政策。修订《普通高等学校设置暂行条例》，组建新一届全国高等学校设置评议委员会。研究制定《关于进一步优化高校专业结构加强本科专业设置管理工作的若干意见》，建立国家宏观调控、省级整体统筹、高校自主自律的专业设置管理机制。建立高校学科专业结构与区域经济社会发展和产业布局需求相适应的动态调整机制。引导高校设置有助于国家战略新兴产业发展、传统产业改造升级、改善民生的专业。鼓励具备条件的普通本科高校向应用型转变，加大支持力度，有序开展改革试点，会同有关部门共同建立跟踪检查和评估制度。加强涉农专业全日制学历教育，支持农业院校办好涉农专业。

29. 创新继续教育体制机制。推进继续教育基本制度建设，印发学历继续教育专业设置管理办法，出台推动普通高校继续教育改革发展的政策文件。指导开放大学开展学分银行试点工作。发布并实施《老年教育发展规划（2016—2020年）》。制定出台指导学分互认和转换制度建设的框架性文件，开展学习成果积累和转换试点，建立灵活学习制度。开展学习型城市建设测评工作。出台促进社区教育发展的指导性意见。办好2016年全民终身学习活动周。依托职业教育资源，发挥好国家级农村职业教育和成人教育示范县的引领作用，做好新型职业农民培养培训工作。

五、坚持共享发展，切实保障广大人民群众接受教育的权利

30. 进一步扩大优质教育资源覆盖面。继续实施“支援中西部地区招生协作计划”等专项计划，对民族自治县实现全覆盖，畅通农村和贫困地区学子纵向流动的渠道。扩大优质教育资源、教学成果对中西部省份教学改革的覆盖面。实施加快中西部教育发展行动计划（2016—2020年）。深入实施中西部高等教育振兴计划，继续做好对口支援西部地区高等学校工作。推动《京津冀协同发展教育专项规划》落实，建立京津冀教育协同发展工作推动机制。

31. 努力实现家庭经济困难学生资助全覆盖。督促各地进一步健全学前教育资助政策。继续组织实施好农村义务教育学生营养改善计划。会同有关部门研究制定分类推进中等职业教育免除学杂费的政策。率先对建档立卡的家庭经济困难学生实施普通高中免除学杂费等相关政策。落实国家助学贷款政策、研究生奖助政策，推动出台基层就业学费补偿、贷款代偿政策。加大宣传力度，确保资助政策家喻户晓。

32. 保障特殊群体平等接受教育。全面落实特殊教育提升计划，按照“一人一案”，重点解决好残疾儿童义务教育普及问题，继续增加残疾儿童少年非义务教育阶段入学机会。提高残疾学生生均公用经费标准。探索建立残疾学生高中阶段免费教育制度。继续实施改善特殊教育办学条件项目。深入推进特殊教育改革实验区建设。研究制定第二期特殊教育提升计划。全面改善贫困地区义务教育薄弱学校基本办学条件，改善农村学校寄宿条件，办好乡村小规模学校。加快实施教育扶贫工程，让贫困家庭子女都能接受公平有质量的教育。进一步推动落实“两为主、两纳入”政策，确保义务教育生均公用经费基准定额资金和“两免一补”资金随学生流动可携带，制定以居住证为主要依据的随迁子女入学办法，为随迁子女入学提供便利条件。加强乡镇寄宿制学校建设，提高留守儿童教育关爱水平。完善留守儿童控辍保学工作机制。制定加强教育脱贫的实施意见和做好新时期直属高校定点扶贫工作的指导意见。会同有关部门编制《滇西片区脱贫攻坚“十三五”实施规划》。

33. 加强民族教育。贯彻落实《国务院关于加快发展民族教育的决定》和第六次全国民族教育工作会议精神。制定学校民族教育指导意见，指导各地建立学校民族团结教育常态化机制。启动《民族中小学汉语课程标准（普通高中）》修订工作。印发《内地民族班改革和发展长远规划（2016—2025年）》。修订印发《进一步加强内地西藏班、新疆班工作的意见》，推进内地民族班混班教学、混合住宿。启动实施少数民族高端人才培养工作。落实推进西藏和涉藏州县教育服务经济社会发展和长治久安的意见。

34. 促进高校毕业生就业创业。围绕国家重大发展战略，积极引导高校毕业生到基层就业，到战略性新兴产业、现代服务业等领域就业创业。着力落实好退役大学生士兵专项研究生计划等政策。做好大学生征兵工作。全面加强就业创业指导服务，充分利用“互联网+”技术，建立精准推送就业服务机制，积极举办多种形式招聘活动。做好有就业意愿未就业毕业生统计和帮扶工作，配合实施好离校未就业毕业生就业促进计划。引导有志投身现代农业建设的农村大中专毕业生等加入职业农民队伍。

教育发展统计

2016 年全国教育事业发展统计公报

2016 年，全国教育系统深入学习贯彻习近平总书记系列重要讲话精神和治国理政新理念新思想新战略，全面贯彻党的教育方针，坚持教育为人民服务，为中国共产党治国理政服务，为巩固和发展中国特色社会主义制度服务，为改革开放和社会主义现代化建设服务。紧紧围绕提高教育质量这一战略主题，以立德树人为根本任务、以促进公平为基本要求、以优化结构为主攻方向、以深化改革为根本动力，加快推进教育现代化，教育事业发展取得新进展。

学前教育

全国共有幼儿园 23.98 万所，比上年增加 1.61 万所，入园儿童 1 922.09 万人，比上年减少 86.76 万人。在园儿童（包括附设班）4 413.86 万人，比上年增加 149.03 万人。幼儿园园长和教师共 249.88 万人，比上年增加 19.56 万人。学前教育毛入园率达到 77.4%，比上年提高 2.4 个百分点。

义务教育

全国共有义务教育阶段学校 22.98 万所，比上年减少 1.32 万所；招生人数为 3 239.63 万人；在校生 1.42 亿人；专任教师 927.69 万人；九年义务教育巩固率 93.4%。

1. 小学

全国共有小学 17.76 万所，比上年减少 1.29 万所；招生 1 752.47 万人，比上年增加 23.42 万人；在校生 9 913.01 万人，比上年增加 220.83 万人；毕业生 1 507.45 万人，比上年增加 70.19 万人。小学学龄儿童净入学率达到 99.92%。

小学教职工（不含九年一贯制学校、十二年一贯制学校小学段）553.73 万人，比上年增加 4.79 万人；专任教师 578.91 万人，比上年增加 10.40 万人。专任教师学历合格率 99.94%，比上年提高 0.03 个百分点。生师比 17.12 : 1。

普通小学（含教学点）校舍建筑面积 70 964.49 万平方米，比上年增加 3 612.45 万平方米。设施设备配备达标的学校比例情况分别为：体育运动场（馆）面积达标学校比例 75.00%，体育器械配备达标学校比例 80.18%，音乐器材配备达标学校比例 79.50%，美术器材配备达标学校比例 79.47%，数学自然实验仪器达标学校比例 79.84%。

2. 初中

全国共有初中学校 5.21 万所（含职业初中 16 所），比上年减少 287 所。招生 1 487.17 万人，比上年增加 76.14 万人；在校生 4 329.37 万人，比上年增加 17.42 万人；毕业生 1 423.87 万人，比上年增加 6.27 万人。初中阶段毛入学率 104.0%，初中毕业生升学率 93.7%。

初中教职工（含九年一贯制学校，不含完全中学、十二年一贯制学校初中段）399.75 万人，比上年增加 2.12 万人；专任教师 348.78 万人，比上年增加 1.22 万人。初中专任教师学历合格率 99.76%，比上年提高 0.10 个百分点。生师比 12.41：1。

初中校舍建筑面积 57 827.20 万平方米，比上年增加 2 785.13 万平方米。设施设备配备达标的学校比例情况分别为：体育运动场（馆）面积达标学校比例 85.36%，体育器械配备达标学校比例 89.60%，音乐器材配备达标学校比例 88.88%，美术器材配备达标学校比例 88.58%，理科实验仪器达标学校比例 90.62%。

3. 进城务工人员随迁子女

全国义务教育阶段在校生中进城务工人员随迁子女共 1 394.77 万人。其中，在小学就读 1 036.71 万人，在初中就读 358.06 万人。

特殊教育

全国共有特殊教育学校 2 080 所，比上年增加 27 所；特殊教育学校共有专任教师 5.32 万人，比上年增加 0.29 万人。

全国共招收特殊教育学生 9.15 万人，比上年增加 0.82 万人；在校生 49.17 万人，比上年增加 4.95 万人。其中，视力残疾学生 3.61 万人，听力残疾学生 9.00 万人，智力残疾学生 26.05 万人，其他残疾学生 10.51 万人。特殊教育毕业生 5.92 万人，比上年增加 0.63 万人。

普通小学、初中随班就读和附设特教班招收的学生 5.18 万人，在校生 27.08 万人，分别占特殊教育招生总数和在校生总数的 56.60%和 55.06%。

高中阶段教育

全国高中阶段教育共有学校 2.47 万所，比上年减少 234 所；招生 1 396.26 万人，比上年减少 1.59 万人；在校学生 3 970.06 万人，比上年减少 67.63 万人。高中阶段毛入学率 87.5%，比上年提高 0.5 个百分点。

1. 普通高中

全国普通高中 1.34 万所，比上年增加 143 所；招生 802.92 万人，比上年增加 6.31 万人；在校生 2 366.65 万人，比上年减少 7.75 万人；毕业生 792.35 万人，比上年减少 5.30 万人。

普通高中教职工（含完全中学、十二年一贯制学校）259.19 万人，比上年增加 4.87 万人；专任教师 173.35 万人，比上年增加 3.81 万人，生师比 13.65：1，比上年的 14.01：1 有所改善；专任教师学历合格率 97.91%，比上年提高 0.21 个百分点。

普通高中共有校舍建筑面积 49 142.31 万平方米，比上年增长 2 006.35 万平方米。普通高中设施设备配备达标的学校比例情况分别为：体育运动场（馆）面积达标学校比例 89.28%，体育器械配备达标学校比例 91.17%，音乐器材配备达标学校比例 89.82%，美术器材配备达标学校比例 89.95%，理科实验仪器达标学校比例 91.52%。

2. 成人高中

全国成人高中 435 所，比上年减少 68 所；在校生 4.40 万人，毕业生 4.64 万人。成人高中教职工 3 313 人，专任教师 2 521 人。

3. 中等职业教育

全国中等职业教育共有学校 1.09 万所，比上年减少 309 所。其中，普通中等专业学校 3 398 所，比上年减少 58 所；职业高中 3 726 所，比上年减少 181 所；技工学校 2 526 所，比上年减少 19 所；成人中等专业学校 1 243 所，比上年减少 51 所。

中等职业教育招生 593.34 万人，比上年减少 7.91 万人，占高中阶段教育招生总数的 42.49%。其中，普通中专招生 255.18 万人，比上年减少 4.76 万人；职业高中招生 151.43 万人，比上年减少 3.76 万人；技工学校招生 127.2 万人，比上年增加 5.77 万人；成人中专招生 59.53 万人，比上年减少 5.15 万人。

中等职业教育在校生 1 599.01 万人，比上年减少 57.69 万人，占高中阶段教育在校生总数的 40.28%。其中，普通中专在校生 718.12 万人，比上年减少 14.59 万人；职业高中在校生 416.57 万人，比上年减少 23.29 万人；技工学校在校生 323.15 万人，比上年增加 1.69 万人；成人中专在校生 141.17 万人，比上年减少 21.51 万人。

中等职业教育毕业生 533.62 万人，比上年减少 34.26 万人。其中，普通中专毕业生 229.02 万人，比上年减少 7.72 万人；职业高中毕业生 141.87 万人，比上年减少 14.14 万人；技工学校毕业生 93.07 万人，比上年减少 1.55 万人；成人中专毕业生 69.66 万人，比上年减少 10.85 万人。

中等职业教育学校共有教职工 108.61 万人，比上年减少 1.57 万人。其中，普通中等专业学校教职工 40.14 万人，比上年减少 7 349 人；职业高中教职工 34.46 万人，比上年减少 8 109 人；技工学校教职工 26.51 万人，比上年增加 4 734 人；成人中等专业学校教职工 6.36 万人，比上年减少 2 359人。

中等职业教育学校共有专任教师 83.96 万人，比上年减少 4 497 人，生师比 19.84 : 1，比上年的 20.47 : 1 有所改善。其中，普通中等专业学校专任教师 30.27 万人，比上年减少 1 598 人；职业高中专任教师 28.51 万人，比上年减少 4 960 人；技工学校专任教师 19.64 万人，比上年增加 4 807 人；成人中等专业学校专任教师 4.72 万人，比上年减少 1 000 人。

高等教育

全国各类高等教育在学总规模达到 3 699 万人，高等教育毛入学率达到 42.7%。全国共有普通高等学校和成人高等学校 2 880 所，比上年增加 28 所。其中，普通高等学校 2 596 所（含独立学院 266 所），比上年增加 36 所；成人高等学校 284 所，比上年减少 8 所。普通高校中本科院校 1 237 所，比上年增加 18 所；高职（专科）院校 1 359 所，比上年增加 18 所。全国共有研究生培养机构 793 个，其中，普通高校 576 个，科研机构 217 个。

研究生招生 66.71 万人，比上年增加 2.20 万人，其中，博士生招生 7.73 万人，硕士生招生 58.98 万人。在学研究生 198.11 万人，比上年增加 6.96 万人，其中，在学博士生 34.2 万人，在学硕士生 163.90 万人。毕业研究生 56.39 万人，比上年增加 1.24 万人，其中，毕业博士生 5.5 万人，毕业硕士生 50.89 万人。

普通高等教育本专科共招生 748.61 万人，比上年增加 10.76 万人；在校生 2 695.84 万人，比上年增加 70.55 万人；毕业生 704.18 万人，比上年增加 23.29 万人。

成人高等教育本专科共招生 211.23 万人，比上年减少 25.52 万人；在校生 584.39 万人，比上年减少 51.55 万人；毕业生 244.47 万人，比上年增加 8.21 万人。

全国高等教育自学考试学历教育报考 504.10 万人次，取得毕业证书 67.77 万人。

普通高等学校校均规模 10 342 人，其中，本科学校 14 532 人，高职（专科）学校 6 528 人。

普通高等学校教职工 240.48 万人，比上年增加 3.55 万人；专任教师 160.20 万人，比上年增加 2.94 万人。普通高校生师比为 17.07 : 1，其中，本科学校 16.78 : 1，高职（专科）学校 17.73 : 1。成人高等学校教职工 4.31 万人，比上年减少8 173 人；专任教师 2.52 万人，比上年减少 5 032 人。

普通高等学校校舍总建筑面积 92 671.05 万平方米，比上年增加 455.86 万平方米；教学科研仪器设备总值 4 514.42 亿元，比上年增加 456.82 亿元。

成人培训与扫盲教育

全国接受各种非学历高等教育的学生 862.83 万人次，当年已毕（结）业 936.25 万人次；接受各种非学历中等教育的学生达 4 462.69 万人次，当年已毕（结）业 4 720.63 万人次。

全国职业技术培训机构 9.34 万所，比上年减少 0.56 万所；教职工 45.08 万人；专任教师 26.39 万人。

全国有成人小学 1.18 万所，在校生 83.27 万人，教职工 2.32 万人，其中，专任教师 1.24 万人；成人初中 569 所，在校生 28.01 万人，教职工 2 779 人，其中，专任教师 2 198 人。

全国共扫除文盲 33.12 万人，比上年减少 11.64 万人；另有 33.42 万人正在参加扫盲学习，比上年减少 14.06 万人。扫盲教育教职工 1.57 万人，比上年减少 6 458 人；专任教师 7 405 人，比上年减少 3 307 人。

民办教育

全国共有各级各类民办学校 17.10 万所，比上年增加 8 253 所；招生 1 640.28 万人，比上年增加 3.37 万人；各类教育在校生达 4 825.47 万人，比上年增加 253.95 万人。其中：

民办幼儿园 15.42 万所，比上年增加 7 827 所；入园儿童 965.08 万人，比上年减少 33.11 万人；在园儿童 2 437.66 万人，比上年增加 135.22 万人。

民办普通小学 5 975 所，比上年增加 116 所；招生 127.76 万人，比上年增加 3.40 万人；在校生 756.33 万人，比上年增加 42.51 万人。

民办普通初中 5 085 所，比上年增加 209 所；招生 188.74 万人，比上年增加 18.01 万人；在校生 532.82 万人，比上年增加 29.89 万人。

民办普通高中 2 787 所，比上年增加 202 所；招生 102.89 万人，比上年增加 8.39 万人；在校生 279.08 万人，与上年增加 22.12 万人。

民办中等职业学校 2 115 所，比上年减少 110 所；招生 73.64 万人，比上年增加 2.71 万人；在校生 184.14 万人，比上年增加 7 739 人。另有非学历教育学生 22.06 万人。

民办高校 742 所（含独立学院 266 所），比上年增加 8 所；招生 181.83 万人，比上年减少 2.16 万人；在校生 634.06 万人，比上年增加 23.15 万人。其中，硕士研究生在校生 715 人，本科在校生 391.52 万人，高职（专科）在校生 242.46 万人；另有自考助学班学生、预科生、进修及培训学生 35.45 万人。民办的其他高等教育机构 813 所，各类注册学生 75.56 万人。

另外，还有其他民办培训机构 1.95 万所，846.80 万人次接受了培训。

2016 年全国各级各类教育发展基本情况

全国各级各类学校校数、教职工数、专任教师数

	学校数（所）	教职工数（人）	专任教师数（人）
一、高等教育			
（一）研究生培养机构（不计校数）	793		
1. 普通高校	576		
2. 科研机构	217		
（二）普通高等学校	2 596	2 404 784	1 601 968
1. 本科院校	1 237	1 750 614	1 134 030
其中：独立学院	266	164 913	123 428
2. 高职（专科）院校	1 359	652 580	466 934
3. 其他普通高教机构（不计校数）	25	1 590	1 004
（三）成人高等学校	284	43 119	25 214
（四）民办的其他高等教育机构	813	22 469	10 326
二、中等教育	77 398	7 681 640	6 065 556

续表

	学校数（所）	教职工数（人）	专任教师数（人）
（一）高中阶段教育	24 711	3 681 359	2 575 569
1. 高中	13 818	2 595 259	1 735 980
普通高中	13 383	2 591 946	1 733 459
完全中学	5 479	1 041 601	526 135
高级中学	6 706	1 306 471	1 147 876
十二年一贯制学校	1 198	243 874	59 448
成人高中	435	3 313	2 521
2. 中等职业教育	10 893	1 086 100	839 589
普通中专	3 398	401 426	302 697
成人中专	1 243	63 644	47 210
职业高中	3 726	344 647	285 074
技工学校	2 526	265 053	196 446
其他中职机构（不计校数）	342	11 330	8 162
（二）初中阶段教育	52 687	4 000 281	3 489 987
1. 初中	52 118	3 997 502	3 487 789
初级中学	36 471	2 770 381	2 514 419
九年一贯制学校	15 631	1 226 629	515 074
十二年一贯制学校			63 816
完全中学			394 019
职业初中	16	492	461
2. 成人初中	569	2 779	2 198
三、初等教育	189 435	5 560 547	5 801 544
（一）普通小学	177 633	5 537 298	5 789 145
小学	177 633	5 537 298	5 176 454
九年一贯制学校			554 609
十二年一贯制学校			58 082
（二）成人小学	11 802	23 249	12 399
其中：扫盲班	8 289	15 727	7 405
四、工读学校	89	2 889	2 081
五、特殊教育	2 080	62 468	53 213
六、学前教育	239 812	3 817 830	2 232 067

注：①完全中学的学校数和教职工数计入高中阶段教育，九年一贯制学校的校数和教职工数计入初中阶段教育，十二年一贯制学校的校数和教职工数计入高中阶段教育。专任教师是按照教育层次进行归类。②技工学校数据为 2015 年数据。

全国各级各类学历教育学生数

单位：人

	毕业生数	招生数	在校生数
一、高等教育			
（一）研究生	563 938	667 064	1 981 051
博士	55 011	77 252	342 027
硕士	508 927	589 812	1 639 024
（二）普通本专科	7 041 800	7 486 110	26 958 433
本科	3 743 680	4 054 007	16 129 535
专科	3 298 120	34 32 103	10 828 898
（三）成人本专科	2 444 650	2 112 290	5 843 883
本科	1 021 846	969 387	2 686 619
专科	1 422 804	1 142 903	3 157 264
（四）其他各类高等学历教育			
1. 在职人员攻读硕士学位		129 438	581 843
2. 网络本专科生	1 874 787	2 296 088	6 449 329
本科	700 906	847 568	2 339 270
专科	1 173 881	1 448 520	4 110 059
二、中等教育	27 856 325	28 834 280	83 274 403
（一）高中阶段教育	13 306 142	13 962 617	39 700 588
1. 高中	7 969 902	8 029 206	23 710 461
普通高中	7 923 500	8 029 206	23 666 465
完全中学	2 440 700	2 510 805	7 341 339
高级中学	5 247 743	5 198 827	15 469 418
十二年一贯制学校	235 057	319 574	855 708
成人高中	46 402		43 996
2. 中等职业教育	5 336 240	5 933 411	15 990 127
普通中专	2 290 235	2 551 840	7 181 209
成人中专	696 629	595 252	1 411 680
职业高中	1 418 708	1 514 336	4 165 715
技工学校	930 668	1 271 983	3 231 523
（二）初中阶段教育	14 550 183	14 871 663	43 573 815
1. 初中	14 238 679	14 871 663	43 293 684
初级中学	10 260 439	10 543 289	30 882 372

续表

	毕业生数	招生数	在校生数
九年一贯制学校	1 839 773	2 128 330	6 011 849
十二年一贯制学校	280 519	335 815	943 819
完全中学	1 856 446	1 862 834	5 451 910
职业初中	1 502	1 395	3 734
2. 成人初中	311 504		280 131
三、初等教育	15 932 974	17 524 659	99 962 809
（一）普通小学	15 074 466	17 524 659	99 130 126
小学	13 390 494	15 687 123	88 468 544
九年一贯制学校	1 527 985	1 676 992	9 703 690
十二年一贯制学校	155 987	160 544	957 892
（二）成人小学	858 508		832 683
其中：扫盲班	331 150		334 201
四、工读学校	3 298	3 295	7 181
五、特殊教育	59 164	91 521	491 740
六、学前教育	16 231 822	19 220 862	44 138 630

注：①完全中学、九年一贯制学校和十二年一贯制学校的学生数按教育层次分别计入对应教育阶段的学生数中。②特殊教育学生数中包括义务教育阶段随班就读的学生、其他学校附设特教班。

全国各级各类非学历教育学生数

单位：人

	结业生数	注册学生数
总计	56 568 768	53 255 196
一、高等教育	9 362 500	8 628 328
（一）研究生课程进修班	20 009	22 711
（二）自考助学班	138 229	270 845
（三）普通预科生		44 537
（四）进修及培训	9 204 262	8 290 235
其中：资格证书培训	2 837 563	2 869 274
岗位证书培训	2 829 065	2 319 039
二、中等职业教育	47 206 268	44 626 868
其中：资格证书培训	6 934 871	6 362 861
岗位证书培训	12 527 213	11 903 343

续表

	结业生数	注册学生数
（一）中等职业学校	4 856 408	3 274 820
其中：资格证书培训	1 861 848	1 413 001
岗位证书培训	1 465 952	931 606
（二）职业技术培训机构	42 349 860	41 352 048
其中：资格证书培训	5 073 023	4 949 860
岗位证书培训	11 061 261	10 971 737

全国各级各类民办学校校数、教职工数、专任教师数

	学校数（所）	教职工数（人）	专任教师数（人）
一、高等教育			
（一）研究生培养机构（不计校数）	6		
1. 普通高校	5		
2. 科研机构	1		
（二）普通高等学校	741	431 358	311 512
1. 本科院校	424	314 745	230 254
其中：独立学院	266	164 913	123 428
2. 高职（专科）院校	317	116 274	81 040
3. 其他普通高教机构（不计校数）	16	339	218
（三）成人高等学校	1		
（四）民办的其他高等教育机构	813	22 469	10 326
二、中等教育			
（一）高中阶段教育			
1. 高中			
普通高中	2 787	431 240	167 881
完全中学	1 008	165 363	66 217
高级中学	869	73 762	58 526
十二年一贯制学校	910	192 115	43 138
成人高中			
2. 中等职业教育			
普通中专	823	46 916	31 683
成人中专	119	8 185	5 654
职业高中	1 173	47 672	32 728

续表

	学校数（所）	教职工数（人）	专任教师数（人）
技工学校			
其他中职机构（不计校数）	46	1 518	910
（二）初中阶段教育			
1. 初中	5 085	447 951	308 046
初级中学	1 316	110 040	89 133
九年一贯制学校	3 768	337 906	108 503
十二年一贯制学校			47 837
完全中学			62 569
职业初中	1	5	4
2. 成人初中			
三、初等教育			
（一）普通小学	5 975	256 868	383 155
小学	5 975	256 868	193 138
九年一贯制学校			145 515
十二年一贯制学校			44 502
（二）成人小学			
其中：扫盲班			
四、工读学校	3	85	68
五、特殊教育	65	1 858	1 267
六、学前教育	154 203	2 537 837	1 393 454
另有：民办培训机构（不计校数）	19 501	226 953	132 441

注：完全中学的学校数和教职工数计入高中阶段教育，九年一贯制学校的校数和教职工数计入初中阶段教育，十二年一贯制学校的校数和教职工数计入高中阶段教育。专任教师是按照教育层次进行归类。

全国各级各类民办教育学生数

单位：人

	毕业生数	招生数	在校生数
一、高等教育			
（一）研究生	187	348	715
博士			
硕士	187	348	715
（二）普通本专科	1 540 561	1 738 615	6 162 035
本科	932 149	998 791	3 895 921
专科	608 412	739 824	2 266 114

续表

	毕业生数	招生数	在校生数
（三）成人本专科	42 447	79 304	177 806
本科	4 564	10 102	19 273
专科	37 883	69 202	158 533
（四）另有其他学生			
1. 民办高校			354 468
2. 民办的其他高等教育机构			755 553
二、中等教育			
（一）高中阶段教育			
1. 高中			
普通高中	796 720	1 028 923	2 790 794
完全中学	327 554	404 888	1 124 335
高级中学	294 769	369 961	1 001 595
十二年一贯制学校	174 397	254 074	664 864
成人高中			
2. 中等职业教育			
普通中专	272 280	375 629	960 297
成人中专	107 042	103 285	214 625
职业高中	212 197	257 504	666 472
技工学校			
另有其他学生数			220 610
（二）初中阶段教育			
1. 初中	1 605 740	1 887 366	5 328 168
初级中学	520 548	569 520	1 645 633
九年一贯制学校	515 762	671 409	1 837 265
十二年一贯制学校	220 417	270 970	755 280
完全中学	349 007	375 451	1 089 939
职业初中	6	16	51
2. 成人初中			
三、初等教育			
（一）普通小学	1 192 590	1 277 577	7 563 291
小学	595 388	664 066	3 877 766
九年一贯制学校	475 833	498 100	2 970 125
十二年一贯制学校	121 369	115 411	715 400
（二）成人小学			

续表

	毕业生数	招生数	在校生数
其中：扫盲班			
四、工读学校	42	47	541
五、特殊教育	1 304	2 918	12 361
六、学前教育	7 823 138	9 650 780	24 376 589
另有：民办培训机构（不计校数）			8 467 955

注：①完全中学、九年一贯制学校和十二年一贯制学校的学生数按教育层次分别计入对应教育阶段的学生数中。②特殊教育学生数中包括义务教育阶段随班就读的学生数、其他学校附设特教班学生数。③“另有其他学生数”包括自考助学班学生、预科生、进修及培训学生数。

1990—2016年全国各级普通学校毕业生升学率

单位：%

年份	小学升初中	初中升高级中学	高中升高等教育
1990	74.6	40.6	27.3
1991	77.7	42.6	28.7
1992	79.7	43.6	34.9
1993	81.8	44.1	43.3
1994	86.6	47.8	46.7
1995	90.8	50.3	49.9
2000	94.9	51.2	73.2
2001	95.5	52.9	78.8
2002	97.0	58.3	83.5
2003	97.9	59.6	83.4
2004	98.1	63.8	82.5
2005	98.4	69.7	76.3
2006	100.0	75.7	75.1
2007	99.9	80.5	70.3
2008	99.7	82.1	72.7
2009	99.1	85.6	77.6
2010	98.7	87.5	83.3
2011	98.3	88.9	86.5
2012	98.3	88.4	87.0
2013	98.3	91.2	87.6
2014	98.0	95.1	90.2
2015	98.2	94.1	92.5
2016	98.7	93.7	94.5

注：高中升学率为普通高校招生数与普通高中毕业生数之比。

全国各级各类学校女学生数

单位：人

	总计	男	女学生	
			人数	占学生总数的比重（%）
一、高等教育				
（一）研究生	1 981 051	977 941	1 003 110	50.64
博士	342 027	209 895	132 132	38.63
硕士	1 639 024	768 046	870 978	53.14
（二）普通本专科	26 958 433	12 797 429	14 161 004	52.53
本科	16 129 535	7 509 969	8 619 566	53.44
专科	10 828 898	5 287 460	5 541 438	51.17
（三）成人本专科	5 843 883	2 468 517	3 375 366	57.76
本科	2 686 619	1 071 031	1 615 588	60.13
专科	3 157 264	1 397 486	1 759 778	55.74
（四）其他各类高等学历教育				
1. 在职人员攻读硕士学位	581 843	369 384	212 459	36.51
2. 网络本专科生	6 449 329	3 375 544	3 073 785	47.66
本科	2 339 270	1 129 948	1 209 322	51.69
专科	4 110 059	2 245 596	1 864 463	45.36
二、中等教育	83 274 403	44 078 975	39 195 428	47.07
（一）高中阶段教育	39 700 588	20 710 539	18 990 049	47.83
1. 高中	23 710 461	11 714 882	11 995 579	50.59
普通高中	23 666 465	11 691 562	11 974 903	50.60
完全中学	7 341 339	3 672 440	3 668 899	49.98
高级中学	15 469 418	7 542 012	7 927 406	51.25
十二年一贯制学校	855 708	477 110	378 598	44.24
成人高中	43 996	23 320	20 676	47.00
2. 中等职业教育	15 990 127	8 995 657	6 994 470	43.74
普通中专	7 181 209	3 556 372	3 624 837	50.48
成人中专	1 411 680	823 068	588 612	41.70
职业高中	4 165 715	2 344 907	1 820 808	43.71
技工学校	3 231 523	2 271 310	960 213	29.71
（二）初中阶段教育	43 573 815	23 368 436	20 205 379	46.37

续表

	总计	男	女学生	
			人数	占学生总数的比重（%）
1. 初中	43 293 684	23 207 979	20 085 705	46.39
初级中学	30 882 372	16 403 978	14 478 394	46.88
九年一贯制学校	6 011 849	3 330 035	2 681 814	44.61
十二年一贯制学校	943 819	554 375	389 444	41.26
完全中学	5 451 910	2 917 473	2 534 437	46.49
职业初中	3 734	2 118	1 616	43.28
2. 成人初中	280 131	160 457	119 674	42.72
三、初等教育	99 962 809	53 519 318	46 443 491	46.46
（一）普通小学	99 130 126	53 166 012	45 964 114	46.37
小学	88 468 544	47 280 769	41 187 775	46.56
九年一贯制学校	9 703 690	5 324 977	4 378 713	45.12
十二年一贯制学校	957 892	560 266	397 626	41.51
（二）成人小学	832 683	353 306	479 377	57.57
其中：扫盲班	334 201	153 283	180 918	54.13
四、工读学校	7 181	6 227	954	13.29
五、特殊教育	491 740	314 996	176 744	35.94
六、学前教育	44 138 630	23 577 181	20 561 449	46.58

注：①完全中学、九年一贯制学校和十二年一贯制学校的学生数按教育层次分别计入对应教育阶段的学生数中。②特殊教育学生数中包括义务教育阶段随班就读的学生、其他学校附设特教班。

全国各级各类学校女教职工、女专任教师数

单位：人

	教职工数	其中：女教职工		专任教师数	其中：女专任教师	
		人数	占教职工总数的比重（%）		人数	占专任教师总数的比重（%）
一、高等教育						
（一）研究生培养机构（不计校数）						
1. 普通高校						
2. 科研机构						
（二）普通高等学校	2 404 784	1 162 408	48.34	1 601 968	788 558	49.22
1. 本科院校	1 750 614	828 921	47.35	1 134 030	538 769	47.51

续表

	教职工数	其中：女教职工		专任教师数	其中：女专任教师	
		人数	占教职工总数的比重（%）		人数	占专任教师总数的比重（%）
其中：独立学院	164 913	85 104	51.61	123 428	63 257	51.25
2. 高职（专科）院校	652 580	332 643	50.97	466 934	249 258	53.38
3. 其他普通高教机构（不计校数）	1 590	844	53.08	1 004	531	52.89
（三）成人高等学校	43 119	21 847	50.67	25 214	13 740	54.49
（四）民办的其他高等教育机构	22 469	11 667	51.92	10 326	5 280	51.13
二、中等教育	7 681 640	4 069 679	52.98	6 065 556		
（一）高中阶段教育	3 681 359	1 909 006	51.86	2 575 569		
1. 高中	2 595 259	1 382 627	53.28	1 735 980	904 917	52.13
普通高中	2 591 946	1 381 193	53.29	1 733 459	903 797	52.14
完全中学	1 041 601	562 022	53.96	526 135	271 111	51.53
高级中学	1 306 471	662 895	50.74	1 147 876	601 521	52.40
十二年一贯制学校	243 874	156 276	64.08	59 448	31 165	52.42
成人高中	3 313	1 434	43.28	2 521	1 120	44.43
2. 中等职业教育	1 086 100	526 379	48.47	839 589		
普通中专	401 426	199 505	49.69	302 697	160 214	52.93
成人中专	63 644	30 466	47.87	47 210	24 364	51.61
职业高中	344 647	172 980	50.19	285 074	150 875	52.92
技工学校	265 053	118 195	44.59	196 446		
其他中职机构（不计校数）	11 330	5 233	46.19	8 162	4 183	51.25
（二）初中阶段教育	4 000 281	2 160 673	54.01	3 489 987	1 901 611	54.49
1. 初中	3 997 502	2 159 354	54.02	3 487 789	1 900 525	54.49
初级中学	2 770 381	1 429 689	51.61	2 514 419	1 346 067	53.53
九年一贯制学校	1 226 629	729 437	59.47	515 074	277 228	53.82
十二年一贯制学校				63 816	40 527	63.51
完全中学				394 019	236 481	60.02
职业初中	492	228	46.34	461	222	48.16
2. 成人初中	2 779	1 319	47.46	2 198	1 086	49.41
三、初等教育	5 560 547	3 508 317	63.09	5 801 544	3 788 753	65.31
（一）普通小学	5 537 298	3 497 880	63.17	5 789 145	3 782 693	65.34
小学	5 537 298	3 497 880	63.17	5 176 454	3 355 723	64.83
九年一贯制学校				554 609	380 298	68.57

续表

	教职工数	其中：女教职工		专任教师数	其中：女专任教师	
		人数	占教职工总数的比重（%）		人数	占专任教师总数的比重（%）
十二年一贯制学校				58 082	46 672	80.36
（二）成人小学	23 249	10 437	44.89	12 399	6 060	48.87
其中：扫盲班	15 727	6 630	42.16	7 405	3 332	45.00
四、工读学校	2 889	1 114	38.56	2 081	859	41.28
五、特殊教育	62 468	43 625	69.84	53 213	39 034	73.35
六、学前教育	3 817 830	3 512 926	92.01	2 232 067	2 184 795	97.88

注：完全中学的学校数和教职工数计入高中阶段教育，九年一贯制学校的校数和教职工数计入初中阶段教育，十二年一贯制学校的校数和教职工数计入高中阶段教育。专任教师是按照教育层次进行归类。

全国各级各类学校少数民族学生数

单位：人

	学生总数	少数民族学生	
		人数	占学生总数的比重（%）
一、高等教育			
（一）研究生	1 981 051	115 321	5.82
博士	342 027	21 865	6.39
硕士	1 639 024	93 456	5.70
（二）普通本专科	26 958 433	2 318 212	8.60
本科	16 129 535	1 436 227	8.90
专科	10 828 898	881 985	8.14
（三）成人本专科	5 843 883	506 509	8.67
本科	2 686 619	233 766	8.70
专科	3 157 264	272 743	8.64
（四）其他各类高等学历教育			
1. 在职人员攻读硕士学位	581 843		
2. 网络本专科生	6 449 329	455 791	7.07
本科	2 339 270	165 575	7.08
专科	4 110 059	290 216	7.06
二、中等教育			
（一）高中阶段教育			

续表

	学生总数	少数民族学生	
		人数	占学生总数的比重（%）
1. 高中			
普通高中	23 666 465	2 397 498	10.13
完全中学	7 341 339	709 240	9.66
高级中学	15 469 418	1 642 478	10.62
十二年一贯制学校	855 708	45 780	5.35
成人高中	324 127	21 625	6.67
2. 中等职业教育			
普通中专	7 181 209	701 564	9.77
成人中专	1 411 680	140 107	9.92
职业高中	4 165 715	379 751	9.12
技工学校			
（二）初中阶段教育			
1. 初中	43 293 684	4 872 944	11.26
初级中学	30 882 372	3 708 250	12.01
九年一贯制学校	6 011 849	572 617	9.52
十二年一贯制学校	943 819	52 087	5.52
完全中学	5 451 910	538 985	9.89
职业初中	3 734	1 005	26.91
2. 成人初中			
三、初等教育			
（一）普通小学	99 130 126	11 366 692	11.47
小学	88 468 544	10 375 451	11.73
九年一贯制学校	9 703 690	934 815	9.63
十二年一贯制学校	957 892	56 426	5.89
（二）成人小学	832 683	64 124	7.70
其中：扫盲班			
四、工读学校			
五、特殊教育	491 740	46 569	9.47
六、学前教育	44 138 630	4 128 476	9.35

注：成人高中数据包括成人初中数据。

全国各级各类学校少数民族教职工、专任教师数

单位：人

	教职工数	少数民族教职工		专任教师数	少数民族专任教师	
		人数	占教职工总数的比重（%）		人数	占专任教师总数的比重（%）
一、高等教育						
（一）研究生培养机构（不计校数）						
1. 普通高校						
2. 科研机构						
（二）普通高等学校	2 404 784	140 282	5.83	1 601 968	91 037	5.68
1. 本科院校	1 750 614	103 677	5.92	1 134 030	65 050	5.74
其中：独立学院	164 913	7 249	4.40	123 428	4 876	3.95
2. 高职（专科）院校	652 580	36 533	5.60	466 934	25 943	5.56
3. 其他普通高教机构（不计校数）	1 590	72	4.53	1 004	44	4.38
（三）成人高等学校	43 119	2 160	5.01	25 214	1 284	5.09
（四）民办的其他高等教育机构	22 469	178	0.79	10 326	69	0.67
二、中等教育						
（一）高中阶段教育						
1. 高中	2 598 038	203 808	7.84	1 738 178	142 261	8.18
普通高中	2 591 946	203 598	7.86	1 733 459	142 117	8.20
完全中学	1 041 601	81 641	7.84	526 135	40 800	7.75
高级中学	1 306 471	110 308	8.44	1 147 876	98 222	8.56
十二年一贯制学校	243 874	11 649	4.78	59 448	3 095	5.21
成人高中	6 092	210	3.45	4 719	144	3.05
2. 中等职业教育						
普通中专	401 426	24 389	6.08	302 697	18 549	6.13
成人中专	63 644	3 195	5.02	47 210	2 390	5.06
职业高中	344 647	19 063	5.53	285 074	15 442	5.42
技工学校						
其他中职机构（不计校数）	11 330	161	1.42	8 162	102	1.25
（二）初中阶段教育						
1. 初中	3 997 502	368 004	9.21	3 487 789	323 804	9.28
初级中学	2 770 381	268 143	9.68	2 514 419	245 238	9.75

续表

	教职工数	少数民族教职工		专任教师数	少数民族专任教师	
		人数	占教职工总数的比重（%）		人数	占专任教师总数的比重（%）
九年一贯制学校	1 226 629	99 736	8.13	515 074	42 965	8.34
十二年一贯制学校				63 816	3 481	5.45
完全中学				394 019	32 003	8.12
职业初中	492	125	25.41	461	117	25.38
2. 成人初中						
三、初等教育						
（一）普通小学	5 537 298	600 315	10.84	5 789 145	607 696	10.50
小学	5 537 298	600 315	10.84	5 176 454	557 524	10.77
九年一贯制学校				554 609	46 883	8.45
十二年一贯制学校				58 082	3 289	5.66
（二）成人小学	23 249	2 017	8.68	12 399	921	7.43
其中：扫盲班						
四、工读学校						
五、特殊教育	62 468	5 289	8.47	53 213	4 574	8.60
六、学前教育	3 817 830	249 875	6.54	2 232 067	161 621	7.24

注：①完全中学的学校数和教职工数计入高中阶段教育，九年一贯制学校的校数和教职工数计入初中阶段教育，十二年一贯制学校的校数和教职工数计入高中阶段教育。专任教师是按照教育层次进行归类。②成人高中少数民族教职工数和专任教师数包括成人初中少数民族教职工数和专任教师数。

各省（自治区、直辖市）小学净入学率

地区	男女合计			其中：女		
	校内外学龄人口总数（人）	在校学龄人口总数（人）	入学率（%）	校内外学龄人口总数（人）	在校学龄人口总数（人）	入学率（%）
合计	95 835 734	95 758 757	99.92	44 498 683	44 466 817	99.93
北京	861 229	861 229	100.00	403 043	403 043	100.00
天津	600 518	599 589	99.85	280 089	279 728	99.87
河北	6 013 778	6 022 036	100.14	2 809 827	2 815 263	100.19
山西	2 250 648	2 247 735	99.87	1 080 398	1 079 162	99.89
内蒙古	1 289 816	1 289 816	100.00	616 327	616 327	100.00
辽宁	1 888 122	1 886 171	99.90	897 474	896 666	99.91
吉林	1 234 356	1 231 957	99.81	589 398	588 169	99.79
黑龙江	1 360 325	1 359 841	99.96	654 859	654 624	99.96

续表

地区	男女合计			其中：女		
	校内外学龄人口总数（人）	在校学龄人口总数（人）	入学率（%）	校内外学龄人口总数（人）	在校学龄人口总数（人）	入学率（%）
上海	779 729	779 281	99.94	363 066	362 908	99.96
江苏	5 154 241	5 154 241	100.00	2 353 807	2 353 807	100.00
浙江	3 493 545	3 493 533	100.00	1 610 943	1 610 939	100.00
安徽	4 238 721	4 237 600	99.97	1 939 086	1 938 612	99.98
福建	2 950 371	2 950 221	99.99	1 353 445	1 353 413	100.00
江西	4 064 288	4 051 347	99.68	1 832 126	1 826 492	99.69
山东	6 728 770	6 727 042	99.97	3 080 620	3 080 214	99.99
河南	9 485 662	9 485 368	100.00	4 357 391	4 357 263	100.00
湖北	3 405 154	3 405 126	100.00	1 552 365	1 552 362	100.00
湖南	4 874 981	4 874 725	99.99	2 259 442	2 259 362	100.00
广东	8 741 429	8 741 429	100.00	3 980 849	3 980 849	100.00
广西	4 331 433	4 313 213	99.58	2 020 720	2 012 437	99.59
海南	780 727	779 792	99.88	350 690	349 463	99.65
重庆	2 009 118	2 008 991	99.99	954 213	954 114	99.99
四川	5 218 382	5 206 677	99.78	2 501 236	2 495 369	99.77
贵州	3 254 256	3 240 181	99.57	1 512 294	1 508 580	99.75
云南	3 464 105	3 454 741	99.73	1 639 660	1 634 805	99.70
西藏	292 301	289 736	99.12	142 770	141 598	99.18
陕西	2 361 132	2 359 621	99.94	1 108 474	1 107 679	99.93
甘肃	1 715 033	1 717 666	100.15	810 855	812 042	100.15
青海	436 302	435 411	99.80	211 466	211 037	99.80
宁夏	533 657	533 541	99.98	254 572	254 544	99.99
新疆	2 023 605	2 020 900	99.87	977 178	975 946	99.87

全国高等教育学校（机构）学生数

单位：人

	毕(结)业生数	授予学位数	招生数				在校生数	预计毕业生数
			合计	其中				
				应届生	春季招生	预科生转入		
研究生	563 938	558 781	667 064	450 392			1 981 051	740 753
博士	55 011	53 360	77 252	41 791			342 027	161 799
硕士	508 927	505 421	589 812	408 601			1 639 024	578 954
普通本专科	7 041 800	3 659 686	7 486 110	6 729 866	4 331	44 841	26 958 433	7 595 176
本科	3 743 680	3 659 686	4 054 007	3 529 034	1 910	43 745	16 129 535	3 991 586

续表

	毕(结)业生数	授予学位数	招生数 合计	其中 应届生	春季招生	预科生转入	在校生数	预计毕业生数
专科	3 298 120		3 432 103	3 200 832	2 421	1 096	10 828 898	3 603 590
成人本专科	2 444 650	142 821	2 112 290				5 843 883	2 577 201
本科	1 021 846	142 821	969 387				2 686 619	1 095 517
专科	1 422 804		1 142 903				3 157 264	1 481 684
网络本专科生	1 874 787	56 694	2 296 088		1 182 508		6 449 329	
本科	700 906	56 694	847 568		433 664		2 339 270	
专科	1 173 881		1 448 520		748 844		4 110 059	
在职人员攻读硕士学位		108 455	129 438				581 843	
自考助学班	81 890						166 905	
普通预科生							44 537	
研究生课程进修班	20 009						22 711	
进修及培训	8 526 875						7 638 622	
留学生	109 894	20 876	138 362		37 991		243 735	

全国在职人员攻读硕士学位分学科学生数

单位：人

	授予学位数	招生数	在校生数
总计	108 455	129 438	581 843
其中：女	41 885	51 578	212 459
学术型学位	4 138	1 876	16 708
专业学位	104 317	127 562	565 135
哲学	6		25
经济学	346	100	473
法学	5 441	5 591	22 697
教育学	13 355	18 584	79 053
文学	182	288	1 226
历史学	3		18
理学	171	72	663
工学	60 559	71 815	331 075
农学	8 057	10 414	47 675
医学	2 599	2 359	14 038
军事学			
管理学	15 764	17 820	77 934
艺术学	1 972	2 395	6 966

全国普通本科分学科学生数

单位：人

	毕业生数	招生数	在校生数	预计毕业生数
总计	3 743 680	4 054 007	16 129 535	3 991 586
其中：女	1 995 345	2 279 299	8 619 566	2 077 701
哲学	2 046	2 866	9 911	2 234
经济学	224 165	236 371	946 488	237 845
法学	134 880	139 750	559 597	141 015
教育学	134 202	155 838	596 697	146 597
文学	374 636	386 342	1 491 599	377 957
其中：外语	204 487	209 267	795 313	204 022
历史学	17 946	18 609	73 777	18 555
理学	257 436	281 861	1 085 235	268 919
工学	1 226 730	1 378 558	5 375 655	1 321 280
农学	64 499	72 529	279 373	68 656
医学	234 751	270 173	1 207 311	266 398
管理学	729 175	720 367	2 966 717	761 716
艺术学	343 214	390 743	1 537 175	380 414
总计中：师范生	369 501	356 452	1 468 144	382 345

全国普通专科分专业大类学生数

单位：人

	毕业生数	招生数	在校生数	预计毕业生数
总计	3 298 120	3 432 103	10 828 898	3 603 590
其中：女	1 722 508	1 925 097	5 541 438	1 799 521
农林牧渔大类	55 911	57 727	179 040	57 768
资源环境与安全大类	59 693	41 521	150 107	57 690
能源动力与材料大类	40 176	38 928	124 093	42 413

续表

	毕业生数	招生数	在校生数	预计毕业生数
土木建筑大类	380 770	268 687	1 010 323	397 864
水利大类	13 965	13 389	42 802	14 418
装备制造大类	386 263	393 597	1 301 903	437 141
生物与化工大类	42 809	31 234	117 289	43 241
轻工纺织大类	17 206	16 364	51 878	17 818
食品药品与粮食大类	50 289	56 278	172 504	55 359
交通运输大类	150 735	210 564	587 929	176 323
电子信息大类	283 440	408 656	1 104 021	321 695
医药卫生大类	373 714	425 334	1 307 628	421 944
财经商贸大类	716 563	729 323	2 363 155	795 161
旅游大类	102 422	114 986	340 687	109 850
文化艺术大类	164 272	163 211	525 817	178 553
新闻传播大类	28 837	30 620	91 606	28 739
教育与体育大类	354 196	351 902	1 118 253	367 429
公安与司法大类	48 192	47 069	141 455	47 618
公共管理与服务大类	28 667	32 713	98 408	32 566
总计中：师范生	215 159	193 701	667 532	226 819

全国成人本科分学科学生数

单位：人

	毕业生数	招生数	在校生数	预计毕业生数
总计	1 021 846	969 387	2 686 619	1 095 517
其中：女	587 208	597 502	1 615 588	589 629
哲学	7	18	143	27
经济学	28 520	20 551	61 649	27 793
法学	45 112	37 416	98 381	43 333
教育学	59 603	73 993	172 931	71 912
文学	79 073	58 084	167 820	77 354

续表

	毕业生数	招生数	在校生数	预计毕业生数
其中：外语	21 381	12 567	41 382	19 889
历史学	1 526	888	2 775	1 299
理学	20 518	13 570	41 210	20 352
工学	254 155	206 592	615 726	265 571
农学	17 259	15 378	42 353	18 863
医学	228 578	298 242	772 464	266 625
管理学	271 933	232 884	667 873	286 115
艺术学	15 562	11 771	43 294	16 273
总计中：师范生	83 261	74 643	195 739	88 245

全国成人专科分专业大类学生数

单位：人

	毕业生数	招生数	在校生数	预计毕业生数
总计	1 422 804	1 142 903	3 157 264	1 481 684
其中：女	796 943	633 497	1 759 778	801 246
农林牧渔大类	24 158	21 566	56 773	27 902
资源环境与安全大类	41 412	10 027	46 477	27 879
能源动力与材料大类	13 014	6 889	22 085	11 054
土木建筑大类	122 482	83 462	253 069	126 671
水利大类	5 179	3 121	8 890	4 647
装备制造大类	151 028	129 484	346 764	163 336
生物与化工大类	9 973	6 317	20 168	10 605
轻工纺织大类	4 620	2 522	7 921	4 416
食品药品与粮食大类	3 007	2 181	6 343	3 091
交通运输大类	46 325	44 046	120 248	52 532
电子信息大类	85 150	71 429	184 713	87 009
医药卫生大类	221 108	159 335	542 906	232 821
财经商贸大类	358 610	322 105	813 175	375 219

续表

	毕业生数	招生数	在校生数	预计毕业生数
旅游大类	25 305	19 719	53 391	27 015
文化艺术大类	31 542	30 070	80 433	38 342
新闻传播大类	1 668	1 316	3 489	1 799
教育与体育大类	206 309	165 054	431 777	213 095
公安与司法大类	18 576	15 496	38 477	18 288
公共管理与服务大类	53 338	48 764	120 165	55 963
总计中：师范生	119 339	87 565	227 661	112 719

全国网络本科分学科学生数

单位：人

	毕业生数	招生数	在校生数
总计	700 906	847 568	2 339 270
其中：女	373 996	437 195	1 209 322
哲学			
经济学	29 615	35 056	97 329
法学	57 995	64 358	205 572
教育学	27 596	48 685	105 377
文学	37 134	48 226	124 336
其中：外语	6 144	7 050	22 988
历史学	411	567	4 269
理学	6 399	8 190	21 207
工学	168 703	204 619	526 852
农学	6 002	9 739	21 153
医学	63 525	79 239	209 649
管理学	300 758	345 396	1 011 853
艺术学	2 768	3 493	11 673
总计中：师范生	20 083	32 285	57 449

全国网络专科分专业大类学生数

单位：人

	毕业生数	招生数	在校生数
总计	1 173 881	1 448 520	4 110 059
其中：女	563 105	655 353	1 864 463
农林牧渔大类	40 019	48 355	157 719
资源环境与安全大类	17 889	6 968	29 417
能源动力与材料大类	9 325	10 315	21 462
土木建筑大类	134 798	127 252	383 418
水利大类	6 059	7 360	21 883
装备制造大类	70 908	110 173	286 047
生物与化工大类	3 063	3 597	10 019
轻工纺织大类	410	314	928
食品药品与粮食大类	1 149	1 602	4 835
交通运输大类	21 438	26 455	59 887
电子信息大类	44 032	77 208	205 558
医药卫生大类	57 588	67 813	186 012
财经商贸大类	361 327	443 771	1 258 873
旅游大类	4 662	9 862	27 772
文化艺术大类	3 885	5 556	19 005
新闻传播大类	958	1 316	4 587
教育与体育大类	104 861	143 463	398 883
公安与司法大类	62 164	86 248	241 737
公共管理与服务大类	229 346	270 892	792 017
总计中：师范生	17 179	22 713	42 935

全国高等教育学校（机构）教职工情况

单位：人

	教职工数													
	合计	校本部教职工										科研机构人员	校办企业职工	其他附设机构人员
		小计	专任教师						行政人员	教辅人员	工勤人员			
			小计	正高级	副高级	中级	初级	未定职级						
总计	2 447 903	2 338 964	1 627 182	203 399	481 635	647 259	193 147	101 742	339 802	222 686	149 294	31 470	23 526	53 943
其中：女	1 184 255	1 133 936	802 298	62 164	221 932	350 946	111 790	55 466	162 839	125 677	43 122	12 280	7 167	30 872
普通高校	2 404 784	2 296 172	1 601 968	202 154	473 801	636 438	188 893	100 682	331 482	216 513	146 209	31 382	23 365	53 865
成人高校	43 119	42 792	25 214	1 245	7 834	10 821	4 254	1 060	8 320	6 173	3 085	88	161	78

全国研究生指导教师情况

单位：人

	合计	29岁及以下	30—34岁	35—39岁	40—44岁	45—49岁	50—54岁	55—59岁	60—64岁	65岁及以上
总计	378 947	1 664	24 913	64 054	76 242	70 463	89 112	32 631	13 560	6 308
其中：女	116 381	594	7 943	22 382	27 854	23 793	23 905	6 722	2 372	816
按专业技术职务分：正高级	182 084	190	1 832	9 597	24 285	37 633	65 109	26 071	11 945	5 422
副高级	171 923	369	13 351	46 082	48 501	31 639	23 317	6 339	1 545	780
中级	24 940	1 105	9 730	8 375	3 456	1 191	686	221	70	106
分指导关系：博士生导师	18 677	37	390	1 149	2 210	2 935	5 558	2 793	1 913	1 692
其中：女	3 093	4	68	199	471	667	879	381	265	159
硕士生导师	289 127	1 593	22 599	55 983	63 258	54 645	61 583	20 725	6 681	2 060
其中：女	100 200	585	7 546	20 921	24 971	20 131	19 163	5 018	1 428	437
博士生、硕士生导师	71 143	34	1 924	6 922	10 774	12 883	21 971	9 113	4 966	2 556
其中：女	13 088	5	329	1 262	2 412	2 995	3 863	1 323	679	220

全国高校专任教师、聘请校外教师学历情况

单位：人

	合计	博士	硕士	本科	专科及以下
1. 专任教师	1 627 182	367 089	587 849	651 672	20 572
其中：女	802 298	130 975	338 701	325 164	7 458
正高级	203 399	107 383	33 934	60 901	1 181
副高级	481 635	137 655	120 377	218 968	4 635
中级	647 259	106 836	289 204	243 793	7 426
初级	193 147	1 812	94 235	93 313	3 787
未定职级	101 742	13 403	50 099	34 697	3 543
2. 聘请校外教师	498 823	71 224	156 735	243 156	27 708
其中：女	193 118	17 666	68 810	98 352	8 290
外籍教师	16 958	8 071	4 356	4 404	127
其他高校教师	134 490	30 107	52 495	49 344	2 544
正高级	85 961	36 861	21 262	26 273	1 565
副高级	143 683	20 511	43 177	74 803	5 192
中级	157 061	9 416	55 116	83 297	9 232
初级	43 353	579	15 606	24 278	2 890
未定职级	68 765	3 857	21 574	34 505	8 829

注：不包含民办的其他高等教育机构数据。

全国高校专任教师年龄情况

单位：人

	合计	29 岁及以下	30—34 岁	35—39 岁	40—44 岁	45—49 岁	50—54 岁	55—59 岁	60—64 岁	65 岁及以上
总计	1 627 182	212 125	329 971	351 458	242 015	189 698	196 854	70 505	23 629	10 927
其中：女	802 298	129 797	185 071	187 245	115 181	83 732	75 940	17 514	5 910	1 908
正高级	203 399	55	1 480	9 528	26 846	43 250	71 634	31 039	13 787	5 780
副高级	481 635	1 032	25 980	103 502	115 670	97 986	94 448	30 313	8 163	4 541
中级	647 259	48 485	215 305	212 178	90 385	43 669	27 599	7 664	1 465	509
初级	193 147	97 315	63 593	19 643	6 434	3 257	2 039	775	71	20
未定职级	101 742	65 238	23 613	6 607	2 680	1 536	1 134	714	143	77

注：不含民办的其他高等教育机构数据。

全国普通高中校数、班数

	学校数（所）				班数（个）
	合计	完全中学	高级中学	十二年一贯制学校	
总计	13 383	5 479	6 706	1 198	450 566
教育部门办	10 422	4 412	5 765	245	391 233
其他部门办	165	55	71	39	3 391
地方企业办	9	4	1	4	137
民办	2 787	1 008	869	910	55 805
城区	6 628	2 730	3 174	724	220 890
教育部门办	4 898	2 103	2 629	166	188 536
其他部门办	79	25	33	21	1 651
地方企业办	5	3	1	1	76
民办	1 646	599	511	536	30 627
其中：城乡接合区	996	324	501	171	34 536
教育部门办	639	221	399	19	27 607
其他部门办	9	1	5	3	95
地方企业办	2	2			19
民办	346	100	97	149	6 815
镇区	6 103	2 441	3 287	375	214 784
教育部门办	5 073	2 069	2 940	64	191 484
其他部门办	80	27	37	16	1 639
地方企业办	3	1		2	61
民办	947	344	310	293	21 600
其中：镇乡接合区	1 493	542	837	114	52 355
教育部门办	1 162	425	724	13	45 003
其他部门办	2		1	1	47
地方企业办	1			1	6
民办	328	117	112	99	7 299
乡村	652	308	245	99	14 892
教育部门办	451	240	196	15	11 213
其他部门办	6	3	1	2	101
地方企业办	1			1	
民办	194	65	48	81	3 578
总计中：其他学校附设班					1 791
独立设置少数民族学校	468	258	172	38	13 314

全国中等职业学校（机构）数

单位：所

	合计	中央部门	地方				民办
			小计	教育部门	其他部门	地方企业	
中等职业学校	8 367	22	6 230	4 942	1 201	87	2 115
其中：普通中等专业学校	3 398	16	2 559	1 625	892	42	823
成人中等专业学校	1 243	2	1 122	948	152	22	119
职业高中学校	3 726	4	2 549	2 369	157	23	1 173
其他机构（教学点）（不计校数）	342	2	294	192	97	5	46
附设中职班（不计校数）	1 200	1	945	586	344	15	254

全国成人高中基本情况

单位：人

	学校数（所）	教学班（点）（个）	毕(结)业生数		注册学生数		教职工数		专任教师		聘请校外教师
			合计	其中：女	合计	其中：女	合计	其中：女	合计	其中：女	
总计	435	803	46 402	22 781	43 996	20 676	3 313	1 434	2 521	1 120	2 467
职工高中	135	281	18 741	8 837	19 778	9 508	1 290	588	1 059	465	972
农民高中	300	522	27 661	13 944	24 218	11 168	2 023	846	1 462	655	1 495

全国初中阶段校数、班数

	学校数（所）				班数（个）				
	合计	初级中学	九年一贯制学校	职业初中	小计	一年级	二年级	三年级	四年级
总计	52 118	36 471	15 631	16	915 292	312 671	296 789	295 664	10 168
教育部门	46 492	34 998	11 480	14	798 573	271 365	258 934	259 131	9 143
其他部门	516	155	360	1	5 898	1 882	1 867	1 927	222
地方企业办	25	2	23		255	90	83	82	

续表

	学校数（所）				班数（个）				
	合计	初级中学	九年一贯制学校	职业初中	小计	一年级	二年级	三年级	四年级
民办	5 085	1 316	3 768	1	110 566	39 334	35 905	34 524	803
城区	11 924	7 792	4 129	3	318 531	108 717	101 733	101 862	6 219
教育部门	9 400	7 153	2 245	2	257 870	87 407	82 097	82 902	5 464
其他部门	129	60	68	1	1 880	599	614	634	33
地方企业办	10	1	9		141	47	48	46	
民办	2 385	578	1 807		58 640	20 664	18 974	18 280	722
其中：城乡接合区	2 555	1 502	1 053		52 504	18 368	16 907	16 554	675
教育部门	1 877	1 411	466		39 283	13 463	12 616	12 583	621
其他部门	20	12	8		173	54	52	57	10
地方企业办	1		1		18	8	6	4	
民办	657	79	578		13 030	4 843	4 233	3 910	44
镇区	24 023	18 355	5 663	5	445 926	152 812	145 529	144 560	3 025
教育部门	21 780	17 733	4 043	4	399 409	136 266	130 427	129 930	2 786
其他部门	327	82	245		3 571	1 132	1 107	1 143	189
地方企业办	6		6		77	31	23	23	
民办	1 910	540	1 369	1	42 869	15 383	13 972	13 464	50
其中：镇乡接合区	6 012	4 530	1 481	1	110 101	37 998	35 816	35 565	722
教育部门	5 283	4 338	944	1	94 330	32 243	30 697	30 696	694
其他部门	14	7	7		171	62	53	53	3
地方企业办	1		1		16	5	5	6	
民办	714	185	529		15 584	5 688	5 061	4 810	25
乡村	16 171	10 324	5 839	8	150 835	51 142	49 527	49 242	924
教育部门	15 312	10 112	5 192	8	141 294	47 692	46 410	46 299	893
其他部门	60	13	47		447	151	146	150	
地方企业办	9	1	8		37	12	12	13	
民办	790	198	592		9 057	3 287	2 959	2 780	31
总计中：四年制					43 518	11 947	11 097	10 330	10 144
其他学校附设班					4 034	1 344	1 313	1 322	55
独立设置少数民族学校	1 609	1 057	549	3	29 488	9 882	9 782	9 780	44

全国成人初中基本情况

单位：人（人次）

	学校数（所）	教学班（点）（个）	毕（结）业生数		注册学生数		教职工数		专任教师		聘请校外教师
			合计	其中：女	合计	其中：女	合计	其中：女	合计	其中：女	
总计	569	2 272	311 504	137 524	280 131	119 674	2 779	1 319	2 198	1 086	2 307
职工初中	22	36	10 151	4 850	10 120	4 635	651	343	513	299	331
农民初中	547	2 236	301 353	132 674	270 011	115 039	2 128	976	1 685	787	1 976

全国幼儿园园数、班数

	园数（所）		班数（个）
	合计	其中：少数民族幼儿园	
总计	239 812	5 455	1 527 353
教育部门办	66 119	4 723	532 526
其他部门办	1 824	32	21 173
地方企业办	1 328		10 740
事业单位办	3 272	37	20 449
部队办	513		4 247
集体办	12 553	48	65 945
民办	154 203	615	872 273
城区	74 262	368	551 252
教育部门办	9 769	172	108 972
其他部门办	1 091	3	12 370
地方企业办	1 063		8 819
事业单位办	1 026	15	8 327
部队办	480		4 097
集体办	3 988	14	29 228
民办	56 845	164	379 439
其中：城乡接合区	14 583	76	96 929
教育部门办	2 005	57	17 169

续表

	园数（所）		班数（个）
	合计	其中：少数民族幼儿园	
其他部门办	54		545
地方企业办	79		582
事业单位办	127	1	687
部队办	13		97
集体办	1 767	3	10 820
民办	10 538	15	67 029
镇区	81 666	1 056	548 603
教育部门办	21 492	753	195 379
其他部门办	584	10	5 839
地方企业办	227		1 690
事业单位办	915	14	5 829
部队办	14		73
集体办	2 676	9	17 706
民办	55 758	270	322 087
其中：镇乡接合区	25 032	240	154 985
教育部门办	6 648	184	54 328
其他部门办	56	1	766
地方企业办	47		322
事业单位办	255	1	1 632
部队办	2		9
集体办	1 418	6	7 835
民办	16 606	48	90 093
乡村	83 884	4 031	427 498
教育部门办	34 858	3 798	228 175
其他部门办	149	19	2 964
地方企业办	38		231
事业单位办	1 331	8	6 293
部队办	19		77
集体办	5 889	25	19 011
民办	41 600	181	170 747
其中：独立设置幼儿园			1 343 819
附设幼儿班			183 534

各省（自治区、直辖市）普通高中学生数

单位：人

地区	毕业生数	招生数	在校生数					预计毕业生数
			合计	其中：女	一年级	二年级	三年级	
总计	7 923 500	8 029 206	23 666 465	11 974 903	8 034 323	7 839 244	7 792 898	7 792 898
北京	52 841	53 544	163 130	83 997	53 687	55 869	53 574	53 574
天津	56 059	54 143	163 974	85 173	54 143	54 493	55 338	55 338
河北	368 170	432 658	1 213 315	638 514	432 669	403 030	377 616	377 616
山西	284 423	244 539	753 777	394 085	244 565	248 687	260 525	260 525
内蒙古	160 737	146 962	448 994	235 558	146 962	147 932	154 100	154 100
辽宁	216 098	212 049	625 066	327 957	212 077	208 921	204 068	204 068
吉林	138 986	139 534	404 209	212 260	139 534	134 330	130 345	130 345
黑龙江	190 714	186 283	549 844	288 643	186 289	181 749	181 806	181 806
上海	51 889	53 066	157 806	82 705	53 440	53 014	51 352	51 352
江苏	338 683	318 236	951 525	462 359	318 616	315 196	317 713	317 713
浙江	259 893	258 898	765 605	392 887	258 925	258 670	248 010	248 010
安徽	388 305	358 775	1 106 953	518 892	359 552	370 981	376 420	376 420
福建	196 997	217 129	634 747	323 422	217 231	213 748	203 768	203 768
江西	302 009	330 240	942 855	417 301	330 445	305 957	306 453	306 453
山东	579 148	557 806	1 664 949	855 477	557 806	552 738	554 405	554 405
河南	633 076	695 330	1 995 960	1 010 101	695 341	669 044	631 575	631 575
湖北	305 669	277 056	845 040	396 681	277 074	277 048	290 918	290 918
湖南	341 973	393 932	1 109 093	544 867	393 975	371 050	344 068	344 068
广东	703 300	643 293	1 973 727	968 214	643 527	652 663	677 537	677 537
广西	268 465	338 497	918 939	495 283	338 518	296 811	283 610	283 610
海南	58 826	57 268	169 899	82 457	57 280	56 688	55 931	55 931
重庆	219 224	199 687	606 811	311 425	199 807	194 752	212 252	212 252
四川	496 623	476 045	1 447 174	738 709	476 206	478 792	492 176	492 176
贵州	307 414	342 626	993 695	514 941	342 645	326 627	324 423	324 423
云南	248 914	288 237	805 829	443 322	288 366	264 832	252 631	252 631
西藏	19 964	19 514	56 897	30 976	19 546	18 952	18 399	18 399
陕西	277 569	257 192	783 114	383 126	257 940	257 557	267 617	267 617
甘肃	219 083	193 389	603 490	296 591	193 398	199 181	210 911	210 911
青海	38 041	42 622	120 304	62 769	43 382	38 734	38 188	38 188
宁夏	56 075	47 703	151 995	80 568	47 706	50 493	53 796	53 796
新疆	144 332	192 953	537 749	295 643	193 671	180 705	163 373	163 373

全国中等职业学校（机构）各类学生数

单位：人

	毕业生数		招生数				在校学生数					预计毕业生数	
	合计	其中：获得职业资格证书	合计	其中：应届毕业		其中：五年制高职中职段	合计	一年级	二年级	三年级	四年级及以上	合计	其中：五年制高职中职段
				小计	其中：初中毕业生								
一、中职学生总计	4 405 572	3 547 673	4 661 428	4 198 668	4 093 675	477 230	12 758 604	4 666 663	4 148 824	3 850 271	92 846	4 192 367	399 545
其中：中职全日制学生	3 797 568	3 077 960	4 152 708	3 964 264	3 884 460	477 061	11 597 853	4 155 205	3 831 266	3 545 037	66 345	3 629 799	399 545
中职非全日制学生	608 004	469 713	508 720	234 404	209 215	169	1 160 751	511 458	317 558	305 234	26 501	562 568	
1. 普通中专学生	2 290 235	1 757 180	2 551 840	2 423 242	2 360 281	423 327	7 181 209	2 553 454	2 384 449	2 184 987	58 319	2 240 284	359 191
2. 成人中专学生	696 629	539 711	595 252	309 231	283 381	1 278	1 411 680	598 158	399 247	386 430	27 845	648 500	841
3. 职业高中学生	1 418 708	1 250 782	1 514 336	1 466 195	1 450 013	52 625	4 165 715	1 515 051	1 365 128	1 278 854	6 682	1 303 583	39 513
二、培训学生	4 856 408						3 274 820						
三、外国留学生	954						2 379						

全国中等职业学校（机构）学生分科类情况

单位：人

	毕业生数		招生数			在校学生数	预计毕业生数
	合计	其中：获得职业资格证书	合计	其中：应届毕业			
				小计	其中：初中毕业生		
总计	4 405 572	3 547 673	4 661 428	4 198 668	4 093 675	12 758 604	4 192 367
其中：女	2 160 019	1 717 225	2 135 237	1 938 053	1 894 868	6 034 257	1 977 407
农林牧渔类	391 465	284 025	293 260	205 054	197 478	898 107	350 727
资源环境类	21 537	18 872	7 344	6 194	6 007	27 859	12 929
能源与新能源类	15 534	13 489	12 688	11 681	11 056	41 385	16 048
土木水利类	202 534	169 720	151 149	134 735	128 903	471 638	188 109
加工制造类	636 091	549 398	569 330	516 070	504 395	1 654 699	576 451
石油化工类	29 602	24 714	15 747	13 869	13 505	55 052	21 156
轻纺食品类	42 259	36 790	39 428	31 544	30 578	102 993	41 569
交通运输类	387 971	328 141	534 680	493 280	482 933	1 412 653	424 590
信息技术类	732 737	619 716	784 499	714 915	699 095	2 065 301	671 019
医药卫生类	443 900	301 102	450 903	418 741	405 684	1 340 680	429 435
休闲保健类	24 605	20 246	33 024	30 100	29 426	86 014	25 156
财经商贸类	482 064	378 881	556 876	514 745	502 834	1 516 292	470 937
旅游服务类	204 530	169 900	269 571	246 382	241 828	674 204	199 841
文化艺术类	211 857	168 360	249 656	230 905	222 936	678 789	206 683
体育与健身类	35 740	21 991	49 960	47 526	46 409	125 829	34 827
教育类	432 156	355 334	523 940	480 762	472 574	1 318 941	422 400
司法服务类	16 362	9 339	19 745	17 715	16 498	48 049	14 065
公共管理与服务类	52 590	43 853	55 386	45 240	43 100	133 806	49 284
其他	42 038	33 802	44 242	39 210	38 436	106 313	37 141

全国工读学校基本情况

	学校数（所）	班数（个）	离校人数	入校人数	在校生数	教职工数	
						合计	其中：专任教师
合计	89	331	3 298	3 295	7 181	2 889	2 081
其中：女			491	414	954	1 114	859

全国中学（初级中学、九年一贯制学校、职业初中、完全中学、高级中学、十二年一贯制学校）学校教职工数

单位：人

	教职工数						代课教师	兼任教师
	合计	专任教师	行政人员	教辅人员	工勤人员	校办企业职工		
总计	6 589 448	5 833 939	199 581	268 320	285 359	2 249	65 244	18 290
其中：女	3 540 547	3 231 292	54 465	135 293	118 495	1 002	43 724	9 656
少数民族	571 602	516 093	13 882	20 909	20 671	47	3 517	2 373
教育部门办	5 644 405	5 114 180	154 214	224 915	150 147	949	50 479	11 186
其他部门办	63 306	51 657	3 507	2 587	5 552	3	730	151
地方企业办	2 546	2 158	124	79	185		22	2
民办	879 191	665 944	41 736	40 739	129 475	1 297	14 013	6 951
城区	2 588 775	2 255 305	95 999	119 073	116 964	1 434	27 482	7 639
教育部门办	2 083 444	1 867 445	70 116	93 482	51 785	616	22 028	3 766
其他部门办	18 500	15 172	1 134	1 215	976	3	317	112
地方企业办	1 410	1 166	87	47	110		7	2
民办	485 421	371 522	24 662	24 329	64 093	815	5 130	3 759
其中：城乡接合区	448 293	386 785	14 344	19 801	27 049	314	3 930	1 098
教育部门办	318 789	289 701	8 309	12 611	8 083	85	3 058	272
其他部门办	2 071	1 642	78	198	153		18	
地方企业办	308	216	15	10	67			
民办	127 125	95 226	5 942	6 982	18 746	229	854	826
镇区	3 106 344	2 769 732	78 589	123 917	133 635	471	26 291	7 271
教育部门办	2 747 798	2 495 910	63 085	109 556	78 934	313	18 987	4 640
其他部门办	40 139	32 459	2 209	1 257	4 214		379	39
地方企业办	847	759	16	24	48			
民办	317 560	240 604	13 279	13 080	50 439	158	6 925	2 592
其中：镇乡接合区	769 374	683 165	19 483	30 503	36 057	166	6 891	1 711
教育部门办	649 484	592 030	14 306	25 414	17 629	105	5 078	752

续表

	教职工数						代课教师	兼任教师
	合计	专任教师	行政人员	教辅人员	工勤人员	校办企业职工		
其他部门办	932	804	26	57	45		14	
地方企业办	181	170			11			
民办	118 777	90 161	5 151	5 032	18 372	61	1 799	959
乡村	894 329	808 902	24 993	25 330	34 760	344	11 471	3 380
教育部门办	813 163	750 825	21 013	21 877	19 428	20	9 464	2 780
其他部门办	4 667	4 026	164	115	362		34	
地方企业办	289	233	21	8	27		15	
民办	76 210	53 818	3 795	3 330	14 943	324	1 958	600

全国中等职业学校（机构）教职工数

单位：人

	教职工数								聘请校外教师
	合计	校本部教职工					校办企业职工	其他附设机构人员	
		小计	专任教师	行政人员	教辅人员	工勤人员			
总计	821 047	813 370	643 143	68 879	49 563	51 785	3 793	3 884	95 319
其中：女	408 184	404 538	339 636	25 129	24 268	15 505	1 598	2 048	42 765
正高级	3 716	3 702	2 602	934	137	29	2	12	2 594
副高级	182 233	181 924	158 549	17 436	5 506	433	37	272	18 423
中级	292 915	292 060	256 446	18 115	16 132	1 367	56	799	33 028
初级	193 727	192 719	165 371	11 378	14 481	1 489	97	911	15 071
未定职级	148 456	142 965	60 175	21 016	13 307	48 467	3 601	1 890	26 203
总计中：聘任制	179 819	177 958	139 143	14 716	11 245	12 854	512	1 349	
其中：女	90 496	89 457	72 858	6 127	5 659	4 813	230	809	
正高级	1 033	1 033	772	231	28	2			
副高级	30 415	30 408	27 210	2 341	774	83	3	4	
中级	57 550	57 419	51 297	3 268	2 534	320	9	122	
初级	44 103	43 701	37 809	2 644	2 925	323	15	387	
未定职级	46 718	45 397	22 055	6 232	4 984	12 126	485	836	

全国职业技术培训机构基本情况

	学校数（所）	教学班（点）（个）	结业生数（人）		注册学生数（人）		教职工数（人）		聘请校外教师（人）
			合计	其中：女	合计	其中：女	合计	其中：专任教师	
总计	93 358	483 478	42 349 860	20 584 862	41 352 048	20 100 949	450 842	263 916	240 298
职工技术培训学校（机构）	2 124	31 458	2 976 878	1 298 826	2 923 507	1 233 142	59 155	45 871	13 995
教育部门办	859	14 651	1 555 204	835 102	1 463 291	762 990	42 089	34 422	7 840
其他部门办	867	14 343	1 224 972	364 258	1 256 926	369 530	10 163	6 805	4 150
民办	398	2 464	196 702	99 466	203 290	100 622	6 903	4 644	2 005
农村成人文化技术培训学校（机构）	70 982	217 120	29 787 579	14 431 550	28 006 345	13 566 007	140 489	75 796	140 866
教育部门办	67 953	206 069	28 589 097	13 831 117	26 922 119	13 023 157	129 118	69 439	132 628
其中：县办	1 914	22 421	3 052 623	1 461 521	2 887 196	1 387 237	19 546	14 844	13 387
乡办	11 188	82 197	13 796 893	6 750 499	12 965 285	6 337 949	47 245	27 132	57 399
村办	54 851	101 451	11 739 581	5 619 097	11 069 638	5 297 971	62 327	27 463	61 842
其他部门办	2 424	6 445	950 786	491 943	836 578	416 838	4 496	2 682	5 760
民办	605	4 606	247 696	108 490	247 648	126 012	6 875	3 675	2 478
其他培训机构（含社会培训机构）	20 252	234 900	9 585 403	4 854 486	10 422 196	5 301 800	251 198	142 249	85 437

续表

	学校数（所）	教学班（点）（个）	结业生数（人）		注册学生数（人）		教职工数（人）		聘请校外教师（人）
			合计	其中：女	合计	其中：女	合计	其中：专任教师	
教育部门办	617	5 142	755 010	391 403	771 571	442 664	10 373	7 095	4 057
其他部门办	1 137	16 670	1 636 350	802 088	1 633 608	736 778	27 650	11 032	12 707
民办	18 498	213 088	7 194 043	3 660 995	8 017 017	4 122 358	213 175	124 122	68 673
总计中：少数民族			3 141 336	1 509 162	3 035 847	1 454 749			
培训形式：资格证书培训			5 073 023	2 314 268	4 949 860	2 260 119			
岗位证书培训			11 061 261	5 172 396	10 971 737	4 997 981			
按产业结构分：第一产业类培训			16 534 102	7 879 150	15 686 321	7 512 596			
第二产业类培训			6 664 491	3 132 763	6 428 768	2 970 446			
第三产业类培训			19 151 267	9 572 949	19 236 959	9 617 907			
按培训时间分：一个月以内			26 602 068	13 023 173	24 596 500	11 946 413			
一个月至三个月以内			7 137 949	3 453 705	7 175 554	3 528 768			
三个月至半年以内			4 284 826	2 008 482	4 519 584	2 101 062			
半年至一年以内			3 369 370	1 625 895	3 794 152	1 895 885			
一年及以上			955 647	473 607	1 266 258	628 821			

全国特殊教育基本情况

	学校数（所）	班数（个）	毕业生数（人）	招生数（人）	在校生数（人）														
					合计	其中：女	小学阶段						初中阶段				高中阶段		
							一年级	二年级	三年级	四年级	五年级	六年级	一年级	二年级	三年级	四年级	一年级	二年级	三年级及以上
总计	2 080	22 604	59 164	91 521	491 740	176 744	60 771	63 806	60 181	60 894	59 112	53 454	41 536	41 184	38 851	1 923	3 732	3 319	2 977
女			20 774	32 941	176 744		21 620	22 618	21 524	21 916	20 947	18 883	15 296	15 047	14 176	691	1 516	1 309	1 201
少数民族学生			4 926	9 469	46 569	18 835	6 381	6 482	5 817	5 989	5 337	4 837	4 087	3 622	3 461	13	186	206	151
寄宿生			14 067	24 911	147 653	55 947	14 987	15 531	15 794	16 668	16 330	15 138	16 577	15 709	14 580	297	2 168	1 995	1 879
特殊教育学校中：寄宿生			7 799	16 155	110 910	41 813	13 411	13 749	13 603	13 829	13 071	11 435	9 356	8 561	7 561	292	2 168	1 995	1 879
职业技术班			790	744	3 382	1 070	31	5	46	39	32	107	132	178	100	18	909	954	831
视力残疾	29	1 150	6 331	6 659	36 082	13 543	3 020	3 687	3 852	4 229	4 119	4 234	3 846	4 048	3 825	59	361	396	406
听力残疾	425	6 874	13 156	14 566	89 990	37 095	9 064	9 222	9 673	10 513	10 599	9 761	8 652	8 296	8 170	226	2 058	1 885	1 871
智力残疾	464	13 781	26 445	47 917	260 546	90 214	36 539	38 334	34 638	33 999	32 105	28 056	18 432	17 984	16 058	1 429	1 289	1 002	681
其他残疾	1 162	799	13 232	22 379	105 122	35 892	12 148	12 563	12 018	12 153	12 289	11 403	10 606	10 856	10 798	209	24	36	19
总计中：																			
特殊教育学校		22 047	22 541	39 698	220 918	82 099	32 625	32 490	27 027	25 721	23 929	20 667	17 326	15 643	14 315	1 197	3 716	3 285	2 977
视力残疾		1 138	1 594	1 552	8 644	3 154	884	931	801	885	810	938	836	645	713	38	361	396	406
听力残疾		6 842	9 730	8 804	61 407	26 792	5 679	5 566	5 979	6 918	7 068	6 630	6 211	5 707	5 652	183	2 058	1 885	1 871
智力残疾		13 334	10 791	27 227	142 767	49 560	24 112	23 947	19 043	17 199	15 409	12 552	9 918	9 033	7 728	904	1 273	968	681
其他残疾		733	426	2 115	8 100	2 593	1 950	2 046	1 204	719	642	547	361	258	222	72	24	36	19
小学附设特教班		507	290	483	3 023	1 046	533	462	489	456	521	524	17	13	8				
视力残疾		11	1	1	18	4	1	3	2	1	8	3							
听力残疾		31	27	15	152	54	12	16	43	28	29	12	5	7					
智力残疾		401	247	381	2 585	910	431	400	406	381	467	475	12	6	7				

续表

	学校数（所）	班数（个）	毕业生数（人）	招生数（人）	在校生数（人）														
					合计	其中：女	小学阶段						初中阶段				高中阶段		
							一年级	二年级	三年级	四年级	五年级	六年级	一年级	二年级	三年级	四年级	一年级	二年级	三年级及以上
其他残疾		64	15	86	268	78	89	43	38	46	17	34			1				
小学随班就读			19 031	27 299	192 598	66 846	27 569	30 823	32 644	34 694	34 648	32 220							
视力残疾			2 215	2 118	17 874	6 612	2 135	2 753	3 049	3 343	3 301	3 293							
听力残疾			1 785	3 325	20 846	7 402	3 367	3 640	3 651	3 567	3 502	3 119							
智力残疾			9 352	11 833	88 682	30 778	11 958	13 956	15 171	16 396	16 215	14 986							
其他残疾			5 679	10 023	65 196	22 054	10 109	10 474	10 773	11 388	11 630	10 822							
初中附设特教班		41	12	124	272	110	34	20	21	23	14	43	100	9	8				
视力残疾		1			1	1							1						
听力残疾			1																
智力残疾		38	10	121	267	109	34	20	18	23	14	43	99	8	8				
其他残疾		2	1	3	4				3					1					
初中随班就读			17 262	23 894	74 854	26 621							24 089	25 519	24 520	726			
视力残疾			2 521	2 988	9 545	3 772							3 009	3 403	3 112	21			
听力残疾			1 613	2 419	7 579	2 845							2 436	2 582	2 518	43			
智力残疾			6 017	8 335	26 176	8 837							8 399	8 937	8 315	525			
其他残疾			7 111	10 152	31 554	11 167							10 245	10 597	10 575	137			
其他学校附设特教班		9	28	23	75	22	10	11					4				16	34	
视力残疾																			
听力残疾		1		3	6	2	6												
智力残疾		8	28	20	69	20	4	11					4				16	34	
其他残疾																			
城区	998	12 617	24 121	31 926	180 307	65 104	21 784	21 770	20 424	20 222	20 081	18 789	15 793	15 587	15 386	1 524	3 323	2 946	2 678
其中：城乡接合区	159	2 087	3 712	5 453	31 139	11 228	3 978	4 646	3 573	3 710	3 624	3 319	2 478	2 361	2 441	121	299	307	282
镇区	946	8 714	23 769	39 519	203 079	73 877	24 620	26 674	24 496	24 961	24 131	21 550	19 241	18 978	17 320	317	298	262	231
其中：镇乡接合区	305	2 781	5 443	11 022	56 776	20 272	7 473	8 191	7 292	7 322	7 026	5 934	4 462	4 487	4 169	93	118	99	110
乡村	136	1 273	11 274	20 076	108 354	37 763	14 367	15 362	15 261	15 711	14 900	13 115	6 502	6 619	6 145	82	111	111	68

各省（自治区、直辖市）每十万人口各级学校平均在校生数

单位：人

地区	高等教育	高中阶段	初中阶段	小学	学前教育
北京	5 028	1 321	1 236	4 000	1 921
天津	4 058	1 851	1 657	4 080	1 724
河北	2 191	2 657	3 281	8 358	3 153
山西	2 439	3 270	2 982	6 198	2 705
内蒙古	1 937	2 669	2 439	5 329	2 419
辽宁	2 845	2 297	2 233	4 538	2 083
吉林	3 048	2 040	2 195	4 592	1 683
黑龙江	2 427	2 193	2 371	3 776	1 385
上海	3 327	1 120	1 711	3 270	2 304
江苏	2 937	2 318	2 444	6 547	3 225
浙江	2 355	2 589	2 714	6 410	3 463
安徽	2 259	3 145	3 161	7 005	3 136
福建	2 438	2 787	3 008	7 780	4 079
江西	2 698	3 125	3 948	9 259	3 483
山东	2 620	2 837	3 208	7 021	2 795
河南	2 352	3 458	4 386	10 186	4 311
湖北	2 950	2 239	2 418	5 915	2 904
湖南	2 251	2 787	3 318	7 398	3 316
广东	2 431	3 344	3 206	8 344	3 887
广西	2 279	3 602	4 144	9 411	4 371
海南	2 258	3 371	3 554	8 711	3 815
重庆	3 059	3 461	3 202	6 955	3 091
四川	2 314	3 025	2 984	6 698	3 161
贵州	2 005	4 583	5 358	10 011	4 097
云南	1 889	2 965	3 950	7 942	2 773
西藏	1 765	2 316	3 712	9 349	2 987
陕西	3 540	3 101	2 771	6 375	3 774
甘肃	2 189	3 295	3 370	7 006	3 431
青海	1 319	3 637	3 536	7 787	3 398
宁夏	2 225	3 489	4 112	8 726	3 087
新疆	1 780	3 565	3 792	9 150	3 896

各省（自治区、直辖市）各级学校生师比情况

地区	小学	初中	高中	中等职业学校	普通高校		
					全国	本科院校	专科院校
北京	14.05	8.02	7.75	12.84	14.97	15.09	13.84
天津	15.19	9.63	10.00	15.65	17.69	17.70	17.67
河北	17.66	13.59	13.61	14.67	16.90	16.51	17.86
山西	13.24	9.92	11.90	13.27	18.13	18.21	17.91
内蒙古	13.47	10.73	12.89	14.72	17.37	17.43	17.29
辽宁	14.16	9.89	12.35	15.51	16.82	16.89	16.55
吉林	11.53	9.34	13.81	8.93	17.05	17.22	16.27
黑龙江	12.05	9.99	12.99	15.32	15.20	14.93	16.09
上海	14.79	10.85	8.93	13.61	16.11	15.88	17.71
江苏	18.06	11.04	10.01	15.66	15.34	15.06	15.28
浙江	17.75	12.34	11.26	15.55	15.26	14.87	16.25
安徽	17.90	12.79	14.31	27.31	18.44	18.00	19.18
福建	18.00	11.69	12.59	22.74	15.79	15.40	16.81
江西	19.29	15.08	17.20	26.80	17.29	17.13	17.58
山东	16.91	11.79	12.84	16.79	17.98	17.53	18.88
河南	19.08	14.52	16.93	20.20	18.02	18.33	17.44
湖北	17.13	10.95	12.70	18.18	16.84	16.49	17.86
湖南	19.78	13.29	15.36	25.80	17.75	16.79	19.46
广东	18.60	12.61	13.02	23.80	17.82	17.85	17.76
广西	19.41	16.10	17.22	33.69	17.78	17.63	18.13
海南	16.18	12.51	13.28	25.87	18.62	18.51	18.87
重庆	17.05	12.82	15.21	21.04	17.16	16.96	17.58
四川	17.48	12.34	15.04	23.59	17.84	17.74	18.05
贵州	17.93	14.88	16.28	31.10	18.02	17.11	19.28
云南	16.59	14.81	14.96	22.67	18.80	17.50	21.83
西藏	14.37	11.96	11.41	14.02	15.35	15.55	15.13
陕西	15.48	10.31	13.63	17.96	17.35	17.09	18.16
甘肃	12.91	10.64	13.38	13.71	17.28	17.63	16.41
青海	17.34	12.86	13.48	30.14	15.26	14.69	16.42
宁夏	17.09	13.92	14.29	29.24	17.07	16.63	18.12
新疆	14.75	10.54	13.10	24.29	17.40	16.26	19.17

全国高等教育学校（机构）数

单位：所

	合计	中央部门			地方				民办
		小计	教育部	其他部门	小计	教育部门	其他部门	地方企业	
（一）研究生培养机构	793	286	76	210	501	442	58	1	6
1. 普通高校	576	110	76	34	461	441	20		5
2. 科研机构	217	176		176	40	1	38	1	1
（二）普通高等学校	2 596	118	76	42	1 737	1 099	591	47	741
1. 本科院校	1 237	113	76	37	700	626	74		424
其中：独立学院	266								266
2. 高职（专科）院校	1 359	5		5	1 037	473	517	47	317
（三）成人高等学校	284	13	1	12	270	90	140	40	1
（四）民办的其他高等教育机构	813								813

2016 年全国教育基本建设投资完成情况

全国教育基本建设投资完成情况

学校类别	投资合计（万元）	本年完成投资按资金来源分（万元）							本年竣工建筑面积（平方米）			
		国家预算内			自筹资金			其他	合计	教学及辅助用房	行政办公用房	其他用房
		合计	中央	省级	合计	其中：学校自筹	其中：个人捐资					
总计	35 179 583	26 497 762	6 088 928	20 408 834	7 783 271	7 646 186	137 085	898 550	135 189 237	88 756 861	4 253 484	42 178 892
高等教育学校	8 990 412	3 337 057	407 573	2 929 484	5 437 224	5 373 008	64 216	216 131	23 100 928	11 658 684	1 036 713	10 405 531
中等职业学校	1 507 171	1 217 886	318 989	898 897	227 665	227 343	322	61 620	4 836 379	3 205 912	123 488	1 506 979
普通中学	11 796 435	10 423 791	2 179 003	8 244 788	1 054 838	1 033 466	21 372	317 806	49 501 066	31 115 067	1 504 085	16 881 914
职业初中	32 442	32 442	8 236	24 206	0	0	0	0	332 091	247 145	16 990	67 956
小学	9 225 030	8 410 538	2 360 598	6 049 940	630 722	608 008	22 714	183 770	43 876 696	31 470 128	1 126 085	11 280 483
特殊教育学校	153 445	133 241	13 609	119 632	16 157	14 457	1 700	4 047	440 541	270 765	21 814	147 962
幼儿园	2 615 567	2 248 768	711 311	1 537 457	276 272	252 294	23 978	90 527	10 212 731	8 665 282	311 214	1 236 235
其他	859 084	694 040	89 609	604 431	140 395	137 610	2 785	24 649	2 888 805	2 123 878	113 095	651 832

各省（自治区、直辖市）教育基本建设投资完成情况

学校类别	投资合计（万元）	本年完成投资按资金来源分（万元）							本年竣工建筑面积（平方米）			
		国家预算内			自筹资金			其他	合计	教学及辅助用房	行政办公用房	其他用房
		合计	中央	省级	合计	其中：学校自筹	其中：个人捐资					
合计	35 179 583	26 497 762	6 088 928	20 408 834	7 783 271	7 646 186	137 085	898 550	135 189 237	88 756 861	4 253 484	42 178 892
北京	449 382	434 315	740	433 575	15 067	15 067	0	0	738 141	488 349	56 308	193 484
天津	433 540	117 260	4 200	113 060	309 878	309 878	0	6 402	232 569	152 061	17 606	62 902
河北	1 093 108	704 098	267 637	436 461	361 711	361 711	0	27 299	4 802 804	3 163 829	104 079	1 534 896
山西	835 571	306 212	54 696	251 516	526 056	526 056	0	3 303	1 751 362	876 397	60 904	814 061
内蒙古	385 134	304 709	77 137	227 572	76 742	76 742	0	3 683	1 466 760	999 792	24 733	442 235
辽宁	459 788	298 831	88 528	210 303	155 391	150 765	4 626	5 566	2 578 899	1 660 770	71 279	846 850
大连	53 597	53 387	0	53 387	210	210	0	0	381 996	319 391	16 395	46 210
吉林	295 589	261 587	120 977	140 610	34 002	34 002	0	0	2 572 344	1 986 438	89 184	496 722
黑龙江	185 227	165 656	66 178	99 478	17 354	17 354	0	2 217	1 195 583	952 704	32 627	210 252
上海	883 584	451 166	19 761	431 405	339 251	339 251	0	93 167	1 800 292	1 519 070	198 829	82 393
江苏	3 028 007	2 528 648	23 831	2 504 817	441 376	441 307	69	57 983	9 324 753	6 577 090	414 846	2 332 817
浙江	2 099 976	1 566 472	19 587	1 546 885	468 483	468 483	0	65 021	4 945 144	3 041 106	285 411	1 618 627
宁波	428 694	422 725	0	422 725	5 969	5 763	206	0	1 154 592	839 003	64 439	251 150
安徽	1 380 803	1 148 453	227 816	920 637	201 426	200 626	800	30 924	7 525 379	5 691 165	204 998	1 629 216
福建	724 166	536 697	42 917	493 780	135 165	135 165	0	52 304	2 842 642	2 285 540	70 299	486 803
厦门	185 701	164 350	600	163 750	5 200	5 200	0	16 151	340 968	194 287	20 493	126 188
江西	1 120 405	732 395	286 946	445 449	353 846	352 946	900	34 164	6 321 115	4 638 660	100 664	1 581 791

续表

学校类别	投资合计（万元）	本年完成投资按资金来源分（万元）							本年竣工建筑面积（平方米）			
		国家预算内			自筹资金			其他	合计	教学及辅助用房	行政办公用房	其他用房
		合计	中央	省级	合计	其中						
						学校自筹	个人捐资					
山东	2 881 245	1 989 136	194 422	1 794 714	798 616	787 861	10 755	93 493	12 088 819	8 857 549	387 011	2 844 259
青岛	367 883	327 132	0	327 132	40 751	40 751	0	0	538 846	344 815	47 537	146 494
河南	529 378	53 248	15 482	37 766	469 632	440 549	29 083	6 498	1 516 378	742 115	60 516	713 747
湖北	812 737	680 667	182 061	498 606	105 963	105 963	0	26 107	4 096 304	2 586 875	71 031	1 438 398
湖南	1 666 656	1 328 816	330 802	998 014	319 712	317 145	2 567	18 128	8 015 966	4 815 039	145 742	3 055 185
广东	2 171 697	1 645 874	48 427	1 597 447	421 821	389 084	32 737	104 002	6 665 027	4 509 458	235 140	1 920 429
深圳	644 449	643 256	0	643 256	1 193	1 193	0	0	728 026	483 632	40 806	203 588
广西	1 708 220	1 299 546	504 275	795 271	401 665	382 756	18 909	7 009	8 098 158	4 805 585	107 906	3 184 667
海南	436 585	387 031	119 164	267 867	49 554	49 554	0	0	1 032 867	649 504	14 387	368 976
重庆	1 038 589	749 137	239 892	509 245	277 952	252 702	25 250	11 500	3 212 316	1 764 610	158 857	1 288 849
四川	1 676 223	1 243 260	436 982	806 278	368 629	368 629	0	64 334	7 756 500	4 903 855	154 149	2 698 496
贵州	1 665 318	1 180 850	502 949	677 901	474 818	474 818	0	9 650	8 777 043	5 405 967	263 891	3 107 185
云南	1 482 469	1 331 158	593 950	737 208	139 553	139 553	0	11 758	6 561 024	3 721 056	102 899	2 737 069
西藏	200 502	196 697	194 216	2 481	3 805	3 805	0	0	571 368	294 239	13 221	263 908
陕西	867 031	526 671	150 898	375 773	248 555	239 972	8 583	91 805	4 002 241	2 319 034	104 435	1 578 772
甘肃	1 182 293	1 105 204	354 388	750 816	71 989	69 800	2 189	5 100	3 703 755	2 780 732	70 566	852 457
青海	335 709	329 414	209 887	119 527	6 295	6 295	0	0	941 074	462 506	42 207	436 361
宁夏	437 974	381 037	165 563	215 474	51 855	51 855	0	5 082	3 152 326	1 274 457	277 301	1 600 568
新疆	859 358	767 920	415 001	352 919	59 809	59 398	411	31 629	3 070 835	2 130 597	116 141	824 097
新疆生产建设兵团	173 002	134 750	129 020	5 730	23 979	23 979	0	14 273	685 021	519 584	6 647	158 790

2016 年全国高校科研活动基本情况

全国普通高等学校科技人力情况

单位：人

		教学与科研人员		研究与发展人员		研究与发展全时人员		R&D 成果应用及科技服务人员		R&D 成果应用及科技服务全时人员	
		合计	其中：科学家和工程师	合计	其中：科学家和工程师	合计	其中：科学家和工程师	合计	其中：科学家和工程师	合计	其中：科学家和工程师
合计		1 027 400	990 142	391 240	384 007	234 682	230 361	45 940	45 150	27 553	27 074
按学校规格分	“211”及省部共建高等学校	314 416	300 187	161 210	157 275	96 725	94 362	25 183	24 651	15 109	14 786
	其他本科院校	570 589	552 442	210 684	207 622	126 375	124 550	18 003	17 783	10 796	10 664
	高等专科学校	142 395	137 513	19 346	19 110	11 582	11 449	2 754	2 716	1 648	1 624
按学校隶属分	部委院校	33 193	32 079	19 530	18 964	11 718	11 377	2 368	2 335	1 422	1 401
	教育部直属院校	226 485	215 512	117 914	115 058	70 748	69 034	17 209	16 776	10 322	10 059
	地方院校	767 722	742 551	253 796	249 985	152 216	149 950	26 363	26 039	15 809	15 614
按学校类型分	综合大学	308 196	293 851	125 026	122 206	74 989	73 304	16 195	15 845	9 715	9 505
	工科院校	338 822	330 653	136 366	134 710	81 797	80 808	22 167	21 911	13 298	13 138
	农林院校	53 211	51 326	23 805	23 193	14 283	13 916	3 516	3 441	2 110	2 064
	医药院校	237 382	226 717	70 911	69 160	42 540	41 492	1 350	1 289	806	771
	师范院校	65 547	64 059	27 481	27 142	16 489	16 285	2 315	2 270	1 386	1 360
	其他院校	24 242	23 536	7 651	7 596	4 584	4 556	397	394	238	236

全国普通高等学校科技经费情况

单位：千元

		拨入				支出				
		合计	政府资金	企事业单位委托	其他	合计	劳务费	业务费	转拨外单位经费	其他
合计		153 701 459	98 016 334	43 871 778	11 813 347	136 462 521	3 308 272	3 348 892	11 335 114	114 932 934
按学校规格分	“211”及省部共建高等学校	103 654 036	67 515 701	31 874 504	4 263 831	90 603 047	2 705 429	2 572 663	9 184 333	74 368 530
	其他本科院校	48 271 601	29 639 937	11 569 412	7 062 252	44 227 081	591 427	757 253	2 108 675	39 076 586
	高等专科学校	1 775 822	860 696	427 862	487 264	1 632 393	11 416	18 976	42 106	1 487 818
按学校隶属分	部委院校	18 537 639	11 791 565	6 295 711	450 363	16 639 832	248 087	744 611	1 618 404	13 947 168
	教育部直属院校	75 948 400	50 011 630	22 741 105	3 195 665	65 254 769	2 268 587	1 729 679	7 111 075	52 731 422
	地方院校	59 215 420	36 213 139	14 834 962	8 167 319	54 567 920	791 598	874 602	2 605 635	48 254 344
按学校类型分	综合大学	53 734 779	37 337 805	12 589 159	3 807 815	46 426 925	1 369 965	742 475	4 083 043	38 525 253
	工科院校	72 069 926	39 283 337	28 051 645	4 734 944	65 529 449	1 254 039	2 178 297	5 211 197	55 412 249
	农林院校	10 624 329	8 569 858	1 405 303	649 168	8 942 021	486 839	264 624	1 385 677	7 039 946
	医药院校	8 695 945	6 798 913	557 461	1 339 571	7 954 086	109 098	75 639	402 938	7 013 367
	师范院校	7 283 777	5 177 247	1 039 234	1 067 296	6 429 450	82 009	79 758	233 961	5 830 486
	其他院校	1 292 703	849 174	228 976	214 553	1 180 590	6 322	8 099	18 298	1 111 633

全国普通高等学校研究与发展课题、成果情况

		科技课题			出版科技专著(部)	发表学士论文(篇)	成果获奖		技术转让		知识产权授权数	专利出售	
		课题数（项）	投入人数	实际支出（千元）			合计	其中：国家奖	合同数	收入（千元）		项数	实现金额（千元）
合计		551 809	291 333	89 676 917	14 046	918 161	4 746	279	9 592	2 670 500	144 375	4 803	2 269 711
按学校规格分	“211”及省部共建高等学校	270 971	124 254	63 276 672	3 348	443 113	2 313	229	3 525	1 548 362	58 789	2 009	1 865 098
	其他本科院校	258 708	152 394	25 625 186	6 855	419 214	2 344	50	5 552	1 096 142	69 564	2 525	398 046
	高等专科学校	22 130	14 685	775 059	3 843	55 834	89	0	515	25 996	16 022	269	6 567
按学校隶属分	部委院校	33 215	14 594	11 991 449	459	58 875	264	36	725	424 655	7 556	374	379 111
	教育部直属院校	204 156	90 073	45 579 069	2 331	322 616	1 719	180	2 161	980 211	41 322	1 424	1 443 580
	地方院校	314 438	186 666	32 106 399	11 256	536 670	2 763	63	6 706	1 265 634	95 497	3 005	447 020
按学校类型分	综合大学	171 929	94 108	28 720 652	3 082	294 012	1 372	94	2 142	668 397	42 280	1 102	900 106
	工科院校	223 890	105 656	46 735 878	5 786	356 729	1 943	141	5 950	1 681 690	76 054	3 265	1 179 798
	农林院校	42 757	18 207	6 396 739	962	54 046	454	28	658	124 817	8 831	211	90 029
	医药院校	62 752	48 158	3 974 457	3 024	139 970	738	10	184	102 685	4 507	60	65 726
	师范院校	41 160	19 852	3 365 102	813	59 890	185	4	526	76 171	9 736	123	26 300
	其他院校	9 321	5 352	484 089	379	13 514	54	2	132	16 740	2 967	42	7 752

全国普通高等学校人文、

		学校数（所）	拨入								
			合计	科研活动经费	科技活动人员工资	科研基建费	企事业单位委托项目经费	金融机构贷款	自筹经费	国外资金	其他收入
合计		2 196	114 509 384	49 524 328.7	17 314 538	304 673	29 554 795	1 435	15 048 922	1 486 215	1 274 476
按学校隶属关系分	教育部直属院校	73	46 038 470	21 683 355.1	3 711 266.2	29 000	14 912 490	0	3 744 124	1 338 414	619 820.6
	其他部委院校	41	4 698 964.3	1 838 686.23	724 756.14	85 000	1 018 908.7	0	991 631.4	23 325.47	16 656.42
	地方院校	2 082	63 771 950	26 002 287.4	12 878 516	190 673	13 623 397	1 435	10 313 166	124 475.4	637 999
按学校规格分	本科院校	1 152	111 707 085	48 727 790.4	16 277 127	302 108	29 157 602	1 435	14 516 191	1 486 215	1 238 616
	专科院校	1 044	2 802 299.1	796 538.34	1 037 411.1	2 565	397 193.53	0	532 731.1	0	35 860
按学校类型分	综合大学	542	43 184 090	19 494 748.7	5 569 722.3	35 752.7	11 224 910	1 435	5 273 741	910 494.8	673 285.6
	理工农医院校	974	27 538 893	10 355 807.5	4 822 478.3	13 361	9 181 070	0	2 567 995	330 463.3	267 717.9
	师范院校	209	18 913 712	7 627 449.19	3 237 728.2	834.63	4 520 826.1	0	3 246 273	101 822	178 778.7
	语文院校	50	2 731 244.1	975 680.89	514 546.71	18 000	466 486.64	0	726 875.3	23 664.65	5 990
	财经院校	232	12 151 065	5 799 653.13	1 928 281.2	33 000	2 417 204.7	0	1 846 138	39 346.17	87 441.87
	政法院校	62	3 055 966.1	1 693 801.37	433 924.89	0	334 764.35	0	502 130.5	64 470.5	26 874.5
	体育院校	29	1 462 948.5	800 676.99	272 576.79	93 000	93 715.14	0	198 926.3	1 164.26	2 889
	艺术院校	82	3 782 012.9	1 842 224.01	270 956.95	110 725	1 126 327.6	0	413 027.3	0	18 752
	民族院校	16	1 689 452.4	934 287.02	264 323	0	189 490.44	0	273 816.1	14 789.36	12 746.42

社会科学研究与发展经费情况

单位：百元

支出									
合计	内部支出								转拨给外单位经费
	小计	科研人员费	业务费	科研基建费	仪器设备费	图书资料费	管理费	其他	
108 044 726.43	106 594 791.63	22 736 483.27	50 611 079.9	321 082.87	7 976 973.3	13 805 730.4	3 440 436.01	7 703 005.83	1 449 935
41 702 700.78	41 039 749.78	5 610 590.03	21 336 589	32 067.5	3 094 736.3	5 705 074.15	1 582 934.9	3 677 757.9	662 951
4 590 610.21	4 494 858.15	802 457.33	2 249 919.38	85 000	328 239.77	588 553.86	100 061.27	340 626.54	95 752.06
61 751 415.44	61 060 183.7	16 323 435.91	27 024 571.5	204 015.37	4 553 997.3	7 512 102.41	1 757 439.84	3 684 621.39	691 231.7
105 359 830.8	103 930 088.4	21 513 462.32	49 633 700.7	314 444.87	7 885 549	13 593 708.7	3 390 708.8	7 598 514.08	1 429 742
2 684 895.65	2 664 703.22	1 223 020.95	977 379.26	6 638	91 424.33	212 021.72	49 727.21	104 491.75	20 192.43
41 588 692.63	41 110 656.01	7 785 918.93	19 842 744.9	36 956.67	3 053 236.2	5 343 744.63	1 323 080.37	3 724 974.3	478 036.6
25 791 601.33	25 432 417.14	5 984 311.65	12 896 472.1	18 917	1 347 559.9	7 969 432.71	2 338 862.15	5 268 661	359 184.2
16 928 812.15	16 823 848.65	4 012 587.61	6 162 342.16	5 410	1 831 267	11 266 274.8	2 795 129.99	6 327 792.88	104 963.5
2 484 828.97	2 473 582.09	790 790.95	1 054 277.18	17 023.4	100 295.14	11 528 546.3	2 862 986.53	6 508 860.32	11 246.88
11 117 634.26	11 012 072.33	2 583 713.05	5 544 800.28	43 838.3	681 946.41	12 687 603.7	3 119 175.87	7 251 387.82	105 561.9
2 860 032.41	2 849 600.47	559 966.43	1 678 935.71	12 463	177 871.31	12 929 643.2	3 163 788.31	7 385 099.9	10 431.94
1 399 407.62	1 396 240.62	290 457.3	540 017.4	97 700	245 865.66	13 082 287.2	3 198 063.16	7 420 381.38	3 167
4 255 306.45	3 877 964.43	390 621.17	2 242 196.5	88 774.5	425 040.16	13 419 117.3	3 402 675.57	7 610 270.9	377 342
1 618 410.61	1 618 409.89	338 116.18	649 293.73	0	113 891.51	13 805 730.4	3 440 436.01	7 703 005.83	0.72

全国普通高等学校人文、社会科学人力情况

		学校数（所）	社科活动人员（人）					研究与发展人员（人）						研究与发展人员（人/年）					
			合计	高级	中级	初级	其他人员	合计	高级	中级	初级	其他人员	研究生	合计	高级	中级	初级	其他人员	研究生
合计		2 196	695 391	248 695	320 729	121 036	104 732	460 492	189 058	177 463	40 227	5 350	48 394	99 342.3	45 293.1	37 153.7	7 555.6	834.8	8 505.1
按学校隶属关系分	教育部直属院校	73	64 335	35 709	25 499	3 024	32 299	79 125	33 842	18 149	1 898	831	24 405	18 387.5	9 617.9	4 162.8	338	107.1	4 161.7
	其他部委院校	41	18 241	8 271	8 060	1 855	5 690	17 033	7 837	6 170	793	140	2 093	3 911.4	1 964.4	1 369.2	136.9	30.2	410.7
	地方院校	2 082	612 815	204 715	287 170	116 157	66 743	364 334	147 379	153 144	37 536	4 379	21 896	77 043.4	33 710.8	31 621.7	7 080.7	697.5	3 932.7
按学校规格分	本科院校	1 152	541 251	205 974	249 879	82 317	102 517	401 657	167 674	148 722	32 302	4 576	48 383	88 031.2	40 956.5	31 680.6	6 182.2	709.1	8 502.8
	专科院校	1 044	154 140	42 721	70 850	38 719	2 215	58 835	21 384	28 741	7 925	774	11	11 311.1	4 336.6	5 473.1	1 373.4	125.7	2.3
按学校类型分	综合大学	542	202 819	73 926	91 827	35 774	35 334	142 510	59 523	50 771	10 948	1 969	19 299	31 111.9	14 918	10 717.4	2 015.2	310.1	3 151.2
	理工农医院校	974	221 290	73 790	107 675	38 375	26 072	134 084	52 017	57 111	12 477	861	11 618	28 865.4	12 168.8	11 935.2	2 313.2	140.4	2 307.8
	师范院校	209	110 488	43 123	49 366	17 544	17 391	79 780	33 692	29 568	7 351	1 152	8 017	16 955	7 784.6	6 171.6	1 437	163.4	1 398.4
	语文院校	50	20 308	6 755	9 669	3 624	4 200	13 026	5 459	5 442	1 273	90	762	2 638.8	1 225	1 068.1	221	13.3	111.4
	财经院校	232	81 185	28 190	37 250	15 040	13 960	55 671	22 822	21 596	4 875	799	5 579	11 909.1	5 348.4	4 466.3	905.5	125.7	1 063.2
	政法院校	62	17 576	7 598	7 541	2 267	3 378	12 216	5 766	4 347	955	116	1 032	2 534.1	1 347.5	874.1	155.2	17.3	140
	体育院校	29	7 635	2 949	3 149	1 468	919	5 320	2 162	1 671	475	67	945	1 328.1	655.5	408.1	97.8	12.8	153.9
	艺术院校	82	23 714	7 661	9 947	5 654	1 247	8 644	3 222	3 602	1 162	145	513	2 164.3	898.3	859.6	282.3	31.3	92.8
	民族院校	16	10 376	4 703	4 305	1 290	2 231	9 241	4 395	3 355	711	151	629	1 835.6	947	653.3	128.4	20.5	86.4

全国普通高等学校人文、社会科学研究与发展课题、成果情况

		课题数（项）	当年投入人数(人)		当年拨入经费（百元）	当年支出经费（百元）	出版专著（部）	发表论文（篇）				研究与咨询报告	
				其中：研究生				合计	国内学术刊物	国外学术刊物	港澳台刊物	合计	其中：被采纳数
合计		412 649	99 041.3	8 451.8	8 240 914.49	6 679 659.08	15 328	349 720	337 662	11 484	574	14 810	6 696
按学校隶属关系分	教育部直属院校	96 188	18 205.6	4 083.5	3 798 180.18	2 857 985.68	4 013	65 074	59 134	5 649	291	5 139	3 261
	其他部委院校	14 551	3 901.6	410.7	348 941.74	299 244.84	622	11 606	11 066	507	33	574	88
	地方院校	301 910	76 934.1	3 957.6	4 093 792.57	3 522 428.56	10 693	273 040	267 462	5 328	250	9 097	3 347
按学校规格分	本科院校	373 303	87 735.7	8 449.5	8 013 560.84	6 499 132.34	14 634	292 058	280 255	11 247	556	13 215	6 198
	专科院校	39 346	11 305.6	2.3	227 353.65	180 526.74	694	57 662	57 407	237	18	1 595	498
按学校类型分	综合大学	137 331	31 012.1	3 139.4	3 286 543.1	2 647 142.75	5 306	111 821	107 275	4 283	263	5 342	2 498
	理工农医院校	116 453	28 739.2	2 266.4	2 192 240.11	1 854 776.19	3 447	96 788	93 502	3 219	67	5 406	2 565
	师范院校	70 572	16 927.7	1 398.4	1 268 124.77	1 018 111.28	3 010	60 338	58 995	1 251	92	1 228	569
	语文院校	11 948	2 632.1	111.4	190 803.35	95 043.86	541	11 389	10 678	649	62	537	337
	财经院校	45 529	11 884.4	1 063.1	786 852.86	592 362.61	1 647	39 895	38 288	1 584	23	1 382	497
	政法院校	12 226	2 533.4	140	155 728.14	129 492.08	595	11 407	11 102	257	48	395	90
	体育院校	4 579	1 324.7	153.9	60 449.93	54 430.07	128	2 931	2 807	122	2	341	95
	艺术院校	7 982	2 159.5	92.8	189 692.81	187 113.53	313	9 667	9 596	64	7	84	22
	民族院校	6 029	1 828.2	86.4	110 479.42	101 186.71	341	5 484	5 419	55	10	95	23

教育综合管理

教育新闻宣传

〔**综述**〕　2016年，教育新闻宣传工作深入贯彻党的十八大、十八届三中、四中、五中、六中全会和习近平总书记系列重要讲话精神，认真落实中央关于加强和改进新闻舆论工作的部署要求，紧紧围绕教育改革发展中心任务，坚持超前谋划、统筹协调、健全机制、提高实效，努力为教育“十三五”开局营造良好氛围。2016年，共组织宣传活动200余场、召开新闻发布会30场、组织中央新闻单位采访团5次、提供答记者问40篇、发布新闻稿550余篇、中央主要媒体刊播教育新闻报道1万余篇。全年教育部领导出席新闻发布会5场，接受媒体专访和发表署名文章10余篇（次）。

〔**服务中心工作，加强新闻发布**〕 1. 重要节点集中发布。围绕全国两会、教师节、开学、高考等重要时间节点，集中发布宣传学生资助、营养改善计划、教师队伍建设、高等教育改革发展、高校自主招生、重点高校招收农村和贫困地区学生专项计划等改革进展成效，有力提振改革信心。

2. 统筹安排日常发布。建立例行新闻发布会制度，坚持新闻发布与宣传解读同安排同部署，做好统筹推进城乡义务教育一体化、加快中西部教育发展计划、高等职业教育改革发展、学校体育美育改革发展等政策举措的发布解读，加强研考政策、学生资助、学籍注册等服务类信息发布，树立为民务实良好形象。

3. 创新发布扩大传播。协调中央主要媒体通过数据、图例、视频等方式深入宣传学生资助政策、学生营养改善计划、“开学第一课”。官方微博微信通过动图、插画、图解、音视频、微访谈、微直播等多种形式进行创新发布、生动解读，官方微信阅读量“10万+”内容近20条。

〔**加大典型宣传，形成示范效应**〕 1. 深挖教育改革典型经验。结合重点工作、重要会议，大力宣传高校思想政治工作、义务教育，全面改善贫困地区义务教育薄弱学校基本办学条件，宣传职业教育、民族教育、教师队伍建设、教育信息化、学校美育、创新创业教育等教育改革典型。

2. 讲好师生典型故事。鲜活生动、持续深入宣传河北农业大学教授李保国、清华大学教授赵家和、抗洪救灾高校师生党员、大学生和辅导员年度人物等师生典型，展示教育系统的积极形象。

〔**强化热点回应，做到守土有责**〕　协同各方力量，发挥传统媒体和微博、微信、客户端等新媒体各自优势，通过新闻发布、专家解读、教育评论、图表展示等多种方式，加强正面引导，积极主动回应关于高校招生计划、中小学教材等方面的热点难点问题。2016年，教育舆论环境总体向好。

〔**推进制度建设，提升能力水平**〕 1. 创新培训机制。开办第一期教育新闻宣传实训班，采用跟岗培训、以干代训，参与教育部机关新闻宣传实际工作，帮助战线锻炼队伍。举办两期教育系统领导干部媒介素养培训班。

2. 完善工作机制。建立健全新闻宣传考评机制、新闻宣传会商机制、教育部新闻发布会工作提示等规章制度，进一步严格工作纪律、规范工作流程。

撰稿　钟贤坤

审稿　续　梅

教育政务公开

〔**综述**〕 2016年，教育部全面贯彻党的十八大，十八届三中、四中、五中、六中全会和习近平总书记系列重要讲话精神，在国务院办公厅的指导下，深入施行《中华人民共和国政府信息公开条例》，积极落实中共中央办公厅、国务院办公厅印发的《关于全面推进政务公开工作的意见》及相关实施细则，按照《国务院办公厅关于印发2016年政务公开工作要点的通知》的要求，将推动公开作为深化职能改革、推进依法行政的重要抓手，强化制度机制建设，细化公开内容事项，加强信息发布、解读和回应，依法依规答复信息公开申请，不断提高教育领域透明度。

〔**加强信息公开基础建设**〕 1. 做好信息公开整体部署。围绕国务院年度工作要点制定具体工作方案，印发并公开《教育部办公厅关于贯彻落实国务院办公厅2016年政务公开工作要点的通知》，逐一细化工作要点，明确牵头部门、任务目标和工作举措，指导教育系统相关单位推进落实。

2. 完善信息公开制度规范。印发《教育部关于进一步加强高校自主招生信息公开和监督管理工作的意见》等文件，安排部署义务教育、普通高校、成人高校、农村和贫困地区退役大学生士兵、少数民族骨干人才以及特殊类型人才招生工作，完善考试招生信息公开制度。印发《关于加强和完善教育经费统计工作的意见》等文件，指导全系统做好财务信息和经费统计信息公开，要求各省份2017年前建立教育经费统计公告制度。

3. 重要政策文件强调公开。《教育脱贫攻坚"十三五"规划》强调，加大教育脱贫重大政策、重大项目、重大资金安排和工作进展等重要信息的公开力度，及时通报督查情况并向社会公开。《教育部关于中央部门所属高校深化教育教学改革的指导意见》明确要求，高校通过校园网等网络平台公布改革方案和实施计划、进展情况及标志性成果。《中小学（幼儿园）安全工作专项督导暂行办法》将公开透明列入督导原则，坚持标准与方法公开、组织与人员公开、过程与结果公开，主动接受社会监督。

4. 加强信息公开工作培训。举办教育部机关办公室主任信息公开培训班，围绕信息公开新形势、新任务以及第三方评估反馈的问题进行有针对性的培训和深入交流，有效提升了工作人员的认识和能力。

5. 不断畅通公开渠道平台。为适应信息公开新常态下的工作需要，按照高效便民原则，利用信息化手段改进公开平台，按照高效便民原则对教育部门户网站进行优化，梳理问题目录并逐项整改，打造模块简洁、目录清晰、运维便捷的主平台。

〔**不断加大政府信息主动公开力度**〕 1. 加大政策公文公开力度。通过政府信息公开专栏公开公文类信息共计576条，教育部政策公文中非涉密普发下行文82%做到了主动公开，其中位于前5位的信息是：干部人事人才类183条，占比31.77%；发展规划类64条，占比11.11%；教育综合管理类53条，占比9.2%；高等教育类51条，占比8.85%；职业教育与成人教育类39条，占比6.77%。

发布《2015年全国教育事业发展统计公报》《2015年全国教育经费执行情况统计公告》《中国教育经费统计年鉴（2015年）》《中国学生资助发展报告》，定期更新公布全国及各省份各级各类学校（机构）情况、学生情况、教职工情况、专任教师情况等相关教育事业统计数据，发布年度中国语言生活状况报告，积极开展社会语言生活状况跟踪监测。

刊发《教育部公报》12期，公开政府信息115条，出版发行《中国教育年鉴（2015）》。发布党和国家领导人出席重要教育活动的报道或综述、教育部领导关于教育工作的重要讲话或专文及年度教育工作要点、教育发展统计、教育综合管理、教育人事管理、教育财务与统计等重要文件和统计信息。

2. 推动决策过程公开。实行重大决策预公开制度，《高等学校预防与处理学术不端行为办法》《普通话异读词审音表（修订稿）》《人民教师誓词（征求意见稿）》3项重要文件草案通过教育部门户网站“征求意见”专栏向全社会公开征求意见，根据意见反馈情况修改完善后另行发布。在编制起草《关于统筹推进县域内城乡义务教育一体化改革发展的若干意见》《推进共建“一带一路”教育行动》《教育部关于中央部门所属高校深化教育教学改革的指导意见》等重要文件时，通过调查研究、咨询座谈等方式，广泛听取省级教育行政部门、学校、专家学者等各方意见，提高决策科学化水平。在教育部门户网站面向公众征集教育“十三五”规划建议建言，扩大公众参与面。

3. 推进执行情况公开。在教育部门户网站开设专题专栏，整合媒体报道、专家观点、采访调研和群众声音，全面展示全国高校思想政治工作会议、义务教育均衡发展督导、教育扶贫、高等职业教育改革发展、职业教育活动周和学生资助政策等重要工作推进落实情况，方便人民群众随时了解动态进展，确保执行到位、落实得力。贯彻《国务院办公厅关于深化高等学校创新创业教育改革的实施意见》，开设专题详细介绍高校毕业生就业创业、“互联网+”大学生创新创业大赛等活动的开展和政策执行情况。编制发布高校毕业生就业创业政策百问，采用图文结合和问答的方式集中呈现国家优惠政策和常见问题，方便毕业生快速了解关键信息。

4. 推进管理事项公开。及时公开取消行政审批事项信息，发布行政审批事项清单，开设专栏公开3项随机抽查事项清单。公开公办体育运动学校运动员文化教育、中小学冬季防寒取暖、学校安全、校园欺凌专项治理等专项督导情况，发布督查通报，对查出的问题公开曝光。开设校车校舍安全专题栏目，公开校车校舍管理法律法规、政策文件、各地动态，并对事故处理及督导情况进行及时通报。开设“曝光台”栏目，发布各项事故调查信息。印发《关于2016年规范教育收费治理教育乱收费工作的实施意见》，要求建立公开通报制度，及时公开典型问题。

5. 推进政务服务公开。在教育部门户网站主页开设“服务”频道，发布10项教育行政审批事项，公布服务指南、审查细则和审批服务规范，列明政策依据、申请条件、办理程序、办理时限、受理机构等内容。推动各直属单位建立和完善信息公开制度，向社会公开单位职能、岗位职责、服务标准、监督方式等内容。围绕高考、研究生考试、大学生就业创业、中小学安全教育等热点问题，采用“图说服务”和“服务专题”等方式，图文并茂地呈现，丰富服务形式，提高服务水平。

6. 推进结果信息公开。2016年，拟批准设置的高等学校名单、普通高等学校本科专业备案和审批结果、全国职业院校技能大赛获奖名单等都通过教育部门户网站向社会集中公示。及时公布学位授权点专项评估结果，包括评估结果为“不合格”和“限期整改”的授权点，方便人民群众及时知晓、参与监督。公布2016年全国高等学校名单、第一批国家级精品资源共享课名单和全国社区教育实验区、示范区名单等。

7. 推进财政资金信息公开。分别于4月、7月通过教育部门户网站公开教育部2016年部门预算和2015年部门决算，进一步细化预决算公开内容。基本支出和项目支出全部公开到项级科目，一般公共预算财政拨款基本支出公开到款级科目。公开“三公”经费决算，包括因公出国（境）团组数及人数、公务用车购置数及保有量、国内公务接待的批次和人数以及“三公”经费增减变化原因等信息。在财政部指定媒体和教育部政府采购网及时公开政府采购项目信息，实现了采购预算、流程及结果的全过程信息公开。

8. 推进建议、提案办理结果公开。贯彻落实《国务院办公厅关于做好全国人大代表建议和全国政协委员提案办理结果公开工作的通知》和《教育部办公厅关于做好全国人大代表建议和全国政协委员提案办理结果公开工作的通知》，对建议提案办理结果公开工作做出全面部署，建立了第一责任人负责制和联络员协调机制，明确了公开方式、涉密处理、属性标注等工作程序。在教育部门户网站“公开频道”开设建议提案公开专栏，分批次公开了建议提案的答复意见 882 件。

9. 推进落实政务公开工作要点。贯彻落实国务院办公厅相关文件要求，推进落实教育督导、义务教育招生入学和高校财务等重点领域信息公开。

做好教育督导信息公开。制定并发布《全面改善贫困地区义务教育薄弱学校基本办学条件工作专项督导办法》等系列制度文件，强调督导和评估过程透明、结果公开，细化内容，明确时限。发布教育督导年度工作要点、专项督导报告、督导检查反馈意见和公示名单等，发布关于防范溺水、校园欺凌专项治理等各类政策文件，编发地方教育督导工作动态、《教育督导决策参考》《义务教育学校标准化建设交流信息》，新增“全面改薄工作展播”系列视频，在接受社会监督的同时，总结呈现各地特色经验，提高工作水平。

做好义务教育招生入学信息公开。印发《教育部办公厅关于做好 2016 年城市义务教育招生入学工作的通知》，对划片工作程序、内容、结果和随迁子女入学等事项进行明确规定，强调做好公开和宣传工作。召开工作现场会，推广有关地区工作典型做法，对招生入学工作进行了明确部署。通过媒体宣传各地招生入学政策，在教育部门户网站、微信平台持续发布各地招生入学政策和经验做法，推动各地深入实施阳光招生。在明确对地方教育行政部门和学校公开招生入学各环节信息提出要求的基础上，推动并指导各地加大政策宣传解读力度，扩大范围，创新手段，提高公开实效。

进一步深化高校信息公开。指导省级教育行政部门根据《关于做好高等学校财务信息公开工作的通知》和《高等学校信息公开事项清单》要求，推进、指导、协调、监督地方高校推进财务信息公开工作。召开全国教育经费统计会，明确要求，确保地方高校财务公开真正落实。印发《教育部办公厅关于深入落实高校信息公开清单做好高校信息公开年度报告工作的通知》，要求各高校做好清单落实和年报发布工作。对各高校 2016 年信息公开年度报告发布情况和清单落实情况开展专项网络督查，逐校逐项核查清单事项公开情况，梳理特色做法和存在问题。在教育部门户网站开设专栏，集中公布 75 所教育部直属高校公开年报，方便社会监督。

〔**提高依申请公开工作水平**〕1. 依法依规做好申请答复工作。2016 年，共收到公民、法人和其他组织通过各种形式提出的信息公开申请 6 775 件，较 2015 年的 647 件增长了 947%。从申请的主体看，公民个人提出的申请6 763 件、其他组织提出的申请 12 件。从申请方式看，以纸质信函方式申请 6 158 件，占 90.89%；以在线提交方式申请 535 件，占 7.9%；以电子邮件方式申请 53 件，占 0.78%；当面申请 29 件，占 0.43%。从申请的内容看，涉及教育综合管理的 6 409 件，占 94.6%；涉及教育统计信息的 104 件，占 1.54%；涉及招生就业的 82 件，占 1.21%；涉及基础教育的 58 件，占 0.86%；涉及人事待遇的 37 件，占 0.55%；涉及教育财政经费的 36 件，占 0.53%；涉及学籍学历管理的 22 件，占 0.32%；涉及考试管理的 20 件，占 0.3%；涉及教育收费的 7 件，占 0.1%；申请内容涉及教育部 23 个司局单位。

6 775 件申请已全部答复申请人，其中“不属于政府信息公开范围”的 5 610 件，占 82.8%；“同意公开”的 624 件，占 9.21%；无效申请 129 件，占 1.9%；“告知通过其他途径办理”的 115 件，占 1.7%；“已主动公开”的 97 件，占 1.43%；“不属于本行政机关公开”的 94 件，占 1.39%；“不同意公开”的 66 件，占 0.97%；“申请信息不存在”的 40 件，占 0.59%。

2016 年，收到因政府信息公开提起的行政复议申请 8 件、行政诉讼 16 件，均维持具体行政行为或驳回复议、诉讼请求。没有因依申请公开信息收取或减免费用情况。日均接待上门群众和咨询电话 7 人次，全年 1 700 余人次。

2. 加强主动公开与依申请公开的工作联动。通过依申请公开工作过程中反馈的信息，将应主动公开的历史公文通过教育部门户网站向社会公开；对反复被提起申请的属性为“依申请公开”的文件，将属性变更为“主动公开”。

撰稿　张　航

审稿　孙明春　张　萍

全国人大代表建议和全国政协委员提案承办工作

2016 年，教育部承办全国人大代表建议 1 023 件、全国政协委员提案 805 件，全部按期办理完毕，绝大多数代表和委员表示满意或基本满意。建议和提案内容主要集中在推动落实立德树人根本任务、促进教育公平、提高教育质量、推进各级各类教育协调发展、深化教育领域综合改革、依法保障教育投入和提高经费使用效益、加强教师队伍建设七个方面。

教育部高度重视建议和提案办理工作，始终坚持以提升办理质量为核心，扎实办好每一份建议和提案，取得了良好成效。一是提高认识，高位推动办理工作。将建议提案办理列为年度重点工作，听取专题汇报，研究落实措施，要求完善沟通协商机制，严格责任，限时办结，切实做好办理各项工作。坚持办理工作部长负总责，副部长对分管领域的建议提案办理负责审核把关。教育部党组书记、部长陈宝生上任后审签办理答复意见。二是健全机制，规范办理程序。汇编《教育部建议提案办理工作手册》供承办单位学习使用。三是坚持“四个机制”，规范办理流程。即坚持办理四级负责机制，做到各司其职、各负其责；坚持目标管理机制，做到目标任务、承办人员、完成时限、答复要求、质量标准的“五个确定”；坚持台账动态管理机制，做到随时掌握工作进度，及时解决办理过程中的困难和问题；坚持考评激励机制，做到对办理数量大、任务完成好的单位和个人进行表扬奖励。四是加强沟通，提升办理质量。在教育管理与改革专项经费预算中安排专门经费，用于个别走访、召开座谈会和邀请代表委员参加相关会议、实地调研等。邀请代表委员到教育部出席交办会，与承办单位负责人面对面交流，现场指导；先后赴青海、广东、江苏 3 省开展专题调研，进行提案办理工作，拜访了 13 位全国人大代表和全国政协委员，向他们反馈了所提建议提案办理情况。五是推动公开，主动接受监督。积极推进办理复文公开工作，将办理结果公开作为加强政府信息公开工作的重要内容，在教育部门户网站设立“建议提案办理”专栏，将办理复文在门户网站全文公开或摘要公开，主动接受群众监督，回应社会关切。六是突出重点，强化办理实效。坚持将办理工作作为落实中央决策部署、促进教育改革发展的有效途径和重要抓手，努力把代表委员的建议融入教育顶层设计和政策制定过程之中，有力地促进了教育改革发展的各项工作。在制定《国家教育事业发展“十三五”规划》《教育脱贫攻坚行动计划（2016—2020 年）》和“中国教育现代化 2030”“加快推进教育现代化的意见”等工作中，注重及时、充分地吸收代表委员的意见建议。

撰稿　蔡明才

审稿　王云霏　郑志强

教育政策研究和法制建设

〔**修订《民办教育促进法》**〕 2016年11月7日，十二届全国人大常委会第二十四次会议审议通过了《关于修改〈中华人民共和国民办教育促进法〉的决定》。本次修订，在第一章增加了关于加强民办学校党的建设的规定，删去原第五十一条、第六十六条，同时修改了其他若干条款。

本次修订主要包括三方面内容：一是保障民办教育分类管理改革的顺利实施。修正案进一步明确了非营利性民办学校和营利性民办学校各自的性质、财产属性和相应的管理制度，并按照“老人老办法”的原则，对现有民办学校的过渡性安排做出规定。二是促进民办学校的健康发展。修正案进一步完善了关于民办教育的相关管理制度，加强了民办学校党的建设，完善了民办学校的法人治理结构，建立了相应的内部监督机制等。这些规定有利于推进民办学校依法办学，进一步提高教育教学质量。三是保障民办学校举办者、广大教职工和学生的合法权益。修正案进一步加大了政府在财政、税收和用地政策等方面对民办教育的扶持力度，保障学校举办者参与学校管理的权利，鼓励民办学校按照国家规定为教职工办理补充养老保险，保障民办学校的学生享受助学贷款、奖助学金等资助措施。

本次修订贯彻落实党中央有关实施民办教育分类管理改革、促进民办教育健康发展的精神，认真回应社会各方关切，完善了对民办学校的管理制度和扶持政策，有利于进一步鼓励社会力量兴办教育，推进教育供给侧改革，满足人民群众日益增长的多样化教育需求。

〔**修订《幼儿园工作规程》**〕 1月5日，教育部公布了新修订的《幼儿园工作规程》，共11章66条。本次修订主要包括五方面内容：一是坚持立德树人。进一步强调幼儿园要贯彻国家的教育方针，遵循幼儿身心发展的特点和规律，实施德、智、体、美等全面发展的教育，促进其身心和谐发展。二是强化安全管理。专设“幼儿园的安全”一章，明确要求幼儿园建立健全设备设施、食品药品以及与幼儿活动相关的各项安全防护和检查制度，建立安全责任制和应急预案。在“幼儿园的卫生保健”一章中，对建立与幼儿身心健康相关的一系列卫生保健制度做了明确规定。三是规范办园行为。对幼儿园的学制、办园规模、经费、资产、信息等方面的管理提出了明确要求。四是注重与法律法规及有关政策的衔接。根据新颁布的《反家庭暴力法》，增加了幼儿园应当进行反家庭暴力教育和发现家暴情况及时报案等规定。五是完善幼儿园内部管理机制。要求幼儿园进一步加强科学民主管理，强化家长委员会的职能作用，提出家长委员会应参与幼儿园重要决策和事关幼儿切身利益事项的管理。强调幼儿园应当建立教研制度，研究解决保教工作中的实际问题。

〔**制定《高等学校预防与处理学术不端行为办法》**〕 6月16日，教育部发布《高等学校预防与处理学术不端行为办法》(简称《办法》)，首次以部门规章的形式对高等学校预防与处理学术不端行为做出规定。《办法》共8章41条，结合当前国内外高校预防和处理学术不端行为的实践，从总则、教育与预防、受理与调查、认定、处理、复核、监督等方面进行了整体设计，确立了预防为主、教育与惩戒结合的原则，强调了程序正当、保护当事人合法权益等重要内容。《办法》进一步明确了政府和高校在预防和处理学术不端行为中的职责，明确了学术不端行为的概念和类型，健全了学术不端行为的教育与预防体系，规范了举报受理及组织调查的程序规则，明确了对责任人的处理制度，建立了相关保障与监督机制等。《办法》的颁布实施，对有效预防和依法规范处理高等学校发生的学术不端行为，营造风清气正的学术环境，促进教学科研和学术研究的健康发展具有重要作用。

〔**印发《依法治教实施纲要（2016—2020年）》**〕 1月7日，教育部印发了《依法治教实施纲要（2016—2020年）》（简称《纲要》）。《纲要》提出，到2020年，形成系统完备、层次合理、科学规范、运行有效的教育法律制度体系，形成政府依法行政，学校依法办学，教师依法执教，社会依法评价，支持和监督教育发展的教育法治实施机制和监督体系。青少年学生法治教育体系健全完备，教育部门领导干部、校长、教师法律素质与依法办事能力显著提升，在全社会尊法守法的进程中发挥表率和模范带头作用。

为实现上述目标，《纲要》提出了四项主要举措：一是构建完善的教育法律及制度体系。大力加强教育立法工作，积极推动教育地方性法规规章建设，全面提高规章及规范性文件质量，建立规章和规范性文件清理长效机制。二是深入推进教育部门依法行政。依法全面履行教育行政管理职能，推进决策科学化、民主化、法治化，深化教育行政执法体制机制改革，全面推进教育领域信息公开，构建多元参与的教育治理体制，健全教育领域纠纷处理机制。三是大力增强教育系统法治观念。实施教育系统法治观念提升工程，全面加强学生法治教育，积极推进青少年法治教育实践基地建设，健全青少年法治教育支持体系，着力提升中小学法治教育教师专业素质。四是深入推进各级各类学校依法治校。大力推进学校依章程自主办学，积极推进现代学校制度建设，完善师生权益保护机制，全面启动依法治校示范校创建活动。

〔**制定发布《青少年法治教育大纲》**〕 6月28日，教育部会同司法部、全国普法办印发了《青少年法治教育大纲》（简称《大纲》）。《大纲》对青少年法治教育的指导思想、工作要求、目标、内容、实施途径、考核评价、组织制度和师资经费保障等进行了全面部署。同时，对各教育阶段学生的课程设置和教学要求做出了具体安排。《大纲》要求，开展青少年法治教育要以社会主义核心价值观为主线，以宪法教育为核心，以贴近青少年实际、提高教育效果为目的，以构建系统完整的法治教育体系为途径。《大纲》明确提出，义务教育阶段，要使学生初步了解公民的基本权利义务、重要法治理念与原则，初步了解个人成长和参与社会生活必需的基本法律常识。高中教育阶段，要使学生初步具备参与法治实践、正确维护自身权利的能力。高等教育阶段，学生应基本掌握公民常用法律知识，基本具备以法治思维和法治方式维护自身权利、参与社会公共事务、化解矛盾纠纷的能力。同时，提出要建立健全科学的青少年法治教育评价机制，将必要的法律常识纳入不同阶段学生学业评价范畴，在中考、高考中适当增加法治知识内容，将法治素养作为学生综合素质的重要组成部分。

〔**制定发布教育系统“七五”普法规划**〕 7月，教育部印发《全国教育系统开展法治宣传教育的第七个五年规划（2016—2020年）》（简称《规划》），全面部署教育系统“七五”普法的目标和任务。《规划》提出，“七五”期间，教育系统法治宣传教育的主要目标是：法治宣传教育机制进一步健全，载体和形式不断丰富创新，法治教育全面纳入国民教育体系，青少年法治教育的实施与支持体系不断完善，实效性和针对性进一步提升，广大师生员工的社会主义法治观念明显增强，教育系统依法治理的能力和水平显著提升，教育系统尊法学法守法用法的氛围基本形成。主要任务是：贯彻落实国家“七五”普法规划任务要求，全面提升教育系统法治观念和法律素养；切实将法治教育纳入国民教育体系，形成学校、家庭、社会“三位一体”的青少年法治教育格局；坚持普法与法治实践相结合，不断提高教育系统依法治理水平。《规划》的发布实施，有利于进一步提升广大师生员工的法治观念和法律素养，全面推进依法治教、依法治校，为加快推进教育治理体系和治理能力的现代化奠定良好的基础。

〔**发布《关于加强青少年法治教育实践基地建设的意见》**〕 9月1日，教育部、最高人民法院、最高人民检察院、公安部、司法部、全国普法办、共青团中央联合发布了《关于加强青少年法治教育实践基地建设的意见》（简称《意见》），进一步明确了青少年法治教育实践基地建设的目标要求、推进举措和保障机制、组织领导与评估等内容。《意见》指出，实践基地建设要体现法治育人理念，突出法治教育的资源整合和方式方法的创新，注重利用各种教育技术和手段，提供实践性、互动式的法治教育内容。要适应中小学组织学生参与的需要，具备相应的活动场地和设施，设立多种功能区域，满足学生参与实践的需要。实践基地要具备开展综合性学生法治教育及教学效果评价、教师培训等功能，建设成为贴近法治实践、贴近青少年生活和认知特点的校外法治教育中心，成为中小学开展法治教育的重要支持系统。《意见》明确，要通过“七五”普法规划的实施，到2020年，在各地统筹建成60所左右的国家级实践基地，各地争取在中等以上城市建立至少1所符合标准的实践基地，因地制宜地结合实际建立相应的实践基地。

〔**举办首届全国学生“学宪法讲宪法”活动**〕 9月22日，教育部办公厅印发《关于举办全国学生“学宪法讲宪法”活动的通知》，部署各地组织学校开展宪法学习宣传教育活动。各地教育行政部门积极响应，组织各级各类学校以课堂为主渠道教授宪法基本内容和理念。同时，组织专家讲座、法治征文等活动，借助传统媒体和互联网、手机等新媒介，把情感、时尚、艺术元素引入宪法普及教育之中，进一步提升宪法学习的趣味性和实效性。活动期间，教育部全国青少年普法网开设了网上宪法学习栏目，印发了“学宪法讲宪法”宣传挂图等资料，为各地组织青少年学生学习宪法提供线上线下的资源支持。全国各地约有1 500万人次登录了教育部全国青少年普法网在线学习宪法知识。

11月26日至12月3日，来自各省（自治区、直辖市）及香港特别行政区的136名选手齐聚北京，参加了“学宪法讲宪法”演讲比赛全国总决赛。选手们以讲宪法故事、讲对宪法的认识与体会、谈宪法精神等为主题，向现场评委、观众呈现了内容丰富、形式生动的精彩演讲。比赛共评选出各组别冠军、亚军、季军各1名。

撰稿　韩燕凤　翟刚学
张晓彬　陈冀然
审稿　邓传淮　王大泉

教育信访工作

〔**教育信访基本情况**〕 2016年，教育部共接待群众来访5 776批次、8 621人次，批次同比上升15.5%（人次同比下降21.3%）；办理群众来信9 406件，同比上升14.7%；接听群众来电7 000余通，与2015年基本持平；出具书面答复意见25份；督办中央第八巡视组巡视移交信访件6 215件。

〔**信访反映的主要问题**〕 信访反映的主要问题是：原民办代课教师待遇问题，20世纪90年代末未分配大中专毕业生问题，北京籍家长反映高考减招、中央民族大学附属中学招生办学等问题，各级各类学校招生不规范问题，民办幼儿园及小学监管不力问题，教师权益和工资福利问题，学生伤害问题，检举揭发教育系统违规违纪问题，对教育改革的意见和建议等。

〔**信访工作概况**〕 一是深入学习贯彻习近平总书记重要批示精神。把学习贯彻习近平总书记重要批示精神作为一项重要政治任务，及时召开教育部党组会议传达部署，强调要增强“四个意识”，自觉用重要批示精神指导教育信访工作，为办好人民满意的教育而不懈努力。组织召开5次教育信访工作座谈会，集中传达学习中央领导重要批示精神和全国信访局局长会议精神，要求教育系统信访干部认真学习领会，带着感情和责任做好教育信访工作，确保信访问题及时就地解决。二是认真办理群众来信、接待群众来访。完善来信、来访、电话信访和信访督办等工作程序，坚持做到来信必登、来访必登，处理信访事项的每个环节都保留办理过程的记录。严格办理时限，规范受理办理流程，采取联合接访、开介绍信、发函交办、签报批转等方式，尽力解决群众合理合法诉求。采取在来信上直接编号、登记编号和去向的做法，有效提高信件答复率和答复速度。三是积极落实中央信访联合督察整改意见。2016 年 6 月，中央信访工作联合督察组对教育部关于信访工作制度改革措施落实情况进行实地督察并反馈督察意见，认为教育部落实信访工作制度改革措施，认识到位、行动迅速、工作扎实、效果明显。教育部认真研究督察反馈意见和联合督察情况报告，深入查摆工作中存在的不足和差距。针对查摆出的主要问题，研究制定整改方案，明确整改目标，细化分解整改任务，按照“谁主管、谁负责”的原则，指定责任部门，确保整改工作取得实效。四是推动化解信访突出问题。教育部党组书记、部长陈宝生多次对做好教育信访工作特别是处理好民办代课教师上访等信访突出问题做出批示，要求加强综合研判，对重点信访件进行跟踪督办。两位副部长先后组织办公厅、教师司等部门负责人召开专题会议，研究妥善应对原民办代教师信访突出问题，推动源头化解。五是强化教育系统信访业务指导。围绕教育信访工作需要，对教育系统信访干部进行专题教育培训，提升信访干部业务素养和能力水平。筹备成立中国高等教育学会二级分会——信访工作研究分会，着力开展高校信访工作规律性研究，在课题研究、信访咨询、决策支持、业务培训、工作交流等方面发挥重要作用。

撰稿　蔡明才

审稿　王云霏　郑志强

教育发展规划

〔国务院常务会议审议通过《国家教育事业发展“十三五”规划》〕 2016 年 12 月 28 日，国务院总理李克强主持召开国务院常务会议，审议通过《国家教育事业发展“十三五”规划》(简称《规划》)。根据中央领导同志指示精神和国务院关于“十三五”规划编制工作的总体部署，教育“十三五”规划编制工作于 2014 年启动，历时两年多。教育部党组高度重视规划编制工作，成立了领导小组和起草小组，部党组会议进行了三次专题研究。国务院副总理刘延东高度重视规划编制工作，主持国家教育体制改革领导小组会议，听取规划编制工作汇报，并多次做出重要指示。规划编制过程中，多次召开座谈会和研讨会，听取地方教育行政部门、各级各类学校、行业企业以及联合国教科文组织等国际组织的意见建议。组织有关高校和科研机构开展系列重大课题研究，分别委托有关研究单位并行编制了规划学术版，并在教育部官方网站开设专栏，征集社会公众意见建议。规划编制坚持目标导向和问题导向相统一、继承延续和改革创新相协调、立足国内和全球视野相统筹，在开展调研、广泛征求意见的基础上，起草形成了文本，多种方式征求各方面意见，并按照规划编制程序进行了专家论证、合法性审查和舆论风险评估。

《规划》以创新、协调、绿色、开放、共享的发展理念统领“十三五”时期教育改革发展，以全面提高教育质量为主题，以教育结构性改革为主线，聚焦重点领域和薄弱环节，坚持保基本、补短板、促公平，紧紧围绕全面建成小康社会总目标和国家重大战略目标要求，明确了“十三五”时期我国教育改革发展的总体思路。《规划》提出，到

2020年教育现代化取得重要进展，教育总体实力和国际影响力显著增强，推动我国迈入人力资源强国和人才强国行列，为实现中国教育现代化远景目标奠定了坚实基础的总体目标，明确了教育改革发展的重大任务和政策举措。同时，坚持方向性和操作性相结合，既强调规划的方向性和前瞻性，又突出了“实”的内容和要求，提出了一系列重大工程项目等既可操作又能带动全局的工作抓手，是指导“十三五”时期我国教育改革发展的纲领性文件。

〔**召开2016年滇西脱贫攻坚部际联系会议**〕 1月，教育部召开2016年滇西脱贫攻坚部际联系会议。会议听取云南省对片区联系工作的意见建议及2016年对中央有关部委的政策、项目支持需求，交流各部委对滇西边境片区的支持情况及打算，研究片区发展面临的重大问题，深入推进滇西边境片区区域发展与扶贫攻坚。

〔**开展直属高校定点扶贫集中调研活动**〕 安排44所科研实力强、以理工科为主的教育部直属高校承担44个国家扶贫开发重点县的定点扶贫任务，发挥其优势，在人才培养、产业发展、城乡规划、医疗服务等方面，为定点扶贫县提供大力帮扶。4月12日至14日，在湖南省隆回县开展教育部直属高校定点扶贫集中调研活动，组织参与定点扶贫的44所教育部直属高校实地考察了隆回县白水洞村，并召开集中调研交流会，总结了教育部直属高校定点扶贫工作经验，对“十三五”直属高校定点扶贫进行动员部署。

〔**推选直属高校精准扶贫精准脱贫十大典型项目**〕 9月21日，教育部举办直属高校精准扶贫精准脱贫十大典型项目集中推选活动，由44所教育部直属高校代表从36所高校申报的41个项目中投票推选。根据投票结果，确定了湖南大学、华中科技大学、中国药科大学、清华大学、上海交通大学、华中农业大学、北京大学、北京交通大学、浙江大学、复旦大学共10所高校的典型项目。其中，产业扶贫项目4项、智力扶贫项目2项、教育扶贫项目1项、健康扶贫项目1项、典型扶贫模式2项。

〔**教育部会同国务院扶贫办联合制定印发《职业教育东西协作行动计划（2016—2020年）》**〕 10月18日，教育部会同国务院扶贫办联合制定印发《职业教育东西协作行动计划（2016—2020年）》。以东西教育协作为桥梁，以职业教育和培训为重点，以就业脱贫为导向，以职教促产业，以产业助脱贫，瞄准建档立卡贫困人口精准发力，实现西部地区贫困人口就业脱贫与东部地区劳动力缺口补充的有效对接，着力完成“发展教育脱贫一批”重要任务。

〔**教育部会同国家发展改革委、民政部、财政部、人力资源社会保障部、国务院扶贫办联合印发《教育脱贫攻坚“十三五”规划》**〕 12月16日，教育部会同国家发展改革委、民政部、财政部、人力资源社会保障部、国务院扶贫办联合印发《教育脱贫攻坚“十三五”规划》，这是国家首个教育脱贫的五年规划，也是“十三五”时期教育脱贫工作的行动纲领。规划分为总体要求、主要目标、任务举措、组织实施四个部分，提出了“一个目标、两个重点、五大教育群体、五项重点任务”，力争实现贫困地区“人人有学上、个个有技能、家家有希望、县县有帮扶”。力争到2020年贫困地区教育总体发展水平显著提升，建档立卡等贫困人口（含非建档立卡的农村贫困残疾人家庭、农村低保家庭、农村特困救助供养人员）教育基本公共服务全覆盖，保障在校学生不会因贫失学辍学。

〔**民办教育分类管理改革**〕 实行非营利性和营利性民办学校分类管理改革，是党中央、国务院统揽经济社会全局、全面深化教育改革的重要战略部署。11月7日，十二届全国人民代表大会常务委员会第二十四次会议通过了《全国人民代表大会常务委员会关于修改〈中华人民共和国民办教育促进法〉的决定》，从法律层面明确实行非营利性和营利性民办学校分类管理。12月30日，国务院印发了《关于鼓励社会力量兴办教育促进民办教育健康发展的若干意见》。教育部、人力资源社会保障部、民政部、中央编办、工商总局联合印发《民办学校分类登记实施细则》，教育部、人力资源和社会保障部、国家工商行政管理总局联合印发《营利性民办学校监督管理实施细则》。至此，上位法律、国务院文件、部门配套相衔接的、相对完整的分类管理改革顶层设计已经初步形成。这一制度体系以加强党对民办教育的领导为方向，以促进民办教育健康发展为目标，以分类管理为基础，以差别化扶持和规范管理为抓手，对新时期民办教育改革发展做出全面部署，要求各部门和地方积极稳妥做好改革落实工作。

撰稿　段晓帧　侯艳艳　曲一帆
审稿　刘昌亚

综 合 改 革

〔**推进教育综合改革重点事项**〕　2016年，根据党的十八大和十八届三中、四中、五中、六中全会精神，针对教育综合改革的重点领域和关键环节，结合各方意见建议，研究提出若干个重点改革事项及改革要点并选择部分省市重点推进，努力实现以点带面、多点发力，破解束缚教育发展的体制机制障碍。包括健全学前教育体制机制、完善县域内义务教育教师均衡配置体制机制，促进中小学校长职级制改革、高校人事管理制度改革、高校科研管理体制改革，促进高等教育服务经济社会发展、教育投入保障机制改革，支持和规范民办教育发展、完善督导体制推进管办评分离、深化学校体育改革等。

〔**开展教育综合改革重点督察**〕　根据中央要求，教育部对中央出台半年以上的重大教育改革方案落实情况进行了重点督察，包括深化考试招生制度改革、乡村教师支持计划、加快发展青少年校园足球、加快发展民族教育4项。成立由国家教育咨询委员会委员、国家督学、相关领域专家、相关司局负责人组成的11个督察组，分赴19个省份、39个地级市、48个县区、218所学校，通过与师生座谈、听取相关方面汇报、查阅资料、现场观摩等方式，客观了解改革进展实际情况，召开196场座谈会，实地督察改革进展。从结果看，各地推进教育改革决心大、节奏紧、落得实，一些教育重点难点问题得到充分重视，人民群众的教育获得感不断增强。同时也存在认识不到位、责任落实不到位、所需要的配套政策不完善、改革任务落实进度不平衡、保障力度还有待进一步加强等问题。

〔**印发实施《关于加快中西部教育发展的指导意见》**〕　根据国家“十三五”规划纲要，为更好地统筹现有政策、措施和项目，配合实施西部大开发和中部崛起战略，积极服务“一带一路”建设，全面提升中西部教育发展水平，教育部起草了《关于加快中西部教育发展的指导意见》，提出实现县域内义务教育均衡发展、大力发展职业教育、加快普及高中阶段教育、提升中西部高等教育发展水平、积极发展农村学前教育、推动民族教育加快发展、保障残疾人受教育权利7方面重点任务。2016年5月11日，国务院办公厅正式印发《关于加快中西部教育发展的指导意见》。

撰稿　李轶群
审稿　向明灿

教育督导

〔不断完善教育督导制度，切实加强督学队伍建设〕 加强督导机构建设。2016年，教育部教育督导团办公室更名为教育部教育督导局，职能相应调整为“拟定教育督导的规章制度和标准，指导全国教育督导工作；依法组织实施对各级各类教育的督导评估、检查验收、质量监测等工作；起草国家教育督导报告；承办国务院教育督导委员会的具体工作”。

完善教育督导制度。印发《中等职业学校办学能力评估暂行办法》《高等职业院校适应社会需求能力评估暂行办法》，建立中等职业院校和高等职业院校评估制度。印发《督学管理暂行办法》，建立督学管理制度，对各级督学队伍的选拔、聘任、培训、考核、监督等做出规定。

加强督学队伍建设。召开全国教育督导改革暨第十届国家督学聘任工作会议，国务院副总理刘延东出席会议并讲话。部署“十三五”期间教育督导改革工作，聘任新一届国家督学243人，比上届增加72人，覆盖教育行政管理、教学、科研各个领域，结构更加合理。举办4期省、市、县级督学培训班，开展《督学培训大纲》研究，加强督学培训工作，提高督学履职能力和水平。研究建立督学信息系统。

深化教育督导改革。召开国务院教育督导委员会第四次会议，审议《县域义务教育优质均衡发展督导评估办法（试行）》和《幼儿园办园行为督导评估办法》，指导各地落实《教育督导条例》，出台地方教育督导法规规章，深化教育督导改革，健全督导机制，强化督导力量。

〔继续做好义务教育均衡发展督导认定〕 发布《2015年义务教育均衡发展督导评估工作报告》，全面总结2015年均衡发展督导评估认定工作。召开全国义务教育均衡发展推进会，推动各地特别是中西部地区加大义务教育均衡发展工作力度、进度和质量。继续开展义务教育发展基本均衡县（市、区）评估认定，全年522个县（市、区）通过国家督导评估认定。截至2016年底，全国已有1824个县（市、区）通过国家督导评估认定，通过的县（市、区）总数达全国总数的64%，上海、北京、天津、江苏、浙江、广东、福建已整体通过验收。对2013—2015年已通过国家认定的1302个义务教育发展基本均衡县（市、区）进行监测复查，发布国家监测复查报告，督促水平下滑地区做好巩固提高和整改工作。

〔稳步推进全面改善贫困地区义务教育薄弱学校基本办学条件工作〕 召开全面改善贫困地区义务教育薄弱学校基本办学条件工作推进会，国务院副总理刘延东出席会议并讲话。会议总结交流经验，分析困难和问题，部署今后两年工作。建立双月通报、定向调度、公开公示、定期检查、绩效考评等八项工作推进机制，确保工程和项目按规划有序推进。进一步加大督查力度，在各地自查基础上，组织国家督学对所有省份的工程进展和项目实施情况进行全方位督查，对进展缓慢、存在问题多的省份进行约谈并要求立即整改落实。2014—2016年，中央财政累计投入978亿元，带动地方投入2 030亿元，全国校舍竣工学校10.3万所，竣工面积1.23亿平方米，占5年规划建设面积的59.4%；采购课桌凳2 283万套，图书3.4亿册，计算机、教学仪器设备1.6亿台件套，总价值610多亿元，占5年规划采购总金额的60%，工程建设总体上实现了规划时间过半、任务完成过半。工程的实施，显著改善了贫困地区义务教育学校办学条件，学生自带课桌椅、睡“大通铺”、在D级危房上课现象在绝大部分地区已消除。

〔继续实施农村义务教育学生营养改善计划〕 组织召开农村义务教育学生营养改善计划座谈会，国务院副总理刘延东主持座谈会并讲话。会议总结了营养改善计划进展情况，对下一步工作进行部署。开展营养改善计划专项督导，对河北、山西等18个省份实施情况进行实地督查。核实营养改善计划中央财政结余、结转资金情况，对近年来营养改善计划中央补助资金结转结余情况进行统计核实、分析原因、提出处理意见，以盘活营养改善计划中央财政存量资金，提高资金使用效率。为实现精准扶贫，进一步提高贫困地区学生营养健康水平，教育部办公厅会同国家发展改革委办公厅、财政部办公厅印发了《关于进一步扩大学生营养改善计划地方试点范围　实现国家扶贫开发重点县全覆盖的意见》。经逐省督促、逐省指导，对未实施营养改善计划的国家扶贫开发工作重点县学生数、经费需求进行详尽统计和测算，制定了具体实施方案。在此基础上，举行农村义务教育学生营养改善计划国家扶贫开发重点县全覆盖省、部签字仪式，分别与10省份签署协议，确定至2017年秋季开学，10省份88个国家扶贫开发工作重点县全部实施营养改善计划，实现全国国家级贫困县全覆盖，标志着营养改善计划试点工作由重点突破进入了全面覆盖的新阶段。

〔**统筹推动加快中西部教育发展**〕　贯彻落实《国务院办公厅关于加快中西部教育发展的指导意见》(简称《意见》)，制定工作方案，从总体上明确工作思路和措施。牵头成立教育部加快中西部教育发展工作领导小组，制定印发重点任务分工方案，明确教育部各司局具体工作任务，分头推动落实各自牵头任务。建立工作推进机制，督促各地按照《意见》要求，认真梳理工作任务，整合相关政策措施，优化资源配置，制定切实可行的工作措施，推动各项任务落到实处。

〔**开展重点热点问题专项督导**〕　督查督办突出问题。开展春季开学、秋季开学、教育信息化等常规专项督导，对全国31个省（自治区、直辖市）及新疆生产建设兵团秋季开学暨年度重点工作落实情况开展实地督导，重点检查各地开学条件保障、党建和思想政治工作、规范办学行为、教师队伍建设、学校安全工作、义务教育均衡发展等情况，推动各地各校认真做好新学期开学工作，切实推动教育领域年度重点工作的落实。针对个别学校校园环境污染事件等教育重大突发事件，开展两次专项督导。就四川省凉山彝族自治州“悬崖村”小学学生上学问题、个别学校教育乱收费等问题进行实地核查。与有关业务司局开展联合语言文字工作专项督导、校园足球督查、中小学生体质达标状况专项督导、民族教育问题专项督导、大学生就业问题专项督导、中小学教师待遇问题专题调研等，发挥督导多领域、多方位的作用。

〔**加强校园安全和校车安全工作**〕　印发《中小学（幼儿园）安全工作专项督导暂行办法》，从专项督导的目的、原则、内容、组织实施和结果运用等方面，对学校安全专项督导工作进行系统设计和全面规划。召开全国学校安全工作电视电话会议，扎实做好学校安全工作，推动学校安全体系建设，为学生的安全健康成长编织全方位、立体化的安全网。召开校车安全管理部际联席会议第四次会议，提出完善机制、注重预防、坚持常态化治理、做好宣传教育等工作要求。开展中小学（幼儿园）校车安全排查工作，推动各地加强校车安全宣传教育，做好校车安全隐患排查，确保广大学生的健康成长和生命安全。

〔**开展校园欺凌专项治理**〕　印发《关于开展校园欺凌专项治理的通知》，组织部署各地各校分两个阶段开展全国中小学校（含中职学校）校园欺凌专项治理工作。建立校园欺凌月报制度和信息核报制度，协调地方教育部门妥善处理10余起校园欺凌致伤致死事件。将校园欺凌治理纳入秋季开学专项检查。编制“防治学生欺凌　我们在行动”专题片。完成了山东、江苏、广东、湖南、云南、陕西6省校园欺凌专项治理的实地督查，并对各地落实教育部等9部门《关于防治中小学生欺凌和暴力的指导意见》进行调研，督促地方及时妥善处理欺凌事件。

〔**开展评估监测，规范学校办学行为**〕　召开全国推进会，启动全国中小学校责任督学挂牌督导工作创新县（市、区）评估认定工作。正式启用国家认定系统，实现创新县（市、区）申报审核工作信息化、标准化。截至 2016 年年底，11 个省（自治区、直辖市）的 29 个县（市、区）被认定为第一批全国中小学校责任督学挂牌督导创新县（市、区）。

组织开展职业院校评估。印发《中等职业学校办学能力评估暂行办法》和《高等职业院校适应社会能力评估暂行办法》。启动 2016 年度全国职业院校评估工作，完成《全国中等职业学校办学能力评估报告》和《全国高等职业院校适应社会需求能力评估报告》。

开展国家义务教育质量监测工作。完成 2015 年义务教育数学、体育学科监测报告。完成 2016 年全国义务教育语文、艺术质量监测工作，全国 31 个省（自治区、直辖市）和新疆生产建设兵团的 325 个样本县（市、区）6 526 所中小学的近 19.2 万名四年级、八年级学生参加测试，近 6 500 名中小学校长、7 万余名语文、音乐、美术及班主任教师接受问卷调查。研究制定 2017 年全国义务教育科学、德育质量监测方案。

稳步推进本科教学评估工作。研究“十三五”全国普通高校本科教学工作合格评估工作规划，制定印发 2016 年本科教学工作合格评估计划，完成 2016 年普通高等学校合格评估任务。组织召开 2016 年普通高等学校本科教学工作评估，28 所高校通过合格评估。启动本科专业评估试点工作，组织试点工作交流培训，指导各地组织开展本科专业评估试点工作。推进“管办评”分离，完成“普通高校人才培养质量评估项目”政府购买服务试点工作。

推进本科教学质量年度报告制度建设。研究分析 2014—2015 学年《全国普通高校本科教学质量年度报告》情况，开展高校网上发布情况检查，完成 2014—2015 学年《全国普通高校本科教学质量年度报告》和《〈全国普通高校本科教学质量年度报告〉发布情况督查报告》。

开展博士、硕士学位论文抽检和专业学位水平评估。完成 2015 年博士学位论文抽检评议和结果发布工作，完成 2014 年全国硕士论文抽检质量报告。认真处理学位论文作假行为，努力营造风清气正的学术环境。组织开展研究生专业学位水平评估，在法律、教育、临床医学（不含中医）、口腔医学、工商管理、会计、艺术（音乐）等 8 个专业类别进行试点。

撰稿　贺瑞玉　宋晓婷
审稿　何秀超　马　杰

教育巡视工作

〔**推动巡视工作向纵深发展**〕　2016 年，教育部巡视工作办公室深入学习贯彻党的十八大和十八届三中、四中、五中、六中全会精神，学习贯彻习近平总书记系列重要讲话精神特别是关于巡视工作重要论述，牢固树立“四个意识”，坚决落实中央巡视方针和教育部党组指示要求，坚定不移深化政治巡视，紧盯党的领导弱化、党的建设缺失、全面从严治党不力三大问题，推动巡视工作向纵深发展。

全年派出 23 个巡视组分两轮对北京外国语大学、北京化工大学、北京中医药大学、东北师范大学、华东理工大学、上海财经大学、河海大学、西南财经大学、北京交通大学、中央财经大学、北京林业大学、中国矿业大学、中国海洋大学、中国石油大学（华东）、华中农业大学、西南大学 16 所直属高校和教育部基础教育课程教材发展中心、中国教育科学研究院、教育部教育管理信息中心、中国教育电视台、教育部留学服务中心、教育部职业技术教育中心研究所、教育部科技发展中心、教育部教育装备研究与发展中心、孔子学院总部、中国教育出版传媒集团、国家教育行政学院、中国教育报刊社、中国教育学会秘书处、全国学生资助管理中心、教育部机关服务中心、教育部高等学校社会发展研究中心、教育部经费监管事务中心17家直属单位开展巡视，规模空前，力度空前，一年完成全部任务的40％，巡视覆盖率达82.9％。通过巡视，发现了被巡视单位在党的领导、党的建设、全面从严治党等方面存在的一些突出问题。两轮巡视共发现154名领导班子成员和307名处级及以下干部问题线索，违反“六项纪律”问题586件，向教育部党组及有关司局提出意见建议11条，向被巡视单位提出意见建议248条，向8个司局移交办理了25项事项。

为督促巡视整改落实，派出2个回访检查组对中国药科大学、中南财经政法大学开展巡视回访检查。检查组严格对照巡视反馈意见和学校制定的整改台账，通过个别谈话、听取汇报、实地走访、查阅资料、召开座谈会等方式检查了解整改情况，看态度、查落实、评成效、找问题，促进巡视再整改，形成巡视再震慑，推动问题再发现。

〔研究制定印发《中共教育部党组贯彻〈中国共产党巡视工作条例〉实施办法》〕　3月14日，研究制定印发《中共教育部党组贯彻〈中国共产党巡视工作条例〉实施办法》。《实施办法》共7章33条，从机构和人员、巡视范围和内容、工作方式和权限、工作程序、纪律与责任等方面做出明确规定，推进巡视工作制度化、规范化、精细化。

撰稿　李　进
审稿　贾德永

教育纪检监察

〔举办教育系统纪委书记、监察处处长学习贯彻党的十八届五中全会和中央纪委六次全会精神集中培训班〕　2016年1月25日至27日，教育部党组、中央纪委驻教育部纪检组共同举办教育系统纪委书记、监察处处长学习贯彻党的十八届五中全会和中央纪委六次全会精神集中培训班，旨在全面贯彻落实两次全会和习近平总书记重要讲话精神。为进一步提高学习效果，培训在领导做报告、专家授课的基础上，加强了分组研讨交流，并组织广大学员对做好教育纪检监察工作提出建议。本次培训共361人参加。

〔召开教育系统党风廉政建设工作视频会议〕　2月26日，2016年教育系统党风廉政建设工作视频会议在北京召开，地方教育管理部门和教育部直属高校设分会场。教育部党组书记、部长袁贵仁，中央纪委驻教育部纪检组组长、教育部党组成员王立英出席会议并讲话。

袁贵仁强调，从教育部党组到直属高校、直属机关党组织，再到所属基层党支部，都要肩负起全面从严治党主体责任，增强管党治党的思想自觉和行动自觉。把加强党的领导落实到教育改革发展稳定各方面，落实到办学治校各环节，落实到日常管理监督工作中。要深入开展纪律教育，把严守政治纪律和政治规矩放在首位。要严格落实意识形态工作责任制，增强师生思想政治工作的针对性、实效性。要加强对党员干部的管理监督，严格执行领导干部个人有关事项报告等干部监督管理制度。要实现对直属高校、直属单位的巡视全覆盖，加大对直属单位的巡视力度，公开巡视整改落实情况报告并开展“回头看”，对敷衍整改、整改不力、拒不整改的，抓住典型，严肃追责。要锲而不舍落实中央关于改进工作作风、密切联系群众的中央八项规定精神，建立常态化督促检查机制。要强化廉政风险防控，积极实践“四种形态”，保持遏制腐败高压态势。

王立英代表教育部党组总结2015年教育系统党风廉政建设和反腐败工作，对2016年工作做出部署。强调要坚定不移推进全面从严治党，加强党的领导。把纪律和规矩挺在前面，严肃党内政治生活，强化党内监督，严格干部监督管理。聚焦全面从严治党，深化巡视整改，加大巡视监督力度。加强作风建设，推动中央八项规定精神落地生根。加强执纪监督，实践监督执纪“四种形态”，坚决遏制腐败蔓延势头。深化标本兼治，规范权力运行。坚决查处群众身边的不正之风和腐败问题，维护教育公平，营造风清气正的教育政治生态和良好育人环境。

〔**传达学习王岐山、赵洪祝同志讲话精神，部署落实纪检组组长培训班要求**〕 2016年4月25日，中央纪委驻教育部纪检组组长王立英主持召开纪检组全体干部会议，传达学习王岐山、赵洪祝同志在中央纪委派驻纪检组组长培训班上的讲话精神，并对贯彻培训班精神进行专题研究，提出贯彻落实的具体措施。4月28日，教育部党组书记、部长袁贵仁主持党组会，传达学习培训班精神，就贯彻落实工作做出部署安排。一是对教育部贯彻落实中央关于改进工作作风、密切联系群众的中央八项规定精神情况开展“回头看”。二是集中开展党员党费交纳清理规范工作。三是进一步清理规范直属单位领导干部奖金和津补贴发放工作，以及教育部委托事业单位组织开展的“三评一检”和收费项目等事项，研究制定直属单位领导干部津补贴发放标准及审批办法。四是强化教育部党组全面从严治党主体责任，推动监督执纪“四种形态”在教育系统具体化、常态化和实效化。

〔**推动教育系统落实全面从严治党主体责任**〕 协助教育部党组谋划部署党风廉政建设重点工作，制定印发党风廉政建设工作要点和重点任务分工方案，明确重点工作、具体任务和实施单位，把全面从严治党最新要求落实到教育工作各领域、各环节，突出主体责任和第一责任人责任。积极为教育部党组履行全面从严治党主体责任建言献策，在教育部党组会涉及的26次党风廉政建设议题中，中央纪委驻教育部纪检组提出122条意见建议，有力地推动了教育系统党建工作和业务工作的有机融合。4月至6月，为贯彻落实十八届中央纪委六次全会精神，中央纪委驻教育部纪检组与相关司局专门成立调研组，到26个部内司局、10个省级教育工委、20所本科高校、10所高职院校以及30所中小学校深入开展调研。

〔**以巡视整改为契机，进一步加强教育系统党风廉政建设和反腐败斗争**〕 中央巡视组反馈对教育部党组的巡视意见后，教育部党组迅速成立巡视整改工作领导小组及其办公室，及时通报中央第八巡视组和中央巡视办提出的整改要求。中央纪委驻教育部纪检组向教育部党组明确提出了14条整改建议，纳入中央巡视整改任务中。中央纪委驻教育部纪检组对问题建立快速处置通道和工作台账，逐一登记报批、逐一制定处置方案，组织力量分级分类办理，严格执纪问责，加强督促督办。认真对照巡视反馈意见，逐项抓好整改落实。集中做好中央巡视组移交的问题线索和信访举报的处置核查工作，及时召开组务会，集体研究重要问题线索处置方案，推动工作进展，严肃纪律审查。加大公开违纪问题线索处置情况，加强案例剖析工作，推动源头防治和综合改革。建立下级纪委向上级纪委报告工作制度，印发《关于规范反映直属高校问题线索处置报告程序的通知》《关于做好2016年直属高校纪委书记向中央纪委驻教育部纪检组报告工作的通知》。推进直属高校在二级单位设立纪委，会同教育部财务司在部属高校和直属单位全面开展“小金库”专项治理工作。4月至5月，中央纪委驻教育部纪检组组长王立英先后5次召开直属机关、直属高校和省级教育纪工委主要负责人参加的座谈会，听取有关情况汇报，指导教育系统把全面从严治党要求落深落细落实。

〔**践行监督执纪“四种形态”，严细深实做好执纪审查工作**〕 2016年以来，中央纪委驻教育部纪检组贯彻惩前毖后、治病救人的方针，坚持抓早抓小，把纪律和规矩挺在前面，不断加大谈话函询力度。对被反映人的认识态度、说明情况的可信程度、是否存在疑点等情况进行深入分析，按照不少于5%的比例进行抽查核实，一旦发现相关情况说明不实，给予从重处理。要求直属高校党委每年按照不低于20%的比例，对函询结果进行核实验证，并存入干部廉政档案。严格把握“树木”和“森林”的关系，紧紧盯住反映“三类重点人”、发生在“三个重要时间节点后”以及招生转学、科研经费、工程建设、后勤采购、教育民生资金等重点领域的问题线索，开展重点审查，坚决惩处“少数”和“极少数”。加强制度建设，教育部党组和中央纪委驻教育部纪检组联合印发《关于高等学校践行监督执纪“四种形态”的指导意见》，要求直属高校各级党组织把践行“四种形态”作为落实管党治党主体责任的重要方式，直属高校纪委要把践行“四种形态”作为检验工作的标准，定期向驻教育部纪检组报告。

〔推动教育部党组深入开展落实中央八项规定精神“回头看”，推动建立作风建设长效机制〕 指导成立由教育部办公厅、规划司、财务司、国际司组成的3个检查组，于6月13日至22日，采取实地察看、查阅资料、听取汇报、走访座谈等形式，集中对12所直属高校和6个直属单位的公务用车、办公用房、公务接待、公款出国等情况进行了“回头看”。针对检查中发现的问题，集中督促和指导被检查单位进行整改。修订《教育部贯彻落实中央改进工作作风、密切联系群众〈八项规定〉和〈实施细则〉的实施办法》《高等学校领导班子及领导干部深入解决“四风”突出问题有关规定》《教育部直属单位领导班子和领导干部改进工作作风的规定》，补充制定《关于高等学校深化落实中央八项规定精神的若干规定》，进一步明确禁止性要求，体现问题导向，推动中央八项规定精神在高校落地生根。

〔举办直属高校、直属单位领导干部、纪检干部学习党章和两项法规集中轮训班，首次实现培训学习全覆盖〕 8月27日至30日，中央纪委驻教育部纪检组在国家教育行政学院分两期举办了“2016年教育系统纪检监察干部学习贯彻三项法规培训班”。全国各省（自治区、直辖市）和计划单列市教育纪工委、教育厅（局）纪检组以及教育部直属高校、直属单位纪委的650名纪检监察干部参加了培训。培训针对教育系统党风廉政建设和反腐败工作中存在的问题和薄弱环节，按照“全、严、新、实”的要求，重点做好把纪律挺在前面、践行监督执纪“四种形态”、推动两个责任落实、推动中央八项规定精神落地生根、严惩腐败、强化问责等方面的工作，在学思践悟中锤炼党性、严格要求、锻炼本领，做到忠诚干净担当。

撰稿　韩夏筱
审稿　李立新

离退休干部工作

〔综述〕 2016年，在教育部党组领导下，教育部离退休干部局全面贯彻党的十八大和十八届三中、四中、五中、六中全会精神，深入学习贯彻习近平总书记系列重要讲话精神，认真落实全国老干部工作“双先”表彰大会和全国老干部局长会议精神，深入贯彻落实《关于进一步加强和改进离退休干部工作的意见》，按照教育部党组《关于贯彻落实中办国办〈关于进一步加强和改进离退休干部工作的意见〉的实施办法》和教育部党组书记、部长陈宝生对进一步加强和改进离退休干部工作提出的要求，紧密结合“两学一做”学习教育，坚持为党和人民事业增添正能量的价值取向，围绕中心、服务大局，不断推动各项工作创新发展，进一步加强和改进离退休干部工作，为加快推进教育现代化持续增添正能量。

〔**贯彻落实《关于进一步加强和改进离退休干部工作的意见》**〕 1月，中共中央办公厅、国务院办公厅印发《关于进一步加强和改进离退休干部工作的意见》(简称《意见》)，这是自1982年干部退休制度建立以来，第一次以中办、国办名义印发的离退休干部工作综合性文件。教育部党组高度重视，在2月2日召开的2016年第五次党组会上传达学习了2016年全国老干部局长会议和《意见》精神，并就贯彻落实工作进行部署。一是组织培训。2月25日至26日，举办离退休干部第十七次党建会暨支部书记、支部委员培训班，对全年党建工作重点进行动员和部署。近百名离退休支部书记和支部委员参加培训。同时召开了在京直属高校、直属单位离退休工作部门负责人通气会，就全面贯彻落实《意见》和全国老干部局长会议精神、开展好"两学一做"学习教育、进一步加强和改进新形势下离退休干部党建工作做了深入动员和全面部署。二是制定《实施办法》。在广泛征求教育部离退休干部工作领导小组成员单位、离退休老同志意见和调研兄弟部委做法的基础上，于12月23日以教育部党组名义印发《贯彻落实中办国办〈关于进一步加强和改进离退休干部工作的意见〉的实施办法》，确保将中央对离退休干部工作的要求通过教育部党组决策落实、落细、落小。三是加强交流。受中央组织部委托，召开部分在京高校老同志"畅谈十八大以来变化"座谈会；就《意见》贯彻落实情况同文化部、国家发展和改革委员会、商务部、农业部等部委的离退休干部工作部门开展互访，相互学习借鉴好经验好做法，进一步拓展工作思路；编发4期《老龄工作简讯》专刊，开设"学习贯彻《关于进一步加强和改进离退休干部工作的意见》"局网站专栏，选登部机关及直属系统贯彻落实《意见》情况。四是履行中央国家机关离退休经费管理工作第四协作组成员单位职能。出席第四协作组调研课题交流会，结合落实《意见》，完成关于教育部离退休干部局正能量活动开展情况的报告，并提交相关材料。

〔**开展"两学一做"学习教育，做好离退休干部党建工作**〕 离退休干部局先后制定了《离退休干部局党委"两学一做"学习教育实施方案》《离退休干部局党委以"四个合格"为目标要求，深化"两学一做"学习教育加强离退休干部党建工作的实施方案》，按照时间节点细化工作安排，把开展"两学一做"学习教育作为2016年党建工作的主要任务。一是教育部机关26个离退休干部党支部利用每月一次的支部组织生活会，开展"两学一做"学习教育，学习成果在离退休干部局网站"'两学一做'学习教育"专栏交流展示；教育部办公厅、职业教育与成人教育司等机关团支部与离退休干部党支部开展共建活动11次。二是组织老部长党支部赴丰台区职业教育中心参观调研，了解专业建设情况，提出意见建议。三是按照离退休干部局制定的《改进调查研究密切联系老同志实施办法》要求，局领导参加离退休干部党支部活动25次，在职联络员协助支部开展学习活动并上传活动信息106次。四是发挥教育部机关老干部理论学习小组带头引领作用，围绕"两学一做"学习教育开展集体学习研讨6次。五是组织离退休党支部参加中央国家机关工委组织部、老龄办开展的"支部书记谈党建"征文活动，两篇征文荣获优秀奖。六是开展党费收缴专项检查，对602名离退休党员2008年4月至2016年6月党费缴纳情况进行重新核定，除极个别特殊情况的离退休党员，共有593名离退休党员按要求完成党费补缴工作，之后按照中共中央组织部办公厅印发的《关于在规范党费收缴管理工作中对离退休干部、职工党员交纳党费问题的答复》通知精神和机关党委部署，开展了相关退还工作。

〔**举办离退休干部庆祝中国共产党成立95周年、纪念红军长征胜利80周年系列活动**〕 一是召开离退休干部庆祝中国共产党成立95周年表彰会，以教育部党组名义向169位党龄60周年以上的离退休党员颁发荣誉证书，对表现突出的8个离退休干部先进党支部、35名优秀共产党员、19名优秀党务工作者进行表彰。时任教育部党组成员、副部长刘利民出席并讲话。二是完成对1937年7月6

日以前参加革命工作的离休干部和工人的人数统计，向教育部机关、直属高校、直属单位 17 位符合条件的离休干部发放纪念章和一次性补助。三是组织开展离退休干部“永远跟党走”书画摄影作品展，其中 4 幅老同志作品入选首届“桑榆金辉”杯中央国家机关老年大学教学成果展。四是举办教育部机关离退休干部庆祝中国共产党成立 95 周年、纪念红军长征胜利 80 周年文艺演出。组织老干部合唱团、舞蹈班参加中央国家机关离退休干部庆祝中国共产党成立 95 周年“光耀中华”文艺演出。五是组织老干部合唱团、朗诵协会分别参加金融街街道“唱支颂歌给党听”合唱比赛和教育部机关党委、团委“中华魂·家国情深”经典朗诵比赛及朗诵会，取得合唱一等奖、朗诵特别奖的优异成绩。六是组织部分老同志参观“英雄史诗·不朽丰碑”纪念红军长征胜利 80 周年主题展览，观看“永远的长征”文艺晚会。

〔**办好离退休干部大讲堂**〕　教育部离退休干部局举办了 3 期离退休干部大讲堂。首期由中央纪委驻教育部纪检组组长、教育部党组成员王立英为包括 3 位老部长在内的百余位离退休党员骨干就“学习贯彻习近平总书记在中纪委十八届六次全会上的讲话精神，加强教育系统反腐倡廉工作”做专题报告。第 2 期、第 3 期邀请中国政法大学教授杜新丽、中共中央党校教授辛鸣分别就“老年人权益保障”“解读十八届六中全会精神”为题，为教育部机关老同志做专题辅导报告。

〔**开展“银龄品牌工程”**〕　一是组建“银龄宣讲团”。在教育部机关在职干部、高校学生、社区工作者中开展多种形式的主题宣讲活动，讲述中国故事，弘扬社会主义核心价值观。开展宣讲活动 8 场次、听众近 800 人次。二是开展“银龄园丁行动”捐资助学。2016 年，教育部机关 600 余位老同志和离退休干部局在职干部职工自愿缴纳“特殊党费”40 932 元，赴河北阜平中学开展捐资助学活动，帮助学校充实了数百册图书，向 40 名品学兼优的贫困学生每人提供 1 000 元资助。三是深入推进“银龄温暖工程·资源共享平台建设”。组织北京语言大学、北京化工大学、北京邮电大学等 6 所高校的百余名大学生志愿者为老同志进行“一对一”的电脑和智能手机培训。全年在 5 个活动站先后开班 36 次，共有 422 人次老同志参加培训，实现了培训常态化。

〔**迎新春走访慰问离退休干部**〕　春节前夕，陪同时任教育部党组书记、部长袁贵仁及教育部党组全体成员登门走访慰问老部长和抗战时期参加革命的老同志、老专家 30 余人，为他们送上新春祝福。离退休干部局领导班子成员及各相关处室重点走访了离休、家庭困难和本司局离退休老同志 226 人，教育部机关各司局通过召开座谈会、登门看望等方式，慰问了本司局离退休老同志，实现教育部机关春节走访慰问全覆盖。2016 年春节前，先后举办教育部在京老同志春节京剧招待会及教育部机关老同志迎春联欢活动。

〔**开展“敬老月”系列活动**〕　一是组织开展教育部机关离退休干部家庭孝亲敬老“孝星”表彰活动。时任教育部党组副书记、副部长沈晓明出席并讲话，教育部办公厅、人事司、机关党委有关负责人陪同出席，并为来自 31 个家庭的 41 位“孝星”颁发荣誉证书。“孝星”事迹汇编成书，发放给每位离退休老同志。二是举办第九届老同志趣味运动会，230 位老同志参加 2 个集体项目和 8 个个人项目比赛。三是组织 240 多位教育部机关老同志游览延庆世界葡萄博览园。

〔**办实事，解难事**〕　一是落实 2016 年教育部机关离退休干部工作领导小组拟为老同志办实事“4+1”方案。建立业务司局向老同志通报教育改革发展重大事项的机制，全年邀请 6 位业务司局负责人向老同志通报教育改革发展情况 7 次，并听取老同志意见建议；在建党 95 周年之际，开展对有特殊困难的老党员走访慰问送温暖活动，并发放一次性补助；完成二里庄活动站装修改造工程；做好中国教育科学研究院活动站的后续建设、修缮和维护工作。二是完善服务管理。为 19 位年满 75 岁的离退休干部安装“一键通”、14 位安装居家卫生间

“扶手”，为571位老同志订阅赠送2016年度《中国教育报》；召开2016年度新退休人员座谈会，介绍离退休干部局的工作职责与服务内容，帮助大家尽快适应退休生活；为29位70岁以上逢五逢十寿诞的老同志过集体生日，为91位70岁以上的老同志登门祝寿，寄发生日贺卡654份；组织429位老同志参加体检，探视住院人员120余人次，电话联系170人次，制作介绍网络挂号新方式的幻灯片(PPT)，在15个党支部的近200名老同志中进行演示讲解，按季度在离退休干部局网站和局宣传展板上更新养生保健知识；开展党员组织关系集中排查，对老同志的护照和港澳台通行证进行集中管理，对在企业兼职（任职）的处级以上退休干部进行清理；完成离退休干部的基础养老信息采集；配合教育部办公厅做好省部级干部住房集中清理相关工作。三是帮助老同志解决特殊困难。帮助64位符合条件的老同志申请国家机关事务管理局“夕阳红”救助金、教育部机关“关爱救助金”共44.68万元，有效帮助老同志解决就医和家庭特殊困难。四是建设完成教育部机关“老年开放大学·远程网络教学视频系统”，形成以教育部机关老年课堂为中心、辐射6个活动站的开放式学校，通过远程专线网络联接活动中心和活动站，实现教育部机关上课、活动站同步视频播放的教学方式，方便老同志就近接受老年教育，扩大老年教育的覆盖面和受益面。

〔**构筑立体信息化宣传服务管理体系**〕 一是启用并进一步优化完善教育部离退休工作在线管理系统。新增党建工作内容，强化工作管理模块；配备综合服务一体机，开通工资查询系统；注册开通微信企业号，实现在线管理系统部分功能从电脑端到移动客户端的转移，为老同志查询本人工资、本支部同志通讯录、巡诊报销时间，以及交流支部活动情况、参与在线学习提供便利，进一步提升了服务管理工作的规范化、数字化和科学化水平。二是离退休干部局网站浏览量大幅提升。全年网站更新信息441条，浏览量由2015年的4万多人次增至近16万人次，日均浏览量由150余人次增至436人次。三是微信公众号宣传带动作用进一步增强。全年共发布公众号255期，推送信息411条，单日阅读量超千人，公众号关注人数由2015年的570人增加至1 270人。四是媒体沟通联络机制进一步畅通。全年，中国教育电视台、《中国教育报》、《中国老年报》共报道教育部离退休干部工作信息16篇（次），《六大平台助力老同志发挥独特作用》等多篇报道在头版头条刊登。五是信息化助力工作效果进一步显现。“2234”——“两号、两系统、三群、四个一（一网、一站、一平台、一邮箱）”信息化服务体系已构成含“微服务、微管理、微学习、微宣传”的离退休工作微平台，成为老同志和离退休工作者离不开的微助手。《党建信息化为离退休干部党组织建设注入新活力》工作案例在2016年中央国家机关工委开展的全国党建信息化案例评选中，获全国机关党建信息化最佳案例，在15个最佳案例中位居第二名。教育部党组书记、部长陈宝生做出批示：“很好，总结经验，再创佳绩。”

〔**加强对直属单位、直属高校离退休干部工作指导**〕 一是组织开展培训。举办直属高校、直属单位加强和改进离退休干部工作专题培训班，教育部75所直属高校、26个直属单位共200位离退休部门负责人参加培训。培训班邀请中央组织部老干部局、全国老龄办负责人，教育部人事司和思想政治工作司负责人以及北京大学、中国政法大学有关专家，从不同角度对《关于进一步加强和改进离退休干部工作的意见》（简称《意见》）精神和老龄化社会大背景下如何做好离退休工作等做了专题辅导。二是深入基层调研。7月1—2日，时任离退休干部局局长安钰峰率队分别赴重庆大学、西南大学进行专题调研；12月8—9日，出席在海口市召开的中南片高校离退休工作研究会第二届二次年会，湖北省教育厅、海南省教育厅以及中南片19所高校离退休工作部门的负责人共50余人参会。离退休干部局班子成员分别率队到上海、广州两地召开驻沪、驻穗直属高校离退休工作座谈会，调查了解《意见》学习贯彻情况。三是组织推荐先进。根据中央组织部部署，于7月下旬印发《教育部办公厅关于做好全国老干部工作先进集体和先进工作者推荐表彰工作的通知》，在直属高校、直属单位中开展相关推荐申报工作。在12月23日召开的全国老干部工作先进集体和先进工作者表彰大会上，对106个全国老干部工作先进集体和306名先进个人进行了表彰，教育部占4个名额，在中央国家机关各部委中位居前列。其中，陕西师范大学离退休职工工作处和中南大学离退休工作处获“全国老干部工作先进集体”称号，吉林大学第二医院离退休工作部主任宋建辉获“全国老干部工作先进工作者”称号，华中科技大学老干部工作部副部长、离退休工作处副处长张华伟被评为“全国老干部工作优秀工作者”，并受到中央领导同志接见。四是做好统计年报。按照中央组织部要求，完成教育部75所直属高校、部分直属单位2015年17.7万名离退休干部统计年报工作，对报表达到良好等次的58个单位和报表达到合格等次的17个单位予以通报表扬。

〔**牵头举办中央国家机关离退休干部工作第二联络片座谈会**〕　8月24日，教育部离退休干部局受中央国家机关工委老龄办委托，召开中央国家机关离退休干部工作第二联络片座谈会，中央国家机关工委老龄办调研工作组一行3人出席会议，来自国家民族事务委员会、水利部、国务院国有资产监督管理委员会、国家食品药品监督管理总局、中国证券监督管理委员会、国务院南水北调办公室、中华全国供销合作总社、中国国际贸易促进会、中国投资有限责任公司、中国工商银行、中国银行、中国建设银行、中国邮政集团公司、中国人民保险集团公司等15家单位离退休干部工作部门的18位同志参加会议。与会单位就即将出台的《中央国家机关离退休干部基层党组织建设指导意见》进行了讨论，并提出了具体意见建议。

〔**全国老龄委成员单位调整**〕　2月，向全国老龄委呈报《教育部办公厅关于变更教育部作为全国老龄委成员单位委员、联络员、信息员的函》，全国老龄委成员单位牵头司局由教育部离退休干部局调整为职业教育与成人教育司，由其承担成员单位联络员、信息员职责。

撰稿　康　杨
审稿　于　虹　彭兴颀　潘俊强
　　　刘炳来　关　培

关心下一代工作

〔**综述**〕　2016年，教育系统关工委深入学习贯彻党的十八大和十八届三中、四中、五中、六中全会精神，以习近平总书记系列重要讲话及关于做好关心下一代工作的重要指示精神为指导，深入总结教育部关心下一代工作委员会（简称教育部关工委）成立25周年以来的成绩、经验，进一步组织动员队伍，聚焦中心，发挥优势，积极推动创新发展，打造新的工作品牌，在加强广大青少年思想政治教育、引导他们树立社会主义核心价值观方面取得显著成效。

〔**树立“四个意识”，抓住契机，服务大局**〕2016年，各级关工委在工作中牢固树立政治意识、大局意识、核心意识、看齐意识，认真学习贯彻习近平总书记系列重要讲话精神，紧紧围绕立德树人这一核心任务，发挥关工委老同志优势，狠抓马克思主义、社会主义意识形态及党史国史教育。

1. 认真学习贯彻习近平总书记系列重要讲话精神。通过会议、培训、基层调研等认真学习贯彻习近平总书记关于关心下一代工作的指示精神。召开学习贯彻习近平总书记“七一”重要讲话精神座谈会，印发通知，对教育系统关工委学习贯彻工作做出部署，并在教育部关工委官网和《关心下一代》杂志上开设专栏，交流各地各校学习贯彻情况。举办全国教育关工委领导干部培训班，邀请中央网络安全和信息化领导小组办公室、教育发展研究中心、教育部思想政治工作司、北京大学、浙江大学等单位知名专家、教授做专题报告，围绕学习贯彻习近平总书记“七一重要”讲话精神和做好网络新媒体环境下青少年思想政治教育展开专题学习研讨。

2. 组织庆祝教育部关工委成立25周年系列活动。国务院副总理刘延东对教育部关工委成立25周年做出重要批示，充分肯定了教育部关工委25年来，特别是近5年来的工作，对教育部关工委工作提出了明确要求和殷切希望。4月下旬，在北京召开庆祝教育部关工委成立25周年暨第五次工作会议。教育部关工委主任李卫红做工作报告，教育部关工委常务副主任、副主任，成员单位负责人，各省（自治区、直辖市）教育厅（教委）、新疆生产建设兵团教育局关工委负责人，教育部直属高校关工委负责人，教育部关工委各直属中心及《关心下一代》编辑部负责人等150余人参会；重庆市教育工委、湖北省教育厅关工委、清华大学关工委做大会交流，12家单位做书面交流；会议表彰了全国322个先进集体、653名先进个人。编印25周年纪念册，组织拍摄播放先进人物专题片。

3. 深入开展党史国史教育。以庆祝建党95周年、纪念红军长征胜利80周年为契机，印发《关于教育系统关工委深入开展党史国史教育的通知》，专门部署开展两史教育。各地各校结合实际，精心制定两史教育计划，充分发挥教育关工委“五老”和平台优势，积极挖掘各地红色教育资源，以青少年喜闻乐见的形式使两史教育成为新生入学、新党员培养、重大节庆纪念活动等的重要内容，受到广大师生欢迎，取得明显成效。

〔打造工作新品牌，积极探索，着力创新〕

1. 在高校开展“院士回母校”活动。以“坚定理想信念，传承科学精神”为主题，联合中国工程院科学道德建设委员会共同举办“院士回母校”系列活动。通过邀请中国工程院院士回母校，以校友和学长的身份与在校大学生面对面分享自己治学做人的经历和感悟，引导大学生树立正确的人生观、价值观和择业观。2016年，先后在清华大学、上海交通大学、北京科技大学、东南大学、华中科技大学、西安交通大学、大连理工大学、华南理工大学、天津大学、同济大学等10所教育部直属高校举办“院士回母校”活动，徐匡迪、戚发轫等10多位院士回到母校与大学生座谈交流，在大学生中产生了积极影响。数十家中央级媒体对活动进行了跟踪报道，新华社《国内动态清样》以“院士回母校活动创新大学生思政教育形式”为题予以刊发，《中国教育报》以《传承科学精神　点燃青春梦想》为题在一版做了全面报道。活动得到了各级领导的高度重视，在清华大学启动仪式上，中国关工委主任顾秀莲、时任教育部副部长刘利民、中国工程院副院长徐德龙出席并讲话，顾秀莲先后出席了3场活动，教育部部长陈宝生对活动做出批示，给予肯定。活动过程中引入网络、微信等新媒体宣传，上海“易班”、各高校的微信微博平台及时报道和互动交流，吸引大学生参与，引起广泛的社会关注。在此基础上，教育部关工委做出全面推开此项活动的部署，一些地区和高校制定了继续推动此项活动的计划，着手筹备工作。

2. 在职业院校开展“大国工匠进校园”活动。教育部关工委联合全国总工会宣教部共同组织开展“大国工匠进校园”活动。通过邀请大国工匠走进职业院校，以访谈、实操演示等形式与学生面对面交流，诠释工匠精神，教育和激励学生弘扬工匠精神，树立职业信心，提升职业素养。2016年，在北京、上海、湖北、广西4省市的4所高职院校开展了该项活动，邀请来自中国航天科技集团一院211厂高级焊工高凤林和中国南车青岛四方股份公司首席研磨师宁允展等9位大国工匠，与学生分享了他们成才报国的经历和感受。中国关工委主任顾秀莲、教育部副部长朱之文等出席启动仪式并讲话，新华社、中央电视台、《光明日报》等数十家媒体给予活动大篇幅的报道。通过网络、微信平台使举办学校学生及千里之外边疆对口支援受援学校师生收看现场实况。上海、湖北等地继续推进“工匠精神”研讨，扩大了活动的影响和带动作用。

3. 在中小学开展“老校长下乡”活动。在深入调研的基础上，指导北京、浙江、贵州等地开展

“老校长下乡”试点活动。组织富有优质教育资源的发达地区离退休教育管理人员深入贫困地区乡镇农村学校，传授学校管理、教师培养、校园文化建设方面的做法经验，送教上门，进行传帮带，受到了受援地区和学校的广泛欢迎。

〔**聚焦教育中心工作，发挥优势，积极作为**〕1. 推进家庭教育研究实践。贯彻落实《教育部关于加强家庭教育工作的指导意见》，安排教育部关工委家教中心就热点问题采访教育部基础教育一司相关负责人，并录制视频在中国家庭教育网上开设专栏宣传。认真推进“新时期中小学家庭教育立德树人的综合研究”课题研究，在江苏省海安县召开子课题现场观摩会，交流、展示优秀子课题的成果，推动子课题研究工作持续深入开展；在贵阳、厦门两市召开子课题后期研究交流会暨培训班，提高子课题研究水平和质量。截至2016年年底，参与课题研究的子课题单位达1 482个，覆盖全国29个省（自治区、直辖市），累计完成9期2 000多人次的培训。评出课题研究骨干学校33所、实验学校89所、13个课题协作区，课题研究成果丰富多样。

2. 对家长预防校园欺凌与暴力进行引导。教育部等九部门联合印发了《关于防治中小学生欺凌和暴力的指导意见》，受教育部基础教育一司委托，组织教育、法律、心理、社会学等方面的知名专家学者和一线教师进行研讨，选取有代表性的经典案例和常见问题编写了《预防校园欺凌和暴力指导手册》，对教师、家长进行有针对性的引导。

3. 积极参与社区教育。学习贯彻教育部等九部委《关于进一步推进社区教育发展的意见》，组织召开全国教育关工委社区教育工作交流研讨会，邀请教育部职业教育与成人教育司相关负责人解读文件精神，该领域知名教授做专题辅导报告，浙江省上城区教育局关工委等七家单位做经验交流，教育部关工委主任李卫红出席并讲话。会议总结回顾了教育关工委社区教育工作，进一步明确了今后工作目标和思路，对推动社区教育实践做出部署。

4. 组织开展“五好小公民”和“中华魂”主题教育读书活动。落实习近平总书记关于教师工作的指示精神，组织以“老师您好·我的好老师”为主题的第十九届“五好小公民”主题教育活动。活动包括读书、征文、演讲、书画、微视频大赛等环节，开展评选“尊师爱师好少年”和“我身边的好老师”等活动，将读书和育人紧密结合，吸引近5 000万名学生和上百万名一线教师参与，形成了师生携手弘扬和践行社会主义核心价值观的良好氛围。与中国关工委共同举办第二十四届“中华魂”主题教育活动，活动以“遵纪守法，从我做起”为主题，共吸引1 500万名青少年积极参与。

5. 联合中国下一代教育基金会为青少年做好事办实事。在云南省滇西地区开展“滇西圆梦计划”，投入资金123万元，建立10所留守儿童教育帮扶中心，并向70余所幼儿园、小学捐赠教学必需物资。在云南、四川、湖南3省开展留守儿童教育救助项目，投入资金55万元，捐建21个留守儿童教育帮扶中心。投入资金279万元，在全国14个省市34个县75所中小学开展“中华魂”捐书助学献爱心援建活动。投入资金78万余元，通过广东、四川两省教育厅关工委家长学校工作指导办公室推进两地的家长学校促进工作。投入资金近127万元，在陕西、内蒙古等省（自治区、直辖市）开展“中华英才培养计划”，受益师生达1万余人。在云南、贵州、新疆3省区开展“福彩有爱—点亮未来”福彩助学系列活动，投入70万元，资助350名品学兼优的家庭经济困难学生；投入51万元向3省区的30所中小学捐赠福彩爱心书屋30间，受益学生达3万余人。

〔**抓好自身建设，夯实基础，提高水平**〕1. 加强对各级教育关工委工作指导。落实教育部关工委领导班子成员分工联系地方制度，每人负责联系几个省（自治区、直辖市）。2016年，各位领导班子成员深入分工联系省份调研30余次，帮助有关省（自治区、直辖市）和高校解决机构设立、人员配备和经费等方面的实际困难和问题，进一步强化了地方关工委组织建设。加强对职业院校关工委建设的指导，在广泛征求各省教育关工委意见的基础上，职业院校联系点新增20所，使联系点数量扩大到40所，并在武汉职业技术学院、柳州铁道职业技术学院相继召开了高职和中职院校联系点会议，交流工作经验，推动职业院校关工委工作。加强与各地各校关工委的沟通，教育部关工委分别建立地方教育关工委、直属高校关工委、高职院校联系点关工委微信工作群及“院士回母校”“大国工匠进校园”专题工作群，及时推送工作信息，为各地各校关工委了解教育部关工委工作部署和动态、开展工作交流提供了平台，促进了工作研讨和互帮互学。

2. 做好理论研究工作。教育部关工委以学校和学生需求为牵引，以教育领域立德树人方面的难点、重点问题为主要着眼点，配合年度重点工作，制定科研规划，印发《教育关工委2016年课题研究指南》，指导各地各校开展调查研究。年初征集课题106项，经专家多轮评审，25项研究课题通过立项，教育部关工委理论研究中心投入20万元经费支持。组织“互联网与新媒体环境下的青少年思想道德建设”征文活动，共收到各地各校上报征文527篇，40篇征文分获一、二、三等奖，14个省级教育关工委获评优秀组织奖。

3. 强化宣传工作。制定年度宣传工作计划，重点工作或重要活动制定专门宣传方案并细化分工，保证件件有落实。开设微信公众号，刊发教育部关工委工作动态和各地的经验交流材料。2016年，共发布信息539条，成为各地各校及时了解工作动态、进行工作交流最重要的平台。进一步优化教育部关工委官网宣传，紧跟形势，及时开设相关专栏，保证重大活动的全方位宣传。2016年，共发布教育部关工委工作简讯62条，刊登各地来稿信息659条。加强工作刊编辑出版工作，在多方努力下，原内部刊物《关心下一代》取得正式刊号，并正式更名为《心系下一代》。2016年，共刊发各类稿件613篇。加强与新华社等中央级媒体的联系，突出重大活动的宣传报道，新华社、中央电视台、《光明日报》、《中国青年报》、《中国日报》、《中国教育报》、《科技日报》、中央人民广播电台、中国教育电视台等十多家传统主流媒体和新华网、人民网、中国网、《人民日报》及《中国青年报》微信公众号等数十家网络媒体对“院士回母校”“大国工匠进校园”活动等进行了跟踪报道。《中国教育报》三次在一版报道教育部关工委工作。

撰稿　张　惠
审稿　张　勇

全国学生资助管理工作

〔**出台普通高中免学杂费政策**〕　2016年8月，财政部、教育部联合印发《关于免除普通高中建档立卡家庭经济困难学生学杂费的意见》，决定从2016年秋季学期起，免除公办普通高中建档立卡等家庭经济困难学生（含非建档立卡的家庭经济困难残疾学生、农村低保家庭学生、农村特困救助供养学生）学杂费。同时，对民办普通高中就读的符合免学杂费政策条件的学生，按照当地同类型公办普通高中免除学杂费标准给予补助。民办学校学杂费标准高于补助的部分，学校可以按规定继续向学生收取。

〔**制定《国家开发银行助学贷款还款救助操作规程》**〕　为贯彻落实教育部、财政部、人民银行、银监会联合印发的《关于完善国家助学贷款政策的若干意见》，切实帮助特别困难的毕业借款学生解决经济困难，全国学生资助管理中心会同国家开发银行扶贫金融事业部区域开发局联合制定印发《国家开发银行助学贷款还款救助操作规程》，明确了救助资金来源、救助对象、救助标准、申请审批流程，有力推动了国家助学贷款还款救助机制的全面落实。

〔**国家学生资助政策全面落实**〕 2016年，各项资助政策全面落实。全国累计资助学前教育（幼儿）、义务教育、中职学校、普通高中和普通高校学生9 126.14万人次（不包括义务教育免除学杂费和免费教科书、营养膳食补助），比2015年增加692.83万人次；累计资助金额1 688.76亿元，比2015年增加128.51亿元，增幅8.24%。自2007年我国着力构建国家学生资助政策体系以来，资助资金连续10年保持高速增长。

1. 学前教育幼儿资助。2016年，各级政府、幼儿园及社会共计资助幼儿619.36万人次，资助金额共计68.18亿元，其中：(1) 政府资助585.40万人，资助66.20亿元；(2) 幼儿园资助27.90万人，资助1.60亿元；(3) 社会资助6.06万人，资助3 791.84万元。

2. 义务教育学生资助。(1) 全国约1.28亿名学生享受国家免费教科书政策，中央及地方各级财政共计投入资金约167.40亿元（含学生字典工具书采购资金），其中中央财政资金109.83亿元（含兵团）。(2) 6 827.09万名学生享受地方免费教科书政策，地方各级财政投入资金37.27亿元。(3) 1 563.83万名学生享受到家庭经济困难寄宿生生活费补助政策，补助资金165.11亿元，其中中央财政资金71.61亿元（含兵团）。

3. 中等职业学校学生资助。2016年，全国共资助中等职业学校学生1 502.66万人次，资助金额332.13亿元。其中：(1) 1 000.53万名学生享受免学费政策，资助金额200.11亿元；(2) 249.21万名学生享受国家助学金政策，资助金额49.84亿元；(3) 地方政府资助55.67万人次，资助金额6.45亿元；(4) 学校资助55.07万人次，资助金额3.58亿元；(5) 社会资助3.99万人次，资助金额1.09亿元；(6) 顶岗实习138.20万人次，资助金额71.06亿元。

4. 普通高中学生资助。2016年，全国共资助普通高中学生1 158.47万人次，共投入资助资金167.50亿元。其中：(1) 498.34万名普通高中学生享受国家助学金政策，资助金额98.83亿元。(2) 143.77万名普通高中学生享受建档立卡等家庭经济困难学生免学杂费政策，资助金额9.24亿元。(3) 地方政府在落实国家助学金、建档立卡等家庭经济困难学生免学杂费政策的基础上，共资助普通高中学生400.81万人次，资助金额44.05亿元。(4) 全国普通高中学校共资助85.15万人次，资助金额9.30亿元。(5) 全国共有30.40万人次普通高中学生获社会资助，资助金额6.07亿元。

5. 普通高校学生资助。2016年，政府、高校及社会设立的各类政策措施共资助全国普通高等学校学生4 281.82万人次，资助总金额955.84亿元。其中：(1) 各类奖学金共奖励全国普通高校学生875.01万人次，奖励金额210.19亿元。(2) 各类助学金共资助全国普通高校学生938.68万人次，资助金额297.49亿元。(3) 全国发放国家助学贷款378.21万人，发放金额263.21亿元。(4) 全国高校学生应征入伍服兵役享受国家资助12.41万人，资助金额16.32亿元。(5) 全国高校学生赴基层就业享受学费补偿贷款代偿4.96万人，资助金额5.66亿元。(6) 中央部属6所师范院校及部分地方师范院校师范生免费与补助资助6.22万人，资助金额5.44亿元。(7) 退役士兵考入普通高校享受学费资助8 117人，资助金额4 458.68万元。(8) 大学新生入学资助15.14万人，资助金额1.01亿元。(9) 研究生“三助”岗位津贴资助164.93万人次，资助金额45.39亿元。(10) 勤工助学374.34万人次，资助金额22.82亿元。(11) 其他资助：特殊困难补助168.28万人次，资助金额11.92亿元；伙食补贴资助671.88万人次，资助金额15.64亿元；学费减免资助19.08万人，减免金额5.18亿元；校内无息借款资助4.37万人，借款金额2.81亿元；其他项目资助234.17万人次，资助金额25.86亿元。(12) 通过“绿色通道”入学的本、专科家庭经济困难学生119.96万人。

〔**全国学生资助管理信息系统基本建成**〕 2016年，全国学生资助管理信息系统基本建成。

1. 系统建设取得阶段性成果。按照“统一设计、分步实施”原则，按学段逐步建成以学籍为基础的六个系统。2016 年，在中职资助子系统全国联网运行的基础上，普通高中、义务教育和学前教育三个资助子系统正式在全国联网运行。本专科生和研究生两个子系统主要功能基本开发完成，并进行了局部试点。

2. 系统数据安全得到进一步保障。为确保资助系统数据安全、防止信息泄露，全国学生资助管理中心会同教育部信息中心研究制定了《全国学生资助管理信息系统数据导出使用管理办法》，对部、省、市、县和学校导出、使用、销毁资助系统数据等方面做出了明确规定。

〔**建立精准资助工作机制**〕 2016 年，为推动落实中央“精准扶贫、精准脱贫”基本方略和教育部党组提出的“精准扶持弱势群体”工作要求，从以下四个方面积极探索并推进建立精准资助工作机制。

1. 推进预算分配更加精准。组织开展全国高校家庭经济困难学生分布情况抽样调查，为精准分配国家助学资金预算提供数据支撑。

2. 推进资助对象更加精准。协调扶贫、民政、残联等部门，研究如何准确认定普通高中免学费对象；与扶贫办比对中等职业学校建档立卡家庭经济困难学生享受国家资助政策情况，确保资助全覆盖；全面核查中职、高校、普通高中、初中学校“学籍重复”信息。

3. 推进资助力度更加精准。全国学生资助管理中心全面推进根据学生不同贫困程度分档发放资助资金工作，组织地方加大对特困学生资助力度，做好“三个加法”，即“国家资助+地方政府资助”“国家资助+学校资助”“国家资助+社会资助”。

4. 全面总结推广精准资助经验。遴选并汇编中职精准资助典型案例，召开全国中职精准资助经验现场推介会，围绕预算分配精准、资助对象精准、资助力度精准、资金发放精准、信息管理精准、政策执行精准等专题进行经验交流。总结普通高中精准资助经验并推广，不断提升精准资助水平。

〔**深入探索和推进资助育人工作**〕 2016 年，全国学生资助管理中心积极推动各地各校转变资助观念，不断拓展学生资助内涵，探索由传统的经济型资助向发展型资助延伸，强调把资助和育人有机融合起来，把资助工作落到人才培养这个核心任务上。

1. 组织召开座谈会，明确资助育人目标要求。7 月，召开高校资助育人工作座谈会，提出围绕“立德树人”这个根本任务，促进学生全面发展，抓住“培育和践行社会主义核心价值观”这一核心，强化创新精神和实践能力“两项能力”，加强励志教育、诚信教育和社会责任感教育“三项教育”。

2. 组织开展专题活动，推动资助育人向学校延伸。联合中国银行、《中国青年报》举办第三届“助学·筑梦·铸人”主题征文系列活动，新增“让梦想照亮芳华”视频大赛，鼓励广大青年学生参与活动，共收到征文 12 万篇、视频作品 3 000 余份。联合中国银行、国家开发银行举办“2016 年全国高校学生资助诚信教育主题活动”启动仪式，组织各地、各高校集中开展学生资助诚信教育主题活动，收集整理 58 个诚信教育特色案例，转发各地各高校学习借鉴。

3. 树立受助学生典型，积极传播资助育人正能量。遴选 108 名国家奖学金获奖学生优秀事迹，编辑出版《国家奖学金获奖学生风采录》。结合中职资助政策实施 10 周年，组织遴选并汇编 100 名中职优秀受助学生典型案例，并通过相关媒体予以宣传。通过收录大学生和中职学生自强自立、励志成才、创新创业、感恩奉献等优秀事迹，引导更多学生勤奋学习、回馈社会，传播正能量。

〔**学生资助宣传水平不断提高**〕 2016 年，学生资助宣传力度进一步加大，宣传工作水平不断提高。在宣传形式上实现“四上”，即上报、上网、上电视、上手机；在宣传路径上实现“三进”，即进校进村进家门。主要活动有：

1. 发布《2015 年中国学生资助发展报告》单行本；在《人民日报》《光明日报》《中国日报》等主流媒体全文刊载发展报告。

2. 制作学生资助公益广告，在中央电视台多个频道滚动播放。

3. 通过工业和信息化部向全国手机用户发送资助政策公益短信。

4. 发布致普通高中毕业生公开信，组织张贴在高中毕业班、乡镇（街道）、村委会（居委会）。

5. 印制 900 万册高校学生资助政策简介，随录取通知书邮寄到每一名大学新生家里，确保高校新生人手一册。

6. 开通高校学生资助热线电话，直接受理学生和家长政策咨询和问题投诉。

〔**推进中央高校、科研院所政府采购改革**〕 11 月 10 日，财政部印发《关于完善中央单位政府采购预算管理和中央高校、科研院所科研仪器设备采购管理有关事项的通知》，标志着中央高校、科研院所政府采购改革正式落地。至此，中央高校、科研院所的特殊性首次在国家政府采购活动规章制度中有所体现。改革大大缓解了政府采购工作和科学研究发展之间日益凸显的矛盾，直属高校反映强烈的难题和审计提出要求整改的问题基本得以解决。

撰稿　喻小明　左　涛　李红翔
涂世文　周春树　王　澜
审稿　田祖荫　马建斌　涂义才

教育人事管理

综 合 管 理

〔**推进教育部机关、教育部所属事业单位养老保险制度改革**〕 2016年，根据国家推进机关事业单位养老保险改革的总体部署，按照人力资源和社会保障部、财政部统一安排，教育部积极推进部机关、直属高校、直属事业单位参加养老保险。本年度主要开展了如下工作：采集教育部机关在职和退休干部养老保险数据、准备参保材料，组织所属在京事业单位做好养老保险数据采集、参保材料准备等工作。与相关部委、地方保持沟通，解决相关问题，对京外直属高校加强政策指导，推动改革平稳顺利进行。

〔**直属单位干部管理制度建设**〕 3月，教育部党组印发《教育部直属事业单位领导人员管理暂行办法》，对直属事业单位领导人员选任、交流、考核、奖惩等做出了规定。6月，教育部党组审议通过《中国教育出版传媒集团有限公司及所属企业领导人员任用管理暂行办法》，明确了集团公司及所属企业领导人员选任方式、管理权限和任免程序。

〔**直属机关后备干部队伍建设**〕 5月，教育部党组印发《加强教育部直属机关后备干部队伍建设实施办法》，提出要把好选拔关，加强实践历练，坚持严格管理，有计划地培养形成一支直属机关司局级领导班子后备干部队伍，落实后备干部培养使用政策，促进优秀干部脱颖而出。

〔**设立教育部中外人文交流中心**〕 为落实中央加强中外人文交流的战略部署，适应新时期国家对外交往战略要求，服务教育国际交流与对外开放需要，中央编办于9月印发了《关于调整设立教育部中外人文交流中心等事项的批复》，批准设立教育部中外人文交流中心。主要职责是：承担中外人文交流机制项目的具体组织实施，参与组织安排中外人文交流机制高级别会晤、双方会议等活动，参与协调对接中外人文交流机制外方委员会，宣传推广中外人文交流成果等。

〔**设立基础教育司和教材局**〕 根据中央关于加强和改进新形势下大中小学教材建设的要求，中央编办于12月印发了《关于教育部有关内设机构调整的批复》，批准教育部撤销基础教育一司、基础教育二司，设立基础教育司、教材局。基础教育司的主要职责是：承担基础教育的宏观管理工作，拟定推进义务教育均衡发展政策，拟定普通高中教育、幼儿教育、特殊教育的发展政策；会同有关方面提出加强农村义务教育的政策措施；会同有关方面拟定义务教育办学标准，规范义务教育学校办学行为；拟定基础教育的基本教学文件，推进教学改革；指导中小学校的德育、校外教育和安全管理；指导中小学教学信息化、图书馆和实验设备装备工作。教材局的主要职责是：承担国家教材委员会办公室工作，拟定全国教材建设规划和年度工作计划，负责组织专家研制课程设置方案和课程标准，制定完善教材建设基本制度规范，指导管理教材建设，加强教材管理信息化建设。

人 事 任 免

〔教育部机关干部任免名单〕

办公厅

张　岩	3月2日	免督查处副调研员
申玉彪	3月2日	免督查处副调研员
苏大林	5月13日	任总值班室主任
栾宗涛	5月31日	任督查处调研员
程之杰	7月25日	任总值班室副主任
冯向华	7月25日	任机关行政与保卫处副处长
张　权	10月26日	免督查处调研员
魏永高	11月28日	任秘书处副处长
蔡明才	11月28日	任信访处副处长
刘　茸	11月28日	任电子政务与档案处副处长
吴培红	11月28日	任秘书处调研员
张　英	11月28日	任电子政务与档案处调研员
孙继军	12月21日	任督查处副调研员

政策法规司

柯春辉	4月5日	免副司长

发展规划司

金平一	1月28日	免副巡视员
李燕丽	3月30日	任统计信息和事业计划处处长，免统计信息处处长
徐小强	3月30日	任直属基本建设处处长，免事业计划处处长
韩劲红	3月30日	任民办教育管理处处长，免直属基建处处长
于　洋	5月13日	任高校设置与综合业务处处长，免综合处处长
周天明	7月25日	任规划处处长
顾　然	7月25日	任民办教育管理处调研员
王雪涛	10月14日	免基建管理和后勤改革处处长
付　磊	10月25日	任办公室副主任

综合改革司

张　岩	3月2日	任试点指导处副调研员
张　岩	11月28日	试点指导处处长

人事司

王晓卫	2月25日	免副巡视员
孙继军	5月13日	任高校领导干部一处副处长

张军伟 5月13日 任机关与直属单位干部处副处长
安家琦 5月13日 任人事劳资处副处长
卢波辉 5月13日 任综合处调研员
张　旭 5月13日 任高校领导干部一处调研员
潘　逵 5月13日 任机关与直属单位干部处调研员
宋涤尘 9月2日 任综合处副处长
徐志强 9月2日 任驻外干部处副处长
周茂兴 9月2日 任高校领导干部二处调研员，免干部教育与监督处调研员
孙继军 12月21日 免高校领导干部一处副处长

财务司

沈志超 3月30日 任综合处处长，免审计处处长
郝丽霞 3月30日 任经费统计信息处处长，免会计处处长
刘　景 3月30日 任地方财务处处长，免经费统计信息处处长
迟玉收 3月30日 任外事财务处处长，免国有资产管理处处长
华成刚 3月30日 任国有资产管理处处长，免预算处处长
魏秦歌 3月30日 任审计处处长，免综合处处长
王卫忠 3月30日 任会计处处长，免外事财务处处长
王　征 6月13日 任经费统计信息处副处长
徐　薇 6月13日 任外事财务处调研员
陈淑梅 6月13日 任预算处处长
黎　慧 10月25日 任综合处副处长
章亿发 10月25日 任地方财务处副处长

基础教育一司

王定华 3月22日 免司长
吕玉刚 3月22日 任司长
张辉武 7月13日 任综合办公室副调研员
李静波 10月25日 任义务教育处调研员
荣　雷 10月25日 任学校德育处调研员
张辉武 12月30日 任综合办公室副处长
陈文涛 12月30日 任义务教育处副处长
高　君 12月30日 任学校管理处副处长
徐　攀 12月30日 任学校管理处副调研员，免学校管理处副处长

基础教育二司

乔玉全 9月2日 任高中与信息化处处长，免技术装备处处长
韩春勇 9月2日 任特殊教育处（司办公室）处长，免办公室主任
黄　伟 9月2日 任学前教育处处长
袁　磊 9月2日 任高中与信息化处调研员，免技术装备处调研员
吴　菁 9月2日 任高中与信息化处副处长，免技术装备处副处长
王正科 9月2日 任特殊教育处（司办公室）副处长
张　权 10月26日 任高中与信息化处调研员

职业教育与成人教育司

葛道凯　10月13日　免司长

董振华　12月30日　任城乡社会教育处副处长

刘　俊　12月30日　任教学与教材处副调研员

高等教育司

韩　筠　12月16日　免副巡视员

刘贵芹　12月22日　免副司长

徐青森　12月22日　任副司长

教育督导局（国务院教育督导委员会办公室）

田祖荫　3月22日　免督导办副主任（正司级）

何秀超　4月28日　任局长、主任，免督导办主任

林仕梁　4月28日　任副局长、副主任（正司级），免督导办副主任

周　坚　4月28日　任副局长、副主任，免督导办副主任

胡延品　7月5日　任巡视员

陈卫军　11月28日　任义务教育督导处处长

唐保国　11月28日　任督学管理处处长

李津石　11月28日　任学校督导处调研员

高　磊　11月28日　任督学管理处副调研员

民族教育司

次仁多布杰　7月5日　任巡视员

教师工作司

宋　磊　1月8日　任综合处处长，免办公室主任

黄　伟　1月8日　任教师发展处处长，免教师管理处处长

黄小华　1月8日　任教师管理与师德建设处处长，免师德建设处处长

章艳芬　1月8日　任综合处调研员，免办公室调研员

黄贵珍　1月8日　任教师发展处调研员，免办公室调研员

赵建军　1月8日　任教师管理与师德建设处调研员，免师德建设处调研员

焦江方　1月8日　任综合处调研员

王炳明　1月8日　任综合处副处长，免教师培训处副处长

王　薇　1月8日　任教师发展处副处长，免教师培养处副处长

刘璇璇　1月8日　任教师管理与师德建设处副处长，免教师管理处副处长

许　涛　3月22日　免司长

王定华　3月22日　任司长

葛振江　3月29日　免副司长

刘璇璇　9月2日　任教师管理与师德建设处调研员

赵　静　9月2日　任教师待遇与社会保障处调研员

体育卫生与艺术教育司

张　芯　2月19日　任体育与卫生教育处处长，免卫生教育处处长

许　弘　2月19日　任体育与卫生教育处副调研员，免体育处副调研员

陈蓓蓓　2月19日　任艺术与国防教育处副处长

思想政治工作司

蒋宏潮　5月13日　任综合维稳处处长

吕治国　5月13日　任思想教育与网络处处长

余先亭　5月13日　任党建统战处处长，免维护稳定处处长

葛元杰　6月13日　任综合维稳处调研员

许敏敏　11月7日　任思想教育与网络处副处长

冯　刚　12月22日　免司长

张东刚　12月22日　任司长

社会科学司

张东刚　12月22日　免司长

刘贵芹　12月22日　任司长

徐青森　12月22日　免副司长

科学技术司

雷朝滋　3月29日　免副司长

邹　晖　5月13日　任基础研究处调研员

何立芳　5月13日　任综合处副处长，免科技计划处副处长

李人杰　11月28日　任基础研究处副处长

任昌山　11月28日　任信息化处副处长

高校学生司

王建国　11月3日　免司长

唐小平　11月28日　任综合处调研员

蔺为民　11月28日　任本专科招生处调研员

冯　佳　11月28日　任毕业生就业处调研员

谭洁清　11月28日　任本专科招生处副处长

平　伟　11月28日　任研究生招生处副处长，免本专科招生处副处长

学位管理与研究生教育司（国务院学位委员会办公室）

梁国雄　2月25日　免副巡视员

杨大研　3月1日　任综合处处长

马　玲　7月25日　任学位管理处调研员

语言文字信息管理司

田立新　4月28日　任司长

李　强　11月28日　任规划协调处副处长

国际合作与交流司（港澳台事务办公室）

安　延　3月4日　任留学工作处处长，免港澳台事务办公室副主任（正处级）

岑建君　3月22日　免司长、主任

许　涛　3月22日　任司长、主任

李旭东　7月25日　任亚非处调研员

朱　莉　7月25日　任亚非处调研员

鄢智勇　7月25日　任留学工作处调研员

赵　磊　7月25日　任欧洲处副处长，免国际组织处副处长

毕欢欢　7月25日　任欧亚处副处长
邹　莹　7月25日　任国际组织处副处长
王晓玉　7月25日　任涉外监管和办学处副处长
赵　娜　7月25日　任留学工作处副调研员
孙雪晶　7月25日　任港澳台办副调研员
许　涛　8月23日　免港澳台办主任
刘　锦　8月23日　任港澳台办主任（正司长级）
陈盈晖　10月12日　免副司长
黄　颖　12月16日　免副巡视员

直属机关党委

吕玉刚　4月28日　免常务副书记
魏士强　4月28日　任常务副书记
张辉武　7月13日　免组织宣传处副调研员
吴述纲　7月25日　任组织宣传处调研员
周　莹　7月25日　任纪检工作处副调研员

离退休干部局

夏　晖　9月2日　任生活管理处副处长

中国联合国教科文组织全国委员会秘书处

申玉彪　3月2日　任科学文化处副调研员

〔直属单位司局级干部任免名单〕

国家教育行政学院

牛文起　7月5日　免副院长
温晓阳　10月13日　免党委副书记、纪委书记

中国教育科学研究院

徐长发　10月13日　免党委书记

教育部教育发展研究中心

张　力　11月3日　免主任

教育部职业技术教育中心研究生

刘立新　12月1日　免副所长

国家汉办（孔子学院总部）

胡志平　2月25日　免副主任、纪委书记
王永利　7月5日　免副主任
许　琳　10月28日　免主任、总干事

国家开放大学

杨孝堂　6月7日　任党委副书记
张少刚　12月16日　免党委副书记、纪委书记

中央电化教育馆

韩　骏　4月28日　任副馆长
王珠珠　11月21日　任党委书记

蔡 耘 11月21日 兼基础教育资源中心副主任

中国教育电视台

张 剑 4月5日 免党委书记、副台长

柯春晖 4月5日 任党委书记、副台长

教育部教育装备研究与发展中心

李 平 2月25日 任副主任

刘诗海 2月25日 免副主任

李玉先 7月13日 免副主任

教育部机关服务中心

高聚慧 3月29日 免主任、党委书记

葛振江 3月29日 任主任、党委书记

教育部留学服务中心

徐培祥 1月28日 任副主任

全国学生资助管理中心（教育部外资贷款事务中心）

张光明 3月22日 免主任

田祖荫 3月22日 任主任

全国高等学校学生信息咨询与就业指导中心

张凤有 3月29日 免主任

雷朝滋 3月29日 任主任

教育部学位与研究生教育发展中心

王洪歧 3月8日 免副主任

教育部高等教育教学评估中心

王战军 3月8日 免副主任

教育部学校规划建设发展中心

邬国强 2月25日 任副主任

中国教育出版传媒集团有限公司

吴 向 6月7日 免高等教育出版社副总编辑

曾卓明 6月14日 任中国教育出版传媒集团有限公司监事会成员、主席，免纪检组组长，直属党委书记

黄 强 6月14日 任人民教育出版社社长，免中国教育出版传媒股份有限公司副总经理

花向荣 10月13日 任中国教育出版传媒股份有限公司副总经理

教育部学生体育协会联合秘书处

杨立国 11月3日 免秘书长

中国教育学会秘书处

马建华 10月13日 免副秘书长

中国高等教育学会秘书处

王 革 6月7日 免副秘书长

〔直属高校领导干部任免名单〕

北京大学

郝　平	12月8日	任党委书记
朱善璐	12月8日	免党委书记
田　刚	12月1日	任副校长

清华大学

姜胜耀	4月28日	任党委常务副书记（正局级）
王希勤	11月21日	任副校长
程建平	12月1日	免常务副校长

中国人民大学

吴付来	7月5日	任纪委书记
贺耀敏	7月5日	任副校长
吴晓球	7月5日	任副校长
刘向兵	7月5日	免副校长
刘元春	11月21日	任副校长
查显友	11月21日	免副校长
郑水泉	11月21日	任党委副书记
靳　诺	12月17日	当选党委书记（第十四次党代会，连任）
张建明	12月17日	当选党委常务副书记（第十四次党代会，连任）
吴付来	12月17日	当选党委副书记、纪委书记（第十四次党代会，连任）
郑水泉	12月17日	当选党委副书记（第十四次党代会，连任）

北京师范大学

程建平	12月1日	任党委书记（副部长级）
刘川生	12月1日	免党委书记

南开大学

李义丹	5月24日	任党委副书记、纪委书记
王　磊	5月24日	任党委副书记
刘景泉	5月24日	免党委副书记
张式琪	5月24日	免党委副书记、纪委书记
李　靖	5月24日	任副校长
孙广平	5月24日	免副校长
魏大鹏	8月18日	任党委书记
薛进文	8月18日	免党委书记
严纯华	10月13日	任副校长
关乃佳	10月13日	免副校长

天津大学

舒歌群	5月24日	任党委常务副书记（正局级）、免副校长
孙广平	5月24日	任党委副书记、纪委书记
雷　鸣	5月24日	任党委副书记
汪　曦	5月24日	免党委副书记、纪委书记

李义丹 5月24日 免党委副书记
胡文平 5月24日 任副校长
李家俊 9月22日 任党委书记
刘建平 9月22日 免党委书记
钟登华 9月22日 任校长（副部长级）
李家俊 9月22日 免校长

大连理工大学

王寒松 4月28日 任党委书记
魏小鹏 3月22日 免党委书记

吉林大学

王利锋 1月7日 任党委副书记
李忠军 1月7日 任党委副书记、纪委书记
韩晓峰 1月7日 免党委副书记
刘晓民 1月7日 免党委副书记、纪委书记
杨振斌 6月22日 当选党委书记（第十四次党代会，连任）
蔡　莉 6月22日 当选党委常务副书记（第十四次党代会，连任）
李忠军 6月22日 当选党委副书记、纪委书记（第十四次党代会，连任）
冯正玉 6月22日 当选党委副书记（第十四次党代会，连任）
王利锋 6月22日 当选党委副书记（第十四次党代会，连任）
韩晓峰 11月21日 免副校长
李　凡 11月21日 不再担任副校级干部

复旦大学

魏小鹏 3月22日 任党委书记
林尚立 5月24日 免副校长
魏小鹏 8月18日 免党委书记
焦　扬 9月30日 任党委书记

上海交通大学

范先群 1月28日 任党委副书记（正局级）
孙大麟 1月28日 免党委副书记
梅　宏 8月23日 免副校长

同济大学

方守恩 3月29日 任党委常务副书记（正局级）
伍　江 3月29日 任常务副校长（正局级）
顾祥林 3月29日 任副校长
蔡达峰 3月29日 任副校长
陈以一 3月29日 免常务副校长
葛均波 3月29日 免副校长
钟志华 8月27日 任校长（副部长级）
裴　钢 8月27日 免校长

南京大学

杨　忠	4月18日	任党委常务副书记（正厅级）
刘鸿健	4月18日	任党委副书记、纪委书记
任利剑	4月18日	免党委副书记、纪委书记
吕　建	4月18日	任常务副校长（正厅级）

东南大学

刘　波	4月18日	任党委常务副书记（正厅级）
郑家茂	4月18日	任党委副书记，免副校长
任利剑	4月18日	任党委副书记、纪委书记
刘京南	4月18日	免党委常务副书记、纪委书记
刘鸿健	4月18日	免党委副书记
王保平	4月18日	任常务副校长（正厅级）
吴　刚	4月18日	任副校长
林萍华	4月18日	免副校长
刘　波	4月18日	免副校长
易　红	7月13日	当选党委书记（第十四次党代会，连任）
刘　波	7月13日	当选党委常务副书记（第十四次党代会，连任）
郑家茂	7月13日	当选党委副书记（第十四次党代会，连任）
任利剑	7月13日	当选党委副书记、纪委书记（第十四次党代会，连任）
王保平	8月23日	任常务副校长（正厅级，连任）
黄大卫	8月23日	任副校长（连任）
吴　刚	8月23日	任副校长（连任）
金保昇	8月23日	任副校长
周佑勇	8月23日	任副校长
丁　辉	8月23日	总会计师
浦跃朴	8月23日	免副校长
沈　炯	8月23日	免副校长

浙江大学

朱世强	1月28日	任党委副书记
胡旭阳	1月28日	任党委副书记
任少波	1月28日	任副校长，免党委副书记
任少波	7月26日	任常务副校长（正厅级）
邹晓东	8月23日	免党委常务副书记
郑　强	12月27日	任党委副书记（正厅级）

山东大学

刘建亚	10月20日	任副校长（正式任职，时间从2015年7月5日算起）
李术才	10月20日	任副校长（正式任职，时间从2015年7月5日算起）
胡金焱	10月20日	任副校长（正式任职，时间从2015年7月5日算起）

武汉大学

李建成	1月22日	任副校长（正式任职，时间从2014年12月16日算起）

周叶中　1月22日　任副校长（正式任职，时间从2014年12月16日算起）
蒋昌忠　1月28日　免党委副书记、纪委书记
黄泰岩　5月24日　任纪委书记
李晓红　6月12日　任校长（副部长级，连任）
李晓红　11月2日　免校长
窦贤康　12月1日　任校长（副部长级）
黄泰岩　12月16日　任党委常务副书记（正厅级）
赵雪梅　12月16日　任党委副书记
沈壮海　12月16日　任党委副书记
冯友梅　12月16日　任常务副校长（正厅级）
谈广鸣　12月16日　任常务副校长（正厅级）
李　斐　12月16日　任副校长（连任）
舒红兵　12月16日　任副校长（连任）
李建成　12月16日　任副校长（连任）
周叶中　12月16日　任副校长（连任）
骆郁廷　12月16日　免党委副书记
王传中　12月16日　免党委副书记、副校长

华中科技大学

段献忠　1月28日　免常务副校长

中南大学

陶立坚　1月28日　任党委常务副书记（正厅级）
蒋建湘　1月28日　任党委副书记
徐建军　1月28日　免党委常务副书记
胡岳华　1月28日　任常务副校长（正厅级）
黄健柏　1月28日　免常务副校长
田勇泉　1月28日　免副校长
陈　翔　7月13日　任副校长
郭学益　7月13日　任副校长
黄健陵　7月13日　任副校长
田红旗　7月13日　免副校长
张灼华　7月13日　免副校长
高文兵　7月23日　当选党委书记（第三次党代会，连任）
陶立坚　7月23日　当选党委常务副书记（第三次党代会，连任）
高　山　7月23日　当选党委副书记（第三次党代会，连任）
李　亮　7月23日　当选党委副书记、纪委书记（第三次党代会，连任）
蒋建湘　7月23日　当选党委副书记（第三次党代会，连任）

中山大学

朱孔军　6月7日　免党委副书记、副校长

四川大学

王建国　10月21日　任党委书记（副部长级）

杨泉明　10月21日　免党委书记

重庆大学

陶举虎　7月13日　任党委副书记、纪委书记
白晨光　7月13日　免党委副书记、纪委书记
王　旭　7月13日　任党委副书记
肖铁岩　7月13日　免党委副书记
杨　丹　7月18日　任常务副校长（正局级）
孟卫东　7月18日　任副校长（连任）
李茂国　7月18日　任副校长（连任）
刘汉龙　7月18日　任副校长
王时龙　7月18日　任副校长
廖瑞金　7月18日　任副校长
张四平　7月18日　免常务副校长
黄宗明　7月18日　免副校长
周　旬　7月22日　当选党委书记（第十三次党代会，连任）
舒立春　7月22日　当选党委常务副书记（第十三次党代会，连任）
陶举虎　7月22日　当选党委副书记、纪委书记（第十三次党代会，连任）
王　旭　7月22日　当选党委副书记（第十三次党代会，连任）

西北农林科技大学

李兴旺　7月16日　当选党委书记（第三次党代会，连任）
赵　忠　7月16日　当选党委常务副书记（第三次党代会，连任）
徐养福　7月16日　当选党委副书记（第三次党代会，连任）
吕卫东　7月16日　当选党委副书记（第三次党代会，连任）
任应坤　7月16日　当选党委副书记、纪委书记（第三次党代会，连任）

兰州大学

王寒松　4月28日　免党委书记
袁占亭　8月18日　任党委书记（副部长级）

北京邮电大学

李　杰　1月12日　任副校长（正式任职，时间从2014年7月15日算起）
吴建伟　12月1日　任党委书记
王亚杰　12月1日　免党委书记
任晓敏　12月1日　免党委常委、副校长

北京交通大学

高福廷　12月1日　免党委副书记、常委

北京科技大学

武贵龙　4月28日　任党委书记
罗维东　4月28日　免党委书记
王　戈　12月1日　免党委常委、委员、副校长（不保留级别待遇）

北京化工大学

王　贵　12月1日　免党委常委、副校长

李显扬 12月1日 免党委常委、副校长

北京林业大学

谢学文 5月24日 任党委委员、常委、副书记

宋维明 5月24日 任校长（连任）

骆有庆 5月24日 任副校长（连任）

王玉杰 5月24日 任副校长

张 闯 5月24日 任党委常委、副校长

李 雄 5月24日 任党委委员、常委、副校长

姜恩来 5月24日 免党委常委、委员、副校长

张启翔 5月24日 免党委常委、副校长

王晓卫 5月24日 免副校长

北京中医药大学

陶晓华 12月27日 任党委委员、常委、副校长

乔延江 12月27日 免党委常委、副校长

邬国强 12月27日 免党委常委、委员、副校长

对外经济贸易大学

蒋庆哲 8月23日 任党委委员、常委、书记

王稼琼 8月23日 任党委委员、常委、校长

王 玲 8月23日 免党委书记、常委

施建军 8月23日 免党委常委、校长

杨长春 12月27日 免党委常委、委员、副校长（不保留级别待遇）

北京语言大学

王鲁新 12月27日 免党委副书记、常委、委员

中央音乐学院

俞 峰 1月28日 任党委委员、常委、院长

中央戏剧学院

徐 贞 8月23日 任党委委员、副院长

郝 戎 8月23日 任副院长

廖向红 8月23日 免党委委员、副院长

中国传媒大学

胡正荣 8月23日 任校长

华北电力大学

何 华 8月23日 任党委委员、常委、副书记、纪委书记（正厅级）

李双辰 8月23日 免纪委书记

杨勇平 10月28日 任校长

孙忠权 10月28日 任副校长（连任）

王增平 10月28日 任副校长（连任）

李双辰 10月28日 任副校长，免党委副书记

郝英杰 10月28日 任副校长，免党委副书记

汪庆华 10月28日 任党委常委、副书记

郭孝锋　10 月 28 日　任党委常委、副书记
律方成　10 月 28 日　任党委常委、副校长
檀勤良　10 月 28 日　任党委委员、常委、副校长
刘吉臻　10 月 28 日　免党委常委、校长
张金辉　10 月 28 日　免党委副书记、常委、副校长
安连锁　10 月 28 日　免党委常委、副校长
孙平生　10 月 28 日　免党委常委、副校长

中国地质大学（北京）

姜恩来　5 月 24 日　任党委委员、常委、副书记
邓　军　7 月 5 日　任校长（连任）
雷涯邻　7 月 5 日　任副校长（连任）
王训练　7 月 5 日　任副校长（连任）
万　力　7 月 5 日　任党委委员、常委、副校长（连任）
王果胜　7 月 5 日　任副校长（连任）
刘大锰　7 月 5 日　任党委委员、常委、副校长
刘志方　7 月 5 日　免党委副书记、常委
谢学文　7 月 5 日　免党委常委、委员、副校长

中国矿业大学（北京）

王忠强　12 月 1 日　任党委副书记，免副校长
朱书全　12 月 1 日　任副校长，免党委副书记
范中启　12 月 1 日　任副校长
王家臣　12 月 1 日　任副校长
范　迅　12 月 1 日　免党委常委、副校长
孙继平　12 月 1 日　免党委常委、副校长
徐孝民　12 月 25 日　当选党委书记（第三次党代会，连任）
王忠强　12 月 25 日　当选党委副书记（第三次党代会，连任）
张志坤　12 月 25 日　当选党委副书记（第三次党代会，连任）、纪委书记（第三次党代会，连任）

（注：12 月 16 日批复党代会人选方案。）

中国石油大学（北京）

山红红　12 月 27 日　任党委书记
蒋庆哲　12 月 27 日　免党委书记

东北大学

熊晓梅　8 月 23 日　任党委书记
孙家学　8 月 23 日　免党委书记

东北师范大学

兰恒斌　1 月 28 日　任党委委员、常委、副书记、纪委书记
李忠军　1 月 28 日　免党委副书记、常委、委员、纪委书记
张君辉　2 月 25 日　免党委常委、副校长

东北林业大学

曹　军　4 月 18 日　免党委常委、副校长

东华大学

金海燕　4月28日　任党委委员、常委、副书记、纪委书记
罗仪华　4月28日　免党委副书记、常委、委员、纪委书记
朱　民　8月31日　当选党委书记（第十次党代会，连任）
刘淑慧　8月31日　当选党委副书记（第十次党代会，连任）
崔运花　8月31日　当选党委副书记（第十次党代会，连任）
金海燕　8月31日　当选党委副书记（第十次党代会，连任）、纪委书记（第十次党代会，连任）
（注：7月5日批复党代会人选方案。）

华东理工大学

罗仪华　4月28日　任党委委员、常委、副书记、纪委书记
陈　麒　8月23日　任党委常委、副书记
胡宝国　8月23日　任党委委员、常委、副校长
马玉录　8月23日　免党委副书记、常委

上海财经大学

黄　颖　12月16日　免副校长（挂职）

华东师范大学

任友群　5月24日　任常务副书记（正局级）
方　平　5月24日　任党委常委、副书记
周傲英　5月24日　任党委委员、常委、副校长
戴立益　5月24日　任副校长
郭为禄　5月24日　免党委常委、委员、副校长

上海外国语大学

钱　玲　3月8日　任党委委员、常委、副书记、纪委书记
王　静　3月8日　免纪委书记
李月松　3月8日　免党委副书记、常委
姜　锋　7月6日　当选党委书记（第十四次党代会，连任）
王　静　7月6日　当选党委副书记（第十四次党代会，连任）
钱　玲　7月6日　当选党委副书记（第十四次党代会，连任）、纪委书记（第十四次党代会，连任）
（注：6月8日批复党代会人选方案。）

河海大学

孟　新　2月25日　任党委委员、常委、副书记、纪委书记
郭继超　2月25日　免纪委书记
唐洪武　12月16日　任党委书记，免副校长
朱　拓　12月16日　免党委书记、常委、委员

南京农业大学

周光宏　12月1日　任校长（连任）
胡　锋　12月1日　任副校长（连任）
戴建君　12月1日　任副校长（连任）
丁艳锋　12月1日　任副校长（连任）

董维春 12月1日 任副校长（连任）
刘营军 12月1日 任党委副书记
闫祥林 12月1日 任党委常委、副校长
陈发棣 12月1日 任副校长
徐　翔 12月1日 免党委常委、副校长

中国药科大学

张福珍 12月16日 免党委副书记、常委

江南大学

朱　拓 8月23日 任党委委员、常委、书记
武贵龙 8月23日 免党委书记、常委、委员

合肥工业大学

陆　林 3月15日 任党委委员、常委、副书记、纪委书记
周　军 3月15日 免纪委书记

中国石油大学（华东）

郝　芳 12月27日 任党委委员、常委、校长
山红红 12月27日 免党委常委、委员、校长

武汉理工大学

万志建 12月1日 免党委副书记、常委
信思金 12月27日 任党委书记
刘　伟 12月27日 免党委书记、常委

中南财经政法大学

刘仁山 3月29日 任党委常委、副校长
邹进文 3月29日 任副校长

华中师范大学

李向农 3月29日 免党委常委、副校长

湖南大学

唐亚阳 6月7日 免党委副书记、常委、委员

华南理工大学

张振刚 5月4日 免党委副书记、常委、委员
章熙春 12月27日 任党委书记，免副校长
杜小明 12月27日 免党委书记、常委

电子科技大学

王亚非 12月27日 任党委书记
王志强 12月27日 免党委书记、常委

西南大学

陶举虎 3月29日 任党委副书记
李　华 7月13日 任党委委员、常委、副书记、纪委书记
陶举虎 7月13日 免党委副书记、常委、委员
徐晓黎 7月13日 免纪委书记

西安电子科技大学

　　张培营　5月24日　免党委常委、委员、副校长

陕西师范大学

　　王　涛　12月1日　免党委副书记、常委

高层次人才培养

〔**实施“长江学者奖励计划”**〕　2016年度，实施“长江学者奖励计划”工作突出两个方面改革举措：

一是进一步加大对中西部及东北地区高校倾斜支持力度。在2015年政策调整的基础上，进一步扩大政策倾斜支持范围，对从东部地区或海外到西部（含赣南、湘西、恩施等执行西部大开发政策的地区）、东北地区高校应聘特聘教授的高层次人才，年龄放宽2岁，为东部和海外已超过申报年龄的高水平学者创造到西部和东北地区服务的机会，推动高层次人才合理流动、优化人才布局；继续在会议评审环节设立专门名额，逐步提高中西部及东北地区高校的入选比例。

二是加强对高层次人才的政治引领和政治吸纳。4月至5月，在井冈山和延安两地举办首届“长江学者奖励计划”青年项目入选者研修班，进一步增进青年人才对党史国情的了解，提升党性修养，增强对党的领导高度认同感，强化责任担当意识，坚定科教报国的信念，拓展学术研究视野，建立新的学术研究起点，明确作为一名青年学术带头人所应担负的义务和责任。

经学校推荐、专家评审、委员会审定，共支持122所高校聘任2016年度“长江学者”440名（含特聘教授159名、讲座教授52名、青年学者229名）。人选质量进一步提升，人选分布进一步优化，中西部及东北地区高校聘任173人，占总数的39.2%。

附：

“长江学者奖励计划”2016年度聘任人选

一、特聘教授（159人）

推荐学校	姓　名	岗位名称
北京大学	陈　旻	内科学（肾病）
北京大学	陈玉宇	劳动经济学
北京大学	崔　斌	计算机软件与理论
北京大学	韩林合	外国哲学
北京大学	贺灿飞	人文地理学
北京大学	黄季焜	农业经济管理学
北京大学	孔　炜	病理学与病理生理学
北京大学	廖可斌	中国古典文献学

续表

推荐学校	姓 名	岗位名称
北京大学	彭 锋	艺术理论
北京大学	王 健	凝聚态物理
北京大学	王立新	世界地区、国别史
北京大学	燕继荣	政治学理论
北京大学	仰海峰	马克思主义哲学
北京大学	张守文	经济法学
北京大学	郑玉峰	材料学
清华大学	毕 军	网络空间安全基础
清华大学	李守奎	汉语言文字学
清华大学	刘 磊	有机化学
清华大学	沈晓骅	发育生物学
清华大学	田 轩	金融学
清华大学	汪家道	机械设计与理论
清华大学	杨茂君	生物化学与分子生物学
清华大学	曾 嵘	高电压与绝缘技术
清华大学	翟 荟	原子与分子物理
清华大学	周光权	刑法学
中国人民大学	贾根良	经济思想史
中国人民大学	卢小宾	信息分析
中国人民大学	杨念群	专门史
中国人民大学	张成思	金融学
中国人民大学	朱万曙	中国古代文学
北京师范大学	毕彦超	基础心理学
北京师范大学	黄荣怀	教育技术学
北京师范大学	夏星辉	水文学及水资源
北京师范大学	张哲俊	比较文学与世界文学
中国农业大学	傅 缨	植物学
中国农业大学	李道亮	农业电气化与自动化
对外经济贸易大学	洪俊杰	国际贸易学
对外经济贸易大学	王永贵	企业管理学
南开大学	李坤望	国际贸易学
南开大学	赵学功	世界史
天津大学	巩金龙	化学工艺
大连理工大学	亢 战	固体力学
大连理工大学	孙玉文	机械制造及其自动化
大连理工大学	王同敏	材料加工工程
大连理工大学	张 强	计算机应用技术
大连理工大学	周永贵	有机化学

续表

推荐学校	姓　名	岗位名称
东北大学	丁进良	控制理论与控制工程
东北大学	黄　敏	管理科学与工程
吉林大学	罗招庆	病原生物学
吉林大学	田毅鹏	社会学
吉林大学	邹　勃	凝聚态物理
复旦大学	陈志敏	外交学
复旦大学	阚海东	劳动卫生与环境卫生学
复旦大学	俞燕蕾	材料物理与化学
复旦大学	曾晓洋	微电子学与固体电子学
复旦大学	张新颖	中国现当代文学
复旦大学	张远波	凝聚态物理
上海交通大学	毕宇芳	内科学（内分泌与代谢病）
上海交通大学	卜　军	内科学（心血管病）
上海交通大学	熊红凯	信号与信息处理
上海交通大学	曾赛星	技术经济及管理学
华东理工大学	杜文莉	控制理论与控制工程
东华大学	丁　彬	纺织材料与纺织品设计
华东师范大学	朱志荣	文艺学
上海财经大学	李增泉	会计学
南京大学	顾　黔	语言学及应用语言学
南京大学	万贤纲	凝聚态物理
东南大学	李建春	岩土工程
东南大学	孙立涛	微电子学与固体电子学
中国矿业大学	周福宝	安全技术及工程
河海大学	王慧敏	行政管理学
河海大学	郑金海	港口、海岸及近海工程
浙江大学	陈宝梁	环境科学
浙江大学	徐　兵	机械电子工程
浙江大学	徐小洲	比较教育学
厦门大学	任　斌	分析化学
山东大学	刘允刚	控制理论与控制工程
山东大学	张庆松	岩土工程
中国海洋大学	艾庆辉	水产养殖学
武汉大学	吴根友	中国哲学
武汉大学	杨必胜	地图制图学与地理信息工程
武汉大学	姚宜斌	大地测量学与测量工程
武汉大学	张希承	概率论与数理统计
华中科技大学	方鹏骞	社会医学与卫生事业管理学

续表

推荐学校	姓　名	岗位名称
华中科技大学	韩宏伟	材料物理与化学
华中科技大学	江　涛	通信与信息系统
华中科技大学	李志纯	交通基础设施投资决策与交通需求管理
华中科技大学	张勇慧	药物化学
武汉理工大学	麦立强	材料物理与化学
华中农业大学	曹胜波	预防兽医学
湖南大学	张晓兵	分析化学
中南大学	雷光华	外科学（骨外）
中山大学	保继刚	旅游管理学
中山大学	纪红兵	工业催化
中山大学	李　隽	病理学与病理生理学
中山大学	徐忠明	法律史
华南理工大学	黄　飞	材料学
西南大学	陈新平	植物营养学
西南大学	王本朝	中国现当代文学
西南大学	朱德全	职业技术教育学
西南财经大学	林华珍	统计学
电子科技大学	魏彦玉	物理电子学
西安交通大学	刘　刚	材料学
西安交通大学	倪明玖	流体力学
西北农林科技大学	刘福来	农业水土工程
西北农林科技大学	刘西莉	植物病理学
西安电子科技大学	盛　敏	通信与信息系统
西安电子科技大学	张进成	微电子学与固体电子学
长安大学	兰恒星	地质工程
兰州大学	潘建伟	植物学
北京航空航天大学	刘　刚	精密仪器及机械
北京航空航天大学	王青云	一般力学与力学基础
北京航空航天大学	魏振忠	测试计量技术及仪器
北京航空航天大学	吴淮宁	控制理论与控制工程
北京航空航天大学	杨立军	动力机械及工程
哈尔滨工业大学	范　峰	结构工程
哈尔滨工业大学	李　垚	材料学
哈尔滨工业大学	孙　澄	建筑设计及其理论
哈尔滨工业大学	吴晓宏	化学工艺
哈尔滨工业大学	叶　强	管理科学与工程
南京航空航天大学	吴启晖	通信与信息系统
西北工业大学	岳晓奎	飞行器设计

续表

推荐学校	姓　名	岗位名称
中央民族大学	麻国庆	民族学
中国科学院大学	陈大华	发育生物学
中国科学院大学	王树涛	无机化学
第三军医大学	杨清武	神经病学
第四军医大学	陈发明	口腔临床医学
第四军医大学	陶　凌	内科学（心血管病）
国防科学技术大学	王　军	材料学
北京工业大学	陈树君	机械电子工程
北京工业大学	宋晓艳	材料学
北京石油化工学院	宇　波	油气储运工程
首都师范大学	李海梁	应用数学
首都师范大学	王淑芹	伦理学
天津医科大学	余　鹰	病理学与病理生理学
中北大学	薛晨阳	精密仪器及机械
辽宁大学	杨　松	经济法学
中国医科大学	吴安华	外科学（神外）
哈尔滨医科大学	李　悦	内科学（心血管病）
黑龙江大学	井立强	环境科学
上海体育学院	周成林	运动人体科学
上海音乐学院	叶国辉	作曲与作曲技术理论
南京审计大学	杨春雷	西方经济学
南京师范大学	王永贵	马克思主义基本原理
南京信息工程大学	陈海山	气象学
福建农林大学	魏太云	植物病理学
福州大学	王心晨	物理化学
华东交通大学	徐长节	岩土工程
长沙理工大学	曾祥君	电力系统及其自动化
广东工业大学	鲁仁全	控制理论与控制工程
华南师范大学	陈金龙	马克思主义中国化研究
华南师范大学	李　胜	动物学
华南师范大学	卢晓中	高等教育学
西北大学	陈　峰	中国古代史
西北大学	张志飞	古生物学与地层学
兰州理工大学	杜小泽	热能工程
青海大学	钟德钰	水力学及河流动力学
新疆大学	陈银广	环境工程
新疆大学	赵　玲	化学工程

二、讲座教授（52 人）

推荐学校	姓　名	岗位名称
中国石油大学（北京）克拉玛依校区	白宝君	油气田开发工程
吉林大学	潘宁·谢尔盖·维克托维奇	凝聚态物理
吉林大学	王钻开	机械制造及其自动化
吉林大学	张绳百	微电子学与固体电子学
武汉大学	徐　杰	语言学及应用语言学
武汉大学	杨海滨	企业管理学
华中科技大学	Jean-Philippe Pin	生物物理学
华中科技大学	Muhammad Suhail Zubairy	光学
武汉理工大学	张树君	材料物理与化学
华中师范大学	康文林	中国近现代史
华中师范大学	谢　魁	教育技术学
华中农业大学	Yang Yinong	植物病理学
湖南大学	Antonio Jose Plaza Miguel	模式识别与智能系统
湖南大学	潘智生	结构工程
中南大学	陈智勇	控制理论与控制工程
中南大学	岳振宇	老年医学
西南大学	毛诚德	分析化学
四川大学	Theodoor Louis D'haen	比较文学与世界文学
四川大学	张利民	岩土工程
西南财经大学	杨再福	西方经济学
西南财经大学	张田余	会计学
西南交通大学	胡仁华	管理科学与工程
电子科技大学	郭浩中	光通信
西安交通大学	Benjamin A. Alman	外科学（骨外）
西安交通大学	郭申阳	社会学
西安交通大学	科林·艾伦	科学技术哲学
西安交通大学	黎　晓	企业管理学
西安交通大学	王　飞	电力电子与电力传动
陕西师范大学	刘春宇	发展与教育心理学
西安电子科技大学	田　奇	信号与信息处理
西安电子科技大学	项　阳	网络空间安全
长安大学	Y. Richard Kim	道路与铁道工程
兰州大学	王增裕	牧草遗传育种
哈尔滨工业大学	Hans Ågren	物理化学
西北工业大学	Wei Qiuming	固体力学
西北工业大学	梁　华	概率论与数理统计
西北工业大学	刘天明	模式识别与智能系统

续表

推荐学校	姓　名	岗位名称
西北工业大学	夏振海	材料学
西北工业大学	熊　辉	计算机软件与理论
西北工业大学	亚历山大·塞尔沃多夫	航空宇航推进理论与工程
大连海事大学	孟　强	运输管理优化理论与应用
中国科学技术大学	麻小南	基础数学
中国科学技术大学	张　捷	空间物理学
第三军医大学	林慧观	病理学与病理生理学
东北财经大学	David Bruce Weaver	旅游管理学
东北财经大学	余　俊	数量经济学
哈尔滨医科大学	邹明辉	药理学
江西财经大学	蒋继明	数理统计学
江西财经大学	彭　亮	数量经济学
郑州大学	陶元祥	麻醉学
湖北大学	Jerry L. Workman	生物化学与分子生物学
西北大学	赵国春	构造地质学

三、青年学者（229 人）

推荐学校	姓　名	岗位名称
北京大学	安金鹏	基础数学
北京大学	董秀芳	语言学及应用语言学
北京大学	葛　颢	应用数学
北京大学	郝　丹	软件测试
北京大学	何琼毅	光学
北京大学	江　颖	凝聚态物理
北京大学	蒋大兴	经济法学
北京大学	廖志敏	材料物理与化学
北京大学	路江涌	企业管理学
北京大学	罗　欢	基础心理学
北京大学	裴永茂	固体力学
北京大学	杨汝岱	国民经济学
北京大学	邹如强	材料学
清华大学	陈　巍	通信与信息系统
清华大学	冯　鹏	桥梁与隧道工程
清华大学	黄伟希	流体力学
清华大学	季帅华	凝聚态物理
清华大学	蒋靖坤	环境科学
清华大学	劳东燕	刑法学

续表

推荐学校	姓　名	岗位名称
清华大学	李国良	计算机软件与理论
清华大学	李升波	车辆工程
清华大学	刘晓华	供热、供燃气、通风及空调工程
清华大学	陆　超	电力系统及其自动化
清华大学	庞　珣	国际关系学
清华大学	饶　燏	药物化学
清华大学	宋　成	材料学
清华大学	王　浩	金融学
清华大学	温宗国	技术经济及管理学
清华大学	徐建鸿	化学工程
清华大学	薛　健	会计学
清华大学	殷柳国	军事通信学
清华大学	赵　亮	有机化学
清华大学	朱　听	生物化学与分子生物学
中国人民大学	贾俊雪	财政学
中国人民大学	聂辉华	西方经济学
中国人民大学	许年行	企业管理学
中国人民大学	叶光亮	产业经济学
中国人民大学	叶康涛	会计学
北京师范大学	葛建全	基础数学
北京师范大学	易雨君	水力学及河流动力学
中国农业大学	白军飞	农业经济管理学
中国农业大学	霍再林	农业水土工程
中国农业大学	孙怡朋	预防兽医学
中国农业大学	王　毅	植物学
北京外国语大学	马会娟	翻译学
北京科技大学	尹升华	采矿工程
北京交通大学	柯燎亮	固体力学
北京交通大学	杨立兴	管理科学
北京邮电大学	高　飞	网络空间安全
北京邮电大学	许长桥	通信与信息系统
中国地质大学（北京）	蒋小伟	地下水科学与工程
中国政法大学	栗　峥	诉讼法学
南开大学	包　群	国际贸易学
南开大学	田利辉	金融学
南开大学	王　芳	情报学

续表

推荐学校	姓　名	岗位名称
南开大学	朱守非	有机化学
天津大学	范晓彬	化学工程
天津大学	韩家广	光学工程
天津大学	邹吉军	化学工艺
大连理工大学	王　峰	工业催化
大连理工大学	赵　珺	控制理论与控制工程
大连理工大学	邹　丽	船舶与海洋结构物设计制造
吉林大学	何志鹏	国际法学
吉林大学	郎兴友	材料物理与化学
吉林大学	王庆丰	马克思主义哲学
吉林大学	张全超	中国考古学
吉林大学	张　然	计算数学
东北师范大学	毕锡和	有机化学
东北师范大学	刘善槐	农村教育
东北师范大学	王占仁	思想政治教育
东北林业大学	于海鹏	木材科学与技术
复旦大学	陆　帅	计算数学
复旦大学	王　磊	遗传学
复旦大学	王应祥	植物学
复旦大学	吴力波	人口、资源与环境经济学
复旦大学	吴施伟	凝聚态物理
复旦大学	徐英瑾	科学技术哲学
复旦大学	张　凡	分析化学
复旦大学	张英梅	内科学（心血管病）
上海交通大学	曹亚南	肿瘤学
上海交通大学	井润田	技术经济及管理学
上海交通大学	彭林法	机械制造及其自动化
上海交通大学	涂圣贤	生物影像医学
上海交通大学	谢春景	基础数学
上海交通大学	郁　昱	密码学
上海交通大学	朱浩瑾	计算机应用技术
上海交通大学	邹建新	材料学
同济大学	贾鑫明	免疫学
同济大学	李翔宁	设计学
同济大学	王亚宜	市政工程
华东理工大学	白志山	化工过程机械

续表

推荐学校	姓　名	岗位名称
华东师范大学	陈　赟	中国哲学
华东师范大学	高栓虎	有机化学
华东师范大学	李大力	发育生物学
华东师范大学	罗　剑	生物化学与分子生物学
华东师范大学	汪晓赞	体育人文社会学
上海财经大学	范子英	财政学
南京大学	程　亮	摄影测量与遥感
南京大学	刘　斌	微电子学与固体电子学
南京大学	唐朝生	地质工程
南京大学	吴愈晓	社会学
南京大学	杨　欢	凝聚态物理
南京大学	张　炳	人口、资源与环境经济学
南京大学	张效伟	环境科学
东南大学	程　强	无线电物理
东南大学	蒋卫祥	电磁场与微波技术
东南大学	刘　攀	交通运输规划与管理
东南大学	王　浩	桥梁与隧道工程
东南大学	虞文武	控制理论与控制工程
江南大学	刘　龙	发酵工程
南京农业大学	石晓平	土地资源管理学
南京农业大学	吴巨友	果树学
合肥工业大学	洪日昌	计算机应用技术
合肥工业大学	汪　萌	信号与信息处理
浙江大学	冯国栋	中国古典文献学
浙江大学	高在峰	基础心理学
浙江大学	郝田虎	英语语言文学
浙江大学	胡　铭	诉讼法学
浙江大学	胡新央	内科学（心血管病）
浙江大学	罗　坤	工程热物理
浙江大学	佟　超	细胞生物学
浙江大学	汪　浩	神经生物学
浙江大学	邢华斌	化学工程
浙江大学	杨建立	植物营养学
浙江大学	周江洪	民商法学
浙江大学	朱　斌	岩土工程
浙江大学	朱永群	病原生物学

续表

推荐学校	姓　名	岗位名称
浙江大学	邹　俊	机械电子工程
厦门大学	蔡从燕	国际法学
厦门大学	孔祥建	无机化学
厦门大学	郑挺国	数量经济学
山东大学	秦莹莹	妇产科学
山东大学	杨　明	肿瘤学
中国海洋大学	刘福顺	港口、海岸及近海工程
中国石油大学（华东）	王志远	油气井工程
武汉大学	付　磊	材料物理与化学
武汉大学	秦天宝	环境与资源保护法学
武汉大学	孙永强	情报学
武汉大学	汪　涛	企业管理学
武汉大学	王连荣	微生物与生化药学
武汉大学	魏　斌	中国古代史
华中科技大学	黄永安	机械电子工程
华中科技大学	尚　游	麻醉学
华中科技大学	王　健	物理电子学
华中科技大学	张海涛	控制理论与控制工程
华中科技大学	赵海波	热能工程
中国地质大学（武汉）	宁伏龙	地质工程
华中师范大学	李遇春	中国现当代文学
华中农业大学	蔡　鹏	土壤学
华中农业大学	彭贵青	预防兽医学
华中农业大学	殷　平	生物化学与分子生物学
中南财经政法大学	陈柏峰	法学理论
湖南大学	姜　潮	机械设计与理论
湖南大学	张跃军	管理科学与工程
中山大学	储诚进	生态学
中山大学	董建文	光学
中山大学	何诗海	中国古代文学
中山大学	邝栋明	免疫学
中山大学	李高仁	物理化学
中山大学	熊　卫	逻辑学
中山大学	袁文平	气候变化与环境生态学
中山大学	张　鹏	人类学
华南理工大学	李国强	材料学

续表

推荐学校	姓　名	岗位名称
重庆大学	陈　蓉	工程热物理
重庆大学	吕学伟	钢铁冶金
重庆大学	辛清泉	会计学
西南大学	李永东	中国现当代文学
四川大学	邓　东	生物化学与分子生物学
四川大学	方　正	企业管理学
四川大学	刘淑君	运筹学与控制论
电子科技大学	程钰间	电磁场与微波技术
西安交通大学	雷亚国	机械设计与理论
西安交通大学	王金华	动力机械及工程
西北农林科技大学	王晓杰	植物病理学
西北农林科技大学	赵敏娟	农业经济管理学
西安电子科技大学	董伟生	电路与系统
兰州大学	董广辉	自然地理学
北京航空航天大学	程群峰	高分子化学与物理
北京航空航天大学	胡庆雷	导航、制导与控制
北京航空航天大学	刘克松	纳米材料与技术
北京航空航天大学	吴俊杰	管理科学与工程
北京航空航天大学	吴晓樵	德语语言文学
北京理工大学	乔　栋	飞行器设计
北京理工大学	孙　健	控制理论与控制工程
哈尔滨工业大学	邱剑彬	系统工程
哈尔滨工业大学	帅　永	工程热物理
南京航空航天大学	顾冬冬	航空宇航制造工程
南京航空航天大学	徐正扬	机械制造及其自动化
南京理工大学	曾海波	材料学
北京协和医学院	陈厚早	病理学与病理生理学
暨南大学	闫月珍	文艺学
中国科学技术大学	李文卫	环境工程
中国科学技术大学	刘　岗	材料学
中国科学技术大学	孙永福	纳米化学
中国科学院大学	谷　林	凝聚态物理
中国科学院大学	邵　涛	高电压与绝缘技术
第二军医大学	陈　磊	病理学与病理生理学
第二军医大学	任善成	外科学（泌尿外）
第二军医大学	张　磊	生药学

续表

推荐学校	姓 名	岗位名称
第四军医大学	潘阳林	内科学（消化系病）
空军工程大学	何卫锋	航空宇航制造工程
北京工业大学	路德春	岩土工程
首都医科大学	高 伟	中药学
天津医科大学	艾 玎	病理学与病理生理学
天津医科大学	王 艳	生物化学与分子生物学
辽宁师范大学	罗文波	基础心理学
哈尔滨医科大学	田进伟	内科学（心血管病）
黑龙江大学	许 辉	材料学
华东政法大学	王 迁	民商法学
上海大学	张勇安	区域与国别史
上海大学	镇 璐	物流系统工程
上海理工大学	朱亦鸣	太赫兹检测技术
南京师范大学	兰亚乾	无机化学
南京医科大学	顾爱华	卫生毒理学
南京邮电大学	赖文勇	微电子学与固体电子学
苏州大学	陈 罡	外科学（神外）
苏州大学	陈华兵	药剂学
苏州大学	何苏丹	细胞生物学
扬州大学	陈 军	文艺学
浙江工业大学	张文安	控制理论与控制工程
浙江师范大学	李圣华	中国古典文献学
湖南师范大学	郑贤章	汉语言文字学
广东工业大学	胡 飞	工业设计
广州医科大学	刘兴国	细胞生物学
华南师范大学	陈 骐	基础心理学
重庆医科大学	侯胜平	眼科学
四川农业大学	李明洲	动物遗传育种与繁殖
西北大学	韩志斌	世界史
西北大学	龙晓平	矿物学、岩石学、矿床学

撰稿 安家琦 冯文礼 高 颉 游顺勇
甘真玮 林 林

审稿 刘大为 廖舒力 吕 杰 彭 实
赵丹龄 杨 鸿 马贵生 方永生
李雪明 王 磊 卢波辉 张 旭
罗 萍

国家教育行政学院培训工作

〔**综述**〕 2016年，学院紧紧围绕落实教育部中心工作，坚持服务国家教育改革发展大局，以建设国内一流干训院校为目标，不断提高培训质量，加强“一体两翼”发展格局建设，积极推进学院各项事业发展。

〔**教育管理干部培训工作实现规模、质量双提升**〕 2016年，学院继续坚持“强化办学特色、精心打造品牌、加强软实力建设、走内涵发展道路”的思路，稳步推进教育管理干部培训工作，培训规模与培训质量均有提高。学院全年完成各类面授培训项目209个，培训学员25 697人次，共计244 544人天，圆满完成了教育部党组和相关司局下达的各项培训任务及地方委托的培训项目。与2015年相比，培训项目数增加30.6%，培训学员人数增加58.4%，培训人天数增加22.6%。学院全面优化培训设计、教学、管理、服务等各方面工作，通过问卷评估、访谈评估、网络评估、座谈评估、追踪评估等多种形式，扎实做好培训质量评估工作，基本实现项目全覆盖。2016年，通过两套评估系统的匿名综合评价，学员对所有面授培训项目的总体满意度平均为98.8%。全年培训工作呈现以下特点：(1) 突出做好主业主课。学院坚持围绕中心，服务大局，贯彻落实中央精神，服务国家重大战略，聚焦教育部重点工作和重大政策，把坚定理想信念、加强党性修养放在教育系统干部培训的首位。2016年，学院各类培训项目把深入贯彻落实习近平总书记系列重要讲话，党的十八大及十八届三中、四中、五中、六中全会精神作为首要政治任务，结合全党深入开展“三严三实”和“两学一做”学习教育，在计划内容、课程设计等方面进一步突出理想信念教育、社会主义核心价值观教育、党风廉政教育，帮助学员增强政治意识、大局意识、核心意识、看齐意识。通过专家辅导报告、分组研讨、自学、撰写心得体会等多种形式，让学员全面系统地领会相关精神要旨。(2) 紧跟改革发展热点。围绕国家重大战略和教育部中心工作，学院主动设计和承担了大量新的专题培训项目，如坚持立德树人弘扬中华优秀传统文化专题研讨班、落实“双创”战略与服务老工业基地振兴专题研讨班、信息化与基础教育教学改革专题研讨班等。(3) 持续优化培训结构。学院针对关键岗位和关键问题，科学布局各类教育干部培训项目。依托面授培训和远程培训的“一体两翼”培训格局，不断丰富培训类型，完善培训结构，全面覆盖教育改革发展重点领域。学院从教育事业改革发展需求出发，在进一步优化高校领导干部进修班、高校中青年干部培训班、地市教育局局长研修班、县市教育局局长培训班、省地督学培训班等传统培训项目的基础上，将民办高校校长进修班纳入常规培训，以学院教师授课为主开展培训者培训。(4) 提升培训专业化水平。学院不断创新培训模式、更新教学资源、改进授课方式，培训的科学化、专业化水平不断提升。学院着力在计划设计和课程设置上下功夫，大幅增加实践型专家的授课比重。在教学环节、培训模式、专题调研以及现场教学等方面取得明显成效，学员的获得感显著增强。

〔**支持中西部地区教育干部培训力度持续加强**〕学院积极响应国家推动中西部地区发展宏观战略，紧密配合教育部促进中西部地区教育发展的一系列重要部署，持续为中西部地区教育系统干部培训提供大力支持。作为落实教育部教育精准扶贫的重要举措，8月和9月，学院在云南省楚雄彝族自治州永仁县相继举办了“中小学骨干教师能力提升专题班”和“幼儿园园长和骨干教师培训班”等，为楚雄的永仁县、姚安县、南华县、大姚县、武定县、禄丰县、元谋县、牟定县共培训骨干教师340余人；学院连续8年牵头实施“教育部——中国移动中西部地区中小学校长培训项目”，通过“影子培训”和远程培训，为中西部地区累计培训中小学校长8万余人次；连续3年承办“田家炳基金会西部乡村中小学校长培训计划”，为云南、贵州、海南等中西部省份累计培训中小学校长近2 000人次。学院有针对性地承接了中西部高校和地方政府委托项目，如“内蒙古自治区呼伦贝尔市海拉尔区中小学校长培训班”“内蒙古建筑职业技术学院中层干部管理能力提升培训班”“江西信丰县、赣县中小学校长培训班”“桂林理工大学教学院长培训班”“贵州铜仁学院中层干部管理能力提升培训班”等。

〔**涉外教育培训合作与交流稳步推进**〕　学院充分利用“走出去”和“请进来”两大抓手，不断提升教育培训合作与交流的国际化水平。在“走出去”方面，学院全年共组织“千名中西部大学校长海外研修计划”8个团组共171人，分赴德国、加拿大、芬兰、澳大利亚、美国、英国等进行培训。学院组织来自三峡大学、西北大学、甘肃农业大学等7所高校科研机构的15名领导干部和科研人员赴荷兰阿姆斯特丹自由大学开展中荷“高等教育与科研国际化高级研修班”第二阶段研修，与阿姆斯特丹自由大学、荷兰皇家科学院等多所大学和研究机构进行了深入交流。在“请进来”方面，学院举办“中欧高等教育学术及科研国际化高级研修班”，邀请十多位来自欧盟成员国的专家授课参与研讨。学院承办由教育部教师司主办、联合国儿童基金会资助的“高校教师发展高级研修班”，邀请美国加州大学伯克利分校教师发展中心专家团队分享了加州大学伯克利分校教师发展的相关情况，200名来自部委所属高校和部分地方高校教师发展中心的负责人参加研修。在中央人民政府驻香港特别行政区联络办公室和教育部港澳台办公室的大力支持下，学院首次承办香港特别行政区政府教育局中高层公务员培训班，共35名香港特别行政区政府教育局公务员来院参加培训。学院全年共接待来自荷兰、芬兰、德国、美国、英国、澳大利亚、加拿大、马来西亚和欧盟的有关高校和机构来访16批次，邀请英国圣玛丽大学校长弗朗西斯·坎贝尔等外国大学校长来院授课3人次。

〔**远程教育干部培训规模不断拓展**〕　2016年，学院以中国教育干部网络学院为平台，开展教育干部远程培训项目。全年共培训学员257 741人次，比2015年增长59.9%。其中，基础教育领域共培训干部、校长和教师累计100 890人次，比2015年增长116.9%；高等教育领域共培训干部、校长、教师和大学生党员累计156 851人次，比2015年增长36.8%。重点开展了“信息化教学”“高校教师党员两学一做”“教师专业发展”“新高考背景下的教与考”“校本培训”“中小学校党员两学一做学习”“法制教育任课教师培训”“督学任职资格培训”及“督学在职提高培训”等项目。

〔**开通大学生网络党校**〕　大学生网络党校是在中央组织部党员教育和干部测评中心、教育部思想政治工作司指导下，由国家教育行政学院依托中国教育干部网络学院的技术平台和丰富的资源建设的国家级大学生党员网络学习和管理平台，旨在贯彻落实中央《2014—2018年全国党员教育培训工作规划》精神，加强大学生党员教育工作，创新教育培训手段，提高党员教育培训的现代化水平。3月25日，学院举行全国大学生党员“两学一做”专题网络培训示范班开班式暨大学生网络党校开通仪式，学院党委书记、常务副院长马俊杰主持仪式，全国2万名大学生党员参加首批培训。

〔**完成国家教育体制改革试点第三方评估工作**〕　受国家教育体制改革领导小组办公室委托，学院组织评估团队，开展国家教育体制改革试点第三方评估研究工作。课题组成员分赴全国20个省（自治区、直辖市）进行评估调研，现场评估试点项目312个，实地调研试点单位146家，召开座谈会135场。在调查研究的基础上，通过要点摘编的形式，收集要点1 058条，合计82 303字。向国家教育体制改革领导小组办公室提交评估报告15份，合计约50万字。9月，相关评估成果《国家教育体制改革试点阶段性案例研究（高等教育卷）》和《国家教育体制改革试点阶段性案例研究（基础教育卷）》由教育科学出版社出版。

〔**研训一体化建设取得积极成果**〕　一是组织力量撰写《中小学校长影子培训启思录》，对学院牵头实施的“教育部—中国移动中小学校长影子培训项目”的培训模式进行系统梳理和总结。二是汇总整理学院教师的相关研究成果，完成了《教育干部培训需求研究》。三是在广泛调研和学习借鉴兄弟干部院校经验的基础上，研究起草并由学院正式通过了《国家教育行政学院现场教学基地建设与管理办法》，制定了现场教学基地建设方案，启动了示范性基地的前期调研和准备工作。

〔**以巡视工作为契机，推动培训工作再上新台阶**〕　10月20日，教育部党组第八巡视组巡视国家教育行政学院工作动员会召开。教育部巡视工作办公室负责人传达了中央关于深化政治巡视的最新精神和教育部党组的工作要求，巡视组组长李耀建就巡视工作做动员讲话。学院党委书记、常务副院长马俊杰主持会议并发言。10月20日至11月25日，教育部党组第八巡视组在学院进行了为期37天的巡视，顺利完成了对学院的巡视工作任务。其间，学院领导班子和各部门积极支持和配合巡视工作，坚决把巡视组检查的各项要求落到实处，转化为学院干事创业、科学发展的强大动力。

〔**举办春季教育论坛**〕　3月10日，学院高端学术峰会春季教育论坛如期举行。论坛贯彻党的十八届五中全会提出的实施“互联网+”行动计划，以“‘互联网+’行动计划与教育变革”为主题。论坛由主旨论坛和三个平行论坛组成，来自教育部科技发展中心、北京大学、清华大学、北京师范大学、华中师范大学、哈尔滨工业大学、甘肃省教育厅、上海市虹口区教育局、IBM全球业务咨询部等单位的18位特邀嘉宾，分别围绕“‘互联网+’时代的教育变革与发展”“‘互联网+’课堂教学”“‘互联网+’智慧校园”和“‘互联网+’教育治理”等议题发表演讲，探讨了互联网技术带给教育的影响和冲击、“互联网+”作为教育创新发展新动力的表现和内涵、未来智慧校园建设的前景、信息技术促进教育公平的实践与经验、教育信息技术的使用与过度技术化的避免、借助MOOC深化高校教学方法改革等重大前沿问题。论坛上，演讲嘉宾与参会学员就“互联网+”与教育融合的实践、经验、困惑和观点等进行了深入交流。在学院研修的第51期高校领导干部进修班、第47期高校中青年干部培训班、第39期地（市）教育局长班、第43期省（地）督学班和第12期浙江中青年干部培训班共500余名学员参加了论坛。

〔**《陈至立教育文集》出版赠书仪式举行**〕　11月6日，由国家教育行政学院和中国教育出版传媒集团有限公司共同主办的《陈至立教育文集》出版赠书仪式在北京举行。十一届全国人大常委会副委员长陈至立出席并向与会代表赠书，教育部副部长、党组副书记沈晓明出席并讲话。会议由国家教育行政学院党委书记、常务副院长马俊杰主持。《陈至立教育文集》共三卷，收录了陈至立同志1997年至2008年担任国家教育委员会党组书记、副主任，教育部部长和国务委员期间关于教育工作的180余篇讲话和文章。《陈至立教育文集》由高等教育出版社、人民教育出版社共同出版。

撰稿　赵　玄
审稿　马俊杰　李　冬

教育财务与审计

教育部 国家统计局 财政部关于2015年全国教育经费执行情况统计公告

〔全国教育经费投入总体情况〕 2015年，全国教育经费总投入为36 129.19亿元，比2014年的32 806.46亿元增长10.13%。其中，国家财政性教育经费（主要包括公共财政预算安排的教育经费、政府性基金预算安排的教育经费、企业办学中的企业拨款、校办产业和社会服务收入用于教育的经费等）为29 221.45亿元，比2014年的26 420.58亿元增长10.60%。

〔《教育法》规定的“三个增长”落实情况〕 1. 全国公共财政教育支出（包括教育事业费、基建经费和教育费附加）为25 861.87亿元，比2014年增长14.55%，同口径增长9.41%。其中，中央财政教育支出4 245.58亿元，比2014年增长3.51%。

2. 各级教育生均公共财政预算教育事业费支出增长情况。2015年，全国普通小学、普通初中、普通高中、中等职业学校、普通高等学校生均公共财政预算教育事业费支出情况是：

（1）全国普通小学为8 838.44元，比2014年的7 681.02元增长15.07%。其中，农村为8 576.75元，比2014年的7 403.91元增长15.84%。普通小学增长最快的是西藏自治区（43.81%）。

（2）全国普通初中为12 105.08元，比2014年的10 359.33元增长16.85%。其中，农村为11 348.79元，比2014年的9 711.82元增长16.86%。普通初中增长最快的是西藏自治区（43.37%）。

（3）全国普通高中为10 820.96元，比2014年的9 024.96元增长19.90%。增长最快的是湖北省（47.23%）。

（4）全国中等职业学校为10 961.07元，比2014年的9 128.83元增长20.07%。增长最快的是湖北省（54.00%）。

（5）全国普通高等学校为18 143.57元，比2014年的16 102.72元增长12.67%。增长最快的是宁夏回族自治区（54.79%）。

3. 各级教育生均公共财政预算公用经费支出增长情况。2015年，全国普通小学、普通初中、普通高中、中等职业学校、普通高等学校生均公共财政预算公用经费支出情况是：

（1）全国普通小学为2 434.26元，比2014年的2 241.83元增长8.58%。其中，农村为2 245.30元，比2014年的2 102.09元增长6.81%。普通小学增长最快的是湖北省（71.97%）。

（2）全国普通初中为3 361.11元，比2014年的3 120.81元增长7.70%。其中，农村为3 093.82元，比2014年的2 915.31元增长6.12%。普通初中增长最快的是湖北省（68.88%）。

（3）全国普通高中为2 923.09元，比2014年的2 699.59元增长8.28%。增长最快的是湖北省

(104.54%)。

(4) 全国中等职业学校为 4 346.94 元，比 2014 年的 3 680.83 元增长 18.10%。增长最快的是湖北省（120.03%）。

(5) 全国普通高等学校为 8 280.08 元，比 2014 年的 7 637.97 元增长 8.41%。增长最快的是青海省（138.85%）。

〔《教育法》规定的“两个比例”落实情况〕

1. 2015 年，全国公共财政教育支出占公共财政支出 175 877.77 亿元的 14.70%，比 2014 年降低了 0.17 个百分点，同口径降低了 0.57 个百分点。

2. 2015 年，全国国内生产总值为 685 505.8 亿元，国家财政性教育经费占国内生产总值比例为 4.26%，比 2014 年的 4.10%增加了 0.16 个百分点。

附件：

2015 年全国教育经费执行情况统计表

表一　2015 年公共财政教育支出增长情况

地区	公共财政教育支出（亿元）	公共财政教育支出占公共财政支出比例（%）	公共财政教育支出本年比上年增长（%）	财政经常性收入本年比上年增长（%）	公共财政教育支出与财政经常性收入增长幅度比较（百分点）
北京市	847.43	14.77	0.15	19.09	−18.94
天津市	464.23	14.36	−14.51	6.21	−20.72
河北省	1 001.07	17.77	17.96	2.96	15.00
山西省	598.89	17.50	15.31	−3.29	18.60
内蒙古自治区	518.60	12.19	8.09	9.15	−1.06
辽宁省	609.45	13.60	−2.81	−23.69	20.88
吉林省	470.46	14.62	11.15	2.23	8.92
黑龙江省	573.04	14.25	13.18	−9.84	23.02
上海市	739.52	11.94	1.21	20.37	−19.16
江苏省	1 743.57	18.00	9.55	12.24	−2.69
浙江省	1 220.87	18.37	8.17	8.05	0.12
安徽省	856.73	16.35	9.56	5.56	4.00
福建省	747.25	18.67	11.10	5.17	5.93
江西省	783.42	17.75	10.11	8.50	1.61
山东省	1 686.89	20.45	9.07	6.40	2.67
河南省	1 150.62	16.92	1.56	9.19	−7.63
湖北省	860.20	14.03	18.41	9.55	8.86
湖南省	913.89	15.95	9.04	9.08	−0.04

续表

地区	公共财政教育支出（亿元）	公共财政教育支出占公共财政支出比例（%）	公共财政教育支出本年比上年增长（%）	财政经常性收入本年比上年增长（%）	公共财政教育支出与财政经常性收入增长幅度比较（百分点）
广东省	2 042.84	15.93	9.28	8.14	1.14
广西壮族自治区	789.34	19.42	15.51	7.07	8.44
海南省	206.45	16.66	16.06	9.32	6.74
重庆市	519.93	13.71	14.48	8.75	5.73
四川省	1 243.87	16.59	13.36	1.20	12.16
贵州省	766.05	19.45	18.14	8.29	9.85
云南省	758.02	16.08	12.66	2.52	10.14
西藏自治区	178.93	12.95	23.67	2.47	21.20
陕西省	746.79	17.07	5.24	11.63	−6.39
甘肃省	499.85	16.90	19.48	10.85	8.63
青海省	163.20	10.77	0.73	7.77	−7.04
宁夏回族自治区	139.18	12.22	10.92	7.02	3.90
新疆维吾尔自治区	641.52	16.86	11.10	12.42	−1.32

表二（1）　各级教育生均公共财政预算教育事业费增长情况　　单位：元

地区	普通小学			普通初中			普通高中		
	2014 年	2015 年	增长率（%）	2014 年	2015 年	增长率（%）	2014 年	2015 年	增长率（%）
全国	7 681.02	8 838.44	15.07	10 359.33	12 105.08	16.85	9 024.96	10 820.96	19.90
北京市	23 441.78	23 757.49	1.35	36 507.21	40 443.73	10.78	40 748.25	42 192.74	3.54
天津市	17 233.85	18 128.16	5.19	26 956.43	28 208.67	4.65	30 090.12	32 848.08	9.17
河北省	5 349.05	6 752.72	26.24	7 749.39	9 557.77	23.34	7 748.15	9 992.14	28.96
山西省	7 359.19	9 269.24	25.95	9 016.90	11 403.16	26.46	7 405.44	9 122.71	23.19
内蒙古自治区	10 181.40	11 972.33	17.59	11 954.80	14 362.59	20.14	10 613.62	13 192.30	24.30
辽宁省	8 354.27	9 138.21	9.38	11 163.16	12 706.60	13.83	8 727.42	10 347.31	18.56
吉林省	10 192.63	12 136.74	19.07	12 707.69	15 539.57	22.28	7 939.88	10 472.36	31.90
黑龙江省	11 062.98	12 939.48	16.96	12 187.65	14 435.89	18.45	9 062.28	10 861.60	19.86
上海市	19 519.88	20 688.35	5.99	25 456.58	27 636.22	8.56	30 819.14	35 632.31	15.62
江苏省	11 175.06	11 988.81	7.28	16 690.42	19 048.59	14.13	14 642.12	18 039.48	23.20
浙江省	9 811.88	11 599.79	18.22	14 204.93	16 616.16	16.97	13 772.12	18 280.68	32.74

续表

地区	普通小学			普通初中			普通高中		
	2014 年	2015 年	增长率（%）	2014 年	2015 年	增长率（%）	2014 年	2015 年	增长率（%）
安徽省	6 658.15	7 766.51	16.65	9 210.80	11 114.71	20.67	6 669.11	7 789.21	16.80
福建省	8 175.63	9 102.81	11.34	11 544.45	13 199.18	14.33	9 595.11	11 645.63	21.37
江西省	6 851.82	7 462.02	8.91	9 002.57	9 665.37	7.36	9 241.34	9 783.59	5.87
山东省	7 253.54	8 135.32	12.16	11 333.87	13 408.97	18.31	9 060.24	11 182.55	23.42
河南省	4 447.63	4 575.27	2.87	7 139.84	7 262.97	1.72	5 989.64	5 870.64	−1.99
湖北省	7 020.68	8 790.99	25.22	11 347.73	14 435.84	27.21	7 835.42	11 535.98	47.23
湖南省	6 363.41	7 154.49	12.43	10 068.21	10 472.97	4.02	6 799.98	7 694.07	13.15
广东省	7 738.55	8 757.95	13.17	9 264.05	11 456.70	23.67	8 979.99	10 863.23	20.97
广西壮族自治区	5 945.96	7 061.36	18.76	7 360.62	8 745.99	18.82	6 835.22	8 177.45	19.64
海南省	8 825.64	10 460.87	18.53	10 594.56	13 205.91	24.65	12 147.02	13 715.56	12.91
重庆市	7 259.92	8 431.67	16.14	9 224.77	10 834.51	17.45	7 792.64	9 413.67	20.80
四川省	7 530.41	8 984.53	19.31	9 111.07	11 477.01	25.97	6 955.99	9 054.49	30.17
贵州省	6 789.79	8 645.83	27.34	6 924.70	8 704.94	25.71	6 820.40	8 184.95	20.01
云南省	6 200.67	7 532.21	21.47	7 586.92	9 335.79	23.05	6 796.01	8 231.96	21.13
西藏自治区	17 905.94	25 750.22	43.81	16 631.68	23 845.23	43.37	20 187.23	26 541.85	31.48
陕西省	10 196.97	10 896.37	6.86	12 330.50	13 619.44	10.45	9 119.50	10 703.71	17.37
甘肃省	7 289.18	9 118.26	25.09	8 377.71	10 187.13	21.60	6 677.62	8 220.29	23.10
青海省	9 438.49	10 472.79	10.96	11 949.57	13 295.04	11.26	11 726.99	12 795.38	9.11
宁夏回族自治区	6 470.11	8 034.85	24.18	9 689.53	11 047.18	14.01	8 622.80	9 845.02	14.17
新疆维吾尔自治区	11 292.19	12 929.81	14.50	14 452.18	16 999.84	17.63	11 991.78	14 630.08	22.00

表二（1） 各级教育生均公共财政预算教育事业费增长情况（续） 单位：元

地区	中等职业学校			普通高等学校		
	2014年	2015年	增长率（%）	2014年	2015年	增长率（%）
全国	9 128.83	10 961.07	20.07	16 102.72	18 143.57	12.67
北京市	28 765.51	34 433.36	19.70	58 548.41	61 343.96	4.77
天津市	22 753.14	26 480.96	16.38	18 667.98	20 415.31	9.36
河北省	8 031.58	12 007.54	49.50	12 292.61	13 828.69	12.50
山西省	8 975.94	11 350.02	26.45	11 715.30	11 795.65	0.69
内蒙古自治区	13 393.40	16 168.17	20.72	17 682.18	18 337.39	3.71

续表

地区	中等职业学校			普通高等学校		
	2014年	2015年	增长率（%）	2014年	2015年	增长率（%）
辽宁省	10 083.03	11 124.75	10.33	12 888.56	13 202.29	2.43
吉林省	15 439.87	18 410.40	19.24	13 784.20	18 523.81	34.38
黑龙江省	12 049.17	13 435.48	11.51	13 039.42	14 960.91	14.74
上海市	20 710.22	25 295.30	22.14	27 111.70	30 081.89	10.96
江苏省	9 885.40	12 550.97	26.96	15 728.38	17 764.50	12.95
浙江省	13 456.14	16 237.53	20.67	14 868.84	16 515.92	11.08
安徽省	7 516.91	8 366.68	11.30	11 235.56	12 253.01	9.06
福建省	9 302.28	11 828.37	27.16	13 427.79	15 173.96	13.00
江西省	7 231.60	7 015.86	—2.98	12 701.09	13 608.29	7.14
山东省	10 412.39	12 408.62	19.17	11 962.63	12 340.97	3.16
河南省	5 941.62	6 690.25	12.60	12 231.98	12 572.33	2.78
湖北省	8 586.94	13 223.86	54.00	11 086.72	14 859.21	34.03
湖南省	7 466.64	8 316.18	11.38	12 337.59	11 137.42	—9.73
广东省	7 996.61	9 977.89	24.78	14 361.68	17 823.43	24.10
广西壮族自治区	6 978.79	8 746.71	25.33	12 794.96	15 489.02	21.06
海南省	9 277.02	12 424.99	33.93	13 951.93	16 967.72	21.62
重庆市	7 387.96	9 157.31	23.95	13 119.07	14 109.99	7.55
四川省	7 910.81	8 933.53	12.93	11 623.22	13 056.98	12.34
贵州省	7 135.92	6 995.93	—1.96	13 093.56	15 414.17	17.72
云南省	7 286.75	9 645.03	32.36	11 570.24	14 711.33	27.15
西藏自治区	25 538.19	32 957.17	29.05	22 714.97	34 219.19	50.65
陕西省	7 147.47	8 540.04	19.48	12 731.51	14 283.11	12.19
甘肃省	8 954.15	11 364.91	26.92	12 179.37	15 537.85	27.58
青海省	8 653.92	10 526.81	21.64	13 397.21	19 651.26	46.68
宁夏回族自治区	8 608.73	9 951.04	15.59	17 948.27	27 782.20	54.79
新疆维吾尔自治区	12 209.18	12 440.81	1.90	14 289.26	19 382.01	35.64

表二（2） 各级教育生均公共财政预算公用经费增长情况

单位：元

地区	普通小学			普通初中			普通高中		
	2014年	2015年	增长率（%）	2014年	2015年	增长率（%）	2014年	2015年	增长率（%）
全国	2 241.83	2 434.26	8.58	3 120.81	3 361.11	7.70	2 699.59	2 923.09	8.28
北京市	9 950.95	9 753.38	−1.99	14 127.64	15 945.08	12.86	16 716.08	14 807.38	−11.42
天津市	3 968.87	4 361.41	9.89	6 134.37	6 356.92	3.63	10 411.54	10 677.92	2.56
河北省	1 439.30	1 770.62	23.02	2 121.14	2 533.69	19.45	2 207.91	2 613.66	18.38
山西省	1 842.46	2 021.33	9.71	2 546.16	2 535.94	−0.40	1 925.44	1 998.26	3.78
内蒙古自治区	2 527.43	2 885.38	14.16	3 283.98	4 011.43	22.15	3 585.17	4 388.45	22.41
辽宁省	2 445.02	1 966.86	−19.56	3 404.10	2 809.37	−17.47	2 611.08	2 273.29	−12.94
吉林省	2 680.00	2 882.10	7.54	3 405.93	3 770.65	10.71	2 201.63	2 811.92	27.72
黑龙江省	2 640.90	2 736.59	3.62	3 518.84	3 527.43	0.24	2 686.51	2 795.99	4.08
上海市	7 383.61	6 983.97	−5.41	9 278.78	8 642.69	−6.86	9 380.18	10 183.46	8.56
江苏省	2 958.16	3 081.26	4.16	3 731.13	4 246.20	13.80	3 441.98	4 009.02	16.47
浙江省	1 693.05	2 229.03	31.66	2 639.24	3 225.23	22.20	2 621.07	4 104.39	56.59
安徽省	2 364.44	2 520.97	6.62	3 328.57	3 611.80	8.51	2 176.56	2 161.44	−0.69
福建省	2 200.61	2 500.47	13.63	2 916.11	3 234.93	10.93	1 775.48	2 178.03	22.67
江西省	2 789.24	2 672.51	−4.19	3 954.21	3 930.96	−0.59	4 598.84	4 270.90	−7.13
山东省	2 179.46	2 053.95	−5.76	3 586.74	3 526.70	−1.67	2 622.95	2 631.76	0.34
河南省	2 036.84	1 954.99	−4.02	3 295.80	3 168.36	−3.87	2 750.93	2 260.98	−17.81
湖北省	1 642.83	2 825.25	71.97	2 308.60	3 898.82	68.88	1 817.91	3 718.44	104.54
湖南省	2 187.39	2 383.31	8.96	3 432.85	3 069.44	−10.59	1 714.12	1 631.64	−4.81
广东省	1 851.39	2 251.09	21.59	2 382.21	2 947.44	23.73	2 252.67	2 601.07	15.47
广西壮族自治区	1 639.99	1 748.87	6.64	2 353.21	2 545.93	8.19	1 901.42	2 087.96	9.81
海南省	3 091.77	3 485.96	12.75	3 942.91	4 923.72	24.88	5 650.56	6 050.75	7.08
重庆市	2 513.19	2 940.79	17.01	3 050.43	3 340.42	9.51	2 986.64	3 144.15	5.27
四川省	1 824.03	1 983.24	8.73	2 322.48	2 514.71	8.28	1 593.19	1 858.36	16.64
贵州省	1 386.05	1 785.02	28.78	1 724.98	2 233.70	29.49	1 885.49	2 100.37	11.40
云南省	1 712.94	1 948.57	13.76	2 165.66	2 695.30	24.46	2 033.19	2 213.39	8.86
西藏自治区	6 641.25	8 728.22	31.42	4 951.50	5 751.01	16.15	7 713.26	7 208.29	−6.55
陕西省	3 589.97	3 563.14	−0.75	4 388.87	4 195.93	−4.40	3 546.90	4 075.77	14.91
甘肃省	1 815.62	2 116.95	16.60	2 381.58	2 499.15	4.94	1 686.31	1 710.62	1.44

续表

地区	普通小学			普通初中			普通高中		
	2014年	2015年	增长率（%）	2014年	2015年	增长率（%）	2014年	2015年	增长率（%）
青海省	3 176.07	3 260.35	2.65	4 266.70	4 343.68	1.80	4 208.30	4 229.10	0.49
宁夏回族自治区	2 425.75	3 158.89	30.22	4 168.46	4 534.91	8.79	2 638.88	2 661.57	0.86
新疆维吾尔自治区	2 587.43	2 389.88	−7.63	4 238.65	4 166.55	−1.70	3 085.98	3 001.12	−2.75

表二（2） 各级教育生均公共财政预算公用经费增长情况（续） 单位：元

地区	中等职业学校			普通高等学校		
	2014年	2015年	增长率（%）	2014年	2015年	增长率（%）
全国	3 680.83	4 346.94	18.10	7 637.97	8 280.08	8.41
北京市	13 473.07	14 945.67	10.93	34 710.96	32 147.32	−7.39
天津市	5 918.03	7 882.16	33.19	10 224.68	10 847.94	6.10
河北省	2 435.11	3 935.03	61.60	6 520.68	7 162.19	9.84
山西省	3 418.40	3 999.92	17.01	5 227.05	5 182.68	−0.85
内蒙古自治区	5 432.16	6 572.88	21.00	7 153.14	6 850.57	−4.23
辽宁省	4 005.14	4 400.24	9.86	7 309.70	6 141.50	−15.98
吉林省	4 227.39	4 977.12	17.74	5 810.11	9 193.72	58.24
黑龙江省	3 806.85	3 987.45	4.74	5 266.34	5 894.20	11.92
上海市	8 110.24	8 962.48	10.51	17 831.19	18 267.01	2.44
江苏省	3 416.48	4 641.73	35.86	6 940.78	8 324.41	19.93
浙江省	4 281.60	5 529.60	29.15	6 579.33	7 155.18	8.75
安徽省	3 949.08	4 205.58	6.50	6 701.01	7 002.26	4.50
福建省	3 094.33	3 827.98	23.71	6 918.24	6 916.40	−0.03
江西省	3 144.02	3 007.03	−4.36	6 178.38	5 880.29	−4.82
山东省	4 644.16	4 671.07	0.58	4 559.01	3 613.99	−20.73
河南省	3 016.45	3 464.68	14.86	6 510.68	6 675.10	2.53
湖北省	2 759.18	6 071.14	120.03	3 864.77	6 632.48	71.61
湖南省	2 956.99	3 255.69	10.10	6 278.24	4 377.14	−30.28
广东省	3 175.01	4 098.95	29.10	5 546.02	7 694.91	38.75
广西壮族自治区	2 901.20	3 983.46	37.30	6 699.62	8 498.90	26.86
海南省	4 954.81	6 962.99	40.53	7 637.47	9 444.94	23.67
重庆市	3 639.83	4 258.19	16.99	8 181.15	8 382.12	2.46

续表

地区	中等职业学校			普通高等学校		
	2014年	2015年	增长率（%）	2014年	2015年	增长率（%）
四川省	3 489.39	3 442.97	−1.33	5 484.51	5 274.63	−3.83
贵州省	4 284.59	3 518.25	−17.89	6 086.65	7 233.90	18.85
云南省	2 895.70	4 278.28	47.75	5 080.44	7 050.94	38.79
西藏自治区	16 051.68	15 386.90	−4.14	6 738.22	11 477.46	70.33
陕西省	2 567.64	2 923.67	13.87	6 886.48	7 005.89	1.73
甘肃省	3 433.81	3 635.83	5.88	7 706.92	10 064.50	30.59
青海省	4 068.88	5 239.89	28.78	4 442.74	10 611.35	138.85
宁夏回族自治区	4 922.14	5 172.80	5.09	8 313.68	16 596.21	99.63
新疆维吾尔自治区	4 792.26	3 866.46	−19.32	5 655.15	7 062.59	24.89

〔建立全国教育经费统计季报制度〕 为及时掌握各级政府教育经费投入情况，全面了解预算执行进度，进一步强化教育经费监管，提高资金使用效益，教育部财务司会同财政部教科文司印发《关于建立全国教育经费统计季报制度的通知》（教财司函〔2016〕175号），从2016年起建立全国教育经费统计季报制度，实行“逐级填报、层层审核、分级汇总”，依托中国教育经济信息网采用网络直报系统报送。

〔首次会同国家统计局、财政部印发指导意见，推动地方建立省级教育经费统计公告制度〕 9月14日，教育部、国家统计局、财政部印发《关于加强和完善教育经费统计工作的意见》（教财〔2016〕6号），要求各地教育、统计和财政部门充分认识加强教育经费统计工作的重要意义，进一步完善教育经费统计工作，严格依法统计，明确责任分工，规范统计行为，提高数据质量，完善发布程序，健全公告机制，加强教育经费统计信息应用和研究。各省级教育、统计和财政部门必须在2017年年底前建立教育经费统计公告制度，公告所辖每个地级、县级地区的年度教育经费执行情况。这是教育经费统计工作开展30年来第一次由三部门共同印发加强教育经费统计工作的指导意见。

〔统一城乡义务教育学校生均公用经费基准定额〕 为贯彻落实《国务院关于进一步完善城乡义务教育经费保障机制的通知》（国发〔2015〕67号）要求，在整合农村义务教育经费保障机制和城市义务教育奖补政策的基础上，建立城乡统一、重在农村的义务教育经费保障机制，从2016年春季学期起，统一城乡义务教育学校生均公用经费基准定额；从2017年春季学期起，统一城乡义务教育学生“两免一补”政策，实现相关经费可携带。2016年，中央财政下达城乡义务教育经费保障机制资金1 100亿元，其中公用经费补助资金744亿元，比2015年的525亿元增长29%。全国31个省份均统一了城乡义务教育学校生均公用经费基准定额，其中20个省份和中央确定的标准保持一致，11个省份高于中央确定的标准。

〔职业教育生均拨款制度在全国全面建立〕 继高职院校生均拨款制度全面建立之后，按照《财政部、教育部、人力资源和社会保障部关于建立完善中等职业学校生均拨款制度的指导意见》要求，截至2016年年底，全国31个省（自治区、直辖市）、5个计划单列市和新疆生产建设兵团全部建立了中等职业学校生均拨款制度。这标志着职业教育生均拨款制度在全国全面建立。

〔**出台免除普通高中建档立卡家庭经济困难学生学杂费政策**〕 经国务院同意，财政部、教育部印发《关于免除普通高中建档立卡家庭经济困难学生学杂费的意见》（财教〔2016〕292 号），按照"中央政策引导、地方统筹实施"的原则，从 2016 年秋季学期起，免除普通高中建档立卡等家庭经济困难学生（含非建档立卡的家庭经济困难残疾学生、农村低保家庭学生、农村特困救助供养学生）学杂费，对在依法批准的民办普通高中就读的符合免学杂费政策条件的学生，按照当地同类型公办普通高中免除学杂费标准给予补助。为确保政策顺利落实，财政部、教育部紧急印发《关于做好免除普通高中建档立卡家庭经济困难学生学杂费有关工作的通知》（财教明电〔2016〕1 号），对免学杂费对象、免学杂费标准、财政补助方式、学杂费免收及退还、财政补助资金拨付时间以及加强管理等方面做出了明确规定，要求各地加强组织领导，制定切实可行的实施方案，强化监督检查，确保政策和资金落实到位。中央财政紧急拨付免除普通高中建档立卡家庭经济困难学生学杂费补助资金 4.4 亿元，要求各省做好秋季学期学杂费减免工作。教育部办公厅等四部门印发《普通高中建档立卡家庭经济困难学生免除学杂费政策对象的认定及学杂费减免工作暂行办法》（教财厅〔2016〕4 号），规范免学杂费政策对象的认定和学杂费减免工作。政策的实施，使全国 142.5 万名符合条件的普通高中学生受益。

〔**进一步加强和规范高校家庭经济困难学生认定工作**〕 印发《教育部办公厅关于进一步加强和规范高校家庭经济困难学生认定工作的通知》（教财厅〔2016〕6 号），要求各地各高校进一步提高思想认识，充分认识到精准认定家庭经济困难学生是做好学生资助工作的重要前提，是决定资助政策落实效果的基础性工作；要进一步完善认定办法、改进认定方式，根据本地经济社会发展水平、城市居民最低生活保障标准以及财力状况等因素，合理确定认定标准和资助档次，建立健全四级资助认定工作机制；要精准分配资金名额，明确重点受助学生，不能搞简单地划比例、"一刀切"；要进一步加强政策宣传和教育引导，提高政策的透明度，做到"四公开"（所有资助项目要公开、所有申请条件要公开、所有评审过程要公开、所有资助结果要公开）。

〔**设立"丝绸之路"中国政府奖学金项目**〕 为使中国政府奖学金项目与"一带一路"倡议相结合，经财政部同意，增设"丝绸之路"专项奖学金，首期招生规模达 2 985 人，资金金额近 3 亿元，推动高校将本校优势学科和国家"走出去"战略相结合，提高"一带一路"共建国家来华留学层次。

〔**全面规范专项资金管理**〕 全面规范中央对地方教育转移支付资金管理。教育部会同财政部先后印发《城乡义务教育补助经费管理办法》（财科教〔2016〕7 号）、《农村义务教育薄弱学校改造补助资金管理办法》（财科教〔2016〕28 号）、《中小学幼儿园教师国家级培训计划专项资金管理办法》（财科教〔2016〕29 号）、《改善普通高中学校办学条件补助资金管理办法》（财科教〔2016〕30 号）、《现代职业教育质量提升计划专项资金管理办法》（财科教〔2016〕31 号）、《特殊教育补助资金管理办法》（财科教〔2016〕32 号）、《支持学前教育发展资金管理办法》（财科教〔2016〕33 号）、《新疆西藏等少数民族地区教育特殊补助专项资金管理办法》（财科教〔2016〕34 号）、《中等职业学校国家助学金管理办法》（财科教〔2016〕35 号）、《中等职业学校免学费补助资金管理办法》（财科教〔2016〕36 号）、《普通高中国家助学金管理办法》（财科教〔2016〕37 号）、《支持地方高校改革发展资金管理办法》（财科教〔2016〕72 号）12 个中央对地方转移支付资金管理办法，增加资金分配因素的权重和计算公式、相关专项资金区域分配因素、追究审批责任的内容、修改提前下达资金预计数时间等方面内容。

全面规范中央本级重大项目资金管理。教育部会同财政部印发《中央高校基本科研业务费管理办法》（财教〔2016〕277 号）、《高等学校哲学社会科学繁荣计划专项资金管理办法》（财教〔2016〕

317 号）、《中央高校教育教学改革专项资金管理办法》（财科教〔2016〕11 号）；由教育部办公厅印发《教育部直属单位会议费管理实施细则（试行）》、《教育部直属单位差旅费管理实施细则（试行）》（教财厅〔2016〕5 号）、《教育课程教材改革与质量标准工作专项资金管理办法（试行）》（教基二厅〔2016〕2 号）、《中国语言资源保护工程专项资金管理办法（试行）》（教语信厅〔2016〕2 号）、《语言文字专项资金管理办法（试行）》（教语厅〔2016〕1 号）、《教育信息化专项资金管理办法》（教财厅函〔2016〕38 号）、《教育部科学事业费重大项目立项和实施管理办法》（教技厅函〔2016〕91 号）；《研究生教育综合改革专项经费管理暂行办法》（教财司函〔2016〕408 号）、《教育新闻宣传专项资金管理办法》（教财司函〔2016〕409 号）、《“国培计划”示范性项目资金管理办法》（教财司函〔2016〕699 号）、《教育规划与战略研究专项资金管理暂行办法》（教财司函〔2016〕753 号）、《教育领域对港澳台开展工作专项资金管理暂行办法》（教财司函〔2016〕792 号）等 21 个资金管理办法。

〔**全面推进教育部经济活动内部控制建设**〕　印发《教育部直属高校经济活动内部控制指南（试行）》（教财厅〔2016〕2 号），指导机关司局和直属高校、直属单位全面建立内部控制制度体系，将经济活动管控关口前移，从源头出发，在全过程中有效防控经济风险和廉政风险。

〔**首次印发文件明确直属单位财务资产管理领导责任**〕　印发《教育部关于进一步加强直属单位财务和资产管理的意见》（教财〔2016〕3 号），首次以文件的形式明确了直属单位财务资产管理主体责任，督促直属单位全面落实财务管理领导责任，健全财务管理体制和运行机制，大力推进内部控制制度建设，切实加强预算管理、收支管理、会计核算、资产管理、信息化建设、管理会计体系建设、内部审计、队伍专业化建设等。

〔**完成首次行政事业单位资产清查工作**〕　根据《财政部关于开展 2016 年全国行政事业单位国有资产清查工作的通知》（财资〔2016〕2 号），教育部开展了资产清查工作。教育部资产清查范围主要包括部本级、75 所直属高校和 36 家直属事业单位。清查结果显示，教育部总资产为 6 742 亿元，净资产为 6 189 亿元。

〔**进一步规范直属高校、直属事业单位房产出租出借报批报备工作**〕　印发《教育部办公厅关于严格按照规定办理房产出租出借报批报备的通知》（教财厅函〔2016〕5 号），进一步规范直属高校、直属事业单位房产出租出借行为，要求各单位房产必须首先保证教育教学和事业发展需求；要求各单位未经批准不得对外出租出借房产，对未按规定报经财政部、教育部批准或备案的出租出借房产要尽快终止出租出借行为；要求各单位房产出租出借收入必须纳入单位预算，统筹用于单位事业发展；对有令不行、有禁不止的单位将进行严肃查处，并按照规定追究单位主要负责人、分管负责人和其他相关责任人责任。

〔**连续三年会同财政部印发教育系统财务管理干部重点培训计划**〕　贯彻落实《全国教育系统财务管理干部培训实施方案（2014—2017 年）》（教财〔2013〕9 号），会同财政部科教司印发《关于 2016 年教育系统财务管理干部重点培训办班计划的通知》（教财司函〔2016〕140 号），举办 8 个专题、16 期重点培训班，努力提升财务干部业务素质能力。

〔**启动教育部首批会计领军人才选拔工作**〕　印发《关于开展教育部会计领军人才培养选拔的通知》（教财司函〔2016〕517 号），启动教育部首批会计领军人才选拔工作。经过笔试、资料审核、面试，华南理工大学马红红等 41 人入选。

〔**教育部机关“三公经费”支出连续 5 年做到只减不增**〕　认真贯彻落实中央关于改进工作作风、密切联系群众的中央八项规定精神，以压缩“三公经费”为工作重点，继续控制一般性支出，加强会计核算工作，严把审核关，教育部机关“三公经费”支出连续5年做到只减不增。截至2016年年底，“三公经费”支出1 695.65万元，同比减少6%。

教育审计

〔**强化经济责任审计工作**〕 印发《教育部经济责任审计规定》（教财〔2016〕2号），从组织领导、审计对象、审计内容、审计实施、审计评价、审计报告、审计结果运用等方面进行规定，加强对直属高校、直属单位主要领导干部和驻外教育机构参赞的管理监督。按照国务院关于主要负责人直接领导审计机关的意见，调整教育部经济责任审计工作领导小组组成人员，教育部党组书记、部长陈宝生担任组长，党组副书记、副部长沈晓明，中纪委驻教育部纪检组组长王立英担任副组长；修订《教育部经济责任审计工作领导小组工作制度》，明确了领导小组管理机制、各成员单位主要职责和领导小组议事规则。

〔**加强直属高校建设工程管理审计工作**〕 印发《教育部关于加强直属高校建设工程管理审计的意见》（教财〔2016〕11号），从深化认识、实行审计全覆盖、建立投资评审制度、突出审计重点、完善审计结果运用机制、规范审计组织实施等方面提出了具体要求，对于合理控制建设投资、完善建设工程管理、促进廉政建设具有积极作用。

撰稿 郝丽霞 王 征 陈淑梅 李希欣 魏秦歌 李 伟 迟玉收 徐 薇 章亿发 刘 景 李 欢 王卫忠 吕东伟

审稿 吴国生 郭 鹏 赵建军 刘玉光 华成刚

基础教育

学前教育

〔**第二期学前教育三年行动计划圆满收官**〕 按照国务院部署，2014—2016年，各地以县为单位编制实施了第二期学前教育三年行动计划，学前教育事业发展进一步取得显著成效。一是学前三年毛入园率大幅提高。截至2016年年底，全国幼儿园数量达23.98万所，在园幼儿达4 413.86万人，分别比2013年增长了20.78%和13.33%。学前三年毛入园率达77.4%，比2013年提高9.9个百分点。二是财政投入力度进一步加大。2016年，全国财政性学前教育经费占比达4.22%，比2013年增长了20.57%。三是教师队伍建设成效显著。各地加大教师培养培训力度，着力增加教师编制，不断提高教职工待遇，教师队伍吸引力进一步提高。2016年，幼儿园教职工数量达381.78万人，比2013年增长35%。幼儿园园长和专任教师专科及以上比例达77.55%，比2013年提高8.17个百分点。四是幼儿园保教质量明显提高。教育部修订了《幼儿园工作规程》，推进幼儿园管理的规范化和科学化。各地认真落实《3—6岁儿童学习与发展指南》，健全教研责任区制度，推进科学保教。幼儿园办园行为得到进一步规范，保教质量得到进一步提高。在全国范围内开展学前教育宣传月活动，指导家长科学育儿。

〔**出台加强中小学党建工作的专门文件**〕 2016年“七一”前夕，中共中央组织部和中共教育部党组出台了《关于加强中小学校党的建设工作的意见》（简称《意见》）。《意见》紧紧围绕加强党对教育工作的领导，重点突出了以下内容：一是明确中小学校党组织的职责地位以及参与决策、监督的机制，提出中小学校党组织是党在学校中全部工作和战斗力的基础，发挥政治核心作用，并规定了八个方面具体职责任务。二是健全完善中小学校党建工作管理体制，提出按照与教育管理体制相适应、管党建管业务相结合的原则，中小学校党建工作一般由县级以上地方党委教育工作部门或教育行政部门党组织统一领导。三是全面提升中小学校党组织建设水平，提出推进党组织和党的工作全覆盖，选优配强党组织书记，明确了党组织设置的原则、书记的任职条件及配备方式。四是要求把抓好德育和思想政治工作作为党组织重要任务，建立党组织主导、校长负责、群团参与、家庭社会联动的德育工作机制。五是构建责任明晰、协调推进的中小学校党建工作格局，加强党建工作的基础保障。《意见》为加强新形势下中小学校党建工作指明了方向，提供了制度保障。

〔**防治学生欺凌和暴力，保护学生健康成长**〕 2016年11月1日，教育部联合中央综治办、最高人民法院、最高人民检察院、公安部、民政部、司法部、共青团中央、全国妇联等部门印发了《关于防治中小学生欺凌和暴力的指导意见》，明确了有关部门、学校、家庭以及社会的具体职责，提出了教育预防、依法惩戒、综合治理三个方面共11条举措，切实防治学生欺凌和暴力事件的发生。一是把积极有效预防作为防治欺凌和暴力的首要途径，切实加强中小学生思想道德教育、法治教育和心理健康教育，认真开展预防欺凌和暴力专题教育，严格学校日常安全管理，建立早期预警、事中处理及事后干预等机制。二是把依法依规惩处作为防治欺凌和暴力的必要手段，强化教育惩戒威慑作用，并实施科学有效的追踪辅导。三是把综合治理作为防治欺凌和暴力的根本举措，加强部门统筹协调，把防治学生欺凌和暴力工作作为全面依法治国，建设社会主义和谐社会的重要任务。依法落实家长监护责任。推进依法依规治校，建设无欺凌和暴力的平安文明校园。全社会共同保护未成年学生健康成长，切实为保护未成年人平安健康成长提供良好社会环境。

〔上好2016年全国中小学《开学第一课》〕 联合中央电视台制作以“先辈的旗帜”为主题，以纪念红军长征胜利80周年为主线的《开学第一课》节目。节目围绕长征精神，讲述红军故事，深入开展革命传统和理想信念教育，帮助中小学生理解伟大的长征精神是中国共产党人革命风范的生动反映，教育引导他们结合实际传承好、弘扬好长征精神，在实现“两个一百年”奋斗目标的新长征中，走好这一代人的长征路。节目播出后，重庆、河南等地召开师生座谈会，交流观看体会，强化开学教育的核心价值引领；江苏、海南等地将《开学第一课》与学生军训相结合，传承伟大长征精神。广大中小学校结合实际情况，通过主题班（团、队）会、观后感、微博微信、演讲比赛、社会实践等丰富多彩的后续活动，将理想信念教育落实到青少年学生的日常生活中。据统计，2016年《开学第一课》收视率达2.93%，每秒有300多人通过网络“接旗”致敬老红军。

〔推进中小学生研学旅行工作〕 12月，教育部等11部门印发《关于推进中小学生研学旅行的意见》，要求各地将研学旅行摆在更加重要的位置，推动研学旅行健康快速发展。《意见》指出，中小学生研学旅行是由教育部门和学校有计划地组织安排，通过集体旅行、集中食宿开展研究性学习和旅行体验相结合的校外教育活动。要求各中小学结合实际，把研学旅行纳入学校教育教学计划，促进研学旅行和学校课程有机融合，促进书本知识和生活经验的深度融合，促进学生培育和践行社会主义核心价值观。

〔全国义务教育招生入学改革取得阶段性成果〕 2016年是教育部推进义务教育免试就近入学改革的第3年，经过3年的努力，全国义务教育基本实现免试就近入学、划片规范入学、阳光监督入学，有效抑制了“择校热”，全国义务教育招生入学改革取得阶段性成果。统计数据显示，重点监测的全国19个副省级以上大城市公办中小学（不含寄宿制学校）学生就近入学比例均超过九成。其中，北京、天津、上海、沈阳、大连、长春、哈尔滨、杭州、宁波、厦门、济南、青岛、深圳、西安14个市的公办小学和上海、沈阳、长春、济南、青岛、深圳、西安7个市的公办初中基本实现全部就近入学。

按照党的十八届三中全会总体部署，教育部将义务教育免试就近入学改革作为深化教育综合改革的重要任务，强化顶层设计，织密联动网络，狠抓指导落实。尤其聚焦热点地区，针对人民群众关注度高、教育资源紧张的各重点大城市，结合各市实际情况分类指导。一是深化政策指导。连续3年面向各地印发工作通知，根据改革中遇到的突出问题，有针对性地完善政策，特别是聚焦解决划片政策不易把握、“学区房”过热、特长生照顾对象过于宽泛等问题，破解难题，推动全面落实法律规定。二是突出龙头引领。将北京市等重点大城市作为改革的难点和突破点，不断健全协调机制，完善招生入学工作方案，落实到每一个环节，为整体改革起到突破引领作用。三是做好社会宣传。教育部官网、官方微信每年发布热点城市招生入学政策要点，刊载各市教育行政部门负责人署名政策解读文章。同时，指导各地教育部门在招生入学关键环节和关键时间，将核心政策内容制成通俗易懂的宣传材料，通过人民群众喜闻乐见的都市媒体和微信、微博等新媒体广泛宣传，便于群众理解和使用。四是完善技术支持。不断完善全国中小学生学籍信息管理系统功能，加强人员培训，深化应用，为招生入学改革服务，确保数据信息安全。由于中小学生学籍基于身份证号建立，具有全国唯一性，全国学籍系统有效控制了无序择校流动。五是强化社会监督。要求并指导各县级教育行政部门在进行片区调整、多校划片等操作时，邀请相关单位、家长等各方面的代表参与。同时畅通举报渠道，开通举报电话，设置网上举报方式。全面推行信息公开，将与划片情况、学校信息、招生办法、招生过程、招生结果有关的内容，以有效方式向社会公布。对于实名举报的问题，根据线索认真查处，并及时将处理结果向社会公布。

2016 年，中国教育学会随机抽取了 10 个副省级以上大城市 105 个区县的 36 万名家长进行调查，家长对近 3 年当地招生入学工作总体满意度达 87.5%。

〔**统筹推进县域内城乡义务教育一体化改革发展**〕 7 月 2 日，国务院印发《关于统筹推进县域内城乡义务教育一体化改革发展的若干意见》（简称《意见》），要求按照全面建成小康社会目标，加快缩小城乡教育差距，促进教育公平，统筹推进县域内城乡义务教育一体化改革发展。

《意见》提出，加快推进县域内城乡义务教育学校建设标准统一、教师编制标准统一、生均公用经费基准定额统一、基本装备配置标准统一和“两免一补”政策城乡全覆盖，到 2020 年，城乡二元结构壁垒基本消除，义务教育与城镇化发展基本协调；城乡学校布局更加合理，大班额基本消除，学校标准化建设取得显著进展，城乡师资配置基本均衡，乡村教师待遇稳步提高，岗位吸引力大幅增强，乡村教育质量明显提升，九年义务教育巩固率达 95%，县域义务教育均衡发展和城乡基本公共教育服务均等化基本实现。

《意见》明确了十项改革举措：一是同步建设城镇学校，要按照城镇化规划和常住人口规模编制城镇义务教育学校布局规划，确保城镇学校建设用地和足够的学位供给。二是努力办好乡村教育，合理布局学校，采取多种措施补齐乡村教育短板。三是科学推进城乡义务教育公办学校标准化建设，改善基本办学条件，提升乡村学校信息化水平和寄宿制学校管理服务水平。四是实施消除大班额计划。五是统筹城乡师资配置，合理核定义务教育学校教职工编制，实行教职工编制城乡、区域统筹和动态管理，完善教师招聘机制，着力解决乡村教师结构性缺员和城镇师资不足问题。六是改革乡村教师待遇保障机制，实行乡村教师收入分配倾斜政策，落实并完善集中连片特困地区和边远艰苦地区乡村教师生活补助政策，确保县域内义务教育教师平均工资收入水平不低于当地公务员的平均工资收入水平。七是改革教育治理体系，提高政府教育治理能力，完善乡村小规模学校办学机制和管理办法，全面加强思想政治教育，逐步形成中国特色的现代学校制度。八是改革控辍保学机制，建立目标责任制和联控联保机制，落实辍学学生劝返、登记和书面报告制度，加大对学习困难学生的帮扶力度，完善资助政策，防止因上学不便而辍学。九是改革随迁子女就学机制，建立以居住证为主要依据的入学政策，推动“两免一补”资金和生均公用经费基准定额资金随学生流动可携带。十是加强留守儿童关爱保护，健全工作体系，促进健康成长。

《意见》强调，要加强党的领导，落实政府责任，明确部门职责，加强督导检查，营造良好氛围，确保各项改革措施落实到位，工作目标如期实现。

〔**部署启动消除大班额计划**〕 为落实国务院《关于统筹推进县域内城乡义务教育一体化改革发展的若干意见》（简称《意见》）中提出的“各省级人民政府要结合实际制定消除大班额专项规划”，并“于 2016 年年底前将消除大班额专项规划报国家教育体制改革领导小组备案”的要求，教育部办公厅于 9 月 18 日印发了《关于做好消除大班额专项规划有关工作的通知》（简称《通知》），启动实施消除大班额计划。

《通知》提出，在全国范围内消除大班额计划的总体目标是：到 2018 年基本消除 66 人以上超大班额，到 2020 年基本消除 56 人以上大班额。基本消除大班额计划的工作标准是：到 2018 年年底前将全国66人以上超大班额的比例控制在2%以内，之后不得新增超大班额，到2020年全部消除；到2020年年底前将全国56人以上大班额比例控制在5%以内，2020年之后大班额比例逐年降低。

《通知》要求，各地建立大班额情况摸底排查机制，逐县逐校全面排查义务教育大班额的数量与分布情况。排查工作覆盖城乡所有义务教育学校，分城区、镇区、乡村不同区域，分56人以上大班额和66人以上超大班额不同情况进行统计。排查工作以区县为单位，并逐级上报，由省级教育行政部门进行汇总。在全面排查的基础上，建立消除大班额工作台账，对大班额学校进行销号管理。

《意见》强调，实施消除大班额计划是统筹推进县域内城乡义务教育一体化改革发展的重大举措，各地要高度重视，认真研究，抓紧制定专项规划，确保摸排数据准确，方案切实可行。各县级教育行政部门要依据现有大班额摸底排查情况和省级确定的细化目标，制定消除大班额专项规划年度实施计划并报送省级教育行政部门。

〔**《特殊教育提升计划（2014—2016年）》圆满收官**〕《特殊教育提升计划（2014—2016年）》实施以来，教育部会同有关部门认真贯彻落实党中央、国务院的决策部署，加大力度支持特殊教育，指导各地全面完成一期提升计划各项任务，特殊教育改革发展取得显著成就。一是特殊教育普及水平全面提高。视力、听力、智力三类残疾儿童少年义务教育入学率达90%以上。2016年，全国在校残疾学生达49.2万人，特殊教育学校达2 080所，分别比计划实施前增长了33.7%和7.6%。二是财政保障力度不断加大。中央特殊教育补助专款从每年5 500万元提高到4.1亿元，特殊教育学校和随班就读残疾学生生均公用经费标准提高到6 000元以上。三是特殊教育质量稳步提升。颁布实施盲、聋和培智三类特殊教育学校义务教育课程标准。加大特殊教育教师培养培训，提升教师专业化水平。2016年，特殊教育学校专任教师达5.32万人，比计划实施前增长了16.4%。

〔**盲、聋、培智三类特殊教育学校义务教育课程标准发布实施**〕 11月25日，教育部正式发布《盲校义务教育课程标准（2016年版）》《聋校义务教育课程标准（2016年版）》《培智学校义务教育课程标准（2016年版）》。三类特殊教育学校课程标准共涉及42门学科，其中盲校18门、聋校14门、培智学校10门，包括课程性质、基本理念、课程目标、教学内容和实施建议等。这是新中国成立以来第一次为残疾学生专门制定的一整套系统的学习标准，对于当前及今后一个时期进一步提升特殊教育质量、办好特殊教育、促进教育公平具有特殊的重要意义。教育部要求各地认真组织开展课程标准培训，全面推进特殊教育教学和评价改革，大力加强特殊教育课程资源建设。

〔**加快普及高中阶段教育**〕 研究制定《高中阶段教育普及攻坚计划（2017—2020年）》，对普及高中阶段教育进行系统设计、整体规划，明确了普及的目标、基本原则、主要任务和政策措施。配合相关司局和部委组织实施“普通高中改造计划”和“教育基础薄弱县普通高中建设项目”，支持贫困地区改善高中办学条件，提高普及程度。

〔**推动普通高中多样化发展**〕 指导地方加强选修课程建设，提高课程的选择性。会同空军做好2016年青少年航空学校建设工作。与中国科学技术协会共同组织全国青少年2016年高校科学营活动。

〔**推进中考改革**〕 9月，印发《关于进一步推进高中阶段学校考试招生制度改革的指导意见》，对中考改革进行系统部署，并组织开展了宣传、解读工作。

〔**推进中小学教育质量综合评价改革实验工作**〕11月，在成都市召开现场交流会，建立交流沟通机制，总结推广好做法、好经验。

〔**深入开展“一师一优课、一课一名师”活动**〕“一师一优课、一课一名师”活动开展以来，全国

23万所中小学校、近千万人次教师报名参与。截至2016年年底，全国“晒课”共计737.5万节，各地推荐省级优课12.37万节，遴选部级优课3.98万节，通过教师上传分享的生成性资源共计1 383万条，初步形成了覆盖中小学各年级各学科版本最多、更新最及时的数字教育资源体系，且所有资源全部免费向广大中小学开放，供全国教师在教学中参考使用。这已经成为世界范围内规模最大的教育信息化应用活动，促进了信息技术在课堂教学中的深入应用，推动了城乡义务教育均衡发展，缩小了城乡间教育质量差距，促进教育公平。

撰稿　付华伟　赵　珊　陈文涛　王红叶　黄　伟　赵　宇　高　君

审稿　姜　瑾　俞伟跃　杜柯伟　王　岱　李天顺　马嘉宾

职业教育与成人教育

〔**印发《教育部关于办好开放大学的意见》**〕2016 年 1 月 16 日，印发《教育部关于办好开放大学的意见》(简称《意见》)，强调要适应经济社会发展新需求，运用现代信息技术发展新成果，探索具有中国特色、体现时代特征的开放大学办学模式。到 2020 年，中国特色开放大学体系初步建成，现代信息技术应用更加成熟，优质教育资源更加丰富，学习条件更加先进，学习制度更加灵活，办学体系不断完善，基本满足多样化学习需求，为学习型社会提供重要支撑，为人力资源开发提供重要保障。

《意见》提出的 12 项重点任务深入回答了新时期开放大学的功能定位、体系建设、基础设施、信息技术、专业课程、师资队伍、学分银行、建设质量保障等方面的内容，要求有关省级教育行政部门加大对开放大学专项投入，加强指导和管理，定期开展检查和质量评估，努力将开放大学办成服务全民终身学习的新型高等学校。

该《意见》是开放大学成立以来教育部出台的第一份指导性意见，也是顺应“互联网+”时代发展趋势，深入推进教育领域尤其是继续教育改革发展的有效举措，对于推进开放大学建设，服务全民学习、终身学习的学习型社会建设具有重要意义。

〔**深入推进现代学徒制试点**〕 现代学徒制试点是教育部借鉴西方学徒制经验、结合中国国情，在职业教育领域推行的一项试验，旨在鼓励地方、行业、企业、职业学校创新机制，实质性拉近校企距离，全过程实施联合培养，切实提高职业教育学生培养的针对性和适用性。现代学徒制是以校企双主体育人为根本，以学生同时具有学徒身份的“双重身份”作为保证，以岗位成才为路径的一种新的职业教育工学结合人才培养形式。3 月，教育部职业教育与成人教育司下发《关于确定〈高等职业教育创新发展行动计划（2015—2018 年）〉任务（项目）承接单位的通知》，同意 31 个省（自治区、直辖市）和 34 家行业职业教育教学指导委员会支持 692 家单位开展试点。8 月，下发《关于公布现代学徒制试点工作任务书备案结果的通知》，确定了首批通过审核备案的 163 个教育部现代学徒制试点。12 月，教育部支持广东省举办教育部首批现代学徒制试点工作经验交流活动。

〔**实施农民工学历与能力提升行动计划——“求学圆梦行动”**〕 3 月 15 日，印发《教育部 中华全国总工会关于印发〈农民工学历与能力提升行动计划——“求学圆梦行动”实施方案〉的通知》(简称《实施方案》)，号召各省级教育系统、工会系统创新工作机制，整合多方资源，加强农民工继续教育，推进建立学历与非学历教育并重，产教融合、校企合作、工学结合的农民工继续教育新模式，提升农民工学历层次和技术技能水平，帮助农民工实现体面劳动和幸福生活，有效服务经济社会发展和产业结构转型升级。

《实施方案》提出，到 2020 年，在有学历提升需求且符合入学条件的农民工中，资助 150 万名农民工接受学历继续教育，使每一位农民工都能得到相应的技术技能培训，能够通过学习免费开放课程提升自身素质与从业能力。

〔**教育部等五部门联合印发《职业学校学生实习管理规定》**〕 4 月 11 日，教育部、财政部、人力资源社会保障部、安全监管总局、保监会联合印发《职业学校学生实习管理规定》（简称《规定》）。《规定》确立了职业学校学生实习的基本制度规范，要求规范和加强实习，保障各方合法权益。

《规定》体现出以下特点：一是强化了实习全过程管理。全文共分6章39条，覆盖实习的全过程，对实习各个环节做出具体要求，规范和加强了实习过程管理并对一些重点环节，如实习协议、实习报酬、禁止事项等做出强调和细化。二是突出实习的教育教学属性。《规定》明确指出，职业学校学生实习是实现职业教育培养目标，增强学生综合能力的基本环节，是教育教学的核心部分。要求职业院校应当根据专业人才培养方案，与实习单位共同制定实习计划。同时，职业院校要建立以育人为目标的实习考核评价制度。三是更加注重保护学生权益。《规定》首次提出顶岗实习学生报酬底线，避免“廉价劳动力”现象发生；要求“无协议不实习”，通过“协议”形式明确各方的责任、权利和义务；对不适宜学生实习的情况和实习组织方式，均明确禁止；要求职业院校和实习单位不得向学生收取实习押金、顶岗实习报酬提成、管理费或者其他形式的实习费用。还特别强调实习安全管理，规范了安全防患、责任保险以及事故处理。四是坚持问题导向，切实解决重点难点问题。对部分单位不重视学生实习、校“热”企“冷”、管理松散、强制安排学生实习等问题均提出了明确要求。

〔**2016年职业教育活动周成功举办**〕 2016年职业教育活动周（简称活动周）于5月8日至14日在全国各地全面展开。活动周以“弘扬工匠精神、打造技能强国”为主题，突出“开放、为民服务、德技并重、职普融通、组织创新”等特点，由教育部、中宣部、人力资源和社会保障部共同部署，并首次将2016年全国职业院校技能大赛和全国中等职业学校学生“文明风采”竞赛活动作为重要内容纳入活动周。

5月8日，活动周全国启动仪式在天津市举行。国务院副总理刘延东出席并讲话，全国政协副主席罗富和出席。活动周和技能大赛主办单位以及16个技能大赛赛区省份的代表、部分职业院校师生代表、企业代表等近300人参加启动仪式。

2016年活动周恰逢《职业教育法》颁布实施20周年、中国近现代职业教育产生150周年，是在一个重要历史节点上举办的一次重要活动。据不完全统计，活动周期间全国约有上万所职业院校开展或参与相关活动。以普通中小学学生和社区群众为主体的体验参与者超过2 000万人次，中央与地方主要媒体对职业教育活动周进行报道4 500次以上。活动周主题突出，内容丰富，形式灵活多样，活动影响更加广泛，取得了显著的社会效果。

〔**教育部等七部门联合举办第十三届全国中等职业学校“文明风采”竞赛活动**〕 中等职业学校“文明风采”竞赛活动是与学校日常德育工作相结合、以竞赛形式开展的德育实践活动，由教育部、人力资源社会保障部、中央文明办、共青团中央、全国妇联、中国关工委、中华职业教育社联合主办，竞赛活动周期从2016年秋季开学开始至2017年5月。

本届竞赛活动与往年相比呈现以下特征：一是与时俱进，突出“工匠精神”。根据中央在2015年提出的“工匠精神”要求，结合中职“文明风采”竞赛活动，将“弘扬工匠精神，成就出彩人生”作为本届竞赛活动主题，贯穿于各赛项活动内容，引导学校加强对中职生“工匠精神”的灌输和培养。二是充分发动基层学校。重在扩大活动参与面，强调活动育人，全国共有5 436所学校、392.1万名学生参赛，初赛提交作品293.3万份，参赛学校占全部中职学校总数的56%。本届初赛参与的学校数、学生数和作品数与上一届比均有大幅提升，参赛学校增加1 462所，增长36.8%；参赛学生增加108.6万人，增长38.3%；参赛作品增加97.4万份，增长49.7%。全国决赛则是遴选精品，重在作品质量和树立典型，体现国赛水平。三是制定评判标准，规范竞赛流程。邀请评审专家研制赛项标准和解读，并向社会发布；细化方案规则，明确作品报送要求，减少作品不规范报送和低质量作品入围现象；按照《评审专家管理办法》遴选全国决赛评委，制定评审规则并严格执行，在评审结束后对获奖作品信息进行核对，避免不公平现象发生。

这项活动，突出活动育人、实践育人、文化育人，为广大中职学生搭建德育活动平台，以竞赛形式推动活动育人，增强了职业学校德育工作的针对性、实效性、吸引力和感染力，受到职业学校和广大师生的普遍欢迎。

〔**持续推动社区教育加快发展**〕　6月，教育部等九部门联合印发了《教育部等九部门关于进一步推进社区教育发展的意见》，明确提出“到2020年，社区教育治理体系初步形成，内容形式更加丰富，教育资源融通共享，服务能力显著提高，发展环境更加优化，居民参与率和满意度显著提高，基本形成具有中国特色的社区教育发展模式”的总体目标和“加强基础能力建设、整合社区教育资源、丰富内容和形式、提高服务重点人群的能力、提升社区教育内涵”五个方面的主要任务，以及“加强组织领导、拓宽经费投入渠道、完善督查评价机制、推进学习成果积累转换、营造全民终身学习的社会氛围”等保障措施。这是我国第一部多部门联合出台的推进社区教育发展的指导性文件。9月，教育部举办了2016年社区教育与老年教育培训班。11月，教育部作为全国社区建设部际会议成员单位，牵头对浙江省城乡社区治理工作进行了督查。

教育部确定了北京市门头沟区等64个区（市、县）为第六批全国社区教育实验区，确定北京市石景山区等32个区（市、县）为第四批全国社区教育示范区。全国有24个省、95个地市的90个国家级社区教育实验区、90个示范区和297个省级社区教育实验区参与了调查工作。据统计，477个社区教育实验区、示范区培训总量达1.3亿人次，覆盖居民总人数36%。60岁以上老年人占31.44%、青少年占20.25%、进城务工人员占13.07%、新型职业农民占11.30%、下岗再就业人员占6.38%、残疾人占1.4%。社区教育年经费投入总额达32亿元。

为做好全国社区教育数据统计，及时宣传国家方针政策，各地社区教育、老年教育和终身学习的政策措施、典型案例、优秀成果，开通了“中国社区教育网”。

〔**教育部贯彻落实《老年教育发展规划（2016—2020年）》**〕　10月5日，国务院办公厅正式印发了《老年教育发展规划（2016—2020年）》（简称《规划》），这是我国第一部老年教育专题规划。《规划》明确了发展老年教育的指导思想、基本原则、主要目标、主要任务和保障措施以及重点推进计划。提出“到2020年，基本形成覆盖广泛、灵活多样、特色鲜明、规范有序的老年教育新格局”的主要目标和“扩大老年教育资源供给、拓展老年教育发展路径、加强老年教育支持服务、创新老年教育发展机制、促进老年教育可持续发展”五个方面的主要任务，以及组织实施社会主义核心价值观培育计划、老年教育机构基础能力提升计划、学习资源建设整合计划、远程老年教育推进计划、老有所为行动计划等重点推进计划。12月20日，教育部在上海市召开老年教育工作座谈会。

〔**举办2016年全民终身学习活动周**〕　10月14日，由教育部职业教育与成人教育司、中国成人教育协会、中国联合国教科文组织全国委员会秘书处联合主办的2016年全民终身学习活动周总开幕式在深圳市举行。活动周的主题是“推进全民继续教育，建设学习型社会”。教育部副部长朱之文出席总开幕式并讲话。

朱之文指出，推进全民继续教育、建设学习型社会是党的十八大关于全面建成小康社会的重要战略目标和任务，也是国家教育规划纲要对继续教育提出的发展要求。朱之文强调，一是要积极构建更加灵活开放的终身教育制度；二是要建立满足多元需求的多样化终身学习服务平台；三是要继续扩大服务终身学习的继续教育资源建设规模；四是要全方位营造全民终身学习的社会氛围。

2016年全民终身学习活动周不仅实现了全国省、区、市的全覆盖，更实现了对基层宣传的覆盖。总开幕式首次推出了全民终身学习活动周标识，启动了“教育资源进社区网上博览会”，对10位“事迹特别感人的百姓学习之星”和13个“特别受百姓喜爱的终身学习品牌项目”予以重点宣传和展示。

〔**印发《高等学历继续教育专业设置管理办法》**〕 11月18日，印发《教育部关于印发〈高等学历继续教育专业设置管理办法〉的通知》（简称《办法》）。这是教育部统筹规范高等学历继续教育专业设置管理的首份文件。

《办法》提出，高校设置高等学历继续教育专业要根据学校自身办学能力，发挥办学优势和特色，主动适应国家战略和经济社会发展需要，坚持终身学习理念，以满足学习者学习发展需求为导向，以学习者职业能力提升为重点，遵循高等教育规律和职业人才成长规律，培养具有较高综合素养、适应职业发展需要、具有创新意识的应用型人才；明确了高等学历继续教育本科、专科专业目录由《普通高等学校本科专业目录》《普通高等学校高等职业教育专科（专业）目录》《高等学历继续教育补充专业目录》组成；规范了高等学历继续教育专业设置的基本条件和程序，扩大了省级政府教育统筹权和高校办学自主权。《办法》还提出，教育部建立全国高等学历继续教育专业管理和公共信息服务平台，对高等学历继续教育专业设置实行全程信息化管理与服务。

〔**举办2016年全国职业院校信息化教学大赛**〕 11月26日至28日，2016年全国职业院校信息化教学大赛现场决赛在济南市举办。本次大赛旨在贯彻《国务院关于加快发展现代职业教育的决定》，落实《教育信息化"十三五"规划》，推动职业院校改革创新教育教学模式，提高教师信息化教学能力，展示职业院校信息化教学取得的新成果，交流信息化教学新经验，促进信息技术与教育教学深度融合，提高技术技能人才培养质量。大赛共收到参赛作品1 332件，涉及参赛教师3 181名，参赛作品、参赛教师数量较2015年分别增加35%和40%，均创历届新高；参赛作品水平进一步提高，宁夏、黑龙江等中西部地区成绩进步明显。

〔**推进职业教育现代化座谈会召开**〕 12月2日，推进职业教育现代化座谈会在北京召开，国务院总理李克强做出重要批示。批示指出，"十三五"时期，要切实把职业教育摆在更加突出的位置，加快构建现代职业教育体系，努力建成一批高水平的职业学校和骨干专业。国务院副总理刘延东出席会议并讲话。她强调，要提高认识水平，全面贯彻习近平总书记关于"高度重视、加快发展"职业教育的重要指示精神；要服务国家战略，承担起新时期职业教育的使命担当；要全面深化改革，不断健全职业教育体制机制；坚持内涵发展，着力提高职业教育人才培养质量；完善条件保障，上下共同努力办好职业教育；坚持依法治教，更好发挥《职业教育法》在推动事业发展中的保障作用。

为认真落实会议精神，12月12日，教育部在福州市召开现代职业教育发展推进会。会议以"发展现代职业教育，建设技术技能强国"为主题，明确了加快推进职业教育现代化的主要任务。教育部党组书记、部长陈宝生在讲话中指出，要让职业教育"香起来、亮起来、忙起来、强起来、活起来、特起来"。会议强调，办好职业教育要依靠政府、行业、学校和企业、社会"四支力量"，必须坚持定位要准、质量要高、队伍要精、管理要严、保障要实"五个要"，齐心协力打好职业教育迈向现代化的攻坚战。

〔**牵头编制并印发《制造业人才发展规划指南》**〕 为深入实施"中国制造2025"，教育部、人力资源社会保障部、工业和信息化部牵头，国家质量监督检验检疫总局、国家外国专家局参与，共同研究编制了《制造业人才发展规划指南》（简称《指南》）。12月27日，经国务院审定同意，教育部、人力资源社会保障部、工业和信息化部联合印发了《指南》。《指南》分为规划背景、总体要求、主要任务、重点人才工程、保障措施五部分。《指南》提出，以创新体制机制为动力，深化产业与教育融合为抓手，夯实人才队伍基础和培育急需紧缺人才为重点，对接制造强国建设战略任务和重点领域，提升人才服务先进制造业发展的能力，到2020年，形成与制造业发展需求相适应的人力资源建设格局，培养和造就一支数量充足、结构合理、素质优良、充满活力的制造业人才队伍，基本确立建设制造强国的人才优势，为实现中国制造"三步走"战略目标奠定坚实的人才基础。

〔**有色金属行业开展职业教育“走出去”试点工作**〕 教育部联合中国有色金属工业协会，把中国有色矿业集团作为试点企业，在有色金属行业开展职业教育“走出去”试点。试点精准对接国家发展战略，依托全国有色金属职业教育教学指导委员会、中国有色矿业集团和8所国内高职院校，在赞比亚先行实施。试点工作坚持多方协同联动、多方汇聚资源，在赞比亚举办了仪表工等6个职业工种的技能培训班，100多名赞方员工参加培训，获得了中资企业和赞方员工的高度评价，展示了中国职业教育的风采，在当地赢得好口碑，在其他“走出去”的企业中引起了很大反响。

〔**完善职业教育教学标准体系**〕 2016年，职业教育教学标准体系进一步完善。一是编制并组织出版了《普通高等学校高等职业教育（专科）专业目录及专业简介（2015年）（上下册）》，根据《普通高等学校高等职业教育（专科）专业设置管理办法》，组织增补了食用菌生产与加工等13个高职专业，高职专业数从748个增至761个，指导高职院校科学合理设置专业。二是颁布首批70个职业院校专业（类）顶岗实习标准，内容包括适用范围、实习目标、时间安排、实习条件、实习内容、实习成果、考核评价、实习管理等九部分，对学生顶岗实习的安全保障、工作时长、工作环境、企业资质等做了明确规定，为学生安全有效进行顶岗实习提供保障。三是颁布《中等职业学校风电场机电设备运行与维护专业仪器设备装备规范》等4项规范，对相关专业实训教学场所、实训仪器设备装备等提出了规范要求。

〔**继续深入开展农村职业教育与成人教育示范县创建工作**〕 2016年，教育部委托中国成人教育协会对第一批国家级农村职业教育和成人教育示范县开展了调研活动。教育部会同水利部、农业部、科技部、国家粮食局、国家林业局联合印发了《教育部等六部门关于公布第一批国家级农村职业教育和成人教育示范县名单的通知》。召开第三批示范县评审工作，印发《教育部办公厅关于公布第三批国家级农村职业教育和成人教育示范县创建入围名单及开展第四批示范县创建工作的通知》。12月15日，教育部职业教育与成人教育司在北京组织召开了全国农村职业教育与成人教育推进会。

撰稿 高 阳 徐 璐 林 宇 白 维
许 建 邬 跃 刘 英 王 立
陈亚伟 李晓阳 王珊珊 宁 锐
审稿 葛维威 谢 俐 周 为

高 等 教 育

〔**实施中央高校教育教学改革专项**〕　为贯彻落实党的十八届五中全会要求，深化高校教育教学改革，提高高校教学水平和创新能力，教育部印发了《关于中央部门所属高校深化教育教学改革的指导意见》，决定在“十三五”期间实施中央部门所属高校教育教学改革专项，提出了深入推进高校创新创业教育改革、巩固本科教学基础地位、调整优化学科专业结构、完善协同育人机制、着力推进信息技术与教育教学深度融合、建立完善拔尖人才培养体制机制、服务西部地区高等教育发展 7 个方面 26 项主要任务。中央财政设立中央高校教育教学改革专项资金，2016 年投入 15 亿元，支持中央高校教育教学改革。各高校教育教学改革各有侧重，更加注重课程内容建设，更加重视对教师和学生的教学投入，更加重视教师教学能力的提升，更加重视制度化建设。

〔**启动实施“中西部高校基础能力建设工程”（二期）建设**〕　通过“十二五”期间“中西部高校基础能力建设工程（一期）”的实施，入选高校在师资队伍建设、学科专业建设、人才培养模式改革、学生实验技能水平、毕业生就业情况等方面均取得了长足进步。2016 年，教育部联合国家发展改革委启动实施“中西部高校基础能力建设工程（二期）”建设，继续支持 100 所左右中西部地区公办普通地方本科高校聚焦人才培养，改善办学条件，加强师资队伍建设，深化教育教学改革，办出特色，争创一流，用“硬件”建设支撑“软件”改革。

〔**中国特色在线开放课程建设与应用成效明显**〕2016 年，教育部指导各地各高校立足自主建设、注重应用共享、加强规范管理，推动我国在线开放课程建设走上具有中国特色可持续发展道路。

上线开放课程数量快速增长。在主要课程平台上线的我国高水平大学建设的“慕课”已超过 1 400 门，根据高校个性化需求定制课程 5 600 多门次，累计 1 700 余所（次）高校在课程平台上选用或定制课程，高校和社会学习者选课人次超过 3 000 万。同时，在线课程学分认定稳步推进，已有超过数万人次在校生获得在线课程学分，在线课程教学质量得到高校普遍认可。

基于在线课程服务平台的高校内部、高校之间混合式教学改革模式不断深化。高等教育出版社爱课程网“中国大学 MOOC”、清华大学“学堂在线”、上海交通大学“好大学在线”、北京大学“华文慕课”等课程平台实现随时随地学习、在线开展互动教学活动，提供教师答疑、批改作业等教学服务，并能够对教与学行为进行记录、评价和分析。各种线上与线下、课堂与实训、院校教师与行业专家相结合建设与应用在线开放课程模式不断涌现。

在线开放课程国际影响力逐步扩大。我国高水平大学建设的近 170 门优质在线开放课程陆续接入国际著名课程平台，中国特色的在线开放课程发展模式受到国际关注，“互联网+”教育国际交流与学习日益增多。

〔**国家级实验教学示范中心管理办法**〕　为加强高等学校实践育人工作，提升大学创新人才培养能力，进一步规范和加强国家级实验教学示范中心的建设和运行管理，教育部办公厅正式印发《国家级实验教学示范中心管理办法》（简称《管理办法》）。《管理办法》分为 6 章 28 条，包括国家级实验教学示范中心建设的定位、主要任务与运行机制、管理职责、立项与遴选、运行与管理、考核与调整、附则等内容。《管理办法》建立了国家级实验教学示范中心的年度报告与考核、定期评估和动态调整等制度。

〔**继续推进教育部与地方政府、行业部门共建相关高校工作**〕 主动适应行业需求，积极共建地方行业特色高校。完成与有关省级人民政府、有关部委共建河北医科大学、中国美术学院、南方医科大学、西藏大学医学院、新疆医科大学5所高校。截至2016年年底，已完成共建地方高校76所。

深入贯彻国家战略，积极推动共建直属高校。贯彻落实国家创新驱动战略、军民融合战略和海洋强国战略，完成与国家国防科技工业局共建北京大学、清华大学等16所直属高校相关工作；完成与国家海洋局共建吉林大学相关工作。

〔**召开教育部直属高校工作咨询委员会第26次全体会议**〕 12月9日，教育部直属高校工作咨询委员会第26次全体会议在北京召开。会议的主题是：切实办好中国特色社会主义大学，努力开创“十三五”时期高等教育改革发展新局面。会议由教育部部长陈宝生主持，国务院副总理刘延东出席会议并做重要讲话。北京大学、清华大学、上海交通大学、浙江大学、四川大学做大会发言。教育部直属高校咨询委员、其他列席高校代表、教育部在京全体党组成员、有关司局和直属单位负责人及中央组织部、国家发展改革委、财政部、工业和信息化部、国家民族事务委员会、北京市等有关方面负责人共计300人参加会议。

〔**全国人大常委会听取审议国务院关于高等教育改革与发展工作情况的报告**〕 3月，根据《全国人大常委会2016年监督工作计划》和《国务院有关部门配合全国人大常委会2016年监督工作分工安排》要求，教育部研究制定《关于做好全国人大常委会听取审议国务院关于高等教育改革与发展工作情况的有关工作方案》，成立由分管部领导任组长，高等教育司、学位管理与研究生教育司等20个司局和直属单位负责人参加的工作领导小组。

7月11日，全国人大教科文卫委员会对《国务院关于高等教育改革与发展工作情况的报告》进行预审议。受教育部部长陈宝生委托，教育部副部长林蕙青做专题汇报。全国人大常委会副委员长陈竺、全国人大教科文卫委员会主任委员柳斌杰及与会委员对《报告》提出了预审议意见。

7月28日，教育部形成《报告》(送审稿) 报国务院办公厅，经国务院领导批准后，正式报全国人大常委会。

8月31日，陈宝生受国务院委托向十二届全国人大常委会第二十二次会议做了正式汇报，全国人大常委会委员长张德江出席，副委员长沈跃跃主持会议。

9月1日，全国人大常委会对《报告》进行分组审议，对《报告》给予高度肯定。

〔**深化高等学校创新创业教育改革**〕 5月8日，国务院办公厅印发《关于建设大众创业万众创新示范基地的实施意见》，将清华大学、上海交通大学、南京大学、四川大学纳入首批国家级“双创”示范基地。随后，教育部成立了由高等教育司牵头，规划司、财务司等参加的高校“双创”示范基地建设工作指导小组，扎实推进基地建设工作。2016年，清华大学“双创”在线教育与实践开放平台等17个项目获3.9亿元资金支持。

10月14日，教育部在武汉市组织召开深化高校创新创业教育改革经验交流会，教育部副部长林蕙青出席会议并对进一步深化改革做动员部署，北京、辽宁、湖北、江西、陕西5省（直辖市）教育部门及北京邮电大学、上海理工大学、四川大学、昆明理工大学4所高校负责人做了交流发言，各省(自治区、直辖市）教育厅（教委）及新疆生产建设兵团教育局负责人、高教处负责人等近150人参加会议。

12月16日，国务院办公厅印发《关于对国务院第三次大督查发现的典型经验做法给予表扬的通报》，将深化高校创新创业教育改革工作作为典型经验做法之一进行了通报表扬。

12月21日，教育部组织召开深化创新创业教育改革示范高校认定工作会议，组织专家认定北京大学等99所高校为首批深化创新创业教育改革示范高校。

〔我国正式加入国际工程教育联盟《华盛顿协议》组织〕 6月2日，在马来西亚首都吉隆坡召开的国际工程联盟会议上，《华盛顿协议》组织全票通过中国由预备成员转为正式成员。加入《华盛顿协议》是中国高等工程教育的里程碑事件，标志着中国工程教育质量标准实现了国际实质等效，工程教育质量认证体系得到国际认可，中国将全面参与《华盛顿协议》各项规则的制定，对进一步深化工程教育改革、提高工程教育质量、建设工程教育强国意义重大。《华盛顿协议》是世界上最具影响力的本科工程学位互认协议，其宗旨是通过多边认可工程教育专业认证结果，促进工程学位互认和工程技术人员的国际流动。该协议提出的工科毕业生和工程师执业能力标准，是国际工程界公认的权威要求。该协议成员有美国、英国、加拿大、澳大利亚、韩国、俄罗斯、日本、中国等18个国家（地区）。自2005年启动工程教育加入《华盛顿协议》工作以来，中国建立了完善的工程教育认证专家组织，制定了中国特色、国际实质等效的工程教育认证标准体系，形成了有效的认证工作机制，在21个工科专业类开展了认证。截至2016年年底，全国已有194所高校的822个专业通过认证，参与认证专业和高校占比分别达5%和17%。

〔举办第二届中国“互联网+”大学生创新创业大赛〕 2016年，教育部联合中央网络安全与信息化领导小组办公室、国家发展改革委、工业和信息化部、人力资源社会保障部、国家知识产权局、中国科学院、中国工程院、共青团中央和湖北省人民政府共同举办了第二届中国“互联网+”大学生创新创业大赛。本次大赛参赛高校2 110所，学生报名项目118 804个、参与学生545 808人。10月13日至15日，总决赛在华中科技大学举行，最终产生银奖115名、金奖32名和冠、亚、季军4名。总决赛期间，国务院副总理刘延东参观了高校创新创业教育成果展，接见了大赛获奖学生、指导教师和专家评委代表并发表重要讲话。同期还举办了高校创新创业教育改革经验交流会、“互联网+”产学合作协同育人报告会、参赛团队与投资机构洽谈会、高校创新创业教育成果展等活动。

〔刘延东主持中医药高等教育改革与发展座谈会〕 2016年是中医药高等教育60周年。12月29日下午，国务院副总理刘延东主持中医药高等教育改革与发展座谈会并讲话。她强调，要认真贯彻落实习近平总书记关于发展中医药和高等教育改革的重要讲话精神，遵循中医药发展规律，完善人才培养体系，打造知名院校和学科，办好中国特色、世界水平的中医药高等教育，为中医药事业发展提供智力支持和人才保障。

刘延东指出，60年来，我国中医药高等教育长足发展，培养了近200万名中医药专门人才。广大中医药教育工作者辛勤耕耘，彰显了学为人师、行为世范的品质和良术济世、大医精诚的价值追求，为传承发展中医药事业、增进群众健康福祉做出了贡献。

刘延东强调，要落实全国卫生与健康大会精神，筑牢大健康理念，以人民健康为导向，深化中医药高等教育综合改革。创新培养模式，提升教育质量，强化医科教协同，加强“通人文、读经典、重临床、强能力”的综合教育，坚持师承教育贯穿始终，构建服务全生命周期的学科专业体系。加大中医机理、方剂等攻关力度，加强中医古籍、传统诊疗技术的保护抢救和应用，推动中医药走向世界，以中医宝库和中国智慧造福更多民众。强化部门协作，加大投入力度，健全人才评价和激励机制，营造中医药发展的良好环境。

为进一步弘扬立德树人的师德师风与大医精诚的医德医风，激励广大教师潜心教学、精心育人，座谈会召开前，教育部、国家卫生和计划生育委员会、国家中医药管理局联合表彰了60名为中医药高等教育事业做出突出贡献的教师代表。

撰稿 武世兴 江 河 李 静 高东锋 刘永强 杨劲松 高巍巍 吴 燕 郝 杰 高 斌
审稿 吴 岩 张爱龙 范海林 徐青森 王启明

高校思想政治工作

〔深入开展习近平总书记系列重要讲话精神和治国理政新理念新思想新战略学习教育〕 一是以重大纪念日和时间节点为契机，深化学习教育。以教育部党组名义印发通知，部署高校深入学习习近平总书记系列重要讲话精神和治国理政新理念新思想新战略、“七一”讲话精神、纪念红军长征胜利80周年讲话精神和十八届六中全会精神。二是以项目研究为依托，深化学习教育。录制网络视频课程，委托专家开展将“三新”融入大学生思想政治教育全过程专项课题研究。三是以研讨培训为载体，深化学习教育。组织举办高校学生工作专题研讨培训班、贯彻落实全国高校思想政治工作会议精神座谈会，会同江西省委教育工委、江西省教育厅召开“弘扬井冈山精神与加强高校思想政治工作”专题研讨会，指导中国高等教育学会思想政治教育分会召开第八次代表大会暨第三届思想政治教育创新发展学术研讨会。

〔培育践行社会主义核心价值观〕 一是在“贯穿、结合、融入”上下功夫。指导开展以庆祝建党95周年和纪念红军长征胜利80周年为主题的爱国主义教育和革命传统教育。组织开展话剧《雨花台》高校巡演200余场，组织广大党员干部、团员青年、大中小学生观看影片《湄公河行动》、文献纪录片《长征》等爱国主义题材影像作品。二是在“落细、落小、落实”上下功夫。会同中央文明办、光明日报社召开“宿舍文明建设座谈会”；会同中国法学会共同组织“百名法学家百场报告会”；会同中央宣传部等举办“展望十三五”“王家元先进事迹”系列报告会和“学习贯彻十八届六中全会精神中央宣讲团首场报告会”，组织在京高校7 500余名学生聆听报告23场。三是在“宣传、引导、研究”上下功夫。充分利用传统媒体和新媒体，宣传报道加强社会主义核心价值观教育的好经验好做法。指导开展“第十一届中国大学生年度人物”评选活动，协调《人民日报》《光明日报》等媒体专题报道大学生年度人物先进事迹。征集汇编《高校培育和践行社会主义核心价值观创新案例》。

〔提升高校思想政治工作质量〕 一是推进文化育人。会同中央文明办研究制定《全国高校文明校园测评细则》，研制文明校园测评工作手册。征集推选第九届高校校园文化建设优秀成果。会同中共中央宣传部、国家体育总局开展“中国女排校园行”活动；会同中共中央宣传部召开“戍边卫士魏德友先进事迹”座谈会；会同国务院国有资产监督管理委员会举办“国企精神进高校”巡回报告会。组织开展第三届礼敬中华优秀传统文化系列活动。二是推进实践育人。会同国务院国有资产监督管理委员会、人力资源和社会保障部培育建设第二批52家“全国高校实践育人创新创业基地”。召开全国高校实践育人暨创新创业现场推进会。推进实施《学生志愿服务管理暂行办法》，将志愿服务情况纳入大学生综合素质评价指标。会同中央宣传部、中央文明办、共青团中央联合开展2016年全国大中专学生志愿者暑期文化科技卫生“三下乡”社会实践活动及大学生志愿服务西部计划。三是推进心理育人。推广使用自主研制的《中国大学生心理健康筛查量表》，开发“中国大学生心理健康测评系统”，首批40所高校参加试点测试，参与学生79 595人。举办2016年全国大学生心理健康教育工作专题培训班。指导开展心理健康教育月、心理博览会等主题活动。组织专家赴10个省（自治区、直辖市）开展大学生心理健康教育工作专项督查。培育建设第三批17个全国高校心理健康教育与咨询示范中心。四是开展学科建设和工作研究。委托全国大学生思想政治教育发展研究中心在北京、天津等16个省（自治区、直辖市）和新疆生产建设兵团开展2016年滚动调查。指导编写出版《中国大学生思想政治教育年度质量报告（2015）》，并获教育部"中国教育报告·发展与质量"项目二等奖。继续组织专家开展教育部人文社会科学研究专项任务项目（高校思想政治工作）结项评审工作，共批准141项课题结项。指导开展2014年思想政治教育学科优秀博士和硕士学位论文评选工作，共评出10篇优秀博士论文、20篇优秀硕士论文。

〔推动高校辅导员队伍专业化职业化建设〕 一是加强制度建设。深入实施《高等学校辅导员职业能力标准（暂行）》。在广泛征求意见的基础上，组织力量对《普通高等学校辅导员队伍建设规定》进行修订。二是加强培养培训。指导21个教育部高校辅导员培训和研修基地举办34期示范培训班，培训辅导员骨干2 000余名。继续实施"高校辅导员访问学者计划"，选送29名辅导员骨干赴研修基地和高校进行访学研修，选派80名优秀学生工作干部分别赴英国里丁大学和澳大利亚国立大学访学研修。继续组织开展招收150名高校辅导员在职攻读马克思主义理论、心理学、管理学等相关专业博士。三是强化项目支持。继续培育建设高校辅导员工作精品项目，引导和支持高校辅导员加强工作研究、深化实践实效、提升理论素养。会同共青团中央选派辅导员参加志愿服务西部计划，支持学生工作干部参加援藏援疆干部人才计划。分别和高等教育出版社、国家教育行政学院共建高校辅导员网络培训中心和高校辅导员网络学院。与高等教育出版社联合启动辅导员网络培训核心课程体系建设，规划18门核心课程。选取8所高校建设高校辅导员发展研究中心。四是加大先优选树。继续实施"思想政治教育中青年杰出人才支持计划"，新增"支持计划"和"培育计划"各10名。指导举办第五届全国高校辅导员职业能力大赛、第八届高校辅导员年度人物评选活动，推选出11名年度人物、39名高校辅导员年度人物提名奖、1名年度人物特别荣誉奖、150名高校辅导员年度人物入围奖。

〔切实加强网络文化建设与管理〕 一是加强网络文化阵地建设。完善全国高校校园网站联盟组织机构和工作机制，推进"易班"推广行动计划和中国大学生在线引领工程。共有13个省（自治区、直辖市）和20所部属高校加入"易班"全国共建计划，共建高校成员单位达282所，中国大学生在线共建单位达538个。二是加强网络文化成果培育。会同中央网络安全和信息化领导小组办公室指导举办第二届全国高校"校园好声音"大赛，31个省（自治区、直辖市）及新疆生产建设兵团的517所高校学生参加。举办高校网络文化建设专题研讨班，培育建设大学生网络文化工作室，召开"网络文明进校园暨高校网络文化建设推进会"，组织部分省市和40余所高校交流展示了本地本校的网络文化建设经验和成果。指导举办"第二届大学生网络文化节"和"第二届高校网络宣传思想教育优秀作品推选展示活动"，培育建设优秀网络文化成果。三是探索网络成果评价认证机制。会同中央网络安全和信息化领导小组办公室建设全国网络文化研究评价中心，制定网络文章评价指标体系，加强对优秀网络文化成果的评价认证，并推动认证结果在科研成果统计、职务职称评审、评奖评优中的使用。四是加强网络文化队伍建设。启动实施"校园网络名师培育支持计划"和"校园好网民选树计划"。会同中央网络安全和信息化领导小组办公室、中央纪律检查委员会、中央宣传部等12家部委开展全国网评队伍建设专项督查工作。举办高校网络文化传播专题研讨班，组织部分地方教育部门和高校网络文化建设负责人参加由中央网络安全和信息化领导小组办公室举办的网络素养教育研讨班。五是开展校园网贷专项治理工作。发布"警惕校园不良网贷陷阱"警示信息和"倡导科学理性消费，抵制校园不良网贷"倡议。印发《关于加强校园不良网络借贷风险防范和教育引导工作的通知》《关于报送校园不良网络借贷风险防范和教育引导工作进展情况的通知》《关于开展校园网贷风险防范集中专项教育工作的通知》，会同中国银行监督管理委员会、中央网络安全和信息化领导小组办公室等部门联合印发《关于进一步加强校园网贷整治工作的通知》，会同共青团中央学校部、中央金融团工委等部门启动"送金融知识进校园"活动，加强金融知识宣传教育，深入开展校园网贷风险防范专项教育，强化校园不良网贷平台监管和整治。

〔中共中央办公厅印发《关于加强民办学校党的建设工作的意见（试行）》的通知〕 12月29日，中共中央办公厅印发《关于加强民办学校党的建设工作的意见（试行）》（简称《意见》）的通知。《意见》要求各级党委（党组）要充分认识做好民办学校党建工作的重要性和紧迫性，按照全面从严治党要求，加强党对民办学校的领导，加强社会主义核心价值观培育，加大民办学校党组织组建力度，选好管好民办学校党组织书记，抓好民办学校思想政治教育和德育工作，不断提高民办学校党建工作整体水平。

〔召开全国高校庆祝中国共产党成立95周年暨学习贯彻习近平总书记关于高校党的建设重要思想研讨会〕 7月26日，全国高校庆祝中国共产党成立95周年暨学习贯彻习近平总书记关于高校党的建设重要思想研讨会在东北大学召开。全国党建研究会副会长高士琦出席会议并讲话。中国人民大学、北京外国语大学、对外经济贸易大学、东北大学、上海外国语大学、河海大学、中山大学、电子科技大学、陕西师范大学9所高校党委书记做了交流发言。与会人员深入交流研讨了学习贯彻习近平总书记"七一"重要讲话精神特别是习近平关于高校党的建设重要思想的认识体会和加强高校党建研究、推进高校党的建设的思路举措。来自20个省（自治区、直辖市）党委教育工作部门、64所高校的专委会委员和秘书长以及部分在沈阳的高校党委负责人共100余人出席会议。

〔指导直属高校深入开展"两学一做"学习教育〕 根据中央部署，协调联络指导教育部直属高校"两学一做"学习教育，及时掌握各高校的活动进程，宣传好的经验做法。10月18日，召开部分直属高校"两学一做"学习教育座谈会，教育部党组书记、部长陈宝生，中央组织部"两学一做"学习教育协调小组督导二组组长、中央组织部党员教育和干部测评中心主任、基层办副主任陈燕楠出席并讲话，教育部党组副书记、副部长沈晓明主持会议，清华大学、中国人民大学、大连理工大学、厦门大学、四川大学、北京林业大学6所高校做大会交流发言，介绍推进学习教育的经验做法。11月7日至28日，邀请南京航空航天大学能源与动力学院党委副书记徐川在北京、上海、广州、西安、武汉、成都6市开展"两学一做"优秀党课巡回宣讲活动。7月至12月，委托中国大学生在线开展了全国高校"两学一做"支部风采展示活动，来自455所高校的1 648个党支部（党总支）申报案例、微党课、支部展示成果共1 627件。与中央组织部联合在上海市举办高校教师党支部书记示范培训班。开通大学生网络党校，组织举办2万名大学生党员和2万名教师党支部书记"两学一做"学习教育网络培训示范班。组织14个批次近50人次赴高校进行实地督导，实现了31所中管高校督导全覆盖。

〔指导高校开展2016年度院系级单位党组织书记抓基层党建工作述职评议考核〕 根据中央统一部署，教育部党组印发《中共教育部党组关于做好2016年度有关高校院系级单位党组织书记抓基层党建述职评议考核工作的通知》，在中管高校和教育部直属高校全面开展此项工作。由教育部党建工作领导小组成员司局牵头，组成15个小组，分赴清华大学等15所教育部直属高校进行实地指导，在中管高校和部属高校实现了述职评议全覆盖。参与高校共有2 532个院系级党组织，所有党组织书记均提交了书面述职报告，其中1 227位院系级党组织书记进行了现场述职，现场述职的院系级党组织书记占总数的48.5%。

〔召开第二届"礼敬中华优秀传统文化"系列活动成果展示交流会暨全国高校博物馆育人联盟第四次会员大会〕 6月15日，第二届全国高校"礼敬中华优秀传统文化"系列活动成果展示交流会暨全国高校博物馆育人联盟第四次会员大会在广西民族大学召开。中共中央宣传部副部长王世明，光明日报社副总编辑刘伟，广西壮族自治区党委常委、副主席蓝天立出席会议并讲话。第二届"礼敬中华优秀传统文化”系列活动示范项目的高校代表、全国高校博物馆育人联盟会员高校代表共150人参加会议。北京师范大学、华中师范大学、河南师范大学、新疆大学、北京大学、中央民族大学做经验交流发言。5月至12月，教育部与光明日报社以“爱国情·强国志·报国行”为主题，组织开展了第三届“礼敬中华优秀传统文化”系列活动。经各高校自主申报、专家推荐、网上公示，确定了示范项目10项、特色展示项目30项。

〔**举办第四届全国高校廉政文化作品征集暨廉洁教育系列活动**〕 3月至12月，教育部思想政治工作司、中央纪委驻教育部纪检组以“守规矩·倡廉洁·扬正气”为主题联合举办了第五届全国高校廉政文化作品征集暨廉洁教育系列活动，1 108所高校共报送作品1.7万余件。“廉政知识问答”活动共有1 124所高校超过25万人参与答题。

撰稿　窦余仁　尹龙飞

审稿　张东刚

高校社会科学研究

〔**中央召开全国高校思想政治工作会议**〕 2016年12月7日至8日，全国高校思想政治工作会议在北京召开。中共中央总书记、国家主席、中央军委主席习近平出席会议并发表重要讲话，对加强和改进新形势下高校思想政治工作提出明确要求，做出重大安排部署。习近平总书记的重要讲话从全局和战略高度充分肯定了高等教育改革发展和高校思想政治工作取得的成绩，深刻回答了加强和改进高校思想政治工作的重大意义、目标定位、主要任务和基本要求，具有很强的战略性、政治性、思想性和针对性。

中共中央政治局常委、中央书记处书记刘云山做总结讲话。中共中央政治局常委王岐山、张高丽出席会议。北京市、浙江省、陕西省相关负责人，清华大学、哈尔滨工业大学、上海大学、华南师范大学、四川交通职业技术学院相关负责人在会上发言。部分中共中央政治局委员、中央书记处书记出席会议。中央党的建设工作领导小组成员、中央宣传思想工作领导小组成员、中央和国家机关有关部门负责人、中央军委机关有关部门负责人，各省（自治区、直辖市）和新疆生产建设兵团党委有关负责人及部分高校党委书记和校长出席会议。

这次会议是高校改革发展、党的建设和思想政治工作中具有里程碑意义的一件大事，充分体现了以习近平同志为核心的党中央对高校思想政治工作的高度重视，为做好高校思想政治工作指明了前进方向。会后，中共教育部党组印发《关于学习贯彻落实全国高校思想政治工作会议精神的通知》，教育部办公厅印发《贯彻落实全国高校思想政治工作会议精神工作方案》，要求各地教育部门和各级各类学校要把学习好贯彻好落实好这次会议精神作为当前和今后一段时期的首要政治任务。一是自觉用习近平总书记重要讲话精神统一思想认识，深刻理解加强和改进高校思想政治工作的特殊重要性和现实紧迫性，把思想和行动统一到中央决策部署上来，把力量和智慧凝聚到落实会议提出的各项任务上来；二是准确把握学习贯彻落实会议精神的工作重点，要坚持一面旗帜管总、两个责任保证、两大群体并进、两个培养整体推进、三级联动和教师教材两个关键重点把关；三是认真执行学习贯彻落实会议精神的基本要求，要扎实开展体系式学习，广泛开展融合式讨论，生动开展案例式教学，深入抓好项目式研究，系统抓好针对性解读，全面抓好操作性指导，统筹抓好责任化落实。

〔**中共中央、国务院印发《关于加强和改进新形势下高校思想政治工作的意见》**〕 2016年年底，中共中央、国务院印发了《关于加强和改进新形势下高校思想政治工作的意见》(简称《意见》)。《意见》强调，高校肩负着人才培养、科学研究、社会服务、文化传承创新、国际交流合作的重要使命。加强和改进高校思想政治工作，事关办什么样的大学、怎样办大学的根本问题，事关党对高校的领导，事关中国特色社会主义事业后继有人，是一项重大的政治任务和战略工程。《意见》提出了加强和改进高校思想政治工作的重要意义、指导思想、基本原则，并从六个方面进行了全面部署。

《意见》指出，加强和改进高校思想政治工作的指导思想是：高举中国特色社会主义伟大旗帜，全面贯彻党的十八大和十八届三中、四中、五中、六中全会精神，以马克思列宁主义、毛泽东思想、邓小平理论、“三个代表”重要思想、科学发展观为指导，深入学习贯彻习近平总书记系列重要讲话精神和治国理政新理念新思想新战略，全面贯彻党的教育方针，坚持社会主义办学方向，扎根中国大地办大学，以立德树人为根本，以理想信念教育为核心，以社会主义核心价值观为引领，切实抓好各方面基础性建设和基础性工作，切实加强和改善党的领导，全面提升思想政治工作水平，紧密团结在以习近平同志为核心的党中央周围，牢固树立政治意识、大局意识、核心意识、看齐意识，坚定不移维护党中央权威和集中统一领导，为实现“两个一百年”奋斗目标、实现中华民族伟大复兴的中国梦，培养又红又专、德才兼备、全面发展的中国特色社会主义合格建设者和可靠接班人。

《意见》指出，加强和改进高校思想政治工作的基本原则，一是坚持党对高校的领导；二是坚持社会主义办学方向；三是坚持全员全过程全方位育人；四是坚持遵循教育规律、思想政治工作规律、学生成长规律；五是坚持改革创新。

《意见》强调，要强化思想理论教育和价值引领，把理想信念教育放在首位，把培育和践行社会主义核心价值观体现到教书育人全过程，弘扬中华优秀传统文化和革命文化、社会主义先进文化，进一步办好高校思想政治理论课，加强高校马克思主义学院建设。要发挥哲学社会科学育人功能，加强哲学社会科学学科体系建设，积极构建中国特色、中国风格、中国气派的哲学社会科学学科体系，强化马克思主义理论学科的引领作用，努力建设一批中国特色、世界一流的哲学社会科学学科，加快建设一批哲学社会科学专业核心课程教材，规范哲学社会科学教材选用，完善学术评价体系和评价标准。要加强对课堂教学和各类思想文化阵地的建设管理，充分发掘和运用各学科蕴含的思想政治教育资源，健全高校课堂教学管理办法。要加强对校园各类思想文化阵地的规范管理，加强校园网络安全管理，营造风清气正的网络环境。要加强教师队伍和专门力量建设，提升教师思想政治素质，完善教师评聘和考核机制，形成专职为主、专兼结合、数量充足、素质优良的思想政治工作队伍和党务工作队伍。要推进高校思想政治工作改革创新，注重贴近师生思想实际开展工作，加强互联网思想政治工作载体建设，强化社会实践育人，在服务引导中加强思想教育，积极发挥共青团、学生会组织和学生社团作用，健全高校思想政治工作评价体系。要加强和改善党对高校的领导，完善高校党的领导体制，强化院（系）党的领导，加强高校基层党建工作，健全地方党委抓高校思想政治工作制度。

为深入贯彻落实《意见》精神，教育部党组高度重视，认真研究，精心组织，研制印发分工方案，既做到全面动员、统筹推进，又做到责任清晰、分工明确，确保《意见》提出的每一项重点任务落细落小落实。

〔成立新一届教育部高等学校思想政治理论课教学指导委员会〕 2016 年，成立了 2016—2020 年教育部高等学校思想政治理论课教学指导委员会。7 月 20 日，召开新一届高校思想政治理论课教学指导委员会成立大会，120 位委员参会，教育部党组书记、部长陈宝生出席会议并讲话。陈宝生要求新一届高校思想政治理论课教学指导委员会发挥“咨询、研判、督查、评估、培训、示范、指导、引领”八方面作用。会议审议修订了《高等学校思想政治理论课教学指导委员会章程》，会后由教育部正式印发。

新一届高校思想政治理论课教学指导委员会由顾海良、靳诺、逄锦聚同志任主任委员，下设 7 个分教学指导委员会，分别指导高职高专、本科生、研究生思想政治理论课的教学工作。新一届高校思想政治理论课教学指导委员会成立后，在2016年下半年开展了13项创新性强、覆盖面广、影响力大的教学指导活动，贯彻落实习近平总书记系列重要讲话精神和治国理政新理念新思想新战略专题讲解集中录制工作，学习宣传阐释习近平总书记在全国高校思想政治工作会议上的重要讲话和中共中央、国务院《关于加强和改进新形势下高校思想政治工作的意见》精神工作和首届全国高校“形势与政策”课巡回教学展示活动、2016全国高职高专院校思想政治理论课中青年教师教学展示活动等，有效调动了一线思想政治理论课教师深化教学研究的积极性和主动性。高校思想政治理论课教学指导委员会突出问题意识，深入开展调研，为办好高校思想政治理论课提供了较为翔实的咨询意见，不断推动思想政治理论课在改进中加强、在创新中提高。

〔推进实施高校思想政治理论课特聘教授制度〕为进一步加强和改进高校思想政治理论课建设，不断拓宽高校思想政治理论课优质师资来源，建设一支专职为主、专兼结合、数量充足、素质优良的思想政治理论课教师队伍，教育部在指导青海、宁夏、山东等省区试点高校思想政治理论课特聘教授制度的基础上，为从制度层面巩固试点工作成果、扩大高校思想政治理论课特聘教授制度的影响面和覆盖面，于3月印发了《关于推进实施高等学校思想政治理论课特聘教授制度的通知》(简称《通知》),对推进高校思想政治理论课特聘教授制度做出安排。要求有条件的地方和高校设立思想政治理论课特聘教授岗位，制定思想政治理论课特聘教授任职标准，严格准入，通过完善遴选程序、严格聘任要求、开展岗前培训、组织聘期考评、实施动态管理等机制，规范思想政治理论课特聘教授管理。《通知》印发后，在各地各高校产生积极影响。北京邀请名师大家为首都大学生开设市级思想政治理论课，浙江省聘请26名特聘教授，福建省建立了思想政治理论课特聘教授师资库，海南省思想政治理论课特聘教授2016年到校授课100余场次。各地各高校的思想政治理论课特聘教授受到大学生的普遍欢迎，对专职思想政治理论课教师产生良好的示范带动作用，为提升思想政治理论课教学的亲和力和针对性发挥了积极作用。

〔高等学校哲学社会科学繁荣计划专项资金管理办法〕　12月1日，财政部、教育部印发《高等学校哲学社会科学繁荣计划专项资金管理办法》(简称《专项资金管理办法》)。这是财政部、教育部深入贯彻习近平总书记在哲学社会科学工作座谈会上重要讲话精神，落实《关于进一步完善中央财政科研项目资金管理等政策的若干意见》，加强和规范繁荣计划专项资金的使用和管理，促进高校哲学社会科学事业繁荣发展的重要举措。

《专项资金管理办法》紧密围绕高校人才培养、科学研究、社会服务、文化传承创新和国际交流合作的重要使命，以“引领方向、支持创新、培养人才”为目标，以“优化配置、严格管理、提高效益”为重点，力求充分体现高校哲学社会科学的特点和规律，充分激发科研人员创新创造活力，努力营造良好的科研环境。一是紧密围绕党和国家中心工作，服务国家重大需求。二是以育人育才为中心，着力促进科教融合。三是统筹资源配置，提高资金使用效益。四是尊重劳动、尊重知识、尊重人才、尊重创造，体现劳动价值。五是“放管服”结合，落实和扩大高校自主权，优化管理方式。

《专项资金管理办法》在体现高校哲学社会科学特点和规律、转变政府职能、落实高校自主权方面呈现出鲜明的亮点。一是实行资金分类管理，对研究项目资金、非研究项目资金、管理资金的含义、使用方向及支出范围进行了清晰界定。二是建立间接成本补偿机制和绩效奖励制度，设立间接费用，主要用于补偿学校的成本耗费和激励科研人员的绩效支出，提取比例最高达30%。三是明确专家咨询费、劳务费开支范围和标准，并取消比例限制。四是下放预算编制和调剂权限，在项目预算总额不变的前提下，按规定将大部分支出科目和金额的预算调剂权限下放到学校。五是结转结余资金继续留用，研究项目在研期间的年度结转资金可以在下一年度继续使用，项目通过验收后的结余资金可以用于项目最终成果出版及后续研究的直接支出，或由学校统筹安排用于科研活动的直接支出。六是强化项目资金保障服务，促进资金使用便利化。

《专项资金管理办法》明确提出，繁荣计划专项资金来自中央财政预算，是用于资助高校哲学社会科学研究、学科发展、人才培养和队伍建设的专项资金。必须把配置好资金、使用好资金，提高资金使用效益放在首位，健全项目和资金管理体制机制，严格遵守国家财经纪律，依法依规使用项目资金，切实保障资金使用安全、规范、有效。

〔**高校社科战线深入学习贯彻习近平总书记在哲学社会科学工作座谈会上的重要讲话精神　加快构建中国特色哲学社会科学**〕 5月17日，习近平总书记主持召开哲学社会科学工作座谈会并发表重要讲话。教育系统认真学习贯彻习近平总书记在哲学社会科学工作座谈会上的重要讲话精神，扎实工作、统筹推进，高校社科事业和社科战线呈现出新气象新风貌。

一是深化党的理论创新成果研究阐释。以人文社科研究项目为抓手，设立习近平总书记系列重要讲话精神和治国理政新理念新思想新战略专项研究课题，组织发表“人类命运共同体”等系列文章，组织编写“中国共产党革命精神系列读本”等。各地各高校也加大政策和资金支持，设立了一批相关研究项目，发表了大量高水平研究成果。

二是着力构建学科学术话语三大体系。调整新增马克思主义理论等181个学位点，推动设置87个哲学社会科学二级学科和交叉学科，完成审定92个本科专业类教学质量国家标准；加强和改进新形势下大中小学教材建设，组建教育部教材局，制定教材建设五年规划工作方案；全部完成96种马克思主义理论研究和建设工程重点教材提纲审议，已正式出版或即将出版共57种；会同有关部门共同举办全国哲学社会科学话语体系建设理论研讨会。各地各高校以“双一流”建设为契机，通过加强学科建设、整合学术资源、承办国际学术会议、支持理论研究和应用研究等诸多举措，优化学科布局，提升研究能力，创新话语表达，助力体系构建。

三是积极开展咨政建言。加强智库建设统筹规划，依托首批6家国家重点智库和151个重点研究基地，围绕G20峰会、“一带一路”倡议、雄安新区建设等国家重大事项，积极建言献策，提供智力支撑；全年编发《高校智库专刊》48期，向中央报送专家咨政建议653篇，举办中国大学智库论坛。各地各高校加强智库建设统筹规划，主动对接国家与区域发展需求，注重协同攻关，围绕国家治理、“一带一路”等重大热点问题，开展专项研究，为党和国家决策提供重要参考。

四是推动文化传承交流。支持《儒藏》、“清华简”、甲骨文研究、“全球汉籍合璧工程”等一批重大文化项目，联合主流媒体举办“中国汉字听写大会”“中国成语大会”“中国诗词大会”，总收视率超过30亿人次。一些高校与相关国家及港澳台地区联合成立境外学术研究机构；越来越多的高校学者在国际组织担任要职，在国际学术舞台积极发声。

五是深化社科领域综合改革。出台深化高等教育领域“放管服”改革意见、深化高校教师考核评价制度改革意见、高校哲学社会科学繁荣计划专项资金管理办法、高校预防与处理学术不端行为办法，营造良好学术生态；统筹各类人才计划，211名社科专家入选“长江学者奖励计划”；加强高校思想政治理论、哲学社会科学骨干、马克思主义理论研究和建设工程重点教材任课教师研修，示范培训高校社科人才3 700多人。各地各高校通过设立文科首席教授、杰出教授、讲席教授、一级教授等岗位，组建社科创新团队，评选社科最有影响力奖项，极大提升了哲学社会科学队伍的整体素质和创新能力。

〔**高校主题出版**〕 2016年，教育部组织开展了高校出版社主题出版工作，共收到符合条件的89家出版社申报选题854种，经专家推选最终有40家出版社的89种选题入选。教育部组织设计了统一的“高校出版社主题出版”标识，授权入选项目使用。此举彰显了高校出版社的社会责任，树立了高校出版社的整体品牌形象，壮大了主流舆论阵地。

〔**编制《高校出版工作“十二五”发展报告》**〕为深入贯彻《教育部 国家新闻出版广电总局关于进一步加强和改进高校出版工作的意见》精神，促进高校出版工作改革发展，落实高校对出版单位的主办责任，从社会效益、体制机制改革、产业转型升级、国际交流合作四个方面，系统总结了“十二五”期间促进高校出版改革持续健康发展的主要举措及所取得的成绩。

〔**大学悦读**〕 2016年，由教育部社会科学司指导，中国大学生在线、中国高校教材图书网联合主办了“‘大学悦读·阅读大学’——中国高校出版社精品图书巡展”活动。本次为第三届活动，共有50家高校出版社参与，捐赠图书7 599册，开展了图书漂流座谈会、图书专区读书校园讲座共4场。在中国人民大学、对外经济贸易大学、武汉大学、华中农业大学、中南财经政法大学、云南民族大学、云南中医学院、昆明学院8所高校，开展了“书香校园——中国高校出版社精品图书漂流”活动；在兰州大学、合肥工业大学、湖南师范大学、河北大学、天津科技大学、山东农业大学6所高校，建设“‘大学悦读·阅读大学’——中国高校出版社精品图书专区”。通过中国大学生在线开展“‘大学悦读·阅读大学’——阅读频道”建设，搭建大学生阅读爱好者的学习交流平台。上述活动在《光明日报》《中国教育报》《中国新闻出版报》、中国教育电视台等传统媒体和新华网、光明网、中国大学生在线平台、联盟所属高校门户网站、活动官方微博微信等新媒体上进行了宣传报道，取得了良好的社会反响和效果。

撰稿 陈 睿 杨卫强 范丹卉 马建通 魏贻恒 林 丽 路晓锋
审稿 刘贵芹 徐艳国 谭方正

高校科技

〔**高校科技工作主要数据**〕 2016年，全国高校理工农医学科领域科技工作主要数据指标如下：

1. 科技人力。2016年，全国高校从事科技活动的为102.60万人，其中科学家和工程师98.88万人，占96.37%；研究与发展人员39.10万人，其中科学家和工程师38.29万人，占97.93%。

2. 科技经费。2016年，全国高校通过各种渠道共获科技经费1 537.01亿元，比2015年增长13.37%。经费主要来自国家各类科技计划及地方、部门和企事业单位委托项目等。

3. 研究与发展机构。2016年，全国高校上级主管部门批准的研究与发展机构8 776个，机构中从事研究与发展人员11.78万人年，其中高级职务人员折合6.76万人年，培养研究生36.8万人。

4. 科技课题。2016年，全国高校共承担研究与发展课题48.13万项，投入课题经费939.85亿元。

5. 国际科技交流。2016年，高校开展了广泛的国际科技交流活动。全年有18.01万人次出席国际学术会议，交流学术论文9.90万篇。派遣进修访问学者4.63万人次，接收进修访问学者3.93万人次。

6. 科技成果及技术转让。2016年，高校获国家自然科学奖二等奖28项，占授奖项目总数42项的66.7%；获国家技术发明奖通用项目二等奖38项，占通用项目授奖总数47项的80.9%。专用项目评出一等奖3项，高校获得2项；获国家科学技术进步奖通用项目奖106项，占通用项目授奖总数132项的80.3%。2016年，全国高校共出版科技专著4 581部，在国外及全国性刊物上发表学术论文34.40万篇，鉴定科技成果5 769项，签订技术转让合同9 592项，实际收入267.05亿元。2016年，高校申请专利近229 458件，比2015年增长24.42%；获专利授权144 375件，比2015年增长 18.36%。

〔**推进高校科技体制改革**〕 一是制定《高等学校“十三五”科学和技术发展规划》。为更好地贯彻落实国家国民经济和社会发展“十三五”规划，全面提升高校创新能力，制定并印发了《高等学校“十三五”科学和技术发展规划》。

二是推动中央财政科研项目资金管理改革。为落实对高校间接经费的补偿力度，扩大经费使用自主权，配合制定了《关于进一步完善中央财政科研项目资金管理等政策的若干意见》。

三是实施高校科技成果转移转化改革和行动计划。加强基层调研，准确把握制约高校科技成果转移转化的突出问题，形成相关调研报告，并促进《关于完善股权激励和技术入股有关所得税政策的通知》的出台，解决了制约科技成果转移转化的相关难点问题。研究印发了《教育部 科技部关于加强高等学校科技成果转移转化工作的若干意见》和《促进高等学校科技成果转移转化行动计划》，明确重点任务，推动高校形成鼓励创新、促进科技成果转移转化的政策环境。

四是推进高等学校创新能力提升计划。委托第三方对第一批国家级“2011 协同创新中心”进行中期绩效评估，形成了首批国家级“2011 协同创新中心”绩效评估报告并向财政部报送。下达 2016 年经费及博士生招生指标，研究制定《高等学校创新能力提升计划协同创新中心绩效评估办法(试行)》。分两辑编印了《2011 计划——高等教育里程碑》一书，形成各协同创新中心交流改革经验的良好氛围，为启动“2011 计划”第三批认定工作做好准备。

〔**高等学校学科创新引智计划**〕 为进一步提升“高等学校学科创新引智计划”(简称“111 计划”)实施和管理的科学化与规范化水平，充分发挥引进国外高水平人才和智力在服务国家重大战略需求，引领和支撑世界一流大学和一流学科建设方面的重要作用，与国家外国专家局联合印发《高等学校学科创新引智计划实施与管理办法》。10 月，对申请建设的“111 基地”进行了评审，经学校推荐、通讯评审、集中答辩，50 个基地通过评审并被批准立项。截至 2016 年年底，“111 基地”总数达 359 个。

〔**国际合作联合实验室**〕 印发《国际合作联合实验室立项建设与验收标准》，对实验室按面向科技前沿、面向“一带一路”、面向港澳台地区进行分类评价，进一步保障教育部国际合作联合实验室建设质量和水平，指导高校加强国际合作联合实验室培育，持续推进高水平、实质性和可持续国际科技合作，为建设创新型国家和高等教育强国做出新贡献。

〔**学风建设**〕 一是组织学风宣讲报告。组织科研诚信和学风集中宣讲报告 13 场，受众 4 900 余人；实地宣讲报告 82 场，受众 37 000 余人。与中国科学技术协会联合印发《关于申报 2016 年度全国科学道德和学风建设宣讲教育专项经费资助项目的通知》，支持各地、各高校及全国学会以项目申报的方式开展科学道德宣讲教育。

二是修订出版学术规范指南。结合近年来科研诚信学风建设工作的经验，组织专家修订《高等学校科学技术学术规范指南》，在广泛征求意见后，进行定稿并出版了《高等学校科学技术学术规范指南(第二版)》。

三是研究并建立工作机制。研究印发《高等学校预防与处理学术不端行为办法》《中共教育部党组关于强化学风建设责任实行通报问责机制的通知》。

四是受理学术不端举报案件，责成相关高校按照《高等学校预防与处理学术不端行为办法》处理。

〔**战略研究**〕 一是组织撰写战略研究报告。教育部科技委组织各学部在医疗健康、网络通信、先进制造、交通运输、能源等领域及科技出版体系、建设一流大学、军民融合等方面，撰写战略研究报告 10 篇，为国家在相关领域的发展决策提供了有力的支持。

二是组织召开科技前沿与战略圆桌会议。贯彻落实全国科技创新大会精神，委托教育部科技委副主任和有关常务副主任分别围绕“国家实验室建设”“世界一流研究型大学建设”“军民融合”“基础研究稳定支持”等10个主题，组织召开科技前沿与战略圆桌会议，研讨形成《专家建议》并上报。

三是编印《专家建议》。教育部科技委围绕国家教育和科技中的重点、热点和难点问题，在“中西部高等教育”“高校博物馆建设”“高校创新创业”“高校专职科研队伍建设”“一流大学建设”等方面共编印《专家建议》12期，为国家科技决策提供咨询服务。

四是举办中国高校科技创新论坛，全国200多所高校的科研主管领导及管理人员参加。

〔**科普工作**〕　全面开展科普工作，推动《全民科学素质行动计划纲要》深入实施。

一是组织科普宣讲。教育部科技委各学部工作会议期间以及各科技委委员和学部委员在日常工作中，共做科普报告131场，受众42 000余人。

二是编写“10 000个科学难题”。在2015年年底召开的“10 000个科学难题”征集活动启动会的基础上，继续开展海洋、交通运输和制造科学三个学科领域的难题征集活动，组织召开编委会会议，把握项目进展情况。

三是构建资源库。下发《关于征集科普基地、科普科幻项目构建科普资源库的通知》，在全国范围内征集统计科普基地和科普科幻项目信息，构建科普资源库，汇聚力量，统筹发展。

四是落实科学素质纲要。配合中国科学技术协会完成《全民科学素质行动计划纲要实施方案（2016—2020年）》的落实，教育部分工涉及11个司局、42项任务。教育部朱小萍同志获《全民科学素质行动计划纲要》“十二五”实施工作先进个人表彰。配合科技部、中国科学技术协会组织全国科普日等活动。

〔**2016年度“中国高等学校十大科技进展”**〕2016年，从45所高校申报的81个项目中评选出2016年度“中国高等学校十大科技进展”，入选项目如下表：

序号	项目名称	项目负责人	主持单位	主要合作单位
1	世界首例真实稳定可控的单分子电子开关器件	郭雪峰	北京大学	美国杜克大学、中科院物理所、华东理工大学等
2	发现原子核手征对称性和空间反射对称性的联立自发破缺	孟　杰	北京大学	山东大学（威海）、清华大学、北京航空航天大学、中国科学院理论物理研究所
3	高效率高比冲磁聚焦霍尔推进技术	于达仁	哈尔滨工业大学	航天五院第五〇二研究所
4	高效钙钛矿发光器件研究	黄　维	南京工业大学	浙江大学、英国剑桥大学、瑞典林雪平大学、南京邮电大学
5	复杂电网自律-协同无功电压自动控制系统关键技术及应用	孙宏斌	清华大学	北京清大高科系统控制有限公司
6	植物分枝激素独脚金内酯的感知机制	谢道昕	清华大学	中国科学院生物物理研究所、中国科学院遗传与发育生物学研究所、中国科学院上海药物研究所
7	肌肉兴奋-收缩偶联的分子机理探索	颜　宁	清华大学	无

续表

序号	项目名称	项目负责人	主持单位	主要合作单位
8	亚洲季风的变化规律及其与全球气候变化的关系	程　海	西安交通大学	美国明尼苏达大学、美国加利福尼亚州立大学、奥地利因斯布鲁克大学、同济大学、南京师范大学、新加坡南洋理工大学
9	脑机融合的混合智能理论与方法	吴朝晖	浙江大学	无
10	肝癌肝移植新型分子分层体系研究	郑树森	浙江大学	无

〔**高校国家重大科技基础设施取得重大进展**〕　12月，九部门联合印发《国家重大科技基础设施建设“十三五”规划》，明确提出我国未来5年要建设的10个国家重大科技基础设施优先启动项目和5个后备项目。10个优先项目中，有4个是由教育部直属高校牵头提出。分别是：清华大学牵头提出的极深地下极低辐射本底前沿物理实验设施、天津大学牵头提出的大型地震工程模拟研究设施、北京大学牵头提出的多模态跨尺度生物医学成像设施、浙江大学牵头提出的超重力离心模拟与实验装置。按照总体工作部署，优先项目要求于2018年底前开工。

“十二五”国家重大科技基础设施建设进展顺利。转化医学国家重大科技基础设施（上海）完成施工图设计，精密重力测量项目可研报告已批复，模式动物、综合极端条件和华西转化医学项目可研报告已送审，海底科学观测网、地球系统数值模拟器、未来网络和燃气轮机项目建议书已完成编制。

〔**中央高校基本科研业务费专项资金**〕　继续深入实施中央高校基本科研业务费，进一步引导高校准确把握资金定位，强化对青年人才的培养，提高执行力度。参与研究制定并印发《中央高校基本科研业务费管理办法》。坚持动态预算制度，将学校管理和执行情况与经费预算直接挂钩。2016年，共有109所中央高校获得支持，下达中央财政经费30亿元，其中75所教育部直属高校经费共24.9亿元。加强中央高校基本科研业务费的常态化规范管理，建立调整基本科研业务费信息管理平台，组织开展调研交流，进一步完善管理机制，提高经费使用效益。

〔**高校基础研究改革试点**〕　11月30日，在科技部、教育部、国家自然科学基金委、上海市政府的支持下，参照对世界科学发展有巨大影响的玻尔研究所建立的世界顶级研究所——李政道研究所在上海交通大学成立并召开第一届理事会会议。李政道研究所考虑建设的研究方向包括宇宙学、粒子物理以及对人类生活影响最大的量子物理及应用。同时，李政道研究所还将成为一个有特色的科学普及教育基地。

〔**科研项目**〕　1. 重点研发计划。作为部际联席会议成员，参与国家重点研发计划重点专项实施方案和指南的修订、编制和专家推荐工作，组织专家参与2016年和2017年度项目指南制定。组织高校开展国家重点研发计划“新能源汽车”等12个重点专项2016年项目申报工作，最终高新领域立项39项。完成2016年度国家重点研发计划基础研究、农业农村、社会发展领域5个试点专项和25个重点研发计划的申报推荐工作，高校共计组织申报534项；在最终立项项目中，高校牵头255项，项目经费67.01亿元，其中中央财政经费50.62亿元。在重大基础研究领域，立项177项，中央财政经费31.9亿元，其中高校牵头107项，占总项目60.45%，中央财政经费18.4亿元，占总经费57.68%。

2. 国家重大科技专项。复旦大学承担“新一代宽带无线移动通信网”国家科技重大专项“5G高性能基站A/D、D/A转换器试验样片研发”项目。

3. 其他高新技术项目。组织高校申报民用飞机科研计划项目14项和高技术船舶科研计划项目6项。其中，浙江大学承担2项民用飞机项目、武汉理工大学承担一项高技术船舶项目。

〔**实验室建设与管理**〕 1. 国家实验室。研究提出“教育部关于国家实验室建设的咨询研究报告”；积极针对科技部国家实验室建设实施方案提出教育部意见建议；支持西南交通大学建设重大科技创新基地。

2. 国家重点实验室。完成生物领域和医学领域国家重点实验室评估工作，在评估结果优秀的20个国家重点实验室中，依托高校的有7个；在评估结果良好的46个国家重点实验室中，依托高校的有20个。面向直属高校征集有关国家重点实验室立项建设指南，引导和指导高校加强国家重点实验室培育；汇总39所直属高校国家重点实验室建设意向120余个。

3. 教育部重点实验室。开展生命领域156个教育部重点实验室定期评估工作，其中26个实验室评估结果为优秀、116个实验室评估结果为良好、14个实验室未通过定期评估。

4. 实验室安全检查。提出11个方面共计280余条科研实验室安全检查指导细目；组织开展了2016年度高校科研实验室安全自查、抽查和整改工作。

〔**科研设施与仪器开放共享**〕 一是组织高校初步完成了科研设施与仪器在线服务平台建设工作，已有20所部属高校完成了在线服务平台与国家网络管理平台的对接工作。

二是发布《关于加快落实〈国务院关于国家重大科研基础设施和大型科研仪器向社会开放的意见〉督查工作的通知》，完成清华大学、上海交通大学、中国科学技术大学、华中科技大学、西安交通大学5所试点高校的科研设施与仪器开放共享进展情况调研，加快推进科研设施与仪器的开放共享工作。

〔**高新技术创新体系建设**〕 一是组织高校申报环境、社会治安防控、大数据和“互联网+”4个领域国家工程实验室建设项目。国家发展和改革委员会批复建设清华大学“烟气多污染物控制技术与装备国家工程实验室”、浙江大学“垃圾焚烧技术与装备国家工程实验室”、清华大学“危爆物品扫描探测技术国家工程实验室”、北京师范大学“互联网教育关键技术及应用国家工程实验室”、华中师范大学“教育大数据应用技术国家工程实验室”、清华大学“大数据系统软件国家工程实验室”、北京大学“大数据分析技术国家工程实验室”7个国家工程实验室。

二是会同教育部发展规划司完成“河海大学水资源高效利用与工程安全国家工程研究中心创新能力建设项目”审批，并报请国家发展和改革委员会复核。

三是联合国家能源局、陕西省政府共同依托西安交通大学建设国家西部能源研究院，以西安交通大学在能源科技上的优势，服务“一带一路”建设。

〔**产学研合作**〕 一是推动高校积极参与国家自主创新示范区建设。支持辽宁沈大、山东半岛、福厦泉、合芜蚌、重庆等国家高新区建设国家自主创新示范区，并完成会签；完成《长株潭国家自主创新示范区发展规划纲要（2015—2025年）》的会签，对《杭州国家自主创新示范区发展规划纲要（2015—2020年）》提出意见建议。

二是参与推动京津冀、上海、广东、四川、武汉、西安、沈阳、安徽、北京等区域系统推进全面创新改革试验，配合完成各区域试验方案的报审工作；推动高校积极参与北京“全国科技创新中心”和上海“具有全球影响力科技创新中心”的建设。

三是分别赴辽宁、江苏等地召开座谈会，组织高校研究落实习近平总书记考察回访中发现的问题，推进高校支撑区域经济转型升级，服务地方经济发展。

四是深化省部合作。在与广东省政府“十二五”产学研合作的基础上，进一步深化高校和地方在人才培养、科技创新等方面的合作，牵头组织教育部有关司局与广东省签署“十三五”合作协议。

〔**国家大学科技园**〕 推动大学科技园改革与发展，助力科技成果转化。贯彻落实国务院“大众创业、万众创新”决策部署，推动国家大学科技园支撑服务师生创新创业。

一是推动大学科技园研判形势、提高认识、二次创业、找准定位；提升能力、服务师生。组织召开“国家大学科技园服务学生创新创业专题高级研修班”。

二是组织推动大学科技园建设有组织创业体系，形成行业生态品牌形象及其行业自律，发起成立了“全国大学科技园联盟”。

三是继续推动大学科技园服务区域经济发展，组织大学科技园与陕西安康国家高新区对接洽谈，形成了425个合作项目。

〔**高校科技成果转化**〕 一是加强基层调研，准确把握制约高校科技成果转移转化的突出问题。按照国办秘书三局等相关单位的要求，针对仍然存在的制约科技成果转移转化的“无形资产评估问题”及“科技成果作价入股形成股权后的财税问题”等开展调研，形成一系列高校促进科技成果转化问题专项调研报告和推动高校科技成果转移转化的情况报告，以及《教育部关于贯彻实施促进科技成果转化法　推动高校科技成果转移转化情况的汇报》等，推动了制约科技成果转移转化相关难点问题的解决。

二是研究制定促进高校科技成果转化的政策，推动高校落实国家相关政策。8月5日，联合科技部印发《教育部科技部关于加强高等学校科技成果转移转化工作的若干意见》，并在北京、南京、武汉、成都和沈阳分别组织相关省、市、区教育厅(教委)和教育部直属高校召开高校科技成果转化工作座谈会，解读政策，开展典型经验交流，推动高校促进科技成果转移转化政策的落实。印发《促进高等学校科技成果转移转化行动计划》，明确重点任务，联合教育部有关司局推动高校形成鼓励创新、促进科技成果转移转化的政策环境。

〔**成立教育部网络安全和信息化领导小组**〕 10月26日，教育部网络安全和信息化领导小组正式成立，由教育部党组书记、部长陈宝生任组长，教育部党组成员、副部长杜占元任副组长，17个司局和直属单位的主要负责人任成员，领导小组办公室设在科技司。原“教育部信息化领导小组”和“教育信息化推进办公室”同时撤销。11月7日，教育部网络安全和信息化领导小组第一次全体会议召开，专题研究保障信息安全问题，部署推动理顺工作机制、制定教育数据管理办法、开展网络安全综合治理活动三项近期重点工作。

〔**印发《教育信息化“十三五”规划》**〕 6月7日，教育部印发了《教育信息化“十三五”规划》，系统阐述了“十三五”期间教育信息化工作的总体思路，明确了“服务全局、融合创新、深化应用、完善机制”的原则和2020年教育信息化发展目标，确定了“四个提升”和“四个拓展”的主要任务，提出了5项保障措施，对全面深入推进“十三五”教育信息化工作进行了系统部署。

〔**印发《2016年教育信息化工作要点》**〕 2月2日，教育部印发了《2016年教育信息化工作要点》，明确了工作思路、核心目标，部署了加强教育信息化统筹部署、推进教育信息化基础支撑能力建设、丰富数字教育资源与推进信息化教学应用、扩大网络学习空间应用覆盖面、完善教育资源“云服务”体系与提升资源服务能力、深入推进教育管理信息化、持续做好教育信息化培训、加快推进地方教育信息化工作、推进教育行业网络安全工作、完善教育信息化支撑保障机制等10个方面的24项重点工作。

〔**召开全国边远、民族地区教育信息化推进工作现场会**〕 9月27日，教育部在四川省甘孜藏族自治州召开全国边远、民族地区教育信息化推进工作现场会，教育部副部长杜占元、四川省副省长杨兴平等出席。会议充分肯定了边远、民族地区教育信息化工作“十二五”期间取得的突出成绩，分析了存在的困难和问题，提出了提高重视程度、抓好培训和典型示范、全面普及深化应用、加快完善教育信息化基础条件、加强对口支援、探索创新机制六个方面的工作要求。会议组织实地观摩了康巴网校、甘孜藏族自治州幼儿园、康定市回民小学、康定中学、康定市民族中学的信息化教学应用情况，四川省甘孜藏族自治州和成都市、湖北省恩施土家族苗族自治州、吉林省延边朝鲜族自治州、云南省西双版纳傣族自治州勐海县代表在会上做了交流发言。中央电视台、人民网、《光明日报》等媒体与会报道。

〔**2016 年全国基础教育信息化应用现场会**〕 11 月 25 日至 26 日，2016 年全国基础教育信息化应用现场会在武汉召开，教育部副部长李晓红、湖北省副省长郭生练等出席会议并讲话。会议组织观摩了武汉教育云应用成果展示，新疆和田地区洛浦县第一小学、陕西省宁强县广坪镇中心小学、湖南省政府直属机关第二幼儿园、安徽省蚌埠市特殊教育中心、福建省福州市屏东中学、浙江省温州市实验中学、上海市洛川学校、浙江省教育厅 8 家单位做交流发言，各省（自治区、直辖市）以及计划单列市教育行政部门分管负责人，信息化应用部门的负责人等 120 人参加。会议期间，还同步举办了教育教学信息化交流展示活动，观摩人数逾万人。

〔**“宽带网络校校通”，学校信息化基础设施建设逐步完善**〕 加快推进“宽带网络校校通”，协调有关部门和三大电信运营商，加快实现学校宽带网络接入，通过全面改善贫困地区义务教育薄弱学校基本办学条件工作，加快学校网络教学环境建设，已累计采购计算机、教学仪器设备 2 165 万台件套，购置数字教育资源 66 万 GB。推动落实《职业院校数字校园建设规范》，推进首批 129 所、第二批 151 所实验校建设。全国中小学（除教学点外）中，87.6%的学校实现网络接入，配备多媒体教室 280 万间，占普通教室的 79.4%，82%的学校已拥有多媒体教室，其中 53%的学校实现多媒体教室全覆盖，学校统一配备的教师终端、学生终端数量分别为 768 万台和 1 026 万台，学校的信息化应用基础条件进一步夯实。

〔**“优质数字教育资源班班通”开发、应用与广泛共享成效显著**〕 通过互联网、卫星两种途径，全年向教学点播发了 32 期教学资源，总量超过 423 GB。完成第二轮的“一师一优课、一课一名师”活动，共有 503 万名教师参与，“晒课” 432 万节，评出部级优课 2.7 万节，全部班级使用数字教育资源的城镇和农村中小学比例分别达 80%和 50%。向南疆四地州 748 所学校配送了 1 859 套（共 9 207 张光盘）教学资源。实施职业教育专业教学资源库建设项目和国家示范性职业学校数字化资源共建共享计划。形成由数字校园学习平台和 88 个专业教学资源库构成的资源库建设体系，实现了对 19 个专业大类的全覆盖。高等教育领域已建成爱课程网“中国大学 MOOC”、清华大学“学堂在线”、上海交通大学“好大学在线”、北京大学“华文慕课”等若干具有一定影响力的在线课程服务平台，上线的“慕课”超过 1 400 门、为高校定制课程（SPOC）5 600 多门次，选课超过 3 000 万人次，在校生获得在线课程学分超过 200 万人次。2016 年，我国高水平大学有 40 余门课程登陆国际著名平台，累计已有 170 余门中国优质在线开放课程走向世界。992 门精品视频公开课和 2 886 门精品资源共享课在网上免费开放。建立了普通高校继续教育数字化学习资源开放联盟，建设和开发了 2 万门课程和 5 万个微课程。国家开放大学累计完成了 2.8 万个 5 分钟课程的建设，免费供学生和社会公众阅览、学习。网络孔子学院注册人数 986.3 万人、注册学员 60.1 万人，累计开设在线汉语课程 30.5 万节。完成“中国经典资源库”二期和三期项目制作，一期内容 100 集全部在教育电视台“空中课堂”和中国教育在线“好课网”免费上线。

〔**“网络学习空间人人通”推广应用**〕 教育部举办了 2 期“网络学习空间人人通”专题研讨班，培训省级教育行政部门管理干部 207 人。启动教育部—中国电信中小学校长“网络学习空间人人通”专项培训、教育部—中国联通职业院校校长和骨干教师“网络学习空间人人通”专项培训，共培训中小学校长 2 000 人、职业院校校长 700 人、骨干教师 1 700 人。全国已有超过三分之一的学校开通了网络学习空间，师生空间开通数量超过 6 300 万个。490 多万名教师应用空间开展网络教研，410 多万名教师应用空间开展教学，带动了教育理念变革和教学模式创新。

〔**国家教育资源公共服务体系初具规模**〕 国家教育资源公共服务平台已开通教师空间 960 万个、学生空间 470 万个、家长空间 389 万个，实现了与 22 个省级平台和 23 个市、县级平台的互联互通，服务体系注册用户达 5 800 万人。制定《基础教育教学资源元数据标准》，发布《国家教育资源公共服务平台用户线上评价办法（暂行）》《专题教育社区评价指标体系》《基础教育数字资源整合指南》。国家数字教育资源中心已有实体资源近 1 407 万条，提供智能导航、资源超市等服务，汇聚社会优质资源，初步探索了教师选择使用、政府购买服务的数字教育资源采购机制。

〔**教育管理信息化水平显著提升**〕 教育部成立教育管理信息化专家组，对教育管理信息化工作进行研究、咨询、指导。教育部数据中心构建了较为完整的网络、存储、计算、安全和运维架构，32 个省级教育数据中心陆续完成基础设施建设，实现部省两级数据中心网络连接。推进管理信息系统的建设与应用，学校（机构）代码管理信息系统、教育统计管理信息系统、教育部直属高校基本建设管理信息系统、国家教育科学决策服务系统完成项目验收。全国中小学生学籍信息管理系统共有 2.1 亿名学生信息入库（其中在校生 1.66 亿名），基本实现电子学籍管理，全年实现网上办理省内转学 502 万人次、跨省转学 113 万人次、小学招生入学 1 680万例。全国教师管理信息系统部署应用，完成全国 1 500 万名左右教师数据的采集工作，初步实现教师“一人一号”。

〔**教育信息化领导力和教师信息技术应用能力明显增强**〕 深入实施“全国中小学教师信息技术应用能力提升工程”，完成 1 472 万余人次教师信息技术应用能力诊断测评，全年培训管理者和培训者 800 人，中小学、幼儿园教师 400 万人次。继续开展“全国职业院校教师信息化教学能力提升万里行”公益性培训，全年共举办培训 22 期，参训教师 7 626 人次。举办 2016 年全国职业院校信息化教学大赛，共收到来自 3 181 名教师报名参赛的作品。将教育信息化作为干训重要内容纳入年度干训计划，全年共举办了 8 期教育厅（局）长教育信息化专题培训班，培训 890 人；举办了 2 期在线开放课程建设与应用管理培训班、1 期“互联网+”与高等教育教学创新研修班和 1 期高等学校教育信息化专题研讨班，培训高校干部 780 人。

〔**第二次发布《全国教育信息化工作专项督导报告》**〕 3 月 7 日，国务院教育督导委员会办公室印发了《关于开展教育信息化工作专项督导检查的通知》，督查各地贯彻第二次全国教育信息化工作电视电话会议精神及相关文件的落实情况，重点检查教育信息化工作重视程度、体制机制、政策措施、“三通两平台”重点任务、教师信息技术应用能力提升、信息技术安全 6 个方面 20 项内容 48 个要点。6 月 28 日至 7 月 5 日，4 个督导检查组完成了辽宁、黑龙江、湖北、湖南、安徽、重庆、青海、新疆等地的现场督导检查。10 月 31 日，发布了 2016 年《全国教育信息化工作专项督导报告》，总结了各地推进教育信息化的工作成效和主要做法，分析了存在的问题，并提出“加大统筹推进力度，加快健全体制机制”“大力推进应用创新，不断提升应用水平”“培育资源服务市场，广泛共享优质资源”“建立可持续的投入机制，保障有效运行维护”4 条督导意见。

〔**印发《全国教育信息化工作进展信息系统管理办法》**〕 2 月 5 日，教育部印发《关于进一步做好“全国教育信息化工作进展信息系统”全面应用工作的通知》，发布了《全国教育信息化工作进展信息系统管理办法（试行）》，从工作职责、账号管理、学校信息管理、数据管理、支持服务和数据安全等方面提出了明确的工作要求，以提升数据的时效性、准确性和权威性。系统的全面应用，标志着教育信息化工作数据由定期采集更新逐步转变为实时动态更新。

〔**印发《教育信息化项目管理暂行办法》《教育信息化项目专项资金管理办法》**〕 4月25日，教育部印发了《教育信息化项目管理暂行办法》，包括总则、组织管理、项目立项、项目执行、结题验收共5章，规范了项目的立项和执行过程，也明确了结题验收条件。12月5日，教育部印发了《教育信息化项目专项资金管理办法》，确定了“统一领导、分工负责，统筹规划、突出重点，项目管理、绩效评价”的管理原则，明确了8个方面的重点支持范围、管理权限与职责、预算管理、支出和决算管理、监督检查及绩效评价等要求。两项办法的出台为国家教育信息化项目管理提供了重要依据和制度保障。

〔**教育部成立教育管理信息化专家组**〕 12月14日，教育部成立教育管理信息化专家组，在教育部网络安全和信息化领导小组领导下，对教育管理信息化工作进行研究、咨询、指导，保证教育管理信息化相关项目建设、运维与教育业务管理信息系统服务的科学、规范、协调与高效。专家组成员由教育管理信息化领域具有深入研究和丰富经验的10位专家学者组成。

〔**教育部与中国电信、中国移动签署“十三五”战略合作框架协议**〕 3月4日和9月1日，教育部分别与中国电信、中国移动在北京签署了为期五年的第二期战略合作框架协议，教育部副部长杜占元、中国电信集团总经理杨杰、中国移动总裁李跃出席仪式并签署协议。杜占元在讲话中指出，在推进教育信息化的过程中，教育部一直积极倡导多方参与的原则，鼓励社会各方充分发挥专业化服务的优势，积极参与、支持教育信息化事业，助力教育改革和发展。教育部与中国电信、中国移动在前期合作的基础上，进一步深化合作内容、扩大合作领域，在教育信息化方面继续全面开展战略性合作。

〔**2016年国际教育信息化会议召开**〕 6月22日至24日，2016年国际教育信息化会议在青岛市召开。会议以“互联网时代的教育变革与教育2030年议程”为主题，探讨落实《青岛宣言》的路线图，分享交流ICT技术与教育深度融合的创新实践，来自50多个国家的教育官员、高校校长、教育信息化专家学者及信息通信技术行业人士等580人参会。会议由联合国教科文组织、中国联合国教科文组织全国委员会、教育部教育管理信息中心以及山东省教育厅主办，青岛市教育局、《中国教育信息化》杂志社、伟东云教育集团承办。会议同期还举办了国际教育信息化创新产品与应用成果展。

〔**教育信息化工作得到媒体广泛关注**〕 教育部科技司全年编发了12期教育信息化工作月报，通过官方网站向全社会公开发布。各媒体刊发教育信息化有关报道300余篇，网络转载4 000余篇次。《中国教育报》开设信息化专刊及“以教育信息化全面推动教育现代化专家谈”专栏，刊发多篇专家文章。中国教育电视台播发教育信息化相关报道232篇。

〔**教育行业网络安全监测工作有效开展**〕 3月10日，教育部印发了《教育部办公厅关于启动信息系统安全监测的通知》，对教育部各司局、直属单位的信息系统开展监测工作。同时，与中央网络安全和信息化领导小组办公室、公安部等国家网络安全职能部门、国家互联网应急中心等专业机构建立信息共享，将监测范围扩展到全行业。采取纸质通报和电子通报相结合的方式，要求各单位限时修复安全威胁，对相关信息系统进行全面排查，并跟踪核查整改结果。截至2016年年底，教育部共计通报教育行业信息系统（网站）的安全威胁15 006个，其中漏洞9 733个、后门3 004个、暗链2 269个，修复率为99%。网络安全监测工作提高了教育行业的安全意识和防护能力，2016年度教育行业网站网页遭攻击篡改事件数量较2015年下降67%，教育部直属机关实现“零事件”。

〔**做好G20杭州峰会期间网络安全保障工作**〕 8月10日，教育部印发了《教育部办公厅关于做好G20峰会期间网络安全保障工作的通知》，提出了高度重视网络安全工作、切实落实网络安全责任制、加强信息系统安全隐患的检测整改、做好重要期间网络安保应急响应和7×24小时值班值守、加强信息系统应急值守及网络安全通报和防护等工作要求，系统部署教育部机关、直属单位、部属高校、中国教育和科研计算机网的网络安全工作；对部属单位的第三级及以上信息系统和门户网站进行漏洞扫描，发现并指导相关单位及时处置漏洞；建立网络安全通报机制，要求部属单位和省级教育行政部门确定责任领导、责任处室负责人和联络员，保证手机24小时畅通，并建立微信沟通平台；执行24小时值守和每日"零报告"制度，切实做好活动期间教育系统的网络安全保障工作。

〔**组织开展教育行业网络安全检查**〕 8月10日，教育部印发《教育部办公厅关于开展关键信息基础设施网络安全检查工作的通知》，对教育行业信息技术安全工作、重点网站和重要信息系统的防护工作进行全面检查。检查对象为教育部各司局、直属单位、部属高校和省级教育行政部门和中国教育科研网。通过网络安全检查，摸清家底，认清风险，找出漏洞，以查促建、以查促管、以查促改、以查促防，增强安全意识，落实安全责任，系统评估安全状况，切实保障教育行业的网络安全。以网络安全为契机，教育部开展了关键信息基础设施的认定和登记工作，排查教育行业关键信息基础设施的底数、风险和防护状况，形成了教育行业关键信息基础设施清单。

撰稿 崔欣哲 董维国 何立芳 蒋 啸 刘法磊 刘海峰 李人杰 潘润恺 任昌山 舒 华 邰忠智 王 骁 杨文辉 邹 晖 张建华 朱小萍 张拥军

审稿 雷朝滋 高润生 李 楠

〔**高等学校博士学科点专项科研基金**〕 2016年，完成2012年度博士点基金立项资助课题的课题总结工作，229所高校完成结题的课题有3 387项，结题率为85.25%。完成往年申请延期结题的课题的管理工作、资助课题执行过程中有重要人事变动或研究方案有重大修改等事项学校申请的审核批复工作、因故终止课题的清查处理等工作。配合基金业务，完成博士点基金管理系统的运行、维护、功能完善以及按照教育部部署进行安全升级等系统建设。开展博士点基金立项课题的成果管理工作。

〔**霍英东教育基金会青年教师基金及青年教师奖**〕 1月，教育部科技发展中心派人出席了在广州市南沙区召开的霍英东教育基金会第二十九届理事会暨顾问委员会联席会，并向会议提交了2015年霍英东教育基金会高等院校青年教师基金申请课题各学科评审结果和青年教师奖评审结果等相关材料。12月，科技发展中心代表出席在广州南沙区召开的霍英东教育基金会第三十届理事会暨顾问委员会联席会，并向会议提交了关于霍英东教育基金会青年教师基金和青年教师奖评价指标调整的有关建议报告。

〔**教育部重点实验室评估**〕 受教育部科技司委托，教育部科技发展中心承担2016年度生命领域教育部重点实验室的评估工作。重点实验室评估分为初评、现场考察和综合评议三个阶段，其中参加初评会议答辩的有155家实验室、参加现场考察的有76家实验室、参加综合评议的有30家实验室。按照工作安排，完成了三个阶段的工作，并将相关材料和结果上报教育部科技司。

〔**装备预研教育部联合基金**〕 受教育部科技司委托，教育部科技发展中心承担2016年度装备预研教育部联合基金一般基金项目和青年人才基金项目的受理和评审工作。评审按照学科领域分为6个评审组进行，来自41家单位的61位专家参加了评审会。经过专家评审，确定拟资助项目120项，其中一般基金项目73项、青年人才基金项目47项。申报受理和评审工作顺利完成，并将相关材料和结果上报教育部科技司。

〔**专利工作与科技成果管理**〕 2016年，全国高校共申请专利 313 614 件，比 2015 年增长 33.3%，占国内专利申请总数的 9.1%。其中申请发明专利 172 763 件，占申请总数的 55.1%，占国内职务发明专利申请总数的 15.5%。

2016 年，全国高校共获授权专利 149 144 件，比 2015 年增长 11.6%。其中发明专利获授权 62 296 件，占获授权专利总数的 41.8%，占当年国内职务发明专利授权总数的 16.5%。

截至 2016 年年底，全国高校共申请专利 1 461 174 件，获授权专利 745 787 件。其中全国高校共申请发明专利 862 705 件、获授权发明专利 324 920 件。

截至 2016 年年底，全国高校持有有效发明专利 210 553 件，占国内有效发明专利总数的 18.2%。

2016 年度，102 家高校科技查新机构共完成科技查新课题 38 858 项，比 2015 年度小幅增长，平均每个查新站完成 381 项。查新课题中，省部级以上课题 22 742 项，占 58.5%；用于科研立项课题 16 434 项，占 42.4%；为社会服务课题 22 875 项，占 58.9%。高校科技查新机构为高校教学、科研以及企业技术创新提供了有力支撑。

〔**高校科技奖励工作**〕　2016 年度，完成高等学校科学研究优秀成果奖（科学技术）的组织、推荐、评审工作。2016 年度，教育部科技奖励共有 231 所高校推荐申报奖励项目 1 020 项/人，其中自然科学奖 337 项、技术发明奖 138 项、科技进步奖 430 项、提名青年科学奖候选人 36 人、直报项目 79 项。经严格形式审查，有 78 项不符合教育部科技奖励相关规定。

经网络评审、评审委员会会议评审、奖励委员会审核、网上公示及异议处理，教育部批准 2016 年度高等学校科学研究优秀成果奖（科学技术）授奖项目 312 项。其中一等奖 116 项、二等奖 187 项、青年科学奖 9 项。在全部授奖项目中，自然科学奖 114 项（一等奖 43 项、二等奖 71 项），技术发明奖 61 项（一等奖 32 项、二等奖 29 项），专利类奖 1 项（二等奖 1 项），科技进步奖 117 项（一等奖 40 项、二等奖 77 项），推广类奖 9 项（一等奖 1 项、二等奖 8 项），科普类奖 1 项（二等奖 1 项）。

组织、推荐高校申报 2016 年度国家科学技术奖励。2016 年度，有 118 所高校作为主要完成单位获国家科技奖励三大奖 172 项，占通用项目总数的 77.8%。其中自然科学奖 28 项，占 66.7%；技术发明奖 38 项，占 80.9%；科技进步奖 106 项，占 80.3%。

〔**进一步深化教育部科技奖励改革**〕　为使奖励评审更加公平、公正，加强对奖励评审过程的管理与监督，根据《高等学校科学研究优秀成果奖（科学技术）奖励办法》规定，成立了奖励工作办公室，负责日常工作。修订完善奖励评审工作制度，修订完善了“形式审查规则”“专家会议评审规则”等 8 项规则规定及“奖励工作人员工作纪律”“专家会议评审工作纪律”等 8 项纪律和奖励工作参与人员承诺书等，全方位加强对教育部科技奖励评审工作的管理与监督，进一步完善评审工作流程，做到每项工作落实到人、责任到人，确保奖励评审工作的公平公正。

〔**组织实施“蓝火计划”**〕　“蓝火计划”是由教育部科技发展中心具体组织实施的一项高校与地方产学研合作计划，已纳入教育部颁布的《高校“十三五”科学和技术发展规划》和《促进高等学校科技成果转移转化行动计划》。从 2016 年开始，“蓝火计划”升级为 2.0 版，即从推进科技项目合作转向全面的科技合作和人才服务，有效地促进高校科技成果、技术的转移转化，服务地方经济转型发展。在广东省设立了中国高校（华南）科技成果转化中心，目标是建设一个立足珠三角、面向周边区域提供服务的高校产学研合作、科技成果转化区域创新中心。10 月 24 日至 25 日，在德州市经济技术开发区举办“中国高校技术转移联盟成立大会”暨高校产学研合作经验交流会、高校科技成果项目推介对接会。来自北京大学、清华大学、上海交通大学等 85 所重点高校及高校所属的技术转移示范机构的 145 位专家、代表和德州市经济技术开发区的近百家企业进行了交流和技术对接，达成 13 项初步合作意向。对“‘蓝火计划’产学研联合创新项目衡水专项”进行中期检查并拨付2016年款项，所有项目有序进行。

〔**继续实施“‘蓝火计划’博士生工作团计划”**〕 2016年，继续在大理、泰州、德州、蓬莱、佛山、东莞、温州7个地方开展博士生工作团实施工作，选派组织了35所高校的136名博士生深入企业一线，开展为期一个月的科技服务。据统计，博士生工作团成员共梳理分析企业技术需求和难题95项，提出企业生产工艺优化方案77个，开展专业知识培训讲座40次，协助解决技术难题32项，为驻点单位提供了专业的技术支持，推动了企业技术创新及高校科技成果推广、转化和项目落地服务工作，圆满地完成了派驻任务。

〔**成立“中国高校智能制造创新网络”**〕 协调15位两院院士发起成立“中国高校智能制造创新网络”，召开中国高校智能制造创新网络联席秘书长第一次会议，研究制定智能制造创新网络第一阶段工作计划，确定各主节点高校执行主任人选。启动并完成智能制造创新网络高校高层次创新人才和创新节点申报工作，共计254名专家和91个科研机构通过了申报审核，基本涵盖高校智能制造领域优势学科的专家和科研机构。

〔**高校国际科技合作业务**〕 举办中美大学技术转移与创新合作对话，中美两国嘉宾和国际技术转移专家围绕“中美大学技术转移合作机制”“机构建设”“协作网络建设”等问题开展对话，并就国际技术转移合作事宜达成共识。做好科技部“中国高校科技企业国际化发展研究”委托任务，对高校科技企业（主要包含高校控参股企业、大学科技园及孵化器、高校在孵科技型中小企业等）的国际化现状进行调查，选取重点企业进行深入调研，总结研究国际化发展现有模式，分析全球配置创新资源对推进科技成果产业化带来的积极影响与面临的突出问题，为推进高校科技企业国际化发展提出对策建议。

〔**国家国际科技合作专项项目评估**〕 受教育部科技司委托，按照相关要求，组织对26项国家国际科技合作专项项目进行验收，对34项国家国际科技合作专项在研项目进行中期评估检查，所有项目均通过验收和检查，并将结果报送教育部科技司。

〔**教育部国际合作联合实验室立项评估**〕 受教育部科技司委托，按照《高校国际合作联合实验室建设与管理办法》的要求，对14个教育部直属高校国际合作联合实验室进行立项评估和现场考察，并将结果报送教育部科技司。

〔**推动科研信息化，促进高校互联网应用技术创新**〕 组织召开“2016年高等教育信息化创新论坛”，以“网络空间信息安全与规划管理”为主题，深入探讨高校信息网络安全的规划、建设与管理；组织召开智慧校园规划与建设暨高校信息治理创新实践研讨会、高校信息技术融合应用研讨会、下一代互联网与高校应用服务架构创新研讨会等。

“全国高校互联网应用创新大赛”的影响力不断扩大，顺利完成第二届移动互联网和云计算两个赛项的决赛及颁奖，并启动第三届比赛；完成第三届SDN和物联网两个赛项的决赛及颁奖，并启动第四届比赛；启动第二届互联网金融赛项的比赛。大赛提升了高校学生积极参与互联网领域的研究兴趣，推动了应用开发和创新，进一步吸引了国内外主流互联网产品企业加盟。全年召开互联网新技术应用培训会、研讨会等活动30余场，微软、IBM等40多家有影响力的IT企业以及Internet2等多家国际学术组织和政府机构加盟赞助、支持大赛。

面向中国教育和科研计算机网（CERNET）会员高校举办“第二届下一代互联网技术创新大赛”，拓展应用和扩大影响，培育产生基于下一代互联网特点的新技术、新服务、新应用。

〔**科研环境建设**〕 中国科技论文在线进一步完善投稿模板和投稿系统，实施论文在线资源管理云服务平台一期建设，完成了云服务移动终端平台的开发上线工作。截至2016年年底，在线发表论文

91 645 篇；知名学者栏目为 8 634 名优秀学者建立学术专栏，专栏论文共 105 463 篇；自荐学者栏目为 3 496 名学者建立学术专栏，专栏论文共 32 131 篇；名家荐精品栏目刊发论文 11 046 篇；科技期刊栏目收录 844 家学报的 1 276 392 篇论文，论文总数已达 1 516 677 篇。《中国科技论文在线精品论文》电子期刊第 9 卷全年共出刊 24 期，正式发表论文 350 篇，全年编校 1 750 篇次。

共遴选专家、派送论文 5 706 篇次；对 3 635 篇论文的专家评审意见进行了审后处理，确定并公布论文星级，审核、整理、发布专家评语。

2016 年，中国学术会议在线累计发布信息 20 539 条，包括审核发布会议新闻 6 189 条、审核发布会议预告 14 530 条；转播 6 场学术会议并制作精品会议发布、录制学术报告视频 94 个，其中含大会特邀报告 27 个。截至 2016 年年底，已累计发布学术报告 20 633 篇。2016 年，新增注册用户 3 678 个，总计注册用户数 111 894 个，全年平均日访问量达 57 986 人次。

《中国教育网络》杂志分别就《国家教育事业发展“十三五”规划》、网络空间安全人才培养、教育云服务、数据服务、移动网络、虚拟现实、CIO 机制建设等热点出刊 11 期。

《中国科技论文》依托期刊采编平台，完成了全年 24 期 8 个学科卷共计 557 篇稿件的出版和发行工作。按时完成了 2015 年度期刊年检的网上填报和现场核验工作，并顺利通过年检。2016 年，《中国科技论文》继续被俄罗斯《文摘杂志》、美国《化学文摘》、美国《剑桥科学文摘》和波兰《哥白尼索引》等 6 家国外检索机构和中国知网、万方数据等 4 家国内数据库收录。2016 年，该刊仍为北大中文核心期刊。

〔高校实验室计量认证〕 高校评审组复查评审实验室 18 家，首次评审 2 家。截至 2016 年年底，高校评审组共管理 CMA 实验室 71 家，含理化分析测试中心 36 家、专业类实验室 35 家，覆盖环境、工程、纺织、医疗、教仪、能源、车辆等领域。2016 年，高校共派出评审员 60 人次。举办 2016 年国家检验检测机构负责人培训班，来自国内 48 所高校、67 家中心（实验室）的 122 名实验室负责人参加培训。召开高校实验室间分析测试比对总结培训会，对未知物特征熔融温度测定（定量）、ZnO 粉末的透射电镜选区电子衍射分析（定性）、岩石中 SiO_2 和 CaO 含量的 XRF 测定（定量）三个项目的技术要点和标准进行解读，培训了 200 名实验技术人员。完成了 2015 年度高校检验检测服务统计工作。组织专家审定《现代分析仪器分析方法通则》修订仪器方法 19 项，新编 9 项，修改后分批次发布。

〔中国教育和科研计算机网建设进展〕 截至 2016 年年底，中国教育和科研计算机网（CERNET）传输网干线光纤超过 32 000 公里，其中安装 40×100 G 密集波分复用（DWDM）传输设备的线路总长为 22 000 公里。CERNET 主干网连接 38 个核心节点，分布在全国 31 个省份的 36 个城市，主干带宽达 10 Gbps—100 Gbps。CERNET 与国内其他互联网的互联带宽接近 287 G，与国外和港澳地区网络的互联带宽达 60 G 以上。CERNET IP 地址数约为 1 717 万个，EDU.CN 域名数为 6 914 个。

2016 年是 CERNET 建设和发展的重要一年，CERNET 作为我国教育信息化和国家信息化的重要基础设施，在新的形势下，在贯彻落实《教育信息化“十三五”规划》和推进教育信息化发展中，CERNET 继续发挥自身优势，在支持教育信息化发展、关键技术突破、技术人才培养和推动下一代互联网发展等方面为我国互联网发展做出更大贡献。

撰稿　金　涛　刘昕民　杨健安　刘　爽
　　　刘红斌　陈海鹏　杨学民　万　猛
　　　曾　艳　李　凤　陈志文
审稿　周　静　李志民

高校学生工作

〔**高校考试招生工作取得显著成效**〕 2016年，教育部高校学生司会同有关部门，进一步强化部门协作机制，开展专项行动综合治理考试环境。经过各方面努力，2016年高考、成人高考及2017年研究生入学考试均平稳顺利举行，没有发生重大不稳定事件和集体舞弊事件，没有发现试题考前失密、泄密情况，考风考纪进一步向好，考场违规率为近年来最低。6月9日，国务院副总理刘延东在教育部值班信息上批示：2016年全国统一高考顺利结束，向有关部门表示问候和感谢。同时，学生司积极配合规划司切实做好高考招生舆情引导和维护稳定工作。精心指导75所教育部直属高校做好分省招生计划编制工作，会同规划司、民族司配合北京市稳妥做好中央民族大学附属中学有关考生高考录取工作。

各省制定深化考试招生制度改革实施方案基本完成。除新疆外，30个省（自治区、直辖市）的方案已经报教育部备案并正式对社会发布，社会舆论积极正面。4月11日，中共中央全面深化改革领导小组办公室编发的第54期《改革情况交流》中指出："考试招生制度改革迈出重要步伐。"

促进高考城乡区域入学机会公平取得新成效。一是重点高校招收农村和贫困地区学生工作成效显著。认真落实李克强总理批示精神和2016年《政府工作报告》要求，继续组织实施好国家、地方、高校三个专项计划。2016年，共录取农村和贫困地区学生9.1万人，较2015年增加1.6万人，增长21.3%，圆满完成了目标任务。二是进一步落实和完善进城务工人员随迁子女在当地升学考试政策。除西藏外的30个省（自治区、直辖市），近12万名符合条件的随迁子女在当地参加了高考，比2015年增长50%。同时，与公安部联合印发文件，综合治理"高考移民"，并对"高考移民"重灾区进行专项督查。结果显示，经过治理，"高考移民"现象得到有效遏制。

深化高考考试形式和内容改革取得新进展。一是大力推进高职院校分类考试。2016年，全国高职院校分类招考安排的计划比例已超过50%。二是大幅增加使用全国统一命题试卷的省份。2016年，教育部高校学生司会同教育部考试中心新增安徽、福建等8个省份使用全国试卷，全国试卷使用省份达26个。三是进一步深化考试内容改革。高考命题以立德树人为核心，加强对社会主义核心价值观、中华优秀传统文化、依法治国和创新能力的考查，充分发挥命题的育人功能和积极导向作用。

高校招生录取机制改革扎实推进。一是自主招生进一步完善和规范。下发《教育部关于进一步加强高校自主招生信息公开和监督管理工作的意见》，进一步健全约束机制。组织力量对90所高校自主招生简章逐一进行审核。2016年，自主招生报名人数14.2万人，比2015年减少12.5%，提高了选拔学科特长和创新潜质学生的针对性和有效性。二是特殊类型招生更加严格规范。2016年年初，专门下发文件，提出规范性措施，明确政策红线，不让"特殊招生"成为"特权招生"。7月至8月，先后派出7个工作组对有关高校进行录取工作督查。2016年，特殊类型招生总体平稳、规范、公平。三是合并录取批次改革进展顺利。截至2016年，已有15个省份取消了本科三批，其中上海合并一本和二本，成为一个本科批次，着力解决社会和考生简单以录取批次划分及评价高校的问题。四是招生信息公开机制更加健全。会同全国高等学校学生信息咨询与就业指导中心进一步完善了高考和研究生招生信息公开平台，细化、丰富了公开公示内容。各种特殊类型考生共公示12万人次，录取的60万名硕士考生实现了全部公示。

上海、浙江两地高考综合改革试点深入推进。5月中旬，教育部会同国家教育咨询委员会等第三方专家对第一批试点地区上海、浙江以及第二批试点地区北京、天津、山东、海南开展了专项督查，推动落实改革措施。5月19日，在山东召开高考综合改革试点工作研讨会，教育部副部长林蕙青、刘利民出席并做重要讲话，对上述6省市高考综合改革进行督促指导。11月11日，在浙江省召开高考综合改革试点工作推进会，由林蕙青副部长牵头，对上海、浙江两地2017年高考录取方案进行专题研讨，逐项解决技术难题。为适应新的录取模式，教育部委托清华大学加快研制新的网上录取平台，在项目立项、资金安排、项目采购等方面予以支持。2016年年底前，已完成平台的主体开发任务并开展了三轮700人次的系统培训。上海、浙江两地已形成2017年新高考录取方案，浙江省已对社会公布，各方反应正面、积极。

研究生考试招生改革平稳有序推进。一是平稳推进单证纳入双证的考试招生改革。在深入研究、反复沟通协商的基础上，印发《2017年全国硕士研究生招生工作管理规定》；教育部高校学生司配合教育部学位办、规划司分别出台文件，全面系统地明确2017年考试招生政策和改革内容。配合教育部学位办召开政策宣讲会，并在此基础上开展两次2017年硕士研究生考试招生工作培训会，做好政策解释和指导服务，保证2017年考试招生工作平稳顺利开展。二是全面实施临床医学改革。为进一步落实《教育部关于推进临床医学、口腔医学及中医专业学位硕士研究生考试招生改革的实施意见》，在《2017年全国硕士研究生招生工作管理规定》中明确了从2017年全国硕士研究生招生起，临床医学类专业学位与医学学术学位硕士研究生实行分类考试，并且业务课考试科目分别设置，建立更加符合临床实践要求、科学有效的考试招生机制。三是扎实做好“退役大学生士兵计划”相关工作。2016年起，设立退役大学生士兵专项硕士研究生招生计划，各招生单位严格执行“自愿报名、统一招考、自主划线、择优录取”的招生原则。2016年，共录取“退役大学生士兵计划”考生1 082人，报录比为2.6：1。

完成《普通高等学校学生管理规定》修订工作。3月，召开法律专家座谈会，对《普通高等学校学生管理规定》修订稿进行深入研讨和修改，随后召集部分北京高校学生管理部门和教育行政部门的同志座谈，请他们从实施和操作角度提出意见。7月，召开部分省级教育行政部门、高校和法律专家座谈会，再次就修改有关内容征求意见。12月16日，新的《普通高等学校学生管理规定》经教育部党组会审议通过。新《规定》紧紧围绕贯彻全国高校思想政治工作会议精神，主要从5个方面做了修订，包括强调坚持社会主义办学方向，突出高校立德树人根本任务；落实教育改革新要求，为学生选专业、选课、创新创业提供制度支持；推进高校自主管理、依法治校；贯彻以学生发展为本理念，保障学生合法权益；推动高校转变管理模式，寓管理于服务。新《规定》涉及近3 000万名普通高校在校生，将对高校学生管理工作产生重要影响。

〔高校毕业生就业创业工作取得重要成果〕2016年，面对复杂严峻的就业形势，在教育部党组的领导下，教育部全力落实中央决策部署，与人力资源社会保障部等部门密切协作，确保了高校毕业生就业创业局势基本稳定。2016届高校毕业生765万人，比2015年增加16万人。截至9月1日，毕业生实现就业（含升学）596万人，同比增加14万人，初次就业率达77.9%，同比提高0.2个百分点，高校毕业生初次就业率连续14年超过70%；创业及参与创业的大学生56.6万人，同比增加14.3万人，增长33.8%，实现了就业和创业人数双增长，圆满完成了国务院总理李克强关于确保高校毕业生就业水平不降低的工作任务。李克强在5月6日就业工作座谈会上，充分肯定了教育系统广大干部职工为促进就业做出的重要贡献。国务院副总理刘延东在教育部呈报的2016届毕业生就业创业总体情况报告上做出批示：在各方努力下，高校毕业生就业创业工作取得重要成果。要继续精准发力，综合施策，将这项重要的民生和稳定硬任务完成好。

加强精准就业服务。充分利用“互联网+就业”新模式，针对毕业生的特点，提供个性化指导服务，仅教育部新职业网提供的精准就业服务就覆盖85万余人。同时，新职业网围绕国家战略性新兴产业、现代服务业等重点产业需要，开展网上、网下招聘活动26场，提供岗位信息344万条。

深入推进大学生创新创业。加大创新创业宣传力度，教育部印制了10万册《大学生自主创业宣传手册》、5万册《高校毕业生就业创业政策百问》

和1万余册《大学生创业典型人物事迹汇编》，下发各地各高校，助推大学生自主创业。高校设立创业资金额度和孵化场地数量分别增加55.1%和22.8%；开展各类创业培训、讲座、大赛等活动4.4万场，参与学生达610.4万人次。

全力推进大学生征兵工作。教育部会同中央军委国防动员部召开视频会议并印发文件，进行工作部署，加强征兵工作组织保障，各地征兵办公室陆续在一些高校挂牌设立征兵工作站。军地联合开展全国征兵宣传教育进高校等系列活动，实行预定兵制度，认真落实“退役大学生士兵计划”等政策措施，全国大学生报名参军入伍热情高涨。2016年，120万名大学生踊跃报名参军入伍，入伍大学生达21.3万人，占征集总量的46.4%，圆满完成了国务院和中央军委下达的目标任务。

引导毕业生面向基层就业。鼓励毕业生面向农业新技术、新品种研发和现代农业经营管理等领域就业，会同有关部门继续实施好“特岗教师”“西部计划”等中央基层就业项目，鼓励各地结合实际开发新项目。教育部为100个二、三线城市组织了专场网上招聘，提供就业岗位18.8万余个。

加强就业困难群体分类帮扶。各地各高校深入细致做好困难群体就业帮扶工作，针对家庭困难、少数民族、女性、农村生源、残疾人等各类群体提供个性化咨询辅导和就业服务。对建档立卡贫困家庭和零就业家庭毕业生，实施“一人一策”专项帮扶，指定专人具体负责，通过开发校内实习见习岗位、校友资源等渠道，帮助他实现就业。配合人力资源和社会保障部做好毕业生离校前后信息衔接和服务接续工作，切实做到“离校不离心、服务不断线”。

撰稿　苟人民
审稿　王　辉

〔建设普通高校招生来源计划管理系统〕 2016年，参与教育部高考综合改革网上录取系统升级建设与运行维护项目，负责来源计划管理系统的升级开发工作。系统已通过测试组组织的测试验收，完成了针对所有省市考试院、教育厅以及部分高校的培训工作，并在上海、浙江这两个高考改革试点省市进行了集中培训。

〔不断提高高校招生咨询服务专业化程度〕 为更好体现电子政务服务功能，开通了教育部阳光高考信息公开平台，开设招生政策规定、名单公示和高校招生章程三个栏目。自主招生报名系统升级为阳光高考特殊类型招生报名平台暨高校专项计划报名系统，增加了保送生、艺术类、高水平艺术团、高水平运动队等报名类型。

〔完善研究生招生信息服务〕 完成2016年硕士研究生统考生网上调剂、录取检查、信息公开以及2017年统考生网上报名、推免生招生信息服务，其中非全日制考生2017年首次纳入统一报名。举办2016年全国硕士研究生招生考试诚信教育宣传活动，为研究生招生考试营造良好的舆论氛围。

〔开通运行大学生学业与职业发展平台〕 大学生学业与职业发展平台（学职平台）历时二年完成建设，10月正式上线，面向全国开通运行。平台构建了专业、学业、职业、行业之间的关系图谱，围绕职业百科、专业百科、微视频、个人中心四个功能模块展开工作。开通职业测评功能，为大学生免费提供职业信息、职业测评和学业辅导等服务。完成420个职业案例以及110个职业百科的编辑整理工作；依托大数据和大平台，搭建学生、高校和企业三位一体平台，为学生选择专业和职业，为高校人才培养、选拔、就业指导，以及企业人才储备及招聘提供全面专业的服务，使信息在内部实现有效反馈和循环利用。

〔推进高校学籍学历管理服务工作精细化〕 学籍学历管理平台落实简政放权，在校生申请表数据、学历和10年回登学历数据勘误、姓名身份证号双改由省级审核把关，不再上报部级审核；相应地启用了电子档案，存档备查。论证通过毕业生图像采集规范及信息标准，发布中国图片社的照片直报学信网，改用客户端软件，大幅提高效率，学生可以在更短的时间内查询到毕业证照片。学信网无照片学历新版查询方案正式实施，使得更多无照片、无身份证的数据能够对外提供查询。

〔**加快学历认证专业化、信息化服务建设**〕 对学历证书查询结果通知单审核结论进行修订，将问题学历的认证结论描述得更加精准明确，进一步提高学历认证工作专业化、精细化和权威性。落实国务院关于“简化优化公共服务流程、方便基层群众办事创业”通知精神，不断简化认证办理流程，减少不必要的申请材料，提高办事效率，缩短认证时间。正式推广使用“认证网上申请系统”，认证服务实现网上受理、网上办理、网上和短信反馈。定期开办认证工作人员培训班，加强对认证代理机构的督查巡查，安排专人对各代理机构的认证服务程序、服务质量、收费项目等进行检查，并对认证结果和材料进行抽查。2016 年，高等教育学历认证（主旨业务）全国受理同比增长 10.57%，全国高等学校学生信息咨询与就业指导中心受理同比增长 39.22%。进一步优化学历网上查询服务，将学籍学历在线验证报告有效期由 1 个月延长至 6 个月。

〔**加强认证国际化推广及合作**〕 参加多个国外高校学生信息数字化方面的学术研讨会和展览会，加强交流，拓展业务。新开通荷兰学生信息存储与认证机构（Dienst Uitvoering Onderwijs，DUO）及美国 Parchment 公司合作的学生信息数字化传输通道。拓展数字化传输范围，新增中学、会考成绩认证报告传输功能。

〔**加强网络安全，相关系统通过等级保护测评**〕 委托教育部教育管理信息中心对中国高等教育学生信息网、学籍学历管理平台、阳光高考平台、中国研究生招生信息网、全国征兵网等系统进行安全等级保护测评。中国高等教育学生信息网全站支持 https 访问，提高了安全性。购买堡垒机和无线入侵防御产品，加强特权账号管理，提高办公区无线网的安全性。数据库备份启用加密模式，密码定期更换另行管理。

〔**多个网站被列为关键信息基础设施**〕 经过教育部科技司论证，中国高等教育学生信息网、阳光高考平台、中国研究生招生信息网、全国征兵网，以及学籍学历管理平台被纳入国家关键信息基础设施。

〔**多渠道收集发布岗位信息**〕 立足新职业网，通过全国大学生就业信息服务一体化系统、大型网络招聘会、国家政策性项目、合作网站提供等方式，2016 年累计收集发布就业岗位信息超过 300 万个，全年共举办了 26 场大型网络招聘会。首次举办西部地区、新能源产业等专场招聘会。

〔**优化全国高校毕业生就业管理系统，完成毕业生就业数据统计，建立未就业毕业生统计机制**〕 截至 9 月 1 日，毕业生就业管理系统完成 2016 届毕业生就业数据统计，并提交相关报告；建立未就业毕业生统计机制，建设毕业生就业查询系统，90.8 万名毕业生通过系统查询反馈毕业去向。

〔**以全国高校毕业生就业管理系统为依托，建设高等学校毕业生就业创业信息监控平台**〕 11 月，全国高等学校学生信息咨询与就业指导中心建设了高等学校毕业生就业创业监控平台，平台兼具网络安全监控、业务运行监控和数据图示化展示等功能。

〔**多形式做好困难毕业生就业帮扶**〕 针对有就业意愿未就业毕业生开展统计和帮扶工作，举办“离校未就业高校毕业生网上招聘活动”，提供 1 万多个岗位信息。与中国残疾人联合会合作，采取网上网下联动方式，分别在郑州、重庆两市举办残疾人毕业生“双选会”，近 400 家用人单位提供了 2 万个就业岗位。7 月，举办“2016 年高校残疾人毕业生网上双选会”。赴上海、湖南、贵州等地开展残疾人毕业生就业情况实地调研；通过电话、邮件对残疾人毕业生进行调查，回收有效问卷 1 754 份。

〔**多举措服务新疆籍毕业生**〕 配合中央新疆办，建设并开通新疆籍高校毕业生就业创业信息平台，中共中央政治局常委俞正声对平台予以肯定。举办 2 场新疆企事业单位专场招聘会等网上活动；通过平台对新疆籍高校毕业生就业和创业典型案例进行宣传。

〔**优化大学生创业服务网**〕 以打造“创业项目对接、创业大赛支持、创业培训实训、政策典型宣传、创业专业咨询”五大功能平台为目标，改版优化全国大学生创业服务网。

〔**全力做好“互联网+”大赛赛事工作**〕 通过全国大学生创业服务网实时发布“互联网+”大赛最新动态，宣传推广赛事进程，为大赛提供实时的、全面的统计分析数据。配合教育部高等教育司完成大赛的会议组织和评审工作，保障评审方案公平、公正。

本届大赛邀请392名投资人和企业家作为专家委员会成员。大赛共吸引31个省（自治区、直辖市）及新疆生产建设兵团共2 110所高校的118 804个项目参赛，参与学生达545 808人次。共有630支团队入围全国总决赛，最终产生金奖36名（含冠军、亚军、季军）、银奖115名。

〔**推出“网上对接+网下路演”项目对接和投融资支持**〕 7月底，启动网上项目对接月活动，从1万余个公开项目中筛选出200个优秀项目，分批、定向推荐给60位投资人。11月起，给天使湾创投、华图资本、华旦投资、浙商资本管理有限公司、北京用友幸福投资管理有限公司等21家投资机构累计投递近200个创业大赛优质创业项目。全国高等学校学生信息咨询与就业指导中心与义乌市政府合作，于1月和4月组织两届网下路演活动，路演活动达成投资意向574个，意向投资金额2.7亿元。

〔**支持毕业生到国际组织实习任职**〕 启动开发高校毕业生到国际组织实习任职服务平台，为毕业生到国际组织实习任职和参加志愿活动等提供信息服务。

〔**配合做好征兵服务工作**〕 全国征兵网开通2016年兵役登记、应征报名、女兵报名、直招士官报名等工作。完成了账号调整、简化报名流程、完善查询功能以及后台管理统计功能等几十项功能点改进，提升了征兵服务工作质量。

〔**做好农村特岗教师计划、免费师范毕业生就业等重大项目的数据管理工作**〕 通过在岗教师管理系统为21个设岗省市导入2016年在岗教师数据近6.7万人，督促31个省（自治区、直辖市）完成免费师范生就业数据更新工作。2016届免费师范生毕业生就业签约率达92.42%。

〔**召开《高校毕业生就业质量评价及高质量就业实现路径研究》中期报告会**〕 10月27日至28日，在长沙市召开全国教育科学“十二五”规划重点招标课题《高校毕业生就业质量评价体系及实现高质量就业路径研究》中期报告会，各子课题负责人将课题进展和研究成果进行了汇报和交流，总课题组进行了汇总和反馈，并对下一步研究工作进行了部署。

〔**2015—2016年度全国高校毕业生就业创业课题研究**〕 结合毕业生就业工作的重点和热点，全国高等学校学生信息咨询与就业指导中心与教育部学生司共同发布了2015—2016年度10个就业创业课题。组织专家对169家申报单位进行通讯评审，综合专家评审及教育部学生司意见，确定了10家课题立项单位和2家课题委托单位，各课题研究工作正按要求稳步进行。

〔**开展2016年度全国高校创新创业总结宣传工作**〕 2016年度全国高校创新创业总结宣传工作经过学校总结、推荐申报、专家初选、社会调查和实地调研等阶段工作，最终产生了50所创新创业典型经验高校。9月29日，在北京召开2016年度全国创新创业典型经验高校座谈会，交流创新创业工作经验。教育部党组成员、副部长林蕙青出席会议并讲话。会上，宣传领导小组成员为典型经验高校授牌。会后编辑出版了《2016年度50所典型经验高校经验汇编》。

〔**开展2016年中国大学生就业状况调查**〕 6月，进行了2016年中国大学生就业状况调查，全国31

个省（自治区、直辖市）共有 307 804 名学生参加调查，专业分布覆盖本科和研究生的 12 个学科门类、高职高专的 19 个专业大类，在调查数据分析的基础上，形成《2016 年中国大学生就业状况调查报告》《中国大学生创业状况调查报告》及分专业分学历报告，并为参加调查的省（自治区、直辖市）提供了分省（自治区、直辖市）数据分析报告。

〔**运用全国高校毕业生就业管理系统中的数据，撰写多种就业报告**〕　结合系统统计与网上调查数据分析，撰写《2016 届高校毕业生就业期望调查报告》《2016 届高校毕业生就业进展调查报告》以及 2014—2016 年三年的就业状况的趋势分析报告等相关报告。

〔**召开学术研讨会，积极开拓就业深度服务**〕　11 月 1 日至 4 日，在西安交通大学举办了 2016 年高校毕业生就业创业研讨会。会议以主题报告、分主题研讨、工作坊等方式，为各省市教育部门、高校就业指导部门专家学者、高校毕业生搭建了开放交流的平台，吸引了 31 个省（自治区、直辖市）的 250 余所高校、600 余人参会。

〔**开通全国高校教育教学信息平台**〕　与教育部高等教育司研讨，确定全国高校教育教学信息平台建设方案，开通平台试运行，达到预期效果。全国万名优秀创新创业导师人才库系统启动导师库报送工作，各地共推荐导师 4 780 名。

〔**建设一批创新创业类“慕课”**〕　7 月，与高等教育出版社签署了《创业类“慕课”建设合作备忘录》，计划用 2—3 年时间，投入专门经费支持建设 50 门创业类“慕课”。9 月，《创业基础》示范性“慕课”在爱课程网上线运行，累计吸引全国各地 1 万余名学习者在线学习。

〔**推进高校就业创业指导人员培训**〕　全年共培训就业创业指导教师 3 078 人，截至 2016 年累计培训了 12 449 人，全面提升了全国高校就业创业指导教师专业化水平。

〔**新媒体影响力不断扩大**〕　中国高等教育学生信息网运营公众号如中国高等教育学生信息网、学信网资讯、中国研究生招生信息网、研招网资讯、阳光高考信息平台已达 5 个，并运营 2 个微博。截至 2016 年年底，新媒体用户达 152 万户，是 2015 年的两倍多。

〔**开展“感受就业创业”主题视频征集和评选活动**〕《中国大学生就业》杂志面向大学生征集视频作品，开展“感受就业创业”主题视频征集和评选活动，讲述大学生就业和创业过程中的故事。本次活动共收到 100 多个作品，近 10 万 IP 地址参与投票，最后评选出一等奖 3 个、二等奖 5 个、三等奖 10 个，10 所高校获最佳组织奖。

〔**开展“创见未来”主题宣传活动**〕　3 月起，《中国大学生就业》杂志开展“创见未来”主题宣传活动，连续刊登 50 余篇文章，全景展现大学生就业创业风貌，介绍大学生就业创业典型事迹，解读国家就业创业政策。杂志刊载的大学生创业典型案例被新华社、《中国青年报》、《经济日报》、人民网、央广网等多家平面和网络媒体转载。

〔**编辑出版以大学生就业创业为主题的系列书籍，免费向高校发放**〕　全国高等学校学生信息咨询与就业指导中心与教育部高校学生司联合编发《高校毕业生就业创业政策百问（2016 年版）》，印刷 5 万册；与教育部全国高等学校学生信息咨询与就业指导中心学生司、工商总局联合编发《大学生自主创业宣传手册》，印刷 10 万册；从征集到的全国近 300 名大学生创业先进事迹中，选择优秀案例，与教育部高校学生司联合编发《大学生创业典型人物事迹汇编》，印刷 1.3 万册。在面向就业战线工作人员征集论文并评选的基础上，编辑出版《大学生创新创业优秀论文选编》。

撰稿　孙长缨

审稿　石鹏建　宁小华　余　舰

学位与研究生教育工作

〔**国务院学位委员会第三十二次会议召开**〕 2016年1月8日，国务院学位委员会第三十二次会议在北京召开，国务院副总理、国务院学位委员会主任委员刘延东出席会议并发表重要讲话。刘延东充分肯定了“十二五”期间我国学位与研究生教育改革发展的成绩。刘延东强调，要准确把握“十三五”的新形势、新要求，科学制定发展规划，以服务需求提高质量为主线，提前谋划，前瞻部署；统筹好服务需求与优化结构的对接，建立健全需求导向的动态调节机制；着力深化研究生培养模式改革，坚持立德树人，对接国家重大战略，加强科教协同、产学结合，提高研究生创新能力和实践能力；创新质量评价机制，完善监督保障体系；统筹推进世界一流大学和世界一流学科建设，带动整体水平提升，推动研究生教育发展迈上新台阶。会议审议通过了秘书长报告、《学位与研究生教育发展“十三五”规划》《增列“网络空间安全”一级学科博士学位授权点名单的通知》《2014年学位授权点专项评估结果》《关于深化博士硕士学位授权审核办法改革的意见》《博士生导师学术指导职责指南》和《涉密研究生与涉密学位论文管理办法》。

〔**2016年省级学位委员会工作会议召开**〕 3月30日，2016年省级学位委员会工作会议在北京召开。会议传达了国务院副总理、国务院学位委员会主任委员刘延东在国务院学位委员会第三十二次会议上的重要讲话精神，并就“十三五”期间学位与研究生教育的发展思路和举措进行了研讨。教育部副部长杜占元出席会议并在讲话中肯定了“十二五”期间研究生教育工作的成绩，要求科学编制好“十三五”学位与研究生教育规划。他强调，高校要牢牢立足科技第一生产力、人才第一资源和创新第一动力结合点的特点和优势，全面深化研究生教育综合改革，更加突出发展的质量和效益，更加突出培养模式转变，更加突出体制机制创新，更加突出结构调整优化，更加突出各方资源的参与协同，更加突出对外开放发展，统筹推进世界一流大学和一流学科建设，全面实现研究生教育转型发展，为全面建成小康社会发挥好关键支撑作用。

〔**学位证书自主制发自查**〕 9月，国务院学位委员会办公室发文，要求各省级学位委员会办公室对本地区（本系统）学位授予单位证书制发工作进行自查和总结。从检查情况看，各地区高度重视，认真组织了学位证书政策解读和宣传指导等工作，覆盖了本省（自治区、直辖市）内所有学位授予单位；各学位授予单位根据要求，通过征集设计方案、请专家把关、制定有关规章制度等工作，积极开展证书设计和印发工作。首年学位证书自主制发工作平稳进行。

〔**开展2016年学位授权点动态调整工作**〕 为推动学位授权点存量结构调整优化和服务经济社会发展需求，根据国务院学位委员会第三十二次会议决议，国务院学位委员会印发《国务院学位委员会关于开展博士、硕士学位授权学科和专业学位授权类别动态调整工作的通知》，自2016年起，在全国范围内开展学位授权点动态调整工作。

9月23日，学位授权点动态调整工作完成。共有25个省（自治区、直辖市）、205所学位授予单位开展了动态调整工作，共撤销博士学位授权点51个、硕士学位授权点525个，其中学术学位硕士点共421个、专业学位硕士点104个；调整增列博士学位授权点32个、硕士学位授权点335个，其中学术学位硕士点171个、专业学位硕士点164个。

通过此次调整，高等教育学位点存量结构调整机制逐步形成，打破学位授权点终身制已经得到学校、导师和研究生的认同。学科结构得到进一步优化，专业学位硕士点比例大幅增长，应用型硕士研究生培养得到进一步重视。各单位对学位授权点的需求更加理性，质量提升和内涵发展成为研究生培养的重中之重。同时，各单位从全局出发，撤销本单位布点较多、需求不足的学位点，增列马克思主义理论、网络空间安全等学位点，主动适应我国经济、社会发展需求。

〔规范工商管理硕士专业学位研究生教育〕 针对工商管理硕士专业学位研究生教育发展过程中部分院校办学定位不准、办学思想不够端正、办学行为有失规范等问题，教育部于3月22日印发《关于进一步规范工商管理硕士专业学位研究生教育的意见》(教研〔2016〕2号)。从坚持正确办学方向，准确把握办学定位；严控招生计划，严守招生纪律；强化队伍建设，提高师资水平；严格教学管理，规范实践教学；合规合理定价，依规依法收费；加强财务管理，防范廉政风险；加强组织领导，强化监督落实等方面，提出具体规范管理意见，促进工商管理硕士专业学位研究生教育健康发展。

〔医教协同深化临床医学人才培养模式改革〕 按照《教育部等六部门关于医教协同深化临床医学人才培养改革的意见》(教研〔2014〕2号)，印发《关于加强医教协同做好临床医学硕士专业学位研究生培养与住院医师规范化培训衔接工作的通知》(教研厅〔2016〕1号)，妥善处理临床医学人才培养改革过渡期相关问题。

积极探索临床医学博士专业学位人才培养模式改革，2016年批复北京市教委、上海市教委组织开展临床医学博士专业学位研究生教育综合改革试点工作，6所试点院校共招收临床医学博士专业学位研究生689人。

〔统筹全日制和非全日制研究生管理工作〕 教育部办公厅印发《关于统筹全日制和非全日制研究生管理工作的通知》(教研厅〔2016〕2号)，明确界定全日制和非全日制研究生概念，对全日制和非全日制研究生招生计划、招生录取、学历学位管理工作等方面做出要求。从2017年起，教育部会同国家发展改革委按全日制和非全日制两类分别编制和下达全国博士、硕士研究生招生计划；在所下达计划内（国家下达的专项招生计划除外），各研究生培养单位可根据社会需求和培养能力自主安排已有学位授权点招生规模。

〔贯彻落实国务院《统筹推进世界一流大学和一流学科建设总体方案》〕 国务院《统筹推进世界一流大学和一流学科建设总体方案》印发后，教育部、财政部、国家发展改革委成立专门工作小组，深入研究国内外高水平大学建设规律，广泛征求有关高校、省级教育行政部门、学术组织、专家学者以及有关部门的意见建议，研究制定了落实《总体方案》的具体实施办法。5月25日，国家教育体制改革领导小组第21次会议对实施办法进行审议。根据会议精神，会后三部委又进一步听取有关方面意见，修改完善形成了《统筹推进世界一流大学和一流学科建设高校实施办法（暂行）》。《实施办法》经教育部第34次党组会审议后于12月报请国务院审定。

撰稿　张　艳　闫梦醒　郝彤亮
陆　敏　刘　帅　朱　瑞
审稿　杨大研

〔启动全国第四轮学科评估〕 2016年4月，教育部学位与研究生教育发展中心启动了全国第四轮学科评估。此次评估有以下特点：一是各单位参评积极性不断提高，除西藏大学外全部“211工程”高校均自愿申请参评。本轮共有512个学位授予单位的7 450个学科参评，参评学科数比上轮增长72%；具有博士一级授权的学科参评率高达96%。二是采取“按学科门类绑定参评”新规则，着力解决相近学科材料不合理整合问题。三是指标体系进一步完善。比如，改变“数帽子数头衔”的师资队伍评价方式，由同行专家评价发展质量；设立“中国版ESI高被引论文”；首次大规模开展学生和用人单位问卷调查；首次邀请境外专家开展国际声誉调查，单独设置“社会服务贡献”指标，考察学科实际贡献等。四是多措并举保障数据的可靠性。历时半年多，采取六项措施对310多万份申报材料进行全面核查，包括数据逻辑检查、按填报标准对数据进行检查、依据证明材料对数据进行核查、与公共信息比对、对重复填报数据进行筛查、对存疑数据进行抽查。

〔**成立亚欧跨境高等教育质量保障组织**〕 12月20日，亚欧跨境高等教育质量保障组织（Cross-border Quality Assurance Network in Higher Education in Asia and Europe，CBQAN）第一次会议在海口市召开，标志着由中方倡议的专注于跨境高等教育质量保障的国际组织CBQAN正式成立。中国、英国和马来西亚等12个国家的15个机构成为CBQAN的创始成员。该组织秘书处设立在教育部学位与研究生教育发展中心，在教育部国际合作与交流司指导下开展工作。

CBQAN的建立旨在提升跨境高等教育质量，为亚欧跨境高等教育质量保障机构及跨境教育利益相关者搭建交流合作平台，推动学生与学术流动，促进质量保障机构在跨境教育质量保障方面发挥积极作用。CBQAN的成立，是国际跨境教育发展过程中的一个里程碑。中方牵头推动建立和发展教育领域国际组织，树立了中国教育在国际高等教育领域的国际地位和大国形象，符合我国“推进共建‘一带一路’教育行动”和新时期教育对外开放工作总体战略。

〔**国家资历框架研究**〕 国家“十三五”规划明确提出要“制定国家资历框架”。为进一步推动国家资历框架建设，教育部学位与研究生教育发展中心牵头组织开展国家资历框架课题研究，该课题获国家社科基金教育学重点项目资助。

国家资历框架研究总课题共分为7个子课题，包括国家资历框架的基本理论研究、国家资历框架实施状况的国际比较研究、国内外职业资格证书制度研究、资历标准与质量保障体系研究、资历认证与认可研究、国家资历框架数据平台设计与开发研究以及建设国家资历框架的策略与路径研究。清华大学、厦门大学、人力资源和社会保障部、中国人事科学研究院等机构的专家先后加入课题组，承担部分子课题研究任务。

撰稿　李红艳　曹红波
审稿　王立生　任增林

民族教育

〔**2016年民族教育发展概况**〕 2016年，民族教育战线全面贯彻党的十八大、十八届三中、四中、五中、六中全会精神和习近平总书记系列重要讲话精神，深入落实中央民族工作会议、第二次中央新疆工作座谈会、中央第六次西藏工作座谈会和第六次全国民族教育工作会议精神，民族教育事业改革发展取得新进展，学校民族团结教育不断加强，少数民族人才培养规模稳步扩大。2016年，全国各级各类学校中少数民族在校生2 705.94万人，占在校生总数的10.43%。其中，普通本专科231.82万人，占8.6%；普通高中239.75万人，占10.13%；中等职业教育122.14万人，占9.57%；初中487.29万人，占11.26%；普通小学1 136.67万人，占11.47%；学前教育412.85万人，占9.35%。各级各类学校中少数民族专任教师136.96万人，占专任教师总数的8.79%。

〔**签订新一期内地高校支援新疆协作计划**〕 1月9日，教育部会同有关部门在新疆召开了内地高校支援新疆第七次协作计划工作部署会议，336所高校与新疆教育厅签订了5年（2016—2020年）培养任务协议书。第七期协作计划年招生规模从2016年的8 100人逐步增加到2020年的10 200人，总招生规模达4.57万人，较上一期增加58%。协作计划实施以来，先后有3万多名学生毕业，他们绝大多数回到新疆，成为新疆各条战线的骨干，为新疆经济发展、社会稳定和长治久安做出了积极贡献。

〔**内地民族班教育管理服务工作取得新进展**〕 教育部会同有关部门建立完善了一系列制度和工作机制，指导各地各办班学校把热情关爱与严格要求有机结合起来，不断提升内地民族班教育管理服务水平。一是强化思想政治教育。深入开展社会主义核心价值观教育，组织开展集中宣讲和主题实践活动，教育引导学生牢固树立中华民族共同体意识。二是大力促进交往交流交融，混班教学比例达30%左右。三是加强教师和管理队伍建设。全国已有115所高校配备了少数民族学生专职辅导员，教育部民族教育司会同新疆维吾尔自治区教育厅在北京等24个省（自治区、直辖市）建立了工作站，向内地学校选派了1 800余名管理服务教师。四是不断提高学生培养质量。组织开展了内地西藏班优质课和优秀论文评比活动，进一步推进内地西藏班教育教学改革，提升办学质量和教学水平。4月20日，教育部、中共中央统战部、国家民族事务委员会、公安部在北京联合召开内地民族班教育管理服务工作视频会议，进一步明确内地民族班重点任务，全面提高内地民族班教育管理服务水平。

〔**推进西藏和四省藏区教育科学发展**〕 深入贯彻落实中央第六次西藏工作座谈会及中央文件精神，印发《教育部关于支持提升西藏基础教育教学质量的指导意见》《教育部关于推进川甘青交界地区教育发展的指导意见》，着力提升西藏基础教育教学水平质量，大力推进川甘青交界地区教育发展，提高“十三五”期间对口支援西藏工作效益。启动实施了“组团式”教育人才援藏工作，800名教师和管理人员进藏支教，400名西藏教师出藏培训，充分发挥了支援教师团队的专业优势和受援学校教师的本地优势，帮助辐射带动中小学校提升教学质量。

撰稿 申春善 沙玛加甲 李 彬 巴依尔 张志飞
审稿 毛力提 郭 岩 朱小杰

〔**民族教育科研工作**〕 2016年，民族教育科研战线紧紧围绕党中央重大的决策部署，扎实开展民族教育科研工作，为党和国家民族教育政策的制定实施提供了智力支撑。

加强统筹指导，稳步推进基地平台建设。依托广州大学、海南热带海洋学院建立“内地高校新疆籍少数民族学生教育管理服务重点研究基地”“海南民族教育研究基地”，打造跨地区民族教育科研平台。召开基地主任年度联席会议，部署2017年重点研究基地工作。举办全国民族教育专家委员会年度工作会议，来自全国各地的50位专家学者围绕会议主题“使命—为实现民族地区全面脱贫”开展研讨，收集整理论文近40篇并汇编成册。召开民族地区教研工作会议，为民族8省区开展以数学为基础的理科教学和教研交流搭建平台。组织开展内地西藏初中班、高中班优质课和优秀教育论文评比活动，搭建教师专业发展交流和成长平台。

聚焦成果转化，进一步完善课题规划管理。始终坚持正确导向，严把课题研究的政治方向关和学术质量关，充分发挥课题服务决策、创新理论、指导实践的作用。围绕民族教育改革和发展中的重大理论和现实问题，设立重大合作和委托课题，遴选优秀团队协同攻关，提供更加优质高效的科研服务。编发《课题成果摘要汇编（第三辑)》，对民族团结教育实践、民族教育公平发展、教育对口支援情况评估、预科会考改革等优秀课题成果进行宣传推介，使其转化为教案、转化为决策、转化为制度、转化为舆论。开展对课题经费管理和使用情况的调研抽查，加大课题经费监管力度。

围绕重点工作，推动民族教育科研工作再创佳绩。开展“十二五”以来，国家民族教育政策和重大举措评估研究，做好民族地区教育现代化、少数民族学生理科教育质量、少数民族高层次骨干人才计划实施情况、内地民族班等调查研究，形成专题报告和宏观层面系列决策参考报告，为宏观政策制定提供科学参考。组织编辑《中国民族教育发展研究报告》，对国内外学术界关于民族教育的研究情况进行全面总结与概述。加强对民族教育舆情热点问题、突发事件、敏感话题的跟踪和研判，编发《中国民族教育舆情研究报告》。

撰稿 李 芳 王颖颖
审稿 张 强

教师工作

〔**印发《乡村教师培训指南》**〕　为贯彻落实乡村教师支持计划（2015—2020年），推动各地变革乡村教师培训模式，提升乡村教师培训实效，教育部研制了《送教下乡培训指南》《乡村教师网络研修与校本研修整合培训指南》《乡村教师工作坊研修指南》《乡村教师培训团队置换脱产研修指南》，并于2016年1月13日下发通知，要求各地在国家级培训计划和乡村教师全员培训组织实施工作中参照执行。从目标任务、实施流程、职责分工等方面对送教下乡培训、乡村教师培训团队置换脱产研修、网络研修与校本研修整合培训、工作坊研修等培训的实施办法做出明确规定，对全国乡村教师培训工作的开展起到了引领作用，进一步提升了乡村教师培训的针对性和实效性。

〔**加强师范生教育实践**〕　3月，教育部印发《关于加强师范生教育实践的意见》（教师〔2016〕2号），从目标任务、内容体系、指导教师、考核评价、实践基地、激励机制、经费投入等方面就加强师范生教育实践提出要求，对增强师范生的社会责任感、创新精神和实践能力，全面提升教师培养质量具有重要指导意义。文件明确提出，通过系统设计和有效指导下的教育实践，促进师范生深入体验教育教学工作，逐步形成良好的师德素养和职业认同，更好地理解教育教学专业知识，掌握必要的教育教学设计与实施、班级管理与学生指导等能力，为从事中小学教育教学工作和持续的专业发展奠定扎实基础。

〔**推行中小学教师培训学分管理**〕　12月，教育部印发《关于大力推行中小学教师培训学分管理的指导意见》（教师〔2016〕12号），明确了推行教师培训学分管理的改革方向，提出分层提供培训课程、建立学分认定规范、严格学分审核认定、探索建立学分银行和强化学分应用等主要措施，并就推进教师培训学分信息化管理、落实教师培训学分管理职责等提出具体要求。推行教师培训学分管理是完善五年一周期的教师全员培训制度、健全教师培训管理机制、激发教师参训动力、促进教师终身学习的重要举措，也是“十三五”时期加强中小学教师培训长效机制建设、切实提高教师培训针对性和实效性的重要举措。

〔**发布职业学校教师企业实践规定**〕　5月，教育部等七部门出台《职业学校教师企业实践规定》（教师〔2016〕3号），正式确立职业学校教师定期企业实践制度，对内容和形式、组织与管理、保障措施、考核与奖惩等方面做出了明确规定，推动教师企业实践的规范化、常态化、长效化。定期组织职业学校教师到企业实践，提升了教师专业技能水平和实践教学能力，加快了高素质专业化的“双师型”教师队伍建设。

〔**国培计划集中支持乡村教师校长培训**〕　按照《乡村教师支持计划（2015—2020年）》总体部署，落实《教育部办公厅 财政部办公厅关于做好2016年中小学幼儿园教师国家级培训计划实施工作的通知》（教师厅〔2016〕2号）的要求，继续下移重心，采取送教下乡、网络研修、短期集中、专家指导、校本研修等方式，集中支持中西部乡村教师校长培训。中央财政安排专项经费21.5亿元支持“国培计划”，其中示范性项目1.5亿元、中西部项目14亿元、幼师国培项目6亿元，全年共培训乡村中小学幼儿园教师和校长、园长189万余人次。“国培计划”受到学员好评，经匿名评估问卷调查，学员满意率达90%以上。

〔启动新一周期职业院校教师素质提高计划〕 10月，教育部、财政部印发《关于实施职业院校教师素质提高计划（2017—2020年）的意见》（教师〔2016〕10号），正式启动实施新周期职业院校教师素质提高计划。文件要求，组织职业院校教师校长分层分类参加国家级培训，带动地方教师全员培训，提高教师“双师”素质和校长办学治校能力；支持开展中职、高职、应用型高校教师团队研修和协同创新，创建一批中高职教师专业技能创新示范团队；推动教师和企业人员双向交流合作，建立教师到企业实践和企业人才到学校兼职任教常态化机制。

〔启动实施高校新入职教师国培示范项目〕 6月，教育部办公厅印发《关于启动实施高等学校新入职教师国培示范项目的通知》（教师厅函〔2016〕10号）。“十三五”期间，计划组织10 000名左右中西部高校新入职教师、500名高校教师培训管理者和培训者参加国家级示范培训。培训围绕“专业理念与规范”“教学理论与技能”“信息技术与运用”三个模块的内容，采取“专题讲授+实践教学+返岗教研”相结合的方式，帮助新入职教师树立正确的专业理念，培养良好的师德修养、学术规范与心理素质，掌握基本的教育教学技能。建立健全高校新入职教师培训制度，加强中西部高校教师队伍建设，已完成首批89名培训者和1 934名中西部高校新入职教师培训，较好地推动了中西部高等教育质量提升。

〔200门教师教育国家级精品资源共享课全部建成〕 经过3年多的建设，由79所院校承担建设的200门教师教育国家级精品资源共享课全部建成，并在“爱课程”网免费向社会开放。同时，由全国教师教育课程资源专家委员会组织专家对已经上网使用的精品资源共享课进行审核，确定北京师范大学“中学语文课程标准与教材研究”等200门课程为第二批国家级精品资源共享课。国家级精品资源共享课称号有效期为5年。

〔举办高校教师发展海外引智高级研修班〕 11月29日至12月3日，教育部教师工作司在国家教育行政学院举办“美国伯克利加州大学教师发展高级研修班”，组织80所部委所属高校、40所省级师范大学和部分地方高校的近210名高校教师发展机构负责人参加研修。研修班以“教师发展中心建设与教师培养”为主题，邀请美国伯克利加州大学教师发展专家团队从教师发展机构的组织管理、战略规划、核心活动，教师专业发展培训项目的设计与组织、教学评估、课程设计，教师发展中心在校园创造卓越教学和创新教育的文化氛围中如何发挥作用等三个方面做系列专题报告，并围绕高校教师发展中心运行中的重点、难点问题，组织小组专题研讨、工作经验交流及中外专家对话。研修班推动了与国外著名大学教师发展团队的研讨交流，提升了我国高校教师发展工作的能力水平。

〔精心策划组织第32个教师节宣传庆祝活动〕 9月10日是第32个教师节，主题是“甘守三尺讲台、争做四有老师”。9月9日，中共中央总书记习近平专程到北京市八一学校看望慰问师生，就全面贯彻落实党的教育方针、努力办好基础教育、加强教师队伍建设发表重要讲话。国务院总理李克强在老挝出访期间，到当地华校看望慰问中国志愿者教师。国务院副总理刘延东出席全国乡村教师队伍建设工作推进会，为全国教书育人楷模及乡村学校从教30年教师代表颁奖。

9月12日，教育部党组印发《中共教育部党组关于教育系统学习贯彻习近平总书记教师节重要讲话精神的通知》（教党〔2016〕44号），全面部署教育系统学习贯彻落实习近平总书记教师节重要讲话精神。教师节期间，教育部会同有关部门和媒体开展全方位的宣传庆祝活动。一是选树典型，多层次开展评选先进活动。联合中央媒体推选出沈阳农业大学教授李天来、武汉市第二轻工业学校教师禹诚等10位全国教书育人楷模，会同人力资源和社会保障部开展“寻找最美教师”活动等。二是正面引导，深入开展教师节宣传活动。在各高校继续举行河北农业大学教授李保国先进事迹报告会，举办优秀特岗教师巡回报告会等。

〔全面深入开展向李保国同志学习活动〕 5月31日，习近平总书记对河北农业大学教授李保国的先进事迹做出重要批示，要求“广大党员、干部和教育、科技工作者学习李保国同志心系群众、扎实苦干、奋发作为、无私奉献的高尚精神，自觉为人民服务、为人民造福，努力做出无愧于时代的业绩”。教育部积极贯彻落实习近平总书记批示精神，会同中共中央宣传部制定宣传工作方案，将李保国同志作为全国重大典型集中进行学习和宣传。会同中共中央组织部、中共中央宣传部印发通知，决定在广大党员、干部和教育、科技工作者中广泛开展向李保国同志学习活动。追授李保国同志“全国优秀教师”荣誉称号。6月12日，会同中共中央组织部、中共中央宣传部、河北省委在人民大会堂举行报告会，生动展现李保国同志心系群众、扎实苦干、奋发作为、无私奉献的光辉形象。组织报告团于6月13日至21日赴黑龙江、江苏、湖北、陕西4省进行巡回报告。

〔建立乡村教师荣誉制度〕 贯彻落实《乡村教师支持计划（2015—2020年）》（国办发〔2015〕43号），推动建立乡村教师荣誉制度。4月，教育部、人力资源社会保障部联合印发《关于做好乡村学校从教30年教师荣誉证书颁发工作的通知》（教师函〔2016〕4号），全面部署乡村学校从教30年教师荣誉证书颁发工作。教师节前，两部联合印发《关于向乡村学校从教30年教师颁发荣誉证书的决定》（教师〔2016〕8号），为纳入首次颁发范围的400万名在岗和离岗退休教师分批颁发“乡村学校从教30年教师荣誉证书”。

〔健全和落实师德建设长效机制〕 一是推动各省级教育部门和教育部直属高校结合本地本校实际，制定相关实施细则和办法，修订完善相关配套举措。已有31个省（自治区、直辖市）教育部门和66所直属高校制定报送了实施细则和办法。二是组织各高校申报师德建设优秀工作案例，从各地各校推荐的149个工作案例中审核遴选出30个全国师德建设优秀工作案例。三是研制《人民教师誓词》，创新师德教育。四是深入开展重大优秀教师典型宣传活动。授予浙江大学汪自强“全国优秀教师”荣誉称号，看望武汉大学教师余功茂并送去慰问金。五是开展有偿补课和教师违规收受礼品礼金专项治理，印发《教育部办公厅关于开展治理中小学有偿补课和教师违规收受礼品礼金问题自查工作的通知》，推动各地进行为期3个月的自查。10月底至11月中旬，组建3个工作组，分赴天津、河北、江苏、福建、四川、宁夏开展专项调研与督促检查。

〔深入实施中小学教师资格考试和定期注册改革〕 2016年，继续深入推进中小学教师资格考试和定期注册制度改革试点工作。28个省（自治区、直辖市）参加中小学教师资格考试改革试点，其中天津、辽宁、黑龙江、广东、重庆、云南于2016年启动改革试点；22个省（自治区、直辖市）开展中小学教师资格定期注册试点工作。

2016年，有264.96万人申请定期注册，其中，260.35万人注册合格、4.513 4万人暂缓注册、557人注册不合格、443人无教师资格。与2015年相比，2016年申请人数增加203万人、注册合格人数增加199万人。

〔实施“三区”支教专项计划〕 2013年至2016年，“三区”教师专项计划28个省（自治区、直辖市）共派出8.3万名教师到1 272个县支教（其中2016年选派2.4万名），实现了680个连片特困地区县、连片特困地区以外的152个国家扶贫开发重点县、418个省级扶贫开发重点县、22个兵团困难团场全覆盖，中央财政累计安排专项工作经费10.86亿元。“三区”支教把省外、省会城市、中心城区和区域内相对优质学校的教师选派到农村县、乡学校，实现优质资源共享，有效改变了受援地师资紧缺、优秀教师不足的局面，有力推动了受援地教育均衡发展。

〔全力落实集中连片特困地区乡村教师生活补助政策〕 集中连片特困地区乡村教师生活补助实施以来，各地在中央政策的引领和指导下，结合本地实际积极谋划、稳步推进，实施工作取得了积极成效。

截至2016年年底，全国有集中连片特困地区县的21个省（自治区、直辖市）及新疆生产建设兵团的708个连片特困地区县中共有684个县已实施乡村教师生活补助，覆盖率为97%，比2015年提高15%。684个实施县中共有乡村学校8.3万所、乡村教师135.5万人，其中8.1万所学校的129.5万名教师享受补助，学校和乡村教师的覆盖率分别为98%和96%，比2015年分别提高2%和4%。

各实施县共投入乡村教师生活补助资金44.3亿元，比2015年增加9.9亿元，增幅为29%。684个实施县人均月补助标准为284元，比2015年增加22元，提高8.3%。按照“地方自主实施、中央综合奖补”的原则，中央财政共核拨2016年综合奖补资金38.5亿元，比2015年增加8.7亿元，增幅为29%，占各实施县总投入资金的87%。

〔扎实推进“特岗计划”〕 2016年，教育部继续稳步实施“特岗计划”，优先满足村小、教学点的教师需求，为农村地区补充了更多高素质教师。推动中央财政投入70.7亿元，比2015年提高14.1亿元，增幅为25%。全国招聘特岗教师6.8万余名，比2015年增加近1 000名，覆盖中西部22个省份的1 000多个县的3.2万所农村学校（村小、教学点）。招聘具有本科及以上学历的特岗教师5.2万人，占招聘总人数的76%，服务期满特岗教师留任率达90%。从2016年7月起，中央财政支持标准由2015年西部人均每年3.1万元、中部人均每年2.8万元分别提高至西部人均每年3.46万元、中部人均每年3.16万元。通过实施“特岗计划”，进一步缓解了中西部农村教师数量短缺的状况，提高了农村教师素质，创新了农村教师补充机制，促进了教育公平，增强了农村社区活力。

〔全面深化中小学教师职称制度改革〕 2016年，教育部全面推动中小学教师职称制度改革工作，各省份按照要求，出台了地方中小学职称制度改革文件并全力做好落实。截至2016年年底，31个省（自治区、直辖市）均已完成改革后的首次评审工作，并向人力资源和社会保障部、教育部备案第一批中小学正高级职称评审结果，全国共评出中小学正高级教师2 974名，改革实施情况较好，除中央部门所属高校附属中小学外的全国中小学均已完成过渡，实现了中小学教师职称系列的统一。

各省份均制定了较为科学的评价标准，注重师德素养，注重教育教学工作方法和业绩，注重教育教学实践经历；克服过分强调论文、学历的倾向；普遍建立了评审专家动态调整机制和专家库随机抽取机制；健全评审工作程序和规则，建立评审专家责任制；强化监督机制，实行校内推荐结果公示和最终评审结果公示制度，评审结果得到广大中小学教师的认可。

〔启动全国教师管理信息系统〕 教育部启动全国教师管理信息系统建设，建立国家教育管理公共服务平台，实现教师管理过程精细化、治理工作精准化，进一步提升决策水平、优化管理流程、提高管理效率。一是实现“两级建设、五级应用，分级管理、属地运行，统一规划、地方定制”的管理模式，即教育部建设国家级教师系统，各省建立省级教师系统，两级系统互联互通，面向中央、省、市、县、校五级用户提供服务。二是科学研制7套教师指标体系，开发教师培训学分管理、教师变动管理和教师交流轮岗等教师业务管理系统。三是扎实开展系统部署工作。印发通知，明确工作重点，提出工作要求。举办专题培训班，为各省和部委高校培训200多名骨干，建立专门工作队伍。四是组织各地进行信息采集。分级成立工作组，制定工作方案，逐级开展培训，自下而上扎实开展信息填报与审核工作。

涵盖全国各级各类教师的管理信息系统首次建成，人数超过 1 500 万。为每一名教师建立了电子档案，实现了教师“一人一号”，全面记录教师学习工作经历、职称与岗位聘任、教育教学、培训研修等信息。

撰稿　梁晓丽　陈　睿　汪　海　王克杰
张春柳　宋长远　张　剑　吴　尘
刘璇璇　张　嵩　徐展斌
审稿　刘建同　黄　伟

学校体育、卫生、艺术与国防教育

〔**深入推进学校体育工作**〕 一是加强学校体育工作的顶层设计。在广泛调研的基础上，研制了《关于强化学校体育 促进学生身心健康全面发展的意见》，对今后一个时期的学校体育工作进行了整体部署，明确了到2020年学校体育工作的具体目标。文件包括“总体要求”“深化教学改革，强化体育课和课外锻炼”“注重教体结合，完善训练和竞赛体系”“增强基础能力，提升学校体育保障水平”“加强评价监测，促进学校体育健康发展”“组织实施”六个部分共十八条。二是推进《国家学生体质健康标准》实施工作。组织北京体育大学等32所高校组成抽查工作组，对各省（自治区、直辖市）实施《国家学生体质健康标准》测试情况进行抽查复核，全国共复核21万余名大中小学生。组织开展2016年学生体质达标情况专项督导，在各地自查的基础上，对河北等10个省进行了实地督查，并形成督查报告呈报国务院办公厅督查室。三是积极推进学校体育场馆开放。在充分调研、广泛征求意见的基础上，研制了《关于推进学校体育场馆向社会开放的实施意见》。四是做好全国第十三届学生运动会筹备工作。研制了《中华人民共和国第十三届全国学生运动会竞赛规程总则》，并于11月1日印发了《教育部国家体育总局共青团中央关于举办中华人民共和国第十三届全国学生运动会的通知》，明确了本届学生运动会的项目分组、参赛资格与要求、竞赛与奖励办法等具体要求。

〔**加快提升校园足球发展水平**〕 一是“全国青少年校园足球特色学校”和“全国青少年校园足球试点县（区）”进一步扩大。2016年，新认定并命名特色学校4 754所、试点县（区）31个。2015—2016年，全国共有13 381所特色学校、69个试点县（区）以及内蒙古自治区、青岛市、厦门市和吉林省延边朝鲜族自治州4个改革试验区。二是加强校园足球师资队伍建设和教学研究。2016年，共对1.6万余名中小学校长、体育教师、教练员、裁判员、教研员进行了校园足球相关培训；选送660名校园足球教练员赴法国和英国进行为期3个月的培训；共聘请120名高水平外籍足球教师到我国中小学校进行为期10—12个月的教学工作；印发《全国青少年校园足球教学指南（试行）》和《学生足球运动技能等级评定标准（试行）》，编写400节足球示范课方案，摄制完成365集足球运动技能教学示范视频。三是组织开展了小学、初中、高中和大学四级联赛，全年比赛场次达952场，近7 500名高中生和大学生运动员参与；组织开展了全国青少年校园足球夏令营活动，1 730所中小学的5 284名校园足球运动员和2 010名教练员参与了此次活动。四是积极营造校园足球的良好氛围。结合纪念红军长征胜利80周年，在全国组织开展“全国青少年校园足球新长征”大型宣传推广活动，拍摄了“校园足球先锋”和“校园足球夏令营”专题片，大力宣传青少年校园足球的先进经验和做法，在广大青少年中掀起爱足球、看足球、踢足球的热潮。五是开展校园足球督查。根据中央深化改革领导小组办公室《关于及时启动、扎实开展已出台改革举措落实情况督察工作的通知》要求，印发了《教育部办公厅关于组织开展加快发展青少年校园足球重点督察工作的通知》，在各地自查的基础上，对陕西等6个省进行了实地督导，形成督导意见并上报中央全面深化改革领导小组办公室。

〔**大力推进学校预防艾滋病教育工作**〕　一是会同国家卫生和计划生育委员会建立了学生艾滋病疫情通报制度和定期工作会商机制。二是于7月8日组织召开全国推进学校艾滋病防控工作视频会议，总结交流各地学校艾滋病防控工作的做法和经验，传达国务院领导对学校艾滋病防控工作的批示精神，部署进一步推进学校艾滋病防控工作。教育部副部长郝平，国务院防治艾滋病工作委员会办公室主任、国家卫生和计划生育委员会副主任王国强在北京主会场出席会议并讲话。四川省教育厅、广西壮族自治区教育厅、北京大学、东北师范大学、云南师范大学的代表人员进行了大会交流发言。各省（自治区、直辖市）教育厅（教委）主管领导及相关处室负责人，京外部属高校及各省高校、地（县）级教育行政部门负责人及中小学校代表在各省分会场参加了会议。三是部署并启动高校艾滋病防控试点工作。5月，印发《教育部办公厅关于开展高校艾滋病防控工作试点　推进学校预防艾滋病教育的通知》，在31个省（自治区、直辖市）的94所高校启动开展为期3年的试点工作；10月至11月，对江苏等11个省（自治区、直辖市）的46所高校的试点工作进行了现场督导。四是组织开发预防艾滋病教育网络课程。由教育部体育卫生与艺术教育司牵头，会同国家卫生和计划生育委员会疾病控制局、东西部高校课程联盟和智慧树网共同开发了大学生预防艾滋病教育跨校学分共享课程《艾滋病、性与健康》，该课程于9月正式上线，通过智慧树网平台向高校学生进行推送。

〔**开展校园及周边食品安全整治**〕　一是会同国务院食品安全办公室等部门印发了《关于进一步加强学校校园及周边食品安全工作的意见》；印发《关于进一步加强中小学校和幼儿园食品安全监督管理工作的通知》，要求各地加强学校校园及周边食品安全综合治理，健全食品安全管理制度，落实食品安全主体责任等。二是会同国家食品药品监督管理总局等部门对河北等地学校校园及周边食品安全工作进行专项督查，通过明察暗访对40余所学校食堂、80余个校园周边食品销售经营者及餐饮服务经营者进行了检查。三是多途径开展食品安全宣传教育。举办“全国中小学健康知识网络大赛”，引导学生学习食品安全等健康知识，近10万人次学生参与网上健康知识学习和答题活动。会同《中国教育报》举办“校园食品安全健康教育宣传行”活动，发布“校园食品安全健康教育宣传行”倡议书。在《中国教育报》上解读学校食品安全管理政策、刊发学校食品安全管理典型经验和做法。

〔**启动学校美育改革发展备忘录签署工作**〕　8月29日，教育部在北京启动学校美育改革发展备忘录签署工作，第一批与北京、上海、江苏、福建、山东、重庆、四川、甘肃8个省（直辖市）签署备忘录。教育部党组书记、部长陈宝生出席签署仪式并讲话，时任教育部副部长郝平分别与8省（直辖市）副省长（副市长）签署备忘录。甘肃省副省长郝远、时任福建省副省长陈桦代表签署备忘录的省（市）发言。陈宝生对备忘录签署给予高度评价，称开创了共和国教育的历史。

通过签署备忘录，8个省（直辖市）强化政府责任，坚持问题导向，进一步明确了本省（直辖市）学校美育改革发展的任务目标，以及推进学校美育综合改革的时间表和路线图，在美育课程建设与教学改革、学生艺术实践与校园环境建设、统筹整合学校与社会美育资源、构建美育协同育人机制、实施美育评价制度、加强美育条件保障等方面提出了切实可行的举措，特别是在配齐美育教师、开齐开足课程、缩小城乡差距与校际差距等方面有破解之策。教育部对8个省（直辖市）在推进学校美育综合改革发展中，从美育教学改革、教研科研、传承学校与基地建设、农村实验县建设、学生艺术素质测评实验区建设、高校艺术人才培养模式改革、美育国际交流与合作以及乡村美育教师培训等方面，加大支持和倾斜力度。

〔**召开全国普通高校美育改革发展座谈会**〕　为落实《国务院办公厅关于全面加强和改进学校美育工作的意见》，全面推进高校美育改革发展，教育部于12月2日召开全国普通高校美育改革发展座谈会。中央宣传部、教育部、文化部、财政部，全国31个省（自治区、直辖市）教育厅（教委）分管负责人及高校校长代表参加，时任教育部副部长郝平出席会议并讲话。

会议强调，要深入学习贯彻习近平总书记系列讲话精神，切实增强高校美育改革发展的责任感和使命感；要进一步提高对美育重要性的认识，全面落实党的教育方针；要抓住关键领域，切实推动高校美育改革与发展。会议指出，要以立德树人为根本宗旨，强化高校美育的育人功能；公共艺术教育要确保面向人人，切实提高大学生的审美和人文素养；要进一步优化普通高校艺术专业学科布局，努力探索构建多元化、特色化、高水平，具有中国风格的艺术学科体系；艺术师范教育要深化课程改革，培养满足基础教育需要的美育教师。

清华大学、中央戏剧学院、东北师范大学、重庆大学、首都师范大学、苏州大学、江苏省教育厅、河南省教育厅在会上做交流发言。

〔印发中小学美育教学器材配备标准相关文件〕 为进一步提高全国中小学校美育教学条件装备水平，缩小城乡差距和校际差距，为改进美育教学提供条件保障，教育部在深入开展调研、进行国际比较研究和广泛征求意见的基础上，研制印发中小学音乐、美术教学器材配备标准相关文件。以《国务院办公厅关于全面加强和改进学校美育工作的意见》精神为指导，以义务教育音乐、美术课程标准规定的教学内容为依据，对义务教育阶段中小学开展音乐、美术教学需要的教室装备条件以及课堂教学和课外艺术活动所需的器材，提出具有广泛适应性、科学指导性和有效引领性的装备要求。指导各地因地制宜逐步提高我国中小学校美育教学器材配备水平，促进美育教学质量的提高。

〔举办全国第五届中小学生艺术展演活动〕 为贯彻党的十八届三中全会和习近平总书记系列重要讲话精神，根据《学校艺术教育工作规程》，举办以“阳光下成长”为主题的全国第五届中小学生艺术展演活动。展演活动历时一年半，分为三个阶段。第一阶段学校开展活动，重点是扩大学校和学生的参与面和普及面；第二阶段各省集中展演，重点是加强学校间相互交流和学习；第三阶段全国现场集中展演，重点是展示活动成果、引领方向。全国 80% 以上的中小学校参与了三个阶段的展演活动。4 月 11 日至 16 日，教育部和青岛市人民政府在青岛市共同主办全国现场集中展演活动，来自全国 31 个省（自治区、直辖市）、新疆生产建设兵团、香港特别行政区、澳门特别行政区的 633 所中小学校的 7 000 余名师生参加。活动期间，举办了开幕式、闭幕式、9 场艺术表演节目演出、40 个农村学生艺术实践工作坊展示、298 幅学生艺术作品展览和中小学艺术教育科研论文报告会。

艺术展演活动始终坚持弘扬社会主义核心价值观，坚持育人为本，坚持面向全体学生。本届展演活动有四个特点：一是在举办机制上，由教育部和地方政府共同举办，发挥教育、宣传、文化等多部门的作用，整合相关资源，营造协同育人的氛围，形成推进学校美育改革发展的合力。二是在目标导向上，注重以美育人、以文化人，将社会主义核心价值观融入生动丰富的美育活动之中，提高学生的审美和人文素养。三是在项目设置上，加强中华优秀传统文化教育，新增农村学生艺术实践工作坊项目，为农村地区学生搭建展示的平台，展示来自全国农村学校艺术教育实验县的小学生传承中华优秀传统文化和各地地域文化艺术的成果。四是在参加对象上，首次邀请香港特别行政区和澳门特别行政区的师生参加，加强与港澳地区师生的交流，增进彼此的理解和认同。

〔扎实开展高雅艺术进校园活动〕 2016 年是教育部、文化部、财政部共同主办的以“走近大师，感受经典，陶冶情操，提高修养”为主题的高雅艺术进校园活动 10 周年。结合中央一系列新部署，对活动内容进行调整，更加突出社会主义核心价值观，更加突出传承和弘扬中华优秀传统文化，传播当代中国价值观念，体现中华文化精神，更加突出面向全体学生。

一是在国家级和优秀地方艺术院团赴高校的演出中安排了戏曲、民族民间音乐歌舞等剧目，组织 18 个国家级和优秀地方艺术院团赴高校演出 290 场，反映中华优秀传统文化、革命文化和社会主义先进文化的占80%以上。二是在专家讲学团赴中西部地区高校的专题讲座中安排了中华优秀传统文化艺术的内容，共计150场。三是支持各地组织高校学生艺术社团和地方艺术院团赴本地学校和社区演出1 000场。四是组织在京地区高校学生走进国家大剧院和中央美术学院美术馆参与艺术体验活动125场，增加中国传统文化和非物质文化遗产工作坊等内容。

12月2日，在清华大学举行高雅艺术进校园活动10周年专场演出，中共中央宣传部、教育部、文化部、财政部、全国31个省（自治区、直辖市）教育行政部门负责人、部分高校校长参加，时任教育部副部长郝平出席。中央电视台等多家新闻媒体对高雅艺术进校园10周年进行宣传报道。拍摄专题片《温润心灵的审美之旅》。

〔抓好中华优秀传统文化艺术传承学校与基地建设〕 为充分发挥学校美育在弘扬社会主义核心价值观和传承中华优秀传统文化方面的有效载体作用，在全国推进449所全国中小学中华优秀文化艺术传承学校建设，在清华大学等16所普通高校建设中华优秀传统文化艺术传承基地。传承的项目包括民间音乐、舞蹈、戏曲、曲艺、民间美术和传统手工技艺等项目。通过传承学校和基地建设，分别在中小学校和普通高校组织开展以非物质文化遗产为重点内容的研习、推广和传承实践活动。

传承学校和传承基地坚持以立德树人为根本宗旨，将美育和德育、智育、体育相结合，做到课程育人、活动育人、环境育人，共同发挥综合育人功能，形成长效机制；坚持因地制宜、综合改革思路，依托所在地域的资源优势和文化遗产，依托当地文化馆、图书馆、博物馆、艺术馆、文艺团体和民间艺人等资源，形成传承中华优秀传统文化的合力；坚持以传承中华优秀文化艺术为抓手，强队伍、优资源、进课堂、出教材、建社团、进社区，有效促进社会主义核心价值观在学生头脑中扎根，促进青少年学生健康成长。

〔深入推进全国农村学校艺术教育实验县工作〕 通过深入推进全国农村学校艺术教育实验县工作，各县的美育工作取得了积极进展。一是开足开齐艺术课程，并在课程中融入富有民族、地域特色的优秀传统文化。二是通过扩大师资配置、多元整合补充、构建长效机制，多种渠道加强农村美育师资队伍建设。三是通过建立协作机制、加大投入力度、探索资源共享，为农村学校美育提供有力保障。在全国第五届中小学生艺术展演活动中设立农村学生艺术实践工作坊项目，遴选40个实验县参加全国现场展示，展示剪纸、皮影、泥塑、陶艺、竹编、草编、年画、版画、脸谱等各种民族工艺在校园的传承实践，得到了社会各界的广泛好评，受到了媒体的持续关注。

〔举办全国普通高校音乐教育专业本科学生基本功展示〕 10月10日至16日，教育部在河南大学举行2016年全国普通高校音乐教育专业本科学生基本功展示，全国31个省（自治区、直辖市）和新疆生产建设兵团共62所高校的186名学生参加。活动与全面加强和改进学校美育工作紧密结合，与服务基础教育、加强美育教师队伍建设紧密结合，与高等师范教育教学改革紧密结合，全面展示了高校音乐教育专业教育教学的成果，对于推进高校音乐教育专业教学改革、扩大教学改革的成果交流、全面提升音乐教育人才培养质量产生了积极的促进作用。

〔举办第三届全国学生军事训练营〕 7月29日至8月4日，第三届全国学生军事训练营在上海市青少年校外活动营地——东方绿舟举办，来自各省（自治区、直辖市）以及新疆生产建设兵团共32支代表队、540名学生参加了为期7天的训练营活动。第三届军事训练营注重推动学生军事训练工作改革创新，弘扬伟大的长征精神，纪念红军长征胜利80周年，结合教学大纲设置了军事理论教学、军事技能训练、观摩学习、军事课教师教学展示四个板块。

〔举办高等学校领导干部国防教育和学生军事训练工作专题研修班〕 根据《教育部办公厅关于举办2016年度高等学校领导干部国防教育和学生

军事训练工作专题研修班的通知》，分别在国防大学、空军指挥学院举办了3期高等学校领导干部国防教育和学生军事训练工作专题研修班，共计培训高校副校级以上领导干部和各省级教育行政部门有关人员300人。截至2016年年底，已举办11期专题研修班，完成了近1 100人的培训任务。

〔**组织开展军事课教学展示**〕 根据《教育部办公厅关于举办2016年军事课教学展示的通知》（教体艺厅函〔2016〕20号），分别在江苏、四川等地举办了军事课教学展示，着重考查了学校落实《普通高等学校军事课教学大纲》《高级中学学生军事训练教学大纲》以及课堂教学重点内容、学生军事素养状况，将教学展示作为检验学生军事训练效果，创新发展学生军事训练形式、内容和方法的重要抓手，为构建学生军事训练质量监测体系积累经验。

〔**组织军事课骨干教师研修**〕 根据《教育部办公厅关于组织2016年军事课骨干教师研修的通知》（教体艺厅函〔2016〕10号），继续委托装甲兵技术学院等军事院校举办军事课骨干教师研修，重点向边疆地区和薄弱学校倾斜，着力培养造就高素质、专业化的军事课教师队伍，扩大优质教育资源和教学改革成果向中西部省份辐射，促进优质资源共享。截至2016年年底，已举办7期专题研修班，完成了近700人的培训任务。

〔**组织军事课骨干教师巡回授课**〕 根据《教育部办公厅关于组织2016年军事课骨干教师巡回授课的通知》（教体艺厅函〔2016〕17号），教育部从全国学校国防教育和学生军事训练宣讲团专家库中抽调了20余名优秀军事课教师，针对部分省市军事教学资源不足的问题，赴内蒙古、辽宁、安徽、广西、贵州等地的20余所普通高等学校和20余所高中学校开展巡回授课。

〔**做好国防教育特色学校遴选工作**〕 根据《教育部关于公布2016年国防教育特色学校名单的通知》（教体艺函〔2017〕1号），在学校自主申报、省级教育行政部门推荐的基础上，教育部综合认定清华大学等1 430所学校为国防教育特色学校。教育部在“十三五”期间有计划、有步骤地持续开展特色学校的认定公布工作，实施扶持项目，统筹多方资源，继续推动和支持国防教育特色学校建设。

撰稿 刘立京 张 芯 陈蓓蓓
高 军 李富兵
审稿 廖文科 万丽君

〔**第七轮中美人文交流高层磋商配套活动**〕 2016年6月7日，第七轮中美人文交流高层磋商——中美学校体育战略对话在国家博物馆举行，国务院副总理刘延东和美国国务卿克里出席战略对话的相关活动。活动期间，中美两国近300人共同就中美学校体育事业的发展进行了对话和磋商。本次战略对话达成了两大成果，即中国大学生体育协会与耐克公司、美国圣母大学分别签署合作协议。中美学校体育战略对话在线观看人数峰值为27 189人，播放总量为67 811次。作为第七轮中美人文交流高层磋商的重要成果之一，11月8日至13日，第五届中美大学生体育文艺周系列活动在上海市举行。同时，教育部学生体育协会联合秘书处遴选了国内部分省份教育厅（教委）、高校体育相关负责人一行25人于11月29日至12月4日赴美国参加中美高校体育论坛，双方就高校体育发展、推进中美高校校际合作进行了深入交流和探讨。

〔**举办第二届中英大学生体育文艺周**〕 作为中英高级别人文交流机制的重要成果，由中国大学生体育协会主办的第二届中英大学生体育文艺周活动于7月19日至26日在厦门市举办。英国斯塔福德郡大学男、女橄榄球队与中国大学生橄榄球队伍进行了友谊赛和对抗赛，并参加了有中国特色的文化交流活动。

〔**中法高级别人文交流机制第三次会议及文艺周活动**〕 中法高级别人文交流机制第三次会议于6月在法国召开。其间，在国务院副总理刘延东与法国教育部部长特别代表、巴黎学区区长弗朗索瓦的共同见证下，中国和法国大学生体育协会（联合会）与国家留学基金委共同签署了合作协议。协议表明，自2017年起，中国大学生体育协会在国家留学基金委的支持下，从学校系统选拔40名冬季项目教练员赴法国留学，为培养我国冬季项目竞技人才提供学习的平台，为2022年冬季奥运会助力。9月24日至30日，第二届中法大学生体育文艺周在西安市举行。10月17日，中法学校体育发展研讨会在西安市召开，法国中学生体联主席、世界中学生体联主席佩特那卡·洛朗率团一行17人参加了专题研讨、参观访问、文化交流等活动。

〔**中德学校体育合作顺利开展**〕　作为2016年“中德青少年交流年”的重要内容之一，中德大学生足球训练营活动于10月2日至11日在德国举行。由北京航空航天大学男足为班底的中国代表团一行27人赴德国访问，该活动推动了中德校际合作与交流的发展。11月25日，中德校园足球研讨会在德国柏林举行，国内各地主管校园足球领导及著名高校领导参与讨论，双方在校园足球领域寻求合作意向。同时，首届“中德大学生足球四强赛”于12月12日在珠海市举办。

〔**中韩大学生足球挑战赛**〕　为积极推进中韩校园足球合作，中韩大学生足球挑战赛于8月8日至11日在江苏省盐城市举办。该活动开创了中韩体育交流的新局面，为中韩两国青年享受竞技、建立友谊搭建了新的平台。

〔**中俄、中国—中东欧学校体育合作**〕　中俄人文合作委员会第十七次会议于7月在莫斯科举行，国务院副总理刘延东与俄罗斯副总理戈洛杰茨共同主持会议，并见证了中国大学生体育协会与俄罗斯大学生体育联合会签署合作协议。第一届中俄大学生冰雪嘉年华于12月27日在哈尔滨市举行，俄罗斯大学生冰壶、单板滑雪队来华参加友谊赛、学生联欢、文化访问等特色活动。中国—中东欧大学生冰雪嘉年华也于同期举办。

〔**教练员出国留学项目稳步推进**〕　作为中英、中法、中美高级别人文交流机制的重要成果，全年共派出649名校园足球、橄榄球、游泳、田径、篮球、啦啦操教练员出国留学。7月5日，教育部学生体育协会联合秘书处还组织选派了41名优秀的高级体育管理人员赴美国圣母大学学习。

撰稿　曹雅琴
审稿　赵海红

教育考试

考务管理

〔**综述**〕 2016年，教育部教育考试中心贯彻落实教育部整体工作部署和要求，稳步推进考试招生制度改革，考务管理日益规范，依法治考逐步落实，多级考务培训体系已建成，充分发挥国家教育考试考务管理平台的作用，保证了指挥到位、部署有序。在教育部党组以及各级党委、政府的领导统筹下，在国家教育考试部际联席会议成员单位的大力支持下，各地各级教育考试机构加强考务组织管理，狠抓各项规章制度落实，全年各项国家教育考试总体平稳顺利。

〔**考务制度日益完善，努力践行依法治考**〕 修订和完善高考、成人高考、研究生考试、自学考试的《考务工作规定》《制卷工作规范》和《评卷工作规范》，全部考务工作环节都有制度规范可依；部署考试战线落实《考试安全工作方案》，主动与公安部等部际联席会议成员单位保持密切联系，创建了齐抓共管的工作机制；加强对《刑法修正案（九）》和《国家教育考试违规处理办法》的宣传力度，制定考点、考场、监考员操作层面的实施办法，各项考试违规、作弊人数明显减少。

〔**开展示范性业务培训**〕 先后组织召开8次专题会议，对考务事项、密码传真、制卷、残疾考生组考等工作进行专题培训部署。在全国建立了四级培训体系，考试中心对省级考试机构进行了高考、成人高考、研究生考试、自学考试示范性培训，并指导和督促省、地市、县、区开展二、三、四级培训，逐级培训到所有考务工作人员。专项投资制作了1万余盘《〈刑法修正案（九）〉警示教育宣传片》《防范高科技作弊》等培训光盘下发至县级考试机构，供各地培训之用。

〔**严格监督检查，确保要求落实到位**〕 从试卷清样发出开始，严格检查各地报告制度的执行情况并随时通报检查情况。试卷抵达保密室后，每天抽查部分地市、县级考试机构值班情况，全年抽查合计3 735个试卷保密室。制定督查提纲和方案，在考前、考中、考后派出检查组抽查一些地区的试卷保密室、试卷定点印刷单位的安全保密情况、考试组织实施情况和评卷情况，对检查中发现的问题要求立即整改并反馈书面报告，确保各项规章落实到位。

〔**为残疾考生提供服务成为制度**〕 部署各地认真落实《残疾人参加普通高等学校招生全国统一考试管理规定（暂行）》的要求，在普通高考中为残疾考生提供规范的服务，各地共为3 893名各类各等级残障考生提供了考试服务。协调相关院校为参加研究生招生考试的残疾考生提供单考单招的服务。为更好地服务于残障考生，已启动对《残疾人参加普通高等学校招生全国统一考试管理规定（暂行）》的修订工作。

〔**加强诚信档案管理，严格报名数据筛查**〕 对历年国家教育考试诚信档案进行整理、归档，为进入国家征信体系做好基础准备工作。在高考、成人高考、研究生考试、自学考试中，全面实施报名数据筛查，对涉及停考和重复报名的考生按照相关规定进行了处置，有效打击了违规行为。

高校入学考试

〔**综述**〕 2016年是贯彻落实《国务院关于深化考试招生制度改革的实施意见》的重要年份，高考继续深化“一点四面”内容考查，坚持立德树人根本任务，加强社会主义核心价值观、依法治国、中华优秀传统文化和创新能力等方面的考查；积极推进高考内容改革，成立高考内容改革专家工作委员会，修订全国统一高考《考试大纲》和《考试说明》，研究构建以“立德树人、服务选才、引导教学”为核心立场，以“必备知识、关键能力、学科素养、核心价值”为考核目标，以“基础性、综合性、应用性、创新性”为考核要求的高考评价体系；加强对上海市、浙江省高考综合改革试点的指导，做好“外语一年两考”“不分文理科”等改革重要任务的研究和落实。

〔**高考命题**〕 按照全国统一高考《考试大纲》和《考试说明》，2016年共命制4套全国卷，包括3套“3+文科综合/理科综合”试卷、一套“3+3”试卷，供26个省（自治区、直辖市）使用；命制日、俄、德、法、西等非通用语种外语科试卷，供全国31个省份使用。按照普通高校联合招收华侨、港澳地区、台湾地区学生入学考试大纲，命制语文、数学（文/理）、英语、历史、地理、物理、化学等科目试卷。按照普通高考盲文卷的命题标准和各学科的考试说明，命制各科目盲文试卷，供4个省份6名盲人考生使用。

〔**分省份命题工作**〕 2016年，继续落实《国务院关于深化考试招生制度改革的实施意见》中“逐步扩大使用全国卷的省份”要求，福建、安徽、广东、湖北、湖南、重庆、陕西7个省份全部科目使用全国卷，四川省部分科目使用全国卷，命题调整工作平稳顺利。北京、上海、天津、江苏、浙江5个省份继续自主命制语文、数学（文/理）、英语、文科综合、理科综合等科目试卷。山东省命制语文、数学（文/理），四川省命制数学（文/理）、理科综合，其他科目考试使用教育部考试中心命制的试题。

继续加强对分省份命题的指导、业务培训、监督和评价工作。为确保首次使用全国卷省份考试平稳顺利，教育部考试中心加强调研，协助制定分省份命题调整方案，指导适应性测试工作。4月初，召开全国普通高考命题专题工作会议，组织参加分省份命题的省份研讨深化高考考试内容改革的实施方案，部署命题格局调整工作。

〔**高考试题分析与评价**〕 高考后，加强对全国高考和分省份命题调整省份考试情况的调研，赴安徽、福建、广东、重庆、四川、贵州、云南等省份了解高考和试题评阅情况。10月，召开全国高考命题工作交流与研讨会，围绕“深化考试内容改革，推进分省命题调整”主题，总结考试内容改革的成绩和经验，对落实立德树人的根本任务、考试内容改革和学科能力考查、试题质量分析与评价等方面进行总结与交流，部署、宣传高考考试大纲修订和高考评价体系建设工作，进一步深化考试内容改革。同时，加强对高考试卷的定量分析，尝试对不同版本试卷进行对比研究，探索试题质量监测的新举措和新方法。

〔**高考英语科目一年两次考试**〕 10月，高考外语科“一年两考”在综合改革试点省份举行了首次考试，教育部考试中心提供外语科各语种的试卷，考试顺利实施。加强对上海市、浙江省高考综合改革方案的调研，就“一年两考”相关方案开展专题研讨。积极进行命题队伍建设，加强题库建设力度，构建“一年两考”考试质量保障体系。

〔**成人高考**〕 2016 年，成人高校招生全国统考共设置专科起点升本科 10 个科目、高中起点升本专科 9 个科目的考试，全部试题均从题库中随机抽取，经审查修改校对后投入使用。为满足各地在考试中实行“一题多卷”的需要，继续提供试题纸质清样及试题电子文档。10 月 24 日至 25 日，考试平稳顺利，阅卷工作严谨有序。考后统计数据显示，各科目难度稳定，符合考试的选拔要求。

〔**硕士研究生入学统一考试命题**〕 12 月，召开 2017 年全国硕士研究生招生考试命题工作会，共完成 23 门统考和联考课程的命题任务，在临床医学类专业学位硕士研究生初试环节首次设置“临床医学综合能力”（中医、西医）统考科目。

高等教育自学考试

〔**基本情况**〕 2016 年，高等教育自学考试全年累计报考 501.3 万人次、1 246.9 万科次。其中，本科报考 393.1 万人次，占 78.4%；专科报考 108.2 万人次，占 21.6%；首次报考人数为 84.0 万人（不含解放军）。2015 年 7 月至 2016 年 6 月毕业生累计 64.1 万人。

〔**专业管理**〕 高等教育自学考试专业纳入高等学历继续教育本、专科专业目录管理，《高等学历继续教育补充专业目录》中含有 24 个自学考试专业，其中本科为监所管理等 12 个，专科为维吾尔语言文学等 12 个。

〔**统考课程命题及相关工作**〕 2016 年，高等教育自学考试全国统考课程共计 517 门，其中教育部考试中心负责命题 89 门、北京等 16 个命题中心负责命题 428 门。全年为 4 月、10 月全国统一考试和 12 月广东惠州延考提供正式考试试卷共 1 327 套。开展命题质量和安全工作调研，赴南京、武汉、哈尔滨、长春、福州和解放军等命题中心了解命题实际情况和存在问题，指导检查命题中心建设和管理。11 月，召开全国命题中心业务交流与培训会，总结和研讨命题经验和改革举措，并就题型题量及试题试卷设计开展专题培训。

社 会 考 试

〔**全国大学英语四、六级考试（CET）**〕 2016 年，笔试报考 1 872 万人，较 2015 年增加 21 万人，增幅为 1.1%。口语考试（CET-SET）继续在 17 个省份进行试点，全年报考人数共计 25.6 万人，较 2015 年增长 223%。

〔**全国计算机等级考试（NCRE）**〕 2016 年，报考人数 579.0 万人，比 2015 年增加 9.1%，获证人数 219.4 万人。截至 2016 年年底，累计报考人数 7 044.4 万人，累计获证人数 2 650.2 万人。

〔**全国英语等级考试（PETS）**〕 2016 年，在

29个省份和解放军总参系统开考，全年报考229.8万人次，较2015年下降13%。

〔全国外语水平考试（WSK）〕 2016年，共开考英语、日语、德语、俄语和法语5个语种，共计报考26 899人次，较2015年增长515人次，涨幅为1.95%。全国共设38个考点，其中北京、湖南、江苏和湖北考生人数最多，4个省份合计报考人数占全国总数的38.35%。

〔政法干警招录培养体制改革试点教育入学考试〕 2016年，在全国19个省份开考，报考人数9.7万人，其中专科层次52 988人、本科层次42 328人、法律硕士专业学位层次1 796人。

〔全国计算机应用技术证书考试（NIT）〕 2016年，在全国18个省份开考，全年报考人次约14.4万人次。

〔物流职业经理证书考试（CPLM）〕 2016年，在全国21个省份开考，共报考36 250科次；项目收尾工作完成。

〔销售管理水平考试（SMAT）〕 2016年，在全国18个省份开考，共报考35 712科次。

〔中小企业经理人证书考试〕 2016年，在全国8个省份开考，共报考5 051科次；项目收尾工作完成。

〔中国移动商务管理师水平证书考试〕 2016年，在全国3个省份开考，共报考3 649科次；项目收尾工作完成。

〔移动商务技术工程师证书考试〕 2016年，在全国3个省份开考，共报考398科次；项目收尾工作完成。

〔嵌入式技术工程师证书考试〕 2016年，在全国3个省份开考，共报考475科次；项目收尾工作完成。

〔财税等级考试（ATT）〕 3月，财税专业技能等级考试更名为财税等级考试。2016年，开设从业级、专业级和资深级共3个级别考试。全年开考4次，20个省份开考，共报考3 197人次，同比增幅6%；项目收尾工作完成。

〔医护英语水平考试（METS）〕 2016年，在全国24个省份开考，共报考48 259科次。

〔全国音乐等级考试〕 2016年，在全国15个省份开考，机考全年报考人数为9 256人次。

〔中国书画等级考试〕 2016年，在全国25个省份开考，共报考68 362人次。

中小学教师资格考试

〔综述〕 2016年，中小学教师资格考试试点工作在北京、河北、山西、吉林、上海、江苏、浙江、安徽、福建、江西、山东、河南、湖北、湖南、广西、海南、贵州、陕西、宁夏、甘肃20个省（自治区、直辖市）的基础上，新增天津、辽宁、黑龙江、广东、重庆、四川、云南、青海8个省（自治区、直辖市），全国试点省（自治区、直辖市）达到28个。全年共举办2次笔试和2次面试，笔试累计报考307.1万人次，较2015年增长119.3%；面试累计报考103.1万人次，较2015年增长120.8%。笔试合格率达35.4%，面试合格率达69.2%，全年共有69.9万名考生获得《中小学教师资格考试合格证明》，较2015年增长114.3%。各试点省份全年考试平稳顺利。

〔**考务工作**〕 考务管理信息化平台系统性能进一步优化，升级网上报名、考务系统、面试测评系统，研发面试试题管理系统。2016年下半年，新增重庆市评卷点，缓解各评卷点工作压力，减少评卷误差，提升评卷质量。

〔**中国少数民族汉语水平等级考试（MHK）**〕 2016年，在北京、内蒙古、吉林、安徽、江西、湖北、湖南、四川、甘肃、青海、宁夏、新疆12个省（自治区、直辖市）组织实施了6次考试，考生共计31.7万余人。新增中南民族大学和安徽幼儿师范高等专科学校考点。在中国教育考试网开通民族汉考证书成绩查询和合格证明书补办功能。

海外考试

〔**综述**〕 2016年，海外考试报考人数再创新高，全年举办考试160余次，累计报考达217万人次。其中，考生人数排前5位的考试项目分别为：IELTS考试、托福网考、中英合作商务管理与金融管理专业管理段证书考试、日本语能力测试和剑桥少儿英语。

〔**TOEFL iBT（英语作为外国语考试）·美国**〕 2016年，TOEFL网考考点120个、考位超1.4万个。全年考试48次，报考人数达41.91万人，比2015年增长5.10%，报考人数连续9年呈上升趋势。

〔**GRE（研究生入学考试）·美国**〕 2016年，GRE共举办28次网考。专业测验继续实行纸笔考试，考生人数为2 028人。一般能力测验全年网考人数为7.83万人，比2015年增长8.71%。

〔**GMAT（工商管理研究生入学考试）·美国**〕 2016年，GMAT共设考场24个（新增7个），机考人数总计4.86万人。

〔**LSAT（美国法学院入学考试）·美国**〕 2016年，全国举行2次考试，考生人数共计1 236人，比2015年增长11.65%。

〔**IELTS（国际英语语言测试系统）·英国**〕 2016年，共举办70次考试，总计报考69.19万人次，比2015年增长1.37%。

〔**MSE（剑桥通用英语五级证书考试）·英国**〕 2016年，KET/PET考试在14个省份的19个直属考点举办8次考试，累计报考2.61万科次，其中，KET/PET标准版报考3 500余科次、KET/PET校园版报考2.17万科次。FCE、CAE、CPE三个级别报考共计834人，比2015年增长约6%。

〔**BEC（商务英语证书考试）·英国**〕 2016年，全年共举办2次BEC纸笔考试，考生总计7.46万人，与2015年持平。

〔**IT（信息技术证书考试）·美国**〕 2016年，总考生人数为6 891名，比2015年下降16.24%。

〔**JLPT（日本语能力测试）·日本**〕 2016年，共举办2次考试，考生人数21.77万人，比2015年增长3.75%。

〔**BJT（商务日语能力考试）·日本**〕 2016年，考试2次，共计报考1 288人，比2015年下降39.02%。

〔TestDaf（德福考试）·德国〕 2016年，共举行3次考试，全年报考1.08万人，比2015年增长8.27%。

〔TestAS（学习能力考试）·德国〕 2016年，举行2次考试，考生总计952人，比2015年增长0.21%。

〔TOPIK（韩国语能力考试）·韩国〕 2016年，全年考试2次，报考6.18万人，比2015年增长35.24%。

〔Celpe-Bras（葡萄牙语水平测试证书）·巴西〕 2016年，共举行2次考试，考生总计68人，比2015年增长4.62%。

〔DELF/DALF（法语考试）·法国〕 2016年，DELF/DALF考点数量增至8个，全年考生总数1 998人，比2015年增长132.33%。

〔中英合作商务管理与金融管理专业基础段证书课程考试〕 2016年，全年报考2.2万科次，科目包括财务管理、会计学等16门课程。全国开考省份6个，其中广东省占全国总报考科次的79%。

〔中英合作商务管理与金融管理专业管理段证书课程考试〕 2016年，全国9个省份开考中英合作商务管理与金融管理专业管理段证书课程考试。全年共开考13门课程，报考28.07万科次，报考总科次比2015年增长9.50%。

〔中英合作采购与供应管理职业资格证书考试〕 2016年，全国17个省份全年开考12门课程，报考2.10万人、5.08万科次。

〔剑桥少儿英语〕 2016年，全年组织4次考试，报考总计8.439万人次，较2015年增长2.53%。

〔剑桥儿童英语测评〕 2016年，全国共报考6 623人次。自2017年1月1日起不再组织该项目考试。

〔美国国际人力资源管理证书考试〕 2016年，IPMA-HR初级和中级课程开考2次，共报考2.45万科次，考生以北京市集体报名为主。高级课程开考2次，共440人参加考试。

〔AP考试·美国〕 2016年，开考科目21科，全年报考2万人、5.7万科次，比2015年增长约8%。

国家题库建设

〔教育考试国家题库2.0版——试题素材征集系统开发试用〕 4月19日，教育考试国家题库2.0版——试题素材征集系统项目开发正式启动。12月6日至8日，教育部考试中心特邀学科专家、广东省征题教师约50人顺利完成高考语文、数学、英语的试题素材征集系统Alpha版试用工作。

考 试 评 价

〔**探索高考考试质量监测**〕 研究高考数学、英语两科试卷在不同年度和不同版本之间的可比性，探索适合中国国情的高考考试质量监测标准。采用等值、校准等教育测量学的原理与方法，在我国高考命题格局下，选择具有代表性的省份进行大规模测试，尝试数据分析的新模型和新方法，提炼开展考试质量监测的技术规范。

〔**开展 2016 年高考问卷调查工作**〕 高考后，开展针对多个群体的以高考和高考改革为主题的社会调查。全国 31 个省份的高考评卷教师 11 103 人、中学教师和教研员 22 054 人、高考考生 20 538 人，共计 53 695 人完成问卷调查，了解各高考相关主体对 2016 年全国高考试题质量的评价，以及对高考改革的意见与建议。

〔**完成 PISA2015 结果报告与发布工作**〕 完成 PISA2015 正式测试数据的审核、校对、修改，深入挖掘分析 PISA2015 数据，撰写我国 PISA2015 报告，筹备 PISA2015 结果发布工作。协助有关部门做好宣传工作，确保舆情平稳。

外语能力测评体系建设

〔**完成中国英语能力等级量表主体建设**〕 完成对描述语多轮次修改润色，并历时近半年时间在全国 28 个省份面向各教育阶段师生开展描述语分级验证，收集教师数据近 3 万份、学生数据 13 万份，基本完成量表定级工作。

〔**推进国家英语能力等级考试**〕 完成国家英语能力等级考试五个级别的总体设计，并开展机考题型试测，回收有效作答数据近 2 500 份，数据结果显示总体效果较好。明确高等教育阶段的两个级别为先行重点突破级别，组建考试方案编制组，开展考试各环节方案设计和考试说明编写工作，完成考试大纲和样题的设计。

〔**完成外语能力测评现状与需求调查数据收集及分析工作**〕 在 26 个省份完成高中、高职高专、大学本科、研究生、海外高校、用人单位等多阶段多群体的问卷调查，共收集学生问卷近 6 万份、教师问卷近 1.6 万份、用人单位问卷 2 000 份。完成数据分析，起草相关研究报告。

〔**召开第二届语言测试及评价国际研讨会**〕 11 月 12 日至 13 日，教育部考试中心与浙江大学在杭州市共同举办“第二届语言测试与评价国际研讨会”，教育部副部长林蕙青到会并讲话。本次会议的主题为“外语考试改革与发展”，吸引了来自国内外各类机构的 250 余名专家学者参会。

撰稿 陈景才 李 勇 乔 辉 胡传勇
柳 博 张志刚 王 伟 余仁胜
张 进 王 蕾 韩 宁 吴 莎
审稿 张为舟 于 涵 杨 松 刘 桔

教育信息化建设

教育管理信息中心

〔**完善教育管理公共服务平台建设与应用**〕 2016年，按照“两级建设、五级应用”的总体建设思路，部省两级教育数据中心基本建成。建设完成全国学生、教师、学校三大数据库，为全国每一名学生和教师建立基本电子档案，实现全国学生和教师“一人一号”、学校“一校一码”；建设全国学生、教师、学校、教育规划决策、其他业务等五大类共计20个信息系统，其中已有全国中小学生学籍信息管理系统、全国学前教育管理信息系统、国家教育科学决策服务系统、全国教师管理信息系统等18个信息系统正式上线运行，预计到2018年全部投入正式运行。这些系统在全面支撑教育部相关业务工作及决策、业务监管、国家和地方扶贫战略落实等方面发挥了积极有效的作用，为下一步提升政务数据资源管理水平，促进政务数据资源开放应用，实现以数据辅助政府决策、惠及民生的目标奠定了基础。

〔**提升电子政务服务能力**〕 为提高教育部机关公共服务能力，加大政务公开，改善公共服务环境，教育部政府门户网站和统一监督举报电话（邮件）受理业务通过建设网上行政审批平台、推进部本级受理渠道建设、提供“标准化服务”等多种方式，有效提升了政务服务水平，为公众提供了网上办事、查询、政民互动交流的网上在线服务。

教育部政府门户网站建成教育部网上行政审批平台，实现了行政审批网上预受理和预审查，提供相关业务的网上受理、审查、审批全流程办理，以及查询、统计、监督等在线管理。

教育部统一监督举报电话（邮件）受理业务按照“统一受理，受办分离”的原则，一是推进部本级受理渠道建设，增加教育部机关信访电话、高校学生资助电话，在建教育系统反“四风”和教育部政府门户网站在线举报2个网络渠道，基本形成“484”（4组8个电话受理渠道、4个网络受理渠道）部本级受理全渠道，覆盖监督举报、政策咨询、建议建言、疑难求助等方面。2016年，共处理各类诉求共计6.3万件，其中电话1.9万个、信件4.1万件。二是加强受理标准化服务能力建设，以提供“标准化服务”为核心，基本形成全渠道服务链闭环。对内建立跨渠道分拣送达机制，每天每个渠道每个来件的位置均可查到，做到“1分钟定位案件全部资料”；对外建立全渠道办结件回访机制，研究完善不满意见处理程序，努力做到让人民群众更满意。

〔**提升教育行业信息技术安全保障能力**〕 为保障国家教育管理公共服务平台安全稳定运行，建立了教育部数据灾备和安全认证体系，提供了安全服务、运维服务、安全监测与数据安全传输、关键技术服务、等级保护测评的专业技术服务。

在安全服务方面，依托教育信息安全等级保护测评中心，针对教育部及地方开展信息安全服务，有效提高了教育系统的信息安全水平。

在教育电子身份安全认证方面，以国产密码为核心，建成了“教育电子身份认证（CA）平台”，为中央和地方的业务管理与应用系统提供以身份认证、授权管理和责任认定等方面的安全服务。

在数据安全方面，完成了教育系统的异地灾备中心建设，形成了南北两个数据灾备中心，为教育部及各省的教育信息系统提供数据灾备服务，形成了教育管理公共服务平台重要数据安全支撑保障体系。

撰稿　刘学民

审稿　曾德华

国家开放大学

〔**综述**〕 2016年，学校占地面积1.55万平方米，产权校舍建筑面积8.75万平方米。全年教育经费投入37 031.98万元，其中国家拨款6 682.32万元、自筹经费30 349.66万元。固定资产总值113 851.17万元，其中教学、科研仪器设备总值1 631.99万元。图书馆建筑面积13 920平方米，藏有纸质图书11.07万册、电子图书269.63万册。拥有计算机1 639台，多媒体教室10间、座位135个。学校信息化经费投入1 907.32万元，信息化设备资产9 262.65万元，网络信息点4 050个，校园网出口总带宽600 Mbps，电子邮件系统用户1 435个，上网课程2 764门，数字资源量20 750 GB，管理信息系统数据总量2 800 GB。设有五棵松、复兴门和魏公村3个校区，开设136个专业。教职工514人，其中专任教师150人，包括教授13人、副教授77人。聘请校外教师9人，其中教授4人、副教授5人。毕业生848 105人，其中专科生593 963人、本科生254 142人。招生903 177人，其中专科生646 365人、本科生256 812人。在校生3 386 010人，其中专科生2 416 845人、本科生969 165人。全年培训59 484人次。

〔**制定综合改革与发展规划**〕 制定《关于加强国家开放大学总部教学部对教学工作统筹管理的意见》《国家开放大学综合改革方案》《国家开放大学关于推进办学组织体系建设的意见》《国家开放大学改革建设“十三五”规划》等一批对改革建设具有重大影响的文件，推进实践工作向前发展。

〔**人才培养**〕 2016年，学校深入开展“1314工程”。深化教学改革。21个本科专业学士学位授予权申报获批。以网络学习空间为基础，网络学习课程为核心，网络教师团队、网络学习测评、网络学习支持和网络教务管理为支撑，相互关联、支持和融通的“六网融通”人才培养模式基本成型。发布学校质量标准（1.0版）。承担教育部和全国总工会“农民工学历与能力提升计划——求学圆梦行动”。组织21期骨干教师高级研修班，累计组织教师研修班70余期，培训6 063人。开发教师研修网，开展“在线辅导”系列课程网络研修班，注册用户5 157人。

〔**加强办学组织体系建设**〕 基本完成以自愿平等为前提，以“五共”（共商、共建、共管、共享、共赢）为原则，以新的“五个统一”（统一品牌、统一标准、统一平台、统一管理、统一评价）为核心内容，以“五各”（各在其位、各尽其责、各展所长、各具特色、各得其所）为价值目标，多元多样主体参与、集约集团办学的开放性“办学共同体”框架搭建。44所省级广播电视大学（地方开放大学）签订协议，确认共建分部。

〔**推进学分银行建设**〕 学分银行信息平台上线运行，为430万名学习者建立学分银行账号。推进学习成果认证服务体系和互认联盟建设，推进教育部多项学习成果认证试点。设立第三批学习成果认证分中心，共计成立67个认证分中心（认证点），涉及30个省（自治区、直辖市）、19个行业。成立由12家单位组成的学分银行互认联盟并召开第一次理事会；完成联盟机构174个学习成果（学历成果152个、非学历成果22个）的审核发布工作。

〔**推进非学历教育**〕　探索构建新型的非学历教育业务体系。承担国家部委相关专项工作任务，与全国妇女联合会合作开展女性终身学习计划，推进老年大学、社区教育和社会职业培训，推进对外汉语教学工作。

〔**成立3个学院和1个教研中心组**〕　学校成立了3个学院和1个教研中心组。分别是大别山实验学院、书画艺术教育研究院书法学院、邮政学院和农医类专业园艺、护理和卫生事业管理本科专业教学研究中心组。大别山实验学院由学校与信阳职业技术学院合作设立，先行开设护理学、学前教育、工商管理3个学历教育本科专业，面向大别山革命老区开展教育精准扶贫工作，培养应用型技能人才。书画艺术教育研究院书法学院引进蔡民基先生创建的既有现代理念和现代元素，又有系统理论基础和实践基础的“两径双成”特色书法教育，开展科研和非学历培训，打造全民学习书法的开放平台。该学院成立同时，首届“书苑点睛”书法研修班开班，共54名社会人士参加研修。邮政学院由学校与中国邮政集团公司合作建设，设在石家庄邮电职业技术学院，面向邮政一线重点岗位人员，采用学分转换模式和开放的网络教育方式，提升邮政员工学历水平，助力企业与员工共同发展。农医类专业园艺、护理和卫生事业管理本科专业教学研究中心组有36名成员，目的在于充分发挥学校专业教师的群体优势，负责开展教学改革与学术研究活动，研究制定专业培养目标定位、专业规则与课程体系设计，以及开展专业培养方案的组织实施等方面的研究和论证，推进以“六网融通”为主要特征的人才培养模式改革。

〔**教科研成果**〕　“数字图书馆协同服务工作法”和“面向农村开展远程职业教育、创新职业农民培养新模式”两项工作被评为2015年度教育部“优秀创新工作案例”；“i-实验：社区教育模式创新”和“远程开放教育辍学研究”两项成果分别获第五届全国教育科学研究优秀成果二等奖和三等奖；“MyEChinese易汉语远程教育与出版系统”项目入选首批国家新闻出版产业示范项目。

〔**推进教育信息化**〕　完成教务管理系统研发并在浙江省全面试点运行，“云平台”功能不断提升，“云教室”应用模式初现，着手开展移动学习平台研发工作。数字化学习资源共建共享模式探索取得新进展，140余门网络核心课程上线，新建5分钟课程1万门，累计完成2.90万个5分钟课程，网上教学活动点击量达1.70亿次。完成“云教室”二期进度督查和项目验收工作，截至2016年年底，建设“云教室”312间，覆盖21个分部和学院，全年使用“云教室”授课时长18 060分钟。启动50门在线通识课程建设。

〔**《走进砚文化》教学片上线**〕　4月27日，学校与中华炎黄文化研究会砚文化联合会共同拍摄制作的《走进砚文化》系列教学片正式上线。教学片将砚文化知识通过数字化、信息化、网络化教学形式推向社会，让社会公众欣赏、了解、鉴赏和传承中华砚文化。《走进砚文化》摄制组历时9个月，走遍北京、山东等三省五地，遍访制砚、藏砚专家21人，剪辑完成时长200分钟的电视教学片。片中主讲专家结合自身研究和雕刻经验，讲解砚台的种类、形制、刻赏等基本内容，阐释砚学、砚道以及鉴赏古砚与新砚的文化价值等专业内容。系列教学片堪称中国第一部摄制规模最大、记录专家言论最翔实、内容最完整的砚文化艺术课程，通过国家开放大学五分钟课程网、国开优尔艺术网免费播出。

〔**首批学生获学士学位**〕　6月29日，学校学位评定委员会批准授予3名学生管理学学士学位，这是自2015年7月学校取得学士学位授予权以来获得学士学位的首批学生。

〔国际汉语教师培训工作〕 3月，学校与印尼TRAMPIL基金会合作举办汉语教师培训，共培训3次，180余名学员参训，包括印度尼西亚华文中小学校教师以及印度尼西亚和西安市高等院校教师。培训以汉语水平考试（HSK）教学为主题，发挥远程开放教育优势，全程采用远程直播方式，线上线下同步进行，覆盖国内外多个教学点。4月8日至10日，举办2016年度首期国际汉语教师专业能力培训。培训采用“网络课程自学+面授指导”相结合模式，即面授课程开始前1个月，学员先自学“易教汉语”平台上的10门网络课程，包括“汉语基础知识与教学技巧”“跨文化交际与案例分析”“汉语教学基本原则和方法”“教学组织与课堂管理”等，然后带着问题听面授指导课。课程线上线下同步进行，国内11所广播电视大学和其他社会机构共32名教师参加培训。

〔举办开放大学讲坛〕 5月5日，学校首次应用“云教室”系统面向全国举办“开放大学讲坛”。首次讲座邀请北京师范大学远程教育研究中心主任做题为“中国MOOCs的建设与挑战”学术讲座，河北分部、甘肃分部、山东分部、河北分部、湖南分部、湖北分部、云南分部等12家单位通过“云教室”现场收看讲座，另有甘肃省20余家市级地方学院、上海分部等多地教师在“云教室”系统网站收看网络直播。“云教室”系统采用“统一平台、两级管理、四层应用”架构设计，可通过控制中心实现对分布在全国的“云教室”进行集中管理、统一维护、互联互通。

〔与中华全国妇女联合会签订战略合作框架协议〕 6月15日，学校与中华全国妇女联合会签订战略合作框架协议。根据协议，双方本着平等互利、共同发展、服务社会的原则，在共同实施“精彩人生女性终身学习计划”、提供适合女性成长成才的学习资源、共同建设线下支持服务体系、加强师资队伍建设和合作开展课题研究等方面开展合作；利用学校远程教育公共服务平台、数字化学习资源库、学分银行和全国妇联精彩人生女性终身学习享学吧平台等资源，促进适合女性学习的优质教育资源在更大范围内共享，为建设全民学习、终身学习的学习型社会服务；充分结合学校办学体系的资源、师资和办学组织体系优势，以及全国妇联系统的组织、宣传和阵地优势，引领、组织和动员妇女参与精彩人生女性终身学习计划项目，实现共赢。

〔成为国家级专业技术人员继续教育基地〕 7月14日，人力资源和社会保障部设立第六批国家级专业技术人员继续教育基地，学校等20家单位成为第六批国家级专业技术人员继续教育基地。学校充分发挥自身组织体系优势、信息化平台优势和数字化学习资源优势，将基地建设作为实施专业技术人才知识更新工程和加强专业技术人员继续教育重要抓手，发挥示范效应和骨干作用，推动本地区、本行业、本单位的专业技术人员继续教育公共服务体系建设。中央财政为每个基地提供平均300万元的一次性专项补助经费。

〔为企业员工提供“双证书”教育〕 9月1日，学校培训学院（培训中心）与我爱我妻（北京）家政服务有限公司战略合作签约。根据协议，学校为公司在职员工提供中专层次的专业技能证书和学历证书“双证书教育”。公司员工完成教学计划规定的公共基础课、专业技能课、职业核心课、职业素养课的学习且成绩合格，完成实训课程并通过技能考核，可获得相应的职业技能证书和中专毕业证书。已获高中、中专、技校等学历文凭的家政服务从业人员，可通过学习相关证书课程，积攒课程学分，为继续深造家政服务专业大专学历做准备。双方还可通过学校“享学吧”平台实现移动学习，并依托公司实训基地实施技能培训和综合实训，探索“互联网+”环境下的混合式职业教育模式。

〔举办首届社区教育资源管理研修班〕 11月22日至25日，学校在海口市举办首届社区教育资源管理研修班，来自全国76个社区教育单位的管理干部参加研修。研修班以“整合教育资源促进社区教育创新发展”为核心主题，从政策资源、课程资源、技术资源、社会资源等方面，结合理论、方法、实践、案例等多维度开展研修。主要内容包括社区教育发展的新机遇——教育部等九部门《关于进一步推进社区教育发展的意见》学习解读、社区教育资源的整合与开放——《成都市社区教育促进条例》的亮点与突破、信息技术资源与社区教育的创新发展、新媒体资源的建设和整合、新媒体资源的运营与推广等。

〔**开通运营中国社区教育网**〕 7月29日，中国社区教育网正式开通运营。这是学校承担的教育部职业教育与成人教育司“全国社区教育和老年教育信息化公共服务平台的研究与应用”项目。中国社区教育网负责推送党和国家有关社区教育和终身学习的方针、政策和措施，推送各地社区教育的法规、政策和措施；支撑全国社区教育的统计；展示全国社区教育实验区和全国社区教育示范区创新的做法和典型经验；汇聚展示社区教育数字化学习资源；开通社区教育实时和非实时课程，服务社区教育工作者、社区教育机构和学习者，搭建全国社区教育公共服务平台。网站还建立了全国社区教育工作数据填报系统。

〔**开展精彩人生女性终身学习计划**〕 9月26日，全国妇女联合会宣传部联合学校共同实施的“精彩人生女性终身学习计划”正式启动，并在北京举行新闻发布会。该计划旨在通过远程教育方式，为广大妇女提供学习服务，提高妇女的科学文化素养和职业素质，促进妇女成长成才。享学吧平台经过1个月试运行，已有8 000余名学员加入女性终身学习计划。试点结束后，该计划将继续扩大城市范围和招生范围，持续丰富和调整课程内容，持续传播有利于妇女成长的科学知识，持续提供更周到细致、权威可信的学习支持和服务，让更多妇女享受学习的快乐，在学习中增长知识、增长才干，实现梦想。新闻发布会上，上海宛心家庭服务有限公司负责人等3位代表分别介绍了各自的学习体会、成长经历和对女性享学吧的期待。北京师范大学文学院教授以微课程的形式，为学员讲授开学第一课“文化女性的担当”。

〔**书法进乡村**〕 11月12日，“文化精品下乡书法教育进村”——国家开放大学“书法进乡村，一户一作品”系统工程在北京启动。该工程从书法进（定点）乡村、实现“一户一作品”入手，通过为“定点村”举办书法讲座、书法培训班、“两径双成”师生作品展、培训书法指导教师和创建“文化夜大”等，在整个乡村起到营造文化氛围、提高品格修养、培养书画兴趣、建设和谐家园的积极作用，使书法教育从城市走向乡村。12月17日，学校联合中国书法家协会展览中心、北京市书法家协会、中国人民政治协商会议北京市门头沟区委员会、中国社会艺术协会榜书委员会、中国文化进万家工作委员会等10家单位在门头沟区龙泉镇西辛房村举办“中国书法教育村”工程启动暨首次捐赠书法作品展开幕式，标志着中国第一个“书法教育村”正式创建。开幕式上，共向西辛房村206户家庭各捐赠“九个一”，即一幅书法作品、一本书法培训教材、一套毛笔、一瓶墨汁、一卷宣纸、一块水写布、一块毛毡、一个笔洗、一对枕尺，使其基本具备初学书法的条件。

〔**职业汉语远程培训工作**〕 2月27日，学校与印度尼西亚TRAMPIL基金会合作开展的远程汉语培训项目发布会以双向视频的方式在北京市和印度尼西亚泗水市两地同时举行。培训面向银行业、旅游业等行业在职人员，依托学校教学平台和《易捷汉语》等在线学习资源，采用混合学习模式，通过“线上自学+远程面授”方式进行，共培训180人。10月10日，中兴通讯股份有限公司巴基斯坦员工首期汉语学习班开学。利用学校“云教室”与中兴通讯股份有限公司驻巴基斯坦伊斯兰堡办事处远程连线，实现跨国同步开学。学习班为期1个月，采用“在线自学+线上面授”混合教学模式，培训学员8人。

〔**开展与英国开放大学“5分钟与60秒的对话”线上互动交流活动**〕 7月20日，学校与英国开放大学通过网络进行主题为“5分钟与60秒的对话”线上互动交流活动。活动旨在通过对话，探讨中英双方在微课程建设、应用以及学习效果评估等方面的成果和经验，加深双方了解，推动未来在课程学习资源建设、课程引进以及教学研究等方面的深度合作。

撰稿 崔乃鹏

审稿 徐明军

中央电化教育馆

〔国家教育资源公共服务平台支撑全国“一师一优课、一课一名师”活动持续深入开展〕 在教育部基础教育司组织和统筹推进下，2015—2016年度“一师一优课、一课一名师”活动共吸引了全国近23万所中小学校的469万名中小学教师报名参加，“晒课”数量累计432多万节课，共推出省级优课75 400节。其中，节点在4节课（不含4节）以上的有36 615节需要网络投票确定入围教育部级优课评审，全国共1 755 563名教师参与了此次网络投票，共计投票4 757 046张。自2016年11月21日到12月6日，各地推荐的3 637名专家参与了部级优课在线评审，最终共确定部级优课27 568节。

本届活动形成了丰富的生成性资源，教师上传资源880万条，比上一届多74.98%。活动启动至今平台总计访问量（PV）达15亿人次，独立访客数（UV）为6 740万次，峰值时期每天2 500多万页面浏览量。“一师一课”微信公众号共计发布信息308篇，有38 027人关注，阅读人数共计228 046人，阅读量376 715人次。同时，在2014年“晒课”目录体系基础上进一步修订了平台“晒课”目录体系，共计确定年度部审教材版本375个、涉及节点数80 852个，地方教材版本337个、涉及节点总数56 424个，为广大中小学教师提供了一个基本覆盖全国中小学校教材版本目录索引。

个性化资源汇聚机制取得进展，逐步推进“政府引导、竞争提供、评估准入、用户选择、激励共享”的资源汇聚机制。已完成22家资源企业招标和合同签订工作，上线应用1 024个，上线资源12 216个。截至2016年12月21日，教师领取个性化资源，使用企业补助后完成资源“订单”633 425个，涉及金额1 482 071元。

为推广应用信息技术进行教学的方法、模式及制作优课的经验，发挥优课的引领示范作用，围绕2014年度部级优课开展的优课教研在线会客室得到了22个省（自治区、直辖市）教育部门的积极支持和响应，共确定播出77期。自6月22日试播到12月底，共计播出41期，涵盖小学、初中、高中各学段的主流学科，直播和点播总浏览人数达42万人。微信粉丝达7万余人，网友在线互动2 000余条。同时，教师踊跃参与学科专家团队工作室，各地充分利用国家平台的教研室、社区和空间三种应用开展在线教研。全国152个工作室参与了资助申报工作，经过专家评审，确定对50个工作室进行培育。

〔首批“职业教育数字校园建设实验校”项目成果初显〕 参与“职业院校数字校园建设实验校”项目的首批129所职业院校实验校，结合本校实际和发展需求，落实《职业院校数字校园建设规范》，按照“以点带面、融合创新、突出特色、完善机制”的原则，深入开展了数字校园建设探索与实验，取得了初步成果。一是创新了信息化教学模式，出现了山东科技职业学院“线上、线下、职场化”相结合的混合教学新模式、福建化工学校“2+1+N”人才培养模式、乌海职业技术学院“1+N”信息化教学新模式等优秀案例。二是探索了信息化仿真实训教学模式，出现了渤海船舶职业学院数字化船舶建造虚拟仿真、山东商业职业技术学院真实模拟实务、青岛酒店职业技术学院3D实景旅游教学实训等优秀案例。三是创新了数字化教学资源建设与应用，出现了深圳职业技术学院基于WebGL技术的南山匠人展示、顺德职业技术学院“教师工作室、学生工作坊、车间工厂”三位一体教学链和无锡职业技术学院多级互动数字化资源建设与应用研究等优秀案例。四是探索了信息化校企合作模式，出现了唐山工业职业技术学院与企业共建产业联盟服务区域产业结构升级转型、北京市昌平职业学校与企业合作组建“订单班”探索现代学徒制教学模式等优秀案例。五是探索了网络学习空间应用，出现了湖南铁路科技职业技术学院专任教师与现场企业专家共同授课的“双师”教学新模式等优秀案例。六是创新了信息化管理和服务模式，出现了南京信息职业技术学院借助手机和社交软件实施“微创新”、呼和浩特职业学院构建综合信息管理系统引领学校管理和服务创新等优秀案例。同时，部分学校还在信息化领导力、信息化机构与人员、信息化体制机制、基础设施建设等方面进行了深入探索，在数字校园建设的保障体系建设与发展路径方面取得了有益经验。

〔开展“中国梦—行动有我”2016年全国中小学生微视频征集展播活动和全国中小学“学科德育精品课程”征集展示活动〕 2016年，在教育部基础教育一司指导下，依托国家教育资源公共服务平台，组织开展了“中国梦—行动有我”全国中小学生微视频征集展播活动和全国中小学“学科德育精品课程”征集展示活动。“中国梦—行动有我”微视频征集展播活动共有8 520所学校参与，在线报送微视频30 219件，在省级推荐的7 304件优秀作品中评出部级优秀作品1 475件。“学科德育精品课程”征集展示活动共有17 445所学校参与，在线报送课例30 378件，在省级推荐的9 910件优秀课例中评出部级精品课例2 421件。上述作品在国家教育资源公共服务平台向社会免费开放、交流展示，累计播放7 700多万次，网络投票1 234万余人次，微博与微信转发5.2万余次。

〔举办中小学和职业院校“网络学习空间人人通”专项培训〕 2016年，在教育部科学技术司指导下，举办了教育部—中国电信中小学校长“网络学习空间人人通”专项培训及教育部—中国联通职业院校校长和骨干教师“网络学习空间人人通”专项培训。培训依托成都市泡桐树小学等19所中小学基地学校、长沙民政职业技术学院等7所职业院校技术培训基地院校，组织了网络学习空间发展专家报告、网络学习空间教育管理和教育教学应用案例分享、现场观摩课、网络学习平台实操等内容，采取专家引领和应用观摩为主的集中培训等方式，共培训了2 000名中小学校长、近700名职业院校校长和近1 700名职业院校骨干教师。

〔继续举行年度教育信息化应用交流展示活动〕 2016年，中央电化教育馆举办了第十七届全国中小学电脑制作活动和第二十届全国教育教学信息化交流展示活动，促进全国师生通过深入交流、互相启发和借鉴，进一步提升教育信息化应用能力。

第十七届全国中小学电脑制作活动共收到来自全国28个省份及新疆生产建设兵团的评选项目、创客项目作品共18 566件，其中2012件作品获个人荣誉奖。创客项目为首次开展，开拓性地采用现场组队、现场命题、现场制作和评判的新模式进行。竞赛类项目有394支参赛队伍，分别获得不同奖项。

第二十届全国教育教学信息化交流展示活动设置了课件、课例、微课、学科主题社区、精品开放课程（视频公开课、资源共享课）等项目，共收到学前教育、特殊教育、基础教育、中等职业教育、高等教育、军队院校等各级各类学校推荐的参赛作品4 589件，其中，2 706件作品分别获得不同奖项，来自全国和军队的600多名教师代表参加了现场交流。作为活动内容之一的2016年新媒体新技术教学应用研讨会暨第九届全国中小学创新（互动）课堂教学实践观摩活动，共收到全国报送的教学课例11 506节、现场上课124节、说课266节（含3D物联网、云课堂专题、交互式电子白板），来自全国的2 300余名教师参加了专题报告、专题研讨、主题沙龙等现场活动，展示、交流和分享了教学经验及成果。

〔**启动实施信息技术与教育教学深度融合示范培育推广计划**〕 2016年，中央电化教育馆配合教育部基础教育二司，启动实施了“信息技术与教育教学深度融合示范培育推广计划”。组织专家研究制定了中小学信息化应用典型示范区域、学校的遴选办法和遴选指标，在各地推荐的基础上，综合确定了30个区域、60所学校示范案例，梳理总结了区域和学校的典型经验，编写了《中小学信息化应用典型示范案例汇编》。在2016年全国教育信息化应用现场会同期举办了典型经验交流会，并在全国教育信息化应用展中设置专区，展示了30个区域和60所学校的成果。

〔**《中国电化教育》影响力不断提升**〕 据2016版《中国学术期刊影响因子年报（人文社会科学）》，《中国电化教育》的国际影响力指数CI为680.457，影响力指数及影响因子在245种教育类期刊中排名第3位。国际影响力指数CI为159.707，国际他引总被引频次为112，国际他引影响因子为0.054。首次获“2016中国最具国际影响力学术期刊”称号。

撰稿 冯吉兵 黄旭光 曾祥翊 赵 林
刘 峰 许 林 黄天元 周 新
施春燕 宋灵青 蒋 宇 曾 媛
黄志南 雍文静 康晓宇
审稿 王珠珠

语言文字工作

〔**发布实施《国家语言文字事业“十三五”发展规划》**〕 2016年8月23日，教育部、国家语委正式发布实施《国家语言文字事业“十三五”发展规划》（简称《规划》）。《规划》全面深入贯彻五大发展理念，注重问题导向，针对语言文字事业发展的新形势、新问题，明确了未来五年的指导思想、发展目标、工作任务和重点工程，进一步突出重点，补齐事业发展短板。

《规划》强调，以全面推动语言文字事业服务国家发展需求为核心，坚持“五个面向”的战略重点（向国家战略聚焦、向农村和民族地区攻坚、向社会应用推进、向现代治理转型、向国际领域拓展），提高国民语言能力，构建和谐健康的语言生活，为全面建成小康社会、建设与综合国力相适应的语言强国提供有力支撑。

《规划》提出未来五年的发展目标是：“一普及两全面”，即到2020年，在全国范围内基本普及国家通用语言文字，全面提升语言文字信息化水平，全面提升语言文字事业服务国家需求的能力。

《规划》在深入分析语言文字事业发展面临的机遇和挑战的基础上，明确了今后五年的五大工作任务和18项具体举措。一是普及国家通用语言文字，包括大力提升农村地区普通话水平、加快民族地区国家通用语言文字普及、强化学校语言文字教育、加强语言文字规范化建设。二是推进语言文字信息化建设，着力推动语言文字信息化技术创新发展、加强语言资源建设、建设语言文字信息化平台。三是提高国家语言文字服务能力，重点提高保障国家战略和安全的语言文字服务能力、创新语言文字服务方式、服务特殊人群语言文字需求。四是弘扬传播中华优秀语言文化，包括推进中华优秀语言文化传承发展，科学保护各民族语言文字，深化内地和香港特别行政区、澳门特别行政区及大陆和我国台湾地区语言文化交流合作，加强语言文化国际交流与传播。五是完善语言文字工作治理体系，着眼于加强语言文字法治建设、完善语言文字规范标准、健全语言文字测评体系、强化重点领域语言文字监督检查。

为支撑各项任务顺利完成，《规划》提出今后要着重实施五项重点工程：一是国家通用语言文字普及攻坚工程；二是语言文字信息化关键技术研究与应用工程；三是“互联网+”语言文字服务工程；四是中华优秀语言文化传承与保护工程；五是语言文字筑桥工程。同时，从加强组织领导、创新工作机制、推进队伍建设、加强宣传教育、强化科研支撑、保障经费投入六个方面提出了《规划》实施的保障条件。

《规划》发布后，进一步加强《规划》宣传贯彻工作。在《光明日报》《中国教育报》及教育部官方网站主页等设置专栏宣传《规划》；组织相关委员单位、地方教育厅领导和专家撰写解读文章；召开新闻发布会，邀请相关部门负责人和专家学者解读《规划》；赴河北、江苏、广东等地宣讲《规划》，发布《规划》分工方案。

〔**召开纪念《国家通用语言文字法》实施15周年暨国务院发布《关于推广普通话的指示》60周年座谈会**〕 9月12日，联合全国人大教科文卫委员会在人民大会堂召开纪念《国家通用语言文字法》实施15周年暨国务院发布《关于推广普通话的指示》60周年座谈会，国务院副总理刘延东、全国人大常委会副委员长王晨、全国政协副主席罗富和出席会议并讲话。

刘延东强调，语言文字事业要服务国家需求，做好顶层设计，坚持改革创新，发挥语言文字事业在提高国民素质、传承历史文化、促进经济社会发展、维护国家统一和民族团结中的重要作用，开创语言文字事业发展新局面。

刘延东指出，60年来，特别是《国家通用语言文字法》颁布实施15年来，国家通用语言文字普及程度显著提高，法律法规制度基本完善，语言文字规范标准和信息化建设不断加快，走出了一条中国特色社会主义语言文字事业发展道路。

刘延东强调，语言文字事业是国家综合实力的支撑力量，在国家发展战略中的地位很重要。“十三五”期间，要在全国基本普及国家通用语言文字，提高农村地区普通话水平，加快民族地区普通话普及率，强化学校语言文字教育。要聚焦区域发展等国家战略，提升语言服务能力，发挥语言文字对中华民族认同、中华文化认同的作用。要加快语言文字法制化、规范化、标准化、信息化建设，提高国民语言能力，构建和谐健康的语言生活。要传播中华优秀语言文化，促进国际交流合作，展现中华文化魅力，为实现中华民族伟大复兴的中国梦做出贡献。

教育部、国家新闻出版广电总局、文化部、中央军委政治工作部、人力资源和社会保障部、江苏省人民政府、甘肃省人民政府负责人做了大会发言。

〔**召开2016年全国语言文字工作会议**〕 9月13日，2016年全国语言文字工作会议在北京召开。教育部副部长、国家语委主任杜占元出席会议并讲话。

杜占元对“十二五”期间的工作进行了总结。他指出，5年来，尤其是党的十八大以来，语言文字战线认真学习贯彻习近平总书记系列重要讲话精神和关于语言文化的重要论述，贯彻落实党的语言文字工作方针，在语言文字法治建设、提高语言能力、传承弘扬中华语言文化、语言文字标准化信息化建设、引导和服务社会语言生活、语言文字合作交流、语言文字科学研究等方面取得了重要成果。

杜占元分析了“十三五”时期语言文字工作面临的新形势、新要求。他指出，今年是“十三五”开局之年，《国家语言文字事业“十三五”发展规划》发布的第一年。语言文字战线要继续深入学习贯彻习近平总书记系列重要讲话精神，学习贯彻刘延东副总理在纪念《国家通用语言文字法》实施15周年暨国务院发布《关于推广普通话的指示》60周年座谈会上的讲话精神，要以全面深化改革为动力，以实施《规划》为重点，大力推行和规范使用国家通用语言文字，科学保护各民族语言文字，加快语言文字法制化、规范化、标准化、信息化建设。要大力宣传贯彻《规划》，实施国家通用语言文字普及攻坚工程，着力找准语言文字工作服务需求的有效抓手，扎实开展中国语言资源保护工程建设，加大力度推进语言文字信息化建设，切实发挥好学校语言文字工作阵地的独特作用，依法加强语言文字社会应用的监督检查和服务，弘扬传播中华优秀文化。

杜占元最后强调，《规划》描绘了未来5年语言文字事业发展的新蓝图，要认真学习、深刻领会、贯彻落实。

河北、黑龙江、上海、湖南4地的语委，新疆民语委和中央电视台相关负责人在会上做典型发言。各省（自治区、直辖市）教育厅（教委）分管负责人、语委办主任，相关省份民（语）委负责人和民语委办主任，教育部相关司局、事业单位负责人及中央宣传部等国家语委委员单位联络员参加了会议。

〔**召开2016年国家语委全体委员会议**〕 12月5日，2016年国家语委全体委员会议在北京召开。国家语委主任、教育部副部长杜占元出席会议并讲话。中央宣传部等29个国家语委委员单位委员、联络员，教育部相关司局、事业单位负责人与会。

杜占元在讲话中总结了2015年以来国家语委语言文字工作取得的新进展，分析了“十三五”时期语言文字工作的新形势新任务，对《国家语言文字事业“十三五”发展规划》（简称《规划》）进行了解读，强调要与委员单位分工协作、齐抓共管，共同推进语言文字事业科学发展。杜占元指出，深入贯彻落实《规划》是当前和今后一个时期国家语委的重要任务，也是各委员单位的共同任务。国家语委各委员单位要贯彻落实党的十八届六中全会精神，切实把思想和行动统一到以习近平同志为核心的党中央的决策部署上来，深入贯彻落实习近平关于语言文字与文化的系列重要论述精神，推进《规划》在各行业系统的贯彻落实。要以实施《规划》为重点，普及国家通用语言文字，推进语言文字信息化建设，提高国家语言文字服务能力，弘扬传播中华优秀语言文化。要强化核心意识，完善工作机制，加强语言文字干部队伍建设，切实发挥语言文字督导评估作用。

教育部语言文字信息管理司司长田立新汇报了国家语委 2015 年以来的主要工作。委员们对国家语委的工作给予了充分肯定，并就如何学习贯彻党的十八届六中全会精神、加强党对语言文字工作的领导，如何结合各单位实际贯彻落实《规划》展开了研讨，对语委工作提出了意见建议。会议讨论通过了《〈国家语言文字事业“十三五”发展规划〉分工方案》。

〔**正式启动语言文字督导评估**〕　8 月，联合教育部教育督导局举办两期全国语言文字督查工作培训班，共培训 200 人。10 月 31 日至 11 月 4 日、11 月 16 日至 18 日，国家语言文字工作督导评估组分别在甘肃省酒泉市和河北省邯郸市馆陶县、邯山区依据《语言文字工作督导评估指标体系框架》及其评分细则，就贯彻实施《国家通用语言文字法》和推动语言文字规范化建设情况，对两省试点城市进行了深入细致、全面客观的督导评估，两省均通过国家语言文字工作督导评估。12 月 19 日，国务院教育督导委员会办公室、教育部语言文字应用管理司印发《关于对甘肃省酒泉市、河北省邯郸市语言文字工作督导评估反馈意见的通知》，进一步落实语言文字督导评估工作。

〔**举办第十九届全国推广普通话宣传周**〕　第十九届全国推广普通话宣传周于 9 月 8 日至 14 日举办。本届推普周主题为“大力推行和规范使用国家通用语言文字，助力全面建成小康社会”，分别在广西壮族自治区恭城瑶族自治县和青海省海东市举办开幕式、闭幕式活动。全国政协副主席、民进中央常务副主席罗富和出席开幕式并宣布第十九届全国推普周开幕，国家语委主任、教育部副部长杜占元出席闭幕式并讲话。全国推普周领导小组制作发放了宣传海报、公益宣传广告、《国务院〈关于推广普通话的指示〉发布 60 周年纪念画册》及第十八届全国推广普通话宣传周资料汇编。《人民日报》、《中国教育报》、中国教育电视台等发布了推普周新闻，公益宣传广告在中央电视台、地方电视台和各大网站广泛播出。推普周期间，各地紧扣主题，开展内容丰富、形式多样、特色鲜明的推普周宣传活动，大力宣传国家语言文字法律法规、方针政策和规范标准，传播中华语言文化正能量。同时积极开展“推普下乡”活动，使推普工作重心继续向农村、民族地区倾斜。

〔**启动国家通用语言文字普及攻坚工程**〕　2016 年，启动“国家通用语言文字普及攻坚工程”。一是完成了 10 个省份民族地区中小学教师普通话使用情况调查和全国县域普通话普及情况测算工作，为普及攻坚工程提供基础数据支撑，研究制定《国家通用语言文字普及攻坚工程实施方案》以及开展普通话县域验收工作的通知。二是启动实施民族地区干部和青壮年农牧民国家通用语言文字培训计划，重点支持新疆开展农牧区青壮年农牧民普通话培训。2016 年，教育部语言文字应用管理司支持新疆经费 345 万元，培训青壮年农牧民 4 200 人次。三是参与推动民族地区干部双语学习工作，推动民族地区少数民族干部学习国家通用语言文字。四是与国家民族事务委员会联合开展双语和谐乡村（社区）建设工作，推动民族地区群众学习使用普通话，提高工作、生活技能。

〔**继续推进语言文字规范化建设**〕　一是推动各地二类、三类城市规范化建设进展并给予支持，督促各地按照《国家中长期语言文字事业改革和发展规划纲要》的要求按期完成工作目标，并向县以下区域延伸。二是委托江苏省研制县域语言文字规范化建设标准，开展县域语言文字规范化监测试点，启动县域语言文字监测数据平台建设工作。三是指导各地继续开展省级语言文字规范化示范校创建工作。

〔**完善语言文字应用能力评价测试体系建设**〕一是逐步推广应用计算机辅助普通话水平测试，截至2016年年底，全国接受计算机辅助测试的人数已超过2 700万人次，累计受测人次超过6 500万。二是启动《普通话水平测试规程》《普通话水平测试大纲》《普通话水平测试管理规定》等标准规范的修订工作，推动普通话水平测试工作信息化水平进一步提高。三是在教育部、国家语委发布《汉字应用水平等级及测试大纲》(2016年修订）的基础上，印发了《教育部语用司关于推进汉字应用水平测试工作的通知》，推动各地测试工作科学规范发展。四是委托甘肃省语委开展中小学生普通话口语能力评价标准及测试体系研究工作。五是继续研制国民语言教育大纲，该大纲研究课题通过专家结项鉴定，已出版阶段性成果《公民语言能力读本》。

〔**继续开展中华经典资源库建设**〕 完成资源库一期内容数字化处理，协调资源库内容在“微言教育”微信公众号、教育部门户网、中国教育科研网等网站分批、分次上线播放，在中国教育电视台一套、四套陆续播出，并放入中国教育电视台空中课堂频道和中国教育在线好课网。资源库二期、三期项目于2016年年底正式向社会发布。与一期相比，二期、三期延续了诵写讲的呈现方式，并进行了多方面的调整、充实和提升。二期、三期不再从单篇诗文入手，而是着眼于哲学、史学、文学等更广泛的传统文化领域，分专题从“经、史、子、集”等典籍中选取21部具有代表性的经典著作，共制作了103集近4 000分钟的视频资源。同时，继续委托7个省市制作了“地方篇目”，还专门增加了“吟诵篇”和“书法篇”，并委托中央军委政治工作部制作了“中华军事文化经典诵读”。

〔**启动中小学语文示范诵读库建设**〕 2016年，启动实施中小学语文示范诵读库建设。国家语委联合中央人民广播电台，分别于5月、10月在广西、甘肃两地举办中小学经典课文诵读会。12月1日，国家语委同中央人民广播电台正式签署合作备忘录，中小学语文示范诵读库建设全面展开。下一步，将邀请优秀播音员、主持人将中小学语文教材课文（包括各类统编教材版本）用标准的普通话进行示范朗读，制作成音频光盘，供给中小学师生教学使用。同时，制作成适合电台、网络、手机等多媒体使用的音频资源库，供全球汉语爱好者学习。

〔**推进中华经典诵写讲行动**〕 一是联合中央电视台于2016年举办首届“中国诗词大会”，共计约4.86亿人次观看节目，受到中央领导高度重视和社会各界广泛关注。报送《教育部关于“中国诗词大会”等有关情况的报告》，中央领导在报告上做出重要批示。二是指导中国传媒大学办好第十八届齐越艺术节暨全国大学生朗诵大会，吸引全国172所高校的901部作品参与活动。朗诵大会展演活动在北京举行并在中央电视台四套播出，反响良好。三是开展以普通话语音系统为基础的中华诗词新韵研究制定工作，已完成前期研究，下一步将启动编纂《中华通韵》工作。四是继续支持指导各地开展书法、诵读、名家进校园以及中华经典诵写等相关活动，并建立长效机制。

〔**加强国家语言文字推广基地建设**〕 支持国家语言文字推广基地建设，委托基地承担政策制定、教育培训、应用研究、智库支持等多项工作，充分发挥基地的示范带动作用。委托指导北京华文学院举办世界华文教学观摩活动（汉字季)、中国传媒大学举办经典朗诵作品港澳展演交流活动、东北大学秦皇岛分校举办第二届京津冀理工类高校魅力汉语大会活动、江苏师范大学开展“一带一路”多语种基本用语数据库建设、苏州市教育局开展中华诗词新韵暨经典诵读教育研讨展示活动、中国文字博物馆举办重庆市中小学校《汉字》巡展进校园活动、广西师范大学开展“语韵八桂、文秀中华”经典课文诵读会和普通话推广活动等。同时，在原有8个基地的基础上，支持甘肃省教育厅在西北师范大学建立“一带一路”汉语普通话推广培训基地（西北中心)，支持河北省教育厅在秦皇岛山海关区设立京津冀书法教育基地，并统一纳入基地管理。

〔**围绕国家战略，提升语言文字服务能力**〕　一是委托江苏省语委启动“一带一路”语言通公共服务平台建设研究和多语种基本用语数据库建设，为国家和社会提供语言应急服务支持。二是指导京津冀语言文字协同创新工作，促成京津冀三地签署11个语言文字事业协同发展项目。三是打造齐越教育研究中心。为贯彻落实习近平总书记系列重要讲话精神和语言文化方面的重要论述，特别是深入贯彻落实习近平总书记在全国高校思想政治工作会议上的讲话精神，教育部语用司、河北省语委、河北省教育厅、沧州市委积极弘扬“忠诚、敬业、爱民、奉献、清廉”的齐越精神，指导沧州师范学院筹建齐越教育研究中心，在高校培养什么样的人、如何培养人以及为谁培养人这个根本问题上进行了有益探索。

〔**开展语言文字国情调研**〕　一是围绕“一带一路”倡议，开展丝绸之路经济带（甘肃段）语言文字使用情况调研和景德镇陶瓷艺术中的语言文字应用研究。二是开展网络语言中的青少年主体性研究、政务新媒体语言使用状况的监测与研究，完成了海上丝绸之路沿线国家汉语景观调查研究阶段性报告。三是加强与国家语委委员单位合作调研。联合国家旅游局、文化部、民政部、国家工商行政管理总局、全国妇女联合会，开展旅游系统、文化场馆、地名、商标广告和企业注册名称语言文字使用情况，以及中国农村妇女语言文字使用情况调研。在此基础上，提出促进上述领域语言文字规范使用的政策建议。四是继续开展系列专项研究。开展台湾地区语文政策研究、海外华文国际影响力研究、中文在联合国的地位作用研究、外语政策研究、跨境语言与国家安全研究、政府网站语言监测研究，为制定相关政策规划提供依据。

〔**加强语言文字培训工作**〕　一是在中山大学举办地方语委干部语言文字工作能力提升培训班、在西南大学举办高校语委干部语言文字工作能力提升培训班、在东北大学秦皇岛分校举办语言文字工作中小学骨干校长培训班、在苏州市教育局举办语言文字工作幼儿园骨干园长培训班，共培训各级各类语言文字干部400人，进一步提升各级语言文字工作者语言文字规范意识和工作能力。二是在江苏师范大学举办中小学经典诵读骨干教师国家级培训班、在西南大学举办中华经典诵写讲骨干教师培训班、在东南大学举办中小学书法教师研修班，提高教师专业素养和教学水平，全年培训中华经典诵读骨干教师350人。

〔**发布第四批推荐使用外语词中文译名**〕　6月，外语中文译写规范部际联席会议专家委员会正式发布第四批24组推荐使用外语词中文译名，如PM10，可吸收颗粒物；IMF，国际货币基金组织。第四批推荐使用外语词中文译名遵循了反映社会应用热点和规范性要求高的一贯原则，尊重词汇产生发展变化和应用的规律，以推荐社会语言生活中已经使用的译名为主。在译名研制过程中，除运用语料库频次统计等方法外，还特别注意听取了计算机、通信、网络、商标注册、语言文字应用等领域专家的意见和建议，并采取网络问卷的方式进行一定范围的调查，作为择定部分译名的参考。

〔**开展港澳地区语言文字调研测试及交流服务**〕　一是深入调研。10月25日至29日，教育部副部长、国家语委主任杜占元率团访问香港特别行政区和澳门特别行政区，深入了解港澳地区教育政策和语言文字环境，以及国家通用语言文字在港澳地区推广普及的现状和问题，探讨今后有关工作的重点和方向。二是服务港澳地区普通话水平测试。联合国家语委普通话与文字应用培训测试中心，在香港举办“国家普通话水平测试在港开展20周年纪念论坛”系列活动。三是实施港澳地区教师普通话能力提升培训支持计划。7月25日至8月3日，支持120名港澳地区中小学和幼儿园教师赴内地进行普通话专项培训和语言文化体验活动，反响良好。四是深化交流。组织中国传媒大学和重庆大学的20名师生赴香港、澳门开展大学生优秀朗诵作品港澳交流展演系列活动，交流团的学生用优秀的朗诵作品展示了内地大学生的风采和中华文化的深厚魅力，得到现场观众的一致好评。

〔**继续深化两岸语言文字交流合作**〕 一是于2016年先后出版、发布《两岸通用词典》《两岸科技常用词典》和两岸《中华语文大辞典》（试印本）。二是与台湾中华文化总会联合举办2015汉字文化创意大会作品展。三是举办第三届两岸大学生汉字书法艺术交流夏令营，两岸10余所高校的百名大学生齐聚西安市，参加书法讲座、参观展览、书法创作、笔会交流等活动，得到两岸师生的一致肯定。

〔**推动语言文字国际交流合作**〕 一是指导建设世界语言大会展示馆·语言文化研习体验馆，出版《世界语言大会文集》，体现了2014年3月习近平主席访问联合国教科文组织的后续成果。二是在荷兰建立了首家海外普通话培训测试中心。12月20日至29日，在各方支持与配合下，应荷兰格罗宁根孔子学院、瑞典皇家理工学院、匈牙利罗兰大学孔子学院邀请，教育部语言文字应用管理司出访并调研了三国的汉语推广及语言文化交流合作情况，开拓了欧洲普通话培训测试领域，出访取得可喜的效果。

撰稿 容 宏 张 艳 耿宏莉 袁 伟 庹迎香 韦志奋 余迪毅
审稿 田立新 娄 晶

〔**《汉字应用水平等级及测试大纲》发布**〕《汉字应用水平等级及测试大纲（2016年修订）》经教育部、国家语委批准，于2016年1月7日发布，自2016年5月1日起实施。《汉字应用水平等级及测试大纲》由教育部语言文字应用研究所研制，规定了具有中等及以上受教育程度人群使用汉字应当达到的水平，适用于政府部门和企事业单位录用人员或核定在职人员资格、高等学校考核学生汉字应用水平等。

〔**中国语言资源保护工程取得标志性成果**〕2016年，中国语言资源保护工程建设在全国范围内全面展开，实现全覆盖，取得实效。截至2016年年底，正在建设中的89个少数民族语言调查点、349个汉语方言调查点和27个语言文化调查点已按要求完成预验收，调查点涵盖包括港澳台地区在内的全国所有省份。2月16日，印发《教育部办公厅关于推进中国语言资源保护工程建设的通知》和《中国语言资源保护工程专项资金管理办法（试行）》。5月23日，与国家民族事务委员会共同印发《关于推进中国语言资源保护工程少数民族语言调查的通知》。6月6日，正式成立中国语言资源保护工程全国核心专家组，并召开第一次工作会议。10月13日，在延安市召开中国语言资源保护工程现场推进会，全面推进中国语言资源保护工程建设。成果开发应用初见成效，其中《中国语言文化典藏》获国家新闻出版广电总局国家出版基金资助。作为汇聚工程调查成果的“中国语言资源采录展示平台”建设初步完成并正式启用。

〔**发布年度中国语言生活状况报告**〕 5月31日，2015年度中国语言生活状况报告在北京发布，这是教育部、国家语委连续第11次向社会发布年度语言生活状况报告。出版了《中国语言生活状况报告》英文版第三卷，开展《报告》韩文版第二卷的翻译工作，并筹划日文版的翻译出版，引领中国语言学学术“走出去”，向世界宣传介绍中国语言文字工作和政策。

出版《中国语言生活状况报告（2016）》（绿皮书）的同时，国家语委还组织研制出版了《国外语言生活状况报告》（黄皮书），编制《中国语言文字政策研究发展报告》（蓝皮书），形成皮书系列，对积极引导健康和谐的社会语言生活、宣传国家语言文字政策发挥积极作用，通过创建具有影响力的文化品牌活动，扩大了语言文字工作的影响力。

〔**中华思想文化术语传播工程取得新进展**〕11月5日至6日，在武汉市召开了“中华思想文化术语的现代释译与运用”学术研讨会暨中华思想文化术语第二批发布仪式，围绕中华思想文化术语的现代阐释、现代运用、文化认同、外译与传播等议题进行深入研讨，发布了第二批319条术语，出版了《中华思想文化术语》第三辑、第四辑。4月27日，启动了“2016中华思想文化术语大赛”，面向全国多个省份的中学生开展系列培训及赛事活动，同时“中华思想文化术语传播网”二期正式上线，开通了微博、微信公众号。12月4日，举办“2016中华思想文化术语大赛全国总决赛”。推动版权输出，分别与马来西亚、西班牙、亚美尼亚签订版权输出合同，努力推进面向“一带一路”沿线国家的版权推荐和输出工作。与施普林格·自然集团签署“中华思想文化术语研究丛书”（英文版）合作协议。

〔**印发《国家语委“十三五”科研规划》**〕 9月5日，国家语委印发《国家语委“十三五”科研规划》。文件提出“以服务国家重大战略实施和国家语言文字事业发展为宗旨，坚持问题驱动和需求导向，巩固基础研究、强化应用研究、推动决策咨询研究，有效提升创新能力、服务水平和国际影响”的指导思想。明确了“到2020年，基本建成较为完善的语言文字科研体系，推出一批标志性成果，打造若干新型智库，培养一批高端人才，全面提升国家语委科研的学术和社会影响力，全面发挥科学研究对国家语言文字事业改革和发展的支撑作用”的发展目标以及六大重点研究方向。

〔**两岸语言文字交流与合作进一步加强**〕 落实第五届两岸经贸文化论坛共同建议，完成《汉字简繁文本智能转换系统》二期研发。6月24日，《汉字简繁文本智能转换系统》二期在北京通过专家鉴定。该项目获2016年“钱伟长中文信息处理科学技术奖”一等奖。

受教育部、国家语委委托，中国教育电视台制作了两岸语言文化专题片《潮平两岸阔》。该片是第一部从语言文化角度反映两岸关系的专题片，以两岸语言文字发展变化为线索，全景展现了不同历史时期两岸语言文字的状况和成因，以及两岸语言文化交流所取得的巨大成果，深刻诠释了两岸同文同语、休戚与共的主题。该片在中央电视台、中国教育电视台播出并获得广泛好评，获“2016年度全国十大纪录片奖”。

〔**语言文字国际交流合作取得突破性进展**〕 11月1日至2日，第三届中法语言政策与规划国际研讨会在北京召开，会议主题为“语言发展与文化多样性”。国务院副总理、中法高级别人文交流机制中方主席刘延东，法国外长、中法高级别人文交流机制法方主席让-马克·艾罗向研讨会致信祝贺；教育部副部长、国家语委主任杜占元，法国文化部法语及法国境内语言总司总司长罗伊克·德佩克出席研讨会开幕式并讲话。会议期间，签署了国家语委首个双边合作协议《国家语委与法国文化部关于语言政策交流合作协议》，并举办了第二届中法语言政策与规划国际研讨会成果发布会。

〔**语言文字规范标准建设取得新成效**〕 4月20日，第三次普通话审音工作成果《普通话异读词审音表》（修订稿）经广泛征求意见，顺利通过国家语委普通话审音委员会鉴定。12月28日，经国家语委普通话审音委员会审定通过。

《公共服务领域英文译写标准》等报批国家标准；12月28日，《公共服务领域俄文译写规范》《公共服务领域日文译写规范》《公共服务领域朝-韩文译写规范》通过国家语委普通话审音委员会审定。

10月26日，《通用规范汉字表》楷体字字形标准、中国教科书专用字体研究与设计完成研制并通过专家鉴定。

〔**国家语委“十二五”科研2016年度立项工作完成**〕 1月，2016年度国家语委科研立项工作启动。经过多途径选题征集工作，于5月下发《关于开展2016年度国家语委科研项目申报工作的通知》。经公开申报、评审、公示等环节，共设立科研项目100项，其中重大科研项目4项，研究方向涉及语言文字信息化、语言文字规范标准建设、“一带一路”语言战略、网络语言生活治理、语言文字能力建设、语言与教育、语言政策理论、语言国际传播等事业发展重点和语言生活中的热点难点问题，设立了“一带一路”和“语言文字信息化”专项课题研究，覆盖面广、应用性强，以问题研究为导向，契合《国家语言文字事业“十三五”发展规划》的主要任务和重点工程。制定发布并实施了《国家语委语言文字科研项目优秀成果后期资助计划》，旨在进一步发挥语言文字科研在支撑语言文字事业、服务国家发展需求中的作用，促进成果的转化应用。

〔举办语言文字应用研究优秀中青年学者研修班〕 7月，在北京华文学院举办第三期语言文字应用研究优秀中青年学者研修班，来自全国27个省份的69位优秀中青年学者参加为期5天的研修活动。研修班的举办是落实《国家中长期语言文字事业改革和发展规划纲要（2012—2020年）》，以及《国家语言文字事业“十三五”发展规划》关于“加强语言文字专家队伍建设及重视中青年学者的培训研修、交流合作，形成较为稳定的人才培养机制”等相关任务，探索语言文字应用研究人才培养模式的重要举措。国家语委已连续三年举办语言文字应用研究优秀中青年学者研修班，取得了非常好的成效，在广大语言文字中青年专家学者中产生较大影响，已经形成品牌。

4月，第二期全国民族语文应用研究中青年学者高级研修班在北京华文学院举办，来自全国16个民族的70位青年学者参加了研修活动。本次研修班是由国家民族事务委员会和教育部联合举办，旨在贯彻落实中央民族工作会议精神，促进民族语文应用研究高层次人才培养，加强中青年队伍建设，服务民族语文事业发展。

〔举办“汉语盘点2016”活动〕 12月20日，由国家语言资源监测与研究中心、商务印书馆、人民网主办的“汉语盘点2016”揭晓。“规”“小目标”分别当选年度国内字、国内词；“变”“一带一路”分别当选年度国际字、国际词。中央电视台、《人民日报》、新华网等众多媒体进行了报道。同时发布的还有2016年度十大流行语、十大新词语、十大网络用语。

撰稿　易　军
审稿　田立新

〔举办第30期中央普通话进修班〕 2016年6月12日至26日，第30期中央普通话进修班在北京举办，来自29个省份的91名普通话骨干教师参加进修培训，78名学员通过各项考核取得结业证书，为推进“国家通用语言文字普及攻坚工程”的实施，特别是为农村和边远地区推广普通话工作提供了人才支撑。

2016年是国务院发布《关于推广普通话的指示》60周年，也是中央普通话进修班的前身“普通话语音研究班”开办60周年，国家语委普通话与文字应用培训测试中心围绕“国家通用语言文字普及攻坚工程”部署安排，自筹经费举办了第30期中央普通话进修班。

〔设立首个国家普通话水平测试海外培训测试中心〕 12月21日，中国国家普通话水平测试格罗宁根孔子学院培训测试中心在荷兰海牙挂牌设立。该中心由国家语委普通话和文字应用培训测试中心与中国传媒大学联合设立，是在国家语委的指导和支持下，在海外设立的首个普通话培训测试中心，为国家通用语言文字培训测试的海外推广发挥了很好的借鉴和示范作用。该中心设在“一带一路”沿线重要节点国家荷兰，不仅可以满足本地区需求，还可辐射整个欧洲。

〔举办国家普通话水平测试在香港开展20周年纪念论坛〕 10月28日，国家普通话水平测试在香港开展20周年纪念论坛在香港举办，教育部副部长、国家语委主任杜占元出席论坛并致辞。

杜占元对论坛成功举办表示祝贺，向支持普通话推广工作的香港各界表示感谢。他说，20年来，参加国家普通话水平测试的香港人士已超过12万人次；国家语委普通话与文字应用培训测试中心为香港培养国家级测试员140余名，举办各类培训课程25期，培训普通话师资1 000余名；12所香港高校及香港职业训练局、香港考试及评核局先后成立了专门的普通话教学测试机构，在香港开展测试，为广大香港市民学习掌握普通话提供了重要手段，更是香港推普工作深入发展的重要体现。国家普通话水平测试已在香港成为语言测试的重要品牌，有力推动了香港普通话普及程度的提高。

杜占元指出，在香港推广普及国家通用语言，加强中国优秀传统文化教育，使普通话、广东话和英语各自发挥其应有的作用，符合香港的社会实际和发展需要，有利于巩固和发展香港的竞争优势，也有利于香港长期保持繁荣稳定。

杜占元表示，教育部和国家语委将秉承“服务香港市民和社会”的理念，坚持“尊重、支持、协作、共赢”的合作原则，进一步巩固和发展以国家普通话水平测试为基础的语言文化交流合作，拓展和深化内地与香港的教育交流合作，为促进香港经济社会发展发挥积极作用。他希望香港特别行政区政府和各界一如既往地重视、支持和关心普通话推广工作，继续采取多方面有力措施，惠及香港市民和社会。

论坛还对为国家普通话水平测试在香港开展做出贡献的人士颁发了嘉许纪念品，并举办了纪念晚会暨内地与香港师生经典诵读展演活动。

论坛由教育部语言文字应用研究所和香港 14 家普通话培训测试机构联合举办、香港理工大学承办。中央政府驻香港特别行政区联络办公室和教育部语言应用管理司、港澳台办公室、教育部语言应用研究所有关领导以及中国传媒大学、重庆大学的师生参加了论坛纪念活动。

撰稿　苏　恒　齐　影
审稿　孙海娜　刘朋建　张世平
　　　韩玉华　王　晖

国际及港、澳、台地区教育合作与交流

国际合作与交流

〔**推进新时期教育对外开放工作**〕　2016年2月10日，中共中央办公厅、国务院办公厅印发《关于做好新时期教育对外开放工作的若干意见》（简称《意见》）。习近平总书记在主持中央全面深化改革领导小组第十九次会议审议文件时指出，新时期教育对外开放要服务党和国家工作大局，统筹国内国际两个大局，要着力提升教育对外开放的质量和水平。这成为新时期做好教育对外开放工作的基本遵循。《意见》出台后，教育部国际司按照习近平总书记的批示精神，一手狠抓督办落实，一手以“提高发展质量和效益”为中心，从五个方面不断推进文件的贯彻落实。一是抓宣传部署。举办了全国专题培训班等系列培训，以及通过中央媒体开展了全方位立体化宣传。二是抓文件落实主体责任。确定了部际、部内、司内三级分工方案，向39个中央部委、31个省份、部内42个司局和直属单位印发了分工落实方案，明确了贯彻落实的时间表、路线图和责任人。三是抓配套落实。出台了《关于加强和改进教学科研人员因公临时出国管理工作的指导意见》，进一步解决教学科研人员学术出访受限问题；出台国际学生管理规定、中外合作办学质量监管、境外办学工作指导等文件，推进教育对外开放工作制度化建设。四是抓职能转变。贯彻落实国务院“放管服”部署，实施中外合作办学程序性备案制度，制定《关于高等学校举办中外合作办学机构和有关条件的申报指南》等。五是抓重点督查。指导各地各校按照中央部署和文件要求，制定结合本地实际的本单位规划和落实方案，及时创新经验做法，并进一步做好推广落实工作。

〔**推进共建“一带一路”教育行动**〕　7月13日，教育部印发《推进共建“一带一路”教育行动》。重点从国际国内两条主线强化务实举措，加强推进力度，发挥教育在“一带一路”建设中的基础性、先导性和“润物无声”的人文交流属性，为“一带一路”建设不断厚植民意根基。7月开始，教育部先后与甘肃、宁夏、福建、海南、广西、贵州、云南、新疆签署推进共建“一带一路”教育行动国际合作平台协议。教育部对签约省份在双向留学、涉外办学、人文交流、平台建设等方面予以实质性政策倾斜，引领与推动其充分发挥区位优势和地方特色，搭建民心桥梁，努力助推“一带一路”民心相通取得进展。签约省份立足其区域定位和特点特色，纷纷打出教育人文交流“优势牌”“特色戏”，成为推进“一带一路”民心相通的生力军。

〔**对外合作与交流活动**〕　在亚非地区，通过多双边教育合作交流平台，巩固和发展区域全方位合作。积极参与东盟-中日韩（10+3）、东亚峰会（10+8）、澜沧江-湄公河合作、中非合作论坛、中阿合作论坛、丝绸之路经济带、海上丝绸之路、孟中印缅经济走廊、中巴经济走廊、中蒙俄经济走廊等框架下的人文交流活动。举办中国与东盟建立对话关系25年来首个“中国-东盟教育交流年”，教育交流年期间，举办各类活动近 300 项，得到 11 国领导人高度评价，为 9 月举行 10+1 领导人会议创造了良好氛围，确保东盟 10 国均派出高级别代表团来华参加教育交流年旗舰项目——第九届中国-东盟教育交流周。积极推进海上丝绸之路建设，举办中印尼副总理级人文交流机制第二次会议。国务院副总理刘延东访问以色列，主持召开中以创新合作联合委员会第二次会议，在首届中以大学校长论坛上发表演讲。为落实习近平主席访问埃及成果，刘延东访问埃及期间见证了两国教育部签署中埃高等教育合作、中埃关于合作设立中埃交流专项奖学金项目等协议。召开第一次中日韩教育部部长会议，丰富中日韩合作机制内涵，积极推进实施“亚洲校园”和“中日韩千校携手”等旗舰项目。继续开展中日青少年交流活动，派遣 1 000 名中国优秀高中生到日本访问。主动对接“一带一路”倡议，指导中国-东盟海洋大学联盟不断创新，积极推动组建中蒙大学联盟，对接蒙古国提出的“草原之路”战略。深化双边教育合作，签署《中华人民共和国教育部与印度尼西亚共和国研究技术与高等教育部关于相互承认高等教育学历学位的谅解备忘录》《中华人民共和国教育部与印度尼西亚共和国研究技术与高等教育部关于设立中印尼高教奖学金项目的谅解备忘录》《中华人民共和国政府和马来西亚政府教育合作谅解备忘录》《中华人民共和国教育部与越南社会主义共和国教育培训部 2016—2020 年教育交流协议》。

在欧洲地区，签署《中华人民共和国教育部与德意志联邦共和国教育和研究部关于在教育领域开展全面合作的联合意向性声明》《中英教育合作伙伴框架行动计划》《中华人民共和国教育部与大不列颠及北爱尔兰联合王国高级别人文交流机制第四次会议联合宣言》《中华人民共和国教育部与捷克共和国教育青年体育部关于相互承认高等教育学历和学位的协定》《中华人民共和国政府与波兰共和国政府关于相互承认高等教育文凭和学位的协议》《中华人民共和国教育部与斯洛文尼亚共和国教育科学体育部教育合作谅解备忘录》《中华人民共和国教育部与匈牙利人力资源部 2016—2018 年教育合作执行协议》《中华人民共和国教育部与匈牙利人力资源部关于匈中双语学校的合作备忘录》《中法高级别人文交流机制第三次会议联合宣言》《中法教育混委会第五次会议纪要》《中国教育部和法国国民教育、高等教育和科研部关于“法国中文国际班”的行政协议》，举办中英高级别人文交流机制第四次会议、中法高级别人文交流机制第三次会议、中国—欧盟国家教育部部长会议、第四届中国—中东欧国家教育政策对话、中法教育混委会第五次会议、中荷第五次教育政策对话、中英第九次教育部部长磋商和中德教育部部长对口磋商，成功组织中德青少年交流年开幕式和闭幕式及各项活动。

在美洲和大洋洲地区，积极落实习近平主席访问美国、访问澳大利亚的成果，成功接待美国林肯中学和澳大利亚育文武女子学校代表团访华。配合做好习近平主席访问拉美三国，李克强总理访问加拿大、古巴，刘延东副总理访问巴西、墨西哥相关工作及成果落实工作，签署了《中华人民共和国教育部与智利共和国教育部关于教育领域合作的谅解备忘录》《中华人民共和国教育部与加拿大外交、贸易和发展部关于加拿大留学中国谅解备忘录》《中华人民共和国教育部与墨西哥合众国公共教育部关于推动教育合作发展的谅解备忘录》，宣布“未来 4 年向古巴提供 1 000 个政府奖学金名额”。利用国家领导人及教育部领导出访等契机，续签了《关于中加学者交换项目的谅解备忘录》《中华人民共和国教育部与澳大利亚教育与培训部关于职业教育与培训合作的谅解备忘录》等。举办和参与 4 次政府间机制化会议，包括中澳第六届教育部部长级磋商会、第九次中新教育与培训联合工作组磋商会、中墨两国政府间常设委员会第七次会议、中委高委会第十五次会议。建立中美大学智库对话和中美教育智库对话两个合作机制，促进两国知名大学智库和教育研究机构开展合作交流。推动中美高校在天文、应用技术教育等专业领域开展深层次、高水平务实合作。召开中美大学天文合作高峰论坛，设立“中美天文领域未来科学家科研基金”和“中美天文领域人才合作培养项目”。启动中美应用技术教育“双百”合作联盟，签署“双百”合作框架协议，以实现 5 年内中美 100 对应用技术大学和学院的深入合作，中美 100 对校企深度融合。继续实施好“三个一万”“百千万”和“3年资助中美两国共5万名留学生到对方国家学习”等中美留学项目，举办中美青年创客大赛、“知行中国”—中美青年菁英学者交流项目、中美千校携手项目等学生交流项目。通过与跨国公司合作，为国内教育改革发展服务。教育部与德州仪器、亚马逊、耐克、NBA中国、谷歌等跨国公司签署了合作备忘录。

在欧亚地区，签署《中华人民共和国教育部和哈萨克斯坦共和国教育科学部教育合作协议（2003年6月3日签署）修改和补充议定书》《中华人民共和国教育部与俄罗斯联邦教育和科学部关于在职业教育领域开展合作的谅解备忘录》。续签《中华人民共和国教育部和乌克兰教育科学部教育合作协议》和《中华人民共和国教育部与莫斯科国立罗蒙诺索夫大学科研、教学和文化合作协议》。举办“中俄媒体交流年”教育领域配套活动。召开中乌教育合作分委会第二次会议、中白教育合作分委会第三次会议、中俄语言教学、学生学者交流和高校科研合作工作组例会、中俄教育合作分委会第十七次会议。协助推动深圳北理莫斯科大学建设和招生工作。支持由北京大学和莫斯科大学牵头成立中俄综合性大学联盟。参加上海合作组织第十一届“教育无国界”教育周活动，举办上海合作组织成员国中学生来华夏令营活动，推进上海合作组织大学建设。2016—2017学年，中方通过奖学金渠道派遣了82名联合培养学生，接受了64名来华奖学金生。

此外，通过国际组织合作，服务教育改革发展，提升多边合作实效。服务高校学术发展，支持高校和直属单位举办1 190个国际会议，包括11个重大国际会议和7个全球顶级峰会。服务教育规划制定，协调世界银行编写《关于国际教育趋势及经验的政策建议》，为《中国教育现代化2030》文件起草提供重要政策咨询。服务重点领域改革，与联合国儿童基金会等实施18个国际合作项目。提升国际引领能力，牵头制定《APEC教育战略》，引导和塑造亚太地区教育合作的方向和框架。出席第四届金砖教育部部长会议，推动金砖国家务实合作。推进落实联合国《2030年可持续发展议程》教育目标，提出中国方案。提升对外宣介能力，通过经济合作与发展组织发布《中国教育体制报告》，通过联合国介绍我国保障公民教育权情况。提升境外非政府组织管理能力，建立教育部工作小组，完成重点省份的调研。

〔**中外高级别人文交流机制**〕 按照党中央、国务院决策部署，继续做好高级别人文交流机制的各项工作，巩固已有的高级别人文交流机制，创新各领域人文交流内容、手段和形式，提升讲好中国故事的能力，促进中外民心相通和文明互鉴。

6月6日至7日，第七轮中美人文交流高层磋商会议在北京举行。习近平主席出席第七轮中美人第八轮中美战略与经济对话和第七轮中美人文交流高层磋商联合开幕式并发表重要讲话。国务院副总理刘延东和美国国务卿克里共同主持会议。本轮磋商就教育、科技、文化、体育、妇女、青年、卫生等7个领域合作进行了深入交流，达成158项合作成果，签署14项合作协议，达到了增进了解、拓展合作的预期目标，进一步夯实了构建中美新型大国关系的社会基础。

6月29日至7月2日，中法高级别人文交流机制第三次会议在法国举行。国务院副总理刘延东与法国外长艾罗共同主持会议，签署《中法高级别人文交流机制第三次会议联合声明》，见证签署各领域合作文件11份，对各领域合作重点达成了64项具体共识。本次会议有针对性地推动了中法在体育领域和科技创新领域的交流，打造了中法合作新亮点。

7月4日，中俄人文合作委员会第十七次会议在莫斯科举行。国务院副总理刘延东与俄罗斯副总理戈洛杰茨共同主持会议，见证签署各领域合作文件8份。双方商定以“一带一路”建设与欧亚经济联盟对接为契机，共同办好“中俄媒体交流年”，落实好各领域合作计划，推动中俄人文合作不断迈上新的高度。会议期间，举办了中俄高铁研究中心揭牌仪式暨中俄高铁发展圆桌会议开幕式、中共六大会址常设展览馆成立仪式、中俄大学校长峰会等配套活动。

8月1日，中印尼副总理级人文交流机制第二次会议在贵阳市举行。国务院副总理刘延东与印度尼西亚人类发展和文化统筹部部长布安共同主持，双方签署各领域合作协议共13项，智库联盟、奖学金生培养、联合实验室共建等项目正式启动。本次机制会议与第九届中国-东盟教育交流周同期举行，活动之间相互借力借势，机制成果丰硕。中印尼人文交流机制完善了中外高级别人文交流机制布局，为我国与发展中国家建立人文交流机制探索了路径，积累了经验。

10月11日，中国-欧盟国家教育部长会议在北京举行。国务院总理李克强发来贺信，欧洲理事会主席图斯克和欧盟委员会主席容克联名发来贺信。国务院副总理刘延东和欧盟委员会教育文化青年和体育委员瑙夫劳契奇共同主持。第四届中国-中东欧国家教育政策对话同期举行，围绕学分互认与学生均衡流动、语言教学和区域与国别研究、青年创业创新教育、特色学科与特色人才培养、学校体育交流五个议题进行了广泛深入交流。

12月6日，中英高级别人文交流机制第四次会议在上海市举行。国务院副总理刘延东与英国卫生大臣杰里米·亨特共同主持，会议签署《中英高级别人文交流机制第四次会议联合声明》和各领域合作协议约15项。会议期间，举办了中英青年圆桌会、纪念汤显祖和莎士比亚逝世400周年座谈会、中英基础教育论坛和中英高校智库论坛等配套活动。

〔**出国留学**〕 聚焦国家战略，服务中心大局，坚持“支持留学，鼓励回国，来去自由，发挥作用”方针，培养了一大批具有国际视野和竞争能力的国际化人才。

一、出国留学规模稳步扩大，留学回国人数持续增长，回国与出国人数“逆差”逐渐缩小。2016年度，出国留学人员总数为54.45万人，比2015年增长了3.97%。出国人员中，国家公派3万人、单位公派1.63万人、自费留学49.82万人。2016年度，各类留学回国人员总数为43.25万人，比2015年增长了5.72%。回国人员中，国家公派2.25万人、单位公派2万人、自费留学39万人。随着年度回国人数与出国人数的增长，两者之间的差距呈逐渐缩小趋势。年度出国、回国人数比例从2015年的1.28∶1下降至2016年的1.26∶1。

二、统筹规划，聚焦前沿，发挥公派出国留学的调控补给作用，全方位培养国家急需人才。一是拔尖创新人才。2016年，通过“未来科学家项目”派出拔尖创新人才36人，赴国外进行访问学者进修及博士后研究，重点面向国家急需、薄弱、空白和关键领域，聚焦现代科技尖端、前沿领域，培养顶尖创新人才、领军人才和大师级人才。二是国际组织人才。2016年，通过“国际组织实习项目”录取31人，赴联合国教科文组织实习研修，录取2人赴国际民航组织实习。三是非通用语种人才。2016年，派出外语非通用语种人才1 036人，涉及42个非通用语种、62个国家，其中32个为“一带一路”沿线国家。四是国别和区域研究人才。2016年，通过“国际区域问题研究项目及外语高层次人才培养项目”录取226人，前往包括俄罗斯、埃及、以色列等13个“一带一路”沿线国家在内的34个国家进行区域研究。

三、政府搭台，项目牵引，鼓励留学人员回国服务、为国服务，成为“大众创业、万众创新”生力军。以平台为依托，积极为留学人员回国发展牵线搭桥。针对留学人员高涨的回国意愿和国内用人单位的“求贤若渴”，会同有关部委和地方政府举办“中国海外人才交流大会”“中国海外学子辽宁创业周”“中国留学人员南京国际交流与合作大会”等大型活动，直接面向海外留学人员打造项目、人才、资金和信息的对接平台。以服务为宗旨，优化留学人员回国工作的服务环境。针对回国留学人员子女入学难问题，组织北京、上海、广东等留学人员集中的省市开展深入调研，督促各地落实有关政策；发布《中国留学回国就业蓝皮书（2016）》，分析留学回国群体的特点和变化趋势，为用人单位和留学人员提供帮助和参考；继续向全国百余所重点高校征集留学人才引进需求信息，通过多种平台对外发布。以项目为载体，积极做好海外留学人才引进和成果转化。2016年，通过“春晖计划”项目资助在外高层次留学人员短期回国服务共计190人，资助科研合作项目220个；举办第十一届“春晖杯”中国留学人员创新创业大赛，在原有北美赛区和法国赛区的基础上，新增德国赛区和澳大利亚墨尔本赛区，遴选了来自18个国家和地区的242个入围项目，并组织项目人员实地对接，帮助项目落地。

四、回应关切，加强引导，构建安全教育体系，让平安留学理念深入人心。重点开展留学人员行前教育。2016年，出国留学行前培训近40 000人，遍及全国34个城市。通过在全国21个省市建立的36家“教育部出国留学培训与研究中心”，举办出国留学行前系列培训、集训和实景演练；加强“平安留学”安全教育信息化建设。通过系统化开发，包括微信公众号、出国留学行前培训网等在内的安全教育网络平台，为广大留学人员提供领事安全、人身安全、心理健康等信息服务；加强留学人员在外期间安全教育。通过驻外使领馆开展多种形式的在外人员安全教育，建立留学生之家，举办平安留学进校园活动等，进一步提高留学人员安全意识和防范意识。

〔**来华留学**〕 围绕外交大局，服务教育对外开放，坚持“扩大规模，优化结构，规范管理，保证质量”方针，培养了一大批知华友华的国际人才。

一、中国成为亚洲最大留学目的国，生源层次显著提升。2016年，来华留学规模持续增长，留学生规模突破44万人，比2015年增长了11.35%，中国已成为亚洲最大留学目的国，来华留学吸引力与国家经济实力和综合实力的匹配度进一步提升。同时，越来越多的留学生来华攻读学历课程，学历生和研究生占比实现双增长。2016年，在华学历生人数达21万人，占来华留学生总数的47.4%，比2015年增长了13.62%；硕士研究生、博士研究生人数达6.4万人，占总人数的14.4%，比2015年增长了19.22%。2016年，在华留学生生源国家和地区总数为205个，创历史新高。“一带一路”沿线国家在华留学生共207 746人，同比增幅达13.6%，高于各国平均增速。

二、精准培养，发挥中国政府奖学金的示范引领作用，提升国际人才培养与国家战略需求的契合度。一是围绕外交战略布局，做好中美、中欧、中俄人文交流奖学金工作；落实领导人重要外交承诺，做好中蒙、中坦、中埃和中印尼等专项奖学金工作。二是响应“一带一路”倡议，向沿线国家提供1万个新生名额；与国家相关部门合作设立专项奖学金，协助储备沿线国家战略人才。三是鼓励和支持高校与国家大型企业合作，开展“订单”培养，为企业“走出去”提供本土化人才支撑。四是注重高端人才培养，全年共招收130名“卓越奖学金项目”发展中国家中青年管理层学员，评选出600名优秀在校生进行奖励。五是不断扩大学分生项目，鼓励和吸引发达国家优秀学生来华学习。2016年，学分生项目招生规模达2 000人，是2015年的4倍。

三、规范管理，构建完整的来华留学政策链条，提升来华留学吸引力。合并修订了《高等学校接受外国留学生管理规定》（9号令）和《中小学接受外国留学生管理暂行办法》（4号令），推动《学校招收和培养国际学生管理办法》出台，明确了国际学生的招收和培养条件，也明确了学校和各部门的管理责任，为进一步规范管理提供了法规依据。积极推进《高等学校国际学生勤工助学管理办法》，促进国际学生在华勤工助学合法化。会同人力资源和社会保障部、外交部，推动出台《关于允许优秀外籍高校毕业生在华就业有关事项的通知》。

四、狠抓质量，推动来华留学内涵发展，打造“留学中国”品牌。来华留学随着教育对外开放一同进入提质增效的发展阶段。2016年，积极启动来华留学教育质量标准建设，着手制定来华留学生高等教育标准和专业教育标准，同时鼓励第三方行业组织制定行业协会认证标准并开展试点认证工作。建立完善激励、认证、评估、督查等质量保障机制，促进“管办评”分离，逐步完善来华留学质量保障体系建设。

五、厚植人脉，重视培育来华留学生对中国的认同感，培育知华友华力量。一方面，以打造品牌活动为依托，增强在华留学生对中国社会的融入感。继续开展“留动中国—在华留学生阳光运动文化之旅”中国政府奖学金生的“感知中国”文化体验活动，吸引了许多留学生积极参与，取得了积极的社会反响，极大促进了在华留学生对中国的了解和认同。另一方面，加大对校友工作支持，通过开展留华毕业生活动，凝聚海内外校友力量。

〔**教育涉外监管**〕　为进一步简政放权，放管结合，优化服务，自费出国留学中介服务机构资格认定由省级人民政府教育行政部门审批，在教育部涉外监管信息网公布。截至2016年年底，已累计公布598个自费出国留学中介服务机构。10月27日，教育部联合国家工商行政管理总局发布了《自费出国留学中介服务合同示范文本》，并于2017年1月1日起实施。根据国务院“放管服”的工作要求，积极推进取消自费出国留学中介服务机构资格认定行政审批，支持并充分发挥行业组织作用，加强行业自律，进一步规范留学中介服务行业行为。

〔**中外合作办学**〕　11月，国务院总理李克强出席中俄总理第二十次定期会晤期间，作为落实两国元首重大外交成果，对外宣布深圳北理莫斯科大学正式设立。

5月，国务院副总理刘延东与俄罗斯国家杜马主席纳雷什金共同出席深圳北理莫斯科大学奠基典礼。

为贯彻落实全面从严治党和全国高校思想政治工作会议精神，自6月起，教育部会同中央组织部就加强高校中外合作办学党建工作深入调查研究、广泛征求意见，起草《关于加强高校中外合作办学党的建设工作的通知》。

为进一步落实简政放权，做好“放管服”工作，自6月起，在深入调研基础上，起草《关于进一步做好本科以上层次中外合作办学机构和项目有关工作的意见》和《关于进一步做好高等专科教育中外合作办学工作的通知》。

10月，发布《中外合作办学100问》，服务社会需求，回应社会关切，成效明显。

10月，建设完善涉外办学监管信息平台，新开发中外合作办学评议专家随机遴选系统，初步形成中外合作办学项目和机构申报网络化、专家评议在线化、监管信息数据化。

2016年，进一步加大引进优质教育资源力度，引进莫斯科国立罗蒙诺索夫大学、以色列理工学院、英国爱丁堡大学、美国伊利诺伊大学厄巴纳香槟校区等境外优质教育资源，外方合作院校中75%为世界大学排名前200高校。批准正式设立深圳北理莫斯科大学和广东以色列理工学院2所具有法人资格的中外合作办学机构。批准正式设立浙江大学爱丁堡大学联合学院等12所不具有法人资格的中外合作办学机构。此外，独立法人院校“烟台格罗宁根大学”也在积极筹建中。

2016年，共批准本科以上中外合作办学项目57个，其中包括内地（大陆）与港澳台地区合作办学项目。鼓励引进知名优质教育资源，引进了美国霍普金斯大学公共卫生、瑞典隆德大学临床医学、瑞典皇家理工学院电子与电气工程、瑞士洛桑酒店管理学院酒店管理等近10个优势专业，显著提高了办学质量和合作层次；重点支持在理工农医、国家急需或薄弱空白学科开展合作办学，全年共批准理工农类项目32个，占全部获批项目的56%；支持中西部地区提升办学能力，在2016年批准的本科以上项目中，中西部地区占53%。

2016年，完成第五轮本科以上层次中外合作办学评估工作，参评机构13个、项目79个，涉及15个省份65家办学单位，另有12个项目申请退出、1个机构申请缓评。92个参评机构和项目中，共有76个机构和项目被评为合格，合格率为82.61%，另有14个机构和项目被评为有条件合格。

2016年，全国28个省份共有903个本科以上层次项目递交中外合作办学年报，其中本科项目757个、硕士项目130个、博士项目16个，共招生55 142人。合作国家和地区项目数量位居前五位的分别是英国（192个）、美国（189个）、澳大利亚（99个）、俄罗斯（83个）和加拿大（54个）。在举办项目的中方高校类型方面，“985工程”高校举办项目84个，“211工程”高校举办项目130个、普通高校举办项目646个、独立学院举办项目24个、民办高校举办项目19个。中外合作办学机构共90家（不含长江商学院），其中具有独立法人资格的机构为9家、非独立法人机构为81家。实际递交年报机构数为71家，未上报机构数为19家，上报率为83.53%。

〔**境外办学**〕　按照中央领导批示精神，继续推动高校走出去办学。就共建“哈萨克斯坦国际大学”组成跨部门工作组，赴哈萨克斯坦开展实地调研，形成《关于参与建设哈萨克斯坦国际大学有关工作的报告》。继续推进共建“中约大学”，成立“中约大学”跨部委工作小组，召开跨部委协调工作组磋商会议。厦门大学马来西亚分校正式招生。

高等学校境外办学审批权取消后，为推动“放管服”改革，加强规划指导和事中事后监管，在充分调研的基础上，积极推进《关于做好高等学校境外办学有关工作的意见》等政策文件制定工作。

〔**学历学位互认协议**〕 截至2016年年底，已与46个国家和地区签署了高等教育学历学位互认协议，其中“一带一路”沿线国家23个。通过签署学历学位互认协议，进一步扩大中国高等教育国际影响力，建立中外高等教育互联互通标准，服务好教育对外开放事业发展。

〔**国别和区域研究**〕 一是发布国别和区域研究2016—2017年度指向性课题。面向中央相关部门、教育部相关司局和研究机构征集研究任务，共确立141项研究任务作为2016—2017年度指向性课题发布，涉及“一带一路”倡议、中外人文交流和服务教育综合改革等方面内容，以课题研究为切入点，引导国别和区域研究培育基地主动服务国家重大需求。二是搭建研究成果报送、展示平台。搭建以《国别和区域研究专报》为龙头，以《国别和区域研究杂志》和《国别和区域研究通讯》为两翼的信息交流和沟通体系。2016年，共报送国别和区域研究专报20期及信息增刊4期、编发《国别和区域研究杂志》2期、《国别和区域研究通讯》13期。

撰稿 朱 莉 张 晋 陈大立 刘剑青 王道余 聂瑞麟 闫炳辰 杨晓春 安 延 李旭东 毛冬敏 赵 娜 刘嘉铭 朱立城

审稿 许 涛 于继海 方 军 李 海 王 慧

民间交流

〔**服务外交大局，做好人文交流**〕 2016年，按照教育部的统一部署，中国教育国际交流协会（简称交流协会）积极参与中俄、中美、中英、中欧、中法和中印尼六大高级别人文交流机制会议及相关配套活动，并开展了人文交流活动和项目，服务国家外交大局。

1. 中俄人文交流机制。在中俄人文合作委员会第17次会议期间，承办了中俄大学校长峰会，国务院副总理刘延东出席并发表主旨演讲，俄罗斯副总理戈罗杰茨到会并致辞，中俄大学八大联盟200余所院校的600余位代表参会。

2. 中美人文交流高层磋商机制。继续落实中美人文交流高层磋商成果，积极研发项目。成功接待习近平主席邀请的美国林肯中学学生代表团；继续实施“知行中国”品牌项目，接待了第二届知行中国—中美青年菁英项目的9名美国学者来华学习访问、知行中国—中美学术影响力项目的13名美国州立大学学术带头人来访；“千校携手”项目新增177所项目学校；继续实施美中友好志愿者项目、美国优秀高中毕业生交流项目；接待美国耶鲁大学阿卡贝拉男生清唱团访华；落实国务院副总理刘延东“美国传统非洲裔学院与大学（HBCU）提供1 000名中国政府学分奖学金”的指示，组织实施HBCU学分生项目。

在职业教育领域，积极主办第四届中美高职院校/社区学院校长对话、中美未来职业之星夏令营和中美高校领导力发展及合作论坛；继续推进中美“高端技能型、应用型人才联合培养百千万交流项目”，中方院校拓展至40所，覆盖全国15个省份。

3. 中英高级别人文交流机制。落实中英高级别人文交流机制第三次会议和中英第八次教育部长级磋商会议成果，组织实施中英职业教育领导力发展项目、中英职业教育政策对话、中英伙伴学校交流计划和英国大学生来华实习项目，促进两国教育务实合作。

4. 中欧人文交流机制。承办中国—中东欧国家高校联合会第三次会议、中德“学校—塑造未来伙伴（PaSCH）”年度会议；在第十七届中国国际教育年会期间，与爱尔兰驻华使馆共同主办了中爱高等教育论坛；分别与爱尔兰大学协会和荷兰教育国际交流协会签署合作协议，拓宽了合作渠道。

5. 中法高级别人文交流机制。中法高级别人文交流机制第三次会议期间，在巴黎举办了中法高等教育论坛。在国务院副总理刘延东与法国巴黎学区总长弗朗索瓦·维耶的共同见证下，交流协会秘书长生建学与法国驻华大使顾山签署了关于开展“中法百校交流计划”谅解备忘录，推动两国在基础教育领域的合作。

6. 中印尼副总理级人文交流机制。中印尼副总理级人文交流机制会议第二次会议在第九届中国-东盟教育交流周期间举办，交流协会圆满完成了会议相关工作。

〔**服务教育改革，引领行业发展**〕 交流协会主动适应“十三五”对社会组织发展提出的新要求，以民间教育国际合作交流为依托，充分发挥行业的平台优势，积极参与教育公共治理，服务教育综合改革。

1. 开展中外合作办学研究，健全质量保障体系。紧抓政府“放管服”改革的机遇，遵循和把握行业发展规律，健全中外合作办学质量保障体系。优化高职高专中外合作办学试点评估系统；支持研究发布《中外合作办学100问》《中外合作办学机构年度报告》《中外合作办学项目年度报告》；研制《院校工作手册》等中外合作办学质量认证工具包材料，不断完善认证标准和体系；按计划推动对已签约项目的指导、考察和认证工作，促进办学质量提升；加强与国外质量保障机构的交流与合作，提高国际影响力。

2. 有序推动来华留学教育质量认证试点工作。完善认证标准体系，以评促建，完成了首批28所试点院校认证工作，助力打造一批来华留学示范项目，提升来华留学培养质量；启动第二批35所院校的试点认证工作，按照认证办法，有序开展院校自评和指导，组织好后续通讯评审、现场考察、集中评审等工作。

3. 调研行业需求，发挥“民间智库”功能。继续发挥民间智库功能，在充分调研、完善指标、提出建议的基础上，相继完成了《2016中国高等教育国际化发展状况调查报告》和《职业教育国际交流与合作发展规划（2016—2020）》，修订了《自费出国留学中介服务合同示范文本》，组织撰写了《留学中介服务质量评价》国家标准，为政府部门推进教育领域综合改革发展提供了有益参考。

4. 继续开展外籍教师招聘服务。优化外籍教师管理模式，建立引智平台，开展教师培训，强化对外籍教师的安全监管，提升了外教质量。

与英国文化协会及美国IES Abroad等相关机构合作开展英语外籍教师项目，吸引了250名外籍教师在我国21个省份、38个城市的130余所中小学任教，直接受益学生达10万余人；通过与西班牙职业足球联盟、阿根廷足协下属公司合作，联合招募共计70余名外籍足球教师来华任教，促进校园足球运动发展，培养后备人才。

5. 注重内涵，做好培训团组归口管理及组派工作。继续承接教育部各类出国（境）培训项目，培训内容涉及领导干部能力提升、业务培训等多方面，包括千名中西部大学校长海外研修计划项目和高职院校领导海外培训项目、校园足球、中外合作办学质量保障、来华留学等。在培训主题设计及组织实施过程中，交流协会始终坚持问题导向、改革创新、求真务实和规范管理，不断增强境外培训的针对性和实效性，提高团组质量，将全年培训团组执行率提升至100%。

〔**服务社会发展，发挥民间优势**〕 交流协会充分发挥社会组织优势，积极参与国内外的民间交流活动，开拓交流渠道，服务社会发展。

1. 积极代表中国民间教育国际交流发声。参加20国集团民间社会会议、国内社会组织参与国际非政府组织活动协调管理工作座谈会和东南亚教育部部长组织区域中心主任会议，介绍了交流协会的发展经验，主动宣传中国教育改革开放的成果，展示中国民间教育国际交流的整体风貌，发出“中国声音”。

2. 继续坚持“走出去”和“请进来”。继续助推中国教育“走出去”，组派国家展团赴美国参加国际教育工作者协会（NAFSA）第六十八届年会、教育展，赴英国参加欧洲国际教育协会（EAIE）第二十八届年会暨教育展。借助两大教育交流平台，展示我国教育改革的丰硕成果，提升来华留学吸引力，加强中外院校的合作与交流。组派中国高等教育代表团赴美国、墨西哥和哥斯达黎加举办中国高等教育展；组派国际学生流动、“一带一路”教育共同体研究等工作团组，以民间交往的形式助力中国教育走向世界。

积极主办和承办中国东盟跨境教育合作对话、第十三届中日高等教育交流研讨会等多边和双边国际会议，为中外院校搭建互学互鉴、深度交流和探讨合作的平台，助力高校提升国际化水平和办学实力。

3. 依托民间教育合作交流，培养国际人才。交流协会通过民间及国际组织平台、加强同行合作、筹集民间专项资金等形式，推动师生交流互访，为培养高层次和国际化人才提供支撑。

组织实施日本优衣库奖学金交流项目、中国高中生（短期）访日友好交流项目、第十一届中华全国日语演讲比赛、2016 年土耳其世界园艺博览会青少年文化交流活动等一批青少年交流项目，提高师生跨文化理解及交往能力；继续与国内外高校合作实施艺术学科师生海外学习计划，派出 284 名艺术专业师生赴海外学习；接待了习近平主席邀请的白俄罗斯大学生夏令营团，受李克强总理邀请来华参加夏令营的吉尔吉斯斯坦中学生代表团、日本北海道青少年友好访华团等多个团组，增进了中外青年学生之间的理解与友谊。

助推国际理解教育，做精做深 AFS 国际文化交流项目等中外青少年人文交流“旗舰项目”。2016 年，累计派出 1 467 名师生赴 20 多个国家交换学习，培养具有国际视野的复合型人才；推动 SENTIO 跨文化体验项目，大力发展大学生和教师项目，打造国内外高校合作网络；继续推动国际理解教育课程与实践，以“读懂中国，理解世界”为主题举办第五届国际理解教育论坛。

〔加强品牌建设，办好中国国际教育年会〕 经国务院批准，第十七届中国国际教育年会于 10 月 20 日至 23 日在北京举办。本届年会主题为“创新与创业可持续发展人才成长之路；学校、企业和社会的合作伙伴关系”。年会由“中国国际教育论坛”“中国国际教育展”“中外院校合作项目洽谈会”三部分组成，已成为中国及亚太地区教育领域规模最大、最具影响力的年度盛会。

〔加强组织建设，稳步推动理事会换届〕 10 月 14 日，交流协会第六届理事会第八次理事大会在北京召开，会议选举教育部原副部长刘利民担任交流协会第六届理事会会长。

撰稿　符　维
审稿　周　燕

与联合国教科文组织合作

〔首届联合国教科文组织女童和妇女教育奖颁发〕 2016 年 6 月 6 日，首届联合国教科文组织女童和妇女教育奖颁奖仪式在北京人民大会堂举行，联合国教科文组织促进女童和妇女教育特使彭丽媛、联合国教科文组织总干事博科娃共同为来自印度尼西亚和津巴布韦的获奖代表颁奖。

〔深入参与全球教育治理〕 2016 年，中方专家当选2030年教育指导委员会和技术合作小组成员，深度参与2030年教育议程国际战略规则和标准的制定，宣传中国经验、贡献中国智慧。教育部相关司局出席了亚太地区落实2030年教育议程机制性会议等14个地区会议或国际会议。中国专家作为起草委员会成员参与联合国教科文组织《承认高等教育相关资历全球公约》起草工作，并积极推进《亚洲及太平洋地区承认高等教育资历公约》的落实。

〔**推进2030年教育议程实施**〕 中国政府从国际、地区和国家层面积极推进2030年教育议程实施。5月30日，中国2030年教育国际咨询会在巴黎联合国教科文组织总部召开，教育部部长助理陈舜率团出席会议，就国际教育发展趋势、中国教育发展2030目标与战略选择、现代教育治理等方面的问题听取国际专家建议，国际专家从国际视角为我国编制2030年教育规划提出了很多有价值的政策建议。

〔**推荐专家竞聘联合国教科文组织高级别职位**〕 经中国联合国教科文组织全国委员会推荐，教育部教育管理信息中心原主任展涛成功竞聘联合国教科文组织教育信息技术研究所主任，成为中国在联合国教科文组织第三位D级（Director）官员。

〔**积极培养国际组织人才**〕 重视培养具有国际组织工作经验的人才，继续向联合国教科文组织选派实习生和借调专家。2016年，共选派实习生31人。

〔**举办国际女童与妇女教育研修班**〕 6月4日至7日，由教育部和联合国教科文组织合作举办的国际女童与妇女教育研修班在北京举行，教育部副部长郝平出席研修班开幕式并致辞。此次研修班的主题为“2030教育行动框架下的女童与妇女教育”。来自30余个国家的60余位国内外女童与妇女教育专家、女教师和教师培训机构代表、教科文组织官员等，围绕教育性别平等、女童和妇女技能发展与创业教育、建立包容和性别平等的环境等议题分享经验、探讨对策。

〔**举办国际教育信息化会议**〕 6月22日至24日，由中国联合国教科文组织全国委员会、联合国教科文组织、教育部教育信息管理中心和山东省教育厅共同举办的国际教育信息化会议在青岛市召开。来自50多个国家的教育官员、高校校长、教育信息化专家学者及信息通信技术行业人士等500余名代表参会。本次会议以“互联网时代的教育变革与教育2030年议程”为主题，探讨落实《青岛宣言》的路线图，分享交流信息化技术与教育深度融合的创新实践。

〔**举办都江堰国际论坛**〕 7月28日至29日，中国联合国教科文组织全国委员会与联合国教科文组织、成都市政府合作举办了以“中国与教育2030”为主题的都江堰国际论坛，来自联合国教科文组织及中国、巴西、比利时、南非等国家和地区的150余名代表出席会议。会议围绕中国如何更好地落实《2030年可持续发展议程》教育目标和《2030年教育行动框架》，以及如何促进教育信息化发展、提升终身学习机会进行研讨。

〔**举办联合国教科文组织学习型城市网络成员大会**〕 11月15日至16日，由中国联合国教科文组织全国委员会、联合国教科文组织终身学习研究所和杭州市政府合作举办的联合国教科文组织学习型城市网络第一届成员大会在杭州市召开。会议以“致力于可持续发展的学习型城市建设”为主题，来自全球29个学习型城市网络会员城市和联合国教科文组织终身学习型研究所、联合国人类住区规划署等国际组织的150余名代表出席会议。会议通过了《学习型城市建设杭州宣言》，为下一步世界各国建设学习型城市提出了建设性意见。

〔**颁发第十一届联合国教科文组织孔子教育奖**〕 9月27日至28日，第十一届联合国教科文组织孔子教育奖颁奖仪式在曲阜市举行。来自南非、印度和塞内加尔的获奖代表出席颁奖仪式，参加了孔子文化节相关活动并考察了当地的基础教育情况。

〔颁发2016亚太地区教育创新文晖奖〕 11月20日至21日，由中国联合国教科文组织全国委员会、联合国教科文组织亚太地区办事处和中国教育学会共同主办的“2016国际教育创新大会暨亚太地区教育创新文晖奖颁奖仪式”在北京举行，来自国内外教育领域的近400名代表出席了会议。2016年，文晖奖得主是来自马来西亚的终身学习科学24/7组织和来自印度的提升综合社会保障意识组织。本次文晖奖还产生了4个荣誉奖获奖单位，分别是达卡阿赫萨尼亚组织（孟加拉国）、技术教育研究所（新加坡）、全球河流环境教育网络（澳大利亚）和亚洲国际计划（泰国）。

〔延长实施联合国教科文组织中非信托基金〕 按照习近平主席在联合国教科文组织总部讲话精神，将2016年到期的中非信托基金延长至2018年，并将实施国家从8个增至10个。截至2016年年底，受益国家包括纳米比亚、埃塞俄比亚、科特迪瓦、刚果（金）、刚果（布）、利比里亚、乌干达、坦桑尼亚、多哥、赞比亚。

〔扩大长城奖学金规模〕 按照习近平主席在联合国教科文组织总部讲话精神，将长城奖学金人数增至75人，并与在联合国教科文组织设立的中非信托基金结合，侧重于培训信托基金实施国教育工作者，其首批学员已完成学业，顺利毕业。

〔6个城市加入全球学习型城市网络〕 经教育部领导批准，成立了由教育部副部长郝平担任组长的中国参加联合国教科文组织全球学习型城市项目领导小组，北京、成都、太原、武汉、深圳、常州加入联合国教科文组织全球学习型城市网络。

〔举办第三届联合国教科文组织全国委员会地区间会议〕 6月13日至15日，由联合国教科文组织与中国联合国教科文组织全国委员会、上海市政府合作举办的第三届联合国教科文组织全国委员会地区间会议在上海市召开。会议期间，包括中国在内的115个国家的联合国教科文组织全国委员会代表、相关领域国际专家以及部分机构、企业和学校代表，围绕落实联合国2030可持续发展议程、保护共同的遗产、青年与防止极端暴力等议题，共同分析全球面临的挑战，探讨可行的解决方案。

〔举办第二届联合国教科文组织创意城市北京峰会〕 6月6日至8日，第二届联合国教科文组织创意城市北京峰会在北京举行，国务院副总理刘延东出席会议开幕式。会议以“创意与可持续发展”为主题，由联合国教科文组织、中华人民共和国教育部、中国联合国教科文组织全国委员会、北京市政府共同主办，来自国内外政府部门、国际组织、全球各创意城市代表、企业、院校的400多位代表出席会议。会议还发布了文化多样性公约10年成果报告《重塑文化政策：为发展而推动文化多样性的十年》中文版。

〔举办国际博物馆高级别论坛〕 11月10日，国际博物馆高级别论坛在深圳市举办，国家主席习近平为论坛发来贺信，国务院副总理刘延东在开幕式上宣读贺信并致辞。会议由联合国教科文组织、中国联合国教科文组织全国委员会、国家文物局、深圳市政府共同举办，全球40多个国家的知名博物馆负责人出席。会议发表了《深圳宣言》，推动落实联合国教科文组织关于博物馆及其藏品多样性的建议书，发挥博物馆在促进文明间对话交流中的独特作用。

〔举办亚洲青年文明对话论坛〕 9月21日至23日，亚洲青年文明对话论坛在成都市举办。论坛由联合国教科文组织、中国联合国教科文组织全国委员会、联合国教科文组织世界协会联合会共同主办。来自亚太地区46个国家的近200名青年围绕尊重文化多样性、促进文明间理解互信、促进社会融入与和谐等主题展开讨论和交流，并形成亚洲青年关于文明对话的思考和建议，最终将相关议题提交亚洲文明对话大会和联合国教科文组织第十届青年论坛。

〔左江花山岩画和神农架列入《世界遗产名录》〕 7月10日至17日，第四十届世界遗产委员会会议在土耳其伊斯坦布尔召开。中国申报的左江花山岩画和神农架分别作为世界文化遗产和世界自然遗产列入世界遗产名录。截至2016年年底，我国共有50项世界遗产，成为仅次于意大利的世界第二遗产大国。

〔“二十四节气”列入联合国教科文组织《人类非物质文化遗产代表作名录》〕 11月28日至12月2日，第十一届联合国教科文组织保护非物质文化遗产政府间委员会会议在埃塞俄比亚首都亚的斯亚贝巴召开。会议决定将中国申报的“二十四节气——中国人通过观察太阳周年运动而形成的时间知识体系及其实践”列入联合国教科文组织《人类非物质文化遗产代表作名录》。截至2016年年底，我国共有39项非物质文化遗产，位列世界第一。

撰稿　程　康
审稿　杜　越

留学基金管理

〔召开国家留学基金管理委员会第16次全体委员会议〕 2016年1月26日，国家留学基金管理委员会第16次全体委员会议在北京举行。教育部副部长兼国家留学基金委主任郝平出席会议并讲话。

郝平充分肯定了国家留学基金委的工作，他指出，报告十分务实、内容丰富；国家留学基金委领导班子团结勤奋，讲政治、守规矩、善谋划、重落实，推动国家公派留学事业取得了积极进展。他要求，2016年要认真学习把握李克强总理重要批示和刘延东副总理在全国教育工作会议重要讲话精神，抢抓发展机遇，统筹质量规模，落实新时期教育对外开放最新要求，进一步加强工作谋划，围绕国家战略做好急需重点人才培养工作；推动国家留学事业在人才智力支撑、质量效益提升、体制机制创新和发挥作用等方面实现重点突破，开创国家公派留学事业发展新局面。

人力资源和社会保障部、财政部、外交部、公安部、教育部、中国科学院、中国社会科学院、国家自然科学基金委等委员单位的委员及代表对国家留学基金委工作进行了审议，并就总结留学工作20年发展经验，加强长远谋划、完善管理架构、探索精准留学、增强质量效益等提出了建设性的意见和建议。

〔公派出国留学〕 2016年，共资助62 005名国家公派留学人员在95个国家留学，主要集中在欧美教育发达国家和地区。公派留学人数最多的8个国家分别为：美国、英国、德国、加拿大、法国、澳大利亚、俄罗斯、日本。

新派出各类留学人员30 014人，较2015年增长15.44%。其中，3 291人进入“一带一路”沿线国家和地区留学，同比增长24.05%。访问学者（含高级研究学者、访问学者及博士后）12 417人，博士研究生（含攻读博士学位研究生及联合培养博士生）9 254人，硕士研究生（含攻读硕士学位研究生和联合培养硕士生）2 168人，本科生6 175人；派出人员中，工科占35.15%、人文社科占43.06%、理科占15.17%、医科占6.62%。

1. 国家建设高水平大学公派研究生项目。2016年，共派出8 673人，其中，博士学位研究生3 085人、联合培养博士生5 588人。自项目启动以来，共派出55 120人，其中博士学位研究生20 500人、联合培养博士生34 620人。

2. “西部地区人才培养特别项目”和地方合作项目。2016年，共派出2 680人，签约省份25个。为配合国家“西部大开发”“东北老工业基地振兴”及“中部崛起”战略的实施提供了有力的人才支撑，为地方经济社会发展培养了一批急需人才。

3. 优秀本科生国际交流项目。资助 178 所国内高校的 1 808 个交流合作项目，派出 4 608 人。自项目实施以来，共派出 13 130 人。项目推动了国内高水平大学与世界知名大学和机构的合作，提升了在校大学生的创新意识、实践能力和国际竞争力。

4. 非通用语种和国别区域问题研究人才培养。2016 年，派出非通用语种人才 1 036 人，涵盖 42 个非通用语种，其中格鲁吉亚语、科摩罗语、提格雷尼亚语、亚美尼亚语 4 个语种为空白语种，涉及 32 个“一带一路”共建国家。共派出国别与区域研究人才 266 人。

5. 艺术类人才培养特别项目。2016 年，派出 274 人，重点选派国内发展薄弱、与国际水平有较大差距的艺术类专业或交叉学科领域人员出国留学。支持一批国内艺术团体和机构中的优秀中青年艺术工作者、高校从事艺术教育的教师、国内外艺术类专业优秀在校生出国学习。

6. 国家优秀自费留学生奖学金。国家自费留学生奖学金奖励范围涉及 32 个国家。奖励金额为每人 6 000 美元，特别优秀奖每人奖励 10 000 美元。501 人获奖，其中特别优秀奖 10 人。

7. 国际组织实习项目。首次有组织、成批量地向国际组织选派人员，全年选拔 34 人赴联合国教科文组织总部和地区办事处、国际民航组织等研习。与联合国教科文组织、国际民航组织、联合国难民署、国际电信联盟等签署了合作协议。

8. 学校体育教练、教师人才培养。国家留学基金管理委员会通过“中国校园足球教练员赴法国留学项目”“中国校园足球教师及教练员赴英留学项目”“全国学校体育教练员赴美留学研修项目”，共成班派出 860 名校园体育教师，分别赴美国、英国、法国进行研修。

9. 创新型人才国际合作培养项目。全年录取 536 人，派出 406 人。新资助 44 家单位 57 个项目，其中中国科学院“第三季冰芯研究创新型人才联合培养项目”负责人姚檀栋院士获 2017 年维加奖（每 3 年在全球范围内评选出 1 名获奖者，由瑞典国王颁奖，享有“地理学诺贝尔奖”之称），也是首位获此荣誉的亚洲科学家。

10. 攻读博士学位研究生学业年度复核。2016 年，共对 2014 年派出的 2 546 名攻读国外博士学位的研究生进行学业年度复核。

11. 加强对国家公派出国留学人员的跟踪服务。10 月，留学人才回国服务平台正式上线，为 858 位留学博士提供了 37 家单位发布的 89 个岗位信息；吸引 29 位留学博士报名参加国内单位举办的“青年学术论坛”活动。

12. 举办 2016 年国家公派出国留学人员行前培训会议。通过教育部视频会议系统，在全国 31 个省份、43 个城市设立 108 个分会场，对包括中央部委、高校、科研院所及企事业单位的 15 000 余名国家公派留学人员和国家留学基金申请受理单位工作人员进行了集中培训。2016 年，还为成班派出人员等组织行前培训和回国总结共计 178 场。

〔中国政府奖学金来华留学〕　2016 年，共资助 49 020 名中国政府奖学金来华留学生在华学习，比 2015 年增加 20.74%。其中，学历生人数达 43 186人，占中国政府奖学金生总数的 88.10%；研究生 33 940 人，占中国政府奖学金生总数的 69.24%。

1. 中国政府奖学金来华留学新生工作。2016 年，共录取来自 183 个国家的 17 784 名中国政府奖学金来华留学新生，同比增加 36.17%。从学科门类看，涵盖 12 个学科门类，工学类学生数继续占据首位，占奖学金生总数的 23.91%。

2. 开展中国政府奖学金来华留学生年度评审。2016 年，共对 22 179 名中国政府奖学金来华留学生进行了年度评审，21 950 名学生通过年度评审，通过率达 99%。

3. 加强中国政府奖学金来华留学本科生预科教育。修订完善预科教育教学和考核大纲，通过研究、论证和实践检验，形成了成熟的预科教育综合考试，综合考试成为预科教育唯一的考核标准。2016 年，对 1 332 名预科学生进行结业考试，其中 1 262 名预科学生通过考试，通过率为 94.74%。

4. 继续成规模组织中国政府奖学金生“感知中国”社会实践和文化体验活动。来自全国 150 所高校和 184 个国家的近 8 000 名优秀中国政府奖学金生深入中国高科技企业、现代农业、矿山油田等参观考察，增进了学生对中国历史文化和现代文明的认知了解，“感知中国”活动品牌效应进一步凸显。

5. 来华留学合作奖学金继续拓展。分别与英国、越南、巴基斯坦等国家的有关部门，与中国商务部、国家海洋局等有关部门，以及与马来西亚森那美集团、老挝国家电力公司、中国国家开发银行、华为技术有限公司等 8 家中外企业合作开展来华留学奖学金项目，全年资助 912 人。

〔**信息化建设**〕　国家公派出国留学管理信息平台为申报、评审、录取、派出提供了重要支撑，在外管理系统推行应用工作启动，对德国、加拿大等国的公派生在外管理工作实现网上办理；建成留学人才回国服务信息系统；完成中国政府奖学金来华留学管理信息系统建设；新版国家留学网发挥了积极作用。

〔**国际合作与交流**〕　大力拓展国际合作交流渠道，先后与美国耶鲁大学、英国牛津大学、加拿大女王大学、国际电信联盟、国际玉米小麦改良中心等教育机构和国际组织新签和续签各类合作协议 63 项。

国家留学基金管理委员会在中央领导人高层访问和中外人文交流工作中多次承担重要配套活动，国家公派出国留学多次成为活动“主角”，发挥了积极作用。

6 月 6 日至 7 日，在第七轮中美人文交流高层磋商期间，国家留学基金管理委员会积极助力中美大学学生学者交流。一是与美国耶鲁大学签署《关于合作开展中国大学校长交流研修项目的谅解备忘录》；二是与美国加州大学系统高校及夏威夷大学等 9 所大学共同签署《与美国大学合作培养天文领域专业人才的谅解备忘录》；三是受教育部委托，与北京大学共同承办中美大学天文合作高峰论坛。上述活动均被列为第七轮中美人文交流高层磋商的重要成果。

6 月 30 日，中法高级别人文交流机制第三次会议期间，受教育部委托，国家留学基金管理委员会与法国大学校长联席会议、法国工程师学院院长联席会议共同在巴黎笛卡尔大学（巴黎第五大学）举办“中法高等教育论坛：大学与工程教育”，国务院副总理刘延东出席开幕式并发表演讲。活动期间，刘延东为“中法大学合作优秀项目”颁奖，并见证了 9 份中法双方合作协议签署，其中包括国家留学基金管理委员会与法国技术大学—应用科学院集团（UT-INSA）合作协议，以及国家留学基金管理委员会与中国大学生体育协会、法国大学生体育联合会三方合作协议。

8 月 1 日，中印尼副总理级人文交流机制第二次会议、第九届中国—东盟教育交流周暨第二届中国—东盟教育部长圆桌会议在贵阳市召开。

10 月 11 日，中国-欧盟国家教育部长会议在北京举行，这是在中欧高级别人文交流对话机制框架下举行的首次中国-欧盟国家教育部长会议。国务院副总理刘延东和欧盟委员会教育、文化、青年和体育委员蒂博尔·瑙夫劳契奇做主旨发言。

11 月 25 日，受教育部委托，由国家留学基金管理委员会与德国柏林自由大学共同承办的“中德高等教育与科技创新论坛”在德国柏林自由大学举办，国务院副总理刘延东出席论坛开幕式并发表致辞。

撰稿　卢春生

留学服务

2016 年，教育部留学服务中心服务大厅办理业务达 22.95 万人次；通过邮寄办理的方式为 12.68 万人提供了学历学位认证、开具就业报到证等服务。

〔为公派出国（境）及教育系统出访团组服务〕 2016年，共为1.9万人办理派出手续并提供相关服务，同比增长10%。全年在34个城市组织举办了80余场行前培训会，范围涵盖国家公派留学、校际交流、合作办学以及自费留学人员。接受行前培训的达19余万人次，为历年之最，基本实现了国家公派人员全覆盖以及逐步扩大惠及自费留学人员的目标。全年共为6 728个教育系统出访团组提供了服务，为教育部系统短期出访团组、常驻人员办理护照3 921人次，办理签证8 911人次，开具出境证明1 869人次，办理港澳通行证及签注73人次。

〔办理留学回国人员就业报到手续〕 全年共办理就业落户手续14 494人，其中在北京落户6 471人。

〔办理国（境）外学历学位认证〕 根据《国务院办公厅关于简化公共优化服务流程方便基层群众办事创业的通知》精神，于7月取消了国（境）外学历学位认证申请中包括转移学分证明、学习经历证明等7项证明材料，学习成绩单不再作为认证的必需材料，极大地方便了留学人员办理认证申请业务，进一步提高了认证服务效率。2016年，共完成认证申请158 502份，同比增长12.7%。其中，国外学历学位认证133 161份，同比增长12.3%；港澳台地区学历学位认证16 852份，同比增长16.7%；合作办学学历学位认证8 489份，同比减少12.3%。

〔办理留学存档〕 全年共为79 000人次提供了留学档案管理服务，其中存档办理14 415人、新增档案13 815份、档案转出10 622份、党组织关系转出1 515人、开具各种证明7 451份、接待阅档单位29家。

〔进一步完善留学人员回国创新创业平台建设〕 组织完成了第十一届“春晖杯”中国留学人员创新创业大赛的启动报名、在线答疑、评审公示、对接洽谈、颁奖考察等活动。大赛加大了海外分赛区的推广力度，在原有北美和法国分赛区的基础上，新设了德国和澳大利亚墨尔本分赛区。大赛共收到来自17个国家和地区符合受理条件的参赛项目395个，经过专家评审和网上公示，最终242个留学人员项目入围。12月18日至22日，181名大赛入围者汇聚广州，参加第十一届“春晖杯”大赛创业交流、项目展示、对接洽谈和大赛颁奖等系列活动以及2016中国海外人才交流大会暨第十八届中国留学人员广州科技交流会的相关活动。此后，大赛组委会办公室还组织大部分入围项目留学人员分两路赴深圳、苏州、嘉兴、宁波、天津、北京6市继续进行洽谈和对接。

〔组织撰写《“春晖杯”中国留学人员创新创业大赛十年发展研究报告》〕 《“春晖杯”中国留学人员创新创业大赛十年发展研究报告》分为发展回顾、主要成绩、未来展望三篇，比较完整地总结了自2006年创办“春晖杯”大赛十年间留学回国人员创业的经验与成果，展望留学人员创业的前景，分析面临的困难和挑战，并提出了相应的发展建议。

〔为重点高校、科研单位和地方建设引进高层次人才服务〕 举办春秋两季留学英才招聘会，共吸引全国11个省市的260家引才单位设展招聘，招聘岗位2 000余个，6 000多名留学人员应聘。依托已建立的10个留学回国人员实习基地，为有需要的留学人员回国实习搭建平台，全年共为100多名留学回国人员提供了实习帮助。12月，又与中国南方人才市场、湖北省人才交流中心等4家机构合作建立留学回国人员实习基地，使留学回国人员实习基地扩展到14个。

〔组织编写《中国留学回国就业蓝皮书（2016）》和《中国国（境）外学历学位认证（可）报告（2016）》，编纂《中国留学人员创业年鉴（2016）》〕 《中国留学回国就业蓝皮书（2016）》以历年数据分析框架为基准，进行年度数据特征的分析和比对，动态反映留学回国人员就业状况的全过程。蓝皮书“专题研究报告”部分紧贴“大众创新、万众创业”的大背景，聚焦“春晖杯”中国留学人员创新创业大赛十年发展历程，以特殊的视角对留学人员回国创业现状进行了总结。

《中国国（境）外学历学位认证（可）报告（2016）》从介绍国际上高等教育文凭证书相互承认公约的现状入手，结合中国对国（境）外学历学位认证（可）大数据的分析，展现当今国内外高等教育文凭证书相互承认的大趋势。

《中国留学人员创业年鉴（2016）》收录了2015年度国家及有关部委领导关于创新创业的重要讲话、国家及地方出台的创新创业政策等内容，为留学人员回国创业提供政策咨询服务。

《中国留学回国就业蓝皮书（2016）》《中国国（境）外学历学位认证（可）国家报告（2016）》均被纳入《中国教育报告·发展与质量》年度立项项目。

〔**举办第二十一届中国国际教育巡回展和2016中国留学论坛**〕　第二十一届中国国际教育巡回展于5月7日至22日在北京、济南、西安、上海、成都、武汉和广州7市举行。本届教育展共有来自30个国家和地区的近400所高校和教育机构参展，其中澳大利亚、加拿大、法国、韩国、日本、马来西亚、新西兰、英国和匈牙利9国以国家展团形式参展。据统计，本届展览在7个城市累计吸引2万多人次观展。同时，以“协同创新、统筹发展、提升质量—新理念、新思路、新举措”为主题的2016中国留学论坛于5月6日在北京举办。

〔**新加坡政府奖学金项目**〕　新加坡护理医科奖学金项目招生工作于10月28日至11月11日进行，共有来自7所代招院校的112名学生被新加坡录取。2016年，新加坡硕博连读奖学金项目共录取13人。

〔**出国留学培训项目建设**〕　2016年，出国留学培训项目继续呈现平稳发展态势，新签约国内外院校和意向合作院校保持稳定增长。截至2016年年底，教育部留学服务中心出国留学培训项目国内合作院校37所、海外合作院校60余所、在校学生总数为7 100余人。

〔**英国高等教育文凭（SQA-HND）项目建设**〕　SQA-HND项目稳步发展。截至2016年年底，教育部留学服务中心SQA-HND项目国内合作院校33所、国外合作院校48所、在校生总数为11 500余人。

〔**国际通识教育课程（IGEC）项目建设**〕　继续推进IGEC项目发展，积极拓展国内外合作院校。截至2016年年底，教育部留学服务中心IGEC项目国内合作院校5所、国外合作院校15所、在校生总数为1 000余人。

〔**承办2016中美青年创客大赛活动**〕　受教育部国际合作与交流司委托，教育部留学服务中心参与筹办了于6月7日在北京举办的中美青年创客大赛优秀作品展示活动、于6月24日在成都市举行的2016共创未来——中美青年创客大赛启动仪式，于8月15日至18日在北京中华世纪坛举办的2016共创未来——中美青年创客大赛决赛及系列活动。国务院副总理刘延东和美国国务卿约翰·克里参观了中美青年创客大赛优秀作品展，并与中美青年创客亲切交流。2016中美青年创客大赛作为第七轮中美人文交流高层磋商机制配套活动已被纳入成果清单。

〔**举办“‘春晖杯’中法青年众创交流会”**〕　为配合中法高级别人文交流机制第三次会议的召开，受教育部委托，教育部留学服务中心与法国Skema商学院、中国驻法国使馆教育处于7月2日在法国尼斯共同组织举办了“‘春晖杯’中法青年众创交流会”。国务院副总理刘延东出席交流会，观看了中法青年创新创业项目展和中法高校协同创新成果展，听取了中国优秀留法青年创业者和法国青年创业者代表发言，并发表了重要讲话。

〔**举办“‘春晖杯’中德青年创客论坛”**〕　为丰富“2016中德青少年交流年”活动内容，受教育部委托，教育部留学服务中心与中国驻德国使馆教育处于7月5日在德国柏林太库企业孵化器共同主办了“‘春晖杯’中德青年创客论坛”。

〔**承办中国-东盟留学培训项目国际研讨会**〕 8月2日，作为第九届中国-东盟教育交流周暨第二届中国-东盟教育部长圆桌会议的重要活动之一、由教育部留学服务中心自主承办的“中国-东盟留学培训项目国际研讨会”在贵阳市举办，来自马来西亚、泰国、韩国、中国等国的20余所院校近60位嘉宾参会。会议重点解析了“一带一路”相关留学政策和国家最新留学趋势，总结了“一带一路”倡议实施以来，留学培训项目取得的最新成果，通过探讨留学培训项目与东盟地区合作的新理念、新思路、新形式、新举措，为促进国内高校与东盟国家高校的交流与合作奠定了基础。

〔**举办“留学中国”教育展等相关活动**〕 7月3日至10日，教育部留学服务中心组织国内10所高校赴德国杜塞尔多夫参加国际教育展；赴西班牙举办“留学中国”说明会。为配合中国-东盟教育交流年活动，11月11日至18日，教育部留学服务中心组织国内29所院校赴泰国曼谷参加国际教育博览会；赴印尼雅加达举办第十三届“留学中国”教育展。

〔**留华学生服务工作**〕 为方便外国学生来华留学，依托留学中国网（Study in China），进一步加强来华留学招生服务系统建设。截至2016年年底，已有清华大学、北京大学等30余所合作院校，上线的课程项目达1 170余个；为方便来华留学生在华实习、就业与创业，于4月和12月在北京先后举办了两届“来华留学人才招聘会”，获得了在华留学生和招聘企业的一致好评；开通“留学中国（Study in China）”微信公众号，定期发送人才引智信息、创新创业信息和有关政策信息，为来华留学人员实习、就业和创业提供支持与指导；联合《中国妇女》英文月刊共同举办了“我眼中的中国”外国留学生摄影作品征集活动。

撰稿　丁建国
审稿　李晓哲

国际汉语教育和推广

〔**孔子学院建设**〕 2016年，党和国家领导人多次对孔子学院工作做出重要批示，出席相关会议、见证签署合作协议、参加揭牌仪式等孔子学院活动11次，发表中外联合声明、公报、宣言等涉及支持孔子学院建设和汉语教学发展17次，充分体现了中国政府对孔子学院的高度重视和大力支持。

6月18日，国家主席习近平访问塞尔维亚期间，接见贝尔格莱德孔子学院外方院长，祝愿孔子学院越办越好。在孟加拉国访问期间，习近平与孟加拉国总理谢赫·哈西娜共同为达卡大学孔子学院揭牌。11月5日，国务院总理李克强在拉脱维亚首都里加会见出席“中东欧国家汉学研究和汉语教学研讨会”16个国家相关孔子学院的会议代表。3月21日，全国人大常委会委员长张德江访问赞比亚大学孔子学院，并出席孔子学院新楼交接仪式。4月17日，全国政协主席俞正声访问加纳大学孔子学院。10月5日，中共中央政治局常委、中央书记处书记刘云山访问匈牙利罗兰大学孔子学院，并为罗兰大学“一带一路”研究中心揭牌。3月26日，国务院副总理刘延东出席埃及开罗大学示范孔子学院大楼奠基仪式。8月3日，国务院副总理刘延东在巴西出席里约奥运会开幕式前访问圣保罗州立大学孔子学院，并向师生们转达习近平主席、李克强总理的亲切问候。8月7日，国务院副总理刘延东在墨西哥坎昆市考察加勒比大学，并为尤卡坦自治大学孔子学院下设加勒比大学孔子课堂揭牌。11月25日，国务院副总理刘延东考察柏林自由大学孔子学院并与部分德国孔子学院院长座谈。8月30日，德国总理默克尔为德国施特拉尔松德孔子学院揭牌。12 月 21 日，中共中央政治局委员刘奇葆与老挝人民革命党中央书记处书记吉乔·开坎佩吞一同为老挝国家广播电台孔子课堂揭牌。

12 月 10 日至 11 日，第十一届孔子学院大会在昆明市召开。孔子学院总部理事会主席、国务院副总理刘延东出席大会开幕式并发表主旨演讲，为全球孔子学院先进个人和先进单位颁奖，主持召开 2016 年度孔子学院总部理事会会议并做重要讲话。来自 140 多个国家和地区的大学校长和孔子学院代表、各国驻华使节和其他国家语言文化推广机构的代表，以及国内有关国家部委、地方教育主管部门、中方承办高校代表等约 2 200 人出席会议。大会以“创新、合作、包容、共享”为主题，共举办 14 场中外大学校长论坛和孔子学院院长论坛，召开“中医、太极等中华文化对外交流座谈会”“孔子学院与‘一带一路’建设工作座谈会”及圆桌论坛 3 个专题会议。大会开幕式由教育部部长、孔子学院总部理事会副主席陈宝生主持。云南省省长陈豪致欢迎词，乌兹别克斯坦塔什干国立东方学院院长马南诺夫·阿布杜拉西姆，中国吉林大学校长、孔子学院总部理事会理事李元元，加拿大新布伦瑞克省孔子学院学员罗杰·罗德，匈牙利匈中双语学校汉语教师如意先后发言。大会期间，还举办了孔子学院总部项目咨询会及孔子学院汉语教材展、孔子学院文化创意展、云南非物质文化遗产及中医、旅游展等系列活动。

孔子学院总部各常务理事单位通力协作、密切配合，一如既往地高度重视、大力支持孔子学院工作。教育部全面指导协调；财政部增加了孔子学院专项预算；外交部及驻外使（领）馆热情关心中方派出人员的工作和生活；国家发展改革委把办好孔子学院列入国家“十三五”规划纲要教育现代化重大工程；商务部援建孔子学院教学楼累计达 10 栋；文化部及其驻外使领馆文化处（组）支持孔子学院开展文化活动；新闻出版广播电影电视总局、中央电视台、中国国际广播电台支持孔子学院总部参加国际书展，播出“汉语桥”系列中文比赛，办好广播孔子课堂；国务院侨务办公室加强华文教师培养培训工作；国务院新闻办公室深入孔子学院一线调研，提出改进工作建议；外文局加大中华文化读物多语种翻译出版工作的力度。

各省（自治区、直辖市）、各高校大力支持，积极参与孔子学院和国际汉语推广工作。截至 2016 年年底，全国共有 29 个省份、221 个中方合作机构参与孔子学院建设。

〔认真贯彻落实十八届三中全会《中共中央关于全面深化改革若干重大问题的决定》要求〕 贯彻落实十八届三中全会《中共中央关于全面深化改革若干重大问题的决定》关于“鼓励社会组织、中资机构等参与孔子学院建设”取得积极进展。一是起草《孔子学院校友会章程》。先后在全球孔子学院大会、孔子学院总部理事座谈会和各地区及国别联席会上征求各方意见后，将《孔子学院校友会章程》报送国务院审批注册登记。截至 2016 年年底，共有 80 多所孔子学院自发成立了校友会，会员达 5 万人。二是深入开展调研，召开中资企业负责人座谈会，广泛征求意见，起草《关于鼓励社会组织、中资机构等参与孔子学院建设的若干意见》并完成上报国家发展改革委、商务部、教育部等 6 部委会签工作。三是各类社会组织、中资机构积极参与孔子学院建设，中外企业和社会各界捐赠折合达 1 000多万美元。比如，中信建设有限公司出资 105 万美元支持安哥拉内图大学孔子学院建设教学楼，奥迪集团有限公司出资 85 万美元支持建设德国英戈尔施塔特孔子学院等。

〔全面完成“十二五”规划规定的目标〕 深入实施国务院办公厅印发的《孔子学院发展规划（2012—2020 年）》，新建孔子学院 20 所、中小学孔子课堂 75 个，填补了苏里南、卢森堡、毛里求斯、乌拉圭等 6 个国家和地区在孔子学院（孔子课堂）设立方面的空白。截至 2016 年年底，已在 140 个国家建立了 513 所学院和 1 073 个课堂，其中“一带一路”沿线共有 52 个国家和地区开设 137 所孔子学院和 130 个中小学孔子课堂。全球孔子学院各类面授学员达 155 万人，网络注册学员达 59.7 万人，中外专兼职教师达 4.6 万人，举办各类文化活动 4.1 万场，参加人数 1 300 多万人。办学条件进一步改善，中外方投入比例为 1 : 1.65，专用教学场地面积63万平方米，47所孔子学院建立了独立教学楼。各国孔子学院的汉语教学质量和水平不断提高，410所孔子学院课程纳入所在大学学分体系，占全球总数的80%。

〔**孔子学院管理水平显著提升**〕 一是积极推进“三院”建设。示范孔子学院总数达43所，网络孔子学院注册用户达887万人，新增在线汉语课程5.2万节，总计达30.5万节。孔子学院院长学院专用教学楼、宿舍楼、图书馆等主体建设均已完工。二是孔子学院总部召开总部理事座谈会，14个国家25名中外理事和高级顾问参加会议；召开全美中文大会和拉美、大洋洲、中亚、北欧等8个地区联席会，以及英国、法国、日本、韩国等6个国别会，促进经验交流和资源共享；组织中外专家对56所孔子学院开展评估和督导，现场解决问题。

〔**加强师资队伍建设**〕 一是扩大人员派出规模，共向143个国家派出中方院长、教师及志愿者9 622人。落实习近平主席访问成果，为南亚8国培养本土师资920人。组织专家培训各国本土教师4万人次，其中培训中外方院长和中方院校国际教育学院院长491人。二是招收来自111个国家获得“孔子学院奖学金”学生4 914人，用于培养本土新师资。三是支持美国、德国等9个国家的10所大学办好汉语师范专业。四是选聘66名优秀来华奖学金毕业生担任本土教师，国家汉办资助的本土教师达97人。

〔**加大教材开发推广力度**〕 一是新翻译出版19个语种的《汉语图解词典》《汉语800字》等工具书，总数达64个语种。二是大力推广《国际汉语教材编写指南》网络版和数字图书馆应用，“孔子学院数字图书馆”注册用户覆盖177个国家，“中外文化差异案例库”收录案例1万多个。三是向108个国家售（赠）图书52万册。四是出版英语、法语、西语、阿拉伯语、德语、俄语、葡语、韩语、意语、泰语、日语11个语种《孔子学院》期刊66期，每期发行量达4.5万册。

〔**大力推广汉语水平考试**〕 一是在125个国家（地区）设立1 066个考点。新增国家4个，新增考点93个（其中海外61个、国内32个）。在海外考点中，孔子学院/独立孔子课堂考点454个（新增33个）。提供机网考服务的考点380个，网考覆盖率达35%。全年各类汉语考试考生达600万人，“国际汉语教师证书”考试报名人数达2.1万人。二是扩大汉语考试服务网用户，全网累计注册人数已超过350万人，年访问量达268万人次。三是深化考教结合、搭建课程体系，与多家出版机构合作开发出版了HSK、HSKK、YCT、BCT、CTCSOL考试大纲、真题集、标准教程等考试教材共163本，年销售20万册，并与印尼、韩国、日本等国家进行了上述图书的版权贸易。

〔**着力实施“孔子新汉学计划”**〕 一是招收51个国家的212名青年学生和各界青年领袖来华攻读博士学位或访学研修。二是组织55名专家学者赴20多个国家的高校开设当代中国研究学分课程。三是支持柬埔寨、蒙古国等国孔子学院翻译出版《习近平谈治国理政》，资助82个国家的241所孔子学院开展488项中华文化、当代中国课题研究和著作出版。四是举办第五届世界汉学大会，17个国家的155名专家学者参加会议。

〔**开展文化交流活动**〕 一是接待1.55万名“汉语桥”各国教育官员、大中小学校长访华团组和师生来华夏（冬）令营。二是组织30个中国高校学生艺术团和专业演出团，分赴35个国家的122所孔子学院及周边地区开展文艺巡演活动201场，观众达15万人。三是举办“汉语桥”第十五届世界大学生、第九届世界中学生中文比赛，115个国家的16万名青少年参加预决赛。四是参加伦敦书展、法兰克福书展等11个国际书展。组织全球11所试点文化孔子学院举办电影节、艺术展览、戏剧表演、高端论坛等文化项目，提升孔子学院文化活动水平。五是以“多元文化在丝路”为主题，举办第三届孔子学院总部“开放日”，全球350多所孔子学院举办“孔子学院日”活动，50多万名各国民众踊跃参加。

〔汉语影响力持续提升〕 在孔子学院的带动和影响下，各国更加重视汉语教学工作，全球“汉语热”持续升温，汉语的影响力进一步扩大。喀麦隆、匈牙利、多哥3个国家将汉语教学纳入国民教育体系。截至2016年年底，已有67个国家和地区通过颁布法令、政令、教学和课程大纲等形式，将汉语教学纳入国民教育体系。

6月，在北京举行的第八轮中美战略与经济对话期间，两国政府对《具体成果清单》达成一致意见。美国将实施“百万强”计划，到2020年实现100万名美国学生学习中文的目标；继续实施“百千万”计划，2016—2020年，邀请100名美国青年领袖访华游学，促成双方各1 000名优秀大学生到对方一流高校研学，每年公派1万人赴美学习研修；继续实施中方“汉语桥万人来华研修”项目，邀请美国中小学校长和师生来华参加校长团、夏令营、孔子学院奖学金、来华师资培训等项目；举办“汉语桥”美国学生千人夏令营；继续推动孔子学院和课堂在美国的发展；继续推动与美国大学理事会和亚洲协会合作的汉语教师和志愿者、全美中文大会及其他项目的开展；继续推动新汉学计划实施。

英国政府推出“中文培优计划”，拨款1 000万英镑专款用于支持中小学校开展汉语教学。新西兰教育部启动“亚洲语言”项目，投资1 000万新元支持汉语等亚洲语言的学习。阿联酋阿布扎比王储穆罕默德提出，拟在100所学校开设汉语课程，已在阿布扎比和迪拜选定5—10所学校先行试点。

塞尔维亚总统、乌拉圭东岸共和国总统、俄罗斯联邦政府总理、德国总理、孟加拉国总理、黑山共和国总统、泰国公主、赞比亚副总统等多国政要出席孔子学院有关活动，盛赞孔子学院为增进中外人民友谊、推动人文交流做出的积极贡献。

撰稿　樊　钉　孙　颖
审稿　马箭飞

与港、澳、台地区教育交流与合作

〔数据统计部分〕 1. 互招学生。截至2016年10月，共有32 444名港澳台侨学生在内地（大陆）26个省份的275所高等院校和科研院所学习。其中，香港籍学生15 320名、澳门籍学生5 609名、台湾籍学生10 823名、华侨生692名。与2015年相比，接收港澳台侨学生省份数量增加1个，高等教育机构增加11个，人数增加65人。

2016—2017学年，共有约4.2万名内地（大陆）学生在港、澳、台地区高校学习，其中香港约2.6万名、澳门约8 000名、台湾约8 000名。

2. 港澳捐款。2016年，香港知名人士通过教育部向内地教育事业捐款近5 000万元。

〔内地与香港特别行政区教育交流与合作〕 1. 与香港教育界重要人员交流。2016年，教育部协调全国人大常委会副委员长沈跃跃接见了港澳地区教育界国庆访京团。教育部部长陈宝生和副部长杜占元、沈晓明、郝平等多次会见港澳地区高级官员和各界知名人士、高校校长，以及香港东华三院、香港保良局等重点办学团体的负责人，增进业务交流和合作。10月，杜占元率教育部代表团赴香港出席国家普通话测试有关纪念活动及内地大学生优秀朗诵作品赴香港展演活动，并与香港教育局官员会谈，考察学校，展现了教育部对香港教育的重视和关怀。香港教育局局长吴克俭、香港高校校长参加了教育部筹办的中美人文交流机制相关活动，以及中德大学校长论坛、中英高级别人文交流机制第四次会议、中国-东盟教育交流周等国际活动。

2. 教育部—香港教育局工作会商机制。2016年，教育部和香港教育局建立了教育部—香港教育局工作会商机制，于1月和8月分别举行了第一次、第二次会商机制工作会议，就内地与香港教育交流合作议题进行磋商。

3. 港澳与内地高等学校师生交流计划。2016年，“香港与内地高等学校师生交流计划”进入项目实施的第四年，澳门高校首次纳入该计划，计划更名为“港澳与内地高等学校师生交流计划”。参与该计划项目的内地高校83所、香港高校12所、澳门高校5所，内地与港澳高校合作项目达428个，资助港澳地区高校师生9 640人。交流合作项目涉及法学、医学、历史、地理、艺术、体育、经济、生物、航空航天等多个领域和学科，项目合作以交换学习、学术科研、社会实践、野外考察、联合实验、校企实习、创新展示、学术竞赛等多种方式进行，有效促进了港澳与内地高校的校际合作和师生交流。

4. 香港—内地教师交流协作计划。2016年，从内地省份共选派40名教师赴香港从事2016—2017学年中小学及幼儿园教学指导工作。截至2016年12月，教育部共选派12批共561名内地中小学及幼儿园教师赴香港从事教学指导工作。

5. 中小学姊妹学校。2016年，新增200多对内地与港澳中小学姊妹学校。截至2016年年底，内地与港澳中小学姊妹学校已达792对（内地与香港743对、内地与澳门49对）。双方学校通过一对一、多对一的合作交流模式，开展了校长论坛、师生交流、轮岗教学、师资培训、教学研究、教材教辅编写、竞赛展演等活动。

6. 内地与港澳合作办学。截至2016年年底，内地与港澳有15个合作办学机构（本科以上5个，其中具有独立法人资格的合作办学机构3个、二级学院2个；本科以下10个）和45个合作项目（38个本科以上、7个本科以下）。

7. 内地与香港课程改革交流机制。自2016年起，全面恢复内地与香港课程改革交流机制。1月7日至8日，在北京召开了以数学和历史教育为主题的会议。

8. “港澳教育界国庆访问团”活动。以庆祝国庆节为契机，教育部组织了由香港特别行政区和澳门特别行政区教育行政部门官员、中小学校长、优秀教师、有关教育团体负责人等181人组成的“港澳教育界国庆访问团”。访问团访问了北京、河南等地。来访期间，全国人大常委会副委员长沈跃跃在教育部副部长沈晓明的陪同下，在人民大会堂接见了全体团员。

9. “华夏园丁大联欢”活动。12月，内地（大陆）和港澳台等地中小学及幼儿园教师代表约300人在湖北省参加了“华夏园丁大联欢”活动，其中香港代表70人、澳门代表40人、台湾代表50人以及新加坡、泰国、俄罗斯等华侨教师代表18人。活动自1992年启动以来，至今已组织超过7 800名教师参加。

10. 香港来内地参访团组。2016年，教育部联合中央人民政府驻香港特别行政区联络办公室组织了49个团组、2 300人次香港教育界人士和在校师生赴内地交流访问。

11. 高校联盟。2016年，粤港澳高校联盟成立。粤港澳高校联盟由中山大学、香港中文大学和澳门大学共同发起，是20余所粤港澳地区高校自愿组成的非营利性民间组织，旨在进一步整合优质学术资源，探索粤港澳高校合作新机制，促进交流与合作。

12. 香港学生参与教育部主办的全国性赛事和活动。2016年，香港学生代表积极参加了教育部组织的首届全国学生“学宪法、讲宪法”演讲比赛、第二届中国“互联网+”大学生创新创业大赛、第五届全国中小学生艺术展演等活动。

〔内地与澳门特别行政区教育交流与合作〕 1. 与澳门教育界重要人员交流。教育部领导会见了澳门特别行政区政府高级官员、澳门高校校长、澳门地区全国政协委员等；教育部副部长杜占元10月访问澳门，出席内地大学生优秀朗诵作品赴澳门展演活动，访问澳门高校，会见爱国爱澳人士。澳门高校校长代表参加了教育部筹办的中美人文交流机制相关活动、中德大学校长论坛、中国—东盟教育交流周等国际活动。

2. 赴澳门教学指导计划。2016年，共选派28名内地教师赴澳门担任中小学、幼儿园教学指导工作。截至2016年年底，累计选派内地优秀教师196人。

3. 接待驻澳门联络办团组。2016年，教育部联合中央政府驻澳门特区政府联络办公室、澳门教育暨青年局，组织了30个团组、750人次澳门教育界人士、在校师生赴内地交流访问。

4. 澳门学生参与教育部主办的全国性赛事和活动。2016年，澳门学生代表积极参加了教育部组织的第二届中国“互联网+”大学生创新创业大赛、第五届全国中小学生艺术展演等活动。

〔**大陆与台湾地区教育交流与合作**〕 1. 两岸互招学生。2016年，继续吸引台湾地区学生来大陆就学，扩大台湾学生规模。截至2016年10月，在大陆高校就读的台湾学生总数为10 823人，同比增加287人。稳妥开展大陆学生赴台湾就读相关工作。为落实2015年两岸领导人会晤有关精神，经两岸有关部门商定，自2016年起，新增北京、上海、江苏、浙江、辽宁和湖北为大陆学生赴台湾就读“专升本”试点，加上原有的福建和广东两省，大陆学生赴台湾就读“专升本”试点增至8个，专升本招生名额由1 000名增至1 500名。2016年，台湾院校计划招收大陆学生5 200人，其中研究生和本科生共3 700名、专升本1 500名。大陆考生实际报名5 462人，被台湾院校录取3 040人，其中研究生1 062人、本科生1 693人、二年制学士班（专升本）285人。2016年，台湾增加承认大陆26所高校学历，以省部共建学校为主。截至2016年年底，台湾地区承认学历的大陆高校增至155所。

2. 对台教育交流项目。2016年，委托高校规划了108个对台湾地区的教育交流项目，邀请6 540名台湾地区青少年学生、教师和教育界人士来大陆参加活动。如兰州大学的“敦煌与丝绸之路历史文化遗迹联合考察”、陕西师范大学的“2016年青年踏寻孔子行脚”活动、中国农业大学的“追根中华农耕文化，共筑民族复兴梦想”夏令营、北京林业大学的“情系两岸，缘聚园林——海峡两岸中国古典园林文化研习营”、华中科技大学的“2016荆楚喻园—海峡两岸大学生创新创业交流营活动”等一系列活动，充分发挥地方优势、学校特色和专业特点，展示大陆政治、经济、社会、教育和科技成就，增强台湾师生的民族认同感和对一个中国、“两岸一家亲”的认同。

3. 两岸教育良性互动。2016年，共开展35场两岸高校间的学术交流活动，教育部直属高校党委书记、校长，机关及直属单位工作人员赴台湾地区访问共计40人次，直属高校共聘请23名台湾学者来大陆任教授课。

4. 中华语文知识库建设。2016年，制作两岸语言文化专题片《潮平两岸阔》，出版大陆版《中华语文大辞典》，继续举办“2016两岸大学生汉字书法艺术交流夏令营”等相关活动。

〔**港澳台地区招生工作**〕 1. 免试招收香港中学毕业生。继续实施对香港免试招生计划，招生办法不断完善，招生政策不断优化。2016年，免试招生报名确认2 689人，录取1 391人。

2. 举办内地高等教育展。应香港教育局邀请，12月17日至18日，教育部组织90所对港免试招生高校赴香港举办“2016内地高等教育展”，参观人数逾1万人次，对推介内地高等教育、扩大内地高校在香港招生起到了积极推动作用。

3. 联招考试。2016年，报名参加普通高等学校联合招收华侨、港澳台地区学生考试的考生共计4 187人。其中，香港考生2 278人、澳门考生662人、台湾考生1 171人、华侨考生76人。最终录取3 224人，录取率为77%。其中，录取香港考生1 770人、澳门考生431人（不含保送生）、台湾考生966人、华侨考生57人。

〔**港澳台学生培养管理工作**〕 1. 建章立制。2016年，修订并印发《普通高等学校招收和培养香港特别行政区、澳门特别行政区及台湾地区学生的规定》，鼓励高校吸引更多港澳台地区的学生来内地（大陆）学习，进一步规范内地（大陆）高校对港澳台地区学生的招生、教学和生活管理，加大力度鼓励支持港澳台地区的学生参加学校学生组织、社团，参与全校学生活动。

2. 港澳台侨学生专项奖学金。为鼓励和保障港澳台地区的学生在内地（大陆）顺利完成学业，国家专门设立“台湾学生奖学金”“港澳及华侨学生奖学金”。2016年，共有1 848名台湾地区学生和 4 504 名港澳地区及华侨学生获得 3 000—9 000 元的奖学金。

3. 在京高校港澳台学生迎新活动。10 月 15 日，北京市港澳台侨学生教育管理研究会举办了迎新活动，千余名在京高校港澳台侨新生参加，促进了不同学校港澳台侨学生之间的互动交流。

〔**港澳台人士教育捐款项目**〕香港李兆基基金和培华教育基金会继续捐赠2 000万元，实施“千名中西部大学校长研修计划”，共派出 9 个班次 164 名中西部高校校领导分赴美国、英国、德国、澳大利亚、加拿大、芬兰、荷兰研修学习。曾宪梓教育基金会继续出资 682.5 万元，实施第六期“优秀大学生奖励计划”，资助北京大学等 35 所内地（大陆）高校 1 365 名优秀贫困学子。霍英东教育基金会继续捐赠 1 700 万元，实施基金会第十五届“高等院校青年教师基金与青年教师奖”项目，资助内地（大陆）200 余所高校青年教师从事科学研究和教学工作。王宽诚教育基金会出资 30 万美元，资助 52 所内地（大陆）高校举办国际学术会议和出国（境）参加学术会议项目。田家炳基金会捐赠 400 万元，资助 500 名西部乡村中小学校长在北京参加为期 12 天的培训。

撰稿　余　彬　王志伟　赵　巍　张　君
审稿　刘　锦　赵灵山

教育科研与学术活动

中国教育科学研究院

〔**开展全国中等职业教育、高等教育满意度调查研究**〕 根据教育部党组总体部署，2016 年 5 月至 6 月，中国教育科学研究院（简称中国教科院）组织的中等职业教育满意度、高等教育满意度调查研究工作在全国展开。

中等职业教育满意度调查涉及全国 31 个省（自治区、直辖市），共有 349 个市（区）的 576 所学校参与调查，回收学生有效问卷 61 812 份、教师有效问卷 9 570 份。雇主公司涉及 19 个行业，共收到有效网络调查问卷 1 047 份。调查结果表明，学生对中职教育基本满意，满意度指数为 66.5 分；中职教师对本职工作基本满意，满意度指数为 62.4 分；单位雇主对中职教育质量“不太满意”，满意度指数为 53.4 分。

高等教育满意度调查共有全国 350 所高校 4.89 万名学生参加，同时有 2 266 名全国各地区各行业的大中小企业雇主参与调查。调查得出以下结论：（1）高等教育总体满意度指数为 69.42 分；（2）高职比本科的满意度略好，各项得分均高于本科；（3）中部地区的总体满意度整体偏高，西部地区各项满意度值全面偏低；（4）中央高校的总体满意度高于地方高校；（5）经历过国家重点建设的高校，各项教育满意度得分均偏高；（6）县镇高职院校、独立学院存在“满意度塌陷”现象；（7）大学生最满意的十个方面，其中贫困生资助、教师职业精神、同学关系等位列前茅；（8）大学生最不满意的十个方面中，课程教学、国际化资源、师生课外互动、参与科研等排在前面；（9）不同学科、专业的学生对高等教育的总体满意度存在差异；（10）不同亚群体大学生对高等教育的满意度存在差异；（11）雇主高等教育满意度指数为 61.18 分；（12）各省高等教育总体满意度与人均 GDP 呈现阶段性特征。

〔**教育决策模拟系统建设稳步推进**〕 中国教科院在加强硬件条件建设的同时，充分发挥教育决策模拟系统的应用价值。在基本完成教育与人口、教育与经济增长、教育资源优化配置六个模型的基础上，结合服务决策，支撑中国教科院智库建设中心工作，坚持“边建设，边应用”的原则，在以下三个方面取得了一定成果。一是服务于教育部重大决策研究。2016 年，受教育部发展规划司委托，承担 2015 年度全国及各省份“新增劳动人口平均受教育年限”指标测算工作，测算成果报送中共中央组织部、人力资源和社会保障部。二是服务于国家重大科研课题研究。2016 年，承担并按时完成全国教育科学规划办公室重点委托应急课题“中国 2030 年教育现代化发展水平与发达国家（分类）教育发展水平的比较研究”。三是服务于地方实践。2016 年，为湖南、四川等省份教育发展规划提供数据测算和模型模拟等技术支持。教育决策模拟系统的建设不断推进，在工作中为中国教科院培养了研究队伍，弥补了相关研究的“短板”，为做好教育重大战略决策和宏观决策研究奠定了坚实基础。

〔**开展教育综合改革实验区、实验校改革**〕2016年，中国教科院教育综合改革实验区建设工作更加多元。一是推进公益性教育综合改革实验区建设。中国教科院与云南省芒市人民政府于7月7日签署了中国教科院对口支援芒市合作协议，以共建公益性教育综合改革实验区的方式推动芒市全面实施精准教育扶贫战略。二是推进东北老工业基地教育综合改革实验区建设。中国教科院与哈尔滨市道里区人民政府于9月8日举行了共建教育综合改革实验区签约仪式。三是推进省域“一圈一带一区”区域内教育综合改革实验区建设。为了推进山东省“一圈一带一区”区域发展战略及支持欠发达地区跨越式发展，中国教科院与山东省庆云县人民政府于9月19日举行了共建教育综合改革实验区签约仪式。四是推进中直机关驻区内教育综合改革实验区建设。中国教科院作为中直机关驻北京市海淀区单位，为构建国家级科研智库与驻区教育行政主管部门协同创新的全新机制，进一步提升与海淀区教育友好合作关系，中国教科院与海淀区教育委员会于11月4日签署了教育战略合作协议，共同建设教育综合改革实验区，并成立了“中国教科院海淀教育研究中心”，将以往不同层面的单项合作全面提升为制度化、机制化的战略合作关系。在与海淀区教育委员会战略合作框架协议下，为强力提升学校办学水平，扩大海淀区优质教育覆盖面，中国教科院与海淀区民族小学于11月9日签署合作办学协议，双方本着“优势互补、资源共享、平等互利、发展共享”的原则，建设中国教科院附属小学。10月，中国教科院与宁波市北仑区人民政府签订了第二轮共建教育综合改革实验区合作协议。

〔**召开第五届全国教育科学研究优秀成果奖颁奖大会**〕 12月1日，第五届全国教育科学研究优秀成果奖颁奖大会在北京召开。教育部相关司局、各省（自治区、直辖市）教育科学规划办公室、教育部直属高校、直属单位科研管理部门代表及获奖者代表等300余人参加了会议。会议由全国教育科学规划领导小组办公室主任田慧生主持，全国教育科学规划领导小组组长、教育部部长陈宝生，副部长郝平，全国哲学社会科学规划办公室主任余志远等到会并为获奖者颁奖。

陈宝生强调，教育科学研究涵盖理论生产和成果转化应用两个阶段，要抓好从理论生产到成果转化应用的有机衔接，构建完整的教育科学理论再生产过程。教育科学研究的理论生产要紧密联系教育事业发展，一要坚持问题导向，把被表象遮掩的真问题、时代命题和人民群众关注的重大问题作为研究的方向和重点。二要夯实学理支撑，深刻把握教育发展规律、人才成长规律，不断推进我国教育科学研究发展，构建具有中国特色的社会主义教育科学体系。三要注重经验集成，特别是对改革开放以来我国教育发展中创造的丰富实践经验加以集成、总结、提炼。教育科研的出发点和落脚点是将成果转化为教育事业发展的鲜活实践，一要转化为教案，应用在教学实践中，拓展学术园地，构建理论大厦。二要转化为决策，将为决策服务作为教育科学研究的重要职能和转化途径。三要转化为制度，让教育科学研究对教育事业发展起到支撑和推动作用。四要转化为舆论，为教育事业的发展营造良好氛围。

本届评选活动经专家评审、面向社会公示和评奖委员会审核通过，共有298项成果获奖，其中《教育改革的“中国问题”》等23项成果获一等奖，《职业院校实践课教师专业发展的国际比较研究》等85项成果获二等奖，《未完成的转型：高等教育影响力与学生发展》等190项成果获三等奖。

〔**召开全国教育科学研究院（所）长工作会议**〕1月14日，由中国教科院主办的全国教育科学研究院（所）长工作会议在北京召开。教育部副部长郝平出席会议，中国教科院院长田慧生、党委书记徐长发、党委副书记陈子季、副院长曾天山、党委副书记兼纪委书记史习琳、副院长刘建丰以及全国各省、市、区（县）级教科院（所）长，中国教科院各部门负责人和代表共120余人参加了会议。

郝平在讲话中强调，贯彻落实十八届五中全会提出的“创新、协调、绿色、开放、共享”五大发展理念，是关系我国发展全局的一场深刻变革，各行各业都在深入学习，教育科研系统更要高度重视。他指出，过去五年，是《教育规划纲要》初见成效的五年，是各级各类教育全面发展、教育改革全面推进的五年，也是教育科研快速发展、成效显著的五年，中央对教育发展的成就给予了高度肯定。他提出，“十三五”时期是我国全面建成小康社会的决胜阶段，我国教育站在全面提高质量、加快教育现代化发展的新起点上。新时期教育智库发展面临机遇期、黄金期、关键期、转变期“四期叠加”的新形势。他要求，教育智库要始终围绕中心、服务大局，始终自觉融入教育改革发展主流，在教育科研中发挥主导作用，始终把提高科研质量和服务水平放在首要位置，努力朝着高端智库目标“精准发力”。一要坚持创新，提升科学化水平；二要加强协调，提升整体性水平；三要注重绿色，提升可持续水平；四要扩大开放，提高国际化水平；五要追求共享，提高社会化水平。

田慧生做了《当前我国教育科研面临的形势和任务》的专题报告，阐释了教育科研系统发展面临的新形势，总结了“十二五”时期所取得的成绩，提出了“十三五”期间教育科研系统的重点任务，部署了2016年的主要工作。徐长发主持开幕式并做大会总结讲话。

〔**《科研与决策》扩大教育智库影响力**〕 2016年，《科研与决策》有4篇研究报告得到了国家及教育部领导的重要批示，进一步扩大了中国教科院作为国家教育智库的影响力。

《科研与决策》第8期发表的题为《关于制定和出台〈基础教育课堂教学改革纲要〉的建议》，来自韩立福主持的2015年中国教科院教育综合改革实验区“学本课堂创建”项目研究成果。课题组在梳理和分析了我国基础教育课程改革推进过程中存在的“认识不足”“学的理论建构不到位”“操作技术支持不足”“舆论环境不成熟”等问题的基础上，认为深度课改要着眼于课堂教学的全面改革，亟须制定和出台《基础教育课堂教学改革纲要》。为此，课题组提出了包括意义、目标、核心理念、学习过程、团队创建、学生新学习能力、教师导学能力、多元课型体系、学本导研、课堂学习评估等12部分在内的参考框架和思路。该报告得到教育部领导的批示。

《科研与决策》第14期发表的题为《制造业强国战略中的中美教育比较》的报告由马晓强研究员完成。报告认为，中美两国制造业从业人员受教育水平存在明显差距。2013年，中美两国制造业从业人员的受教育年限相差3.3年；美国制造业中具有大学文化程度的从业人员比例为47%，而中国仅为13%；整体上看不及美国20世纪60年代的水平。制造业中的教育收益也明显不同，与中国相比，美国制造业从业人员的教育收益明显高于非制造业，更多地受到教育文化程度较高劳动者的青睐；与其他行业相比较，中国制造业从业人员的收入明显偏低。报告指出，美国20世纪50年代教育大发展，为制造业的崛起奠定了人力资本基础，要加强教育对我国制造业强国建设的支撑力度，需要重点考虑加快高等教育发展，加快工程技术类学科专业人才培养，提高制造业从业人员的收入水平等三个方面的迫切问题。该报告得到国务院领导的批示。

〔**举办国际高层次教育研讨会议**〕 6月7日至9日，由教育部主办、中国教科院承办的“中美教育智库对话”在北京举行，此次活动是第七轮中美人文交流机制高层磋商的配套活动。教育部副部长郝平出席会议，中国教科院、教育部教育发展研究中心、清华大学、华东师范大学、上海师范大学、美国教育与经济研究中心、美国教育政策研究中心、哈佛大学、斯坦福大学等中美双方知名教育研究机构和高校约150名教育决策者、管理者和研究者参加了对话活动。

郝平在致辞中指出，举办“中美教育智库对话”是中美人文交流机制的重要内容，应从建立中美新型大国关系的战略高度来认识其重要意义。他对活动提出了三点倡议：一是加强交流合作，提升两国教育智库资政能力；二是完善对话机制，努力为中美新型大国关系做出积极贡献；三是履行大国使命，共同致力于世界教育改革和人类的和平发展。

中美双方围绕“知识经济背景下的教育研究、

决策与创新”相关议题，以主题报告、专题发言与互动问答的方式进行对话。中国教科院院长田慧生与美国教育与经济研究中心主席马克·塔克(Marc Tucker)分别以“中国教育改革成就与未来展望”“全球背景下的美国教育改革”为题做了主题报告。参会的中美双方代表还就“教育改革与发展”“21世纪的课程改革”“课堂与学校创新”“高等教育改革与就业”“教育标准与教育评估”“教师培养与专业发展”“教育发展趋势与创新”等议题进行了专题发言与对话研讨。此次对话交流了中美两国教育政策的最新动态、教育研究的最新发现以及建设一流教育智库的经验。会议期间，两国相关机构就起草“中美教育研究合作战略框架”等合作事项进行了磋商。

11月11日至12日，中国教科院与经济合作与发展组织共同主办的“G20教育对话”在北京举行。来自40多个国家、地区与组织的120余位教育官员、专家学者参加了会议。此次会议旨在推动G20“杭州共识”在教育领域的落实，以“面向教育2030的教育研究、决策与创新”为主题，探索G20框架下的教育交流与合作机制，促进G20成员在教育政策改革与研究领域的对话交流。

来自G20成员的20余位官员与学者代表，就“从学校到工作的转换”“信息技术与未来教育”“21世纪素养与教育创新”“跨境教育与学生流动”“教育中的‘政—学—产’合作”“G20教育研究合作”等议题做了专题发言，并以互动问答的方式进行了深度对话。会议还就如何建立G20教育交流合作机制和开发相关项目进行了深入研讨。

〔**举办海峡两岸学校发展与教育创新论坛**〕 9月24日至25日，由中国教科院、国台办海峡两岸出版交流中心、福建师范大学主办，郑州市管委会、中国教科院基础教育研究所承办的海峡两岸学校发展与教育创新论坛在郑州市举行。中国教科院副院长陈子季、海峡两岸出版交流中心主任钟河林、福建师范大学两岸文化发展研究中心主任王耀华、河南省教育厅副厅长尹洪斌、郑州市副市长刘东、台湾政治大学副校长张昌吉、台湾教育会理事长李建兴，以及来自海峡两岸60多所高校、科研机构的专家学者、中小学校长及师生代表等近150人参加了论坛。

陈子季、钟河林、王耀华和张昌吉分别代表主办单位和台湾地区代表团致辞。中国教科院基础教育研究所研究员陈如平、中国台北市立大学教授吴清山、福建师范大学两岸文化发展中心主任王耀华、河南省教育科学研究所所长郭国侠等8位专家分别围绕新样态学校建设、素养导向的教育理论与实践、音乐教育课程改革及河南中等职业教育改革等两岸教育改革中的相关问题做了主题报告。在学校发展、课程改革、管理创新等三个分论坛中，与会代表就特色学校建设、公民素养教育、课程开发、学校文化内生、家校合作、教材改革、教师激励和教育创新等进行了分组研讨，40位代表做了专题报告。

撰稿　王小飞　徐金海　孔令军
审稿　田慧生

教育发展研究中心

〔**举办中欧教育政策智库论坛**〕 2016年10月12日至13日，首届中欧教育政策智库论坛在北京举行。论坛主题为“一流大学建设与高等教育国际化”，旨在促进“一带一路”背景下中国和欧洲高等教育的交流与合作，加强教育政策智库对国家教育科学决策的支持作用。来自中欧双方教育科研机构、高校、行政部门等150余位专家学者、院校长和教育官员参加论坛。教育部副部长郝平出席论坛并讲话。

郝平指出，加强中欧教育政策、智库交流合作是深化中欧人文交流的重要方面。他提出三点倡议：一是通过中欧教育间相互学习与交流互鉴，提升双方教育质量，推动世界教育改革；二是通过开展教育开放与高等教育国际化的合作研究，深化中欧人文交流，促进人类和平发展；三是通过中欧教育政策智库间机制化交流合作，加强双方教育智库基础能力建设，提升智库贡献力。

论坛作为教育部主办的中国—欧盟国家教育部长会议配套活动及教育部教育发展研究中心成立30周年纪念活动的重要组成部分，得到教育部国际合作与交流司的大力支持，由教育部教育发展研究中心与欧洲大学协会（European University Association，EUA）共同承办，中国教育科学研究院、教育部留学服务中心、教育部学位与研究生教育发展中心、教育部学校规划建设发展中心、中国教育国际交流协会秘书处和华东师范大学协办。

教育部教育发展研究中心主任张力和欧洲大学协会秘书长威尔逊代表承办单位分别在开幕式上致辞。论坛聚焦高等教育，来自中欧双方的38位发言人和9位主持人就一流大学建设、高等教育国际化、创新创业教育和高等教育质量保障等双方共同关心的议题进行研讨和交流，并就智库对教育决策的影响以及智库自身建设等问题进行探讨，促进建立中国和欧洲教育智库交流合作的长效机制。论坛搭建了中欧教育研究者、决策者及实践者的对话平台，交流了中欧最新教育政策动态、教育研究发现以及一流智库建设经验，促进了双方教育共同发展。

论坛期间，教育部教育发展研究中心与欧洲大学协会就加强中欧教育政策智库交流与合作签订了合作备忘录，举办了中欧调优项目工作会议。

撰稿　熊建辉
审稿　杨银付

高等学校社会科学发展研究中心

〔扎实开展“两学一做”学习教育，深入开展习近平总书记系列重要讲话精神和党规党纪学习研讨〕 2016年，自“两学一做”学习教育开展以来，高等学校社会科学发展研究中心（简称社科中心）党支部分别以“怎样理解党的最高理想和最终奋斗目标”“怎样正确理解党中央治国理政新理念新思想新战略”“学习贯彻习近平总书记‘七一’重要讲话精神”等，举办了4次专题学习研讨，社科中心领导班子成员和12位党员干部做重点发言。社科中心领导班子分别讲党课。

党的十八届六中全会结束后，社科中心党支部随即召开全体党员大会，集中学习全会精神，研究部署贯彻落实工作。社科中心党支部书记传达习近平总书记在党的十八届六中全会上的讲话内容，并解读了全会审议通过的《关于新形势下党内政治生活的若干准则》和修订后的《中国共产党党内监督条例》。党支部为全体党员购买了《党的十八届六中全会文件学习辅导百问》，组织党员认真学习，把思想和行动统一到党的十八届六中全会精神上来，进一步增强政治意识、大局意识、核心意识、看齐意识，更加自觉地在思想上、政治上、行动上同以习近平同志为核心的党中央保持高度一致。

全国高校思想政治工作会议结束后，社科中心召开中心组学习扩大会议，全体党员参加。社科中心党支部书记传达了习近平总书记在全国高校思想政治工作会议上的重要讲话精神，要求全体党员从历史方位的新阐释、价值定位的新导向、工作布局的新要求等方面悟透精髓所在，善于把握形势学，认清高等教育在党和国家事业全局中的地位作用、目标任务。要在总结中学，坚持问题导向，找出差距不足，务实推动工作。

组织开展实践教育活动。组织社科中心全体在职党员干部到北京市反腐倡廉警示教育基地开展警示教育活动。通过参观警示教育展、首都监狱工作成果展和观看警示教育片，警示教育党员更加深刻地认识到把纪律和规矩挺在前面的重要性。

〔深入开展中国特色社会主义理论体系，特别是习近平总书记系列重要讲话精神学习研究宣传〕 1. 组织撰写发表“教育部中国特色社会主义理论体系研究中心”署名文章，研究宣传习近平总书记系列重要讲话精神和党中央治国理政新理念新思想新战略。

加强选题策划，组织高校专家学者，围绕增强“四个意识”“四个全面”战略布局、发展中国的马克思主义、社会主义核心价值观、高校意识形态工作、社会主义协商民主建设、党风廉政建设和反腐败斗争、加强爱国主义教育、纪念红军长征胜利80周年、贯彻落实全国高校思想政治工作会议精神等主题，在《人民日报》《求是》《光明日报》《经济日报》发表28篇“教育部中国特色社会主义理论体系研究中心”署名文章。

围绕“党中央治国理政新理念新思想新战略的重大意义和理论品格”选题方向，在《求是》《经济日报》和《光明日报》发表《党的科学理论的丰富与发展——党中央治国理政新理念新思想新战略的重大意义》《实现新的奋斗目标的基本遵循——党中央治国理政新理念新思想新战略的重大意义》《时代性实践性人民性——党中央治国理政新理念新思想新战略的鲜明理论品格》3篇理论文章。

深入开展《党的十八大以来党中央治国理政新理念新思想新战略蕴含的思想方法和科学方法》研究，这是中央宣传部交给教育部党组的重大研究课题，社科中心组织精干力量认真研究，研究报告经部长陈宝生审阅后报中央宣传部。

为贯彻落实党的十八届六中全会精神，承担中央宣传部《理论热点面对面·2017》有关研究任务，组织专家围绕“如何把握《关于新形势下党内政治生活的若干准则》的基本精神”这一主题撰写研究报告，在确保内容“准”的前提下，力争反映出“新”与“活”。

2. 搭建理论研讨平台，推动高校师生开展党中央治国理政新理念新思想新战略研究。组织召开“中国特色社会主义理论体系研讨会”“第六届马克思主义理论学科博士生论坛”等，组织高校专家学者、理论队伍对中国特色社会主义重大理论和现实问题、党中央治国理政新理念新思想新战略开展深入研讨。

以研究宣传党中央治国理政新理念新思想新战略为核心，加强“中国特色社会主义理论体系研究”专项课题管理，本年度共完成92项课题的立项评审、41项课题的结项评审及100余项课题的中期检查等工作。紧紧把握中央精神，组织高校专家学者开展“五大发展理念”研究，编写研究丛书。

〔开展思想领域和意识形态领域重大理论和现实问题研究〕 1. 有序推进重大课题“高校意识形态工作研究”。组织精干队伍，有序推进由教育部部长陈宝生和袁贵仁同志任总负责人的中国特色社会主义理论体系研究中心重大项目、马克思主义理论建设和研究工程及国家社科基金重大项目——“高校意识形态工作研究”工作。截至2016年年底，已在《人民日报》《光明日报》《红旗文稿》《马克思主义研究》等刊物上发表6篇学术文章。

围绕深入学习贯彻习近平总书记在哲学社会科学工作座谈会上的重要讲话精神，特别是关于意识形态工作的系列重要讲话精神，围绕深入学习贯彻习近平总书记关于爱国主义的重要讲话精神等主题召开研讨会，研究宣传习近平总书记系列重要讲话精神，推进课题研究。

2. 认真做好思想理论领域舆情分析研判。根据有关部门约稿，围绕“学习贯彻党的十八届六中全会精神”和理论热点难点问题开展分析研究，报送研究报告，努力发挥服务大局、服务决策的作用。

〔组织开展中国共产党革命精神与文化资源研究教育宣传〕 1. 组织开展中共党史和革命精神研究。组织引导各研究基地围绕“习近平思想建党理论及其在浙江的实践”“马克思主义在中国早期传播史”“红色文化资源与高校艺术人才培养”“红军长征与西南社会政治生态”“西柏坡时期人民主体地位建构及当代价值”等重大理论和现实问题开展研究。以庆祝中国共产党成立 95 周年和纪念红军长征胜利 80 周年为主题，组织召开第二届高校党史教育论坛，会后编辑出版《立德树人——高校党史教育论丛（2016）》。

2. 推动中共党史和革命精神教育宣传工作。围绕先驱精神、红船精神、井冈山精神、苏区精神、长征精神、抗战精神、延安精神、西柏坡精神等开展研究，编写出版首批“中国共产党革命精神系列读本”。同时，围绕红岩精神、焦裕禄精神、沂蒙精神、古田会议精神、大庆精神等开展研究，组织开展第二批“中国共产党革命精神系列读本”编写工作。启动《高校红色文化资源育人发展报告（2016）》征集、编写工作，展示理论研究成果和实践创新特色，提升运用红色文化资源育人的科学化水平。

3. 开展咨询报告研究撰写工作。通过经验交流和集中培训，各研究基地咨询报告的撰写水平取得了较大进步，复旦大学《治国理政》咨询报告已累计推出 32 期。6 月，中共中央政治局常委刘云山到复旦大学调研，听取了复旦大学研究基地《治国理政》研究团队的工作汇报。嘉兴学院的《红船智库》、湘潭大学的《资政内刊》、赣南师范大学的《资政育人》、遵义师范学院的《新征程》、延安大学的《延安镜鉴》、河北师范大学的《西柏坡报告》都依托各自的地域特色和专业优势开展研究，整体撰写水平不断提升。

〔开展高校文化传承创新、美育领域理论和现实问题研究〕　深入开展大学文化建设理论研究，编辑出版《大学文化传承创新研究》第 5 辑，集中展示一段时间以来高校宣传思想工作队伍和相关领域专家学者在大学文化研究方面取得的优秀成果。与浙江农林大学共同召开“社会主义核心价值观与大学文化建设”理论研讨会，围绕充分发挥大学文化在育人中的重要作用这一主题展开研讨。

〔积极扩大《中国高校社会科学》学术影响力〕　以提升杂志质量为核心，以“综合性、有特色、专题化”为办刊原则，加强选题策划，不断打造作者、读者、编者三支队伍，不断扩大杂志学术影响力。全年共编发 6 期杂志、98 篇文章，共计 144 万字。

1. 围绕学习贯彻习近平总书记哲学社会科学工作重要讲话精神和庆祝中国共产党成立 95 周年，组织刊发相关学术文章。习近平总书记主持召开哲学社会科学工作座谈会并发表重要讲话后，编辑部迅速策划、及时约请参加座谈会的专家学者及哲学社会科学领域的知名学者撰写学习文章，刊发 5 篇“学习贯彻习近平总书记哲学社会科学工作重要讲话精神”笔谈文章。围绕庆祝中国共产党成立 95 周年，刊发 5 篇有关中共党史和革命精神的研究文章。

2. 围绕学习贯彻习近平总书记关于学习马克思主义政治经济学、优秀传统文化的重要论述以及“五大发展理念”开展学术研讨，刊发会议专题学术文章。先后与安徽大学、南开大学、烟台大学、北京外国语大学、吉林大学等高校的相关部门联合召开“马克思主义政治经济学创新与发展”研讨会、“五大发展理念与中国特色社会主义”研讨会、“儒学与中国传统文化”学术研讨会、“中国文化的世界性意义”高层论坛、“中国哲学的当代形态”学术研讨会。通过研讨会形式，加强选题策划，刊发多篇会议专题论文。

3. 编纂出版《中国高校社会科学文萃》第二辑。在 2015 年出版《中国高校社会科学文萃》第一辑的基础上，编辑部继续将 2015 年《中国高校社会科学》刊发的，被《新华文摘》、中国人民大学复印报刊资料、《中国社会科学文摘》转载的 31 篇文章汇编成第二辑出版，约 40 万字。

撰稿　储新宇
审稿　王炳林

教育部职业技术教育中心研究所

〔开展《行业人才需求与职业院校专业设置指导报告》研究工作〕 2016年，教育部职业技术教育中心研究所受教育部职业教育与成人教育司委托，组织开展包装、报关、机械、交通运输、航空工业、旅游、安全、煤炭、民政、纺织服装、体育、民航、文物保护、农业、广播影视、有色金属、文化艺术、中医药、机械、卫生20个行业职业教育教学指导委员会，开展了包装、报关、工业机器人、航海、航空、酒店、救援、矿山安全、老年社会工作、时尚服装、体育服务、通用航空、文物修复、现代畜牧、影视动画、有色金属冶炼、杂技、中医医疗、新能源汽车、药学服务20个《行业人才需求与职业院校专业设置指导报告》（简称《报告》）的研究编写工作。

各《报告》立足行业发展态势，结合院校办学实际，从应然和实然的角度进行了较为全面的行业企业数据调查，对人才供给匹配情况进行了准确判断和分析，并提出了专业设置调整策略和政策建议。主要包括行业现状与发展趋势、行业技术技能人才队伍现状及需求分析、职业院校相关专业设置与人才培养情况、行业技术技能人才需求与职业院校人才培养匹配分析、职业院校专业设置的指导意见与政策建议等五部分内容。

〔开展《中高职衔接专业教学标准》研制工作〕 2016年，教育部职业技术教育中心研究所受教育部职业与成人教育司委托，组织机械、交通运输、测绘、旅游、电子商务、民政、农业、商业、体育、铁道、卫生、物流、石油与化工13个行业职业教育教学指导委员会，开展了机电一体化、数控技术、道路桥梁工程技术、工程测量技术、旅游管理、酒店管理、电子商务、老年服务与管理、畜牧兽医技术、市场营销、运动训练、铁道工程技术、护理、物流、高分子15个专业《中高职衔接专业教学标准》（简称《专业标准》）的研究制定工作。

15个《专业标准》面向现代农业、先进制造业、现代服务业、战略性新兴产业、健康养老服务业等行业发展需要，选择社会需求大，在校学生数量多，专业点设置广，培养周期长，技术技能积累要求高，适宜中高职衔接培养的专业进行研制，如数控技术、护理等。各《专业标准》包括专业名称及代码、入学要求、基本学制与学历、培养目标、职业范围、人才规格、主要接续专业名称与代码、课程结构、课程设置及要求、教学时间与进程安排、教学基本条件、教学实施建议、转段考核与毕业要求和其他14个部分内容。

〔承办第十三届全国中等职业学校文明风采竞赛活动〕 8月，第十三届全国中等职业学校文明风采竞赛活动启动。该活动由教育部、人力资源和社会保障部、中央文明办、共青团中央、全国妇女联合会、中国关心下一代工作委员会、中华职业教育社联合主办，教育部职业技术教育中心研究所、中国职业技术教育学会、人力资源和社会保障部职业培训教材工作委员会办公室承办。

本届活动紧跟时代要求，确定以“弘扬工匠精神，成就出彩人生”为主题，优化赛项设置。竞赛设置了“庆祝中国共产党成立95周年”“工匠精神”征文演讲、“师徒情”和“职场人”摄影视频等内容，突出理想信念和职业素养培育，得到广大师生的积极响应。各地因地制宜、与时俱进，积极创新文明风采竞赛活动，打造德育特色。

大赛从方案制定，到赛项标准研发与解读，再到作品报送、评审专家遴选和作品评审，均采取标准化、规范化的工作流程，努力使竞赛活动做到高标准、有秩序。一是邀请专家研发赛项标准、做赛项解读，并向社会公布；二是加大对省级赛事组织机构的业务指导，以推进会的形式组织省级竞赛组委会工作人员开展业务培训和典型经验交流；三是规范和细化各类赛项的作品报送要求，对实物作品，要求报送制作过程视频；四是向联合主办部门和各省级竞赛组委会征集评审专家，建立专家库，按赛项作品数量，根据专家的特长、地域、评审经验等因素遴选决赛评委。

全国31个省（自治区、直辖市）和新疆生产建设兵团及5个计划单列市均组织参赛，参赛范围实现全覆盖。全国共有5 436所学校、392.1万名学生参赛，初赛提交作品293.3万份，参赛学校占全部中职学校总数的56%。与上一届相比，本届参赛学校增加1 462所，增长36.8%；参赛学生增加108.6万人，增长38.3%；参赛作品增加97.4万份，增长49.7%。有18.3万份作品参加省级复赛，有9 079份作品进入全国决赛。本届竞赛活动共评出一等奖442项、二等奖1 339项、三等奖1 767项、优秀奖3 516项、优秀作品展示特别奖21项；优秀指导教师奖2 241名（含优秀作品展示节目指导教师）；学校优秀组织奖533项；省级复赛组委会组织贡献奖20项。

〔组织开展2016年全国职业院校技能大赛〕　教育部职业技术教育中心研究所作为全国职业院校技能大赛执委会成员单位和大赛执委会办公室所在单位，配合教育部职业教育与成人教育司开展各项组织工作，圆满完成各项比赛。

本次大赛共确定赛项94个，其中中职组赛项44个、高职组赛项50个，于5月8日至6月7日在天津主赛区以及北京、山西、吉林、江苏、浙江、安徽、福建、山东、河南、湖北、广东、重庆、甘肃和青岛、宁波15个分赛区的55所承办院校举行。大赛期间，在天津主赛区还举办了中华优秀文化传统艺术表演赛、中国职业教育现代化论坛暨第二届全国职业教育科研院（所）联席会议、全国大赛参赛选手就业洽谈会、全国职业院校技能大赛博物馆参观等活动。本届大赛直接参与企业117家，参赛选手12 042人，指导教师8 996人，参与省赛、市赛、校赛的学生达500万人以上，参赛选手中共有7 616人次获得奖项，其中一等奖1 279人次、二等奖2 539人次、三等奖3 798人次。

本次大赛呈现以下特点：一是赛项设置紧贴产业转型，关注生活方式转变；二是比赛内容紧跟产业发展最新需求，关注对教学的引领；三是更加注重体现“工匠精神”，关注人才培养德技并重；四是运行机制与管理制度进一步完善，关注规范廉洁办赛。

撰稿　房风文
审稿　杨　进

高等教育教学评估中心

〔建立国家数据平台〕　2016年，根据《教育部、财政部关于实施高等学校本科教学质量与教学改革工程的意见》精神，为加强国家对高等学校教学基本状态的宏观指导，教育部正式启动“全国高校本科教学基本状态数据库系统”项目，委托教育部高等教育教学评估中心（简称教育部评估中心）进行研发管理。教育部评估中心经过深入研制、反复测试和试采集，不断对数据库进行优化，建成本科教学基本状态数据库1.0版。

随后着手进行全国高校教学基本状态数据库的更新升级，专门研制开发了教学基本状态数据分析系统，上线了数据分析平台，进一步建成了以应用为核心的适用于国家、省市、高校的数据库系统2.0版。

根据教育部领导的指示和要求，在原有数据库和数据采集工作成果的基础上，教育部评估中心不断进行指标研究和调整，拓展数据范围，开发应用端口，增强分析功能，将其升级为高等教育质量监测国家数据平台3.0版（简称国家数据平台），对国家高等教育质量进行基本监测。

国家数据平台依据教学工作内在规律，利用信息和网络技术，用数据反映全国高等学校教学基本状态，以在线方式进行年度数据采集。同时，国家数据平台具有强大的数据分析、统计与生成功能，能够满足不同层次、类型用户的需求。

从内容结构来看，根据教学状态涉及的内涵，数据包括学校基本信息、学校基本条件、教职工信息、学科专业、人才培养、学生信息、教学管理与质量监控七大类。在实施数据填报时，则根据学校管理特点，将数据信息表格化，分为7个部分，共78张数据表格。

从层次结构来看，国家数据平台作为国家层次的数据库，采集的数据既包括学校、院系和专业等层次数据，也涉及教师、学生、课程等微观层次信息。涉及微观层次信息的数据库建设（如教师库、学生库、成绩库、设备信息库、管理制度网站等）是各高校信息化建设的范围，由高校自行建设和管理。国家层次数据平台以校园信息化工程为依托，与高校层次数据库通过网络相联，并可相互访问，以此保证本数据平台的高效率和低成本。

2016年，来自全国31个省（自治区、直辖市）的1 200余所高校参与国家数据平台数据采集工作。至此，国家数据平台首次实现对全国所有本科高校的教育质量进行全面监测，首次实现了教育质量监测的全覆盖，成为首个对全国高校进行数据采集，并进行高等教育本科教学质量全面监测的国家，开创了全世界高等教育国家质量监测的历史。

芝加哥大学常务副校长埃里克·艾萨克斯（Eric Isaacs）对此给予高度评价："中国教育部评估中心的国家数据平台能够采集如此海量的数据并为每所大学出具数据分析报告，乃至研制国家质量报告，功能超越美国的国家教育统计中心（NCES），令人震撼和眼界大开！"

国际高等教育质量保障机构联盟主席卡罗尔·博比（Carol Bobby）的评价是："以数据库为基础开展质量常态监测和发布质量报告的做法在国际上都是先进的，为高等教育大国开展质量保障提供了优秀实践范例。"

〔理学、农学、人文社科类专业认证试点工作全面开展，示范引领高校聚焦一流专业质量建设〕 教育部评估中心在充分吸收工程、医学教育认证以及院校评估经验的基础上，对标国际先进理念、标准和做法，历时三年研制推出《普通高等学校本科专业认证方案（第三级）》，并相继在理学、农学、人文社科领域开展认证试点工作。浙江大学、南京大学、武汉大学、中山大学、厦门大学、对外经济贸易大学、西南财经大学、中国传媒大学、中国农业大学、南京农业大学、东北林业大学、华中农业大学12所重点高校的21个优势专业参加了认证试点。

本次认证将"学生中心""产出导向""持续质量改进"三个理念贯穿于整个认证过程，紧扣掣肘一流人才培养、一流专业建设和世界一流大学目标实现的"短板"和"软肋"进行发力，向课堂教学要质量，向实践教学要质量，要求专业对标一流质量标准，自省自查、自评自建，形成基于产出的持续改进质量保障机制和追求卓越的质量文化，被认证学校和专家誉为助推一流专业质量建设和改革发展的"及时雨"。

同时，教育部评估中心积极推进第三级认证标准、认证模式走向国际舞台。截至2016年年底，俄罗斯康德波罗的海联邦大学、下洛夫哥罗德大学、远东联邦大学3所高校的8个专业、中国对外经济贸易大学的2个专业接受了中俄国际联合专业认证，认证结果得到欧洲高等教育区的认可，通过认证专业的毕业生可获得进军欧洲劳动力市场的"入场券"，这将有助于提升高校在专业人才培养上的国际竞争力及在共建"一带一路"国家的国际影响力。

撰稿　郭　栋　何菁菁
审稿　李　岩　盛　敏

教育装备研究与发展中心

〔**《教学仪器与实验》更名为《教育与装备研究》**〕 经国家新闻出版广电总局批准，由教育部教育装备研究与发展中心主办的《教学仪器与实验》自2016年3月起正式更名为《教育与装备研究》。更名后的《教育与装备研究》更加契合新时期教育装备事业发展的要求，以坚持正确办刊方向，紧跟教育改革步伐，立足教育装备行业发展，关注教育与装备的关键问题、重大问题和热点问题，在政策、理论、管理、技术、教学等不同层面进行深入研究与广泛交流，呈现理论与实践研究成果，促进教育装备事业发展为办刊宗旨，内容由注重中小学理科实验教学为主，逐步转向装备育人的技术、环境、活动与文化，进一步凸显专业特色和学术方向，坚持理论指导实践，为资源优化、推进学校育人模式的创新、改进学校管理与教学评估等方面提供交流、借鉴和理论支持。《教育与装备研究》主要栏目包括专家访谈、政策聚焦、理论探析、环境建构、实验教学、技术方法、管理评估、域外采风等。

〔**检测中心通过国家检验检测机构资质认定复评审**〕 6月，国家认证认可监督管理委员会评审专家组对教育装备研究与发展中心教学仪器设备产品质量检测中心进行了现场复查评审。评审专家组通过实地考察、人员问询、现场座谈、资料审查等方式对检测中心人员配置、实验室环境、仪器设备、管理体系及2013—2015年检测原始记录等内容进行了重点审查。9月，检测中心收到了国家认证认可监督管理委员会颁发的“资质认定计量认证证书”，标志着教育装备研究与发展中心教学仪器设备产品质量检测中心通过了国家检验检测机构资质认定复评审，可向社会出具批复能力范围内的检测报告。

〔**开展国家标准《中小学合成材料面层运动场地》制定工作**〕 根据教育部统一部署，从6月起，教育装备研究与发展中心集中力量，有序推进国家标准《中小学合成材料面层运动场地》制定工作。

此次制定是对原国家标准《中小学校体育器材和场地第11部分：合成材料面层运动场地》(GB/T 19851.11-2005）的进一步修订完善。装备中心坚持将“保证学生安全、促进学生健康、增强学生体质”作为修订完善工作的出发点和落脚点，从全国著名高校、科研院所、权威检测机构等遴选一批专家学者，组建标准修订专家组。重点针对安全、环保、运动防护等突出问题开展相关研究，充分借鉴发达国家相关研究成果及国内现行标准，力求提出符合绿色发展、技术进步、行业规范以及学生健康防护要求的技术指标。

此次修订完善的主要内容包括：调整物理性能指标，增加有毒有害化学物质的限定，增加人造草运动场地的相关要求，增加有关施工要求及判定规则等。标准整体呈现“严、细、实”等特点，如绝大部分指标在现有国家标准层面要求最为严格，部分有害物质限量参照发达国家和地区相关标准要求；确保从原材料到成品、从施工到验收等重要关键环节全覆盖。同时，重点聚焦存在的突出问题，进一步新增相关规范要求，确保指标严谨，方法规范，可操作性强。

8月下旬，经多次组织召开研讨会，反复论证修改，教育部向国家标准化管理委员会提交强制性国家标准立项申请，并将标准名称修改为《中小学合成材料面层运动场地》。11月14日，国家标准化管理委员会对该标准拟立项申请公开征求意见。12月28日，国家标准化管理委员会正式下达强制性国家标准计划。

〔**开展“情系滇西、携手帮扶、助力宁洱”行动计划**〕 2016年，教育装备研究与发展中心继续发挥装备优势，针对云南省普洱市宁洱哈尼族彝族自治县师资薄弱的实际，开展了“情系滇西、携手帮扶、助力宁洱”行动计划。10月，组织西南大学、清华大学附属中学、首都师范大学附属幼儿园等多名专家学者赴宁洱哈尼族彝族自治县，通过专家报告、现场教学、示范课等方式培训教师800余人次。同时携手中国统一教育网，推进宁洱哈尼族彝族自治县智慧校园云平台和录播教室建设，分享优质课堂，扩大优质教育资源覆盖面。

同时，教育装备研究与发展中心促成清华大学附属中学与宁洱哈尼族彝族自治县百年老校普洱中学达成帮扶协议，由清华大学附属中学永丰学校与普洱中学建立友好学校关系，在普洱中学设立“清华大学附属中学清永创新实验班”。清华大学附属中学的教师与普洱中学创新实验班的任课教师结对，提供一对一的指导帮助，对宁洱哈尼族彝族自治县的教师培训和“英才教育”给予智力支持。在教育装备研究与发展中心的协调下，中国下一代教育基金会资助宁洱哈尼族彝族自治县加入“寒门学子计划”，遴选10名山区农村初一学生，利用寒暑假到北京由清华附中进行集中培养，为贫困学生考取重点大学打下基础。

撰稿　加顺花　赵　翔
党建伟　芦燕兵
审稿　曹志祥

中国教育学会

〔**概述**〕 2016年，中国教育学会深入学习贯彻党的十八大以及十八届三中、四中、五中、六中全会精神，紧紧围绕教育部的中心工作和各项决策部署，秉持“学术为本、服务立会”的工作方针，充分发挥自身人才和智力优势，切实推进制度建设，开拓创新工作领域，实施精准专业服务，践行《中国教育学会事业发展规划（2013—2018年）》，着力服务于教育改革发展大局、服务于教育决策、服务于教育改革实践、服务于广大会员，完成了年初预定的工作目标任务。

〔**重大学术研究和交流活动**〕 一是举办学术年会。由中国教育学会主办、四川省优质教育促进会承办的“中国教育学会第二十九次学术年会”于12月17日在成都市金堂县召开。本次学术年会的主题是：“提高质量——教育创新发展之本”。学会会长钟秉林致开幕词，教育部副部长朱之文出席年会开幕式并讲话。朱之文指出，基础教育是“立德树人”的伟大事业，是提高国民素质、实现民族振兴的奠基工程；提升质量是教育永恒的主题，全面深入实施素质教育是提升基础教育质量的核心。他希望学会承担起责任，切实做到以下三点：一是以问题为导向，组织开展高水平学术研究；二是以交流为纽带，搭建广泛深入的沟通互动平台；三是以专业为引领，加强对基础教育改革的支持和服务。会议期间，教育部原副部长、国家教育咨询委员会委员、学会顾问王湛，学会副会长朱慕菊、尹后庆，学会高中教育专业委员会副理事长、杭州市第二中学校长叶翠微分别做了题为“新形势下提高教育质量的战略意义与路径特征”“普通高中课程标准修订工作情况”“新质量时代的基础教育改革”“关于教学质量”的主旨报告。

二是举办教育评价研讨会。9月26日，中国教育学会在扬州市召开2016年度教育评价研讨会，其主题是“评价与学生核心素养”。本次会议特设教育测量、评价技术的现场交流环节，共7家专业评价测量机构参与现场展示互动。学会常务副会长戴家干出席会议并讲话，学会顾问谈松华、教育部基础教育质量监测中心副主任辛涛、基础教育评价专委会理事长时龙、教育统计与测量分会理事长张敏强应邀做主旨报告。

三是举办教育沙龙系列活动。围绕教育改革发展中的热点问题，组织和邀请相关领域的教育专家和知名学者展开深入研讨。2016 年举办了 4 期主题分别为“展望——面向 2030 年的中国基础教育现代化”“遇见未来学校——供给侧改革背景下的办学探索”“洞察教师培训与发展的现在与未来”“教育质量与教育现代化”的教育沙龙。每期教育沙龙的内容均在《光明日报》专版和光明网刊发，在社会上引起较好反响，已经成为学会的一个新的学术品牌。

四是研制《中国基础教育现代化 2030》（学术版）。按照教育部要求，中国教育学会负责研制和起草《中国基础教育现代化 2030》（学术版）。3 月 16 日，学会会长钟秉林主持召开“2016 教育沙龙暨教育现代化有关文件起草研讨会”。本期沙龙的主题是“展望·面向 2030 年的中国基础教育现代化”。特邀顾明远、陶西平、郭振有、李希贵、陈丽、石中英、马宪平、孟繁华、邬志辉、时龙、刘长铭等专家，针对“基础教育现代化的内涵与外延”“中国基础教育现代化的愿景展望（2030 年）”等相关问题进行论证研讨。其后，学会组织所属相关分支机构起草各分报告及总报告，在征求专家意见建议的基础上，形成《中国基础教育现代化 2030》（学术版），并报教育部。

〔**拓展国际交流与合作**〕　一是举办国际教育创新大会。由联合国教科文组织亚太地区办事处、中国联合国教科文组织全国委员会、中国教育学会共同主办的“2016 国际教育创新大会暨亚太地区教育创新文晖奖颁奖仪式”于 11 月 20 日在北京举行。马来西亚的终身学习科学 24/7 组织（SOLS 24/7）和印度的提升综合社会保障意识组织（OASIS）成为 2016 年“文晖奖”得主。孟加拉国的达卡阿赫萨尼亚组织、新加坡的技术教育研究所、澳大利亚的全球河流环境教育网络和泰国的亚洲国际计划成为 4 个获得荣誉奖单位。北京市海淀区教育科学研究院以中小学“气候变化”主题教育项目获“首届文晖奖中国教育创新优秀奖”。马来西亚的拉杰·里德万·辛格先生和印度的希巴尼·高希先生分别就 SOLS 24/7“社区学习中心”和 OASIS“博物馆学校”创新性实验项目做主旨报告。

二是研制蒙台梭利中国标准。为提升蒙台梭利教育在中国发展的科学性、规范性和适宜性，中国教育学会与美国蒙台梭利协会合作，致力于蒙台梭利教育在中国的规范、引领和服务工作。已研制完成《中国教育学会蒙台梭利学前教育机构认证标准》《中国教育学会学前教育教师资质认证标准》《中国教育学会教师教育机构认证标准》。

三是举办国际艺术教育高端研讨会。12 月 3 日，中国教育学会与世界音乐教育联盟在浙江音乐学院共同主办“2016 国际艺术教育高端研讨会”。本次会议主题是“艺术教育的可持续发展”。重庆大学美视电影学院常务副院长、北京大学艺术学院原院长彭吉象，德国埃尔朗根—纽伦堡大学讲师兼研究员、联合国教科文组织艺术和文化教育主席执行官厄恩斯特·瓦格纳（Ernst Wagner），中国人民大学附属中学联合学校总校常务副校长王珉珠，新西兰奥克兰大学舞蹈研究资深讲师罗斯·马丁（Rose Martin）分别做主旨报告。

四是举办学前教育国际研讨会。6 月 22 日至 23 日，中国教育学会和华东师范大学在上海展览中心共同主办“2016 年学前教育国际研讨会——文化背景下的学前教育”。德国著名幼儿教育家瓦西里奥斯·费纳科斯（Wassilios E. Fthenakis）、美国蒙台梭利协会特派代表安吉拉·默里（Angela Murray）、意大利瑞吉欧教育中心特派代表玛丽娜·卡斯塔涅蒂（Marina Castagnetti）、日本御茶水女子大学校长和日本儿童学会会长榊原洋一、环太平洋地区学前教育研究会新西兰分会会长琳达·博伊德（Lynda. Boyd）、香港大学教育学院终身教授李辉、华东师范大学教授朱家雄等分别做专题报告。

〔**创新专业支持和服务**〕　一是开展基础教育国家级教学成果奖特等奖教育成果推广工作。4 月 9 日，成立中国教育学会情境教育研修与推广中心，全面开展基础教育国家级教学成果奖特等奖教育成果“情境教育实践探索与理论研究”的推广工作，来自全国各地的校长、教师 600 余人参加“情境教育”第一期推广活动。6月18日至19日，中国教育学会在新疆克拉玛依举办基础教育国家级教学成果奖特等奖教育成果“普通高中育人模式创新与学校转型实践”第三期推广活动。本次推广活动通过主题论坛、座谈交流、实地考察、海报展示等形式，向与会者分享了克拉玛依市“选课走班、分层教学”“导师制”等管理育人模式以及学校课程设置、课堂教学、绩效考核、游学等丰富多彩的内容。

二是推进中小学安全教育实验区建设。年内新增3个省级实验区和7个地级市实验区；开展了若干项安全教育专项活动；根据教育部基础教育一司的要求，在全国开展中小学安全教育精品课征集展示活动；发布《中小学幼儿园应急疏散演练技术规程（试行）》，并组织了12期验证性培训。截至2016年年底，在全国建立了10个省级实验区、22个地级市实验区、13个区（县）实验区，覆盖学校14.8万所、学生8 166.2万人、教师144.2万人。

三是开展全国中小学书法教师培训。受教育部委托，中国教育学会联合教育书画协会、中国书法家协会于7月6日在北京实施“翰墨薪传·全国中小学书法教师培训项目”第二期国家级培训。教育部基础教育二司副司长申继亮出席培训会并讲话，全国政协常委、中国书法家协会主席苏士澍，学会常务副会长戴家干出席培训会。来自华北、东北地区的骨干书法教师和教研员共计1 344人参加培训。

四是助推未来教育家成长。一是继续推进乡村教育家成长助推计划。5月14日，中国教育学会在成都市举办了第二次集中培训开班典礼，来自广西、四川、重庆、贵州、云南、西藏、甘肃、青海、新疆9个省（自治区、直辖市）乡村中小学、幼儿园的31位学员参加开班典礼。12月7日，第三次集中培训开班典礼在成都石室小学举行，来自西部乡村中小学、幼儿园的27名学员参加开班典礼。二是继续开展未来教育家高端研修。4月和5月，分别在深圳和成都两地对当地学员进行为期5天的集中培训。三是承接“高中校长领航班”项目。该项目依据成都市高中教育质量全面提升的要求，选拔一批优秀高中校长，通过集中培训、跟岗研修和导师进校指导，使之成长为“领航型校长”。12月19日，中国教育学会在四川师范大学附属中学举行“成都市高中校长领航班”启动会，成都市遴选的25位高中校长参加启动会。四是中国教育学会于7月12日主办的第三届“中国未来教育家成长论坛”暨“教育家成长联盟”全国二次会议在北京举行。论坛的主题是“教育创新是当代教育家办学的神圣使命”。国家教育咨询委员会委员、国家总督学顾问陶西平，学会副会长、北京十一学校校长李希贵做主旨报告；学会常务副会长、《未来教育家》杂志总编辑刘堂江主持特别访谈；学会副会长、华东师范大学教育学部主任袁振国做总结发言。

五是专业支持史家教育集团合作项目。该项目是在北京市东城区教委主导下，通过政府购买社会组织服务，支持史家教育集团深化办学体制改革、创新育人模式、提升办学品质的专业服务项目。该项目于3月29日正式启动。10月，举行首次史家教育成果推广会，会议规模逾800人。

〔**探索创新人才培养模式**〕 一是推进大学先修课程试点。为贯彻落实《国家中长期教育改革和发展规划纲要（2010—2020年）》关于创新人才培养模式的精神和要求，中国教育学会联合高等教育出版社共同发起并组织实施中国大学先修课程试点项目，促进高中教育与大学教育有机衔接，探索发现和培养拔尖创新人才培养模式的体制和机制。

3月11日至13日，中国大学先修课程试点项目第四期教师培训在福建师范大学举办。为期3天的培训开设了“微积分”“解析几何与线性代数”“概率统计”“物理力学”“通用学术英语”“文学写作”“微观经济学”7门课程，来自中国科学院、北京大学、清华大学、北京师范大学、东北师范大学等高校的20余位专家参与授课，全国各地50余所高中的205名教师参加培训。

中国大学先修课“慕课”（CAPMOOC）于6月24日在高等教育出版社“爱课程”网正式上线，首批30门课程全部向社会免费开放。

截至2016年年底，中国大学先修课程试点项目覆盖全国21个省（自治区、直辖市）的108所高中；试点学校线下开设“微积分”“解析几何与线性代数”等7门课程；近千名教师接受相关培训，约1.5万名学生选修相关课程；组织4次全国性考试，参加考试学生累计近5 000人次。

二是举办中学生领导力展示会。该活动以“打造国内一流的中学生领导力培养与展示平台”为目标，旨在通过展示、讲座、交流及各种学生活动，考查和培养当代中学生的社会责任感和组织管理能力，为广大中学生搭建一个发现其领导才能、展示其领袖风采的广阔平台。第七届全国中学生领导力展示会于7月22日至28日在上海市格致中学、奉贤中学举行，来自国内及香港特区的近2 000名优秀中学生代表、教师代表及优秀大中学生志愿者参加展示会。

三是组织“中青创奥”系列活动。该活动是面向全国中小学生的综合性实践教育活动，旨在推动具有中国特色、符合国家教育方针的中小学创客教育的健康发展，培养面向未来、具有创新型综合素质的人才。5月16日，中国教育学会在北京主办了主题为“创客精神、国际视野、智造未来”的“2016年青少年创客教育论坛”。5月27日至29日，由中国教育学会主办、青少年创新思维教育研究中心和首都师范大学数学科学学院承办的“中国青少年创客奥林匹克系列活动实验基地负责人培训”在首都师范大学举行。

撰稿　杨太清

审稿　杨念鲁

中国高等教育学会

〔**综述**〕　2016年，中国高等教育学会（简称高教学会）及其分支机构、基层组织认真学习贯彻党的十八大，十八届三中、四中、五中、六中全会精神，围绕教育部中心工作，服务高等教育改革发展大局，继续按照“学术立会、服务兴会、规范办会”的原则开展工作，切实落实《中国高等教育学会事业发展规划（2014—2020年）》，推动高教学会各项工作再上新台阶。

〔**课题研究全面推进**〕　3月，高教学会召开深化高等教育强国建设研究咨询座谈会，充分肯定“遵循科学发展，建设高等教育强国”重大课题研究取得的成果，继续推进高等教育强国的深化研究。“遵循科学发展，建设高等教育强国”重大课题研究成果《建设高等教育强国》获教育部第五届全国教育科学研究优秀成果奖一等奖。

高教学会承担的教育部人文社科重大课题“中国特色高等教育思想体系研究”进入结题阶段；申报的“高等教育强国的内涵、标准、实现路径及监测指标”获批为2016年国家社科基金教育学重大（重点）项目，于11月5日正式开题。

继续推动“理论与实践教学融合”“科研与教学融合”“信息技术与教学融合”等课题的研究工作，相关课题被正式列入2016年度《中国教育报告·发展与质量》。

拨付专项经费开展专题年度报告的研究编撰工作，17个分支机构参加，《高等教育改革发展专题观察报告（2015）》已印刷出版。

高教学会“高校信息公开测评与研究”课题组完成了《2015年教育部直属高校及部分地方本科高等学校信息公开动态测评观察报告》，2016年的高校信息公开工作测评范围已扩大至全国本专科高校。

4月，高教学会启动了中国高等教育学会高等教育科学研究“十三五”规划课题申报立项工作，系列“融合”项目的研究也被正式列入高教学会“十三五”课题指南。经专家评审，最终评审出重大攻关课题11项、重点调研课题25项、一般课题164项，部分分支机构也以高教学会的名义设立了“十三五”专项规划课题。加大经费投入力度，投入经费预计达 260 万元，较“十二五”增加一倍。11 月下旬，高教学会分别在北京和上海两地召开了重大、重点课题开题会。

12 月，高教学会向教育部教师工作司申报的“中国高校教师教学能力专业化发展调研”课题获批立项；12 月，受教育部高等教育司委托，高教学会具体实施的 2016 年高通公司产学合作协同育人项目在海口市召开专家评审会，评出立项项目 25 项，包括重点项目 5 项、一般项目 20 项。

〔**举办各种学术活动**〕　10 月 29 日至 30 日，高教学会在南宁市举办“2016 年中国高等教育学会学术年会暨高等教育国际论坛”。教育部副部长林蕙青就高校人才培养工作做重要讲话，中国高等教育学会会长瞿振元做专题报告。来自国内外的近千名高等教育领域的专家学者围绕“学生·教师·课堂：高等教育现代化”的主题进行了深入交流。

4 月和 11 月，高教学会与《光明日报》联合举办两次教育沙龙，主题分别为“聚焦高校科技成果转化”“学科评估与学科发展”，《光明日报》开辟专版刊载与会专家文章。

5 月 6 日至 7 日，高教学会与厦门大学联合举办“一流大学本科教学高峰论坛”，来自全国近百所“985 工程”和“211 工程”等高校的校长、主管教学工作的副校长、教学管理人员及研究人员共 270 多人参会，围绕“一流本科教学的改革与创新”开展了广泛而深入的探讨，教育部副部长林蕙青到会讲话。

10 月，高教学会与中华职业教育社、教育部在线教育研究中心、慧科集团、学堂在线共同主办了“2016 中国高等教育创新大会”，参会代表 3 000 余人。会议围绕中国高等教育创新动力（融合·变革）进行了广泛深入的讨论，取得了较好的效果。

11 月，作为海峡两岸 20 个主办单位之一，高教学会参与主办了“两岸和平发展论坛”，并派出代表参加会议及社会组织的讨论。

11 月，高教学会与中国科学技术协会新技术开发中心等共同举办了“2016 亚洲教育论坛年会”。还与有关高校、中华职业教育社、中国国际贸易学会、高等教育出版社等合作，举办学术论坛等活动。围绕高校需求，举办热点话题专题研讨，包括高等教育改革发展形势任务系列报告、高等教育教学综合改革系列报告、高等教育教学成果奖系列报告以及基于校本需求的个性化订制系列培训等。

〔**服务大局取得成效**〕　根据教育部统一部署，高教学会承担了《中国高等教育现代化（2030）》（学术版）的编写任务，在近年来的研究和宣传工作基础上，收集了包括国际组织重要研究报告、高教学会重大研究项目“建设高等教育强国”前期成果、高教学会分会提交的专题观察报告、杂志和科研参考上发表的相关文章等一批参考资料，并组织开展了广泛深入的研讨、调研活动。历经 3 个月时间，形成了 2 万多字的主报告和 13 份 30 余万字的专题观察报告附件，得到教育部领导的充分肯定。

受教育部高等教育司委托，高教学会于 8 月组建了由上海交通大学等高校有关专家组成的课题组，对 75 所教育部直属高校的“十三五”规划进行了评价并形成测评报告，受到高等教育司的好评。

高教学会分别于 5 月、6 月和 8 月组织了首批赴新疆送教活动、第三批赴西藏援教活动和验收西藏农牧学院高山生态环境监测站无线数据传输建设项目活动，对当地有关高校相关部门的负责人或教师代表进行了专题培训和技术服务，推广国家级教学成果奖获奖成果、宣传国家教学名师，赠送优秀图书资料，收到很好的成效。

9 月，高教学会秘书处组织有关人员赴英国高等教育学会等机构进行访问，落实中英高等教育学会备忘录的主要工作。双方围绕共同开发教师资格框架及证书、学生创新精神及就业能力培养、教师教学能力培训以及共同关注的研究课题等进行了深入交流，对今后的工作制定了行动路线图。

〔**宣传工作**〕　《中国高教研究》杂志继续保持高质量出版发行，在国内七大期刊评价系统排名中名列前茅；结合高等教育领域热点、难点和焦点等问题，进一步加强重大选题策划和约稿力度，开设了“《教育规划纲要》实施五周年进展研究”“深化教学改革，提高教育质量”“统筹推进‘双一流’建设”“推进高等教育法治建设”等专栏，宣传推介相关研究成果，发挥了“存史、资政、预警、智库”作用。

组织编写以大学校长开学典礼讲话为内容的《寄语青春》和以大学校长毕业典礼讲话为内容的《寄语人生》系列丛书。积极参与对国家教学名师的宣传工作，发挥其在高校教师中的引领示范作用，并在2016年春季和秋季全国高教仪器设备展示会中设立专区，组织教学名师大讲堂，宣传国家的教学名师。

〔**组织开展评选竞赛活动**〕 2016年，高教学会开展了第九次高等教育科学研究优秀成果评选活动，收到34个机构的98项材料，评审出一等奖10项、二等奖20项、三等奖67项。开展了2016年高等教育学优秀博士论文评选活动，5篇论文获“高等教育学优秀博士学位论文”奖、5篇论文获提名奖。

2016年年初，高教学会和《中国青年报》发布了联合举办的2015年“学生喜爱的大学校长”推选活动结果，48名大学校长榜上有名，并在北京举行了颁奖仪式。2016年的评选活动也已经启动进行。

2016年，高教学会与相关高校、兄弟学会和单位举办了8项竞赛活动，即全国高校工程应用教师技能大赛、全国大学生广告大赛、新锐设计大赛、NOC技能大赛、未来交通设计大赛、半夏的纪念、中国印大学生设计大赛、高等学校自制教学仪器设备评选活动。

〔**举办展会和论坛**〕 2016年，高教学会分别在合肥、成都两地举行第四十七届、第四十八届全国高教仪器设备展示会，两届参展企业共计1 300余家，展位3 000余个，面积约9万平方米，参会教师超过2万人，创历史新高。为更好地体现理论研究与实践教学的紧密结合，围绕高等学校教育教学改革、实践教学改革、人才培养模式创新、高等工程教育人才培养、产教融合校企合作协同育人、创新创业教育、高校科技创新、实验室安全管理等主题，同期还举办了9场报告会和19场学术论坛，其中“高等教育工程峰会”“高校科技创新论坛”“教学名师大讲堂”等论坛和报告活动受到高校教师的热烈欢迎，产生了重要影响。10月，经公开招投标，高教学会与国药励展展览有限责任公司就承办2017—2020年全国高教仪器设备展示会签约。

〔**强化内控制度建设**〕 为规范高教学会（秘书处）及分支机构的各项工作，高教学会以内控制度建设为基础，进一步建立和完善学会管理制度，制定或修订了《中国高等教育学会高等教育科学研究项目管理办法》《中国高等教育学会高等教育科学研究项目经费管理办法》等多项管理制度，强化对分支机构的管理，基本完成了分支机构财务移交高教学会统一管理的工作。

2016年，高教学会秘书处继续加强自身建设。首先是加强党的领导，全面从严治党，全面深入开展“两学一做”学习教育。秘书处工作人员先后获2016年优秀党务工作者和优秀党员称号，范笑仙同志的家庭获“2016全国最美家庭”称号。秘书处还完成了多项检查整改工作。

撰稿　李　燕

审稿　康　凯

中国民办教育协会

〔综述〕 2016年，中国民办教育协会以党的十八大精神为指导，在教育部和民政部的指导下，根据协会章程，认真履行职责，努力搭建平台、做好服务，积极参与有关民办教育的建言献策，推动合作交流，为促进民办教育持续健康发展发挥了积极作用。

〔召开第八届中国民办教育发展大会〕 由中国民办教育协会主办的“第八届中国民办教育发展大会”在北京召开。大会的主题为“深入学习十八届六中全会精神，学习贯彻新修订的民办教育促进法，统一思想、凝聚共识，促进民办教育事业发展”。全国人大常委会副委员长、民进中央主席严隽琪出席大会并讲话，全国人大法律委员会副主任委员李连宁出席大会开幕式并做新版民办教育促进法的辅导报告，教育部发展规划司副司长郭春鸣出席开幕式并讲话，全国人大教科文卫委员会副主任委员、中国民办教育协会会长王佐书主持大会开幕式并做协会年度工作报告。

全国人大教科文卫委员会副主任委员严以新，中国民办教育协会顾问、云南省原副省长、云南省民办教育协会会长梁公卿，民政部社会组织管理局副局长赵泳，教育部发展规划司民办教育管理处处长韩劲红等有关领导出席会议。中国民办教育协会副会长、西安欧亚学院院长胡建波代表协会致开幕词。

〔人大代表、政协委员建言献策〕 3月，全国两会期间，民办教育界的全国人大代表、政协委员认真履职，根据亲身的工作体会与经历，在深入调研和缜密思考的基础上，围绕促进我国民办教育发展提出了17项议案、提案和意见建议，主要涉及《民办教育促进法》修订问题、民办学校分类管理政策和对民办学校扶持政策。

3月4日下午，国务院副总理张高丽来到北京会议中心，与参加全国政协十二届四次会议的教育界委员共同讨论教育发展问题，听取委员建议和意见。出席本次教育界别委员小组讨论会的有全国政协副主席韩启德、全国政协副主席万钢、教育部部长袁贵仁、副部长李卫红等。中国民办教育协会副会长、山东英才学院董事长杨文作为全国民办高校的唯一代表向张高丽等领导做了汇报并做了题为“关于《民办教育促进法》修订与促进民办教育可持续发展的建议”的发言。

3月5日，国务院副总理刘延东在参加河北代表团审议时说，要树立创新意识，依靠创新驱动促进供给侧结构性改革，塑造更多发挥先发优势的引领型发展。要树立兜底意识，坚持共建共享，促进教育、卫生、文化体育等基本公共服务均等化，满足群众的多样化需求，提升群众幸福感、获得感。全国人大代表、中国民办教育协会副会长、精英集团董事长翟志海在会上做了关于教育的发言。他提出，京津冀协同发展，离不开教育的协同发展，要加大对河北省高等教育政策和财政支持力度，推进北京教育资源向河北省疏解转移，同时也要让民办教育在协同发展中发挥重要作用。

〔召开学习民办教育促进法新法座谈会〕 11月7日，中国民办教育协会在杭州市组织召开了学习新版民办教育促进法座谈会，会长王佐书主持座谈会。会议邀请全国人大法律委员会副主任委员李连宁，全国人大教科文卫委员会副主任委员严以新，教育部发展规划司副司长郭春鸣和民办教育处处长韩劲红出席会议，他们从不同角度释法解读。协会副会长、监事会主席、副主席和部分民办教育界全国党代表、全国人大代表、全国政协委员及各省级民办教育协会主要负责人、民办教育科研机构专家学者共80余人参加会议。

〔**携手《人民政协报》在两会前联合举办“建言献策”活动**〕　1月至3月，中国民办教育协会学前教育专业委员会继续携手《人民政协报》在两会前联合举办“建言献策”活动，发挥各省、市、县三级两会代表委员中民办学前教育代表委员的作用，宣传交流他们的提案，为民办幼儿园提供反映意见建议的平台。

〔**开展民办培训教育建设调研工作**〕　1月至4月，中国民办教育协会培训教育专业委员会联合北京市教育科学研究院民办教育研究所开展了民办培训教育法制建设的调研工作。从国内外民办培训教育立法基本情况、营利性民办培训教育机构行政许可与法人登记、可持续发展等方面进行了研究，并形成调研报告。

〔**开展全国民办学校“双创”活动**〕　4月至7月，中国民办教育协会高等教育专业委员会组织全国民办高校和独立学院开展了创新创业教育示范学校评选工作，共评选出88所示范学校，推动了全国民办学校“双创”活动的开展。

〔**召开国际STEM教育研讨会**〕　4月16至18日，中国民办教育协会中小学专业委员会先后两次分别在西安市和上海市主办了国际STEM教育研讨会。邀请美国、加拿大和上海的STEM教育专家，通过报告、展示和上课等形式，让与会者了解什么是STEM教育，为什么要开展STEM教育，如何开展STEM教育。

〔**开展“全国幼儿足球万园工程”活动**〕　4月16日，中国民办教育协会学前教育专业委员会在博凯幼儿园发起“全国幼儿足球万园工程”公益活动，并举行启动仪式。华中师范大学教育信息化发展中心主任、教育部教育信息化专家组成员刘延申任名誉主任，教育部体卫艺司副司长廖文科、全国青少年校园足球专家委员会主任金志扬等领导以及来自全国部分省份的民办幼儿园代表、媒体界人士共100余人出席了启动仪式。

〔**开展理论和实证研究**〕　中国民办教育协会把开展民办教育科学研究，促进民办学校办学质量和管理水平的提高，开展民办教育评估活动作为带队伍、培养人才、提高教育水平的重要手段；把为政府部门对民办教育的决策提供咨询服务，编辑宣传民办教育的政策、经验和国内外信息资料作为协会的一项重要工作。中国民办教育协会民办教育研究院在上述方面做了大量卓有成效的工作。

2016年，共出版会刊6期，每期12万字；编印研究简报3期，每期6万字。会刊及简报主要聚焦民办教育立法、规划、政府扶持与规范政策、区域改革进展、境外比较研究、院校实践探索和经验等内容。

2016年，中国民办教育协会民办教育研究院主要负责人及部分骨干科研人员全年共获得20项各级各类有关民办教育改革发展的研究课题，其中国家级课题2项、省部级5项，以及教育部、上海市委托专项咨询课题多项，获得3项省部级科研成果奖。一些研究成果得到教育部相关司局的采纳，其中有关举办者对修法态度的实证调查报告，得到了有关领导的重要批示，对民办教育促进法的修订和国务院相关文件的修改完善产生了一定的影响。中国民办教育协会民办教育研究院的研究人员还积极撰写发表各类理论文章，对民办教育政策走向及行业形势做出透析和适时研判，全年在各级刊物上公开发表了20余篇论文，在业界产生了重要影响。在有关全国性及区域性民办教育专业论坛及研讨会上，民办教育研究院发表专题演讲或辅导报告共20余场，对立法背景、进程、难点、重点以及拟出台的民办教育新政对行业的影响等做了较为细致的分析讲解，对业界更好理解和把握民办教育新政起到了积极作用。

〔**创办《幼儿足球专刊》**〕　5月24日，中国民办教育协会学前教育专业委员会《幼儿足球专刊》正式创刊。国家教育咨询委员会委员、联合国教科文组织协会世界联合会荣誉主席陶西平撰写了创刊发刊词，题写了刊名。秘书处将专刊电子版上网，并通过邮件发送给了所有参加的成员单位。

〔**开展全国幼儿庆六一家庭亲子足球嘉年华活动**〕 5月29日，中国民办教育协会学前教育专业委员会在北京奥林匹克中心足球场举办了全国幼儿庆六一家庭亲子足球嘉年华活动。340个家庭组成的1 020人的方阵共同表演“幼儿家庭亲子足球操”，开展幼儿足球表演赛、幼儿拉拉操、幼儿亲子足球游戏，上百所幼儿园的代表参加了活动。

〔**开展全国五大领域创新教学微课公益评选活动**〕 5月至9月，中国民办教育协会学前教育专业委员会举办了第二届全国五大领域创新教学微课公益评选活动，整个活动免费并为获奖者提供了现金奖励。获奖视频统一上传网站，供幼儿教师研究学习，为提升民办幼儿教师的教学能力搭建了便利的平台。

〔**印制《幼儿园园长法律和法规学习手册》**〕 编辑印制了《幼儿园园长法律和法规学习手册》，向全国民办幼儿园和各省主管部门累计赠送19.9万册。

〔**召开首届学前教育发展大会**〕 6月3日至5日，中国民办教育协会学前教育专业委员会在广州市举办了以“学前教育质量提升与发展趋势”为主题的发展大会，2 000多位代表参加了大会。

〔**召开民办学前教育发展专题研讨会**〕 6月24日，中国民办教育协会学前教育专业委员会联合北京市教育科学研究院举办民办学前教育发展专题研讨会，与会专家和一线幼儿园园长共同研讨幼儿园教育的发展。

〔**召开培训教育支撑服务体系建设交流座谈会**〕 7月22日，中国民办教育协会培训教育专业委员会召开培训教育支撑服务体系建设交流座谈会，主题是“明确服务定位、满足服务需求，提升服务品质”。

〔**召开顺势教育研讨会**〕 10月10日，中国民办教育协会中小学专业委员会在郑州市与启元教育集团共同主办了顺势教育研讨会，会长王佐书到会做报告。

〔**成立中国民办教育协会教育评鉴中心**〕 10月17日，中国民办教育协会根据行业内涵发展和质量建设的需要，成立了中国民办教育协会教育评鉴中心，中心设在上海市。该中心坚持公益服务和专业服务的基本导向，努力促进中国民办教育事业在理论指导下健康有序地可持续发展。

〔**召开全国民办高校招生形势研讨会**〕 10月21日，中国民办教育协会高等教育专业委员会与陕西省教育厅合作，共同举办了全国民办高校招生形势研讨会。

〔**召开2016年亚洲幼教年会**〕 10月21日至23日，由中国民办教育协会学前教育专业委员会主办的2016年亚洲幼教年会在苏州国际博览中心召开。年会精心策划了连锁、质量、招生、课程、特色化、国际化等24个主题板块，涉及115个议题、15场论坛，汇聚中国、英国、德国等143位国内外专家名师。同期，近400个国内外优质项目盛大展出。中国民办教育协会学前教育专业委员会理事长杨志彬做了“坚定信念，办好中国特色的民办幼儿园”的报告。会上，向甘肃省、四川省的1 568所参与到“幼儿足球万园工程”大型公益活动中的贫困地区幼儿园捐献了10 000个幼儿足球，价值15万元。

〔**召开优秀教育专家教育思想和管理经验研讨会**〕 10月21日至23日，中国民办教育协会学前教育专业委员会结合幼儿教育和幼儿园建设开展了实证研究，举办了多次优秀教育专家教育思想和管理经验研讨会，把研究成果和先进经验集成并转化为教案，编入教材，编辑印制了《民办学前教育参考（一）》《民办学前教育参考（二）》，免费提供给幼儿园园长和教师共7 500册。

〔**举办全国民办高校2016年质量提升暨创新创业教育示范学校经验交流大会**〕 10月22日至23

日，中国民办教育协会高等教育专业委员会在山东英才学院召开了全国民办高校2016年质量提升暨创新创业教育示范学校经验交流大会。

〔联合编著出版《中国民办培训教育概论》〕 11月1日，由中国民办教育协会培训教育专业委员会联合上海市教育科学研究院民办教育研究所共同编著的《中国民办培训教育概论》正式出版发行，为行业培训提供了理论参考。

〔召开民办教育新政走向高峰论坛〕 11月12日，在民办教育促进法新法通过的第一时间，中国民办教育协会民办教育研究院联合上海市教育科学研究院民办教育研究所等单位共同举办了民办教育新政走向高峰论坛，得到业界的好评。

〔深入民办高校开展研究〕 12月9日至11日，中国民办教育协会高等教育专业委员会主要负责人深入陕西省6所民办高校开展调查研究，分别就民办高校的办学条件、质量测评、招生就业、政策建议等进行调研，为指导高校专业委员会和学校的工作提供了依据。

〔党建工作〕 按照中央关于社会组织党建工作的精神，筹备建立党的基层组织，主动与有关部门沟通，配备人员，做好前期准备工作。

〔重视舆论导向〕 中国民办教育协会重视新媒体时代的宣传和舆论导向工作，专人负责网站建设，在信息沟通、政策宣传、典型推广、理论探讨等方面投入力量。2016年，共发布经验介绍230余篇；微信公众号发布信息300余条，平均点击率达3 500人次。网站还增设了《两会专栏》，及时发布民办教育界全国人大代表、全国政协委员的建议和意见。

撰稿　郭　宝　贾　伟
审稿　王文源

中国职业技术教育学会

〔综述〕 2016年，在教育部党组的领导下，中国职业技术教育学会全面贯彻党的十八届三中、四中、五中、六中全会精神，认真学习贯彻习近平总书记系列重要讲话精神和治国理政新理念新思想新战略，不断增强政治意识、大局意识、核心意识、看齐意识，围绕中心，服务大局，认真贯彻落实教育部加快发展现代职业教育的决策部署，充分发挥学会在加快发展现代职业教育中的作用，深入开展调查和学术研究，努力搭建交流研讨平台，积极服务于国家战略、服务于重大教育决策、服务于广大职业院校，圆满完成了全年的各项工作，取得了显著成绩。

〔召开年度工作会议〕 4月，中国职业技术教育学会在成都市召开年度工作会议。会议的主要任务是：深入学习贯彻习近平总书记系列重要讲话精神和治国理政新理念新思想新战略，学习贯彻2016年全国教育工作会议精神，回顾总结学会2015年工作，分析职业教育面临的新形势新任务新挑战，明确2016年学会工作的指导思想、总体要求、主要任务。会议明确，2016年学会的工作要紧紧围绕深化改革，全面提高教育质量、促进教育公平这一战略主题，加快推进职业教育结构性改革和职业教育现代化，更好地为经济社会发展和人的全面发展服务。出席会议的代表共130余人。教育部职业教育与成人教育司原司长葛道凯做主题报告，有关专家围绕国家“十三五”规划纲要和教育“十三五”规划做专题报告。会议交流了地方职业教育学会、行业教育协会、学会分支机构的工作成绩和经验。

〔**召开学习贯彻习近平总书记在党的新闻舆论工作座谈会上重要讲话精神座谈会**〕 3月，中国职业技术教育学会在长春市召开“学习贯彻习近平总书记在党的新闻舆论工作座谈会上重要讲话精神座谈会”，13家职业教育期刊社和网站的社长、总编辑及代表出席了座谈会。

〔**组织学会系统在“2016年职业教育活动周”期间开展形式多样的活动**〕 按照教育部等三部委开展2016年职业教育活动周相关工作的要求，中国职业技术教育学会下发了《关于做好“2016年职业教育活动周”相关活动的通知》。在活动周期间，学会与教育部职业教育中心研究所联合召开了“首届中国职业教育现代化论坛暨第二届全国职业教育科研院（所）联席会议”，教育部副部长朱之文到会并做主旨讲话。论坛邀请有关专家做了题为“新型工业化背景下的人力资源结构、能力及素质思考”和“中国职业教育现代化：愿景与途径”的报告。同时，还举办了围绕“提高职业教育质量的若干前沿问题”和“改革职业教育运行机制的若干核心问题”两个平行圆桌论坛。

活动周期间，学会各分支机构组织开展了许多有益活动。例如，轨道交通专业委员会组织会员院校开放实训室（场）近200个；开展便民服务20余项；举办论坛、专业知识讲座20余场；开展学生技能竞赛20余项；举办路史展、校史展、优秀校友事迹展，弘扬新时期“火车头”精神，助推国家“一带一路”发展倡议。活动周期间，学会网站开设了“2016年职业教育活动周”专题，对全国职业院校学生技能大赛和全国职业教育活动周情况及典型事件、典型人物等进行了及时宣传。

〔**组织开展援助西藏职业教育活动**〕 2016年，中国职业技术教育学会积极开展援助西藏职业教育的活动，经与西藏自治区教育厅职业教育与成人教育处协商，双方联合于8月中旬在青海省举办了援助西藏职业教育座谈会。民政部民间组织管理局、教育部职业教育与成人教育司、西藏自治区教育厅、青海省教育厅以及学会有关部门领导和来自全国的40多家企业、职业学校以及西藏自治区各地教育行政部门和职业学校的领导共120余人参加了会议。会上，11所西藏职业院校代表介绍了各自学校的基本情况、主要困难及受援需求，41家企业和职业院校代表分别介绍了各自的优势领域，并根据西藏职业院校的需求，提出了各单位的援助方案。会议专门安排了西藏职业院校与与会企业和职业院校代表进行了面对面交流和洽谈，有些单位还当场签订了援助协议。据不完全统计，参加座谈会的企业和职业院校向西藏职业院校捐助物资和教学设备价值达1 200多万元。学会已与西藏自治区教育厅联合成立了援助西藏职业教育工作协调领导小组，负责对援助西藏职业教育工作的领导、组织、沟通和协调推进等方面的工作，推动援助工作常态化。

〔**召开工业与职业教育大会**〕 7月，中国职业技术教育学会与中国工业合作协会、机械工业教育发展中心、工业和信息化部教育与考试中心联合主办了首届工业与职业教育大会。全国工商联原副主席、中华职业教育社副理事长孙晓华等有关方面的领导和来自全国各地的高等院校、职业院校、行业企业界代表以及专家学者300余人出席会议。第十一届全国政协副主席、全国工商联名誉主席黄孟复专门为大会发来贺信。会议紧密围绕“服务国家战略、对接工业转型、促进产教融合”主题进行了深入交流与探讨。与会领导和专家学者分别就“工业变革背景下的职业教育”“面对制造强国战略机械工业发展及其人才需求”“中国制造2025的实施对技能人才培养的要求”“智能制造政策解读”“制造强国发展战略的探讨”等议题做了演讲；清华大学继续教育学院、西安渭北工业区、海尔大学、娃哈哈集团有限公司、陕西工业职业技术学院、无锡机电高等职业技术学校等单位有关领导和学者在会上谈了他们的经验、观点和见解。与会代表还就“政府推进校企合作的政策与管理机制”“职业院校创新办学模式适应行业企业需求”“企业参与职业教育的动力与模式”“创新校企合作的新模式”等热点话题进行了充分的交流与讨论。

〔**撰写《中国职业教育现代化2030》（学术版）**〕 3月初，教育部委托中国职业技术教育学会研究撰写《中国职业教育现代化 2030》(学术版)。按照教育部的要求，学会立即组织成立了文本起草小组和专题研究组，聘请了 40 多位专家参与专题研究和文本起草工作，确定了 11 个重点研究课题。学会先后组织召开了 4 次文件起草研讨会，经过多次研讨最终定稿，于 5 月将研究报告提交给教育部综合改革司。教育部有关领导和有关专家专门听取了学会关于研究报告的汇报，并现场解答了专家提出的有关问题。此后，学会有关领导和部分专家两次参与了教育部文件起草组组织的文件集中修改工作。

〔**开展纪念职业教育法公布实施 20 周年暨中国近现代职业教育发轫 150 周年系列活动**〕 受教育部职业教育与成人教育司委托，从 6 月起，中国职业技术教育学会积极参与纪念职业教育法公布实施 20 周年暨中国近现代职业教育发轫 150 周年系列活动的筹备工作，组织专家到福建省开展专题调研，多次召开专家座谈会，向教育部有关部门提交纪念活动的策划方案。12 月 12 日，教育部与福建省人民政府在福州市召开了“现代职业教育发展推进会——纪念职业教育法公布实施 20 周年暨中国近现代职业教育发轫 150 周年”，会议的主题为“发展现代职业教育，建设技术技能强国”。学会作为会议的承办方之一，参与了会议筹备的有关工作。

为推动广大职业教育工作者积极参与纪念活动，学会与教育部职业教育中心研究所联合开展了“纪念职业教育法公布实施 20 周年暨中国近现代职业教育发轫 150 周年”征文活动。活动共收到论文 900 多篇，经组织专家评审和征文活动组织委员会审定，共有 250 篇文章获奖。其中，一等奖 20 篇、二等奖 49 篇、三等奖 181 篇。

〔**成立全国职业教育集团化办学工作专家组**〕 受教育部职业教育与成人教育司委托，中国职业技术教育学会承担协助教育行政部门推进全国职业教育集团化办学有关工作。为更好地做好此项工作，学会成立了全国职业教育集团化办学工作专家组，并于 6 月在山东省召开了全国职业教育集团化办学工作专家组成立会议，教育部职业教育与成人教育司巡视员王继平出席会议并讲话。专家组组长由学会顾问、原国家教委职业技术教育司司长刘来泉担任。专家组成立后，积极开展工作，起草了全国示范性职业教育集团的遴选办法、遴选指标体系等相关文件，并向教育部职成教育司做了专门汇报，有关遴选办法和指标体系也已报送教育部职成教育司。同时，完成了《全国职业教育集团化办学典型案例汇编（2016 年）》的编撰工作，《中国职业教育集团化办学发展报告（2016）》也在撰写中。

〔**承担《职业院校股份制、混合所有制改革典型案例》汇编工作**〕 2016 年，受教育部职业教育与成人教育司委托，中国职业技术教育学会校企合作工作委员会承担了《职业院校股份制、混合所有制改革典型案例》汇编工作。教育部职成教育司专门为此项工作向各地发出了征集案例的通知，截至 12 月 20 日，共收集到来自 23 省（自治区、直辖市）的 80 多个案例。同时，校企合作工作委员会还深入学校和企业进行典型案例调研，案例汇编也在编辑中。

〔**组织学会系统申报 2017 年全国职业院校技能大赛竞赛项目**〕 根据全国职业院校技能大赛执行委员会《关于开展 2017 年全国职业院校技能大赛赛项征集工作的通知》的要求，凡以中国职业技术教育学会下属机构名义申报的赛项，须经学会盖章同意。为此，学会于 8 月底下发了《关于申报 2017 年全国职业院校技能大赛的通知》，共收到 95 份申报书，涉及 11 个分支机构及内设机构。经过专家评审，共有 70 份申报书通过审核，并上报全国职业院校技能大赛执委会办公室，经大赛执委会组织专家评定，有 15 个赛项列入 2017 年拟设赛项。

〔**做好“全国职业院校学生实习责任保险统保示范项目”的实施推动工作**〕 从 2016 年起，原由教育部主导的“全国职业院校学生实习责任保险统保示范项目”(简称统保示范项目)组织推进工作改由中国职业技术教育学会协助推动。学会承接此项工作后，对统保示范项目实施以来的情况进行了深入调查研究，并与有关保险经纪公司就该项工作进行多次研讨，达成共识，并签署了《顾问协议》。同时，还起草了关于推进“全国职业学校学生实习责任保险统保示范项目”实施工作的文件。

〔召开2016年学术年会〕 12月中旬，中国职业技术教育学会在福州市召开了2016年学术年会。年会的主题是“传承历史 面向未来 推进职业教育现代化”。出席年会的代表列席了教育部与福建省政府联合举办的现代职业教育发展推进会。年会共安排了六项内容：一是观看《中国职教梦——纪念中国近现代职业教育150周年》宣传片；二是专题学术交流“百年职校百年魂”，邀请6位具有百年历史的职业院校负责人，交流职业教育文化传承和创新发展、特色发展的历史经验；三是专题对话“面向未来中国职业教育改革发展的机遇与挑战”，邀请7位从事职业教育管理、研究和行业企业、职业院校代表就职业教育在新形势下如何创新发展、推进产教融合、培育工匠精神等议题进行现场对话；四是专题报告“2016年职业教育科研成果综述”；五是颁奖活动，会上宣读了“纪念中国近现代职业教育发轫150周年和《职业教育法》颁布20周年征文活动”获奖者名单，并为一等奖获得者颁发了证书；六是专题分论坛，设有6个专题，分别为：职业教育中“工匠精神”的培育、职业教育的科学定位与办学方向、职业院校创新创业教育探索与实践、职业教育内涵发展与质量提升、现代职业教育师资队伍建设、国际视角下的职业教育发展。参加此次年会的各方面代表共1 200余人。

〔举办第十一届中国中青年职教论坛〕 12月，中国职业技术教育学会学术委员会在上海市举办了第十一届中国中青年职教论坛，论坛由华东师范大学教育学部职业教育与成人教育研究所承办。本次论坛的主题为“面向2030：职业教育的愿景与变革”。论坛设有4个专题，分别为：人才需求变化与职业教育的应对；体系完善与职业教育的形态演变；质量提升与课程教学改革创新；职业教育师资的系统培养。来自全国的中青年职业教育学者和有关专家共300多人参加会议。

〔开展培训交流活动〕 2016年，中国职业技术教育学会培训部面向职业院校干部和教师举办了225期培训交流活动，参加培训的人员共9 480人次。特别是邀请澳大利亚职业教育专家来中国对职业院校校长和教师进行的培训，以及组织教师到国（境）外培训，使广大一线教师进一步更新了理念，开阔了视野，了解和掌握了现代职业教育的技术和方法。

〔召开学会第四届理事会第五次理事会议暨第五次常务理事会议（通讯）〕 3月，中国职业技术教育学会召开了第四届理事会第五次理事会议暨第五次常务理事会议（通讯），会议审议批准唐山职业技术学院等22个机构为学会会员单位；同意增补阎红等7人为学会第四届理事会理事；同意增补单燕玲等5人为学会第四届理事会常务理事；同意崔炳建辞去学会第四届理事会副会长职务；同意李曜生等7人辞去学会理事、常务理事职务。

〔召开第六次常务理事会议〕 12月，中国职业技术教育学会召开了第四届理事会第六次常务理事会议。会议重温了习近平总书记关于职业教育的重要指示，认真学习了李克强总理对“推进职业教育现代化座谈会”做出的重要批示和刘延东副总理在座谈会上的重要讲话精神；听取了刘占山常务副会长代表学会所做的2016年学会工作报告及2017年学会工作设想。与会常务理事认真分析了职业教育面临的新形势、新机遇、新挑战，对2016年学会工作给予了充分肯定，对2017年的工作提出了思路和建议。

〔贯彻落实教育部关于加强社会组织行为规范要求，组织学会下属机构自检自查〕 6月，中国职业技术教育学会收到《教育部办公厅关于加强教育部业务主管社会组织行为规范的通知》（简称《通知》）后，立即将该《通知》发送各下属机构，并组织下属机构认真学习《通知》精神，按照《通知》要求，对照《评比达标表彰活动管理办法（试行）》《民政部关于印发〈关于规范基金会行为若干规定（试行）〉的通知》《民政部关于印发〈关于规范社会团体开展合作活动若干问题的规定〉的通知》《社会组织评比达标表彰活动管理暂行规定》等文件要求，以及开展合作活动应当签订书面合作协议等规定，进行一次全面的自检自查，并按要求向学会秘书处提交了自查报告。

〔**全面注销分支机构的独立账户**〕 根据国家有关部门规定要求，分支机构的全部收支应当纳入中国职业技术教育学会财务统一核算、管理，不得计入其他单位、组织或个人账户，分支机构不得开设银行账户。按照以上规定，学会于2016年全部完成了6个设有独立账户分支机构的账户注销工作，所有分支机构的财务收支全部纳入学会账户统一管理。

撰稿　潘　鸣
审稿　刘占山

中国成人教育协会

〔**综述**〕 2016年，中国成人教育协会（简称中国成协）带领各分支机构和各会员单位，协同教育部等部门努力推进学习型社会建设，深入开展科学研究，建立工作机制，加强培训工作，加强领导机构和队伍建设，提高中国成协发展能力，很好地完成了年度工作任务，为大力发展成人继续教育，推动全民终身学习，加快学习型社会建设做出了积极贡献。

〔**全民终身学习活动周成果丰硕**〕 由教育部职业教育与成人教育司、中国成协、中国联合国教科文组织全国委员会秘书处主办，广东省教育厅、深圳市政府、深圳市教育局承办的2016年全民终身学习活动周呈现出以下特点：

一是学习活动周工作部署到位。中国成协参与制定《关于举办2016年全民终身学习活动周的通知》《全民终身学习活动周工作方案》，提出了遴选“百姓学习之星”“终身学习品牌项目”的标准和要求。在青岛市召开学习活动周工作协调会，部署各项筹备工作。

二是有关部门合力推动。2016年全民终身学习活动周总开幕式在深圳市举办，教育部副部长朱之文出席开幕式，对推动继续教育工作发表了重要讲话，指出学习活动周已成为我国建设学习型社会的重要载体和特色品牌，要求各地广泛持续地把学习活动周办好。

三是典型展示。学习活动周总开幕式上，以视频、现场采访方式展示了10位“事迹特别感人的百姓学习之星”和13个“特别受百姓喜爱的终身学习品牌项目”，给与会人员带来了强烈震撼，留下了深刻印象。

四是内容丰富精彩。学习活动周总开幕式全方位、多形式地展示了全国各省（自治区、直辖市）终身学习成果、“全国百姓学习之星”和“终身学习品牌项目”，以及社区教育、老年教育、企业教育、农村成人继续教育和全国摄影成果；首次播放了全国全民终身学习成果宣传片，首次举办了“新闻会客厅”活动，首次推出了活动周标识，开通了教育资源进社区网上博览会。组织考察了深圳市宝安区社区教育现场。中国成协、广东省教育厅联合举办了2016全民终身学习活动周论坛。教育部在门户网站上开通了学习活动周网页，中国成协在门户网站和终身学习公共服务平台对学习活动周做了持续宣传报道，各地也普遍加强了对学习活动周的宣传报道。

五是影响力不断提升。2016年，全国有30个省（自治区、直辖市）和新疆生产建设兵团的1 894个县级以上单位（其中有1 628个县市区）举办学习活动周，比2015年增加了400多个；全国有4 560多万人次参与活动，比2015年增加

1 000 多万人次。

〔**学习型城市建设取得新进展**〕 受教育部职业教育与成人教育司委托，中国成协充分发挥学习型城市创建联盟秘书处的协调职能，主要做了以下工作：

一是研究修订学习型城市建设指标体系。中国成协与北京市教育科学研究院多次研究修订了我国学习型城市建设指标体系征求意见稿，为测评工作奠定了基础。

二是配合教育部职业教育与成人教育司等单位举办全国首批创建学习型城市高级研修班。共 30 多个城市、70 多名学员参加，提升了管理人员的水平。

三是发展第四批学习型城市建设联盟单位。南昌等 16 个城市加入学习型城市建设联盟，使联盟城市达 67 个，创建工作的覆盖面进一步扩大。

四是在上海市召开“全国学习型城市建设联盟年会暨学习型城市高峰论坛”。教育部职业教育与成人教育司领导、20 个学习型城市建设联盟城市代表和专家学者参加，会议发布了学习型城市建设年度报告、学习型城市建设杨浦宣言，通过了 2017 年工作计划。

五是协助推荐杭州、上海等市创建工作先进的城市加入联合国教科文组织全球学习型城市网络联盟。

六是加强对学习型城市创建工作的宣传。中国成协门户网站和全民终身学习公共服务平台专门开设了学习型城市建设展示平台，持续宣传报道各部门、各地的创建工作。

〔**协助创建国家级农村职业教育和成人教育示范县**〕 中国成协协助教育部职业教育与成人教育司组织专家评审、推荐 53 个县（市、区）入围第三批国家级农村职业教育与成人教育示范县创建名单。组织专家对第一批国家级农村职业教育与成人教育示范县中的 8 个省 16 个县（市）创建工作进行考察调研，推动了示范县创建工作。

〔**各有关专业委员会积极开展成人继续教育重点领域的工作**〕 中国成协社区教育专业委员会在全国遴选 262 个社区教育示范街道（乡镇），组织优秀微课程评选；中国成协职工教育专业委员会完成了《教育部 2015 年度全国职工教育培训统计报告》《中国企业职工教育培训发展报告 2015—2016》；中国成协农村远距离教育专业委员会组织编制了《2016 年全国新型职业农民发展报告》；中国成协农村成人教育专业委员会积极推进全国农村职成教育数字化学习资源共建共享的研究与应用。

〔**继续贯彻实施成人教育培训服务三项国家标准**〕 配合国家标准委员会完成了关于三项国家标准的复审工作。完成了“十二五”时期工作总结和“十三五”工作计划、评估指标体系的初步研发制定等项工作。继续推动人员培训、试点等工作，研发网络学习培训微课程体系及培训组织管理和支持服务标准。

〔**开展成人继续教育科研工作**〕 一是举办了第二届全国成人继续教育学术论坛学术委员会第四次全体会议，研究提出了“十三五”时期科研工作的重点课题和 2016 年科研重点工作计划。

二是积极培养成人教育科研新秀。组织实施“中青年学术激励计划”“首届中青年学术新秀”和“首届中青年社区教育教学新秀”、第十届成人继续教育优秀科研成果（学术著作）的评选活动，取得了一些重要的科研成果。

三是做好重点科研课题检查指导工作。加强对中国成协重点课题的中期检查指导，开展“十二五”课题的管理和结题鉴定工作。协助完成《成人教育与学习大辞典》编写出版，组织编写《终身教育研究丛书》。指导学习型城市联盟开展专项课题和委托课题的研究。

中国成协的分支机构结合工作实际积极开展科研工作，如成人高等教育理论研究专业委员会承担了教育部职业教育与成人教育司“高等学历继续教育定位与转型发展研究”课题的研究任务，为普通高校深化继续教育改革献计献策；教育教学改革专业委员会发布《中国远程高等教育发展研究报告（2015）》，编撰了《中国远程高等教育发展研究报告（2016）》。

〔**建立培训工作组织机制，搭建工作协调平台**〕一是探索建立机制，拓展培训业务渠道。成立培训工作委员会，协调和指导中国成协各分支机构的培训工作，调整充实北京培训中心，加强对上海培训中心、南方培训中心（深圳）的业务指导。筹办中国成协成人教育标准研修中心（北京房山），组建现代技工教育培训联盟。二是与国家开放大学合作，立项并实施紧缺人才培养项目。完成了“老年健康管理”等专业的立项、课程论证、教学实施方案、教材编写计划等工作。三是优选合作培训机构，打造中国成协培训品牌。四是组建优秀专家团队，完成重点项目文件的编制工作。建立老年服务等方面的专家团队、骨干师资队伍和培训师资库。组织专家开发了数百个认证单元和基本单元库。

〔**各分支机构围绕中心特色发展，取得了显著成绩**〕服务于成人继续教育重点群体教育培训的专业委员会，主要抓六类成人继续教育重点群体的教育培训工作：

1. 大力推进社区居民的教育培训工作。中国成协社区教育专业委员会举办了第二届“全国社区教育数字化研究论坛”和2016年东西部地区社区学院院长论坛。中国成协艺术教育专业委员会主办了第二届中国美育现状与发展论坛暨首届国际“校园舞蹈美育”研讨会。调研、落实西部地区学校艺术指导工作，参加社区艺术教育工作研讨会，并与中央电视台教育频道初步达成合作意向。中国成协全民摄影教育专业委员会组织“2016年全民摄影大展”，在全国终身学习活动周总开幕式上展示了获奖作品。联合有关单位举办“全民摄影大讲堂”等摄影系列讲座。

2. 积极推动新型职业农民培训和农村成人继续教育工作。中国成协农村远距离教育专业委员会依托农业部门的力量，积极推进农业远程教育，开发了农业远程教育的学习资源，积极推进农业远程教育资源下乡进村。促进农业教育信息化应用，举办20多期“农科讲堂”网络培训。开展了新型职业农民培育模式等研究。中国成协农村成人教育专业委员会整合课程资源，服务全国农村职业教育与继续教育数字化学习。大力推进全国农村优秀学习型组织建设，举办了4期农村成人教育工作者研讨与培训。积极开展农村成人教育课题研究，举办全国农村职业教育与成人教育优秀成果评选活动。中国成协扫盲教育专业委员会成功申报“重庆市精准扶贫的教育支持体系研究”，义务助力各地举办各类培训班，共培训3 000多人次。

3. 推进行业企业职工继续教育工作。中国成协企业教育专业委员会举办了“2016中国企业与教育发展大会暨企业教育专业委员会年会”，表彰了先进单位和个人。组织开展“全国应用型创新人才培养工程”和“创新就业咨询师”培训活动。中国成协人力资源教育专业委员积极组织开展企业大学微课教学比赛，筹备建立企业大学教学资源库，发布年度工作报告，表彰年度工作先进单位。开展人力资源教育的中外交流。中国成协成人外语高等教育专业委员会举办年会暨院长论坛。开展了“学历继续教育大学英语课程一体化建设”合作项目及“国际学习型城市建设比较研究”课题等系列研讨。中国成协体验教育培训专业委员会举办了22期体验教育师培训班，培训近千人。联合举办了“2016·体验中国”暨生态纳雍体验运动发展高峰论坛。推动大学生创新创业核心能力培训“双百工程”的开展。

4. 推进老年健康管理等教育培训。中国成协老年教育与服务专业委员会主持召开了三次评审会，完成了“老年健康管理（专科）”的教学方案。与高等教育出版社合作，开展了养老专业的教材出版与课程资源建设等工作。与国家开放大学合作成立了“国家开放大学现代服务实验学院”、国家开放大学学分银行“老年服务与管理”专业学习成果认证分中心。

5. 开展现代服务业各类人才培训。中国成协航空服务教育培训专业委员会联合举办“2016中国民用航空培训产业论坛”，与有关单位联合完善、推动UTC无人机应用技术认证体系，合作召开无人机培训工作研讨会。中国成协妇幼服务人才教育培训专业委员会重点开发了家庭教育等培训项目，拓展了合作机构，全年累计培训5 000余人。与有关单位联合开展公益性特教教师培训以及非物质文化遗产培训。加强项目师资库建设，探索开发适合妇幼领域的学科、培训认证体系。

6. 开拓教师继续教育培训工作。中国成协教师继续教育委员会开展了高校新任辅导员职业能力提升培训、中学教师职业能力素养提升培训、中职学校教师职业能力提升研修培训、特殊教育学校骨干教师培训等。

〔部分专业委员会开展理论研究和教学改革〕 1. 推进成人继续教育的理论和实践创新。中国成协成人高等教育理论研究专业委员会举办了第二十届年会、第三届成人教育学专业研究生论坛。筹办第三期继续教育学院院长高级研修班。中国成协成人教育科研机构工作委员会开展了科研先进单位、先进个人评选活动，召开了成人教育科研机构工作委员会年会暨“建设可持续学习型城市研讨会”。联合开展科研成果评选活动。

2. 推动成人继续教育教学改革。中国成协教育教学改革专业委员会继续联合高校推进“MOOCs共同体”建设及开发MOOC课程。继续组织天津城市职业学院职业教育集团开发MOOC课程，培训教师。中国成协社会教育与终身学习资源建设委员会参与国家级农村职业教育与成人教育示范县的调研工作。对中职、高职院校在养老领域的课程开发进行了研究。

3. 加强成人继续教育的理论宣传。中国成协期刊工作委员会与中国成人教育杂志社等联合主办第三届全国教育高端学术论坛、期刊工委年会。完成了重点研究项目“中国成人教育学术期刊发展报告”的“历史回顾”部分。中国成协体育高等教育专业委员会召开年度会议及编委会议，开展了我国体育成人高等教育的发展现状及对策的课题研究。

〔各地成教协会积极开展活动〕 北京市成人教育学会、上海市成人教育协会、广东省成人教育协会、江苏省成人教育协会等均开展了内容丰富、形式多样的教育培训、理论研究、提供决策咨询、服务各部门和会员等活动，取得了明显成效。

〔加强领导机构和队伍建设，协会发展能力逐步提高〕 一是加强协会领导机构建设，积极发展会员单位。2016年，中国成协新增6位副会长、2位常务理事、发展18家会员单位，使中国成协领导班子结构得到优化，团体会员共有445位。

二是加强制度建设，促进规范管理。修订《中国成人教育协会财务管理制度》《中国成人教育协会差旅费管理暂行办法》等规章制度。

三是转变工作方式，加强与地方的合作。中国成协领导及秘书处人员先后深入5省市调研，参与13个省（自治区、直辖市）终身学习活动周等重要活动。

四是加强对分支机构的服务和管理。坚持举办分支机构秘书长工作研讨会，通过门户网站宣传分支机构和会员单位的工作成绩和经验。加强对分支机构活动和经费等方面的规范管理。

五是努力拓展与有关部门和单位的合作共赢渠道。加强与联合国教科文组织、高等教育出版社、中国教育科学研究院、国家开放大学、中国教育报刊社、中国教育电视台的战略合作。加强与宁波市教育局、奥鹏教育集团、重庆市南岸区教育局、齐齐哈尔工程学院、北京国人通教育科技有限公司等单位的项目合作，增强中国成协发展和服务能力。

撰稿　张昭文
审稿　郑树山

中国教育装备行业协会

〔**举办第四届全国中小学实验教学说课活动**〕　2016年11月19日至20日，由教育部基础教育二司组织、教育部教育装备研究与发展中心和中国教育装备行业协会具体实施的第四届全国中小学实验教学说课活动在南宁市举办。本届说课活动得到各地基础教育、教学研究、教育装备等部门的高度重视，经过各地认真组织、评比选拔、择优推荐，全国31个省（自治区、直辖市）和计划单列市及新疆生产建设兵团的284位教师参加了现场说课。说课活动涵盖小学科学、中学物理、中学化学、中学生物四个学科，首次通过全国中小学实验在线平台提交说课材料，首次对说课活动现场进行了直播。经专家网上初评和现场评审以及评审委员会研究，最终评出一等奖75名、二等奖101名、三等奖108名。

〔**推进行业信用体系建设**〕　3月11日、28日，中国教育装备行业协会分别召开教育装备行业信用评价工作研讨会、评审工作会，对评价指标体系进行完善优化，将企业信用等级评价标准按照生产型企业和贸易流通型企业进行区分，形成了《中国教育装备行业企业信用等级评价管理办法V2.0》和《中国教育装备行业企业信用等级评价标准V2.0（贸易流通型企业版、生产型企业版）》，对首批参评企业的信用等级进行了评审。评审结果在中国教育装备协会网站、中国教育装备网、中国市场秩序网和全国行业信用公共服务平台进行了公示。4月20日，经中国教育装备行业信用评价工作委员会最终复审（函审）确认，首批教育装备行业企业信用等级评价共有48家企业获得信用等级，其中AAA级企业45家、AA级企业3家。5月7日，协会在第七十届中国教育装备展示会期间，在沈阳市举办了首批教育装备行业企业信用等级评价授牌活动。

8月9日，在首批信用等级评价试点工作的基础上，中国教育装备行业协会发布了教育装备行业信用体系建设发展规划，规划旨在开展信用建设专题宣传，多渠道选树诚信典型，营造教育装备行业良好的诚信氛围，推动制定失信惩戒和诚信激励机制，完善行业信用体系，建设行业信用信息平台。

〔**培育和发展团体标准**〕　3月1日，国家质量监督检验检疫总局和国家标准化管理委员会根据国务院要求，联合发布《关于培育和发展团体标准的指导意见》。中国教育装备行业协会按照国家相关政策要求，积极推动团体标准建设。6月8日，协会审批通过了《中国教育装备行业协会团体标准管理办法》，并向国家标准化管理委员会全国团体标准信息平台正式提交团体标准注册申请。7月8日，国家标准化管理委员会全国团体标准信息平台审核通过协会注册申请，并批准协会团体标准编号形式为：T/JYBZ×××××—××××，其中T为团体标准代号，JYBZ（教育标准的汉语拼音首字母大写）为协会团体代号，数字依次为团体标准顺序号和年代号。9月27日，协会在宁波市组织召开了首次中国教育装备行业团体标准工作会议，会上成立了中国教育装备行业团体标准委员会，审议通过中国教育装备行业团体标准工作总体计划、《中国教育装备行业团体标准委员会章程》和《中国教育装备行业团体标准管理办法V1.0（修订版）》。10月24日，协会开展第一批教育装备行业团体标准立项申报工作，申报工作依据立足行业，突出重点，满足急需，科学立项的原则，进一步增强标准的导向性、实效性与科学性，经各地教育装备管理部门（协会）、专业分会、会员企业、第三方专业机构等相关单位积极申报，共收到30余份项目申报材料。

〔发布《中小学图书馆馆配期刊目录》〕 中国教育装备行业协会受教育部基础教育二司委托，开展中小学图书馆（室）配备核心书目专题研究。6月12日，协会联合中国期刊协会在全国范围内启动《中小学图书馆馆配期刊目录》评选活动。活动以自愿参加为前提，共征集到教师类期刊近100种、学生类期刊近150种，占全国教师和中小学生期刊的80%以上。8月13日至23日，对所有入围期刊进行了教育界评委和大众评委的网络评选，共收到网络投票15 375份（其中教育界评委4 428份、大众评委10 947份），30种教师类期刊和40种学生类期刊脱颖而出，进入专家评选阶段。8月24日至10月10日，协会学校图书装备分会聘请25名图书装备行业权威专家组成专家评审委员会，对《中小学图书馆馆配期刊目录》进行评审，综合网络评选情况和各位专家评委意见，最终形成专家评审结果，20种教师类期刊和30种学生类期刊进入《中小学图书馆馆配期刊目录》。《人民教育》《读者》《读友》《科学世界》《天天爱学习》等一批优秀期刊赫然在列。

〔召开第六次会员代表大会〕 12月11日，中国教育装备行业协会在北京召开了第六次会员代表大会。大会审议并表决通过了《中国教育装备行业协会第五届理事会工作报告》《中国教育装备行业协会章程（草案）》《中国教育装备行业协会第五届理事会财务报告》《中国教育装备行业规约》等文件，原则通过了《中国教育装备行业协会“十三五”发展规划（2016—2020年）》；大会选举产生了协会第六届理事会、第六届常务理事会和以王富为会长的新一届领导班子以及协会第一届监事会。

〔成立中国教育装备行业协会创造教育分会〕 12月29日，中国教育装备行业协会创造教育分会在南京召开成立大会。中国科学院、中国工程院、共青团中央、北京大学、清华大学等相关部门或单位的领导，江苏、甘肃、福建、浙江、河北、吉林等省的教育装备管理部门负责人和全国25个省（自治区、直辖市）各级各类教学机构及企业代表约130人参加会议。创造教育分会的工作宗旨是促进学生的创造力发展、增强学生的创新精神和实践能力，并以技术与工程教育、创新创业教育、创造力开发教育、STEM教育、创客教育、综合实践活动等课程为载体，进行基于相应教育研究和实践的教育装备研究。

〔举办行业品牌展会〕 2016年，中国教育装备行业协会分别在沈阳、南宁两地组织举办了第七十届、第七十一届中国教育装备展示会，在泰安市组织举办了“2016中国学前教育峰会暨中国学前教育用品博览会”，通过产品和科技成果的实物展示，为参展企业收集信息、洽谈贸易、交流技术、拓展市场提供了多维营销手段，为生产能力、生产要素的优化组合与配置提供了便利条件。

撰稿　宋利云
审稿　夏国明

教育出版产业

中国教育出版传媒集团有限公司

〔**制定“十三五”规划**〕 2016年，完成“十三五”规划的编制，制定社会效益、经济效益和综合实力三个方面的发展目标，明确加强党建、做强主业、推进数字出版、探索上市新路径、创新业务、并购重组、海外发展、项目建设、人才强企、企业文化10大方面的主要改革发展任务。

〔**党建工作**〕 2016年，中国教育出版传媒集团有限公司（简称集团公司）坚决贯彻党的十八届六中全会精神和全国国有企业党的建设工作会议精神，以开展“两学一做”学习教育为主线，认真落实全面从严治党要求，坚持党的领导，不断加强和改进党的建设，制定《关于进一步加强和改进领导班子思想政治建设的意见》，修订《集团公司章程》，将党建工作总体要求纳入章程，认真开展“三会一课”，积极做好专项问题整改，切实把党中央的各项决策部署和教育部党组的要求落到实处。

〔**经营业绩**〕 2016年，集团公司坚决贯彻党的十八大、十八届历次全会精神和习近平总书记系列重要讲话精神，按照中央领导同志和教育部党组要求，坚持社会效益第一，紧紧围绕集团公司改革发展和生产经营的中心任务，解放思想，凝心聚力，稳中求进，推动发展，在各成员单位的共同努力和支持下取得了较好的社会效益和经济效益，实现营业收入80.78亿元，利润总额达13.66亿元。

〔**荣获奖项**〕 集团公司成立以来，已连续获得第三届至第八届“文化企业30强”，新闻出版“走出去”先进单位及北京产权交易所颁发的“规范交易奖”等荣誉。集团成员单位共获国家级出版奖项数十项、省部级奖项百余项。集团公司所属的人民教育出版社、高等教育出版社连续6年在全国图书出版单位总体经济规模综合评价中排名前两位。

（一）中国教育出版传媒股份有限公司

〔**综述**〕 2016年，中国教育出版传媒股份有限公司（简称中教股份）紧紧围绕改革发展、生产经营中心任务，坚持把社会效益放在首位，扎根教育出版，厚植教育服务，主业持续稳定发展，改革发展步伐不断加快，现代企业建设继续加强，经营业绩稳步增长。2016年，中教股份实现营业收入79.58亿元，同比增长7.93%；利润总额13.99亿元，同比增长0.95%；净资产收益率10.26%，同比下降0.5%；成本费用率86.67%，同比增长0.25%。

〔**编制完成“十三五”规划**〕 完成“十三五”

规划编制，着力实施创新驱动、内容领先、融合发展、资本运营、人才强企5大战略，研究确定出版发行、教育服务、出版支持、数字出版与教育传媒、海外发展、资本运营、基础建设7个方面的38项改革发展重点任务。

〔**切实加强党的建设**〕 深入学习贯彻党的十八大和十八届历次全会精神，深入学习贯彻习近平总书记系列重要讲话精神和党中央治国理政新理念新思想新战略；扎实开展“两学一做”学习教育，牢固树立“四个意识”；坚持从严治党，强化“一岗双责”责任制，认真开展“三会一课”，严格组织生活；严格落实党风廉政建设主体责任和监督责任，认真完成教育部巡视整改任务。

〔**着力推进教育出版中的意识形态工作**〕 加快实施《中国教育出版传媒股份有限公司“弘扬社会主义核心价值观，做强教育出版主业”总体方案》；部编道德与法治、语文和历史教材起始年级教科书已于2016年9月正式启用，高中课程标准教材修订工作顺利启动；“中华优秀传统文化”系列读本、高校思想政治理论课修订教材、马克思主义理论研究和建设工程教材编辑出版在图书品种、市场规模上又取得了新进展。

〔**教育出版稳步发展**〕 覆盖各级各类教育的教材、教辅产品品种更趋多元，综合市场占有率再度提升；学术出版、专业出版、工具书出版发展提速；精品项目加速成长，多批出版物获中国出版政府奖等各级各类奖项；期刊实现部分多学科、多语种、多载体、多形态发布，其中9种期刊被SCI收录、5种期刊被EI收录、2种期刊被MEDLINE收录、13种期刊入选ESCI。

〔**数字化步伐不断提速**〕 新形态教材营收占比逐步提高，教师培训、在线教育、智慧职教实现整体布局，盈利水平和质量再度提升；“人教e学”“人教数字校园”、中国大学生在线、中教图按需印刷、“爱课程”网中国大学MOOC等已成为各自领域主流数字产品。

〔**转型升级有序推进**〕 人民教育出版社、高等教育出版社数字业务股份制改革渐次展开；龙江股份股权兼并收购业务有序推进；中教华影公司设立工作进入管理人员选聘、经营牌照取得阶段。

〔**“走出去”工作有所突破**〕 成员单位输出版权累计375项，比2015年增长14%；实现教学科研仪器和图书出口、版权输出收入2.9亿元人民币，比2015年增长38%；面向学术出版、国际汉语教育、少儿教育的国际化品牌成长稳健，《物理学前沿》英文学术期刊影响因子已达2.462。

〔**切实推动现代企业建设**〕 完成中教股份和成员单位领导班子人事调整，以及法人与董事、监事和中教股份董事会下设委员会的人员变更；制定并发布财务、人力资源等方面的制度9项；信息管理平台整体上线任务完成，实现了优化工作流程、提升资源整合质量、提高管理水平等预期效果。

（二）人民教育出版社有限公司

〔**综述**〕 2016年，人民教育出版社有限公司（简称人教社）编辑、科研、出版、经营、管理、服务等工作健康平稳有序推进，实现社会效益与经济效益双丰收。全年纸质出版物出版品种为10 327种，印制总册数为3.15亿册，电子音像出版物出版生产总量为2.5亿盒（片）。在全国图书出版单位总体经济规模综合评价排名和中央各部门各单位图书出版单位排名中，连续六年位居榜首。

〔**党建工作**〕 开展“两学一做”学习教育，完成了全部规定动作；集中对基层党组织换届调整，严肃开展党费专项检查，全体党员自觉足额补缴全部党费；做好迎接党的十九大和参加教育部第七次党的代表大会相关工作；认真迎接教育部党组巡视并扎实推进落实33项整改措施；开展庆祝建党95周年大会、赴平西抗战纪念馆和延安参观等主题党日活动。

〔**部编三科教材工作**〕 顺利完成道德与法治、语文和历史三科统编教材起始年级的试教、送审和出版工作，秋季开始在原人教版教材市场投入使用；积极组织开展对数百万教师的培训，对三科教材进行全面、系统、深入的解读；到河北等五省份开展教材回访调研，听取一线教师和教研员的意见和建议。道德与法治编写组和语文编写组负责后续册次的编写和送审工作。

〔**完善教材系列**〕 启动高中课程标准教材修订工作，承担普通高中课程标准的编辑和出版工作；完成了“十二五”普通高等教育本科国家级规划教材的发稿和编辑出版工作；完成了《快乐汉语》等教材研发工作；完成了体育运动学校语文等8个学科八年级、九年级教材的编写及送审准备工作；完成了22册特教教材的编写和送审工作；完成了新疆后续专用教材、澳门《品德与公民》、上海《写字》等地方教材的编写、修订、送审和出版等工作。

〔**开发多品种图书产品**〕 策划出版了《宋庆龄论教育》《陶行知大传——一位文化巨人的四个世界》等教育学术专著；完成了国家出版基金资助项目《日本侵华殖民教育史料》（全四卷）的编辑出版工作；完成了《中国教育名著丛书》等大型教育名著丛书22个品种的编辑出版工作；完成了2013—2025年国家辞书编纂出版规划项目《汉字源流精解字典》的出版工作；完成了《全国中小学生教育读本·中华优秀传统文化》、“科学家带我去探索丛书”“亲亲小草莓”等大众图书、科普图书和精品儿童读物的策划研发工作；完成了《毛泽东诗词中小学生选读本》等主题出版工作。

〔**科研工作**〕 国家社科基金重大项目“中国百年教科书整理与研究”顺利结题，并获“免于鉴定”这一最高荣誉；举办国家级课题“基于信息化学习方式的学习资源研究与开发”“高考语文阅读能力考查研究”成果公开报告会；继续开展“人教版教材纵横衔接的研究”等三项指定项目研究。

成立了3个实验基地，实验基地数量达26个；举办第三届实验基地交流研讨会；积极开展博士后科研工作站相关工作；举办学科核心素养与高中课程改革研讨会等学术活动。

〔**数字出版工作**〕 推进人教网升级改造与运营，优化教师网络培训和服务平台，高质量完成教育部部署的部编三科教材全员培训任务；完成148册数字教材的更新和开发，继续优化“人教e学”，完成义务教育阶段部编三科教材全新上线；完成《新版中日交流标准日本语（高级）》（第二版）电子书开发；推出人教Pad智能终端，优化升级纸数联动App产品，推进数字资源开发。

〔**获奖情况**〕 人民教育出版社荣获“中央国家机关文明单位”“A级纳税信用企业”“新闻出版标准化先进单位”等荣誉称号。《汉字流源精解字典》《中华诗韵》（DVD）和《造物的智慧——中国传统器具原理与设计》（DVD-ROM）分别获“第六届中华优秀出版物奖”图书提名奖、音像出版物奖和电子出版物奖；《寻踪普氏原羚　动物学家带我去探索》获中国科普作家协会优秀科普作品奖；《课程·教材·教法》入选教育部“A类期刊”名单。

〔**社会捐赠**〕 秉承优良传统，积极参与各项社会公益活动，全年捐赠图书、教学设备及现金共180多万元。

（三）高等教育出版社有限公司

〔**综述**〕 2016年，高等教育出版社有限公司（简称高教社）全面贯彻落实党的十八大和十八届历次全会精神，认真学习贯彻习近平总书记系列重要讲话精神和党中央治国理政新理念新思想新战略，不断加强党的建设，积极深化改革，加快创新发展，积极实施融合发展、拓展延伸、创新驱动、人才支撑四大战略，全力开展出版业务转型升级，积极推进教育服务新突破，各项工作取得显著成效。2016年，图书销售码洋32.31亿元，图书销售册数1.15亿册，实现了“十三五”开门红。

〔**不断加强党的领导，推动党的建设，落实全面从严治党**〕 2016年，高教社不断加强党的领导，牢固树立把抓好党建工作作为最大政绩的意识，切实扛起党建工作的主体责任。认真贯彻落实中央和教育部党组决策部署，制定并落实《关于深入学习宣传贯彻落实以习近平同志为总书记的党中央治国理政新理念新思想新战略工作方案》，严格意识形态工作责任制，切实把维护主流意识形态安全融入教育出版全过程。始终坚持围绕中心抓党建，抓好党建促发展。制定并落实《关于落实党建工作责任制的实施细则》，坚持党政同责，切实做到党建工作与业务工作同谋划、同部署、同落实、同考核。落实“三会一课”制度，推进“两学一做”学习教育，深入学习贯彻党的十八届六中全会精神，组织开展庆祝建党95周年系列活动，建立健全党支部书记党建工作述职评议考核制度。认真落实全面从严治党责任，严格执行党的六大纪律，从严落实中央关于改进工作作风、密切联系群众的八项规定精神，党员群众的政治纪律和政治规矩明显增强。

〔**“马工程”各项工作取得新进展**〕 马克思主义理论研究和建设工程（简称“马工程”）重点教材出版与统一使用工作取得新成绩，哲学社会科学门类教育和学术出版工作不断推进。教育部负责的马克思主义理论研究和建设工程重点教材已正式出版27种，即将出版的有59种。“马工程”专业教材全年发行册数同比增长101%，使用学校超过500所，同比增长72%。全年开展“马工程”教材任课教师示范培训1 133人。思想政治理论课系列教学用书基本出齐，教材使用覆盖率保持在95%左右。出版《形势与政策》春秋两版教材及音像教材10种。网络思想政治理论教育教学主阵地建设得到加强，思想政治理论课教学云平台和数字课程研发工作顺利推进，9门高校思想政治理论课在线开放课程在“爱课程”网上线，选课已达27万人次。《高校思想政治理论课教学活页》影响进一步扩大，新媒体公众账号固定用户超过2万人，已成为思想政治理论课教师的必备工具。

〔**在线教育服务建设和运营取得显著成绩**〕 2016年，高教社在线教育服务建设和运营取得显著成绩。国家精品视频公开课上线992门，精品资源共享课上线2 886门，初步建成开放共享的课程生态系统，成功布局三级应用服务体系。“中国大学MOOC平台”成为国内参与建设最多、开课数量最多、总选课人数最多、使用SPOC服务最多的“慕课”平台，学习人数达560万，累计选课1 809万人次，发放课程证书19.8万张，较2015年分别增长100%、164%、162%。地方在线课程学习平台建设与运营取得积极成果，江苏、浙江、河南、福建、陕西、黑龙江等省级在线开放课程建设开局良好，重庆高校在线开放课程平台成功上线，天津职业教育优质教学资源共享服务平台通过验收。“智慧职教”职业教育在线教育服务平台品牌建设不断推进，已形成由“智慧职教”中心平台、云平台、云课堂、双创空间构成的多维应用体系及三级教学资源库、数字课程、新形态一体化教材、在线测评系统等形成的资源体系。中国大学生在线发展与建设取得新进展，网站影响力和传播力不断提升，官方微博排名教育系统政务微博第一名、全国中央机构政务微博第三名、全国政务微博第八名。开展的全国高校“两学一做”支部风采展示活动等12项主题教育活动取得良好反响。在线辅导员网络培训项目取得突破性进展。全国高校教师网络培训业务继续保持良好发展势头，全年累计培训教师101万人次，比2015年增长46%，培训满意率达95.92%。基础教育教师培训网被评为“中国在线教育十强”。

〔**学术出版品牌影响力继续稳步提升**〕 2016年，高教社学术出版品牌影响力继续稳步提升。10种期刊入选“2016中国最具国际影响力学术期刊”，8种期刊获“中国科技期刊国际影响力提升计划”资助。已有9种期刊被SCI收录、5种期刊被EI收录。学术出版融合发展取得重要进展，学术书刊联动平台“学术前沿在线”正式上线运营，学术数字化资源集聚工作快速推进。精品著作出版保持快速增长，多种图书获国家级项目立项和出版基金资助及各类奖项。首次出版人文社科英文学术书系，在国内外学界产生重要影响。完成《四部丛刊》(665卷)、《陈至立教育文集》、《周一良全集》出版工作。2016年，高教社入围2016年伦敦书展国际出版卓越奖之国际学术及专业出版奖。

（四）语文出版社有限公司

〔**综述**〕 2016年，语文出版社有限公司（简称语文出版社）在教材政策调整和市场竞争加剧的多重困境中，认真贯彻落实党的十八大和十八届三中、四中、五中、六中全会精神，立足语言文字领域优势，坚持服务教育、服务语言文字工作，在产品打造、市场维护、创新经营和加强管理等方面取得了突出的成绩。

〔**贯彻全面从严治党，切实履行党建责任**〕 2016年，语文出版社党总支按照全面从严治党要求，切实加强党建工作，推进改革和发展任务。研究制定《落实党建工作责任制实施细则》，明确以强化责任担当为重点，以确保责任落实为核心，将党建和语文出版社中心工作同步谋划、同步部署、同步考核。进一步加强语文出版社党组织建设，完成党总支和基层党支部换届选举工作。认真开展“两学一做”学习教育，在领导班子和全体党员中强化理想信念教育，严肃党内政治生活，增强“四个意识”，组织开展不同主题的集中学习、党组织生活会和党员民主评议，开展党性分析、问题查摆和整改工作。依据2015年的巡视整改要求，全社重点加强廉政风险防控，配合完成财政部、中央国家机关纪律检查委员会和教育部等部署的专项检查。

〔**维护传统出版产品，巩固已有产品市场**〕 语文出版社结合业务发展实际，积极维护已有产品市场，包括九年义务教育和高中教材、职业教育教材、传统文化教材、书法教材、语文工具书和大众文化图书、报刊等。在教材编辑出版中，严格按照教育部指示精神，重点开发九年义务教育教材、教参、学参和读本“四位一体”的资源特色，并通过使用地教材培训、“真语文”系列活动和国家级教师培训计划等，为广大教师用好教材、教好语文提供帮助。在图书出版方面，《汉文字干支》一书获内蒙古自治区第五届哲学社会科学优秀成果政府奖二等奖。《实用成语辨析词典》“普通话水平测试”“规范解读”“中国古典之门”“草根知识人列传”等系列图书，逐渐在市场上得到了认可。教育部原副部长张保庆的首部长篇反腐小说《根》在语文出版社出版。《传统文化知识手册》《中国典籍故事丛书》《现代诸暨历史人物研究》等一批传统文化主题图书和学术著作进入立项阶段或完成出版，为提升语文出版社的社会效益和经济效益奠定了基础。

〔**研发数字产品，推进数字化发展**〕 在“互联网+”的时代，全社牢牢抓住数字化发展机遇，重点完成了语文出版社官网改建、“真语文网”升级和“职行网”的开发建设项目。其中专注职业教育的“职行网”共提供教学资源1 200多件，强化了为职业教育提供教学资源和校企联盟等综合服务的基础。依托国家专项资金项目支持，语文出版社相继完成语文辞书数字化检索编纂系统、传统产品的数字化和网络化开发、方言数字化工程、专项等级测评等。

〔**实施"一机两翼"发展新战略**〕 语文出版社充分考虑事业发展需要，提出"一机两翼"发展新战略，即以教材出版和教师培训为主，以辞书和文化图书、报刊和"真语文"活动为一翼，以数字产品研发与运营为另一翼，力争通过转变理念、转变盈利模式等，打造语文教育数字产品，积极探索新的发展方向。为此，全社一方面努力做大做强做优教材产品，另一方面通过多种举措，特别是设立数字中心等确保"两翼"协调发展。

〔**加强内部管理，完善现代企业制度**〕 2016年，语文出版社重点制定和完善了一系列内部管理制度，共计补充、制定实施各类管理办法21项，涉及人员管理、差旅和招待费支出、市场发行和储运管理、编辑业务以及后勤保障等多个方面，进一步加强了制度建设和内部管理，提升了规范化管理水平，在完善现代企业制度方面迈出了新的一步。

（五）中国教学仪器设备有限公司

〔**综述**〕 2016年，中国教学仪器设备有限公司（简称中教仪公司）依照《公司"十三五"发展规划》既定年度目标开展工作，经营收入和利润总额较2015年增长10%以上，多项经营指标创历史新高。

〔**党建工作**〕 中教仪公司党委充分发挥党组织的核心作用，坚决贯彻中央全面从严治党要求，认真学习习近平总书记系列重要讲话精神，坚定理想信念，提高思想认识，促进公司各项工作的开展。

〔**教仪出口**〕 2016年，出口业务金额达5 168万美元，比2015年增长73%，连续两年创造公司出口历史新纪录。与菲律宾教育部签订1 800万美元的单笔出口历史最大订单，与14个非洲国家建立了业务联系。为落实南非约翰内斯堡峰会成果，向南非豪登省Sci-Bono科普中心（Sci-Bono Discovery Centre）捐赠了天象仪，同时还向南非的10所中学和8所职业学校捐赠了多种普教和职教教学设备。

〔**教仪进口**〕 2016年，进口额达1.12亿美元，连续16年在高校进口教学科研仪器业务中名列第一，为高校创建"双一流"做出了重要贡献。承担了中国海洋大学建设价值6.9亿元的"东方红"3号新型深海综合科学考察实习船设备的进口任务。

〔**职业教育装备建设**〕 2016年，中教仪公司继续组织承办第十三届全国职业教育现代技术装备和教材展览会。联合京东等著名企业与职业学校合作建立了10个"双创"实训基地，帮助职业院校将传统行业与"互联网+"深度结合，培养社会和企业急需的复合型人才。

〔**校园信息化和教育均衡化整体建设项目**〕 为了实现精准扶贫，加速实现教育均衡化发展，中教仪公司在欠发达地区校园信息化和教育均衡化建设中采取"统一建设、分期付款"的创新工作方案，受到项目地区的欢迎。截至2016年年底，项目涉及范围达17个省（自治区），115个市（县、区），16所大学，55个教育局共计2 125所中小学（其中1 379所小学、746所中学），178所幼儿园，22所职业学校，5所特殊教育中心。

（六）中国教育图书进出口有限公司

〔**综述**〕 2016年，中国教育图书进出口有限公司（简称中教图公司）围绕“巩固扩大主营业务规模，大力开拓数字化业务，做好按需印刷等重大项目经营管理”的中心任务，坚持把社会效益放在首位，实现社会效益与经济效益相统一，公司营业收入、利润实现稳步增长。

〔**党建工作**〕 2016年，中教图公司认真做好党建、党风廉政、巡视整改工作。扎实推进“两学一做”，完成党组织改选换届，按时补缴党费，对巡视问题深刻剖析、即知即改、立行立改。深入开展党风廉政建设，完善规章制度，健全党务纪检机构与人员配备，切实履行监督执纪责任。

〔**主营业务**〕 2016年，中教图公司为高等学校和科研机构持续做好境外文献资源引进服务工作。报刊、图书、电子文献进口业务积极引进教学科研所需的新产品，创新业务服务方式，建设并推广单篇订购（PPV）平台、外国电子教材（爱教材）平台；出口业务大力拓展实物出口、数据库出口、版权输出三项核心“走出去”业务，获“2015—2016年度国家文化出口重点企业”称号，版权贸易业务《三体》土耳其语版、《黑暗森林》英文版获输出版优秀图书奖；按需印刷业务以效益为导向，稳固“教图精印”品牌形象，获“科印杯”数字印刷大奖赛金奖。

撰稿　王　琼　李云龙　张春娜　杨嘉荣　井禹潮　李　瀛　李少华

审稿　陈晓光　花向荣　黄　强　张思挚　王旭明　黄　刚　王建新

教育新闻媒体

中国教育报刊社

中国教育报刊社是中华人民共和国教育部直属的新闻出版机构。现编辑出版《中国教育报》《人民教育》杂志（半月刊）、《中国高等教育》杂志（半月刊）、《神州学人》杂志（月刊）、《中国民族教育》杂志（月刊）、《中国教师报》（周报），运营中国教育新闻网、神州学人网站、蒲公英评论平台、中教之声 App 等“两报四刊三网一端”，以及包括微博和微信公众号等 30 多个新媒体平台。

从 1994 年 9 月组建至今，中国教育报刊社坚持正确的政治方向与舆论导向，“方向性引领，专业化服务”，在宣传党和国家教育方针政策、法律法规，报道各地教育动态、教育教学改革经验，研究探讨教育热点问题、理论问题，宣传教育界先进人物等方面起到了重要的舆论导向作用和宣传指导作用。特别是在学习宣传贯彻习近平新时代中国特色社会主义思想，党的十八大和十八届二中、三中、四中、五中、六中、七中全会以及党的十九大、全国教育大会精神方面，中国教育报刊社在主流媒体中走在了前列，为教育改革发展大局营造了良好的舆论氛围。同时，报刊社各媒体及时准确地为各级教育行政部门、学校、教师、学生和关心教育的各界人士提供权威性、专业性、大容量、多角度的教育信息服务，是反映中国教育现状的重要窗口，也是了解中国教育改革与发展的权威新闻机构。

在 2015 年全新改版亮相的基础上，2016 年中国教育报刊社所属两报四刊及全媒体矩阵再次改版升级，办报、办刊、办网质量显著提升。中国教育报刊社坚持正确的政治方向和舆论导向，构建教育舆论主流阵地，策划了“学习贯彻习近平总书记重要讲话精神专栏”“百所高校宣传部长百字谈”专栏，推出《信仰是政党之魂》《传承红色基因》等一系列重磅理论文章。围绕中心、服务大局，打造教育新闻宣传的亮点及焦点。浓墨重彩做好“一市两校”教育综合改革报道，加强两会、高考招生期间的舆情研判预警，推出“深化教育综合改革　全面推进依法治教　神州行”新闻行动，启动“长征路上送教行”特别行动，弘扬主旋律。大胆开拓创新，着力推进传统媒体与新兴媒体融合发展。组建“中央编辑部”，整合两报四刊及全媒体资源，形成凝神、聚力、齐发声的舆论引导格局，打造“全景两会”等融媒体报道精品。新创办数字媒体《中国家庭教育》《教育决策参考》，为教育改革提供智力支撑，打造中国教育第一媒体智库。探索推出“中国教育之声”微信语音直播间，用新媒体新技术服务家长和教师。围绕“十三五”规划，紧密结合“两学一做”学习教育，推动全面从严治党向基层延伸。出台《中国教育报刊社党委关于落实全面从严治党主体责任的实施细则》《中国教育报刊社纪委关于落实全面从严治党监督责任的实施细则》，着力构建社党委负总责、党委书记为第一责任人、分管社领导分工负责、党办组织推进，各部门主要负责人“一岗双责”、层层落实的党建工作格局。以教育部党组巡视及整改任务为抓手，依法依规推动采编、经营和管理工作健康可持续发展。2016年，《中国教育报》荣获中国报业新媒体影响力排行榜行业报50强第一名，《人民教育》杂志入选2016中国邮政发行百强报刊排行榜并排第27位，中国教育报刊社传统媒体与新媒体融合业务荣获中国报业融合发展项目“十佳”创新奖。

撰稿　赖配根
审稿　翟　博

（一）《中国教育报》

〔**综述**〕　2016年，在教育部党组领导下、在报刊社党委的带领下，《中国教育报》深入贯彻落实党的十八大，十八届三中、四中、五中、六中全会精神，围绕中心、服务大局，弘扬主旋律、传播正能量，围绕全面深化教育领域综合改革、全面推进依法治教，全面推进教育现代化等重点做好宣传报道、舆论引导工作，不断提升报刊社媒体的舆论引导力和社会影响力，不断实现媒体转型融合的新突破。在2015年全新改版的基础上，2016年，《中国教育报》再次改版升级，全面打造传统媒体升级版、新媒体生长版和媒体融合发展版，办报、办刊、办网和新媒体质量显著提升。

〔**坚持正确的政治方向和舆论导向，抢占教育舆论主流阵地**〕1. 突出重点：学习好、贯彻好、落实好党中央治国理政新理念新思想新战略和习近平总书记系列重要讲话精神。把学习好、宣传好、贯彻好党中央十八届历次会议精神、党中央治国理政新理念新思想新战略，学习贯彻好习近平总书记系列重要讲话精神，作为教育新闻宣传的重要主题。围绕习近平总书记在党的新闻舆论工作座谈会、哲学社会科学工作座谈会、庆祝中国共产党成立95周年大会上的重要讲话精神以及党的十八届六中全会精神，《中国教育报》策划了“学习党中央治国理政新理念新思想新战略专栏”“学习贯彻习近平总书记重要讲话精神专栏”，推出许多大学书记校长和专家学习体会文章，以及《信仰是政党之魂》《传承红色基因》等一系列重磅理论文章。

2. 抓住关键：牢牢把握正确的政治方向、舆论导向，构建教育新闻舆论主流阵地。报刊社编委会统筹组织，各媒体严把政治关、导向关和质量关，着力在提高办报办刊办网质量上下功夫，围绕全面深化教育领域综合改革、全面推进依法治教、全面推进教育现代化做好宣传报道、舆论引导工作；围绕党政关切、人民关心的重点选题主动设置议程，引导舆论关注改革正能量，牢牢把握新媒体时代舆论引导主动权。

3. 强化引领：把新闻评论引导作为新闻宣传的重中之重，着力做好舆论引导和危机应对。把新闻评论作为抓手和重中之重，全面提高教育新闻和评论的时、度、效，引导新闻舆论做到稳、准、狠。《中国教育报》的评论已经形成鲜明特色，受到专家和读者的高度好评。2016年7月，《中国教育报》编辑部评论《“批斗”莫言：一场荒诞的想象》获教育部部长陈宝生批示表扬，多篇评论被《人民日报》转载。

〔**围绕中心，服务大局，打造教育新闻宣传的亮点看点及焦点**〕1. 推进媒体转型融合创亮点：创新形式做好2016年全国两会报道，打造融媒体报道精品。创下了多个“第一”：第一次跨编辑部大规模常态化展开协作，打造“协作两会”；第一次邀请代表委员网友展开互动，打造“互动两会”；第一次全媒体记者上会报道两会，打造“全景两会”；第一次以音频形式报道两会，打造“声音两会”；第一次以新闻网、移动端为首发平台，打造“时效两会”。通过打造“全景两会”“声音两会”“协作两会”“互动两会”“时效两会”，真正地形成了立体化舆论引导格局。

2. 推出重大典型报道有看点：浓墨重彩做好“一市两校”教育综合改革报道，引领教育改革。为总结提炼“一市两校”的改革成果并向全国推广，按照教育部党组要求，启动“一市两校”教育综合改革新闻特别报道，采写了深度通讯、高端访谈、署名文章、专题网页、H5 移动互动网页等各种新闻报道产品 40 多个。经过报刊社所属媒体矩阵报道，覆盖了教育系统用户读者 300 多万人，辐射人群超过千万，产生了广泛的社会影响力。

3. 针对热点负面舆情聚焦点：加强两会、高考招生期间的舆情研判预警，牢牢把握舆论引导主动权。按照教育部统一部署，每天收集整理高招热点舆情专报，组织召开高考热点舆情应对研讨会，邀请资深评论员撰写高考舆情引导评论 10 余篇，《中国教育报》开设“高招问答”专栏刊发高招政策权威解读 10 多篇，推出了教育公平系列述评 7 篇，有力地引导了高考招生期间的舆论走向。

4. 重大新闻行动成热点：启动实施“长征路上送教行”特别公益行动，弘扬主旋律。《中国教育报》骨干记者与国家督学、北京十一学校校长李希贵，北京第十二中学校长李有毅，苏州第十中学校长柳袁照，中国人民大学附属中学校长翟小宁，深圳明德实验学校校长程红兵等 19 名教育专家同行，同走长征路，对所经地区的教育改革发展进行深入报道。这次活动特别创新报道方式，对名校长、名师送教下乡的讲座现场进行视频直播，发动其他地区的教师观看，进一步扩大活动的社会影响力。

5. 重大新闻报道全覆盖：推出“深化教育综合改革　全面推进依法治教　神州行”新闻行动，着力推进教育改革。《中国教育报》分别深入全国 32 个省份，每个省份选取一个深化综合改革、推进依法治教的重大典型，采取“一版头条+整版报道+新媒体报道+专题网页”的形式进行立体化内容呈现，发布了北京推进教育均衡发展、上海职业教育改革、浙江推进高等教育改革、江苏加快教育现代化等重大改革经验，受到各地教育部门的称赞。

〔**全面把好方向关、导向关、质量关，着力提升办报质量**〕　1. 坚持既定办报定位，着力提升办报质量。按照教育部党组、报刊社党委对报纸的定位要求，《中国教育报》坚持“方向性引领、专业化服务”的办报宗旨，做“有用新闻”理念，着力增强新闻性，突出时效性，加强舆论引导和正能量传播，面向教育战线做出了很多有引领性的报道。

2. 创新新闻报道形式，提升新闻报道的可读性。《中国教育报》新闻版新闻性显著增强，对很多突发事件、新闻事件的报道更加及时。特别是“两会”期间，上会记者抓了不少现场新闻。《中国教育报》的专刊、周刊在专业性、服务性内容的选题策划上，注重新闻性和专业性、思想性相结合，对基层教育部门、学校、教师更有针对性、指导性。

3. 加强对媒体采编质量的监控管理，建立媒体质量管理的长效机制。《中国教育报》编委会坚持每月一次编委会、每周一下午例会，传达学习上级有关新闻宣传工作精神，安排落实重点报道工作，组织策划协调重大报道工作；坚持每周评报制度，对新闻宣传亮点、采编存在的问题等进行点评，进一步加强媒体质量监控管理。

〔**大胆开拓创新，着力推进传统媒体与新兴媒体融合发展**〕　1. 整合纸媒和新媒体资源，形成凝神、聚力、齐发声的舆论引导格局。在“两会”“长征路上送教行”“一市两校”等重大报道中，重点围绕重大报道、重大政策和时政新闻展开联动，紧扣媒体融合、统一策划、密切分工合作，创新流程、抢抓时效，打造亮点、注重传播，提升新闻宣传的影响力和辐射力。

2. 顺应媒体融合趋势，整合内部资源，新创办数字媒体《中国家庭教育》。按照教育部党组的要求，顺应媒体融合趋势，从 2016 年初开始探索新办媒体电子刊《中国家庭教育》，本年度出刊 4 期，第一期聚焦起跑线之辨，第二期聚焦高考主题，第三期聚焦孩子安全快乐过暑假，第四期聚焦开学第一课。结合热点、引导舆论，对传播科学的家庭教育理念，服务广大家长产生了重要的作用。

3. 善用新媒体新技术，创新新闻生产和新闻传播手段，不断丰富新的媒体形态。打通传统媒体与新媒体的界限，基于微信平台推出视频直播产品，聚焦于“直播+教育培训”“直播+教育会议”“直播+教育讲座”“直播+教育新闻”等多种业务，为广大教师、家长知识学习提供了极大方便。从 2016 年 8 月开始，探索直播服务，截至 2016 年年底，《中国教育报》微信直播团队的足迹已经遍布北京、甘肃敦煌、山东青岛等地，共直播 57 场，收看人数超过百万。

2016 年，《中国教育报》办报质量、社会效益和社会影响力显著提高。截至 2016 年年底，《中国教育报》微信用户数达到 170 万。《中国教育报》荣获中国报业新媒体影响力排行榜行业报 50 强第一名。《中国教育报》在评论连续获奖的同时，荣获中国新闻奖通讯类二等奖，实现了中国新闻奖新突破，报刊社“长征路上送教行”特别公益行动及重走长征路报道荣获教育部好新闻特别奖，《中国教育报》评论、摄影作品以及《中国教育报》《人民教育》《中国高等教育》共同参与的上海教育综合改革报道，分别荣获教育部好评论一等奖、好摄影一等奖、好新闻一等奖。

撰稿　储召生

审稿　周　飞

（二）《人民教育》杂志

〔**综述**〕　2016 年，《人民教育》杂志在中国教育报刊社党委的领导下，按照报刊社编委会继续提升刊物质量的要求，在“围绕中心、服务大局”方面下大功夫，把“强化国家意志，以创新重塑影响力”作为年度目标，取得了采编、党建和廉政建设等方面的若干成果。全年共有 30 多篇文章被人民大学复印资料全文转载；被列入《中小学图书馆馆配期刊目录》并位列第一；入选 2016 中国邮政发行百强报刊排行榜并排第 27 位；人民教育微信用户数从 5 万增至 17 万。

〔**以创新为主线做好采编工作**〕　着力研究如何在“围绕中心、服务大局”上进行创新，力图让《人民教育》杂志成为新媒体时代的“必需品”。

创新之一：创设保证学习、理解“中心和大局”的机制。2016 年，对新闻周学习制度进行了完善，从“播报新闻”到“解读新闻”，再到“转化新闻”。这个过程反映了编辑记者队伍的成熟，特别是在政治上的成熟。

创新之二：改进教育政策的宣传方式。一是做深度解读。“十三五”规划公布建议的时候，及时策划“提升国家教育品质”，于新年首期发表，得到教育部政策法规司的肯定。二是依靠专业敏感性与鉴别力做前瞻性选题。在分析“十三五”规划的基础上，围绕提高教育质量这个重要任务，判断出治理方式必须从过去适应规模数量扩张式发展到适应提高质量的内涵发展，进而推出教育治理转型选题，被人民大学复印资料全文转载。三是做独家观察。两会期间，积极参加“两会 E 政录”融媒体报道，策划并承担了“二孩时代，教育怎么办”这一重大课题的采访与写作。

创新之三：把大典型做出专业思想和专业厚度。2016 年，《人民教育》杂志举全编辑部之力，报道教育综合改革的区域典型，以“新闻报道+专业经验”的方式立体推出上海和北京的教育综合改革经验，受到关注和肯定。

创新之四：把“独家发现”作为媒体的重要责任与能力。凭借修养深厚的团队，挖掘出了师生关系、以法治思维治理欺凌问题、行走的文化、发现教师、新高考下的学校教育变革、创新素质培养等诸多重大选题，受到基层读者的欢迎。

创新之五：探索媒体深度融合机制。2016 年，《人民教育》的微信与杂志从“相加”走到了“相融”，实现了选题、策划、内容、作者、舆情等全方位的优势互补与无缝对接。

〔**抓党建提质量**〕　2016 年，《人民教育》杂志党支部全年共计召开党支部全体党员会议 6 次，支委会 3 次，开展谈心谈话 3 场。开展主题党日活动 1 次，讲党课 1 次，党政新闻学习 44 次。全年党建工作有两个特点：1. 不喊口号，不走过场，学出思想，学出深度，学出觉悟。2. 坚持联系实际工作。作为新闻舆论单位，党建的重要任务是夯实编辑记者的党性原则，自觉在思想上政治上行动上与党中央保持一致。如何做到自觉？首先是要在思想上真正理解和认同中央治国理政战略，进而转化为党性原则下的新闻产品。比如，高度重视传承发展中华优秀传统文化，《人民教育》杂志第22期推出核心议题“传统文化教育的‘神’‘与’‘形’”，请钱逊、郭齐勇等大专家撰文，指导一线教师落实传统文化教育。

撰稿　余慧娟
审稿　江　楠

（三）《中国高等教育》杂志

〔综述〕 2016年，《中国高等教育》杂志坚持思想性、学术性、政策性、前沿性，紧紧围绕中心，服务大局，壮大主流舆论，做好思想引领，社会效益和经济效益进一步提高。首次派出两会记者并推出系列重磅访谈，第一时间推出“五大发展理念新在哪里”“治国理政新理念新思想新战略”“聚焦上海教育综合改革”等专题报道，产生了较大社会影响，彰显了理论的生命力。2015—2016年中国报刊经营价值排行榜揭晓，《中国高等教育》杂志入选“全国期刊二十强”。上海教育综合改革专题报道《解码上海综改》，获教育部好新闻奖一等奖。

〔始终坚持正确的政治方向和舆论导向〕 《中国高等教育》杂志紧密围绕党和国家、教育部党组、报刊社党委的要求办刊，围绕中心服务大局，向中央的决策部署看齐，尤其是理论文章和重大报道坚决把好政治关。2016年，杂志继续将高校宣传思想工作作为贯穿全年的重大选题，有力地引导了舆论，澄清了认识。中央领导、教育部领导的重要文章，一直刊登在显著位置，并通过网站、微信、微博等新媒体广泛传播。

〔关注高等教育的重点、热点和难点问题〕 一是始终关注重点。“本期关注”栏目所关注的内容包括五大发展理念新在哪里、“长江学者”建言、校地合作、教育对外开放、关注两会、高校薪酬改革、大学生思想状况调查、健全国家资助政策体系、供给侧改革下的高校担当、加快构建中国特色哲学社会科学、聚焦上海教育综合改革、“长江计划”青年学者等。二是及时回应热点。以对理论热点的关注为例，习近平总书记在哲学社会科学工作座谈会上发表重要讲话后，以“加快构建中国特色哲学社会科学”为主题，刊出10篇系列文章；全国高校思想政治工作会议召开后，2016年第24期的“本期关注”围绕“高校立身之本在于立德树人”刊出系列文章17篇，并刊发署名“本刊编辑部”的卷首评论，起到了很好的宣传效果。三是坚持攻克难点。处于全面建成小康社会决胜阶段和中国特色社会主义进入新时代的关键时期的中国高等教育，依然有一些难点需要不断攻克，《中国高等教育》杂志对这些难点能敏锐捕捉，并邀请专家学者及时建言献策。2016年第2期的“卷首评论”为顾骏撰写的《科研管理评估难题怎样破解》，“本期关注”登载了“长江学者建言：改革科研和人才评价机制”的5篇系列文章。2016年的第3期、第4期，则以“校地合作：怎样用足省部共建资源”作为“本期关注”主题刊出6篇系列文章。

〔打造重点栏目，办好相关栏目〕 在栏目设置上，《中国高等教育》杂志包括党的领导建设、意识形态教育、立德树人、理论视野、高教政策解读、教育形势前瞻分析等内容。每期“卷首评论”文章，约请教育部司局负责人和地方教育主管部门负责人、高校知名专家撰写，起到了理论举旗和舆论导向的重要作用。“理论视野”栏目内容体现政策性、理论性、思想性，涉及党建思政、高等教育管理、教育教学等主题。

《中国高等教育》杂志每期主打的“本期关注”，选题紧密围绕党和国家以及教育部中心工作，紧扣时政和教育宣传重点，把握正确的舆论导向，快速反应，强劲发力。如第1期、第8期、第11期、第12期、第15期和第16期、第20期，分别聚焦“五大发展理念”“大学生思想状况调查”“加快构建中国特色哲学社会科学（两期）”“‘长江计划’青年学者。

〔**加强协同配合，加快全媒体发展**〕《中国高等教育》杂志以纸媒为本，坚守平面印刷媒体的基本阵地，同时以新媒体手段为延伸，拓展自身的影响力。刊物的微信公众号和微博官方账号，实现了优质内容的二次传播。在新媒体环境中探索新的表达形式，如以图文并茂形式推出的“百所大学宣传部长百字谈”等，不仅让老读者们耳目一新，而且吸引了大量的年轻用户，大大增强了刊物的传播力、引导力、公信力和影响力。

撰稿　李石纯

审稿　唐景莉

（四）《神州学人》杂志及网站

〔**综述**〕　2016 年，《神州学人》编辑部以习近平新时代中国特色社会主义思想为指引，按照中央的各项要求和教育部党组的部署，心系“四个全面”，胸怀“五位一体”，树立“四个意识”，强化“两个责任”，牢记“六大纪律”，围绕“三开办媒”“融合发展”“加强传播”的工作思路和工作计划开展工作，各项工作取得了新成绩和新进展。

〔**《神州学人》杂志**〕　2016 年，按照习近平总书记系列重要讲话精神尤其是关于教育对外开放工作、留学工作、人才工作及新闻宣传工作等重要讲话精神，根据刘延东同志对《神州学人》杂志做出的“讲好中国故事、传播中国声音、展示中国形象”的指示要求，以及中办、国办印发的《关于做好新时期教育对外开放工作的若干意见》的部署，在教育部党组和中国教育报刊社党委领导下，编辑部顺应教育对外开放新形势和留学人员需求，以传播中国理念为中心，杂志改版为包括“封面”“留学”“人才”“环球”四大板块的新框架，并配以常设栏目，从目录到内文，从标题到图片，都采用了新的格式和风格，使整本杂志风格一致，同时每个部分又个性鲜明，独具特色。配图质量也较以往有了很大的提升，为读者带来全新的阅读感受。

2016 年第 1 期推出的《小语种　大世界》专刊，得到了教育部副部长郝平的批示首肯。根据教育部领导的要求，第 5 期推出的“人文交流”专刊得到各级领导、阅评专家和读者的好评。“感知中国”“双一流的引擎”“双一流孕育‘海椒’新生态”“中国发展新理念”“国家留学基金委成立 20 周年专刊”等封面专题，也得到了国家留学基金委、教育部留学服务中心等部属留学工作机构，上海市外国专家局、广州市人力资源和社会保障局等地方政府部门，以及地方高校的积极反馈和好评。

〔**神州学人网**〕　以垂直网站架构为设计思想，从新闻、资讯、数据、产品四个层面重构了网站内容，突出自身特色和重点，力求简约实用、页面美观、方便扩展。顺应读者和用户在信息需求方面的精准化特点和媒体融合发展的趋势，在新增“留学”“人才”两大特色栏目的同时，设置相应的留学咨询和人才信息入口，提供更具针对性的服务，并做到网站与杂志互联互通，体现其媒体基础平台功能。

〔**神州学人新媒体**〕　作为留学人员获取信息和交流思想的主要载体，微信、微博等新媒体正占据和影响着留学人员。《神州学人》在 2016 年明确聚焦留学新生代，微信固定用户达 3 万余人；《神州学人》微博则联系着近 300 个我国在外留学人员社团，并通过这些社团的联系网络覆盖更广大的各类在外留学人员。在中央网信办有关机构推出的全国行业新闻网站综合传播力每月排行榜中，《神州学人》两微（微信、微博）一直名列前茅。

撰稿　徐　妍

审稿　杨亚南

（五）《中国民族教育》杂志

〔**综述**〕 2016年，《中国民族教育》杂志秉持“民族特色，教育情怀”的办刊理念，坚持传递政府声音，坚持大教育理念与民族教育特色相结合的组稿思路，重点关注与反映民族地区在第六次全国民族教育工作会召开以后的民族教育发展思路、举措及具体地区的工作经验等。同时，将民族文化的传承作为一条内容主线，加入到内容之中。全年杂志内容注重策划先行，围绕中心，贴近一线，兼顾教育内容与民族特色的协调与结合，总体质量稳定提升。

〔**突出政策、舆论和思想引领**〕 时政内容部分，除了关注民族教育方面的政策解读，同时对重要教育政策进行解读，如城乡义务教育保障机制新政、教育部2016年工作重点、国家“十三五”教育规划，两会有关教育的重点关注等。同时，加强了评论及对当月教育热点的引导，发出本刊声音。专栏及理论板块注重围绕教育或民族教育发展中的热点难点问题组稿，体现出思想的引领性。

〔**关注民族地区贯彻落实第六次全国民族教育工作会议的情况**〕 2016年正是各地尤其是民族地区贯彻落实第六次全国民族教育工作会议的重要节点。杂志以此作为重点，先后深入内蒙古、贵州、四川、吉林等地采访，一方面呈现这些地区贯彻第六次全国民族教育工作会议的情况，另一方面也呈现这些地区民族教育改革与发展的思路、经验及存在的问题。加强了杂志与民族地区的联系，体现出了杂志的民族特色。

〔**围绕中心工作、突出民族地区特点进行选题**〕 “聚焦”板块为杂志的核心内容，集中体现民族教育内容，针对民族教育或与之相关的热点、难点、重点问题，从多侧面进行立体呈现。如第三期的“农村全科教师”、第四期的“先行一步——‘十三五’民族地区普及15年教育观察”，第五期的“脱贫倒计时”、第九期的“民族地区教育信息化”等选题，都是我国教育特别是有关民族教育的中心话题。

〔**合刊体现专业性，受到读者欢迎**〕 本年度合刊以“学校课程建设”为主题，通过专家、一线研究人员、学校校长与教师，不同地区、不同类型的学校案例，立体呈现了学校课程改革和课程建设的情况，受到了一线读者的欢迎。

〔**将民族文化传承作为内容主线之一**〕 民族教育除了教育的专业内容，民族文化的传承也是重要内容之一。杂志第11期以“风从敦煌来”为主题，《扫落历史尘埃 重现湮没的辉煌》《灿若星辰 永续敦煌》《千佛洞岁月》《以有限的力量让更多人了解敦煌》等篇目，生动具体地呈现了敦煌文化的历史及要义。同时，提供了以敦煌文化为主题的教育案例，是一次拓展杂志内容主线的成功尝试。

撰稿 张 滢
审稿 赵小雅

（六）《中国教师报》

〔**综述**〕 2016年，《中国教师报》再次改版，进一步凸显专业性，将《现代课堂》周刊现有的2个版增为4个版，将《教师工作》周刊、《教育家》周刊设置为隔周出版，为一线教师提供更多的专业支持和帮助，全面提升版面内容和选题质量。

〔**重拳出击，做好精品策划**〕 《中国教师报》抓住重要节点，推出精品策划。在暑期教师黄金培训季，《中国教师报》从7月27日起推出4期暑期特刊，分别聚焦“阅读”“生活”“课程”“课堂”四个主题进行集中报道，同时邀请教育界著名专家学者为特刊“点题”、在全国范围内推荐典型。这样有思想含量的特刊受到了教育界的广泛好评。与此同时，精心策划两会系列报道，邀请两会代表委员、教育部相关司局领导进入“两会E政录”直播间；围绕年度重头选题，《中国教师报》派出骨干记者去上海采访，连续刊发上海教育综合改革系列报道3篇，从教师角度、专业角度深入解读上海教育综合改革。

〔**专业视角，做好典型人物报道**〕《中国教师报》一直把教师尤其是乡村教师作为关注的重中之重。从2016年2月开始，《中国教师报》对乡村教育、乡村教师进行重点关注，在头版刊发《阆中：办朴素而幸福的乡村教育》《看得见的红利摸着了》等文章，为乡村教育、乡村教师鼓与呼。同时，与教育部教师工作司联合开设“当代教师风采”栏目，做好教师典型人物报道，在上半年推出了4个“封面人物”报道，让特色教师、乡村教师上了《中国教师报》头版头条。

〔**深入拓展，品牌活动精品化**〕 2016年，《中国教师报》把品牌活动做精、做细、做实，同时创新形式与内容。“第二届全国名师工作室建设博览会”吸引了800多名教师参会；在南通市召开第四届全国中小学课堂教学创新成果博览会，向全国征集了80节风格各异的彰显创新价值的好课，为与会代表提供了一个开放式的“课堂超市”。这些活动已经成为业界负有盛名的品牌活动，形成独具特色的传播效应，带动更多人认识《中国教师报》。

〔**创新模式，课改组合拳全面出击**〕 2016年，《中国教师报》不仅在报纸版面上体现了课改理念，还在实践中打起了“课改组合拳”，为广大教师提供更具有可操作性的服务。这一年，《中国教师报》重点开拓新的区域整体培训和学校品牌建设项目，越来越多的教师、学校和区域开始行动起来，成为教育改革坚定的行动者和实践者。

〔**规范制度化，发行稳中有升**〕 2016年，根据新闻出版总署的要求，《中国教师报》对地方记者站和发行代理公司进行了清理整顿，坚决用制度保障发行的规范化、有序化。与此同时，在报纸发行工作形势空前严峻的形势下，《中国教师报》高度重视，认真研究，充分发动一切力量，并全力组织实施，最终保证《中国教师报》发行总量保持稳定。

撰稿　康　丽
审稿　雷振海

（七）中国教育新闻网

〔**综述**〕 2016年，中国教育新闻网在聚合资源的基础上，以“数据+服务”为探索方向，深耕教育行业，探索大数据新闻平台，深入推动媒体融合，为行业用户提供知识服务。获得第三十届中国产经新闻奖网络类三等奖。

〔**发挥聚合优势　推进媒体融合**〕 继续以两会报道为切入点，尝试融媒体报道。在两会采访中，除文字稿件外，同步提供音频和视频采访资源，形成对同一事件的立体播报，并通过多个终端差异化传播。以“两会E政录”视频采访为媒体融合突破口，报刊社各编辑部邀请教育界的权威人士做客视频演播室，同步形成纸媒、网媒、微信等多个终端传播产品，发挥主流媒体舆论引导作用。

〔**突出重大报道　回应民生关切**〕 针对热点难点问题及时发声，加强舆论引导作用。完成“纪念红军长征胜利80周年”“长征路上看教育”“长征路上送教行”“李保国：太行山上铸丰碑”等重点专题。针对民生关切的乡村教师支持计划，推出“乡村教师支持计划”“争做四有好老师”“当代教师风采”等专题。针对用户需求，推出“考试月历”及高考系列专题，推出暑期安全、师生防汛以及毒跑道等热点专题。

〔**推进移动端应用 提升用户体验**〕 完成2016年教育部全国教书育人楷模投票展示活动。在参与教育部“最美教师志愿者项目”过程中，推进项目应用平台化、无纸化发展，倡导环保、提升效率，优化用户体验。

〔**公益活动落地 提升品牌效益**〕 推出第八届全国教师暑期阅读活动及“2016年度影响教师的100本书”评选活动，引领教师通过阅读提升人文素养和专业能力。继续联合发起第三届“阅读改变中国”年度评选活动。以阅读促进教育、阅读改变中国为宗旨，以专业评选、公正公平为评选原则，推动全民阅读向深度发展，形成积极的示范效应。

撰稿 张春铭
审稿 周 飞 部云雁

（八）中国教育之声·蒲公英评论

中国教育之声·蒲公英评论是中国教育报刊社重点打造的教育舆情与评论网络互动平台。不同于传统的内容发布网站，蒲公英评论网络互动平台是体现全媒体概念的交互性意见平台，它本着“开门、开放、开明”的原则，把互联网思维、用户生成（UGC）、内容分发等新理念融入评论操作。在内容生产上，以“互动+引导”为策略，通过“评论工作室”这一全新设计，聚集和培育“特约评论员”和“独立评论员”两支队伍，每天以“点对点”和“点对面”两种方式向评论作者推送话题，致力于产出有活力、有思想、有锐度、有影响的教育评论。在内容发布和传播上，蒲公英评论与纸媒、移动端联动，根据舆情动态快速反应、密集发声，形成立体的舆论引导态势。自2015年3月1日上线以来，蒲公英评论网络互动平台已经形成近5 000名独立评论员、60多名特约评论员和10名签约评论员组成的评论员队伍，每月产出并发布原创评论文章近千篇，在教育界已产生一定的影响力，被教育部评为2014年度“优秀创新工作案例”。

（九）中国教育之声·微信矩阵

中国教育之声·微信矩阵是中国教育报刊社为顺应媒体转型融合潮流而打造的一款新媒体产品。该产品整合所属媒体优势资源，探索移动传播和垂直服务业务，进一步积累用户、服务用户，全方位满足用户对新闻资讯、信息服务、专业成长、家庭教育等多方面需求，将中国教育报刊社的舆论引导力、社会影响力进一步延伸到移动互联网。

中国教育之声·微信矩阵以中国教育报刊社面向未来推出的“中国教育之声”媒体品牌为统摄，涵盖中国教育之声、中国教育报、人民教育、中国高等教育、神州学人、中国教师报、好老师、家庭教育之声等10余个微信公众号，以及中教直播、中教之声FM、好老师FM等媒体品牌，面向教育管理者、教师、父母、学生等群体，提供优质的资讯报道、声音栏目、视频直播等服务。其中，《中国教育报》微信公众号用户接近200万人，深受读者喜爱。2016年，《中国教育报》微信公众号位居中国报业协会评选的行业报新媒体二十强首位。

撰稿 张以瑾 李 凌
审稿 周 飞 部云雁

中国教育电视台

〔**综述**〕 2016年，中国教育电视台贯彻落实党的十八大和十八届三中、四中、五中、六中全会精神，深入学习领会习近平总书记系列重要讲话精神和国务院副总理刘延东对中国教育电视台工作做出的重要批示，落实全面从严治党的各项要求，围绕党和国家工作大局，服务教育部党组中心工作，通过完成复兴门大楼核心机房建设，实现了无磁带化高清制式播出，形成全台高清直播网络结合媒资系统的综合布局。以全面的技术升级倒逼工作流程再造、节目改版创新和新闻宣传能力的提升，中国教育电视台的传播力、引导力、影响力、公信力站在了新的起点。

〔**新闻报道特色突出，主题鲜明**〕 1. 组织编辑记者深入学习贯彻习近平总书记“2·19”重要讲话精神，陆续推出“新春走基层”“庆祝建党95周年”“纪念长征胜利80周年”等重大主题宣传报道。教育电视台领导带头走基层，深入“老少边穷”地区采访报道，通过接地气的平等交流和采访方式，倾听群众心声，表达群众期盼。年轻记者除夕夜全程跟拍消防战士、环卫工人、新疆班学生在北京的生活等，直至初一凌晨5点，制作的新闻节目得到观众好评，也让人们体会到了作为教育新闻工作者的荣誉和责任担当。

2. 围绕两会，以“转变观念、提高质量、圆梦教育”为主题，中国教育电视台电视、网络、手机、微信等全媒体全方位展开宣传报道，重点做好教育文章。突出政府工作报告关于教育论述的报道，突出代表委员关于教育话题的报道，采访代表委员260余人，播发各类评论33篇，确保在重大时间节点、重大议程上不失声，有观点、善引导。着力讲好代表委员深入校园的故事、讲好议案形成的故事、讲好记者采访的故事。以中国教育电视台卡通代言形象“小明”为主线，推进电视、网络、微信、手机等融合报道；推出《两会日记》，传递教育改革发展正能量，受到教育部领导的充分肯定和代表委员及广大观众的好评。

3. 围绕庆祝建党95周年，精心策划制播《优秀教师党员风采》《信仰的力量》《红色故事》等特别节目，形成多方位、多层次的红色专题报道矩阵，国家新闻出版广播电影电视总局专门通报给予肯定；开展以“继承长征精神、传递信仰力量”为主题的宣传报道，开展“不忘初心，重走长征路”大型主题联合采访活动。推出《国史演义》特别节目《改变世界的远征》《博物馆之夜》长征主题纪念馆系列、优秀纪录片《陕甘风云》《长征：中国故事》等。在联合采访活动中，包括中国教育电视台在内的12家单位派出近百名记者，分赴红军长征途经的15个省（自治区、直辖市），累计行程近2万公里，采访近400人次，各级教育电视台各平台累计刊播专题节目1 800分钟。节目开播以后，佳作不断，社会各界反响热烈。教育部部长陈宝生专门做出批示：“很好。继续努力，彰显教育特色，办出更多好节目。”国家新闻出版广电总局对中国教育电视台纪念长征精神主题编播节目给予通报表扬。

4. 积极参与并圆满完成了上级单位有关重点宣传任务。在联合国教科文组织“促进女童和妇女教育特使”彭丽媛教授出席的中国首届联合国教科文组织女童和妇女教育奖颁奖仪式上，中国教育电视台制作的《中国女童和妇女教育成就》宣传片得到联合国教科文组织的来函肯定，并被挂在其官网上；在国务院副总理刘延东出席的全国乡村教师队伍建设推进会上，中国教育电视台制作的《筑梦乡村讲台奠基民族未来》专题片，集中展示了全国各地落实乡村教师支持计划、加强乡村教师队伍建设的突出成果，得到与会领导的一致好评；在中共中央政法委员会、中央社会治安综合治理委员会召开的全国社会治安综合治理创新工作会议上，中国教育电视台拍摄制作的“防治校园欺凌”专题片得到“为会议中有关部门、地方和单位发言环节的成功顺利进行及大会的圆满召开做出了突出贡献”的评价。此外，中国教育电视台对群众关注的教育热点难点问题，如河北沧州第一中学学生劝退事件、山西屯留县教师聚餐被通报事件等也积极关注、及时发声，得到教育部领导的充分肯定，产生了较好的社会影响，有效提高了中国教育电视台新闻传播的影响力。

5.《e视界》《中国教育报道》《长安街》等节目于7月6日起陆续实现高清直播，开启中国教育电视台新闻节目常态直播模式，实现历史性突破。中国教育电视台新闻节目实现365天不间断制作播出，节目质量逐步提高，收视率总体稳定。全国教育（民生）新闻资源共享联盟正式组建，e联盟正式诞生。随着全国教育（民生）新闻资源共享平台的建成，《中国教育报道》的资讯汇聚能力得到加强，向既定目标——教育新闻的集散地“全国教育新闻联播”迈进一步。《e视界》坚持“环球视野，教育视角，独家观点，独特表达”，推出一批有自己“视野”和“视角”的系列节目。《长安街》将新闻热点、民生焦点、政府重点作为节目选题立足点，节目影响力稳步提升。其中，《老师去哪儿了?》《我的校服我做主!》获中国广播影视大奖；“不忘初心　重走长征路”系列报道获全国教育好新闻（新闻类）一等奖；《“无指”老师坚守山村执教25年》《谁是山寨考研网的幕后黑手?》《中国唯一艾滋病学校实录》获全国教育好新闻（新闻类）二等奖；《中关村二小事件：伤不起的互撕》获全国教育好新闻（评论类）二等奖；《徐美容：教育最大的技巧就是关爱学生》获全国教育好新闻（新闻类）三等奖。

〔打造一批具有鲜明特色的品牌节目栏目〕

1. 人文教育节目带掀起差异化新风。五档自制栏目《国史演义》《法治天下》《请教请教》《揭秘》《博物馆之夜》以及新闻杂志栏目《e视界》升级改造，以矩阵组合方式构筑起社会法制教育、人文历史传播、资讯新闻解读、点赞青春剧场四个节目带。取消晚间黄金档电视剧的播放，利用黄金时段打造文史教育节目带，弘扬传统文化和法治精神，正向梳理解读社会新闻资讯；创建了由中国传媒大学、上海戏剧学院等国内顶尖艺术高校参加的“中国艺术院校艺创联盟”，打造中国艺术高校的电视“艺术课堂”和“实验剧场”，推出大学生自编自导自演的校园青春栏目剧，激发创业热情，绽放艺术梦想。这种差异化的节目编排与尝试在中国电视界和媒体同行中引起热烈关注，有专家学者指出，中国教育电视台的改版立足于差异化竞争，凸显“人文教育”特点，主动面向“青春”人群，开创崭新的青春叙述形态，为涵化现代公民、弘扬核心价值，提供了丰富多彩的大众传播平台。《点赞青春》栏目剧获2016年全国栏目剧评选三等奖，以无限靠近年轻人的方式和无限真诚的态度，为年轻人搭建了实现和追逐梦想的舞台，凸显了其重要的社会意义和政治意义。

2. 重点节目栏目建设创新创优。在十二届全国人民代表大会常务委员会第二十四次会议中，最高人民法院院长周强对《法治天下》栏目给予“让主审法官走进演播室以案释法，弘扬社会主义法治理念，促进形成尊法学法守法用法的良好氛围”的高度评价，该栏目选送节目《银元争夺战》获由中国艺术家协会评选的“第八届新农村电视艺术节年度优秀对农电视作品”三等奖。《揭秘》全面改版，获“第二十二届纪录片学术盛典电视纪录片十优栏目”奖；《中国少年足球战队》在意大利获最佳纪录片奖，教育部新闻办公室专刊进行表彰；《博物馆之夜》获国家新闻出版广电总局2016年优秀国产纪录片及2017年纪录片重点扶持项目，并获科蕾奖提名和“记录中国”栏目奖等奖项；《中华老字号》吸引投资1 200万元，创下近年来中国教育电视台纪录片招商最高引资额；《潮平两岸阔》获国务院台湾事务办公室、教育部相关司局的高度评价；《青春无国界》（尼泊尔篇）入选国家新闻出版广电总局“百人百部”中国梦纪录片扶持计划，获资金奖励；《红色故事》得到教育部、中央宣传部领导以及电视业内专家肯定；《我是大导演》在亚洲微电影节上获三等奖；《嘿！电影》春节特别节目获中国电视艺术家协会2016年春节文艺类节目评选好节目；《最美校歌》《中华经典》获中国文学艺术界联合会评选的“全国电视文艺优秀栏目”称号。围绕节目强台战略，《中国艺考》《少年工匠》和长安书院、太阳花儿童舞台艺术联盟等12个重大项目逐步推进落实，在业界和社会上产生积极反响。

〔技术升级，优化布局，综合高清频道正式开播〕

1. 加强安全播出基础设施建设及技术系统更新改造，完成核心机房搬迁改造及制播高清系统建设和4K技术的应用。6月16日，复兴门大楼电视播出系统正式启用暨综合教育高清频道正式开播，实现节目生产模式转型升级，适应传统媒体和新兴媒体融合发展的采编播平台正在形成。武警一支整建制队伍已经正式开始执守复兴门大楼核心区域，安全播出保障能力得到有效改善。国家新闻出版广电总局相关部门负责人到中国教育电视台实地检查安播工作后，给予高度评价，认为现有播出环境和保障能力，达到了国家级电视台水平。

2. 完成全年安全播出任务。截至2016年年底，完成CETV-1、CETV-2、CETV-3、CETV-4、CETV-早期教育5个标清频道播出36 240小时，CETV-1高清频道播出3 240小时，IP数据频道累计播出传输约35 636小时。完成5个标清电视频道上载任务，完成全国党员干部现代远程教育专用频道、全国农村中小学远程教育、八一学院远程教育、新疆维吾尔自治区和甘肃省远程教育等IP数据业务的播出任务，实现安全播出无事故的目标。

3. 以创新路径保障播出信号覆盖安全。面对全国上星频道在各地广播电视有线电视网络入网的激烈市场竞争，中国教育电视台覆盖规模稳步增长，一套在全国覆盖人口11.34亿，较2015年度增加10.5%；二套覆盖人口1.56亿，较2015年度增加36.8%；三套（北京地区）覆盖人口1 857万，较2015年度增加24.7%；四套覆盖人口1.48亿，较2015年度增加66.3%。综合教育频道高标清同播后，已实现在四川、山西、海南、黑龙江、新疆的广播电视有线网络和宁波、南昌两个市级广播电视网络落地，新增高清覆盖人口近2亿人。在新媒体领域覆盖方面，分别与多家新媒体公司开展合作，通过交互式网络电视（IPTV）传输各频道节目，使各频道覆盖人口得以增加。此外，一套高标清频道和其他4个电视频道接入国网互联互通平台工作正在推进之中。

4. 完成首支早教产业基金筹建，确定合作团队后成立中教思致基金管理公司。产业基金落地取得重大进展，持续储备投资项目，立足已有资源优势和项目储备，确定在线教育、早期教育、智慧教育和大学生“双创”四大产业作为重点发展方向，明确果实网项目、太阳花、幼儿园、教育手机、大学生移动互联网创新创业服务平台等项目作为基金的储备项目池。收集近50个有潜力的教育产业项目信息，逐步形成基金储备项目数据库，为拓展产业合作和基金宣传奠定良好的基础。创新广告运营方式，以市场化运营为基础，积极开拓广告业务，创新广告经营激励机制，优化相关业务流程设置。

〔从严治党，全面整改，党的建设进一步规范化、制度化〕　1. 积极开展“两学一做”学习教育。成立“两学一做”学习教育领导小组，制定实施方案。教育电视台领导全程参与、积极跟进，带头备课上党课，带头谈体会，带头参加组织生活会。健全党委中心组学习制度，坚持定期开展集中学习。认真学习习近平总书记系列重要讲话精神和《中国共产党章程》《中国共产党纪律处分条例》《中国共产党问责条例》等，坚持开展马克思主义新闻观教育，不断提高全体党员干部的思想政治素质。到红旗渠、中共二大遗址开展党课学习，学习党情党史及主流媒体党建的成功经验，增强做好业务工作的信心。充分利用闭路电视、新媒体等手段，确保学习全覆盖。

2. 认真接受巡视，切实整改落实。2016年，教育部党组第十巡视组对中国教育电视台进行了巡视。教育电视台党委以极其严肃认真的态度接受巡视，全体动员，安排部署，积极配合巡视组工作。巡视意见反馈后，采取“三上三下”方式，反复研究，制定整改方案，明确任务分工，形成任务分解表，每项整改任务都明确主责台领导、主责部门、任务清单、完成时间。建立清单台账，即行即改，做到事事有落实，件件有回应。全面加强制度建设，强化内控管理体系建设。

3. 完成教育电视台党委换届，党建工作进一步走上规范化、制度化轨道。报请上级部门批准，经过精心筹备，12 月召开全台党员大会，听取上一届党委的工作报告，选举产生了新一届党委和第一届纪委。

4. 加强基层组织建设，发挥党组织战斗堡垒作用。加强支部建设，按照“一岗双责”选配培养党支部书记，建立支部书记例会制度，研究部署工作，利用支部书记微信群、党员微信群，集中学习，建立搭建全台党员交流的平台。积极推进发展党员工作，制定党员发展计划，重视新闻岗位、播出岗位的党员发展，保证一线业务部门党员比例稳步提升。强化对流动党员的管理，完成了全部流动党员组织关系转移手续。坚持党建带群团建设，工会组织员工子女到教育电视台参观、体验，感受电视台文化，感受父母的荣耀和辛劳。教育电视台团委协助中央国家机关工委团委、教育部直属机关团委完成教育部“中华魂·家国情深”经典朗诵会的组织及庆祝建党 95 周年系列活动等专项工作，受到教育部好评。关心退休干部职工的思想和生活，想方设法为他们解决实际困难和问题。

〔**打造守望相助的教育电视台文化**〕 1. 中国教育电视台于 2016 年全面清理十里河原办公区域，全台回归复兴门办公，在现有条件下使办公环境整肃一新。武警一支整建制队伍进驻复兴门后，为武警连队提供了相匹配的生活用房、学习用房、训练场地、执勤等配套用房及以执勤为中心的各项设备设施。全面接管复兴门电教小区物业管理工作。

2. 根据中央和北京市的统一部署，牵头负责电教小区建筑外立面改造工作，拟定了外立面改造方案并报上级单位审定。

3. 贯彻“责任同担，成果共享”的办台理念，打造“目标一致、紧张有序、立新求变、追求卓越、守望相助”的教育电视台文化，激发全台干事创业的热情。关心群众生活，注重听取员工意见和利益诉求，了解聘用人员的思想状况和实际问题，积极争取相关政策支持，对员工食堂、电教大楼门厅和部分办公场所进行改造，想方设法为员工谋福利，让员工的生活更有保障，全台干部员工的归属感、向心力明显增强。

撰稿　孙娟妮
审稿　袁小平

北京市教育

概　　况

〔基本情况〕

北京市各级各类学校校数、教职工、专任教师情况

	学校数（所）	教职工数（人）	专任教师数（人）
一、高等教育			
（一）研究生培养机构（不计校数）	139		
1. 普通高校	58		
2. 科研机构	81		
（二）普通高等学校	91	142 953	70 013
1. 本科院校	66	132 990	64 637
其中：独立学院	5	2 044	1 222
2. 高职（专科）院校	25	9 322	5 000
3. 其他普通高教机构（不计校数）	4	641	376
（三）成人高等学校	24	3 211	1 510
（四）民办的其他高等教育机构	65	4 327	1 715
二、中等教育	767	99 081	63 091
（一）高中阶段教育	426	70 592	29 622
1. 高中	305	56 863	21 056
普通高中	305	56 863	21 056
完全中学	187	32 496	12 889
高级中学	38	6 201	4 210
十二年一贯制学校	80	18 166	3 957
成人高中			
2. 中等职业教育	121	13 729	8 566

续表

	学校数（所）	教职工数（人）	专任教师数（人）
普通中专	31	3 401	1 940
成人中专	11	596	328
职业高中	50	6 455	4 413
技工学校	29	3 277	1 885
其他中职机构（不计校数）			
（二）初中阶段教育	341	28 489	33 469
1. 初中	341	28 489	33 469
初级中学	226	17 208	12 550
九年一贯制学校	115	11 281	4 137
十二年一贯制学校			4 648
完全中学			12 134
职业初中			
2. 成人初中			
三、初等教育	984	59 716	61 811
（一）普通小学	984	59 716	61 811
小学	984	59 716	51 787
九年一贯制学校			5 004
十二年一贯制学校			5 020
（二）成人小学			
其中：扫盲班			
四、工读学校	6	273	199
五、特殊教育	22	1 334	1 036
六、学前教育	1 570	65 806	36 071

注：①完全中学的学校数和教职工数计入高中阶段教育，九年一贯制学校的校数和教职工数计入初中阶段教育，十二年一贯制学校的校数和教职工数计入高中阶段教育。专任教师是按照教育层次进行归类。②技工学校数据为 2015 年数据。③“（ ）”内数据为不计校数。

北京市各级各类学历教育学生情况

单位：人

	毕业生数	招生数	在校生数
一、高等教育			
（一）研究生	88 629	105 635	317 610
博士	16 968	22 630	95 356
硕士	71 661	83 005	222 254
（二）普通本专科	155 327	151 150	599 188

续表

	毕业生数	招生数	在校生数
本科	120 007	127 715	511 754
专科	35 320	23 435	87 434
（三）成人本专科	86 181	62 585	174 796
本科	50 396	38 267	112 389
专科	35 785	24 318	62 407
（四）其他各类高等学历教育			
1. 在职人员攻读硕士学位		18 246	81 392
2. 网络本专科生	1 044 421	1 197 292	4 069 913
本科	334 836	376 577	1 277 372
专科	709 585	820 715	2 792 541
二、中等教育	181 705	181 079	552 415
（一）高中阶段教育	95 262	89 225	284 142
1. 高中	52 841	53 544	163 130
普通高中	52 841	53 544	163 130
完全中学	32 938	33 406	101 011
高级中学	11 447	12 149	37 026
十二年一贯制学校	8 456	7 989	25 093
成人高中			
2. 中等职业教育	42 421	35 681	121 012
普通中专	13 618	11 486	43 895
成人中专	9 687	8 550	27 042
职业高中	6 532	3 373	14 843
技工学校	12 584	12 272	35 232
（二）初中阶段教育	86 443	91 854	268 273
1. 初中	86 443	91 854	268 273
初级中学	32 417	32 052	94 024
九年一贯制学校	7 819	9 619	27 562
十二年一贯制学校	11 956	14 050	41 143
完全中学	34 251	36 133	105 544
职业初中			
2. 成人初中			
三、初等教育	111 481	145 274	868 417
（一）普通小学	111 481	145 274	868 417
小学	95 556	121 341	733 695
九年一贯制学校	8 313	12 510	70 439

续表

	毕业生数	招生数	在校生数
十二年一贯制学校	7 612	11 423	64 283
（二）成人小学			
其中：扫盲班			
四、工读学校	261	260	638
五、特殊教育	1 588	916	6 927
六、学前教育	99 626	152 769	416 982

注：①完全中学、九年一贯制学校和十二年一贯制学校的学生数按教育层次分别计入对应教育阶段的学生数中。②特殊教育学生数中包括义务教育阶段随班就读的学生数、其他学校附设特教班学生数。

北京市各级各类非学历教育学生情况

单位：人

	结业生数	注册学生数
总计	3 899 737	3 696 218
一、高等教育	972 416	873 890
（一）研究生课程进修班	8 342	10 122
（二）自考助学班	6 627	14 756
（三）普通预科生		1 248
（四）进修及培训	957 447	847 764
其中：资格证书培训	54 809	47 390
岗位证书培训	180 380	120 688
二、中等职业教育	2 927 321	2 822 328
其中：资格证书培训	265 758	249 540
岗位证书培训	274 016	224 592
（一）中等职业学校	54 157	38 269
其中：资格证书培训	16 237	10 652
岗位证书培训	23 029	18 061
（二）职业技术培训机构	2 873 164	2 784 059
其中：资格证书培训	249 521	238 888
岗位证书培训	250 987	206 531

北京市各级各类民办学校校数、教职工、专任教师情况

	学校数（所）	教职工数（人）	专任教师数（人）
一、高等教育			
（一）研究生培养机构（不计校数）	2		
1. 普通高校	1		
2. 科研机构	1		

续表

	学校数（所）	教职工数（人）	专任教师数（人）
（二）普通高等学校	16	6 029	3 102
1. 本科院校	7	4 310	2 306
其中：独立学院	5	2 044	1 222
2. 高职（专科）院校	9	1 719	796
3. 其他普通高教机构（不计校数）			
（三）成人高等学校			
（四）民办的其他高等教育机构	65	4 327	1 715
二、中等教育			
（一）高中阶段教育			
1. 高中			
普通高中	69	9 672	1 615
完全中学	17	1 511	430
高级中学	12	715	299
十二年一贯制学校	40	7 446	886
成人高中			
2. 中等职业教育			
普通中专			
成人中专	1	14	8
职业高中	21	941	471
技工学校			
其他中职机构（不计校数）			
（二）初中阶段教育			
1. 初中	25	1 636	2 139
初级中学	3	90	48
九年一贯制学校	22	1 546	280
十二年一贯制学校			1 287
完全中学			524
职业初中			
2. 成人初中			
三、初等教育			
（一）普通小学	61	2 510	5 071
小学	61	2 510	1 928
九年一贯制学校			829
十二年一贯制学校			2 314

续表

	学校数（所）	教职工数（人）	专任教师数（人）
（二）成人小学			
其中：扫盲班			
四、工读学校			
五、特殊教育	1	17	9
六、学前教育	635	28 139	13 681
另有：民办培训机构（不计校数）	1 151	33 227	11 207

注：①完全中学的学校数和教职工数计入高中阶段教育，九年一贯制学校的校数和教职工数计入初中阶段教育，十二年一贯制学校的校数和教职工数计入高中阶段教育。专任教师是按照教育层次进行归类。②“（ ）”内数据为不计校数。

北京市各级各类民办教育学生情况

单位：人

	毕业生数	招生数	在校生数
一、高等教育			
（一）研究生	67	177	306
博士			
硕士	67	177	306
（二）普通本专科	20 233	16 706	63 333
本科	10 665	11 151	43 788
专科	9 568	5 555	19 545
（三）成人本专科		255	460
本科		255	460
专科			
（四）另有其他学生			
1. 民办高校			1 262
2. 民办的其他高等教育机构			92 139
二、中等教育			
（一）高中阶段教育			
1. 高中			
普通高中	5 393	2 173	8 122
完全中学	2 228	645	2 721
高级中学	1 097	284	1 190
十二年一贯制学校	2 068	1 244	4 211
成人高中			

续表

	毕业生数	招生数	在校生数
2. 中等职业教育			
普通中专		654	688
成人中专	159	85	271
职业高中	696	149	1 260
技工学校			
其他学生数			
（二）初中阶段教育			
1. 初中	7 462	7 756	23 382
初级中学	1 239	1 367	3 679
九年一贯制学校	604	693	2 137
十二年一贯制学校	3 619	3 949	11 926
完全中学	2 000	1 747	5 640
职业初中			
2. 成人初中			
三、初等教育			
（一）普通小学	10 889	6 866	59 788
小学	6 076	2 974	30 064
九年一贯制学校	1 609	1 134	9 861
十二年一贯制学校	3 204	2 758	19 863
（二）成人小学			
其中：扫盲班			
四、工读学校			
五、特殊教育	14	9	44
六、学前教育	32 781	56 603	150 941
另有：民办培训机构（不计校数）			1 276 319

注：①完全中学、九年一贯制学校和十二年一贯制学校的学生数按教育层次分别计入对应教育阶段的学生数中。②特殊教育学生数中包括义务教育阶段随班就读的学生数、其他学校附设特教班的学生数。③“其他学生数”包括自考助学班学生数、预科生数、进修及培训学生数。

〔**编制“十三五”教育规划**〕 2016年，按照“政府主导、部门协作、科研支撑、社会参与”的工作方式，编制完成《北京市“十三五”时期教育改革和发展规划（2016—2020年）》，于9月正式印发。规划着重体现首都城市发展新定位和教育改革发展的新形势、新要求，提出到2020年，形成公平、优质、创新、开放的首都教育体系和学习型城市，实现教育现代化的主要目标。市委教育工委、市教育委员会、市政府教育督导室明确分工，强调建立健全规划实施的监测、督查、评估机制，加强日常督促，确保各项任务落到实处。

〔**全面深化课程教学改革**〕 2016年，全市全面深化课程教学改革。组织600余名专家，全面清查全市中小学使用的教材内容，共清查4 359册教材。完成春季和秋季两季12套、40册地方教材审定工作。组织第三届首都原创课程资源征集评选活动，评选8个类型资源共计2 430项。推进初中开放性科学实践活动，分类征集455家单位的1 992个活动项目，为全市18万名七年级、八年级学生提供服务。截至2016年年底，共有63万学生参加活动。指导50所遨游计划实验校和23所高中自主课程建设实验校积极开展研究。评选确定12所学校为首批北京市知识产权教育示范学校。实施课外活动计划，在全市义务教育阶段学生中开展体育、艺术、科技等丰富多彩的课外活动。把中小学生走进社会大课堂实践学习列入课时计划，时间不少于全部学时的10%。实施远郊区初中学生到城区学校游学项目，参与游学的学校和学生从深山区扩大到浅山区。学农规模不断扩大，全年完成1.5万人次的学农任务，项目实施成效得到国务院副总理刘延东的批示肯定。

〔**完善入学规则**〕 2016年，全市通过“资源优质”和“机会优质”等改革组合拳，破解“小升初”“择校热”、优质教育资源不均衡等诸多难题。出台《关于进一步做好2016年小升初就近入学工作的通知》，规范特长生入学招生工作，明确规定2016年各区招收特长生比例总体降到各区初中招生总人数的5%以内。建立一般公办初中进入优质高中机会查询系统，让学生及家长明确知晓升入优质高中的机会，引导家长和学生转变择校观念，促进就近入学，使“择校热”的缓解在政策上得到保障。从入学结果统计数据看，义务教育阶段就近入学率逐年提高，2016年，小学、初中就近入学比例分别达94.50%、90.68%。

〔**考试招生制度改革**〕 2016年，发布《北京市深化考试招生制度改革实施方案》，新的中考将于2018年实施，该方案在考试科目和分值设置上大胆改革，为考生提供多种选择，从而促进考生德智体美全面发展。新的高考方案从2020年实行“3+3”新模式，取消文理科。2017年起，高一学生将开始实施普通高中学业水平考试，2020年综合素质评价将纳入高校录取参考。2016年，继续完善优质高中招生名额分配到区域内初中的做法，名额分配比例从2014年的30%提高至2016年的49%，且进一步向一般初中倾斜。加大对边远乡村学校支持力度，将城区16所优质高中的425个招生计划定向分配到远郊区的48所边远乡村初中学校，为中考成绩达530分的考生提供进入城区优质高中就读的机会。

〔**统筹推进教育信息化建设**〕 2016年，全市28个试点单位全部通过教育部第一批教育信息化试点验收。对北京地区教育行业开展网络安全管理专项整治工作，确保全市教育行业网络安全的可管可控。完成“首都网络安全日”及“网络安全宣传周”等系列活动。建立开放性初中实践活动管理平台，支持初中开展开放性科学实践活动、综合社会实践活动和学农活动，充分满足学生个性化发展需求。建设中小学数字校园实验项目经验共享、数字化基础教育资源共享等市级教育信息化服务平台，推动信息技术与教育教学业务融合。

〔**推动教育功能疏解**〕 2016年，严格执行北京市新增产业禁限目录和人口调控政策，压缩招生规模。2016年，市属高校和普通中专共计划招生9.8万人，比2013年减少6.5%；京外招生规模比2013年减少1.2万人，减少幅度达30.8%。加快北京城市学院、北京建筑大学和北京工商大学新校区建设，累计疏解学生1.6万人。推进北京信息科技大学新校区征地拆迁，北京电影学院在怀柔区建设新校区，北京第二外国语学院在平谷区建设新校区等工作，研究推动北京吉利大学从北京市迁址四川省办学工作，推动教育系统疏解非首都功能任务的落实。

〔**促进京津冀教育协同发展**〕 2016年，北京市落实京冀两地教育协同发展对话与协作机制框架协议，推进市、区各级与津冀各地方开展教育合作，签署合作协议 21 个，推动实施合作项目 30 余个。组建京津冀地区 4 个高等教育联盟、2 个协同发展研究机构、3 个特色职业教育集团，北京景山学校曹妃甸分校于 2016 年秋季开学，北京市第五中学、北京市八一学校、史家胡同小学等校在廊坊市、保定市等地建设分校项目有序推进。

〔**加大城市副中心建设力度**〕 2016 年，北京市按照“三最一突出”（即最先进的理念、最高的标准、最好的质量，突出绿色、低碳、可持续发展思路）的要求，加快编制北京城市副中心教育设施专项规划。通过集团化、一体化等办学方式，引进优质教育资源，北京市第二中学、中国人民大学附属中学、首都师范大学附属中学、北京理工大学附属中学 4 所名校进驻通州区办学，实现一体办学、一体招生，另有 10 余所名校、名园在筹备中。

〔**教育交流与合作**〕 2016 年，研究制定《新时期北京教育对外开放工作规划》《北京市对接共建“一带一路”教育行动计划实施方案》。深化教育对外开放，与法国驻华大使馆、巴黎学区签署中法中学项目合作协议，10 所中小学入选第三批中美“千校携手”项目、5 所中小学获批中美“千校携手”项目示范校。优化教育对外交流布局，共接待来自美国、英国、法国、阿根廷等国家和地区的访问团组 78 个、2 005 人次，与法国、白俄罗斯和秘鲁等 8 个国家教育部门和高校签署合作备忘录。

〔**推进教育对口支援工作**〕 2016 年，统筹首都优质教育资源，做好教育对口支援新疆、西藏、青海、内蒙古、河南、湖北、河北、陕西和四川 9 个省（自治区）的有关工作。通过培训受援地区干部教师、选派优秀干部教师挂职支教讲学、人员交流互访、学校结对帮扶、在北京举办内地民族班和共享优质教育资源等多种形式，全年完成 66 个援助项目，受益教师 3 500 多人次、学生 2 000 多人次，促进对口支援地区教育事业发展。

基础教育

〔**继续实施第二期三年行动计划**〕 2016 年，全市各区有效落实《北京市第二期学前教育三年行动计划（2015—2017 年）》中的各项措施。根据当地经济发展情况与常住适龄儿童的实际，创造条件新建、改扩建幼儿园，并通过开办半日班、社区服务点等多种新型学前教育服务形式，扩大学前教育资源，解决适龄儿童的看护困难。新建改扩建幼儿园 64 所，共计增加学位 1.5 万余个。

〔**质量监控力度加大**〕 2016 年，全市加大质量监控力度，提升办园质量。一是继续做好分级分类验收工作，依据《北京市幼儿园分级分类验收标准及细则》，对 8 个区申报验收的 45 所幼儿园的办园条件、管理工作和保教工作质量开展视导评价。经市验收组评审，28 所幼儿园的保教工作质量达到一类标准，一级一类幼儿园占 62.2%；同时，市验收组还指导 5 个区的 20 所幼儿园的保教工作，促进郊区县幼儿园质量提升。二是开展市民办幼儿园试点评估。组织相关专家考核评估 31 所民办幼儿园，全面了解民办幼儿园发展现状，并结合考核评估工作，修订前期评估中制定的《北京市民办幼儿园办学状况评估指标及合格标准》。

〔**继续实施新建、改扩建工程**〕 2016 年，市级财政共计投入 15 亿元用于发展学前教育。其中，约投入 4.4 亿元用于补贴部门办园生均经费；约投入 0.5 亿元用于补助小规模办园；约投入 0.5 亿元用于普惠性民办幼儿园奖补；约投入 9.5 亿元用于幼儿园办园条件达标及新建、改扩建幼儿园等项目。

〔**开展无证幼儿园治理工作**〕 2016 年，北京市建立工作台账，督促各区开展治理无证幼儿园工作。根据市政府教育督导室工作要求，结合《国家审计署审计报告（初步征求意见稿）》中发现的主要问题，市教育委员会建立无证幼儿园治理工作台账和月报制度，要求各区按照“审批一批、规范一批、取缔一批”的原则，开展无证幼儿园的治理工作。各区由区教育委员会牵头，会同相关委办局，根据实际情况，制定本区未经审批幼儿园治理工作方案，部署乡、镇、街道定期排查，坚持发挥街道属地管理职能作用，并会同执法成员单位，集中时间、人力对非法办园开展联合执法检查。7 月至 12 月，取缔 110 所无证幼儿园，全市在园儿童减少 4 639人。

〔**建设学前教育社区服务中心**〕 以优质学前教育机构为依托，主要接收 3—6 岁未入园儿童进行学前教育。建设学前教育社区办园点，更好地满足本区域内学前教育的多样化需求。

〔**推进义务教育优质均衡发展**〕 从 2016 年开始，每年设立市级专项资金 4 400 万元，支持和引导各区通过学区制、对口招生、教育集团、教育集群、大校年级组制等方式促进义务教育优质均衡发展。通过深度合作、共享资源，扩优改革项目实施取得阶段性成效，26 所高校支持 8 个区 56 所中小学建设，市、区教科研部门对口支持 41 所中小学校，13 家民办教育机构对接 10 个区的 101 所项目学校，12 家单位先后协助 76 所中小学聘请到英语外籍教师。截至 2016 年年底，该项目惠及 230 余所学校、近 20 万名学生。

〔**深化课程改革**〕 2016 年，全面落实《北京市基础教育部分学科教学改进意见》，关注学生核心素养培育，推动课堂教学“减负增效”。进一步转变教与学方式，开展数字化学习方式、跨学科主题实践活动、小初课程衔接等研究，推动三级课程整体构建。扩大区域、学校课程自主权，鼓励各区、学校积极开展课程创新实验，为学生全面而个性化的成长提供服务。

〔**德育教育**〕 2016 年，全市持续推进基础教育全面发展，加强社会主义核心价值观教育，坚持立德树人，编制社会主义核心价值观教育指导纲要，修订《北京市中小学生日常行为规范》。以爱国主义教育为主线，全面启动“我向国旗敬个礼”主题活动，开展“四个一”活动的中小学生达 30 余万人次。引导中小学生参与志愿服务，近 30 万名学生实名注册成为“志愿北京”网络平台志愿者。通过实施“行知计划”、“提升工程”、优秀传统文化大讲堂、专题培训班、书法大赛、知识竞赛等活动，推进中华优秀传统文化教育。印发《关于加强和改进初中学生综合素质评价工作的实施意见（试行）》，在 2016 年秋季入学的初一学生中试用。

〔**保证正确的育人方向**〕 2016 年，全市强化阵地意识，保证正确的育人方向。全面落实教育部课程标准，在学科教学中推动社会主义核心价值观进教材、进课堂、进头脑。加强教材建设管理，建立中小学教材监督审查机制，联合相关部门对全市中小学国家、地方和校本课程教材进行全学段全学科清查。加强中小学课外、校外活动管理，牢牢掌握学校意识形态阵地。

〔**推进素质教育**〕 2016 年，在全市推进义务教育阶段“遨游计划”和高中“自主课程建设”项目，指导 73 所实验校构建特色课程体系、建设高效课堂。指导 28 所高中办好 31 个特色实验班，为学生个性发展提供优质平台。推进初中开放性科学实践活动，进一步完善管理制度和工作流程，采用公开招标和专家评审的方式面向社会分类征集活动项目，跨越供给边界，培养学生实践能力。2015—2016 学年，共有 84 万人次学生参加活动。与市知识产权局联合印发《北京市中小学知识产权教育工作实施方案》，12 所学校被评为首批北京市知识产权教育示范学校。

〔**体育美育工作**〕　加快推进学校体育工作改革，施行以小足球、小篮球、小排球为主要内容的“小球计划”，在16个区的38所中小学开展新兴运动项目进校园、趣味体育课课练、身体素质达标操、全员运动会等试点项目，帮助学校建设“一校一品”和“1+X”特色体育课程。推广普及冰雪项目进校园，联动各区和学校等基层力量，跨年度、分层次开展全市中小学冬季奥运会、冰雪等主题活动，加强课程建设，组建学校冰雪社团和冰雪活动延伸课堂平台，融合育人促进冰雪普及。组织参加2015—2016年度全国青年冰壶联赛、第二届世界青年冬季奥运会冰壶项目等冰雪运动比赛。在全市校外教育机构开展“培育一批创新项目、建设一批特色项目、发展一批精品项目”活动，丰富校外活动供给内容，切实满足广大中小学生的个性化需求。落实关于加强学校美育工作实施意见，推进京剧及其他高雅艺术进校园。

〔**提高初中学生升入优质高中的机会**〕　2016年，坚持增量推进、精准投放，优质高中招生计划名额分配比例由2015年的40%左右提高到50%左右，确保每所初中学校学生升入优质高中机会比例不低于该校当年具有升学资格人数的30%；新增校额到校和乡村计划招生方式，为郊区和边远山区乡村初中学生提供更多优质高中就读机会；在城六区一般初中学校实施“1+3”培养试验，提前给予学生一次升入优质高中的机会。

〔**持续巩固义务教育入学工作成果**〕　2016年，全市持续巩固义务教育入学工作成果。坚持免试就近入学原则，完善入学规则，扩大学位供给，规范入学行为，就近入学比例持续提高。新增小升初就近登记入学方式，建立一般公办初中进入优质高中查询系统，全市统一印制初中入学通知书，将优质高中校额到校招生计划印在一般公办初中新生入学通知书上。优化入学流程，建立联网审核机制，依法保障符合条件的非本市户籍适龄儿童接受义务教育。全市公办小学100%实行划片就近入学，公办初中100%实行划片入学，基本实现让学生在家门口接受好的首都义务教育新常态。

〔**特殊教育**〕　完成适龄未入学残疾儿童少年统计排查工作，开展融合教育推进月活动，总结融合教育发展“北京模式”，指导北京市盲人学校开展自闭症学部筹建准备工作，推进特殊教育教研工作。

〔**民族教育**〕　开展第三批北京市民族团结教育示范学校评选，指导中小学校开展民族团结教育嘉年华活动，举办民族团结教育成果展，推动民族团结教育常态化。

职业教育与成人教育

〔**构建现代职业教育体系**〕　2016年，全市贯彻落实市委市政府《关于加快发展现代职业教育的实施意见》，支持部分职业院校与示范高中、本科院校、国内外大型企业合作，选择对接产业发展的优势专业招收初中毕业生，完成高中阶段基础文化课学习后，接受高等职业教育和本科专业教育。贯通培养试验范围进一步扩大，参与院校由6所增至12所，试验专业扩展至40余个，招生人数由2 048人增至4 319人。新增“3+2”中高职衔接办学工作71个试点项目，累计达153个试点项目。

〔**强化职业教育内涵发展**〕　2016年，全市强化职业教育内涵发展，提升教育教学质量。开展中等职业学校课堂教学质量现状大调研，对48所公办中职学校开展随堂听课和教学诊断，促进课堂教学改革。推进“互联网+职业教育”，广泛开展智慧校园、智慧课堂、微课、“慕课”等信息化管理和教学方式变革，成效显著。

〔**提升学生职业素养**〕 2016年，北京市出台国内首个《关于提升中职学生职业素养的指导意见》，从文化素养、职业技能、职业礼仪等10个方面加强学生职业素养教育。同时，在全国首推“学生职业素养护照”试点工作。开展首批中职德育“一校一品”创建评选活动，11个项目入选首批中职德育“一校一品”德育品牌。参加首届全国中职学校班主任基本功大赛，5名参赛教师全部获奖，共获2个一等奖、2个二等奖、1个三等奖、3个单项奖。

〔**强化教育结构调整**〕 2016年，全市强化教育结构调整，促进学校转型升级。配合疏解非首都城市功能调整学校布局，引导中心城区职业教育向郊区疏解转移。推进职业院校转型发展，面向广大中小学生和市民开放，提供职业体验、职业培训等学习服务。调整优化专业布局，更加契合首都产业转型升级和经济社会发展对高精尖紧缺人才的需求。

〔**提升学生技术技能**〕 2016年，举办全市职业院校技能比赛，中职、高职共设赛项113个，覆盖大部分专业。承办模特、戏曲、音乐表演三项全国职业院校技能大赛，取得办赛和比赛成绩双丰收。组织409名中职、高职学生参加全国职业院校技能大赛，共获一等奖35个、二等奖53个、三等奖78个，再次创造历史最佳成绩。举办2016年全市职业院校技术技能创新创业成果遴选展示活动，对335份申报作品分技术技能创新成果、创业计划成果、创意设计成果三类进行遴选，评出一等奖作品29件、二等奖作品55件、三等奖作品91件。

〔**教育交流与合作**〕 继续加强中德职业教育合作，成立中德职业教育创新学习联盟。与美国纽约市教育局开展战略合作，与美国友好学校开展技能比赛等交流活动，促进中美职业教育的合作发展，推动职业教育交流与合作向更广更深的领域拓展。

〔**推进学习型城市建设**〕 2016年，全市推进学习型城市建设。市教育委员会联合14个委办局发布《北京市学习型城市建设行动计划（2016—2020年）》，着力打造“十大工程”，全面提升学习型城市建设水平。参加全球学习型城市网络第一届成员大会，做“信息技术助力学习型城市建设”主题发言。开展学习型城市工作成果展示及经验交流活动，完成西城区、朝阳区、海淀区、房山区等首批8个区的展示交流。举办北京市第十二届全民终身学习活动周开幕式，表彰100名“首都市民学习之星”。16个区、部分委办局、在京高等学校同期举办500余场各类学习活动，掀起全民终身学习的热潮。

〔**加强学习型城市建设科学研究**〕 与清华大学共建北京市学习与城市治理创新研究中心，依托北京开放大学成立北京市社区教育指导中心。加强社区教育课程体系建设，开发建设54门社区教育课程教学大纲和10册社区教育教材。依托京学网，研发35门课程，录制40 987分钟微课和视频，对569名农村成人教育干部、教师进行线上线下培训。

〔**继续加强老年教育**〕 加强顶层设计，构建以北京市老年开放大学为龙头，各区老年开放大学分校为基础的老年教育体系。依托京学网提供资源丰富的老年网络学习服务，依托各职业院校、社区学院开发老年教材及课程。推进养老服务业人才培养工作，12所职业院校增设老年服务与管理专业。加强养老涉老服务人才培养示范基地建设，在北京劳动保障职业学院、北京市劲松职业学校和北京市养老人才培训学校增挂“北京市养老服务人才培训院校”牌子。举办京津冀老年教育与养老服务人才培养高端论坛，三地学校间、校企间充分交流，通力合作，共同推进京津冀老年教育事业和养老服务业的发展。

高 等 教 育

〔**实施高校人才交叉培养计划**〕　3月至10月，市教育委员会实施北京高校高水平人才交叉培养计划（简称“实培计划”）。依托毕业设计（科研）项目，与中国科学院前沿科学与教育局、中国社会科学院研究生院等科研单位合作，与市属高校共同开展本科生培养，促进高校与院所间、科研人员与教师间的交流合作。依托毕业设计（创业）项目、大创计划深化项目，推动高校加强与众创机构、企业行业合作，以实际项目为载体联合开展人才培养，促进学生实践能力、创业能力提升。依托实验教学开放共享项目，整合现有优质实验教学资源，建成共享开放的实验教学基地。中国“实培计划”共资助毕业设计（科研）类项目371项、毕业设计（创业）类项目399项、大学生创新创业训练计划深化项目300项、实验教学开放共享项目6项。

〔**实施高水平人才交叉培养计划**〕　截至2016年年底，市教育委员会实施高水平人才交叉培养“双培计划”“外培计划”。“双培计划”通过高考招生录取学生1 471人，涉及高校40所（中央高校23所、市属高校17所），专业及专业方向125个。9所中央高校的10个高精尖创新中心纳入“双培计划”的人才培养中。“外培计划”分为纳入招生计划部分和校内遴选两部分，共覆盖21所市属高校、60余所海（境）外名校，共选派学生543人。“外培计划”逐步实现“三精”，即精选海外合作高校、精选专业、精选优秀学生。

〔**实施高精尖创新中心建设计划**〕　推进8个高精尖创新中心的宏观论证与领域论证，完成新一批高精尖创新中心的增补工作，全市高精尖创新中心达21个。推进北京市实验室、协同创新中心、北京市重点实验室等科研基地建设，完成首批15个北京市高校协同创新中心中期评估工作。

〔**认定34个高校示范性校内创新实践基地**〕　1月，经学校申报、专家评审、答辩考察、市教育委员会审核，认定清华大学互联网创新实践基地等34个基地为2015年北京高等学校示范性校内创新实践基地建设单位。

〔**实施北京高校高质量就业创业计划**〕　着力构建“一街三园”大学生创业体系。评选首批北京高校示范性创业中心28个，通过政策导向、经费支持，推动高校大学生创业工作向纵深发展。

〔**公布首批市级深化创新创业教育改革示范校**〕　12月21日，市教育委员会公布首批北京市深化创新创业教育改革示范高校名单。经过学校申报、专家评审、公示等程序，中国人民大学、北京交通大学、北京科技大学、中国农业大学、对外经济贸易大学、北京理工大学、北京服装学院、北京信息科技大学8所高校入选。北京市深化高等学校创新创业教育改革建设内容主要围绕深化教育教学改革、强化实践创新能力、完善创业指导服务三个方面开展。建设目标为：力争在2017年形成科学先进、广泛认同、具有北京特色的创新创业教育理念，推动高校形成符合办学定位，各具特色的创新创业人才培养模式。

〔**继续推进北京学院建设**〕　北京交通大学北京学院25名学生进入学院学习，北京航空航天大学北京学院新增“双培计划”交流学生175名，中国农业大学北京学院共招收来自农学院校的学生29名。

〔**印发高校学生转学工作实施意见**〕　11月10日，北京市教委印发《关于切实做好普通高等学校学生转学工作的实施意见》。《意见》包括转学条件、转学程序、转学材料、具体要求、其他事项，自2017年1月1日起实施。

〔**成立卓越艺术人才（美术、设计）培养高校联盟**〕 4月22日，北京卓越艺术人才（美术、设计）培养高校联盟成立。联盟由中央美术学院牵头，会员单位包括清华大学、中央民族大学、中国戏曲学院、北京服装学院等21所开设美术、设计等相关艺术专业的高校，联盟办公室设在中央美术学院。联盟召开第一次议事会议，就共建资源平台、创新教育教学机制、开展联合课题研究、加强培训与交流、打造北京高校毕业季等工作展开研讨。

〔**召开高校博物馆联盟工作研讨会**〕 1月20日，北京高校博物馆联盟召开工作研讨会。会议围绕博物馆在教学、科研和创新能力培养等方面的作用以及博物馆如何服务其他高校、社会及中小学进行了研讨。会议倡议由北京发起成立京津冀高校博物馆联盟，促进京津冀地区博物馆协同发展。北京高校博物馆联盟的18位博物馆负责人及市教育委员会相关人员共计30人参加会议。

〔**毕业生就业情况**〕 截至10月31日，全市普通高等学校、研究生培养单位共培养毕业生233 727人。其中，北京市生源毕业生65 452人，占毕业生总数28%，就业率为98%。按照毕业去向统计显示，升学35 547人、出国18 005人、拟继续升学787人、拟出国457人、申请暂不就业28人。扣除上述各种情况，实际参加就业人数178 903人，占毕业生总数76.54%。按教育部统计口径，截至10月31日，全市毕业生总体就业率达97.2%，其中研究生达97.1%、本科生达97.2%、高职（专科）达97.92%。北京地区各高校家庭经济困难等特殊困难毕业生约2万人，就业率达97.5%，高于整体就业率。全市高校毕业生到西部地区就业1万人、基层就业2.3万人。

撰稿 华 蕾 张晓兰 曾 婷 张小红 吕轮超

审稿 李 奕

天津市教育

概　　况

〔基本情况〕

天津市各级各类学校校数、教职工、专任教师情况

	学校数（所）	教职工数（人）	专任教师数（人）
一、高等教育			
（一）研究生培养机构（不计校数）	18		
1. 普通高校	18		
2. 科研机构			
（二）普通高等学校	55	46 233	30 509
1. 本科院校	30	36 526	23 721
其中：独立学院	10	5 782	3 919
2. 高职（专科）院校	25	9 707	6 788
3. 其他普通高教机构（不计校数）			
（三）成人高等学校	14	1 267	644
（四）民办的其他高等教育机构			
二、中等教育	620	64 797	51 134
（一）高中阶段教育	286	40 742	24 502
1. 高中	182	29 476	16 401
普通高中	182	29 476	16 401
完全中学	104	18 124	7 977
高级中学	71	9 513	7 995
十二年一贯制学校	7	1 839	429
成人高中			
2. 中等职业教育	104	11 266	8 101
普通中专	39	5 879	4 202

续表

	学校数（所）	教职工数（人）	专任教师数（人）
成人中专	17	461	293
职业高中	20	2 413	1 963
技工学校	28	2 513	1 643
其他中职机构（不计校数）			
（二）初中阶段教育	334	24 055	26 632
1. 初中	334	24 055	26 632
初级中学	294	20 649	17 809
九年一贯制学校	40	3 406	1 339
十二年一贯制学校			396
完全中学			7 088
职业初中			
2. 成人初中			
三、初等教育	857	44 105	41 547
（一）普通小学	857	44 105	41 547
小学	857	44 105	39 414
九年一贯制学校			1 613
十二年一贯制学校			520
（二）成人小学			
其中：扫盲班			
四、工读学校	3	86	62
五、特殊教育	20	798	620
六、学前教育	2 092	27 017	16 304

注：①完全中学的学校数和教职工数计入高中阶段教育，九年一贯制学校的校数和教职工数计入初中阶段教育，十二年一贯制学校的校数和教职工数计入高中阶段教育。专任教师是按照教育层次进行归类。②技工学校数据为 2015 年数据。③“（ ）”内数据为不计校数。

天津市各级各类学历教育学生情况

单位：人

	毕业生数	招生数	在校生数
一、高等教育			
（一）研究生	16 997	18 696	54 491
博士	1 685	2 193	9 052
硕士	15 312	16 503	45 439
（二）普通本专科	137 906	139 027	513 842
本科	79 590	85 066	337 252

续表

	毕业生数	招生数	在校生数
专科	58 316	53 961	176 590
（三）成人本专科	31 976	23 819	59 494
本科	15 931	12 357	29 447
专科	16 045	11 462	30 047
（四）其他各类高等学历教育	34 112	53 717	126 222
1. 在职人员攻读硕士学位		3 813	14 374
2. 网络本专科生	34 112	49 904	111 848
本科	16 973	19 319	46 412
专科	17 139	30 585	65 436
二、中等教育	177 970	181 142	543 207
（一）高中阶段教育	93 031	99 543	286 824
1. 高中	56 059	54 143	163 974
普通高中	56 059	54 143	163 974
完全中学	25 931	25 874	76 642
高级中学	28 738	26 626	82 710
十二年一贯制学校	1 390	1 643	4 622
成人高中			
2. 中等职业教育	36 972	45 400	122 850
普通中专	18 633	25 357	68 199
成人中专	2 917	2 503	5 478
职业高中	9 505	9 506	27 378
技工学校	5 917	8 034	21 795
（二）初中阶段教育	84 939	81 599	256 383
1. 初中	84 939	81 599	256 383
初级中学	57 007	54 457	173 423
九年一贯制学校	3 711	3 815	11 799
十二年一贯制学校	1 529	1 630	5 248
完全中学	22 692	21 697	65 913
职业初中			
2. 成人初中			
三、初等教育	84 112	115 638	631 195
（一）普通小学	84 112	115 638	631 195
小学	80 479	108 489	597 239
九年一贯制学校	3 090	5 647	26 331
十二年一贯制学校	543	1 502	7 625

续表

	毕业生数	招生数	在校生数
（二）成人小学			
其中：扫盲班			
四、工读学校			
五、特殊教育	370	470	3 489
六、学前教育	84 501	97 158	266 708

注：①完全中学、九年一贯制学校和十二年一贯制学校的学生数按教育层次分别计入对应教育阶段的学生数中。②特殊教育学生数中包括义务教育阶段随班就读的学生数、其他学校附设特教班学生数。

天津市各级各类非学历教育学生情况

单位：人

	结业生数	注册学生数
总计	1 109 431	1 120 119
一、高等教育	303 735	335 212
（一）研究生课程进修班	1 767	572
（二）自考助学班	9 095	9 889
（三）普通预科生		707
（四）进修及培训	292 873	324 044
其中：资格证书培训	109 245	129 086
岗位证书培训	152 493	163 305
二、中等职业教育	805 696	784 907
其中：资格证书培训	101 333	105 201
岗位证书培训	187 642	179 279
（一）中等职业学校	31 781	24 161
其中：资格证书培训	28 218	20 289
岗位证书培训	2 542	2 411
（二）职业技术培训机构	773 915	760 746
其中：资格证书培训	73 115	84 912
岗位证书培训	185 100	176 868

天津市各级各类民办学校校数、教职工、专任教师情况

	学校数（所）	教职工数（人）	专任教师数（人）
一、高等教育			
（一）研究生培养机构（不计校数）			
1. 普通高校			
2. 科研机构			

续表

	学校数（所）	教职工数（人）	专任教师数（人）
（二）普通高等学校	11	6 145	4 129
1. 本科院校	11	6 145	4 129
其中：独立学院	10	5 782	3 919
2. 高职（专科）院校			
3. 其他普通高教机构（不计校数）			
（三）成人高等学校			
（四）民办的其他高等教育机构			
二、中等教育			
（一）高中阶段教育			
1. 高中			
普通高中	30	2 582	883
完全中学	18	981	384
高级中学	7	383	237
十二年一贯制学校	5	1 218	262
成人高中			
2. 中等职业教育			
普通中专	1	53	26
成人中专			
职业高中	7	250	178
技工学校			
其他中职机构（不计校数）			
（二）初中阶段教育			
1. 初中	12	711	1 105
初级中学	8	399	354
九年一贯制学校	4	312	69
十二年一贯制学校			268
完全中学			414
职业初中			
2. 成人初中			
三、初等教育			
（一）普通小学	15	877	1 053
小学	15	877	661
九年一贯制学校			140
十二年一贯制学校			252
（二）成人小学			

续表

	学校数（所）	教职工数（人）	专任教师数（人）
其中：扫盲班			
四、工读学校			
五、特殊教育			
六、学前教育	1 237	13 182	6 753
另有：民办培训机构（不计校数）	337	9 163	3 307

注：①完全中学的学校数和教职工数计入高中阶段教育，九年一贯制学校的校数和教职工数计入初中阶段教育，十二年一贯制学校的校数和教职工数计入高中阶段教育。专任教师是按照教育层次进行归类。②“（ ）”内数据为不计校数。

天津市各级各类民办教育学生情况

单位：人

	毕业生数	招生数	在校生数
一、高等教育			
（一）研究生			
博士			
硕士			
（二）普通本专科	19 190	21 095	80 504
本科	19 072	20 922	79 911
专科	118	173	593
（三）成人本专科	4		1
本科			
专科	4		1
（四）另有其他学生			
1. 民办高校			
2. 民办的其他高等教育机构			
二、中等教育			
（一）高中阶段教育			
1. 高中			
普通高中	4 100	4 364	13 369
完全中学	2 116	2 020	6 455
高级中学	1 230	1 246	3 840
十二年一贯制学校	754	1 098	3 074
成人高中			
2. 中等职业教育			
普通中专			
成人中专			

续表

	毕业生数	招生数	在校生数
职业高中	1 316	881	1 995
技工学校			
其他学生数			89
（二）初中阶段教育			
1. 初中	8 343	8 148	24 012
初级中学	3 537	3 264	9 730
九年一贯制学校	137	397	943
十二年一贯制学校	1 087	1 193	3 170
完全中学	3 582	3 294	10 169
职业初中			
2. 成人初中			
三、初等教育			
（一）普通小学	1 982	4 156	20 753
小学	1 487	3 172	15 454
九年一贯制学校	123	620	2 225
十二年一贯制学校	372	364	3 074
（二）成人小学			
其中：扫盲班			
四、工读学校			
五、特殊教育	2	1	2
六、学前教育	29 018	38 099	109 035
另有：民办培训机构（不计校数）			450 602

注：①完全中学、九年一贯制学校和十二年一贯制学校的学生数按教育层次分别计入对应教育阶段的学生数中。②特殊教育学生数中包括义务教育阶段随班就读的学生数、其他学校附设特教班学生数。③“其他学生数”包括自考助学班学生数、预科生数、进修及培训学生数。

〔综述〕 2016 年，出台天津市教育综合改革方案和考试招生制度改革实施方案。基本完成高职院校章程制定工作。出台《关于加强事中事后监管的实施办法》和《行政执法工作规定》，向滨海新区下发中外合作办学许可及基础教育管理事项。编制教育公共服务目录清单，明确了 78 项教育公共服务事项办事指南和流程。出台《关于做好新时期教育对外开放工作的实施意见》《推进共建“一带一路”教育行动计划》。

〔京津冀教育协同发展〕 以《京津冀协同发展规划纲要》为引领，统筹推进京津冀教育协同发展。配合教育部编制《京津冀协同发展教育专项规划》，明确天津市在教育协同发展中的阶段目标和重点任务。制定京津冀高等教育同城化试点方案，以点带面，全面促进三地教育协同发展。落实近年来京津冀政府间签署的教育合作协议，辐射带动河北省教育事业发展，支持天津中德应用技术大学承德分校建设。与教育部签署《教育部、天津市人民政府共建京津冀协同发展国家大学创新园区（天津）备忘录》，为承接首都优质教育资源创造条件。推进京津冀各类高校联盟建设，提升高校协同创新水平。依托国家职业院校技能大赛平台，开展京津冀职业教育交流合作，不断完善职业教育产教对接机制。签署《京津冀大学生思想政治教育工作协作方案》，启动京津冀高校辅导员跨省挂职活动。组建基础教育合作联盟，加快京津冀三地基础教育一体化建设。京津冀三地教育督导部门签署《教育督导协作机制框架协议》，建立督导工作联席会议制度、教育督导评估监测协作机制与督学培训机制，组建教育督导专家库。成立京津冀技术转移协同创新联盟，组建京津冀中小学班主任共同体。与北京市签定关于京籍中小学生随迁在滨海新区就读有关政策协议。

〔**校园安全**〕 出台平安高校安全管理标准化建设方案，对高校实验室危化品管理、学校食品安全等进行集中整治，对校园网络与信息安全加强严格管理。编发《中小学电梯特种设备安全知识手册》《消防安全》教育读本。加强学生食堂大宗物资政府采购平台建设，开展高校A级食堂创建工作。

〔**教育对外开放**〕 教育外事工作坚持扩大开放，实施全方位人才培养战略，搭建人文交流平台，重点推进教育国际化综合改革试验区建设，着力提升职业教育国际化、涉外办学和国际教育服务水平。设立外国留学生政府奖学金，外国留学生总数达2.68万人，留学生生源涵盖168个国家和地区。已在海外建立孔子学院30所、孔子课堂37个，分布在美国、英国、法国、俄罗斯、澳大利亚、哥伦比亚、葡萄牙、斯洛伐克、意大利、波兰、瑞典、乌克兰、肯尼亚、南非、埃塞俄比亚、日本、韩国、泰国、印度、科特迪瓦、土耳其21个国家。在第十一届全球孔子学院大会上，分别获全球先进孔子学院、先进个人和先进中方合作机构等奖项。

〔**民族教育**〕 办好内地西藏班、内地新疆高中班，全市共有办班学校14所，在校生3 869人，累计毕业9 524人。举办第二届少数民族学生普通话比赛，共有130余人参赛。举办第四期、第五期民族教育专题培训，累计参训人数达550余人次。组织第六期、第七期民族班学校互访交流活动。组织第一期教育教学课题研讨活动。举办第七届“感恩伟大祖国，增进民族团结”演讲比赛，比赛面向全市中小学及中职学校的师生，15名教师、32名学生分获一、二、三等奖，6家单位获优秀组织奖。

〔**对口支援工作**〕 落实“组团式”教育人才援疆、援藏工作。分别选派23名、50名干部、教师赴新疆维吾尔自治区和田天津高级中学、西藏自治区昌都市第二高级中学“组团式”支教。办好新疆维吾尔自治区和田地区、西藏自治区昌都市和青海省黄南藏族自治州等对口支援高中班、中职班，截至2016年年底，在校生796人，累计毕业人数804人。继续实施昌都艺术人才、甘肃医学人才在津培养项目。在津培训新疆维吾尔自治区、西藏自治区昌都市、甘肃省甘南藏族自治州及天祝县干部教师350人，并安排到40多所中小学幼儿园实习。支持筹建新疆和田地区职业学院，在津培训首批学员12名。支持建设天津中德应用技术大学承德分校，签订《关于对口支援建设高等职业院校框架协议》。

基础教育

〔**综述**〕 2016年，全市学前教育事业健康发展，保育和教育质量得到提高。公办小学100%落实小学免试就近入学制度，制定消除大班额专项规划。全市99%的公办初中实行免试就近入学，其中公办初中95%以上的生源通过就近方式入学。加快推进城乡义务教育服务均等化，不断提高城乡义务教育质量和均衡发展水平。实施第三轮义务教育学校现代化标准建设，212所学校通过达标验收。完善义务教育学校教师校长交流轮岗机制，推进义务教育学区化、集团化办学，建立了一批学校联盟。出台中小学教师资格考试改革试点方案，开展中小学教师资格定期注册试点工作，推进中小学教师职称制度改革，完成千名农村校级骨干教师培养计划。出台高中学生综合素质评价实施办法。将民办义务教育学校学生纳入“两免一补”政策。通过随班就读、特殊教育学校和送教服务三种方式，保障残疾人受教育的权利。

〔**学前教育**〕 2016年，对201所普惠性民办幼儿园给予专项补贴，出台民办幼儿园设置标准和管理办法。学前教育列入市政府20项民心工程，新建、改扩建幼儿园40所，改造幼儿园120所。印发《关于进一步完善我市乡镇中心幼儿园管理意见的通知》，解决了乡镇中心幼儿园机构编制、师资补充和经费保障问题，为乡镇中心幼儿园建立了长效、稳定的保障机制。6月13日，市政府召开全市农村乡镇中心幼儿园工作会议，推动落实各项保障机制。研制印发《关于印发〈天津市幼儿园保教质量规范〉的通知》，将幼儿园管理、师德建设、安全、卫生保健、教育和幼儿发展等主要工作细化为20个项目，提出50条具体内容和要求。开展学前教育宣传月活动，以“幼小协同科学衔接”为主题，组织召开2016年天津市学前教育宣传月活动启动仪式暨小幼衔接适应教育推动会，广泛利用媒体和微信平台，开展专栏宣传，营造有利于幼儿健康成长的社会环境，促进儿童全面健康发展。

〔**促进义务教育均衡发展**〕 一是进一步优化义务教育资源规划配置。加强政府统筹，强化各区政府义务教育责任，科学优化教育资源配置，做好规划布局。指导各区综合考虑区域内常住人口规模、空间分布、变化趋势、学龄人口变化以及人口密度、地理环境和中小学现状等因素，超前规划，留有余地，做好资源合理配置，切实保障适龄儿童享有相应的公办学校学位。二是积极探索学区化办学改革。根据国家相关文件要求，在充分听取各区意见、建议的基础上，指导各区因地制宜地按照地理位置和相对就近原则，将区域内的义务教育学校结合成片进行统筹，提倡多校协同、资源整合，打破校际壁垒，实现学区内各学校硬件设施、人力资源、课程资源的协作与分享，促进学校间先进办学理念和办学特色的深层次交流，全面提升学区内各学校教学管理、教师研训、学生活动、课堂改进、质量考核等工作水平。选择河西区、河东区、和平区、南开区等进行学区化办学改革试点，指导改革试点区结合区域实际，制定推进学区化办学实施方案，明确目标任务、工作举措和推进工作的时间表、路线图。三是深化各种均衡举措，形成均衡合力。探索推进九年一贯制学校建设，鼓励有条件的中心城区建设九年一贯制学校；探索集团化办学、学校联盟、委托办学、引进高校资源等促进均衡发展的举措。

〔**完成首批24所高中特色校评估工作**〕 完成首批24所特色高中学校建设项目的评估、验收工作。委托市教育科学研究院作为第三方评估机构组织评估专家组，分阶段对首批24所特色项目学校进行评估，天津市第二十中学等10所学校被评为“特色鲜明”学校，天津第一中学等14所学校被评为“特色形成”学校。在特色高中建设中，一是各区十分支持特色高中建设，把已成为全市特色高中项目的学校当作本区高中发展的榜样，并提供了最大可能的政策和经济支持。二是部分高中打造的特色已经在全国产生了较为广泛的影响，校长的课程领导力明显提升。三是校本育人模式明显优化，通过三年建设，多数学校形成特色校本课程体系和教学模式。四是学校特色建设呈现出整体改革的氛围。通过特色高中的实验探索和典型引领，促使普通高中由标准化、规范化向高质量、有特色发展，形成办学特色鲜明、课程丰富多样、评价科学有效、资源开放共享、体制机制健全的普通高中特色建设新局面。

〔**素质教育**〕 全市开展“我的中国梦”“雷锋

精神进校园”等主题教育活动，参与学生达300余万人次。开展学校“阳光体育”运动和中小学生素质拓展活动，新增35所校园足球特色学校，建立校园足球四级联赛体系。

〔**开展“一师一优课、一课一名师”活动**〕 制定《关于开展天津市中小学2015—2016年度“一师一优课、一课一名师”活动的实施意见》，召集各区教育局主管局长，中、小学科（教育科）科长，教研室主任，信息中心主任，电化教育中心主任和各直属学校主管校长等参加2015—2016年度“一师一优课、一课一名师”工作推动会。全市共“晒课”64 812节，经过区级推荐的市级“优课”7 560节。全市共评选出市级“优课”3 400节，推荐参加国家级“优课”评选2 700节。

〔**教育信息化建设**〕 2016年，启动全市校际网络同步教学建设项目，在全市中小学和幼儿园建设了100个优质资源基地。建成教师备课授课系统和学生学习人人通系统，772间教室配备了同步教学设备，并可通过PC端和移动端参与教学活动共享优质教育资源。2016年秋季学期开学首日，在和平区和宁河区分别利用校际网络同步教学系统开展了区域内、学区内和对口校之间的远程授课活动，昆明路小学还与安徽省滁州市定远县九梓中心小学开展了跨省域的同步教学活动，共享“开学第一课”。从2016年秋季开始，利用该系统逐步在全市范围内开展“专递课堂”“名师课堂”“名校网络课堂”的建设工作，发挥名校名师的示范、辐射和指导作用，促进名校优质资源更大范围的共享。坚持“德育为先、能力为重、全面发展”，启动“天津市中小学生个性化学习服务系统”建设，从社会参与、艺术修养和自主发展等方面为全市中小学生的学习和发展提供个性化服务，促进全市基础教育实现“个性化学习，有品质均衡”的教育目标。

〔**特殊教育提升计划**〕 2016年，继续落实特殊教育提升计划，促进特殊教育与普通教育同步发展。一是加大特殊教育经费投入，提高经费保障水平，义务教育阶段特殊教育学校生均预算内公用经费拨款每生每年不低于6 000元。实施本市户籍高中阶段残疾学生免费教育，截至2016年年底，全市共有300余名高中阶段残疾学生享受该政策。二是实施提高残疾儿童、少年义务教育普及水平项目。对全市实名登记的未入学适龄残疾儿童、少年进行“一人一案”安置，根据残疾儿童、少年的实际情况，对其进行适合的教育安置。2015—2016学年度，安置实名登记未入学残疾儿童、少年1 102名，安置率达100%。三是实施特殊教育资源教室建设项目。制定印发《关于印发〈天津市普通学校特殊教育资源教室建设指南〉的通知》，进一步推进全纳教育，提高随班就读工作质量。四是全面开展实验项目，深入推进特殊教育改革实验区建设。北辰区、东丽区被教育部确定为国家特殊教育改革实验区，分别承担医教结合、送教服务两项区域性实验工作。两个实验区连续两年参加教育部组织的特殊教育改革发展专题研讨班，并在会议中做交流发言，实验区各项工作进展顺利。

职业教育与成人教育

〔**综述**〕 全面推进国家现代职业教育改革创新示范区建设，出台天津市加快发展现代职业教育的意见，出台中职学校教师职称改革方案。开展全市“国家中等职业教育改革发展示范学校建设计划”第三批7所项目学校检查验收工作，推进中职学校布局结构调整和基础能力建设。发挥天津市作为国家现代职业教育改革创新示范区引领、辐射作用，组建4个行业职业教育教学指导委员会，国家中西部职业教育师资培训中心在天津市揭牌，支持中西部地区职业教育发展。与河北省石家庄市、内蒙古自治区鄂尔多斯市等签订职业教育合作协议。设立天津体育职业学院。完善天津市继续教育发展第十三个五年规划，有针对性地组织开展和分步实施农民工“学历提升计划”“能力培养计划”“浓情融入新天津计划”。确定了老年教育发展的思路、目标、主要任务。

〔**中职学校布局调整**〕 2016 年，经过全市各区政府和行业企业对所属中职学校的撤销、合并和资源整合，已经基本实现了“一个行业、部门、行政区集中办好一所中等职业学校”的要求。市财政设立专项资金，支持中职学校布局结构调整，对完成布局结构调整的中职学校，市财政给予一次性专项资金支持，主要用于学校改扩建、设备购置等方面。市教育委员会会同市人力资源和社会保障局，组织专家对获市财政布局结构调整专项资金支持的 29 所第一批、第二批“天津市中等职业学校布局结构调整和基础能力建设”项目学校开展检查验收，其中 22 所项目学校通过验收、6 所项目学校暂缓通过验收、1 所学校未通过验收，专家组对上述验收学校分别给予了建议和意见。同时，市教育委员会采取听、查、看等方式对第三批、第四批 6 所“天津市中等职业学校布局结构调整和基础能力建设”项目建设学校进行了中期推动。

〔**成立天津中德应用技术大学**〕 2016 年，天津中德应用技术大学完成首届机械电子、飞行器制造工程、自动化三个本科专业新生录取工作，录取新生 381 人，其中 10 人超过当地一本分数线。学校完成了大学章程制定工作，召开第一届学术委员会会议，开展管理体制运行机制改革。制定完善了《天津中德应用技术大学“十三五”专业发展规划》和《天津中德应用技术大学人才培养方案制定指导意见》，完成 2017 年度专业申报工作，向教育部申报了材料成型及控制工程、软件工程、通信工程、工艺美术、能源与动力工程和物流管理 6 个本科专业。11 月 8 日，市教育委员会与河北省承德市政府签署了《对口支援建设高等职业院校框架协议》，推进天津中德应用技术大学承德分校建设，学校与承德市建立常态化的沟通对接机制，召开天津中德应用技术大学承德分校建设方案对接会。

〔**建立首个海外“鲁班工坊”**〕 3 月 8 日，由天津渤海职业技术学院在泰国大城技术学院建立的“鲁班工坊”正式落成并揭牌。这是我国在海外设立的首个职业教育领域“孔子学院”，标志着天津市作为国家现代职业教育改革创新示范区，围绕国家“一带一路”倡议，配合中国装备“走出去”和国际产能合作，将优秀职业教育成果与世界分享，搭建起天津职业教育与世界对话、交流的实体桥梁。截至 2016 年年底，“鲁班工坊”已经接待了泰国、马来西亚、印度等多个国家近 500 名教师、学生学习实训，“鲁班工坊”得到了泰国政府的高度认可，当地的企业也极为关注，都表现出对“鲁班工坊”技能培训项目的极大兴趣和认可。天津渤海职业技术学院迎来了 20 名机电一体化专业的泰国留学生，学院设立了“鲁班工坊”奖学金，鼓励学习优异的泰国学生。12 月 2 日，在全国推进职业教育现代化座谈会上，国务院副总理刘延东对“鲁班工坊”给予了肯定。

〔**全国职业院校技能大赛**〕 5 月 8 日，2016 年职业教育活动周全国启动仪式暨全国职业院校技能大赛开幕式在天津机电职业技术学院举行，国务院副总理刘延东出席并做重要讲话，教育部、市政府、活动周和大赛主办单位、全国各省份代表和优秀学生代表近 300 人参加。活动周期间，天津市完成了主赛区 25 个大项的赛事活动，同期活动分为 7 类主体开放空间和 6 个主题活动板块，各职业院校同期举办的院校开放、普职融通、产教融合和为民服务进社区等活动达 560 余项，参与活动的市民达 10 余万人。天津市参加了 2016 年全国职业院校技能大赛高职组 42 个项目中的 40 个项目的比赛，参赛比例达 95.2%，其中 34 个项目获奖，获奖比例达 85%。全市 21 所院校派出 202 名选手参赛，145 名选手获奖，其中一等奖 34 人、二等奖 49 人、三等奖 62 人，获奖比例达 71.8%。

〔**社区教育**〕 10 月 22 日至 29 日，全市开展了以“推进全民继续教育，建设学习型社会”为主题的天津市第十届社区教育展示周暨2016年天津市全民终身学习活动周。活动周在充分体现全民体验、全民阅读、全民学习、全民发声和全民参与的目标要求下，在市级层面上，组织了活动启动、开放体验、学习阅读、继续教育、津门论坛、成果展示六大板块，22项大型主题活动；在区级层面上，全市16个区根据主题组织了200余项普惠百姓的特色项目活动。经专家组综合评议，确定河北区李春兰等21人为天津市“百姓学习之星”，滨海新区“‘老外’学汉语”等18个项目为天津市“终身学习品牌项目”，并下发《关于公布天津市“百姓学习之星”和“终身学习品牌项目”的通知》，对获奖者和获奖项目予以表彰。天津市推荐的李春兰、韩宝林、常丽霞、高忠、王淑英5人获全国2016年“百姓学习之星”称号，其中李春兰列为全国2016年“事迹特别感人的百姓学习之星”之首。推荐的天津经济技术开发区“‘老外’学汉语”、蓟县出头岭镇“水源卫士培训项目”、河西区“老百姓拍微课项目”3个品牌项目入选2016年“终身学习品牌项目”。各区在评选区级优秀项目的基础上，按照申报数量申报参评市级社区教育项目。全市13个区共申报参评市级社区教育项目68项，经专家组评审，最终审定获奖项目38项，其中河西区“创建快乐三点半”“拓展课堂”等4个项目获一等奖；和平区“探索自助社区教育新模式的实验”等8个项目获二等奖；静海区“新型职业农民培训实效性的探索与实践”等26个项目获三等奖。印发《关于公布第六届天津市市级社区教育获奖项目的通知》，对获奖项目予以表彰。

〔**老年教育**〕　市教育委员会将老年教育列入2016年继续教育重点委托调研课题，课题《完善天津市老年教育机制的研究与实践》完成了对全市老年教育机构基本情况及机制建设情况等内容的研究，并提出了应对策略。结合老年教育实际情况，组织起草全市发展老年教育的文件。12月20日，首次召开全国老年教育工作座谈会，市教育委员会副主任吕景泉代表天津市发言，介绍了老年教育的主要工作、经验和“十三五”期间全市老年教育的重点工作。贯彻落实《老年教育规划》，促进老年教育的发展，将《老年教育规划》的主要思想、目标和主要任务等内容纳入全市继续教育发展第十三个五年规划。“十三五”期间，启动老年教育示范工程建设，加快推进市区老年大学建设，充分发挥龙头示范作用，搭建老年在线学习平台，提供丰富多样的老年教育课程；在市民身边试点建设社区老年学习中心，满足老年人就近便利的学习需求。通过建立健全老年教育四级办学体系、试点建设区级高水平老年大学、加强社区教育服务老年教育等主要任务，基本形成覆盖广泛、灵活多样、特色鲜明、规范有序的老年教育新格局。

高等教育

〔**综述**〕　创新人才培养模式，构建协同育人机制，完善教育质量保障体系，制定推进部分地方普通本科高校向应用型转变的实施方案。继续实施本科教学工程有关项目，继续实施大学生创新创业计划训练项目，继续实施系列卓越人才培养计划，举办基础学科竞赛和创新竞赛。出台硕士、博士学位授权点动态调整办法，调整了22个授权学科。完善高校科技创新成果转化中心运行机制，推出12个市级高校智库、58项优秀决策咨询研究成果。认定3个市级高校思想政治理论课名师工作室，高校辅导员能力大赛团体成绩名列全国第一。加快实施天津中医药大学、天津体育学院新校区建设，全国运动会场馆建设进入收尾阶段。

〔**一流大学和一流学科建设**〕　2016年，市教育委员会通过调研，将一流学科建设项目作为全市高等学校“十三五”综合投资重点项目。市委、市政府领导到南开大学、天津大学等高校开展调研活动，就“双一流”建设和高水平特色大学建设工作进行多轮次调研、座谈。在此基础上，市教育委员会拟定了《天津市推进一流大学和一流学科建设实施方案（征求意见稿）》。

〔**新增本科专业和国家级虚拟仿真实验教学中心**〕 2月，教育部同意天津市普通高校新增设19个本科专业，其中基本专业15个、国家控制布点专业1个、特设专业3个。同意天津财经大学珠江学院撤销“工业设计”专业。10月，组织各有关高校进行年度新增、调整本科专业申报工作。经形式审核，市教育委员会拟同意天津中德应用技术大学等12所高校增设“软件工程”等41个专业，并报教育部备案或审批。教育部正式公布了100个国家级虚拟仿真实验教学中心和100个国家级实验教学示范中心名单，南开大学计算机与控制工程虚拟仿真实验教学中心、天津大学电气工程与自动化虚拟仿真实验教学中心、天津科技大学包装工程虚拟仿真实验教学中心和天津理工大学数字化制造与流程工业虚拟仿真实验教学中心入选国家级虚拟仿真实验教学中心；天津大学能源与动力工程实验教学中心、天津理工大学功能材料实验教学中心和天津商业大学食品与药品实验教学中心入选国家级实验教学示范中心。

〔**高层次人才队伍建设**〕 全市加快推进高层次创新人才工程，全面提升教师队伍整体素质。12人入选2015年度教育部“长江学者”特聘教授、青年学者项目；19人被授予天津市有突出贡献专家称号；26人入选天津市2016年度“131”创新型人才培养工程第一层次人选；12支团队入选天津市2016年度“131”创新型人才团队；24人被遴选为第十四批天津市特聘（讲座）教授候选人，已报市特聘教授制度领导小组审定。完成对21名第十批市特聘（讲座）教授人选终期考核工作；完成对34名2013年度天津市“131”创新型人才培养工程第一层次人选培养期满考核工作；完成对86名市属高校“十二五”学科领军人才培养计划人选和164名中青年骨干创新人才培养计划人选培养期满考核工作。

〔**高校众创空间建设**〕 截至2016年年底，全市已认定高校众创空间51家，总面积近13万平方米，覆盖全市各级各类高等学校，聚集大学生创业团队1 700余个、创客近4 000人，带动大学生就业1 500余人。市教育委员会编制高校众创空间绩效考评指标体系，并面向全市高校众创空间开展绩效考评。通过实地考察与材料审核相结合的方式，对各众创空间聚集大学生创新创业者、开展创新创业教育、提供创新创业指导服务、助力创新创业工作师资队伍建设、强化可持续发展能力建设和总结服务特色、打造精品等多方面内容进行系统评估，最终评定出A级（优秀）高校众创空间10家、B级（良好）高校众创空间30家、C级（基本合格）高校众创空间11家。考核结果作为财政专项资金分配的重要依据，实现奖优罚劣，促进高校众创空间内涵发展、健康发展。市教育委员会注重高校众创空间国际化建设，切实加强国际合作，将国际创新创业优质资源引入天津市高校。与英国驻华大使馆、英中贸易协会合作举办首次中英（天津）创新创业教育研讨会，中英创新创业教育领域专家、高校创新创业工作负责人、众创空间负责人、大学生代表、运营商代表等共计300余人与会。从2016年起，分期、分批选派全市高校创业指导部门负责人出国进行专项培训，进一步提升高校创新创业管理队伍国际化水平。第一期选派15名高校众创空间负责人赴美国学习高校众创空间、创新实验室运行管理理念与模式，了解国际先进的创新创业培育与孵化体系，同时建立国际交流合作的畅通信息通道，引入、整合和利用国外创新创业服务培养模式、资本和市场等资源，提升天津市高校众创空间发展的国际化水平。

撰稿　王凤树
审稿　徐广宇

河北省教育

概　况

〔基本情况〕

河北省各级各类学校校数、教职工、专任教师情况

	学校数（所）	教职工数（人）	专任教师数（人）
一、高等教育			
（一）研究生培养机构（不计校数）	26		
1. 普通高校	24		
2. 科研机构	2		
（二）普通高等学校	120	103 789	70 447
1. 本科院校	61	73 724	49 892
其中：独立学院	17	14 684	10 995
2. 高职（专科）院校	59	30 065	20 555
3. 其他普通高教机构（不计校数）			
（三）成人高等学校	6	980	504
（四）民办的其他高等教育机构	36	974	530
二、中等教育	3 811	402 989	323 141
（一）高中阶段教育	1 407	202 916	143 830
1. 高中	623	132 188	89 418
普通高中	598	131 826	89 131
完全中学	201	42 491	18 409
高级中学	354	81 016	68 582
十二年一贯制学校	43	8 319	2 140
成人高中	25	362	287
2. 中等职业教育	784	70 728	54 412
普通中专	245	19 087	12 909

续表

	学校数（所）	教职工数（人）	专任教师数（人）
成人中专	164	7 772	6 063
职业高中	200	29 957	25 215
技工学校	175	13 076	9 539
其他中职机构（不计校数）	17	836	686
（二）初中阶段教育	2 404	200 073	179 311
1. 初中	2 379	199 922	179 189
初级中学	1 871	154 040	138 061
九年一贯制学校	508	45 882	20 059
十二年一贯制学校			2 505
完全中学			18 564
职业初中			
2. 成人初中	25	151	122
三、初等教育	11 962	354 893	351 528
（一）普通小学	11 944	354 773	351 408
小学	11 944	354 773	330 488
九年一贯制学校			18 811
十二年一贯制学校			2 109
（二）成人小学	18	120	120
其中：扫盲班			
四、工读学校			
五、特殊教育	160	3 832	3 225
六、学前教育	13 635	160 650	106 178

注：①完全中学的学校数和教职工数计入高中阶段教育，九年一贯制学校的校数和教职工数计入初中阶段教育，十二年一贯制学校的校数和教职工数计入高中阶段教育。专任教师是按照教育层次进行归类。②技工学校数据为 2015 年数据。③“（ ）”内数据为不计校数。

河北省各级各类学历教育学生情况

单位：人

	毕业生数	招生数	在校生数
一、高等教育			
（一）研究生	12 606	14 469	41 673
博士	424	654	2 893
硕士	12 182	13 815	38 780
（二）普通本专科	335 218	357 918	1 216 096
本科	163 600	182 061	708 713

续表

	毕业生数	招生数	在校生数
专科	171 618	175 857	507 383
（三）成人本专科	121 941	139 613	369 227
本科	64 013	77 489	211 534
专科	57 928	62 124	157 693
（四）其他各类高等学历教育			
1. 在职人员攻读硕士学位		2 463	9 519
2. 网络本专科生			
本科			
专科			
二、中等教育	1 386 949	1 604 882	4 410 149
（一）高中阶段教育	610 516	750 761	1 972 364
1. 高中	372 650	432 658	1 213 746
普通高中	368 170	432 658	1 213 315
完全中学	67 921	90 681	241 294
高级中学	290 008	326 974	933 007
十二年一贯制学校	10 241	15 003	39 014
成人高中	4 480		431
2. 中等职业教育	237 866	318 103	758 618
普通中专	90 220	136 755	345 672
成人中专	32 397	52 074	75 009
职业高中	73 992	85 432	237 402
技工学校	41 257	43 842	100 535
（二）初中阶段教育	776 433	854 121	2 437 785
1. 初中	774 421	854 121	2 435 810
初级中学	593 888	637 074	1 838 100
九年一贯制学校	79 073	102 985	278 374
十二年一贯制学校	13 311	18 523	48 562
完全中学	88 149	95 539	270 774
职业初中			
2. 成人初中	2 012		1 975
三、初等教育	891 366	1 108 772	6 224 273
（一）普通小学	872 566	1 108 772	6 205 473
小学	803 920	1 049 603	5 812 578
九年一贯制学校	60 873	53 672	351 619
十二年一贯制学校	7 773	5 497	41 276

续表

	毕业生数	招生数	在校生数
（二）成人小学	18 800		18 800
其中：扫盲班			
四、工读学校			
五、特殊教育	1 308	2 277	14 589
六、学前教育	894 045	1 020 709	2 341 068

注：①完全中学、九年一贯制学校和十二年一贯制学校的学生数按教育层次分别计入对应教育阶段的学生数中。②特殊教育学生数包括义务教育阶段随班就读的学生数、其他学校附设特教班学生数。

河北省各级各类非学历教育学生情况

单位：人次

	结业生数	注册学生数
总计	1 876 902	1 353 765
一、高等教育	181 477	117 938
（一）研究生课程进修班	179	177
（二）自考助学班	3 998	6 944
（三）普通预科生		657
（四）进修及培训	177 300	110 160
其中：资格证书培训	21 155	24 474
岗位证书培训	29 980	10 030
二、中等职业教育	1 695 425	1 235 827
其中：资格证书培训	201 644	202 214
岗位证书培训	131 627	84 941
（一）中等职业学校	225 300	109 227
其中：资格证书培训	48 068	45 362
岗位证书培训	52 464	20 835
（二）职业技术培训机构	1 470 125	1 126 600
其中：资格证书培训	153 576	156 852
岗位证书培训	79 163	64 106

河北省各级各类民办学校校数、教职工、专任教师情况

	学校数（所）	教职工数（人）	专任教师数（人）
一、高等教育			
（一）研究生培养机构（不计校数）	1		
1. 普通高校	1		
2. 科研机构			

续表

	学校数（所）	教职工数（人）	专任教师数（人）
（二）普通高等学校	35	26 803	20 077
1. 本科院校	24	21 360	16 080
其中：独立学院	17	14 684	10 995
2. 高职（专科）院校	11	5 443	3 997
3. 其他普通高教机构（不计校数）			
（三）成人高等学校			
（四）民办的其他高等教育机构	36	974	530
二、中等教育			
（一）高中阶段教育			
1. 高中			
普通高中	135	21 850	9 661
完全中学	51	9 548	3 433
高级中学	51	5 424	4 509
十二年一贯制学校	33	6 878	1 719
成人高中			
2. 中等职业教育			
普通中专	141	5 006	3 012
成人中专	8	414	279
职业高中	18	694	448
技工学校			
其他中职机构（不计校数）	1	45	29
（二）初中阶段教育			
1. 初中	236	25 547	19 108
初级中学	63	6 774	5 522
九年一贯制学校	173	18 773	6 978
十二年一贯制学校			1 994
完全中学			4 614
职业初中			
2. 成人初中			
三、初等教育			
（一）普通小学	531	22 850	25 425
小学	531	22 850	16 789
九年一贯制学校			6 901
十二年一贯制学校			1 735
（二）成人小学			

续表

	学校数（所）	教职工数（人）	专任教师数（人）
其中：扫盲班			
四、工读学校			
五、特殊教育	6	153	104
六、学前教育	6 153	102 723	62 177
另有：民办培训机构（不计校数）	775	7 422	4 993

注：①完全中学的学校数和教职工数计入高中阶段教育，九年一贯制学校的校数和教职工数计入初中阶段教育，十二年一贯制学校的校数和教职工数计入高中阶段教育。专任教师是按照教育层次进行归类。②“（ ）”内数据为不计校数。

河北省各级各类民办教育学生情况

单位：人

	毕业生数	招生数	在校生数
一、高等教育			
（一）研究生	24	55	132
博士			
硕士	24	55	132
（二）普通本专科	91 988	95 849	345 839
本科	62 656	55 817	243 777
专科	29 332	40 032	102 062
（三）成人本专科	1 793	2 606	8 199
本科	169	391	1 922
专科	1 624	2 215	6 277
（四）另有其他学生			
1. 民办高校			11 904
2. 民办的其他高等教育机构			11 707
二、中等教育			
（一）高中阶段教育			
1. 高中			
普通高中	39 379	69 417	178 366
完全中学	12 698	23 861	59 540
高级中学	18 126	32 674	85 835
十二年一贯制学校	8 555	12 882	32 991
成人高中			
2. 中等职业教育			
普通中专	16 578	31 124	74 663
成人中专	2 212	2 650	6 787

续表

	毕业生数	招生数	在校生数
职业高中	3 756	4 431	12 304
技工学校			
其他学生数			3 727
（二）初中阶段教育			
1. 初中	95 948	136 171	357 114
初级中学	31 657	40 415	106 850
九年一贯制学校	32 429	49 281	127 653
十二年一贯制学校	10 434	14 903	38 777
完全中学	21 428	31 572	83 834
职业初中			
2. 成人初中			
三、初等教育			
（一）普通小学	87 995	74 214	498 403
小学	56 043	52 539	338 078
九年一贯制学校	25 560	17 661	127 511
十二年一贯制学校	6 392	4 014	32 814
（二）成人小学			
其中：扫盲班			
四、工读学校			
五、特殊教育	106	148	649
六、学前教育	307 487	405 681	986 539
另有：民办培训机构（不计校数）			152 303

注：①完全中学、九年一贯制学校和十二年一贯制学校的学生数按教育层次分别计入对应教育阶段的学生数中。②特殊教育学生数中包括义务教育阶段随班就读的学生数、其他学校附设特教班学生数。③“其他学生数”包括自考助学班学生数、预科生数、进修及培训学生数。

〔**综述**〕 2016年，在省委、省政府的领导下，省委教育工委、省教育厅全面贯彻党的十八大和十八届三中、四中、五中、六中全会精神，以开展“两学一做”学习教育为载体，教育系统主动适应经济社会发展新常态，紧密结合全省实际，深化教育领域综合改革，认真回应群众期待，推进重点、攻克难点、化解热点，着力在促改革上求突破，各项工作稳中有进、稳中提质、稳中增效，工作力度、成果的显现度、群众的满意度进一步提升，教育改革发展取得新成就，实现“十三五”良好开局。

〔**深化教育领域综合改革**〕 深化办学体制改革，推动以政府办学为主体、社会各界共同办学、公办与民办学校共同发展的格局。推进招生考试制度改革，出台《关于深化考试招生制度改革的实施方案》，实行普通高校录取本科二批、三批合并，扩大高职单招和联考专业范围。深入推进高校行政管理体制改革，稳步推进学校内部人事管理和分配制度改革，学校办学自主权不断扩大并得到落实。

主动撤销并自主增列博士学位授权点1个、硕士学位授权点14个。推动大学园、职业教育园区建设。教育对外交流进一步扩大，全省2所孔子学院获全球先进孔子学院称号。对80所高校的章程进行核准，基本实现了“一校一章程”目标。

〔**多措并举促进教育公平**〕 建立城乡统一、重在农村的义务教育经费保障机制。通过推进学校标准化建设、实施全面改善义务教育薄弱学校基本办学条件项目，实现教育资源向农村和边远贫困地区倾斜。2016年，在县城新建高中10所、初中19所，在乡镇新建初中6所；在县城改扩建高中6所、初中7所，在乡镇改扩建初中33所；新建校舍面积120万平方米、运动场地面积22万平方米，购置教学仪器设备达3 881万元。贫困地区薄弱学校改造开工校舍建筑面积301.7万平方米、竣工校舍建筑面积275万平方米。组建教育教学联盟和引进知名校长管理学校。推进普通高中招生改革，全部取消公办普通高中择校生招生。推进县域内义务教育学校教师校长交流，实施“乡村教师支持计划”，录用“特岗计划”教师5 200人，争取国家级培训计划和省级培训计划经费1.75亿元，落实乡镇教师补贴8亿元，补充乡村教师1.92万人，152个县（市、区）开展校长教师交流试点。支持在农村和城乡接合部新建、改扩建公办幼儿园，改善办园条件，扶持民办幼儿园开展普惠性学前教育。

〔**各级各类教育稳步发展**〕 完成第二期学前教育三年行动计划目标任务，邯郸市、唐山市丰南区列入国家学前教育改革发展实验区。28个县（市、区）达到国家规定的义务教育发展基本均衡县评估认定标准。现代职业教育体系建设持续推进，建立中职学校生均拨款制度，启动实施河北省中职教育质量提升工程和高职教育创新发展三年行动计划，中高职与本科衔接工作稳步进行，国家中职改革发展示范学校毕业生初次就业率达100％。确定建设一流大学、一流学科项目，省财政安排25亿元资金支持。新增17个协同创新中心，总数达35个。推进10所本科高校向应用技术型高校转型发展，建成省级专业学位研究生校企联合培养实践基地105个。遴选15所高校大学生创业孵化园作为全省第二批大学生创业孵化示范园。邯郸市邯山区、馆陶县代表河北省承担全国语言工作督导评估试点，并通过验收。

〔**推动京津冀协同发展**〕 推动京津冀教育互联互通，建立沟通协商、交流合作、资源共享机制平台。签订三家对话、合作框架协议、职业教育协同发展框架协议、“数字学校”教育资源共享协议、中小学校长教师培训项目合作协议、高校毕业生就业创业协同创新协议等，推进京津冀三地学校教师和科研人员进修、互访、兼职等交流合作。实现了河北省与北京研究生考试联合制卷。围绕京津冀协同发展中的重大需求，有效整合了43家京津高校、科研院所和企业的优势创新资源，涉及电子、装备制造、医药化工、社会管理等重大领域。

〔**做好各类学生资助工作**〕 建立覆盖学前教育至研究生教育完整的学生资助政策体系，从制度上保障不让一个学生因家庭经济困难而失学。安排各类资助资金50.2亿元，资助各级各类学校家庭经济困难学生178.8万人。落实义务教育免试就近入学规定，妥善解决进城务工人员随迁子女受教育问题。实施学生营养改善计划，做到食品、资金“两个安全”。推进教育扶贫，实施“三免一助”、建档立卡，惠及学生4.43万人。减免公办幼儿园和普惠性民办幼儿园在园孤儿、残疾儿童、农村和城市低保家庭儿童以及经济困难儿童的保教费和部分餐费，安排资助资金1.08亿元，资助15.5万人，资助比例为在园幼儿总数的10％，平均资助标准为每人每年500—1 000元。实行城乡义务教育学生免学费政策，安排资金6.9亿元，为769万名农村义务教育学生和城区家庭经济困难学生免费提供教科书；安排资金4.96亿元，补助农村义务教育阶段贫困寄宿生生活费，资助学生40万人。对普通高中家庭经济困难学生发放助学金，安排高中国家助学金4.6亿元，资助学生23万人，资助比例为全部高中在校学生总数的20％。筹措资金2.1亿元，为10.5万名中职学生发放国家助学金，助学金每生每年2 000元，补助范围包括涉农专业学生、家庭经济困难学生和22个连片困难县的全部学生，资助比例约占在校学生总数的15%；筹措资金9.68亿元，用于中职学校免学费工作，惠及48.4万名中职学生。落实高校本专科学生国家奖学金、励志奖学金和助学金资助政策，安排普通高校国家奖助学金12.2亿元，资助学生32万人，其中普通本专科学生国家奖学金1 116万元，惠及学生1 395人；国家励志奖学金1.7亿元，惠及学生3.4万人；国家助学金7.5亿元，资助学生24万人，资助比例为21.87%。完善研究生资助政策体系，出台研究生国家奖学金、学业奖学金和助学金资助政策，安排研究生国家奖学金1 877万元，惠及学生896人；安排学业奖学金3 181万元；安排研究生助学金2.4亿元，资助研究生3.9万人。此外，加大生源地学生助学贷款和校园地助学贷款力度，共发放贷款3.3亿元，资助家庭经济困难学生5万人。

〔**灾后重建工作**〕“7・19”特大洪水灾害发生后，省教育厅迅速成立了教育系统灾后恢复重建工作领导小组，统筹指导协调和帮助全省灾区学校恢复重建工作。灾后第一时间实地察看学校受灾情况，研究拟定受灾学校恢复重建工作方案，向重灾区派出常驻工作组开展工作，对学校恢复重建和开学准备工作进行全面督导检查，对涉及需要加固、重建或迁建学校和幼儿园的学生儿童进行妥善安置。石家庄、邢台、邯郸等市的学校科学谋划、积极推进，广大教师和教育工作者不等不靠、奋力自救。9月1日，灾区所有学生均已按时上学，2 184所受灾学校完成安全鉴定，完成了省政府提出的“两个百分之百”的目标要求。

〔**推进阜平县寄宿制学校和职教新校区建设**〕1月1日，省委书记赵克志在阜平县主持召开扶贫开发工作调研专题会，确定涉及教育部门的2个事项，即13所农村寄宿制学校建设和阜平县职业教育中心新校区建设。省教育厅按照省领导指示精神，特事特办，对阜平县学校建设予以特别支持。本着补足建设资金缺口的原则，省级一次性安排3 201.6万元。同时，建立阜平县13所学校建设工作台账，及时了解工作进展，并作为重要事项每月末上报省委督查室。13所寄宿制农村学校中11所学校已投入使用，2所学校主体完工；阜平县职业教育中心新校区完成建筑面积17.14万平方米，预计2017年8月底完成建设任务。

〔**教育援助工作**〕选派3名管理干部和17名专任教师赴西藏自治区拉萨阿里地区高级中学开展教育教学工作。承接西藏自治区阿里地区选派的10名骨干教师培训工作，研修期为一年。印发《河北省教育厅关于做好第八批援疆干部人才选派工作的通知》，并将赴新疆维吾尔自治区巴音郭楞蒙古自治州进行教育教学援助工作的20人入选后备名单上报省委组织部。开展与新疆维吾尔自治区学校手拉手活动，11个设区市47所学校与新疆的学校开展了“千校手拉手”活动。开展赴新疆维吾尔自治区顶岗实习支教，河北师范大学选派两批大学生共42人到新疆维吾尔自治区巴音郭楞蒙古自治州进行顶岗实习支教。接收新疆维吾尔自治区教育厅选派的54名内派管理服务教师，分配到46所省内高校顶岗锻炼。成立新疆少数民族学生管理服务工作站。

〔**加强来华留学，培养知冀友冀人才**〕2016年，将省教育厅直属本科高校外国留学生奖学金额度提高至510万元，比2015年增加210万元，资助到省高校学习的优秀外国留学生683人，比2015年增加219人。鼓励各高校积极举办面向外国留学生的文化和体育活动，外国留学生文体生活日益丰富。组织学校做好留学生管理干部培训工作。依托河北外宣国际传播合作平台，创建“最河北 Amazing Hebei”公众号，向外国留学生宣传介绍河北省历史、文化、教育等信息，增加其对河北省经济社会发展状况的了解。

基础教育

〔**加快发展学前教育**〕 一是按照规定的时间节点完成第二期学前教育三年行动计划目标任务。继续实施《河北省普惠性民办幼儿园认定及财政扶持管理办法（试行）》，不断完善普惠性幼儿园发展机制，建立覆盖城乡、布局合理的学前教育公共服务体系。下拨 2016 年度中央及省支持学前教育发展专项资金 104 790 万元，支持普惠性幼儿园发展。支持在农村和城乡接合部新建、改扩建公办幼儿园，改善办园条件，并扶持民办幼儿园开展普惠性学前教育，促使城乡公办幼儿园、普惠性民办幼儿园的覆盖率进一步扩大。二是宣传普及学前教育。转发《教育部办公厅关于开展 2016 年全国学前教育宣传月活动的通知》，组织开展全省 2016 年学前教育宣传月活动。三是进一步规范保教行为。印发《河北省教育厅关于贯彻落实〈幼儿园工作规程〉的通知》，从八个方面提出贯彻落实要求。印发《河北省教育厅关于防止和纠正幼儿园开展汉语拼音教学和小学缩短汉语拼音教学实践行为的若干规定》，《河北日报》、《燕赵都市报》、《河北教育》、新华网、光明网等进行了宣传报道。组织评估认定了 6 所省级示范幼儿园，大力加强优质幼儿园建设。

〔**推进义务教育均衡发展**〕 一是促进优质教育资源共享，不断细化、深化、实化“四种模式”。即深化“联合校模式”，以“1+1”或“1+X”的方式组建教育教学联盟；深化“兼并校模式”，让优质学校实质兼并薄弱学校；深化“建分校模式”，让优质校跨区域设立分校模式；深化“新建校模式”，引进优质资源与新建学校联合办学，引进知名校长管理学校的模式。二是根据国务院《关于统筹推进县域内城乡义务教育一体化改革发展的若干意见》，结合全省义务教育改革发展实际，制定《河北省人民政府关于统筹推进县域内城乡义务教育一体化改革发展的实施意见》，提出 16 项具体推进措施。三是规范招生入学行为。小学、初中入学一律采取划片招生、免试入学的政策，严禁义务教育阶段学校以组织考试或变相考试的方式选拔新生，要求不得以各类竞赛成绩作为录取新生的依据，切实保障教育公平。规范义务教育招生入学行为，每年按照户籍适龄儿童、少年相对就近入学原则，为每所小学、初中合理划定招生范围（片区），促进义务教育均衡发展。建立以居住证为主要依据的随迁子女入学制度，切实简化、优化随迁子女入学流程和证明要求，落实国务院颁布的《居住证暂行条例》和《河北省居住证实施办法（试行）》的要求，为随迁子女提供义务教育。

〔**推进义务教育学校“两集中”**〕 根据省委、省政府的要求，优化教育资源布局，推动小学高年级和初中向乡镇集中，高中和职业教育向县城和园区集中，促进产城教融合发展。一是高度重视，专题研究。省教育厅厅长刘教民主持召开专门会议，对推动教育资源向县城聚集，优化学校布局，促进产城教融合发展等进行研究部署，明确目标任务，细化工作举措。二是高位推动，夯实责任。为夯实各地推进产城教融合发展的主体责任，在全省教育扶贫工作现场会上，副省长许宁要求各地要把“两集中”作为重要突破口，进一步优化教育资源布局。三是印发通知，稳妥推进。结合全省实际，印发《关于做好学校“两集中”有关工作的通知》，要求各地按照“因地制宜、统筹推进、履行程序”的原则，与“十三五”规划、新型城镇化建设、脱贫攻坚相结合，积极稳妥推进“两集中”工作。

〔**实施山区教育扶贫工程**〕 省教育厅印发专门通知，要求各地按照“聚焦薄弱、因地制宜、保障投入”的原则，指导各县科学编制项目年度实施计划，扎实推进贫困山区义务教育阶段寄宿制学校标准化建设。安排资金1.4亿元，新建、改扩建校舍16.55万平方米，体育场15万平方米，附属设施9.7万平方米，购置教学仪器、设备、图书6 000万元。省长张庆伟对此做出重要批示，省委办公厅、省政府办公厅印发《关于开展山区教育扶贫工程的实施意见》，以省政府名义召开两次现场会，副省长许宁出席会议并讲话。

〔**改善贫困地区普通高中办学条件**〕 省教育厅安排资金1.67亿元，用于改善集中连片特困县和国家级贫困县公办普通高中的办学条件。建立普通高中改造计划季报制度，对各市项目进展情况进行季度通报，并将有关情况抄送市、县政府；督促各县加快项目进度，切实发挥资金效益。全年改扩建校舍5.8万平方米、体育场2.8万平方米、其他附属设施1.2万平方米；购置图书11.8万册、教学仪器设备2.44万台（套）。

〔**中小学教师资格考试与定期注册制度改革**〕 组织中小学教师资格考试。加强考务人员管理，保证试卷、题卡等考试材料绝对安全；注重考风考纪建设，纪检监察部门全程参与。实施中小学教师资格定期注册，全年注册11 165人，其中幼儿教师814人、小学教师2 223人、初中教师2 537人、高中教师5 285人、中职教师286人、中职实习教师13人、高校教师7人。

〔**推进美丽乡村建设行动**〕 依托国家和省实施的农村中小学薄弱学校改造计划、幼儿园新改扩建工程和师资培训项目等，在项目规划中对帮扶村项目学校予以优先安排，资金上优先解决。教育系统美丽乡村建设行动重点村学校建设共投入资金49 904.8万元，改造校舍面积480 158.4平方米；投入资金40 024万元，购置教学仪器设备191 968台（件）、课桌凳22 003套、图书47.9万册。

职业教育与成人教育

〔**第三批国家示范校通过省级检查验收**〕 省教育厅会同省人力资源和社会保障厅、省财政厅联合印发《关于开展河北省国家中等职业教育改革发展示范学校建设计划第三批项目学校验收工作的通知》。1月18日，组织召开验收工作专家会议，专题部署验收工作。1月19日至26日，专家组进校开展并完成省级验收工作。1月27日，省级示范学校项目建设领导小组召开专家组全体会议，听取检查验收情况汇报，对各校省级检查验收结果进行综合评定，形成省级检查验收意见。6月至9月，组织项目学校申报建设质量检测平台，完成建设数据省级审核确认。

〔**推进中高等职业教育衔接**〕 建立技术技能人才从中职到专科、本科及研究生的无障碍通道，打造人人皆可成才的“天梯”。2016年，持续实施“3+2”和“五年一贯制”中高职衔接培养，“3+2”招生计划20 258名、“五年一贯制”招生计划20 592名。继续安排6所中职学校与4所本科院校进行“3+4”分段培养试点，招生计划由2015年的480人增至560人。此外，还适度增加中职学校对口本科招生计划，由2015年的3 500人增至4 000人，增量部分用于应用型本科高校。

〔**深化产教融合、校企合作**〕 组建省、市、县三级职业教育集团共30个，完成全国职业教育集团化办学管理平台和业务交流QQ群统一登录工作。各职业教育集团间互相学习，及时了解省内外集团化办学经验，部分职业教育集团与京津职业教育集团结成联盟，参加全国集团化办学活动，集团工作进展顺利。制定《河北省校企合作促进办法》。按照教育部对现代学徒制试点院校的工作要求，抓好职业院校现代学徒制试点工作，完成现代学徒制试点的阶段性工作，已通过教育部现代学徒制试点工作项目的阶段性备案审核。组织职业院校参加教育部与华航唯实机器人科技有限公司、ABB集团、新时达电气股份有限公司工业机器人领域职业教育合作项目的申报工作，全省有18所职业院校申报该项目。

〔**推进教学工作信息化**〕 一是以全国职业院校信息化教学大赛为引领，以全省信息化教学大赛为抓手，将现代职业教育理念、教学方法和教育技术更广泛、深入贯彻落实到职业学校教师的教学实践中，培养教师实施与信息技术相融合的、以能力为本位的教学，“做中学、做中教”，不断改进教学方法，践行因材施教，提高教学质量。通过以赛导训、以赛促训、边赛边训，促进信息技术在职业教育教学中的广泛应用，普遍提高中职学校教师信息技术应用能力和水平。2016年，组织安排全省信息化教学培训及大赛4次，累计培训教师千余名。河北省职业院校代表团在2016年全国职业院校信息化教学大赛中获4项一等奖、1项二等奖、6项三等奖。二是根据职业院校对信息化建设的需求，开展深入调研，结合全省实际情况，起草《河北省职业院校数字校园建设规范》《河北省中等职业学校数字校园建设实施方案》，拟通过5年的努力，促使职业院校理顺数字校园建设规划，全部达到数字校园建设规范的基本要求，形成从教学活动到管理服务再到校园文化生活，处处体现数字化与网络化，处处应用信息技术和以信息技术为支撑的局面，大幅提升数字校园建设水平。

〔**谋划推进职教城（职教园区）建设**〕 落实省委领导指示，谋划推进职教城建设，加快资源统筹和结构优化，全力打造产学研一体的现代区域性职教园区。制定《河北省委办公厅、河北省人民政府办公厅关于建设职教城的指导意见》，并经省政府第101次常务会议和省委深化改革领导小组会议研究通过。要求有条件的都要建设一座现代化、高水平的职教城，并将职教城建设列入城市发展规划。规划的邯郸市职教城、张家口市职教城、保定市职教城、邢台市职教城正在抓紧推进；已完成职教园区建设的衡水等市，正进一步拓展园区功能；廊坊市抓紧完善融大学城、职教城为一体的“双城”功能；其他各市也在积极谋划。

〔**推进新型职业农民培养工作试点**〕 制定《河北省教育厅新型职业农民培养试点工作方案》，确定20所学校为新型职业农民培养试点学校，每年从职业教育专项经费中拿出1 000万元，推动新型职业农民培养工作。坚持以农民需求为导向，突出“实际、实用、实效”和定向扶贫原则，探索实行“村校合作、乡校合作、校企合作、校社合作”招生新模式，指导学校精心研发新型职业农民培训包，包括技术技能理论知识、产业链信息、“三农”服务指南等，送教下乡。9月，在隆化县召开新型职业农民培养工作推进会，加大新型职业农民培养工作力度，保证新型职业农民培养工作的精准性和有效性。各学校采取“公司+基地+养殖户”“学校+合作社+农户”的培训模式开展培训，取得明显效果。20所新型职业农民培养试点学校共建教学点110个、开设教学班116个、开设专业23个、培训学员20 081人。全省各中职学校培养新型职业农民共计34 529人。

〔**加快学习型社会建设**〕 落实《河北省终身教育促进条例》，2016年上半年，省教育厅组织有关专家评估认定60个社区教育示范点。12月，省教育厅等17部门联合印发《河北省社区教育三年行动计划（2016—2018年）》，并举办全民终身学习活动周。

高等教育

〔**推进一流大学和一流学科建设**〕 颁布实施《河北省人民政府关于统筹推进一流大学和一流学科建设的意见》，分类支持、重点建设若干所一流大学和一批一流学科。全省共有12所高校入选，其中4所高校成为省重点支持的国家一流大学建设一层次高校、8所高校成为国家一流大学建设二层次高校。一层次高校有河北大学、河北工业大学、燕山大学、河北师范大学；二层次高校有河北农业大学、河北医科大学、华北理工大学、石家庄铁道大学、河北科技大学、河北经贸大学、河北工程大学和河北中医学院。

一流学科建设方面，有17个学科获批世界一流学科建设项目，37个学科获批国家一流学科建设项目。其中世界一流学科建设项目包括河北大学的化学、光学工程、中国语言文学，河北工业大学的材料科学与工程、电气工程、化学工程与技术，燕山大学的机械工程、材料科学与工程、控制科学与工程，河北师范大学的生物学、考古学、数学，河北农业大学的作物学，河北医科大学的临床医学，华北理工大学的冶金工程，石家庄铁道大学的土木工程和河北科技大学的生物工程。

〔**调整优化学科专业结构**〕 主动适应全省经济社会发展和加快转变经济发展方式的战略需要，围绕工业产业升级、构建现代产业体系实际需要，加大学科专业布局和学科结构调整力度。按照教育部本科专业目录和专业设置管理办法要求以及专业调整工作的统一部署，经网络专业公示平台公示，省专业设置委员会评议，上报教育部新增备案的本科专业达132个，教育部审批本科专业20个。

〔**高校“双重工程”建设**〕 河北大学等中西部高校基础能力建设工程、中西部高校综合能力提升工程等国家重大工程项目相关工作顺利实施。省部共建工作取得突破性进展，河北医科大学实现与国家卫生和计划生育委员会、教育部共建，全省省部共建高校达13所。

〔**抓论文质量**〕 完成2016年度优秀博士学位论文评选工作，评选省级优秀博士学位论文26篇、省级优秀硕士学位论文129篇。组织抽检论文751篇，评审出“存在问题学位论文”17篇。依据有关规定和程序，对“存在问题学位论文”比例较高或篇数较多的学位授权点，责令其限期整改。分四批次对省属具有学士学位授予资格的本科院校于2015年9月1日至2016年6月31日授予的学士学位论文进行重复检查。对学位论文数超过1 000篇的单位要求参检1 000篇，对学位论文数不足1 000篇的单位要求全部参检，本次共参检学士学位论文38 335篇。

〔**2项科研成果获国家科技进步奖**〕 2015年度国家科学技术奖励大会在北京召开。石家庄铁道大学2项科研成果分别获国家科学技术进步特等奖和二等奖，获奖总数位居全国高校第31名。获国家科学技术进步特等奖的“京沪高速铁路工程”项目，是继该校参与“青藏铁路工程”获2008年度国家科学技术进步特等奖后，再次获此殊荣。获国家科学技术进步二等奖的“高速铁路大断面黄土隧道建设成套技术及应用”项目，其研究成果成功应用于郑州至西安高速铁路建设中，实现了大断面黄土隧道修建技术的重大突破，对建设大断面黄土隧道工程起到引领和示范作用。

〔**重点实验室建设**〕 9月19日，河北工业大学的化工节能过程集成与资源利用国家地方联合工程实验室、河北大学的高分子材料与加工技术国家地方联合工程实验室列入国家地方联合工程研究中心（工程实验室）建设序列。11 月 22 日，河北工业大学的省智能传感与人机融合重点实验室、燕山大学的省微结构材料物理重点实验室、河北大学的省高可信信息系统重点实验室纳入省重点实验室建设名单。

〔**新增 4 个专科层次中外合作办学项目**〕 经教育部批准，新增 4 个专科层次中外合作办学项目，即承德石油高等专科学校与韩国新罗大学合作举办会展策划与管理、电子商务、软件技术专业专科层次合作办学项目；与德国安哈尔特应用技术大学合作举办汽车制造与装配技术专业专科层次合作办学项目。

〔**扩大高校办学自主权**〕 省教育厅、省财政厅、省人力资源和社会保障厅、省机构编制委员会办公室联合出台《关于转变职能优化服务进一步落实和扩大高校办学自主权的实施意见》，从专业设置、公开招聘、机构设置和财务管理四个方面进一步扩大高校办学自主权。

〔**改革高校职称评审制度**〕 9 月 26 日，省教育厅召开直属高校、事业单位职称改革工作会议，认真贯彻《省职称改革领导小组办公室关于下放职称申报评审权限加强事中事后监管的通知》要求。一是下放部分高校职称评审权。允许省属骨干本科院校自主开展主系列（即高校教师系列）正高级及以下专业技术职务任职资格的评审；有硕士授权的普通本科院校自主开展主系列副高级及以下专业技术职务任职资格的评审。二是建立突出贡献专业技术人才职称直接评聘制度。对全省引进的重点学科、重点工程、高新技术等方面急需紧缺高层次人才及取得重大基础研究和前沿技术突破、解决重大工程技术难题、在经济和社会事业发展中做出突出贡献的专业技术人员，可不受学历、资历、任职资格和单位岗位结构比例限制，直接组织评委会评审，并按特设岗位聘用。三是取消直属高校、中专学校、事业单位职称申报对外语、计算机能力考试的统一要求。

〔**推动省属高校深入开展学习李保国先进事迹活动**〕 深入开展河北农业大学教授李保国先进事迹学习教育活动，组织李保国志愿服务活动。向全省教育系统各级组织和党员发出“学习李保国，争做优秀共产党员”的号召；与省委宣传部共同组织“李保国同志先进事迹报告团”，到省内外高校和党政机关做报告 19 场，树立优秀共产党员的良好形象；召开全省教育系统学习李保国同志先进事迹暨“两学一做”学习教育座谈会，全省高校共成立“李保国扶贫志愿服务队”782 个，以高校师生志愿者、党员志愿者为主导，结合学科科研优势、教学实习和师生社会实践活动，深入驻村精准扶贫地区，送技术、送服务，形成传承李保国精神，扶贫志愿服务队走太行进基层的良好局面。

〔**举办第三次中国—中东欧国家地方领导人会议高等教育与就业论坛**〕 6 月 17 日，第三次中国—中东欧国家地方领导人会议高等教育与就业论坛在唐山市举行。论坛通过围绕大学生创新精神和实践能力培养、大学生就业与创业、高等教育改革与发展等主题的交流，推动中国与中东欧国家高校之间的交流合作，共同探求高校人才培养模式改革创新。保加利亚、捷克、匈牙利、波兰、罗马尼亚等 11 个国家的高校代表、政府官员代表以及来自国内 33 所高校的校领导和国际交流部门负责人共 150 人参加论坛。

撰稿　许九奎　刘立新
王彦怀　崔海江
审稿　刘教民

山西省教育

概　　况

〔基本情况〕

山西省各级各类学校校数、教职工、专任教师情况

	学校数（所）	教职工数（人）	专任教师数（人）
一、高等教育			
（一）研究生培养机构（不计校数）	14		
1. 普通高校	11		
2. 科研机构	3		
（二）普通高等学校	80	59 845	41 301
1. 本科院校	33	42 735	29 175
其中：独立学院	8	6 532	4 889
2. 高职（专科）院校	47	17 110	12 126
3. 其他普通高教机构（不计校数）			
（三）成人高等学校	11	2 126	1 141
（四）民办的其他高等教育机构	48	988	558
二、中等教育	2 907	262 378	204 759
（一）高中阶段教育	1 048	140 456	94 595
1. 高中	503	99 202	63 339
普通高中	503	99 202	63 339
完全中学	208	42 640	21 298
高级中学	250	45 783	39 302
十二年一贯制学校	45	10 779	2 739
成人高中			
2. 中等职业教育	545	41 254	31 256
普通中专	93	11 454	7 853

续表

	学校数（所）	教职工数（人）	专任教师数（人）
成人中专	119	3 854	3 242
职业高中	235	17 028	14 199
技工学校	98	8 684	5 781
其他中职机构（不计校数）	7	234	181
（二）初中阶段教育	1 859	121 922	110 164
1. 初中	1 850	121 893	110 164
初级中学	1 361	90 329	80 016
九年一贯制学校	489	31 564	13 576
十二年一贯制学校			2 235
完全中学			14 337
职业初中			
2. 成人初中	9	29	
三、初等教育	6 139	172 724	171 576
（一）普通小学	6 043	172 627	171 535
小学	6 043	172 627	156 618
九年一贯制学校			12 719
十二年一贯制学校			2 198
（二）成人小学	96	97	41
其中：扫盲班			
四、工读学校	1	80	66
五、特殊教育	69	1 769	1 516
六、学前教育	6 708	79 984	51 110

注：①完全中学的学校数和教职工数计入高中阶段教育，九年一贯制学校的校数和教职工数计入初中阶段教育，十二年一贯制学校的校数和教职工数计入高中阶段教育。专任教师按照教育层次进行归类。②技工学校数据为 2015 年数据。③“（ ）”内数据为不计校数。

山西省各级各类学历教育学生情况

单位：人

	毕业生数	招生数	在校生数
一、高等教育			
（一）研究生	9 118	10 078	29 299
博士	376	531	2 636
硕士	8 742	9 547	26 663
（二）普通本专科	199 259	203 651	756 287
本科	101 534	119 819	474 271

续表

	毕业生数	招生数	在校生数
专科	97 725	83 832	282 016
（三）成人本专科	60 315	26 271	108 013
本科	23 366	15 584	56 650
专科	36 949	10 687	51 363
（四）其他各类高等学历教育			
1. 在职人员攻读硕士学位		1 956	7 608
2. 网络本专科生			
本科			
专科			
二、中等教育	871 736	765 377	2 309 809
（一）高中阶段教育	452 242	389 629	1 192 270
1. 高中	284 423	244 539	753 777
普通高中	284 423	244 539	753 777
完全中学	94 327	83 989	254 899
高级中学	177 219	148 544	462 891
十二年一贯制学校	12 877	12 006	35 987
成人高中			
2. 中等职业教育	167 819	145 090	438 493
普通中专	54 538	42 662	133 211
成人中专	4 660	2 602	8 294
职业高中	70 396	65 749	196 442
技工学校	38 225	34 077	100 546
（二）初中阶段教育	419 494	375 748	1 117 539
1. 初中	410 994	375 748	1 092 739
初级中学	287 452	259 483	761 537
九年一贯制学校	46 516	43 728	126 873
十二年一贯制学校	10 017	11 503	31 213
完全中学	67 009	61 034	173 116
职业初中			
2. 成人初中	8 500		24 800
三、初等教育	389 641	383 579	2 283 824
（一）普通小学	380 313	383 579	2 270 899
小学	346 009	350 598	2 071 376
九年一贯制学校	28 964	28 139	168 481
十二年一贯制学校	5 340	4 842	31 042

续表

	毕业生数	招生数	在校生数
（二）成人小学	9 328		12 925
其中：扫盲班			
四、工读学校	93	113	219
五、特殊教育	1 296	2 050	10 770
六、学前教育	361 084	404 484	990 985

注：①完全中学、九年一贯制学校和十二年一贯制学校的学生数按教育层次分别计入对应教育阶段的学生数中。②特殊教育学生数中包括义务教育阶段随班就读的学生数、其他学校附设特教班的学生数。

山西省各级各类非学历教育学生情况

单位：人次

	结业生数	注册学生数
总计	1 919 604	1 970 833
一、高等教育	78 151	63 926
（一）研究生课程进修班		
（二）自考助学班	2 063	6 319
（三）普通预科生		57
（四）进修及培训	76 088	57 550
其中：资格证书培训	23 422	28 841
岗位证书培训	21 010	20 727
二、中等职业教育	1 841 453	1 906 907
其中：资格证书培训	348 739	370 441
岗位证书培训	1 110 998	1 076 425
（一）中等职业学校	67 654	45 104
其中：资格证书培训	25 738	22 324
岗位证书培训	21 478	14 397
（二）职业技术培训机构	1 773 799	1 861 803
其中：资格证书培训	323 001	348 117
岗位证书培训	1 089 520	1 062 028

山西省各级各类民办学校校数、教职工、专任教师情况

	学校数（所）	教职工数（人）	专任教师数（人）
一、高等教育			
（一）研究生培养机构（不计校数）			
1. 普通高校			
2. 科研机构			

续表

	学校数（所）	教职工数（人）	专任教师数（人）
（二）普通高等学校	15	10 007	7 393
1. 本科院校	10	8 279	6 189
其中：独立学院	8	6 532	4 889
2. 高职（专科）院校	5	1 728	1 204
3. 其他普通高教机构（不计校数）			
（三）成人高等学校			
（四）民办的其他高等教育机构	48	988	558
二、中等教育			
（一）高中阶段教育			
1. 高中			
普通高中	154	28 404	11 654
完全中学	57	12 349	4 736
高级中学	59	6 428	4 624
十二年一贯制学校	38	9 627	2 294
成人高中			
2. 中等职业教育			
普通中专	13	689	455
成人中专			
职业高中	82	3 588	2 597
技工学校			
其他中职机构（不计校数）	2		
（二）初中阶段教育			
1. 初中	196	17 069	15 222
初级中学	86	6 926	5 134
九年一贯制学校	110	10 143	3 993
十二年一贯制学校			1 927
完全中学			4 168
职业初中			
2. 成人初中			
三、初等教育			
（一）普通小学	180	9 842	11 907
小学	180	9 842	6 499
九年一贯制学校			3 504
十二年一贯制学校			1 904
（二）成人小学			

续表

	学校数（所）	教职工数（人）	专任教师数（人）
其中：扫盲班			
四、工读学校			
五、特殊教育	8	196	112
六、学前教育	2 784	44 873	27 461
另有：民办培训机构（不计校数）	776	11 349	8 120

注：①完全中学的学校数和教职工数计入高中阶段教育，九年一贯制学校的校数和教职工数计入初中阶段教育，十二年一贯制学校的校数和教职工数计入高中阶段教育。专任教师按照教育层次进行归类。②“（　）”内数据为不计校数。

山西省各级各类民办教育学生情况

单位：人

	毕业生数	招生数	在校生数
一、高等教育			
（一）研究生			
博士			
硕士			
（二）普通本专科	33 906	35 256	128 057
本科	25 936	25 238	99 030
专科	7 970	10 018	29 027
（三）成人本专科	156	28	86
本科			
专科	156	28	86
（四）另有其他学生			
1. 民办高校			3 280
2. 民办的其他高等教育机构			37 363
二、中等教育			
（一）高中阶段教育			
1. 高中			
普通高中	58 757	52 268	158 334
完全中学	23 280	20 107	62 107
高级中学	25 002	21 943	66 025
十二年一贯制学校	10 475	10 218	30 202
成人高中			
2. 中等职业教育			
普通中专	2 246	5 216	11 292
成人中专			

续表

	毕业生数	招生数	在校生数
职业高中	12 937	20 461	52 297
技工学校			
其他学生数			1 295
（二）初中阶段教育			
1. 初中	83 914	85 230	238 372
初级中学	33 017	31 747	90 745
九年一贯制学校	18 798	19 778	55 178
十二年一贯制学校	9 054	10 284	27 894
完全中学	23 045	23 421	64 555
职业初中			
2. 成人初中			
三、初等教育			
（一）普通小学	34 937	28 331	182 248
小学	19 722	17 292	105 226
九年一贯制学校	10 676	7 177	50 801
十二年一贯制学校	4 539	3 862	26 221
（二）成人小学			
其中：扫盲班			
四、工读学校			
五、特殊教育	69	262	923
六、学前教育	138 200	167 510	406 007
另有：民办培训机构（不计校数）			361 216

注：①完全中学、九年一贯制学校和十二年一贯制学校的学生数按教育层次分别计入对应教育阶段的学生数中。②特殊教育学生数中包括义务教育阶段随班就读的学生数、其他学校附设特教班的学生数。③“其他学生数”包括自考助学班学生数、预科生数、进修及培训学生数。

〔**学习贯彻习近平总书记系列重要讲话精神**〕2016年，省教育厅多次召开党组会议、中心组学习会议和厅务会议，学习传达习近平总书记“七一”重要讲话精神、党的十八届六中全会以及省委十届九次全体会议精神、全省第十一次党员代表大会精神等。开展领导班子成员、省教育厅机关各党支部书记、各直属单位党员领导干部讲党课活动。各地、各校将学习习近平总书记讲话精神作为首要政治任务，结合自身工作实际，通过日常教学、专题培训、校园网、微信等传统和新媒体手段，做到领导班子带头学、教师自觉学、组织学生学，让讲话精神进课堂、进教材、进头脑。

〔**开展“两学一做”学习教育**〕 开展“两学一做”学习教育，邀请多位省、部领导和专家学者进行专题辅导，利用道德讲堂、干部在线学院等平台助推学习教育活动常态化。开展党员先锋行、支部创“六星”、重温入党誓词和“两优一先”评比表彰活动，激励党员干部做合格党员、当时代先锋。举办“学习贯彻系列讲话、解决若干突出问题”、党性分析、党员评议等主题活动，征集建议117条，并进行相应整改，切实把学习教育融入日常工作。

〔**落实“两个责任”**〕 学习落实《关于新形势下党内政治生活的若干准则》《中国共产党党内监督条例》，修订完善“两个责任”实施意见和责任清单。组织召开落实“两个责任”集体约谈会，及时对问题反映较多、考核排名靠后、干部受到党政纪处分的单位主要负责人进行约谈。支持驻省教育厅纪检组严肃查处违反中央政治局关于改进工作作风、密切联系群众八项规定精神的问题13起，处理违纪干部18人，对17起违反中央八项规定精神的典型问题进行了通报曝光。驻省教育厅纪检组和各高校纪律检查委员会先后对63名落实“两个责任”和履行“一岗双责”不到位的责任人进行责任追究，对7起落实主体责任不力的典型问题进行通报曝光。

〔**深化教育改革**〕 制定《山西省“十三五”教育事业发展规划》和《山西省深化教育领域综合改革的意见（2016—2020年）》，发布《山西省深化普通高校考试招生制度综合改革实施方案（试行）》《山西省普通高中学业水平考试实施办法（试行）》《山西省普通高中学生综合素质评价实施办法（试行）》等系列配套文件，全面启动考试招生制度改革。指导山西大学、太原理工大学、山西农业大学启动综合改革试点，遴选6所高校开展应用型转型试点。推动出台深化高等学校创新创业教育改革、中小学教师职称制度改革等一系列措施，促进教育综合改革不断深化。

〔**教育扶贫工作**〕 以“六个精准”为目标，全面实施贫困学生关爱、农村薄弱学校改扩建、农村教师队伍支持、贫困家庭劳动技能提升、帮困助学五项行动，推进教育扶贫攻坚工作。组织各类学校开展对口帮扶，提高贫困地区学校办学质量。实施农村贫困地区定向招生专项计划，免除普通高中建档立卡家庭经济困难学生学杂费，落实职业教育免学费政策，安排500万元资助7 000余名家庭经济困难高校新生，基本实现家庭困难学生资助全覆盖。省教育厅和直属单位与方山县积翠乡实行党员干部与贫困户一对一帮扶，被省委下乡办评为“扶贫工作优秀单位”。

〔**教师队伍建设**〕 在30个县（市、区）实施国家级培训计划，在43个县（市、区）实施中小学幼儿园教师信息技术应用能力提升工程，对乡镇及以下的约18万名中小学、幼儿园教师开展了混合式培训。进一步完善全省校长、教师交流轮岗政策，全省参与交流的义务教育阶段校长、教师人数均超过应参加交流人数的10%。招聘1 582名特岗教师，为集中连片特困县2.6万名乡村教师提供生活补助1.11亿元，保持乡村教师队伍相对稳定。授予太原市清徐县西谷乡初级中学教师韵佩芬等220名教师“晋绥儿女支持老区教育奖”。落实2016年履约到山西省中小学任教的353名部属师范大学免费师范毕业生和省属师范院校的460名免费师范毕业生就业工作岗位。

〔**落实家庭经济困难学生资助政策**〕 发放普通高中国家助学金2.11亿元，惠及贫困学生15.88万人。免除全省普通高中建档立卡家庭经济困难学生、非建档立卡的家庭经济困难残疾学生、农村低保家庭学生、农村特困救助供养学生4.8万余人的学杂费。下达学前教育资助中央及省级资金9 321万元，资助幼儿14.7万名。

〔**教育督导工作**〕 5月29日，国务院教育督导委员会专项督导组对山西省农村义务教育学生营养改善计划实施情况进行专项督导。6月12日至13日，国务院教育督导委员会专项核查组对太原市迎泽区申报的全国中小学校责任督学挂牌督导创新区进行核查。9月1日至13日，组织省督学和督导评估专家对33个义务教育发展基本均衡县进行省级督查。10月18日至20日，教育部督查组到山西省开展为期3天的学生体质达标情况专项督查。11月20日至24日，国家督导检查组对山西省33个义务教育发展基本均衡县进行实地督导检查，33个县全部通过国家义务教育基本均衡发展评估认定。

〔**体育工作**〕 2016年，全省新申报全国青少年校园足球特色学校135所，太原市迎泽区申报成为全国校园足球试点县（区）；全省有50所中小学校获批国家级篮球特色学校。抽取并指导4个地市和4所高校总计约6 660名学生（包括小学一年级至大学本科四年级在校学生）进行体质健康测试复核。2016年，全省大中小学校《国家学生体质健康标准》测试上报率达100％。

〔**卫生工作**〕 4月，向教育部推荐山西师范大学、山西中医学院、山西警官高等专科学校作为全省高校艾滋病防控工作试点学校。10月中旬到11月初，与省防治艾滋病工作委员会办公室工作人员组成5个小组，分赴11个市，抽查中学及高等院校预防艾滋病教育工作。

〔**艺术工作**〕 组织参加全国第五届中小学生艺术展演活动，新绛县的民乐小合奏《滚核桃》首次入选闭幕式演出。组织高雅艺术进校园和专家讲学活动，邀请中央歌剧院、中国国家话剧院等院团和专家在多所高校演出及讲学。组织太原师范学院、长治学院音乐教育专业的学生参加全国普通高等学校音乐教育专业本科学生基本功展示比赛，取得2项中外乐器演奏单项奖、1项合唱指挥单项奖、1项个人全能二等奖的成绩。

〔**国防教育工作**〕 组织开展全省第三届“百场国防教育宣讲进高校”活动，与省军区举办全省高校军事教师培训暨第三届军事理论课教学竞赛。遴选中北大学等40所大中小学校申报全国国防教育特色学校。组织参加第三届全国学生军事训练营，获一等奖2名、二等奖2名、三等奖1名，省教育厅获优秀组织奖。8月，中北大学代表山西省参加2016年军事课教学展示定向越野科目的技能展示竞赛，获三等奖和优秀组织奖；10月，太原理工大学代表山西省参加2016年军事课无线电测向科目的技能展示竞赛，获二等奖和优秀组织奖。

〔**学校安全稳定工作**〕 落实高校安全责任，进一步加强重要保障期和敏感期的形势研判和专题调研，做好应急处置工作。推进“三化三建设”工作，全省有10 112所学校通过学校安全教育平台开展安全课程教育，约12万名教师参与授课、380万名学生参与学习。开展4次学校安全工作大检查，有效防范和遏制重大事故的发生。

〔**法治宣传教育**〕 制定《山西省教育厅关于实施第七个五年法治宣传教育规划（2016—2020年）的意见》。遴选5名学生参加“学宪法、讲宪法”全国总决赛，1名学生获初中组特等奖（全国季军）和最佳表达奖、2名学生分别获高中组和小学组一等奖、2名学生分别获高校组和初中组三等奖。与省检察院联合启动为期3年的“法治进校园”巡讲活动，与省禁毒委员会办公室合作开展全省禁毒师资培训工作并研究制定《山西省创建“毒品预防教育示范学校”实施方案》，在全省范围内开展毒品预防教育示范学校创建工作。组织22.97万名中小学生参加全国青少年禁毒知识竞赛，参与人数在所有参赛省份中位列第三。全省23所学校被国家禁毒委员会办公室列为“校园禁毒图书角”项目执行单位。

〔**依法行政**〕 公布《山西省教育厅随机抽查事项清单》，全力推进“双随机、一公开”监管改革。研究制定行政处罚自由裁量权适用规则和基本标准，进一步规范教育行政处罚行为。建立健全行政许可与行政处罚“双公示”制度与市场主体信息报送工作机制，及时向社会公布省教育厅行政处罚等相关信息，实现“一处违法、处处受限”，促进守信激励、失信惩戒和协同监管。

〔**行政审批制度改革**〕 根据相关文件精神，取消7项中央指定地方实施的教育行政审批事项、3项非行政许可审批事项。全面清理规范行政审批中介服务，主动接受社会各界监督。及时对权力清单进行动态调整，行政审批事项取消1项、调整1项、新增3项，省教育厅行政职权由61项调整为63项。深化行政审批“两集中、两到位”改革，设立行政审批管理处，于5月11日进驻省政务服务中心。行政审批工作运行有序，全年共办理行政审批事项216件。

〔**毕业生就业创业工作**〕　2016年，各高校组织举办大型招聘活动186场、专场招聘活动2 470场，参会企业单位累计达15 000余家，提供就业岗位20多万个；举办网上招聘活动200余场，网上注册单位1.8万家，求职毕业生9.6万人。2016年，全省基层就业项目招聘毕业生2 776人，其中“农村教师特岗计划”1 600人、“三支一扶计划”600人、“西部志愿者计划”120人、“大学生村官计划”456人，到各级各类中小企业就业的毕业生2万余人。报名应征入伍学生2.5万人，实际入伍5 300余人。各高校开展大学生创业意识培训和创办企业培训班555期（次），培训学生5.5万人，享受创业培训补贴近500万元。举办创业大赛、创业论坛、创业讲座等活动506场（次），参与学生达6.9万人，有创业意愿的学生达1 500余人。

〔**教育交流与合作**〕　2016年，国家留学基金委共录取山西省公派留学人员151名。教育部分配来华留学中国政府奖学金生奖励名额（研究生）14人、支持地方奖学金留学生名额10人。下达2016年到晋留学政府奖学金专项经费100万元，山西大学等5所高校配套资金111.5万元。出台《关于进一步加强和促进高校涉外交流合作的意见》，对全省开展中外合作办学的普通高中学校进行了办学情况评估。新审批太原市外国语学校等3所学校接收外国学生入学资格。截至2016年年底，全省可接收外国学生的中小学校达7所。2016年，全省各类出国人员共计1 241人，比2015年增长13%，全省回国人员共计794人，比2015年增长38.3%；全省到晋留学人数达848人次，比2015年增长97%，其中共建“一带一路”国家留学人数达494人次，占58.3%。选派对外汉语教师和志愿者27人。

〔**教育援疆**〕　召开全省教育系统援疆工作座谈会。全年先后承担20名新疆五家渠市公办学校有关人员信息化专业培训工作，组织30名新疆籍学生到晋参加夏令营，完成90名援疆大学生招生计划。

〔**民办教育**〕　加强对省属民办学校的年度检查，全省民办学校共46所，其中合格39所、不合格7所。全年共受理有关民办教育设置、变更和终止的行政审批项目9件，其中终止办学3件、变更举办者4件、变更名称1件、申请设立1件。14所在晋招生的民办学校完成招生简章（广告）备案。按照教育部要求，开展2016年度全国省属民办学校的统计工作。

〔**语言文字工作**〕　组织20.6万名师生参加全省小学师生中华经典书写大赛活动。在太原、晋中、定襄等部分市、县举办小学生汉字听写大赛。2016年，全省共开展诵读活动10 000余场次，参与师生达115万人次。省语言资源保护工程的具体做法在全国会议上进行了两次经验交流，在洪洞县赵城镇召开语言资源保护工程现场会，得到教育部语言文字信息管理司司长田立新一行的肯定。完成16个方言点的调查任务，形成“山西模式”。创建省级语言文字规范化示范校44所、省规范汉字书写教育特色校53所，7个三类城市通过达标性评估验收。

基础教育

〔**学前教育**〕　完成第二期学前教育三年行动计划。出台《关于开展普惠性民办幼儿园认定和奖补工作的指导意见》《山西省城镇住宅小区配套幼儿园建设和管理实施办法（试行）》《山西省幼儿园办园基本标准（试行）》等，开展普惠性民办幼儿园认定和奖补工作，推动城镇新建住宅小区配建幼儿园工作，扩大普惠性学前教育资源覆盖面。指导各地按照“准入一批，整顿一批，取缔一批”的原则分类治理无证幼儿园。印发《山西省教育厅关于进一步规范幼儿园保教行为提高幼儿园保育教育质量的通知》，加强幼儿园科学管理，规范幼儿园保教行为，提高幼儿园保教质量。新改扩建203所农村幼儿园。太原市小店区、运城市芮城县被确定为全国学前教育改革发展实验区。

〔**义务教育均衡发展**〕 各级财政共投入15.93亿元，推进全面改善贫困地区义务教育薄弱学校基本办学条件项目建设，累计有106个县（市、区）通过义务教育学校标准化建设省级督查，85个县（市、区）通过国家义务教育基本均衡发展督导评估认定。开展贫困地区农村教育发展调研，提请省政府办公厅印发《关于切实办好贫困地区农村教育的若干意见》，组织各地开展大班额摸底排查工作。在21个国家试点县和40个地方试点县开展农村义务教育学生营养改善计划，下达补助资金27 378万元，惠及49.36万名学生。印发《〈义务教育学校管理标准（试行）〉省级实验方案》，在太原市小店区等11个县（市、区）设立省级试点。

〔**普通高中教育**〕 联合省财政厅向全省公办普通高中下达1.48亿元办学经费，缓解了公办高中经费不足问题。指导各市开展普通高中办学条件标准化建设和验收，截至2016年年底，全省累计验收313所学校，完成2/3以上的建设任务。出台《山西省省级示范高中对口帮扶贫困县普通高中工作实施方案》，召开工作推进会，确定全省88所非贫困县省示范高中对口帮扶67所贫困县普通高中。

〔**中小学章程建设**〕 组织召开全省中小学章程建设工作暨培训会，对各地市教育部门相关负责人及60余位中小学校长进行专题培训，安排部署中小学章程建设工作。

〔**中小学德育和心理健康教育**〕 结合重大事件和重要时间节点，在全省中小学校广泛开展“山西好风光”美图大赛、主题班会征集、“我给祖国写封信”主题征文和全省校外活动场所陶艺展示等活动，把社会主义核心价值观和优秀传统文化教育融入学校教学和管理各环节。拟定《山西省中小学文明校园测评细则》，开展文明校园创建活动，在全省范围内推广太原市和晋中市德育工作经验。推广晋中市心理健康教育示范区经验，实施全省第二批中小学心理健康特色学校创建活动，提升全省学生心理健康教育工作水平。投入中央彩票公益金630万元，对全省22个县级青少年校外活动中心进行修缮维护、改扩建，利用彩票公益金2 430万元，对全省88个县级活动中心进行设备添置和更新。

〔**特殊教育**〕 印发《关于开展义务教育阶段适龄重度残疾儿童少年送教服务工作的指导意见》《山西省适龄“三类”残疾儿童少年义务教育入学情况统计工作流程》，指导各地落实好残疾儿童、少年“一人一案”，全省视力、听力、智力残疾儿童、少年义务教育入学率达90%以上。联合省残疾人联合会召开2016年全省特殊教育工作会议，对全省750余名特殊教育教师进行培训。

职业教育与成人教育

〔**人才培养**〕 3月，印发《2016年对口升学专业课考试大纲》和《山西省教育厅关于做好2016年中等职业学校毕业生对口升学工作的通知》，确保对口招生工作的完成。6月，公布2016年“三二分段”五年制职业教育招生院校和专业，要求各相关职业院校认真执行人才培养方案，保证教育教学质量，满足学生多样化成长、成才的需要。

〔**专业建设**〕 新增长治职业技术学院绿色食品生产与检验等89个高等职业教育专业，同意山西省雁北煤炭工业学校等39所职业院校新增焊接技术应用等75个专业或专业方向。完成高等职业教育2017年新设专业考核工作，同意开设的专业81个，不同意开设的专业6个。

〔**基础能力建设**〕 验收通过2个县级职业教育中心、13所中职改革发展示范校。利用44 600万元专项资金，立项建设255个实训基地项目和重点专业项目。印发《山西省教育厅关于推进职业院校实训基地和重点专业（含特色专业）项目建设的指导意见》，启用并依托山西省职业院校实训基地和重点专业建设质量监测系统对实训基地项目建设过程进行质量监测。

〔**职业教育集团化办学**〕 印发《山西省教育厅关于进一步推进职业教育集团化办学的意见》，推动职业院校与行业、企业进一步深化合作内涵，职业院校人才培养更加符合全省经济社会发展需求。

〔**学校管理**〕 研究制定《山西省职业院校管理水平提升行动计划实施方案》。开展职业教育专项督查，重点抽查22个县、12所省属职业院校和55所市、县职业院校，全面督查了119个县级政府和全省职业院校的贯彻落实情况。组织开展第三批11所和第二批暂缓通过的2所国家级中职教育改革发展示范校省级验收工作。完成376所中职学校办学资质清查和管理星级评估认定，其中347所学校符合标准、28所学校按要求限期整改、取消1所学校办学资质。

〔**职业技能大赛**〕 举办山西省第十届职业院校技能大赛，全省职业院校的4 600多名师生参加省级决赛，共决出一等奖319个、二等奖626个、三等奖953个。组织参加全国职业院校技能大赛，共获7个一等奖、20个二等奖、55个三等奖。山西省财政税务专科学校成功承办全国高职院校会计技能大赛。

〔**职业学校文明风采竞赛**〕 举办山西省第八届中职学校文明风采竞赛活动，评选出一等奖作品402件、二等奖作品601件、三等奖作品590件，5个市的教育局和16所职业院校获优秀组织奖。

〔**开展农民、职工技术培训**〕 2016年，完成农村实用技术培训270万人次，完成职工培训10 000人次，其中煤炭产业人才培训5 000人次。牵头开展煤炭企业职工带薪转岗教育培训工作。

〔**社区教育**〕 2016年，完成社区教育培训589万人次，其中妇女培训189万人次、残障人员培训13.7万人次、矫正人员培训3.5万人次。创建各类学习型组织3 000多个。2016年，全省22个市（区、县）举办全民终身学习活动周，比2015年增加4个，占全省130个市（区、县）的17%。在各市教育局初审后，省教育厅推荐的3人获“2016年百姓学习之星”称号；选送了2个“终身学习品牌项目”，其中“太原市全民终身学习天天课堂”被评选为“2016年特别受百姓喜爱的终身学习品牌项目”。晋中市左权县被确定为第六批全国社区教育实验区。

高 等 教 育

〔**高校章程建设**〕 审核山西能源学院、太原学院、山西机电职业技术学院、山西财贸职业技术学院、山西轻工职业技术学院、山西建筑职业技术学院、山西体育职业学院、山西林业职业技术学院、山西电力职业技术学院、山西国际商务职业学院、山西交通职业技术学院、山西煤炭职业技术学院、山西药科职业学院、山西职工医学院、山西省政法管理干部学院15所高校章程。

〔**重点学科建设**〕 组织实施“优势学科攀升计划”和“服务产业创新学科群建设计划”。评选立项山西大学物理学等10个“优势学科攀升计划”项目和太原理工大学能源与电气工程等12个直接服务产业创新的学科群（含培育），重点支持山西大学生态学等33个省级重点学科建设项目，逐步构建地域特色鲜明的学科学位支撑体系。委托第三方对全省重点学科进行发展性评估，并依据评估结果调整20个学科的建设层次，撤销8个重点学科资格。组织高校参加全国第四轮一级学科整体水平评估，共有44个博士学位授权一级学科和133个硕士学位授权一级学科参加。

〔**高校布局和专业结构调整**〕 山西警察学院、山西能源学院正式设立。高校共新增67个本科专业。围绕省综合改革试验区建设对相关专业人才的需求，支持有关高校设置了新能源科学与工程、采矿工程、能源经济、城市管理、生物制药、物联网工程、会展经济与管理、汽车服务工程等专业；批准有关高校依托有关专业设置数字金融、大数据云计算、健康产业管理、新能源材料等专业方向。

〔**高等教育质量工程**〕 对2016年度全省高等学校优势专业建设项目等3个教学项目进行评选，评选出优势专业20个；教学改革创新项目152项，其中重点项目24项、一般项目128项；大学生创新创业训练计划项目572项，其中重点项目132项、一般项目440项。遴选确定太原工业学院、山西传媒学院、山西工程技术学院、山西能源学院、山西应用科技学院、山西大学商务学院6所高校为本科高校向应用型转变试点高校，山西大同大学、吕梁学院为本科高校向应用型转变试点候补高校。

〔**研究生教育**〕 认定山西大学、太原理工大学等6个省级研究生教育创新中心和13个省级研究生联合培养基地，立项支持37项研究生联合培养基地人才培养项目。开展优秀博士、硕士学位论文评选和研究生学位论文抽检工作，制定出台《山西省学士学位论文质量抽检办法》，启动学士学位论文质量抽检工作。

〔**大学生思想政治教育**〕 贯彻中央、省委关于进一步加强和改进新形势下高校宣传思想工作的意见精神和全国高校思想政治工作会议精神，指导各高校根据实际制定出台实施办法，启动高校思想政治工作调研，全省高校宣传思想工作制度体系和工作机制进一步完善。建立省委、省政府领导联系高校和上讲台开展思想政治教育工作制度。严格高校课堂、论坛和讲座管理，牢牢把握党对高校意识形态领域工作的主动权和领导权。举办高校宣传思想工作暨哲学社会科学工作“四支队伍”骨干培训班，培训高校宣传部长、学生工作骨干、思想政治理论课教师和哲学社会科学教师350余人，提高了高校思想政治工作队伍的整体素质。与中央宣传部时事报告杂志社合作在南开大学举办形势政策课教师培训暨第十五届高校思想政治理论课教研部主任论坛。启动全省高校思想政治理论课集体备课工作，组织开展辅导员职业能力大赛，提升高校思想政治工作队伍能力水平。高校工委与《山西日报》共建的“晋青春”频道正式上线运行，在山西新闻网开通“高校影视城”频道，利用网络媒体展示校园文化，宣传办学成果，为全省高等教育改革发展营造了良好氛围。

〔**高层次人才队伍建设**〕 制定《关于高等学校吸引、稳定高层次人才的若干意见》，修订《“三晋学者”支持计划实施办法》，增设“青年三晋学者”层次。选聘中北大学教授薛晨阳为省“三晋学者”特聘教授；选聘山西大学教授陈刚等40人为山西省“青年三晋学者”特聘教授。新增“长江学者”特聘教授1人。继续实施高等学校“131”领军人才工程，评审出第三批“131”领军人才132名。

〔**高校科技创新**〕 遴选确认太原理工大学煤层气高效开采与利用协同创新中心、太原科技大学山西省关键基础材料协同创新中心、山西农业大学黄土高原特色作物优质高效生产协同创新中心、山西师范大学山西先进永磁材料与技术协同创新中心、中北大学煤基工业气体深度净化技术协同创新中心、山西大学大田粮食作物生物配肥集成技术协同创新中心、山西传媒学院文化创意产业发展协同创新中心、山西大学晋商学与区域经济发展协同创新中心为省级2016年度高校协同创新中心。立项支持109项科技创新项目、110项哲学社会科学研究一般项目和37项人文社科重点研究基地项目。2016年，全省高校共承担国家社科基金55项，占全省项目总数的93%，项目经费共计1 145万元，占全省经费的93.5%。共承担国家自然科学基金项目293项，项目经费1.06亿元，其中包括国家优秀青年基金项目2项、重点基金项目2项。山西大学教授岳谦厚主持的“太行山和吕梁山抗战文献整理与研究”项目被遴选为2016年度教育部哲学社会科学研究重大课题攻关项目。遴选出本年度山西省高等学校优秀创新团队3个、中青年拔尖创新人才12人、优秀青年学术带头人30人。2016年，全省高校共获教育部第七届高等学校科学研究优秀成果奖三等奖6项。

〔**人文社科重点研究基地建设**〕 批准依托山西大学建设的绿色发展研究中心、城乡治理研究中心、体育发展研究中心，依托太原理工大学建设的普通高校竞技体育运动研究中心，依托山西医科大学建设的卫生管理与政策研究中心，依托太原科技大学建设的企业社会责任研究中心、装备制造业创新发展研究中心，依托山西中医学院建设的山西中医药发展研究中心、傅山文化研究中心为山西省高等学校人文社会科学重点研究基地。截至2016年年底，全省高校人文社科重点研究基地达38个。

〔**高校党建工作**〕 指导13所高校完成党委换届工作。会同省委组织部举办全省高校深化“两学一做”暨领导干部素质能力提升研讨班，省领导楼阳生、盛茂林、张复明等出席会议并做专题辅导，努力提升高校领导干部办学治校能力。指导高校严格落实党委领导下的校长负责制，制定《山西省高等学校实行领导班子任期制办法》《山西省高等学校领导班子任期目标责任考核实施细则》，健全完善校、院两级会议制度和议事规则，不断强化党委的领导核心作用。会同省委组织部印发《关于实施“双带头人”培育工程进一步加强高校教师党支部书记队伍建设的意见》，选优配强教师党支部书记，高校基层党组织建设得到全面加强。及时组织所属高校开展党员组织关系集中排查工作，确保各高校党员全覆盖无遗漏。会同省委统战部召开全省高校统战工作会议，高校统战工作思路和方向进一步明确。

〔**教育信息化建设**〕 推动全省高校“数字校园”建设，省内多所高校已完成数字校园一期工程建设并正式上线应用。推进校园网设备更新换代，省内多所高校对校园网设备进行了较大规模的更新，校园网的可靠性和稳定性大幅提高。举办全省高校信息化建设学术论坛，开展各种形式的业务培训和学术交流活动。

〔**成人高等教育**〕 完成2015年度函授站年检，133个函授站中有132个年检合格。批准2所普通高校新设立函授站2个，8所高校新增设专业14个。完成2016级成人高等学历教育2.6万人的新生学籍注册工作和2016届毕业生6.2万人的即时注册工作。

撰稿　张建伟
审稿　李宏卿

内蒙古自治区教育

概　　况

〔基本情况〕

内蒙古自治区各级各类学校校数、教职工、专任教师情况

	学校数（所）	教职工数（人）	专任教师数（人）
一、高等教育			
（一）研究生培养机构（不计校数）	10		
1. 普通高校	9		
2. 科研机构	1		
（二）普通高等学校	53	39 263	25 935
1. 本科院校	17	24 068	15 663
其中：独立学院	2	752	576
2. 高职（专科）院校	36	15 195	10 272
3. 其他普通高教机构（不计校数）			
（三）成人高等学校	2	403	197
（四）民办的其他高等教育机构			
二、中等教育	1 279	155 560	110 443
（一）高中阶段教育	586	77 789	53 362
1. 高中	289	53 119	34 823
普通高中	289	53 119	34 823
完全中学	115	18 418	8 080
高级中学	152	31 962	26 068
十二年一贯制学校	22	2 739	675
成人高中			
2. 中等职业教育	297	24 670	18 539
普通中专	75	5 725	3 892

续表

	学校数（所）	教职工数（人）	专任教师数（人）
成人中专	61	2 234	1 719
职业高中	111	10 435	8 162
技工学校	50	6 276	4 766
其他中职机构（不计校数）			
（二）初中阶段教育	693	77 771	57 081
1. 初中	693	77 714	57 069
初级中学	469	57 340	43 522
九年一贯制学校	224	20 374	6 229
十二年一贯制学校			836
完全中学			6 482
职业初中			
2. 成人初中		57	12
三、初等教育	2 044	118 944	99 942
（一）普通小学	1 730	117 997	99 358
小学	1 730	117 997	90 017
九年一贯制学校			8 657
十二年一贯制学校			684
（二）成人小学	314	947	584
其中：扫盲班	259	747	512
四、工读学校			
五、特殊教育	46	1 534	1 313
六、学前教育	3 672	63 994	39 633

注：①完全中学的学校数和教职工数计入高中阶段教育，九年一贯制学校的校数和教职工数计入初中阶段教育，十二年一贯制学校的校数和教职工数计入高中阶段教育。专任教师按照教育层次进行归类。②技工学校数据为 2015 年数据。③“（ ）”内数据为不计校数。

内蒙古自治区各级各类学历教育学生情况

单位：人

	毕业生数	招生数	在校生数
一、高等教育			
（一）研究生	5 652	6 427	18 520
博士	179	301	1 394
硕士	5 473	6 126	17 126
（二）普通本专科	111 516	121 850	436 699
本科	55 088	62 560	246 455

续表

	毕业生数	招生数	在校生数
专科	56 428	59 290	190 244
（三）成人本专科	47 891	8 979	31 080
本科	24 389	7 240	22 088
专科	23 502	1 739	8 992
（四）其他各类高等学历教育			
1. 在职人员攻读硕士学位		1 583	7 362
2. 网络本专科生			
本科			
专科			
二、中等教育	456 268	424 168	1 281 063
（一）高中阶段教育	236 010	226 845	668 507
1. 高中	160 737	146 962	448 994
普通高中	160 737	146 962	448 994
完全中学	32 154	34 732	99 898
高级中学	125 762	109 972	341 162
十二年一贯制学校	2 821	2 258	7 934
成人高中			
2. 中等职业教育	75 273	79 883	219 513
普通中专	32 306	37 730	110 176
成人中专	7 359	4 025	5 726
职业高中	29 451	30 052	86 770
技工学校	6 157	8 076	16 841
（二）初中阶段教育	220 258	197 323	612 556
1. 初中	219 748	197 323	612 376
初级中学	172 159	156 101	482 818
九年一贯制学校	17 133	17 196	51 210
十二年一贯制学校	3 042	3 004	8 558
完全中学	27 414	21 022	69 790
职业初中			
2. 成人初中	510		180
三、初等教育	203 006	227 594	1 349 670
（一）普通小学	198 507	227 594	1 338 134
小学	182 480	208 068	1 227 239
九年一贯制学校	15 137	17 556	101 952
十二年一贯制学校	890	1 970	8 943

续表

	毕业生数	招生数	在校生数
（二）成人小学	4 499		11 536
其中：扫盲班	3 117		5 546
四、工读学校			
五、特殊教育	1 033	1 581	9 423
六、学前教育	212 124	236 023	607 529

注：①完全中学、九年一贯制学校和十二年一贯制学校的学生数按教育层次分别计入对应教育阶段的学生数中。②特殊教育学生数中包括义务教育阶段随班就读的学生数、其他学校附设特教班的学生数。

内蒙古自治区各级各类非学历教育学生情况

单位：人次

	结业生数	注册学生数
总计	309 977	293 911
一、高等教育	81 167	71 869
（一）研究生课程进修班	189	302
（二）自考助学班		
（三）普通预科生		1 403
（四）进修及培训	80 978	70 164
其中：资格证书培训	44 676	43 718
岗位证书培训	21 322	13 916
二、中等职业教育	228 810	222 042
其中：资格证书培训	43 904	44 178
岗位证书培训	44 407	42 039
（一）中等职业学校	69 115	59 446
其中：资格证书培训	28 551	25 193
岗位证书培训	18 788	13 234
（二）职业技术培训机构	159 695	162 596
其中：资格证书培训	15 353	18 985
岗位证书培训	25 619	28 805

内蒙古自治区各级各类民办学校校数、教职工、专任教师情况

	学校数（所）	教职工数（人）	专任教师数（人）
一、高等教育			
（一）研究生培养机构（不计校数）			
1. 普通高校			
2. 科研机构			

续表

	学校数（所）	教职工数（人）	专任教师数（人）
（二）普通高等学校	10	1 507	1 027
1. 本科院校	2	752	576
其中：独立学院	2	752	576
2. 高职（专科）院校	8	755	451
3. 其他普通高教机构（不计校数）			
（三）成人高等学校			
（四）民办的其他高等教育机构			
二、中等教育			
（一）高中阶段教育			
1. 高中			
普通高中	38	2 564	1 063
完全中学	19	1 239	429
高级中学	10	498	344
十二年一贯制学校	9	827	290
成人高中			
2. 中等职业教育			
普通中专	40	1 152	627
成人中专			
职业高中	23	855	592
技工学校			
其他中职机构（不计校数）			
（二）初中阶段教育			
1. 初中	39	2 687	1 960
初级中学	18	1 062	786
九年一贯制学校	21	1 625	478
十二年一贯制学校			202
完全中学			494
职业初中			
2. 成人初中			
三、初等教育			
（一）普通小学	35	1 172	1 736
小学	35	1 172	825
九年一贯制学校			754
十二年一贯制学校			157
（二）成人小学			

续表

	学校数（所）	教职工数（人）	专任教师数（人）
其中：扫盲班			
四、工读学校			
五、特殊教育	3	36	27
六、学前教育	2 439	36 600	20 109
另有：民办培训机构（不计校数）	199	1 712	1 100

注：①完全中学的学校数和教职工数计入高中阶段教育，九年一贯制学校的校数和教职工数计入初中阶段教育，十二年一贯制学校的校数和教职工数计入高中阶段教育。专任教师按照教育层次进行归类。②“（ ）”内数据为不计校数。

内蒙古自治区各级各类民办教育学生情况

单位：人

	毕业生数	招生数	在校生数
一、高等教育			
（一）研究生			
博士			
硕士			
（二）普通本专科	5 979	7 452	26 506
本科	2 936	4 387	16 120
专科	3 043	3 065	10 386
（三）成人本专科	68		
本科			
专科	68		
（四）其他学生			
1. 民办高校			2 690
2. 民办的其他高等教育机构			
二、中等教育			
（一）高中阶段教育			
1. 高中			
普通高中	4 681	4 808	14 624
完全中学	1 427	2 068	5 996
高级中学	1 486	1 698	4 847
十二年一贯制学校	1 768	1 042	3 781
成人高中			
2. 中等职业教育			
普通中专	4 274	5 691	15 202
成人中专			

续表

	毕业生数	招生数	在校生数
职业高中	2 678	2 986	8 319
技工学校			
其他学生数			2 847
（二）初中阶段教育			
1. 初中	10 144	9 565	30 710
初级中学	3 530	4 591	13 486
九年一贯制学校	1 937	2 231	6 599
十二年一贯制学校	1 214	752	2 656
完全中学	3 463	1 991	7 969
职业初中			
2. 成人初中			
三、初等教育			
（一）普通小学	4 640	4 610	29 169
小学	1 949	2 272	13 168
九年一贯制学校	2 324	1 991	13 959
十二年一贯制学校	367	347	2 042
（二）成人小学			
其中：扫盲班			
四、工读学校			
五、特殊教育	24	51	253
六、学前教育	95 466	110 339	304 139
另有：民办培训机构（不计校数）			33 202

注：①完全中学、九年一贯制学校和十二年一贯制学校的学生数按教育层次分别计入对应教育阶段的学生数中。②特殊教育学生数中包括义务教育阶段随班就读的学生数、其他学校附设特教班的学生数。③“其他学生数”包括自考助学班学生数、预科生数、进修及培训学生数。

〔**教育经费投入**〕 2016年，全区教育经费总收入达763.95亿元，比2015年增长7.73%；全区教育经费总支出756.27亿元，比2015年增长7.59%；全区公共财政教育支出543.28亿元，比2015年增长4.76%。

〔**依法治教**〕 制定《内蒙古自治区教育厅简政放权放管结合转变职能工作方案》《内蒙古自治区高等学校章程建设方案》《内蒙古自治区民委系统法治宣传教育第七个五年规划（2016—2020年）》《内蒙古自治区教育厅规范性文件制定和备案办法》等重要文件。运用“双随机”抽查手段，规范事中事后监管，建立“一单、两库、一细则”，对2016年随机抽查重点事项清单和抽查结果进行公开。下放4项行政审批事项，保留5项行政许可审批事项，将原有的须开具证明的37项事项精简为32项。清理以自治区名义发文37件、本级规范性文件138件。开展法治宣传教育，组织“法治宣传月”“宪法宣传月”“法律进机关”等活动，为全区各中小学校全部聘任法治副校长，对1 000多名法治副校长进行培训。

〔**教师队伍建设**〕　大力实施乡村教师支持计划，进一步拓宽乡村教师补充渠道，在实施国家“特岗计划”的基础上，启动自治区“特岗计划”，完成765名两级特岗教师招聘工作。推进校长教师交流轮岗及支教工作，交流轮岗校长、教师8 807人，23名城镇退休教师到乡村学校支教。加强教师培训工作，国家级培训中小学和幼儿园教师71 433人次，自治区本级培训中小学和幼儿园教师4 148人次。启动高校新教师培训工作，培训新教师100人次。完成首批乡村学校从教30年教师和20年教师摸底统计汇总工作，并已颁发部分荣誉证书。制定出台中小学教师职称改革方案及正高级职称评审办法。制定《内蒙古自治区免费定向培养师资计划试点工作实施方案》。制定自治区乡村教师荣誉制度和自治区中小学特级教师评审办法。

〔**教育扶贫**〕　以自治区政府名义组织召开全区教育扶贫暨乡村教师队伍建设工作现场会，印发《内蒙古精准扶贫教育支持计划实施方案》，明确8个方面、30条主要举措，构建从学前到大学，直至就业的“一条龙”帮困包扶机制。整合教育领域人、财、物资源，统筹职业教育、基础教育各类工程项目，努力推动贫困地区基础教育办学条件改善。指导各地做好教育扶贫攻坚工作，指导盟市、高校开展教育扶贫建档立卡工作，提高扶贫工作的精准度和有效性。继续实施本科一批5%的扶贫地方专项招生计划、区内高职院校60%的单独招生计划用于招收贫困旗县（市、区）学生等政策措施，提高贫困旗县（市、区）学生上重点大学的比例。2016年，全区2.5万名教育贫困人口实现脱贫。

〔**学生资助工作**〕　初步建立了从学前教育到研究生教育全覆盖的学生资助体系。2016年，全区共落实各级各类资助资金56.08亿元，惠及学生466.27万人次。研究生教育：共落实资助资金1.95亿元，惠及学生2.27万人次。普通本专科教育：共落实资助资金20.32亿元，惠及学生40.41万人次。中职教育：共落实资助资金7.23亿元，惠及学生42.88万人次。普通高中教育：共落实资助资金14.46亿元，惠及学生64万人次。义务教育：共落实资金9.87亿元，惠及学生296.69万人次。学前教育：共落实资金2.25亿元，惠及幼儿20.02万人次。

〔**校园足球**〕　校园足球特色学校建设步伐加快，校园足球“四级两段三营”赛训体系日趋完善。全区建成国家级校园足球特色学校743所、自治区级校园足球特色学校907所，覆盖全区50%以上的中小学校。全年举办校园足球各项赛事9 818场次。

〔**招生考试**〕　继续推进考试招生制度改革，全面加强考试管理和规范招生录取管理，加强考试巡视检查，从严查处违规行为。《自治区考试招生制度改革实施方案》经教育部审核同意备案，自治区政府正式印发并向社会公布。2016年，共组织全国和自治区17类29次教育统一考试，共计118.8万人次报名参加考试，累计录取考生23.9万人。2016年，全区普通高校招生报名人数为201 165人，较2015年增加1 977人，区内外普通高校在全区共录取新生189 362人。

〔**教育信息化建设**〕　全区中小学校校园网接入率达99%，多媒体教学设备配备率达95%，上线运行各级各类教育资源平台71个，启动自治区教育公共服务云平台建设。中小学“同频互动课堂”在92个旗县（市、区）得到建设与应用，促进优质教育资源共享。

〔**安全稳定**〕　贯彻落实国家和自治区关于安全生产和维护稳定的部署要求，落实学校安全管理工作责任制，以隐患排查整治为重点，以平安校园创建为抓手，以制度建设为保障，全方位加强学校安全管理工作。制定《内蒙古自治区教育系统防范和遏制重特大事故工作实施方案》，对盟市高校开展了消防安全管理交叉督导，指导各地各校进行整改。制定《关于进一步加强民办学校安全管理的通知》，对民办学校安全管理工作进行督查，开展民办学校应急工作培训。制定并以自治区政府名义印发《自治区校车安全管理联席会议制度》，印发《自治区校车安全管理厅际联席会议成员单位职责》《进一步加强校车等交通安全管理的通知》，组织开展校车安全隐患排查整治。印发《关于全面加强学校食品和饮用水安全管理的通知》《关于开展学校饮用水专项整治的通知》，开展学校食品、饮用水安全联合督查。加强学校食堂"提质升级"和视频监控建设，全区中小学（幼儿园）食堂质量等级B级以上的达2 294个，占总数的70%以上，建成视频监控点9 181个，929个实现与食品药品监督管理部门联网。全面推进全区学校视频监控系统联网应用，完成自治区在线管理平台搭建，12个盟市的85所中小学实现链接，172个旗县的学校完成平台建设，各级各类学校安装监控21万个，665所学校与教育部门、公安部门联网。制定《内蒙古自治区平安校园创建指导意见（试行）》及指标体系，正式启动全区平安校园创建活动，全区已有1 656所学校被纳入各级平安校园行列。

〔**民族教育立法**〕《内蒙古自治区民族教育条例》经自治区十二届人民代表大会常务委员会第二十六次会议审议通过，于2016年11月1日起正式实施，标志着自治区民族教育进入了法治化发展的新阶段。

〔**民族教育优先重点工作**〕 自治区政府印发《内蒙古自治区人民政府关于加快发展民族教育的意见》。实施民族学校和民族语言授课学校标准化建设工程，确定项目学校40所，总投资达5亿多元。组织进行"2017年少数民族高层次骨干人才计划"网上报名审核工作，审核通过硕士研究生报名1 767人、博士研究生报名648人。

〔**民族教育教师培训**〕 全年培训民族教育教师9 700人次，投入经费近2 300万元。

〔**教材审查工作**〕 完成蒙古语授课中小学各学科教材通审修订工作，全年召开26次教材审查工作会议，组织专家教授747人次，审查中小学（幼儿园）蒙古文教材、相关教辅图书共1 120种。编审34种、出版45种大中专院校蒙古文教材。

〔**教育交流与合作**〕 进一步扩大教育对外开放，全年接受来华留学生3 666人，新增接受来华留学生学校7所，录取内蒙古自治区政府奖学金蒙古国留学生100人和蒙古国边防总局专业技术人员15人。推进"一带一路"和"中蒙俄经济走廊"教育交流合作，起草《内蒙古自治区关于做好新时期教育对外开放工作的实施方案》，参加中蒙俄经贸洽谈会——中蒙俄教育论坛，签署5项友好合作协议书。不断规范中外合作办学，加强外籍教师管理，提升自费留学中介机构服务水平，规范因公临时出国（境）管理，扩大公派出国规模，加大国际化人才培养力度。

〔**开展"两学一做"学习教育**〕 按照党中央和自治区党委部署要求，加强对教育系统"两学一做"学习教育的统筹指导，制定《关于在教育厅机关、直属事业单位全体党员中开展"两学一做"学习教育的方案》《关于在全区高等学校党员中开展"两学一做"学习教育的指导意见》《自治区党委高校工委、教育厅"两学一做"学习教育督导工作方案》，全面落实基层党建任务，强化思想政治建设，"两学一做"学习教育取得显著成效。召开全区高校党委书记抓基层党建工作述职评议会，组织开展全国和全区"两优一先"先进典型推荐工作，组织召开庆祝中国共产党成立95周年暨全区高等学校优秀共产党员、优秀党务工作者和先进基层党组织表彰大会。

〔**成立中共内蒙古自治区教育系统工作委员会**〕 8月24日，中共内蒙古自治区教育系统工作委员会成立大会召开，自治区党委常委、组织部部长李鹏新，自治区党委教育系统工委书记、教育厅厅长侯元出席大会。工作委员会成立后，迅速组织开展调研并制定《中共内蒙古自治区教育系统工作委员会工作规则》《中共内蒙古自治区教育系统工委近期工作要点》等。

〔**党风廉政建设**〕 召开2016年全区教育系统党风廉政建设工作会议，制定《2016年全区教育系统党风廉政建设工作要点》。在高校党委书记抓基层党建工作述职工作评议会议上，对高校党委抓党风廉政建设工作进行了点评，促进“两个责任”“一岗双责”的落实。制定《关于规范共产党员、领导干部操办婚丧喜庆事宜的实施办法》，组织召开全区治理教育乱收费厅际联席会议，制定并下发《实施意见》。

基础教育

〔**学前教育**〕《第二期学前教育三年行动计划》任务基本完成，教育资源不断扩大，办学条件得到明显改善，学前三年毛入园率稳定在90%以上。该《计划》实施以来，总投入达57.42亿元，新增幼儿园932所，其中公办幼儿园515所、民办幼儿园417所，新增幼儿学位91 986个，普惠性幼儿园占比达65%，“政府主导、社会参与、公办民办并举”的办园体制基本形成，“入园难、入园贵、入园远”的问题得到有效缓解。

〔**义务教育**〕 义务教育均衡发展步伐加快，投入8.5亿元，继续改善农村牧区薄弱学校办学条件，惠及76个项目旗县的2 040所学校。投入3 570万元，建设农村牧区学校教师周转房，500多名教师受益。8 807名校长、教师参加轮岗交流，招聘农村牧区“特岗教师”365名。2016年，全区有34个旗县（市、区）通过国家督导验收，累计通过国家县域内义务教育基本均衡验收的旗县达61个，在全国处于中等水平。起草《内蒙古自治区人民政府关于统筹推进县域内城乡义务教育一体化改革发展的实施意见》，印发《关于进一步巩固义务教育普及成果做好控辍保学工作的通知》《关于进一步规范中小学办学行为若干规定的通知》《关于严格执行中小学校历和作息时间有关规定的通知》。

〔**实施消除大班额计划**〕 编制《内蒙古自治区消除大班额专项规划（2016—2020）》，明确工作任务和时间表、路线图。全区通过采取新建、改扩建校园校舍、合理分流学生等措施，有效缓解大班额问题。2016年，全区56人以上大班额比2015年减少3 754个，大班额比例为3.66%，比2015年下降7.42个百分点；66人以上超大班额比2015年减少928个，超大班额比例为0.29%，比2015年下降1.89个百分点。

〔**普通高中**〕 普通高中优质特色多样化发展稳步推进，优质普通高中教育资源不断扩大，自治区示范性普通高中已达73所。普通高中招生制度改革稳步推进，研究制定《内蒙古自治区普通高中学业水平考试实施办法》《内蒙古自治区普通高中学生综合素质评价实施办法》，出台《关于进一步规范普通高中招生工作的通知》。

〔**特殊教育**〕 实施《特殊教育提升计划》，特殊教育学校布局、学段衔接、普职融通、医教结合体系初步形成，特殊教育资源教室实现县域全覆盖，学生康复训练覆盖面逐步扩大，特殊教育帮助残疾学生更好地融入社会的教育服务能力进一步增强。2016年，全区特殊教育学校增至46所，在校生增至9 423人，特殊教育生均公用经费提高到6 000元。

职业教育与成人教育

〔**中等职业教育**〕 进一步扩大中职学校毕业生对口升学招生计划，指导自治区首批32所现代学徒制试点职业院校加强试点建设，推荐47所中职学校作为产教整合发展工程备选项目。加强职业教育联盟建设，组织全区中职学校与北京、上海等地区优质职业院校建立职业教育联盟，在协作招生、人才培养、教师培训和毕业生就业创业等方面进行深度合作。进一步稳定中等职业教育办学规模，按照教育部高中阶段教育招生工作的有关政策，引导建立统一招生平台，统筹管理普通高中和中职学校招生工作。2016年，全区中职学校招生7.2万人，国家和自治区累计投入中等职业教育基础能力和质量提升工程资金达3.79亿元。

〔**高等职业教育**〕 在全区15所高职院校启动学分制改革试点，全区28所高职院校开展高职院校单独招生考试试点工作，完成单独考试招生12 273人，中职学校毕业生中有9 479人通过对口升学考试升入高职院校。组织实施教育部《高等职业教育创新发展行动计划（2015—2018年）》，印发《内蒙古自治区高等职业院校内部质量保证体系诊断与改进实施方案》，继续探索高等职业院校试办本科职业教育。

高等教育

〔**“双一流”建设**〕 自治区政府办公厅印发《内蒙古自治区统筹推进国内和世界一流大学一流学科建设的总体方案》。根据该方案，指导内蒙古大学研究制定校级“双一流”建设项目实施方案。结合全区“双一流”建设，继续资助和重点支持全区26个优势特色学科建设，高校重点学科水平持续得到提升。

〔**本科教学评估**〕 完成对内蒙古大学、内蒙古科技大学、内蒙古民族大学、内蒙古财经大学4所学校的本科教学审核评估工作，完成对呼和浩特民族学院的本科教学合格评估工作。

〔**研究生教育**〕 加强博士单位立项建设工作，争取设立内蒙古医科大学中医学（蒙医学）博士学位授权点。贯彻落实《教育部关于改进和加强研究生课程建设的意见》，安排160万元专项资金，在继续组织实施2016年教育部试点项目工作的同时，在全区各培养单位全面推进研究生课程建设。遴选和资助200项研究生科研创新项目，遴选12个自治区研究生联合培养基地，评选表彰104篇全区优秀博士、硕士论文。批准河套学院为新增学士学位授予单位，审核批准了13所本科院校的41个本科专业为新增学士学位授权专业。

〔**创新创业教育**〕 召开全区深化高等学校创新创业教育改革工作推进会，印发《内蒙古自治区关于深化高等学校创新创业教育改革实施方案》。启动自治区级大学生创新创业训练计划项目，举办第二届内蒙古自治区“互联网+”大学生创新创业大赛，支持新建本科院校建设自治区级实验教学示范中心，举办全国创新创业活动周内蒙古自治区分场高校创新创业教育改革成果展。

〔**人才队伍建设**〕 开展2016—2017年度“草原英才”工程产业创新创业人才团队、高层次人才创新创业基地、“草原英才”申报工作。2016年，教育系统入选“草原英才”创新创业团队12个，“草原英才”27名，引进人才14名，基础教育专项人才12名，二轮滚动团队6个。1人入选2015年“长江学者奖励计划”特聘教授，向自治区党委组织部推荐29名教师列入2016年“西部之光”访问学者计划，向教育部推荐2016年“青年拔尖人才支持计划”候选人4名。

〔**地方本科院校转型发展**〕 会同自治区发展和改革委、自治区财政厅完成了部分本科院校转型发展试点遴选工作。经自治区政府同意，确定赤峰学院等5所高校为整体转型试点高校，内蒙古医科大学等4所高校为部分专业（集群）转型试点高校。

〔**毕业生就业指导工作**〕 进一步强化高校毕业生就业指导服务，深入实施创新创业教育，不断强化创新创业课程体系和师资队伍建设，全区高校共开设创业指导必修课37门、选修课28门；有专兼职创业导师749人。强化就业质量报告反馈机制，推动高校以社会需求为导向改革人才培养模式，发布《2015年度内蒙古自治区高校本科、高职高专毕业生就业质量年度报告》，提高了高校依据社会需求动态调整专业设置、服务经济社会发展的自觉性。截至9月1日，全区高校毕业生初次就业率达86.19%，其中蒙古语授课毕业生初次就业率达87.06%，同比增长3.92个百分点，实现了高校毕业生初次就业率同比基本稳定的工作目标。

撰稿　窦怡然

审稿　王惠忠　格日乐图

辽宁省教育

概　　况

〔基本情况〕

辽宁省各级各类学校校数、教职工、专任教师情况

	学校数（所）	教职工数（人）	专任教师数（人）
一、高等教育			
（一）研究生培养机构（不计校数）	45		
1. 普通高校	37		
2. 科研机构	8		
（二）普通高等学校	116	98 546	64 946
1. 本科院校	65	76 975	50 132
其中：独立学院	11	2 783	2 207
2. 高职（专科）院校	51	21 571	14 814
3. 其他普通高教机构（不计校数）			
（三）成人高等学校	20	3 008	1 765
（四）民办的其他高等教育机构	68	1 234	873
二、中等教育	2 328	240 078	176 117
（一）高中阶段教育	807	100 847	77 157
1. 高中	412	64 370	50 630
普通高中	412	64 370	50 630
完全中学	64	7 579	3 996
高级中学	325	53 673	45 684
十二年一贯制学校	23	3 118	950
成人高中			
2. 中等职业教育	395	36 477	26 527
普通中专	106	14 285	10 480

续表

	学校数（所）	教职工数（人）	专任教师数（人）
成人中专	1	535	415
职业高中	180	13 105	9 671
技工学校	108	8 552	5 961
其他中职机构（不计校数）	31		
（二）初中阶段教育	1 521	139 231	98 960
1. 初中	1 521	139 231	98 960
初级中学	992	85 816	73 688
九年一贯制学校	529	53 415	21 977
十二年一贯制学校			896
完全中学			2 399
职业初中			
2. 成人初中			
三、初等教育	3 954	132 034	140 400
（一）普通小学	3 954	132 034	140 400
小学	3 954	132 034	115 376
九年一贯制学校			24 179
十二年一贯制学校			845
（二）成人小学			
其中：扫盲班			
四、工读学校	10	308	218
五、特殊教育	75	2 797	2 109
六、学前教育	10 133	108 441	66 162

注：①完全中学的学校数和教职工数计入高中阶段教育，九年一贯制学校的校数和教职工数计入初中阶段教育，十二年一贯制学校的校数和教职工数计入高中阶段教育。专任教师按照教育层次进行归类。②技工学校数据为2015年数据。③“（　）”内数据为不计校数。

辽宁省各级各类学历教育学生情况

单位：人

	毕业生数	招生数	在校生数
一、高等教育			
（一）研究生	27 760	33 704	99 083
博士	1 845	2 762	14 545
硕士	25 915	30 942	84 538
（二）普通本专科	263 530	255 721	998 719
本科	165 851	166 002	710 581

续表

	毕业生数	招生数	在校生数
专科	97 679	89 719	288 138
（三）成人本专科	73 747	63 819	148 810
本科	31 080	31 246	77 151
专科	42 667	32 573	71 659
（四）其他各类高等学历教育			
1. 在职人员攻读硕士学位		4 587	20 114
2. 网络本专科生	92 028	108 291	275 232
本科	47 866	58 292	153 523
专科	44 162	49 999	121 709
二、中等教育	690 862	665 725	1 984 562
（一）高中阶段教育	343 762	346 506	1 006 264
1. 高中	216 098	212 049	625 066
普通高中	216 098	212 049	625 066
完全中学	15 813	18 258	50 452
高级中学	196 824	188 417	558 867
十二年一贯制学校	3 461	5 374	15 747
成人高中			
2. 中等职业教育	127 664	134 457	381 198
普通中专	55 356	57 107	163 959
成人中专	6 852	9 902	30 566
职业高中	44 441	45 023	124 360
技工学校	21 015	22 425	62 313
（二）初中阶段教育	347 100	319 219	978 298
1. 初中	347 100	319 219	978 298
初级中学	265 308	241 416	742 343
九年一贯制学校	68 005	63 245	194 300
十二年一贯制学校	4 010	4 515	12 651
完全中学	9 777	10 043	29 004
职业初中			
2. 成人初中			
三、初等教育	319 861	313 496	1 988 681
（一）普通小学	319 861	313 496	1 988 681
小学	266 163	262 739	1 667 502
九年一贯制学校	51 339	48 608	308 477
十二年一贯制学校	2 359	2 149	12 702

续表

	毕业生数	招生数	在校生数
（二）成人小学			
其中：扫盲班			
四、工读学校	208	237	456
五、特殊教育	1 035	1 358	9 296
六、学前教育	289 078	318 575	912 720

注：①完全中学、九年一贯制学校和十二年一贯制学校的学生数按教育层次分别计入对应教育阶段的学生数中。②特殊教育学生数中包括义务教育阶段随班就读的学生数、其他学校附设特教班学生数。

辽宁省各级各类非学历教育学生情况

单位：人次

	结业生数	注册学生数
总计	2 018 880	2 053 334
一、高等教育	379 968	348 162
（一）研究生课程进修班		
（二）自考助学班	9 319	19 757
（三）普通预科生		1 472
（四）进修及培训	370 649	326 933
其中：资格证书培训	62 463	63 543
岗位证书培训	254 724	235 928
二、中等职业教育	1 638 912	1 705 172
其中：资格证书培训	94 283	125 543
岗位证书培训	216 481	183 820
（一）中等职业学校	249 790	72 473
其中：资格证书培训	54 808	36 466
岗位证书培训	47 948	13 544
（二）职业技术培训机构	1 389 122	1 632 699
其中：资格证书培训	39 475	89 077
岗位证书培训	168 533	170 276

辽宁省各级各类民办学校校数、教职工、专任教师情况

	学校数（所）	教职工数（人）	专任教师数（人）
一、高等教育			
（一）研究生培养机构（不计校数）			
1. 普通高校			
2. 科研机构			

续表

	学校数（所）	教职工数（人）	专任教师数（人）
（二）普通高等学校	34	14 281	10 983
1. 本科院校	24	11 788	9 167
其中：独立学院	11	2 783	2 207
2. 高职（专科）院校	10	2 493	1 816
3. 其他普通高教机构（不计校数）			
（三）成人高等学校			
（四）民办的其他高等教育机构	68	1 234	873
二、中等教育			
（一）高中阶段教育			
1. 高中			
普通高中	95	8 058	4 490
完全中学	27	2 324	1 159
高级中学	50	3 098	2 534
十二年一贯制学校	18	2 636	797
成人高中			
2. 中等职业教育			
普通中专	10	526	330
成人中专			
职业高中	76	2 556	1 458
技工学校			
其他中职机构（不计校数）			
（二）初中阶段教育			
1. 初中	34	2 802	3 429
初级中学	14	1 247	1 124
九年一贯制学校	20	1 555	716
十二年一贯制学校			776
完全中学			813
职业初中			
2. 成人初中			
三、初等教育			
（一）普通小学	29	1 123	2 315
小学	29	1 123	946
九年一贯制学校			641
十二年一贯制学校			728
（二）成人小学			

续表

	学校数（所）	教职工数（人）	专任教师数（人）
其中：扫盲班			
四、工读学校			
五、特殊教育			
六、学前教育	7 380	73 824	44 332
另有：民办培训机构（不计校数）	5 502	42 521	25 523

注：①完全中学的学校数和教职工数计入高中阶段教育，九年一贯制学校的校数和教职工数计入初中阶段教育，十二年一贯制学校的校数和教职工数计入高中阶段教育。专任教师按照教育层次进行归类。②“（ ）”内数据为不计校数。

辽宁省各级各类民办教育学生情况

单位：人

	毕业生数	招生数	在校生数
一、高等教育			
（一）研究生			
博士			
硕士			
（二）普通本专科	48 212	56 253	210 283
本科	34 218	41 694	164 606
专科	13 994	14 559	45 677
（三）成人本专科	1 386	2 036	3 400
本科	108	245	395
专科	1 278	1 791	3 005
（四）其他学生			
1. 民办高校			2 694
2. 民办的其他高等教育机构			19 335
二、中等教育			
（一）高中阶段教育			
1. 高中			
普通高中	24 951	31 450	86 178
完全中学	6 611	8 946	23 344
高级中学	15 430	17 591	48 348
十二年一贯制学校	2 910	4 913	14 486
成人高中			
2. 中等职业教育			
普通中专	1 082	2 101	5 845
成人中专			

续表

	毕业生数	招生数	在校生数
职业高中	7 510	9 406	25 008
技工学校			
另有其他学生数			1 563
（二）初中阶段教育			
1. 初中	19 083	20 593	59 724
初级中学	6 760	6 641	20 458
九年一贯制学校	3 453	3 640	10 343
十二年一贯制学校	3 698	4 304	11 971
完全中学	5 172	6 008	16 952
职业初中			
2. 成人初中			
三、初等教育			
（一）普通小学	8 019	6 268	42 281
小学	3 398	2 473	18 452
九年一贯制学校	2 457	1 788	12 139
十二年一贯制学校	2 164	2 007	11 690
（二）成人小学			
其中：扫盲班			
四、工读学校			
五、特殊教育	1		2
六、学前教育	150 012	171 401	565 331
另有：民办培训机构（不计校数）			895 928

注：①完全中学、九年一贯制学校和十二年一贯制学校的学生数按教育层次分别计入对应教育阶段的学生数中。②特殊教育学生数中包括义务教育阶段随班就读的学生数、其他学校附设特教班学生数。③“其他学生数”包括自考助学班学生数、预科生数、进修及培训学生数。

〔**召开全省教育工作会议**〕 2016年1月21日，全省教育工作会议召开。省教育厅厅长马辉出席会议并讲话，他对“十二五”期间全省教育事业发展和2015年重点工作进行了回顾，并提出2016年全省教育系统要抓好的六项重点工作：落实立德树人根本任务，着力提高教育质量；坚持改革创新，不断增强教育事业发展动力；积极进取，主动作为，提高高等教育服务新一轮振兴发展的能力；加强高校党建，切实担负起全面从严治党主体责任；加强建设，大力提高基础教育发展水平；落实全省职业教育工作会议精神，加快现代职业教育体系建设。他要求：第一，坚持把思想理论建设放在首位；第二，不断提高领导教育改革发展的能力；第三，大力推进依法行政、依法治教、依法治校；第四，从严从实开展作风建设；第五，维护好学校的安全稳定。

〔**唐国华任教育厅厅长**〕 7月29日，省十二届人民代表大会常务委员会第二十七次会议通过了《辽宁省人民代表大会常务委员会决定任免名单》，任命唐国华为辽宁省教育厅厅长。

〔**体育卫生与艺术教育**〕　举办全省第三届中小学生阳光体育展示活动；完成国务院督导委员会办公室和教育部联合督查组对辽宁省学校体育工作及体质健康测试达标专项督导的迎检工作，学生体质测试上报率提高4个百分点；争取省财政校园足球专项资金1 111万元，重点支持402所全国青少年校园足球特色学校建设，重点支持沈阳市法库县、大连市金普新区试点县、校园足球新长征辽宁站等相关工作；在全国率先开展首批402所全国青少年校园足球特色学校及试点县（区）评估检查与重点督察工作，对14所不达标学校亮黄牌。全年获批全国青少年校园足球试点县（区）1个、特色学校149所。

与省食品药品监督管理局、省卫生和计划生育委员会等部门组建督导检查组，对全省开展以食品安全和传染病预防为主的联合督导检查；首次使用食品安全快速检查设备，推进学校食堂管理规范化；完善全省学校卫生管理人员培训体系；关注民生，开展彰武县、西丰县农村义务教育学生营养改善计划试点工作。为义务教育阶段4.7万名中小学在校生提供午餐；启动辽宁省“十百千毒品预防教育示范校”遴选工作。

确定全省中小学美育特色学校124所，遴选全省中小学美育学科精品课120节，推动全省中小学美育工作全面开展；举办全省中小学生管乐团、合唱团比赛和全省普通高校美术类专业师生优秀作品评比活动；组织参加全国第五届中小学生艺术展演活动，现场展演节目数量和获奖数量均实现倍增。组织近30场高雅艺术进校园活动。

〔**学校安全管理工作**〕　组织开展安全隐患大排查大整治，共排查学校16 347所，排查安全隐患7 373处，整治安全隐患7 248处，投入资金达2.25亿元，梳理出重点隐患清单，形成《辽宁省教育厅关于开展全省学校安全隐患大排查大整治活动的情况报告》。加强安全教育培训工作，举办全省教育系统安全事故隐患排查治理信息统计人员培训班、教育系统安全管理干部培训班、全省安全教研员培训班和高校安全管理干部培训班，600余人参加培训。分别在锦州、铁岭、盘锦3个市和沈阳农业大学开展了防震减灾、校车消防等应急演练示范活动。

〔**招生工作**〕　全年组织考试60余次，参加考试约250万人次，组织招生录取4次，录取各类考生约40万人，办理自学考试毕业生近2.7万人。实施考试招生制度改革工作，落实高职院校分类考试改革，指导相关高职院校实施单独招生工作，本年开展单独招生的高职院校42所；改进普通高校招生投档录取模式，落实减少录取批次改革；落实招收农村学生专项计划任务，打通农村和贫困地区学子纵向流动渠道。加强考试招生管理专业化建设，在全国率先建立统一的巡查系统数据标准规范，对全省所有考场和保密室摄像头的通道名进行统一编号，对考场图像的OSD和导出文件命名进行统一规定。改进服务方式，重视民心网工作，全年通过民心网平台受理各种群众诉求共119件、答复问题共119件，答复率为100%。构建考生参与服务系统建设，改进网上报名和网上收费等流程，在手机客户端实现了注册、填报、报考状态查看、考点信息查看、成绩查询等功能。

〔**民族教育**〕　落实民族政策，会同省民族事务委员会开展全省民族教育工作督查调研工作。完成3 960名少数民族双语考生高考加分资格审查和137名少数民族骨干人才研究生报名资格审查工作，与75名学生签订了少数民族骨干人才定向协议书。会同省民族事务委员会召开“建设伟大祖国、建设美丽家乡”经验交流座谈会，遴选10所民族团结教育示范性学校。举办全省少数民族双语教育管理者培训班。召开内地民族班教育管理服务工作会议，完成内地民族班1 938名学生的招生计划。

〔**民办教育**〕　全省新增民办幼儿园35所、民办小学1所、民办普通高中1所、民办非学历教育培训机构108所，吸引社会资金达1.688亿元。

〔**民办教育管理**〕　开展民办教育发展状况、民办高校办学情况、民办教育法律法规和政策落实情况调研，召开民办教育工作及民办高校负责人座谈会，印发《辽宁省教育厅关于进一步加强民办教育服务与管理工作的通知》《辽宁省教育厅关于改革民办高校年检管理办法的通知》，提出简化社会资本兴办教育的审批手续和鼓励、支持社会资本进入教育领域的具体要求，建立信息季报制度。

〔**教育信息化建设**〕　全国教育信息化工作进展系统显示，全省 14 个市共填报中小学校 6 121 所，已实现宽带接入 10 M 以上的学校 4 255 所，占学校总数的 69.5%；联通互联网多媒体教室 63 215 间，占教室总数的 68.3%。加强教育管理信息化队伍建设，组织完成 2016 年全省教育管理信息化培训工作，全年培训各市、县（区）教育局局长和中小学校长 433 人。组织开展等级保护定级备案，稳步推进全省教育系统信息安全等级保护工作。截至 2016 年年底，全省已有 73 家单位共 164 个信息系统通过了省教育厅行业定级备案。加大网络与信息安全工作宣传力度，组织开展 2016 年全省网络安全宣传周系列活动，制定《辽宁省教育系统网络安全宣传周活动实施方案》，组织各市和各高校深入开展网络安全进校园宣传教育活动。建成辽宁教育数据中心，部署 9 个国家级核心教育管理信息系统和 16 个省本级通用业务系统，启动省级教育数字证书认证管理中心和省级教育呼叫中心建设，信息安全等级保护工作基本完成。建成全省中小学和中职学校学生基础数据库，实现基础数据伴随各业务管理信息系统的动态更新，教育管理公共服务平台框架构建完成。不断加强各类管理信息系统的应用，其中全国中小学生学籍信息管理系统共有中小学校 6 191 所，义务教育阶段在籍学生 275.2 万人，毕业生 66.9 万人；普通高中在籍学生 55.3 万人，毕业生 22.4 万人。累计完成省内转学的学生达 23.7 万人次，转入辽宁省的学生为 3.3 万人次，辽宁省转出的学生为 3.2 万人次。全国中小学校舍信息管理系统已录入 27 771 栋校舍基本信息，建筑面积约 3 609 万平方米，其中教学及辅助用房面积 2 040.5 万平方米、生活用房面积 944.4 万平方米、行政办公用房面积 419.6 万平方米、其他用房面积 204.6 万平方米。全国中职学生系统共有学生信息 333 220 人，分布在 19 大科类的 209 个专业中，全年共计转入学生 1 396 人、转出学生 1 506 人。全国教职工管理信息系统面向全省采集数据，全国学前教育管理信息系统审核通过的幼儿信息 669 436 条，共处理问题学籍 45 185 个。

〔**推进依法治教**〕　全面落实省教育厅主要负责人法治建设第一责任人职责，首次制发全面推进依法治教的实施意见。建立规范性、政策性文件定期清理制度，保留有效的规范性、政策性文件 157 件，首次发布 2016 年度目录，清理 519 件省政府及省教育厅规范性文件。依法处理行政诉讼、行政复议、投诉案件 12 件。在省政府 2016 年上半年精简行政审批等事项中取消、下放 9 项行政职权；调整 2016 年权责清单，确认 27 项行政职权；完善省教育厅公共服务事项目录，确认 16 项事项；开展省教育厅行政执法随机抽查规范事中事后监管工作，建立省教育厅随机抽查事项清单、随机抽查对象名录库和执法检查人员名录库，建立行政许可和行政处罚“双公示”制度，启动软环境平台联网工作。启动教育系统“七五”法治宣传教育工作，举办面向省、市、区三级教育行政部门和高校干部、师生参加的“学宪法讲宪法”学习报告会。组织发放 4 类法律知识读本，编印省教育厅依法行政重要文件汇编、依法治校文件选编、“七五”普法文件汇编以及“学宪法讲宪法”“依法保护未成年人权益”等法治学习宣传材料。首次举办全省中小学生法治知识竞赛，遴选出小学、初中、高中、高校 4 个组别学生参加教育部举办的首届全国“学宪法讲宪法”活动总决赛，组织参加全国青少年学生法治教育课件征集活动。省教育厅被评为全省法治宣传教育先进集体。

〔**机关党建工作**〕　组织开展省教育厅直属机关“两学一做”学习教育，制定“两学一做”学习教育实施方案和十八届六中全会学习方案，召开“两学一做”学习教育动员大会及推进会。落实党日制度，组织开展“两学一做”知识测试答题活动，采取多种形式宣传凤城市大梨树村党支部书记毛丰美的先进事迹，开展“立足岗位当先锋、推动振兴做贡献”“在职党员进社区”“机关转作风、为民四服务”等活动；开展定点扶贫工作，深入北票市开展扶贫调研3次，与27户建档立卡贫困户结对子，落实扶贫项目7个，筹措扶贫资金200余万元。落实中央对辽宁省巡视“回头看”和省委对省教育厅巡视“回头看”反馈意见整改工作，制定反馈意见整改方案。

〔**纪检监察工作**〕 完成国家五部委、驻教育部纪检组、省纪律检查委员会交办的各项工作任务，形成了各种文件、材料80多份。加强党风廉政建设的宣传教育，召开全省2016年教育系统党风廉政建设工作会议，印发《2016年全省教育系统党风廉政建设工作要点》。加强监督检查工作，对高校组建、转设及省教育厅机关和省教育厅直属事业单位机器设备采购招标等进行监督监察。办理信访工作，截至10月底，对接听的举报投诉电话、网络举报投诉、信件及其他单位转来的举报投诉都已做了处理。共接到全国治理办转办件9封，其中部际办函7封、部际办专函2封，均已回复。

〔**统战工作**〕 8月25日，省委统战部和省委高校工委联合召开第二次全省高校统战工作会议。开展统战干部培训工作，分别在辽宁工程技术大学、辽宁大学举办全省高校统战部长培训班和高校民主党派基层组织负责人培训班。开展统战理论研究，设立专项经费，研究高校工委统战理论课题，建立高校统战工作信息数据库。会同省教育信息中心印发关于做好辽宁省高等学校统战工作信息数据库建设的通知，开展高校统战工作信息数据库建设。组织全省高校参加统一战线凝心聚力“十三五”同心同行促振兴工作会议，省委高校工委以《发挥高校统战人才和智力优势同心同行促发展》为题做大会发言。印发《高校统一战线深入开展“凝心聚力‘十三五’同心同行促振兴”主题实践活动实施方案》。联合省委统战部举办“唱响同心曲　永远跟党走”全省高校统一战线庆祝中国共产党建立95周年专场音乐会。

〔**财务工作**〕 加强高校债务管理工作，按月组织各高校做好地方债务数据填报、管理和财政性资金结余结转、核对清查工作，开展省属高校资产负债情况调查。统一城乡义务教育经费保障机制，建立教育经费保障机制。加大资金统筹力度，以实施重大专项工程为突破点，切实提高教育发展过程中财务“扶弱”的保障机能。争取中央资金52.8亿元，与2015年相比增长13.3亿元。修订普通高中公用经费生均拨款标准，将普通高中公用经费生均拨款标准提高到2 200元（不含取暖费）。制定助学新政策，会同省财政厅落实《关于免除普通高中建档立卡家庭经济困难学生学杂费的意见》。启动普通高校分专业学费调整的前期论证工作。

〔**语言文字工作**〕 以活动为载体推进语言文字工作。完成对抚顺、辽阳、葫芦岛三市的国家二类城市语言文字规范化建设工作评估。在鞍山市举办全省小学生汉字听写大赛，在丹东市举办中小学青年教师经典诵读比赛和推广普通话宣传周活动，弘扬中华优秀传统文化。组织开展语言资源保护工程，首批6个中国语言资源保护工程项目调查点均已基本完成相关工作，申请支持经费66万元。开展民族地区教师普通话调研工作，组织开展全省首届大学生中华经典诗文诵读（录像）展示活动，共有66所高校选送了129件作品参赛。

基础教育

〔**学前教育**〕 扩大公办幼儿园资源，支持普惠性幼儿园可持续发展，全省各市全部出台普惠性幼儿园认定办法。支持261所幼儿园改扩建和改善办园条件，在农村和城乡接合部新建幼儿园36所，奖补380所公办及公办性质幼儿园，扶持743所普惠性民办幼儿园发展，普惠性幼儿园覆盖率达65%，学前教育三年毛入园率达93.4%。总结《3—6岁儿童学习与发展指南》优秀成果，制定印发未来3年全面贯彻实施《3—6岁儿童学习与发展指南》工作方案。围绕“幼小协同、科学衔接”主题，在沈阳市和平区举行学前教育宣传月活动启动仪式。组织省内学前教育专家、骨干园长和教师赴辽西北贫困地区送教下乡，开展菜单式精准培训，帮助贫困地区教师提高保教水平，1 700多名教师受益。开展五星级幼儿园评估定级，完成学前教育管理信息系统（二期）调试和信息采集工作。

〔**义务教育**〕 省政府印发《关于统筹推进县域内城乡义务教育一体化改革发展的实施意见》，省教育厅印发《关于义务教育发展基本均衡县（市、区）建设情况的通报》。推进义务教育课程设置方案修订工作，印发《辽宁省全面深化义务教育课程改革的指导意见》《辽宁省义务教育课程设置方案（2016年修订）》《辽宁省义务教育地方课程实施意见》，推进义务教育课程改革。推进义务教育课程改革示范学校创建工作，全年共认定课程改革示范学校79所。提升农村中小学管理水平和教育教学质量，在本溪满族自治县草河城中心小学召开全省农村寄宿制学校管理工作会议。印发《辽宁省中小学教科书选用管理实施细则（试行）》。

〔**普通高中教育**〕 印发普通高中学生学业水平考试和综合素质评价方案并报教育部备案，启动实施综合素质评价试点工作。研究国家普通高中课程改革方案和课程标准征求意见稿，遴选9所教育教学改革典型学校。评选100个优秀学生社团和40个学生社团工作先进学校。印发《辽宁省教育厅关于进一步规范普通高中管理工作的通知》，对省示范性普通高中实施动态管理。完成2016年普通高中新生学籍注册工作，进一步完善学籍异动管理办法。完成空军青少年航空学校招生工作，支持海军政治工作部在大连二十三中学举办海军航空实验班。举办全省普通高中课程改革专题培训，组织2015年教育教学改革典型学校校长到外省学习交流。

〔**德育工作**〕 召开全省中小学德育工作会议，在全省义务教育学校开展第二届社会主义核心价值观教育优秀案例评选活动，启动实施覆盖全省义务教育阶段学校的“创文明校园·做最美少年”系列活动。组织第五届“华育杯”中小学生好作文网络征集展评活动和第二届“少年传承中华传统美德”之“墨香书法展示”等系列活动。9月，教育部在大连市沙河口区召开全国劳动教育实验区项目现场推进会，沙河口区的劳动教育工作获得好评。评选辽宁省中小学省级三好学生、优秀团员、优秀学生干部和优秀班级共1 092人（个）。

〔**科技教育**〕 按照“普及与提高相结合、课内和课外相结合、学习与实践相结合”的工作思路，举办中小学航模夏令营，协调省科学技术协会等有关部门，组织10余万名中小学生和教师参加青少年科技创新大赛、青少年机器人竞赛，提升中小学生科学素质。

〔**教师队伍建设**〕 印发《辽宁省乡村教师素质提升计划（2016—2020年）》，对“十三五”期间提升乡村教师能力素质工作进行了统筹规划，并组织开展乡村教师培训工作，打造乡村教师、校长专业发展服务体系。会同省人力资源和社会保障厅印发《关于做好乡村学校从教30年教师荣誉证书颁发工作的通知》，向在乡村学校从教30年的5 000名教师颁发荣誉证书，同时组织各市对在乡村学校从教20年的教师进行统计。加强幼儿教师队伍建设，选派83名优秀园长、教师、部分行政人员参加国家级培训。开展五星级幼儿园、普惠性民办幼儿园、乡镇中心幼儿园和教研人员专项培训。组织《教师指导手册》编写团队专家赴5个市送教下乡，开展精准培训，全年完成3 605人的省级培训工作。

〔**特殊教育**〕 加大特殊教育经费投入力度，落实特殊教育学校生均公用经费6 000元标准，投入4 000余万元用于特殊教育学校资源中心、普通学校随班就读资源教室建设工作和特殊教育学校学生生活补助费和教师工作补贴。按照全覆盖、零拒绝的工作要求，与省残疾人联合会对未入学适龄残疾儿童进行实名登记，会同有关部门印发《关于对义务教育阶段重度残疾儿童少年开展送教上门服务工作的意见》，并为931名未入学的重度残疾儿童提供送教上门服务。加强特殊教育师资队伍建设，举办聋校非特殊教育专业教师教学基础理论与实践培训班和培智学校自闭症儿童结构化教学培训班，组织全省聋人学校中青年教师教学技能大赛，开展“交通银行特教园丁奖”评选工作。推进特殊教育改革试验区工作。配合省残疾人联合会在全省特殊教育学校开展残疾人运动员选拔工作，完成全国第十届残疾人运动会备战和残疾人运动员队伍培育工作。

〔**信息技术教育**〕 按照“服务全局、融合创新、深化应用、完善机制”的工作思路，推动信息技术和数字教育资源在中小学课堂教学中的合理有效应用和深度融合。争取国家经费120多万元，建设3个国家级学科专家团队工作室和3个国家级、9个省级在线会客室，组织20万名教师参与“一师一优课、一课一名师”活动。组织2万多名中小学师生开展中小学电脑制作活动以及信息与通信技术环境下教育教学创新展示评选活动，进一步加强中小学信息技术教育，培养学生的创新能力。

〔**教育督导**〕 制定督导实施方案和评估标准，对全省13个市及2个直管县开展全面改善贫困地区义务教育薄弱学校基本办学条件工作专项督导，形成督导报告，报送省政府并下发至各市。印发《辽宁省县域义务教育均衡发展督导评估实施办法和实施细则》，28个义务教育发展基本均衡县（市、区）通过了省级验收评估，22个县（市、区）通过了国家检查认定。全省建立中小学校督学责任区845个，责任区督学1 108名，实现中小学挂牌督导全覆盖。18个中小学校责任督学挂牌督导创新县（市、区）通过省级评估，其中11个县（市、区）接受国家实地核查认定，4个县（市、区）被认定为第一批全国中小学校责任督学挂牌督导创新县（市、区），7个县申报国家认定。发布《辽宁省县域义务教育优质均衡发展监测报告（2015）》为各级政府推动县域义务教育均衡发展提供了决策参考。启动辽宁省县域义务教育均衡监测系统省、市、县、校四级平台，对14个市、110个县的义务教育均衡状况进行实时动态监测。

〔**技术装备工作**〕 3月22日，召开全省教育技术装备工作会议，会议印发《辽宁省普通高中办学条件标准汇编》《辽宁省基础教育技术装备工作“十三五”发展规划（征求意见稿）》《2016年辽宁省幼儿园图书推荐书目》《辽宁省幼儿园活动区玩具配备目录》等材料。鞍山市第一中学郝旭等8名教师在第四届全国中小学实验教学说课活动中获奖，阜新市太平区被认定为省中小学图书馆（室）示范区，沈阳市第六十三中学等51所学校被认定为省中小学图书馆（室）示范校。

职业教育与成人教育

〔**现代职业教育体系建设**〕 推进中高等职业教育衔接，组织实施《辽宁省中、高等职业教育专业一体化人才培养方案和课程标准》，初步实现中高等职业教育教学无缝对接。印发《关于进一步完善职业教育对口升学考试招生工作的意见》，组织编制并出版发行《辽宁省中（高）等职业教育对口升学考试纲要（试行）》，初步建立了与现代职业教育体系建设相适应的职业教育考试招生制度。调整中职学校布局，指导各市陆续编制并实施市属中职学校布局结构调整指导意见和实施方案，整合、撤并中职学校 18 所。组织起草《关于推进县级职教中心转型发展的意见（征求意见稿）》，推进县级职教中心转型。优化专业布局，组织起草《辽宁省高等职业教育专业改革发展方案（征求意见稿）》。组织完成 2016 年高职新增专业及 2017 年拟招生专业备案审核，取消 10 所院校申报的艺术设计、连锁经营管理、应用电子技术等 14 个重复设置或就业前景差的专业，调控并规范了高职院校专业设置。提升内涵建设，制定《辽宁省职业院校管理水平提升行动计划实施方案（2015—2018 年）》和《辽宁省高等职业教育创新发展行动计划（2015—2018 年）总体实施方案》。配合省教育督导办公室组织完成全省职业院校评估工作。组织完成 2015—2016 年度中央财政支持的现代职业教育质量提升项目建设方案的审核备案工作，正式启动了项目建设工作。

〔**教育教学改革**〕 制定《关于大力推进现代职业教育改革创新，培养高素质技术技能人才工作的实施方案》，配套编制了《大力推进现代职业教育改革创新，培养高素质技术技能人才三年行动计划》及重点工作任务、目标及进度安排表。制定《辽宁省高等职业院校内部质量保证体系诊断与改进实施方案》，组建高职省级教学工作诊断与改进专家委员会。

〔**中职示范学校建设**〕 会同相关部门组织完成本溪市机电工程学校等 8 所第三批国家中职示范校项目建设的省级检查验收和国家验收相关材料的填报与提交工作。阜蒙县职业教育中心、锦州市现代服务学校、鞍山市广播电视学校、兴城市职业教育中心、铁岭市信息工程学校被确定为“辽宁省职业教育改革发展示范学校建设计划”第三批立项建设学校。推进高职示范院校建设，第三批立项的 10 所省级示范性职业院校完成项目建设方案与任务书编制并启动了项目建设工作。

〔**教师队伍建设**〕 组织实施 2016 年职业院校专业骨干教师国家级培训计划；依托省级职业教育师资培训基地，完成 2016 年度全省职业院校专业骨干教师省级培训 2 271 人次；组织开展 2016 年度全省中等职业学校教务管理人员培训，近 200 名中职、高职院校教务管理人员参加培训。

〔**示范性职教集团建设**〕 印发《辽宁省教育厅关于进一步推进职业教育集团化办学的意见》，在继续推进 9 个省级示范性职业教育集团建设的基础上，新组建了由辽宁建筑职业学院、辽宁林业职业技术学院、辽宁铁道职业技术学院牵头，联合相关企业和职业院校的信息技术、生态建设与环境保护、铁道工程 3 个省级职业教育集团。

〔**举办职业教育活动周**〕 5 月 8 日至 14 日，联合相关部门举办“职业教育活动周”活动。活动周以“弘扬工匠精神　打造技能强省”为主题，展示了全省职业教育发展的成果和特色。

〔**举办职业技能大赛**〕 3 月下旬，省教育厅举办 2016 年全省职业院校技能大赛，共有 14 个市 421 所职业院校的 51 000 名学生参加了 17 个专业类、83 个项目的专业技能比赛。6 月下旬，省教育厅举办 2016 年全省职业院校教师信息化教学大赛，来自全省 97 所职业院校的 664 名选手参加了 29 个学科（专业）的比赛。在省级比赛的基础上，组织 40 名教师参加全国职业院校教师信息化教学比赛，获一等奖 10 个、二等奖 16 个、三等奖 12 个。

高 等 教 育

〔**“双一流”建设**〕 省政府印发《辽宁省人民政府贯彻落实〈国务院统筹推进世界一流大学和一流学科建设总体方案〉的实施方案》（简称《方案》）。《方案》结合老工业基地新一轮振兴需求，进一步完善全省学科建设的顶层设计，提出未来全省学科建设的目标、思路和措施，制定“双一流”建设规划。到2020年，大连理工大学、东北大学学科建设水平进一步提升，综合办学实力和国际影响力明显增强，为冲击世界一流大学打下坚实的基础；5所省属高校进入全国高水平大学行列，5所省属高校进入行业领先研究应用型大学行列，5所省属高校成为全国知名的高水平应用型大学。5个学科达到世界一流水平，30个左右学科达到全国一流水平，50个左右学科成为辽宁老工业基地新一轮全面振兴起到支撑作用的优势特色学科。到2030年，大连理工大学、东北大学进入世界一流大学行列；2所省属高校达到全国一流水平，2所省属高校从全国行业领先大学进入高水平大学行列；5所省属研究型高校、5所研究应用型高校、10所应用型高校达到全国领先水平。10个左右学科进入世界一流学科行列，50个左右学科达到全国一流水平；全省学科结构全面优化，与辽宁省产业升级和技术改造的需求准确对接，在推进老工业基地振兴中发挥重要作用，全省高等教育核心竞争力明显提升。到21世纪中叶，若干所高校在全国同层次、同类型高校中处于领先地位。一批学科进入世界一流学科行列，若干个学科进入世界一流学科前列，一大批学科达到全国一流水平，全省一流大学、一流学科的数量和实力位居全国前列，大幅提升高等教育对经济社会发展的贡献度，实现高等教育强省的战略目标。

〔**本科专业建设**〕 建立预警与服务机制，引导专业结构优化。连续4年公布建议高校暂缓申请增设本科专业的“负面清单”，《光明日报》对此项工作进行了深度报道。继续完善本科专业信息平台，增加了2015年新设的47种专业的信息以及各专业2015年在辽宁省招生录取情况等。持续探索新的评估方式，对社会学、临床医学等省内高校开设的24类、73种专业、213个布点开展综合评价，并主动面向社会发布评价结果。已评价总计1 368个专业点，占符合评价条件专业点的88%。累计限招、停招88个办学水平低、不适应社会需要的专业点，带动34所学校主动停办、撤销125个专业点。支持学校面向老工业基地振兴发展、产业转型升级等需求，申请设置机器人工程等61个专业点，持续引导高校优化专业结构。

〔**本科教学质量提升**〕 完善“三层六面”教学质量保障体系，组织高校编制2015年度本科教学质量报告。承担全国专业评估试点工作。推进线上线下混合式跨校修读学分，以课程资源和学习平台为基础，开展大学生在线学习平台、跨校修读学分工作。

〔**大学生创新能力培养**〕 对20个创新创业教育改革试点进行专业建设，启动建设10个大学生创新创业实践教育基地、80个大学生校外实践基地和10个创业项目选育基地，开展3 000项省级大学生创业计划项目，实现本科高校“大学生创业计划”全覆盖。

〔**研究生教育**〕 获批成为国家级深化专业学位研究生教育改革试点省，并争取国家专项支持资金400万元。为深化研究生培养模式改革，20个研究生创新与学术交流中心开展创新竞赛活动，完成50门研究生精品课建设，建立20个研究生实践教育基地，开展30个研究生联合培养项目，在10所高校开展研究生课程体系建设试点。制定全省高校研究生培养能力评估考核指标体系，进一步完善《辽宁省硕士学位论文抽检办法》，抽检1 573篇硕士学位论文。分别在大连理工大学和东北大学建立研究生教育共享联盟，实现研究生跨校选课、学分互认及优质资源共享。

〔**高等教育供给侧改革**〕 在教育、金融、旅游、现代物流、信息技术和科技服务、健康养老、文化体育7个产业类别建立供给侧和需求侧精准匹配的人才培养对接方案，提升第三产业人才培养规模和供给能力的匹配度。在交通运输、金融服务、法律服务和教育事业发展等领域组织全省相关高校开展校企联盟建设，确认了首批盟员单位及联盟理事会成员。会同省工业与信息化委员会组建了工业领域装备制造、石油化工、冶金、电子信息、轻工纺织和建材6个产业联盟，并开展了相关工业领域基础人才需求与高校人才供给的初步对接工作。引导地方高校向应用型转变，全省共有21所高校整体转型，另有30所学校的200个专业开展转型试点，承担试点工作的高校占地方高校的85%。

〔**开展哲学社会科学学术活动**〕 会同省委宣传部等部门开展全省哲学社会科学学术活动月活动，完成2011—2012年度辽宁省哲学社会科学奖成果奖评审工作。举办第39—42期全省高校哲学社会科学教学科研骨干研修班。与教育部签署教育部人文社会科学重点研究基地共建协议。

〔**科技工作**〕 开展高校成果转化改革试点工作，支持和鼓励12所高校先行先试。印发《辽宁省人民政府办公厅关于加强校企协同创新联盟建设的实施意见》，打造新型校企协同创新联盟，开展科技成果转化对接活动55场。进一步加强科技创新研发和转化平台建设，获批4个国家地方联合工程实验室和工程（技术）研究中心。组织高校以各级各类研发转化平台为依托，组建16个高校—城市研究院、7个高校—企业研究院。开展“千名专家进千家企业”活动，省内以工科为主的高校安排科教人员对接省内900余家企业。组织“辽宁高校服务企业行”活动，促进高校科技、政府、企业深度融合。

〔**党建工作**〕 以开展“两学一做”学习教育为龙头，以落实全面从严治党要求为主线，推进高校党建工作，评选表彰33项基层组织建设创新成果；遴选确定40个示范点，推进高校基层党支部规范化建设；评选表彰100名大学生优秀党员、10名标兵；评选庆祝建党95周年理论文章58篇、优秀微视频17个；实施“校园先锋工程”，组织高校党员开展“一访、二联、三谈”活动，全省高校党员走访学生6.9万户，结对6.1万对，谈心谈话5.5万人次；组织开展“两学一做”学习教育网络答题活动，9.1万名师生参与，答题35.5万人次；组织900名教师党支部书记、480名大学生党员参加全国高校“两学一做”网络培训；遴选4个高校党员教育示范培训基地，举办6期示范培训，累计培训550余名高校党务骨干；落实省属高校党建工作报告制度，组织辽宁大学等17所省属高校开展党委书记抓党建述职评议考核工作，切实落实党建工作责任制；组织开展高校党建理论研究，评选2016年度辽宁省高校党建研究课题288项，表彰2015年度辽宁省高校党建研究课题优秀成果56项，引领高校党建科学发展。

〔**思想政治教育工作**〕 开展中国特色社会主义理论体系和中国梦系列宣传教育活动，举办全省高校纪念红军长征胜利80周年重走长征路巡讲活动；组织开展第三届“礼敬中华优秀传统文化”系列活动；完成《中共辽宁省教育厅党组中共辽宁省委高校工委关于2016年意识形态工作报告》。实施高校思想政治理论课建设体系创新计划，举办第五届辽宁省高校思想政治理论课青年教师教学大赛；继续实施5项思想政治理论课教学方法改革择优推广计划、7项中青年教师择优资助计划，评选思想政治理论课年度影响力人物9人、提名2人；征集推广“精彩微课”25个。培育建立一批有影响力的大学生网络文化工作室，建立高校校园通信站，开展辽宁大学生在线联盟网站与教育部中国大学生在线网站共建工作。举办全省高校网络安全公益广告大赛、大学生思想政治理论课微视频大赛和首届高校优秀思想政治教育微信公众平台评选活动等网络文化活动10项。实施大学生思想政治教育质量提升计划，组织开展高校大学生思想状况滚动调查。建立健全大学生志愿服务组织体系和工作机制，出台《省委高校工委、省教育厅关于加强大学生志愿服务工作的意见》。

〔**辅导员队伍建设**〕 举办第五届全省高校辅导员职业能力大赛，全省83所高校的240余名辅导员参赛；承办第五届全国辅导员职业能力大赛，本省选手获团体和个人成绩第一名。深入推进“千名辅导员万家行”活动，建立健全高校辅导员家访活动长效机制，近5 000名辅导员参加各类家访，走访学生家庭万余户。

〔**学位管理**〕 省教育厅遴选31名专家委员，组建新一届辽宁省人民政府学位委员会。完成了全省首次学位授权点动态调整工作，统筹增加1个博士学位授予点、5个硕士学位授权点；组织各学位授予单位开展学位点自主调整工作，撤销33个生源不足、学科建设水平低、就业质量差的硕士学位授权点，增列23个辽宁省经济社会发展急需的硕士学位授权点；审批29所高校新增的52个学士学位授权专业。

〔**学籍学历管理**〕 按照教育部《高等学校学生学籍学历电子注册办法》和《关于做好普通高等学校录取新生复查和学籍电子注册工作的通知》要求，完成毕业生学历电子注册工作，全省高校新生学籍电子注册率和在校生学年注册率均达100%。规范高校学生转学、转专业工作。规范高校学历证书发放工作，全年累计发放研究生学历证书25 857份、本科学历证书167 697份、专科学历证书98 230份。

〔**高校综合管理**〕 会同省委组织部完成对省属本科高校2015年度实绩指标考核工作，并将创新创业相关考核指标纳入《辽宁省属高校年度工作实绩考核指标体系》。组织专家进一步修订完善《辽宁省高等学校绩效管理考核指标体系》，印发《辽宁省高等学校绩效管理暂行办法》。加强高校内部审计，对11所省属高职院校2014年度财务收支情况进行审计，对省属校办企业审计中发现的经营问题进行督办整改。加强高校基本建设管理工作，共审核建设项目46项，其中新建33项、续建13项。项目总投资72 612万元，总建筑面积23.8万平方米。

〔**大学生就业工作**〕 2016年，全省高校毕业生28.9万人，截至8月31日，初次就业率达90%以上。5月24日至25日，省委书记李希和省长陈求发对毕业生就业工作先后做出重要批示。6月1日，联合省人力资源和社会保障厅、省工商管理局召开全省高校毕业生就业工作会，印发《辽宁省教育厅关于做好2016年全省高校毕业生就业创业工作的实施意见》，副省长江瑞出席会议并做重要讲话。6月16日至24日，省教育厅联合省人力资源和社会保障厅组成5个督查组，对全省高校毕业生就业创业工作进行全覆盖式督查。组织20场创新创业主题报告会，继续采用邀请“指导团”专家和高校“订单式对接”的方式，提升大学生创业能力。大连理工大学、大连东软信息学院、沈阳工业大学被评为“全国高校创新创业50强”，评选出2015—2016年度辽宁省创业标兵100名。继续实行农村教师“特岗计划”，全年全省共有1 827人纳入辽宁省“特岗计划”。继续实施“辽宁省家庭经济困难高校毕业生就业援助工程”，按照每人500元标准发放求职补贴共计1 043.35万元。编印《2016年辽宁省普通高校毕业生专业分布及生源信息白皮书》《从就业角度对我省普通高校专业调整的建议》，组织全省高校编制发布就业质量年度报告。举办两期职业生涯规划培训、两期就业指导培训，对全省高校200名相关教师进行了系统培训。

撰稿　侯月明　李丽华
审稿　王庆东

大连市教育

概　　况

〔**基本情况**〕

大连市各级各类学校数及教职工、专任教师情况

	学校数（所）	教职工数（人）	专任教师数（人）
一、高等教育	37	28 867	25 496
（一）研究生培养机构（不计校数）	(12)		6 406
1. 普通高校	(11)		6 383
2. 科研机构	(1)		23
（二）普通高等学校	30	28 132	18 639
1. 本科院校	20	25 159	16 620
其中：独立学院	3	1 429	1 096
2. 专科院校	10	2 973	2 019
其中：职业技术学院	9	2 674	1 872
3. 分校、大专班（点）			
（三）成人高等学校	7	735	451
1. 独立设置成人高校	7	735	451
2. 普通高校成教学院（不计校数）	(18)		
（四）民办的其他高等教育机构			
1. 学历文凭考试机构			
2. 非学历文凭考试机构			
二、高中阶段教育	155	15 236	12 076
（一）普通高中	77	9 426	7 881
（二）中等职业教育	78	5 810	4 195
1. 普通中等专业学校	18	1 781	1 282
2. 成人中等专业学校（不计校数）	(1)		
3. 职业中专（职业高中）	36	2 345	1 760
4. 技工学校	24	1 684	1 153
5. 其他机构（教学点）			

续表

	学校数（所）	教职工数（人）	专任教师数（人）
三、义务教育学校	732	37 293	33 119
（一）普通初中	212	15 982	14 020
（二）普通小学	508	20 800	18 725
（三）特殊教育学校	11	468	350
（四）工读学校	1	43	24
四、幼儿园	1 299	23 909	12 804
五、民办（非学历）培训机构	1 218	14 005	7 131

大连市各级各类学历教育学生情况

单位：人

	毕业生数	招生数	在校生数
一、高等教育	113 519	106 756	371 135
（一）研究生	12 543	14 123	41 150
（二）普通本专科	71 623	74 591	290 217
（三）成人本专科	20 912	18 042	39 768
（四）其他各类高等学历教育	8 441		
1. 在职人员攻读博士、硕士学位			
2. 网络本专科生			
3. 学历文凭考试	8 441		
二、高中阶段教育	54 427	54 434	158 887
（一）普通高中	31 538	30 477	90 400
（二）中等职业教育	22 889	23 957	68 487
1. 普通中等专业学校	8 291	7 694	22 480
2. 成人中等专业学校	1 002	771	2 943
3. 职业高中（职业中专）	7 477	7 874	21 902
4. 技工学校	6 119	7 618	21 162
5. 其他机构（教学点）（不计校数）			
三、义务教育学校	92 737	99 062	445 228
（一）小学	44 639	54 262	309 071
（二）初中	47 760	44 426	134 164
（三）特殊教育学校	209	236	1 772
（四）工读学校	129	138	221
四、幼儿园	41 523	42 215	155 994
五、民办（非学历）培训机构	352 747	286 513	286 513

大连市各级民办教育基本情况

	学校数（所）	毕业生数（人）	招生数（人）	在校生数（人）	教职工数（人）	专任教师数（人）
一、民办高等教育	15	23 612	28 192	102 422	7 046	5 380
（一）普通高校	15	23 612	28 192	102 422	7 046	5 380
（二）成人高校						
（三）民办的其他高等教育机构						
二、民办中等教育	50	10 322	14 328	35 943	3 116	2 051
（一）高中阶段教育	44	8 965	12 269	32 550	2 692	1 691
其中：民办普通高中	18	5 948	5 956	17 953	1 520	1 137
民办中等职业教育	26	3 017	6 313	14 597	1 172	554
（二）初中阶段教育	6	1 357	1 059	3 393	424	360
其中：民办普通初中	6	1 357	1 059	3 393	424	360
民办职业初中						
三、民办普通小学	5	551	717	4 153	287	244
四、民办幼儿园	763	21 289	19 409	83 575	14 662	7 691

〔**教育经费收入与支出**〕 2016年，全市教育经费总投入143.15亿元，比2015年增加3.37亿元，增幅为2.41%，其中国家财政性教育经费124.53亿元，比2015年增加1.57亿元，增幅为1.28%。公共财政预算安排的教育经费中，公共财政教育经费109.34亿元，比2015年增加0.05亿元，增幅为0.05%。全市人均教育经费总投入2 063.41元。

全市各级各类教育经费支出总额为142.89亿元，比2015年增长1.93%，其中事业性经费支出（含基本建设支出）142.71亿元，增幅为2.07%。公共财政教育支出109.34亿元，占公共财政预算支出总额的12.56%，比2015年增长0.56个百分点。

〔**教育民生工程**〕 2016年，全市总投资2 561万元，其中市政府投资2 462万元，改造54所农村中小学供暖设施，改造面积11.4万平方米，惠及师生1.2万人，全市农村中小学供暖设施改造三年规划任务全面完成，农村学校告别了火炉取暖时代。全市总投资7 677.3万元，其中市政府投资7 045万元，建设学校食堂93个，惠及师生3.1万人，学校食堂建设三年规划任务全面完成。在市质量技术监督局、市教育局的指导下，市中小学生校服标准联盟发布《大连市中小学生校服》联盟标准，在国家标准基础上提高了安全性、内在质量、外观质量等技术指标。

〔**实施乡村教师支持计划**〕 市政府办公厅印发《大连市乡村教师支持计划实施方案（2015—2020年）》，开展了农村小学教师全员素质提升培训、农村小学校长全员培训、农村及海岛教师课堂教学指导、名师送教、校本研修互助网指导、优质教学资源配送、外教走训、流动图书站建立及图书配送、农村教师心理健康团体辅导等工程，直接受益教师达14 115人次，辐射教师22 467人次，提高了乡村教师的教育教学水平。

〔**研发和使用教育督导综合应用平台**〕 依托现代信息技术，以“发展性评价理念、ISO 9000质量管理体系的管理理念和互联网思维”为引领，研发和使用了教育督导综合应用平台，其中“教育督导评估应用系统”可以满足学前教育、义务教育、普通高中教育、职业教育、高等教育等各级各类教育综合督导与专项督导的需要，实现个性化督导、即时督导和多元主体评价的突破；“义务教育均衡发展监测系统”能实时分析、监测县区义务教育均衡发展状况，实现精准配置资源和资金使用效益的最大化；“责任督学管理系统”使督导部门的管理机制、督学人员的工作机制与督导部门和督学之间交流共享机制得到充分发挥。10月20日至21日，在全国深化教育督导改革暨第十届国家督学聘任大会上，大连市以《依托现代信息技术　推动教育督导工作科学发展》为题介绍了教育督导工作的经验。

基础教育

〔民办幼儿园“降价提质”普惠发展〕 扶持民办幼儿园“降价提质”普惠发展任务列入市政府报告。市教育局印发《大连市普惠性民办幼儿园认定与管理暂行办法》，明确普惠性民办幼儿园资格申报条件及政府最高限价标准。分城市和农村地区，按幼儿园等级设定最高限价，并将根据办园成本等因素变化，适时核定调整，最高限价标准为：五星级幼儿园城市每月1 200元；四星级幼儿园城市每月1 000元、农村每月580元；三星级幼儿园城市每月910元、农村每月540元；二星级幼儿园城市每月830元、农村每月480元。各区（市、县）依据办法认定普惠性民办幼儿园93所，按照“先降后补”的原则，市县两级投入补贴资金1 400万元，惠及在园幼儿1.4万人。为面向大众、质量合格、收费较低的民办幼儿园配置玩具、图书等，扶持其普惠发展。

〔义务教育全域均衡发展〕 义务教育经费市级承担比例由20%—80%提高到50%—80%。普兰店区、瓦房店市、庄河市、保税区通过国家义务教育发展基本均衡县（市、区）认定，全市累计已有13个县（市、区）获得此项认定，占全市的92.9%。全面做好小学、初中招生入学工作，在教育部召开的全国义务教育招生入学工作现场会上，介绍和展示了取得的成效和做法；新华社、《人民日报》、《光明日报》、《经济日报》和中央人民广播电台等新闻媒体报道了大连市经验。继续实施对口支教，促进优质教育资源向涉农地区和城市薄弱学校延伸。主城区190余名教师到农村支教，200余所城市学校与农村学校对口帮扶，100余名学科骨干送教下乡，100余名教研人员到农村跟踪教研培训，涉农地区2 800余人次教师进主城区跟班培训。启动义务教育集团化办学工作，尝试打破校际间原有的资源壁垒，建立集群式发展机制，实现集团内课程、教师、设施设备等优质资源共建共享，年内组建区域义务教育集团17个。推进异地课堂的构建，打破城乡距离，运用新技术进行教学帮扶，10所异地同步课堂试点学校的设备安装及调试工作完成。

〔普通高中教育优质化多样化特色化发展〕 构建学校特色化课程体系，促进高中学校人才培养方式的改革。继续开展课堂教学的有效尝试，开展自主合作探究教学，推进普通高中课堂教学改革，适应高考制度新变化。推动形成“课堂用、经常用、普遍用”的信息化教学新常态，利用信息技术与平台“翻转课堂”，改变“教与学”的方式。组织优质高中与涉农地区高中、民办高中建立帮扶工作机制，促进城乡高中在课程改革、资源建设、教师成长等方面协同发展，提升涉农地区高中、民办高中办学效益。举办第四届高中学生综合素质大赛，促进人才培养方式的转变。获高校自主招生资格的学科竞赛、体育、艺术、科技等特长生占全省高中毕业生的30%以上，始终保持全省第一。全市高中特色活动继续多样化开展，比如，全国“两会”期间开设的“聚焦两会 关注时事”学校德育校本系列课程；出席国际青少年环保大使活动；学生社团开展的“一米菜园”活动；首创高中足球大课间操等；学生自筹设备与经费拍摄学生原创作品《用爱筑梦》，展现校政服务课程的理念、价值、意义，在教育部的“中国梦——行动有我”全国中小学生微视频征集展播评审活动中，获精品微视频奖、最佳创意奖和最佳指导奖。

〔**推动中小学社会主义核心价值观教育**〕 结合纪念红军长征胜利80周年、庆祝中国共产党建立95周年，开展理想信念教育、爱国主义教育和革命传统教育。落实《中小学生守则》，加强学生良好习惯养成教育，开展“最美少年”评选活动。开设中华优秀传统文化教育课程，启用本市开发的《中华优秀传统文化教育读本》，从小学至高中二年级每年级1本，经省教育厅批准后，作为地方教材免费向中小学生提供。实施校外教育提升工程，命名50家单位为首批大连市未成年人校外教育基地，常年向全市中小学校及学生免费开放，为全市中小学生参加社会实践活动搭建了平台。加强中小学劳动教育，逐步完善劳动教育课程体系建设，9月22日，由教育部主办的全国中小学劳动教育实验工作中期推进会在大连市沙河口区召开，会上沙河口区介绍了经验，中小学生在学校、沙河口区中学生劳技中心和中小学生科技中心现场展示了动手实践能力。市人民检察院、市教育局在中小学开展“法治进校园”巡讲活动，提高中小学生法律意识，从源头上预防和减少青少年违法犯罪案件发生，培养学生遵守法律的自觉意识和行为习惯。

〔**开展艺术家进校园活动**〕 组建由200名艺术家参与的市、区两级“专家库”，请美术、音乐、非物质文化遗产等艺术家走进300余所中小学，开展校本课程开发、开设艺术类校本课程、学生社团建设指导工作。艺术家、艺术院团送演、送剧目到校85场，15万名中小学生在近距离与艺术家互动中提升艺术修养和审美情趣。依托艺术院校、社会艺术团体，对艺术教师开展系统培训，邀请10位知名画家对14个区（市、县）的130名美术骨干教师进行了业务培训；邀请德国罗斯托克国立音乐大学钢琴教育和指挥专业教师分别就气息训练、发声训练、指挥和作品排练方法等对600名音乐视导员、教研员、音乐教师进行了高端培训；与辽宁师范大学音乐学院合作，完成60名音乐教师的业务提高培训。

〔**全面完成特殊教育三年提升计划**〕 规范特殊教育学生个性化教育档案，配套制定《大连市特殊教育学校学生档案评估标准》《大连市随班就读学生档案评估标准》《大连市送教上门学生档案评估标准》。通过随班就读、集中就读和送教上门等方式，保证适龄残障儿童、少年接受教育。全市有780名轻度残障儿童、少年在359所普通学校随班就读，实现了轻度残障适龄儿童全部随班就读。有400名适龄重度残障儿童、少年由专门教师开展送教上门。完成金州新区、普兰店区、瓦房店市和庄河市的72名听障学生到大连盲聋学校就读工作，实现了听障和视障学生集中就读。区（市、县）特殊教育学校全力保障本区域内中度、重度残疾儿童教育和康复训练任务的完成。全市听障、视障和智障三类残疾儿童少年义务教育入学率达99%以上。首位全盲考生在“一个人的考场”参加高考，进入辽宁师范大学音乐学院学习。

职业教育与成人教育

〔**成立市级行业领域职业教育教学指导委员会**〕 4月1日，全市8个行业领域的职业教育教学指导委员会成立，即装备制造、软件和信息服务、食品餐饮、美容美发、电子技术、旅游管理、交通运输和学前教育职业教育教学指导委员会。主要职能是分析研究地区经济发展方式转变和产业结构调整升级对本行业职业岗位变化和人才需求的影响，提出本行业职业教育人才培养的职业素养、知识和技能要求；指导推进相关职业院校与企业深度合作、联合办学，校企一体化和集团化发展等。

〔**公办民办中职学校牵手共建共同发展**〕　3月，市教育局发布《关于召开民办中职学校与公办中职学校牵手共建活动的通知》，充分发挥公办中职学校的综合优势，对民办中职学校实施教育精准帮扶，实现全市公办中职学校和民办中职学校优势互补、共同提高。在7所公办中职学校与8所民办中职学校就13个项目开展了牵手共建试点工作，分别在干部队伍建设、学校管理工作、学校德育工作、学校教师培养工作、课程资源共享和学校资源利用6个方面进行了牵手共建。

〔**中职精准资助工作**〕　12月20日至21日，在教育部全国学生资助管理中心中职精准资助经验现场推介会上，大连市做了题为《加强预算分配精准，构建精准资助起点》的经验介绍。全市中职资助预算精准做法的创新之处是在精准资助中采用因素分析法和比较法，科学合理测算和分配资助资金预算。当年中职免学费政策财政预算安排1.8亿元，中职奖助学金安排1 700万元。全市已构建了较为完备的中职精准资助服务体系，形成了长期化、动态化、科学化的有效管理运作的资助工作平台。《人民日报》以“筑梦大国‘小工匠’——国家中等职业教育优秀育人百名成才典型”专题，刊发了享受中职助学金、免学费政策的大连电子学校学生由凤豪、大连女子中等职业技术专业学校学生刘悦的优秀典型事迹。

〔**高技能人才可应聘职业学校兼职教师**〕　5月3日，市教育局等5部门联合制定《大连市职业学校兼职教师管理实施方案》（简称《方案》），明确企事业单位的高技能人才可以应聘为职业院校兼职教师。《方案》规定：纳入全市事业单位机构编制管理范围，并依法登记为事业单位法人的中职学校和市属高等职业院校，在职业学校教职工编制总额内的20%可用于聘用兼职教师。主要聘用条件为：兼职教师一般应具有5年以上专业实践工作经验，同时具有中级以上专业技术职务（职称），并在地市级（含行业）以上技能比武、竞赛中获二等奖及以上奖励或具有高级工以上等级或相应级别职（执）业资格（职务）或在相关行业（领域）内享有较高声誉、具有丰富实践经验和特殊技能的能工巧匠等。《方案》明确了职业学校聘用专业兼职教师的报酬及经费来源等。由市人力资源和社会保障局认定的兼职教师，按照相关规定执行；由职业学校自主聘用的兼职教师，职业学校可从中职学校免学费补助资金中安排一定经费，用于支付兼职教师报酬，标准参照中职学校高级讲师讲课费标准执行。兼职教师最多在2所职业院校同时兼职，每人每月课时总量不能超过20课时，兼职报酬每学期发放一次。

〔**校企合作创新人才培养模式**〕　2016年，大连职业技术学院全面实施校企合作“一十百千”计划，年度新增合作企业110家，组建“订单班”30个，学生达725人。其中该校与中兴通讯股份有限公司的校企合作办学全面展开，双方合作共建专业、组建校企双方混编教学团队，共同实施人才培养方案和教学计划，招收移动通信技术专业第二届学生108人，在探索校企协同育人教学模式方面有所创新；与大连远洋养老运营管理有限公司组建“远洋椿萱茂班”，实行“1.5+1.5”的培养模式，对“订单班”进行了双主体育人的探索，初步形成“专业课程设置与专业岗位无缝对接，教学过程与养老服务过程紧密结合”的特色培养模式，在现代学徒制人才培养的探索上迈出可喜一步。

〔**社区教育**〕　5月10日，教育部公布第四批全国社区教育示范区名单，大连市西岗区榜上有名。截至2016年年底，全市共有社区教育全国示范区4个、实验区1个；10月14日，在2016年全民终身学习活动周全国总开幕式上又传喜报，大连聂滩枢景泰蓝唐卡博物馆馆长石梦、东北路小学教师刘亚娟、甘井子街道理论宣讲团团长郭义昆被评为 2016 年“全国百姓学习之星”；金普新区的“社区教授”大讲堂被评为全国终身学习品牌项目。

高等教育

〔**举办高校辅导员心理健康教育培训班**〕 11 月 2 日至 16 日，市委高校工委举办了全市高校辅导员心理健康教育培训班，102 名高校辅导员参加了培训。本次培训有以下四个突出特点：一是高度重视。全市各高校党委对培训工作给予高度重视和积极响应，对参加培训的辅导员给予了时间和经费保障，市委、市政府也拨出思想政治教育专项经费予以支持。二是师资专业。本次培训师资由大连医科大学、辽宁师范大学、大连广播电台的心理健康教育知名专家、教授以及来自美国相关领域的著名教授组成。三是内容丰富。培训内容包括精神健康与学习人生、教师心理、大学生心理、行为与成长、异常心理与不良行为的诊断与干预、大学生心理健康教育的辅导技巧等。四是收效明显。提高了辅导员对大学生心理健康教育问题的认识与处理能力，对科学了解工作对象，增强工作的针对性和实效性，起到了很好的指导作用。

撰稿　沙北虹　王志洲

审稿　赵玉宝

吉林省教育

概　　况

〔基本情况〕

吉林省各级各类学校校数、教职工、专任教师情况

	学校数（所）	教职工数（人）	专任教师数（人）
一、高等教育			
（一）研究生培养机构（不计校数）	21		
1. 普通高校	19		
2. 科研机构	2		
（二）普通高等学校	60	63 359	39 823
1. 本科院校	37	53 645	33 040
其中：独立学院	6	4 507	2 973
2. 高职（专科）院校	23	9 714	6 783
3. 其他普通高教机构（不计校数）			
（三）成人高等学校	14	2 024	1 288
（四）民办的其他高等教育机构	14	325	190
二、中等教育	1 807	155 828	111 204
（一）高中阶段教育	579	65 447	46 347
1. 高中	242	42 358	29 272
普通高中	241	42 348	29 262
完全中学	66	10 779	4 614
高级中学	166	29 429	24 017
十二年一贯制学校	9	2 140	631
成人高中	1	10	10
2. 中等职业教育	337	23 089	17 075
普通中专	46	4 459	3 233

续表

	学校数（所）	教职工数（人）	专任教师数（人）
成人中专	75	5 528	4 374
职业高中	156	9 109	6 818
技工学校	60	3 727	2 535
其他中职机构（不计校数）	23	266	115
（二）初中阶段教育	1 228	90 381	64 857
1. 初中	1 172	90 182	64 694
初级中学	824	60 067	48 836
九年一贯制学校	343	30 006	11 196
十二年一贯制学校			570
完全中学			3 997
职业初中	5	109	95
2. 成人初中	56	199	163
三、初等教育	4 546	113 659	110 144
（一）普通小学	4 281	112 673	109 650
小学	4 281	112 673	95 884
九年一贯制学校			13 445
十二年一贯制学校			321
（二）成人小学	265	986	494
其中：扫盲班	265	986	494
四、工读学校	3	110	57
五、特殊教育	49	1 837	1 552
六、学前教育	4 133	53 141	29 631

注：①完全中学的学校数和教职工数计入高中阶段教育，九年一贯制学校的校数和教职工数计入初中阶段教育，十二年一贯制学校的校数和教职工数计入高中阶段教育。专任教师按照教育层次进行归类。②技工学校数据为 2015 年数据。③“（　）”内数据为不计校数。

吉林省各级各类学历教育学生情况

单位：人

	毕业生数	招生数	在校生数
一、高等教育			
（一）研究生	17 479	19 680	59 981
博士	1 696	2 254	10 172
硕士	15 783	17 426	49 809
（二）普通本专科	164 912	173 218	642 263
本科	113 696	118 753	475 665

续表

	毕业生数	招生数	在校生数
专科	51 216	54 465	166 598
（三）成人本专科	89 663	49 715	136 876
本科	38 958	28 543	76 761
专科	50 705	21 172	60 115
（四）其他各类高等学历教育			
1. 在职人员攻读硕士学位		3 164	15 357
2. 网络本专科生	64 676	110 126	238 665
本科	29 448	50 525	111 131
专科	35 228	59 601	127 534
二、中等教育	403 373	416 973	1 169 340
（一）高中阶段教育	195 967	199 946	563 585
1. 高中	138 986	139 534	404 209
普通高中	138 986	139 534	404 209
完全中学	17 989	19 122	54 377
高级中学	118 527	114 561	336 614
十二年一贯制学校	2 470	5 851	13 218
成人高中			
2. 中等职业教育	56 981	60 412	159 376
普通中专	18 250	19 404	52 283
成人中专	8 535	2 785	10 043
职业高中	22 135	24 769	67 530
技工学校	8 061	13 454	29 520
（二）初中阶段教育	207 406	217 027	605 755
1. 初中	205 994	217 027	604 277
初级中学	156 799	164 754	458 571
九年一贯制学校	29 653	33 457	91 516
十二年一贯制学校	2 565	2 860	8 125
完全中学	16 853	15 830	45 688
职业初中	124	126	377
2. 成人初中	1 412		1 478
三、初等教育	225 430	204 937	1 272 127
（一）普通小学	219 500	204 937	1 264 211
小学	195 333	179 865	1 116 382
九年一贯制学校	23 244	24 520	144 214
十二年一贯制学校	923	552	3 615

续表

	毕业生数	招生数	在校生数
（二）成人小学	5 930		7 916
其中：扫盲班	5 930		7 916
四、工读学校	92	66	158
五、特殊教育	684	1 338	7 484
六、学前教育	177 769	225 953	463 445

注：①完全中学、九年一贯制学校和十二年一贯制学校的学生数按教育层次分别计入对应教育阶段的学生数中。②特殊教育学生数中包括义务教育阶段随班就读学生数、其他学校附设特教班学生数。

吉林省各级各类非学历教育学生情况

单位：人次

	结业生数	注册学生数
总计	301 734	517 414
一、高等教育	66 047	98 021
（一）研究生课程进修班		
（二）自考助学班	9 990	37 268
（三）普通预科生		1 580
（四）进修及培训	56 057	59 173
其中：资格证书培训	15 991	18 924
岗位证书培训	2 023	2 125
二、中等职业教育	235 687	419 393
其中：资格证书培训	20 284	62 912
岗位证书培训	21 747	57 580
（一）中等职业学校	10 839	11 843
其中：资格证书培训	6 408	5 415
岗位证书培训	2 981	2 555
（二）职业技术培训机构	224 848	407 550
其中：资格证书培训	13 876	57 497
岗位证书培训	18 766	55 025

吉林省各级各类民办学校校数、教职工、专任教师情况

	学校数（所）	教职工数（人）	专任教师数（人）
一、高等教育			
（一）研究生培养机构（不计校数）	1		
1. 普通高校	1		
2. 科研机构			

续表

	学校数（所）	教职工数（人）	专任教师数（人）
（二）普通高等学校	17	11 843	7 994
1. 本科院校	12	9 964	6 804
其中：独立学院	6	4 507	2 973
2. 高职（专科）院校	5	1 879	1 190
3. 其他普通高教机构（不计校数）			
（三）成人高等学校			
（四）民办的其他高等教育机构	14	325	190
二、中等教育			
（一）高中阶段教育			
1. 高中			
普通高中	27	5 494	2 192
完全中学	13	2 678	899
高级中学	7	924	734
十二年一贯制学校	7	1 892	559
成人高中			
2. 中等职业教育			
普通中专	4	27	20
成人中专			
职业高中	63	1 223	731
技工学校			
其他中职机构（不计校数）	3		
（二）初中阶段教育			
1. 初中	41	4 859	4 510
初级中学	14	1 903	1 615
九年一贯制学校	26	2 951	1 256
十二年一贯制学校			509
完全中学			1 126
职业初中	1	5	4
2. 成人初中			
三、初等教育			
（一）普通小学	19	1 754	2 836
小学	19	1 754	1 395
九年一贯制学校			1 184
十二年一贯制学校			257
（二）成人小学			

续表

	学校数（所）	教职工数（人）	专任教师数（人）
其中：扫盲班			
四、工读学校			
五、特殊教育	1		
六、学前教育	3 328	36 846	19 343
另有：民办培训机构（不计校数）	1 106	5 234	4 021

注：①完全中学的学校数和教职工数计入高中阶段教育，九年一贯制学校的校数和教职工数计入初中阶段教育，十二年一贯制学校的校数和教职工数计入高中阶段教育。专任教师按照教育层次进行归类。②“（ ）”内数据为不计校数。

吉林省各级各类民办教育学生情况

单位：人

	毕业生数	招生数	在校生数
一、高等教育			
（一）研究生	65	102	169
博士			
硕士	65	102	169
（二）普通本专科	34 577	41 908	152 457
本科	29 689	32 095	126 675
专科	4 888	9 813	25 782
（三）成人本专科			
本科			
专科			
（四）另有其他学生			
1. 民办高校			974
2. 民办的其他高等教育机构			2 227
二、中等教育			
（一）高中阶段教育			
1. 高中			
普通高中	10 386	14 629	38 048
完全中学	4 453	4 168	13 062
高级中学	3 652	4 960	12 464
十二年一贯制学校	2 281	5 501	12 522
成人高中			
2. 中等职业教育			
普通中专	444	1 453	2 761
成人中专			10

续表

	毕业生数	招生数	在校生数
职业高中	3 762	4 399	11 182
技工学校			
另有其他学生数			156
（二）初中阶段教育			
1. 初中	25 527	25 095	70 723
初级中学	10 383	10 183	27 361
九年一贯制学校	5 862	6 400	18 220
十二年一贯制学校	2 491	2 761	7 864
完全中学	6 790	5 739	17 241
职业初中	1	12	37
2. 成人初中			
三、初等教育			
（一）普通小学	8 777	9 297	59 546
小学	4 884	5 431	33 586
九年一贯制学校	3 040	3 359	22 648
十二年一贯制学校	853	507	3 312
（二）成人小学			
其中：扫盲班			
四、工读学校			
五、特殊教育		4	32
六、学前教育	78 381	116 779	281 191
另有：民办培训机构（不计校数）			115 865

注：①完全中学、九年一贯制学校和十二年一贯制学校的学生数按教育层次分别计入对应教育阶段的学生数中。②特殊教育学生数中包括义务教育阶段随班就读的学生数、其他学校附设特教班学生数。③“另有其他学生数”包括自考助学班学生数、预科生数、进修及培训学生数。

〔**印发《吉林省教育事业发展“十三五”规划》**〕 2016年，省政府办公厅印发《吉林省教育事业发展“十三五”规划》，进一步明确了“十三五”时期全省教育改革发展的总体要求、主要任务、保障措施。提出了“十三五”教育发展的总体目标：到2020年，教育综合实力显著提升，基本实现教育现代化，基本形成学习型社会，推动全省进入人力资源强省和人才强省行列。

〔**协调推进教育综合改革**〕 科学制定改革方案，认真落实改革措施，紧紧盯住改革实效，如期完成了省委全面深化改革领导小组赋予省教育厅牵头出台的《吉林省开展职业教育现代学徒制试点工作实施方案》《关于进一步做好高等学校与科研院所、企业联合培养研究生工作的意见》《关于推进高等教育学分认定和转换工作的实施意见》3项社会体制改革和《吉林省“特岗计划”实施方案和特岗教师招聘办法》《吉林省省属高校师范生免费教育实施办法》2项制度改革任务。

〔**教育法制建设**〕　省教育厅被中共中央宣传部、司法部、全国普法办评为“2011—2015 年全国法治宣传教育先进单位”。省教育厅代表“全国法治宣传教育先进单位”在全省“六五”普法总结颁奖大会上做经验交流。省代表队参加教育部组织的“学宪法、讲宪法”活动，分别获大学组和初中组一等奖、小学组二等奖、高中组三等奖。贯彻教育部《依法治教实施纲要（2016—2020 年）》和《高等学校预防与处理学术不端行为办法》，印发《吉林省教育行政处罚裁量实施标准（试行）》，进一步完善教育行政处罚裁量标准。

〔**召开教育科研工作会议**〕　12 月，省教育厅召开全省第六次教育科研工作会议，总结交流“十二五”期间教育科研工作经验，部署“十三五”教育科研工作的发展思路和主要任务。对吉林大学等 105 个教育科研工作先进单位、55 名先进个人、126 项优秀教育科研项目进行表彰，对长春市第二实验中学等 128 个中小学科研兴校示范基地和吉林建筑大学等 27 个高等教育研究基地进行命名表彰。

〔**教育督导工作**〕　建立中小学校责任督学挂牌督导制度，为全省 4 081 所中小学校配备 1 482 名责任督学，实现义务教育学校挂牌督导全覆盖。开展义务教育均衡发展督导评估，全省共 49 个县（市、区）通过国家评估认定，占比为 82%，位居全国前列；开展中等职业教育督导评估、全面改善贫困地区义务教育薄弱学校基本办学条件督导评估以及语言文字工作、教育信息化、硕士学位论文抽检等专项督导。开展中小学校责任督学挂牌督导工作创新县认定工作，评估认定 8 个省级创新县，其中永吉县、农安县通过国家级创新县评估认定。

〔**教育脱贫攻坚工作**〕　省教育厅会同省直 4 部门印发《吉林省脱贫攻坚教育支持计划实施方案》，成立省教育厅机关扶贫工作队，选派优秀干部驻村帮扶。省教育厅主要领导先后 4 次深入 2 个贫困村实地调研，省教育厅机关党支部与 76 户贫困户结成帮扶对子。全年为 2 个贫困村协调脱贫项目 10 项，协调扶贫资金达 2 972 万元。

〔**师资队伍建设**〕　省教育厅与省委宣传部、省文明办联合开展第二届全省“吉林好人·最美教师”评选发布活动。落实《吉林省乡村教师支持计划（2015—2020 年）》，实施“免费师范生”“特岗计划”“师范生实习支教”“三支一扶”等计划，建立健全长效补充机制，为 50 个县（市、区）的学校选拔输送特岗教师 2 744 名，在省属高校师范生免费教育项目中试点培养“一专多能”的小学全科教师 50 名。全年培训各级各类教师 12.6 万人次，确定梅河口市、蛟河市、敦化市 3 个第二批国家级培训项目县。吉林省“国家级培训计划”在国家绩效匿名评估中获 4 项第一名、5 项第二名、1 项第三名。

〔**学生资助工作**〕　省教育厅落实城乡义务教育“两免一补”（免杂费、免书本费、逐步补助寄宿生生活费）政策，免除普通高中建档立卡家庭经济困难学生学杂费，全年共资助各级各类学校家庭经济困难学生 68.7 万人次，发放资助资金达 12.17 亿元，基本实现家庭经济困难学生资助全覆盖。2016 年，继续实施农村义务教育学生营养改善计划试点，省财政落实资金达 6 557 万元，按每生每天 4 元的标准改善膳食营养，共有 7.5 万名农村学生受益。

〔**治理教育“三乱”问题**〕　研究起草《吉林省教育厅（高校工委）巡察工作实施方案》和《关于加强中小学师德师风建设工作的实施意见》，治理教育“三乱”问题，提出严惩 10 种失德行为的处理办法。全年共查处教育部督办函件、信访、网络、电话等举报事项 122 件，共 145 人（校长 56 人、教师 89 人）受到党政纪处分或组织处理。

〔**体育教育**〕　落实省民生实事“公办义务教育学校学生体质健康测试设备装备”项目，投入资金 1 000 万元，为全省 48 个县（市、区）的 200 所学校配备体质健康监测设备。推进校园足球工作，新增国家级校园足球特色校 113 所、试点县一个。承办全国青少年校园足球夏令营（第一营区）活动和“校园足球新长征”吉林站活动。落实省委、省政府做大做强吉林冰雪产业文件精神，制定印发《“百万学生逐雪嬉冰”工程实施方案》，推进校园冰雪运动发展。

〔**卫生健康教育**〕 开展春、秋两季大检查，强化学校食品和饮用水安全、传染病防控、健康教育等工作。开展青少年学生毒品预防教育、艾滋病预防教育工作。省教育厅通过全省卫生和计划生育工作目标管理责任制考核。在10月21日召开的全省卫生健康大会上，省教育厅作为省直属部门唯一代表，由省教育厅党组书记孙维杰做了题为《加强学校健康教育和体育活动　增强学生体质健康》的大会发言。

〔**艺术教育**〕 承办高雅艺术进校园活动，中央芭蕾舞团、中国国家话剧院分别走进吉林省8所高校；组织省内院团、高校艺术团演出10场。参加全国第五届中小学生艺术展演活动，共有18个表演类节目、18个艺术作品、5篇艺术教师教育科研论文、30篇学生征文获奖，省教育厅获优秀组织奖。参加全国高校艺术教育本科生基本功大赛，1所高校获团体一等奖、3人获个人全能一等奖、12人获单项奖，成绩在全国名列前茅。

〔**国防教育**〕 会同省军区司令部录制学生军训公益宣传片，在省电视台7个频道和省内各市、州电视台循环播出。9月17日，中央电视台对吉林省大学生军训工作进行了综合报道。8月20日，省教育厅副厅长战高峰参加国防部边防工作座谈会，向国防部部长汇报了全省学校国防教育工作。与省委宣传部、团省委、省军区政治部联合组织第三届高校大学生“我爱国防”系列演讲比赛，近万名大学生参加，省电视台对“我爱国防”演讲决赛进行了录播，全国国防教育办公室推广了吉林省的经验。

〔**教育信息化建设**〕 省教育厅制定《吉林省教育信息化发展规划（2014—2020年）》和《吉林省中小学数字校园建设指南（试行）》等文件，召开3次全省教育信息化工作会议，并与吉视传媒股份有限公司签订《吉林省教育信息化建设战略合作协议》。“校校通”网络接入率大幅提升，覆盖全省5 687所学校以及375个教育部门的“教育光纤专网”。长春市、白山市作为试点市，广泛开展专递课堂、资源共享、网络教研等教育信息化试点工作。

〔**招生考试**〕 2016年，对全省高考工作实施“一把手”责任制和教育行政部门领导带队提前深入考试区、教育纪检部门人员随机暗访考区考点、教育考试机构人员驻守考点的三级考试巡查制度，组织媒体集中采访考试准备工作，开展《中华人民共和国刑法修正案（九）》宣传及诚信教育。2016年，高考报名人数为148 810人，全省共设59个考区、157个考点、4 240个考场。全省共选派监考教师及考试组织人员近3万人，其中异地监考教师5 000余人。考试过程安全、平稳、顺利，实现了考前试题试卷“零失密”，考试中大面积、有组织的舞弊现象“零出现”，考后评卷统分“零失误”的平安考试目标。在录取工作中严格执行相关规定，连续实现录取“零点招”、违规“零容忍”。

2016年，共录取研究生19 539人，其中硕士研究生17 285人、博士研究生2 254人。

2016年，成人高考报考人数为32 580人，考试共设26个考区、44个考点、2 016个考场。录取28 977人，录取率达89%，较2015年提高了4%。

2016年，自学考试报考人数为139 297人，报考370 262科次。共开考150个专业（本科层次107个、专科层次43个），700余门课程。

〔**校园校车及安全教育**〕 在国家义务教育均衡发展验收工作中，校园校车“三个全覆盖”得到充分肯定及高度评价。省委书记巴音朝鲁在《省委十届八次全会上关于省委常委会工作的报告》中，对全省在全国率先实现义务教育学校校车服务全覆盖给予肯定。按照省委、省政府关于安全生产的要求，签订《年度安全生产目标责任状》，在全省中小学、幼儿园规范使用《中小学幼儿园安全工作量化管理手册》，研究制定高校安全量化管理标准。

按照《中小学幼儿园应急疏散演练指南》要求，开展学生安全知识教育活动和应急演练，在全国中小学校消防安全宣传教育工作推进会上吉林省做了大会发言。

〔**民族教育**〕 省政府召开全省民族教育工作会议，贯彻落实第六次全国民族教育工作会议精神，印发《吉林省人民政府关于加快发展民族教育的实施意见》。在长春市举办全省第九届民族中小学“三语”（民族语、汉语、英语）基本功竞赛，来自全省9个市（州）的朝鲜族、蒙古族、满族和回族等少数民族中小学优秀学生选手参加了比赛。做好对口援疆、援藏工作，开展进疆送教活动，为新疆维吾尔自治区阿勒泰地区培训教师近千名，选派47名教师赴民族地区支教，接收民族地区内派教师44名。面向新疆维吾尔自治区阿勒泰地区招收本专科预科生146人，定向招生75人。争取中央民族教育补助资金922万元，重点支持民族中小学校购置教学设备、开展教师培训。

〔**教育交流与合作**〕 2016年，共录取各类国家公派出国留学人员849人，比2015年增加90人。促成长春大学、吉林建筑大学和吉林农业大学与国家留学基金委签约合作培养青年骨干教师项目，继续做好“振兴吉林老工业基地急需人才培养合作”项目。开创“全省高校青年骨干教师教学法海外研修”项目，向省财政厅申请专项资金1 000万元，资助29所省属高校119名教师和优秀业务干部到美国、加拿大、澳大利亚和新加坡著名高校进行为期3个月的教学法研修。全省接收国际学生的高校以及中小学校共189所，其中高校33所，共接收国际学生7 570名；中小学校156所，共接收国际学生1 069名。举办“第二届留动中国——在华留学生阳光运动文化之旅（海选赛）”活动。28所高校与11个国家的56所大学开展中外合作办学，合作办学项目达74项；有24所高中开展中外合作办学。全省共有43所孔子学院和孔子课堂，其中孔子学院16所、孔子课堂27个，遍布五大洲7个国家。

〔**语言文字工作**〕 省教育厅、省语委认真贯彻国家和地方语言文字法律法规和语言文字规划纲要，以“推广普通话宣传周”为载体，开展语言文字干部业务培训。以“吉林省语言文字”微信公众号为平台，加大语言文字宣传力度。以语言文字示范校建设和城市语言文字工作评估为手段，全面推进社会语言文字规范化。启动语言文化遗产资源保护工程，开发利用好语言文化资源，完成了4个方言调查点的语言资源保护课题。开展经典诵读书写等相关活动，提升民众语言文字应用能力，构建和谐语言生活，76所学校被评为省级语言文字示范校。延吉市、四平市、吉林市、白城市通过国家二类城市语言文字评估。进一步完善计算机辅助普通话测试系统管理，全省共有78 036人获普通话测试等级证书。

基础教育

〔**学前教育改革**〕 省教育厅贯彻落实教育部《幼儿园工作规程》和《吉林省学前教育条例》，召开全省第二期学前教育三年行动计划中期推进会议。组织新闻媒体在全省开展宣传、普及科学保教知识的“幼小协同·科学衔接”主题教育宣传月活动。联合相关厅、局出台《关于加强城镇新建居民区和旧区改造配套幼儿园建设及管理的指导意见》，推进学前教育资源统筹和管理。珲春市被评选为国家学前教育改革实验区，实施学前三年基本免费教育政策。

〔**支持普惠性民办幼儿园发展**〕 省教育厅会同

省财政厅、省物价局出台《吉林省普惠性民办幼儿园认定及管理办法（试行）》。省级财政安排3 000万元专项资金，奖补普惠性民办幼儿园150所，用于聘用一定资质的幼儿教师、支付园舍租金、购买补充教学器具和幼儿园校舍维修改造等方面。

〔**义务教育均衡发展**〕　2016年，省政府办公厅印发《关于统筹推进县域内城乡义务教育一体化改革发展的实施意见》，加快推进县域内城乡义务教育学校建设标准统一、教师编制标准统一、生均公用经费基准定额统一、基本装备配置标准统一和“两免一补”政策城乡全覆盖。全省有15个县（市、区）通过国家义务教育发展基本均衡检查验收；有49个县（市、区）达到国家标准，占全省县（市、区）的比例达81.7％，居全国前列。省教育厅落实《吉林省关于在城市推行义务教育大学区管理的指导意见》，全面推进大学区建设，197个大学区覆盖98％的城市义务教育学校。实施“阳光入学”政策，推进城市义务教育免试就近入学全覆盖。落实《关于推进县域内义务教育学校校长教师交流工作的指导意见》，加大校长教师交流力度，全年共交流校长641人、教师3 758人。

〔**推进义务教育学校标准化建设**〕　省教育厅制定《为农村义务教育学校装备3 000个多媒体教室民生项目实施方案》。为全省5 284所农村义务教育学校增配“班班通”多媒体教学设备系统，设置了3 000个多媒体教室，配备15 524套多媒体电子白板和软件资源，实现了优质教学资源覆盖到每所农村学校。依据《吉林省义务教育学校办学标准（试行）》和《吉林省义务教育学校教育技术装备标准（试行）》，全省累计投入资金36.8亿元，其中中央资金投入21.8亿元、省资金投入8.6亿元、市县资金投入6.4亿元，改善了贫困地区义务教育薄弱学校办学条件。

〔**普通高中教育**〕　省教育厅制定《吉林省普通高中学业水平考试实施办法（试行）》和《吉林省普通高中学生综合素质评价实施办法（试行）》，推进高考改革。启动普通高中综合素质评价平台使用试点校工作，为高考招生制度改革奠定基础。加快推进中考制度改革，出台《关于2016年吉林省初中毕业生学业考试和高级中等学校招生工作的通知》，全面取消普通高中择校生，继续执行优质高中招生指标分配到初中的改革措施。推进普通高中多样化发展，评选认定首批19所高中为多样化发展试点学校。空军少年飞行学校建设受到教育部和空军的高度评价。

〔**实施“明德知礼工程”**〕　省教育厅推进青少年社会主义核心价值观建设工作，继续在全省中小学实施“明德知礼工程”，与省委宣传部等部门评选命名通化等10个县（市、区）为2016年度“明德知礼工程”示范县（市、区），长春市朝阳区解放大路小学等52所学校为2016年度“明德知礼工程”基地学校。

〔**留守儿童关爱保护工作**〕　省教育厅联合省民政厅开展农村留守儿童情况调研，落实国务院《关于加强农村留守儿童关爱保护工作的意见》精神，联合下发《吉林省人民政府关于加强农村留守儿童关爱保护工作的实施意见》，进一步加大学校教育关爱保护力度。

〔**特殊教育**〕　全面落实特殊教育提升计划，开展未入学残疾儿童核查工作，重点解决未入学残疾儿童接受义务教育问题。继续实施改善特殊教育办学条件项目，落实国家残疾学生生均公用经费标准。依托省教育学院实施国家级培训和省级培训项目，推荐特殊教育教师参加国家级培训。全省有6名特殊教育教师获中国残疾人联合会和教育部联合颁发的园丁奖，1名特殊教育教师获“吉林好人·最美教师”称号，长春市宽城区培智学校“医教结合”特殊教育国家改革试点经验在全国会议上交流推广。

职业教育与成人教育

〔**现代学徒制试点工作**〕 现代学徒制试点项目列入全省深化教育改革项目，省教育厅印发《吉林省开展职业教育现代学徒制试点工作实施方案》，评审立项13个省级现代学徒制试点单位。6月2日，全省职业教育现代学徒制试点工作汇报会在吉林女子学校举行，教育部职业教育与成人教育司副司长王扬南到会并讲话，吉林市教育局、辽源市教育局、长春职业技术学院、长春汽车工业高等专科学校、长春市农业学校的代表分别在会上做了汇报发言。

〔**"长白山技能名师"遴选工作**〕 组织第三批"长白山技能名师"遴选工作。经过省内专家终审，共有70人被聘任为第三批"长白山技能名师"，其中高职院校44人、转型本科院校26人；全职36人、客座34人；校内25人、校外引进45人。

〔**职教园区建设**〕 长春市职业教育园区一期工程完工，长春师范高等专科学校、长春市第二中等专业学校、长春市城建工程学校已经整体搬迁，二期工程正在施工。辽源市启动南部新城职业教育园区建设，计划投资近13亿元，占地面积约44万平方米。

〔**职业院校技能大赛**〕 3月11日至4月8日，省教育厅、省人力资源和社会保障厅等7部门联合举办全省职业院校技能大赛。其中中职组共计62个竞赛项目、高职组共计27个竞赛项目。新增现代农业、现代服务业等赛项。在2016年全国职业院校技能大赛中，吉林省共获5项金奖、15项银奖、72项铜奖。

〔**开展全民终身学习教育活动**〕 省教育厅开展了第六届全省全民学习周活动和年度"百姓学习之星"评选活动，继续推进大讲堂、学习品牌等活动。出台《关于推进高等教育学分认定和转换工作的实施意见》，推进全省学分银行和学习者学习成果认证工作，该项工作被列入全省深化教育改革项目。

〔**参与全国全民终身学习活动周活动**〕 2016年，全省有5人获全国"百姓学习之星"称号，3个学习品牌获全国终身学习品牌项目。其中，中国一汽集团公司铸造模具设备厂班长李凯军获全国事迹特别感人的"百姓学习之星"称号，"吉林省全民阅读"获全国特别受百姓喜爱的终身学习品牌项目。

高等教育

〔**推进高水平大学和一流学科建设**〕 省政府与吉林大学签署《深入实施创新驱动发展战略、建设世界一流大学合作协议书》。"十三五"期间，省财政统筹安排各类项目及奖补经费15亿元，加快吉林大学建设世界一流大学；推进长春理工大学、吉林建筑大学、吉林师范大学、北华大学开展省部共建工作，提升办学实力，增强竞争优势；长春工业大学、吉林师范大学、北华大学、吉林财经大学、吉林华桥外国语学院5所高校获批国家高校基础能力（二期）建设工程项目，为高校提升整体办学条件、办学能力、办学水平打下基础。

〔加强学科专业和课程建设〕 启动58个“重中之重”立项建设一级学科、203个省优势特色重点一级学科验收工作，着力打造学科优势和特色，提升高校服务全省新一轮振兴发展能力。规范专业设置和管理，建立专业预警机制，新增本科专业57个、调整学位授予门类或修业年限专业2个，撤销本科专业8个。推进在线开放课程建设，立项建设一批优质在线开放课程。

〔强化实践教学和大学生创新创业能力培养〕 新增3个国家级深化创新创业示范高校。搭建大学生“双创”平台，认定校外省级大学生创业孵化基地33个、大学生创业示范基地8个、大学生科技创业实习基地21个，遴选建设校内省级大学生创新创业基地33个。举办第二届吉林省“互联网+”大学生创新创业大赛，参与学生2万余人，产生省级金奖项目50项、银奖项目100项、铜奖项目147项、优秀组织单位15家。

〔教学质量监控体系建设〕 完成吉林农业大学、长春工程学院、长春中医药大学、吉林财经大学、通化师范学院、吉林化工学院6所高校审核评估工作。编印10期《高等教育强省建设工作动态》内部资料，总结交流高校转型、学科专业建设、人才培养改革、校企合作办学、科研成果转化等方面的经验和成果。发布《2015年本科教学质量年度报告》，指导高校开展专业认证评估工作。

〔人才队伍建设〕 继续实施《吉林省鼓励和支持高等学校引进高端人才实施办法（暂行）》，通过实施“人才培养模式改革试验区”“卓越计划”等质量工程项目，允许省属高校根据办学规模、类型和国家规定编制标准，按照实际需要和精简、效能原则，自主确定教学、科研、行政职能部门等内设机构和人员配备。2016年，新增高端人才7人，新聘任“长白山学者”78人、“长白山技能名师”70人，全省高校高端人才总量增至197人，“长白山学者”和“长白山技能名师”增至412人。

〔落实高教强省意见〕 省教育厅落实《关于建设高等教育强省的意见》，15个高校高端科技创新平台建设水平进一步提升，9个高校科研机构申请了教育部重点实验室立项建设。制定《关于进一步做好高等学校与科研院所、企业联合培养研究生工作的意见》，推进校所、校企深入合作。牵头与省内6家高水平科研院所签署全面合作协议，会同长春光学精密机械与物理研究所成立“吉林省工程师培训教育联盟”。2.5亿元“吉林省高校产学研引导基金”全部到位，首批23个项目落地实施。

〔教育科研〕 完成2016年度省教育厅“十三五”科学研究规划项目评选工作。共征集到全省61所高校申报的科学技术研究项目1 969项、社会科学研究项目1 451项、产业化培育项目48项。经专家网上盲审、现场答辩评审等环节，确定对58所高校申报的1 081项课题予以资助。

〔高校科技创新和成果转化〕 按照《吉林省高校产学研引导基金暂行管理办法》和项目申报指南要求，2016年上半年，省教育厅会同省财政厅在前期项目申报和初审的基础上，充分依托基金管理公司，重点开展了项目对接、尽职调查、专家评审等工作，确定了首批25项待决策项目，并分两次召开基金投资决策委员会全体会议，通过了对23个项目的股权投资，投资额度总计15 070万元。8月，印发《2016年度吉林省高校产学研引导基金项目申报指南》，正式启动新一轮基金项目的申报工作。

〔深化产学研协同创新机制〕 由省教育厅牵头，于2月26日和10月12日分别与省社会科学院、中国科学院长春光学精密机械与物理研究所、中国科学院长春应用化学研究所、中国科学院地理科学与资源研究所、长春军事兽医研究所和中国农业科学院特产研究所6个高水平科研院所签署全面合作协议；于11月15日会同中国科学院长春光学精密机械与物理研究所成立“吉林省工程师培训教育联盟”；印发《关于进一步做好高等学校与科研院所、企业联合培养研究生工作的意见》，进一步推动全省高校同科研院所和企业的全方位合作，充分发挥各方优势，为全省经济发展和社会进步提供智力支撑和人才保障。

〔**党建工作**〕 6月，印发《关于实施全省高校基层党组织建设“五创五强”工程的意见》《关于加强高校院系级党组织及所属党支部党建工作经费保障的指导意见》等通知，全面启动“五创五强”工程，努力夯实党在高校的执政基础。3月，全省高校党建工作经验做法在新华社《国内动态清样》第1 129期刊登，省委书记巴音朝鲁做出重要批示。6月，省高校工委组织召开全省高校庆祝中国共产党建立95周年暨创先争优表彰大会，省委副书记马俊清、省委组织部部长林武等出席并讲话。省高校工委与省委组织部联合召开全省高校党委换届工作会议，共同制定了《关于做好省属高校党委换届工作的实施意见》。

〔**大学生思想政治教育**〕 召开全省高校宣传思想工作会议和高校德育研究会年会，选举产生了省高校德育研究会新一届理事会。开展全省高校落实中共中央、国务院《关于进一步加强和改进新形势下高校宣传思想工作的意见》精神及吉林省《实施意见》情况督导检查。举办高校哲学社会科学教学科研骨干研修班、高校思想政治理论课教师培训班、第九期高校辅导员岗位培训班、第八期高校大学生心理健康教育骨干教师培训班，加强了高校思想政治工作队伍建设。开展全省高校校园文化建设优秀成果评选和第二届全省高校辅导员优秀微信公众平台建设及优秀网络文章评选，组织全省高校思想政治理论课“精彩教案、精彩课件”评选，举办第四届全省高校辅导员职业能力大赛。在全国高校辅导员职业能力大赛中，获赛区复赛一等奖2个、二等奖3个、三等奖2个，获全国决赛三等奖2个。教育部、人力资源和社会保障部、国务院国有资产监督管理委员会在长春市联合召开2016年全国高校实践育人暨创新创业现场推进会。省教育厅获首届全国高校名站名栏评选活动“优秀组织奖”。

〔**引导部分省属高校转型发展**〕 吉林工程技术师范学院、长春工程学院、吉林化工学院3所转型高校获批国家“十三五”产教融合工程项目。依托吉林省普通本科高校转型发展联盟举办全省转型高校“实践教学发展论坛”和“教师说课大赛”。推动转型高校深入开展产教融合、校企合作，吉林日报社和吉林工程技术师范学院共同组建股份制二级学院——吉报数字传媒与创意学院，吉林农业科技学院与珠海世纪鼎利科技股份有限公司共建鼎利学院。强化转型改革经费保障，据初步统计，试点高校全年内涵建设经费投入2.1亿元，省财政一次性奖补试点高校建设经费2 700余万元。

〔**毕业生创业就业工作**〕 落实省政府关于进一步促就业稳就业的若干政策措施，培训“双困学生”1万人；加大就业市场开发力度，集中组织高校开展校企合作和人才对接，组织全省高校毕业生就业洽谈月活动，举办跨区域、分科类、校际合作九大专场招聘会；做好大学生征兵工作，共有3 879名大学生参军入伍；着力打造高素质就业创业指导教师队伍，开展全省高校就业创业指导教师高端培训，培训教师502人，举办“吉创杯”全省创业指导课程教学大赛，促进教学相长。吉林大学、吉林农业大学被教育部评为全国首批50所创新创业教育典型经验高校。

撰稿　李书研　宁宝忠　谷秋林
审稿　林乐琨

黑龙江省教育

概况

〔基本情况〕

黑龙江省各级各类学校校数、教职工、专任教师情况

	学校数（所）	教职工数（人）	专任教师数（人）
一、高等教育			
（一）研究生培养机构（不计校数）	27		
1. 普通高校	19		
2. 科研机构	8		
（二）普通高等学校	82	74 901	46 829
1. 本科院校	39	57 290	35 840
其中：独立学院	1	126	95
2. 高职（专科）院校	43	17 611	10 989
3. 其他普通高教机构（不计校数）			
（三）成人高等学校	21	2 446	1 278
（四）民办的其他高等教育机构	36	108	48
二、中等教育	2 241	210 286	155 780
（一）高中阶段教育	778	89 783	64 743
1. 高中	414	59 273	42 577
普通高中	372	58 939	42 312
完全中学	90	14 093	6 210
高级中学	260	41 400	35 179
十二年一贯制学校	22	3 446	923
成人高中	42	334	265
2. 中等职业教育	364	30 510	22 166
普通中专	77	7 559	4 678

续表

	学校数（所）	教职工数（人）	专任教师数（人）
成人中专	41	2 349	1 687
职业高中	119	9 340	7 497
技工学校	127	10 893	8 083
其他中职机构（不计校数）	17	369	221
（二）初中阶段教育	1 463	120 503	91 037
1. 初中	1 451	119 818	90 447
初级中学	958	76 917	65 839
九年一贯制学校	493	42 901	17 928
十二年一贯制学校			1 070
完全中学			5 610
职业初中			
2. 成人初中	12	685	590
三、初等教育	2 066	117 541	120 363
（一）普通小学	1 979	116 470	119 412
小学	1 979	116 470	101 401
九年一贯制学校			17 330
十二年一贯制学校			681
（二）成人小学	87	1 071	951
其中：扫盲班			
四、工读学校	1	21	19
五、特殊教育	73	2 260	1 926
六、学前教育	5 720	62 919	34 177

注：①完全中学的学校数和教职工数计入高中阶段教育，九年一贯制学校的校数和教职工数计入初中阶段教育，十二年一贯制学校的校数和教职工数计入高中阶段教育。专任教师按照教育层次进行归类。②技工学校数据为 2015 年数据。③“（ ）”内数据为不计校数。

黑龙江省各级各类学历教育学生情况

单位：人

	毕业生数	招生数	在校生数
一、高等教育			
（一）研究生	19 510	21 889	63 620
博士	1 650	2 638	12 526
硕士	17 860	19 251	51 094
（二）普通本专科	199 598	197 846	735 857
本科	127 314	126 134	513 947

续表

	毕业生数	招生数	在校生数
专科	72 284	71 712	221 910
（三）成人本专科	73 530	37 096	125 754
本科	33 803	23 783	71 515
专科	39 727	13 313	54 239
（四）其他各类高等学历教育			
1. 在职人员攻读硕士学位		3 766	16 516
2. 网络本专科生	23 282	30 097	60 788
本科	7 299	10 111	21 368
专科	15 983	19 986	39 420
二、中等教育	576 808	555 720	1 733 521
（一）高中阶段教育	300 256	280 509	829 030
1. 高中	197 768	186 283	557 006
普通高中	190 714	186 283	549 844
完全中学	28 334	26 679	78 462
高级中学	159 872	155 704	462 079
十二年一贯制学校	2 508	3 900	9 303
成人高中	7 054		7 162
2. 中等职业教育	102 488	94 226	272 024
普通中专	35 370	35 575	106 308
成人中专	17 291	12 228	43 077
职业高中	22 266	23 218	66 344
技工学校	27 561	23 205	56 295
（二）初中阶段教育	276 552	275 211	904 491
1. 初中	275 900	275 211	903 883
初级中学	208 959	207 670	682 951
九年一贯制学校	43 953	44 808	146 027
十二年一贯制学校	2 891	3 666	11 716
完全中学	20 092	19 063	63 175
职业初中	5	4	14
2. 成人初中	652		608
三、初等教育	279 781	246 422	1 440 560
（一）普通小学	278 092	246 422	1 439 381
小学	243 707	212 316	1 240 979
九年一贯制学校	33 203	32 458	190 423
十二年一贯制学校	1 182	1 648	7 979

续表

	毕业生数	招生数	在校生数
（二）成人小学	1 689		1 179
其中：扫盲班			
四、工读学校	4	3	8
五、特殊教育	1 159	2 058	10 862
六、学前教育	217 620	245 250	528 090

注：①完全中学、九年一贯制学校和十二年一贯制学校的学生数按教育层次分别计入对应教育阶段的学生数中。②特殊教育学生数中包括义务教育阶段随班就读的学生数、其他学校附设特教班学生数。

黑龙江省各级各类非学历教育学生情况

单位：人次

	结业生数	注册学生数
总计	763 019	601 898
一、高等教育	104 246	65 291
（一）研究生课程进修班	54	
（二）自考助学班	478	2 096
（三）普通预科生		1 445
（四）进修及培训	103 714	61 750
其中：资格证书培训	29 894	28 393
岗位证书培训	54 622	23 314
二、中等职业教育	658 773	536 607
其中：资格证书培训	44 709	44 521
岗位证书培训	87 216	54 174
（一）中等职业学校	151 866	108 065
其中：资格证书培训	18 555	13 355
岗位证书培训	28 557	6 410
（二）职业技术培训机构	506 907	428 542
其中：资格证书培训	26 154	31 166
岗位证书培训	58 659	47 764

黑龙江省各级各类民办学校校数、教职工、专任教师情况

	学校数（所）	教职工数（人）	专任教师数（人）
一、高等教育			
（一）研究生培养机构（不计校数）	1		
1. 普通高校	1		
2. 科研机构			

续表

	学校数（所）	教职工数（人）	专任教师数（人）
（二）普通高等学校	18	8 863	6 325
1. 本科院校	12	7 607	5 552
其中：独立学院	1	126	95
2. 高职（专科）院校	6	1 256	773
3. 其他普通高教机构（不计校数）			
（三）成人高等学校			
（四）民办的其他高等教育机构	36	108	48
二、中等教育			
（一）高中阶段教育			
1. 高中			
普通高中	37	5 136	1 894
完全中学	12	2 237	809
高级中学	14	808	638
十二年一贯制学校	11	2 091	447
成人高中			
2. 中等职业教育			
普通中专	38	2 246	1 427
成人中专	3	23	11
职业高中	10	254	196
技工学校			
其他中职机构（不计校数）			
（二）初中阶段教育			
1. 初中	25	2 204	2 788
初级中学	11	747	675
九年一贯制学校	14	1 457	626
十二年一贯制学校			689
完全中学			798
职业初中			
2. 成人初中			
三、初等教育			
（一）普通小学	9	457	1 103
小学	9	457	351
九年一贯制学校			324
十二年一贯制学校			428
（二）成人小学			

续表

	学校数（所）	教职工数（人）	专任教师数（人）
其中：扫盲班			
四、工读学校			
五、特殊教育			
六、学前教育	4 153	37 958	19 777
另有：民办培训机构（不计校数）	700	5 932	4 769

注：①完全中学的学校数和教职工数计入高中阶段教育，九年一贯制学校的校数和教职工数计入初中阶段教育，十二年一贯制学校的校数和教职工数计入高中阶段教育。专任教师按照教育层次进行归类。②“（ ）”内数据为不计校数。

黑龙江省各级各类民办教育学生情况

单位：人

	毕业生数	招生数	在校生数
一、高等教育			
（一）研究生	6	14	19
博士			
硕士	6	14	19
（二）普通本专科	27 065	30 436	111 430
本科	21 584	22 879	89 582
专科	5 481	7 557	21 848
（三）成人本专科	661	814	1 922
本科	81	380	613
专科	580	434	1 309
（四）另有其他学生			
1. 民办高校			3 895
2. 民办的其他高等教育机构			689
二、中等教育			
（一）高中阶段教育			
1. 高中			
普通高中	9 006	10 177	27 745
完全中学	4 220	3 719	11 913
高级中学	3 499	4 051	10 602
十二年一贯制学校	1 287	2 407	5 230
成人高中			
2. 中等职业教育			
普通中专	5 656	7 466	21 044
成人中专	1 170	618	2 395

续表

	毕业生数	招生数	在校生数
职业高中	688	265	993
技工学校			
其他学生数			2 885
（二）初中阶段教育			
1. 初中	11 430	13 226	42 664
初级中学	3 048	4 032	12 221
九年一贯制学校	3 208	3 007	9 289
十二年一贯制学校	1 888	2 755	8 468
完全中学	3 281	3 428	12 672
职业初中	5	4	14
2. 成人初中			
三、初等教育			
（一）普通小学	2 621	2 534	14 243
小学	728	683	4 218
九年一贯制学校	1 142	595	4 411
十二年一贯制学校	751	1 256	5 614
（二）成人小学			
其中：扫盲班			
四、工读学校			
五、特殊教育	6	5	27
六、学前教育	108 664	135 921	311 276
另有：民办培训机构（不计校数）			124 821

注：①完全中学、九年一贯制学校和十二年一贯制学校的学生数按教育层次分别计入对应教育阶段的学生数中。②特殊教育学生数中包括义务教育阶段随班就读的学生数、其他学校附设特教班学生数。③“其他学生数”包括自考助学班学生数、预科生数、进修及培训学生数。

〔**年度工作方针**〕 2016年，全省教育工作的总体思路是：全面贯彻党的十八大和十八届三中、四中、五中、六中全会精神，深入贯彻习近平总书记系列重要讲话精神，主动服务“四个全面”战略布局，树立并贯彻创新、协调、绿色、开放、共享的发展理念。围绕“五大规划”“龙江丝路带”“十大重点产业”建设，以立德树人为根本，以提高质量为主线，以促进公平为重点，全面深化综合改革，全面推进依法治教，全面加强党的建设，努力实现“十三五”良好开局，为全省全面建成小康社会提供强有力的人才支持和智力支撑。

〔**学习贯彻落实习近平总书记系列重要讲话精神**〕 强化“四个意识”，把学习贯彻习近平总书记两次重要讲话，特别是对黑龙江省的两次重要讲话精神作为首要政治任务，通过党组（中心组学习）会议、省教育厅全体干部大会深入传达学习，把重要讲话精神纳入“两学一做”学习教育和“四进四信”专题教学，作为暑期高校书记、校长研讨班首要内容，强化学习培训。组织高校开展系列宣传活动，在全省教育系统掀起了学习贯彻热潮。落实习近平总书记关于“冰天雪地也是金山银山”的重要论述精神，化气候劣势为教育资源优势，把冰雪活动纳入中小学体育课程，举办全省首届学生冬季运动会、中俄中小学校园雪地足球友谊赛等系列赛事。全省学生参加“百万青少年上冰雪”活动的人数超过 300 万人，798 处学校体育场馆向社会开放，促进了体育经济和体育产业发展。

〔**落实立德树人根本任务**〕 贯彻落实全国高校思想政治工作会议精神，召开全省高校思想政治工作会议。实施大中小学培育和践行社会主义核心价值观“一体化”行动，推动各学段核心价值观教育内容衔接、贯通培养。推进习近平总书记系列重要讲话精神“四进四信”专题教学活动，并在全国高校思想政治工作年度会议上做典型发言。制定高校党委意识形态工作责任制实施细则，指导高校党委落实主体责任、完善意识形态阵地管理制度机制。开展专项督查，推进思想政治理论课建设标准的落实，启动实施重点马克思主义学院建设计划，推荐两名教师参加全国高校形势政策课教学展示比赛，全部获一等奖。指导高校配齐配强宣传思想工作干部，推动高校党委宣传部部长进学校党委常委工作。针对校园网贷问题，将大学生消费观教育纳入学生思想政治工作。高度重视防范校园欺凌问题。抓好高校政治稳定，切实做好新疆籍少数民族学生的教育管理服务工作。启动大中小学文明校园创建活动。

〔**构建完善教育改革制度框架**〕 针对群众反映强烈的教育热点难点问题，在“四梁八柱”改革方面下功夫，切实解决体制机制问题，不断完善顶层设计。制定《黑龙江省教育领域综合改革指导意见》，对全省教育领域综合改革做出全面部署，制定《深化考试招生制度改革实施方案》和普通高中《学业水平考试实施办法》《综合素质评价实施办法》，搭建完成改革的主体框架。

〔**切实担负教育扶贫攻坚责任**〕 坚持教育资金向基础教育、向贫困地区倾斜，切实使教育事业在促进社会公平、打赢脱贫攻坚战进程中发挥基础作用。强化督查，重点约谈，加快推进全面改善贫困地区义务教育薄弱学校基本办学条件项目建设，累计投入资金 61.3 亿元，覆盖学校 2 401 所，超额完成国家下达任务。统一城乡义务教育学校生均公用经费基准定额。营养改善计划实施范围扩大至 40 余万名学生，实现了集中连片贫困地区和国家级贫困县的全覆盖。适度扩大农村贫困地区定向招生计划。完善学生资助体系，出台全省寄宿制学校建档立卡低保家庭学生就餐补贴、普通高中建档立卡家庭经济困难学生免除学杂费等政策。建议省政府将“普通高中办学标准达标率”列为农村扶贫开发工作主要考核指标，推动普通高中薄弱学校改造。通过各类专项，全年累计对 28 个贫困县下达资金 19.62 亿元。落实各类奖、助、补、免、偿资金 15.05 亿元，资助学生 236.93 万人。推进“互联网+教育”行动计划，强化“三通工程”建设，接受国家教育信息化工作专项督导检查。

〔**深入推进依法治教**〕 推进依法行政，统一规范全省教育系统行政权力清单，认真公示行政许可和行政处罚信用信息，有关执法事项 100%建立了“双随机、一公开”检查机制。开展教育地方性法规、规章和规范性文件的清理工作。推进法治宣传教育，省教育厅在“六五”普法工作中受到省委、省政府表彰。强化教育督导工作，在完善制度、构建机制方面做了大量工作，开展各类专项督导，督政督学作用得到充分发挥。启动专业评估试点，高质量完成各项教育评估工作，以科学的评价引导教育健康发展和质量提高。建立风险防控和隐患排查治理双重机制，全面加强校园安全管理，切实维护了学校安全稳定。推进政务公开，组建新闻宣传信息中心，建成政务微信平台并上线。做好省人大代表建议和政协委员提案办理工作，被省政协授予提案办理工作先进单位。妥善处理、化解了系列突发舆情事件，维护了社会和谐稳定。

〔**加强教师队伍建设**〕 学习贯彻习近平总书记教师节重要讲话精神，按照“四有”好老师标准加强教师队伍建设，进一步完善师德建设的长效监督机制。严格教师资格准入，实施中小学教师资格定期注册制度试点。深化教师职称制度改革，进一步强化省级监管。加强高层次人才队伍建设，启动实施新的“龙江学者支持计划”。改善薄弱地区教师条件，招聘的1 591名“特岗教师”全部上岗任教，县域内校长、教师交流轮岗比例达14.4%。为2.45万名集中连片特困地区乡村教师发放生活补贴5 640万元，全省中小学班主任津贴标准由原来的每人每月14元统一调整为260元。

〔**贯彻党要管党从严治党要求**〕 严格按照中央和省委部署，开展“两学一做”学习教育，省教育厅党组及班子成员带头开展学习研讨，认真参加双重组织生活，落实领导干部督导、支部书记主体和党员骨干领学三个责任制，建设支部书记培训、专题学习辅导、日常教育三个网络平台。推进高校“两学一做”学习教育全覆盖，召开省属高校座谈会和经验交流会，深入20多所高校调研指导工作，落细落小“两学一做”学习教育。按照省委高校党建工作领导小组部署要求，有序推进12所高校党委集中换届，启动高校党委书记抓基层党建述职评议工作。加强中小学党建工作，推动中小学党的组织和党的工作全覆盖。强化民办高等教育机构党建工作，全面实施民办高校党的组织和党建工作专项督导。召开全省高校统战工作会议，全面加强和改进新时期高校统战工作。落实党风廉政建设主体责任，推进省委巡视反馈意见整改落实，在全省教育系统开展“五个一”专题纪律教育活动。

〔**教育行风建设**〕 坚持管行业必须管行风，聚焦教育行业高危领域，加大综合治理力度，消除潜在风险。经请示省委深化改革领导小组同意，探索省属普通高校基础设施建设项目“代建制”，实施基本建设督查制度，建立完善管理模式和运行机制。协调省财政设立奖励资金，支持高校启动并网供热，整治高校煤炭采购领域存在的问题。明确规范办学行为要求和岗位职责，集中开展专项检查。实施“阳光工程”“平安工程”，专项治理高校违规招生行为，从严规范高考招生宣传和录取，保持严厉打击考试违规的高压态势，保证考试招生公开、公平、公正。开展校园塑胶跑道、营养改善计划专项排查整治工作，维护师生切身利益。

〔**民族教育**〕 省政府印发《关于加快发展民族教育的实施意见》。加强民族人才队伍建设，协调有关部门，扩大民族教育人才培养规模。遴选并重点建设30所民族文化基地学校，开展民族学校校长教师培训工作。不断加强少数民族学生教育管理服务工作。落实好教育援疆、援藏任务，选派高校教师到新疆维吾尔自治区阿勒泰地区支教，选派初中学科教研员组成黑龙江省基础教育专家团赴阿勒泰地区进行教学视导工作。启动实施“组团式”教育人才援藏工作，40名管理干部和专任教师入藏开展工作。

〔**对俄教育交流合作**〕 主动服务党和国家总体外交大局，对接“龙江丝路带”建设，受省政府委派，3次派团访问俄罗斯，推动中俄高水平大学合作和平台建设。中俄大学之间5项合作协议务实推进，3个大学联盟平台广泛开展活动，中俄美术学院、中俄联合生物医学中心揭牌成立，建成5个中俄联合研究中心、1个俄语测试中心。举办“黑龙江日”等系列对俄教育文化交流活动，为推动中俄民心相通架设桥梁，黑龙江省东北亚教育对外开放窗口的地位更加突出。强化汉语国际推广工作，1所高校在全球孔子学院大会上被评为先进中方合作机构。全省留学生数量超过1.4万人，创历史新高。

〔**语言文字工作**〕 启动实施“中国语言资源保护工程·黑龙江省汉语方言调查”项目，并通过国家中期检查。坚持普及与提高并进，全面推进语言文字工作，高质量完成推普下乡送教等各项任务，组织开展“黑龙江省第十九届全国推广普通话宣传周”活动，完成少数民族地区中小学教师普通话使用情况调查工作，省教育厅在教育部、国家语委召开的全国会议上做经验介绍。

基础教育

〔**学前教育**〕 进一步扩大学前教育资源，完成第二期学前教育三年行动计划，超额完成年度改扩建104所公办幼儿园的目标任务，学前三年毛入园率达75.61%。着力调整学前教育结构，积极扶持普惠性民办幼儿园发展。贯彻落实《3—6岁儿童学习与发展指南》和《幼儿园工作规程》，防止和纠正幼儿园“小学化”倾向，切实提高保教质量。坚持问题导向，深入开展调研，专项整治无证幼儿园，消除重大安全隐患和社会风险，与五部门联合下发《省学前教育机构登记注册和审批管理办法》，突破政策“瓶颈”，促进学前教育规范健康发展。

〔**义务教育**〕 省委省政府克服经济下行压力大、教育基础薄弱等不利因素，以超常规的思路和举措强力推进义务教育均衡发展，省政府主要领导主持召开专题会议并做出全面部署，分管省领导分别约谈各地政府负责人，分片召开推进会议，面对面与61个县（市）政府主要负责人“对标”“对表”。省政府教育督导委员会、省教育厅逐县明确问题任务清单、召开专题推进和培训会议、开发启用网络台账系统、建立督查通报制度、指导学校布局调整，省教育厅领导带队分片督导、精准推进。省财政安排2亿元资金，建立奖补机制。市、县两级政府积极响应、履责担当、合力攻坚、积极推进。全省申报的33个县区通过国家验收，45个县区接受了省级复评，义务教育学校资源配置明显改善，学校、家长和社会满意度大幅提升。遵循学生身心发展规律和教育教学规律，加强和改进义务教育阶段学生综合素质评价工作。加大学籍管理检查、指导和培训力度，严格规范义务教育阶段学籍管理，要求各级政府制定消除大班额专项规划，加快解决大班额问题。加强留守儿童关爱保护工作，建立入学保障机制，留守儿童入学率达100%。接收并做好15.82万名农民工随迁子女就学和升学工作，为930位军人子女入学、入托提供优先优惠。

〔**普通高中教育**〕 抓好普通高中教育的高质量普及，推动普通高中多样化特色化发展。推进普通高中学业水平考试和综合素质评价制度改革，遴选启动改革试点，探索高考综合改革实践路径。深化基础教育课程改革，两名教师分获“苏步青数学教育奖”一等奖、二等奖。配合北部战区空军政治工作部对空军青少年航空学校运行情况进行检查调研，并联合下发《北部战区空军青少年航空学校“少年天空”深度培养计划》，青少年航空学校招生质量逐年提高。通过中学生“英才计划”等活动，进一步深化高中与高校合作育人。

〔**特殊教育**〕 持续推进特殊教育学校标准化建设，对申报学校进行评估验收。深入推进“医教结合”教学模式改革，加强20所“医教结合、综合康复”实验学校建设。特殊教育学校办学条件得到改善，生均经费标准达6 000元。深化特殊教育区域教研活动，推进特殊教育课程方案进一步落实。全面落实残疾儿童随班就读政策，适龄视力、听力和智力残疾儿童入学率达90%以上，非义务教育阶段普及率明显提高。

职业教育与成人教育

〔**职业教育教学改革**〕 研究制定职业教育“十三五”发展规划、高等职业教育创新发展行动计划实施方案及关于深化职业教育教学改革全面提高人才培养质量的实施意见，进一步明确重点工程、重点项目及任务分工。加强重点专业建设，以绩效奖补的方式重点支持省内职业院校207个服务全省十大产业的重点专业。优化专业布局，撤销或停办200个供大于求、就业不理想的高职专业点。推进校企合作、工学结合人才培养模式创新，4所院校获批首批现代学徒制试点单位，5个城市入选首批老工业基地“双元制”培育改革试点，7所中职学校获批产教融合发展工程项目，6所院校获批国家健康、养老服务类和民族文化传承与创新专业示范点。启动职业院校教学诊改工作，职业教育人才培养质量稳步提高。

〔**农村职教试验区建设**〕 推进农村职业教育试验区试点县项目建设，完成首批9个试点县省级验收工作，完成首批示范县的省级评估，推荐3个县（市）获批第三批国家农村职业教育改革示范县。启动试点市和第二批试点县项目建设工作，确定1个试点市和8个试点县。加快新型职业农民培育，全年各地新增注册新型职业农民学员5 700余人，新型职业农民培养速度、规模不断扩大。推进涉农职业院校中高职贯通培养项目，1 700余名中职学生通过贯通培养升入高职院校继续学习。

〔**职业教育活动周**〕 举办以“培育工匠精神，建设技能强省”为主题的全省职业教育活动周，各职业院校积极开展职业体验、成果展示及技能展示等活动，参与活动周的总人数达32.62万人，参与企业368家，观摩体验活动项目627项。举办以“全民终身学习、共创和谐龙江”为主题的全省全民终身学习活动周。在2016年全国全民终身活动周中，获全国“全民终身学习活动周优秀组织奖”，4人获“百姓学习之星”称号，3个品牌获“全国十佳终身学习品牌”称号。

〔**继续教育工作**〕 促进学习型社会建设，实验区、示范区社区教育累计培训3.5万余人，社会各类培训35万余人次。印发社区教育示范（实验）区及社区大学、社区教育学院建设指导方案，推进第二批省级社区教育示范区、实验区申报认定工作，做好新晋级的国家级示范区、试验区建设工作。

高等教育

〔**高教强省二期建设**〕 启动实施高等教育建设强省规划二期，确定围绕全省重点发展的产业建设专业集群、实施紧缺人才培养等重点工作任务，进一步提高高等教育服务地方经济社会发展能力。完善高校分类指导体系，推进“双一流”建设和部分地方本科高校转型发展，3所高校入选国家应用型产教融合项目，5所本科高校获批中西部高校基础能力建设二期规划项目，进一步推动地方高校内涵发展、特色发展。

〔**教育教学改革**〕 进一步优化本科专业布局，创新开展本科专业设置专项指导工作，制定发布2016年度鼓励支持设置和不建议增设的本科专业名单，完成2016年度省属普通高校本科专业设置备案（审批）形式审核工作，推荐12所省属高校的16个专业点报请教育部备案，5所省属高校的6个专业点报请教育部审批，3所省属高校的5个专业点报请教育部撤销。完成全省81所高校招生专业专项审核工作，开展42个国家级本科专业综合改革试点及310个省级重点专业建设。实施本科高校按类招生工作，推进13所高校48类专业实行按类招生。推进全省本科高校在线课程建设工作，成立黑龙江省高校在线课程联盟，推进优质课程资源共享。与国家开放大学教学平台合作，协同建设和运用在线课程大数据，为高校师生和社会学习者提供优质高效的全方位或个性化服务，为终身教育提供优质课程。开展学科学位点评估，首次开展学位点动态调整工作，深化研究生培养模式改革，研究生培养质量不断提升。完成"十二五"期间准予立项研究的高等教育教学改革项目结题验收工作，共验收结题1 068项。开展"十三五"期间高等教育教学改革规划工作，进一步明确深化高等教育教学改革方向。

〔**大学生创新创业教育**〕 贯彻落实全省大学生创新创业推进会精神，制定《黑龙江省推进大学生创新创业工作联席会议运行规则》，并确定全年全省52项重点任务，督促指导高校落实主体责任，持续推进大学生创新创业工作。加强大学生创新创业实践教学，编写出版《大学生创新创业导论》并在全省高校全面使用；开展创新创业课程建设和师资队伍专题培训，指导各高校把创新创业教育融入人才培养体系，普遍开设创业基础课。进一步推动高校创业实践平台和创业园建设，引导高校累计建成创业基地或孵化场所191个，场地面积47.3万平方米，入驻大学生12 434人，入驻基地创业团队1 128个，年度孵化项目500个。组织27所高校大学生创新创业服务团队，协同完成首期"1 100块农业产销试验田'互联网+农业'对接服务"的工作任务。举办第二届"互联网+"省级赛事，在2016年全国大赛中夺得4项银奖、14项铜奖。支持开展大学生创新创业训练计划项目，立项扩展至2 599项。"黑龙江省创业先进典型宣讲团进校园"活动覆盖全省各高校，举办"大众创业、万众创新"活动周，进一步营造浓厚的创新创业氛围，哈尔滨工业大学、黑龙江大学入选全国创新创业典型经验高校50强。在校大学生和毕业生创业人数增至11 614人，注册企业939家，带动就业9 358人。2016年，全省高校毕业生初次就业率达79.8%，毕业生留省就业率同比提高2.1个百分点。

〔**科技成果产业化**〕 鼓励高校教师创办高新技术公司，开展成果孵化，促进成果产业化。引导大学科技园区充分发挥其孵化器功能，搭建公共服务平台，为新创企业提供金融政策解读、企业管理、人才招聘等服务，全省高校5家国家级大学科技园孵化面积达12.6万平方米，新增入孵企业105家，吸引社会资本超过10亿元。高校教师创办或参股科技型企业达243家，规模以上科技型企业达60余家，高校在创新驱动战略中发挥了重要的带动作用。加强高校科技创新人才队伍建设，加大对高层次和青年创新人才的支持和培养力度，创新实施"高校青年创新人才培养计划"，全省共遴选青年创新人才220人，提供支持经费1 970万元；依托"长江学者""国家杰出青年"等领军人才组建了4个创新团队，并给予适当的建设经费支持。持续推进高校科技评价改革试点工作，督促高校逐步探索制定成果导向与科研育人相结合、基本评价与分类评价相结合、个人评价与团队考核相结合、数量提升与质量保证相结合的科学研究分类评价体系。

〔**规范高等学历继续教育办学行为**〕 规范高等学历继续教育办学行为，做好继续教育函授站备案工作，启动高等学历教育函授站检查工作。

撰稿　刘兆国

审稿　王奇峰

上海市教育

概　　况

〔基本情况〕

上海市各级各类学校校数、教职工、专任教师情况

	学校数（所）	教职工数（人）	专任教师数（人）
一、高等教育			
（一）研究生培养机构（不计校数）	48		
1. 普通高校	27		
2. 科研机构	21		
（二）普通高等学校	64	73 357	42 308
1. 本科院校	38	65 663	37 295
其中：独立学院	2	1 147	761
2. 高职（专科）院校	26	7 694	5 013
3. 其他普通高教机构（不计校数）			
（三）成人高等学校	14	1 465	753
（四）民办的其他高等教育机构	217	4 831	1 605
二、中等教育	903	93 843	64 065
（一）高中阶段教育	356	44 182	25 925
1. 高中	260	31 577	17 696
普通高中	256	31 530	17 669
完全中学	97	11 361	3 918
高级中学	138	16 459	13 092
十二年一贯制学校	21	3 710	659
成人高中	4	47	27
2. 中等职业教育	96	12 605	8 229
普通中专	57	8 549	5 280

续表

	学校数（所）	教职工数（人）	专任教师数（人）
成人中专	12	349	171
职业高中	27	3 707	2 778
技工学校			
其他中职机构（不计校数）			
（二）初中阶段教育	547	49 661	38 140
1. 初中	545	49 601	38 088
初级中学	362	28 791	23 412
九年一贯制学校	183	20 810	8 456
十二年一贯制学校			899
完全中学			5 321
职业初中			
2. 成人初中	2	60	52
三、初等教育	753	51 145	53 389
（一）普通小学	753	51 145	53 389
小学	753	51 145	43 408
九年一贯制学校			8 802
十二年一贯制学校			1 179
（二）成人小学			
其中：扫盲班			
四、工读学校	12	468	376
五、特殊教育	29	1 588	1 248
六、学前教育	1 553	58 930	38 277

注：①完全中学的学校数和教职工数计入高中阶段教育，九年一贯制学校的校数和教职工数计入初中阶段教育，十二年一贯制学校的校数和教职工数计入高中阶段教育。专任教师按照教育层次进行归类。②技工学校数据为 2015 年数据。③“（ ）”内数据为不计校数。

上海市各级各类学历教育学生情况

单位：人

	毕业生数	招生数	在校生数
一、高等教育			
（一）研究生	39 733	49 079	144 987
博士	5 009	6 809	29 857
硕士	34 724	42 270	115 130
（二）普通本专科	132 596	137 458	514 683
本科	87 670	93 146	371 266

续表

	毕业生数	招生数	在校生数
专科	44 926	44 312	143 417
（三）成人本专科	49 005	41 646	143 866
本科	34 588	27 369	100 135
专科	14 417	14 277	43 731
（四）其他各类高等学历教育			
1. 在职人员攻读硕士学位		10 655	46 856
2. 网络本专科生	43 272	43 484	126 224
本科	13 823	14 309	34 318
专科	29 449	29 175	91 906
二、中等教育	183 022	213 776	684 541
（一）高中阶段教育	90 905	88 509	270 499
1. 高中	52 487	53 066	158 486
普通高中	51 889	53 066	157 806
完全中学	12 152	12 283	36 826
高级中学	38 432	39 253	116 538
十二年一贯制学校	1 305	1 530	4 442
成人高中	598		680
2. 中等职业教育	38 418	35 443	112 013
普通中专	26 011	23 232	74 889
成人中专	3 617	5 413	16 778
职业高中	8 790	6 798	20 346
技工学校			
（二）初中阶段教育	92 117	125 267	414 042
1. 初中	91 839	125 267	413 298
初级中学	57 377	76 698	254 966
九年一贯制学校	18 203	27 440	86 933
十二年一贯制学校	2 113	3 151	9 590
完全中学	14 101	17 949	61 724
职业初中	45	29	85
2. 成人初中	278		744
三、初等教育	146 945	160 756	789 721
（一）普通小学	146 945	160 756	789 721
小学	122 347	131 194	650 181
九年一贯制学校	22 027	26 346	124 743
十二年一贯制学校	2 571	3 216	14 797

续表

	毕业生数	招生数	在校生数
（二）成人小学			
其中：扫盲班			
四、工读学校	476	509	832
五、特殊教育	1 557	994	7 457
六、学前教育	171 851	196 370	556 506

注：①完全中学、九年一贯制学校和十二年一贯制学校的学生数按教育层次分别计入对应教育阶段的学生数中。②特殊教育学生数中包括义务教育阶段随班就读的学生数、其他学校附设特教班学生数。

上海市各级各类非学历教育学生情况

单位：人次

	结业生数	注册学生数
总计	2 544 544	2 407 107
一、高等教育	735 415	660 273
（一）研究生课程进修班	1 168	
（二）自考助学班	29	76
（三）普通预科生		1 161
（四）进修及培训	734 218	659 036
其中：资格证书培训	99 441	103 875
岗位证书培训	205 592	162 742
二、中等职业教育	1 809 129	1 746 834
其中：资格证书培训	234 104	184 970
岗位证书培训	411 624	412 997
（一）中等职业学校	77 475	71 392
其中：资格证书培训	23 326	28 092
岗位证书培训	38 329	32 060
（二）职业技术培训机构	1 731 654	1 675 442
其中：资格证书培训	210 778	156 878
岗位证书培训	373 295	380 937

上海市各级各类民办学校校数、教职工、专任教师情况

	学校数（所）	教职工数（人）	专任教师数（人）
一、高等教育			
（一）研究生培养机构（不计校数）			
1. 普通高校			
2. 科研机构			

续表

	学校数（所）	教职工数（人）	专任教师数（人）
（二）普通高等学校	20	7 329	4 826
1. 本科院校	7	3 626	2 430
其中：独立学院	2	1 147	761
2. 高职（专科）院校	13	3 703	2 396
3. 其他普通高教机构（不计校数）			
（三）成人高等学校			
（四）民办的其他高等教育机构	217	4 831	1 605
二、中等教育			
（一）高中阶段教育			
1. 高中			
普通高中	58	6 446	1 649
完全中学	30	2 871	764
高级中学	13	636	431
十二年一贯制学校	15	2 939	454
成人高中			
2. 中等职业教育			
普通中专	1	99	37
成人中专			
职业高中	3	49	36
技工学校			
其他中职机构（不计校数）			
（二）初中阶段教育			
1. 初中	63	5 017	4 809
初级中学	36	2 381	1 878
九年一贯制学校	27	2 636	761
十二年一贯制学校			709
完全中学			1 461
职业初中			
2. 成人初中			
三、初等教育			
（一）普通小学	156	7 012	7 269
小学	156	7 012	5 258
九年一贯制学校			1 055
十二年一贯制学校			956
（二）成人小学			

续表

	学校数（所）	教职工数（人）	专任教师数（人）
其中：扫盲班			
四、工读学校			
五、特殊教育			
六、学前教育	580	23 137	10 737
另有：民办培训机构（不计校数）	475	12 339	5 568

注：①完全中学的学校数和教职工数计入高中阶段教育，九年一贯制学校的校数和教职工数计入初中阶段教育，十二年一贯制学校的校数和教职工数计入高中阶段教育。专任教师按照教育层次进行归类。②“（ ）”内数据为不计校数。

上海市各级各类民办教育学生情况

单位：人

	毕业生数	招生数	在校生数
一、高等教育			
（一）研究生			
博士			
硕士			
（二）普通本专科	26 087	33 203	105 881
本科	10 106	12 552	45 736
专科	15 981	20 651	60 145
（三）成人本专科	975	1 323	3 015
本科	8		14
专科	967	1 323	3 001
（四）其他学生			
1. 民办高校			14 323
2. 民办的其他高等教育机构			380 974
二、中等教育			
（一）高中阶段教育			
1. 高中			
普通高中	4 575	5 357	14 997
完全中学	2 498	2 882	8 108
高级中学	1 322	1 465	4 011
十二年一贯制学校	755	1 010	2 878
成人高中			
2. 中等职业教育			
普通中专	426	253	800
成人中专	16	92	418

续表

	毕业生数	招生数	在校生数
职业高中	343	243	695
技工学校			
另有其他学生数			751
（二）初中阶段教育			
1. 初中	13 812	17 507	61 452
初级中学	6 055	7 235	25 719
九年一贯制学校	1 456	2 214	7 383
十二年一贯制学校	1 517	2 487	7 793
完全中学	4 784	5 571	20 557
职业初中			
2. 成人初中			
三、初等教育			
（一）普通小学	26 081	22 336	125 379
小学	22 379	17 034	101 630
九年一贯制学校	1 722	2 648	11 485
十二年一贯制学校	1 980	2 654	12 264
（二）成人小学			
其中：扫盲班			
四、工读学校			
五、特殊教育	9		22
六、学前教育	52 995	60 653	172 503
另有：民办培训机构（不计校数）			873 512

注：①完全中学、九年一贯制学校和十二年一贯制学校的学生数按教育层次分别计入对应教育阶段的学生数中。②特殊教育学生数中包括义务教育阶段随班就读的学生数、其他学校附设特教班学生数。③“其他学生数”包括自考助学班学生数、预科生数、进修及培训学生数。

〔**编制实施《上海市教育改革和发展“十三五”规划》**〕 2016年，根据市政府的统一部署，《上海市教育改革和发展“十三五”规划》（简称《规划》）列入全市42个市级专项规划。市教育委员会围绕市政府关于“十三五”规划编制总体要求，服务上海建设“四个中心”和具有全球影响力的科技创新中心，全面贯彻落实国家和上海市中长期教育规划纲要，坚持“六个突出”（突出问题导向、突出改革创新、突出前瞻引领、突出人才培养、突出科学专业、突出公众参与），推进《规划》及15个专项规划编制工作，同时做好各高校和各区县教育规划的指导和衔接备案工作。8月15日，市政府正式发布《上海市教育改革和发展“十三五”规划》，市教育委员会主任办公会审议通过15个专项规划，各高校、区县教育局也完成“十三五”教育规划编制工作并提交市教育委员会备案。

〔**教育经费投入与支出**〕 2016年，全市地方教育部门公共财政预算安排教育经费投入853亿元。全市普通小学生均公共财政预算教育事业费支出22 125.13元（其中生均公用经费支出6 985.13元），比2015年增长6.94%；普通初中生均公共财政预算教育事业费支出30 284.67元（其中生均公用经费支出9 041.92元），比2015年增长9.58%；普通高中生均公共财政预算教育事业费支出37 768.99元（其中生均公用经费支出11 061.46元），比2015年增长6.00%；地方高等学校生均公共财政预算教育事业费支出30 292.80元（其中生均公用经费16 117.34元），比2015年增长0.70%。从教育费附加市级集中使用部分中安排2 716万元用于对内地西藏班、新疆班办学补助；安排8 535万元用于推进基础教育课程教材改革；安排5 125万元用于基础教育校长和教师培养培训项目；安排6.6亿元用于推进中职学校内涵发展；安排1.53亿元用于中职教育助学金、奖学金；安排3亿元用于推进中职基础能力建设项目。进一步深化完善市级财政高等教育投入机制改革，将本专科生财政生均定额基准值调增2 400元，即从原15 000元调整至17 400元。为支持在沪部属高校“双一流”建设，在原“211工程”高校、“985工程”高校部市共建基础上，启动“双一流”共建，并拟订了《关于部市共建在沪部属高校 推进一流大学一流学科建设实施方案》。2016年，给予在沪部属高校“双一流”建设配套经费15.4亿元。

〔**深化教育综合改革**〕 从部市战略合作、市级统筹推进、区县和高校分类推进三个层面，构建形成全市教育综合改革分层分类推进落实体系。组织开展2016年上海市教育综合改革试点工作督察。贯彻落实《上海市深化高校改革建设高水平地方高校试点方案》，进一步落实和扩大高校办学自主权，支持首批1所高校（上海大学）开展高水平地方高校建设。试点推进教育管办评分离改革。开展上海市教育综合改革国家试点成效宣传，推广上海市基础教育教学改革成功经验。启动“1+11”基础教育互助成长行动计划，整合16个区县优秀教育改革成果，向中西部7省（自治区、直辖市）、11市（地、州、区）进行推广与合作辐射，涉及改革项目66个，辐射学校超过230所。推进2016年度长三角教育协作市级协议项目统筹保障计划和基层特色项目年度支持计划，联合召开第八届长三角教育协作发展会议，促进多层次联动和区域一体化。

〔**加强督学督政工作**〕 制定上海市教育督导体制改革方案，明确教育督导体制的总体架构，构建督政、督学和评估监测“三位一体”教育督导体系。出台《上海市教育督导条例》配套政策，制定并出台《关于进一步加强本市教育督导工作的意见》。制定并下发《关于对区县政府开展依法履行教育责任综合督政工作（2016—2020年）的实施意见》，出台系列配套督导评估指标。开展督政工作，完成对区县政府依法履职的公示公报工作。完成对区县政府义务教育学校绩效工资工作、“义务教育学校标准化建设规划”实施情况、市属高校“十二五”新建项目内涵建设等专项督导。完成对92所民办初中“规范课程教学 实施素质教育”的督导工作，持续推进全市实验性示范性高中综合督导调研。完成2016年国家义务教育质量监测工作。完成全市对中职学校办学能力评估、高职院校适应社会能力评估工作。组织开展中小学校责任督学挂牌督导创新区第二轮评估工作，开展全市2016年督学资格认定工作，完善“上海教育督导”网站建设。

〔**推进思想政治教育工作**〕 组织开展“大学生社会主义核心价值观和中华优秀传统文化教育”优秀项目申报培育工作，编辑出版《德润心灵 成长有声上海市教育系统社会主义核心价值观“落细落小”实践案例集》。编撰完成并试行覆盖小学、初中、高中三个学段共10余册的“中华优秀传统文化经典诵读”系列教材。编制《上海市学校德育“十三五”规划》，建立首批6个学科德育协同研究中心。开展德育决策咨询课题研究，研制《上海市中小学分学段分学科落实社会主义核心价值观教育实施意见》。加强高校思想政治理论课创新体系建设，复旦大学马克思主义学院入选首批全国重点马克思主义学院。成立首届上海高等学校思想政治理论课教学指导委员会。深入开展“课程思政”试点工作，在复旦大学等10余所高校推出试点课程。研制《上海高校辅导员队伍建设发展规划（2016—

2020年)》，推进上海市中小学（中职校）“十佳”和“百优”班主任申报评选工作。开展中小学德育教师成长项目，启动中小学德育课程骨干教师培训，成立首批11个中小学德育教导跟岗基地。启动新一轮（2016—2018年）上海市高校思想政治理论课名师工作室建设。举办首届上海市属本科高校新任辅导员岗前培训班，举办第一期上海市高校少数民族学生专职辅导员工作能培训班。举办“高中生生涯规划辅导”专题培训，研发上海市学校生涯规划辅导培训课程。深化心理健康教育服务体系建设，制定《关于“十三五”期间加强中小学心理健康教育教师队伍建设的实施意见》，组织心理健康教育骨干教师专题培训，加强心理咨询资源库建设，编制学生心理健康提示手册。制定《关于进一步加强家庭教育工作的实施意见》，研制《区县家庭教育指导中心建设标准》《上海市家庭教育工作示范校评估指标》，加强家庭教育指导资源推送平台建设。推进高中生（中职生）志愿服务（公益劳动）工作，编制《上海市学生社会实践基地志愿服务（公益劳动）专项工作考核办法（试行）》和《上海市学生社会实践基地志愿服务（公益劳动）专项工作考核指标（试行）》。研制《进一步加强校外教育工作的实施意见》和《校外教育工作三年行动计划（2017—2019年）》。

〔**体育工作**〕　编制《上海市学校体育“十三五”发展规划》，研究建立学生体育素养评价指标体系和办法。在普陀等3个区试点建设学生课外体育活动中心，在杨浦区试点建设学生体育运动休整室，开展校园体育场地开发和综合利用工作。深入实施“小学兴趣化、初中多样化、高中专项化、大学个性化”体育课程改革。印发《上海市教育委员会等七部门关于加快发展青少年校园足球的实施意见》，成立上海市校园足球领导小组。举办2016中国（上海）国际青少年校园足球邀请赛和上海市学生运动会等，成立上海市校园篮球联盟。

〔**食品卫生安全工作**〕　印发《关于进一步加强学校校园及周边食品安全工作的实施意见》，完成直饮水市级管理平台建设。编制《中小学校学生午餐营养食谱》，开展专项培训，继续推广高校学生食堂“6T”标准化管理模式。组织建设中小学校健康教育课程，开展市级中小学校健康教育示范课、健康教育示范学校评选。开展健康教育主题活动，开办首届全市学校卫生保健骨干人员培训班。制定《上海市学校节能环保工作“十三五”规划》，支持上海高校节能环保监测中心建设。

〔**美育工作**〕　教育部与上海市政府签署“学校美育改革与发展备忘录”。总结并推广闵行区“舞向未来”艺术教育经验，组织首批艺术教师赴德国培训。推进上海学生交响乐团、学生合唱团等联盟品牌建设，成立上海学生舞蹈联盟，推进“上海交响乐团”等学生艺术教育实践基地建设。组织夏季音乐节、学生新年音乐会等节庆活动，组织首届学生戏曲大赛。做好全国第五届大学生艺术展演场馆建设工作，参加全国第五届中小学生艺术展演活动。

〔**深化高考综合改革**〕　平稳扩大“综合评价录取改革试验”试点，试点范围由复旦大学、上海交通大学扩大至9所高校（在沪8所教育部直属高校及上海大学）。2016年，全市综合评价批招生计划共1 777名，实际共录取1 766名。2016年，在全国范围内率先实施一本、二本合并改革，高校投档满足率大幅提高，考生志愿满足率大幅提升，志愿有效性大大增加。复旦大学、上海交通大学、同济大学、华东师范大学等高校率先公布使用普通高中学生综合素质评价信息具体办法，其余在沪高校参照4所高校模式也提出学校的使用办法。统筹研究和推进考试命题改革，成立上海市教育考试命题和评价指导委员会。基本建成全市81个考点、225个外语听说测试标准化考场。全面实施高中学生学业水平考试。

〔**加强教育管理体制机制建设**〕　在上海海洋大学、上海音乐学院、上海戏剧学院推广实施高校总会计师制度，赋予总会计师参与学校重大财务决策的权力，从内控管理上防范学校财务风险。出台《上海市教育委员会关于完善市属公办高校专业技术人员校外兼职和在岗离岗创业工作的指导意见》，鼓励符合条件的高校专业技术人员到校外兼职和离岗创业，激发创新创业活力。完善教师分类考核评价制度，出台《上海市教育委员会关于试行市属高校教师分类考核评价制度的指导意见》。制定义务教育学校生均财政拨款基本标准。开展中等职业教育投入机制改革研究，建立以基本办学经费和内涵建设经费为主的经常性经费投入。推动高等教育投入机制改革，按照调整后的财政生均综合定额标准编制基本办学经费预算。启动高校生均培养成本部市联合攻关研究项目，建立以整体办学绩效评价为核心的内涵建设经常性经费分配机制。加强教育费附加资金使用管理，印发《关于进一步加强 2016 年市对区县财政教育转移支付资金使用管理的指导意见》。推进教育系统依法行政工作，开展《上海市高等教育促进条例》等相关立法调研，出版《上海市教育督导条例释义》。制定并发布《上海市教育委员会行政规范性文件评估管理办法》，依法开展各类法律审核工作。推进审批制度改革，完成行政权力清单和责任清单的编制和发布工作。试点推进建设上海交通大学等第二批“上海教育立法咨询与服务研究基地”。推动依法治校（含学校章程落实）监测评估机制建设，建立依法治校年度报告制度。持续推进上海大学等 7 所高校实施现代大学制度建设 2016 年试点工作。开展教育系统“七五”普法，联合成立青少年法治教育协同创新中心，组织召开第一届中国教育法治与教育发展高峰论坛。

〔**学校安全管理工作**〕 提高高校安全综合管理能力，以“平安校园”活动为抓手，深化校内安全环境专项治理，开展“高校安全环境示范点建设”项目。实施大学生安全教育三年行动计划，组织上海市首届大学生安全知识竞赛。加强中小学安全工作，推进全市中小学“学校安全中心”硬件设施建设。指导、推进各区公共安全体验教室和区域体验中心方案实施及教室建设。推进全市公共安全教育实训基地基础建设和实训展示工程，研究制定安全实训基地运营方案，开发实训课程体系，编写实训纲要和实训用书。推进安全教育实验区工作，加强中小学公共安全教育。开展中小学“安全教育精品课程”征集评选和第九届中小学公共安全教育网上知识竞赛及现场展示活动，开展“小红帽”小学生交通安全教育项目和“水安全”专题教育活动。开展未成年人保护工作核心指标评估试点工作。

〔**促进民办教育规范发展**〕 编制《上海市民办教育“十三五”规划》等文件，完善鼓励社会力量兴办教育的各项政策措施。推进上海市民办教育地方立法工作，健全民办教育改革发展配套政策体系。推进非营利民办学校建设等六大改革项目，指导试点单位制定方案。出台《上海市促进民办教育发展专项资金管理办法》，开展民办高校年检工作，研究制定民办中小学、民办幼儿园设置标准，完善民办教育管理信息系统。继续开展民办高校强师工程项目，开展民办学校校（园）长培训。启动民办中小学特色校（项目）和民办优质幼儿园第二轮创建工作。继续探索公办学校干部到民办学校任职的体制机制，启动面向全市教育系统公开选拔上海思博职业技术学院、上海工商职业技术学院、上海邦德职业技术学院党委书记人选和上海中侨职业技术学院院长人选工作。开展第二期民办高校科研项目评审。

〔**教育交流与合作**〕 承办中英高级别人文交流机制第四次会议。推进“中美千校携手”项目，推动中国—印度尼西亚人文交流和中德人文交流，推进中国—上海合作组织国际司法交流合作培训基地建设。举办第八届上海国际友好城市青少年夏令营活动。完成上海—新西兰达尼丁市学生交流、上海—汉堡学生交流项目，续签上海—芬兰埃斯波市合作交流协议、上海市教委—比利时安特卫普市城市教育合作交流协议。支持上海海事大学向联合国国际海事组织申请主办亚洲海事技术合作中心。推进高水平中外合作办学，开展第二届上海市示范性中外合作办学机构（项目）评选工作。成立上海市首家独立法人建制的上海国际学生服务中心，组织实施 2016 上海暑期学校项目。在意大利、爱沙尼亚举办 2016 中国上海教育展。全面开通“留学上海”法语、俄语、西班牙语和阿拉伯语 4 个语种的在线服务平台，扩大留学教育在海外的影响力。

〔**语言文字工作**〕 组织开展对5所高校的语言文字工作评估。开展公共场所语言文字应用监督监测和上海高中学生公共场所社会用字"啄木鸟行动"社会实践活动。开展"书香校园"阅读推广行动，培育建设100所"书香校园"基地学校。开展中华经典诵写讲行动和"我爱汉字美"2016上海市小学生汉字听写活动。做好普通话水平测试和汉字应用水平测试工作，组织开展第十九届全国推广普通话宣传周活动。

基础教育

〔**完善学前教育公共服务体系**〕 推进实施《上海市学前教育三年行动计划（2015—2017年）》，全面完成新建或改扩建幼儿园30所。编制幼儿园保教质量评价指南，健全早期教养指导服务体系，成立上海市早期教育指导服务中心。开展系列科学育儿指导活动，市、区合作开展"育儿加油站"公益活动。

〔**提升义务教育均衡发展水平**〕 启动城乡义务教育一体化工作，制定城乡统一的义务教育"五项标准"，开通信息管理系统。制定落实"五项标准"实施计划（2016—2020年），全年完成"一场一馆一池"项目开工168个，创新实验室、图书馆升级、安全教育场所等装备项目523个，新增无线网络覆盖学校222所、互动式多媒体教室2 795间、教室移动终端设备配置1.22万台。推进义务教育阶段学区化集团化办学，全市学区化集团化办学联合体达130个，覆盖学校692所。发布学区化集团化办学评估指南，编印学区化集团化办学典型案例，建成并公布上海市学区化集团化办学地图（查询系统）。实施新优质学校集群发展，市、区两级新优质项目学校达350所。开展新优质项目学校"绿色指标"专题培训。完善委托管理评估指标，开展第五轮委托管理工作的支援机构（学校）自评培训和中期评估专家培训，完成第五轮50所农村义务教育学校委托管理中期评估。完善义务教育入学报名系统，实现数据共享下的"一站式"招生信息化服务。完成2016年度义务教育学校招生工作，全市28.63万名适龄儿童、少年进入小学、初中就学。加强民办学校招生过程监管，严格实行"三统一、两限定、两公开、三承诺"，引导家长理性择校。

〔**推进高中教育特色多样化发展**〕 引领特色普通高中项目建设，制定《上海市推进特色普通高中建设三年行动计划（2016—2018年）》。加强高中教育教学配套改革，注重学生生涯规划指导。指导各高中学校因校制宜探索"走班制"教学、个性化教学和学分制管理，推动教学策略与方法的改革。开发上线上海市普通高中学生综合素质评价信息管理系统以及上海市学生社会实践信息记录电子平台，认定市、区两级学生社会实践基地近1 800个，提供学生实践岗位近40万个。

〔**深化课程改革和评价改革**〕 建立基础教育课程改革组织领导机制，成立基础教育改革领导小组、基础教育课程改革专家咨询委员会和专家工作委员会，研讨深化基础教育课程改革行动纲领。发挥人文社科基地智力支持作用，开展课程标准国际比较研究。围绕高考改革要求，修订高中10门学科教学基本要求。小学等第制评价工作向中、高年级延伸，进一步扩大覆盖面。推进基于课程标准的教学与评价，发布《小学中高年段语数外学科基于课程标准的评价指南》，组织开展市、区县教师专题培训。委托第三方社会机构，开展一年级、二年级小学教师在线调查和小学新生家长全样本调查。完成2016年度小学阶段"绿色指标"综合评价和区域基础教育质量环境评估研究报告。完善市级中小学生竞赛管理机制，出台市级中小学生竞赛活动（非体育类）管理办法。开展第二轮学校课程领导力行动研究，制定课程领导力评价方案，建立基础性测评标准和评价工具。启动学习基础素养行动研究，编制《学习基础素养项目推进指南》，完成全体项目区县和项目学校的研究方案评审工作。组织开展中小学生系列读书活动。推进教育信息化与课程教学的深度融合，研究制定数字教材建设与教学应用实验项目工作方案，组织虹口等区开展应用实验。研究制定上海市实验性示范性高中和特色高中参与名校慕课建设的管理办法，完善上海市高中名校慕课平台，共有61门优质拓展型和研究型课程资源面向全市分享。以“一师一优课、一课一名师”等为抓手，提高教师信息技术应用能力。

〔**科普教育**〕　举办全市第九届青少年创新峰会暨2016上海市青少年科学研究院年会。举办2016上海国际青少年科技博览会暨“明日科技之星”邀请赛，举办上海国际自然保护周。与市科技馆、市自然博物馆共同推进“利用场馆资源提升科技教师和学生能力”项目。初步构建上海社会大课堂和校内外育人共同体，国家文物局与上海市共建的全国首个国家指南针计划专项青少年基地成为学生亲手制作“四大发明”的重要基地。

〔**推进基础教育人事制度改革**〕　深化中小学教师职称制度改革，建立统一的中小学教师职称系列。设置中小学正高级教师职称，制定包含5级职务的《上海市中小学教师职务评审条件（试行）》以及21个学科的正高级教师专业标准，全面开展中小学正高级教师职称试点评审工作。推进义务教育教师绩效工资工作，建立符合教育行业特点的绩效工资体系。制定《上海市“十三五”中小学、幼儿园、中等职业学校教师培训工作实施意见》，构建分级、分类、分科的教师培训体系。建立并完善教师学习和管理平台，启动“十三五”教师全员培训工作。推进中小学（幼儿园）教材教法研修一体网络课程建设，建立一区领衔、各区参与、市区合作的研训一体教师专业发展机制。制定并实施《上海市〈乡村教师支持计划（2015—2020年）〉实施办法》，全面推进乡村教师队伍建设，实施全市应届高校毕业生到乡村学校的学费代偿制度和外省市优秀应届高校毕业生到乡村学校的落户加分与各项政策。指导各区县制定义务教育学校教师均衡配置推进计划，首次开展见习教师规范化培训成果展示及评比活动。

〔**特殊教育**〕　全面完成《上海市特殊教育三年行动计划（2014—2016年）》。成立上海市特殊学生教育评估中心，组织非试点区县开展医教结合项目研究。研制上海市特殊教育三年行动计划实施评估指标和上海市聋校、辅读学校教学与康复设施设备装备标准，编制学前特殊教育课程指南和普通学校随班就读课程实施指南。完善特殊教育信息通报系统，为残障儿童提供个性化教育和康复服务。

〔**民族教育**〕　做好2016年度上海内地民族班招生工作。完成内地新疆高中班增派内派教师的各项准备工作，实施新疆内派教师培训。

职业教育与成人教育

〔**人才培养模式改革**〕　推进中职与高职、中职与本科贯通衔接培养模式改革，新增20个中职与高职贯通专业点和11个中职与本科贯通专业点。建立常态化的中职与高职、中职与本科联合教研机制，新增3个中职与高职和2个中职与本科贯通联合教研组。开展120个中职与高职贯通专业点和26个中职与本科贯通专业点招生工作。完成“中职与高职贯通专业建设教学设计比武”2015年决赛和2016年复赛工作。深化“双证融通”人才培养模式改革，新增6个“双证融通”专业点，组织12门“双证融通”课程标准及考核方案开发与专家论证。出版《探索“融通”之路——上海市中等职业学校“双证融通”专业改革典型案例集》。加强上海—喀什职业教育联盟工作，全市14所中高职院校全面对接新疆维吾尔自治区7所职业院校，形成以职业教育联盟平台为基础的职业教育资源支援辐射工作。加强上海—果洛职业教育联盟工作，成立上海—遵义职业教育联盟，开展多层次、多形式、全方位的对口帮扶。

〔**教育教学改革**〕 扩大国际水平专业教学标准的开发和实施范围。制定上海高职院校专业教学诊断与改进实施方案。建立高职专业调整快速响应机制，鼓励高职院校在教育部高职专业目录内自行设置专业方向（国际控制专业除外）。加强师资国际化培训，出版《对接国际先进水平，提升人才培养质量》《开放、融合、引领——上海市中等职业教育专业教学标准开发与实施的探索》，探索建立职业标准与专业教学标准联动开发机制。启动上海技术技能人才需求定期发布、跨部门共建共享职业教育公共实训中心工作。颁布学业水平公共基础课程考试实施意见，进行首次全市中职学生学业水平考试。建立统一的综合素质评价信息管理系统，完成首批中职学生综合素质评价工作。开展第七届教学法评优工作、第四届校本教材展示交流评比活动。组织42所中职学校参加信息化教学大赛，获5个一等奖，获奖率达95%。完成第二批上海特色示范性学校评估检查工作，全面建成18所国家示范校和24所上海特色示范校。紧贴行业企业需求，立项建设3个上海市职业教育开放实训中心。

〔**学生综合素养培养**〕 开展第三届职业体验日活动，共提供职业体验项目322个，近10万名学生、家长走进中职学校。举办第二届上海市高职院校职业体验日，24所高职院校开放94个职业体验项目，近10 000名学生参加。举办第四届“璀璨星光”校园文化节，创建一批融入专业特色、民族文化元素的中职学校“民族文化传承教育基地”。组织学生参加2016年全国职业院校技能大赛，共有159名中职学校学生获奖，获奖率达96%；共有40个高职院校项目获奖，获奖率达90.9%。开展第十二届全国中等职业学校“文明风采”竞赛和第四十四届世界技能大赛全国选拔赛。

〔**师资队伍建设**〕 推进“双师”型教师队伍建设，稳步推进教师赴企业实践。继续推动教师赴国外研修。组织开展中等职业教育名师培育工作试点，建成47个上海市中职名师培育工作室，成立5个名师协作组。组织开展新进教师规范化培训和教学能力大赛。依托市级师资培训基地，组织开展52个专业（项目）的培训，共1 400余人次参加。举办高职高专院校专业主任培训，开展高职院校骨干教师“中德合作”培训。

〔**推进终身教育发展**〕 印发《上海市终身教育发展“十三五”规划》《上海市老年教育发展“十三五”规划》《上海市教育委员会等七部门关于进一步推进本市学习型社会建设的若干意见》《关于促进本市互联网教育发展的指导意见》。制定《上海市老年大学内涵建设评估标准》，在5所市级老年大学分校开展内涵建设调研。制定《上海市关于推进本市普通高校继续教育转型发展的指导意见》，选择6所高校开展专题研究。制定“证书认可型双证融通”和“学分认可型双证融通”认定标准和操作办法。推进学分银行和资格框架体系建设，研究制定《上海市终身教育学分银行管理办法》和资格框架通用能力标准。启动社区教育、老年教育课程学习成果信息集中存入“上海市终身教育学分银行”工作。推进上海市终身教育研究院建设。举办第四届国际终身教育上海论坛，出版《上海市终身教育发展报告》。

〔**加强市民学习服务体系建设**〕 发布《上海市老年学校建设指导标准》，深化老年教育课程和师资队伍建设。启动老年教育居村示范学习点创建试点，发布《上海市老年教育居村委示范性学习点建设试评估标准》，启动老年教育社会学习点建设试点工作。推进构建市民终身学习资源配送体系建设，筹建线上终身学习资源配送服务平台，基本形成覆盖区县、街镇、居村学习点的网格式终身教育资源配送体系。推进养教结合，探索建立与之相匹配的学习资源配送方式。推进市民终身学习体验基地建设，启动上海市民终身学习网上体验基地建设，制定特色体验“一点一品”项目评选标准，培育一批特色体验项目。建立上海市民终身学习需求与能力监测中心，开展首次市民终身学习能力监测工作。推进数字化学习，提高“上海学习网”等数字化平台的用户体验度和学习便捷性。建设“市民学习团队”在线管理平台，开展市民网上学习团队培育工作。实施百万在岗人员学力提升计划，完成进城务工人员技能文化培训达 78 000 万人次。加强专门学校内涵提升项目建设。举办“上海市第十二届全民终身学习活动周”“第二届上海市民诗歌节”，组织开展“全民阅读 终身学习”活动。举办老年教育成果进大剧院活动。

高等教育

〔**学科建设**〕 出台《上海高校高峰高原学科建设管理办法》，强化“高峰”“高原”学科建设管理，实施学科发展动态监测。启动“高峰”学科建设，先行启动复旦大学等 4 所高校牵头建设的 4 个“高峰”学科。

〔**本科教育教学**〕 探索应用型本科新专业设置和建设改革试点工作，制定《上海市目录外应用型本科专业设置省级审批试点方案》和《上海市普通高校目录外应用型本科专业设置管理实施细则》。批准 19 个专业列入第二批应用型本科专业试点建设名单，指导两批共 45 个专业做好试点工作。完成上海电子信息职业技术学院、上海城建职业学院与上海应用技术大学的信息安全、土木工程 2 个专业的高职与本科贯通人才培养方案的研制。推进高校本科专业评估，实施本科专业预警制度，公布 10 个专业为 2016 年度预警专业。指导和组织高校做好年度本科专业备案和申报工作。开展市属高校整体办学绩效评价工作，完善指标体系。完成上海地方本科高校教学工作审核评估方案，完成上海大学等 3 所高校的审核评估工作。审阅高校本科教学质量年报，完善高校本科教学质量保障体系。

〔**研究生教育综合改革**〕 推进专业学位研究生教育综合改革，编制《上海专业学位研究生教育发展规划（2016—2020 年）》。继续推进医师规范化培训和临床专业学位研究生培养相结合项目（5+3、5+3+X）的实施，深化教育硕士专业学位教育与中小学见习教师、中职教师规范化培训结合的改革试点工作。规范和加强上海市专业学位研究生实践基地的建设和管理，完成 47 个示范级专业学位实践基地的总结评审，并遴选建立 15 个优秀示范级专业学位研究生实践基地。印发《上海市学位授权点动态调整实施方案》，启动 2016 年学位授权点动态调整工作，开展单位自主调整和市级统筹增列。健全研究生教育质量保障体系，完成 2015 年上海市研究生优秀成果（学位论文）评选工作。

〔**师资队伍建设**〕 完成第十三批“长江学者奖励计划”、享受政府特殊津贴人员、人力资源和社会保障部专家服务基层项目和国家级专家服务基地、第十一批上海市“领军人才”、年度上海青年拔尖人才等申报、评审及推荐工作。完成年度高校“东方学者”和青年“东方学者”遴选工作，分别入选 64 人和 60 人。完成年度高校青年教师培养资助计划实施工作，共资助 714 人。开展年度新教师岗前培训，覆盖到新进辅导员，全年共培训 600 余人。实施年度师资博士后项目，共资助 89 人。实施文教结合人才队伍建设有关项目，建设 3 个高校高层次文化艺术人才工作室和 4 个高校紧缺艺术人才创新工作室。推进市属公办高校本科教学教师激励计划工作，确定18所试点高校和3所试点培育高校。

〔**高校知识创新与服务**〕　服务上海科创中心建设，支持并指导高校参与张江国家科学中心重大科技基础设施建设和协同创新网络建设，在暗物质探测等基础前沿类科学研究领域取得一批重大发现和原始创新成果。承建、参建国家海底科学观测系统、转化医学等一批国家重大科技基础设施。落实"科创22条""人才新政20条""新30条"改革政策，推进高校科技成果使用权、处置权和收益权"三权"下放改革，指导上海海事大学等3所高校以不同方式走通以股权激励方式实施科技成果转化的途径。完善高校技术转移体系建设，指导12所市属高校建立技术转移中心，形成一套符合科技成果转化规律的科技成果使用、处置管理流程和收益分配制度。启动上海高校智库内涵建设计划，确立80项战略研究项目、13个核心数据库建设项目和56个品牌系列产品。构建跨学科、跨领域、跨部门的协同创新网络，推进29家上海市协同创新中心建设，完成第三批上海高校知识服务平台中期验收工作。推进"上海市商用航空发动机领域联合创新计划"，形成以企业需求为导向的产学研协同创新的新模式。

〔**优化高校布局结构和教育资源配置**〕　整合上海立信会计学院、上海金融学院办学资源，合并组建上海立信会计金融学院；整合上海城市管理职业技术学院、上海建峰职业技术学院办学资源，合并组建上海城建职业学院；在上海公安高等专科学校的基础上，组建上海公安学院。推进上海工会管理职业学院剥离学历教育相关工作。启动《普通高等学校设置暂行条例》《普通高等学校设置标准》，研究上海高校基本建设标准的编制路径及方案。制定《上海市教育委员会所属公办高等学校房屋、设施维修项目管理办法（试行）》，建立委属高校维修项目长效管理机制。推进上海科技大学新校区一期、上海国际舞蹈中心、上海大学宝山校区扩建三期、上海电力学院临港新校区一期、国际乒乓球联合会博物馆和中国乒乓球博物馆等重大续建项目。加快上海理工大学南校区一期、上海戏剧学院浦江新校区、上海电力学院临港新校区二期、上海立信会计金融学院学生公寓（斯米克地块）等重大新建项目的前期审批和推进工作。

〔**毕业生就业创业工作**〕　2016年，全市高校毕业生为17.1万人，初次就业率达96.51%。加强困难毕业生就业援助工作，做好新疆维吾尔自治区少数民族学生的就业创业服务。出台《上海市深化高等学校创新创业教育改革实施方案》，明确促进高校创新创业教育改革的8条重大措施，即"上海大学生'双创'8条"。推动高校调整课程设置，完善创新创业课程体系。2016年，全市高校开设207门创业类课程，有校内创业导师388名、校外兼职创业导师567名，33所学校建立创业实验室和训练中心，涌现出45个创业类学生社团。评选和建设大学生创新创业训练计划示范校，30所高校被列入示范校建设名单，其中10所高校被列入重点培育示范高校。支持全市高校自发成立上海高校创新创业教育联盟，推动高校全面实施大学生创新创业训练计划项目，建设创新创业教育实践基地。编撰完成《2016年上海市大学生创业指导手册》，授予首批12所院校"上海市高校创业指导站"铜牌。举办建行杯上海市"互联网+"大学生创新创业大赛暨第二届中国"互联网+"大学生创新创业大赛（上海赛区）。构建大学生文创作品产教融通平台，举办第一届"汇创青春"——上海大学生文化创意作品展示活动。

撰稿　李兴华　陆黎英　郑秀敏
审稿　苏　明　王从春

江苏省教育

概　　况

〔基本情况〕

江苏省各级各类学校校数、教职工、专任教师情况

	学校数（所）	教职工数（人）	专任教师数（人）
一、高等教育			
（一）研究生培养机构（不计校数）	42		
1. 普通高校	33		
2. 科研机构	9		
（二）普通高等学校	166	165 722	109 846
1. 本科院校	77	116 457	73 886
其中：独立学院	25	13 658	10 443
2. 高职（专科）院校	89	49 265	35 960
3. 其他普通高教机构（不计校数）	15		
（三）成人高等学校	8	1 132	648
（四）民办的其他高等教育机构			
二、中等教育	3 385	417 801	328 583
（一）高中阶段教育	1 015	195 649	151 899
1. 高中	659	127 061	95 612
普通高中	571	126 315	95 070
完全中学	115	24 644	12 815
高级中学	407	89 266	79 559
十二年一贯制学校	49	12 405	2 696
成人高中	88	746	542
2. 中等职业教育	356	68 588	56 287
普通中专	165	35 152	29 770

续表

	学校数（所）	教职工数（人）	专任教师数（人）
成人中专	19	1 839	951
职业高中	51	10 665	9 458
技工学校	121	18 882	14 629
其他中职机构（不计校数）	47	2 050	1 479
（二）初中阶段教育	2 370	222 152	176 684
1. 初中	2 121	221 998	176 597
初级中学	1 638	156 251	138 157
九年一贯制学校	483	65 747	26 500
十二年一贯制学校			3 060
完全中学			8 880
职业初中			
2. 成人初中	249	154	87
三、初等教育	4 036	270 886	289 202
（一）普通小学	4 036	270 886	289 202
小学	4 036	270 886	254 684
九年一贯制学校			30 943
十二年一贯制学校			3 575
（二）成人小学			
其中：扫盲班			
四、工读学校			
五、特殊教育	101	3 959	3 346
六、学前教育	6 867	235 229	137 730

注：①完全中学的学校数和教职工数计入高中阶段教育，九年一贯制学校的校数和教职工数计入初中阶段教育，十二年一贯制学校的校数和教职工数计入高中阶段教育。专任教师按照教育层次进行归类。②技工学校数据为 2015 年数据。③“（　）”内数据为不计校数。

江苏省各级各类学历教育学生情况

单位：人

	毕业生数	招生数	在校生数
一、高等教育			
（一）研究生	43 683	53 054	161 530
博士	4 112	5 997	28 139
硕士	39 571	47 057	133 391
（二）普通本专科	481 554	452 701	1 745 847
本科	244 215	268 822	1 068 951

续表

	毕业生数	招生数	在校生数
专科	237 339	183 879	676 896
（三）成人本专科	173 567	187 340	435 299
本科	88 296	95 305	237 382
专科	85 271	92 035	197 917
（四）其他各类高等学历教育			
1. 在职人员攻读硕士学位		10 090	52 132
2. 网络本专科生	24 302	30 708	69 234
本科	13 345	15 584	38 033
专科	10 957	15 124	31 201
二、中等教育	1 260 015	1 342 732	3 801 689
（一）高中阶段教育	643 529	641 150	1 851 900
1. 高中	342 645	318 236	956 130
普通高中	338 683	318 236	951 525
完全中学	55 036	48 952	148 022
高级中学	272 648	258 603	772 878
十二年一贯制学校	10 999	10 681	30 625
成人高中	3 962		4 605
2. 中等职业教育	300 884	322 914	895 770
普通中专	167 171	171 767	501 913
成人中专	25 341	21 859	57 859
职业高中	37 153	27 313	92 727
技工学校	71 219	101 975	243 271
（二）初中阶段教育	616 486	701 582	1 949 789
1. 初中	616 009	701 582	1 949 456
初级中学	477 812	539 154	1 504 085
九年一贯制学校	87 665	106 459	289 853
十二年一贯制学校	12 151	14 792	39 009
完全中学	38 381	41 177	116 509
职业初中			
2. 成人初中	477		333
三、初等教育	721 757	934 578	5 222 018
（一）普通小学	721 757	934 578	5 222 018
小学	640 725	822 092	4 623 015
九年一贯制学校	73 722	103 392	549 430
十二年一贯制学校	7 310	9 094	49 573

续表

	毕业生数	招生数	在校生数
（二）成人小学			
其中：扫盲班			
四、工读学校			
五、特殊教育	3 282	3 964	24 662
六、学前教育	843 086	901 912	2 572 212

注：①完全中学、九年一贯制学校和十二年一贯制学校的学生数按教育层次分别计入对应教育阶段的学生数中。②特殊教育学生数中包括义务教育阶段随班就读的学生数、其他学校附设特教班学生数。

江苏省各级各类非学历教育学生情况

单位：人次

	结业生数	注册学生数
总计	8 265 182	7 289 961
一、高等教育	628 219	496 334
（一）研究生课程进修班	3 413	2 441
（二）自考助学班	14 962	30 961
（三）普通预科生		138
（四）进修及培训	609 844	462 794
其中：资格证书培训	253 571	234 273
岗位证书培训	164 872	119 154
二、中等职业教育	7 636 963	6 793 627
其中：资格证书培训	1 119 355	1 077 939
岗位证书培训	2 604 376	2 356 946
（一）中等职业学校	343 523	251 616
其中：资格证书培训	184 997	141 729
岗位证书培训	107 455	64 950
（二）职业技术培训机构	7 293 440	6 542 011
其中：资格证书培训	934 358	936 210
岗位证书培训	2 496 921	2 291 996

江苏省各级各类民办学校校数、教职工、专任教师情况

	学校数（所）	教职工数（人）	专任教师数（人）
一、高等教育			
（一）研究生培养机构（不计校数）			
1. 普通高校			
2. 科研机构			

续表

	学校数（所）	教职工数（人）	专任教师数（人）
（二）普通高等学校	52	24 469	17 743
1. 本科院校	31	18 989	14 031
其中：独立学院	25	13 658	10 443
2. 高职（专科）院校	21	5 480	3 712
3. 其他普通高教机构（不计校数）	14		
（三）成人高等学校			
（四）民办的其他高等教育机构			
二、中等教育			
（一）高中阶段教育			
1. 高中			
普通高中	115	24 192	9 759
完全中学	37	7 723	3 379
高级中学	32	4 739	3 881
十二年一贯制学校	46	11 730	2 499
成人高中			
2. 中等职业教育			
普通中专	18	986	719
成人中专	1	100	43
职业高中	5	190	100
技工学校			
其他中职机构（不计校数）	2	189	133
（二）初中阶段教育			
1. 初中	180	25 456	18 651
初级中学	63	7 513	6 117
九年一贯制学校	117	17 943	6 729
十二年一贯制学校			2 777
完全中学			3 028
职业初中			
2. 成人初中			
三、初等教育			
（一）普通小学	194	11 413	19 308
小学	194	11 413	9 031
九年一贯制学校			6 874
十二年一贯制学校			3 403
（二）成人小学			

续表

	学校数（所）	教职工数（人）	专任教师数（人）
其中：扫盲班			
四、工读学校			
五、特殊教育	2	82	51
六、学前教育	2 566	89 130	50 027
另有：民办培训机构（不计校数）	1 480	15 528	9 504

注：①完全中学的学校数和教职工数计入高中阶段教育，九年一贯制学校的校数和教职工数计入初中阶段教育，十二年一贯制学校的校数和教职工数计入高中阶段教育。专任教师按照教育层次进行归类。②“（　）”内数据为不计校数。

江苏省各级各类民办教育学生情况

单位：人

	毕业生数	招生数	在校生数
一、高等教育			
（一）研究生			
博士			
硕士			
（二）普通本专科	102 171	102 072	390 600
本科	77 248	77 431	311 029
专科	24 923	24 641	79 571
（三）成人本专科	1 330	3 963	6 721
本科	84	600	887
专科	1 246	3 363	5 834
（四）其他学生			
1. 民办高校			8 434
2. 民办的其他高等教育机构			
二、中等教育			
（一）高中阶段教育			
1. 高中			
普通高中	48 044	45 725	137 435
完全中学	18 752	17 315	53 563
高级中学	19 050	18 504	55 466
十二年一贯制学校	10 242	9 906	28 406
成人高中			
2. 中等职业教育			
普通中专	6 922	10 424	23 779
成人中专		57	466

续表

	毕业生数	招生数	在校生数
职业高中	248	1 478	3 682
技工学校			
其他学生数			675
（二）初中阶段教育			
1. 初中	91 775	100 169	283 378
初级中学	33 164	34 330	99 893
九年一贯制学校	32 143	34 791	98 800
十二年一贯制学校	11 053	13 788	35 900
完全中学	15 415	17 260	48 785
职业初中			
2. 成人初中			
三、初等教育			
（一）普通小学	53 018	64 878	363 608
小学	25 702	36 441	195 329
九年一贯制学校	20 407	20 237	122 458
十二年一贯制学校	6 909	8 200	45 821
（二）成人小学			
其中：扫盲班			
四、工读学校			
五、特殊教育	9	36	310
六、学前教育	251 575	286 368	825 233
另有：民办培训机构（不计校数）			1 194 833

注：①完全中学、九年一贯制学校和十二年一贯制学校的学生数按教育层次分别计入对应教育阶段的学生数中。②特殊教育学生数中包括义务教育阶段随班就读的学生数、其他学校附设特教班学生数。③“其他学生数”包括自考助学班学生数、预科生数、进修及培训学生数。

〔**教育现代化建设**〕 2016年，省委、省政府召开进入21世纪以来第三次全省教育工作会议，出台《关于深入推进教育现代化建设努力办好人民满意教育的意见》及重点任务分工方案，明确提出到2020年全省教育事业改革发展实现“一达到、两提高”的总目标。省政府办公厅印发《江苏省“十三五”教育发展规划》《江苏教育现代化监测指标》，制定《苏南教育现代化示范区“十三五”建设规划》。召开第八届长三角教育协作会议，签署深化长三角地区教育战略合作框架协议。向国家教育体制改革领导小组申报实施3个改革项目。评出93个全省教育改革创新典型案例。编制省、市、县三级教育行政部门权力清单，做好政务服务“一张网”有关工作。新增4所高职院校，2所本科院校更名。印发“七五”普法规划、全面推进依法治教的实施意见、开展重大教育政策举措第三方评估的实施意见及做好教育行政复议和行政应诉工作的意见等。省级教育数据中心基本建成，教育管理信息系统部署和应用水平居全国前列。

〔**教育投入与支出**〕 全省地方教育经费总收入2 402.09亿元，比2015年增长6.93%。其中国家财政性教育经费（主要包括公共财政预算安排的教育经费、政府性基金预算安排的教育经费、企业办学中的企业拨款、校办产业和社会服务收入用于教育的经费等）1 923.37亿元，比2015年增长5.73%。教育经费在各级教育间的分配情况为：学前教育经费总投入为206.09亿元，比2015年增长8.59%；义务教育（含特殊教育）经费总投入为1 152.12亿元，比2015年增长8.60%；普通高中经费总投入为255.72亿元，比2015年增长2.50%；中等职业教育经费总投入为167.83亿元，比2015年下降3.35%；高等教育经费总投入为539.07亿元，比2015年增长10.14%，其中普通高职高专教育经费总投入为161.47亿元，比2015年增长4.40%；其他教育经费总投入为81.26亿元，比2015年增长4.97%。2016年，全省幼儿园、普通小学、普通初中、普通高中、中等职业学校、普通高等学校生均教育经费总支出情况是：幼儿园生均支出为8 963元，比2015年增长6.34%；普通小学生均支出为14 330元，比2015年增长1.49%；普通初中生均支出为24 705元，比2015年增长8.24%；普通高中生均支出为27 688元，比2015年增长9.30%；中等职业学校生均支出为18 939元，比2015年增长3.63%；普通高等学校生均支出为30 642元，比2015年增长9.52%。积极争取中央财政对江苏省教育支持近59亿元。将省属高校生均拨款基准定额从每生每年10 800元提高至11 600元。出台进一步完善城乡义务教育经费保障机制的意见，实现“两免一补”和生均公用经费基准定额资金随学生流动可携带，将城乡义务教育生均公用经费基准定额统一为每生每年小学700元、初中1 000元，省财政按不低于50%的比例对所有市县给予分档补助。制定省属高校内部控制指南，努力提高经费支出绩效。授予资产管理绩效考评“良好”以上的省属学校更多资产管理自主权。下达中小学校舍安全工程奖补资金1.9亿元，紧急调剂安排3 500万元，用于盐城“6·23”特大龙卷风冰雹灾害校舍恢复重建工作。推进省属高校青年教师周转公寓（公共租赁住房）建设，下达奖补资金1.18亿元。

〔**教师队伍建设**〕 贯彻落实乡村教师支持计划，首批招收定向生1 872人，200多个乡村骨干教师培育站全部开始运行。继续实施卓越教师培养计划，招收师范生2.4万人，开展师范类小学教育、学前教育专业认证试点工作。推进高层次人才队伍建设，新增江苏省特聘教授70名，确定高校“青蓝工程”培养对象优秀青年骨干教师500名、中青年学术带头人300名、科技创新团队40个，29人入选“长江学者”。推进教育人事制度改革，将高校教师高级专业技术职务学科评议权下放至所有本科高校和独立学院；继续推进县域内教师队伍“县管校聘”管理模式改革，义务教育学校教师校长交流轮岗比例达16.75%；在全省推进中小学教师资格定期注册制度，57万名公办中小学在编在岗教师纳入首次注册范围。组织32万名中小学教师参与“一师一优课、一课一名师”活动，部级优课获奖数蝉联全国第一名。在第五届全国高校辅导员职业能力大赛中，获团体奖、二等奖、三等奖各2项。

〔**学生资助工作**〕 安排扶困助学资金58.24亿元，资助在校学生225万人次。从秋季学期起，对在普通高校和普通高中学习的建档立卡家庭经济困难学生免收学杂费，中职学校免学费政策实现全覆盖。建立江苏省国家助学贷款还款救助机制。

〔**党建和思想政治工作**〕 组织全省教育系统深入学习贯彻党的十八届六中全会、省第十三次党代会和全国高校思想政治工作会议精神，认真学习习近平总书记系列重要讲话精神，在思想上、政治上和行动上与党中央保持高度一致。开展“两学一做”学习教育，成立省委教育工委“两学一做”学习教育协调小组并印发指导性文件，做好“四项排查”工作。召开全省教育系统学习宣传“徐川思政工作法”座谈会和推进会。对63所公办高职院校党委书记履行党建工作责任情况开展述职评议，对47所公办本科高校党委书记履职情况开展“回头看”，对民办高校开展党建工作考核。指导高校完善党委全委会、党委（常委）会、校长办公会等议事规则和决策程序。大力推进服务型党组织和基层党支部标准化建设，实施大学生党员素质工程和教师党员先锋工程，开展“两优一先”评选表彰和“最佳党日活动”评比。全面落实高校巡视整改要求，对高校落实“两个责任”工作情况开展专项检查。制定厅属高校纪委副书记提名考察办法操作规程，对45所省属高校节日期间作风建设情况进行专项督查，强化纪律审查，查处一批违纪违规案件。

〔**体育卫生艺术与国防教育**〕 制定《学生体质健康监测工作方案（2016—2020）》《大学生体能考核指导标准（试行）》，发布《2015年学生体质健康监测报告》。获批“全国青少年校园足球特色学校”175所和试点县1个。完善“省长杯”“市长杯”“县长杯”“校长杯”四级联赛制度，组织校际足球比赛3万多场。会同有关部门对7 089所中小学的卫生工作情况进行普查。省政府办公厅印发《关于全面加强和改进学校美育工作的实施意见》，新认定“江苏省第四批艺术教育特色学校”51所，9个节目获“全国第五届中小学生艺术展演活动”一等奖，列全国第一位。制定《普通高校军事理论教学基本规范（试行）》。省内高校省级军民融合发展引导资金项目立项实现突破。

〔**教育对口支援和扶贫工作**〕 召开全省教育对口支援和扶贫工作会议。启动实施支持新疆维吾尔自治区克孜勒苏柯尔克孜自治州教育质量提升助推计划，做好受援地教师到江苏省培训培养工作，加强内地民族班学生教育管理服务。

〔**招生与就业**〕 高考改革稳步推进，平稳有序完成2016年普通高考组织工作，36.04万人报名参加高考，未发生失泄密事件、安全责任事故和群体违纪舞弊事件。在省委、省政府和教育部的领导支持下，妥善处置因高校招生计划编制和管理问题出现的集体上访事件。完成10 000名家庭困难大学生和999名新疆籍少数民族毕业生的就业援助。在140所高校推广使用“智慧就业平台”，年访问量达3.6亿人次。实施百校联动就业活动计划，举办招聘活动609场。高校毕业生年终总就业率达96.9%。

〔**教育交流与合作**〕 继续实施“留学江苏行动计划”，遴选苏州大学等40所高校为“留学江苏”目标学校和培育学校，82所高校招收3.26万名外国留学生，同比增长26%，为历年最高。遴选省级高校外国留学生英语精品课程70门，22门课程入选全国第二批外国留学生英文授课品牌课程，占全国总数的15%。启动中外合作办学高水平示范性建设，遴选首批28个机构和项目为培育点。全省有中外合作办学机构和项目343个，占全国总量的16%，居全国首位。推进汉语国际推广，全省有孔子学院32个、孔子课堂79个。实施江苏省高校学生境外学习政府奖学金项目，选派1 102名在校本科生赴19所世界百强大学参加课程学习和文化交流。举办第二届苏台基础教育论坛，召开第十二届江苏中小学校长国际交流与协作会、江苏—澳门·葡语国家高等教育联席会议、江苏—东盟教育合作对话会等，首次在异地牵头举办中国—东盟职业教育合作对话会。江苏教育英文网获2016年度中国外文版政府网站领先奖。

〔**语言文字工作**〕 举办国务院发布《关于推广普通话的指示》60周年纪念活动。在全国率先开展县域国家通用语言文字普及情况监测试点。认定117所中小学、13所高校为第四批省级语言文字规范化示范校。选树85所中小学、10所高校为首批省级书香校园建设示范点。举办第二届江苏省高校汉字文化创意设计作品展。启动中国语言资源保护工程江苏实施工作，初步建成国内第一个地方手语词汇语料库，建成世界语言大会展示馆暨语言文化研习体验馆。

基 础 教 育

〔**学前教育**〕　总结第一期学前教育三年行动计划落实情况，启动实施第二期学前教育三年行动计划，通过全面检查各地工程建设情况、调整省级奖补分配因素、实施学前教育专项督导、设置项目申报准入条件等方式，有效推进幼儿园资源建设、投入保障机制建设、独立法人制度建设、师资队伍建设、普惠性民办园认定管理制度建设。建立学前教育督导制度，对3个县（区）开展县域学前教育督导调研，对存在问题较多的地区进行专项督查，约谈当地政府主要负责人，推动行动计划有效落实。全省共新建幼儿园461所、改扩建幼儿园233所。开展公办幼儿园和普惠性民办幼儿园服务区制度试点，进一步完善幼儿园招生制度，提高学前教育的公益普惠性。努力扩大学前教育优质资源覆盖面，加快推进省级优质幼儿园建设，全年共评定省级优质幼儿园349所。持续推进学前教育课程改革，开展第三批幼儿园课程游戏化项目评审，遴选确定建设项目47个，组织幼儿园课程游戏化建设项目培训和网络伴随式教研指导，《中国教育报》学前教育专刊整版报道江苏省学前教育课程游戏化项目推进情况。探索基于儿童发展需要的学前教育体制改革试点，推动扬中市政府出台学前教育改革发展意见，提出幼儿园生均培养成本1.5万元以及政府承担公办幼儿园80%成本的基准。指导各地开展以“幼小协同，科学衔接”为主题的学前教育宣传月活动，深化学前教育宣传引导。

〔**义务教育**〕　根据生源变化，指导各地科学制定义务教育学校布局规划，起草关于加快城乡义务教育一体化促进优质均衡发展的相关意见。加快推进学校标准化建设，贯彻落实《江苏省义务教育学校办学标准（试行）》，不断提升全省义务教育学校标准化建设水平。着力推进全面改善贫困地区义务教育薄弱学校基本办学条件项目建设，开展专项督导，严格落实中央和省有关要求，全省校园校舍建设累计支出近65亿元，新增开工项目学校741所，新增竣工项目学校160所，新增校舍竣工建筑面积253.26万平方米，新增室外运动场76.26万平方米，实施设备购置累计支出11.5亿元。确定义务教育课程建设项目93个、前瞻性教学改革实验项目45个、江苏教育名家教育思想推广项目8个、全省基础教育教学改革重大研究项目3个。落实“两为主”政策，加大投入力度、扶持力度和指导力度，外来务工人员随迁子女公办学校就读率达87%。完善招生入学制度，督促各地依法依规落实公办学校免试就近入学、民办学校免试入学制度。加强中小学教科书选用统筹管理，组织专家对江苏省中小学心理健康教育教材进行审查，秋季学期开始在全省中小学推广使用。切实加强“减负”工作，集中力量解决学生在校集中学习时间过长、作业量控制不严等问题。

〔**中小学德育工作**〕　召开社会主义核心价值观教育经验交流暨德育工作视频会议，统筹推进中小学德育工作。深入开展理想信念教育、爱国主义教育和优秀传统文化教育，组织开展丰富多彩的主题教育实践活动。大力推进德育课程建设，定期组织德育课青年教师教学基本功比赛、班主任基本功大赛，鼓励和支持各地开发特色德育课程、各校开发德育校本课程，评选省优秀校本德育课程。全面加强实践育人，创建各类国家级中小学社会实践示范基地30多个，新建中央专项彩票公益金支持示范性未成年人综合实践基地项目5个，省级层面下达建设资金1.5亿元。广泛开展法治教育，省教育厅会同9个省级部门下发防治校园欺凌和暴力的有关文件，在全省开展中小学校园欺凌专项治理督导检查。

〔**高中教育**〕　深化课程教学研究，贯彻落实国家颁布的普通高中新课程方案，为适应新一轮的课程教学和考试评价改革做好各项准备。完善综合素质评价机制，制定全省普通高中学生综合素质评价方案、普通高中学业水平考试方案，并报教育部备案。开发普通高中学生综合素质评价电子平台，有效提升评价的科学性和信息化水平。建立普通高中课程基地九大学科联盟，开展普通高中课程基地评审，组织遴选 2016 年普通高中课程基地建设项目 44 个。加强内高班和民族学校管理，加大对省内民族中小学建设扶持力度，落实国家下达的招生计划，全面完成援藏、援疆和支援青海省海南藏族自治州的各项任务。开展与海南省教育合作，支持海南省普通高中学科课程基地建设。

〔**特殊教育**〕 确立“十三五”期间全省特殊教育优质全面发展的战略思路。开展特殊教育信息管理系统建设调研，完成特殊教育学籍管理系统建设，确保将每一名适龄残疾儿童纳入数据统计和教育管理。建立未入学残疾儿童数据通报制度，基于省特殊教育发展指导中心，开展省特殊教育支持保障体系研制工作，加大残疾儿童入学保障力度。支持国家级特殊教育实验区和医教结合项目研究工作，在部分地区开展特殊教育体制机制改革试点，以体制机制改革创新带动特殊教育公益服务能力提升。组织实施 2016 年特殊教育发展工程建设项目评审，遴选建设项目 94 个。

职业教育与成人教育

〔**现代职教体系建设**〕 公布中高职“3+3”分段培养项目 390 个、中职与本科“3+4”分段培养项目 96 个，招生 1.8 万人。通过“知识+技能”对口单独招生考试，4.7 万名中职毕业生进入高等职业院校学习。对 98 个试点项目进行现场教学视导，首次对已经有转段学生的高职院校和本科高校进行视导，通过课题研究、教学工作视导等方式推动中高职逐步由学制衔接走向课程衔接，中职、高职、应用本科相互衔接的现代职业教育体系框架基本形成。

〔**质量保障体系建设**〕 印发《江苏省职业院校管理水平提升行动计划实施方案（2016—2018 年）》，出台《省教育厅关于建立职业学校教学质量保障体系的意见》。组织开展中等职业学校办学水平评估，开展职业学校教学诊断与改进工作，建立中等职业教育质量年度报告制度。179 所职业学校发布了质量年度报告，推动全省职业学校增强办学能力，提升管理水平，提高教育质量。

〔**产教融合与校企合作**〕 《江苏省校企合作条例》进入调研立法程序。经学校申报、专家评审，遴选建设 26 个省级现代学徒制试点项目。进一步推进校企合作，落实与联想集团、中兴通讯股份有限公司等企业的战略合作协议。

〔**高等职业教育产教深度融合实训平台建设**〕 “十三五”期间，全省重点建设 100 个高等职业教育产教深度融合实训平台，以深化产教融合为着力点，以产教深度融合平台建设为依托，将校企协同育人贯穿教育教学改革全过程，引领高职院校健全政行企校合作共赢机制，不断提高高职实践教育及技能人才培养水平。2016 年，建设首批 30 个高等职业教育产教深度融合实训平台。

〔**职业教育信息化建设**〕 充分发挥信息技术优势，促进信息技术与职业教育教学的深度融合，提高职业学校师生员工的信息技术职业素养，创新教育教学模式，提高教学质量，提高学校的核心竞争力。开展职业学校智慧校园建设工作，认定首批 6 所职业学校为智慧校园。

〔**基础能力建设**〕 制定现代化示范性职业学校和优质特色学校建设标准，组织对第三批国家示范学校和高水平示范性实训基地省级终期验收，认定81所学校为江苏省高水平现代化职业学校，启动建设第四批36个高水平现代化实训基地项目。

〔**中职学校技能竞赛**〕 举办中职技能竞赛，全省5 231名选手参加了农林牧渔、土木水利、加工制造、能源与新能源、交通运输、石油化工、信息技术、财经商贸、旅游服务、医药卫生、文化艺术等11大类、72个单项的决赛。完成全国职业院校技能大赛江苏分赛区各项工作，承办全国职业院校技能大赛26个赛项的赛事工作。中职组获全国职业院校技能大赛一等奖95个、二等奖31个、三等奖6个，实现全国职业院校技能大赛“八连冠”。

〔**高职院校技能大赛和信息化大赛**〕 举办全省高职院校技能大赛，共设13个专业大类、30个比赛项目，比2015年增加10个项目，增幅为50%，新增项目与新兴产业和信息技术紧密相关，参赛学生达2 444人，比2015年增长35%。举办全省高职院校信息化教学大赛，共评选出信息化教学设计奖208项、信息化课堂教学奖79项、信息化实训教学奖34项。举办2016年全省高等职业院校微课教学比赛。全省53所高职院校的129个代表队参加2016年全国职业院校技能大赛，高职组共获一等奖54个、二等奖40个、三等奖30个，实现全国职业院校技能大赛“八连冠”。在2016年全国职业院校信息化教学大赛上，高职组获一等奖13个、二等奖6个、三等奖2个，获奖率为100%，再列全国第一名。

〔**终身教育学分银行建设**〕 江苏开放大学与上海交通大学签署“大规模在线教育”战略合作协议。编制《好大学在线课程评价指标（试行）》，完成13门“好大学在线”课程的评价与认证。开发建设江苏省终身教育学分银行门户网站和信息系统（即网络服务平台），并正式上线运行服务。江苏开放大学、江苏城市职业学院和“江苏学习在线”的部分用户学习信息已存入学分银行。探索学习成果互认办法，截至2016年年底，已为900余名学习者提供了学习成果认证和转换服务。组织召开江苏省终身教育学分银行管理委员会第二次会议，成立江苏省终身教育学分银行合作联盟，签署合作联盟协议，并通过了合作联盟章程。

〔**社区教育网络建设**〕 争创国家级农村职业教育和成人教育示范县、全国社区教育实验区和示范区。3个县（市、区）建成第一批国家级农村职业教育和成人教育示范县；4个县（市、区）入围第三批国家级农村职业教育和成人教育示范县创建名单；3个市（区）被教育部评为第四批全国社区教育示范区；5个县（市、区）被教育部评为第六批全国社区教育实验区。全省共有全国社区教育示范区12个、全国社区教育实验区16个，总数位居全国第一。继续组织开展省级社区教育示范区和标准化社区教育中心建设，共建成省级社区教育示范区23个、标准化社区教育中心205个，社区教育网络进一步健全。继续完善开放大学办学系统建设，充分发挥开放大学在社区教育中的龙头作用，不断推进开放大学办学系统与社区教育网络体系的融合发展。全省已建成市级开放大学12所、县级开放大学57所，挂牌率达95%。

〔**举办全民终身学习活动周系列活动**〕 举办2016年江苏省暨南京市全民终身学习活动周开幕式，吸引了近千名社区居民参与活动。全省90%以上的市、县（区）相继举办全民终身学习活动周，“全民学习”“终身学习”的理念进一步深入人心。组织开展“百姓学习之星”和“终身学习品牌项目”遴选推荐活动，其中5人被评为全国“百姓学习之星”，3个项目被评为全国“终身学习品牌项目”。遴选表彰省级“百姓学习之星”38人、省级“终身学习品牌项目”28个。

〔**农民工学历与能力提升行动计划**〕 会同省总工会制定《江苏省农民工学历与能力提升行动计划——“求学圆梦行动”实施方案》，计划到2020年有15万名农民工接受大专以上学历继续教育，使每一位农民工都能接受职业技能培训。面向具有初中文化的农民工，提供中等职业继续教育；面向具有普通高中或中等职业学校文凭的农民工，提供专科层次或高起本学历继续教育；面向具有专科或以上学历的农民工，提供本科层次的学历继续教育，切实提升全省农民工学历层次、技术技能和文化素质。

〔**教育服务“三农”高水平示范基地建设**〕 在全面总结“十二五”建设经验的基础上，启动实施教育服务“三农”高水平示范基地建设工作。会同省农业委员会印发《关于创建江苏省教育服务“三农”高水平示范基地的通知》，力争在“十三五”时期创建100个左右教育服务“三农”高水平示范基地。2016年，全省首批建成23个教育服务“三农”高水平示范基地。

高等教育

〔**学科建设**〕 省委、省政府召开全省教育工作会议，明确提出，启动“江苏高水平大学建设工程”，促进一批高校在全国争先进位。省政府出台《江苏高水平大学建设方案》，提出全省高水平大学建设的总体目标、建设任务、重点项目、保障措施等。立项建设“十三五”省重点学科323个，完成二期立项137个优势学科和28个省重点序列学科建设任务2 980项。12所高校共撤销博士、硕士学位点29个，10所高校自主增列相应学位点16个，对141个硕士学位授权一级学科点开展评估。23所高校的92个学科进入ESI全球学科排名前1%，进入机构数和学科数分别列全国高校第一位和第二位。

〔**品牌专业建设工程**〕 完成258个品牌专业年度报告审核工作。组织召开江苏高校专业建设校长论坛、江苏高校品牌专业领军者论坛。以品牌专业为主体，立项建设省高校重点教材349部、省在线开放课程442门。

〔**人才培养模式改革**〕 26所本科院校与46所独立设置的高职院校合作试点专业130个，其中高职与普通本科“3+2”分段培养项目试点专业105个、高职与普通本科联合培养项目试点专业25个，招生规模近6 000人。组织开展软件服务外包类专业嵌入式人才培养。遴选确定2016年可以招生的软件服务外包类专业嵌入式人才培养项目156项，其中本科114项、高职高专42项，深化校企合作，培养服务外包急需人才。

〔**教学质量保障体系**〕 编制和发布《2014江苏普通高校本科院校教学质量年度报告》《2015江苏高等职业院校教学质量年度报告》，在49所本科高校和84所高职高专院校报告的基础上编制完成全省高等学校质量报告，与学校报告一起发布，突出教学改革亮点、成就和经验，全面展示人才培养状况和教学质量现状，同时推动学校开展自我检查和评估，不断提高教育教学质量和人才培养质量。开展本、专科毕业设计（论文）评优工作，评选出2015年度优秀毕业设计（论文）一等奖65项、二等奖165项、三等奖420项和团队优秀毕业设计（论文）155个。

〔**大学生创新创业教育**〕 根据省政府办公厅《江苏省高等学校创新创业教育深化改革实施方案》，细化重点任务和分工，努力构建“需求导向、能力导向、服务导向”三位一体的创新创业教育改革新模式，遴选立项江苏省大学生创新创业训练计划项目5 819项。组织召开2016江苏省大学生创新创业成果展示交流会，全省高校35个项目入选第九届全国大学生创新创业年会。组织第二届中国“互联网+”大学生创新创业大赛江苏省选拔赛，全省123所高校的2 902支项目团队近1.3万名学生参赛，在全国总决赛中获3项金奖、9项银奖、13项铜奖和1项鼓励奖，其中南京大学“Insta360全景相机”项目获全国总决赛亚军。

〔**研究生培养工作**〕 深入推动专业学位研究生教育综合改革，召开全省深化专业学位研究生教育综合改革现场推进会，组织开展专业学位研究生综合改革专项督查，召开全省深化专业学位研究生教育综合改革经验交流会。推进专业学位研究生教育“九项改革”和博士研究生质量提升“五项改革”。评审确定第四批产业教授231名，总数达997名。评选省级优秀博士、硕士学位论文400篇。新增研究生工作站300个，总数达3 308个。

〔**高校科研工作**〕 全省高校拥有科技人员共计75 776人，其中科学家和工程师74 809人。2016年，全省高校通过各种渠道共获科技经费160.07亿元，比2015年增加15.08亿元，增长10.4%。拥有上级主管部门批准的科技活动机构702个（其中R&D机构675个），R&D机构比2015年增长6.3%。承担的各类科技项目共48 734项，比2015年增长13.37%。

全省高校共申请专利34 446项，比2015年增长18.08%；授权专利20 227项，比2015年增长9.51%；发明专利申请量和授权量分别比2015年增长21.31%和13.24%。全省高校共有472个国家级项目通过验收，253项科技成果通过鉴定。实现技术转让2 349项（其中专利出售1 488项），合同金额5.91亿元，当年实际收入3.49亿元。

全省高校出版科技著作418部、大专院校教科书812部、编著201部。发表学术论文86 037篇，其中被SCIE收录26 017篇、EI收录17 286篇、ISTP收录4 826篇，分别比2015年增长1.5%、13.64%、73.04%。

全省16所高校获2016年度国家科学技术奖通用项目28项（其中主持完成15项），占全国高校通用项目获奖总数的15.7%，位居全国第二。

全省25所高校获2016年度教育部高等学校科学研究优秀成果奖（科学技术）86项（其中主持完成80项），占全国高校获奖总数的28.7%，获奖数量跃居全国第一。

全省29所高校共获2016年度省科学技术奖113项（其中主持完成69项），占获奖项目总数的60.4%；有2人获2016年度何梁何利科学与技术进步奖。

〔**高校科技创新**〕 印发《省政府关于加快推进产业科技创新中心和创新型省份建设若干政策措施的实施细则》，完善科研项目经费管理，促进科技成果转移转化。完成江苏省高校协同创新中心绩效评估，建立动态平衡、分类支持和滚动发展机制。新增国家地方联合工程实验室3个、省高校重点实验室52个、省级工程实验室（工程中心）35个、省级大学科技园3个，5所高校的6个创新团队获教育部滚动支持。推荐申报2016年度国家社科基金和教育部哲学社会科学基金项目，立项数均列全国第一位。获第五届全国教育科学研究优秀成果奖22项、一等奖4项。在江苏省第十四届哲学社会科学优秀成果奖评审中，高校获一等奖56项、二等奖133项。首批立项确定南京大学“江苏省社会与行为科学实验中心”等10个机构申报的43项江苏省哲学社会科学重点研究基地重大招标项目。评选首届教育研究成果奖200项，遴选确定第五批教育改革和发展战略性与政策性研究课题。

撰稿　陈　鹏　马征里
审稿　王鲁沛

浙江省教育

概　　况

〔基本情况〕

浙江省各级各类学校校数、教职工、专任教师情况

	学校数（所）	教职工数（人）	专任教师数（人）
一、高等教育			
（一）研究生培养机构（不计校数）	25		
1. 普通高校	21		
2. 科研机构	4		
（二）普通高等学校	107	90 214	60 477
1. 本科院校	59	65 848	43 703
其中：独立学院	21	10 597	8 097
2. 高职（专科）院校	48	24 267	16 702
3. 其他普通高教机构（不计校数）	1	99	72
（三）成人高等学校	9	1 177	693
（四）民办的其他高等教育机构	20	1 611	671
二、中等教育	2 888	295 870	233 179
（一）高中阶段教育	1 145	141 706	111 292
1. 高中	805	92 084	68 991
普通高中	574	90 715	67 976
完全中学	73	11 517	4 969
高级中学	461	68 025	60 752
十二年一贯制学校	40	11 173	2 255
成人高中	231	1 369	1 015
2. 中等职业教育	340	49 622	42 301
普通中专	46	7 034	5 939

续表

	学校数（所）	教职工数（人）	专任教师数（人）
成人中专	23	1 213	666
职业高中	193	29 352	26 384
技工学校	78	11 229	8 810
其他中职机构（不计校数）	25	794	502
（二）初中阶段教育	1 743	154 164	121 887
1. 初中	1 717	154 127	121 850
初级中学	1 266	106 792	98 672
九年一贯制学校	451	47 335	15 952
十二年一贯制学校			2 475
完全中学			4 751
职业初中			
2. 成人初中	26	37	37
三、初等教育	3 613	183 179	200 924
（一）普通小学	3 269	182 051	200 020
小学	3 269	182 051	172 897
九年一贯制学校			24 188
十二年一贯制学校			2 935
（二）成人小学	344	1 128	904
其中：扫盲班	344	1 128	904
四、工读学校	2	96	77
五、特殊教育	84	2 656	2 379
六、学前教育	8 771	223 377	119 957

注：①完全中学的学校数和教职工数计入高中阶段教育，九年一贯制学校的校数和教职工数计入初中阶段教育，十二年一贯制学校的校数和教职工数计入高中阶段教育。专任教师按照教育层次进行归类。②技工学校数据为 2015 年数据。③“（ ）”内数据为不计校数。

浙江省各级各类学历教育学生情况

单位：人

	毕业生数	招生数	在校生数
一、高等教育			
（一）研究生	17 801	22 246	67 232
博士	1 817	2 580	11 507
硕士	15 984	19 666	55 725
（二）普通本专科	273 342	257 892	996 143
本科	146 241	145 368	610 706

续表

	毕业生数	招生数	在校生数
专科	127 101	112 524	385 437
（三）成人本专科	123 992	100 691	241 061
本科	40 541	39 504	88 491
专科	83 451	61 187	152 570
（四）其他各类高等学历教育			
1. 在职人员攻读硕士学位		3 617	17 418
2. 网络本专科生	15 379	13 741	41 173
本科	11 829	10 697	30 722
专科	3 550	3 044	10 451
二、中等教育	971 932	1 026 544	2 954 395
（一）高中阶段教育	487 713	495 053	1 449 403
1. 高中	283 939	258 898	790 785
普通高中	259 893	258 898	765 605
完全中学	19 845	21 995	62 838
高级中学	230 823	226 320	674 211
十二年一贯制学校	9 225	10 583	28 556
成人高中	24 046		25 180
2. 中等职业教育	203 774	236 155	658 618
普通中专	29 452	33 637	93 406
成人中专	10 074	9 863	20 917
职业高中	130 368	144 855	406 372
技工学校	33 880	47 800	137 923
（二）初中阶段教育	484 219	531 491	1 504 992
1. 初中	482 452	531 491	1 503 118
初级中学	398 101	426 260	1 212 517
九年一贯制学校	52 584	70 099	190 068
十二年一贯制学校	9 863	11 549	32 142
完全中学	21 904	23 583	68 391
职业初中			
2. 成人初中	1 767		1 874
三、初等教育	663 128	595 134	3 628 624
（一）普通小学	569 452	595 134	3 550 236
小学	502 124	505 338	3 048 180
九年一贯制学校	60 912	83 019	461 079
十二年一贯制学校	6 416	6 777	40 977

续表

	毕业生数	招生数	在校生数
（二）成人小学	93 676		78 388
其中：扫盲班	87 300		72 002
四、工读学校	159	113	294
五、特殊教育	2 598	2 567	16 660
六、学前教育	614 238	611 736	1 918 193

注：①完全中学、九年一贯制学校和十二年一贯制学校的学生数按教育层次分别计入对应教育阶段的学生数中。②特殊教育学生数中包括义务教育阶段随班就读的学生数、其他学校附设特教班学生数。

浙江省各级各类非学历教育学生情况

单位：人次

	结业生数	注册学生数
总计	4 614 510	4 023 689
一、高等教育	854 376	475 689
（一）研究生课程进修班	937	3 121
（二）自考助学班	10 880	19 722
（三）普通预科生		527
（四）进修及培训	842 559	452 319
其中：资格证书培训	189 413	100 565
岗位证书培训	273 485	110 343
二、中等职业教育	3 760 134	3 548 000
其中：资格证书培训	846 746	679 290
岗位证书培训	1 312 851	1 294 963
（一）中等职业学校	362 381	343 645
其中：资格证书培训	157 676	152 617
岗位证书培训	152 366	138 535
（二）职业技术培训机构	3 397 753	3 204 355
其中：资格证书培训	689 070	526 673
岗位证书培训	1 160 485	1 156 428

浙江省各级各类民办学校校数、教职工、专任教师情况

	学校数（所）	教职工数（人）	专任教师数（人）
一、高等教育			
（一）研究生培养机构（不计校数）			
1. 普通高校			
2. 科研机构			

续表

	学校数（所）	教职工数（人）	专任教师数（人）
（二）普通高等学校	36	19 235	14 161
1. 本科院校	27	14 970	11 191
其中：独立学院	21	10 597	8 097
2. 高职（专科）院校	9	4 166	2 898
3. 其他普通高教机构（不计校数）	1	99	72
（三）成人高等学校			
（四）民办的其他高等教育机构	20	1 611	671
二、中等教育			
（一）高中阶段教育			
1. 高中			
普通高中	192	28 492	13 651
完全中学	53	8 405	3 533
高级中学	102	9 862	8 007
十二年一贯制学校	37	10 225	2 111
成人高中			
2. 中等职业教育			
普通中专	5	707	581
成人中专	4	53	33
职业高中	41	3 061	2 421
技工学校			
其他中职机构（不计校数）	9	306	107
（二）初中阶段教育			
1. 初中	227	29 277	16 165
初级中学	66	5 781	5 083
九年一贯制学校	161	23 496	5 550
十二年一贯制学校			2 121
完全中学			3 411
职业初中			
2. 成人初中			
三、初等教育			
（一）普通小学	155	12 351	24 459
小学	155	12 351	9 846
九年一贯制学校			12 021
十二年一贯制学校			2 592
（二）成人小学			

续表

	学校数（所）	教职工数（人）	专任教师数（人）
其中：扫盲班			
四、工读学校			
五、特殊教育	3	91	65
六、学前教育	6 506	133 425	67 798
另有：民办培训机构（不计校数）	1 419	12 585	9 164

注：①完全中学的学校数和教职工数计入高中阶段教育，九年一贯制学校的校数和教职工数计入初中阶段教育，十二年一贯制学校的校数和教职工数计入高中阶段教育。专任教师按照教育层次进行归类。②“（　）”内数据为不计校数。

浙江省各级各类民办教育学生情况

单位：人

	毕业生数	招生数	在校生数
一、高等教育			
（一）研究生			
博士			
硕士			
（二）普通本专科	77 310	73 617	292 689
本科	55 545	53 178	226 051
专科	21 765	20 439	66 638
（三）成人本专科	2 118	2 561	5 727
本科	336	606	1 209
专科	1 782	1 955	4 518
（四）其他学生			
1. 民办高校			31 408
2. 民办的其他高等教育机构			21 295
二、中等教育			
（一）高中阶段教育			
1. 高中			
普通高中	59 597	64 113	184 694
完全中学	15 089	16 913	48 853
高级中学	36 165	37 063	108 475
十二年一贯制学校	8 343	10 137	27 366
成人高中			
2. 中等职业教育			

续表

	毕业生数	招生数	在校生数
普通中专	4 746	5 908	15 537
成人中专	838	966	2 069
职业高中	16 286	19 996	52 216
技工学校			
另有其他学生数			25 844
（二）初中阶段教育			
1. 初中	68 034	88 111	242 123
初级中学	24 522	27 501	78 606
九年一贯制学校	18 388	32 432	83 319
十二年一贯制学校	8 241	10 171	27 910
完全中学	16 883	18 007	52 288
职业初中			
2. 成人初中			
三、初等教育			
（一）普通小学	64 326	88 004	479 682
小学	27 851	34 893	189 156
九年一贯制学校	31 279	47 452	255 492
十二年一贯制学校	5 196	5 659	35 034
（二）成人小学			
其中：扫盲班			
四、工读学校			
五、特殊教育	61	56	344
六、学前教育	377 323	361 073	1 182 621
另有：民办培训机构（不计校数）			646 195

注：①完全中学、九年一贯制学校和十二年一贯制学校的学生数按教育层次分别计入对应教育阶段的学生数中。②特殊教育学生数中包括义务教育阶段随班就读的学生数、其他学校附设特教班学生数。③“其他学生数”包括自考助学班学生数、预科生数、进修及培训学生数。

〔**年度工作要点**〕 2016年，全省教育工作的总体思路是：围绕中央和省委关于“十三五”规划的建议，全面贯彻创新、协调、绿色、开放、共享的发展理念，坚持以问题为导向，进一步深化教育改革，提高教育质量，深入实施全省“十三五”教育事业发展规划及其子规划，重点从补短板、扬长项、夯基础、强作风四个方面入手，全面做好各项教育工作。

1. 补短板，抬高发展底部。强化立德树人，全面贯彻落实全省高校思想政治工作会议和中小学育人工作会议精神。大力发展普惠性幼儿园，抓好义务教育薄弱学校改造工程和中小学校标准化建设，推进中小学生减负工作。深化产教融合，开展“双证融通、两考合一”试点，完善“3+2”和五年一贯制人才培养模式。加强重点高校和应用型高校建设，发展壮大科技经纪人队伍。加强继续教育、终身教育，推动发展老年人教育。

2. 扬长项，扩大发展优势。深化以选择性教育思想为指导的中小学课程改革。在高校全面建立创业学院，深入改革高校人才培养模式。鼓励和支持社会力量办学。扩大教育开放，办好孔子学院和孔子课堂，扩大中小学“千校结好”覆盖面，依法规范各类中外合作办学行为。推进深化教育管办评分离综合改革试点。有序推进考试招生制度改革，维护考试招生公平，从严控制和管理中考、高考加分政策，加快取消各种鼓励类加分项目。巩固义务教育公办中小学招生“零择校”成果，加强对各类困难学生的帮扶，巩固和扩大扫盲教育成果。

3. 夯基础，强化发展支撑。加强教师队伍建设，重拳治理伤害学生身心、学术不端、有偿补课等违法违规和有损师德的行为。提高教师培养质量，加强和改进教师专业发展培训。深化教师管理制度改革，促进骨干教师向农村学校和薄弱学校流动，开展义务教育学校教师“县管校聘”试点和中小学校长“职级制”试点。全面开展中小学教师职称制度改革，加强高校教师职称评聘权下放后的指导监管，在高校全面实施教师实名制和员额制管理。尝试建立教师短期聘用周转补充机制，落实乡村教师支持计划，多形式促进改善教职工待遇。继续把推进章程建设和校园文化建设作为加强学校管理的两大着力点，推动高校建立校院两级权力清单和责任清单制度，全面建立学校法律顾问制度，维护校园安全稳定。通过“互联网+教育”，缩小城乡、区域教育差距，推动高校开展“慕课”平台建设。

4. 强作风，增强发展自觉。通过高职高专书记校（院）长读书会和教育局局长培训班，不断提高其思想认识和理想信念。把纪律和规矩摆在前面，保证党对教育的绝对领导，保证党和政府方针、政策在教育系统的贯彻执行，保证教育坚持社会主义方向绝不动摇。抓好反腐倡廉工作，从严查处腐败行为、不正之风和严重违规办学行为。完成年度十项实事项目。

〔**出台教育发展“十三五”规划**〕 8月16日，出台《浙江省教育事业发展“十三五”规划》。“十三五”期间，全省教育改革和发展的主要目标是：建立更加完善的教育体系，实现更高水平的普及教育，提供更全面的优质教育，形成更广泛的公平教育，构建更有效的教育技术支撑基础，健全更加多元开放的教育体制和机制。到2020年，在全国率先实现教育现代化，建成教育强省，教育主要发展指标达到发达国家平均水平。

9月13日，《浙江省教育信息化“十三五”发展规划》出台，提出了“技术支撑和引领教育现代化”的理念。总体目标是：到2020年，形成与全省教育现代化发展目标相适应的教育信息化体系，建成智慧教育技术环境，形成智慧教育支持服务体系，教育教学模式和学习方式发生深刻变革，全面发展智慧教育。信息技术环境下的教育资源供给、教育精准管理、线上线下相结合的学习等教学创新取得新突破，有效激发教育活力，促进教育结构的优化、教育公平的实现和教育质量的提高，推动全省教育的普及化、公平化、个性化、国际化和终身化。教育信息化达到国际先进水平，对教育现代化的支撑与引领作用充分显现。到2030年，实现每个学习者都能通过教育信息技术受益，获取人生的成功和发展，形成新的教育生态。

9月22日，出台《浙江省中等职业教育“十三五”发展规划》。总体要求是：牢固树立和贯彻落实创新、协调、绿色、开放、共享的发展理念，以提高发展质量和效益为中心，以实施“中职教育质量提升行动计划”为抓手，到2020年，构建起与全省发展格局和水平相一致、与技术进步和生产方式变革相适应、具有浙江省特色和全国领先水平的现代职业教育体系，形成产教深度融合、中高职有机衔接、职普互融互通，学校、企业、社会多元办学，体现终身教育理念的中职教育发展格局。

10月2日，出台《浙江省中小学教师队伍建设“十三五”规划》。指导思想和总体目标是：全面贯彻党的十八大和十八届三中、四中、五中全会精神，深入贯彻习近平总书记系列重要讲话精神，按照“四个全面”战略布局，坚持以新发展理念为引领，以提升教师师德素养和教育教学能力为核心，以加强农村教师队伍建设为重点，以提高教书育人水平为落脚点，遵循教师成长规律，统筹规划各级各类教师队伍建设，深入破解教师工作方面存在的体制机制障碍和突出矛盾，大力建设有理想信念、有道德情操、有扎实学识、有仁爱之心的高素质专业化中小学教师队伍，为全面实现教育现代化提供人才支撑。

10 月 9 日，出台《浙江省特殊教育“十三五”发展规划》。总体目标是：建设布局合理、学段衔接、普职融通、医教结合的特殊教育体系。到 2020 年，全省特殊教育基本达到发达国家平均发展水平。

10 月 22 日，《浙江省高等教育“十三五”发展规划》出台。总体目标是：到 2020 年，全省高等教育竞争力和综合实力进入全国省（自治区、直辖市）前列，高等院校错位发展、特色发展的格局基本形成，若干所高校在全国同层次、同类型高校中处于领先地位，一批学科进入全国一流行列，高层次人才增量保持全国领先，人才培养质量和保障水平全面提高，办学体制机制优势得到充分彰显，国际化办学水平进一步提升，高等教育与全省经济社会发展的需求趋于良好匹配，基本建成高等教育强省。

〔**依法治教**〕 2016 年，新核准 36 所高校章程，除 4 所升格更名高校外，全省其余 63 所公办高校已完成章程建设。加强对各地公办中小学章程建设的督促与指导，全省 99%的公办中小学制定了章程。4 月 13—14 日，全国教育政策法治工作会议暨依法治教现场会在广州市召开，浙江省教育厅做典型发言。印发《浙江省教育厅关于深入推进全省依法治教的若干意见》，就依法治教工作进行全面部署。印发《浙江省教育系统法治宣传教育第七个五年规划（2016—2020 年）》，明确了普法的重点内容和工作措施。研究制定《浙江省教育行政执法行为规范手册》并下发各地教育行政部门参照执行。首次以依法治教为主题，举办设区市教育局局长暑期读书会。在全省教育系统组织开展“学宪法讲宪法”活动，遴选 4 位选手参加教育部举办的首届学生“学宪法讲宪法”演讲比赛，其中 1 人获高校组全国总冠军。

〔**教师队伍建设**〕 推进义务教育校长、教师交流工作，全省 13 364 名校长教师参与交流，其中校长 1 310 名、骨干教师 2 749 名。在总结嵊州市试点经验的基础上，会同省机构编制委员会办公室、省人力资源和社会保障厅、省财政厅出台《关于深入推进中小学教师“县管校聘”管理改革试点的指导意见》，要求完善中小学编制管理机制，改进完善中小学岗位管理模式，加强教师资源的统筹使用管理，完善中小学校按岗聘用制度，建立竞争择优的用人机制，加强聘期考核和考核结果应用，逐步建立以竞聘上岗为核心的退出机制，在全省 11 个市遴选确定 28 个县（市、区）为改革试点单位。支持台州市、温州市开展中小学校长职级制改革试点工作。实施深化中小学教师职称制度改革，完成中小学教师职称过渡，启动中小学正高级教师职称评审工作。省政府办公厅印发《浙江省乡村教师支持计划（2015—2020 年）实施办法》，11.7 万余名教师被纳入农村特岗教师津贴发放范围。推动高校扩大师范类专业“三位一体”招生规模，15 所承担师范生培养任务的高校安排招生 1 225 名，比 2015 年翻了一番。扩大面向农村和紧缺学科定向培养师范生规模，培养院校增至 7 所，招生达 343 名（其中小学全科教师 271 名），覆盖了小学、初中和高中的紧缺学科。加强中职非师范类专业新教师入职培训工作，组织培训首批非师范类专业新教师 311 人。推进中小学教师发展学校建设，已建有各级各类教师发展学校 965 所。在全国率先推出中小学教师培训学分制管理。加强中小学名师网络工作室建设，完成中小学教师信息技术应用能力提升培训 20.5 万人，选派 287 名中小学名师名校长赴国外培训研修。做好高校教师专业技术职务自主评聘工作，共有 2 544 人申报晋升高级专业技术职务，其中 1 607 人获得了晋升，通过率为 63.2%，与往年基本持平。省属高校新增中国工程院院士 1 人、“长江学者”4 人、国家杰出青年科学基金获得者 2 人。选派 217 名高校骨干教师到国内外高水平大学做访问学者、344名高职院校专业课教师到行业企业做访问学者、46名高职高专院校专业带头人赴澳大利亚培训。

〔**深入推进高考招生综合改革试点**〕 一是拓展深化“三位一体”综合评价招生。北京大学、清华大学首次加入，8所高水平大学在浙江省录取1 253人，进一步增加浙江省考生接受优质高等教育的机会。二是全面实施高职提前招生“一档多投”，35所高校参与试点工作。三是平稳实施两次学考选考，首次举行高考外语科目考试。四是制定2017年高考录取方案。五是加快网上录取系统的研究开发。六是职业技能考试范围不断扩大，17大类全部开考；高职单考单招应用型本科招生规模录取3 748人，进一步畅通了中职学生成才通道。七是制定并公布了2017年新高考语文、数学考试说明。

〔**教育信息化建设**〕 全面普及“宽带网络校校通”，全省中小学校宽带网络接通率达100%，无线网络建成率达25%；推进“国家—省—市—县”资源公共服务平台的全网融通；建成浙江省教育基础数据库和浙江省教育数据中心并实现数据共享；完成105所首批浙江省数字校园示范校建设和26个教育部第一批教育信息化试点验收，授予浙江大学等100所学校“浙江省数字校园示范学校”称号。全省普通中小学生机比为4.02∶1，38%的中小学校建有创新实验室或学科教室；浙江教育资源公共服务平台开放微课20 232节，建成1 234门省级普通高中选修课网络课程、150个省级名师网络工作室、20个学科协作组和1 600个教师特色空间。

基础教育

〔**综述**〕 2016年，全省学前三年入园率达97.5%；义务教育入学率、巩固率分别达99.99%、100%；高中阶段教育毛入学率达96%。全省学前三年到高中阶段的15年教育普及率达98.71%，比2015年提高0.24个百分点。

〔**学前教育**〕 组织开展第二期学前教育三年行动计划实施情况的专项督导，在基本解决无证幼儿园问题的基础上，将无证幼儿园的整治情况列入“平安浙江”考核指标。开发幼儿园游戏课程和专家讲座资源360余个。会同省建设厅、省国土资源厅、省发展和改革委联合制定印发《浙江省住宅小区配套幼儿园建设管理办法》，要求各地做好配套幼儿园建设管理的相关工作，保障配套幼儿园与新建住宅小区同步规划、同步建设、同步验收和同步交付使用。

〔**中小学课程改革**〕 一是下发《关于切实做好深化义务教育课程改革工作的通知》，进一步明确了课程改革的主体责任、工作重点、工作要求和应守住的底线。按2016年年初提出的目标，2016年秋季开学后，深化义务教育课程改革已在全省小学、初中全面铺开。二是编制《浙江省深化义务教育课程改革指导手册》，收录28个课程改革实践案例，以问题的形式解读课程改革政策。三是持续推进深化普通高中课程改革和适应高考招生综合改革，做实做深普通高中课程改革，增强选修课程与必修课程开发开设的关联性、系统性，探索普通高中学校教育管理制度变革，及时总结经验，加强学生实践能力和创新能力培养。

〔**中小学德育和素质教育**〕 1月，省委办公厅、省政府办公厅出台《关于全面加强中小学德育工作的若干意见》，对今后一段时期全省中小学德育工作的主要内容、途径方法、组织保障等提出了要求。3月，省委、省政府召开全省中小学德育工作电视电话会议，分解细化了德育工作意见30条，明确每项工作的具体任务要求、时间表和责任人。根据教育部颁布的2015年版《中小学生守则》，启动研制《浙江省中小学生日常行为规范》。4月，组织“G20与你我他”主题活动。5月，启动“筑梦路上”全省中小学生爱国主义教育读书活动。6月，在全省中小学组织学习宣传贯彻习近平总书记六一儿童节给椒江小学生回信精神，继承和弘扬大陈岛垦荒精神，在全省中小学开展“听长辈讲创业故事”活动。全方位加强学校艺术教育实践。推进青少年校园足球活动的开展，全省有国家级校园足球特色学校267所、全国试点县（区）2个。

〔**特殊教育**〕 2016年，全省特殊教育学校和普通学校招收残疾学生2 567人，比2015年增加149人。

职业教育与成人教育

〔**综述**〕 2016年，全省有成人技术培训学校3 958所，注册学员达320.44万人次，结业339.78万人次。加强以职工转岗、农民转业为重点的职业培训。全年全省共扫除青壮年文盲9.37万人。

〔**中等职业教育质量提升行动计划**〕 印发《浙江省“中等职业教育质量提升行动计划”实施方案》，明确各项工程和项目的建设意义、目标、步骤及申报条件和程序等内容，启动2016年名校、名师、名专业、学习型城市、成人教育品牌项目、现代化成人学校6个项目的申报。评审出名校30所、名师及名师工作室59个、大师及大师工作室57个、品牌专业57个、优势特色专业57个、学习型城市19个、成人教育品牌项目66个、现代化成人学校67所。

〔**开展现代学徒制试点工作**〕 会同省发展和改革委等六部门制定出台《关于开展现代学徒制试点工作的通知》，创新校企共同育人模式，形成校企共同招生招工（徒）、共同制定培养方案、共同开发课程与教材、共同组织教育教学、共同建设师资队伍、共同管理与考核评价的一体化育人机制，提高人才培养质量的针对性。确定9个县（区）、6家企业、19所高职院校和56所中职学校为省级现代学徒制试点单位。建立现代学徒制试点工作联系人制度，举办4期现代学徒制培训班，培训相关人员近千名。

〔**中职学校教学诊断与改进工作**〕 成功申报教育部中职教学诊断与改进试点省份，3所中职学校参加教育部的教学诊改试点。10月25日，印发《浙江省中等职业学校教学诊断与改进工作实施方案》，提出如下要求：一是构建具有浙江特色的教学诊改方案，明确诊改项目，为诊改工作提供目标和依据。二是建立全省中职学校教学工作自主诊断、持续改进的工作制度和运行机制，形成完善的诊改工作流程。三是搭建全省中职学校人才培养工作状态数据管理系统，建立健全学校内部质量保障体系。方案同时确定了38所中职学校为省级教学诊改试点学校。

〔**中职学校布局调整**〕 省教育厅、省发展和改革委员会、省人力资源和社会保障厅联合出台《关于进一步加强中等职业学校布局及专业建设工作的通知》，全面厘清中职学校的数量及办学情况，科学分类确定重点发展的学校及专业，精准扶持被列入规划优先发展的学校及专业，引导学校科学合理设置和调整专业，进一步提高专业与产业的匹配度。2016年，加大薄弱学校扶持力度，对重点扶持地区的30个主干专业进行财政倾斜，促进发展。

〔**学习型城市建设**〕 推进社区教育实验区、示范区建设，西湖区、柯桥区、嘉善县、富阳区、安吉县5家单位新增为第6批全国社区教育实验区，滨江区和越城区被确定为第4批全国社区教育示范区。8月22日，出台《关于推进学习型城市建设的实施意见》，在全省范围内推进学习型城市建设。开展省级学习型城市申报工作评审工作，评出首批19个省级学习型城市。

〔**老年教育**〕 省委、省政府设立重点调研课题，由副省长郑继伟牵头开展全省老年教育现状和对策研究，形成扶持发展老年教育事业的若干意见。依托浙江老年开放大学，推进“第三年龄学堂”学习平台建设，确定49家老年教育工作试点单位。2016年，有32家单位启动招生工作，全省一年制以上的在学学员达2万多人次。4月26日，浙江老年开放大学首次招生并举行开学典礼。

高等教育

〔**综述**〕 2016年，全省高考录取率达89.7%，比2015年提高2.6个百分点；高等教育毛入学率达57%，比2015年提高1个百分点。研究生招生22 246人，增长3.5%。设立“省政府奖学金”，奖励优秀生每人每年6 000元。

〔**重点高校建设**〕 一是做好省重点建设高校和省一流学科建设工作。省政府办公厅印发《关于支持省重点建设高校的若干意见》，提出重点建设高校在资金统筹、绩效分配等方面将实行“一校一策”，拥有更多改革自主权。实施省一流学科建设计划，筛选出330个省一流学科建设项目，加强过程管理，制定了《浙江省一流学科建设实施办法》。二是实施优质暨重点高职院校建设计划，遴选确定“优质高职院校”20所，其中高职教育重点建设院校5所。三是加强应用型高校建设，出台《关于积极促进更多本科高校加强应用型建设的指导意见》，明确提出，在鼓励试点的基础上，争取用5年时间，推动更多本科院校加强应用型建设。应用型专业占所在院校专业数的70%以上，在应用型专业中就读的学生占所在院校在校生的80%以上，前8位应用型专业就读学生占所在学校在校生的30%以上。组织全省应用型本科院校和高职院校申报国家发展和改革委“十三五”产教融合发展工程规划项目，其中高职院校建设项目9个、应用型本科高校建设项目12个。召开全省42所应用型试点建设高校工作推进会，成立应用型本科高校联盟。

〔**高校专业与教学**〕 一是加大专业调整力度，积极支持高校做“减法”。2016年度，共有35所院校（含7所独立学院）申报增设专业83个，较2015年度减少了4.6%；推荐本科院校增设专业70个、撤销专业2个；全省共有30所高职高专院校、1所本科院校新申报了70个高职高专专业，较2015年申报的143个专业减少了73个，拟增设58个专业，撤销专业15个。同时，加强专业建设宏观调控，公布控制专业，发布鼓励增设与全省八大万亿产业、高新技术产业、现代农业、现代服务业等紧密相关的专业目录。二是开展“十三五”高校优势专业建设项目遴选。按照“坚持服务导向，坚持竞争择优，坚持分类建设，坚持示范引领”的原则，遴选“十三五”时期300个优势专业建设项目。三是对省内28所高校（14所本科、14所高职）教学情况开展巡回诊断检查，督促学校开展整改。四是继续实施教育部卓越医生教育培养计划。推进“5+3”一体化临床医学人才培养改革，深化面向基层的医学教育改革，开展临床医学“5+3”一体化（儿科学方向）试点。

〔**创新创业教育**〕 全省99所高校建立了创业

学院，广泛实施“2+1”“3+1”等新型创新创业骨干人才培养模式改革、创新创业课程、学分替代与转换等一系列改革，不断深化创新创业教育。浙江大学、杭州师范大学、温州大学、浙江工贸职业技术学院获评全国创新创业教育典型高校，成功入选全国高校创新创业50强。实施“创业导师培育工程”，全年共培训1 050名创业导师。组织举办2016年全省大学生创新创业大赛，积极推动资本与项目对接。

〔**科研工作**〕 对第一批、第二批省级“2011协同创新中心”进行中期考核，开展第四批省级“2011协同创新中心”认定工作，启动浙江省高校智库建设工程。确定宁波大学等12所高校为第二批高校科技经纪人试点高校，持续开展高校科技经纪人培训工作。指导高校向社会用户全面开放共享高校科研基础设施和科研仪器设备。截至2016年11月，全省共有40个学科进入ESI排名前1%，其中10所省属高校22个学科进入ESI排名前1%，比2015年增加8个学科。浙江大学、温州医科大学、宁波大学、浙江中医药大学4所高校共有10项成果获2016年高等学校科学研究优秀成果奖，其中一等奖6项、二等奖4项。2016年，以浙江省高校为主完成的科研成果获国家科技奖12项，占全省获奖总数的92.3%。

〔**党建与思想政治工作**〕 会同省委组织部制定出台《关于加强新形势下高校基层党组织建设的若干意见》，提出12项改革措施。深入开展高校“两学一做”学习教育，隆重庆祝建党95周年和纪念红军长征胜利80周年。完善高校党委书记抓基层党建工作述职评议制度，完成高校基层党建工作巡查诊断试点工作，深入推进党员人才工程，重点加大在中青年骨干教师和留学归国人员中发展党员的工作力度，切实加强高校统战工作。2016年，全省高校共发展学生党员3.2万余名，6万余名学生党员加入志愿者组织，占学生党员总数的79.43%。多形式宣传贯彻习近平总书记在党的新闻舆论工作、哲学社会科学工作、全国宗教工作、全国高校思想政治工作等会议上的重要讲话精神，推进落实高校思想政治理论课改革方案，促进高校全面加强思想政治工作。在17所高校建立马克思主义学院，全省高校增加思想政治理论课专任教师290名。

〔**教育国际化**〕 省委办公厅、省政府办公厅出台《关于做好新时期教育对外开放工作的实施意见》，确保教育对外开放始终坚持正确的方向，建立健全政府、学校、社会力量责权明确、公正协作、高效有序的教育对外开放运行架构。启动实施“浙江省国际化特色高校建设工程”和示范性中外合作办学项目建设，率先举办医学类、中等职业类境外办学项目。2016年，在浙江省高校就读的外国留学生有30 419人，占全日制在校生总数的2.86%，同比增长17.2%。其中学历生14 595人，占留学生总人数的48%，同比增长27.8%。批准设立非独立法人中外合作办学机构4个，新增海外孔子学院2所，国家汉办试点项目——浙江省孔子学院师资选拔培训中心正式挂牌运行。

〔**毕业生就业工作**〕 2016年，全省普通高校毕业生有295 968人，初次就业率达96.52%，同比上升0.48个百分点。其中研究生初次就业率达96.99%，同比上升0.07个百分点；本科生初次就业率达95.59%，同比上升0.54个百分点；专科（高职）生初次就业率达97.53%，同比上升0.48个百分点。2016届高校毕业生到各类企业和基层就业比例达80%。

撰稿　童振华　董　健
审稿　吴永良

宁波市教育

概　　况

〔基本情况〕

宁波市各类学校及人员构成情况

	学校（所）	教职工数（人）	专任教师（人）
一、高等教育	16	11 605	8 292
（一）普通高等学校	14	11 245	8 056
1. 本科院校	8	8 101	5 878
2. 专科院校	6	3 144	2 178
其中：职业技术学院	5	2 699	1 817
（二）成人高等学校	2	360	236
二、中等教育	335	36 342	28 976
（一）高中阶段教育	127	18 029	13 993
1. 高中	85	12 129	8 594
普通高中	85	12 129	8 594
2. 中等职业教育	42	5 900	5 399
（二）初中阶段教育	208	18 313	14 983
三、初等教育	444	24 255	26 171
四、特殊教育	11	332	302
五、学前教育	1 252	35 841	18 422

宁波市各类学历教育情况

单位：人

	毕业生数	招生数	在校生数
一、高等教育	65 665	61 383	200 887
（一）研究生	1 345	1 586	4 700
（二）普通本专科	41 835	42 872	150 444
（三）成人本专科	22 485	16 925	45 743

续表

	毕业生数	招生数	在校生数
二、中等教育	110 859	121 281	343 904
（一）高中阶段教育	54 239	51 517	151 729
1. 普通高中	30 423	28 911	86 004
2. 中等职业教育（不含非全日制学生）	23 816	22 606	65 725
（二）初中阶段教育	56 620	69 764	192 175
三、初等教育	76 331	79 742	476 962
普通小学	76 331	79 742	476 962
四、特殊教育	144	94	1 028
五、学前教育	90 135	92 010	282 423

宁波市各级民办教育基本情况

	学校数（所）	毕业生数（人）	招生数（人）	在校生数（人）	教职工数（人）	专任教师（人）
一、民办高等教育	5	16 222	16 331	65 785	4 197	3 229
普通高校	5	16 222	16 331	65 785	4 197	3 229
二、民办中等教育机构	56	15 126	18 495	51 901	6 468	4 999
（一）高中阶段教育	34	7 386	7 417	21 671	4 188	3 109
其中：民办普通高中	26	6 588	6 718	19 475	4 033	3 002
民办中等职业教育	8	798	699	2 196	155	107
（二）初中阶段教育	22	7 740	11 078	30 230	2 280	1 890
其中：民办普通初中	22	7 740	11 078	30 230	2 280	1 890
三、民办普通小学	63	10 854	12 635	73 504	3 353	2 743
四、民办幼儿园	937	58 895	55 919	175 927	20 558	10 118

〔**编制《宁波市教育事业第十三个五年发展规划》**〕 12 月 19 日，《宁波市教育事业第十三个五年发展规划》（简称《规划》）正式发布。《规划》包括学前教育、中小学教育、职业教育、高等教育等 9 个子规划，共提出 40 项重点任务。

〔**全面完成公办中小学校章程核准**〕 11 月 2 日，市教育局核准宁波第二技师学院章程，标志着全市公办中小学校章程核准工作全面完成。

〔**启动实施乡村教师支持计划**〕 市政府下发《宁波市乡村教师支持计划（2016—2020 年）实施办法》，加强全市乡村教师（包括全市乡中心区、村庄学校教师以及享受当地农村特岗教师津贴的镇中心区学校教师）队伍建设。文件明确了 12 条具体措施，从师德建设、人员配置、待遇保障、职称评审和培养培训 5 个方面对乡村教师队伍建设予以支持。

〔**鄞州区高中段学校整体划归市教育局管理**〕 由于市行政区划调整，鄞州区高中段学校整体划归市教育局管理。原鄞州区和城区管理体制不同，因此设定了3年政策过渡期。原鄞州区高中段学校包括鄞州中学、鄞州高级中学、姜山中学、正始中学、鄞江中学、同济中学、五乡中学、咸祥中学、鄞州职业教育中心学校、鄞州职业高级中学、宁波东钱湖旅游学校、古林职业高级中学、四明职业高级中学。

〔推进民办教育实施分类管理〕 8月29日，市教育局联合宁波市委机构编制委员会办公室，制发《宁波市非营利性全日制民办学校开展事业单位登记管理暂行办法》。9月14日，宁波荣安实验中学正式登记为事业单位法人。

〔全市学校“阳光厨房”建设率达39.2%〕 2016年，共完成147家中小学校厨房改造和建设，“阳光厨房”已占全市学校食堂总数的39.2%。

〔中非（贝宁）职业技术教育学院在贝宁科托努市正式挂牌〕 10月18日，贝宁时间上午10时，中非（贝宁）职业技术教育学院成立暨揭牌仪式在贝宁科托努市举行。中非（贝宁）职业技术教育学院由宁波职业技术学院与贝宁CERCO学院联合举办。宁波职业技术学院副院长郑卫东和贝宁CERCO院长卡普-奇奇·艾伦（Alain Capo-Chichi）分别代表两校签署新一轮战略合作协议，并共同为中非（贝宁）职业技术教育学院揭牌。该学院将以贝宁为中心，为西非各国和在非中资企业培训各类实用的技能型人才，并举办中外合作办学项目，输出中国理念和职业教育技术，助推中国企业“走出去”。

〔宁波市政府与美国麻省理工学院合作创建宁波（中国）供应链创新学院〕 3月7日，宁波（中国）供应链创新学院在宁波大学正式启动。学院通过全球招聘，聘任刘少轩为执行院长。9月12日，举行“供应链创新+”高峰论坛暨宁波（中国）供应链创新学院授牌仪式，宁波市副市长陈仲朝、美国麻省理工学院副校长柯克·克莱恩布莱恩德尔为学院授牌。

〔举办第三届中国宁波—中东欧国家教育交流活动〕 6月8日—12日，举行第三届中国宁波—中东欧国家教育交流活动。会上签署了18项教育合作协议，启动中罗（德瓦）国际艺术学校、宁波中东欧国家合作研究院、波兰语言文化研究中心等一批合作项目和平台建设。

〔宁波籍企业家捐资7 100万元支持宁波大学建设〕 11月1日，宁波大学建校30周年暨三校合并20周年纪念大会举行。校庆期间，宁波籍企业家捐资助学项目主要包括：香港环球航运有限公司董事、宁波大学荣誉校长包陪庆捐赠500万元修建包玉刚跑道；王宽诚基金会2次捐赠合计人民币2 000万元支持学校人才队伍建设；香港安泰集团黄庆苗先生携三个儿子共同捐资3 200万元人民币助建潘天寿艺术设计学院楼群；香港建业五金塑胶厂有限公司副董事长、总经理孙荣良捐资1 000万元人民币助建孙荣良大楼；香港恒丰喉业有限公司董事长魏绍相捐资200万元人民币助建魏绍相展厅；香港泰昌祥集团主席顾建纲捐资100万元人民币助建梅山校区泰昌祥报告厅；MSIG（香港）保险有限公司顾问金维明续资100万元人民币支持“甬港联谊新丽体育专项奖励基金”。11月1日，捐资庆典仪式在宁波大学林杏琴会堂举行。

〔获奖情况〕 市教育局被全国教育科学规划领导小组办公室评为“全国教育科研管理先进单位”，被省委、省政府评为“2011—2015年全省法治宣传教育先进集体”，被省教育厅评为“2016年度全省教育科学和谐发展业绩考核优秀单位”“2015年度职业教育发展挂钩考核优秀单位”。获全国第五届中小学生艺术展演活动优秀组织奖、全国中等职业学校“文明风采”竞赛活动组织贡献奖、全国职业院校信息化教学大赛最佳组织奖、中国职业技术教育学会“纪念职业教育法公布实施20周年和中国近现代职业教育发轫150周年征文活动”优秀组织奖、2016年浙江省中等职业学校职业能力大赛“面向人人”项目比赛优秀奖。

基础教育

〔**学前教育**〕 2016年，全市学前三年幼儿净入园巩固率达99%，新建幼儿园标准化率达100%，省等级（市星级）幼儿园招生覆盖率达94.8%。

〔**宁波市成为教育部“基础教育课程改革示范实验区”**〕 3月22日，宁波市教育局与教育部基础教育课程教材发展中心共同启动“基础教育课程改革示范实验区”项目建设，确定20所中小学校为“课改实验学校”，宁波市成为全国第10个基础教育课程改革实验区。本次合作有效期为5年。

〔**全市义务段校长、教师交流工作**〕 全年共有1 413名教师校长参加交流，占符合交流条件校长、教师的22%；其中骨干教师302人，占符合交流条件骨干教师的20%。

〔**镇海区、象山县评为省基本实现教育现代化县（市、区）**〕 1月27日，镇海区、象山县通过省教育厅、省政府教育督导委员会办公室督导组评估认定，成为省第二批基本实现教育现代化县（市、区）。

〔**做好外来务工人员随迁子女招生入学工作**〕 2016年，在甬就读的外来务工人员随迁子女人数为26.68万人，公办学校接纳比例达82%，与2015年基本持平。6月14日，印发《关于进一步加强流动人口子女学校建设的意见》。6月17日，召开加强流动人口子女学校建设的工作会议。

〔**全市普通高考第一批次上线率达22.75%**〕 2016年，全市普通高考第一批次上线7 118人，上线率达22.75%，创历年来新高。在浙江省文理科各前100名的统计中，全市理科考生占42名、文科考生占32人，合计占全省文理前100名的比例达37%。

职业教育与成人教育

〔**综述**〕 2016年，全市共有省级及以上重点、示范职业学校29所、国家级改革发展示范校10所、省级改革发展示范学校8所。全市职业学校现设18大类130个专业，基本覆盖全市第一、第二、第三产业各个行业。毕业生当年一次性就业率达98.9%。全市有各级各类成人学校2 778所，其中市级社区大学1所，市级成人学校1所，县级成人教育中心学校（社区学院）12所，乡镇（街道）成人学校113所，村级成人学校2 651所，基本构建起市、县、镇、村四级终身教育网络。

〔**启动实施“工匠精神”培育提升工程**〕 发布《宁波市职业教育“工匠精神”培育提升工程实施方案》，全市5年内将紧贴重点产业打造名校、名专业和名工作室，通过校企深度融合推进教育链与产业链有机衔接，培育精益求精、勇攀质量高峰的“工匠精神”，打造具有国际视野、技艺精湛的大批宁波本土“大国工匠”，助力“中国制造2025”试点示范城市建设。

〔**参加全国职业院校技能大赛获**〕 中职代表队参加2016年全国职业院校技能大赛，共获46个一等奖（比2015年增加7个）、49个二等奖、19个三等奖，获奖率达96.6%。

〔**学生职业体验拓展中心启用运营**〕 职业体验拓展中心总建筑面积达7 710平方米，设置职业倾向测试区和职业体验场馆，学生可以在艺术天地、研究领地、智创空间、智造工厂、商业社会等区域深入探知，从中寻找与自我适配的职业。11月5日，职业体验拓展中心启用运营。

〔**完成各级各类教育培训**〕 2016年，完成成人学历教育19 851人，其中成人中等教育10 589人、成人高等教育9 262人；完成非学历培训385.99万人次，其中企业职工岗位技能培训87.73万人次、新型农民培训17.56万人次、家政培训10.24万人次、退役士兵培训3 320人、农村预备劳动力培训1 687人。2016年，全市完成脱盲人数21 116人。

〔**举办第十二届宁波市全民终身学习周活动**〕 10月23日，2016年宁波市全民终身学习周活动启动，本次活动周主题为"加快学习型城市建设，助力打造书香宁波"。活动周期间举行了成人（社区）学校建设现场观摩会、社区教育发展论坛、老年教育与基层社会治理理论研讨会、名家讲座、终身教育咨询会、老年教育主题征文等1 189项活动，实现了市、县、镇、村四级联动，参加活动人数达92.87万人。

高等教育

〔**认定5个高校协同创新中心**〕 宁波大学牵头的"宁波港口经济圈"、宁波大红鹰学院牵头的"宁波大宗商品流通"、浙江工商职业技术学院牵头的"模塑制品表面装饰与智能成型"、宁波职业技术学院牵头的"乙烯工程碳五碳九下游深加工"和浙江医药高等专科学校牵头的"特色原料药及制剂技术"5个协同创新中心被认定为第三批市级高校协同创新中心。

〔**浙江大学宁波"五位一体"校区建设框架协议签订**〕 8月5日，市政府与浙江大学签订战略合作框架协议，启动浙江大学宁波"五位一体"校区建设，即转型提升浙江大学宁波理工学院、新建浙江大学宁波研究院和浙江大学工程师学院宁波分院、迁建浙江大学宁波软件学院、筹建浙江大学宁波国际学院。

〔**认定7个市级特色学院**〕 10月，市教育局公布全市首批试点特色学院名单，宁波大学海运学院、浙江万里学院物流与电子商务学院、浙江大学宁波理工学院机械与能源工程学院、宁波大红鹰学院大宗商品商学院、宁波职业技术学院机电（海天）学院、浙江纺织服装职业技术学院中英时尚设计学院、宁波城市职业技术学院旅游学院7个学院被认定为全市首批试点特色学院。

撰稿　钟　颖
审稿　蒋和法

安徽省教育

概　　况

〔基本情况〕

安徽省各级各类学校校数、教职工、专任教师情况

	学校数（所）	教职工数（人）	专任教师数（人）
一、高等教育			
（一）研究生培养机构（不计校数）	21		
1. 普通高校	20		
2. 科研机构	1		
（二）普通高等学校	119	80 416	59 479
1. 本科院校	45	51 587	37 369
其中：独立学院	10	4 125	3 344
2. 高职（专科）院校	74	28 829	22 110
3. 其他普通高教机构（不计校数）			
（三）成人高等学校	6	1 262	754
（四）民办的其他高等教育机构	7	432	192
二、中等教育	3 932	333 838	263 551
（一）高中阶段教育	1 132	158 872	111 681
1. 高中	672	116 799	77 330
普通高中	672	116 799	77 330
完全中学	316	49 074	24 461
高级中学	285	54 597	49 323
十二年一贯制学校	71	13 128	3 546
成人高中			
2. 中等职业教育	460	42 073	34 351
普通中专	125	15 568	12 822

续表

	学校数（所）	教职工数（人）	专任教师数（人）
成人中专	42	1 556	1 247
职业高中	207	15 600	13 321
技工学校	86	7 676	5 721
其他中职机构（不计校数）	28	1 673	1 240
（二）初中阶段教育	2 800	174 966	151 870
1. 初中	2 800	174 966	151 870
初级中学	1 889	113 148	102 753
九年一贯制学校	911	61 818	28 369
十二年一贯制学校			2 946
完全中学			17 802
职业初中			
2. 成人初中			
三、初等教育	8 284	221 156	240 493
（一）普通小学	8 284	221 156	240 493
小学	8 284	221 156	212 490
九年一贯制学校			25 714
十二年一贯制学校			2 289
（二）成人小学			
其中：扫盲班			
四、工读学校	3	55	37
五、特殊教育	71	1 766	1 541
六、学前教育	7 895	124 264	75 743

注：①完全中学的学校数和教职工数计入高中阶段教育，九年一贯制学校的校数和教职工数计入初中阶段教育，十二年一贯制学校的校数和教职工数计入高中阶段教育。专任教师按照教育层次进行归类。②技工学校数据为 2015 年数据。③“（ ）”内数据为不计校数。

安徽省各级各类学历教育学生情况

单位：人

	毕业生数	招生数	在校生数
一、高等教育			
（一）研究生	15 994	18 523	51 738
博士	1 329	1 943	6 445
硕士	14 665	16 580	45 293
（二）普通本专科	308 025	307 395	1 145 007
本科	147 112	160 469	638 702

续表

	毕业生数	招生数	在校生数
专科	160 913	146 926	506 305
（三）成人本专科	97 759	74 858	191 458
本科	44 717	39 557	100 677
专科	53 042	35 301	90 781
（四）其他各类高等学历教育			
1. 在职人员攻读硕士学位		2 730	10 999
2. 网络本专科生	142	55	1 881
本科	142	55	947
专科			934
二、中等教育	1 358 694	1 365 910	3 887 200
（一）高中阶段教育	736 950	689 262	1 945 140
1. 高中	388 305	358 775	1 106 953
普通高中	388 305	358 775	1 106 953
完全中学	119 402	101 934	327 759
高级中学	254 753	240 617	730 931
十二年一贯制学校	14 150	16 224	48 263
成人高中			
2. 中等职业教育	348 645	330 487	838 187
普通中专	88 378	107 919	291 409
成人中专	127 335	114 919	236 871
职业高中	113 604	82 914	253 529
技工学校	19 328	24 735	56 378
（二）初中阶段教育	621 744	676 648	1 942 060
1. 初中	621 331	676 648	1 941 986
初级中学	405 421	447 555	1 284 670
九年一贯制学校	108 145	127 095	353 412
十二年一贯制学校	15 640	17 354	49 354
完全中学	92 125	84 644	254 550
职业初中			
2. 成人初中	413		74
三、初等教育	669 351	736 423	4 303 637
（一）普通小学	669 351	736 423	4 303 637
小学	574 103	653 147	3 769 880
九年一贯制学校	85 463	78 294	492 543
十二年一贯制学校	9 785	4 982	41 214

续表

	毕业生数	招生数	在校生数
（二）成人小学			
其中：扫盲班			
四、工读学校			
五、特殊教育	1 395	3 660	20 921
六、学前教育	691 549	951 228	1 926 893

注：①完全中学、九年一贯制学校和十二年一贯制学校的学生数按教育层次分别计入对应教育阶段的学生数中。②特殊教育学生数中包括义务教育阶段随班就读的学生数、其他学校附设特教班学生数。

安徽省各级各类非学历教育学生情况

单位：人

	结业生数	注册学生数
总计	861 249	892 623
一、高等教育	318 499	325 759
（一）研究生课程进修班	297	297
（二）自考助学班	829	1 598
（三）普通预科生		279
（四）进修及培训	317 373	323 585
其中：资格证书培训	50 728	57 790
岗位证书培训	44 908	43 491
二、中等职业教育	542 750	566 864
其中：资格证书培训	175 241	169 488
岗位证书培训	116 893	124 880
（一）中等职业学校	319 265	319 150
其中：资格证书培训	142 540	139 501
岗位证书培训	87 679	89 533
（二）职业技术培训机构	223 485	247 714
其中：资格证书培训	32 701	29 987
岗位证书培训	29 214	35 347

安徽省各级各类民办学校校数、教职工、专任教师情况

	学校数（所）	教职工数（人）	专任教师数（人）
一、高等教育			
（一）研究生培养机构（不计校数）			
1. 普通高校			
2. 科研机构			

续表

	学校数（所）	教职工数（人）	专任教师数（人）
（二）普通高等学校	31	12 945	9 567
1. 本科院校	15	8 728	6 794
其中：独立学院	10	4 125	3 344
2. 高职（专科）院校	16	4 217	2 773
3. 其他普通高教机构（不计校数）			
（三）成人高等学校			
（四）民办的其他高等教育机构	7	432	192
二、中等教育			
（一）高中阶段教育			
1. 高中			
普通高中	192	31 949	13 010
完全中学	84	15 846	6 628
高级中学	47	4 288	3 247
十二年一贯制学校	61	11 815	3 135
成人高中			
2. 中等职业教育			
普通中专	23	2 131	1 551
成人中专	4	335	273
职业高中	80	4 772	3 669
技工学校			
其他中职机构（不计校数）	2	36	23
（二）初中阶段教育			
1. 初中	341	30 813	23 920
初级中学	126	10 387	8 124
九年一贯制学校	215	20 426	8 097
十二年一贯制学校			2 557
完全中学			5 142
职业初中			
2. 成人初中			
三、初等教育			
（一）普通小学	274	8 811	15 026
小学	274	8 811	6 571
九年一贯制学校			6 538
十二年一贯制学校			1 917

续表

	学校数（所）	教职工数（人）	专任教师数（人）
（二）成人小学			
其中：扫盲班			
四、工读学校			
五、特殊教育	5	130	82
六、学前教育	4 913	92 278	53 824
另有：民办培训机构（不计校数）	71	746	473

注：①完全中学的学校数和教职工数计入高中阶段教育，九年一贯制学校的校数和教职工数计入初中阶段教育，十二年一贯制学校的校数和教职工数计入高中阶段教育。专任教师按照教育层次进行归类。②“（　）”内数据为不计校数。

安徽省各级各类民办教育学生情况

单位：人

	毕业生数	招生数	在校生数
一、高等教育			
（一）研究生			
博士			
硕士			
（二）普通本专科	49 946	53 440	196 582
本科	27 261	30 574	118 120
专科	22 685	22 866	78 462
（三）成人本专科	674	2 248	4 926
本科		19	41
专科	674	2 229	4 885
（四）其他学生			
1. 民办高校			5 505
2. 民办的其他高等教育机构			12 269
二、中等教育			
（一）高中阶段教育			
1. 高中			
普通高中	63 706	64 228	196 424
完全中学	36 234	35 486	110 257
高级中学	14 783	13 805	42 122
十二年一贯制学校	12 689	14 937	44 045
成人高中			
2. 中等职业教育			
普通中专	10 547	11 236	30 399

续表

	毕业生数	招生数	在校生数
成人中专	16 438	20 394	38 266
职业高中	27 786	20 514	71 640
技工学校			
另有其他学生数			40 280
（二）初中阶段教育			
1. 初中	143 371	161 351	467 963
初级中学	51 341	56 957	168 756
九年一贯制学校	43 966	54 958	153 431
十二年一贯制学校	14 143	15 964	45 031
完全中学	33 921	33 472	100 745
职业初中			
2. 成人初中			
三、初等教育			
（一）普通小学	65 624	44 461	330 093
小学	26 059	24 770	160 213
九年一贯制学校	31 285	16 198	137 905
十二年一贯制学校	8 280	3 493	31 975
（二）成人小学			
其中：扫盲班			
四、工读学校			
五、特殊教育	28	204	735
六、学前教育	381 046	546 275	1 185 693
另有：民办培训机构（不计校数）			20 126

注：①完全中学、九年一贯制学校和十二年一贯制学校的学生数按教育层次分别计入对应教育阶段的学生数中。②特殊教育学生数中包括义务教育阶段随班就读的学生数、其他学校附设特教班学生数。③“另有其他学生数”包括自考助学班学生数、预科生数、进修及培训学生数。

〔**综述**〕 2016 年，全省教育系统坚决贯彻落实中央和省教育工作决策部署，坚持改革创新、优化结构、提高质量、促进公平，教育改革发展取得了新的成绩，实现了“十三五”开局之年的开门红。全省学前三年毛入园率、义务教育巩固率、高中阶段毛入学率、高等教育毛入学率分别达 84.3%、93.4%、90%、46.9%。其中学前教育毛入园率、高中阶段毛入学率、高等教育毛入学率分别高于全国平均水平 6.9 个、2.5 个、4.2 个百分点，义务教育巩固率与全国平均水平持平。

〔**习近平考察中国科学技术大学**〕 2016 年 4 月 26 日，习近平总书记在合肥考察了中国科学技术大学和中国科学技术大学先进技术研究院。习近平强调，安徽作为科技大省，中国科学技术大学作为以前沿科学和高新技术为主的大学，这些年抓科技创新动作快、力度大、成效明显，值得肯定。中国科学技术大学要勇于创新、敢于超越、力争一流，在人才培养和创新领域取得更加骄人的成绩，为国家现代化建设做出更大的贡献。习近平希望同学们肩负时代责任，高扬理想风帆，静下心来刻苦学习，努力练好人生和事业的基本功，做有理想、有追求的大学生，做有担当、有作为的大学生，做有品质、有修养的大学生。

〔**全面从严治党**〕 深入学习贯彻习近平总书记系列重要讲话特别是视察安徽省重要讲话精神，坚持以党的最新理论成果武装头脑。印发《安徽省教育系统贯彻落实〈党委党组意识形态工作责任制实施办法〉的实施细则》，开展了专项督查。省委出台《关于坚持和完善普通高等学校党委领导下的校长负责制的实施意见》，省委教育工委制定《关于深入推进省属高校全面从严治党的实施意见》《安徽省普通高等学校基层党组织建设标准》。深化巡视整改，组织开展“4+4”专项整治和“管党治党宽松软问题”专项治理。深入推进委厅机关基层党组织书记、省属高校党委书记和院（系）级单位基层党组织书记抓基层党建述职评议工作。部署开展全省教育系统预防职务犯罪专项行动，共组织法律法规学习 8 227 次，参加人数 231 131 人；举行预防职务犯罪专题报告 1 777 场，参加人数 64 174 人。制定《巩固巡视整改成果推进廉洁从政的十条规定》，进一步增强党员干部守纪律、讲规矩的思想自觉和行动自觉。

〔**落实立德树人根本任务**〕 结合纪念红军长征胜利 80 周年、庆祝中国共产党成立 95 周年等重大历史事件和时间节点，深入开展理想信念、爱国主义、中华优秀传统文化和革命传统教育。深化思想政治理论课教育教学改革，深入推进中国特色社会主义理论体系进教材、进课堂、进头脑，大力推进领导干部上讲台开展思想政治教育工作，28 所高校成立了马克思主义学院，确定了 3 所省级重点马克思主义学院。印发《青少年法治教育大纲》实施意见，开展“学宪法讲宪法”活动，进一步提高青少年法治观念和法律意识。深入开展中小学生研学旅行，全省参加学生 200 多万人次，安徽省在全国会议上做经验介绍。184 个德育课程入选教育部中小学学科德育精品课程，数量居全国前列。

〔**体育工作**〕 省政府办公厅出台《关于强化学校体育促进学生身心健康全面发展的实施意见》，组织开展校园足球四级联赛，228 所学校被命名为全国校园足球特色学校，在中部地区率先建设 2 所高校足球学院。

〔**教育投入**〕 建立城乡统一、重在农村的义务教育经费保障机制，实现“两免一补”和生均公用经费基准定额资金随学生学籍流动可携带。建立中等职业学校生均拨款制度，标准不低于 5 000 元。健全高职院校生均拨款制度，2016 年标准提高到 10 800 元。建立教育、统计、财政部门教育经费统计联合公告制度，保障财政教育投入实现法定增长。2016 年，全省地方教育经费总投入 1 235.79 亿元，比 2015 年增长 6.73%，其中财政性教育经费 1 030.43 亿元，比 2015 年增长 7.65%。公共财政教育支出占公共财政支出的比例为 16.47%，比 2015 年增加 0.12 个百分点。制定多项教育专项资金管理办法，深入开展“小金库”专项整治和审计发现问题整改，印发《安徽省高校内部控制制度操作规程》，进一步严肃财经纪律，加强财务管理。

〔**教师队伍建设**〕 全面推行中小学教师“无校籍管理”和“县管校聘”制度，推进县域内义务教育学校校长、教师交流轮岗，全省已累计交流轮岗 3.8 万人。深化中小学教师职称制度改革，分类制定中小学教师职称评审标准。全面推开中小学教师资格定期注册。招聘特岗教师 3 386 人，选派 1 358 名教师赴贫困地区驻点支教。实施乡村教师定向培养计划，连续 5 年每年培养 2 500 名全科型乡村教师。为乡村教师发放生活补助 1.14 亿元，建设教师周转房 9.2 万平方米，建立了乡村教师荣誉制度。组织实施国家级培训计划和省级培训计划，其中培训乡村教师 9.7 万人。出台《关于进一步创新高校用人机制加强高水平教师队伍建设的意见》，创新高校编制管理、岗位设置管理、人才评价机制。分别修订普通本科高校和高职院校教师专业技术资格申报条件，为不同领域教师提供适合其职业发展的路径。下放一批普通本科高校副教授职称评审权，中级职称评审权全部下放到高校。在全国率先出台《高等职业院校“双师型”教师认定办法》，首批认定“双师型”教师 4 507 人。

〔**教育督导**〕 完善县（市、区）党政领导干部履行教育职责督导考核制度，评选公布了“2013—2015 年度安徽省教育强县”。全面推行督学责任区建设和中小学责任督学挂牌督导制度，在全省范围内实现了责任督学挂牌督导的全覆盖，全年完成教育信息化、学生体质达标等 12 项国家和省级专项督导。召开两次全省义务教育均衡发展工作推进会，时任省长李锦斌做出重要批示。2016 年，有 24 个县（市、区）通过国家督导评估，累计通过比例达 90%，高于全国平均水平 27 个百分点。完成国家基础教育质量监测工作，抽查 12 个县（市、区），监测学校 240 所、监测学生约 4 800 人。

〔**教育信息化**〕 全省中小学互联网接入率、班级多媒体设备覆盖率、校园网建有率分别达 99.63%、97.44%、98.89%，在线课堂项目覆盖到 97 个县（区）的 1 836 个主讲课堂和 4 900 个接收课堂，基本实现了教学点在线课堂的全覆盖。推进省级数据中心建设，新建和部署 7 个管理信息系统，出台《安徽教育数据管理办法（暂行）》。加快职业教育信息化进程，40 所国家中等职业教育改革发展示范学校基本建成数字校园，举办全省中等职业学校信息化教学大赛。深入推进高校在线开放课程示范项目和安徽高校数字图书馆二期建设，进一步加强高校网络和信息安全。

〔**语言文字**〕 推进三类城市语言文字评估，开展省市两级语言文字规范化示范校创建，新认定省级示范校 34 所，全省共创建市级示范校 100 余所。继续实施中国语言资源保护工程安徽省项目，首批 10 个课题通过国家验收。组织开展第十九届推广普通话宣传周活动，推动全省各地广泛开展经典诵读、汉字听写、书法竞赛等活动。

〔**学生资助**〕 完善家庭经济困难学生资助政策体系，免除普通高中建档立卡等家庭经济困难学生学杂费。全年发放各类资助资金 35 亿元，惠及学生 239 万人次；办理生源地信用助学贷款 15.2 亿元，资助学生 20.4 万人次。安徽省学生资助工作连续三年在全国绩效考评中获优秀等级。

〔**民办教育**〕 省教育厅等部门出台《关于进一步支持社会力量办学的若干意见》，进一步鼓励社会力量兴办教育。认真组织学习《中华人民共和国民办教育促进法》修法精神，举办全省民办教育培训班，开展民办教育工作专题调研。统一公布具有招生资格的民办学历教育学校和非学历教育机构名单，严格开展年度检查、招生简章和董事会成员审核备案，进一步规范民办学校和民办教育机构办学行为。

〔**教育交流与合作**〕 积极参与中俄“两河流域”合作，加快推进安徽大学与萨马拉国立大学中国中心、安徽师范大学与下诺夫哥罗德米宁大学中国语言文化中心建设，邀请俄罗斯青年代表到皖参加“徽韵美夏令营”“青年动漫创意展”等活动。省教育厅与澳大利亚北领地教育部签署合作框架协议，举办中国安徽—澳大利亚北领地基础教育工作交流会。大力推进合肥学院中德教育合作示范基地建设，与德国下萨克森州科文部举办第九届中德应用型高等教育研讨会。实施留学安徽计划，2016 年有 18 所高校招收外国留学生，在校外国留学生 2 894 人，实现了“三年翻一番”。安徽省高校在海外建立 5 所孔子学院，共有学员 4 512 人；开设汉语和文化课程 212 个班次，举办文化活动 239 场，参加人数 75 769 人。承办国家汉办有关项目，2016 年第七次承办了“汉语桥—德国中学生夏令营活动”，接待德国团员 55 人。

〔**校园安全稳定**〕 多渠道开展安全教育和应急演练，集中开展了 4 次学校安全隐患排查整治行动，督办整改 130 多处隐患。突出预防溺水、反恐防暴、防范宗教渗透等重点，健全协作机制，开展专项治理。强化学生上下学交通安全保障服务，全省已有接送学生上下学车辆25 000多辆，其中专用标准校车6 000多辆，分别较2015年增加了10 000多辆、3 000多辆。省教育厅被评为全省安全生产先进单位。深入推进全省教育系统精神文明创建，遴选推荐24所学校参评第十一届安徽省文明单位。

基础教育

〔**综述**〕 2016年，全省基础教育战线围绕立德树人根本任务，加强和改进中小学德育工作，大力促进义务教育均衡发展，加强学校治理，提高教育质量，全面提升全省基础教育现代化建设水平。

〔**学前教育**〕 全年新建、改扩建公办幼儿园457所，超出年度计划12%。完成第二期学前教育三年行动计划，三年累计新建、改扩建公办幼儿园1 774所，新增学位24.2万个，超出规划任务的40%，实现了“一镇一园”目标，缓解了入园难、入园贵的矛盾。学前教育普惠水平明显提升，全省公办幼儿园和普惠性民办幼儿园共有5 253所，在园幼儿122.8万人，分别占幼儿园和在园幼儿总数的66.5%、64%。印发《安徽省民办幼儿看护点整改提升方案（2016—2020年）》，对民办幼儿看护点实行动态监管。组织开展全省幼儿游戏集中展示活动、第七届6月儿童科学乐活动和第二届娃娃乐故事会活动，深入推进幼儿园科学保教。组织开展《安徽省学前教育条例》执法检查工作。

〔**义务教育均衡发展**〕 完成1 007所义务教育标准化学校年度建设任务，全省义务教育学校标准化实现全覆盖。截至2016年年底，全面改善贫困地区农村义务教育薄弱学校基本办学条件项目累计投入资金145亿元；开工项目17 679个、面积2 098万平方米；完工项目17 249个、面积2 022万平方米，占已开工面积的96.4%。省教育厅会同有关部门印发《关于解决城镇普通中小学大班额问题有关事宜的通知》，对加快解决大班额问题做出部署。编制了控制和消除义务教育学校大班额专项规划，明确省及各地消除大班额工作的时间表和路线图。继续按照“三个一样”的要求，消除进城务工人员随迁子女就学障碍，落实就地参加中考、高考和“钱随人走”政策。与省民政厅等部门共同开展农村留守儿童“合力监护、相伴成长”关爱保护专项行动。省教育厅被评为“全省优秀农民工工作先进集体”，安徽省留守儿童教育工作在全国农村留守儿童关爱保护工作部际联席会议第二次全体会议上做大会交流发言。开展全省特殊教育办学情况调研，督促各地采取随班就读、到特殊教育学校就读、送教上门等方式，解决了10 289名未入学残疾儿童少年就学问题。扎实推进民族地区的学校全面改善贫困地区义务教育薄弱学校基本办学条件项目，落实西藏山南地区初中、高中代培班办班任务。

〔**中小学德育工作**〕 召开全省中小学社会主义核心价值观教育暨德育工作会议，印发《关于加强和改进中小学生品德课教学工作的意见》。开展“少年传承中华美德”“建书香校园，树文化新人”、毒品预防教育活动等系列活动，切实提高中小学生思想道德建设的针对性和实效性。加强《中小学生守则》的宣传教育，培养学生良好的行为习惯。加强各类中小学社会实践基地的使用和管理，开展示范性综合实践基地建设专项督查。组织选手参加第五届长三角地区中小学班主任基本功大赛，共获4个一等奖。

〔**普通高中教育**〕 实施普及普通高中阶段教育攻坚计划和普通高中改造计划，投入资金2.889亿元，改善革命老区和贫困地区普通高中办学条件。开展新高考背景下普通高中办学情况调研。组织开展2016年青少年高校科学营活动，深化高中高校合作育人。

〔**中小学课程改革**〕 重点关注中国学生核心素养、高中课程标准修订、综合素质评价、高中育人模式改革等问题，组织专题研训。深入研究普通高中课程改革实施方案以及选课走班、学生生涯规划指导等配套改革政策，开展普通高中学校分层走班教学的调研及教学指导。鼓励选修课程建设，丰富资源平台选修课程。开展课程开设情况监测和综合质量监测试点。继续推进基于微课的翻转课堂项目研究和实验以及乡村在线课堂教学实验，促进教学模式和形态的改革。

〔**中小学教师信息技术培训**〕 实施中小学教师信息技术应用能力提升工程，对全省20万名中小学教师进行信息技术应用能力提升培训，组织23.4万名中小学教师参加信息技术应用能力发展测评。

〔**规范办学行为**〕 召开全省规范中小学办学行为治理乱收费视频会议，全面部署全省中小学规范办学行为工作，着力解决损害群众利益的乱招生、乱办班、乱补课、乱收费、乱发教辅资料等问题。坚持义务教育阶段中小学划片招生就近入学政策，以示范高中指标到校政策的规范执行，进一步解决“择校热”和“炒房热”。派出21个督查组，对全省224所中小学进行明察暗访。印发5期季度通报和专项通报，摘牌1所省示范高中、黄牌警告2所省示范高中、通报批评1所中学。开展有偿补课和违规收受礼品礼金专项治理工作，全省共明察暗访1 637次，受理投诉举报1 758件，查实320件，处理688人。联合相关部门开展校服、文具、跑道等基础教育产品质量专项检查。

职 业 教 育

〔**综述**〕 2016年，全省职业教育战线立足发展大局需要，强化就业创业导向，大力改善办学条件，不断优化资源配置，积极推进教育体制和办学模式创新，全省职业教育发展水平明显提升。

〔**现代职业教育体系建设**〕 会同省有关部门出台《关于加强职业教育市级统筹的指导意见》，通过扩大市级政府统筹权，统筹做好区域内职业教育的发展规划、资源配置、条件保障和政策措施。各市共调整撤并中职学校38所。会同省编制办公室、人力资源和社会保障厅等部门推动各类中职学校规范名称统一类别，并在学费、编制和职称评聘等标准方面统一了政策。完善全省中职学校网上招生录取平台功能，持续推行“知识+技能”考核办法和技能拔尖人才免试入学政策。拓宽中职毕业生对口升学通道，3.9万名中职学校毕业生进入高职或本科院校继续深造学习。加快推进学分制改革试点，推广中等和高等职业教育衔接课程体系建设改革试点成果。提升专业建设服务产业发展能力，发布2015年中职教育专业情况分析报告，引导各市各校对接区域产业发展动态调整设置专业。组织开展2016年度中等职业学历教育办学资质清查工作，共有359所中职学校的3 328个专业点具备招生资格。全省职业院校新增地方经济社会发展急需专业点568个，停招停办不适应专业点205个，职业院校专业布点与三次产业发展趋势基本相符。

〔**中等职业教育质量提升工程**〕 建立省级中职质量提升工程项目库，整合国家和省级资金6.4亿元，集中资源建设省级示范特色学校、省级示范专业、省级示范实训基地、省级名师工作坊、省级现代学徒制试点、省级技能大赛赛点6大类957个项目。出台《安徽省中等职业教育质量提升工程项目管理办法》《安徽省中等职业教育质量提升工程项目评估验收办法》和评估验收指标体系，建立评估验收制度，加强对项目实施进度、建设质量的检查监督。启动实施职业教育产教融合发展工程，做好2016年首批9个工程项目的遴选和建设工作。

〔**教学改革**〕 开展中等职业教育质量年度报告工作，8个市和93所中职学校按照实施计划首次向社会公布质量年报。研制《安徽省中等职业学校教学工作诊断与改进实施方案（试行）》并上报教育部备案。转发教育部等五部门《职业学校学生实习管理规定》，规范中高职学生实习管理工作，通过公开招标方式确定中职学校学生实习责任保险中标单位，切实维护学生合法权益。组织全省职业院校技能大赛、中职学校“文明风采”竞赛和信息化教学大赛，以赛促学、促教，提高技术技能水平。继续实施技能大赛与技能等级资格认证挂钩制度，153名选手获相应工种高级工资格证书。数字校园建设稳步推进，40所国家中职改革发展示范学校基本建成数字校园，中职学校宽带网络接入率达100%，76%的中职学校校内网络设施齐备。全省有191所中职学校开通学校空间，开通网络学习空间的教师数量和学生数量分别达1.4万人和11.6万人；中职学校教师运用网络资源进行备课和教学的人数分别超过45%、29%。

〔**产教融合，校企合作**〕 推广合肥、马鞍山两市的经验，指导各市不断完善校企合作产教融合运行机制。举办第七届皖江城市带职业教育办学模式改革校企对接会，搭建校企合作平台。2016年，全省校企合作的中职学校达254所，参与合作的企业达1 541家，校企共建各类实验实训平台931个。深入推进现代学徒制试点，成立安徽省职业院校现代学徒制试点联盟，试点学校扩大到42所。出台《关于推进职业教育集团化办学的指导意见》，全省组建18个省级职业教育集团、20个市县级及区域性职业教育集团。

〔**职业教育区域协调发展**〕 加强对农村职业教育和成人教育示范县创建工作指导，天长市、濉溪县入围第三批国家级示范县创建名单，长丰县、宣州区、定远县被教育部等六部门认定为首批国家级农村职业教育与成人教育示范县。帮扶皖北地区职业教育发展，印发《关于继续做好优质中职学校对口帮扶临泉职业教育工作的通知》，在2015年的基础上，增加推荐8所优质学校与皖北经济技术学校开展合作办学联合招生工作。指导安徽金寨职业学校继续完善硬件设施建设，重点做好学校北区规划和建设工作，继续从9所帮扶学校选派11名专业教师对口支教。继续办好内地新疆中职班，2016年招生391人，共有在校生1 155人。推进内地民族班混班教学、混合住宿，提高办班水平。

〔**高等职业教育**〕 印发《安徽省高职教育创新发展实施方案》，组织高职院校申报国家级任务47个、项目15个，承担省级任务826个、项目647个，开展了2016年度绩效评价工作。组织高职院校开展适应社会需求能力评估工作，逐步建立教学工作诊断与改进制度。全省高职院校在2016年全国职业院校技能大赛中获奖项114个，获奖率达81.6%，高于全国平均水平21.6个百分点。

〔**终身教育体系建设**〕 2016年，职业院校开展各级各类职业技能培训超过80万人次。完成联合国教科文组织驻华代表处资助的“潜在新市民”项目课题研究和教材开发等工作。开展国家社区教育实验区、示范区创建工作，铜陵市铜官区、合肥市包河区、芜湖市鸠江区被评为全国社区教育实验区，合肥市庐阳区、宿州市埇桥区被评为全国社区教育示范区。建立与上海市社区教育合作发展机制，推动实现两地社区教育学习资源的合作与共享。支持、指导省广播电视大学开发建设“安徽全民终身学习网”，平台一期已成功上线。淮北市、蚌埠市和铜陵市入选第四批全国学习型城市建设联盟成员城市。办好职业教育活动周，组织开展便民服务日、体验周、大家谈、面对面、手拉手、大国工匠在身边和技能大赛展风采等系列专题活动。持续推进安徽继续教育网络园区建设，已有28所本科高校进驻，平台总访问量突破2 000万次，资源总量达3万条，注册在线学习超过7万人。

高等教育

〔**综述**〕 2016年，全省高等教育战线始终坚持社会主义办学方向，坚持把立德树人作为中心环节，牢牢抓住全面提高人才培养能力这个核心点，坚定不移地走内涵发展道路，推动地方普通本科高校向应用型深度转变，加快建设具有安徽特色的地方应用型高等教育体系。经教育部批准，安庆师范学院更名为安庆师范大学，亳州师范高等专科学校升格为本科层次，更名为亳州学院。批准安徽工程大学机电学院转设为民办本科层次，更名为安徽信息工程学院。

〔**"双一流"建设**〕 深入贯彻落实国家"双一流"建设战略，省政府出台了《一流学科专业与高水平大学建设五年行动计划》，通过加强和改进党对高校的领导、创新高等教育管理体制、推进高校分类发展、深化高校综合改革、完善高校内部治理结构、推进高校开放合作等措施，着力建设一流学科专业、培养一流人才、打造高端教学科研团队、提升科学研究水平、传承创新优秀文化、培育创新发展新引擎。计划经过5年持续建设，使全省现代高等教育体系进一步完善，基本实现高等教育现代化。

〔**人才培养和创新创业教育**〕 2016年，围绕专业建设、课程建设等5个方面，立项建设18类3 244个省级高等教育质量工程项目。加大专业结构改造力度，新设地方经济社会发展急需专业点352个、停招停办专业点217个。加大协同育人力度，完善在法律、医学、新闻学、工程师、养老服务、民族文化传承与创新等领域的联合培养机制。坚持以大学生学科和技能竞赛为抓手，深化创新创业教育改革，初步建立覆盖所有本专科专业的大学生学科和技能竞赛项目体系。组织开展第二届"互联网+"大学生创新创业大赛，共有81所高校4 039支队伍参赛。全省高校获国家级大学生创新创业训练计划项目立项2 367个，立项数居全国第二位。中国科学技术大学、合肥工业大学、安徽工业大学、安徽理工大学4所高校被教育部命名为全国首批深化创新创业教育改革示范高校。省教育厅等部门遴选了25所省级创业学院，在资金、融资、创业和资源方面给予重点支持。

〔**研究生教育和学位工作**〕 开展博士、硕士学位授权学科和专业学位授权类别动态调整，中国科学技术大学等5所高校申请动态调整博士点1个、硕士点7个。深入实施长三角研究生教育创新计划，推进研究生课程建设试点，继续开展硕士学位论文质量抽检工作，共抽检1 036篇。加强医教协同，省教育厅会同省卫生和计划生育委员会、省中医药管理局制定了《安徽省住院医师规范化培训与临床医学硕士专业学位教育衔接实施办法》，妥善做好2014级在读临床医学硕士专业学位研究生临床培养与住院医师规范化培训结合情况认定工作。

〔**质量保障体系建设**〕 组织高校编制和发布本科教学质量报告和高等职业教育人才培养质量报告。制定《安徽省普通高等学校本科专业综合评估试点实施方案》，在全省遴选计算机科学与技术、机械设计制造及其自动化、会计学、汉语言文学、英语5个专业的部分专业点进行试点，开展通用性和专业评价指标研制，研发全省普通高校本科专业综合评价系统。指导安徽农业大学、安徽医科大学、合肥学院接受教育部评估中心本科教学审核评估，并作为政府购买服务开展第三方评估方式，对其立项建设地方高水平大学进行审核评估。对高等教育质量工程项目和"振兴计划"部分项目开展年度检查验收工作，指导有关高校做好学科评估和专业学位水平评估工作。

〔**科技创新**〕 出台《关于深化高校科研体制机制改革推进创新驱动发展的实施意见》，激发高校科研创新活力，创新高校科研组织管理形式，持续优化科研创新政策环境。坚持分类管理，改革完善省级财政科研项目资金管理等政策，80 多所高校出台了非财政科研项目资金管理办法。将科研项目评审权下放给高校，按照三年滚动项目遴选安排，由高校自行组织申报评审后，报省教育厅备案。中国科学技术大学先进技术研究院、安徽大学、安徽工程大学开展了系统推进全面创新改革试验试点工作。加强高校科研平台建设，安徽农业大学茶叶化学与健康国际合作联合实验室获教育部批准立项建设，全省高校已建立协同创新中心 33 个、产业共性技术研究院 12 个。4 所高校 6 个项目入选 2016 年度国家科学技术奖，全省高校签订技术转让合同数、技术转让实际收入连续多年居全国前列、居中部地区第一位。加强高校哲学社会科学工作，推进高校新型智库建设，一批研究成果被省委、省政府和有关部门采纳。

〔**招生和就业**〕 省政府出台《安徽省深化考试招生制度改革实施方案》，省教育厅制定《普通高中学业水平考试实施办法》和《普通高中学生综合素质评价实施办法》等配套文件，加强政策解读，回应社会关切。制定《安徽省高等教育招生计划管理规程》和《安徽省普通高职（专科）招生计划管理暂行办法》，进一步规范招生计划管理。全省普通高考录取考生 43.4 万人，综合录取率达 81.8%，本科录取率达 42.2%，实现了“优质本科录取率稳中有升，本科录取率稳中有升，高考录取率稳中有升”的目标。通过实施专项计划实际录取农村贫困地区考生 6 561 人，比 2015 年增加 940 人，增长 16.7%。深化高职院校分类考试改革，普通高考前录取考生 6.2 万多人。坚持迎难而上，全力抓好高校毕业生就业创业工作。省教育厅会同有关部门为 13 638 名毕业生发放补贴资金 1 091 万元。全省高校累计举办大型就业招聘活动 176 场、中小型招聘会 7 000 多场，提供就业岗位近 90 万个。健全协作机制，落实激励政策，做好大学生征兵工作，圆满完成征兵任务。全省高校毕业生自主创业 1 111 人、在校生创业 2 135 人，分别带动就业 2 595 人和 4 645 人。截至 8 月 31 日，全省高校毕业生初次就业率达 89.24%，就业形势继续保持平稳。

撰稿 高 原 邵 明
审稿 张岳峰 李和平

福建省教育

概　　况

〔基本情况〕

福建省各级各类学校校数、教职工、专任教师情况

	学校数（所）	教职工数（人）	专任教师数（人）
一、高等教育			
（一）研究生培养机构（不计校数）	15		
1. 普通高校	13		
2. 科研机构	2		
（二）普通高等学校	88	67 488	44 751
1. 本科院校	37	49 677	32 474
其中：独立学院	7	6 188	4 855
2. 高职（专科）院校	51	17 288	11 931
3. 其他普通高教机构（不计校数）	1	523	346
（三）成人高等学校	3	595	217
（四）民办的其他高等教育机构			
二、中等教育	2 048	201 921	168 992
（一）高中阶段教育	803	122 821	70 203
1. 高中	534	98 165	50 424
普通高中	533	98 162	50 424
完全中学	418	74 717	34 877
高级中学	86	15 441	13 722
十二年一贯制学校	29	8 004	1 825
成人高中	1	3	
2. 中等职业教育	269	24 656	19 779
普通中专	207	20 586	16 732

续表

	学校数（所）	教职工数（人）	专任教师数（人）
成人中专			
职业高中			
技工学校	62	4 070	3 047
其他中职机构（不计校数）			
（二）初中阶段教育	1 245	79 100	98 789
1. 初中	1 245	79 100	98 789
初级中学	1 053	64 049	57 534
九年一贯制学校	192	15 051	6 294
十二年一贯制学校			2 268
完全中学			32 693
职业初中			
2. 成人初中			
三、初等教育	5 621	166 469	166 422
（一）普通小学	5 188	165 542	165 910
小学	5 188	165 542	157 708
九年一贯制学校			6 733
十二年一贯制学校			1 469
（二）成人小学	433	927	512
其中：扫盲班	393	826	458
四、工读学校			
五、特殊教育	71	2 255	1 993
六、学前教育	7 791	138 215	79 381

注：①完全中学的学校数和教职工数计入高中阶段教育，九年一贯制学校的校数和教职工数计入初中阶段教育，十二年一贯制学校的校数和教职工数计入高中阶段教育。专任教师按照教育层次进行归类。②技工学校数据为 2015 年数据。③“（ ）”内数据为不计校数。

福建省各级各类学历教育学生情况

单位：人

	毕业生数	招生数	在校生数
一、高等教育			
（一）研究生	11 968	14 088	42 731
博士	995	1 345	5 700
硕士	10 973	12 743	37 031
（二）普通本专科	199 465	197 740	756 392
本科	112 010	117 999	499 185

续表

	毕业生数	招生数	在校生数
专科	87 455	79 741	257 207
（三）成人本专科	43 791	33 748	136 731
本科	18 966	16 015	58 021
专科	24 825	17 733	78 710
（四）其他各类高等学历教育			
1. 在职人员攻读硕士学位		2 385	12 438
2. 网络本专科生	25 400	35 089	66 797
本科	13 800	18 909	33 539
专科	11 600	16 180	33 258
二、中等教育	721 323	795 341	2 229 078
（一）高中阶段教育	346 205	386 422	1 074 320
1. 高中	197 007	217 129	634 771
普通高中	196 997	217 129	634 747
完全中学	134 845	151 521	439 313
高级中学	55 081	56 005	168 847
十二年一贯制学校	7 071	9 603	26 587
成人高中	10		24
2. 中等职业教育	149 198	169 293	439 549
普通中专	77 011	107 129	272 398
成人中专	54 687	29 920	108 135
职业高中			
技工学校	17 500	32 244	59 016
（二）初中阶段教育	375 118	408 919	1 154 758
1. 初中	375 118	408 919	1 154 758
初级中学	208 019	220 334	628 146
九年一贯制学校	18 384	25 987	67 460
十二年一贯制学校	11 233	12 843	37 090
完全中学	137 482	149 755	422 062
职业初中			
2. 成人初中			
三、初等教育	429 577	530 764	2 998 840
（一）普通小学	415 636	530 764	2 986 658
小学	397 734	504 945	2 846 633
九年一贯制学校	14 087	22 308	116 538
十二年一贯制学校	3 815	3 511	23 487

续表

	毕业生数	招生数	在校生数
（二）成人小学	13 941		12 182
其中：扫盲班	11 516		10 469
四、工读学校			
五、特殊教育	3 666	4 012	25 521
六、学前教育	523 226	624 798	1 566 084

注：①完全中学、九年一贯制学校和十二年一贯制学校的学生数按教育层次分别计入对应教育阶段的学生数中。②特殊教育学生数中包括义务教育阶段随班就读的学生数、其他学校附设特教班学生数。

福建省各级各类非学历教育学生情况

单位：人次

	结业生数	注册学生数
总计	1 332 384	1 241 055
一、高等教育	237 837	228 417
（一）研究生课程进修班		
（二）自考助学班	982	7 977
（三）普通预科生		954
（四）进修及培训	236 855	219 486
其中：资格证书培训	41 579	43 965
岗位证书培训	170 255	162 145
二、中等职业教育	1 094 547	1 012 638
其中：资格证书培训	181 358	123 841
岗位证书培训	229 279	184 022
（一）中等职业学校	145 864	93 776
其中：资格证书培训	78 887	52 712
岗位证书培训	24 963	9 831
（二）职业技术培训机构	948 683	918 862
其中：资格证书培训	102 471	71 129
岗位证书培训	204 316	174 191

福建省各级各类民办学校校数、教职工、专任教师情况

	学校数（所）	教职工数（人）	专任教师数（人）
一、高等教育			
（一）研究生培养机构（不计校数）			
1. 普通高校			

续表

	学校数（所）	教职工数（人）	专任教师数（人）
2. 科研机构			
（二）普通高等学校	36	16 863	11 875
1. 本科院校	15	11 775	8 561
其中：独立学院	7	6 188	4 855
2. 高职（专科）院校	21	5 088	3 314
3. 其他普通高教机构（不计校数）			
（三）成人高等学校			
（四）民办的其他高等教育机构			
二、中等教育			
（一）高中阶段教育			
1. 高中			
普通高中	73	15 683	4 782
完全中学	38	7 357	2 464
高级中学	8	804	645
十二年一贯制学校	27	7 522	1 673
成人高中			
2. 中等职业教育			
普通中专	35	1 293	907
成人中专			
职业高中			
技工学校			
其他中职机构（不计校数）			
（二）初中阶段教育			
1. 初中	65	6 766	8 993
初级中学	27	2 789	2 150
九年一贯制学校	38	3 977	1 206
十二年一贯制学校			2 024
完全中学			3 613
职业初中			
2. 成人初中			
三、初等教育			
（一）普通小学	95	4 825	6 582
小学	95	4 825	3 610
九年一贯制学校			1 575
十二年一贯制学校			1 397

续表

	学校数（所）	教职工数（人）	专任教师数（人）
（二）成人小学			
其中：扫盲班			
四、工读学校			
五、特殊教育			
六、学前教育	5 466	94 648	50 595
另有：民办培训机构（不计校数）	340	5 617	3 474

注：①完全中学的学校数和教职工数计入高中阶段教育，九年一贯制学校的校数和教职工数计入初中阶段教育，十二年一贯制学校的校数和教职工数计入高中阶段教育。专任教师按照教育层次进行归类。②“（ ）”内数据为不计校数。

福建省各级各类民办教育学生情况

单位：人

	毕业生数	招生数	在校生数
一、高等教育			
（一）研究生			
博士			
硕士			
（二）普通本专科	55 227	60 127	221 677
本科	32 135	34 711	142 909
专科	23 092	25 416	78 768
（三）成人本专科	1 080	1 147	2 935
本科	166	144	288
专科	914	1 003	2 647
（四）其他学生			
1. 民办高校			11 792
2. 民办的其他高等教育机构			
二、中等教育			
（一）高中阶段教育			
1. 高中			
普通高中	20 171	24 343	69 856
完全中学	10 260	11 541	33 685
高级中学	3 270	3 863	11 522
十二年一贯制学校	6 641	8 939	24 649
成人高中			
2. 中等职业教育			
普通中专	5 603	8 776	21 537

续表

	毕业生数	招生数	在校生数
成人中专	5 646	7 041	11 982
职业高中			
技工学校			
其他学生数			5 108
（二）初中阶段教育			
1. 初中	47 780	50 650	146 437
初级中学	11 798	12 010	35 501
九年一贯制学校	4 784	7 269	18 154
十二年一贯制学校	10 460	11 634	33 569
完全中学	20 738	19 737	59 213
职业初中			
2. 成人初中			
三、初等教育			
（一）普通小学	18 345	21 373	127 747
小学	10 446	12 402	74 389
九年一贯制学校	4 150	5 685	30 783
十二年一贯制学校	3 749	3 286	22 575
（二）成人小学			
其中：扫盲班			
四、工读学校			
五、特殊教育	3	13	46
六、学前教育	272 077	322 802	847 949
另有：民办培训机构（不计校数）			141 822

注：①完全中学、九年一贯制学校和十二年一贯制学校的学生数按教育层次分别计入对应教育阶段的学生数中。②特殊教育学生数中包括义务教育阶段随班就读的学生数、其他学校附设特教班学生数。③“其他学生数”包括自考助学班学生数、预科生数、进修及培训学生数。

〔**印发《福建省“十三五”教育发展专项规划》**〕 省政府办公厅印发《福建省“十三五”教育发展专项规划》，明确8个方面主要任务和政策措施，确定30个重大项目，配套编制基础教育、职业教育、高等教育等13个子规划。

〔**经费投入**〕 2016年，全省教育经费总投入1 047.4亿元，比2015年增长4.44%，其中国家财政性教育经费840.33亿元，比2015年增长3.74%。全省教育经费总投入中，学前教育占9.95%、义务教育占49.19%、高中教育占10.19%、职业教育占10.69%、高等教育占14.85%、其他占5.13%。出台《福建省实施教育精准扶贫工作方案》，构建覆盖23个重点县、老区、少数民族地区教育发展的倾斜扶持工作机制，建立建档立卡贫困家庭学生资助体系等，确保教育精准扶贫工作落到实处。

〔**素质教育**〕 制定实施《福建省大中小学德育

工作一体化实施意见》《福建省中小学生综合社会实践基地建设标准（试行）》，培育建设100个中小学德育建设示范项目、20个中小学社会实践示范基地和83所省级中小学心理健康教育特色学校，组织开展“圆梦蒲公英”“红色基因我们传承”“少年传承中华传统美德”等主题教育活动，启动《福建红色文化教程（大中小学生读本）》编写工作，省级培训中小学班主任800人、校外教育骨干队伍1 400人，泉州市、漳州市芗城区分别列入全国中小学劳动教育、家庭教育实验单位。省政府与教育部签署《学校美育改革与发展备忘录》，省政府办公厅印发《关于全面加强和改进学校美育工作的实施意见》；组织开展高雅艺术、优秀传统艺术进校园活动398场，实现高校和城区中小学全辐射；承办全国第四届名师大讲堂暨音乐欣赏教学研讨会。省政府办公厅印发《关于强化学校体育促进学生身心健康全面发展的实施意见》，新创建127所全国校园足球特色学校，新增南安县为全国青少年校园足球试点县，引进7名足球外籍教练、派遣12名足球骨干教师出国留学深造。组织大中小学校园足球四级联赛队伍921支、16 412人参赛，共计5 413场次。参加全国青少年机器人竞赛，获一等奖数和总成绩全国第一；参加青少年科技创新大赛，总成绩位居全国第四；参加全国第五届中小学艺术展演，节目入围比例、工作坊展示数量居全国首位。

〔**考试招生**〕 出台《福建省深化考试招生制度改革实施方案》，整体设计从义务教育到高等教育的考试招生制度；印发《关于全省统一组织实施中考工作的通知》，明确从2017年起初中毕业生实行省级统一中考。2016年，普通高考录取新生15.77万人（本科11.84万人、专科3.93万人），高职招考录取4.84万人、“二元制”录取1 177人；成人高考录取2.84万人；专升本录取7 423人；自学考试毕业生2.01万人。

〔**依法行政**〕 制定《福建省教育系统开展法治宣传教育的第七个五年规划（2015—2020年）》，启动“七五”普法工作，省教育厅被授予“全省法治宣传教育先进单位”。起草《福建省义务教育条例（草案）》，经省人大常委会审议通过后颁布实施。所有公办高校实现“一校一章程”，组织开展高校章程执行情况专项检查。全面实施高校“一校一策”目标管理，举办2016年全省高校领导干部办学治校能力专题研讨班。清理、精简教育行政审批和公共服务事项，梳理省、市、县三级教育行政审批“纵向清单”。制定《开展随机抽查规范事中事后监管实施方案》，推行“双随机、一公开”监管方式。

〔**党风廉政工作**〕 组织全省教育系统层层签订责任书，逐级建立设区市委教育工委和高校党委抓基层党建述职评议考核机制，印发《福建省高校落实党风廉政建设党委主体责任清单》《关于〈深化落实党风廉政建设党委主体责任的暂行规定〉实施方案》。制定出台《福建省高校践行监督执纪“四种形态”实施细则（试行）》《福建省高校深化落实中央八项规定精神“1+X”专项督查暂行办法》，推动高校建立责任、问题、问责“三个清单”制度。用好“四种形态”，注重把查纠“四风”和整治师德师风、教学教风的突出问题，以及教育扶贫领域侵害群众利益的不正之风和腐败问题结合起来，进一步促进教育领域风清气正。

〔**校园安全**〕 全省有1.23万所学校开设安全教育课程，14.6万名教师参与授课，1 052万名学生参与在线学习。组织开展各类应急演练4.2万余场，3个县（区）教育局和10所学校被中国教育学会授予“全国安全教育示范单位（学校）”，省教育厅被授予“年度安全教育实验区全国示范单位”，全国仅2个省份获此殊荣。学校安全标准化达标创建率达100%，“平安校园”等级创建率达91.8%。全省新办（补办）标牌校车294部，校车核验和注销率均达100%，许可校车驾驶员4 560名，审验率达99.7%；全省2 493辆校车全部按标准配备视频监控和行驶记录仪，并接入当地公安、交通部门监控平台。全省排查各类治安隐患9 084项，整改落实率达94%，查处治安案件27起，化解涉校涉生矛盾纠纷220起；排查火灾隐患9 295处，整改落实率达97.6%，排查危化品隐患1 845处，整改落实率达91.8%。师生非正常死亡人数同比下降20.6%，校园内和由学校组织的活动中师生非正常死亡人数同比下降33.3%。省教育厅被省政府授予“年度安全生产目标责任管理考核优秀单位”，位居省单列考核单位第一。

〔**教育交流与合作**〕 教育部与省政府签署《开展“一带一路”教育行动国际合作备忘录》，省教育厅与省政府台湾事务办公室签订《关于推进拓展闽台教育交流合作备忘录》，省教育厅与省政府侨务办公室签订《共同促进闽台教育交流合作协议》。全省共有来自152个国家和地区的12 278名留学生，比2015年增加1 277人；招收外国留学生的高校有25所，比2015年增加4所；新聘687人次外国文教专家及外籍教师长期来闽工作，比2015年增加214人次。安排省政府奖学金2 000万元，比2015年增加500万元，共资助689人，比2015年增加243人。接待习近平主席邀请来访的美国林肯中学代表团以及其他境外教育代表团20余次、近500人次。共审批赴我国台湾地区交流674批次、共计7 807人。举办“第四届闽台中小学生八闽文化之旅夏令营”，组织大学生赴我国台湾地区参加“第三届海峡两岸青年精英领袖团”活动，组织大学生参加“中国寻根之旅”“情系青春-两岸青年八闽行”“海峡妇女论坛”“朱子文化之旅——书院文化”等闽港澳台青少年交流系列活动。

基础教育

〔**学前教育**〕 全省新增公办幼儿园159所，学位4.5万个，试行政府购买普惠性民办幼儿园教育服务，普惠性学前教育资源占比扩大到65%，比2015年增加5个百分点。各级示范性幼儿园比2015年增加100所。2016年，全省学前三年入园率达97.51%，比2015年提高0.22个百分点。

〔**义务教育**〕 2016年，全省小学学龄人口入学率达99.99%。全省初中学龄人口入学率达99.21%，比2015年提高0.11个百分点。九年义务教育巩固率保持在98%以上。实施义务教育“小片区管理”捆绑考核；农村薄弱校“委托管理”范围扩大至64个县、512所学校，比2015年增加5个县、126所学校；办学集团扩大至72个，比2015年增加17个，覆盖学校226所。义务教育学校全面实现办学条件标准化建设，在全国率先启动“义务教育管理标准化学校”创建，省级首批评估确认392所学校。全国义务教育招生入学现场会在厦门市召开，福建省及厦门市的招生入学改革措施作为典型经验向全国介绍推广。

〔**特殊教育**〕 2016年，全省共有特殊教育在校生2.55万人，比2015年增加622人。每万人口特殊教育在校生数持续保持全国领先水平。全省新增10所“福建省特殊教育标准化学校”。泉州市（低视力医教康复）、厦门市同安区（随班就读、送教上门）2个国家实验区改革实践取得进展。中国教育学会在福建省召开全国特殊教育融合教育共同体现场会，推广福建省经验。协助中国教育学会特殊教育分会举办全国特殊教育艺术教育与康复研讨会。举办年度全省特殊教育视障类、自闭症类教学研讨会，开展优质课省级评优展示活动。

〔**普通高中教育**〕 2016年，全省高中阶段毛入学率达94.89%，比2015年提高0.8个百分点。新增省一级达标高中9所，累计达138所，占比提升至28.4%，其中23个重点县新增3所；省二级、三级达标高中分别增加15所、2所，累计达394所；达标高中占比提升至81%。遴选“十三五”高中建设攻坚计划项目53个县99所学校，其中23个重点县31所高中优先纳入规划。高中学业水平考试、综合素质评价实施办法通过教育部备案，在全国较早发布；遴选福州、厦门、泉州、三明4个市建立省级实验区，率先开展综合素质评价试点。全面规范普通高中招生行为，明确规范跨区域招生等五大措施。对接高考恢复使用全国试卷，打出“高中教学工作会、教学视导、备考通报、校本作业”组合拳。

〔**经费保障**〕 出台《关于进一步完善城乡义务教育经费保障机制的实施意见》，建立城乡一体、重在农村的新型义务教育经费保障机制。从2016年秋季起，全省实施城乡统一的免费教科书政策。印发《关于建立公办普通高中生均公用经费拨款标准有关事宜的通知》，制定普通高中生均公用经费财政拨款标准（不低于900元），居东部省市较高水平。

〔**课程教学**〕 系统谋划“十三五”时期基础教育内涵建设，启动“基础教育质量提升计划”，开展课程教学、教育管理、考试评价三大领域、21项系列改革实践，努力打造“闽派教学”品牌。创建基础教育“全学段”课程改革基地建设体系，任务驱动培育知名品牌，首批遴选立项高中课程改革基地学校31所。建立覆盖中小学、幼儿园的教学开放制度，全省超过1 000所学校举办县域以上教学开放周、开放日活动，参与教师达10万人次。研制出台《福建省2016届高三毕业班学科教学指导意见》《福建省普通高中学科教学指导意见》，发布《福建省初中学科教学与考试指导意见》，确定从2017年起，省级统一组织实施初中学业水平考试。

〔**师资队伍建设**〕 实施中小学名师名校长培养工程，遴选百名名师名校长、千名学科带头人和名校长后备人选进行培养。实施农村校长助力工程和乡村教师素质提升工程，培训乡村校长750名、乡村教师1 950名。首次举行新任教师入职宣誓仪式，近1 000名新任教师参加。首次建立乡村教师荣誉制度，为8万余名在乡村从教30年以上的教师颁发荣誉证书。首次认定中小学名校长72名，首批建设中小学名师工作室23个，首次评选中小学正高级教师82名。首次开展“组团式”教育人才援藏工作，选派50名优秀教师赴西藏自治区昌都三中支教，接收25名昌都教师来闽跟岗培训。选派第18批30名教师赴宁夏回族自治区支教，接收40名宁夏校长来闽培训。实施新一轮教育援疆“双百”工程，选派100名教师赴新疆维吾尔自治区讲学，接收100名新疆教师来闽培训。

〔**教育督导**〕 全省最后一批18个县（市、区）通过“全国义务教育发展基本均衡县”国家督导评估认定，提前一年完成省政府与教育部签署的《关于推进义务教育均衡发展备忘录》规划目标，成为全国第7个全面实现目标的省份。5月，组织10个样本县210所中小学6 000名四年级、八年级学生参加语文、艺术国家义务教育质量监测；9月，组织18个样本县324所中小学1.38万名五年级、九年级学生参加数学、体育全省义务教育质量监测。对16个“全国中小学校责任督学挂牌督导工作创新县”申报县开展省级评估，并向国务院教育督导委员会办公室申报认定；11月、12月，分别在宁德市蕉城区、厦门市海沧区召开责任督学挂牌督导工作现场观摩会；12月，在厦门市举办全省教育督导人员高级研修班。

〔**教育信息化**〕 全面完成“农村中小学宽带网络接入工程”，全省完小以上中小学实现20M以上宽带网络接入全覆盖。基本完成“班班通”多媒体教学设备配备任务，全省完小以上中小学班级多媒体教室覆盖率达99.7%。大力推进“网络学习空间人人通”，提前一年实现全省所有中小学教师和中学生均拥有实名制网络学习空间。推进省级教育资源公共服务平台建设，启动“福建省中小学教师网络空间创建活动”。首次召开全省基础教育信息化推进工作现场会暨培训会。

职业教育与成人教育

〔**加快推进职业教育现代化**〕 12月12日，教育部与省政府在福州市联合召开现代职业教育发展推进会，纪念《职业教育法》颁布实施20周年暨中国近现代职业教育发轫150周年，加快推进职业教育现代化。教育部部长陈宝生、省长于伟国出席会议并致辞。

〔**人才培养模式改革**〕 高中阶段普职招生比为43∶57，位居全国第12。开展以企业学校双主体、“七个二元”为特征的人才培养模式改革，遴选“二元制”改革试点项目43个，新增现代学徒制试点64个，总数达99个。实行职业院校学生实习补贴政策。中职学校、高职院校毕业生“双证书”比例分别保持在95%、85%以上，就业率分别保持在97%、95%以上，中职学校毕业生就业率居全国第6位。在全国职业院校技能大赛中，获一等奖20项，比2015年增加82%。

〔**产教融合**〕 培育建设行业企业牵头的多元投资主体职业教育集团5个，组建区域职业院校联盟5个，会同行业主管部门成立省级行业职业教育教学指导委员会10个。创新建设模式，依托工业园区、龙头企业立项建设公共实训基地7个。首批立项12类59个服务产业特色专业群，全省新增产业急需专业点177个，新增全国现代服务业示范专业点9个。在全国率先启动建设高职院校应用技术协同创新中心8个，联合行业企业开展协同创新，解决中小企业产业升级和发展中的实际问题。

〔**教师队伍建设**〕 允许公办职业院校将不超过总编制的30%用于自主聘请兼职教师，建立民办学校教师从教津贴制度，出台省级职业院校校企人员互兼互聘管理办法等做法在全国率先取得突破。首次通过“师资闽台联合培养中心”大规模选派职业院校教师赴台湾地区研修，“台湾全职教师引进计划”首次纳入“两岸和平发展论坛·2017年两岸交流项目”。在全国职业院校信息化教学大赛中获最佳进步奖。组织全省中职学校15个专业的学科教师举行说课比赛，59名选手参加国家级比赛，获全国一等奖6个、二等奖10个、三等奖18个。

〔**经费保障**〕 省属高职院校生均财政定额拨款标准提高1 000元，达4 500元，比2015年增长28.57%。推动地方落实省定中职学校公用经费拨款标准，完善对地方建立中职学校生均公用经费财政拨款奖补制度，全省近50%市、县建立了中职学校生均财政拨款制度。

〔**终身教育**〕 推进社区教育，新增国家级示范区2个，总数达6个；新增国家级实验区2个，总数达5个。规范继续教育，全面开展评估检查，撤销成人高等学历教育教学站点231个，占总数的38.7%。助力农村发展，3个县（市）成为国家级农村职业教育与成人教育示范县，启动农民工“求学圆梦行动”。

高 等 教 育

〔**高水平大学建设**〕 福州大学、福建师范大学、福建农林大学3所省属高水平大学跻身世界知名大学排行榜，其中福州大学列全球第675名，提升61名，福建师范大学、福建农林大学首次冲入榜单。新增2个学科进入ESI（基本科学指标数据库）全球排名前1%，3个学科首次进入USNews世界排行榜。20多篇高水平论文在《科学》（*Science*）、《自然》（*Nature*）、《细胞》（*Cell*）等世界顶级期刊发表，实现省属高校首次以第一完成单位在*Science*上发表论文的重大突破。2个项目入选全国首批地方高等学校学科创新引智计划，获批数量居全国第1位。

〔**专业与课程建设**〕 率先改革本科专业设置审核，所有本科高校可自主向教育部申报设置、调整专业和审核新增学士学位授权点，新增本科专业点90个、主动撤销本科专业点14个。确定25个具有前瞻性、综合性、全局性的重大教学改革项目，服务“两个一流”建设和转型发展。按照国家级立项导向，建设71个实验教学示范中心，首次立项建设26个省级虚拟仿真实验教学中心。成立16个与产业链创新链深度融合的产业学院。率先建设省级在线开放课程，由44家单位组成在线教育联盟，首批开发建设101门省级精品在线课程。

〔**学位与研究生教育**〕 开展学位点动态调整，3所高校主动撤销博士、硕士学位点16个，增列15个。遴选建设25个专业学位研究生联合培养基地、61个教学案例库。评选240篇博士、硕士研究生优秀论文，按5%的比例随机抽检780篇硕士论文。

〔**思想政治教育**〕 制定实施《福建省高校党委（党组）意识形态工作责任制实施细则》。成立省高校思想政治理论课教学指导委员会和7个分教学指导委员会，新成立7所马克思主义学院，建设首批18个实践教学基地和第二批10个高校思想政治理论课教学改革试点项目，开展首届全省大学生学习马克思主义理论“一‘马’当先”知识竞赛。遴选建设30个省级大学生思想政治教育创新示范项目、30个高校辅导员工作精品项目，结集出版《立德树人的福建探索》等系列丛书。制定实施《福建省高校弘扬和传承中华优秀传统文化行动计划》，设立10个中华优秀传统文化教育示范基地和4个培育项目。在全国率先成立省级高校“易班”建设指导委员会和省级“易班”中心，推动第三批35所高校开通建设“易班”，已有96%高校开通“易班”。2人入选全国高校思想政治教育中青年杰出人才计划。获全国高校辅导员职业能力大赛团体奖。

〔**师资队伍建设**〕 实施高校高层次人才培养和引进“三项计划”，评选省级“新世纪优秀人才”和“杰出青年科研人才”222人。6人入选“长江学者奖励计划”，3人入选国家自然科学基金委员会“国家杰出青年科学基金”资助名单。面向全球聘请110名“闽江学者”，一般本科高校入选数同比增长3倍，特别是4所新建本科高校首次进入名单，并实现民办高校零的突破。举办第三届全省高校青年教师教学竞赛，其中2人获国家级二等奖。

〔**创新创业教育**〕 成立“福建省高校创新创业教育改革与就业创业工作领导小组”，30余所高校成立创新创业学院，厦门大学、福州大学和厦门理工学院被教育部确定为“全国深化创新创业教育改革示范高校”，福建农林大学被教育部授予“全国深化创新创业教育改革高校”。成立88所高校参加的“福建省高校创新创业教育联盟”。全省高校开设创新创业课程2196门，建成由300名导师组成的省级大学生创新创业导师库。出台《福建省大学生创新创业园区建设标准》，建立“政府主导、社会参与、市场运作、学校联盟”省级大学生创新创业基地4个、园区18个以及创新创业实践基地25万平方米，武夷山市人民政府被教育部确定为“全国高校实践育人创新创业基地”。第二届全国“互联网+”大学生创新创业大赛的报名项目数和参与人数均为上届的6倍，总获奖数27个，是上届的2.25倍，团体总分进入全国前10名，首获全国总决赛金奖2个，省教育厅获“优秀组织奖”。

〔**科技创新**〕 联合省直有关部门制定《关于促进高校科技创新能力提升的若干意见》，由省政府印发实施，给予高校科研人员“松绑+激励”的政策支持。全省高校新增国家级科研平台5个，其中国家重点实验室1个、国家工程研究中心2个、国家级国际联合基地2个；新增省级科研创新平台27个，其中福建省高校科研创新平台21个；新增高职院校科研创新平台5个，其中福建省高校应用技术工程中心4个、福建省高校应用文科研究中心1个；遴选建设9个福建省高校特色新型智库。联合省科技厅及有关高校共同设立福建省自然科学基金高校联合资助项目，首次设立100项省高校青年自然基金重点项目。立项下达中青年教师教育科研项目2 874项。组织省内外50多所高校、近300项科技成果参加中国·海峡项目成果交易会高校成果展，征集省内外70多所高校5 173项成果，在省教育厅门户网站和中国·海峡项目成果交易会（简称“6·18”）网站展示推介，组织36项科技成果与省内企业、地方政府进行现场对接签约，总投资近4亿元，省教育厅获“6·18”优秀组织奖。

〔**教育评估**〕 开创“一校一方案”“下沉一级”的“福建评估新模式”，建成全国规模最大的省级评估专家库和体系最完备的省级办学质量监测体系。发布《福建省普通高等院校发展潜力年度报告（2016）》等7个年度系列质量报告。完成7所本科高校教学工作审核评估、3所本科高校合格评估、7所高职院校第二轮人才培养工作现场考察评估，14个本科专业通过IEET工程及科技教育认证。

〔**本科高校转型发展**〕 探索“先建设后遴选”试点模式，率先打造示范校、专业群、特色专业、应用型学科“四位一体”转型体系，全省31所本科高校中50%的专业参与试点，应用型办学规模达75%以上，与省委、省政府确定的九大产业领域、20多个产业政策对接。

〔**经费保障**〕 省属本科高校生均财政定额拨款标准提高1 000元，达6 500元，比2015年增长18.18%。进一步提高财政经常性拨款占比，加大高校对资金使用的自主权和统筹权。

〔**对外合作办学**〕 2月，厦门大学马来西亚分校迎来首批新生，省政府奖学金每年安排专项经费500万元，资助在马来西亚分校就读的闽籍马来西亚大学生。福州大学与台湾元智大学合作举办电气工程专业博士研究生教育项目，经部省联合审批专家组审核通过。厦门理工学院与美国密苏里大学合作举办厦门理工学院-密苏里学院、福州大学与爱尔兰国立梅努斯大学合作举办福州大学国际工程师学院，完成教育部专家组现场答辩。创新闽台高校联合培养人才项目，实行“4+0”培养模式。

2016年，全省高校港澳台地区在校生4 346人，其中台湾地区学生1 527人（约占全国总量的20%）、香港特别行政区学生1 984人、澳门特别行政区学生725人。

撰稿 王 飏 刘辉雄
审稿 黄红武 王建南

江西省教育

概　　况

〔基本情况〕

江西省各级各类学校校数、教职工、专任教师情况

	学校数（所）	教职工数（人）	专任教师数（人）
一、高等教育			
（一）研究生培养机构（不计校数）	16		
1. 普通高校	16		
2. 科研机构			
（二）普通高等学校	98	76 969	55 550
1. 本科院校	42	50 354	35 185
其中：独立学院	13	5 405	4 202
2. 高职（专科）院校	56	26 615	20 365
3. 其他普通高教机构（不计校数）			
（三）成人高等学校	8	825	617
（四）民办的其他高等教育机构	23	193	43
二、中等教育	3 094	231 351	194 922
（一）高中阶段教	952	111 530	75 389
1. 高中	469	84 586	54 829
普通高中	469	84 586	54 829
完全中学	241	45 825	25 121
高级中学	150	28 978	27 406
十二年一贯制学校	78	9 783	2 302
成人高中			
2. 中等职业教育	483	26 944	20 560
普通中专	80	6 873	5 288

续表

	学校数（所）	教职工数（人）	专任教师数（人）
成人中专	87	2 378	1 704
职业高中	227	8 089	6 504
技工学校	89	9 604	7 064
其他中职机构（不计校数）			
（二）初中阶段教育	2 142	119 821	119 533
1. 初中	2 142	119 821	119 533
初级中学	1 499	82 599	80 586
九年一贯制学校	643	37 222	17 112
十二年一贯制学校			2 946
完全中学			18 889
职业初中			
2. 成人初中			
三、初等教育	8 329	200 415	219 161
（一）普通小学	8 329	200 415	219 161
小学	8 329	200 415	198 129
九年一贯制学校			18 692
十二年一贯制学校			2 340
（二）成人小学			
其中：扫盲班			
四、工读学校	2	50	45
五、特殊教育	88	1 402	1 322
六、学前教育	14 071	116 440	75 438

注：①完全中学的学校数和教职工数计入高中阶段教育，九年一贯制学校的校数和教职工数计入初中阶段教育，十二年一贯制学校的校数和教职工数计入高中阶段教育。专任教师按照教育层次进行归类。②技工学校数据为 2015 年数据。③“（ ）”内数据为不计校数。

江西省各级各类学历教育学生情况

单位：人

	毕业生数	招生数	在校生数
一、高等教育			
（一）研究生	9 008	10 775	30 344
博士	169	350	1 290
硕士	8 839	10 425	29 054
（二）普通本专科	256 369	295 980	1 038 951
本科	121 461	135 137	518 949

续表

	毕业生数	招生数	在校生数
专科	134 908	160 843	520 002
（三）成人本专科	57 443	41 660	162 660
本科	25 313	20 422	70 800
专科	32 130	21 238	91 860
（四）其他各类高等学历教育			
1. 在职人员攻读硕士学位		2 019	8 399
2. 网络本专科生			
本科			
专科			
二、中等教育	1 026 054	1 162 280	3 234 020
（一）高中阶段教育	451 518	516 494	1 431 212
1. 高中	302 009	330 240	942 855
普通高中	302 009	330 240	942 855
完全中学	144 807	153 395	439 341
高级中学	142 542	154 383	445 650
十二年一贯制学校	14 660	22 462	57 864
成人高中			
2. 中等职业教育	149 509	186 254	488 357
普通中专	71 120	74 952	219 960
成人中专	2 207	4 259	9 865
职业高中	44 683	56 632	131 867
技工学校	31 499	50 411	126 665
（二）初中阶段教育	574 536	645 786	1 802 808
1. 初中	574 536	645 786	1 802 808
初级中学	378 137	415 594	1 165 860
九年一贯制学校	73 278	95 744	257 629
十二年一贯制学校	18 086	21 660	62 142
完全中学	105 035	112 788	317 177
职业初中			
2. 成人初中			
三、初等教育	632 655	684 644	4 227 605
（一）普通小学	632 655	684 644	4 227 605
小学	555 983	616 813	3 778 165
九年一贯制学校	65 610	60 803	398 115
十二年一贯制学校	11 062	7 028	51 325

续表

	毕业生数	招生数	在校生数
（二）成人小学			
其中：扫盲班			
四、工读学校	195	238	348
五、特殊教育	2 717	6 253	28 006
六、学前教育	600 686	568 461	1 590 431

注：①完全中学、九年一贯制学校和十二年一贯制学校的学生数按教育层次分别计入对应教育阶段的学生数中。②特殊教育学生数中包括义务教育阶段随班就读的学生数、其他学校附设特教班学生数。

江西省各级各类非学历教育学生情况

单位：人次

	结业生数	注册学生数
总计	220 450	152 596
一、高等教育	82 737	62 579
（一）研究生课程进修班		
（二）自考助学班	5 180	4 294
（三）普通预科生		4 428
（四）进修及培训	77 557	53 857
其中：资格证书培训	19 781	25 806
岗位证书培训	29 278	24 867
二、中等职业教育	137 713	90 017
其中：资格证书培训	36 178	32 610
岗位证书培训	82 084	41 076
（一）中等职业学校	88 931	51 665
其中：资格证书培训	24 299	19 950
岗位证书培训	53 435	22 599
（二）职业技术培训机构	48 782	38 352
其中：资格证书培训	11 879	12 660
岗位证书培训	28 649	18 477

江西省各级各类民办学校校数、教职工、专任教师情况

	学校数（所）	教职工数（人）	专任教师数（人）
一、高等教育			
（一）研究生培养机构（不计校数）			
1. 普通高校			
2. 科研机构			

续表

	学校数（所）	教职工数（人）	专任教师数（人）
（二）普通高等学校	31	18 205	13 323
1. 本科院校	19	13 753	10 385
其中：独立学院	13	5 405	4 202
2. 高职（专科）院校	12	4 452	2 938
3. 其他普通高教机构（不计校数）			
（三）成人高等学校			
（四）民办的其他高等教育机构	23	193	43
二、中等教育			
（一）高中阶段教育			
1. 高中			
普通高中	140	13 565	5 355
完全中学	39	3 705	2 200
高级中学	34	1 539	1 248
十二年一贯制学校	67	8 321	1 907
成人高中			
2. 中等职业教育			
普通中专	18	600	367
成人中专			
职业高中	116	2 493	1 597
技工学校			
其他中职机构（不计校数）			
（二）初中阶段教育			
1. 初中	166	7 616	6 819
初级中学	28	1 008	907
九年一贯制学校	138	6 608	2 667
十二年一贯制学校			2 290
完全中学			955
职业初中			
2. 成人初中			
三、初等教育			
（一）普通小学	53	1 762	6 413
小学	53	1 762	1 443
九年一贯制学校			2 981
十二年一贯制学校			1 989
（二）成人小学			

续表

	学校数（所）	教职工数（人）	专任教师数（人）
其中：扫盲班			
四、工读学校			
五、特殊教育	1	27	17
六、学前教育	10 806	95 407	60 460
另有：民办培训机构（不计校数）	21	217	173

注：①完全中学的学校数和教职工数计入高中阶段教育，九年一贯制学校的校数和教职工数计入初中阶段教育，十二年一贯制学校的校数和教职工数计入高中阶段教育。专任教师按照教育层次进行归类。②“（ ）”内数据为不计校数。

江西省各级各类民办教育学生情况

单位：人

	毕业生数	招生数	在校生数
一、高等教育			
（一）研究生			
博士			
硕士			
（二）普通本专科	64 980	81 672	279 500
本科	37 449	40 543	154 270
专科	27 531	41 129	125 230
（三）成人本专科	1 058	10	934
本科		8	15
专科	1 058	2	919
（四）其他学生			
1. 民办高校			6 652
2. 民办的其他高等教育机构			2 575
二、中等教育			
（一）高中阶段教育			
1. 高中			
普通高中	39 460	53 695	139 497
完全中学	16 687	20 745	54 660
高级中学	10 042	13 776	35 501
十二年一贯制学校	12 731	19 174	49 336
成人高中			
2. 中等职业教育			
普通中专	3 569	6 070	13 687
成人中专		319	368
职业高中	13 892	19 098	40 239

续表

	毕业生数	招生数	在校生数
技工学校			
其他学生数			2 240
（二）初中阶段教育			
1. 初中	47 074	53 758	153 829
初级中学	7 721	6 288	19 436
九年一贯制学校	17 529	22 870	63 342
十二年一贯制学校	15 038	18 163	52 367
完全中学	6 786	6 437	18 684
职业初中			
2. 成人初中			
三、初等教育			
（一）普通小学	31 059	17 238	139 405
小学	5 946	4 901	32 952
九年一贯制学校	16 003	6 838	64 916
十二年一贯制学校	9 110	5 499	41 537
（二）成人小学			
其中：扫盲班			
四、工读学校			
五、特殊教育	50	339	1 346
六、学前教育	372 933	353 103	1 150 005
另有：民办培训机构（不计校数）			2 443

注：①完全中学、九年一贯制学校和十二年一贯制学校的学生数按教育层次分别计入对应教育阶段的学生数中。②特殊教育学生数中包括义务教育阶段随班就读的学生数、其他学校附设特教班学生数。③“其他学生数”包括自考助学班学生数、预科生数、进修及培训学生数。

〔**综述**〕 2016 年，全省教育系统坚持以五大发展理念为引领，把立德树人作为根本任务，把优化结构作为主攻方向，把提高高等教育质量作为战略主题，按照“学前教育补课创新、义务教育均衡发展、高中教育加快普及、职业教育打造特色、高等教育争创一流”的发展思路，夯基础、补短板、抓关键、促发展，奋力开启加快实现全省教育现代化新征程。2016 年，各项工作任务顺利完成，教育“十三五”规划顺利起步。

〔**出台《江西省教育事业发展“十三五”规划》**〕 10 月，省政府办公厅正式印发了《江西省教育事业发展“十三五”规划》（简称《“十三五”规划》），明确了“3710”目标任务，对未来五年教育发展做出全面部署，描绘了今后一段时间教育改革发展的路线图、时间表。这是江西省进入 21 世纪以来，第一个以省政府名义印发的五年教育规划。《“十三五”规划》分为 3 个板块，共 11 章、40 条，根据教育服务全省经济社会发展的功能定位谋篇布局，以教育供给侧结构性改革为主线，更加注重理念与方法的创新，从而保障了《“十三五”规划》的科学合理。

〔**教育综合改革**〕 以省政府名义出台实施《江西省深化考试招生制度改革实施方案》，组织宣讲解读，并在南昌、新余两市开展试点。进一步减少和规范高考加分项目与分值，扩大平行志愿，优化批次结构，得到群众认可。2016年，全省高考录取率达81.31%，较2015年提高了2.5个百分点。创新创业教育改革有声有色，首期投资3.8亿元建设国家级大学生创新创业示范基地，带动5 000余人就业，编写出版全国首套创新创业教育教材。在第二届中国“互联网+”大学生创新创业大赛中，江西省获奖总数并列全国第一位。在教育部召开的经验交流会上，江西省做典型经验介绍，并在《教育部简报》《中国教育报》头版头条报道。国家《教育体制改革简报》推介了华东交通大学获首批“全国高校创新创业50强”经验。科研领域“放管服”改革提速，印发《江西省鼓励科技人员创新创业的若干规定》，推出成果处置权和收益分配权“两自主”、提高科技人员收益分享比例等10方面举措，进一步落实和扩大高校科研自主权。教育开放合作继续扩大，举办首届教育合作项目（北京）对接会，并首次作为省级招商引资活动，签约项目共40余项，涉及资金达40亿元。

〔**健全督政督学长效机制**〕 联合省委组织部出台江西省《县（市、区）党政领导干部履行教育职责督导评价实施意见（试行）》，由过去教育部门单独考核变为教育部门与组织部门共同考核，由只考核政府变为既考核政府又考核党政领导干部，并将督导评价结果作为干部选拔任用以及教育资金、项目安排的重要依据。督导评价采取数据监测、公众满意度调查和实地督导的方式进行，以定性评价为主转为以定量分析和定性评价并重。督导评价结果直接与干部的提拔任用挂钩，并作为拨付教育资金和安排教育项目的重要依据。同时，根据督导评价结果，对优秀等次的督导评价对象进行表彰，对不称职等次的督导评价对象进行约谈问责。印发《江西省省督学聘任管理办法（试行）》，新聘190名省督学和344名省督导评估专家。

〔**思想政治和德育工作**〕 弘扬井冈山精神，提出“五个一”举措，构建高校思想政治工作“四个五”格局。坚持以社会主义核心价值观铸魂育人，编辑出版地方教材《永远的旗帜，跨越时空的井冈山精神》，明确学分学时，持续推进井冈山精神进教材、进课堂、进头脑。与教育部共同举办“弘扬井冈山精神与加强高校思想政治工作”专题研讨会，中央和省内媒体深入报道，社会反响良好。江西省经验在全国高校思想政治工作会上做交流，《教育部简报》予以推介。“三微一网”立体网络宣传体系基本建立。加强教育网、教育微博建设，教育微信公众号和“江教在线”微信服务号用户分别突破50万人和120万人，分别列全国省级教育部门第4位和第8位。中小学德育工作彰显江西特色，在全省中小学组织开展红色、绿色、古色文化教育活动，加强校园文化建设，引导学生传承红色基因，培养生态环保意识，弘扬优秀传统文化。

〔**组织“万师访万家”活动**〕 开展以“访家庭、正教风、立师德”为主题的“万师访万家”活动，全省11万余名教师家访了195万名学生，回收问卷89万份，征集家长意见83万条，家长整体满意率达90%以上。7月20日，《中国教师报》报道了江西省“万师访万家”活动开展情况，高度评价了江西省发挥基层党组织战斗堡垒作用，在家访工作上推陈出新，引发了全国对重拾家访传统的热议。新华社、《江西日报》、《中国教育报》等多家媒体对活动进行了追踪报道。

〔**安全教育**〕 召开全省校车管理工作座谈会，组织开展中小学生安全教育日等活动，会同省直有关部门开展校车安全运行情况检查，强化中小学校安全工作的日常管理。重点组织开展防溺水、防校园欺凌、危险化学品整治、安全隐患大排查等多个专项行动。召开全省中小学防溺水工作现场会，下发专项行动方案，组织开展为期200天的防溺水专项行动，先后两次对防溺水工作进行专项督导。2016年，中小学生溺水164人，较2015年下降27.4%；一次死亡3人及以上的溺亡事故（7起），较2015年（13起）下降46.2%。开展校园欺凌专项治理，下发《全省中小学校园欺凌专项治理工作方案》，建立了月报制度，部署开展防治中小学生欺凌和暴力集中排查整治工作，派出7个督导组赴28个县（市、区）215所学校进行专项督导。组织开展为期6个月的全省学校危险化学品安全专项整治工作，重点整治学校实验室、危化品仓库、食堂和餐饮场所、水电气设施等，共排查治理危险化学品安全隐患315处。专题部署安全隐患大排查，印发《全省学校安全工作专项检查督导方案》，派出14个督导组开展为期3个月的专项督导检查工作。

〔推选首届“感动江西十大教育年度人物”〕 开展首届“感动江西十大教育年度人物”推选活动，经专家审阅、评议和网上大众评审，最终产生20名候选人。9月5日，省委教育工委、省教育厅举行“感动江西十大教育年度人物”颁奖晚会，莲花县南陂中小学离休教师龚全珍等10人获首届“感动江西十大教育年度人物”称号，上饶市信州区秦峰乡霍村小学教师翁俊水等10人获首届“感动江西十大教育年度人物”提名奖。省人大常委会、省政府、省政协领导出席并给获奖人物颁奖。中央电视台新闻频道、财经频道、中文国际频道，江西卫视等多家媒体报道了龚全珍等“年度人物”的感人事迹。

〔服务地方经济社会发展〕 开展“十、百、千”高校服务地方专项行动，深入11个设区市、60余所高校开展高校服务地方专项系列调研，召开了90多场次座谈会，收集整理了3 600多条意见和建议。认真做好“降成本优环境专项行动”工作，共选派了21名入企帮扶联络员，遴选了1 100多名博士、教授入企帮扶。组织“江西省2017届高校毕业生工业园区行”活动，全省高校与115个县（市、区）或工业园区、3 800家企业在科技咨询、技术研发、成果转化等方面建立了合作关系。启动“江西省校企合作信息服务平台”，汇总校企数据近1万条。举办首届高校科技成果对接会，63所高校、800多家企业到会，签约35个项目，金额达8 041万元；会后又有65个项目落地。在2016年全省三大科技奖中，高校共获41项，占38.3%。以省政府名义印发《关于加强面向“三农”职业教育和职业培训的若干意见》，推出“八个一”措施服务现代农业强省建设。

基础教育

〔综述〕 2016年，按照全省教育“十三五”规划总体部署，坚持创新、协调、绿色、开放、共享的发展理念，围绕立德树人根本任务，以提升质量、促进公平为中心，谋全局、抓关键，补短板、攻难点，推动全省基础教育在“十三五”开局之年迈出新步伐、取得新突破。全省小学净入学率达99.68%；初中阶段毛入学率达100.31%；高中阶段毛入学率达88.5%；学前教育毛入园率达75.24%。

〔抓公办重保障推动学前教育普及普惠〕 大力推进公办幼儿园建设。积极争取中央、省财政投入16.9亿元发展学前教育，其中省财政投入10亿元，比2015年增加7亿元，创历史新高。对公办幼儿园建设任务层层分解落实到各市、县（区），积极协调省编制办公室解决了农村小学附属幼儿园设立登记的有关事项。全省竣工公办幼儿园217所，转为独立办园的农村附属幼儿园1 719所，分别达年度目标任务的108%和114%。全省公办幼儿园占比上升到23.9%，比2015年提高了11.6个百分点。会同省委政策研究室开展专题调研，调研报告《让更多适龄幼儿接受优质普惠的学前教育》刊发在省委《决策参阅》（第18期）。大力发展普惠性民办幼儿园，会同省发展和改革委员会、省财政厅下发《江西省普惠性民办幼儿园认定及扶持办法（试行）》，引导民办幼儿园办成收费较低、质量合格的普惠性幼儿园。持续推动幼儿园提高保教质量。争取芦溪县和赣县进入36个国家学前教育改革发展实验区，确定南昌市等11个市（县、区）为省级学前教育改革发展实验区，探索建立促进学前教育持续健康发展的长效机制。开展以“幼小协同·科学衔接”为主题的全省学前教育宣传月活动，引导广大家长树立科学育儿理念。组织专家对8所幼儿园进行省示范幼儿园评估，对18所省示范幼儿园进行复评，引领各级各类幼儿园科学办园、规范办园。2016年，2位教师获“宋庆龄幼儿教育奖”，3位教师获提名奖。

〔**推动义务教育均衡发展**〕 推进基础教育项目建设，省教育厅会同省发展和改革委、省财政厅、省公安厅等13个部门联合印发《关于加快推进全省基础教育项目建设工作的意见》，要求把实施好全面改善贫困地区义务教育薄弱学校基本办学条件、农村义务教育学校标准化建设工程、学前教育三年行动计划等基础教育建设项目作为重要民生工程，进一步加强项目管理、加快建设进度、提高资金使用效益。10月25日，在萍乡市召开全省基础教育重点项目建设暨义务教育均衡发展现场推进会，省教育厅厅长叶仁荪做工作部署，有力地推动了各地加快基础教育项目建设和义务教育均衡发展步伐。全省标准化建设工程全面完成，累计投入资金46.53亿元，共新建、改扩建农村学校11 071所，超额完成三年规划新建、改扩建农村学校10 000所的目标任务，《江西日报》《中国教育报》先后对工程建设取得的成效做了报道。全省全面改善贫困地区义务教育薄弱学校基本办学条件项目累计投入资金172.11亿元，校舍建设竣工率和设备采购完成率分别达82.02%、75.53%，分别高出全国平均水平22.62和16.14个百分点，在全国的排位分别由2015年同期的第11位、第18位上升到第4位、第6位。加强留守儿童关爱保护工作。组织开展“家、校、社”协同育人机制专项调研，联合有关部门出台《关于加强“家、校、社”协同育人　关爱农村留守儿童的实施意见》，指导各地建立完善协同关爱留守儿童机制。明确到2020年，形成较为完善的“家、校、社”协同育人机制，农村留守儿童接受的学校教育质量明显提高、课外活动得到合理安排、日常生活得到妥善安置，农村留守儿童成长、教育环境更为改善、安全更有保障、身心更为健康。

〔**启动基础教育重大改革试点**〕 7月5日，省教育厅下发《关于开展基础教育重大改革试点的通知》，在南昌、宜春、吉安、新余4市开展基础教育重大改革试点，力争通过两年左右的试点，创新探索出成功经验，并及时总结推广，以点带面，推动全省教育事业更好更快发展。试点任务分别是：在南昌市开展基础教育热点难点问题改革试点，以点带面，探索破解基础教育“大班额”、入园难、择校热、学生课余学业辅导、课后活动管理等热点、难点问题；在宜春市、吉安市开展农村义务教育学校网点调整试点，破解农村学校“空心化”问题；在南昌市、新余市开展普通高中教育考试招生制度改革试点，探索普通高中学业水平考试，实施全面选课走班、加强学生综合素质评价等改革，为2018年全省普通高中开展改革提供经验。

〔**推动高中教育健康发展**〕 争取中央资金3.76亿元，改扩建校舍和体育场地约33万平方米。省财政投入4亿元，安排普通高中生均财政补助。对全省普通高中落实国家课程方案进行专项检查，组织开展“我的课改故事”征文活动、学生综合实践活动和通用技术设计成果展示活动，随机抽取20所重点中学进行评估，推动学校提升建设水平，规范学校管理，推进素质教育。省教育厅下发《关于进一步做好全省民办普通高中招生工作的通知》，全省民办高中招生工作运行平稳。组织开展第二批普通高中特色发展试验工作，遴选确定56所学校参与试验，试验学校扩大至100所。

〔**多措并举推动立德树人落地生根**〕 健全德育工作机制，转发《教育部关于加强和改进中小学品德课教学工作的意见》，将德育有机融入中小学教育教学全过程；制定《关于贯彻落实〈教育部关于加强家庭教育工作的指导意见〉的实施意见》，充分发挥家庭教育在育人中的重要作用；组织开展全省中小学生思想状况和德育工作现状专题调研，为进一步提高德育工作的针对性和实效性奠定了坚实的基础。营造良好育人氛围，贯彻教育部和中央文明办有关文件精神，制定下发文明校园评价细则，推动全省中小学深入开展文明校园创建活动。在中小学校开展“绿色学校”创建活动，评出省级“绿色学校”48所。开展心理健康教育特色学校创建活动，评出21所全省第二批中小学心理健康教育特色学校。加强学生养成教育，在全省青少年校外活动中心开展暑期“圆梦蒲公英”主题活动，组织10余万名学生参加各种社会实践，促进学生知行统一。开展“圆一个微心愿·关爱农村留守儿童”活动，校外活动中心将活动送到所有乡镇，丰富留守儿童课余生活。开展校外教育成果展示活动，通过航模、航海、围棋、陶艺等技能展示，促进学生全面发展。举办2016年中小学“假期读好书”活动，以“纪念红军长征胜利80周年”等为主题，广泛发动、引导中小学生多读书、读好书。

〔**进一步推进中小学教育信息化建设与应用**〕省教育厅下发《关于开展“网络学习空间人人通”工作的通知》，指导各地加快推进“三通”建设。争取教育部的支持，为吉安市建设移动多媒体教室学校40所，争取省财政支持，提高全面改善贫困地区义务教育薄弱学校基本办学条件项目资金，安排罗霄山脉贫困县区农村初中录播教室建设项目34个。加强对2015—2016年度“一师一优课、一课一名师”活动的培训和巡回指导，全省有15.7万名教师参与活动，共“晒课”16.1万节，列全国第13位；评出省级“优课”4 062节，获部级“优课”745节，较2015年增长160%；有4个学科工作室、2个在线会客室入选教育部“优课”活动优秀工作室，促进了信息技术与课堂教学的深度融合。

职业教育与成人教育

〔**综述**〕 2016年，全省职业教育与成人教育按照省委、省政府重要部署，紧扣委厅安排的重点任务，聚焦关键问题，优化发展环境，树立职业教育新形象，推动职业教育专业化、实用化、特色化、品牌化发展，各项工作进展顺利，取得了新的成效。

〔**实施职业教育质量提升计划**〕 制定《中等职业教育质量提升“123”工程实施方案》，包括《江西省高水平现代化中等职业学校建设计划实施方案》《江西省中等职业学校专业技术技能名师培育项目方案》《江西省中等职业学校特色专业群建设计划实施方案》3个子方案。明确提出，到2020年建设10所高水平中职学校、30个特色中职专业群，遴选200名专业骨干教师培养成为技术技能名师。召开全省高等职业教育创新发展行动计划推进会议，明确了32所高职院校分别承担的具体任务和目标，全面部署实施江西省《高等职业教育创新发展行动计划（2015—2018年）》。

〔**创新人才培养模式**〕 以示范骨干高职院校为核心，联合行业、企业共同组建23个职业教育集团，各高职院校与行业、园区和企业广泛互动、密切合作，建立了优势互补、共同发展的集团化办学机制，健全了产教融合、协同育人机制。开展“订单”培养和现代学徒制等工学结合人才培养模式改革，江西应用技术职业学院和江西航空职业技术学院成为全国首批现代学徒制试点单位。截至2016年年底，全省高职院校合作企业达5 322家，有合作企业的专业点1 049个，占比73.72%，“订单”培养学生23 716人，较2015年增长21.51%。继续扩大中高职衔接试点范围，新增一批中高职对接试点专业，涉及15所高职院校、37所中职学校、59个专业。首次在转型试点本科高校安排本科招生计划，招收中职毕业生，重点围绕国家和省重点产业领域，系统培养本科层次应用型技术技能人才。完成“三校生”考试大纲的修订，并印发新版考试大纲。

〔促进教师专业化发展〕 省财政安排300万元，在江西师范大学等9个省级职业教育师资培训基地重点培训600名中职学校专业骨干教师，着力提升教育教学能力、科研能力和信息化技术应用能力。继续实施中职学校特聘兼职教师项目，省财政安排900万元，资助聘请600名“能工巧匠”担任特聘兼职教师。全省高职院校共投入9 157.77万元，用于师资队伍建设，参加各类进修培训教师达3 234人次，下企业锻炼达513人次38 851天，聘请行业企业一线的技术专家、“能工巧匠”担任兼职教师共计4 475人。

〔规范中职学校管理〕 制定印发《江西省中等职业学校教学工作诊断与改进执行方案（试行）》，力争通过5年时间，围绕提高中等职业学校人才培养质量，建立和完善教育行政部门统筹规划、各中等职业学校自主诊断与改进、利益相关方有效参与、主管（办）部门协同改进的常态化周期性教学工作诊改制度与运行机制。分别召开中职学校、高职院校教学工作诊断与改进培训会，全面开展职业院校教学诊断与改进工作。组织参加2016年全国职业院校评估工作，指导207所中职学校、49所高职院校进行网上数据采集，编制完成全省职业教育评估报告。组织开展中职学校招生工作专项督导，实地抽查11个设区市中职学校及部分省属普通中专学校，深入了解全省中职学校招生情况，及时发现问题，规范招生秩序。全面应用全国中职学校学生管理信息系统和全国学生资助管理信息系统中职子系统，完成2016年中职新生131 042人注册工作。组织开展中职学校学生学籍管理和资助工作专项治理，实地检查54所学校，重点核查双重学籍、在籍不在校等方面的问题。出台中职教育毕业证书管理办法，统一全省中职教育证书格式和编号。

〔持续推进中职教育资源整合〕 会同省人力资源和社会保障部门编制全省中职教育资源整合规划，共有449所中职学校参与整合，保留192所已达标和办学基础较好的学校，限期建成112所达标学校，撤销、合并、划转中职学校145所。到2018年，全省将建成300所左右达标学校。

〔提升校地校企合作水平〕 围绕全省降成本优环境专项行动，深入开展“加强校地合作、提升教育服务能力”专项调研，发放1 200多份调查问卷，从政府、高校、企业等收集高校、地方、企业对接与合作方面的意见和建议3 694条，并开展“百校联百园”“千博进千企”活动，全省高职院校社会服务贡献度明显提升。2016年，中国高等职业教育质量年度报告显示，江西交通职业技术学院、江西应用技术职业学院在全国1 341所高职高专院校中，跻身“高等职业院校服务贡献50强”。

〔以赛促学提升学生职业素养〕 开展全省第十三届中职学校技能竞赛节活动，共有1 200余名选手参加电工电子、汽车运用与维修、信息技术、现代制造等11大类42个单项省级决赛。选派102名中职组选手和176名高职组选手组成代表队，参加2016年全国职业院校技能大赛，共获86个奖项，其中中职组一等奖4项、二等奖10项、三等奖21项，高职组一等奖11项、二等奖23项、三等奖17项。在第十二届全国中职学校“文明风采”竞赛活动决赛中，江西省竞赛组委会获复赛组委会组织贡献奖，15所学校获学校优秀组织奖，排全国第11位；作品获一等奖9个（排全国第14位）、二等奖33个、三等奖42个、优秀奖156个。

〔承办全国高职高专校长联席会〕 10月28日，全国高职高专校长联席会议暨2016年年会在南昌市召开。省委教育工委书记黄小华出席会议，省教育厅厅长叶仁荪介绍了全省高职教育发展情况，教育部职业教育与成人教育司巡视员王继平做主旨讲话，全国高职院校近2 000名代表参加会议。

〔全面提升服务“三农”能力〕 为提高职业教育服务“三农”和精准扶贫能力，省教育厅通过现场调研、召开座谈会的方式，征求有关地区和部门意见和建议，多次与省委农村工作部、省人力资源和社会保障厅、省财政厅、省农业厅等9个部门和单位协商研究，草拟了《关于加强面向“三农”职业教育和职业培训的若干意见》，并于8月22日以省政府办公厅名义印发，明确农村职业教育与职业培训的具体目标，推出“八个一”工作措施。

〔**开展职业教育活动活动**〕 5月8日至14日，省教育厅、省委宣传部、省人力资源和社会保障厅三部门联合在全省范围内举办以“弘扬工匠精神、打造技能强国”为主题的职业教育活动周。活动周通过多种形式和内容的职业教育展示、交流和服务活动，使社会了解职业教育、体验职业教育、参与职业教育、共享职业教育成果，持续传播职业教育正能量，弘扬时代风尚，营造社会氛围，提升职业教育社会影响力和吸引力，获得社会各界的关注和肯定。中国政府网对江西省活动做了报道、教育部门户网报道14次、省政府门户网报道1次、《江西日报》报道2次，地方媒体对当地活动周活动情况均做了报道。

高等教育

〔**综述**〕 2016年，全省高等教育以改革为动力，深入实施创新驱动发展战略，大力推进人才培养模式改革，推进协同创新，深化高等学校创新创业教育改革，着力提高高校人才培养质量，提升科学研究水平和服务经济社会发展能力，完成了年初确定的各项任务。2016年，全省高等教育毛入学率达39.5%，比2015年提高3个百分点。

〔**以评促教，提升本科教学质量**〕 组织开展本科专业综合评价，对全省33所本科高校的62个专业379个布点开展了专业综合评价工作，成立了15个教学指导委员会，建立了由382名专家组成的评价队伍。通过评价，已有23所高校申请停办或停招120个专业点，这是全省高等教育史上规模和力度最大的一次专业结构调整，进一步推进了高校人才培养模式改革和教育供给侧改革。组织省内外60多位专家对6所高校开展本科教学审核评估，加强对高校的宏观管理和分类指导，引导高校合理定位。健全质量保障体系，建立全省高校质量年报制度。完成本科教学改革课题的遴选，从1 281项申报课题中遴选确定645项省级教学改革研究课题，进一步推动高等教育教学改革研究。2016年，新增江西理工大学化工冶金实验教学中心等3个国家级实验教学示范中心和南昌大学医学虚拟仿真实验教学中心等2个国家级虚拟仿真实验教学中心。

〔**继续推进联合培养应用技术型本科人才试点**〕 继续推进第三批应用型本科人才培养试点工作，截至2016年年底，全省共有16所高职院校联合11所本科高校在24个专业开展了联合培养试点工作。

〔**创新创业教育**〕 在第二届中国“互联网+”大学生创新创业大赛中，江西省高校参赛项目和参赛人数均列全国第一位。入围全国总决赛项目31个，获9项银奖、22项铜奖，并列全国高校第一位，获奖总数比2015年增长121%，省教育厅获全国优秀组织奖。在全国创新创业经验交流会上，省教育厅厅长叶仁荪介绍了江西省开展创新创业教育改革的做法，得到了各省市代表的肯定。组织开展全省大学生科技创新与职业技能竞赛，全省共有89所院校45 175名选手参赛，竞赛项目覆盖面广、参与人数多，激发了学生创新创业活力，拓宽了学生动手能力和就业能力的培养途径。

〔**高校领军人才建设**〕 2016年，继续加强对高校师资的培养培训，共完成高校新进教师素质培训3 000人、青年教师教研推进项目培训2 000人、资助优秀教师到国内外高校访学234人、管理人员能力提升培训300人。尤其是在领军人才建设方面取得新进展，华东交通大学教授徐长节入选“长江学者”特聘教授，江西财经大学新增2名“长江学者”讲座教授；2人入选国家创新人才推进计划中青年科技创新领军人才；新增国家杰出青年科学基金获得者、国家优秀青年科学基金获得者各1人。

〔**科技创新项目**〕 2016年，全省高校获中央引导地方科技发展专项资金840万元；获国家重点研发计划项目2项（全省共3项），项目经费达7 587万元；获国家自然科学基金项目741项，直接经费达2.7亿元，立项数和经费数均创历史新高。获省科技成果奖41项，占全省获奖总数的38.3%，特别是在国家科学技术奖励中，南昌大学、江西农业大学、江西理工大学、东华理工大学的4个项目获国家科技进步奖二等奖，获奖数量创历史新高，在全国教育系统排第九位，在地方高校获奖排名全国第一位。江西农业大学教授黄路生获2016年度何梁何利基金科学与技术进步奖农学奖。2016年，习近平总书记、李克强总理、刘延东副总理在江西视察期间，分别考察了南昌大学、江西师范大学、江西中医药大学、江西理工大学等高校，对江西省高校科技创新提出了新希望和要求，对全省高校给予了极大的鼓励和鞭策。

〔**科技创新平台建设**〕 2016年，依托江西师范大学建设的国家单糖化学合成工程技术研究中心通过验收，新增“分子筛膜材料”国家地方联合工程实验室1个。全省高校（含附属医院）共新增省重点实验室13个、省工程技术研究中心5个、省工程研究中心（工程实验室）16个，高校创新平台布局进一步优化。

〔**印发《江西省鼓励科技人员创新创业的若干规定》**〕 省教育厅会同省科技厅修订了《江西省鼓励科技人员创新创业的若干规定》（简称《规定》），并于4月20日以省政府名义印发。《规定》在完善成果转化机制、健全收益分配制度、明确创新创业措施上采取了十项新举措。在结构上分为两大部分：第1条至第7条为第一部分，主要内容为科技成果使用、处置、收益分配“三权”管理，科技成果转移转化方式，转移转化收益分配、激励以及政策保障制度等；第8条至第10条为第二部分，主要内容为科研人员，尤其是“双肩挑”人员的离岗、在岗创新创业有关内容情况。在全省教育系统“两学一做·创新创业”先进事迹报告会上就《规定》进行了专门宣讲，激发了高校的创新活力。

〔**创建国家级大学生创新创业示范基地**〕 省教育厅与南昌市政府、高新区管委会共同创建了江西省国家级大学生创新创业示范基地，南昌（国家）大学科技城建设全面启动。该基地是省教育厅为大学生搭建的一个集政策扶持、创业指导、创业培训和综合服务为一体的省级大学生创业孵化服务平台，已入驻100多个大学生创业团队、30家第三方服务机构、20个投融资机构。有5个大学生创新创业项目获得了4 400万元签约投资，省内外10余所高校已与基地建立了长期合作共建协议。基地全年共接待中央领导、省领导以及外省市、国外有关机构参观考察30多次，成为中部地区乃至全国最具影响力的大学生创新创业基地之一。6月7日，省委书记鹿心社视察了基地，并给予了肯定。

〔**举办全省首届高校科技成果对接会**〕 联合省发展和改革委等8部门，在南昌市举办了江西省首届高校科技成果对接会。省内共有63所高校和7个园区、企业参加了展会，并在会上推介成果、技术近万项，有800多家省内外企业到会参观交流对接，共有17所学校和34个企业签署了35个项目的合作协议，签约金额达8 041万元。通过对接会，有关学校和企业又新签订了65项合作协议。对接会开幕式由副省长李利主持，省委副书记姚增科到会讲话，并对活动给予肯定。展会期间共有11位省领导莅临参观指导，中国工程院院士、教育部高等教育司和科技司领导亲临展会祝贺并做讲话、报告。省内外50多家媒体做了宣传报道。

撰稿　曹伴好　谭琪红　张珊珊
审稿　叶仁荪　郭奕珊

山东省教育

概　　况

〔基本情况〕

山东省各级各类学校校数、教职工、专任教师情况

	学校数（所）	教职工数（人）	专任教师数（人）
一、高等教育			
（一）研究生培养机构（不计校数）	33		
1. 普通高校	30		
2. 科研机构	3		
（二）普通高等学校	144	150 345	107 748
1. 本科院校	67	101 732	71 835
其中：独立学院	11	6 321	4 554
2. 高职（专科）院校	77	48 613	35 913
3. 其他普通高教机构（不计校数）			
（三）成人高等学校	11	1 604	1 082
（四）民办的其他高等教育机构	71	2 686	1 559
二、中等教育	4 154	574 695	468 988
（一）高中阶段教育	1 222	252 279	200 919
1. 高中	600	162 533	129 767
普通高中	580	162 394	129 631
完全中学	104	26 165	14 562
高级中学	429	127 178	112 575
十二年一贯制学校	47	9 051	2 494
成人高中	20	139	136
2. 中等职业教育	622	89 746	71 152
普通中专	246	37 115	28 958

续表

	学校数（所）	教职工数（人）	专任教师数（人）
成人中专	38	3 094	2 492
职业高中	144	19 994	16 492
技工学校	194	29 133	22 908
其他中职机构（不计校数）	24	410	302
（二）初中阶段教育	2 932	322 416	268 069
1. 初中	2 924	322 185	267 840
初级中学	2 164	231 446	212 857
九年一贯制学校	760	90 739	44 232
十二年一贯制学校			2 395
完全中学			8 356
职业初中			
2. 成人初中	8	231	229
三、初等教育	10 049	386 740	409 180
（一）普通小学	10 027	386 405	408 856
小学	10 027	386 405	370 211
九年一贯制学校			36 519
十二年一贯制学校			2 126
（二）成人小学	22	335	324
其中：扫盲班	14	160	150
四、工读学校			
五、特殊教育	146	5 826	4 978
六、学前教育	18 853	243 932	164 177

注：①完全中学的学校数和教职工数计入高中阶段教育，九年一贯制学校的校数和教职工数计入初中阶段教育，十二年一贯制学校的校数和教职工数计入高中阶段教育。专任教师按照教育层次进行归类。②技工学校数据为2015年数据。③“（ ）”内数据为不计校数。

山东省各级各类学历教育学生情况

单位：人

	毕业生数	招生数	在校生数
一、高等教育			
（一）研究生	24 137	28 543	82 055
博士	1 591	2 109	9 322
硕士	22 546	26 434	72 733
（二）普通本专科	509 142	555 211	1 995 880
本科	236 551	262 746	1 009 390

续表

	毕业生数	招生数	在校生数
专科	272 591	292 465	986 490
（三）成人本专科	167 440	179 199	502 274
本科	82 800	95 565	290 111
专科	84 640	83 634	212 163
（四）其他各类高等学历教育			
1. 在职人员攻读硕士学位		7 046	27 615
2. 网络本专科生	49 089	59 171	145 857
本科	22 565	24 682	64 991
专科	26 524	34 489	80 866
二、中等教育	1 956 578	2 025 266	5 974 039
（一）高中阶段教育	956 420	979 586	2 811 034
1. 高中	580 104	557 806	1 665 860
普通高中	579 148	557 806	1 664 949
完全中学	68 609	72 851	208 076
高级中学	503 549	469 143	1 422 340
十二年一贯制学校	6 990	15 812	34 533
成人高中	956		911
2. 中等职业教育	376 316	421 780	1 145 174
普通中专	194 126	202 990	573 972
成人中专	26 639	13 123	44 918
职业高中	65 922	72 067	190 936
技工学校	89 629	133 600	335 348
（二）初中阶段教育	1 000 158	1 045 680	3 163 005
1. 初中	997 016	1 045 680	3 159 129
初级中学	802 456	818 078	2 485 697
九年一贯制学校	145 649	174 946	512 457
十二年一贯制学校	8 363	12 113	31 700
完全中学	40 548	40 543	129 275
职业初中			
2. 成人初中	3 142		3 876
三、初等教育	1 075 506	1 239 100	6 915 252
（一）普通小学	1 071 526	1 239 100	6 913 144
小学	968 024	1 119 725	6 267 841
九年一贯制学校	99 040	114 427	615 912
十二年一贯制学校	4 462	4 948	29 391

续表

	毕业生数	招生数	在校生数
（二）成人小学	3 980		2 108
其中：扫盲班	1 847		987
四、工读学校			
五、特殊教育	3 233	4 418	26 324
六、学前教育	1 008 677	1 053 398	2 751 804

注：①完全中学、九年一贯制学校和十二年一贯制学校的学生数按教育层次分别计入对应教育阶段的学生数中。②特殊教育学生数中包括义务教育阶段随班就读的学生数、其他学校附设特教班学生数。

山东省各级各类非学历教育学生情况

单位：人次

	结业生数	注册学生数
总计	2 361 563	2 001 226
一、高等教育	431 918	412 084
（一）研究生课程进修班	13	20
（二）自考助学班	3 257	4 517
（三）普通预科生		567
（四）进修及培训	428 648	406 980
其中：资格证书培训	155 173	135 338
岗位证书培训	177 882	122 554
二、中等职业教育	1 929 645	1 589 142
其中：资格证书培训	327 000	236 003
岗位证书培训	623 947	455 365
（一）中等职业学校	227 852	77 225
其中：资格证书培训	105 352	39 737
岗位证书培训	81 485	20 263
（二）职业技术培训机构	1 701 793	1 511 917
其中：资格证书培训	221 648	196 266
岗位证书培训	542 462	435 102

山东省各级各类民办学校校数、教职工、专任教师情况

	学校数（所）	教职工数（人）	专任教师数（人）
一、高等教育			
（一）研究生培养机构（不计校数）			
1. 普通高校			
2. 科研机构			

续表

	学校数（所）	教职工数（人）	专任教师数（人）
（二）普通高等学校	39	27 027	18 981
1. 本科院校	23	19 287	13 427
其中：独立学院	11	6 321	4 554
2. 高职（专科）院校	16	7 740	5 554
3. 其他普通高教机构（不计校数）			
（三）成人高等学校			
（四）民办的其他高等教育机构	71	2 686	1 559
二、中等教育			
（一）高中阶段教育			
1. 高中			
普通高中	145	23 449	11 143
完全中学	45	9 851	4 693
高级中学	56	5 228	4 332
十二年一贯制学校	44	8 370	2 118
成人高中			
2. 中等职业教育			
普通中专	57	4 191	3 025
成人中专	10	543	357
职业高中	44	1 807	1 365
技工学校			
其他中职机构（不计校数）	2	104	51
（二）初中阶段教育			
1. 初中	306	31 967	21 732
初级中学	84	8 461	7 334
九年一贯制学校	222	23 506	8 413
十二年一贯制学校			2 237
完全中学			3 748
职业初中			
2. 成人初中			
三、初等教育			
（一）普通小学	266	17 426	25 384
小学	266	17 426	13 948
九年一贯制学校			9 407
十二年一贯制学校			2 029
（二）成人小学			

续表

	学校数（所）	教职工数（人）	专任教师数（人）
其中：扫盲班			
四、工读学校			
五、特殊教育	11	497	356
六、学前教育	7 873	123 765	79 558
另有：民办培训机构（不计校数）	1 309	14 727	10 734

注：①完全中学的学校数和教职工数计入高中阶段教育，九年一贯制学校的校数和教职工数计入初中阶段教育，十二年一贯制学校的校数和教职工数计入高中阶段教育。专任教师按照教育层次进行归类。②“（ ）”内数据为不计校数。

山东省各级各类民办教育学生情况

单位：人

	毕业生数	招生数	在校生数
一、高等教育			
（一）研究生			
博士			
硕士			
（二）普通本专科	96 207	110 737	368 361
本科	34 843	39 231	141 878
专科	61 364	71 506	226 483
（三）成人本专科	2 231	5 050	10 254
本科	120	800	2 024
专科	2 111	4 250	8 230
（四）其他学生			
1. 民办高校			26 097
2. 民办的其他高等教育机构			78 632
二、中等教育			
（一）高中阶段教育			
1. 高中			
普通高中	41 880	77 748	180 302
完全中学	21 951	30 310	79 925
高级中学	14 487	32 859	69 957
十二年一贯制学校	5 442	14 579	30 420
成人高中			
2. 中等职业教育			

续表

	毕业生数	招生数	在校生数
普通中专	21 520	27 606	71 620
成人中专	3 061	3 412	8 708
职业高中	11 150	11 480	25 938
技工学校			
另有其他学生数			6 317
（二）初中阶段教育			
1. 初中	98 775	126 775	352 867
初级中学	37 189	43 681	127 946
九年一贯制学校	32 442	50 419	129 093
十二年一贯制学校	7 825	11 653	30 330
完全中学	21 319	21 022	65 498
职业初中			
2. 成人初中			
三、初等教育			
（一）普通小学	64 143	68 082	413 959
小学	33 770	40 364	236 903
九年一贯制学校	26 168	23 136	149 262
十二年一贯制学校	4 205	4 582	27 794
（二）成人小学			
其中：扫盲班			
四、工读学校			
五、特殊教育	184	457	2 258
六、学前教育	380 040	423 124	1 152 562
另有：民办培训机构（不计校数）			339 216

注：①完全中学、九年一贯制学校和十二年一贯制学校的学生数按教育层次分别计入对应教育阶段的学生数中。②特殊教育学生数中包括义务教育阶段随班就读的学生数、其他学校附设特教班学生数。③“其他学生数”包括自考助学班学生数、预科生数、进修及培训学生数。

〔编制全省教育事业“十三五”规划〕 认真贯彻党的十八届五中、六中全会精神和省委省政府工作部署，紧密结合教育工作实际，深入开展调研，理清各级各类教育需求，研究制定了全省教育事业“十三五”规划，已报省发展和改革委审批。

〔进一步加大教育投入〕 以省政府名义印发《关于贯彻国发〔2015〕67号文件进一步完善城乡义务教育经费保障机制的通知》，调整完善全省义务教育经费保障机制，用2年时间建立各级政府分项目按比例分担的城乡义务教育经费保障机制，自2017年起，对农村超过100人不足200人的规模较小学校，按200人核定公用经费；将城乡家庭经济困难寄宿生生活费补助范围由在校寄宿生的15%扩大至30%。加大学前教育、普通高中、中等职业教育、高等教育拨款标准落实力度，增加专项资金投入，创新融资模式，确保经费到位。推进高等教育收费改革，出台《关于优化高校收费政策的通知》，优化高校收费政策；批准10所高校实行学分制收费，实行学分制收费管理的高校达24所。

〔**深入推进依法治教**〕 出台《山东省依法治教实施规划（2016—2020年）》，提出17项任务和措施。积极推进《山东省学生体质健康促进条例》《山东省终身教育促进条例》《山东省教育督导条例》教育立法工作。依法做好重大决策和规范性文件合法性审查工作，制定8件规范性文件。落实行政权力动态管理，取消1项行政处罚、1项共有权力事项，4项行政权力调整权力名称和承办机构，行政权力事项由52项削减为47项。推动高校建立法律顾问制度。

〔**健全学生资助政策体系**〕 健全完善建档立卡农村家庭经济困难学生资助体系，实现了从学前教育到高等教育资助全覆盖。学前教育免收保教费，按照每生每年平均1 200元标准发放学前教育政府助学金；免除普通高中学生学杂费和中等职业学校学生学费，均按照每生每年平均2 000元标准发放国家助学金；对升入省高校的农村家庭经济困难学生，按“绿色通道”办理入学手续，优先办理国家助学贷款和安排勤工助学岗位，按照每生每年平均3 000元标准发放国家助学金。全省各级共统筹用于建档立卡家庭经济困难学生资助资金达3.11亿元，累计帮扶建档立卡家庭经济困难学生22.4万人次。

〔**做好教育扶贫工作**〕 实施教育扶贫“323”工程，完成“贫困地区义务教育薄弱学校改造计划”“贫困农村学前教育普及计划”“贫困地区教师队伍提升计划”，新建、改扩建学校344所，新建幼儿园423所，培训教师2.1万人；构建起“城乡学校结对帮扶网络”“高校科技扶贫网络”，实现了省扶贫工作重点村学校结对帮扶全覆盖；建立完善“建档立卡贫困家庭学生资助体系”“贫困农村留守儿童关爱服务体系”“职业教育精准扶贫支持体系”，在全国率先实现免除高校建档立卡贫困家庭学生学费，实现了从学前教育到高等教育资助全覆盖。设置农村留守儿童关爱室2 229个。2016年，未升入普通高中的农村初中毕业生接受中等职业教育比例达78.89%。继续实施全省重点高校招收农村学生专项计划，招收人数增长18.86%；实施部属重点高校农村学生招生计划，招生899人。启动实施高职院校招收建档立卡贫困家庭学生专项计划，选择13所国家示范性、骨干高职院校进行单独招生，全省参加高考的4 644名建档立卡贫困家庭学生全部被高校录取，其中本科1 765人、专科（高职）2 879人。

〔**推进政务公开**〕 加大政府信息公开力度，加强平台建设，省教育厅网站发布信息8 800余条，成为社会各界了解山东省教育信息的首选媒介。向省委、省政府、教育部报送信息300余条，编发《教育工作动态》30期。组织举办10场新闻发布会，做好教育重大决策法规的发布解读和宣传工作。“山东教育”官方微信发布426期，粉丝近10万人；“山东省教育厅”新浪、腾讯微博共发布信息5 200余条，粉丝73 000余人。加强对高校信息公开工作的指导，做好教育领域重点信息公开工作。

〔**加强教育信息化建设**〕 制定山东省教育信息化“十三五”规划。深入推进全省“三通两平台”建设应用，宽带网络校校通接入率达98%，优质资源班班通和网络学习空间人人通稳步提升。推进山东省教育云服务平台建设应用，平台入选教育部教育管理信息中心“2016年教育管理信息化应用优秀案例”。持续推进信息技术与教育教学融合，与教育部教育管理信息中心联合主办了“2016年国际教育信息化大会”和“国际教育信息化创新产品与应用成果展”。各级各类学校深入推进信息技术与教育教学融合，积极探索创新，涌现出了一批运用信息技术组织开展教学活动的典型。

〔**维护教育系统安全稳定**〕　加强校园安全管理，在全省教育系统开展“安全生产月”“安全生产万里行”等活动，深入开展校园安全隐患大排查快整治严执法集中行动，全面提升校园及周边治安防控能力和水平。推动校车立法工作，出台《山东省校车安全管理办法》，制定《山东省校车服务方案》。加强校车管理，对校车安全进行暗查暗访，加大校车隐患排查整治力度。加强正面思想教育和阵地管理，强化应急处置工作，抓好反邪教和抵御防范校园传教渗透、校园反暴恐等工作，维护了学校的稳定。

〔**推进教育对口支援工作**〕　认真贯彻落实国家关于民族教育的有关政策，做好教育对口支援新疆维吾尔自治区、西藏自治区、青海省和扶贫协作重庆市的工作。选派50名教师到西藏自治区日喀则市第一高级中学进行为期2年的支教工作，为青海省海北藏族自治州、西藏自治区日喀则市培训骨干教师140名，组织20所学校与西藏自治区日喀则市的学校结对交流，通过师资培训、支教送教、结对帮扶等多种途径，助力受援民族地区教育事业快速发展。

〔**教育交流与合作**〕　出台《关于做好新时期教育对外开放工作的实施意见》，积极发展与俄罗斯托木斯克州、法国布列塔尼大区、澳大利亚南澳洲、韩国京畿道、芬兰万达市的合作关系，积极开展与波兰、英国、西班牙、捷克、美国、加拿大等国的合作，为全省高校和中小学搭建交流与合作平台。有序推进中外合作办学，省中外合作办学机构和项目达244个。稳步推进来华留学工作，在鲁高校的外国留学生达17 000余人。加强汉语国际推广工作，新增1所孔子学院、2个孔子课堂，选拔推荐各类汉语教师和志愿者172人，全省6所承办孔子学院的高校共接收孔子学院奖学金生187人。与我国香港、澳门、台湾地区的教育交流与合作愈加广泛。

〔**民办教育**〕　研究制定一系列扶持民办教育发展的政策文件，在财政资金、教师培训、职称评聘、教师待遇等方面给予保障。加强对民办学校办学行为的监督和管理，做好指导服务工作。开展非营利性民办学校教师社会保障与公办学校教师同等待遇试点，指导各市做好试点民办学校的非营利性资格和教师资格确认工作。

基础教育

〔**实施第二期学前教育三年行动计划**〕　印发《山东省城乡居住区配套幼儿园规划建设及管理使用的若干意见》，对配套幼儿园建设、管理等做出明确规定。加强对第二期学前教育三年行动计划实施情况的调研，对各市实施情况进行督查评估。开展学前教育改革发展实验区创建工作，青岛市和临沂市莒南县被教育部确定为国家级学前教育改革发展实验区，东营、威海、日照等13个市、县被确定为省级学前教育改革发展实验区。截至2016年年底，全省新建、改扩建幼儿园已开工2 394所，占年度任务的119.7%；已完工2 289所，占年度任务的114.45%，提前完成省政府规定的年度目标。

〔**推动义务教育均衡发展**〕　修订完善《山东省普通中小学基本办学条件标准》，推进城乡普通中小学标准化建设。实行学区制管理，探索集团化、学校联盟、名校办分校、优质学校托管薄弱学校等办学模式，推进优质教育资源共建共享。完善督导评估机制，加强义务教育均衡发展督导评估。全省实现义务教育发展基本均衡的县（市、区）达114个，占全省137个县（市、区）的83%。

〔**深化基础教育综合改革**〕 加强基础教育综合改革试验区建设，批准烟台、潍坊、威海、滨州4个市为省级基础教育综合改革试验区，青岛市为省级教育综合改革试验区。出台《中小学德育课程一体化实施指导纲要》，在青岛、临沂等5个市进行整体试点，其余市各选择1个县（市、区）进行试点，初步构建起德育课程、学科课程、优秀传统文化课程、实践活动课程“四位一体”的德育课程体系。教育部召开新闻发布会，向全国推广山东省做法，近20家中央媒体给予专题报道。出台《山东省家庭教育实验区实验方案》，全面启动中小学、幼儿园家庭教育实验工作。重视师德建设，在全国率先将教师宣誓制度化，全省90多万名教师面对国旗宣誓。深化课程教学改革，推进分层教学和选课走班。推进中小学教师“县管校聘”改革，全省17个市均印发“县管校聘”管理改革实施意见，137个县（市、区）先行试点。加大义务教育学校校长教师交流轮岗力度，交流轮岗教师2.09万人，城镇校长到乡村学校任职663人。建立中小学教职工编制动态调整机制，破解教师编制难题。全面推开中小学校长职级制改革，全省17个市均出台了改革实施方案，9个市完成校长职级认定。加强体育美育教育，省政府与教育部签署《山东省学校美育改革发展备忘录》，省政府办公厅印发《关于贯彻国办发〔2015〕71号文件全面加强和改进学校美育工作的实施意见》《关于贯彻国办发〔2016〕27号文件强化学校体育促进学生身心健康全面发展的实施意见》，义务教育体育艺术“2+1”文体工程在全省中小学校全面推开。加快推进中小学章程建设，学校内部治理结构更趋完善。

〔**解决城镇普通中小学大班额问题**〕 围绕“人、地、钱”等关键环节，建立工作台账，实行月调度和通报制度，督促各市、县（区）严格落实专项规划。对中小学教师编制实行动态管理，通过统筹调剂、挖潜资源等方式，加大师资补充配置力度，新聘任教师75 287人。调整完善学校建设规划，建立城乡新建居住区（楼盘）配套学校建设教育行政部门前置审核制度，推动利用党政机关院落、国有企事业单位闲置土地以及经济开发区的土地新建和改扩建中小学工作。推进政策性贷款融资工作，落实奖补资金管理办法，下拨专项资金10亿元。对涉及中小学配套建设的24项行政事业性收费和政府性基金予以免收、12项经营服务性收费项目进行减免。截至2016年年底，全省新建、改扩建学校已开工2 633所，占年度任务数的175.53%；竣工1 830所，占年度任务数的122%，超额完成省政府确定的1 500所年度任务。

〔**加强中小学教师队伍建设**〕 出台《关于进一步加强中小学教师队伍建设有关问题的意见》。健全补充机制，招聘教师3.4万人，重点补充乡村学校和解决城镇大班额问题急需的师资。实施乡村教师支持计划，落实农村教师享受乡镇工作人员津贴补贴政策，农村教师人均每月增资约500元。启动乡村教师周转宿舍建设，投入1.72亿元，新建、改建6 120套宿舍，在建3 752套宿舍。遴选9所省属师范类本科高校招收3 000名免费师范生，面向乡村学校培养本科层次“一专多能”的初中教师和小学全科教师。培训7 000名省定贫困村小学校长和骨干教师。

〔**推进“全面改薄”工作**〕 召开全面改善贫困地区义务教育薄弱学校基本办学条件（简称“全面改薄”）工作推进会议，指导各地完善“全面改薄”规划，完善双月通报、公开公示、第三方评价、责任追究机制，统筹落实项目资金，拓宽融资渠道，简化审批程序，抓好工程质量。加大监督检查力度，将“全面改薄”工作纳入省对市科学发展和新型城镇化考核指标，对15个市30个项目县（市、区）“全面改薄”工作实施专项督导。截至2016年年底，全省累计投资407.07亿元，占2014—2018年总规划数的96.72%；校舍建设项目开工面积2 121.84万平方米，占5年总规划数的99.18%；竣工面积1 816.75万平方米，占5年总规划数的84.92%。

职业教育与成人教育

〔**深化专业及课程改革**〕 推进品牌专业建设计划。完善中职和五年制高职专业教学指导方案、公共基础课程标准，启动开发第二批专业教学指导方案。制定30个中职、高职与应用型本科相衔接的人才培养方案，评审认定600门省级职业教育精品资源共享课。在全国率先以省为单位建立中等职业教育发展与质量年度报告制度，启动实施高职院校专业人才培养状况年度报告制度。完善“以赛促学”“以赛促教”机制，在2016年全国职业院校技能大赛中，全省奖牌总数位列全国第一；在全国中职学校“文明风采”竞赛中，全省各项比赛获奖数均居全国第一位。

〔**拓宽人才成长路径**〕 优化职业院校与本科高校对口贯通分段培养模式，“3+2”“3+4”试点院校达81所，专业点达147个，年度培养规模达1万余人。推进高职院校与技师学院合作培养试点，试点院校达20所。全面推进职业教育专业设置与产业需求、课程标准与行业标准、毕业证书与职业资格证书有效对接，初步建立了中高职与本科主干专业课程衔接体系。

〔**进一步完善校企合作机制**〕 支持50所职业院校与中国惠普有限公司、西门子（中国）有限公司等知名企业进行战略合作，遴选认定20个省级校企一体化合作办学示范院校和企业，组建9个省级职业教育集团。按照校企联合招生、联合培养、一体化育人的思路，扎实推进现代学徒制试点，遴选确定试点项目62个，累计安排经费1 500万元，全省现代学徒制试点已覆盖15个市，项目合作企业共计153家，涉及13个专业大类、30个专业方向，试点培养学徒4 860名。在全国率先启动职业院校混合所有制改革试点，9个项目总投资达28.8亿元。

〔**推进基础能力建设**〕 加强高职院校基础能力建设，25所省技能型人才培养特色学校全部通过验收，累计投入建设资金17.4亿元，重点建设了204个专业点，新增合作企业3 244家，对区域职业教育改革发展起到引领带动作用。大力改善中职学校办学条件，划拨经费2.6亿元，启动首批30所省级中职示范校及优质特色校建设工程。

〔**推进社区教育工作**〕 设立山东省社区教育指导服务中心，支持4所高校设立社区学院，新增国家级社区教育示范区2个、实验区2个。积极推动广播电视大学系统整体转型升级，建设山东开放大学体系，初步构建起全民终身学习框架。推进实施农民工职业技能提升行动计划，全省教育系统共参与完成培训任务40余万人次。

高 等 教 育

〔**实施一流大学和一流学科建设工程**〕 研究制定全省推进一流大学和一流学科建设方案，立项建设32个一流学科，评审认定60个高水平应用型重点建设专业（群）、40个培育建设专业（群）。建立招生计划优化调整机制，统筹41所公办本科高校10%招生计划1.77万人，调剂用于特色明显、优势突出、社会急需及适应新兴产业的专业。深化贯通培养模式改革，确定实施贯通培养专业191个。推动科研院所与高校资源整合，完成山东省内燃机研究所与山东交通学院、山东省化工研究院与青岛科技大学整合工作，正式启动齐鲁工业大学等3所高校与省科学院等科研机构整合共建工作。推动15所本科高校与惠普公司合作招生2 310人，推进2所高校入选第二批教育部—中兴通讯ICT产教融合创新基地项目。实施第三期山东省高等学校青年教师成长计划，拓展高校青年教师成长平台，选派国际访问学者159名，资助“泰山学术论坛”26个。

〔**推进教育教学改革**〕 制定印发《山东高校德育综合改革指导纲要（试行）》，积极构建思政育人、专业育人、文化育人、实践育人“四位一体”德育体系。10所本科院校完成德育综合改革实施意见的制定工作，9所本科高校建立思想政治理论课特聘教授制度，4所本科高校以项目形式推进思想政治理论课改革。扩大学分制改革范围，试点本科高校达27所。

〔**加强创新创业教育**〕 开展高校创新创业调研，形成《山东省高等学校创新创业工作调研报告》。实施“青春启航计划—大学生就业创业公益项目”，激发了大学生投身创新创业实践的热情。在第二届中国“互联网+”大学生创新创业大赛中，获金奖3项、银奖3项、铜奖19项、先进集体奖2项，总体获奖水平居全国前列。

〔**提高研究生培养质量**〕 扎实做好学位管理工作，增列117个学士学位授予专业，增列6个博士学位授权一级学科、7个硕士学位授予权一级学科、4个硕士专业学位授权类别（工程领域），撤销6个博士学位授权学科、22个硕士学位授权学科、5个工程硕士领域。深入实施研究生教育创新计划，评选省优秀博士学位论文50篇、省优秀硕士学位论文100篇、研究生优秀创新成果奖100项、专业学位研究生实践成果奖100项。启动实施研究生教育质量提升计划，遴选建设100个优质课程建设项目、100个优秀教学案例库、100个示范性研究生教育联合培养基地。截至2016年年底，全省有21个博士学位授予单位、36个硕士学位授予单位、31家专业学位研究生培养单位，专业学位培养规模与学术学位研究生规模大体持平。

〔**提升高校科技创新能力**〕 继续实施高校协同创新计划，创新高校科研组织形式，完善科研经费管理办法，进一步释放创新活力，促进科技成果转化。全省高校获国家自然科学基金资助项目1 316项、国家社科基金年度项目和青年项目153项。获山东省科技奖项目20项、教育部高校科学研究优秀成果奖（科学技术）16项、省社会科学优秀成果奖226项。完成“十二五”高校科研创新平台和优秀科研创新团队终期评估验收、山东省高校协同创新计划项目绩效评价工作。启动山东省“十三五”高校科研创新平台评审工作，全省高校共申报人文社科研究平台90个、重点实验室213个、工程技术研发中心54个。

〔**加强高校人才队伍建设**〕 实施“泰山学者”建设工程，引进2个“泰山学者”优势特色学科人才团队，遴选确定49名“泰山学者”青年专家。组织实施山东省高等学校优势学科人才团队培育计划，10个学科团队入选。实施第三期高校青年教师成长计划，159名中青年骨干教师获资助。举办“泰山学者”主题沙龙和系列“泰山学术论坛”，努力打造国际化学术和人才交流平台。截至2016年年底，全省高校共有两院院士22人、“长江学者”70人、“泰山学者”攀登计划专家26人、“泰山学者”特聘专家224人、“泰山学者”青年专家49人。建立教师入职宣誓制度，138所高校32 512名新进教师进行了入职宣誓。建立教师分类考核评价体系，35所本科高校制定了具体考核评价办法。

〔**健全改革机制**〕 出台《关于推进高等教育综合改革的意见》，研究制定13个配套文件，明确7大方面33个具体改革项目。建立改革工作领导协调机制、宣传发动机制和信息交互机制，召开全省高等教育综合改革工作会议和公办本科高校综合改革推进工作座谈会，统筹推进高等教育综合改革。62所省属本科高校、68所高职院校完成改革方案备案。强化党对改革的全面领导，坚持和完善党委领导下的校长负责制，督促高校健全落实以民主集中制为核心的党政决策机制、以尊重教育规律为原则的学术决策机制、以师生广泛参与的民主决策机制、以有效监督为目的的回避和公开机制。

〔**扩大高校办学自主权**〕　印发《关于高校人员控制总量备案有关事项的通知》《关于印发山东省高等学校岗位设置结构比例指导标准的通知》，全面实行本科高校人员控制总量备案制。63所省属公办本专科高校完成人员控制总量备案，正在自主确定教学、科研、教辅机构设置，自主安排执行用人计划，自主公开招聘各类人才，统筹使用中级、初级专业技术岗位。遴选确定9所高校启动取消二级学院行政级别试点，提高了二级学院管理的专业化水平。

〔**优化考试形式和内容**〕　出台《山东省深化考试招生制度改革实施方案》，全面启动考试招生制度改革。山东省被国家确定为第二批高考综合改革试点省份，制定了《山东省高等学校考试招生制度综合改革方案》，已报送教育部备案。建立初中学业水平考试和综合素质评价制度，实行多次考试、等级表达、综合评价，全省17个市均出台了初中学业水平考试和综合素质评价文件。印发《山东省普通高中学业水平考试实施方案》和《山东省普通高中学生综合素质评价实施办法》，制定普通高中综合素质评价系统技术方案，积极推进综合素质评价信息平台建设，开展选课走班试点工作。改革普通高中招生制度，实行等级录取或者“分数+等级”录取机制。大力推进高考命题方式改革，夏季高考文科综合、理科综合科目使用全国卷。健全春季高考“文化知识+专业技能”考试模式，实行按专业类别填报志愿和平行志愿录取办法。选择9所本科高校实施综合评价招生试点，实际录取629人，推进了高校分类考试、综合评价、多元录取考试招生模式改革。

〔**规范高校招生管理**〕　深入实施高校招生阳光工程，加强考试招生信息公开和社会监督，促进考试招生过程更加规范。加强高校招生章程审核工作，审核通过138所高校夏季高考招生章程、9所本科高校综合评价招生章程、43所高职院校单独招生章程、28所高校专升本招生章程、67所高校注册入学招生章程，并将所有审核通过的招生章程在教育部“阳光招生”平台、省教育厅网站和学校网站予以公示。

〔**做好师范类毕业生就业工作**〕　进一步拓宽就业渠道，促进师范类高校毕业生多元化、多层次就业。举办6场毕业生供需见面会，吸引省内外用人单位3 100余家，提供有效就业岗位10万余个。2016年，全省师范类毕业生总体就业率达80.67%，比2015年提高7.44个百分点。

〔**加强高校成人高等教育管理**〕　确认69所高校可以继续举办成人高等学历教育，新增专业点100个、撤销函授站165个、限期整改函授站12个。推进继续教育信息化工作，54所高校在全省实施网络教育，共设立现代远程教育校外学习中心243个，在读学生24.36万人。

撰稿　扈　航

审稿　荆　戈

青岛市教育

概　　况

〔**基本情况**〕

青岛市各级各类学校校数、教职工、专任教师情况

	学校数（所）	教职工数（人）	专任教师（人）
一、高等教育	23	50 526	33 200
（一）研究生培养机构（不计校数）	7		
1. 普通高校	7	20 136	13 049
2. 科研机构			
（二）普通高等学校	22	30 278	20 089
1. 本科院校	14	25 567	16 668
2. 专科院校	8	4 711	3 421
其中：职业技术学院	8	4 711	3 421
（三）成人高等学校	1	112	62
（四）民办的其他高等教育机构			
二、中等教育			
（一）高中阶段教育			
1. 高中			
普通高中	65		11 088
成人高中			
2. 中等职业教育	55	8 172	6 487
普通中专	6	905	655
成人中专	3	64	51
职业高中	46	7 203	5 781
技工学校			
附设中职班（不计校数）	2		
（二）初中阶段教育			
1. 普通初中	237		22 794
2. 职业初中			
3. 成人初中			

续表

	学校数（所）	教职工数（人）	专任教师（人）
三、初等教育			
（一）普通小学	743	35 568	35 541
（二）成人小学			
四、工读学校			
五、特殊教育	12	617	527
六、学前教育	2 094	27 212	18 388

注：普通高等学校中两所军事院校未作统计。

青岛市各级各类学历教育学生情况

单位：人

	毕业生数	招生数	在校生数
一、高等教育	132 146	155 484	495 689
（一）研究生	8 495	10 929	32 743
博士	548	791	3 777
硕士	7 947	10 138	28 966
（二）普通本专科	86 270	100 525	340 875
本科	51 277	59 981	221 330
专科	34 993	40 544	119 545
（三）成人本专科	37 381	44 030	122 071
本科	19 806	25 011	71 998
专科	17 575	19 019	50 073
二、中等教育			
（一）高中阶段教育			
1. 高中			
普通高中	41 101	39 691	114 805
成人高中			
2. 中等职业教育	27 462	32 556	89 037
普通中专	3 100	3 053	7 989
成人中专	911	204	1 496
职业高中	23 174	28 281	77 406
附设中职班	277	1 018	2 146
（二）初中阶段教育			
1. 普通初中	80 208	82 947	241 302
2. 职业初中			
3. 成人初中			

续表

	毕业生数	招生数	在校生数
三、初等教育			
（一）普通小学	83 052	91 294	547 231
（二）成人小学			
四、工读学校			
五、特殊教育	193	314	1 755
六、学前教育	76 406	88 530	237 977

青岛市各级各类民办教育基本情况

	学校数（所）	毕业生数（人）	招生数（人）	在校生数（人）	教职工数（人）	专任教师（人）
一、民办高等教育	7	25 290	30 859	93 509	6 866	4 615
（一）民办高校	7	19 545	25 499	75 743	5 383	3 676
（二）独立学院（不计校数）	2	5 745	5 360	17 766	1 483	939
（三）民办其他高等教育机构						
二、民办中等教育						
（一）高中阶段教育						
1. 民办普通高中	21	4 140	5 229	14 055		558
2. 民办中等职业教育	18	2 920	4 392	10 524	792	628
（二）初中阶段教育						
1. 民办普通初中	20	5 188	7 222	18 036		894
2. 民办职业初中						
三、民办普通小学	14	1 698	3 008	15 238	823	679
另有：民办培训机构（不计校数）						

〔**深化教育领域改革**〕 2016年，青岛市获批山东省首个教育综合改革试验区，开展山东省“3+1”教育综合改革（即基础教育综合改革、高等教育重点改革、高等学校招生制度改革和构建现代职业教育体系）先行先试。制定《青岛市中小学校管理办法》，明确政府、学校、社会权责。推进教育管办评分离，完成全国教育行政执法体制改革试点任务，全面推行学校管理权限清单制度，优化管理方式，实现从重事前到重事后、重审批到重监管的转变，相关改革经验在《人民日报》刊登。出台25项举措，支持民间资本进入教育领域，激发社会资本参与办学的热情。实施民办学校与公办学校享有同等生均公用经费政策，推进非营利性民办学校教师养老保险与公办学校教师同等待遇试点工作，进一步稳定民办学校教师队伍。创新教育投融资方式，推动青岛蓝色经济职业技术学院及5所高中租赁型人才公寓建设PPP项目成功落地，共筹集社会资本16.8亿元。扩大教育开放，广泛开展教育国际交流合作，全市中小学校与国外缔结友好学校近300个，双向交流人数达2 000人以上，人员互访日趋频繁。在30所中小学校开展国际理解教育试点，分别组团参加中欧知名高中校长论坛等7个

国际会议或活动。承办2016年国际教育信息化会议和2016年中国教育国际化研讨会。青岛市成为继北京之后第二个与外交部驻外使领馆阳光学校总校签约合作的城市。

〔坚持全面育人，提高教育质量〕 紧紧围绕提高教育质量的战略主题，建立以素质教育为主题的学校教育质量保障体系。委托第三方专业机构开展质量监测评估，覆盖中小学生科学素养、品德发展、心理健康以及职业学校机电、会计和数控等专业。全市义务教育学校全部设立自主选课学习日，开展分层教学选课走班的公办普通高中达91.3%。2016年，普通高考成绩再创历史新高，全市本科一批达线人数首次超过万人。开发丰富多彩的选择性课程，促进不同潜质的学生发展。着力提升学生体质健康和艺术素养，出台《青岛市关于全面加强和改进中小学校美育工作的实施意见》。承办全国第五届中小学生艺术展演，来自全国31个省份及新疆生产建设兵团和首次邀请的香港特别行政区、澳门特别行政区的633所中小学共7 000余名师生参加，提出"面向全体学生，人人共享艺术"的艺术教育的"青岛主张"，全市共获表演类一等奖13个，较上届翻了一番。广泛开展"艺动城乡"活动，市级优秀艺术社团36个、区级优秀艺术社团120个、校级艺术社团1 000余个，约18 000名农村学生受益。全面推进全国校园足球改革试验区建设，组织青岛市第二十六届"可口可乐—市长杯"校园足球联赛，各区（市）共有700所学校、900支队伍、近17 000人参赛，共比赛5 500场。全市共有市级校园足球特色学校302所、国家级校园足球特色学校83所，数量居计划单列市之首。

〔坚持惠民共享，促进教育公平〕 精准帮扶特殊群体接受教育。投入2.1亿元，用于保障农村教师周转房建设、解决全市中小学生午餐和农村音体美教师不足等问题。投入1.23亿元，为6万名家庭经济困难学生发放奖助学金。出台国家特殊教育改革实验区实施方案及配套政策，投入1 060万元，支持5所特殊教育学校开设自闭症儿童教育实验班，推进随班就读、送教上门和医教结合3项改革，建立省内首个全纳教育资源中心。解决新市民子女入学难题，全市新接收2.6万名新市民子女就读，占一年级新生总数的29%。切实抓好教育惠民项目，全面改善中小学就餐条件，改扩建212所中小学标准化食堂，全市中小学校标准化食堂增至726所，惠及77万名学生。统一为审批注册的幼儿园学龄前儿童购买意外伤害保险，保障学龄前儿童健康成长。坚持资源共享，出台中小学体育场地设施向社会公众开放工作实施方案，推动全市符合条件的中小学校向社会开放运动场地，为市民健身活动提供便利。出台推进学习型社会建设的若干措施，加快终身学习公共服务平台建设和各类教育资源的开放共享，与青岛广播电视大学共同建立的青岛全民学习网，点击量已突破440余万人次。

〔多措并举，全面实施乡村教师支持计划〕 启动乡村中小学紧缺学科教师补充工程，为乡村中小学补充近800名音体美、英语、信息技术学科教师。选派120名骨干教师赴农村及对口帮扶地区支教，通过在青高校"大学生支持乡村教育志愿服务行动"，首批招募117名在校大学生赴平度、莱西等地农村学校支教。推进农村小学全科师资"3+4"普通本科对口贯通培养改革，首批招收100名学生，培养一批具有乡村情怀、能够留得住的优秀本土教师，从根本上解决乡村教育的短板。实施乡村教师关爱工程，制定落实乡镇工作人员津贴补贴政策，全面实施乡村教师年度免费体检制度，黄岛区、即墨市等区市通过开通教师班车、发放交通补助等方式，妥善解决了乡村教师上下班问题。平度市改造和新建210间约6 300平方米教师周转宿舍，保障广大乡村教师留得住、教得好。

〔强化作风转变，推动教育行风建设〕 全面开展"两学一做"专题学习教育，结合教育实际，创新实施"讲教育故事、创岗位先锋、建过硬支部"三项行动。制定落实两个责任推进全面从严治党的实施意见，建立党员领导干部函询谈话和主办事项事前风险预报评估制度，改进对招生考试、职称评定等52项重点热点工作的监督方式。推动事业处室合并重组，成立青岛市教育科学研究院和青岛市教育专备与信息技术中心，提高工作效能。建立教育行政执法联动协作机制，对涉嫌的违法行为进行了30余次现场执法调查，规范办学行为，维护教育的良好秩序。坚持谋长远、求创新、促发展，编制《青岛市“十三五”教育事业发展规划》和《青岛市教育综合改革方案（2016—2020年）》，科学谋划未来五年教育改革发展。加强师德师风教育，“支教岛”志愿服务团队获“首届全国最美教师志愿服务团队”称号和“感动青岛”道德模范群体奖，2位教师获“2016年齐鲁最美教师”荣誉称号。

〔**改薄攻坚，完善教育基本公共服务体系**〕 重点突破“大班额”问题和“全面改善贫困地区义务教育薄弱学校办学条件”工程。进一步完善城乡义务教育经费保障机制，全市新增投入6 000余万元，保障义务教育事业持续健康发展。城乡小学、初中、普通高中生均公用经费最低标准分别提高到每生每年900元、1 100元、1 500元。市、区两级投入75亿元，新建、改扩建中小学55所，新增校舍135万平方米。100所农村义务教育薄弱学校全部完成改造，农村、偏远地区、薄弱学校的办学条件、生活条件得到有效改善，97.8%的中小学达到青岛市规定的现代化学校建设标准。完成学前教育第二期三年行动计划，基本建成普惠性学前教育服务网络，90%的幼儿园达到山东省规定的办园标准，有1/4的幼儿园迈入了省、市示范幼儿园行列。

基础教育

〔**综述**〕 加快推进基础教育改革，大力发展学前教育，加快义务教育和特殊教育发展，深入推进基础教育综合改革。在2016年发布的教育蓝皮书《中国教育发展报告（2016）》中，青岛市义务教育均衡发展总体满意度位居全国19个重点大城市第一。

〔**大力发展学前教育**〕 加快落实学前教育第二期三年行动计划。2016年，全市公办幼儿园生均公用经费财政拨款标准达850元以上，普惠性民办幼儿园生均定额补助标准达到每生每年2 400元以上。推进市机关办园脱钩改革，牵头制定市级党政机关群团组织举办幼儿园脱钩改革方案。完善学前教育投入保障机制，协调市财政局印发《关于进一步完善学前教育经费投入机制的通知》《青岛市市级学前教育专项资金管理办法》《青岛市学前教育综合奖补管理办法》。推进幼儿园标准化建设，计划新建、改扩建幼儿园60所，已开工54所、完工46所。完成2015年新建、改扩建的133所幼儿园验收评估工作，提供学位约2万个。规范幼儿园招生工作，扩大就近入园试点范围，市内三区140所幼儿园就近招生。加快幼儿园信息化建设，全市60%的公办及普惠性民办幼儿园完成信息化设施设备配备。开展城区幼儿园片区化管理改革试点，完善农村幼儿园镇域一体化管理机制，切实提高幼儿园保教质量。组织开展省十佳、省示范幼儿园认定工作，全市共有省十佳幼儿园13所、省示范幼儿园196所，位居全省前列。

〔**推进全市域内义务教育均衡发展**〕 进一步完善城乡义务教育经费保障机制，全市新增投入6 000余万元，保障义务教育事业持续健康发展。制定《青岛市关于统筹推进全域城乡义务教育一体化改革发展的实施意见》，积极争取优质中小学跨区域合作办学资金支持，为6所参与合作办学项目的优质中小学争取1 350万元奖励资金。印发《青岛市教育局关于深入开展中小学校结对帮扶工作的通知》，开展城区优质中小学与农村义务教育薄弱学校结对帮扶工作，指导李沧区确定6所中小学与平度市6所中小学开展跨区域合作办学。全面推广名校办分校、委托管理、集团化办学、高校或科研院校辐射中小学、学区制管理等办学模式，全市70%以上的中小学参与办学模式改革，优质教育资源持续扩张。

〔**推进普通高中多样化特色发展**〕 全面推进普通高中多样化特色发展，推进青岛中学与北京十一学校合作办学和青岛中学金家岭分校建设等项目。完成《崂山一中等三所学校移交协议》签订工作，崂山区高中学校划归市教育局统一管理。遴选4所普通高中作为选课走班样板校，率先开展适应新高考要求的选课走班研究。青岛市普通高中应对考试招生制度改革选课走班方面的汇报得到教育部副部长刘利民、林蕙青的高度评价。扩大优质普通高中学位，5所新建普通高中2016年首次招生，比2015年扩招18个班，为市内三区和驻地区市新增740个优质学位，市内三区普通高中录取比例达60%。扩大普通高中自主招生，11所局属普通高中学校实行自主招生，共招收900人，占局属普通高中学校招生总数的12%，实行新的指标生评选办法，切实保障教育公平。

〔**推进特殊教育发展**〕 推进国家特殊教育改革实验区工作，争取国家特殊教育改革实验区项目资金150万元，支持全市各特殊教育学校深入推进三项改革实验工作。积极配合计财处争取市财政资金510万元，支持市中心聋校自闭症儿童实验班建设。安排400万元，支持4所特殊教育学校开展自闭症儿童教育实验班建设。

〔**立德树人，全面实施素质教育**〕 切实培育和践行社会主义核心价值观，开展庆祝建党95周年“学党史　知党情　跟党走”和“践行《中小学生守则（2015年修订）》”等专题教育活动。举办山东省暨青岛市十八岁成人礼等主题团队活动，举办2016年青岛市青少年“国学达人”挑战赛、青岛市第六届中小学读书节。举办全市教育系统团队干部和普通教育德育干部浙江大学培训班，举办青岛市首届中小学创客大赛。深化校园志愿服务和公益活动，印发《关于深入开展中学生志愿服务活动的实施意见》。组织“青青义教”公益辅导活动，全市共有1.5万余名学生参与。完成市内三区生涯规划测评系统配套师资基础性和普及性培训，在市内三区初三学生7 000余人中试点进行了生涯规划相关测评。

职 业 教 育

〔**综述**〕 贯彻落实《青岛市职业教育条例》，推进职业教育改革与发展，推进依法办学。举办职业教育活动周，宣传展示职业教育改革发展成果。坚持改革创新，开展普职融通实验，扩大贯通培养试点范围，构建现代职业教育体系。

〔**构建现代职教体系**〕 扩大“3+4”试点范围，新增“3+4”试点单位，全市参与“3+4”试点的中职学校达11所、本科院校6所，试点专业14个，招生计划760人。促进中高职一体化发展，与青岛职业技术学院联合在15个中职学校的24个专业开展五年制贯通培养试点，采用“三二连读”计划，实施五年制贯通培养。试点在部分中职学校加挂“青岛职业技术学院应用技术学院”二级学院牌子。进一步放宽普通高中转入职业学校的相关条件，将转学时间由原来高一下学期和高二上学期开学之前，延长到高二下学期放假前两周办理。

〔**开展现代学徒制试点**〕 积极推进现代学徒制试点，制定《青岛市现代学徒制试点工作实施方案》，明确试点工作的建设内容、实施步骤、责任主体和保障措施等。遴选确定首批30个单位的44

个项目作为试点单位和试点项目，同时建立现代学徒制信息化管理平台，对现代学徒制试点项目进行动态管理。

〔**开展普职融通实验**〕 试点采取中职学校与普通高中联合设立实验班的方式进行，实验班设在中职学校。每所试点中职学校拿出1个骨干专业的1个班开展普职融通试点，注册职业中专学籍，学制三年。实验班以为应用型本科院校输出人才为培养目标，由中职学校和普通高中学校共同举办，双方签订人才培养框架协议，共同制定人才培养方案、教学大纲、教学标准、教学进度和考核标准，首批共有6所中职学校和4所普通高中学校参加试点。

〔**开展“职教义工”活动**〕 建立完善志愿者服务长效机制和活动实施方案，统一制定了“职教义工”标识。参加志愿服务活动的中职生达在校生的50%以上，全年为社区送课200多节，进企业60余次。

〔**组织“文明风采”大赛**〕 组织“文明风采”大赛，践行社会主义核心价值观教育，建立健全校、市、国三级“文明风采”竞赛机制，学生的参与率达60%。

〔**举办职业教育活动周**〕 5月8日，举办青岛市职业教育活动周启动仪式暨中等职业学校招生咨询会。国务院副总理刘延东通过视频连线的方式发表重要讲话，市委常委、副市长王广正到会讲话，市教育局局长邓云锋汇报了青岛市职业教育活动周及职业教育改革与发展情况，现场展示部分职业教育成果。

青岛职业教育活动周是2016年全国职业教育活动周现场的一部分。全国职业教育活动周期间，仅有上海、青岛和天津3个城市代表全国职业教育界，向国务院副总理刘延东汇报职业教育活动周开展情况，这是国家对青岛职业教育改革与发展的充分肯定。

高 等 教 育

〔**综述**〕 青岛地区高等学校中共有全职两院院士14名，外聘院士31名，国家有突出贡献的中青年专家25名；“长江学者”（包括特聘教授、讲座教授和“长江学者”成就奖）25名；国家百千万人才工程第一、第二层次人选17名，新世纪百千万人才工程国家级人选29名；国家杰出青年科学基金获得者30名；国家级教学名师4名；国家学位委员会学科评议组成员13名；享受国务院政府特殊津贴人员331名；省部级有突出贡献的中青年专家146名；聘有“泰山学者”116名。

全市高校共有博士后科研流动站49个；博士学位授权一级学科点43个；硕士学位授权一级学科点171个。

〔**学科建设**〕 有国家重点学科15个、国家重点（培育）学科5个，省部级重点学科116个，其中山东省“十二五”重点学科89个、省级特色重点学科28个。

〔**高校重点实验室建设**〕 有市级（含）以上各类重点实验室200余个。其中国家重点实验室1个、国家工程实验室4个、省部共建国家重点实验室培育基地3个、国家部委设立的重点实验室15个、山东省重点实验室55个（其中山东省“十二五”高校重点实验室49个）、青岛市重点实验室37个。有山东省“十二五”高校人文社会科学研究基地12个，有国家工程技术研究中心4个、省部级工程技术研究中心50个。

〔**科学研究**〕 在青高校共承担市级（含）以上

纵向科技计划项目1 800多项，共获纵向科研经费资助11.17亿元。其中国家级项目538项，获科研经费资助8亿元（包括“863”计划项目10项、国家自然科学基金511项、国家社科基金37项）；省部级项目854项，获科研经费资助2.7亿元。

2016年度，获市级（含）以上科技奖励205项。其中国家级科技奖励1项、省部级二等奖以上科技奖励60项。高校与地方签订横向科技合作协议2 310项，合同金额达6.45亿元，其中在青岛行政区域内转化科研成果数量为352项。

在青高校共申请专利3 720项，其中发明专利申请2 442项；授权专利3 125项，其中发明专利1 564项。在国内外学术期刊发表论文17 647篇，其中SCI收录4716篇、EI收录3 762篇、ISTP收录442篇，CSSCI收录358篇。

〔**教育交流与合作**〕 在青高校与国（境）外院校（机构）签订合作协议352项，合作意向书142项。年度出国（境）访问讲学1 472人次，外籍专家学者到在青高校访问1 260人次，有外籍教师336人。本年度，在青高校先后接收留学生到校学习5 028人次，港澳台地区学生19人。

引进国内外高水平大学取得重大进展。截至2016年年底，已经引进并初步运行的高校（机构）有13所，已经签署合作协议的国内外高校（机构）15所。

〔**社会服务**〕 统筹在青高校发展，提升服务青岛能力，加强校地合作，更好发挥高校服务社会、服务青岛职能，推动青岛经济社会发展。帮助高校拓展办学空间，协调推进青岛农业大学平度创新创业基地（校区）建设前期工作；牵头推进市政府与中国海洋大学签署协议，建设黄岛校区；推动高校内涵发展，发挥青岛大学综合性大学功能，启动青岛大学省市二期共建；统筹服务山东大学青岛校区启动运行相关工作，1 007名新生顺利入学。

撰稿　张思峰　章　鹏　李　勇
审稿　邓云锋　周民书　柴清林

河南省教育

概　　况

〔基本情况〕

河南省各级各类学校校数、教职工、专任教师情况

	学校数（所）	教职工数（人）	专任教师数（人）
一、高等教育			
（一）研究生培养机构（不计校数）	27		
1. 普通高校	19		
2. 科研机构	8		
（二）普通高等学校	129	138 777	102 725
1. 本科院校	55	91 138	67 815
其中：独立学院	5	5 045	4 027
2. 高职（专科）院校	74	47 639	34 910
3. 其他普通高教机构（不计校数）			
（三）成人高等学校	11	2 323	1 600
（四）民办的其他高等教育机构	51	531	293
二、中等教育	6 209	566 366	465 047
（一）高中阶段教育	1 592	233 856	178 311
1. 高中	792	155 545	117 866
普通高中	792	155 545	117 866
完全中学	153	30 763	15 405
高级中学	558	112 013	99 287
十二年一贯制学校	81	12 769	3 174
成人高中			
2. 中等职业教育	800	78 311	60 445
普通中专	152	20 489	15 187

续表

	学校数（所）	教职工数（人）	专任教师数（人）
成人中专	175	11 587	8 372
职业高中	324	30 789	25 779
技工学校	149	14 089	10 163
其他中职机构（不计校数）	22	1 357	944
（二）初中阶段教育	4 617	332 510	286 736
1. 初中	4 557	332 147	286 446
初级中学	3 719	261 091	244 043
九年一贯制学校	838	71 056	27 859
十二年一贯制学校			3 342
完全中学			11 202
职业初中			
2. 成人初中	60	363	290
三、初等教育	24 366	505 009	508 189
（一）普通小学	22 822	502 295	506 131
小学	22 822	502 295	474 179
九年一贯制学校			28 908
十二年一贯制学校			3 044
（二）成人小学	1 544	2 714	2 058
其中：扫盲班	399	583	560
四、工读学校	3	63	56
五、特殊教育	146	4 041	3 604
六、学前教育	18 695	297 006	178 217

注：①完全中学的学校数和教职工数计入高中阶段教育，九年一贯制学校的校数和教职工数计入初中阶段教育，十二年一贯制学校的校数和教职工数计入高中阶段教育。专任教师按照教育层次进行归类。②技工学校数据为2015年数据。③“（　）”内数据为不计校数。

河南省各级各类学历教育学生情况

单位：人

	毕业生数	招生数	在校生数
一、高等教育			
（一）研究生	11 954	14 206	39 525
博士	322	567	2 005
硕士	11 632	13 639	37 520
（二）普通本专科	486 850	550 127	1 874 752
本科	242 816	256 193	1 034 237

续表

	毕业生数	招生数	在校生数
专科	244 034	293 934	840 515
（三）成人本专科	156 540	117 754	315 470
本科	64 880	58 605	151 902
专科	91 660	59 149	163 568
（四）其他各类高等学历教育			
1. 在职人员攻读硕士学位		2 670	11 804
2. 网络本专科生	35 317	51 509	109 331
本科	14 310	21 182	47 299
专科	21 007	30 327	62 032
二、中等教育	2 393 188	2 619 842	7 478 603
（一）高中阶段教育	1 057 173	1 178 526	3 278 768
1. 高中	633 076	695 330	1 995 960
普通高中	633 076	695 330	1 995 960
完全中学	74 083	92 434	254 340
高级中学	545 217	577 650	1 679 538
十二年一贯制学校	13 776	25 246	62 082
成人高中			
2. 中等职业教育	424 097	483 196	1 282 808
普通中专	210 796	255 577	696 297
成人中专	29 145	31 315	67 059
职业高中	99 106	88 008	252 410
技工学校	85 050	108 296	267 042
（二）初中阶段教育	1 336 015	1 441 316	4 199 835
1. 初中	1 295 021	1 441 316	4 158 272
初级中学	1 081 573	1 180 695	3 422 572
九年一贯制学校	133 712	177 792	490 710
十二年一贯制学校	16 372	19 636	55 533
完全中学	63 364	63 193	189 457
职业初中			
2. 成人初中	40 994		41 563
三、初等教育	1 735 401	1 731 619	9 928 873
（一）普通小学	1 441 616	1 731 619	9 655 895
小学	1 321 033	1 629 658	8 987 667
九年一贯制学校	112 067	94 829	619 674
十二年一贯制学校	8 516	7 132	48 554

续表

	毕业生数	招生数	在校生数
（二）成人小学	293 785		272 978
其中：扫盲班	8 352		11 142
四、工读学校	53	56	183
五、特殊教育	1 464	5 076	23 875
六、学前教育	1 556 017	1 579 348	4 086 838

注：①完全中学、九年一贯制学校和十二年一贯制学校的学生数按教育层次分别计入对应教育阶段的学生数中。②特殊教育学生数中包括义务教育阶段随班就读的学生数、其他学校附设特教班学生数。

河南省各级各类非学历教育学生情况

单位：人次

	结业生数	注册学生数
总计	2 927 866	2 695 997
一、高等教育	336 546	344 786
（一）研究生课程进修班	665	867
（二）自考助学班	3 041	2 979
（三）普通预科生		2 124
（四）进修及培训	332 840	338 816
其中：资格证书培训	217 521	223 692
岗位证书培训	101 801	102 977
二、中等职业教育	2 591 320	2 351 211
其中：资格证书培训	386 901	367 109
岗位证书培训	764 453	680 822
（一）中等职业学校	384 718	199 781
其中：资格证书培训	76 504	53 773
岗位证书培训	169 156	99 657
（二）职业技术培训机构	2 206 602	2 151 430
其中：资格证书培训	310 397	313 336
岗位证书培训 Fo	595 297	581 165

河南省各级各类民办学校校数、教职工、专任教师情况

	学校数（所）	教职工数（人）	专任教师数（人）
一、高等教育			
（一）研究生培养机构（不计校数）			
1. 普通高校			
2. 科研机构			

续表

	学校数（所）	教职工数（人）	专任教师数（人）
（二）普通高等学校	37	27 807	21 013
1. 本科院校	17	20 715	15 524
其中：独立学院	5	5 045	4 027
2. 高职（专科）院校	20	7 092	5 489
3. 其他普通高教机构（不计校数）			
（三）成人高等学校			
（四）民办的其他高等教育机构	51	531	293
二、中等教育			
（一）高中阶段教育			
1. 高中			
普通高中	242	33 978	16 183
完全中学	62	12 896	5 589
高级中学	108	9 429	7 870
十二年一贯制学校	72	11 653	2 724
成人高中			
2. 中等职业教育			
普通中专	20	845	629
成人中专	56	4 143	2 783
职业高中	114	5 055	3 789
技工学校			
其他中职机构（不计校数）	1	16	13
（二）初中阶段教育			
1. 初中	758	62 243	35 853
初级中学	224	16 661	13 037
九年一贯制学校	534	45 582	14 729
十二年一贯制学校			3 031
完全中学			5 056
职业初中			
2. 成人初中			
三、初等教育			
（一）普通小学	1 748	58 662	62 814
小学	1 748	58 662	42 320
九年一贯制学校			17 692
十二年一贯制学校			2 802
（二）成人小学			

续表

	学校数（所）	教职工数（人）	专任教师数（人）
其中：扫盲班			
四、工读学校			
五、特殊教育	3	48	33
六、学前教育	14 743	238 808	139 468
另有：民办培训机构（不计校数）	173	2 259	1 536

注：①完全中学的学校数和教职工数计入高中阶段教育，九年一贯制学校的校数和教职工数计入初中阶段教育，十二年一贯制学校的校数和教职工数计入高中阶段教育。专任教师按照教育层次进行归类。②“(　)”内数据为不计校数。

河南省各级各类民办教育学生情况

单位：人

	毕业生数	招生数	在校生数
一、高等教育			
（一）研究生			
博士			
硕士			
（二）普通本专科	91 879	111 054	390 038
本科	53 535	58 666	238 373
专科	38 344	52 388	151 665
（三）成人本专科	2 230	4 750	9 237
本科	939	3 355	5 569
专科	1 291	1 395	3 668
（四）其他学生			
1. 民办高校			10 203
2. 民办的其他高等教育机构			7 911
二、中等教育			
（一）高中阶段教育			
1. 高中			
普通高中	87 494	125 738	330 981
完全中学	28 596	42 563	111 319
高级中学	47 871	60 792	165 850
十二年一贯制学校	11 027	22 383	53 812
成人高中			
2. 中等职业教育			
普通中专	22 870	48 217	109 107
成人中专	7 883	14 077	33 762

续表

	毕业生数	招生数	在校生数
职业高中	16 945	23 064	53 336
技工学校			
其他学生数			10 033
（二）初中阶段教育			
1. 初中	221 191	257 814	740 792
初级中学	85 410	91 448	268 445
九年一贯制学校	88 319	112 715	318 890
十二年一贯制学校	14 699	18 143	50 946
完全中学	32 763	35 508	102 511
职业初中			
2. 成人初中			
三、初等教育			
（一）普通小学	219 258	200 765	1 290 041
小学	138 233	146 767	881 298
九年一贯制学校	73 408	47 712	365 001
十二年一贯制学校	7 617	6 286	43 742
（二）成人小学			
其中：扫盲班			
四、工读学校			
五、特殊教育	48	148	688
六、学前教育	871 028	916 780	2 687 521
另有：民办培训机构（不计校数）			122 782

注：①完全中学、九年一贯制学校和十二年一贯制学校的学生数按教育层次分别计入对应教育阶段的学生数中。②特殊教育学生数中包括义务教育阶段随班就读的学生数、其他学校附设特教班学生数。③“其他学生数”包括自考助学班学生数、预科生数、进修及培训学生数。

〔**教育投入**〕 2016 年，全省教育事业支出 1 348.3亿元，比 2015 年增加 77.3 亿元，增幅 6.1%，占公共财政支出 7 456.6 亿元的 18.1%，是所有公共财政支出中占比最大的项目。

据统计，全省各阶段教育生均教育事业费支出和公用经费支出稳步增长，基本实现法定增长。其中生均公共财政预算教育事业费支出普通小学为 4 575.27元，比 2015 年增长 127.64 元；普通初中为 7 262.97 元，比 2015 年增长 123.13 元；中等职业学校为 6 690.25 元，比 2015 年增长 748.63 元；普通高校为 12 572.33 元，比 2015 年增长 340.35 元。

〔**深化教育领域综合改革**〕 2016 年，印发《河南省教育综合改革方案》，启动实施教育综合改革试验区改革项目，建立“一市四县两校”综合改革项目库。出台《关于深化考试招生制度改革的实施意见》，新华社、《人民日报》等中央主流媒体给予报道，《光明日报》以《河南高考改革兼顾公平与科学》为题进行了专题报道。高职考试招生改革稳步推进，单招试点院校增至91所。继续实行招生计划与高校前3年毕业生就业率挂钩，压缩了就业困难、就业率低专业的招生计划。社会办学积极性进一步激发，在全国民间资本投资普遍下滑的情况下，全省民间投资教育资金达87.4亿元，比2015年增加13.4亿元，增幅达18.1%，新增民办学校1 011所。

〔**教师队伍建设**〕　2016年，全面实施乡村教师支持计划，重点落实26个集中连片特困县义务教育阶段乡村教师生活补助政策，选派2 500名教师跨区域开展“两区”帮扶支教。6月，省机构编制委员会办公室、省教育厅、省财政厅、省人力资源和社会保障厅制发《关于印发统一城乡中小学教职工编制标准意见的通知》，将县镇、农村中小学教职工编制标准统一到城市标准。在9月召开的全国乡村教师队伍建设工作推进会上，信阳市罗山县李化勇等4名教师作为优秀乡村教师代表受到国务院副总理刘延东的接见。河南省加强乡村教师队伍建设工作案例被评选为全国优秀案例，教育部正式发文推广。招聘农村学校特岗教师13 548人，完成650名本科、350名专科的小学全科教师招生计划。全省争取国家项目资金2.42亿元，培训一线中小学幼儿园教师28万人次，重点培育了2 200名左右的省级骨干教师。

2016年，全省开展“立德树人，成就最美”师德主题教育系列活动，评选出第二届10名“河南最美教师”、10名“师德标兵”和99名“师德先进个人”，并于教师节前夕举办了颁奖典礼，其中洛阳市老城区培智学校教师刘文婷入选2016年教书育人楷模，安阳市特殊教育学校教师梁琰当选2016年全国最美教师，舞钢市杨庄乡岗田学校教师郭磊入选乡村特岗教师报告团成员等。开展2016“感动中原”年度教育人物评选活动，9名教师当选，其中安阳市特殊教育学校教师梁琰入选2016“感动中原”十大年度人物候选人。

2016年，全职引进院士4人，1人入选“长江学者”特聘教授，2人入选“长江学者”讲座教授，讲座教授实现零的突破。继续实施中原名师培育工程，新确定并公布了16名中原名师，通过培育认定了700名省级名师、4 000余名省级骨干教师。2人入选60年来首届国家中医药高等学校教学名师。

〔**教育督导工作**〕　11月7日至11日，国务院教育督导委员会督导检查组对河南省申报的12个县（市、区）进行了义务教育发展基本均衡县验收认定。通过评估，国家督导组认为这12个县（市、区）达到了国家规定的义务教育发展基本均衡县评估认定标准。截至2016年年底，全省通过国家认定的义务教育发展基本均衡县达69个，占全省县（市、区）总数的44%。

〔**规范教育收费行为**〕　规范教育收费行为，坚决查处教育乱收费案件。全年共受理教育乱收费信访举报367件，经各级调查核实，给予党政纪处分119人、组织处理166人。共收到各类控告信访举报线索294件，全部按规定自办、转办、督办，做到件件有着落。共信访函询28人次，廉政约谈3人，行政免职1人，行政记过1人，党内警告2人，诫勉谈话3人。

〔**完善学生资助体系**〕　健全覆盖学前教育到研究生教育各个阶段的资助政策体系。2016年，全省各级财政累计安排各级各类学生资助资金81.59亿元，资助家庭经济困难学生2 044.23万人次；发放国家助学贷款36.01亿元，资助学生46.87万人。

发布《河南“十二五”学生资助发展报告》，全面介绍国家和河南省资助政策及“十二五”期间全省学生资助工作取得的成效。出台并实施了《河南省教育脱贫专项方案》，从2016年秋季学期开始，对各级各类学校建档立卡贫困家庭学生实行资助政策全覆盖。全省151个县（市、区）成立了具有独立法人资格的学生资助管理中心，覆盖面达96.2%，远高于全国平均50%的比例。

〔**体育卫生与艺术教育**〕　广泛开展阳光体育运动，组织专家创编《河南省中小学有效大课间示范套路》，组织全省各地“示范套路”送培到基层活动。大力推动校园足球运动，建立校园足球学生四级联赛体系，全年共举办省级联赛 388 场，160 余支球队的 3 017 名学生参赛。新增 395 所全国青少年校园足球特色学校，组织开展省级校园足球培训 2 560 人次。

从 2016 年开始，省教育厅与省食品药品监督管理局联合启动全省中小学校食堂“互联网+明厨亮灶”工程，实现通过手机 App 联网监控食堂操作过程。

全面加强学校美育工作，以省政府名义出台《关于全面加强和改进学校美育工作的实施意见》。2016 年，全省共组织中小学生艺术展演、教师合唱节、设计艺术大赛等专业艺术赛事 7 项，参与师生 1 万余人次；举办骨干教师合唱、舞蹈等专业培训，受训教师 6 000 余人次；组织高雅艺术进校园、戏曲进校园等各类演出近 1 000 场。代表省级教育行政部门在全国普通高校美育改革发展座谈会上介绍经验。

〔**推进农村义务教育学生营养改善计划**〕 在 12 个国家扶贫开发重点县启动农村义务教育学生营养改善计划地方试点，涉及约 93 万名学生。制定补助资金标准，最低为每生每天 4 元，按照学生全年在校时间 200 天计算。

〔**党风廉政建设**〕 召开全省教育系统党风廉政建设工作会议，明确全年工作主旨。成立省教育厅党风行风建设工作办公室，着力抓好各项工作任务的落实。深入开展“主体责任深化年”活动和“懒政怠政为官不为问责年”活动，加强督查问责，落实中央关于改进工作作风、密切联系群众的中央八项规定精神，加强作风建设，严肃查处违规违纪行为。认真做好“回头看”整改工作和对河南工学院等 6 所院校的专项巡视工作，营造了风清气正的教育环境。

〔**加强教育系统法治建设**〕 在全省范围内开展依法治校示范校创建活动，截至 2016 年年底，全省 102 所学校被认定为依法治校示范校。与省高级人民法院、省检察院等联合开展了“法律进校园”等活动，提高了学生法治教育的针对性。组织开展“学宪法讲宪法”活动。加快高校章程建设步伐，全省 120 多所高校已全部完成章程建设任务，做到了“一校一章程”。开展中小学和职业学校章程建设试点工作。2016 年，省教育厅获中央宣传部、司法部联合表彰的全国“六五”普法先进单位。

〔**学校安全和稳定工作**〕 严格落实安全稳定工作责任制和责任追究制，做好学校安全及周边治安综合治理工作和敏感时期高校稳定工作，努力做好教育系统信访工作。2016 年，全省教育系统没有发生重大安全事故，教育系统持续稳定，省教育厅被省委、省政府评为“平安建设先进单位”。

〔**省部合作**〕 加大豫京教育合作交流力度，签定了《豫京高等教育合作方案》《豫京高等教育合作协议》，推动南水北调教育协作，6 个项目顺利实施，全年共培训水源地学校校长、各类骨干教师 4 000 余人次，安排培训等项目经费 859 万元。

〔**教育交流与合作**〕 积极推进中原工学院中原彼得堡航空学院、华北水利水电大学乌拉尔学院的审批工作。2016 年，全省新增中外合作办学项目共 23 个，其中本科项目 6 个、专科项目 17 个。主办第七届全国中外合作办学年会，来自教育部、兄弟省市以及各有关高校的 500 余名代表以“中外合作办学：提质增效，服务大局，增强能力”为主题，进行研讨交流，取得良好成效。

与世界名校合作办学取得重大进展，省委、省政府与美国加利福尼亚大学洛杉矶分校（UCLA）、中国科学院大学就合作建设高水平大学初步达成共识并稳步推进。对外汉语推广取得新进展，在第十一届全球孔子学院大会上，河南省做了典型发言。加大高层次人才海外培养力度，全年全省高校及科研院所共计 449 人获国家留学基金委全额资助及河南省地方合作项目资助。

〔**民办教育**〕 2016 年，出台促进民办教育发展的政策措施，民间资金投资教育领域的数额稳中有升。2016 年，全省民间投资教育资金达 87.4 亿元，比 2015 年增加 13.4 亿元，增幅达 18.1%，新增民办学校 863 所。

〔**语言文字工作**〕 2016 年，在完成二类城市语言文字工作评估的基础上，完成了对滑县、汝州、长垣、邓州 4 个省直管县（市）的评估工作。开展语言文字规范化示范校建设，提升学生的语言文字应用能力，全省共有 149 所大中小学校（幼儿园）获“省级语言文字规范化示范学校”称号。为加强全省计算机辅助普通话水平测试站管理，2016 年上半年，对上报的新建机测站及时进行检查验收。截至 2016 年年底，全省测试站点已达 80 个，基本满足了工作需要。

基础教育

〔**学前教育跨越式发展**〕 2016 年，省委、省政府继续把幼儿园建设纳入“十大民生工程”予以保障，中央和省级专项奖补资金 14.85 亿元，支持各地实施第二期学前教育三年行动计划，扩大普惠资源、改善办园条件及完善学前资助制度。全年开工新建、改扩建幼儿园 2 266 所（其中已竣工 1 526 所），超额完成民生工程中确定的“建设 1 400 所幼儿园、新增 18 万个幼儿学位”的目标任务。

制定出台《河南省省级示范幼儿园评估及管理办法》，完善示范园创建和管理机制。开展第五届学前教育宣传月活动，举办贯彻落实《3—6 岁儿童学习与发展指南》实验区公开观摩交流活动、首届园长赴香港特别行政区高级研修班等，共培训幼教管理干部、园长 1 000 多人次。

为增加残疾幼儿接受学前教育的机会，安排 280 万元专项资金，新增 28 所普通幼儿园开展学前融合教育试点，全省试点幼儿园总数达 73 所，招收特殊儿童 276 名。在对融合教育教师进行集中培训的同时，分期分批开展了巡回辅导工作。

累计投入资金 5.08 亿元，加快构建“广覆盖、保基本、有质量”的学前教育公共服务体系，重点解决好贫困地区学前教育资源短缺问题。投入财政资金 0.46 亿元，按照年生均 600 元标准补助建档立卡贫困家庭 3 至 6 岁儿童学前教育保教费，并按照年生均 400 元的标准发放生活补助费，累计资助建档立卡家庭贫困儿童 9.2 万人。2016 年，全省学前三年毛入园率达 85.14%，高于全国平均水平。

〔**多措并举推进义务教育均衡发展**〕 省委、省政府高度重视全面改善贫困地区义务教育薄弱学校基本办学条件工作，省教育厅全力推进，截至 2016 年年底，全省累计投入资金 166.83 亿元，为 11 459 所义务教育薄弱学校建设了校舍、室外运动场等，为 13 321 所义务教育学校配备了生活设施、课桌椅、计算机、教学仪器设备和图书等，惠及全省 468 万名中小学生，超额完成了省政府确定的年度任务。

全省 12 个县（市、区）通过国家义务教育发展基本均衡县评估认定，有 35 个县（市、区）具备 2017 年通过国家验收的基础。省政府印发了《关于优化农村中小学布局加强寄宿制学校建设全面提高教育质量和办学效益的意见》，切实加强农村寄宿制学校的规划和建设。积极扩充城镇义务教育资源，城镇小学大班、超大班分别较 2015 年下降 1.87 个和 1.35 个百分点，初中大班、超大班分别下降 5.75 个和 2.45 个百分点。建立健全学校、家庭、社会三结合育人体系，形成育人合力，国家《教育体制改革简报》刊发河南省经验，向全国推广。2016 年，全省九年义务教育巩固率达 94.05%。

〔**促进普通高中多样化发展**〕 2016 年，全省积极改善普通高中办学条件，促进学校多样化发展，完善普通高中经费保障机制，加快普及高中阶段教育。争取 2016 年度省财政奖补资金 1 亿元，支持 27 个非贫困县的 53 所薄弱高中改造，改善了办学条件，全省大班额比 2015 年减少 2.61%，超大班额减少 4.12%。

召开多样化发展试点工作现场观摩会，推动多样化试点学校经验交流，有效发挥试点学校的示范引领作用，加快促进普通高中教育内涵发展。

完成空军、海军航空实验班年度招生任务，报名和初选合格人数在全国同类学校中领先。全省 9 所学校获“空军招飞优质生源中学”称号。2016 年，全省高中阶段毛入学率达 90.40%，高于全国水平 2.6 个百分点。

职业教育

〔**推进职教二期攻坚工程**〕 2016 年，扎实推进职教二期攻坚工程。聚焦品牌示范校和特色校建设，以深入实施专业建设、实训基地建设、“双师型”教师队伍建设和信息化建设“四项计划”为抓手，切实加强内涵建设，重点建设了一批高水平的骨干职业院校，全省有 221 所品牌示范校、特色校通过了省级验收。

〔**深化教学领域改革**〕 聚焦提升技术技能人才培养质量，深化教学领域多项改革，强化工匠精神的培育，组织开展中职技能大赛系列活动，重点加强“双师型”教师队伍建设，与德国驻华大使馆签订《豫德职业教育合作备忘录》。

2016 年，在全国职业院校技能大赛中，中职学校获 10 个一等奖，竞赛成绩跃居全国第一方阵。

〔**职业教育脱贫攻坚**〕 投入专项资金，在 53 个贫困县举办 86 个精准脱贫技能培训班，培训“建档立卡”贫困人员 5 901 人。

〔**“双师型”教师培养培训**〕 采取“学校+企业”“行业+学校+企业”的模式，由本科高校、职业院校、行业、企业联合共建“双师型”教师培养培训基地。

作为全国 3 个中职教学合格评估改革试点省份之一，全省有 10 所中职学校参加了试点工作，得到了教育部的肯定和表扬。

〔**调整优化中职学校布局结构**〕 聚焦调整优化中职学校布局结构，按照省政府的要求，科学编制了中职学校设置建议方案，协调、指导、督促各地、各部门制定工作方案，为中职学校的布局调整奠定了坚实的基础。

高等教育

〔**学科建设**〕 省属普通高校拥有一级学科国家重点学科 1 个，二级学科国家重点学科 8 个。省特色学科 25 个，一级学科省重点学科 253 个，省优势学科 10 个，二级学科省重点学科 173 个。

〔**“双一流”建设**〕 2016 年，起草了《河南省加快建设一流大学和一流学科实施方案（征求意见稿）》。召开工作推进会，加快高校优势特色学科建设。河南大学等 7 所高校入选中西部基础能力建设工程二期，6 所高校入选省示范性应用技术型本科院校。省政府与国家国防科技工业局签署协议共建河南科技大学，全省省部（局）共建高校达10所，数量居全国前列。召开全省普通高校教学工作座谈会，明确了今后一个时期加强教学工作，深化教学改革，提升教学水平与人才培养质量的工作思路、目标任务和重要举措，制定《关于进一步加强高等学校基层教学组织建设提高教学水平的指导意见》，完善教学管理制度，巩固教学工作中心地位。突出专业规划与建设。指导高校做好“十三五”专业建设与发展规划编制，坚持存量调整和增量优化，提高服务经济社会发展的能力。开展10个本科专业、184个专业点的评估试点，确定170个综合改革试点专业。加强信息技术与教学深度融合。启动建设普通高校和成人高等教育精品在线开放课程、高职院校立体化教材，创新人才培养方式。深化协同育人，与省委政法委、省委宣传部联合深入实施高校与新闻单位、法律实务部门从业人员互聘计划。加强医教协同，推动河南大学与河南省人民医院合作共建河南大学医学院。加强校企协同，推进现代学徒制育人模式，5所院校获批国家级现代学徒制试点。

〔**研究生教育**〕　全省研究生培养机构一级博士学位授权点55个，其中普通高校一级博士学位授权点53个；一级硕士学位授权点279个，其中普通高校一级硕士学位授权点273个。

〔**创新创业教育改革**〕　2016年，省政府办公厅印发了《关于深化高等学校创新创业教育改革的实施意见》。省教育厅与中国建设银行河南省分行签署《共同落实大众创业万众创新国家政策，深化高等学校创新创业教育改革战略合作协议》，郑州大学等4所高校入选全国首批深化创新创业教育改革示范高校。30所高校1 041个项目获批“国家级大学生创新创业训练计划”。组织第二届中国“互联网+”大学生创新创业省级预选赛，92所高校9 000多名学生参加，31个项目入围全国总决赛，获5块银牌、26块铜牌。

2016年，全省高校应届毕业生和大学生自主创业人数明显增长。黄淮学院、黄河科技学院被评为“全国创新创业典型经验高校”，郑州大学、河南大学、黄淮学院、黄河科技学院被评为“全国首批深化创新创业教育改革示范高校”。省级大学生创新创业实践示范基地达18个。

省教育厅投入710万元专项资金，扶持107个大学生创业项目，评选出大学生创新创业标兵10人，组织大学生就业创业公益培训298个班次，惠及大学生17 760人次。

〔**师资队伍建设**〕　改进教师培养培训方式，遴选300名青年骨干教师进行重点培养，选派40名教师到国家重点大学访学；启动实施高校新入职教师国家级培训项目，实施高职院校教师素质提高计划，完成省级以上培训1 700余人。

〔**协同创新中心和实验室建设**〕　依托全省普通高校和研究生培养机构建设国家“2011协同创新中心”1个，省级协同创新中心37个；国家实验室1个（参与建设），国家重点实验室（培育基地）7个，国家（地方联合）工程实验室（研究中心）10个，教育部重点实验室11个；国家工程（技术）研究中心2个，国家国际联合研究中心5个，教育部工程研究中心6个。

〔**科技工作**〕　河南大学等4所高校获批牵头组建5个河南省产业技术创新战略联盟，涉及5大产业。组织开展第三届全省中小企业与省高等院校、科研院所产学研合作对接活动，38项高校产学研合作项目列为2016年省级产学研合作试点项目（全省58项）。首批协同创新中心验收结果显示，13家创新中心研发新工艺、新产品1 028项，制定标准82项，授权专利731项（其中发明专利575项），技术转让1.4亿元，产生经济效益近133亿元。河南科技大学牵头研制重型装备大型铸锻件制造技术，生产出世界最大铸件油压机上横梁、世界最大自磨机端盖和球磨机齿圈、世界最长离心管模、世界最大盾构机单体刀盘等产品，满足了我国装备制造业快速发展的重大需求，相关成果已在全国12家企业成功应用，近3年累计新增产值45.3亿元。

河南粮食作物协同创新中心选育的玉米新品种“豫单9953”于9月在鹤壁市浚县钜桥镇15亩玉米高产示范方测得平均亩产为1 096.22公斤，创黄淮海地区宜机收玉米新品种高产纪录。该中心与国际玉米小麦改良中心签订合作协议，共建国际玉米小麦改良中心分支机构，对全面提升河南省乃至中国的国际影响力意义重大。科学认定南水北调中线水源区水安全河南省协同创新中心，省级协同创新中心规模达37个。首批协同创新建设高校15个学科进入省优势特色学科建设工程，有力支撑高校“双一流”建设。32所高校获批2016年度国家自然科学基金项目851项（全省912项，占93%），资助金额34 439.2万元（全省37 787.2万元，占91%）。

河南师范大学获国家自然科学基金重大科研仪器研制项目资助。高校获2016年度国家科技进步奖6项，其中河南科技大学教授魏世忠科研团队主持获国家科技进步奖二等奖；获教育部高等学校科学研究优秀成果奖（科学技术）2项；获河南省科技进步奖172项。科技创新平台成规模，2所高校的国家（地方联合）工程实验室获准立项，依托全省高校建设国家级创新平台达22个。郑州大学等18所高校24个创新平台获准产业集聚区产学研共建工程研发创新平台立项建设。

〔**哲学社会科学**〕 2016年，共中标国家社科基金163项，占全省的95%，在全国31个省（区、市）中排第9名，保持了在全国的先进水平。开展高校社科年度人物评选活动，10名在高校哲学社会科学领域做出突出贡献的专家学者受到表彰奖励。实施高校社科创新人才和创新团队支持计划，评选出30名高校社科中青年创新人才和11个高校哲学社会科学创新团队，培养了一批具有创新能力和发展潜力的青年学术带头人。评选表彰了一批高校社科优秀学者，确定并公布了20名河南省高校哲学社会科学优秀学者，并以专项项目的形式资助其开展持续研究，调动其科研积极性。

〔**就业创业工作**〕 会同省委组织部、省人力资源和社会保障厅、团省委等部门共实施“三支一扶”、基层医疗特岗等基层就业项目10个，累计提供就业岗位2.5万个，共选征入伍大学生1.41万人。组织举办退役大学生士兵就业专场、高校毕业研究生就业专场等分层次分类别省级现场及网络“双选会”22场，指导全省高校组织举办校园专场“双选会”5 100余场，协调14个省级分会场举办中小型“双选会”40余场。

联合有关部门实施“新梦想”就业创业公益帮扶行动计划，举办首届河南省新疆籍少数民族毕业生就业市场专场“双选会”，提供就业岗位1 688个，213名新疆籍少数民族毕业生参加，现场达成就业意向187人。为全省20 761名家庭经济困难高校毕业生发放求职创业补贴2 076.1万元，较2015年增加0.9万人。

制发省教育厅《关于进一步提高全省高校就业创业指导服务水平的实施意见》，进一步加强全省高校就业创业指导服务功能体系建设，推动全省高校毕业生就业内涵水平提升。编写分层次、分类别、分行业的大学生就业创业系列指导教材14种，开展全省高校就业创业课程督查，加大高校就业指导教师职称评聘工作协调支持力度。截至2016年年底，全省共有高校就业指导专业高级职称60人。举办2016年全省高校就业创业工作主管部门负责人培训班，全省129所高校130名就业创业部门负责人参加培训，提升了全省就业工作队伍政策理论水平和业务能力。

撰稿　杜帅鹏　张　璟

审稿　朱自锋　陈　凯

湖北省教育

概　　况

〔基本情况〕

湖北省各级各类学校校数、教职工、专任教师情况

	学校数（所）	教职工数（人）	专任教师数（人）
一、高等教育			
（一）研究生培养机构（不计校数）	44		
1. 普通高校	28		
2. 科研机构	16		
（二）普通高等学校	128	131 014	83 517
1. 本科院校	68	99 967	61 929
其中：独立学院	17	9 410	7 317
2. 高职（专科）院校	60	30 807	21 442
3. 其他普通高教机构（不计校数）	1	240	146
（三）成人高等学校	14	1 005	676
（四）民办的其他高等教育机构	18	594	167
二、中等教育	2 988	279 626	222 118
（一）高中阶段教育	946	122 911	92 888
1. 高中	533	87 600	66 537
普通高中	532	87 574	66 528
完全中学	79	12 118	5 449
高级中学	409	68 434	59 231
十二年一贯制学校	44	7 022	1 848
成人高中	1	26	9
2. 中等职业教育	413	35 311	26 351
普通中专	216	20 146	14 694

续表

	学校数（所）	教职工数（人）	专任教师数（人）
成人中专	13	1 350	742
职业高中	60	5 935	5 061
技工学校	124	7 639	5 694
其他中职机构（不计校数）	17	241	160
（二）初中阶段教育	2 042	156 715	129 230
1. 初中	2 026	156 619	129 157
初级中学	1 542	120 634	107 811
九年一贯制学校	484	35 985	15 114
十二年一贯制学校			1 823
完全中学			4 409
职业初中			
2. 成人初中	16	96	73
三、初等教育	5 383	196 452	202 014
（一）普通小学	5 383	196 452	202 014
小学	5 383	196 452	184 842
九年一贯制学校			15 455
十二年一贯制学校			1 717
（二）成人小学			
其中：扫盲班			
四、工读学校	2	45	37
五、特殊教育	84	2 028	1 741
六、学前教育	7 500	152 252	78 005

注：①完全中学的学校数和教职工数计入高中阶段教育，九年一贯制学校的校数和教职工数计入初中阶段教育，十二年一贯制学校的校数和教职工数计入高中阶段教育。专任教师按照教育层次进行归类。②技工学校数据为 2015 年数据。③“（ ）”内数据为不计校数。

湖北省各级各类学历教育学生情况

单位：人

	毕业生数	招生数	在校生数
一、高等教育			
（一）研究生	35 124	40 282	120 504
博士	3 677	5 029	23 130
硕士	31 447	35 253	97 374
（二）普通本专科	394 158	390 697	1 401 840
本科	216 203	212 750	860 578

续表

	毕业生数	招生数	在校生数
专科	177 955	177 947	541 262
（三）成人本专科	102 092	82 495	203 850
本科	40 209	38 906	99 030
专科	61 883	43 589	104 820
（四）其他各类高等学历教育			
1. 在职人员攻读硕士学位		12 352	56 266
2. 网络本专科生	64 775	83 183	185 728
本科	23 074	29 854	71 031
专科	41 701	53 329	114 697
二、中等教育	925 804	948 773	2 748 353
（一）高中阶段教育	444 351	443 825	1 300 129
1. 高中	305 965	277 056	845 336
普通高中	305 669	277 056	845 040
完全中学	26 460	24 621	70 980
高级中学	271 462	242 962	747 495
十二年一贯制学校	7 747	9 473	26 565
成人高中	296		296
2. 中等职业教育	138 386	166 769	454 793
普通中专	81 346	98 260	275 306
成人中专	3 165	2 315	9 388
职业高中	26 841	31 500	90 943
技工学校	27 034	34 694	79 156
（二）初中阶段教育	481 453	504 948	1 448 224
1. 初中	448 251	504 948	1 414 864
初级中学	371 809	410 403	1 157 947
九年一贯制学校	50 256	64 045	171 974
十二年一贯制学校	6 653	9 888	25 478
完全中学	19 533	20 612	59 465
职业初中			
2. 成人初中	33 202		33 360
三、初等教育	499 292	623 202	3 461 337
（一）普通小学	499 292	623 202	3 461 337
小学	453 098	572 413	3 159 038
九年一贯制学校	41 690	46 580	274 385
十二年一贯制学校	4 504	4 209	27 914

续表

	毕业生数	招生数	在校生数
（二）成人小学			
其中：扫盲班			
四、工读学校	54	38	106
五、特殊教育	1 246	2 413	11 831
六、学前教育	640 751	575 076	1 699 519

注：①完全中学、九年一贯制学校和十二年一贯制学校的学生数按教育层次分别计入对应教育阶段的学生数中。②特殊教育学生数中包括义务教育阶段随班就读的学生数、其他学校附设特教班学生数。

湖北省各级各类非学历教育学生情况

单位：人次

	结业生数	注册学生数
总计	848 275	849 506
一、高等教育	272 025	274 534
（一）研究生课程进修班	7	763
（二）自考助学班	23 466	27 178
（三）普通预科生		2 972
（四）进修及培训	248 552	243 621
其中：资格证书培训	100 983	103 922
岗位证书培训	60 930	53 426
二、中等职业教育	576 250	574 972
其中：资格证书培训	57 734	57 125
岗位证书培训	105 033	145 544
（一）中等职业学校	289 243	261 512
其中：资格证书培训	39 928	30 752
岗位证书培训	15 255	11 235
（二）职业技术培训机构	287 007	313 460
其中：资格证书培训	17 806	26 373
岗位证书培训	89 778	134 309

湖北省各级各类民办学校校数、教职工、专任教师情况

	学校数（所）	教职工数（人）	专任教师数（人）
一、高等教育			
（一）研究生培养机构（不计校数）			
1. 普通高校			
2. 科研机构			

续表

	学校数（所）	教职工数（人）	专任教师数（人）
（二）普通高等学校	43	26 551	19 449
1. 本科院校	32	22 620	16 692
其中：独立学院	17	9 410	7 317
2. 高职（专科）院校	11	3 691	2 611
3. 其他普通高教机构（不计校数）	1	240	146
（三）成人高等学校			
（四）民办的其他高等教育机构	18	594	167
二、中等教育			
（一）高中阶段教育			
1. 高中			
普通高中	126	14 851	6 335
完全中学	36	5 341	1 957
高级中学	54	4 149	3 225
十二年一贯制学校	36	5 361	1 153
成人高中			
2. 中等职业教育			
普通中专	44	2 199	1 142
成人中专	3	106	76
职业高中	14	543	328
技工学校			
其他中职机构（不计校数）	2		
（二）初中阶段教育			
1. 初中	133	12 206	8 728
初级中学	32	3 108	2 671
九年一贯制学校	101	9 098	2 707
十二年一贯制学校			1 405
完全中学			1 945
职业初中			
2. 成人初中			
三、初等教育			
（一）普通小学	84	4 463	7 485
小学	84	4 463	2 995
九年一贯制学校			3 151
十二年一贯制学校			1 339
（二）成人小学			

续表

	学校数（所）	教职工数（人）	专任教师数（人）
其中：扫盲班			
四、工读学校			
五、特殊教育	1	20	10
六、学前教育	5 549	113 278	55 494
另有：民办培训机构（不计校数）	98	1 474	1 160

注：①完全中学的学校数和教职工数计入高中阶段教育，九年一贯制学校的校数和教职工数计入初中阶段教育，十二年一贯制学校的校数和教职工数计入高中阶段教育。专任教师按照教育层次进行归类。②“（ ）”内数据为不计校数。

湖北省各级各类民办教育学生情况

单位：人

	毕业生数	招生数	在校生数
一、高等教育			
（一）研究生			
博士			
硕士			
（二）普通本专科	106 307	104 781	384 293
本科	68 383	69 113	270 917
专科	37 924	35 668	113 376
（三）成人本专科	361	349	626
本科	7	5	35
专科	354	344	591
（四）其他学生			
1. 民办高校			8 730
2. 民办的其他高等教育机构			11 782
二、中等教育			
（一）高中阶段教育			
1. 高中			
普通高中	32 519	35 499	100 557
完全中学	11 540	10 851	31 399
高级中学	16 849	18 571	53 477
十二年一贯制学校	4 130	6 077	15 681
成人高中			
2. 中等职业教育			
普通中专	5 608	9 368	23 722

续表

	毕业生数	招生数	在校生数
成人中专	1 441	952	2 271
职业高中	1 411	2 735	7 026
技工学校			
其他学生数			3 292
（二）初中阶段教育			
1. 初中	39 596	48 916	134 978
初级中学	15 359	16 182	45 706
九年一贯制学校	9 894	14 180	38 423
十二年一贯制学校	4 784	8 192	20 229
完全中学	9 559	10 362	30 620
职业初中			
2. 成人初中			
三、初等教育			
（一）普通小学	20 190	19 395	127 245
小学	8 570	9 445	59 067
九年一贯制学校	8 355	7 113	48 562
十二年一贯制学校	3 265	2 837	19 616
（二）成人小学			
其中：扫盲班			
四、工读学校			
五、特殊教育	26	42	88
六、学前教育	336 912	323 150	1 033 788
另有：民办培训机构（不计校数）			27 822

注：①完全中学、九年一贯制学校和十二年一贯制学校的学生数按教育层次分别计入对应教育阶段的学生数中。②特殊教育学生数中包括义务教育阶段随班就读的学生数、其他学校附设特教班学生数。③“其他学生数”包括自考助学班学生数、预科生数、进修及培训学生数。

〔**教育综合改革**〕 2016年，发布《湖北省深化考试招生制度改革实施方案》以及普通高中学业水平考试、学生综合素质评价两个实施办法，改版升级全省普通高中学生综合素质评价平台，在宜昌、潜江等地启动综合素质评价试点。实施职业教育创新发展行动计划，紧紧围绕产教融合、校企合作，推进高水平职业学校建设和重点专业建设，服务产业发展。先后出台了高校“双一流”建设工程、高校创新创业改革、城乡义务教育一体化经费保障、现代学徒制试点、加快民族教育发展、乡村教师支持计划、教育精准扶贫、教育对外开放等10多项改革方案和政策文件。

〔**教育经费保障**〕 省政府办公厅印发了《湖北省进一步完善城乡义务教育经费保障机制实施方案》，从2016年春季学期开始，统一城乡义务教育学校经费保障政策，统一城乡义务教育生均公用经费拨款标准，基本建立各类教育生均拨款制度，财政性教育投入大幅增长，全省共落实城乡义务教育经费保障机制资金54.56亿元，其中中央和省级承担90.2%。制定全省首个中职学校生均经费具体标准，进一步完善了教育经费保障制度体系。督促各地落实省政府关于普通高中经费保障机制政策。省属高职院校生均拨款达12 000元，实现了国家规定的目标。

〔**推进依法治教**〕 遴选确定100所大中小学开展“湖北省依法治校示范校”创建工作，推进学校依法办学。加强法治宣传教育，制定《湖北省教育系统开展法治宣传教育的第七个五年规划（2016—2020)》和年度计划。加强法治工作骨干培训，举办中小学法治工作骨干培训研讨会，培训法治工作骨干100人次。加强青少年法治教育，在全省教育系统开展“宪法学习日”主题教育活动，组织300万名中小学生同步晨读宪法。

〔**教育精准扶贫**〕 制定《湖北省教育精准扶贫行动计划（2015—2019年)》及26个配套实施方案，教育精准扶贫9大战区分别召开了现场推进会，分县（市、区）制定了实施方案，确定了项目清单。组织高校、省示范高中分别与各扶贫县（市、区）政府、教育局、学校签署了207份对口支持协议。统筹各类教育专项资金52.46亿元，支持贫困县（市、区）新建幼儿园210所、改造义务教育薄弱学校1 700所、改造贫困地区普通高中29所、改造34所贫困县中职学校。出台普通高中免学费政策，对5.4万多名建档立卡贫困家庭普通高中学生免除学费。落实社会捐赠5 500万元，在国家现有资助政策基础上，再对1.2万名家庭经济困难学生予以特别资助。

〔**学生资助**〕 2016年，全省筹措各类资金32.2亿元，资助家庭经济困难学生150万人次，实现了全学段多渠道学生资助。按照“精准资助、不落一人”的要求，将51万名建档立卡贫困家庭学生列入优先资助对象，在享受现行资助政策的基础上，予以最大限度的资助。加大生源地助学贷款政策宣传，做到应贷尽贷，全省向9.3万名大学生发放贷款6.77亿元。泛海公益基金会从2016年开始在湖北省实施“泛海助学行动”项目，连续5年，每年捐资5 000万元，资助1万名家庭经济困难大学新生。

〔**乡村教师队伍建设**〕 落实省政府办公厅《关于全面加强全省乡村教师队伍建设实施办法》，在湖北省教育基金会建立湖北省乡村教师奖励基金及关爱基金，首批资助大病、特困乡村教师400人，奖励优秀乡村教师2 000人。召开全省乡村教师队伍建设工作推进会，5次通报各地文件制定工作进展情况。2016年，17个市（州）已全部出台实施细则。

〔**校园足球**〕 举办2016年全省校园足球裁判员培训班，以及第二批国家校园足球特色学校体育骨干教师培训班和校长培训班，分别培训400名裁判员教师、500名教师以及250名校长，并创建了“湖北省青少年校园足球官方网站”。在荆州市承办了2016年全国青少年校园足球小学组夏令营；组织全省高校承办全国南区5人制足球联赛，湖北省在全国总决赛中获季军；组织举办全省高校校园足球联赛，参赛规模达70所院校，创参赛规模历年纪录；全省17个市（州）全部开展了校园足球联赛。推进足球对外交流，选派10余名体育教师赴法国、英国培训校园足球；西班牙教师团队在襄阳市执教进展顺利，推进了校园足球的普及，深受师生喜爱。

〔**学校美育**〕 省政府办公厅印发《关于全面加强和改进学校美育工作的实施意见》。省委宣传部、省教育厅、省文化厅、省文联印发《关于开展戏曲进校园活动的指导意见》和《湖北省戏曲进校园工作落实方案》，在中国地质大学（武汉）成立了由湖北地区20余所高校组成的湖北省高校戏剧组织联盟。组织省、市、县艺术院团到全省大、中、小学举办戏曲专场演出，完成演出场次6 600余场，占全年任务的80%；举办2016年全省校园戏曲展演，42个优秀戏曲节目参加现场展演。组团参加全国第五届中小学生艺术展演，省教育厅获优秀组织奖，恩施市艺术教育工作坊“傩戏面具与西南卡普”备受关注。举办第三届“长江钢琴杯”青少年钢琴比赛，1.5万余人次报名参赛。举办第一届“学院空间”青年美术展览，300余幅优秀美术作品在湖北省图书馆展出。举办第五届“长江之春”音乐季，专场演出42场、江城大学生艺术讲堂25场。

〔**教育信息化应用**〕　加强“三通两平台”建设，基本实现宽带网络校校通。按照“政府政策支持、企业参与建设、学校持续使用”的机制，采取企业先建，学校购买服务的方式建设教育宽带网，建地市级城域网5个、县市级城域网57个。实现10 M或以上宽带接入的学校5 843所，占学校总数的53%；实现4 M或以上带宽接入的学校占78%。开通了地市级教育资源公共服务平台，为区域内县（市、区）教师和学生提供优质教学资源。开展“一师一优课、一课一名师”活动，全省“晒课”146 678节。2016年，全省开通教师空间168 870个，占教师总数的40%，其中用于网络教研的103 948个，占空间总数的62%；开通学生学习空间981 565个，占学生总数的16%。

〔**来华留学生管理**〕　2016年，全省共有来华留学生19 092人。开展第二期湖北省来华留学英语授课品牌课程评选活动，评出29门省级品牌课程；主办“留动中国——在华留学生阳光运动文化之旅”湖北赛区比赛，来自全省10所高等院校的留学生参加了比赛。全省留学生奖学金数额由100万元增至600万元，其中单列300万元作为“一带一路”奖学金项目，招收约70名来自“一带一路”沿线国家奖学金生到湖北省进行汉语言学习。与英国文化委员会共同招收培养来自英国的约30名留学生到华中科技大学、中国地质大学（武汉）和湖北大学学习汉语；组织18所高校在澳大利亚、新西兰举办教育展。

〔**教育对外交流**〕　派出职业教育访问团访问印度尼西亚、泰国和新加坡等国家，招收两期泰国留学生，由泰国政府和湖北省政府共同资助。组织6所职业院校参加贵州省举办的东盟教育周活动，与马来西亚等东南亚国家达成10余份意向性合作协议。参与中日韩部长会议达成的“中日韩千校携手”活动，组织湖北省5所中小学负责人赴日本开展基础教育教职员交流，派出中学生150人访问韩国，并成功接待由149人组成的韩国中学生回访团组。推进中小学“中美千校携手”项目，其中宜昌六中被评为该项目全国示范校。

〔**教育系统抗洪救灾**〕　2016年，全省共有99个县（市、区）的3 600余所学校遭受洪涝灾害，直接经济损失达19亿多元。教育战线4.5万名教育行政机关干部和教师在一线参与抗洪抢险，11个市（州）300多所学校作为受灾群众安置点，共安置受灾群众6.5万人、武警官兵2 200多人，大灾期间未发生一起师生校内伤亡事件。灾后，制定全省学校重建规划，涉及学校2 908所，规划总投资23亿元。争取财政部、国家发展改革委补助资金3.9亿元及中国教育发展基金会教育救灾专项资金2 020万元，调整省级财政资金支出结构，统筹5亿元，用于灾后建设。

〔**民族教育**〕　在中小学校开设“民族团结教育”地方课程，将教材纳入农村义务教育免费教科书范围。与省民族宗教事务委员会联合开展全省民族教育调研，省政府出台《湖北省关于进一步加强民族教育的实施意见》，省财政每年列民族教育专项奖补资金2 000万元。召开内地民族班工作座谈会，加强内地民族班教育管理与服务工作，促进混班教学和混合住宿工作。向教育部申请，在中南民族大学设立了少数民族汉语水平等级考试考点。

〔**教育援疆援藏**〕　组织武汉职业技术学院等4所高职院校面向新疆博尔塔拉蒙古自治州（简称“博州”）单独招收中职生46人，完成博州中职学校第六批、第七批共34名短期援疆教师选派和轮换工作。选派2名处级干部分别任博州教育局和农五师教育局副局长，选派18名援疆教师。组织有关高职院校和专家赴博州中职学校开展专业建设、实训实践基地建设和学校管理工作现场指导。协调湖北大学、武汉科技大学等18所高校安排定向博州、农五师普通本专科招生计划184人。从全省选派50名优秀管理人员和教师进藏开展“组团式”支教。选派1名省教育厅机关处级干部任山南市教体局副局长。协调武汉市教育局、武汉西藏中学为山南地区开办高一新生代培班，40名山南市第一高中学生到武汉西藏中学学习。

〔**民办教育**〕 落实《湖北省人民政府关于进一步促进民办普通高等教育发展的若干意见》，支持社会资本进入教育领域，指导湖北民族学院、湖北科技学院等4所独立学院引进新的社会投资方，开展合作办学，引进社会资本15.7亿元，建设新校园。坚持规范管理，完成省管74所民办学校的年检工作，开展全省教育类培训机构调研工作。理顺民办教育管理体制，下放9所民办中职学校管理权限，上收16所民办非学历机构管理权。

〔**语言资源保护工程建设**〕 制定《中国语言资源保护工程湖北省项目总体规划方案》，湖北省50个汉语方言调查点名列其中。组建湖北语言资源保护工作QQ群，制作了工作通讯录。举办湖北省语言资源保护工程技术和专业两个培训班，制发《中国语言资源保护工程湖北汉语方言调查项目实施方案》，广泛宣传湖北语言资源保护工程建设工作，对13个调查点进行分类指导，组建10支专业调查团队。举办湖北汉语方言调查项目2016年中期检查工作会、省预验收工作会和教育部年终验收工作会。湖北汉语方言调查项目13个课题全部高质量完成验收。

基础教育

〔**学前教育二期行动计划**〕 扩大学前教育资源，新建、改扩建542所农村公办幼儿园，为1 348所合格幼儿园配置玩教具，对2 535所企事业单位、集体办园和民办幼儿园进行奖补。强化对项目资金使用监管，组织第三方评价机构对22个县（市、区）开展学前教育中央专项资金实施绩效评价。强化幼儿园规范管理，制定普惠性民办幼儿园认定办法，修订学前教育示范县（市、区）创建标准和幼儿园办园水平认定标准。组织开展学前教育示范县（市、区）创建和省级示范幼儿园认定工作。新认定23所幼儿园为省级示范幼儿园；取消1所幼儿园省级示范园称号；认定荆门市东宝区、武汉市江夏区和郧西县、仙桃市为学前教育示范县（市、区）。以“幼小协同、科学衔接”为主题，组织开展第五届学前教育宣传月活动。

〔**义务教育改革创新**〕 开展教学点网校试点，在全省13个山区县（市、区）选取200个农村教学点，指导依托信息技术开齐开好课程工作。在咸宁市召开“农村教学点网校试点工作现场推进会”，组织观摩教学现场，交流总结试点经验，部署推进试点工作。推进义务教育招生工作改革，制定《关于做好2016年城市义务教育招生入学工作的通知》，推行学区制和多校划片招生模式，推进义务教育学校免试就近入学工作，化解择校热问题。规范义务教育学籍管理，依托“国家中小学生学籍信息管理系统”开展招生入学和学籍管理工作，开展学籍管理人员政策知识和技能操作培训，建立学籍管理业务办理进展情况通报制度，不断提升规范办学水平。

〔**义务教育均衡发展督导评估**〕 2016年，对11个县（市、区）开展了义务教育均衡发展省级督导评估。截至2016年年底，全省112个县（市、区）全部通过省级评估，全面完成了省政府和教育部签订的《备忘录》目标。同时，组织12个县

（市、区）接受国家实地督导检查，全省112个县（市、区）中有102个县（市、区）通过国家督导认定。省政府继续将推进义务教育均衡发展纳入2016年重点督查工作计划。继续实施督导公告、评估监测、表彰奖励、约谈问责、公众满意度调查、月度报告制度等工作机制。印发《湖北教育督导通报》，逐县（市、区）下发《整改通知书》，约谈均衡差异系数超标的县（市、区）政府负责人，开展过程督导，督促各地整改提高。

〔**核心价值观教育进校园**〕　推进“双读”教育活动（即中小学“朝读经典·践行社会主义核心价值观”教育活动和幼儿园“起点阅读·培育社会主义核心价值观”教育活动），为全省556万名中小学生免费配发《朝读经典》读本，为幼儿园6万个班级配发《起点阅读》绘本；录制“双读”教学培训和示范课视频，组织全省任课教师观看和研训；开展活动展演、诵读比赛、优质课评选、征文活动，全省中小学师生广泛参与。推进校园文化建设，开展校园文化示范区和文明校园创建工作；贯彻落实新版《中小学生守则》；开展“我的中国梦”“少年传承中华美德”等系列主题教育活动；成立中小学中华优秀传统文化教育研究基地。加强校外教育基地建设，建立国家示范性综合实践基地建设月报制度，对未按规定完成建设任务的基地下发了督办函。

〔**中小学教师队伍建设**〕　完善省级统筹的农村义务教育教师补充机制。按照“总量平衡、退一补一”的原则，实行新机制教师空岗补齐，全省共招聘农村义务教育教师6 547人，推进义务教育学校校长、教师交流轮岗。组织实施“三区”人才支持计划教师专项，1 002名教师在29个贫困县（市、区）开展支教。省教育厅印发《湖北省实施〈中小学教师违反职业道德行为处理办法〉细则》，将教师职业道德行为分为政治纪律、教育教学、师德师风表现三个方面，并对相应罚则做了细化规定。集中治理师德师风领域突出问题，印发《关于加强履职尽责做好2016年度师德师风建设工作的通知》，各地共处理教师有偿家教及收受礼金问题521件。

〔**全面改善贫困地区义务教育薄弱学校基本办学条件**〕　2016年，全省共落实全面改善贫困地区义务教育薄弱学校基本办学条件资金145.6亿元，占5年总规划投入的61.05%。全省开工校舍累计面积821.68万平方米，占5年总规划的71.14%；全省竣工校舍累计面积715.19万平方米，占5年总规划的61.92%；全省购置设施设备累计金额26.40亿元，占5年总规划的50.67%。

〔**教育惠民生**〕　出台《关于开展小学生课后在校托管服务的指导意见（试行）》，在全国率先创建了在学校开展托管的教育服务模式，尝试解决小学生课后无人看护的现实困难。加强留守儿童关爱，首批投入1 000万元，推动在全省各地建设留守儿童关爱中心建设。开展留守儿童成长档案建设，督促各地各中小学校对农村留守儿童受教育情况实施全程管理。配合省民政等部门完善留守儿童关爱服务方案，开展留守儿童关爱行动。保障随迁子女接受义务教育。研究居住证背景下随迁子女就学问题，建立并完善随迁子女入学政策。规范免费教科书招标、采购程序，完成了2016年农村义务教育学生免费教科书配备工作。

〔**特殊教育提升计划**〕　继续贯彻落实特殊教育提升计划，组织开展特殊教育提升计划落实情况自查，召开全省、市（州）特殊教育工作会，总结交流经验。组织全省各地对特殊教育资源中心、教室建设情况进行逐校摸底，督促各地做好布局规划，统筹利用资金980万元，改善特殊教育学校办学条件，推进特殊教育资源教室（中心）建设。指导国家特殊教育改革实验区洪山区、松滋市推进改革试验工作，组织开展全省未入学残疾儿童信息精准核查，按“一人一案”做好入学安置工作。

职业教育

〔**中职学校体制改革**〕 2016年，将教学业务由省教育厅管理的9所民办中职学校的管理权限下放到武汉市管理。同时，严格执行在武汉的省级示范以上的高职院校不再举办中职教育，其他高职院校除开展五年制高等职业教育外，逐步停办中职教育。推进中等职业教育资源整合，按照每市州重点建设2—3所、各县（市、区）集中力量办好一所中职学校的要求，强力推进各县（市、区）中等职业学校与技工学校的资源整合，全省重点建设约120所标准化中职学校。2016年，全省80%左右的县（市、区）已完成技工学校和中职学校的资源整合工作。按照“政府统筹、渠道不变、集中安排、各计其功”的原则，将教育、人社、农业、扶贫、团委、工会、妇联等部门的培训资源，整合到县级职业教育中心，充分发挥县级职业教育中心培训主阵地的作用，全省30%以上的县市已完成培训资源的整合工作。

〔**职业院校内涵建设**〕 坚持“以德育工作为主线，公共基础课教学为重点，校园文化建设为载体”的职业院校人文素质教育的总体目标，将德育工作纳入人文素质教育的首要内容。完善德育工作体系，成立了德育教学研究中心组和中等职业学校德育工作委员会，先后组织了班主任工作论坛、校长论坛、德育课教师信息化教学设计和说课大赛及中职学校德育工作考核评价标准研究等活动，提升德育工作水平。印发《湖北省中等职业院校教学诊断与改进工作实施方案（试行）》和《湖北省高等职业院校内部质量保证体系诊断与改进工作实施方案（试行）》，研究制定职业教育教学质量评价指标体系，部署职业院校开展教学诊断与改进工作试点，遴选3所职业院校参加国家试点，9月中旬和10月下旬分别举办了中职学校和高职院校负责人培训班。建立职业院校年度质量报告制度。

〔**职业教育改革创新**〕 开展现代学徒制试点，印发《湖北省职业院校现代学徒制实施方案》，确定4个市（州）、1个行业协会和32所职业院校为首批现代学徒制试点单位，积极推进校企联合招生、联合培养的人才培养模式改革。推动高职教育创新发展，制定《湖北省高等职业教育创新发展3年行动计划》并报教育部，经教育部审核同意，湖北省共承担57项改革任务和项目。推进中高职衔接，印发《省教育厅关于公布2016年五年制高等职业教育招生学校和专业的通知》，落实五年制高等职业教育招生计划1.95万人。推进“技能高考”，2016年技能高考专业设有9个大类，落实招生计划2.6万人，其中本科计划3 250人。高职院校单独招生学校扩大到25所，落实招生计划9 405人。

〔**师资队伍建设**〕 制定职业院校专业骨干教师培训计划，共安排458名中职骨干教师、201名高职骨干教师在国家级和省级职教师资培训基地进行培训，组织中职转岗教师培训193人。以加强管理、提高质量为主要内容，举办全省职业教育管理干部和中职学校校长培训班、全省中职学校教学诊断与改进工作暨五年制高职教育教学管理培训班、全省高职院校教学诊断与改进工作培训班，累计培训800余人次。评聘“楚天技能名师”，从行业企业聘请能工巧匠到职业院校担任专业兼职教师，全年聘请312人，其中高职院校195人、中职学校117人。建立专业技能名师工作室制度，以职业院校专业骨干教师为龙头，联合政校行企建设技能名师工作室，打造优秀专业教师团队。

〔**职业教育产教融合**〕 继续推动职业教育集团建设，以省级行业性职业教育集团为载体，通过部门、行业、企业联动，发挥高职院校龙头作用和中职学校基础作用，整合重点学校、重点企业资源，共同提高人才培养质量。2016年，全省已建立省级行业性职业教育集团34个。出台校企合作税费激励政策，省教育厅、省财政厅、省国税局、省地税局印发《关于支持发展现代职业教育加强校企合作有关税收政策的通知》，为职业院校校企合作营造了良好的政策环境。校企共建打造职业教育品牌，根据全省产业发展需求，依托各行业职业教育集团，由高职院校牵头，联合相关企业、中职学校，共立项建设12个湖北职业教育品牌。此外，根据全省产业发展和区域经济社会发展需要，全年高职立项建设19个职业教育品牌专业、36个特色专业，中职学校立项建设48个特色专业。

高等教育

〔**高校学科建设**〕 投入专项资金1亿元，启动39个省属高校优势特色学科群建设项目，完成2017年的项目立项和资金分配工作。完成全省2015年重点学科和研究生工作站建设项目绩效评价工作，指导有关高校完成全国第四轮学科评估和专业学位水平评估的材料整理、报送工作。召开全省学科建设与研究生教育工作会议，部署和推进全省高校学科建设和研究生教育改革工作。

〔**优化专业结构**〕 落实学科专业结构优化调整机制，对省属高校实行年度增设本科专业预警，适度控制就业率较低和布点较多专业，提出32个高校暂缓增设专业名单的建议；构建部门联合审核机制，会同省卫生和计划生育委员会开展医学类专业增设考察审核工作。以社会需求为导向，围绕新兴产业和支柱产业，结合高校办学特色，统筹规划省属高校年度本科专业设置工作，优化专业类型结构。2016年，全省51所高校的118个本科专业点获批设置，这些专业基本是与工业、文化产业、体育产业、现代服务业等相关的应用型本科专业。同时，撤销14个本科专业点。

〔**实施本科教学工程**〕 推进教学改革、教学研究和教学实践，部署第八届湖北省高等学校教学成果奖励工作，年度立项541项省级教学研究项目。加强大学生实践能力培养，遴选推荐368项国家级大学生创新创业训练计划，评选2016年度大学生优秀科研成果206项；部署开展数学建模竞赛等12项年度大学生科技创新和技能竞赛活动。加强优质课程资源建设，推进全省高校在线开放课程建设和应用，促进优质课程资源共享，建设50门年度省级精品在线开放课程。促进国际化高素质创新型人才培养，实施年度优秀大学生海外游学计划，组织22所省属高校390名大学生赴海外6个国家16所著名高校游学。

〔**应用型本科高校建设**〕 2016年，对23所试点高校的转型发展工作开展中期检查，总结经验、研究问题、推进试点。省教育厅、省发展和改革委遴选推荐湖北师范大学等16所本科高校申报国家“十三五”产教融合发展工程项目，申请规划建筑面积71.3万平方米，总投资概算25.98亿元，其中争取中央预算内投资13.5亿元。支持湖北理工学院、湖北大学知行学院等高校与有关部门（行业）、地方政府联合办学，开展“政校行企多元协同办学体制机制创新”试点，培养满足经济社会发展需要的应用型人才。召开转型发展试点工作推进会，推动成立“湖北省应用型高等学校联盟”，搭建应用型高校合作交流平台。

〔**创新创业教育改革**〕 省政府办公厅印发《关于进一步深化高等学校创新创业教育改革的实施意见》，提出开设创新创业教育课程等13项政策措施。2016年，新增高校创新创业教育改革专项，每年安排2 000万元创新创业教育专项资金，支持高校创新创业教育改革。建设54个年度省级实习实训基地和一批省级重点实验教学示范中心、虚拟仿真实验教学中心，推进高校实践教学条件和教学基地开放共享机制建设，补齐实践教学短板。建立国家、省、校三级创新创业训练和学科创新竞赛体系，组织实施年度大学生创新创业训练计划 1 794 项，10 万余名大学生参与学科创新竞赛和创业活动。

〔**试点学院改革和协同育人**〕 推进试点学院改革，遴选第三批 9 所高校开展省级试点学院改革，把试点学院改革作为综合改革的突破口，全省 33 个试点学院全面施行“三改一完善”（即改革学生招录与选拔方式、改革人才培养模式、改革教师遴选考核与评价、完善学院治理结构）改革。实施“荆楚卓越人才”协同育人计划，在全省 45 所高校实施“荆楚卓越工程师”计划项目 55 个、“荆楚卓越医生”计划项目 10 个、“荆楚卓越农林人才”计划项目 10 个、“荆楚卓越法律人才”计划项目 8 个，鼓励高校探索创新创业人才培养新模式，着力培养高素质创新创业人才。建立协同育人机制，省教育厅会同省委政法委对政法系统和高校法学院系第一批“双千计划”40 位互聘人员进行考核；会同省委宣传部组织新闻媒体单位与高校新闻学院开展第四批“双千计划”互聘工作，实施 30 名教师和新闻从业人员互聘互挂；会同省委宣传部推进部校共建武汉大学新闻传播学院，推进高素质新闻后备人才培养；联同省旅游行业学会共同组建全省高校旅游管理类专业教学指导委员会，加强高校旅游管理类专业建设和教学研究。

〔**技术技能型人才培养模式创新**〕 开展本科和高职院校联合培养人才试点。2016 年，9 所本科高校与 11 所高职院校合作，在 21 个专业开展联合培养本科技术技能型人才试点，安排招生计划 1 400 人。成立联合培养试点工作协作组，进一步完善试点工作方案和人才培养方案，加强项目管理考核，委托专家对试点项目进行教学工作评估，修订完善试点工作遴选标准。推进扩大实施“完全学分制”改革试点。组织对 10 所已实施“学分制”改革高校开展调研，推进“完全学分制”实施，指导湖北大学、长江大学实施学分制改革。

〔**学位与研究生教育质量保障体系**〕 开展博士、硕士学位论文抽检工作，对抽检中“存在问题论文”比例较高的 8 所高校进行了质量约谈和预警。完成全省优秀学位论文和省级研究生工作站推荐申报和审定工作，批准高校与企事业单位合作建立 52 个省级研究生工作站。完成新增学士授权单位、专业及双学士授权专业审核工作，共有 49 所高校 100 个专业新增为学士授权专业，9 所高校 13 个专业新增为双学士授权专业。

〔**高层次师资发展平台**〕 整合人才项目资源，举办全省首届高校高层次人才工作推进会，为“楚天学者”、湖北名师工作室主持人、湖北产业教授等人才提供展示交流平台。评选湖北名师工作室 40 个，选聘湖北产业教授 20 人。开展第七批“百人计划”评审（高校、科研院所申报项目类），29 人通过评审。从 2016 年起，高校名师工作室资助经费从 5 万元增至 10 万元，给予湖北产业教授每人 10 万元工作经费。省委组织部、省教育厅、省财政厅修订并印发《“楚天学者计划”实施办法》。

〔**“双带头人”培育工程**〕 按照“一好双强”（政治素质好，党务能力强、教学科研能力强）标准，要求“双带头人”担任教师党支部书记实现全覆盖。2016 年，全省高校“双带头人”比例达 99.4%，较 2015 年提高 0.9 个百分点。全年推进高校举办培训班 170 期（班），培训 3 323 人次。推进后备人才建设，动态入库人选达 6 531 人；提炼、宣传先进典型事迹，通报表扬 54 名优秀“双带头人”教师党支部书记。开展“党建+教学科研”“党建+团队建设”等工作模式的探索，通过组建党员教师骨干与资深老教师教研团队、青年党员教师教学改革先锋队和实行党员教师担任本科生新生导师等形式，促进教学科研水平、服务学生成长成才质量双提升。

〔**高校创新能力提升计划**〕 2016 年，新立项建设武汉大学“杂交水稻”等 3 个湖北省协同创新中心。加强湖北省协同创新中心管理，开展“2011”计划经费自查工作及2015年度协同创新中心建设项目财政资金绩效。8月，省财政厅、省教育厅印发《关于开展“湖北省协同创新中心建设”财政专项资金绩效评价工作的通知》，对协同创新中心建设项目绩效评价提出了要求。

〔**高校人文社科重点研究基地**〕 根据高校人文社科重点研究基地建设管理办法，组织专家对高校申报的省人文社科重点研究基地项目进行了评审。本次评审的是近两年来16所高校申报的人文社科重点研究基地共36个，主要涉及经济、管理、社会、教育等领域。坚持一流标准和唯一性原则，坚持服务导向和需求导向，成为对区域经济社会发展有重要影响的智库。依据专家评审情况，结合评审方案有关要求，对21个基地予以立项建设。

〔**优秀科技成果转化项目**〕 开展湖北高校优秀科技成果转化项目和湖北高校智库优秀决策咨询研究成果评选，共有22所高校申报54项优秀科技成果转化项目、32所高校申报决策咨询研究成果70项，从中评选出湖北高校十大科技成果转化项目12项、优秀项目21项，评选湖北高校智库十大决策咨询研究成果10项、优秀成果20项。

〔**高校哲学社会科学研究**〕 加强高校马克思主义学院建设，制定马克思主义学院建设标准，实施“特聘教授计划”，实施全省高校马克思主义中青年理论家培育计划，遴选培育骨干42人。开展项目研究，推广转化优秀研究成果，实施项目全过程的跟踪和监督，立项支持37项哲学社会科学重大项目、1 028项一般项目，遴选推广高校人文社会科学研究优秀成果66项。获教育部第七届高等学校科学研究优秀成果奖（人文社会科学）83项，其中一等奖3项、二等奖17项。加强哲学社会科学人才队伍建设，举办哲学社会科学教学科研骨干研修班，培训300人次。

〔**践行社会主义核心价值观**〕 开展文明校园、文明寝室创建工作，评选2015年度高校示范文明寝室226个。深化中国特色社会主义和中国梦宣传教育。评选2015年度湖北省高校网络文化建设“四个十佳”，评选2015年度湖北省高校校园文化建设优秀成果43项。指导高校建设“道德和法治讲堂”，采用多种形式开展国家安全知识宣传教育活动。督促各高校严格执行教育部“红七条”和湖北“十倡导十禁止”师德行为规范。加强网络安全教育，组织开展网络安全宣传月活动并承办国家网络安全宣传周教育主题日活动，参与组织全省首届网络安全技术竞赛、法制日系列活动、2016年中国金融网络安全论坛，举办“湖北高校网络文化传播与思想政治教育”专题培训班。

〔**“两访两创”活动**〕 制定《2016年度高校“两访两创”活动方案》，继续以“访三室转三风”为主题，巩固文明寝室创建成果，推进文明校园创建活动，评选2015年度高校示范文明寝室226个。2016年，高校共访谈教师24 486人、学生220 326人、党员37 167人，收集意见近万条，涉及教学科研、后勤服务十多类。坚持解决问题和服务师生导向，湖北大学在“两访两创”活动中，为学校生命科学院教授张江建立了“质体基因工程实验室”，配强科研团队。

〔**毕业生就业**〕 2016年，全省普通高校毕业生42.71万人，其中研究生3.35万人、本科生21.62万人、高职（专科）生17.74万人。截至2016年9月初，全省高校毕业生总体就业率为92.09%。全省高校自主创业毕业生人数为2 173人，比2015年增长20.12%；在校大学生自主创业人数为6 449人，比2015年相比增长8.64%。全省高校毕业生到基层就业人数为27.06万人，比2015年同期增加0.61万人，占已就业人数的68.80%。

撰稿　邓　辉　黄　勇
审稿　徐雁冰

湖南省教育

概　　况

〔基本情况〕

湖南省各级各类学校校数、教职工、专任教师情况

	学校数（所）	教职工数（人）	专任教师数（人）
一、高等教育			
（一）研究生培养机构（不计校数）	20		
1. 普通高校	17		
2. 科研机构	3		
（二）普通高等学校	123	100 543	68 726
1. 本科院校	51	64 623	43 106
其中：独立学院	15	5 086	4 031
2. 高职（专科）院校	72	35 920	25 620
3. 其他普通高教机构（不计校数）			
（三）成人高等学校	12	1 172	751
（四）民办的其他高等教育机构	29	299	144
二、中等教育	4 538	349 581	276 159
（一）高中阶段教育	1 183	151 047	106 692
1. 高中	593	106 701	72 389
普通高中	579	106 519	72 229
完全中学	202	36 276	19 036
高级中学	314	57 525	49 923
十二年一贯制学校	63	12 718	3 270
成人高中	14	182	160
2. 中等职业教育	590	44 346	34 303
普通中专	34	4 314	3 213

续表

	学校数（所）	教职工数（人）	专任教师数（人）
成人中专	87	3 800	2 783
职业高中	339	24 919	19 403
技工学校	130	11 056	8 683
其他中职机构（不计校数）	8	257	221
（二）初中阶段教育	3 355	198 534	169 467
1. 初中	3 322	198 344	169 279
初级中学	2 151	129 691	119 549
九年一贯制学校	1 171	68 653	32 921
十二年一贯制学校			3 748
完全中学			13 061
职业初中			
2. 成人初中	33	190	188
三、初等教育	8 282	227 993	253 738
（一）普通小学	8 272	227 973	253 718
小学	8 272	227 973	219 521
九年一贯制学校			31 244
十二年一贯制学校			2 953
（二）成人小学	10	20	20
其中：扫盲班			
四、工读学校	2	80	70
五、特殊教育	79	2 016	1 731
六、学前教育	14 365	195 150	94 904

注：①完全中学的学校数和教职工数计入高中阶段教育，九年一贯制学校的校数和教职工数计入初中阶段教育，十二年一贯制学校的校数和教职工数计入高中阶段教育。专任教师按照教育层次进行归类。②技工学校数据为 2015 年数据。③“（ ）”内数据为不计校数。

湖南省各级各类学历教育学生情况

单位：人

	毕业生数	招生数	在校生数
一、高等教育			
（一）研究生	18 813	22 243	70 759
博士	1 540	2 209	11 733
硕士	17 273	20 034	59 026
（二）普通本专科	316 504	349 431	1 225 016
本科	162 337	173 177	688 126

续表

	毕业生数	招生数	在校生数
专科	154 167	176 254	536 890
（三）成人本专科	118 203	111 163	231 006
本科	48 950	50 424	107 449
专科	69 253	60 739	123 557
（四）其他各类高等学历教育			
1. 在职人员攻读硕士学位		6 664	23 912
2. 网络本专科生	27 104	26 866	65 484
本科	12 397	13 585	32 292
专科	14 707	13 281	33 192
二、中等教育	1 487 065	1 473 009	4 289 777
（一）高中阶段教育	574 994	692 862	1 909 158
1. 高中	346 220	393 932	1 112 617
普通高中	341 973	393 932	1 109 093
完全中学	84 481	108 377	295 418
高级中学	238 985	255 334	741 905
十二年一贯制学校	18 507	30 221	71 770
成人高中	4 247		3 524
2. 中等职业教育	228 774	298 930	796 541
普通中专	64 192	62 231	193 052
成人中专	19 807	26 735	66 645
职业高中	115 568	162 358	401 190
技工学校	29 207	47 606	135 654
（二）初中阶段教育	912 071	780 147	2 380 619
1. 初中	739 883	780 147	2 250 503
初级中学	519 902	534 450	1 556 242
九年一贯制学校	123 785	146 114	403 468
十二年一贯制学校	25 687	28 676	81 793
完全中学	70 509	70 907	209 000
职业初中			
2. 成人初中	172 188		130 116
三、初等教育	769 858	899 873	5 018 191
（一）普通小学	769 729	899 873	5 018 111
小学	656 379	790 802	4 354 084
九年一贯制学校	100 868	99 805	598 813
十二年一贯制学校	12 482	9 266	65 214

续表

	毕业生数	招生数	在校生数
（二）成人小学	129		80
其中：扫盲班			
四、工读学校	26	12	341
五、特殊教育	3 328	5 446	25 737
六、学前教育	923 857	937 912	2 249 266

注：①完全中学、九年一贯制学校和十二年一贯制学校的学生数按教育层次分别计入对应教育阶段的学生数中。②特殊教育学生数中包括义务教育阶段随班就读的学生数、其他学校附设特教班学生数。

湖南省各级各类非学历教育学生情况

单位：人次

	结业生数	注册学生数
总计	864 039	1 072 741
一、高等教育	275 990	531 548
（一）研究生课程进修班		
（二）自考助学班	9 978	17 595
（三）普通预科生		1 991
（四）进修及培训	266 012	511 962
其中：资格证书培训	98 647	190 225
岗位证书培训	50 681	51 608
二、中等职业教育	588 049	541 193
其中：资格证书培训	170 000	189 784
岗位证书培训	286 882	231 103
（一）中等职业学校	226 514	129 985
其中：资格证书培训	88 274	58 627
岗位证书培训	87 469	33 830
（二）职业技术培训机构	361 535	411 208
其中：资格证书培训	81 726	131 157
岗位证书培训	199 413	197 273

湖南省各级各类民办学校校数、教职工、专任教师情况

	学校数（所）	教职工数（人）	专任教师数（人）
一、高等教育			
（一）研究生培养机构（不计校数）			
1. 普通高校			
2. 科研机构			

续表

	学校数（所）	教职工数（人）	专任教师数（人）
（二）普通高等学校	31	15 018	11 088
1. 本科院校	20	10 473	7 972
其中：独立学院	15	5 086	4 031
2. 高职（专科）院校	11	4 545	3 116
3. 其他普通高教机构（不计校数）			
（三）成人高等学校			
（四）民办的其他高等教育机构	29	299	144
二、中等教育			
（一）高中阶段教育			
1. 高中			
普通高中	106	15 864	5 242
完全中学	30	3 253	1 274
高级中学	22	1 213	1 027
十二年一贯制学校	54	11 398	2 941
成人高中			
2. 中等职业教育			
普通中专			
成人中专	16	800	581
职业高中	160	4 879	3 091
技工学校			
其他中职机构（不计校数）			
（二）初中阶段教育			
1. 初中	214	15 648	13 709
初级中学	63	5 982	5 192
九年一贯制学校	151	9 666	4 022
十二年一贯制学校			3 157
完全中学			1 338
职业初中			
2. 成人初中			
三、初等教育			
（一）普通小学	156	6 459	11 324
小学	156	6 459	5 036
九年一贯制学校			3 685
十二年一贯制学校			2 603
（二）成人小学			

续表

	学校数（所）	教职工数（人）	专任教师数（人）
其中：扫盲班			
四、工读学校	1	31	25
五、特殊教育	3	34	28
六、学前教育	12 035	163 416	77 755
另有：民办培训机构（不计校数）	242	2 305	1 759

注：①完全中学的学校数和教职工数计入高中阶段教育，九年一贯制学校的校数和教职工数计入初中阶段教育，十二年一贯制学校的校数和教职工数计入高中阶段教育。专任教师按照教育层次进行归类。②“（ ）”内数据为不计校数。

湖南省各级各类民办教育学生情况

单位：人

	毕业生数	招生数	在校生数
一、高等教育			
（一）研究生			
博士			
硕士			
（二）普通本专科	59 899	62 649	227 137
本科	39 006	35 672	141 661
专科	20 893	26 977	85 476
（三）成人本专科	1 963	2 818	4 233
本科	1 790	2 552	3 809
专科	173	266	424
（四）其他学生			
1. 民办高校			12 894
2. 民办的其他高等教育机构			7 673
二、中等教育			
（一）高中阶段教育			
1. 高中			
普通高中	31 476	49 086	121 648
完全中学	7 673	11 555	30 523
高级中学	6 935	9 890	25 019
十二年一贯制学校	16 868	27 641	66 106
成人高中			
2. 中等职业教育			
普通中专	4 388	7 498	19 891
成人中专	4 335	7 087	17 843

续表

	毕业生数	招生数	在校生数
职业高中	19 953	37 090	78 829
技工学校			
其他学生数			8 375
（二）初中阶段教育			
1. 初中	88 417	104 748	290 786
初级中学	34 465	39 895	112 550
九年一贯制学校	22 753	29 195	80 828
十二年一贯制学校	22 498	25 466	71 357
完全中学	8 701	10 192	26 051
职业初中			
2. 成人初中			
三、初等教育			
（一）普通小学	41 916	38 257	242 725
小学	16 998	18 230	109 006
九年一贯制学校	13 561	12 577	77 419
十二年一贯制学校	11 357	7 450	56 300
（二）成人小学			
其中：扫盲班			
四、工读学校			314
五、特殊教育	368	495	1 023
六、学前教育	598 310	632 655	1 659 795
另有：民办培训机构（不计校数）			71 841

注：①完全中学、九年一贯制学校和十二年一贯制学校的学生数按教育层次分别计入对应教育阶段的学生数中。②特殊教育学生数中包括义务教育阶段随班就读的学生数、其他学校附设特教班学生数。③“其他学生数”包括自考助学班学生数、预科生数、进修及培训学生数。

〔**综述**〕 2016 年，全省教育系统在教育部、省委、省政府的领导下，瞄准教育强省建设目标，贯穿质量、结构、公平主题，加强顶层设计，强化资源统筹，协力攻坚克难，推动全省教育改革发展取得了新的成绩。18 个县（市、区）通过全国义务教育发展基本均衡县评估检查，“全面改薄”工作进度排在全国前列。实施卓越职业院校建设计划和特色专业体系建设计划，立项建设了一批卓越职业院校、省级示范性特色专业群和中职高职校企合作生产性实习实训基地。

〔**出台《湖南省建设教育强省“十三五”规划》**〕 9 月 5 日，省教育厅与省发展和改革委联合印发了《湖南省建设教育强省“十三五”规划》。《规划》突出体现了创新、协调、绿色、开放、共享的发展新理念，合理设定了事业发展目标，即到 2020 年，学前三年教育毛入园率达 85%，小学适龄人口入学率、初中适龄人口入学率均达 99%，九年义务教育巩固率保持 98%以上，初中毕业生升学率达 95%，高中阶段教育毛入学率达 93%，高等教育毛入学率达 50%，全省教育发展水平和综合实力进入全国先进行列，基本建成教育强省，基本实现教育现代化，基本建成人力资源强省。

〔**开展县级教育工作“两项督导评估考核”**〕 4月至5月，省教育督导委员会办公室组织部分省督学和省教育督导评估专家，对第三轮第三批次20个县（市、区）政府教育工作及党政主要领导干部的教育工作实绩开展督导评估考核。本次督导评估考核进一步完善了《“两项督导评估考核”工作规程》，增加了现场答辩环节，着重考核县（市、区）“一把手”教育履职情况，传导教育发展压力；进一步严格督导行为规范，严肃工作纪律要求，评估前与专家签订了廉洁督导责任状，给受评县（市、区）政府主要领导寄送一封信，重申督导评估“十不准”的要求。11月，经省委省、政府同意，省教育督导委员会印发了《关于2016年县级教育工作两项督导评估考核结果的通报》，其中10个县（市、区）政府的教育工作、19名县（市、区）党政主要领导的教育工作实绩被认定为优秀等次，10个县（市、区）政府的教育工作、17名县（区）党政主要领导教育工作实绩被认定为合格等次，14个县（市、区）被认定为教育强县（市、区）。

〔**农村教师公费定向培养**〕 启动实施农村初中教师、特殊教育教师、中职专业课教师、本科层次农村幼儿园教师公费定向培养工作，初步建立了与国家免费师范生相衔接，各类型、各学段、各学科全覆盖的地方免费定向师范生培养完整体系。全年共下达各类农村教师公费定向师范生招生计划6 889名，实际录取6 574人，招生计划完成率达95.42%。其中原培养项目招生6 343人、新启动培养项目招生231人。全省2016届公费定向师范毕业生共3 452人（其中小学教师2 790人、幼儿园教师662人），均已按政策安排到县以下农村小学、幼儿园任教。

〔**教师培训**〕 2016年，中央财政下达湖南省国家级培训计划专项资金1.4亿元，比2015年增加1 400万元，增长11.11%；整个项目共设乡村教师培训团队送教下乡培训、乡村教师网络研修、乡村教师访名校、乡村校（园）长培训等306个子项目，累计培训142 689名中小学幼儿园教师、校（园）长，占全省中小学、幼儿园教师总数的25.2%。学员参培率达99.93%、结业率达99.88%、满意度达95.6%。省财政安排中小学幼儿园教师省级培训计划专项资金1 565万元，实际培训教师13 249人，学员参培率达99.79%。

〔**民族地区师资培养培训**〕 8月，选派105名民族地区英语骨干教师赴北京外国语大学参加“歆语工程”湖南省贫困地区中学英语教师培训班并顺利结业。从全省民族地区选派79名（含新疆吐鲁番市4名）初中校长到长沙、株洲、湘潭、岳阳、衡阳、娄底6市相关学校挂职学习。

〔**设立共建“一带一路”国家语言生奖学金项目**〕 2016年，省教育厅设立了“一带一路”沿线国家语言生奖学金，7所学校参与招生，共招收100名共建“一带一路”国家留学生，大部分招生院校分别设立配套经费，吸引语言生继续攻读学历课程。

〔**招生考试**〕 2016年，全省共组织各类教育考试34次，考试总规模为304.2万人次，比2015年增长36.41%；组织录取各类新生49.33万人，比2015年增加3.73万人。高考考生40.16万人，录取新生34.52万人，分别比2015年增加1.17万人、1.22万人，录取率达85.95%，其中本科录取率为41.75%；获得国内高水平大学自主选拔入选资格的考生1 193人。成人高考考生14.43万人，比2015年增加8.8%。录取新生12.76万人，比2015年增加20.39%；全国硕士研究生考试报考人数6.63万人，全国报考在湘22个招生单位的考生5.99万人，录取2.04万人；成人学士学位外语水平考试考生1.63万人；同等学力人员申请硕士学位考试考生0.27万人。全年共组织4次自学考试，参考规模达34.2万人次；毕业颁证43 916人，其中本科41 804人、专科2 112人。学考考生40.89万人，其中正考考生34.20万人、补考考生6.69万人。社会考试考生总规模达166万人次，比2015年增长29.41%，其中全国计算机等级考试报考人数32.7万人；全国英语等级考试报考人数15.9万人；全国大学英语四六级考试报考人数78.5万人；中小学教师资格考试笔试报考人数9.34万人、21.4万科次；英语应用能力考试报考人数27.6万人。

〔**教育援藏援疆工作**〕 2016年，全省启动首批“组团式”教育援藏工作，致力于打造“西藏基础教育、湖南教育援藏、湘藏交融”三张名片，选派5名管理人员和40名专任教师对口援助西藏山南市第三高级中学。9月9日，省教育厅派专人赴西藏山南市第三高级中学参加揭牌仪式和开学典礼，慰问教师，共同庆祝第32个教师节。长沙师范学院举办西藏学前教育专业教师岗前培训班，长沙市教育局、山南市教育（体）局和望城区一中签订开办山南高中代培班合作协议。共选拔49名教师对口支援新疆吐鲁番市实验中学，为历年来援疆教师最多的一批。

〔**承办第十五届“汉语桥”世界大学生中文比赛**〕 7月11日至8月10日，省教育厅与省广播电视台、国际汉语言文化传播基地共同承办了第十五届“汉语桥”世界大学生中文比赛，来自全球108个国家127个赛区的146名选手来湘参加比赛，参赛国家数、赛区数、选手人数均创历史新高。

〔**语言资源保护工程**〕 2016年，湖南省作为全国第五个启动语言资源保护工程省份，充分发挥省内高校语言文字科研优势，组建了语言保护核心专家组，成立了湖南省语言资源保护中心，启动实施方言调查点21个，位居全国第一。12月至2017年1月，国家语言资源保护中心专家组到湖南省进行中国语言资源保护工程湖南工程项目预验收和正式验收工作，审议通过21个语言资源保护工程项目。

基 础 教 育

〔**综述**〕 2016年，全省学前三年毛入园率达77.98%；小学适龄儿童入学率达99.99%，义务教育巩固率达98%；普通初中适龄人口入学率达99.80%；高中阶段教育毛入学率达90.60%。全省共有特殊教育学校79所。

〔**颁布实施《湖南省中小学校幼儿园建设规划条例》**〕 7月1日，《湖南省中小学校幼儿园建设规划条例》颁布实施。《条例》为推动中小学校、幼儿园的布局优化、条件改善和资源配置提供了强有力的法治保障。

〔**农村公办幼儿园建设**〕 2016年，全省共投入4.65亿元，建设农村公办幼儿园238所，其中列入省政府重点民生实事项目园200所。“实事项目园”完成投资41 462万元，投资额完成比例为103.7%；已开工项目721个，项目开工比例为100%；已完工项目680个，完工比例为94.3%。

〔**为民办实事项目建设**〕 2016年，全省建设义务教育合格（标准化）学校1 231所，总投资13.14亿元。其中列入省政府重点民生实事项目学校500所，投资8.1亿元。截至2016年年底，已完成投资81 609万元，投资额完成比例为101.1%；已开工项目5 194个，开工比例为100%；已完工项目5 194个，完工比例为100%。

〔**完善城乡义务教育保障机制**〕 根据《国务院关于进一步完善城乡义务教育经费保障机制的通知》要求，在按标准落实农村义务教育保障机制与统一城乡义务教育学校公用经费的基础上，从2016年秋季学期起，为城市义务教育学生提供免费教科书，为城市家庭经济困难学生发放贫困寄宿生生活补助。

〔**义务教育控辍保学**〕 2016年，省教育厅出台了《关于加强贫困地区控辍保学工作的通知》，在依法控辍、精准控辍等方面做出明确规定，防止家庭经济困难学生因贫辍学、防止学生因学习困难辍学，保障特殊人群接受义务教育权利、保障农村特别是边远山区学生就近入学权利。

〔**农村义务教育学生营养改善计划**〕 从2016年起，将农村义务教育学生营养改善计划扩大到吉首市、永定区、武陵源区、江华县、江永县、鹤城区、洪江市、洪江区8个沿西部边境贫困县，所需膳食资金1.32亿元全额由省级财政承担，约17万名学生受益。

〔**教育教学成果奖评审**〕 2016年，省教育厅组织第四届湖南省基础教育教学成果奖评审，经专家评审和评审委员会审议通过，共评出89个获奖项目，其中特等奖3项、一等奖8项、二等奖29项、三等奖49项。

〔**全面改薄**〕 2014—2018年，全省全面改善贫困地区义务教育薄弱学校基本办学条件规划投资209亿元，建设校舍1 049.89万平方米，购置设施设备37.82亿元。截至2016年年底，全省累计支出154亿元，占总规划的73.6%。校舍建设类项目累计开工面积842.3万平方米，开工率为80.2%；竣工775.9万平方米，竣工率为73.9%。完成设施设备购置类项目采购金额27.78亿元，完成率为73.5%。

〔**普及高中阶段教育**〕 2016年，省委全面深化改革领导小组办公室、省委司法体制和社会体制改革专项小组将“开展普及高中阶段教育改革试点”列入年度重点改革事项，省教育厅制定了《关于开展普及高中阶段教育改革试点的指导意见》，在全省范围内启动高中阶段教育改革工作，要求各地根据本地区普通高中阶段学校发展状况，从提高普及程度、办学体制改革、办学模式改革、教育投入体制改革、教育教学改革、教师队伍建设、深化产教融合等方面进行改革探索，进一步提高普及水平和教育质量。确定长沙市教育局、安化县教育局等18家单位为普及高中阶段教育改革试点单位。

〔**建立公办普通高中生均公用经费拨款制度**〕 经报请省政府获批准后，从2016年春季学期起，建立了全省公办普通高中生均公用经费拨款制度，按照年生均600元的标准，所需资金由省、市、县按比例分担，省级财政新增投入约2.85亿元。

〔**实施普通高中学生综合素质评价改革**〕 2016年，省教育厅制定了《湖南省普通高中学生综合素质评价实施办法》，确定长沙市教育局、桃源县教育局、汨罗市一中等33家单位为普通高中学生综合素质评价改革试点单位，先期开展普通高中学生综合素质评价改革试点工作。

〔**校车安全管理**〕 6月，省校车安全管理工作领导小组下发《转发省政府办公厅关于在全省开展道路交通安全大排查大管控大整治的通知》，在全省开展为期4个月的道路交通安全大排查大管控大整治行动，按期完成“五个一”任务。10月18日，省教育厅转发《关于组织开展中小学（幼儿园）校车安全排查工作的通知》61号，部署开展校车安全排查工作。全省14个市州落实部署要求，均开展了校车安全排查。

职业教育与成人教育

〔**综述**〕 2016年，全省招生的高职院校65所，共招生17.9万人，在校生46.5万人，毕业生13.1万人，与2015年相比，招生数、在校生数、毕业生数分别增长了9.1%、4.8%和13%，校均规模也由2015年的6 815人提高到7 425人；全省招生的中职学校378所，共招生24.5万人，在校生66.2万人，毕业生23万人，与2015年相比，招生数、毕业生数分别增长7.5%、3.3%，在校生减少了1.3%。

〔**职业院校结对帮扶**〕 3月，省教育厅印发《关于组织示范性职业院校与怀化市农村中等职业学校开展结对帮扶工作的通知》，组织省内部分示范性职业院校，以特色专业、课程体系、教学资源、师资队伍和实训基地建设为重点，以中高职衔接为主要抓手，充分发挥示范、引领和辐射作用，带动怀化市一批农村薄弱中等职业学校的发展，提升怀化市职业教育服务经济社会发展和精准脱贫的能力。3月29日，在怀化市组织召开了职业院校结对帮扶工作会议，明确省内11所国家和省级示范性职业院校结对帮扶怀化市11所薄弱中职学校，帮扶工作持续3年，已落实特色帮扶项目30余个。

〔**实施贫困家庭学生公益资助项目**〕 2016年，省教育厅会同省委统战部，广泛发动广大公益企业和社会爱心人士，多渠道筹集公益资金，继续做好湖南“一家一”助学就业·同心温暖工程项目。全年共募集社会资金1 200多万元，新增资助学生3 000余人。截至2016年年底，共吸引96家公益伙伴，106所优质职业学校参与，共筹措资金6 900多万元，精准资助学生1.7万余人。

〔**举办职业教育宣传活动周**〕 5月，省委宣传部、省教育厅、省人力资源和社会保障厅共同在湖南大众传媒职业技术学院举行2016年湖南省职业教育宣传活动周启动仪式，宣传主题是“弘扬工匠精神，助推教育强省”。宣传活动周期间，省内外媒体记者深入进行了采访报道。宣传活动周结束后，省委宣传部、省教育厅、省人力资源和社会保障厅对优秀新闻作品进行了遴选表彰，新华网《湖南探索破解职教发展“瓶颈”》等6个新闻作品被评为一等奖，《湖南日报》聚焦湖南职业教育改革系列报道和《科教新报》发展职业教育弘扬工匠精神系列报道被评为系列报道一等奖，同时有11个新闻作品被评为二等奖、13个新闻作品被评为三等奖、1个系列报道被评为系列报道二等奖。

〔**举办职业院校技能大赛**〕 4月上旬，由省教育厅、省经济和信息化委员会等15家单位共同主办了2016年湖南省职业院校技能大赛。比赛在长沙民政职业技术学院等24个赛点举行，来自14个市州代表团的985名中职组选手参加了9个专业类33个赛项的比赛，来自67所高职院校代表团的1 565名高职组选手参加了10个专业大类36个赛项的比赛。通过此次职业院校技能大赛选拔出的选手参加了全国职业院校技能大赛，共获一等奖24个、二等奖51个、三等奖90个。其中高职组获一等奖22个、二等奖34个、三等奖43个，获奖率为78.0%；中职组获一等奖2个、二等奖17个、三等奖47个，获奖率为54.5%。高职组一等奖排名进入了全国前5名，取得了历史性突破。

〔**举办黄炎培职业教育奖创业规划大赛**〕 2016年，省教育厅举办了第七届湖南省黄炎培职业教育奖创业规划大赛。大赛共收到全省职业院校309个选送项目，经过多轮评审，“无轴承行星滚动式高频振动电机”等8个项目获一等奖，“‘易修’互联网家电维修平台”等16个项目获二等奖，“智能机械模型创客工作室”等39个项目获得三等奖，“嘿派快点”等246个项目获优胜奖。

〔**举办全省全民终身学习活动周**〕 10月，省教育厅在株洲市举办了2016年湖南省全民终身学习活动周启动仪式，省政协副主席刘晓、省人大常委会原副主任唐之享、中国成人教育协会常务副会长张昭文及省直有关部门负责人出席了开幕式，各市州教育局、社区大学（学院、学校）负责人共计400多人参加了开幕式及系列活动。

高 等 教 育

〔**综述**〕 2016年，全省高等教育毛入学率达43%。全省高校共有一级学科博士学位授权点125个，本科专业覆盖到85个类别，覆盖面达92.4%。

〔**重点学科建设**〕 2016年，全省高校新增7个ESI全球排名前1%学科，即中南大学的计算机科学、分子生物学与遗传学、社会科学总论，国防科技大学的材料科学，湖南大学的计算机科学，长沙理工大学的工程学和南华大学的临床医学。完成湖南省“十二五”重点学科验收工作，经学校自评、形式审查、材料公示、网上评估、会议验收、结论公示和省教育厅审定，256个学科全部通过验收，省重点学科的整体优良率达84%。

〔**高层次人才队伍建设**〕 2016年，全省高校新增“长江学者奖励计划”入选者10人，其中“特聘教授”1人、“讲座教授”5人、“青年学者”4人；国家自科基金创新群体1个、国家杰出青年科学基金获得者4人、国家优秀青年科学基金获得者8人；新增“国家创新人才推进计划”入选者1人、团队1个；新增科技创新领军人才10人、百千万工程领军人才1人、哲学社会科学领军人才7人、青年拔尖人才4人、教学名师4人。

〔**创新平台建设**〕 2016年，全省高校新增7个国家级创新平台，即中南大学药物临床评价技术国家地方联合工程实验室、湖南师范大学动物多肽药物创新国家地方联合工程实验室、湘潭大学新型储能电池关键材料制备技术国家地方联合工程实验室、湖南科技大学海洋矿产资源探采装备与安全技术国家地方联合实验室、吉首大学杜仲综合利用技术国家地方联合工程实验室、衡阳师范学院传统村镇文化数字化保护与创意利用技术国家地方联合工程实验室、湖南工学院汽车泵类零部件设计制造技术国家地方联合工程实验室；新增34个省部级创新平台，包括25个湖南省重点实验室、9个湖南省工程技术研究中心。

〔**高校科技创新**〕 2016年，全省高校共获本年度国家自然科学基金项目1 079项，占全省立项总数的96.3%。新增国家创新研究群体1个、国家杰出青年科学基金项目4项、国家优秀青年科学基金项目8项、重点项目9项；获2016年度国家社科基金168项，占全省立项总数的96%。共立项省教育厅科学研究项目2 224项，投入经费3 477万元。全省高校共获2015年度国家科技奖励7项，包括科技进步特等奖1项、二等奖4项，技术发明二等奖2项。获第十二届湖南省社会科学优秀成果奖90项，其中一等奖12项、二等奖37项、三等奖41项。

〔**产学研结合创新**〕 2016年，对2014年立项建设的10个“湖南省高校产学研合作示范基地”进行滚动支持，推动高校与企业深度合作，在先进装备制造、新材料、生物、新能源、信息、节能环保等全省战略性新兴产业领域开展集成创新和科技成果转化。推动湖南省大学科技产业园建设，湖南红宇耐磨研发中心、赛恩斯环保股份有限公司、湖南锂顺能源科技有限公司、长沙祁胜新材料科技有限公司等骨干企业已正式入驻运营，3D 打印、水性 UV 涂料等一批高校合作项目实施效果良好。

〔**高校设置与调整**〕 2 月 1 日，省政府批复同意娄底卫生学校整体整合到娄底职业技术学院。3 月 29 日，省政府召开专题会议，研究并同意将湖南信息职业技术学院、湖南省石油化工技工学校由省经济和信息化委员会划归长沙市政府管理。4 月 27 日，湘潭职业技术学院更名为湘潭医卫职业技术学院，湖南科技工业职业技术学院更名为湖南国防工业职业技术学院，并通过教育部备案。邵阳医学高等专科学校经教育部批复同意并入邵阳学院。

〔**举办全省高校研究生系列专业竞赛**〕 2016 年，举办全省第二届研究生数学建模竞赛、法律案例大赛、MPA 企业案例大赛、MPAcc 企业案例大赛以及第三届 MBA 企业案例大赛和英语翻译大赛，全省共有 1 135 名研究生参加比赛。2016 年，全省各高校研究生参加各类国际国内学科竞赛取得优异成绩，其中参加国际赛事获一等奖 9 项、二等奖 10 项、三等奖 5 项；参加全国性竞赛获一等奖 59 项、二等奖 107 项、三等奖 118 项；参加省级竞赛获一等奖 119 项、二等奖 112 项、三等奖 193 项。

〔**举办第九届研究生创新论坛**〕 2016 年，湖南省第九届研究生创新论坛由省政府学位委员会、省教育厅主办，13 所研究生培养高校承办了创新论坛分论坛。共邀请专家学者 146 人，举办了 116 场学术报告和专题讲座，参与论坛活动的学生达 8 860 人，收到研究生提交的学术论文 2 394 篇。

〔**第二届中国“互联网+”大学生创新创业大赛**〕 2016 年，省教育厅、省发展和改革委、省经济和信息化委员会、省人力资源和社会保障厅、省知识产权局、团省委和中国建设银行湖南省分行联合举办了第二届中国“互联网+”大学生创新创业大赛湖南赛区比赛。全省 117 所高校参赛，共评出一等奖 16 个、二等奖 45 个、三等奖 59 个；最佳创意奖、最具商业价值奖、最佳带动就业奖、最具人气奖各 1 个；优秀组织奖 10 个；最佳指导教师奖 10 个。全省有 30 个项目入围全国比赛，获银奖 7 个、铜奖 23 个，并获大赛优秀组织奖。

〔**第三届大学生创新实验成果展暨创新论坛**〕 9 月，省教育厅在湖南农业大学举办第三届大学生创新实验成果展暨创新论坛，共有 57 所高校展示了 152 个优秀项目作品，评选出十佳作品和十佳论文。在 2016 年第九届全国大学生创新创业年会上，湖南省共有 8 篇学术论文和 6 个项目参加大会交流。

〔**大学生学科竞赛活动**〕 2016 年，省教育厅组织 21 项省级大学生学科竞赛活动，吸引近 20 万名学生参与，在全省高校营造了浓厚的创新实践氛围。在 2016 年全国大学生学科竞赛中，获“外研社杯”全国英语演讲大赛获一等奖 1 项、二等奖 5 项；获全国大学生广告艺术大赛一等奖 5 项、二等奖 17 项、三等奖 51 项，总成绩居全国第 2 位；获第十届全国大学生结构设计竞赛特等奖 1 项、一等奖 1 项、二等奖 1 项、三等奖 1 项；获全国大学生数学建模竞赛一等奖 14 项、二等奖 61 项，并获专科组“高教社杯”；获全国大学生工业设计大赛特等奖 1 项、一等奖 2 项、二等奖 8 项、三等奖 9 项以及 1 项最佳组织奖，获奖等级与数量稳居全国榜首。

〔**大众创业、万众创新活动周**〕 2016 年，全省 20 多所高校参加了全国大众创业、万众创新活动周湖南省分会场活动，共有 48 个成果展示项目、12 个“双创”代表人物、9 个路演项目（其中 5 个项目获创投机构投资意向）参会；长沙理工大学“双创”示范基地等 5 家基地入选首批 20 个省级“双创”示范基地；组织高校学生参观学习人数达 3 000 人。

撰稿 彭志远 刘吉延 刘 颖 彭艳霞
黄佑生 李进军 张和生 鲁荷阳
刘 慧 王 荣 刘会平 曾思亮
朱日红 周韶峰 汪忠明
审稿 陈飞跃 刘 静 杨金红

广东省教育

概　况

〔基本情况〕

广东省各级各类学校校数、教职工、专任教师情况

	学校数（所）	教职工数（人）	专任教师数（人）
一、高等教育			
（一）研究生培养机构（不计校数）	28		
1. 普通高校	25		
2. 科研机构	3		
（二）普通高等学校	147	149 360	101 160
1. 本科院校	62	99 044	64 897
其中：独立学院	16	15 482	12 105
2. 高职（专科）院校	85	50 316	36 263
3. 其他普通高教机构（不计校数）			
（三）成人高等学校	14	4 078	2 438
（四）民办的其他高等教育机构	30	900	402
二、中等教育	5 144	664 299	493 848
（一）高中阶段教育	1 665	339 157	218 012
1. 高中	1 031	252 436	151 612
普通高中	1 031	252 436	151 612
完全中学	563	134 323	71 393
高级中学	347	80 779	72 332
十二年一贯制学校	121	37 334	7 887
成人高中			
2. 中等职业教育	634	86 721	66 400
普通中专	363	44 786	34 244

续表

	学校数（所）	教职工数（人）	专任教师数（人）
成人中专	7	316	266
职业高中	98	11 095	9 300
技工学校	166	29 249	21 624
其他中职机构（不计校数）	43	1 275	966
（二）初中阶段教育	3 479	325 142	275 836
1. 初中	3 479	325 142	275 836
初级中学	2 050	180 970	167 310
九年一贯制学校	1 429	144 172	49 108
十二年一贯制学校			9 032
完全中学			50 386
职业初中			
2. 成人初中			
三、初等教育	10 178	436 840	486 578
（一）普通小学	10 178	436 840	486 578
小学	10 178	436 840	405 153
九年一贯制学校			71 861
十二年一贯制学校			9 564
（二）成人小学			
其中：扫盲班			
四、工读学校	3	158	121
五、特殊教育	127	4 986	4 069
六、学前教育	17 288	469 367	256 471

注：①完全中学的学校数和教职工数计入高中阶段教育，九年一贯制学校的校数和教职工数计入初中阶段教育，十二年一贯制学校的校数和教职工数计入高中阶段教育。专任教师按照教育层次进行归类。②技工学校数据为 2015 年数据。③“（ ）”内数据为不计校数。

广东省各级各类学历教育学生情况

单位：人

	毕业生数	招生数	在校生数
一、高等教育			
（一）研究生	27 155	32 393	92 875
博士	2 947	3 742	14 990
硕士	24 208	28 651	77 885
（二）普通本专科	489 397	539 813	1 892 878
本科	233 592	275 080	1 076 753

续表

	毕业生数	招生数	在校生数
专科	255 805	264 733	816 125
（三）成人本专科	210 813	224 860	651 963
本科	61 693	55 637	161 829
专科	149 120	169 223	490 134
（四）其他各类高等学历教育			
1. 在职人员攻读硕士学位		4 948	21 523
2. 网络本专科生	32 361	38 457	97 384
本科	14 726	18 104	45 139
专科	17 635	20 353	52 245
二、中等教育	2 467 070	2 399 580	7 050 499
（一）高中阶段教育	1 253 882	1 181 505	3 572 059
1. 高中	703 300	643 293	1 973 727
普通高中	703 300	643 293	1 973 727
完全中学	336 740	292 453	914 133
高级中学	339 767	312 176	956 478
十二年一贯制学校	26 793	38 664	103 116
成人高中			
2. 中等职业教育	550 582	538 212	1 598 332
普通中专	321 583	296 305	898 251
成人中专	10 518	3 145	13 107
职业高中	57 062	52 459	154 387
技工学校	161 419	186 303	532 587
（二）初中阶段教育	1 213 188	1 218 075	3 478 440
1. 初中	1 213 188	1 218 075	3 478 440
初级中学	727 789	692 413	2 006 904
九年一贯制学校	205 494	249 747	673 915
十二年一贯制学校	37 923	48 973	134 124
完全中学	241 982	226 942	663 497
职业初中			
2. 成人初中			
三、初等教育	1 270 381	1 711 845	9 052 214
（一）普通小学	1 270 381	1 711 845	9 052 214
小学	1 041 629	1 382 704	7 352 612
九年一贯制学校	206 178	295 339	1 525 280
十二年一贯制学校	22 574	33 802	174 322

续表

	毕业生数	招生数	在校生数
（二）成人小学			
其中：扫盲班			
四、工读学校	115	118	421
五、特殊教育	3 786	6 853	37 756
六、学前教育	1 403 768	1 950 684	4 216 668

注：①完全中学、九年一贯制学校和十二年一贯制学校的学生数按教育层次分别计入对应教育阶段的学生数中。②特殊教育学生数中包括义务教育阶段随班就读的学生数、其他学校附设特教班学生数。

广东省各级各类非学历教育学生情况

单位：人次

	结业生数	注册学生数
总计	3 595 485	3 516 622
一、高等教育	1 379 552	1 263 645
（一）研究生课程进修班	1 703	1 873
（二）自考助学班	6 647	17 292
（三）普通预科生		581
（四）进修及培训	1 371 202	1 243 899
其中：资格证书培训	793 145	810 393
岗位证书培训	102 135	94 716
二、中等职业教育	2 215 933	2 252 977
其中：资格证书培训	319 491	333 678
岗位证书培训	525 788	478 432
（一）中等职业学校	262 364	218 947
其中：资格证书培训	138 647	136 079
岗位证书培训	105 357	71 567
（二）职业技术培训机构	1 953 569	2 034 030
其中：资格证书培训	180 844	197 599
岗位证书培训	420 431	406 865

广东省各级各类民办学校校数、教职工、专任教师情况

	学校数（所）	教职工数（人）	专任教师数（人）
一、高等教育			
（一）研究生培养机构（不计校数）			
1. 普通高校			

续表

	学校数（所）	教职工数（人）	专任教师数（人）
2. 科研机构			
（二）普通高等学校	53	38 246	28 904
1. 本科院校	25	23 114	17 846
其中：独立学院	16	15 482	12 105
2. 高职（专科）院校	28	15 132	11 058
3. 其他普通高教机构（不计校数）			
（三）成人高等学校	1		
（四）民办的其他高等教育机构	30	900	402
二、中等教育			
（一）高中阶段教育			
1. 高中			
普通高中	182	48 590	13 509
完全中学	58	13 325	4 887
高级中学	20	2 805	2 299
十二年一贯制学校	104	32 460	6 323
成人高中			
2. 中等职业教育			
普通中专	96	6 372	4 442
成人中专			
职业高中	22	929	603
技工学校			
其他中职机构（不计校数）	8	8	4
（二）初中阶段教育			
1. 初中	961	103 754	46 348
初级中学	98	11 160	9 242
九年一贯制学校	863	92 594	24 181
十二年一贯制学校			7 517
完全中学			5 408
职业初中			
2. 成人初中			
三、初等教育			
（一）普通小学	704	46 086	93 366
小学	704	46 086	36 047
九年一贯制学校			48 891
十二年一贯制学校			8 428

续表

	学校数（所）	教职工数（人）	专任教师数（人）
（二）成人小学			
其中：扫盲班			
四、工读学校	1	42	38
五、特殊教育	6	345	257
六、学前教育	12 341	344 761	184 798
另有：民办培训机构（不计校数）	1 006	15 584	9 216

注：①完全中学的学校数和教职工数计入高中阶段教育，九年一贯制学校的校数和教职工数计入初中阶段教育，十二年一贯制学校的校数和教职工数计入高中阶段教育。专任教师按照教育层次进行归类。②“（ ）”内数据为不计校数。

广东省各级各类民办教育学生情况

单位：人

	毕业生数	招生数	在校生数
一、高等教育			
（一）研究生			
博士			
硕士			
（二）普通本专科	154 084	186 604	643 656
本科	79 557	103 480	384 048
专科	74 527	83 124	259 608
（三）成人本专科	15 073	33 590	78 698
本科	370	248	819
专科	14 703	33 342	77 879
（四）其他学生			
1. 民办高校			46 548
2. 民办的其他高等教育机构			21 112
二、中等教育			
（一）高中阶段教育			
1. 高中			
普通高中	51 406	74 293	199 428
完全中学	18 786	26 290	73 794
高级中学	10 597	15 376	39 001
十二年一贯制学校	22 023	32 627	86 633
成人高中			
2. 中等职业教育			
普通中专	44 647	54 214	142 034

续表

	毕业生数	招生数	在校生数
成人中专	947	631	2 278
职业高中	4 459	6 224	14 856
技工学校			
另有其他学生数			3 850
（二）初中阶段教育			
1. 初中	213 399	279 307	744 109
初级中学	46 902	56 259	151 267
九年一贯制学校	106 048	150 018	388 839
十二年一贯制学校	32 488	41 778	114 612
完全中学	27 961	31 252	89 391
职业初中			
2. 成人初中			
三、初等教育			
（一）普通小学	263 021	389 451	2 032 570
小学	100 971	142 998	763 624
九年一贯制学校	141 771	217 003	1 114 655
十二年一贯制学校	20 279	29 450	154 291
（二）成人小学			
其中：扫盲班			
四、工读学校	5	30	210
五、特殊教育	53	163	1 178
六、学前教育	834 539	1 201 028	2 800 569
另有：民办培训机构（不计校数）			590 935

注：①完全中学、九年一贯制学校和十二年一贯制学校的学生数按教育层次分别计入对应教育阶段的学生数中。②特殊教育学生数中包括义务教育阶段随班就读的学生数、其他学校附设特教班学生数。③“其他学生数”包括自考助学班学生数、预科生数、进修及培训学生数。

〔**教育“创强争先”工作**〕 截至2016年年底，全省共有教育强镇1 574个、教育强县（市、区）132个、教育强市20个，分别比2015年年底增加92个、14个和8个，覆盖率分别为99%、99%和95%，比2015年分别提高4.8个、10.3个和38个百分点。珠三角地区推进教育现代化先进县（市、区）和先进市分别为42个和7个，覆盖率分别达89%和78%，分别比2015年提高18个和11个百分点。

〔**教师队伍建设**〕 统筹指导地市、高校形成合力，加快推进“强师工程”。深入实施乡村教师支持计划，加快补充农村学校教师特别是紧缺学科教师，2015—2016学年新增“上岗退费”人员2 450名。加强教师资源均衡配置，推进落实县域内义务教育学校校长、教师定期交流轮岗制度，全年有4.1万名校长、教师参与交流轮岗。大力推进教师专业发展，加强省级中小学教师发展中心建设，全省中小学教师专业发展的新体系、新资源、新机制初步建立。积极开展中小学骨干教师和领军人才培养。推进中小学教师素质提升工程和学前教育、特殊教育教师能力达标工程。选派近 2 000 名骨干教师和骨干校（园）长进入广东省教师、校（园）长工作室跟岗学习，充分发挥省名师、名校（园）长的示范、引领和辐射作用。2016 年，共培训省级教师、校（园）长约 1.8 万人。提高农村教师待遇保障水平，农村教师生活补助达到人均每月 815 元，建立乡村从教荣誉制度。进一步加强高校高层次人才引育和青年教师培养，新增“珠江学者”95 人，增设“青年珠江学者”聘任类型。继续实施高校中青年教师国内访问学者计划，选派 609 名中青年教师到国内“985 工程”高校、“211 工程”高校访学进修。

〔**体育卫生艺术与国防教育**〕 体育、美育工作纳入教育现代化建设，政府行为力度加大。会同省发展和改革委、省财政厅等 6 部门联合印发《广东省关于推进青少年校园足球发展的实施意见》，277 所中小学校获批为全国青少年校园足球特色学校，龙门县获批为全国青少年校园足球试点县，全省共有国家级特色学校 561 所、试验县 3 个，数量居全国前列。举办大中小学生单项体育赛事 15 项及第三届“省长杯”足球联赛（校园足球组）。参加各项比赛 4 000 余场，参赛学校共 1 065 所、队伍 1 300 多支、参赛学生近 2 万人。学校卫生、健康教育和传染病防控工作有效开展，142 起突发传染病疫情得到及时处置，无重大或特大学校突发公共卫生事件。学生艺术教育实践活动不断丰富，参加全国第五届中小学生艺术展演喜获佳绩。扎实推进高雅艺术进校园，组织省内高校优秀学生艺术社团和艺术院校赴各地演出共 18 场。举办第三届全省大学生舞蹈比赛、“百歌颂中华”大中专生歌咏比赛，与省文化厅、团省委等单位先后举办了少儿花会、第二届广东省高校设计作品学院奖双年展、高校艺术创作互联网大赛等活动。举办首届高中学生军事训练营。各高校挂牌成立征兵工作站，加大征兵工作宣传力度。2016 年，大学生征兵入伍人数占全省新兵总数的比例超过 45%，比国务院、中央军委下达的任务高出 12 个百分点，得到省军区的高度肯定。

〔**考试招生制度改革**〕 一是制定《广东省人民政府关于深化考试招生制度改革的实施意见》，明确考试招生改革的时间表、路线图和任务书；印发《关于普通高中学业水平考试的实施办法》《关于普通高中学生综合素质评价的实施办法》等文件，促进学生全面而有个性地健康成长。二是积极推进随迁子女升学考试、高考使用全国命题试卷、适当调整和优化高校招生录取批次、实施农村专项计划、改革完善考生志愿填报方式等单项改革，取得了明显成效。三是完善综合评价招生录取制度，新增中山大学、华南理工大学 2 所（共 7 所）高校实行“631”综合评价录取模式，共录取 1 100 多名考生，增加了学生多样化的学习选择，促进科学选才。四是各级各类教育考试顺利实施，全年组织包括高考、成考、自考、社考、研究生考试、学业水平考试、港澳台地区联合招生考试等在内的 50 多场考试，各类考生 525 万多人次，录取各类新生 207 万多人。五是强化考试安全管理，深入实施高校招生“阳光工程”，不断完善严格管理、公开透明的工作体系，确保高校招生考试公平公正，切实维护了广大考生的合法权益。广东省第一批本科院校实际共录取考生 8.2 万多人，比 2015 年增加 1 万多人，增幅达 14%，一本院校录取率首次突破 10%，达 11.2%，同比提高 1.64 个百分点。

〔**学生资助工作**〕 高质量完成省政府民生实事中的学生资助工作任务。研究制定实施教育精准扶贫精准脱贫惠民工程，提出对高中阶段教育、高等专科教育建档立卡学生实行免除学费，并对义务教育、高中阶段教育、高等专科教育建档立卡学生实施生活费补助政策。落实全省各级各类教育建档立卡学生免费和生活费补助政策。学前教育资助标准提高到每人每年 1 000 元，地市属中职学校（含技工学校）的免学费补助标准提高到每人每年 3 500 元。统筹完善义务教育城乡家庭经济困难学生资助政策。高校勤工助学薪酬标准从原来临时岗位每小时酬金 8 元，提高至最高 18.3 元。2016 年，共下达学生资助各级财政资金 53.6 亿元，受助学生约

294万人次，分别比2015年增加5.5亿元和12万人次。加大学生资助工作监督检查力度。

〔**教育信息化**〕 按要求完成国家教育管理系统的落地部署和实施，中小学学籍等管理信息系统运行情况良好。建成国家、省、市多级互联互通的省级基础教育资源公共服务平台，服务学校2.4万多所，注册用户数约1 200万人，涵盖3个学段、19个学科、17种教材版本、12个年级。广泛开展“一师一优课、一课一名师”活动，全省参加活动的名师团队5 947个，共“晒课”271 691节。

〔**教育交流与合作**〕 承办中白（白俄罗斯）大学校长论坛，确认通过两国教育部2016—2017年合作计划。与国家留学基金管理委员会联合实施国家公派出国留学“地方合作项目”，共获国家和省财政资助资金1 991万元；2016年，共派出154名中青年教师出国留学，比2015年增长49.5%；来粤留学规模达2.5万人，比2015年增长10%。

〔**与港澳台地区的交流与合作**〕 粤港澳高校联盟、粤港澳高校创新创业联盟正式成立，粤港澳合作促进会教育专业委员会筹设稳步推进。启动实施粤港澳联合实验室建设。粤港澳姊妹学校达479对，规模约占全国七成，粤港澳青少年交流规模近6万人，品牌影响不断扩大。广东省可招收港澳地区学生的高校增至47所，免试招收香港学生的高校达21所，占全国免试招收香港学生高校的1/4。在校港澳台地区的学生近1.4万人，居全国首位，约占全国总规模的一半。

〔**教育装备工作**〕 召开首次全省基础教育装备工作会议，全面部署基础教育装备工作，启动实施教育装备提升工程。选拔8名选手参加第四届全国中小学实验教学说课比赛，获5个一等奖、3个二等奖，成绩名列前茅。举办2016年广东省中小学教育创客大赛、全省中学化学生物实验教师（实验管理员）实验操作与技能大赛、第八届广东省优秀自制教具展评活动，提升师生的创新精神和实践能力。加强全省高校装备建设与实验室安全管理，加强教育政府采购监管工作，开展实验仪器设备和体育设施设备安全检查，确保教育教学安全。2016年，全省中小学教学仪器设备总值达314.31亿元，比2015年增加30.09亿元；图书达4.42亿册，比2015年增加近1 600万册；计算机达265.34万台，比2015年增加21.79万台；网络多媒体教室35.99万间，比2015年增加3.55万间。高校实验室仪器设备总值达260.86亿元，比2015年增加33.75亿元，增幅达14.86%。

〔**教育新闻宣传工作**〕 据不完全统计，全年省教育厅组织媒体记者报道委厅教育相关会议及活动70多次，安排落实媒体采访申请60多份，发布新闻通稿70多篇，被中央、省、市媒体刊载4 000多篇次；全省高校系统在中央、省、市媒体发表的报道近2万篇次，全省基础教育系统发表的报道2万多篇次。充分利用全国“两会”、省“两会”的宣传平台，邀请媒体开展专访、在线访谈、集体采访；在省政府门户网站开展“在线微访谈”；在省“民声热线”直播间平台开展直播节目、新闻发布会等宣传活动，大力宣传全省教育改革发展的创举和成效。官微“广东教育”坚持“权威发布、沟通桥梁、服务平台”的定位，逐渐成为省教育厅发布新闻的主要平台，影响力居全国省级教育官微前列，是广东省唯一年阅读量超千万的省直部门主办的微信公众号，全年共发布新闻268期1 044条，关注人数达62万人，原创比例近60%，总阅读量达3 050万人次，转发量达220万余次。

〔**语言文字工作**〕 2016年，开展了第四批省级语言文字规范化示范校和第二批省级规范汉字书写特色校评审活动，58所学校获省级示范校称号、65所学校获省级特色校称号。举办第一届广东省中国汉字听写大会和第八届广东省规范汉字书写大赛。制定中国语言资源保护工程广东项目实施方案和工程规划，在全省范围内设立70个方言调查点，开展方言调查、记录及保存工作，推进三类城市语言文字工作评估。

基础教育

〔**出台普惠性民办幼儿园认定、扶持和管理文件**〕　省教育厅与省发展和改革委、省财政厅、省人力资源和社会保障厅联合印发《广东省普惠性民办幼儿园认定、扶持和管理办法》，引导和扶持民办幼儿园面向社会提供公益性、普惠性的学前教育，加强对地方扶持管理的民办普惠性幼儿园的指导。

〔**下达学前教育中央专项资金**〕　7月中旬，国家下达广东省2016年支持学前教育发展中央专项资金6 540万元，其中扩大学前教育资源奖补资金4 780万元。12月，国家提前下达广东省2017年支持学前教育发展中央专项资金7 710万元，省教育厅配合省财政厅制定专项资金分配方案，及时下达中央经费。经费主要用于支持公办幼儿园、普惠性民办幼儿园和以招收进城务工人员随迁子女为主的幼儿园发展。

〔**佛山市和广州市番禺区成为国家学前教育改革发展实验区**〕　2月2日，教育部公布了国家学前教育改革发展实验区名单，广东省佛山市和广州市番禺区入选。

〔**实现全国义务教育发展基本均衡县（市、区）全覆盖**〕　汕头、汕尾、潮州、茂名等市13个县（区）通过国家义务教育发展基本均衡县（市、区）认定。全省121个县（市、区）已全部接受了全国义务教育发展基本均衡县的督导评估认定，达到国家规定的义务教育校际均衡系数标准，成为全国第六个实现义务教育发展基本均衡县全覆盖的省份。

〔**继续实施“全面改薄”工程**〕　进一步健全全面改善贫困地区义务教育薄弱学校基本办学条件有关工作机制，狠抓项目管理。省教育厅会同省政府督导室研究制定了《广东省全面改善贫困地区义务教育薄弱学校基本办学条件工作专项督导实施方案》，按时并高质量地完成“全面改薄”计划任务。围绕全面改善薄弱学校和寄宿制学校办学条件认真开展工作自查，向省政府督查室提交了《广东省教育厅关于报送国务院第三次大督查工作有关自查情况报告的函》。开展3次省级“全面改薄”专项督导工作，并于11月底向省政府办公厅提交了《关于报送全面改善贫困地区义务教育薄弱学校基本办学条件工作自查情况的函》并报送国务院教育督导办公室。认真做好国家督导办到广东省开展专项督查工作。截至2016年年底，全省开工学校4 444所，已开工项目数7 141个，开工面积416.49万平方米，占规划建设校舍总面积的100%。竣工项目学校4 111所，已竣工项目数6 581个，竣工面积372.12万平方米，占规划校舍建设总面积的89.99%。完成设备购置21 5751.14万元，占规划设备采购资金总额的99.37%。全省校园校舍建设开工率、竣工率和设施设备采购完成率均位居全国第二。

〔**落实课本费和生均公用经费新标准**〕　2016学年，全省特殊教育学校小学生课本费按每生每学年不低于180元，初中每生每学年不低于307.5元的标准单独划拨。特殊教育学校智障、孤独症、脑瘫及多重残疾学生按不低于普通学生生均公用经费标准的10倍拨付，即小学每生每学年不低于11 500元，初中每生每学年不低于19 500元；特殊教育学校盲聋哑学生按不低于8倍拨付，即小学每生每学年不低于9 200元，初中每生每学年不低于15 600元；对普通学校、儿童福利机构、残疾人托养机构附设特教班学生，按不低于普通学生生均公用经费标准5倍且每年不低于6 000元的标准拨付经费，即小学每生每学年不低于6 000元，初中每生每学年不低于9750元；对随班就读、送教上门学生，按每年不低于6 000元的标准拨付经费。公用经费省、市、县分担比例和拨付方式与现行普通学校相同。2016 学年，省财政共下达课本费和公用经费 2.05 亿元。

〔做好组织适龄残疾儿童少年入学工作〕 4 月，省教育厅印发《广东省教育厅关于进一步抓好广东省特殊教育提升计划各项工作落实的通知》，要求各地要根据核实的未入学适龄残疾儿童、少年的名单采取措施，多种形式安排适龄残疾儿童、少年就学，保障适龄残疾儿童少年依法享有平等接受义务教育的权利。截至 2016 年年底，全省基本普及残疾儿童少年义务教育，视力、听力、智力残疾儿童少年义务教育入学率达 90%以上。

〔继续支持标准化特殊教育学校建设〕 2016 年，省财政共拨出专项资金 3.7 亿元，支持省经济欠发达地区新建标准化特殊教育学校，或按国家标准要求对已有特殊教育学校进行改建、扩建和配备设施设备。2016 年，继续办好十件民生实事，建成 10 所标准化特殊教育学校，特殊教育资源教室建设稳步推进。

〔普通高中多样化有特色发展〕 印发《广东省教育厅关于普通高中学校管理的规范》，推动普通高中规范办学行为，提高办学水平。研究推动普通高中特色发展，起草了推动普通高中特色发展的指导意见。积极推进普通高中教育质量标准及监测公告制度建设，开展普通高中教育质量监测标准研制工作，监测指标体系、监测工具和监测平台研制已基本完成。着力做好薄弱普通高中改造提升收尾工作，启动实施第三批学校改造提升任务，开展全面摸查工作，对第一批、第二批学校“回头看”，并对各地“改薄”工作进展情况进行了专题督查，确保改造提升任务不留死角。做好省属普通高中招生及学籍管理工作。

职业教育与成人教育

〔现代职业教育综合改革示范市建设〕 印发《关于创建现代职业教育综合改革示范市（区）的指导性意见》，首批确定佛山、茂名、中山、东莞 4 市为第一批创建单位，并投入 6 000 万元予以支持，带动地方资金投入近 20 亿元。召开现代职业教育综合改革示范市建设现场会，观摩并交流建设经验，扎实推进创建工作。启动并完成了第二批创建单位的申报、项目遴选工作。

〔现代职业教育体系建设〕 2016 年，49 所高职院校和 179 所中职学校在 585 个专业点实施中高职三二分段对接，高职计划招生 2.63 万人。加强第一批 9 个中高职衔接专业教学和课程标准的推广与应用工作，免费配送标准至全省各地市、各中职学校参考使用。完成第二批 13 项标准的研制工作。

〔大力开展高职教育现代学徒制试点〕 一是会同省经济和信息化委员会、省财政厅、省人力资源和社会保障厅印发《关于大力开展职业教育现代学徒制试点的实施意见》。二是共批准 23 所高职院校的 48 个专业点开展现代学徒制试点，截至 2016 年年底，全省共有 26 所高职院校的 69 个专业开展试点。三是委托省高职教育现代学徒制工作指导委员会对 2014 年、2015 年开展现代学徒制试点的 21 所高职院校的 54 个专业点进行检查，并根据检查结果，省财政安排 820 万元对试点专业进行补助。四是召开高职教育现代学徒制试点工作推进会，80 所高职院校共 290 余人参加会议。五是举办教育部首批现代学徒制试点工作交流活动，教育部职业教育与成人教育司副司长王扬南、省教育厅副厅长魏中林等出席。

〔中职学校基础能力建设〕 2016 年，中央财政、省级财政共计投入 6.76 亿元用于中职学校基础能力建设，覆盖粤东西北地区全部县（市、区）的192所中职学校，并建立了资金使用绩效双月台账制度。

〔**中职学校技能大赛**〕 组织全省中职学校技能大赛，2 834名学生参加了11个类别49个项目的学生组别比赛，489名教师参加了6个专业类别14个项目的教师组别比赛。参加2016年全国职业院校技能大赛（中职组），广东省选手获奖比例达92.06％，超过2015年7个百分点。

〔**成人非学历教育与社区教育**〕 出台《广东省教育厅关于大力发展社区教育推进学习型社会建设的意见》，明确社区教育发展的总体要求、重点任务。全省新增6个区（镇）为全国社区教育实验区，新增广州市番禺区、佛山市南海区为全国社区教育示范区。加强省级社区教育实验区的认定和复核工作，广州市荔湾区、白云区，东莞市中堂镇、麻涌镇，江门市蓬江区、开平市，茂名市高州市，肇庆市鼎湖区、封开县、德庆县、广宁县11个县（市、区）通过省社区教育实验区复核，取消梅州市五华县，汕尾市城区、海丰县，湛江市吴川市，云浮市云城区的省级社区教育实验区称号。指导深圳市承办2016年全民终身学习活动周全国总开幕式，深圳市教育局获2016年全民终身学习活动周特殊贡献奖。完成10所省管民办非学历教育机构年审工作，部署做好中职学校接收退役士兵培训工作。

高等教育

〔**推动高水平理工科大学建设**〕 一是制定印发《广东省教育厅落实〈关于加强理工科大学和理工类学科建设服务创新的意见〉重点任务分工方案》，明确工作措施、进度安排及预期成效。二是出台《关于加强理工科大学和理工类学科建设服务创新发展的意见》的相关配套文件。7月，省教育体制改革领导小组办公室印发《广东省理工科大学和理工类学科建设实施方案》，提出17条具体建设措施。同时，其他省直部门相继出台配套政策，从建设补助、生均拨款、科研资金、人才人事改革、招生政策倾斜等方面给予大力支持。三是研究制定考核指标。召集广东外语外贸大学等6所高校“创新强校工程”负责人及专家，研究制定高水平理工科大学绩效评价指标。四是扩大理工类专业招生规模。从2016年起，高水平理工科大学建设高校增加理工类专业本科招生计划，佛山科学技术学院、东莞理工学院等院校的部分重点理工类专业调整到第一批次招生。五是优化理工类学科专业结构。引导高水平理工科大学对接全省新一代信息技术产业、先进装备制造业、新材料产业、生物医药产业等重点领域，调整专业结构，增设一批理工类专业。

〔**做好专业设置和建设工作**〕 一是调研形成了《广东省本科专业结构分析报告》，组织召开省高校本科专业设置与管理专题会议，安排专业认证工作内容讲座，并发布了2016年广东省鼓励增设和建议高校暂缓增设的本专科专业名单。广东省普通本科高校向教育部申报本科备案专业117个、审批专业29个（含目录外新专业11个）、撤销专业1个。二是大力推进高校学科建设，遴选新增110个重点学科。从学科分布来看，理工类学科61个，占55.5％；人文社科类学科40个，占36.4％；农医类学科9个，占8.2％。从区域分布来看，珠三角地区90个，粤东西北地区20个。确定新增的110个重点学科中，理工农医类“攀峰”重点学科、优势重点学科、特色重点学科、重点培育学科分别为7个、25个、22个、16个，分别占本轮同层次重点学科的71.8％、69.4％、53.7％、66.7％。三是完成2016年高职招生专业的审核，开展新增专业检查，组织对48所高职院校的59个专业点开展省级抽查，形成检查结果并予以公布。四是组织开展2017年高职拟招生专业申报工作，梳理并公布340个省高等职业教育（专科）专业布点空白的专业，以及专业布点率高、在校生人数多且就业率较低的10个专业，指导和引导高职院校做好专业设置工作。五是开展品牌专业建设。印发《广东省高等职业教育品牌专业建设项目管理办法》，组织开展第一批品牌专业建设方案制定和第二批品牌专业申报工作，确定广东机电职业技术学院数控技术等7个专业为第二批省高职教育一类品牌专业建设点、佛山职业技术学院电子信息工程技术等61个专业为第二批省高职教育二类品牌专业建设点。六是探索开展专业认证工作。首批21所高校的27个本、专科专业开展中华工程教育学会（IEET）工程及科技教育认证，其中本科高校9所、本科专业14个，高职院校12所、高职专业13个。

〔**高校重点平台建设**〕　按照“需求导向、学校自主、政府统筹、分类指导”的建设思路，汇聚各方资源，统筹规划、科学布局、分类建设、重点突破，构建平台建设体系，布局平台重点领域，创新平台运行方式，增强重点平台的活力，力争实现全省高校重点创新平台整体实力的迅速提升。经组织专家遴选，确定了四类17个省级重点平台立项建设，其中广东省普通高校重点实验室2个、广东省普通高校工程技术研究（技术开发）中心9个、广东省普通高校哲学社会科学重点实验室1个、广东省普通高校人文社科重点研究基地5个。

〔**深入实施高等教育“创新强校工程”**〕　一是牵头制定了《广东省“十三五”高等教育“创新强校工程”总体方案（试行）》《广东省“十三五”高等教育“创新强校工程”考核办法（试行）》《广东省高等职业教育“创新强校工程（2016—2020年）”实施方案》以及考核指标体系，着力建立高校分类指导、分类发展、分类评估机制，建立完善以办学绩效为导向、适应高校分类发展的办学资源配置机制。二是加强考核并将考核结果作为安排财政资金的重要因素，做到“奖优罚劣”。分别组织完成本科高校和高职院校2015—2016学年“创新强校工程”实施情况考核，以考核结果为主要因素，制定本科高校省财政奖补资金5.985亿元安排方案，以及高职院校中央财政和省财政奖补资金共7.274亿元安排方案。三是加强指导和督促。召开全省高等职业教育“创新强校工程”推进会，印发《广东省“十三五”高等教育“创新强校工程”总体方案（试行）》，省教育厅副厅长魏中林出席并讲话，全省85所高职高专院（校）长等共200多人参加会议。

〔**推动应用型本科高校转型发展**〕　一是印发《省教育厅省发展改革委省财政厅关于引导部分普通本科高校向应用型转变的实施意见》（以下简称《实施意见》），提出“建立高校分类体系，实行分类管理，制定应用型高校的设置标准”。“要主动适应我国经济发展新常态，深化教育体制机制改革、探索多元办学体制和办学模式，大力推进应用型本科高校建设、大幅提升广东高等教育水平”。要求全省大部分理工科本科高校（含民办高校和独立学院）原则上均需通过学校整体转型或部分二级学院、部分学科专业转型的方式主动向应用型转变。二是根据《实施意见》，遴选出广东财经大学等14所高校为转型试点，全面启动为期4年的试点工作，通过充分发挥试点高校的示范作用，推动全省普通本科高校转型发展。三是遴选出全省高校在应用型人才培养方面的98篇案例及71篇论文，结集出版了《广东省应用型本科人才培养改革成果案例集》和《广东省应用型本科人才培养改革成果论文集》。

〔**毕业生就业工作**〕　全面深化高校创新创业教育改革，进一步推进校企合作协同育人、企业精英进校园等活动，引导毕业生到基层就业，创新服务方式，拓宽就业创业渠道和机遇，开发“广东省大学生就业创业系统平台”，为高校毕业生提供精准就业创业服务。2016年，共面向应届高校毕业生举办了64场省级大型专场供需见面活动（其中现场招聘47场、网络招聘17场），超过1.6万家用人单位参加招聘会，提供工作岗位超过34万个。全省高校共举办396场大型校园招聘活动，超过39万家用人单位参加招聘活动，提供工作岗位超过65万个。2016年，全省高校应届毕业生初次就业率为95.11%，比2015年提高0.31个百分点。

〔**高等教育装备管理工作**〕 2015—2016学年，全省高校实验室共有7 366间，总面积达599.06万平方米，比2014—2015学年增加了39.12万平方米，增长6.98%；单价800元（含）以上的教学科研仪器设备225.85万台（件），比2014—2015学年净增20.78万台（件）；仪器设备总值达260.86亿元，比2014—2015学年净增33.75亿元，增幅14.86%；单价40万元（含）以上的仪器仪表类教学科研贵重仪器设备3 328台（件），总值34.11亿元，比2014—2015学年增加481台（件），金额增加5.65亿元；全省高校投入实验实训室的总经费为36.56亿元，比2014—2015学年增加3.72亿元，增长11.33%；本科高校实验室开设教学实验项目79 580项，承担科研课题及社会服务项目18 584项。继续组织开展高校装备建设与实验室安全管理检查工作。6月，在广州市举办2016年全省高校实验室生物安全培训班，全省55所普通高校的主管和从事实验室生物安全工作的职能部门负责人、院系负责人、教师和业务骨干共360多人参加培训。把高校作为专项整治的重点单位，在全省教育系统集中开展了危险化学品安全专项整治工作。主动协调省安全生产委员会、省环保厅等有关部门解决粤东西北高校危险废弃物处置难问题。

〔**高校后勤社会化工作**〕 持续推进制度建设、监督检查、队伍建设和统筹协调工作，颁发《广东省高等学校学生公寓（宿舍）管理办法（试行）》等规范性文件。全省学校B级以上食堂覆盖率接近90%，学校食堂米、油、盐等关键食材以及中小学学生校服抽样检测合格率稳步提高。开展多项专题特色培训，不断提高教育后勤队伍综合素质，确保后勤服务保障工作精细化、规范化和科学化。

撰稿 苏维雅 冯婉燕 管晓芹 张正安 刘蔷 梁捷 刘宏伟 詹宗超 高万里

审稿 姚侃 张宏伟 赵琦 区湛生 陈亚林 郑文

深圳市教育

概　况

〔**基本情况**〕

深圳市各级各类学校校数、教职工、专任教师情况

	学校数（所）	教职工数（人）	专任教师（人）
一、高等教育	13	10 243	5 255
（一）研究生培养机构（不计学校数）	(4)		
普通高校	(4)		
（二）普通高等学校	12	9 741	5 092
1. 本科院校	9	6 157	3 052

续表

	学校数（所）	教职工数（人）	专任教师（人）
其中：独立学院	4	4 682	2 397
2. 高职（专科）院校	3	3 584	2 040
（三）成人高等学校	1	502	163
二、中等教育	376	67 455	34 383
（一）高中阶段教育	100	67 455	13 973
1. 高中	76	62 164	10 264
普通高中	76	62 164	10 264
2. 中等职业教育	24	5 291	3 709
普通中专	3	469	341
成人中专	0	0	0
职业高中	9	1 796	1 438
调整后中等职业学校	3	1 031	732
技工学校	9	1 995	1 198
（二）初中阶段教育	276		20 410
普通初中	276		20 410
三、初等教育	337	29 842	46 975
普通小学	337	29 842	46 975
四、工读学校	1	52	26
五、特殊教育	4	321	225
六、学前教育	1 579	68 017	33 746

注：①中等职业学校15所，另有3所非独立法人的办学机构。②“( )”内数据不计校数。③普通高中的教职工中包含普通初中的教职工。

深圳市各级各类学历教育学生情况

单位：人

	毕业生数	招生数	在校生数
一、高等教育	36 180	37 358	112 292
（一）研究生	4 480	4 936	14 406
博士	257	289	1 426
硕士	4 223	4 647	12 980
（二）普通本专科	20 993	23 587	77 477
本科	6 599	9 786	35 352
专科	14 394	13 801	42 125
（三）成人本专科	10 197	8 080	17 684
本科	5 367	2 427	4 597

续表

	毕业生数	招生数	在校生数
专科	4 830	5 653	13 087
（四）其他各类高等学历教育	510	755	2 725
在职人员工读博士、硕士学位	510	755	2 725
二、中等教育	140 497	168 093	471 022
（一）高中阶段教育	57 429	67 027	198 783
1. 高中	38 236	42 615	124 216
普通高中	38 236	42 615	124 216
2. 中等职业教育	19 193	24 412	74 567
普通中专	610	1 047	2 806
成人中专	106	97	329
职业高中	5 851	7 751	21 803
调整后中等职业学校	4 882	5 069	14 727
技工学校	7 744	10 448	34 902
（二）初中阶段教育	83 068	101 066	272 239
普通初中	83 068	101 066	272 239
三、初等教育	111 008	173 804	910 974
普通小学	111 008	173 804	910 974
四、工读学校	30	8	51
五、特殊教育	71	168	970
六、学前教育	154 655	173 978	463 319

深圳市各级各类民办教育基本情况

	学校数（所）	毕业生数（人）	招生数（人）	在校生数（人）	教职工数（人）	专任教师数（人）
一、民办高等教育	1	1 554	1 489	4 262	250	178
（一）民办高校	1	1 554	1 489	4 262	250	178
本科学生						
专科学生	1	1 554	1 489	4 262	250	178
二、民办中等教育	193	40 362	54 967	145 020	29 154	8 815
（一）高中阶段教育	42	14 479	19 609	55 134	10 149	2 961
1. 民办普通高中	33	9 088	10 832	31 133	9 055	2 319
2. 民办中等职业教育	9	5 391	8 777	24 001	1 094	642
（二）初中阶段教育	151	25 883	35 358	89 886	19 005	5 854
民办普通初中	151	25 883	35 358	89 886	19 005	5 854
三、民办普通小学	62	44 790	76 012	389 197	4 529	17 294
四、民办幼儿园	1 509	145 209	164 106	434 988	63 453	31 330

〔**综述**〕 2016年，全市教育系统认真贯彻党的十八大和十八届历次全会精神，全面落实国家教育规划纲要及《深圳市深化教育领域综合改革方案2015—2020》，坚持“提质量、促公平、增活力”并举，着力推进教育改革发展，各项工作取得新成就，实现了“十三五”良好开局。

截至2016年年底，全市学前教育毛入园率达117.15%；高中教育毛入学率达111.52%；全市公办义务教育标准化学校比例达100%；规范化幼儿园比例达97%。

〔**教育综合改革**〕 落实国家教育体制改革领导小组办公室批复的《深圳市深化教育领域综合改革方案（2015—2020）》，制定改革工作任务分工表，成立由市长任组长、各有关部门和各区为成员的教育综合改革领导小组，全面加强对教育改革工作的统筹领导。高等教育、学前教育、校长职级制三项改革列入国家教育体制改革重点项目。教育综改方案与《深圳市教育发展“十三五”规划》聚焦优化治理、扩大资源、弥补短板，为全市推动新时期教育改革发展提供了科学、清晰的任务书和路线图。

〔**教育经费投入**〕 全市财政教育经费投入418亿元，投入结构进一步优化，教育经费预算执行与重点工作匹配度增强。在保障基本运行经费的同时，增加了学位建设、学位补贴、购买教育服务专项等方面的投入。发放在园儿童健康成长补贴5.1亿元，惠及33.9万名在园儿童；发放民办学校补贴4.97亿元，惠及学生38.8万人次；发放幼儿园保教人员长期从教津贴2.15亿元、民办教师长期从教津贴1.4亿元，惠及保教人员3.01万名、民办教师3.6万人次。

〔**教育督导**〕 全年完成399所学校、幼儿园、学习型社区评估，6个区全部通过省级督学挂牌督导创新区验收及国家义务教育发展基本均衡县复查。组织各区参与2016年国家和省级监测，为科学化监控与诊断教育质量提供大量数据。国家级课题“办学水平评估体系研究”结题。

〔**师资队伍建设**〕 实施中小学校长职级制，印发《深圳市中小学校长职级制管理办法》及其配套工资制度，为校长建立专业化发展通道。建成50所教师专业发展基地学校和60所幼儿园教师专业发展基地园（优质示范园），常态化开展大规模、专业化教师培训。修订出台《中小学（含幼儿园）教师和校长继续教育学时管理办法》，建立“每周教师继续教育日+暑期教师继续教育周+教师选课学习+其他学术性活动”的教师培训新模式。开展教师“梯级培养”，扶持青年教师加快成长。班主任工作得到强化，建成18个省、市名班主任工作室，有效发挥辐射示范和带动作用。积极发挥名师辐射引领作用，面向薄弱地区、民办学校开展“订单式”名师送培工作，培训教师1万余名。出台《深圳市关于大力加强教师阅读工作的实施意见》，推动阅读成为全市教师的习惯和生活常态。印发《深圳市公办中小学购买教育服务实施办法》，逐步稳妥解决临聘教师存量问题。

〔**教育科研**〕 全年立项415项教育科研规划课题，举办4次高质量教育论坛，完成36所教师专业发展基地学校评估，新开发173门继续教育精品课程，培训教师达10万人次。全面推进学生综合素养培养“四个一”进校园，遴选和委托开发400门“好课程”，立项600项学生小课题。

〔**党风廉政建设**〕 认真学习党的十八届历次全会及习近平总书记在高校思想政治工作会议上的重要讲话精神，推动全面从严治党，多形式加强学生思想政治工作。扎实开展“两学一做”学习教育，组织开展“做合格党员，当岗位先锋”创建活动。抓紧抓实基层党建，认真开展党员组织关系梳理排查，严格落实党员按期缴纳党费和党组织按期上缴党费制度。推动党风廉政主体责任落实，在市教育局机关17个职能处室和5个直属事业单位中深入开展主体责任履行业务工作梳理，制定《深圳市教育局主体责任履行业务工作梳理材料汇编》，出台《深圳市教育局关于开展谈话提醒工作方案》，强化廉政风险防控的源头管理和长效建设。

〔**教育治理**〕 大力推进“管办评”分离，编制完成《深圳市教育局行政审批服务事项办事指南和业务手册》，全面梳理优化行政审批事项。出台《深圳市中小学校法律顾问工作指引》，推进全市中小学校全部聘请法律顾问，全部中小学校核准、备案学校章程。全市已有129所中小学校建成国家和省、市级依法治校示范校，深圳市现代学校制度建设先进校达100所，超过学校总数的1/3。

〔**教育信息化**〕 完成100所“智慧校园”示范学校建设任务，形成一批智慧教育典型案例。“网络课堂”共享自建优质课例视频资源超过21 000节，点播量超过1 800万人次，完成600节自建系列化优质课例视频资源上线展播。微课大赛长期占据百度对“微课”词条搜索前8名。“创客学堂”专栏上线不到两个月，点击量超过13万人次。“十百千”人才培训行动有效提升2 000多名校长信息化领导力。承办广东省基础教育信息化应用现场会，承担的教育部第一批教育信息化试点项目通过验收。

〔**教育国际化**〕 深圳中学等9所中小学校加入教育部第三批中美“千校携手”项目学校，推动市教育局直属学校50多名师生赴美国、日本等国家参加各类比赛活动。开展各区教育行政部门和中小学校外文网站评比活动，对实验满2年的15所民办高中开展的国际课程实验进行评估。举办“粤港姊妹学校缔结计划2016签约仪式暨深港校长论坛·2016”，两地共有500余名校长参加。组织学生参加首届粤港姊妹学校经典美文双语诵读比赛，取得佳绩。

〔**学校安全管理**〕 建立学校安全“六个一”工作制度，制定《深圳市学校安全月度形势分析会议制度》，大力开展校园周边安全整治，平安校园达标率为100%，完成了平安校园3年创建工作任务。全市A级学校食堂比例达20%，远高于全市餐饮业整体平均水平，全省最高。市教育局被市委、市政府评为平安创建先进单位，并位列“深圳市安全综合管理信息系统”各考核部门第一名。

〔**教育宣传**〕 积极运用新媒体手段加强教育政策解读和宣传，《中国教育报》以“建章立制，学校发展更有力”为题，专题报道深圳市推进现代学校制度建设的经验成效。积极主动做好舆情处置，被深圳报业集团等媒体授予“答政效率示范奖”，深圳教育微信在深圳政务微信影响力排行榜稳居前十位。

基 础 教 育

〔**学前教育进一步普惠优质发展**〕 学前教育质量提升专项行动进展良好，新创建40所第二批优质特色示范幼儿园、40所“精粹管理基地园”，41个家园共育公益指导项目深受学龄前家长欢迎。新增幼儿园65所、学位2万个，新增普惠性幼儿园97所，全市普惠性幼儿园比例达60%。继续推进学前教育教师“苗圃工程”，138名学前教育名师及培养对象、骨干教师队伍初步形成，组建17个市级学前教育名师（专家）工作室。

〔**基础教育优质均衡发展**〕 坚持立德树人，加强社会主义核心价值观教育，促进学生综合素养全面提升。高分通过全国义务教育发展基本均衡区复查。以综合素养试点学校为依托，开展新一轮“百校扶百校”工作，完成第二轮“阳光评价”测试，38所学校获国家、省、市心理健康教育特色学校称号，33所中小学被教育部命名为“全国青少年校园足球特色学校”。举办“创新教育大会·深圳峰会”、第二届深圳学生创客节，出台《中小学创客教育课程建设指南》《创客实践室建设指南》。

〔**推进集团化办学**〕 组建深圳高级中学（集团），一批新校、薄弱学校被吸纳到人民大学附属中学、深圳实验学校、深圳外国语学校等集团化名校中，优质教育资源覆盖面不断扩大。

〔**教育惠民措施**〕 30所中小学校新改建、扩建完工，新增3.1万个公办学位。全市购买民办学校义务教育学位18.5万个，4 000多名民办中小学专任教师接受了由市财政资助的继续教育培训。第二批100所“四点半活动”开始试点，试点学校总数达200所。335所公办中小学体育场馆向社会开放。出台《深圳市特殊教育随班就读意见》，成立深圳市特殊教育指导中心，5个区的特殊教育学校已立项或选址。

〔**进一步改善民办教育发展环境**〕 调整优化民办中小学及学前教育惠民政策，全面启动实施民办中小学教师培训计划，培训人数达5 500人；组织开展优质民办中小学校评选工作，对40所优质民办中小学予以奖励；加大对民办高中质量提升工程的投入，下拨资助经费1 200万元；启动第二批公办、民办高中学校结对帮扶活动；进一步修改完善《关于鼓励社会力量兴办教育加快民办教育优质特色发展的意见》；强化依法行政，制定行政许可事项办事指南。

〔**高考成绩**〕 2016年，全市一本上线率达24.3%，本科上线率达59.5%，本专科上线率达88.3%，各项上线比例位居全省之首。

职业教育与成人教育

〔**进一步加强职业教育顶层设计**〕 起草加快建设现代职业教育体系意见和职业教育改革发展规划，绘制打造国际一流职业教育体系蓝图。

〔**推进职业院校创建工作**〕 深圳信息职业技术学院以优秀成绩通过国家级骨干院校验收，深圳职业技术学院、深圳信息职业技术学院被确定为首批广东省一流高职院校建设院校。深圳市第二职业技术学校、深圳龙岗职业技术学校创建国家级示范校验收工作进展顺利。新增30个职业教育校外公共实训基地，提供2 320个实训岗位。

〔**加快职业教育国际化步伐**〕 引进国际职业教育优质资源，与瑞士大学、德国巴伐利亚州签署职业教育合作协议；与德国合作建设中德先进制造技师学院；成立龙岗中德国际职业学校成立。

〔**职业技能大赛再创佳绩**〕 参加2016年全国职业院校技能大赛，获中职组一等奖13个（一等奖总数首次超过广东省中职组代表队）、高职组一等奖3个；获全国中等职业学校“文明风采”竞赛一等奖9个；获全国职业院校信息化教学大赛一等奖1个。

〔**深入推进全民素质教育**〕 进一步推进全民素质提升计划试点工作。承办2016年全民终身学习活动周全国总开幕式，被联合国教科文组织推荐为全球学习型城市建设网络联盟成员城市。新建50个学习型社区，累计达190个，超过全市社区总数的1/4。宝安区“企业员工素质提升计划”被评为全国“特别受百姓喜爱的终身学习品牌项目”。

高等教育

〔**完成高等教育顶层设计**〕 市委、市政府出台《关于加快高等教育发展的若干意见》，编制《深圳市高等教育发展“十三五”规划》，进一步明确未来5年高等教育发展的目标、任务和重点项目。

〔**推进高校体制机制改革**〕 大力推进高等教育国际化，深圳大学与都柏林大学洽谈合作共建医学研究院工作进展顺利；推动南方科技大学与海外院校签订合作协议、深圳技术大学分别与德国巴伐利亚州、德国汉斯·赛德尔基金会签署合作协议；协助联合国教科文组织高等教育创新中心（中国深圳）揭牌，开展共建“一带一路”国家高等教育项目援助。推进管理体制改革，在国内名校深圳校区建立健全党组织，推行理事会制度。推进人才培养模式创新，协助南方科技大学、香港中文大学（深圳）探索书院制培养模式。建立高校开放多元经费筹措机制。

〔**名校合作办学**〕 深圳北理莫斯科大学正式设立。深圳技术大学筹建通过广东省评审。中山大学·深圳、哈尔滨工业大学（深圳）启动招生，深圳大学整体进入一本招生，南方科技大学与国内外知名大学联合招收研究生，高水平大学招生规模与层次不断提升。与北京大学、清华大学、中国人民大学、武汉大学、北京中医药大学、中国科学院大学等国内名校签约建设深圳校区。清华—伯克利深圳学院、湖南大学罗切斯特设计学院（深圳）等特色学院进展顺利。签署合作举办深圳墨尔本生命健康工程学院、天津大学佐治亚理工深圳学院协议。截至2016年年底，累计已有7个特色学院项目签约、5个项目签署合作备忘录。

撰稿 肖盛生

审稿 张基宏 范 坤 蔡茂洲 邱成瑜

广西壮族自治区教育

概　　况

〔基本情况〕

广西壮族自治区各级各类学校校数、教职工、专任教师情况

	学校数（所）	教职工数（人）	专任教师数（人）
一、高等教育			
（一）研究生培养机构（不计校数）	13		
1. 普通高校	13		
2. 科研机构			
（二）普通高等学校	73	63 690	40 421
1. 本科院校	36	46 671	28 330
其中：独立学院	9	4 751	3 530
2. 高职（专科）院校	37	17 019	12 091
3. 其他普通高教机构（不计校数）			
（三）成人高等学校	6	1 428	1 081
（四）民办的其他高等教育机构			
二、中等教育	2 585	241 673	202 212
（一）高中阶段教育	769	109 577	78 777
1. 高中	450	75 513	53 421
普通高中	450	75 459	53 370
完全中学	178	29 249	14 416
高级中学	258	43 559	38 275
十二年一贯制学校	14	2 651	679
成人高中		54	51
2. 中等职业教育	319	34 064	25 356
普通中专	276	27 944	20 733

续表

	学校数（所）	教职工数（人）	专任教师数（人）
成人中专			
职业高中			
技工学校	43	6 120	4 623
其他中职机构（不计校数）			
（二）初中阶段教育	1 816	132 096	123 435
1. 初中	1 812	132 051	123 427
初级中学	1 556	115 050	105 558
九年一贯制学校	256	17 001	6 809
十二年一贯制学校			564
完全中学			10 496
职业初中			
2. 成人初中	4	45	8
三、初等教育	10 232	239 191	232 628
（一）普通小学	10 173	239 044	232 548
小学	10 173	239 044	224 260
九年一贯制学校			7 671
十二年一贯制学校			617
（二）成人小学	59	147	80
其中：扫盲班	35	129	62
四、工读学校	3	30	24
五、特殊教育	79	1 853	1 482
六、学前教育	11 013	140 128	74 163

注：①完全中学的学校数和教职工数计入高中阶段教育，九年一贯制学校的校数和教职工数计入初中阶段教育，十二年一贯制学校的校数和教职工数计入高中阶段教育。专任教师按照教育层次进行归类。②技工学校数据为 2015 年数据。③“( )”内数据为不计校数。

广西壮族自治区各级各类学历教育学生情况

单位：人

	毕业生数	招生数	在校生数
一、高等教育			
（一）研究生	8 840	10 025	27 713
博士	169	326	1 198
硕士	8 671	9 699	26 515
（二）普通本专科	189 441	248 411	810 282
本科	82 517	114 813	422 949

续表

	毕业生数	招生数	在校生数
专科	106 924	133 598	387 333
（三）成人本专科	93 202	99 510	254 885
本科	38 697	41 612	103 697
专科	54 505	57 898	151 188
（四）其他各类高等学历教育			
1. 在职人员攻读硕士学位		1 177	5 144
2. 网络本专科生			
本科			
专科			
二、中等教育	1 171 498	1 347 560	3 720 853
（一）高中阶段教育	518 057	650 234	1 729 290
1. 高中	268 485	338 497	919 091
普通高中	268 465	338 497	918 939
完全中学	69 780	96 978	253 440
高级中学	196 184	237 001	654 613
十二年一贯制学校	2 501	4 518	10 886
成人高中	20		152
2. 中等职业教育	249 572	311 737	810 199
普通中专	121 945	192 138	478 796
成人中专	102 481	64 123	219 776
职业高中			
技工学校	25 146	55 476	111 627
（二）初中阶段教育	653 441	697 326	1 991 563
1. 初中	649 589	697 326	1 987 540
初级中学	552 324	592 480	1 688 178
九年一贯制学校	30 098	34 867	97 039
十二年一贯制学校	2 622	3 031	8 742
完全中学	64 545	66 948	193 581
职业初中			
2. 成人初中	3 852		4 023
三、初等教育	726 293	812 929	4 541 463
（一）普通小学	698 537	812 929	4 513 712
小学	671 863	782 814	4 337 382
九年一贯制学校	24 854	28 090	165 285
十二年一贯制学校	1 820	2 025	11 045

续表

	毕业生数	招生数	在校生数
（二）成人小学	27 756		27 751
其中：扫盲班	27 647		27 647
四、工读学校		12	28
五、特殊教育	1 570	3 257	15 947
六、学前教育	835 943	1 151 089	2 096 356

注：①完全中学、九年一贯制学校和十二年一贯制学校的学生数按教育层次分别计入对应教育阶段的学生数中。②特殊教育学生数中包括义务教育阶段随班就读的学生数、其他学校附设特教班学生数。

广西壮族自治区各级各类非学历教育学生情况

单位：人次

	结业生数	注册学生数
总计	356 450	266 215
一、高等教育	210 586	171 725
（一）研究生课程进修班	475	744
（二）自考助学班	4 395	6 794
（三）普通预科生		3 482
（四）进修及培训	205 716	160 705
其中：资格证书培训	73 294	76 940
岗位证书培训	87 371	70 887
二、中等职业教育	145 864	94 490
其中：资格证书培训	67 236	48 353
岗位证书培训	44 750	21 217
（一）中等职业学校	142 956	91 099
其中：资格证书培训	67 236	48 353
岗位证书培训	44 750	21 217
（二）职业技术培训机构	2 908	3 391
其中：资格证书培训		
岗位证书培训		

广西壮族自治区各级各类民办学校校数、教职工、专任教师情况

	学校数（所）	教职工数（人）	专任教师数（人）
一、高等教育			
（一）研究生培养机构（不计校数）			
1. 普通高校			

续表

	学校数（所）	教职工数（人）	专任教师数（人）
2. 科研机构			
（二）普通高等学校	24	10 478	7 405
1. 本科院校	12	7 063	5 161
其中：独立学院	9	4 751	3 530
2. 高职（专科）院校	12	3 415	2 244
3. 其他普通高教机构（不计校数）			
（三）成人高等学校			
（四）民办的其他高等教育机构			
二、中等教育			
（一）高中阶段教育			
1. 高中			
普通高中	95	11 023	4 767
完全中学	47	6 494	2 594
高级中学	38	2 491	1 774
十二年一贯制学校	10	2 038	399
成人高中			
2. 中等职业教育			
普通中专	69	3 384	2 250
成人中专			
职业高中			
技工学校			
其他中职机构（不计校数）			
（二）初中阶段教育			
1. 初中	155	7 789	5 348
初级中学	31	1 695	1 223
九年一贯制学校	124	6 094	1 766
十二年一贯制学校			420
完全中学			1 939
职业初中			
2. 成人初中			
三、初等教育			
（一）普通小学	190	5 696	7 128
小学	190	5 696	4 031
九年一贯制学校			2 611
十二年一贯制学校			486

续表

	学校数（所）	教职工数（人）	专任教师数（人）
（二）成人小学			
其中：扫盲班			
四、工读学校			
五、特殊教育	2	37	29
六、学前教育	9 504	115 909	59 919
另有：民办培训机构（不计校数）			

注：①完全中学的学校数和教职工数计入高中阶段教育，九年一贯制学校的校数和教职工数计入初中阶段教育，十二年一贯制学校的校数和教职工数计入高中阶段教育。专任教师按照教育层次进行归类。②“（ ）”内数据为不计校数。

广西壮族自治区各级各类民办教育学生情况

单位：人

	毕业生数	招生数	在校生数
一、高等教育			
（一）研究生			
博士			
硕士			
（二）普通本专科	34 749	49 083	166 729
本科	21 015	31 468	109 596
专科	13 734	17 615	57 133
（三）成人本专科	23	50	154
本科	8	41	143
专科	15	9	11
（四）其他学生			
1. 民办高校			4 491
2. 民办的其他高等教育机构			
二、中等教育			
（一）高中阶段教育			
1. 高中			
普通高中	25 147	43 791	105 700
完全中学	14 592	23 545	59 165
高级中学	9 591	17 468	40 526
十二年一贯制学校	964	2 778	6 009
成人高中			
2. 中等职业教育			
普通中专	14 729	22 904	50 335
成人中专	8 503	5 409	17 941

续表

	毕业生数	招生数	在校生数
职业高中			
技工学校			
其他学生数			4 945
（二）初中阶段教育			
1. 初中	31 937	35 015	101 566
初级中学	8 458	9 339	26 545
九年一贯制学校	8 243	9 208	27 789
十二年一贯制学校	1 671	2 240	6 264
完全中学	13 565	14 228	40 968
职业初中			
2. 成人初中			
三、初等教育			
（一）普通小学	26 844	25 372	157 771
小学	15 757	14 432	91 400
九年一贯制学校	9 856	9 680	59 027
十二年一贯制学校	1 231	1 260	7 344
（二）成人小学			
其中：扫盲班			
四、工读学校			
五、特殊教育	10	69	301
六、学前教育	392 857	610 640	1 303 705
另有：民办培训机构（不计校数）		—	

注：①完全中学、九年一贯制学校和十二年一贯制学校的学生数按教育层次分别计入对应教育阶段的学生数中。②特殊教育学生数中包括义务教育阶段随班就读的学生数、其他学校附设特教班学生数。③“其他学生数”包括自考助学班学生数、预科生数、进修及培训学生数。

〔**教育经费收入和支出情况**〕　2016年，全区教育经费总收入1 095.18亿元，比2015年增长约8.12%。全年教育经费总支出1 089.1亿元，比2015年增长约8.64%。其中事业性经费支出1 076.64亿元，比2015年增长约8.86%。全年公共财政教育经费853.72亿元（含教育事业费、基本建设经费、教育费附加），比2015年增长约8.14%。

〔**教育政策研究与法制建设**〕　完成广西教育“管办评”分离改革、全区教育系统“七五”普法规划、广西实施《依法治教实施纲要（2016—2020年）》指导意见和广西贯彻落实《青少年法治教育大纲》等4项工作调研。编制印发《自治区教育厅2016年教育改革工作要点》，明确教育综合改革任务分工，协调推进年度10项教育重点改革任务。开展5项地方性教育法规清理工作，对182份自治区人民政府教育规范性文件进行清理。开展编制《广西实施〈教育督导条例〉办法》和《广西民族教育促进条例》的立法调研。制定印发《2016年全区教育系统依法行政和法治教育工作要点》。制定自治区教育厅行政机关负责人出庭应诉工作实施细则、法律顾问工作制度等9个厅机关依法行政工作制度。制定出台《广西教育系统开展法治宣传教育第七个五年规划（2016—2020年）》和《关于全面加强依法治教的实施意见》，大力推进全区教育行政部门依法行政能力建设。全部完成自治区教育厅承办的45件自治区人大代表建议和83件政协提案。

〔**教育督导工作**〕 柳南区等20个县（市、区）通过自治区义务教育发展基本均衡县（市、区）督导评估。北流市等17个县（市、区）通过国家义务教育发展基本均衡县（市、区）督导评估认定。开展全国中小学校责任督学挂牌督导创新县（市、区）督导评估工作。组织实施义务教育质量监测工作。马山县等12个县（市、区）成为2016年国家义务教育阶段学生语文和艺术学习质量监测样本县。

〔**教育精准扶贫工作**〕 继续实施八大帮扶计划，全年总计投入教育扶贫资金86.83亿元。加强基础设施建设，改善贫困地区办学条件。学前教育投入54个贫困县资金4.82亿元，占全区投入的65%。支持贫困地区新建幼儿园78所，改扩建155所，新建校舍面积143 893平方米，认定600所多元普惠性幼儿园。义务教育投入28.74亿元，占全区投入的55.6%。投入2.54亿元，支持贫困地区普通高中改扩建63所，超额完成11所。下达资金2亿元用于县级中等专业学校综合改革，统筹资金7 500万元，支持蒙山县等15个贫困县县级中等专业学校建设示范特色专业及实训基地。投入资金410万元，用于贫困地区5所特殊教育学校基础设施建设。自治区高校工委、自治区教育厅机关筹措640万元支持来宾市忻城县定点扶贫攻坚工作，7个贫困村整体贫困发生率由2015年10月的27.40%下降至13.35%。

〔**学生资助工作**〕 全年共下达各级各类资助资金（不含助学贷款）44.96亿元，比2015年增加1.49亿元；受助学生达295.08万人次，比2015年增加22.43万人次。开展国家助学贷款工作，共发放生源地信用助学贷款23.12亿元，比2015年增加3.22亿元；获得贷款学生34.41万人次，比2015年增加3.41万人次。连续3年获全国学生资助工作绩效考核“优秀”等次。印发《关于做好建档立卡贫困户子女学生资助项目组织实施工作的通知》，实施对建档立卡贫困户子女从学前教育到高中阶段的15年免费教育政策。建档立卡贫困户家庭学生100%纳入国家助学金资助范围。普通高中贫困生享受国家助学金由每生每年2 500元提高至3 500元，普通高校贫困生享受国家助学金由每生每年3 500元提高至4 000元。印发《关于免除普通高中建档立卡等家庭经济困难学生学杂费的通知》，对建档立卡贫困户子女、农村低保家庭学生、农村特困救助供养学生、家庭经济困难残疾学生等4类学生免除普通高中学杂费，并由自治区财政免除住宿费和课本费外，平均每个学生获得资助约760元。

〔**体育卫生艺术与国防教育**〕 举办全区第十一届学生运动会，牵头成立全区青少年校园足球工作领导小组，开展第一批自治区级校园足球特色示范校和2016年全国青少年校园足球特色学校及试点县（区）遴选申报工作，首批确定42所自治区级校园足球特色示范校，137所学校被评为全国青少年校园足球特色学校，北海市海城区被评为“全国青少年校园足球试点县”。举办2016年广西中小学体育教师足球专项培训班，培训全区中小学专兼职足球教师400人，推荐10名校园足球教师赴英国和法国留学，选派137名足球特色学校校长和教师参加国家级培训项目。举办全区高校教职工羽毛球、乒乓球和网球比赛，联合举办首届广西青少年“未来之星”阳光体育大会暨全国青少年“未来之星”阳光体育大会（广西分会场）和2016年广西中学生中国武术段位制比赛。开展学校公共卫生知识培训计划，培训学员2 000余人，为全区各市城区普通高中和中等职业学校高一学生配发了预防艾滋病读本30万册。联合举办2016年广西中小学生食品药品安全知识竞赛，100多万名学生参加。广西壮族自治区在全国学校艾滋病防治工作推进会上做先进典型发言，获得教育部充分肯定。参加全国第五届中小学生艺术展演活动现场展演，开展2016年度高雅艺术进校园活动。参加教育部举办的第三届学生军事训练活动，完成2016年全区学生军训工作。

〔**学校安全稳定工作**〕 校园安全隐患信息上报实现邮箱、网站、短信、微信、微博“五网合一”。广西校园安全预防及应急综合管理平台抓取疑似舆情95 968件、处理舆情3 968件、上报舆情1 313件，走在全国前列。印发《广西壮族自治区学校消防安全标准化管理规范》，立项教育系统安全稳定课题427项。举办7期安全教育管理队伍和安全教育师资培训班，累计培训2 000多人。开展反恐防暴、消防、交通、防溺水、毒品预防等安全教育培训及应急演练观摩活动。全区80多万名师生及家长参加第四届中小学安全知识网络竞赛公益活动。柳州市公园路小学、桂林市火炬中学、来宾市第四中学和梧州市藤县第一中学被国家禁毒委员会评为全国青少年毒品预防教育“6·27”工程先进学校。开展中小学幼儿园上下学交通安全专项整治工作，涉及中小学生和幼儿的交通安全事故同比下降38.7%，死亡人数同比下降44.7%。全区各类涉校涉生安全事故总数同比下降7.9%，死亡人数同比下降4%。

〔**民族教育**〕 组织召开全区民族教育工作会议，出台《关于加快发展民族教育的实施意见》等文件。新增自治区普通高中民族班招生指标500人，自治区普通高中民族班规模达20 350人。举办普通高校民族班，招收本科民族班学生1 246人。区内高等院校录取少数民族预科生3 868名，比2015年增长8%，其中招收免费预科生1 200人，比2015年增加200人。“少数民族高层次骨干人才培养计划”录取广西生源地硕士考生256人、博士考生94名。举办3期民族团结教育自治区级培训班，培训骨干教师300名。截至2016年年底，全区开展壮汉双语教学的学校增至214所，其中小学181所、初中29所、高中4所，分别比2015年底增加53所、2所、1所。

〔**教育交流与合作**〕 2016年，来桂留学生共计12 794人，比2015年增长17%，其中东盟国家留学生9 061人，创历史新高。派出赴东盟国家留学生3 000多人。2016年，下达自治区政府东盟国家留学生奖学金2 300万元，共录取新生196人。对区内8所高校外国留学生公寓楼建设项目继续投入1亿元建设经费。派出200名汉语教师志愿者赴东南亚国家任教。出台《广西留学工作“十三五”（2016—2020）发展规划》。自治区政府与教育部签署共建“一带一路”教育行动国际合作备忘录。广西高等教育代表团访问老挝、柬埔寨和越南，与各国教育部国际司或海外培训局建立常态联系机制。举办“广西高校赴越南、老挝和柬埔寨国际教育展”“东盟留学生文化节暨东盟留学生百名家长看广西”“中国—东盟高校青年领袖峰会”“2016海上新丝路·东盟万里行（教育篇）外宣活动”等。3个中外合作办学本科教育项目获教育部批准。2016年，在桂学习的香港特别行政区学生136人、澳门特别行政区学生3人。举办“第三届桂台高等教育高峰论坛”“第三届桂台教师发展高峰论坛”，推动桂台区域间教育交流制度化。全年选派466名广西高校在校生赴台湾地区交流学习。

〔**教育固定资产投资和基础教育基本建设**〕 全区完成教育系统固定资产投资477.54亿元，完成率达97.45%，同比增长22%。下达学前教育建设资金8.8亿元，新建、改扩建幼儿园532所，其中启动新建幼儿园134所、改扩建幼儿园398所，建设项目619个，新建、改扩建面积61.2万平方米。下达义务教育项目资金68.44亿元，新建、改扩建义务教育学校8 127所，新建、改扩建面积382万平方米。启动全区地质灾害隐患学校治理工作，排查出存在地质灾害隐患学校1 104所，计划用4年时间按轻重缓急完成治理工作。大力推进自治区层面重大项目建设，13个教育项目累计完成投资12.47亿元，完成年度投资的154.92%，2个新开工项目全部动土建设。加快推进南宁教育园区项目，审核16所学校进入园区建设新校区，实施一站式审批服务、学校旧校区处置办法、新校区建设贷款财政贴息操作规程等一系列支持南宁教育园区建设的政策。广西医科大学武鸣校区实现开工建设，广西安全工程职业技术学院新校区已完成一期建设工程。

〔**语言文字工作**〕 举办全国第十九届推广普通话宣传周开幕式活动。进一步推进全区国家三类城市语言文字工作评估复评暨“回头看”工作，完成了横县、临桂区、阳朔县、田东县、柳江区等10个县（区）的语言文字规范化达标评估复评材料的审核及评定工作。举办广西汉字听写大赛和广西第九届中华经典诵读大赛暨2016校园经典诵读大赛视频赛。开展“国家语言文字保护工程”广西增补项目建设工作，完成了南宁白话等20个方言点的申报工作，并获国家语委批复。加强语言文字队伍建设，完成10期国家级、自治区级培训，全年培训人数达2 000多人，完成普通话测试人数达23万人次。

基础教育

〔**学前教育改革发展**〕 指导环江县开展国家学前教育改革发展实验区试点。率先在西部地区启动全区学前教育改革发展实验区建设工作，建立首批16个自治区级学前教育改革发展实验区。组织培训全区学前教育改革发展实验区管理干部、教研员和园长102人。推进《3—6岁儿童学习与发展指南》实验区（园）建设，举办2期培训班，培训幼儿园园长及学前教育管理干部140人。

〔**完成第二期学前教育三年行动计划**〕 完成第二期学前教育三年行动计划（2014—2016年），3年共新建公办幼儿园686所，改扩建公办幼儿园1 142所，乡镇中心幼儿园覆盖率达98.6%。大力发展多元普惠性幼儿园，3年共认定多元普惠性幼儿园4 270所，占全区民办幼儿园的45%，全区普惠性幼儿园覆盖率达60%。推进学前教育集团办园改革，组建了191个学前教育集团，全区覆盖率达76%。推进自治区示范幼儿园创建工作，示范幼儿园总数达167所，全区覆盖率达78%。

〔**义务教育均衡发展**〕 继续指导各地进一步优化中小学布局。继续实施全面改善贫困地区义务教育薄弱学校基本办学条件工程，召开全区义务教育均衡发展暨“全面改薄”现场推进会，着力改善薄弱学校办学条件。深入实施消除“大班额”“大通铺”攻坚战，全区义务教育超大班额总数减少2271个。研究制定《广西壮族自治区农村小学教学点基本办学标准（试行）》。开展普通中小学开齐开足国家课程专项行动。实施中小学（幼儿园）结对帮扶工作，建立“市—县”“县—乡”和“乡—村”三级结对帮扶体系。

〔**义务教育学区制管理改革**〕 召开全区基础教育暨义务教育学区制管理改革工作现场推进会议。编制《自治区政府办公厅关于全面推进义务教育学区制管理改革的通知》，开展学区制管理改革试点城区总结验收工作。

〔**普通高中能力提升工程**〕 下达项目资金5.16亿元，新建普通高中8所、改扩建普通高中134所，新增校舍面积156.6万平方米，新增普通高中学位5.3万个，配置一批高中课程改革所需的图书和教学仪器设备以及体育运动场等附属设施。实施普通高中贷款贴息政策，补贴69所公办普通高中偿还因建设校舍及购置学校器材设备等产生的银行贷款利息。带动各地投入普通高中学校建设13亿元。推进自治区示范性普通高中建设，完成7所立项建设学校验收评估和16所自治区示范性普通高中复查评估，全区示范性普通高中学校增至145所。开展自治区特色普通高中验收评估验收工作，认定3所一星级特色普通高中学校。

〔**普通高中课程教学**〕　启动全区首批18个学科基地建设，推广使用全区普通高中第一期学科课程资源库资源，开展第二期建设工作。组建第二届广西普通高中课程改革项目工作组和学科教学指导组。开展普通高中课程改革学科教材与课堂教学暑期培训，共培训教师1.5万名，实现新课程标准和教材全员、全学段培训。

〔**中小学德育工作**〕　召开全区中小学社会主义核心价值观教育经验交流暨德育工作会，开展中小学德育工作优秀案例评选活动。出台《关于加强中小学劳动教育的实施意见》，将劳动教育纳入中小学课程体系。出台《关于进一步加强家庭教育工作的意见》，建立家庭教育指导服务新机制。开展“5·25”心理健康文化节活动。

〔**中小学招生管理**〕　严格规范义务教育学校招生行为，坚持按地段划片为主，鼓励探索多校划片的招生政策，保障特殊群体接受义务教育的权利，清理不必要的特殊政策，将特长生的招收比例压缩到5%以下。

〔**中小学教师队伍建设**〕　联合印发《关于统一城乡中小学教职工编制标准有关工作的通知》，重新核定教职工编制48.4万名，比原有的41.8万名增加了6.6万名。南宁二中教师徐华被评为“全国教书育人楷模”，北海市机关幼儿园园长范徽丽当选2016年度全国“最美教师”。实施农村小学全科教师定向培养计划，面向82个县（市、区）定向招收和培养小学全科师范生3 000名。实施县级中职学校教师定向培养计划，2016年共招收中职师范生1 058名，其中定向生118名、非定向生940名。面向91个县（市、区）招聘中小学特岗教师6 600余名，在全国率先启动实施中等职业学校教师特岗计划。

〔**学生营养餐**〕　全年共下达农村义务教育学校学生营养膳食补助资金122 160万元，按计划为全区63个试点县区的168.9万名农村义务教育学校学生提供营养膳食补助。继续实施“送培到县”计划，对1 994所营养改善试点学校校长及食堂管理人员进行了集中培训。

〔**关爱教育**〕　继续实施以居住证为主要依据的进城务工人员随迁子女入学政策，共有140多万名随迁子女享受政策顺利在城市入学，入读公办学校的比例连续5年超过80%。加强农村留守儿童、家庭经济困难儿童、残疾儿童等特殊群体的关爱教育。

〔**校外教育**〕　开展“圆梦蒲公英”等暑期主题活动。加快推进示范性综合实践基地建设，其中玉林市的实践基地已投入使用，梧州市、来宾市的实践基地基本建成。

〔**北部湾经济区四市教育交流合作**〕　制定实施北部湾经济区教育合作交流改革系列政策措施，决定从2017年起，南宁、北海、钦州、防城港四市统一进行初中毕业升学考试，实现四市扩大教育合作交流，整体提升北部湾经济区教育发展水平。

职业教育与成人教育

〔**政策制度**〕　出台《关于深化职业教育教学改革全面提高人才培养质量的若干意见》《职业院校管理水平提升行动计划（2016—2020年）》《职业教育示范特色专业及实训基地项目管理办法（试行）》《关于加强我区职业教育示范特色专业及实训基地建设的指导意见》等文件。完善职业院校质量年报制度，全区高职院校、国家级重点中职学校、国家改革发展示范中职学校均发布年度人才培养质量报告。

〔**搭建人才成长“立交桥”**〕 继续推行“2+3”“3+2”中高职联合人才培养模式，深化“文化素质+专业技能”考试改革，开展本科和高等职业院校面向全区中职学校学生单独招生试点、优秀高职高专生升本科工作。普通本科院校招收高职毕业生6 545人、中职毕业生2 783人，全区高等职业院校对口招收中职学生3.4万余人。

〔**专业结构**〕 继续调整优化专业结构，新增中职专业点89个、高职专业点137个；全区共设置中职专业247个、布点1 892个；高职专业393个、布点1 917个。统筹财政资金7.65亿元，支持建设99个中职、27个高职示范特色专业及实训基地，共支持建设特色专业及实训基地达412个。

〔**县级中专综合改革**〕 下达2亿元奖补资金用于支持县级中等专业学校改善办学条件、创新办学机制等综合改革。开展县级中等专业学校校长专项培训，支持高职院校和优秀城市中职学校通过“课程、师资、设备、管理”四下乡结对帮扶县级中等专业学校。当年县级中等专业学校招收全日制学生4.76万人，同比增长10%以上；开展农民工技能培训等继续教育培训达30万人次。

〔**校企合作、产教融合**〕 成立农业、机械等15个行业职业教育教学指导委员会，行、企、校成员单位286家、580多人。举办“建筑职教联百企”“魅力电商，职教助力”等5场产教对话活动。新增备案职业教育集团14个，全区备案职业教育集团达27个，覆盖近80%的职业院校，参与职业院校、企业、科研院所等成员单位1 200余家。推荐4所高职院校、51所中职学校入选“十三五”国家产教融合工程项目库。

〔**民族文化传承创新**〕 统筹资金5 700万元，支持31所中职学校和11所高职院校建设民族文化传承创新职业教育基地，推动建立民族文化、民族传统工艺展示馆和工作坊，开办民族歌舞、民族服饰等专业，开设民族文化、传统工艺课程，组建学生社团，开展民族文化技艺技能培训。

〔**文明风采竞赛活动**〕 联合自治区六部门成立广西中等职业学校文明风采竞赛组织委员会。组织开展第十二届全区中等职业学校文明风采竞赛活动。推荐优秀作品参加全国中等职业学校“文明风采”竞赛，获一等奖6个、二等奖45个、三等奖87个、学校优秀组织奖12个，竞赛组委会获组织贡献奖。

〔**职业院校技能大赛**〕 举办全区职业院校技能大赛，56所高校、147所中职学校的4 753人次参赛，学校参与率分别达78.9%和48.7%。组织参加2016年全国职业院校技能大赛，共获奖177项，其中一等奖6项、二等奖36项、三等奖135项。在第十二届“振兴杯”全国青年职业技能大赛中，广西纺织学校1名教师获服装设计定制工赛项第4名、南宁市第四职业技术学校1名教师获第10名。

〔**职业教育活动周**〕 组织开展以“弘扬工匠精神，打造技能强国”为主题的第二届职业教育活动周活动，参与的中小学生、家长、社区居民达25万人以上，企业1 540多家。组织职业教育宣讲活动3 500多场，开展便民服务7.2万人次，发放宣传资料超过35万份。电视台、广播电台、报纸、网络新闻等给予广泛报道。

〔**农村扫盲教育和社区教育**〕 支持城市社区和乡镇中心校（成人文化技术学校）开展城市社区教育和农村功能性扫盲工作。全区共建成97个“广西社区教育示范点”，234个“信息通讯技术促进成人扫盲教育”试验点。南宁市青秀区、西乡塘区和桂林市七星区、龙胜各族自治县获教育部批准为国家级社区教育实验区。组织全区10个设区市举办全民终身学习活动周，参与活动周的群众达40万人次。广西社区教育网（桂知网）初步建成，面向社会开放课程视频2 500多个课时、电子图书12万册及电子杂志1 500册。

高等教育

〔**学科建设与高水平科技创新平台建设**〕 广西大学的工程学、材料科学，广西师范大学的化学，广西医科大学的临床医学4个学科领域进入2016年ESI前1%行列。广西医科大学牵头的“广西基因检测技术应用示范中心”获国家发展和改革委员会批准，列入新兴产业重大工程包——基因检测惠民项目，成为全国首批10个示范中心之一，首期支持贴息贷款3 200万元。广西师范大学“药用资源化学与药物分子工程国家重点实验室”获批为省部共建国家重点实验室，成为广西第一家省部共建国家重点实验室。

〔**优化专业布局结构**〕 全区高校新增5个本科专业并通过权威组织认证。组织各高校编制本科专业发展中期规划（2016—2020年）。2016年，高校增设89个普通本科专业和20个成人高等教育本科专业，撤销9个专业和1个专业方向，暂停招生专业约90个。开展2016年新设本科专业评估工作，66个专业评估结论为合格、1个专业为基本合格。

〔**完善本科教学质量保障体系**〕 完成对广西民族大学、广西师范大学、桂林医学院、广西艺术学院的本科教学工作审核评估工作，指导广西大学完成预评估工作。联合教育部高等教育教学评估中心编制《广西高校本科教学质量监测报告》。

〔**研究生教育综合改革**〕 继续将广西中医药大学等5所高校、广西财经学院等7所高校分别列为自治区立项建设博士学位、硕士学位授予单位，每所博士立项建设单位资助700万元，每所硕士立项建设单位资助400万元。安排1 200万元，用于研究生创新创业教育暨联合培养基地示范建设项目，12所高校共计25个联合培养基地获资助。实施研究生教育创新计划项目，资助博士研究生创新项目55项、硕士研究生创新项目220项、学位与研究生教育改革专项课题125项、研究生学术论坛15项。广西大学等3所高校被教育部确定为全国研究生课程建设试点高校。各研究生培养单位完成年度研究生教育质量报告并在网站公布。出台开展动态调整的实施意见，广西医科大学等3所高校开展了动态调整。增列南宁学院为学士学位授予单位。

〔**创新创业教育**〕 印发《关于深化高等学校创新创业教育改革的实施方案》。参加第二届中国“互联网+”大学生创新创业大赛，获1项金奖、1项银奖、21项铜奖。广西大学、桂林电子科技大学、广西财经学院3所高校被教育部认定为首批全国深化创新创业教育改革示范校。召开广西高等学校创新创业教育和转型发展工作推进会暨第二届广西大学生创新创业优秀成果展，确定2016年自治区级大学生创新创业训练计划项目3 933个、国家级项目1 124个，资助经费超过3 000万元。学堂在线联合广西广播电视大学成立“学堂在线广西分中心”，联合广西师范大学成立“学堂在线广西课程协同创新中心”。

〔**教师队伍建设**〕 实施高校高层次人才引育工程。向国家、自治区推荐2016年度“长江学者”候选人29名、享受政府特殊津贴人员初步人选22名、第四批“八桂学者”候选人3名、第十九批广西“十百千”人才工程推荐人选15名。全区高校引进海外高层次人才“百人计划”20名。高校高水平创新团队及卓越学者计划共重点建设“高性能膜材料与水处理团队”等16支团队，重点培养16名高校卓越学者。实施高校教师素质提升工程，开展“广西高等学校优秀中青年骨干教师培养工程”第一期培养对象期满考核及第二期培养对象中期检查评估。实施广西高校优秀教师国内访问学者计划，共选派50名优秀青年教师到国内重点高校访学研修1年；实施广西高校青年教师教学能力培训计划，分批次共培训1 225名青年教师。

〔**高校科研管理工作**〕　全区高校共有科技人员28 357人，科技投入总经费达153 709.1万元，支出总经费达145 571.7万元，各类科技活动机构200所，承担科技活动课题11 770项，发表各类学术论文16 500篇，其中被三大检索系统收录4 334篇，出版科技专著37部；全区高校共有社会科学人员20 231人，科学研究总收入26 472万元，承担社会科学研究课题9 358项，投入研究经费14 294.3万元，发表社会科学研究论文7 212篇，出版著作436部。广西大学教授王双飞完成的项目“造纸与发酵典型废水资源化和超低排放关键技术及应用”获2016年度国家科学技术进步奖二等奖。全区高校获2项广西自然科学奖一等奖和8项广西自然科学奖二等奖。获国家自然科学基金458项，资助金额约1.8亿元；获广西自然科学项目立项527项，约占全区立项数的80%。全区共获国家社科基金项目110项，其中100项由区内高校获得，占全区总数的90.9%，获1项国家社科基金重大项目、3项国家社科基金重点项目。

〔**高水平大学建设**〕　桂林电子科技大学、桂林理工大学、广西艺术学院、广西师范学院进入中西部高校基础能力建设工程（二期）；钦州学院、桂林旅游学院、广西财经学院进入应用型本科高校建设项目。2016年，广西师范学院获8 000万元中央财政经费。

〔**高等教育强基创优计划**〕　印发《广西高等教育强基创优计划实施方案》，下达1.5亿元，支持建设254个2016年度广西高等教育创优计划教学相关项目。新增3个国家级虚拟仿真实验教学中心、4个国家级实验教学示范中心、15个自治区级虚拟仿真实验教学中心和25个培育中心。确定2016年度广西高等教育本科教学改革工程项目843个，其中重点项目91个、一般项目A类331个、一般项目B类421个。

〔**高校党建工作**〕　制定印发《自治区高校工委2016年党建工作要点》《广西高校党建工作考核指标体系（2016年）》，组织46所自治区管理高校开展党委书记落实主体责任述职评议考核工作。督促2016年巡视的42所自治区管理的高校开展巡视整改工作，集体约谈被巡视高校的党委书记和纪委书记，组成督查组全面深入被巡视高校实地督查。指导高校扎实有序推进“两学一做”学习教育。截至2016年6月底，全区高校共有基层党支部4 471个、党员89 267人。其中学生党支部2 138个、学生党员61 440人；教职工党支部2 333个、教职工党员27 827人。制定印发《2016—2018年广西高校党员教育培训工作规划》，培训党务干部近370人次。推荐6名高校领导干部参加教育部“千名中西部大学校长海外研修计划”，选派高校领导干部共64人赴国家教育行政学院等培训机构培训，配合自治区党委组织部选派20名高校领导干部赴教育部直属高校挂职。启动区内高校干部挂职交流计划，共有4所高校的10名干部到5所高校参加挂职交流。

〔**严格落实高校意识形态工作责任制**〕　组织召开2016年全区高校宣传思想工作会议，与全区76所高校党委书记分别签订意识形态工作责任状。组织开展全区高校意识形态工作专项检查调研和高校思想政治理论课教学巡视工作。联合印发《2016—2017学年度广西领导干部上讲台开展思想政治教育授课安排计划表》，自治区党委书记彭清华、自治区主席陈武分别到广西大学、广西民族大学为全区高校师生代表做思想政治教育专题报告。

〔**规范实施大学生思想政治教育推进工程**〕　印发《广西高校大学生思想政治教育推进工程项目管理办法（暂行）》《全区高校大学生助力脱贫攻坚战大行动实施方案》《关于在全区教育系统深入开展爱国主义教育的实施意见》，指导133项大学生思想政治教育推进工程项目建设。在忻城县建立了首个广西高校大学生助力脱贫攻坚示范基地。

〔**切实加强高校宣传思想文化建设**〕　协助举办

全国第三届“礼敬中华优秀传统文化”系列活动交流会。承办2016年“易班”全国共建工作推进会。联合召开全区运用新媒体加强学校思想政治工作经验交流会，开展全区高校重点马克思主义学院评选，5所高校的马克思主义学院入选。广西“易班”建设完成2014—2016年建设规划，全区高校大学生实名注册加入“易班”在全国排名第二。

〔**推进高校宣传思想工作队伍建设**〕 举办高校宣传思想工作队伍系列培训班15期，培训人数达1 500多人。组建第五届全区高校思想政治理论课教育教学指导委员会，全年共选派近100名辅导员和思想政治理论课骨干教师参加教育部举办的培训和研修。评选出26名广西高校辅导员年度人物。

〔**高校统战工作**〕 组织召开全区高校党委领导统战工作座谈会。在46所区管高校中，有36所高校成立了统战工作领导小组，45所高校设立了统战部。组织55所高校党委分管统战工作的负责人进行集中培训，组织46所区管高校统战干部参加自治区党委统战部举办的高校统战干部培训班。举办高校党外人士培训班，加大培养、举荐优秀党外干部的力度，在46所区管高校中，有22所高校领导班子配备了党外领导干部。做好宗教工作，组织高校统战部部长参加宗教政策理论知识培训班学习，开展宗教工作调研和专项排查工作。

〔**高校转型发展**〕 成立“广西应用型本科高校联盟”，同意河池学院、桂林航天工业学院、广西民族大学相思湖学院将试点方式由“专业集群转型方式”变更为“学校整体转型方式”。新增桂林旅游学院、广西科技师范学院、梧州学院为新建本科学校整体转型发展试点学校。

〔**知识产权**〕 全区高校共申请专利5 674项，其中发明专利4 064项、实用新型专利1 207项；获授权总数2 698项，其中发明专利1 307项、实用新型专利1 035项。广西大学2016年发明专利申请受理量为1 697件，居2016年全国高校发明专利申请受理量前10名。获发明专利授权量441件。

〔**毕业生就业工作**〕 2016年，全区高校毕业生数为19.8万人，比2015年同期增加近1万人，增幅4.55%。截至2016年7月31日，全区高校毕业生就业总人数为17.84万人，总体就业率达90.29%，高于全国平均水平，实现年初预定的就业工作目标。全区招募基层项目人员共计18 500多人，比2015年增加近1 000人。招募大学生参军入伍6 670人，占全区征兵总人数的47.6%，圆满完成广西军区下达的大学生兵源比例30%的任务。共投入100万元，建设5所高校“大学生创业示范基地”。广西大学被教育部评为2016年度全国创新创业典型经验高校。启动实施“农村建档立卡贫困户家庭高校毕业生就业帮扶行动”，多举措帮扶建档立卡毕业生就业。截至2016年8月，全区2016届建档立卡高校毕业生就业率达96.96%。

审稿　莫诗浦

撰稿　伍锦昌　叶　硕　王现彬

海南省教育

概　　况

〔基本情况〕

海南省各级各类学校校数、教职工、专任教师情况

	学校数（所）	教职工数（人）	专任教师数（人）
一、高等教育			
（一）研究生培养机构（不计校数）	4		
1. 普通高校	4		
2. 科研机构			
（二）普通高等学校	18	14 651	9 306
1. 本科院校	7	10 279	6 605
其中：独立学院			
2. 高职（专科）院校	11	4 372	2 701
3. 其他普通高教机构（不计校数）			
（三）成人高等学校	1	193	93
（四）民办的其他高等教育机构			
二、中等教育	593	60 466	44 437
（一）高中阶段教育	199	33 480	18 555
1. 高中	109	25 658	12 790
普通高中	109	25 658	12 790
完全中学	78	20 132	10 450
高级中学	12	1 703	1 530
十二年一贯制学校	19	3 823	810
成人高中			
2. 中等职业教育	90	7 822	5 765
普通中专	31	3 758	2 455

续表

	学校数（所）	教职工数（人）	专任教师数（人）
成人中专	1	20	18
职业高中	47	2 520	1 975
技工学校	11	1 524	1 317
其他中职机构（不计校数）	1		
（二）初中阶段教育	394	26 986	25 882
1. 初中	394	26 986	25 882
初级中学	211	13 558	12 457
九年一贯制学校	183	13 428	5 113
十二年一贯制学校			778
完全中学			7 534
职业初中			
2. 成人初中			
三、初等教育	1 509	45 073	49 060
（一）普通小学	1 509	45 073	49 060
小学	1 509	45 073	42 204
九年一贯制学校			5 933
十二年一贯制学校			923
（二）成人小学			
其中：扫盲班			
四、工读学校			
五、特殊教育	7	323	250
六、学前教育	2 176	36 898	18 222

注：①完全中学的学校数和教职工数计入高中阶段教育，九年一贯制学校的校数和教职工数计入初中阶段教育，十二年一贯制学校的校数和教职工数计入高中阶段教育。专任教师按照教育层次进行归类。②技工学校数据为 2015 年数据。③“（ ）”内数据为不计校数。

海南省各级各类学历教育学生情况

单位：人

	毕业生数	招生数	在校生数
一、高等教育			
（一）研究生	1 248	1 657	4 921
博士	19	76	271
硕士	1 229	1 581	4 650
（二）普通本专科	48 713	53 176	184 875
本科	25 305	28 021	107 657

续表

	毕业生数	招生数	在校生数
专科	23 408	25 155	77 218
（三）成人本专科	8 849	5 765	15 928
本科	4 130	2 757	8 225
专科	4 719	3 008	7 703
（四）其他各类高等学历教育			
1. 在职人员攻读硕士学位		446	2 424
2. 网络本专科生			
本科			
专科			
二、中等教育	208 991	220 013	630 525
（一）高中阶段教育	100 709	109 739	306 789
1. 高中	58 826	57 268	169 899
普通高中	58 826	57 268	169 899
完全中学	48 002	45 039	134 500
高级中学	7 439	7 680	22 907
十二年一贯制学校	3 385	4 549	12 492
成人高中			
2. 中等职业教育	41 883	52 471	136 890
普通中专	21 960	25 806	68 600
成人中专	3 529	2 448	7 615
职业高中	10 632	15 922	38 873
技工学校	5 762	8 295	21 802
（二）初中阶段教育	108 282	110 274	323 736
1. 初中	108 282	110 274	323 736
初级中学	47 303	47 444	140 267
九年一贯制学校	18 353	21 209	61 271
十二年一贯制学校	3 730	3 878	11 981
完全中学	38 896	37 743	110 217
职业初中			
2. 成人初中			
三、初等教育	114 423	139 654	793 553
（一）普通小学	114 423	139 654	793 553
小学	95 723	117 601	668 153
九年一贯制学校	16 033	18 962	107 704
十二年一贯制学校	2 667	3 091	17 696

续表

	毕业生数	招生数	在校生数
（二）成人小学			
其中：扫盲班			
四、工读学校			
五、特殊教育	264	397	2 142
六、学前教育	115 784	146 983	347 548

注：①完全中学、九年一贯制学校和十二年一贯制学校的学生数按教育层次分别计入对应教育阶段的学生数中。②特殊教育学生数中包括义务教育阶段随班就读的学生数、其他学校附设特教班学生数。

海南省各级各类非学历教育学生情况

单位：人次

	结业生数	注册学生数
总计	95 141	81 107
一、高等教育	16 701	18 129
（一）研究生课程进修班		
（二）自考助学班	763	7 258
（三）普通预科生		119
（四）进修及培训	15 938	10 752
其中：资格证书培训	4 317	6 943
岗位证书培训	1 888	3 191
二、中等职业教育	78 440	62 978
其中：资格证书培训	12 617	7 790
岗位证书培训	12 226	9 191
（一）中等职业学校	30 508	13 757
其中：资格证书培训	11 097	5 843
岗位证书培训	9 606	6 571
（二）职业技术培训机构	47 932	49 221
其中：资格证书培训	1 520	1 947
岗位证书培训	2 620	2 620

海南省各级各类民办学校校数、教职工、专任教师情况

	学校数（所）	教职工数（人）	专任教师数（人）
一、高等教育			
（一）研究生培养机构（不计校数）			
1. 普通高校			
2. 科研机构			

续表

	学校数（所）	教职工数（人）	专任教师数（人）
（二）普通高等学校	7	4 513	3 108
1. 本科院校	2	2 566	1 835
其中：独立学院			
2. 高职（专科）院校	5	1 947	1 273
3. 其他普通高教机构（不计校数）			
（三）成人高等学校			
（四）民办的其他高等教育机构			
二、中等教育			
（一）高中阶段教育			
1. 高中			
普通高中	28	5 275	1 493
完全中学	6	1 381	570
高级中学	4	225	154
十二年一贯制学校	18	3 669	769
成人高中			
2. 中等职业教育			
普通中专	5	42	30
成人中专			
职业高中	28	921	609
技工学校			
其他中职机构（不计校数）	1		
（二）初中阶段教育			
1. 初中	83	4 463	2 206
初级中学	2	64	40
九年一贯制学校	81	4 399	987
十二年一贯制学校			754
完全中学			425
职业初中			
2. 成人初中			
三、初等教育			
（一）普通小学	94	2 692	4 496
小学	94	2 692	1 792
九年一贯制学校			1 831
十二年一贯制学校			873
（二）成人小学			

续表

	学校数（所）	教职工数（人）	专任教师数（人）
其中：扫盲班			
四、工读学校			
五、特殊教育			
六、学前教育	1 877	29 635	14 132
另有：民办培训机构（不计校数）	25	130	106

注：①完全中学的学校数和教职工数计入高中阶段教育，九年一贯制学校的校数和教职工数计入初中阶段教育，十二年一贯制学校的校数和教职工数计入高中阶段教育。专任教师按照教育层次进行归类。②“（　）”内数据为不计校数。

海南省各级各类民办教育学生情况

单位：人

	毕业生数	招生数	在校生数
一、高等教育			
（一）研究生			
博士			
硕士			
（二）普通本专科	17 780	19 619	68 363
本科	8 691	8 951	34 850
专科	9 089	10 668	33 513
（三）成人本专科	345	300	582
本科	51	54	97
专科	294	246	485
（四）其他学生			
1. 民办高校			7 117
2. 民办的其他高等教育机构			
二、中等教育			
（一）高中阶段教育			
1. 高中			
普通高中	6 000	8 025	21 767
完全中学	2 526	2 792	7 770
高级中学	234	838	1 901
十二年一贯制学校	3 240	4 395	12 096
成人高中			
2. 中等职业教育			
普通中专	181	324	454
成人中专	373		

续表

	毕业生数	招生数	在校生数
职业高中	4 912	5 839	15 893
技工学校			
其他学生数			384
（二）初中阶段教育			
1. 初中	9 370	10 114	30 995
初级中学	306	77	472
九年一贯制学校	3 252	3 860	11 667
十二年一贯制学校	3 592	3 790	11 698
完全中学	2 220	2 387	7 158
职业初中			
2. 成人初中			
三、初等教育			
（一）普通小学	12 498	14 484	81 762
小学	5 136	5 780	32 375
九年一贯制学校	4 821	5 785	32 734
十二年一贯制学校	2 541	2 919	16 653
（二）成人小学			
其中：扫盲班			
四、工读学校			
五、特殊教育	3	19	60
六、学前教育	86 035	106 660	269 649
另有：民办培训机构（不计校数）			6 050

注：①完全中学、九年一贯制学校和十二年一贯制学校的学生数按教育层次分别计入对应教育阶段的学生数中。②特殊教育学生数中包括义务教育阶段随班就读的学生数、其他学校附设特教班学生数。③“其他学生数”包括自考助学班学生数、预科生数、进修及培训学生数。

〔**教育综合改革**〕 完成《海南省教育综合改革方案》《海南省教育事业发展“十三五”规划》《海南省教育产业发展“十三五”规划》的起草工作。海口市桂林洋和三亚市荔枝沟两个教育科技园区建设步伐加快。省政府审议通过《海南省深化高等学校考试招生综合改革实施办法》并报教育部核准备案，相关配套文件的制定有序推进，积极开展高考综合改革相关课题研究和样本校实验，为2017年启动高考综合改革做好准备。省政府出台《海南省中小学教师职称制度改革工作实施方案》，积极稳妥推动全省中小学教师职称制度改革。教师资格定期注册制度改革稳步推进，试点市县增至7个。

〔**教育投入与支出**〕 2016年，全省教育经费投入307.63亿元，比2015年增长9.21%；全省国家财政性教育经费投入250.15亿元，比2015年增长6.89%；公共财政预算安排的教育经费（财政拨款）总投入247.97亿元，比2015年增长7.21%，公共财政教育经费为214.24亿元，比2015年增长3.69%。

2016年，全省教育经费总支出为310.16亿元，比2015年增长12.23%。其中全省高等教育经费支出57.63亿元、职业教育经费支出19.94亿元、高中教育经费支出34.70亿元、初中教育经费支出58.69亿元、小学教育经费支出102.35亿元、学前教育经费支出25.48亿元、其他教育经费支出11.37亿元。

出台普通高中和学前教育生均公用经费标准以及中职学校生均拨款标准，构建了贯穿学前到本科教育阶段的生均财政拨款制度体系，成为全国率先实现各级各类教育经费保障机制全覆盖的省份之一。

〔**教育法治建设**〕 以章程建设为抓手，推进依法治校。完成了海南师范大学、海南医学院、海南经贸职业技术学院、海南软件职业技术学院、海南外国语职业学院、海南政法职业学院6所高校的章程核准工作，基本完成全省公办高校章程核准工作。制定《海南省中小学校章程制定与核准办法（试行）》，推进全省中小学章程建设试点工作。开展“双随机、一公开”，建立“双随机、一公开”工作的“一单、两库、一细则”。出台《海南省依法治教实施规划（2016—2020年）》，全面部署全省教育系统依法治教工作。完成全省教育系统“六五”普法总结验收，省教育厅被评为全国“六五”普法先进单位。在北京举办三期校长（园长）依法治校专题培训班，共培训校长（园长）240余人次。在全省教育系统推动建立法律顾问制度。

〔**教育精准扶贫**〕 贯彻落实省委、省政府打赢脱贫攻坚战的决策部署，出台《海南省教育精准扶贫行动计划（2016—2018年）》，动员近万名教师对全省47.7万建档立卡贫困人口中的9.94万名在校生在学状态和受资助情况逐一核查并建立台账。建立义务教育阶段建档立卡贫困家庭学生基本生活保障制度，实现“四免四补”“衣食住行学”政府托底保障，免除建档立卡贫困家庭学生普通高中学费，完善非义务教育阶段建档立卡贫困学生资助政策。出台《海南省大力开展职业教育精准扶贫实施方案》，在全省优质中职学校推广设立扶贫励志班并实施“四优先”，即建档立卡贫困家庭学生优先选择中职学校和就读专业、优先提供资助性勤工俭学岗位、优先提供校外实习岗位、优先推荐就业。对5个国家级贫困县义务教育阶段每名学生每年发放营养餐补助800元，受益大学生13.59万名。编制11部教育扶贫宣传公益广告片、广播剧，受理并回复961017热线工单926个，全省印发各类教育扶贫海报、宣传册数十万份；海南广播电视大学开设脱贫致富电视夜校，共计编排播出22期节目，全省90%以上的帮扶干部和贫困户参加收看学习，全方位、多形式、广渠道宣传教育扶贫政策。

〔**学生资助**〕 构建起全覆盖的教育精准扶贫帮扶及建档立卡贫困家庭学生成长成才关爱体系，形成了建档立卡贫困家庭学生从幼儿园到大学的全程扶持政策。下达学生资助专项财政资金6.5亿元，受益学生35万多人。做好社会资助工作，社会捐资助学资金达3 000多万元，资助人数达5 500人。做好生源地信用助学贷款资金申请与发放工作，共发放4.83万人，发放金额3.28亿元。以“全面覆盖”为目标扎实做好校方责任保险工作，全省各级各类学校参加校方责任保险的学生104.3万人，总保费达521.69万元。

〔**德育和思想政治教育**〕 加强学校德育工作，广泛开展社会主义核心价值观学习实践活动，开展“礼敬中华优秀传统文化”“少年传承中华传统美德”等系列教育活动，把培育践行社会主义核心价值观、增强学生社会责任感、创新精神、实践能力作为重点任务贯彻到国民教育全过程。选树典型，强化示范引领，评选出2015—2016学年度“海南省三好学生”600名、“海南省优秀学生干部”251名。加强中小学心理健康教育，组织开展2016年全省中考考前心理辅导活动，举办初中学校心理健康教育工作培训班。加强大学生思想政治教育及高校思想政治理论课建设，组织特聘教授到各高校举办思想政治理论课讲座约100场次。组织开展2016年“海南省高等学校马克思主义理论与思想政治教育研究专项课题”申报工作，立项67项。先后举办高校思想政治理论课青年教师教学基本功比赛、第五届全省高校辅导员职业能力大赛和“全省大学生国家安全知识竞赛”。

〔**体育教育**〕 指导各地各校落实开齐开足体育课、开展大课间和课外体育活动，落实学生每天一小时校园体育活动的开展。加大经费投入，提高学校体育工作保障水平，安排体育竞赛资金350万元、体育奖励资金150万元、排球传统项目学校资金100万元和足球工作专项资金510万元。加强学生体质健康监测评价工作，举办业务培训班，组织开展《国家学生体质健康标准》测试抽查复核工作，完成了学校体育工作的信息采集。积极开展体育竞赛，举办全省大中学生篮球、足球、乒乓球等16项比赛，组队参加“哥德堡杯”足球赛以及全国大中学生足球、田径等多项竞赛活动，获“哥德堡杯”足球冠军等多项优异成绩。扎实开展青少年校园足球工作，遴选建设80所（其中国家级30所、省级50所）青少年校园足球特色学校和1个省级试点县（区），分别举办校园足球高校组、高中组、初中组联赛；大力开展2016年全国青少年“校园足球新长征”走进海南大型系列深度宣传普及活动。

〔**卫生教育**〕 组织开展全省教育系统食品安全宣传月活动，对市县教育行政主管部门业务科（股）负责人、学校食品安全管理员进行培训，提高业务管理水平。发布季节性传染病防控工作预警，加强全省学校流行性传染病和食品安全的防控工作。结合“世界艾滋病日”“世界结核病日”等开展各类学生青春期健康教育活动。继续推进示范学校食堂创建工作，投入1 000万元奖补资金用于全省示范学校食堂创建，建成省示范学校食堂10个。开展学校食堂食品安全春秋两季检查督导工作。联合省卫生和计划生育委员会联合印发《关于进一步加强学校卫生工作的通知》，做好学校卫生管理与监督工作，使学校卫生工作规范、有序、有效地开展。

〔**美育教育**〕 贯彻落实教育部印发的《中小学生艺术素质测评办法》等文件精神，指导全省艺术素质测评国家试点实验县——文昌市和琼中县开展中小学生艺术素质测评工作。组团参加全国第五届中小学生艺术展演活动，获艺术表演优秀创作奖节目3个、一等奖节目7个、二等奖节目5个、三等奖节目5个；艺术作品一等奖节目3个、二等奖节目10个、三等奖节目4个；艺术教育科研论文三等奖1篇；活动组织奖5个、工作坊奖1个。组织高校学生参加“珠江·凯撒堡钢琴”全国普通高等学校音乐教育专业本科学生基本功展示活动，获个人全能二等奖1个、个人全能三等奖1个。

〔**招生考试**〕 2016年，共有60 448名考生报名参加普通高考，全国有1 263所高校在海南省招生，共录取考生57 299人，本专科录取率为95%。其中本科录取35 692人，本科录取率达59%；高职专科录取21 607人。87所重点高校面向海南省五指山、琼中、白沙、保亭和临高5个国家级贫困县实施国家专项计划招生，共录取考生280人；海南大学、海南师范大学和海南医学院面向全省农村区域实施地方专项计划招生，共录取考生300人；部属高校面向海南省农村区域实施高校专项计划自主招生，共录取考生86人。落实教育部支持中西部农村“订单”定向免费本科医学生招生计划，由海南医学院为全省13个市县乡镇卫生院培养定向免费本科医学生100人。继续落实省委组织部等五部门关于进一步加强天津科技大学海南省少数民族班特招班人才培养工作的要求，积极协调天津科技大学，共录取40人。全省有1名考生保送就读北京大学；有1名艺术特长生被厦门大学录取；有16名取得自主招生资格的考生被北京大学等8所高校录取；有33名取得高水平运动队资格的考生被中南大学等14所高校录取；有63名运动训练及武术与民族传统体育专业单招考生被北京体育大学等12所高校录取。推进高等职业教育分类考试改革，实施高职对口单独招生，录取考生4 951人。完成全省105 275名2016年初中毕业生的报名、体育学科考试、理化实验操作技能考查等工作。组织全省2016年初中毕业生学业水平考试，并完成普通高中阶段学校现场录取工作。

〔**民族教育**〕 省政府出台《海南省关于加快发展民族教育的实施意见》，明确了今后5年全省民族地区教育发展的目标和任务，提出了25条具体举措，为少数民族地区教育发展提供了强有力的制度保障。

〔**教育信息化建设**〕 全国教育装备综合改革试验区、全国教育信息化试点省和“三通两平台”建设有序推进，省教育数据中心建设基本完成，省级教育资源公共服务平台上线试运行，全省中小学10 M以上宽带接入比例达85％、校园网开通比例达62％、配备多媒体教学设备教室比例达79％，90％以上的教师和50％初中以上的学生拥有实名网络空间。4.3万名教师参加中小学教师信息技术应用能力提升工程培训，近6万名教师参加“一师一优课、一课一名师”活动，近9万名中小学教师通过“好研网”等平台开展网络教研活动。

〔**安全教育和管理**〕 2016年，全省教育系统安全事故发生数、学生死亡人数较2015年实现了“双下降”。不断完善教育系统安全生产制度，出台《海南省人民政府办公厅关于进一步完善防范中小学生溺水工作机制的通知》《海南省教育系统防风防汛应急响应行动方案》《海南省校车服务方案》等重要文件，学校安全工作制度化、规范化、科学化水平不断提升。全省教育系统在抗击2016年14级台风“莎莉嘉”中共安全转移师生员工4 494人，160万名中小学幼儿园学生台风前全部停课返家，20万名留校大中专学生生活得到保障。

〔**教育交流与合作**〕 省政府与教育部签署开展《“一带一路”教育行动国际合作备忘录》，成为首批8个签署备忘录的省份之一。对外教育交流进一步扩大，全年因公出访125批次387人，来访145批次1 119人。加强与东盟国家的教育交流，组织参加第九届“中国-东盟教育交流周”活动，与东南亚教育部部长组织签订合作备忘录，举办中国-东盟大学校长论坛。启动海南教育服务贸易创新发展试点工作，出台《海南教育服务贸易创新发展行动计划（2016—2018年）》及实施方案。组织参加第四届中国（北京）国际服务贸易交易会、第十九届中国（厦门）国际投资贸易洽谈会和北京专题招商会等教育对外招商活动。新增中外合作办学项目3个，海南大学国际旅游学院呈报教育部审批。打造“留学海南”品牌，省政府国际学生奖学金新生名额由2013年的每年50人扩大至150人。2016年，全省各类国际学生人数增至2 285人。启动高校“海外名师”项目，首批遴选10名海外名师。2016年，全省出国留学1 035人，选派汉语教师和汉语志愿者105人，海南大学、海南师范大学与澳大利亚达尔文大学、马来西亚世纪大学共建的孔子学院运行良好，影响力进一步扩大。加强与港澳台地区的合作与交流，举办“粤港澳琼高校合作与交流联席会”“首届琼台高等职业教育论坛”等活动。

〔**行政审批**〕 做好第11轮行政审批事项清理，取消1项、下放1项、调整为其他权力1项。重新编制26个行政审批事项办事指导书，精简行政许可的申报材料54条，精简率达34％。进一步清理中介服务事项，仅保留可行性论证、验资证明、资产清算3类中介服务项目。探索承诺办理制，将“高校教师资格认定”和“民办普通高中以捐赠者姓名或者名称作为校名的审批”列为承诺办理制改革试点。全年共受理770件，其中办结764件，6件在办理中，按时办结率为100％，提前办结率为99％，平均提速93％，全部实现网上审批。指导、协调各地为5 930人认定教师资格。

〔**教育信息和政务公开**〕 完善政务公开有关制度，进一步加大政务公开力度，全年主动公开动态信息1 507条，其中政务公开568条。做好信息报送有关工作，累计向省委办公厅、省政府办公厅和教育部办公厅报送有关教育信息100多条，省教育厅被省政府办公厅评为“全省政务信息先进单位”。

〔**教育信访、建议提案答复和档案管理**〕 全年信访总量为3 928件人次，来访总量为102批次，办理领导和上级交办的信访事项78件，接听来电

1 879 个，办结率达 100%；省教育厅领导开展 7 次公开接访，共接待来访群众 65 批、374 人次，实地解答群众问题 27 个。办结人大代表建议、政协委员提案 66 件，满意率达 100%。2016 年，新增档案 4 499 件，利用档案 303 人次、559 件。

〔**教育新闻宣传**〕 围绕教育扶贫、“两学一做”学习教育、高考改革、校园安全、职业教育活动周、引进好校长好教师等中心工作，有针对性地组织策划了 2016 年海南教育重点工作年终盘点系列报道，并联合海南日报社策划推出系列报道，委托海南广播电视总台录制海南省教育专题宣传片。加强省教育厅官方微信公众号、官方微博和门户网站建设，官方微信公众号进行了改版。全年接待媒体采访 110 多批次，邀请媒体现场报道 80 多批次，新闻报道约 560 篇，编发《海南教育舆情手机报》220 期。

〔**语言文字**〕 开展第十九届推广普通话宣传周活动，创新推普周活动的内容、载体和方式，坚持“绿色发展，厉行节约，反对浪费，节俭举办各项活动”的原则，加大农村、边远、少数民族地区推广普通话工作力度，不断提高城乡人民群众对学习掌握国家通用语言文字重要性的认识，提升依法规范使用国家通用语言文字的意识和水平。结合国家及海南省“十三五”发展规划，制定了《海南省语言文字“十三五”规划》，全面开展城市语言文字工作评估及学校语言文字规范化建设工作。

基础教育

〔**学前教育**〕 利用中央和省级资金 4.1 亿元，用于市县新建、改扩建公办幼儿园项目 96 个，新增公办幼儿园学位 2.9 万个。印发《海南省普惠性民办幼儿园认定及管理暂行办法》，规范对普惠性民办幼儿园的认定和管理。投入资金 4 550 万元，用于支持企事业单位集体办园和奖补资金。印发《海南省教育厅关于进一步加强乡镇中心幼儿园管理工作的通知》，进一步理顺乡镇中心幼儿园管理体制，明确中心幼儿园的地位和功能。完成海南农垦 40 个国营农场所属公办学前教育机构移交属地市县政府管理的有关工作。

〔**义务教育**〕 投入中央和省级资金 8.8 亿元，实施全面改善薄弱学校办学条件项目。加大对第四批海口市秀英区、三亚市吉阳区、五指山市、澄迈县以及第五批万宁市、陵水县推进县域义务教育均衡发展工作的指导力度，第四批 4 个县（市、区）通过省级评估。下达 2 000 万元资金，继续推动思源学校建设与发展，发挥思源学校优质教育资源的示范、辐射作用，促进县域内义务教育均衡发展。落实进城务工人员随迁子女就读的有关政策，确保进城务工人员随迁子女接受义务教育“进得来、读得起、学得好”。推进“一市县两学校”省外优质教育资源引进，全省已有 14 个市（县）24 所学校和幼儿园相继落地办学，其中已招生的学校和幼儿园共 10 所，正在建设的有 2 所，已签订合作办学协议的有 12 所，另有 26 个项目正在洽谈。全面实施义务教育免试、免费、划片、就近入学，13.28 万名进城务工人员子女平等接受义务教育。

〔**普通高中教育**〕 投入 1 亿元，用于新建和扩建普通高中学校项目；投入 1 500 万元，改善 13 所普通高中学校的常规教学仪器设备配备；投入 4 650万元，改善保亭、琼中等 9 个贫困市（县）普通高中办学条件。遴选申报省政府“海南省教育基础薄弱县普通高中建设‘十三五’规划项目”65 个，申请资金 6.1 亿元。

〔**留守儿童关爱体系进一步完善**〕 全省建设了 107 个儿童之家、154 个省级和市（县）级农村留守流动儿童书屋、35 所农村留守流动儿童示范家长学校、17 个青少年校外活动中心、172 个乡村少年宫、3 个示范性综合实践基地，为农村留守儿童营造了良好的学习生活环境。

〔**特殊教育**〕 琼海、万宁、东方、陵水新建 4 所特殊教育学校，新增 700 多个学位，三类残疾儿童、少年义务教育入学率达 77.58%。

〔**师资队伍建设**〕 继续实施中小学“好校长、好教师”引进工程，全年引进 164 人，其中特级教师 14 名，全国五一劳动奖章获得者、全国优秀教师、全国模范教师 4 人，全国卓越校长领航工程名校长工作室主持人 1 人，其余均为市县级以上名优校长、骨干教师。建立健全免费师范毕业生履约管理机制，出台《海南省免费师范毕业生履约管理办法》，为 110 名海南生源免费师范毕业生落实就业岗位。继续在儋州等 8 个市（县）实施农村义务教育阶段学校特岗计划，共招聘了 361 名特岗教师。出台《海南省学前教育农村特设岗位教师计划实施方案》，招聘学前教育农村特岗教师 83 名。实施海南省乡村教师定向培养计划，每年为全省公办乡村小学定向免费培养“一专多能”师范生 200 名，为公办乡镇幼儿园定向免费培养师范生 100 名，定向免费培养生在校学习期间免除学费、住宿费，每月补助生活费。继续为 8 209 名偏远地区行政村以下农村小学教师每月发放 300 元补助。完成“卓越校长工作室”“卓越教师工作室”“海南省中学骨干教师赴福建培训”“海南省幼儿园骨干教师赴江苏省培训”等 42 个“好校长、好教师”培养工程项目，共培训 4 700 人次。实施“海南省边远乡村教学点小学教师培训计划”，共培训乡村教师 3 000 余名。全年全省通过国家级培训计划和省级培训计划共培训教师 5.47 万人次。吸引“候鸟型”人才为全省各级各类学校服务，5 所本科高校试行“冬季小学期”，邀请“候鸟”专家学者到琼讲学，海南中学等 5 所省教育厅直属中学和省教育研究培训院聘请“候鸟”专家为学校顾问。

〔**师德师风建设**〕 出台《关于建立健全中小学师德建设长效机制的实施意见》。组织全国教书育人楷模推选工作，推荐颜业岸、李春梅为海南省候选人。在全省范围内继续推动“百名干部走基层，万名教师访万家”活动，使教师与学生进一步加强交流沟通。继续开展全省中小学师德师风建设主题活动月活动，引导广大教师加强师德修养，践行师德规范，增强教书育人的责任感和使命感，在全社会营造尊师重教的浓厚氛围。完成第六批海南省特级教师评选，省政府任命 52 名第六批海南省特级教师。为 4.7 万名在乡村学校从教 20 年和 30 年以上教师颁发荣誉证书。

〔**教育督导评估**〕 完成对 25 个县（市、区）义务教育校际办学条件的均衡状况和达标情况实时监测。对全省开展第三轮县级政府教育工作督导评估工作，督导评估结果列入县级政府及其主要领导政绩考核的重要内容。组织发动全省各市（县）申报中小学校省级评估工作，授予澄迈县福山中学、澄迈县实验小学、陵水县光坡初级中学、陵水县文罗中心小学“省级规范学校”称号。组织全省 22 个县（市、区）的 475 个样本校和 13 232 名学生参加 2016 年全国义务教育阶段学生语文、艺术学习质量的监测工作。

〔**规范中小学办学行为**〕 贯彻落实教育部义务教育划片就近入学有关文件精神，印发《关于做好 2016 年城市义务教育招生入学工作的通知》，全面落实义务教育免试、免费、划片、就近入学要求，促进义务教育学校均衡发展。组织开展春秋两季开学检查，对各中小学违规补课行为进行曝光和查处。

〔**规范中小学教材教辅选用和管理**〕 完成 2016 年春季、秋季义务教育中小学免费教科书和免费练习册的征订、统计、印刷、配送工作。完成 2016 年秋季至 2017 年春季学期全省中小学教科书目录的制定和印发。根据《海南省中小学教科书选用管理实施细则（暂行）》要求和海南省义务教育阶段中小学教科书选用工作方案，开展义务教育教科书数学、英语、物理、化学、生物学、地理 6 个学科教科书的选用工作。开展全省 3 年一次的中小学教辅材料评议工作。完成义务教育阶段所有国家课程和部分地方课程教材版本的培训工作。联合省文化广电出版体育厅对市（县）开展教辅材料使用管理工作检查。

职业教育与成人教育

〔**职业教育**〕 贯彻落实《海南省人民政府关于加快发展海南省现代职业教育的实施意见》和《海南省现代职业教育体系建设规划（2015—2020年）》，出台《〈高等职业教育创新发展行动计划（2015—2018年）〉实施方案》。委托天津职业技术师范大学对全省中职学校开展建省以来的首次第三方评价工作。组织举办2016年海南省中等职业学校“赏名篇、诵古诗”活动，提升中等职业学校师生的人文素养水平。

〔**国家中职教育改革发展示范校建设**〕 全省有13所学校被教育部确认为“国家中等职业教育改革发展示范学校项目计划”建设单位，第一批3所学校、第二批4所学校均通过国家验收并挂牌，第三批6所学校省级验收工作已完成。大力发展面向农村的职业教育，发挥市县职业学校一校多功能作用。琼海市进入第二批国家级农村职业教育和成人教育示范县创建名单。

〔**搭建人才培养“立交桥”**〕 继续试点实施职教人才培养及招生试点项目，2016年招生10 419人，推动中职、高职、应用型本科的贯通培养。出台《海南省职业教育人才培养及招生试点项目招生管理暂行办法》，完成试点项目中期评估工作。启动海南省与天津职业技术师范大学合作开展中职本科“3+4”分段培养试点项目。

〔**师资队伍建设**〕 面向社会聘用72名能工巧匠作为职业学校特聘兼职教师。完成国家级、省级各类教师和管理人员培训4 178名，完成65名中职省级骨干教师评定，建设22个专业带头人工作室。完成4 178名教师省级培训，资助30名海南免费中职师范生，完成36名第三批海南免费中职师范生公开招聘、落实岗位工作。推进中职教师继续教育学分登记工作，开展中职教科研工作，举办中职学校教师技能大赛。

〔**产教融合校企合作**〕 组织开展第二届“职业教育活动周”，省委书记罗保铭莅临现场指导工作，54所学校参展，设置98个为民服务活动展位。海南省机电工程学校实施“引厂入校练技能”，海马等大批知名企业进入学校，使学生的技能训练和企业岗位实践技能实现无缝对接。海南省高级技师学院校办企业生产的各类型模具产品受到企业称赞。

〔**基础能力建设**〕 2016年，下达9 636万元资金，支持14个中职基础能力续建项目。安排重点专业建设专项资金3 384万元，支持21所中职学校21个重点和特色专业（点）建设。

〔**职业院校技能大赛**〕 举办2016年全省职业院校技能大赛，开设了21个专业类别92个比赛项目，分中职、高职学生组进行，全省有62所职业院校2 631名学生参加比赛，167名选手获中职组一等奖。选拔294名选手组成海南省代表团，参加2016年全国职业院校技能大赛，中职学生组获5个一等奖、25个二等奖、36个三等奖；高职学生组获4个一等奖、10个二等奖、18个三等奖。

高等教育

〔**教学改革与质量工程**〕 加强专业建设，开展普通高校新办本科专业评估工作，对海南大学等5所高校有首届本科毕业生的9个新办本科专业进行了评估。推进21个本科高校应用型试点转型专业和20个高职院校省级骨干专业建设工作。研究制定《海南省高等职业院校内部质量保证体系诊断与改进工作实施方案》，初步建立全省职业院校教学工作诊断与改进制度。加强人才培养质量监控，发布《海南省本科高校教学质量报告（2015）》和《2016年度海南省高职高专质量年报》。成立海南省高校课程共享联盟，构建全省高校优质教育资源互利共享的合作机制。

〔**学位和研究生教育**〕 开展第二批专业硕士学位研究生联合培养基地遴选评审工作，确定4个省内研究生联合培养基地。开展第一批专业硕士学位研究生联合培养基地建设情况中期检查，组织专家组对基地建设进展情况进行评议和指导。开展省级特色重点学科建设和评选工作，制定并印发《海南省特色重点学科建设方案》，先期开展26个特色重点学科的申报和建设工作。开展2016年海南省研究生优秀硕士、博士学位论文和研究生创新科研课题评审工作，选出优秀博士论文5篇、硕士论文50篇；研究生创新科研课题博士15项、硕士96项。

〔**创新创业教育**〕 海南大学获全国首批“深化创新创业教育改革示范校”称号，海口经济学院获“全国创新创业典型经验50强高校”称号，三亚学院被评为“全国民办高校创新创业教育示范学校”。全省大学生创新成果在博鳌亚洲论坛上得到李克强总理的点赞。

〔**高校转型发展**〕 省政府出台《海南省统筹推进高水平大学和一流学科建设实施方案》。围绕全省十二大重点产业的发展需求，出台《海南省十二大重点产业人才培养五年行动计划》。出台《关于推动本科高校向应用型转变的实施意见》，推动高校转型发展。海南大学启动“双一流”建设；热带农林学院完成挂牌；海南师范大学省部共建、海南医学院升为大学的工作有序推进；琼台师范高等专科学校升格为本科琼台师范学院；试点推动海南热带海洋学院、海口经济学院、三亚学院3所本科高校向应用型转型；正式设立海南体育职业技术学院、海南健康管理职业技术学院；批准筹设海南食品药品职业学院、三亚中瑞酒店管理学院。

〔**海南省首个国家重点实验室成立**〕 全省首个国家重点实验室——海南大学南海海洋资源利用国家重点实验室正式成立。

〔**师资队伍建设**〕 组织完成教育部2016年中西部高等学校青年骨干教师国内访问学者项目申报推荐工作，组织各高校做好报送2016年度引进海外高层次人才工作计划。组织40名教师参加高校思想政治理论课青年教师教学基本功比赛，承办粤桂琼赣滇五省（区）高校思想政治理论课青年教师教学基本功比赛。联合省委宣传部、省委党校举办两期高校哲学社会科学教学科研骨干研修班，共培训100人。举办2016年全省高校辅导员职业能力专题培训班，110名辅导员参加培训。

〔**大学生竞赛**〕 组织中国“互联网+”大学生创新创业大赛、全国大学生电子设计竞赛、全国大学生数学建模竞赛、全国大学生广告艺术大赛、全国大学生电子商务“创新、创意及创业”挑战赛、

"外研社杯"全国英语演讲大赛和写作大赛、全国大学生工业设计大赛等9项大赛。其中一个项目入围中国"互联网+"大学生创新创业大赛全国成长组30强，并赴武汉市参加高校创新创业成果展，受到国务院副总理刘延东肯定。

撰稿　王　波

审稿　曹献坤

重庆市教育

概　　况

〔基本情况〕

重庆市各级各类学校校数、教职工、专任教师情况

	学校数（所）	教职工数（人）	专任教师数（人）
一、高等教育			
（一）研究生培养机构（不计校数）	14		
1. 普通高校	13		
2. 科研机构	1		
（二）普通高等学校	65	57 453	40 583
1. 本科院校	25	39 655	27 581
其中：独立学院	6	6 148	4 524
2. 高职（专科）院校	40	17 798	13 002
3. 其他普通高教机构（不计校数）			
（三）成人高等学校	4	1 178	629
（四）民办的其他高等教育机构	6	477	242
二、中等教育	1 314	155 094	133 106
（一）高中阶段教育	444	90 931	57 691
1. 高中	261	68 267	39 895
普通高中	260	68 250	39 887
完全中学	226	59 535	32 039
高级中学	32	8 386	7 756
十二年一贯制学校	2	329	92
成人高中	1	17	8
2. 中等职业教育	183	22 664	17 796
普通中专	23	3 582	2 649

续表

	学校数（所）	教职工数（人）	专任教师数（人）
成人中专	42	2 387	1 804
职业高中	67	11 820	10 157
技工学校	51	4 590	2 988
其他中职机构（不计校数）	5	285	198
（二）初中阶段教育	870	64 163	75 415
1. 初中	860	64 054	75 330
初级中学	684	52 296	48 142
九年一贯制学校	176	11 758	4 890
十二年一贯制学校			77
完全中学			22 221
职业初中			
2. 成人初中	10	109	85
三、初等教育	3 316	122 710	123 427
（一）普通小学	2 979	121 753	123 066
小学	2 979	121 753	116 932
九年一贯制学校			6 062
十二年一贯制学校			72
（二）成人小学	337	957	361
其中：扫盲班	139	281	160
四、工读学校	2	23	21
五、特殊教育	36	1 028	926
六、学前教育	5 109	79 479	41 009

重庆市各级各类学历教育学生情况

单位：人

	毕业生数	招生数	在校生数
一、高等教育			
（一）研究生	15 378	17 562	52 156
博士	925	1 332	5 997
硕士	14 453	16 230	46 159
（二）普通本专科	189 918	204 887	732 475
本科	109 317	111 571	445 398
专科	80 601	93 316	287 077
（三）成人本专科	57 268	48 717	138 152
本科	11 773	8 803	26 286

续表

	毕业生数	招生数	在校生数
专科	45 495	39 914	111 866
（四）其他各类高等学历教育			
1. 在职人员攻读硕士学位		4 977	20 397
2. 网络本专科生	72 072	66 671	149 665
本科	30 763	28 972	68 324
专科	41 309	37 699	81 341
二、中等教育	665 454	672 107	1 986 710
（一）高中阶段教育	342 359	340 382	1 016 274
1. 高中	219 355	199 687	607 120
普通高中	219 224	199 687	606 811
完全中学	172 380	157 525	479 836
高级中学	46 147	41 400	124 847
十二年一贯制学校	697	762	2 128
成人高中	131		309
2. 中等职业教育	123 004	140 695	409 154
普通中专	26 439	29 753	84 157
成人中专	5 837	4 903	20 566
职业高中	67 411	76 547	206 909
技工学校	23 317	29 492	97 522
（二）初中阶段教育	323 095	331 725	970 436
1. 初中	319 126	331 725	966 021
初级中学	203 288	205 242	605 545
九年一贯制学校	16 473	15 879	48 475
十二年一贯制学校	339	245	902
完全中学	99 026	110 359	311 099
职业初中			
2. 成人初中	3 969		4 415
三、初等教育	371 579	334 624	2 150 742
（一）普通小学	321 737	334 624	2 098 191
小学	306 558	318 108	1 996 079
九年一贯制学校	14 891	16 368	101 075
十二年一贯制学校	288	148	1 037
（二）成人小学	49 842		52 551
其中：扫盲班	5 651		5 600
四、工读学校	92	36	36

续表

	毕业生数	招生数	在校生数
五、特殊教育	1 769	2 863	16 079
六、学前教育	355 392	421 820	932 584

注：①完全中学、九年一贯制学校和十二年一贯制学校的学生数按教育层次分别计入对应教育阶段的学生数中。②特殊教育学生数中包括义务教育阶段随班就读的学生数、其他学校附设特教班学生数。

重庆市各级各类非学历教育学生情况

单位：人次

	结业生数	注册学生数
总计	1 487 513	1 465 344
一、高等教育	151 822	87 121
（一）研究生课程进修班		
（二）自考助学班	1 319	2 595
（三）普通预科生		1 625
（四）进修及培训	150 503	82 901
其中：资格证书培训	54 142	52 996
岗位证书培训	68 216	22 385
二、中等职业教育	1 335 691	1 378 223
其中：资格证书培训	176 970	166 050
岗位证书培训	421 419	486 780
（一）中等职业学校	103 986	60 640
其中：资格证书培训	42 140	33 853
岗位证书培训	19 486	6 858
（二）职业技术培训机构	1 231 705	1 317 583
其中：资格证书培训	134 830	132 197
岗位证书培训	401 933	479 922

重庆市各级各类民办学校校数、教职工、专任教师情况

	学校数（所）	教职工数（人）	专任教师数（人）
一、高等教育			
（一）研究生培养机构（不计校数）			
1. 普通高校			
2. 科研机构			
（二）普通高等学校	26	14 918	10 797
1. 本科院校	8	8 340	6 090
其中：独立学院	6	6 148	4 524

续表

	学校数（所）	教职工数（人）	专任教师数（人）
2. 高职（专科）院校	18	6 578	4 707
3. 其他普通高教机构（不计校数）			
（三）成人高等学校			
（四）民办的其他高等教育机构	6	477	242
二、中等教育			
（一）高中阶段教育			
1. 高中			
普通高中	22	5 790	1 723
完全中学	18	5 272	1 483
高级中学	2	189	148
十二年一贯制学校	2	329	92
成人高中			
2. 中等职业教育			
普通中专	1	80	56
成人中专	2	112	58
职业高中	17	1 893	1 353
技工学校			
其他中职机构（不计校数）	5	285	198
（二）初中阶段教育			
1. 初中	69	4 521	5 692
初级中学	56	3 685	2 724
九年一贯制学校	13	836	297
十二年一贯制学校			77
完全中学			2 594
职业初中			
2. 成人初中			
三、初等教育			
（一）普通小学	94	3 092	2 710
小学	94	3 092	2 397
九年一贯制学校			241
十二年一贯制学校			72
（二）成人小学			
其中：扫盲班			
四、工读学校			
五、特殊教育			

续表

	学校数（所）	教职工数（人）	专任教师数（人）
六、学前教育	4 205	66 619	32 737
另有：民办培训机构（不计校数）	299	4 363	2 284

注：①完全中学的学校数和教职工数计入高中阶段教育，九年一贯制学校的校数和教职工数计入初中阶段教育，十二年一贯制学校的校数和教职工数计入高中阶段教育。专任教师按照教育层次进行归类。②“( )”内数据为不计校数。

重庆市各级各类民办教育学生情况

单位：人

	毕业生数	招生数	在校生数
一、高等教育			
（一）研究生			
博士			
硕士			
（二）普通本专科	51 543	64 429	207 543
本科	25 168	30 083	105 185
专科	26 375	34 346	102 358
（三）成人本专科	2 420	2 142	6 993
本科			
专科	2 420	2 142	6 993
（四）其他学生			
1. 民办高校			24 194
2. 民办的其他高等教育机构			4 943
二、中等教育			
（一）高中阶段教育			
1. 高中			
普通高中	10 759	10 569	32 616
完全中学	9 489	8 709	27 582
高级中学	573	1 098	2 906
十二年一贯制学校	697	762	2 128
成人高中			
2. 中等职业教育			
普通中专	1 038	2 524	7 435
成人中专	900	425	2 755
职业高中	9 768	10 376	28 610
技工学校			
其他学生数			2 420

续表

	毕业生数	招生数	在校生数
（二）初中阶段教育			
1. 初中	28 386	34 916	97 365
初级中学	13 273	16 806	47 922
九年一贯制学校	663	1 888	3 884
十二年一贯制学校	339	245	902
完全中学	14 111	15 977	44 657
职业初中			
2. 成人初中			
三、初等教育			
（一）普通小学	8 950	9 054	57 056
小学	8 037	7 999	51 688
九年一贯制学校	625	907	4 331
十二年一贯制学校	288	148	1 037
（二）成人小学			
其中：扫盲班			
四、工读学校			
五、特殊教育	44	124	417
六、学前教育	190 500	255 751	614 054
另有：民办培训机构（不计校数）			252 526

注：①完全中学、九年一贯制学校和十二年一贯制学校的学生数按教育层次分别计入对应教育阶段的学生数中。②特殊教育学生数中包括义务教育阶段随班就读的学生数、其他学校附设特教班学生数。③“其他学生数”包括自考助学班学生数、预科生数、进修及培训学生数。

〔**编制教育事业发展“十三五”规划**〕　2016年，按照“1+16+N”规划编制的总体架构（即1个总规、16个分规、N个其他规划），对接国家教育发展“十三五”规划和全市经济社会发展总体规划，立足重庆市情、教情，编制了《重庆市教育事业发展“十三五”规划》。以总体规划为指导，抓好基础教育、职业教育、高等教育等16个专项规划编制的督导工作，使总规的目标任务细化到专项规划中。组织专家对直属单位“十三五”规划进行评审，提高质量，形成“1+16+N”规划体系。

〔**教育经费投入**〕　2016年，全市教育经费总投入886.3亿元，比2015年增加89.2亿元，增长11.19%。其中财政性投入705.5亿元，比2015年增加65.4亿元，增长10.22%。全面提高学校生均拨款标准，即公办本科、高职院校生均公用经费标准分别提高500元、800元；义务教育学校生均公用经费标准提高50元；特殊教育学校生均公用经费标准提高1 000元，达到6 000元。新出台民办高中公用经费补助标准，生均补助500元。完善民办高校财政经费扶持经费管理办法，加大对民办高校支持力度，根据办学层次、是否取得合理回报等因素，生均补助1 300—2 000元。

〔**教育领域综合改革**〕　深入实施“1+3+3+4”的改革任务，包括攻坚突破重点改革专项1项，即

"推动城乡教育公共服务供给改革试点";推动"建立乡村教师荣誉制度""制定'智慧校园'标准""制定加强高校党组织书记队伍建设的意见"等重要改革任务3项;"健全教育开放创新机制""推进依法治教体系建设""统筹城乡师资队伍建设"等一般改革任务3项,以及接转2015年的教育改革任务"推进教育改革试点""深化教育考试招生制度改革""完善发展民族教育政策""制定高等教育综合改革实施意见"等4项,共计11个大项44个小项教育改革任务。重庆市成为国家教育综合改革试点市,将"城乡教育公共服务供给改革""支持和规范民办教育发展""促进高等教育服务经济社会发展"纳入国家2016年教育综合改革重点推进事项,"万开云"板块教育公共服务供给侧改革试验区成为国家级教育改革试点项目。下放市教委(含直属单位)实施的3项公共服务事项至高校。完成重庆八中划转工作,原9所市教委直属中小学全部平稳划转区管。

〔**民生工程**〕 继续坚持"两为主""两纳入"政策,妥善安排27.3万名流动人口随迁子女接受义务教育。健全普查登记、家校联系、强制报告等制度,35.7万名农村留守儿童得到关心照顾。14个农村义务教育学生营养改善计划试点区(县)投入资金7.88亿元,惠及学生86.31万人。"暖冬计划"实施学校达1 024所,惠及高海拔地区学生21万人。高考定向招收贫困地区及农村考生的"三大专项计划"录取学生3 584人,同比增长22.66%。新建成配套中小学和幼儿园42所,完工校舍面积共计83.54万平方米。

〔**教师队伍建设**〕 狠抓师德师风建设,注重教师思想政治教育,评选30名重庆市教书育人楷模,开展寻找"最美乡村教师"系列活动,深入开展师德师风督促检查,严肃查处违反师德行为。加强农村教师队伍建设,统一城乡中小学教职工编制标准,出台乡村教师支持计划职称评聘政策,新招收农村小学全科教师培养对象1 500人,招聘"特岗教师"1 347人。乡村教师岗位生活补助政策投入资金3.33亿元,惠及教师9.86万名。启动实施乡村教师荣誉制度,登记从教30年乡村教师9.03万人、从教20年乡村教师6.44万人,发放首批荣誉证书3 500本。不断提高教师培训质量,国家级培训计划新增3个项目区县,总计19个。国家级培训、市级培训共计投入专项资金1.76亿元,培训教师5.5万余人。高层次人才队伍建设形成体系,新评审中小学市级骨干教师1 101人,新建名师工作室5个,遴选第三批名师工作室学员31人、学科带头人28人。10人入选"长江学者奖励计划",1人入选全国中医药高校教学名师,4人获重庆市杰出人才突出贡献奖。

〔**体育艺术与国防教育**〕 将体育课程改革纳入全市教育科研总体规划,持续推进"2+2"项目试验,广泛开展阳光体育运动和大课间活动,举办50余场市级体育艺术竞赛展演活动,参与师生6万余人。全市中小学生体质健康平均分值达81.28分,比2015年增加4.47分。市政府与教育部签订了《学校美育改革与发展备忘录》,重庆成为全国首批8个美育改革试点省市之一,市政府办公厅印发了《关于全面加强和改进学校美育工作的实施意见》。组队参加第五届全国中小学生艺术展演,获一等奖17个、展出学生艺术作品10件。参加全国第三届军事训练营活动,获一等奖2个。

〔**教育督导工作**〕 创新教育督导体制,组建市政府教育督导委员会,指导21个区县成立了政府教育督导委员会。推进全市教育督导责任区规范化和标准化建设,印发《重庆市教育督导责任区建设指南》。完善落实挂牌督导制度,指导巴南区创建国家挂牌督导创新区,实现完小以上中小学责任督学挂牌督导全覆盖。加强督导队伍专业化建设,全市专职责任督学达635人,占责任督学的44%。开展义务教育均衡发展督导,新增11个区(县)通过义务教育基本均衡发展国家督导评估认定,全市累计达65%。推进校园欺凌专项治理等专项督导。

〔**依法治教工作**〕 印发《重庆市全面推进依法治教实施意见(2016—2020年)》,完成23所高校章程核准工作，出台《关于推进公办中小学和幼儿园章程建设的意见》。落实法治教育国家课程，加强地方法治课程建设，重新修订小学三年级至高中二年级法治教育地方教材。充分发挥中小学法治教育专家指导委员会、中小学法治教育培训中心的作用，加强对学校法治教育工作的理论指导、政策研究和咨询服务。注重法治宣传教育，培训法治骨干校长、教师800人次，开展法治宣传教育活动600余场次，举办法治讲座1 800余场。办理行政复议2件，行政应诉案件3件，没有因行政复议被提起诉讼或行政诉讼败诉案件。

〔**党建工作**〕 全面落实管党治党主体责任，调整充实市委教育工委党建工作领导小组，深化“两学一做”学习教育，开展落实全面从严治党责任述职评议和领导干部述责述廉。督促高校贯彻落实党委领导下的校长负责制，加大对民办高校党建工作的考核力度，推动各级党组织书记上党课。加强对区（县）及中小学党建工作的指导。强化基层组织建设，印发《关于进一步加强高校党组织书记队伍建设的通知》，选优配强高校、院系、支部三级党组织书记队伍。制定《高校基层党组织工作活动基本规范》，完善党组织设置，严格党内政治生活，开展高校党群服务中心或服务平台建设试点。推进基层党建重点任务，开展党员组织关系集中排查，推动基层党组织完成换届工作。推进党费收缴专项检查、社会组织的党组织组建等工作。

〔**党风廉政建设**〕 全面落实党风廉政建设“两个责任”，切实加强党风廉洁教育，层层签订党风廉政建设责任书，推行责任清单、权力清单、负面清单“三个清单”制度。坚持通报约谈制度，运用监督执纪“四种形态”，开展警示约谈、函询等，严肃处理违规违纪人员。推进纪检部门“三转”，支持纪检部门监督执纪问责，市委教育工委、市教委出台《关于进一步支持和保障驻委纪检组更好履行监督职责的相关工作方案》。持续深化作风行风建设，严格落实中央关于改进工作作风、密切联系群众的中央八项规定精神和市委实施意见要求，加强制度规范，出台系列文件9个，在开学前后及中秋、国庆、元旦、春节等重要时间节点开展专项整治，严防“四风”问题反弹。

〔**教育系统安全稳定**〕 全面落实“谁主管、谁负责”和“一岗双责”责任制，进一步健全学校安全稳定责任体系，完善防恐防渗长效机制，严格落实学校日常安全管理制度，加强学校“三防”建设，学校重点部位实现视频监控全覆盖。健全交通管理长效机制，推行校车专用号牌管理制度。加强安全教育演练，将消防知识技能培训纳入学生军训课程，学校每学期至少开展一次全员参与的应急避险演练。集中开展安全稳定隐患拉网式排查和集中整治行动，全年未发生较大安全事故。

〔**教育交流与合作**〕 启动实施市属公办高校国际交流合作示范校建设项目，成立重庆高职教育国际合作联盟。新增中外合作办学项目6个（累计38个），全市各类中外合作办学机构及项目总计达56个。立项建设重庆市来华留学教育信息平台，增设“重庆市外国留学生市长奖学金‘丝路’项目”，全年共有外国留学生7 172人在重庆市的高校学习。新设立并实施重庆市特色专业骨干教师海外研修计划、重庆市卓越校长工程中新合作培养计划等市级公派出国留学项目，全年国家及市级公派出国留学人数达850人。继续实施“巴渝海外引智计划”，新增1所高校入选国家高等学校学科创新引智计划。承办国家汉办5批104名国外校长及教育官员参加的“汉语桥”国外校长访华之旅活动、11批207名国外学生参加的“汉语桥”夏令营活动。向38个国家派出242名汉语教师及志愿者。

〔**民办教育**〕 2016年，全市民办教育总投入101.49亿元，其中财政性投资19.08亿元，实现了1∶5的拉动效应。首次在5 000万元民办高校专项资金中安排1 000万元与年检结果挂钩，通过年检约谈了6所民办高校负责人，追回举办方拆借资金近2亿元。深化培训机构规范治理工作，开展3次专项整顿，建立培训机构联席会议等“五大机制”，开展培训市场行为负面清单试点工作，培训市场总体稳定。积极推动民办学校内涵发展，11

所民办学校被命名为示范中心、示范基地，新引导37所学校开展示范创建工作。

〔**语言文字工作**〕 举办第十九届全国推广普通话宣传周活动、中国文字博物馆进校园、重庆市第三届中学生规范汉字听写大赛、重庆市第二届大学生成语大赛和诵读名家进校园等系列活动。完成17万余人次普通话水平测试工作，推出“网上报名”“送测到校”等系列便民措施。引导各区县开展方言保护工作，完成第二期20个区县重庆汉语方言有声数据库建设。提升全社会规范用语用字水平，完成对巫溪县三类城市语言文字规范化工作检查。

基础教育

〔**学前教育**〕 全面完成第二期学前教育三年行动计划，中央、市级累计投入专项资金24.3亿元，其中2016年投入7.6亿元。深入推进农村学前教育工程，新完工项目18个，新建园舍3.9万平方米。修订《普惠性民办幼儿园管理办法》，调整普惠性幼儿园认定标准。印发规范幼儿园办园行为、加强幼儿园食品安全工作等专项文件，全面清理整顿无证办园。出台小学附设幼儿园独立设置与管理专项文件，推动小学附设幼儿园做到设置独立、园舍场地独立、师资独立、财务独立，园务管理规范、保教工作规范，保证办园质量。开展主题宣传月活动，引导幼儿园、小学和家长做好“幼小衔接”和去“小学化”工作。

〔**义务教育**〕 推进全面改善贫困地区义务教育薄弱学校基本办学条件计划，统筹安排各项资金19.17亿元，新改扩建校舍类项目面积50.06万平方米，配置教学仪器和生活设施3.74亿元。建成农村寄宿制学校298所，面积达42.31万平方米；新建成农村教师周转宿舍1 025套，面积达3.61万平方米。继续实施“对口帮扶”“领雁工程”“校校牵手”等项目，确保农村学校或薄弱学校和优质学校结对帮扶全覆盖。结合全市情况，研制义务教育质量提升计划，促进全市义务教育均衡优质发展。制定全市消除大班额专项规划。大力实施校长、教师交流轮岗，校长交流比例达到符合交流推荐人数的38%，优质师资交流比例达到23.1%，师资配置均衡程度不断提高。

〔**深化基础教育课程改革**〕 开展“一师一优课、一课一名师”活动，入选国家级优课2 276节，居全国第4位。举办全市首届中小学幼儿园教师微课制作大赛，推动信息技术与教育教学深度融合。印发《教育管理干部和教研人员深入教育教学一线工作制度》，市级中小学教研员走进学校、走进课堂展示“名师示范课”205节，受益教师达5 000余人。

〔**中小学德育工作**〕 出台《关于深入推进中小学社会主义核心价值观教育的实施意见》，开展传统文化教育“进校园、进课堂、进家庭”活动，创建文化特色学校500余所。评选市级心理健康教育特色学校20所，开展杜绝校园欺凌专题教育和治理活动。加强中华民族传统美德教育，开展“《守则》陪伴我成长”教育活动、“扬长征精神、走新长征路”主题系列教育活动。出台6个关于深入推进中小学社会实践教育的系列文件，评选出27个重庆市中小学社会实践教育基地，确定12个区（县）为市级中小学社会实践教育暨研学旅行实验区（县）。

〔**特殊教育**〕 全市2 700所普通中小学保障残疾儿童、少年随班就读，残疾儿童、少年入学率达92%。开展“医教结合”实验，探索教育与康复相结合的特教模式，20余所区县特殊教育学校添置了教学和康复设施。新建32个特殊教育资源中心和150个资源教室。全市特殊教育学校完成了“校校通工程”和学校网站建设，特殊教育学校学生平均拥有计算机比为 4∶1。

〔**普通高中教育**〕 深入推进普通高中发展促进计划，开展特色高中和特色示范高中建设。投入 2.66 亿元，改造薄弱普通高中；投入 2 000 万元，新立项建设普通高中课程创新基地 57 个、精品选修课程 100 门、教育教学改革研究项目 160 个。继续实施创新人才培养“雏鹰计划”，引导 10 所高校、22 所普通高中联合培养 800 名学有所长的学生。

〔**民族教育**〕 印发《重庆市关于切实加快民族教育发展的实施意见》，明确提出改善民族地区办学条件、提高民族地区教育质量、加强少数民族地区人才培养等。启动全市中小学民族教育特色学校创建工作，制定重庆市中小学民族教育特色学校标准。民族地区学前 1 年和 3 年幼儿入园率分别达 97％和 68％，小学适龄儿童入学率达 99.8％，初中适龄人口入学率达 98％左右。深化对口支援，接受西藏昌都市 120 名教育专业人员来渝培训，选派首批 50 名教师到西藏自治区昌都市第一高级中学进行为期 3 年的“组团式”教育援藏工作。

职业教育与成人教育

〔**制度设计**〕 市政府办公厅和教育部办公厅联合印发共建现代职业教育体系国家制度建设试验区实施方案，全面推进国家职业教育改革试验区建设。出台《中职学校与本科院校对口贯通“3+4”分段人才培养改革试点工作管理办法和人才培养方案编制指导意见》《“五年制”高等职业教育人才一体化培养改革试点工作管理办法和人才培养方案编制指导意见》，“3+4”分段人才培养改革试点中职学校由 9 所扩大到 19 所、本科院校由 3 所扩大到 11 所，招生 740 人。“五年制”中高职一体化培养改革试点稳步推进，招生 1 326 人。

〔**办学质量**〕 印发《重庆市职业院校管理水平提升行动计划（2015—2018 年）实施方案》《深化中等职业教育教学改革全面提高人才培养质量实施方案》，建立中职学校教学工作诊断与改进、中等职业教育质量年度报告、公共基础课抽测制度，完善学生专业职业能力抽测制度。提升高职人才培养水平，出台《重庆市高等职业教育创新发展行动计划（2015—2018 年）实施方案》，首批 75 个项目纳入高等职业教育专业教学资源库建设。组队参加 2016 年全国职业院校技能大赛，中职组总成绩连续 7 年位列中西部地区前茅，高职组竞赛项目获奖面达 98％。

〔**基础能力**〕 立项建设 21 个市级中职实训基地、15 个高职实训基地。8 个中职项目纳入国家产教融合工程项目，4 所高校纳入国家职业教育产教融合工程规划项目，遴选支持首批 16 个市级中职现代学徒制试点单位。中职、高职“双师型”教师分别达 7 100 人、5 396 人，占专业课教师的比例分别达 51％、41.5％。

〔**服务发展**〕 对接全市经济社会发展和产业需求，制定《重庆职业院校专业对接产业行动计划》，建设中职重点（特色）专业 120 个、高职特色骨干专业 150 个，实现对地方重点产业“全覆盖”。10 所中职学校新增 10 个专业，25 所中职学校试办 35 个专业，停止 1 所学校的 1 个试办专业招生。积极保障信息产业重点企业用工，鼓励并支持中职学校大力开展社会培训和职业资格鉴定，开展面向高山生态移民、库区移民和新市民以及农民工等群体的职业教育与技能培训，抓好农村实用技术培训和农村转移劳动力培训工作。

〔**继续教育**〕 出台《关于深入推进学习型城市

建设的实施意见》，成功创建2个国家级社区教育示范区、11个国家级社区教育示范街镇。开展首届社区教育微课大赛，评选市级社区教育特色课程8门。组织开展学习典型评选活动，4人被授予“全国百姓学习之星”称号、3个品牌被评为“全国终身学习活动品牌”，7人被评为“重庆市百姓学习之星”、4个品牌被评为“重庆市终身学习活动品牌”。强化成人高等教育招生和办学行为管理，暂停4所高校的5个函授站点在渝招生资格。

高等教育

〔**专业和学科建设**〕 研究制定《重庆市加快高校特色发展推进一流大学和一流学科建设的实施意见》，继续推进高等教育特色专业、特色学科专业群、特色学校“三特行动”计划，新增本科特色专业83个（累计251个），本科特色学科专业群达44个。对接重庆“6+1”支柱产业需求，新增本科专业点37个，本科招生专业点累计达1 150个。博士一级学科累计70个，硕士一级学科新增4个（累计140个）；新增硕士专业学位和工程硕士领域专业学位170个，博士专业学位4类6个；进入世界ESI学科排名前1%的学科新增5个（累计14个）。

〔**教育教学质量**〕 全市高校6门课程入选教育部精品视频公开课，53门课程入选第一批国家级精品资源共享课，建设首批200门市级精品在线开放课程。7个虚拟仿真实验教学中心被教育部评为国家级实验教学中心。启动普通高校教师发展示范中心建设，指导高校开展教师培养培训、研究交流、咨询服务等，提升中青年教师业务水平和教学能力。开展人才培养工作评估，启动教学诊断与改进工作，进一步加强高校“校风、教风、学风”建设。

〔**学位与研究生教育**〕 全市有博士学位授予单位9个、硕士学位授予单位17个、学士学位授予单位27个。大力实施研究生教育创新计划，立项建设372项研究生科研创新项目，批准133项研究生教育教学改革研究项目。组织12所高校179个学科参加教育部第四轮学科评估。组织开展2016年硕士学位论文抽检工作，博士论文抽检合格率在全国排名第二。

〔**创新创业教育**〕 构建融通专业教育与创新创业教育的课程体系，并纳入学分管理，64所高校开设创新创业教育类课程505门，总学分933分。吸纳67名企业专家进入高校创业指导专家库。新增市级大学生创业示范基地6个（累计21个），高校创业孵化基地总面积达8万平方米。形成国家级、市级和学校三级创新创业大赛体系，确立国家级大学生创新创业训练计划项目100个、市级项目576个，2所本科高校被教育部评为首批全国创新创业典型经验高校。举办全市第四届大学生职业生涯规划大赛，参与学生达8.8万人。

〔**大学生思想政治教育**〕 深入学习宣传习近平总书记系列重要讲话精神和全国高校思想政治工作会议精神，指导高校把习近平讲话精神和会议精神融入教材课程、融入教师教书育人全过程。推进思想政治理论课教学优质资源库建设，充分发挥课堂教学主渠道作用。组织开展社会主义核心价值观宣传教育、庆祝中国共产党成立95周年、纪念长征胜利80周年等学习教育活动，提升学生的思想政治素质。加强校园文化建设，获第八届高校校园文化建设优秀成果特等奖、一等奖、二等奖各1项，优秀奖4项。开发“重庆高校思政工作者”“重庆大学生”微信公众号和“重庆高校思政”App客户端，创新思想政治教育方式。组织开展大学生“三下乡”“带薪实习”志愿服务等各类社会实践和公益活动，发挥实践育人作用。加强学生心理健康教育，新建5个市级大学生心理健康教育与咨询示范中心。持续加强思想政治教育工作队伍建设，2人入选全国思想政治教育十大中青年杰出人才支持计划，1人入选高校思想政治理论课教师十大影响力标兵人物。

〔**科技工作**〕 全市高校新增国家地方联合工程实验室2个（累计7个）、国际科技合作基地2个（累计5个）、教育部国际合作联合实验室1个（累计2个）、市级高校重点实验室6个（累计83个），择优支持市级“2011”协同创新中心5个（累计13个）。获准立项国家自然科学基金项目796项，3项成果获国家科学技术奖励，4项成果获教育部高等学校科研优秀成果奖，4人入选国家杰出青年科学基金项目。新遴选市级创新团队50个（累计161个），批准高校科学技术项目569项、优秀成果转化资助项目40项、高职院校新技术推广项目20项。新增国家级众创空间1个（累计5个），建成市级众创空间91个。签订技术转让合同634项，合同金额达2.12亿元。

〔**人文社科工作**〕 制定高校哲学社会科学繁荣发展“十三五”规划。全市高校获批国家社科基金项目169项、教育部人文社科研究资助项目144项、中央其他部门社科专门项目78项，获资助经费共计6 966万元。获市教委人文社科项目立项424项，批准资金350万元。进一步推动高校党建研究咨政中心等4个中心的建设、运作、管理和指导，设立市级人文社科重点研究基地和研究咨政中心专项103项，研究与建设经费达800余万元。加强对高校期刊建设工作的指导，规范出版物日常管理工作。

〔**市属高校转型发展**〕 积极推进市属本科高校转型发展试点，召开2016年市属高校转型发展工作推进会，扩大市属高校转型发展的范围和层次，新增7所高校整体转型，启动12所高校的部分学院、学科、专业、课程转型，转型高校共计25所。

西南政法大学、重庆交通大学等3所高校入选国家中西部高校基础能力建设工程（二期）规划项目，重庆科技学院、重庆城市管理职业学院等4所高校纳入国家职业教育产教融合工程规划项目，重庆第二师范学院、重庆人文科技学院入选教育部-中兴通讯ICT产教融合创新基地项目合作高校。

〔**毕业生就业工作**〕 2016年，全市普通高校共有毕业生20.75万人，比2015年增加6 800人，高校毕业生初次就业率为89.09%，同比上升0.11个百分点。引导高校毕业生到基层就业、参军入伍、创新创业，遴选50名优秀本科毕业生到西藏工作，大学生自主或合伙创业约4 500人。切实做好就业指导帮扶，新增6所高校为全市高校毕业生就业示范中心（累计24所），组织就业“双选会”5 700余场，提供就业岗位55万余个，发放求职创业补贴1 789.2万元。加强就业数据统计管理和动态分析，编写发布普通高校毕业生就业年度报告。

撰稿　崔　灿
审稿　黎德龙

四川省教育

概　　况

〔基本情况〕

四川省各级各类学校校数、教职工、专任教师情况

	学校数（所）	教职工数（人）	专任教师数（人）
一、高等教育			
（一）研究生培养机构（不计校数）	37		
1. 普通高校	24		
2. 科研机构	13		
（二）普通高等学校	109	123 931	85 832
1. 本科院校	51	88 645	60 200
其中：独立学院	9	10 074	7 319
2. 高职（专科）院校	58	35 286	25 632
3. 其他普通高教机构（不计校数）			
（三）成人高等学校	17	2 086	1 162
（四）民办的其他高等教育机构	39	1 409	776
二、中等教育	5 081	450 316	341 297
（一）高中阶段教育	1 265	223 089	142 834
1. 高中	739	163 713	96 213
普通高中	739	163 713	96 213
完全中学	520	112 970	62 845
高级中学	153	32 102	29 401
十二年一贯制学校	66	18 641	3 967
成人高中			
2. 中等职业教育	526	59 376	46 621
普通中专	218	23 470	16 967

续表

	学校数（所）	教职工数（人）	专任教师数（人）
成人中专	21	2 011	1 421
职业高中	206	23 012	20 046
技工学校	81	10 480	7 862
其他中职机构（不计校数）	9	403	325
（二）初中阶段教育	3 816	227 227	198 463
1. 初中	3 816	227 227	198 463
初级中学	1 805	109 585	102 772
九年一贯制学校	2 008	117 516	49 655
十二年一贯制学校			5 474
完全中学			40 444
职业初中	3	126	118
2. 成人初中			
三、初等教育	6 149	263 888	314 508
（一）普通小学	5 981	263 786	314 406
小学	5 981	263 786	250 900
九年一贯制学校			59 828
十二年一贯制学校			3 678
（二）成人小学	168	102	102
其中：扫盲班	130	102	102
四、工读学校	8	209	165
五、特殊教育	125	2 810	2 503
六、学前教育	12 903	182 221	105 592

注：①完全中学的学校数和教职工数计入高中阶段教育，九年一贯制学校的校数和教职工数计入初中阶段教育，十二年一贯制学校的校数和教职工数计入高中阶段教育。专任教师按照教育层次进行归类。②技工学校数据为 2015 年数据。③“（ ）”内数据为不计校数。

四川省各级各类学历教育学生情况

单位：人

	毕业生数	招生数	在校生数
一、高等教育			
（一）研究生	25 210	29 508	92 420
博士	2 055	3 074	14 701
硕士	23 155	26 434	77 719
（二）普通本专科	362 127	414 747	1 446 559
本科	182 477	218 165	820 977

续表

	毕业生数	招生数	在校生数
专科	179 650	196 582	625 582
（三）成人本专科	158 920	121 856	359 623
本科	36 743	37 290	98 821
专科	122 177	84 566	260 802
（四）其他各类高等学历教育			
1. 在职人员攻读硕士学位		6 763	28 215
2. 网络本专科生	140 973	194 742	361 110
本科	56 868	75 624	149 124
专科	84 105	119 118	211 986
二、中等教育	1 763 540	1 736 575	4 916 503
（一）高中阶段教育	930 567	890 451	2 468 269
1. 高中	496 623	476 045	1 447 174
普通高中	496 623	476 045	1 447 174
完全中学	334 479	321 197	976 824
高级中学	146 500	134 317	411 978
十二年一贯制学校	15 644	20 531	58 372
成人高中			
2. 中等职业教育	433 944	414 406	1 021 095
普通中专	159 983	141 365	421 008
成人中专	132 868	110 414	159 123
职业高中	110 957	122 995	334 295
技工学校	30 136	39 632	106 669
（二）初中阶段教育	832 973	846 124	2 448 234
1. 初中	832 973	846 124	2 448 234
初级中学	437 923	435 205	1 263 539
九年一贯制学校	175 966	185 162	530 256
十二年一贯制学校	22 247	26 492	76 410
完全中学	196 393	198 957	576 938
职业初中	444	308	1 091
2. 成人初中			
三、初等教育	849 718	930 103	5 501 347
（一）普通小学	842 414	930 103	5 495 234
小学	667 285	758 350	4 429 751
九年一贯制学校	164 299	161 513	1 005 247
十二年一贯制学校	10 830	10 240	60 236

续表

	毕业生数	招生数	在校生数
（二）成人小学	7 304		6 113
其中：扫盲班	6 734		5 543
四、工读学校	521	367	889
五、特殊教育	8 192	9 579	47 780
六、学前教育	1 003 615	1 380 518	2 593 131

注：①完全中学、九年一贯制学校和十二年一贯制学校的学生数按教育层次分别计入对应教育阶段的学生数中。②特殊教育学生数中包括义务教育阶段随班就读的学生数、其他学校附设特教班学生数。

四川省各级各类非学历教育学生情况

单位：人次

	结业生数	注册学生数
总计	2 912 659	2 965 858
一、高等教育	434 202	457 443
（一）研究生课程进修班		
（二）自考助学班	6 124	14 312
（三）普通预科生		2 855
（四）进修及培训	428 078	440 276
其中：资格证书培训	115 450	118 995
岗位证书培训	96 631	103 204
二、中等职业教育	2 478 457	2 508 415
其中：资格证书培训	508 968	522 425
岗位证书培训	864 412	977 272
（一）中等职业学校	179 317	204 716
其中：资格证书培训	105 549	110 349
岗位证书培训	49 640	58 249
（二）职业技术培训机构	2 299 140	2 303 699
其中：资格证书培训	403 419	412 076
岗位证书培训	814 772	919 023

四川省各级各类民办学校校数、教职工、专任教师情况

	学校数（所）	教职工数（人）	专任教师数（人）
一、高等教育			
（一）研究生培养机构（不计校数）			
1. 普通高校			
2. 科研机构			

续表

	学校数（所）	教职工数（人）	专任教师数（人）
（二）普通高等学校	34	30 490	21 306
1. 本科院校	16	19 401	13 709
其中：独立学院	9	10 074	7 319
2. 高职（专科）院校	18	11 089	7 597
3. 其他普通高教机构（不计校数）			
（三）成人高等学校			
（四）民办的其他高等教育机构	39	1 409	776
二、中等教育			
（一）高中阶段教育			
1. 高中			
普通高中	108	27 626	7 510
完全中学	41	8 539	2 791
高级中学	5	1 166	1 059
十二年一贯制学校	62	17 921	3 660
成人高中			
2. 中等职业教育			
普通中专	145	11 354	8 219
成人中专	9	1 470	1 102
职业高中	40	2 320	1 698
技工学校			
其他中职机构（不计校数）	1		
（二）初中阶段教育			
1. 初中	182	16 458	15 739
初级中学	28	3 617	2 853
九年一贯制学校	154	12 841	4 215
十二年一贯制学校			5 301
完全中学			3 370
职业初中			
2. 成人初中			
三、初等教育			
（一）普通小学	205	8 344	14 587
小学	205	8 344	5 886
九年一贯制学校			5 203
十二年一贯制学校			3 498
（二）成人小学			

续表

	学校数（所）	教职工数（人）	专任教师数（人）
其中：扫盲班			
四、工读学校			
五、特殊教育			
六、学前教育	10 389	147 984	81 176
另有：民办培训机构（不计校数）	244	2 789	2 110

注：①完全中学的学校数和教职工数计入高中阶段教育，九年一贯制学校的校数和教职工数计入初中阶段教育，十二年一贯制学校的校数和教职工数计入高中阶段教育。专任教师按照教育层次进行归类。②“（ ）”内数据为不计校数。

四川省各级各类民办教育学生情况

单位：人

	毕业生数	招生数	在校生数
一、高等教育			
（一）研究生			
博士			
硕士			
（二）普通本专科	89 669	127 520	396 481
本科	42 134	51 800	172 534
专科	47 535	75 720	223 947
（三）成人本专科	1 652	8 484	15 253
本科	18	44	99
专科	1 634	8 440	15 154
（四）另有其他学生			
1. 民办高校			59 506
2. 民办的其他高等教育机构			33 363
二、中等教育			
（一）高中阶段教育			
1. 高中			
普通高中	32 899	45 733	122 450
完全中学	13 778	17 950	48 327
高级中学	4 793	8 076	19 262
十二年一贯制学校	14 328	19 707	54 861
成人高中			
2. 中等职业教育			
普通中专	57 773	55 441	159 964
成人中专	46 833	36 672	60 664

续表

	毕业生数	招生数	在校生数
职业高中	12 476	12 843	36 558
技工学校			
另有其他学生数			49 721
（二）初中阶段教育			
1. 初中	71 817	84 491	239 092
初级中学	16 586	17 281	50 152
九年一贯制学校	16 718	23 150	61 810
十二年一贯制学校	21 654	25 950	74 824
完全中学	16 859	18 110	52 306
职业初中			
2. 成人初中			
三、初等教育			
（一）普通小学	42 491	44 734	262 001
小学	15 110	16 748	96 715
九年一贯制学校	16 968	18 142	107 703
十二年一贯制学校	10 413	9 844	57 583
（二）成人小学			
其中：扫盲班			
四、工读学校			
五、特殊教育	110	103	595
六、学前教育	462 422	663 390	1 460 390
另有：民办培训机构（不计校数）			71 197

注：①完全中学、九年一贯制学校和十二年一贯制学校的学生数按教育层次分别计入对应教育阶段的学生数中。②特殊教育学生数中包括义务教育阶段随班就读的学生数、其他学校附设特教班学生数。③“其他学生数”包括自考助学班学生数、预科生数、进修及培训学生数。

〔**综述**〕 2016 年，全省教育系统深入贯彻落实中央和省委、省政府决策部署，紧紧围绕全省工作大局，坚持以人为本、立德树人，着力提高教育质量、优化教育结构、促进教育公平、增强教育活力、推进教育治理，加快推进全省教育现代化发展水平，各项工作进展顺利。

〔**综合改革**〕 开展“十三五”教育事业发展规划编制工作，充分征求各方意见并形成初稿，推进“十三五”高校设置规划前期工作。深入推进《均衡配置义务教育资源促进教育公平专项改革方案》，95 个县（市、区）通过义务教育均衡发展国家督导。印发《四川省全面改善贫困地区义务教育薄弱学校基本办学条件工作专项督导实施办法》《四川省贯彻落实“加快中西部教育发展的指导意见”的实施方案》《四川省深化高等教育综合改革方案》。《四川省新时期教育对外开放工作实施意见》《关于统筹推进县域内城乡义务教育一体化改革发展的实施意见》通过省委深化改革领导小组审议。积极推进民办教育改革试点，做好《民办教育促进法》修改后的学习宣传等工作。组织完成第一批、第二批省级教育综合改革试点督查评估，第三批省级教育综合改革试点项目全面实施。

〔**教育民生工程**〕 抓好10项民生工程及20件民生大事教育项目，开工建设边远贫困地区和民族地区农村教师周转房10 238套。为19.46万名民族待遇县、27.21万名非民族地区在园儿童减免保教费，高海拔民族地区取暖计划惠及29.38万名义务教育阶段学生。为793.25万名义务教育阶段学生免除学杂费、免费提供教科书和作业本；为125.89万名家庭经济困难寄宿生发放生活补助，做到“应免尽免、应补尽补”，免除83.77万名除艺术类相关表演专业外的中职在校学生学费，对全省629所公办普通高中按生均300元补助办学经费。农村义务教育学生营养改善计划惠及学生353.99万人。

〔**教师队伍建设**〕 推进中小学教师职务（职称）制度改革、义务教育学校校长教师交流轮岗改革、教师“县管校聘”管理改革和乡村教师队伍建设改革。加大省级免费师范生定向培养力度，招录名额增至3 000名，实施范围扩大到143个县（市、区）。2016年，招聘特岗教师3 548人，签约免费师范毕业生1 269人；省级培训中小学校长教师2 780人、中职学校教师校长1 570人、信息技术培训40 000人。此外，通过国家级培训计划培训乡村中小学幼儿园教师14万余人。组织高校推荐申报2016年享受国务院政府特殊津贴专家共194人，教育部“西部之光”访问学者2人、“长江学者奖励计划”推荐人选61人。推荐申报第七届四川省杰出创新人才奖候选人3人、“四川省首届巴蜀文化名家”6人。

〔**教育信息化**〕 制发《四川省中等职业学校数字校园建设指南（试行）》和《四川省中小学教育信息化应用及环境建设指南》。联合省发展和改革委员会、省经济和信息化委员会、省财政厅等单位制发《贯彻落实全国第二次教育信息化工作电视电话会议精神的工作思路及措施》，提出十大工作措施，贯彻落实全国第二次教育信息化会议精神。2016年，全省有11个市（州）、116个县建立了教育城域网，51%的学校建成校园网。全省中小学互联网接入率达95%，其中10 M以上宽带接入比例达85%，中小学多媒体教室拥有率平均达68%。“全国边远、民族地区教育信息化推进工作现场会”在甘孜州召开。

〔**体育卫生艺术与国防教育**〕 2016年，全省大中小学校以“四层四级”联赛为抓手，开展校园足球活动，参赛学生达277万余人。制定《四川省校园足球特色学校建设与评估标准》，批准建设校园足球特色学校890所。全面开展校园足球骨干教师培训1.2万余人次，推选569人参加国家级校园足球培训。据不完全统计，2016年，全省各级财政和各类学校投入经费3.96亿元，新建、改扩建校园足球场地112万平方米，其中校园足球经费约1.7亿元，主要用于教学、活动、训练和比赛。

2016年，全省各级各类学校无较大突发公共卫生事件和中毒事件。在阿坝、甘孜、凉山、雅安的各包虫病流行县，分三批举办包虫病防治专题教育培训，培训370余人。

制发《四川省人民政府办公厅关于全面加强和改进学校美育工作的实施意见》，加强部门联动，形成美育合力。与教育部签署《第一批学校美育改革发展备忘录》，从开齐开足大美育课程、大力补充美育教师、大力改善美育条件等8个方面与教育部达成一致意见。在青岛市举行的全国第五届中小学生艺术展演活动中，四川省共有9个艺术节目、8件艺术作品、2篇艺术教育论文获全国一等奖，获一等奖总数居全国前列。有序推进学生艺术素质测评试点，积极申报学业指标（基础知识部分）网络测评研究课题。

经市（州）和省级评选，向教育部推荐了81所国防教育特色学校，并获批准。承办2016年军事课教学展示无线电测向项目，得到教育部的肯定。全力支持四川省空军青少年航空学校建设，全面协助空军招收飞行员等相关工作。

〔**学校安全工作**〕 全省教育系统逐层签订《学

校安全稳定工作责任书》，并纳入目标管理考核内容，建立“党政同责、一岗双责、齐抓共管”的学校安全管理责任体系。对市（州）教育行政部门安全工作的目标考核权重增加了25%。全年共发布预警8条，下发通报6个。制定《关于做好2016年中小学生安全教育工作的通知》，指导学校做好《生命·生态·安全》课程的教育教学工作，推动安全教育课时、教材、师资、培训、教研、评价“六落实”，向部分学校免费发放《四川省防震减灾知识学生读本》7 000套。组织全省中小学幼儿园参加全国2016年度“安全教育精品课程”征集展示活动，全省共有3 006名教师参加，上传课件3 448个。与公安消防总队联合开展全省中小学消防安全示范课征集活动，共征集参评课件71个，评选出10个“省级消防安全示范课”，成功申报3个“全国消防安全示范课”。

〔**特殊群体教育**〕 转发教育部办公厅关于印发《普通学校特殊教育资源教室建设指南》的通知，要求各地切实做好特殊教育资源教室的建设与管理工作，并上报各地特殊教育资源教室的建设规划情况。与省残疾人联合会联合开展四川省6—14周岁残疾儿童、少年入学情况调查统计工作，印发《四川省教育厅 四川省残疾人联合会关于进一步做好适龄残疾儿童少年入学工作的通知》，对进一步做好适龄残疾儿童、少年入学工作进行部署。

〔**实施民族地区教育发展十年行动计划**〕 2016年，《四川省民族地区教育发展十年行动计划》共投入5亿元专项资金用于民族地区学前教育到普通高中教育的发展。共新建、改扩建学校校舍项目176个，建设面积25.4万平方米，为22所乡镇学校建设教师周转宿舍1.45万平方米，为165所学校配备教学仪器设备和信息技术装备，为208所中小学及幼儿园引进成都优质教育资源，为37.7万名家庭经济困难的义务教育阶段学生提供生活补助，为民族地区培训各类教师1.7万余人。2016年，先后制定了《〈四川省民族地区教育发展十年行动计划（2011—2020年）〉工作规程》（以下简称《行动计划》）、《实施〈四川省民族地区教育发展十年行动计划（2011—2020年）〉内部工作程序》、《〈四川省民族地区教育发展十年行动计划（2011—2020年）〉远程教育项目管理暂行办法》等。《行动计划》领导小组对甘孜州、阿坝、凉山、乐山、绵阳等市（州）的23个县（区）2015年度《行动计划》项目实施情况进行了抽查，对2016年度《行动计划》项目进行了督查，提出了整改要求。

〔**实施藏区教育发展振兴计划**〕 2016年，根据省委、省政府关于藏区“六项民生工程计划”安排，“教育发展振兴计划”共投入资金13.38亿元，在藏区实施《四川省民族地区教育发展十年行动计划》、“9+3”免费教育计划、免费师范生培养计划、15年免费教育、义务教育经费保障、义务教育学生营养改善计划、农村教师生活补助等项目，有力地促进了藏区教育事业的发展。

〔**实施教育扶贫提升工程**〕 2016年，实施教育扶贫提升工程，省财政共投入资金2.1亿元，重点用于大小凉山彝区学前教育、义务教育学校校舍建设和乡镇教师周转宿舍建设。共新建、改扩建学校校舍项目114个，建设面积9.5万平方米，为33所乡镇学校建设2.3万平方米教师周转宿舍。

〔**实施大小凉山彝区“一村一幼”计划**〕 根据《中共四川省委办公厅 四川省人民政府办公厅关于推进扶贫攻坚加快建设全面小康社会进程的意见》精神，在大小凉山彝区实施“一村一幼”计划。截至2016年年底，大小凉山彝区共开办幼教点2 527个，选聘学前教育辅导员6 213名，招收幼儿9.4万余名。省财政为大小凉山彝区学前教育双语辅导员提供劳务报酬补助资金12 412.8万元。

〔**实施15年免费教育**〕 根据《中共四川省委关于集中力量打赢扶贫开发攻坚战确保同步全面建成小康社会的决定》，从2016年起，在民族自治地方51个县（市）启动实施15年免费教育计划。2月，省教育厅、省财政厅下发《四川省财政厅四川省教育厅关于支持民族自治地区实施15年免费教育的通知》，明确了政策内容，下拨省级补助资金

2.7亿元。制发《四川省教育厅关于做好民族自治地方15年免费教育的通知》，从教育事业发展、教师队伍建设、教育信息化建设等方面对民族自治地方教育系统做好15年免费教育工作提出具体要求。截至2016年年底，15年免费教育计划在民族自治地方顺利推进，惠及51个自治县（市）的140万名各族学生。

〔**语言文字工作**〕　宣传贯彻《国家语言文字事业“十三五”发展规划》，切实做好第十九届全国推广普通话宣传周活动。按照国务院教育督导委员会办公室关于印发《语言文字工作督导评估暂行办法》的通知要求，将二类、三类城市语言文字工作综合评估与语言文字工作督导评估进行整合，研究制定《四川省语言文字工作督导评估实施办法（暂行）》和《四川省语言文字工作督导评估标准》等规范性文件。加强语言文字队伍建设，举办2期全省民族地区教师普通话国家级培训班，共培训教师200名。四川省承担了国家33个汉语方言数据库建设课题、58个省级汉语方言数据库建设课题，涉及全省19个市州的91个区（市、县），项目分3年完成数据采集工作，5年完成四川省方言数据源库建设。2016年，首批启动了20个课题（10个国家课题、10个省级课题）的研究工作。

基础教育

〔**综述**〕　下达中央和省级资金145 761.5万元，支持学前教育发展。新建、改扩建公办幼儿园410所，完成年度目标任务400所的102.50%；下达学前教育政府购买服务省级奖补资金3 390万元，购买普惠性学前教育学位19.2万个。全面改善贫困地区义务教育薄弱学校基本办学条件，已累计投入资金156.97亿元，开工建设校舍741.91万平方米，完成设备购置29.88亿元，提前完成国家要求的双过半任务。

〔**学前教育**〕　支持企事业单位和集体举办幼儿园，提高其面向社会提供公共服务的能力，接收11万名进城务工人员随迁子女入园。支持民办幼儿园改善办园条件，下达民办幼儿园省级奖补资金4 000万元；推进政府购买服务，购买学位19.2万个；采取PPP模式支持社会资本建设10所公益性幼儿园，新增学位3 510个。加强推进工作督促检查，印发《四川省教育厅关于报送第二期学前教育三年行动计划实施进展情况的通知》。

〔**义务教育均衡发展**〕　印发《四川省教育厅办公室关于开展县域义务教育均衡发展过程督导的通知》，继续开展推进县域义务教育基本均衡发展过程督导。转发《教育部办公厅关于做好2016年城市义务教育招生入学工作通知》，制发《关于进一步做好四川省返乡农民工随返子女入学工作的通知》《关于做好制定消除义务教育阶段大班额专项规划工作的通知》《关于做好消除大班额专项规划有关工作的补充通知》。编制全省消除大班额专项规划，明确工作任务和时间表、路线图，明确到2018年基本消除66人以上超大班额，到2020年基本消除56人以上大班额。

〔**普通高中**〕　制发《四川省普通高中学业水平考试实施办法》和《四川省普通高中学生综合素质评价实施办法》。印发《四川省教育厅关于做好2016年公办普通高中招生工作的通知》，取消招收择校生。印发《四川省教育厅关于做好2016年公办普通高中学校跨市州招生工作的通知》和《四川省教育厅办公室关于印发2016年可跨市州招生公办普通高中学校名单和计划的通知》，规范公办普通高中跨市州招生行为。对各地上报的申请评审一级、二级示范性普通高中进行现场评审，印发《四川省教育厅关于批准成都市华阳中学等17所学校为四川省一级示范性普通高中，成都市树德协进中学等16所学校为四川省二级示范性普通高中的通知》。

〔**中小学德育**〕 召开全省中小学社会主义核心价值观教育经验交流暨德育工作会议。印发《四川省教育厅关于培育和践行社会主义核心价值观进一步加强中小学德育工作的意见》。开展“传承中华传统美德”系列教育活动、纪念红军长征胜利80周年系列教育活动等，把社会主义核心价值观教育贯穿中小学教育教学全过程。评选、表彰2016年度普通高中省级优秀学生51名、“三好”学生699名、优秀学生干部545名，先进班集体211个。与省文明办开展了全省美德少年评选活动，授予10名学生“四川省最美少年”称号、100名学生“四川省美德少年”称号。

〔**规范中小学办学行为**〕 印发《四川省教育厅等四部门关于转发教育部等四部门〈关于2016年规范教育收费治理教育乱收费工作的实施意见〉的通知》《四川省中小学教辅材料评议选用管理实施意见》《关于转发教育部办公厅关于做好2016年城乡义务教育招生入学工作的通知》等相关文件，从制度上规范中小学办学行为。省教育厅分管领导对群众反映违规办学行为比较突出的5个市（州）教育局局长、分管局长进行约谈，对部分地方和学校违规征订教辅材料、违规收费等情况进行全省通报。先后查处违规有偿补课收费10起、违规订购教辅材料7起、违规代收费5起，督促存在问题的学校进行整改，对有关责任人进行处理，对6名校长和分管负责人进行诫勉谈话，处罚教师8人、年级组长3人，督促区县教育局及时进行通报批评。

职业教育与成人教育

〔**中职招生**〕 根据省政府2016年民生项目安排，省教育厅设定年度招生任务为38万人，将年度招生任务分解下达各市州并进行目标考核。省教育厅与省人力资源和社会保障厅联合转发《教育部办公厅人力资源和社会保障部办公厅关于做好2016年高中阶段学校招生工作的通知》。省教育厅召开中职招生座谈会，分管领导、职成处负责人和各市（州）教育局分管职业教育的副局长、职成科（处）长参会。省教育厅组织3个中职招生督查小组开展招生专项督查。2016年，全省中职学校招生40.54万人，目标任务完成率达106.68%。

〔**职业教育改革**〕 印发《四川省教育厅关于深化职业教育教学改革全面提高人才培养质量的实施意见》，以推进校企协同育人为重点，深化教学改革。下发《四川省教育厅关于印发〈四川省中等职业学校教学工作诊断与改进实施方案（试行）〉和〈四川省中等职业学校教学工作诊断与改进操作规程（试行）〉的通知》，启动中职学校教学工作诊断与改进工作，同时建立由33名中高职院校领导和教师组成的省级诊改专家委员会，制定教学诊改工作实施方案。印发《关于公布四川省中等职业学校教学诊断与改进工作试点学校名单的通知》，确定22所（含3所参加国家诊改试点学校）中职学校开展省级诊改工作试点，促进中职学校完善内部质量保证体系，不断提高技术技能人才培养质量。召开全省中职学校教学诊断与改进工作培训会暨试点工作推进会，分6批对全省中职学校诊改制度建设开展培训。印发《四川省教育厅　四川省经济和信息化委员会关于开展第二批现代学徒制试点单位遴选工作的通知》，开展全省第二批现代学徒制试点单位遴选。印发《四川省教育厅　四川省经济和信息化委员会关于公布第二批省级现代学徒制试点单位的通知》，确定21所高职院校和31所中职学校为第二批试点单位。

〔**加强中职学校管理**〕　印发《四川省职业院校管理水平提升行动计划实施方案（2016—2018年）》，有针对性地部署改进提升职业院校管理水平的6大行动20项任务。联合省教育考试院、省人力资源和社会保障厅发布《关于公布四川省2016年具有中等职业学历教育招生资格学校及专业的通告》，面向社会公示。会同省财政厅印发《四川省财政厅　四川省教育厅关于下达2016年中职基础能力建设省级补助资金的通知》《四川省财政厅　四川省教育厅关于下达2016年现代职业教育质量提升计划中央专项资金预算的通知》，下达2016年度中职基础能力建设省级专项资金及现代职业教育质量提升计划中央资金，支持各地各学校加强基础能力建设专项资金6.76亿元。财政部驻四川省财政监察专员办事处对2014年、2015年现代职业教育质量提升计划中央资金使用情况进行了督导检查，形成了资金绩效评估报告。

〔**"9+3"免费教育计划**〕　1月至3月，根据藏彝区"9+3"人才培养需求，优化调整内地招生学校和专业，共计95所中职学校56个专业面向藏区和大小凉山彝区招生。4月，编印"9+3"招生指南。4月至5月，组织内地"9+3"学校深入藏区和大小凉山彝区集中开展招生宣传。7月和9月，通过两次集中录取，2016年内地"9+3"学校共招录藏彝区"9+3"学生近万人，圆满完成招生任务。做好"9+3"毕业生就业促进工作，截至7月底，2013级涉藏地区"9+3"毕业生初次就业率达98.93%，圆满完成了就业率达95%的目标任务。

〔**创新发展高职教育**〕　贯彻落实教育部《高等职业教育创新发展行动计划（2015—2018年）》，结合全省高职教育发展实际，制定《四川省高等职业教育创新发展行动计划总体实施方案》，启动7个创新发展项目的申报及评审工作。继续推动教育部首批现代学徒制试点项目建设，启动全省第二批现代学徒制试点工作，21所高职院校25个项目入选第二批试点。出台《关于开展中等和专科层次职业教育人才培养衔接的指导意见》，明确了总体目标、重点任务和主要内容，为全面推进中等和专科层次职业教育人才培养有效衔接，系统培养技术技能人才提供了政策保障。组织实施2016年全省高等职业院校信息化教学大赛，评选出信息化教学设计一等奖6项、二等奖9项、三等奖16项，信息化课堂教学一等奖7项、二等奖10项、三等奖14项，6所高职院校获优秀组织奖。举办2016年全省高等职业院校信息化教学大赛工作培训会，培训49所高职院校共计320余人。

〔**成人教育和社区教育**〕　在达州市达川区举办2016年全民终身学习活动周，推荐全国"百姓学习之星"3名、"终身学习活动品牌"3个；评选全省"百姓学习之星"10名、"终身学习活动品牌"10个。

高 等 教 育

〔**综述**〕　深化创新创业教育改革，立项省级卓越人才培养计划23个、大学生创新创业训练计划3 899项，组织开展第三届中国"互联网+"大学生创新创业大赛四川赛区选拔赛，在全国总决赛中获金奖2项、银奖5项、铜奖20项，总成绩在全国名列前茅，省教育厅获优秀组织奖。加快推进"双一流"建设，全省高校ESI全球学科排名前1%的学科增至25个。加强64个省级协同创新中心建设，新建368个科研平台。

〔**质量工程**〕　立项建设第二批省级卓越新闻传播人才教育培养计划项目5个、卓越教师教育培养计划项目18个；启动建设100个本科应用型示范专业。按照教育部专业申报工作的部署和要求，97

个本科新增专业获教育部备案，3个国控专业获教育部审批备案；259个高职高专新增专业获省教育厅备案或教育部审批；撤销本科专业7个、高职高专专业137个。

〔**大学生思想政治工作**〕 组织全省高校开展党的十八届六中全会精神宣讲110场，协调组织省委宣讲团到高校开展省委十届八次全会精神宣讲10场。做好首批高校“易班”推广工作，全省已有33所高校52万余名大学生入驻“易班”，活跃度多次居全国共建高校前列。在教育部召开的大学生思想政治工作研讨会上，省教育厅专题发言交流“易班”工作经验。

〔**高校科技创新及成果转化**〕 全省70%以上的国家级、省部级研发平台布点在高校，全省83%的高层次人才聚集在高校。在国家创新体系方面，争取到中西部唯一的“转化医学生物治疗国家重大科技基础设施建设项目”落户四川省。38个“国家协同创新中心”中，四川省高校牵头2个、主要参与2个，位列西部地区高校第一。四川省高校科技创新及成果转化主要指标均居全国前七位，西部地区第一位。2016年，全省高校专利申请9 925项，比2015年增长37.03%，获专利授权7 158项，比2015年增长122.6%（其中发明专利增长41.65%）；拥有专利20 170项，比2015年增长97.2%；其他知识产权增长61.67%（植物新品种权授予数、国家或行业标准数均增长200%）。专利出售数249项，比2015年增长234.9%，高校自主创新能力和服务产业能力明显增强。

2016年，全省6所高校获国家技术发明奖、国家科技进步奖共10项，占全省获奖总数的33%，其中国家技术发明奖占全省获奖总数的50%。2016年度，全省高校获省科学技术进步奖99项，占获奖总数的38%。其中一等奖23项，占获奖总数的77%。

探索建立全省109所高校全覆盖的“全省高校科技成果转化成效排序公布制度”，教育部将此列为全国试点，专题到四川省调研，形成了“建立完善高等学校的科技成果转移转化的统计和报告制度”。2016年，全省高校技术转让合同金额4.49亿元，比2015年增长88.50%，技术转让实际收入比2015年增长195.95%。组织高校梳理重大科技成果2 751项（占全省成果80%），形成成果清单，加强与省重点产业重大科研成果需求清单的对接。

〔**学位与研究生教育**〕 组织草拟以省政府名义出台的《四川省统筹推进一流大学和一流学科建设的实施意见（代拟稿）》，按照分层分类的原则建设四川省“一流、优势、特色学科”。省教育厅联合省财政厅按照不同层次对11所省属高校的22个学科领域给予资金支持。组织全省30家单位参加全国第四轮学科评估，12家单位参加全国专业学位水平评估。顺利完成研究生论文全面抽查工作，2016年度共抽检28家单位的896篇硕士学位论文，聘请同行专家2 800多人次。开展增列学士学位授予单位（含本年新增专业）工作，批准成都师范学院（6个专业）和成都工业学院（6个专业）为新增学士学位授权单位（专业）；开展新增学士学位授权专业的审核工作，批准新增学士学位授予专业80个；开展本科“双学位”专业新增和调整工作，新增“双学位”专业11个；开展成教本科毕业生申请学士学位审核工作，全年审核符合授位条件的学生约1万人。

〔**毕业生就业**〕 2016年，全省普通高校毕业生达392 460人，再创历史新高。截至2016年8月底，2016届毕业生已就业347 807人，就业率为88.62%（其中研究生就业率为85.17%、本科生就业率为88.42%、专科生就业率为89.29%），连续3年实现稳中有升。加大对“双选会”支持力度，划拨400万元专项经费，按每校6万元至8万元的标准，支持省内高校举办毕业生就业“双选会”，并指导全省高校以“双选会”、专场招聘会等为载体，广泛搭建毕业生和用人单位之间的交流平台，千方百计拓宽就业渠道。全省高校共举办1.77万场就业“双选会”，接待用人单位6万多家。加大对困难毕业生帮扶力度，划拨800万元专项帮扶资金，按每人400元的标准，共帮扶20 000

名家庭经济困难和就业困难毕业生就业；按每人800元的标准，对符合条件的城乡低保家庭、残疾毕业生和助学贷款毕业生共28 889人，发放求职创业补贴共计2 311.12万元。坚持每10天对各高校就业率进行一次排名，重点督促就业率排名后20的高校。

2016年，全省高校毕业生自主创业1 779人，占2016届毕业生总人数的0.45%，比2015年增长0.05个百分点。2016年，电子科技大学、西南交通大学获评首批“全国高校创新创业典型经验高校”。分别举办全省第四届“导航名师”大学生创新创业指导课程教学大赛本科组和专科组比赛，共计125名教师报名参赛，72名教师晋级现场决赛，20名教师分获一、二、三等奖。加快推进大学生创新创业俱乐部建设，已有81所高校正式挂牌建立大学生创新创业俱乐部。对进驻高校和地方创业平台的大学生创业项目进行补贴，全年对全省8 270名大学生、8 147个创业项目发放创业补贴8 147万元。

撰稿　陈　立

审稿　张澜涛

贵州省教育

概　　况

〔基本情况〕

贵州省各级各类学校校数、教职工、专任教师情况

	学校数（所）	教职工数（人）	专任教师数（人）
一、高等教育			
（一）研究生培养机构（不计校数）	8		
1. 普通高校	8		
2. 科研机构			
（二）普通高等学校	64	45 028	33 087
1. 本科院校	27	28 108	19 597
其中：独立学院	8	4 216	3 256
2. 高职（专科）院校	37	16 920	13 490
3. 其他普通高教机构（不计校数）			
（三）成人高等学校	3	581	334
（四）民办的其他高等教育机构			
二、中等教育	2 800	244 799	210 573
（一）高中阶段教育	701	108 856	83 476
1. 高中	437	80 641	61 030
普通高中	437	80 641	61 030
完全中学	181	28 592	15 352
高级中学	221	47 571	44 015
十二年一贯制学校	35	4 478	1 663
成人高中			
2. 中等职业教育	264	28 215	22 446
普通中专	66	8 769	6 827

续表

	学校数（所）	教职工数（人）	专任教师数（人）
成人中专	9	1 606	1 220
职业高中	120	11 274	9 581
技工学校	69	6 455	4 729
其他中职机构（不计校数）	2	111	89
（二）初中阶段教育	2 099	135 943	127 097
1. 初中	2 099	135 943	127 097
初级中学	1 542	108 986	102 601
九年一贯制学校	551	26 752	12 492
十二年一贯制学校			1 353
完全中学			10 453
职业初中	6	205	198
2. 成人初中			
三、初等教育	10 601	202 891	198 762
（一）普通小学	7 818	197 109	197 069
小学	7 818	197 109	185 309
九年一贯制学校			11 070
十二年一贯制学校			690
（二）成人小学	2 783	5 782	1 693
其中：扫盲班	2 532	4 919	1 282
四、工读学校	15	251	206
五、特殊教育	76	1 821	1 637
六、学前教育	8 008	120 829	73 415

注：①完全中学的学校数和教职工数计入高中阶段教育，九年一贯制学校的校数和教职工数计入初中阶段教育，十二年一贯制学校的校数和教职工数计入高中阶段教育。专任教师按照教育层次进行归类。②技工学校数据为 2015 年数。③“（ ）”内数据为不计校数。

贵州省各级各类学历教育学生情况

单位：人

	毕业生数	招生数	在校生数
一、高等教育			
（一）研究生	4 728	5 736	16 448
博士	49	171	611
硕士	4 679	5 565	15 837
（二）普通本专科	116 794	186 996	573 932
本科	64 230	81 540	301 642

续表

	毕业生数	招生数	在校生数
专科	52 564	105 456	272 290
（三）成人本专科	34 098	32 371	117 317
本科	14 669	14 667	56 018
专科	19 429	17 704	61 299
（四）其他各类高等学历教育			
1. 在职人员攻读硕士学位		866	4 162
2. 网络本专科生			
本科			
专科			
二、中等教育	1 192 013	1 185 477	3 521 235
（一）高中阶段教育	499 881	576 080	1 629 824
1. 高中	307 414	342 626	993 695
普通高中	307 414	342 626	993 695
完全中学	79 935	94 588	263 950
高级中学	222 067	238 467	706 329
十二年一贯制学校	5 412	9 571	23 416
成人高中			
2. 中等职业教育	192 467	233 454	636 129
普通中专	69 551	76 819	224 631
成人中专	28 271	27 774	78 437
职业高中	75 224	92 022	247 854
技工学校	19 421	36 839	85 207
（二）初中阶段教育	692 132	609 397	1 891 411
1. 初中	692 132	609 397	1 891 411
初级中学	559 438	494 381	1 528 718
九年一贯制学校	65 808	59 281	184 205
十二年一贯制学校	5 558	6 861	19 835
完全中学	60 780	48 626	157 634
职业初中	548	248	1 019
2. 成人初中			
三、初等教育	730 850	640 446	3 668 719
（一）普通小学	604 027	640 446	3 533 745
小学	561 620	603 286	3 310 362
九年一贯制学校	40 240	34 960	211 433
十二年一贯制学校	2 167	2 200	11 950

续表

	毕业生数	招生数	在校生数
（二）成人小学	126 823		134 974
其中：扫盲班	70 547		76 756
四、工读学校	506	524	658
五、特殊教育	2 049	4 443	20 235
六、学前教育	566 890	806 156	1 446 274

注：①完全中学、九年一贯制学校和十二年一贯制学校的学生数按教育层次分别计入对应教育阶段的学生数中。②特殊教育学生数中包括义务教育阶段随班就读的学生数、其他学校附设特教班学生数。

贵州省各级各类非学历教育学生情况

单位：人次

	结业生数	注册学生数
总计	1 709 718	1 737 185
一、高等教育	109 132	117 772
（一）研究生课程进修班	73	253
（二）自考助学班	795	2 153
（三）普通预科生		4 464
（四）进修及培训	108 264	110 902
其中：资格证书培训	50 788	47 597
岗位证书培训	26 605	31 530
二、中等职业教育	1 600 586	1 619 413
其中：资格证书培训	217 819	208 260
岗位证书培训	385 552	381 884
（一）中等职业学校	147 571	128 850
其中：资格证书培训	53 347	46 758
岗位证书培训	66 373	61 519
（二）职业技术培训机构	1 453 015	1 490 563
其中：资格证书培训	164 472	161 502
岗位证书培训	319 179	320 365

贵州省各级各类民办学校校数、教职工、专任教师情况

	学校数（所）	教职工数（人）	专任教师数（人）
一、高等教育			
（一）研究生培养机构（不计校数）			
1. 普通高校			
2. 科研机构			

续表

	学校数（所）	教职工数（人）	专任教师数（人）
（二）普通高等学校	14	6 730	5 191
1. 本科院校	8	4 216	3 256
其中：独立学院	8	4 216	3 256
2. 高职（专科）院校	6	2 514	1 935
3. 其他普通高教机构（不计校数）			
（三）成人高等学校			
（四）民办的其他高等教育机构			
二、中等教育			
（一）高中阶段教育			
1. 高中			
普通高中	110	12 106	5 872
完全中学	62	7 190	3 412
高级中学	22	1 455	1 184
十二年一贯制学校	26	3 461	1 276
成人高中			
2. 中等职业教育			
普通中专	5	130	90
成人中专			
职业高中	42	2 110	1 412
技工学校			
其他中职机构（不计校数）			
（二）初中阶段教育			
1. 初中	346	13 286	9 234
初级中学	73	2 362	1 800
九年一贯制学校	273	10 924	4 507
十二年一贯制学校			1 048
完全中学			1 879
职业初中			
2. 成人初中			
三、初等教育			
（一）普通小学	250	4 939	8 386
小学	250	4 939	3 879
九年一贯制学校			4 118
十二年一贯制学校			389
（二）成人小学			

续表

	学校数（所）	教职工数（人）	专任教师数（人）
其中：扫盲班			
四、工读学校	1	12	5
五、特殊教育			
六、学前教育	4 042	72 288	40 210
另有：民办培训机构（不计校数）	203	2 686	1 804

注：①完全中学的学校数和教职工数计入高中阶段教育，九年一贯制学校的校数和教职工数计入初中阶段教育，十二年一贯制学校的校数和教职工数计入高中阶段教育。专任教师按照教育层次进行归类。②“（　）”内数据为不计校数。

贵州省各级各类民办教育学生情况

单位：人

	毕业生数	招生数	在校生数
一、高等教育			
（一）研究生			
博士			
硕士			
（二）普通本专科	19 729	35 285	104 691
本科	14 897	18 796	68 069
专科	4 832	16 489	36 622
（三）成人本专科			
本科			
专科			
（四）另有其他学生			
1. 民办高校			4 256
2. 民办的其他高等教育机构			
二、中等教育			
（一）高中阶段教育			
1. 高中			
普通高中	21 846	40 454	102 516
完全中学	14 910	23 270	60 752
高级中学	3 227	9 515	23 805
十二年一贯制学校	3 709	7 669	17 959
成人高中			
2. 中等职业教育			
普通中专	708	3 458	5 900
成人中专	3 976	1 619	3 879

续表

	毕业生数	招生数	在校生数
职业高中	7 883	12 099	29 715
技工学校			
其他学生数			3 392
（二）初中阶段教育			
1. 初中	51 913	45 287	152 442
初级中学	12 272	10 094	35 732
九年一贯制学校	25 570	21 852	74 361
十二年一贯制学校	3 843	5 407	15 648
完全中学	10 228	7 934	26 701
职业初中			
2. 成人初中			
三、初等教育			
（一）普通小学	32 410	24 508	154 893
小学	14 580	10 833	67 172
九年一贯制学校	16 595	12 676	81 610
十二年一贯制学校	1 235	999	6 111
（二）成人小学			
其中：扫盲班			
四、工读学校	37	17	17
五、特殊教育	13	30	145
六、学前教育	218 943	342 385	675 441
另有：民办培训机构（不计校数）			54 488

注：①完全中学、九年一贯制学校和十二年一贯制学校的学生数按教育层次分别计入对应教育阶段的学生数中。②特殊教育学生数中包括义务教育阶段随班就读的学生数、其他学校附设特教班学生数。③“其他学生数”包括自考助学班学生数、预科生数、进修及培训学生数。

〔**实施贵州省“十三五”教育事业发展规划**〕 2016 年 10 月 19 日，省政府正式批准实施《贵州省“十三五”教育事业发展规划》。

〔**教育经费投入**〕 2016 年，全省教育经费总投入 1 035.02 亿元，比 2015 年增长 11.45%。其中国家财政性教育经费 892.42 亿元，比 2015 年增长 10.87%，占教育总投入的 86.22%。公共财政预算安排的教育经费 878.47 亿元，比 2015 年增长 9.70%。政府性基金预算安排的教育经费 11.12 亿元，比 2015 年增长 442.44%。民办学校中举办者投入经费 4.48 亿元，比 2015 年下降 50.28%。捐赠收入 0.9 亿元，比 2015 年下降 1.10%。事业收入 107.33 亿元，比 2015 年增长 16.22%。其他教育经费 29.90 亿元，比 2015 年增长 38.75%。

2016 年，全省国家财政性教育经费占地方生产总值的比例为 7.59%，比 2015 年降低了 0.06 个百分点；公共财政教育经费占公共财政预算支出的比例为 19.71%，比 2015 年增长了 0.26 个百分点；全省公共财政教育经费 840.25 亿元，比 2015

年增长 9.69%，高于财政经常性收入增长比例 1.29 个百分点。

2016 年，全省各类学校生均公共财政预算教育事业费支出情况：幼儿园生均公共财政预算教育事业费支出 4 745.09 元，比 2015 年增长 25.79%；普通小学生均公共财政预算教育事业费支出 9 659.17 元，比 2015 年增长 11.72%；普通初中生均公共财政预算教育事业费支出 10 131.84 元，比 2015 年增长 16.39%；普通高中生均公共财政预算教育事业费支出 9 637.74 元，比 2015 年增长 17.75%；中等职业学校生均公共财政预算教育事业费支出 6 425.03 元，比 2015 年下降 8.16%；普通高等学校生均公共财政预算教育事业费支出 15 586.11 元，比 2015 年增长 1.12%。

2016 年，全省各类学校生均公共财政预算公用经费支出情况：幼儿园生均公共财政预算公用经费支出 1 406.08 元，比 2015 年增长 31.47%；普通小学生均公共财政预算公用经费支出 2 024.45 元，比 2015 年增长 13.41%；普通初中生均公共财政预算公用经费支出 2 498.66 元，比 2015 年增长 11.86%；普通高中生均公共财政预算公用经费支出 2 337.53 元，比 2015 年增长 11.29%；中等职业学校生均公共财政预算公用经费支出 2 725.41 元，比 2015 年下降 22.54%；普通高等学校生均公共财政预算公用经费支出 5 200.02 元，比 2015 年下降 28.12%。

〔**扩增城乡教育资源有效供给**〕 2016 年，全省建成农村幼儿园 904 所、标准化农村寄宿制学校 634 所、城镇义务教育学校 26 所、普通高中学校 70 所、教师周转宿舍 1398 套。

〔**教育固定资产投资和重大项目超额完成全年目标任务**〕 2016 年，贵州省重大工程和重点项目建设工作领导小组下达教育系统固定资产投资目标任务 200 亿元。截至 2016 年年底，完成固定资产投资 203 亿元，完成率为 101%，超额完成目标任务。2016 年，省教育厅督办的重大工程和重点项目共有 3 个，其中续建项目 1 个、收尾项目 2 个，投资目标 9.3 亿元。2016 年，完成投资 10.72 亿元，完成率为 115%，超额完成全年目标任务。

〔**巩固完善城乡义务教育经费保障机制**〕 3 月，经省政府同意，省财政厅、省教育厅联合印发《贵州省关于进一步完善城乡义务教育经费保障机制的实施方案》，建立了城乡统一、重在农村的义务教育经费保障机制，主要内容为“两统一、两巩固”。两统一：一是统一城乡义务教育“两免一补政策”，对城乡义务教育学生免除学杂费，从 2017 年春季学期起向全省义务教育阶段学生免费提供教科书并推行部分学科教科书循环使用；统一全省城乡义务教育阶段家庭经济困难寄宿生生活费补助政策，资助覆盖面按义务教育阶段学校寄宿生人数的 70% 确定。二是从 2016 年春季学期开始，统一城乡义务教育学校生均公用经费基准定额：小学每生每学年 600 元，普通初中每生每学年 800 元。在此基础上，对寄宿制学校按照寄宿生年生均 200 元标准增加公用经费补助，继续落实好农村地区不足 100 人规模的较小学校按 100 人核定公用经费；特殊教育学校和随班就读残疾学生按每生每年 6 000 元标准补助公用经费。两巩固：一是巩固完善城乡义务教育学校校舍安全保障长效机制，明确义务教育学校校舍安全保障长效机制资金，重点支持公办义务教育学校维修改造、抗震加固、改扩建校舍及其附属设施。二是巩固落实城乡义务教育教师工资政策，要求县级人民政府确保县域内义务教育教师工资按时足额发放，按照教师平均工资水平不低于当地公务员平均工资水平的原则确定。

〔**制定中等职业学校生均财政拨款制度**〕 11 月 15 日，与省财政厅正式联合下发《贵州省中等职业学校生均财政拨款制度实施意见》(简称《意见》)。《意见》要求，从 2016 年起建立中职学校生均拨款制度，2017 年正式实施中职生均拨款制度，并逐步建立生均拨款标准动态调整机制。

〔**继续压缩 6%行政经费用于实施教育精准扶贫**〕 2016 年，省级财政压缩党政机关行政经费 6%，共 7 650 万元用于教育精准扶贫。全省各级共压缩党政机关行政经费 3.84 亿元用于教育精准扶贫，占全省党政机关行政经费总额的6.27%。

〔印发《贵州省深化考试招生制度改革实施方案》〕 4月6日，省政府印发经教育部审核备案的《贵州省深化考试招生制度改革实施方案》（简称《实施方案》）。《实施方案》提出了促进升学考试和入学机会公平、改革考试形式和内容、改革招生录取机制、改革监督管理机制、统筹高考综合改革五方面的改革任务。《实施方案》明确提出：2018年6月底以前制定全省高考综合改革方案，并从当年秋季入学的高中一年级学生（含2021年参加高考考生）开始实施。《实施方案》提出，从2015年起，在省直高校招生计划中，划定不低于3%的比例专项用于贫困、农村和民族地区考生。这是贵州省的自选动作之一，主要目的是助推全省“十三五”时期全面建成小康社会和教育精准扶贫。

〔印发《〈贵州省教育综合改革方案〉重点任务分解方案》〕 10月19日，省委办公厅、省政府办公厅联合印发《〈贵州省教育综合改革方案〉重点任务分解方案》，进一步明确了教育综合改革的路线图、时间表和任务书，标志着全省教育综合改革工作的顶层设计已基本完成。

〔开展“基本普及十五年教育”和“两项督导”省级督导评估考核验收〕 经省政府同意，省政府督导室、省教育厅组成9个督导评估考核验收团于12月4日至12月18日对云岩区、修文县、仁怀市、播州区、桐梓县、正安县、务川县、绥阳县、赤水市、镇宁县、关岭县、紫云县、钟山区、六枝特区、盘县、松桃县、江口县、印江县、思南县、石阡县、德江县、沿河县、七星关区、金沙县、织金县、凯里市、天柱县、锦屏县、三穗县、都匀市、福泉市、瓮安县、龙里县、独山县、平塘县、兴仁县、安龙县、贞丰县共38个县（区）及新蒲新区开展“基本普及十五年教育”和县级人民政府暨党政主要领导教育工作督导评估考核验收工作，追回教育欠拨资金25.98亿元。38个县（区）和新浦新区全部通过督导评估考核验收。

〔学生营养改善计划向农村学前教育儿童延伸〕 10月，省政府办公厅下发《关于实施农村学前教育儿童营养改善计划的意见》，在全国率先启动实施农村学前教育儿童营养改善计划，向在农村学前教育机构就读的儿童提供营养膳食补助，标准为每生每天3元（每年按200天计，全年600元），所需资金由省、市（州）、县三级财政按照4∶3∶3的比例共同承担。省财政当年下达资金1 278万元，用于支持11个贫困县及10个极贫困乡镇开展省级试点。同时，有31个县积极开展地方试点。截至2016年年底，共惠及16.89万名农村学前儿童。

〔学生资助工作〕 2016年，进一步健全了学生资助体系，全力推进精准资助，努力提高学生资助水平，切实保障“不让一个孩子因家庭经济困难而失学”。全年共资助各级各类学生365.69万人次，资助资金73.30亿元，资助学生人数和金额比2015年度分别增长33.1%和36.3%。

〔落实《乡村教师支持计划（2015—2020年）》〕 加大乡村教师生活补助相关工作督促检查力度，实现了乡村教师生活补助65个集中连片贫困县全覆盖。完成了第一批省级乡村名师和乡村教育家选拔培养培训工作，遴选乡村名师295名，选拔乡村教育家培养对象49名。组织开展第13批特级教师评审工作，评选出中小学特级教师150名。启动实施初中、小学及幼儿园第一批名校（园）长培养计划，评选省级名校（园）长120名。为教龄累计满30年或在乡村连续从教25年的教师颁发教龄荣誉证书，其中颁发“25年”荣誉证书820人、“30年”荣誉证书8 378人。

〔搭建竞赛平台，激发校园足球活力〕 3月，启动2016年全省校园足球竞赛。10月至11月，举办全省初中、高中总决赛和高校男子甲级联赛、女子联赛总决赛。2016年，各地新建、改扩建校园足球场地497个，投入资金10.2亿元。各地投入校园足球专项资金（不含基础建设费）3 634.8万元，培训校园足球师资7 126人次，参加校园足球比赛的学生达 58.7 万人、球队 19 147 支。

〔**校园文化建设**〕 一是开展第十一届“多彩校园·闪亮青春”校园文化月活动。主要活动包括“庆祝建党 95 周年和纪念长征胜利 80 周年”知识竞赛、“文明在行动”征文、演讲比赛、贵州省民族山寨风景写生创作大赛、贵州省高校广播台（站）特色（经典）栏目评比、“十佳社团”评选、校园心理情景剧大赛、大学生民族旅游形象大使评选。据统计，在 9 项全省性活动中，各高校共提交作品 3 万余件、举办活动 2 000 余场（次）、参赛选手达到 60 万余人次。二是开展第四届校园文化建设优秀成果评选表彰，评选出 5 个“贵州省优秀校园文化育人基地”、10 个“贵州省优秀校园文艺团队”，35 项活动分获“贵州省优秀校园文化活动”一、二、三等奖。三是开展校园文化育人基地复查。组织专家对第二届优秀校园文化育人基地—贵州师范大学、贵州医科大学、贵州工程应用技术学院、贵州交通职业技术学院、凯里四中进行复查。

〔**第九届中国—东盟教育交流周暨第二届中国—东盟教育部长圆桌会议举办**〕 8 月 1 日至 7 日，以“教育优先共圆梦想”为主题的第九届中国—东盟教育交流周暨第二届中国—东盟教育部长圆桌会议（简称东盟周）在贵阳市举办。国务院总理李克强、老挝总理通伦·西苏里分别致信、致电祝贺。国务院副总理刘延东出席开幕式并发表主旨演讲。省委书记、省人大常委会主任陈敏尔致欢迎辞。柬埔寨副首相索安、印尼人类发展与统筹部部长（副总理级）布安、泰国副总理巴金、联合国教科文组织助理总干事唐虔致辞。省委副书记、省长孙志刚主持揭牌启动仪式。本届东盟周吸引了来自国内外及港澳台地区的政府官员、外交使节、高校校长及港澳台地区代表等 3 954 人参会，其中中国和东盟教育部部长等省部级官员 71 人。

本届东盟周策划举办了百名校长牵手未来、职业教育博览会、教育合作与人才交流、人文交流等四大板块 21 个配套项目，中国与东盟双方学校、企业等共签订双边、多边合作协议或备忘录 281 份。通过了《关于中国—东盟教育合作行动计划支持东盟教育工作计划（2016—2020）开展的联合公报》等一批推动中国与东盟人文交流的重要文件。“中国—东盟清镇职教中心”揭牌并落户贵州，“中国—东盟轨道交通教育培训联盟”“中国—柬埔寨幼儿教师培训中心”等一批双边、多边合作平台在贵州省设立，标志着贵州省的职业教育正式搭上“一带一路”建设快车，成为全国职业院校、企业走进东盟的前哨和国家级平台。“贵州省丝绸之路外国留学生奖学金”“中国—东盟教育交流周青少年牵手未来行动计划专项奖学金”等吸引东盟学生来黔留学的激励政策相继发布。

基 础 教 育

〔**铜仁市被确定为国家学前教育改革发展实验区**〕 2 月，教育部办公厅印发《关于公布国家学前教育改革发展实验区名单的通知》，铜仁市被列为其中之一。

〔**新增 9 所省级示范性幼儿园**〕 6 月，组织专家对省政府机关幼儿园等 14 所幼儿园进行了省级示范幼儿园第二次评估和复查。11 月至 12 月，对北海幼儿园贵阳分园等 18 所幼儿园进行了第一次评估和复查。省政府机关幼儿园通过第二次评估，被评为省级示范幼儿园（二类）；贵阳市第十幼儿园、贵阳市乌当区幼儿园、贵阳市花溪区第二幼儿园、息烽县实验幼儿园、六枝特区实验幼儿园、正安县机关幼儿园、湄潭县实验幼儿园、施秉县示范幼儿园通过第二次评估，被评为省级示范幼儿园（三类）；威宁自治县民族幼儿园被评为省级示范幼儿园（三类），筹建期间不能按省级示范幼儿园等级收费，待2017年重新评估认定类别后，按评估类别收费。北海幼儿园贵阳分园、南明区e智幼儿园、贵阳市花溪区第四幼儿园、修文县扎佐镇幼儿园、清镇市机关幼儿园、观山湖区第一幼儿园、播州区直属机关幼儿园、织金县城南幼儿园、凯里市第一幼儿园通过了第一次评估，望谟民族幼儿园未通过第一次评估。贵阳市第八幼儿园、贵阳市第一幼儿园、贵阳市六一幼儿园、贵阳市中心实验幼儿园、花溪区第一幼儿园、安顺市实验学校幼儿园、织金县实验中心幼儿园、德江县实验幼儿园、玉屏县实验幼儿园、凯里市第四幼儿园通过了复查评估。截至2016年年底，全省共创建省级示范幼儿园45所。其中省级示范一类幼儿园1所、二类幼儿园15所、三类幼儿园29所。

〔**开展第五届学前教育宣传月活动**〕 5月20日，在黔东南州凯里市举行2016年全省学前教育宣传月启动仪式。本届宣传月活动的主题为“幼小协同，科学衔接”。启动仪式拉开了2016年学前教育宣传月活动序幕。截至6月底，各市（州）、县（市、区）围绕本次宣传月主题开展了丰富多彩的宣传活动。

〔**加快推进义务教育均衡发展**〕 开展“控辍保学”工作宣传活动。制定《规范教育收费治理教育乱收费工作实施意见》，下发《关于做好2016年城市义务教育招生入学工作的通知》，落实阳光招生、规范特殊招生。部署2016年中考工作，做好进城务工人员随迁子女接受义务教育后在当地参加中考和接受高中阶段教育工作。评选100所“减负增效提质”省级示范校。

〔**深化义务教育改革发展**〕 推进贵阳市作为国家义务教育学校管理标准实验区试点工作。推进“四在学校·幸福校园”活动，创建100所“四在学校·幸福校园”省级示范校，提升农村学校管理水平。获教育部批准，贵州省作为国家“西部教学改革支持活动”三个首批支持省之一，并于2016年8月正式启动该项目。举办首次骨干培训班并组织开展省级项目申报工作。

〔**18个县（市、区）义务教育发展基本均衡通过国家督导检查**〕 12月9日，国家教育督导检查组在贵阳市召开国家义务教育发展基本均衡县（市、区）督导检查反馈会，通报贵州省申报的贵阳市南明区、贵阳市花溪区、清镇市、修文县、开阳县、遵义市播州区、习水县、江口县、石阡县、铜仁市万山区、施秉县、岑巩县、镇远县、福泉市、独山县、兴义市、安龙县、贞丰县共18个县（市、区）全部通过国家督导评估检查。截至2016年年底，全省实现义务教育发展基本均衡的县（市、区）增至37个。

〔**加强留守儿童教育关爱**〕 教育部组织相关省市在贵州省召开留守儿童教育关爱集中调研座谈会，确定福泉市为全国留守儿童教育关爱观测联系点，批复黔西南州设立全省留守儿童教育精准关爱实验区。部署2016年标准化农村留守儿童之家建设任务，年内建成1 044个。与省民政厅等12个部门共同启动留守儿童“合力监护、相伴成长”关爱保护专项行动。

〔**省级示范性高中建设**〕 一是经过评估，新增10所省级示范性普通高中。截至2016年年底，全省共创建115所省级示范性普通高中。二是对《贵州省省级示范性普通高中评估方案（2014年修订稿）》进行修订。三是召开全省普通高中优质特色发展现场推进会。四是调整充实省级示范性普通高中专家库。五是对示范性普通高中学校建立信息台账。

〔**普通高中课程改革**〕 继续推进课程改革实验，扎实推进素质教育，完成贵阳市第十中学举办高中日语、俄语特色实验班和北京师范大学贵阳附属中学、观山湖区第一高级中学举办足球特长班的批复；《普通高中学生综合素质评价实施方案》获教育部备案同意。

〔**《贵州省普通高中学业水平考试实施办法》获教育部审核批复**〕 4月，《贵州省普通高中学业水平考试实施办法》获教育部批复同意。《实施办法》按照全面考核、自主选择、素质教育导向和从全省实际出发的基本原则，对从2018年秋季入学的普通高中一年级学生开始实施新一轮考试招生制度改革。改革后，普通高中学业水平考试将分为合格性考试和等级性考试。合格性考试成绩主要用于普通高中学生毕业使用，等级性考试成绩将作为普通高校招生录取时的依据。

〔实现全省农村中小学校医服务全覆盖〕 4月25日，印发《省人民政府办公厅关于印发〈贵州省农村中小学校校医配置实施方案〉的通知》，原则上为每所学校配备1名校医，学生规模达1 000人的学校配备2名校医，学生规模在1 000人以上，每增加600名学生，增加1个校医名额。全省农村中小学配置校医12 708名，实现了全省农村中小学校医全覆盖。

〔“特岗计划”首次招聘乡村幼儿园教师〕 2016年，“特岗计划”实施范围在全省88个县（市、区）全覆盖的基础上，新成立的贵安新区、新蒲新区、义龙试验区和金海湖新区等也被纳入“特岗计划”实施范围，全年共招聘特岗教师9 373人，其中国家级特岗教师7 050名，利用地方“特岗计划”招聘乡村幼儿园教师2 323人。

〔“国培计划”项目中央资金首次突破亿元〕 2016年，贵州省国家级培训计划中西部项目和幼儿教师国家级培训计划项目获中央财政支持1.2亿元，其中中西部项目8 500万元、幼儿教师国家级培训项目资金3 500万元，这是贵州省国家级培训计划实施以来中央财政支持首次突破亿元。共计培训中小学、幼儿园教师、校（园）长86 608人。将国家级培训计划项目实施与教育精准扶贫工作项目结合，专门设置项目加大少数民族地区、边远贫困地区和革命老区教师培训力度，开设了威宁县石门坎暑期培训班、少数民族地区教学点教师、少先队辅导员、乡村教师心理健康等专题培训班。

〔特殊教育三年提升计划圆满收官〕 截至2016年年底，全省公办特殊教育学校76所，实现30万人口以上县特殊教育学校全覆盖；特殊教育在校学生达20 235人，较2014年增加2 347人；“三类”残疾儿童义务教育入学率为90.98%，较2014年增加5.14个百分点。公办特殊教育被全面纳入公共财政保障范围，特殊教育预算内生均公用经费达6 000元标准。各项指标创全省特殊教育事业发展历史新高，特殊教育三年提升计划圆满收官。

〔举办民族民间文化教育教师和义务教育阶段学校民族团结教育教师培训班〕 委托贵州民族大学在暑期培训义务教育阶段民族团结教育教师300人，培训民族民间文化教育教师100人。

职 业 教 育

〔中等职业教育〕 研究出台《以内涵建设引领中等职业教育持续协调发展的意见》。启动《贵州省中等职业教育内涵发展行动计划（2016—2018年）》，通过3年时间，累计投入资金5.54亿元，建设省级示范专业50个、省级精品课程80门、省级职教名师工程80个、省级大师30人，名校长工作室20个、省级优秀教学团队30个、省级产教融合实训基地30个、省级现代学徒制试点40个、省级创新创业教育基地30个、省级精准扶贫基地30个、省级示范数字化校园30个、省级示范学校30所。部署在巩固和拓展“9+3”教育计划成果的基础上，把增强学生社会责任感、创新精神和实践能力作为重点任务贯穿中等职业教育全过程，全面提升人才培养质量，打造中等职业教育加快发展、加速转型的升级版。

〔**高等职业教育**〕 实施全省高等职业教育人才培养质量提升工程，计划在3年内投入资金3亿元，建设省级骨干专业100个、重点专业群30个、开放实训基地30个、优秀教学团队50个、大师工作室50个、精品在线开放课程100门、协同创新中心20个、现代学徒制试点20个、省级优质高职院校10所。引导高职院校主动适应经济社会发展需求，不断提升核心竞争力和软实力，形成一批代表贵州省现代职业教育发展水平的创新成果。

〔**新增5所职业院校**〕 经省政府批准、教育部同意备案，2016年新建立5所专科学历教育普通高等学校。分别是贵州水利水电职业技术学院、贵州电子商务职业技术学院、贵州电子科技职业技术学院、贵州航空职业技术学院、贵州应用技术职业学院。截至2016年年底，全省专科（高职）学校已达37所，比2010年增加15所。

高 等 教 育

〔**推进一流大学和一流学科建设**〕 印发《贵州省教育厅大力推进区域内一流大学和一流学科建设的实施意见》，大力推进区域内一流大学和一流学科、专业建设，全面提升全省高等教育综合实力和竞争力。省财政厅下达2016年大力推进区域内一流大学和一流学科建设中央专项补助资金预算10 500万元，其中一流大学建设预算6 000万元、一流学科建设预算4 500万元。代拟《省人民政府关于统筹推进一流大学和一流学科建设的意见》，省深化教育领域综合改革专题组会议对该意见进行了审议，并报省政府法制办公室合法性审查后，形成送审稿报省政府。

〔**继续实施省级重点学科建设计划和研究生教育创新计划**〕 2016年，共增列第八批省级重点学科13个、第六批省级重点支持学科11个，并对2014年立项建设的27个省级重点学科开展了中期检查；遴选出首届研究生导师工作室11个、研究生工作站10家、专业学位研究生课程案例库15个、研究生教育教学改革重点课题15项、首届研究生科研基金立项课题15项。完成研究生教育创新计划项目中期检查和结题验收工作。

〔**继续实施本科教学工程**〕 2016年，共立项省级本科教学工程项目270项。组织全省高校对2014年及往年未结题的167个“贵州省教学内容和课程体系改革项目”进行结题。经各校专家评审，省教育厅抽查验收，同意结题131项、延期结题30项、不予结题6项。

〔**开展本科教学工作合格评估并通过国家认定**〕 按照《普通高等学校本科教学工作合格评估实施办法》，省教育厅先后组织专家对六盘水师范学院、安顺学院、贵州师范学院、兴义民族师范学院进行本科合格预评估。2016年，经教育部专家会议审议，4所学校全部通过了合格评估。

〔**高校思想政治理论课建设**〕 省教育厅与省委宣传部联合开展重点马克思主义学院遴选和建设工作，第一批遴选了贵州大学、贵州师范大学、贵州民族大学、贵州财经大学、遵义师范学院，并资助每校40万元建设经费。开展全省高校思想政治理论课“精彩教案”评选活动。贵州省高校首个“易班”网络平台落户贵州理工学院。

〔**高校科技创新标志性成果显著**〕 首次获批国家重点实验室1个；教育部国际合作联合实验室1个；获批国家自然科学基金项目共310项，创历史新高，资助经费突破1亿元。贵州大学化学学科首次进入ESI全球学科排名全球前1%，贵州医科大学教授林合宁入选教育部“长江学者奖励计划”讲座教授。经省科技厅、省教育厅联合组织专家论证，贵州财经大学、铜仁学院、凯里学院3所高校的大学科技园被认定为省级大学科技园。

〔**组织实施一批重大创新平台人才项目**〕　省教育厅通过组织实施贵州省“2011协同创新中心”绩效评估考核、2016年度普通本科高等学校自然科学研究各类平台人才项目、贵州省首期研究人员国际沟通能力提升项目培训、第二届贵州省高等学校科学研究优秀成果奖（科学技术）评审以及贵州省普通本科高等学校科技评价改革试点等工作，组织实施一批重大创新平台人才项目，全面深化高校科技改革，推进高校内涵建设。2016年，对绩效评估考核结果为优秀的3个省级“2011协同创新中心”给予奖励建设经费400万元；共批准立项建设贵州省高等学校特色重点实验室10个、工程研究中心10个、省教育厅创新群体重大研究项目37项、科技拔尖人才支持项目55项、科技扶贫项目1项、青年科技人才成长项目218项。

〔**高校哲学社会科学研究工作**〕　完成2016年高校人文社科研究项目立项和资助工作。根据《贵州省教育厅高等学校人文社会科学研究项目管理办法》，采取网上评审与会议评审相结合的方式，组织专家组对申报的700余项人文社会科学研究项目进行了集中评审，最终立项562项并完成立项、资助工作，共资助396.4万元。开展第五届高校哲学社会科学学术带头人评选工作，评选出61名高校哲学社会科学学术带头人，并给予表彰和奖励。12月20日至23日，组织专家对高校人文社会科学研究基地进行检查，贵州大学“中国西部发展能力研究中心”、贵州师范大学“喀斯特生态文明研究中心”、贵州民族大学“民族文化与民族地区社会管理创新研究中心”、贵州师范学院“中国山地民族研究中心”获“优秀”等次。组织全省高校242个科研项目参加教育部2016年哲学社会科学项目申报。

〔**启动地方高校转型发展试点**〕　4月15日，在贵州工程应用技术学院召开全省地方普通本科高校转型发展座谈会，首批推进贵州工程应用技术学院、铜仁学院、遵义师范学院、黔南民族师范学院、六盘水师范学院、凯里学院等普通本科高校转型试点。指导部分试点高校编制产教融合工程——应用型高校建设工程规划。

〔**高校毕业生就业**〕　2016年，全省共有普通高校毕业生123 154人，其中研究生4 779人、本科生65 200人、专科（高职）生53 175人。截至8月31日，毕业生初次就业率为90.88%，较2015年同期提高1.81个百分点。2016年，全省共有教育部直属师范大学免费师范毕业生526人，截至8月31日，免费师范毕业生就业率为100%。

撰稿　黄烈锋　潘　龄　包本琪　曹宝杰　常　青　黄　琳　方　萍　周学文　胡　锐　严　卫　赵明发　谢文雯　李　妍　刘腾龙　叶学仕　周　凯　黄　琳　黄聂晋　杨景钊　刘乾刚　杨青松　詹中志　詹　鑫

审稿　赵廷昌

云南省教育

概　　况

〔基本情况〕

云南省各级各类学校校数、教职工、专任教师情况

	学校数（所）	教职工数（人）	专任教师数（人）
一、高等教育			
（一）研究生培养机构（不计校数）	14		
1. 普通高校	12		
2. 科研机构	2		
（二）普通高等学校	72	52 559	38 924
1. 本科院校	31	37 064	27 094
其中：独立学院	7	6 295	4 760
2. 高职（专科）院校	41	15 495	11 830
3. 其他普通高教机构（不计校数）			
（三）成人高等学校	2	184	44
（四）民办的其他高等教育机构			
二、中等教育	2 572	235 866	206 122
（一）高中阶段教育	892	116 263	79 589
1. 高中	482	84 548	53 877
普通高中	480	84 546	53 875
完全中学	319	56 524	31 464
高级中学	135	23 593	21 137
十二年一贯制学校	26	4 429	1 274
成人高中	2	2	2
2. 中等职业教育	410	31 715	25 712
普通中专	81	10 435	7 636

续表

	学校数（所）	教职工数（人）	专任教师数（人）
成人中专	129	3 261	2 709
职业高中	164	12 427	10 746
技工学校	36	5 038	4 259
其他中职机构（不计校数）	9	554	362
（二）初中阶段教育	1 680	119 603	126 533
1. 初中	1 672	119 581	126 516
初级中学	1 436	104 130	98 260
九年一贯制学校	234	15 399	7 237
十二年一贯制学校			1 193
完全中学			19 776
职业初中	2	52	50
2. 成人初中	8	22	17
三、初等教育	12 829	227 468	227 482
（一）普通小学	11 673	226 497	227 046
小学	11 673	226 497	218 947
九年一贯制学校			7 048
十二年一贯制学校			1 051
（二）成人小学	1 156	971	436
其中：扫盲班	780	380	146
四、工读学校	2	59	53
五、特殊教育	61	1 734	1 512
六、学前教育	7 310	89 122	53 730

注：①完全中学的学校数和教职工数计入高中阶段教育，九年一贯制学校的校数和教职工数计入初中阶段教育，十二年一贯制学校的校数和教职工数计入高中阶段教育。专任教师按照教育层次进行归类。②技工学校数据为 2015 年数据。③“（ ）”内数据为不计校数。

云南省各级各类学历教育学生情况

单位：人

	毕业生数	招生数	在校生数
一、高等教育			
（一）研究生	9 930	11 185	33 041
博士	379	556	2 473
硕士	9 551	10 629	30 568
（二）普通本专科	152 435	179 949	656 594
本科	85 795	100 628	401 259

续表

	毕业生数	招生数	在校生数
专科	66 640	79 321	255 335
（三）成人本专科	65 918	65 817	206 365
本科	26 587	27 422	91 801
专科	39 331	38 395	114 564
（四）其他各类高等学历教育			
1. 在职人员攻读硕士学位		2 021	10 600
2. 网络本专科生			
本科			
专科			
二、中等教育	1 030 434	1 161 894	3 298 216
（一）高中阶段教育	425 789	525 085	1 424 327
1. 高中	248 981	288 237	805 914
普通高中	248 914	288 237	805 829
完全中学	149 274	177 746	488 502
高级中学	96 160	105 441	302 989
十二年一贯制学校	3 480	5 050	14 338
成人高中	67		85
2. 中等职业教育	176 808	236 848	618 413
普通中专	93 300	115 087	312 463
成人中专	1 140	920	1 903
职业高中	53 553	67 582	171 882
技工学校	28 815	53 259	132 165
（二）初中阶段教育	604 645	636 809	1 873 889
1. 初中	600 447	636 809	1 873 150
初级中学	465 853	485 361	1 441 964
九年一贯制学校	27 606	33 266	93 604
十二年一贯制学校	5 313	6 871	19 224
完全中学	101 339	110 631	317 210
职业初中	336	680	1 148
2. 成人初中	4 198		739
三、初等教育	717 493	644 648	3 821 090
（一）普通小学	651 059	644 648	3 766 145
小学	625 601	620 558	3 622 322
九年一贯制学校	22 817	20 528	125 241
十二年一贯制学校	2 641	3 562	18 582

续表

	毕业生数	招生数	在校生数
（二）成人小学	66 434		54 945
其中：扫盲班	19 211		13 481
四、工读学校	64	109	109
五、特殊教育	4 486	5 793	27 690
六、学前教育	627 203	733 111	1 315 060

注：①完全中学、九年一贯制学校和十二年一贯制学校的学生数按教育层次分别计入对应教育阶段的学生数中。②特殊教育学生数中包括义务教育阶段随班就读的学生数、其他学校附设特教班学生数。

云南省各级各类非学历教育学生情况

单位：人次

	结业生数	注册学生数
总计	5 202 582	4 662 260
一、高等教育	122 564	133 674
（一）研究生课程进修班	581	1 159
（二）自考助学班		
（三）普通预科生		2 579
（四）进修及培训	121 983	129 936
其中：资格证书培训	48 326	50 765
岗位证书培训	54 261	58 277
二、中等职业教育	5 080 018	4 528 586
其中：资格证书培训	366 816	267 582
岗位证书培训	996 278	908 047
（一）中等职业学校	327 380	151 223
其中：资格证书培训	149 829	57 337
岗位证书培训	86 239	65 861
（二）职业技术培训机构	4 752 638	4 377 363
其中：资格证书培训	216 987	210 245
岗位证书培训	910 039	842 186

云南省各级各类民办学校校数、教职工、专任教师情况

	学校数（所）	教职工数（人）	专任教师数（人）
一、高等教育			
（一）研究生培养机构（不计校数）			
1. 普通高校			
2. 科研机构			

续表

	学校数（所）	教职工数（人）	专任教师数（人）
（二）普通高等学校	20	13 379	10 204
1. 本科院校	9	8 846	6 886
其中：独立学院	7	6 295	4 760
2. 高职（专科）院校	11	4 533	3 318
3. 其他普通高教机构（不计校数）			
（三）成人高等学校			
（四）民办的其他高等教育机构			
二、中等教育			
（一）高中阶段教育			
1. 高中			
普通高中	87	10 322	4 378
完全中学	49	6 296	2 946
高级中学	17	807	554
十二年一贯制学校	21	3 219	878
成人高中			
2. 中等职业教育			
普通中专	13	1 121	675
成人中专			
职业高中	28	1 551	1 096
技工学校			
其他中职机构（不计校数）	7	529	352
（二）初中阶段教育			
1. 初中	87	3 573	4 273
初级中学	18	984	794
九年一贯制学校	69	2 589	667
十二年一贯制学校			858
完全中学			1 954
职业初中			
2. 成人初中			
三、初等教育			
（一）普通小学	112	2 623	4 143
小学	112	2 623	2 225
九年一贯制学校			1 295
十二年一贯制学校			623
（二）成人小学			

续表

	学校数（所）	教职工数（人）	专任教师数（人）
其中：扫盲班			
四、工读学校			
五、特殊教育	1	23	17
六、学前教育	4 496	63 939	34 698
另有：民办培训机构（不计校数）	282	1 173	873

注：①完全中学的学校数和教职工数计入高中阶段教育，九年一贯制学校的校数和教职工数计入初中阶段教育，十二年一贯制学校的校数和教职工数计入高中阶段教育。专任教师按照教育层次进行归类。②“（　）”内数据为不计校数。

云南省各级各类民办教育学生情况

单位：人

	毕业生数	招生数	在校生数
一、高等教育			
（一）研究生			
博士			
硕士			
（二）普通本专科	38 031	49 686	186 280
本科	21 190	25 068	102 870
专科	16 841	24 618	83 410
（三）成人本专科	484	237	1 131
本科			10
专科	484	237	1 121
（四）其他学生			
1. 民办高校			32 074
2. 民办的其他高等教育机构			
二、中等教育			
（一）高中阶段教育			
1. 高中			
普通高中	16 050	26 190	65 305
完全中学	10 557	19 581	48 270
高级中学	3 160	3 353	7 636
十二年一贯制学校	2 333	3 256	9 399
成人高中			
2. 中等职业教育			
普通中专	25 733	35 937	97 932
成人中专	697	462	465

续表

	毕业生数	招生数	在校生数
职业高中	9 176	10 055	30 050
技工学校			
其他学生数			30 242
（二）初中阶段教育			
1. 初中	20 929	28 434	77 117
初级中学	5 061	5 381	16 144
九年一贯制学校	2 741	2 674	8 423
十二年一贯制学校	3 655	4 915	13 607
完全中学	9 472	15 464	38 943
职业初中			
2. 成人初中			
三、初等教育			
（一）普通小学	12 432	13 685	77 884
小学	6 978	7 797	44 594
九年一贯制学校	4 175	3 873	23 606
十二年一贯制学校	1 279	2 015	9 684
（二）成人小学			
其中：扫盲班			
四、工读学校			
五、特殊教育	19	52	185
六、学前教育	273 996	337 810	708 614
另有：民办培训机构（不计校数）			93 147

注：①完全中学、九年一贯制学校和十二年一贯制学校的学生数按教育层次分别计入对应教育阶段的学生数中。②特殊教育学生数中包括义务教育阶段随班就读的学生数、其他学校附设特教班学生数。③“其他学生数”包括自考助学班学生数、预科生数、进修及培训学生数。

〔**出台《云南省依法治教规划（2016—2020年）》**〕 2016年7月，省高校工委、省教育厅印发《云南省依法治教规划（2016—2020年）》，明确依法治教工作的指导思想、基本原则和总体目标，部署构建完善的地方教育法规制度体系、深入推进依法行政、全面落实依法治校、开展法治宣传教育、改革教育评价机制5项主要任务，确定实施教育行政干部依法治教及依法行政能力提升、教育系统法律顾问制度建设、法治学校建设、学校章程建设、校长依法治校能力提升、骨干教师法治素养提升、青少年学生法治教育、青少年法治教育实践基地建设、高等学校法治人才培养、教育法治研究基地建设10项重点工程。

〔**教育事业补“短板”专题调研**〕 5月至7月，全省认真贯彻落实《国务院办公厅关于加快中西部教育发展的指导意见》精神，省委常委会会议和省政府常务会会议专题研究教育事业补“短板”工作，并组织开展全省教育补“短板”专题调研。历时3个月，采取书面调研与实地调研相结合、全面调研与重点调研相结合、全省调研与省外考察相结合的方式，系统总结全省“十二五”期间教育发展情况，深入分析存在的差距和“短板”，研究提出加快全省教育事业发展的对策和建议，形成高质量的调研报告上报省委、省政府。根据省委、省政府主要领导对调研报告做出的重要批示，省教育厅及时制定《中共云南省委、云南省人民政府加快教育事业改革发展的意见》和职业教育、学前教育、高等教育 3 个配套文件，并上报省委、省政府审议。

〔**深化考试招生制度改革**〕 省政府办公厅印发《云南省深化考试招生制度改革实施方案》（简称《方案》）。《方案》确定全省从 2016 年到 2022 年推进考试招生制度改革的时间表和路线图，明确改革的指导思想、基本原则和总体目标。提出考试招生制度改革的主要任务和措施：一是改进招生计划分配方式。进一步提高全省高等教育毛入学率，增加农村学生上重点高校人数，加大边疆少数民族人才选拔力度，完善中小学招生办法，破解择校难题。二是改革考试形式和内容。完善普通高中学业水平考试，规范高中学生综合素质评价，加快推进高职院校分类考试。三是改革招生录取机制。减少和规范考试加分，完善和规范自主招生，完善高校招生选拔机制，改进录取方式，拓宽社会成员终身学习通道，加强义务教育阶段民办学校招生改革。四是改革监督管理机制。加强信息公开，加强制度保障，加大违规查处力度。五是启动高考综合改革。改革考试科目设置和招生录取机制，探索基于统一高考和普通高中学业水平考试成绩、参考综合素质评价的多元录取机制。

〔**改进学校美育工作**〕 省政府办公厅出台《关于全面加强和改进学校美育工作的实施意见》，提出指导思想、基本原则、总体目标等要求；要求构建科学的美育课程体系，确定各级各类学校美育课程目标、完善学校美育课程体系、注重美育实践活动课程化管理；大力改进美育教育教学，加快美育教学改革和教研科研改革步伐、注重美育的渗透与融合、创新艺术人才培养模式、建立美育网络资源共享平台、发挥校园文化的美育功能；统筹整合学校与社会美育资源，解决各级各类学校美育师资短缺问题、切实提高美育师资整体素质、整合资源充实美育教学力量、构建美育协同育人机制；保障学校美育健康发展，加强组织领导和机构建设、健全美育工作制度、加大美育投入力度、加强美育工作评价与专项督导和宣传引导，不断提升学校美育质量，促进学生德智体美全面发展。

〔**签署教育行动国际合作备忘录**〕 11 月 22 日，教育部副部长郝平和云南省副省长高峰分别代表教育部和省政府在北京签署《开展“一带一路”教育行动国际合作备忘录》，携手推进与共建“一带一路”国家的教育交流与合作。根据合作备忘录，教育部和云南省将以服务“一带一路”和面向南亚东南亚辐射中心建设，以构建“一带一路”建设教育共同体为总体目标，以提供人才支撑、促进民心相通、实现共同发展为重点任务，大力开展更大范围、更高水平、更深层次的教育国际合作交流，培养大批共建“一带一路”建设急需人才，努力形成“携手同行、顶层设计、政策倾斜、重点突破”的省部合作开展“一带一路”教育行动新局面。

〔**民族团结教育工作**〕 6 月 22 日，云南省民族团结教育专家委员会成立，针对民族团结教育改革开展工作咨询、提出意见和建议、开展课题研究等。分别依托昆明学院、云南开放大学、昆明市艺术学校，创建云南省民族团结教育基地、云南省民族教育现代化研究基地和云南省中小学民族文化艺术教育基地。首次开展民族团结教育读书活动、民族教育现代化专题研究征文、少数民族传统体育文化教育活动、民族团结教育说课比赛和学校民族团结教育展示活动等，促进了学校民族团结教育工作。

〔**实施民办教育质量提升工程**〕 2016 年，省教育厅先后印发《关于开展民办骨干普惠性幼儿园建设的指导意见》《关于开展民办骨干中小学建设的指导意见》《关于申报 2016 年云南省特色骨干民办高职院校建设项目的通知》《关于申报 2016 年云南省优势特色民办本科院校建设项目的通知》等系列文件，逐步形成以项目为抓手，分层次、分类型引导各级各类民办学校着力提升质量，办出特色。中央和省级财政分别下达 3 500 万元和 7 000 万元专项资金，共计 1.05 亿元，其中民办骨干普惠性幼儿园建设中央财政资金 3 500 万元，遴选建设民办骨干普惠性幼儿园 300 所；民办骨干中小学建设省级财政资金 2 000 万元，遴选建设民办骨干中小学校 60 所；民办高等教育发展省级财政资金 5 000 万元，支持全省民办高等学校改善办学条件和内涵特色发展，遴选建设优势特色民办本科院校 3 所和特色骨干民办高职院校 2 所。

〔**推进民族地区普及普通话攻坚工程**〕 省教育厅、省民族宗教事务委员会、省语言文字工作委员会联合印发《云南省“直过民族”脱贫攻坚国家通用语言文字普及推广工程方案》，对“直过民族”地区开展推普工作进行动员和部署。省财政厅拨付“直过民族”地区推广普通话培训经费 1 460 万元，编写“直过民族”普通话培训教材，发起“小手牵大手，推普一起走”“推广普通话结对帮扶”等活动，动员社会各种力量帮助“直过民族”地区不通汉语人群掌握国家通用语言，推进“直过民族”地区国家通用语言区域达标工作，补齐乡村普及普通话“短板”；完成 24 200 人不通汉语群众培训任务，完成“直过民族”推广普通话骨干教师教材教法培训工作。

〔**承办第十一届孔子学院大会**〕 12 月 10 日至 11 日，第十一届孔子学院大会在昆明市举办。大会由孔子学院总部（国家汉办）、云南省人民政府主办，省教育厅、昆明市人民政府、云南大学承办。大会以“创新、合作、包容、共享”为主题，共举办 14 场中外大学校长论坛和孔子学院院长论坛，召开“中医、太极等中华文化对外交流座谈会”“孔子学院与‘一带一路’建设工作座谈会”及圆桌论坛 3 个专题会议，举办孔子学院总部项目咨询会及孔子学院汉语教材展、孔子学院文化创意展、云南非物质文化遗产及中医、旅游展等系列活动。来自 140 个国家和地区的大学校长、孔子学院代表共2 200多人参加大会。国务院副总理、孔子学院总部理事会主席刘延东出席并致辞，为全球孔子学院先进个人和先进单位颁奖。

基础教育

〔**学前教育**〕 2016 年，教育部认定昆明市和巍山县为国家级学前教育改革发展实验区；省教育厅遴选昆明市五华区、呈贡区、文山市、腾冲市为第二批省级学前教育改革发展实验区。云南省学前教育推进工作现场会在大理州巍山县召开，落实省委、省政府教育补“短板”的要求，部署学前教育下一阶段工作。省教育厅印发《云南省幼儿园园长骨干教师培训基地管理办法（试行）》，省级首批 5 个幼儿园园长、骨干教师培训基地完成年度培训任务。召开云南省学前教育改革发展实验区暨课程游戏化实验园工作推进会，认定 38 个课程游戏化实验园。全省新增 14 所一级一等示范幼儿园。中央和省共投入学前教育专项资金 7.49 亿元，实施新建、扩建幼儿园项目 673 个，建设面积 49.35 万平方米。

〔**学前教育发展实验示范项目**〕 12 月，世界银行贷款云南学前教育发展实验示范项目正式启动，这是世界银行在中国实施的第一个学前教育项目，项目实施周期为 5 年。世界银行批准贷款金额 5 000 万美元，用于支持云南学前教育。项目共涉及 3 所高校（云南师范大学、昆明学院、昭通学院）和 7 个县（巍山县、漾濞县、洱源县、沾益区、西畴县、巧家县、建水县），内容包括新建 18

所示范幼儿园、创新建立学前教育研究与师资培训基地、28个农村社区幼儿班试点、幼儿园家长教育和分享阅读试点、3所小学附属幼儿园试点。

〔**推进县域内城乡义务教育一体化改革**〕 省政府出台《关于统筹推进县域内城乡义务教育一体化改革发展的实施意见》，采取同步规划建设城乡学校、实施学校标准化建设、实施消除大班额计划、办好乡村义务教育、统筹城乡师资配置、提高乡村教师待遇、改革教育治理体系、改革控辍保学机制、改革随迁子女就学机制、加强留守儿童关爱保护十项措施，落实县域内义务教育学校建设标准统一、教师编制标准统一、生均公用经费基准定额统一、基本装备配置标准统一和“两免一补”政策城乡全覆盖，以适应城乡经济社会一体化发展的客观需要，推进新型城镇化发展，逐步缩小城乡教育差距，加快城乡义务教育协调、均衡发展。

〔**出台《云南省义务教育质量提升计划（2016—2020年）》**〕 省教育厅出台《云南省义务教育质量提升计划（2016—2020年）》，提出实施学区制改革、薄弱学校质量提升、教师队伍建设、学校课程建设、高效课堂推进、优质教育资源培育、依法治校和质量保障体系建设八大工程，全力提升义务教育阶段学校教育质量和整体办学水平，进一步缩小城乡、地区、学校之间教育质量差距。

〔**43个县（市、区）通过义务教育发展基本均衡评估认定**〕 12月25日至30日，国家教育督导检查组分14个小组对云南省43个申报义务教育发展基本均衡县的县（市、区）进行实地督导检查。检查组按照教育部《县域义务教育均衡发展督导评估暂行办法规定》的要求，本着“公平公正，严格把关”的原则，对43个县（市、区）义务教育学校办学基本标准达标情况、义务教育校际均衡状况、县级人民政府推进义务教育均衡发展工作情况、公众对本县义务教育均衡发展的满意度四个方面进行检查。随机抽查43个县（市、区）的404所学校（教学点），对各学校相关文件资料及数据进行核查，采取座谈、问卷调查、随机访谈等形式深入了解情况，召开云南省义务教育发展基本均衡督导检查反馈会。督导检查组赞赏云南省在推进义务教育均衡发展中的做法和经验，指出督导检查中暴露出的问题和差距，并宣布43个县（市、区）均达到国家规定的义务教育发展基本均衡县评估认定标准。

〔**实施14年免费教育**〕 省教育厅、省财政厅、省扶贫办公室印发《云南省关于在迪庆州怒江州实施14年免费教育的意见》《云南省关于对镇雄县、彝良县、威信县建档立卡家庭经济困难学生实施14年免费教育试点的意见》，对迪庆州、怒江州全境和昭通市镇雄、彝良、威信3个县建档立卡家庭经济困难学生率先实施学前2年、义务教育9年、高中阶段3年的14年免费教育。学前教育免除保教费并给予生活补助，普通高中教育免除教科书费、学费和住宿费并给予生活补助，全省14年免费教育试点工作全面启动。2016年，省级财政下达迪庆州1 434万元、怒江州1 854万元、昭通市4 450万元资金，专项用于迪庆州、怒江州全境和镇雄、彝良、威信3个县建档立卡家庭经济困难学生实施14年免费教育。

〔**义务教育课程设置试点工作**〕 省教育厅印发《关于开展义务教育课程设置试点工作的通知》，决定在全省部分地区和学校开展义务教育课程设置试点工作。《云南省义务教育课程设置试点方案》按照科学性、时代性、均衡性、综合性、连续性的原则，对现行部分课程的课时进行调整，要求试点地区（学校）以推进素质教育为核心，切实保障素质教育实践课程，强化地方课程建设，高度重视校本课程开发和音体美外语课程的开设，合理安排学生教学时间和作息时间，重视大课间体育活动和眼保健操等。

〔**推进“全面改薄”工作**〕 10月11日，全省全面改善贫困地区义务教育薄弱学校基本办学条件工作现场推进会在楚雄州召开，会议主要任务是贯彻全国全面改善义务教育薄弱学校基本办学条件工作会议精神，进一步统一思想，明确任务，部署全省下一步“全面改薄”工作。2016 年，全省共投入“全面改薄”专项资金 47.73 亿元，整合其他教育专项工程资金 77.87 亿元投入“全面改薄”工作，总计投入资金达 125.6 亿元。截至 2016 年年底，校舍建设项目开工面积 669.57 万平方米，竣工面积 655.1 万平方米；设施设备购置完成资金 29.06 亿元。

〔**普通高中管理**〕 省教育厅印发《云南省一级普通高级中学管理办法》，以促进省一级高完中的优质发展，发挥其示范、引领、辐射作用。组织开展普通高中办学水平综合评价，认定云天化中学为省一级一等高完中，楚雄东兴中学为一级二等高完中，昆明市第二十四中学、云县第一中学、永德县第一完全中学、西双版纳州民族中学为省一级三等高完中。截至 2016 年年底，全省一级普通高完中达 140 所，其中一级一等为 20 所、一级二等为 27 所、一级三等为 93 所。对 140 所一级高完中教育教学质量进行综合评价，表彰了教育教学成绩突出的 55 所学校，对位列后 5 名的学校进行警示。省级下拨资金 4 500 万元，在 13 个州（市）建设高中物理实验室 102 间、化学实验室 79 间。截至 2016 年年底，西双版纳、德宏、怒江、迪庆 4 个州（市）实现物理、化学实验室建设项目全覆盖。

〔**出台乡村教师生活补助政策**〕 省教育厅、省财政厅、省人力资源和社会保障厅印发《关于落实集中连片特困地区乡村教师生活补助政策的通知》，全省 85 个集中连片特困县全面实行乡村教师（乡中心区、村庄学校的教师）生活补助差别化政策，年内实现政策实施县、乡村学校、乡村教师“三个全覆盖”。严格执行“以岗定补、在岗享有、离岗取消”的基本要求，建立以身份证信息为基础的乡村教师生活补助申领信息库，健全“实名补助、动态管理”机制等，确保政策实施公开、公平、公正。全面规范政策实施行为，全面推进乡村教师队伍建设，实行定期督查和情况通报制度。

〔**特殊教育**〕 12 月 6 日，省教育厅召开全省特殊教育改革发展推进会，总结交流特殊教育工作的好经验好做法，对医教结合、随班就读和送教上门实验工作进行指导，对深入推进特殊教育改革发展工作进行再动员、再部署。同时，依托昆明学院建设的云南省特殊教育资源中心正式挂牌成立。该中心下设职业教育资源中心、盲教育资源中心、培智教育资源中心 3 个分中心，分别由云南省华夏中等专业学校、昆明市盲哑学校、昆明市五华区新萌学校承建和管理。2016 年，特殊教育投入专项资金 6 600 万元，加快特殊教育学校标准化建设和服务体系建设。落实义务教育阶段特殊教育学校生均公用经费保底标准。

职 业 教 育

〔**实施《云南省现代职业教育扶贫专项规划》**〕 省委办公厅、省政府办公厅印发《现代职业教育扶贫工程行动计划》，省发展和改革委员会、省教育厅编制《云南省现代职业教育扶贫专项规划（2016—2018 年）》，通过政府购买服务的方式，向国家开发银行贷款 300 亿元，加上省级资金 75 亿元，共计投入 375 亿元，扶贫 111 个工程项目，其中 62 亿元用于支持中等职业学校建设；142 亿元用于支持高等职业院校建设；171 亿元用于支持职业教育园区（中心或学校）和教学实习实训基地建设。

〔**遴选首批省级现代学徒制试点单位**〕 省教育厅遴选出首批省级现代学徒制试点单位 20 个，鼓励和支持试点职业院校和企业按照职责共担、合作共赢、服务企业发展和学生就业的要求，联合开展招工招生、培养管理，实现资源共享、学校与企业一体化协同育人。通过试点学校与企业等用人单位共同研究制定人才培养方案、共同策划课程和教材开发、共同协调课堂教学和实践教学、共同组织考核评价，实现人才培养和人才使用的无缝对接。

〔**启动中职学校教学诊改工作**〕　省教育厅印发《云南省中等职业学校教学诊断与改进工作实施方案》。该方案从指导思想和诊改的目标、原则、范围、组织、方式、时段、内容、平台、要求等方面进行部署。诊改周期为5年，全省参与诊改的中职学校200余所。基本做法是：学校每年进行数据采集，自主开展诊断和改进，逐步建立常态化自主诊断与自我改进制度；教育行政管理部门组织专家组进行复核，对诊改学校提出复核结论和诊断意见，指导学校加强整改；省级诊改专家委员会审议专家组诊改报告，审定并公布复核结论。12月22日，省教育厅在昆明市举办中职学校教学诊改专题培训班，保障全省中职学校教学诊改工作的顺利推进。

〔**创新发展高等职业教育**〕　省教育厅出台《云南省高等职业教育创新发展行动计划实施方案（2016—2018年）》，把实施高职院校创新发展行动计划作为推进全省高职教育改革发展的核心理念和抓手，采取“五位一体”的工作运行模式。即发布一个总体实施方案，指明创新发展的思路理念与重点任务项目设计；制定一个项目和任务管理办法，明确根据建设绩效进行动态政策资金支持；开发一个信息管理服务平台，实施全过程常态化的监控管理；建立一个高职院校创新发展行动计划整体建设方案备案制度，加强指导与规范；建立一项由省级教育主管部门指导和授权，研究智库和第三方评估机构共同参与的执行绩效情况定期评价制度机制。通过政策资金引导，有力调动院校自主筹措资金创新发展的主动性和积极性，有效带动全省高职院校挖掘潜力，释放动力，形成多方关注、多种资源投入的高等职业教育发展的局面。

〔**高职院校内部质量保证体系诊改工作**〕　2016年，省教育厅下发《云南省高等职业院校内部质量保证体系诊断与改进实施方案》，逐步推进高职院校内部质量保证体系诊断与改进工作；建立省级高职院校诊断与改进专家委员会；借助全国职业院校教学工作诊断与改进专家委员会和高职院校长培训平台，举办高等职业院校教学诊断与改进工作培训，要求将诊改工作与高职院校特色评估工作有效融合，推进全省常态化的职业院校自主保证人才培养质量的机制建设。曲靖医学高等专科学校、云南国防工业职业技术学院和云南文化艺术职业学院3所高职院校开展教学诊断与改进试点工作。

〔**增设4所高等职业院校**〕　4月，云南水利水电职业学院、昭通卫生职业学院、昆明铁道职业技术学院、大理护理职业学院通过教育部备案审批，并于9月开始招收高职学生。

〔**职业教育宣传周**〕　5月10日，省教育厅在云南民族大学呈贡校区举行2016年云南省职业教育活动周启动仪式。同时举办职业教育成果展、技能大赛成果展、学生技能文艺展演等。展馆包括餐饮文化展馆、民族文化展馆、现代工艺展馆、实践教学成果展馆、校企合作成果展馆5大类。全省16个州（市）和37所职业院校按照统一部署开展职业教育宣传周活动，200余家企业、3万多名教师、40多万名学生参加宣传周的各项活动，学生参与覆盖面达80%以上。

高 等 教 育

〔**一流学科建设**〕　9月5日，省学位委员会、省教育厅制定印发《云南省一流学科建设实施方案》，按照“需求引导、国内一流、成果领先、贡献突出、分层建设”的原则，以对接国家和云南省重大发展战略需求为导向，坚持科学发展、统筹兼顾、协调联动、机制创新的建设思路，通过科学规划、重点建设、动态调整，重点支持一批优势学科率先建成“高峰”学科，提升一批潜力学科形成“高原”学科，支持一批建设目标明确、对接社会需求的亟需学科，形成布局合理、高峰凸显、高原崛起的学科布局，形成与全省经济社会发展相匹配的高校学科体系。立项建设12个A类“高峰”学科、24个B类“高峰”学科、25个A类“高原”学科。截至2016年年底，云南大学的化学、微生物学，昆明理工大学的工程学、材料科学与工程，昆明医科大学的临床医学5个学科进入ESI全球学科排名前1%。

〔**专业学位研究生联合培养基地**〕 9月5日，省学位委员会、省教育厅公布云南大学—曲靖市中级人民法院法律硕士联合培养基地等20个云南省专业学位研究生联合培养基地名单。通过多种形式的产学合作，实现高校与合作单位的优势互补与资源共享，构建联合培养高层次应用型人才新模式。基地建设周期为3年，省财政给予一定的引导经费支持。

〔**创新创业教育改革**〕 2016年，省教育厅立项建设首批16所创新创业改革试点院系，要求试点院系在修订完善人才培养方案、推进构建协同育人机制、健全创新创业教育课程体系、强化创新创业实践、提升教师创新创业教育教学能力等方面大胆探索，做出实效，引领推动学校整体改革发展。开展创新创业教学资源建设，与中国人民大学签订创新创业教育合作协议，共同举办4期创新创业教育师资高端培训班，为35 000名在校学生提供线上线下双创课程辅导。成立创新创业教育教学指导委员会，以资源共建共享方式，组织开发创新创业教育课程体系，开展相关课题研究等。建设首批20个创新创业教育实践基地，整合虚拟仿真实验室及实验教学示范中心建设。加大“大学生创新创业训练计划”的实施力度，共立项807个省级项目。举办第二届中国“互联网+”大学生创新创业大赛云南赛区比赛，在全国大赛中获1枚银奖、13枚铜奖。

〔**校园主题创客空间建设**〕 省教育厅、省农垦集团联合出台《云南省高等学校校园主题创客空间建设方案（试行）》，决定在19所高校立项建设20个高校校园主题创客空间。创客空间按照“省教育厅指导、高校支持、企业建设运营”的原则，组建专业化辅导团队，集成落实各类创新创业政策，为高校师生搭建低成本、便利化、全要素、开放式的高校创新创业服务平台，是服务高校师生创新创业的重要基地和促进高校科技成果转化及产业化的重要载体。截至2016年年底，校园主题创客空间已在云南大学呈贡校区、昆明理工大学呈贡校区、云南农业大学、云南财经大学正式落地。

〔**高校科技创新平台**〕 2016年，昆明医科大学“高原区域性高发肿瘤国际合作联合实验室”获批教育部国际合作联合实验室立项建设，这是云南省高校首次入选该平台；云南大学“光电能源材料国际联合研究中心”获科技部立项建设；昆明理工大学“锂离子电池及材料制备技术”获批国家地方联合工程实验室；云南农业大学“西南中药材种质创新与利用”获批国家地方联合工程研究中心。截至2016年年底，全省高校共有国家工程研究中心2个、国家地方联合工程研究中心3个、国家工程实验室1个、国家地方联合工程实验室3个。12月29日，省教育厅立项建设第五批高校重点实验室16个、高校工程研究中心11个，建设周期为3年，分别资助经费135万元和90万元。

〔**试行高校间学分转换工作**〕 省教育厅印发《云南省开展高校教育学分认定和转换工作试点实施方案》，建立个人学习账号和学分累计制度，畅通继续教育、终身学习通道，首先在昆明医科大学、云南中医学院进行试点。以云南开放大学（云南国防工业职业技术学院）、云南能源职业技术学院、云南林业职业技术学院、云南农业职业技术学院、昆明工业职业技术学院、西双版纳职业技术学院、云南经济管理学院、云南国土资源职业学院8所省级示范高职院校为依托，组建云南省学分银行高职示范联盟单位。通过试点工作，加快全省学分银行建设。

〔**省校战略合作**〕　2016年，省政府与北京大学、北京理工大学、中国民航大学、复旦大学、上海交通大学、同济大学、华东师范大学、南京大学、浙江大学、华中科技大学、天津大学、南开大学、武汉大学、北京化工大学、东南大学15所高校签署战略合作协议。云南大学与清华大学合作建设“云南省高校慕课平台”、启迪K栈众创空间及“一带一路”研究院；昆明理工大学与中国民航大学合作共建航空学院，与同济大学合作共建灵长类生物医学重点实验室；云南师范大学与浙江大学合作开展景东地区马铃薯良种良法增产计划、太阳能光伏提水工程科研项目；云南财经大学与复旦大学合作共建“一带一路”协同发展研究院，与华东师范大学合作共建云南省经济社会大数据研究院；昆明学院与南京大学合作共建应用经济学一级学科硕士点；楚雄师范学院与上海交通大学合作开展“高原特色葡萄产业协同创新”项目。举办云南省省院省校教育合作发展论坛，推进省校战略合作向纵深发展。

〔**鼓励高校毕业生到基层就业**〕　2016年，到省内外重点大学开展“选调生”工作，选调120名优秀毕业生到省内基层工作，有近80名云南省高校毕业生被选派到西藏自治区昌都市乡镇担任公务员。由省教育厅牵头，相关高校与德宏州芒市市委、市政府建立长期合作关系，每年选拔一批优秀在读研究生担任芒市各部门见习局长（主任）和乡（镇）见习乡（镇）长，搭建培养大学生实践能力、服务社会的平台。全省高校有2 702名入伍服义务兵役、1 005名赴25个边境和3个涉藏地区基层单位服务的毕业生获学费补偿或国家助学贷款代偿。

〔**启动莲华科技成果孵化转化示范区建设**〕　6月25日，省教育厅、省科技厅在昆明理工大学联合举办云南省高校莲华科技成果孵化转化示范园区技术市场暨云南省高校知识产权管理与服务中心启动仪式，这是全省高等教育系统深入实施创新驱动发展战略的一项重大举措。由省教育厅主导和策划，按照省委、省政府的决策部署，整合昆明“一二一”大街、学府路、环城西路等周边区域内高校和科研院所的资源，以昆明理工大学国家大学科技园为主干，借鉴北京中关村国家自主创新示范区的经验，建设莲华科技成果孵化转化示范区。省教育厅负责管理和协调知识产权管理与服务中心的建设与发展，把中心打造成为科技创新的加速器、产业发展的助推器，成为全省实施创新驱动发展的重要策源地和面向南亚、东南亚的科技创新辐射源之一。

〔**学生食堂“六T”实务管理**〕　10月，省教育厅、省食品药品监督管理局对昆明理工大学等10所高校的学生食堂进行验收并授予“六T”达标示范食堂称号，标志着“六T”实务管理在全省高校学生食堂全面铺开。“六T”（天天处理、天天整合、天天清扫、天天规范、天天检查、天天改进）实务管理是省教育厅、省食品药品监督管理局从上海引进的一项综合化、人性化的管理方法，是针对员工文化程度低、流动性大的餐饮业特殊性而采取的科学、实用的餐饮管理方案，有效解决了学生食堂岗位责任不清、工作效率低下、有效空间浪费、设施设备损耗、员工重复劳动等问题。

撰稿　纳　梅　邱言锋　魏　春　周　乾
董一凡　何兆春　郭云龙　吴昌银
陈　露　靳晓慧　陆奕江　张　誉
陈家兰　杜　刚　吴晓东　张婉坡
顾　杰　段剑新　司慧迎　浦艳洁
李永珺　温荣坤　杨　伟　朱金陵
刘　衡　王文婷　白玉兵　谢怀昆
赵　春　雷　般
审稿　方贵荣　杨红琼　李慧勤　郑　毅
曾继贤

西藏自治区教育

概　　况

〔基本情况〕

西藏自治区各级各类学校校数、教职工、专任教师情况

	学校数（所）	教职工数（人）	专任教师数（人）
一、高等教育			
（一）研究生培养机构（不计校数）	3		
1. 普通高校	3		
2. 科研机构			
（二）普通高等学校	7	3 663	2 467
1. 本科院校	4	2 800	1 800
其中：独立学院			
2. 高职（专科）院校	3	776	603
3. 其他普通高教机构（不计校数）	1	87	64
（三）成人高等学校			
（四）民办的其他高等教育机构			
二、中等教育	140	17 403	16 438
（一）高中阶段教育	41	7 144	6 280
1. 高中	31	5 741	4 985
普通高中	31	5 741	4 985
完全中学	4	781	476
高级中学	24	4 486	4 291
十二年一贯制学校	3	474	218
成人高中			
2. 中等职业教育	10	1 403	1 295
普通中专	10	1 403	1 295

续表

	学校数（所）	教职工数（人）	专任教师数（人）
成人中专			
职业高中			
技工学校			
其他中职机构（不计校数）			
（二）初中阶段教育	99	10 259	10 158
1. 初中	98	10 123	10 061
初级中学	94	9781	9 550
九年一贯制学校	4	342	123
十二年一贯制学校			134
完全中学			254
职业初中			
2. 成人初中	1	136	97
三、初等教育	1 033	21 543	21 386
（一）普通小学	805	21 004	21 084
小学	805	21 004	20 802
九年一贯制学校			193
十二年一贯制学校			89
（二）成人小学	228	539	302
其中：扫盲班	220	212	106
四、工读学校			
五、特殊教育	5	224	201
六、学前教育	1 028	4 725	3 723

注：①完全中学的学校数和教职工数计入高中阶段教育，九年一贯制学校的校数和教职工数计入初中阶段教育，十二年一贯制学校的校数和教职工数计入高中阶段教育。专任教师按照教育层次进行归类。②技工学校数据为2015年数据。③“（　）”内数据为不计校数。

西藏自治区各级各类学历教育学生情况

单位：人

	毕业生数	招生数	在校生数
一、高等教育			
（一）研究生	477	584	1 553
博士	5	27	64
硕士	472	557	1 489
（二）普通本专科	9 201	10 143	35 034
本科	5 203	5 993	23 912

续表

	毕业生数	招生数	在校生数
专科	3 998	4 150	11 122
（三）成人本专科	4 234	5 270	20 594
本科	3 011	3 757	13 094
专科	1 223	1 513	7 500
（四）其他各类高等学历教育			
1. 在职人员攻读硕士学位		1	26
2. 网络本专科生			
本科			
专科			
二、中等教育	62 060	68 168	195 337
（一）高中阶段教育	24 126	26 948	75 054
1. 高中	19 964	19 514	56 897
普通高中	19 964	19 514	56 897
完全中学	1 824	1 515	4 340
高级中学	17 198	17 230	50 018
十二年一贯制学校	942	769	2 539
成人高中			
2. 中等职业教育	4 162	7 434	18 157
普通中专	3 994	7 403	18 090
成人中专	168	31	67
职业高中			
技工学校			
（二）初中阶段教育	37 934	41 220	120 283
1. 初中	37 239	41 220	120 283
初级中学	36 113	39 822	115 967
九年一贯制学校	224	100	472
十二年一贯制学校	604	571	1 658
完全中学	298	727	2 186
职业初中			
2. 成人初中	695		
三、初等教育	50 702	56 175	308 820
（一）普通小学	45 296	56 175	302 892
小学	44 760	55 410	298 543
九年一贯制学校	227	382	2 310
十二年一贯制学校	309	383	2 039

续表

	毕业生数	招生数	在校生数
（二）成人小学	5 406		5 928
其中：扫盲班	5 012		5 928
四、工读学校			
五、特殊教育	210	458	2 672
六、学前教育	44 804	58 296	96 777

注：①完全中学、九年一贯制学校和十二年一贯制学校的学生数按教育层次分别计入对应教育阶段的学生数中。②特殊教育学生数中包括义务教育阶段随班就读的学生数、其他学校附设特教班学生数。

西藏自治区各级各类非学历教育学生情况

单位：人次

	结业生数	注册学生数
总计	9 958	9 164
一、高等教育	7 326	6 534
（一）研究生课程进修班		
（二）自考助学班	639	639
（三）普通预科生		
（四）进修及培训	6 687	5 895
其中：资格证书培训	1 754	962
岗位证书培训	3 093	3 093
二、中等职业教育	2 632	2 630
其中：资格证书培训	678	678
岗位证书培训	1 952	1952
（一）中等职业学校	2 632	2 630
其中：资格证书培训	678	678
岗位证书培训	1 952	1 952
（二）职业技术培训机构		
其中：资格证书培训		
岗位证书培训		

西藏自治区各级各类民办学校校数、教职工、专任教师情况

	学校数（所）	教职工数（人）	专任教师数（人）
一、高等教育			
（一）研究生培养机构（不计校数）			
1. 普通高校			
2. 科研机构			

续表

	学校数（所）	教职工数（人）	专任教师数（人）
（二）普通高等学校			
1. 本科院校			
其中：独立学院			
2. 高职（专科）院校			
3. 其他普通高教机构（不计校数）			
（三）成人高等学校			
（四）民办的其他高等教育机构			
二、中等教育			
（一）高中阶段教育			
1. 高中			
普通高中			
完全中学			
高级中学			
十二年一贯制学校			
成人高中			
2. 中等职业教育			
普通中专			
成人中专			
职业高中			
技工学校			
其他中职机构（不计校数）			
（二）初中阶段教育			
1. 初中	2	142	63
初级中学			
九年一贯制学校	2	142	63
十二年一贯制学校			
完全中学			
职业初中			
2. 成人初中			
三、初等教育			
（一）普通小学	2	79	126
小学	2	79	69
九年一贯制学校			57
十二年一贯制学校			
（二）成人小学			

续表

	学校数（所）	教职工数（人）	专任教师数（人）
其中：扫盲班			
四、工读学校			
五、特殊教育			
六、学前教育	46	1 101	477
另有：民办培训机构（不计校数）			

注：①完全中学的学校数和教职工数计入高中阶段教育，九年一贯制学校的校数和教职工数计入初中阶段教育，十二年一贯制学校的校数和教职工数计入高中阶段教育。专任教师按照教育层次进行归类。②“（　）”内数据为不计校数。

西藏自治区各级各类民办教育学生情况

单位：人

	毕业生数	招生数	在校生数
一、高等教育			
（一）研究生			
博士			
硕士			
（二）普通本专科			
本科			
专科			
（三）成人本专科			
本科			
专科			
（四）其他学生			
1. 民办高校			
2. 民办的其他高等教育机构			
二、中等教育			
（一）高中阶段教育			
1. 高中			
普通高中	667		539
完全中学			
高级中学	667		539
十二年一贯制学校			
成人高中			
2. 中等职业教育			
普通中专			
成人中专			

续表

	毕业生数	招生数	在校生数
职业高中			
技工学校			
其他学生数			
（二）初中阶段教育			
1. 初中	122		205
初级中学			
九年一贯制学校	122		205
十二年一贯制学校			
完全中学			
职业初中			
2. 成人初中			
三、初等教育			
（一）普通小学	53	247	1 500
小学	13	130	660
九年一贯制学校	40	117	840
十二年一贯制学校			
（二）成人小学			
其中：扫盲班			
四、工读学校			
五、特殊教育			7
六、学前教育	6 477	7 784	16 849
另有：民办培训机构（不计校数）			

注：①完全中学、九年一贯制学校和十二年一贯制学校的学生数按教育层次分别计入对应教育阶段的学生数中。②特殊教育学生数中包括义务教育阶段随班就读的学生数、其他学校附设特教班学生数。③“另有其他学生数”包括自考助学班学生、预科生数、进修及培训学生数。

〔**综述**〕 2016 年，全自治区教育系统坚决贯彻、落实中央精神和自治区党委、政府决策部署，坚持党的教育方针，落实立德树人根本任务，坚持创新、协调、绿色、开放、共享发展理念；以促进公平和提高质量为主线，以深化教育综合改革为动力，以依法治教、依法治校为保障；加强系统谋划，突出重点领域，教育管理不断加强，教育质量稳步提升，教育发展基础更加巩固，教育改革有序推进。西藏教育进入提高质量、优化结构、促进公平的新阶段，实现“十三五”良好开局。2016 年，全区学前三年毛入园率达 66.24％，小学净入学率达 99.16％，初中毛入学率达 96.59％，高中阶段毛入学率达 75.94％，高等教育毛入学率达 30.26％。

〔**教育改革**〕 自治区党委、政府出台《关于加快教育事业改革发展的实施意见》。自治区人民政府和教育部批准同意《西藏自治区教育综合改革方案》，确定了全区教育领域综合改革的重大项目和路线图。实施西藏自治区基础教育教学质量提升行动计划，制定“1+1+7”行动方案（《教育部关于支持提升西藏基础教育教学质量的指导意见》+《西藏自治区基础教育教学质量提升行动计划》+德育工作、教师队伍建设、学校管理、教育质量监测、教育信息化、教研机构建设、学校布局调整7个配套的专项工作方案）。《西藏自治区教育事业发展“十三五”规划》编制基本完成，项目资金落实取得积极进展。会同自治区发展和改革委员会编制上报《“十三五”基本公共教育服务保障工程建设规划》等，规划总投资64.5亿元。向社会公布47项自治区教育厅行政权责清单。2个教育综合改革国家级试点项目取得阶段性成果、22个教育改革试点项目结项。

〔**教育公平**〕　全年教育财政投入达185亿元，其中教育基本建设投入24.89亿元。建立完善城乡统一的义务教育经费保障机制，实现义务教育经费保障正常增长，统一并提高城乡学生公用经费标准，调整提高教职工休假探亲费及“三包”（包吃、包住、包学习费用）标准。15年免费教育政策有效落实。学生资助政策项目增至40项，累计落实各级各类资助资金22.6亿元，受益学生达152万人次。制定《2016年西藏自治区教育脱贫实施方案》，实施教育脱贫“321”工程（推进基础教育均衡发展、职业教育富民行动、高等教育人才支持3个计划，完善学生资助政策保障和脱贫攻坚全民支撑2个体系，落实教育结对帮扶实施1个方案），建立教育脱贫基础数据台账，安排建档立卡贫困家庭子女及“两后生”（初中、高中毕业未能继续升学的贫困家庭中的富余劳动力）免费中职学历教育专项招生计划1 400人。安排10个脱贫摘帽县和37个农牧区双语幼儿园建设及28所义务教育薄弱学校改造项目。

〔**教师队伍建设**〕　实施高海拔艰苦边远地区教师定向培养、学前教育对口高职招生等专项计划，共培养3 643人。完成2 290位教师招录派遣，下达人才引进指标489名，落实“三区计划”（边远贫困地区、边疆民族地区、革命老区人才支持计划）援藏支教677人。出台《〈乡村教师支持计划（2015—2020）〉实施办法》，乡村教师队伍建设“五大工程”（强师德、补数量、提质量、重管理、保待遇）全面启动，落实乡村教师定向培养计划500名，乡村教师生活补助人均达每月1 000元，授予1 295位乡村教师从教荣誉奖和终身成就奖。制定《西藏自治区2016年教师培训计划方案》，安排国家级培训计划2.3万人、自治区级培训计划1 737人。启动名教师名校长培养工程，成立全区首批2个国家级名校长工作室。印发《深化中小学教师职称制度改革工作实施方案》，开展首次中小学教师正高级职称评聘工作。

〔**教育教学研究**〕　召开自治区教研工作会议和自治区教育学会换届选举大会，印发《关于进一步加强教研工作的意见》。举办全区理科教研员高级研修班，加强理科教研员队伍建设。举办首届特殊教育教师教学大赛和第二届初中教师教学大赛。“一师一优课、一课一名师”活动深入开展，教师参与率达65%，238节课被评为自治区级优课。积极开展送教下乡活动。完成14种教材教辅编译、200余种教材教辅再版修订工作，对10种教材进行了审查，审核征订2016年藏汉版教材977种、1 500余万册。

〔**考试招生**〕　出台《西藏自治区深化考试招生制度改革实施方案》《普通高中学业水平考试实施办法》《普通高中学生综合素质评价实施办法》，逐步形成分类考试、综合评价、多元录取的考试招生模式。制定《西藏自治区进城务工人员随迁子女在藏参加普通高考的意见》，全面实施对口高职“文化基础+职业技能”考试，提高技能人才培养质量。2016年，全区普通高校招生总规模为1.1万人，高考录取率达76%，农村考生录取比例达75.4%；中职学校完成招生计划6 920人，较2015年增长22.2%，从内地中职班完成招生计划1 178人，较2015年增长65.2%；内地西藏高中班录取3 253名，从内地西藏初中班录取1 620人。

〔**党建工作**〕　全面落实从严治党主体责任，与各高校、各地市教育局党委签订党建工作责任书。制定自治区党委教育工委、自治区教育厅党组“两学一做”学习教育实施方案，组织教育系统广大党员干部深入开展学习党章党规、学习习近平总书记系列重要讲话、做合格党员活动。制定《关于加强和改进中小学校党的建设工作的实施意见》《关于贯彻落实高等学校党委领导下的校长负责制实施办法》，实现党的组织和工作全覆盖。全区教育系统共有党组织 2 061 个、党员 28 321 名。其中大学生党支部 203 个，发展党员 1 785 名，分别增加 16%、28%。

〔**廉政建设**〕 印发《关于全面落实党风廉政建设党委（党组）主体责任和纪律监督责任实施办法》，对落实党风廉政建设责任制情况进行全面自查，落实整改任务 43 项。严格执行个人事项报告制度，对 66 人进行抽查。制定《中共西藏自治区教育厅党组落实区党委巡视三组反馈意见的整改方案》，提出 49 条整改措施，召开 7 次巡视整改推进会，健全完善 30 项规章制度，对突出问题和个别问题进行专项整改。

〔**社会主义核心价值观教育**〕 印发《大力推进维护祖国统一、加强民族团结教育的实施意见》，在各级各类学校广泛开展民族团结学校、班级、宿舍创建活动，深入开展“七个一”（上好一堂民族团结教育主题班会、参与一次民族团结体验行、了解一个民族团结模范、讲好一个民族团结故事、学唱一首民族团结歌曲、参加一次民族歌舞表演、结交一批不同民族的好朋友）等主题实践活动，编写发放《基层民族团结优秀代表先进事迹》10 000 余本。扎实推进“三联三进一交友”（党员、干部、教师联系学校、联系学生、联系家长，进班级、进宿舍、进食堂，与各族学生交朋友）活动，解决师生困难 8 046 件，落实帮扶资金 5 957.76 万元。印发《关于进一步强化全区各级各类学校新旧西藏对比教育的指导意见》，编写教育读本，强化课堂教育，形成常态机制。创建第三批自治区校园文化建设示范学校 15 所和中小学心理健康教育特色学校 13 所，组织开展“2016 寻找最美孝心少年”等系列活动。建立青少年学生爱国主义教育基地 7 个、青少年学生新旧西藏对比教育示范基地 1 个。

〔**宣传思想工作**〕 印发《教育工委贯彻党委（党组）意识形态工作责任制实施细则》，明确各级党组织主要领导和班子成员意识形态工作责任。完成高校《马克思主义“四观”教育概论》、小学《思想品德》和初高中《思想政治》地方教材修订，立项高校思想政治教育课题 34 个，建设第二批中小学思想政治优质课程 24 门。印发《关于加强和改进高校宣传思想工作队伍建设的实施意见》，调整充实全区高校思想政治教育研究会、高校思想政治理论课教学指导委员会，建立 7 个高校辅导员“良友工作室”。组织 300 余名德育和思想政治理论课教师参加各类研修培训，1 名教师获全国高校思想政治理论课教师年度影响力人物。

〔**教育信息化建设**〕 召开全区教育信息化工作会议，明确 2017 年和“十三五”时期教育信息化建设重点任务。全面建成基础教育信息化试点工程建设项目，扎实推进义务教育薄弱学校教育信息化项目，完成 430 套智慧教育综合服务平台项目对接。积极开展各类教育信息化赛事和培训活动，各类教育信息技术培训参训人员达 5 500 人。

〔**内地办学**〕 科学稳妥推进混班教学、混合住宿，开展各民族学生一对一、班级之间、内地西藏班与区内学校之间结对子活动。推进“一室七制度”（建立学校德育室和民族团结教育月制度、时事政策教育制度、“结对子”教育制度、巡回宣讲制度、革命传统教育制度、法制教育制度、招生把关制度）和“六个基地建设”（爱国主义教育基地、军警民共建基地、现代化工企业基地、现代农业基地、社区共建基地、志愿者基地）。完善内地西藏班专家库建设，启动内地西藏班优质课评比、教学论文评比活动，建设教育教学网站，实施初高中质量提升计划。

〔**教育援藏**〕 自治区党委、政府出台《关于深入扎实推进教育人才组团式援藏工作的实施意见》，内地 799 名援藏教师组团式对口支援自治区 20 所中小学校，区内选派 410 名骨干教师赴内地挂职培训、跟岗学习。自治区财政安排 13 亿元教育人才组团式援藏工作专项经费，下达专项资金20 125.8万元，建设援藏教师周转房836套。落实内地7个职业教育集团、13所民办本科院校援助自治区中职学校的协议内容。召开援助西藏职业教育工作座谈会，启动教育部、国家卫生和计划生育委员会、自治区人民政府共建西藏大学医学院工作，国家中医药管理局与自治区人民政府签订藏医学院共建协议。

〔**语言文字工作**〕　八宿县等12个县通过国家三类城市语言文字工作评估。组织开展少数民族双语教师普通话培训工作，建立拉萨市第一职业技术学校、第二职业技术学校普通话机测站。

基 础 教 育

〔**学前双语教育**〕　全面完成第二期学前教育三年行动计划，落实建设资金10.9亿元，新建、改扩建458所双语幼儿园。3月，组织开展宋庆龄幼儿教育奖评选活动，全区3名幼儿园教师获宋庆龄幼儿教育奖、2名教师获提名奖。5月，结合教育部“学前教育宣传月”活动要求，在全区开展学前教育宣传活动，以“幼小协同，科学衔接”为主题，引导广大家长和全社会树立科学育儿理念，防止和纠正“小学化”倾向。6月，以“贯彻落实《3—6岁儿童学习与发展指南》，推动科学保教”为主题，举办全区学前教育科学保教研讨培训班，培训各级基础教育行政人员、幼儿园园长等近200人。研究制定《西藏自治区双语幼儿园实操手册》，贯彻落实《幼儿园工作规程》，进一步加强对学前双语幼儿园的管理指导。引导各地教育行政部门、各幼儿园加强教师队伍建设，重视教师专业基本功训练，培养具有扎实保教实践能力的高素质幼儿教师队伍。组织上报全国学前教育信息管理系统数据，完善学前教育管理信息系统，对幼儿园实行动态监管。

〔**义务教育**〕　继续实施义务教育标准化建设工程，全面改善薄弱学校和均衡验收县学校的基本办学条件，落实资金8.5亿元，新建2所学校、配套完善164所学校，投入8 170万元，完善教学仪器设备配备。南木林等16个县通过国家义务教育县域均衡发展评估认定，全区均衡县达36个，占比达49%。依据《西藏自治区“十二五”时期教育事业发展规划》和各市（地）实际，科学制定2016年基础教育事业发展责任目标。进一步完善义务教育控辍保学报告制度、通报制度和督导检查机制。九年义务教育巩固率达91%。

〔**高中教育**〕　落实建设资金1.6亿元，用于7所高中的配套完善，批准新建2所高中学校。优化高中阶段招生比例，加强普通高中课程教学管理和学生综合素质评价指导，高中阶段办学水平和培养质量稳步提升。11月，在拉萨中学举办首届高中校长论坛活动。12月，由自治区教育厅相关处室组成工作组，本着“了解情况，发现问题，指导教学”的原则，对拉萨市、山南市、日喀则市、林芝市、那曲地区所属高中学校（含拉萨中学等24所学校）进行了普通高中学校课程开设情况专项督查。

〔**特殊教育**〕　落实中央特殊教育补助资金2 710万元，进一步完善特殊教育学校的教育教学设备，推进普通学校资源教室建设。督促各市（地）对《西藏自治区特殊教育提升计划（2014—2016年）实施方案》落实情况进行总结，探索推进医教结合区域试验。在推进适龄残疾儿童、少年进入特殊教育学校学习的同时，积极开展随班就读和送教上门。5名初中毕业残疾少年全部被录取到日喀则市第三高级中学就读。5月，与西藏自治区残疾人联合会共同开展未就学适龄残疾儿童、少年2016年新入学情况调查，督促各市（地）积极落实工作。

职业教育与成人教育

〔**制定《西藏自治区现代职业教育体系建设规划（2016—2020年）》**〕 自治区教育厅、自治区发展和改革委员会、自治区财政厅、自治区人力资源和社会保障厅、自治区农牧厅和自治区扶贫办六部门联合制定《西藏自治区现代职业教育体系建设规划（2016—2020年）》，系统设计现代职业教育的体系框架、结构布局和运行机制，推动职业教育制度创新和结构调整，努力形成适应经济发展方式转变和产业结构调整要求、体现终身教育理念的现代职业教育体系。

〔**印发《西藏自治区人民政府关于贯彻国务院关于加快发展现代职业教育决定的实施意见》**〕 7月，印发《西藏自治区人民政府关于贯彻国务院关于加快发展现代职业教育决定的实施意见》，明确加快发展全区现代职业教育的指导思想、目标任务、措施办法、重点工程和保障机制等内容。

〔**实施职业院校管理水平提升行动计划**〕 下发《西藏自治区职业院校管理水平提升行动计划实施方案（2016—2018年）》《关于开展中等职业学校年度质量报告工作的通知》《关于做好中等职业学校专业设置管理工作的通知》等相关文件。成立自治区中等职业技术学校教学工作诊断与改进专家委员会，召开全区中等职业学校教学诊改专家委员会培训工作会，邀请内地专家进藏对西藏专家委员会委员进行集中培训，推动职业院校各项工作规范化、精细化、科学化。

〔**深化区域交流协作**〕 8月11日至14日，中国职业技术教育学会组织召开以“情暖高原、大爱西藏”为主题的援助西藏职业教育工作座谈会。已签订多项援助协议，就平台建设、专业设置、课程建设、校园信息化、教师培训等多方面开展深度合作。

〔**职业教育宣传活动周**〕 全区共有35 000多名师生和群众参加职业教育宣传周活动，《西藏日报》、西藏人民广播电台、西藏电视台等各大新闻媒体刊发宣传稿件300余篇，中国西藏新闻网、中国西藏之声网等各类门户网站刊发稿件140余篇，发放宣传册、海报及招生宣传资料2万余册。

〔**参加全国职业院校技能大赛**〕 组队参加2016年全国职业院校技能大赛，高职组有13个项目参赛，中职组有14个项目参赛。西藏职业技术学院获二等水准测量（团体项目）三等奖，拉萨市第二中等职业技术学校学生获“中餐热菜”三等奖。

〔**推进社区教育普及**〕 下发《关于广泛开展社区教育工作的通知》，拨付社区教育发展专项资金，保障社区教育经费投入。根据《教育部等九部门关于进一步推进社区教育发展的意见》，起草印发《西藏自治区贯彻〈教育部等九部门关于进一步推进社区教育发展的意见〉的实施意见》，为全区社区教育工作提供政策保障。

〔**实施农牧民学历与能力提升行动计划**〕 积极参与自治区扶贫攻坚工作，督查调研各市（地）脱贫攻坚工作情况，研究制定《脱贫攻坚中等职业教育专项招生计划》，完成专项扶贫招生717人，充分发挥职业教育在脱贫攻坚中的作用。

〔**举办全民终身学习活动周**〕 11月，举办全区全民终身学习活动周，要求各市（地）整合各类教育资源向群众免费开放，为群众学习提供学习便利。表彰在终身学习活动中涌现出的先进单位和个人，并成功推选2名“全国百姓学习之星”。

高 等 教 育

〔**印发《关于深化改革大力推进西藏高等教育发展的实施意见》**〕 1月18日，印发《关于深化改革大力推进西藏高等教育发展的实施意见》。从优化布局与结构、提高人才培养质量、推进协同创新、加强师资队伍建设、深化改革扩大开放、推进信息化建设、完善质量评价机制、强化保障机制8个方面对深化高等教育改革发展提出了实施意见。

〔**学科专业建设**〕 围绕民族优秀传统文化和高原科学与技术两大特色学科群，充分利用生均奖补资金、中央财政支持地方高校发展等专项资金的“杠杆作用”，引导高校调整优化专业结构，加大理工农医类、师范类和哲学社会科学类专业建设，实施教学平台、师资队伍和重点学科、重点实验室建设，完成4所本科高校教学审核评估、3所高职院校适应社会需求能力评估工作。

〔**人才培养**〕 实施大学生创新实验训练计划、高校教师实战实训能力提升计划，共立项428项。出台《西藏自治区深化普通高等学校创新创业教育改革实施方案（试行）》，完善创新创业教育课程体系，加大创新创业孵化园建设，组织完成第二届中国“互联网+”大学生创新创业大赛西藏自治区复赛的组织评审工作。

〔**成立自治区高校首个哲学社会科学重点研究基地**〕 印发《西藏自治区高校哲学社会科学重点研究基地管理办法》，整合西藏民族大学西藏经济与社会发展研究基地、西藏民族大学南亚研究所和西藏民族大学西藏旅游研究所，组建西藏民族大学自治区高校哲学社会科学重点研究基地，这是西藏自治区高校首个哲学社会科学重点研究基地。

〔**科研工作**〕 “2011协同创新支持计划”“西藏信息化协同创新发展中心”“西藏特色农牧资源协同创新发展中心”“西藏优秀传统文化协同创新研究中心”产生了一批新成果。继续实施高校青年教师创新支持计划研究项目，共落实资金300多万元，立项184项。完成教育部和自治区教育厅科研项目100余项。

〔**优秀学位论文评选**〕 印发《西藏自治区优秀学位论文评选办法》。12月，首次开展了自治区优秀学位论文评选工作，评选出优秀学士学位论文60篇、优秀硕士学位论文26篇，对获奖论文作者和指导教师进行奖励。

〔**创业与就业工作**〕 举办首届大学生创新创业典型经验交流会，协调组织举办各类毕业生招聘会70余场，提供各类就业岗位5 000余个。

〔**西藏大学农牧学院获批单独设置为西藏农牧学院**〕 6月，教育部批准在西藏大学农牧学院基础上建立西藏农牧学院。确定西藏农牧学院为本科层次的普通高校，以本科教育为主，适时承担研究生培养任务，学校全日制在校生规模暂定为8 000人。9月，西藏大学农牧学院更名为西藏农牧学院。

〔**西藏自治区人民医院挂牌西藏大学人民医院**〕 8月23日，西藏大学人民医院在自治区人民医院正式挂牌，这是医疗人才组团式援藏和教育人才组团式援藏的最佳结合点，将为推进西藏医疗卫生教育事业发展发挥重要作用。

撰稿　韩秀梅

陕西省教育

概　　况

〔基本情况〕

陕西省各级各类学校校数、教职工、专任教师情况

	学校数（所）	教职工数（人）	专任教师数（人）
一、高等教育			
（一）研究生培养机构（不计校数）	49		
1. 普通高校	27		
2. 科研机构	22		
（二）普通高等学校	93	103 453	66 133
1. 本科院校	55	82 000	51 415
其中：独立学院	12	7 068	4 517
2. 高职（专科）院校	38	21 453	14 718
3. 其他普通高教机构（不计校数）	2		
（三）成人高等学校	15	2 797	1 509
（四）民办的其他高等教育机构			
二、中等教育	2 609	230 368	182 163
（一）高中阶段教育	888	117 052	80 123
1. 高中	490	85 397	57 480
普通高中	485	85 375	57 471
完全中学	201	29 504	14 529
高级中学	243	47 795	40 843
十二年一贯制学校	41	8 076	2 099
成人高中	5	22	9
2. 中等职业教育	398	31 655	22 643

续表

	学校数（所）	教职工数（人）	专任教师数（人）
普通中专	37	3 751	2 485
成人中专	7	1 483	1 010
职业高中	221	15 984	11 976
技工学校	133	10 437	7 172
其他中职机构（不计校数）			
（二）初中阶段教育	1 721	113 316	102 040
1. 初中	1 691	113 173	101 924
初级中学	1 180	83 776	74 985
九年一贯制学校	511	29 397	13 999
十二年一贯制学校			2 422
完全中学			10 518
职业初中			
2. 成人初中	30	143	116
三、初等教育	6 093	157 170	156 985
（一）普通小学	5 507	156 019	156 241
小学	5 507	156 019	142 761
九年一贯制学校			11 705
十二年一贯制学校			1 775
（二）成人小学	586	1 151	744
其中：扫盲班	384	778	461
四、工读学校	1	43	33
五、特殊教育	56	1 452	1 161
六、学前教育	7 313	140 656	83 827

注：①完全中学的学校数和教职工数计入高中阶段教育，九年一贯制学校的校数和教职工数计入初中阶段教育，十二年一贯制学校的校数和教职工数计入高中阶段教育。专任教师按照教育层次进行归类。②技工学校数据为 2015 年数据。③“（　）”内数据为不计校数。

陕西省各级各类学历教育学生情况

单位：人

	毕业生数	招生数	在校生数
一、高等教育			
（一）研究生	28 104	34 230	105 671
博士	2 269	3 751	18 807
硕士	25 835	30 479	86 864
（二）普通本专科	321 348	283 555	1 076 254

续表

	毕业生数	招生数	在校生数
本科	183 804	161 016	677 259
专科	137 544	122 539	398 995
（三）成人本专科	56 646	52 804	160 622
本科	23 939	27 593	75 450
专科	32 707	25 211	85 172
（四）其他各类高等学历教育			
1. 在职人员攻读硕士学位		6 317	36 967
2. 网络本专科生	67 885	129 734	210 447
本科	29 193	50 684	85 760
专科	38 692	79 050	124 687
二、中等教育	801 616	771 106	2 254 349
（一）高中阶段教育	430 053	414 141	1 195 459
1. 高中	278 104	257 192	783 751
普通高中	277 569	257 192	783 114
完全中学	65 915	68 291	199 523
高级中学	201 847	178 458	552 840
十二年一贯制学校	9 807	10 443	30 751
成人高中	535		637
2. 中等职业教育	151 949	156 949	411 708
普通中专	25 936	18 122	63 168
成人中专	1 181	194	1 560
职业高中	86 473	74 998	213 104
技工学校	38 359	63 635	133 876
（二）初中阶段教育	371 563	356 965	1 058 890
1. 初中	365 584	356 965	1 051 036
初级中学	258 112	249 680	737 294
九年一贯制学校	42 395	41 271	121 975
十二年一贯制学校	12 241	13 346	37 723
完全中学	52 836	52 668	154 044
职业初中			
2. 成人初中	5 979		7 854
三、初等教育	424 497	462 397	2 474 576
（一）普通小学	359 791	462 397	2 417 852
小学	324 017	422 844	2 197 122
九年一贯制学校	30 141	33 496	186 404

续表

	毕业生数	招生数	在校生数
十二年一贯制学校	5 633	6 057	34 326
（二）成人小学	64 706		56 724
其中：扫盲班	27 419		29 738
四、工读学校	20	14	26
五、特殊教育	1 099	1 905	10 560
六、学前教育	505 499	709 586	1 431 294

注：①完全中学、九年一贯制学校和十二年一贯制学校的学生数按教育层次分别计入对应教育阶段的学生数中。②特殊教育学生数中包括义务教育阶段随班就读的学生数、其他学校附设特教班学生数。

陕西省各级各类非学历教育学生情况

单位：人次

	结业生数	注册学生数
总计	1 696 466	1 681 591
一、高等教育	167 844	176 249
（一）研究生课程进修班	146	
（二）自考助学班		
（三）普通预科生		644
（四）进修及培训	167 698	175 605
其中：资格证书培训	54 699	58 707
岗位证书培训	51 348	57 637
二、中等职业教育	1 528 622	1 505 342
其中：资格证书培训	306 029	287 778
岗位证书培训	296 294	318 129
（一）中等职业学校	117 412	53 309
其中：资格证书培训	38 694	23 087
岗位证书培训	27 476	15 391
（二）职业技术培训机构	1 411 210	1 452 033
其中：资格证书培训	267 335	264 691
岗位证书培训	268 818	302 738

陕西省各级各类民办学校校数、教职工、专任教师情况

	学校数（所）	教职工数（人）	专任教师数（人）
一、高等教育			
（一）研究生培养机构（不计校数）	1		

续表

	学校数（所）	教职工数（人）	专任教师数（人）
1. 普通高校	1		
2. 科研机构			
（二）普通高等学校	30	22 176	14 533
1. 本科院校	21	18 111	11 766
其中：独立学院	12	7 068	4 517
2. 高职（专科）院校	9	4 065	2 767
3. 其他普通高教机构（不计校数）			
（三）成人高等学校			
（四）民办的其他高等教育机构			
二、中等教育			
（一）高中阶段教育			
1. 高中			
普通高中	86	11 884	4 765
完全中学	37	4 977	2 138
高级中学	24	2 051	1 584
十二年一贯制学校	25	4 856	1 043
成人高中			
2. 中等职业教育			
普通中专	2	349	235
成人中专			
职业高中	93	3 869	2 296
技工学校			
其他中职机构（不计校数）			
（二）初中阶段教育			
1. 初中	105	7 511	7 379
初级中学	37	2 787	2 312
九年一贯制学校	68	4 724	1 846
十二年一贯制学校			1 510
完全中学			1 711
职业初中			
2. 成人初中			
三、初等教育			
（一）普通小学	230	8 521	9 086
小学	230	8 521	6 618
九年一贯制学校			1 579

续表

	学校数（所）	教职工数（人）	专任教师数（人）
十二年一贯制学校			889
（二）成人小学			
其中：扫盲班			
四、工读学校			
五、特殊教育	6	96	51
六、学前教育	3 767	85 484	47 413
另有：民办培训机构（不计校数）	853	11 168	6 555

注：①完全中学的学校数和教职工数计入高中阶段教育，九年一贯制学校的校数和教职工数计入初中阶段教育，十二年一贯制学校的校数和教职工数计入高中阶段教育。专任教师按照教育层次进行归类。②“（ ）”内数据为不计校数。

陕西省各级各类民办教育学生情况

单位：人

	毕业生数	招生数	在校生数
一、高等教育			
（一）研究生	25		89
博士			
硕士	25		89
（二）普通本专科	91 800	73 453	283 449
本科	52 690	38 156	163 254
专科	39 110	35 297	120 195
（三）成人本专科	3 131	4 056	11 259
本科	241	316	721
专科	2 890	3 740	10 538
（四）其他学生			
1. 民办高校			7 338
2. 民办的其他高等教育机构			
二、中等教育			
（一）高中阶段教育			
1. 高中			
普通高中	25 944	27 430	80 570
完全中学	12 714	12 611	37 546
高级中学	8 829	9 005	26 735
十二年一贯制学校	4 401	5 814	16 289
成人高中			
2. 中等职业教育			

续表

	毕业生数	招生数	在校生数
普通中专	4 686	3 148	12 530
成人中专			
职业高中	18 566	16 250	51 551
技工学校			
其他学生数			7 610
（二）初中阶段教育			
1. 初中	42 769	42 001	125 546
初级中学	13 946	13 138	39 829
九年一贯制学校	10 386	8 911	27 380
十二年一贯制学校	7 480	9 051	25 721
完全中学	10 957	10 901	32 616
职业初中			
2. 成人初中			
三、初等教育			
（一）普通小学	24 828	30 792	164 815
小学	16 188	23 011	117 580
九年一贯制学校	6 054	4 947	31 748
十二年一贯制学校	2 586	2 834	15 487
（二）成人小学			
其中：扫盲班			
四、工读学校			
五、特殊教育	42	62	503
六、学前教育	271 422	368 449	773 696
另有：民办培训机构（不计校数）			361 109

注：①完全中学、九年一贯制学校和十二年一贯制学校的学生数按教育层次分别计入对应教育阶段的学生数中。②特殊教育学生数中包括义务教育阶段随班就读的学生数、其他学校附设特教班学生数。③“其他学生数”包括自考助学班学生数、预科生数、进修及培训学生数。

〔**教育改革发展顶层设计**〕 2016年10月，省政府根据国务院办公厅印发的《关于加快中西部教育发展的指导意见》精神，在广泛征求各省级有关部门意见的基础上，出台了《陕西省贯彻〈国务院办公厅关于加快中西部教育发展的指导意见〉实施方案》。为推进全省教育领域深化改革，省教育厅于9月印发了《陕西省教育领域综合改革方案（2015—2020年）》，提出了未来5年全省教育改革的工作思路、主要任务和总体目标。

〔**完善教育投入政策**〕 一是实现3项投入机制全覆盖，出台《关于建立中等职业学校生均经费标准的意见》，弥补了中职学生资助的“短板”，实现了全省各级各类学校生均拨款、学生资助及农村义务教育营养计划投入机制全覆盖。二是印发《关于进一步完善基础教育经费保障机制的意见》，支持统筹城乡一体化教育发展和基本公共服务均等化。三是提出分类支持一流高水平大学建设、推进公办高校差异化收费改革的意见。四是印发《陕西省普通高中免学费实施方案》，全部免除学前一年到普通高中连贯13年教育的学费（保教费）。

〔**教育扶贫脱贫**〕 出台《陕西省教育扶贫实施方案》，以贫困地区、革命老区和建档立卡贫困户学生为重点，落实28.63亿元，资助各级各类学校学生168.88万人，实现建档立卡贫困户学生资助全覆盖；落实36.86亿元专项资金，改扩建校舍358.27万平方米，改善了薄弱学校办学条件。发挥牵头单位作用，先后两次召开扶贫团联席会议，研究制定《教育精准扶贫试点县实施方案》，督促有关单位认真履行扶贫责任。从西安中学、陕西石油普教中心等单位抽调7名教师到榆林市子洲县进行支教，组织西安中学等7所省级名校与子洲县7所学校进行结对帮扶，协调扶贫团成员单位为子洲县学校捐助计算机492台、教学用电子白板102块，价值达400余万元。

〔**实施乡村教师支持计划**〕 以《乡村教师支持计划（2015—2020年）》《“三区”教师专项计划》《陕西省乡村教师支持计划（2015—2020年）实施办法》为指导，扎实做好乡村教师队伍培养与稳定工作，全面提高农村教师队伍的质量和水平。一是实施“三区”教师专项计划，选派骨干教师2 145人。二是依托脱产置换项目，打造“干得好、用得上”的乡村教师培训团队，实现乡村名师培训乡村教师，由异地远程输血扶持向本地就地造血转变。三是实施特岗计划，将招聘范围集中在乡镇以下学校、村小和教学点，实行特岗教师招聘全省统一笔试，将面试和聘用权限下放市（县），由县（区）根据当地岗位设置情况完成招聘，省、市负责过程监管，全年招聘特岗教师2 962人。四是提高乡村教师政治待遇，为5 000名从教30年的乡村教师颁发荣誉证书，扩大乡村优秀教师学术休假覆盖面。

〔**体育与艺术教育**〕 省教育厅组织人力先后赴咸阳、安康、榆林、西安等市、县（区）和高校开展调研活动，为推动校园足球普及、改进美育教学、广泛开展阳光体育活动以及学校卫生工作寻求思路和办法。出台《陕西省人民政府办公厅关于全面加强和改进学校美育工作的实施意见》，提出了学校美育工作的目标。

〔**卫生防疫与食品安全**〕 一是制度建设，先后制定《陕西省教育系统食品安全事件应急预案》《陕西省学校食堂食品安全监督管理暂行办法》等制度性文件。二是加强预警，结合卫生、食品药品监督管理部门的信息和学校工作实际，连发4期《陕西省学校突发公共卫生事件预警》，增强工作主动性与前瞻性。三是确保食堂卫生安全，把学生食堂工作列为高校后勤工作的重中之重，要求高校保障学生食堂饭菜质量与价格稳定。

〔**教育专项督导**〕 先后5次迎接国家专项督查，包括春季、秋季开学检查、营养餐计划、校园欺凌治理、义务教育质量监测等专项督查。开展12类13次专项督导检查。开展中小学挂牌督导创新县评估认定工作，对4个县的挂牌督导工作进行了督导评估，推荐2个县申报全国责任督学挂牌督导创新县。省政府教育督导团对全省第二轮素质教育督导评估“316工程”进行总结，遴选表彰了先进单位和先进个人。

〔**考试招生制度改革**〕 省政府印发《陕西省推进考试招生制度改革实施方案》，明确了推进改革的指导思想、基本原则、改革的时间表、路线图及重点任务，新一轮考试招生制度改革全面启动。

2016年是实施进城务工人员随迁子女在陕西省参加高考的第一年。为确保政策平稳落地，省教育厅会同省公安厅、省人力资源和社会保障厅印发了《关于做好陕西省普通高校招生考试报名资格审查工作的通知》，就做好高考资审工作进行统一安排。积极回应群众关切，耐心解读政策规定，妥善处置家长上访，确保政策落地，共有730多名符合条件的外省籍随迁人员子女在陕西省参加高考。

〔**教育交流与合作**〕 举办“一带一路”教育合作交流会，来自13个国家的800余位中外嘉宾、近40所高校和教育科研机构的代表参与各项活动，签订合作交流协议和备忘录20余个，达成合作意向30余个。举办陕西省首届中外合作办学研讨会，邀请教育部国际司、全国中外合作办学领域知名专家、在陕高校分管外事工作校级领导、外事部门主要负责人以及合作办学项目（机构）主要管理人员等150余人参加研讨，帮助陕西省高校确定中外合作办学发展方向。举办中英教育连线专题会，为陕西高校与英国20余所高校在建立校际合作关系、师生交流等方面搭建项目平台。举办亚太翻译论坛，来自全球32个国家和地区的500余名专家和学者、翻译组织负责人等出席。在陕西自贸区自主设立国际汉唐学院和书法学院或类似机构，面向“一带一路”国家推广汉唐文化和书法艺术。允许外资在自贸试验区独资举办非学制类职业培训机构、普通高中教育机构和学前教育机构。

〔**留学生工作**〕 加大“三秦外国留学生奖学金”力度，奖学金从每年330万元提高到每年1 500万元；积极落实教育部支持地方奖学金项目，首次召开陕西省来华留学生对接工作会。全年在陕高校共接收留学生9 834人。积极配合教育部和国家留学基金委做好公派留学工作。鼓励、支持在陕高校师生申报匈牙利、罗马尼亚、俄罗斯等6个国家政府奖学金项目。截至2016年11月，西部项目、高级研究学者项目、访问学者及博士后项目、建设高水平大学研究生项目、区域问题研究与外语高层次人才项目、新加坡项目等各类公派出国留学项目，共录取277人。

〔**与港澳台地区的教育交流**〕 全年6所高校共招收87名港澳台地区的学历生；首次召开在陕港澳台地区学生座谈会。加强赴台湾地区交换生的审核管理，审批赴台湾地区团组180批800余人次。实施与香港田家炳基金会特殊教育赴港研修班2期，共计60人。开展中小学与香港学校缔结姊妹学校活动，继续开展华夏园丁大联欢活动，继续与香港中文大学实施“寰宇暑期实习计划”项目。

〔**党风廉政建设**〕 2016年，全省教育系统进一步加强党风廉政建设和“两学一做”学习教育活动。出台《中共陕西省教育厅党组关于切实履行管党治党政治责任、进一步加强党风廉政建设的意见》，制定省教育厅党组党风廉政建设主体责任清单，组织签署党风廉政建设责任书。通过多种方式学习《习近平总书记系列重要讲话读本》《习近平关于党风廉政建设和反腐败斗争论述摘编》《中国共产党廉洁自律准则》《关于新形势下党内政治生活若干准则》《中国共产党党内监督条例》《“两学一做”学习教育手册》等，大力开展廉政教育，筑牢拒腐防变的思想防线。通过党员自学、集中研讨、实践学习、专题党课等方式提高学习效果。结合建党95周年，组织党员赴八路军西安办事处纪念馆参观学习，聆听周恩来总理秘书纪东将军讲授的题为“弘扬周总理精神风采、争做新时期合格党员”专题党课。

〔**基层党组织建设**〕 落实“三会一课”（“三会”是指定期召开党小组会、支部委员会、支部党员大会；“一课”是指按时上好党课）等组织生活制度。开展党组织关系集中排查，建立完整的党员信息库，开展党代表和党员违纪违法未给予相应处理情况排查。开展“对标定位、晋级争星”工作，对基层支部进行了星级评定。组织先进基层党组织代表和优秀党员、优秀党务工作者赴渭南市富平县习仲勋陵园举行瞻仰纪念活动，重温入党誓词，进行革命传统教育。清查2008年4月以来党费收缴情况，共补缴党费220余万元。

〔**法治教育**〕 启动“七五”普法工作，成立以省教育厅厅长为组长的“七五”普法领导小组；印发《全省教育系统“七五”普法规划》《全省教育系统2016年普法宣传教育工作要点》及“谁执法谁普法”普法清单和任务分解方案。开展法律进学校活动，省教育厅与省委普法工作办公室联合举办了“陕西省首届高校法治文化节”活动。举办新修订的《教育法》《高等教育法》专题报告会，邀请教育部法制办公室的领导做报告，西安地区各高校和省教育厅机关干部200余人参加了报告会。组织开展全国学生“学宪法讲宪法”演讲大赛陕西赛区的初赛和复赛，获高中组全国总冠军，获小学、初中组 1 个一等奖，高校组 1 个二等奖、1 个三等奖。

〔教育审计〕 推进教育审计全覆盖，全省教育系统全年共完成各类审计项目 7 737 项，比 2015 年增加 1 352 项，审计资金总额达 905.26 亿元，比 2015 年增长约 83%，审计促进增收节支 7.1 亿元，比 2015 年增加 0.6 亿元。针对审计发现的问题，进行问题整改。一是组织省属 22 所本科高校对科研经费专项审计发现的问题进行整改，将整改工作与高校领导班子考核相挂钩，落实整改主体责任和监管责任。二是就省审计厅对省教育厅机构和津补贴发放、公车改革、三公经费等审计指出的问题，省教育厅以“问题为导向”完成了整改任务。三是针对高校审计发现的科研经费使用问题，修订完善了加强高校科研经费管理、促进科技成果转化的政策性文件。

〔财务工作模式改革〕 按照“确保干部廉洁、干事公正”的原则，探索财务工作模式改革，健全工作机制。推进财务信息公开公示，在省教育厅门户网站建立专栏，公开公示项目实施方案、建设标准、资金预算和项目进度等，接受社会监督。落实市、县项目实施的主体责任，对中央、省级资金按照因素法分配，所有数据采用各类教育统计公告，各地根据实际遴选确定建设项目，确保专项资金与实际需求有效衔接。推动项目规划、资金预算、项目批复的岗位分离制度，把权力关进笼子。坚持重大事项会商制度，对重大政策调整、重大项目安排、重要工作事项和大额预算资金，实行集体研究、民主决策。

〔民族教育〕 出台《陕西省人民政府关于加快发展民族教育的实施意见》，提出到 2020 年，民族镇教育整体发展水平及主要指标达到全省平均水平；民族镇普及学前三年教育，入园率达 97%；义务教育学校办学条件全部实现标准化，九年义务教育巩固率达 95%；全面普及高中阶段教育；高等教育入学机会不断增加；新增劳动力平均受教育年限达到全国平均水平，主要劳动年龄人口平均受教育年限明显提高；民族镇义务教育阶段教育质量显著提高。要求建立完善保障机制，积极做好组团式援藏工作，加强对口支援和帮扶工作，切实提高人才培养质量。

〔网络与信息安全〕 一是制度建设，制定并出台《关于进一步加强陕西省教育行业网络与信息安全工作的指导意见》。二是加强宣传，举办陕西省第三届国家网络安全宣传周活动暨首届“网安启明星”大学生网络安全知识竞赛。三是检查指导，开展全省教育信息系统安全检查工作，历时半年对全部市级教育行政部门、30 多个县（区）级教育行政部门、50 多所中小学校、30 多所大中专院校进行实地指导和检查，并逐一出具整改意见书。

〔“智慧校园”示范点创建〕 省教育厅将“智慧校园”示范点创建验收工作按照“属地化管理”的工作原则分别委托各市（区）教育局和省教育信息化发展研究中心。通过听取试点单位汇报、专家咨询、答辩和实地考察等多个环节，对全省第一批 21 个国家级和 68 个省级教育信息化试点单位进行验收，带动基础教育信息化整体发展。

基 础 教 育

〔继续推进第二期学前教育三年行动计划〕 继续推进《陕西省第二期学前教育三年行动计划（2014—2017 年）》，狠抓 2016 年度工作落实，将第二期行动计划列为各市（区）和省直部门 2016

年度目标责任考核指标和省教育厅重点任务，并将公办幼儿园占比目标、公办幼儿园建设等任务纳入年度督导任务，开展了专项督导工作。努力提升学前教育的公益性和普惠性水平，出台《陕西省支持企办幼儿园发展指导意见》，扶持普惠性民办幼儿园发展，将普惠性民办幼儿园的总量和覆盖率纳入教育事业统计年报，加强对普惠性民办园的监督管理。

〔**学前教育科学管理与内涵发展**〕 出台《陕西省幼儿园小学衔接工作指导意见》，召开了以“幼小协同、快乐成长”为主题的全省幼儿园小学衔接工作会。促进学前教育内涵发展，召开全省《3—6岁儿童学习与发展指南》实验工作推进会；开展幼儿园骨干体系建设，组织专家对41所省级示范性幼儿园进行创建复验评估；推进示范幼儿园与薄弱幼儿园结对帮扶工作，开展了第一期省示范幼儿园结对帮扶活动视导活动。开展了“小区域·大发展”区域活动、“我运动·我健康·我快乐”韵律操展示活动、学前教育研究课题立项以及全省幼儿园骨干保育员培训等内涵提升专项活动。

〔**义务教育均衡发展**〕 一是提升政策保障水平。省政府出台《关于进一步推进义务教育均衡发展全面提升基础教育整体水平的意见》，进一步明确全省义务教育均衡发展思路，重申教育经费“三个增长”法定要求。省教育厅会同省财政厅出台《关于进一步完善基础教育经费保障机制的意见》，健全完善学前教育、义务教育、普通高中的财政投入机制。二是实施“免试就近入学”。明确入学年龄、学区划分、招生入学等政策。三是推进学区制管理改革。召开学区制管理改革座谈会，创建7个学区制管理改革示范县区，发挥示范带动作用，扩大全省优质教育覆盖面。四是实施“消除大班额计划”。积极落实《国务院关于统筹县域内城乡义务教育一体化改革发展的若干意见》，制定了陕西省“消除大班额计划”的实施方案。五是对20个县进行督导评估。通过督导检查、回访督导、下发督办函、约谈县级党政领导、召开迎国检动员部署会和材料布置会等方式，做好各方面准备，共有20个受检县经国家评估组认定为国家级义务教育发展基本均衡县。

〔**“双高双普”工作**〕 修订“双高双普”（高质量、高水平普及九年义务教育，普及学前教育和普通高中阶段教育）的评估标准。加强过程督导，组织专家组对申报的22个“双高双普”拟达标县进行了“两个全覆盖”（覆盖所有学校、覆盖学校工作每个方面）检查督导，追回全部欠拨的教育经费23.827亿元，有14个县区“双高双普”工作通过评估验收。将“双高双普”与推动义务教育均衡发展相结合，根据省上梯次推进的要求，组织专家组对通过国家义务教育均衡发展评估认定的14个县的“双高双普”进行了评估验收。

〔**立德树人“四新四大”活动**〕 创新性开展立德树人“四新四大”活动，即培育和践行社会主义核心价值观“新要求·大实践”活动、课堂教学改革“新常态·大视导”活动、学校文化建设“新体系·大构建”活动及学校管理“新标准·大规范”活动，引导义务教育学校重视内涵发展，提高教育质量。一是“大实践”活动。省教育厅与省委宣传部在咸阳市召开中小学培育和践行社会主义核心价值观现场推进会，宣传推广咸阳市教育局、安康市汉滨区教育局、汉阴县堰坪小学的德育模式。二是“大视导”活动。先后在榆林市榆阳区、商洛市柞水县、宝鸡市太白县、延安市富县、咸阳市武功县、渭南市合阳县开展课堂教学改革视导活动，受益教师达万余人。三是“大规范”活动。推动落实教育部《义务教育学校管理标准》，确立300多个试点学校，引导义务教育学校在现代学校制度建设、章程建设、家校合作机制建设等方面积极探索，推动学校规范办学。四是“大构建”活动。推动义务教育学校通过文化建设和内涵发展，提升办学品位，突出办学特色，开展学校文化建设示范校创建，首批评选出25所省级示范校。

〔**素质教育评价**〕 修订《陕西省小学生素质教育报告单》《陕西省初中学生综合素质评价手册》，出台《陕西省规范中小学素质教育读本管理办法》，为科学开展素质教育评价提供依据。改进学生综合素质评价工作，在西安市开展了综合素质评价试点工作。发挥考试导向作用，在全省初中学业水平考试及普通高中招生制度改革方案中，融入综合素质评价因素。

〔**实施 13 年免费教育**〕 巩固学前一年免费教育，各级财政按照生均 1 300 元标准补助公用经费；统一城乡义务教育经费保障机制，小学和初中公用经费补助标准分别达 800 元和 1 000 元，均高出国家基准定额 200 元，同时对不足 100 人的村小学和教学点按照 100 人拨付公用经费；出台普通高中免学费实施方案，从秋季学期开始，免除普通高中学生学费，各级财政按照收费标准给予补助，省级财政新增经费 2.93 亿元。

〔**普通高中建设**〕 截至 2016 年年底，全省建成省级标准化普通高中 342 所，占学校总数的 70.1%；建成省级示范性普通高中 65 所，占比 13.3%，全省普通高中优质教育资源进一步扩大。

〔**特殊教育**〕 2016 年是陕西实施特殊教育提升计划（2014—2016 年）收官之年。全省视力、听力、智力残疾儿童少年义务教育入学率达 93.4%，超额实现省政府提出的 90%目标；提前一年实现义务教育阶段特殊教育学校公用经费 6 000 元的目标，建设的特殊教育学校已投入使用。

〔**推广普及校园足球活动**〕 以校园足球普及为突破口，组织开展校园足球四级联赛、推进会、夏令营以及“校园足球新长征”系列活动；创建 444 所全国校园足球特色学校和 2 个国家试点县（区）。全省参与校园足球活动的学生达 22 万人次，有力促进了校园足球运动的推广普及。

〔**实施强师战略**〕 一是抓好师德典型培养。评选陕西省“最美乡村教师”20 人、师德标兵 20 人、师德建设先进个人 100 人、师德建设先进集体 80 个。二是打造省三级三类骨干体系。全年评选出中小学、幼儿园、特殊教育省级教学能手 711 人，建立优秀教学能手工作站 52 个；评选省级学科带头人及培养对象 433 人，评审认定陕西省第 10 批特级教师 168 人。三是开展中小幼教师全员培训。将教师培训与教育扶贫工作紧密结合，重心下移，聚焦乡村，启动由高等师范院校、远程教师培训机构、县级教师发展中心及优质中小学四位一体联合帮扶 13 个贫困县的培训项目，全年累计培训教师 10 万余人次。

〔**实施学生营养改善计划**〕 出台《陕西省农村义务教育学生营养改善计划管理办法（试行）》，强化地方责任落实和各项管理制度有效执行，着力构建促进营养改善计划长期有效和规范科学实施的长效机制。全年中央、省级共投入膳食补助资金 12.95 亿元，其中下达中央资金 9.3 亿元、省级资金 3.65 亿元。4 月和 11 月，陕西省先后在国务院农村义务教育学生营养改善计划银川座谈会、第四届国际学校供餐与学生营养改善研讨会上做交流发言。

职业教育与成人教育

〔**中职教育资源优化整合**〕 2016 年，贯彻落实省政府关于加快建设现代职业教育体系的战略部署，以“整合资源，优化结构”为着力点，深化管理体制和运行机制改革，加大省、市级政府统筹力度，推进中等职业教育资源优化整合发展。一是厅属中等职业学校资源整合，将西安科技大学等 3 所高校与陕西省理工学校等 5 所中职学校资源整合。二是县级职业教育中心、职业中学资源整合，夯实市县责任，省教育厅强化督促，基本完成将中职学校数量调减到160所左右的整合任务。三是扩大五年制高职特别是“3+2”联办高职教育试点，追加“三校生”（即技工学校、中等专业学校、职业高中学生）考试升入高职、本科招生计划，增强中职教育吸引力，职业高中招生增加1.39万人。

〔**中职教师培训**〕 组织实施全省中职学校“双师型”教师省级培训计划，完成21个专业782人的培训任务。开展全省中职学校教学能手竞赛及评选活动，全省69所中职学校和2所职业教育研究机构共102名教师参加竞赛，评选出中职教学能手71人。举办全省中职学校信息化教学大赛暨信息化教学设计与说课项目优秀作品展示，225名教师参赛，共有171名教师获奖，其中一等奖38人、二等奖56人、三等奖77人。

〔**推动高职教育创新发展**〕 2016年，陕西省承接国家《高等职业教育创新发展行动计划（2015—2018年）》55项任务和16个项目，数量位居全国第一。编制的实施方案、任务/项目观测点受到教育部肯定，并成为全国指标体系的蓝本。

〔**职业教育精准扶贫**〕 一是合作办学。省教育厅协调推动省旅游学校与子洲县、定边县开展合作办学，定向招生150人，推进4所中专与10个贫困县职业教育中心合作办学，扩大扶贫区域和人数。二是技能培训。县级职业教育中心积极开展职业教育精准扶贫工作，全年开展各类培训3 600期，培训24.9万人次，其中开展农村实用技术培训17.6万人次、农村劳动力转移培训6.4万人次、职教精准扶贫培训3.6万人、新型职业农民培训2.3万人次。

〔**社区教育与全民终身学习活动**〕 一是组织专人深入关中、陕南、陕北开展实地调研，撰写了《陕西省社区教育工作调研报告》；赴上海、浙江等地考察，学习外地社区教育的先进经验。二是评选社区教育新秀。参加中国成人教育协会开展的“中青年学术激励计划”系列活动——首届“中青年社区教育教学新秀”评选活动，3人获全国首届“中青年社区教育教学新秀”称号。三是开展“中国传统文化进社区”微视频大赛和“光影与梦想”全民摄影大展，收到参赛作品1 300多幅。四是开展全民终身学习活动。参与城市达65个，比2015年增加23个。表彰了西安市雁塔区电子城街道西京社区等14个“陕西省终身学习品牌项目”、42名“陕西省百姓学习之星”，其中3个品牌项目获全国表彰、4人被授予“全国百姓学习之星”称号。

高 等 教 育

〔**高等教育改革与高水平大学建设**〕 一是出台高等教育综合改革政策。印发《中共陕西省委、陕西省人民政府关于深化高等教育综合改革的意见》，省委、省政府《关于建设“一流大学、一流学科，一流学院、一流专业”的实施意见》，明确了全省高等教育“十三五”改革发展的路线图，形成了推动高等教育强省建设的政策群。二是开展高校学科评估工作。共有29家单位373个学科参评，其中170个博士一级授权学科中有162个参评，参评率为95.3%。三是遴选确定12所院校进入国家优质高等专科院校建设行列。四是创建“院士工作室”。印发《陕西省高等学校院士工作室建设实施方案（试行）》，共有31所高校拟建“院士工作室”136个。

〔**大学生创新创业教育**〕 印发《陕西省教育厅

关于实施高等学校创新创业教育推进计划的意见》，共有93所高校修订人才培养方案。认定省级创新创业教育改革示范高校16所，推荐5所参加国家评选。实现高校众创空间100%全覆盖，建设创新创业教育改革试点学院（系）56个，分类举办大学生创新创业训练营5期，编写出版具有陕西特色的创新创业教育教材，开展师资培训、导师库建设。支持省级大学生创新创业训练计划项目3 004项，获批国家级项目2 094项。陕西省先后5次在全国会议上介绍创新创业教育工作经验。

〔**学位管理与建设**〕 开展新增学士学位授权审核，共有学士学位授权高校29所，56个本科专业新增列为学士学位授权专业；西安航空学院和陕西学前师范学院新增列为学士学位授予单位，两校10个本科专业新增列为学士学位授权专业。加强学位授权点动态调整，共有西北大学等7所高校撤销14个硕士学位授权点、增列9个硕士学位授权点。

〔**高层次人才培养选拔**〕 一是向教育部推荐2016年度“长江学者奖励计划”特聘教授、讲座教授和青年学者人选，申报14所高校60位教授。二是组织高校开展申报2015年度“三秦人才津贴”工作，共推荐520名学科带头人、119名“百千万人才工程”国家级人选和重点领域顶尖人才。

〔**高校教师发展工作**〕 举办8期高校青年教师教学能力提升专题培训班，培训800人；开展陕西高等学校第三届青年教师教学竞赛，推荐3名选手参加全国比赛，获一等奖2项、二等奖1项；选派70名青年骨干教师到国内知名高校访问学习；委托西北大学承担全省高校教师岗前培训工作。

〔**科技创新**〕 一是继续推进高等学校创新能力提升计划（简称“2011计划”)。开展全省“2011”协同创新中心认定工作，新增“西部生态环境协同创新中心”等6个中心为“陕西省“2011”协同创新中心”，使省级协同创新中心达30个。二是开展2016年陕西省创新人才推进计划推荐工作。高校有37人入选中青年科技创新领军人才，占2016年全省总数的61.7%；54人入选青年科技新星，占2016年全省总数的54%。三是建设省部级创新团队。组织专家完成2012年度教育部创新团队和教育部新世纪优秀人才支持计划结题验收工作，1个教育部创新团队和9个新世纪优秀人才支持计划通过验收。

〔**科技成果转化与服务地方经济**〕 一是政策宣传。省教育厅举办《陕西省促进科技成果转化若干规定》(即“陕九条”)宣讲报告会，省属高校校长、主管科技成果转化的校（院）长及高校科技处、财务处负责人等150多人参加会议。二是厅际合作。省教育厅、省科技厅签订“科教协同、深化产学研合作、促进科技成果转化”合作协议，规定两厅在3年内从6个方面联合开展工作，深化产学研合作，深入推动科技、教育与经济社会发展深度融合。三是引导高校主动适应经济建设发展需要。省教育厅组织高校到西安光学精密机械研究所学习“西安光机所科技创新模式”，西安交通大学等19所在陕高校主管科研工作的副校长、科技处负责人约40人参加。四是召开校企合作成果对接暨投融资洽谈会。全年省教育厅分别与省科技厅、省工业和信息化厅、省中小企业促进局、省环保厅、省产学研联合会等单位召开校企合作成果对接暨投融资洽谈会6次，西安交通大学、西北工业大学等30多所高校与企业进行成果对接。引导高校与广东省、福建省进行校企合作，积极推广高校科研科技成果，服务地方经济发展。

〔**高校共建**〕 省教育厅和汉中市政府签署了共同支持筹建陕西理工大学的协议，同时协调西安交通大学、西北工业大学、西北农林科技大学、陕西师范大学、西北大学等高水平大学，从学科建设、科学研究、人才培养等方面给予指导和帮扶。5月，教育部批复同意陕西理工学院更名为陕西理工大学；同意陕西机电职业技术学院备案，陕西新增1所高职院校。积极推动省部共建陕西行业特色高校，先后推进陕西与教育部共建西安交通大学中国西部科技创新港，与国家邮政局共建西安邮电大学现代邮政学院、邮政研究院，与国家国防科技工业局、中国兵器装备集团公司共建西安工业大学。

〔**优质教学资源共建共享**〕 一是名师培养。实施“校教学名师引领计划”，评选省级教学名师100位；举办名师风采讲堂20余场，近4 000名教师参加。二是优质教材和课程建设。评选省级优秀教材114种；设立高校在线开放课程建设研究项目75项，成立了陕西省高等教育“慕课”中心（陕西师范大学），推动课程上线应用。三是建设优质教育资源库。建设高等职业教育资源库建设项目17个，有3个入围国家项目。

〔**建立休学创业学籍管理制度**〕 印发《陕西省教育厅关于在校大学生休学创业有关事项的通知》，要求全省各高校结合本校专业特色、办学特点等制定本校在校大学生休学创业管理制度；建立学分转换、实施弹性学制、保留学籍休学创新创业等具体措施和学籍管理办法，完善在校大学生休学创业管理体制机制，为学生休学创业搭建平台。

〔**高校教师职称评审改革**〕 根据简政放权精神进行高校教师职称评审改革，下放高校副教授评审权、移交高校教师岗前培训权，厘清权利、责任与义务，做好责任清单，力推简政放权、放管结合、优化服务向纵深发展，加强对各高校评审工作的事中事后监管和服务。对部分力量薄弱高校的副教授、工程实验系列评审工作，委托西北大学代评。

〔**家庭经济困难毕业生就业帮扶**〕 印发《关于做好2016届高校家庭经济困难毕业生就业工作的通知》。确定“四个优先”帮扶原则，即对困难毕业生优先提供个性化就业指导服务、优先提供就业信息、优先提供就业岗位、优先入驻大学生创新创业基地开展创业活动；完善“一对一”帮扶机制，重点是将家庭经济困难，特别是建档立卡和零就业家庭毕业生纳入教育扶贫范围，实现精准帮扶全覆盖。据统计，全省8.7万多名家庭经济困难毕业生有7.9万多名实现就业，就业率为90.98%，高于全省平均就业率2.2个百分点。帮助151名新疆籍维吾尔族毕业生留在内地就业。

〔**高等教育管理信息化**〕 开展全省高校信息化现状实地调研活动，发布《陕西省高等教育信息化年度发展报告（2015年）》，为指导和规范高等学校信息化建设提供依据。加强高等教育管理信息化，推动业务管理信息系统建设和管理数据融合应用。与高校相关的各类历史数据和部分填报数据、统计数据进行入库，建成高等教育数据分析服务平台；依托省政府信息化中心，部署教育部学籍管理等15个信息系统和陕西科研等10个信息系统；颁布《省属本科高校数据对接平台部署方案》，打通了本科高校数据融合技术通道，汇聚了600余万人的教育人口基础数据库初步建成。

〔**民办高等教育发展问题调研**〕 首次全面开展省属民办高校办学发展情况调研活动，分别形成了《陕西省民办高校发展情况调研报告》《陕西省独立学院改革发展情况调研报告》《陕西省民办非学历高等教育机构发展情况调研报告》。各调研报告客观反映了陕西省各类民办高等教育办学实际和发展成就，同时研究分析了面临的新形势和存在的主要问题，为进一步促进民办高等教育发展提供了决策依据。

〔**民办高校结对帮扶**〕 按照“补短板、提质量”的原则，积极探索公办高校与民办高校之间结对帮扶，帮助民办高校提升科学管理水平和办学教育质量。2016年，共有西安培华学院与延安大学、西安外事学院与陕西师范大学、西京学院与西北大学、西安思源学院与西安交通大学等6所民办高校与7所公办高校签订对口帮扶协议，在教育教学管理、师资培养、专业建设、科学研究等领域开展合作。

〔**规范民办高校办学行为**〕 一是开展年度检查。运用年检手段推进民办高校规范办学，已完成12所独立学院、24所省属民办非学历机构的年检工作。二是做好两项备案。从严审查备案招生简章和广告，严格程序及标准，为47所民办高校、独立学院、省属民办教育机构累计备案招生简章近300份；依法备案民办教育机构决策机构及章程，指导西安华美专修学院等5所机构完善内部治理结构。三是加强“问题导向”督促检查。重点查处整顿个别民办教育机构资金风险、招收军校自考生、“一校两牌”等问题，通过实地察看整改状况、组织专家组检查指导、约谈主要负责人等方式，督促学校妥善处理相关问题。

〔**加强办学许可证管理**〕 制定印发《关于进一步规范民办学校办学许可证发放和管理工作的通知》，进一步规范各市（区）申领、发放和管理民办学校办学许可证的工作，明确了申领时间及程序，规定了使用及发放要求，先后在3月、9月分两批次发放办学许可证2 365套。

撰稿 杨建文

审稿 马万清 石光华

邢晓静 秦德增

甘肃省教育

概　　况

〔基本情况〕

甘肃省各级各类学校校数、教职工、专任教师情况

	学校数（所）	教职工数（人）	专任教师数（人）
一、高等教育			
（一）研究生培养机构（不计校数）	14		
1. 普通高校	10		
2. 科研机构	4		
（二）普通高等学校	49	39 256	26 731
1. 本科院校	22	29 099	18 839
其中：独立学院	5	3 586	2 634
2. 高职（专科）院校	27	10 157	7 892
3. 其他普通高教机构（不计校数）			
（三）成人高等学校	5	534	402
（四）民办的其他高等教育机构	35	550	318
二、中等教育	2 171	173 078	145 936
（一）高中阶段教育	681	84 240	63 552
1. 高中	379	61 079	45 107
普通高中	379	61 079	45 107
完全中学	157	21 506	10 225
高级中学	207	38 046	34 376
十二年一贯制学校	15	1 527	506
成人高中			
2. 中等职业教育	302	23 161	18 445
普通中专	115	12 885	10 490

续表

	学校数（所）	教职工数（人）	专任教师数（人）
成人中专	22	648	479
职业高中	83	4 988	4 327
技工学校	82	4 553	3 078
其他中职机构（不计校数）	6	87	71
（二）初中阶段教育	1 490	88 838	82 384
1. 初中	1 482	88 818	82 364
初级中学	925	60 862	57 943
九年一贯制学校	557	27 956	14 923
十二年一贯制学校			368
完全中学			9 130
职业初中			
2. 成人初中	8	20	20
三、初等教育	9 275	135 150	143 063
（一）普通小学	6 924	131 570	141 113
小学	6 924	131 570	128 591
九年一贯制学校			12 171
十二年一贯制学校			351
（二）成人小学	2 351	3 580	1 950
其中：扫盲班	1 447	2 945	1 338
四、工读学校			
五、特殊教育	40	912	825
六、学前教育	6 441	56 510	39 459

注：①完全中学的学校数和教职工数计入高中阶段教育，九年一贯制学校的校数和教职工数计入初中阶段教育，十二年一贯制学校的校数和教职工数计入高中阶段教育。专任教师按照教育层次进行归类。②技工学校数据为 2015 年数据。③“（ ）”内数据为不计校数。

甘肃省各级各类学历教育学生情况

单位：人

	毕业生数	招生数	在校生数
一、高等教育			
（一）研究生	8 806	10 699	31 199
博士	601	873	3 720
硕士	8 205	9 826	27 479
（二）普通本专科	119 911	125 813	457 204
本科	70 621	72 261	291 662

续表

	毕业生数	招生数	在校生数
专科	49 290	53 552	165 542
（三）成人本专科	32 050	25 734	80 699
本科	11 993	11 973	39 755
专科	20 057	13 761	40 944
（四）其他各类高等学历教育			
1. 在职人员攻读硕士学位		442	5 713
2. 网络本专科生	18 197	26 968	62 568
本科	7 649	10 503	27 945
专科	10 548	16 465	34 623
二、中等教育	621 553	576 114	1 730 417
（一）高中阶段教育	308 676	285 920	853 759
1. 高中	219 083	193 389	603 490
普通高中	219 083	193 389	603 490
完全中学	52 226	44 747	138 337
高级中学	164 535	146 700	458 901
十二年一贯制学校	2 322	1 942	6 252
成人高中			
2. 中等职业教育	89 593	92 531	250 269
普通中专	49 019	49 864	141 696
成人中专	10 855	10 570	20 853
职业高中	14 771	20 113	48 161
技工学校	14 948	11 984	39 559
（二）初中阶段教育	312 877	290 194	876 658
1. 初中	312 390	290 194	876 171
初级中学	222 739	205 417	620 927
九年一贯制学校	49 384	47 498	141 843
十二年一贯制学校	1 680	1 264	3 912
完全中学	38 587	36 015	109 489
职业初中			
2. 成人初中	487		487
三、初等教育	339 337	326 665	1 868 557
（一）普通小学	298 820	326 665	1 821 629
小学	268 417	296 112	1 646 354
九年一贯制学校	29 608	29 484	169 991
十二年一贯制学校	795	1 069	5 284

续表

	毕业生数	招生数	在校生数
（二）成人小学	40 517		46 928
其中：扫盲班	30 493		36 867
四、工读学校			
五、特殊教育	1 046	2 235	11 373
六、学前教育	322 001	484 236	892 087

注：①完全中学、九年一贯制学校和十二年一贯制学校的学生数按教育层次分别计入对应教育阶段的学生数中。②特殊教育学生数中包括义务教育阶段随班就读的学生数、其他学校附设特教班学生数。

甘肃省各级各类非学历教育学生情况

单位：人次

	结业生数	注册学生数
总计	705 229	659 155
一、高等教育	225 560	232 806
（一）研究生课程进修班		
（二）自考助学班	2 713	3 117
（三）普通预科生		1 931
（四）进修及培训	222 847	227 758
其中：资格证书培训	9 775	11 274
岗位证书培训	206 957	207 017
二、中等职业教育	479 669	426 349
其中：资格证书培训	103 978	72 477
岗位证书培训	32 311	21 038
（一）中等职业学校	85 162	30 406
其中：资格证书培训	51 329	23 359
岗位证书培训	13 086	2 624
（二）职业技术培训机构	394 507	395 943
其中：资格证书培训	52 649	49 118
岗位证书培训	19 225	18 414

甘肃省各级各类民办学校校数、教职工、专任教师情况

	学校数（所）	教职工数（人）	专任教师数（人）
一、高等教育			
（一）研究生培养机构（不计校数）			
1. 普通高校			
2. 科研机构			

续表

	学校数（所）	教职工数（人）	专任教师数（人）
（二）普通高等学校	7	4 201	3 029
1. 本科院校	5	3 586	2 634
其中：独立学院	5	3 586	2 634
2. 高职（专科）院校	2	615	395
3. 其他普通高教机构（不计校数）			
（三）成人高等学校			
（四）民办的其他高等教育机构	35	550	318
二、中等教育			
（一）高中阶段教育			
1. 高中			
普通高中	50	3 091	1 777
完全中学	11	748	232
高级中学	32	1 558	1 260
十二年一贯制学校	7	785	285
成人高中			
2. 中等职业教育			
普通中专	7	476	333
成人中专	2	72	50
职业高中	22	853	590
技工学校			
其他中职机构（不计校数）			
（二）初中阶段教育			
1. 初中	16	981	1 017
初级中学	3	160	137
九年一贯制学校	13	821	398
十二年一贯制学校			155
完全中学			327
职业初中			
2. 成人初中			
三、初等教育			
（一）普通小学	8	159	493
小学	8	159	134
九年一贯制学校			256
十二年一贯制学校			103
（二）成人小学			

续表

	学校数（所）	教职工数（人）	专任教师数（人）
其中：扫盲班			
四、工读学校			
五、特殊教育			
六、学前教育	2 305	29 257	17 834
另有：民办培训机构（不计校数）	173	1 608	1 417

注：①完全中学的学校数和教职工数计入高中阶段教育，九年一贯制学校的校数和教职工数计入初中阶段教育，十二年一贯制学校的校数和教职工数计入高中阶段教育。专任教师按照教育层次进行归类。②“（ ）”内数据为不计校数。

甘肃省各级各类民办教育学生情况

单位：人

	毕业生数	招生数	在校生数
一、高等教育			
（一）研究生			
博士			
硕士			
（二）普通本专科	16 054	13 726	55 205
本科	13 277	10 852	46 002
专科	2 777	2 874	9 203
（三）成人本专科			
本科			
专科			
（四）其他学生			
1. 民办高校			
2. 民办的其他高等教育机构			9 564
二、中等教育			
（一）高中阶段教育			
1. 高中			
普通高中	12 146	9 409	33 134
完全中学	1 858	1 972	6 290
高级中学	8 892	6 308	22 857
十二年一贯制学校	1 396	1 129	3 987
成人高中			
2. 中等职业教育			
普通中专	569	1 952	4 239
成人中专	976	317	1 027

续表

	毕业生数	招生数	在校生数
职业高中	3 288	4 750	11 371
技工学校			
其他学生数			1 554
（二）初中阶段教育			
1. 初中	5 539	5 081	15 916
初级中学	670	610	1 823
九年一贯制学校	2 182	1 968	6 176
十二年一贯制学校	1 068	539	1 933
完全中学	1 619	1 964	5 984
职业初中			
2. 成人初中			
三、初等教育			
（一）普通小学	1 732	1 141	8 095
小学	379	389	2 275
九年一贯制学校	1 088	496	4 371
十二年一贯制学校	265	256	1 449
（二）成人小学			
其中：扫盲班			
四、工读学校			
五、特殊教育	1	2	23
六、学前教育	120 668	163 467	360 052
另有：民办培训机构（不计校数）			49 852

注：①完全中学、九年一贯制学校和十二年一贯制学校的学生数按教育层次分别计入对应教育阶段的学生数中。②特殊教育学生数中包括义务教育阶段随班就读的学生数、其他学校附设特教班学生数。③“其他学生数”包括自考助学班学生数、预科生数、进修及培训学生数。

〔**综述**〕　2016 年，全省教育系统深入学习贯彻习近平总书记系列重要讲话精神，以五大发展理念为统领，紧盯落实省委、省政府各项决策部署，以提高质量和促进公平为核心，聚力教育精准扶贫，深化教育综合改革，努力提升教育服务能力和共享水平，实现“十三五”良好开局。2016 年，全省学前三年毛入园率达 90%，较 2015 年提高 15 个百分点；九年义务教育巩固率达 94%，比 2015 年提高 1 个百分点；高中阶段毛入学率达 93%，比 2015 年提高 1 个百分点；高等教育毛入学率达 35%，较 2015 年提高 3 个百分点。

〔**深化教育综合改革**〕　加强改革统筹设计，《甘肃省教育综合改革重点推进事项》经国家教育体制改革领导小组审议通过。重点突破专项改革，省政府印发《甘肃省深化教育考试招生制度改革实施方案》，省政府办公厅印发《甘肃省强化学校体育促进学生身心健康全面发展的实施方案》和《甘肃省全面加强和改进学校美育工作的实施方案》。省教育厅、省政府教育督导团印发《甘肃省全面改善贫困地区义务教育薄弱学校基本办学条件工作专项督导实施方案》。

科学谋划教育事业发展，《甘肃省“十三五”教育事业发展规划》经省政府印发实施。《普通高中学业水平考试实施办法》和《学生综合素质评价实施办法》经教育部审核备案。继续实施高考招生平行志愿投档录取模式，2016 年录取考生 23.57 万人，高考录取率达 79.39%，创历史新高。

深化职业教育分类考试和招生改革，扩大中高职衔接和“五年一贯制”贯通培养试点规模，6 822名中职学生完成 2 年学业转段进入高职院校学习。中职对口升学考试录取 9 568 人。推进自学考试改革，面向需求调整专业结构，停考社会长线专业 18 个、预停考应用型专业 30 个，开展高职高专在校生衔接自学考试本科教育试点。深入推进课程与教学改革，省教育厅印发《全面深化义务教育课程改革的指导意见》。

开展国家义务教育质量监测，10 个样本县 222 所学校参加义务教育语文、艺术学科监测，在 6 个县启动实施“基于监测结果使用的区域督学能力建设项目”。省教育厅印发实施《甘肃省高职高专教学诊断改革实施方案》，推进高职高专教学诊断改革。

深化高校学分制改革，以“甘肃高校教师教育联盟”“安宁 5 所高校战略联盟”为依托，实施跨校选课、学生交换和主辅修教育等 3 种合作育人方式，实现了思想政治理论课跨校选课、学分互认。

研究生课程建设试点工作有序推进，3 所高校被国家确定为 2016 年研究生课程建设试点单位。健全城乡学前教育发展体制机制，省教育厅研究制定《关于建立健全农村学前教育发展体制机制的指导意见》，鼓励探索公建民营、民建公助等灵活多样的办园模式。

开展省级《义务教育学校管理标准（试行）》实验区试点，强化义务教育学校标准化管理，遴选开展省级《义务教育学校管理标准（试行）》实验区试点工作。推进义务教育学校校长教师交流轮岗制度改革，鼓励和引导优秀校长和骨干教师向乡村学校合理流动。

〔**提升投入保障能力**〕 建立城乡统一、侧重农村的义务教育经费保障机制，实现“两免一补”和生均公用经费可携带，推进城乡义务教育一体化、均衡化发展。统一城乡义务教育生均公用经费基准定额，普通小学每生每年 600 元、普通初中每生每年 800 元，寄宿制学校按校内寄宿生数每年再增加 200 元公用经费补助，农村百人以下小规模学校按 100 人标准核定公用经费，特殊教育学校和随班就读残疾学生按每生每年 6 000 元标准核拨公用经费。改革省属高校预算拨款制度，改进资金分配和管理方式，建立以办学能力提升、转型发展和绩效考核为导向的项目支出体系，引导高校突出内涵发展。

〔**落实全面从严治党主体责任**〕 扎实开展“两学一做”学习教育，及时传达学习党的十八届六中全会精神，在全省高校开展全覆盖宣讲活动。第一时间传达学习习近平总书记在全国高校思想政治工作会议等会议上的重要讲话和指示精神，切实把全省教育系统的思想和行动统一到以习近平同志为核心的党中央周围。全面贯彻落实“3 783”主体责任体系，严格用“866”标尺、“111”督察机制推动全面从严治党主体责任的落实，建立省教育厅“三个延伸、四个跟进”党风廉政建设主体责任落实长效机制。坚持把纪律和规矩放在前面，不断增强党员干部的“四个意识”。全面从严执行“三述”制度，基本实现“三述”全覆盖。建立党风廉政建设重大事项向省教育厅党组、驻省教育厅纪检组备案制度。落实干部《谈话办法》，及时开展谈话约谈。发挥巡察震慑作用，对 6 个省教育厅直属单位开展专项巡察，在 3 所高校试点派驻财务总监。严格执行中央关于改进工作作风、密切联系群众的中央八项规定和省委“双十条”规定，每逢重要节点提前下发通知告诫提醒，驰而不息地纠正“四风”。深入推进“九个严禁、九个严查”专项行动，开展教师违规收受礼品礼金专项治理。重拳治理教育领域突出问题，加大教育乱收费等问题专项整治，查处违规有偿补课问题 13 起、通报违规人员 15 人、警告处分 1 人、告诫约谈 3 个市州。开展扶贫领域“两查两保”专项行动，督促整改问题 11 个。严肃监督执纪问责，省教育厅党组、省高校工委、省纪委驻省教育厅纪检组制定印发《关于教育系统践行监督执纪“四种形态”的实施意见》，开展落实监督执纪“四种形态”试点。

〔**全面推进依法治教**〕 省教育厅研究制定《甘肃省依法治教实施规划（2016—2020年）》和《甘肃省教育系统法治宣传教育第七个五年规划》。深化教育行政审批制度改革，取消行政审批和部门内部管理事项各1项。加强教育督导，省政府新聘任第九届督学79人、第二届县级政府工作督导评估专家56人，培训督导人员1 633名。推进中小学责任督学挂牌督导工作，新命名1个县为中小学校责任督学挂牌督导创新县。对15个县（市、区）进行县域义务教育均衡发展省级督导评估，对18个县（市、区）进行县级政府教育工作督导评估，追回欠拨教育经费12.54亿元，第二轮县级政府教育工作督导评估任务全面完成。开展春季、秋季开学检查、中小学有偿补课、择校乱收费、校园欺凌综合治理、中小学教辅材料散滥问题治理、学前教育、特殊教育、语言文字工作、全面改善贫困地区义务教育薄弱学校基本办学条件工作等10余项专项督导。深入开展校园及周边综合治理、安全隐患大排查等专项行动，排查学校2万余所，督促整改安全隐患700余条。加强学生安全教育和心理健康教育，推进“安全教育实验区”建设，强化节假日和重要敏感期值班，维护了教育系统安全稳定大局。

〔**推进教育精准扶贫**〕 专项制定并实施学前教育、义务教育、普通高中、职业教育、乡村教师队伍、民族教育、学生资助、高校招生、留守儿童9个专项支持计划和支持革命老区教育跨越发展行动计划（简称“9+1”教育精准扶贫专项支持计划），实现教育精准扶贫政策在各学段、各关键点全覆盖。建成并完善教育精准扶贫大数据平台，确保教育扶贫政策精准兑现到位。完善从学前教育到研究生教育全覆盖、无缝隙学生资助体系。省委、省政府将免补学前教育保教费和免补省内高职（专科）、普通高中贫困生学杂费及书本费列入为民办实事项目，强力予以保障。对全省在园幼儿按每人每年1 000元标准免除（补助）保教费，并对特困县建档立卡贫困户入园幼儿再增加1 000元补助，全年发放免补资金7.76亿元，累计受益幼儿163.48万人次。对贫困县建档立卡贫困家庭高中学生按每人每年800元标准免除（补助）学杂费和书本费，发放资金9 911万元，受益学生21.96万人次。对建档立卡贫困家庭进入省内高职（专科）院校学生按每人每年5 000元标准免除（补助）学费、书本费，累计向3.58万名学生发放资金1.86亿元。免除全省所有中职学生学费，13.7万名农村户籍学生和城市家庭经济困难及城市涉农专业学生享受到每人每年2 000元的中职国家助学金。健全完善国家助学贷款还款救助机制，向家庭经济困难的本专科大学生每人每年提供最高8 000元、研究生每人每年提供1.2万元的生源地信用助学贷款，全年发放信用助学贷款13.5亿元，23万名家庭贫困大学生受益，贷款规模较2015年增长6.6%，贷款金额增长10.7%。大力推进实施招生扶贫，面向集中连片特殊困难地区实行定向招生。2016年，各类高校招生专项计划共录取贫困地区考生3.55万人，比2015年增加1.32万人；集中连片贫困县考生高考录取率达77.74%，较2015年增加0.74个百分点。

〔**促进教师队伍专业化发展**〕 以学前教育师资补充为重点，精准招录优秀人才到乡村学校任教。2016年，通过国家“特岗计划”、省政府民生实事项目等渠道精准招聘幼儿园、中小学教师6 547人（其中幼儿园教师5 332名、中小学教师1 215名），乡村教师占96.3%。精准打好乡村教师培训“组合拳”，全年培训中小学教师10.31万人次、幼儿园教师1.84万人次，占基础教育师资总量的1/3。上海华信公益基金会等外援项目培训中小学、幼儿园教师和教育局局长近5 000人。大力提高乡村教师待遇，省委、省政府将为58个集中连片特困地区教师和17个插花型贫困县乡村中小学和幼儿园教师发放生活补助列入为民办实事项目，全年发放贫困县乡村教师生活补助资金6.03亿元，16.36万名乡村教师受益，人均补助标准达300元以上。

建立乡村教师荣誉制度，省委、省政府召开全省庆祝第32个教师节暨乡村教师工作座谈会，为全省从教30年以上的6.07万名乡村教师颁发国家级荣誉证书，为从教20年以上的3.08万名乡村教师颁发省级荣誉证书，市州为从教10年以上的乡村教师颁发荣誉证书。

全面深化中小学、中等职业学校职称制度改革，首次开展中小学正高级教师评审，在全国率先制定政策并开展中职学校正高级讲师评审，突破中职学校教师不能评正高级职称的“天花板”。深化高校职称改革，向高校下放副教授评审权。制定出台职业院校“双师型”教师职称评审实施办法，推动职业院校、应用型高校加强“双师型”教师队伍建设。

〔**体育工作**〕　加强学校体育，改进美育教学，落实“一校一品”、体育艺术“2+1”项目和每天一小时校园体育活动，实施“中小学舞蹈课程进校园工程”。

〔**提升教育治理水平**〕　加强机构编制建设，成立省教育厅经费监管事务中心，组建甘肃省高等学校服务中心，甘肃省教育科学研究所更名为甘肃省教育科学研究院。加强干部队伍建设，选拔任用干部35名。加强干部档案规范管理，专项审核干部人事档案216卷。深入推进效能风暴，严格执行首问责任制、限时办结制等8项管理制度，建立重点工作“每周例会、逐月报告、季度推进、半年总结”督查制度，重要事项台账管理、图表上墙、动态监控、销号落实。实行重点任务目标责任制管理，层层签订目标责任书，全年督办人大代表建议、政协委员提案101件，督办转办通知、领导批示等重要事项800余件。

〔**民族教育**〕　加强民族教育发展顶层设计，省政府印发《甘肃省加快发展民族教育专项规划（2015—2020年）》。坚持问题导向，着力解决民族教育发展中面临的突出问题和困难，省教育厅启动实施临夏回族自治州义务教育控辍保学行动计划和全省藏区教育发展五年攻坚计划，印发《关于进一步提升民族地区中小学理科教育教学质量的实施方案》。大力实施藏区“9+3”免费中职教育，全年招生296人。启动实施少数民族紧缺人才培养专项计划，首次招生1 600人。加快改善民族地区办学条件，全面改善贫困地区义务教育薄弱学校基本办学条件资金按在校学生数120%向民族地区倾斜。

〔**教育对外开放**〕　紧扣丝绸之路经济带甘肃黄金段建设需求，省委办公厅、省政府办公厅印发《关于做好新时期教育对外开放工作的实施意见》。省教育厅举办首届敦煌文博会“一带一路”高校联盟主题论坛，中外126所高校加盟并签署合作备忘录，达成多元化共识。省教育厅设立“甘肃省丝绸之路专项奖学金”，吸引更多共建“一带一路”国家学生到甘肃留学。设立西北师范大学中亚研究院，兰州交通大学在马其顿奥赫里德信息技术大学成立科技文化交流中心。省教育厅承办全国全面改善贫困地区义务教育薄弱学校基本办学条件工作现场推进会，甘肃的“改薄”工作经验得到推广。在第十一届全球孔子学院大会、纪念国务院《关于推广普通话的指示》发布60周年座谈会、第十届国家督学聘任工作会议等10余次国家级会议上，甘肃省做了交流发言。教育部与甘肃省签署《“一带一路”教育行动合作备忘录》和《学校美育改革发展备忘录》，国家语委“一带一路”汉语普通话推广培训基地（西北中心）在西北师范大学挂牌成立，在全国率先开展语言文字工作督导评估改革实验工作。省教育厅和临夏市获批“国家学前教育改革发展实验区”。国务院办公厅专报甘肃省实施“9+1”教育精准扶贫专项支持计划，教育部召开新闻发布会，专题介绍甘肃省教育精准扶贫工作。全年向上级部门专报教育工作信息稿件163篇，省委办公厅、省政府办公厅、教育部办公厅共刊发稿件22篇，其中3篇专报被国务院办公厅采用、1篇被省政府办公厅作为“国务院办公厅采用专报信息范例”印发各地各部门参阅。全年在中央媒体和香港媒体发稿751篇，在教育部新闻办和新闻宣传中心主办的“2017中国教育政务新媒体年会”上，省教育厅获“2016年度全国教育政务新媒体领先奖”。

〔**民办教育**〕 省政府出台《加快民办教育发展的实施意见（试行）》，鼓励和引导社会力量办学。加大普惠性民办幼儿园发展支持力度，省财政拨付奖补资金3 192.4万元，奖补普惠性民办幼儿园368所。大力实施民办幼儿园能力提升工程，基本完成省内所有民办幼儿园园长、教师轮训工作。完善民办院校法人治理结构，推进民办院校所有权与管理权分离，实现民办高校董事长和校长分设。

基础教育

〔**学前教育**〕 2016年，在58个贫困县1 500人以上有需求的行政村、17个插花型贫困县和革命老区有需求的行政村建设幼儿园2 465所，基本实现全省乡镇、58个贫困县1 500人以上行政村、17个插花型贫困县行政村、革命老区和藏区有需求的行政村幼儿园“五个全覆盖”。与“十一五”末相比，实现了幼儿园数、在园幼儿数、教职工数、学前三年毛入园率和优质示范园数“五个翻番”，基本构建起覆盖市、县、乡、村的四级学前教育公共服务体系，更好地满足了适龄幼儿入园需求。

〔**义务教育均衡发展**〕 15个县通过国家义务教育均衡发展评估认定，全省实现义务教育基本均衡发展的县累计达44个，占全省县（市、区）总数的51%，超额完成省政府年度目标。通过推广“学区走教”、优先改善办学条件等10项措施，确保办好必要的教学点和农村小规模学校，保障农村适龄儿童就近接受良好义务教育。编制全省消除义务教育大班额专项规划，促进城乡义务教育一体化发展。

〔**改善义务教育办学条件**〕 扎实推进实施全面改善贫困地区义务教育薄弱学校基本办学条件项目，2014年至2016年，累计落实各级“全面改薄”资金145.8亿元（其中2016年41.66亿元），占5年规划总投入的68.1%，超额完成资金投入年度规划目标。校舍建设完工率和设备采购率均完成“2016年年底达到5年规划任务50%”的目标。已实施的项目惠及1.13万所义务教育薄弱学校、253万名学生，分别占义务教育阶段学校数、学生数的84%和93%。基本消除了D级危房和“大通铺”现象，基本达到学生1人1桌1椅（凳）、寄宿学生1人1床的要求。把信息化建设作为缩小城乡教育差距的重要手段，加快推进“三通两平台”建设，为义务教育学校配备“班班通”设备5万余套，全省中小学互联网接入率达86.85%。

〔**促进教育公平**〕 将进城务工人员随迁子女义务教育纳入教育发展规划和财政保障范畴，保障随迁子女平等接受义务教育。落实外来务工人员子女参加高考政策，不再限制考生户籍，全省1 016名外来务工人员随迁子女参加高考，录取率达78.84%。保障特殊教育发展，在武威等5个市州建立特殊教育指导中心，在兰州市城关区等38个县区建立县级残疾儿童随班就读资源中心，实现特殊教育指导中心市州全覆盖和残疾儿童随班就读资源中心县区全覆盖。关爱留守儿童成长，全面摸清农村留守儿童底数，健全农村留守儿童基本信息动态管理机制，制定实施《甘肃省精准扶贫农村留守儿童教育专项支持计划（2016—2020年）》，通过改善留守儿童教育条件、加强农村留守儿童服务阵地建设等系列举措，推动留守儿童教育关爱工作制度化、规范化。持续推进实施农村义务教育学生营养改善计划，184.1万名农村学生全部享受免费营养餐。为5 670所农村义务教育阶段学校食堂配备了厨具设备，有效改善了农村学校食堂设施和就餐条件。

〔**落实立德树人根本任务**〕 加强中小学德育，深入推进未成年思想道德建设“金种子”工程，以

10余项主题教育活动为抓手，大力培育和践行社会主义核心价值观。扎实推进“五个千所示范校”建设，立体构建推进素质教育新载体，累计创建省级中小学德育示范学校800所、快乐校园示范学校600所、语言文字规范化示范学校563所、绿色学校260所和国家校园足球特色学校357所。

〔**高中教育**〕　加快改善普通高中办学条件，投入资金3.12亿元，实施集中连片特困县普通高中改善办学条件项目52个。推动普通高中特色化、多样化发展，新创建普通高中特色实验校22所，累计达到66所。

职业教育与成人教育

〔**构建现代职业教育体系**〕　启动建设国家职业教育助推城镇化建设改革试验区，省政府和教育部联合印发《共建国家职业教育助推城镇化建设改革试验区实施方案》，研究制定《甘肃省建设国家职业教育助推城镇化建设改革试验区发展规划（2016—2020年）》。兰州新区职业教育园区建设顺利推进，省统建“三校一区”主体工程全部完工。

〔**加快职业教育改革**〕　深化职业教育考试招生制度改革，职业学校学生上升通道逐步打通，一体化人才培养体系基本形成。深化产教融合、校企合作，新组建甘肃省现代林业职业教育集团等6个省级行业型职业教育集团，累计达21个。17所院校开展现代学徒制试点。着力提高职业教育办学质量，实施中职教师素质提升“双千计划”。2016年，中职学校面向社会输送6.5万毕业生，中职就业率达95.93%。扩大职业教育对外交流与合作，组织115名职业学校教师和管理人员赴法国参加培训。德国汉斯·赛德尔基金会设在酒泉职业技术学院的职教师资培训机构“中国西部职业教育与发展中心”通过德国政府专家评估，并取得高度认可。

〔**推进中职资源整合**〕　加快推进中职资源整合，中职学校由2015年的228所优化整合为190所，招生8.1万人。

〔**大力发展农村职业教育**〕　鼓励引导贫困家庭适龄青年接受职业教育，近两年累计招收建档立卡贫困家庭中职学生10.5万人，占全省中职招生规模的70%。协同省人力资源和社会保障厅、扶贫部门实施农民工职业技能提升计划，大力开展城乡富余劳动力转移就业创业培训和劳务品牌培训，年培训规模达100余万人次。

高等教育

〔**内涵发展**〕　启动高水平大学和一流学科建设工作，省政府印发关于统筹推进高水平大学和一流学科建设的实施方案，重点支持6所大学进入高水平行列，重点建设约50个一流学科。2016年，3所高校的14个学科进入基本科学指标数据库（ESI）全球学科排名前1%。优化高等教育布局和专业结构，新设甘肃财贸职业学院等4所高职院校并实现首届招生。制定实施进一步加强全省高校专业结构调整工作的指导意见，建立专业动态调整机制。深入推进实施高等教育质量工程，评定优秀教学成果200项，培育教学名师20名、教学团队20个、实验教学示范中心10个，打造精品课程60门、特色专业30个。成立甘肃省高等学校教学评估中心，开展普通高等学校本科专业综合评价试点，828个高职高专专业通过教育部审批备案。大力推进高校信息化教学改革，召开中西部高校基于慕课的大学计算机课程改革项目现场工作会议，支持省属高校引进国内外优质在线开放课程，鼓励学生选修慕课，探索学分互认、在线学习新机制。

〔**科研创新**〕 贯彻落实国家和全省科技创新大会精神，推动高校主动投身创新驱动发展。面向兰白科技创新改革试验区骨干企业建立研究生联合培养示范基地，省教育厅发起成立兰白试验区联合创新研究院，40所高校和科研院所首批加盟。打造创新创业人才培养和战略性新兴产业培育新载体，省政府出台《关于推进大学科技园建设的意见》，启动实施“大学科技创新园提质扩容行动”。加强高校科研平台和团队建设，新增省级重点实验室和人文社科重点研究基地各1个、电子商务重点实验室13个、省级“2011协同创新中心”10个。提升高校科研能力，全省高校立项国家自然科学基金项目393项、社科基金项目83项。高校到账科研经费9.14亿元，较2015年增加1.01亿元。获国家级科研奖2项、省部级奖65项。促进科研成果转化，全省高校获专利1 297项，签订技术合同199项，合同金额3.44亿元。高校面向社会开放科研平台近300个。支持建设20个高校新型智库，立项支持科技成果转化和原创性科技成果培育项目10项、战略研究项目19项、基础性科研项目159项，评出全省高校科研优秀成果奖311项。

〔**高层次人才培养**〕 5人入围2016年教育部“长江学者奖励计划”，12人入选国务院学位委员会第七届学科评议组、3人入选全国专业学位研究生教育指导委员会。实施“甘肃省飞天学者特聘计划”和中西部高等学校青年骨干教师国内访问学者项目，面向国内外选聘“飞天学者”91人，遴选国内访问学者54名。

〔**加强高校思想政治建设**〕 及时传达学习全国高校思想政治工作会议精神，开展高校思想政治工作专题调研，指导高校组织开展体系式学习、融合式讨论。落实高校意识形态工作责任制，督促高校将意识形态工作纳入学校中心工作。狠抓高校思想政治理论课教学，落实思想政治理论课建设标准和创新计划，不断改进思想政治理论课教学方法。抓好重点马克思主义学院建设，发挥哲学社会科学育人功能，启动实施高校重点马克思主义学院建设工程，首批重点支持5所高校马克思主义学院，立项支持43项高校宣传思想课题研究项目。推进高校辅导员、思想政治理论课教师队伍专业化建设，实行高校思想政治理论课教师特聘制度和团队巡回授课制度，实施“三计划一联盟”（百名中青年思想政治理论课名师培养计划、高校宣传思想工作队伍建设能力提升计划、高校千人网评骨干队伍建设计划和高校校园网站联盟）工程，加强专兼结合思想政治工作队伍建设。狠抓理想信念教育，持续推进社会主义核心价值观进教材、进课堂、进头脑，大力实施“24字”人知人晓工程、大学生思想政治工作“1231”（建设马克思主义学习研究一个阵地，开展领导干部进校园、高校领导进课堂2进活动，推动教师走基层、学生三下乡、师生同研究3项实践活动，打造思想政治理论1门精品课程）行动，深入推进大学生思想政治教育“百千万”工程（百场心理辅导报告、千名干部下班级、万名教师进宿舍），组织开展大学生“坚定信仰、奋斗青春”导航行动，着力营造和谐向上的育人生态。

〔**落实高校党建工作责任体系**〕 制定印发全省高校“两学一做”学习教育实施方案，成立全省教育系统学习教育督导机构，组织召开两次高校“两学一做”学习教育调研座谈会，对全省45所高校学习教育情况进行全覆盖督促指导，举办全省高校“两学一做”学习教育党章党规知识竞赛，网上展播100节高校基层党支部书记优秀党课。督促落实高校党委领导下的校长负责制，细化党委会设置和全委会、常委会、校长办公会（校务会议）议事范围、议事规则以及“三重一大”集体决策实施办法等制度，召开全省高校党委书记抓党建工作座谈会、全省高校统战工作会议。加强高校基层党组织建设，全省高校基层党支部数量达 3 670 个，较 2015 年增加 929 个。开展高校毕业生党员组织关系集中排查。规范党费缴纳，全面完成党费补缴工作。重视做好基层党组织换届工作，指导 9 所高校召开党代会。开展先锋引领行动，举办全省高校基层党组织负责人和青年教师党员培训班。加强高校党建调查研究，首次设立甘肃省高校基层党建研究项目 17 项。加强民办高校党建工作，向 7 所民办高校派驻党委书记兼政府督导专员。

〔**省校战略合作**〕 省政府与东南大学、中国科学技术大学签署省校战略合作协议，已累计与全国 7 所知名高校开展战略合作。省政府与国家民族事务委员会签约共建西北民族大学、与国家中医药管理局签约共建甘肃中医药大学。

〔**大学生就业创业**〕 依托项目带动就业创业，省财政设立 5 000 万元就业创业专项资金，启动实施“甘肃省高校大学生就业创业能力提升工程”，扶持 19 所高校 35 个创新创业项目，受益学生 20 万人。加强就业创业服务平台建设，设立甘肃省兰白科技创新改革试验区人才精准服务平台、甘肃省师范教育人才精准服务平台、甘肃省战略性新兴产业骨干企业人才精准服务平台和甘肃省中小微企业人才精准服务平台。举办人才招聘会、专项宣讲会 1 321 场次，提供就业岗位 18.81 万个。加强大学生创新创业教育，积极搭建创新创业平台，45 所高校成立创新创业教育改革专门机构，组织实施国家级、省级和校级大学生创新创业训练计划“521 工程”，开展大学生就业创业之星引领行动，建立新型创新创业教育基地。兰州大学和兰州理工大学被教育部认定为“全国首批深化创新创业教育改革示范高校”。在第二届中国“互联网+”大学生创新创业大赛中，甘肃省高校获 1 银、10 铜的成绩。制定新的高校教师高级职务任职资格评审条件，鼓励高校教师创新创业。实行“一把手”工程，全面推动就业创业。2016 年，全省高校初次平均就业率达 66.09%，同比增长 3.77 个百分点。

撰稿　张　金

审稿　王光亚　华　伟

青海省教育

概　　况

〔**基本情况**〕

青海省各级各类学校校数、教职工、专任教师情况

	学校数（所）	教职工数（人）	专任教师数（人）
一、高等教育			
（一）研究生培养机构（不计校数）	3		
1. 普通高校	3		
2. 科研机构			
（二）普通高等学校	12	6 625	4 340
1. 本科院校	4	4 952	3 087
其中：独立学院	1	318	228
2. 高职（专科）院校	8	1 673	1 253
3. 其他普通高教机构（不计校数）			
（三）成人高等学校	2	262	173
（四）民办的其他高等教育机构			
二、中等教育	429	36 784	28 991
（一）高中阶段教育	159	18 133	12 819
1. 高中	106	13 237	8 923
普通高中	106	13 237	8 923
完全中学	41	5 568	2 802
高级中学	45	6 012	5 586
十二年一贯制学校	20	1 657	535
成人高中			
2. 中等职业教育	53	4 896	3 896
普通中专	34	2 672	2 156

续表

	学校数（所）	教职工数（人）	专任教师数（人）
成人中专	2	366	291
职业高中	3	20	10
技工学校	14	1 838	1 439
其他中职机构（不计校数）			
（二）初中阶段教育	270	18 651	16 172
1. 初中	268	18 613	16 171
初级中学	99	8 401	7 970
九年一贯制学校	169	10 212	5 108
十二年一贯制学校			578
完全中学			2 515
职业初中			
2. 成人初中	2	38	1
三、初等教育	1 298	22 836	26 606
（一）普通小学	889	22 355	26 408
小学	889	22 355	21 232
九年一贯制学校			4 752
十二年一贯制学校			424
（二）成人小学	409	481	198
其中：扫盲班	390	481	198
四、工读学校			
五、特殊教育	15	183	162
六、学前教育	1 667	17 092	10 158

注：①完全中学的学校数和教职工数计入高中阶段教育，九年一贯制学校的校数和教职工数计入初中阶段教育，十二年一贯制学校的校数和教职工数计入高中阶段教育。专任教师按照教育层次进行归类。②技工学校数据为 2015 年数据。③“（　）”内数据为不计校数。

青海省各级各类学历教育学生情况

单位：人

	毕业生数	招生数	在校生数
一、高等教育			
（一）研究生	990	1 319	3 508
博士	7	47	125
硕士	983	1 272	3 383
（二）普通本专科	14 097	19 063	61 860
本科	8 031	9 235	36 146

续表

	毕业生数	招生数	在校生数
专科	6 066	9 828	25 714
（三）成人本专科	6 142	5 232	12 160
本科	3 673	2 799	5 941
专科	2 469	2 433	6 219
（四）其他各类高等学历教育			
1. 在职人员攻读硕士学位		239	1 114
2. 网络本专科生			
本科			
专科			
二、中等教育	133 720	142 064	419 807
（一）高中阶段教育	63 075	72 500	211 114
1. 高中	38 041	42 622	120 304
普通高中	38 041	42 622	120 304
完全中学	12 692	13 664	38 168
高级中学	23 335	26 717	75 954
十二年一贯制学校	2 014	2 241	6 182
成人高中			
2. 中等职业教育	25 034	29 878	90 810
普通中专	14 231	19 140	49 783
成人中专	4 773	7 332	23 379
职业高中	252	380	895
技工学校	5 778	3 026	16 753
（二）初中阶段教育	70 645	69 564	208 693
1. 初中	69 738	69 564	207 937
初级中学	36 106	34 711	103 656
九年一贯制学校	19 289	21 105	61 956
十二年一贯制学校	2 505	2 488	7 421
完全中学	11 838	11 260	34 904
职业初中			
2. 成人初中	907		756
三、初等教育	77 663	81 793	463 189
（一）普通小学	72 294	81 793	457 893
小学	54 111	67 885	366 892
九年一贯制学校	16 895	12 700	83 357
十二年一贯制学校	1 288	1 208	7 644

续表

	毕业生数	招生数	在校生数
（二）成人小学	5 369		5 296
其中：扫盲班	4 787		4 684
四、工读学校			
五、特殊教育	349	694	3 747
六、学前教育	83 780	110 200	199 804

注：①完全中学、九年一贯制学校和十二年一贯制学校的学生数按教育层次分别计入对应教育阶段的学生数中。②特殊教育学生数中包括义务教育阶段随班就读的学生数、其他学校附设特教班学生数。

青海省各级各类非学历教育学生情况

单位：人次

	结业生数	注册学生数
总计	102 131	65 823
一、高等教育	45 698	34 508
（一）研究生课程进修班		
（二）自考助学班	465	840
（三）普通预科生		1 100
（四）进修及培训	45 233	32 568
其中：资格证书培训	1 739	1 410
岗位证书培训	37 630	25 405
二、中等职业教育	56 433	31 315
其中：资格证书培训	19 980	17 380
岗位证书培训	14 311	8 162
（一）中等职业学校	24 841	4 176
其中：资格证书培训	3 900	2 513
岗位证书培训	3 827	259
（二）职业技术培训机构	31 592	27 139
其中：资格证书培训	16 080	14 867
岗位证书培训	10 484	7 903

青海省各级各类民办学校校数、教职工、专任教师情况

	学校数（所）	教职工数（人）	专任教师数（人）
一、高等教育			
（一）研究生培养机构（不计校数）			
1. 普通高校			
2. 科研机构			

续表

	学校数（所）	教职工数（人）	专任教师数（人）
（二）普通高等学校	1	318	228
1. 本科院校	1	318	228
其中：独立学院	1	318	228
2. 高职（专科）院校			
3. 其他普通高教机构（不计校数）			
（三）成人高等学校			
（四）民办的其他高等教育机构			
二、中等教育			
（一）高中阶段教育			
1. 高中			
普通高中	11	526	273
完全中学	1	35	15
高级中学	7	330	225
十二年一贯制学校	3	161	33
成人高中			
2. 中等职业教育			
普通中专	3	132	33
成人中专			
职业高中	2	14	4
技工学校			
其他中职机构（不计校数）			
（二）初中阶段教育			
1. 初中	1	20	49
初级中学			
九年一贯制学校	1	20	6
十二年一贯制学校			35
完全中学			8
职业初中			
2. 成人初中			
三、初等教育			
（一）普通小学	4	60	85
小学	4	60	43
九年一贯制学校			4
十二年一贯制学校			38
（二）成人小学			

续表

	学校数（所）	教职工数（人）	专任教师数（人）
其中：扫盲班			
四、工读学校			
五、特殊教育			
六、学前教育	606	9 517	5 228
另有：民办培训机构（不计校数）	2		

注：①完全中学的学校数和教职工数计入高中阶段教育，九年一贯制学校的校数和教职工数计入初中阶段教育，十二年一贯制学校的校数和教职工数计入高中阶段教育。专任教师按照教育层次进行归类。②“(　)”内数据为不计校数。

青海省各级各类民办教育学生情况

单位：人

	毕业生数	招生数	在校生数
一、高等教育			
（一）研究生			
博士			
硕士			
（二）普通本专科	915	1 019	3 961
本科	915	1 019	3 961
专科			
（三）成人本专科			
本科			
专科			
（四）其他学生			
1. 民办高校			
2. 民办的其他高等教育机构			
二、中等教育			
（一）高中阶段教育			
1. 高中			
普通高中	1 267	1 433	4 294
完全中学	49	93	337
高级中学	1 130	1 110	3 461
十二年一贯制学校	88	230	496
成人高中			
2. 中等职业教育			
普通中专	270	333	1 007
成人中专			

续表

	毕业生数	招生数	在校生数
职业高中	227	354	840
技工学校			
其他学生数			23
（二）初中阶段教育			
1. 初中	331	192	864
初级中学	202	98	481
九年一贯制学校	29	30	103
十二年一贯制学校	80	58	216
完全中学	20	6	64
职业初中			
2. 成人初中			
三、初等教育			
（一）普通小学	207	188	1 033
小学	78	80	383
九年一贯制学校	29	28	170
十二年一贯制学校	100	80	480
（二）成人小学			
其中：扫盲班			
四、工读学校			
五、特殊教育			4
六、学前教育	34 235	48 709	98 175
另有：民办培训机构（不计校数）			664

注：①完全中学、九年一贯制学校和十二年一贯制学校的学生数按教育层次分别计入对应教育阶段的学生数中。②特殊教育学生数中包括义务教育阶段随班就读的学生数、其他学校附设特教班学生数。③“其他学生数”包括自考助学班学生数、预科生数、进修及培训学生数。

〔**年度工作总体思路**〕 2016年，全省教育工作的总体思路是：以邓小平理论、“三个代表”重要思想、科学发展观为指导，深入贯彻习近平总书记系列重要讲话精神，按照“五位一体”总体布局和“四个全面”战略布局，牢固树立和贯彻落实创新、协调、绿色、开放、共享的发展理念，全面贯彻党的教育方针，紧紧围绕提高教育质量这一战略主题，以立德树人为根本任务、以促进公平为基本要求、以优化结构为主攻方向、以改革为根本动力、以法治为可靠保障、以党的领导为政治保证，以精准扶贫和民生实事为重点推动教育发展，巩固成果、创新进位，攻坚克难，全面施策，加快推进教育现代化，为全省全面实现“一个同步”、奋力建设“三区”、打造“一个高地”提供有力的人才支撑和智力支持。

〔**重点项目建设**〕 投入项目建设资金29.75亿元，实施学前教育、中等职业教育、薄弱初高中改造等建设工程，建设学校（含幼儿园）934所，建筑面积65.4万平方米。青海大学国家大学科技园项目完成年内建设任务，青海师范大学新校区、三江源民族中学、西宁市城市职业技术学院实现搬迁入住，青海师范大学海南新校区顺利移交。启动实施教育信息化“3134 工程”，建成了省级教育资源、管理两大平台，全省中小学生学籍、学生资助及校舍管理等实现了信息化管理。编制《“十三五”基本公共教育服务保障工程建设规划》，落实中央专项资金 17.98 亿元。省级重点项目“全面改善贫困地区义务教育薄弱学校基本办学条件”获资助资金 14.42 亿元。

〔**师资队伍建设**〕　公开招聘教师 1 630 人，培训教师 1.8 万人（次），安排 300 名中小学教师赴青南支教，1 510 名师范生赴省内各地开展顶岗支教。启动实施青海师范大学藏汉双语免费定向师范生计划试点工作，定向培养民族地区双语教师和紧缺学科专业教师，面向青南三州招生 35 名“数学与应用数学”（师范）专业学生。贯彻落实省政府印发的《青海省乡村教师支持计划（2015—2020 年）实施办法》，督促指导 8 个市州相继出台了乡村教师支持计划实施方案，建立了乡村教师荣誉制度，向全省 1.1 万名乡村教师颁发从教 30 年和从教 20 年的乡村教师荣誉证书。省教育厅会同省财政厅、省人力资源和社会保障厅联合印发《关于建立乡村教师生活补助制度的通知》，提高乡村教师生活待遇，二、三类地区月人均提高 350 元，四类地区月人均提高 450 元，五、六类地区月人均提高 550 元。修订完善《青海省中小学教师专业技术职称（职务）评价标准》，配合省人力资源和社会保障厅印发《青海省深化中小学职称制度改革工作实施方案》，深化中小学教师职称制度改革，评审条件进一步向基层学校倾斜。完成试点地区（西宁市、海西州）教师资格注册工作和首次教师资格证全国统考笔试工作。

〔**教育科研**〕　召开首届全省教学成果奖表彰大会，表彰了涵盖基础教育、职业教育和高等教育 8 个一等奖、14 个二等奖、26 个三等奖，进一步发挥教育科研的导向作用，引导和激发广大教育工作者立足教育教学实践，潜心教育教学研究，提高教育水平和教学质量。全省高校获批科研项目 300 项，其中国家基金项目 55 项；获批国家重点研发计划 2 项，鉴定科研成果 138 项。“一种区分蕨麻和鹅绒委陵菜的方法”“一种基于物联网的环境信息自动监测装置”等 6 项成果获国家专利。2016 年，在青海省科技进步奖表彰奖励中，在 5 个一等奖中高校获 1 项，占 20%，在 10 个二等奖中高校获 3 项，占 30%，在 15 个三等奖中高校获 5 项，占 33.3%，特别是青海大学教授马玉寿获唯一的重大科技贡献奖。在卢旺达召开的中国科学院第二十七届院士大会上，青海大学教授格日力荣获全球唯一基础医学科学奖。

〔**学校党建思政工作**〕　在全国率先建立高校思想政治理论课特聘教授制度，聘请 77 名专家学者举办专题讲座 112 场次。实施领导干部上讲台制度，邀请 34 名厅局领导干部深入校园做辅导报告，与师生面对面沟通交流、解疑释惑。组织学习习近平总书记重要讲话、优秀案例展评，组建优秀教师讲师团到青南三州巡回宣讲，把优质教育资源送到基层。“三进”工作的举措得到国务院领导和教育部的充分肯定，并在全国推广。制定高校和中小学开展“两学一做”指导意见，针对不同层级、不同岗位党员分类指导，抓好学习教育。开展省属高校“三服务、三个一”党建项目，激励基层党组织和教职工党员主动服务学校发展、服务学生、服务社会，激励大学生党员做好一项支部或班级工作、带好一个宿舍、帮助一名学生。制定学校党建工作测评体系，对大中小学党建工作进行检查考评。制定《贯彻〈党委（党组）意识形态工作责任制实施方案〉》，指导各地各校建立完善课堂教学、讲座论坛、研讨交流等方面的管理制度，实行一事一报批，严格把关监管。

〔**学生资助工作**〕　省政府印发《关于完善城乡义务教育经费保障机制和实行 15 年免费教育的实施意见》，在建立城乡统一的义务教育经费保障机制的基础上，进一步延伸保障范围。从 2016 年春季开学起，对六州所有学生和西宁、海东两市贫困家庭学生学前 3 年、义务教育 9 年、普通高中和中职3年实施15年免费教育，下达资金17.9亿元，惠及学生80余万名。出台《关于建立青海省学前教育和普通高中生均公用经费补助标准的通知》《关于印发〈青海省15年免费教育补助资金管理办法〉》《关于实施15年免费教育后相关收费政策的通知》等相关文件，通过核定学前教育、普通高中教育生均公用经费补助标准，提高中职教育生均公用经费补助标准，落实高职院校生均拨款标准、落实义务教育阶段寄宿生生活费补助资金，落实农村义务教育阶段中小学公用经费等，确保各项惠民政策的落实。完成了2016年春秋两季学期全省免费教科书招标采购工作，采购资金为7 074.6万元，全省农村牧区和城镇拿到免费教科书的学生达134.27万人次，为全省各地义务教育阶段中小学校66.61万名学生配备了教科书。

〔**教育精准脱贫**〕 省政府印发《青海省教育脱贫攻坚行动计划》，明确了保障贫困家庭子女公平受教育权利、实施教育脱贫专项行动、强化贫困地区控辍保学、建设精准扶贫数据平台等任务。层层落实目标责任，组织开展教育扶贫对象摸底、建档立卡，初步建成了教育精准脱贫大数据平台，并投入试运行。教育项目向年内6个脱贫摘帽县（行委）倾斜，投资2 378万元，建设项目22个。落实国家重点高校农村和贫困地区学生专项计划260名，省级面向贫困地区专项计划、定向计划307名。省内高职院校自主招生计划中50%以上面向省内贫困县（市、区、行委），实施单独考试招生、单独录取，年内录取1 276名。

〔**招生制度改革**〕 全省考试招生工作始终坚持“试卷安全是生命线、考试安全是生存线、服务提升是发展线”的根本遵循和办考理念，安全、平稳、顺利完成了全年考试任务，实现了“三零一无”目标，即试卷保密零差错、考试大面积作弊零出现、统分和成绩发布零事故、无群体性安全事故发生。修订完善了《青海省国家教育考试突发事件应急处置预案》，明确了考务组织过程可能出现的突发和偶发事件处置办法，提升了涉考应急处置能力，受到基层办考单位好评。编印《考务手册》和《录取工作手册》，明确政策要求、领导责任、人员分工等内容，杜绝了考务组织漏洞和工作随意性的问题发生。高度重视试卷安全保密工作，制定出台《命题和试卷收发暂行办法》，对所有涉考人员进行安全保密教育，严格执行保密谈话和签订两个责任书制度，多措并举，不断提高安全办考和规范办考工作水平。全年共组织22次国家和全省统一考试，25万人次参考。

〔**体育卫生艺术与国防教育**〕 省政府办公厅印发《关于强化学校体育促进学生身心健康全面发展实施方案》《关于加强和改进学校美育工作的实施方案》，为加强学校美育和体育教育工作提供了有力的政策支持。省教育厅制定《政府向社会力量购买美育教育服务促进学校美育工作的实施办法》，为缓解美育师资不足问题探索了新方法。启动省级校园足球特色学校评选认定工作，全省认定87所国家级、省级校园足球特色学校和2个试点县（区）；《国家学生体质健康标准》上报率从2011年的23%上升到89.5%。加强学校卫生工作督查，稳妥推进学生营养餐工作，确保学校全年没有发生一起重大食品卫生或公共卫生安全事件。组织参加全国第五届中学生艺术展演，取得了5个一等奖、9个二等奖、10个三等奖，1篇教育科研论文获一等奖。国防教育首次将消防培训纳入军训内容。

〔**学校安全稳定工作**〕 抓好源头预防管控，落实“研判形势—制定对策—狠抓落实”的三步工作法，全年召开8次安全维稳工作专题会议，针对存在的苗头性问题，及时约谈有关地区教育部门和学校负责人，落实防控措施。持续开展教育系统矛盾纠纷排查调处和重大事项稳定风险评估，全省教育系统矛盾纠纷排查调处率保持在90%以上。深化安全隐患排查整治，调整充实省综合治理委员会校园及周边治安综合治理专项组成员单位，组织签订成员单位目标责任书，开展专项联合检查5次。制定印发《青海省中小学校（幼儿园）校园安全隐患排查指导手册》并配发到中小学校，增强隐患排查工作的科学性、针对性、实效性。加强校园“三防”建设，全省教育系统投入经费5 460万元，为学校配备、更新各类安防器械 1.8 万件（套），安装视频监控摄像头 4.2 万个，视频监控覆盖率达 70%，比 2015 年提高 15 个百分点。各地通过政府购买服务等方式，累计为中小学校配备专职安保人员 993 名，省、市（州）、县三级开展学校专兼职安保人员培训 3 400 多人次，培训面达 75%以上。

〔**教育交流与合作**〕 印发《关于做好新时期教育对外开放工作的实施意见》，就教育对外开放、中外人才交流、师资队伍建设等方面提出了具体的工作思路和举措。积极响应“一带一路”外交倡议，举办土库曼斯坦教育文化交流活动，签订《教育合作备忘录》，双方在留学生互派、青少年夏令营活动、教育部门和高校交流互访方面达成共识，标志着青海省与土库曼斯坦教育交流合作进入实质性阶段。稳步推进留学生工作，开展西部人才培养、西部连片贫困地区英语骨干教师、中学管理人员研修等公派留学生项目，选派 130 多名留学生出国留学，接受来青留学生 295 人次。举办第五届“青海日本文化交流会”，1 560 余人次参加交流会。

〔**民族团结进步教育创建工作**〕 印发《关于开设好民族团结进步教育课的通知》，明确了民族团结教育课的教学任务，对学校教学方法创新、教学保障和管理提出了具体的业务要求。组织各市州教育工委、教育行政部门对本地学校民族团结进步教育课开设情况进行自查，并对 11 所高校和 16 所中小学开课情况进行抽查，督促各地各校落实工作任务。启动 2016 年度全省民族团结进步教育优秀成果评选活动，全省共 53 家单位（学校）上报了优秀成果，对优秀成果进行了表彰。

〔**对口支教和异地办班**〕 继续实施东部对口支教青南地区工作。从省内东部地区学校遴选 307 名优秀教师前往青南藏区中小学开展为期一年的支教，省内区域间合作交流帮扶机制进一步完善，援受双方互帮共进、推动教育教学的良好氛围初步形成。按照《青海省人民政府关于加快民族教育改革发展的实施意见》提出的“力争‘十三五’末省内外异地就读学生数量达到 11 000 人以上”的目标和有关工作要求，积极争取教育部、有关地区教育行政部门和学校支持，扎实做好招生录取等各项工作，异地办班规模实现了新的增长。年内统一组织输送到 24 所省内外高中、90 所省外中职学校异地就读的六州学生达 3 314 名，异地就读在校生规模达 7 701 名，分别比 2015 年增长 21%和 17.5%。

〔**语言文字工作**〕 选派 6 名省级普通话水平测试员参加国家级资格考核，全部获得国家级资格认证。举办由各市州教育局分管副局长、具体工作负责人参加的语言文字规范化建设培训班，提升了业务管理干部的政策理论水平和实际工作能力。举办第二届全省师生汉字书法大赛，实施国家立项的中国语言资源保护工程青海项目，完成了乐都调查点的地方风情调查和语料录入工作，并获得国家验收通过。完成二类城市海东市语言文字评估工作，启动海东市四县三类城市语言文字评估工作，从根本上扭转了全省语言文字工作在全国落后的局面。举办第十九届全国推广普通话宣传周闭幕式，在基层营造了说好普通话、写好规范汉字的浓厚社会氛围，提升了青海省语言文字工作在全国的知名度。

基 础 教 育

〔**学前教育改革**〕 开展全省学前教育调研，形成《青海省学前教育专任教师队伍建设调研报告》《青海省学前教育改革发展调研报告》，为省政府决策奠定了基础。编制完成《青海省学前教育事业发展“十三五”专项规划（2016—2020 年）》《“国培计划”“十三五”（2016—2020 年）学前教育培训绩效目标规划书》。制定《关于加强全省学前教育及教师队伍建设的意见》《青海省幼儿园教职工配备标准》，出台《普惠性幼儿园认定办法》。建立健全学前教育政策保障体系，为学前教育科学健康发展奠定基础。针对全省学前教育存在的教师队伍数量严重不足的困境，坚持问题导向，创新机制，继续实施政府购买学前教育服务试点工作，深化学前教育用人制度改革。年内落实专项资金0.57亿元，在19个县市开展试点的基础上，扩展到38个试点县，按每岗位年均8 400元的标准进行补助，购买岗位数6 476个，着力解决学前教育师资不足问题。通过连续两年实施学前教育政府购买服务工作，在园人数从2015年的18.4万人增至19.9万人，师生比从1：27下降到1：20。

〔**义务教育均衡发展**〕 按照教育部、省政府关于《推进义务教育均衡发展备忘录》要求，到2016年，全省20个县（市、区、行委）实现义务教育发展基本均衡。2016年，申报国家验收的西宁市城东区、城北区，海东市平安区、乐都区和海北州门源县等5区（县）通过国家督导评估，实现年度均衡县验收目标。截至2016年年底，全省已有20个县通过国家评估验收，占县（市）总数的43％，总体进度符合《备忘录》要求。加大农牧区“控辍保学”工作力度，逐乡、逐校开展督查，将“控辍保学”目标纳入乡镇及成员单位年度考核，落实工作责任。

〔**义务教育质量监测**〕 2016年，经教育部基础教育质量监测中心抽样，西宁市城东区、海东市互助土族自治县、黄南藏族自治州泽库县、河南蒙古族自治县、海西蒙古族藏族自治州德令哈市、海北藏族自治州门源回族自治县6个县（市、区）的108所中小学参加监测，3 240名学生参加测试，近600名校长和四、八年级班主任，语文、艺术教师接受问卷调查。监测内容包括语文、艺术两个学科领域及学校的课程开设、条件保障、教师配备、学科教学等相关影响因素。进一步加强对六州义务教育阶段教育教学质量的宏观指导和监控，提出提升全省民族地区教育教学质量的具体建议，对六州普通小学和初中的语文、数学学科，民族小学和初中的汉语、藏语、数学学科进行抽考，抽考年级为五年级和九年级，参加考试人数2 200人，抽查地区涉及11个市县。

〔**中小学校长教师队伍建设**〕 继续实施全省中小学校长培训工程，707名中小学校长参加了国家级和省级培训，对32名中小学校长进行为期1.5年至2年的培养。继续推进县（区）域内义务教育学校校长、教师交流轮岗，全省共有327名校长进行了交流轮岗，占中小学校总数的13.3％。全年学前教育累计培训人数达4 000人次，组建了300名专兼职教研员队伍并开展了首轮培训。加强学校内涵建设，在全省中小学广泛开展“一师一优课、一课一名师”活动，1.05万名教师注册，占专任教师的20％，“晒出”7 145节优质课。

〔**中小学信息化建设**〕 加快推进教育信息化，全面推进“三通两平台”工程，全省98％的中小学教学班级和90％的教学点配备了多媒体教学设备，83％的学校接入互联网，近29％的学校建成功能齐备的校园网；建成青海省教育数据中心，承载了教育教学和教育管理两大公共服务平台。继续做好中小学生学籍信息管理系统建设与应用工作和对中小学生学籍系统数据实时更新、审核工作及2016—2017学年秋季学期学前学籍接续、初中高中招生以及数据实时更新、审核、交换、上报工作。指导全省小学共注册新生81 290名，指导全省各中学完成初中招生70 387名、高中招生43 655名。

〔**仪器设备配备**〕 为确保全省中小学标准化建设项目各类仪器设备的质量，组织专家对8个州、市覆盖的566所项目学校的教学仪器、实验室成套设备、音体美器材、图书及图书室设备、专业实验室设备等20多类，2 000多个品种的仪器设备分9批次进行了质检验收，完成标准化质检验收工作。对655所学校的安保监控设备、733所学校的电热水器、153所学校的取暖设备进行核实并下拨资金14 267万元。根据青南三州需解决取暖问题的实际情况，核实各地上报的“改善贫困地区义务教育薄弱学校基本办学条件”规划，确认政府采购资金2 880万元，并于2016年11月下发至各地。同时，争取1.203亿元资金用于7个市州24所普通高中学校校舍改扩建、配置图书资料和教学仪器设备以及体育运动场等附属设施建设，提升了办学水平。争取特殊教育补助经费1 100万元，用于购置特殊教育学校设备设施，规范普通学校特殊教育资源教室建设。争取中央专项资金1 274万元，对青少年校外活动中心进行补助，用于改善条件和保运转。

职业教育与成人教育

〔**制度规划建设**〕　结合全省高职院校办学实际，制定印发《青海省落实高等职业教育创新发展行动计划（2016—2018年）实施方案》；根据藏区六州实际情况，编制了《青海省六州职业教育“一州一校”发展规划》；编制《青海省职业教育“十三五”发展规划》，制定印发《青海省高等职业院校内部质量保证体系诊断与改进实施方案》和《青海省中等职业学校教学工作诊断与改进实施方案》，建立质量保证体系诊改制度；制定出台《青海省职业院校聘用企业专业技术人员办法》。开展现代学徒制试点工作，确定5所职业院校为国家和省级首批现代学徒制试点单位。制定印发《青海省职业院校管理水平提升行动计划（2015—2018年）实施方案》，不断提高管理工作规范化、科学化、精细化水平。同时，按照《职业学校学生实习管理规定》，规范和加强职业院校学生实习管理工作。8所高职院校依法制定具有本校特色的学校章程，实现一校一章程，以章程建设为契机，不断完善学校治理结构和决策机制。

〔**人才培养模式改革**〕　打通中职升高职、高职升本科两个学习通道，研究制定职业教育“3+4”“3+2”分段培养实施办法。8所高职院校的38个专业与25所中职学校的专业进行对接，同时在已有专业衔接的基础上，拓宽适合衔接培养的专业，做好课程体系的衔接。

〔**师资队伍建设**〕　全年组织了9次省级职教师资培训，共培训828人次。培训涉及管理、教育科研、现代教学手段应用、班主任、专业教学、“双师型”教师等多个类型。其中校长管理培训3期85人、教育科研培训1期60人、“双师型”教师培训1期214人。技能鉴定190人，鉴定合格为135人（其中首次获得技能等级证书的122人），鉴定合格率约72%。首次选派了11名职业院校校长赴德国法兰克福和慕尼黑参加为期14天的“中等职业学校校长培训班”项目培训，并到吉森大学、法兰克福西门子职业学校、巴伐利亚州职业教师联盟等教育培训机构进行了学习和参观访问。

〔**招生工作**〕　2016年，单考单招完成招生3 703人，占招生计划的34%，同比增加993人。根据高中阶段教育普职比大体相当的要求和2016年各地初中毕业生规模，按照普职比5.6∶4.4的比例，确定2016年全省中等职业教育2.79万人的招生计划，鼓励农牧区贫困家庭子女初高中毕业后的“两后生”、下岗职工等接受职业教育。春秋两季共招生2.88万人，完成全年招生任务的103.23%，其中省外异地办班输送学生985人、技工学校860人。

〔**基础设施建设**〕　制定《青海省“十三五”产教融合发展工程建设规划》，确定建设资金5.7亿元，重点建设3所本科高校、12所职业院校，全年下达建设资金共计1.14亿元。省教育厅会同省财政厅制定印发《青海省职业教育省级示范专业及示范学校建设实施方案》，投入资金3亿元，重点建设7所省级示范职业院校；重点扶持服务于现代农牧业、现代服务业等30个省级优势特色专业和60个实训基地建设。

〔**职业技能大赛**〕 举办全省职业教育技能大赛，共有27所职业院校、667名学生参加了加工制造等19个专业类别61个项目的比赛。在全省大赛的基础上，组织选派157名学生参加2016年全国职业院校技能大赛，其中中职组获3个二等奖、11个三等奖、1个团体三等奖；高职组获2个团体三等奖。8月，举办了2016年全省职业院校信息化教学大赛，全省13所职业院校的49名教师参加比赛。在择优筛选的基础上，组织12所职业院校的20名教师参加了2016年全国职业院校信息化教学大赛。

高 等 教 育

〔**学科专业结构**〕 围绕全省经济社会发展需求，继续调整优化高校学科专业结构。2016年，新增康复治疗学、食品科学与工程等6个本科专业并实现招生，同时撤销了就业率长期偏低的科学教育、日语、市场营销、人文教育、材料化学、汉语言6个本科专业。高校理工类等应用型专业占比达55.79%，比2015年提高了1.45个百分点，使高校学科专业设置与全省经济社会发展的符合度进一步提高。

〔**创新创业教育改革**〕 按照省政府《关于青海省深化高等学校创新创业教育改革实施方案的通知》精神，积极推动各高校修订人才培养方案，完善创新创业课程建设，实行弹性学制和学分制，搭建创新创业平台，强化校企协同育人。青海大学成立创业学院，投资装修改造5 000多平方米的创新大厦，入驻小微企业20余家，培育创客百余人；青海师范大学与中兴通讯集团签订协议，联合共建产教融合创新基地，遴选确立一批大学生创新创业项目，设立了相关专业，实现了当年招生；青海民族大学投资装修约3 000平方米的创新创业基地，成立大学生创业者协会；各高职院校均设立了校内创业基地。积极搭建全省高校学生创新创业竞赛平台，举办全省第二届中国“互联网+”大学生创新创业大赛，获银奖的青海师范大学“藏汉双语教育信息化系统”在第二届中国“互联网+”大学生创新创业大赛中再次获银奖；获铜奖的青海民族大学“VR虚拟现实”、西宁城市学院“点智通模块化智能插板”2个项目再次获铜奖。高校创新创业教育与专业教育融合日益密切，“大众创业，万众创业”蔚然成风。2016年，全省高校毕业生初次就业率达93.16%，协议就业率达83.42%，均创历史新高。

〔**高层次人才队伍建设**〕 年内3所高校双聘4名院士，新增“国家百千万人才工程”等国家级高端人才4人，自主招聘引进博士80余名、硕士123名，鼓励70余名教师攻读博士学位。“青海高端人才千人计划”中，在引进的12名杰出人才中高校入选8名，占66.6%；在引进的31名领军人才中高校入选18名，占58%；在引进的57名拔尖人才中高校入选31名，占40.4%；在引进的3个团队中高校入选3个，占100%。在培养的4名杰出人才中高校入选2名，占50%；在培养的32名领军人才中高校入选16名，占50%；在培养的99名拔尖人才中高校入选33名，占33.3%；在培养的7个团队中高校入选5个，占71.4%。

〔**青海大学深化综合改革**〕 协调省人力资源和社会保障厅将教授、副教授职称评审权下放给学校，确定在青海大学设立青海省人才特区，实行人才特殊政策试点，协调省财政安排5 000万元专项补助资金，用于一流学科、国家重点实验室建设和高层次人才引进培养，省发展和改革委安排5 000

万元，用于学生公寓和高层次引进人才公寓建设。青海大学在学科建设、人才培养、队伍建设、科研工作、管理体制改革、人才培养模式改革等方面开展了大量工作，编制完成一流学科建设方案，统筹规划一流学科建设，确定三江源生态、高原医学、新能源新材料为重点的一流学科建设计划；推进博（硕）士学位点建设，完成生物学、草学、基础医学、生态学等学科博士点建设方案；积极推进“分级教学”“卓越计划”等人才培养模式改革和“以学为中心”的课堂教学改革，人才培养质量显著提升；实施人才强校战略，引进墨尔本大学、清华大学等国内外知名高校博士 41 人，选派 37 名教师在职攻读博士学位、58 名教师赴海外培训，专任教师中博士学位占比从 2015 年年底的 13.3%上升到 17.3%；与上海交通大学、青海盐湖工业股份有限公司、水利部黄河水利委员会、海西州等签订校校、校企、校地合作协议。

〔**高校办学自主权**〕　积极协调相关部门落实高校招生、专业设置、教育教学、科学研究、人事分配等七个方面的自主权。积极协调省机构编制委员会办公室落实学校机构设置自主权，允许学校在核定的机构编制内自主设置教学内设机构。协调省人力资源和社会保障厅落实学校招聘人才自主权，自行组织招录教师工作，先行在 3 所本科高校开展试点。3 所试点高校自主招聘博士 80 名、硕士 123 名；落实学校专业设置权，2016 年由高校自主设置的材料物理、化学工程与工艺、劳动与社会保障等 6 个新专业得到教育部批准和备案。省人力资源和社会保障厅、省财政厅进一步落实高校绩效工资制度，搞活内部分配机制，落实高校分配自主权。

〔**对口支援工作**〕　青海师范大学在陕西师范大学对口支援的基础上，与兰州大学、山东大学签订对口支援协议；青海民族大学在天津大学对口支援的基础上，与中国人民大学、厦门大学签订对口支援协议，制定了年度对口支援工作计划，形成“一主多辅”的对口支援工作格局，实现了青海省本科高校“团队式”对口支援的全覆盖。按照年度工作计划，各支援高校为青海省高校提供了全方位的对口支援工作。清华大学等对口支援高校全力支持青海大学深化综合改革，提升综合实力等各项工作；陕西师范大学、山东大学和青海师范大学开展选派“访问学者”和“名师青海行”等学术交流活动；青海师范大学选派 12 名硕士研究生赴兰州大学以“1+2”的模式联合培养，选派 72 名优秀本科生赴支援高校交流学习；青海民族大学与天津大学联合培养博士生，与中国人民大学、厦门大学积极开展教师培训、联合科研等工作。

撰稿　丁生东
审稿　董　林

宁夏回族自治区教育

概　　况

〔基本情况〕

宁夏回族自治区各级各类学校校数、教职工、专任教师情况

	学校数（所）	教职工数（人）	专任教师数（人）
一、高等教育			
（一）研究生培养机构（不计校数）	4		
1. 普通高校	4		
2. 科研机构			
（二）普通高等学校	18	11 584	8 044
1. 本科院校	8	8 562	5 788
其中：独立学院	2	1 436	1 024
2. 高职（专科）院校	10	3 022	2 256
3. 其他普通高教机构（不计校数）			
（三）成人高等学校	1	123	76
（四）民办其他高等教育机构			
二、中等教育	360	40 826	34 947
（一）高中阶段教育	115	19 715	15 207
1. 高中	62	13 367	10 639
普通高中	62	13 367	10 639
完全中学	19	4 131	2 217
高级中学	43	9 236	8 422
十二年一贯制学校			
成人高中			
2. 中等职业教育	53	6 348	4 568
普通中专	14	1 745	1 176

续表

	学校数（所）	教职工数（人）	专任教师数（人）
成人中专	2	133	73
职业高中	13	1 469	1 344
技工学校	24	2 873	1 875
其他中职机构（不计校数）	1	128	100
（二）初中阶段教育	245	21 111	19 740
1. 初中	245	21 111	19 740
初级中学	168	16 428	15 736
九年一贯制学校	77	4 683	2 480
十二年一贯制学校			
完全中学			1 524
职业初中			
2. 成人初中			
三、初等教育	1 597	32 894	34 241
（一）普通小学	1 536	32 552	34 116
小学	1 536	32 552	32 032
九年一贯制学校			2 084
十二年一贯制学校			
（二）成人小学	61	342	125
其中：扫盲班	60	335	120
四、工读学校			
五、特殊教育	12	384	368
六、学前教育	889	16 272	9 445

注：①完全中学的学校数和教职工数计入高中阶段教育，九年一贯制学校的校数和教职工数计入初中阶段教育，十二年一贯制学校的校数和教职工数计入高中阶段教育。专任教师按照教育层次进行归类。②技工学校数据为 2015 年数据。③“（ ）”内数据为不计校数。

宁夏回族自治区各级各类学历教育学生情况

单位：人

	毕业生数	招生数	在校生数
一、高等教育			
（一）研究生	1 532	1 815	4 650
博士	34	72	175
硕士	1 498	1 743	4 475
（二）普通本专科	29 436	32 353	117 149
本科	16 845	19 486	76 218

续表

	毕业生数	招生数	在校生数
专科	12 591	12 867	40 931
（三）成人本专科	12 441	12 057	26 828
本科	3 635	4 978	10 078
专科	8 806	7 079	16 750
（四）其他各类高等学历教育			
1. 在职人员攻读硕士学位		457	1 431
2. 网络本专科生			
本科			
专科			
二、中等教育	168 483	172 463	508 891
（一）高中阶段教育	80 790	78 280	234 195
1. 高中	56 075	47 703	151 995
普通高中	56 075	47 703	151 995
完全中学	12 235	11 248	35 320
高级中学	43 840	36 455	116 675
十二年一贯制学校			
成人高中			
2. 中等职业教育	24 715	30 577	82 200
普通中专	14 824	15 590	46 727
成人中专	1 950	1 852	3 010
职业高中	7 605	10 646	29 006
技工学校	336	2 489	3 457
（二）初中阶段教育	87 693	94 183	274 696
1. 初中	87 693	94 183	274 696
初级中学	70 281	76 078	222 250
九年一贯制学校	9 068	9 922	28 049
十二年一贯制学校			
完全中学	8 344	8 183	24 397
职业初中			
2. 成人初中			
三、初等教育	96 773	96 512	583 676
（一）普通小学	96 180	96 512	582 883
小学	90 573	91 222	548 844
九年一贯制学校	5 607	5 290	34 039
十二年一贯制学校			

续表

	毕业生数	招生数	在校生数
（二）成人小学	593		793
其中：扫盲班	503		706
四、工读学校			
五、特殊教育	445	709	4 388
六、学前教育	95 623	99 141	206 219

注：①完全中学、九年一贯制学校和十二年一贯制学校的学生数按教育层次分别计入对应教育阶段的学生数。②特殊教育学生数中包括义务教育阶段随班就读的学生数、其他学校附设特教班学生数。

宁夏回族自治区各级各类非学历教育学生情况

单位：人次

	结业生数	注册学生数
总计	75 414	81 129
一、高等教育	16 355	18 966
（一）研究生课程进修班		
（二）自考助学班		
（三）普通预科生		1 447
（四）进修及培训	16 355	17 519
其中：资格证书培训	7 342	7 629
岗位证书培训	7 258	8 135
二、中等职业教育	59 059	62 163
其中：资格证书培训	53 489	51 987
岗位证书培训	2 134	2 254
（一）中等职业学校	21 990	20 618
其中：资格证书培训	19 196	17 694
岗位证书培训	2 134	2 254
（二）职业技术培训机构	37 069	41 545
其中：资格证书培训	34 293	34 293
岗位证书培训		

宁夏回族自治区各级各类民办学校校数、教职工、专任教师情况

	学校数（所）	教职工数（人）	专任教师数（人）
一、高等教育			
（一）研究生培养机构（不计校数）			
1. 普通高校			
2. 科研机构			

续表

	学校数（所）	教职工数（人）	专任教师数（人）
（二）普通高等学校	4	2 696	2 009
1. 本科院校	4	2 696	2 009
其中：独立学院	2	1 436	1 024
2. 高职（专科）院校			
3. 其他普通高教机构（不计校数）			
（三）成人高等学校			
（四）民办其他高等教育机构			
二、中等教育			
（一）高中阶段教育			
1. 高中			
普通高中	8	618	369
完全中学	3	346	123
高级中学	5	272	246
十二年一贯制学校			
成人高中			
2. 中等职业教育			
普通中专	6	640	402
成人中专			
职业高中			
技工学校			
其他中职机构（不计校数）			
（二）初中阶段教育			
1. 初中	6	418	452
初级中学	3	200	169
九年一贯制学校	3	218	113
十二年一贯制学校			
完全中学			170
职业初中			
2. 成人初中			
三、初等教育			
（一）普通小学	5	372	281
小学	5	372	232
九年一贯制学校			49
十二年一贯制学校			
（二）成人小学			

续表

	学校数（所）	教职工数（人）	专任教师数（人）
其中：扫盲班			
四、工读学校			
五、特殊教育	1	14	11
六、学前教育	561	12 440	6 897
另有：民办培训机构（不计校数）	17	206	163

注：①完全中学的学校数和教职工数计入高中阶段教育，九年一贯制学校的校数和教职工数计入初中阶段教育，十二年一贯制学校的校数和教职工数计入高中阶段教育。专任教师按照教育层次进行归类。②“（　）”内数据为不计校数。

宁夏回族自治区各级各类民办教育学生情况

单位：人

	毕业生数	招生数	在校生数
一、高等教育			
（一）研究生			
博士			
硕士			
（二）普通本专科	7 982	9 735	36 014
本科	6 128	7 464	28 901
专科	1 854	2 271	7 113
（三）成人本专科	833	467	994
本科	68	39	103
专科	765	428	891
（四）另有其他学生			
1. 民办高校			5 867
2. 民办其他高等教育机构			
二、中等教育			
（一）高中阶段教育			
1. 高中			
普通高中	2 010	1 974	6 840
完全中学	822	749	2 635
高级中学	1 188	1 225	4 205
十二年一贯制学校			
成人高中			
2. 中等职业教育			
普通中专	3 270	3 732	10 264
成人中专			

续表

	毕业生数	招生数	在校生数
职业高中			
技工学校			
另有其他学生数			992
（二）初中阶段教育			
1. 初中	4 356	4 536	13 478
初级中学	2 189	2 180	6 763
九年一贯制学校	530	720	1 895
十二年一贯制学校			
完全中学	1 637	1 636	4 820
职业初中			
2. 成人初中			
三、初等教育			
（一）普通小学	887	852	4 653
小学	810	646	4 148
九年一贯制学校	77	206	505
十二年一贯制学校			
（二）成人小学			
其中：扫盲班			
四、工读学校			
五、特殊教育	1	15	78
六、学前教育	46 628	46 441	116 531
另有：民办培训机构（不计校数）			6 986

注：①完全中学、九年一贯制学校和十二年一贯制学校的学生数按教育层次分别计入对应教育阶段的学生数中。②特殊教育学生数中包括义务教育阶段随班就读的学生数、其他学校附设特教班学生数。③“另有其他学生数”包括自考助学班学生、预科生、进修及培训学生数。

〔**教育精准扶贫**〕 2016 年，为全面落实自治区党委、政府《关于力争提前两年实现“两个确保”脱贫目标的意见》，自治区教育厅下发《关于编制精准扶贫义务教育及学前教育建设项目规划的通知》，制定精准扶贫学前教育建设项目规划和精准扶贫义务教育建设规划，并下达了全区 2016 年精准扶贫学前教育建设项目年度计划，安排幼儿园 181 所，自治区下达资金 14 569 万元，其中校舍建设资金 11 179 万元、建设面积 69 379 平方米、设备购置资金 3 390 万元，新增学位 9 747 个。

〔**教育督导**〕 对接受国家评估验收的盐池县、原州区、彭阳县义务教育均衡发展进行了两轮过程性督导；完成了对隆德县、泾源县、海原县义务教育均衡发展自治区级督导评估。对金凤区 18 所民办中小学规范办学情况进行专项督导；在金凤区等 6 个样本县组织开展国家义务教育质量监测工作，自治区政府教育督导室被教育部义务教育质量监测中心评为优秀组织单位；同月，会同宁夏学生资助中心组成督导组，随机对全区 6 个市、县（区）及 12 所高校、10 所中职学校、13 所普通高中和 15

所幼儿园进行抽查；组织开展了中小学有偿补课、教育信息化、职业院校评估落实情况等专项督导；开展中小学校责任督学挂牌督导创新县（市、区）评估与申报工作，推动各县（市、区）逐步完善中小学校责任督学挂牌督导长效机制。

〔教育科学规划课题管理〕 报送 32 项课题参加全国教育科学规划项目年度评审，全区有 4 项课题获准立项，为近年来立项最多的一年；组织全区中小学及相关院校申报全国第五届优秀教育科研成果评价项目，在全区评选推荐 18 项科研成果参加全国评审会。组织全区中小学教师和相关院校申报自治区哲学社会科学教育学专项课题研究项目，共接收课题申报材料 200 余项。12 月 7 日，在石嘴山市举办首届宁夏优秀教育科研成果推介报告会，130 多位教育科研骨干教师、管理人员和院所专家参加了会议和推介，在 16 项成果中评选推介优秀教育科研成果 11 项。同时，开展了宁夏第十三届基础教育科研成果评奖活动。

〔教师管理〕 提升教师培训质量，开展中小学幼儿园教师全员岗位继续教育，培训教师 5 万余人次。国家级培训计划深入推进，新增 5 个（共 8 个）培育性示范县。实施中小学信息技术应用能力提升工程，培训教师 3.8 万人次，录制 1 000 多盘专家视频课例。选派 18 名“塞上名师”、150 名“塞上名师”工作室成员分别赴美国和清华大学研修，培养 25 名乡村教学名师，并建立工作室。招录“一专多能”地方免费师范生 300 名。组织 100 名从教 30 年以上乡村教师赴省外疗养。实施“提升工程”，全区 1.5 万名高中阶段教师参加了“提升工程”专题培训。截至 2016 年年底，全区中小学、幼儿园教师信息技术应用能力提升培训做到了全覆盖。

〔学生资助工作〕 2016 年，资助全区学前、普通高中、中等职业教育和高等教育阶段学生 20 万人，发放资金 4.3 亿元，超额完成了自治区民生计划任务。其中高校发放各类奖学金、助学金共 1.19 亿元，资助学生 5.9 万人；中等职业教育下达国家助学金和免学费资金共 1.9 亿余元，免学费人数为 7 万人，享受助学金人数为 2.6 万人；普通高中下拨资金 9 196 万元，资助 4.5 万人；学前教育发放资助金 3 100 余万元，资助家庭经济困难幼儿 3.1 万余人。此外，生源地信用助学贷款签订合同的学生人数为 6.8 万人，合同金额为 4.26 亿元；实施免除全区普通高中建档立卡等家庭经济困难学生学杂费（不含住宿费）政策，下达资金 1 828.48 万元，免除 2.2 万余人学杂费；对固原地区中职学校学生免除住宿费、教科书费并增补生活费；下达“9+3”专项资金 718 万元，享受免补学生为 6 499 人。与自治区教育厅合作的社会组织捐资助学，总量达 9.6 万人、2.2 亿元的规模。

〔卫生与健康教育〕 启动学生动态视力监测档案建设工作，借助银川市视光学研究中心专业优势，分地区、分时间实施学生动态视力监测档案及屈光发育档案建设的公益项目。2016 年，在银川市明确了首批建档学校名单，并开展了相关活动。3 月，及时召开结核病防控工作会议，就新华学院和西夏区部分学校发生结核病疫情以及防控工作进行安排。6 月，开展了以“无悔青春、健康生活”为主题的“全民禁毒宣传月”活动。

〔体育工作〕 自治区政府批准成立了由自治区教育厅等 6 部门共同组成的自治区青少年校园足球工作领导小组，出台了《关于加快发展青少年校园足球工作的实施意见》，确定 128 所全国校园足球特色学校和 2 个试点县（区）。举办全区青少年足球锦标赛，承办 2016 全国大学生五人制足球赛总决赛等一系列学生校园足球赛事，选拔石嘴山市足球队参加全国青少年校园足球夏令营竞赛活动。与宁夏日报报业集团合作举办全区青少年校园足球联赛决赛阶段比赛，共有 36 支代表队近 700 名在校学生参赛。选拔灵武市第一中学参加全国青少年校园足球高中联赛，获西北赛区第 1 名、全国总决赛第 11 名。根据全国学生运动会赛事调整，将全区中学生运动会与全区大学生运动会合并，举办了全区第十二届学生运动会。

〔**艺术教育**〕 选送36个节目（作品）参加全国第五届中小学生艺术节展演活动，获声乐、器乐、舞蹈、合唱、朗诵、戏曲、绘画、书法篆刻和摄影项目等39个奖项（其中一等奖8个、二等奖20个）。邀请国家艺术教育专家讲学团的专家举办了6场艺术专题讲座，组织中央芭蕾舞团、山西省话剧院和自治区学生艺术团深入学校进行了16场演出。组织全区100名音乐骨干教师参加自治区音乐教师合唱指挥专题研修班。

〔**国防教育**〕 选派部分高校领导参加了全国高校领导干部国防教育暨学生军事训练工作专题研修培训班；组织自治区高中阶段学校学生军训教师研修班；在宁夏大学、宁夏六盘山高级中学组织军事课交流与观摩讲座；组织“自治区第二届军事训练营”；选拔人员参加教育部在上海市举办的“第三届全国学生军事训练营活动”。

〔**招生考试**〕 2016年，区属高职院校分类考试招生录取4 998名，占全区高职招生计划的30%，其中面向中职毕业生录取3 413人、面向普通高中招生（自主招生）1 585人。高考总体录取率及本科录取率均较2015年提高2个百分点。自治区政府印发《宁夏回族自治区深化考试招生制度改革实施方案》，推动考试招生制度改革向纵深发展。开展区属国家示范（骨干）高职院校自主招生改革试点，在西部地区率先推行普通高考平行志愿投档录取模式，启动实施高职院校分类考试招生改革，畅通了流动人口子女在宁夏接受高等教育的升学通道。清理规范了宁夏地方性高考加分政策，推进国家教育考试标准化考点建设工程，高考连续4年“零点招”、连续8年“零投诉”。

〔**民族教育**〕 继续实施二期“百标工程”，确定兴庆区回民第一小学等12所回民中小学为2016年度“百标工程”项目学校；平罗县等17个市、县（区）继续实施“三区”人才支持计划教师专项计划，财政部、教育部下达宁夏义务教育阶段教师选派计划1 297人；继续实施少数民族高层次骨干人才计划。自治区教育厅向各地、各学校转发自治区民族事务委员会《关于2016年全区民族团结进步创建活动的安排意见》，并就继续做好民族团结进步宣传教育工作提出指导意见。同时，开展“民族团结月”系列活动，分别组织开展了“民族团结进步模范校”评选活动、“民族团结一家亲”中小学生手抄报展评和“我自己的民族团结”小故事征文活动。

〔**学校安全管理**〕 与中国教育学会合作，加强宁夏学校安全教育信息化平台建设，于春季学期在全区中小学校和幼儿园正式使用。截至2016年年底，共有1 308所学校、18 475名教师和759 668名学生通过平台开展安全教育，累计落实安全教育课程17 752课时。落实《自治区中小学校幼儿园安全管理规范化建设实施方案》，在全区范围内深入推进学校安全管理规范化建设，切实加强学校安全精细化、规范化管理，提高学校安全管理水平。

〔**民办教育**〕 完善工作制度，对《民办非学历教育机构设置管理办法》进行修订，制定了《独立学院筹备设立初审办事指南》《高等职业院校设立初审办事指南》《民办非学历高等教育机构年检量化细则（试行）》。规范办学行为，开展民办学校安全隐患排查、民办中小学校专项督导评估和民办学校招生工作专项督查，联合自治区工商局开展了全区艺考类培训机构集中清查专项整治。同时，健全管理机制，制定《自治区教育厅关于进一步明确机关各处室对民办教育管理职责分工的通知》，建立起各业务部门分工合作、高效运转的工作机制。组织开发“民办教育信息管理系统”，建立信息化管理平台，实现了对全区各级各类民办学校（机构）的动态监控和管理，优化民办普通中等学校设立审批流程。

基 础 教 育

〔**综述**〕 2016年，学前教育发展水平明显提高，教育资源迅速扩大，新建、改扩建幼儿园74所，新增幼儿班444个、新增学位13 290个。全区学前三年毛入园率达77.94%，普惠性幼儿园占幼儿园总数的80%以上。义务教育发展水平稳步提高，启动实施西海固地区义务教育均衡发展攻坚行动，完善了推进义务教育均衡发展评估验收督导工作机制，全区22个县（市、区）有19个县（市、区）通过自治区评估验收，有15个县（市、区）通过国家评估认定，占县区总数的68.2%，国家评估通过率位居西部前列。全区高中阶段毛入学率达91.35%，普通高中课程和考试制度改革有序推进。

〔**学前教育**〕 2016年，自治区预算安排并下达资金19 084万元，安排新建、改建和增设幼儿园74所。审核确定23个县（市、区）的94所幼儿园开展试点工作，并下达补助资金2 000万元。根据《宁夏回族自治区普惠性民办幼儿园评定标准》，进行了新一轮普惠性民办幼儿园评定，全区普惠性幼儿园占幼儿园总数的80%以上。在中宁、泾源、原州、彭阳4个县尝试建立“学前教育巡回支教”试点工作，4个试点县在偏远乡村共设立80个支教点，招聘志愿者400名，中央财政安排专项资金达645万元，较好地缓解了试点县幼儿教师短缺、农村孩子入园难的问题。

〔**义务教育均衡发展**〕 制定《宁夏回族自治区消除义务教育大班额专项规划（2017—2020年）》，全面推进义务教育阶段标准化学校建设，制订了2016年全区全面改善贫困地区义务教育薄弱学校基本办学条件项目年度计划，投入资金13.5亿元，建设项目学校635所；教育民生项目投入资金4 295万元，改造农村中小学体育运动场30所，改造田径运动场30个；投入资金1 990万元，改善63个农村教学点基本办学条件（其中教育民生项目50个）；下达全年膳食补助专项资金25 948.35万元，用于农村义务教育学生营养改善计划，并将全区膳食补助标准提高到每天5.6元。

〔**教学研究**〕 开展“一师一优课、一课一名师”活动，引导教师登录教育部资源平台，学会使用优质教育资源。截至2016年9月底，全区教师在平台注册50 952人，占中小学任课教师的81%。提高教师课堂使用信息技术的普及化程度，全区共“晒课”39 019节，“晒课”教师占中小学任课教师的61%。2015—2016学年度，教育部级优课达354节，学科除覆盖常规的文化课，还重点突出了综合实践、体育艺术、通用技术、心理健康、小学科学等薄弱学科。开展第四届全区基础教育课题研究工作，并对课题进行逐县（市）的中期督导及调研指导，受益教师2 900余人。9月，在银川市举办全区中小学幼儿园教师继续教育一级培训，参与教师2 100余人。

〔**德育工作**〕 在全区中小学校开展“学习党史国史”和“爱学习、爱劳动、爱祖国”主题教育活动，引导广大中小学生学习和践行社会主义核心价值观。根据教育部关心下一代工作委员会《关于开展第十九届全国青少年五好小公民“老师您好　我的好老师”主题教育活动的通知》精神，组织全区5万名中小学生开展“老师您好　我的好老师”征文、书法、绘画、演讲主题教育活动。研究制定《自治区教育厅文明办关于开展文明校园创建活动的通知》，力争到2020年全区文明学校达100%。制定《宁夏回族自治区中小学第三批“书香校园”创建活动实施方案》，开展提升全民科学素养工作，会同自治区科协等部门举办第三十一届全区青少年科技创新大赛和机器人竞赛。银川市西夏区教育局青少年活动中心影视教育基地被教育部遴选为全国影视教育10个基地之一。

〔**心理健康教育**〕 以创建心理健康教育特色学校推动中小学心理健康教育发展，在第11个中小学心理健康教育周期间开展了心理健康教育知识的宣传培训工作，组织召开全区中小学生心理健康教育观摩交流会，观摩了银川回中心理健康教育基地建设和宁夏育才中学、银川一中心理健康教育课程，5所国家级心理健康特色学校分别介绍了工作经验。同时，组织开展了第二批自治区级心理健康教育特色学校建设活动。

〔**电化教育**〕 开展数字化课程资源建设工作，完成4—6年级语文、数学和英语3个学科人教版课程资源建设。建设数字课程资源1 202课时（含教学设计、课件、测评、视频），资源数量4 010套，资源容量达283 GB。资源内容系统完整，部分已上传到“宁夏数字化教育资源公共服务平台”，小学阶段的数字化课程资源建设任务基本完成。在项目工作中，继续做好中国教育发展基金会-戴尔“互联创未来”项目；开展国家教育资源公共服务平台规模化应用试点工作，在中央电教馆组织的项目作品评比中，获一等奖2名、二等奖5名、三等奖多名，在6个项目省（区）中获奖率最高。承办全国项目省区第二期项目教师北片区的培训工作。先后完成了“中国梦——行动有我”全国中小学生微视频征集展播活动、第二十届全国教育教学信息化交流展示活动、第十七届全国中小学电脑制作活动、第七届“中国移动‘和教育’杯”全国教育技术论文活动等竞赛活动，宁夏电化教育中心获优秀组织奖。

〔**教育信息化**〕 2016年底，全区农村中小学所有学校以不同方式实现宽带接入，实现全区中小学接入率全覆盖。组织“2016年全区基础教育优秀微课和优秀网络学习空间评选活动”，全区共收到参赛微课3 195个、师生网络空间2 983个。通过购买服务的形式开通了教育“网络学习空间人人通”，教师和学生开通了“人人通”空间。2016年，在教育部召开的全国边远民族地区教育信息化现场会上，宁夏教育信息化工作尤其是“人人通”工作受到表扬。确定17所学校作为2016年教育信息化示范学校项目建设单位，确定贺兰县、泾源县和兴庆区为宁夏教育信息化达标县（区）。

〔**普通高中考试制度改革**〕 根据教育部《普通高中学业水平考试的实施意见》和《关于加强和改进普通高中学生综合素质评价的意见》精神，在深入调研，广泛征求各市、县（区）教育局、普通高中学校的基础上，研究制定了《宁夏普通高中学生综合素质评价的办法》和《宁夏普通高中学业水平考试的实施办法》，经教育部审核、备案后下发。

〔**特殊教育**〕 根据中国残疾人联合会和教育部提供给宁夏2 737名未入学残疾儿童少年名单，“一人一案”安排就学，建立残疾儿童就学动态监管机制，对核查出来各地未入学的316名残疾儿童，督促各县（区）完善就学保障措施，通过随班就读、特教班、特殊教育学校、送教上门等方式，动员学生就学，按季度通报各地工作进展情况，对进展缓慢地区进行通报、问责，确保每个残疾儿童能够接受一定的教育。开展自治区级特殊教育实验区试点工作，制定了《自治区教育厅办公室关于组织申报自治区级特殊教育改革实验区的通知》，通过开展医教结合、学前融合教育等实验试点工作，全区共有8个县（区）申报开展实验区项目。加强政策指导，制定下发《宁夏回族自治区残疾儿童少年随班就读资源教室建设与管理办法》《宁夏回族自治区轻度残疾儿童少年随班就读工作指导意见》《宁夏回族自治区重度残疾儿童少年送教上门工作指导意见》等一系列文件，规定了教育教学管理人员的工作职责，对随班就读和送教上门提出了明确要求。

职业教育与成人教育

〔**综述**〕 2016 年，建成 9 个自治区现代职业技能公共实训中心并投入使用。自治区召开职业教育与扶贫工作座谈会、全区职业教育及公共实训中心观摩会，自治区政府对职业教育发展给予充分肯定。依托自治区职业教育园区和公共实训中心的职业教育资源共建共享机制初步建立，全年共享实训达 5 315 课时，教师资源共享达 21 074 课时，受益人数达 1.5 万人次，涉及区内外学校 50 余所。组建了 13 个职业教育集团和 1 个区域性职业教育联盟，5 所院校与台湾地区的 19 所院校签署合作办学协议。创新宁津合作机制，累计培养职业教育免费师范生 100 名。

〔**制定职业教育发展规划**〕 根据自治区党委、政府《关于加快发展现代职业教育的意见》和《宁夏回族自治区职业教育考试招生改革实施方案（试行）》，进一步优化教育结构，加快建设现代职业教育体系，确定了宁夏理工学院等 5 所应用型本科试点单位和宁夏职业技术学院等 2 所高职“双创”学院。宁夏医科大学、宁夏建设职业技术学院、宁夏司法警官职业学院开展自主招生试点工作。

〔**中职改革示范校验收**〕 全面开展国家中等职业教育改革示范校第三批学校检查验收工作，自治区教育厅会同自治区人力资源和社会保障厅、自治区财政厅对第三批示范校进行评估验收并做好上报工作。宁夏共申报 13 所国家级中等职业教育改革发展示范校，争取国家专项资金 3.57 亿元。

〔**职业教育园区建设**〕 按照自治区党委、政府关于建设占地 8.8 平方公里、入驻 15 所职业院校的自治区职业教育园区的规划，宁夏职业教育园区已经整合入驻学校 11 所、在建 1 所、3 所正在规划之中，完成自治区职业教育实验实训基地二期建设工程。5 个地级市依托职业教育中心建设共享实验实训基地。除泾源县职业中学外，所有的中等职业学校均完成改扩建或迁建工程。

〔**中国（宁夏）现代职业技能公共实训中心建设**〕 2016 年，现代制造、现代农业等 9 个公共实训中心已建成并投入使用，自治区党委、政府连续在职业教育园区召开现场观摩会和专题会。国务院副总理刘延东到宁期间视察了自治区职业教育园区，参观了公共实训中心，对公共实训中心建设给予极高的评价。羊绒加工、葡萄酒等两个公共实训中心完成论证工作，已启动建设。

〔**职业教育技能大赛**〕 举办 2016 年全区职业院校技能大赛，共设置了 13 个专业大类 96 个比赛项目，来自区内 40 所职业院校、区外 10 所职业院校的 2 000 余名学生参加了比赛，共有 384 名教师获优秀指导教师奖、67 名教师获优秀工作者奖、18 所院校获突出贡献奖，近 3 000 名指导教师参与指导学生集训。选拔代表参加全国职业院校教育技能大赛，获二等奖 2 个、三等奖 17 个。举办全区职业教育信息化教学大赛，选拔选手参加全国职业院校信息化教学大赛，获一等奖 1 个、二等奖 2 个、三等奖 5 个。

〔**教育交流与合作**〕 2016 年，批准宁夏职业技术学院为接收外国留学生单位。支持与共建“一带一路”国家的职业教育交流与合作，邀请 5 所职业技术院校的校长赴约旦参加中阿大学校长论坛并促成签署合作协议。委托宁夏职业技术学院举办中澳职业教育研讨会，学习借鉴先进的国际职业教育理念和成功经验。自治区党委组织部开展职业院校“双导师”制培养工作，安排 150 万元用于高职院校开展“双导师”互派互聘工作，安排 33 名职业院校教师到企业学习，聘请20名企业技能人才到职业院校参与课程改革、教育教学等工作。与天津市教委签订《宁津职业教育合作办学协议书》，重点利用天津市国家职业教育改革示范区的资源，对宁夏职业院校教师进行培训。

〔**社区教育**〕 自治区党委、政府印发《宁夏回族自治区关于进一步推进社区教育改革发展的意见》，开展社区教育实验区、示范区遴选工作，按照国家示范区试点项目，全面做好社区教育实验项目，推动职业院校参与社区教育、老年教育、成人教育。

〔**农村职业教育**〕 组织实施成人继续教育和再就业工程、农村适用型人才培训工程、农村劳动力转移培训工程，努力构建以县职业教育中心为龙头、乡（镇）农民文化技术学校为骨干、村级农民文化技术学校为基础的农村职业教育培训网络。扩大农村中小学现代远程教育工程应用范围，形成了覆盖广大农村地区的中小学信息技术教育网络，充分发挥了“一网多用”功能，在服务教育教学的前提下，积极服务农村党员干部培训和农民实用技术培训，将农村现代远程教育中心建设成为农村科学知识、农业技术和先进文化的传播中心及社会主义新农村建设的重要阵地。

高等教育

〔**综述**〕 2016年，高等教育内涵建设深入推进，全区高等教育毛入学率为43.15%，超过全国平均水平。出台《关于加强高等教育统筹管理的实施办法》，印发《宁夏回族自治区西部一流大学和一流学科建设方案》。宁夏大学“煤炭高效利用与绿色化工实验室”进入省部共建国家重点实验室行列。宁夏医科大学进入教育部、卫生和计划生育委员会、自治区人民政府共建高校行列，临床医学学科进入基本科学指标数据库（ESI）全球学科排名前1%。自治区政府与教育部签订了《“一带一路”教育行动合作备忘录》，先后与中国人民大学、北京师范大学、兰州大学分别签订了教育战略合作协议。

〔**本科高校向应用型转变**〕 落实国家三部委转型发展工作要求，自治区发展和改革委、自治区财政厅和自治区教育厅共同出台了《关于开展本科高校向应用型转变试点工作的实施方案》，引导支持5所新建本科院校和5个二级学院、专业集群向应用型转变，指导每个试点单位制定转型发展方案，并通过举办全区试点高校转型发展培训班、召开海峡两岸本科院校转型发展研讨会等形式，进一步转变高校观念、提升产教融合发展能力，为自治区产业转型升级培养大批应用型专业人才。

〔**创新创业教育改革**〕 落实国家深化高校创新创业教育改革要求，提请自治区政府出台了《宁夏回族自治区深化高等学校创新创业教育改革实施方案》，并以出台一个意见、搭建一个平台、新建一批创客空间、编写一套课程、组织一系列竞赛、成立一批创新创业学院、选聘一批导师、创办一个讲坛、支持一批示范点、选树一批典型“十个一”为抓手，初步建立了高校“双创”教育体系。截至2016年年底，全区高校均立项建设了创新创业学院或创客空间，开展了500个自治区级大学生“双创”训练项目和教师“双创”教改项目，举办了14个全区大学生学科竞赛及宁夏第二届中国“互联网+”大学生创新创业大赛，全年参赛师生近万人次。国务院总理李克强、国务院副总理刘延东到宁夏考察期间，都对高校创新创业教育进行了视察和肯定。

〔**内涵发展**〕　全年组织实施了重点学科专业建设工程、本科教学质量工程、科研水平提升工程、研究生教育创新工程、教师队伍培养工程、开放办学促进工程6个高校内涵发展工程，共16个项目，支持高校重点建设了80多个学科专业、600多个教学科研人才及合作项目。高校教师取得了全国青年教师教学竞赛一等奖、第十四届中国青年科技奖，有1个学科进入基本科学指标数据库（ESI）全球学科排名前1%。

〔**人才队伍建设**〕　提请自治区党委、政府制定了《关于加强高等院校人才工作的实施意见》，提出了"培养4类人才、建立5种机制、实施6个工程、推行7项计划"的任务措施。实施"校企人才双聘计划"，从行业企业聘请了30名优秀人才到高校担任"兼职教授"，从高校选派了30名骨干教授到行业企业担任"技术顾问"。加强"双师双能型"教师队伍建设，遴选80名青年教师到行业企业开展实践锻炼。实施2016年度国内访问学者计划，支持45名教师到国内一流大学、研究机构研修学习1年。启动实施自治区级"教学名师""一流学科团队"建设计划，遴选建设50个"教学名师工作室"和10个"一流学科建设团队"。加强高校管理人员培训，在厦门大学组织了全区高校教学管理和专业建设高级研修班，在台湾地区举办了全区高校学科建设和科技创新管理高级研修班。

〔**举办第四届中阿大学校长论坛**〕　为落实第三届中阿大学校长论坛通过的《中阿高等教育战略性合作行动计划（2015—2019）》，自治区教育厅与阿拉伯大学协会、约旦扎尔卡大学于9月在约旦安曼联合举办了第四届中阿大学校长论坛。参会嘉宾近260人，包括14个阿拉伯国家的48所大学、国内32所大学、8个国际教育机构和区内高校及各部门代表。

撰稿　王辉仁

审稿　韩　宏

新疆维吾尔自治区教育

概　　况

〔基本情况〕

新疆维吾尔自治区各级各类学校校数、教职工、专任教师情况

	学校数（所）	教职工数（人）	专任教师数（人）
一、高等教育			
（一）研究生培养机构（不计校数）	11		
1. 普通高校	11		
2. 科研机构			
（二）普通高等学校	46	29 797	20 010
1. 本科院校	18	18 736	12 100
其中：独立学院	5	1 347	1 024
2. 高职（专科）院校	28	11 061	7 910
3. 其他普通高教机构（不计校数）			
（三）成人高等学校	6	1 650	1 155
（四）民办其他高等教育机构			
二、中等教育	1 701	194 779	144 213
（一）高中阶段教育	629	90 297	59 297
1. 高中	354	66 162	41 051
普通高中	354	66 162	41 051
完全中学	159	29 706	13 841
高级中学	133	26 310	24 005
十二年一贯制学校	62	10 146	3 205
成人高中			
2. 中等职业教育	275	24 135	18 246
普通中专	90	8 551	6 514

续表

	学校数（所）	教职工数（人）	专任教师数（人）
成人中专	16	918	670
职业高中	61	3 146	2 494
技工学校	108	11 520	8 568
其他中职机构（不计校数）			
（二）初中阶段教育	1 072	104 482	84 916
1. 初中	1 062	104 468	84 905
初级中学	443	49 700	45 440
九年一贯制学校	619	54 768	23 887
十二年一贯制学校			2 785
完全中学			12 793
职业初中			
2. 成人初中	10	14	11
三、初等教育	4 057	129 833	146 795
（一）普通小学	3 526	128 981	146 395
小学	3 526	128 981	118 277
九年一贯制学校			25 275
十二年一贯制学校			2 843
（二）成人小学	531	852	400
其中：扫盲班	498	735	352
四、工读学校	5	381	139
五、特殊教育	28	1 060	937
六、学前教育	4 643	57 784	41 758

注：①完全中学的学校数和教职工数计入高中阶段教育，九年一贯制学校的校数和教职工数计入初中阶段教育，十二年一贯制学校的校数和教职工数计入高中阶段教育。专任教师按照教育层次进行归类。②技工学校数据为 2015 年数据。③“（　）”内数据为不计校数。

新疆维吾尔自治区各级各类学历教育学生情况

单位：人

	毕业生数	招生数	在校生数
一、高等教育			
（一）研究生	5 574	6 734	19 214
博士	168	304	1 193
硕士	5 406	6 430	18 021
（二）普通本专科	73 711	92 191	319 875
本科	32 647	42 281	168 975

续表

	毕业生数	招生数	在校生数
专科	41 064	49 910	150 900
（三）成人本专科	28 993	29 846	81 022
本科	10 107	13 918	34 091
专科	18 886	15 928	46 931
（四）其他各类高等学历教育			
1. 在职人员攻读硕士学位		978	4 046
2. 网络本专科生			
本科			
专科			
二、中等教育	540 547	612 620	1 775 300
（一）高中阶段教育	211 374	316 699	859 626
1. 高中	144 332	192 953	537 749
普通高中	144 332	192 953	537 749
完全中学	50 091	64 710	174 518
高级中学	80 835	113 568	320 200
十二年一贯制学校	13 406	14 675	43 031
成人高中			
2. 中等职业教育	67 042	123 746	321 877
普通中专	39 576	60 678	157 534
成人中专	1 343	7 156	18 614
职业高中	14 015	21 105	58 960
技工学校	12 108	34 807	86 769
（二）初中阶段教育	329 173	295 921	915 674
1. 初中	303 303	295 921	894 798
初级中学	168 574	162 827	500 694
九年一贯制学校	72 091	74 449	217 164
十二年一贯制学校	10 275	10 382	30 840
完全中学	52 363	48 263	146 100
职业初中			
2. 成人初中	25 870		20 876
三、初等教育	315 117	405 063	2 182 018
（一）普通小学	297 116	405 063	2 159 430
小学	233 140	331 083	1 742 454
九年一贯制学校	56 546	66 967	373 156
十二年一贯制学校	7 430	7 013	43 820

续表

	毕业生数	招生数	在校生数
（二）成人小学	18 001		22 588
其中：扫盲班	15 084		19 189
四、工读学校	359	470	1 431
五、特殊教育	940	1 484	7 537
六、学前教育	361 735	467 882	919 555

注：①完全中学、九年一贯制学校和十二年一贯制学校的学生数按教育层次分别计入对应教育阶段的学生数。②特殊教育学生数中包括义务教育阶段随班就读的学生数、其他学校附设特教班学生数。

新疆维吾尔自治区各级各类非学历教育学生情况

单位：人次

	结业生数	注册学生数
总计	1 580 676	1 829 750
一、高等教育	134 389	123 444
（一）研究生课程进修班		
（二）自考助学班	195	1 919
（三）普通预科生		
（四）进修及培训	134 194	121 525
其中：资格证书培训	34 300	20 843
岗位证书培训	89 434	90 222
二、中等职业教育	1 446 287	1 706 306
其中：资格证书培训	125 529	55 714
岗位证书培训	318 230	458 417
（一）中等职业学校	84 021	26 114
其中：资格证书培训	31 840	10 552
岗位证书培训	20 647	3 344
（二）职业技术培训机构	1 362 266	1 680 192
其中：资格证书培训	93 689	45 162
岗位证书培训	297 583	455 073

新疆维吾尔自治区各级各类民办学校校数、教职工、专任教师情况

	学校数（所）	教职工数（人）	专任教师数（人）
一、高等教育			
（一）研究生培养机构（不计校数）			
1. 普通高校			
2. 科研机构			

续表

	学校数（所）	教职工数（人）	专任教师数（人）
（二）普通高等学校	9	2 286	1 742
1. 本科院校	5	1 347	1 024
其中：独立学院	5	1 347	1 024
2. 高职（专科）院校	4	939	718
3. 其他普通高教机构（不计校数）			
（三）成人高等学校			
（四）民办其他高等教育机构			
二、中等教育			
（一）高中阶段教育			
1. 高中			
普通高中	26	2 160	884
完全中学	7	645	266
高级中学	7	248	207
十二年一贯制学校	12	1 267	411
成人高中			
2. 中等职业教育			
普通中专	3	86	63
成人中专			
职业高中	2	2	
技工学校			
其他中职机构（不计校数）			
（二）初中阶段教育			
1. 初中	11	511	606
初级中学	1	107	88
九年一贯制学校	10	404	180
十二年一贯制学校			202
完全中学			136
职业初中			
2. 成人初中			
三、初等教育			
（一）普通小学	17	436	758
小学	17	436	333
九年一贯制学校			124
十二年一贯制学校			301
（二）成人小学			

续表

	学校数（所）	教职工数（人）	专任教师数（人）
其中：扫盲班			
四、工读学校			
五、特殊教育	1	12	8
六、学前教育	918	17 466	8 586
另有：民办培训机构（不计校数）	223	2 889	1 328

注：①完全中学的学校数和教职工数计入高中阶段教育，九年一贯制学校的校数和教职工数计入初中阶段教育，十二年一贯制学校的校数和教职工数计入高中阶段教育。专任教师按照教育层次进行归类。②“（ ）”内数据为不计校数。

新疆维吾尔自治区各级各类民办教育学生情况

单位：人

	毕业生数	招生数	在校生数
一、高等教育			
（一）研究生			
博士			
硕士			
（二）普通本专科	7 062	10 149	34 496
本科	4 220	5 800	22 218
专科	2 842	4 349	12 278
（三）成人本专科	398	20	66
本科			
专科	398	20	66
（四）另有其他学生			
1. 民办高校			340
2. 民办其他高等教育机构			
二、中等教育			
（一）高中阶段教育			
1. 高中			
普通高中	5 004	4 804	14 458
完全中学	1 160	1 631	4 437
高级中学	1 592	1 554	4 210
十二年一贯制学校	2 252	1 619	5 811
成人高中			
2. 中等职业教育			
普通中专	2 197	2 601	6 629
成人中专	638		

续表

	毕业生数	招生数	在校生数
职业高中	85	38	69
技工学校			
另有其他学生数			
（二）初中阶段教育			
1. 初中	3 196	2 409	8 167
初级中学	488	490	1 415
九年一贯制学校	1 176	660	2 708
十二年一贯制学校	804	435	1 697
完全中学	728	824	2 347
职业初中			
2. 成人初中			
三、初等教育			
（一）普通小学	2 417	2 004	12 943
小学	1 110	1 140	6 963
九年一贯制学校	465	319	1 987
十二年一贯制学校	842	545	3 993
（二）成人小学			
其中：扫盲班			
四、工读学校			
五、特殊教育		9	73
六、学前教育	50 168	69 950	166 735
另有：民办培训机构（不计校数）			130 153

注：①完全中学、九年一贯制学校和十二年一贯制学校的学生数按教育层次分别计入对应教育阶段的学生数。②特殊教育学生数中包括义务教育阶段随班就读的学生数、其他学校附设特教班学生数。③“另有其他学生数”包括自考助学班学生数、预科生数、进修及培训学生数。

〔**教育投入**〕 2016 年，全区教育经费总收入 782.3 亿元，比 2015 年增长 9.51%。其中，国家财政性教育经费为 720.93 亿元，比 2015 年增长 10.58%；事业收入 34.16 亿元。2016 年，全区城乡义务教育经费总投入 440.54 亿元，学前教育经费投入 78.76 亿元，普通高中教育经费投入 81.24 亿元，中等职业教育经费投入 45.86 亿元，高等教育经费投入 93.07 亿元。

〔**中小学教育工程专项投资**〕 2016 年，新疆中小学教育工程项目投入资金 31.62 亿元，建设面积 113.9 万平方米。其中，城乡义务教育阶段学校校舍维修改造长效机制专项资金 9.38 亿元，建设面积 35.96 万平方米；义务教育学校建设项目投资 2.4 亿元，建设面积 9.27 万平方米；农村学校教师周转宿舍建设工程投资 1.35 亿元，建设面积 6.75 万平方米；改善普通高中办学条件工程投资 1.11 亿元，建设面积 2.81 万平方米；农村义务教育薄弱学校改造计划投资 16.78 亿元，建设面积 59.11 万平方米；城市公办义务教育阶段学校校舍安全保障工程投资 0.6 亿元。截至 2016 年年底，全区投入全面改善贫困地区义务教育薄弱学校基本办学条件经费总计 93.45 亿元，其中用于校园校舍建设 68.09 亿元，批复建设面积 362.8 万平方米，用于附属设施建设 18.56 亿元；用于设备购置 4.16 亿元；用于校舍维修 0.7 亿元；用于运动场建设 1.9 亿元，批复建设运动场面积 42.42 万平方米。

〔**定向培养免费师范生**〕 进一步推进自治区定向培养免费师范生工作改革，完善招生政策，按照 3 080 人的规模，确定年度培养计划。其中在自治区教育厅内地新疆学生工作办公室及山东理工大学的支持下，疆外院校培养计划从 425 人增至 525 人；做好 2016 届 688 名教育部直属师范大学免费师范生、1 794 名自治区定向培养免费师范生就业安置工作；做好自治区 2017 年“农村学校教育硕士师资培养计划”工作，共遴选 45 名学生（其中新疆大学 7 名、新疆师范大学 38 名）。

〔**教师管理**〕 开展教师信息化管理工作，下发《关于举办全国教师管理信息系统培训班的通知》，组织各地教育局、高等学校、直属中等职业学校举办全国教师管理信息系统培训班，做好全国教师管理信息系统启动、数据采集和使用相关工作。做好乡村教师生活补助工作，落实南疆四地州集中连片特困县乡村教师生活补助政策，按照人均每月 200 元的标准，为南疆四地州 33 个县市 101 587 名乡村教师发放补助 24 380.88 万元。突出抓好南疆教师队伍建设，根据自治区党委优先发展南疆教育的精神，通过多次调研，切实摸清南疆教师队伍现状，分析南疆教师队伍建设存在的问题，提出南疆教师队伍建设的对策和建议，研究制定了南疆教师队伍建设方案。

〔**国家和自治区级教师培训**〕 2016 年，针对教师短缺和工学矛盾突出的实际，统筹国家和自治区教师培训项目和资源，按照覆盖全区、突出南疆、突出乡村教师的原则，加强教师培训工作，努力提高教师培训质量。实施国家级培训计划项目，新增 4 个国家级培训计划项目县（市），统筹实施团队研修、网络研修、送教下乡、乡村教师访名校四类项目，支持项目县（市）县域教师培训团队建设和教师培训整体实施，举办乡村教师培训管理者研修班。建设教师培训基地学校，按照“一县一校”的原则，从 31 个项目县（市）遴选 33 所优质中小学（南疆地区 12 所学校）作为教师专业发展培训基地学校，并从 31 个项目县（市）中评选 9 个县（市），给予经费支持，由项目县（市）自主实施送教下乡培训。通过集中、网络、送教等方式，共培训全区教师 13 万余人次。

〔**学生资助工作**〕 2016 年，国家和自治区资助高校学生的奖学金、助学金及各种补助等专项资金 16.82 亿元，71.28 万名学生受益。其中国家励志奖学金 0.39 亿元，奖励学生 0.77 万人；国家助学金 2.11 亿元，资助学生 7.04 万人；自治区政府助学金 1.6 亿元，资助学生 6.5 万人；高校少数民族预科生学费、住宿费补助 0.71 亿元，资助学生 1.82 万人；高校毕业生基层就业学费补偿和国家助学贷款代偿 0.34 亿元，资助学生 0.71 万人；高校研究生国家奖学金、助学金 0.97 亿元，奖励资助研究生 1.47 万人；高校研究生自治区学业奖学金 0.22 亿元，奖励研究生 0.69 万人。拨付中职学校免学费补助资金 3.19 亿元，资助学生 16.36 万人次；拨付中等职业学校国家助学金 1.88 亿元，资助学生 9.57 万人次；拨付普通高中国家助学金 5.09 亿元，资助学生 25.45 万人次；拨付“滋惠计划”和“励耕计划”0.32 亿元，资助家庭经济困难学生和教师 0.9 万人。

〔**内地新疆高中班**〕 2016 年，内地新疆高中班报名 44 494 人，录取新生 9 880 人（含兵团 350 人），农牧民子女录取比例达 77%。办班城市达 45 个，办班学校 93 所，在校生 3.4 万余人。2016 年，内高班高考招生本、专科录取 6 929 人，录取率达 95%以上。

〔**内地新疆中职班**〕 2016 年，内地新疆中职班报名人数为 14 573 人，录取新生 3 061 人，南疆四地州考生录取 1 293 人，占录取总人数的 42.2%；少数民族考生录取 2 497 人，占录取总人数的 81.6%；农牧区考生录取 2 001 人，占录取总人数的 85%。内地新疆中职班办班城市达 27 个，办班学校 31 所，在校生 9 042 人。

〔**内地高校支援新疆协作计划**〕 2016 年，协作计划高校在新疆招收 8 335 名少数民族考生。继续扩大协作计划本、专科预科生在区内院校的培养规模，将新疆大学、新疆师范大学、新疆农业大学、新疆警察学院和新疆师范高等专科学校等 5 所高校设为协作计划预科学生区内培养点，共承担内地 157 所目标学校的 3 444 名预科新生的培养任务。

〔**教育交流与合作**〕 2016 年，新疆重点围绕国家“一带一路”倡议和自治区丝绸之路经济带核心区“五大中心”建设规划，贯彻落实中央办公厅、国务院办公厅《关于做好新时期教育对外开放工作的若干意见》和教育部《推进“一带一路”教育行动》，签署《教育部与新疆维吾尔自治区人民政府开展“一带一路”教育行动国际合作备忘录》，完成了“十三五”期间教育外事发展的顶层设计，草拟形成了“1《规划》+1《意见》+1《行动计划》”。

7 月 29 日至 31 日，承办孔子学院总部理事座谈会和西部四省（区）孔子学院中方承办院校座谈会。会后国家汉办启动了一揽子对新疆汉语国际教育和孔子学院建设的支持项目，即获批建设 2 所全球示范孔子学院，给予了包括国际汉语教师培训中心建设、3 所“多元文化展厅”建设、“丝绸之路学汉语”系列教材研发和出版、文化展演和新建 3 所孔子学院等项目。

9 月 27 日至 28 日，举办“中国—中亚国家大学校长论坛”。形成《巴基斯坦教育合作规划》，落实 11 项出访成果任务的工作方案。配合自治区代表团访问哈萨克斯坦工作，自治区教育厅与东哈萨克斯坦州教育局签署《关于新疆维吾尔自治区教育厅与东哈萨克斯坦州教育局教育领域合作协议》，形成了《我区与东哈州教育领域合作路线图项目进度基本情况》的报告。

7 月，自治区党委常委、自治区政府副主席艾尔肯·吐尼亚孜带领新疆教育科技代表团赴俄罗斯、英国和丹麦访问，并开展针对海外新疆籍留学生服务管理工作调研。

2016 年，新疆籍优秀自费留学生奖学金项目共接受在 37 个国家留学的 532 名学生网络报名，其中奖励资助 160 名新疆籍优秀自费留学生，奖励总额 600 万元。组织推荐 123 人申报国家留学基金委公派出国留学项目；组织完成自治区人民政府地方公派出国留学项目成组配套项目申报及评审工作，共有 11 所高校 63 个科研小组 289 人申报，经专家评审共录取 7 所高校 25 个项目 116 人。

做好教育系统因公长（短）期出国（境）审批手续，其中短期公派出国（境）600 人次、长期公派出国（境）249 人次、赴台湾地区 130 人次。全区各级各类学校聘请外籍教师近百人，涉及英国、美国、俄罗斯、乌克兰等 20 个国家和地区。

新批准 3 个专科层次的中外合作办学项目，截至 2016 年年底，全区中外合作办学项目共有 21 个，其中本科层次 1 个、专科层次 16 个、高中层次 4 个，并已完成教育部备案工作。中外合作项目主要涉及美国、加拿大、英国、俄罗斯、马来西亚、新加坡等国家。

2016 年，新疆教育国际交流协会和留学服务中心作为教育部国外学历学位认证的一级验证点，全年受理认证申请 540 份。

基础教育

〔**学前教育**〕 2016 年，自治区完成全国学前教育信息管理系统的数据录入，规范全区学前教育信息化管理。召开《自治区幼儿园等级评估标准解读》评审及学前教育研讨会。

用好扶持学前教育发展奖补资金，做好2015年中央和自治区财政拨付奖补资金1.52亿元的分配审核和2016年奖补资金申报工作。2016年，奖补资金主要用于解决进城务工农民工子女入园和支持城市集体、企业、事业单位办幼儿园。2016年，财政部、教育部下达自治区学前教育发展中央和自治区城市学前教育奖补资金2.28亿元（其中，中央拨付17 830万元、自治区配套5 000万元）的审核拨付工作，全区奖补532所幼儿园（公办幼儿园299所、民办幼儿园233所）。

12月3日，举办首届自治区幼儿园教师技能大赛，为全区幼儿教师专业化成长提供平台。

〔**中小学教学质量提升工程**〕　2月23日，自治区党委召开南疆教育质量提升工作推进会，全面推进南疆教育质量提升工作。此后又陆续召开南疆中小学教学质量监测工作会和以课堂教学改革为主题的南疆中小学教学质量提升工程推进会。制定印发《自治区中小学教学常规管理基本要求》，依据自治区中小学教学常规管理评估指标体系和实施细则，组织专家对项目县试点学校的项目推进情况进行诊断评估。

6月，采取统一命题、统一组织考试、统一评卷、统一分析评价的方式，开展南疆四地州五、七、八、九年级教学质量监测工作。监测范围覆盖南疆四地州33个县的学校，监测人数55万人。

2016年，组织开展第二批自治区教学能手培养工作室申报工作，通过逐级评审，评选出第二批自治区级中小学、特殊教育学校教学能手工作室44个。组织11.6万名南疆四地州乡村教师信息化应用培训。

〔**普通高中改革**〕　2月，组织安排了第六批自治区示范性普通高级中学评估及复验工作，10所学校新申报自治区示范性普通高中，评估工作于11月结束。评估确定10所学校均未达到自治区示范性普通高中的标准，要求限期整改后再评估。3月，教育部办公厅对新疆《深化考试招生制度改革实施方案》提出书面修改意见，将新疆实施综合改革时间从2018年推迟到2019年。7月至8月，根据自治区党委工作安排，自治区教育厅会同自治区卫生和计划生育委员会在新疆师范大学附属中学举办了中医“杏林实验班”，在新疆实验中学举办了维吾尔医学“杏林实验班”。

〔**学生管理工作**〕　完成全区378 971名小学新生信息采集、23 962名在校生注册和高中2016级17万名新生数据采集注册、高中2013级13万名学生综合素质评价、毕业生资格认证以及2 300名外来务工人员子女高考资格（学籍）审核等工作。

〔**特殊教育**〕　2016年年初，召开2015年新疆教育学会特殊教育专业委员会第三届理事会年会。2月至4月，组织专家收集、整理和出版《自治区特殊教育学校规章制度汇编》。4月，举办“自治区视障教育跟班培训学习”，选派12名特殊教育学校骨干教师赴北京市盲人学校、乌鲁木齐市盲人学校参加培训。5月，组织专家团队继续开展“2016年特殊教育骨干师资送教下基层活动”及对口帮扶和相关督查工作，本次有16名特殊教育专家赴5个地区的11所特殊教育学校送教。完成申报第二批自治区中小学、特殊教育学校教学能手培养工作室相关工作，经过个人申报、学校审核、地县教育行政部门审批推荐、自治区专家组评审等程序，最终确定昌吉州特殊教育学校、哈密市特殊教育学校和乌鲁木齐市盲人学校为第二批自治区级特殊教育学校教学能手工作室。7月13日至19日，在哈密市举办了自治区特殊教育学校培智教育骨干教师培训班，全区共有110名特殊教育学校的校长和骨干教师参加培训。10月19日至24日，在乌鲁木齐市举办自治区特殊教育学校综合管理工作研讨培训班。12月8日至13日，在新疆师范高等专科学校（新疆教育学院）举办自治区首期孤独症儿童教育师资培训班。2月，完成新疆师范高等专科学校申请设立的相关工作，自治区特殊教育培智资源中心成立。

职业教育

〔**职业教育内涵发展**〕 起草品牌专业、生产性实训基地等4个项目的实施方案。根据区域生产发展需求，完成高职院校20个专业大类265个专业、中职学校19个专业大类190个专业的备案工作。立项教育部、文化部、国家民族事务委员会全国民族文化传承与创新示范专业点2个；立项教育部办公厅、民政部办公厅、国家卫生和计划生育委员会办公厅首批全国职业院校养老服务类示范专业点2个；开展10个纺织服装人才培养实训基地建设；严把教材政治关，实施自治区职业教育地方特色教材建设项目，新增25册地方性特色课程教材。

着力提升职业学校人才培养质量，建立全区职业学校教育教学管理定期督查机制，对全区171所中职和高职院校通过现场和网络平台两种方式进行教育教学管理工作专项督查，印发督查报告，并跟踪整改进展。建立全区职业学校教学工作诊断与改进机制，制定《自治区职业学校内部质量保证体系诊断与改进实施方案》(含中职、高职)，召开全区中职、高职教学诊断与改进推进会，组建了自治区职业院校教学工作诊断与改进专家委员会，建设人才培养状态数据平台。健全自治区职业教育年度质量报告机制，发布《新疆维吾尔自治区高等职业教育年度质量报告（2016)》，并开展首批中职学校年度质量报告试点。开展全区中职学校少数民族教育质量调研，形成《自治区中等职业学校少数民族教育质量调研报告（2016)》。

〔**师资队伍建设**〕 制定《关于“十三五”加强职业教育教师队伍建设的实施意见》《自治区中等职业教育“定向培养免费师范生”计划实施方案(2016—2020年)》。2016年度，完成271名定向中职免费师范生招生计划，安置165名毕业生就业。举办专业骨干教师、汉语骨干教师、“双师型”教师、信息化技术教师培训，培训职业学校教师672人次。组织开展自治区首届职业学校教师教学基本功大赛，“以赛促教”，提升了全区职业学校教师的教学水平。

〔**对口帮扶工作**〕 制定印发《南疆职业教育对口帮扶计划实施方案（2016—2020年)》，报送教育部申请启动自治区高职院校对口支援工作，实现援疆省市对口支援和区内示范（优质）职业学校对口帮扶两个“全覆盖”。南疆50所受援职业学校（含3所兵团院校）和10省市124所托管、支援院校签订了对口支援协议。安排部署区内25所中职、高职示范（骨干）院校帮扶南疆47所职业学校。组织召开自治区职业教育对口帮扶启动会、年度总结会以及“十三五”帮扶实施方案论证会，具体落实推进帮扶工作。

牵头探索建立“M+1+N”职业教育精准扶贫新模式，由上海工程技术学校等8所内地知名院校和新疆农业职业技术学院帮扶南疆职业院校的“8+1+N”帮扶模式作为试点开展工作，已签订合作意向书。这9所院校联名向全国百所国家示范性高职院校和百所骨干职业院校发出“助力职教发展，建设美好新疆”的倡议，号召与新疆职业院校开展全面的战略合作，推动新疆职业教育发展。

〔**招生与就业**〕 以夯实中职教育基础地位为目标，制定全区中职招生计划，编印多语种招生宣传手册，推进中职学校招生工作。加强北疆地区职业学校招收南疆生源的指导和督查，在和田市召开南疆中职学校招生工作推介会，高位推动招生工作。

〔**规范中职生管理**〕 建立全区职业学校教育教学管理定期督查机制，对全区171所中职和高职院校通过现场和网络平台两种方式进行教育教学管理工作专项督查，印发督查报告，并跟踪整改进展。

〔**举办职业院校技能大赛**〕 举办2016年度全区职业院校技能大赛，共有123所职业院校的3 186名师生参与了25个专业类别99个赛项的角逐。在自治区大赛的基础上选拔260名选手参加全国职业院校技能大赛，获一、二、三等奖22项。组织召开全区职业院校技能大赛总结表彰会，对获奖单位和师生进行表彰。以喜闻乐见的形式组织全区职业学校开展职业教育活动周活动，共有职业院校学生、企业员工、社区居民、学生家长等30余万人次参加了职业教育活动周活动，自治区及驻疆20余家主流媒体对活动进行了报道。

高等教育

〔**专业建设**〕 为进一步提升全区高校本科专业建设水平、优化专业结构、强化内涵建设，培养高质量专业人才，经自治区党委、自治区政府同意，确定35个专业为自治区普通高校第一批重点专业建设项目，其中特色品牌专业10个、战略性新兴专业7个、创新创业示范专业18个。

〔**教育改革**〕 根据《教育部关于印发〈普通高等学校本科专业目录（2012年）〉〈普通高等学校本科专业设置管理规定〉等文件的通知》和《关于2015年普通高等学校本科专业设置工作有关问题的说明》的要求，组织全区普通高校新增本科专业的申报和审核工作。经教育部批准或备案，全区高校新增14个本科专业。

为加强医教协同，促进教改服务医改，加强医学人才培养，经自治区政府与国家卫生和计划生育委员会、教育部共同协商，决定共建新疆医科大学，并正式下发《新疆维吾尔自治区人民政府、国家卫生计生委、教育部关于共建新疆医科大学的意见》。通过共建，深化高校医教改革，提升全区高校办学水平和人才培养质量。

〔**“天山学者”招聘工作**〕 根据《关于启动第四批自治区“天山学者计划”招聘工作的通知》及各高校实际情况，经报自治区党委人才工作领导小组办公室同意，自治区教育厅启动了第四批自治区“天山学者高层次人才特聘计划”，确定了30个学科招聘岗位。

〔**师资队伍建设**〕 一是完成11所高校“天山学者”实施情况调研工作，遴选并公布第四批招聘岗位名单，同时整理汇总前三批设岗学科及在聘人员情况。二是完成教师岗前培训安排，2016年第一期共培训368人，暑期预计岗前培训365人。组织支持各高校开展青年教师教学能力提升计划，共收到新疆大学俄语类、创新创业类培训方案18个。完成高校青年骨干教师参加2016年度外语强化培训的选派工作。三是开展援疆博士师资专项计划，汇总各校的录取情况并安排2017年的招生计划工作。通过教育部推荐11名青年骨干教师国内访学。开展少数民族高层次骨干计划资格确认和协议签订工作，2016年度硕士资格确认共计1 107人，其中少数民族1 072人，占比96.8%，汉族35人，占比3.2%；博士资格确认共计144人，其中少数民族101人，占比70.1%，汉族43人，占比29.9%。开展少数民族骨干计划考生签订协议工作，建立了2016年少数民族高层次骨干计划录取考生信息数据库。四是启动2016年度高校与法律实务部门人员互聘“双千计划”、高校与宣传部门人员互聘“双千计划”工作。五是启动新疆大学等高校4名教育部“新世纪优秀人才支持计划”入选者项目结题验收工作。

〔**科学研究**〕 一是完成2015年度高校科研工作基本数据汇总工作并上报教育部科技司；继续实施高校科研计划，支持高校自然科学领域科研工作：完成2013年度108项科研计划项目结题验收和157个项目中期检查工作；开展2016年度高校科研计划项目申报遴选工作，资助约191项；编辑出版《自治区高校科研信息（2016年第1—4期）》。二是推进协同创新中心、人文社会科学重点研究基地等重点创新平台建设，划拨780万元专项经费，继续支持30个普通高校人文社会科学重点研究基地建设工作；划拨270万元专项经费，支持高校4个自治区级协同创新中心建设工作。三是邀请中国高等教育学会秘书长康凯和北京大学、清华大学等高校专家到新疆高校调研指导工作并召开新疆高校实验教学平台建设与发展研讨会；组织各高校（含高职高专）启动2015—2016学年实验室信息统计上报工作。四是组织新疆大学、新疆医科大学参加第十九届中国北京国际科技产业博览会、第十八届中国国际高新技术成果交易会，加强高校科技创新宣传工作；组织区属高校遴选14个大学生创新创业训练项目参加2016年度全国创新创业大赛，组织自治区44所本、专科高校和科技人员开展创新调查活动。五是实施大型网络活动“艾德莱斯出天山”，组织新疆大学、新疆艺术学院等4所高校成立艾德莱斯创意产品研发小组，发扬民族传统文化方面的优势。

〔**基础能力建设**〕 一是完成了高校预算拨款政策调研报告，基本落实自治区高校生均拨款12 000元标准。二是启动“十三五”自治区本科高校基本建设规划的编制工作并已完成有关草案的编制工作，建立区属11所本科院校的教学楼、基础教学实验楼、实训基地以及图书馆等315个基础设施建设项目库。三是编制完成《自治区中西部高校基础能力建设工程（二期）建设规划方案》，最终确定新疆大学、新疆农业大学、新疆医科大学、新疆财经大学、新疆警察学院5所学校作为项目学校，“十三五”期间每所学校中央投入1亿元。四是完成2016年度中央财政支持地方高校发展专项资金预算1.26亿元的编报工作，支持新疆大学等9所本科高校5大类项目47个子项目的建设。

〔**学生学籍学历管理**〕 一是按照年度工作计划，按时完成2016届10.5万名高校毕业生的即时电子注册工作，其中普通高校毕业生8万人、成人高校毕业生2.5万人。二是完成2016年13.5万名高等学校新生学籍注册工作，其中普通高校新生10.3万人、成人高校新生3.2万人。三是根据《关于进一步规范自治区高校转学工作的通知》，完成了2016年春秋两季转学36人、转专业3 000余人。四是完成了2016级五年制高职新生的学籍注册工作和2016年3 868名五年制高职新生学籍预注册的审核工作。五是组织召开自治区高等教育学籍学历工作暨高校学生图像采集工作会议，对全区110余名高校学籍学历管理工作人员进行业务提高培训。六是完成了2016级普通高校和成人高校毕业生信息图像采集和高校数字证书续费相关工作。七是协助自治区教育厅发展规划处审核2016年自治区普通高校招生章程。七是协助相关处室做好2016年普通高等教育专科毕业生升本科的遴选工作。

〔**毕业生就业创业**〕 一是组织专家组对新疆医科大学、新疆艺术学院、新疆工程学院等19所高校进行督导评估。二是发挥校园招聘主渠道作用，组织开展了为期1个多月的高校毕业生校园双选招聘系列活动，举办各类招聘会521场，参会单位4 722家，提供就业岗位98 492个。三是做好大学生征兵工作，首次组织优秀民汉大学生士兵进高校征兵宣讲活动，全区大学生网上报名参军达9 309人，较2015年同期提高18.9个百分点。四是协助相关部门积极组织高校做好“西部志愿者”计划、“三支一扶”计划、“农村特岗教师”和“高校毕业生到村任职”等基层就业项目，组织招募工作。五是结合国家和自治区的就业形势，及时制定下发了《关于开展普通高校毕业生精准就业服务工作的通知》。六是与自治区人力资源和社会保障厅筹备召开了自治区普通高等学校毕业生就业创业工作电视电话会议，对进一步做好2016年自治区高校毕业生离校后的就业创业工作进行了安排部署。七是与自治区人力资源和社会保障厅共同完成了万名普通高校毕业生创业培训（SYB）工作，与自治区人力资源和社会保障厅完成了全区41所高校8万名毕业生离校前签约信息的采集、统计和毕业生的派遣工作，为人力资源和社会保障部门做好离校未就业毕业生的精准帮扶工作奠定了基础。八是启动了“新疆高校学生职业发展与就业指导”精品课的申报评选工作。

2016年，全区普通高校毕业生79 905人，截至2016年年底，各高校已就业毕业生70 668人，就业率为88.44%，与2015年基本持平；国家免费师范毕业生731人，已签约727人（其中少数民族308人），签约率达99.45%（其中少数民族99.7%）。

撰稿　宋明广
审稿　曹　刚

新疆生产建设兵团教育

概　　况

〔基本情况〕

新疆生产建设兵团各级各类学校校数、教职工、专任教师情况

	学校数（所）	教职工人数（人）	专任教师数（人）
一、普通高等学校	6	4 654	3 219
二、成人高等学校	2	916	668
普通高校成教院	3		
三、中等职业院校	21	1 575	1 107
其中：中等技术学校	19	1 393	966
中等师范学校	1	98	71
成人中专学校	1	84	70
职业高中			
高校附属中职机构	3		
四、普通中学	249	16 196	13 846
完全中学	16		
高级中学	14		
十二年一贯制学校	16		
初级中学	12		
九年一贯制学校	191		
五、小学	54	13 179	11 598
一贯制学校小学部	207		
教学点	13		
六、幼儿园	274	6 013	3 462
合计	606	42 533	33 900

新疆生产建设兵团各级各类学历教育学生情况

	毕业生数（人）	招生数（人）	在校生数（人）
一、研究生（培养单位）	1 255	1 384	3 834
其中：博士生	27	73	260
硕士生	1 228	1 311	3 574
二、普通本专科	12 349	13 575	49 009
其中：本科	8 987	8 612	35 587
三、成人高校	6 545	8 196	23 303
其中：普通高校成教院	5 111	7 313	21 144
四、中等职业学校	8 478	9 966	28 431
其中：中等技术学校	7 654	6 240	18 822
中等师范学校	80	409	671
成人中专学校		2 288	6 552
职业高中			
高校附设中职机构	744	1 029	2 386
五、普通中学	47 483	47 171	138 672
高中	18 320	18 898	55 014
初中	29 163	28 273	83 658
六、小学	27 106	26 398	160 350
七、幼儿园	24 566	31 234	67 505
合计	127 782	137 924	471 104

〔**综述**〕 2016年，兵团教育系统以落实习近平总书记在新疆和兵团考察工作及在第二次新疆工作座谈会上的重要讲话精神为主线，坚持社会主义办学方向和教育优先发展战略，全面推进从严治党，落实立德树人的根本任务，积极将教育工作聚焦到新疆工作总目标上来，聚集到发挥兵团特殊作用上来，全面推动各级各类教育协调发展和改革创新，关键环节的改革取得显著成效。2016年，兵团小学学龄儿童净入学率达99.93%，初中适龄少年净入学率达97.1%，九年义务教育巩固率达98.22%，高中阶段毛入学率达91.37%；兵团中小学及幼儿园母语为非汉语的少数民族在校（园）生接受国家通用语言文字教学覆盖率达95.35%，其中中小学覆盖率达95.53%、学前教育覆盖率达100%；主要劳动力人口（16—65岁）平均受教育年限11.39年。

〔**推动全面从严治党**〕 扎实开展“两学一做”学习教育，坚持民主集中制，对基层党组织进行换届改选，开展党员组织关系、规范党费收缴、发展党员等工作的集中清理整治。严明工作纪律和党员领导干部个人事项报告制度。召开教育系统党风廉政建设工作会议，签订党风廉政建设责任书，坚持党风廉政建设“两个责任”和“一岗双责”制度。组织开展“树立良好家风、弘扬廉洁齐家”主题教育活动，召开“好家风、好家训”座谈会，纠正教育行业不正之风，加大对教育乱收费行为和在职教师有偿补课、收受礼品礼金等的监督检查和查处力度。认真开展“四个专项”治理，对发现的问题积极进行整改。落实党内监督制度，加强对民主生活会、述职述责述廉执行情况的监督。

〔**坚持社会主义办学方向**〕 育德为先、立德树人，筑牢意识形态领域“反分裂、反暴力、反恐怖、反极端”思想防线。一是加强高校思想政治教育工作。及时贯彻落实全国高校思想政治工作会议精神，召开兵团高校思想政治工作座谈会，对兵团高校思想政治工作进行安排部署。开展“弘扬爱国主义精神、促进民族团结进步”活动，举办优秀教师和辅导员先进事迹巡回宣讲活动、兵团高校辅导员职业技能大赛和思想政治理论课教学能手大赛，推动爱国主义教育和社会主义核心价值观紧密结合并融入兵团高校教书育人、管理育人、服务育人全过程。二是广泛开展形式多样的主题教育活动，积极弘扬中华文化。印发《兵团关于全面加强和改进学校美育教育工作的实施意见》，组织兵团高校和中小学参加全国第五届大学生和中小学生艺术展演。组织开展文明校园创建、“少年传承中华传统美德系列教育”、兵团学生“学宪法讲宪法”主题讲演大赛等系列主题教育活动。

〔**促进各级各类教育协调发展**〕 一是制定《新疆生产建设兵团教育事业“十三五”规划》，提出“十三五”时期兵团教育发展的蓝图和目标任务。二是大力发展学前教育。三是统筹推进义务教育均衡发展，全年对207家单位（占规划的96.73%）义务教育初步均衡发展进行评估认定，并调整兵团义务教育基本均衡目标。四是巩固普通高中教育，推动普通高中多样化有特色发展。五是加快发展职业教育，召开兵团职业教育工作会议，印发《兵团关于切实推进职业教育发展的意见》《兵团职业院校管理水平提升行动计划（2016—2018年）实施方案》，进一步构建和完善现代职业教育体系。六是推动高等教育创新创业改革，出台《新疆生产建设兵团办公厅关于深化高等学校创新创业教育改革实施意见》，召开兵团高校创新创业推进会，举办第二届兵团“互联网+”创新创业大赛。指导石河子大学、塔里木大学深化综合改革，启动“双一流”大学建设规划。

〔**不断增强教育发展保障能力**〕 一是全面实施兵团教育惠民工程，印发《关于实施教育惠民工程的意见》，提出实施15年免费教育的目标，2016年率先在南疆兵团辖区实现14年免费教育。二是坚持以促进义务教育均衡发展和扶助困难群体为重点，合理配置教育资源，制定出台《兵团关于进一步完善义务教育保障机制的实施方案》，建立城乡统一的义务教育经费保障机制。三是组织实施“校舍维修长效机制”“团场学校开放式公共体育运动场建设”“团场学校生活附属设施建设”“教师周转宿舍建设”等9项建设工程，累计投入建设资金10.15亿元，新建项目183个，建设面积30.01万平方米。四是落实家庭经济困难学生资助政策，提高义务教育寄宿生生活补助标准，每人每年提高250元。健全从学前教育到高等教育完整的资助体系，全年共落实各类资助资金3.75亿元，资助学生21.69万人。五是实施教育脱贫攻坚，制定《新疆生产建设兵团教育脱贫攻坚实施方案》，对兵团30个贫困团场教育最薄弱区域和最贫困群体进行教育精准扶贫，切实提高团场教育发展整体水平，提高贫困家庭脱贫能力，阻断贫困代际传递，促进教育公平。

〔**推进教育信息化**〕 把推进教育信息化作为基本实现教育现代化的有力手段和有效途径，继续加强顶层设计，加大经费投入，强化信息技术应用，全力予以推进。召开2016年教育信息化工作会议暨应用现场会，印发《兵团职业教育信息化推进计划（2016—2020年）》，全面加强信息技术教育改革创新、强化内涵和提高质量。加大信息化投入，加快教育信息化多媒体教室、远程直录播教室配备等软硬件建设。开展信息化应用培训，完成6 200名中小学及幼儿教师的信息技术应用能力培训，培训合格率达99%。

〔**加强学校安全稳定工作**〕 一是严格落实反恐维稳各项工作举措，按照“管行业必须管安全、管业务必须管安全、管生产经营必须管安全”的要求，将安全稳定工作纳入兵团教育局年度工作要点，全面加强人防技防物防各项措施。二是在兵团中小学开展为期3个月的校园环境集中整治行动，受到兵团主要领导的充分肯定。三是加强督导检查，对校园安全、春秋季开学、校园欺凌、有偿补课、校车安全排查、全面改善贫困地区义务教育薄弱学校基本办学条件等工作进行专项督导和治理，为广大师生营造良好的生活和学习环境。

〔**加强教师队伍建设**〕 一是继续实施特岗教师计划，招聘特岗教师930名，有效缓解了边远、贫困团场学校师资短缺的问题。二是组织实施国家级培训计划和兵团中小学教师信息技术应用能力提升工程，共培训中小学教师14 516人次。三是实施职业院校教师素质提高计划，组织27名青年教师赴企业实践。四是启动“兵团高等学校优秀青年教师培养计划”，资助培养19名优秀青年教师。五是实施中央专项彩票公益金“励耕计划”和“幼儿教师资助项目”，资助200名家庭经济困难的中小学教师、中职教师和幼儿教师，资助总额达200万元。

〔**教育对口支援兵团**〕 根据内地省市对口支援兵团综合规划，兵团14个受援师共规划教育对口支援项目73个，教育投入4.14亿元，占援疆总资金的16.15%，其中职业教育及双语教育投入涉及人才培养培训及其他项目投入占56.91%。教育对口支援突出了中央要求的双语教育和中等职业教育两大重点，并将新疆籍在疆外就读的大学生按照每生每年6 000元进行资助纳入教育援疆项目。

〔**“三区”支教**〕 组织开展2016年兵团“三区”人才支持计划教师专项计划，选派兵团直属学校及有关师共74名骨干教师赴三师、十四师团场学校开展为期1年的支教工作，有效缓解了特困团场学校师资短缺、教学质量不高、双语教育推进缓慢等问题。

〔**教师资格认定**〕 按照《教师资格条例》规定，严把教师入口关，做好申报教师资格人员的资格审查、材料审核、评审认定等工作。组织完成石河子大学、塔里木大学1 680名学生的教育教学质量测试，5月和11月分别对14个师、2所院校和兵团直属单位上报的2 960名教师资格申请材料进行审核，2 730人通过教师资格认定。

〔**职称评审**〕 推进职称制度分类改革，根据人力资源和社会保障部、教育部《关于印发〈关于深化中小学教师职称制度改革的指导意见〉的通知》精神，结合兵团实际，下发《兵团深化中小学教师职称制度改革工作实施方案》。按照职称网上审核职责和工作要求，对学历、资历、奖励、计算机、继续教育、论文和工作业绩等重点材料进行了严格规范的审查，完成1 074份网上申报材料的初审工作。根据网上初审情况，积极与兵团职称改革办公室沟通协调，科学制定评审工作方案和评分标准，邀请各学科专业的130名专家，对中小学、高校、高职各系列1 033份申报材料进行评审，顺利完成2016年度兵团教育系统职称评审工作。

〔**推进兵地教育融合发展**〕 一是继续扩大兵团学校就近就便招收地方子女规模，2016年兵团学校招收地方学生在校生达7.44万人（其中少数民族学生1.73万人），占兵团在校生的20.47%，比2015年同期增长19.6%。扩大兵团少数民族区内初中班办班规模，内初班在校生规模已达1 100人。扩大兵团中职学校招收南疆地区少数民族未就业初高中学生规模，共招收985人，比2015年同期增加19.11%。为地方培训少数民族双语教师250人。二是深入开展兵地学校“手拉手”结对帮扶活动，推广华山中学结对帮扶若羌县中学的模式，兵团学校和地方结对帮扶学校达105所，共享双方优质资源。

〔**春秋季开学专项督导**〕 根据教育部和国务院教育督导委员会办公室有关开学工作的要求和安排，在学校自查、师团两级教育行政部门全面排查的基础上，兵团教育督导委员会办公室分别于2月和8月联合兵团公安局开展了2016年兵团春季开学工作专项督导和秋季开学暨年度重点工作落实情况专项督导。

〔**教育外事工作**〕 与国家留学基金委签署“西

部地区人才培养特别项目”协议，根据国家要求召开了西部项目的初审工作会议，按时完成了西部项目的遴选、审核、推荐、网上申报、受理、上报、行前培训工作。2016 年，共录取 33 名各类教师和科研人员出国进修访问学习，促进了兵团教育、科研人才队伍的培养建设。

〔**语言文字工作**〕 落实《国家语言文字事业发展“十三五”规划》，深入开展第十九届推广普通话宣传周活动，推进语言文字规范化建设。组织语言文字工作骨干校长（园长）、书法教师、高校语委干部近 40 人参加全国培训。组织开展国家通用语言文字教学工作大调研，组织实施国家通用语言文字教学。开展中华经典诵读写讲活动，将三师、十三师团场学校列入兵团中华经典诵读试点单位，并拨付 6 万元支持经费。做好普通话水平等级测试工作。

基础教育

〔**学前教育**〕 贯彻落实《兵团第二期学前教育三年行动计划（2014—2016 年）》《兵团团场学前教育经费保障机制实施方案》，大力发展公办幼儿园、扶持民办幼儿园，认真贯彻《3—6 岁儿童学习与发展指南》。安排部署 2015 年学前教育校舍改建项目督查工作，部署 2016 年项目的申报。拨付 2016 年兵团团场学前教育经费保障机制专项资金合计 4 288.37 万元，主要用于资助民族、边境和贫困团场双语幼儿园公用经费、幼儿伙食费、免费读本、取暖费等。拨付兵团学前教育校舍改建类项目资金 9 000 万元，新建园舍 20 个，面积达43 345 平方米。

〔**调整义务教育均衡发展规划**〕 印发《关于调整兵团义务教育均衡发展规划（2011—2020 年）》的通知，将原规划“2020 年全面实现兵团义务教育基本均衡”调整为“到 2018 年全面实现兵团义务教育基本均衡目标”，大力推进义务教育标准化建设。

〔**义务教育经费保障**〕 全面落实城乡义务教育经费保障机制，统一城乡义务教育学校公用经费，对团场义务教育阶段学生和城市义务教育阶段家庭经济困难学生提供免费教科书，巩固完善义务教育学校校舍安全保障长效机制和城乡义务教育特岗教师工资政策，继续开展营养餐计划试点工作。全年落实城乡义务教育保障经费约 5.4 亿元，其中城乡中小学公用经费补助 19 426.92 万元；免费教科书补助 3 786.35 万元（团场学生 3 346.5 万元、城市学生 439.85 万元）；家庭经济困难寄宿生生活费补助 5 799.27 万元；学生营养餐计划补助 3 130.56 万元；特岗教师工资补助 6 738.52 万元；团场学校校舍维修资金 15 076 万元。

〔**启动义务教育基本均衡督导评估**〕 2016 年，制定印发了《兵团申报“全国义务教育发展基本均衡县（师、市、区）”督导评估工作操作办法》，指导各师开展师域义务教育均衡发展校际间差异系数摸底测算。兵团 14 个师加上兵团直属中小学 15 个单位，小学和中学综合差异系数能够达到国家标准的有 9 个师和兵团直属中小学 10 个单位，达标率占 66.7%，其中二师、五师、六师、八师、十师的小学和中学分别有综合差异系数不达标的情况。下发《关于对各师义务教育校际间均衡状况摸底情况的通报》，明确要求各师要强化问题导向，提高教育统计质量，准确查找师域内学校办学条件方面存在的明显弱项，逐校、逐项落实整改，明确整改推进的时间表，确保校校项项达标，顺利通过国家督导评估认定。

〔**国家基础教育质量监测**〕 2016 年，国家抽取兵团一师、二师、七师、九师为全国义务教育质量监测样本师，共有 81 所学校、2 410 名学生、

445名教师、68名校长于5月26日按时参加了国家义务教育阶段语文、艺术学习质量监测工作，获得“省级优秀组织单位”称号。同时，兵团于4月下旬至5月初组织了义务教育质量监测准备工作专项督导自查工作，并接受了国务院督导委员会办公室督导组对兵团2016年全国义务教育质量监测准备工作的专项督导检查，国家督查组对兵团的监测准备工作给予了高度评价。

〔**普通高中教育**〕 推动普通高中多样化有特色发展，继续落实南疆四地州兵团垦区普通高中免费教育，拨付2016年兵团南疆四地州免学费资金1 628.04万元，拨付普通高中国家助学金6 620.9万元。下达各师内地新疆高中班招生计划350个，圆满完成了2016年内地高中班的招生录取工作。

〔**国家通用语言文字教学**〕 印发《关于推进少数民族学前及中小学国家通用语言文字教学工作的实施意见》，要求2016年起新生入学（园）全部实行国家通用语言文字教学，实行民汉合校、民汉编班、民汉混合住宿。修订《兵团义务教育双语教育课程设置方案》和《兵团普通高中双语教育课程设置方案》。

〔**教师培训**〕 创新培训模式，采取置换脱产、网络研修、送教下乡、专家指导、校本研修等多种形式，全面实施国家级培训计划项目，增强培训的针对性和实效性。强化培训团队建设，组织专家团队研制培训方案，强化培训的科学性；精心组织学员的遴选和选派，实施实名制管理，强化培训过程管理；切实提升各级各类教师培训的质量。建立参训教师诚信制度，印发《关于加强中小学教师培训管理工作的通知》，进一步加强教师培训管理工作，累计培训幼儿和中小学校长教师1.5万人次。

〔**特岗教师招聘**〕 完成930名特岗教师的招聘和岗前培训工作。针对“引不进”现状，组织开展赴疆内和疆外师范院校招聘特岗教师，按照定团场、定学校、定岗位的原则，定向招聘280名特岗教师。针对“留不住”的现状，会同兵团财务局、人力资源和社会保障局、编制办公室、团委等5部门印发《关于开展面向“西部计划”“三支一扶”支教人员招聘特岗教师工作的通知》，给予团场学校“西部计划”“三支一扶”支教服务（一学年及以上）人员优惠政策，鼓励其扎根团场教育事业，累计招聘16人。针对“招不来”的现状，及时发布《新疆生产建设兵团2016年团场义务教育阶段学校教师特设岗位计划招聘公告》，多渠道发布招聘信息，按照“公开、公平、自愿、择优”的原则，通过资格审查、笔试、面试、体检、培训等环节，累计面向社会招聘特岗教师634人。

〔**教师荣誉制度**〕 印发《关于做好团场学校从教30年和20年教师荣誉证书颁发工作的通知》，自2016年起，组织开展“乡村学校从教30年教师荣誉证书”和“团场学校从教20年教师荣誉证书”申报、证书核发工作，共有10 120名教师申请从教30年荣誉证书、6 624名教师申请从教20年荣誉证书。

〔**校园环境集中整治**〕 下发《关于对兵团中小学办学设施及安全隐患进行全面排查整改的紧急通知》，召开兵团中小学管理工作会议。印发《兵团中小学校园环境集中整治行动实施方案》，在兵团中小学开展为期3个月的校园环境集中整治行动。

职业教育与成人教育

〔**印发《关于切实抓好职业教育的意见》**〕 兵团党委印发《关于切实抓好职业教育的意见》，提出从增强职业院校人才培养承载能力、提高青年就业创业能力、加快发展南疆职业教育、全力做好教育脱贫工作四个方面切实抓好职业教育。

〔**示范专业点建设**〕　石河子卫生学校护理（养老护理）专业进入首批全国职业院校养老服务类示范专业点。石河子卫生学校护理和药剂专业、石河子大学护士学校护理专业进入首批全国职业院校健康服务类示范专业点。

〔**职业教育质量评价**〕　印发《兵团高等职业院校内部质量保证体系诊断与改进工作实施方案（试行）》和《兵团中等职业学校教学工作诊断与改进实施方案（试行）》，建立常态化周期性的教学工作诊改制度和运行机制。组织兵团21所中职学校共7 700余名学生开展语文、数学、英语、计算机应用基础、汉语5门公共基础课教学质量测试。组织5所学校的110名学生开展建筑工程施工、机电技术应用、汽车运用与维修等专业的技能抽测试点。组织2所高职院校、6所国家改革发展示范校和国家重点中职学校、1家参与高等职业教育的企业发布质量年度报告。兵团教育局面向社会发布《高等职业教育人才培养质量年度报告（2017）》。

〔**创新发展高等职业教育**〕　印发《兵团高等职业教育创新发展行动计划实施方案（2016—2018年）》，组织兵团2所高职院校承担34项任务和12个项目的建设工作。

〔**管理水平提升行动**〕　印发《兵团职业院校管理水平提升行动计划（2016—2018年）实施方案》，开展突出问题专项治理、管理制度标准建设、管理队伍能力建设、管理信息化水平提升、学校文化育人创新、质量保证体系完善等有机衔接和互为贯通的六大行动，职业院校管理规范化、精细化、科学化水平不断提高。

〔**兵地职业教育融合发展**〕　兵团与自治区共同召开南疆中职招生工作推介会，联合编制招生计划，指导职业院校开展招生宣传工作。兵团职业院校招收地方少数民族学生近1 000人，面向地方少数民族青年开展国家通用语言和技术技能培训近2 000人。兵团南疆3所中等职业学校9名专业教师被纳入2016年自治区中等职业教育“定向培养免费师范生”计划。

〔**职业教育产教融合工程**〕　编制兵团职业教育产教融合工程实施方案，计划“十三五”期间支持14所职业院校实施24个建设项目，投入资金7 700万元（其中中央资金6 000万元），实施3个项目。

〔**职业教育信息化建设**〕　印发《兵团职业教育信息化推进计划（2016—2020年）》。石河子大学护士学校、石河子卫生学校、第十三师职业技术学校被确定为第二批“职业院校数字校园建设实验校”。组织170余名职业院校校长、教学副校长和教师参加教育部—中国联通职业院校校长和骨干教师“网络学习空间人人通”、数字校园建设实验校网络学习空间、兵团职业院校信息化管理与教学等专项培训。

〔**职业教育活动周**〕　5月8日至14日，组织开展了以“弘扬工匠精神　打造技能强国”为主题，以“开放校园、便民服务、校企对接”为主要内容的2016年职业教育活动周，并在石河子市军垦广场举办启动仪式，23所职业院校的2万余名师生和200余家企业参加活动。

〔**创建职业教育与成人教育示范县**〕　六师新湖农场和九师161团入围第三批国家级农村职业教育和成人教育示范县创建名单。四师66团被列入教育部、科技部、水利部、农业部、国家林业局、国家粮食局公布的第一批国家级农村职业教育和成人教育示范县创建合格单位名单。

高等教育

〔**学科专业调整**〕　引导高校自主开展专业调整与优化，提升专业发展能力，鼓励高校围绕新疆和生产建设兵团战略性新兴产业发展、传统产业改造升级、社会建设和公共服务领域的重大需求，建设或改造特需的专业。2016年，兵团高校新增7个本科专业，其中包括葡萄与葡萄酒工程、生物制药2个工科类专业。

〔**创新创业教育改革**〕　1月，制定出台《新疆生产建设兵团办公厅关于深化高等学校创新创业教育改革实施意见》，全面推进高校创新创业教育改革；3月，在石河子大学、塔里木大学举办2期兵团高校创新创业教师培训班；6月，在石河子大学召开兵团高校创新创业教育推进会，推动不同类型、层次的创新创业教育改革试点工作；7月，在石河子大学举行第二届兵团“互联网+”大学生创新创业大赛；8月，举办第五届中国创新创业大赛（兵团赛区）暨第二届兵团创新创业大赛和“互联网+”大学生创新创业大赛；10月，推荐5个项目参加在武汉华中科技大学举办的第二届中国“互联网+”大学生创新创业大赛。

〔**立德树人主题教育活动**〕　6月至11月，在兵团高校开展“弘扬爱国主义精神、促进民族团结进步”的主题教育活动。在活动的基础上遴选了3位优秀教师和3名学生在石河子大学、塔里木大学等5所高校开展了6场先进事迹巡回宣讲活动，近3 200名师生聆听了报告。举办2016年兵团职业院校传承中华优秀传统文化素养大赛。

〔**高校思想政治工作**〕　1月至3月，在石河子大学、塔里木大学开展高校师生思想政治状况抽样滚动调查，调查采取问卷、座谈和访谈相结合的形式进行。调查结果表明，兵团高校师生思想政治状况总体上健康和稳定，人生观、价值观积极向上，生活状态良好。3月，在石河子大学举行兵团第四届辅导员职业技能大赛和第四届思想政治理论课教学能手大赛，召开兵团高校思想政治工作研讨会，研讨新形势下如何做好兵团高校思想政治工作，安排部署2016年兵团高校思想政治工作。5月，对兵团普通高校贯彻落实国家《高等学校思想政治理论课建设标准》的执行情况进行检查。6月，组织兵团高校20名思想政治理论课教师和辅导员赴教育部辅导员和思想政治理论课教师培训基地井冈山大学进行培训。9月至10月，建立兵团高校思想政治理论课教师信息库，审核录入高校思想政治理论课教师信息，为今后各高校思想政治理论课教师队伍建设的调研、评估工作提供了基本数据依据。12月，兵团召开高校思想政治工作座谈会，学习贯彻全国高校思想政治工作会议精神，对新形势下兵团如何贯彻落实好全国高校思想政治工作会议精神，加强党对高校的领导，做好兵团高校思想政治工作做出安排部署，要求把学习贯彻会议精神作为当前及今后一个时期的首要政治任务，制定切实可行的措施并抓好落实，形成兵团高校思想政治工作新局面。

〔**教师队伍建设**〕　大力实施人才强校战略，坚持培养引进并举，有力推动高校教师队伍建设。6月，启动“兵团高等学校优秀青年教师培养计划”，选拔资助19名优秀青年教师，按照教学类15万元/人、科研类（理工科）30万元/人、科研类（文科）15万元/人的标准进行为期3年的培养，一次性拨付资助金额375万元。

〔**科研工作**〕　石河子大学“现代设施农业综合配套技术开发与示范”项目和“绿色装配式钢结构建筑关键技术集成与示范”项目获兵团“十三五”

首批重大科技项目立项支持，获立项合同经费1 400万元，实现石河子大学在兵团重大科技计划项目零的突破。

〔**服务地方经济建设**〕　6月，推动兵团与北京理工大学签署战略合作框架协议，并与石河子大学、塔里木大学进行多方沟通，促进双方交流合作；8月，兵团与浙江大学达成全面战略合作框架协议，发挥浙江大学人才和科研等实力，在教育、人才、科研、医疗等方面进行全面合作。促成浙江大学、浙江省援疆办与一师阿拉尔市、塔里木大学签署两地两校合作协议，以南疆区域经济社会发展问题为导向，在一师阿拉尔市建立产业研究院，凝聚四方资源优势，进一步提升高校服务兵团经济社会发展的能力。

〔**招生工作**〕　5月，完成2016年兵团普通高校招生章程的审核工作；7月至8月，完成50个免费全科医师和30个机要人才定向培养招生工作，协助自治区招生办公室完成定向兵团和各师的501项扶贫专项招生任务，其中兵团271项；9月，完成824名政法类干警招录的教育文化入学考试；11月，完成中职学校春季和秋季招生的审核注册工作，进一步规范了兵团中职招生工作；11月至12月，完成2017年“少数民族高层次骨干人才计划”招生宣传和报名审核工作；12月，完成兵团2017年普通高考“兵团系统”考生认定工作。

〔**毕业生就业工作**〕　在石河子大学举办兵团高校第二届职业生涯规划设计大赛，通过比赛引导大学生树立正确的成才观、就业观，科学合理地规划大学学习、生活和实践，提高大学生职业素质与就业能力，不断提高兵团高校毕业生就业质量。2016年，石河子大学毕业生初次就业率为76.97%，年终就业率为92.91%；塔里木大学毕业生初次就业率为71.44%，年终就业率为92.18%。

〔**“易班”建设**〕　在教育部易班发展中心举行的2016年度易班优秀评选活动中，石河子大学易班发展中心自主研发的轻应用——“毕业离校”被评为“十佳易班特色应用”，石河子大学学工部易班发展中心办公室主任赵欣被评为“十佳易班指导教师”。

〔**校园文化建设**〕　4月，兵团组织高校师生参加以“唱响青春中国梦”为主题的第二届全国高校“校园好声音”大赛全国总决赛；10月，组织参加2016年全国普通高校音乐教育专业本科生基本功大赛。召开全国第五届大学生艺术展演活动工作部署会。

撰稿　郭文亮

审稿　黎兴平

香港特别行政区教育情况简介

〔**教育开支**〕 2016—2017年度，香港教育开支总额为826.01亿元，占香港特别行政区政府开支总额的17.7%。

〔**幼儿园教育**〕 幼儿园为3—5岁学童提供幼儿园教育服务，由志愿机构或私人团体营办，全属私营性质。所有幼儿园均须向教育局注册，并受教育局监管。2016—2017学年，香港共有幼儿园1 014所，学生184 032人，教师13 930人，本地幼儿园学生与教师比为8.7：1。

〔**小学教育**〕 香港儿童6岁开始接受六年制的小学教育，通过参加“小一入学统筹办法”，所有符合资格的儿童均可获分配公办或资助小学的小一学位。上课模式分为上午班、下午班和全日制三种。大多数小学采用全日制模式，使用中文授课，并以英文为第二语文。2016—2017学年，香港共有小学575所，学生349 008人，每班平均27.2人，教师24 765人，学生与教师比为14.2：1。

〔**中学教育**〕 所有符合资格的学生在参加派位小学修毕课程后，可通过就读小学参加“中学学位分配办法”，获得分配资助中一学位。2016—2017学年，香港共有中学506所（不含夜校），学生338 152人，每班平均28.1人，教师28 853人，学生与教师比为11.8：1。

〔**特殊教育**〕 2016—2017学年，为视障、听障、肢体伤残、智障及有情绪及行为问题的儿童提供教育服务的香港特殊教育学校共有61所，学生7 752人，教师1 687人，学生与教师比为4.6：1。开办特殊班的普通学校有7所，特殊班学生138人。

〔**专上教育**〕 2016—2017学年，共有29所院校开办经本地评审的自费副学士、学士学位及衔接学位课程，提供约46 600个全日制新生学额。

〔**高等教育**〕 香港有20所颁授学位的高等教育院校，其中8所由大学教育资助委员会（教资会）资助，分别是：香港城市大学、香港浸会大学、岭南大学、香港中文大学、香港教育大学、香港理工大学、香港科技大学和香港大学。2016—2017学年，共有学生99 817人（含内地学生12 037人），其中香港大学19 160人，香港中文大学19 655人，香港科技大学10 655人，香港浸会大学7 360人，香港理工大学17 713人，香港城市大学14 325人，岭南大学2 667人，香港教育大学8 282人。按修课程度划分，副学士课程5 100人、学士学位课程83 938人、研究院修课课程3 212人、研究院研究课程7 567人。8所高校的教务部门职员25 385人，其中由综合拨款支付全部薪金的教务部门教学和研究人员、行政和技术及其他人员14 880人。12所非大学教育资助委员会资助的颁授学位院校分别是：香港演艺学院、香港公开大学、香港树仁大学、珠海学院、恒生管理学院、东华学院、明爱专上学院、明德学院、职业训练局-香港高等教育科技学院、香港能仁专上学院、港专学院、宏恩基督教学院。

〔**成人教育**〕 香港教育局推行“指定夜间成人教育课程资助计划”，资助成年学员修读合格办学机构在指定校舍开办的夜中学课程。此外，职业训练局、多间大学及私人机构亦提供成人教育课程。

〔**职业专才教育**〕　职业训练局（职训局）负责向政府建议所需的各项措施，以确保香港具备完善的职业教育及培训制度，配合最新的发展及人力需要。职训局辖下的相关高等教育科技学院、才晋高等教育学院、高峰进修学院、香港专业教育学院、香港知专设计学院、国际厨艺学院、酒店及旅游学院、中华厨艺学院、海事训练学院、青年学院、卓越培训发展中心、汇纵专业发展中心及展亮技能发展中心提供职业专才教育课程。2016—2017学年，职训局辖下各院校学生61 389人。

〔**师资培训**〕　作为香港主要的师资培训院校，香港教育学院开设教资会资助的多个副学位、学位及研究院课程，供职前及在职教师修读。香港大学、香港中文大学和香港浸会大学亦设有教资会资助的学位课程供职前教师修读，以及研究院课程供在职教育修读。自资的香港公开大学则开办学位及研究院课程职前及在职教师修读。

〔**资历架构**〕　资历架构自2008年正式推行，是一个七级的资历级别制度，用以整理和支持学术、职业专才教育和持续教育界别的资历，旨在提供一个高透明度及开放的平台以推动终身学习，提升香港劳动人口的整体竞争力。所有资历架构认可的资历均已通过素质保证。

撰稿　张　君　王志伟
审稿　赵灵山

澳门特别行政区教育情况简介

〔澳门非高等教育概况〕

根据教育暨青年局统计资料显示，2016—2017学年，澳门共有77所学校，其中公立学校10所、私立学校67所；67所私立学校中，开办正规教育的学校共有64所，开办回归教育的学校有3所；74所开办正规教育的学校（包括10所公立学校、64所私立学校）中，65所学校属免费教育系统、9所学校属非免费教育系统。

2016—2017学年，非高等教育的学生总数为76 171人，其中接受正规教育的学生为74 375人，包括幼儿教育17 575人（23.3%）、小学教育28 438人（37.3%）、中学教育27 473人（36.1%）、职业技术教育980人（1.3%）、特殊教育707人（0.9%）。回归教育学生人数1 796人，包括小学教育83人（0.1%）、中学教育1 713人（2.3%）、职业技术教育322人（0.4%）。

2016—2017学年，非高等教育领域教学人员总数为6 714人，较2015—2016学年增加6.4%。

〔义务教育〕

义务教育是指对年龄介于5—15周岁的未成年人强制实施的普及教育，由年满5周岁后的首个学年开始，直至年满15周岁的学年终结或合格完成初中教育时终止。澳门特别行政区政府有责任保障该范围内的未成年人完成义务教育。

〔免费教育〕

免费教育自2007—2008学年起，拓展至整个正规教育内的15个年级，包括3年幼儿教育、6年小学教育、3年初中教育以及3年高中教育。

自2007—2008学年起，从幼儿教育第一年级开始，将每班人数35人至45人下调至25人至35人，并按序逐年向上延伸至其他年级。2016—2017学年，已延伸至高中教育二年级。

班师比方面，2016—2017学年，幼儿、小学和中学教育阶段已分别优化至1∶2.0、1∶2.1和1∶2.7。师生比方面，2016—2017学年，幼儿、小学和中学教育阶段分别优化至1∶14.7、1∶13.5、1∶10.1。

〔各项津贴和资助计划〕

特别行政区政府为纳入免费教育学校系统的私立学校提供免费教育津贴，对在没有纳入免费教育学校系统就读的学生发放学费津贴，且两类津贴金额皆持续提高。

教育阶段	2016—2017学年 免费教育津贴	2016—2017学年 学费津贴
幼儿	91.36万元/班	18 400元/人
小学	100.79万元/班	20 500元/人
初中	122.6万元/班	22 800元/人
高中	139.46万元/班	22 800元/人

此外，于2016—2017学年向每名就读正规教育的澳门居民学生继续发放书簿津贴，幼儿、小学及中学教育阶段每名学生的津贴金额分别为2 000元、2 600元及3 000元。

根据《粤澳合作框架协议》中有关“澳门逐步对在广东就读幼儿园和中小学的澳门幼儿及学生提供学费津贴”的规定，教育暨青年局于2012—2013学年首次以“先行先试”的方式向就读广东省珠海市和中山市全日制普通高中、全日制中等职业学校高中教育阶段的澳门学生提供学费津贴。2015—2016学年，津贴发放的范围扩展至在珠海市、中山市、江门市、广州市及佛山市就读高中教育阶段及幼儿教育阶段的澳门居民学生。每名高中教育阶段学生每学年最高津贴金额为 4 000 元，幼儿教育阶段学生每学年最高津贴金额为 6 000 元。有关计划除了向高中学生提供学费津贴外，还为他们在澳门开办暑期课程和参观学习活动，组织学生参观澳门的高等学校，从而让学生及早做好升学规划。2016 年，获发学费津贴的学生共有 1 706 人，总津贴金额约 887 万元。

由 2012—2013 学年起，特区政府推出“优秀学生修读教育课程资助计划”，资助优秀学生修读包括师范培训的学士学位课程，学生须在课程完成后在澳门公立或私立学校担任职务。2016—2017 学年，预计共资助 357 名学生修读相关课程，总资助金额预计超过 2 800 万元。

2013—2014 学年，推行“培养葡语教师及语言人才资助计划”，资助高中毕业的学生赴葡萄牙修读葡萄牙语、西班牙语学士，教育硕士、应用外语学士及硕士课程。2016—2017 学年，共有 13 名学生就读葡语及葡萄牙文化预备课程，51 名学生就读葡萄牙语、西班牙语学士课程和应用外语课程。学生毕业后，须回澳门履行提供服务的承诺，从事葡语教师或与葡语相关的工作。

〔**职业技术教育**〕

为进一步支援职业技术教育的发展，教育发展基金持续资助私立学校开办因应经济适度多元化发展并具备校本特色的职业技术课程，2016—2017 学年共有 10 所学校开办 33 门课程，合计 82 个班，发放资助逾 1 500 万元。有 10 所学校开办 17 个与应用技能相关的学科，合计 77 个班，发放资助约 133 万元。

〔**特殊教育**〕

2016—2017 学年，澳门共有 1 841 名有特殊教育需要的学生，其中 1 134 人就读于融合班、707 人就读于特殊教育小班及特殊教育班级。

〔**终身学习**〕

澳门特区政府于 2014 年推出第二阶段“持续进修发展计划”。截至 2016 年年底，共有超过 16 万名居民参与第二阶段“持续进修发展计划”，使用资助超过 7 亿元。共有 367 间本地机构申请开办 50 000 个持续教育课程及证照考试；而参加本地高等教育及外地项目的资助申请个案有 30 191 个。

通过开办回归教育课程，支持适龄期未完成正规教育的居民重返校园。2016—2017 学年，共有 2 所公立学校及 8 所私立学校提供回归教育课程。教育暨青年局对开办回归教育的私立学校提供回归教育津贴，每班最高津贴金额分别为小学 78.6 万元、初中 94.9 万元、高中 107.3 万元。

教育暨青年局联同文化局、民政总署、澳门成人教育学会、澳门成人教育协会主办，并由澳门学习型组织学会及澳门社区学习暨阅读推广协会协办“2016 终身学习周”，组织的活动接近 100 项。

2016 年，“终身学习奖励计划”提供 3 000 项不同类型的学习活动，近 10 万个学额；参与的联网机构共 119 间，整项计划累积参加人数达3 754 人，获奖人数为 243 人次。

〔**课程改革与发展**〕

《本地学制正规教育课程框架》及《本地学制正规教育基本学力要求》行政法规于 2016—2017 学年推行至小学教育一年级至三年级。小学教育课程改革重点包括：关注学生全面、均衡及多元化学习经验的获得；每周让学生参与不少于 150 分钟的体育运动，以及有助他们培养兴趣和专长的余暇活动，促进他们的健康成长和学习成功；同时，学校各科目课程须以“基本学力要求”为依据，组织及实施教育教学，在减轻学生学习负担的同时，保障他们在知识、技能、能力、情感、态度及价值观等方面都能有最基本的发展。

〔**教学人员专业发展**〕

2016 年，共组织 414 项教学人员培训活动，提供 18 598 个培训名额。另外，通过教育发展基金推出校本培训、脱产培训、休教进修资助计划。2016 年，参与校本培训资助计划的教师达 24 099 人次。

〔**澳门高等教育概况**〕

澳门有 10 所高等院校，即澳门大学、澳门理工学院、澳门旅游学院、澳门保安部队高等学校、澳门城市大学、圣若瑟大学、澳门镜湖护理学院、澳门科技大学、澳门管理学院、中西创新学院。其中，4 所为公立，6 所为私立。2016—2017 学年，各院校教学人员共 2 265 人，高等教育课程注册学生 32 750 人，并有 267 个高等教育课程运作，当中包括博士学位、硕士学位、学士学位、高等专科学位、学位后文凭及高等教育文凭课程。

〔**高等院校在内地招生**〕

2016年，澳门大学、澳门理工学院、澳门旅游学院、澳门科技大学、澳门城市大学及澳门镜湖护理学院继续获教育部批准在内地31个省、自治区、直辖市招生。2016—2017学年，报读上述6所高等院校的内地学生有13 936人次，新注册人数为4 358人，其中修读博士学位课程458人、硕士学位课程1 636人、学士学位课程2 264人、先修课程114人。

撰稿　张　君

审稿　刘　锦

台湾地区教育情况简介

2016学年，台湾地区各级学校共有10 881所，其中幼儿园6 310所、小学2 630所、初中735所、高级中等学校506所、专科学校13所、独立学院19所、大学126所、其他类型学校542所。

台湾地区共有小学生1 173 882人，教师95 096人；初中生687 204人，教师48 060人；高级中等学校学生776 112人（普通科311 086人、职业科332 202人、综合高中50 737人），教师54 575人；专科学校学生95 684人，助理教授以上专任教师1 716人；大学院校共有学生1 213 757人，其中博士生28 821人、硕士生169 538人、大学生1 015 398人，助理教授以上专任教师46 132人。

截至2016年年底，台湾地区15周岁以上人口为2 039.8万人，其中不识字人口26.6万人，不识字率为1.3%；15周岁以上人口中硕士及以上教育程度者占6.68%，本科占25.67%，专科占11.3%，高中（职）占30.79%，初中占12.24%，小学及以下占12.03%。

撰稿　李　琦

审稿　赵灵山

教育部直属高校

北 京 大 学

〔**李克强考察学校**〕 2016年4月15日，国务院总理李克强到学校考察指导工作，召开高等教育改革创新座谈会并发表重要讲话。国务院副总理刘延东、北京市委书记郭金龙、国务院秘书长杨晶、北京市市长王安顺、国务院副秘书长肖捷、国务院副秘书长江小涓、教育部部长袁贵仁、国务院研究室党组书记黄守宏、国务院研究室副主任石刚等陪同考察。在国家发展研究院，学校党委书记朱善璐汇报了近年来学校整体发展情况，学校社会科学部部长王博汇报了学校智库工作开展情况，国家发展研究院院长姚洋汇报了学院发展、新经济研究和南南学院的建设情况。

李克强对学校国家发展研究院的全面发展和新经济研究予以肯定。他指出，当前经济社会发展面临不少多难选择，宏观调控、升级发展等都需要在理论与实践上不断提高和创新。北京大学做了一件很好、具有开创意义的工作。在学校经济学院和法学院考察时，经济学院院长孙祁祥、法学院院长张守文分别汇报了学院发展情况。在数学科学学院考察时，李克强听取了副校长高松做的理工科科学研究情况汇报，接见了中国科学院院士、数学科学学院教授姜伯驹等院士学者代表，详细了解学校数学学科发展历史。他强调，数学是自然科学的皇冠，地位重要，对科学发展具有最主要的功绩。希望科研工作者能够再接再厉，早日获得“数学界的诺贝尔奖”——菲尔兹奖。

调研结束后，召开高等教育改革创新座谈会。除陪同考察人员外，科技部党组书记王志刚、人力资源和社会保障部部长尹蔚民、中央机构编制委员会办公室主任张纪南、财政部副部长张少春等出席，教育部党组成员、学校全体党政领导班子成员，在北京的中央部门直属高校、教育部部属高校、市属部分高校、民办高校等单位的主要负责人，知名专家、中青年学者代表等近200人参加座谈会。座谈会由国务院副总理刘延东主持。学校校长林建华代表学校做了题为《以问题为导向探寻教育规律》的汇报，重点阐述了学校改革发展的基本思想、理念和做法。清华大学校长邱勇、北京科技大学校长张欣欣、中国人民大学经济学院教授刘元春、北京第二外国语大学酒店管理学院教授谷慧敏相继发言。听取汇报后，李克强发表重要讲话。他指出，教育改革是建设中国特色社会主义的战略抉择，教育优先是全社会的共识。教育在社会经济发展与进步当中起到极其重要的基础性作用，中国要保持经济中高速长期的发展，需要发展高等教育。高等教育要为建设创新型国家提供有力的支撑。实施创新发展战略，高校责无旁贷。首先是培养人才的创新意识，从引进、吸收、消化到集成创新，真正做到原始创新，要把基础科学搞扎实。其次是培养学生的实践能力、工匠精神。中国的发展走向中高端，学生要有动手能力，应当围绕人才培养进行教育改革。他强调，要为高等学校的改革营造必要的条件和良好的环境，要推进高校“双一流”“双一百”建设，特别是一流学科建设，要推进高等教育领域的“放管服”改革，要充分调动广大教育、教学和科研人员的积极性。

刘延东做总结讲话并要求，要迅速学习、传达李克强总理的讲话精神，进一步提高对推进高等教育改革创新重要性、紧迫性的认识；加快深化改革，以更大的决心和勇气，有针对性地解决高校反映强烈的突出问题，加大政府职能的转变和简政放权的力度；抓紧制定符合高等教育实际、可检查、可落实的各项政策举措，把总理的要求一项一项落到实处，努力回应师生的期盼。

〔陈宝生到学校调研〕 7月14日，教育部部长陈宝生到学校调研。教育部办公厅主任宋德民、高等教育司司长张大良、研究生司司长李军等陪同调研。陈宝生一行与学校党委书记朱善璐以及校领导班子成员进行座谈，朱善璐汇报了学校基本情况、主要工作及今后发展规划。陈宝生听取汇报后指出，高校要抓党的领导、要抓要务、要抓改革、要抓稳定、要抓未来。教育部将一如既往地大力支持学校的发展。座谈会后，朱善璐和学校常务副校长吴志攀陪同陈宝生一行先后到哲学系、中国语言文学系、历史学系及国家发展研究院调研。

〔中共中央任命郝平为学校党委书记〕 12月13日，学校召开全校教师干部大会，中共中央组织部副部长周祖翼宣读了中共中央关于北京大学党委书记职务任免的决定：郝平任学校党委书记，朱善璐同志不再担任学校党委书记职务。教育部部长陈宝生、北京市委教育工委书记林克庆等出席会议。周祖翼指出，这是中央从中央直管高校党委书记队伍建设全局和学校实际出发，经过反复酝酿、通盘考虑、慎重研究做出的调整决定。陈宝生强调，希望学校党委狠抓工作落实，抓好领导班子建设，把学校的各级党组织建设成为创建世界一流大学、推进改革发展的坚强保障。林克庆表示，北京市委市政府将一如既往地关心、支持北京大学的建设和发展，一如既往地支持学校党政领导班子开展工作，努力为学校的发展建设服务好、保障好。朱善璐、郝平先后做表态发言。林建华代表学校党政领导班子以及全校师生员做表态发言。

〔李零、俞孔坚被正式授予美国艺术与科学院院士称号〕 10月7日至10日，美国艺术与科学院（The American Academy of Arts and Sciences, AAAS）举行2016届院士授衔仪式，学校中国语言文学系教授李零、建筑与景观设计学院教授俞孔坚当选美国艺术与科学学院院士。

〔董强当选法兰西道德与政治科学院外籍终身通讯院士〕 10月10日，学校外国语学院法语系主任董强当选法兰西道德与政治科学院外籍终身通讯院士，成为该院200多年来首位华人通讯院士。

〔谢晓亮当选美国国家医学科学院院士〕 10月17日，学校“长江学者”讲座教授、哈佛大学终身教授谢晓亮当选美国国家医学院院士。

〔张平文、郑晓瑛当选发展中国家科学院院士〕 11月14日，发展中国家科学院第二十七届院士大会召开，学校学科建设办公室主任、数学科学学院党委书记、中国科学院院士张平文，学校亚太经合组织健康科学研究院院长、人口研究所所长郑晓瑛当选发展中国家科学院院士。

〔周德敏、张礼和课题组在病毒疫苗研究领域取得突破性成果〕 12月2日，《Science》刊登了学校药学院天然药物及仿生药物国家重点实验室主任周德敏、中国科学院院士张礼和课题组题为《制备复制缺陷的活流感病毒疫苗》(*Generation of Influenza A Viruses as Live but Replication-Incompetent Virus Vaccines*）的突破性研究成果。周德敏、张礼和课题组以流感病毒为模型，发明了人工控制病毒复制从而将病毒直接转化为疫苗的技术。全球最大的科技新闻工作站（SciPak）于美国东部时间12月1日下午向全球媒体发布，称该研究成果是一个“革命性”或“颠覆性”的发现。

〔曹文轩获国际安徒生奖〕 4月4日，国际安徒生奖评委会主席帕齐・亚当娜在第五十三届博洛尼亚书展新闻发布会上宣布，学校中国语言文学系教授曹文轩获国际安徒生奖。

〔**2 项成果入选 2016 年度“中国高等学校十大科技进展”**〕 12 月 29 日，由教育部科学技术委员会组织评选的 2016 年度“中国高等学校十大科技进展”揭晓，学校化学与分子工程学院教授郭雪峰完成的科研成果“世界首例真实稳定可控的单分子电子开关器件”和物理学院教授孟杰完成的科研成果“发现原子核手征对称性和空间反射对称性的联立自发破缺”入选。截至 2016 年年底，学校共有 27 项科研成果入选“中国高等学校十大科技进展”，位居全国高校首位。

〔**世界首个 3D 打印人工椎体植入手术获得成功**〕 6 月 12 日，北京大学第三医院成功为一名骨科脊索瘤患者切除五节段脊椎肿瘤，并利用世界首个 3D 打印多节段胸腰椎植入物完成长达 19 厘米大跨度椎体重建手术。2009 年，北京大学第三医院将 3D 打印技术引入骨科领域。2016 年 5 月 6 日，全球首发金属 3D 打印人体植入物——人工椎体获国家食品药品监督管理总局注册批准。该产品由北京大学第三医院骨科和北京爱康宜诚医疗器材股份有限公司合作开发研制。

〔**南南合作与发展学院揭牌成立**〕 4 月 29 日，学校南南合作与发展学院（简称南南学院）揭牌成立仪式在学校举行。商务部副部长张向晨、学校党委书记朱善璐、联合国驻华系统协调员兼开发计划署驻华总代表诺德厚（Alain Noudehou）、马达加斯加共和国驻华大使维克托·希科尼纳（Victor Sikonina）、财政部与教育部代表等出席仪式。

学校南南合作与发展学院是习近平总书记于 2015 年 9 月 26 日在美国纽约联合国总部出席并主持南南合作圆桌会时宣布设立的。南南学院由中华人民共和国商务部主管、学校主办，学校国家发展研究院承办。学校国家发展研究院名誉院长林毅夫担任该院院长，国家发展研究院院长姚洋担任执行院长，教授傅军担任学术委员会主任。

〔**人文社会科学研究院揭牌**〕 9 月 20 日，学校人文社会科学研究院揭牌仪式举行。全国政协副主席韩启德、教育部社会科学司副司长徐青森、学校党委书记朱善璐、校长林建华等出席揭牌仪式。朱善璐和学校人文社会科学研究院院长邓小南为人文社会科学研究院揭牌。该研究院是以人文与社会科学基础学科为主，推动跨学科交叉研究并促进国际交流合作的学术机构。

〔**举行新闻与传播学院 15 周年院庆**〕 5 月 28 日，学校新闻与传播学院 15 周年院庆大会在学校举行。学校校长林建华、中华全国新闻工作者协会名誉主席邵华泽、新华社副社长周树春、香港卫视行政总裁汪家驷、中央电视台主持人敬一丹和白岩松等与师生一同参加院庆活动。林建华致辞，汪家驷、学校新闻与传播学院院长陆绍阳为香港卫视北京大学新闻与传播学院实习基地揭牌。白岩松作为学校传播大讲堂的首讲嘉宾，发表了“媒体的变与不变”的主题演讲。

〔**举行国际关系学院建院 20 周年暨建系 56 周年庆祝大会**〕 11 月 3 日，学校国际关系学院建院 20 周年暨建系 56 周年庆祝大会举行。学校国际战略研究院名誉院长戴秉国、国际关系学院院友会会长蔡武和常务副会长沈建国、法国巴黎政治大学巴黎国际事务学院院长恩里克·莱塔（Enrico Letta）、蒙古国前总理林钦尼亚木·阿玛尔扎尔嘎勒（Rinchinnyamiin Amarjargal）、国务院台湾事务办公室副主任李亚飞、察哈尔学会国际咨询委员会主席吕凤鼎、学校党委书记朱善璐等参加。

〔**举行心理与认知科学学院建院暨心理学系建系 90 周年庆典**〕 11 月 19 日，学校心理与认知科学学院建院暨心理学系建系 90 周年庆典举行。学校党委书记朱善璐，北京师范大学校长董奇，学校副校长王杰、心理学系教授孟昭兰、理学部主任饶毅，欧洲科学院院士、德国慕尼黑大学教授恩斯特·波佩尔（Ernst Poeppel），中国心理学会理事长白学军，中国认知科学学会秘书长马原野等出席庆典。中国科学院心理研究所所长傅小兰和学校心理与认知科学学院教授韩世辉做学术报告。

〔**举办首届海外分论坛“北京论坛（2016）·伊斯兰堡”**〕 5月24日，北京论坛首届海外分论坛“北京论坛（2016）·伊斯兰堡”在巴基斯坦首都伊斯兰堡开幕。论坛由学校、巴基斯坦国立科技大学、丝绸之路文化发展联合会、巴基斯坦高等教育委员会共同举办。巴基斯坦总统马姆努恩·侯赛因（Mamnoon Hussain）、巴基斯坦高等教育委员会主席穆赫塔尔·艾哈迈德（Mukhtar Ahmed）、巴基斯坦现任驻华大使马苏德·哈立德（Masood Khalid）、巴基斯坦中将参谋长兼巴基斯坦国立科技大学校长穆罕默德·阿格哈尔（Muhammad Asghar），中国驻巴基斯坦大使孙卫东、丝绸之路文化发展联合会会长耿焱、学校党委书记朱善璐以及上海国际关系研究所、国防大学、四川大学南亚研究中心等多家学术机构的40多位代表出席论坛。来自中国和巴基斯坦的知名专家学者在为期3天的论坛中，围绕“文明的和谐与共同繁荣——人类命运共同体中的中国与巴基斯坦”的主题，就政治、经济、文化等领域的问题展开对话。

〔**学校与深圳市政府签署合作举办北京大学深圳校区备忘录**〕 8月29日，学校与深圳市政府关于合作举办北京大学深圳校区备忘录签订仪式在广州市举行。广东省省委书记胡春华、深圳市市委书记马兴瑞、深圳市市长许勤、学校党委书记朱善璐、校长林建华、常务副校长柯杨、副校长高松等出席签约仪式。林建华和许勤分别代表学校与深圳市政府签署了关于合作举办北京大学深圳校区备忘录。根据备忘录，学校与深圳市政府携手打造一所深植深圳创新沃土，将人才培养、学术研究和社会服务有机融合的高度国际化的校区，为深圳和国家的发展提供强有力的人才和学术支撑。

〔**区域与国别战略合作论坛——“一带一路”沿线区域与国别研究研讨会举行**〕 12月3日，区域与国别战略合作论坛——“一带一路”沿线区域与国别研究研讨会在学校举行。学校校长林建华、外交部前副部长杨福昌、香港城市大学前校长张信刚等参加。林建华在致辞中指出，当前中国的国际影响不断扩大，区域和国别研究的学科建设必须被提上日程。学校要为国家培养一批了解世界，真正能为中国的大政方针提供建议的栋梁之材。

〔**第三十四届世界艺术史大会开幕**〕 9月16日，第三十四届世界艺术史大会在北京开幕。大会由学校国际艺术史学会（CIHA）、中央美术学院共同主办。教育部副部长、联合国教科文组织第三十七届大会主席郝平，学校校务委员会主任朱善璐，世界艺术史大会中方筹备委员会主任、中央美术学院教授邵大箴，国际艺术史学会主席乌尔里希·格罗斯曼（Ulrich Grossman）等出席开幕式并致辞。世界艺术史大会中方筹备委员会副主任、中央美术学院院长范迪安主持开幕式。大会共历时5天，其间在学校与中央美术学院共设立了21个分会场，举办近300场学术报告、9个专题报告、6个大会特展、1个专设书展，来自世界43个国家的1 600余位专家和学者及在校学生参会并参与讨论。9月20日，大会闭幕式在中央美术学院举行。新任国际艺术史学会主席、学校教授朱青生致题为《对于艺术和艺术史的未来，我们如何展望?》的闭幕辞。邵大箴和学校副校长李岩松与第三十五届世界艺术史大会主办国意大利和巴西的代表进行了国际艺术史学会会旗交接。

〔**印度共和国总统普拉纳布·慕克吉访问学校**〕 5月26日，印度共和国总统普拉纳布·慕克吉（Pranab Mukherjee）率团访问学校，并发表了题为《印中关系：加强民间合作的八个步骤》的演讲。教育部部长袁贵仁、外交部副部长刘振民以及来自教育部、外交部、印度政府、印度驻华大使馆和中印高校的嘉宾出席演讲会。学校校长林建华致欢迎辞。慕克吉在演讲中回顾了印中两国人民交往的历史并指出，印中两国作为新兴经济体，是世界和地区繁荣与稳定的重要力量。两国应携手合作，重点推动以人为本的合作关系。演讲会后，慕克吉向学校图书馆捐赠了涉及印度文学、文化、瑜伽以及泰戈尔生平的350本梵语和孟加拉语书籍。慕克吉一行还参加了中印大学校长圆桌会议。

〔**白俄罗斯总统亚历山大·格里戈里耶维奇·卢卡申科访问学校**〕 9月30日，白俄罗斯共和国总统亚历山大·格里戈里耶维奇·卢卡申科（Alexander Grigorievich Lukashenko）访问学校并发表演讲。白俄罗斯第一副总理马秋舍夫斯基·瓦西利（Maktyushevski）及白俄罗斯各部部长、中国驻白俄罗斯大使崔启明等陪同访问。学校党委书记朱善璐、副校长李岩松等会见卢卡申科一行。朱善璐在欢迎仪式上致辞，卢卡申科发表演讲并表示，白俄罗斯在双边贸易、教育、创新知识科技等方面加强与学校合作，通过“一带一路”建设，同欧亚经济联盟建设有效对接，加快白中工业园建设，实现优势互补和协同发展。

撰稿 刘语潇

审稿 胡少诚

清华大学

〔**习近平致信祝贺学校建校105周年**〕 2016年4月22日，学校105周年校庆前夕，中共中央总书记习近平发来贺信，向学校全体师生员工和广大校友致以热烈的祝贺和诚挚的问候，希望学校站在新的起点上，坚持正确方向、坚持立德树人、坚持服务国家、坚持改革创新，面向世界、勇于进取，树立自信、保持特色，广育祖国和人民需要的各类人才，深度参与创新驱动发展战略实施，努力在创建世界一流大学方面走在前列，为国家发展、人民幸福、人类文明进步做出新的更大的贡献。

〔**李克强到校视察**〕 4月15日，国务院总理李克强到学校视察。李克强在校史馆参观了学校发展历程和重大科技成果展，在建筑学院与师生交流，在生命科学学院结构生物学中心看望科研团队，在图书馆听取“清华简”最新研究成果情况汇报并与学生座谈互动。

〔**李克强考察学校“双创”展区**〕 10月12日，2016全国大众创业、万众创新活动周在深圳市举行。国务院总理李克强考察学校“双创”展区，听取学校“双创”示范基地工作汇报，重点听取了“可重构多模态神经计算Thinker芯片”“精密喷射成形技术”等项目汇报。

〔**刘延东到校考察**〕 9月10日，国务院副总理刘延东到学校考察，参观艺术博物馆，出席学校苏世民书院首届学生开学典礼，并到化学工程系看望师生和全校优秀教师代表。刘延东希望学校学习贯彻习近平总书记致清华大学建校105周年贺信精神，结合自身特色和优势，深入探索高等教育改革新路径，积极履行高校职能，进一步加强国际交流合作，肩负起时代赋予的特殊使命。

〔**俞正声、朱镕基分别接见学校经济管理学院顾问委员会委员**〕 10月21日，学校经济管理学院顾问委员会2016年会议在北京举行。20日，全国政协主席俞正声在全国政协礼堂会见经济管理学院顾问委员会委员。21日，国务院原总理、经济管理学院首任院长、经济管理学院顾问委员会名誉主席朱镕基在钓鱼台国宾馆会见参会委员。

〔**常万全到校调研**〕 10月13日，国防部部长常万全到学校调研国防教育工作，先后参观了射击馆、国防教育展、兵棋推演教室以及工程物理系加速器实验室和导航中心等。常万全希望学校国防工作取得更大更好的发展，为中国新时代强军事业做出更大贡献。

〔**4个本科专业通过ABET认证**〕 8月23日，美国工程与技术认证委员会（ABET）公布了2015年至2016年全球工程教育专业认证结果，学校化

学工程、环境工程、机械工程、给排水工程4个本科专业正式通过认证，同时获6年最长有效期。学校成为中国通过ABET认证专业数量最多的高校。

〔**推出本科荣誉学位**〕　9月21日，学校本科荣誉学位首届学生开班仪式举行。本科荣誉学位制度是为培养本科生学术志趣而设计的培养项目，也是给予本科生的最高学术认可，自2016年秋季学期开始试行。学校钱学森力学班及机械工程学院、航天航空学院和土木水利学院部分本科生首批进入试点。

〔**成立地球系统科学系**〕　12月30日，学校地球系统科学系成立大会举行。该系纳入理学院，有教师近30人，在读研究生约190人，拥有生态学一级学科博士学位授予权和大气科学一级学科硕士学位授予权。

〔**全面推行博士生招生"申请一审核"制**〕　6月28日，学校2017年博士生招生改革布置会召开。自2017级博士研究生招生开始，全面推行"申请—审核"制，重能力不重分数，区别于传统的以外语和专业笔试为主的博士生招生选拔方式。

〔**薛其坤获未来科学大奖**〕　9月19日，首届未来科学大奖揭晓，中国科学院院士、学校物理系教授薛其坤获"物质科学奖"，以奖励其利用分子束外延技术在对新奇量子现象研究中取得的突破性发现。

〔**教师获多个重要奖项**〕　2月，中国工程院院士、学校环境学院教授郝吉明获2015年度哈根-斯密特清洁空气奖，成为中国首位获奖的科学家。3月15日，学校美术学院名誉院长、艺术博物馆馆长冯远获授法国文化艺术骑士勋章。3月17日，计算机科学与技术系副教授喻文健的论文《在基于悬浮随机行走方法的电容提取中利用宏模型》在第十九届欧洲设计自动化与测试学术会议上获"最佳论文奖"，这是中国研究人员作为第一作者的论文首次获奖，也是截至2016年年底中国研究成果在电子设计自动化领域三大顶级会议上的唯一获奖。3月，中国科学院院士、理学院化学系教授赵玉芬获2015年有机磷化学领域的国际阿布佐夫奖，也是首位获奖的中国学者。6月4日，材料学院教授冯庆玲获2016年"Paul Scheuer"奖，是本年度唯一获奖者。6月，医学院教授张林琦当选非洲科学院外籍院士，这项荣誉首次授予中国科学家。8月，中国科学院院士、理学院化学系教授张希被授予美国化学会会士证书，是获此荣誉的首位中国学者，也是获此殊荣的唯一一位来自非美国本土的化学家。10月21日，3名教师获何梁何利基金奖，其中中国科学院院士、生命科学学院教授施一公获何梁何利科学与技术成就奖，理学院化学系教授张希和信息科学技术学院计算机科学与技术系教授郑纬民获何梁何利科学与技术进步奖。11月26日，中国工程院院士、医学院教授程京获第九届谈家桢生命科学成就奖，生命学院教授杨茂君获第九届谈家桢生命科学创新奖。12月4日，经济管理学院教授钱颖一被授予首次颁发的中国经济学奖，以表彰他对在转轨经济中作用于政府和企业激励机制的研究所做出的贡献。12月7日，美国艺术史研究机构协会公布2016年"东亚学者奖"，美术学院助理教授封帆成为首批4位获奖者之一。

〔**1项成果入选中国十大科技进展**〕　1月19日，"2015年中国十大科技进展新闻"揭晓，中国科学院院士、学校生命科学学院教授施一公研究组完成的"剪接体高分辨率三维结构获解析"入选。

〔**多项成果参加国家"十二五"科技创新成就展**〕　6月1日至7日，国家"十二五"科技创新成就展举行。学校牵头实施的高温气冷堆核电站重大专项、重点参与的集成电路专项、牵头研制的核高基重大专项成果"非结构化数据管理系统"、实验观测量子反常霍尔效应、暗物质粒子探测器和中国锦屏地下实验室、灵巧通信试验卫星、NS-2纳型卫星等科研成果参展。

〔**3项成果入选中国高校十大科技进展**〕　12月26日，第十九届中国高等学校十大科技进展揭晓，

学校3项成果入选，入选成果数位居全国高校之首。这3项成果分别是：电机系教授孙宏斌团队的“复杂电网自律—协同无功电压自动控制系统关键技术及应用”，生命科学学院教授谢道昕团队的“植物分枝激素独脚金内酯的感知机制”，以及医学院教授颜宁团队的“肌肉兴奋-收缩偶联的分子机理探索”。

〔**在顶级学术期刊上发表多篇论文**〕　2016年，学校教授施一公、高宁、颜宁、向烨、颉伟、季帅华、陈曦、谢道昕、杨茂君、陈柱成等带领的研究组分别在《自然》《科学》杂志发表13篇研究论文。

〔**“神威·太湖之光”获世界超算冠军**〕　6月20日，国际超算大会发布超级计算机TOP500榜单，中国“神威·太湖之光”计算机系统首次亮相即一举夺冠。该系统由国家并行计算机工程技术研究中心研制，落户于由学校管理运营的国家超级计算无锡中心。

〔**“千万核可扩展大气动力安全隐式模拟”联合成果获“戈登·贝尔”奖**〕　11月17日，在全球超级计算大会上，中国科学院软件所研究员杨超和学校计算机科学与技术系副研究员薛巍、地球系统科学研究中心副教授付昊桓等共同领导的团队所完成的“千万核可扩展大气动力学全隐式模拟”成果获“戈登·贝尔”奖，实现中国在此大奖上的“零”的突破。

〔**发现全新广谱肿瘤标志物并获准用于临床**〕　10月19日，学校举行成果发布会，宣布生命科学学院教授罗永章团队发现全新广谱肿瘤标志物Hsp90α并获准应用于临床，对提高癌症诊疗水平具有深远意义。

〔**学校研究团队在引力波成功探测中做出贡献**〕　2月11日和6月15日，科学家在激光干涉引力波天文台（LIGO）探测器数据中先后确认两起引力波事件，这是有史以来科学家首次直接观测到引力波。作为LIGO科学合作组织（LSC）中国大陆唯一成员，学校先进计算研究团队参与LSC引力波暴和数据分析软件等工作组相关研究，在两次发现引力波过程中做出贡献。

〔**启动科研体制机制改革**〕　4月7日，学校第十七次科研工作讨论会闭幕，宣布正式启动科研体制机制改革。

〔**高温气冷堆示范工程首台压力容器吊装就位**〕　3月20日，由学校核能与新能源技术研究院主持设计的全球首座模块式高温气冷堆示范工程（HTR-PM）首台主设备压力容器在山东省荣成石岛湾核电站顺利吊装就位。这标志着高温气冷堆示范工程全面进入设备安装阶段。

〔**成立无障碍发展研究院**〕　4月23日，学校举行无障碍发展研究院成立仪式。该研究院由中国残疾人联合会和学校联合成立，旨在开展国情研究与政策咨询、人居环境、技术开发、技术与标准体系、人文理念传播与人才培养等无障碍领域的研究。

〔**成立中国新型城镇化研究院**〕　10月18日，学校举行中国新型城镇化研究院成立仪式。研究院以中英可持续城镇化研究平台为基础，由国家发展和改革委与学校共同发起成立，旨在建设成为新型城镇化领域的国家级专业智库、高端人才培养基地和国际交流中心。

〔**学生“新资助体系”建设10周年**〕　12月22日，学校学生“新资助体系”建设10周年总结研讨会举行。学校自2006年开始建设新的家庭经济困难学生资助体系，提出强化学校在资助工作中的直接责任和育人目的。通过加大筹款力度和学校的直接投入，增加校内勤工助学岗位数量，提高岗位的质量和层次，实现了覆盖全部家庭经济困难学生、覆盖家庭经济特别困难学生的全部基本求学费用的“两覆盖、两全部”目标。学校建立“助、勤、奖、贷、补”的新资助体系，10年间资助总额增长了62.2%，8 000余名在校家庭经济困难学生获得了资助，获助率达100%。

〔**人事制度改革**〕 3月10日，学校38个纳入教师人事制度改革范围的院系均完成改革方案制定工作并正式启动改革。

〔**成立战略发展委员会**〕 1月10日，学校战略发展委员会成立，聘请第十一届全国人大常委会副委员长华建敏担任主任委员。该委员会是学校战略决策的咨询机构和社会参与学校事务的主要途径，也是学校加强同社会联系、合作的重要组织形式。

〔**召开教代会制度设立30周年座谈会**〕 12月29日，学校举行教职工代表大会制度设立30周年座谈会。自1986年以来，作为教职工依法参与学校民主管理和民主监督的基本形式，学校以教职工代表大会为载体进行校务公开，形成提案征集与落实、教职工代表大会代表组长联席会议、评议监督学校干部等制度机制，在维护广大教职工合法权益、发扬广大教职工主人翁精神、促进学校改革发展中发挥了重要作用。

〔**设立清华第一个中共党支部诞生地纪念物**〕 2016年，时值中国共产党成立95周年、学校党组织建立90周年。12月30日，学校设立“三院遗址·清华第一个中共党支部诞生地”纪念物。

〔**开启“人文清华”讲坛**〕 1月10日，“人文清华”讲坛开启，这是学校传承百年清华人文历史、开辟新清华人文格局的重要举措。全年共举办7场活动，格非、陈来、李强、万俊人、彭林、汪晖等知名学者分别应邀主讲。

〔**与深圳市合作共建清华大学深圳国际校区**〕 11月4日，学校与深圳市政府签署协议，在清华大学深圳研究生院、清华—伯克利深圳学院的办学基础上，共建清华大学深圳国际校区。国际校区汇聚国际教育创新资源，促进学科交叉融合，培养具有国际视野和跨文化交流能力的高端人才，服务国家、地区和深圳市经济社会发展。

〔**共建PPP中国中心**〕 当地时间1月20日，清华大学、香港城市大学和联合国欧洲经济委员会（UNECE）在瑞士签署协议，共建政府和社会资本合作中国中心（UNECE PPP）。三方携手推动PPP的多维度研究，促进PPP模式在中国的应用，为实现联合国提出的人类可持续发展目标做出贡献。

〔**联合举办首届中以大学校长论坛**〕 3月29日，由以色列高等教育委员会、中国教育部、清华大学主办的首届中以大学校长论坛在耶路撒冷举行，国务院副总理刘延东出席并发表主旨演讲。其间，学校与以色列特拉维夫大学签署关于全面深化创新创业教育与研究合作的协议。

〔**联合国教科文组织国际工程教育中心成立**〕 6月6日，联合国教科文组织国际工程教育中心在北京举行签约及揭牌仪式。该中心是以工程教育为主题的联合国教科文组织二类机构，由中国工程院和学校共同申请设立，中心秘书处设在学校。

〔**主办第五届世界和平论坛**〕 7月16日，由学校主办、中国人民外交学会协办的第五届世界和平论坛开幕，国务院副总理刘延东出席开幕式并致辞。本届论坛主题为“共同安全秩序：合作、包容、开放”。法国前总理德维尔潘、日本前首相鸠山由纪夫、巴基斯坦前总理阿齐兹、欧盟前共同外交与安全政策高级代表索拉纳等分别发表演讲。

〔**与美国斯坦福大学签署合作备忘录**〕 9月26日，学校代表团访问美国斯坦福大学，签署合作备忘录，在定位、导航与授时领域搭建合作的新型平台，共同开展科学研究、学术交流和人才培养。

〔**倡议发起中英高等教育人文联盟**〕 12月6日，清华大学、复旦大学、英国大学联盟在上海市主办“中国、英国大学人文对话”论坛，联合12

所中英高校共同倡议发起中英高等教育人文联盟。联盟希望通过鼓励在人文和人道主义教育领域的跨文化对话合作，加强中国、英国两国高校之间的学术文化交流。

〔授予美国麻省理工学院院长名誉博士学位〕 12月16日，学校授予美国麻省理工学院院长拉斐尔·莱夫名誉博士学位。仪式结束后，拉斐尔·莱夫做题为“创造未来：二十一世纪的研究型大学”的演讲。

〔新西兰总理访问学校〕 4月19日，新西兰总理约翰·基访问学校，并发表题为“创新与发展——新西兰和中国合作伙伴关系”的演讲，表示亚太地区的发展正在为两国进一步加强合作创造新的机遇。

〔葡萄牙总理访问学校〕 10月9日，葡萄牙总理安东尼奥·科斯塔访问学校，做客海外名师讲堂，发表题为“葡萄牙语作为政治合作及经济繁荣的跨洲际空间”的主题演讲，重点阐述了葡萄牙语在国际舞台上的战略意义。

〔乌拉圭总统访问学校〕 10月13日，乌拉圭东岸共和国总统塔瓦雷·巴斯克斯访问学校，发表题为“烟草消费对公众健康的影响”的演讲，分享对控烟禁烟的理念，并介绍了乌拉圭政府在控烟方面的努力和举措。

〔苏世民书院正式开学〕 9月10日，学校苏世民书院举行首届学生开学典礼。国家主席习近平、美国总统奥巴马分别发来贺信，国务院副总理刘延东出席开学典礼并讲话。苏世民书院秉承“立足中国、面向世界”的原则，旨在为未来的世界领导者持续提高全球领导力。首届学生共110人，来自31个国家和地区。

〔图书馆“李文正馆”落成〕 4月22日，学校图书馆“李文正馆”落成。“李文正馆”由印度尼西亚华人企业家李文正捐资建设，由中国工程院院士、学校建筑学院教授关肇邺领衔设计。该馆建筑面积15 000平方米，可藏书60万余册，提供800余个阅读座席。

〔宋平回母校视察〕 10月14日，中共中央政治局原常委、百岁老学长宋平回到母校视察。宋平与化学系师生亲切交流，与学校几任领导班子成员座谈，回忆母校改革发展的历程，叮嘱大家继承发扬优良传统。

〔艺术博物馆开馆〕 9月10日，学校艺术博物馆开馆，国务院副总理刘延东参观展览，全国人大常委会原副委员长华建敏出席开馆仪式。首展共设置7大板块、11个展览，有书画、染织、陶瓷、家具、青铜器及综合艺术品6大类藏品13 000余组件。

撰稿　许　亮　冯劲涛
审稿　吴剑平

中国人民大学

〔陈宝生到校调研〕 2016年7月15日，教育部部长陈宝生到学校调研工作。

〔举行首届本科生学术论坛〕 4月9日至10日，学校举行首届本科生学术论坛。论坛以“研究·实践·创新”为主题，设立主论坛与人文学部、经济学部、社会学部、法政学部、理工学部5个分论坛。论坛以“鼓励学术实践，促进学术交流，提升学术能力，引领学术创新”为宗旨，集中呈现学校各类课外教学与实践育人项目产生的学术作品，搭建本科生实践创新与学术交流合作的平台，进一步加强研究型学习制度体系建设，推动本科人才培养线路图的持续落实。

〔召开高校马克思主义理论学科研究生培养调研座谈会〕 3月17日，国务院学位委员会马克思主义理论学科评议组在学校召开高校马克思主义理论学科研究生培养调研座谈会，会议旨在落实《教育部关于改进和加强研究生课程建设的意见》精神，进一步提升马克思主义理论学科研究生培养质量。教育部学位管理与研究生教育司（国务院学位委员会办公室）、教育部社会科学司有关负责人以及来自12所高校的马克思主义学院负责人和学校马克思主义学院的部分教师参加会议。

〔启动实施“杰出人文学者计划”〕 1月13日，学校启动杰出人文学者聘任工作。“杰出人文学者计划”旨在支持文、史、哲等人文学科发展，汇聚一批一流学术人才，涵育大学精神和人文底蕴。根据计划，全校设置75个左右杰出人文学者全职岗位，分为人文讲席教授10个、人文特聘教授25个、人文青年学者40个，受聘者统称为“中国人民大学杰出人文学者”。6月28日，经认真评议和无记名投票，19名教师被聘为人文特聘教授、26名教师被聘为人文青年学者。

〔1人获“影响中国2016年度文化学者”〕 12月8日，由《中国新闻周刊》主办的“影响中国2016年度人物”荣誉盛典举行，学校文学院教授、著名作家刘震云获“影响中国2016年度文化学者”。

〔1人获第五届吴玉章人文社会科学终身成就奖〕 12月29日，第五届吴玉章人文社会科学终身成就奖颁奖典礼在学校举行，著名马克思主义哲学家、教育家、学校教授陈先达获奖。

〔启动“海外留学归国教师国情教育计划”〕 11月29日，学校举行“海外留学归国教师国情教育计划”启动仪式。

〔获45项国家社科基金项目〕 6月17日，全国哲学社会科学规划办公室公布2016年国家社会科学基金年度项目和青年项目立项结果，全国共立项3 917项。学校获立项45项（其中重点项目8项、一般项目25项、青年项目12项）。

〔发布2015年度“中国十大学术热点”〕 1月12日，学校举行2015年度“中国十大学术热点”发布会暨2016年人文社会科学研究展望论坛，“四个全面”战略布局研究、全球治理与中国外交等学术热点入选2015年度“中国十大学术热点”。

〔发布“中国城市创业指数（2015）”〕 3月1日，学校举办中国城市创业指数（2015）发布会。中国城市创业指数（2015）对中国21个城市的创业总体水平、创新水平和创业产业发展水平进行综合评估，反映了2015年中国在“大众创新、万众创业”政策下的城市创新创业发展水平。

〔2016年《世界经济展望报告》发布会在学校举行〕 10月12日，国际货币基金组织（IMF）2016年《世界经济展望报告》发布会在学校举行。与会嘉宾围绕结构性改革、人民币国际化进程、汇率机制等问题进行了交流与研讨。

〔重阳金融研究院获“影响中国2016年度智库”〕 12月8日，学校重阳金融研究院获由《中国新闻周刊》主办的“影响中国2016年度智库”称号，成为唯一一家“年度智库”。

〔成立京津冀协同发展研究院〕 1月9日，学校举行京津冀协同发展研究院成立大会暨首届京津冀协同发展论坛。论坛以京津冀协同发展与非首都功能疏解为主题，与会专家从京津冀协同发展的现状和问题、理论与实践、对策与建议等多个维度进行了阐述。

〔成立中国公益创新研究院〕 7月26日，学校成立中国公益创新研究院。校友李晓波专项捐赠1 000万元，支持研究院的成立和发展。研究院以慈善文化、公益领域跨部门合作、公益部门治理为主要研究方向，旨在通过学术研究、人才培养、实践咨询、社会倡导和决策参与等方式，成为公益研究的领导者和公益创新的发动机。

〔**成立马克思主义新闻观研究中心**〕 10月22日，学校举行马克思主义新闻观研究中心揭牌仪式暨马克思主义新闻观与当代中国新闻业论坛。北京市属主要新闻媒体负责人、国内各大新闻院校的领导和专家学者及学校新闻学院师生150余人参加活动。

〔**成立中国扶贫研究院**〕 11月6日，学校举行中国扶贫研究院成立仪式暨2016中国精准扶贫圆桌论坛，来自政府部门、社会组织、金融机构、企业、高校和科研院所的百余名代表参加了成立仪式。扶贫研究院的前身是成立于2009年的学校反贫困问题研究中心。

〔**成立文艺复兴研究院**〕 12月3日，学校举行第二届（2016）文艺复兴高峰论坛，来自国内外的专家学者围绕"'一带一路'文化智库建设与行动"的主题进行深入探讨。开幕式上，学校文艺复兴研究院正式揭牌，56个民族青年艺术家圆梦文艺复兴同时启动。

〔**纪念马克思主义学院成立20周年**〕 10月15日，学校举办马克思主义学院成立20周年纪念大会暨面向21世纪的中国马克思主义论坛。马克思主义学院建立了国内最齐全的马克思主义学科体系，既拥有全国唯一的国家级重点一级学科——马克思主义理论一级学科，还拥有马克思主义哲学、政治经济学等二级学科，全部二级学科均为国家级重点学科。

〔**纪念行政管理学系成立30周年**〕 10月16日，学校举办主题为"传统与现代：中国善治之路"国际学术研讨会，庆祝行政管理学系（所）建立30周年。来自国内外的专家学者、校友、在校师生代表以及媒体记者共计300余人参加会议。行政管理学系的前身是创建于1986年的行政管理学研究所，是我国高校最早建立的从事行政管理科研与人才培养的专门机构。

〔**举行罗国杰伦理思想研讨暨《罗国杰文集》出版发布会**〕 3月19日，学校举行罗国杰伦理思想研讨暨《罗国杰文集》出版发布会。来自学校、中国社会科学院、北京师范大学、《光明日报》、新华网等高校、科研院所、新闻媒体的代表及罗国杰家属代表出席发布会。罗国杰是当代中国著名伦理学家、哲学家、教育家，曾任学校哲学系主任、学校副校长等。《罗国杰文集》于2016年3月正式出版，收录了罗国杰生平重要作品，为研究伦理学理论和罗国杰伦理思想提供了丰富的、宝贵的文献资料。

〔**纪念法律硕士教育20周年**〕 4月23日，学校举行法律硕士教育20周年暨法硕校友论坛。有关部门和高校科研机构的专家学者及近400名校友参加大会。本次论坛分为"法律硕士教育综合改革的机遇和挑战""律师教育与职业规划"两个主题，同时举办了人大法硕教育20年校友照片图片展。

〔**举办首届"中共党史视域下的马克思主义中国化研究"学术冬令营**〕 1月16日至19日，学校举行首届"中共党史视域下的马克思主义中国化研究"学术冬令营，来自全国38所高校及研究机构的60多位青年学者参加。冬令营为期4天，以专题讲座、小组研讨为主要形式，并从90余篇参选论文中遴选出66篇优秀论文参会。

〔**成立首家家书博物馆**〕 10月26日，中国首家家书博物馆——中国人民大学家书博物馆揭牌成立。著名书法家沈鹏先生为家书博物馆题写馆名，第十届全国政协副主席张怀西为家书博物馆揭牌。博物馆下设家书文化研究中心，收藏家书5万余封，常年向社会征集家书、日记、回忆录等民间资料，常设展览"尺翰之美——中国传统家书展"，并定期免费对外开放。

〔**召开第十四次党代会**〕　12月16日至17日，中国共产党中国人民大学第十四次党员代表大会召开。会议审议了学校党委书记靳诺代表第十三届党委做的题为《不忘初心奋力前行为建设“人民满意、世界一流”大学而努力奋斗》的工作报告；审议了《中国共产党中国人民大学第十三届纪律检查委员会工作报告》《中国共产党中国人民大学第十三届委员会党费收缴、使用和管理情况的报告（草案）》；选举产生了中国共产党中国人民大学第十四届委员会和纪律检查委员会。

〔**举办第二十届中国资本市场论坛（2016）**〕　1月8日至9日，学校举办第二十届中国资本市场论坛(2016)，来自高校科研机构的专家学者、政府部门有关负责人、公司企业及新闻媒体代表700余人参加论坛。论坛主题是“中国资本市场：风险与监管”。论坛发布主题报告《股市危机：逻辑结构、多因素分析与政策建议》。

〔**举办第四届民生论坛**〕　4月22日，第四届民生论坛在学校开幕。论坛由学校和中国民主同盟北京市委员会共同举办，来自校内外专家学者围绕“五大理念之共享发展”的主题进行了深入探讨。

〔**举行首届学生基层就业工作论坛**〕　5月20日，首届“青春勇担当，基层筑栋梁——中国人民大学学生基层就业工作论坛”举行。近70名各省份人事部门负责人，8名基层工作校友代表以及各学院教师代表、有意向到西部地区和基层就业的学生代表等参会。论坛还开展了毕业生基层就业（选调生）报告发布及座谈会、实习双选会、基层校友专场分享会等相关活动。会上，发布了《中国人民大学毕业生基层就业（选调生）报告》。

〔**庆祝中国宏观经济论坛十周年**〕　6月18日至19日，学校举办庆祝中国宏观经济论坛十周年系列活动，来自高校科研机构的专家学者400余人出席庆典。论坛以“十年宏观、十年政策、十年理论”为主题，发布了主报告《十年宏观、十年政策、十年理论——中国特色宏观经济理论的构建》。

〔**举办全面建成小康社会背景下中国社会学学科体系、学术体系和话语体系建设学术研讨会**〕　11月13日，学校举办全面建成小康社会背景下中国社会学学科体系、学术体系和话语体系建设学术研讨会，来自全国60余家社会学教学科研单位的近百名专家学者出席会议。与会学者就“理论自觉与中国特色社会学学科建设”“理论创新与中国社会学理论建设”“社会转型、社会研究与社会实践创新”“社会学类专业建设与人才培养的挑战与应对”等主题进行深入研讨。

〔**联合举办经济形势与发展改革研讨会**〕　11月14日，学校与中国农工民主党中央委员会联合举办2016年经济形势与发展改革研讨会。2016年年初，学校与中国农工民主党中央委员会共同拟定了《全面加强交流与合作的框架协议》，本次研讨会是双方战略合作的内容之一。

〔**举办首届西部法治与法学教育高峰论坛**〕　11月18日至19日，学校举办首届西部法治与法学教育高峰论坛暨“一带一路”倡议与法治保障学术研讨会。来自近20所西部地区主要法学院校和部分东部地区法学院校的50余位专家学者参加论坛。与会代表围绕“一带一路”倡议与法治保障的主题，共同探讨“一带一路”倡议中的西部法治、法律服务与法治保障，法学教育与法治人才培养问题。

〔**举办中国宏观经济论坛（2016—2017）**〕　11月19日，学校举办中国宏观经济论坛（2016—2017），主题是“稳增长与防风险双底线的中国宏观经济”，来自各界的专家学者400余人参加论坛。会上，发布了论坛主报告《中国宏观经济分析与预测(2016—2017)——稳增长与防风险双底线的中国宏观经济》。

〔**举办新中国舆论学研究30年论坛**〕　11月19

日，学校举办新中国舆论学研究30年论坛暨中国人民大学舆论研究所成立三十年纪念研讨会。来自全国的20余位舆论学研究领域知名学者、50多家媒体及业界精英代表与会，共同就中国舆论学研究的历史进程、体系建构以及新技术背景下的研究转向等多个主题进行研讨。论坛发布了《新中国舆论学研究30年学术脉络与学术地图》和《中国网民的信息生产及情感价值结构演变（2012—2016）——基于搜狗大数据的分析》研究报告。

〔**举办首届中国新就业论坛**〕 11月20日，学校举办首届中国新就业论坛，来自相关部门的领导、高校和研究机构的专家学者以及企业代表共130余人参加论坛。

〔**举行国家民委民族语言文化心理重点研究基地揭牌仪式**〕 7月6日，国家民族事务委员会民族语言文化心理重点研究基地挂牌暨第一届民族语言文化心理学术研讨会在学校举行。来自有关高校、科研机构的40余名专家学者围绕民族教育、民族语言心理等主题进行了研讨。

〔**对口支援青海民族大学**〕 3月17日，学校与青海民族大学签署对口支援协议。根据协议，学校在师资队伍建设、学科专业建设、科学研究、联合招收培养研究生、学校管理制度与运行制度建设、干部锻炼、设立青藏高原科研基地等方面支援青海民族大学，共同推动中西部地区教育的均衡发展。

〔**与青岛市签署全面战略合作协议**〕 10月28日，学校与青岛市签署全面战略合作协议，双方发挥各自优势开展全面合作，进一步推动青岛市经济社会发展，提升学校的学科建设及社会服务水平。

〔**与深圳市政府签署合作办学协议**〕 12月27日，学校与深圳市政府签署合作办学协议，标志着学校深圳校区进入一个新的发展阶段。根据协议，深圳校区立足学校人文社会科学领域的学科优势，积极开展与国际一流大学的合作，主动面向深圳市经济社会发展需要和国际前沿开展科学研究；开展研究生和本科生全日制学历教育，积极发展交叉学科和新兴学科，培养具有创新意识、开拓精神的国际化人才；双方致力于探索国家高等教育改革创新的新模式和新路径，推动深圳市建设国际化开放式创新型高等教育体系，为现代化国际化创新型城市建设提供强有力的人才保证、智力支持和文化引领，加快实现学校建设人民满意、世界一流大学的战略目标。

〔**与宁夏回族自治区签署战略合作协议**〕 10月28日，学校与宁夏回族自治区签署《中国人民大学宁夏回族自治区人民政府战略合作协议》。根据协议，双方致力于建立长期、全面、稳定、共赢的战略合作伙伴关系，在战略研究与决策咨询、人才培养与教育交流、人才选拔与干部队伍建设等方面开展合作。

〔**2016亚太农业政策圆桌会议举行**〕 4月20日，2016亚太农业政策圆桌会议在学校举行，来自联合国粮食及农业组织亚太地区18个国家的专家学者共60余人参会。会议的主题是“农业水资源可持续管理与粮食安全”。

〔**“欧亚大讲堂”开讲**〕 5月19日，“欧亚大讲堂”举办首次讲座，国务院发展研究中心欧亚社会发展研究所所长李凤林做了题为《当前国际形势与中俄关系》的主旨演讲。“欧亚大讲堂”由学校国家发展与战略研究院和中国人民大学—圣彼得堡国立大学俄罗斯研究中心主办。

〔**举办2016中美公共外交论坛**〕 6月19日，学校国家发展与战略研究院和中国公共外交协会联合举办了2016中美公共外交论坛，来自中国、美国政界、学界、智库战略界和媒体界的30多位知名专家学者围绕如何通过公共外交加强中美战略互信、如何加强智库在中美关系和亚太安全合作中的作用、如何推进中美全方位多领域公共外交交流与合作等议题展开深入研讨。

〔**成立中俄新闻教育高校联盟**〕 7月9日，

“中国人文社会科学论坛2016：中俄新闻教育与传媒发展暨中俄新闻教育高校联盟”成立大会在学校举行，来自中国、俄罗斯35所高校的200余位师生代表和中国、俄罗斯媒体界相关人士参加。中俄新闻教育高校联盟首批成员单位包括19所中国大陆高校，2所香港、澳门特别行政区高校和14所俄罗斯高校。会上发布了中俄新闻教育高校联盟《北京宣言》。

〔举办国际哲学系主任高端论坛〕　11月10日，学校举办国际哲学系主任高端论坛。本次论坛是“人大哲学60年”纪念系列活动重要组成部分，以“哲学在当代世界：传统与创新”为主题，旨在继承哲学教育的悠久传统，积极探索哲学学科在新时代中的创新之路。来自国内外20所一流大学的哲学系主任和中外相关学者齐聚一堂，共商哲学教育在当今时代的使命和责任。

〔举办世界汉学大会〕　11月11日，由学校和孔子学院总部、国家汉办共同主办的第五届世界汉学大会开幕。来自国内外高校的近百名中外学者围绕“比较视野下的汉学：传统与创新”这一主题进行了讨论。

〔中俄友好、和平与发展委员会教育理事会成立〕　11月23日，中俄友好、和平与发展委员会教育理事会成立仪式暨第一届理事会会议在学校举办。理事会旨在通过开展高等教育领域学术交流活动，增进两国教育界的了解和友谊，促进中俄两国人文交流与教育合作，为中俄全面战略协作伙伴关系高水平运转做出贡献。会议审议并原则讨论通过《中俄友好、和平与发展委员会中方教育理事会章程（草案）》；审议通过理事会组织架构及相关人事安排。中国人民大学、北京大学、清华大学等11所高校成为中方理事会理事单位。

〔举办中国资本市场法治论坛〕　12月14日至15日，学校举办“2016年中国资本法治论坛暨企业社会责任的全球化及其对公司治理的影响：中国国际和国际经验研讨会”，来自中国、澳大利亚、美国、德国、英国、荷兰、新加坡等国家的公司法与公司治理专家参加论坛，并围绕企业社会责任的全球化趋势及其对公司治理的影响展开讨论。

〔举办中国首届学术评价高峰论坛〕　12月16日，学校举办中国首届学术评价高峰论坛，学术评价研究界专家学者、学术期刊与学术机构代表及相关媒体70余人参会。论坛以“方法、趋势与突破：互联网时代的学术评价”为主题，旨在促进中国学术评价理论与实践的发展。

〔与日本金泽大学签署合作协议〕　2月29日，学校与日本金泽大学签署校际合作协议及《学生交换谅解备忘录》。根据协议，双方在教师和学生交流、共同课题研究等方面进一步加强合作交流，共同推动各自的国际性发展战略。

〔与澳大利亚国立大学签订政策研究合作备忘录〕　10月13日，学校与澳大利亚国立大学签订政策研究合作备忘录，推动国家发展与战略研究院和澳大利亚国立大学东亚经济研究所在学术合作、学者互访、人才培养等方面开展全方位合作。

〔承办“2016中国共产党与世界对话会”经济学者圆桌会〕　10月14日，由中共中央对外联络部主办，中共重庆市委承办的“2016中国共产党与世界对话会”在重庆市开幕，来自50多个国家、70多个政党的300余名代表与会。学校重阳金融研究院作为智库代表方参与承办其中的“经济学者圆桌会议：全球治理与中国经验”。

〔尼泊尔总理奥利到访〕　3月22日，尼泊尔总理奥利到校访问并发表主题为“共建‘一带一路’共创美好未来”的演讲。

〔上海合作组织秘书长到访〕　12月8日，上海合作组织秘书长阿利莫夫先生一行访问学校，并担任“欧亚大讲堂”嘉宾，做了主题为“上海合作组织现状和发展前景”的讲座。

〔**与北京理工大学开展战略合作**〕 6月14日，学校与北京理工大学举行战略合作签约仪式。根据协议，双方在协同育人、协同创新、队伍交流和文化建设等方面进一步加强合作。

〔**首获国际大学生数学建模竞赛（MCM/ICM2016）特等奖**〕 4月12日，2016年国际大学生数学建模竞赛（MCM/ICM）成绩公布，学校参赛队首次获得一项特等奖（Outstanding Winner），并获一项特等奖提名。

〔**首获中国“互联网+”大学生创新创业大赛金奖**〕 10月15日，第二届中国“互联网+”大学生创新创业大赛全国总决赛在武汉市落下帷幕。学校学生创业团队取得一项金奖、一项铜奖的成绩。国务院副总理刘延东出席总决赛，并接见了大赛获奖学生、指导教师和专家评委代表。

撰稿　万　静
审稿　刘在波

北京师范大学

〔**陈宝生到校调研**〕 2016年7月15日，教育部部长陈宝生到学校调研。陈宝生一行首先与学校领导班子成员和师生代表进行座谈。随后，陈宝生来到学校心理学院，听取了校长董奇和心理学院院长刘嘉对心理学研究和学科建设的介绍，并参观了虚拟现实、脑电、社会认知等实验室，现场体验了Oculus的dk2虚拟现实头盔。陈宝生对学校在心理学研究与应用等方面取得的成绩给予充分肯定。最后，陈宝生前往学校图书馆特藏部参观。他观看了陈垣、黎锦熙等著名专家和学者的专著，查看了近现代以来的部分教材实物，仔细了解了我国基础教育教材改革发展历程，并参观了学校珍贵的历史照片和文献资料，就相关问题与学校领导进行了交流。

〔**成立地理科学学部**〕 按照《北京师范大学综合改革方案》和学校“十三五”发展规划，学校党委常委会研究决定成立地理科学学部。11月9日，学校发文宣布成立地理科学学部。地理学与遥感科学学院（含遥感科学国家重点实验室北京师范大学承建部分）、资源学院、减灾与应急管理研究院、地表过程与资源生态国家重点实验室纳入地理科学学部统一管理。

〔**成立心理学部**〕 11月29日，党委常委会研究决定整合心理学院和脑与认知科学研究院（含认知神经科学与学习国家重点实验室），成立心理学部。12月11日，学校发文宣布成立心理学部。

〔**张厚粲获2016年ATP全球公民奖**〕 3月21日（美国东部时间），在美国举办的国际测验行业协会（ATP）2016年年会上，学校心理学院教授张厚粲获“ATP 2016 Global Citizen Award”（ATP全球公民奖）。ATP大会评价张厚粲是心理测验与测评卓越的终生倡导者，是将中国心理学重生为一个重要学科、将认知测评奠定为心理学和教育领域必不可少的重要成分的先锋。

〔**安芷生当选美国科学院外籍院士**〕 5月3日，美国科学院网站发布了2016年度新当选的美国科学院院士名单。中国科学院院士、发展中国家科学院院士、中国科学院地球环境研究所研究员、学校“双聘院士”安芷生当选美国科学院外籍院士。1月8日，安芷生以学校为合作单位，并与多国科学家合作，在《自然》杂志上发表《人类世在地层上和功能上不同于全新世》的地史学长篇评论，引起国际上的广泛关注。

〔**周卫健当选美国地球物理学会会士**〕 7月25日，美国地球物理学联合会（AGU）官方网站发布2016年度AGU Fellow（美国地球物理学会会士）评选结果。中国科学院院士、中国科学院地球环境研究所研究员、学校“双聘院士”周卫健当选美国地球物理学会会士。

〔**2项成果获国家自然科学二等奖**〕 1月8日，国务院在北京举行2015年度国家科学技术奖励大会，学校2项成果获国家自然科学二等奖。分别是：环境学院教授夏星辉主持完成的“流域水沙条件对水质影响过程及机理”项目和脑与认知科学研究院教授贺永参与完成的“磁共振影像学分析及其对重大精神疾病机制的研究”项目。

〔**4项成果获教育部高校优秀科研成果奖**〕 2月，教育部公布了《关于2015年度高等学校科学研究优秀成果奖（科学技术）奖励的决定》。学校作为第一完成单位有3项科研成果获奖，其中科技进步奖一等奖1项、二等奖2项；作为参与单位获自然科学一等奖1项。

其中，环境学院教授董世魁主持的“青藏高原退化草地诊断和恢复技术体系构建与应用”项目成果获科技进步奖一等奖；信息科学与技术学院教授周明全主持的“模型云工厂的建造和应用”项目成果与环境学院教授王红旗主持的“污染土壤石油烃微生物跨膜运输与协同修复技术”项目成果获科技进步奖二等奖。学校作为第二完成单位、物理学系教授彭奎庆参与的“硅纳米结构制备及其应用基础研究”项目成果获自然科学奖一等奖。

〔**获第五届全国教育科学研究优秀成果奖**〕 11月，全国教育科学规划领导小组办公室公布第五届全国教育科学研究优秀成果奖获奖结果，学校共有27项研究成果获奖，包括一等奖5项、二等奖6项、三等奖16项，获奖总数和获一等奖数均位居全国高校第一位。

〔**获2016年度国家社科基金重大项目立项数位列全国首位**〕 11月，2016年度国家社科基金重大项目评审结果正式公布，学校获准立项重大项目10项，立项数位列全国第一位。10个重大项目分别是：经济与工商管理学院教授宋晓梧申报的“中国特色和谐劳动关系的演进路径与机制构建研究”、教授赖德胜申报的“中国经济下行阶段就业结构调整与防范失业战略研究”，政府管理学院教授李兴申报的“丝绸之路经济带框架下的中俄全面合作研究”，统计学院教授王亚菲申报的“中国多区域投入产出数据库建设”，文学院教授万建中申报的“20世纪中国民间文学研究专门史”、教授刘利申报的“汉语复句历史演变研究及其语料库建设”，中国文化国际传播研究院院长黄会林申报的“当代中国文化国际影响力的生成研究”，中国基础教育质量监测协同创新中心教授罗良申报的“中国义务教育质量关键影响因素监测框架构建与验证研究”，教育学部教授徐勇申报的“中国传统文化教育资源的开发利用研究”，心理学院教授王建平申报的“基于全国调研数据的中国失独人群心理健康援助体系研究”。

〔**中共中央任命程建平为学校党委书记**〕 12月5日，学校召开全校干部教师大会，中央组织部副部长周祖翼，教育部党组副书记、副部长沈晓明，北京市委组织部部长姜志刚出席大会并讲话。会上，周祖翼宣布了中共中央的任命决定：程建平同志担任北京师范大学党委书记（副部长级）。

〔**二十国集团反腐败追逃追赃研究中心在学校设立**〕 9月23日，二十国集团反腐败追逃追赃研究中心在学校设立。这是贯彻落实习近平总书记关于做好二十国集团领导人杭州峰会后续工作，落实会议成果、放大峰会效应，更好促进各项有关工作的具体举措。中共中央书记处书记赵洪祝出席研究中心揭牌仪式。

在9月初闭幕的二十国集团领导人杭州峰会上，各国领导人积极响应中国倡议，一致同意在华设立二十国集团反腐败追逃追赃研究中心。这是第一个面向二十国集团成员国开展相关研究工作的机构。研究中心通过专题研究、学术研讨和培训等多种形式开展工作，为二十国集团成员国开展反腐败追逃追赃合作创造交流平台，为中国参与国际反腐败合作提供智力支持，推动建立以追逃追赃务实合作为主要内容的国际反腐败新秩序。

中共中央纪律检查委员会、外交部、监察部、教育部等部委负责人，中央反腐败协调小组国际追逃追赃工作办公室成员单位负责人，二十国集团成员国驻华使馆官员及相关国际组织驻华高级代表出席仪式。学校校长董奇，副校长郝芳华、周作宇、陈丽，校长助理张强，校内职能部处和院系负责人，国内外追逃追赃领域著名专家学者以及研究中心专家等200余人出席活动。

〔**第十六届世界比较教育大会召开**〕 8月22日至26日，第十六届世界比较教育大会在学校召开。大会的主题为“教育中的辩证法：比较的视角”。开幕式上，教育部部长陈宝生、世界比较教育学会联合会会长卡洛斯·阿尔贝托·托雷斯、中国教育学会名誉会长顾明远出席并致辞，校长董奇主持开幕式。

会议期间，中国教育学会比较教育分会理事长、第十六届世界比较教育大会主席王英杰，经济合作与发展组织（OECD）教育与技能主管、秘书长、特别顾问安德里亚斯·施莱克尔（Andreas Schleicher），加拿大多伦多大学安大略教育学院教授许美德（Ruth Hayhoe）以及卡洛斯·阿尔贝托·托雷斯分别做主旨发言。

世界比较教育大会被誉为“比较教育学科的奥运会”。本届大会由中国教育学会比较教育分会和学校共同主办，来自世界70多个国家和地区的1 000余名专家学者参加了本届盛会。大会共采纳学术论文1 000余篇，安排主旨发言2场，特别推荐报告4场，平行分会场274个，论文海报展场4个。各国教育专家和学者共同分享了最新研究成果，在阐述全球教育发展现状的同时，引发了与会代表对全球教育改革的热烈反响和积极讨论，为世界教育领域的思想碰撞和学术交流做出了重要贡献。

〔**学校女篮队获2016年中国大学生篮球联赛（CUBA）全国总冠军**〕 6月14日，2016年第十八届中国大学生篮球联赛（CUBA）女篮总决赛在集美大学举行，学校女篮击败北京大学女篮，再次夺得女篮总冠军。这是学校女篮队8年来第6次获得中国大学生篮球联赛（CUBA）全国总冠军。

撰稿　李敏辞
审稿　魏书亮

中国农业大学

〔**农业科学学科首次进入全球三甲**〕 2016年10月25日，根据《美国新闻与世界报道》（US News & World Report）发布的2017年度US News全球最佳大学与学科排行榜，学校6个学科上榜，较2015年度增加3个，其中农业科学学科首次进入全球三甲。在综合排名中，学校位列全球第423位、亚洲第61位，位列国内高校第21位。

〔**农学专业接受最高层级专业认证**〕 12月21日，教育部高等教育教学评估中心对学校农学专业开展专业认证（第三级）。专业认证是中国“五位一体”的本科教学评估和质量保障体系重要的组成部分，国家第三级专业认证是专业认证的最高层级。

〔**7人入选中国科协首批“青年人才托举工程”**〕 3月3日，7位教师入选中国科学技术协会“青年人才托举工程”（2015—2017年度）。“青年人才托举工程”是由中国科学技术协会新启动的人才支持项目，旨在帮助青年科技人才在创造力黄金

时期做出突出业绩，努力成长为品德优秀、专业能力出类拔萃、社会责任感强、综合素质全面、具有国际视野的学术技术带头人，成为国家主要科技领域高层次领军人才和高水平创新团队的重要后备力量。

〔杨宁当选为世界家禽学会（WPSA）主席〕 9月5日至9日，第二十五届世界家禽大会在北京召开，学校畜禽育种国家工程实验室主任、动物科技学院教授杨宁当选为第二十五届世界家禽大会（WPC2016）协会主席，成为第一个担任这一职务的中国人。世界家禽学会（World's Poultry Science Association，WPSA）于1912年6月18日在英国伦敦成立，是面向家禽研究和生产技术的唯一世界性学术组织。

〔李小云获"中国扶贫·社会责任奖"〕 9月27日，学校人文与发展学院教授李小云在首届中国扶贫论坛上被授予"中国扶贫·社会责任奖"。首届中国扶贫论坛以"精准扶贫与全面小康"为主题，300余位政商学界代表探讨国家意志下的扶贫战略和破解之道。

〔2人获2016年华耐园艺科技奖〕 10月18日，在中国园艺学会园艺产业发展论坛暨2016年华耐园艺科技奖颁奖大会上，学校教授李天忠主持的"苹果自花结实性基因挖掘与种质创新"项目获特等奖、教授任华中主持的"黄瓜生长发育及其分子调控机制"项目获科技奖。

〔3人入选首批北京高校思政课特级教授〕 11月24日，学校马克思主义学院3位教师被聘为首批北京高校思想政治理论课特级教授、特级教师。其中张晓红被聘为特级教授，张晖、李桂华被聘为特级教师。

〔获国家科技大奖〕 1月8日，学校在2015年度国家科学技术奖励大会上获7项大奖，其中学校为第一完成单位主报项目5项，主报项目获奖数量在全国高校中排名第三位。在2016年度国家科学技术奖励大会上，学校为第一完成单位主报的4个项目获国家科技进步奖二等奖。分别是：教授孙其信主持完成的"小麦抗病、优质多样化基因资源的发掘、创新和利用"项目、教授高希武主持完成的"生物靶标导向的农药高效减量使用关键技术与应用"项目、教授谯仕彦主持完成的"大豆中抗营养因子钝化降解关键技术及在畜禽饲料中的高效利用"项目和教授杨宁主持完成的"农大3号小型蛋鸡配套系培育与应用"项目。此外，学校教授尹靖东参与完成的"荣昌猪品种资源保护与开发利用"项目、教授李晓林参与完成的"西部干旱半干旱煤矿区土地复垦的微生物修复技术与应用"项目也分别获国家科技进步二等奖。

〔1个项目获2015年北京市科学技术一等奖〕 2月19日，学校动物科学技术学院教授张勤、张沅团队主持完成的"中国荷斯坦牛基因组选择技术平台的建立与应用"项目获2015年度北京市科学技术一等奖。该项目创建了具有自主知识产权的中国荷斯坦牛基因组选择技术平台，提出的基因组选择技术被农业部指定为中国荷斯坦青年公牛遗传评估的唯一方法，并入选科技部农业科技成果转化项目。项目成果于2012年起在全国推广使用，4年中对全国所有种公牛站的共1 915头青年公牛进行了基因组遗传评估，选择了930头优秀青年公牛在全国推广使用，至少可获得348.75万头优良后代母牛。

〔揭示体外受精胚胎性别比例失衡的分子机制〕 3月7日，美国科学院院刊（Proceedings of the National Academy of Sciences，PNAS）在线发表了学校教授田见晖团队的研究成果。该研究首次揭示了小鼠体外受精（IVF）出生性别比例失衡的内在机制，并且通过针对性地调整IVF培养体系，解决了IVF性别失衡问题。田见晖为文章通讯作者，北京大学实验动物中心教授朱德生和教师刘敬浩以及美国加州大学教授陈东宝、麻省医学院教授英戈尔夫（Ingolf）参与了这项工作。

〔重碱地水稻亩产千斤〕 7月19日，学校教授胡树文团队研发了一种新型盐碱地改良方法，可以实现在作物耕作层快速脱盐。pH 为 10 左右的重度盐碱地经过 1 年的快速改良，水稻亩产当年可突破 500 公斤以上。2016 年，胡树文团队在以往工作经验的基础上继续扩大规模，在东北完成了盐碱地改良 1 000 亩示范方、500 亩示范方和 2 个百亩示范方的建设。

〔**捐赠高原捡拾车**〕 8 月 9 日，由学校师生自主研发的 56 台高原捡拾车无偿捐赠给西藏牧民。牛粪是“高原一宝”，但捡拾方式单调、耗体力。学校工学院教授王光辉团队和弟子龚春晓等，经过多次设计、试验和改进，终于完成高原捡拾车的研发。王光辉团队研发的项目还有牦牛专用挤奶机、青草编辫机，关注点是如何利用机械改善和提高青藏高原藏区牧民的生产生活状况。

〔**揭示寨卡病毒对男性生殖系统的影响**〕 11 月 22 日，国际学术刊物《细胞》（CELL）杂志在线发表了学校生物学院教授李向东课题组与中国科学院微生物研究所高福院士团队合作的寨卡病毒最新研究发现——寨卡病毒在小鼠模型中可以引起睾丸损伤并最终导致雄性不育。

〔**建言献策成果得到国家领导人批示**〕 12 月 19 日，中央统战部党外知识分子建言献策小组生态组成员、学校资源与环境学院教授李保国参与完成的“关于充分发挥南水北调中线工程综合效益的建议”得到国务院总理李克强批示。中央统战部党外知识分子建言献策小组农业组成员、学校人文与发展学院教授左停参与完成的“我国节水农业发展存在的问题与对策”得到国务院副总理汪洋批示。

〔**政策研究报告获国家领导人批示**〕 12 月 29 日，学校经济管理学院教授林万龙的政策研究报告《义务教育资源配置中的“新城镇偏向”值得警惕》获国务院总理李克强和副总理汪洋、刘延东重要批示；《直接补贴政策应向低收入农户适当倾斜》获汪洋重要批示。

〔**未来农业工程师奖学金设立**〕 3 月 30 日，学校校友、时任中国机械工业集团有限公司副董事长陈志与中国机械工业集团有限公司、浙江昌亨机械有限公司发起成立未来农业工程师奖学金，支持现代农业装备领域和农业工程学科的优秀人才培养。

〔**学生众筹成立“后会友期”餐厅**〕 由学校水利与土木工程学院大三学生潘启农团队首先提议，学校、北京林业大学、北京语言大学、北京科技大学、中国地质大学、中国矿业大学等 10 余所高校的 500 多名学生共同发起并众筹 200 万元，开设了一家名为“后会友期”餐厅。餐厅 60％的股东是在校大学生，每位股东最少投入 1 000 元，开启了在校大学生自主创业的新模式。

〔**学生入选全国成长成才典型**〕 1 月 8 日，学校动物科学专业 2011 级学生马磊入选第二届“国家资助　助我飞翔”全国励志成长成才优秀学生典型。

〔**举办首期“墩苗学堂”研修班**〕 6 月 7 日至 8 日，学校举办首期“墩苗学堂”研修班，50 余名考取了广西、四川、河北等地定向选调生的毕业生参加了研修。培训班邀请学校党委统战部、科研院、农学系、就业指导中心的教师做了公文写作、农业转型、成果转化、干部培养等方面的培训。

〔**世界首家饲料博物馆在学校落成**〕 11 月 21 日，世界首家饲料博物馆在学校西校区落成。饲料博物馆占地 3 280 平方米，由农业部饲料工业中心组织筹建，包括序厅、综合馆、科教馆、饲料添加剂和原料馆、饲料机械馆、饲料加工工艺展示线和试验机组等。

撰稿　孙桂凤
审稿　韩晓燕

北京外国语大学

〔**成立学校区域与全球治理高等研究院**〕　10月22日，学校区域与全球治理高等研究院成立大会在学校举行。全国人民代表大会教育科学文化卫生委员会主任委员柳斌杰、教育部副部长郝平、中共对外联络部副部长郭业洲、人力资源和社会保障部副部长张建国、文化部副部长丁伟、中国驻巴西大使李金章、中国日报社社长朱灵、国际交流协会副会长艾平，24位中国前驻外大使，学校党委书记韩震、校长彭龙、党委副书记赵旻、党委副书记兼纪委书记姜绪范，校友代表、社会各界人士，以及学校各学院师生代表近600人参加成立大会。

〔**成立比较文明与人文交流高等研究院**〕　12月6日，学校比较文明与人文交流高等研究院成立大会在学校举行。国际儒学联合会会长滕文生、教育部社科司司长张东刚、北京语言大学党委书记李宇明、中国人民大学副校长贺耀敏、北京师范大学副校长周作宇、中央民族大学副校长曲木铁西、德国纽伦堡大学副校长洛伊格林（Gunter Leugering）、西班牙巴塞罗那自治大学副校长马丁内（Mario Martine），学校党委书记韩震、校长彭龙、党委副书记赵旻、党委副书记兼纪委书记姜绪范等出席大会。

〔**成立越南研究中心**〕　12月22日，学校举行越南研究中心成立仪式。该中心由学校与越南河内国家大学人文与社会科学大学合作建设。越南河内国家大学人文与社会科学大学校长范光明、越南驻华大使馆参赞阮文照，学校校长彭龙、副校长闫国华出席成立仪式，并共同为中心揭牌。彭龙与范光明就两校间的交流合作、中心未来的建设发展进行了会谈，并签署了《北京外国语大学与越南河内国家大学人文与社会科学大学合作建立越南研究中心协议》。

〔**中国—印尼高校智库联盟在学校成立**〕　6月25日，中国—印尼高校智库联盟成立大会在学校举行，会议由学校副校长闫国华主持。中国—印尼高校智库联盟的建立，旨在落实国家主席习近平访问印度尼西亚期间双方加强两国全面战略伙伴关系的决议以及中国、印度尼西亚副总理级人文交流机制联合公报精神，进一步加强中国和印度尼西亚高校与智库的交流合作，鼓励两国大学建立沟通平台，完善智库对话与合作机制。中国—印尼高校智库联盟吸引了双方重量级的高校和研究机构，已有北京外国语大学、华中师范大学、广东外语外贸大学、河北师范大学、印度尼西亚大学、加查玛达大学、日惹国立大学、北苏门答腊大学8个成员。

〔**韩震率团访问伊朗**〕　6月19日至23日，学校党委书记韩震率团访问了伊朗德黑兰大学、阿拉梅·塔巴塔巴伊大学、伊朗伊斯兰文化联络组织和萨迪基金会，就学校波斯语专业建设、开展学生与教师互访、联合科研等事宜与上述高校和机构进行了深入沟通，并达成合作意向。韩震一行首先访问了德黑兰大学及德胡达语言中心，与德黑兰大学校长艾哈迈德阿巴迪（Mahmoud Nili Ahmadabadi）进行了会谈，并签署了优秀教师互派与学生交换合作协议。随后，代表团访问了阿拉梅·塔巴塔巴伊大学，会见了校长萨利米（Hossein Salimi），双方就两校波斯语和中文教学的新思路进行了深入探讨，并续签了教师互派与学生互换协议。此外，韩震还会见了伊朗伊斯兰文化联络组织负责人、萨迪基金会代表，并拜访学校校友、中国驻伊朗大使庞森等人。

〔**彭龙出席中印大学校长论坛**〕 5月26日，中印大学校长论坛在北京大学举行。印度共和国总统普拉纳布·慕克吉、教育部部长袁贵仁出席论坛。学校校长彭龙以及来自北京大学、清华大学、上海交通大学、印度理工学院、印度管理学院、古吉拉特中央大学等17所中国、印度两国高校的校长参加论坛。与会代表围绕“科研：建设世界一流大学与学科”“教育：促进创新与创业”等议题展开深入交流和探讨。彭龙应邀在“科研：建设世界一流大学与学科”分论坛做了题为《推动学科交叉与学术对话，共促中印学术交流与发展》的发言。随后，在慕克吉及袁贵仁的共同见证下，学校与古吉拉特中央大学互换合作协议，双方就语言建设、师资培养、学术交流与信息共享等方面达成广泛共识。

〔**彭龙在中波外交政策论坛发表演讲并接受新华社专访**〕 6月20日，在习近平主席对波兰进行国事访问期间，由中国社会科学院、“16+1”智库交流与合作网络、波兰国际事务研究所共同举办的“中波外交政策论坛：进展、潜力、前瞻”在波兰首都华沙举行。学校校长彭龙参加论坛，发表题为“如何规划中波关系的未来：从人文和教育的视角”的演讲，并接受新华社专访。

〔**彭龙访问匈牙利并出席匈牙利罗兰大学孔子学院10周年庆典活动**〕 10月3日至6日，学校校长彭龙访问匈牙利，出席匈牙利罗兰大学孔子学院10周年庆典及相关活动。中共中央政治局常委刘云山，匈牙利国会副议长马特劳伊、外交与对外经济部部长易加尔多、罗兰大学校长梅泽、驻华大使齐丽，中国驻匈牙利大使段洁龙、孔子学院总部总干事许琳、学校党委书记马箭飞和校长彭龙出席庆典活动。中国代表团部分成员、匈牙利各界人士、罗兰大学各院系代表，以及匈牙利4所孔子学院中外方院长、汉语教师、志愿者和学生150余人参加庆典活动。

〔**美国国务院副国务卿理查德·斯坦格尔访问学校**〕 6月6日，美国国务院主管公共外交和公共事务的副国务卿理查德·斯坦格尔在来华参加第八轮中美战略与经济对话期间访问了学校，与中外富布赖特学友进行了座谈，并观摩了在学校举行的中美学生交流活动。美国国务院分管教育项目的助理国务卿帮办马拉·阿迪伽、美国驻华大使馆公使衔参赞耿欣等陪同访问。学校校长彭龙、副校长闫国华会见了斯坦格尔一行。

〔**英国前大学与科学大臣大卫·威利茨一行访问学校**〕 1月4日，英国前大学与科学大臣大卫·威利茨、英国驻华使馆文化教育处教育参赞吉姆·艾迪森访问学校。学校校长彭龙、副校长孙有中会见了大卫·威利茨一行。彭龙简要介绍了学校的发展情况，大卫·威利茨高度评价了学校在人才培养方面所取得的成就，并简要介绍了中英双方在教育领域的合作模式，尤其是中英大学合作办学的现状。双方就在伦敦锡尔弗顿（Silvertown）地区寻求教育用地、投资合建北京外国语大学国际校区进行了磋商。

〔**波兰前总统布罗尼斯瓦夫·科莫罗夫斯基访问学校**〕 3月14日，波兰共和国前总统布罗尼斯瓦夫·科莫罗夫斯基访问学校。学校党委书记韩震代表学校致欢迎词，对他多年来支持学校波兰语专业建设表示由衷感谢。

〔**举行王佐良先生百年诞辰纪念大会，成立王佐良外国文学高等研究院**〕 2016年是我国著名英语教育家、英语语言文学专家、翻译家、作家王佐良先生诞辰100周年。7月16日，学校在阿语楼举行王佐良先生百年诞辰纪念大会，来自国内外60多所高校的200余名专家学者参加纪念活动。纪念大会上，王佐良先生之子王立，上海外国语大学校长曹德明，学校教授陈琳、胡文仲、张中载，学校原副校长何其莘，中国外国文学学会英国文学研究分会副会长曹莉，河南大学外语学院院长高继海等分别发言，表达了对王佐良先生的敬仰之情。纪念大会由学校副校长孙有中主持，党委书记韩震，王佐良先生的学生、亚洲基础设施投资银行行长金立群等分别做了主旨发言。在纪念活动期间，学校成立了王佐良外国文学高等研究院，并设立王佐良外国文学研究奖。全国美国文学研究会副会长、学校原副校长金莉受聘为王佐良外国文学高等研究院院长，彭龙向金莉颁发了院长聘书。

撰稿　杜改俊
审稿　姚　胜

北京语言大学

〔**成立香港中文大学—北京语言大学汉语语言学与应用语言学联合研究中心**〕　3月17日，香港中文大学—北京语言大学汉语语言学与应用语言学联合研究中心在香港中文大学举行成立典礼暨汉语与世界高峰论坛。该联合研究中心是香港特别行政区仅有的两个人文社会科学国家级重点研究基地的延伸机构之一，中心将综合两所大学的研究资源，发挥各自的研究专长，为来自各地的研究者提供交流平台，推动语言学及相关学科的发展。

〔**语言资源高精尖创新中心揭牌**〕　7月18日，语言资源高精尖创新中心启动仪式在学校举行。该中心的建设目标是立足北京、辐射全国、放眼全球，着力建设以语言资源库、语言文化博物馆和“语言通”智能服务三大工程为基础，集科研创新、学科孵化、产业服务、人才汇聚与培养、国际交流与合作为一体的综合性创新平台。

〔**中国民族语文应用研究中心揭牌**〕　10月9日，国家民族事务委员会教育科技司和学校共建的中国民族语文应用研究中心揭牌仪式举行。该中心以打造中国民族语文应用研究的重要阵地和高水平智库为建设目标，构建包括政策、工作、研究、应用、学习于一体的民族语文综合平台。

〔**成为语言大数据联盟理事单位**〕　4月8日，“语言·大数据开放2016”大会在青岛市举行，中国首个语言大数据联盟正式成立。该联盟由全国翻译专业学位研究生教育指导委员会、中国对外翻译有限公司及全国20余所重点高校共同发起，学校是语言大数据联盟理事单位，是联盟的发起单位之一。

〔**成立中医药国际教育与文化传播基地**〕　6月28日，国家中医药管理局传统医药国际交流中心与学校合作建设的中医药国际教育与文化传播基地在学校揭牌成立，旨在推动中国传统医药文化在世界范围内的教育与传播。

〔**成立康复科学学院**〕　6月23日，学校康复科学学院揭牌仪式在辽宁省东戴河新区举行。康复科学学院的成立填补了国内康复学科发展的空白，在一定程度上满足了社会对康复学专门人才的需求。从2000年开始，学校依托语言学及应用语言学、基础心理学等学科，开始进行以语言康复学为主的康复科学研究。截至2016年年底，学校下设语言康复学院、康复科学学院（东戴河）两个教学单位，语言病理与脑科学研究所、语言障碍及脑机制国际联合实验室等科研机构及语言听力康复治疗专业委员会等社会团体。

〔**《国际汉语教师证书》笔试增设西部地区分考点**〕　为鼓励西部偏远地区的考生投身于汉语国际教育事业，2016年，受汉考国际委托，学校增设新疆师范大学、宁夏大学、贵州民族大学人文科技学院3个《国家汉语教师证书》笔试分考点。

〔**开展暑期社会实践暨科研创新活动**〕　2016年暑期，学校开展了以“追梦青春，君子践行”为主题的暑期社会实践暨科研创新活动，共有60余支队伍、500余名中外学子奔赴全国近20个省份、30余个地区开展实践和调研，涵盖“一带一路”沿线地区经济、京津冀协同发展、老区建设、传统文化开发、语言资源保护、青年创业等主题。

〔**“大使看世界”系列讲座开讲**〕 10月14日，学校“大使看世界”系列讲座开讲，活动邀请具有一线工作经历的大使、外交官和有在国际组织工作经历的资深国际官员讲解中国外交、国际热点问题，提高学生对国际问题的兴趣，培养自身的国际视野和家国情怀。截至2016年年底，共举办讲座3次，600余人次参加。

〔**落实教育部巡视反馈意见整改工作**〕 1月，教育部第一巡视组向学校反馈了巡视工作情况。针对巡视组提出的主要问题以及整改意见和建议，学校制定了详细的整改方案，列出12大类、55项整改任务，有序推进，逐一整改。3月7日，学校向教育部巡视办上报了巡视整改工作报告、党委书记抓巡视整改落实工作报告和巡视问题线索处理工作报告。

〔**开展“两学一做”学习教育**〕 4月29日，学校党委正式启动“两学一做”学习教育。截至2016年年底，开展各类专题教育培训活动10余次，千余名师生参加学习交流。围绕习近平总书记在中国共产党成立95周年大会、哲学社会科学工作座谈会、全国高校思想政治工作会等会议上的重要讲话精神，全校师生深入学习，凝聚共识，以开展学习教育活动为契机，坚定信仰，牢记使命，为加快推进学校事业发展而努力奋斗。

〔**开展十八届六中全会精神学习系列活动**〕 十八届六中全会召开后，学校党委积极响应，多措并举，通过“线上”“线下”方式举办各类学习交流活动。校处两级理论学习中心组及各基层党组织举办座谈会和组织生活会，探讨如何以十八届六中全会精神为引领，促进本职工作。

〔**推进党风廉政建设和反腐败工作**〕 4月8日，学校召开2016年党风廉政建设工作会，下发《北京语言大学党风廉政建设责任制实施办法》，深入学习贯彻习近平总书记在中央纪委六次全会上的重要讲话精神，全面贯彻落实2016年教育系统党风廉政建设工作视频会议精神，总结2015年学校党风廉政建设工作并部署2016年党风廉政建设工作。

〔**多种形式纪念红军长征胜利80周年**〕 学校以多种形式（包括编写学习参考资料，推出微信专题，举办书画展、文艺汇演和诗歌朗诵会等活动）学习贯彻习近平总书记纪念长征胜利80周年重要讲话，激励广大师生员工继承和发扬优良传统。

〔**开展“我与社会主义核心价值观”系列班会活动**〕 11月至12月中旬，学校开展“我与社会主义核心价值观”系列班会活动。活动期间，各学部（院）、各年级、各专业辅导员和班主任组织学生通过主旨演讲、集体讨论、知识竞赛、社会实践、志愿活动等多种形式召开主题班会，引导学生进一步认知、认同社会主义核心价值观。12月23日，学校召开优秀主题班会答辩暨展示会，各班通过主题论述、视频展示、小品演出等形式，对各自班会开展情况进行汇报展示，加深了学生对社会主义核心价值观的理解，增强了班级的凝聚力。

〔**举行首届公益广告大赛**〕 6月7日，学校举行“见微知著，益暖学校”首届公益广告大赛决赛，旨在通过活动提倡校园文明，共创美好明天。

〔**举行“青春伴夕阳”系列活动**〕 4月24日，由全国心系系列活动组委会办公室、中国老龄事业发展基金会等单位主办，学校承办的“心系老年”孝心工程——2016年度“青春伴夕阳”暨全国高校志愿者陪伴实践大赛启动仪式在学校举行。11月19日，学校举办“青春伴夕阳·情满书香”陪伴阅读敬老活动成果展示会。通过活动，让老教师们的生活多了一些青春活力，让青年人在与老教师的接触中得到人生的启迪与指导。

〔**承办北京市大学生人文知识竞赛决赛**〕 11月26日，北京市大学生人文知识竞赛决赛在学校举行，共有来自各大高校的12支队伍参加，学校代表队获一等奖。

〔**中国文化译研网与蒙古国国家公共广播电视台签约**〕 1月28日，中国文化译研网与蒙古国国家公共广播电视台举行合作签约仪式。双方在节目制作与播出、影视合作拍摄等多方面开展密切合作。

〔**举办首期中巴“一带一路”语言培训项目**〕 4月26日，巴基斯坦旁遮普省政府项目班在学校开班，来自巴基斯坦5所大学的66名学员将在学校进行为期两年的专科学习。本项目是中国与巴基斯坦“一带一路”建设的首批来华语言培训项目。

〔**首次举办阿联酋（迪拜）官员来华研修项目**〕 5月10日，学校首期迪拜移民局官员来华研修项目开班。该项目旨在短时期内进一步提高迪拜移民局官员针对中国游客的工作语言能力。

〔**中俄文化艺术大学联盟正式成立**〕 12月1日，第五届圣彼得堡国际文化论坛在俄罗斯圣彼得堡召开。其间，中国和俄罗斯双方正式签署中俄文化艺术大学联盟成立协议，学校党委书记李宇明代表中方院校签字。

〔**首届“一带一路·再读中国”项目启动**〕 11月19日，首届“一带一路·再读中国”项目在学校启动，项目由中国高校校友海外联谊会与学校联合主办，旨在吸引和邀请曾经在中国学习和工作过、有志于为中外文化交流做出贡献的精英人士，为中国的文化外交、亚洲的区域稳定与和平乃至世界的和平做出独特的贡献。

〔**推进“孔子新汉学计划”**〕 1月26日，学校召开2016年“孔子新汉学计划”工作座谈会。会议达成了校内各学部、各单位与各博士生导师“互融互通、协同合作”的工作模式，对2016年“孔子新汉学计划”博士及其他项目工作起到了推动作用。

〔**北京语言大学孔子学院合作大学联盟成立**〕 12月11日，北京语言大学孔子学院合作大学联盟成立仪式在昆明市举行。学校充分依托联盟这一平台，为教育对外开放战略和国际化办学提供更大支持。

〔**与21个国家签署近70份合作协议**〕 截至2016年年底，学校与21个国家签署各类合作协议近70份，涵盖建立校际合作关系、学生交流、联合培养等多方面内容，不断提高外方合作伙伴的层次，重点在“一带一路”沿线国家、周边地区、拉美地区、中巴经济走廊、中东欧地区等国家重点战略地区建立新的合作伙伴关系，支持重点领域的校际交流活动。

〔**举办中国诗歌对外翻译与传播国际高层论坛**〕 4月8日，学校举办中国诗歌对外翻译与传播国际高层论坛。来自比利时、德国、荷兰、美国、斯洛伐克、英国等12个国家的20位海外重要中国诗歌外译译者、诗歌出版人及诗歌活动家，和20余名国内著名诗人齐聚学校，参加论坛。论坛旨在推动中国当代诗歌在各语种中的翻译和传播，展示中国当代诗歌的活力和成就。

〔**举办第十三届世界文化节游园会暨校园开放日活动**〕 5月7日，学校举办第十三届世界文化节游园会暨校园开放日活动，来自全球93个国家和地区的中外师生齐聚一堂。

〔**成立中外学生书法社团**〕 11月8日，学校中外学生书法社团——人文书社成立。人文书社作为全国第一家中外学生书法社团，旨在弘扬中国传统书法艺术，促进中国书法文化在汉语国际教育中发挥作用，培养更多具有创作和研究特长的中外学生，鼓励学生热爱汉字，热爱书法，热爱中国传统文化艺术。

〔**举办“2016中埃文化年”系列活动**〕 4月12日，学校举办“2016中埃文化年”系列活动启动仪式暨北京语言大学第十三届世界文化节开幕式。2016年恰逢中国、埃及两国建交60周年，本次活动旨在推动中国、埃及两国文化互鉴，帮助广大中国青年学生了解埃及文化，推进两国民间友好关系。

〔**举办首届泰国文化体验日活动**〕 3月26日，由学校孔子学院教师培训中心组织筹办的“泰·精彩 泰·文化”泰国文化体验日活动举行。来自全国13所高校的123名赴海外任教的志愿者和泰国留学生欢聚一堂，活动展现了“中泰一家亲”的传统友谊。

〔**举行首届土耳其文化沙龙**〕 4月15日，学校举行首届土耳其文化沙龙活动。活动邀请复旦大学现代汉语语言学古育斯博士作为嘉宾，与学校英土复语班师生以及广大社会人士进行了交流，让大家对土耳其文化及中土友好历史渊源有了更深入的了解。

〔**承办首届来华留学G16高校峰会**〕 5月26日，首届来华留学G16高校峰会在学校召开，来华留学生规模排名前20位的部分高校来华留学生主管部门代表就发展过程中遇到的共同问题展开了热烈的讨论，对解决方案进行了积极的探索，并共同发表《来华留学G16高校联盟宣言》。

〔**首次承办孔子学院中方院长选拔考试**〕 5月6日至8日，2016—2017年孔子学院中方院长选拔考试在学校举行，共有来自全国各高校的232名中方院长候选人竞聘100余个岗位。

〔**获孔子学院先进中方合作院校等多个奖项**〕 12月10日至11日，第十一届孔子学院大会在昆明市举行，国务院副总理、孔子学院总部理事会主席刘延东出席并做主旨演讲。学校获孔子学院先进中方合作院校，学校巴基斯坦伊斯兰堡孔子学院院长张道建获孔子学院先进个人。

撰稿　袁胤婷
审稿　展明锋

北京科技大学

〔**学科评估工作**〕 2016年，成立校院两级评估工作组，统筹协调、整合资源，共有25个一级学科参加本轮学科评估，其中博士一级学科17个、硕士一级学科8个，年内已完成材料申请报送、信息公示与核查等工作。

〔**本科教育教学改革**〕 以实施完全学分制为基本要求，以培养学生社会责任感、创新创业能力为着力点，制定完成并发布《2017版人才培养方案原则意见》，进一步强化因材施教、分级教学和分类指导思想，为学生自主选择、自主学习和独立思考留出足够的时间与空间。2016年，学校共授予3 279名本科生学士学位。

〔**研究生教育教学改革**〕 进一步扩大二级培养单位招生自主权，试点实行博士生资格考试制度，多渠道提升生源质量。持续推进研究生培养机制改革，启动2017版研究生培养方案修订工作，加强学籍管理，开展超长年限学生学籍清理工作，完善分流退出机制，优化博士学位论文盲评和学位论文查重工作流程，提升博士研究生培养质量标准。授予2 437名研究生硕士学位，授予372名研究生博士学位。

〔**社会实践课程成果愈加丰实**〕　暑期以“投身助力‘十三五’，青春奋进中国梦”为主题，开创“众筹”模式，组织416支团队、4 412名学生参加社会实践。在辽宁省营口市、甘肃省秦安县等地建立实践基地59家，并获评全国优秀组织单位，新华社等媒体对此报道200余次。

〔**招生与就业**〕　2016年，学校录取本科生3 351人、专科（高职）86人、硕士研究生2 583人、博士研究生563人。研究生就业率为98.68%，本科生就业率为95.07%，深造率为54.48%，本科生国内读研率连续4年保持在40%以上。

〔**师资队伍建设**〕　2016年，学校教职工总数为3 384人，具有正高级专业技术职务的教职工489人，副高级专业技术职务的教职工773人，其中专任教师1 741人。有中国科学院院士4人，中国工程院院士5人（双聘2人），国务院学位委员会委员1人，国务院学位委员会学科评议组成员5人，国家“973”计划项目首席科学家3人，国家级有突出贡献专家15人，省部级有突出贡献专家13人，“长江学者奖励计划”特聘教授15人、讲座教授4人、青年学者1人，国家杰出青年科学基金获得者18人，国家级教学名师2人，国家“百千万人才工程”人选18人，国家优秀青年科学基金获得者8人，北京市教学名师28人，教育部跨世纪/新世纪优秀人才106人。

〔**科学研究**〕　2016年，学校科研经费总额达6.84亿元。获国家科技进步二等奖3项、何梁何利科技进步奖1项、省部级科技奖59项。新增科研项目合同1 128项，合同金额达6.05亿元。新增北京市重点实验室3个。授权专利496件。据2016年发布的数据，学校SCIE论文收录1 718篇，排名全国高校第28位；SCI学科影响因子前1/10论文68篇，排名全国高校第四十七位。

〔**召开2016年寒假党委（扩大）会议**〕　2月25日至26日，学校召开2016年寒假党委（扩大）会议，讨论2016年学校工作要点和学校“十三五”事业发展规划（征求意见稿）。全体校领导、党委委员、各二级单位（党委）主要负责人参加了会议。学校校长张欣欣对学校2016年的主要工作进行了部署，并从“十三五”规划的起草背景、主要内容、工作进程三个方面向与会人员详细介绍了学校“十三五”规划的相关内容。他强调，全校师生要在学校党委的正确领导下，凝心聚力，锐意进取，弘扬正能量，以实际行动，努力实现把学校建成国内一流、国际知名高水平研究型大学的宏伟目标。

〔**教育部党组决定武贵龙任学校党委书记**〕　5月11日，学校召开教师干部大会。教育部副部长朱之文、教育部人事司巡视员魏士强、北京市委教育工委常务副书记张雪出席会议，学校校长张欣欣主持会议。朱之文代表教育部党组宣布北京科技大学党委书记的任免决定：武贵龙任学校党委书记；因年龄原因，罗维东不再担任学校党委书记职务。

〔**召开2016年暑期党委（扩大）会议**〕　9月5日，学校召开2016年暑期党委（扩大）会议，专题研讨学校人事制度改革有关工作。全体校领导、党委委员、各二级单位（党委）负责人参加了会议，各学院行政副院长以及人事处有关人员列席会议。学校特别邀请了东南大学常务副校长王保平做了题为《综合改革背景下高校人事制度改革》的报告，学校校长张欣欣以《普惠全员，鼓励拔尖》为题做人事制度改革专题报告，学校党委书记武贵龙做总结讲话。

〔**搭建产学研合作平台/基地**〕　学校搭建钢合组织、北京科技大学—中铝集团联合工程研究中心、钒钛联盟、耐蚀钢联盟等产学研合作平台/基地，服务行业科技创新。发挥首都高校科技信息网科技资源优势，参与校地产学研对接活动，服务区域经济发展。组织召开2016年部分钢铁企业科技工作负责人座谈会暨北京科技大学—钢合组织“第八届钢铁冶金新技术发展论坛”，探索钢铁行业“十三五”科技创新方向。

〔**教育交流与合作**〕　截至2016年年底，学校共与160余所国外及我国港澳台地区的高校和机构建立合作关系。在校留学生892人，生源地达117个国家和地区。2016年，共执行各类境外学习项目104项，派出学生达689人。

〔**推进多模式、深层次的国际化办学**〕　学校出台“北京科技大学2020全球拓展战略”，推动实施“2016国际化年”建设工作，创新与国际及我国港澳台地区的合作交流模式。与日本东北大学等知名高校成立联合实验室；与比利时鲁汶大学等合作的博士生联合培养项目入选国家创新型人才国际合作培养项目；与美国马里兰大学等13所全球知名高校新（续）签协议。建设高等学校学科创新引智基地5个，获批国家级引智项目11个，聘请外国专家950余人，为学校国际化办学提供了有力支撑。

〔**强化与港澳台地区高校多元合作**〕　主办第十二届两岸气候与能源可持续发展论坛，推动两岸创新创业联盟合作并举办第二届联盟高峰论坛。与台北科技大学联合资助11项科研合作计划，与屏东科技大学联合举办第十一届双边学术研讨会，选派50人次教师赴台湾地区开展科研交流，形成了宽领域、多层次、多模式的对台学术交流机制。落实国家对台方针，举办海峡两岸青年创业训练营，推进特色对台教育文化宣传，吸引26所台湾地区高校参加，数量创历年之最，扩大了学校在台湾地区的影响力。

〔**举办活动，提升学校的国际知名度**〕　精心策划海外大学日活动，提升学校的国际知名度和影响力。在澳大利亚伍伦贡大学举办学校校史上首次在海外进行的大型宣传活动；利用中法工程教育论坛、中荷瑞士高教论坛等高级别交流机制，宣传学校教育成果，着力开拓工程科技及人才培养合作空间。

〔**召开柯俊院士百岁华诞座谈会**〕　6月23日，学校召开国际著名材料物理学家、科学技术史家、教育家、中国科学院院士、学校教授柯俊百岁华诞座谈会，柯俊院士亲临现场。全国政协副主席、农工党中央常务副主席刘晓峰，原冶金工业部副部长、中国工程院院士殷瑞钰，原冶金工业部副部长、中国工程院院士翁宇庆，民进中央原副主席、中国科学院院士陈难先，国家自然科学基金委员会副主任高瑞平，国家文物局副局长关强，国家语委原党组书记、教育部关心下一代工作委员会常务副会长朱新均，天津大学党委书记刘建平，中国科学院院士王崇愚、朱静、叶恒强、黄维、南策文、葛昌纯，中国工程院院士姚骏恩、谢建新等出席座谈会。全国人大常委会原副委员长路甬祥、全国政协原副主席徐匡迪发来题词祝贺。会上，举行《柯俊画传》首发式和“柯俊科技教育基金”成立揭牌仪式。“柯俊科技教育基金”旨在奖励在材料科学与工程、科学技术史两个学科具有创新精神、做出国际一流水平科研成就的学者，为推动我国材料和科技史学科发展、培养拔尖创新人才贡献力量。

〔**创新开展网络思想引领**〕　夯实全媒体网络，开辟今日头条、新浪直播等媒体传播新渠道，覆盖6万余用户；深挖内容，培育《青声系语》《实践微直播》等10余个栏目，最高关注量达632万；创作动画片《小博士读“两学一做”》、微场景H5《国庆节一起升国旗》等50余部多媒体产品，阅读量突破70万人次，获评北京市原创一等奖，《中国青年报》做头条报道。

〔**校园文化建设**〕　推进高雅艺术进校园，举办文艺演出5场，组织师生赴国家大剧院等38次；普及群众艺术，举办第四届贝壳青年艺术节；打造原创精品，创作排演原创剧《奔流》；学生艺术团在北京大学生音乐节获4项金奖，学校民乐团代表北京市大学生艺术团赴希腊参加世界民俗舞蹈艺术节。

撰稿　金剑芑

审稿　赵　萌

北京化工大学

〔**第二次教育教学工作会议闭幕**〕 1月5日，学校第二次教育教学工作会议闭幕。会议形成的改革思路是以学生为本，逐步实现从“以教为主”向“以学为主”转变、从“课堂为主”向“课内外结合”转变、从“结果评价为主”向“结果和过程评价结合”转变，目标是使学生具有创新意识，并营造教学相长、师生互动的研讨式学习氛围。

〔**教育部党组第一巡视组巡视学校**〕 4月19日至5月23日，教育部党组第一巡视组对学校开展了为期5周的巡视。针对教育部巡视组的巡视反馈意见，学校下发《中共北京化工大学委员会关于制定教育部巡视反馈意见整改工作方案的通知》，多次召开党委常委会和校长办公会，对涉及整改的内容进行讨论，修订涉及学生管理、教学、科研、综合行政管理等59项制度。

〔**获批中外合作办学“工业设计”本科专业**〕 2月15日，学校与意大利热那亚大学合作的“工业设计专业本科教育项目”获教育部批准。该项目为国家计划内统招，本科第一批次招生。项目将采用“4+0”培养模式和国际化的培养体系，学生完成学习且成绩合格者获学校本科毕业证书和学士学位及热那亚大学产品与船舶设计学士学位。

〔**学校生物学与生物化学首次进入ESI排名**〕 7月14日，根据公布的基本科学指标（Essential Science Indicators，简称ESI）最新数据，学校共有化学、材料科学、工程学、生物学与生物化学进入ESI全球排名前1%。其中，生物与生物化学为首次进入ESI排名，居世界排名第895位。

〔**启动青年学者“红色引擎”工程**〕 10月11日，学校启动青年学者“红色引擎”工程。该工程围绕学校事业发展需求，聚焦国家重大战略，充分发挥党的思想政治优势、组织优势和密切联系群众优势，创新党管人才方式方法，以党建引领人才队伍建设“红色引擎+青年学者+创新创业”的新模式，从思想建设、党员及入党积极分子培养、人才对接、人才培养、人才服务五个维度，加强党对青年学者的思想引领，增强其内生发展动力，激发其创新创业活力，使“红色引擎”真正成为引领青年学者发展的源动力，实现青年人才发展与学校事业发展的深度融合，为加快建设人才强校、实现学校“双一流”大学建设提供坚强的人才储备和组织保证。

〔**高金吉获“世界工程资产管理终身成就奖”**〕 7月25日至28日，第十一届世界工程资产管理国际学术会议（WCEAM）在四川省召开。会上，鉴于学校教授、中国工程院院士高金吉在状态监测、故障诊治、故障自愈、风险管理和维修决策学术领域为世界资产管理所做的贡献，国际工程资产管理学会（ISEAM）授予高金吉2016年度唯一的“世界工程资产管理终身成就奖”荣誉称号。

〔**举办青年学者启荣论坛**〕 12月21日，学校举行青年学者启荣论坛。该论坛是学校首次面向海外青年学者举办的学术论坛，为学校青年学者与海内外青年学者提供交流平台，为引进人才和科研后备人才提供发展机会。论坛吸引了来自剑桥大学、哈佛大学医学院、马里兰大学、香港大学等海内外知名大学的70余名青年学者参加。

〔**成立艺术专业学位中心（MFA中心）**〕 12月23日，学校艺术专业学位中心（MFA中心）成立。该中心依托学校产品设计系和数字媒体专业以及材料、机械等强势学科的优势条件，走设计与工科学科交叉融合的“艺工结合”特色路线，培养既懂设计审美又懂机械、材料的复合型创新设计人才，为机械、材料、化工等企业服务。

〔**3个实验室成为中关村挂牌开放实验室**〕 5月5日，学校先进弹性体材料研究中心、教育部超重力工程研究中心、新危险化学品评估及事故鉴定国家级中心通过认定评审，成为第九批挂牌的中关村开放实验室。

〔**举办第十八次科技工作会议暨“十二五”科技成果展**〕 11月12日，学校举办第十八次科技工作会议暨学校“十二五”科技成果展。会议回顾和总结了学校“十二五”期间科技工作所取得的成绩，分析了“十三五”期间科技工作面临的形势，阐述了科技工作的目标和举措，并做出工作部署。科技成果展展示了学校“十二五”期间取得的系列高水平科技成果。

〔**入选国家国防科技工业局、教育部共建高校**〕 6月30日，在国家国防科技工业局组织召开的国防科技工业创新大会上举行授牌仪式，包括学校在内的16所高校入选国家国防科技工业局、教育部“十三五”期间共建高校。

〔**举办2016年新年学术报告会**〕 1月7日，学校举办2016年新年学术报告会。报告会邀请了学校名誉教授、德国科学院院士米伦（Klaus Müllen），学校教授、中国工程院院士高金吉和陈建峰做主题报告。米伦院士在报告中介绍了一种用树枝状结构聚苯撑为前驱体的新型石墨烯合成方法，由此合成的石墨烯可广泛应用于电池、燃料电池等能源技术领域；高金吉院士在报告中介绍了基于智能分析技术、大数据技术开发出的数采系统和故障诊断专家系统，并对其工业应用进行了讲解；陈建峰院士在报告中展望了分子化学作为新兴交叉学科蓬勃发展的前景，并介绍了以超重力反应强化技术为代表的化工过程强化技术。500多名师生到场聆听报告。

〔**发布学校自主设计新版学位证书**〕 2月26日，学校发布自主设计的新版学位证书。证书的设计整体取材于学校元素，又与传统元素相结合，既具学校特色，又富传统文化内涵，充满文化象征寓意。

〔**成立博士后联谊会**〕 5月5日，学校成立博士后联谊会，并通过《北京化工大学博士后联谊会章程》《北京化工大学博士后联谊会首届理事会候选人名单》，选举产生首届理事长、副理事长和秘书长。

〔**发布学校中英文宣传片**〕 10月31日，学校发布中英文宣传片。宣传片全长10分钟，分为“传道·授业·解惑”“立德·树人”“开放·共享”“青春·梦想”四个篇章，从历史沿革、育人成效、改革进程、发展蓝图四个方面展现了学校的发展历程。

〔**发布学校官方网站新版主页**〕 12月21日，发布学校官方网站新版主页。新版主页融合学校重点工作，优化板块设置，增大首页图文比重，拓展内容容量，提升可视性与审美感。同时，以用户需求为导向，增设身份通道和全站搜索。新增“新媒体”板块，定期更新校内微信公众平台优秀作品，扩大新媒体宣传覆盖面，实现了PC端、手机端内容联动，初步形成了学校媒体矩阵。

〔**成立学校电视台**〕 12月21日，学校电视台成立。其功能定位为传播学校正能量、增强宣传影响力度、记录宝贵发展资料、发挥校园育人重要功能。

〔**召开第十七次学生代表大会**〕 11月26日，学校召开第十七次学生代表大会，共有318名正式代表、20名列席人员参加会议。会议审议通过《北京化工大学学生会章程》。

〔**举办北京化工大学—宁夏双边高端创新合作论坛**〕 7月22日至23日，学校与宁夏回族自治区党委组织部在银川市联合举行北京化工大学—

宁夏双边高端创新合作论坛。论坛搭建了一个校地校企合作、人才信息交流、科技资源科研成果共享的平台。学校“长江学者”特聘教授、国家杰出青年科学基金获得者、国家优秀青年科学基金获得者等18位专家学者参加论坛，并围绕化工产业发展、新材料研发等前沿领域做了主题报告。

〔**与5家企业（研究院）签订合作协议**〕　3月18日，学校与中国计量科学研究院签订战略合作协议。双方共同进行科研上的创新，着重加强标准、方法的创新，努力提高为企业、行业服务的水平，提升竞争力；同时采用各种途径加强人才培养，着力打通高素质应用型人才的培养通道，全面进行科技项目合作，实现共赢发展。4月13日，学校与山东玲珑轮胎股份有限公司签订产学研合作协议。双方在人才培养、定向扶持、技术开发和资源共享方面进行更加全面的合作。7月5日，学校与北京银行签订全面战略合作协议。双方在科技成果转化方面进行深入合作，通过金融支持托起创新技术的快速转化，将学校已经形成的具有前瞻性的科技成果尽快转化为生产力。8月18日，学校与内蒙古第一机械集团有限公司签订战略合作框架协议。12月27日，学校与黎明化工研究设计院有限责任公司签订战略合作协议。

〔**与马鞍山市慈湖高新区管委会签订战略合作协议**〕　4月12日，学校与安徽省马鞍山市慈湖高新区管理委员会签订战略合作协议。双方将在科技成果转移转化、高层次人才培养、高技术企业孵化等领域开展合作。

〔**与威海市政府签署共建威海碳纤维及复合材料产业技术研究院合作协议**〕　7月17日至19日，学校、中国化学纤维工业协会、威海市政府联合主办的碳纤维产业技术发展高层研讨会在威海市召开。会上，学校与威海市政府签署共建威海碳纤维及复合材料产业技术研究院合作协议。

〔**与平顶山市政府、平煤神马集团签订三方战略合作协议**〕　7月20日，学校与河南省平顶山市政府、平煤神马集团签订三方战略合作协议。三方以“平等互利、优势互补、相互协作、共同发展”为原则，共同在高层次科技人才培养、化工领域核心关键项目研究、成果推广及转化等方面实现资源共享，发展共赢。

〔**与安庆市政府签订科技创新、创业服务体系共建协议**〕　12月13日，学校与安徽省安庆市政府签订科技创新、创业服务体系共建协议。

〔**与巴黎国家高等化学学校签订人才联合培养战略合作协议**〕　6月30日，学校与巴黎国家高等化学学校签订《北京化工大学与巴黎国家高等化学学校工程人才联合培养战略合作协议》。双方进一步加强在合作办学、工程人才培养、科研合作和学生交流等领域的合作，共同筹备建设北京化工大学中法工程师学院。

〔**行政办事大厅正式启用**〕　11月18日，学校举行行政办事大厅启用仪式。行政办事大厅进驻部门5个，进驻岗位12个，办理事项50项。大厅内设有接待咨询区、事务办理区和资助服务区，建立了叫号系统和服务评价系统，以“人工服务与自助服务相结合、查询咨询与业务办理相结合、即时办理与定时办理相结合”的方式开展工作，为师生提供更加优质的“一站式”服务。

撰稿　肖　勇
审稿　任钟旗

北京交通大学

〔陈宝生到校调研考察〕 2016 年 11 月 24 日，教育部党组书记、部长陈宝生到校调研考察，主持召开座谈会，听取有关单位负责人工作汇报，并发表重要讲话。他对学校近年来加强和改进党建和思想政治工作、积极推进科技自主创新予以充分肯定。

〔郭金龙到校调研〕 8 月 31 日，北京市委书记郭金龙到校进行专题调研，对学校自 2012 年教育部、铁道部、北京市政府签署共建北京交通大学协议以来取得的以 CBTC（基于通信的列车自动控制系统）为代表的一系列重大科研成果表示充分肯定，并代表市委、市政府向学校 120 周年华诞表示祝贺。他强调，要深入实施创新驱动发展战略，努力打造城市轨道交通自主创新金字招牌，为建设创新型国家和世界科技强国做出新的更大贡献。

〔发布实施《北京交通大学“十三五”发展规划（2016—2020 年）》〕 6 月 29 日，《北京交通大学“十三五”发展规划（2016—2020 年）》经学校党委全委会审议通过，正式印发实施。规划确定的总体目标是：到 2020 年，建成以信息、管理等学科为优势，以交通科学与技术学科为特色，多学科协调发展的国内一流、国际知名研究型大学，为建设特色鲜明的世界一流大学奠定坚实基础。

〔出台《北京交通大学学术委员会章程（试行）》〕 6 月 15 日，为加强依法治校、民主管理，实现教授治学，规范学术行为，学校发布《北京交通大学学术委员会章程（试行）》，启动学校学术委员会筹建工作。

〔2 个专业接受《华盛顿协议》国际专家考察〕 1 月 11 日，作为《华盛顿协议》国际专家考察的全国两所院校之一，学校通信工程、车辆工程 2 个专业接受工程专业认证考查和《华盛顿协议》国际专家现场考察，获高度评价。考察结果成为 6 月 2 日国际工程联盟大会《华盛顿协议》全会全票通过中国转正申请、中国成为第十八个《华盛顿协议》正式成员的重要依据。

〔新增 1 个一级学科博士学位授权点〕 1 月 28 日，国务院学位委员会下发《关于同意增列网络空间安全一级学科博士学位授权点的通知》，同意学校增列网络空间安全一级学科博士学位授权点。截至 2016 年年底，学校一级学科博士学位授权点增至 21 个。

〔入选创新人才推进计划〕 5 月 16 日，科技部下发《关于公布 2015 年创新人才推进计划入选名单的通知》。学校入选创新人才培养示范基地，学校计算机学院教授赵耀负责的“数字媒体信息处理创新团队”入选重点领域创新团队，电子信息工程学院教授闻映红入选“中青年科技创新领军人才”。

〔1 个参与项目获国家科技进步奖特等奖〕 1 月 8 日，国家科学技术奖励大会举行。学校校长宁滨等人参与完成的“京沪高速铁路工程”项目获国家科技进步奖特等奖，学校在参与此项目的高校中排名第一。

〔获批国家级虚拟仿真实验教学中心〕 1 月 26 日，教育部下发《关于批准北京大学考古虚拟仿真实验教学中心等 100 个国家级虚拟仿真实验教学中心的通知》，学校经济管理虚拟仿真实验教学中心入选。

〔1 个项目获批国家自然科学基金创新研究群体科学基金项目〕 8 月 17 日，国家自然科学基金

委下发《关于公布2016年度国家自然科学基金申请项目评审结果的通告》。学校教授高自友领衔申报的“城市交通管理理论与方法”获批创新研究群体科学基金项目，资助期限为6年，资助经费840万元，其中直接经费735万元。

〔1人获何梁何利基金科学与技术进步奖〕 10月21日，何梁何利基金2016年度颁奖大会召开，学校校长宁滨获科学与技术进步奖。

〔获批1项国家社科基金重大项目〕 11月16日，学校经济管理学院教授冯华作为首席专家主持的“促进科技与经济深度融合的体制机制研究”课题中标国家社会科学基金重大项目，资助经费80万元。

〔新增4个国家工程实验室〕 截至2016年年底，学校参加的城市轨道交通列车通信与运行控制国家工程实验室、城市轨道交通系统集成国家工程实验室、城市轨道交通系统安全保障国家工程实验室、城市轨道交通工程建设工艺与技术国家工程实验室获国家发展和改革委员会批复。

〔1项专利获中国专利优秀奖〕 12月7日，学校教授高亮等发明的“一种高速铁路及城市轨道交通轨道结构试验模拟系统”获第十八届中国专利优秀奖。

〔北京交通发展研究基地入选中国智库索引（CTTI）首批智库〕 12月17日，由南京大学中国智库研究与评价中心和光明日报智库研究与发布中心联合公布来源智库名录并发布效能测评报告。学校北京交通发展研究基地首批入选智库，在“211工程”高校智库指数测评中排名第二位。

〔轨道交通控制与安全国际联合研究中心获批成立〕 12月16日，科技部新认定的国际科技合作基地名单揭晓，由学校轨道交通控制与安全国家重点实验室牵头成立的轨道交通控制与安全国际联合研究中心正式获得批复。

〔组建中国马克思主义与文化发展研究院〕 9月14日，学校成立中国马克思主义与文化发展研究院，挂靠学校马克思主义学院管理。

〔成立北京交通大学交通系统科学与工程研究院〕 11月4日，学校成立交通系统科学与工程研究院，挂靠学校交通运输学院管理。

〔1人受聘中宣部文化交流使者〕 4月8日，中央宣传部、国务院新闻办公室在北京向40多位学术大家、文化大家、社会名流颁发了“讲好中国故事文化交流使者”聘任证书，学校轨道交通控制与安全国家重点实验室首席教授贾利民名列其中。

〔北京交通大学兰卡斯特大学学院获教育部批复〕 4月18日，教育部正式批复同意设立北京交通大学兰卡斯特大学学院非独立法人中外合作办学机构。9月11日，学院举行揭牌仪式暨2016级新生开学典礼，招收新生252人，涉及通信工程、环境科学、计算机科学与技术和数字媒体艺术4个本科专业。

〔牵头成立中国—东盟轨道交通教育培训联盟〕 8月1日，在第九届中国—东盟教育交流周暨第二届中国—东盟教育部长圆桌会议期间，国务院副总理刘延东和4位来自东盟国家的政要共同为学校牵头成立的“中国—东盟轨道交通教育培训联盟”揭牌，并参观了由学校主办的“中国—东盟轨道交通教育培训高峰论坛暨成果展”。来自中国以及东盟10国的轨道交通院校及企业的代表汇聚一堂，讨论并签署了《中国—东盟轨道交通教育培训联盟合作意向书》。

〔中俄高铁研究中心揭牌〕 7月3日，由学校、圣彼得堡国立交通大学和莫斯科国立交通大学联合成立的中俄高铁研究中心揭牌，国务院副总理刘延东为中心揭牌并发表重要讲话。中俄高铁研究中心的成立，是中俄人文交流机制的重要内容。

〔与印度尼西亚泗水大学签署合作协议〕 8月

2日，学校与印度尼西亚泗水大学签署《北京交通大学与印尼泗水大学合作协议》，被纳入中国印尼人文交流机制成果。该协议的签署，旨在加强学校与泗水大学在工程教育领域的全面交流与合作，促进工程及轨道交通领域人才培养，推动中印两国人文交流的深入开展。

〔**举办“2016全球大学校长高峰论坛”**〕 9月9日，由学校主办的“2016全球大学校长高峰论坛”在北京举行。论坛以“助力‘一带一路’——大数据时代的高等教育与科技创新”为主题。教育部副部长郝平、中国高等教育学会会长瞿振元等出席论坛。论坛下设两个分论坛，聚焦“‘一带一路’背景下的高等教育”“信息时代的人才培养与教育协同”“高校在科技创新和创业中的作用”“高校技术转移与校产地协同创新”“中俄交通领域科研与教育可持续发展合作”五个分议题。来自美国、英国、法国等国家和地区的近50所高校以及相关国家驻华大使馆的嘉宾进行了交流研讨。

〔**举办8期短期涉外培训项目**〕 截至2016年年底，学校共举办8期短期涉外培训项目，即秘鲁和巴西等国两洋铁路建设研修班、泰国铁路高层管理研修班、泰国铁路师资培训班、泰国高级行政管理官员研修班、印度尼西亚铁路建设研修班、赞比亚铁路官员研修班、老挝铁路运营管理官员研修班、圣彼得堡国立交通大学高铁技术培训班，共计培训铁路高级管理人才200余名，其中副国级学员2名。

〔**完成处级干部换届聘任工作**〕 3月10日，学校启动干部换届工作，严格执行干部选拔任用规定，按照先学院、后机关，先正职、后副职，先民主推荐提名考察、后竞争上岗的原则和顺序推进。9月初，处级干部换届调整工作基本结束，其中115名处级干部原岗继任，23名干部轮岗交流，21名“双肩挑”干部转教学岗，提拔任职52人。

〔**入选首批全国创新创业典型经验高校**〕 7月18日，教育部办公厅下发《关于公布2016年度全国创新创业典型经验高校名单的通知》，学校入选首批50所全国创新创业典型经验高校。

〔**成立重大项目管理办公室**〕 8月，学校成立重大项目管理办公室，具体负责科技部国家重点研发计划、国家科技重大专项以及北京市重大专项（项目）的组织和管理服务工作。

〔**杨传堂到校调研指导**〕 9月2日，交通运输部部长杨传堂到学校调研指导工作。他考察了交通系统科学与工程研究院以及轨道交通运行控制系统国家工程研究中心，并向学校120周年华诞表示祝贺。

〔**举办建校120周年庆祝大会**〕 9月10日，学校举行“大道交通圆梦中华——建校120周年庆祝大会”，国务院副总理刘延东、全国人大常委会副委员长严隽琪致信祝贺，北京市市长王安顺和教育部副部长杜占元出席大会并讲话。学校党委书记曹国永主持大会，校长宁滨做题为《大道交通，筑梦一流》的主旨演讲。两岸5所交通大学的校长共同发布《交通大学北京宣言》。中国科学院、中国工程院院士，31所国外高校、6所港澳台地区高校和22所内地高校的领导，外国使节，国家保密局、中国铁路总公司、国家铁路局、中国高等教育学会、北京茅以升科技教育基金会、北京市委办局主要领导及海淀区主要领导，学校董事单位、共建单位代表和数千名海内外校友及师生员工出席庆祝大会。

撰稿　高　杰
审稿　高　艳

北京邮电大学

〔**新增 2 个本科专业**〕 2016 年，学校获教育部批准，新增材料科学与工程、电磁场与无线技术 2 个本科专业。截至 2016 年年底，学校本科专业增至 38 个。

〔**计算机学科位列全国第 6 位、全球第 40 位**〕 据《美国新闻与世界报道》（U. S. News & World Report）2017 年大学学科排名排行榜，学校成为中国计算机专业最强的 10 所大学之一，学校计算机学科位列全国第 6 位、全球第 40 位。

〔**获批国家高等学校学科创新引智计划立项**〕 由学校副校长温向明牵头申报的“信息网络体系构建与融合学科创新引智基地”，通过教育部、国家外国专家局联合组织的评审及答辩，获批立项建设，成为学校获批建设的第四个高等学校学科创新引智基地。该基地依托学校网络体系构建与融合北京市重点实验室和先进信息网络北京实验室建设，瞄准国际科技前沿，聚焦国家新一代信息技术领域重大需求和产业发展，重点开展新一代普惠泛在信息网络的基础理论、架构、应用融合技术等方面的高水平合作研究和学术交流。

〔**入选全国首批创新创业教育改革示范高校**〕 12 月 21 日，教育部公布了全国首批深化创新创业教育改革示范高校名单，学校是北京市入选的 5 所高校之一。

〔**数项科技创新成果应邀参加国家“十二五”科技创新成果展**〕 6 月 1 日至 7 日，学校数项科技创新成果应邀参加国家“十二五”科技创新成果展。国务院副总理刘延东参观了成果展并亲临“羲和”计划成果展区，学校教授邓中亮汇报了该项目取得的重大成就。刘延东对项目在高精度位置服务领域取得的成绩表示肯定和赞赏。学校教授张平科研团队研发的科技创新成果“面向 2G 到 4G 无线资源管理的测试系统”，由学校牵头、学校教授纪越峰为项目首席专家的国家“863 计划”信息技术领域主题项目/国家宽带网重点专项项目“新型超大容量全光交换网络架构及关键技术研究”和学校信息与通信工程学院教师胡鹤飞的项目创新成果也应邀参加了此次成果展。

〔**举办国家重点研发计划项目“室内混合智能定位与室内 GIS 技术研究及示范应用”项目启动会**〕 12 月 1 日，由学校牵头承担、学校教授邓中亮担任项目负责人的国家重点研发计划项目“室内混合智能定位与室内 GIS 技术研究及示范应用”项目启动会举行。该项目是我国导航位置服务领域“羲和”计划“十三五”期间的重要任务。该项目的实施将成功解决室内广域亚米级定位国际难题，研制高精度室内外无缝定位芯片与系统装备并形成产业化能力，形成一系列自主知识产权和标准，取得一批国际先进或领先的成果，为我国大型复杂环境的应急灾害救援提供重要的空间信息保障，提升我国室内外位置服务与导航的国际竞争力。

〔**招生与就业**〕 2016 年，学校招生 21 245 人，其中全日制研究生 2 877 人（博士研究生 332 人、硕士研究生 2 545 人），普通本科生 3 634 人（含港澳台侨 9 人），网络教育本专科生 14 734 人（本科生 9 101 人、专科生 5 633 人）。2016 年，学校毕业生 19 401 人，其中全日制研究生 2 719 人（博士研究生 114 人、硕士研究生 2 605 人），普通本科生 3 235 人，成人教育本科生 506 人，网络教育本专科生 11 936 人（本科生 6 147 人、专科生 5 789 人），在职研究生 1 005 人。本科生就业率达 99.13%，研究生就业率达 99.85%。

〔**召开2016年党风廉政建设工作会议**〕 4月7日，学校召开2016年党风廉政建设工作会议。会议听取了题为《坚持全面从严治党，严格监督执纪问责，为促进学校科学健康发展提供坚强政治保障》《聚焦中心任务，忠实履行职责，推动学校改革发展》的专题报告。会议对学校2016年党风廉政建设和反腐败主要工作进行了部署，校级领导班子成员与各学院党委书记、（执行）院长签订了《党风廉政建设责任书》。

〔**承办2016（第二届）中国信息技术发展新趋势论坛**〕 6月30日，由中国工程院主办、中国通信学会与中国市长协会协办、学校承办的2016（第二届）中国信息技术发展新趋势论坛开幕。国内著名专家、地方政府、互联网企业、高校、科研院所300余名嘉宾和代表参加了论坛。论坛以“加快信息基础设施建设，助推城市经济创新发展”为主题，对新一代信息技术、城市的绿色设计、未来网络、智慧城市、车联网、5G、智能制造、工业4.0、大数据等产业发展应关注的问题进行了全面和系统的分析，共同探讨信息技术在城市规划、布局、建设、治理中的发展和应用。论坛期间，还举办了闭门讨论会，国家部委领导、院士专家、地方政府主管市长及相关部门代表、运营商，以及学会、协会、企业等高层专家40余人共同讨论、前瞻谋划和系统部署信息技术在城市规划、布局、建设、治理中的发展和应用，进一步推动实现更高效、更绿色、更惠民的智能城市发展。

〔**举办移动终端动漫产业高峰论坛**〕 9月28日，由学校承办的“移动终端动漫产业高峰论坛”在常州市举行。文化部、工业和信息化部、常州市政府、常州创意产业基地、国际电信联盟（ITU）的领导应邀参加论坛，与来自国内外移动互联、智能移动终端及动漫行业领域的专家、学者齐聚一堂，共同探讨了移动互联、AR/VR等创新技术在动漫行业的应用、移动终端动漫的发展方向及手机（移动终端）动漫标准在产业中的推广应用等方面的新路径、新对策。

〔**举办中国科协第306次青年科学家论坛**〕 11月5日至6日，学校举办中国科学技术协会第306次青年科学家论坛。论坛以“5G和未来无线网络”为主题，近50个兄弟院校、单位的236名无线通信领域的青年专家学者参加了论坛。

〔**承办第十一届全国高校电子信息类学院院长工作交流会**〕 11月11日至12日，由学校信息与通信工程学院承办的第十一届全国高校电子信息类学院院长工作交流会在学校举行，来自全国电子信息领域著名高校的50多位院校长和专家学者参加了交流会。学校、清华大学、上海科技大学信息科学与技术学院的代表分别从不同角度阐述了在“双创教育”和“双一流”学科建设中的探索、实践和取得的成果。交流会以“‘双创教育’下以学生为中心的人才培养机制”“‘双一流’学科建设下电子信息学科的新挑战”为主题进行了深入的探讨与交流。

〔**举办第一届研究生创新创业成果展**〕 10月14日，学校举办第一届研究生创新创业成果展。成果展以“创意引领未来，创业成就梦想”为主题，通过搭建研究生创新创业成果平台，旨在充分展示研究生创新风采、激发研究生创业热情、提高研究生培养质量。成果展为期两天，共征集了106项研究生优秀创新创业成果。

〔**举办大学生创新创业实践成果展示交流会暨创新创业论坛**〕 5月19日至20日，学校举办第八届大学生创新创业实践成果展示交流会暨创新创业论坛。交流会以“我创新·我分享”为主题，参展项目170项，参观人数达1.2万人次。

〔**共同主办2016全国大学生创新创业峰会**〕 3月4日，由全国大学生创新创业联盟和学校共同主办的2016全国大学生创新创业峰会举行，会议围绕“十三五”规划与大学生创新创业的主题展开。会上，全国大学生创新创业联盟签订了开发创业慕课的协议。

〔**举办第十三届教学观摩评比活动**〕 11月11

日，学校举办第十三届教学观摩评比活动。活动历时6个月，分为院级教学观摩评比推荐、校级教学观摩评比初赛和复赛三个阶段。经专家评委会评比，最终评选出一等奖5名、二等奖6名、优秀奖8名。

〔**承办第二十四届全球服务质量研讨会**〕　6月20日，学校承办第二十四届全球服务质量研讨会。来自亚洲、欧洲、美洲等国家和地区的高校和企业的专家、学者150余人参会。会议围绕服务质量保证、服务质量体验、网络安全领域网络保护质量的最新研究进展展开深入讨论。来自清华大学、天普大学（美国）、百度等高校和企业的专家做了主题报告。

〔**举办中英空间科学教育与研究合作中方实验室团体成员代表第一次会议**〕　1月13日，学校举办以“整合中英空间教育与研究资源，服务两国空间科技应用和创新人才培养”为主题的中英空间科学教育与研究合作中方实验室团体成员代表第一次会议。与会代表通过并签署了中英空间科学教育与研究合作中方实验室团体合作备忘录，成立了专家组及协调合作秘书处。

〔**艾克热木正能量工作室获评2016年北京高校“辅导员工作室”**〕　1月19日，学校艾克热木正能量工作室获评2016年北京高校“辅导员工作室”，成为2016年北京市委教育工委首批资助建设的10个北京高校“辅导员工作室”之一。

〔**赴定点扶贫单位贵州省长顺县调研**〕　6月14日至16日，学校党委书记王亚杰带队前往定点扶贫单位贵州省长顺县调研。调研组与长顺县委县政府召开扶贫工作座谈会，先后前往长顺县民族高级中学、长顺县中等职业技术学校、长顺县威远工业园区和乌麻河景区等地进行了实地考察，初步形成了扶贫工作的建议项目计划。

〔**举行北京邮电大学附属小学更名揭牌仪式**〕　10月21日，北京邮电大学附属小学更名揭牌仪式暨附属小学课程展示观摩活动在学校举行。在北京市、区两级教育主管部门的支持下，学校在加强品牌建设、优化学校管理、培育校园文化、开发特色课程、推进学科建设、助力师资培养等方面与小学开展了深度合作，促进了高校教育资源面向小学的实质性共享，双方的合作取得了丰硕的成果，收到了良好的社会效益。

撰稿　吴　昊
审稿　杨静宗

中国地质大学（北京）

〔**2人获北京市高校教学名师奖**〕　2016年8月，北京市教育委员会公布了第十二届北京市高等学校教学名师奖获奖名单，学校教授褚宝增、程捷名列其中。褚宝增共获过11届校级“十佳优秀教师”称号，是全校获此荣誉最多的教师。

〔**2人入选首批北京高校思想政治理论课特级教授、特级教师**〕　11月，在北京市委教育工作委员会开展的首批北京高校思想政治理论课特级教授、特级教师评聘工作中，学校马克思主义学院教师杨峻岭被评聘为北京高校思想政治理论课特级教授、刘武根被评聘为北京高校思想政治理论课特级教师。

〔**2人获2016年北京市师德榜样（先锋）称号**〕　9月7日，2016年北京市师德榜样（先锋）评选结果揭晓，学校教授苏新获2016年北京市师德榜样称号，教授于炳松获2016年北京市师德先

锋称号。

〔**2 人在《地球科学评论》(*Earth-Science Reviews*)发表论文**〕 3 月 21 日，学校副教授王长明及其科研团队在《地球科学评论》(*Earth-Science Reviews*)发表论文(Terrane boundary and spatio-temporal distribution of ore deposits in the Sanjiang Tethyan Orogen: Insights from zircon Hf-isotopic mapping)。4 月 14 日，学校副教授杨宗锋及其科研团队在《地球科学评论》期刊上发表论文(On the chemical markers of pyroxenite contributions in continental basalts in Eastern China: Implications for source lithology and the origin of basalts)。

〔**4 人获青年地质科技奖**〕 3 月，中国地质学会第十五届青年地质科技奖评选结果揭晓，学校教师杨宇友获“金锤奖”，吴怀春、李红谊、蒋小伟获“银锤奖”。

〔**邢立达领衔研究首次发现琥珀中的古鸟类**〕 6 月 29 日，学校教师邢立达与加拿大萨斯喀彻温省皇家博物馆教授瑞安·麦凯勒领衔研究的论文发表于《自然》杂志子刊《自然通讯》(*Nature Communications*)，这个由中国、加拿大、英国、美国等国科学家组成的国际团队发现了有史以来第一批琥珀中保存的距今约 9 900 万年古鸟类标本，来自白垩纪中期诺曼森阶。该发现使得古鸟类的研究进入了更微观的层次，让人类第一次窥到恐龙时代鸟类的真面目，给古生物学界带来强烈的震动。

〔**获国家自然科学奖二等奖 1 项**〕 1 月 8 日，2015 年度国家科学技术奖励大会举行，中国科学院院士、学校教授王成善主持完成的“青藏高原生长的深部过程、岩石圈结构与地表隆升”项目成果获国家自然科学奖二等奖。

〔**郭颖获“全国优秀科技工作者”称号**〕 9 月，中国科学技术协会印发了《中国科协关于表彰第七届“全国优秀科技工作者”奖获奖者的决定》，学校珠宝学院副教授郭颖获“全国优秀科技工作者”称号。

〔**获 2016 年度国土资源科学技术奖 8 项**〕 10 月，2016 年度国土资源科学技术奖评审结果揭晓，学校获 2016 年度国土资源科学技术奖 8 项(一等奖 1 项、二等奖 7 项)。其中，学校地球科学与资源学院教授张德会主持完成的“勘查区找矿预测理论与方法创新”项目获一等奖；地球科学与资源学院教授彭润民主持完成的“内蒙古自治区大矿、富矿成矿系统及找矿预测研究”项目，罗照华主持完成的“河南花岗岩及与成矿关系研究——透岩浆成矿理论与河南钼矿成矿作用”项目，邓晋福主持完成的“中国侵入岩大地构造研究与编图”项目，崔彬主持完成的“中国战略性矿产安全与海外布局研究”项目、“科学钻探复杂地层取心钻进技术研究”项目和“泛亚铁路大理至瑞丽沿线基础地质综合调查与主要工程地质问题研究”项目，土地科学技术学院教授王金满主持完成的“节地节水生态型土地整治规划设计技术与应用研究”项目，获二等奖。

〔**2 篇论文入选“2015 年度中国百篇最具影响国际学术论文”**〕 10 月，2015 年度中国科技论文统计结果发布，学校两篇论文入选“2015 年度中国百篇最具影响国际学术论文”。分别为学校教授桑托什(Santosh)等发表于《冈瓦纳研究》(*Gondwana Research*)期刊上的论文(An exotic Meso-archean microcontinent: the Coorg Block, southern India)、副教授黄洪伟等发表于《ACS 应用材料与界面》(*ACS Applied Materials & Interfaces*)的论文(Fabrication of multiple heterojunctions with tunable visible-light-active photocatalytic reactivity in BiOBr-BiOI full-range composites based on micro-structure modulation and band structures)。

〔**国际地学期刊《地学前缘》(*Geoscience Frontiers*)入选 SCI**〕 3 月 23 日，学校和北京大学合办的国际地学期刊《地学前缘》被汤姆森路透收录入 SCI。该期刊于 2010 年 11 月创刊，由中国科学院院士、学校教授莫宣学任主编，教授桑托什为共同主编，教授万晓樵为常务副主编。

〔**学校期刊入选2016年中国最具国际影响力学术期刊和中国国际影响力优秀学术期刊**〕　11月23日，在2016年中国最具国际影响力学术期刊暨中国学术期刊国际、国内引证报告会上，学校期刊《地学前缘》（*Geoscience Frontiers*）入选2016年中国最具国际影响力学术期刊，《现代地质》和《资源与产业》入选2016年中国国际影响力优秀学术期刊。

〔**获批建设国家级实验教学示范中心**〕　2月，学校地质学实验教学示范中心获批建设国家级实验教学示范中心，这是学校继地质资源勘查实验教学中心之后，获批的第二个国家级实验教学示范中心。

〔**成秋明当选国际地质科学联合会主席**〕　9月1日，在南非开普敦召开的第三十五届国际地质大会上，学校教授成秋明当选国际地质科学联合会新任主席。

〔**国土资源部资源环境承载力评价重点实验室揭牌**〕　11月26日，学校和中国国土资源经济研究院联合共建的国土资源部资源环境承载力评价重点实验室通过验收并正式挂牌。

〔**获评首批北京地区高校示范性创业中心**〕　9月，北京市教育委员会公布了第一批北京地区高校示范性创业中心名单，学校名列其中。

〔**签署5项合作协议**〕　3月14日，学校与中国科学院地质地球所、山东黄金集团签署战略合作协议。根据协议，双方在“胶东地区金矿研究和找矿行动”中联合打造产学研用一体化，深化并发展相关地质理论、矿床模型和找矿进展，促进科技成果转化，提升人才培养质量。4月13日，学校与武警黄金第二总队签署合作协议。根据协议，部队为驻队专家团队提供强有力的保障。5月12日，学校与天津市蓟县中上元古界国家自然保护区签署产学研基地协议。根据协议，双方共建中国地质大学（北京）蓟县元古宙地质科研与教学野外基地，依托基地开展自然保护区建设、地貌景观功能开发、地质构造及地质灾害预警等方面合作研究，承担学生教学、科研实习任务。10月26日，学校水资源与环境学院与河北省地矿局水文工程地质勘查院签署共建产学研基地协议，双方在水文地质调查、地热及矿泉水资源调查评价、地下水环境监测及预警等方面开展合作。11月10日，学校珠宝学院与黑龙江省逊克县政府签署产学研合作协议，双方就产学研基地建设、玛瑙品质鉴定、产品创意设计、人才教育培训、加强对外宣传等方面达成了初步意向。

〔**学习《温家宝地质笔记》**〕　3月30日，温家宝委托地质出版社社长、学校党委书记顾晓华，向学校赠送亲笔题签的新作《温家宝地质笔记》，以表达对母校的深厚感情和殷切期望。4月23日，学校主办《温家宝地质笔记》读书交流会，来自北京大学、中国人民大学附属中学、海淀区第三实验小学等15所大中小学的师生代表近200人齐聚一堂，分享交流了学习《温家宝地质笔记》的体会。

〔**举办纪念王鸿祯院士诞辰100周年学术研讨会**〕　11月19日，学校举办纪念中国科学院院士、学校教授王鸿祯诞辰100周年学术研讨会。

〔**举办中国首批地质学生毕业百年实习报告展**〕　5月5日，学校举办“筚路蓝缕看山林　共为地学启朝暾——中国首批地质学生毕业百年实习报告展”。展览展出了中国首批21位卒业（修业）生在地质研究所学习期间完成的实习（卒业）报告，这些实习报告清晰、完整，保存良好，是地质工作的珍贵史料，均为首次公布。

〔**学生获多项体育比赛冠军**〕　4月3日，学校足球队在2015—2016年北京高校校园足球联赛中获冠军。4月23日，学校女子篮球队在2016年“Star杯”首都高校大学生篮球联赛中获冠军。5月22日，学校在2016年首都高校太极拳锦标赛武术集体项目中分别获集体初级拳、集体初级器械2

个一等奖。5月28日至29日，学校乒乓球女队在2016年首都高校“世纪二千杯”乒乓球锦标赛中获得甲C组冠军。6月25日，学校羽毛球队获“五羽轮比”全国高校羽毛球挑战赛清华站冠军。6月21日至27日，学校在中国大学生跆拳道锦标赛中取得女子团体总分第一名，学生曲飞飞获女子53公斤级冠军并取得2017年世界大学生运动会中国大学生跆拳道代表队入选资格。10月23日，学校在2016年首都高等学校第十三届越野攀登赛中获乙组冠军。

〔**在“创青春”首都大学生创业大赛中获多个奖项**〕 在2016年“创青春”首都大学生创业大赛中，学校共9个创业团队获奖，其中金奖1项，银奖4项，铜奖4项，并获团体总分“优胜杯”，3个创业项目脱颖而出，入围全国决赛。

〔**获北京大学生艺术节器乐类比赛金奖**〕 11月21日，第四届北京大学生艺术节展演评奖结果揭晓，学校打击乐团、民乐团的参赛曲目《龙舞》《偶·戏》《舞之光影》获器乐类比赛打击乐组和民乐室内乐组金奖。

〔**获世界机器人大会国际水中机器人大赛多个奖项**〕 11月，在2016年世界机器人大会国际水中机器人大赛中，学校机器人队获2D花样游泳项目一等奖（季军）、机器人海底对战项目一等奖、2D水中搬运项目二等奖、海底勘探项目和水球2v2项目及抢球博弈项目三等奖。

〔**夏锐获评全国励志成长成才优秀学生典型**〕 1月，全国学生资助管理中心公布第二届“国家资助 助我飞翔”全国励志成长成才优秀学生典型评选结果，学校学生夏锐获评全国励志成长成才优秀学生典型。

〔**何绍森获第十一届中国青年志愿者优秀个人奖**〕 12月，共青团中央、中国青年志愿者协会对第十一届中国青年志愿者优秀个人、组织和项目进行表彰，学校学生何绍森获中国青年志愿者优秀个人奖。

撰稿 李媛媛
审稿 李 飞

中国矿业大学（北京）

〔**地球科学学科进入ESI全球排名前1%**〕 3月9日，2016年ESI的数据分析显示，学校地球科学学科进入ESI全球排名前1%。在本次ESI数据统计区间，学校地球科学学科SCI论文共932篇，总被引次数为5 142次，进入排名前1%的高被引论文数为9篇。其中，学校教授代世峰带领的团队在本次ESI数据统计区间的总被引次数为2 323次，进入排名前1%的高被引论文数为8篇。

〔**召开本科生全程导师制工作会**〕 5月17日，学校召开本科生全程导师制工作会。学校在试点的基础上，将本科生全程导师制作为学校综合改革方案的首要任务，从2016级本科生开始全面实施，以此为突破口，深入推进本科教学综合改革。

〔**代世峰入选2015年中国高被引学者榜**〕 1月27日，爱思唯尔（Elsevier）发布了2015年中国高被引学者（Most Cited Chinese Researchers）榜单。学校教授代世峰继2014年入选地球和行星科学领域高被引学者榜单之后，再次入选该榜单。

〔**彭苏萍被聘为第七届教育部科学技术委员会副主任委员**〕 3月30日，教育部下发《教育部关于聘任第七届教育部科学技术委员会委员的通知》。

学校教授、中国工程院院士彭苏萍被聘为第七届教育部科学技术委员会副主任委员，同时被聘为该委员会下设的4个专门委员会之一学风建设委员会的主任委员。

〔**何满潮当选为中国岩石力学与工程学会第八届理事会理事长**〕 12月12日，中国岩石力学与工程学会第八次全国会员代表大会在广州市举行，来自全国的中国岩石力学与工程学会会员800余人参加大会。大会选举产生了中国岩石力学与工程学会第八届理事会，学校教授、中国科学院院士何满潮当选第八届理事会理事长。

〔**2项成果获2015年度国家科学技术进步奖二等奖**〕 1月8日，国务院在北京召开国家科学技术奖励大会。学校校长杨仁树等参与完成的“超大直径深立井建井关键技术及成套设备”、地球科学与测绘工程学院教授毕银丽等主持完成的“西部干旱半干旱煤矿区土地复垦的微生物修复技术与应用”2项成果获2015年度国家科学技术进步二等奖。

〔**获多项中国煤炭工业科技奖**〕 4月25日，第八次全国煤炭工业科学技术大会在北京召开，学校获多项科技奖及荣誉称号：获2015年度中国煤炭工业协会科学技术奖26项，其中一等奖4项，二等奖13项，三等奖9项；获第二届中国煤炭工业专利奖3项；煤矿生物修复工程研究中心被认定为第二批煤炭行业工程研究中心；学校及挂靠学校的煤矿自动化专业委员会、煤矿土地复垦与生态修复专业委员会获“中国煤炭学会先进集体”；学校教授王家臣、王玉芬获“中国煤炭学会优秀工作者”称号；8篇学术论文获“《煤炭学报》2014年度影响力优秀学术论文”。

〔**获批3项国家重点研发计划项目**〕 8月26日，学校牵头申报的3项国家重点研发计划项目“煤矿深井建设与提升基础理论及关键技术”“煤矿典型动力灾害风险判识及监控预警技术研究”“煤矿重特大事故应急处置与救援技术研究”获批准立项，成为煤炭行业获得牵头最多的项目单位，创学校历史最好水平。

〔**学校首次入围泰晤士世界大学排名**〕 9月21日，《泰晤士高等教育》（Times Higher Education，简称THE）正式发布了2016—2017年世界大学排名，学校首次入围，在全球大学综合评级中居800—980位区间，在中国大陆入围的52所高校中排名第39位；在分项指标排名中，教学（Teaching）排名第731位，研究（Research）排名第633位，论文引用（Citations）排名第888位，国际化水平（International outlook）排名第975位，产业收入（Industry income）排名第138位。

〔**青年教师参编著作《马克思靠谱》入选全国第七届优秀通俗理论读物**〕 9月14日，中央电视台《新闻联播》报道，学校思想政治教育学院青年教师卢刚参与编写的《马克思靠谱》一书，在中共中央宣传部、国家新闻出版广电总局组织开展的第七届优秀通俗理论读物推荐活动中，被确定为8种入选图书之一。

〔**学校获准创办《矿业科学学报》**〕 1月19日，学校收到国家新闻出版广电总局《关于同意创办〈矿业科学学报〉期刊的批复》，标志着学校申请创办学报期刊获得正式批准。《矿业科学学报》期刊由学校和煤炭工业出版社联合创办，教育部为主管单位，学校为主要主办单位，煤炭工业出版社为第二主办单位和出版单位。办刊宗旨为：宣传矿业工程与安全方针政策，反映我国矿业工程和矿业管理领域先进经验，介绍矿业工程装备和应用技术更新成果，促进矿业现代化建设，服务国家能源安全战略。

〔**杨仁树受聘为第十届国家督学**〕 10月20日，深化教育督导改革暨第十届国家督学聘任工作会议在北京召开，学校校长杨仁树受聘为国家督学。国务院副总理、国务院督导委员会主任刘延东出席会议并讲话。她强调，要以办好人民满意教育为目标，深化教育督导改革，推进教育管办评分离，完善专项督导，有效解决学校管理和教育改革中存在的问题。

〔**教育部党组第二巡视组巡视中国矿业大学（北京）工作动员会召开**〕 10月17日，教育部党组第二巡视组巡视中国矿业大学（北京）工作动员会召开。会上，教育部党组第二巡视组组长朱玉泉就巡视工作做了讲话，教育部巡视工作办公室负责人就配合做好巡视工作提出要求，学校党委书记徐孝民做表态发言，校长杨仁树主持会议。按照教育部党组巡视工作统一部署，10月17日至11月25日，教育部党组第二巡视组对学校开展巡视。

〔**召开干部大会宣布教育部任免决定**〕 12月21日，学校召开全校干部大会，宣布教育部对学校有关领导班子成员的任免决定。根据《中共教育部党组关于王忠强等同志职务任免的通知》，经教育部党组与中共北京市委研究决定，王忠强同志任中共中国矿业大学（北京）委员会副书记；免去朱书全同志的中共中国矿业大学（北京）委员会副书记，范迅、孙继平同志的中共中国矿业大学（北京）委员会常委、委员职务。根据《教育部关于朱书全等职务任免的通知》，任命朱书全、范中启、王家臣为中国矿业大学（北京）副校长，免去范迅、孙继平、王忠强的中国矿业大学（北京）副校长职务。

〔**召开第三次党员代表大会**〕 12月24日至25日，中国共产党中国矿业大学（北京）第三次党员代表大会在学校举行，学校党委书记徐孝民代表第二届党委做工作报告。大会选举产生了新一届中共中国矿业大学（北京）委员会委员和新一届中共中国矿业大学（北京）纪律检查委员会委员，通过了《关于中共中国矿业大学（北京）委员会工作报告的决议》和《关于中共中国矿业大学（北京）纪律检查委员会工作报告的决议》。闭幕式结束后，召开了中共中国矿业大学（北京）第三届委员会第一次全体会议和中共中国矿业大学（北京）第三届纪律检查委员会第一次会议。

〔**学习贯彻落实陈宝生来信要求**〕 10月31日，学校党委召开常委会，传达学习贯彻落实教育部部长陈宝生的来信精神，学校党委全体常委参加会议。陈宝生在来信中代表教育部党组对学校党委班子提出四点要求：一要更加紧密地团结在以习近平同志为核心的党中央周围，二要深入学习领会《关于新形势下党内政治生活的若干准则》的基本精神，三要认真落实《中国共产党党内监督条例》的基本要求，四要为迎接党的十九大胜利召开营造良好氛围。

〔**与中国煤炭地质总局签订战略联盟合作协议**〕 3月28日，学校与中国煤炭地质总局战略联盟合作协议签约仪式在学校举行。

〔**与贵州工程应用技术学院签订对口支援合作协议**〕 9月19日，学校与贵州工程应用技术学院举行“联合培养专业学位研究生”和“联合科研基金”两项对口支援工作合作协议签字仪式，发挥学校在人才培养、科学研究、学科建设等方面的优势，助力贵州工程应用技术学院快速发展。

〔**国家环境保护部致感谢信**〕 4月7日，学校收到国家环境保护部的感谢信。信中写道，2015年11月23日，甘肃陇星锑业有限责任公司尾矿库泄漏，导致影响甘肃、陕西和四川三省的污染事件。在环境应急处置的紧要关头，学校教授何绪文紧急赶赴现场，克服不利条件，指导地方开展切断污染源以及河道清污工作，为事件的科学处置提供技术支持。

〔**第二十五届孙越崎能源科学技术奖颁奖大会举行**〕 10月16日，第二十五届孙越崎能源科学技术奖颁奖大会在学校举行。

〔**中国矿业科学协同创新联盟2016年会暨第十五次全国软岩工程与深部热害冲击地压控制学术大会召开**〕 11月6日，由中国矿业科学协同创新联盟、中国岩石力学与工程学会软岩工程与深部灾害控制分会等联合主办，学校、深部岩土力学与地下工程国家重点实验室承办的中国矿业科学协同创新联盟2016年会暨第十五次全国软岩工程与深部热害冲击地压控制学术大会在北京召开。大会邀请了11位专家学者做特邀报告，这些报告代表了我国软岩工程与深部灾害研究领域的最新研究成果及前沿研究方向。

〔学生宿舍获2015年度“中国大学生百炼之星”宿舍称号〕 4月11日，团中央2015年度寻访“中国大学生百炼之星”活动评选结果揭晓，学校学八楼403宿舍被评为“中国大学生百炼之星”宿舍。

〔召开陈至达诞辰90周年学术报告会〕 9月11日，陈至达诞辰90周年学术报告会在学校举行。陈至达是中国大变形力学理论的先驱和开拓者、学校国家重点学科“工程力学”的创始人和奠基人。

〔范中启当选海淀区第十六届人民代表大会代表〕 11月22日，北京市海淀区选举委员会发布《海淀区选举委员会关于海淀区第十六届人民代表大会代表选举结果的公告》，学校副校长范中启当选为海淀区第十六届人民代表大会代表。

撰稿　朱家骏
审稿　李建伟

中国石油大学（北京）

〔编制学校“十三五”事业发展规划〕 2016年，在全面总结“十二五”发展成绩和经验的基础上，学校编制完成了“十三五”事业发展规划以及15个专项规划、15个院部规划，提出了强化学科发展竞争力、加强师资队伍建设、提升人才培养质量、提升科研成果质量和推进科技成果转化、加快推进国际化进程、全面加强党建和思想政治工作等方面的主要目标和任务。

〔学科建设〕 截至2016年年底，学校下设13个学院（部）以及提高采收率研究院、非常规天然气研究院、新能源研究院、中国能源战略研究院、海洋工程研究院5个直属研究院。开设本科专业27个；拥有11个博士授权一级学科，45个博士点，11个博士后流动站；33个硕士授权一级学科，151个硕士点；4个专业硕士学位授予权，工程硕士授权点涵盖20个工程领域。拥有5个国家重点学科、2个国家重点（培育）学科、7个北京市重点学科。

〔召开教育思想大讨论暨本科教学工作审核评估动员会〕 11月16日，学校召开教育思想大讨论暨本科教学工作审核评估动员会，出台《本科教学工作审核评估工作方案》，进一步明确了学校的办学定位。动员会上，校长张来斌和副校长吴小林分别做了题为《追求卓越是高水平大学应有担当》和《对审核评估的认识与工作要求》的动员报告。

〔6个学位授权点通过国家专项评估〕 3月，学校参评的化学、管理科学与工程2个一级学科博士点，光学工程一级学科硕士点及翻译硕士、会计硕士、工商管理硕士3个专业学位授权点均通过国家专项评估。

〔获第二届全国示范性工程专业学位研究生联合培养基地称号〕 学校克拉玛依工程师学院获全国示范性工程专业学位研究生联合培养基地称号。

〔获批2项创新型人才国际合作培养项目〕 学校申报的“中德生物能源人才培养”项目、“中法能源经济应用型人才培养”项目获2016年国家留学基金委创新型人才国际合作培养项目资助。学校已连续3年申报此项目，并有5项获批。

〔**师资队伍建设**〕 2016年，学校有教职工1 436人，专任教师935人，其中具有博士学位的教师占75.5%。教授237人，副教授350人，其中博士生导师231人。有中国科学院院士2人，中国工程院院士2人，“长江学者”特聘教授9人，国家杰出青年基金获得者9人，国家“973”计划项目首席科学家5人，国务院学位委员会学科评议组成员4人，国家级教学名师1人，全国优秀教师4人，入选“新（跨）世纪百千万人才工程”国家级人选8人，入选教育部“新世纪优秀人才支持计划”33人。有教育部“长江学者和创新团队发展计划”创新团队4个，国家级教学团队3个，北京市优秀教学团队6个。聘用外籍教师13人，其中教授6人。

〔**新增1名“长江学者奖励计划”青年项目**〕 4月，学校副教授郝世杰入选首批“长江学者奖励计划”青年项目并获霍英东教育基金青年教师基金。

〔**新增2项国家自然科学优秀青年科学基金项目**〕 9月，学校青年教师蓝兴英、饶莹获国家自然科学基金优秀青年科学基金项目资助。蓝兴英获资助的研究领域是石油化工，主要资助其开展新型高效气固反应器—高密度循环流化床模型化研究；饶莹获资助的研究领域是勘探地球物理，主要资助其开展中深层速度结构的反射地震波形层析方法研究。

〔**2项成果获国家科学技术奖**〕 2016年，学校2项成果获国家科学技术奖。其中，学校作为第一完成单位、学校教授蒋官澄及团队的研究成果“复杂结构井特种钻井液及工业化应用”获国家技术发明二等奖，该获奖成果是学校与中国石油集团钻井工程技术研究院、西南石油大学三家单位合作而取得；作为参与单位，学校与中海石油（中国）有限公司等单位合作的项目成果“南海北部陆缘深水油气地质理论技术创新与勘探重大突破”获国家科技进步二等奖。

〔**学校期刊获中国高校期刊奖**〕 2016年，学校主办的期刊《石油科学》（英文版）获中国高校杰出科技期刊奖，并入选中国科技期刊国际影响力提升计划第二期支持项目；《古地理学报》获中国高校百佳科技期刊奖；《古地理学报》（英文版）获中国高校优秀科技期刊奖。

〔**成立海洋工程研究院**〕 4月26日，学校正式成立海洋工程研究院。海洋工程研究院以满足国家能源战略需求为己任，以建设成为海洋工程技术及装备研发基地和高端国际化人才培养基地为目标，以学校优势学科所辐射的海洋油气资源开发技术研究为重点，着力开展海洋石油工程技术与装备、水合物与矿产资源开发技术和海上可再生能源开发技术等领域的科学研究。

〔**成立天津工程师学院**〕 11月25日，学校与中国石油大港油田公司正式签署共建中国石油大学（北京）天津工程师学院协议。根据协议，校企双方整合校企教育资源，实行学校与企业“双主体”办学，协同培养本科生、工程硕士、工程博士及企业在职高层次工程技术人才。

〔**《石油科学通报》正式创刊**〕 6月30日，学校举办学术期刊《石油科学通报》首发式。《石油科学通报》旨在发表石油地质、石油地球物理、石油工程、石油机械、石油化工、石油经济等领域的新思想、新成果，综合反映石油自然科学与社会科学多学科交叉基础研究进展，为石油科学研究者提供高水平的学术交流平台。

〔**获中国现代远程教育终身教育特别贡献奖**〕 2016年，学校远程教育学院获中国现代远程教育终身教育特别贡献奖。

〔**招生与就业**〕 2016年，学校招生14 847人，其中全日制研究生2 629人，普通本科生1 922人，成人教育本专科生 1 129 人，网络教育本专科生 9 167 人。高考理工类录取分数平均高出国家重点线 71.43 分，文史类高出国家重点线 49.40 分。留学生毕业 167 人，招生 130 人，在校留学生 663 人。学校毕业生 14 333 人，其中全日制研究生 1 930 人（博士研究生 226 人，硕士研究生 1 704 人），普通本科生1 899 人，成人教育本专科生 2 159 人（本科生1 401 人，专科生 758 人），网络教育本专科生8 345 人（本科生 5 293 人，专科生 3 052 人）。本科毕业生一次就业率为 94.05%，研究生毕业生一次就业率为 96.06%。

〔**成立创新创业教育理事会**〕 12 月 15 日，学校举行创新创业教育理事会成立大会，并建成大学生创业项目孵化基地和石创空间。

〔**完成处级干部集中换届工作**〕 2016 年，学校完成处级干部集中换届工作，干部队伍结构得到优化。换届后，全校正处级干部平均年龄降低 2 岁，副处级干部平均年龄降低近 4 岁。35 岁以下年轻干部的比例从换届前的 3%提高到换届后的 22%，45 岁以下干部的比例从换届前的 39%提高到换届后的 55%。

〔**举行克拉玛依校区启用仪式**〕 9 月 6 日，学校克拉玛依校区举行启用仪式和 2016 级新生开学典礼，开启“一校两区、两区一校”发展新格局。

〔**与新疆油田公司签署科学技术战略合作协议**〕 12 月 10 日，学校与新疆油田公司签署科学技术战略合作协议。根据协议，成立新疆油田公司—中国石油大学（北京）油气资源与工程联合研究院，分别在企业和学校克拉玛依校区挂牌，共建油气资源与探测国家重点实验室克拉玛依分室。双方还开展人才培养与学术交流，克拉玛依校区为企业技术骨干培养和员工培训提供支持，协助企业引进国内外著名专家学者；企业为克拉玛依校区各类学生实习、实训及派出技术人员担任校区现场导师提供支持。

〔**召开教师节庆祝大会**〕 9 月 8 日，学校召开 2016 年教师节庆祝大会，表彰 2011—2016 年度在教学和科研一线做出突出贡献的优秀教师。大会对 2011 年以来入选两院院士、“长江学者奖励计划”、国家杰出青年科学基金获得者、国家优秀青年科学基金获得者等高层次人才和获评校级以上教学名师、教学效果卓越奖教师、校级品牌课教师、北京市师德先进个人、校级师德标兵的教师以及获得省部级及以上科研奖励的教师进行了表彰。

撰稿　刘东东
审稿　许　博

北京林业大学

〔**为习近平主席出访捷克选育银杏树苗**〕 2016 年 3 月 28 日，习近平主席在对捷克共和国进行国事访问期间，与捷克总统泽曼在布拉格拉尼庄园里种下一株来自中国的银杏树苗。这株“友谊之树”由学校精心培育挑选，并采用一系列技术手段成功运送到捷克。

〔**陈宝生到校调研**〕 7 月 28 日，教育部部长陈宝生到学校调研。陈宝生听取了学校整体工作汇报，详细了解了党建和意识形态工作情况，深入学校博物馆、园林学院和风景园林规划设计研究院进行实地调研，了解学校人才培养、学科建设、科学研究等有关情况。

〔**张建龙到校做形势政策报告**〕 12 月 13 日，“部长进校园”首都大学生形势政策报告会在学校举行，国家林业局局长张建龙为首都22所高校的师生做了题为《我国林业的形势与任务》的形势政策报告。张建龙在报告中总结了“十二五”期间，特别是党的十八大以来中国林业发展的总体概况，分析了新时期林业工作的形势和任务，对下一步中国林业工作的开展进行了深入的思考和解读，并热情地回答了大学生们的提问，勉励大学生们努力学习、刻苦钻研、全面发展，为祖国的生态环境建设事业做出贡献。

〔**编制学校“十三五”发展规划**〕 6月，学校完成“十三五”事业发展规划编制工作。10月，经教育部正式备案。学校“十三五”规划由“1—8—16—7”规划体系构成，即1个事业发展规划，8个专项规划（学科发展、校园建设、队伍建设、人才培养、科研与平台、国际交流与合作、党建与思想政治教育、大学文化），16个学院（部）规划和7个重点一级学科发展规划（林学、风景园林学、林业工程、农林经济管理、生物学、生态学、草学）。

〔**新增9个国家林业局重点学科和重点培育学科**〕 3月，学校9个学科获批2015年国家林业局重点学科和重点（培育）学科。其中，林学、林业工程、风景园林学、农林经济管理、生态学和生物学获批一级重点学科，科学技术哲学（生态文明建设与管理方向）、地图学与地理信息系统和国际贸易学（林产品贸易方向）获批重点（培育）学科。

〔**新增1名“长江学者”特聘教授**〕 5月，教育部公布2015年度“长江学者奖励计划”名单，学校材料科学与技术学院教授许凤被授予“长江学者”特聘教授称号。截至2016年年底，学校各类“长江学者”共6位，高层次人才队伍结构得到进一步优化和充实。

〔**多名教师获全国奖项**〕 5月，第七届全国优秀科技工作者和第十四届中国青年科技奖评选结果揭晓，学校林学院教授李俊清、水保学院教授余新晓、微生物研究所教授戴玉成获“全国优秀科技工作者”称号，园林学院教授林箐获“中国青年科技奖”。8月，学校工学院副教授康峰代表北京市参加第三届全国高校青年教师教学竞赛决赛，获工科组全国总决赛一等奖。11月，水保学院教授朱清科获科技部“最美野外科技工作者”称号。

〔**2项成果获国家科技进步奖和技术发明奖**〕 2016年，学校园林学院教授张启翔牵头完成的“三种特色木本花卉新品种培育与产业升级关键技术”成果获国家科技进步奖二等奖，材料科学与技术学院教授孙润仓牵头完成的“木质纤维生物质多级资源化利用关键技术及应用”成果获国家技术发明奖二等奖。

〔**新增4个国家级、省部级科技平台**〕 2016年，学校新增国家级科技平台1个、省部级科技平台3个。新增的1个国家级科技平台为北京市鹫峰国家水土保持科技示范园区。新增的3个省部级科技平台为：国家林业局花卉产品质量检验检测中心（北京）、国家林业局内蒙古七老图山森林生态系统定位观测研究站和云南建水荒漠生态系统定位观测研究站。

〔**入选北京高等学校高精尖创新中心**〕 5月，北京市教育委员会公布第二批北京高等学校高精尖创新中心名单，学校申报的林木分子设计育种高精尖创新中心入选，每年获得1亿元资助经费，滚动支持5年。该中心围绕国家在现代林业发展等方面的重大关键技术需求，全面整合国内森林生物学领域创新要素，力争在森林生物学和林木遗传育种重点领域的关键核心技术上取得重大突破。

〔**英文期刊《鸟类学研究》被SCIE收录**〕 4月，学校期刊编辑部收到美国汤森路透集团通知，学校主办的英文学术期刊《鸟类学研究》（*Avian Research*）被科学引文索引扩展版（Science Citation Index Expanded，简称SCIE）收录，标志着学校期刊进入中国30多种高校SCIE科技期刊之列。

〔**成立马克思主义学院**〕 1月22日，学校举行马克思主义学院成立揭牌仪式。学院的成立，将进一步巩固马克思主义理论在学校各项工作中的指导地位，为学校思想政治理论课发展搭建重要平台。

〔**新增2个英文授课硕士专业留学生奖学金项目**〕 3月，学校申报的林业经济与政策英文授课硕士专业入选2017年度商务部援助发展中国家学历学位教育项目。12月，学校申报的风景园林英文授课硕士专业入选2017年度北京市外国留学生“一带一路”奖学金资助项目。

〔**开展“两学一做”学习教育**〕 4月28日，学校召开“两学一做”学习教育座谈会，传达党中央、教育部党组、北京市委有关精神，对学校开展“两学一做”学习教育进行全面部署。6月28日，学校党委常委开展“两学一做”学习教育集体学习，带头强化党章党纪和系列讲话的学习。9月18日，学校党委书记王洪元在北京市高校“两学一做”学习教育交流推进会上做了题为《打好三套“组合拳”，整顿薄弱教师党支部》的大会交流发言。10月14日，学校召开“三会一课”模式创新部署会，组织5个学院开展“三会一课”模式创新试点。10月18日，王洪元在教育部“两学一做”学习教育座谈会上做了题为《充分发挥教师党支部主体作用，夯实有质量“两学一做”基础》的大会交流发言。

〔**教育部党组第二巡视组到校巡视**〕 10月17日至11月25日，教育部党组第二巡视组对学校进行了为期40天的巡视。

〔**学校行政领导班子换届**〕 6月22日，学校召开教师干部大会，宣读学校领导的任免通知。教育部任命宋维明为学校校长，骆有庆、王玉杰、张闯、李雄为学校副校长；因年龄原因，免去张启翔副校长职务；免去姜恩来副校长职务，另有任用。教育部党组经与中共北京市委商得一致，谢学文任学校党委委员、常委、副书记；张闯任学校党委常委，李雄任学校党委委员、常委；免去张启翔党委常委，姜恩来党委委员、常委职务。

〔**推进“政产学研用”一体化办学实践**〕 3月9日，学校与福建省三明市召开校地合作座谈会。4月24日，学校与菏泽学院签署协议，共建牡丹学院。4月28日，学校与内蒙古和盛生态科技研究院签署合作协议，共建协同创新中心。6月24日，学校与贵州省遵义市商洽校地合作事宜。7月1日，学校与山东省聊城市政府签订战略合作框架协议，在科技创新基地、成果转化平台、学生实习实践基地等方面进行深度合作。9月7日，河南省鄢陵县委负责人到校洽谈，双方就进一步推进鄢陵协同创新中心建设和运营交换意见。10月14日，学校与北京市通州区政府签署战略合作框架协议，依托林木分子设计育种高精尖创新中心，参与通州国家生态园林城市创建、环城生态景观带和环区界生态过渡带建设、重点道路绿化景观提升等城乡环境与生态建设重大项目。10月16日，全国人大农业与农村委员会副主任委员郭庚茂带领调研团，对学校鄢陵协同创新中心进行调研。11月，学校鄢陵协同创新案例被评为“2012—2014中国高校产学研合作科技创新十大推荐案例”。12月14日，学校与河南省新乡市人民政府签署合作协议，服务国家自主创新示范区建设。学校积极推动与河北省保定市人民政府合作项目建设，先后5次召开校地合作联席会议，加快白洋淀生态研究院、木结构建筑研究和检测中心2个创新平台筹建。

〔**加大对口帮扶工作力度**〕 2016年，学校以精准帮扶为重点，加大对国家扶贫开发重点县内蒙古科尔沁右翼前旗、新疆农业大学的帮扶力度。学校先后选派2名干部赴科尔沁右翼前旗担任村支部第一书记和副县级干部。8月，学校党委书记王洪元带队赴科尔沁右翼前旗进行实地考察调研，会商对口扶贫工作措施。8月底，学校组织开展学习河北农业大学教授李保国先进事迹“教授服务团走进科尔沁右翼前旗”精准帮扶活动，8位教授深入田间地头，调研当地产业发展，开展科技培训、现场技术指导。10月17日，学校召开扶贫日活动暨定点帮扶科尔沁右翼前旗工作座谈会，深入研讨定点帮扶工作措施。5月12日，新疆农业大学到校洽谈对接工作，双方就接收访学研究生、创新博士委托培养方式、科技合作等工作交换了意见。9月29日，学校与南京农业大学等对口支援单位在新疆农业大学共同签订《对口支援新疆农业大学研究生访学协议》。学校积极协助新疆农业大学完成了“十三五”事业发展规划编制等工作。

〔**与拉萨市委签署人才智力合作协议**〕 11月28日，学校党委与拉萨市委签署人才智力合作协议。学校围绕拉萨市“环境立市”战略实施，在人才培养培训、科技支撑服务、学生实习实践等领域，与拉萨市委开展全方位、多层次、宽领域合作。

〔**举行大学生村官工作10年总结会**〕 5月18日，学校召开2016年就业创业工作推进会暨村官10年工作总结会，系统总结回顾学校大学生村官10年来的工作情况。10年来，学校共有689名毕业生赴北京郊区担任大学生村官，涌现出一批优秀村官典型。

撰稿 肖 进

审稿 王士永

中国传媒大学

〔**学科建设**〕 2016年，学校有2个国家重点学科、3个北京市重点学科。设有6个学部、1个协同创新中心、5个直属学院。拥有10个博士学位授权一级学科点、35个博士学位授权二级学科点，18个硕士学位授权一级学科点、95个硕士学位授权二级学科点。有8个专业硕士类别，覆盖8个学科的85个本科专业。设有7个博士后流动站，博士后研究人员出站14人，进站17人，在站45人。

在2016年教育部学位授权点合格评估和专业学位水平评估中，外国语言文学一级学科硕士学位授权点以及汉语国际教育硕士、新闻与传播硕士、出版硕士、工商管理硕士4个专业学位授权点通过评估。6月，教育部财务司下拨2016年中央高校建设世界一流大学（学科）和特色发展引导专项资金3 400万元。

〔**本科教育**〕 完成艺术与科技、作曲与作曲技术理论2个专业的申报。启动7门慕课建设，开设5门“智慧树”通识课程，启动互动教室改造项目，升级网络教学平台。拓展辅修/双学位学生的受益面，辅修/双学位专业整体招生人数较2015年增长42.6%，其中文化产业管理、数字媒体艺术专业招生人数增长超过100%。

〔**研究生教育**〕 加大研究生的国际化培养力度，加强优势专业的国际化建设，推进课程建设工作，推动专业学位研究生课程教学案例库建设。提高专业学位研究生培养质量，继续推进导师评聘制度改革。

〔**留学生教育**〕 2016年，在校学习留学生总人数达1 051人，其中长期生906人、短期生145人，学生来自109个国家。海外协议高校有253名学生到校交流学习。中国政府奖学金项目报到新生58人，发展中国家国际传播硕士招收17人。来自美国、加拿大高校的84名学生到校参加为期5周的国际暑期课程。

〔**创新创业教育**〕 逐步完善“创新创业教育+创业服务+创业孵化”的“三位一体”工作体系，逐步建立并完善创业综合服务平台，涵盖创业实训、创业服务、创业投资、创业实践多个要素。学校获评首批北京地区高校示范性创业中心。

〔**师资队伍建设**〕　学校有教职工 2 076 人，其中专任教师 1 243 人，包括教授 325 人、副教授 458 人；博士生导师 186 人，硕士生导师 723 人；“双聘院士”1 人，“长江学者”4 人，国家有突出贡献专家 3 人，享受政府特殊津贴专家 3 人。常驻外籍教师 13 人。

播音主持艺术学院教授曾志华、艺术学部副学部长周涌获第十二届北京市高等学校教学名师奖。思想政治理论课教研部副教授毛明华、新闻学院教授方毅华、动画与数字艺术学院副院长贾秀清获“2016 北京市师德先锋”称号。电视与新闻学院院长高晓虹获“第四届范敬宜新闻教育良师奖”，是学校教师首次获此荣誉。曾志华、周涌和数字媒体技术系副主任杨成获第八届校级教学名师奖。学校艺术研究院院长张晶、广告学院院长黄升民被评为学校首批“资深教授”，艺术与文化研究中心执行主任杨乘虎、新媒体研究院院长赵子忠、广播电视数字化教育部工程研究中心主任徐伟掌、信息工程学院教授颜金尧入选学校首批“白杨学者”。

探索专业技术职务评审改革；实行管理岗位聘用制，推动职员制改革；招聘中引入非事业编制管理。

〔**科研项目**〕　2016 年，学校人文社科各类项目经费合同总额为 6 942 万元，其中纵向项目经费合同总额为 2 053 万元，横向项目（企事业单位委托项目）经费合同总额为 4 889 万元。纵向项目立项 227 项，其中包括国家社科基金项目 16 项，国家艺术基金项目 3 项，教育部人文社科项目 10 项，北京市社科项目 10 项，国家其他部委研究项目 14 项，校级科研项目 114 项，其他项目 60 项。横向项目立项 148 项。全校登记的各类人文社科论文 1 166 篇，其中被 CSSCI 收录 432 篇，EI 收录 2 篇，SSCI 收录 3 篇，A&HCI 收录 1 篇；研究报告 22 篇；专著、教材、编著等 162 部；艺术创作成果 133 项；国内外成果获奖 187 项。

2016 年，理工类科研协议经费为 4 041.45 万元，其中纵向科研经费 919.45 万元，横向科研经费 1 032 万元，国家自然科学基金 328 万元。登记理工类科研成果共计 474 项。登记论文 418 篇，其中被检 EI 会议论文 166 篇，EI 期刊论文 28 篇，SCI 期刊论文 25 篇，CSSCI 论文 3 篇；专著 3 部，译著 1 部，编著 3 部，教材 6 部；发明专利 22 项，实用新型专利 1 项，软件著作权 14 项。

〔**思想文化阵地建设与思想政治教育**〕　设立马克思主义学院，与中央编译局合作建立马克思主义传播研究基地。重点开展思想政治理论课教师、青年教师、辅导员和学生骨干 4 支队伍的教育培训，支持和鼓励学部、学院积极探索做实做活大学生思想政治教育的新路径。播音主持艺术学院组织学生在全国政协提案中选择内容作为“辩与论”公开课的话题，引导学生深入基层学习调研，《人民政协报》做整版报道。在 2016 年北京高校红色“1+1”示范活动评选中，新闻传播学部 2015 级国新班硕士生党支部获一等奖。

〔**学部制改革**〕　5 月，学校组建经管学部，副学部长和院长均为中层副职，学部各办公室主任不再列入中层干部，减少干部职数。新闻传播学部、艺术学部、理工学部、文法学部立足自身优势，学科融合、资源汇聚效果明显。

〔**教育交流与合作**〕　2016 年，学校与英国卡迪夫大学、泰国曼谷大学等 9 个国家的 12 所大学签署合作协议。举办“全球化时代的媒介”“传播与政府治理国际学术论坛”等 4 个国际会议。向 47 个国家和地区派出 162 个团组、346 人次，共接待境外到访人员 249 人次，其中包括塞尔维亚教育部长、荷兰驻华大使等。邀请 23 个国家（地区）的 79 位知名学者到校开展学术讲座。

〔**中外合作办学**〕　2016 年，学校中外合作办学共有 6 个本科专业、4 个硕士专业，引进 139 门国际课程。国际传媒教育学院录取 182 人，其中普通类专业录取 111 人，艺术类录取 71 人，录取比例比 2015 年提高 14.6%。来自 30 所国际知名传媒类大学的 56 位教授受聘担任客座/讲座教授。“中传—密苏里传播学中外合作办学本科”正式揭牌，是美国密苏里大学新闻学院在中国首个联合开设的传播学专业本科教育。与英国诺丁汉特伦特大学合作举办的传播学、新闻与传播、传媒经济学硕士学位专业首次招生。

〔**学生出国（境）交流**〕　2016年，面向全校学生的出国（境）交流项目达110项，其中长期项目87项，短期项目23项；全年出国（境）交流学生697人，其中学期交换交流学生408人，短期项目289人。全年共开展联合培养和双联学位项目5项，短期访学项目23项，创新创业项目2项；英文授课硕士项目3项，英文授课博士项目1项。承办教育部"香港与内地高校师生交流计划"项目5项，来自香港特别行政区5所高校的98名师生参与项目。

〔**招生与考试**〕　完善博士生招生"申请—审核"制，加大校内外推荐免试攻读硕士生招生比例，共招收研究生2 325名。截至2016年年底，2016届毕业生就业率为96.77%，其中本科毕业生就业率为96.50%，硕士研究生就业率为96.64%，博士研究生就业率为98.04%。

〔**国内外竞赛与教学实践**〕　新闻传播学部师生创作的H5作品与微信表情广获好评，《长征路上小红军》组表情包社会反响强烈；新闻传播学部学生获"范敬宜新闻学子奖"。艺术学部学生毕业作品《一指城》获2016年度法国罗阿讷国际动画节"评委会大奖"等奖项；学生作品《欲望门》夺得"印度FICCI-BAF动画大奖"评委会特别奖；学生毕业作品《十九畏》入选2016戛纳电影节短片单元；电子音乐制作专业5名学生组成的代表队参加第九届中国大学生计算机设计大赛（计算机音乐创作类），囊括专业组全部一等奖。理工学部学生在全球大学生计算机程序能力竞赛ACM场地赛中获3块铜牌。学校艺术团在"2016北京大学生音乐节"获4项金奖、3项银奖，并获优秀组织奖；艺术团连续3年登上中央电视台春节联欢晚会舞台。学校辩论队获第六届世界华语辩论锦标赛北京赛区冠军和总决赛亚军。

〔**孔子学院建设**〕　2016年，学校举办塞尔维亚贝尔格莱德大学孔子学院、荷兰格罗宁根孔子学院和巴西南大河州联邦大学孔子学院夏令营、孔子课堂、本土汉语教师培训等。

〔**科研财务体制改革**〕　学校出台《中国传媒大学横向科研经费管理办法》《中国传媒大学纵向科研经费管理办法》等5份文件，建立独立的科研经费报销体系。成立科研经费管理办公室，配备专业管理服务人员。

〔**规范国有资产和校办产业管理**〕　学校启用新的资产管理系统，开展国有资产清查和办公用房调整，涉及48个部门、单位，调整办公用房200余间，面积10 000余平方米。2016年，取得13项无形资产商标注册证。对主营业务不突出、长期没有回报的全资、控股、参股企业实行关停并转。

〔**基础设施建设**〕　推进校园规划调整申报、供热管网和校园节能改造工程。建成游泳馆、大学生活动中心和运动场。游泳馆和大学生活动中心项目总建设面积22 870平方米，地下1层、地上5层，包括一座50米8泳道标准泳池的游泳馆，一座容纳6个篮球场地、4个羽毛球场地的风雨操场和4 000余平方米的学生活动中心以及其他辅助功能设施。运动场有地上建筑面积2 336平方米、地下建筑面积60 753平方米。运动场改造项目操场部分于2016年4月投入使用。

〔**校园道路、楼馆及景观命名**〕　2016年，学校组织开展校园道路、楼馆及景观命名活动，通过召开座谈会、网络投票等方式，确定并公布一批学校主要道路、楼馆、会议厅、报告厅和景观的名称，增强校园文化氛围。

撰稿　刘书峰
审稿　袁　军

中央财经大学

〔印发学术组织章程和学校“十三五”发展规划〕 6月28日，学校印发《中央财经大学学术委员会章程》和《中央财经大学教学委员会章程》；6月29日，印发《中央财经大学“十三五”教育事业发展规划（2016—2020年）》；7月9日，印发《学位评定委员会章程》和《专业技术职务评审委员会章程》。

〔精算教育获北美精算协会认证〕 7月1日，学校精算教育获得北美精算师协会（SOA）认证，学校作为中国大陆首个高校被列入UCAP（Universities and Colleges with Actuarial Programs）名单。UCAP是学校精算教育继2014年7月获得英国精算师协会（IFoA）免试课程认证以来再次获得的国际精算教育认证。

〔创新引智基地获2017年国家“111计划”立项〕 11月，教育部和国家外国专家局正式公布了2017年新建“高等学校学科创新引智计划”（简称“111计划”）评审结果，学校“保险风险分析与决策学科创新引智基地”名列其中。该引智基地是学校首个国家创新引智基地，主要以学校中国精算研究院和保险学院为依托平台，与6个国家、12家海外单位的保险精算学术大师建立学术上的合作与交流。

〔9名教师获聘担任全国专业学位研究生教育指导委员会委员〕 6月，国务院学位委员会、教育部、人力资源和社会保障部联合发布《关于全国金融等28个专业学位研究生教育指导委员会换届的通知》，学校9位教授获聘担任8个学科全国专业学位研究生教育指导委员会委员。

〔1名教师当选“首都十大杰出青年法学家”〕 9月24日，北京市委政法委员会、北京市人力资源和社会保障局、北京市法学会在北京会议中心联合主办第二届“首都十大杰出青年法学家”及提名奖获得者表彰大会，学校法学院教授尹飞当选第二届“首都十大杰出青年法学家”。

〔获评国家级虚拟仿真实验教学中心〕 2月，学校教学技术服务中心下属的经管学科虚拟仿真实验教学中心被评为教育部2015年国家级虚拟仿真实验教学中心。这是继2012年该中心被评为国家级实验教学示范中心之后，再度获得国家级教学中心的殊荣。

〔国家级PPP基金落户学校〕 3月4日，中国政企合作投资基金股份有限公司正式成立，并落户学校科技金融产业园。总规模1 800亿元的中国政府和社会资本合作（PPP）融资支持引导基金是由财政部和国内10家大型金融机构、投资机构共同发起设立的政企合作投资基金，是中国第一只国家级PPP基金。

〔成立北京学院〕 9月20日，学校成立北京学院。该学院负责承担北京市高端技术技能人才贯通培养试验项目和“双培计划”等北京市急需的人才培养项目的统筹协调和内外联络、培养方案的制定及学生思想政治教育和日常管理协调等相关工作。

〔成立绿色金融国际研究院〕 9月26日，学校举行绿色金融国际研究院建院仪式。研究院由天风证券股份有限公司捐赠建立，是国内首家以推动绿色金融发展为目标的开放型、国际化的研究院。研究院前身为2011年9月成立的中央财经大学气候与能源金融研究中心，是中国金融学会绿色金融专业委员会的常务理事单位，并与财政部建立了部委共建学术伙伴关系。学校副校长史建平和天风证券股份有限公司副总裁王琳晶共同为绿色金融国际研究院授牌颁证。

〔**启用网络通识课程平台**〕 9月23日，学校网络通识课程平台正式启用。网络通识课程平台下设五大模块242门课程：综合素养类186门，通用能力类20门，创新创业类14门，成长基础类7门，公共必修类15门。学生选修并通过考核后，课程成绩列入学生成绩单，同时学生可获得由学校教务处认证的课程证书，表现优秀者还可获得多种方式的奖励。

〔**举行《心理技术与应用》杂志新刊发布仪式**〕 4月15日，应用心理学成果评价暨《心理技术与应用》杂志发展高峰论坛在学校举办。《心理技术与应用》杂志2013年创刊，自2016年起由开明出版社和中央财经大学共同主办，该刊是学校主办的第三本学术期刊。论坛举行了《心理技术与应用》杂志新刊发布仪式，与会专家就应用心理学学术成果的评价导向与标准、《心理技术与应用》杂志的办刊思路进行了研讨。

〔**联合建立北京高校中国特色社会主义理论研究协同创新中心**〕 5月6日，北京高校中国特色社会主义理论研究协同创新中心授牌仪式暨中国特色社会主义政治经济学创新发展论坛在学校举行，11个北京高校中国特色社会主义理论研究协同创新中心正式成立。创新中心致力于发挥北京高校资源优势，以马克思主义理论学科为中心，汇聚校内相关学科专家及京津冀地区高校资源，探索协同创新模式，整合协同创新力量。北京市每年投入近5 000万元，连续投入5年，用于支持协同创新中心建设。

〔**举行全国财经类高校共青团工作联盟成立仪式**〕 6月1日，全国财经类高校共青团工作联盟成立仪式及相关工作会议在学校举行。会议通过了《全国财经类高校共青团工作联盟章程》，推选了中央财经大学团委等9所理事会单位。学校团委作为联盟的发起单位被推选为理事长单位，团委书记高杰当选联盟秘书长。

〔**大学科技园获批为国家级众创空间**〕 10月，学校大学科技园“长河湾众创空间”正式获批成为第三批国家级众创空间，并被纳入国家级科技企业孵化器管理服务体系，这是学校大学科技园荣获的首个国家级荣誉。“长河湾众创空间”由学校大学科技园与海淀区北下关街道办事处联合创立，是全市唯一一家大学与地方政府联合设立的国家级众创服务机构。

〔**商学院获多项荣誉**〕 12月，新华网、腾讯网、新浪网、中国网等各大媒体年终教育评选榜单揭晓，学校商学院获多项荣誉称号。分别是：“新华网·2016年度社会影响力MBA院校”“腾讯网·2016年创新力MBA院校”“新浪网·2016年最具品牌影响力MBA院校”“中国网·2016年度革新力MBA院校”“中国MBA联盟·2016中国十佳商学院”等称号；商学院院长王瑞华获“腾讯网·2016年变革力商学院院长”“中国网·2016年度中国商科教育领航人物”称号。

〔**校内机构调整**〕 4月25日，学校发文对校内机构及其职能进行调整。资产管理处和后勤处合并成立资产与后勤管理处；后勤服务产业集团单独设置，列入学校直属单位序列；成立招标与采购事务中心，由资产与后勤管理处管理；在继续教育工作管理办公室、继续教育学院、网络教育学院和培训学院的基础上，组建成立新的继续教育学院，列入教学科研单位序列；撤销教职工住宅建设推进办公室；将学生处本科生学籍管理职能调整到教务处；将基建处基建财务管理职能调整到财务处；在财政学院和税务学院的基础上，组建成立财政税务学院；社会发展学院更名为社会与心理学院；中财大资产经营有限公司与学校科技园管理办公室合署办公，两块牌子，一套人员；在学院党总支（含经济学与公共政策优势学科创新平台3个研究院党总支）的基础上，成立学院（研究院）党委；成立中财大资产经营有限公司党总支；后勤、校医院党总支更名为后勤集团与校医院党总支。

〔**学校代表队获捭阖国际辩论挑战赛冠军**〕 5月24日，在第四届捭阖国际辩论挑战赛总决赛中，学校代表队获总决赛冠军，其中二辩选手王鑫同学获决赛以及全程最佳辩手称号，这是学校辩论队第一次获得最高级别赛事的冠军。本届捭阖国际辩论挑战赛总决赛共有来自中国、新加坡、马来西亚等国家和地区的24所高校的121名辩手参加。

撰稿　任　婷

审稿　王　琨

中国政法大学

〔**学科建设**〕 2016年，学校开设20个本科专业，覆盖6个学科；具有一级学科13个，一级学科博士点3个，博士学位授权点34个，硕士学位授权点78个和专业学位授权点5个；博士后流动站3个，博士后研究人员出站21人，进站34人，在站142人。一级学科国家重点学科1个，一级学科北京市重点学科1个，二级学科北京市重点学科3个，交叉学科北京市重点学科2个；国家重点实验室1个。

〔**开展“三学期制”教学改革**〕 5月16日，学校召开“三学期制”改革本科教学工作部署会。“三学期制”改革作为学校综合改革的重要组成部分，在促进人才培养质量的提升与实现学校教育能力的现代化中发挥重要作用，同时体现了学校综合改革的全局性、综合性与整体性。“三学期制”改革自2016—2017学年正式实施。

〔**做好2017年本科教学审核评估筹备工作**〕 6月24日，学校举行2017年本科教学审核评估工作部署会。会议要求，要坚持“以评促建，以评促改，以评促管，评建结合，重在建设”的方针，突出内涵建设，突出特色发展，强化办学合理定位，强化人才培养中心地位，强化质量保障体系建设，不断提高人才培养质量，全面严谨、不折不扣地做好迎接评估的建设、整改和准备工作。

〔**4门课程获评教育部首批国家级精品资源共享课**〕 7月，教育部公布了首批国家级精品资源共享课名单，学校共有4门课程进入名单，分别是行政法与行政诉讼法（课程负责人马怀德）、西方政治思想史（课程负责人张桂林）、中国法制史（课程负责人张晋藩）、商法学（课程负责人赵旭东）。

〔**西班牙语法律人才培养项目取得新突破**〕 1月，学校申报了2016年创新型人才国际合作培养项目并获批，其中西班牙语法律人才培养项目既是学校第一次获批创新型人才国际合作培养项目，也是本次获批的所有项目中唯一一个本科生项目。

〔**师资队伍建设**〕 学校有教职工1 673人，其中专任教师876人，包括教授319人、副教授394人；博士生导师199人（含特聘12名，兼职38名），硕士生导师613人。“长江学者奖励计划”特聘教授2人，享受政府特殊津贴专家42人。5人被授予“全国杰出资深法学家”称号，7人获“全国十大杰出青年法学家”称号，4人入选新（跨）世纪“百千万人才工程”，学校教授栗峥入选2016年度“长江学者奖励计划”青年学者项目。2016年，学校教授夏吟兰被授予“全国三八红旗手”称号，外国语学院获评“北京市三八红旗集体”。

〔**改革研究生导师岗位聘任制度**〕 1月20日，学校校长办公会审议通过《研究生导师招收博士研究生条件认定办法》和《研究生导师指导硕士研究生条件认定办法》，正式启动研究生导师岗位聘任制度改革。聘任制改革的核心是从身份到岗位的转变，防止形成导师终身制，根据年度招生需求，综合考虑学科特点、师德表现、学术水平、科研任务、培养质量来确定导师。同时，大力加强对导师的培训，提升导师的指导能力。

〔**许身健获首届“励道教学杰出贡献奖”**〕 9月9日，在学校2016年教师节表彰大会上，教授许身健获首届“励道教学杰出贡献奖”。该奖项是由励道控股集团捐助，为表彰本科教学效果显著、关心关爱学生成长、教学工作贡献突出的教师而设立的，每年评选1名，奖励金额30万元。该奖项评选考查重点包括师德师风、课堂教学、课堂外教学、教学改革、教学基本建设等内容，旨在激发学校本科教学一线教师的工作热情。

〔**科学研究**〕 学校设置法学院等18个教学单位、诉讼法学研究院（教育部人文社会科学重点研究基地）等11个在编科研机构、资本金融研究院等5个新型研究机构、司法文明协同创新中心等7个协同创新中心，其中学校牵头组建的司法文明协同创新中心是首批经教育部、财政部认定的14个国家“2011计划”（高等学校创新能力提升计划）协同创新中心之一；学校参与组建的国家领土主权与海洋权益协同创新中心成为第二批获得认定的24个国家“2011计划”协同创新中心之一；学校牵头组建的马克思主义与全面依法治国协同创新中心获批北京高校中国特色社会主义理论研究协同创新中心之一。2016年，学校设立了国家治理研究院，作为新型综合性实体研究机构和学校科研发展的总平台，聚焦重大问题，服务国家战略，为国家法治和经济社会发展持续提供高质量的智力支持。

〔**2个项目获国家社科基金重大项目立项**〕 11月，经专家评审、社会公示以及全国哲学社会科学规划领导小组批准，全国哲学社会科学规划办公室正式公布了2016年国家社会科学基金重大项目立项名单，由学校教授赵旭东担任首席专家申报的“中国企业社会责任重大立法问题研究”项目和教授蔡拓担任首席专家申报的“世界主义思想研究”项目获国家社会科学基金重大项目立项。

〔**马克思主义与全面依法治国协同创新中心正式揭牌**〕 7月2日，马克思主义与全面依法治国协同创新中心揭牌仪式在学校举行。该中心作为11所北京高校中国特色社会主义理论研究协同创新中心之一，致力于发挥北京高校资源优势，以马克思主义理论学科为中心，汇聚相关学科专家及京津冀地区高校资源，探索协同创新模式，整合协同创新力量。

〔**发布《中国司法文明指数报告2015》**〕 1月20日，国家“2011计划”司法文明协同创新中心举行《中国司法文明指数报告2015》新闻发布会。“中国司法文明指数”是国家“2011计划”司法文明协同创新中心开发的一种法治量化评估工具。该指数的开发，是根据《中共中央关于全面推进依法治国若干重大问题的决定》中关于“保证公正司法，提高司法公信力”的要求，通过实地调查普通民众和法律职业群体的亲身经历和感受，用本项目课题组独立收集的最新调查数据，以分解表和雷达图等直观形式显示各省（自治区、直辖市）司法文明指数排名（强项和弱项），反映了人民群众对本地司法文明状况的满意度，为各地加强司法文明建设提供一面可供自我对照的“镜子”。

〔**发布《中国法治政府评估报告（2016）》**〕 10月30日，学校法治政府研究院发布《中国法治政府评估报告（2016）》，对当年度中国法治政府建设情况进行了总体描述。中国法治政府评估项目组成员分别就机构职能、组织领导、制度体系、行政决策、行政执法、政务公开、监督与问责等九大一级指标和案例数据分析在法治政府评估中的应用做了分报告。该报告在展示评估结果和分析的同时，还就法治政府建设存在的问题进行了简单的阐释，并提出针对性的建议。

〔**成立制度学研究院**〕 11月26日，学校制度学研究院正式揭牌成立，这是全国首家以制度为研究对象的学术研究机构，全面承担制度学理论的开创性课题研究，由学校副校长李树忠担任研究院院长、教授李铁担任研究院执行院长。该研究院围绕党和国家需要，对国家治理体系和治理能力现代化与制度建设的关系、依法治国的制度基础相关理论进行全面研讨，包括制度学基础理论——制度哲学、制度伦理、制度文化、制度生态学、法治制度学等。截至2016年年底，已出版《习近平谈制度建设》《共产党员制度必读》等系列研究作品。

〔**招生与就业**〕 2016年，学校招生5 081人。毕业生5 367人，本科毕业生就业率达95.4%。留学生招生203人，毕业238人。

〔**朱勇应邀为中央政治局集体学习讲解**〕 12月9日，中共中央总书记习近平主持中共中央政治局第三十七次集体学习。学校法律史学研究院院长朱勇就法治和德治进行讲解，并谈了意见和建议。

〔**举行《中华大典·法律典》首发纪实研讨会**〕 6月25日，由学校法律史学研究院、西南师范大学出版社、巴蜀书社联合主办的“弘扬中华法文化，《中华大典·法律典》首发纪实研讨会”在学校举行。《中华大典·法律典》历时20余年编纂完成，分为《法律理论分典》《刑法分典》《民法分典》《行政法分典》《经济法分典》《诉讼法分典》6部分典，共23卷，4 000余万字。《中华大典·法律典》梳理了古代中国的基本法律制度，展示了传统中国的法文化原貌，为学术研究提供了资料平台和学术基础，对于中华法文化的研究具有奠基之功。

〔**主办“法辩”首届国际大学生华语辩论公开赛**〕 10月20日至26日，来自西安交通大学、香港中文大学、利物浦大学等高校的32支参赛队伍集聚学校，参加由学校主办的“法辩”首届国际大学生华语辩论公开赛。本次比赛以华语辩论为主要形式，围绕“十大道德与法律困境”展开辩论，旨在以辩论文化为纽带，促进世界大学生之间思辨文化的交流与发展。比赛评审团由专业辩手、高校及科研院所的学者、社会相关领域人士（律师、记者等）构成，充分保障比赛对辩题所涉及领域的学理、实务以及辩论技巧三方面的高水准和公平性的评判要求。最终，决赛最佳辩手及“法辩”全程最佳辩手为反方二辩、来自北京大学的高策，获胜方为正方东吴大学代表队。

〔**举办第六届钱端升法学研究成果奖颁奖大会**〕 12月6日至7日，学校举办第六届钱端升法学研究成果奖颁奖大会，本届共评出一等奖1项，二等奖8项，三等奖18项，提名奖8项。钱端升法学研究成果奖自2006年成立以来，已经成功举办六届，得到了社会各界的广泛支持，也得到了法学界的高度认同，已成为中国法学界最具权威性的奖项之一和具有重要影响的成熟的部级奖项。

〔**学生获多项大奖**〕 学生在“法源杯”第四届全国大学生模拟法庭竞赛中获团体一等奖；在第十四届“贸仲杯”（CIETAC CUP）国际商事仲裁模拟仲裁庭辩论赛中获二等奖；学校女子羽毛球队夺得第二十届全国大学生羽毛球锦标赛冠军；学校卫冕全国大学生女子室内五人制足球锦标赛冠军。

撰稿 陈泉廷
审稿 李秀云

中央音乐学院

〔**俞峰任学院院长**〕 2016 年 2 月 18 日，学院召开教师干部大会。教育部副部长宣布教育部党组的任命决定，任命俞峰为中央音乐学院院长，同时教育部经与北京市委商得一致，任命俞峰为中央音乐学院党委委员、常委。

〔**课程建设**〕 学院联络、聘请、发动社会各界力量，开设大量选修课程，在让学生有丰富的选修课资源的前提下，逐步形成优胜劣汰的有效机制，从而提高课程质量，优化教学资源配置。学院院长俞峰、副院长叶小钢和周海宏，以及教授杜鸣心、段平泰、杨鸿年等均开设针对全院学生的选修课程，并聘请了北京大学、中国人民大学、北京协和医院等各大院校、单位的优秀教师、学者，增设选修课 50 余门，选修课总数已近 200 门。

〔**2017 年硕士研究生招生考试**〕 12 月 24 日至 26 日，2017 年硕士研究生招生考试初试在学院进行，来自全国各地的 700 多名考生参加政治、英语和专业课笔试等科目的初试。按照教育部统一要求，学院专业课考试首次作为复试定于文化课考试之后进行。为确保考试顺利进行，学院多次召开专题研讨会，并在教育部有关部门的指导下，按照国家标准对考场进行了升级改造，动员全校各系、处，抽调高素质人员参加考务工作，支持此次国家考试有序进行。

〔**12 名学生获选学院 2016 年“拔尖创新人才培养计划”**〕 11 月 25 日，学院“拔尖创新人才培养计划”2016 年度终选音乐会在学院歌剧音乐厅举行。经过对本科及学院附属中等音乐学校管弦、民乐、钢琴、手风琴、声乐等 14 个专业方向，共 24 名学生的严格评选，最终排名前 12 位的学生人选该计划。该项目旨在更好地推进学院国家教育体制改革试点项目“探索艺术类拔尖创新人才选拔培养模式”，促进优秀音乐专业人才脱颖而出，做到优中选优、重点培养。

〔**多名教授及作品获重要奖项**〕 由学院赵沨、吴祖强、于润洋三位前院长担任主编，刘霖、汪毓和、王次炤、袁静芳等教授担任副主编的《音乐百科全书》获北京市第十四届哲学社会科学优秀成果一等奖，音乐学系教授褚历撰写的《中国传统音乐曲式结构分析》获二等奖；作曲系教授郝维亚创作的歌剧《大汉苏武》获第十一届中国艺术节“文华奖”；音乐系教授张伯瑜撰写的论文《论丝绸之路音乐研究的意义》获中国文学艺术界联合会、中国文艺评论家协会“中国文艺评论 2016 年度优秀作品”，并获青铜“啄木鸟”杯。

〔**成立“一带一路”音乐交流发展研究中心**〕 12 月 20 日，学院“一带一路”音乐交流发展研究中心揭牌仪式在学院举行。教育部国际合作与交流司司长许涛，学院党委书记郭淑兰、院长俞峰等出席仪式。俞峰、许涛分别从音乐的传播、音乐教育的发展和文化的交流层面肯定了音乐交流发展研究中心建立的价值和意义，表达了对其未来工作的期望。

〔**3 名学生获国际重要赛事一等奖**〕 8 月 29 日，学院指挥系 2011 级本科生柴昊夫获第十二届匈牙利多瑙河国际指挥比赛第一名。该比赛由匈牙利布拉什科维奇（Blaskovics）艺术基金会举办，每两年举办一次。9 月，学院作曲系 2014 级博士生田田（指导教师秦文琛教授）创作的《乐队协奏曲》，经过欧洲作曲家的严格评审，获乔治 · 埃内斯库国际比赛交响乐组冠军。《乐队协奏曲》创作于 2013 年至 2014 年，为纪念 3 位不同历史时期的

文人——屈原、王国维和老舍而作。乔治·埃内斯库比赛是国际音乐比赛协会重要的大型赛事之一。12月12日，学院钢琴系2016级手风琴专业研究生田佳男（指导教师曹晓青教授）在西班牙第二十四届阿拉萨特国际手风琴比赛（Arrasate Hiria International Accordion Competition）中赢得第一名。

〔**5人出席中国文联第十次全国代表大会**〕 11月30日，中国文学艺术界联合会第十次全国代表大会在人民大会堂开幕，中共中央总书记习近平出席大会开幕式并发表重要讲话。学院院长俞峰、副院长叶小钢和教授王次炤、郭文景、张丽萍参加了此次大会。12月2日，中国文学艺术界联合会选出新一届领导机构，铁凝任中国文学艺术界联合会主席，学院副院长叶小钢等22人当选中国文学艺术界联合会副主席。

〔**举办艺术硕士设置和招生10周年音乐与舞蹈专业领域教育研讨、优秀教学成果展演系列活动**〕 11月24日至29日，艺术硕士设置和招生10周年音乐与舞蹈专业领域教育研讨、优秀教学成果展在北京举行。全国艺术专业学位研究生教育指导委员会（以下简称教指委）主任委员、文化部副部长董伟，国务院学位委员会办公室副主任黄宝印，教指委副主任委员、学院院长俞峰及教指委相关委员，北京市教育委员会科学技术与研究生工作处处长张宪国及150所院校的300多位代表参加了活动。俞峰做了题为《艺术硕士教育10周年发展、问题与对策》的主题发言，学院副院长周海宏、学位办公室主任丁凡、研究生部主任柯扬分别受邀发言。学院琥珀四重奏和圣风民族室内乐团在全国艺术硕士音乐专业优秀教学成果展演中献上了精彩的演出。学院学位办公室副主任宋慧文主持轮值单位交接仪式，宣布2017年全国音乐与舞蹈领域艺术硕士专业学位研究生教育研讨会由山西大学承办。

〔**指挥系首届音响艺术指导专业学生参与制作的《精彩中央院——高参、谭晓棠奏鸣曲集》CD正式发行并获奖**〕 11月，由学院指挥系首届音响艺术指导专业学生参与制作的CD专辑《精彩中央院——高参、谭小棠奏鸣曲集》于广州国际音响唱片展首发成功。该专辑曲目由学院小提琴专业副教授高参、钢琴专业副教授谭小棠联袂演绎，选曲覆盖贝多芬、莫扎特、舒伯特、勃拉姆斯等作曲家的经典奏鸣曲，代表作品共九首，选曲及录制难度均属当代古典唱片界鲜少触碰的艰深之地，这在中国也是首次系统录制并发行。

〔**举办《江文也全集》首发式**〕 12月9日，《江文也全集》首发式与研讨会在学院举行。《江文也全集》收录了中国近代杰出音乐家江文也的管弦乐、舞剧、室内乐、钢琴、声乐等作品及相关文字资料，共6卷7册。学院副院长叶小钢以及《江文也全集》主编王次炤在首发式上分别发言，强调了《江文也全集》出版的重要意义。首发式之后，举办了江文也作品室内乐音乐会，多位音乐家演绎了江文也的代表性室内乐作品。

〔**举办赵沨百年诞辰纪念学术活动**〕 12月16日，赵沨百年诞辰纪念学术活动在学院举办。活动包括赵沨图片展、纪念大会、签发式、赵沨译配歌曲音乐会以及赵沨艺术教育思想学术研讨会。学院出版社出版了《赵沨全集》，中国文联出版社出版了由学院赵沨专业音乐教育研究中心编纂的《新中国专业音乐教育开拓者赵沨同志百年诞辰纪念文集》及河南省项城市政协编纂的《大德无声——纪念赵沨同志诞辰一百周年》。在赵沨译配歌曲音乐会上，老一辈音乐家和青年学生以音乐的方式共同缅怀老院长赵沨。学院在读的声乐歌剧系学生张月、许洋等相继演唱了赵沨译配的歌曲。学院院长俞峰、副院长周海宏、教师吴锡麟，来自全国各地及海外的赵沨的同事、朋友、学生等参加了赵沨艺术教育思想学术研讨会。

〔**中东欧国家艺术合作论坛音乐组嘉宾访问学院**〕 5月12日，参加文化部与北京市政府举办的2016年中国—中东欧国家艺术合作论坛，来自波兰、罗马尼亚、捷克、斯洛伐克等国家的乐团与音乐节艺术总监、文化主管部门负责人一行30余人访问学院。嘉宾们参观了教学和艺术实践设施，观摩了声歌系的歌剧排练和电子音乐工作室的教学活动。在欢迎仪式上，学院副院长、中国音乐家协会主席叶小钢向嘉宾介绍了中国音乐的发展概况、学院的办学情况以及参演音乐家、曲目、乐器概况。民乐系教授章红艳与其学生演奏了《十面埋伏》，古琴资深教授李祥霆演奏了《流水》，钢琴系教师陈韵劼演奏了《钟》，学院附属中学学生孙雅姝演奏了由叶小钢创作的古筝曲《林泉》，管弦系“琥珀四重奏”乐团演奏了门德尔松《F小调第六弦乐四重奏》第一乐章。到访嘉宾对学院的教学水平、设施建设及师生们的精彩演出给予了高度评价。

〔**主办首届北京肖邦国际青少年钢琴比赛**〕 10月，首届北京肖邦国际青少年钢琴比赛在学院举行。该项比赛与华沙肖邦国际钢琴比赛一脉相承，是国内少有的严格按照国际音乐艺术比赛规程，以国际顶级钢琴音乐家和教育家为评委的世界级钢琴比赛。比赛由学院主办，文化部、教育部支持，波兰文化与民族遗产部、波兰驻华大使馆、肖邦研究院、华沙肖邦音乐大学、北京二十一世纪中波文化艺术交流中心等国内外机构协办。来自中国、美国、俄罗斯、波兰、澳大利亚、韩国等国家的100多位选手参加比赛，中央电视台《新闻联播》《早间新闻》《新闻30分》等栏目、新华社、中央人民广播电台、新浪网等30多家媒体对赛事进行了报道。中波两国政府和机构非常重视此次比赛，已将该比赛列入中波两国文化合作议定书。

〔**举办中国首届西方早期音乐节**〕 11月8日至13日，由学院主办、学院音乐学系承办、徐小平音乐学基金赞助的“古乐西来：2016·中国首届西方早期音乐节”举行。音乐节包括6场音乐会、5场讲座、2场工作坊和1场早期音乐论坛。开幕式音乐会由英国著名古乐演奏团体“红发牧师”演出，其他5场音乐会分别由美国“鸭子歌手”合唱团、瑞士古键盘演奏家米歇尔·克奈伊、旅欧假声男高音李梅里、英国琉特琴家马修·斯普林、爱沙尼亚FA古乐团演出。闭幕音乐会在国家大剧院的艺术资料中心举行。

撰稿 郝美芳 赵 海 张 乔 徐之彤
魏晓玉 李 婷 陈心杰 柯 杨
袁 静 宋慧文 陈 佳 许 瑞
王雅洁 刘红柱 余志刚
审稿 周海宏

中央戏剧学院

〔**学科建设**〕 2016年，学院设置11个系，2个教学部；开设7个本科专业，覆盖1个学科；有一级学科3个，一级学科博士点2个，博士学位授权点2个，硕士学位授权点2个，专业学位授权点1个；博士后流动站2个，其中博士后研究人员在站3人。国家重点学科1个。

〔**师资队伍建设**〕 学院有教职工412人，其中专任教师258人，包括教授64人，副教授82人；博士生导师46人，硕士生导师56人；享受政府特殊津贴专家11人。外籍教师10人。

〔**音乐剧系演出《拜访森林》**〕 “一叶青藤”——中央戏剧学院参与北京市学校美育发展工作系列专项演出音乐剧专场——《拜访森林》片段展演于5月13日至16日在学院实验剧场演出7场，获观众一致好评。《拜访森林》是美国当代最伟大的音乐剧词曲作家斯蒂芬·桑德海姆(Stephen Sondheim)创作的著名音乐剧。

〔**导演系演出《罗密欧与朱丽叶》**〕 12月6日至13日，学院导演系2013级实习演出剧目《罗密欧与朱丽叶》上演。导演系教师姜涛、王婷婷及

2013级本科班全体学生参与排演。

〔**表演系演出《罗慕路斯大帝》**〕 6月21日至30日，由表演系2013级本科2班演出的剧目《罗慕路斯大帝》在学院上演。

〔**与北京宏福集团举行中戏创艺空间签约仪式**〕 1月14日，宏福中戏创艺空间举行签约仪式。北京宏福集团出资设立奖助学金，激励和帮助优秀学生成长成才。

〔**招生与就业**〕 1月7日，学院2016年本科招生工作新闻发布会在学校举行，共有23家媒体参加此次发布会。2016年，学院本科计划招生573人，与2015年基本持平。学院与英国盖德霍尔音乐戏剧学院合作开展话剧影视表演本科双学位校际交流项目，计划招生25人。2016年，学院毕业生568人，其中学历教育学生中全日制研究生127人（博士研究生20人、硕士研究生107人），普通本专科生434人（本科生348人、专科生86人），非计划招生高等教育学生中在职人员攻读硕士学位7人。本科毕业生就业率达94.73%。

〔**召开教职工党员“两学一做”理论学习培训会**〕 根据教育部和北京市委有关通知精神，学院分别于11月18日和12月2日召开教职工党员“两学一做”理论学习培训会议，200余名教职工党员分别参加了集中理论培训。

〔**召开第五届教代会第七次会议**〕 4月15日，学院第五届教职工代表大会第七次会议召开。75名正式代表和10名列席人员参加大会，学校党委副书记、工会主席宋英主持会议。

〔**民盟中央调研组到学院进行调研**〕 6月21日，由民盟中央副主席徐辉带队的民盟中央调研组到学院昌平校区开展以“推动高等艺术教育改革、促进社会主义文艺繁荣”为主题的调研。调研组观摩了学院舞剧系的教学成果，参观了院史馆等建筑和设施，对学院悠久而优良的办学历史和办学传统、人才辈出的教育成果和现代化的校园等给予高度评价。

〔**禁毒教育高校公益联盟支持剧目《临界》上演**〕 由学院、北京市禁毒教育基地管理中心联合出品的音乐剧《临界》于6月21日至22日在学院实验剧场上演，演出班级为学院音乐剧系2015级本科班。该剧目是禁毒教育高校公益联盟之校园禁毒戏剧推广计划支持的项目。

〔**北京高等教育学会艺术研究会2016年年会召开**〕 5月18日，北京高等教育学会艺术研究会2016年年会在学院召开。会议根据国务院《统筹推进世界一流大学和一流学科建设总体方案》以及教育部《全国第四轮学科评估邀请函》等文件精神，针对艺术学门类下的学科评估指标体系，探讨和商议了代表8所艺术院校的学科评估意见和建议。会议同时还对8所艺术院校开展毕业季演出、展映等交流活动提出了初步的构想。

〔**第七届中国音乐剧教学与创作研讨会召开**〕 9月17日，由中国音乐剧协会、中国音乐剧协会教学专业委员会主办，学院音乐剧系承办的第七届中国音乐剧教学与创作研讨会在学院召开。20多所高校及团体、百余名音乐剧教师及学科骨干教师围绕中国音乐剧的教学及创作展开交流。

〔**第一届全国中小学戏剧教育研讨会落幕**〕 10月23日，第一届全国中小学戏剧教育研讨会在学院落下帷幕。大会期间，学院戏剧教育系作为主办方，通过主题演讲、专题研讨、外国专家工作坊、“高参小”戏剧课堂和戏剧教学课程展示等活动，介绍了戏剧美育科研成果、实践应用、培训模式以及“北京高校社会力量参与小学体育美育工作”项目的推广经验等。

〔**教育部节约型校园建筑节能工作研讨会召开**〕 4月12日，教育部节约型校园建筑节能工作研讨会在学院召开，该研讨会是首次在高校举行。教育部学校规划建设发展中心副主任邬国强、国家机关事务管理局公共机构节能管理司处长张志勇出席会议并讲话。会议由教育部学校规划建设发展中心主任王晴主持，学院副院长徐永胜代表学院参加会议并致辞，在京部属院校和部分地方院校的节能工作负责人参加会议。研讨会上，各高校就项目申报、实施和验收情况及相关工作经验展开了讨论和交流。会议期间，与会代表参观了学院校园建设情况并实地考察了学院节能监控平台的运行情况。

〔**第二届演艺家论坛暨演艺家研究中心成立大会召开**〕 10月20日，第二届演艺家论坛暨演艺家研究中心成立大会召开，来自全国的演艺机构负责人与会，围绕“演艺与社会”这一主题展开探讨。

〔**举办2016年法国电影展暨阿尔诺·德帕拉欣导演作品展**〕 4月20日至23日，由学院主办、学院电影电视系承办、法国驻华使馆文化处支持的中央戏剧学院2016年法国电影展在学院实验剧场举行。本次影展展映的是法国当代电影中代表性导演阿尔诺·德帕拉欣的作品。

〔**中国—中东欧国家艺术合作论坛代表团访问学院**〕 5月12日，中国—中东欧国家艺术合作论坛戏剧组外方代表团一行16人访问学院。学校党委书记刘立滨、院长徐翔与到访的客人进行会谈，并陪同他们观看了表演系、舞剧系、音乐剧系、歌剧系和京剧系学生的课堂汇报演出。客人们对学生的训练成果和表演天分表示由衷赞叹，也表达了希望与学院开展交流合作的愿望。

〔**赴乌兰巴托参加第二届世界戏剧教育大会暨第四届亚洲戏剧院校大学生戏剧节**〕 5月18日至23日，学校参加了在蒙古国乌兰巴托举行的第二届世界戏剧教育大会暨第四届亚洲戏剧院校大学生戏剧节。本届大会的主题是“戏剧的社会性：经典戏剧的现当代演绎”。来自13所加盟院校、3所非加盟院校、国际戏剧协会、欧洲艺术学院联盟等共计122名专家学者和师生代表参加了此次活动。受邀专家团队共开办6堂大师课、2场讲座。

〔**第三届亚洲传统戏剧工作室成果汇报演出举行**〕 9月27日，第三届亚洲传统戏剧工作室成果汇报演出在学院举行。亚洲传统戏剧工作室是联合国教科文组织戏剧教育席位的项目之一，旨在传承亚洲传统戏剧艺术，保护亚洲各国文化的多样性。

〔**《世界戏剧教育联盟宣言》发布**〕 10月18日，世界戏剧教育联盟校长大会在学院举行，来自13所世界著名戏剧院校的校长齐聚学院。大会签署了《世界戏剧教育联盟宣言》，讨论并通过了新的《世界戏剧教育联盟章程》。

〔**第六届国际戏剧“学院奖”（表演奖）颁奖典礼举行**〕 由学院主办的第六届国际戏剧“学院奖”（表演奖）片段展演暨颁奖典礼于10月26日至29日在学院举行。

〔**第五届国际剧院团管理大师班举办**〕 10月21日，由中国戏剧文化管理协同创新中心与中国话剧协会联合主办的第五届国际剧院团管理大师班在学院开幕。本届大师班以“剧院团定位与发展战略”为主题，就“戏剧的社会责任”等一系列议题展开演讲和交流。

〔**举办第十二届学院学生影像展**〕 12月18日，由学院主办、学院电影电视系承办的第十二届中央戏剧学院学生影像展在学院举行。开幕式后，放映了学生创作并入围的13部作品。

〔**第五届影视制片专业辩论赛落幕**〕 6月10日，主题为“通慧言智，思辨不止”的第五届影视制片专业辩论赛在学院举行决赛并圆满落幕。

〔**校园季社团文化节颁奖晚会举行**〕 6月5日，由学院团委主办、学生社团联合会承办的中央戏剧学院2016年校园季社团文化节颁奖晚会在学院露天剧场举行。

撰稿　王晓辉
审稿　孙大庆

中央美术学院

〔刘延东出席“长河奔流——中俄艺术家油画作品联合展”〕 7月3日，国务院副总理刘延东出席由学院和俄罗斯列宾美术学院共同举办的“长河奔流——中俄艺术家油画作品联合展”开幕式。展览集中展示了来自两所学院的80件当代师生的优秀作品，其中特别展出了曾经在列宾美术学院留学和受到俄罗斯艺术专家指导的几代中国画家的作品。这次展览是两所学院第一次举办同台展出的活动，刘延东希望两所学院在新的历史时期下，为中国和俄罗斯两国的文化艺术交流与合作书写新的精彩篇章。

〔入选全国高校实践育人创新创业基地〕 12月23日，在吉林大学举行的全国高校实践育人暨创新创业现场推进会上，学院被授予全国高校实践育人创新创业基地，是全国唯一入选的艺术类院校。学院以深化创新创业教育改革为突破口，实现机制创新和组织形式创新，成立创新创业教育中心。该中心整合和共享全校资源，开设创新创业教育课程50余门，在线开放课程4门；建立创新创业实践教学基地17个，开展大学生创新训练项目200余项；开展7届创业大赛和2届“创新梦想秀”活动；搭建1个校外孵化平台、1个校内“创客空间”，孵化15支创业团队，打造“央美创客”核心品牌，形成了特色鲜明、卓有成效的创新创业教育体系。

〔获评第一批北京地区高校示范性创业中心〕 9月，学院被北京市教育委员会评选为第一批北京地区高校示范性创业中心。

〔研究生院正式挂牌成立〕 5月18日，学院研究生院正式挂牌，这标志着学院成为国内首家成立研究生院的美术院校。在总结多年研究生教学思考与实践的基础上，学院进一步界定了学术型和专业型人才培养的标准和培养体系，并以学院成为培养中国高端美术人才教育基地为目标，提出增加研究生招生规模的规划。研究生院在继承学院优秀教学传统、保持既有高精尖学科优势的基础上，打破专业壁垒，实现顶尖教学资源的开放与共享，推动高层次艺术人才的培养。截至2016年3月，学院全日制及非全日制在籍博士研究生、硕士研究生已达1 296人，研究生人数占在校生总人数的三分之一。

〔“文明的回响（第一部）：穿越敦煌”大型艺术展开幕〕 1月12日，由学院、北京市总工会和敦煌研究院联合主办的“文明的回响（第一部）：穿越敦煌”艺术展在北京市太庙艺术馆开启2016新年大展。展览涵盖老中青三代艺术家的300余件古今艺术佳作。围绕敦煌艺术和丝绸之路的文明，展开跨越地域、穿凿古今的视觉艺术之旅，奉献了一场煌煌大美和穿越时空的艺术盛典。作为一次连接古今、综合研究的视觉艺术大展，本次展览汇聚了来自敦煌研究院、学院美术馆所藏的现代、当代美术名家的敦煌壁画临摹和意临作品。

〔举办“中央美术学院接力系列展：艺术再长征”〕 12月23日，由学院主办的“纪念中国工农红军长征胜利80周年中央美术学院接力系列展：艺术再长征”在中国美术馆拉开帷幕。学院集结了各专业院系的创作力量，创作团队分批数次深入长征历史现场，重走长征路，实地考察，亲身体验艰苦卓绝的环境，现场搜集文献素材，探访老红军，将红军长征的远大理想与坚定信念转化为可观可感的艺术作品，产生了百余件围绕长征历史题材的新作。展览分为“坚定理想”“正确方向”“艰苦奋斗”“团结一致”四大板块，再现了漫漫长征的峥嵘岁月，也展现了伟大祖国历尽沧桑与复兴的巨变。

〔“创新先驱之路——罗工柳百年诞辰纪念展”开幕〕 为纪念罗工柳先生诞辰100周年，学院主办的“百年辉煌·中央美术学院艺术名家”系列活动“创新先驱之路——罗工柳百年诞辰纪念展”于3月30日开幕。展览展出了近300件作品和大量文献资料，首次全面呈现出罗工柳先生一生为人民的艺术历程，突出反映了他探索中国油画发展之路的创新精神。展览包括“在战斗的前线”“为新中国而创作”“留学研究在苏联”“中国油画要走自己的路”“柳色长青”五个部分。

〔视觉艺术高精尖创新中心全面参与北京城市副中心建设〕 10月14日，学院与北京市通州区签订全面合作协议，围绕城市副中心规划设计、城乡关系再造、共建艺术设计创新基地等方面，深入参与北京城市副中心建设工作。

〔与顺义区政府签署战略合作协议〕 6月17日，学院与北京市顺义区政府战略合作协议签约仪式举行。根据协议，双方进一步释放战略资源优势，形成共赢发展的战略局面，发挥学院艺术与设计领域优势，提升学院在城市创新、艺术、设计方面的学术与教育顶层水平，助力顺义区建设创新城市、艺术城市、设计城市、品质城市、幸福城市，实现顺义区转型升级和学院核心发展。此次战略合作协议的签署，标志着双方合作正式跨入了一个崭新的阶段。

〔对口帮扶工作〕 10月27日至28日，学院院长范迪安一行8人赴云南省大理大学、大理州剑川县调研。与大理大学签署《中央美术学院与大理大学合作协议》，同时为学院大理教学与创作研究基地揭牌。学院高度重视对口帮扶工作，通过3年的工作实践，逐渐形成“立足剑川、辐射大理，发掘民族文化资源、推动民族工艺发展、助力艺术人才培养”的工作思路，坚持帮扶与合作并重，重点围绕“丝绸之路”人文地理环境，进一步发掘云南省滇西地区文化内涵。

〔设计学院教授为神舟十一号宇航员设计地面保暖装置〕 学院设计学院教授成功为神舟十一号胜利返回的两名航天员设计地面保暖装置。地面保暖装置由睡袋和盖毯组成，兼具保暖与展示国家形象的双重功能。睡袋及盖毯表面设计了纹样与标志组合：盖毯正面为蓝色地，选用唐代云纹与航天员中心字母缩写组合，背面为白地蓝花；睡袋正面为沉稳而又明亮的蓝色，绣有国旗和航天任务标志，里子为白地蓝花，花卉纹样取自唐代宝相花，体现祥和与祝福。整体设计体现了中国传统文化与精神，设计工作在预定的时间内完成。

〔设计北京劳模墙〕 12月28日，由学院担任设计的首面市级劳模墙在北京市明城墙遗址公园正式落成，城墙上镌刻着1950年以来所有由党中央、国务院表彰并获全国劳模称号的全市1 197名全国劳模的名字。劳模墙由5块自然形状巨石打磨成的墙体组成，分散坐落在公园西侧草坪上。劳模墙墙体所用石料是每块高3米左右的青白石，周围还设立劳模雕塑等景观，与周边环境相得益彰。

〔学院与中日友好医院联合举办系列展览〕 6月21日，“医艺同舟：中央美术学院与中日友好医院联合展览”首轮——“医院文化季：南园景观改造设计概念展”亮相中日友好医院住院部大楼。学院建筑学院景观专业师生设计的作品呈现了医学人文和艺术美学的跨界探索。12月5日，举办系列展览第二轮“以美为伴”水彩作品展，展现了艺术家对自然、社会、生命中美的感悟，让更多的医务人员和患者感受美的力量。

〔举办“央美创爱望京”创新艺术节〕 5月6日，由学院与北京市朝阳区望京街道共同发起，中关村科技园朝阳园管理委员会、东湖街道参与举办的“央美创爱望京”创新艺术节开幕。活动包括创客作品展示、创客市集展卖、主题论坛、创客体验工坊、学生社团艺术展演。据统计，超过2万人参加艺术节，在两天半的时间里，创业团队销售额总计达20余万元。

〔**签订中法艺术与设计管理学院合作协议**〕　巴黎时间6月30日，《中央美术学院中法艺术与设计管理学院合作协议》签约仪式在国务院副总理刘延东的见证下于法国巴黎笛卡儿大学举行。中法艺术与设计管理学院是学院为在艺术管理、博物馆与文化机构管理、设计管理及文化产业管理等相关领域探索和建立成熟的人才培养体系，同时为中国经济及社会发展提供稳固的智力支持而筹办的创新型学院，是艺术、设计与商业管理之间一次跨领域合作，在全世界的大学合作中尚属首次。

〔**主办第三十四届世界艺术史大会**〕　9月16日，由国际艺术史学会、学院、北京大学共同主办的第三十四届世界艺术史大会在北京开幕。大会是第一次在亚洲国家举办，来自43个国家和地区的450余名专家学者、国内外近千名注册听众与学院师生、青年学生志愿者与会。大会共收到论文、报告1 012份，290多位主题发言人在学院和北京大学两校设立的21个会场同时进行交流发言。此次大会是向世界展示当代中国文化发展成果、让世界通过艺术认识和了解中国的重要契机。

〔**召开首届公共艺术与城市设计国际高峰论坛**〕10月22日，学院举办首届公共艺术与城市设计国际高峰论坛。与会的20余位顶尖专家学者围绕艺术如何介入和引领城市创新展开深入探讨，以高端学术交流产生的智慧成果，助力北京城市副中心规划建设。与会嘉宾通过主题演讲、学术讨论、专题研讨会等方式，聚焦"艺术引领城市创新"，主动回应中国城市化进程所呼唤的普遍主题。

〔**正式启动上海校区**〕　学院上海校区于12月4日正式启动。校区计划校舍建设面积为3.5万平方米，其中教育空间的建筑面积超过2.5万平方米，容纳1 200名学生。

〔**与青岛市共建艺术创新园区和未来设计教学校区**〕　7月8日，学院正式开启与青岛市的战略合作，在青岛蓝谷共同建设中央美术学院青岛艺术创新园。艺术创新园占地120亩，已申报2016年青岛市重点建设项目。总建设用地7.8万平方米，总建筑面积9万平方米，园区内将设立大学生艺术创业孵化园、综合类艺术创作教学工作室、艺术写生创作基地、艺术品展示交易综合服务中心、新媒体数码影视创作中心、国际版画研究中心和名家艺术工作室。同时，在青岛西海岸新区建设未来设计教学校区。新校区项目规划占地面积约600亩，依托新区发展态势和海港优势，重点发展以游艇设计、海上城市公共交通设计、海上城市生活研究实验室为核心的海上交通工具与生活设计，以及包括湿媒体、生态循环设计、设计众筹、社会创新设计、服务设计、跨界别设计、智慧城市等面向未来的设计学科。

〔**学院获"全国五一劳动奖状"**〕　4月29日，在庆祝"五一"国际劳动节暨全国五一劳动奖表彰大会上，学院获中华全国总工会授予的"全国五一劳动奖状"。

〔**《悲鸿1895—1953》亮相第五届中国校园戏剧节并获表彰**〕　11月18日至26日，第五届中国校园戏剧节在上海市举办，学院学生话剧团作品《悲鸿1895—1953》入围戏剧节并于21日晚在上海松江大学城展演。该剧讲述了徐悲鸿为1950年中央美术学院的成立和中国美术事业的发展而追求和奋斗一生的故事。剧中徐悲鸿的扮演者获评"校园戏剧之星"，《悲鸿1895—1953》获评"观众欢迎剧目"。

撰稿　李　程
审稿　史　玲

北京中医药大学

〔完成《北京中医药大学“十三五”事业发展规划》〕 7月20日，《北京中医药大学“十三五”事业发展规划》编制完成并提交教育部。规划以“双一流”建设为目标，按照学校第八次党代会提出的“三步走”发展战略和“四个全面”总体布局，树立“创新、协调、绿色、开放、共享”发展理念，重点突出人才、学科、科研、教学等方面主要任务。

〔入选首批北京地区高校示范性创业中心和北京高校思想政治理论课教育教学改革示范点〕 7月，学校入选首批北京地区高校示范性创业中心，标志着学校创新创业教育工作进入新阶段。9月，学校入选首批北京高校思想政治理论课教育教学改革示范点。

〔4人获“中医药高等学校教学名师”称号〕 12月28日，学校教授田德禄、高学敏、王庆国、张冰在中医药高等教育改革与发展座谈会暨中医药高等学校教学名师表彰大会上获国家中医药管理局授予的“中医药高等学校教学名师”称号。国家中医药管理局、教育部、国家卫生和计划生育委员会联合开展中医药高等学校教学名师评选表彰工作是中医药高等教育60年来的第一次，是经全国评比达标表彰工作协调小组批准的国家级奖励。

〔名医名方重点研究室成立〕 8月5日，国家中医药管理局正式批准同意学校成立名医名方重点研究室。该研究室主要围绕名老中医传承、中医证治规律及名医名药验方评价、名医名方新药研发三个主要方向开展研究，对于传承研究名老中医临床经验和学术思想、挖掘整理名医名方、研发特色中药新药、加快人才培养、提高临床服务能力和推动中医药学术发展及实现中医药的创新与转化具有重要意义。

〔成立生命科学学院和中医学院〕 10月29日，学校生命科学学院成立。生命科学学院由基础医学院的医学病原学系、生化教研室和生物教研室，中药学院的生物制药系、肿瘤转化医学研究所和中医传统疗法研究与交流中心等抽调划归，引进国内外具有多种交叉学科背景的专家团队。同时成立中医学院，进一步理顺教学科研管理体制。

〔“杏林”众创空间启动〕 9月1日，学校“杏林”众创空间正式启动。“杏林”众创空间占地800平方米，由“杏林”众创空间、就业创业事务办理大厅和创业诊断室三部分组成。一期入驻“杏林”众创空间的学生创业公司有19家。“杏林”众创空间的启动，标志着学校成为第一批北京地区高校示范性创业中心。

〔王琦向全世界宣读《2016中医长城宣言》〕 8月24日，“2016‘一带一路’与联合国可持续发展目标高峰论坛”在美国纽约联合国总部召开。学校终身教授、国医大师王琦在论坛上做题为《在时空网络下中医药“一带一路”的三个节点》的演讲，并代表中国中医界向全世界宣读了《2016中医长城宣言》。

〔全国中医药学术新媒体联盟成立〕 9月9日，全国中医药学术新媒体联盟在北京成立。联盟由中华中医药学会、学校和新华网牵头，联合全国23所高等中医药院校组成，旨在进一步整合互联网新媒体平台资源和学术界优秀资源，形成中医药新媒体传播矩阵，更好地推动中医药文化的传播传承和中医药事业的发展。

〔**举办中医拔尖创新人才暑期夏令营**〕 7月12日至17日，学校举办“创建一流中医药大学合作联盟——2016年中医拔尖创新人才暑期夏令营”，旨在进一步推动落实创建世界一流中医药大学合作联盟及交流共享中医拔尖创新人才的培养经验。上海中医药大学、广州中医药大学、成都中医药大学、南京中医药大学和北京中医药大学共计80余位师生代表参加了活动。

〔**召开国际中医药创新发展论坛**〕 9月8日，学校召开国际中医药创新发展论坛。论坛由科研专题研讨会和教育专题研讨会两部分组成，围绕“传统医学与现代医学的对话”的主题举办多个有关现代整体观医学、临床研究方法、中医药创新发展、生活方式与疾病、中医治未病发展状况的讲座。

〔**与多地政府、医院合作办学**〕 9月至12月，学校相继与深圳市、大连市、铜川市政府以及中日友好医院、中国中医科学院望京医院、北京中医医院开展合作办学。其中，与深圳市龙岗区政府合作共建北京中医药大学第五临床医学院，将铜川市中医医院合作共建为北京中医药大学第七临床医学院，并纳入北京中医药大学直属附属医院序列。

〔**巴塞罗那分校成立**〕 1月27日，北京市中医管理局与西班牙加泰罗尼亚自治区政府签订“欧洲中医药发展和促进中心”合作框架协议，学校巴塞罗那分校落户西班牙。这是学校与巴塞罗那大学医学院合作建立并得到欧盟认可的中医官方硕士学位项目，也是中国中医院校首次在欧洲医学院开设的中医硕士学位项目。自此，中医硕士学位进入欧盟主流医学教育体系。

〔**多家海外中医中心落成**〕 1月18日，俄罗斯圣彼得堡中医中心获准以医院资质运营，7月3日，国务院副总理刘延东出席并见证圣彼得堡中医中心揭牌；8月9日，澳大利亚中医中心揭牌，此次揭牌仪式的举行是对2014年11月习近平主席与澳大利亚前总理阿博特共同见证学校与西悉尼大学签署在澳大利亚建立中医中心合作备忘录具体实施的重要步骤；12月17日，美国中医中心落成。

〔**汉语国际推广—中医药文化基地（北京）揭牌**〕 12月10日，学校“汉语国际推广—中医药文化基地（北京）”揭牌。来自全球511所孔子学院和1 073个孔子课堂的外宾代表出席。

〔**举办60周年校庆活动**〕 9月10日，学校在良乡校区举办60周年校庆活动。校庆以“铸魂逐梦”为主题，旨在总结经验，激励人心，谋划未来。来自海内外的校友代表、社会各界人士代表、国际友人代表、学校教职工代表以及学生代表共3 000余人出席，并在和平街校区和望京校区进行了实况直播。

撰稿　李　元
审稿　郭书文

对外经济贸易大学

〔**汪洋到校出席相关会议**〕 2016年9月29日，国务院副总理汪洋到学校出席商务部主办的2016年商务战略研讨会。会前，汪洋一行在学校党委书记蒋庆哲、校长王稼琼等的陪同下，参观了学校校史馆。参观过程中，学校领导向汪洋介绍了学校在人才培养、科学研究和社会服务方面的基本情况。汪洋表示，希望学校进一步加强与商务部的合作，促进理论与实践深度融合，在政策咨询、科学研究、项目合作等方面取得新的进展，为实现贸易强国梦做出更大的贡献。

〔**审议通过学校“十三五”规划和全面从严治党实施意见**〕 1月7日，中共对外经济贸易大学第十一届委员会第七次全体（扩大）会议召开，讨论审议《对外经济贸易大学“十三五”发展规划纲要（审议稿）》和《中共对外经济贸易大学委员会关于全面从严治党实施意见（试行）（审议稿）》。学校党委委员全体出席会议，纪委委员、各单位党政一把手列席会议。与会人员对“十三五”规划和实施意见进行了认真讨论和审议，一致通过了“十三五”规划和实施意见。

〔**新增4个本科专业**〕 3月17日，根据《教育部关于公布2015年度普通高等学校本科专业备案和审批结果的通知》，学校希腊语、国际商务、精算学、数据科学与大数据技术4个本科专业通过教育部审批，准予设立。截至2016年年底，学校本科专业学科门类共计6个，即经济学、管理学、法学、文学、理学、工学，学科门类齐全。

〔**翻译硕士学科研究生教育全国排名第三位**〕 3月10日，学校翻译硕士学科研究生教育在《2016年中国大学及学科专业评价咨询报告》中全国排名第三位。翻译硕士学科下的英语笔译专业全国排名第五位，外国语言文学类全国排名第八位，其中意大利语专业全国排名第二位，阿拉伯语专业全国排名第五位，朝鲜语和西班牙语专业全国排名第六位。

〔**会计学科学术能力全球排行上升**〕 9月14日，美国杨百翰大学发布2015年度全球高校会计研究学术能力排行榜，学校与北京大学、清华大学、上海交通大学、上海财经大学等15所高校再次入选全球排行榜。

〔**金融硕士研究生学科连续两年排名全国第二位**〕 12月26日，中国科学评价研究中心（RCCSE）、中国科教评价网和武汉大学中国教育质量评价中心（ECCEQ）联合发布《中国研究生教育及学科专业评价报告（2016—2017）》。报告公布了“2016—2017年中国研究生教育分学科排行榜”，在2016—2017年金融硕士专硕一级学科排名（4星以上）中，学校金融硕士综合得分排名全国第二位，已连续两年在该榜排名全国前两位。

〔**本科教学审核评估工作获肯定**〕 10月20日，召开教育部本科教学工作审核评估专家反馈会。专家组对学校本科教学工作进行全面审核评估，从人才与培养效果的达成度、办学定位和人才培养目标与社会需求的适应度、教师和教学资源对人才培养的保障度、教学和质量保障体系运行的有效度、学校和社会用人单位的满意度五个方面，对学校本科教学工作给予了肯定，对学校专业布局、教学方法改革、质量保障体系等方面提出了建议。

〔**12门课程入选首批“国家级精品资源共享课”**〕 7月1日，教育部门户网站发布了《教育部办公厅关于公布第一批“国家级精品资源共享课”名单的通知》，学校12门课程入选，其中7门课程入选本科教育课程，5门课程入选网络教育课程。这是学校“十二五”期间课程建设取得的重要成果。

〔**入选首批北京市深化创新创业教育改革示范高校**〕 12月26日，根据教育部办公厅《关于开展首批深化创新创业教育改革示范高校认定工作的通知》精神，北京市教育委员会开展了首批深化创新创业教育改革示范高校的认定工作。经过院校申报、专家评审等一系列工作，学校从33所申报院校中脱颖而出，成为首批北京市深化创新创业教育改革的13所示范校之一。

〔**入选北京高校实验教学示范中心**〕 1月29日，学校数量金融实验教学中心入选北京市高等学校实验教学示范中心名单。中心自成立以来共开设23门实验课程，包括本科课程13门、研究生课程10门，课程范围涵盖计算机技术类课程、创新研讨型课程、专业实践课程、创业实践性课程，体现了对学生“双创”能力的全方位培养。

〔**共青团“第二课堂”成绩单发布**〕 3月28

日，共青团“第二课堂”成绩单发布仪式在学校举行。共青团中央书记处书记傅振邦，团中央学校部部长杜汇良、副部长李骥，共青团北京市委副书记杨海滨，学校党委书记王玲、副书记文君、副校长赵忠秀及全国26所高校团委负责人参加发布仪式。王玲和傅振邦共同按下触摸屏上的“打印”按钮，学校第一批共青团“第二课堂”成绩单正式发布。

〔**高端人才队伍建设**〕　2016年，学校国际经济贸易学院教授洪俊杰、国际商学院教授王永贵入选“2016年度长江学者奖励计划”，王永贵同时入选全国文化名家暨“四个一批”人才；金融学院教授吴卫星入选“长江学者奖励计划”青年学者；国际商学院教授陈汉文入选2016年“会计名家培养工程”；国际商学院教授陈德球获第三届全国高校青年教师教学竞赛（文科组）一等奖。全球价值链研究院引进美国国际贸易委员会资深经济学家王直作为海外院长；金融学院引进中国社会科学院金融研究所副所长、国家“百千万人才工程”国家级人选殷剑峰；学校引进海外知名学者高根等4人为学校海外短聘教授，引进16名有海外知名高校学历背景的年薪制教师。

〔**18项国家社科基金项目获立项**〕　6月30日，根据全国哲学社会科学规划办公室公布的2016年度国家社科基金年度和青年项目立项结果，学校共有18个项目获准立项，包括重点项目2项、一般项目12项、青年项目4项，比2015年立项数增长63.6%。学校申报课题60项，获批18项，立项率达30%，高于全国平均立项率。

〔**4项研究成果获教育部采纳**〕　9月22日，教育部社会科学司来函，通报学校4项研究成果被教育部采纳并上报，供有关领导同志参阅。这4项成果是：由学校国际经济贸易学院教授洪俊杰和金融学院教授范言慧撰写的研究报告，每人各2篇。4篇研究报告围绕党和国家关心的重大现实问题开展对策研究，发挥专家学者的智库作用。2016年，学校加大了向教育部报送优秀稿件的力度，已有7篇报告被教育部采纳并上报，超此类采纳的历史总和。

〔**获批1项国家自然科学基金“智库研究项目”**〕　11月17日，学校教授林桂军领衔项目“推动我国产业向全球价值链高端跃升的路径与政策研究”，申报国家自然科学基金委管理科学部2016年第3期应急管理项目“智库研究项目”获批，项目经费近200万元。

〔**2项成果获教育部第五届全国教育科学研究优秀成果奖**〕　12月1日，教育部第五届全国教育科学研究优秀成果奖颁奖大会在北京举行，教育部部长陈宝生、副部长郝平等出席颁奖大会并讲话。学校教育与开放经济研究中心教授史薇研究团队的《现代职业教育体系建设与提高对外开放水平的关系研究》、保险学院副教授娄宇的《我国高校“非升即走”制度的合法性反思》2项成果获全国教育科学研究优秀成果奖二等奖。

〔**学校完成的国家社科重大课题成果入选人民日报出版社学术文库**〕　4月13日，学校国际经济研究院院长桑百川主持完成的国家社科重大课题“新一轮对外开放：目标、布局与政策选择”入选人民日报出版社学术文库，并正式出版发行。

〔**国际商学院通过AACSB国际认证**〕　8月10日，学校国际商学院正式通过AACSB国际认证，成为中国大陆地区第10所同时获得EQUIS和AACSB两大国际认证的领先商学院。同时，也是第一所获得AACSB国际认证的“211工程”高校、第一所获得AACSB国际认证的财经类院校。

〔**任命蒋庆哲为学校党委书记、王稼琼为校长**〕　8月31日，学校举行全校教师干部大会，教育部副部长朱之文宣读了《中共教育部党组关于蒋庆哲等同志职务任免的通知》《教育部关于王稼琼、施建军职务任免的通知》。任命蒋庆哲为学校党委书记，王稼琼为学校校长；因年龄原因，王玲不再担任学校党委书记，施建军不再担任学校校长。

〔廉思受聘共青团中央中国特色社会主义理论体系研究中心专家委员会专家〕 5月5日，共青团中央举办当代中国马克思主义与青年发展论坛暨共青团中央中国特色社会主义理论体系研究中心成立座谈会，学校党委研究生工作部部长廉思受聘为共青团中央中国特色社会主义理论体系研究中心专家委员会首批10名专家之一。

〔黄勇当选为国际商会中国国家委员会竞争委员会副主席〕 5月23日，国际商会中国国家委员会（ICC China）竞争委员会成立大会在北京召开。会议审议通过该委员会筹备工作报告和工作规程，选举产生了主席、两位执行主席和五位副主席，学校竞争法中心主任黄勇当选为副主席。国际商会竞争委员会由来自40个国家的300多位工商界和法律界的竞争法专家组成。

〔中国扶贫开发协会高校教育扶贫委员会会议召开〕 6月26日，中国扶贫开发协会高校教育扶贫委员会成立暨第一届理事会全体会议在学校召开。教育部副部长朱之文、国务院扶贫开发领导小组副组长刘永富、国务院扶贫办党组成员欧青平等参加会议。北京大学、中国人民大学、清华大学、南开大学、同济大学等全国106所高校（团体）作为首批理事单位，共同建立了中国扶贫开发协会领导下的第一个高校教育扶贫社团组织。会议通过了《中国扶贫开发协会高校教育扶贫委员会章程》和《建议名单》。中国扶贫开发协会会长胡富国和副会长郭东坡、谷永江被推举为名誉理事长，学校当选首届理事长和秘书长单位，学校党委书记王玲当选理事长、副校长赵忠秀当选常务副理事长兼秘书长。

〔诺贝尔经济学奖获得者斯彭斯教授到访并发表演讲〕 3月21日，出席中国发展高层论坛2016年年会活动的2001年诺贝尔经济学奖获得者斯彭斯（Michael Spence）教授，应学校邀请到校访问并发表演讲，与到场师生分享并交流对于中国金融业发展的看法。

〔第十五届世界贸易组织与中国学术年会举行〕 12月13日，第十五届世界贸易组织（WTO）与中国学术年会在学校举行。众多专家学者与会，围绕美国大选、全球经济治理等热点问题发表观点。来自国际组织、政府机构、国内外科研院所的200多位专家学者出席了会议，校长王稼琼出席年会并致欢迎词。

〔黄戈林获全国辅导员职业能力大赛二等奖〕 5月25日至26日，学校英语学院本科生辅导员黄戈林获第四届北京市高校辅导员职业能力大赛一等奖和全国辅导员职业能力大赛二等奖，取得学校辅导员在全国辅导员职业能力大赛中的历史最好成绩。

〔获第二届中国“互联网+”大学生创新创业大赛总决赛银奖〕 在第二届中国“互联网+”大学生创新创业大赛全国总决赛中，学校创业项目“六膳门”团队代表北京市参加全国总决赛。经全国总决赛网评，“六膳门”项目从全国前600强项目中成功晋级全国前120强，获得全国总决赛现场比赛的入场券，并最终获全国大赛银奖。

〔关师卿获全国西班牙语演讲大赛第一名〕 9月24日，在2016年全国西班牙语演讲大赛总决赛中，学校选手经过初赛、复赛、决赛，在52所大学中脱颖而出，学生关师卿获个人第一名，学校获团体亚军。

〔1篇研究生论文获全国优秀金融硕士学位论文奖〕 10月25日，学校金融学院金融硕士专业2015届毕业研究生钱瑛的学位论文《个人养老金问题的案例研究——基于终身财务模型视角》（指导老师：张颖）获第二届全国优秀金融硕士学位论文奖。

〔刘玉珠到校做专题报告〕 9月28日，国家文物局局长刘玉珠到校做题为《保护文化遗产，传承中华文明》的专题报告。北京市委教工委副书记郑登文，学校党委书记蒋庆哲、校长王稼琼出席活动。北京大学、中国人民大学、北京化工大学等高校的学生代表及学校师生近600人参加了报告会。

撰稿　曹亚红
审稿　赵忠秀

华北电力大学

〔**实施学校“十三五”发展规划**〕　2016年，《华北电力大学“十三五”发展规划纲要》正式出台并启动实施。规划纲要涵盖总体规划、专题规划、专项规划和学院规划（1+1+6+X）四个组成部分。规划纲要确定了学校“十三五”期间建设发展的指导思想、总体目标和主要任务，是学校“十三五”期间各项工作的行动指南。

〔**学科建设**〕　组织全校22个一级学科参加全国第四轮学科评估。与爱思唯尔公司合作进行优势学科评估，学校动力工程及工程热物理学科发文量排名全球第一位，被引次数排名全球第四位；电气工程学科发文量排名全球第19位，被引次数排名全球第46位。此外，在U. S. News 2017世界大学学科排行榜中，学校工程学位列世界第114名、中国大陆高校第20名；在软科（ARWU）2016世界大学学科排行榜中，学校能源科学与工程、电气与电子工程、环境科学与工程、机械工程4个学科进入全球前300名，其中能源科学与工程学科位列全球第42位、国内第8位。

〔**人才培养**〕　加强人才培养模式顶层设计，全面修订、实施全日制研究生培养方案；深化专业和课程内涵建设，12个专业实施国家教育教学专业综合改革，4门课程完成国家级精品资源共享课建设，2门课程上线“中国大学MOOC”平台，“MOOC辅导员课程”入选教育部精品项目；新增1个国家级虚拟仿真实验教学中心；深入推进创新创业教育，入选国家创新人才培养示范基地及河北省创新创业教育改革试点高校。

〔**师资队伍建设**〕　截至2016年年底，学校有教职工2 905人，其中专任教师1 822人，包括教授410人、副教授645人；博士生导师158人，硕士生导师707人；有中国工程院院士2人，双聘院士5人，“长江学者”特聘教授5人，国家“高层次人才特殊支持计划”3人，“973”计划首席科学家5人，国家级教学名师1人，国家杰出青年科学基金获得者7人，国家优秀青年科学基金获得者4人，中青年科技创新领军人才2人，国家“百千万人才工程”9人，入选教育部“新世纪优秀人才支持计划”38人，4支团队列入教育部“长江学者和创新团队发展计划”。学校教授崔翔获“首都劳动奖章”；教授王祥科入选2015年“长江学者”特聘教授并第三次入选工程学、环境与生态学两个领域全球2016年“高被引科学家”；引进国家杰出青年科学基金获得者1人。1人获评北京市教学名师，1名教师入选科技北京百名领军人才培养工程，1名教师入选北京市科技新星计划，1名教师入选“香江学者计划”，3名教师获北京市优秀人才培养资助；学校选派30多名青年教师出国研修；7名博士后获中国博士后科学基金资助。

〔**1人获评慕课优秀教师**〕　2月，在由全国高等学校教学研究中心和“爱课程”网主办的中国大学慕课（MOOC）2015年度工作研讨会上，慕课“管理沟通”主讲人、学校经济与管理学院副教授赵洱岽获评“中国大学MOOC 2014—2015优秀教师”称号。赵洱岽开设的慕课“管理沟通”在中文顶尖慕课平台、教育部“爱课程”网、“中国大学MOOC”栏目上线，并被全球MOOC平台EDX

遴选，成为全球名校在线开放课程联盟重要一员。

〔**科学研究**〕 2016年，学校共有国家重点实验室1个、国家工程实验室1个、国家工程技术研究中心1个、教育部重点实验室2个、教育部工程技术研究中心1个、北京市重点实验室7个、北京市工程技术研究中心2个和北京市哲学社会科学研究基地1个。2016年，学校科研经费合同额首次突破6亿元。获批国家重点研发计划专项课题35项、国家自然科学基金和社科基金74项。作为牵头单位，首次承担国家重点研发计划“纳米科技”重点专项项目和国家重大科研仪器研制项目。获国家、省部级科技成果奖59项，其中作为参与单位获国家科技进步奖二等奖1项、国家技术发明奖二等奖1项，获省部级科技成果一等奖4项、中国电力科学技术一等奖2项；授权专利861项，其中发明专利409项；学术论文实现量与质的同步增长。科研平台建设稳步推进，新增省部级科研平台2个。通过武器装备科研生产单位三级保密资质复审。大学科技园被认定为国家级“科技企业孵化器”“国家小型微型企业创业创新示范基地”“中国留学回国人员实习基地”及河北省“双创基地”。学校9项成果获河北省教育教学成果奖，其中一等奖2项。21个项目获省部级教学改革立项，出版教材29部。

〔**新增3个北京实践教学平台**〕 截至2016年8月，北京市教育委员会公布《关于公布2015年北京市高等学校实验教学示范中心名单的通知》《关于公布2015年北京高等学校示范性校内创新实践基地建设单位名单的通知》《关于公布2015年北京高等学校市级校外人才培养基地立项单位名单的通知》，学校可再生能源学院申报的可再生能源工程实验教学中心获批实验教学示范中心；经济与管理学院、电气与电子工程学院联合申报的电力经济管理人才培养创新实践基地获批示范性校内创新实践基地建设单位；可再生能源学院与北京科诺伟业科技股份有限公司共建的光伏发电实践教学人才培养基地获批校外人才培养基地立项单位。截至2016年年底，学校已拥有5个市级实验教学示范中心、2个北京高等学校示范性校内创新实践基地、4个北京高等学校市级校外人才培养基地。

〔**王祥科等人在纳米环保领域获突破**〕 4月，学校教授王祥科、副教授艾明洁，与中国科学院化学所研究员胡文平、纳米中心研究员唐智勇，中国科学院合肥物质科学研究院副研究员孙玉兵和李家星等合作，采用先进光谱技术和理论计算结合，分析纳米材料与环境中污染物的作用机理，以及通过对纳米材料表面功能化修饰等方法，实现目标污染物的高效去除。同时，通过分析纳米材料与环境介质的界面相互作用，阐明纳米材料在环境中的化学行为。该研究成果以封面论文形式发表在《高分子化学》（*Polymer Chemistry*），同时，发表在《环境科学与技术》（*Environmental Science & Technology*）的论文被美国化学会以图片新闻作为研究亮点报道。

〔**1项课题通过验收**〕 4月26日，由学校教授赵成勇作为负责人的“863”计划主题项目课题“柔性直流供电关键技术研究”通过验收。专家组成员听取课题组汇报并做相关质询，到样机现场进行考察。专家组认为，课题在高电压、大容量柔性直流供电系统拓扑结构及控制保护策略、数字物理混合实时仿真平台和控制保护样机研制以及换流阀关键电磁问题研究方面取得系列研究成果，完成了任务书规定的全部研究任务。

〔**获基础物理学突破奖**〕 10月，2016年科学突破奖获奖名单在美国宇航局艾姆斯研究中心揭晓。学校核科学与工程学院教授陈义学和副教授马续波加盟的大亚湾中微子实验团队获2016年基础物理学突破奖，这是中国科学家和以中国科学家为主的实验团队首次获该奖项。

〔**承担首个国家重大科研仪器研制项目**〕 11月18日，由学校教授毕天姝牵头负责的国家重大科研仪器研制项目“电力电子化电力系统的源网荷全景同步量测系统研制及应用”在北京启动。这是学校承担的第一个国家重大科研仪器研制项目，该项目瞄准国家电力系统电力电子化背景下系统认知和安全运行所带来的测量仪器及数据需求，自主研发适用于新能源、控制类、负荷侧的同步量测技术与装置，并建立量测装置测试平台，自主开发覆盖多电压等级的电网全景式同步量测与分析系统。

〔1篇论文入选中国最具影响百篇国际学术论文〕 12月，学校教授王祥科课题组在期刊《环境科学与技术》(*Environmental Science & Technology*)发表的论文［Adsorption and desorption of U(VI) on functionalized grapheneoxides: A combined experimental and theoretical study］入选2015年中国百篇最具影响国际学术论文。

〔中国首台微机继电保护诞生地揭牌〕 12月15日，中国首台微机继电保护诞生地揭牌仪式在学校举行。

〔智能发电协同创新中心揭牌〕 7月4日，由学校与中国国电集团公司共建的智能发电协同创新中心揭牌。该中心在火电、风电、核电自动化控制等关键领域开展重大专项合作，实现重大技术突破，支撑能源电力事业的发展。

〔成立马克思主义学院〕 12月28日，学校马克思主义学院正式成立，原思想政治理论课教学部撤销。

〔招生与就业〕 2016年，学校招生12 644人，其中学历教育学生中全日制研究生2 557人（博士研究生200人，硕士研究生2 357人），普通本专科生5 486人（本科生5 486人，专科生0人），成人教育本专科生2 820人（本科生2 244人，专科生576人）。在职人员攻读硕士学位1 506人。外国留学生275人。2016年，学校毕业生17 464人，其中，学历教育学生中全日制研究生2 283人（博士研究生140人，硕士研究生2 143人），普通本专科生5 180人（本科生5 180人，专科生0人），成人教育本专科生8 510人（本科生5 871人，专科生2 639人）。在职人员攻读硕士学位1 197人。外国留学生294人。本科毕业生就业率达96.5%，研究生毕业生就业率达98.0%。

〔党建工作〕 紧密围绕全面从严治党的主题，加强从党委中心组到中层干部、教职员工的理论学习和宣传教育，开展“两学一做”学习教育。加强领导班子建设，配合教育部党组完成学校行政领导班子换届和党委班子成员调整工作。深入推进党风廉政建设，严肃党规党纪，开展校内巡察。加强基层党组织建设，深入开展直属党委（党总支、党支部）党建述职工作。加强巩固马克思主义在意识形态领域的指导地位，推进社会主义核心价值观品牌创建活动，“成长1+1”项目获第四届首都大学生思想政治教育工作实效奖一等奖。

〔成立龙源集团研究生工作站〕 3月18日，学校与龙源电力集团股份有限公司共建研究生工作站挂牌成立，双方共同培养高素质的研究型人才。截至2016年年底，学校建有研究生工作站及研究生联合培养基地共70余家。

〔与多家电力企业（机构）签署合作协议〕 5月10日，学校与电力规划设计总院签署战略合作框架协议。根据协议，双方围绕智能电网、能源互联网等行业前瞻性问题及前沿、高端技术领域展开联合攻关，围绕国家战略需求，积极申报、合作承担国家、行业层面重大课题。12月19日，学校与内蒙古电力（集团）有限责任公司签署战略合作框架协议。根据协议，双方充分发挥各自优势，建成国际领先的新能源创新中心。12月23日，学校与国家电网天津市电力公司签署战略合作协议。根据协议，双方围绕京津冀一体化战略、全球能源互联网建设、电力体制改革，在人才培养、科技合作、智库建设等领域开展深度合作。12月28日，学校与河北省张家口市政府签署战略合作框架协议。根据协议，双方共建华北电力大学张家口科教园区。

〔教育交流与合作〕 成立对外联络与合作部，统筹规划、协调、运作对外合作资源，拓展校地、校企、校校合作的深度与广度。深化与能源电力企业合作，再次当选中国电力企业联合会副理事长单位；拓展对外合作领域，创新基金开源渠道和服务模式。

国际合作与交流规模扩大，留学生规模及教师、学生出国交流学习人数均创历史新高。积极参与“一带一路”建设，开展商务和科技援外项目，获首批“一带一路”专项留学生奖学金。与境外多所高校签署合作协议15项，与蒙古科技大学联合成立中蒙可再生能源创新中心。承办北京高科大学联盟和波兰技术大学校长联席会议校长论坛。主办2016上海合作组织大学能源会议，成立上海合作组织大学能源智库。

〔**资源保障体系建设**〕 规范和加强财务管理，确保财务安全平稳运行；加强招标管理与资产管理，完善固定资产管理信息平台；加强产业规范化管理，推进科技成果产业化和经营性资产的保值增值。成立网络与信息化办公室，推进数字化校园建设；“大安全”管控体系渐趋完善，网络与信息安全体系巩固加强；附属学校、医疗服务、图书文献、档案工作等各项工作服务水平持续提升。

〔**设立“杨人坚助学基金”**〕 1月15日，学校举办“杨人坚助学基金”捐赠仪式。“杨人坚助学基金”是依据学校已故教授杨人坚生前所立遗嘱，设立在学校教育基金会薪火基金下的留本助学基金，其捐赠的110万元人民币将作为本金永久留存，其年度所获收益将用于资助在校贫困大学生。

〔**校领导班子调整**〕 11月16日，学校召开教师干部大会，宣布教育部党组关于学校领导班子人员调整的决定。根据《教育部关于杨勇平等职务任免的通知》及《中共教育部党组关于汪庆华等同志职务任免的通知》，教育部任命杨勇平为学校校长，孙忠权、王增平、李双辰、郝英杰、律方成、檀勤良为学校副校长，免去刘吉臻的校长职务和张金辉、安连锁、孙平生的副校长职务；教育部党组任命汪庆华、郭孝锋为中共华北电力大学委员会常委、副书记，律方成为中共华北电力大学委员会常委，檀勤良为中共华北电力大学委员会委员、常委，免去张金辉中共华北电力大学委员会副书记、常委职务，免去李双辰、郝英杰的中共华北电力大学委员会副书记职务，免去刘吉臻、安连锁、孙平生的中共华北电力大学委员会常委职务。

撰稿　王振华

审稿　陈　军

南开大学

〔**实施《南开大学“十三五”事业发展规划》**〕 2016年，组织编制《南开大学“十三五”事业发展规划纲要》，已上报教育部备案并全面启动实施。规划纲要明确提出，到2030年跻身世界一流大学行列，并提出实施“人才强校”“学科提升”“深化教改”“创新引领”“全球南开”“校区协同”“文化繁荣”七大计划。同时，推进专项规划与学院规划的编制工作，明确专项规划涵盖人才队伍、学科建设、教育教学、科学研究、国际交流与合作、资源配置与支撑保障、党建与思想政治工作等重点领域，强调学院规划要与学校规划对接，总规划、专项规划和学院规划同步启动、同步实施，确保规划目标和建设任务落地。

〔**学科建设**〕 学校认真组织、精心准备，参与第四次全国学科评估。在巩固发展传统学科优势的基础上，着力强化工程学科和应用社会科学学科建设。投入“双一流”建设经费3.95亿元，重点对协同创新、高端人才、公共服务与支撑条件等80余个项目给予支持。经中央机构编制委员会办公室、教育部批复，天津市第四医院整建制划转成为南开大学附属医院，为医学学科进一步发展创造条件。学校有博士学位授权一级学科29个，一级学科国家重点学科6个（覆盖35个二级学科），二级学科国家重点学科9个、国家重点（培育）学科2个；一级学科天津市重点学科27个，博士后科研流动站28个。

〔**教育教学**〕 启动全校公选课改革，增加经费投入，创新制度规范，首次以招标形式面向校内外征集学生欢迎的公选课，获得良好反响。创新评教模式，推出首个基于微信平台的“南开时课”评教系统，评课2 635门，被媒体广泛报道。创新评选模式，开展第三届“魅力课堂”评选活动，示范引领作用进一步凸显。成立全国高校首个本科生学习事务委员会，引导更多学生关注并参与教育教学改革。按照因材施教、分类培养的原则，启动实施公共英语必修课程改革。

〔**本科生培养**〕 学校完成年度本科教学改革立项114项，更加重视教学改革的主动参与、过程监控、效果评价和经验推广。完成年度课程评价、年度教学质量报告和教学信息公开工作。大力引导和支持学生科研创新，本科生科研创新年度立项517项，参与学生2 100多名。总结“公能”素质教育实施成效，起草制定新一期《南开大学素质教育实施纲要》。

〔**研究生培养**〕 贯彻教育部统筹全日制和非全日制研究生管理的要求，协调推进研究生培养机制改革。完善研究生招考相关制度，严格招考管理程序，强化博士生招生指标统筹。加强学术学位研究生培养，提高研究生课程建设质量，实施研究生创新计划，相关工作机制更加规范。加强专业学位研究生培养管理，修订全日制专业学位培养方案，推进实践基地建设和“双导师”队伍建设，一批教学案例被评为全国优秀案例。自主设计并启用了新版学位证书。

〔**创新创业教育**〕 举办中英创新创业教育研讨会、“南开好项目”创业大赛和“梦想+”创新创业大赛，建设星空众创空间，组织创新创业嘉年华，营造了浓厚的创新创业氛围，学生创业团队在全国大学生创新创业大赛中获一项金奖、一项银奖。开展学生社会实践和志愿服务活动，“南开学子重走长征路”被媒体广泛报道。

〔**学生教育管理**〕 推进“公能”素质发展辅学支持体系建设，强化对不同阶段学生成长规律和成长诉求的探索与把握。制定《南开大学辅导员培训方案》，加强辅导员工作室、辅导员精品项目建设，取得了丰富成果。

学生荣誉体系改革取得实效，出台《南开大学本科学生奖学金、荣誉称号评选办法》。把“公能”素质教育理念融入本科招生录取全过程，高质量完成年度招生工作，生源质量巩固提升。建立三位一体的学生就业信息化平台，实施“求职励行金”计划，帮助困难毕业生就业。2016届毕业生总体就业率达96.03%。

〔**师资队伍建设**〕 2016年，学校入选“长江学者”特聘教授3人、青年“长江学者”10人、国家杰出青年科学基金获得者4人、国家优秀青年科学基金获得者5人；引进中国科学院院士1人，“长江学者”特聘教授4人，国家杰出青年科学基金获得者、国家“百千万人才工程”入选者等17人；新增一批国家和天津市科技创新领军人才、天津市杰出人才、天津市有突出贡献专家、天津市特殊支持计划领军人才和青年拔尖人才等。

〔**科学研究**〕 学习贯彻全国科技创新大会精神，加强重大项目培育，深化科研评价改革，修订完善科研经费管理办法，推动增强科研创新活力，全年到账科研经费与往年基本持平。

理工科科研方面，获国家自然科学基金立项175项、天津市自然科学基金立项58项，获国家重点研发计划立项2项、课题10项；签订横向科研合同245个。新增学科创新引智基地1个、科技部国际科技合作基地2个、天津市国际科技合作基地9个。获天津市科学技术奖12项、国家青年女科学家奖1项、天津市青年科技奖3项；获中国抗癌协会科技奖、中国分析测试协会科技奖、国家及省部级专利优秀奖等奖项。药物化学生物学国家重点实验室接受现场评估。开展首届南开大学十大科技进展评选。

文科科研方面，中标国家社科基金重大项目4项，获批滚动资助4项；中标教育部重大课题攻关项目1项，在研重大社科项目数位居全国高校前列。49项成果获天津市第十四届社科优秀成果奖。7个教育部人文社科重点研究基地全部通过新一轮综合测评，APEC研究中心被评为优秀。

〔**协同创新中心建设**〕 由学校牵头的中国特色社会主义经济建设协同创新中心，通过创办经济学拔尖创新人才实验班、海外研究基地等举措，在人才培养改革、国内外学术交流方面取得了新突破。由学校主要参与的天津化学化工协同创新中心已组建科研团队32个，在能源、资源、环境、健康等领域联合开展创新研究，取得了一批重要成果。2016年，学校还牵头成立了现代旅游业发展协同创新中心，组建了中加水与环境安全联合研发中心，进一步加强多学科联合及跨学科、跨领域创新。

〔**党建工作**〕 筹备并召开学校第九次党代会，选举产生了由29人组成的第九届党委和9人组成的新一届纪委，一致通过了党委工作报告和纪委工作报告，为在新的起点上以新发展理念为统领，加快建设南开品格、中国特色、世界一流大学，汇聚了广泛力量，明确了发展路径。

〔**开展“两学一做”学习教育**〕 围绕“两学一做”学习教育，加强基层组织建设和干部队伍建设。按照中央统一部署，认真组织在全体党员中深入开展“学系列讲话、学党章党规，做合格党员”学习教育，坚持把基层支部作为基本载体，坚持用好“三会一课”等基本形式，推动学做互动、知行合一。开展基层党建工作专项督查，突出问题导向，梳理薄弱环节，督促工作落实，强化分党委书记党建工作第一责任人意识。

〔**思想政治工作**〕 加强思想政治建设，通过落实校院两级中心组学习制度和举办理论学习报告、理论研讨会等形式，深入学习宣传十八届六中全会精神、全国高校思想政治工作会议精神和党中央治国理政新理念新思想新战略。推进全国重点马克思主义学院建设，制定并推动落实相关实施方案和工作细则。加强中国特色社会主义理论体系研究基地建设，加强和改进思想政治理论课，一批研究阐释党的理论创新成果的重要文章通过权威媒体发出了南开声音。开展庆祝中国共产党成立95周年系列活动和纪念长征胜利80周年系列活动，举办党史系列讲座，主办“文化自信与红色文化育人”主题研讨会暨全国高校课外理论社团研讨会。

〔**党风廉政建设**〕 加强党风廉政建设，成立党风廉政建设和反腐败工作领导小组，狠抓党风廉政建设责任落实，对中层班子落实主体责任情况和23个主责部门完成党风廉政建设任务情况进行了专项督查和重点抽查。大力推进作风建设长效化，制定出台《关于进一步深化落实中央八项规定精神的实施意见》，组织开展两次专项督查，开展公务用车、公务接待、办公用房、科研经费、国有资产、基本建设、教育收费、因私出国8个方面专项治理，开展违规收受学生及家长礼品礼金、违规设立使用“小金库”等5项专项整治，全校68个单位、3 300多名教师干部全面对照，认真进行自查整改。

〔**统战和群团工作**〕 贯彻中央精神，召开全校统战工作会议，成立学校统战工作领导小组，在各分党委设立统战委员，推动基层统战工作规范化、制度化。

〔**教育交流与合作**〕 加强出国出境管理制度建设，制定《南开大学因公出国（境）管理办法》，改进教学科研人员因公临时出国管理工作。举办27场高水平国际会议，提升了学校相关学科的学术交流层次。中外合作办学项目持续推进，南开—格拉斯哥大学联合研究生院新增翻译专业。加大海外宣传力度，重点推进全校英文网站建设工作。

继续保持与达沃斯全球大学领导者论坛、国际公立大学论坛、国际大学联盟、联合国秘书长科学咨询委员会等国际组织的密切联系，推动学校与世界一流大学和机构的深层次交流。留学生教育深化拓展，在滨海新区设立留学生实习基地。与我国港澳台地区开展多层次、多领域交流合作，国家“两岸关系研究基地”落户学校。

孔子学院工作取得突出成绩，新承建巴西塞阿拉联邦大学孔子学院；英国格拉斯哥大学孔子学院、法国诺欧商务孔子学院获“2016年先进孔子学院”奖。

全年接待27个国家和地区的来访团组119批次、1 073人次，与海外32所高校签署合作协议51份，内容涵盖联合培养、暑期项目、教师互换、合作研究等。师生出国（境）数量持续增加，全年派出教师1 025人次、学生1 210人次。

〔**社会服务**〕 学校中国哲学社会科学管理创新研究中心提出的有关测评指标被教育部采纳，成为衡量评价高校智库的重要依据。学校当代中国问题研究院、滨海开发研究院、经济与社会发展研究院获批为天津市首批高校智库。学校津南研究院作为“产业特区”初步形成“转化—孵化—产业化”的全方位服务模式，一批重要成果在研究院平台上落地转化。着眼服务京津冀协同发展战略，学校成立大数据研究院（承德），启动建设大气环境监测超级站。加强与海南、新疆、甘肃等省区和天津市有关区县的交流合作。

〔**人事制度改革**〕 坚持和完善“党管人才”工作机制，定期研究推动人事人才工作改革和有关重要事项，着力打造“升级版”人才工作格局。实施百名高端人才支持计划和百名青年学科带头人培养计划，以较大力度改革高端人才岗位薪酬体系，着力发挥人才特区的引智引才高地作用，推动高层次人才引育取得新成效。

组织并举办首届学校国际人才论坛，先后举行学术报告近130场，来自14个国家和地区的近150位相关学科的知名学者及优秀海外人才参与。首批入选全国博士后管理改革试点单位，大力推进相关工作改革创新。根据国家和教育部文件精神，深化收入分配制度改革，调整全校模拟绩效工资标准和岗位层次，教职工待遇进一步提高。

〔**校园文化**〕 学生宿舍成长社区的育人功能逐步完善，学校与教育部、光明日报社共同主办了宿舍文明建设座谈会，人文雅舍中的“公能”情怀得到社会好评。坚持以体质测试带动学生体育锻炼，加强体育场馆管理和群众性体育活动辅导，体育工作水平进一步提高。坚持以高雅艺术助推素质教育，开展丰富多彩的校园文化活动，学生合唱团在第九届世界合唱比赛中获3项金奖、2项冠军。

〔**管理服务和支撑保障**〕 在搬迁启用津南校区的基础上，积极探索理顺办公模式、交通通勤、会议活动、公文流转、印章使用、师生服务等环节，多校区管理运行机制初步形成。进一步调整完善国有资产管理体系，实施“全口径”国有资产管理，开展全校资产清查，持续推进校办企业的清理和改制工作。推动实施预算管理体制改革，修订预算管理办法，成立预算委员会，强化预算对事业发展的支撑保障作用。贯彻中央文件精神，修订完善《南开大学国内差旅费管理办法（试行）》《南开大学会议费管理办法（试行）》《南开大学外宾接待管理暂行办法》等，进一步完善相关财务制度。加强内部经济风险控制，全面开展以量化评价为导向的内部控制建设和基础性评价工作。大力提升发展筹资工作水平，年度获社会捐赠数额明显增长。

〔**后勤管理工作**〕 进一步创新后勤管理模式，建设综合性后勤服务平台，加强学生食堂管理和服务，持续完善多校区后勤保障体系。制定“十三五”校园基本建设规划，推动八里台校区整修规划编制。深化公房资源有偿使用改革，进一步规范公房使用管理。推进“数字化校园”二期建设，基本实现各校区无线校园网全覆盖。深化全校文献信息资源共建共享，实行图书借阅异地通借通还，受到师生好评。推进平安校园建设，召开实验室安全工作会议，加强实验室安全管理和消防安全整治，以多种形式开展安全生产大检查和安全隐患排查，维护了校园总体安全稳定。

撰稿 张 婷
审稿 李向阳

天津大学

〔**编制学校“十三五”规划**〕 2016 年，学校围绕“双一流”建设任务，重点就一流学科方向、人力资源配置等进行细化分析，制定并启动实施“十三五”规划，形成以“五大核心计划、三大支撑体系、全面加强党的建设”为主题的关键战略举措。在制定“十三五”规划的过程中，确定了世界一流大学的建设目标，部署了“新三步走”战略——到 2020 年，建成世界知名高水平大学；到 2030 年，基本建成世界一流大学；到 2045 年，全面建成世界一流大学。

〔**学科建设**〕 2016 年，学校继续优化学科布局，促进学科交叉融合。拟定《天津大学推进世界一流大学和一流学科建设规划》。形成顶尖学科（TOPS）计划实施方案，重点打造顶尖学科、优势学科、潜力学科和支撑平台。

完善综合性学科布局，大力发展理学学科，成立数学学院；组建电气自动化与信息工程学院，微电子学院独立运行。深入推进“医工结合”，加强与天津医科大学等医学院校的实质性合作。试点开展重点领域学科群规划论证，打造学科群发展新模式。围绕国际学术前沿与国家战略需求，继续推动分子化学与材料等 6 个已建学科交叉平台建设，遴选新增纳米颗粒与纳米系统等 3 个学科交叉平台。组织全校 25 个学科参加第四轮学科评估，完成光学学科国际同行评议试点工作。

〔**教育教学**〕 2016 年，学校进一步深化教育教学改革。制定《天津大学本科教育教学“十三五”规划（草案）》。推进“课程质量提升计划”，共计 24 门公共基础课、6 个试点学院稳步推进实施。开展在线开放课程建设，建设 1 门智慧树通识网络互动课程，引入 30 门尔雅通识网络课程。试点实施思想政治理论课程改革，成立思想政治理论课专家委员会，制定专项督导工作方案。在 2016 年度国际遗传工程机器设计大赛中获金牌 1 枚、单项奖 1 项；在天津市普通高校大学生数学竞赛中，获特等奖数占特等奖总数的 72%。

〔**加强创新创业教育**〕 拓展创新创业类课程，邀请两院院士、“长江学者”等资深教授为本科生开设 81 门次创新课。推进课外实践教育课程化建设，课程数量增至 208 门。搭建创新创业平台，建立 IT 学科创新创业训练基地。大学生创新创业训练计划项目立项，国家级 130 项，市级 180 项，校级 361 项。北洋园校区“搭伙”众创空间以第一名的成绩获评天津市“A 级（优秀）高校众创空间”，学校获评教育部“2016 年度全国创新创业典型经验高校”。

〔**深化研究生教育综合改革**〕 建立健全博士生招生“申请—考核”制监督体系，全面实施“3I·4C”的研究生分类培养体系。3 门课程入选全国工程硕士专业学位研究生教育在线课程重大建设项目名单，22 门课程入选全国工程硕士专业学位研究生教育在线课程重点项目，11 项专业学位教改研究课题获全国工程专业学位研究生教育指导委员会批准立项，1 项课题获研究生教育成果二等奖。实施实践创新力提升计划，学校精仪学院与天津九安医疗电子股份有限公司共建的校外创新实践基地获批第二届全国示范性工程专业学位研究生联合培养基地。实施国际竞争力提升计划，设立天津大学研究生国际学术交流基金，推动建立研究生学分转移机制与课程互认。推进研究生全英文课程体系建设，建设11个硕士示范性全英文专业和38门高质量全英文课程。

〔**师资队伍建设**〕　2016年，新增“长江学者奖励计划”入选者12人、国家杰出青年科学基金获得者8人、国家优秀青年科学基金获得者7人，获批中央宣传部文化名家暨“四个一批”人才1人。获天津市杰出人才8人、天津市“131”第一层次入选者4人。举办两届“北洋学者”青年科学家论坛。注重师德建设，学校药物科学与技术学院党委书记冯翠玲获“全国优秀党务工作者”称号；中国工程院院士、学校教授陈予恕获中央电视台全国最美教师称号，同时入围2016年全国教书育人楷模候选人。

在精仪学院推行人事制度试点改革，完成海外同行专家评议工作，完善校院两级海外评审工作机制。启动教师岗位分类管理，完成首批“北洋教师职业发展体系”入轨工作。推进预聘教师队伍建设，制定《天津大学预聘教师管理办法（试行）》，已在部分学院推行。启动实验技术队伍岗位分类，拟定《天津大学关于进一步加强实验技术队伍建设的实施意见》。推进“北洋教师职业发展体系”建设，正式启动第零批次人员（卓越教授、讲席教授、长聘教授）聘任工作。启动实施非全职教师队伍建设。

〔**科学研究**〕　2016年，学校全年科技总经费达25.05亿元，较2015年增长13.07%。牵头立项国家重点研发计划16项，其中千万元以上项目14项，总经费达3.23亿元。获批国家自然科学基金项目316项、国家社科基金重大项目1项、国家社科基金项目6项、教育部社科规划项目9项。

新增1个国家工程实验室、4家天津市工程中心、1个国家国际科技合作基地、7个天津市国际合作基地。合成生物学国际合作联合研究中心通过教育部国际合作联合实验室评审。

2016年，SCI收录论文3 087篇，较2015年增长8.9%，一、二区论文比重达49.7%。获国家科学技术发明奖二等奖2项、国家科技进步奖二等奖2项。24项成果获天津市科学技术奖，15项成果为第一完成单位，其中9项一等奖。4项成果获高等学校科学研究优秀成果奖，2项成果获第五届全国教育科学研究优秀成果三等奖，学校化工学院教授巩金龙获高等学校科学研究优秀成果奖青年科学奖。获授权专利1 081项，2项发明专利获第十八届中国专利优秀奖。2家基地获首批天津市高校智库命名，6项智库成果获天津市智库优秀成果表彰。

〔**创新中心建设**〕　深化天津化学化工协同创新中心改革创新，发挥引领辐射作用，进一步凝练重大研究方向，强化人才培养和队伍建设。全力推动内燃动力协同创新中心和中国传统村落与建筑遗产保护协同创新中心的申报工作。筹建重大基础设施安全协同创新中心和海河流域生态环境修复协同创新中心。

〔**党建工作**〕　2016年，学校全面加强党的建设，落实学校党委中心组学习制度，学校领导班子成员以中心组学习形式进行4次专题研讨，讲党课累计28次，坚持“双重”组织生活制度。抓好领导干部理论学习，组织校外专家辅导报告3场、校领导示范党课21场。开展“两学一做”学习教育，全校33个院级党组织制定院级“两学一做”学习教育方案。宣传表彰先进典型，召开庆祝中国共产党成立95周年表彰大会。

〔**基层党建工作**〕　持续推进基层党组织建设，制定《天津大学2016年院级党建工作要点》和《天津大学2016年在职教职工党支部工作指导意见》，明确党支部组织生活的具体要求。推动党建工作责任制的落实，出台《天津大学2016年院级党组织书记抓基层党建工作述职评议考核实施方案》。落实基层党组织按期换届工作方案，17个院级党组织进行了换届选举。

制定《天津大学党员和干部教育培训工作指导

意见》，构建系统完备、科学规范、开放有序、务实高效的培训工作体系。利用信息化手段开展党员教育，94%的基层党组织建立起网站、手机报、微信等信息化平台525个。

落实全面从严治党“两个责任”，夯实院级单位党风廉政建设责任。强化纪律要求，制定《党员干部作风建设联席会议制度》。开展违反中央关于改进工作作风、密切联系群众的八项规定精神和“四风”问题等专项整治工作。践行监督执纪四种形态，制定《天津大学践行监督执纪四种形态的实施办法》。

〔**社会服务**〕 2016年，学校继续推进异地研究院建设，服务区域经济发展。青岛海洋工程研究院获批国家海洋实验室“问海计划”2项；武清前沿技术研究院承担科研项目45项，新增专利53项，获省部级奖励3项；天赋前沿众创空间已孵化12家科技型中小企业；津南创新研究院建设进入实质阶段。

出台《天津大学关于鼓励创新创业，加快推进科技成果转化的实施意见》，推进专利转让。学校技术转移中心整合可推广技术130余项、可转化技术30项，签订技术合同21项，建设技术转移分中心30个。与青海省、云南省签订省校合作协议2项。新增校企联合研究机构9家。

〔**教育交流与合作**〕 2016年，学校派出校级出访团组27个，因公出访人员共计2 232人次，各类人员出访总量再创历史新高。派出1 185名学生赴境外高校交流学习。国家公派留学生项目共有124名学生获国家留学基金管理委员会资助，国家公派教师项目申报87人，录取57人。举办高水平国际学术会议24次，举办中国—东盟工科大学校长论坛。

与美国佐治亚理工学院、深圳市政府签署三方共建深圳特色学院备忘录。推进与美国密歇根大学、江苏省南通市合作办学及开展科研合作。与英国爱丁堡大学、爱尔兰都柏林大学、俄罗斯托木斯克理工大学、法国南特中央理工学院、美国佐治亚理工学院、澳大利亚皇家墨尔本理工学院等22所境外高校、机构签署了25份合作协议，与法国尼斯大学共建孔子学院。

学校药学院获批“高校国际化示范学院推进计划”试点学院。获批“引进海外高层次文教专家重点支持计划”2个，海外名师项目2项，教育部重点资助学校特色项目1项，“高端外国专家项目”8项，“引进国外技术、管理人才专项”资助项目3项、备选项目3项，出国（境）培训项目1项。药学院教授斯托达特（Fraser Stoddart）获2016年诺贝尔化学奖，药学院美国籍教授鲍德里奇（Kim Baldridge）获“海河友谊奖”。

〔**校园文化**〕 2016年，学校挖掘校史文化内涵，建设大学文化与校史研究所，组织筹备校史研究活动。组织承办“北洋大学与天津”首届恳谈会；联合光明日报社、教育部大学文化中心、北京大学、清华大学等单位召开“双一流”视域下大学文化建设高峰论坛。举行学校原校长史绍熙诞辰100周年系列纪念活动，举办“中国高等教育的领航者——天津大学原校长吴咏诗纪念专题展览”，系统总结、凝练他们的办学思想和实践经验。

注重校友文化建设，提升师生和校友凝聚力，成立澳大利亚、卡尔加里等一批海外校友会，地方校友会达105个，香港特别行政区和台湾地区及海外校友会达20个，校友联络率达55.4%。

撰稿　陈伟唯
审稿　金　旋

大连理工大学

〔朱之文到校视察〕 5月6日，教育部副部长朱之文，中共中央组织部干部三局巡视员、副局长钟海东，辽宁省副省长江瑞一行参观了学校精细化工国家重点实验室。朱之文对学校近年来取得的成绩以及为我国高等教育的改革发展和地方经济社会发展做出的贡献给予了肯定。

〔学校先进制造和结构优化科研成果助推长征五号运载火箭飞天〕 11月3日，我国运载能力最大的长征五号运载火箭在海南省文昌发射中心首飞成功。学校先进制造、结构优化等领域的多项科研成果应用于长征五号运载火箭，为助推长征五号运载火箭飞天做出了重要贡献。

〔2项专利获日内瓦国际发明展览会金奖〕 4月13日至17日，第四十四届日内瓦国际发明展在瑞士日内瓦举行。学校化工与环境生命学部教授、中国工程院院士蹇锡高团队的专利项目“含二氮杂萘酮联苯结构聚芳醚腈砜及其制备法”获展会评判特别嘉许金奖；学校材料科学与工程学院教授李廷举团队的专利项目“高铁接触线用CuCrZr合金铸坯的非真空水平电磁连续铸造”凭借在高铁等关键行业领域的应用获展会金奖。

〔学校中俄白等离子体科学联合研究中心揭牌〕 9月26日，中国、俄罗斯、白俄罗斯等离子体科学与技术2016研讨会及学校中俄白等离子体科学联合研究中心揭牌仪式在学校举行。

〔学校知识产权学院成立〕 9月9日，由国家知识产权局、辽宁省知识产权局和学校三方合作共建的知识产权学院成立。国家知识产权局党组书记申长雨，学校党委书记王寒松、校长郭东明参加成立仪式。

〔与中国科学院大连化物所签署全面战略合作协议暨张大煜学院揭牌〕 2月6日，学校与中国科学院大连化学物理研究所全面战略合作协议暨张大煜学院共建协议签约仪式举行，校长郭东明与化物所所长张涛代表双方签署协议。4月22日，郭东明和张涛共同为张大煜学院揭牌。

〔中宣部考察组考察学校申报全国重点马克思主义学院建设工作〕 10月20日至22日，由大连市政协原副主席、教育工委原书记王荣华任组长，中国人民大学马克思主义学院原党委书记张雷声以及中央宣传部理论局教育处、教育部社会科学司等有关人员组成的考察组，到校考察了学校申报全国重点马克思主义学院建设工作。

〔启动全面从严治党轮训报告会〕 11月11日，学校启动“加强党的领导，全面从严治党”专题轮训报告会，深入学习领会党的十八届六中全会精神，学校党委书记王寒松做首场报告。

〔全面从严治党推进“双一流”建设〕 11月17日，学校举行“加强党的领导，全面从严治党”专题轮训报告会。校长郭东明以《加强全面从严治党，推进“双一流”建设》为题做专题报告，要求全校上下通过加强全面从严治党，发扬艰苦创业的优良传统，提振师生的精气神，激发攻坚克难的勇气和斗志，为“双一流”建设不懈奋斗。

〔传达学习全国高校思想政治工作会议精神〕 12月12日，学校召开党委常委（扩大）会，校长郭东明传达了全国高校思想政治工作会议精神。学校党委书记王寒松主持会议，并对学习贯彻落实会议精神做出安排部署。

〔推进思想政治工作加强党对高校的领导〕 12月16日，学校举办“加强党的领导，全面从严治党”专题轮训报告会，学校党委书记王寒松以《深入推进思想政治工作，加强党对高校的领导》为题做主题报告。

〔召开党委中心组学习会议〕 6月8日，学校召开党委中心组（扩大）学习会议，围绕“学习贯彻习近平总书记讲话精神，推动大工哲学社会科学繁荣发展”开展专题学习。

〔召开庆祝中国共产党成立95周年大会〕 6月24日，学校召开庆祝中国共产党成立95周年大会。在学校党委书记王寒松的带领下，学校近6 000名师生党员在庄严的党旗下举起右手，重温入党誓词，坚定理想信念，铭记使命担当，要为中华民族伟大复兴、为学校全面推进特色鲜明的世界一流大学建设而努力奋斗。大会由校长郭东明主持。

〔启动传承红色基因主题教育〕 11月4日，学校举行传承红色基因主题教育启动仪式暨“追寻红色记忆，践行红色承诺”访谈会。

〔中央决定王寒松任学校党委书记〕 5月6日，召开全校教师干部大会。中共中央组织部干部三局巡视员、副局长钟海东在会上宣布中共中央关于王寒松任学校党委书记的决定。大会由校长郭东明主持。

〔范卫平到校调研〕 12月28日，辽宁省委常委、宣传部部长范卫平在大连市委常委、宣传部部长李鹏宇的陪同下到校调研。范卫平一行参观了马克思主义学院、辽宁重大装备制造协同创新中心，听取了学校马克思主义学院院长洪晓楠对学院办学历史、学科建设、人才培养、办学成就等方面的情况介绍，对学校马克思主义学院的建设成绩给予充分肯定。

〔李希到校视察〕 7月1日，辽宁省委书记李希到学校视察，听取了学校办学情况和党建工作汇报，参观了庆祝中国共产党成立95周年图片展，考察了辽宁重大装备协同创新中心、海岸与近海工程国家重点实验室和精细化工国家重点实验室。

李希一行对学校深入学习习近平总书记系列重要讲话精神，牢牢把握建设特色鲜明的世界一流大学的发展机遇，紧密围绕创新驱动发展战略和东北老工业基地振兴战略的实施，服务辽宁地方经济社会发展给予高度评价。

〔召开第十一届一次教代会暨第十七次工代会〕 3月9日，学校第十一届一次教职工代表大会暨第十七次工会会员代表大会召开。

〔云南省保山市委一行到访〕 11月3日，云南省保山市委一行到访。学校党委书记王寒松与到访人员就进一步发挥学校学科人才优势、服务保山地方经济社会发展进行交流。

〔郭东明会见广西壮族自治区政协副主席黄日波〕 4月28日，学校校长郭东明会见到访的广西壮族自治区政协副主席黄日波一行，双方就如何进一步加强交流与沟通、密切合作关系进行商谈。

〔卓越大学联盟（E9）第七次校长联席会暨2016年校长论坛召开〕 12月16日，卓越大学联盟（E9）第七次校长联席会暨2016年校长论坛在学校召开。北京理工大学校长胡海岩、重庆大学校长周绪红、大连理工大学校长郭东明、东南大学校长张广军、哈尔滨工业大学校长周玉、华南理工大学校长王迎军、天津大学校长钟登华、同济大学校长钟志华、西北工业大学校长汪劲松，9所联盟高校校长齐聚一堂，共商发展之策，围绕“双一流”建设、创新型联盟高校合作方式与机制、培养卓越人才等进行深入研讨，对联盟未来发展方略及行动计划达成共识，并以“面向‘双一流’：E9新理念新思路新战略”为主题分别做了主旨演讲。湖南大学校长段献忠受邀出席会议，学校党委书记王寒松出席并主持卓越大学联盟2016年校长论坛。

〔**学校发起成立丝绸之路经济带核心区全国高校产业创新联盟**〕 8月28日至30日，学校校长郭东明率团访问新疆维吾尔自治区，并与新疆签署了第二轮战略合作协议，由学校发起成立的丝绸之路经济带核心区全国高校产业创新联盟正式启动。

〔**参展第十届中国国际专利技术与产品交易会**〕 9月9日至11日，学校参展2016年中国国际专利技术与产品交易会。国家知识产权局局长申长雨，大连市委书记唐军、市长肖盛峰等领导莅临学校展区参观。

〔**全国高校辅导员工作现场会召开**〕 5月27日，全国高校辅导员工作现场会在学校召开。现场会由教育部思想政治工作司指导，中国高等教育学会辅导员工作研究会主办，辽宁省委高校工委和学校承办。教育部副部长代表教育部党组向获得全国高校辅导员年度人物称号、特别荣誉奖和提名奖的辅导员，向获得第五届全国高校辅导员职业能力大赛决赛各项奖励的辅导员表示热烈祝贺，向全国高校广大辅导员致以崇高敬意和诚挚问候。

〔**第四届国际文化节盛装启幕**〕 10月15日，主题为“缘梦大工，连理世界”的学校第四届国际文化节盛装启幕。100余个展位和10个特色学生社团展台将学校书阳路装扮成世界风俗文化长廊，来自85个国家和地区的近千名国际学生身着华服，载歌载舞，为师生带来一场多彩的国际文化盛宴。

〔**举办钱令希院士百年诞辰系列活动**〕 7月15日，我国著名工程力学家、教育家、中国科学院资深院士钱令希先生百年诞辰纪念展揭幕仪式在学校令希图书馆举行。学校党委书记王寒松、校长郭东明，中国科学院院士钟万勰，钱令希之子钱昆明，教师代表及钱令希工程力学创新实验班学生代表等出席仪式。7月22日，学校召开钱令希院士百年诞辰学术思想座谈会。

〔**话剧《屈伯川》公演**〕 9月27日，话剧《屈伯川》公演，重温老院长屈伯川心怀科学救国之志，一路筚路蓝缕建设学校、呕心沥血推动学校事业发展的感人故事，传承学校的“红色基因”。

〔**举行“感动大工”年度人物颁奖典礼**〕 4月29日，第二届“感动大工”年度人物颁奖典礼举行，校长郭东明出席仪式并为获奖团体和个人颁奖。

撰稿　杨春平
审稿　刘晓梅

东 北 大 学

〔**综合改革**〕 2016年，学校改革重点集中在“汇聚一流队伍，打造学科、学术高峰和高原”及学科专业布局优化和内涵建设、骨干队伍建设和领军人才引进、人才培养模式和培养机制改革、科技发展战略和重大平台构建、资源优化配置和保障等关键领域，取得了成效。召开2016暑期战略研讨会，明晰学校的比较优势和发展中的主要矛盾，从“解放思想”“深化改革”“释放活力”“推动落实”四个关键点入手，将落实“十三五”规划、深化综合改革和推动“双一流”建设有机结合，提出要进一步围绕激发活力和调动积极性深化综合改革，引领学校综合改革向纵深推进。

〔**学科建设**〕 学校设有66个本科专业，其中国家级特色专业15个；有177个学科有权招收和培养硕士研究生（另设10个专业学位授权点）、108个学科有权招收和培养博士研究生；有17个博士后流动站；3个一级学科国家重点学科、4个二级学科国家重点学科、1 个国家重点（培育）学科，共涵盖 16 个二级学科。优化校内学科资源，对学科基础弱、建设成效不显著，以及对“双一流”建设支撑作用不明显的学科及时调整，共撤销一级学科硕士点 4 个、二级学科硕士点 2 个，为下一步学科布局优化提供了空间。落实《东北大学关于进一步加强教学科研基层组织建设的指导意见》，推进学院教学科研基层组织改革。国内首个采用产学研合作机制、地方政府支持共建的机器人科学与工程学院挂牌成立，着力打造新材料、新一代信息技术和智能机器人等新优势学科增长带。推进与沈阳军区总医院合作，筹建医学与生命科学学院。

〔**人才培养**〕 深化人才培养模式改革，以优化结构、精简学分、融合知识、重建课程为原则重构人才培养方案，建设、共享优质资源课程，进一步推进教学内容和课程体系改革，推动构建研究成果向教学和社会的“双转化”机制。完善课程体系，以本科教学评估为契机深化教育教学改革，遵循教育规律，加强实践能力和创新能力培养，促进科研与教学、全面发展与个性成长的有效结合。推进以提升创新能力为核心的研究生培养改革，实施学位授权点动态调整，组织第四轮全国学科评估的申报工作，搭建高水平国际学术交流平台，研究生综合素质得到提高。创新创业教育体系和能力建设成效显著，900 多人次在国际、国家级竞赛中取得优异成绩，其中获国际奖项 95 项、国家级奖项 381 项，学生申请专利 116 项，在册学生公司已达 50 家。国际交流与合作取得新进展，获批高等学校学科创新引智基地项目 1 个，与国外高水平大学合作范围、领域、深度进一步扩大和加强。

〔**师资队伍建设**〕 完善有利“双一流”建设的政策制度体系，出台《进一步加强高层次人才队伍建设的实施意见》《东北大学专任教师补充管理暂行办法》《东北大学人才引进管理工作暂行办法》等文件，以人才队伍建设为核心，以高水平领军人才建设和青年骨干教师队伍建设为重点，完善人才队伍建设机制。推进学校人事工作治理体系和结构改革，下移管理重心，明晰学院在人事人才工作中的主体地位。出台《东北大学发展核心指标考核实施办法》，改革核心指标考核体系，实现针对不同类型学院的分类考核。拓展海内外引智渠道，加大国内外高层次人才引进力度，畅通优秀青年教师发展途径，师资队伍学历结构、年龄结构、学缘结构明显改善，整体素质和水平有所提高。2016 年，新入选“长江学者奖励计划”特聘教授、讲座教授 4 人，国家优秀青年科学基金获得者 2 人，其他优秀学术骨干 40 余人。在 2 673 名教师中，共有教授 528 人，其中中国科学院和中国工程院院士 5 人，外籍院士 2 人，国家“高层次人才特殊支持计划”入选者 6 人，教育部“长江学者奖励计划”特聘教授和讲座教授 25 人，国家杰出青年科学基金获得者 23 人，海外及港澳学者合作研究基金获得者 14 人，教育部新世纪优秀人才 102 人，国家“百千万人才工程”入选者 13 人。有国家自然科学基金创新群体 4 个、教育部创新团队 3 个。博士生导师 495 人。

〔**科学研究**〕 深化科技体制改革，以协同创新中心和国家级研究平台为代表的研究创新能力显著增强，服务国家战略能力明显提升。贯彻落实国家关于加强科技成果转化相关政策精神，从科技成果转化、专利管理、股权管理等各方面出台了系列文件，汇聚校内外研究力量和创新资源，突破技术转化和资政服务中的“瓶颈”，增强了技术转移和文化辐射能力。学校全口径科技经费取得新增长，其中国家自然科学基金经费达 1.43 亿元，创历史新高。获省部级以上科技奖励 31 项，连续两年获批国家社科基金重大项目。发表 SCI 期刊源论文 1 355 篇，授权发明专利 395 项。截至 2016 年年底，学校承担各类科技项目 6 387 项，获各类科技奖励 279 项，其中国家级奖励 14 项、省部级一等奖 58 项；获国家专利 1 499 项，其中发明专利 1 127 项；被三大检索收录的论文共 14 644 篇。主（承）办国际、国内学术会议 161 次，其中国际会议 65 次。学校有国家重点实验室 3 个、国家工程（技术）研究中心 4 个、国家工程实验室 3 个、国家自然科学基金创新群体 4 个。设有国家级协同创新中心 2 个、省级协同创新中心 3 个。学校在技术创新和成果转化方面，探索出了一条政产学研用相结合的有效途径，实现了学科、人才、科研、产业良性互动发展。2016 年，学校高新技术产业销售收入 123 亿元，科技产业综合指标名列全国高校第三位。学校坚持面向新一代信息技术、新材料、生命健康等领域，新建云计算科技园、新材料产业园、健康产业园，推进云计算和大数据产业快速发展，推动辽沈地区装备制造业创新升级，为学校服务国民经济建设和东北老工业基地全面振兴奠定了重要基础。

〔**在校生情况**〕　2016 年，在校博士研究生 3 730 人，硕士研究生 10 362 人，普通本科生 29 804 人，留学生 1 400 多人。

〔**社会服务**〕　坚持特色兴校，积极贯彻落实《中共中央、国务院关于全面振兴东北地区等老工业基地的若干意见》《国务院关于深入推进实施新一轮东北振兴战略加快推进东北地区经济企稳向好若干重要举措意见》文件精神，深入实施《东北大学服务辽沈发展及东北振兴行动计划》，对外合作力度和服务东北振兴及辽沈发展的贡献进一步增强。积极获取国家发展改革委对学校服务新一轮东北振兴的支持，国家发展改革委复函同意学校作为中国东北振兴研究院指导单位。协调中国改革发展研究院及沈阳、长春、哈尔滨、大连四市政府，举办 2016 东北振兴论坛，其成果得到国家发展改革委主任徐绍史高度评价。学校科技产业实现年收入 123 亿元。大数据产业园建设工作稳步推进，新材料产业园全面投入使用，学生“创业梦工厂”建设取得阶段性成效。对云南省昌宁县帮扶工作得到国家肯定，获“国家定点扶贫先进集体”称号。

〔**发展保障体系和能力建设**〕　贯彻落实中共中央办公厅、国务院办公厅印发的《关于进一步完善中央财政科研项目资金管理等政策的若干意见》精神，出台差旅费和会议费管理办法、使用科研经费聘用专兼职人员、科研项目劳务费发放、科研仪器设备采购管理、横向科研和纵向科研管理等一批激发和调动广大科技工作者积极性、释放科技生产力活力的政策和制度，对学校及学院教学科研事业的新发展起到了促进作用。

推进财务管理制度改革，加强预算管理，推进内部控制建设，强化财务基础工作，建立内部考核和监督机制。2016 年，学校在教育部财务管理状况五大项指标测评中被评为 A 档（优秀）。实施公用房优化调配方案，提高资源保障能力。学校 8 个学院共 12 000 名学生入驻浑南校区，各校区协同发展。大型科学仪器设备共享服务平台投入运行。争取社会和校友资源的渠道进一步拓展，广大校友参与学校治理的建言平台和作用得到充分发挥。

撰稿　刘　洋
审稿　李国华

吉 林 大 学

〔**中国共产党吉林大学第十四次代表大会召开**〕6 月 21 日，中国共产党吉林大学第十四次代表大会第一次全体会议在学校召开。261 名大会代表听取并审议了中共吉林大学第十四次代表大会“两委”工作报告和学校“十三五”改革与发展规划。

〔**“双一流”建设**〕　学校制定《吉林大学统筹推进一流大学和一流学科建设实施方案（2017—2020 年）》，初步构建起以“大学科群”建设为核心的新一轮一流大学与一流学科建设框架。在前期建设的基础上，继续投入 5 600 万元，用于“高峰”“高原”和新兴交叉等 51 个学科项目建设。深入推进学科专业结构布局优化调整工作，撤并光学工程等 9 个一级学科，成立新兴交叉学科学部，推动新兴交叉学科建设。

〔**完成本科教学审核评估工作**〕 学校完成本科教学审核评估工作。评估评建期间，制定《吉林大学本科教学审核评估工作方案（试行）》等系列文件，陆续组织召开专家报告会、培训会、评审工作布置会、校内动员协调会等26场次，开展了三轮校内自评工作，覆盖全校49个教学单位，组织校内专家现场考察230余场次，完成自评报告及各类评估支撑材料中英文100余万字。

〔**创新创业教育**〕 学校全面启动“十项本科教学改革与建设计划”。优化创新创业教育体系和环境，设立2 000余个大学生创新创业训练计划项目、515个开放性创新实验项目，可容纳1.2万名大学生进入各类实验室进行自主实验。

〔**持续增加精品课程**〕 2016年，学校立项建设精品在线课程70余门，创新创业课程27门；创设国际课程周系列活动，引进海外优质课程26门。

〔**师资队伍建设**〕 全年新增“国字号”人才50人次，11人入选“长江学者奖励计划”，入选总数位列全国高校第9位，学校各类“国字号”人才数量已达249人次。入选“长白山学者”特聘教授20人、“长白山学者”讲座教授8人，入选人数占全省总数近一半。

〔**首次引进外籍院长**〕 12月1日，戴振学博士受聘为学校建设工程学院院长，成为学校首位通过海内外公开招聘形式引进的外籍院长。

〔**3项成果获国家科学技术奖**〕 学校数学学院教授李勇完成的“共振情形哈密顿系统的稳定性”项目获国家自然科学奖二等奖；建设工程学院教授孙友宏等人完成的“陆域天然气水合物冷钻热采关键技术”项目获国家技术发明奖；学校作为参加单位，由仪器科学与电气工程学院林君教授与中国国土资源航空物探遥感中心等单位合作完成的“航空地球物理勘查技术系统”项目获国家科技进步奖二等奖。

〔**于吉红研究团队相关成果在《科学》(*Science*)杂志上发表**〕 3月11日，《科学》杂志刊发了中国科学院院士、学校化学学院教授于吉红研究团队在沸石分子筛材料的研究中取得的突破性成果，这是学校化学领域研究成果首次在《科学》杂志发表。

〔**孙洪波—冯晶团队研制出“可拉伸OLED”**〕 学校电子科学与工程学院集成光电子学国家重点实验室孙洪波—冯晶教授科研团队研制出具有高效率和高机械稳定性的可拉伸有机电致发光器件(Stretchable OLED，SOLED)，在SOLED可穿戴设备应用领域研发方面取得新进展。该成果于5月17日发表在国际著名学术期刊《自然通讯》杂志上。

〔**专利申请有新突破**〕 2016年，学校申请专利2 072件，首次突破2 000件，其中发明专利申请1 467件，较2015年增长31%；授权专利1 405件，较2015年增长15%，其中发明专利660件。

〔**国家重大科学基础设施建设取得重要进展**〕 “综合极端条件实验装置——高温高压大体积材料研究系统”国家重大科学基础设施建设工作稳步推进。谋划参与“地球深部观测系统”国家重大科技基础设施建设。石油化工污染场地控制与修复技术国家地方联合工程实验室获国家发展改革委批准建设。推进“大师+团队”的创新团队建设模式，探索产出“大项目+大成果”式的典型成果。

〔**2部书稿入选“国家哲学社会科学优秀成果文库”**〕 2部书稿入选“国家哲学社会科学优秀成果文库”。自2010年以来，累计15项成果入选，位居全国高校第四位。

〔**智库建设**〕 学校司法文明协同创新中心和出土文献与中国古代文明研究协同创新中心共获国家资助经费702.58万元。全年共有129份研究报告被相关部门采纳应用，较 2015 年度增加 40%，40 份研究报告得到省部级领导肯定性批示。

〔**学生在国际高水平期刊上发表高水平论文**〕学校物理学院唐敖庆班学生何崇崇在天体物理学领域的国际顶级期刊《天文物理期刊》（*The Astrophysical Journal*）上以第一作者兼通讯作者身份发表论文（Anisotropy of X-ray bursts from neutron stars with concave accretion disks）。物理学院 2016 届唐敖庆班学生王志伟在《自然》（*Nature*）出版集团旗下的《科学报告》（*Scientific Reports*）杂志上以第一作者兼通讯作者身份发表论文（Higher-dimensional performance of port-based teleportation）。

〔**陈芳芳科研成果在《自然》子刊上发表**〕　博士后陈芳芳以吉林大学为第一作者单位、本人为第一作者在《自然》子刊《自然·纳米技术》（*Nature Nanotechnology*）上发表了文章（Complement proteins bind to nanoparticle protein corona and undergo dynamic exchange in vivo）。

〔**科研经费创历史新高**〕　2016 年，学校科研经费首次突破 13 亿元，达 13.5 亿元，比 2015 年净增 1.35 亿元。其中，自然科学到账经费 12.6 亿元，哲学社会科学到账经费 9 097 万元，均创历史新高。

〔**签署省校共建协议**〕　10 月 24 日，吉林省政府与学校签署了《吉林省人民政府、吉林大学深入实施创新驱动发展战略、建设世界一流大学合作协议书》。“十三五”期间，吉林省将出资 15 亿元支持吉林大学建设世界一流大学和一流学科。同时，吉林省政府、吉林大学与乌克兰国家科学院签署三方共建协议，正式启动官方性质的乌克兰顶尖科学家引进工作。

〔**学校被列入“十三五”国防科技工业局、国家海洋局、教育部共建高校**〕　教育部、国防科技工业局决定在“十三五”期间继续共建一批直属高校，学校成为被纳入共建的 16 所教育部直属高校之一。国家海洋局党组通过了将吉林大学纳入国家海洋局、教育部共同支持建设单位。

〔**招生与就业**〕　2016 年，学校本科生高考成绩高出一本线 50 分的学生比例达 93.5%，高出一本线 100 分的学生比例达 37.1%，提前完成《吉林大学中长期改革与发展规划（2011—2020 年）》制定的目标。2016 年，学校录取线差高于 100 分的省份批次增至 9 个，创历史新高。2016 年，学校全日制毕业生总就业率达 96.13%。举办 2016 年全国高校实践育人暨创新创业现场推进会，学校被教育部评为首批“全国创新创业典型经验高校”。

〔**与内蒙古自治区政府签署战略合作框架协议**〕9 月 28 日，内蒙古自治区政府与学校签署《内蒙古自治区人民政府、吉林大学战略合作框架协议》和《通辽市人民政府、吉林大学科技、教育、人才合作协议》。根据协议，学校充分发挥科技与人才的综合优势，结合内蒙古自治区良好的资源优势和产业优势，重点在科研攻关与协同创新、教育合作、人文社会科学合作研究等方面开展合作。

〔**与长春新区签约校地合作项目**〕　4 月 26 日，国务院批复设立的国家级新区——长春新区揭牌成立。学校校长李元元与长春新区党工委书记孙亚明签署了关于教育、医疗、科技创新等方面合作项目的协议。副校长孙友宏与吉林省华阳集团董事长尹彦利签署了共建吉大华阳玄武岩纤维及制品联合实验室的协议。

〔**承办全国高校实践育人暨创新创业现场推进会**〕　12 月 23 日，由教育部、人力资源和社会保障部、国务院国有资产监督管理委员会主办，学校承办的全国高校实践育人暨创新创业推进会在学校召开，部署推动高校实践育人和创新创业工作，扎实推进校地、校企、校校之间的协同合作。教育部、人力资源和社会保障部、国务院国有资产监督管理委员会相关司局负责人，全国高校实践育人创新创业基地所在单位的负责人及各省（自治区、直辖市）党委教育部门负责人，部分高校、行业、企业代表参加了会议。

〔**学生获奖情况**〕 形成33个系列、91项赛事的校、省、国家三级竞赛体系，学生在相关学科竞赛中获国家级奖项164项，在2016年“创青春”全国大学生创业大赛全国总决赛中获2项金奖、4项银奖、1项铜奖，再次捧得“优胜杯”。

10月29日至31日，在美国加州大学旧金山分校（UCSF）举行的国际生物分子与设计大赛（Biomolecular Design Competition，简称BIOMOD，由哈佛大学创办）2016年度竞赛上，学校派出“NANO-JLU”竞赛队参赛并获金奖，成为内地高校中唯一最终获金奖的院校，同时获得网站Wiki设计最佳设计奖（第三名）；在波士顿海因斯会议中心举办的国际遗传工程机器大赛（international Genetically Engineered Machine Competition，简称iGEM）中，学校“Jilin-China”代表队从来自全球301所高校的参赛队伍中脱颖而出，获得了学校在这项世界赛事上的首个金奖。

〔**教育交流与合作**〕 学校与39个国家和地区的270所高校和科研机构建立了合作关系，比2015年增加25所，其中排名世界前100名的36所，前200名的54所。

〔**与以色列本-古里安大学签署共建中以创新创业中心协议**〕 3月29日，在国务院副总理刘延东和以色列教育部长本内特的见证下，学校与以色列本-古里安大学签署了《吉林大学与本-古里安大学关于共建中以创新创业中心的协议》；与以色列亚洲集团签署了《中国吉林大学与以色列亚洲科技有限公司关于在中国及全球利用以色列原位法开展页岩油和重油项目的框架协议》。

〔**与俄罗斯莫斯科国立大学签署共建历史学研究中心协议**〕 7月5日，学校党委书记杨振斌应邀出席在俄罗斯莫斯科国立大学举行的中俄大学校长峰会并做大会发言。在国务院副总理刘延东和俄罗斯副总理戈洛杰茨的共同见证下，杨振斌代表学校与莫斯科国立大学校长萨多夫尼奇签署两校《关于共建历史学研究中心的协议》。

〔**举行建校70周年庆祝活动**〕 9月16日，学校举行建校70周年庆祝大会。国务院副总理刘延东、第十七届中共中央政治局委员王刚分别做出批示或发来贺信。全国政协副主席王家瑞出席庆祝大会，吉林省委书记巴音朝鲁出席大会并做批示。来自22个国家（地区）和91所高校（科研机构）的海内外嘉宾及学校校友、国内外兄弟院校代表、学校师生代表共1.5万余人参加庆祝大会。教育部副部长杜占元代表教育部向全校师生员工和海内外校友表示热烈的祝贺和诚挚的问候，校长李元元在大会上做主题演讲。当晚，“吉人天下”庆祝学校建校70周年交行之夜晚会在学校举行。

〔**原创话剧《唐敖庆》首演成功**〕 9月10日，由学校创作的大型原创话剧《唐敖庆》举行首演，该话剧所有演职人员均为学校师生。话剧《唐敖庆》以唐敖庆教授的工作、生活为主线，集中展现了以唐敖庆为代表的学校前辈们忠心爱国、刻苦钻研、无私奉献的宝贵品格和崇高情怀，激励和启迪广大师生不断传承吉林大学精神，为学校的建设和发展拼搏奋斗。该话剧入选中国科学技术协会“共和国的脊梁——科学大师名校宣传工程”。

撰稿 高恒飞
审稿 巩英春

东北师范大学

〔**学科建设**〕 2016 年，学校化学、材料科学、工程学、植物与动物科学 4 个学科的 ESI 排名进入全球前 1%，植物与动物科学学科首次进入全球前 1%。学校首次跻身世界大学学术排名 500 强，理科跻身世界 200 强，首次进入 THE 及 U.S. News 世界大学排行榜。

〔**人才培养**〕 学校进一步完善研究生教育质量提升机制，通过“出口”引导“入口”，加强对研究生学位授予环节的质量管控，进一步提高研究生招生质量，在职研究生招生比例继续降低；持续推进硕士研究生课程建设，学校完成 700 多门学术学位专业主干课和 164 门专业学位基础课课程大纲的撰写工作，立项培育研究生教材 22 部，强化课程教学过程管理与监控；初步构建“体验、提升、实践、反思”全程贯通一体化的教育硕士培养模式，大学与优质中学高效联动的协同培养机制基本形成，连续两年入选“国家教育硕士联合培养示范基地”，成为全国 12 所连续两年入选示范基地的高校之一。

〔**师资队伍建设**〕 学校在持续加大高层次人才队伍建设投入的基础上，探索以合同为依据、绩效考核、突出主体的高层次人才薪酬制度改革，推进校院两级共同落实高层次人才待遇，为学校高层次人才队伍建设提供保障。2016 年，在教师队伍总数连续 3 年实现稳定增长的基础上，多项国家级人才称号均实现零的突破。新增国家杰出青年科学基金获得者 1 名，“长江学者”特聘教授 1 人、“长江学者”青年学者 2 人。当代青少年德育研究学科创新引智基地获教育部和国家外国专家局立项资助。与此同时，学校积极完善全员绩效分类考核办法，系统调整基础性绩效和奖励性绩效项目管理办法。为进一步加强职员队伍建设，拓宽管理干部职业发展路径，组织开展首次管理职员评聘“高教管理”系列专业技术职务工作。

〔**科学研究**〕 2016 年，学校获批重大科研项目的层次进一步提升。文科高级别项目立项获重大突破，“国外价值观教育现状调查与可借鉴性研究”获国家社科基金重大项目立项；“马克思主义意识形态理论研究”“我国高素质幼儿园园长队伍建设研究”等 5 个项目获教育部哲学社会科学研究重大课题攻关项目立项资助。从立项数看，国家哲学社会科学基金项目、教育部人文社科项目、全国教育科学规划课题立项数居全国第四位，连续多年位居全国高校前列。1 部专著入选“国家哲学社会科学成果文库”，8 项成果获全国教育科学优秀成果奖，多篇咨询报告得到国家领导人的亲笔批示。东亚文明研究中心、中国农村教育发展研究院入选中国智库索引首批来源智库，14 个研究机构被批准为省级协同创新中心、智库和重点研究基地。

理科获立国家重大项目经费从 2015 年的 9% 增至 27%。从项目数看，国家自然科学基金项目总资助率、青年基金资助率均位居全国高校前列，学校理科青年教师国家自然科学基金覆盖率达 81.2%。作为第一单位发表 SCIE 论文 581 篇，其中高于学科平均影响因子的论文占总篇数的 60%。1 篇论文入选“中国百篇最具影响国际学术论文”。截至 2016 年年底，学校发表的 SCIE 论文累计被引用 4 976 篇、69 702 次，被引次数全国高校排名第 33 位，篇均引用次数全国高校排名第 2 位。10 位教师入选爱思唯尔 2016 年中国高被引学者榜单，入选教师人数在全国科研机构中排名第 33 位，在师范类高校中排名第 2 位。2016 年，学校分子表观遗传学实验室在教育部重点实验室首次评优工作中获评优秀，这是学校在教育部历年评估中的首个优秀实验室，学校 4 个省级重点实验室被评为优良实验室。

〔**学生工作**〕 围绕“立德树人”根本任务，学校把培育践行社会主义核心价值观，增强学生创新精神、实践能力和社会责任感作为重点任务贯彻到教育全过程，人才培养质量稳步提升。本科生科研立项数和高水平论文发表数不断增长，直接参与人数大幅增加，毕业生到国内外知名大学深造的比例逐年增加。学生在第二届“互联网+”大学生创新创业大赛、中国青年志愿服务项目大赛、国际大学生程序设计竞赛等国内外各类高级别赛事中屡创佳绩。完善学生实习及就业基地建设协商机制，凝聚合力拓展就业市场，加快高端就业基地建设，承办教育部全国高校2017届毕业生教育人才招聘会，参会单位数量、质量、签约人数创全国之最，为学校毕业生就业打造了更为广阔的平台。学校毕业生初次就业率连续10余年保持在90%以上，居全国高校前列。学生诚信教育取得良好效果，学生学费连续8年实现100%缴清，贷款毕业生还贷率连续9年保持在95%以上。

〔**思想政治教育**〕 认真贯彻落实习近平总书记在全国高校思想政治工作会议上的讲话精神，紧紧围绕立德树人根本任务，切实加强顶层设计，着力构建“大思政”工作格局，扎实做好师生思想引领。在马克思主义理论学科和哲学社会科学的大学科背景下凝聚合力，以马克思主义理论研究为依托，抓好思想政治理论课这个主渠道建设。2016年，学校马克思主义学院入选全国第二批重点马克思主义学院，成为全国21所入选高校之一。在教育部党组贯彻落实全国高校思想政治工作会议精神座谈会上，学校作为5所发言的高校中唯一一所“211工程”大学，做了经验交流。

〔**党建工作**〕 以“两学一做”学习教育为抓手，将学习教育与学校改革发展紧密结合，发挥基层党组织战斗堡垒作用，推进党建工作与学校中心工作两结合、两促进；探索构建思想政治工作的长效机制，出台《东北师范大学党委意识形态工作责任制实施细则》《加强和改进教职工思想政治工作方案》，推出《东北师范大学师铭》，凝练师德精神，弘扬师德文化，加强师德师风建设。

〔**教育交流与合作**〕 2016年，学校新增长期外国专家12人，共聘请高层次、重点短期外国专家74人。以优异成绩通过国家首批来华留学质量认证，学校外国留学生规模进一步扩大，全年共接收来自108个国家的1 191名留学生到校学习。加大师生海外出访和留学工作力度，全年选派长短期出访教师人数、学生公派出国（境）留学人数稳定增长。东北师范大学罗格斯大学纽瓦克学院开设的物流管理、金融学以及公共事业管理3个专业招生规模进一步扩大。学校5所孔子学院共计招收学员8 000余人，举办各类文化活动近200场次，共有10余万人次参与。学校承办的韩国东亚大学孔子学院获“全球先进孔院”称号。

〔**校园文化建设**〕 学校以“承典塑新、力行致远”为主题，举办建校70周年庆祝大会。以70周年校庆为契机，通过校庆庆祝大会、校庆宣传片、东师口述史、校史图片展等载体，深入挖掘校本文化，回顾伟大历程，凝练东师精神，培育爱校荣校意识，在全校师生中起到了鼓舞士气、统一共识、共谋发展的积极作用。

撰稿　吴　桐
审稿　杨朔镔

东北林业大学

〔**学科建设**〕 2016年，学校拥有3个一级学科国家重点学科、11个二级学科国家重点学科、6

个国家林业局重点学科、2个国家林业局重点（培育）学科、1个重点学科群、7个省重点一级学科。有国家发展改革委和教育部联合批准的国家生命科学与技术人才培养基地、教育部批准的国家理科基础科学研究和教学人才培养基地（生物学），是国家教育体制改革试点学校、国家级卓越工程师和卓越农林人才教育培养计划项目试点学校。

〔**6个学科被评为国家林业局重点学科**〕 3月，学校林学、林业工程、风景园林学、生物学、生态学、农林经济管理6个一级学科被评为国家林业局重点学科，环境与资源保护法学、生药学2个学科被评为国家林业局重点（培育）学科。

〔**新增2个学科进入ESI世界排名前1%**〕 11月，继植物与动物科学学科之后，学校农业科学、化学学科也进入ESI排名全球前1%。

〔**教学科研基地和实践教学基地建设**〕 学校有林木遗传育种国家重点实验室（东北林业大学）、黑龙江帽儿山森林生态系统国家野外科学观测研究站、生物资源生态利用国家地方联合工程实验室（黑龙江）；有森林植物生态学、生物质材料科学与技术、东北盐碱植被恢复与重建3个教育部重点实验室和4个国家林业局重点实验室、5个黑龙江省重点实验室；有1个教育部工程研究中心、3个国家林业局工程技术研究中心、1个高等学校学科创新引智基地，有林学、森林工程、野生动物3个国家级实验教学示范中心和森林工程、野生动物2个国家级虚拟仿真实验教学中心及6个省级实验教学示范中心；有3个国家林业局生态系统定位研究站、1个黑龙江省生物质能技术中试基地、1个黑龙江省哲学社会科学研究基地、3个黑龙江省普通高校人文社会科学重点研究基地、2个黑龙江省中小企业共性技术研发推广中心；有国家林业局猫科动物研究中心等60家研究机构；有帽儿山实验林场、凉水实验林场等7个校内实习基地和264个校外实习基地。

〔**师资队伍建设**〕 2016年，学校有教职员工2 500余人，其中专任教师1 404人，中国工程院院士2人，“长江学者”特聘教授5人，青年“长江学者”1人，国家杰出青年科学基金获得者1人，国家自然科学基金优秀青年科学基金获得者2人，国家“百千万人才工程”入选4人，“新世纪百千万工程”入选6人，“青年人才托举工程”入选1人，“新世纪优秀人才支持计划”入选36人；享受国务院政府特殊津贴专家34人，国家有突出贡献中青年专家3人，省部级有突出贡献中青年专家16人；“龙江学者”特聘教授9人，全国优秀博士学位论文获得者5人，教育部“长江学者和创新团队发展计划”创新团队2个，省领军人才梯队3个。

〔**2人被授予全国优秀科技工作者称号**〕 6月3日，学校森林植物生态学教育部重点实验室教授付玉杰、野生动物资源学院教授张明海被授予第七届全国优秀科技工作者称号。

〔**3人获林业青年科技奖**〕 3月，学校材料科学与工程学院教授谢延军，林学院副教授高彩球、曹传旺获第十三届林业青年科技奖，全国共有20人获此奖项。

〔**1人入选“长江学者”特聘教授**〕 4月20日，学校材料科学与工程学院教授刘守新入选教育部“长江学者”特聘教授，学校“长江学者”特聘教授增至5人。

〔**科学研究**〕 2016年，获批各类项目405项，其中国家自然科学基金49项，到账经费1.12亿元。获各级科技奖励70项，其中黑龙江省科学技术奖14项，第六届梁希林业科学技术奖4项，全国生态建设突出贡献先进集体2个、先进个人3人，黑龙江省第十七届社会科学优秀成果奖11项。四大检索收录学校科技论文1 171篇。申请专利356件，授权专利433件。新成立6个校级科研机构，全校共有科研机构60个。组织申报黑龙江省生态文明与绿色发展智库。成立科技园，注册成立科技服务有限公司，推进科技成果转化平台建设，成为第四批黑龙江省技术转移示范机构。

〔**成立2个工程技术研究中心**〕 3月24日，经国家林业局批准，学校成立了东北乡土树种工程技术研究中心和野生动物保护及利用工程技术研究中心。中心积极探索产学研新模式，强化机制创新，发挥好在技术创新、成果转化以及人才培养等方面的作用，为提升我国东北乡土树种和野生动物保护及利用的科技水平做贡献。

〔**2个期刊被评为中国高校百佳科技期刊**〕 10月26日，《东北林业大学学报》和《林业研究》（英文版）分别入选由中国高校科技期刊研究会组织的"2016年度中国高校杰出·百佳·优秀科技期刊"遴选活动，获评"2016年度中国高校百佳科技期刊"。《林业研究》（英文版）还获评"2016中国最具国际影响力学术期刊"，已经连续3年进入TOP5％期刊。

〔**成立国际项目中心**〕 4月13日，学校与澳大利亚西澳大学签署合作协议，并成立了东北林业大学国际项目中心。根据协议，双方在大数据中外合作办学、本科生联合培养、研究生联合培养以及教师学术交流等方面展开合作。

〔**教学研究与内部评估**〕 2016年，学校立项教学研究课题129项，其中中国高等教育学会重点调研课题1项，实现了国家级教研课题的新突破。获黑龙江省第十七届社会科学优秀成果（教育学）奖3项；5个专业获得认证受理和认证、3个专业参加省级评估；学校获中国林业教育学会优秀团体会员单位称号。

〔**李保国先进事迹报告团离京首场报告会举行**〕 6月14日，河北农业大学李保国同志先进事迹报告团离京首场报告会在学校举行。黑龙江省委副书记黄建盛带领省委组织部、省委宣传部和省委高校工委的有关负责人在报告会前会见了李保国先进事迹报告团成员，全校师生和在哈尔滨的部分高校师生代表聆听了报告。

〔**统战工作**〕 12月14日，中国农工民主党东北林业大学支部获中国农工民主党黑龙江省委评选的思想宣传理论研究工作先进集体称号。12月28日，中国民主同盟东北林业大学委员会获中国民主同盟黑龙江省委评选的参政议政先进集体称号。

〔**举办全国野生动物保护管理学术研讨会**〕 7月19日，2016全国野生动物保护管理学术研讨会在学校举行。来自全国60所高校、研究院所、自然保护区、动物园等野生动物保护的学者、代表参加了会议。本次研讨会包括2016全国野生动物保护管理学术研讨会、野生动物与自然保护区管理本科专业建设高峰论坛、第七届东北三省动物学研究与保护学术论坛、全国动物园建设与发展研讨会4个会议。会上，来自全国的专家、学者分别从中国自然保护区建设事业的发展、划定生态保护红线的思考、圈养东北虎性信息素的初步研究等方面进行了研讨和学术交流。

〔**中华人民共和国濒危物种进出口管理培训基地揭牌成立**〕 7月20日，中华人民共和国濒危物种进出口管理培训基地在学校揭牌成立，标志着学校可以对全国相关工作人员进行持续培训，从而提高工作人员队伍素质，促进我国濒危动植物进出口管理的稳步发展。揭牌仪式上，学校与中国动物园协会签署了中国动物园行业职业再教育培训中心合作协议。

〔**承办第一届全国林学学科建设高峰论坛**〕 7月26日，由国务院学科评议组林学组和全国林业硕士教育指导委员会联合主办，学校承办的第一届全国林学学科建设高峰论坛在学校举办。论坛以"建世界一流林学学科，服务国家生态文明建设"为主题，围绕行业特色和高校一流学科建设，特别是林学学科建设、研究生教育、行业服务等相关问题进行研讨，旨在创新学科建设思路、强化特色学科建设、推进一流林学学科建设、提高高校学科建设水平。第七届国务院学科评议组林学组全体成员、全国林学一级（二级）学科学位授权的25家单位的70余位专家学者参加了论坛。

〔**招生与就业**〕　2016年，学校有全日制在校生23 510人，其中博士研究生1 053人、硕士研究生3 436人、本科生18 809人、留学生212人。在全国31个省（自治区、直辖市）均为一批次录取新生4 818人，生源质量逐年提高。2016届本科毕业生4 561人，就业率达94%，同比2015年稳中有升。

〔**1人获中国青少年科技创新奖**〕　7月13日，学校生命科学学院2012级本科生李林格获共青团中央、全国青年联合会、全国学生联合会、全国少年先锋队全国工作委员会联合开展的第十届中国青少年科技创新奖。

〔**2个项目获中国青年志愿服务项目大赛银奖**〕　12月3日，在第三届中国青年志愿服务项目大赛暨志愿服务交流会上，启明星志愿者协会"开启温暖课堂，点亮城市星光"项目和研究生支教团"花开成荫·益暖苗乡"山区学生关爱计划项目获银奖。

〔**2个团支部获全国高校"活力团支部"称号**〕　12月30日，学校材料科学与工程学院林产化工专业2015级1班团支部和经济管理学院公共事业管理专业2014级1班团支部获2016年全国高校"活力团支部"称号。

〔**学生获奖情况**〕　10月13日，学校信息与计算机工程学院学生代表队获第十届国际大学生iCAN创新创业大赛中国总决赛一等奖。11月，本科生团队NEFU-China获2016年国际遗传工程机器大赛银奖。1月15日，学校研究生支教团获由共青团中央、《光明日报》和中国青年志愿者协会共同组织评选的"2015镜头中的最美支教团"称号。4月11日，经济管理学院9#C364男生寝室获2015年度"中国大学生百炼之星"称号。3月，学校学生焦骄、赵盼盼、陈素素、万才超获第五届梁希优秀学子奖。5月22日，学校交通学院学生在第十一届全国大学生交通科技大赛中获二等奖和三等奖各1项。6月18日，学校园林学院压花屏风作品获第三届全国压花作品比赛金奖。5月28日，学校经济管理学院统计学专业学生在第六届全国大学生市场调查与分析大赛中获一等奖2项、二等奖1项、三等奖1项。7月20日，学校在第十六届全国大学生游泳锦标赛上共获13枚金牌、4枚银牌、5枚铜牌。7月26日，学校研究生院研究生连博琳等完成的"艾铂丽"智能空气净化机器人获第十五届全国大学生机器人大赛创业计划赛一等奖。8月20日，学校在第十一届全国大学生智能汽车竞赛总决赛中获全国一等奖1项、二等奖3项。9月26日，学校机电工程学院通信工程专业学生代表队获全国大学生移动通信技术大赛特等奖。同日，学校园林学院学生作品《麦田上的守护者——大庆市废弃采油区景观再生设计》获2016年中国风景园林学会大学生设计竞赛研究生组一等奖。10月，学校绿色使者志愿者协会被评为第七届"母亲河奖"绿色团队。10月，学校在2016年中国大（中）学生体育舞蹈联赛中获12项冠军及团体总分冠军。11月，学校外国语学院俄语系学生团队在第六届中国东北地区和俄罗斯远东地区高校大学生俄语比赛中获评委会特别大奖。11月13日，学校在2016中国教育机器人大赛中获全国一等奖3项、二等奖6项。12月，学校在2016全国大学生数学建模竞赛中获全国二等奖10项。12月9日，学校材料科学与工程学院学生万才超、焦月、郝明超凭借科技发明"基于纤维素气凝胶的环境友好型高效吸附及油水分离材料"获第一届全国农林院校研究生学术科技作品竞赛特等奖，另外还有5件学生作品获大赛三等奖，学校获优秀组织奖。

〔**获黑龙江省征兵工作先进单位**〕　4月19日，学校获黑龙江省征兵工作先进单位称号。学校多措并举，重点在宣传动员上下功夫，2016年征兵人数创历史新高，达53人，受到《中国教育报》、中国新闻网、东北网、网易新闻、中青在线等多家媒体的关注。

撰稿　朱立明
审稿　雒文虎

复旦大学

〔**刘云山等到校视察调研**〕 6月19日，中共中央政治局常委刘云山到校调研，中共中央宣传部部长刘奇葆、上海市委书记韩正参加调研活动。刘云山先后考察了学校马克思主义学院、中国研究院的教学和科研情况，并到任重书院7号楼党团活动室就马克思主义理论教学、大学生思想政治教育、智库建设等与师生深入交流。4月21日，全国政协副主席、科技部部长万钢到校调研学校光纤研究中心。4月26日，上海副市长周波到校调研学校服务上海科创中心建设工作。5月19日，上海市委书记韩正、市长杨雄调研学校附属肿瘤医院质子重离子中心。5月27日，上海市委常委、宣传部部长董云虎调研学校宣传思想工作。8月8日，全国政协副主席韩启德调研学校上海医学院工作。11月22日，中共中央宣传部副部长到校调研思想政治理论课和思想政治教育工作。12月5日，教育部部长陈宝生一行到校视察学校马克思主义学院和中国研究院建设情况，观摩思想政治课教师"治国理政"课程研讨会，并到"中国近现代史纲要"课堂上听课。12月27日，全国人大常委会副委员长陈竺调研复旦大学上海医学院和医学教育改革工作。

〔**学校发展规划与学科建设**〕 2016年，《复旦大学"十三五"发展规划》上报教育部核准备案。学校17个学科进入ESI全球前1%，化学、材料科学和临床医学进入全球前1‰。成立大气科学研究院、中西医结合研究院、六次产业研究院等研究机构。推动大数据学院、上海数学中心谷超豪所、类脑智能科学与技术研究院建设。新增理论经济学为上海市Ⅰ类"高峰"学科，牵头上海市Ⅳ类"高峰"学科电子科学与计算机的建设。组织编制《复旦大学一流大学建设总体方案》。正式发行《复旦大学章程》英文版（*The Consititution of Fudan University*）。完成第四轮学科评估申报工作，全校42个一级学科中有38个学科参评。

〔**人才培养**〕 2016年，学校先后召开本科教育工作会议、本科招生工作会议，启动实施一流本科教育"2020行动计划"。加强课程建设，全年共计开设各类本科课程6 625门次，新建10门通识教育核心课程。推动人才培养模式改革创新，研究制定本、研贯通培养方案，试点实施"本科荣誉项目"；推动本科教学实验室建设，2个实验教学中心获批国家级实验教学中心或示范中心；推进创新创业教育，学校入选全国首批深化创新创业教育改革示范高校和首届创新创业典型经验50强高校。

提升研究生培养质量，抓好研究生课程建设，完成专业学位培养质量检查；成立导师服务中心；修订完善临床医学专业学位博士培养方案，加强医学研究生课程体系建设。

〔**师资队伍建设**〕 新增"长江学者"特聘教授14人，上海市领军人才6人，上海市"东方学者"13人，上海市青年拔尖人才5人。全年共新进教师42人，引进各类高层次人才192人。深化教师高级职务聘任改革，完善人才队伍分类管理体系，推进收入分配改革。召开人才工作会议，启动"卓越2025"人才计划。举办首届光华青年学者论坛。

〔**科学研究**〕 学校理、工、医科到账科研经费17.61亿元。新增科研项目1 335项，其中国家重点研发计划项目29项，国家自然科学基金立项601项。获国家科学技术奖1项、教育部科技奖6项、上海市科技奖15项、何梁何利基金科学与技术进步奖1项。国家级科研平台——老年医学国家临床医学研究中心建设获科技部批准立项；持续性感染与疾病创新引智基地入选高等学校学科创新引智计划；医学表观遗传与分子代谢示范性国际科技合作基地获批国家国际科技合作基地。生物多样性与生态工程教育部重点实验室获评优秀。申请国内专利599项，获授权专利386项。全年签订专利许可和转让合同金额达5.23亿元，同比增长44.8倍。召开科技工作会议，提出“跨越2025”科技能力提升计划，对学校“十三五”科技工作进行部署。

哲学社会科学全年到账科研经费1.3亿元。获国家社科重大项目8项，教育部人文社会科学研究重大攻关项目1项。获上海市第十一届中国特色社会主义理论体系研究和宣传理论优秀成果奖、第十三届哲学社会科学优秀成果奖99项，其中学校出土文献与古文字研究中心教授裘锡圭主编的《长沙马王堆汉墓简帛集成》获特等奖，中文系教授许宝华、历史地理研究所教授邹逸麟获学术贡献奖。在新一轮教育部人文社科重点研究基地评估中，学校4个重点研究基地测评为优秀。新增部委和省市级基地5个。

〔多篇论文在国际学术刊物上发表〕 1月21日，《新英格兰医学杂志》（*The New England Journal of Medicine*）刊载学校生物医学研究院副研究员王磊课题组论文。1月，《科学进展》（*Science Advances*）刊载化学系教授夏永姚课题组研究成果。3月4日，《科学》刊载学校常务副校长包信和、中国科学院大连化学物理研究所研究员潘秀莲研究团队研究成果。4月7日，《细胞》（*Cell*）刊发生物医学研究院教授蓝斐实验室和施扬、石雨江实验室合作论文。4月12日，《自然·纳米技术》刊载物理系教授张远波课题组成果。4月26日，植物学顶级期刊《植物细胞》（*The Plant Cell*）在线刊登生命科学学院教授马红团队研究成果。7月，《癌细胞》（*Cancer Cell*）刊载附属华山医院教授钦伦秀合作论文。9月8日，《自然》刊发材料科学系与聚合物分子工程国家重点实验室教授俞燕蕾团队研究成果。10月，《脑》（*Brain*）刊载类脑智能科学与技术研究院院长冯建峰团队研究成果。12月5日，《自然》在线刊发物理系教授赵俊与陈钢课题组研究成果。

〔智库建设〕 学校与中央对外联络部共同发起“一带一路”国际智库联盟并举办论坛；与12家高校和科研院所共同发起“长江经济带智库合作联盟”；举办上海论坛、中国大学智库论坛等。以学校发展研究院、国际问题研究院、中国研究院等智库为依托，做好决策咨询服务。

〔入选第一批全国重点马克思主义学院〕 1月20日，在推进全国重点马克思主义学院建设工作会议上，确定包括学校在内的9所高校的马克思主义学院为第一批全国重点马克思主义学院。

〔成立大气科学研究院〕 4月29日，学校成立大气科学研究院，中国科学院院士张人禾任院长。

〔党建和思想政治工作〕 2016年，学校党委学习贯彻党的十八届六中全会和全国高校思想政治工作会议精神，开展“两学一做”学习教育。在宣传思想工作方面，落实校院两级意识形态工作责任制；强化各类宣传思想阵地管理，进一步明确论坛、讲座、报告会、研讨会、新媒体及校内出版物管理规定。成立学校社会声誉建设委员会。加强思想政治理论课学科、教学、课程、教材体系建设，在全国高校率先开设“治国理政理论与实践”课程。向《人民日报》《光明日报》《红旗文稿》《求是》等推荐发表学校专家学者理论文章46篇。在加强师生思想政治教育方面，围绕庆祝中国共产党成立95周年、纪念红军长征胜利80周年开展系列主题教育活动，引导学生坚定“四个自信”；选树学校医学院卫生部医学分子病毒学开放实验室主任闻玉梅、信息科学与工程学院教授金亚秋、附属金山医院国际造口师蔡蕴敏等一批教书育人、科研创新、救死扶伤的先进典型；组织教师赴承担国家重大战略任务的重点行业、重点单位进行实践考察。在加强基层党组织和党员队伍建设方面，深化“党支部建设年”各项要求，立项资助党建特色项目137项，表彰优秀组织生活案例57项；全年发展新党员831名。在干部队伍管理方面，全年共开设干部教师培训班次14个，参训823人；选派39名干部赴校外挂职锻炼。推进党风廉政建设，深化落实中央关于改进工作作风、密切联系群众的八项规定精神，修订完善学校公务接待、差旅、因公临时出国（境）、公务用车、节能等制度，严格“三公”经费支出。全年分两批对9家单位开展校内巡视巡察。完成各类审计项目351项，对近3年经济责任审计查出的问题整改情况开展专项检查。此外，完成区县人大代表选举工作，全校共产生20名区人大代表。

〔**社会服务**〕 对接上海科创中心建设，重点布局和推进精准医学与健康、微纳电子与量子器件、脑科学与类脑人工智能、能源和环境、大数据试验场建设，正式启动“上海精准医学产学研创新联盟”，牵头成立全国首个大数据试验场联盟；推进张江研究院发展；获上海科技创新行动计划优先启动重大项目立项10项；对接区域发展需求，服务科创中心核心功能区、重要承载区的建设。

〔**加强校地、校企合作**〕 2016年，学校与校、地、企共签署重要合作协议19项。推进云南省大理州永平县定点扶贫工作，入选教育部直属高校精准扶贫精准脱贫十大典型项目。加大对口支援云南大学、河西学院、重庆医科大学等西部高校的力度。

5月9日，学校与广西壮族自治区签署战略合作协议，共建海上丝绸之路与广西区域发展研究院。5月28日，与广西投资集团有限公司合作成立复旦广投研究中心。9月29日，与山东省青岛市以及黄岛区签署战略合作协议，成立复旦大学青岛研究院。11月17日，与上海市黄浦区、泛海集团三方合作共建复旦泛海国际金融学院。

〔**举办2016年二十国集团青年会议**〕 7月27日至29日，二十国集团框架下唯一的青年交流活动——二十国集团青年会议在学校举行。会议主题为“推动青年创新，实现共同愿景”。来自二十国集团成员国、嘉宾国和国际组织的青年代表100余人参加会议。

〔**教育交流与合作**〕 2016年，校级层面共接待外事到访约4 000人次。派出交流学生3 063人，接收各类外国留学生6 348人次。新签、续签校际协议、备忘录40余项。开拓短期学生交流项目，新增英国剑桥大学、伦敦国王学院、伦敦政治经济学院和美国杜克大学等暑期项目。主办或承办国际及地区学术会议98个，到访长期专家137人、各类短期专家3 410人。与伦敦政治经济学院签约共建全球公共政策学院，与美国约翰斯·霍普金斯大学合作建设临床科研中心。举办“中美大学智库对话”、“中英大学智库对话”、“上海—加州创新对话”、复旦科技创新论坛等活动。

〔**举办中英高级别人文交流机制第四次会议配套活动**〕 12月5日，中英高级别人文交流机制第四次会议配套活动“中英大学智库对话：中英关系与全球治理”在学校开幕。该活动由复旦大学、清华大学、谢菲尔德大学、伦敦政治经济学院共同策划组织。12月6日，配套活动“中英大学人文与智库对话”开幕式举行。开幕式上，学校与伦敦政治经济学院签署合作协议，建立两校战略伙伴关系，共建复旦伦敦政经全球公共政策学院。

〔**举行第二届复旦科技创新论坛暨第一届“复旦—中植科学奖”颁奖典礼**〕 12月17日，第二届复旦科技创新论坛暨第一届“复旦—中植科学奖”颁奖典礼在上海市举行。美国免疫学家詹姆斯·艾利森（James Allison）、日本免疫学家本庶佑因在人类肿瘤免疫治疗方面做出的杰出贡献获首届“复旦—中植科学奖”。

〔**附属医院建设**〕 实施学校附属医院发展行动计划，提升临床医学学科建设能力。继续推动学校附属肿瘤医院质子重离子中心建设，着力加强“复旦—闵行”医教研协同型健康服务体系建设和多个医联体建设，认真做好住院医师和专科医师规范化培训工作，在服务医疗卫生体制改革、探索分级诊疗模式方面做出积极贡献。推进与地方和区域医疗合作共建，继续推动5家筹建附属医院建设，着力支持附属中山医院、厦门医院建设。2016年，学校11家附属医院全年门诊、急诊次数超过2 100万，住院手术人次逾37万人。

撰稿　甄炜旎　许　丽
审稿　罗英华

上海交通大学

〔**领导到校视察**〕　2016年2月18日，上海市副市长周波率市相关部门到学校和学校紫竹园区调研。2月23日，上海市统战部部长沙海林到学校闵行校区调研。3月11日，上海市副市长蒋卓庆带队到学校徐汇校区调研。3月23日，全国人大常委会副委员长沈跃跃到学校调研。3月29日，全国人大常委会副委员长严隽琪到学校徐汇校区调研。4月7日，教育部副部长杜占元、上海市副市长翁铁慧一行到学校医学院调研。4月29日，上海市副市长周波率市相关部门到学校调研。5月24日，上海市委宣传部部长董云虎一行到学校调研。6月15日，上海市委书记韩正和市领导沈晓明、尹弘、周波一行到学校上海智能制造研究院调研。6月19日，中共中央政治局常委刘云山到学校详细了解大学生思想政治教育工作和基层党组织建设工作。中央宣传部部长刘奇葆、上海市委书记韩正等有关领导一同视察。8月25日，全国人大常委会副委员长陈竺一行到学校嘉兴科技园实地考察。10月8日，上海市副市长陈寅到学校闵行校区调研。11月2日，国家发展和改革委员会副主任林念修一行到学校医学院附属瑞金医院调研。11月29日，中国工程院主席团名誉主席、中国工程院院士徐匡迪到学校调研。12月5日，教育部部长陈宝生、上海市副市长翁铁慧等到学校徐汇校区调研视察。12月27日，陈竺到学校医学院调研。12月30日，教育部副部长沈晓明一行到学校调研。

〔**专业和学科建设**〕　2016年，学校设有本科专业64个，一级学科博士学位授权点38个，一级学科硕士学位授权点56个；博士专业学位授权点3个，硕士专业学位授权点23个；博士后科研流动站35个。有国家一级重点学科9个，国家二级重点学科11个。

〔**推进和完善现代大学制度建设**〕　完成学校“十三五”规划编制工作，校院签署“十三五”建设协议书，首次将党建工作、学生工作纳入协议考核指标。校院二级财务管服体系基本建立，学院综合预算框架初步形成。制定《上海交通大学内部控制建设与实施办法》。推进“一门式”服务体系建设。

〔**人才培养**〕　入选首批国家“双创”示范基地，获评教育部首批创新创业典型经验高校和深化创新创业教育改革示范高校。坚持立德树人，不断加强和改进大学生思想政治工作，学校主要领导带头上思想政治理论课。到重点行业和基层就业率提升至65%以上，有48名本科生应征入伍，再创历年新高。新增上海市精品课程6门、上海市示范性全英文课程1门。举办首届研究生“学术之星”评选。博士生学术就业比例超过50%，本科毕业生继续深造率超过65%。48篇博士学位论文、28篇硕士学位论文入选2015年上海市研究生优秀成果。校本部理科招生分数线在14个省市位列全国第3名、13个省市位列第4名，文科招生分数线在16个省市位列第3名，医学院在25个省市的本科录取分数线进入前10名。学校来自“985工程”高校或国家重点学科博士生生源率达88%。

〔**师资队伍建设**〕　制定《上海交通大学关于深入推进人才强校主战略的实施意见》。推进学术荣誉体系和长聘教职体系建设，5 个首批试点院系完成长聘教职评聘工作，成立文科师资建设委员会及长聘体系建设委员会。全年新增讲席教授 31 人、特聘教授 33 人、长聘教授 60 人、特别研究员 76 人、特别副研究员 21 人。分别出台加强专职教学队伍、专职工程队伍建设的实施意见和专业技术职务聘任实施办法。新设立“唐立新优秀学者奖”“仲英青年学者项目”，出台并实施《上海交通大学博士后队伍建设改革实施方案》。6 人获国家杰出青年科学基金，4 人入选教育部“长江学者”特聘教授，8 人入选“长江学者”青年学者项目，新增 1 个国家自然科学基金创新研究群体项目。截至 2016 年年底，学校共有院士 45 人，“长江学者”特聘教授 99 人、“长江学者”讲座教授 41 人，“973”项目首席科学家 35 人，重大研究计划项目首席科学家 14 人。新增 11 名国际学术组织会士 (Fellow)。医学院附属第六人民医院教授贾伟平获何梁何利科学与技术进步奖，机械与动力工程学院教授高峰、数学科学学院教授王维克、医学院附属新华医院教授蔡威、医学院附属第九人民医院教授蒋欣泉、医学院附属人民医院教授李明华获全国优秀科技工作者称号，学校青年教师刘畅、乐飞分获全国教学竞赛一等奖、二等奖，数学科学学院教授范金燕获中国青年女科学家奖荣誉称号，凯原法学院教授李学尧获全国十大青年法学家。

〔**科学研究**〕　2016 年，学校成立国家战略研究院、中国城市治理研究院、中国质量发展研究院、上海智能制造研究院、上海市大数据技术与应用创新中心。SCI 收录文献 6 027 篇，其中卓越论文 2 497 篇，首次双双居全国高校第一位。国家自然科学基金总项目数、总经费、面上项目数和青年项目数继续保持全国第一位。国家重点研发计划立项表现突出。获国家科学技术奖 4 项。获教育部科学技术奖一等奖 12 项，居全国高校首位。2 项成果入选 2016 年度《科技导报》中国十大科学进展，1 人获青年科学奖。获上海市科学技术奖特等奖 1 项、一等奖 11 项，1 人获青年科技杰出贡献奖。学校与中国商用飞机有限责任公司、中航工业第一飞机设计研究院签署战略合作协议，开展“大飞机国家实验室”论证，与中国商用飞机有限责任公司共建上海民机试飞工程技术研究中心，与上海审定中心共建大型客机适航审定联合研究中心。共获文科各类基地与智库项目 41 项，新增上海市哲社创新研究基地 2 个、教育立法咨询与服务研究基地 1 个。马克思主义学院入选上海市首批示范马克思主义学院，成立中国特色社会主义理论体系研究和教育中心。

〔**“捕获”马约拉纳费米子**〕　6 月 22 日，学校教授贾金锋科研团队在实验室里成功“捕获”到了一种物理学家寻找多年的神秘粒子——马约拉纳费米子。这种粒子既是困扰物理学界 80 多年的正反粒子同体的特殊费米子，也是未来制造量子计算机的可能候选对象。美国东部时间 6 月 21 日，国际顶级物理学期刊《物理评论快报》（*Physical Review Letters*）在线发表了贾金锋及其合作者的论文。

〔**PandaX-Ⅱ实验对暗物质粒子特性做出迄今最强限制**〕　9 月 16 日，学校主导的 PandaX-Ⅱ暗物质探测国际合作组在国际顶级物理学期刊《物理评论快报》正式发表了 500 公斤级液氙探测器低本底运行 80 天的暗物质探测结果。这是世界上正式发表的灵敏度最高、曝光量最大的液氙暗物质探测结果，对暗物质粒子的性质做出了迄今最强限制。

〔**李政道研究所成立**〕　11 月 28 日，李政道研究所在学校成立。李政道研究所是国家正式批复的从事前沿基础物理研究的国家级新型研究机构，由教育部和科技部共同牵头，联合上海市政府、国家自然科学基金委共同支持。李政道研究所由学校承担建设任务，将通过顶层设计和体制机制创新，为全球顶级科学家和青年科学家创造世界一流的研究环境和氛围。研究所建立初期将设立基本粒子物理、天文与宇宙学、量子科学与技术三个相关的研究分部。

〔**ESI 学科榜学校连中三元**〕　5 月 27 日，ESI

数据库学科排名中，学校再获佳绩，工程学实现全球前万分之一学科的突破，化学学科跻身全球前1‰行列，微生物学科再次入选全球前1%学科。截至2016年年底，学校在17个学科大类入选为全球前1%机构，其中工程学、材料科学、临床医学、化学4个学科跻身全球前1‰行列，1‰学科数位列全国高校第三位。

〔**校园文化建设**〕　学校再次获全国校园文化建设优秀项目特等奖。入选2016年教育政务新媒体综合力十强（高校第一名），学校官方微博、官方微信年度影响力指数均列全国高校第一位。推出学校内宣微信号“源1896”。

〔**举办120周年校庆**〕　2016年，适逢学校120周年校庆，中共中央原总书记、1947届校友江泽民发来贺信，国务院副总理刘延东做出批示。4月8日，建校120周年纪念大会在学校举行，上海市市长杨雄、教育部副部长杜占元出席纪念大会并讲话，学校党委书记姜斯宪主持纪念大会，校长张杰做主题演讲。会上，学校与西安交通大学、西南交通大学、北京交通大学及新竹交通大学携手共同发布《交通大学赋》。校庆期间，学校还举办了世界一流大学校长论坛等学术活动和校庆晚会等文化宣传活动。

〔**学校领导班子调整**〕　1月28日，教育部党组决定：范先群任中共上海交通大学委员会委员、常委、副书记（正局级）；免去孙大麟中共上海交通大学委员会副书记、常委职务。8月23日，教育部决定：免去梅宏上海交通大学副校长职务。教育部党组决定：免去梅宏中共上海交通大学委员会常委、委员职务。

〔**《上海交通大学史》出版**〕　4月5日，八卷本《上海交通大学史》正式出版发行。《上海交通大学史》历时10余年完成，全景式展示了学校自1896年建校至2006年110年的历程，是国内校史研究中规模最大的一部大学通史著作。该书按学校发展不同历史阶段分为八卷，分别是《南洋公学》《创建近代工科大学》《建成理工管结合的工科大学》《战争环境下坚持办学》《新中国的多科性工业大学》《转型为国防工业大学》《综合性理工大学》《建设世界一流大学》，总计约350万字。

〔**党建工作**〕　深入学习贯彻习近平总书记系列重要讲话、十八届六中全会和全国高校思想政治工作会议精神，认真组织开展“两学一做”学习教育。落实学校意识形态工作责任制，落实校领导联系基层党支部制度，分别形成教职工和学生党建情况分析报告。成立统一战线工作领导小组，完成党委办公室、校长办公室的合并以及规划发展处、改革与发展研究室、“211工程”“985工程”办公室的合署；将书记季度座谈会和校院长季度联席会统筹为校院领导交流会。

〔**校地合作与社会服务**〕　与上海市杨浦区续签战略合作协议，进一步深化与浦东新区、徐汇区、闵行区、奉贤区以及上海市规划和国土资源管理局、环境保护局、质量技术监督局等单位的合作。与四川省和云南省签署战略合作协议，有序推进云南（大理）研究院建设和四川研究院筹建工作。定点帮扶云南省洱源县工作获教育部直属高校精准扶贫精准脱贫十大典型项目。

〔**教育交流与合作**〕　与日本大阪大学、新加坡国立大学开展联合培养博士学位项目，实现与世界一流大学博士联合培养“零”的突破；与英国爱丁堡大学在上海市临港地区筹建中英国际低碳学院；发起成立“一带一路”科技创新联盟；与澳大利亚阿德莱德大学合作成立中国—澳大利亚谷类和健康联合研究中心；与瑞典皇家理工学院签署战略合作发展基金协议。学校名誉教授霍普克罗夫特（John Hopcroft）获外国专家最高奖“中国政府友谊奖”，学校讲席教授林德奎斯特（Anders Lindquist）获上海市“白玉兰纪念奖”。学校密西根学院2个本科专业通过ABET认证。主办中国C9联盟—英国罗素研究型大学集团圆桌会议，与新加坡国立大学联合主办全球高校领导力革新峰会。全校本科生海外游学比例首次突破40%，1 000余名研究生在国际暑期学校中受益，资助近300名研究生赴海外参加高水平国际学术会议。

〔**签署《上海宣言》**〕 4月7日，2016世界一流大学校长论坛在学校举行，国内外30多所一流大学校长就“高校创新能力建设与创新驱动发展战略”展开研讨。教育部副部长杜占元、上海市副市长翁铁慧、学校党委书记姜斯宪出席论坛并致辞，校长张杰做主题报告。论坛期间，中国C9高校联盟、香港3所高校（H3）与澳大利亚8校联盟、欧洲研究型大学联盟、英国罗素大学集团联合签署了《上海宣言》意向书，呼吁全球创新型大学共同致力于更加创新的研究，培养创新人才、促进创新思维、联结创新网络。

〔**学生获奖情况**〕 学校学生在国家级及以上高水平竞赛中获奖超1 400人次；第六次获ACM国际大学生程序设计总决赛金牌。

撰稿　章玲苓

审稿　张　凯

同济大学

〔**编制学校发展规划**〕 2016年，编制完成《同济大学“十三五”及中长期规划纲要》并提交教育部备案，开展“世界一流大学和世界一流学科”建设规划方案的编制工作。

〔**学科建设**〕 学校学科设置涵盖工学、理学、医学、管理学、经济学、哲学、文学、法学、教育学、艺术学10个门类。有硕士学位一级学科授权点45个，专业硕士学位授权点17个，工程硕士授权领域26个，博士学位授权学科点涵盖一级学科30个，专业博士学位授权点3个，博士后流动站25个。其中，国家一级重点学科3个，国家二级重点学科（含培育）10个，上海高校一流学科17个。拥有3个国家重点实验室、1个国家工程实验室、1个国家协同创新中心、1个国家大型科学仪器中心、5个国家工程（技术）研究中心以及38个省部级重点实验室和工程（技术）研究中心。土木工程、城乡规划学（含建筑、风景园林）、海洋科学、交通运输工程获批为上海市Ⅰ类、Ⅱ类“高峰学科”，并已开展实质性自主建设。设计学进入上海市Ⅳ类“高峰学科”。45个学科参加教育部第四轮学科评估，以评估为契机优化学科结构，对9个学科进行调整，包括4个一级学科硕士点和5个二级学科硕士点。ESI数据显示，8个学科进入全球总被引前1%，其中工程学科进入前1‰。在QS排名中，土木工程、建筑与建成环境、设计与艺术3个学科进入前50名。

〔**教育教学**〕 开展综合评价录取改革试点，推出面试加特色测试的自主招生改革。生源质量稳居全国第十位左右。2016年，学校本科招生4 075名，录取硕士研究生4 303名，招收博士研究生944名。全日制毕业生共计8 131人，就业率达97.96%，大批毕业生响应国家号召，奔赴中西部就业。

将“四学一量”落实并贯穿人才培养全过程，进一步整合校内资源，成立创新创业学院。获批教育部第二批“全国高校实践育人创新创业基地”，入围全国首批深化创新创业教育改革示范高校。学校在2016年度“创青春”全国大学生创业大赛中捧得“优胜杯”，在“互联网+”全国大学生创业大赛中获“全国优秀集体奖”。

推进思想政治理论课程改革，首开“中国道路·名师讲坛”。推进研究生培养机制改革，加强学科交叉、国际合作，突出创新创业能力培养。创新型研究生培养体系成果获国家级研究生教育成果奖。

〔**师资队伍建设**〕　学校拥有专任教师 2 708 人，其中专业技术职务正高级 945 人，中国科学院院士 9 人，中国工程院院士 8 人（含中国工程院外籍院士 1 人），第三世界科学院院士 2 人，美国工程院外籍院士 1 人，瑞典皇家工程科学院外籍院士 1 人。教育部“长江学者奖励计划”特聘（讲座）教授 27 人，国家重点基础研究发展计划首席科学家 23 人，国家重点研发计划首席科学家 11 人，国家杰出青年科学基金获得者 42 人，国家级教学名师 5 人。有国家自然科学基金创新群体 7 个，教育部创新团队 9 个，国家级教学团队 6 个。

〔**人才支撑**〕　探索高层次人才引进与培养新机制，完善高层次人才服务体系，实施以工作目标任务为导向的高层次人才薪酬改革。举办国际青年学者论坛，为申报国家级人才计划建设的后备人才库积蓄力量。提高职称晋升要求，推进实施代表性成果网上送审系统和代表性成果学术水平评价子系统。要求各学科明确标兵与追兵，制定符合一流学科建设需求的高级专业技术职务晋升标准和岗位职责。打破年限要求和论资排辈观念，鼓励优秀青年教师脱颖而出。

推进校院两级管理，明确基本岗位职责，优化师资队伍结构，推进教师分类管理。提出以强化教职员工薪酬和绩效津贴发放体系改革为核心，统筹使用校内各项经费中的人员经费部分。

〔**11 人入选国家“杰青”“优青”**〕　12 月，2016 年国家杰出青年科学基金、优秀青年科学基金资助项目陆续公布，学校航空航天与力学学院教授李岩、土木工程学院教授黄雨、环境科学与工程学院研究员张亚雷、附属第十人民医院教授王平获国家杰出青年科学基金资助；材料科学与工程学院教授许维、附属肺科医院教授贾鑫明、测绘与地理信息学院教授李博峰、环境科学与工程学院研究员吕凡、电子与信息工程学院教授王瀚漓、附属肺科医院副教授张鹏、附属第一妇婴保健院教授毛志勇获国家优秀青年科学基金资助。

〔**科学研究**〕　学校主持的项目获国家科技成果奖 5 项，参与的项目获国家奖 3 项，其中“航天重大工程的遥感空间信息可信度理论与关键技术”项目获国家科技进步一等奖，主持项目“工程结构抗灾可靠性设计的概率密度演化理论”获国家自然科学二等奖。获批 2016 年国家自然科学基金项目 443 项，经费超 2.4 亿元，位列全国高校第九位。其中创新研究群体 1 项，国家杰出青年科学基金 4 项，国家优秀青年科学基金 7 项，重点项目 8 项，面上项目 240 项，青年基金 155 项，创学校历史最好成绩。学校教师牵头主持“十三五”国家重点研发计划重点专项项目 11 项，作为课题负责人承担课题 35 项，总经费列全国高校前十名。获国家社科基金、教育部人文社科基金和上海市哲学社会科学规划课题等国家级、省部级项目 38 项，其中国家社科基金重大项目 3 项。2016 年，到账科研经费超过 13 亿元，保持稳定增长。

国家重大基础科研设施国家海底长期科学观测系统进入正式建设期，心律失常教育部重点实验室评估获优秀，生态城市设计国际合作联合实验室、交通安全创新引智基地、地震工程国际合作中心分别获教育部、科技部立项。

〔**新增机械、土木 2 个国家实验教学中心**〕　2 月，学校机械实验教学中心被批准为国家级实验教学示范中心，土木工程虚拟仿真实验教学中心被批准为国家级虚拟仿真实验教学中心。截至 2016 年年底，学校已拥有 6 个国家级实验教学示范中心和 3 个国家级虚拟仿真实验教学中心，覆盖土木工程学院、建筑与城市规划学院、环境科学与工程学院、电子与信息工程学院、航空航天与力学学院、机械与能源工程学院、汽车学院、中德工程学院、软件学院等。同时，学校还建有一批上海市实验教学示范中心和校级实验教学示范中心。借助各级实验教学中心平台的支持，一大批学生在国内外各类学科、专业、创新、创业及科技大赛中获奖。在上海市教学成果奖评审中，学校有 3 项实验教学成果获一等奖。

〔**获国家自然科学基金项目数位列全国高校第**

九位〕 8月18日，2016年度国家自然科学基金申请项目评审结果公布，学校获各类项目立项共420项，总资助金额2亿多元，在全国高校中排第九位，比2015年提升三位。

〔高绍荣教授实验室在《自然》杂志发文揭示表观遗传学研究重大突破〕 9月15日，学校高绍荣教授实验室在《自然》杂志上在线发表文章(Distinct features of H3K4me3 and H3K27me3 chromatin domains in pre-implantation embryos)。该研究成果首次建立起小鼠植入前胚胎发育过程中的组蛋白H3K4me3和H3K27me3修饰图谱，并发现了植入前胚胎发育特殊的表观遗传调控机制，为进一步研究植入前胚胎发育以及早期细胞分化的表观遗传调控机制打开了一扇大门。

〔同济智库在全国高校智库中排名第六位〕 7月12日，光明日报智库研究与发布中心和南京大学中国智库研究与评价中心在《光明日报》联合发布《中国智库网络影响力评价报告》。同济大学可持续发展与管理研究所在全国智库中排名第23位，在全国高校智库中排名第六位，在上海被纳入的高校智库中排名第一位。

〔国务院任命钟志华为同济大学校长〕 9月6日，学校召开全校教师干部大会，中央组织部干部三局副局长刘后盛在会上宣布了国务院关于同济大学校长调整的决定。钟志华任同济大学校长（副部长级），免去裴钢同济大学校长职务。

〔上海国际设计创新学院揭牌〕 2月25日，教育部正式批复“同意设立同济大学上海国际设计创新学院”。4月14日，致力于培养设计创新领军人才的同济大学上海国际设计创新学院揭牌，旨在为国家加快实施创新驱动发展战略和上海建设全球科创中心提供人才和学科支撑。

〔同济携手中国中车共建创新研究中心〕 11月16日，学校与全球规模最大的轨道交通装备供应商——中国中车股份有限公司（简称中国中车公司）签署合作协议，双方创新校企全面深度合作机制，共建同济中车创新研究中心，这是中国中车公司在国内建立的首个综合性研究中心。该中心依托学校交通、建筑、汽车、海洋、信息等学科群优势，面向国家重大战略需求，着力攻克中国中车急需解决的关键、核心技术难题，助推中国中车公司主体产业引领国际和新型产业拓展发展，同时推动学校学科发展和“双一流”建设。

〔与联合国世界知识产权组织携手培养知识产权法硕士〕 11月9日，学校与联合国世界知识产权组织（WIPO）签署协议，双方发挥各自优势，面向全球招生，共同培养知识产权法硕士，助力上海科技创新中心建设。这是联合国世界知识产权组织首次与中国高校合作培养知识产权国际化高端人才。

〔中国当代建筑展在哈佛大学举办〕 9月13日，题为“走向批判的实用主义：当代中国建筑”(Towards A Critical Pragmatism: Contemporary Architecture in China）的展览在哈佛大学设计学院开幕。这次展览由学校建筑与城市规划学院副院长、美国哈佛大学设计学院客座教授李翔宁策划，展出了60家中国当代新锐建筑事务所的作品，是中国当代建筑在海外的大规模集中展示。

〔召开思想政治工作会议〕 12月28日，学校召开思想政治工作会议。会议主题是学习贯彻全国高校思想政治工作会议和习近平总书记重要讲话精神，加强和改进学校思想政治工作，立德树人，扎实办好中国特色社会主义大学。学校党委书记杨贤金做《学习贯彻全国高校思想政治工作会议精神，全面推进中国特色世界一流大学建设》主题讲话。

〔制定《同济大学校领导班子成员行为要求》〕 10月16日，中共同济大学第十届委员会第七十一次常委会讨论通过了《同济大学领导班子成员行为要求》，这是学校党委贯彻落实中央全面从严治党要求，加强学校领导班子建设的一项新举措。《同济大学领导班子成员行为要求》共六条，主要内容包括：一是加强理论学习，坚定理想信念；二是清正廉洁，严以律己；三是严格贯彻执行党委领导下的校长负责制；四是把主要精力投入管理工作中，敢于担当负责；五是自觉锤炼为师生服务的工作作风，严以用权；六是严格贯彻执行关于干部监督管理的各项规章制度。

〔**文化传承**〕 获批教育部首批“中华优秀文化（京昆）艺术传承基地”；“研读经典　修德笃行——同济大学‘复兴古典书院’建设”项目被评为全国高校“礼敬中华优秀传统文化”特色展示项目。

〔**社会服务**〕 成立创新驱动发展战略研究与咨询中心，与中国中车股份有限公司共建同济中车创新研究中心，环同济知识经济圈由杨浦向嘉定、沪西、沪北和虹口进行拓展。参展第十八届中国国际工业博览会取得突破，获大会唯一金奖及一系列奖项。

发挥同济国际合作的传统优势，新签或续签校际、校企合作协议 65 份。成立上海国际创新设计学院、上海国际知识产权学院。卓越大学联盟（E9）成为国内大学之间资源共享、合作共赢的标杆。全年签署捐赠协议 115 份，协议金额 17 918 余万元。

〔**德国总统高克到访并发表演讲**〕 3 月 23 日，在华访问的德国总统约阿希姆·高克到访学校，参观校史图片展，发表主题演讲，并与师生代表座谈交流，寄望德中两国美好未来。

〔**第十四届世界交通大会在学校举行**〕 7 月 11 日，第十四届世界交通大会开幕式在学校举行，来自世界 80 余个国家的 1 000 余名代表齐聚一堂。世界交通大会是由世界交通研究会主办的全球性学术交流会议，旨在为全球交通领域的研究者、管理者、决策者和教育者提供多领域、跨学科的交流平台。

〔**内部管理**〕 健全体制机制，优化职能，在发展规划、科研、国际交流与合作部门等领域进行大部制改革试点。梳理行政流程，以“小实体、大网络”为目标，完成学校综合服务大厅的阶段建设目标。开展全校财务管理内部控制基础性评价和建设工作，扩大科研项目审计覆盖面，加强建设项目审计过程风险控制，完善磋商与招标项目管理和合同管理模块。

〔**上海经纬集团捐资设立创新创业基金**〕 5 月 21 日上午，同济大学—经纬集团捐赠签约仪式在同济创业谷举行。经纬集团捐赠 4 000 万港币在学校设立创新创业基金，分为“同济大学经纬创新创业基金”和“同济大学经纬校长奖学金”，并建立同济大学紫荆谷创新创业发展辅导中心，支撑同济大学校内师生的创新创业活动。

〔**获中国“互联网+”大学生创新创业赛金奖、银奖**〕 10 月 15 日，学校学生在第二届“中国‘互联网+’大学生创新创业大赛”全国总决赛中，获 1 金 2 银，位列全市第一名。其中，学校 CQASO 项目团队获全国金奖，基于云平台的工业环境绿色天使（上海伊尔庚环境工程有限公司）、“路云”公路健康管家获全国银奖。同时，学校首次获大赛优秀集体奖。

〔**学校原科研院改制为“一部三院”**〕 经学校研究决定，将原来的科学技术研究院改制为“一部三院”，其总体架构为：科研管理部为行政机构，设置少而精的管理岗位；同时设立科学技术研究院、工程与产业研究院、先进技术研究院。此次机构改革是学校建设世界一流大学的重要举措，采用新的运行激励机制，进一步创新和完善学校科研管理机制和政策，释放学校整体科研队伍的生产力，为一流大学建设提供支撑和动力。

〔**校园版歌剧《江姐》赴教育部汇报演出**〕 12 月 23 日，受教育部直属机关党委邀请，由学校学生和辅导员出演的校园版歌剧《江姐》在教育部机关礼堂上演。校园版歌剧《江姐》是学校党委在“两学一做”学习教育中，将理想信念教育融入艺术教学的重要举措。6月16日，该剧在学校一·二九礼堂首演。此后，在校内和上海高校进行了巡演。10月以来，该剧走出校园，到江姐的故乡四川成都、宜宾巡演，观众达6 000余人。

撰稿 虞 兰
审稿 朱茂然

华东理工大学

〔**药理学与毒理学进入 ESI 全球排名前 1%**〕 2016年，ESI数据显示，学校药理学与毒理学进入ESI国际排名的前1%。截至2016年年底，学校共有化学、材料学、工程学、生物学与生物化学、药理学与毒理学5个学科进入ESI全球排名前1%，其中化学在ESI全球排名的机构中位列第52位。

〔**人才培养**〕 制定以学生能力达成为导向的2016级本科教学培养方案。开展首批化学工程技术与工艺专业等8个精品专业立项建设，设立ACM国际大学生程序设计竞赛等6项“一院一品牌”项目。完成生物工程学院、理学院和社会与公共管理学院本科教学审核评估试点工作。新增国家级精品视频公开课程11门、上海市精品课程5门、上海市示范性全英语课程2门。获批上海市重点教学改革项目3项。获第四届中国石油化工联合会教学论文一等奖和二等奖各1项。

〔**研究生教育**〕 不断提升研究生培养质量，制定研究生导师手册。开展包括3个博士一级学科和5个硕士一级学科的第三批全英文培养方案的制定工作。完成学校第十二届学位评定委员会和各学位分委会的换届工作。学校作为协作组组长单位的“标准建设，深改推动，质量监督——化学工程专业学位研究生培养体系构建与实效”项目获评第二届国家研究生教育成果二等奖。

〔**创新创业教育**〕 推进“双创”教育，成立创新创业教育指导中心，全面梳理创新创业教育课程体系。在2016年“创青春”全国大学生创业大赛中，获4项银奖、4项铜奖，成绩位列全市高校第3名。学校入选教育部“全国高校实践育人创新创业基地”，获评首批上海市大学生创新创业训练计划示范校。

〔**师资队伍建设**〕 学校有教职员工3 078人（专任教师1 852人），其中两院院士5人，双聘院士4人，国家教学名师2人，“长江学者”特聘教授18人、讲座教授2人，国家杰出青年科学基金获得者18人，国家“973”计划首席科学家7人，国家“863”计划领域（主题）专家组成员3人，“百千万人才工程”国家级人选12人；有国家自然科学基金委创新研究群体2个，教育部“长江学者和创新团队发展计划”创新团队3个，国家级教学团队4个。2016年，学校健全人才聘任制度体系，制定科学合理的人才选拔标准，规范各类人员选录程序，制定并实施《教师招聘管理办法》，优化师资队伍结构。不断健全准聘和长聘教职制度，实行新聘任教师“非升即走”。加大高层次人才引进力度，聚焦引进发展潜力大的优秀青年人才，制定并实施《“特聘研究员”“特聘副研究员”计划实施办法（试行）》。完善博士后管理制度，全年完成博士后进站59人、出站54人，其中28人进入学校师资队伍。深化薪酬体制改革，推进校院两级管理，完成学校薪酬体系的优化工作，形成公正合理的收入分配格局。创新评价机制，完善岗位管理体制。首次开辟“教学系列”晋升通道，完成学校各类编制核查工作，为2017年岗位聘任工作奠定了基础。设立“张江树教学名师奖”，奖励教书育人卓有成效的教师。

〔**田禾获法国化学会中法化学讲座奖**〕 国际权威学术刊物《德国应用化学》报道了法国化学会2016年重要化学奖项获奖者。学校教授、中国科学院院士田禾获法国化学会中法化学讲座奖(China-France Chemistry Lectureship Award)。该奖项是由中国化学会与法国化学会在2013年共同设立的，每年仅设一名获奖人，获奖人轮流在中法两国化学家中产生。

〔**设立张江树教学名师奖**〕 以学校首任校长张江树的名义设立张江树教学名师奖。张江树教学名师奖每两年评选一次，设特等奖1名、一等奖2名、二等奖6名。对获特等奖的教师授予荣誉证书，并颁发奖金人民币50万元/人；对获一等奖和二等奖的教师授予荣誉证书，并分别颁发奖金人民币10万元/人和5万元/人。

〔**科学研究**〕 2016年，新签科研项目915项。学校作为第一承担单位获3项国家重点研发计划立项，学校教授作为项目负责人立项2项。获国家自然科学基金资助项目122项。“无机纳米生物材料”项目入选国家自然科学基金委创新研究群体项目。人文社科研究取得突破性进展，获5项国家社科基金重大课题。在自然出版集团发布的2016自然指数排行榜中，学校位列全球科研机构第130名、全球高校第112名、国内高校第15名。2016年，SCI收录论文2 265篇，同比增长11.9%，其中作为第一完成单位的论文1 812篇。申请专利398项，授权专利330项，PCT（专利合作协定）专利申请15项，学校获上海市专利工作示范事业单位称号。

学校教授王辅臣领衔项目获国家科技进步二等奖。获高等学校科学研究优秀成果奖6项，其中一等奖2项，获奖数并列全国高校第15名。获第十八届中国国际工业博览会创新金奖和创新银奖。获中国石化联合会科技进步一等奖、中国轻工联合会技术发明一等奖各1项。获中国产学研合作创新成果奖一等奖1项。学校教授张显程获教育部青年科学奖，教授白志山获评全国优秀科技工作者并获中国石化联合会青年科技突出贡献奖，教授赵玲获“中国产学研合作创新奖（个人）”，教授江浩、李辉和副研究员林金萍获上海青年科技英才奖。

〔**12项成果获上海市科技奖励**〕 4月18日，上海市委、市政府召开上海市科学技术奖励大会。学校共有12个项目获奖，其中由学校教授刘海峰领衔项目“单喷嘴冷壁式粉煤加压气化技术关键装备开发及应用”获首个上海市技术发明奖特等奖。此外，还获一等奖5个、二等奖1个和三等奖1个。在学校相关的协作项目中，获二等奖2个、三等奖2个。

〔**国家社科基金重大项目实现突破**〕 学校社会与公共管理学院教授曹锦清、徐永祥、张广利、何雪松以及马克思主义学院教授鲍宗豪领衔的科研团队，共获5项国家社科基金重大项目立项，标志着学校人文社科研究队伍获取国家重大项目的能力有了整体提升，研究队伍的水平和项目的质量得到认同，为实现学校人文社科“十三五”发展的良好开局奠定了坚实基础。

〔**科研体制改革**〕 学校持续推进科研体制改革，相继出台《科研创新团队建设管理办法》《专职科研人员聘用与管理办法》《促进科技成果转移转化的若干意见》《校企联合科研机构管理办法》，修订《自然科学类科技奖励实施办法》《自然科学类科技项目经费管理办法》，着力破除科技创新的体制机制障碍，启动科研创新团队建设，营造良好的科技创新环境。学校稳步推进重点科研基地建设工作，高浓度难降解有机废水处理技术国家工程实验室获国家发展和改革委立项建设，石油化工行业智能优化制造创新引智基地获教育部和国家外国专家局立项建设，生物基材料工程重点实验室获首批中国轻工业重点实验室认定。加速科技成果转移转化，与中国石油和化学工业联合会、上海化工研究院、上海华谊集团等单位深化交流与合作。加入由新疆维吾尔自治区发起的“一带一路”核心区产业创新发展支撑联盟。成立华理—聚能固废资源化利用联合研究所、华理—申能能源大数据联合研究中心等8个校企联合科研机构。与10余家企业签订重大成果转化合同。

〔**教育交流与合作**〕 加强校际对话与互访，拓展与世界知名高校和科研院所的实质性合作。与世界知名高校和科研院所签署博士生联合培养等协议30份。依托学校化学学科，与以色列希伯来大学、瑞典皇家理工学院及英国爱丁堡大学签署共同建设“结构可控分子工程”国际合作联合实验室协议。成功申请国家创新实验室过程系统工程方向建设聘请外国专家特色项目。制定学校教育对外开放战略规划，出台《华东理工大学教学科研人员因公临时出国管理工作实施细则》，修订因公出国（境）管理规定。新增3所德语国家合作大学，新签10项学生交流协议，实施17个暑期国际交流项目，共派遣430名学生赴国外参加各类学生交流项目，中外合作办学项目全部通过教育部合格评估。设立博士留学生校长奖学金，举办国际文化节。2016年，学校留学生总数达1 358人次，其中学历留学生研究生比例达56%，博士留学生62人。公派留学生类项目录取87人，其中联合培养博士研究生45人。

〔**实验室和设备的配置与使用**〕 修订《实验室用房管理制度》，拟定《学院用房定额管理办法》。完善大型仪器共享管理信息化平台建设，完成50万元以上仪器与国家网络管理平台数据对接工作。完善大型仪器共享机制，40万元以上大型仪器平均机时数达1 414.7小时，较2015年提升73.6%。全面推广应用化学品管理平台，实现化学品采购与使用全过程实时定量管理。升级完善装备资产管理平台，规范固定资产管理和处置机制。

〔**学校女子乒乓球队夺得泛波罗的海大运会女乒冠军**〕 在第三十二届泛波罗的海大学生运动会上，学校女子乒乓球队代表中国参赛，并夺得了女子项目的所有冠军。其中，学校女子乒乓球队夺得团体冠军，并包揽女子单打前三名。

〔**获国际合唱艺术节五项大奖**〕 在俄罗斯举行的第十四届“歌唱世界”国际合唱艺术节中，学校大学生艺术团伊卡斯特合唱团（ECUST Choir）获五项大奖：获本次国际合唱艺术节的最高荣誉——混声组冠军；获同声男声组亚军和同声女声组亚军；俄文歌曲《原始森林》获评委会专项奖之俄罗斯作曲家作品最佳演绎奖；女声组的中国结演出服获评委会专项奖之最佳服装奖。

〔**内部治理**〕 实行校院两级预算管理改革，不断完善内控制度建设，制定内控制度建设办法和内部控制自我评价管理办法，完成年度内部控制基础性评价工作，提升资金使用效率。加强国有资产管理工作，修订国有资产管理暂行办法等文件，开展全校性的国有资产清查工作和国有资产专项检查整改工作。加强审计工作，完善采购与招投标管理机制。制定科研经费、财务收支、预算执行与决算、内部控制等系列审计实施办法。完成审计项目182项，审计总金额达72.8亿元。

〔**基础设施建设**〕 校园基础设施不断改善，新开工建筑面积约6.3万平方米，校园修缮项目近2.1万平方米。完成学校奉贤校区学生公寓1—4号楼大修等6项改善基本办学条件专项基金项目。成立教学和修缮类专项预算评审小组，提升服务保障能力。加强实验室安全管理，修订学校实验室安全环保管理规定、实验室废弃物管理办法等管理制度，全面推行实验室安全准入制度。加强网络基础设施建设，提升校园网运维和安全保障能力，免费用户带宽从2 M提升到4 M，无线WiFi覆盖率提升至95%。新增安全防护设备，有效提升安全防护等级。

撰稿　王　阳
审稿　王爱祥

东 华 大 学

〔**学科建设**〕 2016 年，学校完成新一轮学科发展布局，申报纺织科学与工程一流学科建设、材料科学与工程、设计学 3 个优势特色学科建设引导专项资金。推进纺织科学与工程Ⅰ类“高峰”学科建设，环境科学与工程、设计学、材料科学与工程、计算机科学与技术学科申报上海高校Ⅳ类“高峰”学科。优化学位点布局，撤销工程硕士专业学位工业工程领域授权点，增列金融硕士专业学位授权点。25 个学科参评全国第四轮学科评估，在 2015 年学位授权点合格专项评估中，学校参评的 5 个学位点（国际商务、翻译、工程管理、光学工程和生物医学工程）全部通过评估。

〔**人才培养**〕 环境工程和纺织工程通过工程专业认证；改革转专业办法，213 人获转专业资格，转成比例达 83.2%；完成所有本科专业评估；学生获国内外各级各类竞赛市级以上奖励 141 项，其中国际奖 17 项、国家级奖励 69 项。7 篇博士学位论文和 7 篇硕士学位论文获评 2015 年上海市研究生优秀学位论文。获批全国工程硕士专业学位研究生教育在线课程重点自建项目 12 项，获第三届工程硕士实习实践优秀成果 1 项。设立“尚创汇”东华大学大学生创新创业孵化基地。发放各类奖助学金（含助学贷款和代偿）达 8 366.97 万元，获评“2015 年度全国学生资助工作优秀单位”和 1 个全国高校特色案例。获评“2016 年度十佳易班工作站”。获 2016 全国大学生五人制足球总冠军和上海高校冠军。37 支校级运动队共获全国冠军 13 个，射击队获全国大学生射击锦标赛团体冠军。

〔**完成本科教学审核评估**〕 11 月 7 日至 10 日，受教育部高等教育教学评估中心委托，以厦门大学党委书记张彦为组长的本科教学工作审核评估专家组一行 13 人对学校进行本科教学审核评估。上海市教委副主任郭为禄出席见面会，学校党委书记朱民致欢迎词，校长蒋昌俊做题为《传承创新、深化改革、统筹协同，全面提升本科教学工作水平》的报告。专家组考察了学校大学生创新创业成果展、纤维材料改性国家重点实验室、材料科学与工程国家实验教学示范中心、民用航空复合材料东华大学协同创新中心、现代纺织教育国家实验教学示范中心等教学科研场所，累计听课 33 节次，抽查调阅毕业设计、毕业论文 842 份，试卷 2 778 份，访谈学校领导 10 人、19 次，召开 3 次座谈会，考察 3 个校外实训基地及用人单位，走访教学院系和与教学相关职能部门，访谈 86 人次。

〔**师资队伍建设**〕 学校教授覃小红入选“长江学者奖励计划”青年学者项目。入选上海市各类人才计划 17 人，其中教授王先锋入选上海“东方学者”，教授余木火入选上海领军人才培养计划。40 岁以下一线专任教师具有一年以上海外经历比例达 46.6%、半年以上达 50%。专任教师中博士比例达 66.7%，重点学科专任教师中博士比例达 75% 以上。

〔**科学研究**〕 学校牵头 4 项首批国家重点研发计划项目。获国家自然科学基金项目 58 项，资助金额达 2 395 万元，承担或参与国家重点研发计划课题 30 项。科研纵向经费为 2.2 亿元，横向经费为 1.03 亿元。人文社科纵向项目 48 项，获国家社科基金资助 7 项、教育部人文社会科学研究项目资助 2 项、上海市哲学社会科学基金项目 2 项。申请专利 1 048 项，其中发明专利 1 011 项；授权专利 546 项，其中发明专利 511 项。SCI-E 收录论文 1 144篇，EI 收录论文 413 篇，SCI 一区检索论文 209 篇。学校教授陈南梁研发的“星载天线金属网”产品应用于北斗导航卫星，服装与艺术设计学院航天员服装研发设计团队承担“天宫二号”和“神舟十一号”载人飞行任务航天员太空地面工作生活的系列专用服装设计研发工作。

〔**入选国家创新人才推进计划**〕 5月19日，科技部发布《关于2015年创新人才推进计划入选名单的通知》，学校教授朱美芳领衔的先端纤维与复合技术创新团队入选重点领域创新团队，教授张清华入选中青年科技创新领军人才，这是学校教师首次入选。

〔**获上海市科学技术奖**〕 4月18日，在上海市2015年度科技奖励大会上，学校教授朱美芳主持的“健康防护功能杂化材料及其高值化聚酯纤维设计开发关键技术”项目、教授王华平主持的“纳米纤维素纤维高效制备及应用关键技术”项目获上海市技术发明一等奖；教授秦玉明主持的“非线性发展方程整体适定性和吸引子的研究”项目获上海市自然科学二等奖；教授莫秀梅主持的“静电纺纳米纤维用于组织再生的研究”项目获上海市自然科学三等奖；教授宁伟主持的“耐用高效荧光照明灯的节能环保制备关键技术集成及产业化”项目、副研究员薛文良参与的“环保型纺织品生态链中再生、降解及碳排放的评估与应用”项目获上海市科技进步三等奖。

〔**成立上海国际时尚科创中心**〕 7月12日，学校上海国际时尚科创中心在学校揭牌成立。上海市文创办副主任陈跃华、上海市教委副主任丁晓东、长宁区副区长翁华建、中国服装设计师协会副主席张肇达等出席。科创中心以国家和上海市发展战略需求为任务、以国际时尚前沿为导向，开展既延伸大时尚范畴，又聚焦人身时尚的基础与应用研究。美国康奈尔大学教授范金土受聘为中心主任。

〔**设立“尚创汇”创业孵化基地**〕 4月26日，“尚创汇”东华大学大学生创新创业孵化基地在学校举行启用仪式。上海市教委副主任高德毅、郭为禄，上海市就业促进中心主任张得志，长宁区副区长宋宗德，校长蒋昌俊出席仪式。基地建筑面积为2 000余平方米，可容纳30余家初创企业和30个创业项目同时入驻。

〔**承办上海国际服装文化节国际时尚论坛**〕 4月19日，学校承办的2016上海国际服装文化节国际时尚论坛暨环东华时尚周在学校开幕。论坛以“丝路·理想之光”为主题，集学术论坛、专业展览、设计大赛、时尚秀场、创意市集于一体，融入“一带一路”元素。不仅邀请“一带一路”沿线相关国家和地区的机构、院校前来参加，还通过发布新锐设计师创意作品，举办“海上丝绸之路在非洲——肯尼亚纺织品艺术展”、“城市记忆·新中国时尚流行变迁图片展”、第二届国际纺织服装研究出版论坛、“CUORI卓力杯”首届外国留学生服装设计大赛、邀请中国时装设计金顶奖获奖者陈闻做客校园等活动，推进时尚创意人才培养。

〔**举办中非国际纺织服装论坛**〕 8月2日至3日，学校与肯尼亚莫伊大学合作举办的2016年中非国际纺织服装论坛暨中非文化交流论坛在肯尼亚蒙巴萨举行，这是该论坛首次登陆非洲国家。来自肯尼亚、乌干达、苏丹、埃塞俄比亚、坦桑尼亚、津巴布韦等10余个“一带一路”沿线国家的近50位专家学者与会。中国驻肯尼亚大使馆参赞姚明，肯尼亚外交和国际贸易部经济与国际贸易司司长尼尔森·尼达拉古、莫伊大学校长理查德·米贝等领导和嘉宾出席并致辞。近20位纺织服装学科领域专家做主题演讲，围绕纺织服装工业的发展与贸易、纺织服装市场与管理、纺织材料与制造业、中非服装设计与营销、中非纺织产业投资与经营、中国服饰文化、非洲服饰文化、中非服饰文化交融、“一带一路”与纺织服装工业以及中非古代服饰艺术等论题开展交流与讨论。其间，中国驻肯尼亚大使刘显法会见了学校参会专家一行。

〔**参展爱丁堡国际艺术节**〕 8月11日至12日，“爱丁堡艺术节·上海季：海派旗袍的历史与创新”系列活动先后在苏格兰国家博物馆大厅和爱丁堡市政厅举办。活动包括实物展和时装秀，实物展以海派旗袍历史为主题，展示学校上海纺织服饰博物馆收藏的33套20世纪上半叶旗袍精品。时装秀展示的作品是学校设计学科教师海派商务旗袍创作以及合作单位的海派旗袍高级定制企业设计的作品。学校副校长刘春红与英国爱丁堡大学签署了关于合作建立创意产业研究中心的合作备忘录。

〔**参展第十八届中国国际工业博览会**〕 11月1日至5日，学校参展第十八届中国国际工业博览会。学校携聚酰亚胺纤维材料、日用玻璃节能环保设计和制备、干湿法纺耐热恒强纤维、纳米纤维素纤维制备及应用技术、健康防护功能杂化材料、防水透湿微纳米纤维功能膜、大褶裥大提花机织面料喷气整体织造、玄武岩纤维材料、医卫防护非织造材料、民用航空复合材料10个项目参展。

〔**刘凯旋获发明金奖**〕 9月15日至18日，来自中国、英国、法国、俄罗斯等国家近千名参赛者齐聚罗马尼亚创新博览会。学校服装学院博士生刘凯旋（王建萍教授指导）作为第一发明人，凭借“基于3D身体扫描的混合人体建模新方法”获发明金奖。此项发明为服装工业使用的3D虚拟人体模型提供快速可行的构建方案，应用于3D服装设计、3D服装纸样开发、3D服装虚拟走秀等领域，解决了使用3D人体虚拟模型的建模问题。

〔**贾斯蒂·格里宁访问学校**〕 12月5日，在中英高级别人文交流机制第四次会议召开期间，英国教育国务大臣兼妇女及平等事务部长贾斯蒂·格里宁（Justine Greening）一行访问学校，参观了与英国爱丁堡大学合作共建专业学生的作品服饰展，与学校上海国际时尚创意学院师生交流，参观海派旗袍展，并与学校校长蒋昌俊共同为东华爱丁堡创意产业中心揭牌。

〔**举办首届世界大学生攀岩锦标赛**〕 10月12日至16日，由国际大学生体育联合会主办、中国大学生体育协会和学校共同承办的第一届世界大学生攀岩锦标赛在学校开幕。来自中国、俄罗斯、美国、澳大利亚等17个国家的119名大学生攀岩运动员参赛。比赛设速度、难度、攀石3个大项，共产生男女速度、男女难度、男女攀石、男女全能8枚金牌，中国队获1项银奖、2项铜奖。

撰稿 高兰兰 平 婧
审稿 周婉婉

华东师范大学

〔**提交《华东师范大学“十三五”发展规划纲要》**〕 2016年，学校正式提交《华东师范大学“十三五”发展规划纲要》至教育部和上海市备案。

〔**学科建设**〕 2016年，学校有9个学科进入ESI全球排名前1%。按照《关于2016年中央高校建设世界一流大学（学科）和特色发展引导专项资金有关事项的说明》精神，提前启动新一轮学科建设。学校教育学入选上海市I类“高峰”学科，地理学入选II类“高峰”学科，完成大气科学上海市IV类“高峰”学科协同申报工作。制定学科评估实施方案，核查各类统计数据，组织动员参与第四轮一级学科评估。协调各参评学科资源，凝练学科简介和典型案例，完成学校30个一级学科和二级学科的数据报送工作，并关注学科评估进程，配合做好相关工作。

〔**人才培养**〕 在人才培养模式创新方面，进一步实施“理科精英人才培养计划”，新增化学、物理学、微电子科学与工程3个本科专业“菁英班”。实施“佛年教育学创新人才培养计划”，实施研究生科研创新实践项目。在课程和教学项目方面，11

门本科教育课程和6门网络教育课程入选第一批国家级精品资源共享课，6门课程入选市级精品课程，4个项目获上海市高校本科重点教学改革项目立项。开设39门研究生全英语课程，2门研究生全英语课程获“上海高校外国留学生全英语授课示范性课程”立项建设。20篇博士学位论文和22篇硕士学位论文被评为2015年上海市研究生优秀成果。在教师教育方面，完成10个教师教育相关学科点的整合，正式组建成立教师教育学院，招收首届研究生。筹备成立上海教师发展学院，构建上海教师队伍建设的政策智库和高级培训平台。实施“德业双修的卓越中学教师开放式养成计划”，构建本硕一体化培养体系。在创业就业方面，立项国家大学生创新创业训练计划项目144项、上海市大学生创新活动计划项目146项，立项研究生科研创新实践项目191项。学校2016届毕业生就业率达94.4%，较2015年提高了2个百分点。

〔**与中国科学院多家研究所联合举办“菁英班”**〕 4月27日，“菁英班”签约仪式暨理科精英人才培养研讨会在学校举行。学校党委书记童世骏、上海市教委副主任郭为禄出席并讲话。学校校长陈群分别与中国科学院大连化学物理研究所所长张涛、上海有机化学研究所所长丁奎岭、上海光学精密机械研究所所长李儒新签署协议。9月28日，2016级本科“菁英班”开学典礼在学校举行，陈群出席并讲话，为兼职导师颁发聘书。中国科学院5家研究院所负责人及学校有关院系、职能部门负责人和2016级“菁英班”全体学生与会。

〔**多名教师获荣誉称号**〕 5月12日，中国科学院院士、学校教授何鸣元获法国里昂高师荣誉博士学位；6月24日，学校信息科学技术学院院长、中国科学院院士褚君浩当选“科学中国人（2015）年度人物”；学校精密光谱科学与技术国家重点实验室学术委员会主任、中国科学院院士、中国科学院上海光学精密机械研究所研究员徐至展获“科学中国人（2015）年度人物”奖特别奖——“终身成就奖”；9月8日，学校哲学系教授杨国荣当选国际哲学学院（IIP）院士。

〔**科研创新**〕 分别召开文理科科研工作会议，推出涉及建立有效科研组织模式等系列科研工作新政策和新举措。2016年，学校理科科研经费达3.5亿元，较2015年增长20%。2016年，学校共获批各类型重点重大项目25项，其中国家重点研发计划项目2项，包括创新研究群体在内的国家自然科学基金重点重大项目11项、上海市科委重大项目2项。2016年，学校文科科研经费达1.3亿元，较2015年增长16.2%。获批国家社科项目、教育部社科项目、全国教科规划项目和上海市社科项目共计107项，其中教育部社科项目数全国排名第二位、上海市排名第一位，上海市哲学社会科学项目立项数全市排名第一位，全国教科规划项目立项数连续4年蝉联全国第一位。2016年，学校作为第一完成单位获上海市自然科学奖一等奖1项、上海市科技进步奖二等奖2项、高等学校科学研究优秀成果自然科学奖二等奖1项。在哲学社会科学方面，共有56项成果获上海市哲学社会科学优秀成果奖励。在重点科研平台建设方面，青少年健康与运动干预实验室正式进入教育部重点实验室建设行列。上海市社会科学创新研究基地和上海市教育委员会“立德树人”基地建设获新突破。在智库建设方面，向有关部门报送决策咨询报告140篇，共有44篇报告获各级部门和领导的采纳及批示。

〔**6项成果获上海市科学技术奖励大会表彰**〕 4月18日，上海市召开科学技术奖励大会。学校计算机科学与软件工程学院教授、上海市多维度信息处理重点实验室主任吕岳团队与上海邮政科学研究院共同完成的“基于多源信息融合的邮件分拣关键技术及应用”项目获上海市科技进步奖一等奖。学校信息科学技术学院胡志高团队、郭方敏团队，计算机科学与软件工程学院贺樑团队获上海市科技进步奖二等奖。计算机科学与软件工程学院何道敬团队获上海市科技进步奖三等奖。计算机科学与软件工程学院兼职教授、法国科学家简-埃蒙德·阿布瑞尔获2015年度上海市国际科技合作奖。

〔**学校国际影响力提升**〕 7月28日，学校在《自然》杂志增刊“自然指数2016新星榜”中位列全球高质量科研产出增加最多的100家机构第13位、中国高校第9位；10月25日，在U.S.News发布的2017年度全球最佳大学与学科排行榜中，学校位列中国内地高校第23位、亚洲高校第66位、全球高校第444位。4个学科入选全球榜，其中数学学科位列全球第101位。

〔开放办学〕 持续推进与法国里昂商学院共建亚欧商学院。加强与俄罗斯圣彼得堡理工大学、加拿大阿尔伯塔大学等高水平大学科研合作，加快与上海纽约大学合作推进联合研究平台建设，申建教育部国际联合实验室。设立校友专项基金，加强与各方交流合作，争取更大支持，全年接受社会捐赠共计6 450余万元，争取捐赠配比共计8 097万元。

〔华东师范大学、海法大学转化科学与技术联合研究院四方合作备忘录签约〕 3月24日，华东师范大学、海法大学转化科学与技术联合研究院签约仪式在学校举行。该研究院由学校、以色列海法大学、上海市闵行区政府、上海紫竹高新区（集团）有限公司四方共建。学校党委书记童世骏出席签约仪式，学校校长陈群、海法大学校长法拉吉(David Faraggi）致辞，并与闵行区副区长杨德妹、紫竹高新区常务副总经理夏光共同签署四方合作协议。

〔与海南省教育合作〕 2月1日，学校与海南省合作办学暨华东师范大学第二附属中学与乐东黎族自治县政府合作办学签约仪式在三亚市举行。海南省委书记罗保铭、学校党委书记童世骏出席仪式并进行会谈。学校党委副书记兼副校长任友群与海南省教育厅厅长曹献坤签署战略合作协议。签约活动结束后，学校领导一行实地考察了建设中的华东师范大学第二附属中学乐东黄流中学施工现场。9月1日，华东师范大学第二附属中学乐东黄流中学举行开学典礼，海南省副省长王路、省教育厅厅长曹献坤，学校副校长兼华东师范大学第二附属中学乐东黄流中学校长戴立益等出席并为该校揭牌。

〔教育部驻上海4所直属高校与云南省签署战略合作协议〕 3月30日，云南省委常委、省委高校工委书记李培一行到学校调研。学校党委书记童世骏，副校长梅兵、汪荣明陪同参观了河口海岸学国家重点实验室等并出席座谈会，共商深化省校合作相关事宜。4月21日，云南省政府与教育部驻上海4所直属高校战略合作协议签约仪式举行。云南省委书记、省人大常委会主任李纪恒，学校党委书记童世骏等4所高校领导出席并讲话。学校校长陈群及其他3所高校领导分别与云南省省长陈豪签署省校合作协议，云南省副省长高峰主持仪式，省委常委、省委高校工委书记李培出席。

〔与江西省上饶市合作办学〕 7月19日，学校与江西省上饶市战略合作框架协议签约仪式在上饶市举行，学校校长陈群、上饶市市长共同签署协议。10月13日，上饶市市长一行到学校进行调研考察，童世骏出席座谈会并致辞。双方就大数据研究、人才培养、新能源开发等领域的合作与交流进行洽谈。

〔与上海市奉贤区政府签订全面战略合作框架协议〕 学校与上海市奉贤区政府全面战略合作框架协议签约仪式于11月30日举行，副市长翁铁慧出席并讲话。校党委书记童世骏、奉贤区区长华源代表双方签署协议。

〔第三届全国高校青年教师教学竞赛决赛〕 8月28日至31日，第三届全国高校青年教师教学竞赛决赛在学校举行。竞赛由中国教科文卫体工会全国委员会主办，上海市教育工会和学校承办。中华全国总工会书记处书记田辉、教育部机关服务局局长葛振江、中国教科文卫体工会巡视员钱磊、上海市总工会副主席何惠娟、学校党委书记童世骏出席竞赛总结会并讲话。来自全国31个省（自治区、直辖市）的78所高校的93名选手参加了比赛，学校中文系副教授吕志峰获文科组一等奖。

〔承办第三十一届全国青少年科技创新大赛〕 8月14日，第三十一届全国青少年科技创新大赛在学校举办。大赛由中国科学技术协会、教育部、科技部、环境保护部、国家体育总局、国家自然科学基金委、共青团中央、全国妇联和上海市政府共同主办，学校、上海市科学技术协会、中国科协青少年科技中心承办。来自全国 31 个省（自治区、直辖市）和新疆生产建设兵团及香港、澳门特别行政区的 34 个代表队近 500 名青少年和 200 名科技辅导员，以及来自美国、德国、法国、日本、俄罗斯等 15 个国家的 70 余名国际代表，共 1 500 余人与会。

撰稿　汪　海

审稿　潘　靓

上海外国语大学

〔**学校“十三五”规划与综合改革**〕 2016 年，学校召开第十四次党代会，总结 60 余年的办学经验，凝练学校办学使命、确立办学理念和办学愿景，提出着力培养思想素质过硬、中外人文底蕴深厚、跨文化沟通和专业能力突出、创新创业能力强的“多语种+”卓越国际化人才。编制学校“十三五”规划，制定“十三五”规划发展指标，完成《院系“十三五”规划汇编》《专项规划汇编(2016—2020 年)》，推动学校规划有序落实，做好“十三五”开局工作。推进综合改革，做好校、院两级管理体制改革试点工作。优化两校区管理体制机制，促进两校区深度联动与资源共享。

〔**学科建设**〕 申报Ⅰ类“高峰”学科建设子项目，制定完成相关绩效管理办法，推进“高峰”“高原”学科建设。

〔**人才培养与教育教学**〕 实施招生制度改革，初步建立起“分类考试、综合评价、多元录取”的人才选拔机制。完善自主招生试点，共计 2 335 人报考，录取 66 人。首次开展上海市综合评价录取，录取 44 人。创新招生宣传工作，开发“i 上外”招生智能咨询机器人，承担全部招生咨询量的 45%。强化高等教育与中学教育的衔接，开设上海外国语大学先修课程，共计 27 所高中的 270 余名学生参加。改革本科生培养模式，卓越学院开设多语种高级翻译实验班、多语种国别区域实验班，首次招生 33 名。对接完全学分制，规定通选课学分与实践学分比例；增设“大类平台课程”并向全校开放。新增匈牙利语、政治学与行政学 2 个专业，本科专业总数达 40 个；备案波兰语、捷克语、哈萨克语、乌兹别克语 4 个新专业；新增金融学、法学 2 个辅修专业；开设斯瓦希里语、乌兹别克语等非通用语种课程。8 门课程获市级立项。加大优质视频课程引进力度，年内共开设通识教育选修课 167 门。完善外语院校特色思想政治教育体系，推进思想政治理论课专题化教学改革，提升思想政治理论课教学质量。推动教学改革实践项目，193 个国家级和市级创新创业项目获立项，同比增长 20.6%；2 个项目入围第九届全国大学生创新创业年会。被市教育委员会评为上海大学生创新创业训练计划示范校（培育）建设单位。推进研究生二级管理工作，促进研究生教育改革。加强研究生课程体系建设，推进资源共享机制，年内共开设课程近 780 门，选课学生约 19 950 人次。

〔**开设匈牙利语专业**〕 10 月 10 日，学校匈牙利语专业开设暨匈牙利文化周开幕仪式举行。学校校长曹德明、副校长周承，匈牙利对外经济与外交部副国务秘书朱迪·哈默施泰因、匈牙利驻上海总领事馆总领事乐文特等出席开幕仪式。

〔**教育部专家组到校进行本科教学工作审核评估**〕 12 月 19 日至 22 日，教育部评估专家组通过实地考察、听课座谈、个别访谈、资料抽查等方式，对学校本科教学工作进行了审核评估。通过评估，专家组对学校的本科教学工作提出了意见和建议。学校仔细梳理、认真研究专家组的反馈意见，制定和落实整改工作方案，坚持锐意改革，形成常态机制，推进本科教学工作跃上新台阶。

〔**师资队伍建设**〕　2016年，共录用106人，其中人事派遣46人；延聘30人，退休37人，岗位调整28人；安置1名军转干部及其家属。引进人才12人，其中高层次人才9人，海外优秀博士3人；引进人才的年龄层次逐步向中青年复合型人才倾斜。试行行政助理岗位，缓解行政编制压力。申报上海高校特聘教授1人，另有5人入选2016年度“上海市浦江人才计划”；3人获2016年“上海市育才奖”。学校师资队伍在年龄结构上，36岁至55岁教师占64%；在职称结构上，拥有副高级以上专业技术职务的教师占52%；在学历结构上，具有博士学位的教师占65.6%，具有硕士学位的教师占31.6%。评审认定初级职称19人、中级职称35人、高级职称26人，新增博士生导师14人。教师发展中心举办各类培训讲座18场，464人次参加，占全校教师的34%。召开“丝路茶坊”“青年教师工作坊”等小型研讨会，鼓励青年教师结合国家战略和学校发展进行跨领域研究；增设针对青年管理人员的行政能力培训讲座。出国（境）短期研修35人，长期研修/任教8人，其中3人赴海外孔子学院任教。安排宣讲活动，加强教师师德与学术作风教育。

〔**科学研究与管理**〕　学校中东研究智库、中国外语战略研究智库、国际舆情研究智库同时入围首批中国智库索引来源智库，入围数量在“211工程”高校中位列第七位。决策咨询成果多次获中央批示，专家资政信息质量总分在全市高校排名第一位。完成上海全球治理与国别区域研究院（SAGGAS）建设论证，采用部市共建形式，凝聚国际、国内研究力量，打造融资政、咨商、启民、育人等功能为一体的中国特色高校新型智库。推动G20研究中心、教育信息化国际比较研究中心、外国文化政策研究基地等学术平台建设。学校15个校级区域国别研究中心与已有国家级和省部级学术平台形成合力，实现对世界主要国家、地区的全覆盖。1项国家社科重大项目获准立项。共发表学术论文1 028篇，含期刊论文630篇（其中CSSCI核心期刊论文258篇）、论文集论文192篇、报刊文章206篇；出版著作231部，其中专著57部，译著83本，教材44本；被采纳研究报告197篇，其中被国务院采纳29篇，被国家政府部门采纳118篇，被省部级政府部门采纳32篇。举办学术会议51场、学术讲座451场，参加校外学术会议551人次。

〔**党建工作**〕　开展“两学一做”学习教育。115名党员获市校两级“两优一先”表彰。制定《上海外国语大学各级党组织意识形态工作责任制实施细则》和《上海外国语大学舆情应急处置预案》等文件，及时处置校内意识形态突发事件和舆情事件。贯彻落实党风廉政建设责任制，厘清各部门权力清单和责任清单，列明廉政风险点，并提供预防措施。

〔**实施干部任免制度**〕　制定干部选拔任用、管理、考核、兼职等相关规定。实施干部选拔任用全程纪实制度。年内，共任免干部74人，其中任命62人（提任20人），免职12人，轮岗交流9人。制订干部选学计划，建立干部监督管理档案，完善干部考核激励工作。

〔**钱玲任学校党委副书记、纪委书记**〕　3月16日，教育部党组任命钱玲为中共上海外国语大学委员会委员、常务委员、党委副书记、纪律检查委员会书记。

〔**校园文化建设**〕　加强大学文化建设统筹规划与设计，丰富校园讲座、竞赛、文体、社会实践等。编写校志，完善校史工作。推进学校视觉识别系统应用，启动校园导视系统设计（道路指示牌），策划“上外人必读的20本书”等文化活动。加大新闻报道力度，注重学术传播与理论宣传，提高学校的社会影响力。加强网络思想文化阵地建设，学校主页、“SISU TODAY”、学校图库、学校讲座报告活动网等系统先后上线，推出校园微信排行榜、“上外一周朋友圈”等特色栏目。强化多语种外文网站特色，发表各类文章近 1 500 篇。获教育部“礼敬中华优秀传统文化”示范项目和“全国高校优秀网站”“全国高校网站优秀栏目”称号。打造校友活动品牌，新建 9 个二级校友组织，做好海内外校友会工作。加强校园安全管理与环境整治，完善学校突发事件应急管理机制，维护校园安全稳定。健全校园安全综合防控体系，完成松江校区教学区和学生公寓“紧急求助”八台报警柱工程，提升治安网格化巡控能力。

〔**社会服务**〕 进一步扩大社会资金参与学校办学，新增捐赠项目 8 个，涉及资产总额逾千万元。发挥学校多语种优势，参与中国公共外交和战略性文本翻译，为联合国、国家党政机关提供优质服务。

〔**与松江区政府开展区校共建合作洽谈**〕 10 月 10 日，学校党委书记姜锋、校长曹德明与上海市松江区委书记程向民、区委副书记刘其龙一行就区校共建等问题进行洽谈交流。双方表示在区域化党建、科学研究等领域有很强的合作潜力，通过合作将加快 G60 上海松江科创走廊建设，为建成科创、人文、生态的现代化新松江共同努力。

〔**教育交流与合作**〕 学校境外合作伙伴达 56 个国家和地区的 366 所大学、机构或国际组织。建立上外—纽约市立大学巴鲁克学院商务分析与数字营销研究所、口笔译跨学科研究中心等中外联合研究中心。举办 19 场国际会议，加强国际学术交流，构建国际学术共同体。聘请 253 名外国专家到校授课。获批教育部“香港与内地高等学校师生交流计划”项目 2 项；获批国家重点外国专家项目 9 项。学生海外交流数量稳步增加，共有 751 名本科生出国留学，同比增长 4%。各类公派本科生总数达 298 名，执行人数列全国高校第一位。2016 届本科生在学期间赴海外交流学习人数达 42.5%，同比上升近 5 个百分点。稳步发展留学生规模，招生人数同比增长 4.05%，学历生同比增长 7.52%。长期语言进修生近 1 700 人次、短期生 1 700 多人次。本科留学生毕业生人数 135 人，毕业率达 100%，其中获得学位 122 人，占毕业留学生人数的 90%。完成留学生汉语言专业（经贸方向）学分制改革试点工作。搭建高级汉语应用型人才培养项目，组织阿拉伯联盟国家汉语翻译人才培训。围绕“一带一路”倡议，优化孔子学院布局，逐步增加海外孔子学院数量，成立学校第 9 所孔子学院——美国纽约巴鲁克国际金融孔子学院。获准成立孔子学院高端海外翻译人才培训基地，申报《中外文双解汉语学习词典》项目。推广落实“新汉学计划”，首批新汉学博士生已入校就读。举办庆祝孔子学院成立 10 周年系列活动，宣传学校孔子学院发展历程与建设成果。

〔**摩洛哥哈桑二世大学孔子学院教学点开班**〕 12 月 22 日，摩洛哥哈桑二世大学孔子学院穆罕默迪亚大学科学院汉语教学点开班。汉语教学点的开设有助于摩洛哥学生了解中国文化和中华文明，增进两国的文化交流。

〔**出席亚洲外国语大学校长论坛**〕 3 月下旬，学校率团访问韩国，出席亚洲外国语大学校长论坛。论坛旨在加强亚洲外国语大学交流，搭建合作共享平台，提升外国语大学在区域发展乃至全球发展中的作用。

〔**举行纪念中埃建交 60 周年学术研讨会**〕 5 月 27 日，学校中东研究所、《阿拉伯世界研究》编辑部举办了“纪念中埃建交 60 周年暨中国与中东关系”学术研讨会。研讨会就“中国与中东：双边关系与地区治理”和“地区热点问题走势对中国与中东国家关系的影响”两个议题展开讨论。

〔**举办首届犹太问题国际研讨会**〕 6 月，来自国内 20 多所高校和国外近 10 所大学的 60 多位专家、教授出席由学校主办的首届犹太问题国际研讨会。研讨会的主题是“回顾过去，展望未来”，对犹太历史、文化、文学和社会等方面进行探讨，推动犹太研究的国际交流，开创中美犹太研究的交流与合作。

〔**“使全球治理更加有效和包容：二十国集团与联合国”国际学术研讨会召开**〕 8月25日至26日，“使全球治理更加有效和包容：二十国集团与联合国”国际学术研讨会在学校召开。中共中央对外联络部研究室副主任栾建章、上海市委宣传部及学校领导等出席会议。此次研讨会旨在讨论全球治理体系的进一步发展，改革已有知识体系，加深各国、各文明圈的相互认知。

〔**召开“歌德研究与歌德在亚洲的接受”国际学术研讨会**〕 10月6日至9日，“歌德研究与歌德在亚洲的接受”国际学术研讨会在学校召开。中国、德国、日本、韩国4国学者及中国、德国高校的硕士生、博士生70余人与会。研讨会通过讨论歌德及其作品，深化了歌德在亚洲的研究，为中德文化和亚洲国家相关文化之间的交流提供了平台。

〔**葡萄牙总理接见学校葡语专业师生**〕 10月10日，葡萄牙总理安尼奥·科斯塔在访华期间接见了学校葡萄牙语专业师生。

〔**启动“孔子新汉学计划”2016美国青年领袖项目**〕 10月16日，“孔子新汉学计划”2016美国青年领袖项目欢迎仪式在学校举行。“孔子新汉学计划”旨在帮助各国青年深入了解中国和中华文化，促进孔子学院的可持续发展，增进中国与各国人民之间的友好关系。该项目也加深了美国企业界领袖对中国经济和商务的认识，使其了解中国企业、商务、教育和文化的最新发展，促进交流合作。

〔**举办法语教学国际研讨会**〕 11月19日至20日，学校法语系、巴黎第三大学（新索邦大学）、法国驻上海总领事馆和上海外语教育出版社举办了法语教学国际研讨会暨中学法语教师研修班。此次研讨会和研修班汇集了最新的国内外法语教学改革信息，促进了中法法语教师间的沟通交流。

〔**举办中华文化海外传播论坛**〕 12月2日，由上海市教卫工作党委、上海市教育委员会指导，学校主办的“自信、自觉、自洽：中华文化海外传播论坛”举行。会上，上海孔子学院工作联盟揭牌。联盟的成立将有效实现校际资源共享，提升上海市教育国际化水平。学校作为联盟秘书处成员单位，将发挥综合优势，特别是在语言文学、国际关系和国别区域研究等方面的学术积淀，牵头打造高精尖智慧联盟，协同建立孔子学院发展与研究智库。

〔**依法治校与后勤管理保障**〕 全面推进依法治校，厘清对外合同管理机制，明确学校品牌管理方案，加大法制宣传力度。推进章程落实，归类梳理全校规范性文件423份。加强合同审查，共审核合同78份，保障学校经济安全，控制法律风险。完善薪酬制度改革方案，合理提高教职工生活待遇。拓展周转房资源，共承租虹口公租房192套，修订《青年教工周转性住宿用房管理办法（试行）》，制定《青年教工楼搬迁实施方案》，逐步改善教职工生活条件。开展国有资产清查，整理约15万条资产数据。探索后勤管理体制机制改革，引进社会企业经营学生餐厅，提升师生满意度。

〔**校务信息公开与校园信息化建设**〕 加强信息公开与校务公开，主动公开信息4 000余条，其中新增600余条；处理回复网上咨询、信访189条，受理信息公开申请4件，信息公开更加透明、全面。在教育部组织的第三方测评中获满分，在上海市高校信息公开测评中保持第一位。加强教代会、工代会、学代会、学生会和民主党派的建言议事能力，完善民主管理保障机制，确保信息沟通渠道畅通。全面推进信息化工作，加强图书馆学术研究信息资料建设、校园互联网通信基础设施建设、数字化教学辅助平台建设与推广，提升信息化安全保障。严格财经纪律，加强审计工作，健全监管体系，升级完善财务管理信息系统。

撰稿　潘　旻

审稿　冯　辉

上海财经大学

〔**学科建设**〕 2016年，学校推进“双一流”建设，深入实施“高原”“高峰”学科战略。召开“双一流”建设工作会议，发布《上海财经大学推进世界一流大学和一流学科建设方案》6个“双一流”建设专项方案和7个主要学科的一流学科建设计划。优化学科结构与布局，主动撤销农业经济管理二级学科博士学位授权，增列法学博士学位授权一级学科，发布学科发展年度评估报告。对标国际，学校优势学科的国际竞争力和影响力不断增强。截至2016年年底，根据U.S.News全球最好大学学科排行榜（2017），学校首次进入经济学和商学排行榜，位列全球第192位、大陆高校第7位；根据上海交通大学世界大学学术排名（2015），学校经济学/商学学科位列全球前200强，居大陆高校第4位；根据QS世界大学学科排名（2017），学校会计与金融、经济与计量均列全球第151—200段位，大陆高校并列第6位；首次进入社会科学与管理（大口径学科）排行榜；根据荷兰蒂尔堡大学全球经济学研究机构科研排行榜（2011—2015），学校排名居全球并列第69位、大陆高校第1位；根据美国得克萨斯大学达拉斯分校全球商学院科研能力排行榜（2012—2016），学校位列全球第127位、大陆高校第5位；根据美国亚利桑那州立大学金融学排名（2011—2015），学校金融学位居全球第113位、大陆高校第3位。

〔**召开“双一流”建设工作会议**〕 6月29日，学校召开“双一流”建设工作会议。会议主题是“以创建世界一流学科为引领，加快推进国际知名具有鲜明财经特色高水平研究型大学建设”。学校党政领导、教学科研单位和职能教辅部门主要负责人、学术委员会和学科建设委员会部分委员参加会议。

〔**本科生培养**〕 全面实施以“立体课程、多元路径、个性体验”为特征的创新人才培养模式改革。推进通识教育改革，加强以高质量通识课程为核心的立体化课程建设，开设新生研讨课。采用暑期通识课程、联合课堂和网络大规模在线课程（MOOC）等多种形式，引进校外优质通识课程28门次。新增市级精品课程3门、上海高校示范性全英语课程3门。立项市高校优质在线课程建设项目3项、市全英语示范课程建设项目2项、市重点本科教学改革项目3项。

〔**研究生培养**〕 持续推进学科优化计划、导师岗聘计划等“六大计划”，构建人才分类培养体系。制定《上海财经大学研究生课程建设实施方案》《上海财经大学研究生学位论文重复率检测试行办法》，修订完善《上海财经大学学位工作细则》。举办首届研究生“学术之星”评选活动。经济学院、法学院、数学学院延长学术型硕士研究生的培养年限。

〔**特色人才培养**〕 坚持以特色创品牌，在继续推进自贸区专门化特色人才培养的同时，加大国际组织人才培养力度，开设国际组织人才培养基地班。项目一期的学生已在海外合作院校继续学习；项目二期共选拔优秀学生40人，并新增金融硕士、法律硕士两个专业方向。

〔**德育教育与培育志愿服务文化**〕 谋划推进新一轮思想政治理论课教学改革，推动中国特色社会主义理论体系入脑见行。依托“科学·人文”大讲堂、甲申论坛等品牌项目，邀请知名专家学者到校开讲，形成学生科学人文素养培养的长效机制。以“中国农村创业现状调查”为主题，组织开展2016年度千村调查，共有1 472支队伍、2 188名学生参加。构建参与广泛、内容丰富、形式多样、机制健全的学生志愿服务体系，打造特色志愿服务品牌，推动“桃蹊”志愿服务项目和“兴家”志愿服务项目的开展，完成西部计划志愿者招募工作。学校学生、“同伴教育”志愿者蔡景薇在第九届全球健康促进大会上作为中国青年代表发言。创新和完善课堂内外结合的体育俱乐部教学模式，营造浓郁的校园体育锻炼氛围，学生在棋类、游泳等特色体育项目上屡屡为国争光。系统规划艺术课程体系，积极打造艺术精品项目，学生话剧团参加上海市大学生话剧艺术节，获长剧组一等奖、“最佳导演奖”、“最佳舞台创意奖”和“优秀表演奖”等多个奖项。

〔**师资队伍建设**〕 修订《上海财经大学关于进一步规范高级专家申请延长退休年龄和暂缓退休等审批工作的实施办法》。制定《上海财经大学高层次人才薪酬及有关配套政策实施方案（试行）》和《上海财经大学2016年校内津贴实施办法》。新增“长江学者”（含青年“长江学者”）2人、“四个一批”暨文化名家1人、国家杰出青年科学基金获得者1人、上海市领军人才1人。截至2016年年底，学校在岗教师中具有博士学位教师占比85.7%，高级职务教师占比63.1%，具有海外教育经历者占比70%。

〔**海外人才招聘工作**〕 1月1日至7日，学校组织招聘团组赴美国旧金山参加美国社会科学联合会年会（ASSA Annual Meeting 2016），并借助这一国际经济、金融等领域高端人才聚集平台开展海外人才招聘工作。

〔**科学研究**〕 召开科研工作推进暨获奖科研成果表彰大会。2016年，学校获国家级项目立项54项。全年教师共发表学校认定的权威期刊论文53篇，发表SCI&SSCI国际索引期刊论文232篇，均创历史新高。在2016年度上海市第十一届中国特色社会主义理论体系研究和宣传优秀成果奖、第十三届哲学社会科学优秀成果奖评选中，学校有28项成果获奖，位居全市第四位。获第三届“刘诗白经济学奖”1项，获第十九届“安子介国际贸易研究奖”优秀论文奖三等奖1项。

〔**获9项第十届上海市决策咨询研究成果奖**〕 3月29日，学校获第十届上海市决策咨询研究成果奖9项，其中一等奖3项、二等奖3项、三等奖3项，居全市高校首位。

〔**推进自贸区协同创新中心建设**〕 紧密对接国家新一轮对外经济开放与自由贸易区战略的推进实施，推进体制机制改革，全面参与自贸试验区建设重大理论探索和决策咨询工作，完成2016年上海自贸试验区三周年系统评估和经验总结研究、广东与福建自由贸易试验区条例等多项关于自贸试验区建设重大任务。完成《中国（广东）自由贸易试验区条例》《中国（福建）自由贸易试验区条例》的制定。设计“上海自贸试验区制度创新绩效综合评估方法”，研发成果“自贸试验区制度创新绩效评估系统及方法”于2016年正式确定发明专利。首次正式向社会发布“中国自由贸易区发展指数”，“自贸区系列丛书”入选国家“十三五”重点出版物出版规划项目。

〔**入选2017年度高等学校学科创新引智计划**〕 11月，学校申报的经济学前沿理论与方法学科创新引智基地项目获教育部和国家外国专家局审批通过，正式入选2017年度高等学校学科创新引智计划。

〔**招生与就业**〕 新生生源质量持续提高，高考招生综合竞争力保持全国前十位，在沪高考录取分数线保持“文三理四”的排名。毕业生就业率和就业质量连续多年在全国高校保持领先。在盖洛普—麦可思发布的“中国大学就业能力排行榜”中一直居于全国前列。截至2016年年底，毕业生就业率达96.07%。根据iPIN发布的2016年中国大学毕业生薪酬排行榜，学校位列全国高校第二位。

〔**召开教育部党组第六巡视组巡视学校动员会**〕 4月20日，召开教育部党组第六巡视组巡视学校动员会。巡视组组长张光强做动员讲话，通报了巡视工作重点任务、工作安排和工作要求。教育部巡视工作办公室副主任牛燕冰就配合做好巡视工作提出要求，学校党委书记丛树海做表态发言，校长樊丽明主持会议。

〔**社会服务**〕 对接国家财税事业和上海市发展新需求，制订实施“两个服务行动计划”（2016版），成立“财政法研究”课题组。学校高等研究院继续发布对中国经济增长和各关键经济指标的预测，对国家宏观经济政策的制定产生重大影响。学校先后向政府机关、行业协会、研究机构递交专家建议124份，其中39份得到党和国家领导人、上海市主要领导批示，部分专家建议入选国家社会科学规划办公室《成果要报》等重要内参，或被有关部门采用。

〔**教育交流与合作**〕 深入实施“全球上经”（Global SUFE）战略。2016年，学校与22所大学/机构签署了协议，包括美国康奈尔大学和乔治·华盛顿大学、英国牛津大学、加拿大蒙特利尔大学、荷兰蒂尔堡大学等。拓展学生海外学习、实习项目。2016年，共有54名学生参加一流大学海外学习项目，209名研究生赴海外学习。开设本科生和研究生暑期国际课程共计60门，聘请来自英国剑桥大学、牛津大学和美国康奈尔大学等国际一流院校的专家学者到校授课，选课总人次达900余人。

〔**校园文化建设**〕 以迎接百年校庆为契机，增强学校文化软实力。成立学校文化建设委员会，加强对文化建设的组织领导。有序推进百年校庆文化项目建设，启动铸造百年上财鼎、征集百年校庆祝福语、编撰《上财人物治学治教格言》、策划和制作学校宣传片及宣传册、举办“百年商学、百年上财”海内外主题巡展等文化项目18项。开展筹建商学博物馆、重置马寅初雕像和竖立马寅初题字石等工作。

〔**成立上海高校创新创业教育联盟**〕 1月18日，首届上海创新创业教育论坛暨上海高校创新创业教育联盟启动仪式在学校举行。本次活动由学校和复旦大学、上海交通大学等联合发起，学校承办，超星集团协办。

〔**第二届大学生上海国际学术研讨会举行**〕 5月28日，由上海高校大学英语教学指导委员会和中国学术英语教学研究会主办，学校外国语学院承办的第二届大学生上海国际学术研讨会（Shanghai International Collegiate Conference，简称SICC）在学校举行。本次学术研讨会以“发挥大学生智库作用，促进大学生科研能力”为出发点，旨在打造一场大学生自己的国际学术盛会。

〔**与美国康奈尔大学签署校际合作谅解备忘录**〕 2月，学校与美国康奈尔大学签署校际合作谅解备忘录。根据双方商定，两校以促进交流与合作为宗旨，构建合作平台，在学术交流、科研合作、人才培养等方面开展实质性的合作。

〔**举行学校青岛财富管理研究院和美国加州大学伯克利分校哈斯商学院战略合作签约仪式**〕 8月11日，学校青岛财富管理研究院和美国加州大学伯克利分校哈斯商学院在青岛市举行战略合作签约仪式暨上财（青岛）—伯克利（哈斯）国际人才培养基地揭牌仪式。

〔**与现代创新控股有限公司签署赞助协议**〕 11月12日，学校、学校教育发展基金会与现代创新控股有限公司签署赞助协议。现代创新控股有限公司赞助1亿元人民币，用于支持学校“双一流”建设及相关教育事业发展。

〔**校友会工作**〕 2016年，学校美国校友会、加拿大校友会、欧洲校友会正式成立，日本校友会、新加坡校友会完成登记注册工作。截至2016年年底，海外校友组织增至9个，学院/专业校友会增至15个。固定收益校友俱乐部正式成立，行业校友会取得突破。

〔**董事会工作**〕 学校董事会已经成为支持学校各项事业进步发展、促进学校教育事业改革创新的重要力量。加强基金会的专业化运作与管理，拓宽募资渠道，做好资金运营，全年总收入达6 709.34万元。

撰稿　吴怀莉

审稿　张锦华

南京大学

〔**学科建设**〕 2016年，学校启动实施“学科高峰”建设计划，有16个学科进入ESI排名世界前1%，其中化学、材料科学进入世界前1‰，化学学科名列前30名，材料科学位居第77位。

〔**人才培养**〕 2016年，学校本科“三三制”教学改革进入第二阶段，全面启动“优质课程十百千工程”，一批高质量的通识课程、专业课程、创新创业课程和实践类课程立项建设；“悦读经典计划”扎实推进，在全国产生影响；实施“二三三”硕士研究生改革方案，进一步完善“四三三”博士生培养体系，一个以学科支撑、风格一致、良性互动的从本科生到博士研究生的人才培养体系正在形成。

〔**师资队伍建设**〕 2016年，学校完成全员岗位聘任制改革，全面落实人事关系与岗位聘用的合同管理，各支队伍管理机制发生根本性变化，全体教职员工的岗位意识和竞争意识进一步增强，各系列不同层次人员的活力和创造性有效激发。全职引进中国科学院院士2人，引进和新增教育部“长江学者”特聘教授、国家杰出青年科学基金获得者10人。优秀青年人才队伍建设取得显著进展，7人入选青年“长江学者”，9人入选国家优秀青年科学基金项目，入选人数位居全国高校前列。

〔**科学研究**〕 2016年，学校全面落实“科技创新十百千工程”和文科发展“双重计划”，凝练形成了一大批针对经济社会重大需求的科学问题和研究项目。获教育部高等学校科学研究优秀成果奖（科学技术）15项，获奖数位居全国高校第一位；获江苏省科学技术奖6项、江苏省国际科学技术合作奖1项；获江苏省哲学社会科学优秀成果奖77项，位居全省高校和科研院所第一位。

〔**获4项2016年度国家科学技术奖**〕 2016年，学校获4项国家科学技术奖，获奖总数位列全国高校第五位。学校环境学院教授张徐祥团队的研究项目“高风险污染物环境健康危害的组学识别及防控应用基础研究”获国家自然科学奖二等奖；电子科学与工程学院教授张荣团队的研究项目“先进日盲紫外探测与应用技术”获国家技术发明奖二等奖；环境学院教授李爱民团队的研究项目“难降解有机工业废水治理与毒性减排关键技术及装备”、模式动物研究所教授高翔团队的研究项目“基因工程小鼠等相关疾病模型研发与应用”分别获国家科技进步奖二等奖。

〔**位列“自然指数”全球高校第12位、全国高校第2位**〕 2016年，根据英国自然出版集团发布的“自然指数”数据显示，学校排名跃居全球高校第12位，稳居国内高校第2位。

〔**位列QS 2016世界大学排名全球高校第115位**〕 9月6日，教育研究机构QS公布2016年世界大学排行榜，学校位列全球高校第115位，较2015年上升15位。

〔**入选国家首批“双创”示范基地**〕 2016年，国务院办公厅印发《关于建设大众创业万众创新示范基地的实施意见》，系统部署“双创”示范基地建设工作并确定了首批28个“双创”示范基地。学校成功入选“双创”示范基地，并吸引了一批科技企业入驻南大“双创”基地。启动了与南京市和镇江市的全面合作，获得丰富的“双创”资源。

〔**参加2016年全国“双创”活动周**〕 10月12日至18日，2016年全国大众创业万众创新活动周在深圳市举行。学校作为首批国家“双创”示范基地的4所高校之一，在活动周新模式区域展示了示范基地建设方案、“双创”教育模式以及“环保科技成果转化平台”“高活性生物填料及新型反应器”“胰腺癌相关血清微小核糖核酸检测试剂盒”“肿瘤靶向性细胞凋亡诱导新药重组RGD-TRAIL”“光学超晶格多用途激光器”“大型基础设施健康监测仪”“基于纳米黑金的太阳能海水淡化技术”等科技成果转化项目，并在新技术、新产品等展区展示了“石墨烯透明电极高性能钙钛矿太阳能电池”“低成本可调谐半导体激光器”“新型显示技术产业化”和“Insta360”4个项目。国务院总理李克强亲临活动现场，与创客们互动交流，并用学校刘靖康校友团队的360度全景相机与广大创业者亲切合影。

〔**党建工作**〕 2016年是学校党建年，学校党委坚持全面从严治党，将思想建党与制度治党紧密结合，把学习与贯彻十八届六中全会精神和习近平总书记治国理政的新理念新思想新战略作为学校党委的工作重点。开展“两学一做”学习教育，聚焦监督执纪问责，持续推进党风廉政建设，召开基层党建与思想政治工作会议，成立南京大学理论讲师团，制定与完善学校党建与思想政治工作的各项规章制度，为学校“双一流”建设提供精神动力和政治保证。

〔**授予德国总理默克尔名誉博士学位**〕 6月12日，德国总理安格拉·默克尔接受学校授予其名誉博士学位。截至2016年年底，学校已授予14位国（境）外著名学者、科学家、政治家和社会活动家名誉博士学位。

〔**主办2016第十届国际湿地大会**〕 9月19日至24日，由学校、中华人民共和国国际湿地公约履约办公室、国际生态学协会、中国生态学学会、湿地国际—中国办事处共同主办的2016第十届国际湿地大会在江苏省举行。此次大会为研讨湿地生物多样性保护、湿地生态系统管理、湿地与全球变化、湿地在废水处理和生态系统服务及其他方面的广泛应用等新热点提供交流共享的平台，对促进我国湿地研究、保护、建设和管理以及湿地可持续利用和发展具有重大意义。

〔**教育交流与合作**〕 2016年，学校制定完成“南京大学教育开放发展战略规划”，着力推进国际化办学。聘任美国前国务卿基辛格博士为学校名誉教授，举办中美文化研究中心成立30周年庆典，美国前国务卿奥尔布赖特等一批境外嘉宾到访学校。“国际战略合作伙伴计划”成果丰硕，与美国哈佛大学、斯坦福大学等著名高校合作建立联合研究机构。本科生海外交流率大幅提高，3 069名海外留学生到校学习。

撰稿　潘　静
审稿　尹三洪

东南大学

〔**实施《东南大学“十三五”事业发展规划纲要》**〕 2016年，《东南大学“十三五”事业发展规划纲要》上报教育部并正式实施。编制完成并启动实施“十三五”规划的六大支撑计划。

〔**学科建设**〕 确立“强势工科、优势理科、精品文科、特色医科”建设目标，启动实施“一流学科攀升计划”，发挥学科发展责任主体作用。启动推进“双一流”建设，完成“中央高校建设一流大学（学科）和特色发展引导专项资金”建设项目方案论证，深化 ESI 学科建设与引导，启动建设新一代通信网综合试验平台、细胞工程与转化医学平台等 13 个开放共享重大科研平台。组织五大门类 31 个学科参加全国第四轮学科评估。药理学与毒理学、神经科学与行为科学进入 ESI 全球前 1%，进入 ESI 全球前 1%学科数由 8 个增至 10 个，其中工程学上升至第 45 位、计算机科学上升至第 66 位。依托网络空间安全一级学科成立网络空间安全学院。17 个学科获批“十三五”省重点学科。

〔**人才培养**〕 入选全国首批深化创新创业教育改革示范高校。新增国家级虚拟仿真实验教学中心和国家级实验教学示范中心各 1 个，新增国家级精品视频公开课 6 门，入选国家级精品资源共享课 36 门，入选数位居全国高校前列。1 人获宝钢优秀教师特等奖，2 人入选省教学名师。获批省级重点教材 14 部，位列全省高校第一名。在全国大学生电子设计竞赛中获 10 个一等奖和 8 个二等奖，一等奖数位列全国高校第一名；在 2016 年“创青春”全国大学生创业大赛中获 5 项金奖，获金奖总数位居全国高校第二名。“九龙 5G 创业谷”入选国家级众创空间。与法国 N+i 工程师学校联盟签署合作协议，并与其所属 8 所法国工程师学校以及美国凯斯西储大学签署“3+2”联合培养协议。获批江苏省各类研究生创新工程项目 322 项。获江苏省优秀博士学位论文 13 篇、优秀硕士学位论文 27 篇。获批“国家建设高水平大学公派出国留学项目”研究生 194 名，其中攻读学位 55 人、联合培养 139 人，获批国家留学基金委博士生导师短期访问项目 34 人。获批第四批江苏省产业教授 19 人。2016 届毕业生年终总就业率达 98.49%，位居全国高校前列。

〔**师资队伍建设**〕 制定并启动实施“十三五”师资队伍规划和“高端师资倍增计划”，大力实施“人才强校”战略。新增欧洲科学院院士 1 人、“长江学者”2 人、青年“长江学者”5 人、“全国工程勘察设计大师”1 人。入选汤森路透 2016“全球高被引科学家”2 人。新增省特聘专家 3 人、省突出贡献中青年专家 1 人、省双创团队 1 个、省双创人才 6 人、省双创博士 8 人；入选省“333 工程”66 人，第一层次和第二层次入选数位列全省第一名。

〔**科学研究**〕 牵头项目获 2016 年度国家科学技术奖 3 项，其中自然科学奖、技术发明奖和科技进步奖二等奖各 1 项，牵头获奖项目数（通用项目）位列全国高校第九名；获教育部 2016 年度高等学校科学研究成果奖（科学技术）5 项，其中一等奖 2 项；获 2016 年度江苏省科学技术奖 8 项，其中一等奖 5 项，位居全省高校第一名。获批国家自然科学基金资助项目 303 项，其中重点项目 6 项，重大仪器专项 3 项，杰出青年科学基金项目 2 项，优秀青年科学基金项目 3 项；获批国家重点研发计划专项牵头项目 6 项、牵头课题 21 项；获批军委科技委、军委装备发展部、教育部等国防科研项目 56 项；获批国家社科基金 27 项。入选第七届教育部科技委学部委员 9 人、军委科技委专家 4 人。获批教育部霍英东教育基金高等院校青年教师基金资助与青年教师奖各 1 项。科研到账总经费 20.208 亿元，较 2015 年增长 12.2%。SCI 收录论文 2 394 篇，比 2015 年增加 234 篇；EI 收录论文 2 554 篇，比 2015 年增加 384 篇；表现不俗论文 903 篇，比 2015 年增加 83 篇。发明专利申请 2 495 件，已授权 1 238 件，PCT 专利申请 50 件。承担江苏省重大科技成果转化项目 22 项，位列全省高校第一名。获批江苏省高档数控机床及智能装备制造业创新中心和全国首家最高人民法院司法大数据研究基地。学校智慧城市研究院、空间科学与技术研究院、国家发展与政策研究院等交叉科学研究院建设稳步推进，未来地下空间研究院、东南大学—威斯康星大学智能网联交通联合研究院等基础与前沿国际化科研机构论证进展顺利。推进学校大数据计算中心和分析测试中心共建共享平台建设。

〔**产学研合作**〕 首次入选“十三五”期间国防

科技工业局与教育部共建高校。与中国航空工业集团、上海航天技术研究院、中国航天科技集团公司第九研究院第十三所、中国核动力研究设计院、中国电子科技集团第二十九所、故宫博物院、南京医科大学、华为技术有限公司等大型企事业单位签订战略合作协议；与南京市政府签订推动科技与产业深度融合合作协议；与苏州市高新区签约共建东南大学苏州医疗器械研究院。

〔**教育交流与合作**〕 启动实施“卓越大学伙伴计划”，推进高层次国际交流、合作办学和具有国际影响力的海外高水平人才引进。东南大学—蒙纳士大学苏州联合研究生院获批省中外合作办学高水平示范性建设工程培育点。推进国家外国专家局国际化示范建筑学院申报，与法国雷恩第一大学联合申报研究生学院工作进展顺利，器官芯片学科创新引智基地入选高等学校学科创新引智计划。与美国威斯康星大学、瑞典乌普萨拉大学等15所国（境）外高校签署合作交流协议。聘请1 000余名外国专家到校讲学和合作研究，全年派出1 200余名教师和2 000多名本科生、研究生赴国（境）外交流学习。外国留学生人数达1 849人，其中学位生1 402人，学位留学生比例达75.8%，继续位居全省高校第一位。“一带一路”可持续基础设施工程硕士项目完成首批学生录取，加入“一带一路”高校联盟。3所孔子学院发展良好，注册汉语学生达4 500多人，丹尼斯（Dennis）教授获国家汉办授予的2016年度全球“孔子学院先进个人”称号。

〔**办学条件**〕 启动实施“东大影响力提升计划”，初步完成《东南大学校区定位及功能规划》。落实16项教育部专项工程。完成学校九龙湖校区学生宿舍节能安全改造等工程，以及土木交通教学科研楼A区（办公楼）、B区（试验楼）主体工程和桃园学生宿舍建设。编制完成九龙湖游泳馆、桃园学生宿舍（9—10号）可行性研究报告并通过教育部评估。完成九龙湖校区信息电子教学综合楼招标设计，以及生物科学与医学工程学院教学综合楼、能源与环境学院教学综合楼、留学生楼的建设前期调研工作。启动九龙湖校区护校河污水整治工程及桃园食堂二期工程。推进四牌楼校区校史馆、线上/线下师生综合服务大厅和校园快递中心建设。

撰稿　赵　光

审稿　姜平波

中国矿业大学

〔**学科建设**〕 2016年，编制学校“双一流”建设方案。获国家发展引导专项资金4 400万元。地球科学、材料科学、化学学科首次进入ESI前1%，工程学学科领域位次继续前移，数学、环境科学与生态学领域、计算机科学领域ESI排名不断靠近前1%，排名增幅在10%以上。13个学科入围QS大学排名的世界一流学科，矿物与采矿工程学科进入QS全球学科百强。完成全国第四轮学科评估，实现设定目标。获批6个“十三五”省重点一级学科，新增1个高等学校学科创新引智基地。

〔**教育教学改革**〕 创新人才培养工作机制，构建创新人才培养体系和分层次人才培养模式，突出综合素质和实践能力培养。实施2016版本科生培养方案，制定《本科生素质发展纲要》。本科专业撤销2个、暂停招生3个，12个专业通过本科认证评估。撤销3个硕士学位授权点，增列2个一级学科硕士点。出台ESI博士专项指标遴选和考核办法，实施优秀创新博士研究生奖学金计划。扎实推进专业学位研究生教育改革，研究生教育国际化进程加快。7门课程入选国家级精品资源共享课，5门实验课实现“全开放自主选课”。全方位落实创新创业教育“九条”，立项建设学生创新创业训练计划 786 项。获省级以上科技创新竞赛奖 535 项，首获全国大学生创业大赛金奖和网络创业大赛特等奖。首次选派本科生赴海外实习，遴选建设 10 个高质量校外实习基地。大力实施“生源质量提升工程”，完善了本—硕—博、硕—博招生选拔办法，本科生和硕士研究生优质生源均达 50%以上。博士生人均发表 SCI、SSCI 文章 1.2 篇，比 2015 年增加 12%。

〔**师资队伍建设**〕 2016 年，引进专任教师和师资博士后 35 人，其中博士学位占比 94%。专项投入 8 800 万元，加强一流师资建设。柔性引进诺贝尔奖获得者中村修二担任名誉教授，6 名国家杰出青年科学基金获得者、“长江学者”等到校工作，聘请外籍专家学者 235 人次到校交流访学，组织 5 场海外现场招聘。1 人获“全国优秀科技工作者”称号，1 人进入“长江学者奖励计划”建议人选公示名单。33 人入选江苏省第五期“333 高层次人才培养工程”，8 人获省“六大人才高峰计划”资助，15 人入选江苏省“青蓝工程”中青年学术带头人和优秀青年骨干教师，2 人分别获江苏省优秀教育工作者和教学名师称号，1 人获江苏省有突出贡献中青年专家，1 人获江苏省青年科技奖，1 人获江苏省优秀专利发明人，2 人入选高被引学者榜单，1 人在《自然通讯》（*Nature Communications*）上发表高水平研究论文。

〔**科学研究**〕 2016 年，学校首次进入泰晤士世界大学排行前 1 000 名。学校获国家科技进步二等奖 2 项、省部级科技奖励 11 项。全年新增纵向项目 407 项。新增国家重点研发计划课题 14 项、国家科技重大专项课题 2 项。新增国家自然科学基金 129 项、省部级以上人文社科类项目 26 项。全年实到科研经费 3.57 亿元，其中纵向经费 1.67 亿元。高水平论文发表数量首次突破千篇，SCI 论文比 2015 年增长 14.6%，SSCI 论文增长 133.3%。授权发明专利 488 件。PCT 专利申请位列全球教育机构排名第 35 位、中国高校第 4 位。入选全国创新创业典型经验高校 50 强。

瞄准学科发展前沿，组建了煤炭地下气化国际研究中心、可持续能源研究院、雾霾防控研究院 3 个国际化创新平台。获批江苏省工程实验室 1 个、江苏省高校重点实验室 1 个。国家工程技术研究中心和教育部重点实验室通过评估验收。1 个教育部创新团队获滚动支持。举办各类学术会议 225 场。

〔**加强内涵建设**〕 2016 年，学校综合改革方案和“十三五”规划获准实施。启动新一轮领导班子任期目标责任书编制工作。校务公开持续规范，全年主动公开信息 1 000 余条，发布 13 个重要办学事项报告。整合优质办学资源，学部制与大部制改革并行推进，调整部分学院及相关学科专业设置，新组建“四部四处五院”。完成学校学术委员会和民主党派换届工作，推进二级单位教职工代表大会建设，选聘第三届学生校务参事。取消科研平台行政级别，探索实施业务主管制和扁平化管理层级。

〔**党建工作**〕 修订出台了系列干部工作制度，形成良好的用人导向和制度环境。开展新一轮干部换届工作，聘任 226 名处级干部，轮岗和提任 125 人，占比 55%；聘任科级干部和业务主管 211 人。首次发布中层干部 2015 年度履职报告。选派 39 名干部参加国内外各类干部培训研修，2 名干部赴地方帮扶锻炼，6 名干部参加第九批科技镇长团。持续推进落实基层党建工作责任制，从严落实书记抓党建的一把手责任，明确把学院党委书记和副书记岗位设为专职管理岗。开展党员组织关系排查“回头看”、党费收缴专项检查等工作，推进党组织规范化建设。选派 7 人参加部省市示范培训班。培训入党积极分子、发展对象 7 500 余名，发展党员 1 198 名。积极推进基层党建工作创新，2 项活动获 2015 年度江苏高校“最佳党日活动”优胜奖。

〔**“两学一做”学习教育**〕 2016 年，学校制定“两学一做”学习教育实施方案。采取学校党委书记做专题党课辅导报告、组织巡讲团、专家辅导讲座等多种方式，深入推进学习党章党史、党规党纪和习近平总书记系列重要讲话精神，开展专题学习讨论。全校569个党支部严格落实“三会一课”制度，8 500余名党员对照“四讲四有”合格党员标准，深入查找问题，做到立行立改。

〔**党风廉政建设**〕 贯彻落实党风廉政建设“两个责任”，完善二级单位和部门党风廉政建设的领导体制和工作机制。结合学校机构改革和中层干部换届，成立了产业纪委和总务部纪委，配备专职纪委书记，有效增强了校办产业、后勤基建等重点领域的监管。统筹推进学校内控机制建设，把各项经济活动全面纳入制度化、规范化运行的轨道。践行监督执纪“四种形态”，强化党内监督。

〔**教育交流与合作**〕 2016年，学校与106所海外高校建立密切合作关系，其中世界综合排名和学科排名前100位的高校42所。新签、续签校际合作协议23项。学校加入“中国—中亚国家大学联盟”，与“一带一路”沿线国家67所重点高校、13所中欧工程教育平台高校、83所QS采矿与矿物类学科世界百强高校积极拓展合作机会。聘请外籍专家学者189人次，全年派出375名学生赴境外学习，在校留学生总人数达808人。

〔**社会服务**〕 2016年，学校开展煤炭能源领域高端人才培训，参与徐州市“一园一谷”建设，签署校企校地产学研合作协议56项。学校获第八届中国技术市场金桥奖先进集体奖和2016年度产学研合作创新奖。学校技术转移中心被评为江苏省技术转移联盟先进集体。

〔**校园文化建设**〕 深入践行社会主义核心价值观教育，开展庆祝中国共产党成立95周年、纪念红军长征胜利80周年等主题教育活动。强化师德引领，形成了教职工思想动态和行为状况专题报告。网络文化建设取得新进展，教育部网络文化专项试点建设中心和“矿大易班”正式挂牌。扎实推进精神文明建设和法治宣传工作，学校被评为江苏省文明校园和第五批全国煤炭工业文明单位。大学生心理健康教育扎实有效，学校被评为江苏省大学生心理健康教育工作先进集体。获准建设全国高校辅导员发展研究中心。1人获全国辅导员职业能力大赛华东赛区二等奖，1人被评为江苏高校辅导员年度人物。

〔**董事会、校友会工作**〕 2016年，学校董事会单位分布的行业领域有所拓展。新签署全面合作协议2家、战略合作框架协议3家，成立1个地方校友联谊会。接受社会捐助1 326.4万元。

〔**民生工程**〕 南湖校区体育中心和附属中学新校区建成投入使用，大学生创新训练中心开工建设。南湖尚苑进入分户验收及竣工预验收阶段。大力推进数字化校园建设，完善一站式服务工作机制，建成3间智慧教室和3间微课教室。新增图书7万余册，订购数据库126个。南湖校区新增3处景点，校园环境更加美化。发放各类学生助学经费1.8亿元，安排勤工助学2.8万人次。67%的日常经费用于人员支出，教职工收入保持可持续增长。投入资金近2亿元，完成在职人员基本工资调标及离退休人员增资，预留养老保险金和职业年金。落实教职工福利政策，发放生日节日慰问品共计343万元。

撰稿　姜　媛　朱正中
审稿　赵红灿

河海大学

〔**学科建设**〕 2016年，学校制定并发布《河海大学推进世界一流大学和一流学科建设意见》，发挥一流学科辐射带动作用，推动若干学科进入世界一流行列。农业工程、电气工程、力学、地质资源与地质工程、马克思主义理论被评选为“十三五”省一级重点学科。截至 2016 年年底，学校省级重点学科覆盖的一级学科数量达 15 个。

〔**环境/生态学学科进入 ESI 全球排名前 1%**〕1 月，ESI 数据库数据显示，学校环境/生态学学科继工程学学科之后首次进入 ESI 世界排名前 1% 行列。截至 2016 年年底，学校进入 ESI 世界前 1%的学科增至 2 个。根据 ESI 数据统计，学校环境/生态学学科共发表 SCI 论文 666 篇，总被引 3 354 篇次，篇均被引 5.04 次，总被引次数在全球所有进入该学科 ESI 排名前 1%的 751 个科研机构中排名第 742 位。

〔**接受教育部本科教学工作审核评估**〕　12 月 11 日至 15 日，教育部本科教学工作审核评估专家组进校考察。专家组重点考察了学校办学定位和人才培养目标与国家和区域经济社会发展需求的适应度、学校教师和教学资源条件对人才培养的保障度、学校教学质量保障体系运行的有效度、学生和社会用人单位的满意度，对学校本科教学工作进行了全面考察评估。10 位专家在南京、常州两地三校区深度访谈了全体校领导，走访 65 个教学单位、职能部门，访谈 129 人次，召开各类座谈会 9 次，听课看课 34 门，调阅 21 个院系、40 个专业、98 个班次共计 3 009 份试卷，查阅 24 个专业共 1 659 份毕业论文（设计），考察了 4 个校外实习实践基地和用人单位。此外，专家组还考察了学生宿舍、食堂、活动中心、体育场馆等相关办学场所或办学设施。

通过进校实地考察，专家组重点围绕学校人才培养目标与培养效果的达成度，向学校反馈了考察意见。专家组离校后学校研究布置整改落实工作，形成整改方案，细化整改举措，做到以评促建、以评促改、立德树人、提升质量。

〔**测绘工程专业通过工程教育专业认证**〕　11 月，中国工程教育专业认证协会公布了 2015 年度工程教育专业认证结果，学校测绘工程专业通过工程教育专业认证。测绘工程专业设有测绘工程本科专业，摄影测量与遥感、地图制图学与地理信息工程等硕士点，大地测量学与测量工程博士点，测绘科学与技术博士后流动站。

〔**师资队伍建设**〕　新增享受国务院政府特殊津贴人员 4 人；新增江苏省有突出贡献的中青年专家 1 人、省“六大人才高峰资助计划”人才 7 人及团队 1 支；新增省第五期“333 工程”一层次培养对象 2 人、二层次培养对象 9 人、三层次培养对象 16 人，“江苏特聘教授” 3 人，“青蓝工程”科技创新团队 1 支，中青年学术带头人 9 人，优秀青年骨干教师 7 人。

〔**获 2016 年度宝钢教育奖特等奖**〕　学校共有 8 名师生获 2016 年度宝钢教育奖。其中，水利水电学院教授顾冲时获宝钢教育奖“优秀教师特等奖”，环境学院博士研究生苗令占获宝钢教育奖“优秀学生特等奖”。

〔**王沛芳获第十一届光华工程科技奖青年奖**〕6 月 1 日，第十一届光华工程科技奖颁奖大会在北京举行，学校环境学院院长王沛芳获青年奖。

〔**沈扬获霍英东教育基金会第十五届高校青年教师奖一等奖**〕　3 月，学校教授沈扬获霍英东教育基金会第十五届高等院校青年教师奖一等奖（排名第一位），也是近三届一等奖获得者中唯一一名江苏省高校理工专业教师。

〔**科学研究**〕　2016 年，新增合同额 5.43 亿元，同比增长 2.65%；新增到款 4.92 亿元，同比增长 1.03%。获批国家重点研发计划 2016 年度重点专项 2 项、课题 16 项，总经费达 9 719 万元；获国家自然科学基金项目 137 项，其中重点项目 3 项；获国家社科基金项目重大项目 1 项、年度项目 10 项、后期资助项目 2 项。主持完成的“生态节水型灌区建设关键技术及应用”获 2016 年度国家科技进步奖一等奖。获国家技术发明奖二等奖 2 项，获高等学校科学研究优秀成果奖（科学技术）一等奖 1 项、二等奖 2 项，获大禹水利科学技术奖一等奖1项、二等奖2项，获江苏省科学技术奖4项，获全国教育科学研究优秀成果奖二等奖1项、省哲学社会科学优秀成果奖8项。发表SCI论文980篇，同比增长19.7%；发表EI论文1 246篇、SSCI论文24篇、CSSCI论文346篇。授权国内发明专利687件，PCT国际申请24件，授权澳大利亚发明专利3件，获中国发明专利优秀奖1项。获江苏省研究生教育教学改革研究与实践课题7项、江苏省研究生学术交流项目1项、江苏省优秀研究生课程6门。4篇博士学位论文、11篇硕士学位论文、6篇专业学位论文入选江苏省优秀学位论文。

〔**学校发明专利授权量创新高**〕 2016年年初，据教育部科技发展中心公布的2015年高校获发明专利授权量前50名和至2015年年底高校有效发明专利量前50名名单，学校排名均进入全国50强。

〔**2项年度国家重点研发计划重点专项正式启动**〕 10月，由学校牵头申报的2016年度国家重点研发计划“水资源高效开发利用”重点专项——“多尺度水文水资源预报预测预警关键技术及应用研究”、“典型脆弱生态修复与保护研究”重点专项——“西南水电高坝大库梯级开发的生态保护与恢复技术”项目正式启动。

〔**学校水资源高效利用与工程安全国家工程研究中心首次接受国家发展改革委评价并获优秀**〕 2016年年初，学校水资源高效利用与工程安全国家工程研究中心首次接受国家发展改革委评价并以89.2分获评优秀。该中心是经国家发展改革委批准、中国唯一的水资源领域国家科技创新平台。

〔**学校MBA获2016年中国最具价值50MBA称号**〕 4月，“2016中国最具价值50MBA”在北京发布，发布的奖项包括“中国最具价值50MBA”“中国MBA杰出教授”及“第十一届MBA成就奖”等奖项。学校MBA获“中国最具价值50MBA”称号。

〔**学校主办的英文期刊《水科学与水工程》(*Water Science and Engineering*)入选“中国国际影响力优秀学术期刊”**〕 据2016年11月《中国学术期刊（光盘版）》和《中国学术期刊国际引证年报》发布的“中国最具国际影响力学术期刊”和“中国国际影响力优秀学术期刊”名单，由学校主办的《水科学与水工程》(*Water Science and Engineering*)英文期刊入选“2016中国国际影响力优秀学术期刊”。

〔**获2016“创青春”全国大学生创业大赛2项金奖**〕 11月，在2016“创青春”全国大学生创业大赛上，学校共获2项金奖、3项铜奖。分别是：“江苏安靠电力科技有限责任公司”创业项目获“创青春”创业计划赛全国金奖，“南京中港电力股份有限公司”创业项目获“创青春”专项赛全国金奖；“常州比由网络科技有限公司”“原生艺爱·画心公益平台”“校园优帮创业计划”3项创业项目分获“创青春”创业计划赛、公益创业赛和专项赛全国铜奖。此外，学校入选第九届全国大学生创新创业年会项目3项，获第三届志愿服务项目大赛全国金奖1项。

撰稿　朱庭菊
审稿　曹　翀

江 南 大 学

〔**学科建设**〕 2016年，学校组织召开发展战略研讨会、发展咨询会、院长联席会等，研究国内外学科评估办法，通过整合推进全国第四轮一级学科整体水平评估筹备工作，进一步明晰学校农业学科“一流学科”基本建设思路，逐步凝练“一流大学”建设方向。加快推进健康科学与技术、功能材料科学与工程、轻工装备技术与工程三大领域的内涵建设、创新设想和路径设计，将三大领域发展理念逐步融入产学研各项工作中。学校组织 23 个学科参加第四轮全国学科评估；邀请专家对 6 个博士学位一级授权学科进行诊断式全面评估；材料科学成为学校第 5 个入围 ESI 全球排名前 1%的学科，农业科学继续保持在 ESI 全球排名前 1‰；化学工程与技术、设计学入选“十三五”省一级重点学科，计算机科学与技术入选省一级重点（培育）学科。

〔**教育教学创新与实践**〕　修订本科人才培养方案；启动工程实训中心（一期）建设；环境工程专业通过工程教育专业认证；自动化等 5 个专业的认证申请被受理；获批国家级精品资源共享课 7 门、省级精品课 1 门；省重点教材 9 部，省优秀毕业设计（论文）16 项；深化研究生招生制度改革，获江苏省“研究生招生管理工作优秀招生单位”称号；连续 6 年在国务院博士学位论文抽检中合格率达 100%；获江苏省优秀博士论文 3 篇、优秀硕士论文 12 篇；获江苏省研究生培养创新工程项目 132 项；新增省级企业研究生工作站 18 个，获评优秀工作站 5 个；国家大学科技园建设运营的“创业汇客厅”入选国家级众创空间；在校生获全国大学生创业大赛金奖 1 项、铜奖 2 项，获中国“互联网+”大学生创新创业大赛金、银、铜奖各 1 项，获全国大学生数学建模竞赛一等奖 2 项、二等奖 5 项，获全国大学生创新方法应用大赛“优秀学生团队”“江苏省大学生年度人物”称号。开展基于工程能力的实践教学改革，推进工程实训中心建设，完成慕课平台建设。艺术硕士专业学位授权点通过国家专项评估，获批“全国高校实践育人创新创业基地”和“江苏省深化专业学位研究生教育综合改革项目”。

〔**全面实施人才强校战略**〕　2016 年，学校新增专任教师 115 人，共有教职员工 3 183 人，其中专任教师 1 873 人。拥有博士学位的专任教师达 61.3%，拥有一年以上海外研修经历的专任教师达 36.2%。新增“长江学者奖励计划”特聘教授、“国家杰出青年基金”获得者等国家级人才 14 人，部省级人才 70 人；有国家级人才 54 人、部省级创新团队 35 个、在站博士后 181 人。完善师资引进工作小组机制，出台《江南大学领军人才引进工作实施办法（试行）》。新增“国家优秀青年基金”获得者、“青年长江学者”等共 6 人，国家级青年人才项目由食品、轻工、纺织拓展至机械、制药等学科领域。推进科研创新团队建设，新增 1 支团队获教育部“创新团队发展计划”滚动支持。博士后队伍建设进步明显，首次入选“香江学者计划”。

〔**教风学风建设**〕　2016 年，学校举办教师节庆祝大会、优秀教师表彰交流会、立德树人研讨会等系列活动，推进师德师风建设；制定实施《江南大学思想政治理论课特聘教授聘任办法》，加强思想政治理论课建设；打造“专家+辅导员”思想政治工作队伍，获评教育部辅导员工作精品项目；印发《江南大学关于进一步加强学风建设的实施意见》，引导优良学风建设；出台《江南大学优秀教学奖评选办法》，评选师德标兵、优秀教学奖等，鼓励广大教师潜心教书育人。《江南大学大力推进师德师风建设》一文在教育部门户网站刊出。

〔**科学研究**〕　2016 年，学校到账科研经费 4.48 亿元；新增国家级科研平台 1 个、部省级科研平台 5 个，截至 2016 年年底，学校共有国家级科研平台 9 个、部省级科研平台 39 个；国家重点实验室接受科技部组织的专家评估；学校获批国家重点研发计划 20 项、国家自然科学基金 110 项、国家社会科学基金 6 项及后期资助 2 项、教育部人文社科研究项目 15 项；发表 SCIE 论文 1 317 篇、一区论文 150 篇、高影响因子论文（IF≥5.0）108 篇、CSSCI 论文 276 篇；申请国内发明专利 1 761 件、获授权 578 件，申请国际专利 93 件、获授权 15 件；获各级各类科研奖励 122 项（含部省级以上奖励 69 项）；1 项科研成果入选第二届军民融合高科技成果展暨高层论坛；再次获批教育部人文社科研究重大课题攻关项目；食品安全风险治理研究院入选中国智库索引首批来源名单及省重点培育智库；与无锡市政府联合建设江南大学无锡智库，3篇咨询报告分别被中央办公厅《信息专报》、教育部《高校智库专刊》刊发；学校教师主持设计的中国第一台自主设计轻型伞兵空投车正式服役。

〔**社会声誉**〕 2016年，在U.S.News大学排行榜上，学校位居全球高校第706名、中国大陆高校第46名；在中国管理科学研究院发布的《2017年中国大学评价》中，学校位居全国高校第50名；在人民网发布的中国高校社会影响力排行榜上，学校位居全国高校第22名，社会声誉稳步提升。

〔**"两学一做"学习教育**〕 2016年，学校制定印发《关于在全体党员中开展"学党章党规、学系列讲话，做合格党员"学习教育的实施方案》，全面开展"两学一做"学习教育。以庆祝中国共产党成立95周年为契机，将学习党章党规、学习系列讲话以专题形式列入学校党委中心组理论学习、基层党支部专题组织生活和教职工政治理论学习计划。学习贯彻党的十八届六中全会及习近平总书记系列重要讲话精神，紧密联系学校实际，举办师生专题报告会，邀请校外专家到校讲学，组织中心组专题学习，开展各种形式的宣传活动。统筹党风廉政建设整体部署，召开党风廉政建设干部大会。完善惩防体系建设，出台《中共江南大学委员会关于践行监督执纪四种形态的实施办法（试行）》。

〔**社会服务**〕 2016年，学校与广东省汕头市、浙江省龙泉市、河南省平顶山市、江苏省无锡市梁溪区等7个市县区启动全面合作；落实"十二五"市校共建协议，年内到账经费3 600万元，推动"十三五"市校共建签约；推进扬州市、如皋市2个食品生物技术研究所建设；吸引中国工商银行、江苏银行、中国建设银行、中国移动等知名企业参与办学；获社会捐赠2 861.9万元（同比增长25%），获教育部、财政部配比奖励623万元；启动校企协同创新实验室（一期）建设，与光明乳业等8家企业签约共建，其中7家企业已正式入驻协同创新大楼，合同金额超过6 200万元；出台《江南大学专利技术转化管理办法》；省产学研联创项目资助总经费实现五连冠；新增校友分会6家；完成校董事会换届工作；学校教育发展基金会获"江苏省示范性社会组织"称号。

〔**教育交流与合作**〕 2016年，学校出台《江南大学扩大教育对外开放行动方案》；新增境外合作单位8家，与33个国家（地区）的163所高校及科研机构保持合作关系；新增高端外国专家项目7项；接待海外专家来访484人次，派出教师赴海外交流478人次；接收来华留学生924人，派出学生赴海外交流1 300人次，在校本科生赴海外交流、交换比例达26%；41名本科生、51名研究生、14个海外留学项目与"智能制造国际化创新人才培养项目"获国家留学基金管理委员会资助；学校获批益生菌与肠道健康国际联合研究中心；新增纺织品生态加工关键技术"111计划"创新引智基地；合作项目外方专家再获"中国政府友谊奖"和"江苏省友谊奖"。

〔**招生工作**〕 2016年，学校在52个专业招收本科生5 053人，毕业4 745人；招收研究生2 179人，毕业1 995人；在校博士研究生934人、硕士研究生6 998人、研究生导师1 002人。

〔**依法治校与管理改革**〕 2016年，学校推动落实《江南大学章程》，出台《江南大学规章制度制定及管理办法》；编撰校情咨文、制度汇编，制定管理制度68项；新设及调整成立招生就业处、法制工作办公室、协同创新中心办公室、质量管理办公室等机构；梳理、总结任期目标责任制，按照"简化程序、保证质量、立足发展"的原则，完成全校22个教学与科研单位、32个管理与服务单位的第五轮任期考核；完成中层干部正职换届，任免处级干部110人次；选派11名干部、教师赴校外挂职锻炼，选拔10名青年博士挂职机关或直属单位处长助理。推进养老保险改革；教职工收入连续

6年实现增长。

〔**校园文化建设**〕　2016年，学校出台《江南大学节约型校园建设指导意见》；获评“全国高校后勤信息宣传工作先进单位”“全国高校后勤文化建设优秀示范单位”“江苏省平安校园建设示范高校”；美术馆、钱绍武艺术馆、荣毅仁与江南大学纪念馆完成改建并重新开馆；出版“校园文化系列丛书”第五部《文博揽胜》，编撰《江南大学植物名录》；举办江南大讲堂、“天下江南人”校友大讲坛、至善讲坛、“高雅艺术进校园”等校园文化活动30余场；获批全国高校“礼敬中华优秀传统文化”特色项目；获评教育部高校校园文化建设优秀成果奖二等奖和“江苏省文明校园”称号。

撰稿　钱　锋

审稿　金征宇

南京农业大学

〔**学科建设**〕　2016年，学校积极推进一流学科建设，编制“双一流”建设实施方案，规划构建了“一流学科、特色学科、基础学科”三级学科建设体系，获一流大学（学科）和特色发展引导专项资金5 400万元。4个学科入选“十三五”省重点学科及培育学科。截至2016年年底，进入ESI世界前1%的学科共有6个；农业科学排名升至世界第46位；植物与动物学、环境生态学、生物与生物化学排名稳步上升。

〔**人才培养**〕　全年录取本科生4 252人，一志愿率达99.84%；录取硕士生2 286人、博士生450人。建成大学生创客空间，应届本科生就业率达94.36%，研究生就业率达90.28%。修订完善2015版本科人才培养方案。推进第二课堂育人体系建设，不断丰富文化艺术、科技竞赛、创新创业、社会实践、志愿服务、大学体育和心理健康等教育形式。

〔**师资队伍建设**〕　全年引进高层次人才10人，招聘教学科研岗教师、师资博士后76人。新增杰出青年基金获得者1人、青年“长江学者”2人、中宣部文化名家暨“四个一批”人才1人，共40余人次入选江苏省特聘教授等各类人才项目。继续实施“钟山学者计划”，增补“钟山特聘教授”1人，聘任首批“钟山首席教授”29人，完成首批“钟山学术新秀”聘期考核。

〔**2项研究成果获国家科技进步奖二等奖**〕　1月，中共中央、国务院在北京人民大会堂隆重召开2015年度国家科学技术奖励大会。学校教授曹卫星主持的“稻麦生长指标光谱监测与定量诊断技术”、教授沈其荣主持的“有机肥作用机制和产业化关键技术研究与推广”两项科研成果同时摘得国家科技进步奖二等奖。

〔**2人获国际“棉花生物技术奖”**〕　5月16日，学校教授张天真和陈增建获2016年国际“棉花生物技术奖”（2016 Cotton Biotechnology Award）。这是中国学者首次获此殊荣。

〔**2项成果参加国家“十二五”科技创新成就展**〕　6月1日，国家“十二五”科技创新成就展在北京举行。学校食品学院国家肉品工程技术中心的技术成果“干腌肉制品风味品质调控现代工艺及装备成套技术”、资源与环境科学学院国家有机类肥料工程技术中心的技术成果“利用农业废弃物制造生物有机肥技术及其产品”参加展览。前者为科技部“十二五”食品加工制造领域精选三项核心科技成果代表之一，后者被省科技厅推荐为全省核心

科技成果之一。

〔**首次进入泰晤士世界大学排行榜**〕　9月，《泰晤士高等教育》发布了2016—2017年世界大学排名，79个国家的980所大学进入该榜单，学校在该排行榜中列601—800名，在入选的中国内地大学中排名第29位。

〔**工程学进入ESI世界排名前1%**〕　9月23日，汤森路透公司公布的最新版基本科学指标数据库ESI显示，学校工程学进入世界排名前1%行列，这是学校继农业科学、植物与动物学、环境与生态学、生物与生物化学之后，第5个进入ESI世界排名前1%的学科。

〔**《科学》杂志在线发表学校雷达昆虫学最新研究结果**〕　12月23日，国际顶级刊物《科学》杂志在线发表了学校昆虫生态课题组研究成果(Mass seasonal bioflows of high-flying insect migrants)。该论文以学校副教授胡高为第一作者和第一通讯作者，学校为第一完成单位，英国埃克塞特大学（University of Exeter）查普曼（Jason Chapman）副教授为共同通讯作者。

〔**科技创新**〕　获批国家重点研发计划项目2项、转基因重大专项牵头项目2项、国家自然科学基金项目164项。发表SCI论文1 419余篇、SSCI论文22篇，首次以第一通讯作者单位在《科学》发表论文。校办学术刊物影响力不断提高，《园艺研究》被ESCI收录。成立江苏高等学校新农村发展研究院协同创新战略联盟。

〔**举行“钟山教学名师”颁奖仪式**〕　4月6日，南京农业大学“钟山教学名师”颁奖仪式隆重举行。6位教师以其在师德师风、业务水平、教学建设、受学生欢迎度等方面的突出成绩成为学校首批“钟山教学名师”，学校奖励每人20万元，这是学校最高额度的个人奖励。除“钟山教学名师”评选外，学校还有优秀教学奖、教学质量优秀奖、青年授课比赛、微课比赛等。学校已将这套评价体系整合成《南京农业大学教师教学奖设置暂行办法》，构建形成一整套全面、渐进且立体化的教学奖励体系。

〔**2016年世界农业奖揭晓仪式在学校举行**〕　9月20日，2016年全球农业与生命科学高等教育协会联盟（GCHERA）世界农业奖揭晓仪式在学校举行，加拿大阿尔伯塔大学教授洛恩·巴比克获2016年GCHERA世界农业奖。世界农业奖开放基金设立大会也在当天举行，该基金由大北农集团董事长邵根伙博士倡导设立，并发起捐赠。

〔**入选中国高校产学研合作十大优秀案例**〕　11月，学校产学研合作案例“产学研一体化是激发科技成果转化的原动力”被评为2012—2014年度中国高校产学研合作十大优秀案例。该案例是学校结合国内传统肉制品现状与产业发展趋势，与南京市人才办共同引导科研人员通过全方位对接，借助工业4.0技术，引导传统肉制品的转型升级，实现校企协同创新、成果共同转化的新模式。

〔**教育部本科教学工作审核评估专家组进校评估**〕　12月4日至8日，本科教学工作审核评估专家组进校评估。专家组按照“以评促建、以评促改、以评促管、评建结合、重在建设”的20字方针，在专家审读学校《自评报告》和《教学状态数据分析报告》的基础上，对学校本科人才培养工作进行了全面、深入的现场考察。

〔**社会服务**〕　新建3个新农村服务基地、3个农业科技综合示范基地，“南农易农”等信息服务功能日益完善，双线共推服务模式取得较好效果。依托科技支撑与项目合作，实现对贵州省麻江县等地区的精准扶贫。出版《江苏新农村发展系列报告(2015)》。

〔**举行中国农业经济研究生教育80周年纪念座谈会**〕　10月20日，中国农业经济研究生教育80周年纪念座谈会在学校举行。美国康奈尔大学研究生院副院长特维（Calum Turvey)、国务院学位委员会农林经济管理学科评议组近几届成员等出席座谈会。与会代表回顾了农经学科的历史，总结交流了各单位近几年来培养研究生的工作情况和经验，探讨了农林经济管理专业研究生的培养质量及学科发展问题和解决路径。

〔**教育交流与合作**〕 第四届世界农业奖揭晓仪式暨世界农业奖开放基金设立大会在学校举行，学校获赠世界农业奖开放基金 1 000 万元。与美国密歇根州立大学签署共建联合学院协议，两校在环境科学、食品科学、植物保护、农业信息学、农业经济管理等学科领域开展联合办学，面向亚洲农业发展深化科研合作。获批 1 个“111”创新引智基地，1 个中心被认定为国家级国际科技合作基地。开设全英文授课课程 104 门，1 门课程入选教育部“来华留学英语授课品牌课程”。教育援外工作不断深入，全年举办援外培训班 4 期，孔子学院开设汉语课程 62 个班次。

〔**菊花新品种斩获全国菊花展览会金奖**〕 12 月 12 日，第十二届全国菊花展览会在湖北省荆门市举办。学校菊花课题组送展的“南农紫乒乓”“松月”2 个品种获标准展台竞赛金奖，“南农绿意”“南农岱雪”“南农黄乒乓”“紫松月”等 6 个品种分获银奖和铜奖。

〔**刘大钧先生遗体告别仪式在宁举行**〕 中国共产党优秀党员、国际著名的小麦遗传育种学家、杰出的农业教育家、中国工程院院士、南京农业大学原校长刘大钧教授因病医治无效，于 2016 年 8 月 22 日在南京逝世，享年 91 岁。中共中央总书记、国家主席、中央军委主席习近平对刘大钧先生的逝世表示深切哀悼，对家属表示亲切慰问。李克强、张德江、刘云山、张高丽、胡锦涛、朱镕基、温家宝、李岚清、吴官正、李长春、刘延东、汪洋、赵乐际、陈至立等同志，对刘大钧先生的逝世表示深切哀悼，对家属表示亲切慰问，并敬送花圈。

〔**学校新校区立项建设**〕 12 月 22 日，教育部下发《关于南京农业大学建设江北新区新校区》的批复，同意学校在南京市江北新区建设新校区。新校区选址位于南京市江北新区的核心区域。新校区总用地 2 500 余亩，将按照一次规划、分期建设的思路，规划各类用房约 120 万平方米。

撰稿　吴　玥
审稿　刘　勇

中国药科大学

〔**学科建设**〕 2016 年，学校牵头开展药学类专业核心课程标准研制，推动全国药学院校建设一批“十三五”高等学校国家级规划教材和药学类慕课课程。完成第四轮全国学科评估的参评工作，与教育部学位与研究生教育发展中心签约共建学科自检平台。开展学位授权点动态调整，撤销生物化工硕士点，增列基础医学一级学科硕士点。获批化学、工商管理 2 个“十三五”省重点（培育）学科，1 个环境科学与工程“十三五”省重点建设学科。完成生物学、化学 2 个学科一级学科硕士点评估工作。

〔**师资队伍建设**〕 2016 年，学校引进高层次人才 21 人。完成首批名誉教授、兼职教授及客座教授评审，其中名誉教授 10 人，兼职教授 8 人，客座教授 31 人。全年新增江苏省特聘教授 2 人、第五期江苏省“333 工程”培养对象 25 人、江苏省“双创人才”4 人、“双创团队”1 个、江苏省“青蓝工程”培养对象 14 人、科技创新团队 1 人、江苏省“六大人才高峰”10 人、创新人才团队 1

个。2人获国务院政府特殊津贴，1人获“江苏省有突出贡献中青年专家”称号，3人获“江苏省教育工作先进个人”称号。

〔**科学研究**〕 2016年，学校科研经费收入达2亿元，国家自然科学基金获批79项。全年共完成专利申请登记306件、专利授权88件。抗肿瘤与抗感染药物发现学科创新引智基地获批立项，生物药物成药性研究和天然活性物质发现与研究获批江苏省高校重点实验室。3个一类新药获国家食品药品监督管理总局颁发的药物临床试验批件。获教育部高等学校科学研究成果二等奖1项，获江苏省教育科学研究成果二等奖1项、三等奖2项。1人获中国药学会科技进步三等奖，1人获2016年度江苏医药科技奖，学校获全国技术市场领域最高奖项“金桥奖”先进集体奖。

〔**抗肿瘤与抗感染药物发现学科创新引智基地获国家批准立项建设**〕 教育部和国家外国专家局联合组织的2017年度“高等学校学科创新引智计划”新建基地评审结果公布，学校教授郝海平牵头申报的抗肿瘤与抗感染药物发现学科创新引智基地获批立项建设。

〔**尤启冬主持的科技成果获2016年度国家科技进步二等奖**〕 学校教授尤启冬作为第一完成人、学校作为第一完成单位的“复杂结构天然产物抗肿瘤药物的研发及其产业化”的研究成果获国家科技进步二等奖。尤启冬带领课题组以复杂结构天然产物的研究作为重点研究内容，突破了制约复杂结构天然产物抗肿瘤药物伊立替康和长春瑞滨的产业化技术“瓶颈”，获得了具有先进技术水平的产业化工艺和国家新药证书，并通过美国食品药品监督管理局（FDA）认证。

〔**孔令义获第十七届吴阶平—保罗·杨森医学药学奖**〕 学校教授孔令义因在药学科学研究中的突出成就获第十七届吴阶平—保罗·杨森医学药学奖。孔令义是中国中药和天然药物领域的领军人物之一，在国际SCI刊物发表论文400余篇，主编著作6部，获发明专利授权10项；获国家科技进步二等奖、教育部自然科学一等奖、省科学技术一等奖。

〔**产学研合作**〕 2016年，学校与南京市政府签订“一校一地”全面合作协议；与山东省菏泽市政府、吉林省通化市政府、云南省科技厅等多地对接签署产学研合作协议；与浙江省台州市政府联合举办2016中国制药产业发展与监管高等论坛和科技项目对接会。

〔**国家执业药师发展研究中心揭牌**〕 学校与国家食品药品监督管理总局执业药师资格认证中心、中国医药物资协会携手共建的国家执业药师发展研究中心揭牌仪式在学校举行。该中心自成立以来，完成了《2015年中国执业药师发展报告（蓝皮书）》的编撰、中国执业药师发展论坛的筹备、“执业药师能力与学历提升计划”项目的实施以及国家执业药师业务规范的全面修订和改版等工作。

〔**招生与就业**〕 2016年，学校招收本专科学生共3 049人，各省（自治区、直辖市）理科生均分超过省控线平均85分，较2015年增加12分。招收研究生共计1 276人，其中博士研究生186人，硕士研究生1 090人。2016年，毕业本专科生、研究生4 158人，就业率达98.90%。2016年，学校招收各类留学生共153人，在校留学生达373人。

〔**举行建校80周年纪念暨“双一流”建设大会**〕 11月16日，学校建校80周年庆典暨“双一流”建设大会举行，千余名海内外校友和师生，与来自教育部、工业和信息化部、国家食品药品监督管理总局和江苏省人大常委会、省政府、省政协及社会各界的来宾与会。大会由学校党委书记徐慧主持。第十一届全国人大常委会副委员长桑国卫、国家食品药品监督管理总局副局长孙咸泽、江苏省副省长马秋林、工业和信息化部消费品司副司长吴海东、东南大学党委书记易红、美国俄亥俄州立大学药学院院长曼（Henry J. Mann）等先后对学校80

年来取得的成绩表示祝贺。校长来茂德以《不忘初心，再创辉煌》为题发表演讲。

〔**“走近大师——诺奖论坛”在学校举行**〕 10月31日至11月16日，1987年诺贝尔化学奖得主、法国科学院院士莱恩（Jean-Marie Lehn），2013年诺贝尔化学奖得主瓦谢尔（Arieh Warshel），2005年诺贝尔生理学或医学奖得主、有“幽门螺杆菌之父”之称的马歇尔（Barry Marshall），2004年诺贝尔化学奖得主切哈诺沃（Aaron Ciechanover）及2001年化学奖得主谢赫特曼（Dan Shechtman）来到学校“走近大师——诺奖论坛”，与学校千余名师生共同探讨学科前沿，共话学术热点，在高端学术氛围中共同展望医药发展的未来。

〔**召开高端药物制剂与材料研究中心成立大会**〕 学校召开高端药物制剂与材料研究中心成立大会暨首届学术委员会第一次会议，校长来茂德和中国工程院院士王广基共同为高端药物制剂与材料研究中心揭牌。会上，来茂德还与国家纳米科学中心主任刘鸣华签订了中国药科大学与国家纳米科学中心共建纳米药物协同创新研究中心的协议。

〔**免疫治疗高层论坛举行**〕 11月17日，2016年免疫治疗高层论坛在学校举行，来自奥地利、以色列、德国、瑞士、中国等国家和地区的10位专家学者齐聚一堂，共同就免疫治疗领域的前沿动态和热点问题展开探讨。重点聚焦细胞免疫治疗最新热点，针对近年来免疫治疗在癌症治疗领域的应用和实践，就该领域政策环境、市场前景、中外技术的最新趋势、临床应用等关注点进行了探讨。

〔**承办首届全球药学教育会议**〕 11月7日，由国际药学联合会（FIP）、中国药学会（CPA）联合主办，学校和美国药学院协会承办的首届全球药学教育会议在南京市召开。来自美国、加拿大、日本、澳大利亚、法国、印度等47个国家和地区的500多名代表，学校党委书记徐慧、校长来茂德等校领导及多位专家学者参加会议。会议围绕“为全球药学从业人员建立全球视野”的主题展开讨论，制定达成“理想的药学教育”线路图及克服困难的策略。大会讨论并通过《全球药学教育南京专家共识》《药学从业人员及其发展的FIP全球愿景》《药学从业人员发展目标》三个文件，以此作为在全球范围内指导和推动药学教育改革的纲领性文件。

〔**教育部门户网站专题报道学校多项工作**〕 2016年，教育部门户网站分别以《中国药科大学四举措扎实推进毕业生就业》《中国药科大学扎实做好毕业生文明离校工作》《中国药科大学“四个保证”扎实做好开学工作》等为题，专题报道学校在人才培养、艺术教育和学生管理等方面取得的成绩。

〔**国务院原副总理李岚清赠送学校校训篆刻作品**〕 国务院原副总理李岚清以校训为主题，创作了一批重点高校的校训篆刻作品，学校也荣列其中。学校获赠的篆刻作品用材为寿山石，底部刻有“精业济群”四字校训。

〔**入选教育部直属高校精准扶贫十大典型项目**〕 学校落实精准扶贫的相关要求，按照习近平总书记提出的“创新、协调、绿色、开放、共享”五大发展理念，发挥药学优势，集上级主管部门、陕西省安康市镇坪县和学校三方力量，整合社会和企业资源，帮助镇坪县做大做强医药产业，全力打造“巴山药乡”，探索中药材产业融合发展的有效路径。该项目入选教育部直属高校精准扶贫十大典型项目。

〔**教育交流与合作**〕 2016年，学校与4所国外大学签署校际合作协议，即美国密歇根大学“2+2”双学位项目、华盛顿大学毕业实习项目、内布拉斯加医学中心实习项目和英国爱丁堡大学“2+2”双学位项目。

〔**药学继续教育**〕 2016年，学校学历教育招生人数达5 305人，新获批2个教学点。

〔**朱昱熹获首届全国高校网络宣传思想教育优秀作品一等奖**〕 学校辅导员朱昱熹撰写的博文《大城市VS小地方，大学生就业该如何抉择》获首届全国高校网络宣传思想教育优秀作品一等奖。

〔**马云倩获2015年度“全国优秀共青团员”称号**〕 五四青年节前夕，共青团中央发文表彰2015年度“全国优秀共青团员”“全国优秀共青团干部”“全国五四红旗团委（团支部）”。学校2012级中药学专业学生马云倩获2015年度“全国优秀共青团员”称号，这是学校青年大学生首次获此殊荣。

〔**学校捐赠园开园**〕 11月10日，学校捐赠园开园。捐赠园的开建是为了更好地让全校师生铭记广大校友和社会有识之士为学校建设发展做出的贡献。

撰稿 刘 睿
审稿 杨 庆

合肥工业大学

〔**学科建设与研究生培养**〕 2016年，学校组织28个学科参加全国第四轮学科评估。制定了《合肥工业大学“十三五”学科建设发展规划》《合肥工业大学一流学科建设实施方案》《合肥工业大学一流学科建设申报书》。首次实施博士生“申请—考核”制招生，组织实施了与中国地质科学院联合申报博士研究生培养计划。学校共招收全日制硕士研究生2 641人、博士研究生205人、非全日制专业学位研究生922人。改革“三院一区”研究生培养模式，以学科为基础实行统一管理，将硕士研究生学习年限改为3年，施行研究生英语分级教学。修订全校84个学位标准。实现研究生学位论文100%查重、博士学位论文100%盲审，研究生毕业论文评估的优良率从79%提高到83%。

〔**本科生教育教学工作**〕 2016年，本科生招生8 199人，其中合肥校区6 189人、宣城校区2 010人，毕业生就业率达96.47%。对宣城校区的部分专业进行了调整。学校立项校级本科教学工程项目155项，推荐申报省级项目89项，2个项目入选全国高校就业创业指导课程特色教材课题。学校立项国家级创新创业训练计划项目80项、省级项目121项、校级项目573项。推进社会主义核心价值观培育践行常态化、长效化，构建“一体两翼三层次”的网络思想政治教育平台。实施2015版教学计划，加强教学过程管理，初步实现了“立德树人”“能力导向”“创新创业”三个教学体系的建设与融合。学校获全国首批深化创新创业教育改革示范高校、首批全国高校共青团“第二课堂成绩单”试点单位、全国大学生暑期社会实践活动优秀单位、安徽省十佳志愿服务组织称号。学校在各类学科竞赛中共获国际奖41项、国家级奖196项、省部级奖737项。学校成功举办了四届全国大学生工程训练综合能力竞赛并连续四届均获全国一等奖。学校大学生艺术团第四次成功入选“五月的鲜花”全国大学生文艺会演。学校桥牌队代表中国青年桥牌队取得了世界青年桥牌锦标赛亚军。全年资助家庭经济困难学生8 442人，奖励和资助总金额达1.7亿元。

〔**师资队伍建设**〕 修订人才引进、专业技术职务评聘、年度考核等文件制度。将师资队伍分为教学科研型、科学研究型、教学教研型三种类型，实施分类考核。完成在职人员和离退休人员工资调整工作，推进养老保险制度改革。共引进副高级以上专业技术职务人员30人，补充师资109人。评审正高级职称19人、副高级职称62人。2人通过教育部“长江学者奖励计划”青年项目公示。获批国家自然科学基金优秀青年项目2个，获批第五十九批中国博士后科学基金面上资助项目二等以上15项，获批第六十批中国博士后科学基金面上资助项目二等以上13项，获批中国博士后科学基金第9批特别资助4项，以及获批“香江学者计划”和博士后创新人才支持计划等。在第二届省高校教学微课课程教学竞赛中，2人获特等奖，2人获一等奖；在第三届全国青年教师教学竞赛中获三等奖。

〔**科学研究与成果转移转化**〕　2016年，学校设立了“学术新人提升计划”“优秀青年人才培育计划”“哲学社会科学培育计划”“应用科技成果培育计划”“国防科研培育计划”，注重创新成果导向。营造科研大服务新格局，全面推行“一站式”科研业务服务。学校获批国家自然科学基金项目146项、国家重点研发计划26项、省科技重大专项主持4项、省自然科学基金项目54项。获批中央军委科技委科技创新特区项目、军委装备发展部装备预研领域基金项目、军委装备发展部教育部联合基金项目、陆军航空装备预研项目、海军预研项目、空军预研项目、国家国防科技工业局民用航天项目等。新增国家社科基金项目6项、国家艺术基金项目2项、教育部人文社科项目13项，全年新立横向科研项目548项。获批国家级科研基地平台1个、部委级科研基地平台2个、省级科研基地平台1个。3个实验室申报省重点实验室，1个基地获批为省重点智库。成立学校技术转移中心天长分中心，参与安徽省综合性国家科学中心建设。2016年，以学校为第一署名单位发表SCI论文和SSCI论文共计962篇，获批授权专利469项（其中发明专利392项）。获国家科学技术奖二等奖2项（合作单位）、省科学技术奖26项、国土资源科学技术奖二等奖1项。学校社科联获2016年度“三项课题”研究活动先进单位。有3份研究报告首次被中央网络安全和信息化领导小组办公室和国务院办公厅采纳。

〔**智能制造技术研究院工作**〕　2016年，学校智能制造技术院（以下简称智能院）被列为安徽省全面创新改革“科技成果转移转化和新型研发机构建设试点单位”，支持在智能院中推进建设合肥国家制造创新中心。智能院5大综合开放平台组建已正式启动，与库卡工业（中国）共建智能院—库卡研究中心，与中汽中心天津汽车检测中心共建国家智能网联电动汽车质量监督检验中心（合肥）。学校14个科技研发团队获合肥市政府科技成果转化及产业化资金重点项目支持。学校与安徽省恒泰动力科技有限公司联合申报的“非道路国Ⅳ、国Ⅴ柴油机高性能活塞智能制造建设”项目，获国家发展改革委立项。2016年，智能院科研团队申请专利25项，其中发明专利14项，实用新型专利6项，软件著作权5项。

〔**党建与思想政治工作**〕　全年共召开党委常委会、党委全委会38次。坚持和完善党委领导下的校长负责制，健全党委统一领导、党政分工合作、协调运行的工作决策机制。坚持每月一次党委中心组理论学习，全年共举行专题学习13次。构建宣传思想工作大格局，全年在中央、省市各级媒体上共刊发各类稿件近100篇，学校获中国大学新媒体百强之优胜高校称号，入选首批全国共青团新媒体运营中心特色类专业工作室建设单位。开展“两学一做”学习教育，认真履行主体责任。完成全校党员摸底排查和党费清缴工作。组织召开八届三次教代会、十六届三次工代会。精准做好定点扶贫工作。用好干部标准，全年共调整配备中层领导干部103人，完成307名科级干部选拔竞聘工作。选派5人赴江苏省挂职，5人赴安徽省灵璧县、利辛县和宿州市挂职，选派12人次参加教育部等研修班学习，落实兄弟院校2位处级干部到校挂职。强化政治纪律和政治规矩，筑牢反腐倡廉防线，加强重点领域和关键环节的监督，把权力关进制度的笼子。

〔**依法治校与管理改革**〕　全年共召开11次校长办公会议。对全校各类文件进行了全面梳理，推进文件制度建设“废改立”，对2000年至2015年的377份规范性文件进行清理，废止115份、修订

93份、新制定73份，同时要求各院系、各部门对内部管理文件进行系统梳理。出台《合肥工业大学关于深入推进依法治校的实施意见》，推进法律顾问制度。完成学校学术委员会章程修订工作，完善学术委员会结构，成立学校学术委员会学部分委员会。强化财务稽查与监督，依法依规开展校内经济责任审计、基建工程审计、科研经费审计，加大对重点领域审计力度。建立后勤服务的检查和监督两级巡查制度，推进校院两级管理和公务用车改革，实施翡翠湖校区保卫工作延伸管理。

〔**教育交流与合作**〕 2016年，学校与澳大利亚悉尼科技大学、俄罗斯莫斯科动力工程学院和日本东京农工大学等建立校际合作关系。派出本科生105人赴我国台湾地区高校进行交换学习。与澳大利亚悉尼科技大学、加拿大滑铁卢大学、美国克拉克大学等开展不同层次的学生联合培养项目。举办“2016中德大学交流周”“第十届大学生徽文化研习营”活动。获批2016年度王宽诚教育基金会资助项目、教育部“海外名师项目”、国家外国专家局“单位重点聘专项目”，以及教育部与国家外国专家局“学科创新引智计划项目”等多个项目。留学生总数达222人。举办第三届留学生国际文化艺术节，建立2个来华留学生中国文化体验基地。

〔**财务及国有资产管理**〕 2016年，学校本级财务全年完成收入19.83亿元，财务支出19.24亿元。学校总资产达54.38亿元。完成2017—2019年中央高校改善基本办学条件项目的申报和3年支出规划的编制工作。持续推进财务信息化建设，按时完成财政部关于全校资产清查工作及教育部关于国有资产专项检查发现问题的整改工作。资产经营有限公司上缴学校1 600万元。全年接受捐赠890万元。

〔**基础设施和保障能力建设工作**〕 2016年，学校编制完成《合肥工业大学“十三五”基本建设规划》。完成9个中央高校改善基本办学条件项目和79项小型维修工程。加强校园环境治理和校园安全工作，加强校园反暴反恐能力建设，构建应急预案体系，加强保安保卫队伍建设。学校教学、科研仪器设备总价值达10.78亿元。在全省首届高等学校自制实验教学仪器设备展示评选活动中获2个一等奖。完成“合肥工业大学大型仪器开放共享服务平台”建设，并与科技部“重大科研基础设施和大型科研仪器国家网络管理平台”对接。学校分析测试中心通过国家实验室测试水平考核。完成智慧学校一期教育部专项项目，在翡翠湖校区新建49间智慧教室。完成总计410学时的16门精品开放课程的录制、近27学时的慕课视频拍摄制作。全年共向学校“教育资源云服务平台”上传优质教育资源1.5T以上，总容量达7T。全年续订和新增中外文单体数据库共计76个，数据库总数达209个，试用数据库45个。完成查新568项，检索各类期刊8 260余篇。校医院全年新投入使用仪器设备20台，全面投入医院信息系统建设。在教育部直属高校档案工作协会馆长论坛上，学校档案馆开发的出国学籍证明服务系统获优秀工作案例三等奖。

〔**后勤工作**〕 加强后勤管理信息化建设，为师生员工提供便捷的“一站式”后勤服务。学校物业服务中心获评全国首批“高校后勤物业服务优秀示范项目”称号，饮食服务中心获“安徽省高校餐饮行业先进集体”称号和“全国高校伙食系统先进集体”称号，能源服务中心获“安徽省省级公共机构节水型单位”称号。

撰稿　徐财松

审稿　严福平

浙 江 大 学

〔**服务保障二十国集团杭州峰会之“美好青春我做主——艾滋病防治宣传校园行”重要活动**〕 2016年9月5日，“美好青春我做主——艾滋病防治宣传校园行”活动在学校紫金港校区举行，国家主席习近平夫人彭丽媛和出席二十国集团领导人杭州峰会外方代表团团长夫人，联合国艾滋病规划署、世界卫生组织负责人出席了活动。该活动是二十国集团领导人杭州峰会期间的八大重要活动之一。为保障该项活动的举行，学校成立了二十国集团杭州峰会校园维稳安保工作领导小组及指挥部，完成了礼宾接待、志愿服务、医疗保障、校园安全等重要任务。中央专门委托中共浙江省委向学校表示肯定，学校被评为浙江省服务保障二十国集团杭州峰会先进集体，117名师生获评国家部委及省市关于二十国集团杭州峰会的各类先进个人。

〔**学科建设**〕 2016年，学校稳步实施“高峰”学科建设支持计划、一流骨干基础学科建设支持计划，加快学科布局调整，促进学科交叉融合。据2016年11月公布的ESI数据，学校18个学科进入世界学术机构前1%，7个学科进入世界前100位，均居全国高校第二位；5个学科进入全球学术机构前1‰，4个学科进入世界前50位，均居全国高校第一位。

〔**师资队伍建设**〕 启动实施学术大师汇聚工程，深入实施“高层次人才培育支持计划”和“高水平团队培育支持计划”，正式启动“博士后千人队伍三年建设计划”，不断加大思想政治教育、管理服务、实验技术等各类人才队伍建设力度，人才队伍结构持续优化；首次设立“仲英青年学者”项目，更加重视青年人才的培养和发展；继续实施学科与人才队伍专项建设，开展中期评估，发挥院系在学科和人才队伍建设中的主体作用。2016年，新引进教师171人，其中获海外博士学位70人，占41%；新增“长江学者”特聘教授6人、国家杰出青年科学基金获得者11人、国家优秀青年基金获得者17人、“长江学者”青年项目入选者14人。

〔**科学研究**〕 全年到款科研经费35.18亿元，居全国高校第二位。承担国家重大研究任务的能力持续提升，获国家自然科学基金项目769项，立项数居全国第二位，资助总金额达5.58亿元。新增4个国家自然科学基金创新研究群体，居全国高校第一位。新增1个国家工程实验室、1个国家地方联合工程实验室、4个科技部国际科技合作基地等国家级科研平台以及1个高等学校学科创新引智基地。学校作为第一完成单位获2015年度国家科学技术奖励4项，其中科技进步奖（创新团队）1项、自然科学奖二等奖1项、科技进步奖二等奖2项。学校6家智库入选全国首批“智库索引”，多项研究成果得到党和国家领导人及有关部门的重视和批示。《浙江大学学报（人文社会科学版）》在全国综合性高校人文社科学报中排名第一位。在国际顶级学术期刊《细胞》《自然》《科学》三大期刊及其子刊发表论文24篇，在PNAS发表论文2篇，被SCI收录论文5 974篇，居全国高校第二位。

〔**邢华斌实验室研究成果在《科学》杂志发表**〕 5月19日，《科学》杂志在线发表了学校化学工程与生物工程学院教授邢华斌实验室与爱尔兰利莫瑞克大学、美国得克萨斯大学圣安东尼奥分校等单位的合作研究成果（Pore chemistry and size control in hybrid porous materials for acetylene capture from ethylene）。该研究成果首次提出了离子杂化多孔材料吸附分离乙炔和乙烯的方法，不仅为乙烯和乙炔的高效分离与过程的节能降耗提供了解决方法，而且为其他重要气体的分离提供了新的思路。学校为论文第一完成单位，邢华斌和利莫瑞克大学教授扎沃特克（Michael J. Zaworotko）、得克萨斯大学圣安东尼奥分校教授陈邦林为论文共同通讯作者，学校化学工程与生物工程学院博士研究生崔希利和利莫瑞克大学陈凯杰为共同第一作者。

〔**2 项研究成果入选 2016 年“中国高等学校十大科技进展”**〕 12 月 26 日，学校教授吴朝晖、郑筱祥团队主持的“脑机融合的混合智能理论与方法研究”、学校教授郑树森主持的“肝癌肝移植新型分子分层体系研究”入选 2016 年“中国高等学校十大科技进展”。吴朝晖、郑筱祥团队围绕脑机融合问题形成了一系列突破理论与创新技术，率先提出“混合智能”的研究范式——生物智能与机器智能的融合。郑树森团队在其团队 2008 年创新性提出的肝癌肝移植杭州标准的基础上，进一步开展了全国多中心 6 012 例全球最大样本的研究，实现了肝移植受者的精准筛选和个性化治疗。

〔**获 2015 年度国家科技进步奖（创新团队）**〕 1 月 8 日，中国工程院院士、学校教授郑树森和中国工程院院士、学校教授李兰娟共同领衔的“终末期肝病综合诊治创新团队”获 2015 年度国家科学技术进步奖创新团队奖。终末期肝病高致死率是国际医学难题，主要难点是重症化机制不明，缺乏有效的治疗手段。针对这些难点，郑树森和李兰娟领导的团队从肝移植治疗新技术新体系、肝癌肝移植新标准、人工肝治疗新方法、终末期肝病发生发展新机制等方面进行技术突破和理论创新。该团队于 1986 年开展人工肝研究，1993 年开创了人工肝联合肝移植治疗终末期肝病的新模式，1994 年开展肝病微生态研究，2008 年提出肝癌肝移植杭州标准，2010 年赴印度尼西亚先后开展了 4 例活体肝移植手术。该团队历时 30 年逐步完善、引领了中国终末期肝病诊治的发展。

〔**“超重力离心模拟与试验装置”项目被列入《国家重大科技基础设施建设“十三五”规划》**〕 中国科学院院士、学校教授陈云敏建议的“超重力离心模拟与试验装置”项目于 2016 年 12 月被国家发展改革委等九部门列入《国家重大科技基础设施建设“十三五”规划》10 个优先项目之一。该项目围绕实验再现岩土体大尺度演变和灾变及加速材料相分离的科学目标，建设超重力离心模拟与实验装置，该装置的超重力容量居世界第一位，超重力多学科实验舱的功能世界最强。设施建成后，可为深地深海资源开发、重大工程防灾、废弃物地下处置、新材料制备等领域的研究提供有力支撑。

〔**“空气洗手装置”项目获第四十四届日内瓦国际发明展金奖和特别大奖**〕 4 月 13 日，在瑞士日内瓦举办的第四十四届日内瓦国际发明展上，学校参展的“空气洗手装置”（air faucet system）项目获金奖和特别大奖。该项目是在学校能源工程学院教授高翔和副教授郑成航的指导下，由学校能源工程学院本科生 2012 级李启章带领的团队完成的。“空气洗手装置”利用二次雾化原理，依靠自身重力驱动，能在保证洗净程度的同时，节约用水 91%。更难能可贵的是，它还做到了无额外能量消耗，真正实现了节水、节能的目的。

〔**开展“两学一做”学习教育**〕 4 月 15 日，学校召开“两学一做”学习教育动员大会，对在全体党员中开展“两学一做”学习教育进行动员部署，并成立“两学一做”学习教育领导小组和工作机构，研究制定“两学一做”学习教育方案。各级党员领导干部带头讲好党课，学习研讨、听取意见、谈心谈话、查摆问题、加强整改。认真开好组织生活会，抓好民主评议党员工作。坚持学做结合，做到“两手抓、两促进”。中央督导组在学校督导调研时，对学校的“两学一做”学习教育成效给予充分肯定。中央组织部《“两学一做”情况通报》、中央电视台《新闻直播间》等报道了学校“两学一做”学习教育的先进做法和优秀典型。

〔**成立工程师学院**〕 9 月 12 日，学校工程师学院（又名浙江工程师学院）成立，首届 291 名非全日制研究生报到入学。该学院于 2015 年 7 月在教育部和浙江省、杭州市、拱墅区各级党委和政府的大力支持下启动筹建，定位为高水平专业型学院，主要开展研究生层次工程师培养和企业工程师培训。该学院在学校城市学院北校区 147.5 亩的发展用地上新建办学设施，同时与城市学院共享办学资源，逐步实现整体融合。截至 2016 年年底，已组建了 3 个硕士教育中心，初步建成了电气技术与装备、机器人与智能制造、信息与微电子工程、高效清洁低碳能源首期 4 个公共实训平台，并与法国巴黎综合理工学院、巴黎高科国立高等电信学院等国外高校签署合作协议，开展联合培养学生项目。

〔浙江大学爱丁堡大学联合学院、浙江大学伊利诺伊大学厄巴纳香槟校区联合学院开学〕 2 月 1 日，教育部正式批复同意设立浙江大学爱丁堡大学联合学院、浙江大学伊利诺伊大学厄巴纳香槟校区联合学院两家非法人中外合作办学机构，这标志着浙江大学海宁国际校区进入了实质性办学阶段。两所联合学院的正式设立，为学校接轨世界一流大学、推进学科发展提供了新的机遇和新的平台，也为海宁国际校区的建设打下了坚实的基础。

浙江大学爱丁堡大学联合学院于 9 月 11 日开学，两校在海宁国际校区联合培养生物医学领域国际型创新人才，由浙江大学、英国爱丁堡大学共同授予学位。首届本科新生共 22 人。

浙江大学伊利诺伊大学厄巴纳香槟校区联合学院于 9 月 11 日开学，两校在学校海宁国际校区合作开展电气工程及自动化、电子与计算机工程、机械工程和土木工程 4 个本科学位教育。毕业生将获浙江大学和美国伊利诺伊大学厄巴纳香槟校区两所高校颁发的学位证书。首届本科新生共 30 人。

撰稿　张　黎

审稿　陈　浩

厦门大学

〔获 2 项国家自然科学奖二等奖〕 1 月 10 日，2015 年度国家科学技术奖励大会在北京人民大会堂举行，学校海洋与地球学院教授、中国科学院院士焦念志课题组完成的成果“微型生物在海洋碳储库及气候变化中的作用”、化学化工学院教授谢素原课题组完成的成果“新型富勒烯的合成”获国家自然科学奖二等奖。

〔3 000 吨级科考船“嘉庚号”正式下水〕 5 月 8 日，学校“嘉庚号”科考船下水暨命名仪式在广州广船国际有限公司举行。“嘉庚号”是中国第一艘采用国外方案设计、国内转化详细设计，并由船东（厦门大学）拥有完全知识产权的海洋科学综合考察船。船长 77.7 米，型宽 16.24 米，设计吃水 5.2 米，约 3 500 总吨，经济航速 11 节，最高航速大于 14 节，续航力 10 000 海里，自持力 50 天，定员 54 人。

〔获评国际科技优秀合作基地〕 12 月，科技部公布 2016 年度国家国际科技合作基地评估评审结果，学校国家传染病诊断试剂与疫苗工程技术研究中心国家国际科技合作基地获评优秀。

〔海洋生物制备技术国家地方联合工程实验室启动建设〕 由学校海洋与地球学院院长王克坚牵头申报的海洋生物制备技术国家地方联合工程实验室获国家发展改革委批准启动建设。实验室重点围绕福建省海洋生物科技发展战略目标，针对学科发展前沿和福建省海洋生物产业发展的突出科技问题，以高效开发和利用福建省丰富的海洋生物资源为导向，以突破海洋生物活性物质开发利用的关键技术及海洋生物制品的产业化为目的，打造高水平的海洋生物功能肽开发利用平台、海洋防污活性物质的研发及应用平台、海洋生物药用资源开发利用平台、海洋生物能源开发利用平台和海洋健康产品研发与制剂技术平台，建立海洋生物活性物质安全性和有效性科学评价的技术方法，建设海洋生物制品中试试验基地，形成完备的海洋生物活性物质开发利用技术体系，为全省海洋生物制品研发及产业化提供技术支撑。

〔**多篇高水平咨询报告获国家领导人批示**〕 学校台湾研究院、教育研究院、南洋研究院、新闻传播学院、管理学院等产出多份高水平决策咨询报告，获国家级、省部级领导重要批示。其中，新闻传播学院教授邹振东领衔的团队提供的两份咨询报告得到习近平总书记和中央政治局常委刘云山重要批示各一次；教育研究院院长刘海峰的咨询报告被收入国家教育咨询委员会秘书处编辑的《教育决策咨询》，获国务院副总理刘延东批示。

〔**学生发表多篇高水平论文**〕 学校本科生以第一作者在核心刊物上发表论文 22 篇。研究生以第一作者在《科学》《自然》及其子刊上发表论文 5 篇，研究生以第一作者发表 SCI 收录论文占全校发表 SCI 收录论文比例超过 60%。

〔**九市一区校地战略合作工作会议召开**〕 1 月 9 日，学校与福建省九市一区校地战略合作工作会议在学校召开。来自福建省政府、省发展改革委、省经济和信息化委员会、省海洋与渔业厅、省教育厅、省科技厅和各地市、区及其对接部门的相关负责人，学校对口合作帮扶高校领导，以及学校领导、专家学者近 200 人参加会议，共商新形势下校地战略合作的新思路、新举措，共谋服务福建省科学发展、跨越发展。学校不断拓展战略合作区域，加大服务贡献力度，先后与漳州市、泉州市、龙岩市、福州市、平潭综合实验区、莆田市、宁德市、三明市、南平市等省内各市、区签订战略合作协议，形成了学校与福建省九市一区战略合作全覆盖的布局。

〔**福建省石墨烯产业技术创新战略联盟揭牌成立**〕 12 月 30 日，福建省石墨烯产业技术创新战略联盟在学校揭牌成立。该联盟由省内从事石墨烯技术研发的主流企业、高校、科研院所和行政机构联合国内外具有较大影响的从事石墨烯技术研发的主流企业、高校、科研院所、行业协会等组成，是一个以产业发展需求和各方共同利益为基础，以提升产业技术创新能力为目标，具有联合开发、优势互补、利益共享、风险共担特点的行业联盟组织。学校担任联盟首届理事长单位。

〔**校园文化建设**〕 学校获全国“网络文明进校园”主题教育活动特等奖、最佳组织奖以及“全国十佳易班工作站”称号。连续 3 年获“中国教育政务新媒体综合力十强”。2 项成果分获教育部、福建省高校校园文化建设优秀成果一等奖，1 项成果入选教育部“礼敬中华优秀传统文化”特色展示项目。

〔**编纂出版首部年鉴**〕 6 月，学校首部年鉴《厦门大学年鉴 2016》由厦门大学出版社正式出版，全书 112 万字。该年鉴围绕“四个全面”战略布局，全面系统地反映了 2015 年度学校事业发展及重大活动的基本情况，特别是各领域的新进展、新成果。年鉴收编事项起自 2015 年 1 月 1 日，讫于 2015 年 12 月 31 日，由图片、特载、专文、学校概况、机构与干部、学院（研究院）及国家级科研平台、党建与思想政治工作、教育教学与学科建设、科学研究与社会服务、管理与后勤保障、嘉庚学院、马来西亚分校、附属医院与附属学校、人物名录、学校重要文件、表彰与奖励、毕业生名单、大事记、附录、索引等部分组成。

〔**学生获奖情况**〕 2016 年，学校在“创青春”全国大学生创业大赛中获 2 项金奖、3 项银奖、1 项铜奖，总成绩位居全国高校前列，再捧大赛“优胜杯”。在全国志愿服务项目大赛中获 3 项金奖、2 项银奖。2 名本科生分获“中国大学生自强之星”称号和“中国大学生自强之星”提名奖。在美国大学生数学建模大赛中获特等奖 1 项；在中美青年创客大赛总决赛中获唯一的一等奖和最佳人气奖；在全国高校学生“斯维尔杯”建筑信息模型应用技能大赛中获 2 个专项一等奖、全能二等奖；在全国大学生机械创新设计大赛慧鱼赛区竞赛中，获一等奖2项；在TI杯全国大学生物联网设计竞赛全国总决赛中获一等奖和二等奖各1项、“百度创新奖”1项；在全国大学生“恩智浦”杯智能汽车竞赛总决赛中，获一等奖4项；在中国智能制造挑战赛中，获特等奖、一等奖各1项，列总成绩第一位；在第六届海峡两岸（英语）口译大赛中，获一等奖1项；在第六届海峡两岸高校帆船赛暨第三届泛太平洋大学生帆船邀请赛中，蝉联冠军；在中国大学生棒球联赛总决赛中夺得冠军。

撰稿　钟书库

审稿　黄宝秋

山东大学

〔**编制学校“十三五”发展规划**〕　2016年，学校编制完成《山东大学事业发展“十三五”规划纲要》，明确了“十三五”期间学校发展的指导思想，确立了“科学发展、内涵发展、特色发展、创新发展”的理念，提出了未来五年在学科发展、教师队伍、科研能力、人才培养、社会服务、条件保障以及党的建设等方面的主要目标、任务、措施，是学校未来五年事业发展的总体设计和行动指南。

〔**综合改革**〕　始终把大力推进综合改革、确保各项改革取得实质性进展作为牵动学校发展全局的重要任务之一。按照问题导向、突出重点、稳步推进的原则，在编制完成学校总体改革方案的基础上，大力推进专项改革方案编制工作，绝大多数领域的专项改革方案都已编制完成。随着学校总体改革方案和各个专项改革方案的陆续出台并启动实施，制约事业发展的体制机制束缚被逐步破除，办学活力得到进一步激发。

〔**学科建设**〕　坚持以学科建设为龙头带动办学全局，研究制定《山东大学“十三五”学科建设规划》，进一步明确了学科建设的总体目标和基本思路。启动“学科高峰计划”首批重点学科项目，遴选出3个优势学科、16个特色学科、4个新兴交叉学科予以重点建设。整合学科资源，新建微电子学院、海洋学院、新闻传播学院、德国学院4个学院。实施学科布局改革和学科建设管理机制改革，推进学科现代化、国际化、融合化。学科整体水平不断提升，国际竞争力不断增强。

〔**人才培养**〕　坚持把发展一流本科教育作为学校创建世界一流大学的重要基础。组织召开第三次本科教学工作会议，启动实施《本科人才培养专项改革方案》，全面深化教育教学改革，打造具有引领性、人文性、时代性、国际性的学校本科教育。深入推进创新创业教育，设立创新创业教育“荣誉学分”，开展“齐鲁创业讲堂”和“稷下创新讲堂”精品活动，打造“一街一园一平台”三个功能区，形成区域示范性的开放式创新创业实践育人体系。获第二届大学生“互联网+”创新创业大赛金奖，团队总分列全国高校第五名。探索建立“互联网+”课堂教学新模式，中国大学MOOC（慕课）平台课程上网数量并列“985工程”高校第九位。

〔**研究生教育**〕　全面推进学位与研究生教育专项改革，进一步完善博士生招生名额分配体系，扩大博士生招生“申请—考核”制的实施范围，全面制定研究生培养方案，推动研究生课程建设，不断完善研究生中期考核机制、学位授予质量保障机制以及导师审核和培训机制。首次开展并完成学位点动态调整工作。

〔**思想政治教育**〕　贯彻落实全国高校思想政治

工作会议精神，大力加强和改进新形势下大学生思想政治工作，不断提升学生发展指导和服务水平。在学校青岛校区试点开展书院制育人模式改革，由书院统筹学生日常思想政治教育以及发展指导服务职能，引导激励学生自我服务、自我管理、自我教育、自我监督。

〔**师资队伍建设**〕 确立“学科建设是龙头，队伍建设是核心，人才工作是关键”的指导思想，进一步创新人才工作体制机制。成立人才工作委员会，充分发挥专家在人才队伍规划、政策出台、人才引进、学术水平评价等方面的积极作用。制定实施《山东大学杰出人才体系建设方案》，构建“顶尖人才—领军人才—青年人才—后备人才”四个层次有序衔接的人才成长体系，实行“定期选聘、目标导向、动态调整”的管理模式，打破原有人才项目终身制惯例，充分激发杰出人才队伍创新创造的活力。启动“青年学者未来计划”，修订“齐鲁青年学者”聘任办法，分层选拔一批基础扎实、成绩突出、潜力较大的青年教师进行重点培养，为青年优秀人才的快速成长搭建制度化通道。加大海外人才引才力度，组织首届山东大学齐鲁青年科技论坛，推动学校国家级青年人才项目的申报和入选规模。新增“长江学者”特聘教授2人，“长江学者”青年学者项目入选者2人，国家优秀青年科学基金获得者7人，山东省“泰山学者”攀登计划3人，“泰山学者”青年专家计划14人，山东省有突出贡献的中青年专家4人。学校教授、中国科学院院士彭实戈获求是杰出科学家奖，以焦念志、贝淡宁、杨大利等为代表的一批海内外知名专家学者陆续加盟学校。

〔**科学研究**〕 在自然科学领域，获批立项建设学校首个国家地方联合工程实验室和首个教育部国际合作联合实验室。获国家科技奖励4项，获教育部和山东省科技奖励一等奖6项。SCI收录论文数在全国高校排名第五位，较2015年上升3位，创历史最好成绩；SCI被引次数在全国高校排名第十位，较2015年上升1位。获国家优秀青年科学基金项目7项，列全国高校第十位。国防科技合同经费创历史新高，首次突破亿元。

在人文社会科学领域，到账科研项目经费较2015年增长46.6%。CSSCI来源期刊论文数量较2015年增长2.3%；SSCI收录论文数量较2015年增长50%。获国家社科基金年度重大项目5项，列全国高校第八位；获山东省社会科学优秀成果奖47项（含特等奖4项、一等奖4项），获奖数和获奖层次均创历史新高。

〔**教育交流与合作**〕 2016年，新签校级合作协议20个。先后举办中美创客论坛暨中美创新创业大赛、山东论坛、尼山世界文明论坛、中韩大学校长论坛等多个高层次、高水平的重大国际活动。引进国外优势教育资源，推进国际合作办学，与德国亥姆霍兹国家研究中心联合会等德国顶尖科研机构合作成立山东大学德国学院，与美国弗吉尼亚理工大学签署共建山东大学弗吉尼亚理工跨学科联合学院合作协议，与美国芝加哥大学合作共建山东大学公共治理研究院。推动全球汉籍合璧工程，加快全球汉学联盟筹备工作。引智工作获国家支持经费数创历史新高。学校来华留学生人数保持高位增长，生源地更加丰富。

〔**社会服务**〕 深化校地合作，推进科研成果转化，与济南、青岛、德州、菏泽等地市共建校外研究院、技术转移中心、联合实验室等产学研合作平台18个；启动共建国际创新转化学院及国际创新转化中心项目，建设高校、企业、地方三位一体线上线下互动的科技成果转化体系；与德州市签署全面深化合作协议，同时协定11个科技成果转化合作项目；启动山东大学半岛研究院建设，加快推进山东工业技术研究院建设，正式启动山东大学中美科技创新国际产业园建设；共建中国特殊群体社会治理大数据联合实验室、山东大学中国海检研究院、山东大学高等医学研究临床基地等多个平台。

〔**学校管理工作**〕 成立新一届校务委员会，进一步完善学校民主管理体制和决策咨询机制。研究制定《青岛校区内部管理组织架构调整设置方案》，优化调整学校青岛校区内部管理组织架构，进一步明确“条块结合，以条为主；延伸管理与属地管理相结合，以延伸管理为主”的校区管理体制。深入推进医学教育管理体制改革，赋予齐鲁医学部充分的人事管理权、资源配置权、事务处置权，进一步推动办学重心下移。推进学校内部控制建设，以规范经济和业务活动有序运行为主线，以内部控制量化评价为导向，探索构建与治理体系和治理能力现代化相适应的学校内部控制体系。成立经营性资产管理办公室，进一步理顺学校经营性资产管理体制，推进经营性资产划转工作。不断强化监督执纪问责，继续开展校内巡视工作。结合“两学一做”学习教育，进一步改进机关作风，提升管理服务效能。

〔**校区建设**〕 9月17日，学校青岛校区正式启用，995名新生顺利进入青岛校区学习，由此形成了一校三地办学的新格局。学校威海校区各项事业稳步发展，与威海市政府签署了“十三五”共建协议。学校研究制订“学术提升计划”，扶持重点和优势学科，推动学科协调有序发展。生源质量和培养质量稳步提高，毕业生就业竞争力进一步提升。

〔**条件保障工作**〕 完成学生公寓一期工程，着力解决危旧楼宇加固或重建，推进学生公寓二期工程、工学教学科研综合楼一期工程、口腔医学院教学楼扩建工程和深部岩体工程与灾害控制工程实验室工程建设，加快推进趵突泉校区动物实验中心、学生活动中心、学生公寓，千佛山校区学生公寓等工程建设筹备工作。整合公房资源，挖潜1 442平方米办公用房用于教学科研，进一步完善办学用房效益考核方案。加强实验支撑条件建设，完善科研实验室安全体制机制。推动校医院健康管理中心建设，进一步改善广大教职员工医疗保健条件。稳步提高薪酬待遇，让每一名教职工都有更多的获得感。启动学生事务中心建设，设立学生服务用房，为8 331间学生宿舍安装空调，为3 276名学生更换宿舍家具，改善了学生的学习生活条件。

此外，学校附属医院事业健康快速发展，品牌优势和影响力持续增强；附属中小学办学效益和社会声誉不断提升。学校在平安校园、信息化建设、学院发展等其他方面的工作均取得了显著进步。

撰稿　田　磊

审稿　王君松　梅　强

中国海洋大学

〔**重点工程**〕 2016年，配合教育部党组巡视组和选人用人工作专项检查组完成对学校的巡视检查。完成学校第十次党代会筹备工作和学校“十三五”事业发展规划编制工作。选举产生新一届学术委员会，组织完成以大学章程为核心的制度体系建设专项工作，治理体系与治理能力建设稳步推进。完成2016年国家“双一流”建设引导专项经费总体安排，推进学校“双一流”建设。物理海洋、海水养殖、海洋生物遗传学与育种3个教育部重点实验室评估获优秀。深入推进与青岛海洋科学与技术国家实验室的协同耦合发展，参与了实验室3项重大科研任务和所有功能实验室科研任务。学校16名教师入选“鳌山人才”计划专项，从国家实验室获科研计划合同额累计达1.5亿元。“东方红2”船海上作业298天，完成10 000米洋底观测取样工作、回收潜标及6 200米海底柱状取样，首次进入印度洋开展科学考察。“东方红3”船建设进入连续生产阶段。海洋科技中心大楼建成。学校正式与青岛市签署共建海洋科教创新园区（黄岛校区）协议，获青岛市首期25亿元资金和无偿划拨3 000亩土地的支持。黄岛校区的建设使学校拥有滨海校园和综合性滨海实验场，为工科、应用学科、涉海学科的发展提供了更加广阔的空间和有力的海上试验条件保障，为学校长远、可持续发展奠定了更加坚实的基础。

〔**人才培养**〕 坚持立德树人，学校共青团组织和个人获全国高校践行社会主义核心价值观“示范团支部”“百佳团支书”“先进个人”等称号。完成2016版人才培养方案的修订工作，建立专业核心课程体系。启动6个专业综合改革建设项目，深入实施“卓越工程师培养计划”“卓越农林人才培养计划”。实施通识教育再启航计划，制定通识教育核心课程建设方案，不断完善行远书院发展模式，通识教育改革成效逐步惠及全校。推动混合式教学模式改革和慕课课程建设。部署启动教育部本科教学工作审核评估评建筹备工作。9门课程入选第一批“国家级资源共享课”，33个一级学科参加全国第四轮一级学科整体水平评估。主动申请撤销3个学位授权点，7个学位授权点通过学位授权点专项评估，开展4个专业的专业学位水平评估。启动3个专业学位研究生教育试点改革。首获国家留学基金委“创新型人才国际合作培养项目”资助，实现留学人员选派由学校自主选拔。

〔**师资队伍建设**〕 6人入选“长江学者奖励计划”等人才工程，1人获国家杰出青年科学基金项目资助，1人获国家优秀青年科学基金项目资助，1人进入“泰山学者”二期建设工程，6人入选山东省“泰山学者”青年专家，30人受聘学校“筑峰/繁荣/绿卡”等高层次人才工程，19人受聘学校“青年英才工程”，新引进青年教师31人。学校教授文圣常获终身奉献海洋奖章，教授李华军获何梁何利基金科学与技术创新奖，教授谢尚平获美国气象学会2017年度斯维尔德鲁普金质奖章，教授李三忠、谢尚平入选2016年度全球高被引科学家，教授史宏达获山东省富民兴鲁劳动奖章，教授吴立新获2015年度青岛市科学技术最高奖。新增5项海外名师项目和外国专家项目，聘任长期外籍教师38人。完成从师资博士后和聘任制教师中选聘专任教师工作，“能进能出”的青年教师选聘与遴选机制日趋完善，专业技术职务评聘分类评价持续推进。

〔**科学研究**〕 全年实到科研经费达7.3亿元，实现连续3年持续稳定增长。获国家重点研发计划立项资助7项，合同经费达1.73亿元，项目数并列全国第十八位、高校第十二位。获国家自然科学基金资助项目123项，立项经费达1.2亿元，平均资助率达29.8%。部委专项新增项目38项，立项经费达1.25亿元。获批国家社科基金项目15项、教育部人文社科一般项目12项，立项经费达492万元，其中国家社科基金重大项目1项，连续5年获此层次项目资助。学校教师作为通讯作者和共同第一/通讯作者在《自然》《科学》等顶尖国际学术期刊发表多篇高水平研究论文，其中学校物理海洋教育部重点实验室副教授马晓慧（第一作者）、学校教授张平（通讯作者）完成的《海洋涡旋与大气的相互作用对西边界流的影响》系学校首次以第一作者单位在《自然》主刊发表。年度SCI共收录论文1 520篇，较2015年度增长22%；EI收录论文1 080篇，较2015年度增长40%；CPCI-S（原ISTP）收录论文93篇，较2015年度增长100%。获教育部技术发明一等奖2项、自然科学和技术发明二等奖各1项；获省技术发明一等奖1项、科技进步二等奖1项；获省社会科学优秀成果奖12项，其中特等奖1项、一等奖1项。学报英文版获“2016年度中国高校优秀科技期刊”，学报自然科学版获“中国最具国际影响力优秀学术期刊”。

全年实到横向经费达1.4亿元，获国内、国际授权发明专利229项，同比增长34%。

〔**招生与就业**〕 2016年，招收全日制本科生3 853人、硕士研究生2 620人、博士研究生388人、非全日制研究生946人。本科录取分数线在全省继续保持良好态势，其他绝大多数省份的录取分数继续保持上升趋势，面向全省开展综合评价招生试点。全年毕业研究生2 205名（含博士生279名）、本科生3 639名，毕业生总体就业率达94.56%。

〔**学生资助工作**〕 2016年，发放国家、社会及学校各类助学金及困难补助等5 907万元，实现资助全员覆盖。

〔**党建工作**〕 开展“两学一做”学习教育。认真组织学习贯彻党的十八大和十八届三中、四中、五中、六中全会精神，习近平总书记系列重要讲话精神及治国理政新理念新思想新战略，认真学习贯彻全国高校思想政治工作会议精神，领导班子提高政治站位，管党治党、办学治校能力进一步增强。坚持和完善党委领导下的校长负责制，全面修订党委全委会、常委会和校长办公会议事规则和“三重一大”决策制度实施办法，“党委统一领导、党政分工合作、协调运行”工作机制更加完善。制定党委意识形态工作责任制实施细则，进一步加强和改进新形势下宣传思想工作的实施意见，强化意识形态工作责任制。

〔**基层党建工作**〕 扎实推进基层党建重点任务，完成二级党组织按期换届专项检查，全年共发展党员586人，按要求完成党费收缴工作专项检查、党费补交、全校党员组织关系集中排查。

〔**党风廉政建设**〕 持续加强改进作风建设，深化落实中央政治局关于改进工作作风、密切联系群众的八项规定精神，完成公务用车制度改革实施方案的制定，驰而不息地纠正“四风”。制定党风廉政建设工作要点和纪委全体会议议事规则，完善惩治和预防腐败体系建设，多举措探索建立重点领域廉政风险防控体系。制定关于践行监督执纪“四种形态”的实施意见以及关于对领导干部提醒、函询和诫勉的实施办法等，努力践行监督执纪“四种形态”。加强纪律审查，加大处分问责通报曝光力度，有效推动党风廉政建设和反腐败工作。

〔**社会服务**〕 全年签订科技成果转让项目7项，合同额达829万元。完成国家级海洋科技专业孵化器的申报工作。“神奇的海贝科普丛书”等多套丛书获各类省部级优秀图书奖。与日照市政府签订全面战略合作协议，与荣成市共建海洋生物产业技术协同创新中心。联合主办第二届深圳海洋发展论坛暨中国（深圳）国际海洋产业交易会。牵头发起中国智慧海洋工程产业与创新战略联盟等多个联盟。学校海洋发展研究院成为山东省首批15个智库之一，牵头申报山东省唯一的第二批国家智库。向党中央、国务院以及有关部门提交的5份研究报告得到国家领导人批示，蓝色智库的作用日渐彰显。

〔**教育交流与合作**〕 完成学校国际化战略规划（2016—2020年）的制定。与美国得州农工大学续签孔子学院合作协议，探索建立联合研究中心并开展人才培养合作；与美国伍兹霍尔海洋研究所共建的国际合作联合实验室、与美国奥本大学共建的水产养殖与环境科学联合研究中心开始实质性运行；与德国不来梅大学、英国东英吉利大学的战略合作深入推进。响应“一带一路”倡议，服务国家外交大局，加强与东盟地区和海洋岛国的科教合作，与泰国农业大学等多所东盟高校建立校际合作关系，加盟东盟水产教育网络。以优异成绩通过首批全国来华留学质量认证。津巴布韦来华留学生委托培养项目落地实施。1 200余名留学生在校学习，其中学历生超过40%，奖学金留学生和生源国数量均创新高。与澳门大学、澳门科技大学、香港城市大学签署合作协议或备忘录。开展境内外交流项目54项，境内外交流培养学生数量持续增长。

〔**干部选拔任用、监督管理工作**〕 进一步规范干部选拔任用和换届轮岗工作，制定中层领导干部选拔任用工作纪实办法，选拔处级领导干部16人，完成8个院（系）行政班子换届或届中调整。认真做好领导干部个人有关事项报告工作，严格规范中层以上干部企业兼职和因私出国（境）审批、中层正职领导干部离任审计工作，完成干部档案审查、校级干部队伍建设调研，全面加强对干部的管理和监督。

〔**校园文化建设**〕 校园网络通信站及官方微信团队获评教育部中国大学生在线十佳校园网络通信站“微信十佳团队”称号，官方微信平台获

“教育系统十佳官方微信”“中国大学最具影响力新媒体十强”称号。歌曲《海大颂》获中国教育电视台首届最美校园歌曲“最佳制作奖”，《中国海洋大学报》获评全国最有影响力的高校校报。在《光明日报》、人民网等20余家媒体刊发报道200余篇。

〔**学生获奖情况**〕 学校2 600余名学生参与各类科技竞赛，获国际奖3项、国家奖165项，学生首夺国际遗传工程机器大赛全球金奖。获第三届中国青年志愿服务项目大赛全国金奖1项。

〔**和谐校园建设**〕 学校工程训练中心项目开工建设，生命科技中心项目获批立项并启动规划设计。完成国有资产清查自查，国有资产管理更加规范。学校在全国高等教育透明度指数报告中位列第二位。学校16位党外代表人士担任青岛市7个民主党派市委委员以上职务，其中主委2人，兼职副主委1人。拓宽渠道，改进方法，民主管理机制不断完善。设立学校首个教职工爱心基金，基本完成对困难职工，特别是因病致困职工全方位救助体系的构建。后勤管理服务水平不断提升，获评“全国高校后勤文化建设先进院校”。

撰稿　贾良真
审稿　刘日霞

中国石油大学（华东）

〔**制定实施学校“十三五”规划和综合改革**〕2016年，学校“十三五”规划及学科、师资队伍、信息化建设三个专项规划均编制完成并发布实施，各教学院部及有关单位“十三五”规划也已编制完成并付诸执行。实施《中国石油大学（华东）综合改革方案》，推进各项改革任务的落实。实施学分制改革，出台配套管理办法。将创新创业教育融入人才培养体系，出台相关配套文件，创新创业教育改革进一步深化。岗位设置与聘用、薪酬分配、社会保险、公用房管理、公务用车和校园信息化建设等改革深入推进。

〔**学科建设**〕 2016年，学校有5个国家重点学科、2个国家重点（培育）学科，11个博士后流动站，11个博士学位授权一级学科、45个博士点，33个硕士学位授权一级学科、150个硕士点。以“十三五”学科建设规划为指导，优化学科整体布局。学校在ESI全球学科排名前1%的4个学科排名有新的提升。积极做好对接“双一流”建设的准备工作，完成“引导专项”建设任务。2个与青岛市共建的重点学科以“优秀”成绩通过验收。继续为各类高层次人才提供学科配套经费，资助出版学术专著12部。

〔**教育教学改革**〕 落实“三三三”本科教育培养体系，完成本科培养方案主体修订工作。深化教育教学改革，推进审核评估整改工作。进一步推进学校荟萃学院建设，实施多元化人才培养模式，理科实验班、人文素养班等培养工作取得成效。加强课程、教材建设，首次开设“海外名师课堂”，6部教材获石油高等教育教材出版基金立项资助，8部图书获中国石油和化学工业优秀图书奖。在全国高校虚拟仿真实验教学资源建设成果奖评选中，获一等奖2项，排名全国第一位。强化实践教学，新增实习基地17个。研究生教育改革不断深化，以加强学科学位点建设、提升培养质量为重点，全面完成全国第四轮学科评估和学位点评估。深化专业学位研究生教育综合改革，新增2个研究生联合培养基地，24个研究生教育改革项目获全国工程专业学位研究生教育指导委员会立项，位居全国第二位，学校成为全国13家“会计硕士专业学位研究生教育综合改革试点高校”之一。强化导师责任，深化招生制度改革，全面实施博士招生“申请—考核”制。学校通过了首批来华留学质量认证，招生国别增至83个，各类在校留学生达1 159人。孔子学院建设稳步推进，开设3个汉语教学点，提供汉语教学和培训。远程教育与继续教育品牌影响力不断提升。积极响应“一带一路”倡议，保持学历继续教育学生规模5.8万人，非学历继续教育培训突破2万人次。新建成亚太培训中心，构建多元化国际化人才培养体系，中央电视台对相关成果及经验进行了报道。与国家安全生产监督管理总局共建安全监管监察学院（青岛）并挂牌，牵头成立山东高校继续教育在线教育联盟。

〔**创新人才培养模式**〕　成立学校创新创业教育工作领导小组，相关体制机制进一步完善。新增国家级大学生创新创业训练计划项目83项，学生参加科技竞赛获省级及以上奖励1 000余项，参加创业竞赛获省级以上奖励43项。研究生以第一作者发表论文被SCI、EI收录383篇，其中SCI一区论文25篇。研究生以第一发明人申请专利231项，其中发明专利53项。学校“荟萃青春”创客空间获批国家级众创空间，新增大学生注册公司19家。大学生体育取得优异成绩，获中国大学生沙滩排球锦标赛3项冠军、1项季军，全国沙滩排球冠军赛男、女冠军，2016年中国大学生排球联赛（北方赛区）男子组冠军，中国大学生乒乓球锦标赛男子团体季军，中国大学生足球联赛山东省预选赛暨山东省学校“体协杯”校园足球甲组冠军，山东省大学生定向越野比赛甲组团体总分第一名。

〔**师资队伍建设**〕　新增科技部中青年科技创新领军人才1人，国家杰出青年科学基金获得者1人，“长江学者”青年学者1人，国家优秀青年科学基金获得者1人，“泰山学者”优势特色学科人才团队领军人才1人，“泰山学者”攀登计划专家1人、青年专家3人，青岛市教学名师2人。博士后工作机制进一步完善，全年共招收博士后50人。

〔**科技创新**〕　全年签订各类科研项目1 284项，其中纵向项目立项489项，包括国家油气重大专项各类课题70项、国家重点研发计划项目38项。横向科研项目合同795项，国家自然科学基金项目83项。全年到位科研经费5.2亿元。获国家科技进步奖二等奖1项、省部级奖励35项。发表的学术论文被SCI、EI、CPCIS检索1 863篇，登记软件著作权114项。授权职务专利1 115件，其中国外专利4件、国内发明专利494件，较2015年增长52.5%。文科科研取得新突破，获批各类文科纵向科研项目104项。获批上级科研平台8个，包括牵头申报的“海洋物探及勘探设备国家工程实验室”和参与申报的2个国家级实验室。稳步推进非常规油气与新能源研究院建设，加强科学技术研究院各类平台建设，服务行业和区域发展能力进一步提升。学校学报（自然科学版）首次入选“2016中国国际影响力优秀学术期刊”，进入TOP期刊；学报（社会科学版）继续保持在全国高校百强社科期刊行列。

〔**党建工作**〕　按照中央和教育部党组部署要求，在全校党员中深入开展“学党章党规、学系列讲话，做合格党员”学习教育。接受教育部巡视工作取得良好成效，对于巡视中发现的问题，做到了立行立改、即知即改。组织全校师生深入学习中国特色社会主义理论体系和习近平总书记系列重要讲话，深入开展十八届六中全会精神主题宣传教育。认真贯彻落实党管意识形态责任制，牢牢把握意识形态工作的话语权。进一步健全干部选拔任用工作制度，制定出台《中国石油大学（华东）处级领导干部选拔任用工作实施办法》和《中国石油大学（华东）干部选拔任用工作纪实办法》，做好干部调配工作。结合“两学一做”学习教育，完成学校第13次民主评议党员工作。开展二级党委书记抓党建工作述职评议考核，基层党建工作水平进一步提升。进一步完善廉政长效机制，强化党委主体责任和纪委监督责任，认真落实“一岗双责”，聚焦监督、执纪、问责，深入推进廉政风险防控和惩防体系建设。贯彻中央政治局关于改进工作作风、密切联系群众的八项规定精神，严格执行办公用房和“三公”经费管理规定，深化公车改革。

〔**招生就业**〕 推出“微校园”宣传方式，加强生源基地建设，生源质量稳步提高。录取普通本科生 4 752 名，全日制博士、硕士研究生 1 962 人。开展全程化、多渠道的就业指导服务，毕业生初次就业率达 92.86%，连续 22 年超过 90%。

撰稿 王春艳
审稿 郭 文

武汉大学

〔**刘延东到校视察**〕 2016 年 10 月 14 日，国务院副总理刘延东到校视察，热情寄语学校：“把高等教育改革创新进一步推向新的高度，真正朝着中国特色世界一流大学的目标而努力。”教育部部长陈宝生，湖北省委副书记、代省长王晓东等一同到校，参观了大学生创新创业实践中心，刘延东称赞“学校的创新创业教育确实取得了很大的成功”。

〔**学科建设**〕 2016 年，学校新增数学和计算机科学 2 个学科进入 ESI 全球前 1%，化学学科继续保持 ESI 全球前 1‰，学校进入 ESI 全球前 1% 的学科增至 14 个。8 个学科进入 QS 全球前 200 名，其中哲学学科连续 5 年进入 QS 全球前 100 名。组织 51 个一级学科参加国家第四轮学科评估，推动了学科的建设和发展。

〔**学校在国内外权威机构大学排行榜中稳中有进**〕 2016 年，学校在 QS、THE、U. S. News 等国际权威大学排行榜中稳定在全球 300 名左右，在 QS 亚洲大学排行榜中跻身第 44 位；在最新发布的“中国校友会网”中国大学排行榜、“人民网”中国高校社会影响力排行榜中均位列全国第三位；在 THE 全球 CEO 母校排行榜中位列全球第七位。

〔**举办世界一流学科建设高端论坛**〕 10 月 22 日，在学校测绘学科创建 60 周年之际，学校举行世界一流学科建设高端论坛，国内外顶尖专家学者共话测绘学科发展与一流学科建设。三大国际测绘学术组织——国际大地测量协会、国际摄影测量与遥感学会、国际制图协会的主席亲临大会，赞誉学校测绘学科为“世界一流”，称“武汉大学已成为本领域国际上最大和最好的人才培养摇篮之一，在国际测绘学科发展中扮演着重要角色，有着非常卓越的贡献”。

〔**综合改革**〕 按照强优扶特、动态管理、绩效导向、精准施策的思路，遴选出测绘科学、化学、生物学、水利、地球物理学、法学、图书情报、马克思主义理论 8 个优势学科以及物理、口腔、数学、理论经济学、中国史、哲学 6 个培育学科，加大力度进行重点建设，以确保建成一批在国际上真正具有竞争力的一流学科；按照“一院一策”的思路实行学院综合改革试点，充分调动学校和学院“两个积极性”；推进公房、水电等校园资产有偿使用，初步构建起公共资源优化配置的新机制；以全面实施全员聘用制为主线，推进人事制度改革，建立并完善岗位分级考核体系，激发人力资源活力；贯彻落实中共中央办公厅、国务院办公厅印发的《关于进一步完善中央财政科研项目资金管理等政策的若干意见》精神，出台《武汉大学横向科研经费管理办法》《武汉大学财政科研项目间接费用及结余经费管理暂行办法》等 10 余个与科研经费管理相关的规章制度，进一步改进科研经费使用与管理方式，激发科研人员的创新活力。

〔**人才培养**〕 学校坚持落实立德树人根本任务，不断深化教育教学改革。本科生教育以接受教育部本科教学审核评估为契机，全面落实以《武汉大学关于深化本科教育改革的若干意见》为主体的“1+8文件”，进一步筑牢本科教育质量保障体系；通过办好创业学院，组建大学生工程训练与创新实践中心、大学生艺术教育中心等举措，着力培养学生的创新精神和实践能力，进一步强化了体育和美育的育人功能。研究生教育以质量和创新为主题，出台了以《武汉大学关于深化培养模式改革全面提升学位与研究生教育水平的若干意见》为主体的“1+4+x”文件，创新研究生培养模式；研究生发表高水平科研成果的数量逐年递增，据2016年统计，2015年学校博士研究生以第一作者或导师为第一作者、研究生为第二作者发表SCI、SSCI、A&HCI论文1 766篇，较2014年增长8.1%。2016年，学校入选“全国创新创业典型经验高校”，学校学生在第二届中国“互联网+”大学生创新创业大赛、国际名校赛艇挑战赛等国内外重大赛事中屡获佳绩。

〔**师资队伍建设**〕　2016年，学校通过在《科学》等具有世界影响力的学术期刊上发布人才招聘广告、组团出国招聘、举办国际交叉学科论坛等举措，不断加大海内外高层次人才的引进力度；通过选派优秀人才出国研修、实施本科教学业绩奖评选、大幅提高博士后薪酬待遇等举措，调动了广大教师和科研人员的积极性。2016年，学校新增“国字号”人才43人（次），其中新增“长江学者”12人，居全国第六位。学校16人入选“长江学者奖励计划”，入选数居全国第三位。截至2016年年底，共有近90人入选“长江学者奖励计划”，总数居全国前列。

〔**窦贤康任学校校长**〕　12月6日，在学校教师干部大会上，中共中央组织部有关负责人宣布了党中央、国务院关于学校校长人选的决定：窦贤康任学校校长。

〔**科学研究**〕　2016年，学校获批国家重点研发计划7项，获国家科技奖励6项、省部级科技奖励72项；着手策划“第四代同步辐射光源”等一批重大科技基础设施项目；推进高等研究院、医学研究院、工业科学研究院、国家网络安全学院等高端创新平台建设；获批教育部人文社科项目数居全国第一位，教育部哲学社科重大课题攻关项目数居全国第二位，国家社科基金重大招标项目数居全国第三位。

〔**首批国家级精品资源共享课入选数居全国第一位**〕　7月1日，教育部公布第一批国家级精品资源共享课名单，学校61门课程入选，入选数居全国高校第一位。

〔**马克思主义学院入选全国首批重点马克思主义学院**〕　1月20日，学校马克思主义学院从61所申报高校中脱颖而出，入选全国首批9所重点马克思主义学院。

〔**思想政治教育和党建工作**〕　深入学习贯彻全国高校思想政治工作会议精神，制定并落实《武汉大学意识形态工作责任制实施细则》，加强对校园各类思想文化阵地的规范管理，牢牢把握意识形态的领导权、管理权和话语权；召开党委中心组学习会、专家学者座谈会，组织思想政治理论课教师集体备课，组建“武大宣讲团”，通过集体研讨与自主学习相结合的方式，深入学习贯彻党的十八大精神和十八届三中、四中、五中、六中全会精神，习近平总书记系列重要讲话精神及治国理政新理念新思想新战略；围绕“两学一做”学习教育，扎实推进作风建设，营造风清气正的政治生态；持续落实中央关于改进工作作风、密切联系群众的八项规定精神，纠正“四风”，构建作风建设的长效机制；在全校范围内开展全面从严治党工作对照检查，查摆问题、积极整改，将全面从严治党引向深入；修订完善发展党员工作程序、出国党员管理暂行规定等制度，推进“双带头人”培育工程，开展党员组织关系集中排查、党费收缴工作专项检查，夯实基层党建基础；出台干部选拔任用工作纪实办法，坚持党管干部原则和干部队伍“四化”方针，不断深化干部人事制度改革；完成民主党派换届工作，党外知识分子积极参与学校建设；学校工会、团委和学生组织发挥桥梁纽带作用，离退休教职工积极建言献策，学校凝聚力进一步增强。

〔**社会服务**〕 2016 年，共建校企合作科技平台 26 个，签订横向合同 1 792 份；推进武汉导航与位置服务工业技术研究院、武汉生物技术研究院等科技创新与社会服务平台建设，在地球空间信息、生物医药等产业领域培育并形成新的增长点；对口恩施市芭蕉乡白果树村、大悟县新城镇熊湾村开展精准扶贫。发挥多学科优势，深入开展重大理论与现实问题研究，为党和国家、地方政府建言献策。2016 年，学校共有 136 篇咨询报告被各级政府和国际组织采纳，其中 10 份咨询报告得到党和国家领导人批示。国家领土主权与海洋权益协同创新中心、国际法研究所、两岸及港澳法制研究中心等新型智库在钓鱼岛和南海维权斗争、遏制“法理台独”等方面发挥了重要作用。

〔**教育交流与合作**〕 2016 年，学校聘请包括诺贝尔奖获得者、院士在内的 589 名外籍专家到校讲学并开展合作研究，大力延揽海外高端人才；新设 6 个国际学术合作培育项目、7 个全英文授课学位项目；举办学生海外交流学习周，加强孔子学院建设，提升了学校海外知名度；完成了全国高校来华留学教育质量认证的迎评和自评工作；牵头实施“中法非三方合作”项目；参与组建中英高等教育人文联盟；参与中德教育科技论坛，进一步筑牢了国际教育高质量发展基石。

〔**办学条件与外部环境**〕 2016 年，中央和地方政府对学校支持力度持续加大。国家向学校下拨“双一流”引导专项经费 5.52 亿元，较 2015 年增加 1.5 亿元，湖北省和武汉市以不低于 2015 年的力度继续支持学校争创“双一流”。广大校友和社会各界支持和参与学校建设的热情持续高涨，校友和社会捐赠签约总额达 2.6 亿元，位列中国大学校友捐赠排行榜前三位。在外部环境优化的同时，学校继续推进校园环境与基础设施建设，完成东湖水厂土地回收后的环境整治，启动东湖南路沿线环境整治工程，先后完成樱园学生宿舍维修、新建人才公寓等 12 项基建工程，按计划推进大学生体育活动中心、研究生教学科研大楼、文科综合楼等 12 项工程建设，为教学科研提供了有力保障。

〔**校友雷军捐资建设学校科技楼**〕 10 月 20 日，校友雷军捐赠 1 亿元，用于建设学校科技楼。雷军曾数次向母校捐款，总额达 1.14 亿元。其参与并发挥重要作用的 1.5 亿元“珞珈创新天使基金”5 月份正式启动；校友企业家联谊会在长三角、泛珠三角和环渤海地区设立分会，联手打造全国第一校友商帮。

〔**学校早期建筑入选首批中国 20 世纪建筑遗产名录**〕 9 月 29 日，由中国文物学会 20 世纪建筑遗产委员会评选的“首批中国 20 世纪建筑遗产”名录公布，学校早期建筑群榜上有名。

撰稿　姜刘非
审稿　王业高

华中科技大学

〔**“双一流”建设工作**〕 2016 年，学校在全校师生中组织开展教育思想大讨论，研讨“双一流”建设思路，形成了“强基础、上水平、占高峰”的学科布局共识。进一步明确了学校“十三五”发展目标，即到 2020 年，部分学科达到世界一流水平，学校初步进入世界一流大学行列。确定了“双一流”建设以学科发展为核心，以一流学科建设为目标，依目标定任务，按任务配资源。实施七大建设计划，调动院系抓学科促发展的积极性和主动性。

〔**学科建设**〕 根据各学科发展现状和趋势，组织44个一级学科参加全国第四轮学科评估，完成13个学位授权点动态调整，进一步优化学科结构布局，凝练学科发展方向，突出优势和特色。2016年，学校新增数学、农业科学、环境科学与生态学3个ESI前1%学科，总数达15个，在全国高校中排名第八位，达到历史最好水平；ESI全领域排名提升49位。学校在上海交通大学世界大学学术排名、U.S.News世界大学排名中均位列中国大陆高校第十位；在THE世界大学排名中位列中国大陆高校8—12区间。

〔**人才培养**〕 进一步探索和完善创新型人才培养模式和课程体系，设立10项教学"登峰"计划，已启动4项。获教育部产学协同育人项目25项。44门课程入选首批国家级精品资源共享课程，排名全国高校第四位。开设14门慕课课程。新建32门责任教授课程，对194门责任教授课程实施年度评估考核。电气工程及其自动化专业接受教育部工程专业认证。颁布实施新的学籍管理细则，进一步拓展学生自主学习和个性化发展空间。面向3万多名本科生开展第二次学情调查，结果表明：学生在学业期望值、学习效果、学校整体满意度等诸多方面都有明显提升。发挥本科生教师班主任协同育人作用，已聘任教师班主任993人，其中具有副高级以上职称占68%。探索建立多样化科学选才机制，本科生生源质量稳步提升。

〔**研究生教育**〕 启动高水平专业学位研究生实验课程建设，全年立项34门，基本覆盖各专业学位类别。完成最后一批122门研究生高水平国际化课程质量评估，建设成果获中国学位与研究生教育学会二等奖。实施"高被引论文登峰计划"，组建10个学科交叉博士生培养创新团队，15门交叉学科高水平研究生课程获立项建设。加强博士学位论文盲审，优秀博士学位论文比例上升至53.6%。完善推免生接收工作，硕士生生源质量持续向好。

〔**创新创业教育**〕 落实学校深化创新创业教育改革工作实施方案，设置28门创新创业相关课程，20个专业设有创新创业必修学分，大学生参加创新创业和社会实践活动的覆盖面达70%。获批教育部深化创新创业教育改革示范高校，入选全国高校实践育人创新创业基地。承办第二届中国"互联网+"大学生创新创业大赛，获金奖数和总分排名第一位。在2016年"创青春"全国大学生创业大赛中捧得"优胜杯"。本科生参加国际、全国和省级竞赛140多个种类，获奖675项，其中国际性竞赛获奖55项，全国性竞赛获奖380项。

〔**师资队伍建设**〕 2016年，学校12人入选"长江学者"计划，居全国第六位，其中"长江学者"特聘教授5人，居全国高校第四位。5人入选国家杰出青年科学基金项目，居全国第七位。8人入选国家优秀青年科学基金项目，居全国第八位。3个团队获教育部创新团队发展计划滚动支持，居全国高校首位。"东湖论坛"影响力进一步扩大，学校和院系主动赴海外招揽人才。新进专任教师214人，具有一年以上海外学习和工作经历的约占74%，具有海外博士学位的约占41%。完善博士后的聘用制度和激励约束机制，新进站博士后320名，人数和质量大幅提升，高水平专职科研队伍初具规模。

继续实施"华中学者"计划，健全人才制度体系，营造潜心教学科研的良好氛围。共聘任"华中学者"479人，占教师队伍总数的14%。推进"学术前沿青年团队支持计划"，有20支团队入选。做好青年教师"优培计划"，支持教师出国研修和培训。开展人文社科讲席教授和学术导师聘任工作。启动在职专任教师职业发展与师德师风培训，将师德师风的规范和要求融入教师职业发展全过程。

〔**科学研究**〕 2016年，学校获批国家自然科学基金项目620项，排名全国高校第四位。获批国家社科基金重大项目2项。牵头承担国家重点研发计划15项，排名全国高校第九位，获批经费4.23亿元，排名全国高校第三位。"质子刀"项目获批立项，项目经费达1.96亿元，是学校首次成功承接国家超亿元的重大科研项目。主持千万级项目达20项，是2015年度的3.3倍。全年科研经费达22.56亿元，较2015年增长15.87%。

以第一完成人和第一完成单位获国家科学技术奖二等奖4项。一批咨询报告受到中央领导同志重视并被有关部门采纳。2016年，学校学者在国际一流学术期刊上发表高水平论文181篇，较2015年增加47篇，其中在《科学》《自然》《细胞》系列期刊上发表论文48篇。2篇论文入选“中国百篇最具影响国际学术论文”。精密重力测量国家重大科技基础设施可行性研究报告获国家发展改革委批复，总投资超过9亿元。转化科技成果20余项，转化金额突破1亿元。

〔**党建工作**〕 学习贯彻习近平总书记对高校工作的新要求，坚持党委领导下的校长负责制，牢牢把握社会主义办学方向。深入开展“两学一做”学习教育，不断坚定“四个自信”，牢固树立“四个意识”。加强党的组织建设，基本完成二级单位党组织换届，深入开展基层党组织书记述职评议考核，完成党员组织关系清查和党费补缴工作。加强干部队伍建设，严格选拔程序，将中央新要求落实到每个环节。加强对群团、统战等工作领导，召开第一次妇女代表大会并成立学校妇女委员会，启动工会、教代会按期换届工作。加强党外干部培养，协助完成各级人大、政协、民主党派基层组织换届等工作。

〔**思想政治工作**〕 加大学校马克思主义学院建设力度。学校领导定期参加思想政治理论课集体备课，党委常委会、校长办公会3次研究思想政治理论课建设。坚持核心价值观引领，开展各类“中国梦”教育和爱国主义教育活动，持续推进“党旗领航工程”，注重培育和发挥学生党员骨干榜样示范作用，引导学生争做“六有”大学生。推进学生社区文化建设，搭建文化育人载体。实施毕业生引领工程，开展生命教育，将解决学生的思想问题与解决实际问题相结合。

〔**社会服务**〕 融入国家战略，拓展校地合作，与云南省、天津市滨海新区签订战略合作协议，新增苏州市、鄂州市两个地方工业技术研究院。国务院副总理马凯，全国政协副主席万钢，全国人大常委会原副委员长陈至立、路甬祥等到学校东莞工业技术研究院指导工作。以省校、市校共建共管的模式新增6所附属医院暨临床学院，医疗服务能力和学科实力进一步增强。根据中央部署开展精准扶贫，在云南省临沧市临翔区开展的扶贫项目被推选为教育部直属高校精准扶贫十大典型项目。

〔**教育交流与合作**〕 学校成立外事工作领导小组，建立部门协调机制，强化院系在国际交流与合作中的主体地位。积极响应国家“一带一路”倡议，成立东盟研究中心、中国—蒙古合作发展战略研究中心等研究平台，与俄罗斯、斯里兰卡的国家行政学院建立战略合作关系。设立“一院一校”、国际联合科研平台培育、高端外国专家引智等7大计划，支持院系开展国际交流与合作。

探索深化校级国际合作新模式，举办首届华中科技大学伯明翰大学日。学校中长期外籍专家人数首次突破百人。全面深化与德国的合作，主办和参与第八届中德教授论坛、中德大学校长论坛等重大交流活动。推进海外学习计划，增加专项基金规模，鼓励院系拓展渠道，学校900名本科生赴美国斯坦福大学、加利福尼亚大学伯克利分校等名校交流学习，人数较2015年提高58％。

〔**财务管理与服务工作**〕 落实中共中央办公厅、国务院办公厅印发的《关于进一步完善中央财政科研项目资金管理等政策的若干意见》精神，修订和制定差旅费、会议费、科研经费等12项管理办法，激发科技创新活力；推行院系预算经费打通使用，增强院系经费使用自主权；实行采购与招标工作集中归口管理，降低采购风险；对国有资产进行全面清产核资，实现账实相符；开展学校所属企业清理，推动解决历史遗留问题；健全经济活动内部控制制度，防范财务风险。实施校领导接待日制度，建立校长与学生午餐会交流新机制，常态化开展“三问于民”活动。重视和发挥教代会在学校民主管理和监督中的作用，加强教代会闭会期间民主监督平台建设，提高提案办理质量。

撰稿　王　涛

审稿　张传平

中国地质大学（武汉）

〔**落实综合改革方案和谋划学校“十三五”规划**〕 2016年，继续推进以“学术卓越计划”为核心的综合改革，推进内涵发展和“双一流”建设；深化招生体制改革，实施优质生源工程，进一步提升研究生招生质量；健全完善招生、培养、就业“三位一体”协同提质机制；推进人才培养模式创新；推进教学质量保障制度建设；继续推进试点学院改革；开展“十二五”检查与总结评估，学校“十三五”事业发展总体规划获教育部审批备案。

〔**学科战略规划与专项计划**〕 完成教育部新一轮学科评估。组建海洋学院，稳步推进“地学长江计划”筹备工作。5个学科领域进入ESI前1%的排名，地球科学在ESI全球前1‰的排名中持续前移。

〔**教育教学改革与人才培养**〕 召开全校教育教学工作会议，完成本科教学审核评估工作，对全校64个本科专业进行评估。新增大气科学、数字媒体艺术2个本科专业。推进“本科教学质量工程”，15门国家级精品资源共享课获认定，1门课程入选第八批国家级精品视频公开课，2门网络课程被教育部确定为第一批国家级精品资源共享课。举办全国大学生地质技能竞赛和全国高校大学生移动互联网创新大赛；学校获批全国高校实践育人创新创业基地；完成湖北省高校心理健康教育示范中心验收评估工作。

〔**师资队伍建设**〕 完成“地大学者”评审工作，实施专职科研队伍建设。开展海洋学院、工程学院、材料与化学学院、公共管理学院、经济管理学院、艺术与传媒学院6个学院院长面向海内外招聘工作。学校教授成秋明当选国际地质科学联合会(IUGS)主席，教授赖旭龙当选国际牙形石学会主席，教授柯斯基（Timothy Kusky）获湖北省政府2016年度“编钟奖”。4人入选2016年全球“高被引科学家”，9人入选爱思唯尔“2015年度中国高被引学者”；1人入选“长江学者奖励计划”青年学者项目；4人入选国土资源高层次创新型科技人才培养工程。完善教师教学评价机制，教授龚一鸣获“楚天园丁奖”。

〔**科技研究**〕 获批156项国家自然科学基金，直接经费9 115万元，总经费超亿元。获批国家社科基金（教育学单列）重点项目1项、国家社科基金（艺术学单列）1项、教育部人文社科项目8项。获国家自然科学奖二等奖1项、省部级奖励6项，获批国家重点研发计划项目1项。全年专利申请达640件。获首批国家专利协同运用试点单位，与湖北省知识产权局共建湖北省知识产权与创新发展研究院。学校教授程寒松团队和同济大学等共同研制全球首台“常温常压储氢·氢能汽车工程”样车。《地球科学》中英文版双双获中国最具国际影响力的学术期刊。

〔**科研平台建设**〕 稳步推进学术创新基地计划，完成第一批学术创新基地建设计划中期考核。获批科技部1个创新人才培养基地、2个地质科普基地；组织申报国土资源部地质环境修复国家工程中心培育基地；获批地球内部多尺度成像湖北省重点实验室；完成国土资源部法律评价实验室验收前期准备工作（学校为第一牵头单位）；获批复杂系统先进控制与智能自动化湖北省重点实验室。

〔**党建工作**〕 开展“两学一做”学习教育，以“支部主题党日”为载体，开展党内主题实践活动和基层党建示范创建活动；全年处级以上党员干部带头讲党课350余人次。坚持党委领导下的校长负责制，不断强化党建工作责任体系；制定和修订了《处级党政领导干部选拔任用工作实施细则》《处级干部选拔任用纪实工作办法》《处级单位和处级干部考核实施办法》；完成8个二级党组织换届选举和238个党支部换届工作。

〔**校园文化建设**〕 “7+2”登山科考活动圆满完成，征服七大洲、徒步南北极点；发布实施《2016年大学生中国梦系列主题教育活动计划》；校园文化成果《以艰苦奋斗精神涵育大学文化建设》获第九届全国高校校园文化建设优秀成果特等奖，《最是书香》被评为全国优秀社会科学普及作品；李四光学院201131团支部和材料与化学学院030131团支部获评全国高校“活力团支部”称号；大学生文艺节目《山水中国美》《榜样的力量》分别亮相中央电视台；学校再次获全国教育系统关心下一代先进单位称号；印发《关于进一步加强和改进思想政治理论课建设的意见》，制定《建立健全师德建设长效机制实施办法》，持续开展师德师风宣传教育月活动。

〔**教育交流与合作**〕 主动响应“一带一路”倡议，开展国别区域研究，稳步推进“中约大学”筹建工作。拓展深化“地球科学国际大学联盟”合作，召开地球科学创新人才培养国际研讨会。开展国际学术交流，推进中外合作办学，与瑞士苏黎世联邦理工学院、西班牙高等科学研究理事会签署合作协议。新增1个高等学校创新引智基地。开展对外汉语教学工作和孔子学院工作。

〔**学生获奖情况**〕 学校6支学生团队在2016年“创青春”全国大学生创业大赛中获奖6项；学生在数学建模大赛、石油工程设计大赛、石油装备创新设计大赛、大学生勘探物理编程大赛、大学生测绘技能大赛、大学生信息安全竞赛、高校移动互联网应用创新大赛等全国性赛事中获奖共25项；行星科学研究团队被授予“大学生小平科技创新团队”称号；学校承办第四届全国大学生野外地质技能竞赛，获团体一等奖；首届地球科学菁英班61名学生毕业，其中50人继续深造。

〔**社会服务**〕 加强与行业主管部门、地方政府的合作，完成中国地质调查局、武警黄金部队业务培训工作，与湖北省武汉市、陕西省商洛市等开展广泛深入的合作。有效推进对口湖北省竹山县精准扶贫工作。成立广东珠海校友会、广东东莞校友会，完成了湖北校友分会、福建校友分会、加拿大校友分会和内蒙古校友分会换届工作。举办第八届校友分会会长秘书长联谊会。

撰稿　丁　为

审稿　刘彦博　徐　超

武汉理工大学

〔**审议通过学校“十三五”发展规划并正式颁布实施**〕 3月30日至4月1日，学校分别召开了第二届党委第八次全体会议和第三届教职工代表大会第一次会议暨第三次工会会员代表大会，审议通过了《武汉理工大学“十三五”发展规划——2020卓越行动计划》。规划立足于国家“两个一百年目标”、“世界一流大学、一流学科建设”目标及学校百年发展目标，谋划学校“十三五”战略发展，在全面总结“十二五”发展的基础上，分析了学校发展面临的机遇与挑战，提出了高举世界一流大学、一流学科建设的旗帜，实施2020卓越行动计划，实现学校建设发展新跨越的奋斗目标。4月14日，学校正式印发《武汉理工大学“十三五”发展规划——2020卓越行动计划》。

〔**正式启动“双一流计划”建设**〕 2016年，学校正式启动“双一流计划”建设，确定24个首批立项建设项目，颁布了《一流大学一流学科建设项目管理暂行办法》《一流大学一流学科建设人事人才工作若干规定（试行）》《一流大学一流学科协同创新团队研究生培养若干规定（试行）》3个改革文件。

〔**实施第二轮“15551人才工程”**〕 12月6日，学校举行第二轮“15551人才工程”首次聘任仪式，聘任战略科学家5名、学科首席教授12名、产学研合作特聘专家5名、特色专业责任教授6名、精品课程名师10名、青年拔尖人才40名。

〔**2人入选教育部首批青年“长江学者”**〕 4月20日，教育部下发《关于公布2015年度“长江学者奖励计划”入选名单的通知》，学校理学院教授黄海军、能源与动力工程学院教授袁成清入选首批青年“长江学者”项目。

〔**3人分别入选全国优秀科技工作者、中国青年科技奖、高被引科学家名单**〕 2016年，学校教授傅正义入选第七届全国优秀科技工作者名单；教授麦立强入选第十四届中国青年科技奖名单；教授余家国同时入选材料科学、工程学、化学3个学科领域的全球2016高被引科学家名单。

〔**获批国家国际科技合作基地**〕 11月，科技部公布2016年度国家国际科技合作基地名单，依托学校国家水运安全工程技术研究中心建设的“智能航运与海事安全国际科技合作基地”获批认定，成为示范型国际科技合作基地。这是学校获批的第3个国家国际科技合作基地，实现了学校交通学科国际科技合作基地零的突破。

〔**获批“111计划”创新引智基地**〕 11月21日，学校申报的“新能源汽车科学与关键技术学科创新引智基地”被批准为2017年建设项目予以立项。这是学校获批的第4个创新引智基地，实现了学校汽车学科国家级创新引智基地零的突破。

〔**《自然》正刊发表程一兵团队专题评论文章**〕 11月，学校教授程一兵团队受《自然》杂志邀请，发表了题为《印刷柔性太阳能电池》（Print flexible solar cells）的专题评论文章。该文结合程一兵及其团队多年来在该领域的工作经验，总结了可印刷太阳能电池的优点和存在的问题，对该领域今后的发展方向和策略提出建议。

〔**学校进入THE、U. S. News、ARWU、QS四个世界大学排行榜**〕 2016年，学校同时进入THE、U. S. News、ARWU、QS四个世界大学排行榜。

〔**入选国家国防科技工业局和教育部共建高校**〕 6月30日，国家国防科技工业局和教育部在北京召开国防科技创新基地和共建高校座谈会，公布了“十三五”期间国防科技工业局和教育部共建16所高校的名单，并为共建高校授牌。学校入选国家国防科工局和教育部共建高校，成为“十三五”期间国防科技工业局和教育部共建的16所高校之一。

〔**建筑装饰微晶玻璃生产技术取得突破**〕 学校材料科学与工程学院教授程金树科研团队依托学校硅酸盐建筑材料国家重点实验室和河北省沙河玻璃技术研究院产学研合作基地，研发出国内外首条采用浮法工艺生产建筑装饰微晶玻璃生产线并成功投产。该技术能够引领建筑装饰微晶玻璃产业的发展，推动行业技术进步。

〔**通过教育部本科教学工作审核评估**〕 11月7日至10日，教育部本科教学工作审核评估组对学校本科教学工作进行了审核评估，学校通过了审核评估。

〔**获国家技术发明奖二等奖**〕 1月，在国家科学技术奖励大会上，学校材料复合新技术国家重点实验室傅正义教授项目组的“系列特种陶瓷材料制备新技术研究”项目获2015年度国家技术发明奖二等奖。

〔**《武汉理工大学学报（材料科学版）》（英文）入选“2016 中国最具国际影响力学术期刊”**〕 12 月，《中国学术期刊国际引证年报》发布 2016 年度“中国最具国际影响力学术期刊”遴选名单，《武汉理工大学学报（材料科学版）》（英文）入选“2016 中国最具国际影响力学术期刊”，成为中国大陆仅有的 5 家进入“最具国际影响力学术期刊”的高校学报之一。该学报已连续 4 年入选“中国最具国际影响力学术期刊”。

〔**《武汉理工大学文化册》正式发布**〕 3 月 2 日，学校举行《武汉理工大学文化册》发布仪式。《武汉理工大学文化册》包括“以文载道”“以文化人”“以文塑境”三部分内容。它是学校文化建设的新尝试，对学校文化建设具有重要的推动作用。

〔**学校官方微博微信获荣誉称号**〕 1 月 21 日，在教育政务新媒体年会上，学校获“2015 年度教育系统优秀官方微博”称号。3 月 11 日，在腾讯微校主办的“互联网+”校园大会上，学校官方微信公众号获 2015 年度全国高校微信公众号排行榜第一名。

〔**构建协同育人的学生工作体系**〕 学校学生工作围绕立德树人根本任务，着力构建“大教育、大管理、大服务”协同育人工作体系。2016 年，获第二届中国志愿服务项目大赛金奖 2 项、铜奖 1 项，获奖总数居全国第一；获评全国大中专学生志愿者暑期“三下乡”社会实践活动先进单位；学生熊方宇获中国青少年科技创新奖；学生张巍获“中国大学生自强之星”；学生陈会林获中国青年志愿者优秀个人奖；辅导员黄华莉获第八届“全国高校辅导员年度人物”入围奖；辅导员李珏在第五届全国辅导员职业能力大赛中，获全国复赛三等奖；学校在 2015 年度教育部学生资助工作绩效考评中获评优秀；“理工易班资料库”（APP 应用）获评 2016 年度“全国十佳易班特色应用”。学校 2016 届毕业生就业率达 96.13%，位居在汉部属高校首位。学校被确定为“2016 年度国家级科技企业孵化器”。

〔**大学生科技创新竞赛成绩突出**〕 2016 年，学校学生在学科竞赛中获省部级以上奖项 376 项，其中获全国大学生节能减排竞赛国家级奖 12 项，有 5 项入围决赛；获全国大学生机械创新设计大赛一等奖 4 项、二等奖 3 项；获全国大学生智能汽车竞赛一等奖 4 项、二等奖 1 项；在国际数学建模竞赛中，学校有 18 支队伍获奖，1 支队伍获特等奖提名奖（Finalist），实现此项赛事最高奖项特等奖（Outstanding Winner）和特等奖提名奖奖项零的突破；学校连续 7 年以团体总分第一名的成绩获湖北省“挑战杯”。

〔**举办重要国际学术会议**〕 5 月 29 日至 6 月 2 日，学校举办了第三十五届国际热电大会，这是学校承办的首个重大国际学术会议，参会代表达 800 余人，其中国外代表近 400 人。6 月 12 日至 14 日，学校与自然出版集团联合举办 2016《自然》能源材料国际研讨会，这是自然出版集团首次在中国举办能源材料领域的国际会议。

〔**召开首届创新创业教育大会**〕 10 月 9 日至 10 日，学校召开创新创业教育工作大会并为创业学院揭牌。

〔**2 家科技企业挂牌上市**〕 8 月 5 日，武汉同力机电智能系统股份有限公司在“新三板”正式挂牌。11 月 1 日，武汉理工光科股份有限公司在深交所创业板上市交易。

〔**首部中国应急管理蓝皮书出版发行**〕 9 月，由学校教授宋英华担任主编、中国应急管理研究中心团队编撰的应急管理蓝皮书《中国应急管理研究报告 2016》由社会科学文献出版社正式出版发行，这是中国首部以应急管理为主题的蓝皮书。蓝皮书在学校中国应急管理研究中心的组织下，将按年度编纂和发行。

〔**艺术馆开馆**〕　1月11日，学校举行艺术馆开馆仪式，艺术馆正式运行并对外开放。艺术馆着眼于艺术精神与科学精神的融合，致力于繁荣校园文化、陶冶师生员工艺术情操，形成学校新的校园文化特色品牌。

撰稿　徐业松　袁小玲
审稿　李兆荣

华中师范大学

〔**陈宝生到校调研**〕　10月15日，教育部部长陈宝生到学校调研教育信息化工作，参观了信息化背景下教育教学改革成果展和国家数字化学习工程技术研究中心，并在学校召开武汉市高等学校工作座谈会。湖北省教育厅及武汉大学、华中科技大学等7所在汉高校负责人汇报了推进教育改革发展情况。

〔**傅振邦给学校研究生支教团回信**〕　9月27日，团中央书记处书记傅振邦给学校第十八届研究生支教团李金督同学回信。傅振邦在信中鼓励全体支教团团员要牢记使命、不忘初心，弘扬奉献、友爱、互助、进步的志愿精神，在平凡的支教岗位上做出不平凡的业绩；要高扬理想主义的旗帜，坚定理想信念，将自己的人生道路和中国梦相结合，将个人发展与国家发展相结合，唱响“到西部去、到基层去，到祖国最需要的地方去”的青春主旋律；要在参与中体察民情社情国情，在服务中培养与人民群众的真挚感情，拜群众为师、向实践学习，不断积累工作经验、丰富人生阅历，在奉献锻炼中成就精彩人生。

〔**学科建设**〕　3月，国务院学位委员会办公室发布学位点专项评估结果，学校参与专项评估的11个学位点全部合格。撤销材料科学与工程一级学科硕士学位授权点；自主增列旅游管理硕士专业学位授权点。启动编制学校争创一流学科建设规划。

〔**人才培养**〕　修订完善本科课程教学大纲，实施研究生教育创新计划。完善研究生招生选拔方式，实施硕士优质生源计划和博士“申请—考核”制。新增“湖北名师工作室”1项。获批湖北省普通本科高校“荆楚卓越人才”协同育人计划项目2项。启动实施“未来教育家培养计划海外研修项目”。完成必修课数字资源建设，混合课堂开设数量占总课堂数的10%。新增国家级精品视频公开课3门、国家级精品资源共享课13门、省级精品视频公开课及精品资源共享课共计27门。推进创新创业教育，出台《华中师范大学创新创业教育课程体系建设方案》，成立武汉华中师大创业管理有限公司。2016年，学校学生在各类国家重大创新大赛中共获国家级奖励140余项。在2016年“创青春”全国大学生创业大赛中，学校获1项金奖、1项银奖、6项铜奖；在第二届“互联网+”全国大学生创新创业大赛中，学校获国赛铜奖3项，省赛金奖3项、银奖2项，在省内高校和部属师范高校中名列前茅。2016届毕业生总体就业率达91.51%。

〔**师资队伍建设**〕　2016年，新进教师85人，其中具有海外学位者30人，新进教师中具有海外攻读学位或博士后工作经历比例达45%。新增国家级人才15人、省部级人才8人，其中“长江学者”特聘（讲座）教授2人、“长江学者”青年教授1人、国家杰出青年科学基金获得者1人、国家优秀青年科学基金获得者2人。新聘兼职教师32人、特聘教授21人，新增进站博士后24人。继续推动实施“教师持续发展计划”，启动实施“桂子学者”青年项目，加大高端人才和青年拔尖人才引进力度。修订出台相关政策，着重加强教师队伍分类管理和专业技术教师队伍建设。加大教师国际交流支持力度，在“中国大学国际化水平排名”中，学校教师国际交流居第六位。

〔**科学研究**〕 2016年，学校获批国家社科基金项目50项，其中年度项目和青年项目30项，居全国高校第八位、湖北省高校第一位；获教育部年度项目22项，居全国第三位；获教育部重大攻关招标项目1项，“十三五”规划基地重大项目5项；获省级项目62项，其中省社科基金年度项目31项，连续5年居全省第一位；获批成立省部级人文社科研究基地4个。学校中国近代史研究所、中国农村研究院、语言与语言教育研究中心通过教育部测评，其中中国农村研究院总分排名全国第一位。获批国家自然科学基金项目65项，其中国家杰出青年科学基金1项、国家优秀青年科学基金1项。获国家重点研发计划7项、教育部重大科技类项目2项、科技部国际合作项目2项、湖北省科技计划项目19项。与企业签订科技合同70余项，涉及经费达2 000余万元。申报教育大数据应用技术国家工程实验室，实现学校国家级研究基地历史性突破。获全国教育科学研究优秀成果奖7项，获奖数居全国高校第五位；获第十届湖北省社科优秀成果奖34项，其中一等奖4项，全省排名第二位；获湖北省科学技术奖励自然科学奖2项、科技进步奖一等奖1项；SCI收录学校论文748篇，授权发明专利48项，软件著作权登记144项。

〔**党建与思想政治工作**〕 按照中央统一部署，组织广大教职工深入学习习近平总书记系列重要讲话精神，贯彻落实党的十八大和十八届三中、四中、五中、六中全会精神，开展“两学一做”学习教育。学校物理科学与技术学院党委获全国先进基层党组织称号，是学校历史上首次获中共中央表彰，也是全省教育系统唯一受表彰的单位。加大干部外推力度，成功推荐2名中层干部到省属高校担任副校级职务。启动学院行政领导班子任期目标责任制试点工作。强化阵地意识，把握意识形态工作领导权，贯彻落实意识形态责任制。开展“讲好华师故事”主题宣传教育活动，举办两场“我们的故事——2016年华师故事大型展映会”，彰显了学校深厚的文化底蕴，引起社会媒体广泛关注，《光明日报》头版头条进行报道。学校传统文化系列网络素质课程获教育部第二届“礼敬中华优秀传统文化”系列活动示范项目。10月，教育部正式批准学校建设全国高校辅导员发展研究中心。

〔**教育信息化建设**〕 完成教育部教育信息化试点验收工作，学校获“教育部首批本科院校教育信息化优秀试点单位”“教育部教育管理信息化优秀案例”等称号。召开教育管理信息化工作推进大会，明确下一阶段学校信息化建设的奋斗目标和行动方案。启动校园网运营服务模式改革，国有资产信息管理系统上线运行，在图书馆电子阅览室部署云桌面平台系统，实现IT基础设施资源的共享和统一集中管理。建设智慧教室12间，改善了人才培养的生态环境。完善决策支持分析平台，助力决策分析科学化。完成一张表二期工程，推进业务流程化建设。初步完成学校未来智慧大学的战略规划架构设计和软件定义数据中心建设。出台《华中师范大学网络与信息安全管理办法》，不断规范程序，完善校内安全防御体系建设，加强校园网络安全管理。

〔**教育交流与合作**〕 举办“俄罗斯周”和第11届东亚教师教育国际研讨会。由学校和澳大利亚伍伦贡大学联合创立的伍伦贡联合研究院正式获教育部批准，成为学校办学历史上第一个非独立法人的中外合作办学机构。全年接待国外大学来访团组70个、270余人次。与美国匹兹堡大学、法国洛林大学、比利时自由大学等高校签署30余份交流协议；新增5所香港、台湾地区交流院校。全年聘请长期外籍专家60人、短期外籍专家247人，基本实现学科全覆盖。获3项“文教类高端外国专家项目”。留学生总人数达2 771人，其中长期在校公费生达1 127人，高学历层次学生比例达40%。全年派出交换生800余人，教职工因公出国（境）参加国际学术交流活动677人次。在2016年发布的教育部直属高校国际化水平排行榜中，学校排名第22位。在汉语国际推广方面，学校纽卡斯尔大学孔子学院被国家汉办评为“2016年先进孔子学院”。

〔**社会服务**〕 学校与四川省凉山彝族自治州展开全面合作，深度参与国家扶贫攻坚工作。全年新签署5个校地、校企合作协议，新增8所基础教育合办学校。积极承担国家级教师培训任务，完成各类国家级培训计划项目26项，培训中西部农村骨干教师2 060人。学校职业与继续教育学院被评为“2016中国最具社会影响力高校网络教育学院”。北京天睿空间科技股份有限公司成功登陆新三板，实现学校历史上投资企业上市零的突破。华师科技园被评为“国家级科技企业孵化器”。

〔**完善内部治理**〕 《华中师范大学教育事业发展“十三五”规划（2016—2020）》呈教育部报备。深化校院两级管理体制改革，出台《华中师范大学进一步完善校院两级财务管理体制改革的实施方案》。加大机构改革力度，成立发展规划处、伍伦贡联合研究院、教育大科学研究中心、科研部军工项目办公室。完成全校资产清查和校长杨宗凯任期经济责任审计工作。

〔**获批梁子湖校区建设**〕 11月3日，教育部签发《教育部关于华中师范大学建设梁子湖校区有关问题的批复》，正式批复学校梁子湖校区立项建设。11月18日，学校领导前往鄂州就梁子湖校区立项建设的相关问题与鄂州市政府进行洽谈，决定全面启动梁子湖校区建设。11月23日，学校成立梁子湖校区工作领导小组及梁子湖校区建设指挥部，与鄂州市组建联合工作专班，合署办公。

撰稿　陈晓宇
审稿　付义朝

华中农业大学

〔**学科建设**〕 2016年，学校组织参加全国第四轮学科评估，推进生物医学学科发展。新增分子生物学与遗传学、微生物学2个学科领域进入ESI前1%。

〔**本科生培养**〕 全面固化本科教学审核评估成果，实施“一流本科1361计划”。试行“1.5+2.5”大类培养模式，促进厚基础、宽口径的通专平衡课程体系建设，建立专业培养分流机制、跨专业选课机制等。强化“张之洞班”“生命科学与技术人才培养模式创新实验区”和卓越计划系列改革项目等建设，实施第三届本科生领导力培养计划。实施“与岗位科学家同行”计划，启动新一轮人才培养方案修订工作。实施“创新创业教育提升年”，启动实施创新创业教育“101计划”，实施“创业英才培训计划”“创新创业导师培养计划”。学校获评湖北省深化创新创业教育改革示范高校，教育部简报以《华中农业大学全面推进创新创业教育改革》为题进行报道。

〔**研究生培养**〕 推进博士研究生招生“申请—考核制”试点工作，实施招生质量提升计划。修订硕士研究生、博士研究生指标分配方案，实施基础性指标、竞争性指标和指令性指标相结合的招生指标分配制度。加大研究生实践基地建设力度，推进国家、省、校、院四级实践基地体系建设。加强学位论文质量监督，修订研究生学位论文盲评办法，坚持和完善学位论文“双盲评审”、复制比检测、涉密论文审查制度，对全部拟授学位的研究生论文进行复制比检测，实施博士学位论文全盲评制度。开展导师绩效分析，推动评聘分离的导师动态管理，探索建立导师招生资格年审制度。组织公派出国留学生选拔工作。

〔**师资队伍建设**〕　完善基于人才发展的评价与支持机制，入选“长江学者”5 人、创新人才推进计划中青年科技创新领军人才 6 人、国家杰出青年科学基金获得者 1 人、优秀青年科学基金获得者 2 人。获评享受政府特殊津贴人员 6 人、中国青年科技奖 1 人。

〔**科学研究**〕　新批各类科研项目 1 091 项，新批经费 9.01 亿元，到账经费 7.16 亿元。其中国家重点专项获批经费 5.5 亿元、国家自然科学基金获批经费 1.28 亿元。横向科技合作项目合同额达 0.99 亿元。获批国家基金 207 项，获批基地条件建设项目经费 4 028 万元，获批科技部国际联合研究中心 1 个，获批省部级重点实验室、工程实验室、研究中心 5 个，获批农业部科研平台建设项目 1 项。获各级科技奖励 37 项，以第一完成单位获各级科技奖励 28 项，其中获国家科技成果奖二等奖 3 项，实现了 2016 年获国家自然科学奖、科技进步奖、技术发明奖和首次获国家技术发明奖的历史性突破。获 2016 年何梁何利基金科学与技术进步奖 1 项。实现以学校为第一完成单位在《自然》杂志发表科学研究成果的突破。

〔**思想政治工作**〕　切实落实学校意识形态工作责任制和实施细则，恪守第一责任，深入贯彻《华中农业大学进一步加强和改进新形势下宣传思想工作的实施意见》《中共华中农业大学委员会意识形态工作责任制实施细则》等制度，完善学校党委常委会定期听取宣传思想工作专题汇报、专题研究学校宣传思想工作等机制，进一步加强宣传思想工作战线队伍建设。完善意识形态阵地管理的“四审查一备案”制度，强化思想政治课程建设，管好教材、课堂、讲坛等宣传思想阵地，落实形势政策课进人才培养方案、进课堂工作。组建学习贯彻党的十八届六中全会宣讲团，深入师生党支部开展有针对性的宣讲。加大网络新闻宣传和舆论监督力度，启动优秀网络评论员培植计划，进一步完善学校舆情工作体制，强化对网络舆情的分析和监控。完善学校新闻宣传应急机制和新闻发布、新闻发言人工作机制，健全各类突发事件预警、防范和处置方案。严格执行校园网络管理、审查制度，把握网络宣传主动权。完善新媒体联盟工作机制，明确二级单位新媒体管理和发展机制，出台加强新媒体建设与管理相关文件，培育校本特色网络文化，学校获 4 项湖北省高校网络文化建设优秀成果奖。

〔**党建工作**〕　出台校院两级理论学习中心组学习制度实施细则，进一步完善校院两级党委理论学习中心组学习制度；落实每周四下午理论学习研讨制度，完善集中学习研讨制度。制定学校“两学一做”学习教育实施方案及专项工作方案，及时贯彻落实上级党组织有关会议精神和工作要求，发布“两学一做”学习教育暨基层党建重点任务督查清单，确保学习教育取得实效。

〔**基层党建工作**〕　制定学校党建与思想政治工作“十三五”规划和学校党委 2016 年党建工作任务指导书，指导和督促二级基层党组织制定本单位党建工作任务指导书，推动基层党建工作任务项目化。完善二级党委党组织设置，成立马克思主义学院党委和直属单位党委，完成机关党委、植物科学技术学院党委等换届工作。加强基层组织建设监督，不定期抽查基层党组织《党支部工作手册》、《党员活动手册》、党建工作台账等，及时通报“两册”抽查情况，督促党支部和党员落实工作责任、履行党员权利和义务。做好 2016 年度二级基层党组织书记抓基层党建述职评议考核工作，采取现场述职与书面述职相结合的方式，对 12 个二级基层党组织书记履行党建责任、基层党建成效、思想政治工作等进行评议考核。

〔**党风廉政建设**〕　学校党委坚持把廉洁理论学习的情况作为党内民主生活会汇报的重要内容之一，作为年终述职考核的重要内容之一，及时学习传达党的十八届六中全会精神、中央纪委六次全会、省纪委十届六次全会精神和教育部教育系统党风廉政建设工作视频会议精神。

召开多次专题会议研究部署党风廉政建设和反

腐败工作，印发学校党风廉政建设和反腐败工作要点，落实《中共华中农业大学委员会落实党风廉政建设主体责任实施办法》，成立主体责任办公室，严格按清单落实党委主体责任。成立学校履职尽责主体责任领导小组及工作专班，制定实施学校履职尽责督促检查工作实施方案，努力营造依法履职、优质高效、廉洁从政的发展环境。制定学校党风廉政建设和反腐败工作任务分解表，各级领导、干部之间层层签订党风廉政建设责任书，逐级制定党风廉政建设工作任务，明确学校所有单位和各级各类干部教师反腐倡廉主要工作责任和任务。

开展新一轮岗位廉政风险点排查工作，进一步强化对权力运行的监督制约。全面开展二级基层党组织书记述职述廉述党建考核工作，督促各级党组织特别是党组织书记认真落实管党治党主体责任和第一责任人职责，对主体责任落实不力的实行一票否决制。

〔**严肃党内组织生活**〕　贯彻落实《关于新形势下党内政治生活的若干准则》《中国共产党党内监督条例》，明确“三会一课”制度、组织生活会制度、领导干部双重组织生活制度、支部主题党日活动制度等11项组织工作制度要求，领导班子带头严肃党内政治生活，切实增强思想自觉和行动自觉。开展基层党组织活动立项总结和评审工作。

〔**群团、统战工作**〕　召开学校党的群团工作会议。切实加强和改善对统战、工会、离退休工作和共青团、学生会、研究生会的领导。注重指导民主党派加强自身建设，充分发挥学校各民主党派及侨联、港澳台办公室的积极作用。

〔**招生与就业**〕　实施招生“阳光工程”，逐步建立省外招生宣传机制，生源质量不断提高。2016年，共招录普通本科生 4 670 名，录取研究生 2 508人，其中博士研究生 438 人、硕士研究生 2 070人。毕业生就业质量进一步提高，本科毕业生4 348 人，就业率达96.18%。毕业研究生1 920人，毕业研究生初次就业率达93.55%。

〔**社会服务**〕　参加科技支撑大别山试验区、对口支援三峡库区移民等扶贫工作，深入推进对口支援新疆塔里木大学等工作。实施高等学校学科创新引智计划，深入推进“双百计划”。探索形成“六个一”产业精准扶贫模式，学校在教育部组织的直属高校定点扶贫集中调研交流会上做典型发言，“大力实施‘六个一’模式，提升产业精准扶贫效能”入选教育部直属高校精准扶贫精准脱贫十大典型项目。推进新农村发展研究院建设，学校新农村发展研究院获评湖北省扶贫开发工作先进集体，《人民日报》等媒体专题报道学校定点扶贫典型事迹。

〔**教育交流与合作**〕　与美国普渡大学、英国邓迪大学等签订合作办学项目协议或合作备忘录31项。推进学院构建“友好伙伴关系网络”，学校11个学院与国外大学建立了学院合作伙伴关系。学校与埃及本哈大学签署中国高校与本哈大学之间的第一个合作协议，建立中埃科教中心，与埃及国家水研究中心等6家科教机构开展学术交流。组织召开第一届“一带一路”传统药物国际会议，推动“一带一路”沿线国家的科学家交流合作。举办第三届三维基因组会议等9个国际会议。

〔**办学条件**〕　坚持大学经营理念，依法科学理财，建立健全学校内部控制体系，完成工作流程再造和内控制度建设。完成审计项目352个。出台教学科研房屋土地使用管理暂行办法，改革公用房屋资产配置与使用。新增大型仪器设备388台，价值1.18亿元。推进大型仪器设备开放共享机组建设，实现区域及国家信息化共享服务平台对接。推进采购与招投标工作。加强校园基础设施建设和土地使用管理。学校获“湖北省高等学校生态园林式学校”称号。

〔**后勤管理与服务工作**〕　完成数字校园移动平台、基于GIS的校园公共管理与服务平台建设，探索建立校级大数据分析平台。全面加强网络与信息安全工作，推进信息系统等级安全保护，开展重要信息系统安全等级测评。加强学校医院医德医风建设，完成计划生育等工作任务。附属学校获评武汉市洪山区教师队伍建设先进学校。充分发挥校友会、教育发展基金、图书馆、期刊社、档案馆的重要作用。举办学校第七次校友代表大会，教育发展基金募捐 9 700 万元。强化图书等资源建设，期刊社坚持内涵发展，办刊质量和社会影响力稳步提升。档案馆获评“湖北省高校 2016 年档案工作先进单位”。推行优质水电供配服务，打造节约型校园，年节约用电约 100 万度、节约用水 10 万余吨，同比能耗下降 17.6%。学校获评“全国高校后勤文化建设先进院校”。

〔**加强保密、信息和综合治理工作**〕 加强保密宣传教育，严格保密工作纪律，完善机要保密环境建设。加大信息公开力度，强化信息报送，获评教育部年度教育信息工作先进单位。加强安全稳定队伍建设，强化形势研判，健全应急预案体系。学校连续 12 年被评为武汉市校园及周边治安综合治理先进单位，连续 14 年被评为武汉市国家安全人民防线建设工作先进单位，连续 5 年被评为湖北省治安管理综合治理优胜单位。

撰稿　余　斌
审稿　王从严

中南财经政法大学

〔**一流学科建设**〕 2016 年，实施一流学科建设，明确一流学科建设重点，细化一流学科建设思路、方案和举措，确定法学、应用经济学、工商管理、理论经济学、统计学和公共管理 6 个学科为第一批一流学科专项资助学科；改革学科建设经费管理方式，制定一流学科建设经费分配方案。

〔**学科评估**〕 组织全校 15 个符合参评条件的一级学科参与第四轮学科评估，全面分析学校学科建设的优势与不足，完成第四轮学科评估材料申报。

〔**本科人才培养**〕 制定并发布《本科专业评估指标及评分标准（试行）》，对学校 47 个本科专业开展评估；发布《本科教学工作审核评估评建工作方案》，成立专门工作机构，全面部署迎接教育部本科教学工作审核评估；全面推进 2016 年版本科专业全程培养方案的制定工作，以专业培养目标为导向，深化通识教育，优化课程体系，加强实践教学；开办“卓越法律人才”实验班，加大拔尖人才培养力度；加强课程建设，严把慕课教学质量关，12 门课程获国家级精品资源共享课称号，32 门课程作为首批慕课立项建设课程；新增本科生实习基地 61 个，入选全国高校实践育人创新创业基地。

〔**研究生人才培养**〕 修订研究生培养方案，制定完善研究生培养管理办法、课程教学管理办法以及学位论文双盲评审办法等系列制度，建立研究生教育督导制度和研究生课程听课制度，形成以教学督导为主、研究生评教为辅的研究生课程教学评价监督机制；发布《2015 年学位与研究生教育质量年度报告》，出台《研究生教育创新计划项目管理办法》，推行“研究生教育创新计划”二级管理，新增研究生创新基地 8 个。

〔**人才引进管理政策**〕 制定出台《引进优秀博士（博士后）试聘副教授岗位管理办法（试行）》《年薪制人员岗位聘用管理办法（试行）》《师资储备人才培养办法（试行）》等制度，完成《专任教师岗位管理实施办法（试行）》《专职辅导员岗位管理实施办法》《非教师专业技术岗位设置管理实施办法》等文件的修订工作，并根据文件精神细化相应的岗位要求及岗位职责。

〔**师资队伍建设**〕 本年度共引进教师87人，其中海归博士25人；1人获批“长江学者”青年学者项目，2人入选新一批“文化名家暨‘四个一批’人才工程”，1个团队获评湖北省首届“名师工作室”；多名教师获批享受湖北省政府特殊津贴和获评“湖北省有突出贡献中青年专家”“楚天学者”，入选财政部“会计名家培养工程”、湖北省“青年英才计划”；2名教师获评“文澜特聘教授”，15名教师获评“文澜青年学者”。

〔**科学研究**〕 2016年，纵向课题立项189项；新增横向课题199项；国家自然科学基金项目获批24项；国家社科基金重大项目立项2项；教育部人文社会科学研究一般项目获准立项17项，立项数全国排名并列第九位；28项成果获湖北省社会科学优秀成果奖，获奖数排名全省第三位。

〔**智库建设**〕 学校在“211工程”高校智库MRPA测评中排名第一位，同时学校社科院平台下的5家智库入选中国智库索引来源智库。

〔**新增3个重点研究基地**〕 新增反恐怖主义研究中心、注册会计师行业发展研究中心、社会主义核心价值观研究中心等3个湖北省人文社科重点研究基地。部省共建工作的有效载体中南财经政法大学大数据研究院正式成立。

〔**信息化建设**〕 编制学校《信息化建设“十三五”发展规划》，加强信息化建设顶层设计，推进规划的项目化、可实施化；成立网络安全和信息化领导小组，启动安全建设项目，调整网络规划与布局，网络信息安全保障体系进一步完善；实现了与人事系统、研究生系统、科研系统、财务系统、校园一卡通系统、教务系统等多个校级业务系统数据交换和信息系统的统一身份认证工作；启动“多卡合一”项目建设工作，统一信息系统平台建设初具规模，“智慧校园”平台雏形基本成形；完成BlackBoard平台、OA办公自动化系统升级改造工作和“一师一麦”扩音系统改造工程，多媒体扩音设备全部实现升级。

〔**基层党组织建设**〕 加大对党建工作的组织领导和统筹推进力度，推进全面从严治党向基层延伸，学校党委首度与各二级单位签订年度《党建工作目标管理任务书》，并建立起年中督导、年终考核机制；扎实开展基层党建6个专项工作，创新基层党建工作方式。

〔**党风廉政建设**〕 贯彻落实党风廉政建设工作责任制，成立全面从严治党主体责任办公室，落实党风廉政建设主体责任和监督责任，加大向基层传导责任和压力的力度，切实防范廉政风险，加大执纪问责力度。

〔**思想理论建设**〕 深入学习党的十八届六中全会精神和习近平总书记系列重要讲话精神，全面推进“两学一做”主题教育活动，贯彻落实全国高校思想政治工作会议精神，切实加强思想政治和意识形态工作。

〔**干部选用监管**〕 贯彻落实党委领导下的校长负责制，加强领导班子和干部队伍建设，完善干部选拔任用、考核评价和监督机制。对中层领导干部进行任前考核、试用期考核、年度考核和换届考核，不断完善干部考核评价机制。加强日常监督，坚持任前谈话、廉政谈话、诫勉谈话制度和领导干部外出审批报告制度。严格专项监督，按规定做好领导干部个人有关事项报告填报、抽查和核实工作。

〔**群团统战工作**〕 加大群团工作力度，积极支持工会（教代会）、妇委会、共青团、学代会（研代会）开展工作；贯彻落实中央、省委统战工作会议和全省高校统战工作会议相关精神，成立学校党委统一战线工作领导小组，积极构建大统战工作格局。

〔**校企、校地合作**〕 深化校企、校地合作，与滇西应用技术大学、恒丰银行合作共建滇西金融研究院；城乡社区社会管理湖北省协同创新中心与宜昌市委市政府协同合作开展全国首个生态治理试验——三峡生态经济合作区生态治理“宜昌试验”。

〔**非学历教育**〕 2016年，非学历教育培训达10 120人次，完成财政部共建培训班3期。

〔**教育交流与合作**〕 制定《教育对外开放规划（2016—2020）》，提出未来五年提高留学生教育质量、提升学校科研创新实力、加快师资队伍国际化建设步伐、打造中外人文交流品牌项目、积极参与教育多边合作等五个方面重点任务；与意大利罗马第一大学合作成立学校首个海外研究基地——“中意法学研究中心”；与意大利罗马第一大学等3所国外高校签订了校际交流协议、交换生协议；新增与我国台湾地区淡江大学的交换生项目；召开6个国际会议，出国（境）参加国际会议近百人次；5门课程被评为国家级、省级来华留学品牌课程。

〔**精神文明建设**〕 学校工会获“全国模范职工之家”称号；“百生讲坛——理论学‘习’我来讲”系列活动获评全国“‘四进四信’活动高校优秀项目”；启动“馨香永继——中南大历史文化传承工程”工作，推进“中南大文库”建设，抢救、收集、整理各学科发展中最具代表性专家学者的珍贵史料、藏书及文稿；继续开展新生第一课——“与中南大一同成长”。

〔**文化艺术活动**〕 举办“人文大讲堂”“文澜书香”“大学第一本书”“学长荐书”“高雅艺术进校园”和舞蹈大赛等文化艺术赛事和品牌活动。

〔**校园文化建设**〕 推出学校新版宣传片，规范横幅、橱窗、海报等校园文化阵地管理；优秀校园文化品牌培育项目结项；校长杨灿明在中国高等教育学会、中国青年报社、中华全国学生联合会共同主办的“2016年学生喜爱的大学校长”推选活动中，获“学生喜爱的大学校长”称号。

〔**理职明责**〕 按照湖北省关于接受履职尽责督促检查工作的要求，认真制定方案并组织实施；深入开展理职明责工作，形成了部门职责汇编。

〔**民主管理**〕 加强民主管理，召开专题会议研究办理学校教职工代表大会代表提案；开展两次校务面对面活动，组织开展两次学生（研）代表委员会专门委员会面对面活动；每月开展“委员进寝室”活动，听取师生代表意见、建议并解决相关问题。

〔**内部管理**〕 成立内部控制建设领导小组，全面梳理预决算、收支、采购、资产、建设项目、合同等各项经济业务流程，加强风险防范和管控，推进内部控制体系建设；修订学校《财务管理办法》《预算管理办法》等财务管理规范性文件，推行网上报账、医药费“一站式”报账、首办责任制、财务面对面、报账叫号实时查询、微信经费查询等多项财务服务措施，报账难的问题得到改善；制定《小额分散采购实施办法（试行）》，规范小额分散采购活动；修订完善资产管理的有关规章制度，开展学校房产专项清理工作，推进国有资产清查和整改工作，推动经营门面由多头分散管理向集中统一管理转变，加强经营性资产管理的风险防控；继续深化后勤管理体制改革，推动部际协调、机制配套，研究推进学校车改工作。

〔**民生建设**〕 继续推进收入分配制度改革，保证教职工收入水平稳定增长，优化薪酬结构，建立重实绩、重贡献、向重点岗位倾斜的分配激励制度。根据国家和湖北省相关政策，确定了学校绩效工资专项上报方案，做好工资调整标准及教育部绩效工资改革的准备工作，增加离休人员离休费，调整退休人员基本养老金标准，上调教职工公积金缴存额度。稳步推进家庭责任医生及居家养老医疗卫生签约服务，进一步加强健康管理及健康促进工作。

撰稿　李　盛
审稿　张文剑

湖 南 大 学

〔**学校“十三五”发展规划和“双一流”建设工作**〕　2016年，围绕“十三五”发展规划和“双一流”建设目标，在全校范围内开展“双一流”建设大讨论，举办以“双一流”建设和“十三五”发展规划为主题的暑期工作研讨会，以校庆为契机召开加快推进“双一流”建设动员大会。组织开展国内外高校发展调研、学校“十三五”发展规划调研、学校日常运行与规范管理调研等多层面调研。编制完成了《湖南大学“十三五”发展规划纲要》，确定了学校“双一流”建设的总体目标和基本思路，推进各学院“十三五”发展规划的制定和实施。

〔**综合改革**〕　出台引进高层次人才计划、“岳麓学者”实施办法、加强人才服务工作若干意见、博士后队伍建设意见，进一步建立和完善人才引进、培养、激励和保障机制。改进教师职务评聘办法，扩大学院在教师评聘、博士生导师资格评审中的自主权，按照不同岗位类型实施分类评审。完善招生选拔机制，改进招生工作办法，着力提高生源质量。出台创新创业教育改革实施方案，建立健全创新创业工作机制。改革科研创新机制，出台横向科研经费管理办法、科技成果奖励办法、促进科技成果转化管理办法，调动广大教师从事科研工作的积极性。完善学校资源筹措和分配机制，出台捐赠资金配套奖励办法，大幅度改革预算管理办法，充分调动各单位和师生员工的积极性。

〔**学科建设**〕　2016年，学校自然指数排名居全球高校第94位、国内高校第12位，增长速度居全球科研机构第14位；在2016年世界大学学术排名中，学校首次进入500强，位列第416位，较2015年进步102位；在2016年世界大学学科领域排名中，学校理科和工科分别居第186位和第195位，首次进入世界前200位。计算机科学、环境科学与生态学进入ESI全球前1%。截至2016年年底，学校进入ESI前1%学科达8个。化学学科ESI总被引次数全球排名第158位，工程学学科排名第184位。6个学科方向入选国防特色学科方向，成为获批学科最多的高校。马克思主义学院入选首批省级重点建设马克思主义学院。

〔**人才培养**〕　制定并出台教学奖励办法。大力加强课程建设，推进小班研讨教学模式改革。全年新建通识选修课程15门，新增国家精品视频公开课2门、国家精品资源共享课21门。获省级教学成果奖16项，其中一等奖5项。启动并实施2016版研究生培养方案，扩大导师招生自主权。研究生发表影响因子10以上的高水平论文28篇。在2016年中国研究生教育分学科（专硕）排行榜中，学校会计专业硕士、工商管理专业硕士分别位列全国第三名、第五名。加强网络思想政治教育，“易班”学生互动社区注册用户达1万人。连续两年被教育部评为资助工作绩效考评优秀单位。2016年，推免生达1 395人，其中“985工程”高校和“211工程”高校学生比例达67.8%。毕业生初次就业率达96.26%，居省内高校第一位。

〔**创新创业教育**〕　建设13门创新创业课程，开设研究生创新创业必修课。推进“2+X”工程实践教育模式，建设40个“双创”基地和1 000余支学生创新团队。近百名学生在国家级学科竞赛中获奖，其中获第七届全国大学生机械创新设计大赛一等奖3项，创历史最好成绩。入选全国首批深化创新创业教育改革示范高校。

〔**人才培养国际化**〕　设立国际交流专项奖励基金，400多名学生赴境外交流学习，175名本科生被录取进入全球前100位名校深造。84名研究生获国家公派留学资格，其中世界前100位高校31人。新开全英文教学课程6门，开设国际课程34门。成功申请加入北美精算师协会UCAP高校计划，成为中国大陆仅有的3所高校之一。

〔**师资队伍建设**〕 制定《2016年引进高层次人才计划》《加强人才服务工作的若干意见》，开辟人才引进绿色通道。实施“岳麓学者计划”，举办国际青年学者“岳麓论坛”，面向校内外广泛选聘各类优秀人才，全年共有41人入选。学校重大人才计划实施成果突出，中国科学院院士、学校教授谭蔚泓当选发展中国家科学院院士；学校化学生物与纳米医学研究院教授瓦尔特（David R. Walt）当选美国医学院院士；学校教授史才军当选国际材料与结构研究实验联合会首位中国大陆会士；16位教授入选ESI高被引学者。新增“长江学者”5人，并列全国高校第22位。

全年审批新聘教师164人，其中来自世界排名前100位高校或国内学科排名前5位高校的有62人，具有一年以上海（境）外研修经历的91人。全年新增博士后科研人员101人。继续实施青年教师成长计划，全年投入1 012万元，支持223名青年教师开展科研学术活动。全校具有博士学位教师比例达70.5%，具有一年以上海外经历的教师比例达51.4%。

〔**科学研究**〕 全年新增科研项目1 125项，到账科研经费4.735亿元。新增国家创新研究群体1个、国家杰出青年科学基金和国家优秀青年科学基金获得者4名；新增智能电网优化与控制国家联合研究中心，国家级科研基地达8个；新增高等学校学科创新引智计划基地1个；新增省重点实验室2个、省工程技术研究中心1个。机器人视觉感知与控制技术国家工程实验室正式运行。在自然指数2016新星榜中，学校高质量论文发表数量净增长数量排名全球第14位。在2016中国大学ESI高被引论文排行榜中，学校被引频次8 123次，排名全国高校第26位。全年共获省部级及社会力量科研奖励26项。继续成为国防科技工业局与教育部共建的16所高校之一。

〔**党建工作**〕 开展“两学一做”学习教育，全年举行了12个单元的两级中心组学习，组织召开“两学一做”推进会、培训会20余场次，各基层党组织创新方式讲党课。学校“互联网+”党课模式受到新华社、《湖南日报》等媒体推介，微党课、工作案例各有1个在教育部门户网站、中国大学生在线推广展示。

〔**党风廉政建设**〕 落实党风廉政建设“两个责任”，组织开展“两项法规”纪律教育年活动，强化监督执纪“四种形态”运用，及时处理信访问题线索。组织开展针对“雁过拔毛”式腐败问题等“三个专项”整治、“中央八项规定精神落实情况回头看”等14项专项检查和整改。

〔**思想政治工作**〕 贯彻落实全国高校思想政治工作会议精神，切实加强思想政治和意识形态工作，学校青年教职工思想政治工作经验在全省推介。完成了财经学院校史馆等5个文化建设项目。开展基层党委（党总支）书记党建述职评议考核，持续推进“基层党建活力提升计划”；完成党组织关系集中排查、党费收缴、基层组织和党员突出问题排查整改工作。制定《以竞争上岗方式选拔中层领导干部实施细则》《以民主推荐方式选拔中层领导干部实施细则》，选优配强基层单位领导班子。

〔**统战工作**〕 成立学校统战工作领导小组，出台实施意见，完善学校统战工作机制，学校被推荐为全国民族团结教育基地申报单位。启动制定《湖南大学共青团改革方案》，校团委获“全国五四红旗团委”称号。强化教职工代表大会闭会期间主席团的职能，推动二级教职工代表大会工作规程的实施。

〔**社会服务**〕 推进“两山一湖”双创基地、大族激光研发中心、中车学院等校地、校企合作项目，推出的大族激光系列创新产品获国务院总理李克强的点赞。与江苏省、广西壮族自治区等地共建联合研发机构，合同金额达2 255万元。超算中心的政府和企事业单位用户达360家，合同金额达

3 000 万元。大学科技园引进创业企业 70 家，其中大学生创业企业 12 家。5 家智库研究机构入选中国智库索引首批来源智库，位列“985 工程”高校第 15 位；12 项决策咨询建议被省部级以上智库要报编发或获省部级以上领导批示。获批成为国家级专业技术人员继续教育基地。经济学、能源、计算机技术和网络安全等学科成为金砖国家优先合作学科领域。“花瑶花”文化产业扶贫项目获教育部直属高校定点扶贫十大典型项目第一名。

〔**校园文化建设**〕 以“学术、文化、发展”为主题，开展岳麓书院创建 1 040 周年暨湖南大学定名 90 周年校庆纪念活动。举办高水准的学术活动、组织师生文体艺术活动近 700 场。举办“致敬国学：第二届全球华人国学大典”。推出“千年学府文库”首部典籍《南轩先生文集》、西迁辰溪纪录片《不屈的文脉》、校史丛书《湖南大学图志》《湖南大学史话》等文化项目。举办岳麓书院历史、湖南财经学院校史、师生校友书画摄影作品、校友捐藏暨校版书刊等主题展览。争取社会各界和广大校友积极支持学校建设，校友企业与学校联合打造区块链金融研究中心、能源互联网研究中心、激光智能制造技术联合研发中心。全年捐赠突破 1 亿元。离退休“老少牵手”活动获湖南省校园文化建设成果一等奖。

〔**管理服务**〕 实施机关工作作风网上评价，全年培训管理辅助系列人员 1 000 多人次，提升管理服务水平和业务能力。完成各类审计项目 834 项，实现直接经济效益 1 228 万元。规范与优化采购管理流程，推进仪器设备开放共享和有偿使用，校外用户成倍增长。完善网上事务大厅业务功能，开发网上支付平台，升级学校财务信息系统。构建全开放式校园立体防控体系，学校连续被评为湖南省社会治安综合治理工作“先进单位”和“平安单位”。

〔**基础设施建设和民生工作**〕 学校新增 1 200 亩的办学空间、2.99 万平方米的教学科研用房。基本完成天马西麓 207 亩教学用地基础设施建设，研究生院楼、游泳馆、综合运动场建成并投入使用，理工科教学楼建成。完成土木工程学院大楼、大礼堂、化学生物学与纳米医学研究所大楼、南校区体育场馆、天马园区及德智园区食堂等维修改造和修缮项目。完成校园景观提质改造等其他修缮工程 21 项，校园环境呈现新面貌。

完成校园主干网改造项目，校园网出口带宽达 1 500 兆。建立湖南大学网站群系统，推进“数据中心”平台建设。完善新媒体服务、阅读推广和专业分馆建设。完成综合楼和教学中楼空调安装、校医院住院楼提质改造、离退休综合服务系统建设等多个民生项目，师生学习、生活条件得到较大改善。调整教职工国家工资、基础津贴和绩效工资标准，提高离退休人员津补贴和离退休费。提高研究生奖助学金标准，全年发放各类奖助学金 2.21 亿元。

撰稿　成　希
审稿　黄梓根

中 南 大 学

〔**领导到校调研**〕 4 月 1 日，国务院副总理张高丽一行到学校调研，现场听取汇报，视察学校推动产业升级和创新创业教育的成果。9 月 4 日，国务院副总理刘延东来到江西省瑞金市人民医院，看望了在这里参加“传承长征精神，义诊服务百姓”全国大型义诊周活动的学校湘雅二医院国家紧急医学救援队。9 月 14 日，教育部部长陈宝生到学校调研。

〔**学科建设**〕 材料科学、工程学、临床医学、化学、药理学与毒理学、生物学与生物化学、神经科学与行为学、数学、计算机科学、分子生物学与遗传学、社会科学总论 11 个学科 ESI 排名居全球前 1%，其中材料科学排名居全球前 1‰。在美国权威机构 2016 年发布的大学排行榜中，学校跻身亚洲大学 100 强；在人民网发布的“2015—2016 中国高校社会影响力排行榜”中，学校排名全国高校第七位。ESI 论文同比增长 22%，“表现不俗”论文在全国高校排名第十位。40 个学科参加第四轮一级学科整体水平评估。

〔**人才培养**〕 完成 2016 版人才培养方案修订，筹备本科生大类招生培养工作，全面启动二级学院本科教学审核评估。新建 100 门“开放式精品示范课堂”。竞技体育成绩斐然，体育竞赛竞争力居全国高校第四位。

实施研究生课程学习、中期考核、超年限研究生学籍清理等分流淘汰办法，累计对 1 136 名未毕业研究生予以退学处理。13 个学位授权点通过教育部专项评估，学位管理更加规范。860 名教师获 2017 年博士研究生指导教师招生资格。

〔**立德树人新成效**〕 结合纪念红军长征胜利 80 周年、庆祝中国共产党成立 95 周年等重大历史事件和时间节点，深入开展理想信念、爱国主义及社会主义核心价值观等六个专题的学习及系列形势报告会、研讨会。网络思想政治教育得到上级领导的肯定和好评，“中南易家”获教育部“易班”全国高校十佳“易班”特色应用，学校官方微信被评为全国高校百强新媒体。江华瑶族长鼓舞传承基地成为国家支持的第一批高校中华优秀文化艺术传承基地。

优良学风创建成果初显，学生平均到课率、课堂无手机率、晨起率均在 95%以上，在全校范围内开展优良学风“双百”典型创建等活动，学风建设取得较好成效。

〔**师资队伍建设**〕 学校有中国科学院院士 2 人，中国工程院院士 14 人，“973”计划项目首席科学家 19 人（其中青年项目 2 人），“长江学者奖励计划”特聘教授、讲座教授 42 人，国家教学名师 7 人。

2016 年，投入人才总经费 1.2 亿元。全职引进“长江学者”、国家杰出青年科学基金获得者共 7 人。3 人入选“长江学者奖励计划”。高等学校学科创新引智基地总数达 8 个，在全国高校排名第一位。

出台《中南大学中青年人才聘用管理实施办法》和《中南大学新进教师选聘实施办法》。新进教师中，42%具有海外博士学位和海外博士后经历，95%有 JCR 一区的高水平论文。成立学校“双一流”建设办公室，成为全国较早成立“双一流”建设专门机构的高校之一。集中两个月时间召开人才科研工作研讨会，总结分析、全面谋划了学校的人才科研工作。

〔**科学研究**〕 2016 年，学校到账科研经费首次突破 10 亿元。获批 2016 年国家重点研发计划牵头项目 6 项，主持课题 30 项，承担国家国际科技合作项目 2 项。获国家自然科学基金各类项目 424 项，在全国高校排名第十位。

新增老年疾病国家临床医学研究中心、医疗大数据应用技术国家工程实验室（联合）、药物临床评价技术国家地方联合工程实验室 3 个国家级平台。

获国家科学技术进步奖 4 项。全年申请专利 1 515 项，同比增长 37%。获专利授权 779 项，同比增长 34%。学校首次获中国专利金奖。“个体化医学基因检测技术”成果一次转让 7 项专利和 40 项应用技术，技术转让费达 2.2 亿元。

在人文社会科学方面，3 个项目获国家级重大项目资助，1 部著作入选本年度国家哲学社科成果文库，1 幅版画被中国国家博物馆收藏。6 个智库入选中国智库索引首批来源智库，在“985 工程”高校智库指数综合评分中名列第九位，在中国科学评价研究中心最新发布的人文社科创新竞争力排行榜中居第 21 位。

博士后各类项目申报获批资助金额总计 1 070 万元，其中博士后国际交流计划派出项目入选 5 人，全国高校排名第五位。教育部官方网站“一线采风”栏目以《中南大学“三个优化”提升企业博士后科技创新能力》为题进行专题报道。

〔**招生与就业**〕 学校本科一批文史类投档线有24个省份高于2015年，理工类投档线有26个省份高于2015年，投档线超过一本线100分的省份由8个增至16个。硕博连读博士生考生增长42%，“申请—考核”制博士生考生增长67%。2016届毕业生总就业率为95.79%，其中本科生就业率为95.44%，研究生就业率为96.34%。学校入选“全国百强企业校招最喜爱的十所高校”。教育部官方网站“一线采风”栏目以《中南大学“三个多”着力开创毕业生基层就业新局面》为题推介学校就业工作的做法。中南大学就业指导中心微信公众号在南方周末数据库全国校务机构微信排行榜中居第二位。

〔**学生资助工作**〕 学校在教育部直属高校年度资助工作绩效考核名次提升了46名。获国家奖学金、国家励志奖学金、国家助学金及学年奖学金共25 779人次、4 596.81万元。通过多方渠道筹措社会资助115.06万元，资助了355名家庭经济困难学生。

〔**教育部党组任命干部**〕 2月27日，教育部党组与中共湖南省委一致决定：陶立坚任中共中南大学委员会常务副书记（正厅级），蒋建湘任中共中南大学委员会委员、常委、副书记。教育部决定：任命胡岳华为中南大学常务副校长（正厅级）。

〔**办学条件**〕 学校年度总收入同比增长4.93%，“三公”经费下降34.2%，其中公务接待费下降79.43%。开展审计340余项，审减金额1.05亿元。2016年，全校财政资金执行进度达98.96%，居教育部直属高校前列。

国有资产管理专项检查发现的问题得到全面整改。清理规范校办企业，其中8家企业予以关闭撤销。办公用房全部清理整改到位，经营性用房实现公开招租，周转住房房租与市场价接轨，教学科研用房实现规范使用。

累计完成国拨资金建设投资6 564万元，素质教育中心A栋和校本部学生公寓5舍、7舍、8舍竣工验收。投入6 800多万元，完成168项校内修缮及维修改造；投入993万元，启动实验室废弃物中转站建设和实验室环保设施改造；投入1 600万元，构建学生宿舍四防一体化系统，完成学生宿舍门禁、智能锁、监控等设施建设；投入1 300余万元，完成6个校区公共区域的监控平台建设。

〔**学校医疗工作**〕 探索新医改下的附属医院改革发展之路，在16个临床科室试点“主任医师负责制”。湘雅医学大数据建设完成基础平台和支撑平台搭建，跨院电子病历检索功能以及91项应用成功开发，新增数据库76个，支撑医学科研项目265项、临床教学项目61项。学校附属医院年门急诊量约674万人次，大中型手术14万多台，医疗服务能力和水平全面提升。

〔**学生体育竞赛获奖情况**〕 学校射击运动队在全国大学生射击锦标赛中获6项金奖、2项银奖、3项铜奖，并获气步枪项目总分第一名、气手枪项目总分第二名，团体总分实现五连冠；定向越野队取得全国学生定向锦标赛男女团体总分第二名、女子团体第一名、男子团体第三名，共获4项金奖、3项银奖、4项铜奖。

撰稿　金红艳
审稿　张　峰

中山大学

〔**刘云山到学校调研**〕　5月21日，中共中央政治局常委刘云山到学校调研。刘云山肯定了学校粤港澳发展研究院的工作，希望研究院继续为国家港澳问题的大政方针发挥重要的参谋助手作用；在听取了马克思主义理论研修班的同学们围绕"'一带一路'构想与当代大学生的责任"的主题发言后，刘云山表示，马克思主义理论研修班对青年学生的思想政治教育大有裨益，希望学校的青年学生能够成长为当代青年马克思主义者。

〔**刘延东考察广州超算中心**〕　5月22日，国务院副总理刘延东一行到学校考察广州超算中心，参观了学校科技创新成果展和"天河二号"主机群。刘延东表示，广州超算中心所开展的工作契合国家科技创新及供给侧结构性改革的需求，未来潜力很大。她要求广州超算中心既要保持先进的计算水平，更要加强应用，打破"瓶颈"，提高资源利用率，争取做出更大成绩。

〔**陈宝生考察广州超算中心**〕　11月13日，教育部部长陈宝生一行到学校考察广州超算中心。陈宝生一行先后参观了学校科技创新成果展和"天河二号"主机群，听取相关汇报，并对学校近年来取得的各项成就给予肯定。

〔**尚勇考察高端智库建设情况**〕　5月26日，中国科学技术协会党组书记尚勇一行到学校考察，围绕科技创新、国家高端智库建设情况开展调研座谈。尚勇肯定了学校在科技创新和国家高端智库建设方面取得的成果，指出学校应围绕国家战略需求、高端技术等方面，探索更为紧密的产学研结合机制，发挥好平台作用。

〔**彭小枫一行到学校调研**〕　3月26日，由全国政协常委、经济委员会副主任彭小枫任组长的专题组到学校调研，就推进大众创业、万众创新开展实地考察和座谈。彭小枫表示，各地应意识到创新创业是大学培养人才的必由之路，要在体制机制上创新，释放大学教职人员与学生创新创业的潜能；注重在高校中营造创新创业的文化，让文化氛围来熏陶学生，使之真正寓教育于无形之中。

〔**师资队伍建设**〕　2016年，学校新引进院士2人；4人入选"长江学者"特聘教授建议名单，9人入选青年学者建议名单，位列全国第五位。新增青年"长江学者"、国家优秀青年科学基金获得者等共53人次，位列全国第四位。

〔**科学研究**〕　2016年，学校科研工作实现跨越式发展。全年科研到账经费达25.12亿元（含地方研究院和附属医院独立进账经费）。国家自然科学基金立项689项，总资助经费达3.94亿元，获资助项目数、经费数分别排名全国高校第三位、第六位，其中获创新研究群体项目资助1项。14人获国家优秀青年科学基金项目资助，位居全国高校第五位。

获国家社会科学基金年度项目立项52项（含后期资助项目立项9项），立项数位列全国高校第一位；获重大项目立项数7项（含1项治国理政专项）；获国家重点研发计划立项20项，居全国高校第六位；省市科技计划项目创历史新高，获资助经费超过3.6亿元。

〔**科研平台建设**〕　2016年，学校布局建设的"1+2+4"大科研创新平台，即1个国家高端智库——粤港澳发展研究院，2个大科学工程——"天琴计划"、海洋综合科考实习船，4个大科研创新平台——海洋科学研究中心、精准医学中心、超算中心、微电子实验室，均取得实质性进展。

〔**3 项成果获 2016 年国家科学技术奖**〕 2016 年，学校作为第一完成单位获 3 项国家科学技术奖。数学学院教授朱熹平研究团队完成的“Ricci 流理论及其几何应用”获国家自然科学奖二等奖；附属第六医院教授汪建平研究团队完成的“基于肛门功能和性功能保护的直肠癌治疗关键技术创新与推广应用”、肿瘤防治中心教授徐瑞华研究团队完成的“结直肠癌个体化治疗策略创新与应用”获国家科学技术进步奖二等奖。

〔**南海科学考察计划首航启动**〕 8 月 8 日，“中山大学南海海洋科学考察”首航正式启动，总时长 40 天左右，分为两个航段。首航共设计了 10 个断面、103 个站位，覆盖大气科学、物理海洋、海洋生物、海洋化学、海洋地质等多个学科。11 月 7 日，教育部在广州市主持召开《中山大学海洋综合科考实习船项目可行性研究报告》专家评审会，评审专家组一致通过。这标志着学校的海洋综合科考实习船项目迈出了关键一步，正式进入项目实施阶段。

〔**1 项研究成果被列为全球突破性成果**〕 学校中山眼科中心教授刘奕志领衔的中美国际团队研究成果“利用内源性干细胞再生功能性晶状体——细胞介导修复晶状体（A lens on cell-mediated repair）”被列为 2016 年全球再生医学领域最重要的突破性成果，这是自 2010 年《自然医学》（*Nature Medicine*）盘点生命科学七大领域突破性进展以来，唯一由中国科学家领衔团队的研究。该团队经过 18 年的研究，利用自体内源性干细胞实现晶状体原位再生，用于治疗婴幼儿先天性白内障。该研究为白内障治疗提供了全新的策略，并开辟了组织再生及干细胞临床应用的新方向，原创论文于 2016 年 3 月 9 日在《自然》杂志上发表。

〔**推进产学研机制建设**〕 地方研究院建设取得较大进展，惠州研究院获 2016 年中国产学研合作创新奖（个人和单位），被授予中国产学研合作创新示范基地的资格；深圳研究院申报的广东省健康生活工程技术研究中心被认定为广东省工程技术研究中心；顺德太阳能研究院与德国莱茵公司正式建立战略合作关系；花都研究院被认定为广东省新型研发机构。截至 2016 年年底，学校所有在运行的地方研究院全部获新型研发机构资格。

〔**招生与就业**〕 学校有普通本科生 32 491 人、硕士研究生 13 115 人，在职攻读硕士学位研究生 3 761 人，博士研究生 5 530 人。来自港澳台地区的在校学生 1 328 人，外国留学生 1 941 人。学校 2016 届本科毕业生最终就业率为 92.01%，毕业研究生最终就业率为 96.07%。

〔**深化校地、校企合作**〕 2016 年，学校与广东省发展改革委联合共建广东创新驱动发展研究院；与深圳市光明新区正式签订产学研合作协议书；推进与广东省人大常委会办公厅，广东省阳江市、湛江市、中山市、东莞市，广东中烟工业有限责任公司等校地、校企合作。

〔**学校参与创办全国首个立法学期刊**〕 7 月，国家新闻出版广电总局批复同意中山大学、广东省立法研究所创办《地方立法研究》期刊。《地方立法研究》期刊是国内具有正式刊号的第一本立法学学术期刊，期刊主管单位为中山大学，期刊主办单位为中山大学、广东省立法研究所。该期刊创刊号于 2016 年 12 月 4 日正式出版。

〔**获 2016 年美国大学生数学建模大赛最高奖项**〕 在 2016 年美国大学生数学建模竞赛（MCM/ICM）中，学校有 3 位学生的论文获特等奖（Outstanding Winner），并由全球最大的运筹学与管理科学研究协会（INFORMS）授予唯一的最高荣誉 INFORMS 奖。学校两支队伍获特等奖提名奖（Finalist），这是学校连续 7 年获得特等奖提名奖，并首次在该赛事登顶。除上述奖项外，还获得了 36 项国际一等奖（Meritorious Winner）、123 项国际二等奖（Honorable Mentions），获奖比例为 55%。参赛人数、受益面、获奖数目均为历届最高。

〔**举办“粤港澳高校联盟”创盟大会**〕　11月15日，“粤港澳高校联盟”创盟大会在学校举行，26所联盟成员高校的代表出席会议。联盟以汇集粤港澳精英大学、培养高素质人才、推动三地共同迈向知识型经济时代为宗旨。该联盟的创立，是提升区域合作层次和水平、丰富粤港澳教育体系的一大创举。

〔**举办孙中山先生诞辰150周年系列活动**〕　9月20日，举办第四届粤沪台三地“纪念孙中山”学术研讨会；11月12日，学校同时在广州校区三校园、珠海校区举行校庆日向孙中山铜像献花暨升旗仪式；11月17日，以“弘扬中山精神，两岸共圆中国梦”为主题的第三届海峡两岸中山论坛分论坛在学校举办；11月12日，“健康中国·活力中大”孙中山先生创办中山大学92周年校庆校友体育嘉年华暨第十九届校园马拉松活动举行；纪念孙中山先生诞辰150周年音画诗剧《中山情》分别在广州校区三校园、珠海校区上演。

撰稿　王　菲

审稿　王莉婧

华南理工大学

〔**启动实施学校“十三五”改革与发展规划**〕　2016年，《华南理工大学“十三五”改革与发展规划》经教育部审核备案，正式启动实施。规划共包括8个方面、33项改革发展任务，力争未来5年在人才培养、科学研究、社会服务、文化传承创新、国际交流合作等方面实现新的跨越。在做好学校总体规划的同时，学校组织编制人才培养与教育教学、校园建设等10个专项规划和28个学院规划，用以支撑学校总体规划的发展目标。

〔**学科建设**〕　学校工科排名由2015年全球第48位上升至2016年第22位，工程学、材料科学、化学3个学科领域进入ESI全球排名前1‰，位居世界顶尖学科行列，入选数量并列全国高校第六位。计算机科学学科进入ESI前1%，ESI学科数增至7个。管理学学科排名提升至全国第12位。学校在2016年软科世界大学学术排名中上升至201—300名区间。

〔**人才培养**〕　学校坚持立德树人，全面落实全国高校思想政治工作会议精神，将思想政治教育贯穿教育教学全过程。加强思想政治理论课建设，制定《思想政治理论课改革建设方案》，新增马克思主义理论与实践课程，促使学生在实践中将理论知识内化为理想信念。学校党委书记、校长坚持为学生上思想政治理论课。继续推进“两工程一计划一行动”，培育和弘扬社会主义核心价值观，推进思想政治教育进网络，打造全方位覆盖的青年发声平台，传播正能量。“涌动的红色”研究生志愿者服务队获全国和广东省表彰。

〔**创新创业教育**〕　完善协同育人机制，推进科教、校院、校企（政）、学科协同，深化人才培养模式改革。2016年，共设置各类创新班、强化班和教学改革试点班32个，新增工业设计（信息与交互设计）实验班、“华工—顶峰工程力学创新人才”项目，每届学生1 000余人。卓越人才培养向纵深发展，5个专业启动校级“卓越工程师教育培养计划”，每届参与卓越计划的学生约600人。坚持全面质量管理，强化专业、课程、教材、基地等要素建设。新立项建设4个校级大学生创新创业训练基地（总数26个），增加140个校外实践实习基地，总数达579个，每年接纳学生11 900余人次进行实习实践。全年立项各级学生科研项目1 817

项，投入经费854万元，参与学生达9 747人次。学校获批全国首批深化创新创业教育改革示范高校。

〔**师资队伍建设**〕　2016年，新增美国工程院院士1人、“长江学者”特聘教授7人、国家杰出青年科学基金获得者5人、国家优秀青年科学基金获得者4人、国家教学名师1人、中央宣传部“四个一批”人才1人。7人入选世界高被引科学家名单（入选数量排名全国高校第四位），2名教授入选2017年电气与电子工程师协会会士（IEEE Fellow）名单。

〔**科学研究**〕　在重大项目方面，获批国家自然科学基金220项，连续两年获批国家自然科学基金创新研究群体项目，首次获批科技部重点领域创新团队；获批组建第一个由学校牵头的国家工程实验室——挥发性有机物污染治理技术与装备国家工程实验室，学校国家级科研机构增至17个。在高水平成果方面，获国家科学技术奖3项；2人获何梁何利奖；2篇SCI论文入选2006—2016年我国高被引论文中被引次数最高的10篇论文，被引次数分别排名第一位和第七位；发表ESI高影响论文60篇；发表“表现不俗”论文994篇，占SCI论文总数的44.8%。专利工作方面，学校有3项专利获第十八届中国专利优秀奖；专利申请量3 323件，发明专利公开量居全国高校前三位，专利技术转让指标居全国高校首位。强化“思想库”“智囊团”作用，全年被采纳决策咨询成果646篇，多篇研究报告获习近平总书记等中央领导批示，其中智库“环珠江口湾区”的决策咨询报告，直接推动了粤港澳大湾区的建设。

〔**“医工结合”特色更加突出**〕　学校遵循医学学科发展规律，发挥自身的办学优势和“医工结合”特色，医学学科发展实现新突破。2016年，学校增列临床医学一级学科硕士点。与广州市加强合作，广州市第一人民医院成为学校附属第二医院；与广州市签约共建华南理工大学附属天河医院协议，由广州市天河区划拨82亩土地，以“交钥匙工程”的形式建设一家不少于1 000张床位的综合性三甲医院。

〔**社会服务**〕　学校大力推动科技成果转化，加快推进广州、东莞、珠海、中山等五大研究院建设，使之成为学校服务珠三角国家自主创新示范区建设的重要基地。2016年，学校承担的企业委托科研项目数和经费数、科技成果应用转化率居华南地区高校首位。学校在《2016中国高校创新发展报告》中位列“中国高校产学共创排行榜”第12位。

〔**开展“两学一做”学习教育**〕　以“两学一做”为抓手，夯实基层党组织建设。深入开展“岭南追梦”行动，深化中青年教师党员发展“领航计划”，推动二级党组织打造党建品牌，逐步形成每个二级党组织一个党建品牌的格局。开展“两学一做”学习教育，通过讲党课、专题学习、集中研讨和网络考学，推动党内教育从“关键少数”向广大党员拓展；组织党员参加全省“两学一做”学习教育考学，获省高校“两学一做”学习教育综合知识竞赛一等奖，被国家教育行政学院评为高校干部网络培训工作优秀组织单位。

〔**毕业生就业情况**〕　2016年，学校本科生和研究生总体就业率分别为99%和99.57%，就业率在教育部直属高校中排名第三位。2016年，到世界500强和中国500强企业就业毕业生数占毕业生总数的33.1%。

〔**教育交流与合作**〕　学校积极打造全球合作网络和核心合作伙伴关系，已与全球200多所一流高校和科研院所建立了长期合作关系。2016年，新增学生项目22个，其中新增交换生项目8个，学生项目总数达138个，同比增加15%，覆盖全校所有专业，形成本科、硕士研究生、博士研究生多层次的国际合作培养模式。全年聘请外籍专家逾1 800人，海外名师讲授全英文学分课程80余门，学校拥有国外留学经历教师比例达42.73%。继续加强留学生教育工作，学校来华留学生达2 279

人。2016年，通过教育部来华留学质量认证。创新孔子学院建设新模式，与德国奥迪集团、英戈尔施塔特市政府、英戈尔施塔特工业技术大学合作共建奥迪英戈尔施塔特孔子学院，这是全球首家与企业合作建设的孔子学院。

〔**成立大学理事会**〕 2016年，学校成立大学理事会，聘请了39名社会各界人士组成第一届理事会，行使对学校办学的咨询议事与监督权利，进一步完善现代大学制度体系，推进依法治校。

〔**学生获奖情况**〕 在各类重大学科竞赛方面，全年共有1 006人次在国际竞赛和全国大赛中获奖，其中在第二届中国“互联网+”大学生创新创业大赛中获银奖3项，在第十二届国际遗传工程机器大赛中获金奖和铜奖，1名学生获中国青少年科技创新奖。在学术创新人才培养方面，基因组科学创新班已有88人次以并列第一作者和署名作者的身份在《自然》《科学》等国际顶级期刊发表论文70篇；华南干细胞与再生医学英才班学生共有12人次以并列第一作者和署名作者的身份在国际高水平期刊发表论文10篇。

撰稿　曾江华　黄　磊
审稿　陶韶菁　罗礼卿

重庆大学

〔**4人获批为中国火炬创业导师**〕 经科技部火炬中心审批，学校科技园管理办公室主任李林及副主任王永宁、团委书记陈科、经济与工商管理学院教授廖成林成为科技部火炬中心2015年度中国火炬创业导师。作为创业导师，他们要引导学校师生创新创业，加速科技成果转化，培育经济发展新动能。

〔**美国凯哈尼（Nemat O. Keyhani）教授受聘教育部“长江学者”讲座教授**〕 4月20日，教育部公布2015年度“长江学者”讲座教授名单，由学校生命科学学院推荐的美国教授凯哈尼（Nemat O. Keyhani）入选。

〔**1个基地入选国家创新人才推进计划**〕 5月20日，科技部公布2015年创新人才推进计划入选名单。学校入选创新人才培养示范基地，成为重庆地区唯一入选单位。

〔**4人被评为中青年科技创新领军人才**〕 学校教授张静、陈蓉、曹华军、谢开贵被评为中青年科技创新领军人才。

〔**4人当选教育部科技委学部委员**〕 3月20日，教育部科学技术委员会公布第七届教育部科学技术委员会各学部委员会及其组成人员名单，同时公布各专门委员会和学部挂靠学校名单。本届共有学部委员381名，学校有4人次入选，其中学校校长周绪红为国际合作学部主任，教授李百战同时为环境与土木水利学部和国际合作学部两个学部的委员，教授廖瑞金为能源与交通学部委员，学校作为国际合作学部挂靠单位。

〔**潘复生当选ISO镁及镁合金技术委员会主席**〕 经过中国、美国、日本、德国、英国、法国、俄国、意大利、韩国、澳大利亚等会员国的投票，国际标准化组织（ISO）正式宣布，学校教授潘复生担任ISO镁及镁合金技术委员会主席，任期6年。国际标准化组织是一个全球性的非政府组织，负责绝大部分领域（包括军工、石油、船舶等垄断行业）的标准化活动。

〔**钱翰城获中国铸造协会终身成就奖**〕 5月15日，在中国铸造协会成立30周年纪念大会上，学校材料学院教授钱翰城被授予终身成就奖。

〔**杨永斌当选亚太计算力学学会主席**〕 在2016年第六届亚太计算力学大会上，学校土木工程学院荣誉院长、中国工程院院士杨永斌当选亚太计算力学学会主席。

〔**2项科技成果获2015年度国家科学技术奖**〕 1月8日上午，国家科学技术奖励大会在人民大会堂举行。学校作为第一单位主持完成的“高可靠精密滤波传动技术及系统”项目荣获国家技术发明奖二等奖；学校作为参与单位完成的“12 000吨航空铝合金厚板张力拉伸装备研制与应用”项目获国家科技进步奖二等奖。汽车工程学院教授王家序作为获奖代表出席大会，并受到党和国家领导人的接见。

〔**首获中国标准创新贡献一等奖**〕 2016年，中国标准化领域最高奖项——“中国标准创新贡献奖”的评选结果发布，学校生物工程学院教授钟代笛主持研制的两项IEEE 11073国际标准获一等奖。

〔**获2016年中国产学研合作创新成果一等奖**〕 11月27日，2016年度中国产学研合作创新与促进奖励大会召开。会上，由学校机械学院牵头，联合中航动力股份有限公司、重庆理工大学、重庆三磨海达磨床有限公司共同完成的“航空发动机叶片自适应砂带磨削装备研制及应用”项目获中国产学研合作创新成果一等奖。

〔**首次获唐仲英基金会高校科研项目资助**〕 学校公共管理学院教授张邦辉领衔的课题“公益慈善事业促进社区养老服务体系完善的实践研究”获唐仲英基金会（中国）2014年度高等教育项目资助，资助金额为93万元。这是学校首次获该基金会的资助。

〔**教育部批准学校国际合作联合实验室立项建设**〕 学校教授李百战牵头的“绿色建筑与人居环境营造国际合作联合实验室”项目入选教育部高端装备创新设计制造国际合作联合实验室立项建设名单。实验室由学校城市建设与环境工程学院牵头，联合土木工程学院，与英国剑桥大学等12所世界知名大学、科研机构合作组建。

〔**连续获国家社科基金重大项目立项**〕 11月7日，全国哲学社会科学规划办公室公布2016年度国家社科基金重大项目立项名单，学校人文社会科学高等研究院学者黄瑞成作为首席专家投标的《古典拉丁语汉语大辞典》编纂获得立项。这是学校自2011年以来连续6年获国家社科基金重大项目立项，实现了学校基础文科研究领域在该类别上零的突破。

〔**3家智库入选中国智库索引（CTTI）首批来源智库**〕 12月17日，在2016中国智库治理论坛上，重庆大学公共经济与公共政策研究中心、重庆大学国家网络空间安全与大数据法治战略研究院、重庆大学经略研究院3家智库正式入选中国智库索引首批来源智库。

〔**4种期刊再次入选“中国科技核心期刊”**〕 10月12日，科技部中国科技信息研究所召开中国科技论文统计结果发布会，会上发布《2016年版中国科技期刊引证报告（核心版）》。学校《重庆大学学报》《土木建筑与环境工程》《地下空间与工程学报》《重庆大学学报（社会科学版）》4种学术期刊再次被中国科技论文引文数据库收录为“中国科技核心期刊”，各刊核心总被引频次、核心影响因子以及综合评价总分位居同类期刊前列。

〔**《重庆大学学报（社会科学版）》获教育部名栏建设4项殊荣**〕 10月29日，《重庆大学学报（社会科学版）》获教育部“名栏建设成就奖”“名栏建设优秀主编奖”“名栏建设优秀责任编辑奖”“名栏建设优秀论文奖”4项殊荣。

〔**获教育部2015年度教育信息工作先进单位**〕 4月25日，教育部办公厅发布《关于对2015年度教育信息工作先进单位、先进个人给予表扬的通报》，学校获2015年度教育信息工作先进单位。

〔**学生获奖情况**〕 在第九届中国光纤传感学术会议暨产业论坛上，学校学生获中国光纤传感学术会议优秀学生论文奖。5月22日，学校ACM-ICPC编程俱乐部在四川省ACM程序设计竞赛中取得1项金奖、3项银奖、1项铜奖的优异成绩。10月15—16日，学校通信工程学院两支参赛队伍在2016亚洲创新设计中获大赛一等奖、三等奖。11月11日，学校电气工程学院青年志愿者协会“科技支教”项目获阿克苏诺贝尔中国大学生社会公益奖银奖。

〔**当选中国高等教育学会工程教育专业委员会副理事长单位**〕 4月21日，中国高等教育学会工程教育专业委员会换届大会暨工程科技人才培养研讨会召开。学校当选为中国高等教育学会第五届工程教育专业委员会副理事长单位，学校副校长李茂国应邀出席并做了题为《面向新工业革命的工程人才培养模式改革趋势》的大会报告。

〔**正式加入“一带一路”高校联盟**〕 9月18日，首届丝绸之路（敦煌）国际文化博览会的分项活动之一——“一带一路”高校联盟主题论坛在敦煌市举行。按照高校联盟章程，经“一带一路”高校联盟理事会会议审议通过，中国科学技术大学、东南大学、重庆大学、英国斯旺西大学、美国中央俄克拉何马大学等79所高校加盟。会上，甘肃省教育厅副厅长王智平宣读了加盟院校名单。截至2016年年底，联盟高校由最初的47所增至126所，涵盖亚洲、欧洲、非洲、北美洲、南美洲的23个国家，标志着“一带一路”高校联盟迈上了一个新的台阶。

〔**“五彩石”社工服务项目连续3年获民政部立项**〕 3月19日，人民网、中国社会科学网、《重庆日报》、新华网等十几家媒体报道了学校申报的获民政部“2016年中央财政支持社会组织参与社会服务项目”立项的“城乡社区市民学校‘五彩石’社会工作服务”示范项目，学校也成为唯一连续3年获批同类项目立项的“985工程”高校。

〔**学校关心下一代工作委员会获评全国教育系统先进集体**〕 4月25日，在庆祝教育部关心下一代工作委员会成立25周年暨第五次工作会议上，学校关心下一代工作委员会被评为全国教育系统关心下一代工作先进集体。

撰稿　徐　爽

审稿　卢培煜

西南大学

〔**综合改革**〕 2016年，学校召开8次深化综合改革领导小组会议。出台《西南大学全面深化思想政治理论课改革方案》，稳步推进“1+3”思想政治理论课教学改革。完成农业科学研究院组建方案，着力打造农业科学研究高端平台。形成全面深化教师教育改革实施方案，努力构建以提高卓越教师人才培养质量为核心的师资培养新模式。形成学校荣昌校区办学体制改革方案，推动校区建设成为以动物学科为主要特色、产学研紧密结合、培养高素质应用型人才的高水平特色校区。

〔**学科建设**〕 参加全国第四轮学科评估工作，共43个一级学科参评。化学、植物与动物科学、农业科学、材料科学、工程学5个学科领域进入

ESI全球排名前1%，按引用数居全球第1 135位、国内第56位，ESI学科数量居重庆市高校第一位。

〔**人才培养与教育教学改革**〕　先期落实20个学院（部）的本科教学审核评估整改任务，启动15门国家级精品资源共享课转型升级。获批市级教改项目22个，新增实习实训基地16个，获批重庆市研究生教育优质课程3门、教改项目16项、研究生科研创新项目64项。入选首批全国教育硕士专业学位研究生联合培养示范基地。研究生发表高水平学术论文1 003篇，较2015年增长14%。获重庆市优秀博士学位论文13篇、优秀硕士学位论文36篇。学生获全国大学生数学建模竞赛、全国挑战杯等竞赛一、二等奖近60项，获奥运会金牌3块，获世界大学生锦标赛和全国大学生锦标赛冠军34个、亚军27个、季军13个。

〔**创新创业教育**〕　修订《西南大学深化创新创业教育改革实施方案》，建立首批100名创新创业导师库，向教育部推荐优秀导师30名。获批国家级大学生创新创业训练计划项目80项，学校众创空间获市级认定，市教委财政资助学校3个众创空间。

〔**师资队伍建设**〕　申报“长江学者”5人。推荐“巴渝学者”等各类市级人才40余人次。组织教师公派出国留学17次共109人。新补充专任教师144人。获批博士后基金719万元。修订《西南大学教师及其他专业技术人员职务评审办法》等规章，启动第三轮岗位聘用工作。

〔**科研工作**〕　获批国家自然科学基金项目130项，其中国家自然科学基金委优秀青年科学基金项目1项；获批“十三五”国家重点研发计划项目/课题40余项；获批人文社会科学类项目748项，其中国家社科基金项目45项，年度立项数位居全国高校第七位。启动实施国家农业科技创新联盟“柑橘黄龙病综合防控协同创新行动”项目。全年各类科研立项经费约4.7亿元。

新增省部级及以上平台4个。完成教育部人文社会科学重点研究基地、重庆市人文社会科学重点研究基地等机构换届工作。牵头成立西南地区大学科技园联盟。

获省部级科技奖励22项，其中1项成果入选2016年度“国家哲学社会科学成果文库”。SCIE数据库收录论文1 218篇，较2015年增长25%；EI收录论文758篇，较2015年增长41.7%；SSCI收录论文50余篇，CSSCI收录论文600余篇。人文社科领域出版著作170余部。申请专利176件，其中发明专利139件。开展首届西南大学重要学术成果评选活动。

〔**“两学一做”学习教育**〕　制定《西南大学关于“两学一做”学习教育实施方案》，围绕“四讲四有”主题开展专题学习讨论。学校党委书记为全校处级以上领导干部讲授专题党课，各二级党组织书记讲授专题党课47场次，各党支部书记讲授党课540余场次。开展“两学一做”知识竞赛等主题党日活动。

〔**党建工作**〕　加强政治理论学习，组织党委中心组（扩大）学习会8次。围绕庆祝中国共产党成立95周年、纪念红军长征胜利80周年开展系列主题教育活动。

加强意识形态工作，党委常委会研究宣传思想意识形态工作7次，书记办公会研究宣传思想意识形态工作10余次。制定《意识形态工作责任制实施细则》和《关于加强和改进新形势下网络宣传思想工作的意见》，修订《形势报告会和哲学社会科学报告会、研讨会、论坛、讲坛、讲座等管理办法》。

组织二级党组织书记抓基层党建述职评议工作，开展基层组织关系排查，对546个党支部进行“回头看”交叉检查及党费收缴工作专项检查。全年发展党员2 300人（其中教职工党员11人），预备党员转正1 412人，培训入党积极分子10 000余人。

〔**党风廉政建设**〕　开展党委常委会、校长办公会专题研究“两个责任”贯彻落实工作10余次，召开2016年党风廉政建设大会，开展对二级单位落实“三重一大”及廉政风险防控工作专项检查，完善二级纪委设置。

〔**教育部党组巡视工作**〕　10月16日至11月22日，教育部党组第五巡视组进驻学校开展为期5周的巡视工作。巡视期间，巡视组通过多种方式重点巡视监督学校领导班子及成员，尤其是主要负责人在党的领导弱化、党的建设缺失和全面从严治党不力等方面的问题。学校各层面站在讲政治、讲大局、讲党性、讲纪律的高度对待巡视工作，积极支持、密切配合巡视组开展工作，完成巡视组交办的各项任务。

〔**落实中央关于改进工作作风、密切联系群众的八项规定精神**〕　贯彻落实教育部党组关于《高等学校深化落实中央八项规定精神的若干规定》的精神，重点清理整顿领导干部办公用房、公务接待、公务用车以及个人事项报告和兼职取酬等问题。严格执行《公务接待及工作用餐管理实施细则》，深入开展“小金库”专项治理自查自纠和重点抽查工作，“三公”经费支出大幅下降。接受教育部审计组的校长任期经济责任审计（2011—2016年）。

〔**思想政治教育**〕　学校与市委宣传部共建马克思主义学院。举办主题为“甘守三尺讲台，争做四有老师”的教师节庆祝大会；每月开展一次教职工政治理论学习活动；加强学生思想政治教育，组织“五四”青年节升国旗仪式；开展大学生思想动态调研，完成调研报告24篇；推进“千百硕博进基层”工程，开展“百所山村小学计划”；新增辅导员工作室3个，开设辅导员工作坊12期。学校教师获2016年全国高校辅导员职业技能竞赛二等奖、第八届全国高校辅导员年度人物提名奖各1项。1名青年教师作为团中央推荐的代表参加全国知识分子、劳动模范、青年代表座谈会。

〔**依法治校**〕　发布《西南大学“十三五”事业发展规划》，配套制定11个专项规划和各二级教学科研单位规划。制定或修订人才培养、人才人事、科研管理、财务国资、基本建设、采购招标、实验室管理等方面的规章制度40余项。

〔**学校领导调整**〕　3月21日起，学校副校长陈时见任中共普洱市委委员、常委（挂职两年）；4月26日起，任普洱市人民政府副市长。3月29日起，陶举虎任学校党委副书记；7月13日离任学校党委副书记。7月13日起，李华任学校党委副书记、纪委书记。

〔**干部选拔与监督**〕　完成二级党组织和中层领导班子换届工作，对干部选拔任用从动议环节到发文任命进行全程纪实。完成全部处级干部人事档案审核认定，清理规范领导干部企业兼职138人。

〔**统战群团工作**〕　召开第二次统战工作会，制定《关于加强新形势下统一战线工作的实施意见》等文件。召开党外人士双月协商座谈会和暑期学习谈心会5次、民主党派主副委联席会议4次。《新时期高校中青年党外知识分子政治引导困境及对策研究》获全国统战理论政策创新成果二等奖。

〔**招生与就业**〕　2016年，招收本科学生9 853人、硕士研究生3 484人、博士研究生350人；毕业本科生9 483人、硕士研究生3 180人、博士研究生266人。全年本科毕业生年终就业率达94.1%，毕业研究生年终就业率达91.8%。

〔**教育合作与交流**〕　与国（境）外高校和机构签订（含续签）校际协议36份。学生赴国（境）外学习交流628人，较2015年增长93%。学校西塔学院正式挂牌，首批招生265人。获批与新西兰奥克兰大学合作举办计算机科学与技术专业中外合作办学项目，63名学生参加中外联合培养项目。招收各类留学生1 530人，学历生人数较2015年增长18%。聘请外国专家400余人，三田和英获“中国政府友谊奖”。获批国家外国专家局高端外国专家项目3项，新增野外实习课程建设聘请外教特色项目1项。新建哈萨克斯坦阿布莱汗国际关系与外国语大学孔子学院。与俄罗斯雅罗斯拉夫尔国立师范大学合作创办中国语言文化教育中心。全年共派出汉语教师14人、志愿者21人、海外教学实习生39人。

〔**校园文化建设**〕　推行校园新媒体登记备案制，建立校园网络文化“室—站—坊”平台体系。获全国高校“网络文明进校园”主题教育活动二等奖、教育部微博排行榜20强、腾讯教育全国高校公众号10强。

〔**举行学校组建10周年暨办学110周年校庆**〕　4月18日，学校举行组建10周年暨办学110周年系列庆祝活动，主题为“使命、责任、自信、传承”。2万余名海内外校友以及教育部、中国工程院、重庆市和市级部门等40余位领导参加庆祝大会。校庆期间，组织举办“百年教师教育”和“百年农业科教”论坛等30余项大型学术、文化和纪念活动；建立海内外校友组织；与山东、四川、重庆等省市及地方政府签订合作协议或落实了合作事项。

〔**社会服务**〕　全年签订校地合作项目260项。启动实施“服务重庆创新驱动发展”“服务川渝合作发展”行动计划。推进“石柱模式”，服务现代农业发展“重庆行动”案例入选中国高校产学研合作科技创新十大优秀案例。签订技术转让、技术开发、科技咨询、技术服务、科技合作合同244份，合同金额达3 500余万元。西南民族教育与心理研究中心入选中国智库索引；《关于加强对习近平治国理政新理念新思想新战略研究的建议》被中央办公厅《观点摘编》采用，并获中央领导肯定性批示。派出科技特派员到重庆18个区、县开展精准扶贫工作，与全市154个贫困村签订帮扶协议。

〔**公共服务体系**〕　实施在建工程项目9个，施工建筑面积16.8万平方米，完成投资1.64亿元。竣工维修改造工程130余项，完成投资0.92亿元。实施校园公共区域高清监控系统建设和校园道路交通智能化管理系统建设。优化实验室和大型仪器设备管理。完成智慧校园（一期）建设。货物类、工程类和服务类实际采购5.5亿元。基金会全年筹措资金6 000余万元。

撰稿　韦　俊

审稿　张卫国　秦　松

四 川 大 学

〔**李克强到学校考察**〕　4月25日，国务院总理李克强到校重点考察了高分子材料工程国家重点实验室和招生就业指导中心，详细了解学校科技创新、产学研合作、创新创业教育和毕业生就业情况。他寄语学校：要为全国“双创”带头，多出世界一流学科，担起保就业、惠民生的重任。

〔**制定出台学校改革和发展“十三五”规划**〕　制定《四川大学改革和发展“十三五”规划》，确立“创新引领、使命自觉、内涵发展、开放办学”的四大原则，提出发展和完善学校治理体系、不断深化具有国际竞争力的人才培养机制改革、建设现代一流大学科学高效的人事制度等七大建设发展任务，以及加强和改进党的建设、强化财经保障、强化后勤服务保障等五方面条件保障，为学校改革发展指明了方向。

〔**学科建设**〕　截至2016年年底，学校有34个学科型学院。有博士学位授权一级学科45个、博士学位授权点354个，硕士学位授权点438个、专业学位授权点32个，国家重点学科46个、国家重点培育学科4个，博士后流动站37个。

〔**推进一流学科一流专业建设**〕　2016年是学

校“一流学科一流专业建设年”。学校实施学科人才和高端创新团队引育计划，聘请7位国际知名专家担任人才发展战略委员会高级顾问。在10个二级单位推进高层次人才“双聘制”“双算制”。实施高水平学科平台建设计划，建立“工业互联网+”研究院等9个前沿学科大平台。实施基础学科强化计划，建立物理学科中英联合实验室。在5个学科开展基础学科与相关优势学科联合招收培养研究生试点，制定《一流专业建设指导意见》和《本科专业评估实施办法》。新增航空航天工程等4个专业，筹建波兰语专业，新建康复医学等3个全英文授课专业。实施《交叉专业试验班实施办法（试行）》，建立华西生物国重创新班，培养交叉复合型生物医药人才，首批招收49名学生。截至2016年年底，学校进入ESI排名世界前1%的学科达14个，并列全国高校第十位，其中化学学科进入世界前1‰，材料学科等5个学科进入世界前5‰。13个专业通过教育部工程教育专业认证，2个专业通过行业和国际认证。

〔**本科教育**〕 深入推进“全过程考核、非标准答案考试”学生评价改革，开展非标准答案考试课程930门，率先出版非标准答案考试试题系列丛书，全过程考核课程比例达75.6%。学生学术型社团总数达620个。举办第五届“实践及国际课程周”，邀请美国哈佛大学、英国牛津大学等世界一流大学的169名外籍专家开设全英文课程220门以及500余名外国学生到校进行专题交流，受益学生达1.7万人次。学生获国内外各类学科竞赛奖项1 000余项。新增慕课课程7门，慕课课程总数达17门，选课总人数63万余人，获爱课程网评选的中国大学慕课优秀组织奖、杰出贡献奖和新锐奖。本科生共发表论文600篇，其中SCI、EI、CSSCI论文252篇，最高影响因子达9.346，核心期刊论文93篇。获授权专利共55项。获国际大奖42项，获全国特等奖32项、一等奖44项。

〔**研究生教育**〕 完善《博士研究生申请—考核制招生实施办法》，在生物治疗国家重点实验室等18家单位推进博士招生“申请—考核”制。优化研究生学位类型结构，专业学位硕士研究生招生规模达53%。开展优质生源工程，入选本硕博优秀学生贯通培养方案实施计划学生达104名，接受校外高水平大学推免生866名，较2015年增长26%。完善研究生课程体系，制定《研究生示范课程建设实施办法》等系列文件，评选2批研究生课程建设项目。通过委托第三方盲审，对794名申请答辩的博士生学位论文进行抽检，并将抽检结果作为答辩及授位的重要依据。通过“博士生国际学术交流基金”资助，168名学生参加各类高水平国际学术会议。

〔**全面深化创新创业教育改革**〕 学校获批成为国家首批“双创”示范基地之一、全国首批深化创新创业教育改革示范高校。制定出台《科技成果转化行动计划》22条，全面推进国家“双创”示范基地“双创”教育实践平台、大学生创新创意实现平台——智造梦工场等五大重点平台建设。与成都市郫县、中国电信集团公司建立校地企协同建设“双创”示范基地的新机制。学校“双创”示范基地建设工作通过国家“双创”示范基地第三方评估组中期评估。打造培育学生创新创业能力的“i创街”，入驻学生创业团队80余个。学生获第二届全国“互联网+”创新创业大赛总决赛金奖2项、银奖2项，获2016年“创青春”全国大学生创业大赛金奖3项。

〔**师资队伍建设**〕 2016年，学校有专任教师5 324人，具有正高级职称的1 767人。有中国科学院和中国工程院院士14人，“杰出教授”6人，“长江学者奖励计划”入选者59人（含特聘教授41人、讲座教授14人），国家杰出青年科学基金获得者45人、“973”计划首席科学家9人，国家社科基金重大招标（委托）项目获得者30人，国家教学名师奖获得者12人。新增“长江学者”讲座教授2人、国家杰出青年科学基金获得者4人、国家优秀青年科学基金获得者6人。引进海外名校博士31人、全职外籍教师和高端外籍教师11人。制定实施《四川大学海纳人才计划实施办法》和配套的绩效工资改革。出台《四川大学关于加强专职科研队伍暨专职博士后建设的实施办法》，以专职博士后的灵活机制和管理运行模式建设高水平的专职科研队伍。

〔**科学研究**〕 2016 年，学校有 13 个国家重点实验室、国家工程实验室、国家工程技术研究中心及国家地方联合工程实验室等国家级研究基地，4 个国家级国际科技合作基地，11 个教育部重点实验室和 6 个教育部工程研究中心，3 个卫生部重点实验室；有 9 个国家人才培养和科学研究及工科基础课程教学基地，8 个国家级实验教学示范中心，19 个国家级工程实践教育中心，3 个国家级虚拟仿真实验教学中心，1 个国家级教师教学发展示范中心，1 个国家大学生文化素质教育基地，9 个国家级大学生校外实践教育基地，4 个教育部人文社会科学重点研究基地，3 个国家药物临床实验机构。全年到账科研总经费 18.6 亿元。牵头承担首批国家重点研发计划 13 个项目，获 2.8 亿元专项经费支持。获国家科技三大奖 2 项。SCI 收录论文 3 962 篇，列全国高校第六位。获国家社科基金项目（含西部项目）立项 45 项，立项数并列全国第一位。组建专业化新型特色智库机构中国南亚研究中心，新增国家绿色化学与技术学科引智基地 1 项。生物治疗及口腔疾病研究 2 个国家重点实验室接受了国家评估。

〔**王琪团队获中国专利金奖**〕 10 月 19 日，国家知识产权局正式公布了第十八届中国专利奖评审结果，学校 2 个项目分别入选金奖和优秀专利奖。其中，高分子材料工程国家重点实验室王琪教授团队的“分子复合三聚氰胺氰尿酸盐阻燃剂及其制备方法和用途”项目获金奖。

〔**党建工作**〕 召开学习贯彻党的十八届六中全会精神座谈会，成立了十八届六中全会精神宣讲团，开展宣讲报告 42 场；学校党委及 43 个基层党委（总支）、直属党支部全部制定了学习教育实施方案，940 个党支部实现了“一支部一计划”，校院两级中心组开展集中学习讨论 250 余次，各党支部达 4 500 余次。开展全校“两学一做”学习教育动员部署暨党课教育报告会 4 场，各基层党组织开展党课 2 000 余场。组建了“两学一做”学习教育宣讲团，开展宣讲会 80 余场。制定《进一步落实贯彻执行中央“八项规定”精神责任、严肃责任追究的意见》《中央“八项规定”精神回头看、财经纪律大检查发现问题的整改及问责的工作方案》等制度文件 9 个，进一步健全作风建设长效机制。

〔**王建国任学校党委书记**〕 10 月 31 日，学校召开教师干部大会，宣布中央关于四川大学党委书记职务任免的决定。受中央组织部领导的委托，中央组织部干部三局副局长刘后盛宣读了中共中央关于王建国同志担任学校党委书记的决定。

〔**招生与就业**〕 2016 年，学校文、理科平均录取分超过当地重点线 100 分以上的省（自治区、直辖市）分别有 4 个和 21 个；录取本科生 9 125 人，其中共招收农村户籍学生 2 902 人、少数民族学生 965 人。截至 2016 年年底，毕业生总人数 15 299 人，毕业生就业率达 95.7%，其中自主创业 388 人、到西部就业 6 303 人，占工作毕业生总数的 60.29%。

〔**社会服务**〕 学校与四川省宜宾市、成都市高新区、凉山彝族自治州共建校地合作专项基金规模达 2.5 亿元。与成都市共建新型产业技术研究院，与青岛市共建川大青岛研究院。成立华西护理学院。华西医院连续三年名列“中国医院科技影响力排行榜”第一位，连续七年名列“中国最佳医院排行榜”第二位。全力推进精准扶贫，开展对口帮扶凉山州甘洛县工作，通过支教、捐赠等方式打造了有实效、可推广的扶贫典型；在凉山州岳池县开展义诊、培训等 13 项扶贫工作，定点帮扶的安家坝村实现脱贫。

〔**教育交流与合作**〕 学校与德国克劳斯塔尔工业大学共建中德清洁能源创新平台，中德国际学院（克大校区）正式揭牌。与美国哈佛大学费正清中国研究中心共建西部中国研究中心，与波兰华沙大学共建波兰与中东欧问题研究中心，与布鲁塞尔自由大学共建孔子学院和国际科技成果与知识转化中心。牵头组建亚洲牙科中心。接待尼泊尔总理奥利等9位国外高级政要到访，举办3期尼泊尔高级政务研修班。出台《“一带一路”来华留学生奖学金项目实施方案》。

〔**举办120周年校庆系列活动**〕 学校以推进“双创”工作和世界一流大学建设为主题，举办120周年校庆系列活动。9月26日，与四川省、成都市共同签署《系统推进全面创新改革共建世界一流大学战略合作协议》。9月29日，举行省、市、校共建世界一流大学启动暨建校120周年庆祝大会。成立四川大学发展战略国际咨询理事会并举行第一次会议，成立“全球川大校友创业家联谊会”，发起和倡导全球校友、社会企业共同设立“50亿+”的系列“双创”基金。举办国际行政科学学会联合大会等系列高端国际学术论坛400余场。《自然》杂志正刊刊发了校庆纪念专版，在全球产生了重大影响。举办包括120名知名专家、科学带头人、技术骨干在内的由1 000名医护人员组成的华西义诊专家团，面向社会开展义诊活动。

〔**2位教授捐亿元助学校发展**〕 12月20日，四川川大智胜软件股份有限公司董事长、计算机学院教授游志胜和四川川大智胜软件股份有限公司董事、计算机学院教授杨红雨共向学校捐赠1亿元，用于支持学校建设。

撰稿　胡林岚　汤　彦
审稿　罗中枢

西南财经大学

〔**学科建设**〕 2016年，学校编制《西南财经大学“十三五”发展规划（2016—2020年）》，制定《西南财经大学推进世界一流大学和一流学科建设实施意见》，发挥学科建设在学校事业发展中的战略引领作用，通过建设世界一流学科，实现建设世界一流大学的目标。组织开展国家一流学科建设前期论证工作，组织一流大学（学科）和特色发展项目申报立项建设。制定学位授权点动态调整办法，进一步凝练学科方向，整合学科资源，促进学科协同发展。组织参加教育部第四轮一级学科评估，组织会计硕士等4个专业学位开展教育部专业学位水平评估。增列数学硕士学位授权一级学科。

〔**人才培养**〕 2016年，学校持续深化人才培养改革，坚持把思想政治教育放在首位，思想政治类课程、马克思主义理论研究和建设工程教材全覆盖。加强专业内涵建设，全面推进专业自我评估。完善课程与知识、能力、素质相互关系的矩阵图，优化本科课程体系。推进小班化研讨式教学、过程性课业评价和非标准化考试“三位一体”的课程教学范式改革。设立数学荣誉课程和荣誉学士学位。创新川渝地区通识教育联盟运行机制。成立教学委员会和本科生课程咨询委员会。改革推免生接收办法和博士生招生办法，扩大本硕博贯通培养试点覆盖面。深化博士生课程体系改革和教学范式改革，推进博士生基本学制改革，启动首批博士生创新论坛项目。从严做实研究生中期考核，完善研究生学位论文抽检制度。完善学生创新创业学分管理办法，推进学分积累和转换制度改革。2016年，获批教育部“教育教学改革专项”建设经费1 000万元。11门课程入选国家级、省级课程，新增信用管理专业和金融学CFA国际化实验班。获批全国高校实践育人创新创业基地和四川省首批深化创新创业教育改革示范校。本科毕业生考研、出国率突破40%，硕士推免生占比首次突破20%。

〔**思想政治工作**〕 实施学生思想政治教育质量提升工程、少数民族学生成长计划。修订学生工作考核办法，完善考评机制。完善学生职业发展分类指导及就业服务体系。实施身心素质提升工程，加强学生心理健康教育。大力发展、科学指导和规范管理学生社团。加强发展型“奖助学”体系建设。2016年，“高校形势与政策课创新建设研究”获教育部社科司重点支持项目，1名教师获评“全国高校思想政治理论课年度影响力人物”，3名教师获四川省高校“精彩一课”一等奖。

〔**师资队伍建设**〕 2016年，学校进一步健全人才引进、培养、管理体制机制。强化人才引进的学科导向，加大海内外高水平人才引进力度，拟订“光华英才工程”“西财百人计划”等重大人才工程实施方案。全年引进专任教师77人，其中海外博士40人、国内博士37人。新增“长江学者”3人、国家优秀青年科学基金获得者1人，其中“长江学者”入选人数连续两年稳居全国财经类高校第一位；48名年薪制教师进入长期教职。

〔**科学研究**〕 统筹谋划国家重大（重点）项目的组织管理，提高申报立项率和结项优秀率。完善科研项目费用管理，有效解决存量科研经费使用问题。修订学术委员会章程和议事规则，成立西南财经大学社会科学联合会。2016年，学校获中央基本科研经费资助项目783项、国家基金立项61项，连续4年获国家社科基金重大项目；获国家自然科学基金优秀青年基金项目和重点国际（地区）合作项目资助各1项；发表SCI、SSCI论文272篇，总数位列全国财经类高校第一位；获高校科学研究优秀成果自然科学奖一等奖，是全国财经类高校首次以第一单位获奖；举办第三届“刘诗白经济学奖”颁奖典礼暨经济学创新发展高层论坛、世界计量经济学会中国年会等重要学术会议。

〔**党建工作**〕 学校始终把思想建设放在首位，紧密围绕学校改革发展的中心工作，教育引导党员尊崇党章、遵守党规，以系列讲话精神武装头脑、指导实践、推动工作。以学校领导带头讲党课开局，认真组织“四讲四有”及“讲政治、守规矩”专题学习研讨，召开专题组织生活会，开展民主评议党员，广泛开展“三创三带头”活动。深入开展“两学一做”学习教育，组织开展“两学一做”学习教育知识竞赛、征文及演讲比赛，召开先进事迹报告会、经验交流会，引导党员干部师生以知促行、知行合一。制定实施《关于加强和规范党内政治生活严格党内监督的实施意见》及《贯彻落实意识形态工作责任制实施意见》。召开统战工作会议。落实“三会一课”、主题党日活动、警示教育等制度，加强党员教育管理。制定学校基层党组织党建工作考核办法，建立各基层党组织定期研究党风廉政建设工作机制。2个支部分别获省先进基层党组织、省教育系统先进基层党组织称号。举行庆祝中国共产党成立95周年、纪念红军长征胜利80周年等系列主题教育活动。

〔**巡视整改工作**〕 教育部巡视组巡视反馈后，学校召开党委常委会对反馈问题进行专题研究，成立巡视整改工作领导小组及专项组，高标准制定整改方案，细化整改措施，强化责任机制，加强对巡视整改工作的组织领导。经过全校共同努力，如期完成集中整改期内110条整改任务，深入推进深化整改阶段22条中长期整改任务。

〔**召开第十二届党代会第五次会议**〕 12月27日，学校召开第十二届党代会第五次会议。大会深入贯彻党的十八大和十八届三中、四中、五中、六中全会精神，深入贯彻习近平总书记系列重要讲话精神和治国理政新理念新思想新战略，认真学习贯彻全国高校思想政治工作会议精神，总结2016年学校党委工作，审议通过了《中共西南财经大学委员会关于加强和规范党内政治生活严格党内监督的实施意见》和《西南财经大学推进世界一流大学和一流学科建设实施意见》，对深入推进全面从严治党、谋划做好今后一个时期的重点工作进行部署，动员全校各级党组织和广大党员、干部，更加紧密地团结在以习近平同志为核心的党中央周围，始终保持坚强政治定力和专注发展定力，进一步振奋精神、坚定信心、扎实工作，奋力推进特色鲜明的高水平研究型财经大学建设。

〔**社会服务**〕　2016年，学校服务社会能力显著增强，与四川省政府、成都市政府等签署合作协议11份，推进四川金融研究院、天府金融中心与环西南财大财经智谷项目论证筹备工作，加强学校智库等科研机构建设。发挥学科专业和人才优势，全力做好四川省凉山彝族自治州美姑县、阿坝藏族羌族自治州金川县精准扶贫工作和对口帮扶云南省福贡县、四川省珙县工作。组织开展经济管理干部及“一村一幼”教师培训、农村电子商务建设、产业规划和乡村旅游规划、对口帮扶贫困户、捐资助学及文化宣传进村寨等项目。10余项咨政报告获省部级以上领导批示，其中1项报告获国务院总理李克强批示。学校获批建设全国中国特色社会主义政治经济学研究中心。

〔**教育交流与合作**〕　2016年，学校加强与海内外知名高校和研究机构的实质性合作，获批西南财经大学—法国南特高等商学院市场营销专业本科项目、西南财经大学—英国伦敦大学伯贝克学院国际商务专业本科项目。加大“一带一路”商学院联盟建设力度，实现联盟内部交流项目、教育资源的互惠共享。设立学生出国（境）留学奖学金200万元/年。打造留学生“国际文化节”“社区共建”等品牌项目，“发现西财大”（Discover SWUFE）升级暑期学校，规模再创新高。2016年，攻读学位留学生增长41.2%。招收首届港澳台地区本科学生。德语、西班牙语网页及英文宣传片正式上线。举办与德国柏林经济政法大学合作30周年纪念活动。

〔**学生获奖情况**〕　学生获2016年德勤税务精英挑战赛全国总冠军、第六届IMA校园管理会计案例大赛全国总冠军；获美国数学建模竞赛特等奖和4个全国大学生数学建模竞赛一等奖；获第四届海峡两岸大学生国际经贸与商务专题竞赛大陆地区选拔赛一等奖3项；获全国大学生创业综合模拟大赛二等奖；获第二十一届中国大学生网球锦标赛男子甲组团体亚军等。

〔**和谐校园建设**〕　开展“SWUFE法务管家”“法制进校园”“万人晨读学宪法”等活动，制定实施学校《无形资产管理办法》《合同管理办法》等规章制度，学校获评四川省依法治校示范高校。举行荣休及从教30周年纪念仪式。关心慰问离退休老同志，落实国家、省市相关政策待遇。成立青年教职工委员会，帮助解决教职工子女入学、单身教职工婚恋等实际问题，加强对特殊困难教职工的关爱帮扶。完善安全稳定工作常态机制和长效机制，完成教育部对学校安全生产大检查的专项督查工作。

〔**支撑保障体系建设**〕　加快改善基本办学条件，学校收入较2015年增加13 837.02万元，其中财政专项拨款增加4 105万元。获校友捐赠2 377.95万元。加强预算管理，开展财经纪律大检查，继续推进“放管服”改革，提升财务管理服务效能。开展内控自评自建，加强内控体系建设。开展资产清查、校属企业规范清理。启动学校光华校区地下停车场、柳林校区协同创新中心项目前期调研论证工作。成立天津校友会，举办长三角校友年会暨上海校友会10周年纪念活动。推进图书馆金融特色库建设，编写校史文化读本。加强网络安全与信息化工作，完善网络安全和信息化工作三级管理架构。

撰稿　陈奇志　金元平
审稿　任迎伟

西南交通大学

〔**学科建设**〕 2016年，学校确定了一流学科建设目标和学科梯队布局，实施交通运输工程等“双一流”引导建设项目，重点实施土木工程等6个学科的“登峰行动计划”。获批系统可信性自动验证国家地方联合工程实验室，实现理科板块国家级科研平台零的突破。新增物理学一级学科博士点，实现了理学门类一级学科博士点零的突破。发布《关于进一步促进文科繁荣发展的意见》和《西南交通大学文科繁荣计划（2016—2020）》。召开“文科繁荣计划”推进大会。首次获国家马克思主义理论研究与建设工程重大项目和欧盟“让·莫内讲座教授”项目。新增临床医学、心理学一级学科硕士点。

〔**教育教学工作**〕 持续推进“五课堂”融合人才培养模式、“翻转课堂”教学模式改革，全面推广慕课学分制。新增“翻转课堂”13项、慕课课程4门、来华留学英语授课品牌课程1门、首批国家级精品资源共享课24门。制定拔尖创新班和跨学科班培养方案，建设完成5个跨学科专业、19门跨学科课程。新增城市地下空间工程等4个专业，申报城市轨道交通运营管理等5个新专业。学生团队共获国家级各类学科竞赛一等奖31项、二等奖64项。

〔**创新创业教育**〕 首期“菁蓉班”开班，启动创新创业种子选手培育工作。组织开展“创青春”全国大学生创业理论与实践学术研讨会，承办“创青春”全国大学生创业大赛、第一届“交通·未来”大学生创意作品大赛等多项赛事。学校入选首批全国高校创新创业教育50强、教育部首批全国深化创新创业教育示范高校。

〔**学位与研究生教育综合改革**〕 升级打造研究生学术素养提升基地——建侯课堂，举办首届建侯暑期学校，首次获国家级研究生赛事承办权。获学位与研究生教育学会研究生教育成果奖二等奖。第五届、第六届拔尖创新班学员共发表SCI、EI等论文逾200篇，参与国家级、省部级科研项目120项，发明专利授权25项。

〔**招生体制改革**〕 实施生源保障分省负责制，首次实现本科全部一批次招生，本科理科、文科录取平均分分别超省控线79.7分、41.3分。直博生和硕博连读生达55.4%，在职博士研究生比例下降为6%。全日制硕士研究生中优质生源率达60.6%，连续三年超过60%。

〔**师资队伍建设**〕 召开2016年学校人才工作会议，拟推出院士培养计划——“鲲鹏计划”，国家杰出青年、“长江学者”等高层次人才培养计划——“扬华计划”，国家“四青”人才培养计划——“雏鹰计划”，学校青年人才培养计划——“青苗计划”，构建人才队伍“金字塔”。全年新增双聘院士3人、双聘学部委员1人、国家马克思主义理论研究与建设工程首席专家1人、“长江学者”2人、中青年科技创新领军人才3人，常规引进人才22人，27人获聘“雏鹰学者”，21人获聘首批“闪亮之星”。

〔**科学研究**〕 年度科研总经费到账首次突破5亿元，同比增长36.9%。获国家自然科学基金立项152项，同比增长14.3%。参与国家重点研发计划9个专项的20个项目，其中主持项目1项、主持课题7项；首次获国家重大科研仪器研制项目1项，总经费1.4亿元。申请专利709项，同比增长24%；获授权532项，同比增长46%。获批现代轨道交通车辆设计与安全评估技术国家国际科技合作基地，学校国家级平台达9个。主持的科研成果获国家技术发明奖二等奖1项、国家科技进步奖二等奖1项，参与的科研项目获国家科技进步奖二等奖1项，获奖总数位居全国高校第15位。

〔**智库建设**〕　学校主动对接国家战略，成立“一带一路”开发研究院、历史文化研究院，与北京中细软网络科技有限公司共建中国高铁知识产权研究院等。国际老龄科学研究院、PPP研究院、新媒体研究中心及中国—东盟协同创新中心4个新型智库入选四川省委重点智库名录。发布《中国大众创业指数（MEI-2016）》《大学国际化水平排名(URI-2016)》《2016中国大中城市退休生活质量指数报告》。

〔**轨道交通国家实验室（筹）建设**〕　坚持把轨道交通国家实验室申建作为学校阶段性的头等大事和一号工程，完善《轨道交通国家实验室建设方案》，不断优化国家实验室顶层设计，不断加强国家实验室申建工作的领导和工作力度，明确将九里校区定位为国家实验室园区。启动了轨道交通智库建设、国家实验室实体化建设、运转体制机制建设等工作。

〔**推进数字化战略**〕　通过了教育部和四川省教育信息化试点双评估。与英国牛津大学—聂金融大数据实验室签署战略合作协议，与华为技术有限公司合作共建5G实验外场。搭建网上办事服务平台，实现全校管理工作一体化平台、一网式办公、一站式服务，开通“交大云”服务。完成三个校区网络资源共享、网络账号统一认证、一卡通一体化。

〔**开展“两学一做”学习教育**〕　制定学校“两学一做”学习教育总体方案和督导、宣传及表彰方案，开展多种形式的学习教育，学校11个党支部入选教育部全国高校“两学一做”支部风采展示活动。

〔**党风廉政建设**〕　强化对党风廉政建设和反腐败工作的领导，深入推进惩治和预防腐败体系建设，坚持把党风廉政建设与反腐倡廉工作纳入全局工作统筹考虑、整体推进，与其他工作一同部署、一同落实、一同考核，成立18个二级纪律检查委员会。

〔**基层党组织建设**〕　发挥基层党组织的政治核心作用和战斗堡垒作用，完善基层党组织工作评价体系，首次以党委常委会形式开展2016年度二级党组织书记抓基层党建述职评议。完成13个二级党组织换届工作，开展744个党支部三分类三升级。

〔**民主政治建设**〕　召开第二十届工会会员暨第七届教职工代表大会第二次会议，学校土木学院工会获“全国模范职工小家”称号，学校工会被评为全省“职工之家”建设模范单位，学校教授高仕斌获“中国标准动车组创新标兵”火车头奖章。

〔**干部队伍建设**〕　不断完善选人用人机制，加强干部队伍建设、培训、监督和管理。出台中层后备干部队伍建设、二级单位助理管理、外派挂职干部管理等规范性制度，开设三期中层干部培训班。加强干部管理监督，对个人有关事项报告、干部档案做到“凡提必核”“凡提必审”。深入开展“神秘访客”，防止“四风”反弹。

〔**统战工作**〕　制定《关于进一步加强统一战线工作的实施意见》，出台《党外代表人士队伍建设规划（2016—2020年）》《社会主义学院工作管理办法》《关于党外代表人士校内挂职工作管理办法》，率先在省内高校成立社会主义学院。中共中央统战部部长孙春兰亲临学校视察，对学校统战工作给予高度评价。

〔**校园文化建设**〕　举办2016国际大学生文化艺术节、纪念红军长征胜利80周年等200多项精品校园文化活动。校园文化成果《阳光坚韧创造感恩——西南交通大学近20载大学生心理文化建设的探索与实践》获全国第九届高校校园文化建设优秀成果特等奖；微电影《盛开的夏天》获全国大学生微电影比赛一等奖；《竢实年华 3》获全国大学生网络思想政治教育作品二等奖；《2016 版校歌 MV》获评中国教育电视台《最美校歌》栏目最佳制作奖；“山海原”经典网获全国高校优秀网站。

〔**宣传工作**〕 印发《中共西南交通大学委员会关于改革和加强新闻宣传工作的意见》，围绕学校重点工作，发挥全媒体优势，开设专版专栏。3 次亮相中央电视台《新闻联播》、《人民日报》等国家级媒体，推出报道 59 篇。学校新媒体连续三年被评为全国教育系统新媒体宣传综合力十强、中国大学最具影响力新媒体十强。学校官方微博获“2015—2016 年度教育部中国大学生在线”微博十佳团队，官方微信被评为全国高校优秀网络栏目。

〔**精准扶贫和对口支援工作**〕 做好马尔康市、峨边县精准扶贫工作。2016 年，学校“一对一”结对帮扶马尔康市哈飘村 12 户贫困户如期脱贫。做好对口援助西藏大学工作，协助西藏大学开展“十三五”规划工科发展调研，商谈成立西南交通大学教师发展中心西藏大学分中心，协助西藏大学筹建马克思主义学院。

〔**产学研合作**〕 与四川省、成都市、中国中车股份有限公司签署战略合作协议，推进全面创新改革，共建世界一流大学。与成都市、金牛区共建“环交大智慧城”。成都轨道交通产业技术研究院、青岛轨道交通产业研究院、新材料产业技术研究中心相继成立。

〔**教育交流与合作**〕 出台《西南交通大学国际化实施方案》，大力推行“国际学科伙伴计划”，举办中外大学校长论坛，成立中俄冻土研究中心，与印度铁道部签署高速铁路人才联合培养合作备忘录，加入国际铁路联盟（UIC）；与意大利米兰理工大学等 6 所高校新签署合作备忘录及续签 5 份合作备忘录，与米兰理工大学合作共建世界遗产国际联合研究中心，在意大利成立第一个海外引才工作站。各类出国（境）交流和访学学生 1 127 人次，各类在校留学生达 858 人。教师出国研修 123 人，资助青年教师参加国际学术交流 33 人次。开办援外培训项目 12 期，学校期刊《生物表面与生物摩擦学》（*Biosurface and Biotribology*）入选中国科技期刊国际影响力提升计划。

〔**内部管理改革**〕 推进校院两级管理体制改革，实质推进“校办院”向“院办校”转变，学校发展变“火车模式”为“动车模式”。大力推进学校峨眉校区转型升级，逐渐推进与地方政府协力打造高端国际教育园。全面推进依法治校，成立依法治校（法律事务）办公室实体机构。推进人事制度改革，出台系列配套办法，合理确定教师入口、晋升、考核的标准。推进职务科技成果混合所有制改革，激发科技工作者的积极性，推进研究院（中心）管理模式改革，加强对各研究院（中心）的管理和扶持，做好先行先试。

〔**筹资工作**〕 推出捐赠、基金、冠名、项目合作等多途径筹资方式，全年签约捐赠金额达 12 122.9 万元，校庆实物捐赠价值近 5 000 万元（不包括校庆礼品），获中央财政专项资金 3 400 万元，捐赠人数近 1 万人次。

〔**民生保障工作**〕 通过分层次、有重点的校园环境整治，“净、畅、宁”校园交通环境基本形成。推动学校九里校区南北园家属区物业化管理，完成学校峨眉校区教师公寓改造。落实离退休教职工的政治待遇和生活待遇。调整教职工基本工资标准，稳步推进附属中学、附属小学、幼儿园管理体制改革。全年慰问教职工近 14 000 人次。实现空调全面进学生公寓。

〔**校友工作**〕 2016 年，新成立厦门、温哥华、西藏、河北、同心 5 个校友会。截至 2016 年年底，已成立 57 个海内外校友会。

撰稿　高江波　贾冬敏

审稿　王　斌

电子科技大学

〔**学科建设**〕 2016年，学校制定并实施了ESI学科提升计划、基础研究星火计划、CNS（*Cell Nature Science*）论文培育计划、理科实力提升计划和哲学社会科学学科交叉发展行动计划。生命医学领域学科拓展取得新进展，学校与成都市第四人民医院共建脑科学研究院，四川省肿瘤医院加入学校医学院作为附属医院。学校成为首批网络空间安全一级学科博士学位授权点高校，完成了16个一级学科参评全国第四轮一级学科评估的材料申报。工程学率先进入ESI前1‰，学校跻身软科世界大学学术排行榜前400名。四川省、成都市分别与学校签订战略合作协议，共建世界一流大学。国防科技工业局与教育部继续共建电子科技大学。

〔**人才培养**〕 学校着力构建全面发展与个性发展相融合的精英人才培养体系。

一是打造具有学校特色的通识教育体系，以学生“听、说、读、写”的“新四会”能力培养为重点，更加关注学生人文素养的积淀以及思辨能力、语言表达能力的训练。二是构建精英人才培养的研究型教学体系，实施卓越教学计划，开设新生研讨课、学科前沿课、探究式小班教学课程、慕课课程、挑战性实验课程等360余门；60余位“国字号”杰出人才参与研究型课程教学。三是全面推进本科精英人才培养模式改革，实施“互联网+”复合型精英人才培养计划、拔尖创新人才特殊培养计划，1 000余位本科生参与了“暑期学校—国际学堂”。四是持续加强教学队伍和实验教学平台建设，完成第三批本科教学关键岗位的设置和选聘工作。五是深入推进研究生教育综合改革，开展首届“研究生人文教育与学术交流月”活动，试行研究生任课教师免检制度和教师退出机制，全面推进专业学位研究生实验实践基地建设，实现了实验实践平台对专业学位培养单位的全覆盖；全面实施博士招生“申请—审核”制，博士生在国际顶级学术刊物上发表论文的数量大幅增长。六是加强创新创业教育，学校入选全国首批深化创新创业教育改革示范高校和首批“全国高校创新创业50强”。在2016年“创青春”全国大学生创业大赛中，学生以团体总分第一的成绩捧得大赛“冠军杯”；学生在第二届“互联网+”大学生创新创业大赛中获2项金奖。

〔**师资队伍建设**〕 学校新增各类杰出人才53人，杰出人才总量突破200人，占专任教师的比例达9%。

在新进教师中实施“3+3”预聘—长聘制，开展多类型、系统化的青年教师培训工作，搭建教师教学与学术交流平台；制订并实施系列教师内培和支持计划，包括高层次人才培育计划、团队学术跃升计划、教师海外高端学术培育计划、骨干教学队伍海外培训计划、海外高水平学术会议支持计划、哲学社会科学青年教师成长接力行动计划。完善人事人才管理制度，建立起完整覆盖专业技术、管理、服务保障和工勤岗位等各类型的岗位管理制度体系。

〔**科学研究**〕 制定“十三五”科技工作目标，布局实施“基础研究能力提升计划”“高水平科研平台建设计划”，发布《关于全面推进创新驱动发展、大力提升科技创新能力的若干意见》，进一步完善了科研管理制度体系。

学校获国家自然科学基金资助立项突破200项，其中包括1项国家杰出青年科学基金和3项国家优秀青年科学基金。学校以牵头单位获国家科学技术奖2项、省部级一等奖5项，新增创新引智基地1个。学校教师在SCI一区、二区发表论文的数量大幅增长。学校获批与中国科技集团、国信优易数据有限公司等共建首个国家大数据工程实验室。国防科研优势进一步凸显，学校是教育部直属高校中唯一获“高新工程突出贡献奖”的高校；6个学科进入国防特色学科，获批数量在全国高校排名中并列第一名；“武器装备科研生产许可证”通过现场审查。

〔**开展“两学一做”学习教育**〕 按照中央和教育部党组的统一部署，学校从2016年4月起在全校党员群体中开展了“两学一做”学习教育，认真学习习近平总书记系列重要讲话、党章党规以及党的十八届六中全会精神、全国高校思想政治工作会议精神，学校党委通过党委常委会、党委书记例会、党务工作会等扎实推进学习教育活动，党员校领导带头讲党课，党员领导干部带头学深学透、带头联系实际、带头践行党规、带头履职尽责。自学习教育开展以来，广大党员和基层党组织围绕学校“双一流”建设目标和“十三五”发展规划，立足岗位、创先争优，持续开展形式多样、内容丰富的“两学一做”学习教育，促进了学校各项事业持续快速发展。

〔**落实党风廉政建设主体责任**〕 学校召开年度党风廉政工作会议，布置党风廉政建设的年度工作要点和任务分解。学校党委与各二级单位、党组织签订了党风廉政建设责任书，与新任中层干部签订廉政承诺书，督促二级单位落实党风廉政建设的各项工作部署，对二级单位履行主体责任、中层干部履行“一岗双责”提出了明确要求。注重领导干部理论学习，邀请专家到校做党风廉政建设专题报告会。制定《践行监督执纪四种形态的实施办法》，明确党委、纪委、组织部门及各二级单位党组织践行监督执纪“四种形态”的责任分工及践行方式。

〔**领导班子和干部队伍建设**〕 学校党委制定《贯彻落实党委领导下的校长负责制的实施细则》《党委全委会议事决策制度》《重要事项请示报告制度》《学校领导班子成员守则》，不断完善和落实党委领导下的校长负责制和“三重一大”决策制度，进一步落实全面从严治党，强化“四个意识”。对各学院等二级单位“三重一大”决策制度及执行情况进行专项督查，加强指导和监督，启动各单位党委书记抓基层党建述职评议考核工作。全年学校共召开党委常委会33次、校长办公会30次。

〔**巡视反馈意见整改落实**〕 学校针对教育部巡视反馈意见开展整改工作。党委常委会针对反馈意见逐项讨论、逐条敲定，制定巡视整改工作方案。整改过程中通过提高认识、统一思想、加快制度建设、明确责任分工、召开民主生活会查摆问题、开展专项检查、约谈相关责任人、听取整改工作汇报、严肃执纪问责等方式推进整改工作。学校共召开22次党委常委会、14次校长办公会讨论巡视整改议题，新建和修订57项规章制度，对违纪违规的22人给予了党纪政纪处分以及通报批评等处理，进行诫勉谈话42人次。整改工作基本完成后，学校适时强调要不断巩固和深化整改成果，形成长效机制，做到“明明白白干事业，清清爽爽迈正步”，切实增强“四个意识”，落实“主体责任”“第一责任”和“一岗双责”，努力形成依法依规依纪办学治校、风清气正的良好局面。

〔**加强意识形态和思想政治工作**〕 学校党委高度重视意识形态工作，不断完善学校思想政治工作的领导体制和工作机制，成立学校意识形态领导小组，召开全校宣传思想工作会议，制定《关于进一步加强和改进宣传思想工作的实施意见》和《党委意识形态工作责任制的实施细则》，发布一系列关于加强党委中心组学习、师德建设、哲学社会科学讲座管理、新闻发布、舆情管理、新媒体管理等规章制度；成立学校理论宣讲团，在校内开展了45次主题教育宣讲活动。

〔**校园文化建设**〕 全年举办“成电讲坛”系列讲座33场，开设人文和艺术系列精品讲座课程16门，组织“成电辩坛”校内赛事51场，“立人班”学员代表在全国大学生领导力培养论坛上做主题交流发言。继续做好教育部网络文化建设专项试点工作，建成学生数据中心，完成150余类、2亿余条学生数据的整体迁移；筹建高校网络文化研究评价中心，新建网络文章数据中心，实现网络文章数据的统一管理。

〔**教育交流与合作**〕 学生出国（境）交流项目及人数继续增加，首次面向全校家庭经济困难学生实施“启梦留学计划”，全年学生参加长短期交流学习 2 900 余人次，较 2015 年增加 26%。130 余位教师赴海外研究机构开展长短期研修。新增国际留学生 368 人，截至 2016 年年底，在校留学生达 700 余人，实现本科 4 个专业留学生独立开班招生。法国蒙彼利埃孔子学院开展了丰富的文化活动，成为文化交流的重要桥梁。

〔**社会服务**〕 制定扶贫项目和扶贫经费管理办法，在教育培训、结对帮扶、医疗卫生、产业帮扶、智慧信息建设等方面对口扶贫四川省康定市甲根坝乡亚弄村和贵州省岑巩县，扶贫工作获省领导肯定，得到康定市和岑巩县认可。

〔**推进“一校一带”行动计划**〕 “先进无线通信合创空间”入选首批国家专业化众创空间。学校创新中心、众创空间、高新区 D 组团相继投入使用，进一步拓展了教学科研和创新创业实践的物理空间。D 组团青创餐厅、专家公寓投入使用，解决了长期以来清水河校区缺乏学术会议接待场所的问题。成立“高新—高校创新创业孵化基金”、成电校友求实（领投）基金，与成都市菁蓉镇共建“电子科技大学—启迪之星创新创业孵化基地”。积极推进四川省电子信息产业技术研究院、大数据产业技术研究院的筹建工作。

学校继续加强与地方政府合作，推进环境改善。在学校的不懈努力和推动下，途经清水河校区的有轨电车、跨清水河大桥、跨天润路人行天桥、跨西源大道人行天桥、沙河校区地下停车场等项目均已开工建设。

〔**加强内控制度建设**〕 制定经济活动内部控制建设实施方案，委托社会中介机构对学校财务工作和经济活动内部控制进行评估。落实中央“放管服”政策，加强科研项目资金管理和财务管理制度体系建设，进一步规范财务管理，调动科研工作者积极性。

撰稿　闫　勇
审稿　赵继东

西安交通大学

〔**综合改革**〕 2016 年，学校制定出台《西安交通大学综合改革方案》，明确了 9 个方面、35 项任务；制定出台《西安交通大学“十三五”规划》以及 15 个专项规划、66 个基层单位规划，构建了学校发展规划体系。

〔**学科建设**〕 组织开展教育部第四轮学科评估相关工作。学校成立学科规划与发展委员会，制定《学科规划与发展委员会章程》；制定《学科建设校级人才培养项目管理办法》《学科国际化建设项目管理办法》等规章制度；启动“双一流”建设资源后配给改革工作，强化绩效、动态支持，推进管理重心下移。积极与 QS、爱思唯尔等深度洽谈，为开展相关学科的国际评估做好准备工作。探索“5+3”“5+3+X”医学人才培养模式改革，深化器官系统整合课程改革，推动中国医学整合课程联盟、西北医学教育联盟建设。

〔**教育教学**〕 学校成立本科生院，贯通本科生招生培养全过程，通过重组优化本科生培养管理和服务；成立钱学森学院、创新创业学院；制定《西安交通大学基础通识类课程建设管理办法》，新增通识类核心课程 16 门，总数达 34 门；新增国家级实验教学示范中心 2 个，全国高校并列第一位。获批省实验教学示范中心 3 个、省教学名师 4 名，获省优秀教材一等奖 2 种、二等奖 3 种，均居全省第一位。

〔**研究生教育**〕 启动专业学位研究生教育“供给侧改革”，校企协同深度融入培养全过程，打造产学研相结合的专业学位研究生培养体系。新增网络空间安全一级学科博士点。研究生招生数量创历史新高，其中博士研究生 1 118 人、硕士研究生 4 150 人，生源质量进一步提升。选拔 22 个学科交叉联合培养项目，建设 60 个研究生联合培养基地。国家 CSC 公派研究生获批 231 人，创历史新高。2 项成果获学位与研究生教育系统优秀教学成果。获陕西省优秀博士论文 21 篇。

〔**创新创业教育**〕 推进大类招生与大学先修课程建设，与清华大学联合发起“中国慕课大学先修课（MOOCAP）联盟”；开设创新创业课程 43 门，与航天发射中心、中国科学院自动化研究所、百度、360 等知名企业共建“菁英班”，与西安市高新区、渭南市合作建设“众创空间”，共建交叉平台、校外实践创新创业教育基地。

〔**医学教育**〕 学校加强医学核心骨干队伍建设，新增“长江学者”讲座教授等国家级人才 6 人；校级领军人才 1 人、校级青年拔尖人才计划 11 人；外聘副教授、新讲师 27 人。获国家自然科学基金 148 项，发表 SCI 论文 924 篇；获国家科技进步奖二等奖 1 项，获省科技进步奖一等奖 2 项、二等奖 11 项。

〔**师资队伍建设**〕 制定师资队伍建设“十三五”规划，成立教师聘任委员会，制定委员会章程。学校新增各类高层次人才 90 余人，外聘教授、副教授、新讲师共计 240 余人。中国科学院院士、学校“双聘院士”安芷生当选美国科学院外籍院士，学校教授程海入选地球科学领域全球“高被引科学家”，教授黄佐华出任能源领域权威期刊《燃料》（*Fuel*）主编。获中国博士后科学基金资助项目 209 项，资助项目数和资助金额位居全国第二位；入选国家博士后创新人才支持计划 6 人，居全国第四位。对各学院教师队伍建设五年规划进行论证。

〔**科学研究**〕 学校获批国家西部能源研究院、多功能铁电材料与器件国际联合研究中心等国家级重点科研基地 3 个，大数据分析技术国家工程实验室等 2 个国家级科研基地已立项待批，提前完成学校“十三五”规划科技基地建设任务；获批热科学与工程国际合作联合实验室、陕西省能源环境与建筑节能工程技术研究中心等省部级重点科研基地 7 个，Z 箍缩重大科技基础设施被教育部列为首批国家大科学装置培育项目；2 个教育部重点实验室参加 2016 年评估，取得一优一良的历史最好成绩。学校以第一完成单位获国家科学技术奖 4 项，并列全国高校第五位；以第一完成单位获教育部高等学校科学技术奖一等奖 4 项，并列全国高校第六位；以第一完成单位获陕西省科学技术奖一等奖 7 项，创历史新高。发表 ESI 高影响论文 259 篇，较 2015 年同期增长 36%；以第一完成单位在《自然》杂志发表论文 2 篇，历年最多。授权发明专利 1 009 件，2015 年拥有有效发明专利数量 2 618 件，居全国高校第九位。“亚洲季风的变化规律及其与全球气候变化的关系”项目入选中国高校十大科技进展。

〔**人文社科研究**〕 学校与省委宣传部共建马克思主义学院，申报全国重点马克思主义学院、陕西省中国特色社会主义理论体系研究中心；与省有关单位共建马克思主义中国化研究协同创新中心，举办马克思主义理论与交叉学科论坛等；学校社会治理和社会政策协同创新研究中心正式揭牌；与省文物局共建西安交通大学文化遗产现代科技保护研究院；与省民政厅共建陕西省民政事业发展研究基地；与中国社会科学杂志社签订战略合作协议；与西安市政府政策研究室共建西安发展研究院；陕西省创新驱动与产业升级研究中心已通过省委宣传部考察。获国家级社科重大项目 3 项、国家重点项目

1 项、国家社科基金各类项目 20 项；获省社科重大项目 4 项、软科学项目 24 项，居全省高校第一位。

〔**中国西部科技创新港建设**〕 教育部副部长杜占元、中央办公厅调研组先后到学校调研，推动科技创新港的建设。国家发展改革委将科技创新港项目列入创新改革试验区建设计划。创新港获批国家专项建设基金、省级预算内基建资金、教育部改善基本办学条件资金等共计 7.05 亿元；筹划建设 23 个研究院，其中全球健康研究院已成立；“丝绸之路”大学联盟、西安米兰理工联合创新中心、美国 3M 西北研发中心已确定落户创新港；完成了米兰国际设计学院、西安交通大学利物浦创新研究院和牛津大学—西安交通大学联合国际技术转移中心等机构的建设方案设计；着力打造高端智库，争取地市级政府以及省内企业的支持。以创新港为抓手，与地市经济结构调整、产业转型升级需求相结合，在创新港建设与地市发展相配套的产业研究院和“科研飞地”；在榆林、宝鸡等地市建设“创新港科研码头”，作为各地市汇集对接的窗口。2 100 亩科研教育板块征地拆迁基本完成；完成土地规划调整，创新港面积扩大至约 5 055 亩，新规划 7.3 平方千米的科技成果转移产业园；创新港科研教育板块总图设计、单体建筑设计方案公布；科创基地市政工程一期开工；国家开发银行牵头组建银团，全力推进科技创新港建设。

〔**思想文化建设**〕 加强思想理论武装，将贯彻落实中央精神和习近平总书记系列重要讲话精神作为理论教育的核心工作。召开全校思想政治工作会议，出台《关于加强和改进思想政治工作的实施意见》；邀请军事科学院世界军事研究部副部长罗援、经济学家林毅夫等到校做报告；组织开展第一期全校思想理论学习骨干专题培训班，全年共培训各级领导干部 723 人次；组织专家在《光明日报》《经济日报》《中国社会科学报》《陕西日报》等主流媒体的理论版发表署名文章。开设“深化改革”“谋划新跨越”“实干兴业”“师者风采”“出彩 90 后”等 26 个专栏，深度报道学校中心工作。全年社会媒体报道学校工作 12 241 篇次，中央大报、大刊、大台深度报道 122 条，主动策划推出的新闻事件 1 115 条。微信公众号、官方微博粉丝总数突破 37 万人。

加强对学生思想引领和理想信念教育，强化学生思想教育工作。高举“爱国主义、集体主义、英雄主义、乐观主义”四面旗帜，以“思想交大”和校园文化建设为主题，突出“思想交大”对学生的精神教育和校园文化熏陶。

〔**开展“两学一做”学习教育**〕 学校采取党委中心组学习、全校性专题学习会、高端形势与政策报告会、网络培训等各种方式，强化对各级干部和师生员工的学习培训。开办“习近平教给我们的智慧”栏目，建立“两学一做”学习教育系列媒体平台，包括专题网站、党建学习教育手机 App 平台、“两学一做”学习教育快讯等。成立“两学一做”学习教育督导组，实施两轮校内督导。

〔**党风廉政建设**〕 出台《关于进一步加强干部教育监督实施办法》，编印《干部管理监督工作手册》。严格执行《关于组织人事部门对领导干部提醒、函询和诫勉的实施细则》，将监督执纪第一种形态落到实处，全年与 76 名干部进行提醒谈话、函询和诫勉。落实党风廉政建设党委主责和纪委监督责任，与学校领导班子成员和二级单位负责人签订责任书，确保党风廉政建设各项任务落到实处。制定《贯彻落实监督执纪四种形态实施办法》，推进全面从严治党不断向基层延伸。制定《西安交通大学党员干部遵守党的政治纪律规定》。

〔**基层党建工作**〕 创新开展“常委进支部”活动，学校 13 位常委每人参与 15 个基层党支部活动，覆盖全校党支部的 20.66%。收集梳理 700 余条意见建议，形成了促进学校改革发展稳定的问题清单。学校主要领导与 25 个二级单位党政领导班子集体谈话，36 名分党委书记向校党委进行专题述职，推动党委决策部署的落实和党建工作的开展。落实基层党建工作责任制，推动党员干部讲党课制度，建立分党委书记、委员联系基层党支部制度，基本实现了对全校944个党支部的全覆盖。出台《关于加强教职工党支部建设的十条意见》，学校党委获“全国先进基层党组织”称号。

〔**毕业生就业情况**〕 2016年，毕业生就业质量和就业率稳步提升，本科生就业率超过97.48％，研究生就业率超过99.33％。

〔**社会服务**〕 学校与西安市签署《“十三五”合作重点任务》，推进20项重点任务的落实。与榆林市、西安市高新区、中国核工业集团公司、陕西鼓风机集团、海尔集团、兰州兰石集团、华为技术有限公司、特变电工股份有限公司、上海核工程研究设计院等地方政府和企业签署合作协议。牵头成立“中国高校智能制造创新网络”。由学校第一附属医院牵头成立的新型城市医联体，其“分级诊疗+全科医师”模式向纵深推进，得到国家卫生和计划生育委员会领导的充分肯定。筹备成立西安交通大学医疗联盟，创建“交大医疗”品牌，促进区域卫生健康事业发展。配合省卫生和计划生育委员会申报国家西北区域儿童医疗中心。成立全国首个居民健康管理基地，以实时健康管理为目标，启动全新管理模式。启动医疗技术创新计划，开展国内首例“人工寰齿关节置换术”“前臂耳再造术”等一批临床技术创新项目。全年实施专利转化35项，总经费较2015年翻一番，其中作价1.5亿元的“煤炭超临界水汽化制氢发电多联产系列技术”产业化工作正式启动。

〔**教育交流与合作**〕 学校与英国剑桥大学等国际知名大学签署合作协议76项；学校管理学院获中国大陆首个QS五星商学院认证；学校机械学院与澳大利亚新南威尔士大学共建联合实验室，能动学院与美国明尼苏达大学共建联合实验室；学校法学院与英国剑桥大学开展青年教师联合培养项目；学校法医学院获批陕西省外国专家局国际合作基地等。大力推进医学国际化建设，与美国埃默里大学签署联合培养协议，启动双博士学位（MD+PHD）培养工作，是我国首个医师科学家联合培养项目；举办第六届中美健康峰会，推动中美及各国在医疗卫生相关领域的交流与合作。

举办世界知名大学西安博览会、世界知名大学校长峰会、诺贝尔奖获得者报告会、第十二届海峡两岸暨港澳地区大学校长联谊会等校庆外事高端系列活动；举办第二届“丝绸之路”青年学者研讨会、首届“长江学者”西部研讨会；举办第二届十大学术新人奖评选活动。推进“丝绸之路”大学联盟建设，吸引了34个国家和地区的134所大学加盟，并成立了先进制造子联盟、丝路法医联盟等专业联盟。组织召开“丝绸之路”大学联盟常务理事会，公布《“丝绸之路”大学联盟章程》和《西安共识》，面向联盟学校设立了100万元丝路基金，提供100个丝路奖学金名额；开通“丝绸之路”大学联盟网站，发布“一带一路”国情咨询手册；与陕西省质量技术监督局联合举办“一带一路”高端质量论坛。学生出访2 351人次，同比增长10％。国家留学基金委项目共派出268人，同比增长46％。留学生工作取得突破性进展，留学生人数达2 226人，同比增长21.9％，生源国达122个；争取中国政府奖学金自主招生来华留学生名额182个，同比增长146％。

〔**后勤综合改革**〕 学校全面推进后勤综合改革，成立后勤保障部，建立健全后勤保障部及各中心的相关制度，逐步形成了“部统筹规划与协调、各中心独立核算、强化过程监督与目标考核”的运行机制。建立后勤综合服务大厅等服务平台，为师生提供集中便捷的服务。

〔**120周年校庆**〕 4月8日，学校迎来建校120周年暨迁校60周年，2万余名校友返校同庆。围绕“西迁精神”的传承和国际化战略的实施，举行建设世界一流大学誓师动员大会、迁校60周年纪念座谈会、世界知名大学校长峰会、世界知名大学西安博览会等系列活动。70余所世界知名大学的260余位校长和代表齐聚学校展开高端对话，签订20余项国际战略合作协议。校庆

期间，共举办15场高端论坛、100余场学术报告、发布24项重大科学问题。募集2亿元捐赠。出版《星耀苍穹两甲子名师影存》等书籍，推出《影像故事：交大西迁人》等连载报道，摄制文献纪录片《向西向远方》。

撰稿　董方剑　廖园园
审稿　申　丹

西北农林科技大学

〔**学科建设**〕　2016年，学校加强在生态文明、环境保护、营养健康、生物医药等领域的学科布局，分设理学院，成立化学与药学院，组建生态预测与全球变化研究中心、环境污染过程与控制研究中心，谋划水土保持与生态学院、营养与健康研究中心建设。以提高学校学科公共支撑能力、学院和学科核心竞争力，培育新的学科增长点为目标，启动实施学科建设项目库管理机制。参加国家第四轮学科评估，完成29个一级学科参评申报。工程学、环境科学与生态学、化学、生物学与生物化学4个学科领域先后进入ESI全球前1%，农业科学进入前1‰，入选学科数分别居全国农林高校和在陕高校第二位。

〔**人才培养**〕　持续推进国家级“卓越农林人才培养计划”试点项目实施。出台《关于加强基层教学组织的指导意见》，促进基层教学组织教学研究、教学改革功能的发挥。加强课程组建设，推进思想政治理论课混合式教学、“翻转课堂”改革。改进学生学业多元化考核评价体系。实施本科生国际视野拓展计划，选派343名学生赴19所海外著名大学访学交流，人数较2015年增加50%。探索校际协同育人机制，选派44名学生到国内5所著名大学访学交流。获批森林生物学国家级虚拟仿真实验教学中心和2个省级在线开放课程建设项目，入选科学出版社“十三五”规划教材4部，立项建设全英文授课课程15门，开设暑期国际课程19门。出台《本科专业设置与建设管理办法》，申报增设化学生物学、农业规划设计2个本科专业。建立实施博士生导师指导小组制度，推进研究生课程质量综合评价。完成15个博士学位、5个硕士学位一级授权点和14个硕士学位二级授权点预评估，以及植物保护博士学位一级授权点国际评估。选派37名研究生赴国外著名高校和科研机构进行联合培养，75名研究生出国访学交流或参加国际学术会议。获评省优秀博士学位论文13篇，较2015年增加30%。研究生以第一作者、学校为第一署名单位发表SCI、EI、SSCI论文945篇，较2015年增加32篇。

〔**创新创业教育**〕　落实学校《深化创新创业教育改革方案》，建立校企合作创新创业实践教育基地30个。入选国家级创新创业实践育人基地、陕西省创新创业教育改革试点学院和首批创新创业教育改革示范高校。修订《本科生创新创业与素质教育学分管理办法》，建立实施学分积累与转换制度。获批国家级创新训练项目120个、省级项目172个，居在陕高校第一位。获创新创业竞赛国家级奖励187项，其中第二届中国“互联网+”大学生创新创业大赛成绩居全国高校第22位。新注册学生创业企业27家，累计达79家。话剧《雕虫沧桑》获第五届中国校园戏剧节“优秀展演剧目”。组织开展“品味西农”科研成果进社区系列活动，培养学生爱校荣校、崇尚创新的高尚情怀。

〔**师资队伍建设**〕　制定《“人才队伍建设年”工作方案》，推进“两大人才工程”实施。国家级人才计划取得重要突破，2人入选“长江学者”特聘教授，居全国农林高校和在陕高校之首；2人入选“长江学者”青年学者项目；4人获国家优秀青年科学基金项目资助，居全国高校第20位、全国农林高校和在陕高校之首；1人入选陕西省“三秦学者”特聘教授。启动实施“仲英青年学者”支持计划，支持6名优秀青年教师学术发展。引进海外著名科教机构博士后及助理教授以上高层次人才27人，选聘预聘制教师达75人。在2 132名专任教师中，具有博士学位比例达66.5%，较2015年增加4.6%。选派32名教师进行一年以上出国研修或做访问学者。

〔**科学研究**〕 贯彻落实国家“科技三会”精神，做好重大科研项目预研策划培育，筹备旱区农业国家实验室建设。制定《“科研特区”暂行办法》《科研创新团队认定与支持暂行办法》，遴选支持5支紧密合作型科研创新团队。依托省部级科研基地，组建作物生物学创新中心、园艺科学研究中心、资源环境科学研究实验中心，建立实施全新管理体制和选人用人机制。加强生命科学、高性能计算平台、转基因平台等跨学科公共平台建设，生物质谱、电子显微镜、激光共聚焦显微镜、生物信息学4个功能实验室基本建成并投入使用。全年获批各类科研项目811项，其中国家重点研发计划项目2项，到账科研经费4.91亿元，较2015年增加3.99%。获批国家自然科学基金项目172项，居全国高校第43位、农林高校第二位，其中重大研究计划项目1项、重点项目2项。获国家技术发明奖二等奖1项、科技进步奖二等奖1项，居全国高校第20位。获陕西省科学技术一等奖5项。新增农业部传统农业遗产重点实验室、农业物联网重点实验室、国家林业局古树名木保护与繁育工程技术研究中心和陕西省天然产物化学生物学重点实验室4个部省级科技创新平台。审定、鉴定植物新品种36个，其中国审品种2个。获国家授权发明专利156项。以第一署名单位发表SCI、SSCI、EI论文首次突破2 000篇，达2 035篇，较2015年增加12.12%；以第一署名单位发表SCI论文1 391篇，其中单篇影响因子超过5的论文162篇，较2015年增加184.2%。

〔**党建工作**〕 开展“两学一做”学习教育，举行专题学习讨论8次，全校处级以上党员领导干部以普通党员身份参加所在支部组织生活，学校领导班子成员累计参加支部学习研讨21次，讲党课、做报告16场。组织召开学校第三次党代会，提出“二次创业、奠基百年”奋斗目标，对学校中长期改革发展做出全面部署。完成学校《“十三五”发展规划（2016—2020年）》及11个专项规划。出台《意识形态工作责任制实施细则》，进一步强化党管意识形态主体责任。出台《校、处级领导干部“约法六条”》《关于工作失误、延误、错误问责办法》，进一步严肃组织纪律和工作纪律。完成32个基层党委（党总支）集中换届。狠抓党风廉洁建设，全面开展18个重点领域自查整改工作，对排查梳理出的16个体制机制方面问题、需要新建修订的81项规章制度进行集中整改落实。组织召开第三次教职工代表大会暨工会会员代表大会，支持教职工参与民主管理和民主监督。

〔**社会服务**〕 牵头组建西北农林科技创新联盟，促进陕西农业科技创新与推广联盟实质性运行。与新疆维吾尔自治区、宁夏回族自治区签订战略合作协议。成立农民发展学院、职业农民培训学院、六次产业研究院，探索现代农业发展新路。深入实施“‘三站链合’创新驱动现代农业全产业链科技服务试点项目”，构建“12315”重大农技推广服务团队（12名产业首席科学家领衔，300名大学专家、1 000名市县农技部门技术骨干参加，带领5 000名区县技术员+职业农民+种植养殖大户+龙头企业、农业经营合作组织技术骨干），建设科研试验站5个、区域示范基地19个、技术推广站59个，形成“技术研发、试验示范、技术推广、农产品加工、市场销售”协同运行的农业科技成果转化应用机制。以项目形式落实地方政府共建试验示范站经费1 400万元，示范推广新品种、新技术98项，建立核心示范基地4.2万亩，建设省级标准化养殖场16个。自主知识产权小麦品种推广面积达2 990万亩，增产34 890万公斤，其中“西农979”品种推广面积达1 450万亩。冬小麦品种在哈萨克斯坦试验表现良好，较当地品种增产82.28%。贯彻落实中央和陕西省脱贫攻坚战略，选派186名科技人员担任“三区”人才，实现在全省56个国定贫困县区科技扶贫全覆盖。组织1.6万余名学生开展科技支农、义务支教等活动，连续24年获评全国大学生社会实践先进集体。举办各类农技培训班148个，培训学员12 695人。累计到账科技推广经费1.87亿元（含财政部专项），较2015年增长86.4%。

〔**教育交流与合作**〕 响应国家“一带一路”倡议，服务中国农业走出去战略，联合“丝绸之路”沿线12个国家、59所大学和科研机构，发起成立“丝绸之路”农业教育科技创新联盟。获批中国科学技术协会“一带一路”国际科技合作平台建设项目，加强中俄农业科技政策比较研究。与哈萨克斯坦国立农业大学、赛福林农业科技大学，俄罗斯奥姆斯科大学，乌兹别克斯坦塔什干节水中心等丝绸之路沿线国家涉农大学与科研机构签订合作协议。招收外国留学生441人，全年在校留学生634人，其中来自“一带一路”国家超过60%。以美国加州大学戴维斯分校、荷兰瓦赫宁根大学为国际学术标杆，积极实施一流学科伙伴计划。作物抗病育种与遗传改良创新引智基地获批国家外国专家局学科创新引智基地培育项目。1 139人次海外专家到校开展访问交流，派出469人次教师参加国际学术会议或进行学术交流，首次选派18名优秀青年教师进行教学能力海外专题培训。举办第一届世界苹果大会等7场次国际学术会议。

〔**办学条件**〕 办学综合财力稳步增长，实现总收入25.83亿元，较2015年增加2.4亿元。固定资产总值达43.49亿元，新增9.94亿元，其中教学科研仪器设备达10.37亿元。完成校园“十三五”基本建设规划，文科楼，农科楼人工气候室、种质资源库等重点工程竣工并投入使用，开工建设南校区科研温室三期项目、北校区实验动物中心等4个重点项目，积极推动西安研究院建设。加强管理信息化综合平台建设，学生区、教学区、主要办公区、科研主楼实现无线网覆盖，新增图书文献数据库5个。加强校园综合治理，完成陕西省平安校园复查验收。进一步完善学生奖助贷免减资助体系，累计发放奖助学金1.75亿元，着力解决家庭经济困难学生的后顾之忧。

撰稿　梁成山

审稿　孙　马　赵　静

陕西师范大学

〔**张春贤到学校视察**〕 10月15日，中共中央政治局委员张春贤到学校调研民族教育工作。学校党政领导甘晖、程光旭、冯旭东陪同调研。调研期间，张春贤一行在学校雁塔校区参观了学校民族教育成果展示；考察了民族预科学生教室，与正在上课的少数民族预科学生、教师亲切交谈；深入少数民族学生宿舍，全面了解学生的学习和生活情况；召开专题座谈会，了解相关情况。

〔**学科建设**〕 2016年，学校实施《陕西师范大学一流学科建设规划（2014—2024年）》，以内涵建设为核心，深入开展学科调研，研究学科布局调整与优化，一流学科建设规划稳步推进。组织24个学科参加教育部第四轮学科评估，促进一流学科建设。成立人文社会科学高等研究院，为开辟“学科+学术特区”、突破学科发展“瓶颈”、打造学科高峰提供了平台支撑。出台《陕西师范大学学科建设经费管理办法》，突出绩效导向，提高经费使用效益，调动办学主体积极性。

〔**本科生教育**〕 深入开展课堂教学改革，成立了通识教育中心。开展教学终身成就奖与优秀教学团队奖评选活动，1名教师获教学终身成就奖，2个教学团队被评为优秀教学团队。推进优质课程资源共建共享，2门课程入选第八批国家级精品视频公开课。加强实践教学示范基地建设，新增国家级实践教学示范基地2个。精心培育教学名师，2位教师获第十届省级教学名师。加强教学改革研究，10项成果获省级教学成果奖。提升就业质量，2016届毕业生首次就业率达91.28%，维持在高位水平。

〔**研究生教育**〕 通过推进教学改革、实行分类培养、增强实践能力、强化导师职责等举措，促进研究生教育质量迈上新台阶。研究生生源质量明显提升，在招录的学术型硕士研究生中，“211工程”大学以上生源占比达30%，省属重点大学以上生源占比达53.6%；在2017年推免生接收工作中，共录取推免生333人，同比增长27%。研究生培养质量显著提高，在2016年全省硕士学位论文抽检工作中，学校被抽检了77篇论文，通过率达100%，其中优秀论文7篇，优秀率位居全省高校第二位；在2016年陕西省优秀博士学位论文推选工作中，7篇论文入选陕西省年度优秀博士学位论文。

〔**师资队伍建设**〕 学校成立了人才工作领导小组，制定了《陕西师范大学深化人才发展体制机制改革实施方案》及其配套方案，统筹做好新形势下学校人才队伍建设工作。先后出台《陕西师范大学外籍教师管理办法》《陕西师范大学教师聘期考核及续聘工作暂行办法》《关于加强人才引进工作的实施意见》等文件，为引进海外人才、规范教师聘期管理、创新高层次人才选拔模式提供制度保障和政策依据。2016年，1人入选“长江学者奖励计划”特聘教授，1人入选“长江学者奖励计划”讲座教授。

〔**3人入选2014年度文化名家暨“四个一批”人才计划**〕 3月，学校心理学院教授游旭群、文学院教授邢向东、西北历史环境与经济社会发展研究院教授张萍入选2014年度文化名家暨“四个一批”人才计划。

〔**科研工作**〕 在保持传统优势的基础上，学校科研工作更加注重“顶天立地”，主动对接国家重大战略和地方经济社会发展需求，在成果产出、科研立项、获奖数量、经费争取等方面都取得长足进步，学校的科研能力进一步增强。在社会科学研究方面，获批国家社科基金57项，立项总数位居全国高校第四位，人文社会科学研究的优势更加凸显。在自然科学研究方面，获批国家自然科学基金108项，立项数突破百项大关。此外，10项科技成果获省级奖励，77个项目获省科技计划项目资助。新增省级哲学社会科学重点研究基地1个、省级重点科学研究平台4个。

〔**入选“211工程”高校智库20强**〕 2016年，学校西北历史环境与经济社会发展研究院、中国西部边疆研究院、西北国土资源研究中心、“一带一路”建设与中亚研究协同创新中心入选中国智库索引首批来源智库名单。中国智库索引来源智库MRPA测评报告显示，学校是西北地区唯一高阶指数入选高校，且在“211工程”高校智库综合排名中居第11位。

〔**1人在国际顶尖物理学刊物上发表文章**〕 3月，学校物理学与信息技术学院理论物理学科副教授王圣军在国际顶尖物理学刊物《物理评论快报》（*Physical Review Letters*）上发表了论文（Stochastic oscillation in self-organized critical states of small systems: sensitive resting state in neural systems），这是学校物理学科以学校名义发表在这一顶尖刊物上的第二篇文章。

〔**获批2项国家社科基金重大项目**〕 4月，学校政治经济学院教授袁祖社投标的“‘五大理念’的制度实践与美好生活的价值逻辑”获准立项为国家社科基金重大招标项目，资助经费80万元；教授任晓伟投标的“加强党性修养与严守党的政治纪律和政治规矩研究”获准立项为国家社科基金重大委托项目，资助经费120万元。

〔**李岚清为学校创作校训印章**〕 6月5日，国务院原副总理李岚清为学校创作“厚德　积学　励志　敦行”校训印章，学校党委书记甘晖、副校长游旭群代表学校受赠。

〔**邀请十八届六中全会精神中央宣讲团成员解读会议精神**〕 11月9日，学校邀请十八届六中全会精神中央宣讲团成员、学校历史系1978级校友曲青山宣讲解读党的十八届六中全会精神。

〔**社会服务**〕 学校坚持以国家和区域经济社会重大发展战略为导向，以服务求支持，以贡献求发展。加大科技开发与科研成果转化力度，全年共签订合同111份，合同金额达2 773万元。积极推进校企、校地合作和协同创新，与陕西省土地工程建设集团、云南省宾川县等10余家省内外大中型企业及地方政府签订战略合作协议。认真做好教师教育培训，培训质量和规模同步提升，全年共培训高校、中小学、幼儿园教师、管理干部和辅导员8万余人。加强远程教育工作，陕西省高等教育MOOC（慕课）中心平台在学校成立并发布。校办产业提质增效，对外合作办学的示范效应进一步凸显，学校出版总社多个项目获国家和陕西省出版资金资助，推出了一批精品图书，文化辐射力进一步增强。

〔**教育交流与合作**〕 2016年，深化来华留学管理改革，留学生规模进一步扩大，留学生人数同比增长5.3%。坚持实施“走出去，请进来”战略，组织7个校级出访团，接待20多个国家和地区的600余人次来访，与13个国家的21所院校及机构签署了24个交流合作协议（备忘录）。做好教师出国（境）工作，教职工因公出国（境）人数持续增长，合作研究、短期讲学的比例逐年增加。学生交流项目稳步发展，全年共派送学生出国学习和交流414人次，较2015年增长近百人。加强对外引智工作，全年共聘请外籍专家173人次，获批教育部学科创新引智计划2项。积极响应国家“一带一路”倡议，“一带一路”建设与中亚研究协同创新中心揭牌成立。做好来华留学质量认证试点工作，学校入选首批来华留学质量认证试点院校。稳步推进孔子学院工作，2所孔子学院持续健康发展，运行平稳。

〔**第十九届全国心理学学术会议暨心理学与“一带一路”国际论坛召开**〕 10月15日，第十九届全国心理学学术会议暨心理学与“一带一路”国际论坛在学校雁塔校区开幕。来自国内外高校及科研机构的近2 000名代表参加了大会。会上发布了《西安宣言》，倡议并成立了“一带一路”心理学联盟。

〔**举办首届知名中学校长高峰论坛**〕 5月27日，由学校举办的首届知名中学校长高峰论坛举行，来自全国13个省、31所知名中学的校长、副校长参加了本次论坛，学校副校长党怀兴出席论坛并致辞。

〔**连浩、杨倩里约残奥会夺得一金两银**〕 2016年里约残奥会上，学校体育学院2016级运动训练专业学生连浩作为中国乒乓球军团主力，助力中国队以2∶1的总比分取胜，夺得男子TT10级团体金牌。学校体育学院2015级运动训练专业学生杨倩与队友一同夺得女子团体TT6-10级比赛银牌；在乒乓球女子TT10级单打比赛中，杨倩再获一枚银牌。

〔**中国古代文学发展高层论坛暨陕西师范大学古代文学博士点建立30周年学术研讨会召开**〕 2016年是学校中国古代文学博士点建立30周年。10月28—30日，由学校文学院主办的中国古代文学发展高层论坛暨陕西师范大学古代文学博士点建立30周年学术研讨会在学校召开。来自国内外高校的70余位学者与会，祝贺学校中国古代文学博士点成立30周年，并就相关学术问题进行研讨。

〔**获“外研社杯”全国大学生英语辩论赛全国总决赛三等奖**〕 4月18—24日，学校代表队在第十九届“外研社杯”全国大学生英语辩论赛全国总决赛中获三等奖，创造了学校在英语辩论领域的最好成绩。

〔**李晨子获全国高等学校辅导员职业能力大赛二等奖**〕 5月26日，学校文学院辅导员李晨子获第五届全国高校辅导员职业能力大赛二等奖。

〔**获“应氏杯”中国大学生围棋赛冠军**〕 7月19—27日，第二十五届“应氏杯”中国大学生围棋赛举行，学校围棋队在男子个人与混双两个项目上夺得冠军。

撰稿 耿 莹
审稿 辛省平

西安电子科技大学

〔**综合改革**〕 2016年，学校着眼国家“双一流”战略，统筹安排资金，遵循“成熟一个、启动一个”的原则，立项实施首批13个项目。合力做好第四轮一级学科评估参评工作，整合优势资源，奋力冲刺预定目标。

〔**学科建设**〕 增列网络空间安全一级学科博士学位授权点，6个学科获第一批国防特色学科认定，成为教育部直属高校中获批学科最多的高校之一。ESI工程学排名由第155位上升至第134位，计算机科学由第154位上升至第114位。首次进入U. S. News世界大学排名。学校学位评定委员会审议决定撤销教育学、公共管理一级硕士学位授权点以及项目管理专业学位授权点。组建人文社科学部，成立马克思主义学院。

〔**人才培养**〕 学校以本科教学审核评估为抓手，持续打造电子信息领域一流本科教育。实施招生预警、退出和动态调整机制，出台教师课堂教学规范，完善转专业实施办法，推行学分认定和转换工作。网络工程、通信工程和电子信息工程3个专业通过全国工程教育专业认证。学校获批计算机网络与信息安全国家级实验教学中心和集成电路设计与制造国家级虚拟仿真实验教学中心，获批教育部首批深化创新创业教育改革示范高校。学校众创空间入选陕西省众创空间和科技部众创空间孵化基地，并纳入国家级科技企业孵化器管理服务体系。学校学生获省级以上奖项584项（其中，国际奖75项、国家奖71项），在第二届全国“互联网+”大学生“双创”大赛中，获1项金奖、2项银奖、1项铜奖；在全国大学生英语竞赛中，获特等奖9项、一等奖6项；在2016年“创青春”全国大学生创业大赛中，获2项金奖、2项银奖、5项铜奖。学校承办第十八届中国科协年会全国科技工作者创新创业大赛，并取得第三届全国“互联网+”大学生“双创”大赛承办权。

〔**深化研究生教育改革**〕 改革研究生招生选拔机制，“985工程”高校和“211工程”高校生源率由57.02%上升到62.44%，推免生和优研计划生总占比达58.11%。获批教育部第二届全国示范性工程专业学位研究生联合培养基地。全年授予博士学位276名，人均发表SCI论文2.41篇，人均发表SCI前三区论文1.32篇；新增省优秀博士论文8篇、中国电子学会优秀博士论文提名2篇。新增专兼职博士生导师54人次、各类硕士生导师254人次。

〔**师资队伍建设**〕 举办首届华山青年学者国际论坛。全年新增“长江学者”4人、国家杰出青年科学基金获得者1人、国家优秀青年科学基金获得者2人、中青年科技创新领军人才2人、“三秦学者”1人、省创新团队2个，电气与电子工程师协会会士入选1人，中国青年女科学家奖获得者

1人。全年引进教师115人，其中正高职称5人、副高级及以上职称20人。出台师德师风考核办法，明确师德考核负面清单。完善职称评审标准，加强岗位分类管理，制定实验技术和专职科研系列职称评审条件，修订专业技术职务任职条件。调整职称评审权限和程序，下放教师正高级职称评审权，加大学院教学、科研、学科、队伍建设对正高级职称指标的调控力度。加强津贴奖励归口管理，稳妥做好养老保险制度改革平稳并轨和绩效工资制度改革相关工作。

〔**科学研究**〕　国家自然科学基金获批149项，直接立项经费达1.52亿元；获批“雷达认知探测、成像与识别基础理论与关键技术”创新群体和“临近空间高速目标等离子体电磁科学实验研究装置”项目。“图像结构建模与视觉表观重构理论方法研究”和“用于集成系统和功率管理的多层次系统芯片低功耗设计技术”两项成果分获国家自然科学二等奖和科技进步二等奖。军工科研“十三五”开局良好，信息系统预研、网络系统部预研分别以20项、11项位居全国高校第一位，共用技术预研、领域基金、陆装预研项目分别以5项、9项和7项位居教育部部属高校第一位。人文社科获批国家社科基金项目5项，其中首次获批重点项目1项。复杂环境光电信息感知科学与技术学科创新引智基地获批立项。新增综合电子信息系统国家示范型国际科技合作基地和教育部立项审批的智能感知与计算国际合作联合实验室。落实《关于进一步完善中央财政科研项目资金管理等政策的若干意见》，制定完善高水平论文奖励、经费预算、间接费、结余经费、劳务费、成果转化等相关制度。

〔**招生与就业**〕　2016年，录取本科生5 520人；研究生、本科生一次性就业率分别为99%、98.02%，位居全省高校首位、全国高校前列。

〔**开展“两学一做”学习教育**〕　学校领导班子成员发挥模范作用，以上率下，给支部讲党课，推动学习教育深入开展。学习教育从“关键少数”向全体党员扩展、从集中性教育向经常性教育延伸，广大党员干部受到了严肃的党内政治生活锻炼，增强了遵守党规党纪的自觉性。

〔**党建工作**〕　加大软弱涣散基层党组织整顿力度，开展党员党组织关系排查、党费收缴工作，推进基层党组织按时换届，配齐配强支部班子，做好党员发展和培训工作，首次开展院（系）党建述职考核，基层党组织规范化建设水平得到有效提升；综合运用考察考核、谈心谈话、提醒等方式，加强干部监督；完善后备干部考察和推荐制度；实施大学生思想政治教育质量提升工程，扎实推进师德文化建设，形成辅导员负责年级、班主任指导班级、教工联系宿舍的管理育人格局；学校内外宣传能力持续提升，在《人民日报》等媒体刊发321篇外宣报道，为改革发展汇聚正能量；落实两个责任实施办法，多形式开展廉洁教育，出台监督执纪“四种形态”实施办法。推进各类专项检查整改落实，完成各类监督330余次，立案调查2件，问题线索办结27件，严肃查处个别干部违规违纪问题。

〔**教育交流与合作**〕　全年来访654批1 623人次，出访334批783人次。举办11个重要的国际学术会议和研讨会，与境外23所国际知名高校新签、续签或增签合作协议，共同倡议成立“丝绸之路”大学联盟。来华留学生规模增至816人，学历生占65.6%，学校通过全国首批来华留学质量认证。执行国家及省部级重点外国专家项目11项，全年共聘请海外专家297批、460人次。

〔**校园文化建设**〕　《长征组歌》首次列入“高雅艺术进校园”活动；举办大学生赛艇对抗赛等赛事和大学生文化活动百余场；学校社团达805个，成员上万人；中文辩论队首次晋级第六届世界华语辩论锦标赛总决赛并进入八强。以章程为统领，推动全校制度体系建设，审查各类制度47项，以制度规范权力运行，理顺关系、明确职能边界，依法依规依程序办事的良好风气逐渐形成。

〔**推进构建现代化办学保障体系**〕　续签国家国防科技工业局和教育部共建西安电子科技大学协

议，学校成为连续三轮获共建的2所高校之一。落实和拓展校所、校地、校企、校校战略合作。加快落实教育部国有资产专项检查问题整改等任务，强化财务、监察、国资、内控等工作。推进南校区体育馆、北校区学生食堂和地铁综合楼建设。改善食堂就餐环境，缓解校园停车难，后勤一站式服务中心全年受理业务1.3万余次。进一步加强网络安全与信息化基础设施建设。

〔**安全工作**〕 定期开展全校稳定安全隐患排查，引导师生通过法定途径解决信访问题；整治校内违规私搭乱建和占地行为；举办2016年全省高校应急示范演练，连续4年火灾零事故。学校被授予陕西省保密工作先进集体单位。

撰稿 郭 荣

审稿 柳 潇

长安大学

〔**启动实施“十三五”规划综合改革**〕 8月，印发并启动实施《长安大学“十三五”事业发展规划》。推进学校综合改革，在专业整合、研究生培养机制改革、目标责任管理与绩效考核、实验教学资源配置、科技评价方式等重点领域开展工作。启动了完善学科建设机制、大类招生、提高学术标准、科研成果转化等改革项目。

〔**学科建设**〕 “双一流”建设顶层设计基本成型，成立了学科建设办公室并设立5个学科建设部，推动学科结构调整和布局优化。确立“率先推进交通运输工程学科进入世界一流行列，地质资源与地质工程达到或接近国内领先、世界一流学科水平，推进土木工程、机械工程等学科达到或接近国内一流水平”的总目标。紧跟国家和陕西省“双一流”建设相关政策，制定学校“双一流”建设实施方案，已形成阶段性成果。

学科整体水平不断提升，部分学科具备较强的国际竞争力，工程学进入ESI全球前1%。完成21个学科的第四轮学科评估和学位授权点合格评估的参评工作，规范学位授权点评估流程，对8个一级博士学位授权点、8个一级硕士学位授权点进行校内专家评审。组织开展省一流学科申报工作，共计申报了32个一级学科。加强学科平台建设，完成道路路线仿真评价平台、重磁三维反演系统、多参数水质分析仪等一批大型设备购建任务，特殊区域公路工程可持续发展学科创新引智基地入选国家高等学校学科创新引智计划。

〔**本科生教育**〕 推进本科卓越人才培养计划。以专业建设为抓手，加强课程和教材建设，推进本科教学工程项目建设。优化专业结构，将全校79个本科专业整合为21个大类和19个专业。改革人才培养模式，开展工科试验班拔尖人才培养工作。组织申报陕西省45个一流专业建设和培育项目。修订本科人才培养方案，将创新创业教育融入课堂。获批130项国家级大学生创新创业训练计划项目。通过土木工程专业复评估，完成测绘工程、地质工程2个专业的工程教育专业认证工作。新增1个国家级虚拟仿真实验教学中心。编制并发布了本科教学质量报告和毕业生就业质量报告。

〔**研究生教育**〕 实施研究生卓越人才培养计划。推进培养模式改革，强化研究生中期考核。优化课程体系，启动覆盖全校16个学院的研究生课程建设。推动研究生出国、跨境参与学术交流，研究生科研创新能力持续提升。3篇博士学位论文获评陕西省优秀博士学位论文。

〔**创新创业教育**〕 深化创新创业教育，学校入选陕西省高校实践育人创新创业基地，学生获国际性竞赛奖励9项、全国性竞赛奖励181项、省与区域性竞赛奖励275项。学生获专利授权542项。学校“四维四级”大学生心理健康教育模式成效明显，获批全国高校心理健康教育与咨询示范中心建设单位。健美操队、荷球队、舞蹈队和田径队在国内外赛事中取得优异成绩。

〔**师资队伍建设**〕 2016年，学校有教职员工3 655人，专任教师2 046人。其中正高职称384人、副高职称1 140人。接收94名博士，具有博士学位的教师达1 251人。全校评审通过教授、副教授48人，教授、副教授总数达1 174人。非本校毕业教师1 395人，占专任教师的68.2%。发挥政策导向作用，修订职称评审办法，引导教师致力于创新型人才的培养和高水平科研成果的产出。推进卓越人才队伍建设计划，加大高层次人才引进和培育力度。紧跟各类人才申报项目，举办陕西省“丝绸之路”青年学者论坛长安大学分论坛，各类高层次人才计划人选62人，新增“长江学者”2人。实施“走出去”战略，全年选派253名中青年骨干教师到国内外高校与科研机构进修、培训。拓宽与企事业单位合作培养渠道，全年招收博士后64人，在站博士后263人，55名博士后获基金资助62项，资助总金额369万元。

〔**科学研究**〕 推进卓越科研提升计划。新签自然科学、人文社科合同1 019项，合同额达5.68亿元，到款额达6.31亿元。新签100万元以上科技项目41项，高层次项目数量持续提高。加大国家重大基础研究项目培育力度，组织申报各类项目800余项，其中国家自然科学基金项目399项，获批60项，获批经费2 600万元。发挥中央高校基本科研业务费项目引导作用，全年立项406项，资助金额3 497万元。人文社科新签项目120项，合同额1 335万元，到款1 360万元。国家、省部级基金类项目51项，其中国家社科基金项目6项。

加大项目的组织培育力度，积极申报各类科技奖项，获省部级以上科技成果奖44项、省级人文社科奖6项。2016年，学校共发表论文2 442篇，被SCI、EI、CPCI、《光明日报》和人大复印资料全文数据库收录1 263篇。教师申请知识产权1 390项，授权专利1 385项，其中发明专利269项。学校教师在全国科技工作者创新创业大赛中获金奖1项、银奖1项。

〔**科研创新团队和平台建设**〕 持续推进高层次创新团队校内培育工作，3人获批省部级创新人才推进计划中青年科技创新领军人才，1个基地获批交通运输行业科技创新人才培养示范基地。“车联网”教育部—中国移动联合实验室、陕西省早期生命与环境重点实验室获立项。国土资源部岩浆作用成矿与找矿重点实验室正式揭牌。完成了公路基础设施耐久与安全国家重点实验室筹建前期工作。大学科技园已完成总平图预审，企业入驻、科技成果转化等工作进展顺利。智库建设取得新突破，陕西省文化产业协同创新研究中心、陕西省中国特色社会主义理论体系研究中心获批省级哲学社会科学重点研究基地。

〔**招生与就业**〕 学校有在籍学生4.21万余人，其中本、专科学生3.07万余人，博士、硕士研究生1.06万余人。2016年，招生11 628人（本科生6 129人，研究生2 998人，成教生2 157人，留学生344人），首次实行大类招生，本科理工类在全国25个省份录取线最低分高出一本线40—70分，在省内录取分数高出一本线93分。成人教育质量稳步提高，入选陕西省专业技术人员继续教育基地。学校兴华学院深化体制机制改革，办学活力进一步释放。落实“一把手工程”和“全员工程”，坚持“四位一体”的校院两级就业工作机制。完善特色服务及就业帮扶体系，搭建特色就业平台，拓宽就业渠道，做实基层就业、自主创业、预征入伍等项目。2016年，毕业生就业率达94.03%，其中研究生就业率为95.23%，本科生就业率为93.74%。

〔**拓宽筹资渠道**〕 争取到教育部拨付改善基本办学条件专项资金、“双一流”引导专项资金、陕西省高水平大学建设资金、捐赠收入财政配比资金等各类经费达3.86亿元，全年学校总收入达17.3亿元。合理配置和盘活财政存量资金，加大项目督查和问责力度，资金使用效益显著提高。

〔**教育交流与合作**〕 承办交通运输部机关处级领导干部调训班，向国土资源部提交国土资源人才工作报告。与韩城市、陕西汽车集团有限公司、中国交通通信信息中心等10家政府及企事业单位签署战略合作协议。召开教育基金会二届一次会议暨校友年会，完成理事会筹建前期有关工作。开展筹资工作，社会捐赠到账348万元。

加强国际合作，与印度理工学院、日本早稻田大学等19所高校签署合作协议。共建科研平台，成立中韩物流研究院、中澳地球科学联合研究中心等4个中外教育科研合作机构。打造优质海外留学平台，选派310余名学生留学和进修。留学生规模达713人，其中学历生占71%。举办国际交通基础设施和材料会议、第四届中美桥梁可持续发展研讨会、城镇地质环境与可持续发展论坛等20余次学术会议和各类学术讲座、报告320余次。来自20多个国家和地区的400余位专家学者到校交流，选派360余名教工出国交流与开展研究。获批教育部、国家外国专家局引智专项78项，经费738万元。

〔**加强资产管理和审计**〕 完成资产清查工作，加强国有资产管理。持续规范公务活动开支，降低行政管理成本。产业规范化建设稳步推进，全年上缴收入1 849万元。加大对重点领域的审计力度，全年完成审计58项，审计资金总额达1.1亿元，审减资金320万元。完成34位离任中层领导干部经济责任审计。

〔**平安校园建设**〕 改建新教工活动中心，扩建居委会办公场所，在学校渭水校区开通微循环电动车、启用公益自行车，对学生公寓、浴室、食堂进行修缮。完成“平安校园”验收工作，校园安全管理水平得到全面提升。

〔**后勤服务工作**〕 完善后勤运行体制机制，提高后勤保障服务能力。制定党群、行政部门工作职责，扩展学生事务服务中心职能，各项服务日益完善。

〔**民生服务工作**〕 完成了3 521名在职人员基本工资调标、2 404名离退休人员离退休费调增工作。校医院为5 853名职工以及15 538名学生做了体检。关心离退休教职工生活，落实国家政策规定的生活待遇。优化各类奖助项目，奖励资助学生52 346人次，奖励资助金额达1.7亿元。

撰稿　吕建辉
审稿　吴永红

兰 州 大 学

〔**综合改革**〕 2016年，编制完成学校“十三五”总体规划，明确学校未来五年的工作思路。围绕改革目标，分解工作任务，基本完成人事管理体制机制、科研评价机制、创新创业教育等13项综合改革年度重点推进事项。完成学校学术委员会换届工作，修订《兰州大学学术委员会章程》，健全学术权力运行体系。完成经济活动内部控制建设相关工作，提高学校内部管理水平。

〔**“双一流”建设**〕 以服务国家重大战略需求和区域经济社会发展为导向，将“双一流”建设与综合改革、“十三五”规划紧密结合，谋划部署“双一流”建设方向和领域。研究确定了野外台站（实习基地）、大数据中心（数据库）、与“丝绸之路”经济带相关的智库、生态环境与国土安全、材料和医药基础性研究、西部高发疾病机理与防治六个方面的建设内容。将教育部下达的“双一流”专项引导资金全部用于人才队伍建设和学科建设。

〔**学科建设**〕　学校学科涵盖12个学科门类。拥有8个国家重点学科、2个国家重点培育学科，32个省级重点学科、6个省级重点培育学科。有44个硕士学位授权一级学科、19个博士学位授权一级学科，18个硕士专业学位授权类型、1个博士专业学位授权类型，19个博士后科研流动站。

〔**本科生培养**〕　加强本科课堂教学听课管理，实施本科教学助教、指导教师和准入制度。成立教育教学发展顾问委员会，重新组建教师教学发展中心，支持开放课程和慕课课程建设，继续实施"主干基础课教学团队建设"。启动临床医学专业认证，制定《兰州大学医学院本科课堂教学工作规范》《兰州大学医学院本科实验课教学工作规范》，完善质量监控体系。1名教师获第三届全国高校青年教师教学竞赛一等奖，1名教师获甘肃省高等学校教学名师奖；1门课程入选首批国家级精品资源共享课。新增2个省特色专业、2个省教学团队。

〔**研究生培养**〕　持续推动学位与研究生教育内涵式发展。组织47个学科参加全国第四轮学科水平评估、4个专业学位授权类别参加专业学位水平评估试点。制定《兰州大学学位授权点动态调整办法》，建立有上有下的学位授权点动态管理新机制。加大推免生培育计划、优秀导师专项计划和推免生预录取实施力度，提升研究生生源质量。加强专业学位案例教学，落实"双导师制"，拓展实习实践平台，新增3个省研究生联合培养示范基地，671名研究生入驻南通基地。制定各学科类型学位授予标准，推进质量保证与监督体系建设。6篇博士学位论文入选省优秀博士学位论文，13篇硕士学位论文入选省优秀硕士学位论文；80人入选国家建设高水平大学公派研究生项目。

〔**创新创业教育**〕　加强创新创业教育和学生就业及管理服务工作。以优化学分设置、强化创新创业教育为重点，完成新一轮人才培养方案修订。召开创新创业教育工作会议，系统部署推进创新创业教育改革任务。建立24门创新创业类通识课程，建成8个创新创业教育基地，与兰州市政府签订共建兰州创业大学协议。学校入选第二批全国高校实践育人创新创业基地和首批深化创新创业教育改革示范高校。建成4个国家级孵化服务平台，学校科技园"萃英众创空间"被认定为第二批国家级众创空间和省优秀众创空间。加强学校就业指导中心建设，开展全程化就业教育，拓宽就业资源渠道，做好就业服务，学校2016届毕业生整体就业率为91.26%，其中到西部就业的学生达51.87%。强化日常管理，夯实基础工作，切实提高学生教育管理服务水平。调整组建大学生心理咨询中心，大力加强基础条件建设，入选第三批全国高校心理健康教育与咨询示范中心建设计划。网络与继续教育学院获评"2016中国最具社会影响力高校网络教育学院""中国现代远程教育（1998—2016）终身教育特别贡献奖"等称号。

〔**师资队伍建设**〕　学校在职教职工3 565人，有专任教师1 958人。其中教授等正高职称514人、副教授等副高职称706人，研究生导师1 534人，两院院士9人，教育部"长江学者"特聘教授13人，国家杰出青年科学基金获得者18人，国家"百千万人才工程"入选者11人，创新人才推进计划中青年科技创新领军人才3人，国家级教学名师4人，国务院学位委员会学科评议组成员10人，教育部"长江学者"青年学者项目人选2人，国家优秀青年科学基金获得者17人，教育部新世纪（跨世纪）人才129人，省教学名师22人，省领军人才90人。国家自然科学基金委创新研究群体4个，教育部创新团队8个，高等学校学科创新引智基地7个，国家级教学团队5个。2016年，引进"长江学者"特聘教授1人、"长江学者"讲座教授1人、"长江学者"青年项目人选1人；新增国家优秀青年科学基金获得者1人。

深入实施"萃英人才建设计划"，引进教授6人、副教授10人，其中引进外籍教师7人。聘任"萃英讲席教授"5人，聘请兼职教授38人。选聘38名优秀博士生到校工作。5名中期考核优秀的青年教授被聘为教授。遴选13名师资博士后进站工作。启动"萃英人才建设计划"修订工作，健全人才发展支持体系，鼓励青年教师在职攻读学位、出国留学、参加培训。

〔**科学研究**〕 获批国家重点研发计划课题3项、对发展中国家科技援外项目1项，国家自然科学基金项目171项（其中重点项目4项、重点国际合作项目1项）、国家社会科学基金项目26项（其中重大项目1项、重点项目2项），教育部人文社科项目23项，省科技计划91项、省社科规划项目22项。科研经费总计达3.75亿元，同比增长5%。获国家自然科学奖二等奖1项、技术发明奖二等奖1项，获教育部高等学校科学研究优秀成果奖（科学技术）4项。1名教授获2016年度何梁何利科学与技术创新奖。被SCIE收录科技论文1 564篇，同比增长5%，排名全国高校第33位；发表表现不俗论文660篇，排名全国高校第29位。2006—2015年SCI论文篇均被引次排名全国高校第21位。1篇论文入选2015年中国百篇最具影响国际学术论文，1名教授入选全球2016“高被引科学家”名单。截至2016年年底，学校获国家、部委和省级科技成果奖600余项，编辑出版各种专著、教材、译著1 000余部。根据自然指数发布，学校在自然指数所认定的68种期刊上发表论文174篇，位居全球第96位、亚太地区第25位、国内高校第十位。

〔**科研基地与团队建设**〕 2016年，学校有2个国家重点实验室、6个教育部重点实验室、2个农业部重点实验室、2个教育部人文社会科学重点研究基地、2个国家地方联合工程实验室、15个省重点实验室（含培育基地）、4个教育部工程研究中心、7个省工程研究中心（工程实验室）和1个国家自然科学基金委中德研究中心。科研基地和团队建设持续推进，新增各类重点研究基地11个，其中国家国际科技合作基地2个，国家地方联合工程实验室1个，海外联合研究中心1个，省重点实验室培育基地1个，甘肃省工程实验室2个。1个教育部创新团队获滚动支持，1个研究团队入选省高校协同创新科技团队。做好草地农业生态系统国家重点实验室和部分省部级重点实验室评估准备工作。

〔**人事制度改革**〕 推动人事制度改革，将正高级教师年度考核权下放到学院，推动管理重心下移。实施职员制，开展首次五级及以下职员聘任工作。制定《兰州大学聘用制人员管理办法》，完善人员聘用形式，拓宽人员补充渠道。

完善薪酬分配制度，健全社会保障体系。修订校内岗位业绩津贴分配方案，津贴总量同比增长20%，增量全部用于业绩津贴和绩效奖励津贴，扩大基层单位分配自主权。教职工人员经费支出增幅达15.86%，待遇进一步提高。根据国家和甘肃省政策调整工资水平，稳步推进养老保险制度改革。

〔**校园文化建设**〕 注重文化育人，以传承和弘扬学校精神为主题，营造积极向上的校园文化氛围。提升学校榆中校区校园环境育人功能，对校区1万余平方米的重点区域进行景观绿化，补种花卉、苗木2万余株。组建远方合唱团并复排《长征组歌》，专题演出得到省市领导和全校师生高度认可。受邀“五月的鲜花”全国大学生校园文艺演出，进入全国高校“校园好声音”四强，大型话剧《江隆基——从北大到兰大》获甘肃省第二届大学生戏剧展演活动优秀组织奖、优秀剧目奖等5个奖项。

〔**社会服务**〕 学校与宁夏回族自治区、白银市政府、甘肃中天集团、中国科学院近代物理研究所等单位签订合作协议。签署科技项目合同792份，金额达1.27亿元。授权专利150项。

〔**教育交流与合作**〕 深化国际交流合作，提高开放办学规模和层次，深化与世界高水平大学的合作。与境外高校签署合作协议19份。推进“一带一路”高校联盟发展，成员单位增至126个。举办高水平国际学术会议16次，聘请长短期国（境）外专家562名。全年因公临时出国（境）615人次，学术类出访占92%。学生交流规模扩大，品牌项目增多，779名学生赴国（境）外交流学习，同比增长12.6%，接收国（境）外学期制交换生64人。接待我国港澳台地区到访人员1 039人次，同比增长32%。

加强留学生工作，多渠道开展招生宣传、开拓招生市场，在校留学生共计452名。实施“教师科研培育计划”，加强留学生培养过程管理。加强孔子学院建设，3所共建孔子学院开展汉语教学和中国文化宣介，注册学员2 544人，同比增长24.6%。格鲁吉亚第比利斯开放教育大学孔子课堂项目获批通过。

〔**办学条件**〕　持续改善基本办学条件，推进和谐校园建设。加快在建工程建设进度，8号学生公寓、一分部12号教职工公寓交付使用，榆中校区青年教师公寓已竣工并达到入住条件。完成维修改造项目170余项，累计投入经费达986.25万元。维修改造附属小学教学楼、操场，办学条件得到明显改善，实现了一校一区统一管理。同时，进一步深化附属小学与南通师范学校第一、第二附属小学等名校的师资培训合作，牵头成立“李吉林情境教育兰州工作室”，推广情境教育进课堂。利用专项资金1 080.7万元建设榆中校区节能平台，实现榆中校区水电在线监测和分析。完成本部和医学校区供热管网热计量在线监测和远程调控，为节约型校园建设奠定基础。完成新校区用地范围勘测定界、可行性勘察报告和智慧校园建设初步方案，开展了建设需求摸底调查。

〔**校园管理服务工作**〕　盘活财政存量资金，落实预算执行主体责任，加强对二级核算单位的财务监管。修订《兰州大学科研经费管理办法》，加强科研经费管理。加强预算执行过程审计和科研经费管理审计，深化经济责任审计，完成经济责任审计项目9项。制定《兰州大学建设工程项目全过程跟踪审计实施办法》，完成工程结算审计155项，完成招标采购项目175项。基金会募捐收入快速增长，到账资金1 255万元，同比增长15.56%。

修订国有资产管理办法和资产处置流程，制定实物捐赠资产管理办法，进一步规范资产管理和配置。推进实验室安全建设，制定《兰州大学实验室危险废弃物管理办法》，组织学院签订实验室安全责任书。推进大型仪器设备开放共享。

推动“兰州大学智慧校园”建设和协同办公系统推广应用，实施一卡通升级换代项目。初步建成学校机构知识库。启动档案数字化工作，出版发行“萃英记忆工程”《我的兰大——人物访谈录1》，建成珍贵档案展厅。开展校园周边治安、交通、消防、道路安全和经营秩序等方面整治工作。加强教代会建设，发挥学校工会的桥梁纽带作用。召开首届各地校友组织负责人联席会，校友工作机制进一步理顺，重庆、云南等地的校友组织相继成立。

撰稿　程亚娟
审稿　陈文波

文件选编

国务院关于加强农村留守儿童关爱保护工作的意见

（2016年2月4日）

各省、自治区、直辖市人民政府，国务院各部委、各直属机构：

近年来，随着我国经济社会发展和工业化、城镇化进程推进，一些地方农村劳动力为改善家庭经济状况、寻求更好发展，走出家乡务工、创业，但受工作不稳定和居住、教育、照料等客观条件限制，有的选择将未成年子女留在家乡交由他人监护照料，导致大量农村留守儿童出现。农村劳动力外出务工为我国经济建设作出了积极贡献，对改善自身家庭经济状况起到了重要作用，客观上为子女的教育和成长创造了一定的物质基础和条件，但也导致部分儿童与父母长期分离，缺乏亲情关爱和有效监护，出现心理健康问题甚至极端行为，遭受意外伤害甚至不法侵害。这些问题严重影响儿童健康成长，影响社会和谐稳定，各方高度关注，社会反响强烈。进一步加强农村留守儿童关爱保护工作，为广大农村留守儿童健康成长创造更好的环境，是一项重要而紧迫的任务。现提出以下意见。

一、充分认识做好农村留守儿童关爱保护工作的重要意义

留守儿童是指父母双方外出务工或一方外出务工另一方无监护能力、不满十六周岁的未成年人。农村留守儿童问题是我国经济社会发展中的阶段性问题，是我国城乡发展不均衡、公共服务不均等、社会保障不完善等问题的深刻反映。近年来，各地区、各有关部门积极开展农村留守儿童关爱保护工作，对促进广大农村留守儿童健康成长起到了积极作用，但工作中还存在一些薄弱环节，突出表现在家庭监护缺乏监督指导、关爱服务体系不完善、救助保护机制不健全等方面，农村留守儿童关爱保护工作制度化、规范化、机制化建设亟待加强。

农村留守儿童和其他儿童一样是祖国的未来和希望，需要全社会的共同关心。做好农村留守儿童关爱保护工作，关系到未成年人健康成长，关系到家庭幸福与社会和谐，关系到全面建成小康社会大局。党中央、国务院对做好农村留守儿童关爱保护工作高度重视。加强农村留守儿童关爱保护工作、维护未成年人合法权益，是各级政府的重要职责，也是家庭和全社会的共同责任。各地区、各有关部门要充分认识加强农村留守儿童关爱保护工作的重要性和紧迫性，增强责任感和使命感，加大工作力度，采取有效措施，确保农村留守儿童得到妥善监护照料和更好关爱保护。

二、总体要求

（一）指导思想。全面落实党的十八大和十八届二中、三中、四中、五中全会精神，深入贯彻习近平总书记系列重要讲话精神，按照国务院决策部署，以促进未成年人健康成长为出发点和落脚点，坚持依法保护，不断健全法律法规和制度机制，坚持问题导向，强化家庭监护主体责任，加大关爱保护力度，逐步减少儿童留守现象，确保农村留守儿童安全、健康、受教育等权益得到有效保障。

（二）基本原则。

坚持家庭尽责。落实家庭监护主体责任，监护人要依法尽责，在家庭发展中首先考虑儿童利益；加强对家庭监护和委托监护的督促指导，确保农村留守儿童得到妥善监护照料、亲情关爱和家庭温暖。

坚持政府主导。把农村留守儿童关爱保护工作作为各级政府重要工作内容，落实县、乡镇人民政府属地责任，强化民政等有关部门的监督指导责任，健全农村留守儿童关爱服务体系和救助保护机制，切实保障农村留守儿童合法权益。

坚持全民关爱。充分发挥村（居）民委员会、群团组织、社会组织、专业社会工作者、志愿者等各方面积极作用，着力解决农村留守儿童在生活、监护、成长过程中遇到的困难和问题，形成全社会关爱农村留守儿童的良好氛围。

坚持标本兼治。既立足当前，完善政策措施，健全工作机制，着力解决农村留守儿童监护缺失等突出问题；又着眼长远，统筹城乡发展，从根本上解决儿童留守问题。

（三）总体目标。家庭、政府、学校尽职尽责，社会力量积极参与的农村留守儿童关爱保护工作体系全面建立，强制报告、应急处置、评估帮扶、监护干预等农村留守儿童救助保护机制有效运行，侵害农村留守儿童权益的事件得到有效遏制。到2020年，未成年人保护法律法规和制度体系更加健全，全社会关爱保护儿童的意识普遍增强，儿童成长环境更为改善、安全更有保障，儿童留守现象明显减少。

三、完善农村留守儿童关爱服务体系

（一）强化家庭监护主体责任。父母要依法履行对未成年子女的监护职责和抚养义务。外出务工人员要尽量携带未成年子女共同生活或父母一方留家照料，暂不具备条件的应当委托有监护能力的亲属或其他成年人代为监护，不得让不满十六周岁的儿童脱离监护单独居住生活。外出务工人员要与留守未成年子女常联系、多见面，及时了解掌握他们的生活、学习和心理状况，给予更多亲情关爱。父母或受委托监护人不履行监护职责的，村（居）民委员会、公安机关和有关部门要及时予以劝诫、制止；情节严重或造成严重后果的，公安等有关机关要依法追究其责任。

（二）落实县、乡镇人民政府和村（居）民委员会职责。县级人民政府要切实加强统筹协调和督促检查，结合本地实际制定切实可行的农村留守儿童关爱保护政策措施，认真组织开展关爱保护行动，确保关爱保护工作覆盖本行政区域内所有农村留守儿童。乡镇人民政府（街道办事处）和村（居）民委员会要加强对监护人的法治宣传、监护监督和指导，督促其履行监护责任，提高监护能力。村（居）民委员会要定期走访、全面排查，及时掌握农村留守儿童的家庭情况、监护情况、就学情况等基本信息，并向乡镇人民政府（街道办事处）报告；要为农村留守儿童通过电话、视频等方式与父母联系提供便利。乡镇人民政府（街道办事处）要建立翔实完备的农村留守儿童信息台账，一人一档案，实行动态管理、精准施策，为有关部门和社会力量参与农村留守儿童关爱保护工作提供支持；通过党员干部上门家访、驻村干部探访、专业社会工作者随访等方式，对重点对象进行核查，确保农村留守儿童得到妥善照料。县级民政部门及救助管理机构要对乡镇人民政府（街道办事处）、村（居）民委员会开展的监护监督等工作提供政策指导和技术支持。

（三）加大教育部门和学校关爱保护力度。县级人民政府要完善控辍保学部门协调机制，督促监护人送适龄儿童、少年入学并完成义务教育。教育行政部门要落实免费义务教育和教育资助政策，确保农村留守儿童不因贫困而失学；支持和指导中小学校加强心理健康教育，促进学生心理、人格积极健康发展，及早发现并纠正心理问题和不良行为；加强对农村留守儿童相对集中学校教职工的专题培训，着重提高班主任和宿舍管理人员关爱照料农村留守儿童的能力；会同公安机关指导和协助中小学校完善人防、物防、技防措施，加强校园安全管理，做好法治宣传和安全教育，帮助儿童增强防范不法侵害的意识、掌握预防意外伤害的安全常识。中小学校要对农村留守儿童受教育情况实施全程管理，利用电话、家访、家长会等方式加强与家长、受委托监护人的沟通交流，了解农村留守儿童生活情况和思想动态，帮助监护人掌握农村留守儿童学习情况，提升监护人责任意识和教育管理能力；及时了解无故旷课农村留守儿童情况，落实辍学学生登记、劝返复学和书面报告制度，劝返无效的，应书面报告县级教育行政部门和乡镇人民政府，依法采取措施劝返复学；帮助农村留守儿童通过电话、视频等方式加强与父母的情感联系和亲情交流。寄宿制学校要完善教职工值班制度，落实学生宿舍安全管理责任，丰富校园文化生活，引导寄宿学生积极参与体育、艺术、社会实践等活动，增强学校教育吸引力。

（四）发挥群团组织关爱服务优势。各级工会、共青团、妇联、残联、关工委等群团组织要发挥自身优势，积极为农村留守儿童提供假期日间照料、课后辅导、心理疏导等关爱服务。工会、共青团要广泛动员广大职工、团员青年、少先队员等开展多种形式的农村留守儿童关爱服务和互助活动。妇联要依托妇女之家、儿童之家等活动场所，为农村留守儿童和其他儿童提供关爱服务，加强对农村留守儿童父母、受委托监护人的家庭教育指导，引导他们及时关注农村留守儿童身心健康状况，加强亲情关爱。残联要组织开展农村留守残疾儿童康复等工作。关工委要组织动员广大老干部、老战士、老专家、老教师、老模范等离退休老同志，协同做好农村留守儿童的关爱与服务工作。

（五）推动社会力量积极参与。加快孵化培育社会工作专业服务机构、公益慈善类社会组织、志愿服务组织，民政等部门要通过政府购买服务等方式支持其深入城乡社区、学校和家庭，开展农村留守儿童监护指导、心理疏导、行为矫治、社会融入和家庭关系调适等专业服务。充分发挥市场机制作用，支持社会组织、爱心企业依托学校、社区综合服务设施举办农村留守儿童托管服务机构，财税部门要依法落实税费减免优惠政策。

四、建立健全农村留守儿童救助保护机制

（一）建立强制报告机制。学校、幼儿园、医疗机构、村（居）民委员会、社会工作服务机构、救助管理机构、福利机构及其工作人员，在工作中发现农村留守儿童脱离监护单独居住生活或失踪、监护人丧失监护能力或不履行监护责任、疑似遭受家庭暴力、疑似遭受意外伤害或不法侵害等情况的，应当在第一时间向公安机关报告。负有强制报告责任的单位和人员未履行报告义务的，其上级机关和有关部门要严肃追责。其他公民、社会组织积极向公安机关报告的，应及时给予表扬和奖励。

（二）完善应急处置机制。公安机关要及时受理有关报告，第一时间出警调查，有针对性地采取应急处置措施，强制报告责任人要协助公安机关做好调查和应急处置工作。属于农村留守儿童单独居住生活的，要责令其父母立即返回或确定受委托监护人，并对父母进行训诫；属于监护人丧失监护能力或不履行监护责任的，要联系农村留守儿童父母立即返回或委托其他亲属监护照料；上述两种情形联系不上农村留守儿童父母的，要就近护送至其他近亲属、村（居）民委员会或救助管理机构、福利机构临时监护照料，并协助通知农村留守儿童父母立即返回或重新确定受委托监护人。属于失踪的，要按照儿童失踪快速查找机制及时开展调查。属于遭受家庭暴力的，要依法制止，必要时通知并协助民政部门将其安置到临时庇护场所、救助管理机构或者福利机构实施保护；属于遭受其他不法侵害、意外伤害的，要依法制止侵害行为、实施保护；对于上述两种情形，要按照有关规定调查取证，协助其就医、鉴定伤情，为进一步采取干预措施、依法追究相关法律责任打下基础。公安机关要将相关情况及时通报乡镇人民政府（街道办事处）。

（三）健全评估帮扶机制。乡镇人民政府（街道办事处）接到公安机关通报后，要会同民政部门、公安机关在村（居）民委员会、中小学校、医疗机构以及亲属、社会工作专业服务机构的协助下，对农村留守儿童的安全处境、监护情况、身心健康状况等进行调查评估，有针对性地安排监护指

导、医疗救治、心理疏导、行为矫治、法律服务、法律援助等专业服务。对于监护人家庭经济困难且符合有关社会救助、社会福利政策的，民政及其他社会救助部门要及时纳入保障范围。

（四）强化监护干预机制。对实施家庭暴力、虐待或遗弃农村留守儿童的父母或受委托监护人，公安机关应当给予批评教育，必要时予以治安管理处罚，情节恶劣构成犯罪的，依法立案侦查。对于监护人将农村留守儿童置于无人监管和照看状态导致其面临危险且经教育不改的，或者拒不履行监护职责六个月以上导致农村留守儿童生活无着的，或者实施家庭暴力、虐待或遗弃农村留守儿童导致其身心健康严重受损的，其近亲属、村（居）民委员会、县级民政部门等有关人员或者单位要依法向人民法院申请撤销监护人资格，另行指定监护人。

五、从源头上逐步减少儿童留守现象

（一）为农民工家庭提供更多帮扶支持。各地要大力推进农民工市民化，为其监护照料未成年子女创造更好条件。符合落户条件的要有序推进其本人及家属落户。符合住房保障条件的要纳入保障范围，通过实物配租公共租赁住房或发放租赁补贴等方式，满足其家庭的基本居住需求。不符合上述条件的，要在生活居住、日间照料、义务教育、医疗卫生等方面提供帮助。倡导用工单位、社会组织和专业社会工作者、志愿者队伍等社会力量，为其照料未成年子女提供便利条件和更多帮助。公办义务教育学校要普遍对农民工未成年子女开放，要通过政府购买服务等方式支持农民工未成年子女接受义务教育；完善和落实符合条件的农民工子女在输入地参加中考、高考政策。

（二）引导扶持农民工返乡创业就业。各地要大力发展县域经济，落实国务院关于支持农民工返乡创业就业的一系列政策措施。中西部地区要充分发挥比较优势，积极承接东部地区产业转移，加快发展地方优势特色产业，加强基本公共服务，制定和落实财政、金融等优惠扶持政策，落实定向减税和普遍性降费政策，为农民工返乡创业就业提供便利条件。人力资源社会保障等有关部门要广泛宣传农民工返乡创业就业政策，加强农村劳动力的就业创业技能培训，对有意愿就业创业的，要有针对性地推荐用工岗位信息或创业项目信息。

六、强化农村留守儿童关爱保护工作保障措施

（一）加强组织领导。各地要将农村留守儿童关爱保护工作纳入重要议事日程，建立健全政府领导，民政部门牵头，教育、公安、司法行政、卫生计生等部门和妇联、共青团等群团组织参加的农村留守儿童关爱保护工作领导机制，及时研究解决工作中的重大问题。民政部要牵头建立农村留守儿童关爱保护工作部际联席会议制度，会同有关部门在2016年上半年开展一次全面的农村留守儿童摸底排查，依托现有信息系统完善农村留守儿童信息管理功能，健全信息报送机制。各级妇儿工委和农民工工作领导小组要将农村留守儿童关爱保护作为重要工作内容，统筹推进相关工作。各地民政、公安、教育等部门要强化责任意识，督促有关方面落实相关责任。要加快推动完善未成年人保护相关法律法规，进一步明确权利义务和各方职责，特别要强化家庭监护主体责任，为农村留守儿童关爱保护工作提供有力法律保障。

（二）加强能力建设。统筹各方资源，充分发挥政府、市场、社会的作用，逐步完善救助管理机构、福利机构场所设施，满足临时监护照料农村留守儿童的需要。加强农村寄宿制学校建设，促进寄宿制学校合理分布，满足农村留守儿童入学需求。利用现有公共服务设施开辟儿童活动场所，提供必要托管服务。各级财政部门要优化和调整支出结构，多渠道筹措资金，支持做好农村留守儿童关爱保护工作。各地要积极引导社会资金投入，为农村留守儿童关爱保护工作提供更加有力的支撑。各地区、各有关部门要加强农村留守儿童关爱保护工作队伍建设，配齐配强工作人员，确保事有人干、责有人负。

（三）强化激励问责。各地要建立和完善工作考核和责任追究机制，对认真履责、工作落实到位、成效明显的，要按照国家有关规定予以表扬和奖励；对工作不力、措施不实、造成严重后果的，要追究有关领导和人员责任。对贡献突出的社会组织和个人，要适当给予奖励。

（四）做好宣传引导。加强未成年人保护法律

法规和政策措施宣传工作，开展形式多样的宣传教育活动，强化政府主导、全民关爱的责任意识和家庭自觉履行监护责任的法律意识。建立健全舆情监测预警和应对机制，理性引导社会舆论，及时回应社会关切，宣传报道先进典型，营造良好社会氛围。

各省（区、市）要结合本地实际，制定具体实施方案。对本意见的执行情况，国务院将适时组织专项督查。

国务院

2016 年 2 月 4 日

国务院关于统筹推进县域内城乡义务教育一体化改革发展的若干意见

（2016 年 7 月 2 日）

各省、自治区、直辖市人民政府，国务院各部委、各直属机构：

义务教育是教育工作的重中之重，是国家必须保障的公益性事业，是必须优先发展的基本公共事业，是脱贫攻坚的基础性事业。当前，我国已进入全面建成小康社会的决胜阶段，正处于新型城镇化深入发展的关键时期，这对整体提升义务教育办学条件和教育质量提出了新要求。同时，户籍制度改革、计划生育政策调整、人口及学生流动给城乡义务教育学校规划布局和城镇学位供给带来了巨大挑战。在许多地方，城乡二元结构矛盾仍然突出，乡村优质教育资源紧缺，教育质量亟待提高；城镇教育资源配置不适应新型城镇化发展，大班额问题严重。为落实全面建成小康社会要求，促进义务教育事业持续健康发展，现就统筹推进县域内城乡义务教育一体化改革发展提出如下意见。

一、指导思想

全面贯彻党的十八大和十八届三中、四中、五中全会精神，深入贯彻习近平总书记系列重要讲话精神，按照“四个全面”战略布局和党中央、国务院决策部署，切实加强党对教育工作的领导，坚持以新发展理念为引领，落实立德树人根本任务，加强学校党的建设，深化综合改革，推进依法治教，提高教育质量，统筹推进县域内城乡义务教育一体化改革发展。适应全面建成小康社会需要，合理规划城乡义务教育学校布局建设，完善城乡义务教育经费保障机制，统筹城乡教育资源配置，向乡村和城乡结合部倾斜，大力提高乡村教育质量，适度稳定乡村生源，增加城镇义务教育学位和乡镇学校寄宿床位，推进城镇义务教育公共服务常住人口全覆盖，着力解决“乡村弱”和“城镇挤”问题，巩固和均衡发展九年义务教育，加快缩小县域内城乡教育差距，为到 2020 年教育现代化取得重要进展和全面建成小康社会奠定坚实基础。

二、基本原则

优先发展，统筹规划。在推进新型城镇化进程中坚持优先发展义务教育，做到公共资源配置上对义务教育统筹规划、优先发展和重点保障。坚持城乡并重和软硬件并重，科学推进城乡义务教育公办学校标准化建设。

深化改革，创新机制。深化义务教育治理结构、教师管理和保障机制改革，构建与常住人口增长趋势和空间布局相适应的城乡义务教育学校布局建设机制，完善义务教育治理体系，提升义务教育治理能力现代化水平。

提高质量，公平共享。把立德树人作为根本任务，把均衡发展和品质提升作为重要抓手，积极培育和践行社会主义核心价值观，促进教育公平，使城乡学生共享有质量的教育。

分类指导，有序推进。针对东中西部、城镇类型、城镇化水平和乡村实际情况，因地制宜选择发展路径，科学规划城乡义务教育规模，保障教师按需配置，引导学生合理流动。

三、工作目标

加快推进县域内城乡义务教育学校建设标准统一、教师编制标准统一、生均公用经费基准定额统一、基本装备配置标准统一和“两免一补”政策城乡全覆盖，到2020年，城乡二元结构壁垒基本消除，义务教育与城镇化发展基本协调；城乡学校布局更加合理，大班额基本消除，乡村完全小学、初中或九年一贯制学校、寄宿制学校标准化建设取得显著进展，乡村小规模学校（含教学点）达到相应要求；城乡师资配置基本均衡，乡村教师待遇稳步提高、岗位吸引力大幅增强，乡村教育质量明显提升，教育脱贫任务全面完成。义务教育普及水平进一步巩固提高，九年义务教育巩固率达到95%。县域义务教育均衡发展和城乡基本公共教育服务均等化基本实现。

四、主要措施

（一）同步建设城镇学校。各地要按照城镇化规划和常住人口规模编制城镇义务教育学校布局规划，根据学龄人口变化趋势、中小学建设标准，预留足够的义务教育学校用地，纳入城市、镇规划并严格实施，不得随意变更，确保城镇学校建设用地。实行教育用地联审联批制度，新建配套学校建设方案，相关部门应征得同级教育行政部门同意。依法落实城镇新建居住区配套标准化学校建设，老城区改造配套学校建设不足和未达到配建学校标准的小规模居住区，由当地政府统筹新建或改扩建配套学校，确保足够的学位供给，满足学生就近入学需要。地方政府要实施“交钥匙”工程，确保配套学校建设与住宅建设首期项目同步规划、同步建设、同步交付使用。

（二）努力办好乡村教育。各地要结合国家加快水电路气等基础设施向农村延伸，在交通便利、公共服务成型的农村地区合理布局义务教育学校。同时，办好必要的乡村小规模学校。因撤并学校造成学生就学困难的，当地政府应因地制宜，采取多种方式予以妥善解决。合理制定闲置校园校舍综合利用方案，严格规范权属确认、用途变更、资产处置等程序，并优先用于教育事业。要切实提高教育资源使用效益，避免出现“边建设、边闲置”现象。着力提升乡村教育质量，按照国家课程方案开设国家课程，通过开展城乡对口帮扶和一体化办学、加强校长教师轮岗交流和乡村校长教师培训、利用信息技术共享优质资源、将优质高中招生分配指标向乡村初中倾斜等方式，补齐乡村教育短板。推动城乡教师交流，城镇学校和优质学校教师每学年到乡村学校交流轮岗的比例不低于符合交流条件教师总数的10%，其中骨干教师不低于交流轮岗教师总数的20%。结合乡村教育实际，定向培养能够承担多门学科教学任务的教师，提高教师思想政治素质和师德水平，加强对学生的思想品德教育和爱国主义教育，在音乐和美术（或艺术）、体育与健康等学科中融入优秀传统艺术和体育项目，在学科教学特别是品德、科学教学中突出实践环节，确保综合实践和校外教育活动常态化。开展专题教育、地方课程和学校课程等课程整合试点，进一步增强课程的基础性、适宜性和教学吸引力。

（三）科学推进学校标准化建设。各地要逐县（市、区）逐校建立义务教育学校标准化建设台账，全面摸清情况，完善寄宿制学校、乡村小规模学校办学标准，科学推进城乡义务教育公办学校标准化建设，全面改善贫困地区义务教育薄弱学校基本办学条件。提升乡村学校信息化水平，全面提高乡村教师运用信息技术能力，促进优质教育资源共享。适当提高寄宿制学校、规模较小学校和北方取暖地区学校公用经费补助水平，切实保障正常运转。落实义务教育学校管理标准，提高学校管理标准化水平。重点提高乡镇寄宿制学校管理服务水平，通过政府购买服务等方式为乡镇寄宿制学校提供工勤和教学辅助服务。各地要在县域义务教育基本均衡的基础上，促进义务教育优质均衡发展，探索市（地）域义务教育均衡发展实现路径，鼓励有条件的地区在更大范围开展城乡义务教育一体化改革发展试点，发挥引领示范作用。

（四）实施消除大班额计划。省级人民政府要结合本地实际制订消除大班额专项规划，明确工作任务和时间表、路线图，到2018年基本消除66人以上超大班额，到2020年基本消除56人以上大班额。各地要统筹“十三五”期间义务教育学校建设项目，按照国家规定班额标准，新建和改扩建校园校舍，重点解决城镇大班额问题，加快消除现有大班额。要通过城乡义务教育一体化、实施学区化集团化办学或学校联盟、均衡配置师资等方式，加大对薄弱学校和乡村学校的扶持力度，促进均衡发展，限制班额超标学校招生人数，合理分流学生。县级教育行政部门要建立消除大班额工作台账，对大班额学校实行销号管理，避免产生新的大班额问题。各省级人民政府要于2016年年底前将消除大班额专项规划报国家教育体制改革领导小组备案。

（五）统筹城乡师资配置。各地要依据义务教育学校教职工编制标准、学生规模和教育教学需要，按照中央严格控制机构编制有关要求，合理核定义务教育学校教职工编制。建立城乡义务教育学校教职工编制统筹配置机制和跨区域调整机制，实行教职工编制城乡、区域统筹和动态管理，盘活编制存量，提高使用效益。国务院人力资源社会保障部门和教育部门要研究确定县域统一的义务教育学校岗位结构比例，完善职称评聘政策，逐步推动县域内同学段学校岗位结构协调并向乡村适当倾斜，实现职称评审与岗位聘用制度的有效衔接，吸引优秀教师向农村流动。县级教育行政部门在核定的教职工编制总额和岗位总量内，要按照班额、生源等情况，充分考虑乡村小规模学校、寄宿制学校和城镇学校的实际需要，统筹分配各校教职工编制和岗位数量，并向同级机构编制部门、人力资源社会保障部门和财政部门备案。全面推进教师“县管校聘”改革，按照教师职业特点和岗位要求，完善教师招聘机制，统筹调配编内教师资源，着力解决乡村教师结构性缺员和城镇师资不足问题。严禁在有合格教师来源的情况下“有编不补”、长期聘用编外教师，严禁挤占挪用义务教育学校教职工编制和各种形式“吃空饷”。积极鼓励和引导乡村志愿支教活动。

（六）改革乡村教师待遇保障机制。各地要实行乡村教师收入分配倾斜政策，落实并完善集中连片特困地区和边远艰苦地区乡村教师生活补助政策，因地制宜稳步扩大实施范围，按照越往基层、越往艰苦地区补助水平越高的原则，使乡村教师实际工资收入水平不低于同职级县镇教师工资收入水平。健全长效联动机制，核定义务教育学校绩效工资总量时统筹考虑当地公务员实际收入水平，确保县域内义务教育教师平均工资收入水平不低于当地公务员的平均工资收入水平。建立乡村教师荣誉制度，使广大乡村教师有更多的获得感。完善乡村教师职业发展保障机制，合理设置乡村学校中级、高级教师岗位比例。落实中小学教师职称评聘结合政策，确保乡村学校教师职称即评即聘。将符合条件的边远艰苦地区乡村学校教师纳入当地政府住房保障体系，加快边远艰苦地区乡村教师周转宿舍建设。

（七）改革教育治理体系。各地要深化义务教育治理结构改革，完善县域内城乡义务教育一体化改革发展监测评估标准和督导评估机制，切实提高政府教育治理能力。在实行“以县为主”管理体制基础上，进一步加强省级政府统筹，完善乡村小规模学校办学机制和管理办法，将村小学和教学点纳入对乡村中心学校考核，加强乡村中心学校对村小学、教学点的指导和管理。充分发挥学校党组织政治核心作用，坚持育人为本、德育为先，全面加强思想政治教育；认真落实校长负责制，全面推进学校章程建设，完善学校重大事项决策机制，逐步形成中国特色的依法办学、自主管理、民主监督、社会参与的现代学校制度。落实学校办学自主地位，完善家长委员会，推动社区参与学校治理，建立第三方评价机制，促进学校品质提升。健全校长和班主任工作激励机制，根据考核结果合理确定校长绩效工资水平，坚持绩效工资分配向班主任倾斜，班主任工作量按当地教师标准课时工作量一半计算。创新校外教育方式，构建校内外教育相互衔接的育人机制。探索建立学生意外伤害援助机制和涉校涉生矛盾纠纷调解仲裁机制，维护学校正常教育教学秩序和师生合法权益，推动平安校园建设。

（八）改革控辍保学机制。县级人民政府要完善控辍保学部门协调机制，督促监护人送适龄儿童、少年入学并完成义务教育。进一步落实县级教育行政部门、乡镇政府、村（居）委会、学校和适龄儿童父母或其他监护人控辍保学责任，建立控辍保学目标责任制和联控联保机制。县级教育行政部门要依托全国中小学生学籍信息管理系统建立控辍保学动态监测机制，加强对农村、边远、贫困、民族等重点地区，初中等重点学段，以及流动留守儿童、家庭经济贫困儿童等重点群体的监控。义务教育学校要加大对学习困难学生的帮扶力度，落实辍学学生劝返、登记和书面报告制度，劝返无效的，应书面报告县级教育行政部门和乡镇人民政府，相关部门应依法采取措施劝返复学。居民委员会和村民委员会要协助政府做好控辍保学工作。各地要加大对家庭经济困难学生的社会救助和教育资助力度，优先将建档立卡的贫困户家庭学生纳入资助范围。深入实施农村义务教育学生营养改善计划，提高营养膳食质量，改善学生营养状况。通过保障就近入学、建设乡镇寄宿制学校、增设公共交通线路、提供校车服务等方式，确保乡村适龄儿童不因上学不便而辍学。针对农村残疾儿童实际，做到“一人一案”，切实保障农村残疾儿童平等接受义务教育权利。完善学生资助政策，继续扩大面向贫困地区定向招生专项计划招生人数，畅通绿色升学通道，切实提高贫困家庭学生升学信心。

（九）改革随迁子女就学机制。各地要进一步强化流入地政府责任，将随迁子女义务教育纳入城镇发展规划和财政保障范围，坚持积极进取、实事求是、稳步推进，适应户籍制度改革要求，建立以居住证为主要依据的随迁子女入学政策，切实简化优化随迁子女入学流程和证明要求，提供便民服务，依法保障随迁子女平等接受义务教育。利用全国中小学生学籍信息管理系统数据，推动“两免一补”资金和生均公用经费基准定额资金随学生流动可携带。要坚持以公办学校为主安排随迁子女就学，对于公办学校学位不足的可以通过政府购买服务方式安排在普惠性民办学校就读。实现混合编班和统一管理，促进随迁子女融入学校和社区。公办和民办学校都不得向随迁子女收取有别于本地户籍学生的任何费用。特大城市和随迁子女特别集中的地方，可根据实际制定随迁子女入学的具体办法。

（十）加强留守儿童关爱保护。各地要落实县、乡人民政府属地责任，建立家庭、政府、学校尽职尽责，社会力量积极参与的农村留守儿童关爱保护工作体系，促进农村留守儿童健康成长。要深入排查，建立台账，全面掌握留守儿童基本情况，加强关爱服务和救助保护，帮助解决实际困难，确保留守儿童人身安全。中小学校要加强法治教育、安全教育和心理健康教育，积极开展心理辅导。强化家庭监护主体责任，鼓励父母取得居住证的适龄儿童随父母在工作地就近入学，外出务工父母要依法履行监护职责和抚养义务。依法追究父母或其他监护人不履行监护职责的责任，依法处置各种侵害留守儿童合法权益的违法行为。发挥乡镇政府和村委会作用，督促外出务工家长履行监护责任。

五、组织保障

（一）加强党的领导。各地要认真落实党委全面从严治党主体责任，进一步加强新形势下党对城乡义务教育一体化改革发展工作的领导，全面贯彻党的教育方针，坚持社会主义办学方向。要高度重视义务教育学校党建工作，建立健全党委统一领导、教育部门具体负责、有关方面齐抓共管的学校党建工作领导体制，全面加强学校党组织建设，实现党组织全覆盖，严格党组织生活，切实做好教师思想政治工作，注重从优秀教师中发展党员，充分发挥学校党组织的战斗堡垒作用和党员教师的先锋模范作用。

（二）落实政府责任。各地要加强省级政府统筹，根据国家新型城镇化发展的总体部署和本地城镇化进程，把义务教育摆在优先发展的突出位置，纳入城镇发展规划。完善相关政策措施，通过政府购买服务、税收激励等引导和鼓励社会力量支持义务教育发展。把统筹推进县域内城乡义务教育一体化改革发展作为地方各级政府政绩考核的重要内容，完善考核机制，健全部门协调机制，及时研究解决义务教育改革发展面临的重大问题和人民群众普遍关心的热点问题，确保各项改革措施落实到位、工作目标按期实现，促进义务教育与新型城镇化协调发展。

（三）明确部门职责。各级教育部门要加强同有关部门的协调沟通，编制完善义务教育规划，积极推动县域内城乡义务教育一体化改革发展各项措施落实到位。发展改革部门在编制相关规划时，要统筹考虑义务教育学校布局，在安排重大项目和资金投入时优先支持义务教育学校建设。财政部门和教育部门要积极建立和完善城乡统一、重在农村的义务教育经费保障机制。公安部门要加强居住证管理，建立随迁子女登记制度，及时向同级教育行政部门通报有关信息。民政部门要将符合条件的特殊困难流动留守儿童和家庭经济困难儿童纳入社会救助政策保障范围，落实兜底保障职责。机构编制部门和人力资源社会保障部门要为推动实现统筹分配城乡学校教职工编制和岗位提供政策支持。人力资源社会保障部门要加强监督检查，依法督促落实职工带薪年休假制度，支持外出务工父母定期回乡看望留守儿童。国土部门要依法切实保障学校建设用地。城乡规划主管部门制定控制性详细规划涉及中小学用地的，应当征求同级教育行政部门意见。未按照规划配套建设学校的，不得发放建设工程规划核实合格书，不得办理竣工验收备案。

（四）加强督导检查。地方各级政府要加强对本地区落实有关义务教育工作情况的专项检查，定期向同级人民代表大会或其常务委员会报告义务教育工作情况。各级教育督导部门要开展县域内城乡义务教育一体化改革发展主要措施落实和工作目标完成情况的专项督导检查，完善督导检查结果公告制度和限期整改制度，强化督导结果运用。对因工作落实不到位，造成不良社会影响的部门和有关责任人，要严肃问责。

（五）营造良好氛围。各地要加大对国家新型城镇化规划、脱贫攻坚、户籍制度改革、居住证制度、县域内城乡义务教育一体化改革发展工作等的综合宣传和政策解读力度，进一步凝聚人心，统一认识，在全社会营造关心支持义务教育工作的良好氛围。要依法推进学校信息公开，有效发挥社会监督和舆论监督的积极作用。各地要认真总结成功做法和典型经验，并通过多种形式进行深入宣传和推广，使义务教育改革发展更好地服务于新型城镇化建设和全面建成小康社会奋斗目标。

国务院

2016年7月2日

国务院关于鼓励社会力量兴办教育促进民办教育健康发展的若干意见

（2016年12月29日）

各省、自治区、直辖市人民政府，国务院各部委、各直属机构：

社会力量兴办教育是指各种社会力量以捐赠、出资、投资、合作等方式举办或者参与举办法律法规允许的各级各类学校和其他教育机构。改革开放以来，作为社会力量兴办教育主要形式的民办教育不断发展壮大，形成了从学前教育到高等教育、从学历教育到非学历教育，层次类型多样、充满生机活力的发展局面，有效增加了教育服务供给，为推动教育现代化、促进经济社会发展作出了积极贡献，已经成为社会主义教育事业的重要组成部分。同时，民办教育也面临许多制约发展的问题和困难。为鼓励社会力量兴办教育，促进民办教育健康发展，现提出如下意见。

一、总体要求

（一）指导思想。全面贯彻落实党的十八大和十八届三中、四中、五中、六中全会精神，深入贯彻习近平总书记系列重要讲话精神，按照“四个全面”战略布局和党中央、国务院决策部署，牢固树立并切实贯彻创新、协调、绿色、开放、共享五大发展理念，全面贯彻党的教育方针，坚持社会主义办学方向，坚持立德树人，培育和践行社会主义核心价值观。以实行分类管理为突破口，创新体制机制，完善扶持政策，加强规范管理，提高办学质量，进一步调动社会力量兴办教育的积极性，促进民办教育持续健康发展，培养德智体美全面发展的社会主义建设者和接班人。

（二）基本原则。

育人为本，德育为先。把立德树人作为根本任务，把理想信念教育摆在首要位置，形成全员、全过程、全方位育人的工作格局，提高学生服务国家服务人民的社会责任感、勇于探索的创新精神和善于解决问题的实践能力。

分类管理，公益导向。实行非营利性和营利性分类管理，实施差别化扶持政策，积极引导社会力量举办非营利性民办学校。坚持教育的公益属性，无论是非营利性民办学校还是营利性民办学校都要始终把社会效益放在首位。

优化环境，综合施策。统筹教育、登记、财政、土地、收费等相关政策，营造有利于民办教育发展的制度环境。

依法管理，规范办学。简政放权、放管结合、优化服务，依法履职，规范办学秩序，全面提高民办教育治理水平。

鼓励改革，上下联动。依靠改革创新推动发展，坚持顶层设计与基层创新相结合，共同破解民办教育改革发展难题和障碍。

二、加强党对民办学校的领导

（三）切实加强民办学校党的建设。全面加强民办学校党的思想建设、组织建设、作风建设、反腐倡廉建设、制度建设，增强政治意识、大局意识、核心意识、看齐意识。完善民办学校党组织设置，理顺民办学校党组织隶属关系，健全各级党组织工作保障机制，选好配强民办学校党组织负责人。民办学校党组织要发挥政治核心作用，强化思想引领，牢牢把握社会主义办学方向，牢牢把握党对民办学校意识形态工作的领导权、话语权，切实维护民办学校和谐稳定。民办高校党组织负责人兼任政府派驻学校的督导专员。实现学校基层党组织全覆盖、党建工作上水平，有效发挥基层党组织的战斗堡垒作用和共产党员的先锋模范作用。积极做好党员发展和教育管理服务工作。坚持党建带群建，加强民办学校共青团组织建设。各地要把民办学校党组织建设、党对民办学校的领导作为民办学校年度检查的重要内容。

（四）加强和改进民办学校思想政治教育工作。把思想政治教育工作纳入学校事业发展规划，把思想政治工作队伍建设纳入学校人才队伍培养规划，全面提升思想政治教育工作水平。切实加强思想政治理论课和思想品德课课程、教材、教师队伍建设，深入推进中国特色社会主义理论体系进教材、进课堂、进头脑，把社会主义核心价值观融入教育教学全过程、教书育人各环节，不断增强广大师生中国特色社会主义道路自信、理论自信、制度自信、文化自信。提高思想政治教育的针对性、实效性和吸引力、感染力，切实加强理想信念、爱国主义、集体主义、中国特色社会主义教育和中华优秀传统文化、革命传统文化、民族团结教育，引导学生树立正确的世界观、人生观、价值观。大力开展社会实践和志愿服务，积极开展心理健康教育。创新网络思想政治教育方式，大力弘扬主旋律、传播正能量，全面提高教书育人、实践育人、科研育人、管理育人、服务育人的水平。

三、创新体制机制

（五）建立分类管理制度。对民办学校（含其他民办教育机构）实行非营利性和营利性分类管理。非营利性民办学校举办者不取得办学收益，办学结余全部用于办学。营利性民办学校举办者可以取得办学收益，办学结余依据国家有关规定进行分配。民办学校依法享有法人财产权。

举办者自主选择举办非营利性民办学校或者营利性民办学校，依法依规办理登记。对现有民办学校按照举办者自愿的原则，通过政策引导，实现分类管理。

（六）建立差别化政策体系。国家积极鼓励和大力支持社会力量举办非营利性民办学校。各级人民政府要完善制度政策，在政府补贴、政府购买服务、基金奖励、捐资激励、土地划拨、税费减免等方面对非营利性民办学校给予扶持。各级人民政府可根据经济社会发展需要和公共服务需求，通过政府购买服务及税收优惠等方式对营利性民办学校给予支持。

（七）放宽办学准入条件。社会力量投入教育，只要是不属于法律法规禁止进入以及不损害第三方利益、社会公共利益、国家安全的领域，政府不得限制。政府制定准入负面清单，列出禁止和限制的办学行为。各地要重新梳理民办学校准入条件和程序，进一步简政放权，吸引更多的社会资源进入教育领域。

（八）拓宽办学筹资渠道。鼓励和吸引社会资金进入教育领域举办学校或者投入项目建设。创新教育投融资机制，多渠道吸引社会资金，扩大办学资金来源。鼓励金融机构在风险可控前提下开发适合民办学校特点的金融产品，探索办理民办学校未来经营收入、知识产权质押贷款业务，提供银行贷款、信托、融资租赁等多样化的金融服务。鼓励社会力量对非营利性民办学校给予捐赠。

（九）探索多元主体合作办学。推广政府和社会资本合作（PPP）模式，鼓励社会资本参与教育基础设施建设和运营管理、提供专业化服务。积极鼓励公办学校与民办学校相互购买管理服务、教学资源、科研成果。探索举办混合所有制职业院校，允许以资本、知识、技术、管理等要素参与办学并享有相应权利。鼓励营利性民办学校建立股权激励机制。

（十）健全学校退出机制。捐资举办的民办学校终止时，清偿后剩余财产统筹用于教育等社会事业。2016年11月7日《全国人民代表大会常务委员会关于修改〈中华人民共和国民办教育促进法〉的决定》公布前设立的民办学校，选择登记为非营利性民办学校的，终止时，民办学校的财产依法清偿后有剩余的，按照国家有关规定给予出资者相应的补偿或者奖励，其余财产继续用于其他非营利性学校办学；选择登记为营利性民办学校的，应当进行财务清算，依法明确财产权属，终止时，民办学校的财产依法清偿后有剩余的，依照《中华人民共和国公司法》有关规定处理。具体办法由省、自治区、直辖市制定。2016年11月7日后设立的民办学校终止时，财产处置按照有关规定和学校章程处理。各地要结合实际，健全民办学校退出机制，依法保护受教育者的合法权益。

四、完善扶持制度

（十一）加大财政投入力度。各级人民政府可按照《中华人民共和国预算法》《中华人民共和国教育法》《中华人民共和国民办教育促进法》等法律法规和制度要求，因地制宜，调整优化教育支出结构，加大对民办教育的扶持力度。财政扶持民办教育发展的资金要纳入预算，并向社会公开，接受审计和社会监督，提高资金使用效益。

（十二）创新财政扶持方式。地方各级人民政府应建立健全政府补贴制度，明确补贴的项目、对象、标准、用途。完善政府购买服务的标准和程序，建立绩效评价制度，制定向民办学校购买就读学位、课程教材、科研成果、职业培训、政策咨询等教育服务的具体政策措施。地方各级人民政府可按照国家关于基金会管理的规定设立民办教育发展基金，支持成立相应的基金会，组织开展各类有利于民办教育事业发展的活动。

（十三）落实同等资助政策。民办学校学生与公办学校学生按规定同等享受助学贷款、奖助学金等国家资助政策。各级人民政府应建立健全民办学校助学贷款业务扶持制度，提高民办学校家庭经济困难学生获得资助的比例。民办学校要建立健全奖助学金评定、发放等管理机制，应从学费收入中提取不少于5%的资金，用于奖励和资助学生。落实鼓励捐资助学的相关优惠政策措施，积极引导和鼓励企事业单位、社会组织和个人面向民办学校设立奖助学金，加大资助力度。

（十四）落实税费优惠等激励政策。民办学校按照国家有关规定享受相关税收优惠政策。对企业办的各类学校、幼儿园自用的房产、土地，免征房产税、城镇土地使用税。对企业支持教育事业的公益性捐赠支出，按照税法有关规定，在年度利润总额12%以内的部分，准予在计算应纳税所得额时扣除；对个人支持教育事业的公益性捐赠支出，按照税收法律法规及政策的相关规定在个人所得税前予以扣除。非营利性民办学校与公办学校享有同等待遇，按照税法规定进行免税资格认定后，免征非营利性收入的企业所得税。捐资建设校舍及开展表彰资助等活动的冠名依法尊重捐赠人意愿。民办学校用电、用水、用气、用热，执行与公办学校相同的价格政策。

（十五）实行差别化用地政策。民办学校建设用地按科教用地管理。非营利性民办学校享受公办学校同等政策，按划拨等方式供应土地。营利性民办学校按国家相应的政策供给土地。只有一个意向用地者的，可按协议方式供地。土地使用权人申请改变全部或者部分土地用途的，政府应当将申请改变用途的土地收回，按时价定价，重新依法供应。

（十六）实行分类收费政策。规范民办学校收费。非营利性民办学校收费，通过市场化改革试点，逐步实行市场调节价，具体政策由省级人民政府根据办学成本以及本地公办教育保障程度、民办学校发展情况等因素确定。营利性民办学校收费实行市场调节价，具体收费标准由民办学校自主确定。政府依法加强对民办学校收费行为的监管。

（十七）保障依法自主办学。扩大民办高等学校和中等职业学校专业设置自主权，鼓励学校根据国家战略需求和区域产业发展需要，依法依规设置和调整学科专业。民办中小学校在完成国家规定课程前提下，可自主开展教育教学活动。支持民办学校参与考试招生制度改革。社会声誉好、教学质量高、就业有保障的民办高等职业学校，可在核定的办学规模内自主确定招生范围和年度招生计划。中等以下层次民办学校按照国家有关规定，在核定的办学规模内，与当地公办学校同期面向社会自主招生。各地不得对民办学校跨区域招生设置障碍。

（十八）保障学校师生权益。完善学校、个人、政府合理分担的民办学校教职工社会保障机制。民办学校应依法为教职工足额缴纳社会保险费和住房公积金。鼓励民办学校按规定为教职工建立补充养老保险，改善教职工退休后的待遇。落实跨统筹地区社会保险关系转移接续政策，完善民办学校教师户籍迁移等方面的服务政策，探索建立民办学校教师人事代理制度和交流制度，促进教师合理流动。民办学校教师在资格认定、职务评聘、培养培训、评优表彰等方面与公办学校教师享有同等权利。非营利性民办学校教师享受当地公办学校同等的人才引进政策。民办学校学生在评奖评优、升学就业、社会优待、医疗保险等方面与同级同类公办学校学生享有同等权利。依法落实民办学校师生对学校办学管理的知情权、参与权，保障师生参与民主管理和民主监督的权利。完善民办学校师生争议处理机制，维护师生的合法权益。

五、加快现代学校制度建设

（十九）完善学校法人治理。民办学校要依法制定章程，按照章程管理学校。健全董事会（理事会）和监事（会）制度，董事会（理事会）和监事（会）成员依据学校章程规定的权限和程序共同参与学校的办学和管理。董事会（理事会）应当优化人员构成，由举办者或者其代表、校长、党组织负责人、教职工代表等共同组成。监事会中应当有党组织领导班子成员。探索实行独立董事（理事）、监事制度。健全党组织参与决策制度，积极推进“双向进入、交叉任职”，学校党组织领导班子成员通过法定程序进入学校决策机构和行政管理机构，党员校长、副校长等行政机构成员可按照党的有关规定进入党组织领导班子。学校党组织要支持学校决策机构和校长依法行使职权，督促其依法治教、规范管理。完善校长选聘机制，依法保障校长行使管理权。民办学校校长应熟悉教育及相关法律法规，具有5年以上教育管理经验和良好办学业绩，个人信用状况良好。学校关键管理岗位实行亲属回避制度。完善教职工代表大会和学生代表大会制度。

（二十）健全资产管理和财务会计制度。民办学校应当明确产权关系，建立健全资产管理制度。民办学校举办者应依法履行出资义务，将出资用于办学的土地、校舍和其他资产足额过户到学校名下。存续期间，民办学校对举办者投入学校的资产、国有资产、受赠的财产以及办学积累享有法人财产权，任何组织和个人不得侵占、挪用、抽逃。进一步规范民办学校会计核算，建立健全第三方审计制度。非营利性和营利性民办学校按照登记的法人属性，根据国家有关规定执行相应的会计制度。民办学校要明晰财务管理，依法设置会计账簿。民办学校应将举办者出资、政府补助、受赠、收费、办学积累等各类资产分类登记入账，定期开展资产清查，并将清查结果向社会公布。各地要探索制定符合民办学校特点的财务管理办法，完善民办学校年度财务、决算报告和预算报告报备制度。

（二十一）规范学校办学行为。民办学校要诚实守信、规范办学。办学条件应符合国家和地方规定的设置标准和有关要求，在校生数要控制在审批机关核定的办学规模内。要按照国家和地方有关规定做好宣传、招生工作，招生简章和广告须经审批机关备案。具有举办学历教育资格的民办学校，应按国家有关规定做好学籍管理工作，对招收的学历教育学生，学习期满成绩合格的颁发毕业证书，未达到学历教育要求的发给结业证书或者其他学业证书；对符合学位授予条件的学生，颁发相应的学位证书。各类民办学校对招收的非学历教育学生，发给结业证书或者培训合格证书。

（二十二）落实安全管理责任。民办学校应遵守国家有关安全法律、法规和规章，重视校园安全工作，确保校园安全技术防范系统建设符合国家和地方有关标准，学校选址和校舍建筑符合国家抗震设防、消防技术等相关标准。建立健全安全管理制度和应急机制，制定和完善突发事件应急预案，定期开展安全检查、巡查，及时发现和消除安全隐患。加强学生和教职员工安全教育培训，定期开展针对上课、课间、午休等不同场景的安全演练，提高师生安全意识和逃生自救能力。建立安全工作组织机构，配备学校内部安全保卫人员，明确安全工作职责。

六、提高教育教学质量

（二十三）明确学校办学定位。积极引导民办学校服务社会需求，更新办学理念，深化教育教学改革，创新办学模式，加强内涵建设，提高办学质量。学前教育阶段鼓励举办普惠性民办幼儿园，坚持科学保教，防止和纠正“小学化”现象。中小学校要执行国家课程方案和课程标准，坚持特色办学优质发展，满足多样化需求。职业院校应明确技术技能人才培养定位，服务区域经济和产业发展，深化产教融合、校企合作，提高技术技能型人才培养水平。鼓励举办应用技术类本科高等学校，培养适应经济结构调整、产业转型升级和新产业、新业态、新商业模式需要的人才。充分发挥民办教育在完善终身教育体系、构建学习型社会中的积极作用。

（二十四）加强教师队伍建设。各级人民政府和民办学校要把教师队伍建设作为提高教育教学质量的重要任务。各地要将民办学校教师队伍建设纳入教师队伍建设整体规划。民办学校要着力加强教师思想政治工作，建立健全教育、宣传、考核、监督与奖惩相结合的师德建设长效机制，全面提升教师师德素养。加强辅导员、班主任队伍建设。加强教学研究活动，重视青年教师培养，加大教师培训力度，不断提高教师的业务能力和水平。学校要在学费收入中安排一定比例资金用于教师培训。要关心教师工作和生活，提高教师工资和福利待遇。吸引各类高层次人才到民办学校任教，做到事业留人、感情留人、待遇留人。

（二十五）引进培育优质教育资源。鼓励支持高水平有特色民办学校培育优质学科、专业、课程、师资、管理，整体提升教育教学质量，着力打造一批具有国际影响力和竞争力的民办教育品牌，着力培养一批有理想、有境界、有情怀、有担当的民办教育家。允许民办高等学校和中等职业学校与世界高水平同类学校在学科、专业、课程建设以及人才培养等方面开展交流。

七、提高管理服务水平

（二十六）强化部门协调机制。各级人民政府要将发展民办教育纳入经济社会发展和教育事业整体规划，加强制度建设、标准制定、政策实施、统筹协调等工作，积极推进民办教育改革发展。国务院建立由教育部牵头，中央编办、国家发展改革委、公安部、民政部、财政部、人力资源社会保障部、国土资源部、住房城乡建设部、人民银行、税务总局、工商总局、银监会、证监会等部门参加的部际联席会议制度，协调解决民办教育发展中的重点难点问题，不断完善制度政策，优化民办教育发展环境。各地也应建立相应的部门协调机制。要将鼓励支持社会力量兴办教育作为考核各级人民政府改进公共服务方式的重要内容。

（二十七）改进政府管理方式。各级人民政府和行政管理部门要积极转变职能，减少事前审批，加强事中事后监管，提高政府管理服务水平。进一步清理涉及民办教育的行政许可事项，向社会公布权力清单、责任清单，严禁法外设权。改进许可方式，简化许可流程，明确工作时限，规范行政许可工作。建立民办教育管理信息系统，推广电子政务和网上办事，逐步实现日常管理事项网上并联办理，及时主动公开行政审批事项，提高服务效率，接受社会监督。

（二十八）健全监督管理机制。加强民办教育管理机构建设，强化民办教育督导，完善民办学校年度报告和年度检查制度。加强对新设立民办学校举办者的资格审查。完善民办学校财务会计制度、内部控制制度、审计监督制度，加强风险防范。推进民办教育信息公开，建立民办学校信息强制公开制度。建立违规失信惩戒机制，将违规办学的学校及其举办者和负责人纳入“黑名单”，规范学校办学行为。健全联合执法机制，加大对违法违规办学行为的查处力度。大力推进管办评分离，建立民办学校第三方质量认证和评估制度。民办学校行政管理部门根据评估结果，对办学质量不合格的民办学校予以警告、限期整改直至取消办学资格。

（二十九）发挥行业组织作用。积极培育民办教育行业组织，支持行业组织在行业自律、交流合作、协同创新、履行社会责任等方面发挥桥梁和纽带作用。依托各类专业机构开展民办学校咨询服务等工作。支持非营利性民办高等学校联盟等行业组织及其他教育中介组织在引导民办学校坚持公益性办学、创新人才培养模式、提升人才培养质量等方面发挥作用。

（三十）切实加强宣传引导。深入推进民办教育综合改革，鼓励地方和学校先行先试，总结推广试点地区和学校的成功做法和先进经验。加大对民办教育的宣传力度，按照国家有关规定奖励和表彰对民办教育改革发展作出突出贡献的集体和个人，树立民办教育良好社会形象，努力营造全社会共同关心、共同支持社会力量兴办教育的良好氛围。

鼓励社会力量兴办教育，促进民办教育健康发展，是一项事关当前、又利长远的重要任务。国务院有关部门要进一步解放思想，凝聚共识，加强领导，周密部署，切实落实鼓励社会力量兴办教育的各项政策措施。地方各级人民政府要根据本意见，因地制宜，积极探索，稳步推进，抓紧制定出台符合地方实际的实施意见和配套措施。

国务院

2016年12月29日

国务院办公厅关于强化学校体育促进学生身心健康全面发展的意见

（2016年4月21日）

各省、自治区、直辖市人民政府，国务院各部委、各直属机构：

强化学校体育是实施素质教育、促进学生全面发展的重要途径，对于促进教育现代化、建设健康中国和人力资源强国，实现中华民族伟大复兴的中国梦具有重要意义。党中央、国务院高度重视学校体育，党的十八届三中全会作出了强化体育课和课外锻炼的重要部署，国务院对加强学校体育提出明确要求。近年来，各地、各部门不断出台政策措施，加快推进学校体育，大力开展阳光体育运动，学校体育工作取得积极进展。但总体上看，学校体育仍是整个教育事业相对薄弱的环节，对学校体育重要性认识不足、体育课和课外活动时间不能保证、体育教师短缺、场地设施缺乏等问题依然突出，学校体育评价机制亟待建立，社会力量支持学校体育不够，学生体质健康水平仍是学生素质的明显短板。为进一步推动学校体育改革发展，促进学生身心健康、体魄强健，经国务院同意，现提出如下意见。

一、总体要求

（一）指导思想。全面贯彻落实党的十八大、十八届三中、四中、五中全会和习近平总书记系列重要讲话精神，全面贯彻党的教育方针，按照《国家中长期教育改革和发展规划纲要（2010—2020年）》的要求，以“天天锻炼、健康成长、终身受益”为目标，改革创新体制机制，全面提升体育教育质量，健全学生人格品质，切实发挥体育在培育和践行社会主义核心价值观、推进素质教育中的综合作用，培养德智体美全面发展的社会主义建设者和接班人。

（二）基本原则。

坚持课堂教学与课外活动相衔接。保证课程时间，提升课堂教学效果，强化课外练习和科学锻炼指导，调动家庭、社区和社会组织的积极性，确保学生每天锻炼一小时。

坚持培养兴趣与提高技能相促进。遵循教育和体育规律，以兴趣为引导，注重因材施教和快乐参与，重视运动技能培养，逐步提高运动水平，为学生养成终身体育锻炼习惯奠定基础。

坚持群体活动与运动竞赛相协调。面向全体学生，广泛开展普及性体育活动，有序开展课余训练和运动竞赛，积极培养体育后备人才，大力营造校园体育文化，全面提高学生体育素养。

坚持全面推进与分类指导相结合。强化政府责任，统一基本标准，因地因校制宜，积极稳妥推进，鼓励依据民族特色和地方传统，大胆探索创新，不断提高学校体育工作水平。

（三）工作目标。到2020年，学校体育办学条件总体达到国家标准，体育课时和锻炼时间切实保证，教学、训练与竞赛体系基本完备，体育教学质量明显提高；学生体育锻炼习惯基本养成，运动技能和体质健康水平明显提升，规则意识、合作精神和意志品质显著增强；政府主导、部门协作、社会参与的学校体育推进机制进一步完善，基本形成体系健全、制度完善、充满活力、注重实效的中国特色学校体育发展格局。

二、深化教学改革，强化体育课和课外锻炼

（四）完善体育课程。以培养学生兴趣、养成锻炼习惯、掌握运动技能、增强学生体质为主线，完善国家体育与健康课程标准，建立大中小学体育课程衔接体系。各地中小学校要按照国家课程方案和课程标准开足开好体育课程，严禁削减、挤占体育课时间。有条件的地方可为中小学增加体育课时。高等学校要为学生开好体育必修课或选修课。科学安排课程内容，在学生掌握基本运动技能的基础上，根据学校自身情况，开展运动项目教学，提高学生专项运动能力。大力推动足球、篮球、排球等集体项目，积极推进田径、游泳、体操等基础项目及冰雪运动等特色项目，广泛开展乒乓球、羽毛球、武术等优势项目。进一步挖掘整理民族民间体育，充实和丰富体育课程内容。

（五）提高教学水平。体育教学要加强健康知识教育，注重运动技能学习，科学安排运动负荷，重视实践练习。研究制定运动项目教学指南，让学生熟练掌握一至两项运动技能，逐步形成“一校一品”“一校多品”教学模式，努力提高体育教学质量。关注学生体育能力和体质水平差异，做到区别对待、因材施教。研究推广适合不同类型残疾学生的体育教学资源，提高特殊教育学校和对残疾学生的体育教学质量，保证每个学生接受体育教育的权利。支持高等学校牵头组建运动项目全国教学联盟，为中小学开展教改试点提供专业支撑，促进中小学提升体育教学水平。充分利用现代信息技术手段，开发和创新体育教学资源，不断增强教学吸引力。鼓励有条件的单位设立全国学校体育研究基地，开展理论和实践研究，提高学校体育科学化水平。

（六）强化课外锻炼。健全学生体育锻炼制度，学校要将学生在校内开展的课外体育活动纳入教学计划，列入作息时间安排，与体育课教学内容相衔接，切实保证学生每天一小时校园体育活动落到实处。幼儿园要遵循幼儿年龄特点和身心发展规律，开展丰富多彩的体育活动。中小学校要组织学生开展大课间体育活动，寄宿制学校要坚持每天出早

操。高等学校要通过多种形式组织学生积极参加课外体育锻炼。职业学校在学生顶岗实习期间，要注意安排学生的体育锻炼时间。鼓励学生积极参加校外全民健身运动，中小学校要合理安排家庭“体育作业”，家长要支持学生参加社会体育活动，社区要为学生体育活动创造便利条件，逐步形成家庭、学校、社区联动，共同指导学生体育锻炼的机制。组织开展全国学校体育工作示范校创建活动，各地定期开展阳光体育系列活动和“走下网络、走出宿舍、走向操场”主题群众性课外体育锻炼活动，坚持每年开展学生冬季长跑等群体性活动，形成覆盖校内外的学生课外体育锻炼体系。

三、注重教体结合，完善训练和竞赛体系

（七）开展课余训练。学校应通过组建运动队、代表队、俱乐部和兴趣小组等形式，积极开展课余体育训练，为有体育特长的学生提供成才路径，为国家培养竞技体育后备人才奠定基础。要根据学生年龄特点和运动训练规律，科学安排训练计划，妥善处理好文化课学习和训练的关系，全面提高学生身体素质，打好专项运动能力基础，不断提高课余运动训练水平。办好体育传统项目学校，充分发挥其引领示范作用。

（八）完善竞赛体系。建设常态化的校园体育竞赛机制，广泛开展班级、年级体育比赛，学校每年至少举办一次综合性运动会或体育节，通过丰富多彩的校园体育竞赛，吸引广大学生积极参加体育锻炼。制定学校体育课余训练与竞赛管理办法，完善和规范学生体育竞赛体制，构建县、市、省、国家四级竞赛体系。各地要在整合赛事资源的基础上，系统设计并构建相互衔接的学生体育竞赛体系，积极组织开展区域内竞赛活动，定期举办综合性学生运动会。推动开展跨区域学校体育竞赛活动，全国学生运动会每三年举办一届。通过完善竞赛选拔机制，畅通学生运动员进入各级专业运动队、代表队的渠道。

四、增强基础能力，提升学校体育保障水平

（九）加强体育教师队伍建设。加强师德建设，增强广大体育教师特别是乡村体育教师的职业荣誉感，坚定长期致力于体育教育事业的理想与信心。各地要利用现有政策和渠道，按标准配齐体育教师和体育教研人员。办好高等学校体育教育专业，培养合格体育教师。鼓励优秀教练员、退役运动员、社会体育指导员、有体育特长的志愿人员兼任体育教师。实施体育教师全员培训，着力培养一大批体育骨干教师和体育名师等领军人才，中小学教师国家级培训计划（国培计划）重点加强中西部乡村教师培训，提升特殊教育体育教师水平。科学合理确定体育教师工作量，把组织开展课外活动、学生体质健康测试、课余训练、比赛等纳入教学工作量。保障体育教师在职称（职务）评聘、福利待遇、评优表彰、晋级晋升等方面与其他学科教师同等待遇。高等学校要完善符合体育学科特点的体育教师工作考核和职称（职务）评聘办法。

（十）推进体育设施建设。各地要按照学校建设标准、设计规范，充分利用多种资金渠道，加大对学校体育设施建设的支持力度。把学校体育设施列为义务教育学校标准化建设的重要内容，以保基本、兜底线为原则，建设好学校体育场地设施、配好体育器材，为体育教师配备必要的教学装备。进一步完善制度，积极推动公共体育场馆设施为学校体育提供服务，向学生免费或优惠开放，推动有条件的学校体育场馆设施在课后和节假日对本校师生和公众有序开放，充分利用青少年活动中心、少年宫、户外营地等资源开展体育活动。

（十一）完善经费投入机制。各级政府要切实加大学校体育经费投入力度，地方各级人民政府在安排财政转移支付资金和本级财力时要对学校体育给予倾斜。各级教育部门要根据需求将学校体育工作经费纳入年度预算，学校要保障体育工作的经费需求。鼓励和引导社会资金支持发展学校体育，多渠道增加学校体育投入。

（十二）健全风险管理机制。健全学校体育运动伤害风险防范机制，保障学校体育工作健康有序开展。对学生进行安全教育，培养学生安全意识和自我保护能力，提高学生的伤害应急处置和救护能力。加强校长、教师及有关管理人员培训，提高学校体育从业人员运动风险管理意识和能力。学校应当根据体育器材设施及场地的安全风险进行分类管理，定期开展检查，有安全风险的应当设立明显警示标志和安全提示。完善校方责任险，探索建立涵盖体育意外伤害的学生综合保险机制。鼓励各地政府试点推行学生体育安全事故第三方调解办法。

（十三）整合各方资源支持学校体育。完善政策措施，采取政府购买体育服务等方式，逐步建立社会力量支持学校体育发展的长效机制，引导技术、人才等资源服务学校体育教学、训练和竞赛等活动。鼓励专业运动队、职业体育俱乐部定期组织教练员、运动员深入学校指导开展有关体育活动。支持学校与科研院所、社会团体、企业等开展广泛合作，提升学校体育工作水平。加深同港澳台青少年体育活动的合作。加强学校体育国际交流。

五、加强评价监测，促进学校体育健康发展

（十四）完善考试评价办法。构建课内外相结合、各学段相衔接的学校体育考核评价体系，完善和规范体育运动项目考核和学业水平考试，发挥体育考试的导向作用。体育课程考核要突出过程管理，从学生出勤、课堂表现、健康知识、运动技能、体质健康、课外锻炼、参与活动情况等方面进行全面评价。中小学要把学生参加体育活动情况、学生体质健康状况和运动技能等级纳入初中、高中学业水平考试，纳入学生综合素质评价体系。各地要根据实际，科学确定初中毕业升学体育考试分值或等第要求。实施高考综合改革试点的省（区、市），在高校招生录取时，把学生体育情况作为综合素质评价的重要内容。学校体育测试要充分考虑残疾学生的特殊情况，体现人文关怀。修订体育教育本科专业学生普通高考体育测试办法，提高体育技能考核要求。制定普通高校高水平运动队建设实施意见，规范高水平运动员招生。

（十五）加强体育教学质量监测。明确体育课程学业质量要求，制定学生运动项目技能等级评定标准和高等学校体育学类专业教学质量国家标准，促进学校体育教学质量稳步提升。建立中小学体育课程实施情况监测制度，定期开展体育课程国家基础教育质量监测。建立健全学生体质健康档案，严格执行《国家学生体质健康标准》，将其实施情况作为构建学校体育评价机制的重要基础，确保测试数据真实性、完整性和有效性。鼓励各地运用现代化手段对体育课质量进行监测、监控或对开展情况进行公示。

六、组织实施

（十六）加强组织领导。各地要把学校体育工作纳入经济社会发展规划，加强统筹协调，落实管理责任，并结合当地实际，研究制定加强学校体育工作的具体实施方案，切实抓紧抓好。进一步加强青少年体育工作部际联席会议制度，强化国务院有关部门在加强青少年体育工作中的责任，按照职责分工，落实好深化学校体育改革的各项任务。

（十七）强化考核激励。各地要把学校体育工作列入政府政绩考核指标、教育行政部门与学校负责人业绩考核评价指标。对成绩突出的单位、部门、学校和个人进行表彰。加强学校体育督导检查，建立科学的专项督查、抽查、公告制度和行政问责机制。对学生体质健康水平持续三年下降的地区和学校，在教育工作评估中实行“一票否决”。教育部要会同有关部门定期开展学校体育专项检查，建立约谈有关主管负责人的机制。

（十八）营造良好环境。通过多种途径，充分利用报刊、广播、电视及网络等手段，加强学校体育工作新闻宣传力度，总结交流典型经验和有效做法，传播科学的教育观、人才观和健康观，营造全社会关心、重视和支持学校体育的良好氛围。

国务院办公厅

2016年4月21日

国务院办公厅关于加快中西部教育发展的指导意见

（2016年5月11日）

各省、自治区、直辖市人民政府，国务院各部委、各直属机构：

党中央、国务院历来高度重视中西部地区教育发展。进入新世纪以来，国家通过实施西部地区“两基”攻坚计划、深化农村义务教育经费保障机制改革、营养改善计划、校舍安全工程、农村薄弱学校基本办学条件改善计划、农村教师特岗计划、对口支援、定向招生等重大举措，推动中西部教育迈上了新台阶。但由于自然、历史、社会等多方面原因，中西部经济社会发展相对滞后，教育基础差，保障能力弱，特别是农村、边远、贫困、民族地区优秀教师少、优质资源少，教育质量总体不高，难以满足中西部地区人民群众接受良好教育的需求，难以适应经济社会发展对各类人才的需要。根据国家“十三五”规划纲要，为更好地统筹现有政策、措施和项目，深入实施西部大开发、中部崛起战略，积极服务“一带一路”建设，全面提升中西部教育发展水平，经国务院同意，现提出如下意见。

一、总体要求

（一）指导思想。全面贯彻党的十八大和十八届三中、四中、五中全会精神，深入落实党中央、国务院决策部署，按照“四个全面”战略布局，牢固树立创新、协调、绿色、开放、共享的发展理念，贯彻脱贫攻坚部署，坚持问题导向，把加强最薄弱环节作为优先任务，把调整资源配置作为根本措施，把创新体制机制作为重要保障，以提高教育质量为核心，优化顶层设计，整合工程项目，集中力量攻坚克难，全面提升中西部教育发展水平，培养更多栋梁之材，为促进中西部地区经济社会发展、缩小中西部地区与东部地区差距提供人才支撑。

（二）基本原则。

加强统筹。将中西部教育置于全国教育总体格局中谋划设计，统筹中西部教育与经济社会协调发展，系统谋划加快中西部发展的政策措施，确保各项政策相互配套、相互支撑，形成合力。发挥市场、企业、社会组织作用，吸引更多社会力量参与中西部教育发展。

兜住底线。坚持教育的公益性和普惠性，着力从中西部最困难的地方和最薄弱的环节做起，把提升最贫困地区教育供给能力、提高最困难人群受教育水平作为优先任务，促进基本公共服务均等化，保障每个孩子受教育的权利。

改革创新。以改革促发展，重在盘活存量、用好增量，优化结构、提高效益，建立标准、完善机制，着力简政放权、营造良好办学环境，培养学生社会责任感、创新精神和实践能力，为中西部教育长远发展奠定坚实基础。

（三）总体目标。到2020年，中西部地区各级各类学校办学条件显著改善，教育普及程度明显提高，教育结构趋于合理，教育质量不断提升，教育保障水平进一步提高，人民群众接受良好教育的机会显著增加，支撑中西部经济社会发展的能力切实增强，中西部地区教育水平与东部发达地区差距进一步缩小，教育现代化取得重要进展。

二、重点任务

（一）实现县域内义务教育均衡发展。建立义务教育学校动态调整机制，优化学校布局，推进学校标准化建设，提升农村教师队伍总体水平，扩大优质教育资源覆盖面，缩小城乡差距、校际差距。国家继续实施全面改善贫困地区薄弱学校基本办学条件、农村教师特岗计划、营养改善计划等重大工程和项目，完善城乡义务教育经费保障机制，推动基本公共教育服务均等化。防止教学内容超前，注重培养学生的创造能力和动手能力。到2018年，中西部地区75%的县实现义务教育均衡发展；到

2020 年，中西部地区 95%的县实现义务教育均衡发展。

保障教学点基本办学需求。巩固规范农村义务教育学校布局调整成果，办好必要的教学点，方便乡村学生就学。各地（未特别注明的，指中西部地区，下同）要制定教学点办学条件、教师配备等基本标准，明确教学点基本要求。按标准配置教学点教室、课桌椅、教学仪器设备、图书资料、运动场地和音体美器材，满足教学基本需求。配备安全饮水设施、伙房设备，配置卫生厕所。实现教学点数字教育资源全覆盖，有条件的地方接入宽带网络。通过走教、支教等多种途径，使教学点拥有必要的专业教师，开齐开足国家规定课程。强化中心校对教学点教师配备、课程安排、业务指导等统筹管理作用。经费投入向教学点倾斜，不足 100 人的教学点按 100 人拨付公用经费。

标准化建设寄宿制学校。加快改扩建新建学生宿舍、食堂，实现“一人一床位”，消除“大通铺”现象，满足室内就餐需求。改善寒冷地区学校冬季取暖条件，保证取暖经费。改善如厕环境，旱厕按学校专用无害化卫生厕所设置，有条件的地方设置水冲式厕所。改善浴室条件，除特别干旱地区外，寄宿制学校应设置淋浴设施。结合实际改善体育和艺术教育场地，配备音体美器材，建好图书馆（室）、广播站、活动室，满足教学和文化生活需要。配备必要的教职员工，有效开展生活指导、心理健康、卫生保健、后勤服务和安全保卫等工作。关爱乡村留守儿童，优先保障留守儿童寄宿需求。探索建立寄宿制学校生均公用经费补助机制，提高寄宿制学校运转保障能力。

基本消除大班额现象。适应城镇化发展趋势，在新增人口较多的地区优先建设学校。采取集团化办学、学校联盟、教育信息化等措施，扩大优质资源覆盖面，避免学生向少数学校过度集中。采取学区化管理、扩大九年一贯制对口招生等措施，有序分流学生。扩大优质高中招生计划分配到区域内初中的比例，引导学生合理选择学校。各地要制定消除大班额专项规划，到 2018 年基本消除县城和乡（镇）学校超大班额现象，2020 年基本消除大班额现象。

全面加强乡村教师队伍建设。扩大农村教师特岗计划中乡村学校特设岗位数量，增加优秀大学毕业生到乡村学校任教比例。以地方师范院校为基地，采取免费教育、学费补偿、贷款代偿等多种方式，为乡村学校定向培养更多的合格、优秀教师。鼓励研究生支教团、优秀退休教师到乡村学校支教。全面推进义务教育教师队伍“县管校聘”管理体制改革，加大教师交流力度，优先保障村小学和教学点需求，确保一定比例的骨干教师到村小学和教学点任教。补充音体美等紧缺学科教师，创新教学、管理方式，确保合格教师授课。加大乡村教师培训力度，“国培计划”集中支持乡村教师培训。扩大农村学校教育硕士师资培养计划规模。推行校长职级制，选好配强乡村学校校长。落实好集中连片特殊困难地区乡村教师生活补助政策。对在乡村学校任教 3 年以上、表现优秀并符合条件的教师，职称评定时同等条件下优先。各地对在村小学和教学点工作满 10 年、继续在村小学和教学点工作的优秀教师给予奖励。国家对在村小学和教学点工作满 30 年并作出突出贡献的优秀教师给予表彰奖励。

继续实施营养改善计划。各地要采取措施逐步扩大营养改善计划实施范围，依据地区经济水平、物价变动等因素，建立补助标准动态调整机制。改善学校食堂条件，保障食堂正常运转，扩大食堂供餐比例。规范食品采购、贮存、加工、留样、配送等流程，确保卫生安全。结合当地物产种类，适应当地饮食习惯，科学改善膳食结构，建立监测评估制度，不断提高营养改善计划实施效果。

（二）大力发展职业教育。立足中西部经济社会发展实际，助推经济转型和产业升级，鼓励社会力量参与职业教育发展，改善职业学校办学条件。促进职业教育和普通教育双轨推动、双向推动，合理引导学生进入职业教育。改革人才培养模式，提高学生技术技能水平和就业创业能力，为培养大工匠打下扎实基础，为个人发展、家庭脱贫提供支撑，为承接东部地区产业转移创造条件。

改善中等职业学校办学条件。各地要根据地区产业发展和人才需求，引导优质学校通过兼并、委托管理、合作办学等形式，整合资源，优化中职学校布局。要建立健全分类分专业的中职学校生均经费标准，建立稳定投入机制。完善中职学校办学标准，全面加强中职学校基础能力建设。到2020年，中西部地区所有中职学校办学条件基本达标。

提升高等职业院校基础能力。各地要围绕现代农业、装备制造业、现代服务业、战略性新兴产业、民族传统工艺等领域，遴选具有相对优势的高职院校，支持其提升基础办学条件，扩大优质高职教育资源。加强实训基地建设，改善实训装备水平。

改革人才培养模式。创新机制，拓宽渠道，扩大“双师型”教师规模，提高实践教学水平和技术服务能力。强化实习实训环节，改善实习实训条件，推广现代学徒制和企业新型学徒制，完善学生实习制度，加强职业能力和岗位适应训练，提高学生实践操作能力。深化校企合作、校地合作，积极推行校企联合招生、联合培养，探索集团化办学模式，进一步促进产教融合。贴近地方经济特点和产业需求，立足学校办学基础，加强特色专业建设。全面开展中职学校监测评价，实行人才培养质量年度报告制度。广泛开展技术推广、扶贫开发、新型职业农民培训、劳动力转移培训和社会生活教育等。

（三）加快普及高中阶段教育。统筹普通高中和中职教育协调发展，优化学校布局，改善办学条件，提高办学质量，完善经费投入机制，加大学生资助力度，不断提高高中阶段教育普及水平。国家继续实施普通高中改造计划、现代职业教育质量提升计划等项目，着力改善高中阶段学校办学条件。到2020年，集中连片特困地区高中阶段教育毛入学率超过85%，中西部地区达到90%。

新建、改扩建普通高中。在没有普通高中的县，根据人口变动趋势和实际情况，因地制宜新建、改扩建一批普通高中，方便学生在当地入学。人口5万人以上或初中在校生2 000人以上的县，应建设一所高中。人口少于5万人且初中在校生较少的县，可将基础较好的初中学校改扩建为完全中学，或与其他县联办、合办普通高中。

办好乡村高中。各地要根据人口变化趋势和城镇化建设规划，合理布局普通高中，优先保障乡村高中，严禁建设超标准豪华学校。加快改善乡村高中办学条件，到2020年，乡村高中全部达到基本办学标准。健全以财政投入为主、其他渠道筹措经费为辅的普通高中经费投入机制，向乡村高中倾斜，保证乡村高中正常运转。推动校长、教师交流制度化，选派优秀校长、教师优先到乡村高中任职任教。鼓励优质高中与乡村高中通过建立联盟、集团化办学、委托管理等方式，在课程建设、教学资源、教师培训、管理方式等方面实现共享，整体提升乡村高中办学水平。鼓励有条件的乡村高中实现宽带接入，配置多媒体教学设备和计算机网络设备。

加大学生资助力度。继续实施普通高中和中职学校学生国家资助政策。按照精准资助、动态管理原则，逐步分类推进中等职业教育免除学杂费，率先从建档立卡的家庭经济困难学生实施普通高中免除学杂费，对家庭经济困难学生继续给予助学金补助。推广“9+3”免费教育模式，重点支持集中连片特困地区建档立卡的家庭经济困难初中毕业生，到省内经济发达地区和东西协作对口帮扶省份接受中职教育。

（四）提升中西部高等教育发展水平。统筹谋划、分类指导，改革管理方式，加快简政放权、放管结合、优化服务改革，整合工程项目，推动中西部高校合理定位、突出特色，提升办学能力和办学水平，更好地服务中西部经济社会发展。国家继续实施中西部高等教育振兴计划、面向贫困地区定向招生专项计划和支援中西部地区招生协作计划，扩大中西部学生公平接受优质高等教育的机会。

建设一批高水平大学和学科。在资源配置、高水平人才引进等方面加大倾斜力度，支持中西部高校建设一流大学和一流学科。合理确定中央部门所属高校属地招生比例。在没有教育部直属高校的省份，按“一省一校”原则，重点建设14所高校，推动管理体制、办学体制、人才培养模式和保障机制改革。鼓励各地从实际出发，支持有基础、有特色、有优势的学校，合理定位、创新发展，建设高水平大学。发挥中西部地缘优势，为“一带一路”建设培养高级工程技术人才和管理人才。

继续实施中西部高校基础能力建设工程。重点支持学科专业与区域发展需求、地方产业结构高度契合，对地方经济社会发展具有重要支撑作用的综合性大学，以及学科优势特色突出，在专业领域具有较大影响的其他类型本科高校。以“填平补齐”为原则，加强基础教学实验室、专业教学实验室、综合实验训练中心、图书馆等基础办学设施和信息化建设，建设教学实验用房和配置必要设备，提高学校本科教学的实验基础能力。强化实践教学环节，配齐配强实验室人员，加强实验教学团队建设，强化教师和实验室人员培训，大力提高教师教学水平。

多方共建行业特色高校。支持部门、行业协会以合作共建的方式，参与建设一批具有行业特色的中西部高校。丰富共建形式，完善部省、部部(委)、部市等共建模式，深化国有大中型企业、行业协会与地方共建，探索部门、行业、企业、协会与高校共建学科、学院和研发中心。结合行业需求和学校办学特色确定共建项目，重点在学科建设、人才培养、协同创新、研发基地、成果转化、干部交流等方面开展合作。完善共建机制，有关部门、行业、企业、协会在产业信息、科研、实训条件、学生就业等方面加大支持力度，地方政府落实管理主体职责，在学校建设规划、经费投入、人才引进等方面给予大力支持。扩大共建数量，优先在国防、农业、能源、矿产、交通、海洋、环保、医药、通信、建筑、金融、信息服务等领域开展共建，2020 年将共建学校数量扩大至 100 所。

多种形式开展高校对口支援。鼓励高水平大学尤其是东部高校扩大对口支援范围，提高中部省属高校受援比例。深化团队式支援，鼓励多所高校联合支援一所或几所中西部高校。支援高校要制订相应计划，通过多种方式帮助受援高校培养、培训在职教师，着力提升受援高校教师的教学科研水平。支援高校可向相关部门申请定向培养博士、硕士研究生单列招生指标，用于受援高校现有师资队伍的培养。国家公派出国留学继续采取倾斜政策，使中西部高校教师有更多的出国进修学习培训机会。鼓励支援高校与受援高校有计划、有重点地开展联合培养研究生和本科生工作，建设相应学科专业学位点科研基地。支援高校积极参与受援高校的科研合作，努力提供人力、物力和技术支持，不断提升受援高校服务经济社会发展的能力和水平。积极鼓励支援高校与受援高校联合申报各层次科研项目，合作开展研究。形成阶梯式支援格局，第一阶梯由 100 所左右高水平大学支援中西部 75 所地方高校，第二阶梯由 75 所受援高校和部省共建高校支援中西部 100 所左右地方本科高校。

提升新建本科院校办学水平。加快 2000 年以来中西部新建本科院校建设，引导一批新建本科院校转型发展，突出“地方性、应用型”，培养大批当地适用人才。优化专业结构，减少社会需求少、就业状况差的专业，增加行业、产业、企业急需的紧缺专业。深化教学改革，优化课程设置，强化实践教学环节。逐步提高生均财政拨款标准，提高运行保障能力。落实基本建设规划，生均教学行政用房、生均教学仪器设备、生均图书等应符合规定标准。落实生师比、高学历教师占比要求，提升教师队伍整体水平。全面开展新建本科院校评估，对办学特色鲜明、紧贴地方需要的，在招生计划、专业设置等方面给予倾斜，对评估整改不达标的，减少招生规模、严控新设专业。到 2020 年，中西部所有新建本科院校达到基本办学标准，管理更加规范，质量普遍提升。

（五）积极发展农村学前教育。以扩充资源为核心、加强师资为重点、健全管理为支撑，通过举办托儿所、幼儿园等，构建农村学前教育体系，逐步提高农村入园率，基本普及学前教育。国家继续支持学前教育发展，重点向中西部革命老区、民族地区、边疆地区、贫困地区农村倾斜，因地制宜加强园舍建设、师资培训和玩教具配备，加快推进农村学前教育发展。到 2020 年，中西部地区农村学前三年毛入园率达到 70%。

扩充公办幼儿园资源。各地要根据人口规模及分布情况，完善县、乡、村三级学前教育网络，合理规划农村公办幼儿园布局。推进乡镇中心园建设，实现每个乡镇至少有一所公办中心幼儿园。合理利用村小学校舍资源，发展村小学附设幼儿园。根据实际需求改善教学点校舍条件，举办附设幼儿班。支持村集体利用公共资源建设幼儿园，人口集中的大村独立建园，小村设分园或联合办园。按标准配备玩教具，提供基本保教条件。制定和落实公办园生均公用经费标准，保障公办园正常运转。支持企事业单位所办幼儿园面向社会招生，提供普惠性服务。

支持普惠性民办幼儿园发展。各地要制定普惠性民办园认定管理办法，出台普惠性民办园扶持措施，鼓励社会力量办园，增加农村普惠性民办园数量。通过提供合理用地、减免租金等方式，支持农村普惠性民办园建设。通过派驻公办教师、纳入巡回支教范围、支持教师培训、开展教研指导等方式，提升办园水平和保教质量。采取政府购买服务等措施，对收费合理、管理规范的普惠性民办园进行扶持，提高普惠性民办园保障能力。

补充学前教育师资队伍。各地要按照幼儿园教职工配备标准，在地方事业单位编制总量内，合理调配，配齐农村公办幼儿园教职工，落实每班“两教一保”要求。鼓励各地因地制宜实施地方特岗计划，引进优秀毕业生到农村幼儿园任教。鼓励地方高校扩大免费师范生招生规模，办好中等幼儿师范学校和高等师范专科学校学前教育专业，为农村学前教育培养更多的合格教师。开展对农村幼儿园教师的全员培训，提高教师专业水平。通过生均财政拨款、专项补助等方式，支持解决好公办园非在编教师、集体办幼儿园教师工资待遇问题，逐步实现同工同酬。对长期在农村幼儿园工作的教师，在职务（职称）评聘等方面给予倾斜。采取“政府组织、中心园实施、志愿服务”模式，开展教师巡回支教，缓解当前师资紧缺状况。

改革学前教育管理体制。积极探索以县为主的管理体制，县级人民政府负责统筹辖区内园所布局、师资建设、经费投入、质量保障、规范管理等。探索以中心园为依托的业务管理模式，在保育教育、玩教具配备、师资培训、资源共享、巡回支教人员安排等方面提供具体指导。鼓励有条件的地方将机关企事业单位举办的幼儿园归口到教育行政部门管理。制定农村学前教育办园（班）基本标准，严格执行登记注册制度。加强安全管理，完善安全措施，确保幼儿安全。健全关爱体系，着力保证农村留守儿童入园。坚持科学保教，全面贯彻落实《3—6岁儿童学习与发展指南》，构建幼儿园保教质量评估体系，防止“小学化”倾向。在国家通用语言文字教育基础薄弱地区举办的幼儿园，培养幼儿从小养成使用国家通用语言的习惯。

（六）推动民族教育加快发展。国家在区域发展总体战略中，把民族教育摆在更加重要的位置。采取特殊支持措施，加大各项政策对少数民族和民族地区的倾斜力度，快速提升各级各类教育普及水平和办学质量，实现民族地区教育跨越发展。

办好内地西藏班、新疆班。编制好内地民族班长远发展规划。继续选拔西藏、新疆优秀初中毕业生到内地接受高中阶段优质教育，合理确定培养规模，坚持招生计划向少数民族农牧民子女倾斜。加强内地西藏班、新疆班管理，不断提高合校混班教学比例，引导学生融入学校、融入集体。提高内地西藏班、新疆班教学水平，合理安排课程和教学计划，配强学科指导教师，加强民族团结教育。完善内地西藏班、新疆班单独招生政策。改进内地西藏、新疆中职班培养模式，帮助毕业生掌握一技之长，具备就业创业能力。健全内地西藏班、新疆班经费投入机制，促进内地民族班持续稳定发展。适当扩大内地西藏、新疆中职班规模。

实施万名教师支教计划。组织内地优秀教师到西藏、新疆支教，在每所中学形成稳定的理科教学团队。在对口支援机制下，每期选派1万名内地教师赴西藏、新疆任教。支教教师发挥骨干示范作用，主要承担一线教学任务，组织教研活动，开展业务培训和教学指导，与当地教师组成教学团队，整体提升学校理科教学水平。每年置换出1万名当地理科教师，通过集中培训、专题研修、跟岗学习等方式，提高学科教学能力。到2020年，共组织内地3万名教师赴西藏、新疆支教，置换出当地90%以上理科教师脱产培训。

增加民族地区学生上大学机会。继续实施高等学校招生向民族地区倾斜的有关政策。民族地区高等院校要紧贴民族地区需求，动态调整专业设置，通过委托培养、定向培养、订单式培养等形式，为民族地区培养急需人才。鼓励民族地区高等院校开展高层次岗位培训和继续教育。适度增加高等院校少数民族预科班、民族班招生规模，让更多的少数民族学生有机会到不同类型的高校接受高等教育。鼓励高水平大学统筹安排民族地区生源计划，确保农牧区学生占一定比例，确保人口较少民族学生有更多机会进入高水平大学学习。

实施公共管理人才培养计划，由内地高校牵头组织教学，联合当地大专院校，开设公共管理硕士项目，遴选一批当地优秀年轻干部，重点学习法律、经济、科技、行政管理等课程，提升综合素质。从2016年起，用5年时间为西藏、新疆培养1 000名左右干部。实施少数民族高端人才培养计划，在民族、宗教、历史、地理、文化等领域，选拔1 000名有潜力的优秀中青年学者，通过攻读博士学位、进入博士后流动站、公派出国进修、到国际组织任职等形式，培养一批有学术造诣、有国际视野、有社会影响的少数民族高级专门人才。

（七）保障残疾人受教育权利。以普及残疾儿童少年义务教育为重点，扩大特殊教育资源总量，提高残疾人接受教育的比例，提高特教教师职业吸引力，推进全纳教育。国家实施特殊教育提升计划，重点支持中西部各省（区、市）建设特教学校和特教资源中心，改善特教学校办学条件，提高质量和水平。到2020年，形成较为完善的特殊教育体系，为每一位残疾儿童少年提供更加适合的教育。

扩充特教资源总量。30万人口以上的县，应建好一所特教学校；尚未建立特教学校的县，要以多种形式开发特教资源，为残疾儿童少年提供教育服务。鼓励有条件的康复机构、儿童福利机构增设学前教育、义务教育特教班。扩大普通学校随班就读规模，在残疾学生较多的普通中小学和中等职业学校设立特教资源教室，对残疾学生实施特殊教育和康复训练。中西部各省（区、市）应办好一所残疾人中等职业教育学校（部）。支持中等职业学校积极招收残疾学生，帮助学生掌握一技之长，提高就业能力。鼓励普通高校招收残疾学生，支持普通高校设置特教学院，扩大残疾学生接受高等教育机会。

加强特教教师队伍建设。针对不同的残疾类别，制定特教教师专业标准。扩大高等院校特教专业培养规模，鼓励高校师范类专业开设特教课程。加强特教教师定向培养。普通教师转岗担任特教教师，应经过特教专业培训，掌握相关知识和技能。在特教岗位工作满10年的教师，继续从事特教工作的，按照国家有关规定给予表彰。对普通中小学承担特教任务的教师，在绩效工资分配上给予倾斜。教师职务（职称）评聘向特教教师倾斜。

拓展特教服务模式。各地要对义务教育阶段确实不能到校就读的重度残疾儿童少年，提供送教上门服务。开展医教结合区域试验，支持特教学校与当地医疗、康复中心及社区其他服务机构合作，为残疾学生提供康复服务。探索孤独症儿童教育模式，优先考虑就近入学、随班就读，鼓励特教学校及有条件的普通学校开办孤独症特教班，支持民办机构、福利院及其他康复机构为孤独症儿童提供教育和康复服务。逐步提高特教信息化水平。

提高特教经费保障水平。到2016年底，义务教育阶段特教学校生均公用经费基准定额达到6 000元。对承担随班就读、特教班和送教上门任务的义务教育阶段学校，残疾学生生均公用经费参照上述标准执行。完善资助体系，积极推进高中阶段残疾学生免费教育。加大对学前、高等教育阶段残疾学生的资助力度。

三、组织实施

（一）加强组织领导。各地、各有关部门及承担对口支援任务的地区和单位，要分别将落实本指导意见列入本地区经济社会发展规划和本部门（单位）工作计划，制定配套政策、措施和实施方案，做好与国家“十三五”规划的衔接，做好与教育改革发展其他工作的衔接，确保政策连续性，把各项任务落到实处。

（二）抓好统筹协调。各地要整合相关政策措施，优化资源配置，对目标接近、资金投入方向类同、资金管理方式相近的项目予以整合，控制同一领域的专项数量。根据不同阶段教育属性及经费投入机制，通过发展民办教育、社会捐资助学、政府和社会资本合作等多种方式筹措教育经费。

（三）开展督导监测。要密切跟踪工作进展，督促各项措施落地见效。要按照政策要求、实施范围、资金使用、时间节点、阶段目标等要素，研究建立评价指标体系，依法开展专项督导，公开督导报告。

（四）营造良好氛围。要广泛宣传党中央、国务院关于中西部教育发展的各项政策措施，大力宣传中西部教育发展取得的重大成就，及时宣传实施本指导意见的好做法好经验，让人民群众见到实效，形成合理预期，凝聚社会共识，营造加快中西部教育发展的良好环境。

国务院办公厅

2016 年 5 月 11 日

国务院办公厅关于印发《老年教育发展规划（2016—2020 年）》的通知

（2016 年 10 月 5 日）

各省、自治区、直辖市人民政府，国务院各部委、各直属机构：

《老年教育发展规划（2016—2020 年）》已经国务院同意，现印发给你们，请结合实际认真贯彻执行。

国务院办公厅

2016 年 10 月 5 日

老年教育发展规划（2016—2020 年）

老年人是国家和社会的宝贵财富。老年教育是我国教育事业和老龄事业的重要组成部分。发展老年教育，是积极应对人口老龄化、实现教育现代化、建设学习型社会的重要举措，是满足老年人多样化学习需求、提升老年人生活品质、促进社会和谐的必然要求。为贯彻落实《中华人民共和国老年人权益保障法》《国家中长期教育改革和发展规划纲要（2010—2020 年）》，促进老年教育事业科学发展，制定本规划。

一、规划背景

当前我国已进入老龄化社会，2015 年底我国 60 岁以上老年人口已经达到 2.22 亿，占总人口的 16.1%，预计 2020 年老年人口将达到 2.43 亿，未来 20 年我国人口老龄化形势将更加严峻，“未富先老”的特征日益凸显，对我国社会主义现代化进程产生全面而深远影响，特别是老年人的精神文化和学习需求增长较快，发展老年教育的形势和任务更加紧迫。

世界上较早进入老龄化社会的国家和地区普遍出台终身教育、老年教育领域法律法规，并将老年教育政策作为重要的社会政策。许多国家通过兴办第三年龄大学、推动社区老年人互助学习、倡导老年人利用网络自主学习等多种形式发展老年教育。

党和国家高度重视老龄工作，积极推动老年教育事业发展。目前有 700 多万老年人在老年大学等机构学习，有上千万老年人通过社区教育、远程教育等各种形式参与学习，初步形成了多部门推动、多形式办学的老年教育发展格局。同时必须清醒地看到，我国老年教育还存在资源供给不足，城乡、区域间发展不平衡，保障机制不够健全，部门协调亟待加强，社会力量参与的深度和广度需进一步拓展等问题。解决这些问题，推动老年教育持续健康发展，是当前和今后一个时期积极应对人口老龄化、大力发展老龄服务事业和产业的迫切任务。

二、总体要求

（一）指导思想。全面贯彻党的十八大及十八届三中、四中、五中全会精神和习近平总书记系列重要讲话精神，落实党中央、国务院决策部署，按照“五位一体”总体布局和“四个全面”战略布局，牢固树立和贯彻落实创新、协调、绿色、开放、共享的新发展理念，坚持“党委领导、政府主导、社会参与、全民行动”的老龄工作方针，以扩大老年教育供给为重点，以创新老年教育体制机制为关键，以提高老年人的生命和生活质量为目的，整合社会资源、激发社会活力，提升老年教育现代化水平，让老年人共享改革发展成果，进一步实现老有所教、老有所学、老有所为、老有所乐，努力形成具有中国特色的老年教育发展新格局。

（二）基本原则。

保障权益、机会均等。保障老年人受教育权利，努力让不同年龄层次、文化程度、收入水平、健康状况的老年人均有接受教育的机会。充分利用各种资源，统筹加强组织管理，实现资源共享和协调发展，提高老年教育的可及性，最大限度满足各类老年群体学习需求。

政府主导、市场调节。发挥政府在制定规划、营造环境、加大投入等方面的作用，统筹协调各部门老年教育工作。激发社会活力，继续探索和完善政府购买服务机制，引导社会力量积极参与，带动相关产业发展。

优化布局、面向基层。在办好现有老年教育的基础上，将老年教育的增量重点放在基层和农村，形成以基层需求为导向的老年教育供给结构，优化城乡老年教育布局，促进老年教育与经济社会协调发展。

开放便利、灵活多样。促进各类教育机构开放，运用互联网等科技手段开展老年教育，为全体老年人创造学习条件、提供学习机会、做好学习服务。畅通学习渠道，方便就近学习，办好家门口的老年教育。

因地制宜、特色发展。从区域发展不平衡的实际和多样化的学习需求出发，因地制宜开展老年教育。鼓励结合当地历史、人文资源和民俗民风等特点，推动老年教育特色发展。

（三）主要目标。到2020年，基本形成覆盖广泛、灵活多样、特色鲜明、规范有序的老年教育新格局。老年教育法规制度逐步健全，职责明确、主体多元、平等参与、管办分离的管理体制和运行机制得到完善。老年教育基础能力有较大幅度提升，教育内容不断丰富，形式更加多样。各类老年教育机构服务能力进一步提升，全社会关注支持老年教育、参与举办老年教育的积极性显著提高。以各种形式经常性参与教育活动的老年人占老年人口总数的比例达到20%以上。

三、主要任务

（一）扩大老年教育资源供给。

优先发展城乡社区老年教育。完善基层社区老年教育服务体系，整合利用现有的社区教育机构、县级职教中心、乡镇成人文化技术学校等教育资源，以及群众艺术馆、文化馆、体育场、社区文化活动中心（文化活动室）、社区科普学校等，开展老年教育活动。建立健全“县（市、区）—乡镇（街道）—村（居委会）”三级社区老年教育网络，方便老年人就近学习。发展农村社区老年教育，有效整合乡村教育文化资源，以村民喜爱的形式开展适应农村老年人需求的教育活动。加强对农村散居、独居老人的教育服务。推进城乡老年教育对口支援，鼓励发达地区以建立分校或办学点、选送教师、配送学习资源、提供人员培训等方式，为边远地区和农村社区老年教育提供支援。

促进各级各类学校开展老年教育。推动各级各类学校向区域内老年人开放场地、图书馆、设施设备等资源，为他们便利化学习提供支持，积极接收有学习需求的老年人入校学习。探索院校利用自身教育资源举办老年教育（学校）的模式。推动普通高校和职业院校面向老年人提供课程资源，特别是艺术类、医药卫生类、师范类院校和开设有养生保健、文化艺术、信息技术、家政服务、社会工作、医疗护理、园艺花卉、传统工艺等专业的职业院校，应结合学校特色开发老年教育课程，为社区、老年教育机构及养老服务机构等积极提供支持服务，共享课程与教学资源。推动开放大学和广播电视大学举办“老年开放大学”或“网上老年大学”，并延伸至乡镇（街道）、城乡社区，建立老年学习网点。

推动老年大学面向社会办学。部门、行业企业、高校等举办的老年大学要树立新的办学理念，积极创造条件，采取多种形式，提高办学开放度，逐步从服务本单位、本系统离退休职工向服务社会老年人转变。省、市两级老年大学在开展教育教学工作的同时，要在办学模式示范、教学业务指导、课程资源开发等方面对区域内老年教育发挥带动和引领作用，将老年大学集聚的教育资源向基层和社区辐射。加强老年大学与社会教育机构的合作，组建老年教育联盟（集团）。

（二）拓展老年教育发展路径。

丰富老年教育内容和形式。积极开展老年人思想道德、科学文化、养生保健、心理健康、职业技能、法律法规、家庭理财、闲暇生活、代际沟通、生命尊严等方面的教育，帮助老年人提高生活品质，实现人生价值。创新教学方法，将课堂学习和各类文化活动相结合，积极探索体验式学习、远程学习、在线学习等模式，引导开展读书、讲座、参观、展演、游学、志愿服务等多种形式的老年教育活动。鼓励老年人自主学习，支持建立不同类型的学习团队。

探索养教结合新模式。整合利用社区居家养老资源，在社区老年人日间照料中心、托老所等各类社区居家养老场所内，开展形式多样的老年教育。积极探索在老年养护院、城市社会福利院、农村敬老院等养老服务机构中设立固定的学习场所，配备教学设施设备，通过开设课程、举办讲座、展示学习成果等形式，推进养教一体化，推动老年教育融入养老服务体系，丰富住养老人的精神文化生活。关注失能失智及盲聋等特殊老人群体，提供康复教育一体化服务。

积极开发老年人力资源。用好老年人这一宝贵财富，充分发挥老年人的智力优势、经验优势、技能优势，为其参与经济社会活动搭建平台、提供教育支持。发挥老年人在传承中华优秀传统文化、引导全社会特别是青少年培育和践行社会主义核心价值观等方面的积极作用，彰显长者风范。鼓励老年人利用所学所长，在科学普及、环境保护、社区服务、治安维稳等方面积极服务社会、奉献社会。

（三）加强老年教育支持服务。

运用信息技术服务老年教育。加强数字化学习资源跨区域、跨部门共建共享，开展对现有老年教育课程的数字化改造，开发适合老年人远程学习的数字化资源。通过互联网、数字电视等渠道，加强优质老年学习资源对农村、边远、贫困、民族地区的辐射。推动信息技术融入老年教育教学全过程，推进线上线下一体化教学，支持老年人网上学习。运用信息化手段，为老年人提供导学服务、个性化学习推荐等学习支持。

整合文化体育科技资源服务老年教育。推动美术馆、图书馆、文化馆（站、中心）、科技馆、博物馆、纪念馆、公共体育设施、爱国主义示范基地、科普教育基地等向老年人免费开放。鼓励有条件的地区发挥文化、教育、体育、科技等资源优势，结合区域实际，建设不同主题、富有特色的老年教育学习体验基地。充分发挥广播电视、报纸杂志、门户网站等媒体作用，开设贴近老年人生活的专栏专题。

（四）创新老年教育发展机制。

鼓励社会力量参与老年教育。充分激发市场活力，推进举办主体、资金筹措渠道的多元化，通过政府购买服务、项目合作等多种方式，支持和鼓励各类社会力量通过独资、合资、合作等形式举办或参与老年教育。运用市场机制调节供需关系，进一步优化老年教育的市场结构、内容和布局。加强规划指导和外部监管，营造平等参与、公平竞争的市场环境。充分发挥社会组织在老年教育中的作用，鼓励其通过提供师资、开发课程等方式支持开展老年教育。支持老年教育领域社会组织和老年志愿服务团队发展。

促进老年教育与相关产业联动。扩大老年教育消费，发掘与老年教育密切相关的养老服务、旅游、服装服饰、文化等产业价值，促进生活性服务业提档升级，拉动内需，推动投资增长和相关产业发展。

（五）促进老年教育可持续发展。

加强学科建设与人才培养培训。鼓励综合类高校、师范类院校、职业院校开设老年教育相关专业，其他高校也要加强老年教育相关专业建设。支持有条件的高校开展老年教育方向的研究生教育，加快培养老年教育教学、科研和管理人才。鼓励老年教育机构的专任教师和管理人员在职进修老年教育专业课程，攻读相关专业学位。

加强理论与政策研究。依托有关高校、科研院所、老年教育机构等建立若干个老年教育研究基地，开展老年教育基础理论研究、政策研究和应用研究，探讨和解决老年教育发展中的重大理论和实践问题。加强老年教育学术期刊建设，搭建优秀成果共享和推广平台。鼓励社会组织开展老年教育优秀研究成果交流活动。

加强国际交流合作。积极参与有关国际教育组织的活动，加强与国外老年教育机构的交流与合作，借鉴国外老年教育先进理念和做法，宣传推广我国发展老年教育的经验与成果，扩大我国老年教育的国际影响力。

四、重点推进计划

（一）社会主义核心价值观培育计划。将培育和践行社会主义核心价值观作为老年教育的重要内容，编写相关读本，设计形式多样的教育活动项目，将社会主义核心价值观融入老年人学习和活动之中。积极推进校园文化建设，培育优良校风、教风、学风，打造一批在培育和践行社会主义核心价值观方面具有示范作用的老年学校、老年学习团队。

（二）老年教育机构基础能力提升计划。整合资源，改善基层社区老年教育机构设施设备，建设一批在本区域发挥示范作用的乡镇（街道）社区老年人学习场所，建设好村（居委会）老年社区学习点。改善现有老年大学办学条件，提升其教学场所和设施的现代化、规范化水平，进一步增强其社会服务能力。到2020年，全国县级以上城市原则上至少应有一所老年大学，50%的乡镇（街道）建有老年学校，30%的行政村（居委会）建有老年学习点。探索“养、医、体、文”等场所与老年人学习场所的结合，推出一批创新老年教育办学模式的典型。各省（区、市）选取若干个养老服务机构，开展养教结合试点。

（三）学习资源建设整合计划。研究制定老年人学习发展指南，为不同年龄层次的老年人提供包括学习规划在内的咨询服务。探索建立老年教育通用课程教学大纲，促进资源建设规范化、多样化。遴选、开发一批通用型老年学习资源，整合一批优秀传统文化、非物质文化遗产、地方特色老年教育资源，推介一批科普知识和健康知识学习资源，引进一批国外优质学习资源，形成系列优质课程推荐目录。定期举办老年学习资源建设交流活动。到2020年，各省（区、市）都应初步建立起支撑区域内老年教育发展的老年学习资源库。

（四）远程老年教育推进计划。探索以开放大学和广播电视大学为主体建设老年开放大学，开发整合远程老年教育多媒体课程资源。支持国家开放大学率先建设在全国发挥示范作用的老年健康艺术教育体验基地。推动有条件的省（区、市）老年大学、开放大学和广播电视大学建设具有地方特色的示范性老年教育体验基地。到2020年，力争全国50%的县（市、区）可通过远程教育开展老年教育工作。

（五）老有所为行动计划。组织引导离退休老干部、老同志讲好中国故事、弘扬中国精神、传播中国好声音。积极搭建服务平台，建立由离退休干部、专业技术人员及其他有所专长的老同志组成的老年教育兼职教师队伍。推动各类老年社会团体与大中小学校合作，发挥老年人在教育引导青少年继承优良传统、培育科学精神等方面的积极作用。广泛开展老年志愿服务活动，到2020年，力争每个老年大学培育1—2支老年志愿者队伍，老年学校普遍建有志愿者服务组织。

五、保障措施

（一）加强组织实施。建立健全党委领导、政府统筹，教育、组织、民政、文化、老龄部门密切配合，其他相关部门共同参与的老年教育管理体制。各相关部门要按照职责分工，加强沟通协调，通过规划编制、政策制定、指导监督，共同研究解决老年教育发展中的重大问题。老年教育工作要纳入对各级政府相关部门绩效考评内容。各省（区、市）要把老年教育纳入本地区经济社会发展规划和教育事业发展规划，结合实际，提出落实本规划、加快发展老年教育的具体实施方案和举措，分阶段、分步骤组织实施。对各地区在实施本规划中好的做法和经验，要及时总结推广。

（二）推动法规制度建设。研究完善涉及老年教育的相关制度。支持鼓励有条件的地区通过制定相关地方法规促进老年教育事业规范健康发展。在老龄事业相关政策措施中重视支持发展老年教育。探索开展老年教育发展情况调查统计工作，支持社会组织等第三方开展老年教育发展状况评估和研究。

（三）加强队伍建设。鼓励普通高校、职业院校相关专业毕业生及相关行业优秀人才到老年教育机构工作。各级各类学校要鼓励教师参与老年教育相关工作，并纳入本校工作考核，支持教师到校外老年教育机构兼职任教或从事志愿服务。建立老年教育教师岗位培训制度，支持老年教育机构教师、技术和管理人员的专业发展。专职人员在薪酬福利、业务进修、职务（职称）评聘、绩效考核等方面享有同类学校工作人员的同等权利和待遇。鼓励专业社工等参与从事老年教育工作。建立老年教育师资库。加快培养一支结构合理、数量充足、素质优良，以专职人员为骨干、与兼职人员和志愿者相结合的教学和管理队伍。

（四）完善经费投入机制。各地区要采取多种方式努力增加对老年教育的投入，切实拓宽老年教育经费投入渠道，形成政府、市场、社会组织和学习者等多主体分担和筹措老年教育经费的机制。老年教育经费应主要用于老年教育公共服务。鼓励和支持行业企业、社会组织和个人设立老年教育发展基金，企业和个人对老年教育的公益性捐赠支出按照税收法律法规规定享受所得税税前扣除政策。

（五）营造良好氛围。各地区各部门要广泛宣传党和国家关于发展老年教育的方针政策，广泛宣传老年教育发展中的典型经验、案例、做法和成效，努力使全社会关心、支持和参与老年教育的氛围更加浓厚。要充分调动老年人参与学习的积极性和主动性，积极培育老年学习文化，使学习风尚融入老年人生活，使老年教育成为增进老年人福祉的重要内容。

国务院食品安全办等6部门关于进一步加强学校校园及周边食品安全工作的意见

（2016年6月16日）

各省、自治区、直辖市食品安全办、综治办、教育厅（委）、公安厅（局）、住房和城乡建设厅（城管局、市政委）、食品药品监督管理局，新疆生产建设兵团食品安全办、综治办、教育局、公安局、建设局、食品药品监督管理局：

青少年饮食安全，直接关系祖国下一代的健康成长，关系亿万家庭的幸福、社会的稳定。党中央、国务院高度重视学校（含托幼机构）校园食品安全工作，各有关部门积极开展学校校园及周边食品安全专项整治工作，推动了学校校园及周边食品安全水平的不断提升，但影响食品安全的因素依然存在。近期，学校校园及周边食品安全事件频发，社会广泛关注。为加大工作力度，形成监管合力，进一步提高学校校园及周边食品安全水平，现提出如下意见。

一、工作目标

认真贯彻《中华人民共和国食品安全法》和“四个最严”的要求，加强学校校园及周边食品安全综合治理，推动学校校园及周边食品安全管理制度进一步健全，食品安全主体责任进一步落实，食品安全监督管理工作进一步加强，学生的食品安全意识进一步提高，学校校园及周边食品安全状况明显改善。

二、工作重点

（一）完善管理制度。地方各级食品安全办、综治组织要进一步推动各有关部门明确监管职责，落实监管责任。各有关部门要按照《中华人民共和国食品安全法》等法律法规，进一步完善加强学校校园及周边食品安全管理的工作制度和机制，按照本意见的要求，制定具体的工作措施，不断强化学校校园及周边食品安全监管。教育部、食品药品监管总局要加快修订出台学校集中用餐食品安全管理规定。

（二）落实食品安全主体责任。学校要落实校园食品安全管理的主体责任，实行食品安全校长负责制，将校园食品安全作为学校安全的重要内容，每学期进行专题研究。建立健全校园食品安全管理制度，明确食品安全管理人员和每个岗位的安全职责，层层签订食品安全责任书。加强学校食堂管理，强化从业人员培训，严格管控原料采购、加工制作、清洗消毒和用水卫生等关键环节，定期开展食品安全自查。采用集体用餐配送单位供餐的，要把食品安全作为遴选供餐单位的重要标准，与供餐单位签订食品安全责任书。

学生集体用餐配送单位要落实食品安全主体责任，健全食品安全管理制度和机构，配备专职食品安全管理人员，强化从业人员培训，严格落实原料采购、加工制作、清洗消毒、成品分装和配送运输等关键环节的控制要求，定期开展食品安全自查，确保供餐食品安全。

校园周边食品经营者要持证经营，依法落实食品安全主体责任，健全并落实食品安全管理制度，严格把控食品采购关口，严格规范加工制作行为，定期开展食品安全自查。校园周边家庭托餐经营者要经基层食品药品监管部门许可或备案、登记后方可经营，经营过程中应落实食品安全主体责任，严格执行原料采购和加工制作要求，定期开展食品安全自查。

（三）加强食品安全教育。学校要将食品安全、营养和节约食物纳入健康教育内容。每学期组织开展食品安全专题教育，并将食品安全与主题班会、课外实践等活动紧密结合，开展经常性教育活动。通过宣传栏、宣传册等，定期向学生传递食品安全、营养等信息，推动学生形成健康的饮食习惯，拒绝食用高油、高盐、高糖食品。教育行政部门要督促学校开展食品安全教育。

地方各级食品药品监管部门要加大对校园周边食品经营者的食品安全宣传教育，督促经营者强化从业人员食品安全培训和职业道德教育，拒绝经营来源不明、标识不清、超过保质期限、感观性状异常等食品及长期食用不利于学生身体健康的食品，对社会和公众负责，承担社会责任。

（四）加强食品安全监管。地方各级食品药品监管部门要依法依规对学生食堂、学生集体用餐配送单位、校园周边小食品商店、小餐饮、家庭托餐等进行许可或备案、登记，将学校校园及周边食品经营者全部纳入监督管理范围，实行监管全覆盖。将学校校园及周边地区作为日常检查、随机抽查和飞行检查等重点地区和单位，进一步强化监督检查和食品抽检。每年春秋季开学后对学生食堂、学生集体用餐配送单位和校园周边食品经营者开展专项检查。对学生食堂和校园周边餐饮服务提供者，重点检查原料采购、加工制作、清洗消毒、用水卫生等是否符合规定。对学生集体用餐配送单位，除重点检查上述项目外，还应检查成品的运输温度和时间等是否符合规定。对校园周边食品销售者，重点检查食品的感官性状、标签标识、贮存条件等是否符合规定。倡导学生食堂、学生集体用餐配送单位推行食品安全责任保险制度。

地方各级城市管理执法部门要综合运用数字城管等手段和方式，提高对学生上学、放学重点时段的食品安全违法行为的快速发现、快速处置能力，严查校园周边食品无证摊贩。

地方各级教育行政部门要进一步加强对学校食

品安全的日常管理，督促学校落实食品安全校长负责制，与行政区域内学校签订食品安全责任书，将食品安全列为年度考核的关键指标。基层教育行政部门要每学期组织开展学校食品安全检查和交叉互查，通报检查结果，对检查中发现的食品安全问题及时督促整改，防控食品安全风险。

（五）加强综合治理。各级食品安全办、综治组织要将学校校园及周边食品安全作为重要工作内容，纳入社会治安重点地区和突出治安问题排查整治范围，加大组织协调力度，会同各有关部门加强分析研判，进行明察暗访，开展排查整治，强化督导考评，深入推进学校校园及周边食品安全的综合治理。

地方各级食品安全委员会要将学校校园及周边食品安全作为重要内容，纳入议事日程，每年至少进行一次专题研究。省级食品安全办要会同有关部门进行认真研究，把学校校园及周边食品安全，确定为年度食品安全重点工作。地方各级食品安全办、综治组织要组织各有关部门在每学期开学后一个月内对学校校园及周边食品安全进行联合检查。

（六）严厉打击食品安全违法行为。地方各级食品药品监管部门要严厉查处学校校园及周边食品经营者无证经营、售卖和使用来源不明、“三无”（无厂名、无厂址、无生产日期）、无中文标识、超过保质期限、腐败变质等感官性状异常的食品及常温存放冷藏冷冻食品等违法行为。

地方各级食品药品监管、城市管理执法、公安部门要密切部门配合，按照国家食品药品监督管理总局、公安部、最高人民法院、最高人民检察院和国务院食品安全办联合出台的《食品药品行政执法与刑事司法衔接工作办法》规定，健全食品安全行政执法与刑事司法衔接工作机制，加大对学校校园及周边食品安全违法犯罪行为打击力度，切实维护学生的食品安全和身体健康。

三、工作要求

（一）加强组织领导。各有关部门要在党委、政府领导下，将加强学校校园及周边食品安全工作作为全面推进平安中国建设的重要内容，组织成立专门领导小组，制定具体实施方案，细化工作目标，明确工作要求。要落实属地管理责任，一级抓一级，层层抓落实，切实做好各项工作。

（二）加强工作统筹。各级食品安全办、综治组织要进一步完善统筹协调工作机制，加强学校校园及周边食品安全信息通报、定期会商和联查联动工作，推动落实各方责任，形成各负其责、齐抓共管的工作局面。

（三）加强考核督导。各级食品安全办要把学校校园及周边食品安全纳入食品安全年度考核指标和创建食品安全城市的重要内容。各级综治组织和教育行政部门要把学校校园及周边食品安全作为“‘平安学校创建’和校园及周边治安综合治理工作”的重要考核指标。各级综治组织要对学校校园及周边食品安全问题突出的地区和单位，根据《中共中央办公厅、国务院办公厅关于印发〈健全落实社会治安综合治理领导责任制规定〉的通知》要求，通过通报、约谈、挂牌督办、一票否决等方式进行综治领导责任督导和追究。

（四）加强社会监督。要畅通投诉渠道，认真听取学生家长对学校校园及周边食品安全的意见、建议，充分发挥媒体、群众的监督作用，及时核查处置媒体和群众反映的学校校园及周边的食品安全问题。

国务院食品安全办　中央综治办
教育部　公安部
住房城乡建设部　食品药品监管总局
2016年6月16日

国务院教育督导委员会办公室关于印发《中小学（幼儿园）安全工作专项督导暂行办法》的通知

（2016 年 11 月 30 日）

各省、自治区、直辖市人民政府办公厅：

为落实党中央、国务院关于保障学校安全的总体要求，推动建立科学化、规范化、制度化的中小学（幼儿园）安全保障体系和运行机制，提高安全风险防控能力，特制定《中小学（幼儿园）安全工作专项督导暂行办法》。现印发给你们，请结合实际认真贯彻执行。

国务院教育督导委员会办公室

2016 年 11 月 30 日

中小学（幼儿园）安全工作专项督导暂行办法

第一章　总则

第一条　为贯彻落实党中央、国务院关于切实加强学校安全工作的总体要求，督促各地认真做好中小学（幼儿园）（以下简称学校）安全管理工作，根据《教育督导条例》及国家相关政策法规，制定本办法。

第二条　学校安全工作专项督导是促进地方政府及相关职能部门、学校建立科学化、规范化、制度化的安全保障体系和运行机制，提高学校安全风险防控能力的重要举措。

第三条　国务院教育督导委员会办公室负责对省级学校安全工作进行专项督导，省、市、县级人民政府教育督导机构负责对下一级及辖区内的学校安全工作进行专项督导。

第四条　实施学校安全工作专项督导应坚持以下原则：

（一）统一领导。切实加强组织领导和统筹协调，把学校安全工作作为公共安全和社会治安综合治理的重要内容，定期开展督导检查。

（二）注重实效。完善学校安全工作专项督导形式、内容和方法，因地制宜，确保学校安全工作专项督导取得实效。

（三）公开透明。坚持标准与方法公开、组织与人员公开、过程与结果公开，主动接受社会监督。

第二章　督导内容

第五条　组织管理

（一）省级人民政府建立健全学校安全工作组织管理体系，督促市、县级政府落实学校安全工作管理与监督责任情况。

（二）相关职能部门落实学校安全工作资金与资源，开展安全管理培训与指导，监督学校建立健全安全管理机构、落实岗位安全职责，配备安全保卫人员情况。

第六条　制度建设

（一）省级人民政府贯彻落实国家有关学校安全工作的法律法规、规章制度和标准规范，建立健全学校安全工作治理机制，制定完善本地方学校安全标准体系，开展学校安全事项认证情况。

（二）相关职能部门各司其职、齐抓共管，完善落实学校安全工作监督、管理，加强学校及周边安全综合治理，建立学生安全区域情况。

（三）学校建立健全安全管理制度和安全应急机制，按照《中小学幼儿园安全防范工作规范（试行)》要求，落实人防、物防、技防“三防”建设和安全管理各环节、岗位职责情况。

第七条 预警防范

(一) 相关职能部门建立隐患排查与整治的学校安全预警机制，及时发布安全预警公告情况。

(二) 相关职能部门制定学校安全风险清单，开展学校安全检查与动态监测，及时分析和评估安全风险，提出预警信息情况。

(三) 学校建立健全及落实安全教育、日常管理、体育运动、校外活动、公共安全事件、校车安全、食品安全、卫生防疫、自然灾害风险评估和预防情况。

第八条 教育演练

(一) 教育部门按照《中小学公共安全教育指导纲要》指导学校加强安全教育，落实安全教育进课堂，保障安全教育所需资金、教学资源和师资情况。

(二) 相关职能部门指导和参与学校安全教育，开展安全防范进校园活动情况。

(三) 学校按照《中小学幼儿园应急疏散演练指南》开展安全教育，定期组织地震、火灾等应急疏散演练情况。

第九条 重点治理

(一) 相关职能部门加强溺水、事故、学生欺凌和暴力行为等重点问题预防与应对，及时做好专项报告和统计分析，指导学校履行教育和管理职责情况。

(二) 教育部门会同公安等部门及时打击涉及学校、学生安全的违法犯罪行为，维护正常教育教学秩序，建设平安校园情况。

(三) 教育部门及学校健全未成年学生权利保护制度，防范、调查、处理侵害未成年学生身心健康事件，开展心理、行为咨询和矫治活动情况。

第十条 事故处理

(一) 省级人民政府建立健全学校安全事故应对、处理与责任追究机制情况。

(二) 相关职能部门及时组织实施救援，落实事故调查、责任认定和善后处理，追究事故相关单位及责任人行政、刑事责任情况。

(三) 教育部门及学校妥善处理安全事故纠纷，维护学校正常教育教学秩序情况。

第三章 组织实施

第十一条 日常监督。充分发挥责任督学作用，强化日常检查，促进学校安全工作有序进行。

第十二条 地方自查。省级人民政府及相关职能部门根据指标体系进行自查，并将自查报告在当地政府及省级教育行政部门网站上公示，公示期满后报送国务院教育督导委员会办公室。

第十三条 实地督导。国务院教育督导委员会办公室根据日常监督与地方自查情况，编制实地督导实施细则，随机抽取督学和专家组成督导组，随机确定督导对象，采取听取汇报、查阅材料、重点检查、随机抽查、个别访谈等方式开展实地督导。

第十四条 发布报告。国务院教育督导委员会办公室根据各省(区、市)自评和实地督导结果，形成专项督导意见和督导报告，督导报告向社会发布。

第十五条 整改落实。被督导省(区、市)在接到督导组督导意见后，按照整改要求和建议积极进行整改，并在3个月内向国务院教育督导委员会办公室书面报告整改情况。需要立即整改的重大安全隐患，则要在1个月内向国务院教育督导委员会办公室报告整改情况。

第四章 结果运用

第十六条 国务院教育督导委员会办公室建立工作问责机制，把专项督导结果作为评价政府教育工作成效的重要内容，对职责落实不到位的地区给予通报批评，对学校安全工作不力或出现严重问题的地区进行问责。

第十七条 对学校安全工作中出现的特大、重大学校安全责任事故，严重违法、违纪、违规问题，按照法律法规和有关规定开展调查处理。对违纪问题线索，交由纪检监察机关进行调查，严肃追究相关单位和责任人的责任。涉嫌犯罪的，移送司法机关依法处理。

第五章 附则

第十八条 省级人民政府依据本办法制定本省份学校安全工作专项督导实施方案。

第十九条 本办法自发布之日起施行。

附件

中小学（幼儿园）安全工作专项督导评估指标体系

一级指标	二级指标	评估要点
组织管理	建设组织机构	省级人民政府建立健全学校安全工作组织管理体系，督促市、县级政府落实学校安全工作管理与监督责任。
	落实部门职责	教育部门指导、监督学校建立安全管理机构，健全各环节、各岗位职责，开展安全管理培训与指导，协调落实安全工作资金、资源和人员配备。
		公安机关会同教育部门和学校建立健全警校合作、信息联动、校园监控与紧急报警机制，及时出警处置学校的报警求助。
		公安消防部门对学校遵守消防法律法规情况依法进行监督检查，督促和指导学校落实消防安全职责、检查和消除火灾隐患、开展消防安全教育培训和消防演练。
		公安交管部门加强对校车道路通行情况进行监督检查，依法查处涉及校车道路交通违法行为，保护校车通行权利和通行秩序。
		交通运输部门会同公安部门合理规划城市、农村公共交通客运路线。
		住建部门监管依法办理相关手续的学校工程建设。
		环保部门监管学校及周边大气、土壤、水体环境的安全。
		卫生计生部门指导、监督学校做好卫生防疫、保健工作，对学校出现的疫情或者学生群体性健康问题，及时指导教育部门或学校采取措施。
		工商、文化、新闻出版广电部门管理、监督学校周边有关经营服务场所，查处出售非法、违禁出版物和假冒伪劣商品、食品等行为。
		质量监督部门指导、监督学校做好采购材料、产品的质量把关工作，定期检验学校特种设备。
		食品药品监督管理部门指导、监督学校建立健全食品、药品安全制度，落实学校主体责任。加强监督检查，防控食品、药品安全风险。
		城市管理部门会同公安部门维护学校周边秩序，消除安全隐患。
制度建设	制定规章制度	贯彻落实国家有关学校安全工作的法律法规、规章制度和标准规范，完善落实学校安全工作监督、管理制度。
		指导、监督学校建立健全安全管理制度、安全应急机制，制定各环节、岗位安全职责，形成完整安全管理制度体系。
	建立工作机制	建立学校安全工作治理机制，形成各司其职、齐抓共管的工作格局。
	健全安全标准	严格执行国家相关标准规范，结合实际制定本地区学校安全标准体系，落实人防、物防、技防“三防”建设要求，保证学校的校舍、围墙、场地、教学设施、教学用具、生活设施等符合安全质量标准。
	完善认证机制	建立学校安全事项认证机制，对学校设施设备、教学仪器、食品药品、建筑材料、日常用品、体育器械等实施严格、科学的认证，严控产品质量。
	建立安全区域	将学校周边一定范围划定为学校学生安全管理区域，加强区域内交通管理、治安防控、环境治理。

续表

一级指标	二级指标	评估要点
预警防范	排查安全隐患	健全学校安全预警机制，制定风险清单，开展动态监测、数据搜集与分析，定期分析汇总学校安全隐患。
	强化风险识别	发布公共安全事件、自然灾害、食品安全、疾病预防等安全风险预警公告，指导学校予以防范。
		指导学校识别防范教育教学、日常管理、体育运动、校外活动中存在的风险，做好风险评估和预防。
教育演练	开展安全教育	按照《中小学公共安全教育指导纲要》要求，在学科教学和综合实践活动课程中渗透公共安全教育内容，多途径、多方式开展安全教育活动。
		指导学校开展防溺水、交通、消防、食品安全、疾病预防、特种设备安全、中毒、伤害、性侵害、反欺凌、反校园暴力、反恐怖行为等教育。
		开展安全防范进校园活动。
	组织应急演练	按照《中小学幼儿园应急疏散演练指南》要求，定期组织开展地震、火灾、洪水等应急疏散演练。
重点治理	关注重点领域	加强防溺水、交通事故、学生欺凌和暴力行为等重点问题的预防与应对，及时做好专项报告和统计分析。
		履行教育、管理职责，及时干预、制止学生欺凌和暴力行为，开展心理、行为咨询和矫治活动。
	打击违法犯罪	严厉打击涉及学校、师生生命财产安全等违法犯罪行为，维护正常的教育教学秩序，建设平安校园。
		健全未成年学生权利保护制度，针对体罚、性骚扰、性侵害等侵害未成年学生人身健康的违法犯罪行为，完善防范、调查与处理的制度机制。
事故处理	处置应急事故	建立健全学校安全事故应对与处理机制，指导学校建立安全事故应急处置预案，发生重特大事故，第一时间启动应急预案，及时组织实施救援，进行事故调查、责任认定和善后处理。
	追究事故责任	制定健全学校安全事故责任追究制度，依法认定事故责任，追究相关单位及责任人的行政、刑事责任。
		指导学校妥善处理事故纠纷，维护学校正常的教育教学秩序。

中华人民共和国教育部令第39号

（2016年1月5日）

《幼儿园工作规程》已经2015年12月14日第48次部长办公会议审议通过，现予公布，自2016年3月1日起施行。

教育部部长 袁贵仁

2016年1月5日

幼儿园工作规程

第一章 总则

第一条 为了加强幼儿园的科学管理，规范办园行为，提高保育和教育质量，促进幼儿身心健康，依据《中华人民共和国教育法》等法律法规，制定本规程。

第二条 幼儿园是对3周岁以上学龄前幼儿实施保育和教育的机构。幼儿园教育是基础教育的重要组成部分，是学校教育制度的基础阶段。

第三条 幼儿园的任务是：贯彻国家的教育方针，按照保育与教育相结合的原则，遵循幼儿身心发展特点和规律，实施德、智、体、美等方面全面发展的教育，促进幼儿身心和谐发展。

幼儿园同时面向幼儿家长提供科学育儿指导。

第四条 幼儿园适龄幼儿一般为3周岁至6周岁。

幼儿园一般为三年制。

第五条 幼儿园保育和教育的主要目标是：

（一）促进幼儿身体正常发育和机能的协调发展，增强体质，促进心理健康，培养良好的生活习惯、卫生习惯和参加体育活动的兴趣。

（二）发展幼儿智力，培养正确运用感官和运用语言交往的基本能力，增进对环境的认识，培养有益的兴趣和求知欲望，培养初步的动手探究能力。

（三）萌发幼儿爱祖国、爱家乡、爱集体、爱劳动、爱科学的情感，培养诚实、自信、友爱、勇敢、勤学、好问、爱护公物、克服困难、讲礼貌、守纪律等良好的品德行为和习惯，以及活泼开朗的性格。

（四）培养幼儿初步感受美和表现美的情趣和能力。

第六条 幼儿园教职工应当尊重、爱护幼儿，严禁虐待、歧视、体罚和变相体罚、侮辱幼儿人格等损害幼儿身心健康的行为。

第七条 幼儿园可分为全日制、半日制、定时制、季节制和寄宿制等。上述形式可分别设置，也可混合设置。

第二章 幼儿入园和编班

第八条 幼儿园每年秋季招生。平时如有缺额，可随时补招。

幼儿园对烈士子女、家中无人照顾的残疾人子女、孤儿、家庭经济困难幼儿、具有接受普通教育能力的残疾儿童等入园，按照国家和地方的有关规定予以照顾。

第九条 企业、事业单位和机关、团体、部队设置的幼儿园，除招收本单位工作人员的子女外，应当积极创造条件向社会开放，招收附近居民子女入园。

第十条 幼儿入园前，应当按照卫生部门制定的卫生保健制度进行健康检查，合格者方可入园。

幼儿入园除进行健康检查外，禁止任何形式的考试或测查。

第十一条 幼儿园规模应当有利于幼儿身心健康，便于管理，一般不超过360人。

幼儿园每班幼儿人数一般为：小班（3周岁至4周岁）25人，中班（4周岁至5周岁）30人，大班（5周岁至6周岁）35人，混合班30人。寄宿制幼儿园每班幼儿人数酌减。

幼儿园可以按年龄分别编班，也可以混合编班。

第三章 幼儿园的安全

第十二条 幼儿园应当严格执行国家和地方幼儿园安全管理的相关规定，建立健全门卫、房屋、设备、消防、交通、食品、药物、幼儿接送交接、活动组织和幼儿就寝值守等安全防护和检查制度，建立安全责任制和应急预案。

第十三条 幼儿园的园舍应当符合国家和地方的建设标准，以及相关安全、卫生等方面的规范，定期检查维护，保障安全。幼儿园不得设置在污染区和危险区，不得使用危房。

幼儿园的设备设施、装修装饰材料、用品用具和玩教具材料等，应当符合国家相关的安全质量标准和环保要求。

入园幼儿应当由监护人或者其委托的成年人接送。

第十四条　幼儿园应当严格执行国家有关食品药品安全的法律法规，保障饮食饮水卫生安全。

第十五条　幼儿园教职工必须具有安全意识，掌握基本急救常识和防范、避险、逃生、自救的基本方法，在紧急情况下应当优先保护幼儿的人身安全。

幼儿园应当把安全教育融入一日生活，并定期组织开展多种形式的安全教育和事故预防演练。

幼儿园应当结合幼儿年龄特点和接受能力开展反家庭暴力教育，发现幼儿遭受或者疑似遭受家庭暴力的，应当依法及时向公安机关报案。

第十六条　幼儿园应当投保校方责任险。

第四章　幼儿园的卫生保健

第十七条　幼儿园必须切实做好幼儿生理和心理卫生保健工作。

幼儿园应当严格执行《托儿所幼儿园卫生保健管理办法》以及其他有关卫生保健的法规、规章和制度。

第十八条　幼儿园应当制定合理的幼儿一日生活作息制度。正餐间隔时间为3.5—4小时。在正常情况下，幼儿户外活动时间（包括户外体育活动时间）每天不得少于2小时，寄宿制幼儿园不得少于3小时；高寒、高温地区可酌情增减。

第十九条　幼儿园应当建立幼儿健康检查制度和幼儿健康卡或档案。每年体检一次，每半年测身高、视力一次，每季度量体重一次；注意幼儿口腔卫生，保护幼儿视力。

幼儿园对幼儿健康发展状况定期进行分析、评价，及时向家长反馈结果。

幼儿园应当关注幼儿心理健康，注重满足幼儿的发展需要，保持幼儿积极的情绪状态，让幼儿感受到尊重和接纳。

第二十条　幼儿园应当建立卫生消毒、晨检、午检制度和病儿隔离制度，配合卫生部门做好计划免疫工作。

幼儿园应当建立传染病预防和管理制度，制定突发传染病应急预案，认真做好疾病防控工作。

幼儿园应当建立患病幼儿用药的委托交接制度，未经监护人委托或者同意，幼儿园不得给幼儿用药。幼儿园应当妥善管理药品，保证幼儿用药安全。

幼儿园内禁止吸烟、饮酒。

第二十一条　供给膳食的幼儿园应当为幼儿提供安全卫生的食品，编制营养平衡的幼儿食谱，定期计算和分析幼儿的进食量和营养素摄取量，保证幼儿合理膳食。

幼儿园应当每周向家长公示幼儿食谱，并按照相关规定进行食品留样。

第二十二条　幼儿园应当配备必要的设备设施，及时为幼儿提供安全卫生的饮用水。

幼儿园应当培养幼儿良好的大小便习惯，不得限制幼儿便溺的次数、时间等。

第二十三条　幼儿园应当积极开展适合幼儿的体育活动，充分利用日光、空气、水等自然因素以及本地自然环境，有计划地锻炼幼儿肌体，增强身体的适应和抵抗能力。正常情况下，每日户外体育活动不得少于1小时。

幼儿园在开展体育活动时，应当对体弱或有残疾的幼儿予以特殊照顾。

第二十四条　幼儿园夏季要做好防暑降温工作，冬季要做好防寒保暖工作，防止中暑和冻伤。

第五章　幼儿园的教育

第二十五条　幼儿园教育应当贯彻以下原则和要求：

（一）德、智、体、美等方面的教育应当互相渗透，有机结合。

（二）遵循幼儿身心发展规律，符合幼儿年龄特点，注重个体差异，因人施教，引导幼儿个性健康发展。

（三）面向全体幼儿，热爱幼儿，坚持积极鼓励、启发引导的正面教育。

（四）综合组织健康、语言、社会、科学、艺术各领域的教育内容，渗透于幼儿一日生活的各项活动中，充分发挥各种教育手段的交互作用。

（五）以游戏为基本活动，寓教育于各项活动之中。

（六）创设与教育相适应的良好环境，为幼儿提供活动和表现能力的机会与条件。

第二十六条　幼儿一日活动的组织应当动静交替，注重幼儿的直接感知、实际操作和亲身体验，保证幼儿愉快的、有益的自由活动。

第二十七条　幼儿园日常生活组织，应当从实际出发，建立必要、合理的常规，坚持一贯性和灵活性相结合，培养幼儿的良好习惯和初步的生活自理能力。

第二十八条　幼儿园应当为幼儿提供丰富多样的教育活动。

教育活动内容应当根据教育目标、幼儿的实际水平和兴趣确定，以循序渐进为原则，有计划地选择和组织。

教育活动的组织应当灵活地运用集体、小组和个别活动等形式，为每个幼儿提供充分参与的机会，满足幼儿多方面发展的需要，促进每个幼儿在不同水平上得到发展。

教育活动的过程应注重支持幼儿的主动探索、操作实践、合作交流和表达表现，不应片面追求活动结果。

第二十九条　幼儿园应当将游戏作为对幼儿进行全面发展教育的重要形式。

幼儿园应当因地制宜创设游戏条件，提供丰富、适宜的游戏材料，保证充足的游戏时间，开展多种游戏。

幼儿园应当根据幼儿的年龄特点指导游戏，鼓励和支持幼儿根据自身兴趣、需要和经验水平，自主选择游戏内容、游戏材料和伙伴，使幼儿在游戏过程中获得积极的情绪情感，促进幼儿能力和个性的全面发展。

第三十条　幼儿园应当将环境作为重要的教育资源，合理利用室内外环境，创设开放的、多样的区域活动空间，提供适合幼儿年龄特点的丰富的玩具、操作材料和幼儿读物，支持幼儿自主选择和主动学习，激发幼儿学习的兴趣与探究的愿望。

幼儿园应当营造尊重、接纳和关爱的氛围，建立良好的同伴和师生关系。

幼儿园应当充分利用家庭和社区的有利条件，丰富和拓展幼儿园的教育资源。

第三十一条　幼儿园的品德教育应当以情感教育和培养良好行为习惯为主，注重潜移默化的影响，并贯穿于幼儿生活以及各项活动之中。

第三十二条　幼儿园应当充分尊重幼儿的个体差异，根据幼儿不同的心理发展水平，研究有效的活动形式和方法，注重培养幼儿良好的个性心理品质。

幼儿园应当为在园残疾儿童提供更多的帮助和指导。

第三十三条　幼儿园和小学应当密切联系，互相配合，注意两个阶段教育的相互衔接。

幼儿园不得提前教授小学教育内容，不得开展任何违背幼儿身心发展规律的活动。

第六章　幼儿园的园舍、设备

第三十四条　幼儿园应当按照国家的相关规定设活动室、寝室、卫生间、保健室、综合活动室、厨房和办公用房等，并达到相应的建设标准。有条件的幼儿园应当优先扩大幼儿游戏和活动空间。

寄宿制幼儿园应当增设隔离室、浴室和教职工值班室等。

第三十五条　幼儿园应当有与其规模相适应的户外活动场地，配备必要的游戏和体育活动设施，创造条件开辟沙地、水池、种植园地等，并根据幼儿活动的需要绿化、美化园地。

第三十六条　幼儿园应当配备适合幼儿特点的桌椅、玩具架、盥洗卫生用具，以及必要的玩教具、图书和乐器等。

玩教具应当具有教育意义并符合安全、卫生要求。幼儿园应当因地制宜，就地取材，自制玩教具。

第三十七条　幼儿园的建筑规划面积、建筑设计和功能要求，以及设施设备、玩教具配备，按照国家和地方的相关规定执行。

第七章　幼儿园的教职工

第三十八条　幼儿园按照国家相关规定设园长、副园长、教师、保育员、卫生保健人员、炊事员和其他工作人员等岗位，配足配齐教职工。

第三十九条　幼儿园教职工应当贯彻国家教育方针，具有良好品德，热爱教育事业，尊重和爱护幼儿，具有专业知识和技能以及相应的文化和专业素养，为人师表，忠于职责，身心健康。

幼儿园教职工患传染病期间暂停在幼儿园的工

作。有犯罪、吸毒记录和精神病史者不得在幼儿园工作。

第四十条 幼儿园园长应当符合本规程第三十九条规定，并应当具有《教师资格条例》规定的教师资格、具备大专以上学历、有三年以上幼儿园工作经历和一定的组织管理能力，并取得幼儿园园长岗位培训合格证书。

幼儿园园长由举办者任命或者聘任，并报当地主管的教育行政部门备案。

幼儿园园长负责幼儿园的全面工作，主要职责如下：

（一）贯彻执行国家的有关法律、法规、方针、政策和地方的相关规定，负责建立并组织执行幼儿园的各项规章制度；

（二）负责保育教育、卫生保健、安全保卫工作；

（三）负责按照有关规定聘任、调配教职工，指导、检查和评估教师以及其他工作人员的工作，并给予奖惩；

（四）负责教职工的思想工作，组织业务学习，并为他们的学习、进修、教育研究创造必要的条件；

（五）关心教职工的身心健康，维护他们的合法权益，改善他们的工作条件；

（六）组织管理园舍、设备和经费；

（七）组织和指导家长工作；

（八）负责与社区的联系和合作。

第四十一条 幼儿园教师必须具有《教师资格条例》规定的幼儿园教师资格，并符合本规程第三十九条规定。

幼儿园教师实行聘任制。

幼儿园教师对本班工作全面负责，其主要职责如下：

（一）观察了解幼儿，依据国家有关规定，结合本班幼儿的发展水平和兴趣需要，制订和执行教育工作计划，合理安排幼儿一日生活；

（二）创设良好的教育环境，合理组织教育内容，提供丰富的玩具和游戏材料，开展适宜的教育活动；

（三）严格执行幼儿园安全、卫生保健制度，指导并配合保育员管理本班幼儿生活，做好卫生保健工作；

（四）与家长保持经常联系，了解幼儿家庭的教育环境，商讨符合幼儿特点的教育措施，相互配合共同完成教育任务；

（五）参加业务学习和保育教育研究活动；

（六）定期总结评估保教工作实效，接受园长的指导和检查。

第四十二条 幼儿园保育员应当符合本规程第三十九条规定，并应当具备高中毕业以上学历，受过幼儿保育职业培训。

幼儿园保育员的主要职责如下：

（一）负责本班房舍、设备、环境的清洁卫生和消毒工作；

（二）在教师指导下，科学照料和管理幼儿生活，并配合本班教师组织教育活动；

（三）在卫生保健人员和本班教师指导下，严格执行幼儿园安全、卫生保健制度；

（四）妥善保管幼儿衣物和本班的设备、用具。

第四十三条 幼儿园卫生保健人员除符合本规程第三十九条规定外，医师应当取得卫生行政部门颁发的《医师执业证书》，护士应当取得《护士执业证书》，保健员应当具有高中毕业以上学历，并经过当地妇幼保健机构组织的卫生保健专业知识培训。

幼儿园卫生保健人员对全园幼儿身体健康负责，其主要职责如下：

（一）协助园长组织实施有关卫生保健方面的法规、规章和制度，并监督执行；

（二）负责指导调配幼儿膳食，检查食品、饮水和环境卫生；

（三）负责晨检、午检和健康观察，做好幼儿营养、生长发育的监测和评价；定期组织幼儿健康体检，做好幼儿健康档案管理；

（四）密切与当地卫生保健机构的联系，协助做好疾病防控和计划免疫工作；

（五）向幼儿园教职工和家长进行卫生保健宣传和指导。

（六）妥善管理医疗器械、消毒用具和药品。

第四十四条 幼儿园其他工作人员的资格和职

责，按照国家和地方的有关规定执行。

第四十五条　对认真履行职责、成绩优良的幼儿园教职工，应当按照有关规定给予奖励。

对不履行职责的幼儿园教职工，应当视情节轻重，依法依规给予相应处分。

第八章　幼儿园的经费

第四十六条　幼儿园的经费由举办者依法筹措，保障有必备的办园资金和稳定的经费来源。

按照国家和地方相关规定接受财政扶持的提供普惠性服务的国有企事业单位办园、集体办园和民办园等幼儿园，应当接受财务、审计等有关部门的监督检查。

第四十七条　幼儿园收费按照国家和地方的有关规定执行。

幼儿园实行收费公示制度，收费项目和标准向家长公示，接受社会监督，不得以任何名义收取与新生入园相挂钩的赞助费。

幼儿园不得以培养幼儿某种专项技能、组织或参与竞赛等为由，另外收取费用；不得以营利为目的组织幼儿表演、竞赛等活动。

第四十八条　幼儿园的经费应当按照规定的使用范围合理开支，坚持专款专用，不得挪作他用。

第四十九条　幼儿园举办者筹措的经费，应当保证保育和教育的需要，有一定比例用于改善办园条件和开展教职工培训。

第五十条　幼儿膳食费应当实行民主管理制度，保证全部用于幼儿膳食，每月向家长公布账目。

第五十一条　幼儿园应当建立经费预算和决算审核制度，经费预算和决算应当提交园务委员会审议，并接受财务和审计部门的监督检查。

幼儿园应当依法建立资产配置、使用、处置、产权登记、信息管理等管理制度，严格执行有关财务制度。

第九章　幼儿园、家庭和社区

第五十二条　幼儿园应当主动与幼儿家庭沟通合作，为家长提供科学育儿宣传指导，帮助家长创设良好的家庭教育环境，共同担负教育幼儿的任务。

第五十三条　幼儿园应当建立幼儿园与家长联系的制度。幼儿园可采取多种形式，指导家长正确了解幼儿园保育和教育的内容、方法，定期召开家长会议，并接待家长的来访和咨询。

幼儿园应当认真分析、吸收家长对幼儿园教育与管理工作的意见与建议。

幼儿园应当建立家长开放日制度。

第五十四条　幼儿园应当成立家长委员会。

家长委员会的主要任务是：对幼儿园重要决策和事关幼儿切身利益的事项提出意见和建议；发挥家长的专业和资源优势，支持幼儿园保育教育工作；帮助家长了解幼儿园工作计划和要求，协助幼儿园开展家庭教育指导和交流。

家长委员会在幼儿园园长指导下工作。

第五十五条　幼儿园应当加强与社区的联系与合作，面向社区宣传科学育儿知识，开展灵活多样的公益性早期教育服务，争取社区对幼儿园的多方面支持。

第十章　幼儿园的管理

第五十六条　幼儿园实行园长负责制。

幼儿园应当建立园务委员会。园务委员会由园长、副园长、党组织负责人和保教、卫生保健、财会等方面工作人员的代表以及幼儿家长代表组成。园长任园务委员会主任。

园长定期召开园务委员会会议，遇重大问题可临时召集，对规章制度的建立、修改、废除，全园工作计划，工作总结，人员奖惩，财务预算和决算方案，以及其他涉及全园工作的重要问题进行审议。

第五十七条　幼儿园应当加强党组织建设，充分发挥党组织政治核心作用、战斗堡垒作用。幼儿园应当为工会、共青团等其他组织开展工作创造有利条件，充分发挥其在幼儿园工作中的作用。

第五十八条　幼儿园应当建立教职工大会制度或者教职工代表大会制度，依法加强民主管理和监督。

第五十九条　幼儿园应当建立教研制度，研究解决保教工作中的实际问题。

第六十条　幼儿园应当制订年度工作计划，定期部署、总结和报告工作。每学年年末应当向教育等行政主管部门报告工作，必要时随时报告。

第六十一条　幼儿园应当接受上级教育、卫

生、公安、消防等部门的检查、监督和指导，如实报告工作和反映情况。

幼儿园应当依法接受教育督导部门的督导。

第六十二条　幼儿园应当建立业务档案、财务管理、园务会议、人员奖惩、安全管理以及与家庭、小学联系等制度。

幼儿园应当建立信息管理制度，按照规定采集、更新、报送幼儿园管理信息系统的相关信息，每年向主管教育行政部门报送统计信息。

第六十三条　幼儿园教师依法享受寒暑假期的带薪休假。幼儿园应当创造条件，在寒暑假期间，安排工作人员轮流休假。具体办法由举办者制定。

第十一章　附则

第六十四条　本规程适用于城乡各类幼儿园。

第六十五条　省、自治区、直辖市教育行政部门可根据本规程，制订具体实施办法。

第六十六条　本规程自 2016 年 3 月 1 日起施行。1996 年 3 月 9 日由原国家教育委员会令第 25 号发布的《幼儿园工作规程》同时废止。

中华人民共和国教育部令第 40 号

（2016 年 6 月 16 日）

《高等学校预防与处理学术不端行为办法》已于 2016 年 4 月 5 日经教育部 2016 年第 14 次部长办公会议审议通过，现予发布，自 2016 年 9 月 1 日起施行。

教育部部长　袁贵仁

2016 年 6 月 16 日

高等学校预防与处理学术不端行为办法

第一章　总则

第一条　为有效预防和严肃查处高等学校发生的学术不端行为，维护学术诚信，促进学术创新和发展，根据《中华人民共和国高等教育法》《中华人民共和国科学技术进步法》《中华人民共和国学位条例》等法律法规，制定本办法。

第二条　本办法所称学术不端行为是指高等学校及其教学科研人员、管理人员和学生，在科学研究及相关活动中发生的违反公认的学术准则、违背学术诚信的行为。

第三条　高等学校预防与处理学术不端行为应坚持预防为主、教育与惩戒结合的原则。

第四条　教育部、国务院有关部门和省级教育部门负责制定高等学校学风建设的宏观政策，指导和监督高等学校学风建设工作，建立健全对所主管高等学校重大学术不端行为的处理机制，建立高校学术不端行为的通报与相关信息公开制度。

第五条　高等学校是学术不端行为预防与处理的主体。高等学校应当建设集教育、预防、监督、惩治于一体的学术诚信体系，建立由主要负责人领导的学风建设工作机制，明确职责分工；依据本办法完善本校学术不端行为预防与处理的规则与程序。

高等学校应当充分发挥学术委员会在学风建设方面的作用，支持和保障学术委员会依法履行职责，调查、认定学术不端行为。

第二章　教育与预防

第六条　高等学校应当完善学术治理体系，建立科学公正的学术评价和学术发展制度，营造鼓励创新、宽容失败、不骄不躁、风清气正的学术环境。

高等学校教学科研人员、管理人员、学生在科研活动中应当遵循实事求是的科学精神和严谨认真的治学态度，恪守学术诚信，遵循学术准则，尊重和保护他人知识产权等合法权益。

第七条　高等学校应当将学术规范和学术诚信教育，作为教师培训和学生教育的必要内容，以多种形式开展教育、培训。

教师对其指导的学生应当进行学术规范、学术诚信教育和指导，对学生公开发表论文、研究和撰写学位论文是否符合学术规范、学术诚信要求，进行必要的检查与审核。

第八条　高等学校应当利用信息技术等手段，建立对学术成果、学位论文所涉及内容的知识产权查询制度，健全学术规范监督机制。

第九条　高等学校应当建立健全科研管理制度，在合理期限内保存研究的原始数据和资料，保证科研档案和数据的真实性、完整性。

高等学校应当完善科研项目评审、学术成果鉴定程序，结合学科特点，对非涉密的科研项目申报材料、学术成果的基本信息以适当方式进行公开。

第十条　高等学校应当遵循学术研究规律，建立科学的学术水平考核评价标准、办法，引导教学科研人员和学生潜心研究，形成具有创新性、独创性的研究成果。

第十一条　高等学校应当建立教学科研人员学术诚信记录，在年度考核、职称评定、岗位聘用、课题立项、人才计划、评优奖励中强化学术诚信考核。

第三章　受理与调查

第十二条　高等学校应当明确具体部门，负责受理社会组织、个人对本校教学科研人员、管理人员及学生学术不端行为的举报；有条件的，可以设立专门岗位或者指定专人，负责学术诚信和不端行为举报相关事宜的咨询、受理、调查等工作。

第十三条　对学术不端行为的举报，一般应当以书面方式实名提出，并符合下列条件：

（一）有明确的举报对象；

（二）有实施学术不端行为的事实；

（三）有客观的证据材料或者查证线索。

以匿名方式举报，但事实清楚、证据充分或者线索明确的，高等学校应当视情况予以受理。

第十四条　高等学校对媒体公开报道、其他学术机构或者社会组织主动披露的涉及本校人员的学术不端行为，应当依据职权，主动进行调查处理。

第十五条　高等学校受理机构认为举报材料符合条件的，应当及时作出受理决定，并通知举报人。不予受理的，应当书面说明理由。

第十六条　学术不端行为举报受理后，应当交由学校学术委员会按照相关程序组织开展调查。

学术委员会可委托有关专家就举报内容的合理性、调查的可能性等进行初步审查，并作出是否进入正式调查的决定。

决定不进入正式调查的，应当告知举报人。举报人如有新的证据，可以提出异议。异议成立的，应当进入正式调查。

第十七条　高等学校学术委员会决定进入正式调查的，应当通知被举报人。

被调查行为涉及资助项目的，可以同时通知项目资助方。

第十八条　高等学校学术委员会应当组成调查组，负责对被举报行为进行调查；但对事实清楚、证据确凿、情节简单的被举报行为，也可以采用简易调查程序，具体办法由学术委员会确定。

调查组应当不少于3人，必要时应当包括学校纪检、监察机构指派的工作人员，可以邀请同行专家参与调查或者以咨询等方式提供学术判断。

被调查行为涉及资助项目的，可以邀请项目资助方委派相关专业人员参与调查组。

第十九条　调查组的组成人员与举报人或者被举报人有合作研究、亲属或者导师学生等直接利害关系的，应当回避。

第二十条　调查可通过查询资料、现场查看、实验检验、询问证人、询问举报人和被举报人等方式进行。调查组认为有必要的，可以委托无利害关系的专家或者第三方专业机构就有关事项进行独立调查或者验证。

第二十一条　调查组在调查过程中，应当认真听取被举报人的陈述、申辩，对有关事实、理由和证据进行核实；认为必要的，可以采取听证方式。

第二十二条　有关单位和个人应当为调查组开展工作提供必要的便利和协助。

举报人、被举报人、证人及其他有关人员应当如实回答询问，配合调查，提供相关证据材料，不得隐瞒或者提供虚假信息。

第二十三条　调查过程中，出现知识产权等争议引发的法律纠纷的，且该争议可能影响行为定性的，应当中止调查，待争议解决后重启调查。

第二十四条　调查组应当在查清事实的基础上形成调查报告。调查报告应当包括学术不端行为责任人的确认、调查过程、事实认定及理由、调查结论等。

学术不端行为由多人集体做出的，调查报告中应当区别各责任人在行为中所发挥的作用。

第二十五条　接触举报材料和参与调查处理的人员，不得向无关人员透露举报人、被举报人个人信息及调查情况。

第四章　认定

第二十六条　高等学校学术委员会应当对调查组提交的调查报告进行审查；必要的，应当听取调查组的汇报。

学术委员会可以召开全体会议或者授权专门委员会对被调查行为是否构成学术不端行为以及行为的性质、情节等作出认定结论，并依职权作出处理或建议学校作出相应处理。

第二十七条　经调查，确认被举报人在科学研究及相关活动中有下列行为之一的，应当认定为构成学术不端行为：

（一）剽窃、抄袭、侵占他人学术成果；

（二）篡改他人研究成果；

（三）伪造科研数据、资料、文献、注释，或者捏造事实、编造虚假研究成果；

（四）未参加研究或创作而在研究成果、学术论文上署名，未经他人许可而不当使用他人署名，虚构合作者共同署名，或者多人共同完成研究而在成果中未注明他人工作、贡献；

（五）在申报课题、成果、奖励和职务评审评定、申请学位等过程中提供虚假学术信息；

（六）买卖论文、由他人代写或者为他人代写论文；

（七）其他根据高等学校或者有关学术组织、相关科研管理机构制定的规则，属于学术不端的行为。

第二十八条　有学术不端行为且有下列情形之一的，应当认定为情节严重：

（一）造成恶劣影响的；

（二）存在利益输送或者利益交换的；

（三）对举报人进行打击报复的；

（四）有组织实施学术不端行为的；

（五）多次实施学术不端行为的；

（六）其他造成严重后果或者恶劣影响的。

第五章　处理

第二十九条　高等学校应当根据学术委员会的认定结论和处理建议，结合行为性质和情节轻重，依职权和规定程序对学术不端行为责任人作出如下处理：

（一）通报批评；

（二）终止或者撤销相关的科研项目，并在一定期限内取消申请资格；

（三）撤销学术奖励或者荣誉称号；

（四）辞退或解聘；

（五）法律、法规及规章规定的其他处理措施。

同时，可以依照有关规定，给予警告、记过、降低岗位等级或者撤职、开除等处分。

学术不端行为责任人获得有关部门、机构设立的科研项目、学术奖励或者荣誉称号等利益的，学校应当同时向有关主管部门提出处理建议。

学生有学术不端行为的，还应当按照学生管理的相关规定，给予相应的学籍处分。

学术不端行为与获得学位有直接关联的，由学位授予单位作暂缓授予学位、不授予学位或者依法撤销学位等处理。

第三十条　高等学校对学术不端行为作出处理决定，应当制作处理决定书，载明以下内容：

（一）责任人的基本情况；

（二）经查证的学术不端行为事实；

（三）处理意见和依据；

（四）救济途径和期限；

（五）其他必要内容。

第三十一条　经调查认定，不构成学术不端行为的，根据被举报人申请，高等学校应当通过一定方式为其消除影响、恢复名誉等。

调查处理过程中，发现举报人存在捏造事实、诬告陷害等行为的，应当认定为举报不实或者虚假举报，举报人应当承担相应责任。属于本单位人员的，高等学校应当按照有关规定给予处理；不属于本单位人员的，应通报其所在单位，并提出处理建议。

第三十二条　参与举报受理、调查和处理的人员违反保密等规定，造成不良影响的，按照有关规定给予处分或其他处理。

第六章　复核

第三十三条　举报人或者学术不端行为责任人对处理决定不服的，可以在收到处理决定之日起30日内，以书面形式向高等学校提出异议或者复核申请。

异议和复核不影响处理决定的执行。

第三十四条　高等学校收到异议或者复核申请后，应当交由学术委员会组织讨论，并于15日内作出是否受理的决定。

决定受理的，学校或者学术委员会可以另行组织调查组或者委托第三方机构进行调查；决定不予受理的，应当书面通知当事人。

第三十五条　当事人对复核决定不服，仍以同一事实和理由提出异议或者申请复核的，不予受理；向有关主管部门提出申诉的，按照相关规定执行。

第七章　监督

第三十六条　高等学校应当按年度发布学风建设工作报告，并向社会公开，接受社会监督。

第三十七条　高等学校处理学术不端行为推诿塞责、隐瞒包庇、查处不力的，主管部门可以直接组织或者委托相关机构查处。

第三十八条　高等学校对本校发生的学术不端行为，未能及时查处并做出公正结论，造成恶劣影响的，主管部门应当追究相关领导的责任，并进行通报。

高等学校为获得相关利益，有组织实施学术不端行为的，主管部门调查确认后，应当撤销高等学校由此获得的相关权利、项目以及其他利益，并追究学校主要负责人、直接负责人的责任。

第八章　附则

第三十九条　高等学校应当根据本办法，结合学校实际和学科特点，制定本校学术不端行为查处规则及处理办法，明确各类学术不端行为的惩处标准。有关规则应当经学校学术委员会和教职工代表大会讨论通过。

第四十条　高等学校主管部门对直接受理的学术不端案件，可自行组织调查组或者指定、委托高等学校、有关机构组织调查、认定。对学术不端行为责任人的处理，根据本办法及国家有关规定执行。

教育系统所属科研机构及其他单位有关人员学术不端行为的调查与处理，可参照本办法执行。

第四十一条　本办法自2016年9月1日起施行。

教育部此前发布的有关规章、文件中的相关规定与本办法不一致的，以本办法为准。

教育部关于印发《依法治教实施纲要（2016—2020年）》的通知

（2016年1月7日）

各省、自治区、直辖市教育厅（教委），各计划单列市教育局，新疆生产建设兵团教育局，部属各高等学校：

为贯彻落实党的十八大和十八届三中、四中、五中全会精神，进一步落实《国家中长期教育改革和发展规划纲要（2010—2020年）》提出的工作任务，落实《法治政府建设实施纲要（2015—2020年）》要求，全面推进依法治教，我部研究制定了《依法治教实施纲要（2016—2020年）》，现印发给你们。请结合本地区、本学校实际，认真组织学习宣传、贯彻落实，切实转变观念，以法治思维和法治方式推进教育综合改革，加快构建政府依法行政、学校依法办学、教师依法执教、社会依法支持和参与教育治理的教育发展新格局，全面推进教育治理体系和治理能力现代化。

各地和教育部直属高校贯彻落实《依法治教实施纲要（2016—2020年）》的情况，实践中形成的具有示范意义的典型和经验，请及时报我部政策法规司（法制办公室）。

教育部

2016年1月7日

依法治教实施纲要（2016—2020年）

党的十八届四中全会提出建设中国特色社会主义法治体系，建设社会主义法治国家的总目标。教育领域是全面依法治国系统工程的重要组成部分。为全面推进依法治教，促进教育治理体系和治理能力现代化，实现到2020年基本实现教育现代化的目标，制定本纲要。

一、总体要求

（一）指导思想。高举中国特色社会主义伟大旗帜，全面贯彻落实党的十八大和十八届三中、四中、五中全会精神，以马克思列宁主义、毛泽东思想、邓小平理论、“三个代表”重要思想、科学发展观为指导，深入学习贯彻习近平总书记系列重要讲话精神，坚持党的领导、人民当家作主、依法治国有机统一，坚定不移走中国特色社会主义法治道路，坚决维护宪法法律权威，牢固树立创新、协调、绿色、开放、共享的发展理念，全面贯彻党的教育方针，依法维护人民受教育权益、维护教育领域的公平正义、保障教育秩序的安全稳定，为深化教育综合改革，加快推进教育现代化提供有力法治保障。

（二）总体目标。到2020年，形成系统完备、层次合理、科学规范、运行有效的教育法律制度体系，形成政府依法行政，学校依法办学，教师依法执教，社会依法评价、支持和监督教育发展的教育法治实施机制和监督体系。青少年学生法治教育体系健全完备，教育部门领导干部、校长、教师法律素质与依法办事能力显著提升，在全社会尊法守法的进程中发挥表率和模范带头作用。

（三）基本原则。坚持党的领导，坚持人民主体地位，坚持法律面前人人平等，坚持依法治国与以德治国相结合，坚持从中国实际出发，切实加强党对教育工作和学校工作的领导，坚持依法行政、依法治校，坚定不移走中国特色社会主义教育发展道路，将教育事业改革发展全面纳入法治轨道。

二、构建完善的教育法律及制度体系

坚持教育立法和改革决策相衔接，做到重大改革于法有据，以法律规范引领和推动教育改革、促进和保障教育发展。坚持立、改、废、释并举，及时修订、完善教育法律法规和规章、规范性文件；恪守以人为本、立法为民理念，建立健全公开听证、公众参与、专家顾问咨询、委托第三方起草等制度，形成公开、民主、科学的立法程序和工作机制，着力提高教育法律法规和规章、规范性文件的制定质量。

（一）大力加强教育立法工作。配合立法机关尽快完成《民办教育促进法》修订案的审议，做好相关法规、规章的修订、调整工作。加快推进《职业教育法》修订、《学前教育法》起草、《学位条例》修订以及《终身学习法》等法律草案的起草工作，适时启动《教师法》修订工作，配合做好《家庭教育法》起草工作。积极推动教育行政法规建设，完成《残疾人教育条例》修订、《国家教育考试条例》《学校安全条例》等法规的起草工作。到2020年，在国家层面，基本形成适应实践需要、内容完备的教育法律、行政法规。

（二）积极推动教育地方性法规规章建设。支持各地结合本地教育发展特点和实践需要，制定有针对性的地方性法规。设立地方教育立法改革试点项目，建立专家咨询和经费支持机制，鼓励各地在终身学习、学前教育、普通高中教育、营利性教育机构监管、校企合作、家庭教育等教育法律规范尚存空白的领域，先行先试，以教育立法推动教育改革，为全国性教育立法积累经验。

（三）全面提高规章及规范性文件质量。建立教育规章、重要规范性文件制定规划制度，年初由法治工作机构汇总提出年度立法计划，统筹安排立法资源。优先在招生考试、师生权益维护、学校管理、教材管理、教学科研行为规范等领域，制定或者修订综合性规章。根据法定职权，抓紧制定出台各类教育标准、规范、程序。按照公开、公正、民主、科学的原则，进一步健全规章、规范性文件起草程序，涉及群众切身利益或者重大利益调整的，要采取座谈会、论证会、听证会等方式广泛听取意见。规范性文件出台前须由法治工作机构进行合法性审查，并不得设定或变相设定行政许可、行政处罚、行政强制等规定。凡规范、限制管理相对人行为、增加其义务或者涉及相关方权益的规章和规范性文件，一般应由法治工作机构组织起草或者独立审核，并按照法定要求和程序予以公布。

（四）建立规章和规范性文件清理长效机制。建立规章、规范性文件的解释和实施评估制度，对执行中出现歧义或者需要进一步明确的问题，制定机关要及时予以解释。要根据深化教育改革发展实践需要，以及上位法制定、修改、废止情况，及时清理有关规章、规范性文件。2017 年底前，各级教育部门要完成对现行规章、规范性文件的清理工作，清理结果向社会公布。要建立规章、规范性文件目录和文本动态化、信息化管理，及时向社会公布立改废情况。

三、深入推进教育部门依法行政

按照职能科学、权责法定、执法严明、公开公正、廉洁高效、守法诚信的要求，遵循管办评分离的总体思路，加快形成法治化的教育行政管理体制，健全法律规范的实施与监督机制。

（一）依法全面履行教育行政管理职能。深入推进扩大省级政府教育统筹权改革，强化省级政府依法统筹推进区域内基本教育公共服务均等化职责，强化市县政府的执行职责。各级教育部门要依法进一步明确职能权限与责任，制定并公布权力清单、责任清单。切实按照法定职责必须为、法无授权不可为的原则，依法清理、精简行政权力，重点梳理在行政许可、行政处罚、学校管理等方面的职责。进一步推进教育行政审批制度改革，简政放权，建立规范、高效的审批制度流程，实行一个窗口受理，网上集中预受理和预审查，创造条件推进网上审批。加快推进内部机构的整合、调整，优化运行流程，提高运行效率，加强权力运行风险防控，切实提高监管能力和服务水平。

（二）推进决策科学化、民主化、法治化。健全依法决策机制，在重大决策中，全面落实公众参与、专家论证、风险评估、合法性审查和集体讨论决定的程序要求，确保决策制度科学、程序正当、过程公开、责任明确。事关教育发展全局和涉及群众切身利益的重大决策事项，应当广泛听取意见，建立重大教育决策事项的民意调查制度。提高专家论证和风险评估质量，建立教育决策咨询论证专家库，鼓励专家、专业机构长期跟踪研究重大教育问题。

（三）深化教育行政执法体制机制改革。适应教育管理需要，建立权责统一、权威高效的教育行政执法体制机制，着力解决教育领域执法不力问题，保证教育法律法规规章得到严格实施，推动教育管理的重心和方式向依靠行政执法等方式实施依法监管转变。加快建立教育综合执法机制，鼓励有条件的地方教育行政部门，调整内部机构设置和人员编制、整合执法力量，设立专门的执法机构、充实执法人员，实现相对集中行使执法权，对学校违规办学、违规招生、不执行国家课程标准、侵犯学生权益以及违背师德规范、违规有偿补课等行为开展综合执法。探索建立联合执法机制，积极会同财政、公安、工商、民政等部门，针对教育经费法定增长不到位、非法办学办班、义务教育学生辍学、教育辅导（服务）市场混乱等现象，按照属地管理原则，开展联合执法。对校园欺凌、性侵犯学生等违法犯罪行为建立“零容忍”机制，加强部门合作，会同政法部门依法严肃查处。积极创新执法体制与方式，鼓励地方根据教育管理的实践与需要，探索建立市县一体化的行政执法体制。积极利用信息化手段，创新执法方式，增强对教育违法行为及时发现、实时纠正的能力。制定教育行政执法手册，完善行政执法程序，规范教育行政许可、行政处罚、行政强制、行政检查的操作流程、执法文书等，建立健全行政裁量权基准制度。严格执行重大行政执法决定法制审核制度，未经法制审核或者审核未通过的，不得做出决定。推行行政执法公示制度，建立行政执法案卷归档、评查制度，建立行政执法责任制和责任追究制度。

（四）全面推进教育领域信息公开。坚持以公开为常态、不公开为例外原则，严格落实《政府信息公开条例》，积极推进教育行政部门、学校的决策、执行、管理、服务的信息公开，探索信息公开的新途径、新方式，重点推进教育经费预算、教育公共资源配置、入学规则与招生政策、重大教育建设项目批准和实施、重要改革事项等方面的信息公开。指导、监督学校全面履行信息公开义务。

（五）构建多元参与的教育治理体制。进一步依法健全教育督导制度，切实发挥教育督导机构和督学的作用。加快国家教育标准体系建设，改革、完善教育标准起草与审查机制，到2020年形成系统、完善的国家教育标准体系。完善教育领域的第三方评估机制，建立健全教师资格、学位、学业水平、教育质量、课程等领域的专业评价制度。加强对社会化教育活动规律特点的研究，健全市场监管标准、体制，发挥好市场机制在教育资源配置中的作用，形成多元参与的教育治理格局。完善体现教育系统特点的惩治和预防腐败制度体系和有效机制，营造风清气正的教育生态。

（六）健全教育领域纠纷处理机制。积极探索建立在法治框架内的多元化矛盾纠纷解决机制，引导公民、法人和其他社会组织通过法治途径，合法合理表达诉求，妥善处理各类教育纠纷。建立健全教育系统的法律顾问制度，依法积极应对诉讼纠纷，尊重司法监督。完善教育行政复议案件处理机制，规范办案流程，加大公开听证审理力度，依法加强对下级教育行政部门的层级监督。制定《教师申诉办法》《学生申诉办法》，健全教师和学生申诉制度。建立健全学生伤害事故调解制度，鼓励在市（地）或者县（区）设立由司法、教育部门牵头，公安、保监、财政、卫生等部门参加的学校学生伤害事故调解组织，吸纳具有较强专业知识和社会公信力、知名度，热心调解和教育事业的专业人员、家长代表等，组成调解委员会，发挥人民调解在学校学生伤害事故认定和赔偿中的作用。在招生、职务评聘、学术评价、学术不端行为认定等领域，探索试行专业裁量或者仲裁机制。创新信访工作机制，建立重大案件协商制度，积极运用法治方式处理信访案件。

四、大力增强教育系统法治观念

教育系统广大干部、师生特别是领导干部牢固树立社会主义法治观念，自觉办事依法、遇事找法、解决问题靠法，自觉守法、抵制违法，成为社会主义法治的忠实崇尚者、自觉遵守者、坚定捍卫者。

（一）实施教育系统法治观念提升工程。以多种形式，对教育系统全体干部、学校管理者、教师进行全员法治培训，着重增强法治观念，树立依法治教、依法执教的意识。分别研究制订教育部门领导干部、执法人员、学校管理者及教师的法治培训大纲，明确必修内容和考核办法。创新培训考核办法，建立依法治教案例库和教育系统领导干部法治能力评测工具。建立专项培训计划，着力抓好部门和学校主要负责人的法治能力培训，加强任职前的法治思维和法治素养考核评价，切实增强教育系统党员领导干部的纪律意识和规矩意识。到2020年，完成全员培训，实现领导干部全员考核。

（二）全面加强学生法治教育。要把加强青少年学生法治教育、培养学生法治观念，放在教育工作的突出位置，强化规则意识，倡导契约精神，弘扬公序良俗，实践法治的育人功能。编制《青少年法治教育大纲》，明确从基础教育到高等教育，各学段法治教育的目标、任务、内容和要求，切实将法治教育纳入国民教育体系。在中小学（含中等职业学校，下同）设立法治知识课程。鼓励各地积极探索以法治教育整合各类专项教育，编写地方法治教育教材，利用地方课程、校本课程，社会实践、班队会等课时，加强法治教育，并将义务教育阶段法治教育纳入教育经费保障范围。到2020年，建立科学、系统的学校法治教育课程、教材、师资体系。

（三）积极推进青少年法治教育实践基地建设。整合各种社会资源，争取财政专项支持，积极推动青少年法治教育实践基地建设。实践基地要建设成为集实践性、参与性、趣味性为一体的综合性校外法治教育场所，以相对集中的方式，为区域内的中小学校实施法治教育提供支持和服务。教育部将建设若干示范性基地，研制标准化的实践基地教学内容、课件资源和管理办法等，逐步加以推广。到2020年，争取在每个地级市至少建立1个实践基地。采取政府购买服务等方式，推动中小学生以多种方式参加法治教育社会实践。

（四）健全青少年法治教育支持体系。加大以教育部全国青少年普法网为核心的各级教育普法网建设，充分利用网络手段，促进优质法治教育资源的普及与推广，到2020年，做到全面覆盖。持续开展青少年法治教育课件大赛、青少年法治知识网络大赛，创办青少年法治教育专业期刊，支持创办大学生法治文化节等活动。建立青少年法治教育协同创新机制，大力推动对青少年法治教育的研究与资源开发，支持高等学校设立青少年法治教育方面的专业学位。积极利用中外人文交流机制等平台，推动青少年法治教育的国际交流与合作。完善与人大、司法及有关行政部门、社会组织的合作机制，健全青少年法治教育的社会支持网络，加强学校法治副校长、法治辅导员、法治教育志愿者队伍建设。

（五）着力提升中小学法治教育教师专业素质。采取多种措施，提高中小学法治教育教师的法律素质和教学能力。实施国家、省、市、县四级法治教育教师专业素质专项培训计划，实施中小学法治教育名师培育工程，建设若干师资培训基地。到2020年，每所中小学至少有1名教师接受100学时以上的系统法律知识培训，能够承担法治教育教学任务，协助解决学校相关法律问题。

五、深入推进各级各类学校依法治校

依法治校是依法治教的重要内容，也是推进法治社会建设，构建多层次、多形式法治创建活动的重要组成部分。要抓住重点，进一步深化落实2012年教育部发布的《全面推进依法治校实施纲要》，将各级各类学校的依法治校工作推向深入。

（一）大力推进学校依章程自主办学。全面完成高等学校章程制定与核准工作。在此基础上，健全章程核准后的执行和监督评价机制建设，督促学校以章程为统领，完善内部治理结构和规章制度。地方教育部门要结合实际，对普通中小学、中等职业学校章程建设提出指导意见，健全核准制度，加快推进章程建设。到2020年，全面实现学校依据章程自主办学。

（二）积极推进现代学校制度建设。按照法治原则和法律规范，加快建设依法办学、自主管理、民主监督、社会参与的现代学校制度，构建政府、学校、社会之间的新型关系。在高等学校深入落实《坚持和完善党委领导下的校长负责制的实施意见》《高等学校学术委员会规程》《学校教职工代表大会规定》《普通高等学校理事会规程（试行）》等文件、规章，推动党委会、校长办公会议事规则的完善，推动学术委员会、教职工代表大会以及理事会等制度的完善落实。加强中小学党组织建设，发挥基层党组织在中小学治理中的核心作用，健全校长负责制。制定出台《中小学家长委员会规程》，以健全家长委员会制度为重点，加强家长、社区对中小学事务的参与和监督。依法健全各类社团、协会以及其他社会组织在学校组织及开展活动的规则与要求，完善监督机制。

（三）完善师生权益保护机制。研究制定《关于加强学校安全风险防控机制的意见》，健全学校安全风险防控机制，探索建立学校安全风险顾问制度，形成妥善预防和解决学校安全问题的法治化框架，完善学校保险机制，进一步提高学校应对安全问题的能力。制定《未成年人学校保护规定》，与有关专业机构合作，探索建立青少年学生权益保护中心，依法健全学校未成年学生的权利保护机制。鼓励依托教职工代表大会、学生代表大会制度，健全完善学校的学生申诉、教师申诉制度，设立师生权益保护、争议调解委员会、仲裁委员会等机构，吸纳师生代表，公平、公正调处纠纷、化解矛盾。

（四）全面启动依法治校示范校创建活动。教育部制定发布依法治校评价体系和考核办法，指导各地全面启动依法治校考核机制和各级依法治校示范校创建活动。创新考核办法，建立学校自查、专家评审、行政部门复查以及第三方评估、社会评价等多元考核机制。到2020年，学校要全面达到依法治校的基本要求，形成一批高标准的依法治校示范校。

六、健全组织保障和落实机制

党的领导是全面推进依法治国的根本保障。推进依法治教必须坚持党总揽全局、协调各方，发挥教育部门、学校党组织的领导核心作用。各级教育部门和各级各类学校要切实增强依法治教的使命感、紧迫感和责任感，加强组织领导，强化工作责任，切实抓好落实。

（一）加强对依法治教的组织领导。各级教育部门要切实加强对依法治教工作的组织领导，将推进依法治教摆在工作全局的重要位置，制订年度工作要点和实施规划，明确任务、落实责任、切实推进。要积极推动党委、政府及有关部门建立依法治教领导小组或者协调机制，将依法治教纳入地方法治创建活动的整体框架，落实有关部门在依法治教中的法定职责，形成综合推进机制。要把依法治教、依法治校的情况纳入绩效考核和教育现代化评估等综合评价体系。完善领导干部选拔任用标准和机制，切实把法治思维和法治能力强、意识突出干部选拔到教育行政部门、学校的领导岗位上来。要在部门预算中列支教育法治专项经费，为推进依法治教提供必要的经费与条件保障。

（二）健全教育法治工作队伍。各级教育部门要通过职能调整、机构重组，明确和加强法治工作机构职能，充实法治机构人员力量。省和计划单列市教育部门要加强法治工作机构建设，鼓励市、县（区）级教育部门根据实际，整合相关职能，设立负责法治工作的综合性机构，条件许可的，设立专门性机构。要充分发挥法治工作机构在推进依法行政中的核心作用，明确其在推进法治政府建设、重大行政决策合法性审查、立法和重要规范性文件制定、统筹教育行政执法、综合处理法律纠纷、普法宣传等方面的职能。积极推行并规范法律顾问制度，逐步建立以法治工作机构人员为主体、吸收专家和律师参加的法律顾问队伍，保证县级以上教育行政部门至少有1名法律顾问。

（三）建立学校法律服务和支持体系。各级教育部门要积极推动建立健全学校法律顾问制度。高等学校要有机构专门负责法律事务和依法治理工作，要聘任专任的法律顾问，建立健全面向师生的法律服务体系。中小学可视情况和需要配备法律顾问。地方教育部门可以采取政府购买服务、与律师协会开展合作、借助高校和研究机构力量等方式，为所辖区域内的中小学校配备法律顾问，建立未成年学生法律救助机制。

（四）构建教育法治智力支持体系。要大力加强教育法治的理论与实践研究，教育部和省级教育部门要探索设立教育法治研究基地或者专业智库，培育教育法治方面的专业研究力量；鼓励和推动教育法学学科建设，设立专业硕士学位。要围绕重要法律、法规、规章及规范性文件起草设立专门研究课题，采用年度招标、购买服务等模式，让研究机构、专业人员、社会组织等第三方广泛深入参与，提高教育立法的科学性、民主性。在教育科研课题设置中，要保留专门的教育法治内容，促进教育法学的繁荣与发展。推动教育法治专业学会的建设与发展。

（五）实施要求

全面依法治教是一项长期任务，涉及教育行政管理和学校内部治理的全过程和各环节，各地、各高校要将落实本纲要作为深化教育综合改革的重要途径，高度重视、认真实施，确保纲要的目标要求得以落实。

落实实施路径，创新工作方法。实施本纲要，要以试点引领，推动试点区域、单位，积极探索实践、积累经验，为全面推广奠定基础；要与各级政府法治建设的整体要求、部署相结合，遵循教育的规律、特点，借助各方合力；要注重顶层设计与基层实践相结合，调动、保护基层和学校的积极性和主动性；既要循序渐进，夯实基础，又要针对教育实践出现的典型案例、热点问题，积极运用法治思维和法治方式寻求破解办法。

明确目标要求，制定实施规划。各地要根据本纲要提出的目标要求等，结合本地实际和地方政府提出的要求，制定或者修订完善本地方依法治教实施规划，明确提出时间进度和可检验的成果形式，分阶段、分步骤组织实施。省级教育行政部门的实施规划要报教育部备案。

完善工作机制，加强评估指导。各地、各高校要围绕本纲要要求，在部门、学校内部建立分工负责、合力推进的工作机制，健全推进举措。教育部和省级教育行政部门要建立依法治教资源共享平台和信息发布平台，及时总结依法治教的经验做法，推广成功经验；选择若干市、县作为依法治教的改革试点单位，指导、支持试点地方、单位创新依法治教的体制机制。教育部组织制订依法治教评价指标体系，分阶段，对地方各级教育行政部门和学校依法治教、依法治校的情况进行评估，树立一批依法治教的示范区域和经验典型，推动纲要的全面贯彻实施。

教育部　国家语委关于发布《汉字应用水平等级及测试大纲》（2016年修订）的通知

（2016年1月7日）

各省、自治区、直辖市教育厅（教委）、语委，新疆生产建设兵团教育局、语委：

2006年8月，教育部、国家语委发布了《汉字应用水平等级及测试大纲》。2015年，教育部、国家语委根据国务院2013年发布的《通用规范汉字表》和测试试点工作情况，对此规范进行了修订完善。现将修订后的《汉字应用水平等级及测试大纲》印发给你们，请遵照执行。2006年发布的原规范同时废止。

教育部　国家语委

2016年1月7日

附件：《汉字应用水平等级及测试大纲》（2016年修订）

语 言 文 字 规 范

（GF 2002—2016）

汉字应用水平等级及测试大纲

Chinese Character Usage Ability Assessment and Testing Guideline

（2016-01-07 发布） **（2016-05-01 实施）**

中华人民共和国教育部
国家语言文字工作委员会 **发布**

目次

前言 …… 1065
汉字应用水平等级及测试大纲 …… 1066
1　范围 …… 1066
2　规范性引用文件 …… 1066
3　术语和定义 …… 1066
4　总则 …… 1067
5　汉字应用水平等级 …… 1067
6　汉字应用水平测试大纲 …… 1068
附录A（规范性附录）　汉字应用水平测试字表 …… 1072
表1　甲表（4 000字） …… 1072
表2　乙表（500字） …… 1089
表3　丙表（1 000字） …… 1093

前言

本规范由教育部语言文字应用管理司和语言文字信息管理司提出。

本规范代替《GF 2002—2006 汉字应用水平等级及测试大纲》。

本规范与《GF 2002—2006 汉字应用水平等级及测试大纲》相比，主要变化如下：

——将原规范附录 A 中《通用规范汉字表》未收录字 7 个和三级字 29 个调整出测试字表，从《通用规范汉字表》二级字中再遴选 36 个字补入测试字表。

——将原规范 5.2.4 中“作答正确率在 80％（含）以上”改为“作答正确率在 65％（含）以上”。

——将原规范 5.3.4 中“作答正确率在 80％（含）以上”改为“作答正确率在 50％（含）以上”。

——将原规范 6.3.2 中“试题卷由五个部分共 130 道试题构成”改为“试题卷由四个部分共 120 道试题构成”。

——将原规范附录 B 删去。

本规范由国家语言文字工作委员会语言文字规范标准审定委员会审定。

本规范由教育部、国家语言文字工作委员会发布实施。

本规范起草单位：教育部语言文字应用研究所。

本规范起草人：张世平、张一清、魏晖、陈菲、富丽、肖航、孙曼均。

汉字应用水平等级及测试大纲

1 范围

本规范规定具有中等及以上受教育程度人群使用汉字应当达到的水平。

本规范适用于各级政府部门、新闻出版单位、各级各类学校和教育机构、其他事业单位和企业单位等对应聘人员和在职人员的考核，适用于高等学校对学生汉字应用水平的考核。

2 规范性引用文件

下列文件中的条款通过本规范的引用而成为本规范的条款。凡是注日期的引用文件，其随后所有的修改单（不包括勘误的内容）或修订版均不适用于本规范，然而，鼓励根据本规范达成协议的各方研究是否可使用这些文件的最新版本。凡是不注日期的引用文件，其最新版本适用于本规范。

通用规范汉字表（2013 年 6 月国务院发布）

GF 3003—1999　GB 13000.1　字符集汉字字序（笔画序）规范

3 术语和定义

下列术语和定义适用于本规范。

3.1　汉字　Chinese Character

记录汉语的书写符号。在本规范中指我国法定的国家通用文字。

3.2　字量　amount of Chinese Characters

字形上具有区别性特征的汉字的个数。

3.3　覆盖率　rate of covering

指汉字的出现频次在语料库各类文本全部汉字频次中所占的比例。

3.4　项目反应理论　item response theory，IRT

揭示受测者在试题上的反应与其潜在特质水平之间关系的一种测量学理论。与经典测量理论相比，它能提供更为精确的测量结果，并能较好地满足构建大型考试题库和开展适应性考试的需要。

3.5　题库　item bank

按照规定程序管理和运行的大量标准化备选试题的集合。

3.6　（0，1）记分法　dichotomously scored

对答案具有唯一性的客观性试题，按答对 1 分、答错 0 分两种情况记录原始分数的一种记分方法。

3.7　原始分数　raw score

根据受测者对试题实际答对或答错的情况或作答时间等客观度量，按一定计分方法计算得到的未经任何转化和调整的考试分数。

3.8　导出分数　derived score

依据常模或其他标准将考试的原始分数转化为百分比率等具有可解释意义的结果分数。

3.9　HZC 分数　HZC score

汉字应用水平测试的导出分数。

3.10 分数等值 score equating

对于内容以及难度类似的不同考试，为了让不同次考试的分数可以在同一量尺上互相对比而利用统计过程来调整原始分数，使这些分数可以彼此转换。

3.11 测试大纲 testing guideline

明确测试目的、性质、对象、内容及方法等，指导试题编制、实施测试标准化的纲领。

4 总则

4.1 水平等级制定的依据

国家颁布的汉字规范或标准；中等及以上受教育程度人群识字、用字情况调查和测查数据；汉语真实文本中字频及覆盖率统计数据，以及汉字字形、字音、字义等属性。

4.2 测试大纲制定的依据

依据汉字的字量、字形、字音、字义、使用频率、分布以及所代表的语素的构词能力等情况，确定测试范围及评分指标；依据语言类标准化测试的方法，确定测试内容、测试方法以及试题和试卷；依据项目反应理论建立题库，分析试题和试卷。

4.3 测试字表研制的原则

4.3.1 规范性原则

测试用字均为现代汉语语词范围内的用字，字形为规范的现代汉字字形。

4.3.2 应用性原则

测试用字均在现代汉字的范围内选取；根据字频统计数据和相关人群汉字识别率，选取高识别率和高频率的字；根据测试用字在语料库中的覆盖率，选取分布范围广、覆盖率大的字。

4.3.3 系统性原则

对一些成系列的字，进行纵横相关的多种分析和归类，综合考虑其取舍，如天干地支、节气用字，数字的汉字大写用字，民族名称用字，省、自治区、直辖市的简称和别称用字，地级以上行政区划名称用字以及联绵词用字等。

5 汉字应用水平等级

5.1 一级水平

5.1.1 字量的掌握

能够在很广泛的使用环境中认识并使用 4 500 至 5 500 个汉字。

5.1.2 形、音、义的辨识和使用

能够准确识别和使用这些汉字的规范字形，能够辨析并纠正书写和使用中的各类错误。能够准确判断和使用这些汉字的普通话读音，在使用环境中能够识别和使用其中多音字的恰当读音。在使用环境中，能够熟练掌握和使用这些汉字的常用意义、基本用法和一些特殊用法。偶然出现形、音、义辨识或使用错误，但一般都是非系统性或非常识性的零星失误。

5.1.3 阅读、书写的综合表现

具备了顺畅地阅读以规范汉字为媒介的现代文献资料的汉字基础；并能在广泛领域用汉字进行书面表达。

5.1.4 测试的成绩

在汉字应用水平测试中，对选自《汉字应用水平测试字表》（甲表）的测试内容，作答正确率在80%（含）以上，且整份试卷获得的HZC分数在600分（含）以上。

5.1.5 胜任的工作

能够承担对汉字应用能力有很高要求和以使用汉字为主要任务的各类工作。

5.2 二级水平

5.2.1 字量的掌握

能够在较广泛的使用环境中认识并使用 4 000 至 4 500 个汉字。

5.2.2 形、音、义的辨识和使用

能够比较准确地识别和使用这些汉字的规范字形，能够辨析并纠正书写和使用中的绝大多数错误。能够比较准确地判断和使用这些汉字的普通话读音，在使用环境中能够识别和使用其中绝大多数多音字的恰当读音。在使用环境中，能够比较熟练地掌握和使用这些汉字的常用意义、基本用法以及个别特殊用法。间或出现形、音、义辨识或使用错误，一般集中在使用频率很低或极容易产生辨识和使用错误的汉字。

5.2.3 阅读、书写的综合表现

具备了比较顺畅地阅读以规范汉字为媒介的现代文献资料的汉字基础；并能在比较广泛领域用汉字进行书面表达；具备了完成高等教育的汉字应用水平。

5.2.4 测试的成绩

在汉字应用水平测试中，对选自《汉字应用水平测试字表》（甲表）的测试内容，作答正确率在 65%（含）以上，且整份试卷获得的 HZC 分数在 500 分（含）至 600 分（不含）之间。

5.2.5 胜任的工作

能够承担对汉字应用能力有较高要求和以使用汉字为主要任务的部分工作。

5.3 三级水平

5.3.1 字量的掌握

能够在一般的使用环境中认识并使用 3 500 至 4 000 个汉字。

5.3.2 形、音、义的辨识和使用

基本能够识别和使用这些汉字的规范字形，能够辨析并纠正书写和使用中的大部分错误。基本能够判断和使用这些汉字的普通话读音，在使用环境中能够识别和使用其中大部分多音字的恰当读音。在使用环境中，能够掌握和使用这些汉字的常用意义和基本用法。有时出现形、音、义辨识或使用错误，一般集中在使用频率比较低或比较容易产生辨识和使用错误的汉字。

5.3.3 阅读、书写的综合表现

具备了阅读以规范汉字为媒介的现代文献资料的汉字基础；并能在一般领域用汉字进行书面表达；具备了完成高中及同等教育的汉字应用水平。

5.3.4 测试的成绩

在汉字应用水平测试中，对选自《汉字应用水平测试字表》（甲表）的测试内容，作答正确率在 50%（含）以上，且整份试卷获得的 HZC 分数在 200 分（含）至 500 分（不含）之间。

5.3.5 胜任的工作

能够承担对汉字应用能力有基本要求和工作任务涉及汉字应用的一般性工作。

6 汉字应用水平测试大纲

6.1 汉字应用水平测试的名称、性质、目的和对象

6.1.1 测试的名称

本测试定名为“汉字应用水平测试”（HANZI YINGYONG SHUIPING CESHI，缩写为 HZC）。

6.1.2 测试的性质

汉字应用水平测试是由中华人民共和国教育部、国家语言文字工作委员会组织实施的一项语言类标准化水平测试。

6.1.3 测试的目的

汉字应用水平测试的目的是贯彻执行《中华人民共和国国家通用语言文字法》，加强我国国民的语言文字规范意识，提高其国家通用语言文字应用水平，弘扬中华民族文化。

通过测验的方式，衡量具有中等及以上受教育程度的人或文化程度与此相当的人在阅读、书面表达及其他相关活动中，是否掌握了汉字应用水平测试范围内汉字的规范字形、正确读音以及在权威工具书中所载的义项及用法，是否能在实践中正确运用，并据此评定他们掌握和使用汉字的水平及能力。

6.1.4 测试的对象

汉字应用水平测试适用于公务员，编辑、记者、校对和文字录入人员，各级各类学校教师，文秘及办公室工作人员，广告业从业人员，中文字幕机操作人员，高等学校和专科类中等学校学生以及日常工作与汉字应用紧密相关的其他人员；同时也适用于想要了解自己汉字应用水平和能力的其他人员。

6.2 汉字应用水平测试的范围、内容和方式

6.2.1 测试的范围

汉字应用水平测试的范围是《通用规范汉字表》中的一级字和部分二级字。

《汉字应用水平测试字表》根据4.3原则制定，总字量为5 500字，分甲、乙、丙三个子表，甲表为4 000字，乙表为500字，丙表为1 000字（详见附录A《汉字应用水平测试字表》）。

6.2.2 测试的内容

汉字应用水平测试的具体内容是《汉字应用水平测试字表》中全部汉字的字形、字音、字义及用法。

6.2.3 测试的方式

汉字应用水平测试采用闭卷笔答方式。

6.3 汉字应用水平测试的试卷构成和答题时间

6.3.1 试卷形式

试题卷和答题纸分开，试题、答题要求和例题印在试题卷上，应试者按照统一要求在答题纸上作答。

6.3.2 试题卷

试题卷由四个部分共120道试题构成。四个部分的试题内容均按以下比例选取：70%选自《汉字应用水平测试字表》（甲表）；20%选自《汉字应用水平测试字表》（乙表）；10%选自《汉字应用水平测试字表》（丙表）。

6.3.3 答题纸

答题纸由应试人姓名、准考证号、注意事项、填写答案数据栏等部分构成。

6.3.4 答题时间

全卷的答题时间为80分钟。

6.4 汉字应用水平测试的题型及样题

6.4.1 第一部分：字音选择判断，共30题。

样题 在下列各题中找出注音错误的一项：

A. 谒（yè）　B. 籼（xiān）　C. 啜（zhuì）　D. 恸（tòng）

样题 在下列各题中找出读音不同的一项：

A. 垢—够　B. 拈—瞻　C. 杳—咬　D. 绾—碗

样题 在下列各题中找出加点字读音不同的一项：

A. 咀嚼—沮丧 B. 伶俐—杠铃 C. 揣度—猜度 D. 缄默—衔接

6.4.2 第二部分：字形选择判断，共 30 题。

样题 在下列各题中找出用字错误的一项：

A. 磋商 B. 急燥 C. 修炼 D. 严峻

样题 在下列各题中找出加点字使用错误的一项：

A. 他费了半天工夫才把这几道题做出来。

B. 这批出土竹简上的文字已经很难分辩了。

C. 向筹委会提交论文的截止日期是下周一。

D. 上半年工会开支一共是两千零六元整。

6.4.3 第三部分：综合选字填空，共 30 题。

样题 在下列各题的选项中找出能够正确填入词语括号中的一项：

风（ ）全球

A. 迷 B. 谜 C. 糜 D. 靡

样题 在下列各题的选项中找出能够正确填入句子括号中的一项：

城市新区开发必须坚持因地（ ）宜、合理布局的原则。

A. 至 B. 致 C. 制 D. 置

样题 在下列各题的选项中找出能够正确填入句子括号中的一项：

这次考（ ）的重点是人民群众生活必（ ）品的生产情况。

A. 查 需 B. 察 需 C. 查 须 D. 察 须

6.4.4 第四部分：汉字书写填空，共 30 题。

样题 根据注音填写正确的汉字：

赴汤____（dǎo）火

样题 填写正确的汉字，把成语等固定结构补充完整：

危言____听

6.5 汉字应用水平测试的评分依据和分数体系

6.5.1 评分依据

汉字应用水平测试依据《通用规范汉字表》评定字形正误；依据《普通话异读词审音表》和权威工具书中汉字的普通话读音评定字音正误；依据权威工具书中汉字在现代汉语中的义项，以及某些字在部分词语中的特殊用法评定字义及用法正误。

6.5.2 原始分数

汉字应用水平测试所有试题的正确答案均具有唯一性，一律采用（0，1）记分法记录应试人在每道试题上的原始分数。

6.5.3 HZC 分数

汉字应用水平测试根据试题原始分数、试题难度等指标将原始分数转换为汉字应用水平测试导出分数——HZC 分数。同一应试人或不同应试人在不同时间、不同试卷获得的测验分数将经过分数等值，因此具有可比性。

汉字应用水平测试导出分数的满分值为 800 分。应试人在测试中获得的 HZC 分数和等级的对应关系见本规范第 5 条《汉字应用水平等级》。

6.6 应试人的测试表现

6.6.1 一级水平测试表现

汉字应用水平达到一级的应试人，在测试中的典型表现是：不论字形、字音、字义还是综合运用试题，作答的正确率和准确率都很高，偶然出现个别判断或书写失误，都属于非系统性、非常识性的零星失误，失误范围并不集中于某一类，尤其不集中于《汉字应用水平测试字表》（甲表、乙表、丙表）中的任何一个子表。

6.6.2 二级水平测试表现

汉字应用水平达到二级的应试人，在测试中的典型表现是：对《汉字应用水平测试字表》（甲表）范围的测试内容，作答的正确率和准确率比较高；对《汉字应用水平测试字表》（乙表）范围的测试内容，作答的正确率和准确率也比较高；对《汉字应用水平测试字表》（丙表）范围的测试内容，作答的正确率和准确率一般很有限，失误明显。

6.6.3 三级水平测试表现

汉字应用水平达到三级的应试人，在测试中的典型表现是：对《汉字应用水平测试字表》（甲表）范围的测试内容，作答的正确率和准确率一般；对《汉字应用水平测试字表》（乙表）范围的测试内容，作答的正确率和准确率也一般，失误明显；对《汉字应用水平测试字表》（丙表）范围的测试内容，作答的正确率和准确率较低，大部分回答不出或回答不正确。

6.7 汉字应用水平测试试题和试卷的确定规程

6.7.1 试题的确定规程

汉字应用水平测试面向社会广泛征集备选试题。备选试题由语言文字学专家和测试学专家集体评审、筛选和修改，然后对拟采用的试题进行预测。根据预测结果计算新试题的各项参数，然后用已有库题对这些题目进行检测和分析，为题库补充新的试题。

6.7.2 试卷的确定规程

根据各部分测试内容在试卷中所占的比例和题目参数从题库中筛选试题，拼合生成备选试卷。抽取具有一定代表性的样本人群，用备选试卷进行模拟测试，并确定实测的规范流程。根据模拟测试的结果，进一步调整、完善备选试卷，最终形成汉字应用水平测试标准试卷。

6.8 汉字应用水平测试备考要点

应试人应当具有或者达到中等及以上受教育程度，或接受过与中等教育程度相当的中文教育。

应试人应当了解和掌握《汉字应用水平测试字表》中所列汉字的规范字形和规范读音，及其在规范程度高、权威性强的工具书中的普通话读音和现代汉语义项及用法。应试人还可以参考某些规范程度高、权威性强的汉字学习教材和汉字应用手册，以及专门针对汉字应用水平测试编写的工具书、教材或学习材料。

附录A

（规范性附录）

汉字应用水平测试字表

说明：《汉字应用水平测试字表》总字量为5 500字，分甲、乙、丙三个子表，甲表为4 000字，乙表为500字，丙表为1 000字。

表1 甲表（4 000字）

1画

一	乙

2画

二	十	丁	厂	七	卜	八	人	入	儿
匕	几	九	刁	了	刀	力	乃	又	

3画

三	干	于	亏	工	土	士	才	下	寸
大	丈	与	万	上	小	口	山	巾	千
乞	川	亿	个	夕	久	么	勺	凡	丸
及	广	亡	门	丫	义	之	尸	己	已
巳	弓	子	卫	也	女	刃	飞	习	叉
马	乡	幺							

4画

丰	王	开	井	天	夫	元	无	韦	云
专	丐	扎	廿	艺	木	五	支	厅	卅
不	犬	太	区	历	歹	友	尤	厄	匹
车	巨	牙	屯	戈	比	互	切	瓦	止
少	曰	日	中	贝	冈	内	水	见	午
牛	手	气	毛	壬	升	夭	长	仁	什

片 仆 化 仇 币 仍 仅 斤 爪 反
介 父 从 仑 今 凶 分 乏 公 仓
月 氏 勿 欠 风 丹 匀 乌 勾 凤
六 文 亢 方 火 为 斗 忆 计 订

户 讣 认 冗 讥 心 尹 尺 引 丑
巴 孔 队 办 以 允 予 邓 劝 双
书 毋 幻

5 画

玉 刊 未 末 示 击 打 巧 正 扑
卉 扒 功 扔 去 甘 世 艾 古 节
本 术 札 可 丙 左 厉 石 右 布
夯 戊 龙 平 灭 轧 东 卡 北 占
凸 卢 业 旧 帅 归 旦 目 且 叶

甲 申 叮 电 号 田 由 只 叭 史
央 叱 兄 叽 叼 叫 叩 叨 另 叹
冉 皿 凹 囚 四 生 矢 失 乍 禾
仨 丘 仕 付 仗 代 仙 仟 们 仪
白 仔 他 斥 瓜 乎 丛 令 用 甩

印 尔 乐 句 匆 册 卯 犯 外 处
冬 鸟 务 包 饥 主 市 立 冯 玄
闪 兰 半 汁 汀 汇 头 汉 宁 穴
它 讨 写 让 礼 讪 训 议 必 讯
记 永 司 尼 民 弗 弘 出 阡 辽

奶 奴 召 加 皮 边 孕 发 圣 对
台 矛 纠 驭 母 幼 丝

6 画

匡 邦 式 迂 刑 邢 戎 动 扛 寺

吉　扣　考　托　圳　老　巩　圾　执　扩
扪　扫　地　场　扬　耳　芋　共　芍　芒
亚　芝　朽　朴　机　权　过　亘　臣　吏
再　协　西　压　厌　戌　在　百　有　存

而　页　匠　夸　夺　灰　达　戍　列　死
成　夹　夷　轨　邪　尧　划　迈　毕　至
此　贞　师　尘　尖　劣　光　当　早　吁
吐　吓　旯　曳　虫　曲　团　吕　同　吊
吃　因　吸　吗　吆　屿　屹　岁　帆　回

岂　则　刚　网　肉　年　朱　先　丢　廷
舌　竹　迁　乔　迄　伟　传　乒　乓　休
伍　伎　伏　优　臼　伐　延　仲　件　任
伤　价　伦　份　华　仰　仿　伙　伪　自
伊　血　向　似　后　行　舟　全　会　杀

合　兆　企　众　爷　伞　创　肌　肋　朵
杂　危　旬　旨　旮　旭　负　犷　匈　名
各　多　凫　争　色　壮　冲　妆　冰　庄
庆　亦　刘　齐　交　衣　次　产　决　亥
充　妄　闭　问　闯　羊　并　关　米　灯

州　汗　污　江　汕　汲　汛　池　汝　汤
忏　忙　兴　宇　守　宅　字　安　讲　讳
讴　军　讶　祁　讷　许　讹　论　讼　农
讽　设　访　诀　寻　那　迅　尽　导　异
弛　阱　阮　孙　阵　阳　收　阪　阶　阴

防　丞　奸　如　妇　妃　好　她　妈　戏
羽　观　牟　欢　买　红　驮　纤　驯　约
级　纪　驰　纫　巡

7 画

寿	弄	麦	玖	玛	形	进	戒	吞	远
违	韧	运	扶	抚	坛	技	坏	抠	扰
扼	拒	找	批	址	扯	走	抄	贡	汞
坝	攻	赤	折	抓	扳	抡	扮	抢	孝
坎	均	坞	抑	抛	投	坟	坑	抗	坊

抖	护	壳	志	块	抉	扭	声	把	报
拟	却	抒	劫	芙	芜	苇	邯	芸	芽
花	芹	芥	芬	苍	芳	严	芦	芯	劳
克	芭	苏	杆	杠	杜	材	村	杖	杏
杉	巫	极	杞	李	杨	杈	求	忑	甫

匣	更	束	吾	豆	两	酉	丽	医	辰
励	否	还	尬	歼	来	连	轩	忐	步
卤	坚	肖	旱	盯	呈	时	吴	助	县
里	呆	吱	吠	呕	园	旷	围	呀	吨
足	邮	男	困	吵	串	员	呐	听	吟

吩	呛	吻	吹	呜	吭	吧	邑	吼	囤
别	吮	岖	岗	帐	岚	财	囵	囫	针
钉	钊	牡	告	我	乱	利	秃	秀	私
每	兵	邱	估	体	何	佐	佑	但	伸
佃	作	伯	伶	佣	低	你	住	位	伴

身	皂	伺	佛	囱	近	彻	役	彷	返
余	希	坐	谷	妥	含	邻	岔	肝	肛
肚	肘	肠	龟	甸	免	狂	犹	狈	狄
角	删	鸠	条	彤	卵	灸	岛	邹	刨
饨	迎	饪	饭	饮	系	言	冻	状	亩

况	亨	床	库	庇	疗	吝	应	这	冷
庐	序	辛	弃	冶	忘	闰	闲	间	闷

羌	判	兑	灶	灿	灼	弟	汪	沐	沛
汰	沥	沏	沙	汽	沃	沂	沦	汹	汾
泛	沧	没	沟	沪	沈	沉	沁	怀	忧

忡	怅	忱	快	完	宋	宏	牢	究	穷
灾	良	证	启	评	补	初	社	祀	诅
识	诈	诉	罕	诊	词	诏	译	君	灵
即	层	屁	尿	尾	迟	局	改	张	忌
际	陆	阿	孜	陇	陈	阻	附	坠	妩

妓	妙	妊	妖	姊	妨	妒	妞	努	邵
忍	劲	矣	鸡	纬	纭	驱	纯	纱	纲
纳	驳	纵	纶	纷	纸	纹	纺	驴	纽

8 画

奉	玩	环	武	青	责	现	玫	表	盂
规	抹	卦	坷	坯	拓	拢	拔	坪	抨
拣	拈	坦	担	坤	押	抻	抽	拐	拖
者	拍	顶	拆	拎	拥	抵	拘	势	抱
拄	垃	拉	拦	幸	拌	拧	抿	拂	拙

招	坡	披	拨	择	抬	拇	坳	拗	其
取	茉	苦	苯	昔	苛	若	茂	苹	苫
苗	英	苓	苟	苑	苞	范	直	茁	茄
茎	苔	茅	枉	林	枝	杯	枢	柜	枇
杳	枚	析	板	松	枪	枫	构	杭	杰

述	枕	杷	丧	或	画	卧	事	刺	枣
雨	卖	郁	矾	矿	码	厕	奈	奔	奇
奄	奋	态	欧	殴	垄	妻	轰	顷	转
斩	轮	软	到	非	叔	歧	肯	齿	些
卓	虎	虏	肾	贤	尚	旺	具	昙	味

果 昆 国 哎 咕 昌 呵 咂 畅 呸
明 易 咙 昂 迪 典 固 忠 咀 呻
咒 咋 咐 呱 呼 咚 鸣 咆 咛 咏
呢 咄 咖 岸 岩 帖 罗 帜 帕 岭
迥 岷 凯 败 账 贩 贬 购 贮 图

钓 制 知 迭 氛 垂 牦 牧 物 乖
刮 秆 和 季 委 秉 佳 侍 岳 佬
供 使 佰 例 侠 侥 版 侄 侦 侣
侃 侧 凭 侨 佩 货 侈 佼 依 佯
帛 卑 的 迫 质 欣 征 往 爬 彼

径 所 舍 金 刽 刹 命 肴 斧 怂
爸 采 觅 受 乳 贪 念 贫 忿 瓮
肤 肺 肢 肿 胀 朋 股 肮 肪 肥
服 胁 周 剁 昏 鱼 兔 狐 忽 狗
狞 咎 备 炙 饯 饰 饱 饲 冽 变

京 享 庞 店 夜 庙 府 底 疟 疙
疚 疡 剂 卒 郊 庚 废 净 妾 盲
放 刻 育 氓 闸 闹 郑 券 卷 单
炬 炖 炒 炊 炕 炎 炉 沫 浅 法
泄 沽 河 沾 泪 沮 油 泊 沿 泡

注 泣 泞 泻 泌 泳 泥 沸 泓 沼
波 泼 泽 治 怔 怯 怵 怖 怦 性
怕 怜 怪 怡 学 宝 宗 定 宠 宜
审 宙 官 空 帘 穹 宛 实 试 郎
诗 肩 房 诙 诚 衬 衫 衩 视 祈

诛 话 诞 诡 询 诣 诤 该 详 诧
建 肃 录 隶 帚 屉 居 届 刷 屈
弧 弥 弦 承 孟 陋 陌 孤 陕 降

函　限　妹　姑　姐　姓　姗　妮　始　姆
虱　迢　驾　叁　参　艰　线　练　组　绅

细　驶　织　驹　终　驻　绊　驼　绍　驿
绎　经　贯

9 画

契　贰　奏　春　帮　珑　玷　珀　珍　玲
珊　玻　毒　型　拭　挂　封　持　拷　拱
项　垮　挎　城　挟　挠　政　赴　赵　赳
挡　拽　哉　挺　括　郝　垢　拴　拾　挑
垛　指　垫　挣　挤　拼　挖　按　挥　挪

垠　拯　某　甚　荆　茸　革　茜　茬　荐
巷　荚　带　草　茧　茵　茴　荞　茯　荟
茶　荠　荒　茫　荡　荣　荤　荧　故　胡
荫　茹　荔　南　药　标　栈　柑　枯　柯
柄　栋　相　查　柚　柏　栅　柳　柱　柿

栏　柠　枷　树　勃　要　柬　咸　威　歪
研　砖　厘　厚　砌　砂　泵　砚　砍　面
耐　耍　奎　耷　牵　鸥　残　殃　殆　轱
轳　轴　轶　轻　鸦　皆　毖　韭　背　战
点　虐　临　览　竖　省　削　尝　昧　盹

是　盼　眨　哇　哄　哑　显　冒　映　星
昨　咧　昵　昭　畏　趴　胃　贵　界　虹
虾　虽　蚁　思　蚂　盅　品　咽　骂　勋
哗　咱　响　哈　哆　咬　咳　咩　咪　咤
哪　哟　峙　炭　峡　罚　贱　贴　贻　骨

幽　钙　钝　钞　钟　钢　钠　钥　钦　钧
钩　钮　卸　缸　拜　看　矩　毡　氟　氢

怎　牲　选　适　秕　秒　香　种　秋　科
重　复　竿　笃　段　便　俩　贷　顺　修
俏　保　促　俄　俐　侮　俭　俗　俘　信

皇　泉　鬼　侵　禹　侯　追　俑　俊　盾
待　徊　衍　律　很　须　叙　俞　剑　逃
食　盆　胚　胧　胆　胜　胞　胖　脉　胎
匍　勉　狭　狮　独　狰　狡　狩　狱　狠
贸　怨　急　饵　饶　蚀　饷　饺　饼　峦

弯　孪　将　奖　哀　亭　亮　度　弈　迹
庭　疮　疯　疫　疤　咨　姿　亲　音　彦
飒　帝　施　闺　闻　闽　阀　阁　差　养
美　姜　迸　叛　送　类　迷　籽　娄　前
酋　首　逆　兹　总　炳　炼　炽　炯　炸

烁　炮　炫　烂　剃　洼　洁　洪　洒　柒
浇　浊　洞　测　洗　活　涎　派　洽　染
洛　浏　济　洋　洲　浑　浒　浓　津　恃
恒　恢　恍　恬　恤　恰　恼　恨　举　觉
宣　宦　室　宫　宪　突　穿　窃　客　诫

冠　诬　语　扁　袄　祖　神　祝　祠　误
诱　诲　说　诵　郡　垦　退　既　屋　昼
咫　屏　屎　费　陡　逊　眉　孩　陛　陨
除　险　院　娃　姥　姨　姻　娇　姚　姣
姘　娜　怒　架　贺　盈　勇　怠　癸　蚤

柔　矜　垒　绑　绒　结　绕　骄　绘　给
绚　绛　骆　络　绝　绞　骇　统

10 画

耕　耘　耗　耙　艳　泰　秦　珠　班　素

匿	蚕	顽	盏	匪	捞	栽	埔	捕	埂
捂	振	载	赶	起	盐	捎	捍	捏	埋
捉	捆	捐	损	袁	捌	都	哲	逝	捡
挫	捋	换	挽	挚	热	恐	捣	壶	捅

埃	挨	耻	耿	耽	聂	莩	恭	莽	莱
莲	莫	莉	莓	荷	获	晋	恶	莎	莹
莺	真	框	梆	桂	桔	栖	档	桐	株
桥	桦	栓	桃	桅	格	桩	校	核	样
根	索	哥	速	逗	栗	贾	酌	配	翅

辱	唇	夏	砸	砰	砾	础	破	原	套
逐	烈	殊	殉	顾	轼	轿	较	顿	毙
致	柴	桌	虔	虑	监	紧	逍	党	逞
晒	眩	眠	晓	哮	唠	鸭	晃	哺	晌
剔	晏	晕	蚌	蚜	畔	蚣	蚊	蚪	蚓

哨	哩	圃	哭	哦	恩	盎	鸯	唤	唁
哼	唧	啊	唉	唆	罢	峭	峨	峰	圆
峻	贼	贿	赂	赃	钱	钳	钵	钻	钾
铀	铁	铂	铃	铅	铆	缺	氦	氧	氨
特	牺	造	乘	敌	秣	秤	租	积	秧

秩	称	秘	透	笔	笑	笋	笆	倩	债
借	值	倚	俺	倾	倒	倘	俱	倡	候
赁	倪	俯	倍	倦	健	臭	射	躬	息
倔	徒	徐	殷	舰	舱	般	航	途	拿
釜	耸	爹	舀	爱	豺	豹	颁	颂	翁

胯	胰	胱	胭	脍	脆	脂	胸	胳	脏
脐	胶	脑	朕	脓	玺	逛	狸	狼	卿
逢	鸵	留	袅	鸳	皱	饿	馁	凌	凄
挛	恋	桨	浆	衰	衷	高	郭	席	准

座 症 病 疾 斋 疹 疼 疲 痉 脊

效 离 紊 唐 凋 瓷 资 凉 站 剖
竞 部 旁 旅 畜 阅 羞 羔 恙 瓶
拳 粉 料 益 兼 朔 郸 烤 烘 烦
烧 烛 烟 烙 递 涛 浙 涝 浦 酒
涟 涉 娑 消 涓 涡 浩 海 涂 浴

浮 涣 涤 流 润 涧 涕 浪 浸 涨
烫 涩 涌 悖 悟 悄 悍 悔 悯 悦
害 宽 家 宵 宴 宾 窍 窄 容 窈
剜 宰 案 请 朗 诸 诺 读 扇 诽
袜 袒 袖 袍 被 祥 课 冥 谁 调

冤 谅 谆 谈 谊 剥 恳 展 剧 屑
弱 陵 祟 陶 陷 陪 姬 娠 娱 娟
恕 娥 娩 娴 娘 娓 通 能 难 预
桑 骋 绢 绣 验 继 骏

11 画

彗 球 琐 理 琉 琅 捧 堵 措 描
域 捺 掩 捷 排 焉 掉 捶 赦 堆
推 埠 掀 授 捻 教 掏 掐 掠 掂
掖 培 接 掷 掸 控 探 据 掘 掺
职 基 聆 勘 聊 娶 著 菱 勒 黄

菲 萌 萝 菌 萎 菜 萄 菊 萃 菩
萍 菠 萤 营 营 乾 萧 萨 菇 械
彬 梦 梵 婪 梗 梧 梢 梅 检 梳
梯 桶 梭 救 啬 曹 副 票 酝 酗
厢 戚 硅 硕 硌 奢 盔 爽 聋 龚

袭 盛 匾 雪 辅 辆 堑 颅 虚 彪

雀　堂　常　眶　匙　晤　晨　眺　睁　眯
眼　眸　悬　野　啪　啦　曼　晦　冕　晚
啄　啡　畦　距　趾　啃　跃　跄　略　蛆
蚱　蚯　蛉　蛀　蛇　唬　累　鄂　唱　患

啰　唾　唯　啤　啥　啕　啸　崖　崎　崭
逻　帼　崔　帷　崩　崇　崛　赈　婴　赊
圈　铐　铛　铝　铜　铡　铭　铮　铲　银
矫　甜　秸　梨　犁　秽　移　笨　笼　笛
笙　符　笠　第　笤　敏　做　偕　袋　悠

偿　偶　偎　傀　偷　您　售　停　偏　躯
皑　兜　皎　假　衅　徘　徙　得　衔　盘
舶　船　舷　舵　斜　盒　鸽　敛　悉　欲
彩　领　脚　脖　脯　豚　脸　脱　匐　象
够　逸　猜　猪　猎　猫　凰　猖　猝　猕

猛　祭　馄　馅　馆　凑　减　毫　孰　烹
庶　麻　庵　痔　痊　痒　痕　廊　康　庸
鹿　盗　章　竟　商　旌　族　旋　望　率
阉　阎　阐　着　羚　盖　眷　粘　粗　粕
粒　断　剪　兽　焊　焕　烽　焖　清　添

鸿　淋　淅　涯　淹　渠　渐　淑　淌　混
淮　淆　渊　淫　渔　淘　淳　液　淤　淡
淀　深　涮　涵　婆　梁　渗　情　惜　惭
悼　惧　惕　悸　惟　惆　惊　惦　悴　惋
惨　惯　寇　寅　寄　寂　宿　室　窑　窕

密　谋　谍　谎　谏　扈　谐　谑　裆　袱
祷　祸　谒　谓　谗　谚　谜　逮　敢　尉
屠　弹　隋　堕　随　蛋　隅　隆　隐　婊
娼　婢　婚　婶　婉　颇　颈　翌　恿　绩

绪 续 骑 绰 绳 维 绵 绷 绸 综

绽 绿 缀 巢

12 画

琵 琴 琶 琪 瑛 琳 琦 琢 琥 靓

琼 斑 替 揍 款 堪 塔 搭 堰 揩

越 趁 趋 超 揽 堤 提 揖 博 揭

喜 彭 揣 插 揪 搜 煮 援 搀 裁

搁 搓 搂 搅 壹 握 搔 揉 斯 期

欺 联 葫 散 惹 葬 募 葛 董 葡

敬 葱 蒋 蒂 落 韩 朝 辜 葵 棒

棱 棋 椰 植 森 焚 椅 椒 棵 棍

椎 棉 棚 棕 棺 榔 椭 惠 惑 逼

粟 棘 酣 酥 厨 厦 硬 硝 确 硫

雁 殖 裂 雄 颊 雳 雯 暂 辍 雅

翘 辈 悲 紫 凿 辉 敞 棠 赏 掌

晴 睐 暑 最 晰 量 鼎 喷 喳 晶

喇 遇 喊 喱 遏 晾 景 畴 践 跋

跌 跚 跑 跛 遗 蛙 蛐 蛔 蛛 蜓

蜒 蛤 蛟 喝 鹃 喂 喘 喉 喻 啼

喧 嵌 幅 帽 赋 赌 赎 赐 赔 黑

铸 铺 链 铿 销 锁 锄 锅 锈 锉

锋 锌 锐 甥 掣 掰 短 智 氮 毯

毽 氯 犊 鹅 剩 稍 程 稀 黍 税

筐 等 筑 策 筛 筒 筏 筵 答 筋

筝 傣 傲 傅 牌 堡 集 焦 傍 储

皓 皖 粤 奥 遁 街 惩 御 徨 循

艇 舒 逾 番 释 禽 舜 貂 腈 腊

腌 腆 脾 腋 腑 腔 腕 鲁 猩 猬

猾 猴 飓 惫 然 馈 馋 装 蛮 就
敦 斌 痣 痘 痞 痢 痪 痛 童 竣
阑 阔 善 翔 羡 普 粪 尊 奠 道
遂 曾 焰 焙 湛 港 滞 湖 湘 渣
渤 渺 湿 温 渴 溃 湍 溅 滑 湃

渝 湾 渡 游 滋 渲 溉 愤 慌 惰
惺 愕 惴 愣 惶 愧 愉 慨 割 寒
富 寓 窜 窝 窖 窗 窘 寐 扉 遍
雇 裕 裤 裙 禅 禄 谢 谣 谤 谦
遐 犀 属 屡 强 粥 疏 隔 隙 隘

媒 絮 嫂 媛 婷 媚 婿 登 缅 缆
缉 缎 缓 缔 缕 骗 编 骚 缘

13 画

瑟 鹉 瑞 瑰 瑜 瑕 遨 瑙 魂 肆
摄 摸 填 搏 塌 摁 鼓 摆 携 蜇
搬 摇 搞 塘 搪 摊 聘 斟 蒜 勤
靴 靶 鹊 蓝 墓 幕 蓓 蓖 蓟 蓬
蓑 蒿 蓄 蒲 蓉 蒙 颐 蒸 献 楔

椿 楠 禁 楂 楚 楷 榄 想 槐 槌
榆 楼 概 榴 椽 裘 赖 甄 酪 酬
感 碍 碘 碑 硼 碉 碎 碰 碗 碌
鹌 尴 雷 零 雾 雹 辐 辑 输 督
频 龄 鉴 睛 睹 睦 瞄 睫 睡 睬

嘟 嗜 嗑 鄙 嗦 愚 暖 盟 煦 歇
暗 暇 照 畸 跨 跷 跳 跺 跪 路
跤 跟 遣 蜈 蜗 蛾 蜂 蜕 蛹 嗣

嗯 嗅 嗡 嗨 嗤 嗓 署 置 罪 罩
蜀 幌 嵩 错 锚 锡 锣 锤 锥 锦

锨 锭 键 锯 锰 矮 辞 稚 稠 颓
愁 筹 签 简 筷 毁 舅 鼠 催 傻
像 躲 魁 衙 微 愈 遥 腻 腰 腼
腥 腮 腹 腺 鹏 腾 腿 鲍 猿 颖
飕 触 解 遛 煞 雏 馍 馏 酱 鹑

禀 痱 痹 廓 痴 痰 廉 鄌 靖 新
韵 意 雍 阙 誊 粮 数 煎 塑 慈
煤 煌 满 漠 滇 源 滤 滥 滔 溪
溜 漓 滚 溢 溯 滨 溶 滓 溺 粱
滩 慑 慎 誉 塞 寞 窥 窟 寝 谨

裱 褂 裸 福 谬 群 殿 辟 障 媳
嫉 嫌 嫁 叠 缚 缝 缠 缤 剿

14 画

静 碧 瑶 璃 赘 熬 韬 髦 墙 墟
摺 嘉 摧 赫 截 誓 境 摘 摔 撇
聚 蔫 蔷 慕 暮 摹 蔓 蔑 蔡 蔗
蔽 蔼 熙 蔚 兢 榛 模 槛 榻 榭
榴 榜 榨 榕 歌 遭 酵 酷 酿 酸

厮 碟 碴 碱 碳 磋 磁 愿 臧 殡
需 霆 辕 辖 辗 翡 雌 龈 睿 裳
颗 瞅 墅 嘈 嗽 喊 嘎 踉 踊 蜻
蜡 蝈 蝇 蜘 蝉 螂 蜢 嘘 嘛 嘀
幔 赚 骷 锹 锻 锵 镀 舞 舔 稳

熏 箍 箕 算 箩 管 箫 毓 舆 僚
僧 鼻 魄 魅 貌 膜 膊 膀 鲜 疑

孵　馒　裹　敲　豪　膏　塾　遮　腐　瘩
瘟　瘦　廖　辣　彰　竭　韶　端　旗　精
鄰　粹　粽　歉　弊　熄　熔　煽　潇　漆

漱　漂　漫　滴　漩　漾　演　漏　慢　慷
寨　赛　寡　察　蜜　寥　谭　肇　褐　褪
谱　隧　嫩　嫖　嫦　嫡　翟　翠　熊　凳
骡　缨　缩

15 画

慧　撵　撕　撒　撅　撩　趣　趟　撑　撮
撬　播　擒　墩　撞　撤　增　撰　聪　鞋
鞍　蕉　蕊　蔬　蕴　横　槽　樱　樊　橡
樟　橄　敷　豌　飘　醋　醇　醉　磕　磊
磅　碾　震　霄　霉　辘　瞌　瞒　题　暴

瞎　瞑　嘻　噎　嘶　嘲　嘹　影　踢　踏
踩　踮　踪　蝶　蝴　蝠　蝎　蝌　蝗　蝙
噗　嘿　噢　噜　嘱　幢　墨　骼　骸　镊
镇　镐　镑　靠　稽　稻　黎　稿　稼　箱
篓　箭　篇　篆　僵　躺　僻　德　艘　磐

鹞　膝　膘　膛　鲢　鲤　鲫　熟　摩　褒
瘪　瘤　瘫　凛　颜　毅　糊　遵　憋　潜
澎　潮　潭　潦　鲨　澳　潘　澈　澜　潺
澄　懂　憬　憔　懊　憧　憎　额　翩　褥
谴　鹤　憨　熨　慰　劈　履　嬉　豫　缭

16 画

璞　撼　擂　操　擅　燕　蕾　薯　薛　薇
擎　薪　薄　颠　翰　噩　橱　橙　橘　整
融　瓢　醒　霖　霏　霓　霍　霎　辙　冀
餐　瞟　瞠　瞰　踹　嘴　踱　蹄　蹂　蟒

蟆　螃　螟　器　噪　鹦　赠　默　黔　镜

赞　憩　穆　篮　篡　篷　篙　篱　儒　翱
邀　衡　膨　膳　雕　鲸　磨　瘾　瘸　凝
辨　辩　糙　糖　糕　瞥　燎　燃　濒　澡
激　懒　憾　懈　窿　禧　壁　避　犟　缰
缴

17 画

戴　壕　擦　藉　鞠　藏　薰　藐　檬　檐
檩　檀　礁　磷　霜　霞　龋　壑　瞭　瞧
瞬　瞳　瞩　瞪　嚏　曙　蹑　蹒　蹋　蹈
螳　螺　蟋　蟑　蟀　嚎　羁　赡　镣　穗
黏　魏　簧　簇　繁　黛　儡　鼾　徽　爵

朦　臊　膻　臃　鳃　鳄　糜　癌　辫　赢
糟　糠　燥　懦　豁　臀　臂　翼　骤

18 画

藕　鞭　藤　覆　瞻　蹦　嚣　髅　镭　镰
馥　翻　鳍　鹰　癞　瀑　襟　璧　戳　彝

19 画

攒　孽　警　蘑　藻　攀　曝　蹲　蹭　蹿
蹬　巅　簸　簿　蟹　颤　靡　癣　瓣　羹
鳖　爆　瀚　疆　骥

20 画

鬓　壤　攘　馨　耀　躁　蠕　嚼　嚷　巍
籍　鳝　鳞　魔　糯　灌　譬

21 画

蠢　霸　露　霹　躏　黯　髓　癫　麝　赣

22 画

蘸 囊 镶 瓤

23 画

罐

24 画

矗

表 2　乙表（500 字）

3 画

弋　孑

4 画

仃

5 画

叵　刍　讧　讫

6 画

氿　岌　佤　伫　氽　夙　刎　汐　忖　纨

7 画

坍　苣　苋　苓　芪　矶　呓　呃　呗　帏
岐　佞　攸　佚　佝　伽　孚　邸　疖　肓
沤　汴　沆　怄　忾　忪　诂　诋　诌　陀
甬

8 画

坨　耶　杵　咔　呶　岿　沓　囹　罔　钗
竺　迤　臾　岱　侗　侏　侩　佻　阜　迩
狙　狒　枭　饴　冼　疝　劾　炝　泔　泱
泅　泗　沱　泯　泾　宕　诓　诘　戾　诠
诩　孢　妯　弩　迦　驷　驸　绌

9 画

珧　垣　挞　茗　茭　柩　枸　酊　殇　轲
眈　咦　哔　毗　剐　咿　咯　哝　帧　峥
钛　钡　钨　竽　俨　叟　俚　皈　逅　徇
徉　舢　鸨　弈　阂　炷　洌　浃　恸　恫

恻 恪 袂 祛 姹 羿 绔 骁 骈

10 画

敖 莴 莠 莅 荼 莘 莞 桓 桎 桧
栩 豇 砝 砺 砥 砣 哧 哽 唢 圄
唏 崂 峪 觊 赅 钴 舐 俸 偌 倏
倭 隽 倌 颀 舫 奚 胴 疸 疱 痂
恣 烩 烬 悚 谀 谄 陲 娌 娴 绥

邕

11 画

麸 揶 掳 逵 掬 掮 掇 萋 菏 萦
梏 梓 匮 敕 豉 酞 酚 戛 厩 啧
喵 蚶 蛎 蛊 唿 啜 铣 铤 铬 逶
笺 笤 偃 偻 徜 龛 翎 疵 衮 敝
渍 淞 渎 挲 涸 淙 淄 惬 悻 悱

惘 惚 惮 谛 婵 袈 绫 绮 绯 绶

12 画

搽 趄 揄 蛰 摒 葆 葩 萱 戟 鹂
厥 辎 斐 喋 喃 跎 啾 嗖 喽 喔
嵘 崴 崽 幄 嵋 锂 牍 弑 颌 釉
腱 鱿 猥 馊 亵 痨 痦 痤 痫 孳
湄 愎 幂 缄 缈

13 画

瑚 瑁 趔 搐 剽 酩 蜃 虞 嗷 嗬
嗔 嗝 暄 嗳 嗵 锛 锢 稞 稗 牒
觎 貉 颔 腭 鲇 鲈 稣 肄 痼 痿
粳 煨 煊 煸 裟 滦 滂 窦 裨 谩
媲 缜 缢

14 画

摞　墒　蔻　斡　槟　酶　蜚　裴　龇　睽
暧　踌　蜷　蜿　嘣　嶂　幛　罂　锲　镁
镂　犒　箔　睾　膈　獐　馑　瘊　瘘　熘
潢　漪　慵　褓　褛　暨　嫣　缥

15 画

璀　撷　赭　撺　蕨　蕃　磙　龊　觑　嘭
踝　踞　颚　噙　幡　箴　鲩　獗　獠　馔
麾　瘠　遴　糍　潼　褴　戮　缮

16 画

靛　擀　熹　擞　蕻　橇　樵　橹　醚　赝
飙　臻　鷩　踵　蹉　螨　噼　罹　镖　篝
篦　盥　鲛　鲲　鲳　獭　邂　瘴　斓　澥
寰　褶

17 画

璨　璐　擤　罄　龌　蹊　嚓　黜　黝　镫
簏　臆　鳅　襄　膺　糜　濛　襁　孺

18 画

鳌　鬏　藩　躇　蟠　黠　镯　鳏　癔　癜
癖

19 画

藿　麓　霭　蹶　蹼　蹴　蟾　籁　鳔　鳕
鳗　麒　鏖　瀣

20 画

曦　镳　纂　鳜　鳟　孀

21 画

醺　礴

22 画

鹳

23 画

攫　攥　颧　麟

25 画

囔

表 3 丙表（1 000 字）

2 画

乜

3 画

兀 孓

4 画

仄 兮 刈 爻 卞 闩

5 画

邗 邛 艿 匜 丕 仡 仫 仞 氐 邙
卬 讦 弁

6 画

耒 玑 圩 圭 扦 芊 芨 芎 芗 乩
缶 氘 牝 伛 伥 伧 伉 囟 舛 邬
饧 汊 聿 艮 妁 纡 纥

7 画

抟 抔 坂 芫 芾 芷 芮 苋 芰 苎
苡 邳 奁 豕 忒 轫 迓 邺 虬 吣
岑 钋 氙 氚 佟 佗 佘 佥 豸 奂
饬 疔 闱 闳 闶 炀 沅 沌 汩 汨
汶 怃 忤 忻 怆 忸 诃 陂 陉 妍

妪 妣 姒 劭 纰

8 画

玮 忝 坩 拃 拊 坼 坻 苤 茏 苜
苒 苘 茌 茔 茕 苕 枥 枞 杼 砀

瓯 殁 郏 轭 鸢 旰 昊 杲 昕 畀
呷 呦 咝 岢 岬 岫 帙 峁 峄 钎
钒 佶 侪 侬 籴 饯 肱 肫 狎 狍

庖 穸 炜 炔 沭 泸 泠 泫 怙 怏
怍 怩 怫 戽 郓 祉 诟 诨 戕 亟
妲 驽 绀 绉

9 画

珏 珐 珂 珈 拮 挝 贲 垧 垓 荜
莒 茼 茱 茌 荃 荀 茨 垩 荥 荦
荨 栉 柘 枰 栌 枵 枳 柞 栀 栎
柁 甭 砒 砭 殄 哐 眍 禺 哂 曷
哓 呲 胄 虻 咣 郧 咻 囿 哏 哞

罘 峋 钚 钣 钫 氡 牯 秭 笈 俦
俪 俟 郗 俎 瓴 胛 胗 胝 朐 胫
狯 狲 訇 饴 饹 胤 疣 疥 闾 籼
洱 洇 洄 洮 浔 恹 恺 宥 衲 衽
祜 祚 诮 诰 诳 鸩 弭 胥 陟 娅

娆 姝 · 怼 骅 绗

10 画

挈 珙 顼 珞 珲 埙 埚 耆 耄 贽
盍 莆 莳 莜 荽 荻 鸪 莼 栲 栳
郴 桢 桉 逑 鬲 逦 厝 砧 砷 轾
趸 鸬 眬 晟 眙 唔 晁 鸮 趿 蚍
蚬 蚝 蚧 唑 崃 罡 钰 钹 钺 钼

铄 铎 氩 氤 秣 笊 俳 倜 隼 倥
臬 皋 郫 倨 衄 徕 衾 胼 胺 鸱
狷 猁 狺 桀 饽 凇 栾 亳 痈 疴

疽 痈 衮 阄 阆 粑 烨 郯 涞 涅
涔 浜 浠 浣 浚 悭 悒 悌 悛 冢

祥 祯 诿 屐 勐 奘 蚩 娉 娲 娣
逡 骊 绦 绨 鸶

11 画

焘 舂 琏 掴 赧 捭 鸷 捩 聃 菁
堇 萘 菽 菖 萸 菟 萏 菡 棂 郾
郪 硔 硒 瓠 殒 殓 殍 赉 辄 眦
眵 喏 勖 晗 啭 啮 蛄 蚰 蛏 蚴
啁 啐 唷 啖 啷 唳 铙 铠 铢 铧

铨 铩 铰 铱 氪 牾 笪 笳 偈 偬
舸 猗 猞 斛 馗 馃 鸾 庾 瘐 旎
阈 阊 阏 焐 烯 烷 渚 淇 涿 淖
渑 淝 淬 涪 谌 皲 谕 谙 棨 隍
婧 婕 欸 绺 绻 绾

12 画

琨 琬 鼋 揳 堞 揠 颉 耋 聒 葚
葳 葺 葸 萼 蒌 葭 椟 棰 椁 棣
鹁 覃 酢 酡 殚 辊 睑 嗒 晷 跖
跆 蛲 蛭 蛳 喁 喟 喑 嗟 嗞 喀
喙 詈 嵬 嵯 锃 锏 锑 锒 氰 鹄

犍 嵇 筚 筌 僳 傥 傧 遑 傩 畲
翕 腓 腴 鲂 颍 猢 觞 痧 瓿 啻
颏 鹇 阒 阕 遒 焯 焱 鹈 湮 湎
溲 湟 溆 渥 湄 滁 愠 愀 谟 裢
祺 谡 谥 谧 孱 弼 巽 媪 皴 婺

骛 缂 彘 飨

13 画

骜　髡　塬　鄢　趑　摅　搛　摈　毂　搡
戡　鄞　靳　蓦　蒯　蒺　蒹　蒗　蓥　楝
楫　楸　椴　晳　榈　榉　楦　楹　酮　酰
酯　碚　碇　碜　辏　龃　龅　訾　粲　睚
韪　嗪　睨　睢　雎　睥　嗫　戥　遢　暌

跬　跶　跣　跹　跻　蜊　蜍　蜉　嗥　嵊
锱　雉　氲　歃　稔　筠　筱　煲　徭　愆
艄　毹　腠　腩　詹　鲅　鲋　觥　馐　瘁
瘆　麂　歆　阖　豢　煳　煜　煅　煺　滟
溘　溥　溧　溽　滗　溏　溟　愫　骞　窠

窣　褚　裾　谪　媾　嫔　缙　缛　辔　缟
缡　骟

14 画

獒　摽　趄　綦　靼　鞅　蔺　蓿　鹕　蓼
榧　榫　槁　榷　酽　酹　碣　霁　暝　蜥
蜮　蜴　嘡　嘤　罴　骶　锶　箧　箸　箅
箪　箜　儆　僳　僭　劁　魃　魈　鄱　膑
鲑　鲟　銮　瘙　旖　膂　鄯　糁　鹚　漕

漯　潋　潴　漉　漳　潍　寤　褡　褙　褊
谯　谰　谲　屣　嫱　嫘　鹜　骠　缪　缫

15 画

耦　耧　瑾　璎　璋　璇　髯　髫　聩　觐
鞑　蕙　蕈　蕤　蕲　槿　樯　靥　魇　餍
霈　龉　噶　暹　踟　踯　踺　蝶　蝮　蝣
蝼　嘬　噍　噌　噔　颛　嶙　镉　镌　镍
镏　稷　篑　篁　篌　儋　徵　滕　鲠　鲥

鲦 僜 瘢 畲 羯 糌 糅 熵 熠 潸
潲 褫 谵 勰 畿

16 画

耩 耪 聱 螯 髻 髭 磬 颞 鞘 甍
薏 薮 薅 橛 樽 樨 醛 醐 醍 錾
遽 噤 踽 螈 螅 噱 噬 圜 镗 镚
镝 镞 氇 氆 穑 魉 魈 歙 鲱 鲵
鲷 鹧 廪 嬴 壅 羲 甑 燧 濉 潞

澧 澹 窸 隰 嬗 缱

17 画

螫 擢 薹 藓 藁 檄 檩 翳 礅 磴
嚅 蟥 镪 罅 簌 魍 邈 燮 鹫 癍
濡 濮 濞 濠 濯 蹇 邃 擘 蟊 鹬

18 画

鬈 瞽 鞣 藜 藠 醪 蹙 燹 餮 瞿
蹚 鹭 蟮 鹮 黟 髂 簪 鼬 雠 糨
鎏 懵 邋

19 画

鬏 醮 霪 嚯 蹰 蠖 蠓 黢 髋 髌
镲 籀 齁 魑 羸 瀛 谶

20 画

蘖 醴 霰 夔 躅 黥 黧 獾

21 画

颦 羼 蠡

22 画

懿　霾　氍　饕　鬻

23 画

鬟　鼹　癯

24 画

蠹　衢　鑫　灞　襻

25 画

鬣　攮　馕

30 画

爨

36 画

齉

教育部关于办好开放大学的意见

（2016年1月16日）

各省、自治区、直辖市教育厅（教委），新疆生产建设兵团教育局：

为全面贯彻党的十八大和十八届三中、四中、五中全会精神，深入落实《国家中长期教育改革和发展规划纲要（2010—2020年）》，切实办好开放大学，推动建设学习型社会，现提出如下意见。

一、总体要求

（一）指导思想

高举中国特色社会主义伟大旗帜，以邓小平理论、“三个代表”重要思想、科学发展观为指导，深入学习贯彻习近平总书记系列重要讲话精神，按照“四个全面”战略布局，落实创新、协调、绿色、开放、共享发展理念，适应经济社会发展新需求，运用现代信息技术发展新成果，聚集优质教育资源，丰富教育教学手段，创新人才培养模式，改革管理体制和运行机制，探索具有中国特色、体现时代特征的开放大学办学模式，满足全民学习、终身学习需要，建设学习型社会。

（二）基本原则

——坚持中国特色，提升办学水平。立足基本国情和现实需求，认真总结实践经验，遵循开放远程教育规律，借鉴国际先进做法，努力提升开放大学办学水平。

——坚持开放办学，服务全民学习。顺应全民学习、终身学习需求，向社会最大程度开放教育资源，提供形式多样教育服务，广泛开展学历教育和非学历教育，满足不同类型不同层次学习需要。

——坚持质量第一，实现“宽进严出”。着眼全面提升学习者素质和能力，夯实办学基础，提高办学水平，完善质量保障体系，为学习者提供优质、低成本、有竞争力的教育服务。

——坚持深化改革，创新发展模式。更新理念，加快高等教育、职业教育、继续教育与远程开放教育有机结合，加强信息技术与教育教学深度融合，创新教学环境和学习制度，创新学校运行模式和保障机制，创建新型高等学校。

（三）主要目标

到2020年，中国特色开放大学体系初步建成，现代信息技术应用更加成熟，优质教育资源更加丰富，学习条件更加先进，学习制度更加灵活，办学体系不断完善，基本满足多样化学习需求，为学习型社会提供重要支撑，为人力资源开发提供重要保障。

二、主要任务

（一）明确功能定位，创建新型高校

开放大学要以终身教育思想为引领，树立开放、灵活、优质、便捷的办学理念，充分运用现代信息技术，创新办学形式、组织模式和运行机制，努力办成服务全民终身学习的新型高等学校。要依据区域经济社会发展水平、高等教育状况、教育普及程度等因素，确定学校在构建区域终身教育体系和建设学习型社会中的功能作用。根据自身办学基础和社会需求，科学编制学校中长期发展规划。凝练办学宗旨，明确学校发展目标、办学层次、人才培养类型和规格。发挥教育资源整合集成、现代信息技术与教育教学深度融合、人才成长通道转换衔接等方面的优势，开展人才培养模式创新。细化学校服务面向，针对区域、行业、企业等不同人群提供相适应的教育服务，坚持面向基层、面向行业、面向社区、面向农村，广泛开展职工教育、社区教育、老年教育、新型农民教育和各类培训，突出人才培养特色和学校办学特色。

（二）完善办学基础设施，营造数字化学习环境

适应“互联网+”发展趋势，重点加强信息化基础设施建设。学校占地、教学和行政办公用房等满足基本需要，确保学校正常运转。完善数据中心，合理配置计算机、服务器、网络、存储等关键设备，提供适合的存放环境，确保运行正常、安全可靠，满足大规模数据处理需要。建设课程开发中心，为课程设计、制作、测试、评估提供必要的场所、设备和辅助设施。建设远程学习服务中心，配备与在线学习学生规模相适应的场所和设备，满足咨询、答疑等即时服务需要。建设“云教室”，实现网络条件下的远程双向高清视频和互动教学。建设可供多种终端访问的数字图书馆，扩充教育资源。建设虚拟实验室、实训室，形成可供学习者多样化选择的虚拟实验、实习和实践环境。

（三）强化信息技术应用，提高在线教育水平

利用计算机技术、通信技术和网络技术，搭建开放性、可扩展的信息技术系统平台，实现教学、管理、服务一体化。完善学校信息平台，及时发布课程开设、专业设置、学习方式、评价标准、招生信息等内容。完善学生学习平台，优化功能模块，实现学生注册、学习、交流、答疑、测验、考试等一站式在线服务。完善学校管理平台，强化对课程资源、学生信息、教师信息、教学运行、质量评价、行政办公等管理，实现学校日常运转和师生教育、学习活动可监测、可分析、可调控，提高服务水平，提升管理效率。

（四）完善办学系统，提升线下支持能力

针对区域信息化基础条件不平衡和学习者学习需求、学习形式多样化的实际情况，充分利用各类教育资源，完善分级办学系统，创新学习服务支持机制。加强学习中心建设，调整办学模式，完善服务功能，承担线下教学、组织学生讨论、提供考试服务、反馈学生信息、开展人才需求调研等任务。开放大学与学习中心要实现高速、安全的现代远程教育网络全覆盖，统一课程资源、统一教学管理、统一在线平台、统一考核评价，保证教育教学质量。完善学习中心布局，根据不同学习对象及办学特点，有针对性地与区域、行业、企业、学校开展合作，形成遍布城乡的学习中心网络，满足不同学习者多样化、个性化的学习需要。

（五）建设优质课程，满足学习需求

通过吸收引进、借鉴利用、自主开发等多种途径，建成满足多样化学习需求的优质课程资源。加快完善课程建设的标准和流程，规范课程规划、设计、制作、测试、试学、评审和更新等环节。充分吸收高等学校、研究咨询机构、行业企业、用人单位参与课程建设，保证内容的科学性和专业性，提高课程的实用性和针对性。适应远程教育规律和学生自主学习特点，优化课程内容呈现方式和教学活动设计环节，加强课程交互性，确保有效支持学生自主学习。要根据学科、行业、产业的新进展和新变化，及时吸收新成果，实时更新课程内容。吸收引进国内外各类在线课程、视频课件等优质资源，按照学科门类、学历层次、资源类型等进行分类整合，向社会开放。强化课程资源的遴选、管理与监督，确保课程内容符合党和国家的路线、方针、政策和法律、法规。

（六）完善专业建设制度，提高专业建设质量

根据经济社会发展、产业升级和学校发展规划，制定专业建设规划，重点建设实用、新型、交叉专业。注重专业建设，制定专业建设方案、工作流程、团队组建、专业评估等方面的具体办法。合理确定专业知识结构，确保专业的科学性和系统性。明确专业组建原则，细化学生专业学习的课程组合要求，满足学生灵活选课需要。建立健全专业优化和更新机制，合理调整专业设置，确保专业的应用性和实效性。建立专业定期评估制度，强化开放大学专业建设监测，确保专业建设质量。

（七）创新学习组织模式，提高教育教学效果

适应现代信息技术条件下在线学习特点，完善以学习者为中心、基于网络自主学习、远程支持服务与面授相结合的教学方式。完善注册学习制度，保证每一位学习者可随时注册入学。加快推进学分制改革，完善自主选课制度，满足学生个性化学习需求。完善学习服务机制，保障学生能够自主灵活安排学习时间。丰富学习媒介，满足学生使用电

视、计算机、平板电脑、移动通信设备等多种终端进行学习。健全网上自主学习规则，明确学生学习内容、时长、方式、评价等方面的要求，确保学生网络自主学习严格、规范，可监测、可评价。转变教师角色，从主要是授课者转变为学生学习的咨询者、引导者、组织者，重点支持学生自主学习、组织学生交互讨论、提供在线辅导答疑等，使“以教为主”变成“以学为主”。加强线下交流与讨论，强化学生体验学习，提高教学效率，确保学习质量。

（八）强化质量保障，确保“宽进严出”

建立学校教学质量评估制度，加强对教学全过程和学生学习效果的监测与评价。强化课程学习监控制度，实时记录学生在线自主学习、网上交互讨论、课程测验考试等信息，作为课程学习评价的重要依据。完善课程学习考试制度，建设数字化题库、学习测评系统、电子试题保密机制、远程监控系统等，确保考试科学、安全。推行开卷与闭卷、形成性考核与终结性考试相结合的考核方式，加大形成性考核比重。探索以完成实际项目和解决实际问题作为考核的方式。推广在线考试和预约考试。严格课程、学历、学位等证书获得的标准和程序，向社会公布，确保证书的权威性。积极引进用人单位、专业评估机构对学校人才培养质量开展多种形式评价。发布年度质量报告，接受社会评价和监督。

（九）建设“学分银行”，实现学习成果积累和转换

适应全民终身学习需求，不断拓展开放大学办学功能，为学习者学习成果转换提供便利服务。建立个人终身学习电子档案，主要存储个人信息、学习经历、学习成果及转换记录等信息。完善档案管理，一人一档、终身有效，经授权后可供用人单位、教育机构查询使用。加快学习成果认定，制定学分转换标准，对学习者在正规教育和非正规教育过程中获得的学分、证书、工作和生活经验及技能等进行认定，确定学分，实现学习成果转换。主动沟通高校、行业、企业和用人单位，通过协议或联盟等方式，推进相互之间学习成果的互认。探索建立“学分银行”，将学习者的各类学习成果转换成学分进行存储，实现不同类型学习成果的转换，为学习者申请相关学历证书、学位证书、毕业证书、资格证书等提供依据。

（十）创新师资队伍建设，适应教学变革需要

围绕课程建设和学生自主学习，加快建成一支适应开放教育特点、擅长运用信息技术教学的专兼职结合教师队伍。通过招聘、引进、培养、培训等方式，重点在课程设计、资源开发、软件开发、学习咨询、教学组织、学习引导等方面，建设专职教师队伍。通过培训开放大学系统的教师，广泛聘请高水平教师、行业企业专家等措施，开展教学辅导，确保每门课程都有辅导教师，形成一大批提供远程学习导学、助学和促学的专兼职教师。以课程设计为核心，组建课程建设团队，提高课程建设水平。以网络教学为重点，组建课程教学团队。以服务学生为目标，组建课程辅导团队。为学生配备助学咨询教师，提供选课指导、制订个性化学习计划、学习方法引导、学业咨询与提醒、学习资源获取、心理咨询、职业生涯规划等服务。为学生配备专业学习辅导教师，为学习者提供在线辅导和答疑。

（十一）积极开展多方合作，汇聚优质教育资源

着力体制机制创新，鼓励开放大学通过联盟、共建等形式，与国内外高校、科研院所、行业企业等开展全方位的合作办学，引进课程、专业、师资、技术等方面的优质资源，形成社会广泛参与、资源共建共享、与行业企业紧密联系的办学模式。加快推进与各类高水平在线教育的合作，建立协同创新机制，实现优质课程资源共享，满足学生多样化、多途径获取知识的选择。深入开展与行业企业的合作，充分发挥行业特色优势和职业资源优势，开展职业培训合作，探索开发多种适合学生网络学习的工具和软件，增强自主学习的交互性和有效性。加强引进各类教育培训机构的视频公开课、精品课程、各类非学历教育教学资源，实现优质教学资源的共享。加强“数字化学习资源中心”建设，研究制定网络教育数字化学习资源共享机制、标准、技术与平台。整合国家和高等学校网络教育精品课程及相关学习资源，推动优质网络教育资源开

放与共享。积极探索股份制、混合所有制等多种形式，允许以资本、知识、技术、管理等要素参与办学服务并享受相应的权利。

（十二）完善治理结构，提高治理能力

要进一步落实和完善高等学校党委领导下的校长负责制。实行依法治校，逐步完善学校自主办学、自主发展、自我管理、自我约束的制度框架。制定学校章程，完善学校内部治理结构，使章程成为学校所有教育教学活动的依据，作为制定、修改、完善学校其他规章制度的依据。完善决策机制，建立由政府、行业企业、办学系统组成的决策机构，广泛吸引社会资源积极参与开放大学办学。健全民主管理机制，建立健全学位评定委员会、学术委员会、质量保证委员会等相关机构，切实发挥各委员会作用，提高办学水平。创新教师岗位职责分类，完善相应的考评制度和职务评聘办法。完善学校内部分配激励机制。优化学校日常运行流程，发挥信息技术优势，提高办学效益。探索网络教育条件下学校日常运行模式。加强网络监管，确保网络安全，规范网上教学和学习行为。丰富学生管理方式，创新以课程为单位的学生管理模式。推进网上校园文化建设，进一步增强学生对开放大学的认同感和归属感。

三、保障措施

（一）加强组织领导

有关地方要将开放大学纳入经济建设、社会发展总体规划。建立部门联动、分工明确的开放大学协调推进机制，解决开放大学办学遇到的困难和问题，消除阻碍发展的体制机制和政策障碍。省级教育行政部门要按照建设新型大学要求，支持开放大学创新与发展，加强对开放大学建设的指导和管理，定期开展检查和质量评估。

（二）完善保障机制

各地要采取多种措施，努力增加对开放大学的支持力度，积极支持开放大学加强基础设施建设、信息化建设、数字化学习资源和教师队伍建设等。建立学习成本合理分担机制，积极拓宽社会筹资渠道。采取多种措施，鼓励和吸引行业企业、社会力量参与开放大学办学和服务。

（三）加大政策支持

要进一步完善法律法规，为开放大学建设发展营造良好法制环境。合理确定开放大学教职工编制，积极支持开放大学开展教师职称（职务）评聘，保障开放大学教育教学需求。要为开放大学引进高素质高水平人才队伍提供通道和优惠条件，鼓励高校名师和行业专家参与开放大学教育教学。鼓励一流大学与开放大学开展在线教育合作，在资源共享、学分互认等方面积极探索。鼓励开放大学在“学分银行”建设、学习成果转换等重点领域和关键环节先行先试。开放大学依法自主设置和调整专业，按程序备案或审批。开放大学实行注册入学，学生修完课程并获得相应学分，即可获得课程证书，修满规定的学分并达到相关要求，即可获得相应的学历与非学历证书，符合学位授予条件的应授予相应学位。

（四）强化评估监督

强化对开放大学的评估与监督，围绕12项主要任务，研制开放大学办学基础能力和质量保障评估指标体系，引入第三方开展评估，发布评估报告，接受社会监督。

教育部

2016年1月16日

教育部　中华全国总工会关于印发《农民工学历与能力提升行动计划——“求学圆梦行动”实施方案》的通知*

（2016年3月1日）

各省、自治区、直辖市教育厅（教委）、总工会，新疆生产建设兵团教育局、工会：

为深入贯彻党的十八大和十八届三中、四中、五中全会精神，落实《国家中长期教育改革和发展规划纲要（2010—2020年）》《国务院关于加快发展现代职业教育的决定》《国务院关于进一步做好为农民工服务工作的意见》，提升农民工学历层次、技术技能及文化素质，畅通其发展上升通道，更好地服务“中国制造2025”“脱贫攻坚”“大众创业、万众创新”等重大发展战略，教育部、中华全国总工会决定联合实施农民工学历与能力提升行动计划——“求学圆梦行动”。

现将《农民工学历与能力提升行动计划——“求学圆梦行动”实施方案》印发给你们，请会同相关部门，结合本地实际，抓紧制订实施方案，科学规划参与行动计划的学校类型、数量和专业布局，并将实施方案、牵头负责人、省级教育行政部门和总工会的信息员联系方式于4月30日前，分别报送至教育部职业教育与成人教育司和中华全国总工会宣传教育部。

教育部　中华全国总工会

2016年3月1日

农民工学历与能力提升行动计划——“求学圆梦行动”实施方案

为深入贯彻党的十八大和十八届三中、四中、五中全会精神，认真落实《国家中长期教育改革和发展规划纲要（2010—2020年）》《国务院关于加快发展现代职业教育的决定》《国务院关于进一步做好为农民工服务工作的意见》，提升农民工学历层次、技术技能及文化素质，畅通其发展上升通道，更好服务“中国制造2025”“脱贫攻坚”“大众创业、万众创新”等重大发展战略，教育部、中华全国总工会决定联合实施农民工学历与能力提升行动计划——“求学圆梦行动”。

一、基本原则

（一）统筹协调，分工负责。各级教育行政部门和总工会要加强统筹，密切配合，建立任务明确、分工负责、政策共筹、资源共享、运转协调的工作机制。

（二）整合资源，加大投入。建立教育系统、工会系统联动工作机制，整合政府部门、工会系统、高等院校、行业协会、企事业单位和其他社会资源，共同加大对农民工继续教育工作的投入。

（三）突出重点，分类实施。以农民工相对集中的省份为重点，以提升农民工学历层次和岗位胜任能力为核心，根据不同地区、不同行业、不同层次农民工的实际需求，分类组织实施。

（四）大力宣传，广泛发动。加大宣传，充分

* 本通知和实施方案有删节。

调动社会各方面积极性。综合运用各类激励政策措施，吸引广大农民工积极参加学历与能力提升行动计划。

二、总体目标

通过建立学历与非学历教育并重，产教融合、校企合作、工学结合的农民工继续教育新模式，实施“求学圆梦行动”，提升农民工学历层次和技术技能水平，帮助农民工实现体面劳动和幸福生活，有效服务经济社会发展和产业结构转型升级。

到 2020 年，在有学历提升需求且符合入学条件的农民工中，资助 150 万名农民工接受学历继续教育，使每一位农民工都能得到相应的技术技能培训，能够通过学习免费开放课程提升自身素质与从业能力。

三、主要任务

（一）提升学历教育层次，提高专业技能

立足岗位技能和职业发展需要，为有意愿、有能力接受学历教育的农民工，提供相应的学历继续教育。面向具有普通高中或中等职业学校文凭或相当知识水平的农民工，提供专科层次或高起本学历继续教育；面向具有专科或以上学历，且有进一步提升学历层次需求的农民工，提供本科层次的学历继续教育。推进学习成果累计机制建设，激励农民工终身学习，不断提升专业技能和学历层次。每年在全国范围资助 30 万名农民工接受学历继续教育。

（二）提升岗位胜任能力，促进产业转型

紧密对接经济社会发展和产业结构调整升级对人才的多样化需求，面向农民工开展技术技能培训，支撑和助推产业转型。重点面向在建筑、制造、能源、物流、餐饮、物业、家政、养老等行业签订固定劳动合同的农民工开展岗位技能培训；面向需节能减排、产能落后、产能过剩的企业工作的农民工，开展转岗培训、技能提升培训或技能储备培训，提高其就业稳定性及职业迁移能力；面向在外向型企业工作的农民工开展国际投资、商贸合作、国家战略等培训，适应中国企业走出去的战略需求等。

（三）提升创新创业能力，助力万众创新

有针对性地开展创新创业培训，提高农民工创新创业意识和能力，推动“大众创业、万众创新”。主要面向具备较高职业技能和发展潜力，具有较强职业发展需求和自主创新意愿的农民工（尤其是企业拔尖技术人才），开展立足岗位的创新培训；面向有创业意愿的农民工开展以创业意识教育、创业项目指导和企业经营管理为主的创业培训；面向有返乡创业意愿的农民工开展针对性技术培训。

（四）提升综合素质，融入城市生活

面向农民工开展包括社会主义核心价值观、职业生涯规划、基本权益保护、心理健康、安全生产、城市生活常识、疾病防治等的通识性素养培训，帮助农民工更好融入城市生活，推动以人为本的新型城镇化建设。对少数民族农民工开展汉语普通话培训，提高农民工的基本素质和社会责任感、主人翁意识，增强维权意识和自我保护能力，提升幸福生活指数。

（五）开放优质网络资源，助推终身学习

充分利用现有资源及资源服务平台，搭建面向农民工开放优质网络学习资源的公共服务平台，建立线上线下相结合、非学历与学历教育并重、工作学习一体化的农民工继续教育新模式。充分发挥国家数字化学习资源中心、开放大学、职业院校、成人高校、工会院校及培训机构、大学与企业联盟、在线教育联盟作用，在现有网络资源基础上，通过推荐、遴选、整合等方式，建立网络课程、视频公开课、微课等多种类型的网络资源开放目录，并面向社会公布，扩大优质教育资源覆盖面，助推农民工随时学习、终身学习。

四、主要措施

（一）建立择优录取和企业推荐相结合的公开遴选机制

各省（区、市）要针对本地产业发展规划和经费来源情况，公开遴选参与院校（含普通高校、开放大学、独立设置的成人高校），确定学历继续教育招生专业和计划、非学历培训项目与规模。普通高校、开放大学、成人高校在现有政策框架内，采用全国成人统一考试招生、网络教育自主招生等方式择优录取。各地工会和企业要做好生源发动、推荐组织等工作，并尽可能为农民工提供便捷的学习条件。

（二）开发与岗位紧密对接的专业课程

参与院校要建立与企业联合开发专业课程和数字化资源的机制，不断优化专业和课程设置，努力实现学历教育和培训课程紧密对接行业需求、岗位要求、职业标准和生产过程。增加实践性课程比例，提高课程的实用性和针对性，支持与专业课程配套的虚拟仿真实训系统、实时双向交互式远程教学系统等的开发与应用。工会要积极推动参与院校与企业对接。

（三）推行校企合作培养模式和基于信息化的混合式教学模式

参与院校要深化产教融合、校企合作，根据农民工成长规律和工作岗位的实际需要，与企业共同研制工学结合人才培养方案，建立校企双导师制和弹性学制，真正实现校企一体化育人。鼓励在农民工集中的代表性行业和大中型企业建设“农民工继续教育学习与实训中心”。要充分利用现代信息技术，探索建立网络教学与面授教学、自主学习与协作学习、个性化学习与师徒传承学习、理论学习与实践实训学习等相结合的混合式教学模式。鼓励参与院校开发适应农民工需求的在线教育资源，探索基于手机的移动教学与支持服务模式，方便农民工随时随地开展个性化学习。

（四）建立多元化的农民工继续教育质量保障体系

参与院校要建立面向过程的内部培养培训质量保证体系，建立基于大数据分析的质量监控、跟踪、反馈和对外发布等机制。教育行政部门要完善教学质量监管制度和公示制度，建立农民工和用人单位参与教学质量评价的机制，开展满意度测评工作。

（五）建设行动计划的信息服务平台

教育部和中华全国总工会建立“求学圆梦行动”的信息服务平台，动态发布国家及各省相关政策信息，及时发布“求学圆梦行动”实施情况和服务农民工资源开放信息等。鼓励省级教育行政部门（含兵团）与总工会通过委托和联合建设等方式，建立服务本省农民工的“求学圆梦行动”信息服务平台和移动客户端，提供丰富的开放资源与支持服务，对纳入行动计划的项目实施业务管理和质量监控等。

五、组织保障

（一）加强组织领导，明确责任分工

省级教育行政部门（含兵团）、总工会要共同研制方案，明确职责分工，建立协作机制。参与院校要创新人才培养模式，确保学历教育和非学历培训质量。企业要把农民工纳入职工教育培训计划，合理安排其学习时间，提供必要的学习条件，鼓励企业将农民工参加继续教育情况与个人薪酬、岗位晋升相结合。各级工会要努力维护农民工学习权益。

（二）整合社会资源，创新投入机制

各地要建立健全政府、工会、用人单位和学习者共同分担成本、多渠道筹措经费的投入机制，减轻农民工学习的经济负担。地方工会要加大对行动计划的投入；企业要按规定足额提取职工教育培训经费，安排相当比例用于农民工继续教育培训。鼓励参与高校对农民工接受学历继续教育和非学历培训进行学费优惠。积极争取社会资源通过多种途径参与、支持农民工学历与能力提升计划。

（三）强化监督管理，实施激励考核

各省（区、市）要建立绩效评估制度，对计划实施、任务完成、资金使用等情况进行评估，并建立统计和分析报告制度，每年定期对各项任务措施落实情况进行通报，并向社会公开。各省级教育行政部门、总工会要建立计划实施的激励考核机制，纳入年度业绩考核。

（四）推广典型经验，扩大舆论宣传

各地教育行政部门、工会，参与计划的院校、企事业单位及其他机构组织要注重总结提炼，强化典型示范，突出导向作用，大力宣传各地好的经验做法和学有所成、学有所为的农民工学员先进典型。要充分利用教育和工会系统的宣传通道及其他各类新闻传播途径，通过电视、广播、网络、新媒体等群众喜闻乐见的形式，努力营造全社会关心农民工继续教育的良好氛围。

教育部关于加强师范生教育实践的意见

（2016年3月17日）

各省、自治区、直辖市教育厅（教委），新疆生产建设兵团教育局，部属有关高等学校：

近年来，我国教师教育改革持续推进，师范生教育实践不断加强，但是还存在着目标不够清晰，内容不够丰富，形式相对单一，指导力量不强，管理评价和组织保障相对薄弱等问题。师范生教育实践依然是教师培养的薄弱环节，师范毕业生的教育教学能力尚不能完全适应中小学（含幼儿园、中等职业学校、特殊教育学校，下同）的需要。为增强师范生的社会责任感、创新精神和实践能力，全面提升教师培养质量，现就加强师范生教育实践提出如下意见。

一、明确教育实践的目标任务。师范生教育实践是教师教育课程的重要组成部分，是教师培养的必要环节。举办教师教育的院校要围绕培养适应中小学教育教学需要、高素质专业化的"四有"好教师的目标要求，通过系统设计和有效指导下的教育实践，促进师范生深入体验教育教学工作，逐步形成良好的师德素养和职业认同，更好地理解教育教学专业知识，掌握必要的教育教学设计与实施、班级管理与学生指导等能力，为从事中小学教育教学工作和持续的专业发展奠定扎实的基础。

二、构建全方位的教育实践内容体系。举办教师教育的院校要坚持把社会主义核心价值观融入教育实践全过程，将教育实践贯穿教师培养全过程，整体设计、分阶段安排教育实践的内容，精心组织体验与反思，促进理论与实践的深度融合。在师范生培养方案中设置足量的教育实践课程，以教育见习、实习和研习为主要模块，构建包括师德体验、教学实践、班级管理实践、教研实践等全方位的教育实践内容体系，切实落实师范生教育实践累计不少于1个学期制度。

三、丰富创新教育实践的形式。举办教师教育的院校要采取观摩见习、模拟教学、专项技能训练、集中实习等多种形式，丰富师范生的教育实践体验，提升教育实践效果。充分利用信息技术手段，开发优质教育实践资源，组织师范生参加远程教育实践观摩与交流研讨，探索建设师范生自主研训与考核数字化平台。要积极开展实习支教和置换培训，鼓励引导师范生深入薄弱学校和农村中小学，增强社会责任感和使命感。要拓宽教育实践渠道，积极探索遴选师范生到海外开展教育实践等多种形式，开阔师范生的视野。

四、组织开展规范化的教育实习。举办教师教育的院校要制订教育实习课程标准、实施计划、实习手册、评价标准等工作规范，做到实习前有明确要求、实习中有严格监督、实习后有考核评价。教育实习应包括教学实习、班主任实习、教研实习等多项内容，其中，教学实习应保证足量的课堂教学授课时数。实行实习资格考核制度，师范生必须通过相关课程学习和技能考核合格后方可进入教育实习环节。要建立完善以实习计划、实习教案、听课评课记录、实习总结与考核等为主要内容的师范生教育实习档案袋制度。

五、全面推行教育实践"双导师制"。师范生教育实践由举办教师教育的院校教师和中小学教师共同指导。举办教师教育的院校要安排数量足够的责任心强、教学经验丰富、熟悉中小学教育教学实践的教师，采取驻校指导、巡回指导和远程指导等多种方式进行有效指导。举办教师教育的院校要与地方教育行政部门、中小学协同遴选优秀教研员和中小学教师担任指导教师。培养中等职业学校教师的院校还应联合行业企业，遴选企业专业技术人员和高技能人才担任指导教师。举办教师教育的院校要与中小学、教研机构通过专题研究、协同教研、定期培训等多种形式，不断提高指导教师的专业化水平和实践指导能力。

六、完善多方参与的教育实践考核评价体系。举办教师教育的院校要以指导教师评价为主，兼顾同伴评价、自我评价、学生评价和实践基地评价，综合运用课堂观察、学生访谈及教育实践档案分析等多样化的方式，全面客观评价师范生教育实践。探索建设师范生教育实践管理系统和教师成长数字化档案，形成从职前培养到职后培训的教师专业发展档案库。完善教育实践与就业一体化的指导体系，大力推动教育实践与就业的有机结合。

七、协同建设长期稳定的教育实践基地。地方教育行政部门要统筹考虑本地区师范生规模结构和服务面向，与举办教师教育的院校共同遴选建设长期稳定、多样化的教育实践基地。实践基地应具备良好的校风师风、较强的师资力量、丰富的课程资源和教改实践经验，确保能为师范生提供充足的实践岗位、充分的实践机会、有效的实践指导和安全健康的实践环境。鼓励各省（区、市）遴选建设一批示范性教育实践基地，在师范生教育实践、教师培训、教育教学研究、基地学校发展等多方面建立合作共赢的长效机制。中小学要将接纳师范生教育实践作为应尽义务和重要责任，地方教育行政部门要将接纳师范生教育实践作为中小学工作考核评价和特色评选的重要内容。

八、建立健全指导教师激励机制。举办教师教育的院校要将教师指导师范生教育实践作为教学业绩考核的重要内容，制定指导师范生教育实践在折算教学工作量、职务（职称）晋升、薪酬分配等方面的优惠政策。地方教育行政部门和中小学要将指导师范生教育实践纳入教师业绩考核范围，作为中小学教师评奖评优和职务（职称）晋升的重要依据，作为中小学教师评选特级教师和学科带头人的重要条件。

九、切实保障教育实践经费投入。地方教育行政部门要高度重视师范生教育实践工作，加强组织领导和统筹协调，加大经费投入力度。要在经费安排、教师补充和教师培训等方面对实践基地予以优先支持。举办教师教育的院校要建立师范生教育实习经费保障机制，加大教育实践经费投入，确保完成师范生教育实践任务的需要。

各地、各举办教师教育的院校要认真贯彻落实本意见精神，并结合实际，研究制订具体实施方案，切实把师范生教育实践工作落到实处。

教育部

2016年3月17日

教育部关于进一步规范工商管理硕士专业学位研究生教育的意见

（2016年3月22日）

各省、自治区、直辖市教育厅（教委），新疆生产建设兵团教育局，有关部门（单位）教育司（局），部属有关高等学校：

我国自1991年开展工商管理硕士专业学位研究生教育以来，培养了一大批适应改革开放和社会主义现代化建设需要的高层次经营管理人才，为经济社会发展做出了积极贡献。作为我国设置的首个专业学位，工商管理硕士专业学位在研究生教育理念、招生方式、培养模式、教学管理、论文标准等方面积极探索，不断创新，发挥了重要的示范引领作用，推动了我国专业学位研究生教育的顺利发展。但同时，工商管理硕士专业学位研究生教育在发展过程中，也存在一些需要高度重视并亟待解决的问题，如部分院校办学定位不准、办学思想不够端正、办学行为有失规范等，影响了工商管理硕士专业学位研究生教育的办学质量和声誉，引起社会关注。为促进工商管理硕士专业学位研究生教育健康发展，现提出如下意见：

1. 坚持正确办学方向，准确把握办学定位。工商管理硕士专业学位研究生教育，是研究生教育的重要组成部分，是培养高层次应用型人才的重要渠道。各培养院校要以培养服务社会主义现代化建设需要的高层次经营管理人才为目标，坚持社会主义办学方向，全面贯彻党的教育方针，落实立德树人根本任务。采取有效措施，把全面从严治党、依法治校的政治要求实实在在落实到工商管理硕士专业学位研究生教育具体工作中。切实加强和改进研究生思想政治教育，保证和开好思想政治理论课，营造良好学风。坚持以社会需求为导向，遵循人才培养规律，深化教育教学改革，坚决避免以营利为目的的办学倾向，坚决杜绝权力寻租现象。

2. 严控招生计划，严守招生纪律。各培养院校要综合考虑导师队伍、教学设施等办学条件及工商管理硕士专业学位研究生教育教学特点，合理确定招生计划和生师比例（每名导师指导学生人数要有上限）。严把招生入口关，严格执行招生政策规定，规范招生宣传和管理，严禁委托中介招生或招揽生源，严禁举办考前辅导班；加强复试考核，坚持德智体全面衡量，加强综合素质尤其是政治素质考核，对于思想政治考核不合格的不予录取。从2017年起，高级管理人员工商管理硕士统一纳入全国硕士研究生考试招生，考生参加工商管理硕士专业学位研究生全国统一入学考试，由教育部划定统一的工商管理硕士专业学位分数线并向社会公布，培养院校按照国家统一招生政策自主录取；自2016年12月1日起，各培养院校不再自行组织高级管理人员工商管理硕士专业学位研究生招生考试。各培养院校根据《中央党的群众路线教育实践活动领导小组　中组部　教育部关于严格规范领导干部参加社会化培训有关事项的通知》（中组发〔2014〕18号）精神，严格执行。

3. 强化队伍建设，提高师资水平。各培养院校要加强教师和管理人员队伍建设，制定完善的教师和管理人员聘用制度，建立外聘教师、讲座人的聘请制度，不断提高师资水平。在教师聘任、教材使用、教学评价等方面严把政治关，加强考察和监督，坚决杜绝教学过程中出现违背政治原则、政治立场和政治方向的言论和行为。

4. 严格教学管理，规范实践教学。各培养院校要健全教学管理制度，细化教学质量标准，严禁在本院校章程规定的办学地点以外开展主要课程教学活动，严禁与教育培训机构联合培养研究生，严禁"先上课后入学"。严格按照教学大纲和教学计划开展教学活动，加强研究生课堂考勤、课程考核、论文开题和学位论文答辩过程的监督检查，建立完备的教学档案和学籍档案；杜绝"培训班"式、"放羊"式的培养方式，杜绝不上课或达不到规定课时而获得学位的现象；严禁降低标准授予学位学历、"花钱买学位"等行为，严肃查处教学评价中的权力寻租和不正之风。健全和完善培养院校领导班子成员听课制度，加强对遵守政治纪律和规矩、贯彻立德树人情况的监督检查，严肃课堂讲课纪律。规范境内外游学、访学、考察等实践教学活动，建立内容审核和审批流程；未经批准不得私自组团出国（境）开展实践教学活动或延长出国（境）时间，教师和管理人员不得持因私护照出国（境）游学；不得以游学、访学等名义，前往景点观光旅游。

5. 合规合理定价，依规依法收费。各培养院校要严格执行《国家发展改革委　财政部　教育部关于加强研究生教育学费标准管理及有关问题的通知》（发改价格〔2013〕887号）要求，全日制和非全日制研究生学费标准，须按程序报经省级人民政府批准后执行。学费标准必须在招生简章中注明，并严格执行收费公示制度。

6. 加强财务管理，防范廉政风险。各培养院校要加强工商管理硕士专业学位研究生教育的收费管理，学费等收入必须纳入培养院校财务统一管理、统一核算，实行"收支两条线"，不得坐收坐支。建立健全教职工特别是领导干部薪酬管理制度，课酬、劳务费、津补贴等经费支出管理办法，必须经培养院校党委常委会或党政联席会议讨论同意，并经财务、人事等职能部门审核备案后公开发布。严格遵守中央八项规定精神，严禁违规公款接待、违规配备使用公务用车、违规配备办公用房以及违规因公出国（境），严禁公款旅游等。严肃查处以虚假票据等各种名目套取、骗取经费问题。各培养院校现任领导班子成员，参加属于行政职务职责范围内的活动，不得领取劳务费、津补贴，原则上不承担高级管理人员工商管理硕士课程教学任务。

7. 加强组织领导，强化监督落实。各省级教育行政部门要加强组织领导，加大对本行政区域内工商管理硕士专业学位研究生教育规范办学的监督力度。全国工商管理专业学位研究生教育指导委员会要加强对培养院校教学质量的监督检查，对问题严重的院校进行警示并提出规范管理建议。各培养院校要高度重视工商管理硕士专业学位研究生教育（含中外合作办学项目）的规范管理工作，在招生、培养、学位授予等方面实行统一管理，理顺体制，规范办学，确保学位授予质量。国家将进一步加强对工商管理硕士专业学位研究生教育的监督管理和评估检查，对问题严重的培养院校，将依法撤销工商管理硕士专业学位授予权。

教育部

2016年3月22日

教育部关于进一步规范高等教育招生计划管理工作的意见

（2016年3月27日）

各省、自治区、直辖市教育厅（教委），各计划单列市教育局，新疆生产建设兵团教育局，有关部门（单位）教育司（局），部属各高等学校：

高等教育招生计划管理，是政府把握高等教育发展节奏，促进入学机会公平，优化层次、类型和区域布局结构，推动重大改革，保障教育质量的必要手段。近年来，我部会同国务院有关部门，坚持公平公开公正，不断改进完善招生计划管理办法，有序扩大省级政府招生计划统筹权和高校自主权，有力推动了我国高等教育科学发展。但当前招生计划管理仍存在一定问题，如计划审批管理的权限、范围还不够明确，决策程序不够完备，有的环节存在自由裁量空间和安排不公现象，一些地方和高校的计划执行不规范等。为更加公平公开公正配置高等教育资源，进一步健全制度，严格程序，约束权力，不断提高招生计划管理的科学化、规范化、法治化水平，现提出如下意见。

一、全面落实党中央国务院关于促进教育公平的决策部署。教育公平是和谐社会的基石，各级招生计划管理部门要全面贯彻党的教育方针，深入学习贯彻党的十八大和十八届三中、四中、五中全会精神，深入学习贯彻习近平总书记系列讲话重要精神，围绕“四个全面”战略布局，落实《国务院关于深化考试招生制度改革的实施意见》（国发〔2014〕35号）要求，采取有效措施完善招生计划管理规程。要广泛听取有关各界对计划工作的意见，进一步增强计划安排的公平性，切实抓好薄弱环节。要增强大局意识，着力促进区域协调发展，认真落实各类专项计划，促进区域和城乡入学机会更加公平。要提高计划工作的前瞻性，发挥引导调控作用，主动对接国家重大战略需求，调整优化招生结构，更好服务教育综合改革和经济社会发展。

二、严格落实分级管理和审批制度。在招生计划安排和管理的各个环节，进一步落实省级高等教育统筹权，完善以省级政府为主管理高等教育的体制，充分尊重和保障各省和有关部门（单位）对所属高校的招生计划编制权。当前，研究生和普通本科招生计划管理作为政府内部审批事项，由国家发展改革委和我部共同实施，分省分部门普通高职（专科）计划和成人高等教育计划由各省和有关部门（单位）统筹安排。我部将进一步加强与各教育主管部门的沟通协调，依托主管部门做好各类招生的编制和实施，不直接干预各主管部门统筹权范围内的招生计划安排，不受理非直属高校的各类招生计划申报、审批。主管部门要充分保障高校办学自主权，不直接干预所属高校办学自主权范围内的招生计划安排，不跨越高校隶属关系受理招生计划申报、审批。

三、进一步完善决策机制。全国年度高等教育招生计划安排的工作思路、总量安排建议、分省分部门研究生和普通本科计划总量、各类专项计划安排的原则、办法等，纳入我部“三重一大”事项。年度全国高等教育招生计划的编制、下达等文件，均由我部和国家发展改革委联衔下发，各类招生计划均一次性下达到位，不预留机动计划。主管部门要按照《教育部关于做好普通高职（专科）招生计划管理工作的通知》（教发〔2016〕2号）和年度普通高校、成人高校招生工作管理规定的相关要求，科学合理确定本地本部门年度普通高职（专科）计划和成人高等教育招生计划总量。要完善计划管理决策机制和议事规程，各类分学校计划安排的原则、办法、方案等重大工作安排，要经集体讨论决策。

四、突出促进公平的政策导向。我部和国家发展改革委利用招生计划测算模型安排年度分省分部门研究生和普通本科招生计划，不断加大公平、协调类指标的设置和权重。普通本科计划测算坚持统筹入学机会与公平、高校投入与师资条件、毕业生就业等三方面因素，研究生计划测算坚持统筹学科现状、师资力量、科研平台、科研经费、成果效益等五方面因素。测算模型在我部高等教育招生计划管理系统上公布。主管部门要参考我部测算思路，结合本地本部门实际，兼顾所属学校培养能力和社会需求，因地制宜确定测算指标和权重，建立测算模型，公平公正、科学合理安排分学校招生计划，杜绝主观意志和个人裁量空间。要根据经济社会和高等教育改革发展实际，在深入调研论证和专家咨询基础上，适时调整招生计划测算模型，健全招生计划管理基础数据平台，不断提高计划工作科学化水平。部属高校要根据国家政策导向，综合考虑各省高考报名人数、生源质量等因素，科学制订分省招生计划安排原则和办法，严格控制属地招生比例。

五、加大信息公开力度。坚持“放管服”三管齐下，完善国家、主管部门、招生单位逐级信息公开制度。除国家法律法规明确规定不适宜公开的信息和数据，计划管理部门要将政策依据、测算办法、相关数据和来源、计划安排结果等信息和数据，分门别类地及时向高校或社会公布，自觉接受考生和社会公众监督。要充分利用统计信息手段，对所属高校的计划安排和执行进行引导和监测，要求其完善信息公开制度，定期发布学校师资水平、办学条件、毕业生就业等考生和社会关注度高的信息数据，督促高校建立自我约束机制。

六、强化事中事后监管。主管部门要高度重视招生计划的规范执行，严肃工作职责和纪律，按照国家有关规定和年度工作要求管理招生计划，未经国家发展改革委和我部批准，不得擅自调整国家下达的计划总量或改变招生计划类型，不得预留机动计划和随意更改高校招生计划。各地要严格依据国家招生政策执行计划，出台与计划执行相关、与招生录取秩序和高校、考生权益相关的政策措施前，应商我部同意。对计划管理不善、所属高校招生办学秩序不规范、实际执行超国家下达计划的省份和部门，我部将在下一年度计划安排、院校设置、经费投入等方面进行适当限制。对师资和办学水平达不到标准的高校，主管部门应坚决控制规模，对超计划招生、招生秩序不规范的高校，主管部门应依法做出处理并调减招生计划，直至暂停招生。我部将建立高校违规行为监管通报制度，对违规情节严重的高校或主管部门处理不力的，将直接予以查处。

七、强化组织领导和监督问责。主管部门要树立责任意识，进一步加强对招生计划管理工作的领导，深入查找薄弱环节和可能存在的漏洞，建立健全计划管理廉政风险防控体系，落实监督问责机制，杜绝审批和管理环节的权力寻租现象。要建立风险防控长效机制，对招生计划制订和执行过程进行全程监督，对违规安排和执行计划的高校，要按照《普通高等学校招生违规行为处理暂行办法》（教育部令第36号）有关规定严肃问责相关责任人，切实把制度约束的笼子扎紧编实。要加强对相关工作人员特别是党员领导干部的日常教育和管理，坚决排除服务对象的干扰，营造清廉和谐的工作氛围。

我部和国家发展改革委将进一步加强对计划管理工作的监督检查，适时组织第三方评估机构对主管部门的计划管理工作进行评价，并通报有关情况。

教育部

2016年3月27日

教育部关于进一步加强高校自主招生信息公开和监督管理工作的意见

（2016年3月28日）

各省、自治区、直辖市高等学校招生委员会、教育厅（教委），新疆生产建设兵团教育局，有关部门（单位）教育司（局），有关高等学校：

高校自主招生是我国高校考试招生制度的有机组成部分，自2003年启动试点以来，对于促进科学选拔人才起到了积极作用，但个别高校也存在试点定位不明确、招生管理不规范等问题。为贯彻落实《国务院关于深化考试招生制度改革的实施意见》（国发〔2014〕35号），教育部指导试点高校对自主招生进行了完善和规范，并取得积极成效。在此基础上，为落实中央巡视工作要求，进一步健全制度、严格程序、约束权力、加强监督，现就进一步加强高校自主招生信息公开和监督管理工作提出如下意见：

一、全面贯彻党的教育方针，切实加强组织领导。试点高校要在自主招生工作中全面贯彻党的教育方针，坚持社会主义办学方向，落实立德树人根本任务，选拔和培养德智体美全面发展的社会主义建设者和接班人。要坚持正确育人导向，践行社会主义核心价值观，完善考生评价体系，加强对学生理想信念、思想品德、诚实守信、遵纪守法等方面考核，加强对考核教师师德师风教育和岗前培训。试点高校要依靠党组织，按照全面从严治党要求，加强对自主招生的组织领导，把对自主招生权力运行的监督制约作为学校党委履行主体责任的重要内容，严肃自主招生工作纪律，严格责任追究。要进一步明晰自主招生试点定位，主要选拔具有学科特长和创新潜质的优秀学生。要防止自主招生中出现“掐尖”、“小高考”、影响中学教学秩序和权力寻租等问题。要针对薄弱环节进一步完善校内工作责任制，加强制度建设和监督约束，确保自主招生机会公平、程序公开、结果公正。

二、严格规范学校考核，进一步健全约束机制。试点高校要认真执行《教育部关于进一步完善和规范高校自主招生试点工作的意见》（教学〔2014〕18号），严格遵守自主招生11个“不得”工作禁令，进一步规范招生录取程序，严格录取条件，严格控制招生规模，坚持宁缺毋滥。要合理确定招生专业，严禁在自主招生中招收艺术体育类专业或艺术特长生、高水平运动员等类型考生。严禁将参加大学组织的先修课程、夏令营、冬令营等活动作为自主招生的前提条件或者与自主招生考核工作挂钩，影响考核的公平公正。对入校后按照相关规定和程序申请转专业的自主招生学生，应当严格限定在与其学科特长相适应的专业范围。

要进一步加强对学校考核人员的选拔和管理，选拔工作责任心强、专业水平高的相关专业领域的教师和专家参加命题、制订评分标准、考核评价及监督管理等招生考评工作。要加强对考核人员岗前教育培训，提高考核人员业务水平，增强安全保密意识和遵纪守法意识。要与考核人员签订利益关系者回避责任书，凡与考生之间有亲属关系、指导关系及其他利害关系的考核人员，须在考前主动报告并申请回避。对于瞒报情况者，一经发现将取消其考评人员资格，所评关联考生成绩无效，并按有关规定进行处理。要完善评判规则和考核人员组成结构，专家名单和面试顺序应采取现场随机方式产生。对违反招生考核相关规定、影响考核公平公正的考核人员，要列入考核人员黑名单，终身不得参与高校考试招生工作。高校领导干部若其子女或其他直系亲属报考本校自主招生，须向学校报告并回避。严禁高校及其内设学院（系、部等）、教职工组织或参与自主招生考前辅导和应试培训。

要进一步规范学校考核环节各项工作，加强命题安全管理和质量管理，命题专家和考核评价的教师名单以及所用试题均按照国家教育考试安全保密工作要求管理，规范考试操作流程，确保考试安全实施。要加强考核过程管理，原则上安排在国家教育考试标准化考点。要加强信息管理，所有审核材料、试题答卷、原始评分等纸质材料应原件保存或完整扫描后电子化保存；考核过程应全程录音录像并妥善保存；凡经会议确定的结论性内容，应留存会议纪要；上述保存材料应清晰可辨、时限不得少于4年。

三、进一步加强信息公开，强化招生监督检查。要完善中学、试点高校、省级招生考试机构和教育部四级信息公开制度，严格落实招生信息十公开要求，加强对报名、审核、公示各个环节监督管理。中学要将为自主招生报名考生出具的相关材料在校内进行公示。试点高校要将参加考核的考生名单、入选资格考生名单、录取考生名单及相关信息分别在本校和教育部阳光高考平台上公示，公示的考生信息应包括姓名、性别、所在中学（或单位）、享受照顾政策类别、资格条件、测试项目、测试成绩、合格标准、拟录高校及专业和录取优惠分值等。省级招生考试机构要于自主招生录取开始前从教育部阳光高考平台下载学校考核后确定的本省（区、市）入选资格考生信息，并进行公示。

中央有关部门、省级教育行政部门、招生考试机构要指导、监督试点高校严格执行国家招生政策及本校自主招生简章。试点高校要建立校内监督和社会监督等多重监督机制，学校纪检部门要加强对考试招生工作的监督检查。要完善自主招生举报机制，畅通网站、信函等多种举报方式，并依据《信访条例》（国务院令第431号）和教育信访工作规定，及时妥善处置自主招生信访问题。教育部将组织开展对部分试点高校自主招生情况的抽查督查。

四、加大违规违纪查处力度，严肃追责问责。对自主招生中出现的暗箱操作、徇私舞弊等权力寻租和失职渎职行为，要发现一起，查处一起。对管理混乱或存在违规行为的试点高校，要暂停或取消其自主招生资格。对申请报名材料造假的考生，以及在报名、考核、录取过程中出现违规行为的学校、单位和个人，要按照《教育法》以及《国家教育考试违规处理办法》（教育部令第33号）、《普通高等学校招生违规行为处理暂行办法》（教育部令第36号）有关规定严肃处理，依法依规追究当事人及相关人员责任。涉嫌犯罪的，移送司法机关追究法律责任。对公职人员违规违纪的，要依据《中国共产党纪律处分条例》《行政机关公务员处分条例》《事业单位工作人员处分暂行规定》等相关规定严肃处理。对直接责任人和负有领导责任的人员，要依纪依规进行严肃追责问责。

教育部

2016年3月28日

教育部等五部门关于印发《职业学校学生实习管理规定》的通知

（2016年4月11日）

各省、自治区、直辖市教育厅（教委）、财政厅（局）、人力资源社会保障厅（局）、安全生产监督管理局、保监局，各计划单列市教育局、财政局、人力资源社会保障局、安全生产监督管理局、保监局，新疆生产建设兵团教育局、财务局、人力资源社会保障局、安全生产监督管理局：

为贯彻落实全国职业教育工作会议精神，规范职业学校学生实习工作，维护学生、学校和实习单位的合法权益，提高技术技能人才培养质量，教育部、财政部、人力资源社会保障部、国家安全监管总局、中国保监会研究制定了《职业学校学生实习管理规定》，现印发给你们，请遵照执行。

教育部　财政部　人力资源社会保障部
安全监管总局　中国保监会
2016年4月11日

职业学校学生实习管理规定

第一章　总则

第一条　为规范和加强职业学校学生实习工作，维护学生、学校和实习单位的合法权益，提高技术技能人才培养质量，增强学生社会责任感、创新精神和实践能力，更好服务产业转型升级需要，依据《中华人民共和国教育法》《中华人民共和国职业教育法》《中华人民共和国劳动法》《中华人民共和国安全生产法》《中华人民共和国未成年人保护法》《中华人民共和国职业病防治法》及相关法律法规、规章，制定本规定。

第二条　本规定所指职业学校学生实习，是指实施全日制学历教育的中等职业学校和高等职业学校学生（以下简称职业学校）按照专业培养目标要求和人才培养方案安排，由职业学校安排或者经职业学校批准自行到企（事）业等单位（以下简称实习单位）进行专业技能培养的实践性教育教学活动，包括认识实习、跟岗实习和顶岗实习等形式。

认识实习是指学生由职业学校组织到实习单位参观、观摩和体验，形成对实习单位和相关岗位的初步认识的活动。

跟岗实习是指不具有独立操作能力、不能完全适应实习岗位要求的学生，由职业学校组织到实习单位的相应岗位，在专业人员指导下部分参与实际辅助工作的活动。

顶岗实习是指初步具备实践岗位独立工作能力的学生，到相应实习岗位，相对独立参与实际工作的活动。

第三条　职业学校学生实习是实现职业教育培养目标，增强学生综合能力的基本环节，是教育教学的核心部分，应当科学组织、依法实施，遵循学生成长规律和职业能力形成规律，保护学生合法权益；应当坚持理论与实践相结合，强化校企协同育人，将职业精神养成教育贯穿学生实习全过程，促进职业技能与职业精神高度融合，服务学生全面发展，提高技术技能人才培养质量和就业创业能力。

第四条　地方各级人民政府相关部门应高度重视职业学校学生实习工作，切实承担责任，结合本地实际制定具体措施鼓励企（事）业等单位接收职业学校学生实习。

第二章　实习组织

第五条　教育行政部门负责统筹指导职业学校学生实习工作；职业学校主管部门负责职业学校实习的监督管理。职业学校应将学生跟岗实习、顶岗实习情况报主管部门备案。

第六条　职业学校应当选择合法经营、管理规范、实习设备完备、符合安全生产法律法规要求的实习单位安排学生实习。在确定实习单位前，职业学校应进行实地考察评估并形成书面报告，考察内容应包括：单位资质、诚信状况、管理水平、实习岗位性质和内容、工作时间、工作环境、生活环境以及健康保障、安全防护等方面。

第七条　职业学校应当会同实习单位共同组织实施学生实习。

实习开始前，职业学校应当根据专业人才培养方案，与实习单位共同制订实习计划，明确实习目标、实习任务、必要的实习准备、考核标准等；并开展培训，使学生了解各实习阶段的学习目标、任务和考核标准。

职业学校和实习单位应当分别选派经验丰富、业务素质好、责任心强、安全防范意识高的实习指导教师和专门人员全程指导、共同管理学生实习。

实习岗位应符合专业培养目标要求，与学生所学专业对口或相近。

第八条　学生经本人申请，职业学校同意，可以自行选择顶岗实习单位。对自行选择顶岗实习单位的学生，实习单位应安排专门人员指导学生实习，学生所在职业学校要安排实习指导教师跟踪了解实习情况。

认识实习、跟岗实习由职业学校安排，学生不得自行选择。

第九条　实习单位应当合理确定顶岗实习学生占在岗人数的比例，顶岗实习学生的人数不超过实习单位在岗职工总数的10%，在具体岗位顶岗实习的学生人数不高于同类岗位在岗职工总人数的20%。

任何单位或部门不得干预职业学校正常安排和实施实习计划，不得强制职业学校安排学生到指定单位实习。

第十条　学生在实习单位的实习时间根据专业人才培养方案确定，顶岗实习一般为6个月。支持鼓励职业学校和实习单位合作探索工学交替、多学期、分段式等多种形式的实践性教学改革。

第三章　实习管理

第十一条　职业学校应当会同实习单位制定学生实习工作具体管理办法和安全管理规定、实习学生安全及突发事件应急预案等制度性文件。

职业学校应对实习工作和学生实习过程进行监管。鼓励有条件的职业学校充分运用现代信息技术，构建实习信息化管理平台，与实习单位共同加强实习过程管理。

第十二条　学生参加跟岗实习、顶岗实习前，职业学校、实习单位、学生三方应签订实习协议。协议文本由当事方各执一份。

未按规定签订实习协议的，不得安排学生实习。

认识实习按照一般校外活动有关规定进行管理。

第十三条　实习协议应明确各方的责任、权利和义务，协议约定的内容不得违反相关法律法规。

实习协议应包括但不限于以下内容：

（一）各方基本信息；

（二）实习的时间、地点、内容、要求与条件保障；

（三）实习期间的食宿和休假安排；

（四）实习期间劳动保护和劳动安全、卫生、职业病危害防护条件；

（五）责任保险与伤亡事故处理办法，对不属于保险赔付范围或者超出保险赔付额度部分的约定责任；

（六）实习考核方式；

（七）违约责任；

（八）其他事项。

顶岗实习的实习协议内容还应当包括实习报酬及支付方式。

第十四条　未满18周岁的学生参加跟岗实习、顶岗实习，应取得学生监护人签字的知情同意书。

学生自行选择实习单位的顶岗实习，学生应在实习前将实习协议提交所在职业学校，未满18周岁学生还需要提交监护人签字的知情同意书。

第十五条 职业学校和实习单位要依法保障实习学生的基本权利，并不得有下列情形：

（一）安排、接收一年级在校学生顶岗实习；

（二）安排未满16周岁的学生跟岗实习、顶岗实习；

（三）安排未成年学生从事《未成年工特殊保护规定》中禁忌从事的劳动；

（四）安排实习的女学生从事《女职工劳动保护特别规定》中禁忌从事的劳动；

（五）安排学生到酒吧、夜总会、歌厅、洗浴中心等营业性娱乐场所实习；

（六）通过中介机构或有偿代理组织、安排和管理学生实习工作。

第十六条 除相关专业和实习岗位有特殊要求，并报上级主管部门备案的实习安排外，学生跟岗和顶岗实习期间，实习单位应遵守国家关于工作时间和休息休假的规定，并不得有以下情形：

（一）安排学生从事高空、井下、放射性、有毒、易燃易爆，以及其他具有较高安全风险的实习；

（二）安排学生在法定节假日实习；

（三）安排学生加班和夜班。

第十七条 接收学生顶岗实习的实习单位，应参考本单位相同岗位的报酬标准和顶岗实习学生的工作量、工作强度、工作时间等因素，合理确定顶岗实习报酬，原则上不低于本单位相同岗位试用期工资标准的80%，并按照实习协议约定，以货币形式及时、足额支付给学生。

第十八条 实习单位因接收学生实习所实际发生的与取得收入有关的、合理的支出，按现行税收法律规定在计算应纳税所得额时扣除。

第十九条 职业学校和实习单位不得向学生收取实习押金、顶岗实习报酬提成、管理费或者其他形式的实习费用，不得扣押学生的居民身份证，不得要求学生提供担保或者以其他名义收取学生财物。

第二十条 实习学生应遵守职业学校的实习要求和实习单位的规章制度、实习纪律及实习协议，爱护实习单位设施设备，完成规定的实习任务，撰写实习日志，并在实习结束时提交实习报告。

第二十一条 职业学校要和实习单位相配合，建立学生实习信息通报制度，在学生实习全过程中，加强安全生产、职业道德、职业精神等方面的教育。

第二十二条 职业学校安排的实习指导教师和实习单位指定的专人应负责学生实习期间的业务指导和日常巡视工作，定期检查并向职业学校和实习单位报告学生实习情况，及时处理实习中出现的有关问题，并做好记录。

第二十三条 职业学校组织学生到外地实习，应当安排学生统一住宿；具备条件的实习单位应为实习学生提供统一住宿。职业学校和实习单位要建立实习学生住宿制度和请销假制度。学生申请在统一安排的宿舍以外住宿的，须经学生监护人签字同意，由职业学校备案后方可办理。

第二十四条 鼓励职业学校依法组织学生赴国（境）外实习。安排学生赴国（境）外实习的，应当根据需要通过国家驻外有关机构了解实习环境、实习单位和实习内容等情况，必要时可派人实地考察。要选派指导教师全程参与，做好实习期间的管理和相关服务工作。

第二十五条 鼓励各地职业学校主管部门建立学生实习综合服务平台，协调相关职能部门、行业企业、有关社会组织，为学生实习提供信息服务。

第二十六条 对违反本规定组织学生实习的职业学校，由职业学校主管部门责令改正。拒不改正的，对直接负责的主管人员和其他直接责任人依照有关规定给予处分。因工作失误造成重大事故的，应依法依规对相关责任人追究责任。

对违反本规定中相关条款和违反实习协议的实习单位，职业学校可根据情况调整实习安排，并根据实习协议要求实习单位承担相关责任。

第二十七条 对违反本规定安排、介绍或者接收未满16周岁学生跟岗实习、顶岗实习的，由人力资源社会保障行政部门依照《禁止使用童工规定》进行查处；构成犯罪的，依法追究刑事责任。

第四章 实习考核

第二十八条 职业学校要建立以育人为目标的实习考核评价制度，学生跟岗实习和顶岗实习，职业学校要会同实习单位根据学生实习岗位职责要求制订具体考核方式和标准，实施考核工作。

第二十九条 跟岗实习和顶岗实习的考核结果应当记入实习学生学业成绩，考核结果分优秀、良好、合格和不合格四个等次，考核合格以上等次的学生获得学分，并纳入学籍档案。实习考核不合格者，不予毕业。

第三十条 职业学校应当会同实习单位对违反规章制度、实习纪律以及实习协议的学生，进行批评教育。学生违规情节严重的，经双方研究后，由职业学校给予纪律处分；给实习单位造成财产损失的，应当依法予以赔偿。

第三十一条 职业学校应组织做好学生实习情况的立卷归档工作。实习材料包括：

(1) 实习协议；(2) 实习计划；(3) 学生实习报告；(4) 学生实习考核结果；(5) 实习日志；(6) 实习检查记录等；(7) 实习总结。

第五章 安全职责

第三十二条 职业学校和实习单位要确立安全第一的原则，严格执行国家及地方安全生产和职业卫生有关规定。职业学校主管部门应会同相关部门加强实习安全监督检查。

第三十三条 实习单位应当健全本单位生产安全责任制，执行相关安全生产标准，健全安全生产规章制度和操作规程，制定生产安全事故应急救援预案，配备必要的安全保障器材和劳动防护用品，加强对实习学生的安全生产教育培训和管理，保障学生实习期间的人身安全和健康。

第三十四条 实习单位应当会同职业学校对实习学生进行安全防护知识、岗位操作规程教育和培训并进行考核。未经教育培训和未通过考核的学生不得参加实习。

第三十五条 推动建立学生实习强制保险制度。职业学校和实习单位应根据国家有关规定，为实习学生投保实习责任保险。责任保险范围应覆盖实习活动的全过程，包括学生实习期间遭受意外事故及由于被保险人疏忽或过失导致的学生人身伤亡，被保险人依法应承担的责任，以及相关法律费用等。

学生实习责任保险的经费可从职业学校学费中列支；免除学费的可从免学费补助资金中列支，不得向学生另行收取或从学生实习报酬中抵扣。职业学校与实习单位达成协议由实习单位支付投保经费的，实习单位支付的学生实习责任保险费可从实习单位成本（费用）中列支。

第三十六条 学生在实习期间受到人身伤害，属于实习责任保险赔付范围的，由承保保险公司按保险合同赔付标准进行赔付。不属于保险赔付范围或者超出保险赔付额度的部分，由实习单位、职业学校及学生按照实习协议约定承担责任。职业学校和实习单位应当妥善做好救治和善后工作。

第六章 附则

第三十七条 各省、自治区、直辖市教育行政部门应会同人力资源社会保障等相关部门依据本规定，结合本地区实际制定实施细则或相应的管理制度。

第三十八条 非全日制职业教育、高中后中等职业教育学生实习参照本规定执行。

第三十九条 本规定自发布之日起施行，《中等职业学校学生实习管理办法》（教职成〔2007〕4号）同时废止。

教育部等七部门关于加强集成电路人才培养的意见

（2016年4月21日）

各省、自治区、直辖市教育厅（教委）、发展改革委、科技厅（科委）、工业和信息化主管部门、财政厅（局）、人力资源社会保障厅（局）、外专局，有关部门（单位）教育司（局），中央部门所属有关高等学校，有关单位：

集成电路产业是信息技术产业的核心，是支撑经济社会发展和保障国家安全的战略性、基础性和先导性产业，当前和今后一段时期是我国集成电路产业发展的重要战略机遇期和攻坚期。为主动适应和引领经济发展新常态，贯彻落实《国家集成电路产业发展推进纲要》《国家中长期教育改革和发展规划纲要（2010—2020年）》，创新集成电路相关专业人才培养机制，提高人才培养质量，提升我国集成电路产业持续发展能力，现提出如下意见。

一、扩大集成电路相关学科专业人才培养规模

建立健全与集成电路产业发展相适应的本专科、研究生教育和在职培训人才培养体系。建立以集成电路产业发展需求为导向的学科专业结构动态调整机制，根据构建“芯片、软件、整机、系统、信息服务”产业链的要求，加快培养集成电路设计、制造、封装测试及其装备、材料等方向的专业人才。鼓励和支持高校、职业院校（含技工院校）（以下简称各类院校）主动对接产业发展需求，结合本校人才培养目标定位，增设集成电路相关学科专业，调整人才培养方向，扩大人才培养规模，培养集成电路产业急需、创新能力强的工程型、技能型人才。

二、加强集成电路相关学科专业和院系建设

支持高校与区域内集成电路领域骨干企业、国家公共服务平台、科技创新平台、产业化基地和地方政府等加强合作，共建示范性微电子学院。有关高校要将微电子学科专业纳入本校的一流大学、一流学科建设方案，纳入中央部门所属高校教育教学改革实施方案，确保示范性微电子学院教学设施和条件建设、聘请国内外高水平师资、实施有效的融合式产学合作、开展国际合作交流等方面的经费投入。有关高校要通过招生计划增量安排和存量调整，积极支持微电子相关学科专业稳步扩大本科、硕士、博士的招生规模。其他设有微电子相关专业的高校可参照示范性微电子学院的建设要求先期开展建设，达到条件后可享受示范性微电子学院的支持政策。

三、创新集成电路人才培养机制

推进产学研融合协同育人。各类院校要主动加强与集成电路相关企业的合作，共同制定培养目标、共同设计课程、共同开发教材、共建教学团队、共建实习实践实训平台。集成电路相关企业要深度参与人才培养，通过共同承担科研项目、参与“卓越工程师教育培养计划”、建设校外实践教育基地、接收学生开展实习实训活动等方式，促进人才培养与集成电路产业发展紧密结合。各类院校和企业要制定政策，促进教师、企业工程技术人员和管理人员之间的柔性流动。鼓励教师到集成电路企业挂职或合作科研等，增强教师的工程实践能力。鼓励企业经验丰富的工程技术人员和管理人员担任学生导师、开设课程或讲座。

四、建设集成电路人才培养公共实践平台

在集成电路产业发展重点区域，布局建设集成电路产学研融合协同育人平台，提供实习实训条件。统筹各类院校、企业等各方资源，建设集教育、培训及研究为一体的区域共享型工艺类人才培养实践平台，并依托企业建设封装测试人才培养实践平台，培养培训工艺、封测类人才。通过共建联合实验室、联合基地的形式，建设集成电路设计人才实践平台，为学生提供网络化实习实训条件及对接市场的创新创业通道，培养培训设计类人才。依托平台，开展跨专业、跨学科交叉复合型人才培养，吸纳更多相近专业人才投身集成电路产业；开展在职培训，提高从业人员素质。

五、建设产学合作育人服务平台

建立校企对接网络平台，发布集成电路企业实习岗位、兼职导师等信息，为学生实习实训、校企人员交流提供更多机会。实施产学合作专业综合改革项目，以产业发展的最新需求，带动人才培养改革。实施大学生创新创业训练联合基金项目，引导学生以真实的企业问题为核心开展创新创业实践。鼓励集成电路龙头企业以产业技术的最新发展和对人才培养的最新要求，开展对教师的培训。鼓励企业与各类院校共同开发网络课程，为学生学习新技术提供资源。建立行业企业、风投创投机构与院校创新创业项目对接机制，促进科技成果转化和产业化。

六、提升集成电路从业人员专业能力

依托专业技术人才知识更新工程广泛开展继续教育活动，支持有关地区部门举办国家级高级研修项目，采取多种形式大力培养培训集成电路领域高层次、急需紧缺和骨干专业技术人才。有针对性地开展出国（境）培训项目，推动国家软件与集成电路人才国际培训基地建设。开发国际顶级人才培训资源，增强培训针对性和实效性。鼓励企业充分利用现有条件，建立能够持续运行、社会化的人才培养培训机构，接收学生进行生产实习和实训，面向行业开展在职培训。鼓励高校招收企业在职人员攻读工程硕士、工程博士研究生。

七、优化集成电路人才引进与使用

依托国家现有人才计划，进一步加大对引进集成电路领域优秀人才的支持力度。研究出台针对优秀企业家和高素质技术、管理团队的优先引进政策。探索建立高端人才项目库，在全面创新改革试验区域中优先探索吸引集成电路人才的相关政策，为相关领域人才回国（来华）创新创业提供良好条件。通过现有渠道加强对集成电路人才引进的经费保障。

八、加大对集成电路人才培养的政策支持

对参与共建示范性微电子学院的国家公共服务平台、产业化基地在资金、项目等方面予以优先支持。微电子领域高新技术企业和技术先进型服务企业接纳学生实习、建设工程实践基地等校企合作人才培养的有关合理支出，符合税法规定的准予在计算应纳税所得额时扣除。将企业参与校企合作人才培养情况纳入企业评级评优的条件之中。在集成电路产业化项目中，加强对学生实习实践的支持。

九、加强对集成电路产业人才工作的领导

依托集成电路产业发展人才专项组，负责依据《国家集成电路产业发展推进纲要》，落实国家集成电路产业发展领导小组拟定的年度重点工作任务；研究集成电路人才队伍建设中的重点问题，建立健全集成电路人才体系；研究出台人才支持和激励政策，促进产业政策与人才政策的衔接。发挥示范性微电子学院建设工作组和专家组的作用，对示范性微电子学院建设提出咨询和指导意见，推动高校人才培养模式改革。充分发挥示范性微电子学院产学融合发展联盟作用，探索制度化的工作机制，集聚多方资源，探索产学协同培养集成电路人才的长效机制。

各地教育行政部门和相关部门要高度重视集成电路人才培养工作，结合本地实际，指导各类院校与企业加强合作，创新人才培养机制，提升人才培养水平，为集成电路产业发展提供人才和智力支撑。

教育部　国家发展改革委　科技部
工业和信息化部　财政部
人力资源社会保障部　国家外专局
2016年4月21日

教育部等七部门关于印发《职业学校教师企业实践规定》的通知

（2016年5月11日）

各省（自治区、直辖市）教育厅（教委）、国资委、发展改革委、工业和信息化主管部门、财政厅（局）、人力资源社会保障厅（局）、税务局，新疆生产建设兵团教育局、国资委、发展改革委、工信委、财务局、人力资源社会保障局：

为贯彻落实全国职业教育工作会议精神以及

《国务院关于加快发展现代职业教育的决定》（国发〔2014〕19号）要求，进一步加强职业学校"双师型"教师队伍建设，促进职业学校教师专业发展，提升教师实践教学水平，特制定《职业学校教师企业实践规定》。现印发给你们，请遵照执行。

执行中如遇问题，请及时反馈。

教育部　国务院国有资产监督管理委员会
国家发展和改革委员会　工业和信息化部　财政部
人力资源和社会保障部　国家税务总局
2016年5月11日

附件

职业学校教师企业实践规定

第一章　总则

第一条　为建设高水平职业教育教师队伍，根据《中华人民共和国职业教育法》《中华人民共和国教师法》《国家中长期教育改革和发展规划纲要(2010—2020年)》《国务院关于加快发展现代职业教育的决定》，制定本规定。

第二条　组织教师企业实践，是加强职业学校"双师型"教师队伍建设，实行工学结合、校企合作人才培养模式，提高职业教育质量的重要举措。企业依法应当接纳职业学校教师进行实践。地方各级人民政府及有关部门、行业组织、职业学校和企业要高度重视，采取切实有效措施，完善相关支持政策，有效推进教师企业实践工作。

第三条　定期到企业实践，是促进职业学校教师专业发展、提升教师实践教学能力的重要形式和有效举措。职业学校应当保障教师定期参加企业实践的权利。各级教育行政部门和职业学校要制定具体办法，不断完善教师定期到企业实践制度。

第二章　内容和形式

第四条　职业学校专业课教师（含实习指导教师）要根据专业特点每5年必须累计不少于6个月到企业或生产服务一线实践，没有企业工作经历的新任教师应先实践再上岗。公共基础课教师也应定期到企业进行考察、调研和学习。

第五条　教师企业实践的主要内容，包括了解企业的生产组织方式、工艺流程、产业发展趋势等基本情况，熟悉企业相关岗位职责、操作规范、技能要求、用人标准、管理制度、企业文化等，学习所教专业在生产实践中应用的新知识、新技术、新工艺、新材料、新设备、新标准等。

第六条　教师企业实践的形式，包括到企业考察观摩、接受企业组织的技能培训、在企业的生产和管理岗位兼职或任职、参与企业产品研发和技术创新等。鼓励探索教师企业实践的多种实现形式。

第七条　教师企业实践要有针对性和实效性。职业学校要会同企业结合教师专业水平制订企业实践方案，根据教师教学实践和教研科研需要，确定教师企业实践的重点内容，解决教学和科研中的实际问题。要将组织教师企业实践与学生实习有机结合、有效对接，安排教师有计划、有针对性地进行企业实践，同时协助企业管理、指导学生实习。企业实践结束后，要及时总结，把企业实践收获转化为教学资源，推动教育教学改革与产业转型升级衔接配套。

第三章　组织与管理

第八条　各地要将教师企业实践工作列为职业教育工作部门联席会议的重要内容，组织教育、发展改革、工业和信息化、财政、人力资源社会保障等相关部门定期研究，将教师企业实践纳入教师培训规划，加强与行业主管部门和行业组织的沟通与协调，建立健全教师企业实践的激励机制和保障体系，统筹管理和组织实施教师企业实践工作。

第九条　省级教育行政部门负责制定本省（区、市）教师企业实践工作总体规划和管理办法，依托现有资源建立信息化管理平台，制定教师企业实践基地遴选条件及淘汰机制，确定教师企业实践时间折算为教师培训学时（学分）的具体标准，对各地（市）教师企业实践工作进行指导、监督和评估，会同人力资源社会保障、财政、发展改革等相关部门研究制定支持教师企业实践的政策措施。

第十条　地（市）级教育行政部门负责制定本地区教师企业实践实施细则和鼓励支持政策，建立区域内行业组织、企业与职业学校的沟通、磋商、联动机制，管理和组织实施教师企业实践工作。

第十一条　各行业主管部门和行业组织应积极引导支持行业内企业开展教师企业实践活动，配合教育行政部门、人力资源社会保障行政部门落实教师企业实践基地，对行业内企业承担教师企业实践任务进行协调、指导与监督。

第十二条　企业应根据自身实际情况发挥接收教师企业实践的主体作用，积极承担教师企业实践任务。承担教师企业实践任务的企业，将其列入企业人力资源部门工作职责，完善教师企业实践工作管理制度和保障机制，并与教育、人力资源社会保障部门联合制订教师企业实践计划，按照"对口"原则提供技术性岗位（工种），解决教师企业实践必需的办公、生活条件，明确管理责任人和指导人员（师傅），实施过程管理和绩效评估。

第十三条　职业学校要做好本校教师企业实践规划、实施计划、组织管理、考核评价等工作。除组织教师参加教育行政部门统一安排的教师企业实践外，职业学校还应自主组织教师定期到企业实践。

第十四条　教师参加企业实践，要充分发挥自身优势，积极承担企业职工教育与培训、产品研发、技术改造与推广等工作，严格遵守相关法律法规及企业生产、管理、安全、保密、知识产权及专利保护等各方面规定，必要时双方应签订相关协议。

第四章　保障措施

第十五条　建立政府、学校、企业和社会力量各方多渠道筹措经费机制，推动职业学校教师企业实践工作。鼓励引导社会各方通过设立专项基金、捐资赞助等方式支持教师企业实践。

第十六条　教师企业实践所需的设施、设备、工具和劳保用品等，由接收企业按在岗职工岗位标准配置。企业因接收教师实践所实际发生的有关合理支出，按现行税收法律规定在计算应纳税所得额时扣除。

第十七条　鼓励支持具有行业代表性的规模以上企业在接收教师企业实践方面发挥示范作用。

第十八条　国家和省级教育行政部门应会同行业主管部门依托现有资源，遴选一批共享开放的示范性教师企业实践基地，引导职业学校整合校内外企业资源建设具备生产能力的校级教师企业实践基地，逐步建立和完善教师企业实践体系。

第十九条　经学校批准到企业实践的教师，实践期间享受学校在岗人员同等的工资福利待遇，培训费、差旅费及相关费用按各地有关规定支付。教师参加企业实践应根据实际需要办理意外伤害保险。

第五章　考核与奖惩

第二十条　各地要将教师企业实践工作情况纳入对办学主管部门和职业学校的督导考核内容，对于工作成绩突出的基层部门、学校按照国家有关规定给予表彰，并予以鼓励宣传。

第二十一条　省级教育行政部门应会同有关行政部门和行业组织定期对所辖企业的教师企业实践工作进行监督、指导、考核，对工作成绩突出的企业、个人按照国家有关规定予以表彰奖励。采取有效措施，鼓励支持有条件的企业常设一批教师企业实践岗位。

第二十二条　地方各级教育行政部门要会同人力资源社会保障行政部门建立教师企业实践考核和成绩登记制度，把教师企业实践学时（学分）纳入教师考核内容。引导支持有条件的企业对参加实践的教师进行职业技能鉴定，取得相应职业资格证书。

第二十三条　职业学校要会同企业对教师企业实践情况进行考核，对取得突出成绩、重大成果的教师给予表彰奖励。

第二十四条　教师无正当理由拒不参加企业实践或参加企业实践期间违反有关纪律规定的，所在学校应督促其改正，并视情节给予批评教育；有违法行为的，按照有关规定处理。

第六章　附则

第二十五条　本规定所称职业学校教师指中等职业学校和高等职业学校教师。技工院校教师企业实践有关工作由各级人力资源社会保障行政部门负责。

第二十六条　本规定所称企业指在各级工商行政管理部门登记注册的各类企业。教师到机关、事业单位、社会团体和组织、境外企业等其他单位或机构实践，参照本规定执行。

第二十七条　本规定由教育部等部门根据职责分工，对本部门职责范围内事项负责解释。

第二十八条　本规定自公布之日起施行。

教育部等四部门关于2016年规范教育收费治理教育乱收费工作的实施意见

（2016年5月12日）

各省、自治区、直辖市教育厅（教委）、发展改革委、物价局、财政厅（局）、新闻出版广电局，新疆生产建设兵团教育局、发展改革委、财务局、新闻出版广电局，有关部门（单位）教育司（局），教育部直属各高等学校：

为深入贯彻党的十八大及十八届三中、四中、五中全会精神和习近平总书记系列重要讲话精神，全面落实中央巡视整改任务要求，按照国务院第四次廉政会议工作部署，着力解决损害群众利益的乱收费、乱办学等不正之风，营造风清气正的育人环境，推动教育事业科学发展、健康发展，现就做好2016年规范教育收费治理教育乱收费工作提出如下意见。

一、主要任务

（一）继续深化中小学有偿补课问题治理

各地教育部门要将治理中小学有偿补课问题，作为2016年教育行风突出问题治理工作的重点，作为教育行政部门、学校负责人业绩考核的重要指标。要全面落实《严禁中小学校和在职中小学教师有偿补课的规定》，以省（区、市）为单位，开展有偿补课专项治理，紧盯寒暑假、法定节假日等易发多发期，加大查处力度，坚决制止有偿补课。

各地要结合实际，尽快制定具体的实施方案和细化违规处理办法，组织开展《规定》执行情况的专项检查，对敷衍塞责、屡推不动、治理不力的部分地区，约谈有关教育部门主要负责人，督促落实治理主体责任。要将治理有偿补课纳入专项督导和责任督学挂牌督导，建立完善日常监督工作机制。对群众反映、媒体曝光、检查发现的有偿补课问题，要建立工作台账，加大重点督办和直查直办工作力度，对典型问题公开通报，及时回应社会关切。对于在课堂上故意不完成教育教学任务、课上不讲课后讲并收取补课费的，以及打击报复不参与有偿补课学生等严重违纪、败坏师德的行为要重点查办，实行“零容忍”。

对于顶风补课的在职中小学教师，在年度考核、职务评审、岗位聘用、实施奖惩中一票否决，并依纪依规给予党政纪处分。对违规学校，有关部门要给予通报批评、取消评奖资格、撤销荣誉称号等处罚，并追究学校领导责任及相关部门的监管责任。

（二）深入推进义务教育阶段择校乱收费和中小学教辅材料散滥问题治理

继续巩固义务教育择校乱收费治理成果。各地要认真落实《教育部办公厅关于做好2016年城市义务教育招生入学工作的通知》要求，制定并公布2016年义务教育招生入学工作实施方案，全面落实并不断完善划片就近入学机制，坚持实行阳光招生，在教育资源配置不均衡、择校冲动强烈的地方，因地制宜推进多校划片，落实随机派位机制，降低特长生、推优生等其他招生比例，各区（县）

经省级教育行政部门批准招收的特长生比例，要降到总招生人数的5%以内。要全面应用、继续完善中小学生学籍信息管理系统的招生功能，控制无序流动，实现招生秩序更加科学规范，有效杜绝择校问题发生。要尽快梳理针对特定人群的优惠招生政策，取消不必要的特殊政策；确有必要保留的，要对社会公布，并在学生所在片区内统筹保障，不得跨片区择校。坚决查处“以钱择校，以优择生、以权入学”行为。地方各级教育行政部门和公办、民办学校均不得采取考试方式选拔学生。严禁以任何名义收取与入学挂钩的费用。

继续深化中小学教辅材料散滥问题治理。各地要严格落实《中小学教辅材料管理办法》，不断完善教辅材料评议公告工作机制。各地都要组织成立中小学教辅材料评议委员会，下设学科组负责进行初评排序，提出初选意见，由中小学教辅材料评议委员会审议后进行公告。对于一个学科每个版本教科书配套同步练习册送评数少于3种的，该版本该学科不予评议。省级教育行政部门要严格控制评议教辅材料的种类、范围。未评议的学科、年级的教辅材料，地方有关部门和学校不能推荐及统一代购。要采取有效措施，确保中小学教辅材料评议公告工作顺利开展。任何单位和个人不得进入学校宣传、推荐和推销任何教辅材料。坚决查处违背自愿原则以及在评议公告范围之外强制订购教辅材料的行为。

（三）规范各级各类教育收费行为

各省（区、市）要进一步规范普通高等学校收费行为，根据办学成本、群众经济承受能力，建立健全高校收费标准动态调整机制，认真履行成本监审、听证、公示等规定程序，并提前向社会广泛告知。严格审批研究生学费标准，认真落实国家发展改革委、财政部、教育部《关于加强研究生教育学费标准管理及有关问题的通知》（发改价格〔2013〕887号），坚决纠正MBA、EMBA等专业学位研究生学费标准虚高等群众反映强烈的突出问题。省级价格、财政和教育行政部门要充分听取有关方面意见，加强教育培养成本监审，严格审批和管理程序，坚决杜绝各种违规行为发生。

进一步规范普通高中招生及收费行为。各地要逐步建立健全普通高中生均拨款制度，合理制定普通高中学费标准，取消普通高中“三限”政策。加强招生和学籍管理，普通高中学校要严格执行经核定的年度招生计划，严格按照规定录取新生，不得未经批准擅自追加计划招生、超计划招生和无计划招生。严肃查处违规招收借读生、择校生等行为。

规范各级各类学校服务性收费和代收费行为，严禁将教育教学活动、教学管理范围内的事项纳入服务性收费和代收费，严禁越权设立收费项目、未经审批收费或突破已经审批的收费标准收费。不得将图书馆查询和电子阅览费、午休管理服务费、课后看护费、自行车看管费等作为服务性收费和代收费事项。严禁各级各类学校代收商业保险费，严禁学校在军训期间向学生收取军训费、住宿费、交通费、照相费等费用。

（四）规范民办教育办学和收费行为

切实规范民办教育办学行为，坚决纠正过度追求经济利益等突出问题。民办学校要按照县级以上教育行政部门的指导和管理，切实规范办学和收费行为。义务教育阶段民办学校不得举办、参与或委托举办各种培训班选拔生源，不得使用社会培训机构的测试成绩、排名作为入学、考核的依据，不能以入学为名违规收取任何费用。

全面规范公参民办学校。公办学校参与举办民办学校，不得利用国家财政性经费，不得影响公办学校正常的教育教学活动，并应当经主管部门批准。公办学校参与举办的民办学校应当具有独立的法人资格，具有与公办学校相分离的校园和基本教育教学设施，实行独立的财务会计制度，独立招生，独立颁发学业证书。各地要按照教育部的要求，对公办学校利用国家财政性经费、非闲置性国有资产举办民办学校的行为进行清理规范。逐步规范公办教师到民办学校任教行为。严禁以改革为名乱收费，坚决纠正公办学校变相以民办学校名义收费、“校中校”等违规行为，防止公办学校优质办学资源异化和流失。

（五）严肃惩治虚报冒领民生资金问题

各地要落实中央纪委六次全会关于坚决整治和查处侵害群众利益的不正之风和腐败问题的工作部

署，以中职资助领域为重点，坚决惩治虚报冒领套取各级各类教育资助资金问题。

开展中职学生学籍管理和资助工作专项治理，全面应用全国中等职业学校学生管理信息系统和全国学生资助管理信息系统中职子系统，加强学籍审核管理，加强重点信息监控，集中开展受助学生信息清理核查，挤压数据“水分”；特别是做好对问题学籍、双重学籍以及虚假信息注册中职学生学籍的核查工作，及时在信息系统中注销流失学生学籍。对信访集中、问题较多的地区和学校进行重点核查。

健全“精准助学”工作机制，要加强财务管理，坚持阳光操作，完善资金下拨机制，推广集中发放办法，减少资金拨付中间环节，做到按月发放；强化资金管理，建立结余资金清退和抵扣制度，明确结余资金清退程序，实现学生资助的全过程管理及资助资金的精准管理，确保国家资助资金及时足额准确到校、到人，杜绝将结余资金抵顶地方配套或挪作他用。加大对资金使用过程中违规违纪行为的查处力度，对虚报骗取、克扣冒领、贪污挪用等行为和权力寻租问题，发现一起，查处一起，严肃追责问责，保证惠民政策落到实处、惠及学生。

二、工作要求

（一）加强组织领导，完善责任落实机制。各地教育行政部门要坚持把教育行风建设列入教育系统全面从严治党和教育改革发展的重要内容，把治理发生在群众身边的不正之风和腐败问题作为重要政治责任，进一步完善“管行业管行风”的责任落实和倒查追责的有效机制，层层传导压力，把治理工作责任层层落实到行政部门和各级各类学校。业务主管部门要承担起治理工作的主体责任，加强职责范围内工作的监管，深入推进重点问题专项治理，以点带面，保持抓常的韧劲和抓长的耐心，不断强化行风建设。教育纪检监察部门要负起监督责任，加强监督检查和组织协调，督促业务主管部门及时纠正教育领域存在的突出问题。要进一步完善定期会商、信息发布、督查督办、公开通报及约谈机制，形成责任明晰、协作联动、互相促进的治理工作格局。

（二）加大监督检查力度，严肃查处教育乱收费行为。要继续保持治理教育乱收费的高压态势，把规范教育收费治理教育乱收费工作作为各级政府教育督导评估的重要内容，突出重点、巩固成果、不断深化，通过专项检查、公开曝光、重点约谈、行政问责等手段，推动治理工作取得明显成效。对发现的乱收费问题要严肃追究责任，督促整改到位。要进一步优化信访受理办理机制，对群众反映教育乱收费的每一件举报都要落实查办和督办责任。加大直查直办比例，加强通报力度，对情节典型、性质严重的问题进行公开通报，强化警示震慑功能。

（三）严明工作纪律，强化责任追究。各地要严格执行历年来国家及各省（区、市）出台的规范教育收费治理教育乱收费的各项政策规定，不断完善监管制度，深入总结近年来治理成果，形成长效机制，切实规范收费行为，让群众更多地共享教育改革发展的成果。各地教育行政部门和教育纪检监察部门要自觉维护国家政策的严肃性和权威性，敢于动真碰硬、真抓严管，对乱收费禁而不绝、群众反映集中强烈、造成恶劣影响的地方、部门和单位，既要追究直接责任，也要实行“一案双查”，对履行“两个责任”不力的单位和个人严肃追责，始终保持高压严管、正风肃纪的氛围，坚决遏制乱收费屡禁不止的局面，推动全面从严治党向基层延伸。

教育部　国家发展改革委

财政部　国家新闻出版广电总局

2016年5月12日

教育部 国务院学位委员会 国家语委 关于宣布失效一批规范性文件的通知

（2016年6月3日）

各省、自治区、直辖市教育厅（教委），各计划单列市教育局，新疆生产建设兵团教育局，部属各高等学校：

根据《国务院办公厅关于做好行政法规部门规章和文件清理工作有关事项的通知》（国办函〔2016〕12号）要求，我部对不利于稳增长、促改革、调结构、惠民生的规范性文件进行了专项清理。经商有关部委和单位同意，决定宣布失效一批规范性文件，现将宣布失效的规范性文件目录予以公布。已失效的规范性文件不再作为行政管理的依据。

特此通知。

教育部 国务院学位委员会 国家语委
2016年6月3日

附件

宣布失效的规范性文件目录

序号	文件名称	发文机关	文 号
1	转发三个关于贯彻落实国务院〔1978〕1号文件的经验材料	教育部	（78）教普字923号
2	关于实施“高等学校文科教材编选规划”的通知	教育部	（78）教高一字1143号
3	关于出版高等学校文科教材几个具体问题的说明	教育部	（79）教高一字018号
4	关于加强外国教材引进工作的“规定”和暂行办法	教育部、外交部、财政部	（79）教高二字003字、（79）外会文字156字、（79）财国字4字
5	关于试行高等学校英语专业教学计划和教学大纲的通知	教育部	（79）教高一字026号
6	关于印发《加强外语教育的几点意见》的通知	教育部	（79）教高一字027号
7	关于边境县（旗）、市中小学民办教师转公办教师的通知	教育部、财政部、粮食部、国家民委、国家劳动总局	（79）教计字454号
8	关于印发高等学校德语专业、法语专业教学计划、教学大纲、教材编写计划的通知	教育部	（79）教高一字083号
9	转发文化部关于艺术院校师生观摩资料影片、文艺演出以及使用模特儿问题等文件	教育部	（80）教高一字019号

续表

序号	文件名称	发文机关	文 号
10	关于印发《外语院、系汉语课教学大纲（试行草案）》的通知	教育部	（80）教高一字 034 号
11	转发山东省教育、财政、农业厅文件	教育部	（80）教计字 237 号
12	印发高等学校文科公共英语课教学大纲及教材编写计划的通知	教育部	（80）教高一字 055 号
13	关于勤工俭学收益的纳税问题的答复	教育部、财政部	（80）教供字 042 号
14	关于地区、省辖市一级教育学院、教师进修学院教师评定职称的通知	教育部	（80）教师字 005 号
15	关于高校英语师资培训班聘请外籍教师经费等问题的通知	教育部	（80）教高一字 095 号
16	关于印发《广播电视大学学生学籍管理暂行规定》的通知	教育部	（80）教视字 018 号
17	印发《高等学校外语专业教材编审委员会暂行工作条例》的通知	教育部	（81）教高一字 002 号
18	关于高中建立学生档案的通知	教育部	（81）教学字 007 号
19	关于高等学校在校学生结婚规定的通知	教育部	（81）教学字 012 号
20	关于高等学校教师赴外地任教期间工资待遇、生活津贴的暂行规定	教育部、财政部、国家劳动总局	（81）教计资字 139 号、（81）财事字 187 号、（81）劳总薪字 76 号
21	关于高等学校制发毕业证书问题的通知	教育部	（81）教学字 036 号
22	转发河北省关于整顿民办教师队伍经验的通知	教育部	（81）教师字 003 号
23	关于下达《关于调整中、小学教职工工资中若干具体政策问题的处理意见》以及教育系统教职工升级人数和增加工资指标等的通知	教育部、国家人事局、国家劳动总局、财政部	（81）教计资字 261 号
24	关于印发高等学校俄语专业教材编选计划的通知	教育部	（82）教高一字 028 号
25	关于印发张承先副部长讲话和《〈关于调整中小学教职工工资中若干具体政策问题的处理意见〉有关问题的补充意见》的通知	教育部	（82）教计资字 023 号
26	关于改进出国进修人员外语统考办法的意见	教育部	（82）教高一字 051 号
27	关于试行高等师范院校文科三个专业教学大纲的通知	教育部	（82）教高一字 063 号
28	转发《关于举办高等学校图书馆专业干部进修班的暂行规定》的通知	教育部	（82）教高一字 075 号
29	印发《高等院校英语专业〈英美文学史与英美文学选读〉教学大纲（试行草案）》的通知	教育部	（82）教高一字 078 号
30	关于颁发《全日制普通高等学校学生学籍管理办法》的通知	教育部	（83）教学字 001 号
31	印发《关于加强高等学校管理专业教育的意见》的通知	教育部	（83）教高二字 017 号

续表

序号	文件名称	发文机关	文　号
32	印发《关于加强高等工业学校管理类专业建设的意见》的通知	教育部	（83）教高二字 021 号
33	印发《关于发展和改革图书馆学情报学教育的几点意见》的通知	教育部	（83）教高一字 051 号
34	印发《关于调整和发展高等学校文科教育的几点意见》的通知	教育部	（84）教高一字 015 号
35	关于高等医学院校医学类各专业增开法医学课程的通知	教育部	（84）教高二字 020 号
36	印发高等医学院校医学类各专业用《法医学教学大纲》（试行草案）的通知	教育部	（84）教高二字 021 号
37	关于实行高等学校本科毕业与学士学位合一证书的通知	教育部、国务院学位委	（84）教学字 034 号
38	关于试行全国高等教育自学考试指导委员会《高等教育自学考试汉语言文学专业考试计划》的通知	教育部	（84）教考字 009 号
39	关于发布《中、小学公用经费参考定额》的通知	教育部	（84）教计字 225 号
40	关于中等师范学校和全日制中小学教职工编制标准的意见	教育部	（84）教计字 239 号
41	印发《关于高等学校开设电影课程的情况和意见》的通知	教育部	（85）教高一字 008 号
42	关于试行全国高等教育自学考试指导委员会《高等教育自学考试哲学专业考试计划》的通知	教育部	（85）教考字 004 号
43	关于试行全国高等教育自学考试指导委员会《高等教育自学考试法律专业考试计划》的通知	国家教委	（85）教考字 007 号
44	关于制止用省、自治区、直辖市高等教育自学考试指导委员会的名义滥发学历证书的通知	国家教委	（85）教考字 010 号
45	印发《关于发展和改革档案学教育的几点意见》的通知	国家教委、国家档案局	（85）教高一字 036 号、国档联发〔1985〕15 号
46	关于试行全国高等教育自学考试指导委员会《高等教育自学考试工业与民用建筑工程专业专科考试计划》的通知	国家教委	（85）教考字 011 号
47	关于中等专业学校经费问题几项原则规定的通知	国家教委、财政部	（86）教计字 111 号
48	关于印发《普通高等学校接受委托培养学生管理工作暂行规定》的通知	国家教委	（86）教学字 002 号
49	关于批转《大学英语教学大纲》（高等学校文理科本科用）的通知	国家教委	（86）教高一字 010 号
50	颁发试行《关于制订职业高级中学（三年制）教学计划的意见》的通知及意见	国家教委	（86）教职字 008 号
51	印发《关于职业中学经费问题的补充规定》的通知	国家教委	（86）教计字 109 号

续表

序号	文件名称	发文机关	文　号
52	关于试行全国高等教育自学考试指导委员会《高等教育自学考试英语专业考试计划》的通知	国家教委	(86) 教考字 001 号
53	关于高等学校教师校外兼课酬金和教学工作量超额酬金的规定	国家教委、财政部、劳动人事部	(86) 教计字 124 号
54	关于印发《高等学校外语教材编审委员会工作条例》的通知	国家教委	(86) 教高一字 032 号
55	关于试行全国高等教育自学考试指导委员会《高等教育自学考试数学专业考试计划》的通知	国家教委	(86) 教考字 009 号
56	关于普通高等学校接收华侨、台湾、港澳青年进修、插班、旁听学习的通知	国家教委	(86) 教学字 044 号
57	公布《关于出版物上数字用法的试行规定》的联合通知	国家语委、国家出版局、国家标准局、国家计量局、国务院办公厅秘书局、中宣部新闻局、中宣部出版局	国语字〔1987〕第 1 号
58	关于印发《普通高等农林学校农科、林科、工科本科专业名称整理方案》的通知	国家教委	(87) 教高二字 001 号
59	关于高等学校学生退学后有关问题的补充通知	国家教委、劳动人事部	(87) 教学字 002 号
60	关于试行《高等学校优秀教材奖励试行条例》及《一九八七年高等学校优秀教材评奖办法》的通知	国家教委	(87) 教材图字 004 号
61	关于修订《高等学校毕业生统一分配工作调遣费开支的规定》的通知	国家教委、财政部	(87) 教学字 019 号
62	关于社会力量办学的若干暂行规定	国家教委	(87) 教高三字 014 号
63	关于发出《高等学校毕业生见习暂行办法》的通知	国家教委、劳动人事部	(87) 教学字 022 号
64	关于批转试行贵州省高等教育自学考试公安管理专业基础科考试计划的通知	国家教委	(87) 教考字 009 号
65	关于重新印发《普通高等学校本、专科学生实行奖学金制度的办法》和《普通高等学校本、专科学生实行贷款制度的办法》的通知	国家教委、财政部	(87) 教计字 139 号
66	关于批转河北省高等教育自学考试文秘专业基础科考试计划的通知	国家教委	(87) 教考字 008 号
67	关于印发《全国普通高等学校医药本科专业目录》等文件的通知	国家教委	(87) 教高二字 015 号

续表

序号	文件名称	发文机关	文　号
68	关于做好普通高等学校医药本科专业整理工作的通知	国家教委	（87）教高二字 017 号
69	关于做好中等师范学校普通话普及、巩固、提高工作的几点意见	国家语委、国家教委	（87）国语字〔1987〕第 18 号、教师字〔1987〕第 010 号
70	关于印发《回国留学人员工作安排暂行办法》的通知	国家教委、国家科技委	（87）教学字 025 号
71	关于试行《高等教育自学考试新闻学专业考试计划》的通知	国家教委	（87）教考字 012 号
72	关于同意河南省开考物资管理专业及批转该专业考试计划的通知	国家教委	（88）教考字 001 号
73	关于发布《现代汉语常用字表》的联合通知	国家语委、国家教委	国语字〔1988〕第 3 号
74	关于印发《普通高等医药院校本科专业设置审定意见》等文件的通知	国家教委	（88）教高二字 004 号
75	关于颁发《关于加强普通教育经费管理的若干规定》的通知	国家教委、财政部	（88）教计字 026 号
76	关于发布《现代汉语通用字表》的联合通知	国家语委、新闻出版署	国语字〔1988〕第 7 号
77	印发《关于成人高等教育试行（专业证书）制度的若干规定》的通知	国家教委、人事部	（88）教高三字 006 号
78	《关于减轻小学生课业负担过重问题的若干规定》《关于全日制普通中学端正办学方向、纠正片面追求升学率倾向的督导评估的几点意见》	国家教委	（88）教督字 001 号
79	印发《关于进一步加强高等学校文科社会实践工作的意见》的通知	国家教委	（88）教高一字 006 号
80	关于改善高等学校管理人员待遇的原则意见	国家教委	（88）教干字 012 号
81	关于审批中专自学考试专业考试计划有关问题的通知	国家教委	（88）教考字 005 号
82	关于公布《汉语拼音正词法基本规则》的联合通知	国家教委、国家语委	国语字〔1988〕第 14 号
83	关于社会力量办学几个问题的通知	国家教委	（88）教高三字 016 号
84	关于印发《“一九八五年至一九九〇年高等学校文科教材编选计划”的补充计划》的通知	国家教委	（88）教高一字 012 号
85	关于印发《高等学校英语专业基础阶段教学大纲》的通知	国家教委	（88）教高一字 016 号
86	关于印发《特殊教育补助费使用办法》的通知	国家教委、国家计委、财政部、民政部、中国残联	（89）教初字 002 号

续表

序号	文件名称	发文机关	文　号
87	关于清理整顿中小学收费项目有关问题的通知	国家教委、国家物价局、财政部	(89) 教财字 010 号
88	关于中小学危房修缮、改建工作的通知	国家教委	(89) 教财字 011 号
89	关于试行《高等教育自学考试教育管理专业考试计划》的通知	国家教委	(89) 教考字 002 号
90	关于批转试行全国考委《高等教育自学考试数学专业本科段考试计划》的通知	国家教委	(89) 教考字 001 号
91	关于普通高等学校收取学杂费和住宿费的规定	国家教委、国家物价局、财政部	(89) 教财字 032 号
92	关于试行《高等教育自学考试农科农学专业、果树专业、蔬菜专业专科考试计划》的通知	国家教委	(89) 教考字 003 号
93	关于颁发《中等特殊教育师范学校教学计划（试行）》的通知	国家教委	(89) 教师字 008 号
94	关于批转试行全国考委《高等教育自学考试机械制造工艺与设备专业本科段考试计划》的通知	国家教委	(89) 教考字 005 号
95	关于批转试行全国考委高等教育自学考试电气工程、电子技术、计算机及其应用三个专业专科考试计划的通知	国家教委	(89) 教考字 006 号
96	关于调整研究生招生报名费收取标准的通知	国家教委、国家物价局、财政部	教财〔1990〕008 号
97	关于修订发布《标点符号用法》的联合通知	国家语委、新闻出版署	国语字〔1990〕第 5 号
98	关于成人高等学校招生经费问题的通知	国家教委、国家物价局、财政部	教财〔1990〕034 号
99	关于试行高等教育自学考试政治管理专业考试的通知	国家教委	教考〔1990〕1 号
100	关于试行高等教育自学考试行政管理专业考试计划的通知	国家教委、人事部	教考〔1990〕2 号
101	关于建立各地财政预算内教育经费安排情况报告制度的通知	国家教委	教财〔1990〕044 号
102	关于跨省、自治区、直辖市办学招生广告审批权限的通知	国家教委	教成〔1990〕017 号
103	关于转发《国务院办公厅关于调整北京市中小学学杂费住宿费收费标准问题的复函》的通知	国家教委	教财〔1990〕059 号
104	关于试行《高等教育自学考试畜牧专业专科考试计划》的通知	国家教委	教考〔1990〕4 号
105	关于批转试行全国考委《高等教育自学考试汉语言文学专业本科段考试计划》的通知	国家教委	教考〔1990〕5 号
106	关于国有资产管理工作的通知	国家教委	教财〔1990〕081 号

续表

序号	文件名称	发文机关	文 号
107	关于颁发《中等师范学校德育大纲（试行）》等两个文件的通知	国家教委	教师〔1990〕004号
108	关于印发《关于制订职业高级中学（三年制）教学计划的意见》的通知	国家教委	教职〔1990〕017号
109	关于转发国务院办公厅国办发〔1990〕72号文件的通知	国家教委	教学〔1991〕1号
110	关于进一步加强高等学校学生宿舍管理的通知	国家教委	教政〔1991〕1号
111	关于做好高等师范专科学校招收中学民办教师工作的通知	国家教委	教学〔1991〕9号
112	关于印发《〈普通中等专业学校招生体检标准〉补充规定的通知》	国家教委、卫生部	教职〔1991〕9号
113	关于对中等师范学校普及普通话工作进行检查验收的通知	国家语委、国家教委	国语〔1991〕29号
114	关于切实做好“八五”期间残疾人教育工作的通知	国家教委、国家计委、财政部、民政部、劳动部、人事部、中国社会福利有奖募捐委员会、中国残疾人联合会	教基〔1991〕17号
115	关于普通高等学校本科毕业证书与学士学位证书分开制发的通知	国家教委、国务院学位委	教学〔1991〕24号
116	关于批转试行《高等教育自学考试中药专业考试计划》的通知	国家教委	教考〔1991〕4号
117	关于印发《国家教委直属高等学校教育事业发展十年规划和“八五”计划纲要》的通知	国家教委	教直〔1991〕35号
118	关于解决灾区民办教师报酬和生活困难的几点意见	国家教委	教人〔1991〕78号
119	关于印发《国家教育委员会督学聘任暂行办法》的通知	国家教委	教督〔1991〕3号
120	关于积极组织高等学校参与浦东开发的意见	国家教委、上海市人民政府	教直〔1992〕4号
121	关于对中小学德育工作有关法规、文件落实情况进行督导检查的通知	国家教委	教督〔1992〕1号
122	关于颁发《职业高级中学学生学籍管理暂行规定》的通知	国家教委	教职〔1992〕3号
123	关于试行《普通高等学校学生安全教育及管理暂行规定》的通知	国家教委	教学〔1992〕7号
124	关于试行高等教育自学考试经济管理类专业考试计划的通知	国家教委	教考〔1992〕1号
125	关于印发《残疾儿童少年义务教育“八五”实施方案》的通知	国家教委、中国残联	教基〔1992〕16号

续表

序号	文件名称	发文机关	文　号
126	印发《关于加快中学教师学历培训步伐的意见》和《邹时炎同志在全国中小学教师培训工作研讨会上的讲话》的通知	国家教委	教师〔1992〕5号
127	关于做好学校治安综合治理工作的几点意见	国家教委	教政〔1992〕3号
128	印发《关于国家教委直属高校内部管理体制改革的若干意见》的通知	国家教委	教直〔1992〕37号
129	印发《关于国家教委直属高校深化改革，扩大办学自主权的若干意见》的通知	国家教委	教直〔1992〕38号
130	关于对高等师范院校普及普通话工作进行检查验收的通知	国家语委、国家教委	国语〔1992〕47号
131	关于在部分省开展中专自学考试改革试点工作的几点意见	国家教委	教考〔1992〕2号
132	关于发布《全面消除和杜绝中小学危房的规定》的通知	国家教委、财政部、国家计委	教财〔1992〕73号
133	关于印发《关于成人高等教育毕业证书统一印制及加强管理的若干规定》的通知	国家教委	教成〔1993〕2号
134	关于下发《普及九年义务教育评估验收办法》等三个文件的通知	国家教委	教督〔1993〕2号
135	关于颁发《普通中等专业学校专业目录》的通知	国家教委	教职〔1993〕8号
136	关于高等学校校办产业执行新财务会计制度有关问题的通知	国家教委、财政部	教财〔1993〕27号
137	关于颁发《中等职业技术学校职业道德教学大纲》（试用）的通知	国家教委	教职〔1993〕11号
138	关于印发《普通高等学校本科专业目录》等文件的通知	国家教委	教高〔1993〕13号
139	关于修改《普通高等学校本、专科学生实行贷款制度的办法》部分条款的通知	国家教委、财政部	教财〔1993〕59号
140	关于进一步做好高等学校勤工助学工作意见的通知	国家教委、财政部	教财〔1993〕62号
141	关于中等职业技术学校政治课课程设置的意见	国家教委	教职〔1993〕17号
142	关于印发《普通高等教育学历证书管理暂行规定》的通知	国家教委	教学〔1993〕12号
143	关于印发《中小学校校办产业周转金管理暂行办法》的通知	国家教委、财政部	教财〔1993〕89号
144	关于印发《普通高等学校研究生奖学金办法》的通知	国家教委、财政部	教财〔1994〕50号
145	关于转发《财政部、国家税务总局关于福利企业、学校办企业征税问题的通知》的通知	国家教委	教备〔1994〕2号
146	关于颁发《国家级重点职业高级中学标准》的通知	国家教委	教职〔1994〕1号

续表

序号	文件名称	发文机关	文　号
147	关于印发《关于普通中等专业学校招生与就业制度改革的意见》的通知	国家教委	教职〔1994〕3号
148	关于普通中专招生体检工作的通知	国家教委	教职〔1994〕5号
149	关于印发《普通中等专业学校学生学籍管理规定》的通知	国家教委	教职〔1994〕4号
150	关于印发《关于进一步推进高等农林教育改革和发展的若干意见》的通知	国家教委、农业部、林业部	教高〔1994〕11号
151	关于试行高等教育自学考试国际贸易专业考试计划的通知	国家教委	教考〔1994〕1号
152	关于进一步建立健全教育内审制度的通知	国家教委	教审〔1994〕2号
153	关于社会力量举办的非学历高等教育机构名称问题的批复	国家教委	教成〔1994〕13号
154	关于印发《关于国家教委直属高校贯彻全国教育工作会议精神的意见》的通知	国家教委	教直〔1994〕13号
155	关于印发《关于国家教委直属高校积极推行办学与管理体制改革的意见》的通知	国家教委	教直〔1994〕14号
156	关于印发《国家教委直属企事业单位实行工资总额与经济效益挂钩试行办法》的通知	国家教委	教人〔1994〕112号
157	关于在外国来华留学生中执行《普通高等教育学历证书管理暂行规定》及其实施细则的通知	国家教委	教学〔1994〕21号
158	关于在“两基”督导评估中防止弄虚作假，反对形式主义的通知	国家教委	教督〔1995〕1号
159	关于颁发《研究生学籍管理规定》的通知	国家教委	教学〔1995〕4号
160	关于颁发中等职业技术学校政治课《经济·政治》和《世界观·人生观》教学大纲（试用）的通知	国家教委	教职〔1995〕2号
161	关于颁发中等职业技术学校政治课《法律》教学大纲（试用）的通知	国家教委	教职〔1995〕3号
162	关于进一步做好“两基”评估验收工作的若干补充意见	国家教委	教督〔1995〕5号
163	关于印发《关于“九五”期间普通高等教育教材建设与改革的意见》的通知	国家教委	教高〔1995〕6号
164	关于颁发中等职业技术学校政治课《国情》教学大纲（试用）的通知	国家教委	教职〔1995〕7号
165	关于成立国家语委标准化工作委员会的通知	国家语委	国语党〔1995〕7号
166	关于社会力量办学管理体制问题的批复	国家教委	教成〔1995〕8号
167	关于健全中小学学生助学金制度的通知	国家教委、财政部	教财〔1995〕53号
168	关于改革国家教委直属院校学生贷款办法的通知	国家教委	教财〔1995〕58号
169	关于编制教育经费年度计划的通知	国家教委、财政部	教财〔1995〕77号

续表

序号	文件名称	发文机关	文　号
170	关于颁发《三年制中等幼儿师范学校教学方案（试行）》的通知	国家教委	教师〔1995〕1号
171	关于颁发《外国来华留学生经费管理办法》的通知	国家教委、财政部	教财〔1995〕79号
172	关于提高普通高等学校研究生奖学金标准的通知	国家教委、财政部	教财〔1996〕85号
173	关于试行全国高等教育自学考试指导委员会《高等教育自学考试经济管理类专业考试计划》的通知	国家教委	教考试〔1996〕2号
174	关于加强社会力量办学管理工作的通知	国家教委	教成〔1996〕7号
175	关于印发《残疾儿童少年义务教育“九五”实施方案》的通知	国家教委、中国残联	教基〔1996〕8号
176	关于印发《关于加强教育督导队伍建设的几点意见》和《督学行为准则》的通知	国家教委	教督〔1996〕6号
177	关于印发《全日制普通高级中学思想政治课课程标准》（试行）的通知	国家教委	教基〔1996〕14号
178	关于同意吉林、福建、陕西、四川、广东五省进行高等教育学历文凭考试试点的批复	国家教委	教成〔1996〕10号
179	关于印发《委属高校校办产业国有资产保值增值考核试行办法》的通知	国家教委	教财〔1996〕96号
180	关于印发《关于师范教育改革和发展的若干意见》的通知	国家教委	教师〔1996〕4号
181	关于印发《中小学计算机教育五年发展纲要（1996—2000年）》的通知	国家教委	教基〔1996〕27号
182	关于印发《普通中小学校督导评估工作指导纲要（修订稿）》的通知	国家教委	教督〔1997〕4号
183	关于印发《关于深化文科教育改革的意见》的通知	国家教委	教高〔1997〕11号
184	关于印发《九年义务教育全日制小学写字教学指导纲要（试用）》的通知	国家教委	教基〔1997〕10号
185	关于印发《关于加强和改进职业学校德育工作的意见》的通知	国家教委	教职〔1997〕6号
186	关于印发《“九五”期间特殊教育补助费使用的几点意见》的通知	国家教委、财政部、民政部、中国社会福利有奖募捐委员会、中国残联	教基〔1997〕11号
187	关于实施《社会力量办学条例》若干问题的意见	国家教委	教成〔1997〕6号
188	关于发布教育系统内部审计规范的通知	国家教委	教审〔1997〕2号
189	关于对国务院办公厅转发财政部《关于进一步做好教育科技经费预算安排和确保教师工资按时发放的通知》落实情况进行对照检查的通知	教育部	教财〔1998〕19号

续表

序号	文件名称	发文机关	文　号
190	关于对1998年申报对外汉语教师资格人员进行普通话水平测试的通知	国家语委语言文字应用管理司、教育部对外汉语教师资格审查委员会办公室	国语管〔1998〕5号
191	关于印发《普通高等学校本科专业目录（1998年颁布）》《普通高等学校本科专业设置规定（1998年颁布）》等文件的通知	教育部	教高〔1998〕8号
192	关于进一步深化学校住房制度改革，加快解决教职工住房问题的若干意见	教育部、建设部	教发〔1998〕23号
193	关于推进高等教育自学考试林业生态环境管理专业工作的通知	教育部、国家林业局、全国绿化委员会	教考试〔1999〕4号
194	关于商请解决民办大学学生假期购火车票优待问题的函	教育部	教学函〔1999〕1号
195	关于进一步深化普通高等学校招生考试制度改革的意见	教育部	教学〔1999〕3号
196	关于规范高等职业学校名称的通知	教育部	教发〔1999〕48号
197	关于严格控制社会力量办学评比活动的通知	教育部	教发〔1999〕59号
198	关于贯彻落实全面推进素质教育决定进一步加快中初等学校校办产业发展的若干意见	教育部	教财〔1999〕14号
199	关于成立教育部高等学校图书情报工作指导委员会的通知	教育部	教高〔1999〕5号
200	关于印发《关于加强教育督导与评估工作的意见》的通知	教育部	教督〔1999〕6号
201	关于印发《全国优秀博士学位论文评选办法》的通知	教育部、国务院学位委员会	教研〔1999〕2号
202	关于调整外国留学生奖学金生活费标准的通知	教育部、财政部	教财〔1999〕22号
203	关于印发《关于在高等学校国家重点实验室和教育部重点实验室实行访问学者制度的意见》等两个文件的通知	教育部	教技〔1999〕5号
204	关于认真贯彻第三次全国教育工作会议精神进一步加强教育审计工作的若干意见	教育部	教财〔1999〕25号
205	关于加强中小学校舍危房修缮和改造的紧急通知	教育部	教财〔1999〕32号
206	关于印发《关于制定中等职业学校教学计划的原则意见》的通知	教育部	教职成〔2000〕2号
207	关于颁发中等职业学校语文等课程教学大纲（试行）的通知	教育部	教职成〔2000〕7号
208	关于印发《中等职业学校专业目录》和《关于中等职业学校专业设置管理的原则意见》的通知	教育部	教职成〔2000〕8号

续表

序号	文件名称	发文机关	文　号
209	关于印发《高等教育学历证书电子注册管理暂行规定》的通知	教育部	教学〔2001〕4号
210	关于重申保证高等教育质量，加强学历文凭、学位证书管理的通知	教育部	教学〔2001〕6号
211	关于印发《中等职业学校德育课课程设置与教学安排的意见》的通知	教育部	教职成〔2001〕2号
212	关于印发中等职业学校德育课课程教学大纲（试行）的通知	教育部	教职成〔2001〕3号
213	关于印发《关于"十五"期间普通高等教育教材建设与改革的意见》的通知	教育部	教高〔2001〕1号
214	关于印发《全国中小学危房改造工程实施管理办法》的通知	教育部、国家计委、财政部	教财〔2001〕7号
215	关于印发《现代远程教育技术规范（教学资源相关部分）V1.0版》的通知	教育部	教技〔2001〕1号
216	关于成立2001—2005年教育部高等学校有关科类教学指导委员会的通知	教育部	教高函〔2001〕11号
217	关于继续做好农村教育费附加征收管理工作的通知	教育部、财政部、农业部	教财〔2001〕35号
218	关于切实做好部属高校2001年招生收费工作的通知	教育部	教财〔2001〕14号
219	关于印发《中等职业学校设置标准（试行）》的通知	教育部	教职成〔2001〕8号
220	关于商请解决民办高等教育学生火车优惠票价的函	教育部	教学函〔2001〕6号
221	关于印发《关于制定中等职业学校学生学籍管理规定的原则意见》的通知	教育部	教职成〔2001〕9号
222	关于成立2002—2006年教育部高等学校外语专业等科类教学指导委员会的通知	教育部	教高函〔2002〕16号
223	关于印发《现代远程教育技术标准体系和11项试用标准V1.0版》（简介）的通知	教育部	教技〔2002〕1号
224	关于印发《教育部2002年财政国库管理制度改革试点工作实施方案》的通知	教育部	教财函〔2002〕43号
225	关于印发全日制义务教育《思想品德课程标准（实验稿）》的通知	教育部	教基〔2003〕9号
226	关于对各地批准试办的独立学院进行检查清理和重新报批工作的通知	教育部	教发函〔2003〕247号
227	关于农村中小学危房改造工程的实施意见	教育部、国家发改委、财政部	教财〔2003〕5号

续表

序号	文件名称	发文机关	文　号
228	关于印发《2004年高等学校招生全国统一考试考务工作规定》的通知	教育部	教考试〔2004〕1号
229	关于语言文字应用研究"十五"科研规划项目中期检查、结项鉴定等工作安排的通知	国家语委科研规划领导小组办公室	教语科〔2004〕1号
230	关于进一步加强农村中小学危房改造工程管理的意见	教育部、国家发改委、财政部、建设部	教财〔2004〕8号
231	关于推进职业教育若干工作的意见	教育部、财政部	教财〔2004〕9号
232	关于继续实施"985工程"建设项目的意见	教育部、财政部	教重〔2004〕1号
233	关于印发《中等职业学校德育大纲》的通知	教育部	教职成〔2004〕14号
234	关于开展示范性县级教师培训机构评估认定工作的通知	教育部	教师函〔2005〕4号
235	关于印发《中央财政支持的职业教育实训基地建设项目支持奖励评审试行标准》的通知	教育部、财政部	教财〔2005〕12号
236	关于印发《教育部（国家语委）民族语言文字科研项目管理补充规定》的通知	国家语委科研规划领导小组办公室	教语科〔2005〕1号
237	关于加强教育驻外干部队伍建设的若干意见	教育部	教党〔2005〕17号
238	关于印发《2006年高等学校招生全国统一考试考务工作规定》的通知	教育部	教考试〔2006〕1号
239	关于教育系统贯彻落实《国务院关于解决农民工问题的若干意见》的实施意见	教育部	教职成〔2006〕6号
240	关于民族语言文字规范标准建设与信息化项目中期检查、结项鉴定等工作安排的通知	国家语委科研规划领导小组办公室	教语科〔2006〕1号
241	关于加强农村义务教育经费保障机制改革督导工作的意见	教育部、财政部	教督〔2006〕7号
242	关于试点建设"优势学科创新平台项目"的意见	教育部、财政部	教重〔2006〕1号
243	关于规范普通中小学校检查、评估工作的意见	教育部	教督〔2007〕1号
244	关于进一步加强和改进对省级实现"两基"进行全面督导检查的意见	教育部	教督〔2007〕4号
245	关于印发《普通高等学校新生学籍电子注册暂行办法》的通知	教育部	教学〔2007〕3号
246	关于规范高等教育学历认证工作的公告	教育部	教学〔2007〕5号
247	关于印发《2007年高等学校招生全国统一考试考务工作规定》的通知	教育部	教考试〔2007〕2号
248	关于加强对国家语委科研项目管理的通知	国家语委科研规划领导小组办公室	教语科〔2007〕1号
249	关于成立2007—2011年教育部高等学校外语专业等四个科类教学指导委员会的通知	教育部	教高函〔2007〕12号

续表

序号	文件名称	发文机关	文号
250	关于认真做好2007年秋季学期国家免费教科书退费工作的通知	教育部、财政部	教财〔2007〕21号
251	关于印发《2008年全国招收攻读硕士学位研究生统一入学考试初试考务工作规定》的通知	教育部	教考试〔2007〕5号
252	关于在全国开展新农村卫生新校园建设工程试点的通知	教育部、财政部、农业部	教财〔2007〕27号
253	关于印发《2008年高等学校招生全国统一考试考务工作规定》的通知	教育部	教考试〔2008〕1号
254	关于调整外国留学生奖学金生活费标准的通知	教育部、财政部	教财〔2008〕7号
255	关于印发《2009年全国招收攻读硕士学位研究生统一入学考试考务工作规定》的通知	教育部	教考试〔2008〕4号
256	关于认真做好未“普九”县农村寄宿制学校建设工程实施工作的通知	教育部、财政部	教财〔2008〕22号
257	关于印发《高等学校招生全国统一考试考务工作规定》的通知	教育部	教考试〔2009〕2号
258	关于成立高等学校中学教师培养等三个科类教学指导委员会的通知	教育部	教师函〔2009〕2号
259	关于成立第三届教育部高等学校图书情报工作指导委员会的通知	教育部	教高函〔2009〕12号
260	关于印发高等教育“211工程”三期建设规划的通知	教育部、国家发改委、财政部	教重〔2009〕1号
261	关于实施“特色重点学科项目”的意见	教育部、财政部	教研〔2009〕3号
262	关于提高中央部委所属普通高等学校博士研究生奖学金标准的通知	教育部、财政部	教财〔2009〕20号
263	关于印发《2010年全国招收攻读硕士学位研究生统一入学考试考务工作规定》的通知	教育部	教考试〔2009〕3号
264	关于公布普通高等学校可继续按艺术类专业招生办法招生的非艺术类本科专业名单的通知	教育部	教高函〔2009〕25号
265	关于补充高等教育“211工程”三期建设规划的通知	教育部、国家发改委、财政部	教重〔2010〕1号
266	关于成立国家基础教育课程教材专家咨询委员会的通知	教育部	教基二函〔2010〕1号
267	关于成立国家基础教育课程教材专家工作委员会的通知	教育部	教基二函〔2010〕2号
268	关于印发《2010年中小学教师国家级培训计划——示范性项目实施方案》的通知	教育部	教师〔2010〕1号
269	关于加快推进世界一流大学和高水平大学建设的意见	教育部、财政部	教重〔2010〕2号

续表

序号	文件名称	发文机关	文 号
270	关于印发《2011年全国招收攻读硕士学位研究生统一入学考试考务工作规定》的通知	教育部	教考试〔2010〕1号
271	关于继续实施“优势学科创新平台”建设的意见	教育部、财政部	教重〔2011〕1号
272	关于印发《2012年高等学校招生全国统一考试考务工作规定》的通知	教育部	教考试〔2012〕1号
273	关于印发《2013年全国硕士学位研究生招生考试考务工作规定》的通知	教育部	教考试〔2012〕2号
274	关于印发《“985工程”建设管理办法》的通知	教育部、财政部	教重〔2013〕1号
275	关于印发《2013年高等学校招生全国统一考试考务工作规定》的通知	教育部	教考试〔2013〕1号
276	关于印发《2014年全国硕士学位研究生招生考试考务工作规定》的通知	教育部	教考试〔2013〕2号
277	关于外语教材编审问题及经费开支办法的补充通知	教育部办公厅	（80）教高一厅字005号
278	关于高等教育自学考试专业考试计划、课程自学考试大纲审定出版等问题的通知	教育部办公厅	（85）教考厅002号
279	关于禁止高等学校学生酗酒的通知	国家教委办公厅	（88）教政厅字003号
280	关于重申不要成立“同乡会”一类学生团体的通知	国家教委办公厅	教政厅〔1991〕4号
281	关于解决义务教育教材试验班数学学科初、高中内容衔接问题的通知	国家教委办公厅	教基厅〔1992〕5号
282	关于切实做好教育收费工作的通知	国家教委办公厅	教财厅〔1992〕9号
283	关于普及九年义务教育和扫除青壮年文盲县（市、区）评估验收工作几个问题的通知	国家教委办公厅	教督厅〔1993〕3号
284	关于印发《部分省市加强中小学收费管理工作座谈会会议纪要》的通知	国家教委办公厅	教财厅〔1993〕6号
285	关于做好1994年普通高等学校收费工作意见的通知	国家教委办公厅	教财厅〔1994〕2号
286	关于转发北京市教育局对中小学校实行统一收费卡制度的通知	国家教委办公厅	教财厅〔1994〕3号
287	关于印发《部分省市中小学收费管理工作座谈会纪要》的通知	国家教委办公厅	教财厅〔1994〕9号
288	关于加强考试统计分析工作的几点意见	国家教委办公厅	教考试厅〔1995〕1号
289	普通高等教育“九五”国家级重点教材立项、管理办法	国家教委办公厅	教高厅〔1996〕5号
290	关于印发《全国中小学计算机教育领导小组第三次会议纪要》的通知	国家教委办公厅	教基厅〔1996〕6号
291	教育系统内部审计工作考核办法（试行）	国家教委办公厅	教审厅〔1996〕6号

续表

序号	文件名称	发文机关	文号
292	关于印发《高等教育学历文凭考试试点工作实施意见》的通知	国家教委办公厅	教考试厅〔1996〕13号
293	关于实行社会力量办学许可证制度有关问题的通知	国家教委办公厅、劳动部办公厅	教成厅〔1997〕16号
294	关于进一步加强教育系统内部审计工作的几点意见	教育部办公厅	教财厅〔1998〕11号
295	关于进一步做好当前中初等学校校办产业工作的几点意见	教育部办公厅	教财厅〔1998〕12号
296	关于明确教育部社会力量办学管理办公室职能的通知	教育部办公厅	教发厅〔1999〕3号
297	关于在普通高等学校招生全国统一考试外语科中逐步增加听力考查的通知	教育部办公厅	教考试厅〔2000〕1号
298	关于加强全国教育统一考试管理和考风考纪工作的意见	教育部办公厅	教考试厅〔2000〕3号
299	关于加强考试管理、狠刹各种违纪、舞弊歪风的意见	教育部办公厅	教考试厅〔2000〕5号
300	关于印发《"支持示范性职业技术学院建设"项目管理办法》的通知	教育部办公厅	教发厅〔2000〕14号
301	关于对高等教育自学考试和高等教育学历文凭考试毕业证书电子注册有关问题说明的函	教育部办公厅	教考试厅〔2001〕11号
302	关于下发高等教育自学考试和高等教育学历文凭考试证书注册转换软件的通知	教育部办公厅	教考试厅〔2001〕30号
303	关于加强高等职业（高专）院校师资队伍建设的意见	教育部办公厅	教高厅〔2002〕05号
304	关于认真做好国家奖学金评定工作的通知	教育部办公厅	教财厅〔2002〕5号
305	关于全额上缴预算外收入的通知	教育部办公厅	教财厅〔2003〕7号
306	关于进一步加强高等教育自学考试组织管理工作的通知	教育部办公厅	教考试厅〔2003〕1号
307	关于试行中国政府奖学金来华留学生新医疗保险方案的通知	教育部办公厅	教外厅函〔2003〕16号
308	关于进一步加强中等职业学校实习管理工作的通知	教育部办公厅	教职成厅〔2003〕2号
309	关于成立《规范汉字表》研制领导小组的通知	教育部办公厅	教语信厅〔2003〕1号
310	关于印发《大学英语课程教学要求（试行）》的通知	教育部办公厅	教高厅〔2004〕01号
311	关于成立第二届教育部高等学校文化素质教育指导委员会和第二届教育部高等学校图书情报工作指导委员会的通知	教育部办公厅	教高厅〔2004〕11号
312	关于大学英语四、六级考试管理工作分工调整的通知	教育部办公厅	教高厅〔2004〕10号
313	关于成立第三届全国大学英语四、六级考试委员会的通知	教育部办公厅	教高厅函〔2004〕17号
314	关于成立中国高等教育文献保障体系"十五"建设项目管理委员会和专家委员会的通知	教育部办公厅	教高厅函〔2004〕30号
315	关于印发《2005年普通高考英语、日语、俄语听力考试有关考务要求》的通知	教育部办公厅	教考试厅〔2005〕3号

续表

序号	文件名称	发文机关	文　号
316	关于印发《2005年国家教育统一考试网上评卷工作考务管理办法》的通知	教育部办公厅	教考试厅〔2005〕5号
317	关于在高校哲学社会科学学科专业中进一步深入开展“三项学习教育”活动的通知	教育部办公厅	教高厅函〔2005〕30号
318	关于加强教育驻外干部队伍建设的实施意见	教育部办公厅	教人厅〔2005〕5号
319	关于加强专项督导检查管理的意见	教育部办公厅	教督厅〔2005〕2号
320	关于印发《2006年普通高考英语、日语、俄语听力考试有关考务要求》的通知	教育部办公厅	教考试厅〔2006〕3号
321	关于启动实施全国中小学班主任培训计划的通知	教育部办公厅	教师厅〔2006〕3号
322	关于教育部直属高等学校校庆问题的通知	教育部办公厅	教直厅〔2006〕1号
323	关于印发《教育部直属高校、事业单位国有资产使用和处置行为管理授权审批暂行办法》的通知	教育部办公厅	教财厅〔2007〕4号
324	关于印发《2007年普通高等学校招生全国统一考试英语、日语、俄语听力考试有关考务要求》的通知	教育部办公厅	教考试厅〔2007〕3号
325	关于印发《2007年国家教育统一考试网上评卷工作考务管理办法》的通知	教育部办公厅	教考试厅〔2007〕4号
326	关于进一步加强和改进高等学校本科专业备案和审批管理工作的通知	教育部办公厅	教高厅〔2007〕02号
327	关于印发《大学英语课程教学要求》的通知	教育部办公厅	教高厅〔2007〕03号
328	关于做好“211工程”三期建设项目规划编制及论证工作的通知	教育部办公厅、国家发改委办公厅、财政部办公厅	教重厅〔2008〕2号
329	关于印发《加强教育部直属高校财政拨款结余资金管理暂行办法》的通知	教育部办公厅	教财厅〔2008〕3号
330	关于印发《高校学生科技创业实习基地认定办法（试行）》的通知	教育部办公厅、科技部办公厅	教技厅〔2010〕2号
331	关于组织实施“国培计划——2010年普通高中课改实验省教师远程培训项目”的通知	教育部办公厅	教师厅函〔2010〕5号
332	关于组织实施“国培计划——2010‘知行中国’小学班主任教师培训项目”的通知	教育部办公厅	教师厅函〔2010〕4号
333	关于组织实施“国培计划——2010年中小学骨干教师研修项目”的通知	教育部办公厅	教师厅函〔2010〕6号
334	关于组织实施“国培计划——2010年农村义务教育学校教师远程培训项目”的通知	教育部办公厅	教师厅函〔2010〕7号
335	关于遴选推荐“国培计划”专家库人选的通知	教育部办公厅	教师厅函〔2010〕9号

续表

序号	文件名称	发文机关	文号
336	关于组织2010年“国培计划”——中西部农村骨干教师培训项目申报和发布项目招标指南的通知	教育部办公厅、财政部办公厅	教师厅函〔2010〕10号
337	关于做好2010级免费师范生招生录取有关工作的通知	教育部办公厅	教师厅函〔2010〕11号
338	关于组织实施“国培计划——2010年中小学体育艺术骨干教师培训项目”的通知	教育部办公厅	教师厅函〔2010〕12号
339	关于组织实施国培计划——中小学心理健康教育骨干教师培训项目的通知	教育部办公厅	教师厅函〔2010〕13号
340	关于做好国培计划教师培训机构遴选工作的通知	教育部办公厅	教师厅函〔2010〕14号
341	关于组织开展“国培计划”培训课程资源征集、遴选、推荐活动的通知	教育部办公厅	教师厅函〔2010〕17号
342	关于公布国培计划（2010）——中西部农村骨干教师培训项目方案评审结果的通知	教育部办公厅、财政部办公厅	教师厅函〔2010〕19号
343	关于组织实施2011年“知行中国”——初中班主任教师培训项目的通知	教育部办公厅	教师厅函〔2011〕17号
344	关于组织实施“国培计划（2011）”——县级教师培训机构培训者远程培训项目的通知	教育部办公厅	教师厅函〔2011〕21号
345	关于组织实施“国培计划（2011）”——义务教育骨干教师远程培训项目的通知	教育部办公厅	教师厅函〔2011〕22号
346	关于开展示范性县级教师培训机构评估认定工作的通知	教育部办公厅	教师厅函〔2011〕26号
347	关于印发《教育部基础教育课程教材专家工作委员会章程》的通知	教育部办公厅	教基二厅函〔2011〕13号
348	关于全国教师教育课程资源专家委员会换届的通知	教育部办公厅	教师厅函〔2011〕13号
349	关于做好2011年“中小学教师国家级培训计划”实施工作的通知	教育部办公厅、财政部办公厅	教师厅〔2011〕2号
350	关于组织实施“国培计划（2011）”——中小学教师示范性集中培训项目的通知	教育部办公厅	教师厅函〔2011〕18号
351	关于组织实施“国培计划”——中小学骨干少先队大队辅导员培训项目的通知	教育部办公厅、团中央办公厅、全国少工委办公室	教师厅函〔2011〕20号
352	关于做好2012届教育部直属师范大学免费师范毕业生就业工作的通知	教育部办公厅	教师厅〔2011〕4号
353	关于开展免费师范毕业生就业工作专项检查的通知	教育部办公厅	教师厅函〔2011〕9号
354	关于做好2012年“国培计划”实施工作的通知	教育部办公厅、财政部办公厅	教师厅〔2012〕3号

续表

序号	文件名称	发文机关	文 号
355	关于印发《2012年普通高等学校招生全国统一考试评卷工作考务管理办法（试行）》的通知	教育部办公厅	教考试厅〔2012〕2号
356	关于转发湖北省“课外访万家”活动方案的通知	教育部办公厅	教师厅函〔2012〕4号
357	关于开展中小学教师队伍建设专项督导自查工作的通知	教育部办公厅	教师厅函〔2012〕18号
358	关于做好2013届教育部直属师范大学免费师范毕业生就业工作的通知	教育部办公厅	教师厅函〔2012〕19号
359	关于做好2013年“国培计划”实施工作的通知	教育部办公厅、财政部办公厅	教师厅〔2013〕2号
360	关于开展代课教师问题联合督查的函	教育部办公厅	教师厅函〔2013〕5号
361	关于下达职业院校教师素质提高计划2013年度项目任务的通知	教育部办公厅	教师厅函〔2013〕9号
362	关于做好2014届教育部直属师范大学免费师范毕业生就业工作的通知	教育部办公厅	教师厅函〔2013〕11号
363	关于做好2014年中小学幼儿园教师国家级培训计划实施工作的通知	教育部办公厅、财政部办公厅	教师厅〔2014〕1号
364	关于印发《关于开展对博士、硕士学位授权点定期评估工作的几点意见》的通知	国务院学位委	学位〔2005〕19号
365	关于调整学位证书版式及格式内容的通知	国务院学位委、教育部	学位〔2007〕25号
366	关于推荐使用学位服的通知	国务院学位委办公室	学位办〔1994〕22号
367	关于转发《法律硕士专业学位研究生指导性培养方案》及其说明的通知	国务院学位委办公室、司法部法规教育司	学位办〔1999〕41号
368	关于博士、硕士学位论文答辩有关问题的通知	国务院学位委办公室	学位办〔2003〕26号
369	关于印发《“211工程”建设实施管理办法》的通知	“211工程”部际协调小组办公室	211部协办〔2003〕1号
370	关于使用博士和硕士学位证书英文副本的通知	国务院学位委办公室	学位办〔2004〕14号
371	关于调整学士学位证书外文副本格式的通知	国务院学位委办公室	学位办〔2005〕8号
372	关于调整新版学位证书启用时间的通知	国务院学位委办公室	学位办〔2007〕54号

续表

序号	文件名称	发文机关	文　号
373	关于印发《西部地区农村寄宿制学校建设工程专项资金管理暂行办法》的通知	教育部“两基”攻坚办	攻坚办〔2004〕7号
374	关于印发《西部地区农村寄宿制学校建设工程土建项目管理暂行办法》的通知	教育部“两基”攻坚办	攻坚办〔2004〕8号
375	关于印发《国家西部地区农村寄宿制学校建设工程项目学校管理暂行办法》的通知	教育部“两基”攻坚办	攻坚办〔2006〕6号
376	关于进一步严格“寄宿制工程”专项资金管理的通知	教育部“两基”攻坚办	攻坚办〔2006〕7号
377	关于印发《普通高等学校招生全国统一考试标准化实施规划》的通知	国家教育委员会	(89)教试字001号
378	关于印发《高中毕业会考后普通高校招生全国统一考试工作实施方案(试行)》的通知	国家教育委员会	教试〔1991〕1号
379	关于印发《试卷保密室、答卷保管室管理办法》和《试卷印制、运送工作管理办法》的通知	国家教育委员会办公厅	教试厅〔1992〕1号
380	教育部办公厅关于印发《2004年国家教育统一考试网上评卷工作考务管理办法》的通知	教育部办公厅	教考试厅〔2004〕3号
381	关于印发《国家教委直属高校推举校长的规定(试行)》的通知	国家教委党组	教党〔1994〕98号
382	关于严格干部管理程序的通知	国家教委党组	教党〔1996〕42号

教育部关于印发《教育信息化“十三五”规划》的通知

（2016年6月7日）

各省、自治区、直辖市教育厅（教委），各计划单列市教育局，新疆生产建设兵团教育局，有关部门（单位）教育司（局），部属各高等学校：

为深入贯彻落实党的十八大和十八届三中、四中、五中全会精神，学习贯彻习近平总书记系列重要讲话精神，根据第二次全国教育信息化工作电视电话会议的工作部署，我部研究制定了《教育信息化“十三五”规划》，现印发给你们，请结合本地、本单位工作实际，认真贯彻执行。

教育部

2016年6月7日

教育信息化“十三五”规划

为深入贯彻党的十八大和十八届三中、四中、五中全会精神，落实中央有关教育信息化的战略部署和第二次全国教育信息化工作会议精神，完成《国家中长期教育改革和发展规划纲要（2010—2020年）》和《教育信息化十年发展规划（2011—2020年）》确定的教育信息化目标任务，全面深入推进“十三五”教育信息化工作，特制定本规划。

一、发展现状与形势分析

“十二五”以来，特别是《教育信息化十年发展规划（2011—2020年）》发布和首次全国教育信息化工作会议召开以来，教育信息化工作坚持促进信息技术与教育教学深度融合的核心理念，坚持应用驱动、机制创新的基本方针，加强顶层设计、多方协同推进，以“三通两平台”为主要标志的各项工作取得了突破性进展。学校网络教学环境大幅改善，全国中小学校互联网接入率已达87%，多媒体教室普及率达80%；优质数字教育资源日益丰富，信息化教学日渐普及；全国6 000万名师生已通过“网络学习空间”探索网络条件下的新型教学、学习与教研模式；教育资源公共服务平台服务水平日渐提高，资源服务体系已见雏形；教育管理公共服务平台基本建成覆盖全国学生、教职工、中小学校舍等信息的基础数据库，并在应用中取得显著成效；实施全国中小学教师信息技术应用能力提升工程，全国教师、校长和教育行政管理者的信息化意识与能力显著增强。各级各类教育信息化也都取得丰硕成果，基础教育、职业教育、高等教育和继续教育等领域结合各自需求，在扩大资源覆盖面、促进教育公平和提高教育教学质量等方面涌现出一批利用信息技术解决教育改革发展问题的应用典型，教育信息化对教育改革发展的支撑引领作用日益凸显。

在总结工作进展和成效的同时，必须清醒地认识到，当前加快推进教育信息化还面临很多困难和问题，与党中央、国务院要求相比，与发达国家深度应用、融合创新的水平相比，仍存在差距。思想认识尚需深化，一些教育行政部门和学校仍然没有充分认识到信息技术对教育的革命性影响；信息化与教育教学“两张皮”现象仍然存在，推进教育信息化的积极性有待提高，力度有待加大。体制机制尚需创新，广大师生和教育管理者的应用动力有待进一步激发。网络安全意识和防护能力尚需加强，学校网络安全事件时有发生，只管建设不顾安全、只管硬件忽视软件、只管数据采集不顾数据维护的粗放式管理模式比较普遍。信息化建设推进进度不平衡，受制于经济社会发展水平等多种因素，信息化区域发展水平仍存在较大差异。面对这些困难和问题，需要进一步提高认识，转变观念，齐心协力，攻坚克难。

当前，云计算、大数据、物联网、移动计算等新技术逐步广泛应用，经济社会各行业信息化步伐不断加快，社会整体信息化程度不断加深，信息技术对教育的革命性影响日趋明显。党的十八大以来，特别是中央网络安全和信息化领导小组成立后，党中央、国务院对网络安全和信息化工作的重视程度前所未有，“互联网+”行动计划、促进大数据发展行动纲要等有关政策密集出台，信息化已成为国家战略，教育信息化正迎来重大历史发展机遇。习近平主席在致首届国际教育信息化大会的贺信中“积极推动信息技术与教育融合创新发展”，“坚持不懈推进教育信息化，努力以信息化为手段扩大优质教育资源覆盖面”，“通过教育信息化，逐步缩小区域、城乡数字差距，大力促进教育公平，让亿万孩子同在蓝天下共享优质教育、通过知识改变命运”的论述指明了教育信息化今后工作的目标、方向和途径。“十三五”期间，全面提升教育质量、在更高层次上促进教育公平、加快推进教育现代化进程等重要任务对教育信息化提出了更高要求，也为教育信息化提供了更为广阔的发展空间。

二、指导思想与工作原则

（一）指导思想

“十三五”期间，坚持“四个全面”战略布局，牢固树立和贯彻落实创新、协调、绿色、开放、共享的发展理念，以“构建网络化、数字化、个性化、终身化的教育体系，建设‘人人皆学、处处能学、时时可学’的学习型社会，培养大批创新人才”为发展方向，按照“服务全局、融合创新、深化应用、完善机制”的原则，稳步推进教育信息化各项工作，更好地服务立德树人，更好地支撑教育改革和发展，更好地推动教育思想和理念的转变，更好地服务师生信息素养的提升，更好地促进学生的全面发展，推动形成基于信息技术的新型教育教学模式与教育服务供给方式，提升教育治理体系和治理能力现代化水平，形成与教育现代化发展目标相适应的教育信息化体系，充分发挥信息技术对教育的革命性影响作用。

（二）工作原则

坚持服务全局。要通过服务全局构建教育信息化发展新格局。“十三五”期间，教育信息化工作要更加贴近教育改革发展中的重大现实问题、融入教育改革发展的核心领域，为教育改革发展增添动力与手段。要在“十二五”工作基础上，由点及面、由单项工作到教育教学与管理全过程，促进教育信息化全面深入应用，使教学更加个性化、管理更加精细化、决策更加科学化。

坚持融合创新。要通过融合创新提升教育信息化的效能。要通过深化信息技术与教育教学、教育管理的融合，强化教育信息化对教学改革，尤其是课程改革的服务与支撑，强化将教学改革，尤其是课程改革放在信息时代背景下来设计和推进。要聚焦教育改革发展过程中困扰教学、管理的核心问题和难点问题，将信息技术融入到教学和管理模式创新的过程中，以创新促发展，推动教育服务供给方式、教学和管理模式的变革，形成中国特色的教育信息化发展路径。

坚持深化应用。要通过深化应用释放信息技术对教育教学改革和发展的作用。应用是信息技术与教学、管理的结合点，也是教育信息化的生命力。要进一步深化应用驱动的基本导向，通过应用带动环境营造、支撑核心业务，围绕应用目标开展培训与绩效评价，依托教育信息化加快构建以学习者为中心的教学和学习方式。

坚持完善机制。要通过深化改革和创新体制机制，解决推进教育信息化进程中遇到的各种问题。要进一步理顺教育信息化统筹部门、支撑机构和教育业务部门的关系，理顺教育部门和其他企事业机构的关系，形成统筹推进教育信息化的合力。要进一步处理好政府与市场之间的关系，切实转变政府职能，充分调动企业的积极性，充分发挥市场在资源配置中的决定性作用，探索建立市场作用和政府作用有机统一、相互补充、相互协调、相互促进的教育信息化工作新局面。

三、发展目标

到2020年，基本建成“人人皆学、处处能学、时时可学”、与国家教育现代化发展目标相适应的教育信息化体系；基本实现教育信息化对学生全面发展的促进作用、对深化教育领域综合改革的支撑作用和对教育创新发展、均衡发展、优质发展的提升作用；基本形成具有国际先进水平、信息技术与教育融合创新发展的中国特色教育信息化发展路子。

任务保完成。全面完成教育规划纲要、教育信息化十年发展规划和教育部、财政部、国家发展改革委、工业和信息化部、中国人民银行《构建利用信息化手段扩大优质教育资源覆盖面有效机制的实施方案》的发展目标，基本实现各级各类学校宽带网络全覆盖与网络教学环境全覆盖，优质数字教育资源服务基本满足信息化教学需求和个性化学习需求，网络学习空间应用普及，实现“一生一空间、生生有特色”，教育管理信息化水平显著提高。

应用上台阶。信息技术在教学、管理中为广大师生、管理者深度应用，信息技术与教育教学融合进一步深入，教师信息化教学能力、学生信息素养显著提升，形成一批有针对性的信息化教学、管理创新模式。发展在线教育与远程教育，推动各类优质教育资源开放共享，向全社会提供服务。教育信息化对教育现代化的支撑作用充分彰显。

治理上水平。全面深化改革，积极利用市场机制，形成政府规范引导和统筹推进、社会力量积极参与的持续有效的教育信息化技术、服务供给模式；进一步健全教育信息化政策法规，构建良好的教育信息化生态环境，教育信息化治理水平显著提升。

安全有保障。教育领域网络安全意识显著增强，制度体系进一步健全，标准规范逐步完善，防护水平明显提升，形成与教育改革发展相适应的网络安全体系，教育信息化健康发展的局面得以保障。

四、主要任务

（一）完成“三通工程”建设，全面提升教育信息化基础支撑能力。

加快推进“宽带网络校校通”，结合国家“宽带中国”建设，采取多种形式，基本实现各级各类学校宽带网络的全面覆盖，具备条件的教学点实现宽带网络接入；有效提升各类学校和教学点出口带宽，城镇学校班均出口带宽不低于10M，有条件的农村学校班均出口带宽不低于5M，有条件的教学点接入带宽达4M以上；推进“无线校园”建设，东部和具备条件的城镇各类学校应实现无线网络全覆盖。将学校网络教学环境和备课环境建设纳入义务教育学校建设标准，鼓励具备条件的学校配备师生用教学终端；推动落实《职业院校数字校园建设规范》，确保各级各类学校普遍具备信息化教学环境。全面推进“优质资源班班通”，基本建成数字教育资源公共服务体系，为学习者享有优质数字教育资源提供方便快捷的服务。大力推进“网络学习空间人人通”，网络学习空间应用普及化，基本形成与学习型社会建设需求相适应的信息化支撑服务体系。

（二）实现公共服务平台协同发展，大幅提升信息化服务教育教学与管理的能力。

积极利用云计算、大数据等新技术，创新资源平台、管理平台的建设、应用模式。各地要根据信息化教学的实际需求，做好资源平台建设规划论证，充分利用现有通信基础设施，加快推进区域平台建设和与国家教育资源平台的协同服务。鼓励企业根据国家规定与学校需求建设资源平台，提供优质服务。“十三五”末，要形成覆盖全国、多级分布、互联互通的数字教育资源云服务体系，为学习者享有优质数字教育资源提供方便快捷的服务，提升教育信息化支撑教育教学的水平。制订出台教育数据管理办法，规范数据的采集、存储、处理、使用、共享等全生命周期管理，保证数据的真实、完整、准确、安全及可用，实现教育基础数据的有序开放与共享。在进一步明确业务需求的基础上，基本完成教育管理信息系统建设任务，基本完善教育基础数据库。着力做好已建系统运行与服务，提升管理公共服务平台支撑教育业务管理、决策支持、监测评价和公共服务的水平。逐步实现资源平台、管理平台的互通、衔接与开放，支持各级教育行政部门和各类教育机构、企事业单位利用国家已有系统开发相关应用。

（三）不断扩大优质教育资源覆盖面，优先提升教育信息化促进教育公平、提高教育质量的能力。

深入推进三个课堂建设，积极推动“专递课堂”建设，巩固深化“教学点数字教育资源全覆盖”项目成果，进一步提高教学点开课率，提高教学点、薄弱校教学质量；推广“一校带多点、一校带多校”的教学和教研组织模式，逐步使依托信息技术的“优质学校带薄弱学校、优秀教师带普通教师”模式制度化。大力推进“名师课堂”建设，充分发挥名师的示范、辐射和指导作用，以“名师工作室”等形式组织特级教师、教学名师与一定数量的教师结成网络研修共同体，提升广大教师的教学能力和水平。积极组织推进多种形式的信息化教学活动，鼓励教师利用信息技术创新教学模式，推动形成“课堂用、经常用、普遍用”的信息化教学新常态。创新推进“名校网络课堂”建设，各地教育行政部门要制订相关规定，鼓励、要求名校利用“名校网络课堂”带动一定数量的周边学校，使名校优质教育资源在更广范围内得到共享，让更多的学生享受到高质量的教育。继续推动高校建设并向社会开放在线课程，促进中央部门高校支援西部高校开展在线开放课程线上线下混合式教学改革；积极支持、推进高等学校继续教育数字化资源开放和在线教育联盟、大学与企业继续教育联盟建设，扩大高校优质教育资源受益面，在提升高等教育、继续教育质量中发挥重要作用。

（四）加快探索数字教育资源服务供给模式，有效提升数字教育资源服务水平与能力。

继续开展“一师一优课、一课一名师”等信息化教学推广活动，激发广大教师的教育智慧，不断生成和共享优质资源；实施职业教育数字资源试点专项，国家示范性职业学校数字化资源共建共享计划，以先建后补方式继续开展“职业教育专业教学资源库”建设，推动职业院校广泛应用。加快制订数字教育资源相关标准规范，完善多机制、多途径整合优质数字教育资源的制度。加大数字教育资源的知识产权保护力度，加强相关法治培训，增强教育部门、学校使用、应用数字图书、音像制品等资源时，依法保护知识产权的意识和能力，进一步确立通过市场竞争产生优质资源、提供优质资源服务的机制。要通过多种方式大力培育数字教育资源服务市场，积极探索在生均公用经费中列支购买资源服务费用的机制，将数字教育资源的选择权真正交给广大师生。鼓励企业积极提供云端支持、动态更新的适应混合学习、泛在学习等学习方式的新型数字教育资源及服务。各级教育行政部门要保障基础性数字教育资源的供给，并发挥好已有资源的作用，利用以互联网为主的多种手段将资源提供给各类教育机构，尤其是农村、边远、贫困、民族地区的学校免费使用。大力实施面向不同行业、企业的高等学校继续教育e行动计划，办好开放大学、老年大学、就业技能培训等，为全民学习、终身学习提供有力支撑。

（五）创新“网络学习空间人人通”建设与应用模式，从服务课堂学习拓展为支撑网络化的泛在学习。

要积极利用成熟技术和平台，统筹推进实名制网络学习空间的建设与应用。空间要集成网络教学、资源推送、学籍管理、学习生涯记录等功能。要融合网络学习空间创新教学模式、学习模式、教研模式和教育资源的共建共享模式。鼓励教师应用网络学习空间开展备课授课、家校互动、网络研修、指导学生学习等活动；鼓励学生应用网络学习空间进行预习、作业、自测、拓展阅读、网络选修课等学习活动，养成自主管理、自主学习、自主服务的良好习惯；鼓励家长应用网络学习空间与学校、教师便捷沟通、互动，关注学生学习成长过程，有效引导学生科学使用空间。要实现学生学习过程、实践经历记录的网络学习空间呈现；依托网络学习空间逐步实现对学生日常学习情况的大数据采集和分析，优化教学模式，以“人人通”的广泛、深度应用进一步体现“校校通”“班班通”的综合效能。

（六）深化信息技术与教育教学的融合发展，从服务教育教学拓展为服务育人全过程。

要依托信息技术营造信息化教学环境，促进教学理念、教学模式和教学内容改革，推进信息技术在日常教学中的深入、广泛应用，适应信息时代对培养高素质人才的需求。有条件的地区要积极探索信息技术在“众创空间”、跨学科学习（STEAM教育）、创客教育等新的教育模式中的应用，着力提升学生的信息素养、创新意识和创新能力，养成数字化学习习惯，促进学生的全面发展，发挥信息化面向未来培养高素质人才的支撑引领作用。面向未来培养高素质人才，教师能力是关键。要建立健全教师信息技术应用能力标准，将信息化教学能力培养纳入师范生培养课程体系，列入高校和中小学办学水平评估、校长考评的指标体系，将教师信息技术应用能力纳入教师培训必修学时（学分），将能力提升与学科教学培训紧密结合，有针对性地开展以深度融合信息技术为特点的课例和教学法的培训，培养教师利用信息技术开展学情分析与个性化教学的能力，增强教师在信息化环境下创新教育教学的能力，使信息化教学真正成为教师教学活动的常态。

（七）深入推进管理信息化，从服务教育管理拓展为全面提升教育治理能力。

建成覆盖各级教育行政部门、全国各级各类学校和相关教育机构的国家教育管理信息化体系，实现教育基础数据的“伴随式收集”和全国互通共享。要推动管理信息化与教育教学创新的深度融合，在提高教育管理效能的基础上，实现决策支持科学化、管理过程精细化、教学分析即时化，充分释放教育信息化的潜能，系统发挥信息化在政府职能转变、教育管理方式重构、教育管理流程再造中的作用，促进政府教育决策、管理和公共服务水平显著提高，推动教育治理能力的现代化。要利用信息化实现政府部门、学校、家长和社会广泛连接与信息快速互通，推动教育评价主体多元化、公共服务人性化，使各级各类学校、相关教育机构和广大人民群众更加及时、准确地获取教育信息，更加便利地享受到教育服务，更加深入地参与教育治理过程，形成一个有效的教育治理体系，让教育发展的成果更多更公平惠及全体人民，从而加快发展各项教育事业。

（八）紧密结合国家战略需求，从服务教育自身拓展为服务国家经济社会发展。

教育信息化要更好地服务国家重大需求，在“一带一路”、“互联网+”、大数据、信息惠民、智慧城市、精准扶贫等国家重大任务中发挥作用，提供广覆盖、多层次、高品质的公共服务，优化社会资源配置、创新公共服务供给模式、提升均等化普惠化水平，培育新型业态和新的经济增长点，在促进信息消费、提升基本公共服务水平、加强和创新社会管理、构建和谐社会等方面积极探索。要加强教育信息化的国际交流与合作，扩大国际视野，拓展国际空间，抢占教育信息化的国际制高点，增加国际话语权，服务国家外交话语权的提升。要贯彻落实国家网络安全战略部署和法律法规，加强网络安全相关学科建设、人才培养和技术创新，做好教育系统网络安全工作，服务国家安全战略。

五、保障措施

（一）加强领导，健全规范教育信息化管理体制和服务支撑机制。

各级教育行政部门、各级各类学校和相关教育机构要理顺信息化管理体制，明确行政职能管理部门，完善教育信息化组织领导体制。要建立“一把手”责任制，主要领导亲自抓信息化工作。要明确教育信息化行政职能管理部门、业务应用推进部门、技术支持部门等各主体在教育信息化建设应用格局中的责任与义务，确保教育信息化的健康、有序发展。要探索和建立便捷高效的教育信息化技术服务支撑机制，整合教研、电教、信息、装备等教育系统专业机构的力量，充分利用相关企业专业化服务的优势，形成合力，为学校、师生等提供优质、便捷、高效的服务。要在各级各类学校逐步建立由校领导担任首席信息官（CIO）的制度，全面统筹本单位信息化的规划与发展。要加强信息化专业队伍建设，确保各级各类学校信息化管理与服务工作得到落实。

（二）分类指导，统筹推进教育信息化工作。

地方各级教育行政部门要根据国家要求和本地区教育现状与教育改革发展任务，有针对性地提出教育信息化建设与应用重点任务，统筹推进“十三五”教育信息化工作。东部发达地区和中西部省会及中心城市要率先实现国家确定的发展目标，率先深入普遍应用。各级各类教育要充分利用信息技术手段，促进改革发展重大目标的实现。基础教育要推进教学内容和模式的变革，促进学生全面发展，扩大优质教育资源覆盖面，普及更有质量、更加公平的教育；职业教育要着力用现代信息技术改造传统教学，重点解决实训教学中“进不去、看不见、动不了、难再现”的难题；高等教育要创新人才培养、科学研究、社会服务、文化传承和管理模式，提高人才培养质量和办学水平；继续教育要建立线上线下相结合的混合式教学模式，为全民学习、终身学习提供方便、灵活、个性化的学习条件。省级教育行政部门在统筹推进的基础上，要着力加强对本地薄弱地区、薄弱学校与教学点的支持力度。地市、区县教育行政部门要着力加强对各级各类学校信息化建设与应用的指导，加大对校长和教师的培训力度。各级各类学校要主动把教育信息化纳入本校总体规划，深入开展信息化教学与管理应用。

（三）开展督导，形成制度化的评估机制。

要制订针对区域、学校、课程、资源、教师、学生信息化水平的评价指标体系和评估办法，将相关评估纳入教育督导工作，有效推动教育信息化发展。要将教育信息化作为学校基本办学条件，纳入学校建设基本标准和区域、学校评价指标体系。各地要将教育信息化作为重要指标，纳入本地区教育现代化指标体系。要全面开展面向区域教育信息化的督导评估和第三方评测，将督导评估结果作为核查工作进展、推动工作落实的依据，以提升各地区、各学校发展教育信息化的效率、效果和效益。

（四）完善保障，形成多元化投入支持机制。

加大中央财政对中西部地区教育信息化的投入力度，引导地方加强对农村、边远地区教育信息化的经费支持力度。各地要加强对教育信息化的政策支持，将教育信息化纳入经济社会发展规划和信息化整体规划。要明确政府在教育信息化经费投入中的主体作用，统筹推进教育信息化和“互联网+”、大数据、信息惠民、智慧城市等工作；要建立社会团体、企业支持和参与的多元化投入机制，鼓励基础电信企业建立对各级各类学校的网络使用资费优惠机制。各地要切实落实国家关于生均公用经费可用于购买信息化资源和服务的政策，优化经费支出结构。要明确教育信息化经费在当地生均公用经费、教育附加费中的支出比例，形成教育信息化经费投入保障机制。

（五）明确责任，确保网络安全与信息化协调发展。

按照“谁主管谁负责、谁运维谁负责、谁使用谁负责”的原则，建立健全网络安全责任制和问责机制。单位主要负责人是网络安全工作的第一责任人，统筹协调网络安全与教育信息化工作。网络安全工作分管负责人要协助主要负责人抓好落实。责任职能部门和技术支撑机构应做到安全到人、责任到岗。要开展多种形式的网络安全教育和培训，建立从业人员的岗前培训和岗位继续教育制度，提高全体人员的网络安全意识，提升从业人员的职业技能和水平。

教育部关于中央部门所属高校深化教育教学改革的指导意见

（2016 年 6 月 13 日）

有关部门（单位）教育司（局），部属各高等学校：

提高人才培养质量是高等教育的核心任务，深化教育教学改革是新时期高等教育发展的强大动力。近年来，高等学校特别是中央部门所属高校（以下简称中央高校）不断推进教育教学改革，人才培养质量大幅提高，创造了许多可复制可推广的经验和做法，在全国高校具有引领和示范作用。但一些高校仍存在教育教学理念相对滞后、机制不够完善、内容方法陈旧单一、实践教学比较薄弱等问题。经商财政部，决定在“十三五”期间实施中央高校教育教学改革专项，继续推动和支持中央高校深化教育教学改革，提高高校教学水平、创新能力和人才培养质量。现提出如下指导意见。

一、总体要求

（一）基本思路

全面贯彻党的十八大和十八届三中、四中、五中全会精神，深入学习贯彻习近平总书记系列重要讲话精神，以“创新、协调、绿色、开放、共享”五大发展理念为引领，全面贯彻党的教育方针，落实立德树人根本任务，以支撑创新驱动发展战略、服务经济社会发展为导向，在统筹推进一流大学和一流学科建设进程中，建设一流本科教育，全面提高教学水平和人才培养质量，切实增强学生的社会责任感、创新精神和实践能力。

（二）主要原则

——因校制宜，自主实施。坚持问题导向，聚焦本校教育教学薄弱环节和主要问题，确定改革重点和领域，按规定自主安排资源和经费。

——统筹兼顾，突出重点。整体设计改革方案，注重改革的系统性、集成度，明确目标任务，聚焦重点难点，力争在关键领域尽快取得标志性成果。

——注重绩效，示范引领。激发改革活力，建立自我评价机制，注重改革成果的推广应用，推动我国高等教育教学质量和水平持续提升。

（三）总体目标

到 2020 年，中央高校人才培养中心地位和本科教学基础地位得到进一步巩固和加强，学科专业结构和人才培养类型结构更加适应国家和区域经济社会发展需要，协同育人机制更加优化，创新创业教育改革形成制度化成果，信息技术与教育教学深度融合，教师培训体系实现制度化、专业化、网络化，基础学科拔尖学生培养取得新进展，高等教育发展更加协调，涌现出一批社会公认、具有国际影响力的本科教育高校。

二、主要任务

（一）深入推进高校创新创业教育改革

贯彻落实《国务院办公厅关于深化高等学校创新创业教育改革的实施意见》，坚持把深入推进创新创业教育改革作为中央高校教育教学改革的突破口和重中之重。牢固树立科学的创新创业教育理念，把创新创业教育作为全面提高高等教育质量的内在要求和应有之义，修订专业人才培养方案，将创新精神、创业意识和创新创业能力作为评价人才培养质量的重要指标。健全创新创业教育课程体系，促进包括通识课、专业课在内的各类课程与创新创业教育有机融合，挖掘和充实各类课程的创新创业教育资源。改革教学方式方法，广泛开展启发式、讨论式、参与式教学。改革教学和学籍管理制度，完善个性化的人才培养方案，建立创新创业学分积累和转换制度，允许参与创新创业的学生调整学业进程，保留学籍休学创新创业。开展大学生创新创业训练计划，支持学生参加国家级创新创业大赛。

（二）巩固本科教学基础地位

教授、副教授（高级职称教师）要更多承担本科教学任务，不断提高高校教学水平。完善管理办法，落实教授给本科生上课基本制度，将承担本科教学任务作为教授聘任的基本条件，让优秀的教师为本科一年级学生上课。普遍建立教师教学发展中心，开展教师培训、教学咨询服务、教学改革研究、教学质量评估，建设优质教学资源，提升教师教学能力和业务水平；发挥国家级教师教学发展示范中心的示范、辐射、引领作用。

（三）调整优化学科专业结构

制订高校学科专业建设发展规划，适应经济社会发展需要，结合办学定位、学科特色，加强内涵建设，合理布局学科专业。优化学科专业结构，积极设置“互联网+”“中国制造2025”等战略性新兴产业、经济社会发展和民生改善领域亟需相关专业，调减与学校办学定位不相符的专业，推动教育资源向服务国家、区域主导产业和特色产业的专业集群汇聚。对传统学科专业进行更新升级，用新理论、新知识、新技术更新教学内容，调整专业培养目标和建设重点，优化人才培养方案，推进专业综合改革，提高高校优势特色专业集中度。

（四）完善协同育人机制

推进人才培养与社会需求间的协同，与实务部门、科研院所、相关行业部门共同推进全流程协同育人，建立培养目标协同、教师队伍协同、资源共享协同、管理协同机制，加强高校教师与实务部门专家双向交流。建设与行业企业共建共享的协同育人实践基地，共同研究教学内容、教学方式，共同制定教学、学生管理、安全保障制度，共同推进开放共享，吸纳其他高校到基地进行实践教学。继续推进国家试点学院改革，运用协同育人等方式，不断创新试点学院人才培养机制，深化高等教育综合改革。加强综合实训中心建设，兼顾基础与前沿，统筹各类实验教学资源，构建功能集约、资源共享、开放充分、运作高效的专业类或跨专业类的实验教学平台。

（五）着力推进信息技术与教育教学深度融合

具有学科专业优势和现代教育技术优势的高校，要以受众面广量大的公共课、基础课和专业核心课为重点，致力于以学为本的课程体系重塑、课程内容改革，建设一批以大规模在线开放课程为代表、课程应用与教学服务相融通的优质在线开放课程。创新在线课程共享与应用模式，推动优质大规模在线开放课程共享、不同类型高校小规模定制在线课程应用、校内校际线上线下混合式教学，推进以学生为中心的教与学方式方法变革。高校要完善管理制度，将教师建设和应用在线课程合理计入教学工作量，将学生有组织学习在线课程纳入学分管理，对课程建设质量、课程运行效果进行监测评价。建设虚拟仿真实验教学中心，全面推进信息化实践教学平台建设，充分利用信息技术实现优质实验教学资源开放共享。

（六）建立完善拔尖人才培养体制机制

加强高水平研究型大学优势基础学科青年英才培养，继续实施“基础学科拔尖学生培养试验计划”，在数学、物理学、化学、生物科学和计算机科学等五个学科深入探索，完善拔尖学生选拔机制，深化拔尖创新人才培养机制改革，吸引优秀学生投身基础科学研究，形成拔尖创新人才培养的良好氛围。发挥“拔尖计划”的示范辐射作用，推动各高校转变教学理念，改革学生选拔方式、人才培养模式、学生管理办法等，提高拔尖创新人才培养水平。

（七）服务西部地区高等教育发展

继续实施好“对口支援西部地区高等学校计划”，以人才培养工作为中心，促进受援高校实现人才培养质量、科学研究和社会服务能力、教师队伍水平和学校管理水平等四个方面显著提升。重点加强受援高校师资队伍建设，为受援高校定向培养硕士和博士研究生。加强支援高校教师支教、管理干部挂职和受援高校教师进修、管理干部锻炼的双向交流。

三、组织实施

（一）落实责任主体。各中央高校是实施教育教学改革的责任主体，要根据本意见精神和本校教育教学改革实际，专题研究、编制本校教育教学改革方案，明确改革举措、资源配置和资金筹集方式，确定责任人、时间表、路线图，把各项改革任务落细、落小、落实。

（二）经费统筹使用。中央财政设立中央高校教育教学改革专项资金，支持各中央高校深化教育教学改革。各中央高校要按规定统筹安排使用中央财政专项资金，支持本校教育教学改革方案的实施。

（三）实施信息公开。各中央高校要通过校园网等网络平台公布改革方案和实施计划、进展情况及标志性成果，推动改革经验与成果的共享，接受社会监督。

（四）改革务求实效。各中央高校要对照本校改革方案及目标，进行自我绩效考核。教育部、财政部将密切跟踪工作进展，动态调整支持力度，加强过程监管和指导咨询，推动各项措施落到实处、见到实效。

教育部

2016年6月13日

教育部　司法部　全国普法办
关于印发《青少年法治教育大纲》的通知

（2016年6月28日）

各省、自治区、直辖市教育厅（教委）、司法厅（局）、普法依法治理领导小组办公室，各计划单列市教育局、司法局、普法依法治理领导小组办公室，新疆生产建设兵团教育局、司法局、普法依法治理领导小组办公室，教育部直属各高等学校：

为贯彻落实党的十八大和十八届三中、四中、五中全会精神，推动法治教育纳入国民教育体系，提高法治教育的系统化、科学化水平，我们研究制定了《青少年法治教育大纲》，经国家教育体制改革领导小组审议通过，现印发给你们。各级教育行政部门、司法行政部门要认真组织学习宣传、贯彻落实，按照《青少年法治教育大纲》要求，加强组织领导、做好条件保障，切实推进学校青少年法治教育工作；协调、组织政府各有关部门，构建政府、学校、社会、家庭共同参与的青少年法治教育新格局。各高等学校要组织力量，积极参与青少年法治教育工作，提供人才保障和智力支持。

各地、各高校贯彻落实《青少年法治教育大纲》的情况，实践中形成的具有示范意义的典型和经验，请及时报教育部政策法规司（教育部普法办）、司法部法制宣传司。

教育部　司法部　全国普法办

2016年6月28日

青少年法治教育大纲

为深入贯彻党的十八届四中全会关于“将法治教育纳入国民教育体系，从青少年抓起，在中小学设立法治知识课程”的要求，在国民教育体系中系统规划和科学安排法治教育的目标定位、原则要求和实施路径，制定本大纲。

一、青少年法治教育的重要性和紧迫性

青少年是祖国的未来、民族的希望。加强青少年法治教育，使广大青少年学生从小树立法治观念，养成自觉守法、遇事找法、解决问题靠法的思维习惯和行为方式，是全面依法治国、加快建设社会主义法治国家的基础工程；是在青少年群体中深入开展社会主义核心价值观教育的重要途径；是全面贯彻党的教育方针，促进青少年健康成长、全面发展，培养社会主义合格公民的客观要求。

长期以来，各有关部门、各级各类学校通过多种途径开展了形式多样的青少年法制宣传教育，广大青少年法律素质明显提高。但从总体上看，青少年法治教育仍存在着对其重要地位和作用认识不深刻、定位不够准确；法治教育缺乏整体规划，方式方法有待创新；学校法治教育的评价体系不健全，教育针对性和实效性不强；学校、社会、家庭多元参与的青少年法治教育网络还没有形成；师资、教育资源的保障机制尚不健全等问题。

建设社会主义法治国家的宏伟目标，对加强和改善青少年法治教育提出了现实而迫切的要求，当前和今后一段时间，要高度重视青少年法治教育工作，加快完成法治教育从一般的普法活动到学校教育的重要内容，从传授法律知识到培育法治观念、法律意识的转变，完善工作机制，加大工作力度，将法治教育全面纳入国民教育体系，创新青少年法治教育的形式与内容，着力提高系统化、科学化水平，切实增强教育的针对性与实效性。

二、青少年法治教育的指导思想和工作要求

（一）指导思想

开展青少年法治教育，要高举中国特色社会主义伟大旗帜，以邓小平理论、“三个代表”重要思想、科学发展观为指导，深入贯彻习近平总书记系列重要讲话精神，全面贯彻党的教育方针，以培育和践行社会主义核心价值观为主线，以宪法教育为核心，把法治教育融入学校教育的各个阶段，全面提高青少年法治观念和法律意识，使尊法学法守法用法成为青少年的共同追求和自觉行动。

（二）工作要求

——以社会主义核心价值观为主线。法治教育要与道德教育相结合，注重以法治精神和法律规范弘扬社会主义核心价值观，以良法善治传导正确的价值导向，把法律的约束力量、底线意识与道德教育的感化力量、提升精神紧密结合，使青少年理解法治的道德底蕴，牢固树立规则意识、诚信观念、契约精神，尊崇公序良俗，实现法治的育人功能。

——以宪法教育为核心，以权利义务教育为本位。法治教育要以宪法教育和公民基本权利义务教育为重点，覆盖各教育阶段，形成层次递进、结构合理、螺旋上升的法治教育体系。要将宪法教育贯穿始终，培养和增强青少年的国家观念和公民意识；将权利义务教育贯穿始终，使青少年牢固树立有权利就有义务、有权力就有责任的观念。

——以贴近青少年实际、提高教育效果为目的。法治教育要遵循青少年身心发展规律，贴近青少年生活实际，科学安排教学内容，合理确定教学重点和方法，注重知行统一，坚持落细落小落实；要更多采取实践式、体验式、参与式等教学方式，

与法治事件、现实案例、常见法律问题紧密结合，注重内容的鲜活，注重学生的参与、互动、思辨，创新形式，切实提高法治教育的质量和实效。

——以构建系统完整的法治教育体系为途径。法治教育要从小抓起，贯穿学校教育的各个阶段。要充分发挥课堂教学的主渠道作用，深入挖掘各门学科蕴含的法治教育内涵，注重发挥课外活动、社会实践和网络文化的重要作用，加强政府部门、学校、社会、家庭之间的协调配合，形成校内校外、课内课外、网上网下相结合的教育合力。

三、青少年法治教育的目标

（一）总体目标

以社会主义核心价值观为引领，普及法治知识，养成守法意识，使青少年了解、掌握个人成长和参与社会生活必需的法律常识和制度，明晰行为规则，自觉尊法、守法；规范行为习惯，培育法治观念，增强青少年依法规范自身行为、分辨是非、运用法律方法维护自身权益、通过法律途径参与国家和社会生活的意识和能力；践行法治理念，树立法治信仰，引导青少年参与法治实践，形成对社会主义法治道路的价值认同、制度认同，成为社会主义法治的忠实崇尚者、自觉遵守者、坚定捍卫者。

（二）阶段目标

1. 义务教育阶段。使学生初步了解公民的基本权利义务、重要法治理念与原则，初步了解个人成长和参与社会生活必须的基本法律常识；初步树立法治意识，养成规则意识和尊法守法的行为习惯，初步具备依法维护自身权益、参与社会生活的意识和能力，为培育法治观念、树立法治信仰奠定基础。

其中，小学阶段，着重普及宪法常识，养成守法意识和行为习惯，让学生感知生活中的法、身边的法，培育学生的国家观念、规则意识、诚信观念和遵纪守法的行为习惯。初中阶段，使学生初步了解个人成长和参与社会生活必备的基本法律常识，进一步强化守法意识、公民意识、权利与义务相统一观念、程序思维，初步建立宪法法律至上、民主法治等理念，初步具备运用法律知识辨别是非的能力，初步具备依法维护自身合法权益、参与社会生活的能力。

2. 高中教育阶段。使学生较为全面地了解中国特色社会主义法律体系的基本框架、基本制度以及法律常识，强化守法意识，增强法治观念，牢固树立有权利就有义务的观念，初步具备参与法治实践、正确维护自身权利的能力。

3. 高等教育阶段。进一步深化对法治理念、法治原则、重要法律概念的认识与理解，基本掌握公民常用法律知识，基本具备以法治思维和法治方式维护自身权利、参与社会公共事务、化解矛盾纠纷的能力，牢固树立法治观念，认识全面依法治国的重大意义，坚定走中国特色社会主义法治道路的理想和信念。

四、青少年法治教育的内容

（一）总体内容

青少年法治教育要以法律常识、法治理念、法治原则、法律制度为核心，围绕青少年的身心特点和成长需求，结合青少年与家庭、学校、社会、国家的关系，分阶段、系统安排公民基本权利义务、家庭关系、社会活动、公共生活、行政管理、司法制度、国家机构等领域的主要法律法规以及我国签署加入的重要国际公约的核心内容；按不同的层次和深度，将自由、平等、公正、民主、法治等理念，宪法法律至上、权利保障、权力制约、程序正义等法治原则，立法、执法、司法以及权利救济等法律制度，与法律常识教育相结合，在不同学段的教学内容中统筹安排、层次递进。

（二）分学段的教学内容与要求

1. 义务教育阶段

以基础性的行为规则和法律常识为主，侧重法治意识、尊法守法行为习惯的养成教育。要注重教学内容和方式的形象、生动，贴近学生实际，利用案例教学、实践教学，从生活实践中提炼案例，注重将核心理念、重要概念与学生生活实践能够接触的事件相结合，与学生的理解能力相适应。主要分阶段实施以下内容：

小学低年级（1—2 年级）

认知国家象征及标志。初步建立国家、国籍、公民的概念，初步建立对家庭关系的法律认识。初步建立规则意识，初步理解遵守规则、公平竞争、规则公平的意义与要求。初步建立法律面前人人平等的观念。了解消防安全知识、基本交通规则，知晓常用公共服务电话。初步了解自然，爱护动植物，为节约资源、保护环境做力所能及的事。

小学高年级（3—6 年级）

建立对宪法的法律地位和权威的初步认知。了解人民代表大会制度，初步认知主要国家机构、国家主权与领土，认知国防的意义，增强民族团结意识。

初步了解公民的基本权利和义务，简要认知重要民事权利，了解法律对未成年人的特定保护；初步理解权利行使规则，树立依法维权意识，树立有权利就有义务的观念，建立对校园欺凌行为的认知和防范意识。

了解制定规则要遵循一定的程序，进一步树立规则意识，遵守公共生活规则。初步了解合同以及合同的履行，理解诚实守信和友善的价值与意义。

初步了解消费者权益保护、道路交通、环境保护、消防安全、禁毒、食品安全等生活常用法律的基本规则。

初步认知未成年人能够理解和常见的违法和犯罪行为及其危害和要承担的法律责任。

初步了解司法制度，了解法院、检察院、律师的功能与作用。

知道我国加入的一些重要国际组织和国际公约。

初中阶段（7—9 年级）

进一步深化宪法教育。了解国家基本制度，强化国家认同。初步了解政府依法行政的基本原则，了解重要国家机构的职权。认知国家尊重和保障人权的意义。加深对公民基本权利和义务的认识。

了解民事法律活动的基本原则。了解合同和违约责任，树立诚信意识和契约精神。初步了解物权的概念，加深对知识产权的认识，理解保护知识产权的意义。了解有关民事侵权行为的法律规范和基本原则，认识与学生生活实践相关的民事侵权行为（校园伤害事故等）。了解劳动权利及其保障原则，以及教育、社会保险等相关方面的法律规定。

初步了解政府运行的法治原则，了解治安、道路交通、消防、环境保护、国家安全、公共卫生、教育、税收等公共事务的法律原则，初步形成依法参与社会公共事务的意识。

加深对社会生活中常见违法行为的认知，强化法律责任意识，巩固守法观念。了解犯罪行为的特征、刑罚种类，建立对校园暴力等青少年常见违法犯罪行为的防范意识和应对能力；初步认知罪刑法定、无罪推定等原则，正当防卫、紧急避险等概念。

初步了解我国司法制度的基本原则，建立尊重司法的意识。初步理解程序正义在实现法治中的作用，建立依法处理纠纷、理性维护权利的意识。

2. 高中教育阶段

在义务教育阶段教学内容的基础上，根据学生成长需要和认知能力的发展，全面拓展法律常识、法律制度的内容，有针对性地增加重要的法律知识；加大法治原则、法律理念的教学深度，注重增加教育教学的实践性、参与性和思辨性，结合现实案例、法治实践，着重引导学生理解、认同法律背后的价值、宗旨，注重法治意识的培养。主要实施以下内容：

了解我国社会主义法律体系的构成；理解法的特征与作用、法治的内涵与精神，初步形成对中国特色社会主义法治道路的认同。加深对宪法的地位、功能和价值的认识，明晰宪法原则，深入理解宪法所确立的国家基本制度，加深对公民基本权利与基本义务的认知，加深对重要法治原则的理解，了解选举制度和重要法律规定，认知法治与民主的关系。了解宪法实施及其监督的程序与机制。

理解民事活动的基本法律原则和核心概念，了解物权的法律概念与基本规则，树立尊重所有权的观念，进一步了解合同订立与履行的法律规则，深化对诚信原则的认识。了解知识产权保护的意义和法律规则。简要了解侵权责任的原则、概念。全面认知家庭、婚姻、教育、劳动、继承等与学生个人成长相关的法律关系。了解与生活密切相关的行政法律中的重要规则，认知和理解政府行政管理的法治原则，建立权力受法律制约、有权力就有责任的观念。理解刑法的运行规则，了解犯罪构成以及罪刑法定等基本原则。了解保障人权的重要性及其含义，理解法治与权利保障的关系。

认知民事、行政、刑事方面的法律责任，深化守法意识。了解诉讼制度的基本原则，以及调解、仲裁、行政复议等多元化纠纷解决机制，建立对正当程序原则的认识，树立理性表达诉求、依法维护权益的意识。了解人民法院、人民检察院的机构设置与职能，理解法官、检察官对维护司法公正的价值。了解律师的资格条件、业务范围和权利义务，理解律师维护社会正义的价值。

了解国际法的基本原则，我国签署加入儿童权利公约、残疾人权利公约等主要国际公约的基本内容。

3. 高等教育阶段

在义务教育和高中阶段教育的基础上，针对非法律专业的学生，根据高等教育阶段法治教育的目的，系统介绍中国特色社会主义法学理论体系的基本内涵；掌握法治国家的基本原理，知晓法治的中西源流；明确全面推进依法治国的战略目标、道路选择和社会主义法治体系建设的内容与机制；了解法治的政治、经济、文化、社会和国情基础，理解法治的核心理念和原则；掌握宪法基本知识，了解中国特色社会主义法律体系中的基本法律原则、法律制度及民事、刑事、行政法律等重要、常用的法律概念、法律规范；增加法治实践，提高运用法律知识分析、解决实际问题的意识和能力。

五、青少年法治教育的实施途径

青少年法治教育要充分发挥学校主导作用，与家庭、社会密切配合，拓宽教育途径，创新教育方法，实现全员、全程、全方位育人。

（一）学校教育

1. 专门课程

法治教育要与德育课程紧密结合，要适时、相应修订中小学德育课程标准，完成本大纲要求的教学内容。小学低年级要在道德与法治课中设置专门课时，安排法治教育内容；小学高年级要加大法治教育内容在道德与法治课中的比重，原则上不少于1/3；初中阶段，采取道德与法治课中设置专门教学单元或者集中在某一学期以专册方式实施教学，保证法治教育时间。高中教育阶段，思想政治课要设置专门的课程模块，可以采取分册方式，将法治教育作为思想政治课的独立组成部分，或者加大法治教育选修课的课时。高等教育阶段要把法治教育纳入通识教育范畴，开设法治基础课或者其他相关课程作为公共必修课。鼓励具备条件的地方、学校根据本大纲要求编写法治教育教材，在地方课程或者校本课程中设置法治知识课（必修或选修），完成本大纲要求的教育内容。

2. 教学方式

在课程建设和课程标准修订中要强化法治教育内容，并将法治教育内容落实到各学科课程的教育目标之中。要综合采用故事教学、情境模拟（如法庭模拟）、角色扮演、案例研讨、法治辩论、价值辨析等多种教学方法，必要时，可根据学生认知特点，将真实法治案例引入课堂教学，注重学生法治思维能力的培养。有条件的学校，要充分利用信息技术手段，将多种法治教育资源、形式予以整合、提升，形成以学习者为中心的教育环境，引导学生自主学习，培养学生学习法律的兴趣。

3. 多学科协同

要在各学科课程中挖掘法治教育因素，如：语文教学要充分利用文学作品中的人物形象和典型事件，向学生进行公平正义、违法责任等方面的教育；历史教学要关注法治发展史的教育，要重点讲述依法治国的历史范例；生物教学要对学生进行保护环境、热爱生命、尊重人权的教育；体育教学要对学生进行遵守规则、崇尚公正的教育，等等。

4. 主题教育

要充分利用主题教育、校园文化、党团队活动、学生社团活动、社会实践活动等多种载体，全过程、全要素开展法治教育。要将安全教育、廉政教育、民族团结教育、国防教育、交通安全教育、禁毒教育等专题教育，与法治教育内容相整合，一体化设计教学方案。深入开展“法律进学校”活动。充分利用国家宪法日、国防教育日、国家安全教育日、全国消防日、全国交通安全日、国际禁毒日、世界知识产权日、消费者权益日等，普及相关法律知识，开展形式多样、丰富多彩的主题教育活动。在入学仪式、开学典礼和毕业典礼、成人仪式等活动中，融入法治教育，积极引导学生自主参与，体验感悟。

5. 校园法治文化建设

要全面落实依法治校要求，把法治精神、法治思维和法治方式落实在学校教育、管理和服务的各个环节，建立健全学校章程、相关规章制度，完善学生管理、服务以及权利救济制度，实现环境育人。广泛开展模拟法庭、法律知识竞赛、法律情景剧展演、辩论会、理论研讨、法治社会实践、志愿服务等法治实践活动。中小学图书馆要选配符合青少年学生认知特点的普法读本、影视、动漫作品等，引导学生阅读、观看、讨论。在校园建设中要主动融入法治元素，利用宣传栏、招贴画、名言警句等校园文化载体，宣传法律知识、法治精神，营造校园法治教育氛围。

6. 学生自我教育

在法治教育中要注重发挥学生的主体作用。要根据学生实际，引导、支持学生自主制定规则、公约等，逐步培养学生参与群体生活、自主管理、民主协商的能力，养成按规则办事的习惯，引导学生在学校生活的实践中感受法治力量，培养法治观念。具备条件的，要积极支持学生组建法治兴趣小组、法治实践社团等，加以正确引导，使学生以适当方式研究法治问题、参与法治实践。

（二）社会教育

1. 社会实践教育

各级教育部门和学校要积极组织学生参加法治社会实践活动。各地要根据实际，积极建设综合性的青少年法治教育实践基地，在司法机关、相关政府部门或者有关组织、学校建立专项的法治教育基地。在统一组织的学生社会实践活动中，要安排相当比例的法治实践内容，让学生在真实的法治实践情景中进行学习。学校要充分利用各种社会资源，加强与社区的合作，组织学生进行社区法治服务活动。有条件的高等学校可以设立大学生法律援助中心，利用“三下乡”活动，组织学生进入社区、街道开展法治宣传，普及法律知识，在实践中学法、用法。

2. 国家机关和社会力量参与

要广泛组织和动员国家机关和社会力量支持和参与青少年法治教育工作，建立社会法治教育网络。法院、检察院、公安机关、司法行政机关等国家机关，律师协会等社会组织，要深入学校开展法治宣传教育，与教育部门、学校合作开发法治教育项目；有关行政部门要按照“谁执法、谁普法”的原则，利用学校法治教育平台，为学校提供相应的法治教育资源和实践机会。要切实加强针对有不良行为青少年的专门法治教育工作。鼓励法律工作者、研究人员以各种形式参与青少年法治教育，为学校开发法治教育课程、开展专题法治教育活动提供支持。宣传、文化、新闻出版广电、网信等相关主管部门要加强对报刊、广播电视、网络等媒体的引导和管理，积极鼓励弘扬法治精神的图书、期刊、网络游戏、动漫作品、少儿节目等文化产品以及创意作品的创作和传播，鼓励设立提供青少年法治教育服务的专业化教育机构，形成法治教育的社会合力和良好氛围。

3. 开发利用网络资源

要充分利用网络上的优质法治教育资源，丰富教学的形式和内容，建立学校、社会、家庭共同参与的立体教育网络。利用学校网站、官方微博、微信等平台及教师、班主任或辅导员的个人社交平台进行法治宣传，增强网络法治教育的吸引力，引导学生正确理解法律规范，理性思考和正确认识法治事件、现实案例。

（三）家庭教育

推动家庭与学校形成开展青少年法治教育的合力。积极引导家长重视家庭美德和家庭文化的建设，成为子女学法、守法、用法的榜样。要办好家长学校，完善家校合作机制，大力宣传推广家庭文化建设和家庭教育的成功经验，制定家长法治教育手册，提高家长对孩子进行法治教育的意识和能力，指导家长及时督促改正青少年的不良行为，预防产生违法行为。同时，要发挥学生法治教育对家长的作用，了解家长需求，拓展学校法治教育的影响。

六、青少年法治教育的保障

（一）组织与制度保障

各地要在党委、政府的统一领导下，建立由教育部门牵头，司法部门、共青团和有关部门、组织等共同参与的青少年法治教育工作机制，联合制定青少年法治教育工作规划，明确责任分工，确定工作步骤，协同推进青少年法治教育。

各级教育部门要积极协调相关部门，整合资

源，完善保障机制，健全青少年法治教育效果评价机制，推广法治教育的先进经验。要将学校法治教育实施情况作为依法治校的重要方面，纳入学校年度考核的内容；作为预防青少年违法犯罪和“平安校园”创建工作内容，纳入综合（平安建设）工作考评。县级以上各级人民政府教育督导机构要将学校法治教育实施情况纳入教育督导范围，帮助学校推进法治教育工作。

各级各类学校是实施法治教育的主体，要将法治教育纳入学校总体发展规划和年度工作计划，重点在师资配备、课程实施、经费支持、制度机制等方面予以保障，做好法治教育的落实工作。

（二）师资队伍建设

要大力加强法治教育师资队伍建设，逐步建设高水平的法治教育教师队伍。通过多种途径，保证每所中小学要至少有1名受过专业培养或者经过专门培训，可以胜任法治教育任务的教师。建立中小学法治教育骨干教师培养机制，完善对法治教育教学成果的支持和奖励制度。提高全体教师的法治素养和法治教育能力，充分挖掘各学科教学内容的法治内涵，提升教师群体的法治意识。完善法治副校长（辅导员）制度，进一步明确职责，完善相关工作机制，充分发挥法官、检察官、律师、高校法律院系教师等法律工作者的力量，健全高校学生法治教育志愿者制度，建设稳定的兼职法治教育师资队伍，为中小学法治教育提供支持。

鼓励高校探索青少年法治教育方向研究生培养。创新机制吸引法律专业毕业生到中小学任教，培养专业化的中小学法治教育师资。完善法治教师继续教育制度，充分利用高校、社会的力量，为中小学法治教育教师培训提供支持。

（三）健全评价机制

要建立健全科学的青少年法治教育评价机制。评价要全面考察青少年法治教育效果，有利于激发青少年学习法治知识、发展法治能力、提高法治素养、参与法治实践的自觉性；有利于激发学校、教师开展法治教育的主动性和创造性，促进青少年法治教育形式与内容的不断改进和创新。评价要基于本大纲确定的青少年法治教育的目标和内容要求，将必要的法律常识纳入不同阶段学生学业评价范畴，在中、高考中适当增加法治知识内容，将法治素养作为学生综合素质的重要组成部分。要注重结合青少年的学习和生活，将反映法治思维、法治观念的行为、态度和实践作为评价的重要方面，增强评价的科学性和有效性。要结合社会诚信体系建设、精神文明创建等机制，探索建立综合性的青少年法治素养评价机制。教育部门可以联合司法部门组织或者委托第三方对学校、区域的青少年法治教育的整体情况进行评价。有条件的高等学校、科研组织可以开展青少年法治教育评价的研究与实践。

（四）教育教学资源保障

整合网络教育资源，加强教育部全国青少年普法网等专业网站建设，提供形式生动多样，内容鲜活丰富的网络优秀法治教育资源，支持中小学开展法治教育。积极推进综合性青少年法治教育实践基地建设，把基地建设纳入各地校外教育机构建设的整体规划。教育、司法行政部门要会同有关部门，加强组织协作，鼓励在政府部门、高等学校、相关社会组织，设立各类法治教育基地，为学校组织学生参观各类国家机关、观摩司法活动、体验法治实践提供便利。

鼓励和支持各种社会组织开发青少年法治教育读本及相关产品，编写出版符合青少年认知特点和接受意趣的法治教育期刊、课件、音像资料等教育教学资源。鼓励各地将法治教育教材、读本纳入免费教科书范围，积极创造条件向中小学特别是农村和边远贫困地区的学校，免费提供优质法治教育资源。

要充分利用高等学校、研究机构的相关科研力量，深入开展青少年法治教育理论研究，为法治教育教学提供理论基础和学理支撑。要加大对青少年法治教育研究扶持力度，设立专项科研课题，特别要设立面向一线教师的法治教育研究课题，鼓励中小学教师与专业研究人员开展合作研究，及时总结、交流和推广研究成果。

要引导大众传媒切实承担起法治教育的社会责任，把青少年学生作为法治宣传教育的重点人群，通过多种形式，开展适合青少年学生特点的公益法治宣传活动。

（五）经费保障

各级教育部门和有关部门要统筹安排相关经费，支持青少年法治教育，支持法治教育实践基地、教育普法网站建设和教师法治培训、法治教育教学研究等工作。具备条件的地方，可以通过政府购买服务等方式，为学校开展青少年法治教育提供优质的教学、实践资源。学校要将法治教育纳入学校工作总体规划和年度计划，将所需经费纳入年度预算。要积极动员全社会力量，鼓励企业、事业组织和公民个人设立公益性基金或者专门基金会，支持青少年法治教育工作。

教育部等九部门关于进一步推进社区教育发展的意见

（2016年6月28日）

各省、自治区、直辖市教育厅（教委）、民政厅（局）、科技厅（局）、财政厅（局）、人力资源社会保障厅（局）、文化厅（局）、体育局、团委、科技协会，新疆生产建设兵团教育局（体育局）、民政局、科技局、财务局、人力资源社会保障局、文化局、团委、科技协会：

社区教育是我国教育事业的重要组成部分，是社区建设的重要内容。近年来，我国社区教育蓬勃发展，探索了具有中国特色的社区教育发展方式和路径，形成了东部沿海发达地区广泛开展、中西部地区逐步推进的发展格局，建设了一大批全国和省级社区教育实验区、示范区，社区教育参与率和满意度逐步提高。为加快实现教育规划纲要关于基本形成学习型社会的目标，服务全面建成小康社会的战略要求，现就进一步推进社区教育发展提出如下意见。

一、总体要求

（一）指导思想

全面贯彻落实党的十八大和十八届三中、四中、五中全会精神，深入学习贯彻习近平总书记系列重要讲话精神，牢固树立创新、协调、绿色、开放、共享的发展理念，按照协调推进“四个全面”战略布局的要求，以促进全民终身学习、形成学习型社会为目标，以提高国民思想道德素质、科学文化素质、健康素质和职业技能为宗旨，以建立健全社区教育制度为着力点，统筹发展城乡社区教育，加强基础能力建设，整合各类教育资源。充分发挥社区教育在弘扬社会主义核心价值观、推动社会治理体系建设、传承中华优秀传统文化、形成科学文明生活消费方式、服务人的全面发展等方面的作用。

（二）基本原则

坚持以人为本，需求导向。以学习者为中心，以学习需求为导向，为社区内不同年龄层次、不同文化程度、不同收入水平的居民提供多样化教育服务。体现社区教育的普惠性，促进社会公平。

坚持社区为根，特色发展。立足城乡社区，面向基层，办好居民家门口的社区教育。从东中西部区域发展的实际出发，推进社区教育特色发展。鼓励各地结合当地历史、人文资源和经济发展状况，因地制宜、因势利导开展社区教育活动。

坚持统筹协调，整合资源。发挥党委政府的推动引导作用，把社区教育切实纳入区域经济社会发展总体规划。以城带乡，统筹城乡社区教育协调发展，着力补足农村社区教育短板。整合学校教育资源和其他社会资源服务社区居民学习。

坚持改革引领，创新驱动。注重顶层设计与基层创新良性互动、有机结合。培育多元主体，引导各级各类学校和社会力量积极参与社区教育。充分运用现代信息技术手段，创新服务模式。推动社区教育融入社区治理，不断丰富社区建设的内容。

（三）总体目标

到2020年，社区教育治理体系初步形成，内容形式更加丰富，教育资源融通共享，服务能力显著提高，发展环境更加优化，居民参与率和满意度显著提高，基本形成具有中国特色的社区教育发展模式。建设全国社区教育实验区600个，建成全国社区教育示范区200个，全国开展社区教育的县（市、区）实现全覆盖。

二、主要任务

（一）加强基础能力建设

1. 建立健全社区教育网络。通过整合资源，建立健全城乡一体的社区教育县（市、区）、乡镇（街道）、村（社区）三级办学网络。各省、市（地）可依托开放大学、广播电视大学、农业广播电视学校、职业院校以及社区科普学校等设立社区教育指导机构，统筹指导本区域社区教育工作的开展。研究制定社区教育办学机构指导性要求。

2. 明确社区教育机构职责定位。县（市、区）社区教育学院（中心）负责课程开发、教育示范、业务指导、理论研究等。乡镇（街道）社区学校负责组织实施社区教育活动，指导村（社区）教学站（点）的工作。村（社区）教学站（点）为居民提供灵活便捷的教育服务。

3. 推动各类学习型组织与学习共同体建设。广泛开展学习型乡镇（街道）、学习型社区、学习型家庭等各类学习型组织创建活动，推动学习型城市建设。鼓励和引导社区居民自发组建形式多样的学习团队、活动小组等学习共同体，实现自我组织、自我教育、自我管理、自我服务，不断增强各类组织的凝聚力和创新力。

4. 加强社区教育实验区和示范区建设。继续推动社区教育实验区、示范区建设，充分发挥社区教育示范区在体系构建、资源共享、投入机制、队伍建设、信息化应用、市民学分银行建设等方面的示范引领作用，进一步提升社区教育服务能力和水平。各地要建立和完善相应工作机制，提出建设目标。

（二）整合社区教育资源

5. 开放共享学校资源。鼓励各级各类学校充分利用场地设施、课程资源、师资、教学实训设备等积极筹办和参与社区教育。充分发挥县级职业教育中心、开放大学、广播电视学校、科普学校在农村社区教育中的骨干和引领作用。加快乡镇成人文化技术学校的转型发展，鼓励其成为农村社区教育的重要载体。推动普通中小学有序向社区居民提供适宜的教育服务。

6. 统筹共享社区资源。注重社区教育机构与城乡社区综合服务中心（站）、社区文化中心等机构的资源共享，拓展社区综合服务中心（站）的社区教育功能，推动社区教育机构与社区综合服务中心（站）设施统筹、信息共享、服务联动。充分利用社区文化、科学普及、体育健身等各类资源，发掘教育内涵，组织开展社区教育活动，实现一个场所、多种功能，促进基层公共服务资源效益最大化。

7. 充分利用社会资源。提高图书馆、科技馆、文化馆、博物馆和体育场馆等各类公共设施面向社区居民的开放水平。鼓励相关行业企业参与社区教育。引导一批培训质量高、社会效益好的社会培训机构参与社区教育。探索开放、可持续发展的资源共享模式，不断扩大社区学习资源供给。

（三）丰富内容和形式

8. 丰富社区教育内容。广泛开展公民素养、诚信教育、人文艺术、科学技术、职业技能、早期教育、运动健身、养生保健、生活休闲等教育活动，提升居民生活品质，推动生活方式向发展型、现代型、服务型转变。积极开展面向社区服务人员、社区志愿者、社区社会组织成员的教育培训，增强其组织和服务居民的能力。

9. 创新社区教育形式。创新教育载体和学习形式，培育一批优质学习项目品牌。在组织课堂学习的基础上，积极开展才艺展示、参观游学、读书沙龙等多种形式的社区教育活动，探索团队学习、体验学习、远程学习等模式。通过开设学习超市、提供学习地图等形式方便社区居民灵活自主学习。推动各地建设方便快捷的居民学习服务圈。

10. 推进社区教育信息化。结合实施“宽带中国”战略和“互联网+城市”“互联网+科普”计划，充分利用现代远程教育体系，结合或依托社区公共服务综合信息平台建设，建立覆盖城乡、开放便捷的社区数字化学习公共服务平台及体系。有条件的地方，鼓励形成网上学习圈。鼓励各级各类学校和社会教育培训机构向社区开放数字化学习资源及服务，推进各地网上学习平台互联互通和社区教育数字化学习资源的建设与共享，为居民提供线上线下多种形式的学习支持服务。

（四）提高服务重点人群的能力

11. 大力发展老年教育。将老年教育作为社区教育的重点任务，结合多层次养老服务体系建设，改善基层社区老年人的学习环境，完善老年人社区学习网络。建设一批在本区域发挥示范作用的乡镇（街道）老年人学习场所和老年大学。努力提高老年教育的参与率和满意度。

12. 积极开展青少年校外教育。推动实现社区教育与学校教育有效衔接和良性互动。社区教育机构要紧密联系普通中小学、青少年校外活动场所、社会组织等，充分利用社区内的各类教育、科普资源，开展校外教育及社会实践活动，为青少年健康成长提供良好的社区教育环境。开展形式多样的早期教育活动，有条件的中小学、幼儿园可派教师到社区教育机构提供志愿服务。充分发挥共青团、少先队组织在青少年校外和社区教育中的作用。

13. 广泛开展各类教育培训。主动适应居民实际需求，有针对性地开展法治社会、科学生活、安全健康、就业再就业、创新创业、职业技能提升等教育培训活动。积极面向学生家长开展教育理念、教育方法等方面的家庭教育指导。重点面向城镇化进程中的失地农民和农民工，积极开展职业技能、思想道德、民主法治、文明礼仪、生活方式等方面的教育培训，通过社区学习与交流活动，增强社区归属感和认同感，加快其融入城镇社区生活的进程。重视弱势人群提高生存技能的培训，积极为社区各类残疾人提供学习服务。

14. 重视农村居民的教育培训。各级各类学校教育资源要向周边农村居民开放，用好县级职教中心、乡（镇）成人文化技术学校、开放大学、广播电视学校、农村致富技术函授大学和农村社区教育教学点。结合新农村和农村社区建设，有效推进基层综合性文化服务中心、图书馆、文化馆、博物馆、农家书屋、农村中学科技馆等资源共享，提升农村社区教育服务供给水平。广泛开展农村实用技术培训和现代生活教育培训。大力开展新型职业农民培训。加强农村居民家庭教育指导，为农村留守妇女提供社会生活、权益保护、就业创业等方面的教育培训。重视开展农村留守儿童、老人和各类残疾人的培训服务。

（五）提升社区教育内涵

15. 加强课程资源建设。国家组织编写一批社区教育通用型课程大纲。鼓励各地开发、推荐、遴选、引进优质社区教育课程资源，推动课程建设规范化、特色化发展。鼓励引导社区组织、社区居民和社会各界共同参与课程开发，建设一批具有地域特色的本土化课程。课程设计应与居民需求、科学普及、文明素养、社区发展等紧密结合，促进课程设计与社区治理和服务实践有机融合。

16. 提高社区教育工作者队伍专业化水平。社区教育学院（中心）、社区学校应配备从事社区教育的专职管理人员与专兼职教师。省级教育行政部门应根据教育部《社区教育工作者岗位基本要求》制定实施细则，省级人社、教育行政部门共同制定社区教育专职教师职称（职务）评聘办法。加大社区教育工作者培训力度。发挥社会工作专业人才在社区教育中的作用，探索建立社区教育志愿服务制度。鼓励高等学校、职业学校开设社区教育相关专业，鼓励引导相关专业毕业生从事社区教育工作。

三、保障措施

（一）加强组织领导。推动形成党委领导、政府统筹、教育部门主管、相关部门配合、社会积极支持、社区自主活动、市场有效介入、群众广泛参与的社区教育协同治理的体制和运行机制。教育行政部门要把开展社区教育纳入教育发展整体规划，主动联系有关部门，牵头做好社区教育发展规划、相关政策的制定和完善工作，建立目标责任和考核机制，确保社区教育改革发展目标落实到位；民政部门要把社区教育作为街道管理创新、乡镇服务型政府建设和城乡社区建设的重要内容，纳入城乡社区服务体系建设规划；财政部门要结合实际，逐步加大对社区教育的支持力度；人社部门要加大对社区教育的支持力度，并结合工作实际，充分发挥社区教育在职业技能培训中的重要作用；文化部门要通过公共文化服务体系为社区教育提供必要支撑；科技部门要将《科普法》《全民科学素质行动计划纲要》的实施及国家科普能力建设与开展社区教育工作紧密结合起来；体育部门要将《全民健身计划纲要》的实施与开展社区教育工作紧密结合起来。鼓励建立社区教育联席会、理事会或社区教育协作会等制度。在村（社区）开展的社区教育活动应主动接受社区自治组织的指导。

（二）拓宽经费投入渠道。各地要建立健全政府投入、社会捐赠、学习者合理分担等多种渠道筹措经费的社区教育投入机制，加大对社区教育的支持力度，不断拓宽社区教育经费来源渠道。推动社区教育服务社会化，推进社区教育领域政府购买服务的试点工作，探索通过政府购买、项目外包、委托管理等形式，吸引行业性、专业性社会组织、社区社会组织和民办社会工作服务机构参与社区教育。鼓励社会资本通过兴办实体、资助项目、赞助活动、提供设施、设立社区教育基金等方式支持社区教育发展。鼓励自然人、法人或其他组织捐助社区教育或举办社区教育机构，并依法享受有关政策优惠。

（三）完善督查评价机制。各级教育督导部门要把开展社区教育督导作为推进教育现代化的重要内容。科学制订社区教育评价标准，建立和完善社区教育统计制度，加强对社区教育发展状况基本信息的收集和分析。逐步完善社区教育实验区、示范区进入和退出的动态管理机制。建立社会第三方对社区教育发展的评价与反馈机制，定期开展社区居民对社区教育满意度的测评。

（四）推进学习成果积累转换。鼓励有条件的省级和市（地）级教育行政部门先行先试，探索建立居民个人学习账号，开发、研制具有学时记载等功能的社区学习卡，记录学习者注册报名、培训考勤、线上线下学习学时等具体信息，形成居民终身学习电子档案，探索建设社区教育学分银行。积极探索建立和完善社区教育学习成果认证、积累和转换制度及激励机制。

（五）营造全民终身学习的社会氛围。充分利用报刊、广播、电视、网络等媒体，加大对社区教育重要意义和发展成绩的宣传，总结推广全国社区教育实验区、示范区以及各地的典型经验。重视社区教育理论研究和学科建设。坚持办好“全民终身学习活动周”，深入宣传全民学习、终身学习的理念，凝聚社会共识，形成发展合力。不断提高社区教育的认知度和参与度，提高社区居民的满意度和获得感。

教育部　民政部　科技部
财政部　人力资源社会保障部　文化部
体育总局　共青团中央　中国科学技术协会
2016年6月28日

教育部关于印发《国际合作联合实验室立项建设与验收标准》的通知

（2016年7月12日）

各省、自治区、直辖市教育厅（教委），新疆生产建设兵团教育局，国务院有关部门（单位）教育司（局），部属各高等学校：

为进一步保障教育部国际合作联合实验室建设质量和水平，指导高校加强国际合作联合实验室培育，根据《国际合作联合实验室建设计划》和《高校国际合作联合实验室建设与管理办法》的有关要求，结合前期建设试点工作，我部组织专家制定了

《国际合作联合实验室立项建设与验收标准》，现印发给你们，请参照执行，并将执行中出现的情况和问题及时反馈我部科技司。

各高校要结合落实全国科技创新大会精神和“十三五”规划，进一步加强协同创新和开放创新，全面提升高校创新能力，引领和支撑国家创新驱动发展战略实施，用高水平科学研究成效促进高质量高等教育发展；要把国际合作联合实验室建设与建设世界一流大学和一流学科紧密结合，加强高校创新体系建设，持续推进高水平、实质性和可持续国际科技合作，为建成创新型国家和高等教育强国做出新贡献。

附件（略）

教育部

2016年7月12日

教育部关于新形势下进一步做好普通中小学装备工作的意见

（2016年7月13日）

各省、自治区、直辖市教育厅（教委），新疆生产建设兵团教育局：

为深入贯彻党的十八大和十八届三中、四中、五中全会精神，落实“四个全面”战略布局，明确“十三五”期间中小学装备改革发展任务，提升基础教育质量，加快推进实现教育现代化，现就新形势下加强普通中小学装备（以下简称装备）工作提出如下意见。

一、重要意义

教育教学装备是教书育人的必要条件，是实现教育现代化的重要支撑，是培养学生创新精神和实践能力、促进学生全面发展的重要载体。改革开放以来，装备工作为基础教育跨越式发展提供了物质条件和技术支持，做出了不可替代的重要贡献。但目前还存在装备标准体系不健全，区域、城乡、学校之间发展不平衡，一些地方还存在产品质量把关不严，重建设配备轻管理应用，不适应教育教学的需要，适用性评价体系不健全等问题，制约了装备与教育教学及课程的深度融合，不利于学生创新精神和实践能力培养，不利于素质教育的实施和教育质量的提高。

当前，我国已进入全面建成小康社会的决定性阶段。以“互联网+”和“中国制造2025”战略为引领的新型城镇化、工业化、信息化建设进入关键时期，为装备工作改革发展提供了新的机遇、新挑战。迅猛发展的信息技术，丰富了装备的品种，优化了装备的结构，极大地提升了装备的品质。以云计算、物联网、虚拟现实及大数据等为代表的新兴信息技术在教育中广泛应用，促进了教育模式、教学方法和办学方式的转变。

加强装备工作是推进义务教育均衡发展、促进教育公平的必然要求，是实施素质教育、促进学生全面发展的重要基础，是提高教育质量、加快推进教育现代化的重要举措。各级教育部门和学校要充分认识新形势下进一步做好装备工作的重要性和紧迫性，将先进的教育思想、办学理念、科学技术融入装备和教育教学工作，加快形成新的教育发展驱动力，推动基础教育变革与创新，为全面建成小康社会提供有效支撑和服务。

二、总体要求

（一）主要目标

贯彻创新、协调、绿色、开放、共享发展理念，建立与基础教育改革发展相适应，与学生发展核心素养培育相协调，与国家课程标准相匹配的国家装备配备和质量标准体系。推动实现装备配备标准化、管理信息化和使用常态化。建立完善规范的国家、省、市、县、校装备治理工作体系与机制。建立教育行政部门牵头，政府相关部门、学校、事业、科研、企业等各要素深度参与、相互促进的装备发展格局。

（二）工作原则

统筹规划、分类指导。在教育部统一部署下，各地因地制宜确定装备发展路径。发达地区，重在优化结构，实现装备与教育教学有机结合。欠发达地区，重在均衡提高配备和管理水平，并向农村、边远、贫困、民族地区倾斜。重视支持信息化教学装备发展。

育人为本、深度融合。全面实施素质教育，推进装备与课程建设和学校文化深度融合，装备与师资培养和教学实践深度融合，装备与教育教学和管理服务深度融合，满足促进学生全面发展的学习需要。

标准引领、专业支撑。以课程标准规定、装备标准体系和规范工作机制为引领，强化法治意识、规范意识和专业意识，坚持推进装备规划、实施、管理的制度化和专业化。注重专业工作队伍建设，发挥专业技术力量作用，注重基础设施、数字资源、师生应用能力协同，实现教育技术装备专业化发展。

鼓励创新、特色发展。支持基层进行实施模式创新、管理方式创新、应用技术创新。在标准化的基础上，鼓励学校充分发挥装备作为课程资源的作用，实行特色化发展，实现标准化与特色化的有机统一。

各方联动、协同推进。立足获得优质产品和服务，培育、引导、规范装备市场，充分发挥其在资源配置中的决定性作用。加强指导和监管，更好地发挥政府各部门作用，形成有效配置资源机制。强化社会监督和用户导向，最大限度吸收教师、家长、学生及社会各方代表参与装备工作。

三、主要任务

（一）做好配备工作

健全装备标准。充分发挥全国教育装备标准化技术委员会及其分委会等相关专业机构的作用，加快标准制定步伐，形成规范完整的国家装备标准体系。编制全国装备分类目录，逐步统一装备分类。编制装备名称词典，清理当前不规范的装备项目与名词，优化装备管理。鼓励各省（区、市）结合实际健全本地装备标准体系。

加强设施建设。各地要用好“全面改薄”及其他中央和地方与装备相关的资金和项目，按照标准建设实验教学和音体美装备和场所。支持探索建设综合实验室、特色实验室、学科功能教室、教育创客空间等教育环境。鼓励对现有教室进行多功能技术改造，适应学生学习需求。推进宽带网络校校通，实现校园无线网络全覆盖。鼓励探索建设智慧校园。

科学配置装备。各地要遵循装备和技术生命周期规律，实现装备的可持续发展，减少“运动式”、机械达标性配备。要按照标准配齐配足各类装备，保障学校教育教学及学生生活基本需要。保质保量配好图书。鼓励配备可升降、可灵活分组拼合的课桌椅。鼓励教师学生自制教具，提高装备适用性。鼓励结合本地文化、劳动技术、民间艺术教育配备装备。根据教学活动需求加快配备多媒体教学和终端设备，鼓励配备便携式终端。

（二）提升管理水平

规范配备机制。各地要建立装备配备工作技术规范和专业规程，科学规划设计装备项目，统筹实施计划预算、配备方案、政府采购、合同履约、质量管理、风险防控、资产监管与运维服务等。招投标要严格按照《招投标法》规定的原则和程序执行，确保采购达标合规，满足质量要求。建立装备配备优质典型案例与政府采购案例数据库，为装备采购配备提供参考。

构建质量体系。采购装备时要将国家标准或地方标准写入招标文件和采购合同，确保装备产品质量和中小学生身心健康。建立装备新技术、新产品进入学校的科学实验和论证机制，经过危害性测试和教学适应性评价的技术与产品方可进入学校。充分发挥专业检测机构作用，对进入校园的产品进行质量抽查。建立装备质量内部通报制度，并及时向生产和市场监管部门报告情况。要对易燃易爆危险品定期开展风险排查，确保安全使用。

打造管理平台。利用现代信息技术手段提升装备管理能力。制订装备管理办法，规范装备管理基本流程。建设相关管理信息系统，以产品信息、采购信息、学校装备管理和使用信息为内容，提升装备管理信息化水平。各地要积极部署实施、推动应用，加强装备产品质量追溯与资产运维管理，保障装备资产与资源充分发挥效益。

（三）推动全面应用

服务教育教学。强化实验教学，推动装备在教育教学中的深度应用，服务教育教学各个环节，推动教学和育人方式改革。推行实验室、专用教室全天向学生开放，建立有利于学生自主探究与合作学习的管理制度。鼓励各地立足促进学生发展和提升学校管理水平，应用装备积极开展科学、实践活动。创新图书馆、体育场馆、校外综合社会实践基地等各类资源使用方式，充分发挥其育人功能。

提高教师应用水平。各地要制订培训计划，对相关专业教师、实验教学人员、管理人员定期进行装备应用与管理培训，特别是加强教师的装备通用技能与专业技能培训，着力提高教师应用水平。积极开展装备应用与学科教学教研活动，推动实验管理、实验教学与课程教学融为一体，提高教师教育教学水平。

健全考评机制。各地要建立配备质量与效益评价指标体系，指导审计与评价。建立装备建设及其应用效果的动态调查、监测与评估制度。将学校和地区装备建设、实验和实践教学的开展情况纳入办学水平督导评估体系，将教师装备应用能力纳入教师考核体系，健全绩效考核办法，发挥考核评价的导向作用。

（四）增强创新能力

加强科研工作。完善装备科研体系，围绕装备各个层面开展理论与实践研究，为装备发展提供创新动力。设立全国基础教育装备研究专项课题，全方位推动基础教育装备领域的科学研究。开展国家、区域、学校装备发展规划、发展战略和推进策略的研究。进行装备与教育教学过程深度融合的方法与策略研究。开展装备应用效果的评价指标体系研究。定期发布装备发展研究报告。

探索社会联动。各地要加强宣传引导，做好政策解读，结合相关热点问题，以生动的实例，引导学校、家长、学生及社会各界更加重视装备工作，充分调动社会参与的积极性。及时总结推广各地的有益探索和成功经验，推动装备工作不断创新发展。发挥社会监督、舆论监督的积极作用，促进产品质量、生产采购等工作水平不断提升。

推动开放合作。充分发挥行业协会和企业作用，理顺行业协会与装备部门之间的关系，加强行业自律，规范行业管理。鼓励社会力量创建教育装备设计研究院、装备产业园、产业基地，完善装备研究、设计、开发、生产、建设、运行维护与技术支持服务体系。鼓励教育专家参与装备的设计开发。推动装备对外开放合作，开展先进装备理念、产品、标准体系、应用、管理、服务的国际交流合作。

四、保障措施

（一）健全管理机制

各级教育行政部门要加强和规范装备职能机构建设，合理确定职责任务，科学安排人员，确保相关工作顺利开展。各地装备部门要与教学管理、教学研究等部门建立密切协作机制，形成合力。加快构建教育行政部门和学校之间的管办分离、权责明晰、运转高效的新型装备治理工作机制。探索建立专业咨询、第三方服务、装备部门管理的现代服务机制。建立技术专家团队，加强对各级装备工作的指导与咨询服务。

（二）保障日常运维

各地要结合教育改革发展需求，按照国家标准及时更新设备设施，确保消耗性材料的补充与供给，确保每个班级都能按照教学进度开齐开足实验，最大限度满足学生动手实践活动的需要。加强日常运行维护服务，采取多种措施，降低运维成本。鼓励多渠道筹措装备资源，引导和鼓励社会、企业公益支持装备事业发展。

（三）建好管理队伍

各地教育行政部门、中小学要配好装备专业工作人员，为其提供有利工作和发展环境。鼓励省级教育行政部门制订实施实验室、专用教室管理员专业标准。鼓励创造条件，促进装备工作人员专业发展，评聘相应的专业技术职务。探索与有关高校合作开展相关学科专业的研究生培养，为装备科学发展培养高端和后续人才。建立健全装备采购的廉政风险防控机制，定期开展廉政警示教育，强化责任追究，管好装备队伍。

（四）切实抓好实施

各地要把装备发展纳入“十三五”教育发展规划，抓紧制定本地区实施意见或方案。明确具体部署、具体要求、具体项目、具体时限、具体责任，有计划、有步骤地推进装备工作。要突出重点，瞄准薄弱环节，有针对性地改进装备工作。要把装备工作纳入教育督导，定期开展专项督查，推动各项工作任务落到实处。

教育部

2016年7月13日

教育部关于印发《推进共建“一带一路”教育行动》的通知

（2016年7月13日）

各省、自治区、直辖市教育厅（教委），各计划单列市教育局，新疆生产建设兵团教育局，部属各高等学校，部内各司局、各直属单位：

为贯彻落实中办、国办《关于做好新时期教育对外开放工作的若干意见》和国家发展改革委、外交部、商务部经国务院授权发布的《推动共建丝绸之路经济带和21世纪海上丝绸之路的愿景与行动》，我部牵头制订了《推进共建“一带一路”教育行动》，并已经国家教育体制改革领导小组会议审议通过。现印发给你们，请结合实际认真贯彻执行。

教育部

2016年7月13日

推进共建“一带一路”教育行动

推进共建“丝绸之路经济带”和“21世纪海上丝绸之路”（以下简称“一带一路”），为推动区域教育大开放、大交流、大融合提供了大契机。“一带一路”沿线国家教育加强合作、共同行动，既是共建“一带一路”的重要组成部分，又为共建“一带一路”提供人才支撑。中国愿与沿线国家一道，扩大人文交流，加强人才培养，共同开创教育美好明天。

一、教育使命

教育为国家富强、民族繁荣、人民幸福之本，在共建“一带一路”中具有基础性和先导性作用。教育交流为沿线各国民心相通架设桥梁，人才培养为沿线各国政策沟通、设施联通、贸易畅通、资金融通提供支撑。沿线各国唇齿相依，教育交流源远流长，教育合作前景广阔，大家携手发展教育，合力推进共建“一带一路”，是造福沿线各国人民的伟大事业。

中国将一以贯之地坚持教育对外开放，深度融入世界教育改革发展潮流。推进“一带一路”教育共同繁荣，既是加强与沿线各国教育互利合作的需要，也是推进中国教育改革发展的需要，中国愿意在力所能及的范围内承担更多责任义务，为区域教育大发展做出更大的贡献。

二、合作愿景

沿线各国携起手来，增进理解、扩大开放、加强合作、互学互鉴，谋求共同利益、直面共同命运、勇担共同责任，聚力构建“一带一路”教育共同体，形成平等、包容、互惠、活跃的教育合作态势，促进区域教育发展，全面支撑共建“一带一路”，共同致力于：

推进民心相通。开展更大范围、更高水平、更深层次的人文交流，不断推进沿线各国人民相知相亲。

提供人才支撑。培养大批共建“一带一路”急需人才，支持沿线各国实现政策互通、设施联通、贸易畅通、资金融通。

实现共同发展。推动教育深度合作、互学互鉴，携手促进沿线各国教育发展，全面提升区域教育影响力。

三、合作原则

育人为本，人文先行。加强合作育人，提高区域人口素质，为共建“一带一路”提供人才支撑。坚持人文交流先行，建立区域人文交流机制，搭建民心相通桥梁。

政府引导，民间主体。沿线国家政府加强沟通协调，整合多种资源，引导教育融合发展。发挥学校、企业及其他社会力量的主体作用，活跃教育合作局面，丰富教育交流内涵。

共商共建，开放合作。坚持沿线国家共商、共建、共享，推进各国教育发展规划相互衔接，实现沿线各国教育融通发展、互动发展。

和谐包容，互利共赢。加强不同文明之间的对话，寻求教育发展最佳契合点和教育合作最大公约数，促进沿线各国在教育领域互利互惠。

四、合作重点

沿线各国教育特色鲜明、资源丰富、互补性强、合作空间巨大。中国将以基础性、支撑性、引领性三方面举措为建议框架，开展三方面重点合作，对接沿线各国意愿，互鉴先进教育经验，共享优质教育资源，全面推动各国教育提速发展。

（一）开展教育互联互通合作

加强教育政策沟通。开展“一带一路”教育法律、政策协同研究，构建沿线各国教育政策信息交流通报机制，为沿线各国政府推进教育政策互通提供决策建议，为沿线各国学校和社会力量开展教育合作交流提供政策咨询。积极签署双边、多边和次区域教育合作框架协议，制定沿线各国教育合作交流国际公约，逐步疏通教育合作交流政策性瓶颈，实现学分互认、学位互授联授，协力推进教育共同体建设。

助力教育合作渠道畅通。推进“一带一路”国家间签证便利化，扩大教育领域合作交流，形成往来频繁、合作众多、交流活跃、关系密切的携手发展局面。鼓励有合作基础、相同研究课题和发展目标的学校缔结姊妹关系，逐步深化拓展教育合作交流。举办沿线国家校长论坛，推进学校间开展多层次多领域的务实合作。支持高等学校依托学科优势专业，建立产学研用结合的国际合作联合实验室（研究中心）、国际技术转移中心，共同应对经济发展、资源利用、生态保护等沿线各国面临的重大挑战与机遇。打造“一带一路”学术交流平台，吸引各国专家学者、青年学生开展研究和学术交流。推进“一带一路”优质教育资源共享。

促进沿线国家语言互通。研究构建语言互通协调机制，共同开发语言互通开放课程，逐步将沿线国家语言课程纳入各国学校教育课程体系。拓展政府间语言学习交换项目，联合培养、相互培养高层次语言人才。发挥外国语院校人才培养优势，推进基础教育多语种师资队伍建设和外语教育教学工作。扩大语言学习国家公派留学人员规模，倡导沿线各国与中国院校合作在华开办本国语言专业。支持更多社会力量助力孔子学院和孔子课堂建设，加强汉语教师和汉语教学志愿者队伍建设，全力满足沿线国家汉语学习需求。

推进沿线国家民心相通。鼓励沿线国家学者开展或合作开展中国课题研究，增进沿线各国对中国发展模式、国家政策、教育文化等各方面的理解。建设国别和区域研究基地，与对象国合作开展经济、政治、教育、文化等领域研究。逐步将理解教育课程、丝路文化遗产保护纳入沿线各国中小学教育课程体系，加强青少年对不同国家文化的理解。加强“丝绸之路”青少年交流，注重利用社会实践和志愿服务、文化体验、体育竞赛、创新创业活动和新媒体社交等途径，增进不同国家青少年对其他国家文化的理解。

推动学历学位认证标准连通。推动落实联合国教科文组织《亚太地区承认高等教育资历公约》，支持教科文组织建立世界范围学历互认机制，实现区域内双边多边学历学位关联互认。呼吁各国完善教育质量保障体系和认证机制，加快推进本国教育资历框架开发，助力各国学习者在不同种类和不同阶段教育之间进行转换，促进终身学习社会建设。共商共建区域性职业教育资历框架，逐步实现就业市场的从业标准一体化。探索建立沿线各国教师专业发展标准，促进教师流动。

（二）开展人才培养培训合作

实施“丝绸之路”留学推进计划。设立“丝绸之路”中国政府奖学金，为沿线各国专项培养行业领军人才和优秀技能人才。全面提升来华留学人才培养质量，把中国打造成为深受沿线各国学子欢迎的留学目的地国。以国家公派留学为引领，推动更多中国学生到沿线国家留学。坚持“出国留学和来华留学并重、公费留学和自费留学并重、扩大规模和提高质量并重、依法管理和完善服务并重、人才培养和发挥作用并重”，完善全链条的留学人员管理服务体系，保障平安留学、健康留学、成功留学。

实施“丝绸之路”合作办学推进计划。有条件的中国高等学校开展境外办学要集中优势学科，选好合作契合点，做好前期论证工作，构建人才培养模式、运行管理模式、服务当地模式、公共关系模式，使学校顺利落地生根、开花结果。发挥政府引领、行业主导作用，促进高等学校、职业院校与行业企业深化产教融合。鼓励中国优质职业教育配合高铁、电信运营等行业企业走出去，探索开展多种形式的境外合作办学，合作设立职业院校、培训中心，合作开发教学资源和项目，开展多层次职业教育和培训，培养当地急需的各类“一带一路”建设者。整合资源，积极推进与沿线各国在青年就业培训等共同关心领域的务实合作。倡议沿线国家之间开展高水平合作办学。

实施“丝绸之路”师资培训推进计划。开展“丝绸之路”教师培训，加强先进教育经验交流，提升区域教育质量。加强“丝绸之路”教师交流，推动沿线各国校长交流访问、教师及管理人员交流研修，推进优质教育模式在沿线各国互学互鉴。大力推进沿线各国优质教学仪器设备、教材课件和整体教学解决方案输出，跟进教师培训工作，促进沿线各国教育资源和教学水平均衡发展。

实施“丝绸之路”人才联合培养推进计划。推进沿线国家间的研修访学活动。鼓励沿线各国高等学校在语言、交通运输、建筑、医学、能源、环境工程、水利工程、生物科学、海洋科学、生态保护、文化遗产保护等沿线国家发展急需的专业领域联合培养学生，推动联盟内或校际教育资源共享。

（三）共建丝路合作机制

加强“丝绸之路”人文交流高层磋商。开展沿线国家双边多边人文交流高层磋商，商定“一带一路”教育合作交流总体布局，协调推动沿线各国建立教育双边多边合作机制、教育质量保障协作机制和跨境教育市场监管协作机制，统筹推进“一带一路”教育共同行动。

充分发挥国际合作平台作用。发挥上海合作组织、东亚峰会、亚太经合组织、亚欧会议、亚洲相互协作与信任措施会议、中阿合作论坛、东南亚教育部长组织、中非合作论坛、中巴经济走廊、孟中印缅经济走廊、中蒙俄经济走廊等现有双边多边合作机制作用，增加教育合作的新内涵。借助联合国教科文组织等国际组织力量，推动沿线各国围绕实现世界教育发展目标形成协作机制。充分利用中国—东盟教育交流周、中日韩大学交流合作促进委员会、中阿大学校长论坛、中非高校20+20合作计划、中日大学校长论坛、中韩大学校长论坛、中俄大学联盟等已有平台，开展务实教育合作交流。支持在共同区域、有合作基础、具备相同专业背景的学校组建联盟，不断延展教育务实合作平台。

实施“丝绸之路”教育援助计划。发挥教育援助在“一带一路”教育共同行动中的重要作用，逐步加大教育援助力度，重点投资于人、援助于人、惠及于人。发挥教育援助在“南南合作”中的重要作用，加大对沿线国家尤其是最不发达国家的支持力度。统筹利用国家、教育系统和民间资源，为沿线国家培养培训教师、学者和各类技能人才。积极开展优质教学仪器设备、整体教学方案、配套师资培训一体化援助。加强中国教育培训中心和教育援外基地建设。倡议各国建立政府引导、社会参与的多元化经费筹措机制，通过国家资助、社会融资、民间捐赠等渠道，拓宽教育经费来源，做大教育援助格局，实现教育共同发展。

开展“丝路金驼金帆”表彰工作。对于在“一带一路”教育合作交流和区域教育共同发展中做出杰出贡献、产生重要影响的国际人士、团队和组织给予表彰。

五、中国教育行动起来

中国倡导沿线各国建立教育共同体，聚力推进共建“一带一路”，首先需要中国教育领域和社会各界率先垂范、积极行动。

加强协调推动。加强国内各部门各地方的统筹协调工作，有序开展“一带一路”教育合作交流。推动中国教育治理体系完善、相关法律法规修订和教育综合改革，提升中国开展“一带一路”教育行动的质量和水平。教育部与国家发展改革委、外交部、商务部等部门和全国性行业组织紧密配合，围绕共建“一带一路”大局，寻找合作重点、建立运行保障机制，畅通教育国际合作交流渠道，对接沿线各国教育发展战略规划。

地方重点推进。突出地方推进共建“一带一路”的主体性、支撑性和落地性，要求各地发挥区位优势和地方特色，抓紧制定本地教育和经济携手走出去行动计划，紧密对接国家总体布局。有序与沿线国家地方政府建立“友好省州”“姊妹城市”关系，做好做实彼此间人文交流。充分利用地方调配资源优势，积极搭建海内外平台，促进校企优势互补、良性合作、共同发展。多措并举，支持指导本地教育系统与“一带一路”沿线国家广泛开展合作交流，打造教育合作交流区域高地，助力做强本地教育。

各级学校有序前行。各级各类学校秉承“己欲立而立人”的中国传统，有序与沿线各国学校扩大合作交流，整合优质资源走出去，选择优质资源引进来，兼容并包、互学互鉴，共同提升教育国际化水平和服务共建“一带一路”能力。中小学校要广泛建立校际合作交流关系，重点开展师生交流、教师培训和国际理解教育。高等学校、职业院校要立足各自发展战略和本地区参与共建“一带一路”规划，与沿线各国开展形式多样的合作交流，重点做好完善现代大学制度、创新人才培养模式、提升来华留学质量、优化境外合作办学、助推企业成长等各项工作的协同发展。

社会力量顺势而行。开展更大范围、更深层次、更高水平的“一带一路”教育民间合作交流，吸纳更多民间智慧、民间力量、民间方案、民间行动。大力培育和发展我国非营利组织，通过购买服务、市场调配等举措，大力支持社会机构和专业组织投身教育对外开放事业，活跃民间教育国际合作交流。加快推动教学仪器和中医诊疗服务走出去步伐，支持企业和个人按照市场规则依法参与中外合作办学、合作科研、涉外服务等教育对外开放活动。企业要积极与学校合作走出去，联合开展人才培养、科技创新和成果转化，积极服务“一带一路”国家经贸发展。

助力形成早期成果。实施高度灵活、富有弹性的合作机制，优先启动各方认可度高、条件成熟的项目，明确时间节点，争取短期内开花结果。2016年，各省市制订并呈报本地“一带一路”教育行动计划，有序推进教育互联互通、人才培养培训及丝路合作机制建设。2017年，基于三方面重点合作的沿线各国教育共同行动深入开展。未来3年，中国每年面向沿线国家公派留学生2 500人；未来5年，建成10个海外科教基地，每年资助1万名沿线国家新生来华学习或研修。

六、共创教育美好明天

独行快，众行远。合作交流是沿线各国共建“一带一路”教育共同体的主要方式。通过教育合作交流，培养高素质人才，推进经济社会发展，提高沿线各国人民生活福祉，是我们共同的愿望。通过教育合作交流，扩大人文往来，筑牢地区和平基础，是我们共同的责任。

中国愿与沿线各国一道，秉持开放合作、互利共赢理念，共同构建多元化教育合作机制，制订时间表和路线图，推动弹性化合作进程，打造示范性合作项目，满足各方发展需要，促进共同发展。

中国教育部倡议沿线各国积极行动起来，加强战略规划对接和政策磋商，探索教育合作交流的机制与模式，增进教育合作交流的广度和深度，追求教育合作交流的质量和效益，互知互信、互帮互助、互学互鉴，携手推动教育发展，促进民心相通，构建“一带一路”教育共同体，共创人类美好生活新篇章。

教育部关于印发《全国教育系统开展法治宣传教育的第七个五年规划（2016—2020年）》的通知

（2016年7月21日）

各省、自治区、直辖市教育厅（教委），各计划单列市教育局，新疆生产建设兵团教育局，部属各高等学校：

为贯彻落实中共中央、国务院转发的《中央宣传部、司法部关于在公民中开展法治宣传教育的第七个五年规划（2016—2020年）》和《国家中长期教育改革和发展规划纲要（2010—2020年）》，进一步做好教育系统法治宣传教育工作，全面推进依法治教、依法治校，我部研究制定了《全国教育系统开展法治宣传教育的第七个五年规划（2016—2020年）》，现印发给你们，请结合实际，认真学习贯彻落实，深入开展教育系统法治宣传教育，大力弘扬社会主义法治精神，切实提升教育治理体系和治理能力的现代化水平，为推动基本实现教育现代化和全面建成小康社会营造良好的法治环境。

教育部

2016年7月21日

全国教育系统开展法治宣传教育的第七个五年规划（2016—2020年）

为贯彻落实中共中央、国务院转发的《中央宣传部、司法部关于在公民中开展法治宣传教育的第七个五年规划（2016—2020年）》，深入实施《国家中长期教育改革和发展规划纲要（2010—2020年）》提出的普法教育要求，进一步提升教育系统广大师生员工的法治观念和法律素养，切实做好教育系统第七个五年法治宣传教育工作，制定本规划。

一、指导思想、工作原则与主要目标

教育系统第七个五年法治宣传教育工作的指导思想是：高举中国特色社会主义伟大旗帜，全面贯彻党的十八大和十八届三中、四中、五中全会精神，以邓小平理论、“三个代表”重要思想、科学发展观为指导，深入贯彻习近平总书记系列重要讲话精神，坚持“四个全面”战略布局，牢固树立创新、协调、绿色、开放、共享的新发展理念，落实全面推进依法治国新要求，深入开展教育系统法治宣传教育，深入推进依法治教、依法治校，大力弘扬社会主义法治精神，切实提升教育治理体系和治理能力的现代化水平，为推动基本实现教育现代化和全面建成小康社会营造良好的法治环境。

教育系统第七个五年法治宣传教育工作应遵循以下原则：

——坚持围绕中心，突出重点。围绕“十三五”时期教育改革发展的中心任务，以将青少年法治教育全面纳入国民教育体系全面提高教育系统领导干部法治理念为重点，深入开展法治宣传教育，为基本实现教育现代化提供良好法治基础。

——坚持分类指导，学用结合。根据不同地

区、部门、学校和对象的特点，科学设计教育系统法治宣传教育的目标内容和方法途径，分类实施，统筹推进，学用结合，普治并举，切实增强教育系统尊法学法守法用法的意识和能力。

——坚持系统规划，全面推进。科学规划法治教育内容，大力弘扬社会主义法治精神，全面宣传宪法等法律知识，全面提升教育行政部门和广大师生员工的法治意识和法律素养。

——坚持开拓创新，注重实效。创新工作理念，推动法治宣传教育机制、载体和方式方法创新，深入开展参与式、实践式法治宣传教育，不断提高普法的针对性和实效性。

教育系统第七个五年法治宣传教育工作的主要目标是：教育系统的法治宣传教育机制进一步健全，载体和形式不断丰富创新，法治教育全面纳入国民教育体系，青少年法治教育的实施与支持体系不断完善，实效性和针对性进一步提升，广大师生员工的社会主义法治观念明显增强，教育系统依法治理的能力和水平显著提升，教育系统尊法学法守法用法的氛围基本形成。

二、主要任务

教育系统七五普法的主要任务是：

（一）贯彻落实国家七五普法规划任务要求，全面提升教育系统法治观念和法律素养

按照国家七五普法规划要求，在教育系统深入学习宣传习近平总书记关于全面依法治国的重要论述，使教育系统深入了解全面依法治国的重大意义和总体要求，深刻领会讲话中提出的新思想新观点新论断新要求，不断增强走中国特色社会主义法治道路的自觉性和坚定性。坚持把学习宣传宪法摆在首要位置，认真组织好“12·4”国家宪法日暨全国教育系统宪法学习日学习宣传教育活动，健全完善宪法日教育仪式和内容，弘扬宪法精神，树立宪法权威，不断提高教育系统的宪法意识。深入宣传中国特色社会主义法律体系，大力宣传宪法相关法、民商法、行政法、经济法、社会法、环保法、刑法、诉讼与非诉讼程序法等法律法规。坚持结合教育实际和需要，大力宣传教育法、义务教育法、职业教育法、高等教育法、教师法、民办教育促进法等教育法律法规，以及未成年人保护法、预防未成年人犯罪法、国家通用语言文字法等与教育相关的法律法规，不断增强教育系统践行法治的积极性和主动性。深入学习宣传党内法规，突出学习宣传党章，大力宣传《中国共产党廉洁自律准则》《中国共产党纪律处分条例》等各项党内法规，教育引导教育系统广大党员尊崇党章，遵守党内法规。深入开展校园法治文化建设，鼓励法治文化作品创作推广，充分发挥法治文化的引领与熏陶作用。坚持法治教育与道德教育相结合，大力弘扬社会主义核心价值观，弘扬中华美德，强化规则意识，倡导契约精神，弘扬公序良俗，健全守法信用记录，完善教育领域守法诚信褒奖机制和违法失信行为惩戒机制。

（二）切实将法治教育纳入国民教育体系，形成学校、家庭、社会“三位一体”的青少年法治教育格局

全面贯彻落实《青少年法治教育大纲》，统筹规划各学段法治教育的目标任务、主要内容和实施路径，深入推进青少年法治教育系统化、规范化。在中小学开设道德与法治课，发挥法治教育的课堂主渠道作用。以培育和践行社会主义核心价值观为主线，将法治教育与道德教育相结合，使青少年理解法治的道德底蕴，尊崇公序良俗，牢固树立规则意识、平等意识、诚信观念和契约精神。积极探索法育的规律与特点，以宪法教育和权利义务教育为重点，将规则教育、习惯养成与法治实践相结合，遵循青少年身心发展规律，科学安排教育内容、教育重点和方法途径，坚持落细落小落实，更多采取实践式、体验式、参与式等方式，切实提高法治教育的质量和实效。坚持课堂教学与课外活动相结合，注重发挥课外活动、社会实践和网络文化的重要作用。建立健全青少年法治教育部门协调机制，充分利用整合各部门和社会的法治教育资源，建立政府部门、学校、社会和家庭协调配合开展法治教育的机制，形成青少年法治教育的新格局。

（三）坚持普法与法治实践相结合，不断提高教育系统依法治理水平

以宣传贯彻实施《依法治教实施纲要（2016—2020年）》为重点，大力推进教育系统依法治教。深入开展依法治教示范区创建，将法治知识普及、法治观念养成与法治实践进展紧密关联，作为示范

区的创建内容和评价指标。在教育部门、学校普遍建立法律顾问制度，发挥法律顾问在普法宣传、依法治理方面的作用。深入推进管办评分离，依法构建多元参与的教育治理体制，依法规范行政权力运行，制定并公布教育行政部门权责清单。积极推进现代学校制度建设，全面完成学校章程建设，发挥章程在学校治理中的积极作用。大力推进各级各类学校依法治校，健全校内民主管理体制，保障师生的知情权、参与权、表达权和监督权，进一步完善权益保护和救济机制。

三、工作举措

（一）大力实施教育系统法治观念提升工程

——落实教育行政部门日常学法用法制度。坚持将领导干部带头学法、模范守法作为教育系统树立法治意识的关键，全面落实领导干部学法要求。各级教育部门和学校要建立领导干部学法规划，健全评测机制。将法治教育纳入教育部门公务员培训总体规划，在其他各类公务员培训中融入法治教育内容，保证法治培训课时数量和培训质量。要把学法用法情况列入公务员年度考核重要内容，作为衡量干部德才的重要标准。创新培训考核方式，探索建立依法治教案例库和教育系统领导干部法治能力评测工具。

——大力提高校长的依法治校能力。制定中小学校长法治教育大纲，明确校长任职应知会用的基本法律原则、常识及规定。建立国家及省级校长依法治校能力培训机制，重点培养一批具有法治思维和善于运用法治方式管理学校的管理者，并起到带动和示范作用，不断提升学校管理队伍的法律素质。把校长的法律素质和依法治校能力作为校长任职和工作考核的重要内容。

——全面提升教师的法治观念和法律素养。结合学校依法治理需要，贴近教师工作生活实际，有针对性地宣传教育相关法律法规，不断提高教师依法参与学校管理、依法维护自身和学生合法权益的能力。将法治教育纳入“中小学幼儿园教师国家级培训计划”，深入实施中小学骨干教师全员法治培训，培养一批法治观念强、法律素养高、法律技能强的优秀教师。县级以上教育行政部门要积极组织开展教师法治知识竞赛、法治教学观摩、法治演讲等活动，提升教师学习法律知识的积极性和主动性。要通过专题培训、报告会、研讨会、参观考察等多种方式，确保每位中小学教师每年接受一定课时的法治教育培训。

（二）统筹推进青少年学生法治教育

——坚持课堂教学和学校教育的主渠道作用。在中小学设立道德与法治课，有条件的地区和学校可以开设法治教育相关的地方课程和学校课程。深入推进法治教育“四落实”，着力解决法治教育在课时安排、教材建设、师资配备与培训、教研科研、经费保障、教学评价等方面存在的问题。依据《青少年法治教育大纲》，在有关学科课程、学校活动和文化建设中有机融入法育理念和法治教育内容。在小学普及宪法基本常识，逐步使青少年树立宪法意识、巩固国家观念。在中、高考中适当增加法治知识内容，不断改进教学评价方式，将社会主义法治理念、法治素养和法治实践纳入学生考核评价中。深入推进高等学校法治教育，重点加强理论体系、学科体系和课程体系建设，大力推进法治人才培养机制创新，实施卓越法律人才教育培养计划，不断增强学生法治观念和参与法治实践的能力。

——积极开展多种形式的法治教育活动。在开学第一课、班队会、社会实践、毕业仪式等活动中有机融入法治教育内容。结合学生认知特点，举办模拟法庭、法律知识竞赛、法治夏令营等活动，结合安全、禁毒、国防和防止学生欺凌等专题教育，增强学生法治意识。根据青少年学生需求，有条件的学校每学期要举办一次法治讲座，开展一次法治实践活动。鼓励学生参与学校管理服务活动和社会公共事务，提高学生的公民意识和法律运用能力。进一步加强中小学、中等职业学校家长学校建设，建立健全家长委员会制度，充分发挥家庭和其他社会组织的法治教育力量。

——加强对学校法治教育的评价与考核。各级教育行政部门要将青少年法治教育纳入学校总体教学计划，保证法治教育时间。把学生法治教育综合情况作为对学校年度考核的重要内容，与校长任期考核、教师业绩考核、学生操行评定等挂钩。积极创建法治校园，鼓励和指导学校完善校内法治教育的宣传栏、张贴画等，营造良好的体现法治文化的校园环境。

（三）切实加强教育普法队伍建设

——提升法治教育教师的专业素养和教学水平。配齐法治教育课教师，在核定的编制总额内，中小学要配备1至2名专任或兼任法治教育课教师。不具备条件的县级教育行政部门可以组织多校联合聘用法治教育课专任教师。实施中小学法治教育名师培育工程，通过国家和省级选拔培训，在七五期间培养一大批优秀青少年法治教育教师。建立国家或省级法治课骨干教师、专任教师培训基地，加强中小学校法治教育教师的专项培训。鼓励有条件的学校录用法学专业本科及以上毕业生担任法治教育专任教师。

——加强兼职法治教育队伍建设。探索建立从司法、消防、公安、医护、环保等部门聘请兼职法治教育教师的制度，进一步增加法治教育案例教学、情景教学内容。畅通服务渠道，完善聘任管理与考核评价制度，加强分管法治教育副校长、法治辅导员培训，鼓励引导高等学校法律专业师生、司法和行政执法人员、法律工作者等加入教育普法志愿者、法治辅导员队伍，不断提高教育普法水平。

——调动社会力量参与学校法治教育宣传的积极性。健全普法联络员制度，组织引导法学专家、法律工作者、司法工作人员及其他相关人员参与教育系统法治宣传教育。组建教育普法顾问团、普法讲师团等，建立完善普法人才资源库，健全普法表彰激励措施。

（四）不断创新丰富法治教育资源

——加强青少年法治教育实践基地建设。落实《关于加强青少年法治教育实践基地建设的意见》，加快推进法治教育实践基地建设，以相对集中的方式为区域内中小学校提供法治教育服务和支持。以国家或省级示范性基地为引领，研制实践基地建设运营的相关标准、教育活动内容和管理办法等，逐步加以推广。整合社会资源，创新服务提供方式，积极推动实践基地成为集实践性、参与性、趣味性为一体的综合性校外法治教育场所。通过政府购买社会服务等方式，组织推动中小学生利用实践基地学习掌握法治知识。到2020年，在各地统筹建设60所左右的国家级实践基地，各地争取在中等以上城市建立至少1所符合标准的省级实践基地。有条件的地方，可以探索利用实践基地的资源，在中小学设立具备一定实践性、互动性教学功能的“法治教育教室”。

——健全青少年法治教育支持体系。加强以教育部全国青少年普法网为核心的网络建设，争取在七五期间实现大部分中小学都能通过教育部青少年普法网共享优质法治教育资源，实现数字化、情景化、生动化的法治教育。开发多种形式的网络法治教育课件，探索建立法治教育教学资源共享平台。持续开展青少年法治知识网络大赛。鼓励师范院校、政法院校等高等学校设立法治教育及相关专业学位。支持有条件的高等学校或科研院所设立青少年法治教育研究机构，开展相关理论与实践研究。创办青少年法治教育专业期刊，深入推进青少年法治教育课件大赛、青少年法治知识网络大赛等活动，大力推动青少年法治教育研究、资源开发与交流宣传。积极与相关单位或组织联系沟通，共同搭建推进青少年法治教育的合作机制。建立健全青少年法治教育的协同创新机制，进一步加强青少年法治教育国际交流与合作。

——建立教育公益普法制度。充分利用报刊、电视、广播、广告栏等载体，积极推动新闻媒体参与教育系统公益法治宣传教育，培育教育法治宣传优秀品牌。鼓励高等学校开展便民法律咨询，在提供法律服务的过程中宣传法律知识。

——建立向农村边远贫困地区学校和特殊群体学生的专项普法工程。支持法治教育资源向农村边远贫困地区倾斜，推进远程法治教育发展，使农村边远贫困地区的中小学生能接受必要的法治教育。重视加强对留守儿童、随迁子女、不良行为青少年等群体的法治教育和服务支持，更好地维护青少年学生的合法权益，预防和减少违法犯罪行为发生。

（五）深入开展依法治理创建活动

——开展依法治教示范区域创建活动。根据《法治政府建设实施纲要（2015—2020年）》和《依法治教实施纲要（2016—2020年）》要求，研究制定依法治教评估指标和工作标准，推动在县级以上教育行政部门形成一批具有示范作用的依法治教示范区，以法治为基础建立政府、社会和学校的新型关系。建立权责统一的教育行政执法体制，不断提高教育系统依法治理能力。

——推进依法治校示范校创建活动。制定发布依法治校评估体系和考核办法，探索建立多元参与的考核评价机制。积极推进现代学校制度建设，大力推进学校依章程自主办学，健全章程核准后的执行和监督评价机制。完善学校内部治理结构，全面提升各级各类学校的依法治理水平。

——建立学校法律服务支持体系。健全学校法律顾问制度，高等学校要有机构专门负责依法治理和法律相关事务工作，聘请专任法律顾问。鼓励中小学视情况配备法律顾问。地方教育部门可采取政府购买服务、与律师协会合作、借助高校和研究机构力量等方式，搭建区域内中小学校法律顾问资源共享平台。

四、组织领导

（一）进一步统一思想、提高认识。各级教育行政部门和各级各类学校要从全面推进依法治国、全面建成小康社会的战略高度，充分认识和深刻理解教育普法的重要性和紧迫性，切实将法治宣传教育，特别是领导干部和青少年学生普法，摆在工作的重要位置，加大工作力度，完善工作机制，切实抓紧抓好。

（二）健全教育普法的领导工作机制。继续设立教育部全国教育普法领导小组，负责统筹协调部机关及全国教育系统的普法宣传教育工作，领导小组办公室设在教育部法制办公室。各级教育行政部门和各级各类学校要根据实际情况成立本部门、本单位的法治宣传教育领导小组，并指定专门机构或专人负责法治宣传教育工作。实行国家机关“谁执法谁普法”的普法责任制，建立教育普法责任清单制度。落实“谁主管谁负责”的普法责任，推动各级教育行政部门根据行业特点和广大师生员工的法律需求开展普法教育。各级教育行政部门和各级各类学校要重视加强与综治办、司法行政、公安、法院、检察院、团中央、妇联等部门组织的联系沟通，共同开展内容丰富、形式多样的法治宣传教育。

（三）强化普法经费保障。各级教育行政部门要将法治宣传教育相关工作经费纳入年度部门预算，切实予以保障，并建立动态调整机制。统筹安排经费，积极支持青少年学生法治教育、法治教育实践基地和教育普法网站建设，深入推进教师法治教育培训、教育教学研究，大力开展依法治教、依法治校示范单位表彰等工作。要将法治宣传教育列入政府购买服务指导性目录。创新工作机制，鼓励引导社会资金支持青少年学生法治教育。学校要将法治教育所需经费纳入年度预算。

（四）加强法治宣传教育的考核评估。探索将法治教育内容纳入教育专项督导，鼓励社会力量参与法治教育的第三方评价，及时了解普法工作成效、社会公众对教育普法的工作满意度、存在的问题及不足，为改进普法工作提供决策依据。健全法治宣传教育激励机制，及时总结推广先进经验和典型案例。

教育部关于印发《督学管理暂行办法》的通知

（2016年7月29日）

各省、自治区、直辖市教育厅（教委）、人民政府教育督导部门，新疆生产建设兵团教育局、教育督导部门：

为贯彻落实《教育督导条例》（国务院令第624号）要求，建设一支高水平、专业化、适应教育督导工作新形势的督学队伍，特制定《督学管理暂行办法》。现印发给你们，请遵照执行。

教育部

2016年7月29日

督学管理暂行办法

第一章　总则

第一条　为强化国家教育督导，加强督学队伍建设，促进督学管理科学化、规范化、专业化，提高教育督导工作质量和水平，保障教育事业科学发展，根据《教育督导条例》，制定本办法。

第二条　督学是受教育督导机构指派实施教育督导工作的人员，包括专职督学和兼职督学。

第三条　各级人民政府及教育督导机构对所任命或聘任的督学实施管理。

第二章　聘任

第四条　专职督学由县级以上人民政府按照干部人事管理权限和程序任命，兼职督学由县级以上人民政府教育督导机构根据教育督导工作需要聘任，并颁发聘书和督学证。

第五条　各级人民政府及教育督导机构应配齐督学，建立督学动态更替和补充机制。国家督学数量由国务院教育督导委员会根据国家教育督导工作需要确定。省级、市级、县级督学数量由本级人民政府或教育督导机构根据本区域内督导工作需要确定。

第六条　督学除符合《教育督导条例》第二章第七条的任职条件外，还应适应改革发展和教育督导工作需要，达到下列工作要求：

（一）热爱教育督导工作，能够深入一线、深入学校、深入师生开展教育督导工作。

（二）熟悉教育督导业务，掌握必要的检查指导、评估验收以及监测方面专业知识和技术。

（三）能够保证教育督导工作时间。

第七条　聘任程序：

（一）推荐：相关单位按要求向聘任单位推荐参聘人员。

（二）审核：聘任单位对参聘人员按程序进行审查、遴选。

（三）公示：聘任单位将拟聘督学人员名单向社会公示，公示期不得少于7个工作日。

（四）公布：聘任单位向督学颁发聘书，聘任结果向上级教育督导机构报备并向社会公布。

第八条　兼职督学每届任期3年，续聘一般不得超过3届。

第三章　责权

第九条　督学按照《教育督导条例》规定开展教育督导工作。

第十条　督学受教育督导机构指派，履行以下职责：

（一）对政府及有关部门履行教育职责情况进行督导。

（二）对各级各类学校教育教学工作情况实施督导。

（三）对师生或群众反映的教育热点、难点等重大问题实施督导。

（四）对严重影响或损害师生安全、合法权益、教育教学秩序等的突发事件，及时督促处理并第一时间报告上级教育督导部门。

（五）每次完成督导任务后，及时向本级教育督导机构报告督导情况，提交督导报告。

（六）完成本级人民政府及教育督导机构交办的其他工作事项。

第十一条　督学受教育督导机构指派，实施教育督导时可行使以下权力：

（一）就督导事项有关问题进入相关部门和学校开展调查。

（二）查阅、复制与督导事项有关的文件、材料。

（三）要求被督导单位就督导事项有关问题作出说明。

（四）采取约谈有关负责人等方式督促问题整改落实。

（五）对被督导单位的整改情况进行监督、检查。

第十二条　教育督导机构负责为兼职督学开展教育督导工作提供经费保障。

第十三条　各级政府及有关部门应积极支持督

学晋升职级或职称，为督学开展工作提供必要的工作条件。

第十四条　督学开展教育督导工作，须向被督导单位出示督学证。

第四章　监管

第十五条　各级教育督导机构对督学工作进行管理，主要包括：

（一）实施督导时遵守有关规定情况。

（二）督导报告撰写并向教育督导机构提交情况。

（三）督导意见反馈和督促整改情况。

（四）按要求接受培训情况。

第十六条　各级人民政府教育督导机构对本级督学进行登记管理，动态掌握督学相关信息。

第十七条　督学与被督导对象的关系可能影响客观公正实施教育督导的，督学应当回避。

第十八条　督学应主动公开联系方式和督导事项等，方便社会了解督导工作情况，广泛接受社会监督。

第十九条　各级教育督导机构受理对督学不当行为的举报，经查实后依照有关规定处理。对督学违法违规等受到处分的，及时向上级教育督导机构报告。

第五章　培训

第二十条　各级教育督导机构按照职责负责组织督学的岗前及在岗培训，新聘督学上岗前应接受培训。

第二十一条　督学培训可采取集中培训、网络学习和个人自学相结合的方式进行，督学每年参加集中培训时间累计应不少于40学时。

第二十二条　培训主要内容包括：

（一）教育法律、法规、方针、政策、规章、制度和相关文件。

（二）教育学、心理学、教育管理、学校管理、应急处理与安全防范等相关理论和知识。

（三）评估与监测理论、问卷与量表等工具开发在教育督导工作中的应用。

（四）督导实施、督导规程和报告撰写等业务知识。

（五）现代信息技术的应用。

（六）教育督导实践案例。

第二十三条　国务院教育督导委员会办公室负责指导全国督学培训工作及组织相关培训，地方各级教育督导机构负责本区域督学培训工作的组织实施。

第二十四条　各级教育督导机构建立本级督学培训档案，对参加培训的种类、内容和时间等情况进行记录备案。

第六章　考核

第二十五条　督学考核应包括以下主要内容：

（一）督导工作完成情况。包括实施督导、督导报告、督促整改、任务完成和工作总结等情况。

（二）参加培训情况。包括参加集中培训和自主学习等情况。

（三）廉洁自律情况。包括遵守廉政规定、遵守工作纪律和工作作风等情况。

第二十六条　各级教育督导机构负责本级督学年度考核和任期考核。对专职督学、兼职督学进行分类考核，并结合本地实际制订具体考核标准，采取个人自评和督导部门考核相结合方式对督学进行考核，对考核优秀的督学按相应规定给予表彰奖励。

第二十七条　各级教育督导机构对督学考核后形成书面意见告知本人及所在单位并存档备案，作为对其使用、培养、聘任、续聘、解聘的重要依据。

第二十八条　督学有下列情形之一的，教育督导机构给予解聘：

（一）无正当理由不参加教育督导工作的。

（二）弄虚作假，徇私舞弊，影响督导结果公平公正的。

（三）滥用职权，打击报复，干扰被督导单位正常工作的。

（四）受到行政处分、刑事处罚的。

（五）年度考核不合格的。

第二十九条　督学不能正常履行职责须书面请辞，聘任单位于30日内批准并向社会公布。

第七章　附则

第三十条　各地教育督导机构可根据本办法，结合本地实际，制定具体实施细则或本地督学管理办法，并报上一级教育督导机构备案。

第三十一条　本办法自发布之日起施行。

教育部 科技部关于加强高等学校科技成果转移转化工作的若干意见

（2016年8月3日）

各省、自治区、直辖市教育厅（教委）、科技厅（科委），新疆生产建设兵团教育局、科技局，教育部直属各高等学校：

为深入贯彻落实《中共中央 国务院关于深化体制机制改革加快实施创新驱动发展战略的若干意见》、《中共中央关于深化人才发展体制机制改革的意见》和《中共中央办公厅关于印发深化科技体制改革实施方案的通知》精神，推动高校加快科技成果转移转化，依据《中华人民共和国促进科技成果转化法》、国务院《实施〈中华人民共和国促进科技成果转化法〉若干规定》和国务院办公厅《促进科技成果转移转化行动方案》，结合高校实际，提出如下意见：

一、全面认识高校科技成果转移转化工作。科技成果转化是高校科技活动的重要内容，高校要引导科研工作和经济社会发展需求更加紧密结合，为支撑经济发展转型升级提供源源不断的有效成果。高校要改革完善科技评价考核机制，促进科技成果转化。高校科技成果转移转化工作，既要注重以技术交易、作价入股等形式向企业转移转化科技成果；又要加大产学研结合的力度，支持科技人员面向企业开展技术开发、技术服务、技术咨询和技术培训；还要创新科研组织方式，组织科技人员面向国家需求和经济社会发展积极承担各类科研计划项目，积极参与国家、区域创新体系建设，为经济社会发展提供技术支撑和政策建议；高校作为人才培养的主阵地，更要引导、激励科研人员教书育人，注重知识扩散和转移，及时将科研成果转化为教育教学、学科专业发展资源，提高人才培养质量。

二、简政放权鼓励科技成果转移转化。高校对其持有的科技成果，可以自主决定转让、许可或者作价投资，除涉及国家秘密、国家安全外，不需要审批或备案。高校有权依法以持有的科技成果作价入股确认股权和出资比例，通过发起人协议、投资协议或者公司章程等形式对科技成果的权属、作价、折股数量或出资比例等事项明确约定、明晰产权，并指定所属专业部门统一管理技术成果作价入股所形成的企业股份或出资比例。高校职务科技成果完成人和参加人在不变更职务科技成果权属的前提下，可以按照学校规定与学校签订协议，进行该项科技成果的转化，并享有相应权益。高校科技成果转移转化收益全部留归学校，纳入单位预算，不上缴国库；在对完成、转化科技成果作出重要贡献的人员给予奖励和报酬后，主要用于科学技术研究与成果转化等相关工作。

三、建立健全科技成果转移转化工作机制。高校要加强对科技成果转移转化的管理、组织和协调，成立科技成果转移转化工作领导小组，建立科技成果转移转化重大事项领导班子集体决策制度；统筹成果管理、技术转移、资产经营管理、法律等事务，建立成果转移转化管理平台；明确科技成果转移转化管理机构和职能，落实科技成果报告、知识产权保护、资产经营管理等工作的责任主体，优化并公示科技成果转移转化工作流程。

高校应根据国家规定和学校实际建立科技成果使用、处置的程序与规则。在向企业或者其他组织转移转化科技成果时，可以通过在技术交易市场挂牌、拍卖等方式确定价格，也可以通过协议定价。协议定价的，应当通过网站、办公系统、公示栏等方式在校内公示科技成果名称、简介等基本要素和拟交易价格、价格形成过程等，公示时间不少于15日。高校对科技成果的使用、处置在校内实行公示制度，同时明确并公开异议处理程序和办法。涉及国家秘密和国家安全的，按国家相关规定执行。

科技成果转化过程中，通过技术交易市场挂牌、拍卖等方式确定价格的，或者通过协议定价并按规定在校内公示的，高校领导在履行勤勉尽职义务、没有牟取非法利益的前提下，免除其在科技成果定价中因科技成果转化后续价值变化产生的决策责任。

四、加强科技成果转移转化能力建设。鼓励高校在不增加编制的前提下建立负责科技成果转移转化工作的专业化机构或者委托独立的科技成果转移转化服务机构开展科技成果转化，通过培训、市场聘任等多种方式建立成果转化职业经理人队伍。发挥大学科技园、区域（专业）研究院、行业组织在成果转移转化中的集聚辐射和带动作用，依托其构建技术交易、投融资等支撑服务平台，开展技术开发和市场需求对接、科技成果和风险投资对接，形成市场化的科技成果转移转化运营体系，培育打造运行机制灵活、专业人才集聚、服务能力突出的国家技术转移机构。高校要充分利用各级政府建立的科技成果信息平台，加强成果的宣传和展览展示；鼓励科研人员面向企业开展技术开发、技术咨询和技术服务等横向合作，与企业联合实施科技成果转化。

五、健全以增加知识价值为导向的收益分配政策。高校要根据国家规定和学校实际，制定科技成果转移转化奖励和收益分配办法，并在校内公开。在制定科技成果转移转化奖励和收益分配办法时，要充分听取学校科技人员的意见，兼顾学校、院系、成果完成人和专业技术转移转化机构等参与科技成果转化的各方利益。

高校依法对职务科技成果完成人和为成果转化作出重要贡献的其他人员给予奖励时，按照以下规定执行：以技术转让或者许可方式转化职务科技成果的，应当从技术转让或者许可所取得的净收入中提取不低于50%的比例用于奖励；以科技成果作价投资实施转化的，应当从作价投资取得的股份或者出资比例中提取不低于50%的比例用于奖励；在研究开发和科技成果转化中作出主要贡献的人员，获得奖励的份额不低于总额的50%。成果转移转化收益扣除对上述人员的奖励和报酬后，应当主要用于科学技术研发与成果转移转化等相关工作，并支持技术转移机构的运行和发展。

担任高校正职领导以及高校所属具有独立法人资格单位的正职领导，是科技成果的主要完成人或者为成果转移转化作出重要贡献的，可以按照学校制定的成果转移转化奖励和收益分配办法给予现金奖励，原则上不得给予股权激励；其他担任领导职务的科技人员，是科技成果的主要完成人或者为成果转移转化作出重要贡献的，可以按照学校制定的成果转化奖励和收益分配办法给予现金、股份或出资比例等奖励和报酬。对担任领导职务的科技人员的科技成果转化收益分配实行公示和报告制度，明确公示其在成果完成或成果转化过程中的贡献情况及拟分配的奖励、占比情况等。

高校科技人员面向企业开展技术开发、技术咨询、技术服务、技术培训等横向合作活动，是高校科技成果转化的重要形式，其管理应依据合同法和科技成果转化法；高校应与合作单位依法签订合同或协议，约定任务分工、资金投入和使用、知识产权归属、权益分配等事项，经费支出按照合同或协议约定执行，净收入可按照学校制定的科技成果转移转化奖励和收益分配办法对完成项目的科技人员给予奖励和报酬。对科技人员承担横向科研项目与承担政府科技计划项目，在业绩考核中同等对待。

科技成果转移转化的奖励和报酬的支出，计入单位当年工资总额，不受单位当年工资总额限制，不纳入单位工资总额基数。

六、完善有利于科技成果转移转化的人事管理制度。高校科技人员在履行岗位职责、完成本职工作的前提下，征得学校同意，可以到企业兼职从事科技成果转化，或者离岗创业在不超过三年时间内保留人事关系。离岗创业期间，科技人员所承担的国家科技计划和基金项目原则上不得中止，确需中止的应当按照有关管理办法办理手续。高校要建立和完善科技人员在岗兼职、离岗创业和返岗任职制度，对在岗兼职的兼职时间和取酬方式、离岗创业期间和期满后的权利和义务及返岗条件作出规定并在校内公示。担任领导职务的科技人员的兼职管理，按中央有关规定执行。鼓励高校设立专门的科技成果转化岗位并建立相应的评聘制度。鼓励高校设立一定比例的流动岗位，聘请有创新实践经验的企业家和企业科技人才兼职从事教学和科研工作。教育部将组织高校开展将企业任职经历作为新聘工程类教师必要条件的试点，加大对应用型本科和高职院校专业教师在校企之间的交流力度。

七、支持学生创新创业。探索建立以创新创业为导向的人才培养机制，完善产学研用结合的协同育人模式。支持高校与企业、研究院所联合建立学生实习实训和研究生科研实践等教学科研基地，提高学生创新创业实践能力。推动国家大学科技园为学生创新创业提供力所能及的场地、信息网络和商事、法律服务，建立微创新实验室、创新创业俱乐部等，发展众创、众包、众扶、众筹空间等新型孵化模式。鼓励国家大学科技园组织有创业实践经验的企业家、高校科技人员和天使投资人开展志愿者行动，为学生创新创业提供创业辅导以及技术开发合作援助，编写高校师生创新创业成功案例作为高校创新创业教辅材料，支持高校创新创业教育。加强知识产权相关学科专业建设，对学生开展知识产权保护相关法律法规的教育培训。鼓励高校通过无偿许可专利的方式，向学生授权使用科技成果，引导学生参与科技成果转移转化。

八、推进科研设施和仪器设备开放共享。鼓励高校与企业、研究开发机构及其他组织联合建立研究开发平台、技术转移机构或技术创新联盟，共同开展研究开发、成果应用与推广、标准研究与制定。支持高校和地方、企业联合共建实验室和大型仪器设备共享平台，加快推进高校科研设施与仪器在保障本校教学科研基本需求的前提下向其他高校、科研院所、企业、社会研发组织等社会用户开放共享。依托高校建设的国家重点实验室、国家工程实验室、国家工程（技术）研究中心、大型科学仪器中心、分析测试中心等各类研发平台，要按功能定位，建立向企业特别是中小企业有效开放的机制，加大向社会开放的力度，为科技成果转移转化提供服务支撑。科研设施和仪器设备有偿开放的，严格按国家工商、价格管理等规定办理，收入、支出纳入学校财务统一管理。

九、建立科技成果转移转化年度报告制度和绩效评价机制。按照国家科技成果年度报告制度的要求，高校要按期以规定格式向主管部门报送年度科技成果许可、转让、作价投资以及推进产学研合作、科技成果转移转化绩效和奖励等情况，并对全年科技成果转移转化取得的总体成效、面临的问题进行总结。高校要建立科技成果转移转化绩效评价机制，对科技成果转移转化业绩突出的机构和人员给予奖励。高校主管部门要根据高校科技成果转移转化年度报告情况，对高校科技成果转移转化绩效进行评价，并将评价结果作为对高校给予支持的重要依据之一。高校科技成果转移转化绩效纳入世界一流大学和一流学科建设考核评价体系。

十、切实加强领导，认真组织实施。各省级教育、科技行政部门，各高校要认真学习贯彻“创新是引领发展的第一动力”的深刻内涵，将思想和行动统一到党中央、国务院的重大战略部署上来，根据本意见的要求和自身实际情况，采取切实有效的措施加快科技成果转移转化。要切实防范道德风险、廉政风险和法律风险；加强对科技成果转移转化工作的监督检查，对不作为、乱作为的行为严肃问责，对借机谋取私利、搞利益输送的违纪违法问题依法依规严肃查处。教育部将组织实施促进高校科技成果转移转化行动计划，引导高校进一步完善科技成果转移转化的体制机制，为经济社会发展提供科技支撑和智力支持。

本意见自发布之日起施行，执行过程中遇到的问题，请及时向教育部科学技术司、科学技术部创新发展司反馈。此前有关规定与本意见不一致的，按本意见执行。

教育部　科技部

2016年8月3日

教育部　国家语委关于印发《国家语言文字事业“十三五”发展规划》的通知

（2016年8月23日）

各省、自治区、直辖市教育厅（教委）、语委，相关省、自治区民委（民语委），新疆生产建设兵团教育局、语委，国家语委成员单位，部属各高等学校：

现将《国家语言文字事业“十三五”发展规划》（以下简称“十三五”规划）印发给你们，请结合实际认真贯彻执行。

“十三五”规划是指导今后一个时期语言文字事业科学发展的纲领性文件。地方各级教育行政部门和语言文字工作部门要深刻学习领会、认真贯彻落实“十三五”规划提出的目标任务。要加强对语言文字事业的统筹管理，完善“政府主导、语委统筹、部门支持、社会参与”的管理体制，进一步推动本地区各级政府担负起语言文字工作的主导责任并切实加强对语言文字工作的领导和支持。要主动作为，充分发挥语委成员单位的作用，积极争取相关部门、学术团体、社会组织和相关企业等社会各方面的支持，共同做好语言文字工作。

地方各级教育行政部门和语言文字工作部门要把推动语言文字事业发展作为重要职责，把实施“十三五”规划作为当前和今后一个时期工作的重要任务。各行业主管部门和各级语言文字工作部门要明确责任和分工，根据本行业、本地实际，制订实施方案，确定重点任务时间表、路线图，加强领导，精心组织，确保“十三五”规划提出的各项目标任务落到实处。

教育部　国家语言文字工作委员会
2016年8月23日

国家语言文字事业“十三五”发展规划

（2016年8月23日教育部、国家语委发布）

目录

一、发展形势
二、指导思想和发展目标
（一）指导思想
（二）发展目标
三、主要任务
（一）普及国家通用语言文字
1. 大力提升农村地区普通话水平
2. 加快民族地区国家通用语言文字普及
3. 强化学校语言文字教育
4. 加强语言文字规范化建设
（二）推进语言文字信息化建设
5. 推动语言文字信息化技术创新发展
6. 加强语言资源建设
7. 建设语言文字信息化平台
（三）提高国家语言文字服务能力
8. 提高保障国家战略和安全的语言文字服务能力
9. 创新语言文字服务方式
10. 服务特殊人群语言文字需求
（四）弘扬传播中华优秀语言文化
11. 推进中华优秀语言文化传承发展

12. 科学保护各民族语言文字

13. 深化内地和港澳、大陆和台湾地区语言文化交流合作

14. 加强语言文化国际交流与传播

（五）完善语言文字工作治理体系

15. 加强语言文字法治建设

16. 完善语言文字规范标准

17. 健全语言文字测评体系

18. 强化重点领域语言文字监督检查

四、重点工程

（一）国家通用语言文字普及攻坚工程

（二）语言文字信息化关键技术研究与应用工程

（三）“互联网+”语言文字服务工程

（四）中华优秀语言文化传承与保护工程

（五）语言文字筑桥工程

五、保障措施

（一）加强组织领导

（二）创新工作机制

（三）推进队伍建设

（四）加强宣传教育

（五）强化科研支撑

（六）保障经费投入

为贯彻落实《国家通用语言文字法》《国民经济和社会发展第十三个五年规划纲要》，全面实施《国家中长期教育事业改革和发展规划纲要（2010—2020年）》（以下简称《教育规划纲要》）和《国家中长期语言文字事业改革和发展规划纲要（2012—2020年）》（以下简称《语言文字规划纲要》），明确未来五年国家语言文字事业的发展目标和主要任务，制定本规划。

一、发展形势

语言文字事业具有基础性、全局性、社会性和全民性的特点，是国家综合实力的重要支撑力量，事关国民素质提高和人的全面发展，事关国家统一和民族团结，事关历史文化传承和经济社会发展，在国家发展战略中具有重要地位和作用。强国必须强语，强语助力强国。

新中国成立以来，我国语言文字事业取得了历史性成就，走出了一条中国特色社会主义语言文字事业发展道路。“十二五”期间，特别是党的十八大以来，国家通用语言文字普及程度进一步提高，普通话普及率达到70%以上；语言文字法律法规制度逐步完善，工作体系基本形成，语言文字规范标准进一步完善，为推进语言文字工作治理体系和治理能力现代化打下良好基础；语言资源保护开发取得进展，语言文字科学研究和基础建设更加贴近国家发展需求；语言文字信息化进程加快；语言文字品牌活动广受关注，世界语言大会成功举办，汉语国际传播蓬勃发展，我国在世界语言文字领域的国际话语权得到提升。这些成就为全面建成小康社会奠定了坚实基础。

“十三五”时期，是全面建成小康社会的决胜阶段，也是贯彻落实《教育规划纲要》《语言文字规划纲要》、全面提升国家语言文字服务能力的关键五年。实现教育现代化、全面提高国民素质和社会文明程度、促进人的全面发展，对进一步推行普及国家通用语言文字，特别是对农村和民族地区的推广普通话工作提出了新期盼；云计算、大数据、智能化等新技术的不断涌现，为语言文字信息化建设和社会应用赋予了新内涵；扩大对外开放、加强国际合作、促进和平发展、维护国家利益和安全，特别是推进“一带一路”建设等，对增强语言文字事业服务保障能力与国际交流合作提出了新任务；文化大发展大繁荣，培育践行社会主义核心价值观，为传承、发展和弘扬中华优秀语言文化开辟了新领域；全面深化改革、全面依法治国，推进国家治理体系和治理能力现代化，对语言文字法制化、规范化、标准化建设提出了新要求。

面对时代变革和国家发展创新的迫切需求，语言文字事业还存在一些薄弱环节和突出问题：农村和民族地区国家通用语言文字普及程度还不高；语言文字信息技术创新与社会应用能力还比较薄弱；国家语言能力和语言文字服务水平还不能完全适应经济、社会和文化发展的需求；语言文字规范应用面临网络时代新挑战；管理体制机制和方式有待进一步改革创新。

“十三五”时期，我国发展仍处于可以大有作为的重要战略机遇期，我们必须增强忧患意识、责

任意识，尊重规律、把握国情，抓住机遇、迎接挑战，针对重点领域和重点问题攻坚克难，不断开创我国语言文字事业发展新局面。

二、指导思想和发展目标

（一）指导思想

高举中国特色社会主义伟大旗帜，全面贯彻党的十八大和十八届三中、四中、五中全会精神，以马克思列宁主义、毛泽东思想、邓小平理论、“三个代表”重要思想、科学发展观为指导，深入贯彻习近平总书记系列重要讲话精神，坚持全面建成小康社会、全面深化改革、全面依法治国、全面从严治党的战略布局，牢固树立和贯彻落实创新、协调、绿色、开放、共享的发展理念，以服务国家发展需求为核心，向国家战略聚焦，向农村和民族地区攻坚，向社会应用推进，向现代治理转型，向国际领域拓展，大力推行和规范使用国家通用语言文字，科学保护各民族语言文字，加快语言文字法制化、规范化、标准化、信息化建设，提高国民语言能力，构建和谐健康的语言生活，为全面建成小康社会、建设与综合国力相适应的语言强国提供有力支撑。

（二）发展目标

到2020年，在全国范围内基本普及国家通用语言文字，全面提升语言文字信息化水平，全面提升语言文字事业服务国家需求的能力，实现国家语言能力与综合国力相适应。

——国家通用语言文字基本普及。全国范围内普通话基本普及，语言障碍基本消除；农村普通话水平显著提高，民族地区国家通用语言文字普及程度大幅度提高；国家通用语言文字教育体系更加完善，国民语言文字应用能力显著提升；社会用语用字更加规范。

——语言文字信息化水平大幅提升。语言文字信息化关键技术研发取得重要成果，基本适应国家和社会信息化发展需求；语言资源保护、开发和建设取得重要进展，濒危语言得到科学记录和保存；语言文字信息化平台和工作手段更加完备。

——语言文字服务能力显著增强。语言文字工作更加适应实施国家重大战略和维护国家安全的需求；各项语言文字服务不断满足社会和人民群众的语言交流和使用需求。

——语言文化广泛传播与繁荣发展。中华优秀语言文化得到传承弘扬和广泛传播；各民族语言文字科学保护进一步加强；海外华人的中华语言文化认同感明显增强，中文的海外学习使用范围明显扩大、国际影响力显著提高；语言文字交流合作进一步拓展深化。

——语言文字工作治理体系更加完善。语言文字法律法规体系更加完善；信息化条件下的语言文字规范标准体系基本建立；国家通用语言文字培训测评体系进一步完善；语言文字工作体制机制更加健全；社会语言生活和谐健康发展。

三、主要任务

（一）普及国家通用语言文字

1. 大力提升农村地区普通话水平。将提升农村地区普通话水平贯穿全面建成小康社会决胜阶段的全过程。结合新型城镇化建设、社会主义新农村建设和农村文化公共服务体系建设，适应促进农村青壮年劳动力就业和科技应用的需求，创新开展农村普通话宣传推广工作，大力提升青壮年劳动力普通话水平，使其具备普通话沟通交流能力。

2. 加快民族地区国家通用语言文字普及。进一步强化国家通用语言文字在维护国家统一、促进民族团结和社会发展中的重要基础作用。结合国家实施的精准扶贫、精准脱贫方略，以提升教师、基层干部和青壮年农牧民语言文字应用能力为重点，加快提高民族地区国家通用语言文字普及率。加强国家通用语言文字教育教学，确保少数民族学生基本掌握和使用国家通用语言文字。

3. 强化学校语言文字教育。坚持把学校作为国家通用语言文字推行普及的主阵地和主渠道。将语言文字要求纳入学校、教师、学生管理和教育教学的各个环节，构建适合大中小学生身心发展和道德养成、符合社会主义核心价值观的语言文字教育课程和活动体系。加强语言文字示范校和书写特色校建设。注重幼儿园教育中阅读兴趣的培养，使孩子学会倾听并能用普通话进行基本交流。加强中小学普通话口语、规范汉字书写、阅读写作及语言文字规范标准等方面的教育教学，提高中小学生国家通用语言文字听说读写能力。推动中等职业学校和高等学校科学设置语言文字相关课程，以提高语文鉴赏能力、口语和书面表达能力为重点，全面提高学生语文素养和语言文字应用能力。强调教师表率作用，在教育教学过程中坚持使用普通话，正确使用规范汉字，努力提高传统文化素养和语言文字应用综合能力。

4. 加强语言文字规范化建设。完成城市语言文字规范化建设目标，促进已达标城市保持并不断提高语言文字规范化水平。全面开展区域语言文字规范化工作，省级语言文字工作部门根据实际制定区域语言文字规范化工作实施方案，积极试点，适时推开。开展县域语言文字应用监测。把语言文字规范化要求融入行业管理、城乡管理和精神文明创建活动，将城乡语言文字规范化情况纳入文明城市、文明乡镇创建内容。积极推动党政机关、新闻出版、广播影视和公共服务行业等重点领域语言文字规范化建设，充分发挥其示范作用，引领全社会推行普及和规范使用国家通用语言文字。

（二）推进语言文字信息化建设

5. 推动语言文字信息化技术创新发展。发挥语言文字信息化技术在国家信息化建设中的基础支撑作用。支持推动自然语言处理、语音识别与合成、文字识别等智能化理论研究和技术研发。支持不同语种间的机器翻译研究以及国家通用语言文字智能辅助学习和评测的技术产品研发。推进互联网环境下的语言计算技术创新，在信息技术新一轮发展中掌握主动权。

6. 加强语言资源建设。树立语言资源是国家重要的文化资源、经济资源和战略资源的意识。加强语言资源建设的统筹协调，努力形成“有序开发、多元投入、社会共享”的语言资源建设与管理机制。大力推进语言资源保护、开发、利用，强化语言资源基础建设，有效整合、研发基础语言资源库。建设国家语言资源服务系统，促进语言资源的开放与共享。

7. 建设语言文字信息化平台。建设适应面广、影响力大、权威性强的全球中文学习网络平台。推进语言文字政务信息化，进一步加强语言文字门户网站、微博、微信及手机客户端建设，构建层次分明、结构科学、功能完备的语言文字宣传教育、益民服务网络。

（三）提高国家语言文字服务能力

8. 提高保障国家战略和安全的语言文字服务能力。加强语言与国家安全，语言认同与国家认同、中华民族认同、中华文化认同研究，为保障国家统一、民族团结和社会稳定提供政策支持和专业服务。增强国家战略意识，围绕区域发展总体战略、“互联网+”行动计划、脱贫攻坚工程等国家发展战略对语言文字的需求，加强语言规划、语言文字信息技术、跨境语言等研究，提升语言文字服务能力。分区域、行业、领域和人群开展语言国情调查。推动语言文字使用状况列入国家人口普查和其他相关调查统计工作。

9. 创新语言文字服务方式。面向社会开展全方位的语言文字政策法规、规范标准、基础知识和社会应用等咨询服务。研究制定多语种外语规划。创新语言文字服务和语言人才培养机制，推动高等学校完善外语语种结构，培养和储备关键语种复合型外语人才。建立应急和特定领域专业语言人才的招募储备机制，为大型国际活动和灾害救援等提供语言服务，提升语言应急和援助服务能力。支持开展面向特定行业人群的语言文字服务。支持高校、科研机构和社会团体以多种方式为社会提供语言文字服务。增强语言经济意识，启动语言产业调查，大力支持语言产业发展，推动生成新的经济增长点。

10. 服务特殊人群语言文字需求。把手语、盲文规范化作为国家语言文字工作的重要内容。实施《国家手语和盲文规范化行动计划（2015—2020年）》，加快研制国家通用手语和通用盲文系列规范标准，规范和推广国家通用手语、通用盲文。研制国家通用手语和通用盲文水平等级标准和测试大纲，逐步开展国家通用手语和国家通用盲文等级测试。加快推进手语、盲文信息化建设，组织研发国家通用手语、国家通用盲文信息技术产品。培育和发展手语、盲文社会服务机构。加快手语和盲文学科建设和人才培养。加强各类语言障碍研究和语言康复治疗技术开发利用。继续推进并完善视障、听障人员普通话水平培训测试。

（四）弘扬传播中华优秀语言文化

11. 推进中华优秀语言文化传承发展。树立和增强高度的文化自觉和文化自信，充分发挥语言文字在传承和弘扬中华优秀传统文化、革命文化和社会主义先进文化中的重要作用。强化学校语言文化传承功能，推进各级各类学校开展中华经典诵写讲行动，加强中小学古典诗文教育教学。推动中华经典诵读、书写、讲解等文化实践活动入社区、下基层、进部队。支持开展对吟诵的研究、抢救保护和传承工作。开展当代语言文化研究，促进语言文化健康发展。完善国民语言教育大纲，推动开展国民语言教育。

12. 科学保护各民族语言文字。各民族语言文字是中华语言文化的重要组成部分。重点加强对少数民族语言文字的科学保护，进一步发挥其在传承中华优秀传统文化中的独特作用。加快制定传统通用少数民族语言文字基础规范标准，推进术语规范化，做好少数民族语言文字规范化、标准化、信息化工作。开展少数民族濒危语言抢救保护工作。

13. 深化内地和港澳、大陆和台湾地区语言文化交流合作。加大支持和服务港澳同胞学习使用国家通用语言文字力度，加强港澳青少年国家认同与语言文化认同教育。充分利用两岸语言文字交流合作协调机制，推动两岸语言文字学术交流和语言文化交流。继续编写和推广应用两岸中华语文工具书、科技名词工具书，进一步完善两岸中华语文知识库网站建设，继续推动汉字简繁文本转换技术等的合作研究与开发。创新拓展与港澳台青少年的语言文化交流活动。

14. 加强语言文化国际交流与传播。积极配合中国特色大国外交战略的实施，适应“一带一路”建设、中外人文交流机制等需求，加强与重点国家的语言文化交流与合作，开辟多层次语言文化交流渠道。推动中华优秀语言文化走向世界，打造交流品牌，做好中华思想文化术语传播工作。继续建设好孔子学院和孔子课堂，帮助海外中文学校加快发展，充分发挥其桥梁纽带作用。拓展中文在国际组织和国际社会中的使用范围。

（五）完善语言文字工作治理体系

15. 加强语言文字法治建设。完善语言文字法律制度，研究修订《国家通用语言文字法》，研究制定《〈国家通用语言文字法〉实施办法》等配套规章，推动相关行业法律法规吸纳加强语言文字规范化的内容，完善地方语言文字法规规章。健全语言文字依法管理和执法监督协调机制，严格语言文字社会应用执法工作，加强综合执法，分批开展重点行业领域语言文字执法调研和执法检查。

16. 完善语言文字规范标准。建设信息化条件下的语言文字规范标准体系，处理好先期引导和事后规范的关系。强化语言文字规范标准统筹管理，健全规范标准框架和层级，加强规范标准研制部门之间的深度合作。完成第三次普通话审音工作，完善普通话语音规范。加强对《通用规范汉字表》《普通话异读词审音表》等规范标准的配套专项研究，制定基础教育用汉字相关字形标准、大字符集汉字相关属性规范标准。加强科技名词使用的标准化建设。制定海外中文教学标准。主导中国语言文字国际标准的制定。推进外语中文译写规范工作，制定公共服务领域外国语言文字译写规范标准。

17. 健全语言文字测评体系。修订完善普通话水平测试、汉字应用水平测试、汉语能力测试等各类测试大纲、标准及管理规章制度。加快推进普通话培训测试的信息化建设和资源建设，全面实现计算机辅助普通话水平测试。建立完善相关行业从业人员语言文字应用能力标准，推动开展相关行业从业人员语言文字应用能力培训测试。继续推动开展汉字应用水平测试、汉语能力测试工作。

18. 强化重点领域语言文字监督检查。建设新闻出版、广播影视、新媒体、公共服务领域、公共场所语言文字使用情况监测体系以及社会语言生活引导和服务体系。加强对网络语言、新词新语、字母词、外语词等的监测研究和规范引导。强化对互联网语言文字使用的规范和管理。倡导文明用语用字，抵制低俗语言，推动社会语言文明建设。规范重点领域信息技术产品中的语言文字应用。

四、重点工程

（一）国家通用语言文字普及攻坚工程

与国家扶贫攻坚等工程相衔接，在农村和民族地区开展国家通用语言文字普及攻坚。

加大对少数民族学生学习国家通用语言文字的

教学研究、课程开发、教材建设和出版支持力度。继续实施民族地区教师普通话提高培训计划。实施边远、民族地区干部和青壮年农牧民国家通用语言文字培训计划。推动各对口支援省市将国家通用语言文字培训项目纳入民族地区对口支援范围。

继续实施大中小学校长、教师国家通用语言文字培训计划。严格执行教师资格普通话等级达标规定。建设中小学语文课文示范诵读库。

大力开展农村青壮年国家通用语言文字应用能力培训。推动劳动力输出、输入地区开展进城务工人员普通话培训服务。

（二）语言文字信息化关键技术研究与应用工程

协调和调动有关部门的积极性，通过示范、引领和扶持等方式，积极整合和发挥高校、科研院所和企业的力量投入语言文字信息技术的发展，推动社会多方力量充分利用信息技术新进展，开展语言文字信息化关键技术攻关。

推动开展多语种机器翻译关键技术攻关，充分利用大数据、云计算、人工智能、移动互联网等前沿信息技术，探索解决不同语种间自动翻译关键技术问题。

构建语言智能学习模型，开展语言理解、语言生成和语言评价等智能辅助语言学习系统和语音识别关键技术研究。

开展语言文字信息处理技术评测研究，对语言文字信息处理技术成果水平进行科学评价，服务语言文字信息化技术水平评测，满足国家安全、社会稳定对语言文字信息化技术的需求。

（三）“互联网+”语言文字服务工程

以大数据、云计算等技术手段推动语言学习、语言服务、语言管理。建成国家语言文字事业发展基础数据库群，为社会应用、政府决策和事业发展提供技术服务与数据支撑。

打造全球中文学习网络平台，建立政府引导、市场运营、互联共享、在线学习评价相融合的全球中文推广普及机制。

整合现有资源，建设涵盖语言文字规范标准、语文知识、外语中文译写规范等内容的基础数据库，向社会提供语言文字咨询服务。

构建国家语言文字决策支持统计服务系统，建设涵盖语言文字政策法规、区域和行业语言文字工作、社会使用状况、学校语言教育、语言文字学术研究和人力资源等内容的基础数据库。

（四）中华优秀语言文化传承与保护工程

探究汉语汉字源流，支持开展汉语语音、汉字、词汇、语法历史与现状研究。研究制定中华诗词新韵规范。继续建设中华经典诵写讲资源库。

依托传统媒体和新媒体，进一步整合现有原创语言文化类活动，提升质量，打造中国语言文化传播品牌。组织举办经典诵读、书写书法、诗文创作等社会广泛参与的宣传、展示和赛事活动。

实施中国语言资源保护工程，收集整理汉语方言、少数民族语言和民间口头文化的实态语料和网络语料，建设大规模、可持续开发的多媒体语言资源库，开发语言展示系统，编制和完善中国语言地图集、语言志等基础性系列成果。

推动筹建中国语言文字博物馆。

（五）语言文字筑桥工程

协同我国及“一带一路”沿线国家语言学研究力量，开展多语种语言人才培养储备状况调查及语言国情调查，建设适应国家对外开放重大战略需要的语言服务国家资源库。实施国家对外语言服务人才培养计划。

建立“语言通”服务网络平台，建立语言大数据增值服务机制，开发面向智能手机的“语言通”客户端，形成适应我国在对外经贸合作和人文交流中所需要的语言在线服务能力，为社会提供语言采集、在线翻译、知识专题和大数据增值服务。

继续建设好孔子学院和孔子课堂，探索创新教学方式方法。开展海外中文教师普通话培训，加大国家通用语言文字培训测试的海外推广力度。

五、保障措施

（一）加强组织领导

在各级党委、政府的统一领导下，加强各级语委对语言文字事业的统筹管理，完善“政府主导、语委统筹、部门支持、社会参与”的管理体制。要将语言文字工作纳入政府议事日程和政府绩效管理目标，建立由分管领导任主任的语言文字工作委员会，切实加强对语言文字工作的领导和支持。各级语言文字工作部门要强化机构建设，切实履行统筹协调职能，主动作为，提高工作服务水平，充分发挥语委成员单位作用，争取各方面支持。各语委成员单位要有领导分管、有人员专管语言文字工作。

各级各类学校要有机构和人员负责语言文字工作。

（二）创新工作机制

完善多部门协同的联席会议制度，推动各相关部门围绕自身发展创造性开展语言文字工作。完善咨询委员会制度，充分发挥专家作用。建立健全标准化工作长效机制，充分发挥语言文字标准化机构的作用。进一步调动地方和基层工作积极性，依法开展语言文字工作督导评估，加强地方政府语言文字工作履职督查，建立问责机制，形成长效机制。

创新社会参与机制，加强政策引导，吸引和扶持语言文字及相关领域学术团体、社会组织以及志愿者等各方面力量，在咨政建言、宣传教育、学术研究、交流合作、培训服务、检测评价等方面发挥积极作用。委托社会机构对语言文字法律法规、方针政策、规范标准等的贯彻实施情况进行评估，加强社会监督。

建立与企业的良性互动机制，引导企业在语言文字科技创新、成果转化中发挥主导作用。

（三）推进队伍建设

加强语言文字工作队伍建设。建立完善语言文字工作管理干部、学校语委主任、普通话水平测试员、相关行业主管部门语言文字工作专兼职管理人员上岗培训和定期轮训制度，提高相关人员的语言文字法治思维水平、依法行政能力和业务素质。加强语言文字培训基地建设，充分发挥其在人才培养、智力支持、活动支撑、合作交流等方面的作用。表彰奖励语言文字先进集体和个人。

加强语言文字专家队伍建设。加大对高校、研究机构语言学学科带头人和领军人物的培养和扶持力度，重视中青年学者的培训研修、交流合作，形成较为稳定的人才培养机制，充实国家语委科研工作专家库。推进“语言文字国际高端专家来华交流项目”的实施，推动“走出去”计划，遴选优秀学者出国研修。吸引相关技术人才投入语言文字信息技术研发，大力推动跨学科、复合型技术研发人才培养和队伍建设。重点加强语言文字公共政策研究、决策咨询和规范标准制订等方面的专家队伍建设。

（四）加强宣传教育

创新宣传手段和方式，继续开展全国推广普通话宣传周活动。将语言文字法律法规纳入法治宣传教育内容。面向机关、学校、新闻出版、广播影视、新媒体、公共服务行业以及相关社会组织、城乡社区，开展语言文字法律法规、方针政策、规范标准和基础知识普及性宣传。及时对语言文字社会热点问题进行引导，增强国民的国家通用语言文字意识，营造规范使用语言文字的社会环境。

（五）强化科研支撑

加强统筹规划，支持有关高校、科研院所和相关企事业单位，围绕国家战略和发展需求，语言生活重点、热点和难点问题，兼顾基础研究和应用研究，开展战略性、前瞻性和对策性研究，支持跨学科和协同创新研究。支持语言学科建设，提升学科地位和学术影响力。加大对科研项目的支持力度，做好成果的开发使用，提升科研项目的影响力。进一步完善国家语委科研工作体系，创新资助方式，探索设立后期资助项目、出版资助项目。落实《国家语言文字智库建设规划》，打造若干定位明晰、特色鲜明、机制健全、效能优良的语言文字智库。

（六）保障经费投入

建立健全语言文字事业经费投入机制，逐步加大对语言文字事业发展的经费投入力度，对民族地区和农村、边远、贫困地区推行普及国家通用语言文字给予经费倾斜。鼓励地区间建立对口支援和合作关系。各对口支援省市要将面向各类人群的国家通用语言文字培训项目作为援助内容，加强培训力度。支持多渠道筹措语言文字事业发展资金，鼓励企业、团体、个人捐赠。建立语言文字事业捐赠资金的监督管理制度。

本规划由各级政府及其语言文字工作部门牵头、语委成员单位和有关业务主管部门协同实施。各地要把实施《语言文字规划纲要》和本规划作为重要工作内容，各行业主管部门和各级语言文字工作部门要落实责任分工，制订实施方案，确定重点任务时间表、路线图，共同推进落实。国家语委将开展规划实施中期评估，跟踪监测并向社会公布各部门和各地实施规划情况，使其主动接受社会监督。

教育部关于深化高校教师考核评价制度改革的指导意见

（2016年8月25日）

各省、自治区、直辖市教育厅（教委），新疆生产建设兵团教育局，有关部门（单位）教育司（局），部属各高等学校：

为全面贯彻党的十八大和十八届历次全会精神，深入贯彻习近平总书记系列重要讲话精神，深化高等教育领域综合改革，破除束缚高校教师发展的体制机制障碍，激发高校教师教书育人、科学研究、创新创业活力，按照中共中央《关于深化人才发展体制机制改革的意见》和中共中央办公厅、国务院办公厅《关于进一步加强和改进新形势下高校宣传思想工作的意见》要求，现就深化高校教师考核评价制度改革提出如下指导意见。

一、把握考评总体要求

（一）将教师考核评价作为高等教育综合改革的重要内容。考核评价是高校教师选聘、任用、薪酬、奖惩等人事管理的基础和依据。考核评价政策是调动教师工作积极性、主动性的“指挥棒”，对于新时期高校推动教学改革、提高教育质量、坚持正确科研导向、促进科研成果转化、开展创新创业和社会服务，具有全局性和基础性影响。完善教师考核评价制度是当前和今后一段时期深化高等教育综合改革的紧迫任务。

（二）坚持问题导向推进改革。近年来各地各高校积极探索教师考核评价改革，在教师分类管理、考核指标体系建立、评价机制创新、强化聘期考核等方面做了有益尝试，积累了不少经验，但仍然存在教师选聘把关不严、师德考核操作性不强；考核评价缺乏整体设计，对教师从事教育教学工作重视不够、重数量轻质量的情况还比较严重；考核评价急功近利，考核结果的科学运用有待完善等问题。必须通过深化改革，有针对性地加以解决。

（三）坚持考核评价改革的正确方向。以师德为先、教学为要、科研为基、发展为本为基本要求，坚持社会主义办学方向，坚持德才兼备，注重凭能力、实绩和贡献评价教师，克服唯学历、唯职称、唯论文等倾向，切实提高师德水平和业务能力，努力建设有理想信念、有道德情操、有扎实学识、有仁爱之心的党和人民满意的高素质专业化教师队伍。

（四）把握考核评价的基本原则。坚持社会主义办学方向与遵循教育规律相结合，全面贯彻党的教育方针，以立德树人为根本任务，培养社会主义合格建设者和可靠接班人。同时，各高校要从自身发展阶段和办学特色出发，遵循高等教育规律，探索建立科学合理的考核评价体系。坚持全面考核与突出重点相结合，全面考核教师的师德师风、教育教学、科学研究、社会服务、专业发展等内容，同时针对当前教师队伍发展的突出问题和薄弱环节，进行重点考察和评价。坚持分类指导与分层次考核评价相结合，根据高校的不同类型或高校中不同类型教师的岗位职责和工作特点，以及教师所处职业生涯的不同阶段，分类分层次分学科设置考核内容和考核方式，健全教师分类管理和评价办法。坚持发展性评价与奖惩性评价相结合，充分发挥发展性评价对于教师专业发展的导向引领作用，合理发挥奖惩性评价的激励约束作用，形成推动教师和学校共同发展的有效机制。

二、加强师德考核力度

（五）将师德考核摆在教师考核的首位。完善师德考核办法，健全师德建设长效机制，将师德考核贯穿于日常教育教学、科学研究和社会服务的全过程。推行师德考核负面清单制度，建立教师师德档案。将师德表现作为教师绩效考核、职称（职务）评聘、岗位聘用和奖惩的首要内容。高校教师有师德禁行行为的，师德考核不合格，并依法依规分别给予相应处分，实行师德“一票否决”。

（六）严把选聘考核思想政治素质关。把思想政治素质作为教师选聘考核的基本要求，贯穿到教师管理和职业发展全过程。在教师招聘过程中，坚持思想政治素质和业务能力双重考察。严格聘用程序，规范聘用合同，将思想政治要求纳入教师聘用合同，并作为教师职称（职务）评聘、岗位聘用和聘期考核的重要内容。

三、突出教育教学业绩

（七）严格教育教学工作量考核。所有教师都必须承担教育教学工作，都负有关爱学生健康成长的重要责任，要将人才培养的中心任务落到实处。建立健全教学工作量评价标准，把教授为本专科生上课作为基本制度，明确教授、副教授等各类教师承担本专科生课程、研究生公共基础课程的教学课时要求。教师担任班主任、辅导员，解答学生问题，指导学生就业、创新创业、社会实践、各类竞赛以及老中青教师“传帮带”等工作，应计入教育教学工作量，并纳入年度考核内容。

（八）加强教学质量评价工作。完善教学质量评价制度，多维度考评教学规范、教学运行、课堂教学效果、教学改革与研究、教学获奖等教学工作实绩。引导教师贯彻党的教育方针，遵守教学纪律，改进教学方法，启发学生思考，指导合作学习与研究性学习。学校应实行教师自评、学生评价、同行评价、督导评价等多种形式相结合的教学质量综合评价。

（九）健全教学激励约束机制。提高教师教学业绩在校内绩效分配、职称（职务）评聘、岗位晋级考核中的比重，充分调动教师从事教育教学工作的积极性。除访学、进修、培训、组织派遣、产假等原因外，教学工作量不能达到学校规定要求或教学质量综合评价不合格的教师，其年度或聘期考核应为不合格。

（十）强化课堂教学纪律考核。把坚持党的基本路线作为教学基本要求，坚持正确的育人导向，严格高校课堂教学纪律，加强对教师课堂教学活动、教学实践环节等的督导力度。对在课堂传播违法、有害观点和言论的，依纪依法严肃处理。

四、完善科研评价导向

（十一）坚持服务国家需求和注重实际贡献的评价导向。鼓励原始创新和聚焦国家重大需求，引导教师主动服务国家创新驱动发展战略和地方经济社会发展，推进科教结合，提升人才培养质量。扭转将科研项目与经费数量过分指标化、目标化的倾向，改变在教师职称（职务）评聘、收入分配中过度依赖和不合理使用论文、专利、项目和经费等方面的量化评价指标的做法。

（十二）探索建立“代表性成果”评价机制。扭转重数量轻质量的科研评价倾向，鼓励潜心研究、长期积累，遏制急功近利的短期行为。完善同行专家评价机制，积极探索建立以“代表性成果”和实际贡献为主要内容的评价方式，将具有创新性和显示度的学术成果作为评价教师科研工作的重要依据。防止学术不端。

（十三）实行科学合理的分类评价。针对不同类型、层次教师，按照哲学社会科学、自然科学等不同学科领域，基础研究、应用研究等不同研究类型，建立科学合理的分类评价标准。对从事基础研究的教师主要考察学术贡献、理论水平和学术影响力。对从事应用研究的教师主要考察经济社会效益和实际贡献。对科研团队实行以解决重大科研问题与合作机制为重点的整体性评价。注重个体评价与团队评价的结合。

（十四）建立合理的科研评价周期。教师科研评价周期原则上不少于3年；科研团队考核评价周期原则上不少于5年。统筹年度考核、聘期考核、晋升考核等各类考核形式，根据绩效情况，可以减少、减免考核，适当延长考核评价周期。共享考核评价结果，避免不必要的重复评价。

五、重视社会服务考核

（十五）综合考评教师社会服务。突出社会效益和长远利益，综合评价教师参与学科建设、人才培训、科技推广、专家咨询和承担公共学术事务等方面的工作。鼓励引导教师积极开展科学普及工作，提高公众科学素质和人文素质。鼓励引导教师主动推进文化传播，弘扬中华优秀传统文化，发展先进文化。充分认可教师在政府政策咨询、智库建设，在新闻媒体及网络上发表引领性文章方面的贡献。建立健全对教师及团队参与社会服务工作相关的经费使用和利益分配方面的激励机制。

（十六）完善科研成果转化业绩的考核。大力促进教师开展科研成果转化工作。聘任科研成果转化、技术推广与服务岗位的教师，主要考察其实施科研成果转化的工作绩效，并作为职称（职务）评聘、岗位聘用的重要依据。落实国家关于高校教师离岗创业有关政策，保障教师在科技成果转化中的合法收益。鼓励教师积极参与技术创新和产品研发，把科研成果转化作为着力培育大众创业、万众创新的新引擎。

六、引领教师专业发展

（十七）将教师专业发展纳入考核评价体系。高校应调整完善教师考核评价指标体系，增设教师专业发展考评指标，根据学校实际情况细化对教师专业发展的具体要求。确立教学学术理念，鼓励教师开展教学改革与研究，提升教师教学学术发展能力。落实每5年一周期的全员培训制度。加强教师教学基本功训练和信息技术能力培训。鼓励青年教师到企事业单位挂职锻炼，到国内外高水平大学、科研院所访学以及在职研修等。职业院校专业课教师每5年到企业顶岗实践不少于6个月。

（十八）建立考核评价结果分级反馈机制。高校应建立教师考核评价的校、院（系）分级管理体系。维护教师权利，考核结果应通知教师本人。注重与教师的及时沟通和反馈，科学分析教师在考核评价中体现出来的优势与不足，根据教师现有表现与职业发展目标的差距以及影响教师职业发展的因素，制订教师培养培训计划，提供相应的帮助和指引，促进全体教师可持续发展。

（十九）积极推进发展性评价改革。支持高校普遍建立教师发展中心，完善教师培训和专业发展机制。支持高校开展教师发展性评价改革，加大对教师专业发展的政策支持与经费投入。通过引领示范，以点带面，逐步全面推开发展性评价改革。

七、切实加强组织实施

（二十）合理运用考核评价结果。充分尊重和切实保障高校教师在办学中的主体地位，加强考核评价结果运用。考核评价结果要作为职称（职务）评定、绩效分配、评优评先、继续培养的重要依据，充分发挥考核评价的鉴定、指导、激励、教育等综合功能。

（二十一）建立政策联动机制。要探索建立院校评估、本科教学评估、学科评估和教师评价政策联动机制，优化、调整制约和影响教师考核评价政策落实的评价指标。扭转评价指标过度强调教师海外学历、经历或在国外学术期刊上发表论文的倾向，并作为院校评估、本科教学评估和学科评估改革的重要内容。

（二十二）推进部门协调落实。建立健全学校主要领导牵头，人事管理部门协调，教学、科研、研究生等管理部门配合的协调机制，做好人员配备和工作保障。加强高校教师管理信息系统建设，充分利用信息化手段，采集整合教师工作的各类数据信息，形成完整准确的教师考核评价工作信息数据库，为考核评价提供基础，实现学校管理部门间的信息共享。

各高校要把教师考核评价制度改革工作摆在学校改革发展的重要位置，列入重要议事日程抓实抓好。要结合实际制订本校教师考核评价制度改革实施方案，并报学校教育主管部门备案。

教育部

2016年8月25日

教育部等七部门关于加强青少年法治教育实践基地建设的意见

（2016 年 9 月 1 日）

各省、自治区、直辖市教育厅（教委）、高级人民法院、人民检察院、公安厅（局）、司法厅（局）、普法办、团委，新疆生产建设兵团教育局、人民法院、人民检察院、公安局、司法局、团委：

为深入贯彻党的十八届四中全会精神，将法治教育纳入国民教育体系，创新和丰富青少年法治教育的形式，提高法治教育的质量和实效，根据中共中央、国务院转发的《中央宣传部、司法部关于在公民中开展法治宣传教育的第七个五年规划（2016—2020 年）》（以下简称“七五”普法规划）提出的“加强青少年法治教育实践基地建设”的要求，现提出如下意见。

一、加强青少年法治教育实践基地建设的重要意义

党的十八届四中全会从建设社会主义法治国家的战略高度，对青少年法治教育的目标定位、形式内容等提出了新的目标与要求。贯彻落实四中全会决定精神，需要将法治教育放在国民教育的重要位置，大力推进青少年法治教育的体制机制、方式方法改革创新。要针对当前学校法治教育存在的法律知识传授为主、教学模式单一、教育资源不足等问题，切实转变法治教育方式，充分利用校内外教育资源，形成以法治观念养成为中心，实践教学、探究学习等多种模式相结合的法治教育格局，全面提高青少年法治教育的针对性、实效性。

加强青少年法治教育实践基地（以下简称实践基地）建设，是适应青少年法治教育目标要求变化，创新、完善青少年法治教育体制机制、方式方法的重要举措；是整合社会法治教育资源，推进法治教育与法治实践相结合，构建学校、社会、家庭三位一体的青少年法治教育体系的重要途径和有效载体。各地、各有关部门要高度重视，把实践基地建设作为新形势下深入推进青少年法治教育的主要环节和重要任务；作为落实《关于进一步深化预防青少年违法犯罪工作的意见》（中办发〔2016〕26 号），构建预防青少年违法犯罪工作网络的重要节点，纳入“七五”普法规划实施方案当中，采取切实措施，统筹推进，使依托实践基地实施多样化的法治实践教育，成为青少年法治教育的重要方式，切实提高广大青少年学生的法治意识和法律素质。

二、建设目标与要求

实践基地建设要体现法治育人理念，突出法治教育的资源整合和方式方法的创新，注重利用各种教育技术和手段，提供实践性、互动式的法治教育内容；要注重适应中小学组织学生参与的需要，具备相应的活动场地和设施，设立多种功能区域，满足学生参与实践的需要。实践基地要具备开展综合性学生法治教育及教学效果评价、教师培训等功能，建设成为贴近法治实践、贴近青少年生活和认知特点的校外法治教育中心，成为中小学开展法治教育的重要支持系统。

通过“七五”普法规划的实施，到 2020 年，在各地统筹建成 60 所左右的国家级实践基地，各地争取在中等以上城市建立至少 1 所符合标准的实践基地，在县（市、区、旗）因地制宜、结合实际建立相应的实践基地。

推进实践基地建设，要遵循以下要求：一是科学规划、合理布局。实践基地建设要根据当地经济社会发展水平和学校数量、结构，合理确定实践基地的布局、规模，科学设计实践基地的功能、形式，适度集中资源，注重规模效益。二是整合资源、创新方式。实践基地建设要贯彻党的十八届五

中全会精神，创新服务提供方式，采取政府、社会和企业合作共建、社会化运营等方式，整合各方面资源，探索建立新的建设模式与运行机制。三是集中力量，高起点建设。要按照实践基地建设标准，高起点建设，使实践基地成为推进青少年法治教育形式内容创新的重要平台。四是以人为本，注重质量。要完善实践基地的建设标准，健全管理机制，规范教育培训流程和质量要求，切实保证和提高运营效果与教育质量。

三、推进举措和保障机制

健全实践基地建设与运营机制。各地教育行政部门要将实践基地纳入当地中小学校外教育的整体规划当中，会同司法行政部门，优化使用普法经费，鼓励有条件的地方设立专项资金，支持推动实践基地建设。要积极采取政府、企业及社会资本合作建设等模式，通过竞争性方式，鼓励和支持企事业组织参与实践基地建设运营。实践基地建设要根据实际，按照或者参照教育部、司法部设立的“全国青少年学生法治教育实践示范基地”的标准，具备完善的教学设施和相应的教育功能板块，保证建设质量。要逐步健全实践基地的建设、运营的相关标准和规范。建设地点要结合各地实际，合理布局，可以利用学校布局结构调整闲置的校舍场地，也可以在现有的青少年校外活动基地以及其他合适场所中确定专门区域，按照实践基地要求进行建设并统筹管理。实践基地建成后，按照社会化机制独立运营，政府不直接承办。各级教育、司法及各相关部门要将实践基地活动作为开展青少年社会化、实践性法治教育和专题法治教育的重要形式，通过政府购买社会服务等方式，组织学生参加法治教育基地活动，逐步实现每个中小学都能有机会在实践基地中开展法治知识课教学活动，每名中小学生都能参与实践基地的教育活动。

充分利用各种法治教育资源，支持实践基地建设。司法行政部门要发挥对普法工作综合协调的职能，按照“谁执法谁普法”的要求和相关法律规定，统筹组织和大力支持各有关部门制作针对青少年的普法教育资源，以多种形式参与实践基地建设。各级人民法院、人民检察院要发挥优势，支持和参与实践基地建设，组织安排有实践经验和教学能力的法官、检察官，担任实践基地的教育指导工作。各级共青团组织要将实践基地作为青年普法志愿者活动的重要平台，推动以青少年的视角和表述方式，讲述法治故事，传递法治观念。各地以及人民法院、人民检察院、公安、道路交通、消防、环保等部门已经设立的法治教育基地，要与实践基地相互配合，利用实践基地建设的成果和资源，不断完善教育的内容与形式。要广泛利用网络信息技术，充分发挥教育部全国青少年普法网等专门网站的作用，支持实践基地的信息化建设。要鼓励和支持有关学术机构和行业组织与实践基地开展合作，组织相关课题研究，运用相应成果，不断提高实践基地建设的质量水平。

建立实践基地与学校的紧密联系机制。各地教育行政部门要支持实践基地承担为区域内中小学开展法治实践教育和评价提供综合服务的职能；支持其与中小学合作开展青少年法治教育研究；为校长和法治教育骨干教师提供专项培训。要指导实践基地根据《青少年法治教育大纲》的要求，为中小学实施法治教育，提供形式生动、贴近实践、符合青少年认知特点的教育活动和内容。要整合利用实践基地的资源和技术优势，在有一定基础的中小学设立示范性的“法治教室”，使之具备法治教育基地的基本功能，承担辐射周边学校的任务。

鼓励实践基地创新法治教育方式。支持、鼓励实践基地将规则教育、习惯养成与法治实践相结合，适应不同年龄青少年学生的需要，制定分阶段、多层次的教学活动方案和培养细则，运用知识讲授、体验教学、实践模拟、现场观摩、动漫、戏剧、微电影等多种方式，实施参与性、体验性、实践性教育，要重视运用互联网、移动通信、3D虚拟现实、人工智能等技术，积极探索学用结合的法治教育方式，不断丰富教育载体、拓展教学内容，提升青少年法治实践教育的效果和水平。

四、组织领导与评估

加强实践基地建设的组织领导。各地、各部门要以实践基地建设为重点，积极整合各类法治教育基地，支持其提高水平、发挥功能，建立健全校外法治教育网络。各地教育、司法行政部门要加强与相关部门、组织的沟通协调，建立工作机制，明确各自职责，定期研究解决实践基地建设中存在的困难和问题，形成有章可循、有序推进的工作局面。

建立实践基地的评估和激励机制。要健全完善实践基地的评价指标体系，组织开展自我评估与第三方评估。要组织开展实践基地以及其他法治教育基地优秀教学活动项目评选，发掘先进典型，及时总结推广好的经验做法。对关心支持实践基地和其他法治教育基地建设工作，贡献突出的国家机关、企事业单位、社会团体及个人，要以适当方式给予表彰和奖励。

各地、各部门在实践基地建设中的成功经验和有效做法，请及时报告教育部政策法规司。

教育部　最高人民法院　最高人民检察院

公安部　司法部

全国普法办　共青团中央

2016年9月1日

教育部　国家统计局　财政部
关于加强和完善教育经费统计工作的意见

（2016年9月14日）

各省、自治区、直辖市教育厅（教委）、统计局、财政厅（局）：

为进一步加强和完善教育经费统计工作，规范统计行为，提高统计质量，根据《中华人民共和国教育法》《中华人民共和国统计法》和《国务院办公厅转发国家统计局关于加强和完善部门统计工作意见的通知》（国办发〔2014〕60号）等法律法规及有关规定，提出以下意见。

一、充分认识加强教育经费统计工作的重要意义

教育经费统计工作是适应教育事业发展和国家管理决策需要而开展的。近年来，我国教育经费统计体系不断完善、调查制度不断健全、数据质量不断提高、统计成果运用能力不断提升，为制定完善教育财政政策、落实教育投入责任提供了有力支撑，为优化教育资源配置、加强教育经费管理提供了坚实依据，为开展教育研究工作、进行社会宣传监督提供了丰富资料。

但是，当前教育经费统计工作还存在重视程度不够、统计队伍不稳定、统计数据公布制度不健全、数据分析应用不深入等问题，直接影响了教育经费统计工作质量和统计结果的运用。新形势下加强和完善教育经费统计工作，是服务教育财政投入决策、完善教育治理体系和提高教育治理能力现代化水平的内在要求，必须坚持问题导向，依法规范教育经费统计行为，建立制度规范统一、流程分工合理、行为严谨细致、数据质量可控、数据公布及时、结果有效运用、保障措施有力的教育经费统计工作体系。

二、进一步完善教育经费统计工作

（一）严格依法统计。严格按照《中华人民共和国统计法》等法律法规和教育经费统计调查制度，实施教育经费统计工作。教育部按照国家有关规定，结合我国教育事业发展和财政体制改革的要求，借鉴国际通用统计标准，牵头负责设计科学规范、统一完整的指标体系，制定全国统一的年度、季度教育经费统计报表制度，全面反映教育经费规模、结构、特点和使用效益。报表制度报经国家统计局批准后，供全国填报使用。各省级教育部门可在执行全国统一的教育经费统计报表制度基础上，根据实际工作和管理需要，细化和扩充本省份报表信息，报经省级人民政府统计机构批准后，供本省份填报使用。

（二）明确责任分工。教育部门、财政部门组织实施教育经费统计工作，根据“分级负责、属地管理”和“谁主管、谁审核，谁填报、谁负责”的原则履行教育经费统计职责。各级教育部门主要负责人对教育经费统计组织工作负总责，各教育经费统计调查对象主要负责人对本部门（单位）教育经费统计填报工作负总责。各级教育部门要严格执行资料采集、数据审核与汇总、情况分析、报表报送以及统计资料归档等工作流程；各教育经费统计调查对象要依法依规履行教育经费统计报表填报义务，对其填报、审核、签署的统计资料的真实性、准确性和完整性负责，并确保统计工作有序开展。有关部门和学校应当按照经批准的统计调查制度及时向本级教育经费统计部门提供教育经费统计所需的资料。

（三）规范统计行为。各教育经费统计调查对象应当依法真实、准确、完整、及时地报送统计资料，不得迟报、拒报统计资料。统计人员应当坚持实事求是，恪守职业道德，对其负责采集、审核、录入的教育经费统计资料与教育经费统计调查对象报送的统计资料的一致性负责。各教育经费统计部门和统计人员对在统计工作中知悉的国家秘密、商业秘密和个人信息，应当予以保密。任何部门和单位的负责人，不得自行或授意他人修改统计人员依法采集、整理的教育经费统计资料，不得对依法履行职责的统计人员打击报复。

（四）提高数据质量。教育经费统计数据必须客观、真实地反映填报单位教育经费收入支出等情况，不得虚报漏报瞒报，确保数据质量。各地要建立健全教育经费统计数据质量控制制度，明确各环节、各岗位工作责任，实现统计全流程制度化、程序化、规范化，保障统计数据的真实、准确、完整。要建立和完善层层负责、层层把关的统计数据分级审核制度，确保方法科学、审核全面、数据精准；建立与财政财务预决算和事业统计等数据的衔接协调机制，做到源头可控、信息互通；建立健全教育经费统计基本单位名录库，做到应统尽统、不重不漏。

（五）完善发布程序。全国年度教育经费统计数据分三次发布：第一次由教育部在门户网站上公布全国年度教育经费初步统计情况；第二次由教育部、国家统计局和财政部以公告形式公布全国及各省份年度教育经费统计总体情况；第三次由教育部和国家统计局以《中国教育经费统计年鉴》形式公布全国及各省份年度教育经费统计最终数据。各地可根据实际情况，制定本地区年度教育经费统计数据的发布程序。

（六）健全公告机制。教育部、国家统计局和财政部将不断完善全国教育经费统计公告制度。各省级教育、统计和财政部门必须在2017年年底前建立教育经费统计公告制度，公告所辖每个地级、县级地区的年度教育经费执行情况。公告内容可参照全国教育经费统计公告，并结合本地实际，重点反映教育经费总体投入情况、财政投入情况等；公告发布应通过单位门户网站以及报纸、网络等新闻媒体向社会公开，接受全社会的监督，原则上应在每年全国教育经费统计公告发布后30个工作日内完成。

三、加强教育经费统计信息应用和研究

（一）注重分析应用。各地要切实提高教育经费统计分析水平，重视统计成果的运用，为有关方面科学决策提供咨询服务。要运用科学方法，深入分析统计结果反映的问题，从体制机制等层面研究提出解决问题的意见建议，为宏观决策提供重要参考，推进政策制度完善。各地可结合本地实际综合运用多种方法，撰写教育经费分析资料，向本级政府及有关部门报告，并编印《教育经费统计年鉴》和《教育经费统计发展报告》等统计资料。

（二）强化监测功能。各地要通过对教育经费统计数据的深入分析，加强教育经费投入和使用管理监测，重点监测教育经费总体投入、财政投入情况，多渠道筹措教育经费情况，教育经费预算执行情况，各级各类教育经费投入水平、支出结构和使用绩效情况等。密切关注各项政策措施的落实情况，准确把握改革和发展中出现的新情况、新问题，对不合时宜、阻碍改革、制约发展、影响稳定的制度规定和工作状况，及时反映并推动改进完善。

（三）加强科学研究。各地要充分利用教育经费统计数据，组织开展教育财政科学研究工作，特别是要围绕教育经费投入、使用和管理等方面的关

键领域和薄弱环节开展研究，提升科学研究水平，发挥科学研究成果的指导作用。鼓励各级教育、统计、财政等部门，有关高校、科研机构和广大统计人员积极开展课题研究。

四、切实加强教育经费统计工作保障

（一）加强组织领导。各地要进一步提高认识，切实把教育经费统计工作摆到重要位置，健全工作机制，完善工作制度，为统计工作提供设备、物资、经费等必要的保障。教育部门要会同统计、财政等部门建立健全教育经费统计工作部门间协调机制，定期研究教育经费统计工作，及时解决工作中遇到的困难和问题，保证教育经费统计工作顺利开展。

（二）强化队伍建设。各级教育部门和学校要根据统计任务的需要，明确相关机构和专人负责教育经费统计工作。完善统计培训制度，按照“分级负责、分级培训”的原则，建立国家、省、市、县四级培训体系，实现统计人员培训全覆盖，提高统计人员专业胜任能力和职业道德水平。要关心统计人员成长，研究建立激励机制，在评优评先和学习深造等方面对统计人员给予倾斜。

（三）重视信息化建设。教育部将研究建立全国教育经费管理信息系统，对教育经费统计数据的采集、填报、审核、传输、存储、应用和管理等进行全过程管控，提高教育经费统计数据共享共用水平，实现数据互联互通，消除信息“孤岛”。各地要将教育经费统计信息化工作纳入教育信息化整体工作统筹规划、同步实施。要加强信息安全管理和系统运维能力建设，保障信息系统和数据安全。要采取切实措施，提高教育经费统计信息化应用能力，提高工作整体水平。

（四）完善评价监督和问责机制。教育部、国家统计局、财政部对各地教育经费统计工作开展情况进行综合评价和专项检查，对成绩突出的地区和个人予以通报表扬；对工作开展不力的地区进行约谈、通报批评，要求限期整改。各地要加强对教育经费统计工作考核监督，探索建立内部监督、外部监督和社会监督相结合的监督体系。对教育经费统计工作中的违法违纪行为，根据《中华人民共和国统计法》等法律法规的有关规定，依法追究相关单位和人员责任。

教育部　国家统计局　财政部

2016 年 9 月 14 日

教育部关于进一步推进高中阶段学校考试招生制度改革的指导意见

（2016 年 9 月 18 日）

各省、自治区、直辖市教育厅（教委），各计划单列市教育局，新疆生产建设兵团教育局：

进一步推进高中阶段学校考试招生制度改革对全面贯彻党的教育方针、普及高中阶段教育、培养适应经济社会发展的各类人才、建设国家创新人才培养体系具有重要意义。新世纪以来，随着基础教育课程改革的推进，一些地方在初中毕业生学业考试、综合素质评价、高中招生录取等方面进行了积极探索，积累了有益经验，值得总结推广。同时，高中阶段学校考试招生制度也还存在一些突出问题，主要表现在：招生录取唯分数，影响学生全面发展；考试内容偏重机械记忆、重复训练，加重学生负担；招生违规现象时有发生，一些加分项目不合理，影响教育公平。根据党的十八届五中全会精神和《国务院关于深化考试招生制度改革的实施意见》的要求，现就进一步推进高中阶段学校考试招生制度改革提出如下意见。

一、总体要求

1. 基本原则。坚持育人为本，促进学生德智体美全面发展，培养兴趣爱好，为学生进一步发展打好基础。坚持普职并重，招生规模大体相当，让学生选择适合自己的高中阶段教育。坚持公平公正，不断完善规则程序，为学生创造平等升学的机会。坚持科学规范，遵循教育规律和学生成长规律，使学、考、招有机衔接，减轻学生过重课业负担。坚持因地制宜，加强省级统筹管理，以地市为主实施，注重改革创新，积极探索实践。

2. 改革目标。到2020年左右初步形成基于初中学业水平考试成绩、结合综合素质评价的高中阶段学校考试招生录取模式和规范有序、监督有力的管理机制，促进学生全面发展健康成长，维护教育公平。

二、主要任务

1. 推行初中学业水平考试。初中学业水平考试主要衡量学生达到国家规定学习要求的程度，考试成绩是学生毕业和升学的基本依据。已经实行初中毕业、高中招生“两考合一”的地区要统一规范为初中学业水平考试，把《义务教育课程设置实验方案》所设定的全部科目纳入初中学业水平考试的范围，引导学生认真学习每门课程，确保初中教育的基本质量。依据义务教育课程标准确定初中学业水平考试内容，提高命题质量，减少单纯记忆、机械训练性质的内容，增强与学生生活、社会实际的联系，注重考查学生综合运用所学知识分析问题和解决问题的能力。要重视对有关学科教学实验操作的考查。改进考试成绩呈现方式，可以采用分数、等级等多种形式呈现，鼓励有条件的地区实行“等级”呈现，克服分分计较，避免过度竞争。个别没有实行“两考合一”的地区要积极创造条件逐步过渡到初中学业水平考试，实现一考多用，避免多次考试，加重学生备考负担。

初中学业水平考试由省级教育行政部门制订统一要求，一般由地市组织实施。各地可针对不同学科的性质和特点，确定具体的考试方式和方法。

2. 完善学生综合素质评价。综合素质评价是对学生全面发展状况的观察、记录和分析，是培育学生良好品行、发展个性特长的重要手段。根据义务教育的性质、学生年龄特点，结合教育教学实际，细化和完善思想品德、学业水平、身心健康、艺术素养和社会实践五个方面的评价内容和要求，充分反映学生的全面发展情况和个性特长，注重考查学生的日常行为规范养成和突出表现。初中学校和教师要指导学生做好写实记录，整理遴选具有代表性的活动记录和典型事实材料。初中学校要将用于招生使用的活动记录和事实材料进行公示、审核，为每位学生建立综合素质评价档案，提供给高中学校招生使用。档案材料要突出重点，简洁明了，便于在招生中使用。初中学校和教师要充分利用写实记录材料，对学生成长过程进行指导，促进学生发展进步。

综合素质评价由省级教育行政部门制订统一要求，地市级教育行政部门制订科学规范的评价体系。

3. 改革招生录取办法。进一步扩大综合改革试点，各省（区、市）要选择有条件的地市学习借鉴一些地区改革的成功经验，结合本地实际，积极探索基于初中学业水平考试成绩、结合综合素质评价的招生录取模式。

试点地区要改革录取计分科目的构成，从初中学业水平考试科目中选择部分科目作为录取计分科目，除语文、数学、外语科目外，根据文理兼顾、负担适度的原则，确定其他具体科目及数量，防止群体性偏科和加重学生负担。要将体育科目纳入录取计分科目，科学确定考试分值或等级要求，引导学生加强体育锻炼。有条件的试点地区，在初中学业水平考试各门科目合格的前提下，也可以给予学生一定的自主选择录取计分科目的机会，发挥学科优势，促进学生发展兴趣爱好。试点地区要将综合素质评价作为招生录取的依据或参考。地市级教育行政部门要明确综合素质评价使用的基本要求，高中学校根据学校办学特色制订具体的使用办法，使综合素质评价在招生录取中真正发挥作用，促进学生全面发展。综合改革试点从2017年之后入学的初中一年级学生开始实施。试点之外的其他地区，可以继续按照现行的招生录取方式进行招生。

各省（区、市）要按照普职招生规模大体相当的要求，切实做好中等职业学校招收初中毕业生工作，鼓励和引导动手能力强、职业倾向明显的学生接受职业教育，为培养高素质技术技能人才奠定基础。积极创造条件，使有意愿的初中毕业生都能进入中等职业学校学习。

实行优质普通高中和优质中等职业学校招生名额合理分配到区域内初中的办法，招生名额适当向农村初中倾斜，促进义务教育均衡发展。进一步落实和完善进城务工人员随迁子女在当地参加高中阶段学校考试招生的政策措施。

4. 进一步完善自主招生政策。要给予有条件的高中阶段学校一定数量的自主招生名额，招收具有学科特长、创新潜质的学生，推动高中阶段学校多样化有特色发展，满足不同潜质学生的发展需要。严格规范自主招生办法和程序，将自主招生的各个环节和录取结果向社会公开，接受社会监督。

5. 加强考试招生管理。完善招生计划编制办法，按照普及高中阶段教育的要求，根据区域内学校布局、适宜的学校规模和班额以及普职招生规模大体相当的原则核定招生计划并严格执行。健全招生管理工作规定，规范学校招生行为，进一步明确招生范围、招生规模等基本要求，严禁违规跨区域和擅自提前招生，防止恶性竞争，维护正常的招生秩序。

大幅减少、严格控制加分项目，取消体育、艺术等学生加分项目，相关特长和表现等计入学生综合素质评价档案。省级教育行政部门要组织对本地区加分项目和分值进行清理和规范，取消不合理的加分项目，根据国家有关规定和地方实际保留的加分项目，要严格控制加分分值，健全考生加分资格审核公示制度。

完善考试招生信息公开制度，及时向社会公布考试招生政策、招生计划、录取结果等信息，接受考生、学校和社会的监督。完善违纪举报和申诉受理机制，建立责任追究制度，加强对初中学业水平考试、综合素质评价和招生录取等各个环节的监督检查，严肃查处违规违纪行为。

三、组织保障

1. 加强组织领导。各省级教育行政部门要加强对本地区改革的统筹规划，进一步明确任务和要求，制订实施意见，2017 年 8 月底前报教育部备案。要加强对地市的指导，组织开展综合改革试点，总结推广典型经验，逐步扩大试点。地市要结合当地实际，制订具体的实施方案并报省级教育行政部门备案，建立有效工作机制，切实抓好落实。要充分考虑教育工作的特点，提前公布实施方案，有序推进各项改革。

2. 深化教学改革。严格落实义务教育课程方案，合理安排教学进度，开齐开足国家规定的各门课程，严禁压缩综合实践活动、艺术（或音乐、美术）、体育与健康等课程的课时。加强初中学校校长和教师培训，转变人才培养观念，创新人才培养模式和教学方法，切实实施素质教育。加强师资配备、设施设备等方面的条件保障，满足正常教学需要。定期对初中学校课程实施情况进行评估。

3. 提升保障能力。各地要加强考试机构、考务组织、招生录取等方面基本能力建设。加强初中学业水平考试题库建设，开展试卷评估和分析，提升考试命题质量和水平。严格对试卷命题、印制、运送等环节的保密要求，确保试题试卷安全。探索以全国中小学生学籍信息管理系统为基础，逐步建立区域内统一的初中学业水平考试和综合素质评价电子化管理平台。各地要确保初中学业水平考试所需经费。

4. 做好宣传引导。各地要认真做好改革政策措施的宣传解读工作，及时回应学生、家长和社会关切。加强普通高中家庭经济困难学生资助和中等职业学校免费等惠民政策的宣传，为推进改革、普及高中阶段教育营造良好的氛围。

教育部

2016 年 9 月 18 日

教育部关于发布《立方体组》等11个教育行业标准的通知

（2016年10月24日）

各省、自治区、直辖市教育厅（教委），各计划单列市教育局，新疆生产建设兵团教育局：

经全国教学仪器标准化技术委员会审查通过，现发布以下11个教育行业标准：

JY/T 0513—2015 立方体组

JY/T 0514—2015 透明盛液筒

JY/T 0549—2015 褐藻类植物原色标本

JY/T 0550—2015 红藻类植物原色标本

JY/T 0551—2015 节肢动物标本

JY/T 0552—2015 昆虫标本

JY/T 0553—2015 膈运动模拟器

JY/T 0554—2015 胃解剖模型

JY/T 0562—2015 眼球仪

JY/T 0563—2015 人体呼吸运动模型

JY/T 0564—2015 尿的形成动态模型

以上标准自2017年1月1日起实施。

教育部

2016年10月24日

财政部　教育部关于印发《高等学校哲学社会科学繁荣计划专项资金管理办法》的通知

（2016年10月26日）

党中央有关部门，国务院有关部委、有关直属机构，各省、自治区、直辖市、计划单列市财政厅（局）、教育厅（教委、教育局），新疆生产建设兵团财务局、教育局：

为促进高校哲学社会科学事业健康持续协调发展，加强和规范高等学校哲学社会科学繁荣计划专项资金管理，提高资金使用效益，根据党中央、国务院关于深入推进高等学校哲学社会科学繁荣发展的有关精神、《中共中央办公厅　国务院办公厅关于进一步完善中央财政科研项目资金管理等政策的若干意见》以及国家财政财务管理有关法律法规，我们制定了《高等学校哲学社会科学繁荣计划专项资金管理办法》。现印发你们，请遵照执行。

财政部　教育部

2016年10月26日

附件

高等学校哲学社会科学繁荣计划专项资金管理办法

第一章 总则

第一条 为促进高校哲学社会科学事业持续健康协调发展，加强和规范高等学校哲学社会科学繁荣计划专项资金（以下简称繁荣计划专项资金）管理，提高资金使用效益，根据党中央、国务院关于深入推进高等学校哲学社会科学繁荣发展的有关精神、《中共中央办公厅 国务院办公厅关于进一步完善中央财政科研项目资金管理等政策的若干意见》以及国家财政财务管理有关法律法规，制定本办法。

第二条 繁荣计划专项资金由中央财政安排，是用于支持“高等学校哲学社会科学繁荣计划”（以下简称繁荣计划）社会科学研究、学科发展、人才培养和队伍建设的专项资金。

第三条 繁荣计划专项资金以促进出成果、出人才为目标，坚持以人为本、遵循规律、“放管服”结合，坚持统筹规划、分类实施、专款专用、规范高效的管理原则。繁荣计划专项资金管理充分体现质量创新和实际贡献，赋予依托学校和项目负责人更大的管理权限。在简政放权的同时，注重规范管理、改进服务，为科研人员潜心研究创造良好条件和宽松环境，充分调动科研人员积极性创造性。

第四条 财政部、教育部负责制定繁荣计划专项资金管理制度，研究制定预算安排的总体方案。教育部负责编制繁荣计划专项资金年度预算、组织实施和管理监督工作，建立健全项目绩效考评机制。

第五条 项目依托学校是繁荣计划项目实施和资金管理使用的责任主体，应当制定和完善本单位项目和资金管理办法，按要求具体负责项目组织、实施、评价等全过程管理；将项目资金纳入学校预算，指导和审核项目预算编制，承担项目资金的财务管理和会计核算，监督项目资金使用，审核项目决算。

项目依托学校的财务和科研管理等相关部门，要根据学科特点和实际需要，加强对项目预算执行和资金使用的指导；注重科学管理、改进服务，为项目实施提供条件保障。

第六条 项目负责人是项目管理和资金使用的直接责任人，应当按照本办法规定，科学编制项目预算和决算，合理合规使用资金。

项目负责人应当严格遵守国家预算和财务管理规定，对资金使用和项目实施的合规性、合理性、真实性和相关性负责，并承担相应的经济与法律责任。

第二章 支出范围

第七条 繁荣计划专项资金分为研究项目资金、非研究项目资金和管理资金。

第八条 本办法第七条所称研究项目是指围绕繁荣计划建设任务设立的各类高校哲学社会科学研究项目的总称。研究项目资金包括在项目研究过程中发生的直接费用和间接费用。

第九条 直接费用包括图书资料费、数据采集费、会议费/差旅费/国际合作与交流费、设备费、专家咨询费、劳务费、印刷费/宣传费等。其中：

图书资料费：指在项目研究过程中购买必要的图书（包括外文图书）、专业软件，资料收集、整理、录入、复印、翻拍、翻译，文献检索等费用。

数据采集费：指在项目研究过程中开展问卷调查、田野调查、数据购买、数据分析及相应技术服务购买等费用。

会议费/差旅费/国际合作与交流费：指围绕项目研究组织开展学术研讨、咨询交流、考察调研等活动而发生的会议、交通、食宿费用，以及项目研究人员出国及赴港澳台地区、外国专家来华及港澳台地区专家来内地开展学术合作与交流的费用。其中，不超过直接费用20%的，不需要提供预算测算依据。

设备费：指在项目研究过程中购置设备和设备耗材、升级维护现有设备以及租用外单位设备而发生的费用。应当严格控制设备购置，鼓励共享、租赁以及对现有设备进行升级改造。

专家咨询费：指在项目研究过程中支付给临时聘请的咨询专家的费用。专家咨询费由项目负责人按照项目研究实际需要编制，支出标准按照国家有关规定执行。

劳务费：指在项目研究过程中支付给参与项目研究的研究生、博士后、访问学者和项目聘用的研究人员、科研辅助人员等的劳务费用。项目聘用人员的劳务费开支标准，参照当地科学研究和技术服务业人员平均工资水平以及在项目研究中承担的工作任务确定，其社会保险补助费用纳入劳务费列支。劳务费预算由项目负责人按照项目研究实际需要编制。

印刷费/宣传费：指在项目研究过程中支付的打印、印刷和出版、成果推介等费用。

其他：指与项目研究直接相关的除上述费用之外的其他支出。其他支出应当在项目预算中单独列示，单独核定。

第十条　间接费用是指项目依托学校在组织实施项目过程中发生的无法在直接费用中列支的相关费用，主要包括补偿学校为项目研究提供的现有仪器设备及房屋、水、电、气、暖消耗等间接成本，有关管理工作费用，以及激励科研人员的绩效支出等。

间接费用一般按照不超过项目支出总额的一定比例核定。具体比例如下：50万元及以下部分为30%；超过50万元至500万元的部分为20%；超过500万元的部分为13%。严禁超额提取、变相提取和重复提取。

间接费用应当纳入项目依托学校预算统筹安排，合规合理使用。项目依托学校统筹安排间接费用时，应当处理好合理分摊间接成本和对科研人员激励的关系，绩效支出安排应当结合项目研究进度和完成质量，与科研人员在项目工作中的实际贡献挂钩。

第十一条　非研究项目资金指支撑高校哲学社会科学科研机构、团队以及智库运行、优秀成果奖励等繁荣计划建设项目的资金。

非研究项目资金按照“绩效导向、稳定支持、协议管理、动态调整”的原则进行资助和管理，可以通过第三方评估将相关优秀的研究机构（或者智库、团队）纳入资助范围。

在财政部、教育部核定的资金总额内，依托高校和相关研究机构（或者智库、团队）根据绩效目标，围绕实现培养拔尖人才、服务国家重大战略、推出学术精品力作、扩大对外学术交流等任务，按规定自主编制资金预算，自主决定使用方向。同时，应当完善资金管理办法，提高资金使用效益，注重发挥绩效激励作用，尊重科研工作者的创造性劳动，体现知识创造价值。

教育部与依托学校、受资助研究机构（或者智库、团队）约定建设周期内的目标任务，委托第三方进行评价考核，根据实际绩效实行有差别的稳定支持，并采取优胜劣汰、动态调整的管理方式。

财政部、教育部按规定对获得教育部科学研究优秀成果奖（人文社会科学）的成果进行奖励，对被采用和向有关部门报送的有价值、高水平的咨政成果实行后期资助和事后奖励。学校不得对奖励资金提取间接费用。

第十二条　管理资金是指教育部在实施繁荣计划过程中组织、协调、评审、鉴定等管理性工作所需费用。

在繁荣计划实施过程中，应按照“管、办、评”分离原则，推进政府购买服务，规范向社会力量购买服务的程序和方式，切实转变政府职能。

第十三条　繁荣计划专项资金项目中的相关开支标准，按照国家以及项目依托学校的有关规定执行。

第十四条　繁荣计划专项资金应当专款专用，不得用于偿还贷款、支付罚款、捐赠、赞助、对外投资等支出，不得用于本单位编制内人员的工资支出，不得用于繁荣计划建设项目之外的支出，不得用于其他不符合国家规定的支出。

项目负责人应当按照批准的项目预算，在依托学校财务、科研管理部门的指导下使用项目资金；依托学校和个人不得以任何理由和方式截留、挤占和挪用。繁荣计划专项资金项目中涉及仪器设备采购的，按国家关于政府采购的有关规定执行。

第三章 预算管理

第十五条 项目申请人在申报繁荣计划项目资金时，应当根据项目类别和要求，按照项目实际需要和资金开支范围规定，科学合理、实事求是地按年度编制项目预算、设定项目绩效目标，并对直接费用支出的主要用途和测算理由等作出说明。

项目资金需要转拨协作单位的，应在预算中单独列示，并对外协单位资质、承担的研究任务、外拨资金额度等进行详细说明。项目负责人应对合作（外协）业务的真实性、相关性负责。间接费用外拨金额，由项目依托学校和合作研究单位协商确定。

第十六条 教育部根据繁荣计划建设目标和建设内容，重点对项目预算的目标相关性、政策相符性、经济合理性进行评审。应建立评审专家库，建立和完善评审专家的遴选、回避、信用和问责制度。

第十七条 教育部根据部门预算编制要求，在部门预算“一上”时，将繁荣计划专项资金三年支出规划和年度预算建议数报送财政部，财政部按部门预算程序审核后批复年度预算。

第十八条 教育部根据繁荣计划项目类别和完成期限向项目依托学校下达项目预算。其中，研究项目预算一次核定、按年度分期分批下达，未通过年度或中期检查的，停止下达下一年度后续项目预算；非研究项目资金采取一次核定、按年度一次性下达。

繁荣计划专项资金支付按照国库集中支付制度有关规定执行。

第十九条 项目依托学校应当将资金纳入学校财务部门统一管理。

学校应当严格按照国家有关规定和本办法规定，制定内部管理办法，明确审批程序、管理要求和报销规定，落实项目预算调剂、间接费用统筹使用、劳务费分配管理、结转结余资金使用等管理权限，建立健全内控制度，加强对项目资金的监督和管理。

学校应当指导项目负责人科学合理编制预算，规范预算调剂程序，完善项目资金支出、报销审核监督制度，加强对专家咨询费、劳务费、外拨资金、间接费用、结转结余资金等的审核和管理。

学校应当强化对合作项目真实性、可行性和合规性的审核，严格防止虚假资源匹配和虚假合作，坚决杜绝假借合作名义骗取资金。

学校应当建立健全科研财务助理制度，为科研人员在项目预算编制和调剂、资金支出、项目资金决算和验收等方面提供专业化服务。充分利用信息化手段，建立健全单位内部科研、财务、项目负责人共享的信息平台，提高科研管理效率和便利化程度。

第二十条 项目预算一经批复，必须严格执行。确需调剂的，应当按规定报批。

由于研究内容或者研究计划作出重大调整等原因，确需增加或减少预算总额的，由依托学校审核同意后报教育部审批。

在项目预算总额不变的情况下，支出科目和金额确需调剂的，由项目负责人根据实际需要提出调剂申请，报依托学校审批。会议费/差旅费/国际合作与交流费、劳务费、专家咨询费预算一般不予调增，可以调减用于项目其他方面支出。如有特殊情况确需调增的，由项目负责人提出申请，经学校审核同意后，报教育部审批。间接费用原则上不得调剂。原项目预算未列示外拨资金，需要增列的，或者已列示的外拨资金确需调整的，由项目负责人提出申请，报依托学校审批。

第二十一条 项目依托学校应当严格执行国家有关资金支出管理制度。对应当实行“公务卡”结算的支出，按照公务卡结算的有关规定执行。专家咨询费、劳务费等支出，原则上应当通过银行转账方式结算，从严控制现金支出事项。

对于野外考察、数据采集等科研活动中无法取得发票或财政性票据的支出，在确保真实性的前提下，依托学校可按实际发生额予以报销。

第四章 决算管理

第二十二条 项目负责人应当按照规定编制项目资金年度决算。项目依托学校应将繁荣计划专项资金收支情况纳入单位年度决算统一编报。

第二十三条 项目完成后，项目负责人应当会同学校财务部门清理账目，据实编报项目决算，并附财务部门审核确认的项目资金收支明细账，与项目结项材料一并报送教育部。项目负责人和依托学校不得随意调账变动支出、随意修改记账凭证。

第二十四条　对于研究项目资金，项目在研期间，年度结转资金可以在下一年度继续使用。项目完成目标任务并通过验收后，结余资金可以用于项目最终成果出版及后续研究的直接支出，或由项目依托学校统筹安排用于科研活动的直接支出。若项目审核验收2年后结余资金仍有剩余的，应当按原渠道退回教育部。对于非研究项目资金和管理资金，按照财政部关于结转结余资金管理有关规定执行。

第二十五条　项目因故终止或被撤销，依托学校应当及时清理账目与资产，编制财务决算及资产清单，审核汇总后报送教育部。已拨资金或其剩余部分按原渠道退回教育部。

第二十六条　凡使用繁荣计划专项资金形成的固定资产、无形资产等均属国有资产，应当按照国有资产管理的有关规定执行。

第五章　监督检查与绩效管理

第二十七条　项目依托学校应当自觉接受审计、纪检监察等有关部门对繁荣计划建设项目预算执行、资金使用效益和财务管理等情况的监督检查。对于截留、挤占、挪用繁荣计划专项资金的行为，以及因管理不善导致资金浪费、资产毁损的，视情节轻重，分别采取通报批评、停止拨款、撤销项目、追回已拨资金、取消项目承担者一定期限内项目申报资格等处理措施，涉嫌违法的移交司法机关处理。

第二十八条　项目依托学校应当制定内部管理办法，明确审批程序和管理要求，落实项目预算调剂、间接费用统筹使用、劳务费分配管理、结转结余资金使用等自主权。

项目依托学校应当完善内部风险防控机制，加强预算审核把关，规范财务支出行为，强化资金使用绩效评价，保障资金使用安全规范有效。

项目依托学校应当实行内部公开制度，主动公开项目预算、预算调剂、决算、外拨资金、劳务费发放、间接费用、结余资金使用和研究成果等情况。

项目依托学校和项目负责人应当严格遵守国家财经纪律，依法依规使用项目资金，不得擅自调整外拨资金，不得利用虚假票据套取资金，不得通过编造虚假合同、虚构人员名单等方式虚报冒领劳务费和专家咨询费，不得随意调账变动支出、随意修改记账凭证、以表代账应付财务审计和检查。

第二十九条　加强繁荣计划专项资金项目绩效管理，建立健全全过程预算绩效管理机制。教育部在开展项目预算评审时，应对项目申请人设定的绩效目标进行审核，并将审核结果作为核定项目预算的重要参考因素。实施绩效目标执行监控，及时纠正绩效目标执行中的偏差，确保绩效目标如期实现。开展绩效评价，将评价结果作为今后资助的重要依据，建立项目资金使用和管理的信用机制、信息公开机制和责任追究机制，提高项目资金使用效益。

第三十条　违反本办法规定的，依照《中华人民共和国预算法》《财政违法行为处罚处分条例》等国家有关法律制度规定处理。

第六章　附则

第三十一条　本办法由财政部、教育部负责解释。

第三十二条　本办法自2016年12月1日起施行。

教育部 财政部关于实施职业院校教师素质提高计划（2017—2020年）的意见

（2016年10月28日）

各省、自治区、直辖市教育厅（教委）、财政厅（局），各计划单列市教育局、财政局，新疆生产建设兵团教育局、财务局，全国重点建设职教师资培养培训基地：

为贯彻落实《国务院关于加快发展现代职业教育的决定》（国发〔2014〕19号）精神，进一步加强职业院校“双师型”教师队伍建设，推动职业教育发展实现新跨越，教育部、财政部决定实施职业院校教师素质提高计划（2017—2020年）。现就计划实施提出如下意见。

一、目标任务

2017—2020年，组织职业院校教师校长分层分类参加国家级培训，带动地方有计划、分步骤实施五年一周期的教师全员培训，提高教师“双师”素质和校长办学治校能力；支持开展中职、高职、应用型高校教师团队研修和协同创新，创建一批中高职教师专业技能创新示范团队；推进教师和企业人员双向交流合作，建立教师到企业实践和企业人才到学校兼职任教常态化机制，通过示范引领、创新机制、重点推进、以点带面，切实提升职业院校教师队伍整体素质和建设水平，加快建成一支师德高尚、素质优良、技艺精湛、结构合理、专兼结合的高素质专业化的“双师型”教师队伍。

二、实施原则

中央引领，地方为主。中央突出示范引领，明确工作重点，加强统筹指导，强化目标管理，带动地方有效实施教师素质提高计划，建立健全教师培训经费投入长效机制。各省（区、市）根据国家要求，做好规划设计、组织安排、体系建设、监管评估，加大经费投入，保障计划有序推进、顺利实施。

对接需求，重点支持。服务精准扶贫、制造强国、区域协同发展等国家战略，统筹优化教师培养培训资源配置，优先支持战略性新兴产业、现代农业、先进制造业、现代服务业及扶贫重点产业等紧缺领域教师培训，倾斜支持农村、边远、贫困、民族及区域经济重点发展地区学校教师队伍建设。

协同创新，注重实效。推动地方政府、高校、职业院校与行业企业（职教集团）建立协同机制，深化区域、校企、校际合作，完善国家级、省级、市级、校级校企共建的教师专业发展支持服务体系，应用“互联网+”技术创新教师培养培训方式，形成一批教师培养培训示范单位和品牌专业，提升项目实施的针对性和实效性。

规范管理，确保质量。加强管理制度建设，创新工作思路和管理模式，完善竞争择优遴选机制和动态调整机制，吸引行业企业深度参与，建立信息化管理和质量监测系统，强化过程管理、经费监管和绩效考评，切实提高计划的实施质量，确保达到预期的目标效益。

三、计划内容

（一）职业院校教师示范培训

各省（区、市）遴选具备资质条件的职教师资培养培训基地、大中型企业等，采取校企合作、工学交替、线上线下等组织形式，分层分类开展教师示范培训。培训要模块化设置课程，将师德素养、工匠精神、“双创”教育、信息技术等列入培训必修内容，实行集中脱产学习和网络自主化研修相结合，开展训前诊断、训中测评、训后考核，加强教师的师德养成、专业知识更新、实践技能积累和教学能力提升。重点支持新一代信息技术、生物技术、智能制造、节能环保等新兴产业及特色农业、种养业、民族传统工艺等扶贫产业领域教师培训。鼓励支持有条件的地方选派优秀教师校长到国（境）外进修，学习发达国家和地区职业教育理念、教育教学方法手段和先进技术技能。

1. 专业带头人领军能力研修。组织职业院校具有中级以上职称、主持过相关科研教改课题或项目的专业带头人，采取集中面授、返岗实践、再集中面授的交替进行的方式，进行为期不少于4周的培训，重点提升教师的团队合作能力、应用技术研发与推广能力、课程开发技术、教研科研能力，培养一批具备专业领军水平、能够传帮带培训教学团队的"种子"名师。

2. "双师型"教师专业技能培训。组织职业院校不同层次和基础水平的"双师型"教师，采取集中面授与网络研修相结合的方式，进行不少于4周的专项培训，可分阶段。开设专业教学法、课程开发与应用、技术技能实训、教学实践与演练等专题模块，重点提升教师的理实一体教学能力、专业实践技能、信息技术应用能力等"双师"素质。

3. 优秀青年教师跟岗访学。组织职业院校有发展潜力的优秀青年教师到省内外国家级（省级）重点学校、示范学校等优质学校，采取听课观摩、集体备课与案例研讨、参与教科研项目等方式，以"师带徒"模式进行为期不少于8周的跟岗访学，通过全面参与培训院校教育教学实践和管理工作，帮助教师更新教育理念，提升教学能力、研究能力和管理能力，解决教育教学中的实际问题。

4. 卓越校长专题研修。分别组织中职和高职国家级（省级）重点学校、示范学校的校长，采取集中面授、名校观摩、跟岗培训、专题研究等相结合的方式，针对新任校长、骨干校长、知名校长分层分类开展不少于2周的专题研修。围绕集团化办学、校企合作、现代学徒制、学校治理、中高职衔接、专业设置与建设、教师队伍建设等内容，重点提高校长改革创新意识、决策领导能力、依法办学和治校能力，为各地培养一批具有较高知名度、精通现代学校治理的"教育家"型名校长。

（二）中高职教师素质协同提升

各省（区、市）遴选具备条件的优质职业院校、应用型高校、职教师资培养培训基地作为牵头单位，按照中职、高职、应用型本科不同阶段人才接续培养的要求，组织省域内学校的中等和高等职业教育衔接专业教师开展团队研修和协同创新，打造一批定期研修、协同研究、常态合作的中高职教师专业技能创新示范团队。各省（区、市）要根据区域经济社会发展需求合理确定协同提升的专业群，支持牵头学校整合优势资源，提供工作室或平台运行条件保障，支持主持人有效开展工作。

1. 中高职衔接专业教师协同研修。遴选国家级（省级）中高职示范学校具有教学专长的专业带头人、教学名师等主持建立"双师型"名师工作室，牵头组织区域内学校中高职衔接专业教师，采取集中面授和网络研修相结合的方式，进行为期不少于4周的团队研修。重点开展理实一体课程开发、行动导向的教学实践与演练、教科研交流与项目合作，协同提升教师实践教学能力、科研教研能力、研究协作能力等，共同研究开发中等和高等职业教育人才接续培养课程、教材及数字化资源。

2. 紧缺领域教师技术技能传承创新。面向装备制造、高新技术、传统（民族）技艺等紧缺专业，遴选具备条件的优质职业院校、应用型高校、职教师资培养培训基地建立教师技艺技能传承创新平台，组织具有绝招绝技的技能名师、兼职教师领衔，采取集中面授、项目合作研发相结合的方式，面向区域内中高职教师进行为期不少于4周的技术技能实训。重点开展新技术技能的开发与应用、传统（民族）技艺传承、实习实训资源开发、创新创业教育经验交流，提升教师专业实践操作技能、技术应用与创新能力等。

3. 骨干培训专家团队建设。面向承担计划任务的单位、基地管理人员和专兼职培训者，采取集中面授、网络研修、课题研究相结合的方式，进行为期不少于2周的培训组织实施能力专项研修，提升培训者的培训需求诊断能力、教学设计实施能力、课程与数字化资源开发能力、核心技能创新与推广能力、工作室（平台）主持能力和绩效考核评估能力。

（三）校企人员双向交流合作

各省（区、市）要联合行业组织，遴选、建设教师企业实践基地和兼职教师资源库，将实施教师企业实践和兼职教师聘用有效对接，完善教师定期到企业实践、企业人员到学校兼职任教的校企人才双向交流机制，促进产教深度融合。

1. 选派教师到企业实践。采取考察观摩、技能培训、跟岗实习、顶岗实践、在企业兼职或任职、参与产品技术研发等形式，组织职业院校专业课教师进行为期不少于4周的企业实践。重点学习掌握产业结构转型升级及发展趋势、前沿技术研发、关键技能应用等领域，以及企业的生产组织方式、工艺流程、岗位（工种）职责、操作规范、技能要求、用人标准、管理制度、企业文化、应用技术需求等内容，推进企业实践成果向教学资源转化，结合实践改进教学方法和途径，发掘学校技术服务企业发展的方式和途径。各地要遴选具有代表行业先进水平、有较强影响力、覆盖专业面广的企业，完善校企共建教师企业实践流动岗（工作站）机制，支持企业常设一批教师企业实践岗位。

2. 设立兼职教师特聘岗。重点面向战略性新兴产业、高新技术产业等国家亟需特需专业及技术技能积累、民族文化传承与创新等方面专业，支持职业院校设立一批兼职教师特聘岗位，聘请企业高技能人才、工程管理人员、能工巧匠等到学校任教，兼职教师每人每学期任教时间不少于80学时。各地要建立本地区对接产业、实时更新、动态调整的兼职教师资源库，开展兼职教师教育教学能力岗前培训，支持兼职教师参与“双师型”名师工作室建设、校本研修、产学研合作研究等。各地根据本地区实际需要、行业特点、人力资源成本等，具体确定兼职教师聘用人数和补贴标准。

四、保障措施

（一）明确职责分工。教育部制订计划的管理办法和实施指南，成立专家库，完善信息管理平台，推进优质资源共享共用，组织开展督查评估。中央财政通过现代职业教育质量提升计划专项资金渠道，采取以奖代补方式引导地方加大经费投入力度，提升计划的实施成效。各省（区、市）要将计划纳入本地区教育事业“十三五”发展规划，制订本地区项目实施办法，按年度将规划方案报教育部审核，安排专门机构、专人负责，落实工作经费，做好计划的组织、协调、管理和服务。承担单位要整合优质资源，制订对接需求的实施方案，落实条件、人员与经费保障，开发优质课程资源，做好项目总结和效果评估。

（二）加强体系建设。充分发挥国家职教师资培养培训基地和示范学校的示范引领作用，推进校企共建“双师型”教师培养培训基地和企业实践基地，支持教师培养培训资源匮乏省份与资源丰富省份联合组织实施计划，建立承担单位工作评估和动态调整机制，组建专业化培训专家团队，建成一批教师教育优势特色专业和优质课程资源，推进有条件的基地试点探索教师非学历培训与学历学位教育课程衔接和学分互认，构建完备的教师专业发展支持服务体系。

（三）严格经费管理。各省（区、市）要参照国家关于培训费管理的相关规定及《现代职业教育质量提升计划专项资金管理办法》等文件，规范使用管理中央补助经费，严格界定经费开支范围，控制培训费定额标准，对应纳入政府采购范围的事项实行政府采购。实行经费审计和预决算制度，严禁将中央专项资金用于弥补其他资金缺口，坚决杜绝挤占、挪用、截留、克扣、虚列、冒领等违法违规行为的发生，确保专款专用。落实中央八项规定精神等相关要求，厉行勤俭节约，提高经费使用效益。

（四）开展督导评估。国家和省级教育部门要健全计划的绩效评价和激励制度，完善评价指标体系，采取自我评估、匿名评教、专家抽评、第三方评估等方式开展工作绩效评估，评估结果作为经费分配、任务调整、考核奖励、鼓励宣传的重要依据。建立公示制度，按年度对各地、各承担单位执行情况和工作绩效予以公示，定期开展专项督查。

教育部　财政部

2016年10月28日

教育部等九部门关于防治中小学生欺凌和暴力的指导意见

（2016年11月1日）

各省、自治区、直辖市教育厅（教委）、综治办、高级人民法院、人民检察院、公安厅（局）、民政厅（局）、司法厅（局）、团委、妇联，新疆生产建设兵团教育局、综治办、人民法院、人民检察院、公安局、民政局、司法局、团委、妇联：

在党中央、国务院的正确领导下，在各级党委政府及教育、综治、公安、司法等有关部门和共青团、妇联等群团组织的共同努力下，发生在中小学生之间的欺凌和暴力事件得到遏制，预防青少年违法犯罪工作取得明显成效。但是，由于在落实主体责任、健全制度措施、实施教育惩戒、形成工作合力等方面还存在薄弱环节，少数地方学生之间欺凌和暴力问题仍时有发生，损害了学生身心健康，造成了不良社会影响。为全面贯彻党的教育方针，落实立德树人根本任务，切实防治学生欺凌和暴力事件的发生，现提出如下指导意见。

一、积极有效预防学生欺凌和暴力

1. 切实加强中小学生思想道德教育、法治教育和心理健康教育。各地要紧密联系中小学生的思想实际，积极培育和践行社会主义核心价值观。落实《中小学生守则（2015年修订）》，引导全体中小学生从小知礼仪、明是非、守规矩，做到珍爱生命、尊重他人、团结友善、不恃强凌弱，弘扬公序良俗、传承中华美德。落实《中小学法制教育指导纲要》《青少年法治教育大纲》，开展“法治进校园”全国巡讲活动，让学生知晓基本的法律边界和行为底线，消除未成年人违法犯罪不需要承担任何责任的错误认识，养成遵规守法的良好行为习惯。落实《中小学心理健康教育指导纲要（2012年修订）》，培养学生健全人格和积极心理品质，对有心理困扰或心理问题的学生开展科学有效的心理辅导，提高其心理健康水平。切实加强家庭教育，家长要注重家风建设，加强对孩子的管教，注重孩子思想品德教育和良好行为习惯培养，从源头上预防学生欺凌和暴力行为发生。

2. 认真开展预防欺凌和暴力专题教育。各地要在专项整治的基础上，结合典型案例，集中开展预防学生欺凌和暴力专题教育。要强化学生校规校纪教育，通过课堂教学、专题讲座、班团队会、主题活动、编发手册、参观实践等多种形式，提高学生对欺凌和暴力行为严重危害性的认识，增强自我保护意识和能力，自觉遵守校规校纪，做到不实施欺凌和暴力行为。研制学校防治学生欺凌和暴力的指导手册，全面加强教职工特别是班主任专题培训，提高教职工有效防治学生欺凌和暴力的责任意识和能力水平。要通过家访、家长会、家长学校等途径，帮助家长了解防治学生欺凌和暴力知识，增强监护责任意识，提高防治能力。要加强中小学生违法犯罪预防综合基地和人才建设，为开展防治学生欺凌和暴力专题教育提供支持和帮助。

3. 严格学校日常安全管理。中小学校要制定防治学生欺凌和暴力工作制度，将其纳入学校安全工作统筹考虑，健全应急处置预案，建立早期预警、事中处理及事后干预等机制。要加强师生联系，密切家校沟通，及时掌握学生思想情绪和同学关系状况，特别要关注学生有无学习成绩突然下滑、精神恍惚、情绪反常、无故旷课等异常表现及产生的原因，对可能的欺凌和暴力行为做到早发现、早预防、早控制。严格落实值班、巡查制度，禁止学生携带管制刀具等危险物品进入学校，针对重点学生、重点区域、重点时段开展防治工作。对发现的欺凌和暴力事件线索和苗头要认真核实、准确研判，对早期发现的轻微欺凌事件，实施必要的教育、惩戒。

4. 强化学校周边综合治理。各级综治组织要加大新形势下群防群治工作力度，实现人防物防技防在基层综治中心的深度融合，动员社会各方面力量做好校园周边地区安全防范工作。要依托全国社会治安综合治理信息系统，整合各有关部门信息资源，发挥青少年犯罪信息数据库作用，加强对重点青少年群体的动态研判。进一步加强校园及周边地区社会治安防控体系建设，作为公共安全视频监控建设联网应用示范工作的重要内容，推进校园及周边地区公共安全视频监控系统全覆盖，加大视频图像集成应用力度，实现对青少年违法犯罪活动的预测预警、实时监控、轨迹追踪及动态管控。把学校周边作为社会治安重点地区排查整治工作的重点，加强组织部署和检查考核。要对中小学生欺凌和暴力问题突出的地区和单位，根据《中共中央办公厅 国务院办公厅关于印发〈健全落实社会治安综合治理领导责任制规定〉的通知》要求，通过通报、约谈、挂牌督办、实施一票否决权制等方式进行综治领导责任督导和追究。公安机关要在治安情况复杂、问题较多的学校周边设置警务室或治安岗亭，密切与学校的沟通协作，积极配合学校排查发现学生欺凌和暴力隐患苗头，并及时预防处置。要加强学生上下学重要时段、学生途经重点路段的巡逻防控和治安盘查，对发现的苗头性、倾向性欺凌和暴力问题，要采取相应防范措施并通知学校和家长，及时干预，震慑犯罪。

二、依法依规处置学生欺凌和暴力事件

5. 保护遭受欺凌和暴力学生身心安全。各地要建立中小学生欺凌和暴力事件及时报告制度，一旦发现学生遭受欺凌和暴力，学校和家长要及时相互通知，对严重的欺凌和暴力事件，要向上级教育主管部门报告，并迅速联络公安机关介入处置。报告时相关人员有义务保护未成年人合法权益，学校、家长、公安机关及媒体应保护遭受欺凌和暴力学生以及知情学生的身心安全，严格保护学生隐私，防止泄露有关学生个人及其家庭的信息。特别要防止网络传播等因素导致事态蔓延，造成恶劣社会影响，使受害学生再次受到伤害。

6. 强化教育惩戒威慑作用。对实施欺凌和暴力的中小学生必须依法依规采取适当的矫治措施予以教育惩戒，既做到真情关爱、真诚帮助，力促学生内心感化、行为转化，又充分发挥教育惩戒措施的威慑作用。对实施欺凌和暴力的学生，学校和家长要进行严肃的批评教育和警示谈话，情节较重的，公安机关应参与警示教育。对屡教不改、多次实施欺凌和暴力的学生，应登记在案并将其表现记入学生综合素质评价，必要时转入专门学校就读。对构成违法犯罪的学生，根据《刑法》《治安管理处罚法》《预防未成年人犯罪法》等法律法规予以处置，区别不同情况，责令家长或者监护人严加管教，必要时可由政府收容教养，或者给予相应的行政、刑事处罚，特别是对犯罪性质和情节恶劣、手段残忍、后果严重的，必须坚决依法惩处。对校外成年人教唆、胁迫、诱骗、利用在校中小学生违法犯罪行为，必须依法从重惩处，有效遏制学生欺凌和暴力等案事件发生。各级公安、检察、审判机关要依法办理学生欺凌和暴力犯罪案件，做好相关侦查、审查逮捕、审查起诉、诉讼监督、审判和犯罪预防工作。

7. 实施科学有效的追踪辅导。欺凌和暴力事件妥善处置后，学校要持续对当事学生追踪观察和辅导教育。对实施欺凌和暴力的学生，要充分了解其行为动机和深层原因，有针对性地进行教育引导和帮扶，给予其改过机会，避免歧视性对待。对遭受欺凌和暴力的学生及其家人提供帮助，及时开展相应的心理辅导和家庭支持，帮助他们尽快走出心理阴影，树立自信，恢复正常学习生活。对确实难以回归本校本班学习的当事学生，教育部门和学校要妥善做好班级调整和转学工作。要认真做好学生欺凌和暴力典型事件通报工作，既要充分发挥警示教育作用，又要注意不过分渲染事件细节。

三、切实形成防治学生欺凌和暴力的工作合力

8. 加强部门统筹协调。各地要把防治学生欺凌和暴力工作作为全面依法治国，建设社会主义和谐社会的重要任务。教育、综治、人民法院、人民检察院、公安、民政、司法、共青团、妇联等部门组织，应成立防治学生欺凌和暴力工作领导小组，明确任务分工，强化工作职责，完善防治办法，加强考核检查，健全工作机制，形成政府统一领导、相关部门齐抓共管、学校家庭社会三位一体的工作

合力。

9. 依法落实家长监护责任。管教孩子是家长的法定监护职责。引导广大家长要增强法治意识，掌握科学的家庭教育理念，尽量多安排时间与孩子相处交流，及时了解孩子的日常表现和思想状况，积极与学校沟通情况，自觉发挥榜样作用，切实加强对孩子的管教，特别要做好孩子离校后的监管看护教育工作，避免放任不管、缺教少护、教而不当。要落实监护人责任追究制度，根据《民法》等相关法律法规，未成年学生对他人的人身和财产造成损害的，依法追究其监护人的法律责任。

10. 加强平安文明校园建设。中小学校要把防治学生欺凌和暴力作为加强平安文明校园建设的重要内容。学校党组织要充分发挥政治核心作用，加强组织协调和教育引导。校长是学校防治学生欺凌和暴力的第一责任人，分管法治教育副校长和班主任是直接责任人，要充分调动全体教职工的积极性，明确相关岗位职责，将学校防治学生欺凌和暴力的各项工作落实到每个管理环节、每位教职工。要努力创造温馨和谐、积极向上的校园环境，重视校园绿化、美化和人文环境建设。加强优良校风、教风、学风建设，开展内容健康、格调高雅、丰富多彩的校园活动，形成团结向上、互助友爱、文明和谐的校园氛围，激励学生爱学校、爱老师、爱同学，提高校园整体文明程度。要健全各项管理制度、校规校纪，落实《义务教育学校管理标准》，提高学校治理水平，推进依法依规治校，建设无欺凌和暴力的平安文明校园。

11. 全社会共同保护未成年学生健康成长。要建立学校、家庭、社区（村）、公安、司法、媒体等各方面沟通协作机制，畅通信息共享渠道，进一步加强对学生保护工作的正面宣传引导，防止媒体过度渲染报道事件细节，避免学生欺凌和暴力通过网络新媒体扩散演变为网络欺凌，消除暴力文化通过不良出版物、影视节目、网络游戏侵蚀、影响学生的心理和行为，引发连锁性事件。要依托各地12355青少年服务台，开设自护教育热线，组织专业社会工作者、公益律师、志愿者开展有针对性的自护教育、心理辅导和法律咨询。坚持标本兼治、常态长效，净化社会环境，强化学校周边综合治理，切实为保护未成年人平安健康成长提供良好社会环境。

教育部　中央综治办　最高人民法院
最高人民检察院　公安部　民政部
司法部　共青团中央　全国妇联
2016年11月1日

教育部关于印发《高等学校“十三五”科学和技术发展规划》的通知

（2016年11月18日）

各省、自治区、直辖市教育厅（教委），新疆生产建设兵团教育局，有关部门（单位）教育司（局），部属各高等学校：

“十三五”时期是全面建成小康社会的决胜阶段。为贯彻党的十八届五中全会和全国科技创新大会精神，深入实施国家中长期教育、科技、人才规划纲要，全面提升高校创新能力，根据《国家创新驱动发展战略纲要》和《“十三五”国家科技创新规划》，我部制定了《高等学校“十三五”科学和技术发展规划》，现印发给你们。

请你们结合实际，认真组织实施，并将实施中的情况、问题和意见及时报我部。

教育部
2016年11月18日

附件

高等学校“十三五”科学和技术发展规划

目　录

一、形势与需求 …… 1209
二、发展理念与主要目标 …… 1210
（一）发展理念 …… 1210
（二）主要目标 …… 1210
三、坚持引领创新，抢占原始创新战略制高点 …… 1211
（一）大力加强需求引导的基础研究 …… 1211
（二）聚焦前沿技术和颠覆性技术创新 …… 1211
（三）加快培养聚集一流人才和创新团队 …… 1212
（四）推进科技创新大平台和重大科技基础设施建设 …… 1212
（五）推进高水平的交叉学科研究 …… 1213
四、坚持支撑发展，服务国家战略需求 …… 1213
（一）积极参与产业技术创新体系建设 …… 1213
（二）支撑构建各具特色的区域创新体系 …… 1213
（三）实现重点领域关键技术的突破 …… 1213
（四）加快技术转移和科技成果转化 …… 1214
（五）服务国防建设与国家安全 …… 1214
（六）加强高水平科技智库建设 …… 1214
（七）为社会发展提供科技支撑 …… 1215
五、坚持科教融合，支撑高质量高等教育 …… 1215
（一）促进世界一流大学和一流学科建设 …… 1215
（二）支撑高校特色发展和优势学科建设 …… 1215
（三）加快科技资源向教育教学转化 …… 1216
（四）大力发展众创空间支撑大学生创新创业 …… 1216
六、坚持开放协同，构建科研组织新机制 …… 1216
（一）强化学科开放融合 …… 1216
（二）推进与其他创新主体大规模协同 …… 1216
（三）加强军民科技融合创新 …… 1217
（四）提升国际合作水平深度融入全球创新网络 …… 1217
七、坚持追求卓越，营造崇尚创新的文化氛围 …… 1217
（一）树立追求卓越的价值理念 …… 1217
（二）营造开放包容的创新氛围 …… 1217
（三）完善学风建设长效机制 …… 1218

（四）加强科学传播和科学普及…… 1218
（五）推进高校科技治理体系和治理能力现代化…… 1218
八、深化改革与重大举措 …… 1218
（一）加大投入建立高校科学研究稳定支持制度…… 1218
（二）大力推进科研组织方式和聘用机制改革…… 1218
（三）深化技术转移和成果转化机制改革…… 1219
（四）全面推进科技评价机制改革…… 1219
（五）深入实施高校创新能力提升计划（2011计划） …… 1219
（六）实施高校创新平台体系建设计划…… 1219
（七）实施重大科技项目培育工程…… 1220
（八）加强高校创新团队建设…… 1220
（九）实施科技资源开放共享计划…… 1220
（十）实施国际科技合作引导计划…… 1220
九、组织实施 …… 1220

党的十八届五中全会确立了“创新、协调、绿色、开放、共享”的发展理念，提出了创新是引领发展第一动力，处于国家发展全局的核心位置。科技创新在全面创新中具有引领作用，高等学校作为国家科技创新的重要力量，发展机遇前所未有。为更好地贯彻落实国家国民经济和社会发展“十三五”规划，全面提升高校创新能力，引领支撑国家创新驱动发展战略实施，服务创新型国家建设和全面建成小康社会目标的实现，特制定本规划。

一、形势与需求

“十二五”期间，高校科技战线认真贯彻落实国家教育、科技、人才中长期规划纲要和党中央国务院重大战略部署，适应经济发展新常态，深化改革，开拓创新，精心谋划，奋发有为，实现了科技工作新突破。高校创新能力显著增强，创新体系更加完善，体制改革逐步深化，国际影响力持续提升。

——综合实力显著提升。“十二五”期间，高校科技经费总额达到5 936亿元，较“十一五”时期增长约78%。高校牵头承担80%以上的国家自然科学基金项目和一大批“973”“863”等国家重大科技任务，牵头承建了国家“十二五”规划的16项重大科技基础设施中的5项，依托高校建设的国家重点实验室占总数的60.0%，获国家科技三大奖占全部授奖数量的60%以上。在暗物质、干细胞、拓扑绝缘体、量子隐形传态、高强度氮化硼、半浮栅晶体管、超级计算机等研究领域取得了一批具有重大影响力的标志性研究成果。

——主动服务国民经济主战场取得新跨越。“十二五”期间，高校服务产业、企业和社会需求获得的科研经费总额超过2 028亿元，占高校科研经费总量的33.8%；科技成果直接交易额超过196亿元，发明专利授权量占全国年发明专利授权总数的26.3%。依托高校建设的各类科技园区已经成为创新创业和创客空间的主要聚集区。新型科技智库为党和政府建言献策，成为各级政府科学决策的重要支撑。启动实施高校创新能力提升计划（2011计划），一批协同创新中心正在成为服务国民经济的新生长点。

——科技体制改革深入推进。结合高校综合改革，全面落实国家科技体制改革战略部署和重点任务，深入开展科研项目和经费管理、科技评价、科技成果转化、科技资源开放共享等改革试点，推进科技治理体系和治理能力现代化，高校科技体制机制改革的联动效应逐渐彰显。

——国际学术影响力再上台阶。我国高校科技论文数量达到全球八分之一，高影响力论文数量同步提升。若干高水平大学国际学术排行榜位置不断前移。在基于论文及其被引次数的国际学科评估中，2010年到2014年期间，进入世界前1%的学科从335个增加到616个，学科进入世界前1%的高校从104所增加到164所。受邀在国际重要学术会议上做特邀、专题和主题报告，担任国际学术会议主席和著名学术期刊编委，参加国际学术交流的人数均大幅度提高。

高校作为科技第一生产力、人才第一资源和创新第一动力的结合点，引领国家基础研究和高素质创新人才培养，在国家发展中的地位和作用更加凸显，已成为前沿技术研究和颠覆性技术创新的策源地，在服务国家和区域经济社会发展、发挥思想库和智囊团作用等方面成为重要战略支撑。

“十三五”时期是我国进入创新型国家行列和全面建成小康社会的决胜阶段，党的十八届五中全会提出的国家发展的新需求和新任务对高校科技工作提出了更高要求。

——贯彻落实“四个全面”战略布局和实施创新驱动发展战略，迫切需要全面提升高校创新能力，发挥引领创新的先导作用。科技创新是提高社会生产力和综合国力的战略支撑，是调结构、转方式、增动力，主动适应经济发展新常态的根本之策。加强基础研究，强化原始创新、集成创新和引进消化吸收再创新，重视颠覆性技术创新研究；在重大创新领域组建一批国家实验室，布局建设国家技术创新中心；实施一批国家重大科技项目，提出并牵头组织国际大科学计划和大科学工程；是“十三五”期间国家科技创新的战略任务。实现上述目标和任务，迫切需要高校敢于担当历史重任，为创新型国家建设和全面建成小康社会的实现提供战略支撑。

——应对新一轮国际科技竞争，迫切需要高校加强引领型创新，抢占科技创新战略制高点。当前，全球范围内新一轮科技革命加速兴起，抢占发展制高点的战略竞争全面展开。美国、欧盟、日本、韩国等发达国家和新兴国家相继推出国家创新战略，围绕加强基础研究，吸引全球顶级人才，提高教育质量，加强重大科技装备和设施等方面展开部署，以求得主导权和竞争力。高校是引领创新的主体，各国科技创新的综合竞争力往往由其高等教育的竞争力决定，提升国家科技核心竞争力，必须全面提升高校创新能力。

——加快建设高等教育强国步伐迫切需要高校科学研究和科技创新发挥引领和支撑作用。统筹推进“双一流”建设，为建设高等教育强国明确了任务和路径。全面提升人才培养、科学研究、社会服务、文化传承创新、国际合作等整体水平，建成一批国际知名、有特色、高水平的大学，使若干所大学和一批学科达到或接近世界一流水平，才能显著增强高等教育国际竞争力。大力提升高校创新能力，既是高等教育强国建设的主要内容，也是实现高等教育强国目标的有效手段和必然选择。

——军民融合国家战略深度实施，更加迫切需要高校服务国家安全重大战略。随着国际竞争的不断加剧，国防科技和军事实力已成为决定国家主权、领土安全、国际地位和保障发展的核心要素。深入实施军民融合发展战略，提升国防科技创新能力，突破发达国家对国防关键技术的防范遏制，更加需要高校在知识创新和人才培养方面的大力支撑。顺应时代要求和发展机遇，高校应加强国防科技原始创新，为国防科技持续发展提供基础研究、前沿技术和人才储备，成为支撑国家国防科技和武器装备发展的重要力量。

——国家科技体制改革向纵深推进，对高校科技发展方式和科技治理能力提出了更高要求。坚持需求导向和问题导向，使市场在科技资源配置中起决定性作用，更好发挥政府作用，是当前深化科技体制改革的主要方向。深化中央财政科技计划管理体制改革，修订《促进科技成果转化法》，完善科研项目资金管理，推动大型科研基础设施共享，建立科技报告制度等一系列重大改革举措，已经形成联动效应。高校科技发展方式转型和科技治理能力必须紧紧围绕体制机制改革新要求，适应发展新环境，强化改革新动力。

高校科技工作取得了巨大成绩，正处于从量的积累向质的飞跃、从点的突破向系统能力提升的重要时期，但与国家需求和社会期待，与世界先进水平尚有明显差距。原创理论、原创发现仍然缺乏；支撑经济社会发展的能力有待进一步加强；引领学科建设和创新人才培养、推动文化传承创新的作用有待充分发挥；有组织科研、高端人才聚集、科技成果转化、科技评价、稳定投入等内部治理结构和外部发展环境需要不断优化，高校科技工作发展不平衡不协调问题依然突出；激励潜心研究的制度环境和文化氛围尚未普遍形成。

“十三五”是我国高校科技工作迈上新台阶实现大发展的重要战略机遇期，要牢固树立教学决定生存、科研决定水平、服务决定地位、质量决定兴衰、制度决定成败的办学理念，加快转变发展方式，拓展发展空间，凝练战略目标，落实战略举措，全面提升创新能力，引领和支撑国家创新驱动发展战略实施。

二、发展理念与主要目标

（一）发展理念

深入贯彻党的十八大及十八届三中、四中、五中、六中全会和习近平总书记系列重要讲话精神，围绕“四个全面”战略布局，紧扣国家“十三五”国民经济和社会发展规划部署，全面落实国家教育、科技“十三五”发展规划，坚持“引领创新，支撑发展，科教融合，开放协同，追求卓越”的发展理念，牢固确立服务需求导向，以提升科技创新质量和贡献为核心，以促进科教融合为主线，以推动开放协同为突破口，以深化改革为动力，坚持科技、教育、经济三结合，科技创新、机制创新、管理创新三并举，全面提升科学研究原始创新、支撑创新人才培养、服务经济社会发展三种能力。

（二）主要目标

到2020年，高校科技创新质量和国际学术影响力实现新的跃升；服务经济社会发展能力和支撑高质量人才培养效果显著增强；开放协同高效的现代大学科研组织机制基本形成；引领支撑国家创新驱动发展，成为建设创新型国家和人才强国的战略支撑力量。具体目标包括：

——原始创新能力和国际影响力大幅跃升。建成若干国际领先的国家实验室、重大科学基础设施和一批协同创新平台；造就一批具有卓越国际声誉的科学大师、领军人才和创新团队；涌现一批代表国家水平、引领国际科学前沿发展方向的重大标志性成果。

——引领国家创新驱动发展的能力明显提升。牵头或参与组建若干国家技术创新中心和一批标志性产业技术创新联盟，建立专业的知识产权运营机构和技术经纪人队伍；在共性关键技术研究、前沿技术和颠覆性技术创新、产业技术新体系建设、科技成果转化等方面实现重大突破。

——支撑学科建设和人才培养的效果显著增强。培养汇聚高端人才，师资队伍结构更加优化、学术水平显著提升；以创新链引领学科群建设，以科研平台建设支撑学校优势特色学科发展；科教融合、政产学研用协同育人成为创新创业人才培养主要模式；人才培养质量显著提升。

——开放协同高效的现代大学科研组织机制基本形成。多学科交叉融合机制、政产学研用一体的创新网络、军民融合机制进一步完善；牵头建成一批国际创新合作平台，牵头组织若干国际大科学计划和大科学工程；科技资源开放共享、科技评价改革、科技创新文化建设取得明显进展；科技治理体系和治理能力现代化稳步推进。

三、坚持引领创新，抢占原始创新战略制高点

全面提升高校原始创新能力是高校科技发展的首要任务，是落实以科技创新为核心的全面创新、加速创新驱动发展的基础。

（一）大力加强需求引导的基础研究

——坚持战略和前沿导向，聚焦国家重大战略需求，整合高校基础研究优势和特色，建立遴选和组织高校优势领域重大项目的运行机制。引导科学家集成跨学科、跨领域的优势力量，加快重点突破，提升高校落实创新驱动发展战略的源头供给能力和水平。

——围绕可能催生重大创新和深刻影响未来发展的前沿科学领域，组织高校积极参与脑科学、纳米科技、全球气候变化应对、量子信息、蛋白质、发育与生殖、合成生物学、变革性技术的科学基础等重大科学计划和重点研发计划的实施。

——围绕严重制约国家发展的重大战略领域，引导高校加强对信息、能源、安全、材料、核、网络、海洋、工程制造、深海、深地、深空等领域的重大基础研究和战略高技术攻关。

——围绕对经济社会发展具有重要支撑作用的民生领域，引导高校加强对医疗卫生、健康保障、现代农业、新农村和城镇化建设、资源开采利用、环境修复、生态保护等领域的重大基础研究和技术攻关，争取实现关键科学问题的突破，提供系统性解决方案。

——加强面向区域、产业发展需求的基础性、共性关键科学问题研究。将行业产业技术发展需求转化凝练为基础性的关键科学问题，促进知识创新与技术创新的有机衔接。

（二）聚焦前沿技术和颠覆性技术创新

——面向市场需求，立足基础研究和多学科协同优势，前瞻性布局前沿技术和颠覆性技术创新，加强战略高技术和关键共性技术源头供给。

——发展具有重大产业变革前景的颠覆性技术。开发移动智能技术、物联网技术、量子信息技术，加强增材制造、智能机器人、基因组、干细胞、合成生物、再生医学、生物材料等技术研究。

——发展安全、清洁、高效、低碳的现代能源技术。突破化石能源的清洁高效利用技术瓶颈，加快核能、风能、太阳能、生物质能源等清洁能源技术开发，加强大规模供需互动、储能和并网关键技术攻关。

——发展资源高效利用和生态修复技术。加强城镇生活垃圾资源化利用、再生资源回收利用、工业固体废弃物综合利用等技术体系研究，加强水、大气和土壤污染防治，危险废弃物处置，环境监测与环境应急技术研究，加强城乡环境治理技术的研究。

——加强深海、深地、深空、深蓝等领域的战略高技术部署。加快海洋立体同步观测、海洋生物医药、海洋资源开发等技术研究，大力提升空间进入、利用和控制等技术研究，推进卫星遥感、卫星通信、导航和位置服务技术研究。

——发展智慧城市和数字社会技术。发展交通、电力、通信、地下管网等市政基础设施的标准化、数字化和智能化技术，加强村镇规划、环境整理、新型民宅、社区服务等重点领域技术研究。

——发展人口健康技术。促进生命科学、中西医药、生物工程等多领域技术融合，加强重大疾病、公共卫生、生殖健康、新药创制等技术研究，发展精准医疗、建立医学大数据库，研发基于分子诊断的遗传基因筛查技术和慢性病易感基因筛查技术。

——发展现代农业技术。发展农业作物新品种，保障粮食和经济作物的丰产增效。发展畜禽和水产的健康、高效、安全养殖技术，提升精准施肥施药和减施降残能力，发展农业污染防治与修复技术、强智能农机技术，加强食品加工、保藏以及有害物质检测等新技术的研发。

（三）加快培养聚集一流人才和创新团队

——坚持人才驱动，深入落实人才优先发展战略。按照创新规律培养和吸引人才，按照市场规律推动人才有序流动、共享人才资源，实现人尽其才、才尽其用、用有所成，营造促进人才发展的良好环境和机制。

——突出“高精尖缺”导向，着力发现、培养、集聚一批战略科学家、科技领军人才和高技能人才。面向学术大师、全球顶尖人才、青年拔尖人才建设一批科学家工作室，进一步加强对未来领军人才的培养和支持，大力加强实验技术队伍建设。

——推动实施更加开放的创新人才引进政策。结合实施国际科技合作引导计划，建立国际访问学者制度，加快构建引进海外高层次人才新机制；成建制引进海外学术团队，提升人才引进效益。

——创新科研团队资助模式。支持组建跨学科、综合交叉的科研团队，加强对从事基础性、公益性研究的拔尖人才及优秀创新团队的稳定支持。推进薪酬制度改革，探索教师协议工资制，保证科技人员合理工资待遇水平。

（四）推进科技创新大平台和重大科技基础设施建设

——瞄准国际科技前沿，以国家目标和战略需求为导向，在高校培育和建设若干高水平国家实验室，形成引领科学前沿发展，为解决重大科学问题和共性关键技术提供长期战略支撑的创新能力，成为国际一流的创新高地。

——发挥高校多学科交叉和人才优势，加强顶层规划和组织预研，聚焦能源、生命、地球系统与环境、材料、粒子物理和核物理、空间和天文、工程技术等领域，培育一批高校重大科技基础设施，承建若干国家重大科技基础设施，组织提出若干依托重大科技基础设施的国际合作计划，凝聚、培养高水平创新人才，加速形成代表国家水平、有效应对重大需求、在国际上拥有话语权的科技创新实力，支撑世界一流大学和一流学科建设。

——优化技术创新和工程化平台体系，聚焦产业需要布局创新链，建设一批国际领先、面向区域和行业的共性关键技术研发平台和国家技术创新中心。

——加强培育和布局，争取依托高校建设一批新的国家重点实验室，加强对高校现有国家重点实验室的规范管理。提升教育部重点实验室建设质量和创新能力，完善结构布局，聚焦科学前沿发展和国家重大战略的新增需求，面向问题导向的交叉综合研究新布局一批教育部重点实验室。

——继续在数理和生命等基础学科领域建设若干冲击世界一流水平、国际化的科学研究机构，为提出新的重大科学问题、形成新的交叉学科领域和开展原创性基础前沿研究提供平台和创新环境，力争产出影响人类文明和社会进步的重大科技成果，历练出一批中国的世界知名学者。

——加强科学实验与观测方法、技术和设备的创新，提升高校科研方法和手段的先进性。组织高校优势力量积极承担国家重大科研仪器开发和研制专项项目，鼓励自主研制具有原创性思想的探索性科研仪器和具有国际领先水平的高端科研设备，提升自主创新的技术能力和水平。引导高校加强野外观测平台和基地的建设。

（五）推进高水平的交叉学科研究

——保持自由探索优势，鼓励高校科技人员根据科研兴趣自主选题开展原创研究。引导高校支持好奇心驱动的基础研究，鼓励在思想、知识、原理、方法的原始创新上积极进取，大力支持开展交叉研究的青年人才和创新团队。引导和鼓励高校积极争取自然科学基金的非共识项目。

——重视基础学科建设，全面协调地发展数学、物理学、化学、天文学、地球科学、生物学等基础学科，并推动基础学科之间、基础学科与应用学科的交叉融合，形成新兴交叉研究领域。

——面向综合性科学问题，引导和鼓励高校大力开展促进自然科学与工程科学及社会科学交叉融合的科学研究，特别是生命科学与工程科学、物质科学与生命科学、能源科学与信息科学、脑科学与信息科学、生命科学与环境科学等的交叉研究。

四、坚持支撑发展，服务国家战略需求

深化科技与经济融合，推动新技术、新产业、新业态发展，实现动力转换，是高校科技支撑发展的直接体现。

（一）积极参与产业技术创新体系建设

——围绕产业共性关键技术问题，依托高校协同创新中心建设若干国家工程实验室，与科研院所和企业联合建立一批国家技术创新中心。

——积极参与智能制造、智慧城市、网络与工业控制安全及清洁能源工程。对接《中国制造2025》和大数据时代的产业发展需求，积极参与构建新型制造体系。增强高校对我国优势制造企业走出去战略的技术支撑作用。

——支撑服务传统产业优化升级。充分发挥高校在工艺、材料、信息、控制等领域的优势，服务能源、制造、交通等产业技术改造和产品技术性能升级，通过科技服务推动传统产业向产业链条的中高端转移。

——面向智能制造、信息技术、高端装备、新能源等战略新兴产业需求，在生物医用材料、材料基因组、智能交通技术、智能机器人、3D打印技术和核能、“互联网+”等方面，加快市场导向的技术研发。

（二）支撑构建各具特色的区域创新体系

——支撑具有全球影响力的区域创新中心建设。创新管理模式，建立高校科技管理创新联盟，加强高校间科技资源整合力度，积极参与全球创新中心、创新设计中心和制造业科技创新中心的建设，支持北京、上海建设具有全球影响力的科技创新中心。

——支持各具特色的国家自主创新示范区建设。对接中关村、东湖、张江、深圳、苏南、天津滨海、长株潭、成都高新区、西安高新、杭州等自主创新示范区建设部署，加强高校与示范区科技优势互补和协同联动。发挥行业院校与所属行业产业紧密联系的传统和创新优势，对接示范区技术与产业布局，支撑主要产业向国际分工价值链高端攀升，培育新兴产业发展新高地。

——加强区域内和跨区域高校优势科技资源协同。联合行业产业专家组建一批产业技术战略联盟和合作组织，发挥高校科技管理战略联盟的协调作用，组团服务东北、西部、中部区域和京津冀、长江经济带、珠三角等国家区域发展战略，积极融入区域系统性、整体性、协同性改革先行先试，支持国家全面创新改革试验区建设。

——加大对中西部地区的科技支持力度。结合新型工业化、信息化、城镇化、农业现代化发展，发挥高校制造、信息、材料、交通领域的特色和优势，立足当地，创新体制机制，建立区域（专业）研究院、大学科技园分园等成果转移和产业化基地，积极支持建设西部科技创新港，发挥桥头堡作用。

（三）实现重点领域关键技术的突破

——围绕《中国制造2025》，面向汽车、航空、能源、高铁、石化等典型行业产业，组织开展工业软件与传感器、高端数控加工与成品制造智能化工艺、柔性电子制造技术、新一代工业机器人与服务机器人的研制和应用示范，参与智能机器人重大研究计划的实施。

——围绕工业信息化，组织开展量子信息与量子通信、云计算与大数据、未来网络安全防御、智能融合媒体网络等创新研究，重点在“互联网+”、大数据（金融、交通、医疗）及智慧工厂协同工程上取得突破。

——围绕新型城镇化中的生态城市和美丽乡村建设，组织开展煤炭清洁利用与新型节能技术、可再生能源及能源传输系统的可靠高效技术、特大城市交通的布局协同优化与决策支持、城市交通系统效能提升和安全保障等创新研究，支撑“一带一路”交通基础设施的建设。

——围绕航空航天、深海工程和核能与核安全等重大装备制造，在材料领域重点开展高性能结构材料、新型功能材料、新型电子材料的研发，建立材料基因组工程创新战略联盟，加强材料设计、制备与表征技术的研究，支撑重大工程关键材料保障和传统产业升级改造。

——发挥高校学科交叉优势，在信息—物理—社会三元空间融合系统、超高速高精制造、脑科学、物质文化遗产发掘抢救保护及综合利用、超重力效应基础研究、关键技术与应用等方向开展超前研究，为经济社会发展积累原创资源。

（四）加快技术转移和科技成果转化

——营造有利于科技成果转化的政策环境。推动高校整合现有各种类型转移机构，建立专业的知识产权运营机构，完善科技成果转化登记、公示和奖励制度，加强高校、企业的人才双向流动。

——建立市场化的科技成果转化运营机制。探索高校科技创新融资模式，完善资金筹措、市场对接和技术保障，形成科技成果市场化运营体系。

——建立高校科技成果转化绩效评价机制和年度报告制度。完善科技成果转化年度统计和报告制度，科技成果转化情况将作为高校绩效拨款的依据。

——加强高校研究开发、技术转移、检验检测认证、创业孵化、知识产权、科技咨询、科技金融等科技服务职能，支撑科技服务产业集群建设。

（五）服务国防建设与国家安全

——建立健全高校国防协同创新机制和组织体系。探索建立与国防科技和武器装备主管部门在政策、规划、投入、信息、科技计划等方面的合作机制和工作体系，营造公平竞争的国防科研环境，加强协同创新，建设一批高校与涉军行业部门联合的协同创新中心，在空天、海洋与制造、新材料、信息控制与网络空间等领域组建国防科技战略联盟，充分发挥教育部联合研究中心作用，引导高校开展有组织的国防科研活动。

——大力推进高校原始创新在国防中的应用。组织引导高校开展国防基础研究和武器装备预先研究，围绕海洋、空天、网络空间等国防重大战略需求，在先进设计与制造、新材料、信息与控制、电子元器件、动力与能源、仿生等领域，培育和强化自主创新能力，实施与国防科技及武器装备主管部门联合基金计划，进一步聚焦国家重大需求，加强对高校在基础研究、新兴交叉学科、前沿技术、制约性瓶颈技术等方面的支持，引导高校在中央高校基本科研业务费中加大对国防科研的投入，支撑国防科技和武器装备创新发展。

——巩固优化高校国防科研基地建设和布局。围绕国家重大需求并结合高校优势特色，培育若干国防科技重点实验室和国防重点学科实验室，新建若干新兴交叉和空白薄弱领域教育部重点实验室（B类），培育建设有基础、有特色的国防领域重大科技基础设施、国防科技工业固定资产投资建设项目，启动教育部重点实验室（B类）运行评估，推动内涵建设，打造“升级版”的高校国防科研基地集群。

——大力推进一流国防特色学科建设。依据国家国防特色学科体系总体布局，组织有研究基础有学科优势的高校，凝练和培育一批符合国防科技工业发展需求的优势学科，进入国家国防特色学科目录。

——持续深化国防科研资质体系建设和发展。巩固和完善高校保密、质量、科研生产许可、装备承制等国防资质体系建设，提升高校参与国防科研和装备研制的能力，鼓励有基础、有能力的高校进入国防资质体系，扩大和增加许可资格范围。强化高校国防任务质量管理，保障固定资产投资建设和军品配套等项目的质量，为进一步承担国家重大国防科技任务奠定扎实基础。

（六）加强高水平科技智库建设

——聚焦科技领域，坚持问题导向，以全球视野和中国视角谋划智库建设。形成一批特色鲜明、国内一流、国际知名的中国特色高端科技智库，在国家科技创新战略和重大决策中发挥有力支撑，在国际科技创新领域中拥有较大话语权。

——围绕产业技术革命和颠覆性技术预测开展超前研究和对策咨询，提升对世界科技和产业变革前沿趋势的洞察能力，培养战略科学家和优秀团队。加强未来学、技术预测等学科建设和人才培养。

——加快建立科技决策咨询制度，充分发挥教育部科学技术委员会在科技战略研究、政策咨询、独立第三方评价等方面的重要作用。

——深入推进中国特色新型高校智库建设推进计划。加强高等学校战略研究和软科学研究基地建设，以综合性大学现有的高水平战略研究机构为基础，建设一批面向国家重大科技战略问题的国家级智库。支持行业特色院校组建行业、产业科技发展战略研究中心，形成全面覆盖的行业、产业发展战略与政策研究支撑网络。面向区域发展需要，在高校建设一批面向区域产业发展需要的特色政策咨询机构。布局建设一批高校科普和科幻创作基地。

（七）为社会发展提供科技支撑

——围绕加快转变农业发展方式，鼓励高校积极与科研院所和涉农企业加强创新合作，积极参与构建现代农业产业体系、生产体系、经营体系，加强对我国实现农业现代化的技术支撑。

——支持各具特色的新农村发展研究院建设。充分发挥高校人才培养、科学研究、社会服务和文化传承的综合能力，构建农、科、教相结合的新型农村综合服务模式。加强对精准扶贫战略的科技支撑，充分发挥新农村研究院以校地、校企、校农等合作方式建立的综合示范试验基地、特色产业示范基地、分布式试验站在发展生产脱贫致富中的作用。

——充分发挥医学院校医学研究与临床诊疗相结合的优势，引导和鼓励高校加强应对重大慢性疾病、老龄化、中医药健康服务、重大传染性疾病等挑战的科学研究，为加快医学技术的创新和医疗保障水平的提高提供科技支撑。

——聚焦我国社会发展中的应对气候变化、食品安全、公共安全、重大自然灾害风险防控、生态环境治理修复等重大综合性科学问题，发挥高校多学科优势，引导高校加强问题导向的综合交叉研究。

五、坚持科教融合，支撑高质量高等教育

科教融合是现代高等教育的核心理念，支撑人才培养是高校科技工作的内在要求。高校科技工作必须与人才培养更紧密地结合起来，推动创新链与人才培养链有机衔接。

（一）促进世界一流大学和一流学科建设

——推动高水平大学牵头组建若干国际领先的国家实验室、重大科学基础设施和一批高水平协同创新平台，成为世界一流大学和一流学科建设的战略制高点。

——大力加强高水平国际科技和创新合作，以建设世界一流国际合作联合实验室为牵引，造就一批具有卓越国际声誉的科学大师、领军人才和创新团队，瞄准世界一流标准，培育一流人才，产出一流成果，引领一流学科建设。

——统筹推进探索性基础研究和服务国家重大战略需求的有组织科研，加强学科交叉，超前部署基础研究，引领科学前沿。面向国家重大需求，整合优势学科资源构建创新链，承担国家重大科技任务，打造一批优势学科群，全面提升高校和学科的综合实力和国际竞争力。

——创新体制机制，加快科技成果转移转化，形成支撑学科建设的内循环机制和服务经济社会发展的外循环机制，用高水平的科技创新支撑高质量的人才培养和产业创新。

（二）支撑高校特色发展和优势学科建设

——推动行业特色高校围绕主干学科，强化办学特色，扩大国际影响力，带动学校进入世界同类高校前列。

——加快区域高校创新体系建设，充分发挥地方教育行政部门的作用，加强区域内高校科研合作、学术交流和资源开放共享，启动区域高校创新体系建设试点。

——支持地方高校持续、稳定、协调发展。推动地方高校加强地域特色的科研领域布局和特色学科建设，面向市场需求开展应用技术研究。

——提升高校科技活动的规模和水平，将开展科研活动作为提升普通本科高校教师教学能力和学术水平的重要途径，将开展科技服务作为应用型本科高校、高职院校紧扣市场需求、优化专业结构、提升技术技能人才培养质量的重要手段。鼓励和支持民办高校开展科研活动，形成办学特色。

（三）加快科技资源向教育教学转化

——创新人才培养模式，探索用科研计划引领创新人才培养。推动各类科研项目吸纳本科生参与研究。完善研究生依托科研项目开展学位论文研究的机制，提升论文质量和培养水平。

——探索科教、产学、国内外联合育人新机制。增进教学与实践的结合，建立以科学和工程技术研究为主导的导师责任制和导师项目负责制，推行联合培养研究生的“双导师制”和“多导师制”。

——完善教材体系更新机制。加快最新科研成果进教材进课堂，纳入人才培养课程体系。推动学科领域科学家和领军人才编写专业基础课程和核心课程教材，完善专业课程教材内容定期更新机制，丰富教学方法和教学技术。加强信息技术与教育教学深度融合的教育信息化应用。鼓励开展“创新课堂”。

——建立各类创新平台向人才培养开放的长效机制。把科技资源纳入教学活动中，推动将科学精神、创新思维、创造能力的培养贯穿于教育全过程。

（四）大力发展众创空间支撑大学生创新创业

——运用移动互联网、大数据、云计算等现代信息技术，发展新型创业服务模式。依托高校建立一批低成本、便利化、开放式众创空间和虚拟创新社区。

——依托大学科技园区建立大学生创业实践基地，为学生创业提供工作空间、网络空间、社交空间和共享空间，降低创新创业成本和门槛。

——加强高校对创新创业空间的服务和支持。开放校内科技资源、体育设施、生活设施资源，支持创新创业。开放高校科技讲座资源，组织提供多种形式的创新创业辅导和职业继续教育。

——依托科技创新资源构建创新创业教育支持体系。培育跨学科、跨领域的科研教学团队，增强学生创新精神和创业能力。

——建立大学生创新创业扶持基金。鼓励学生利用自主知识产权实施成果转化和产业化。探索学生可休学创业的弹性学习制度。

六、坚持开放协同，构建科研组织新机制

根据国家深化科技体制改革的总体部署，立足高校科技体制特点，打通阻碍创新的障碍，全面提升创新效率。

（一）强化学科开放融合

——大力推进学科开放和交叉融合机制，促进新兴学科形成，培育特色学科，构建交叉学科体系。以前沿问题研究牵引学科发展方向，促进学科交叉。加快利用交叉原创性研究成果改造充实传统学科。

——建立需求导向的交叉学科发展机制。鼓励高校根据研究兴趣和科学前沿，自主设置跨学科、交叉学科和新兴学科研究中心。鼓励高校根据研究问题和任务，建立矩阵式科研组织模式，加强校内科技资源整合，建立跨学科领域、跨院系的研究平台，以跨学科研究组织打通学科建制障碍。

——推动建立科学合理的交叉学科发展评价机制。通过“归属度”方法科学评价跨学科成果，鼓励学科交叉合作创新。

（二）推进与其他创新主体大规模协同

——健全政产学研用协同创新机制，强化创新链和产业链的有机衔接。建立高校与企业等创新主体之间常态化的技术创新对话制度。支持高校积极参与构建以企业为主导的产业技术创新战略联盟和产业创新中心，组织大团队联合攻关。

——推进科技资源整合，加强创新平台共建共享。推动构建校校、校所、校企、校地、校军以及国际合作等横向联动平台和研发服务网络。改革完善创新平台治理结构和运行机制，建立健全开放共享的运行管理模式，规范开放服务流程。

——加快推进高校科学仪器设备、科技文献、科学数据等科技基础条件平台向科研院所、企业、社会研发组织等社会用户开放，实现资源共享。建立高校图书资源与校外图书资源间的传递机制。推动电子资源和科普资源向社会开放。

——推动制订有利于创新资源开放共享的评价标准和监督奖惩办法。将流动人员比例、服务外部客户频次等创新资源开放情况纳入各类科技设施、重点实验室、科技园评价标准。

（三）加强军民科技融合创新

——加快建立军民融合的创新机制。完善教育主管部门和军队、国防科技部门的工作会商机制，推进科研体系进一步开放，推进军民资源双向开放与共享，支持更多高校力量参与国防科技建设。科学评价、合理激励，调动科研人员投身军民融合创新的积极性。实施高校军民融合创新示范区建设。

——建立军民融合重大科研任务形成机制。加强军民融合特色学科、重点实验室、创新团队建设，形成有组织创新能力。发挥教育部科技委相关学部战略研究优势，凝练颠覆式概念和技术，组织预研项目，构建高技术发展的蓄水池和种子库。

——加强国防科技基础研究。鼓励高校参与国防科学技术发展和武器装备研制，支持开展国防科学技术新理论和新原理的探索研究，为增强国防科技的原始创新能力、加快武器装备现代化建设做贡献。

（四）提升国际合作水平深度融入全球创新网络

——坚持引进来与走出去相结合，以更加主动的姿态融入全球创新网络，以更加开阔的胸怀吸纳全球创新资源，在更高层次上构建开放创新机制。

——落实“一带一路”构想和亚太互联互通蓝图，加快与沿线国家和地区高校或科研机构合作建设科技创新基地。鼓励国际知名科研机构来华与高校联合组建国际科技中心，推动高校设置海外创新中心。

——支持高校提出并牵头组织国际大科学计划和大科学工程，积极参与大型国际科技合作计划。建立高校国际合作重大科学研究项目的培育机制，以国际先进水平为标杆，基于全球价值链部署科技研发任务。推动实施高校国际创新合作计划。

——推动高校走上国际学术组织舞台，参与全球创新治理体系。支持优秀科学家到国际组织、高水平国际学术期刊任职。鼓励高校举办有全球影响力的国际学术会议。创办、培育一批高水平的国际学术期刊。

七、坚持追求卓越，营造崇尚创新的文化氛围

牢固树立追求卓越的价值导向和行为规范，营造崇尚创新的文化，是高校科技健康持续发展的必然要求，也是高校引领社会创新文化建设的重要任务。

（一）树立追求卓越的价值理念

——坚持学术卓越。牢固树立质量优先的创新理念，以探究真理、发现新知为使命，努力探索科学前沿，开辟新的领域与方向，提出新概念、新理论与新方法，发现和解决新问题；自觉弘扬和坚持科学精神，倡导求真、创新的价值导向。营造崇尚专业的社会氛围，大力弘扬新时期工匠精神。

——坚持贡献卓越。以服务社会、造福人类为目标，面对重大现实问题，让科技为提高人民生活质量提供新的可能，为中国经济社会的可持续发展注入新的活力，为政府制定政策提供依据，为解决全球性问题做出新的贡献。

——坚持管理卓越。推动建立现代大学制度，加快建设符合科技、教育、经济发展规律的现代管理体系，创新科技管理与服务模式，倡导精准管理、整合管理和全链条管理。加强高校科研信息化，提升科技管理信息化水平。

（二）营造开放包容的创新氛围

——加强科学共同体的自治和自律。保障科学探索的自由和独立，遵守科学研究规范和伦理，加强自我约束、自我管理。保护科学家创新的热情，激发科学家创新的动力，宽容科学家探索过程中的挫折与失败。

——秉持真诚协作、诚实守信的道德准则。尊重他人的工作和发现的优先权，尊重他人理性怀疑的权利。准确无误地记录和报告研究的过程，诚实地向科学界开放自己的科学数据和研究结果，自觉杜绝并坚决抵制学术不端行为，维护科学的声誉。

——担当科学家的社会责任。遵守人类社会和生态的基本伦理准则，遵守科研过程中的科技伦理规范，尊重人的价值和尊严；避免对科学知识的不恰当运用，承担起对科学技术后果进行评估的责任，努力为公众全面、正确地理解科学做出贡献。

（三）完善学风建设长效机制

——坚持教育引导、制度规范、监督约束、查处警示，构建学风建设工作体系。强化高校的主体责任，落实高校科研诚信和学风建设专家机构和办事机构，做到学风建设机构、学术规范制度、不端行为查处机制三落实、三公开。

——建立学术规范教育制度。为本科生开设科学伦理讲座，在研究生中进行学术规范宣讲教育，对新入职教师进行科研诚信教育，把科学道德教育纳入教师岗位培训范畴和职业培训体系，形成弘扬优良学风的长效机制。

——加强对学术不端行为的查处。强化全方位监督和约束。按照《高等学校预防与处理学术不端行为办法》规定，规范学术不端行为调查程序，加大惩治学术不端行为力度，积极推动形成科研诚信和学风自律机制。

（四）加强科学传播和科学普及

——建立高校各类科技场馆、科研平台向全社会开放制度，把丰富的科技资源转化为科普资源。各类创新平台要加强科技成果科普化，向社会公众传播科学发现和创新成果价值。

——加强科学教育和科普活动。深入实施全民科学素质行动，积极开展丰富多样的科普活动，充分发挥高校科协和学生团体的科普作用。加强科普网络建设和人才培养。推动国家各类科技计划加强科普内容和科技成果科普化。加强科幻作品创作。

——加强高校科普能力建设。启动高校科普基地建设计划，加大对高校科普创作的投入和支持。

（五）推进高校科技治理体系和治理能力现代化

——转变政府职能，深化教育部门科技管理体制改革，优化科技管理机构建设，加强战略规划和政策研究，更加注重创新环境营造和重大项目组织。

——加强高校科技管理队伍建设。发挥好专职管理人才和“双肩挑”人才两个方面的积极性，优化结构，提升能力，建设一支高素质、专业化的科技管理队伍。加强管理干部技能培训和业务交流。

——加强高校科技管理与服务体系建设。加强制度、人力、信息化等条件建设，为科研人员提供项目申请、组织实施、项目验收和资金使用等全过程专业服务。健全科研和财务管理相结合的内控制度，完善内部公示制度和常态化的自查自纠机制，提高项目执行、设备购置、经费使用的透明度。

——加强高校科协工作，密切与科技工作者的联系，推动学术交流与合作，开展科学技术普及活动，加强科学道德与学风建设宣讲教育，积极指导学生科技实践活动。

八、深化改革与重大举措

（一）加大投入建立高校科学研究稳定支持制度

——完善高等教育科技创新的财政支持机制。推进经费分配和管理方式改革，强化政策和绩效导向，扩大高校统筹安排使用资金的自主权，开展重大科技创新平台、重大项目预先研究，承担国家重大科技计划项目和企事业研发任务。

——完善中央高校基本科研业务费制度。健全对高校基本科研工作的稳定支持机制，支持高校稳定基本科研队伍，培植基本科研能力；在稳定支持基础上，建立持续增长机制；进一步落实学校科研、财务部门管理职责，赋予高校在稳定基本科研方向、开展学科交叉研究和培育重大项目、提高科研基地运行效率等方面的自主权。

——推动地方建立高校基本科研业务费制度。鼓励地方设立高校基本科研业务费，引导经济发达地区率先试点，逐步推开，为地方高校科技创新提供稳定支持。

——建立适应国家科技体制改革的高校科研项目资金管理服务体系。推动高校落实法人主体责任，制定内部管理办法，落实项目预算调剂、间接经费统筹使用、劳务费分配管理、结余资金使用等管理权限。建立健全科研财务助理制度，提供专业化服务。

（二）大力推进科研组织方式和聘用机制改革

——启动高校科研队伍组织方式改革。鼓励

高校自主设立科研岗位，推进高校研究人员聘用制度改革，建立专职科研队伍。加强博士后队伍建设。

——改善科技队伍结构。建立健全科研人才双向流动机制，试点将企业任职经历作为高校聘任工程类教师的必要条件；科学使用科研项目劳务费，建立相对稳定的专职科研队伍；不断完善对高校科技创新的补偿机制，支持高校推进人事与薪酬机制改革，建立健全与科研人员岗位职责、工作业绩、实际贡献紧密相连的分配激励机制。

——加强国外智力资源引进。建立面向海外高端人才的访问学者制度。提高创新平台、研究中心负责人面向全球招聘的比例。探索在不涉密的创新平台和重大科技项目中引进外国高层次专家担任首席科学家。

——健全有利于科技人才向地方高校和中西部地区高校流动聘用的政策机制。

（三）深化技术转移和成果转化机制改革

——积极参与技术和知识产权交易平台建设，建立从实验研究、中试到生产的全过程科技创新融资模式。落实《教育部科技部关于加强高等学校科技成果转移转化工作的若干意见》，组织实施“高校科技转移与转化行动计划”，继续深入实施“蓝火计划”，建设“中国技术供需在线”，构建“高校新兴产业技术创新网络”。

——推进建立高效多赢的国防科技成果转化机制。协同国防科技和武器装备主管部门，推动将高校国防知识产权信息逐步纳入国家国防信息平台，加大对高校国防知识产权信息资源的整合利用和保护，促进高校国防科技成果的转化与应用，支撑我国国防可持续发展。

——推进高校科技成果转化和投入方式改革。逐步实现高校与下属公司剥离，原则上不再新办企业。推动科技成果以许可方式对外扩散，鼓励以转让、作价入股等方式加强技术转移。提高科研人员成果转化收益比例。

——完善高校教师在岗兼职、离岗创业和返岗任职制度。允许符合条件的科技人员经学校批准，带着科研项目和成果，保留基本待遇到企业开展创新工作或创办企业。

（四）全面推进科技评价机制改革

——对基础和前沿技术研究实行同行评价，突出中长期目标导向，评价重点从研究成果数量转向研究质量、原创价值和实际贡献。对公益性研究强化国家目标和社会责任评价。

——实行科技人员分类评价，建立以能力和贡献为导向的评价和激励机制。对从事基础和前沿技术研究、应用研究、国防科研、成果转化等不同活动的人员建立分类评价制度，建立有利于调动科研人员积极性的评价和考核机制，提升评价的科学性。鼓励科研人员持续研究和长期积累。

——完善开放评价机制。进一步加强评价过程的公开、公平和公正；完善同行评价专家遴选机制和专家库，积极引入外部专家和国际同行评价。加强评价专家的自律教育和责任追究机制。

——探索建立以代表性成果为主要指标的评价体系和国际对标评价。鼓励开展标志性工作的国际同行专家评价。推动以国际一流水平的同类机构或学科为参照的评价制度。

——深化高校科技奖励改革。进一步完善优秀成果提名推荐制，聚焦原创性、突破性、引领性成果，加大对优秀青年科研人员的引导和激励。

（五）深入实施高校创新能力提升计划（2011计划）

——完善实施机制。进一步落实顶层规划，有效衔接世界一流大学和一流学科建设，完善经费、政策支持机制。优化认定机制，突出对实质性协同和实施效果的后评价，充分激发协同创新的内生动力。

——建立绩效管理模式。加强年度监测、中期绩效检查和周期绩效评估，建立激励约束和退出机制，动态调整。

——推动计划分层实施。推动国家级、省（部）级、校级协同创新中心科学定位、协调发展，形成整体推进态势，实现计划预期目标。探索省部共建机制。

（六）实施高校创新平台体系建设计划

——组织高校牵头或参与组建若干国家实验室、国家科学中心、国家技术创新中心等综合性大平台建设。

——加强和完善国家重点实验室、国家工程（技术）研究中心、国家工程实验室等国家级科研平台建设。

——加强国防科技重点实验室、国防重点学科实验室培育建设，强化教育部重点实验室（B类）优化布局。

——优化教育部重点实验室、教育部工程中心和大学科技园的结构和布局，加强规范管理，提升建设水平和创新能力。

——加快推进新型科研机构和平台建设。建设一批野外科学观测和人才培养研究基地。开展高校科学考察和调查。

（七）实施重大科技项目培育工程

——探索重大科技项目形成机制，充分发挥战略科学家的重要作用。支持开展重大项目预研，充分发挥高校基本科研业务费的效能，构建重大科技项目培育体系。

——设立教育部科学事业费重大项目，资助重大创新平台顶层设计与培育、重大科技项目生成、重大科技战略与政策研究三类科技工作。

（八）加强高校创新团队建设

——鼓励长江学者牵头组建学术团队，加快培育国家自然科学基金委创新研究群体和科技部重大领域创新团队。推进科学家工作室建设。

——加强已立项教育部创新团队的规范化管理，提升建设质量。继续加强对教育部“创新团队发展计划”优秀团队的滚动支持，培育重大成果产出，持续提升创新能力和综合竞争力。

——加强高层次国防科技创新团队、国防拔尖人才培育，在教育部相关人才计划中加大对国防领域人才和团队的支持。

（九）实施科技资源开放共享计划

——引导高校建立科研设施与仪器开放共享的管理制度和网络信息平台，并与国家与地方网络信息平台进行对接。

——按照成本补偿和非营利原则，引导高校建立科研设施与仪器开放服务收费管理运行机制，用于支持开放共享。

——引导和鼓励高校建立科研基础设施和大型科研仪器开放共享的评价和激励机制，推动建立开放共享后补助机制。

（十）实施国际科技合作引导计划

——继续实施国际合作联合实验室计划，坚持高标准、有特色，稳步扩大规模，优化结构布局，强化对“一带一路”、内地和港澳、大陆和台湾地区联合实验室和协同创新平台的支持，加强科技部国际科技合作基地的培育。

——继续实施高校学科创新引智计划（111计划），坚持服务需求，提升建设质量，推进规范化管理，实现高水平、实质性、可持续的国际合作。积极推进全球顶级科学家工作室建设计划。

——组织参与和发起国际大科学计划和大科学工程，建设一批国际创新网络联盟。

——实施“海桥计划”，推进产业技术国际创新合作与国际技术转移，支持高校在境外建立技术转移中心。

九、组织实施

——明确责任，加强领导。教育部负责本规划的组织实施。省级政府的教育行政部门、有关部门（单位）教育主管部门应结合实际，加强对本地区本部门所属高校科技工作的领导。

——建立高校创新调查制度，加强动态监测。建立本规划实施和高校科技发展情况的动态监测、及时反馈机制，开展中期评估，形成政策预调、微调的科学决策支持系统。

——广泛宣传动员，营造良好环境。统一高校科技战线对提升创新能力、服务创新驱动发展战略的认识，引导社会各界加强对高校科技工作的理解和支持，营造良好的环境和氛围。

教育部关于印发《高等学历继续教育专业设置管理办法》的通知

（2016年11月18日）

各省、自治区、直辖市教育厅（教委）、高等教育自学考试委员会，新疆生产建设兵团教育局，有关部门（单位）教育司（局），部属各高等学校，解放军高等教育自学考试委员会，国家开放大学、考试中心：

为加强对高等学历继续教育专业设置的统筹规划与宏观管理，进一步扩大省级政府教育统筹权和高校办学自主权，促进各类高等学历继续教育健康、有序、协调发展，我部研制了《高等学历继续教育专业设置管理办法》（以下简称《管理办法》）。现将《管理办法》印发给你们，并就有关事项通知如下：

一、各地各高校要认真落实《管理办法》要求，对照现行《普通高等学校本科专业目录》《普通高等学校高等职业教育专科专业目录》和《高等学历继续教育补充专业目录》，对现设的本、专科专业进行梳理、调整和规范。2017年，各地各高校要通过全国高等学历继续教育专业管理和公共信息服务平台做好拟招生专业的申报工作（平台启用事项另行通知），自2018年起，新入学的学生全部按照目录内专业进行招生。按照“老人老办法、新人新办法”的原则，现在籍学生仍按原专业培养至毕业。

二、各地各高校要按照成人学习特点和教学规律，做好专业与课程体系建设，完善人才培养方案，增强人才培养的针对性和适用性，不断提高人才培养质量。

三、高等教育自学考试开考专业相关规定由全国高等教育自学考试指导委员会依据《管理办法》另行发布。

四、《管理办法》是教育部规范高等学历继续教育专业设置的首份文件，对于统一各类高等学历继续教育专业设置管理政策，转变管理方式，明确责任和管理程序，加强信息服务与过程监管具有重要意义。希望各省级教育行政部门、高等教育自学考试委员会要加强领导，认真组织宣传、学习和贯彻工作，确保《管理办法》的顺利实施。

实施过程中的情况和问题请及时报我部职业教育与成人教育司。

教育部

2016年11月18日

高等学历继续教育专业设置管理办法

第一章　总则

第一条　为加强对高等学历继续教育专业设置的统筹规划与宏观管理，促进各类高等学历继续教育健康、有序、协调发展，根据《中华人民共和国高等教育法》、《中华人民共和国行政许可法》、《高等教育自学考试暂行条例》、《国务院对确需保留的行政审批项目设定行政许可的决定》（国务院令第412号）等规定，制定本办法。

第二条　普通本科高校、高等职业学校、开放大学、独立设置成人高等学校（以下简称高校）举办的各类高等学历继续教育专业设置和管理，高等教育自学考试开考专业的管理，适用本办法。

第三条　高校设置高等学历继续教育专业要根据学校自身办学能力，发挥办学优势和特色，主动适应国家战略和经济社会发展需要，坚持终身学习理念，以满足学习者学习发展需求为导向，以学习者职业能力提升为重点，遵循高等教育规律和职业人才成长规律，培养具有较高综合素养、适应职业发展需要、具有创新意识的应用型人才。

第四条　教育部负责高等学历继续教育专业设置、高等教育自学考试开考专业设置的政策制定和宏观管理。

省级教育行政部门负责本行政区域内高校高等学历继续教育专业设置的统筹指导和监管服务。

高校依照相关规定自主设置和调整高等学历继续教育专业。

全国高等教育自学考试指导委员会（以下简称全国考委）负责制订高等教育自学考试开考专业清单和基本规范。

受教育部委托，国家行业主管部门、行业组织负责对本行业领域相关高等学历继续教育专业设置进行指导。

第五条　教育部组织设立高等学历继续教育专业设置评议专家组织。省级教育行政部门、高校设立相应的专业设置评议专家组织，或在现有专家组织中增加高等学历继续教育专业设置评议职能。充分发挥专家组织在高等学历继续教育专业设置、建设、监督与评估方面的政策研究、论证审议和决策咨询作用。

第六条　教育部建立全国高等学历继续教育专业管理和公共信息服务平台（以下简称信息平台），对高等学历继续教育专业设置实行全程信息化管理与服务。

第二章　专业目录

第七条　高等学历继续教育本、专科专业目录由《普通高等学校本科专业目录》《普通高等学校高等职业教育专科专业目录》和《高等学历继续教育补充专业目录》（见附件）组成。《高等学历继续教育补充专业目录》由教育部制定、发布，适时调整，实行动态管理。

第八条　全国考委、国家行业主管部门、行业组织、开放大学和独立设置的成人高校可对《高等学历继续教育补充专业目录》提出增补专业的建议。材料内容包括：相关行业（职业）人才需求报告、专业设置必要性和可行性论证报告、专业简介等。省级教育行政部门对本行政区域内高校提出的增补专业建议进行评议汇总，于每年 11 月 30 日前上报信息平台。全国考委、国家行业主管部门、行业组织可直接向教育部提交建议材料。教育部组织专家确定增补、撤销或更名的专业名单，适时向社会发布。

第九条　高等学历继续教育国家控制专业为现行《普通高等学校本科专业目录》《普通高等学校高等职业教育专科专业目录》中已经明确的国家控制专业。

第三章　专业设置的基本条件和程序

第十条　高校设置高等学历继续教育专业，应同时具备以下基本条件：

（一）符合学校的办学定位和发展规划。

（二）适应经济社会发展和产业结构调整需要，满足学习者多样化终身学习需求。

（三）有科学、规范、完整的专业人才培养方案及其所必需的教师队伍及教学辅助人员。

（四）具备开办专业所必需的经费、教学设施、图书资料或数字化学习资源、仪器设备、实习实训场所等办学条件，有保障专业可持续发展的相关制度和必要措施。

第十一条　普通本科高校、高等职业学校须在本校已开设的全日制教育本、专科专业范围内设置高等学历继续教育本、专科专业，并可根据社会需求设置专业方向，但专业方向名称不能与高等学历继续教育本、专科专业目录中已有专业名称相同，不能涉及国家控制专业对应的相关行业。具体程序为：

（一）各高校通过信息平台填报当年拟招生专业及相关信息。

（二）省级教育行政部门统筹汇总本行政区域内高校提交的专业信息，并通过信息平台提交教育部。

（三）教育部对各地上报的专业信息进行汇总

并向社会公布。

第十二条 开放大学和独立设置的成人高校根据自身办学条件可在高等学历继续教育本、专科专业目录中设置高等学历继续教育专业，并可根据社会需求设置专业方向，具体要求同第十一条。具体程序为：

（一）对于拟设置的新专业，学校要组织校内有关专业设置评议专家组进行审议，通过信息平台提交人才需求报告、专业论证报告和人才培养方案等申请材料。信息平台将面向社会公示一个月，学校官方网站应同步公示。公示期满后，学校对公示期间收到的意见进行研究处理，及时将意见处理情况及修改后的申请材料提交信息平台。

（二）对于已开设的专业，各校通过信息平台填报当年拟招生专业及相关信息。

（三）省级教育行政部门根据本省（区、市）实际，对本行政区域内开放大学和独立设置的成人高校提交的新设专业申请材料和当年拟招生专业信息进行统筹汇总，通过信息平台提交教育部。

（四）教育部对各地上报的专业信息进行汇总并向社会公布。

第十三条 开放大学和独立设置的成人高校设置高等学历继续教育国家控制专业，具体程序为：

（一）学校通过信息平台填报当年拟招生国家控制专业及相关信息。

（二）省级教育行政部门在取得相关行业主管部门意见后，将本省（区、市）内拟新设国家控制专业的申请材料报送教育部。

（三）教育部按照现有国家控制专业审批办法管理。

第十四条 各类高校拟招生专业及相关信息须于当年1月31日前通过信息平台填报；省级教育行政部门对本行政区域内各类高校提交的专业信息统筹汇总后，须于当年3月31日前通过信息平台提交教育部；教育部对各地上报的专业信息进行汇总，于当年5月31日前向社会公布专业备案或审批结果。

第十五条 全国考委在高等学历继续教育本、专科专业目录范围内，确定高等教育自学考试开考专业清单，制订相应专业基本规范，并于当年5月31日前通过信息平台公布。各省（区、市）高等教育自学考试委员会、军队高等教育自学考试委员会在清单范围内选择开考专业。

第四章 监督与评估

第十六条 教育部和全国考委将充分运用信息平台监测高等学历继续教育专业设置的工作运行，全面掌握专业设置整体情况和动态信息，及时公布全国高等学历继续教育专业设置和调整情况。推动建立教育行政部门、行业组织、第三方机构、高校等多方参与的监管制度和评价机制。

第十七条 省级教育行政部门要充分运用信息平台掌握本行政区域内的高校继续教育专业设置情况，制订高等学历继续教育专业检查和评估办法，加强对高校高等学历继续教育专业建设的监督与评估，评估结果作为该专业继续招生、暂停招生的依据。对存在人才培养定位不适应社会需求、办学条件严重不足、教学（考试）管理严重不规范、教育质量低下等情况，省级教育行政部门要视情节责令有关高校对相应专业进行限期整改，完成整改前，该专业暂停招生，且高校不得设置新专业；情节严重且拒不整改的，省级教育行政部门应建议高校主管部门停止该专业招生。

第十八条 对未按本办法设置的高等学历继续教育专业，高校不得进行宣传和组织招生。对违反本办法擅自设置专业或经查实申请材料弄虚作假的高校，教育部和省级教育行政部门将予以公开通报批评并责令整改，情节严重的，三年内不得增设高等学历继续教育专业。

第十九条 高校应加强高等学历继续教育专业建设，建立和完善自我评价机制。鼓励引入专门机构或社会第三方机构对学校高等学历继续教育专业办学水平和质量进行评估及认证。

第五章 附则

第二十条 全国考委、省级教育行政部门依据本办法制订实施细则，报教育部备案后实施。

第二十一条 本办法自发布之日起实施。

附件

高等学历继续教育补充专业目录

本科（13 个专业）

序号	学科门类	专业类	专业代码	专业名称
1	经济学	经济学类	320101	区域经济开发与管理
2	法学	法学类	330101K	监所管理
3	教育学	教育学类	340101	教育管理
4	教育学	教育学类	340102	心理健康教育
5	教育学	教育学类	340103	双语教育
6	文学	中国语言文学类	350101	维吾尔语言文学
7	文学	中国语言文学类	350102	哈萨克语言文学
8	文学	中国语言文学类	350103	蒙古语言文学
9	文学	中国语言文学类	350104	朝鲜语言文学
10	文学	中国语言文学类	350105	藏语言文学
11	医学	护理学类	401101	社区护理学
12	管理学	工商管理类	420201	网络营销与管理
13	管理学	公共管理类	420401	城市公共安全管理

专科（17 个专业）

序号	专业大类	专业类	专业代码	专业名称
1	农林牧渔大类	农业类	810101	家庭农场经营管理
2	资源环境与安全大类	煤炭类	820501	采矿工程
3	资源环境与安全大类	煤炭类	820502	煤矿安全技术与管理
4	装备制造大类	机械设计制造类	860101	机械电子工程与管理
5	生物与化工大类	生物技术类	870101	生物技术
6	生物与化工大类	化工技术类	870201	应用化学
7	电子信息大类	电子信息类	910101	信息系统开发与维护
8	财经商贸大类	财政税务类	930101	区域经济开发与管理
9	文化艺术大类	民族文化类	950301	维吾尔语言文学
10	文化艺术大类	民族文化类	950302	哈萨克语言文学
11	文化艺术大类	民族文化类	950303	蒙古语言文学
12	文化艺术大类	民族文化类	950304	朝鲜语言文学
13	文化艺术大类	民族文化类	950305	藏语言文学

续表

序号	专业大类	专业类	专业代码	专业名称
14	新闻传播大类	新闻出版类	960101	新闻学
15	教育与体育大类	教育类	970101K	双语教育
16	教育与体育大类	语言类	970201	汉语言文学
17	教育与体育大类	语言类	970202	英语

注：1. 补充本科目录中学科门类、专业类划分依据《普通高等学校本科专业目录（2012年）》。

2. 补充专科目录中专业大类、专业类划分依据《普通高等学校高等职业教育（专科）专业目录（2015年）》。

3. 补充目录中本、专科国家控制专业在专业代码后加“K”表示，参照《普通高等学校本科专业目录（2012年）》《普通高等学校高等职业教育（专科）专业目录（2015年）》而确定。

教育部关于发布实施《盲校义务教育课程标准（2016年版）》《聋校义务教育课程标准（2016年版）》《培智学校义务教育课程标准（2016年版）》的通知

（2016年11月25日）

各省、自治区、直辖市教育厅（教委），新疆生产建设兵团教育局：

为贯彻落实《国家中长期教育改革和发展规划纲要（2010—2020年）》和《特殊教育提升计划（2014—2016年）》的有关部署，适应新时期办好特殊教育的要求，进一步提高特殊教育质量，我部组织专家编制了盲、聋和培智三类特殊教育学校义务教育课程标准。根据教育部基础教育课程教材专家委员会的审议结果，经研究，现正式发布《盲校义务教育课程标准（2016年版）》《聋校义务教育课程标准（2016年版）》和《培智学校义务教育课程标准（2016年版）》，于2017年秋季开始执行。现就执行中的有关要求通知如下：

一、充分认识课程标准的重要性

三类特殊教育学校义务教育课程标准是对我国多年来特殊教育发展和教育教学改革经验的集中总结，是第一次专门为残疾学生制定的学习标准，是“十三五”以及今后一个时期特殊教育教学改革的顶层设计，对于进一步提升特殊教育质量、办好特殊教育、促进教育公平，具有特殊重要意义。各地要高度重视，全面做好学习、动员、宣传工作，积极创造条件，确保课程标准全面落实。

二、认真开展课程标准培训

各地要把三类特殊教育学校义务教育课程标准培训作为提高特殊教育办学质量的重要契机，纳入教师培训计划，组织开展专题培训。培训要覆盖到三类特殊教育学校义务教育阶段所有校长、教师、教研人员，并适当扩大到普通学校特殊教育资源教师，帮助他们全面理解、深入领会、准确把握课程标准的新理念、新思想和新要求。

三、全面推进特殊教育教学和评价改革

各地要积极引导广大教师依据课程标准组织教学，遵循残疾学生身心特点和学习发展规律，及时调整教学观念和教学方式，合理把握教学容量和难度要求，突出潜能开发和功能补偿，促进残疾学生全面发展、更好融入社会。要积极引导学校推进教

学评价改革，关注过程、着眼发展、尊重差异、多元评价，充分发挥评价在改进特殊教育教学、促进残疾学生发展中的积极作用。

四、大力加强特殊教育课程资源建设

各地要结合本地实际，针对残疾学生的特殊需求，加大特殊教育课程资源开发力度，不断丰富特殊教育课程资源。要统筹规划、有机整合特殊教育中心、特殊教育学校、教科研机构和各种课程资源平台的有益课程资源，充分用好信息化手段，大力推动课程资源共建共享。

附件（略）

教育部

2016年11月25日

教育部等11部门关于推进中小学生研学旅行的意见

（2016年11月30日）

各省、自治区、直辖市教育厅（教委）、发展改革委、公安厅（局）、财政厅（局）、交通运输厅（局、委）、文化厅（局）、食品药品监督管理局、旅游委（局）、保监局、团委，新疆生产建设兵团教育局、发展改革委、公安局、财务局、交通局、文化广播电视局、食品药品监督管理局、旅游局、团委，各铁路局：

为贯彻落实党的十八大和十八届三中、四中、五中、六中全会精神，深入学习贯彻习近平总书记系列重要讲话精神，秉承“创新、协调、绿色、开放、共享”的发展理念，落实立德树人根本任务，帮助中小学生了解国情、热爱祖国、开阔眼界、增长知识，着力提高他们的社会责任感、创新精神和实践能力，现就推进中小学生研学旅行提出如下意见。

一、重要意义

中小学生研学旅行是由教育部门和学校有计划地组织安排，通过集体旅行、集中食宿方式开展的研究性学习和旅行体验相结合的校外教育活动，是学校教育和校外教育衔接的创新形式，是教育教学的重要内容，是综合实践育人的有效途径。开展研学旅行，有利于促进学生培育和践行社会主义核心价值观，激发学生对党、对国家、对人民的热爱之情；有利于推动全面实施素质教育，创新人才培养模式，引导学生主动适应社会，促进书本知识和生活经验的深度融合；有利于加快提高人民生活质量，满足学生日益增长的旅游需求，从小培养学生文明旅游意识，养成文明旅游行为习惯。

近年来，各地积极探索开展研学旅行，部分试点地区取得显著成效，在促进学生健康成长和全面发展等方面发挥了重要作用，积累了有益经验。但一些地区在推进研学旅行工作过程中，存在思想认识不到位、协调机制不完善、责任机制不健全、安全保障不规范等问题，制约了研学旅行有效开展。当前，我国已进入全面建成小康社会的决胜阶段，研学旅行正处在大有可为的发展机遇期，各地要把研学旅行摆在更加重要的位置，推动研学旅行健康快速发展。

二、工作目标

以立德树人、培养人才为根本目的，以预防为重、确保安全为基本前提，以深化改革、完善政策为着力点，以统筹协调、整合资源为突破口，因地制宜开展研学旅行。让广大中小学生在研学旅行中感受祖国大好河山，感受中华传统美德，感受革命光荣历史，感受改革开放伟大成就，增强对坚定“四个自信”的理解与认同；同时学会动手动脑，学会生存生活，学会做人做事，促进身心健康、体魄强健、意志坚强，促进形成正确的世界观、人生观、价值观，培养他们成为德智体美全面发展的社会主义建设者和接班人。

开发一批育人效果突出的研学旅行活动课程，建设一批具有良好示范带动作用的研学旅行基地，打造一批具有影响力的研学旅行精品线路，建立一套规范管理、责任清晰、多元筹资、保障安全的研学旅行工作机制，探索形成中小学生广泛参与、活动品质持续提升、组织管理规范有序、基础条件保障有力、安全责任落实到位、文化氛围健康向上的研学旅行发展体系。

三、基本原则

——教育性原则。研学旅行要结合学生身心特点、接受能力和实际需要，注重系统性、知识性、科学性和趣味性，为学生全面发展提供良好成长空间。

——实践性原则。研学旅行要因地制宜，呈现地域特色，引导学生走出校园，在与日常生活不同的环境中拓展视野、丰富知识、了解社会、亲近自然、参与体验。

——安全性原则。研学旅行要坚持安全第一，建立安全保障机制，明确安全保障责任，落实安全保障措施，确保学生安全。

——公益性原则。研学旅行不得开展以营利为目的的经营性创收，对贫困家庭学生要减免费用。

四、主要任务

1. 纳入中小学教育教学计划。各地教育行政部门要加强对中小学开展研学旅行的指导和帮助。各中小学要结合当地实际，把研学旅行纳入学校教育教学计划，与综合实践活动课程统筹考虑，促进研学旅行和学校课程有机融合，要精心设计研学旅行活动课程，做到立意高远、目的明确、活动生动、学习有效，避免“只旅不学”或“只学不旅”现象。学校根据教育教学计划灵活安排研学旅行时间，一般安排在小学四到六年级、初中一到二年级、高中一到二年级，尽量错开旅游高峰期。学校根据学段特点和地域特色，逐步建立小学阶段以乡土乡情为主、初中阶段以县情市情为主、高中阶段以省情国情为主的研学旅行活动课程体系。

2. 加强研学旅行基地建设。各地教育、文化、旅游、共青团等部门、组织密切合作，根据研学旅行育人目标，结合域情、校情、生情，依托自然和文化遗产资源、红色教育资源和综合实践基地、大型公共设施、知名院校、工矿企业、科研机构等，遴选建设一批安全适宜的中小学生研学旅行基地，探索建立基地的准入标准、退出机制和评价体系；要以基地为重要依托，积极推动资源共享和区域合作，打造一批示范性研学旅行精品线路，逐步形成布局合理、互联互通的研学旅行网络。各基地要将研学旅行作为理想信念教育、爱国主义教育、革命传统教育、国情教育的重要载体，突出祖国大好风光、民族悠久历史、优良革命传统和现代化建设成就，根据小学、初中、高中不同学段的研学旅行目标，有针对性地开发自然类、历史类、地理类、科技类、人文类、体验类等多种类型的活动课程。教育部将建设研学旅行网站，促进基地课程和学校师生间有效对接。

3. 规范研学旅行组织管理。各地教育行政部门和中小学要探索制定中小学生研学旅行工作规程，做到“活动有方案，行前有备案，应急有预案”。学校组织开展研学旅行可采取自行开展或委托开展的形式，提前拟定活动计划并按管理权限报教育行政部门备案，通过家长委员会、致家长的一封信或召开家长会等形式告知家长活动意义、时间安排、出行线路、费用收支、注意事项等信息，加强学生和教师的研学旅行事前培训和事后考核。学校自行开展研学旅行，要根据需要配备一定比例的学校领导、教师和安全员，也可吸收少数家长作为志愿者，负责学生活动管理和安全保障，与家长签订协议书，明确学校、家长、学生的责任权利。学校委托开展研学旅行，要与有资质、信誉好的委托企业或机构签订协议书，明确委托企业或机构承担学生研学旅行安全责任。

4. 健全经费筹措机制。各地可采取多种形式、多种渠道筹措中小学生研学旅行经费，探索建立政府、学校、社会、家庭共同承担的多元化经费筹措机制。交通部门对中小学生研学旅行公路和水路出行严格执行儿童票价优惠政策，铁路部门可根据研学旅行需求，在能力许可范围内积极安排好运力。文化、旅游等部门要对中小学生研学旅行实施减免场馆、景区、景点门票政策，提供优质旅游服务。保险监督管理机构会同教育行政部门推动将研学旅行纳入校方责任险范围，鼓励保险企业开发有针对性的产品，对投保费用实施优惠措施。鼓励通过社会捐赠、公益性活动等形式支持开展研学旅行。

5. 建立安全责任体系。各地要制订科学有效的中小学生研学旅行安全保障方案，探索建立行之有效的安全责任落实、事故处理、责任界定及纠纷处理机制，实施分级备案制度，做到层层落实、责任到人。教育行政部门负责督促学校落实安全责任，审核学校报送的活动方案（含保单信息）和应急预案。学校要做好行前安全教育工作，负责确认出行师生购买意外险，必须投保校方责任险，与家长签订安全责任书，与委托开展研学旅行的企业或机构签订安全责任书，明确各方安全责任。旅游部门负责审核开展研学旅行的企业或机构的准入条件和服务标准。交通部门负责督促有关运输企业检查学生出行的车、船等交通工具。公安、食品药品监管等部门加强对研学旅行涉及的住宿、餐饮等公共经营场所的安全监督，依法查处运送学生车辆的交通违法行为。保险监督管理机构负责指导保险行业提供并优化校方责任险、旅行社责任险等相关产品。

五、组织保障

1. 加强统筹协调。各地要成立由教育部门牵头，发改、公安、财政、交通、文化、食品药品监管、旅游、保监和共青团等相关部门、组织共同参加的中小学生研学旅行工作协调小组，办事机构可设在地方校外教育联席会议办公室，加大对研学旅行工作的统筹规划和管理指导，结合本地实际情况制订相应工作方案，将职责层层分解落实到相关部门和单位，定期检查工作推进情况，加强督查督办，切实将好事办好。

2. 强化督查评价。各地要建立健全中小学生参加研学旅行的评价机制，把中小学组织学生参加研学旅行的情况和成效作为学校综合考评体系的重要内容。学校要在充分尊重个性差异、鼓励多元发展的前提下，对学生参加研学旅行的情况和成效进行科学评价，并将评价结果逐步纳入学生学分管理体系和学生综合素质评价体系。

3. 加强宣传引导。各地要在中小学广泛开展研学旅行实验区和示范校创建工作，充分培育、挖掘和提炼先进典型经验，以点带面，整体推进。教育部将遴选确定部分地区为全国研学旅行实验区，积极宣传研学旅行的典型经验。各地要积极创新宣传内容和形式，向家长宣传研学旅行的重要意义，向学生宣传“读万卷书、行万里路”的重大作用，为研学旅行工作营造良好的社会环境和舆论氛围。

教育部　国家发展改革委　公安部
财政部　交通运输部　文化部
食品药品监管总局　国家旅游局　保监会
共青团中央　中国铁路总公司
2016年11月30日

教育部关于大力推行中小学教师培训学分管理的指导意见

（2016年12月13日）

各省、自治区、直辖市教育厅（教委），新疆生产建设兵团教育局：

为完善五年一周期的教师全员培训制度，进一步激发教师参训动力，促进教师终身学习，不断提升教师能力素质，现就大力推行中小学校（包括普通中小学、幼儿园、特殊教育学校、中等职业学校等，下同）教师培训学分管理，提出如下指导意见。

一、推行教师培训学分管理，深化培训管理改革

针对当前教师培训中不同程度地存在的重项目设计、轻整体规划，重统一培训、轻教师选学，重短期学习、轻持续提升，重学时认定、轻结果应用等问题，各地要以大力推行教师培训学分管理为抓手，着力构建培训学分标准体系，科学规划培训课程，积极推行教师培训选学，完善培训学分审核认定制度，建立健全培训学分转换与应用机制，深化教师培训管理改革，进一步提升培训质量。

省级教育行政部门要依据国家制定的教师专业标准、教师教育课程标准和教师培训课程标准等相关规定，结合本地中小学教育教学实际需要和教师专业发展需求，分层、分类、分科建立教师培训课程体系，合理设置必修课程与选修课程，对不同层次与类型的培训课程赋予相应学分。培训课程分层应以教师发展阶段为基础，以能力诊断为依据，根据教师年度发展和周期性发展需求，进行递进式设计，推动教师持续成长。地方各级教育行政部门制定教师培训规划、培训机构研发培训项目与课程、教师规划职业发展和进行培训选学要将培训学分标准作为基本依据。教师参加经县级以上教育行政部门审核确认的教研活动，可纳入培训学分。有条件的地区要推行教师自主选学，支持教师自主选择培训课程、培训机构和参训时间等。

二、分层提供教师培训课程，强化培训内容的针对性和系统性

地方各级教育行政部门要依据教师培训学分标准，分层制订教师培训规划，明确培训核心课程，为培训机构针对不同层次的教师开发系列化、周期性的培训课程提供依据。培训机构要重视培训课程开发，科学制订培训课程建设计划，着力提升培训团队课程研发能力，努力提供针对性强、特色鲜明的系列化培训课程。教师要制订个体发展规划，通过能力诊断，明确所处发展阶段和培训需求，提出培训选学菜单，为教育行政部门和学校制订培训规划、设计培训项目、遴选培训机构、开展培训绩效评估提供依据。中小学校要制订校本研修规划，有针对性地设计校本研修项目、开发校本研修课程，着力解决教师日常教育教学问题，促进教师自主发展。区县级教育行政部门要切实加强对中小学校本研修规划设计及实施成效的审核评价。

三、建立教师培训学分认定规范，实现学时学分合理转换

省级教育行政部门要科学确定教师培训学分结构体系，明确学分总量，提出国家、省、市、县、校等不同级别培训以及教师自主研修的学分比例要求，规范引导地方教育行政部门和中小学校为教师提供多样化、个性化的培训服务。合理制订培训学时与培训学分转换办法，应体现培训级别和学员学习成效差异，培训级别越高学时的学分值越高，学员学习成效越好同一培训学时的学分值越高。一线优秀教师承担培训任务应按照培训级别不同折算相应学分。

四、严格教师培训学分审核认定，规范培训考核评价

省级教育行政部门要遵循“中小学校申报、市县审核、省级认定”的流程，规范教师培训学分审核认定程序，确保认定结果客观有效。培训任务承担机构要及时将学员参训情况及学习成效反馈至有关教育行政部门或所在中小学校。市县级教育行政部门要建立教师培训档案，记录教师所学课程、学习成效和学时学分等关键信息。中小学校按相关要求定期申报教师培训学分，市县级教育行政部门按年度进行审核，并将结果反馈教师所在中小学校。省级教育行政部门要按周期对教师培训学分进行认定，并将结果反馈市县。

五、探索建立教师培训学分银行，推动非学历培训与学历教育衔接

省级教育行政部门要探索建立教师培训学分银行，记录和存储教师参加培训与自主研修的成果，支持培训学分的查询、累积和转换，为高等学校认可培训学分、纳入学历教育提供服务。支持高等学校和教师培训机构通过课程衔接、学分互认等方式，建立非学历培训与学历教育的衔接机制，搭建教师专业成长的“立交桥”，拓宽教师终身学习通道，推进学习型社会建设。各地要遴选有条件的高等学校开展教师培训与学历教育衔接试点工作。国家结合“国培计划”实施进行教师培训与学历教育衔接试点。

六、强化教师培训学分应用，促进教师专业发展

要将教师培训学分与教师管理、学校考评和教育督导工作相结合，推动地方和学校加强教师培训工作，激发教师参训动力。严格落实教师培训学分作为教师资格定期注册必备条件，每个注册有效期内，教师须完成省级教育行政部门规定的培训学分，方能注册合格。将教师培训学分作为教师职称评聘、绩效考核、评优评先的必备条件。将教师培训学分管理纳入学校办学水平评估、校长考评和县级教育督导的指标体系。加强教师培训学分监测与通报，分级落实监测责任，及时发布年度和周期监测报告。

七、推进教师培训学分信息化管理，提升培训管理效率

各地要依托信息化管理平台，推进教师培训选学、学分审核认定、学分转换和学分应用等全过程的信息化管理，优化管理流程，提升管理效率。平台应具备“菜单式、自主性、开放式”的选学功能，为教师便捷有效选学提供服务；实现培训学分申报、审核、认定、查询一站式服务，便于学分认定管理；为每位教师建立培训电子档案，为切实推进培训学分应用提供依据；建立培训学分银行公共服务平台，形成互联互通的学分银行体系，支持大数据管理，为培训学分的累积、转换和应用提供有力支持。

八、加强组织保障，落实教师培训学分管理职责

国家对各地开展教师培训学分管理工作进行宏观指导。省级教育行政部门统筹教师培训学分管理的组织实施工作，依据本意见制订教师培训学分管理实施办法并报教育部备案，加快推进培训学分标准研制和信息化管理平台建设，对市县培训学分管理工作进行指导和监测评估，做好周期性教师培训学分的认定工作。市县教育行政部门要制订本地教师培训学分管理实施细则，健全培训学分管理组织机构，做好培训学分审核工作，加强对学校参与相关工作的指导与监管。学校要科学规范地开展教师培训学分申报与管理，真实有效反馈教师培训学习成效。

教育部

2016年12月13日

教育部等六部门关于印发《教育脱贫攻坚“十三五”规划》的通知

（2016年12月16日）

各省、自治区、直辖市人民政府，国务院各部委、各直属机构：

《教育脱贫攻坚“十三五”规划》已经国务院同意，现印发给你们，请结合实际认真贯彻执行。

教育部　国家发展改革委　民政部　财政部

人力资源社会保障部　国务院扶贫办

2016年12月16日

教育脱贫攻坚"十三五"规划

打赢脱贫攻坚战，是党中央、国务院作出的重大决策部署，也是实现全面建成小康社会目标的重要标志。为深入贯彻中央扶贫开发工作会议精神，全面落实《中共中央国务院关于打赢脱贫攻坚战的决定》，完成发展教育脱贫一批重要任务，阻断贫困代际传递，特制定本规划。

一、总体要求

（一）指导思想。全面贯彻党的十八大及十八届三中、四中、五中、六中全会精神和习近平总书记系列重要讲话精神，落实党中央、国务院决策部署，按照"五位一体"总体布局和"四个全面"战略布局，牢固树立和贯彻落实创新、协调、绿色、开放、共享的新发展理念，充分发挥政治优势和制度优势，把精准扶贫、精准脱贫作为基本方略，以国家扶贫开发工作重点县和集中连片特困地区县（以下简称贫困县）及建档立卡等贫困人口（含非建档立卡的农村贫困残疾人家庭、农村低保家庭、农村特困救助供养人员，下同）为重点，采取超常规政策举措，精确瞄准教育最薄弱领域和最贫困群体，实现"人人有学上、个个有技能、家家有希望、县县有帮扶"，促进教育强民、技能富民、就业安民，坚决打赢教育脱贫攻坚战。

（二）基本原则。

加快发展，服务全局。坚持教育优先发展，尽快补齐贫困地区教育发展短板，全面提升建档立卡等贫困人口受教育水平，积极推进教育参与产业发展、公共服务的深度和广度，拓展教育服务区域脱贫攻坚的空间和能力。

分类施策，精准发力。坚持量力而行、尽力而为原则，准确把握不同地区、不同群体教育需求，分类制定教育脱贫举措，找准教育脱贫实施路径，推动教育脱贫政策精准实施、脱贫资金精准投放。

就业导向，重在技能。大力发展职业教育和培训，以提升建档立卡等贫困人口的基本文化素质和技术技能水平为重点，全面提升贫困地区人口就业创业、脱贫致富能力。

政府主导，合力攻坚。落实地方政府主体责任，充分发挥教育系统人才优势，广泛动员社会力量参与，激发贫困地区内生动力，构建多方参与、协同推进的教育脱贫大格局。

二、主要目标

发展学前教育，巩固提高义务教育，普及高中阶段教育，到2020年，贫困地区教育总体发展水平显著提升，实现建档立卡等贫困人口教育基本公共服务全覆盖。保障各教育阶段从入学到毕业的全程全部资助，保障贫困家庭孩子都可以上学，不让一个学生因家庭困难而失学。每个人都有机会通过职业教育、高等教育或职业培训实现家庭脱贫，教育服务区域经济社会发展的能力显著增强。

对建档立卡学龄前儿童，确保都有机会接受学前教育；对建档立卡义务教育阶段适龄人口，确保都能接受公平有质量的义务教育；对建档立卡高中阶段适龄人口，确保都能接受高中阶段教育特别是中等职业教育；对建档立卡高等教育阶段适龄人口，提供更多接受高等教育的机会；对建档立卡学龄后人口，提供适应就业创业需求的职业技能培训。

三、任务举措

（一）夯实教育脱贫根基。

发展学前教育。省级统筹学前教育资金向贫困县倾斜。以县为单位编制学前教育规划，通过举办托儿所、幼儿园等，构建学前教育体系，重点保障留守儿童。贫困地区每个乡镇至少办好一所公办中心幼儿园，在有条件的大行政村独立建园或设分园，小行政村联合办园，逐步形成贫困地区农村学前教育服务网络。采取多种方式鼓励普惠性民办幼儿园招收建档立卡等贫困家庭子女。健全学前教育资助制度，帮助农村贫困家庭幼儿接受学前教育。加强民族地区幼儿园建设。

巩固提高九年义务教育水平。加快推进贫困地区全面改善农村薄弱学校基本办学条件，引导和支持地方于2017年底前完成贫困县全面改善义务教育薄弱学校基本办学条件任务，各地不得超标准建设豪华学校。办好贫困地区必要的村小学和教学点，建设好农村寄宿制学校，保障学生就近上学。中小学校布局建设要满足易地扶贫搬迁的需要，根据学生规模新建、改扩建移民学校，确保搬迁学生就学。落实好“两免一补”政策，完善控辍保学机制，保障建档立卡等贫困家庭学生顺利完成义务教育。鼓励地方扩大营养改善计划试点范围，实现贫困县全覆盖，中央财政给予奖补支持。加强教育教学质量和学生学业质量的监测评价，推动提高贫困地区义务教育办学质量。

加强乡村教师队伍建设。落实好乡村教师支持计划。特岗计划优先满足贫困县的需要，国培计划优先支持贫困县乡村教师校长培训。建立省级统筹乡村教师补充机制，依托师范院校开展“一专多能”乡村教师培养培训，着力解决幼儿园教师不足、音体美外语教师短缺等问题。加强民族地区师资培训。建立城镇优秀教师向乡村学校流动制度，城镇教师晋升高级职称（职务）应有在乡村学校任教1年以上的经历。提高农村教师信息素养，强化信息技术应用能力，转变教育教学方式。全面落实集中连片特困地区乡村教师生活补助政策，推进边远艰苦地区农村学校教师周转宿舍建设，切实改善乡村教师工作和生活条件。实施边远贫困地区、边疆民族地区和革命老区人才支持计划教师专项计划，每年向“三区”选派3万名支教教师。

加大特殊群体支持力度。建立建档立卡等贫困家庭留守儿童台账，构建家庭、学校、政府和社会力量相衔接的留守儿童关爱服务网络。在农村留守儿童集中地区加强农村寄宿制学校建设，促进寄宿制学校合理分布，提高农村留守儿童入住率。支持和指导中小学校对农村留守儿童受教育情况实施全过程管理，加强心理健康教育，帮助监护人掌握农村留守儿童学习情况，提升监护人责任意识和教育管理能力。发展特殊教育，加大对各类残疾人进入各类相应学校的支持力度。提高贫困地区残疾儿童教育普及水平，按照“一人一案”的要求，针对建档立卡的未入学适龄残疾儿童少年，采用多种形式安排其接受义务教育。

（二）提升教育脱贫能力。

加快发展中等职业教育。坚持把中等职业教育作为普及高中阶段教育的重点。优化中等职业学校布局结构，在人口集中和产业发展需要的贫困地区建好一批中等职业学校。省级统筹现代职业教育质量提升计划等中央资金和地方相关资金，重点支持贫困地区每个地级市（州、盟）建设好至少一所符合当地经济社会发展需要的中等职业学校（含技工学校）。启动实施职教圆梦行动计划，省级教育行政部门会同人力资源社会保障部门统筹协调国家示范和国家重点中等职业学校（含技工学校），选择就业好的专业，单列招生计划，针对建档立卡等贫困家庭子女招生，确保他们至少掌握一门实用技能。实施中等职业教育协作计划和技能脱贫千校行动，支持建档立卡等贫困家庭初中毕业生到省（区、市）外经济较发达地区接受中等职业教育，在享受免学费和国家助学金政策的基础上，各地给予必要的住宿费、交通费等补助，帮助这些学生完成学业，实现就业。订单式、学徒制等校企联合培养类职业教育优先招收建档立卡等贫困家庭子女。逐步对建档立卡等贫困家庭学生接受中等职业教育实现免学费和国家助学金补助政策的全覆盖。

广泛开展公益性职业技能培训。人力资源社会保障、教育部门会同扶贫部门，加大职业技能提升计划和贫困户教育培训工程实施力度，引导企业扶贫与职业教育相结合，鼓励职业院校面向建档立卡等贫困家庭开展多种形式的职业教育和培训。人力资源社会保障、教育部门配合农林部门，积极发展贫困地区现代农林职业教育，建立公益性农民培养培训制度，大力培养新型职业农民。支持职业院校联合人力资源社会保障、旅游、林业、能源、工会等部门（单位），面向未升学初高中毕业生、进城农民工、农村富余劳动力等群体开展劳务输出、乡村旅游、生态护林、林下经济、节能环保等相关职业技能培训，实现脱贫举措与技能培训精准对接。

（三）拓宽教育脱贫通道。

积极发展普通高中教育。普通高中改造计划和教育基础薄弱县普通高中建设项目优先支持贫困县普通高中改善办学条件，保障建档立卡等贫困家庭学生接受普通高中教育的机会。各地要加大对贫困地区普通高中的投入力度，逐步建立健全普通高中生均拨款制度，为实现2020年普及高中阶段教育兜住底线。继续实施普通高中国家助学金政策，实现对建档立卡等贫困家庭学生的全覆盖。免除公办普通高中建档立卡等家庭经济困难学生学杂费。

继续实施高校招生倾斜政策。加快推进高职院校分类考试招生，同等条件下优先录取建档立卡等贫困家庭学生。继续实施国家、地方、高校三个专项计划，国家专项计划由中央部门高校和部分地方高校承担，地方专项计划由各省（区、市）所属高校承担，高校专项计划由教育部直属高校和其他自主招生试点高校承担，面向贫困地区和农村学生招生，同等条件下优先录取建档立卡等贫困家庭学生。民族预科班、民族班招生计划向贫困地区、向符合条件的建档立卡等贫困家庭学生倾斜。

完善就学就业资助服务体系。进一步完善高校国家奖助学金、国家助学贷款、新生入学资助、研究生"三助"岗位津贴、勤工助学、校内奖助学金、困难补助、学费减免等贫困大学生资助政策体系，确保覆盖全部建档立卡等贫困大学生。落实贫困高校毕业生就业创业帮扶政策，建立贫困毕业生信息库，实行"一对一"动态管理和服务。利用高校毕业生就业信息服务平台，为贫困毕业生推送就业岗位，组织开展就业见习、职业技能和创业培训并按规定给予补贴。贫困地区实施高校毕业生基层服务项目时，优先选拔招募本地户籍毕业生，落实各项优惠政策措施，构建毕业生到贫困地区基层"下得去、留得住、干得好、流得动"的长效机制。

（四）拓展教育脱贫空间。

加强决策咨询服务。发挥高校思想库、智囊团的作用，结合贫困地区经济社会发展重大问题，围绕城乡规划、行业规划、道路规划、民居设计、水资源利用、生态保护、社会安全治理等领域，提供战略咨询、规划编制、专题研究、法律服务、国际支持等形式多样的智力帮扶，为当地党委、政府科学管理和决策提供咨询服务。依托高校专业特色，组织开展行政领导干部、行业人才、技术技能人才专题培训，帮助贫困地区干部加强执政能力、提升管理水平、增强业务素养。

助推特色产业发展。发挥高校学科优势和科技优势，帮助贫困地区加强产业发展顶层设计，制定符合当地实际的产业发展规划。组织动员专家教授、科技服务团、博士服务团等专业力量，深入贫困地区一线，找准高校科研项目与当地资源禀赋、区位优势的结合点，动员企业、校友等多方力量促进科技成果转化落地并产业化，帮助贫困地区打造新的经济增长点。依托贫困地区特有的自然人文、民族特色、民间文化、地方特产等资源，培育发展乡村旅游、中草药、民族文化用品、民间传统技艺等特色产业。助推贫困地区种养业、手工业、农产品加工业等传统产业发展升级，提高产品档次，提升产品附加值。鼓励高校特别是涉"三农"高校助力贫困地区农村一二三产业融合发展，在延伸农业产业链、拓展农业多种功能、发展农业新型业态等方面提供支持。通过提供信息服务、支持搭建电商平台等方式，帮助贫困地区拓展产品市场，打造品牌产品。

提高公共卫生服务水平。发挥高校医学专业及附属医院资源优势，帮助贫困地区群众树立公共卫生意识，倡导健康生活方式，预防和减少疾病发生。多种形式帮助贫困地区培养培训医务人员，继续实施农村订单定向医学生免费培养工作，为贫困地区乡镇卫生院及以下的医疗卫生机构培养从事全科医疗的医学类本专科学生。以巡回医疗、远程医疗、对口帮扶等方式，让优质医疗资源辐射到贫困地区，提升其医疗服务能力。加强贫困地区地方病、传染病科研攻关，加强源头控制，提升疾病防治水平。

推进乡风文明建设。动员高校共青团、学生会、志愿服务组织、校友会等多方力量，弘扬中华民族扶贫济困的传统美德，帮助贫困地区群众树立现代文明理念，倡导现代生活方式，改变落后风俗习惯。通过大学生村官、“三支一扶”计划、农技特岗计划、大学生志愿服务西部计划等高校毕业生基层服务项目，引导鼓励高校毕业生到贫困地区农村服务。丰富贫困地区群众文化生活，挖掘当地民间艺术和传统技艺，用现代理念凝练升华，借助新型传播手段传承推广。发挥学校作为乡村文化中心的重要功能，打造新农村传播知识、文化交流、科技推广的新平台。

（五）集聚教育脱贫力量。

激发贫困地区内生动力。引导贫困地区处理好国家、社会帮扶和自身努力的关系，引导贫困群众树立“宁愿苦干、不愿苦熬”的观念，发扬自力更生、艰苦奋斗、勤劳致富精神，传承中华民族重视家庭教育的优秀传统，注重扶贫先扶智，不断增强贫困地区“造血”功能和贫困群众自我发展能力。家庭是社会的细胞，要发挥好家庭在教育中的重要作用。强化贫困群众主体地位，充分调动贫困群众积极性和创造性，激发贫困群众主动脱贫、积极脱贫意识，靠辛勤劳动改变贫困落后面貌。

加大财政支持力度。中央财政一般性转移支付、专项转移支付资金向贫困地区和贫困人口倾斜。结合脱贫攻坚任务和贫困人口变化情况，完善资金安排使用机制，精准有效使用教育资金，把教育经费花在刀刃上。各地要切实把教育脱贫作为财政支出重点予以优先保障，资金安排向教育脱贫任务较重的地区倾斜。加强财政监督检查和审计、稽查等工作，提高资金使用绩效。

实施教育扶贫结对帮扶行动。在县域内实施城区优质幼儿园对口帮扶乡镇中心幼儿园。在市域范围内实施优质义务教育学校对口帮扶农村薄弱义务教育学校，鼓励东部地区开展义务教育结对帮扶。在省域内实施省市优质普通高中对口帮扶贫困县普通高中。除在省域内实施职业教育对口帮扶外，组织东部地区职教集团对口帮扶集中连片特困地区地市（州、盟）职业教育发展。依托东部高校对口支援西部高校计划对口帮扶集中连片特困地区高校。

加大现代信息技术应用。对接建档立卡贫困人口数据库，建设学龄人口就学和资助状况数据库，加强动态跟踪，为保证贫困学龄人口应学在学、应助尽助提供技术支撑。加大贫困地区信息化基础设施建设投入力度，提高贫困地区教育信息化水平，加快实现“三通两平台”。运用“互联网+”思维，推进“专递课堂”“名师课堂”“名校网络课堂”建设与应用，促进贫困地区共享优质教育资源，全面提升办学质量。积极推动线上线下学习相结合，努力办好贫困地区远程教育。

鼓励社会力量广泛参与。支持中国扶贫基金会、中国教育发展基金会等公益组织参与教育脱贫工作。积极引导各类社会团体、企业和有关国际组织开展捐资助学活动。发挥好工会、共青团、妇联等群团组织的作用，继续实施“金秋助学计划”“春蕾计划”“研究生支教团”等公益项目或志愿服务项目，组织志愿者到贫困地区开展扶贫支教、技能培训和宣传教育等工作。积极发挥金融助力教育脱贫作用。落实社会力量投入教育脱贫的激励政策，通过公益性社会团体或者县级以上人民政府及其部门向贫困地区学校进行捐赠的，其捐赠按照现行税收法律规定在税前扣除。

四、组织实施

落实各级政府责任。教育部、国家发展改革委、民政部、财政部、人力资源社会保障部、国务院扶贫办会同有关部门建立工作协调机制，加强制度设计，研究解决教育脱贫有关重大问题，统筹推进教育脱贫工作。各有关部门把支持贫困地区教育事业发展摆上重要议事日程，在各自领域做好涉及教育脱贫的相关工作。省级政府负责统筹组织，制订实施工作方案和推进计划。地市级政府加强协调指导，督促县级政府和有关部门明确责任分工，细化政策措施。县级政府统筹整合各方面资源，落实各项具体政策和工作任务，切实提高支持政策和项目的执行效率。

严格考核督查评估。把教育脱贫攻坚“十三五”规划落实情况作为教育督导重点任务，将教育脱贫成效纳入地方脱贫攻坚工作考核范围，以建档立卡等贫困家庭子女就学状况、资助状况和就业状况为重点，对各地及各学校教育脱贫工作实施进展和成效进行监测评价。根据脱贫攻坚督查巡查工作总体安排，对教育脱贫攻坚工作实行国家重点督查、省市定期巡查、县级经常自查的督查机制，督查结果作为评价各地教育脱贫工作成效的重要内容，对落实不力的地区和单位进行问责。用好精准扶贫第三方评估机制。

加强信息公开公示。加大教育脱贫重大政策、重大项目、重大资金安排、工作进展等重要信息的公开力度，及时通报教育脱贫工作督查情况并适时向社会公开。完善学生资助、定向招生、公益培训等教育惠民事项的公示制度，着力保障贫困地区群众的知情权，主动接受社会监督。在实施教育脱贫重大政策的过程中要积极回应社会关切，充分尊重群众意愿，问需、问计、问效于群众，确保贫困群众真正得到实惠，鼓励全社会积极参与教育脱贫工作。

营造良好舆论环境。加大对教育脱贫的宣传力度，组织新闻媒体广泛宣传教育脱贫各项惠民、富民政策措施，宣传先进典型、推广经验做法。把扶贫纳入基本国情教育范畴，鼓励高校加强扶贫脱贫理论和政策研究，进一步丰富完善中国特色扶贫开发理论，为脱贫攻坚注入强大思想动力。动员社会各界关心支持教育脱贫工作，形成人人知晓教育脱贫政策、人人参与教育脱贫的良好氛围。

教育部关于加强普通高中学业水平考试考务管理的意见

（2016 年 12 月 27 日）

各省、自治区、直辖市教育厅（教委），新疆生产建设兵团教育局：

进入新世纪以来，各地全面推行普通高中学业水平考试（以下简称学业水平考试），为保障高中教学质量、促进学生健康成长发挥了重要作用。党的十八届三中全会明确提出深化考试招生制度改革，将学业水平考试成绩作为高校招生录取的依据之一，在促进公平、科学选才等方面对学业水平考试提出了新的要求。

学业水平考试是关系教育公平公正的一项国家教育考试。面对新形势新要求，学业水平考试的组织和管理还不能完全适应考试招生制度改革和普通高中课程改革的需要，存在一些亟待解决的问题：对学业水平考试重要性的认识还有待进一步提高，考试条件保障不能充分满足需求，考试组织和管理还不够严密科学，考试安全还存在隐患和漏洞。必须充分认识学业水平考试的重要地位和加强考务管理的必要性紧迫性，采取有力措施，把学业水平考试考务管理作为一项基础工作抓紧抓实抓好。现就加强学业水平考试考务管理提出如下意见。

一、明确责任主体

省级教育行政部门指导和统筹本行政区域学业水平考试，要在省级人民政府的统一领导下，会同有关部门建立健全学业水平考试考务管理制度，完善治理考试环境、维护考试安全、整治考风考纪等相关工作机制。省级招生考试机构对考务管理工作负责，加强从命题、制卷、运送、保管、分发、施考到评卷全过程管理。各省级教育行政部门和招生考试机构要切实提高思想认识，明确各级教育行政部门、招生考试机构和学校的工作职责，逐级签订考试安全责任书，确保责任落实到岗到人。关键和重点岗位要一岗多控、人技联防，形成既相互衔接又有效制约的工作机制。

二、规范考试场所

省级统一组织的学业水平考试必须全部安排在标准化考点进行，相关学校有义务承担考试任务并按要求做好工作。要加强标准化考点的日常维护和升级，完善应急指挥系统、网上巡查系统、作弊防控系统、考生身份验证系统，以及防范现代科技手段作弊的相关检查检测设备，全面提高标准化考点技术防范水平。由各地和学校组织实施的有关科目考试，省级教育行政部门和招生考试机构要参照《国家教育考试标准化考点规范（暂行）》，对考试场所提出规范要求并开展督查。

三、严格考试实施

各地要参照普通高等学校招生考试等国家教育考试考务工作规定，建立健全学业水平考试考务工作规章制度，严格依规实施考试。要把好人员关，加强考务工作人员选用工作，选聘责任意识强、业务素质高、身体状况好的教师承担监考工作；加强相关法律法规、职业道德、考务管理、作弊识别等方面的培训，全员签订考试安全和考风考纪责任书，严格执行回避制度，确保考务工作人员履职尽责。要把好入场关，对进入考试场所人员的安全保密检查提出明确要求，查验居民身份证等证件材料，检查携带物品；要使用安全检查设备或以其他适当方式，实行考试入场检查。要严格监考巡查，加大对考场实地和网上巡查力度，防范、制止并如实记录违规行为；利用网上巡查系统，实时传送标准化考点网络监控图像，发现问题立即处理。

四、严肃违规查处

各地要通过多种渠道、采取多种方式加强考生诚信教育，宣讲相关法律法规，使考生和考试工作人员全面了解考试纪律，知晓违规违纪行为严重后果，自觉抵制违纪违法行为。对考风考纪薄弱地区，要采取约谈、巡视、派人进驻考点等方式，切实加强考风考纪监督，规范考试秩序。要设立举报箱和举报电话并在考前向社会公布，及时核查处理举报信息。要按照《中华人民共和国教育法》《国家教育考试违规处理办法》《普通高等学校招生违规行为处理暂行办法》等有关法律法规，严肃查处考试作弊等各类违规行为。同时，还要按照党和国家有关规定追究相关责任人和有关领导的责任。对违反国家有关法律法规、涉嫌犯罪的人员，要移送司法机关依法追究责任。

五、加强应急处置

各地要加强舆情监控，及早发现、有效应对不实宣传和恶意炒作，及时处置涉及本省（区、市）以及服务器在本省（区、市）的有害信息。要落实《国家教育考试突发事件应急处置预案实施办法（暂行）》，进一步完善考试期间发生自然灾害和突发事件的处置预案，充分做好应对考试期间发生地震、洪涝、极端天气等自然灾害以及疫病传播等情况的准备工作，认真进行应急预案演练，提高应急处置能力。要认真总结年度历次学业水平考试实施情况，建立考情报告制度。遇有重大突发事件要立即报告教育部。

六、强化组织保障

各地要按照教育部等10部门《关于进一步加强国家教育统一考试环境综合治理和考试安全工作的通知》要求，把学业水平考试纳入部门协作机制，完善联防联控、齐抓共管的工作机制。要加强标准化考点建设，加强命题、考务和评卷等工作人员队伍建设，保证学业水平考试工作经费投入。要大力宣传学业水平考试组织实施的政策，充分发挥舆论正面导向作用。要依法保证考生在考试期间享有的权利，为残疾人参加学业水平考试提供平等机会和合理便利。

教育部

2016年12月27日

教育部　人力资源社会保障部　工业和信息化部关于印发《制造业人才发展规划指南》的通知*

（2016 年 12 月 27 日）

各省、自治区、直辖市人民政府，国务院各部委、各直属机构：

为深入实施《中国制造 2025》，按照国家制造强国建设领导小组的统一部署，教育部、人力资源社会保障部、工业和信息化部等部门共同编制了《制造业人才发展规划指南》。经国务院同意，现印发给你们，请结合实际认真贯彻执行。

教育部
人力资源社会保障部
工业和信息化部
2016 年 12 月 27 日

制造业人才发展规划指南

为贯彻落实《中国制造 2025》，健全人才培养体系，创新人才发展体制机制，进一步提高制造业人才队伍素质，为实现制造强国的战略目标提供人才保证，特编制本指南。

一、编制背景

（一）发展现状

新世纪以来，党和国家深入实施人才强国战略，推动我国由人力资源大国迈进人才强国行列，制造业人才队伍建设取得了显著成绩，有力地支撑了制造业持续快速发展。**一是制造业人才培养规模位居世界前列**。2015 年，我国高等学校本科工科类专业点数约 1.6 万个，工科类专业本科在校生 525 万人、研究生在校生 69 万人；高等职业学校制造大类专业点数约 6 000 个，在校生 136 万人；中等职业学校加工制造类专业点数约 1.1 万个，在校生 186 万人。**二是制造业人力资源结构逐步优化**。目前，我国制造业规模以上企业人力资源总量 8 589 万人，专业技术人员 809 万人。装备制造业规模以上企业人力资源总量近 1 794 万人，据不完全统计，其中人才总量近 736 万人，具有大学本科和研究生学历的人员分别占人才总量的 29%和 2%。**三是制造业人才聚集高地初步形成**。以院士、科技创新领军人才为代表的制造业高端人才队伍逐步壮大，形成了一批国际领先的重点学科、实验室、工程中心等，在科技创新、重大项目攻关等方面发挥了重要作用。**四是制造业人才发展环境逐渐改善**。重在行业和社会认可的人才评价机制初步建立，有利于制造业人才成长和发挥作用的政策和社会环境正在形成。

同时，制造业人才队伍建设还存在一些突出问题。**一是**制造业人才结构性过剩与短缺并存，传统产业人才素质提高和转岗转业任务艰巨，领军人才和大国工匠紧缺，基础制造、先进制造技术领域人才不足，支撑制造业转型升级能力不强。**二是**制造业人才培养与企业实际需求脱节，产教融合不够深入、工程教育实践环节薄弱，学校和培训机构基础能力建设滞后。**三是**企业在制造业人才发展中的主体作用尚未充分发挥，参与人才培养的主动性和积

* 本通知有删节。

极性不高，职工培训缺少统筹规划，培训参与率有待进一步提高。**四是**制造业生产一线职工，特别是技术技能人才的社会地位和待遇整体较低、发展通道不畅，人才培养培训投入总体不足，人才发展的社会环境有待进一步改善。这些问题制约着我国制造业的转型升级，必须通过深化改革创新尽快加以解决。

（二）发展形势

实现制造强国的战略目标，关键在人才。在全球新一轮科技革命和产业变革中，世界各国纷纷将发展制造业作为抢占未来竞争制高点的重要战略，把人才作为实施制造业发展战略的重要支撑，加大人力资本投资，改革创新教育与培训体系。当前，我国经济发展进入新常态，制造业发展面临着资源环境约束不断强化、人口红利逐渐消失等多重因素的影响，人才是第一资源的重要性更加凸显。

《中国制造2025》第一次从国家战略层面描绘建设制造强国的宏伟蓝图，并把人才作为建设制造强国的根本，对人才发展提出了新的更高要求。提高制造业创新能力，迫切要求着力培养具有创新思维和创新能力的拔尖人才、领军人才；强化工业基础能力，迫切要求加快培养掌握共性技术和关键工艺的专业人才；信息化与工业化深度融合，迫切要求全面增强从业人员的信息技术应用能力；发展服务型制造，迫切要求培养更多复合型人才进入新业态、新领域；发展绿色制造，迫切要求普及绿色技能和绿色文化；打造“中国品牌”“中国质量”，迫切要求提升全员质量意识和素养等。

面对新的形势和挑战，必须把制造业人才发展摆在更加突出的战略位置，加强顶层设计，发挥资源优势，抓好体制机制改革、强化人才队伍基础、补齐人才结构短板、优化人才发展环境，充分发挥人才在制造强国建设中的引领作用。

二、总体要求

（一）指导思想

全面贯彻党的十八大和十八届三中、四中、五中、六中全会精神，紧紧围绕《中国制造2025》战略部署，坚持育人为本，以创新体制机制为动力，以深化产业与教育融合为抓手，以夯实人才队伍基础和培育急需紧缺人才为重点，对接制造强国建设战略任务和重点领域，提升人才服务先进制造业发展的能力，健全多层次多类型人才培养体系，进一步提高人才培养的前瞻性、引领性和针对性，不断优化人才发展环境，为实现中国制造由大变强的战略任务提供坚实的人才支撑。

（二）发展目标

到2020年，形成与制造业发展需求相适应的人力资源建设格局，培养和造就一支数量充足、结构合理、素质优良、充满活力的制造业人才队伍，基本确立建设制造强国的人才优势，为实现中国制造“三步走”战略目标奠定坚实的人才基础。

制造业人才资源基本满足产业需求。教育、行业企业、社会等多种人才开发资源进一步整合，人才培养体系、职业培训体系基本实现融合、协调发展，制造业人才资源总量稳步增长，急需紧缺人才得到有效充实，人才能力更加全面。

人才培养与制造业发展需求更加吻合。产业与教育融合发展更加深入，学科专业设置随产业发展动态调整机制更加健全，专业教学标准有效对接职业标准，专业教师能力结构进一步优化，人才培养质量显著提升。

重点领域人才供给能力明显提高。到2020年，制造业从业人员平均受教育年限达到11年以上，制造业从业人员中受过高等教育的比例达到22%，高技能人才占技能劳动者的比例达到28%左右，研发人员占从业人员比例达到6%以上，人才的分布和层次、类型等结构更加优化。

人才资源聚集能力和效应显著增强。围绕制造业创新中心建设工程、智能制造工程、工业强基工程、绿色制造工程、高端装备创新工程（特别是大型飞机、航空发动机和燃气轮机等重点领域）、新型工业化产业示范基地建设等建成一批人才高地，吸引国外高端人才来华创新创业成效初步显现，人才竞争优势明显增强。

人才发展制度改革取得突破性进展。多元人才投入机制更加健全，人才培养成为重大专项、重点工程项目评价的重要指标。不断提高技能人才待遇水平。形成科学合理的选人、用人、育人机制。人才市场服务水平全面提高，人才资源基本实现有效配置，人才发展环境明显改善。

制造业十大重点领域人才需求预测（单位：万人）

序号	十大重点领域	2015年	2020年		2025年	
		人才总量	人才总量预测	人才缺口预测	人才总量预测	人才缺口预测
1	新一代信息技术产业	1 050	1 800	750	2 000	950
2	高档数控机床和机器人	450	750	300	900	450
3	航空航天装备	49.1	68.9	19.8	96.6	47.5
4	海洋工程装备及高技术船舶	102.2	118.6	16.4	128.8	26.6
5	先进轨道交通装备	32.4	38.4	6	43	10.6
6	节能与新能源汽车	17	85	68	120	103
7	电力装备	822	1 233	411	1 731	909
8	农机装备	28.3	45.2	16.9	72.3	44
9	新材料	600	900	300	1 000	400
10	生物医药及高性能医疗器械	55	80	25	100	45

三、主要任务

（一）推进制造业人才供给结构改革

贯通制造业人才系统培养渠道。普通中小学要在实践活动课程、通用技术课程中加强制造业基础知识、能力和观念的启蒙和培养。加快现代职业教育体系建设，建立健全高校分类管理制度，按照试点一批、带动一片的要求，确定一批有条件、有意愿的制造业相关试点高校率先探索应用技术型发展模式，大规模培养本科层次的应用型人才，把制造业相关高等学校打造成“工程师的摇篮”。支持制造业重点企业参与世界一流大学和一流学科建设，在更高、更广的层面上促进制造业相关学科交叉融合。探索构建有利于制造业人才职业生涯发展的人才培养立交桥。

精准对接重点领域人才需求。鼓励招生单位扩大制造业重大基础研究、重大科研攻关方向的博士研究生培养规模，提高重点领域专业学位研究生培养比例。及时发布人才需求预测，引导高校招生计划向本科电子信息类、机械类、材料类、海洋工程类、生物工程类、航空航天类和高职装备制造大类、电子信息大类、生物与化工大类、能源动力与材料大类中对应制造业十大重点领域的相关专业倾斜。

促进学科专业设置与产业发展同步。建立学科专业动态调整机制，扩大高校专业设置的自主权，增强专业设置的科学性、灵活性和特色化。围绕产业链、创新链调整专业设置，到2020年基本形成与制造业产业布局相适应的学科专业布局。注重专业设置前瞻性，主动适应新技术、新工艺、新装备、新材料发展需求，增设前沿和紧缺学科专业，强化行业特色学科专业建设。根据制造流程变革改造升级传统学科专业，服务电子、钢铁、石化、机械、轻工、纺织等产业向价值链高端发展。围绕制造业重点行业布局规划，对接制造业产业集群、承接产业转移示范园区等，集中建设一批校企深度合作、发挥支撑作用的专业集群。

推动制造业企业职工培训全覆盖。在制造业领域全面推进学习型企业建设，坚持并完善企业职工全员培训制度，规模以上企业要有专门机构和人员组织实施职工教育培训，加强企业大学、培训中心等企业培训机构建设。职工教育培训年参与率要达到50%以上。探索建立个人学习账号和学分累计制度，依托国家开放大学在制造业相关专业领域开展学习成果认证、积累与转换试点。各级政府要加快成立跨部门的继续教育协调机构，统筹指导继续教育发展，推进继续教育与工作考核、岗位聘任（聘用）、职务（职称）评聘、职业注册等人事管理制度相衔接。

（二）加快实现产业和教育深度融合

鼓励行业企业参与人才培养。加快修订《职业教育法》，研究出台促进校企合作的有关办法，明确行业企业参与人才培养的权利、责任和义务。通过授权委托、购买服务等方式，推动制造业行业企业深度参与相关专业教学标准和人才培养方案制定、课程教材等教学资源开发、教学实施等。支持行业组织和行业龙头企业牵头制定院校人才培养评价标准、开展质量认证工作。有关高等学校、职业学校（含技工院校，下同）要提高专业教学指导机构中制造业行业企业专家比例。企业要为学生实习、教师实践提供岗位，并与学校共同制定实习、实践方案。发挥科技实践活动在人才培养中的作用。

发挥企业在职业教育中的重要办学主体作用。面向制造业十大重点领域，推行校企联合培养的现代学徒制。对举办职业学校的企业，其办学符合职业教育发展规划要求的，各地可通过政府购买服务等方式给予支持。推动制造业企业与应用型本科高校探索共建共管制造类专业二级学院（系）。制造业国有企业所举办的与企业经营方向相符、办学效益好的职业学校原则上应予保留。鼓励高等学校和职业学校配合企业走出去。

推进职业教育集团化办学。鼓励制造业相关行业组织、具备能力和条件的重点企业与职业学校共同组建一批深度融合、特色鲜明、效益显著的先进制造业职业教育集团，提高制造业相关学校、专业集团化办学覆盖率。充分发挥职业教育集团成员单位中行业企业的作用，推进办学模式、培养模式、教学模式、评价模式改革，促进产业链、岗位链、教学链深度融合。

加快产学研用联盟建设。依托制造业重大工程项目，推进企业与学校深度合作，发挥重点实验室、工程技术研究中心等研发平台作用，采用多方共建方式在高等学校、职业学校打造一批工程创新实践中心、教师发展中心和职工培训中心，创新课程体系，更新教材内容。多种形式支持制造业企业建设兼具生产与教学功能的实习实训基地，服务制造业创新体系建设。鼓励教师参与各类相关技能竞赛活动。探索建立企业和高校、标准化科研机构联合培养机制，加快培养制造业标准化和质量工程技术专业人才。

（三）提升制造业人才关键能力和素质

大力培育工匠精神。倡导以工匠精神为核心的工业精神，出台推动工业文化发展的相关指导意见，弘扬优秀工业文化，提升我国工业软实力。制造业企业要把培育精益求精的工匠精神作为职工继续教育的重要内容，增强职工对职业理念、职业责任和职业使命的认识与理解。不断深化“中国梦·劳动美”教育实践活动。推进工匠精神进校园、进课堂，帮助学生树立崇高的职业理想和良好的职业道德，培养崇尚劳动、敬业守信、精益求精、敢于创新的制造业人才。

注重创新能力培养。引导制造业企业深入开展劳模创新工作室创建活动。为职工创新搭建平台、提供政策扶持，鼓励制造业从业人员立足岗位创新，重点提升关键核心技术研发能力、创新设计和改造能力、科技成果转化能力、精密测量计量能力、标准研制能力。加强应用技术推广中心和众创空间等平台建设。把创新创业教育融入人才培养全过程，面向高校学生开发开设研究方法、学科前沿、创业基础、就业创业指导等方面的必修课和选修课。改革考试考核内容和方式，注重考查学生运用知识分析、解决问题的能力。发展创新设计教育，在工业设计等专业教学中加强创造性、综合性设计能力培养。

增强信息技术应用能力。在制造业企业推进首席信息官制度建设，推进信息技术与企业各项业务融合，到2020年，在制造业国有大中型企业全面实行首席信息官制度。强化企业专业技术人员和经营管理人员在研发、生产、管理、营销、维护等核心环节的信息技术应用能力，提高生产一线职工对工业机器人、智能生产线的操作使用能力和系统维护能力。加强面向先进制造业的信息技术应用人才培养，在相关专业教学中强化数字化设计、智能制造、信息管理、电子商务等方面内容。

提升绿色制造技术技能水平。在制造业行业开展绿色制造教育培训，引导制造业人才树立绿色观念，增强绿色制造技术技能，养成绿色生产方式和行为规范。鼓励高等学校、职业学校根据绿色制造发展需要积极开设节能环保、清洁生产等相关学科专业，与行业企业联合加强实习实训基地建设、研究开发课程教材，减少或取消设置限制类、淘汰类产业相关学科专业，推动制造业传统学科专业向低碳化、智能化发展。鼓励学校参与传统制造业绿色改造、参与绿色产品研发和相关标准制（修）订等。

提高全员质量素质。鼓励制造业企业加大质量培训力度，全面提高企业经营管理人员和一线职工的质量意识和质量管理水平。引导和鼓励大中型企业实施首席质量官制度。在中小学开展质量意识普及教育，在高等学校、职业学校加强质量相关学科专业建设，在相关专业教学中增加国家质量技术基础和质量管理知识教育内容。加强质量专家库建设。组织制定企业全员质量素质教育和评价标准。开展全国“质量月”等活动，加强消费者质量知识宣传和教育，推动形成具有中国特色的质量文化。

（四）打造高素质专业技术人才队伍

加快培育创新型技术领军人才。加强高等学校与科研院所联合培养博士生工作，促进在重大工程、项目实践中培养博士生。通过政产学研用产业创新联盟等新机制，重点培养制造业领域的基础理论研究、核心技术开发、重大工程管理等方面的领军人才。发挥国家技术创新中心、制造业创新中心、相关重点实验室等在创新人才培养中的引领作用。推动各类科技活动与创新人才培养相结合。加大校企联合培养博士后工作力度，提高博士后研究人员在制造业领域重大科研团队中的比例，并进一步发挥其在重大科研中的作用。重点引进一批世界领先水平的科学家。从海外引进一批在先进制造业主机、航空和燃气动力装备、功能部件、数控系统、核心软件等方面能够突破关键技术的高层次核心人才及团队。

提升工程技术人才培养能力。深化工程教育教学改革，改变“重论文、轻实践”的倾向，完善工科学生实习制度，强化学生工程实践能力培养。围绕“四基”建设、智能制造、“互联网+制造”等领域，重点培养先进设计、关键制造工艺、材料、数字化建模与仿真、工业控制及自动化、工业云服务和大数据运用等方面的专业技术人才。依托有关学校、科研机构、行业企业，建设一批制造业专业技术人才继续教育基地，对重点行业、关键环节、高端产品制造的专业技术人员实施专项培训。支持企业在职人员以非全日制方式攻读硕士专业学位。支持国有大中型企业、高新技术企业研发中心建设，支持院士在制造业企业建工作站，培育企业技术创新人才，促进科技成果产业化。

加强复合型专业人才培养。推动高校探索建立跨院系、跨学科、跨专业交叉培养新机制。注重生产性服务业人才培养，围绕研发设计、创业孵化、知识产权、融资租赁、物流与供应链管理、信息技术服务、节能环保服务、检验检测认证、商务咨询、人力资源服务和品牌建设等领域发展需求，加快设置相关专业。培育生产性服务业创新团队。制造业企业要适应产品全生命周期管理需要，加快培育复合型人才。配合我国制造业企业走出去，培养海外投资、建厂、并购等所需的管理、营销、法律、技术、金融等方面的国际化人才。

（五）造就技艺精湛的技术技能人才队伍

大力培养技术技能紧缺人才。有关高等学校、职业学校要创新人才培养模式，完善校企协同育人机制，对接职业标准和岗位规范，加快专业教学标准体系建设，强化学生实际操作能力培养。完善现代学徒制试点有关支持政策，实现制造业企业与学校一体化育人。鼓励企业与有关高等学校、职业学校合作，面向制造业十大重点领域，特别是航空航天及动力装备、海洋工程装备、先进轨道交通装备、电力装备、集成电路/高端元器件/专用仪器设备、农机装备等装备制造业，建设一批紧缺人才培养培训基地，开展“订单式”培养。分行业制订重点领域紧缺人才培养规划，并纳入本行业的发展规划，给予专门支持。加快推行“双证书”制度，专业课程考试与职业技能鉴定统筹进行。办好全国职业院校技能大赛。完善高等学校、职业学校教师学生在企业实习实践期间的保障政策。

支持基础制造技术领域人才培养。加强电子元器件、航空发动机和燃气轮机叶片、轴承、齿轮、液压件、气动元件、密封件、链传动、传动件、紧固件、弹簧、粉末冶金件、模具等基础零部件加工制造人才培养，提高核心基础零部件的制造水平和产品性能。加大对传统制造类专业建设投入力度，改善实训条件，保证学生"真枪实练"。采取多种形式支持学校开办、引导学生学习铸造、锻压、焊接、热处理、表面处理、切削和特种加工工艺等相关学科专业。建立健全基础制造领域职业（工种）设置。改善制造业企业加工车间工作环境，加强一线职工的劳动保护。

整体提升企业职工技术技能水平。在积极应对制造业传统行业结构调整、产业升级过程中，要加强传统产业工人技术技能升级培训、转岗转业培训。制造业企业要积极开展企业新型学徒制培训，依托高等学校、职业学校和各类培训机构积极开展职工继续教育，创新线上线下相结合的混合式人才培养培训模式。广泛开展各级各类职工职业技能竞赛和岗位练兵活动，引导职工学习新知识、钻研新技术、使用新方法。

（六）建设高水平的经营管理人才队伍

着力培育具有国际视野的企业家。采取理论培训和实践锻炼相结合的方式，加大力度培育一批全球知名企业家，并注重发挥企业家才能。选送重点领域企业优秀管理人才到国外知名企业、大学研修，支持开展现代企业经营管理制度、品牌战略、精准营销和服务、跨国并购和投融资、创新能力建设、知识产权保护以及国际贸易等方面的出国（境）培训。鼓励综合素质好、决策能力强、经营业绩突出、发展潜力大的优秀后备人才到市场开拓前沿、经营困难企业、重大工程实施、重大改革推进的关键岗位上担当重任。积极营造适合企业家型人才发展的社会环境和市场环境。

提升经营管理人才专业化水平。适应制造业转型升级和实施"走出去"战略的需要，以提高现代经营管理水平和企业国际竞争力为核心，加快推进企业经营管理人才职业化、专业化和国际化。建立健全企业经营管理人才职业能力开发体系，做好经营管理人才职业生涯规划。通过送出进修、挂职锻炼、交流使用等多种方式，为"专特优精"的单项冠军企业经营管理人员提供培训机会。加快从海外引进战略规划、财务管理、品牌建设与管理、知识产权管理、金融分析、风险评估、国际商务、国际经济法律、供应链管理等方面的高层次管理人才，积极选送优秀经营管理人才到境外培训。

（七）优化制造业人才发展环境

提升人才管理与使用水平。完善人才管理运行机制，进一步简政放权，清理规范行政审批。完善国有企业领导人员管理体制，健全符合现代企业制度要求的企业人事制度。落实高等学校、职业学校用人自主权，优化学校选人、用人管理与服务。建立并推行企业技术人员、高技能人才与学校专业课教师相互兼职制度。推动各地依法依规核定职业学校教师编制。试点将企业任职经历作为高等学校新聘工程类教师的必要条件。清理对职业学校毕业生就业、晋升等方面的不合理政策限制和歧视。支持高等学校和科研院所的科研人员按照政策规定，离岗创业或到企业开展技术服务。建立人才引进使用中的知识产权评议机制，防控知识产权风险。

促进人才合理流动配置。建设统一规范、更加开放的制造业人才资源市场，探索建立制造业人才库。建立制造业人才市场供求信息监测平台。加强各领域人才需求预测，建立企业用工需求发布和预警机制。积极培育专业化人才服务机构，注重发挥人才服务行业协会作用。制定并完善更加灵活多样的制造业人才柔性流动政策，引导专业技术人才向企业一线、科研基层有序流动。在落实去产能政策过程中，采取有效措施，保持优秀人才的创新创造活力，确保人才资源保值增值。重点支持中西部地区完善装备制造业领域高技能人才落户政策，创新落户登记、社会保险关系转移接续、子女上学、荣誉申报服务。

有效开展人才评价与激励。坚持以品德、能力和业绩为导向，准确客观评价制造业人才的能力和水平，建立和完善符合制造业特点的科学化、社会化的人才评价体系。完善先进制造业相关职业岗位和职业标准体系。完善劳动、知识、技术、技能、管理等生产要素按贡献参与分配的制度。扭转评价指标过度强调教师学术论文发表倾向，将实践能力、社会服务能力等纳入教师考核评价体系。进一步提高企业技能人才经济待遇和社会地位，进一步健全收入分配激励机制，结合实际探索实行协议工资制、项目工资制、年薪制等分配办法。鼓励科技人员积极从事职务发明创造，加大科研成果转化收益分配和知识产权保护力度。

四、重点人才工程

（一）制造业与教育融合发展工程

通过完善相关法规制度和政策措施，鼓励行业企业参与人才培养。依托服务现代产业的新兴学科专业集群建设计划、职业教育产教融合工程、现代职业教育质量提升计划等，加强实习实训基地建设，强化教师实践能力培养，提高人才培养与制造业发展需求的吻合度。

1. 推动制造业规模以上企业增加学生实习和教师实践岗位。鼓励制造业大型企业牵头组建一批先进制造业职业教育集团。研究制订高等学校学生实习管理办法，落实职业学校学生实习管理规定和职业学校教师企业实践制度。

2. 引导各地建设一批集人才培养、继续教育、科研创新、科技服务于一体的制造业相关专业集群，校企联合开发一批智能制造、绿色制造、“互联网+制造”等领域相关专业课程和教学资源。支持建设若干示范性二级学院，建设一批实训基地，加快集成电路、航空和燃气动力学科专业集群人才培养。

3. 在实施职业教育产教融合工程中，支持职业学校、应用型本科高校与制造业企业深化校企合作，共同建设教学型基础技能实训设施、岗位专业技能实训基地、开放性公共技能实训基地等，加强基础能力建设，提升适应先进制造业发展需求的实习实训水平。

4. 依托高水平大学、职业学校和大中型企业建设教师专业技能示范培训基地。遴选一批“互联网+制造”教师专业技术技能创新示范实训平台。校企共同开发师资培养培训专业的理实一体化数字课程资源。

5. 依托现代职业教育质量提升计划，支持地方加强“双师型”教师队伍建设，引导学校聘请一批企业高级管理人员、高技能人才、能工巧匠担任专兼职教师，打造一批产学研用一体化创新团队；组织职业学校制造类专业教师参加5年一轮的专业技能培训；组织专业教师定期到高新技术企业进行实践，累计时间不少于6个月；选派制造业十大重点领域专业教师到发达国家进修访学。

（二）创新型专业技术人才开发工程

通过实施产教融合工程等，加强产学研合作，提升工科学生实践能力。依托专业技术人才知识更新工程等，培养和引进一批高层次专业技术人才。

1. 推进工程博士试点工作，培养中国制造领军人才。在实施相关重大建设工程、重点项目时统筹安排人才开发培养经费，并纳入项目实施评价考核体系。

2. 支持高等学校面向制造业十大重点领域，与相关骨干企业、创新中心等加强合作，共同建设一批产学研合作示范学院，以人才培养为中心，突出综合改革，强化产教融合、协同育人，培养制造业发展急需的工程技术人才。依托部分示范性学院，联合制造业重点企业或科研院所，建设协同育人实践基地，形成面向制造业重大专项、覆盖重点领域、带动相关专业整体发展的协同育人开放共享平台。

3. 在实施专业技术人才知识更新工程中，围绕制造业十大重点领域，支持有关地区、部门举办国家级高级研修项目，培养一批高层次专业技术人才；开展大规模的制造业急需紧缺人才培养培训和岗位培训。到2020年，在装备制造领域累计完成10万人次的专业技术人才培养培训。

4. 分层次、有计划地引进1 000名能够突破制造业关键技术、发展高新技术产业、带动新兴学科发展或带动传统产业优化升级的海外高层次领军人才和创新创业人才，特别是“互联网+制造”领域高端人才。

5. 瞄准关键核心技术研发、提高创新设计能力、推进科技成果专业化目标，以项目成果或实际贡献作为重要评价指标，重点从海外知名企业引进高层次人才，支持一批制造业领军人才和青年拔尖人才发展。面向制造业十大重点领域，建设一批海外高层次人才创新创业基地，加快引进拥有自主知识产权、有望形成持久经济增长点的相关领域创新创业领军人才和急需人才回国（来华）创新创业。

6. 在实施国家中小企业银河培训工程中，引导各地面向制造业中小企业实施工程师培训计划，到2020年，累计完成5万人次的中小企业工程技术人员培训。

7. 组织实施中国制造2025专项人才出国（境）培训项目，围绕《中国制造2025》五大工程，重点支持制造业十大重点领域人才的出国（境）培训。

（三）能工巧匠和高技能人才培育工程

通过创新职业教育人才培养模式，推动教育教学改革与制造业转型升级衔接配套，着力培养制造业技术技能紧缺人才。依托高技能人才振兴计划，建设一批高技能人才培训基地和技能大师工作室，大力开展高技能人才培训。

1. 在推进学徒制试点工作过程中，探索制定学徒身份认定等方面的支持政策。在内蒙古、辽宁、吉林、黑龙江等四省（区）遴选确定一批城市，开展东北地区等老工业基地产业转型技术技能人才双元培育改革试点。

2. 研究制（修）订高等职业教育机械设计制造类、机电设备类、自动化类、铁道装备类、船舶与海洋工程装备类、航空装备类、汽车制造类、生物技术类、药品制造类、电子信息类、计算机类、通信类等专业教学标准。面向基础制造、高端装备、信息技术、新能源汽车、航空工业、船舶工业等领域，遴选建设一批职业院校示范专业点。

3. 引导建设一大批学习型制造业企业。面向制造业十大重点领域，依托高等学校、职业学校、开放大学、职业培训机构，建设一批大规模开放课程平台，整合、开发优质在线课程。建设一批职工继续教育品牌职业学校和职业培训机构，开展高技能紧缺人才培训和转岗职工培训。

4. 引导地方健全生均拨款制度，区分专业类型，向制造业相关专业倾斜，落实好国家助学政策。逐步分类推进中等职业教育免除学杂费。鼓励地方支持一批职业学校基础制造领域专业实训基地建设。

5. 在实施高技能人才振兴计划中，重点围绕制造业十大重点领域，支持有关地区、部门开展高技能人才培训基地和技能大师工作室建设，到2020年，建设1 200个高技能人才培训基地和1 000个左右国家级技能大师工作室，基本形成覆盖重点产业和中心城市的高技能人才培养网络。

（四）企业经营管理人才发展工程

适应先进制造业发展和实施“走出去”战略的需要，通过企业经营管理人才素质提升工程、国家中小企业银河培训工程，打造一批优秀企业家，加快提升制造业企业经营管理人才专业化水平。

1. 在实施企业经营管理人才素质提升工程中，围绕制造业转型升级和实施“走出去”战略的需要，到2020年累计培训不少于1 500名掌握战略规划、资本运作、人力资源管理、质量管理、财会、法律等专业知识的制造业中小企业经营管理领军人才。

2. 在实施国家中小企业银河培训工程中，引导各地针对制造业中小企业经营管理人员开展经营管理能力培训，到2020年，累计完成100万人次制造业成长型中小企业经营管理者培训。

（五）全员质量素质提升工程

实施质量素质提升行动，面向公众广泛开展质量和质量管理知识宣传教育活动，普及质量知识，提升全社会质量意识。鼓励和支持行业协会、高等学校和职业学校设立质量相关研究机构，开展质量科研，开发质量素质提升课程，面向社会开展质量教育。各省（区、市）每年至少举办3期质量素质提升研修项目。各省（区、市）争取每年对500家以上制造业小微企业质量负责人开展质量培训。

五、保障措施

（一）加强统筹协调

充分发挥市场导向作用和政府推动作用，动员和组织全社会力量，形成制造业人才发展工作整体合力。各级政府及有关部门要切实转变职能，着力做好制定人才发展规划、完善法律制度保障体系、提供优质公共服务、规范市场监管等工作。充分发挥市场在制造业人才发展资源配置中的决定性作用和企业在制造业人才培养、吸引和使用中的主体作用。相关行业主管部门、行业协会在制订和实施本行业“十三五”发展规划或人才队伍建设规划时要做好与本指南的协调对接。

（二）加大投入力度

各级政府要统筹兼顾，突出重点，加大制造业人才培养投入力度，落实好职业院校和普通高校生均拨款制度。在实施相关重大建设工程、重点项目时统筹安排人才开发培养经费。本指南重点人才工程有关项目经费纳入现有相关项目和计划统筹考虑。鼓励和引导社会、用人单位、个人投资人才培养。地方各级政府要加大职工教育培训经费、就业经费等统筹力度，支持制造业人才教育培训。鼓励制造业企业、社会组织建立人才发展基金，用于制造业人才培养、引进和激励。企业要依法履行职工教育培训的责任，制造业企业要按照职工工资总额的1.5%—2.5%提取教育培训经费，并完善监管机制。

（三）强化宣传引导

各级政府、各部门要通过多种渠道，大力宣传党和国家人才工作的重大战略思想和方针政策，广泛宣传大国工匠、能工巧匠、拔尖创新人才和优秀企业家等的突出成就。加大对制造业优秀人才的表彰和奖励力度，每两年表彰一批中华技能大奖获得者和全国技术能手，表彰一批职工职业道德建设标兵单位和标兵个人，引导全社会确立尊重劳动、尊重知识、尊重技术、尊重创新的观念，大力营造劳动光荣、技能宝贵、创造伟大的良好氛围，积极培育中国特色制造文化。

（四）抓好指南实施

在国家制造强国建设领导小组领导下，各部门、各地区按照指南重点任务分工（见附件），抓好发展目标、重点任务、重要工程的落实工作，共同推进指南实施。加强指南实施的统筹协调，广泛动员社会参与，积极推进区域合作。强化地方政府在指南实施中的重要责任。加强对指南实施的跟踪指导和监督检查，及时研究、解决指南实施过程中遇到的新情况、新问题，确保指南顺利实施。

附件（略）

教育部等五部门关于印发《民办学校分类登记实施细则》的通知

（2016年12月30日）

各省、自治区、直辖市教育厅（教委）、人力资源社会保障厅（局）、民政厅（局）、编办、工商行政管理局：

2016年11月7日，全国人民代表大会常务委员会通过了《全国人民代表大会常务委员会关于修改〈中华人民共和国民办教育促进法〉的决定》，规定对民办学校实行非营利性和营利性分类管理，并以国家主席习近平签署的中华人民共和国主席令（第五十五号）予以公布。《国务院关于鼓励社会力量兴办教育促进民办教育健康发展的若干意见》（国发〔2016〕81号，以下简称《若干意见》），全面部署了民办教育改革发展的各项政策措施。为深入贯彻落实党中央、国务院的决策部署，稳妥推进民办学校分类管理改革，特研究制定《民办学校分类登记实施细则》，现予印发。

民办学校分类管理是党中央、国务院确定的重大改革方向，是贯彻落实《民办教育促进法》修法精神的重要举措，是深化教育领域综合改革的重要内容。请各地务必高度重视，紧密结合《民办教育促进法》和《若干意见》的贯彻落实，做好民办学校的分类管理与分类登记工作，明确任务，细化要求，落实责任，确保党中央、国务院决策部署的切实落地和教育系统的和谐稳定。

教育部　人力资源社会保障部
民政部　中央编办
工商总局
2016年12月30日

民办学校分类登记实施细则

第一章 总则

第一条 为贯彻落实《国务院关于鼓励社会力量兴办教育促进民办教育健康发展的若干意见》，推动民办教育分类管理，促进民办教育健康发展，根据《中华人民共和国教育法》《中华人民共和国民办教育促进法》和2016年11月7日《全国人民代表大会常务委员会关于修改〈中华人民共和国民办教育促进法〉的决定》等法律法规，制定本细则。

第二条 民办教育是社会主义教育事业的重要组成部分。民办学校应当遵守国家法律法规，全面贯彻党的教育方针，坚持党的领导，坚持社会主义办学方向，坚持公益性导向，坚持立德树人，对受教育者加强社会主义核心价值观教育，培养德、智、体、美等方面全面发展的社会主义建设者和接班人。

第二章 设立审批

第三条 民办学校分为非营利性民办学校和营利性民办学校。民办学校的设立应当依据《中华人民共和国民办教育促进法》等法律法规和国家有关规定进行审批。经批准正式设立的民办学校，由审批机关发给办学许可证后，依法依规分类到登记管理机关办理登记证或者营业执照。

第四条 设立民办学校应当具备《中华人民共和国教育法》《中华人民共和国民办教育促进法》和其他有关法律法规规定的条件，符合地方经济社会和教育发展的需要。

第五条 民办学校的设立应当参照国家同级同类学校设置标准，无相应设置标准的由县级以上人民政府按照国家有关规定制定。申请设立民办学校，应当提交《中华人民共和国民办教育促进法》等法律法规和学校设置标准规定的材料、学校党组织建设有关材料。

第六条 审批机关对批准正式设立的民办学校发给办学许可证；对不批准正式设立的，应当以书面形式向申请人说明理由。

第三章 分类登记

第七条 正式批准设立的非营利性民办学校，符合《民办非企业单位登记管理暂行条例》等民办非企业单位登记管理有关规定的到民政部门登记为民办非企业单位，符合《事业单位登记管理暂行条例》等事业单位登记管理有关规定的到事业单位登记管理机关登记为事业单位。

第八条 实施本科以上层次教育的非营利性民办高等学校，由省级人民政府相关部门办理登记。实施专科以下层次教育的非营利性民办学校，由省级人民政府确定的县级以上人民政府相关部门办理登记。

第九条 正式批准设立的营利性民办学校，依据法律法规规定的管辖权限到工商行政管理部门办理登记。

第十条 登记管理机关对符合登记条件的民办学校，依法依规予以登记，并核发登记证或者营业执照；对不符合登记条件的，不予登记，并以书面形式向申请人说明理由。

第十一条 民办学校的名称应当符合国家有关规定，体现学校的办学层次和类别。

第四章 事项变更和注销登记

第十二条 民办学校涉及办学许可证、登记证或者营业执照上事项变更的，依照法律法规和有关规定到原发证机关办理变更手续。其中，民办本科高等学校办学许可证上除名称外需核准的其他事项变更，由省级人民政府核准。

第十三条 民办学校终止办学应当及时办理撤销建制、注销登记手续，将办学许可证、登记证或者营业执照正副本缴回原发证机关。

第五章 现有民办学校分类登记

第十四条 现有民办学校选择登记为非营利性民办学校的，依法修改学校章程，继续办学，履行新的登记手续。

第十五条 现有民办学校选择登记为营利性民办学校的，应当进行财务清算，经省级以下人民政府有关部门和相关机构依法明确土地、校舍、办学积累等财产的权属并缴纳相关税费，办理新的办学许可证，重新登记，继续办学。

第十六条 民办学校变更登记类型的办法由省级人民政府根据国家有关规定，结合地方实际制定。

第六章 附则

第十七条 本细则所称现有民办学校为2016年11月7日《全国人民代表大会常务委员会关于修改〈中华人民共和国民办教育促进法〉的决定》公布前经批准设立的民办学校。本细则所称的审批机关包括县级以上教育、人力资源社会保障部门以及省级人民政府。本细则所称的登记管理机关包括县级以上民政、编制、工商行政管理部门。

第十八条 本细则由教育部、人力资源社会保障部、民政部、中央编办、工商总局负责解释。

教育部 人力资源社会保障部 工商总局关于印发《营利性民办学校监督管理实施细则》的通知

（2016年12月30日）

各省、自治区、直辖市教育厅（教委）、人力资源社会保障厅（局）、工商行政管理局：

2016年11月7日，全国人民代表大会常务委员会通过了《全国人民代表大会常务委员会关于修改〈中华人民共和国民办教育促进法〉的决定》，规定对民办学校实行非营利性和营利性分类管理，并以国家主席习近平签署的中华人民共和国主席令（第五十五号）予以公布。《国务院关于鼓励社会力量兴办教育促进民办教育健康发展的若干意见》（国发〔2016〕81号，以下简称《若干意见》），全面部署了民办教育改革发展的各项政策措施。为深入贯彻落实党中央、国务院的决策部署，确保分类管理改革的有序推进，特研究制定《营利性民办学校监督管理实施细则》，现予印发。

民办学校分类管理是党中央、国务院确定的重大改革方向，是贯彻落实《民办教育促进法》修法精神的重要举措，是深化教育领域综合改革的重要内容。请各地务必高度重视，紧密结合《民办教育促进法》和《若干意见》的贯彻落实，科学稳妥做好营利性民办学校监督管理各项工作，明确任务，细化要求，落实责任，确保党中央、国务院决策部署的切实落地和教育系统的和谐稳定。

教育部
人力资源社会保障部
工商总局
2016年12月30日

营利性民办学校监督管理实施细则

第一章 总则

第一条 为贯彻落实《国务院关于鼓励社会力量兴办教育促进民办教育健康发展的若干意见》，规范营利性民办学校办学行为，促进民办教育健康发展，根据《中华人民共和国教育法》《中华人民共和国民办教育促进法》和2016年11月7日《全国人民代表大会常务委员会关于修改〈中华人民共和国民办教育促进法〉的决定》等法律法规，制定本细则。

第二条　社会组织或者个人可以举办营利性民办高等学校和其他高等教育机构、高中阶段教育学校和幼儿园，不得设立实施义务教育的营利性民办学校。

社会组织或者个人不得以财政性经费、捐赠资产举办或者参与举办营利性民办学校。

第三条　营利性民办学校应当遵守国家法律法规，全面贯彻党的教育方针，坚持党的领导，坚持社会主义办学方向，坚持立德树人，对受教育者加强社会主义核心价值观教育，培养德、智、体、美等方面全面发展的社会主义建设者和接班人。

营利性民办学校应当坚持教育的公益性，始终把培养高素质人才、服务经济社会发展放在首位，实现社会效益与经济效益相统一。

第四条　审批机关、工商行政管理部门和其他相关部门在职责范围内，依法对营利性民办学校行使监督管理职权。

第二章　学校设立

第五条　批准设立营利性民办学校参照国家同级同类学校设置标准，一般分筹设、正式设立两个阶段。经批准筹设的营利性民办学校，举办者应当自批准筹设之日起3年内提出正式设立申请，3年内未提出正式设立申请的，原筹设批复文件自然废止。

营利性民办学校在筹设期内不得招生。

第六条　审批机关应当坚持高水平、有特色导向批准设立营利性民办学校。设立营利性民办高等学校，应当纳入地方高等学校设置规划，按照学校设置标准、办学条件和学科专业数量等严格核定办学规模。中等以下层次营利性民办学校办学规模由省级人民政府根据当地实际制定。

第七条　营利性民办学校注册资本数额要与学校类别、层次、办学规模相适应。

第八条　举办营利性民办学校的社会组织或者个人应当具备与举办学校的层次、类型、规模相适应的经济实力，其净资产或者货币资金能够满足学校建设和发展的需要。

第九条　举办营利性民办学校的社会组织，应当具备下列条件：

（一）有中华人民共和国法人资格。

（二）信用状况良好，未被列入企业经营异常名录或严重违法失信企业名单，无不良记录。

（三）法定代表人有中华人民共和国国籍，在中国境内定居，信用状况良好，无犯罪记录，有政治权利和完全民事行为能力。

第十条　举办营利性民办学校的个人，应当具备下列条件：

（一）有中华人民共和国国籍，在中国境内定居。

（二）信用状况良好，无犯罪记录。

（三）有政治权利和完全民事行为能力。

第十一条　申请筹设营利性民办学校，举办者应当提交下列材料：

（一）筹设申请报告。内容主要包括：举办者的名称、地址或者姓名、住址及其资质，筹设学校的名称、地址、办学层次、办学规模、办学条件、培养目标、办学形式、内部管理机制、党组织设置、经费筹措与管理使用等。

（二）设立学校论证报告。

（三）举办者资质证明文件。举办者是社会组织的，应当包括社会组织的许可证、登记证或者营业执照、法定代表人有效身份证件复印件，决策机构、权力机构负责人及组成人员名单和有效身份证件复印件，有资质的会计师事务所出具的该社会组织近2年的年度财务会计报告审计结果，决策机构、权力机构同意投资举办学校的决议。举办者是个人的，应当包括有效身份证件复印件、个人存款、有本人签名的投资举办学校的决定等证明文件。

（四）资产来源、资金数额及有效证明文件，并载明产权。

（五）民办学校举办者再申请举办营利性民办学校的，还应当提交其举办或者参与举办的现有民办学校的办学许可证、登记证或者营业执照、组织机构代码证、校园土地使用权证、校舍房屋产权证明复印件，近2年年度检查的证明材料，有资质的会计师事务所出具的学校上年度财务会计报告审计结果。

（六）有两个以上举办者的，应当提交合作办学协议，明确各举办者的出资数额、出资方式、权利义务，举办者的排序、争议解决办法等内容。出资计入学校注册资本的，应当明确各举办者计入注册资本的出资数额、出资方式、占注册资本的比例。

第十二条　申请正式设立营利性民办学校，举办者应当提交下列材料：

（一）正式设立申请报告。

（二）筹设批准书。

（三）举办者资质证明文件。提交材料同本细则第十一条第（三）项。

（四）学校章程。

（五）学校首届董事会、监事（会）、行政机构负责人及组成人员名单和有效身份证件复印件。

（六）学校党组织负责人及组成人员名单和有效身份证件复印件，教职工党员名单。

（七）学校资产及其来源的有效证明文件。

（八）学校教师、财会人员名单及资格证明文件。

第十三条　直接申请正式设立营利性民办学校的，须提交本细则第十一条第（二）项规定的材料、第十二条除第（二）项以外的材料。

第十四条　审批机关对批准正式设立的营利性民办学校发给办学许可证；对不批准正式设立的，应当书面说明理由。经审批正式设立的营利性民办学校应当依法到工商行政管理部门登记。

第十五条　设立营利性民办学校，要坚持党的建设同步谋划、党的组织同步设置、党的工作同步开展。

第三章　组织机构

第十六条　营利性民办学校应当建立董事会、监事（会）、行政机构，同时建立党组织、教职工（代表）大会和工会。

营利性民办学校法定代表人由董事长或者校长担任。

第十七条　营利性民办学校董事会、行政机构、校长应当依据国家有关法律法规和学校章程设立和行使职权。

第十八条　营利性民办学校监事会中教职工代表不得少于1/3，主要履行以下职权：

（一）检查学校财务。

（二）监督董事会和行政机构成员履职情况。

（三）向教职工（代表）大会报告履职情况。

（四）国家法律法规和学校章程规定的其他职权。

第十九条　有犯罪记录、无民事行为能力或者限制行为能力者不得在学校董事会、监事会、行政机构任职。一个自然人不得同时在同一所学校的董事会、监事会任职。

第二十条　营利性民办学校应当切实加强党组织建设，强化党组织政治核心和政治引领作用，在事关学校办学方向、师生重大利益的重要决策中发挥指导、保障和监督作用。推进双向进入、交叉任职，党组织书记应当通过法定程序进入学校董事会和行政机构，党员校长、副校长等行政机构成员可按照党的有关规定进入党组织领导班子。监事会中应当有党组织领导班子成员。营利性民办学校应当加强共青团组织建设，充分发挥教职工（代表）大会和工会的作用。

第四章　教育教学

第二十一条　营利性民办学校应当以培养人才为中心，遵循教育规律，不断提高教育教学质量，增强受教育者的社会责任感、创新精神、实践能力。

第二十二条　营利性民办学校应当抓好思想政治教育和德育工作。加强思想政治理论课和思想品德课教学，推进中国特色社会主义理论体系进教材、进课堂、进头脑。深入开展理想信念、爱国主义、集体主义、中国特色社会主义教育和中华优秀传统文化、革命传统文化、民族团结教育，引导师生员工树立正确的世界观、人生观、价值观。

第二十三条　实施学历教育的营利性民办学校应当按照国家规定设置专业、开设课程、选用教材。营利性民办幼儿园应当依据国家和地方有关规定科学开展保育和教育活动。

第二十四条　营利性民办学校招收学历教育学生、境外学生应当遵守国家有关规定，招生简章和广告应当报审批机关备案。其中，本科高等学校的招生简章和广告应当报省级人民政府教育行政部门备案。

第二十五条　营利性民办学校聘任的教师应当具备国家规定的教师资格或者相关专业技能资格，学校应当按照《中华人民共和国教师法》《中华人民共和国劳动合同法》等国家法律法规和有关规定与教职工签订劳动合同。学校应当加强教师师德建设和业务培训，依法保障教职工工资、福利待遇和其他合法权益。学校聘任外籍教师应当符合国家有关规定。

第五章　财务资产

第二十六条　营利性民办学校执行《中华人民共和国公司法》及有关法律规定的财务会计制度。学校应当独立设置财务管理机构，统一学校财务核算，不得账外核算。

第二十七条　营利性民办学校应当建立健全财务内部控制制度，按实际发生数列支，不得虚列虚报，不得以计划数或者预算数代替实际支出数。

第二十八条　营利性民办学校按学期或者学年收费，收费项目及标准应当向社会公示30天后执行。不得在公示的项目和标准外收取其他费用，不得以任何名义向学生摊派费用或者强行集资。

第二十九条　营利性民办学校收入应当全部纳入学校财务专户，出具税务部门规定的合法票据，由学校财务部门统一核算、统一管理，保障学校的教育教学、学生资助、教职工待遇以及学校的建设和发展。学校应当将党建工作、思想政治工作和群团组织工作经费纳入学校经费预算。

第三十条　营利性民办学校拥有法人财产权，存续期间，学校所有资产由学校依法管理和使用，任何组织和个人不得侵占、挪用、抽逃。营利性民办学校举办者不得抽逃注册资本，不得用教育教学设施抵押贷款、进行担保，办学结余分配应当在年度财务结算后进行。

第三十一条　营利性民办学校应当建立健全学校风险防范、安全管理制度和应急预警处理机制，保障学校师生权益、生命财产安全，维护学校安全稳定。学校法定代表人是学校安全稳定工作的第一责任人。

第六章　信息公开

第三十二条　营利性民办学校应当依据法律法规建立信息公开制度及信息公开保密审查机制，公开的信息不得危及国家安全、公共安全、经济安全、社会稳定和学校安全稳定。

第三十三条　营利性民办高等学校信息公开内容应当执行《高等学校信息公开办法》等国家有关规定，其他营利性民办学校信息公开办法由地方人民政府学校主管部门制定。

第三十四条　营利性民办学校应当按照《企业信息公示暂行条例》规定，通过国家企业信用信息公示系统，公示年度报告信息、行政许可信息以及行政处罚信息等信用信息。

第三十五条　营利性民办学校信息应当通过学校网站、信息公告栏、电子屏幕等场所和设施公开，并可根据需要设置公共阅览室、资料索取点方便调取和查阅。除学校已经公开的信息外，社会组织或者个人可以书面形式向学校申请获取其他信息。

第七章　变更与终止

第三十六条　营利性民办学校分立、合并、终止及其他重大事项变更，应当由学校董事会通过后报审批机关审批、核准，并依法向工商行政管理部门申请变更、注销登记手续。其中，营利性民办本科高等学校分立、合并、终止、名称变更由教育部审批，其他事项变更由省级人民政府核准。

第三十七条　营利性民办学校分立、合并、终止及其他重大事项变更，应当制定实施方案和应急工作预案，并按隶属关系报学校主管部门备案，保障学校教育教学秩序和师生权益不受影响。

第三十八条　营利性民办学校有下列情形之一的，应当终止：

（一）根据学校章程规定要求终止，并经审批机关批准的。

（二）被吊销办学许可证的。

（三）因资不抵债无法继续办学的。

第三十九条　营利性民办学校终止时，应当依法进行财务清算，财产清偿依据《中华人民共和国民办教育促进法》等法律法规和学校章程的规定处理，切实保障学校师生和相关方面的权益。

第四十条 营利性民办学校终止时，应当及时办理建制撤销、注销登记手续，将学校办学许可证正副本、印章交回原审批机关，将营业执照正副本缴回原登记管理机关。

第四十一条 营利性民办学校发生分立、合并、终止等重大事项变更，学校党组织应当及时向上级党组织报告，上级党组织应当及时对学校党组织的变更或者撤销作出决定。

第八章 监督与处罚

第四十二条 教育、人力资源社会保障行政部门依据《中华人民共和国民办教育促进法》规定的管理权限，对营利性民办学校实施年度检查制度。工商行政管理部门对营利性民办学校实施年度报告公示制度。

第四十三条 教育、人力资源社会保障行政部门依据《中华人民共和国民办教育促进法》规定的管理权限，加大对营利性民办学校招生简章的监管力度，对于使用未经备案的招生简章、发布虚假招生简章的民办学校依法依规予以处理。

第四十四条 教育、人力资源社会保障行政部门依据《中华人民共和国民办教育促进法》规定的管理权限，加强对营利性民办学校办学行为和教育教学质量的监督管理，依法依规开展督导和检查，组织或者委托社会组织定期进行办学水平和教育教学质量评估，并向社会公布评估结果。

第四十五条 教育行政部门应当加强对实施学历教育的营利性民办学校执行电子学籍和学历证书电子注册制度情况的监督，对非法颁发或者伪造学历证书、学位证书的营利性民办学校依法予以处理。

第四十六条 地方教育、人力资源社会保障及其他相关部门应当通过实施审计、建立监管平台等措施对营利性民办学校财务资产状况进行监督。

第四十七条 营利性民办学校违反《中华人民共和国教育法》《中华人民共和国民办教育促进法》及相关法律法规，有下列行为之一的，由教育、人力资源社会保障、工商行政部门或者其他相关部门依法责令限期改正，并予以警告；有违法所得的，退还所收费用后没收违法所得；情节严重的，责令停止招生、吊销办学许可证；构成犯罪的，依法追究刑事责任：

（一）办学方向、教学内容、办学行为违背党的教育方针，违反国家相关法律规定。

（二）办学条件达不到国家规定标准，存在安全隐患。

（三）提供虚假资质或者进行虚假广告、宣传等行为。

（四）筹设期间违规招生，办学期间违规收费。

（五）因学校责任造成教育教学及安全事故。

（六）抽逃办学资金、非法集资。

（七）存在其他违反法律法规行为。

第四十八条 民办学校有下列情形之一的，其举办者不得再举办或者参与举办营利性民办学校：

（一）法人财产权未完全落实。

（二）民办学校属营利性的，其被列入企业经营异常名录或严重违法失信企业名单。

（三）办学条件不达标。

（四）近 2 年有年度检查不合格情况。

（五）法律法规规定的其他情形。

第九章 附则

第四十九条 营利性民办培训机构参照本细则执行。

第五十条 本细则由教育部、人力资源社会保障部、工商总局负责解释。

中共教育部党组关于做好高等学校“学党章党规、学系列讲话，做合格党员”学习教育有关工作的通知

（2016年3月8日）

各省、自治区、直辖市党委教育工作部门，新疆生产建设兵团教育局党委，部属各高等学校党委：

根据《中共中央办公厅印发〈关于在全体党员中开展“学党章党规、学系列讲话，做合格党员”学习教育方案〉的通知》精神，现就高等学校做好“两学一做”学习教育工作通知如下。

一、高度重视，充分认识开展“两学一做”学习教育的重大意义

开展“两学一做”学习教育，是落实党章关于加强党员教育管理要求、面向全体党员深化党内教育的重要实践，是巩固拓展党的群众路线教育实践活动和“三严三实”专题教育成果，推动党内教育从“关键少数”向广大党员拓展、从集中性教育向经常性教育延伸的重要举措，是加强党的思想政治建设的重要部署，对于推动全面从严治党向基层延伸、保持发展党的先进性和纯洁性具有重大意义。

在高等学校深入开展“两学一做”学习教育，是今年高校党的建设工作的龙头任务，也是加强党对高校领导的有力抓手。各地党委教育工作部门和高校党委要站在协调推进“五位一体”总体布局和“四个全面”战略布局、贯彻落实五大发展理念的战略高度，深刻认识和准确把握开展学习教育的重要性和必要性，增强责任感和使命感，切实把思想和行动统一到中央部署要求上来。要将学习教育与全面贯彻党的教育方针结合起来，与落实立德树人根本任务结合起来，与提高教育质量结合起来，坚持把思想建设放在首位，进一步推动全面从严治党要求落实到高校基层党建工作的各个方面，进一步解决党员队伍在思想、组织、作风、纪律等方面存在的问题，激励高校基层党组织和党员干事创业、开拓进取，努力培养中国特色社会主义事业合格建设者和可靠接班人，为加快推进教育现代化，为全面建成小康社会发挥关键支撑作用提供坚强组织保证。

二、结合实际，把“两学一做”学习教育各项要求落到实处

开展“两学一做”学习教育，基础在学，关键在做。要紧密结合高校实际，坚决贯彻落实中央决策部署，推进高校“两学一做”学习教育取得实实在在的成效。

1. 准确把握目标要求。高校开展“两学一做”学习教育，主要任务是教育引导广大党员干部师生尊崇党章、遵守党规，用习近平总书记系列重要讲话精神统一思想行动，做合格党员。学习教育的主要目标是进一步坚定理想信念，提高党性觉悟；进一步增强政治意识、大局意识、核心意识、看齐意识，坚定正确政治方向；进一步树立清风正气、严守政治纪律政治规矩；进一步强化宗旨观念，勇于担当作为。学习教育的基本要求是，区分层次，突出正常教育，有针对性地解决问题。坚持“学”要带着问题学，“做”要针对问题改，着力解决一些党员存在的理想信念模糊动摇、党的意识淡化、宗旨观念淡薄、精神不振和道德行为不端等问题。高校各级党组织要紧密结合学校党的建设、党员队伍管理中存在的突出问题，切实把增强针对性、解决突出问题贯穿学习教育始终。

2. 聚焦学习教育内容。学党章党规，要通读熟读党章，认真学习中国共产党廉洁自律准则、纪律处分条例等党内法规；学系列讲话，要按照中央要求，区别普通党员和党员领导干部，认真学习习近平总书记系列重要讲话读本等有关书目材料，

结合高等教育实际，深入学习习近平总书记关于教育工作的重要论述。高校党委、院（系）级党委要把毛泽东同志《党委会的工作方法》纳入学习教育内容。做合格党员，就是要进一步强化党员干部师生的党员意识，按照党员标准规范言行，做讲政治、有信念，讲规矩、有纪律，讲道德、有品行，讲奉献、有作为的合格党员，发挥先锋模范作用。高校党员领导干部要按照政治家、教育家要求，做信念坚定、为民服务、勤政务实、敢于担当、清正廉洁的好干部；教师党员要自觉践行“四有”好老师标准，自觉爱党护党为党，敬业修德，奉献社会，带头践行社会主义核心价值观，踊跃投身教育创新实践，不断提高业务能力和教育教学质量，做学生健康成长的指导者和引路人；学生党员要做勤学修德明辨笃实的表率，坚定理想信念，练就过硬本领，勇于创新创造，矢志艰苦奋斗，锤炼高尚品格，不断增强道路自信、理论自信、制度自信，增强社会责任感、创新精神、实践能力。

3. 有效把握方法措施。学习教育是面向全体党员的正常的思想政治教育，要突出常态化教育的特点，不搞成一次活动。要注重把握工作原则，坚持正面教育为主、用科学理论武装头脑，坚持学用结合、知行合一，坚持问题导向、注重实效，坚持领导带头、以上率下，坚持从实际出发、分类指导。要采取有效组织方式，以党支部为基本单位，以“三会一课”等党的组织生活为基本形式，以落实党员教育管理制度为基本依托，坚持党内既有制度，探索抓好经常性教育。要抓实抓好规定动作，做好围绕专题学习讨论、创新方式讲党课、召开党支部专题组织生活会、开展民主评议党员、立足岗位作贡献、领导机关领导干部作表率，环环相扣，有机推进。要把开展学习教育与推动高校中心工作有机结合起来，结合实际开展学习教育，发挥党支部自我净化、自我提高的主动性，完善基层党组织整体功能。将学习教育中形成的好的做法以制度形式巩固下来，不断完善党内经常性教育机制，推进高校党的思想政治建设抓在日常、严在经常。

4. 推动解决突出问题。要以学习教育为契机，推动解决高校基层党建工作的重点难点问题，进一步严密党的组织体系，严肃党的组织生活，严格党员教育管理，严明党建工作责任。注意抓薄弱环节，着力推动解决党的组织生活、党员教育管理工作特别是基层党组织软弱涣散问题，配齐配强院（系）级党组织书记，配强教师党支部书记，确保学习教育有人抓、有人管，把全面从严治党要求落实到每个支部、每名党员，使党的组织生活和党员教育管理真正严起来、实起来，解决少数院（系）级党组织和基层党支部组织生活不严肃、不认真、不经常的问题。要推动解决一些民办高校党委地位缺失，政治核心作用难以发挥，基层党建工作不规范，基层党组织不健全甚至未设立党组织等突出问题。要组织集中排查党员特别是毕业生党员组织关系，摸清“口袋”党员、长期与党组织失去联系党员情况，理顺党员组织关系，使每名党员都纳入党组织有效管理，参加学习教育。探索开展党组织关系保留在学校的毕业生党员的学习教育工作。

三、精心组织，切实加强对高校开展“两学一做”学习教育工作的领导

1. 加强组织领导。各高校党委要把开展“两学一做”学习教育作为一项重大任务，摆上党委重要议事日程，尽好责、抓到位、见实效，按照属地原则，在地方党委领导下，结合实际对学习教育作出部署安排，抓紧制定实施方案，切实加强组织领导，保障工作力量，加强督查指导。高校党委组织部门要发挥牵头组织协调作用，学校纪委、宣传部门、党校配合做好相关工作。院（系）级党组织要对所辖党支部进行全覆盖、全过程指导，帮助党支部制订学习教育计划，派员参加党支部各项活动。党支部作为学习教育的基本单位，要严格落实学习教育各项要求。要对院（系）级党组织书记、党支部书记、组织委员、组织员等党务骨干普遍进行培训，帮助他们掌握工作方法，明确工作要求。教育部成立“两学一做”学习教育协调小组，协调指导高校开展好学习教育。

2. 突出责任落实。组织开展好“两学一做”学习教育是各级党委的重要职责，要把学习教育作为高校党的建设的重要任务，纳入党建工作责任制考评内容，纳入党组织书记抓党建述职评议考核，层层落实责任、强化组织保障。高校各级党组织书记要承担起主体责任，管好干部、带好班子，管好党员、带好队伍，层层示范带动，层层传导压力，从严从实抓好学习教育。党员领导干部要严格执行双重组织生活制度。要强化督查指导，既为基层学习教育提供组织保障，又通过学习教育帮助基层解决重点难点问题。督查指导要注意方式方法，既要督促依靠基本制度抓好学习教育，又要注意发挥基层的主动性创造性，给基层留出空间和余地，鼓励结合实际采取管用有效办法，不搞“一刀切”。

3. 加强宣传引导。充分利用校报校刊、校园网、电台、电视台开设专栏、专版，利用手机报、微信微博等，开发制作形象直观、丰富多样的学习资源，及时推送学习内容，引导党员利用网络自主学习、互动交流，扩大学习教育覆盖面。注重及时宣传推广“两学一做”学习教育的做法和成效，营造良好氛围。注重典型带动，结合纪念建党95周年，做好高校优秀共产党员、优秀党务工作者、先进基层党组织评选表彰工作，选树、宣传一批叫得响、立得住、师生群众公认的优秀共产党员。

各地各高校开展“两学一做”学习教育情况及时报我部“两学一做”学习教育协调小组。

中共教育部党组

2016年3月8日

中共教育部党组关于印发《中共教育部党组贯彻〈中国共产党巡视工作条例〉实施办法》的通知

（2016年3月14日）

部内各司局、各直属单位，部属各高等学校党委，各驻外使领馆教育处组：

为贯彻《中国共产党巡视工作条例》，深化教育部巡视工作，经部党组会议研究，现将《中共教育部党组贯彻〈中国共产党巡视工作条例〉实施办法》印发给你们。请认真贯彻落实。

中共教育部党组

2016年3月14日

中共教育部党组贯彻《中国共产党巡视工作条例》实施办法

第一章　总则

第一条　为贯彻《中国共产党巡视工作条例》（以下简称巡视工作条例），深化教育部巡视工作，结合工作实际，制定本实施办法。

第二条　按照中央要求，教育部党组对直属高校、直属单位等党组织开展巡视。对巡视对象每五年至少巡视一次，实现巡视全覆盖。

部党组履行巡视工作的主体责任，党组书记是第一责任人。

第三条　坚持中央巡视工作指导思想，落实中央巡视工作方针，突出坚持党的领导，聚焦全面从严治党，深化政治巡视，发现问题，形成震慑，倒逼改革，推动发展。

第四条　巡视工作由部党组统一领导，相关部门协同配合；坚持实事求是、依法依规；坚持群众路线、发扬民主。

第二章 机构和人员

第五条 部党组成立巡视工作领导小组，向部党组负责并报告工作。

巡视工作领导小组组长由部党组书记担任，副组长由部党组副书记和驻部纪检组组长担任，成员由驻部纪检组、人事司、办公厅、财务司、巡视工作办公室、直属机关党委等部门主要负责人担任。

巡视工作领导小组组长为组织实施巡视工作的主要责任人，日常工作由驻部纪检组组长负责。

第六条 巡视工作领导小组在中央巡视工作领导小组和部党组领导下开展工作，工作职责是：

（一）贯彻党中央和部党组有关决议、决定；

（二）研究提出巡视工作规划、年度计划和阶段任务安排；

（三）听取巡视工作汇报；

（四）研究巡视成果的运用，分类处置，提出相关意见和建议；

（五）向部党组报告巡视工作情况；

（六）向中央巡视工作领导小组报告年度工作计划、工作总结和其他重要事项；

（七）对巡视组进行管理和监督；

（八）研究处理巡视工作中的其他重要事项。

第七条 巡视工作领导小组下设办公室，为其日常办事机构，作为党组工作部门，具体工作由教育部巡视工作办公室承担。

第八条 巡视工作领导小组办公室的职责是：

（一）向巡视工作领导小组报告工作情况，传达贯彻巡视工作领导小组的决策和部署；

（二）统筹、协调、指导巡视组开展工作；

（三）承担政策研究、制度建设等工作；

（四）对部党组、巡视工作领导小组决定的事项进行督办；

（五）定期组织召开巡视工作领导小组成员单位联席会议，通报情况，会商研究问题，落实巡视工作领导小组工作部署要求；

（六）配合有关部门对巡视工作人员进行培训、考核、监督和管理；

（七）办理巡视工作领导小组交办的其他事项。

第九条 部党组设立巡视组，承担巡视任务。巡视组向巡视工作领导小组负责并报告工作。

巡视组设组长、副组长、巡视专员和其他职位。巡视组实行组长负责制，组长是第一责任人，副组长协助组长开展工作。巡视组组长、副组长根据每次巡视任务确定，由部党组授权、任职。

第十条 选配巡视工作人员严格按照巡视工作条例第十一条规定的标准条件进行，对不适合从事巡视工作的人员，应当及时予以调整。

巡视工作人员应当按照规定进行轮岗交流。

巡视工作人员实行任职回避、地域回避、公务回避。

第十一条 建立巡视组组长库和巡视专业人才库，实行动态调整。选好配强巡视组组长，配备专职干部担任司局级、处级巡视专员，选拔后备干部、优秀年轻干部参加巡视工作或到巡视组挂职锻炼，建立专兼职结合的巡视干部队伍。

第三章 巡视范围和内容

第十二条 巡视对象和范围是：

（一）直属高校（不含中央巡视组巡视对象）党组织领导班子及其成员；

（二）直属单位党组织领导班子及其成员；

（三）部党组要求巡视的其他党组织领导班子及其成员。

第十三条 巡视组按照巡视工作条例第十五条的规定，紧扣“六项纪律”，深入查找党的领导弱化、党的建设缺失、全面从严治党不力等突出问题，以及部党组要求了解的其他问题。

结合教育工作实际，注重对全面贯彻党的教育方针、坚持社会主义办学方向、执行党委领导下的校长负责制和高校宣传思想工作等情况进行监督。

第十四条 根据工作需要，针对被巡视单位的重点人、重点事、重点问题或者巡视整改情况，开展灵活机动的专项巡视或者巡视回访检查。结合巡视开展选人用人专项检查。

第四章 工作方式和权限

第十五条 巡视组应当依照巡视工作条例第十七条规定的工作方式开展工作。可以结合工作实际，探索创新适合教育特点的方式方法。

第十六条　巡视组依靠被巡视单位党组织开展工作，不干预被巡视单位的正常工作，不履行执纪审查的职责，不对重要情况和重大问题作个人表态。

第十七条　巡视组应当严格执行请示报告制度，对巡视工作中的重要情况和重大问题及时向巡视工作领导小组请示报告。特殊情况下，巡视组可以直接向部党组书记报告。

第十八条　巡视期间，经巡视工作领导小组批准，巡视组可以将被巡视单位党组织管理的干部涉嫌违纪违法的具体问题线索，移交有关纪律检查机关处理；对明显违反中央八项规定精神和“四风”问题，向被巡视单位党组织提出意见并督促其整改落实。

第五章　工作程序

第十九条　巡视准备期间，巡视组应当向纪检、组织人事、财务（审计）、机关党委、信访等部门了解被巡视单位党组织领导班子及其成员以及被巡视单位的有关情况。有关部门单位应当认真负责地向巡视组介绍情况，并按巡视组要求提供相关书面材料。

第二十条　巡视了解期间，巡视组应当按照巡视工作条例规定的程序开展工作。对反映被巡视单位党组织领导班子及其成员的重要问题和线索，可以进行深入了解。

根据工作需要，巡视工作领导小组可以听取巡视组阶段性工作情况汇报，及时了解掌握情况，研究提出工作意见。

第二十一条　巡视了解工作结束后，巡视组应当形成巡视情况报告、领导干部问题线索报告、谈话情况报告。巡视情况报告应当客观准确，主要反映巡视发现的突出问题，并有针对性地提出意见建议。

对党风廉政建设等方面存在的普遍性、倾向性问题和其他重要问题，应当形成专题报告，分析原因，提出建议。

第二十二条　巡视工作领导小组应当及时听取巡视组的巡视情况汇报，研究提出处理意见，报部党组决定。

第二十三条　巡视反馈要直指问题，分层次进行。向被巡视单位党组织和行政主要负责人反馈，除涉及本人的问题，其他问题原则上都要反馈，督促其发挥好表率作用，抓好班子，带好队伍，强化管党治党的责任担当；向领导班子反馈，对党组织落实“两个责任”、班子成员履行“一岗双责”提出明确要求；向党员干部反馈，重在发挥警示教育作用，唤醒党章党规党纪意识。

被巡视单位党组织和行政主要负责人应当场签收反馈意见。

第二十四条　巡视整改重在解决问题。巡视反馈后，被巡视单位党组织应当于15日内将整改方案、2个月内将集中全面整改情况报告和主要负责人组织落实整改情况报告报送巡视工作领导小组。整改方案应当对照巡视反馈意见指出的问题和提出的意见建议，建立台账，明确任务清单、责任清单。整改报告应当如实反映整改落实情况、工作举措、工作实效，以及中长期深化整改工作安排。

被巡视单位党组织承担整改落实主体责任，主要负责人为落实整改工作第一责任人。

第二十五条　对巡视发现的问题和线索，由巡视工作领导小组提出意见后，依照干部管理权限和职责分工进行移交。对领导干部涉嫌违纪的线索和作风方面的突出问题，移交纪检部门；对执行民主集中制、干部选拔任用等方面存在的问题，移交组织人事部门；其他问题移交相关部门单位。

第二十六条　纪检、组织人事部门应当优先办理巡视移交的问题或线索，及时研究提出处理意见。相关部门单位应当及时办理巡视转办事项，分析研判涉及的普遍性、倾向性问题，提出对策建议。有关办理情况3个月内报巡视工作领导小组。

第二十七条　组织人事部门应当将巡视结果作为干部考核评价、选拔任用的重要依据。

第二十八条　实行移交问题线索和整改台账管理制度，限时督办检查。巡视工作领导小组办公室应当及时督促有关部门单位办理移交转办事项，对被巡视单位整改落实情况进行跟踪了解，适时开展实地检查，并向巡视工作领导小组报告有关情况。

巡视工作领导小组可以直接听取被巡视单位整改情况汇报。

第二十九条　实行情况通报和信息公开制度。部党组定期向部机关、直属高校、直属单位、驻外教育机构通报巡视情况。巡视进驻、巡视反馈、巡视整改的有关情况，在被巡视单位的相关媒体和教育部网站同时公开，接受党员、干部、群众监督。

第六章　纪律与责任

第三十条　部党组和巡视工作领导小组应当加强对巡视工作的领导。纪检、组织人事、财务（审计）、信访等部门应当支持配合巡视工作，形成监督合力。巡视组组长应当强化责任意识和担当精神，巡视工作人员应当严格遵守巡视工作纪律和各项规章制度。被巡视单位党组织领导班子及其成员应当自觉接受巡视监督，积极配合巡视组开展工作。党员有义务向巡视组如实反映情况。

第三十一条　对履行职责不力、整改落实不力、支持配合不力的，部党组依据有关规定追究相关责任人员的责任。

对违反巡视工作条例第三十五条规定的巡视工作人员，对违反巡视工作条例第三十七条规定的被巡视单位领导班子主要负责人或者其他有关责任人员，视情节轻重，给予批评教育、组织处理或者纪律处分；涉嫌犯罪的，移送司法机关依法处理。

第七章　附则

第三十二条　本办法由巡视工作领导小组负责解释。

第三十三条　本办法自印发之日起施行。

中共教育部党组关于深入学习贯彻习近平总书记有关教育工作和青年成长成才重要指示精神开展“五四”系列主题教育活动的通知

（2016年4月28日）

各省、自治区、直辖市党委教育工作部门、教育厅（教委），新疆生产建设兵团教育局，部属各高等学校党委：

今年是五四运动97周年，也是“十三五”开局之年。利用“五四”前后一段时期，深入学习贯彻习近平总书记有关教育工作和青年成长成才重要论述，广泛开展主题教育活动，对于教育引导广大青年师生弘扬五四精神，凝聚青春力量，为全面建成小康社会和实现中华民族伟大复兴中国梦而奋斗，具有十分重要的意义。现将有关要求通知如下。

一、深入学习贯彻习近平总书记有关教育工作和青年成长成才重要指示精神

党的十八大以来，习近平总书记对教育工作和青年成长成才发表了一系列重要论述。总书记强调，我国将坚定实施科教兴国战略，始终把教育摆在优先发展的战略位置，不断扩大投入，努力让每个孩子享有受教育机会，努力让13亿人民享有更好更公平的教育。要深化教育改革，推进素质教育，创新教育方法，提高人才培养质量，努力形成有利于创新人才成长成才的育人环境。总书记指出，青年最富有朝气、最富有梦想，青年兴则国家兴，青年强则国家强。广大青年要坚定理想信念，练就过硬本领，勇于创新创造，矢志艰苦奋斗，锤炼高尚品格，在实现中国梦的生动实践中放飞青春梦想，在为人民利益的不懈奋斗中书写人生华章。广大青年培育和践行社会主义核心价值观要从现在做起，从自身做起，在勤学、修德、明辨、笃行上下功夫。希望越来越多的青年到基层和人民中去建功立业，让青春绽放在祖国最需要的地方，在实现中国梦的伟大实践中书写别样精彩的人生。总书记关于教育工作和青年成长成才的重要论述内涵丰富，思想深刻，丰富和发展了中国特色社会主义教育理论，为深化教育领域综合改革、促进青年师生健康成长提供了行动指南和根本遵循。

今年“五四”前夕，习近平总书记又通过贺信和到有关高校视察，对教育工作和青年成长成才作出重要指示。4月22日，总书记致信祝贺清华大学建校105周年，强调办好高等教育，事关国家发展，事关民族未来；我国高等教育要紧紧围绕实现“两个一百年”奋斗目标，实现中华民族伟大复兴中国梦，源源不断培养大批德才兼备的优秀人才；要坚持正确方向、坚持立德树人、坚持服务国家、坚持改革创新，面向世界、勇于创新、树立自信、保持特色，广育祖国和人民需要的各类人才，深度参与创新驱动发展战略实施，努力在创建世界一流大学方面走在前列，为国家发展、人民幸福、人类文明进步作出新的更大贡献。4月26日，总书记到中国科学技术大学视察，与青年学生亲切交流，希望同学们肩负时代责任，高扬理想风帆，静下心来刻苦学习，努力练好人生和事业的基本功，做有理想、有追求的大学生，做有担当、有作为的大学生，做有品质、有修养的大学生。总书记的贺信和重要讲话语重心长、情真意切、思想深邃、意境高远，充分体现了党中央对青年师生的亲切关怀和殷切期望、对高等教育改革发展的高度重视，为广大青年师生成长发展指明了方向。

各地教育部门和高校要认真学习贯彻习近平总书记关于教育工作和青年成长成才重要指示精神，把思想和行动统一到党中央对当代青年的希望、对教育改革发展的要求上来。要按照“五位一体”总体布局和“四个全面”战略布局，以新的发展理念为引领，全面提高教育质量，加快推进教育现代化，为全面建成小康社会发挥关键支撑作用。要全面贯彻党的教育方针，坚持育人为本、德育为先，坚持以理服人、以文化人，落实立德树人根本任务，为党和人民事业培养合格建设者和可靠接班人。

二、积极组织广大青年师生广泛开展“五四”系列主题教育活动

1. 深入开展以“坚定理想信念，立志成才报国”为主题的党日团日活动。党日团日活动是开展理想信念教育的重要载体。要通过邀请名师名家讲党课团课等形式，进一步深化广大青年师生对以习近平同志为总书记的党中央治国理政新思想新实践的认识和理解，增强对中国特色社会主义的道路自信、理论自信、制度自信。要通过瞻仰革命遗迹、缅怀革命先烈等形式，进一步深化革命传统教育，教育引导青年师生树立报国理想，培养家国情怀。要通过对优秀青年师生的表彰和宣传等形式，进一步发挥先进典型的示范引领和辐射带动作用，大力营造崇德向善、见贤思齐的良好氛围。要通过深入开展“两学一做”学习教育，进一步加强党员青年的政治理论学习，充分发挥党员的先锋模范作用。

2. 深入开展以“传承中华文化、践行核心价值”为主题的理论研讨和学习宣讲活动。中华优秀传统文化是社会主义核心价值观最深厚的文化基因、精神纽带、价值源泉。要通过开展理论研讨、论文征集等活动，进一步研究明确中华优秀传统文化的核心内容、基本要素和实现形式，让优秀传统文化教育有规可依，有章可循。要通过集中创作推广一批诗词、小说、电影等集思想性和艺术性一体的文化产品，结合各地各校的地缘优势和历史、文化、革命传统，讲好中国故事，传播好中国声音，提升青年师生对核心价值观的文化体察和精神共鸣。要通过开展文化宣讲进社区、进工厂、进乡村等活动，组织青年师生结合传统文化的学习和传扬，宣讲社会主义核心价值观、践行社会主义核心价值观，推动核心价值观教育知行合一。

3. 深入开展以“凝聚青春力量、展示青春风采”为主题的校园文化建设活动。校园文化活动对学生世界观、人生观、价值观的养成有着潜移默化的深远影响。要通过开展高雅艺术进校园、五四文艺展演等活动，进一步提升青年师生的审美情操和人文素养。要通过编排创作、组织观看以爱国将领、革命英雄、科学先驱、道德模范、敬业典型、公益标兵等为原型的优秀歌舞剧、音乐剧、话剧等形式，进一步发挥艺术的育人功能，提升青年师生的艺术参与能力和品鉴能力。要通过开展歌舞器乐、琴棋书画比赛展示等活动，充分展现青年师生昂扬向上的精神风貌和全面发展的青春风采。要通过举办运动会、长走长跑比赛、“525”心理健康教育节等活动，教育引导青年师生锻炼健康体魄，培养积极向上、阳光平和的心理素质。

4. 深入开展以“矢志艰苦奋斗，勇于创新创造”为主题的社会实践活动。青年师生要更好地成长成才，不仅要重视书本知识的积累，而且要经受社会实践的磨砺。要精心组织开展“三下乡”社会实践和“志愿服务西部”等实践活动，引导青年师生坚持学以致用、深入基层、深入群众、深入西部、深入农村，深入一线，在改革开放和社会主义现代化建设的大熔炉中去学习锻炼、做出贡献。要扎实做好毕业生教育和就业指导工作，引导青年学生不怕困难，勇于到条件艰苦的基层，到国家建设一线，到项目攻关前沿去就业创业，建功立业。要通过开展科研技能比赛、创新创业大赛等活动，积极营造大众创新、万众创业的良好氛围，切实加强创新创业教育和训练，为青年师生的理论创新和实践探索搭建更广阔的舞台，提供更丰富的机会，创造更有利的条件。

5. 深入开展以“传播正能量、弘扬主旋律”为主题的网络文明教育活动。网络已成为青年师生工作学习生活的“第一环境”，网络文明素养已成为青年师生思想道德修养的重要体现。要通过举办大学生网络文化节、网络宣传思想教育优秀作品展示等活动，教育引导青年师生积极参与网络文化作品创作生产，推出一批有筋骨、有道德、有温度的优秀网络文化作品，营造正能量充沛、主旋律高昂的校园网络空间。要通过开展“网络文明主题校园巡讲”“网络文明主题辩论赛”等活动，引导青年师生传播网络文明理念，展示网络文明风采，遵守网络行为规范，倡导文明健康的网络生活方式。要通过开展网络安全知识竞赛等形式，着力培养培育具有“高度的安全意识、文明的网络素养、守法的行为习惯、必备的防护技能”的新一代“四有”校园好网民，推动实现网络空间的天朗气清。

三、切实加强对总书记重要指示精神学习贯彻和系列主题教育活动的组织领导

各地教育部门和高校要把学习贯彻习近平总书记重要指示精神，组织开展“五四”系列主题教育活动，作为当前一项政治任务，高度重视，加强领导，周密部署，扎实推进。

精心组织，广泛动员。开展“五四”系列主题教育活动是学习宣传阐释习近平总书记系列重要讲话精神、推动社会主义核心价值观教育、凝聚青年师生智慧和力量的良好契机，要精心设计方案，系统科学规划，强化组织保障；要广泛发动、深入动员，鼓励广大青年师生积极参与；要通过师生喜闻乐见的形式、深刻生动的内容，让广大师生在活动中受教育、长才干。

统筹推进，注重实效。要把开展“五四”系列主题教育活动与学习贯彻习近平总书记系列重要讲话精神特别是关于教育工作和青年成长成才重要论述紧密结合起来，与推进教育改革发展实际紧密结合起来，与广大师生的学习生活工作实际结合起来，积极创新主题教育活动的内容和形式，努力探索深化主题教育活动实效的长效机制，不断增强主题教育的针对性、实效性和科学性。

加强宣传，营造氛围。要综合运用报刊、广播、电视、网络等各类媒体开设专栏专版和专门频道，广泛宣传展示各地各校推进“五四”系列主题教育活动的好经验、好做法、好成果，深入挖掘报道广大青年师生的先进典型和优秀事迹，迅速营造学习贯彻总书记重要指示精神，开展“五四”系列主题教育活动的浓厚氛围。

各地各高校学习贯彻习近平总书记重要指示精神，开展“五四”系列主题教育活动的有关情况，请及时报告我部。

中共教育部党组
2016年4月28日

中共教育部党组　中央纪委驻教育部纪检组关于高等学校践行监督执纪四种形态的指导意见

（2016年5月13日）

各省、自治区、直辖市党委教育工作部门，部属各高等学校党委、纪委：

践行监督执纪四种形态，是新形势下推动全面从严治党的重大创新，是深入开展党风廉政建设和反腐败斗争的重要举措，是恢复、弘扬党的优良传统的现实要求。为推动四种形态在高等学校的贯彻落实，推动全面从严治党重大战略部署在高等学校的贯彻落实，进一步加强党的建设，深化党风廉政建设和反腐败工作，现就高等学校践行监督执纪四种形态提出如下指导意见。

一、指导思想、工作原则和目标要求

1. 指导思想。以党的十八大精神为统领，以习近平总书记系列重要讲话精神为指导，以中央纪委各项政策要求为遵循，以维护党章党规党纪、强化党内监督为重点，按照“纪严于法、纪在法前”的要求，用更高的标准、更严的纪律要求约束各级党组织和党员干部，切实加强源头治理，营造良好政治生态和育人环境，厚植党执政的政治基础。

2. 工作原则。坚持抓早抓小、防微杜渐，加强日常监管，切实抓苗头、管小节、纠小错，使党员干部知敬畏、存戒惧、奔高线；坚持动辄则咎、及时纠偏，对存在轻微违纪行为的党员干部，依纪给予轻处分或组织调整，把问题解决在初始阶段，防止小错酿成大错；坚持治病救人、防止破法，对存在严重违纪行为的党员干部，综合考虑其情节性质、后果影响、悔错纠错等情况，依纪给予重处分或作出重大职务调整，防止党员干部走上违法犯罪的道路；坚持反腐惩恶、除恶务尽，保持惩治腐败高压态势，发现严重违纪涉嫌违法犯罪的行为，做好案件检查、纪律处分和案件移送，确保高校党组织和党员队伍的纯洁性。

3. 目标要求。通过严明纪律把党的领导落到实处，抓住关键少数，管住全体党员，实现惩处极少数、教育大多数的政治效果和社会效果。

二、加强日常监管，让咬耳扯袖、红脸出汗成为常态

4. 经常谈心交心。学校各级党组织、纪检部门和领导干部要围绕纪律、作风、思想等方面情况，经常与党员干部谈心交心，开展深入细致的思想政治工作，帮助解决思想问题和实际困难。学校党委书记每半年至少要与班子成员进行一次谈心活动，要定期与下属单位、部门主要负责人进行谈心活动，党委其他成员每年要与分管部门领导班子成员、联系单位主要负责人进行一次谈心活动。对涉及选人用人、财务管理、科研经费、基建工程、物资采购、校办企业等重点领域和重点岗位的领导干部要进行重点谈心交心。对于党委班子成员以及下属单位、部门主要负责人违反党规党纪的一些现象、苗头性问题，往往被视作作风、小节或疑似违纪的问题，党委书记、分管或联系的班子成员听到看到后都要及时询问提醒。

5. 适时开展通报批评、民主生活会上自我剖析。对经核查确有轻微违规违纪行为的党员干部、巡视中发现的违反党纪党规的问题、领导干部经济责任审计中发现的问题，要在一定范围的内部会议上点名批评、民主生活会上作批评和自我批评，提出整改措施。学校党委每年至少召开一次民主生活会。民主生活会后15个工作日内向教育部党组报送会议情况报告和会议记录。

6. 加强谈话力度。针对有群众反映，可信程度较强，属于违纪或严重违纪情形，但不明显涉嫌违法的，可以对被反映人进行谈话，或者在初核基础上进行谈话。谈话主要由党委、组织人事部门进行。涉及下属单位、部门主要负责人，可视具体情况，由纪委建议学校党委负责人进行谈话，谈话情况要向学校党委书记报告。

7. 扩大函询覆盖面。针对有群众反映，但比较笼统，需要本人书面说明情况的，或有必要以这种方式提醒、提示干部群众在关注着对象的某种问题，可按照中央纪委和中央组织部的有关规定对被反映的党员干部进行函询，让本人实事求是地说明情况。说明材料要由所在党组织书记签字背书。对下属单位、部门主要负责人函询予以了结的，党委书记或分管领导还要对被函询的党员干部进行谈话。学校党委每年要按照不低于20%的比例，对函询结果进行核实验证，并存入干部廉政档案。

三、做到违纪必究，让党纪轻处分和组织调整成为大多数

8. 给予轻处分。从盯违法向盯违纪转变，对轻微违纪的党员给予党内警告或党内严重警告处分。对指向性明确的问题和线索，各级党组织或纪检部门要按照规定程序做好核查。核查发现轻微违纪的，要按照《中国共产党纪律处分条例》及时给予党纪处分。党员受到党内警告处分一年内、受到严重警告处分一年半内，不得在党内提升职务或向党外组织推荐担任高于其原任职务的党外职务。

9. 进行组织调整。对信访举报较多、群众意见较大、造成不良影响、不适宜再担任现职务的干部，要及时进行组织调整。组织人事部门和纪检部门，要根据党员的违纪事实、性质和危害，依规依纪向党组织提出调整岗位、引咎辞职、责令辞职、免职等组织调整建议。对群众反映大并造成不良影响，或虽构成违纪但根据有关规定免予党纪处分的党员干部，要进行诫勉谈话。对下属单位、部门主要负责人和班子成员，应视具体情况，分别由学校党委书记或分管班子成员、纪委主要负责同志进行诫勉谈话，组织人事部门和纪委派人参加。学校党委纪委要建立诫勉档案管理制度，按照有关规定将诫勉情况作为党员干部考核、任免、奖惩的重要依据。同时要求被反映的党员干部写出情况说明或作出检查。个人说明、检查材料存入干部廉政档案。对具有一定代表性、倾向性和警示意义的问题，在一定范围内通报。

四、提高审查时效，让重处分和重大职务调整成为少数

10. 给予重处分。以违纪问题为重点，提高审查时效，做到快查快结。对问题性质比较严重、又不能向组织讲清楚问题的党员，要按照《中国共产党纪律处分条例》给予撤销党内职务、留党察看、开除党籍处分。受到撤销党内职务处分的党员，或者应当受到撤销党内职务处分但是本人没有担任党内职务而被给予严重警告处分的党员，以及受到留党察看处分恢复党员权利后的党员，二年内不得在党内担任或向党外组织推荐担任与其原任职务相当或高于原任职务的职务。

11. 进行重大职务调整。对违纪问题性质比较严重、又不能向组织讲清楚问题的党员，在按照规定给予党纪重处分的同时可对其进行重大职务调整。对于受到党纪重处分的党员，仍在党外组织担任职务的，应当建议党外组织依照规定作出相应处理。

五、保持高压态势，让严重违纪涉嫌违法立案审查的成为极极少数

12. 突出惩处重点。要力度不减、节奏不变地持续保持遏制腐败的高压态势。重点查处党的十八大后不收敛不收手，问题线索反映集中、群众反映强烈，现在重要岗位且可能还要提拔使用的领导干部的问题，特别是对以上三类情况集于一身的必须严肃审查。要聚焦违纪问题，规范执纪审理工作，在认真审核违纪事实、证据的基础上，加强对党纪条规适用和处理方式的审核把关。

13. 做好纪法衔接。对于受到党纪追究，涉嫌违法犯罪的党员，应当及时移送有关国家机关依法处理；需要给予行政处分或者其他纪律处分的，应当向有关机关或者组织提出建议。对于党组织在纪律审查中发现党员有贪污贿赂、失职渎职等刑法规定的行为涉嫌犯罪的，或者有刑法规定的行为，虽不涉及犯罪但须追究党纪责任的，或者有其他违法行为，影响党的形象，损害党、国家和人民利益的，要分别按照《中国共产党纪律处分条例》第27条至29条给予纪律处分。

六、落实责任，务求实效

14. 切实履行责任。学校党委要把践行四种形态作为落实管党治党主体责任的重要方式，作为关心爱护党员干部的重要手段，加强领导，及时听取有关情况的汇报，旗帜鲜明支持纪委开展工作，把践行四种形态的情况纳入向教育部党组报送的落实主体责任情况报告。领导班子成员要把践行四种形态作为落实一岗双责的重要内容，对管辖范围内的政治生态和干部健康成长负责，把践行四种形态情况纳入年度述职述廉述责内容。学校纪委要把践行四种形态作为检验工作的标准，切实履行监督责任，聚焦“六大纪律”严肃监督执纪问责，把践行四种形态情况纳入落实监督责任情况的报告向中央纪委驻教育部纪检组报告。纪检干部要敢于担当，增强履职能力，在大是大非和原则性问题面前保持定力、旗帜鲜明，做到忠诚、干净、担当。学校党委要层层传导压力，督促指导各级党组织、各职能部门以及各级领导干部按照分工履行好各自责任，形成统筹推进、齐抓共管、层层落实的良好局面。

15. 建立长效机制。学校党委、纪委要积极探索纪律教育经常化、制度化的途径，健全谈心、谈话、函询、民主生活会等相关制度。要强化党内监督，坚持民主集中制，指导、督促各级党组织规范党内政治生活。要完善信访举报受理、问题线索管理、纪律审查和案件审理制度，明确执纪重点、规范执纪流程、转变执纪方式、提升执纪效果。

16. 强化追责问责。学校党委、纪委要把追责问责作为全面从严治党的重要抓手，对执行党的路线方针政策不力、严重违反政治纪律和政治规矩，职责范围内发生区域性、系统性严重违纪违法案件的，管党治党主体责任缺失、监督责任缺位的，要严肃追责问责；对组织涣散、纪律松弛、“四风”问题突出的，对苗头性、倾向性问题失察失管的，也要进行责任追究。追责问责要综合运用批评教育、诫勉谈话、组织处理、纪律处分等措施。

学校党委、纪委在践行四种形态过程中要做到宽严相济，注重教育感化。认真把握《中国共产党纪律处分条例》第四条规定的党要管党、从严治党，党纪面前一律平等，实事求是，民主集中制和惩前毖后、治病救人的五项原则，提高思想政治水准和把握政策能力，充分发挥理想信念和政策的感化教育作用。做好挽救和四种形态的转化工作，通过纪律审查、思想教育让犯有严重错误的同志认识错误、幡然悔悟、主动改正。对于问题介于相邻两种形态之间的，要力求通过本人的觉悟和组织的帮助，使其彻底整改、重建忠诚，从后一种形态向前一种形态转化。

各高等学校要结合本单位实际，制定贯彻落实的实施办法，让践行监督执纪四种形态工作在高等学校切实取得实效。在执行过程中的重要情况和建议，要及时报告教育部。

中共教育部党组　中央纪委驻教育部纪检组
2016年5月13日

中共教育部党组关于教育系统学习贯彻习近平总书记在庆祝中国共产党成立95周年大会上的讲话的通知

（2016年7月7日）

各省、自治区、直辖市党委教育（高校）工委、教育厅（教委），新疆生产建设兵团教育局，部属各高等学校党委：

2016年7月1日，习近平总书记在庆祝中国共产党成立95周年大会上发表了重要讲话。根据中央统一部署，结合教育系统实际，现就学习贯彻讲话精神有关要求通知如下。

一、深刻领会学习贯彻习近平总书记“七一”重要讲话精神的重大意义

习近平总书记“七一”重要讲话，以马克思列宁主义、毛泽东思想、邓小平理论、“三个代表”重要思想、科学发展观为指导，全面回顾了我们党95年来团结带领全国各族人民不懈奋斗走过的光辉历程和作出的伟大历史贡献，深刻阐明了近代以来我国社会发展的规律性认识，深刻阐明了我们党的执政理念和执政方略，深刻阐明了我们党对重大国内外问题的原则立场，以不忘初心、继续前进为主题，明确提出了面向未来、面对挑战，做好改革发展稳定各项工作、加强和改善党的领导、加强自身建设的要求，科学展望了党和人民事业发展的光明前景。讲话高瞻远瞩、总揽全局，思想深刻、内涵丰富，通篇闪耀着马克思主义真理的光辉，是全党在新的历史条件下进行具有许多新的历史特点的伟大斗争的政治宣言；是党的重要理论创新成果，是马克思主义在当代中国的丰富和发展，是指引我们党奋力推进中国特色社会主义伟大事业和全面推进党的建设新的伟大工程的纲领性文献。

认真学习、深刻领会、全面贯彻讲话精神，是教育系统当前和今后一个时期的一项重要政治任务。各级党委教育工作部门和各级各类学校要以讲话精神为强大精神动力，在以习近平同志为总书记的党中央坚强领导下，围绕统筹推进“五位一体”总体布局，协调推进“四个全面”战略布局，坚持“创新、协调、绿色、开放、共享”的发展理念，把智慧和力量凝聚到落实中央对教育工作的重大战略部署和各项重大任务上来，努力为实现教育现代化、实现“两个一百年”奋斗目标、实现中华民族伟大复兴的中国梦作出新贡献。

二、推动系统深入学习，把教育系统广大干部师生员工思想和行动统一到讲话精神上来

1. 聚焦学习内容。各地各高校要站在中国特色社会主义理论体系的高度来组织推进讲话精神的学习贯彻工作。要紧扣讲话深刻内涵和精神实质，深入学习领会对我们党95年光辉历程、伟大历史贡献和宝贵经验的深刻总结；深入学习领会讲话面向未来、面对挑战，对全党提出的坚持不忘初心、继续前进的8个方面要求；深入学习领会讲话关于加强国防和军队建设、推进祖国和平统一进程、两岸关系和平发展和全党关注关心关爱青年的深刻论述。把学习贯彻“七一”重要讲话精神与学习贯彻习近平总书记系列重要讲话、党的思想理论建设最新成果打通学、融会学，深刻理解精髓要义，进一步增强政治意识、大局意识、核心意识、看齐意识。

2. 推动学习覆盖。要在深入开展“两学一做”学习教育中，把学习讲话精神作为主要内容，切实发挥党委（党组）带头作用，坚持基础在学，关键在做，坚持以党支部为基本单位，以“三会一课”等党的组织生活为基本形式，以落实党员教育管理制度为基本依托，“学”要带着问题学，“做”要针对问题改，努力做到学做结合、知行合一，推动高校基层党组织规范组织生活，把学习领会讲话精神各项任务落实到每个支部。创新方式载体，开发学习资源，推送学习内容，引导党员利用网络自主学习、互动交流，扩大学习教育覆盖面。

3. 开展系统培训。将讲话精神作为下半年及今后一个时期教育系统干部培训各班次的重要内容，作为干部理论进修和业务培训班次必修课，纳入教师队伍培训计划和课程安排。在全国高校新入职教师岗前培训，基层党组织书记示范培训，辅导员骨干、高校党务干部、哲学社会科学教学科研骨干、思政课骨干教师等培训研修班上，开设讲话精神辅导专题。在大学生网络党校完成对2万名高校学生党员示范培训的基础上，继续举办高校教师党支部书记“两学一做”网络示范培训班，增加学习领会讲话精神辅导专题和课程资源，首批培训2万名高校教师党支部书记。

4. 加强宣传阐释。要充分发挥高校学科优势、人才优势和智力优势，围绕讲话提出的一系列新思想新观点新论断，组织高校哲学社会科学特别是党史党建专家学者深入开展研究阐发，及时推出一批重点理论文章，推出一批有深度有分量的研究成果，为不断丰富发展中国特色社会主义理论体系作出应有的贡献。依托高校人文社科重点研究基地、“中国共产党革命精神与文化资源研究中心”等，对讲话精神开展体系化研究，做好针对性解读，着

力回答中国特色社会主义重大理论和实践问题，真正做到解疑释惑、凝聚共识。在哲学社会科学重点规划项目、全国党建研究会高校党建研究专委会等课题研究中，加大对讲话精神专题研究的重点支持力度。结合组织开展高校“两学一做·支部风采”展示活动，充分展示高校基层党支部学深学透讲话精神、创新学习方法、增强学习效果的做法和经验，体现基层党支部的积极学习风采和强大组织功能。结合学习讲话和纪念红军长征胜利80周年，依托中国教育电视台组织开展好“传承长征魂，共筑中国梦”大型主题采访和宣传教育活动。以庆祝第32个教师节为契机，组织广大教师深入学习领会讲话精神。

三、融入学校思想政治教育，扎实推动讲话精神进教材、进课堂、进头脑

1. 扎实推动讲话精神进教材。要在大中小学教材建设中，充分体现讲话重要思想和观点，着眼于加强党的领导，强化思想性要求，重视体制机制创新，对加强和改进大中小学教材建设作出整体部署。重点做好《中国革命史》《中国共产党思想政治教育》等教材的出版工作，做好《中华人民共和国史》《国际共产主义运动史》等马工程重点教材的统一使用工作。加强课程育人，利用国家教育资源公共服务平台组织开展学科德育精品课程资源征集展示活动，重点展示一批学习、研究和阐释讲话精神的精品课程。

2. 扎实推动讲话精神进课堂。各级教育部门和各级各类学校要以讲话精神为指导，加强教师队伍建设，用马克思主义中国化最新成果占领课堂、讲坛，牢牢掌握学校意识形态工作的领导权主导权。推动“领导干部上讲台”工作深入开展，在第三、四季度高校形势政策课中，邀请地方党委领导为高校学生作学习领会讲话精神辅导报告，激励广大青年学生为祖国、为人民、为民族奉献青春。要组织高校学生党建读书会、党史研究会、马克思主义青年学习会等学生社团开展学习领会讲话精神专题研讨，引导学生党员深刻了解近代以来中国人民和中华民族不懈奋斗的光荣历史和伟大历程，自觉学党史、感党恩、跟党走。

3. 扎实推动讲话精神进头脑。要把讲话精神融入大中小学思想政治教育的相关内容，贯穿到学校党建和思想政治工作全过程。认真实施大学生思想政治教育质量提升工程。认真贯彻落实关于加强中小学党的建设工作的部署安排，充分发挥中小学校党组织政治核心作用。研究制订好《中小学德育工作指南》，构建中小学德育工作体系。要广泛组织开展向全国“两优一先”先进典型学习活动，重点组织好对他们中教育系统代表的宣传学习工作。组织广大党员干部师生结合工作岗位和思想实际开展学习讨论，坚持问题导向，抓住工作关键，确保讲话精神走进党员内心、解疑释惑。组织优秀共产党员、优秀党务工作者在所在单位和支部讲党课，以自身学习领会讲话精神谈体会、谈感受，让身边人讲身边事，用身边事影响身边人。继续推动学习宣传李保国同志作为新时期共产党人的楷模、知识分子的优秀代表和太行山上的新愚公的感人事迹和优秀品格，组织徐川同志“我为什么加入中国共产党”优秀党课巡讲，引导广大干部师生在学模范、争先进中更加深刻学习领会讲话精神，坚定正确政治方向，坚定不移跟党走。

四、坚持围绕中心，推进讲话精神贯穿教育事业改革发展全过程

1. 要把学习贯彻讲话精神与“两学一做”学习教育结合起来，与落实教育“十三五”规划的各项任务结合起来，与统筹推进世界一流大学和一流学科建设结合起来，与落实中央和地方巡视整改任务结合起来，紧紧围绕教育系统加强党的建设、维护和谐稳定，落实立德树人、提高教育质量，坚持创新发展、深化教育改革，坚持协调发展、优化教育结构，坚持共享发展、促进教育公平等方面的重点任务，引导党员干部自觉践行“四讲四有”合格党员标准，在推进教育改革发展稳定中争先进、当模范、做贡献。

2. 要以讲话精神为指导，认真贯彻落实中央关于加强和改进高校思想政治建设的总体部署和要求，加强党对高校的领导，推动完善高校党的领导管理体制，进一步强化大学生思想政治教育和教师思想政治工作，提升高校基层组织整体功能，夯实高校党建基层基础，扎实推进高校落实全面从严治党责任和要求。

3. 要进一步做好高校党外知识分子思想政治引导工作，结合学习贯彻讲话精神，组织高校党外知识分子开展多种形式的理论学习、实践锻炼、社会服务，帮助和引导高校党外知识分子自觉接受中国共产党的领导，培育和践行社会主义核心价值观，不断增强中国特色社会主义道路自信、理论自信、制度自信、文化自信，为推进高等教育改革发展稳定凝心聚力。

五、精心部署，切实加强对学习宣传贯彻讲话精神的组织领导

各地各高校要把学习贯彻讲话精神摆上重要议事日程，加强组织领导，作出专题部署，提出明确要求，确保学习取得实效。要把学习贯彻讲话精神落实到当前涉及教育改革发展稳定的各项政策制定、决策部署和工作安排中去。要精心组织新闻宣传，充分利用校报、校刊、电台、电视台和网络新媒体，深入阐释解读讲话精神，大力宣传讲话在广大干部师生中引起的热烈反响，反映学校学习贯彻讲话精神、解决实际问题的具体实践和工作成效，营造教育系统学习贯彻讲话精神的浓厚氛围。

各地党委教育部门和部属高校学习宣传贯彻讲话精神的情况，请及时报送教育部。

中共教育部党组
2016 年 7 月 7 日

中共教育部党组关于印发《高等学校深化落实中央八项规定精神的若干规定》的通知

（2016 年 8 月 16 日）

各省、自治区、直辖市党委教育工作部门，部属各高等学校党委、纪委：

为推动中央八项规定精神在高等学校的深化落实，进一步加强高等学校作风建设，经教育部党组会讨论通过，现将《高等学校深化落实中央八项规定精神的若干规定》印发给你们，请结合高校实际，认真贯彻执行。在执行过程中的重要情况和建议，及时报告教育部。

中共教育部党组
2016 年 8 月 16 日

高等学校深化落实中央八项规定精神的若干规定

为推动中央八项规定精神在高等学校的深化落实，进一步加强高等学校作风建设，根据中央精神，针对高等学校存在的突出问题，制定如下规定：

一、严格执行出国（境）管理规定。学校党员领导干部未经批准不得持普通护照、港澳台出入证件出国（境）开展学术交流合作；出国（境）开展学术交流合作未按规定公示的不予核销相关费用；不得以学术交流合作或其他出访名义变相公款出国（境）旅游。

二、严格执行兼职取酬管理规定。学校党员领导干部未经批准不得在社会团体、基金会、企业化管理事业单位、民办非企业单位和企业兼职；经批准兼职的校级领导人员不得在兼职单位领取薪酬；

经批准兼职的院系及内设机构领导人员在兼职单位获得的报酬，应当全额上缴学校，由学校根据实际情况制定有关奖励办法，给予适当奖励。

三、严格执行科技成果转化取酬有关规定。学校正职领导人员是科技成果的主要完成人或对科技成果转化作出重要贡献的，可以按照促进科技成果转化法的规定获得现金奖励，原则上不得获取股权激励；学校领导班子其他成员的科技成果转化，可以获得现金奖励或股权激励，但获得股权激励的领导干部不得利用职权为所持股权的企业谋取不当利益。

四、严格执行津贴补贴和奖金发放有关规定。学校不得违反国家政策法规规定发放津贴补贴和奖金；不得发放已经明令取消的津贴补贴和奖金；不得以有价证券、支付凭证、商业预付卡、实物等形式发放津贴补贴和奖金；校级领导干部不得在校内所属单位违规领取津贴、补贴、奖金、劳务费等；校级领导干部参加开学典礼、毕业典礼、出席校友活动等属于领导职责范围内的工作不得领取劳务报酬。

五、严格执行公务接待管理规定。学校不得将休假、探亲、旅游等活动纳入公务接待范围；不得组织公款旅游和与公务无关的参观；不得混淆内外宾接待开支；不得列支应当由接待对象承担的差旅、会议、培训等费用。

六、严格执行会议管理等有关规定。学校不得借会议名义组织会餐或安排宴请；不得借举办会议、干部教师社会实践等名义组织观光旅游；不得组织高消费娱乐活动；不得发放会议纪念品。

七、严格执行婚丧喜庆事宜有关规定。学校党员领导干部不得邀请与举办者本人有直接领导关系的下属单位人员或工作职责涉及的管理服务对象参加；宴请人数不得超过当地规定的标准；不得违规使用本单位公车、公物或有业务往来单位的宾馆、饭店、招待所、食堂等办理婚丧喜庆事宜；不得分批次、多地点或采取“化整为零”方式变相大操大办婚丧喜庆事宜借机敛财。

高等学校党委、纪委要切实担负起全面从严治党和落实中央八项规定精神的主体责任和监督责任，把纪律挺在前面，用好监督执纪“四种形态”，坚持标准不降、要求不松、措施不减，加大查处通报曝光力度；深入调研分析本单位“四风”问题的新动向新表现，针对隐形变异问题及时制定办法措施；强化追责问责，对违反中央八项规定精神问题，在严肃处理直接责任人的同时，也要根据情形，严肃追究相关党组织及其负责人的主体责任、监督责任和领导责任，以问责常态化倒逼责任落实。

中共教育部党组关于深入学习宣传以习近平同志为总书记的党中央治国理政新理念新思想新战略的通知

（2016年9月2日）

各省、自治区、直辖市党委教育工作部门、教育厅（教委），新疆生产建设兵团教育局，部属各高等学校党委，有关直属单位：

根据中央部署，结合教育系统实际，现就深入学习宣传党中央治国理政新理念新思想新战略有关工作和要求通知如下。

一、充分认识深入学习宣传党中央治国理政新理念新思想新战略的重大意义

党的十八大以来，以习近平同志为总书记的党中央坚持和发展中国特色社会主义，勇于实践、善于创新，深化对共产党执政规律、社会主义建设规律、人类社会发展规律的认识，形成一系列治国理政新理念新思想新战略，为在新的历史条件下深化改革开放、加快推进社会主义现代化建设提供了科学理论指导和行动指南，开创了党和国家事业发展新局面。把教育系统广大干部师生的思想和行动统一到党中央治国理政新理念新思想新战略上来，深入贯彻到教育改革发展稳定各项工作中去，对于全面贯彻党的教育方针，落实立德树人根本任务，全面推进中国特色社会主义教育事业，具有重大而深远的战略意义。

深入开展学习宣传党中央治国理政新理念新思想新战略，是当前和今后一个时期教育系统的重要政治任务。各级党委教育工作部门、各级各类学校和各有关直属单位要高举中国特色社会主义伟大旗帜，坚持以邓小平理论、"三个代表"重要思想、科学发展观为指导，紧密结合教育系统实际，紧密结合"两学一做"学习教育，深入学习宣传新理念新思想新战略的时代背景、理论渊源、重大意义、理论品格、核心要义、精神实质、主要内容和科学内涵，充分展示中国特色社会主义的强大生命力和感召力，进一步用党的理论创新成果武装头脑、指导实践、推动工作，引导教育系统广大干部师生更加紧密地团结在以习近平同志为总书记的党中央周围，不断增强政治意识、大局意识、核心意识、看齐意识，坚定中国特色社会主义道路自信、理论自信、制度自信、文化自信，为实现"两个一百年"奋斗目标和中华民族伟大复兴的中国梦而不懈奋斗。

二、在"两学一做"学习教育中深化对党中央治国理政新理念新思想新战略的学习宣传

党中央治国理政新理念新思想新战略，集中体现在习近平总书记系列重要讲话之中。要通过目前正在深入开展的"两学一做"学习教育，持续深化习近平总书记系列重要讲话的学习宣传教育，深刻学习领会新理念新思想新战略核心要义和精神实质。要切实发挥党委（党组）带头作用，把学习领会新理念新思想新战略各项任务落实到每个支部。要通过"两学一做"学习教育，用党中央新理念新思想新战略统一思想、凝聚共识、推动发展，努力做到"四个合格"：把党内政治生活严起来，努力做到全面从严治党合格；把学党章党规和系列讲话深下去，努力做到贯彻落实党中央新理念新思想新战略合格；把党员干部师生"精气神"提上来，努力做到共产党员的行为和作风合格；把从实问效督到位，努力做到教育改革发展稳定的各项工作合格。

三、扎实推动党中央治国理政新理念新思想新战略进教材、进课堂、进头脑

各地教育部门和各级各类学校要把推动习近平总书记"七一"讲话精神进教材、进课堂、进头脑作为学习宣传新理念新思想新战略的重点任务抓实抓好。要把学习宣传新理念新思想新战略融入大、中、小学思想政治教育的相关内容，贯穿到学校党建思想政治工作全过程。要在大中小学教材体系建设中，充分体现新理念新思想新战略，着眼于加强党的领导，强化思想性要求，重视体制机制创新，对加强和改进大中小学教材建设做出整体部署。加强课程育人，利用国家教育资源公共服务平台组织开展学科德育精品课程资源征集展示活动，重点展示一批学习、研究和阐释党中央治国理政新理念新思想新战略的精品课程。要发挥课堂主渠道作用，实现学习新理念新思想新战略对青少年学生的全覆盖。要大力宣传李保国、徐川和全国教书育人楷模等先进事迹，发挥典型引领作用，引导广大干部师生在学模范、争先进中更加深刻学习领会新理念新思想新战略，坚定正确政治方向，坚定不移跟党走。

四、广泛开展学习宣传党中央治国理政新理念新思想新战略主题教育活动

要突出坚持和发展中国特色社会主义这个主题，大力开展新理念新思想新战略校园巡讲活动，深化广大青年学生对新理念新思想新战略的认识和理解。要广泛开展以新理念新思想新战略为主题的党团队日活动，通过演讲宣讲、知识竞赛、书画征文等学生喜闻乐见的形式，提升新理念新思想新战略教育实效。积极支持学习宣传党中央治国理政新理念新思想新战略的示范性主题教育网站、网络互动社区以及移动"两微一端"建设，组织开展以学习宣传新理念新思想新战略为主题的“全国大学生网络文化节”和“全国高校网络宣传思想教育优秀作品征集”活动，通过优秀网络文章、优秀“微作品”和优秀工作案例，培育推出一批学习宣传新理念新思想新战略的网络名师名编和网络名篇名作。部直属机关要组织召开学习贯彻新理念新思想新战略的座谈会，举办相关主题征文活动。

五、不断加大对党中央治国理政新理念新思想新战略的宣传阐释力度

各级各类学校要充分利用校园网络、电视、电台、校报校刊和手机微信等平台，多形式、多渠道宣传新理念新思想新战略。中国教育电视台、中国教育报等教育媒体要在重点时段、重要版面统一开设治国理政新理念新思想新战略专栏，不间断刊播和转发反映广大干部师生学习成果的重点理论文章、理论述评、言论评论、通讯报道，不间断刊播和转发典型经验、重要案例、专题节目等，充分发挥各类媒体宣传展示的平台作用和辐射功能。在全国大学生网络党校开设名师名家谈治国理政新理念新思想新战略，以优质课件形式对党员师生进行辅导培训。在中国大学生在线“两学一做·支部风采”成果展示中，重点遴选展示一批高校基层党支部学习宣传新理念新思想新战略的典型案例和经验做法。各高校要充分发挥人才和资源优势，组织知名高校专家学者及时推出一批深入阐释新理念新思想新战略的重点理论文章。要依托马克思主义类、中国近现代史类高校人文社科重点研究基地、教育部“中国特色社会主义研究中心”以及“中国共产党革命精神与文化资源研究中心”，围绕新理念新思想新战略进行深入研究，推出一批有深度有分量的研究成果。在哲学社会科学重点规划项目、全国党建研究会高校党建专委会等的课题研究中，加强对学习研究新理念新思想新战略重点项目的支持。

六、切实加强对党中央治国理政新理念新思想新战略学习宣传工作的组织领导

各级党委教育工作部门、各级各类学校和各有关直属单位要以高度的政治责任感，认真安排和落实好党中央治国理政新理念新思想新战略的各项学习宣传任务。要突出理论特色，把重点放在理论学习宣传上，突出重要观点、突出思想内涵、突出理论表达、突出系统准确，努力全面完整地宣传阐释治国理政新理念新思想新战略。要紧密结合实际，注重理论和实践结合，务虚和务实结合，紧密联系教育改革发展稳定的实践探索和典型经验，从理论上回答广大师生普遍关注的深层次问题，更好地展示理论的指导作用和实践价值，把推动教育改革发展稳定的工作实绩作为检验学习宣传新理念新思想新战略实效的标准。要注重生动鲜明，创新宣传方式，善于运用通俗读物、图解图说、动漫动画、网络视频等接地气、形象化、通俗化方式，以适应各级各类学校师生特点的受众方式，准确鲜明地宣传阐释党的理论创新成果，深入浅出地说好“大道理”，使其在潜移默化中融入师生学习工作和生活中。要把好节奏力度，教育系统学习宣传新理念新思想新战略工作按照中央统一部署进行，保持主题宣传的持续性、有序性和独特性，既安排好日常宣传，又紧扣重要时间节点，把阶段性宣传与中央重大会议、重大活动及重大节庆宣传结合起来，形成舆论声势和广泛影响。

各地党委教育部门和部属高校学习宣传新理念新思想新战略的情况，请及时报送教育部。

中共教育部党组

2016年9月2日

中共教育部党组关于教育系统学习贯彻习近平总书记教师节重要讲话精神的通知

（2016年9月12日）

各省、自治区、直辖市党委教育工作部门、教育厅（教委），新疆生产建设兵团教育局，部属各高等学校党委：

在第32个教师节来临之际，习近平总书记专程来到北京市八一学校，看望慰问师生，就全面贯彻落实党的教育方针、努力办好基础教育、加强教师队伍建设发表重要讲话。现就学习贯彻习近平总书记教师节重要讲话精神通知如下。

一、提高认识，深刻领会习近平总书记教师节重要讲话精神的丰富内涵和重大意义

习近平总书记站在实现“两个一百年”奋斗目标和中华民族伟大复兴中国梦的高度，深刻阐释了教育的重要地位特别是基础教育的基础性、先导性地位，明确提出了基础教育是立德树人的事业，是全社会的事业，要加大对基础教育的支持力度；充分肯定了广大教师的巨大贡献，勉励教师做学生锤炼品格的引路人、学习知识的引路人、创新思维的引路人、奉献祖国的引路人；深情表达了对广大中小学生的殷切关怀，鼓励学生做心灵纯洁、人格健全、品德高尚和有文化修养、有人文关怀、有责任担当的人；明确要求各级党委和政府把教育放在优先发展的战略位置，强化责任意识，及时研究解决教育改革发展的重大问题和群众关心的热点问题，使各级各类教育更加符合教育规律和人才成长规律。

习近平总书记的重要讲话，是继2014年教师节在北京师范大学发表重要讲话后，又一篇加强教育和教师工作的纲领性文献，是深入推进教育改革发展的行动指南，充分体现了党中央对教育工作的高度重视和对广大教师的亲切关怀。各地教育部门和各级各类学校要认真学习领会，把思想和行动统一到中央对教育改革发展的要求上来。要按照“五位一体”总体布局和“四个全面”战略布局，遵循创新、协调、绿色、开放、共享的发展理念，全面贯彻党的教育方针，落实立德树人根本任务，深化教育领域综合改革，着力提升质量、促进公平、优化结构、健全法制、加强党建，凝心聚力加快推进教育现代化，为全面建成小康社会发挥好关键支撑作用。

二、多措并举，采取切实措施推动基础教育越办越好

习近平总书记的重要讲话，专门对新时期办好基础教育提出要求、寄予厚望。各地各校要深刻领会精髓要义，结合工作实际，从多方面采取切实措施，努力把学校办出特色、让教师教出风格，培养出更多更好能够满足党、国家、人民、时代需要的人才。

要落实立德树人根本任务。旗帜鲜明加强思想政治教育、品德教育，全面推动社会主义核心价值观进教材、进课堂、进学生头脑，使之内化于心、外化于行，从小就让社会主义核心价值观的种子在学生心中生根发芽，扣好人生的第一粒扣子，引导学生自尊自信自立自强，养成健康、乐观、向上的品格。遵循青少年成长特点和规律，树立强烈的人才观，大力推进素质教育，鼓励引导学生乐于学习、勤于学习、善于学习，掌握扎实的知识本领，具有创新精神和实践能力。强化体育课和课外锻炼，发展校园足球，引导学生掌握运动技能、强健身体素质、促进身心健康。加强美育，培养学生的审美情趣和人文素养。组织引导学生积极参加适当的科技活动、生产劳动、勤工俭学、志愿服务、研学旅行，引导广大青少年不断增强社会责任感，提升综合素质，成为德智体美全面发展的社会主义建设者和接班人。

要切实抓好教育公平。坚持把促进公平作为教育工作的战略重点，不断促进教育发展成果更多更公平惠及全体人民。着力办好学前教育，推进落实好第二期学前教育三年行动计划，完善普惠性幼儿园发展机制。均衡发展九年义务教育，优化教育资源配置，逐步缩小区域、城乡、校际差距，办好每一所学校。加快普及高中阶段教育，研究攻坚计划，制定倾斜政策，推动普通高中多样化有特色发展。加大对革命老区、民族地区、边远地区、贫困地区基础教育的投入力度，保障贫困地区办学经费，健全家庭困难学生资助体系。要特别关心贫困人口子女、进城务工人员随迁子女、农村留守儿童、残障少年儿童等群体，帮助他们解决学习生活困难。

要多方协调形成教育合力。推动形成政府主导、部门协作、学校组织、家长参与、社会支持的教育工作格局。学校要担负主体责任，对学生负责，对学生家庭负责，同时积极争取家庭、社会密切配合。健全家长委员会、家长学校、家长会、家访、学校开放日等各种家校沟通渠道，听取家长意见建议，引导家长尊重学校教育安排、尊重老师创造发挥，配合学校搞好孩子的学习教育，同时培育良好家风，给孩子以示范引导，形成科学育人理念，帮助孩子健康成长。协调宣传、文化、科技、体育等机构及企事业单位，积极为学生了解社会、参与实践、锻炼提高提供条件，为城乡不同年龄段孩子及其家庭提供教育指导服务。

三、抓住关键，培养造就高素质专业化教师队伍

习近平总书记强调指出，党和国家事业发展需要一支宏大的师德高尚、业务精湛、结构合理、充满活力的高素质专业化教师队伍，需要一大批好老师。各地各校要从战略高度来认识教师工作的极端重要性，始终不渝地把加强教师队伍建设作为提高教育质量的关键，摆在教育事业优先发展的战略地位，进一步明确工作方向和行动要求。

要持之以恒抓好师德建设。习近平总书记提出的“四个引路人”的要求，体现了与“四有”好老师的一脉相承。要引导广大教师自觉认清肩负的使命和责任，切实担负起塑造灵魂、塑造生命、塑造人的神圣使命，履行好传播知识、传播思想、传播真理的职责要求。加强师德宣传，深入开展向李保国、赵家和以及全国教书育人楷模等优秀教师的学习活动。健全师德建设长效机制，构筑覆盖各级各类学校的师德建设制度体系，推动师德建设规范化、法治化，不断提高教师思想政治素质和职业道德水平，提升教书育人、立德树人实绩。

要切实将乡村教师支持计划落到实处。贯彻落实全国乡村教师队伍建设工作推进会精神，在省级层面全部出台实施办法基础上，加强工作指导和监管评估，着力推动地市和区县出台具体举措，打通政策落实的“最后一公里”。加快建立省级统筹的乡村教师补充机制，全面落实集中连片特困地区乡村教师生活补助政策，研究完善乡村教师职称评聘条件和程序办法。努力让每一项惠师政策落地生根、见到实效，让广大乡村教师有获得感，为推进教育精准脱贫提供强有力的师资保障。

要研制出台推动教师教育发展的政策举措。加大对师范院校支持力度，办出一大批一流的师范院校和师范类专业。改革师范生招生选拔制度，吸引优质生源报考师范专业。深入实施“卓越教师培养计划”，分类推进教师培养模式改革。推动实践导向的教师教育课程内容改革和以师范生为中心的教学方法变革。发挥“国培计划”示范引领作用，不断提高培训的针对性和实效性。通过做强做优教师教育，从源头上加强教师队伍建设，让一批又一批好老师源源不断涌现。

要进一步优化教师管理服务。树立现代治理理念，深化“放管服”改革。全面推开中小学教师资格考试和定期注册制度改革。加快建立符合教育行业特点的教师选聘和任用制度。深入推进教师职称制度改革，拓宽教师职业发展通道。切实改善教师待遇和工作条件，健全教师发展支持服务体系，进一步弘扬尊师重教的良好社会风尚。要满腔热情关心教师，让广大教师安心从教、热心从教、舒心从教、静心从教，让广大教师在岗位上有幸福感、事业上有成就感、社会上有荣誉感，让教师成为让人羡慕的职业。

四、加强领导，把学习贯彻习近平总书记重要讲话精神不断引向深入

要抓好学习。各地各校要把学习贯彻习近平总书记教师节重要讲话精神，与学习十八大以来党中央治国理政新理念新思想新战略紧密结合起来，与“两学一做”学习教育紧密结合起来，切实加强领导，作出专题部署，提出明确要求。各地教育部门和学校领导、广大党员干部要带头学习、学深学透、作出表率。

要抓好阐释。各地各校要精心组织新闻宣传、研修培训、座谈研讨、专家解读等多种方式，充分利用报刊、广播、电视和微博、微信，深入阐释解读讲话精神，大力宣传讲话在广大干部师生中引起的强烈反响，反映各地各校贯彻讲话精神、解决实际问题的具体举措和工作成效，营造学习贯彻讲话精神的浓厚氛围。

要抓好转化。各地各校要把贯彻讲话精神落实到教育改革发展稳定的各项政策制定、决策部署和工作安排中去。要在党委政府的支持下，下大气力深化办学体制、管理体制、经费投入体制、考试招生及就业制度等方面的改革，深化学校内部管理制度、人事薪酬制度、教学管理制度等方面的改革，深化人才培养模式、教学内容及方式方法等方面的改革，推动教育提质发展。要坚持文化自信，好的经验要坚持并总结推广，不足的要有针对性地加以解决和补齐，努力走出具有中国特色的办学之路，不断谱写教育改革新篇章，开创教育发展新局面。

中共教育部党组

2016年9月12日

中共教育部党组关于教育系统认真学习贯彻习近平总书记在纪念长征胜利80周年大会上重要讲话精神的通知

（2016年10月28日）

各省、自治区、直辖市党委教育工作部门、教育厅（教委），新疆生产建设兵团教育局，部属各高等学校党委：

2016年10月21日，习近平总书记在纪念长征胜利80周年大会上发表了重要讲话，回顾了长征这一历史壮举，总结了长征精神的丰富内涵，提出了弘扬长征精神，走好今天长征路的明确要求。认真学习领会、全面贯彻落实习近平总书记重要讲话精神，对于深化教育领域综合改革、推动教育事业科学发展、培养德智体美全面发展的社会主义建设者和接班人具有重大而深远的指导意义。现就教育系统学习贯彻讲话精神有关要求通知如下。

一、迅速掀起学习贯彻习近平总书记重要讲话精神热潮

习近平总书记解析历史的经纬，科学回答了“长征是什么”的重大问题；把握时代的脉络，深刻阐释了长征精神的丰富内涵；站在历史的高度，明确提出了弘扬长征精神、走好今天长征路的具体要求。讲话思想深刻、内涵丰富，高瞻远瞩，是党的重要理论创新成果，是马克思主义在当代中国的丰富和发展，是指引我们党奋力推进中国特色社会主义伟大事业和全面推进党的建设新的伟大工程的纲领性文献。

各级党委教育工作部门和各级各类学校，要准确把握长征精神的深层内涵和伟大历史意义，要把认真学习、深刻领会、全面贯彻习近平总书记这一重要讲话精神，作为教育系统当前和今后一个时期的一项重要政治任务，切实抓紧抓实，推动全面落实中央对教育工作的重大战略部署和工作任务要求。

二、切实增强广大师生学习贯彻习近平总书记在纪念长征胜利80周年大会上重要讲话精神的主动性与自觉性

1. 加强系统培训。要将讲话精神作为下半年及今后一个时期教育系统教师干部队伍培训和学生骨干队伍培训的重要内容，纳入教师岗前培训、辅导员骨干培训、思想政治理论课骨干教师培训、高校党务干部培训、基层党组织书记示范培训、哲学社会科学教学科研骨干培训以及学生团学骨干培训等培训研修之中，坚持线上与线下教育相结合、理论水平与实践能力提升相结合，努力做到学做结合、知行合一，进一步强化讲话精神系统培训实效。

2. 创新方法载体。要精心修订、出版和使用一批反映长征历史、宣传长征英雄人物事迹、弘扬伟大长征精神的大中小学读物。要重点建设一批学习、研究和阐释长征精神的德育精品课程，并邀请地方党委领导、知名专家学者到高校形势政策课堂为学生作学习领会讲话精神辅导报告。组织广大师生结合工作岗位和思想实际，开展学习讨论和专题研讨，动员师生编排展演一批以革命先驱为原型的舞台剧，创作推广一批以革命精神为主题的歌舞音乐，制作传播一批以感悟红色文化为内涵的文化作品，不断丰富和充实红色文化作品资源库。

3. 不断强化宣传阐释。要组织开展好“传承长征魂，共筑中国梦”等主题采访和宣传教育活动。要围绕讲话提出的一系列新思想新观点新论断，加大对专题研究的重点支持力度，充分发挥教育系统特别是高校专业学科优势、人才资源优势和理论研究优势，开展系统的理论与实践研究，形成一批有深度、有分量、有影响的高质量学术研究成果。要充分发挥传统媒体与新兴媒体合力育人优势，加强讲话精神宣传教育阵地建设，构建全媒体育人的良好环境和氛围；要定期征集遴选、推广展示一批利用红色文化开展社会主义核心价值观教育的优秀成果，定期举办学术研讨活动和工作推进会议，促进研究成果转化和教育经验共享。

三、积极引导广大师生以长征精神为动力不断开创教育事业新局面

1. 要把学习贯彻总书记重要讲话精神与深化“两学一做”学习教育活动结合起来。要将总书记重要讲话精神纳入“两学一做”学习教育活动，引导广大党员干部弘扬长征精神，坚定理想信念，牢记党的宗旨，始终对党忠诚，严守党的纪律，密切干群关系，永葆政治本色，自觉践行“四讲四有”合格党员标准，切实以学习实效保证教育事业科学发展。

2. 要把学习贯彻总书记重要讲话精神与推动党中央治国理政新理念新思想新战略研究宣传阐释结合起来。习近平总书记在纪念长征胜利80周年大会上的重要讲话，是党中央治国理政新理念新思想新战略的丰富和发展。这些新理念新思想新战略，为在新的历史条件下深化改革开放、加快推进社会主义现代化建设提供了理论先导和行动指南。要围绕统筹推进“五位一体”总体布局，协调推进“四个全面”战略布局，站在学习研究宣传马克思主义中国化最新成果的理论高度，来组织推进总书记重要讲话精神的学习贯彻。要引导广大党员干部师生打通学、深入学、持续学并学以致用，努力为实现“两个一百年”奋斗目标、实现中华民族伟大复兴的中国梦而不懈奋斗。

3. 要把学习贯彻总书记重要讲话精神与加快推进教育现代化结合起来。要深刻领会、认真贯彻总书记关于走好今天的长征路的重要论述，弘扬伟大长征精神，坚持发展抓公平，改革抓体制，安全抓责任，整体抓质量，保证抓党建，着力做好教育改革发展稳定的各项工作，努力办出中国特色、世界水平、人民满意的现代教育，为全面建成小康社会奠定坚实的基础。

4. 要把学习贯彻总书记重要讲话精神与加强思想政治工作结合起来。要坚持全面从严治党，落实主体责任，有效传导全面从严治党的压力、责任和要求，着力营造风清气正的工作环境、学术环境和政治生态。要着力夯实基础，提升基层党组织整体功能，强化功能，统筹学习型、服务型、创新型党组织建设，为走好教育事业新长征路提供坚实的组织保障。要切实提高思想政治教育工作质量，落实立德树人根本任务，引导广大学生自觉接受中国共产党的领导，自觉培育和践行社会主义核心价值观，自觉增强中国特色社会主义道路自信、理论自信、制度自信、文化自信。

各级党委教育工作部门和各级各类学校要加强组织领导，系统规划，精心部署，把学习贯彻重要讲话精神融入到各项政策制定、决策部署和工作安排中去，抓好学习环节督导，抓好学习实效考核，抓好成果宣传推广，迅速掀起学习贯彻总书记重要讲话精神的强大声势，大力营造学习贯彻总书记重要讲话精神的浓厚氛围。各地党委教育部门和部属高校学习宣传贯彻讲话精神的情况，请及时报送教育部。

中共教育部党组

2016年10月28日

中共教育部党组关于学习贯彻落实全国高校思想政治工作会议精神的通知

（2016年12月13日）

各省、自治区、直辖市党委教育工作部门、教育厅（教委），新疆生产建设兵团教育局，部属各高等学校党委：

2016年12月7日至8日，党中央召开全国高校思想政治工作会议，习近平总书记出席会议并发表重要讲话，对加强和改进新形势下高校思想政治工作提出明确要求，作出重大安排部署。这次会议是深入学习贯彻党的十八届六中全会精神的一次十分重要的会议，是高校改革发展、党的建设和思想政治工作中具有里程碑意义的一件大事，充分体现了以习近平同志为核心的党中央对高校思想政治工作的高度重视，为做好高校思想政治工作指明了前进方向。各地教育部门和各级各类学校要把学习好贯彻好落实好这次会议精神，作为当前和今后一段时期的首要政治任务。现就有关要求通知如下。

一、自觉用习近平总书记重要讲话精神统一思想认识

习近平总书记重要讲话从推进伟大事业、建设伟大工程、进行新的伟大斗争的高度，从培养中国特色社会主义合格建设者和可靠接班人的高度，充分肯定了高等教育改革发展和高校思想政治工作取得的成绩，精辟阐述了加强和改进高校思想政治工作的重大意义、目标定位、主要任务和基本要求，深刻回答了事关高等教育事业长远发展的一系列方向性重大问题，深刻阐明了高校思想政治工作的一系列重大理论和实践问题，始终贯穿马克思主义的立场、观点和方法，具有很强的战略性、政治性、思想性和针对性，是中国特色社会主义教育理论的又一重大创新成果，是加强和改进新形势下高校思想政治工作、办好中国特色社会主义高校的纲领性文献。

要深刻认识做好高校思想政治工作的重大意义。习近平总书记重要讲话，紧密联系我国高校发展历程和历史使命，深刻阐述了高校思想政治工作的重要地位和作用，强调高校思想政治工作关系高校培养什么样的人、如何培养人以及为谁培养人这个根本问题，强调要坚持把立德树人作为中心环节，把思想政治工作贯穿教育教学全过程，实现全程育人、全方位育人。强调高校立身之本在于立德树人，办好我国高校，办出世界一流大学，必须牢牢抓住全面提高人才培养能力这个核心点，并以此来带动高校其他工作。

要深刻认识坚持社会主义办学方向的原则立场。习近平总书记在讲话中，着眼于我国高等教育发展道路和我国高校鲜明特质，精辟阐述了坚持正确办学方向的重大问题。强调我们的高校是党领导下的高校，是中国特色社会主义高校。办好我们的高校，必须坚持以马克思主义为指导，全面贯彻党的教育方针。强调我国高等教育发展方向要同我国发展的现实目标和未来方向紧密联系在一起，为人民服务，为中国共产党治国理政服务，为巩固和发展中国特色社会主义制度服务，为改革开放和社会主义现代化建设服务。要坚持不懈传播马克思主义科学理论，坚持不懈培育和弘扬社会主义核心价值观，坚持不懈促进高校和谐稳定，坚持不懈培育优良校风和学风。

要深刻认识提高学生思想政治素质和加强师资队伍建设的重要任务。习近平总书记重要讲话，对如何做好大学生思想政治教育工作和抓好教师队伍建设作了系统阐述，强调思想政治工作从根本上说是做人的工作，必须围绕学生、关照学生、服务学生，不断提高学生思想水平、政治觉悟、道德品质、文化素养，让学生成为德才兼备、全面发展的人才。强调要教育引导学生正确认识世界和中国发展大势，正确认识中国特色和国际比较，正确认识时代责任和历史使命，正确认识远大抱负和脚踏实地。强调教师要坚持教书和育人相统一，坚持言传和身教相统一，坚持潜心问道和关注社会相统一，坚持学术自由和学术规范相统一。

要深刻认识改革创新高校思想政治工作的基本要求。习近平总书记在讲话中，着眼环境条件的发展变化，把握高校育人的关键环节，对推进高校思想政治工作改革创新提出了明确要求。强调做好高校思想政治工作，要因事而化、因时而进、因势而新。强调要遵循思想政治工作规律，遵循教书育人规律，遵循学生成长规律，不断提高工作能力和水平。强调要用好课堂教学这个主渠道，加快构建中国特色哲学社会科学学科体系和教材体系，更加注重以文化人以文育人，运用新媒体新技术使工作活起来。

要深刻认识坚持党对高校领导的政治要求。习近平总书记重要讲话，对加强和改善党对高校思想政治工作的领导这个根本问题作了深刻论述。强调办好我国高等教育，必须坚持党的领导，牢牢掌握党对高校工作的领导权，使高校成为坚持党的领导的坚强阵地。各级党委要把高校思想政治工作摆在重要位置，加强领导和指导，形成党委统一领导、各部门各方面齐抓共管的工作格局。高校党委对学校工作实行全面领导，承担管党治党、办学治校主体责任，把方向、管大局、作决策、保落实。

各地各高校要切实统一思想，提高认识，深刻理解加强和改进高校思想政治工作的特殊重要性和现实紧迫性，把思想和行动统一到中央决策部署上来，把力量和智慧凝聚到落实会议提出的各项任务上来。要将学习贯彻落实会议精神与深入学习贯彻党的十八大和十八届三中、四中、五中、六中全会精神结合起来，与学习贯彻习近平总书记系列重要讲话精神和治国理政新理念新思想新战略结合起来，全面贯彻党的教育方针，坚持社会主义办学方向，坚持以马克思主义为指导，坚持党对高校的领导，增强道路自信、理论自信、制度自信、文化自信，扎根中国大地办大学，全面提升思想政治工作水平，紧密团结在以习近平同志为核心的党中央周围，牢固树立政治意识、大局意识、核心意识、看齐意识，坚定不移维护党中央权威和党中央集中统一领导，为实现"两个一百年"奋斗目标、实现中华民族伟大复兴中国梦，培养又红又专、德才兼备、全面发展的中国特色社会主义合格建设者和可靠接班人。

二、准确把握学习贯彻落实会议精神的工作重点

1. 坚持一面旗帜管总。学习贯彻落实会议精神，加强和改进高校思想政治工作，要始终坚持社会主义办学方向这面旗帜管总，全面贯彻党的教育方针，把立德树人作为根本任务，坚持不懈传播马克思主义科学理论，坚持不懈培育和弘扬社会主义核心价值观，坚持不懈促进高校和谐稳定，坚持不懈培育优良校风和学风，把办中国特色社会主义高校这面旗帜牢牢地高高地举起来，把这面旗帜插到每一个课堂，插进每一名师生心中。

2. 坚持两个责任保证。学习贯彻落实会议精神，加强和改进高校思想政治工作，要切实履行好党委主体责任和纪委监督责任。要深刻认识做好思想政治工作是领导干部的政治任务，每一个领导岗位都是思想政治工作的工作站，每一名领导班子成员都是党的思想政治工作者。要明确把握党委在思想政治工作上负有主体责任，党委书记是第一责任人，领导班子成员要自觉履行“一岗双责”，以高度负责、敢于担当的精神抓好思想政治工作。纪委要强化监督检查，督促推动思想政治工作要求落到实处。

3. 坚持两大群体并进。学习贯彻落实会议精神，加强和改进高校思想政治工作，要紧紧围绕教师和学生两大群体，做到齐头并进，学生抓灌输、教师抓培训、干部抓表率、领导抓责任。在全面抓好大学生思想政治教育和教师思想政治工作的基础上，重点加强教师党支部建设，优化党支部设置，选优配强党支部书记，加强教师党员发展和教育管理服务工作。

4. 坚持两个培养整体推进。学习贯彻落实会议精神，加强和改进高校思想政治工作，要在两个培养上下功夫，通过双向融合整体推进基层党的建设。努力探索把有条件的党务工作者培养成学术带头人，把行政系统主要负责人、学科带头人培养成基层党组织负责人，逐步实现基层党组织负责人是懂政治的业务工作者、基层行政系统负责人是懂党建的行政领导者，做融合的文章不做分割的文章。

5. 坚持三级联动。学习贯彻落实会议精神，加强和改进高校思想政治工作，高校党委、院（系）党组织、基层党支部要积极行动起来，实现三级联动，把从严治党的体系建立健全起来，责任延伸落实下去，活动正常开展起来。要坚持完善党委领导下的校长负责制，贯彻民主集中制，着力推动院（系）党委发挥政治核心作用，把握好教学科研管理等重大事项中的政治原则、政治立场、政治方向，在干部队伍、教师队伍建设中发挥主导作用，把好政治关。

6. 坚持教师教材两个关键重点把关。学习贯彻落实会议精神，加强和改进高校思想政治工作，高校党委要履行好教师队伍和教材建设中的把关责任。把好教师的入口关、培训关、考核关，完善教师评聘和考核机制，实施师德“一票否决”。要对哲学社会科学教材选用进行政治把关，对引进教材选用负总责，组织好马克思主义理论研究和建设工程重点教材的统一使用工作。

三、认真执行学习贯彻落实会议精神的基本要求

1. 要扎实开展体系式学习。各地各高校要周密部署，统筹安排，精心制订学习宣传方案，分层次、分类别组织学习，牢牢把握加强和改进高校思想政治工作的重要意义、总体要求、指导思想、基本原则和主要任务。在学习传达过程中，要改变“开一个会、念念讲话、说一说精神概要”的状况，开展体系式学习，把中央加强和改进高校思想政治工作的精神作为一个系统来看，要联系习近平总书记系列重要讲话精神，联系高校发展历史、联系以往工作部署、联系形势变化要求，作为一个体系来进行学习。

2. 广泛开展融合式讨论。各地各高校要将理论和实践相结合，通过召开贯彻落实会议精神座谈会等方式，组织师生等各方面代表，深入交流学习习近平总书记重要讲话精神的心得体会，结合实际工作共同探讨全面贯彻落实会议精神的思路举措。各地各高校党政领导干部要以身作则、带头学习，发扬理论联系实际的学风，结合自身实际来开展讨论，避免“不把自己摆进去、轻飘飘、形式主义的讨论”，切实开展有质量的、能够促进主观世界和客观世界改造的，能够武装头脑、推动实际工作的融合式讨论。

3. 生动开展案例式教学。要坚持问题导向，寻求破解高校思想政治工作重点难点问题的答案和方法，形成贯彻落实会议精神的工作案例，在宣讲会议精神过程中要开展案例式教学，努力推进“存在的问题、解决问题的方案、解决之后的效果”进课堂，提升广大师生做好高校思想政治工作的自信心自觉性。要将会议精神作为教师干部队伍培训和学生骨干队伍培训的重要内容，纳入教师岗前培训、思想政治理论课骨干教师培训、辅导员骨干培训、高校党务干部培训、基层党组织书记示范培训、哲学社会科学教学科研骨干培训以及学生团学骨干培训等培训研修之中，坚持线上与线下教育相结合、理论水平与实践能力提升相结合，努力做到学做结合、知行合一。

4. 深入抓好项目式研究。要围绕会议提出的一系列新思想新观点新论断，加大对专题研究的重点支持力度，充分发挥高校学科专业优势、人才资源优势和理论研究优势，开展系统的理论与实践结合的项目式研究，从学理上提供支撑，在经验上进行集成，形成一批拿得出手、有深度、有分量、有影响、能发挥作用的高质量学术研究成果，为加强和改进高校思想政治工作作出理论贡献。

5. 系统抓好针对性解读。要组织力量针对师生在思想认识方面存在的困惑，提供针对性解读。要把解读的过程作为提高认识、凝聚共识的过程，在针对性解读过程中形成新的话语体系，推动工作理念从天上回到人间，从空中落到地上，进入师生心里。要充分发挥传统媒体与新兴媒体合力育人优势，采用师生喜闻乐见的形式，报道各地各高校加强高校思想政治工作的有效做法和经验。

6. 全面抓好操作性指导。各地各高校贯彻落实会议精神，要避免"一般性号召、原则性要求"和"口号多、操作少"等现象的发生，以务实的操作举措切实保障会议精神能够落地生根。要重点围绕强化思想理论教育和价值引领、发挥哲学社会科学育人功能、加强对课堂教学和对各类思想文化阵地的建设管理、加强教师队伍和专门力量建设、加强和改善党对高校的领导等方面任务，结合本地本校实际，抓紧研究制定切实可行、操作性强的配套制度和实施办法，科学制订时间表和任务书。

7. 统筹抓好责任化落实。各地各高校要充分认识加强和改进新形势下高校思想政治工作的艰巨性、复杂性，把这项工作作为长期战略任务来抓。要把工作基点放在对会议精神的贯彻落实上，按照岗位分解责任，设立目标和标准，将责任落细落小落实。要切实担负起加强和改进高校思想政治工作的领导责任，把思想政治工作摆在更加突出的位置，完善工作机制，加强日常指导。要定期开展督导检查，建立目标管理责任制、督查督办机制和动态反馈机制。各地教育部门和各级各类学校学习贯彻落实会议精神的情况，请及时报送教育部。

中共教育部党组

2016 年 12 月 13 日

教育部办公厅关于印发乡村教师培训指南的通知

（2016 年 1 月 13 日）

各省、自治区、直辖市教育厅（教委），新疆生产建设兵团教育局，有关单位：

为贯彻落实乡村教师支持计划（2015—2020年），推动各地变革乡村教师培训模式，提升乡村教师培训实效，在总结各地经验基础上，教育部研究制定了《送教下乡培训指南》《乡村教师网络研修与校本研修整合培训指南》《乡村教师工作坊研修指南》《乡村教师培训团队置换脱产研修指南》等乡村教师培训指南，现印发给你们，请在"国培计划"和乡村教师全员培训组织实施工作中参照执行。

教育部办公厅

2016 年 1 月 13 日

附件1

送教下乡培训指南

为贯彻落实《国务院办公厅关于印发乡村教师支持计划（2015—2020年）的通知》（国办发〔2015〕43号）和《教育部 财政部关于改革实施中小学幼儿园教师国家级培训计划的通知》（教师〔2015〕10号）相关要求，推进各地做好送教下乡培训，切实推动培训团队深入课堂、现场指导，着力提升乡村教师课堂教学能力，特制定本指南。

一、目标任务

省市统筹，区县组织，依托本地培训团队，整合区域外专家资源，采取任务驱动方式，定期开展送教下乡培训，以送教下乡培训带动校本研修，创新乡村教师培训模式，提升乡村教师培训实效。主要任务如下：

1. 分学科组建结构合理的高水平送培团队。

2. 分阶段开展主题鲜明的送教下乡培训。

3. 现场指导乡村学校开展校本研修。

4. 提升乡村教师课堂教学能力。

5. 加工生成一批本土化培训课程资源。

6. 完善乡村教师专业发展支持服务体系。

二、实施流程

区县教育行政部门要将送教下乡培训纳入乡村教师全员培训规划，制订送教下乡培训周期计划与年度计划。原则上同一乡镇同一学科每年送培不少于4次，每次不少于2天，确保送教下乡培训实效。县级教师发展中心（培训教研机构）会同高等学校，根据教育行政部门相关要求，做好培训需求调研，确定培训主题，研制实施方案，按照以下主要环节实施送培。

1. 诊断示范

培训团队深入乡村学校现场，通过课堂观察、师生访谈、工具测评等方式进行诊断，找准乡村教师课堂教学存在的突出问题。针对问题，选择契合主题的课例，采取说课、上课、评课等多种方式提供示范教学，提出教师研修任务。

2. 研课磨课

学校组织教师围绕研修主题，按照研修任务，结合校本研修，开展研课磨课。研课环节着力开展课例研讨，进行对照反思，突出经验学习。磨课环节突出课堂教学问题解决，围绕教学目标、教学内容、教学方法与手段、教学评价等进行打磨，不断改进教学设计。送培团队针对学校研课磨课的难题，通过示范教学、同课异构、专题研讨等方式进行现场指导，生成合格课、优质课、精品课。

3. 成果展示

送培团队会同乡村学校或研修片区开展阶段性研修成果展示，采取说课、上课、评课等方式展示教学改进成效，通过微课例、微案例、微故事等展示研修成果。

4. 总结提升

送培团队指导乡村学校和教师对年度送教下乡培训工作进行系统总结，梳理经验、反思问题、明确改进方向，生成代表性成果，制订下一年度校本研修计划和个人发展计划。县级教师发展中心（培训教研机构）对各个送培团队课程及学校研修的代表性成果进行加工，形成本土化培训资源包，支持学校校本研修和乡村教师专业自主发展。

三、职责分工

1. 省市教育行政部门职责

（1）统筹规划，完善制度，建立机制，大力推动区县开展送教下乡培训。

（2）有效利用国培、省培、市培经费对区县进行支持。

（3）依据培训质量标准，做好区县开展送教下乡培训工作的指导、监管评估。

（4）发掘区县先进做法和典型经验，及时总结推广。

2. 区县教育行政部门职责

（1）根据省市要求，制订区县送教下乡培训计划和实施方案。

（2）积极引进高等学校资源，有效整合本地培训、教研、电教等部门资源，建立高等学校、县级教师发展中心、片区研修中心和乡村学校四位一体的送教下乡培训支持服务体系。

（3）按照培训者与本地乡村教师比不低于1∶30建立县级培训团队，整合区域外专家资源，分学科（领域）组建结构合理的高水平送培团队。制定相关激励政策，支持县级培训团队开展送培工作。

（4）根据培训规划和职责分工，落实培训经费。

（5）健全管理制度，明确各方职责，确保各环节工作落实到位。

（6）有效加工送教下乡培训生成性资源，并纳入本地培训资源库，进行推广利用。

（7）依据培训质量标准，做好对县级教师发展中心（培训教研机构）、送培团队和乡村学校的过程监管和绩效评估工作。

（8）发掘先进做法和典型经验，及时宣传推广。

3. 送培团队职责

（1）积极参加培训学习，切实提升送教下乡培训能力。

（2）按照培训实施方案，高质量完成送教下乡培训任务。

（3）梳理、研究乡村教师课堂教学的突出问题，提出解决方法策略。

（4）创新培训方式方法，提升送教下乡培训实效。

（5）及时总结送培经验，有效推广送培成果。

4. 乡村学校职责

（1）将送教下乡培训纳入校本研修规划，制定本校实施方案，实现送教下乡培训和校本研修有机整合。

（2）会同送培团队做好诊断示范、成果展示和总结提升等环节的实施工作。

（3）负责研课磨课环节的实施工作。

（4）做好培训生成性资源的汇聚整理工作，向区县推荐代表性成果。将区县培训资源包和本校资源纳入校本研修课程。

（5）做好本校学科组和教师研修的过程监管和绩效评估。

（6）做好本校实施工作总结，督促指导乡村教师做好总结提升。

5. 教师职责

（1）认真参加诊断示范，找准自身课堂教学突出问题，明确研修目标任务，制订个人研修计划。

（2）认真参加研课磨课，借鉴示范课例，优化教学设计，及时将培训所学用于课堂实践，切实提升课堂教学实效。

（3）积极参与“说课、上课、评课”和“微课例、微案例、微故事”展示活动，提炼生成个人代表性成果。

（4）认真进行个人总结，梳理经验、反思问题、明确改进方向，制订下一步个人发展计划。

附件2

乡村教师网络研修与校本研修整合培训指南

为贯彻落实《国务院办公厅关于印发乡村教师支持计划（2015—2020年）的通知》（国办发〔2015〕43号）和《教育部　财政部关于改革实施中小学幼儿园教师国家级培训计划的通知》（教师〔2015〕10号）相关要求，推进各地开展乡村教师网络研修与校本研修整合培训，形成网络支持下的校本研修良性运行机制，切实提升乡村学校校本研修质量，特制定本实施指南。

一、目标任务

针对当前乡村教师培训中存在的校本研修质量不高，网络研修与教育教学实践结合不紧密，教师专业发展缺乏持续支持等问题，大力推行网络研修与校本研修整合培训，有效利用教师网络研修社区，为乡村学校持续提供专家指导和优质课程，建立校本研修常态化运行机制，推进乡村教师边学习、边实践，不断提升教育教学能力。

二、实施流程

1. 做好规划设计。省市统筹指导，区县与学校将网络研修与校本研修整合培训纳入乡村教师全员培训规划和校本研修规划，会同网络研修支持服务机构分别制定区县实施方案和学校校本研修实施方案。实施方案要目标明确，突出重点，细化措施，明晰责任，操作性强，体现区域和学校特色。

2. 建立研修支持体系。省市统筹协调，区县会同网络研修支持服务机构建立"个人空间—工作坊—学校社区—区域社区"一体化的县域网络研修社区。建立"县域—片区—学校"三位一体的组织管理体系，完善管理制度，落实各方责任。加强县级教师发展中心建设，推进本地教师培训、教研、电教等部门资源有效整合，完善县域教师培训支持服务体系。遴选专职培训者、教研员和骨干教师，建立县级培训者队伍。加强乡村学校校长培训，重点提升网络支持下的校本研修组织管理能力。学校要完善校本研修制度，建设好学校网络研修社区，建立校级培训者队伍。乡镇中心学校要将所辐射的村小和教学点纳入本校研修体系。

3. 开发建设优质资源。网络研修支持服务机构要做好预设性课程资源开发建设工作，采取自主开发、合作建设、购买引进等方式，提供覆盖全学科（领域）、满足乡村教师跨年度、长周期研修需要的培训课程资源，为每个乡村教师提供充足的选学课程。重点建设乡村教师急需的师德修养、学科教学、班级管理、心理健康和信息技术应用等方面的培训资源。着力开发、提供网络协同研修工具和学科教学工具，做好通用教育教学数字资源的整理与推荐。区县和学校要会同网络研修支持服务机构，重点围绕培训生成性成果和学员结业成果，采取定向征集、择优遴选、加工升级等方式，建立本土化的区域和学校资源库，有针对性地推送给每个乡村教师，满足个性化学习需求，并为后续研修提供支持。区县要明确培训生成性成果和学员结业成果的质量标准，将成果质量与培训评价挂钩，为开发高质量课程资源奠定基础，提升培训综合效益。

4. 组织实施研修。区县会同网络研修支持服务机构落实区县实施方案，组织乡村学校开展网络支持下的校本研修。乡村学校落实校本研修实施方案，紧密结合教育教学工作，有效组织教师开展网络支持下的校本研修。区县与学校要切实做好以下两项研修：

一是常规研修。结合备课、上课、评课和班级管理等日常教育教学工作，采取技能训练、课例研究、专题研讨、同课异构、同行评价、专家与培训者指导等方式，着力提升教师教育教学技能。网络研修要为常规研修提供工具支持、资源支持、专家指导和大数据分析支持等。工具支持主要包括提供学情诊断工具、教学设计工具、协同备课工具、观课评课工具、音视频互动工具和网络社交工具等。资源支持主要包括提供备课资源库、学科案例库、通识和学科教学课程库等。专家与培训者指导主要通过网上诊断、课例点评、组织研讨、解答问题等，引领带动常规研修。大数据分析主要通过记录并反馈教师日常教育教学和学习研修的行为轨迹、关键内容及学习成效，支持教师日常反思改进，有效反映教师专业成长历程，激励教师自主发展。

二是专题研修。主要采取诊断示范、专题讲座、主题研讨、行动研究和成果展示等方式，定期开展主题鲜明的递进式系列研修活动，着力帮助教师解决教育教学的突出问题，持续提升教育教学能力。网络研修要为专题研修提供工具支持、资源支持和专家与培训者指导。工具支持主要包括提供问题收集与整理工具、观课评课工具、音视频互动工具和网络社交工具等。资源支持主要包括提供与研修主题直接相关的典型案例、专题课程和方法课程等。专家与培训者指导主要通过网上诊断、课例示范、专题讲座、主题研讨、课题研究指导、成果总结与推送等，引领带动专题研修。

5. 抓好监管评估。省市和区县要做好校本研修实施的过程监管工作，建立监管制度，落实监管责任，改进监管方法，对关键环节和重点工作进行有效管理。省市要着力做好对区县培训方案落实、县域网络研修社区建设、县级培训者队伍建设、县域研修活动开展、县级培训资源库建设、校本研修管理评价等方面的过程监管。区县要着力做好对网络研修支持服务机构的网络研修社区建设、培训课程落实、培训团队建设、常规研修与专题研修活动支持、学员管理与评价支持等方面的过程监管；做好对学校的校本研修方案落实、校级培训者队伍建设、学校网络研修社区应用、常规研修与专题研修活动开展、学员管理与评价等方面的过程监管。

省市和区县要依据培训质量标准，采取大数据评估、参训教师匿名评估、抽查评估和第三方评估等方式对校本研修绩效进行评估。要强调应用导向，重点评估教师的学习应用实效和培训成果，网络研修社区建设的成效与特色等。建立培训绩效通报制度，将评估结果作为区县、学校、教师评价考核的重要依据。

三、职责分工

1. 省市教育行政部门职责

（1）将网络研修与校本研修整合培训纳入省市教师培训规划，完善制度，建立机制。

（2）有效利用国培、省培、市培经费对区县进行支持。

（3）做好对区县的指导和监管评估工作。

（4）发掘区县和学校的先进做法、典型经验，及时总结推广。

2. 区县教育行政部门职责

（1）根据省市要求，制定培训规划与实施方案。

（2）完善校本研修管理制度，明确项目参与各方职责，建立激励与约束机制。

（3）加强县级教师发展中心建设，建立县级教师发展中心与网络研修支持服务机构的协作机制。

（4）建立县域教师网络研修社区，指导学校建立网络研修社区。

（5）建立县级培训者队伍，加强校长培训，提升网络研修与校本研修指导与管理能力。

（6）根据培训规划和职责分工，落实培训经费。

（7）组织学校开展网络支持下的校本研修，组织开展跨校区域研修活动。

（8）做好本土化区域资源库建设与使用工作。

（9）做好对学校和网络研修支持服务机构的过程监管和绩效评估工作。

（10）及时发掘“好学校、好教师、好成果”，做好典型经验、先进做法的总结与宣传推广。

3. 网络研修支持服务机构职责

（1）根据区县培训规划与实施方案，制订网络研修支持服务计划，协助学校研制网络支持下的校本研修方案。

（2）提供满足培训需要的功能完善的网络研修平台。

（3）支持区县和学校建立网络研修社区。

（4）做好预设性课程资源开发建设工作，支持区县和学校做好本土化资源的遴选、加工与应用。

（5）组建结构合理的高水平专家团队，做好培训指导工作。支持区县做好县级培训者及校长培训工作。

（6）支持区县和学校组织实施常规研修和专题研修。

（7）做好线上与线下研修数据的记录、分析和反馈，利用大数据分析，支持教师反思改进与自主发展。

（8）支持区县做好学校校本研修的监管评估工作，支持学校做好教师研修的监管评估工作。

（9）及时发掘“好学校、好教师、好成果”，做好典型经验、先进做法的总结与宣传推广。

4. 学校职责

（1）校长为校本研修的第一责任人。学校根据区县要求，制定校本研修规划与实施方案。

（2）完善校本研修制度，明确校内各方职责，建立激励与约束机制。

（3）依托县域教师网络研修社区，建立学校网络研修社区。

（4）建立校级培训者队伍，提升培训者组织实施网络支持下的校本研修的能力。

（5）根据培训规划和职责分工，落实培训经费。

（6）组织开展网络支持下的校本研修，参加跨校区域研修活动。

（7）做好学校资源库的建设与使用工作。

（8）做好对教师研修的过程监管和绩效评估工作。

5. 教师职责

（1）根据校本研修规划与实施方案，制订个人研修计划。

(2) 认真参加常规研修，不断提升教育教学技能。

(3) 认真参加专题研修，切实解决教育教学的突出问题。

(4) 有效利用网络研修社区，建好“个人空间”，养成网络学习习惯。

(5) 学以致用，完成培训实践任务，提交实践成果。

附件 3

乡村教师工作坊研修指南

为贯彻落实《国务院办公厅关于印发乡村教师支持计划（2015—2020 年）的通知》（国办发〔2015〕43 号）和《教育部　财政部关于改革实施中小学幼儿园教师国家级培训计划的通知》（教师〔2015〕10 号）相关要求，推动各地组建乡村教师工作坊，开展工作坊研修，建立“用得好、辐射广、共成长”骨干引领全员的常态化研修机制，特制定本实施指南。

一、目标任务

针对当前乡村教师发展专家指导不够、骨干教师引领机制不健全等问题，依托骨干教师组建工作坊，带动乡村教师开展工作坊研修，打造信息技术环境下的教师学习共同体，推进骨干引领全员的常态化研修。主要目标任务如下：

1. 遴选骨干教师并培养成为工作坊主持人。

2. 依托工作坊主持人建立一批乡村教师工作坊。

3. 工作坊主持人带动一定数量的乡村教师进行工作坊研修。

4. 持续提升乡村教师教育教学能力。

5. 推动工作坊主持人从优秀迈向卓越。

6. 完善乡村教师专业发展支持服务体系。

二、实施流程

省市和区县教育行政部门要将教师工作坊研修纳入乡村教师全员培训规划，科学制定教师工作坊研修实施方案，遴选网络研修平台功能完善、网络研修成效突出的高等学校或教师培训专业机构作为网络研修支持服务机构，依托本地培训教研机构，按照“建坊、用坊、评坊”的流程，组织实施教师工作坊研修。

1. 建坊

(1) 示范性教师工作坊组建。

省市教育行政部门组建示范性教师工作坊，综合考虑学段、学科（领域）覆盖面，择优遴选区县骨干教师教研员，采取集中面授与网络研修相结合的方式，进行工作坊主持人专项培训。

(2) 乡村教师工作坊组建。

区县教育行政部门依托教师工作坊主持人，分学段、学科（领域）组建乡村教师工作坊，将具备网络学习条件的乡村教师纳入工作坊。工作坊内可设立若干研修小组，选拔优秀学员担任组长，明确研修分工，建立研修小组间的合作竞争机制。

2. 用坊

(1) 示范性教师工作坊研修。

省市组织开展示范性教师工作坊研修。示范性工作坊研修内容主要包括基础培训能力培训和工作坊主持能力培训两个方面，以工作坊主持能力培训为重点。基础培训能力培训应包括培训需求诊断分析、培训方案设计、培训课程资源开发、教师学习共同体构建、课堂教学指导和培训绩效评价等。教师工作坊主持能力培训应包括网络研修指导、线上与线下研修活动设计、课堂教学诊断与指导、生成性培训资源开发、教师协同研修指导等。

优化示范性教师工作坊研修流程，将集中面授、网络研修与工作坊研修实践相结合。先行开展工作坊主持人集中面授，然后采取网络研修对工作坊主持人进行跟进指导，同时工作坊主持人进行乡村教师工作坊研修实践。要适时对工作坊主持人进行再次集中面授，重在分享工作坊主持经验与成果，解决主持工作坊的突出问题，优化下一步研修方案。

（2）乡村教师工作坊研修。

乡村教师工作坊研修要将主题研修与常规研修相结合，以主题研修为主，确保研修针对性；将网络研修、集中培训与现场实践相结合，实现教师学用结合，确保研修实效性。

主题研修要针对乡村教师教育教学中的突出问题，预设研修主题，主要采取诊断示范、课例研修、专题研讨、微型讲座、课题研究指导和成果总结展示等方式，由工作坊主持人组织全坊乡村教师进行主题鲜明的研修活动。要根据研修主题，设置递进式研修内容，持续提升乡村教师教育教学能力。主题研修要将网络研修、集中培训与现场实践相结合。网络研修重在支持主题研修的常态化开展；集中培训重在现场诊断示范、研修成果展示和经验分享等，营造研修氛围，巩固研修成效；现场实践重在推动乡村教师及时将网络研修与集中培训所学应用于实践，切实解决教育教学中的突出问题。

常规研修要结合乡村教师日常教育教学工作，主要采取网上诊断、课例点评、问题解答、资源推送等方式，由工作坊主持人对乡村教师进行个性化指导。常规研修主要采取网络研修与现场实践相结合的方式进行，推动教师即学即用。

区县要将乡村教师工作坊研修纳入区县日常培训教研工作，建立本地培训教研机构与网络研修支持服务机构的协同机制，为工作坊研修提供充足的经费支持和有力的条件保障，确保研修的常态化。网络研修支持服务机构要为工作坊研修提供平台支持、课程资源支持、工具支持与专家指导等服务，确保研修高效开展。省市要从区县乡村教师工作坊中遴选一批成效突出、受教师欢迎的工作坊，给予重点支持。

3. 评坊

省市和区县教育行政部门要做好工作坊研修的过程监管和绩效评估工作，建立制度，落实责任，改进方法，对工作坊研修的关键环节、重点工作和实施绩效进行有效管理。要创新评估方式方法，依据培训质量标准，采取大数据评估、参训教师匿名评估、抽查评估和第三方评估等方式对工作坊研修绩效进行有效评估。

省市教育行政部门重点做好示范性工作坊和区县工作坊研修工作的监管评估。对示范性工作坊的评估应以参训学员的工作坊主持能力提升程度、工作坊研修创新和引领等为重点。对区县开展工作坊研修工作的评估应以重视程度、经费保障和实施成效等为重点。评估结果应作为省市对区县进行支持的重要依据。

区县教育行政部门要做好乡村教师工作坊和培训任务承担机构的监管评估工作。对乡村教师工作坊的评估应以工作坊主持人的引领带动作用、学习共同体组建、研修活动开展、资源生成和乡村教师学习与实践成效等为重点。要根据评价结果，对工作成效突出的主持人给予奖励支持，对工作不力的主持人及时进行调整。对本地培训教研机构的评估应以工作坊研修与日常培训教研工作的结合成效为重点。对网络研修支持服务机构的评估应以平台支持、课程资源支持、工具支持和专家指导成效为重点。

网络研修支持服务机构要通过大数据分析等手段，有效记录并反馈工作坊主持人和乡村教师的研修行为及成效，为教育行政部门管理工作坊、工作坊主持人管理坊内学习小组与学员提供有力支持。

工作坊主持人要根据教育行政部门要求，做好本坊学员的监管评估工作，通过小组评价和个体评价，对参与研修、支持同伴、完成任务和生成成果等进行有效评价。要完善坊内管理评价机制，激励学员认真参与、乐于展示、积极分享。要发掘推荐优秀小组与优秀成员，并对学习不力的学员进行有效督促。

三、职责分工

1. 省市教育行政部门职责

（1）将工作坊研修纳入省市教师培训规划，完善制度，建立机制。

（2）有效利用国培、省培、市培经费对区县进行支持。

（3）组建示范性工作坊，做好乡村教师工作坊主持人培养工作。

（4）做好对示范性工作坊、区县开展乡村教师工作坊研修工作的指导和监管评估。

（5）发掘先进做法、典型经验，及时总结推广。

2. 区县教育行政部门职责

（1）根据省市要求，制定乡村教师工作坊研修规划与实施方案。

（2）完善工作坊研修管理制度，明确各方职责，建立激励与约束机制。

（3）加强县级教师发展中心建设，建立区县培训教研机构与网络研修支持服务机构的协同机制。

（4）遴选工作坊主持人，将具备网络学习条件的乡村教师纳入工作坊，组建乡村教师工作坊。

（5）根据培训规划和职责分工，落实培训经费。

（6）组织开展乡村教师工作坊研修。

（7）做好工作坊研修本地资源的建设与使用工作。

（8）做好本地乡村教师工作坊和培训任务承担机构的监管评估工作。

（9）及时发掘“好工作坊、好教师、好成果”，做好典型经验、先进做法的总结宣传推广。

3. 网络研修支持服务机构职责

（1）根据工作坊研修实施方案，制定网络研修支持服务方案。

（2）提供满足培训需要的功能完善的网络研修平台。

（3）做好预设性课程资源开发建设工作，支持区县做好本地资源的遴选、加工与应用。

（4）组建结构合理的高水平专家团队，做好工作坊研修指导工作。

（5）支持工作坊主持人制定研修方案，开展研修活动。

（6）利用大数据分析等手段，为工作坊管理提供有力支持。

（7）及时发掘“好工作坊、好教师、好成果”，做好典型经验、先进做法的总结宣传推广。

4. 工作坊主持人职责

（1）认真参加示范性工作坊研修，切实提升工作坊主持能力。

（2）制定本乡村教师工作坊的研修方案。

（3）组建坊内学习小组，建立小组间的合作竞争机制。

（4）组织开展主题研修，解决乡村教师教育教学中的突出问题。

（5）组织开展常规研修，对乡村教师进行个性化指导。

（6）指导本坊学员形成实践成果，提炼、汇聚、加工优秀成果。

（7）根据教育行政部门要求，做好本坊学员的监管评估工作。

（8）及时发掘“好小组、好学员、好成果”，做好典型经验、先进做法的总结宣传推广。

5. 教师职责

（1）根据工作坊研修方案，制订个人研修计划。

（2）认真参加主题研修，切实解决教育教学的突出问题。

（3）积极参加常规研修，改进日常教育教学工作。

（4）有效利用工作坊，养成网络学习习惯。

（5）树立分享、交流、合作学习意识，有效融入学习共同体。

（6）学以致用，完成研修实践任务，提交培训成果。

附件 4

乡村教师培训团队置换脱产研修指南

为贯彻落实《国务院办公厅关于印发乡村教师支持计划（2015—2020 年）的通知》（国办发〔2015〕43 号）和《教育部　财政部关于改革实施中小学幼儿园教师国家级培训计划的通知》（教师

〔2015〕10号）相关要求，推进各地有效开展乡村教师培训团队置换脱产研修，打造一支“用得上、干得好”的乡村教师培训团队，特制定本指南。

一、目标任务

省级教育行政部门遴选高等学校、远程培训机构、市县教师发展中心和优质中小学幼儿园协同承担，组织高年级师范生（城镇教师）顶岗支教，置换出中小学幼儿园骨干教师教研员，进行为期4—6个月的脱产研修。

通过高等学校集中研修、“影子教师”跟岗实践、返岗培训实践和总结提升四个阶段的系统培训，重点提升参训学员的培训能力，使其胜任送教下乡培训、网络研修和校本研修整合培训、教师工作坊研修，为全面提升乡村教师能力素质提供有力保障。

二、工作重点

1. 建立培训机构协同机制

省级教育行政部门遴选培训成绩突出的高等学校、网络研修绩效居前的远程培训机构、能发挥示范作用的市县教师发展中心和校本研修特色鲜明的优质中小学幼儿园协同承担培训任务。

建立协同实施机制。高等学校牵头实施培训，做好培训全过程的统筹协调和组织实施工作。远程培训机构负责提供网络研修平台和相关课程资源，配合高等学校做好网络研修。市县教师发展中心负责培训跟岗实践组织实施，配合高等学校做好返岗培训实践指导。优质中小学幼儿园负责“影子教师”跟岗实践培训，配合高等学校对学员返岗教育教学实践指导。

2. 建立培训专家指导机制

省级教育行政部门组建研究指导团队，负责指导方案研制、课程设置、培训实施等工作，研究关键问题，提炼典型经验，提出改进建议。依据培训质量标准，做好对培训机构的绩效评估工作。

培训机构建立培训专家团队，高校专家、教研员与一线优秀教师合理搭配，其中省域外专家原则上不少于20%，教研员和一线优秀教师原则上不少于60%。实行首席专家负责制和培训导师制。首席专家应具有丰富的教师培训实践经验，有研究建树，负责组织设计培训方案，全程指导培训实施工作。学员按5—10人分组，配备由高校培训专家、教研员、一线优秀教师组成的“三人行”导师组，全程指导学员研修。

3. 完善学员遴选机制

省级教育行政部门从县级教师培训专家团队中遴选参训学员，按需选送学员参加置换脱产研修。区县教育行政部门应将学员的研修成效与县级教师培训专家团队的动态调整相结合。

省级教育行政部门统筹高等学校根据区县需求，遴选高年级师范生进行顶岗支教，置换出骨干教师参加脱产研修。也可统筹区县教育行政部门组织城镇教师进行顶岗支教。

4. 建立学习共同体研修机制

高等学校根据参训学员学科背景、研究兴趣和培训需求等成立若干学习小组，建立学习共同体，配备“三人行”导师组，引领学员开展小组合作学习、小专题研修、小课题研究等。

有效利用网络研修平台，成立教师工作坊，建立网上学习共同体，支持参训学员进行同步和异步研修。通过线上资源推送、专题研讨、成果分享、学习进度反馈和学员信息化管理等，拓展线下研修，巩固培训成效。

5. 建立优质资源开发应用机制

培训机构要预设丰富适用的培训类、教研类、教学类课程资源，将必修课程与选修课程相结合，培训类课程应占50%以上。必修课程应聚焦共性需求，以提升培训能力和教研能力为重点，根据研修阶段进行针对性设置。选修课程应聚焦个性需求，以提升教育教学能力为重点，围绕教育教学前沿问题、核心问题和热点问题，有效整合典型案例。

省级教育行政部门要结合置换脱产研修实施需求，安排专项经费，建设精品培训课程。培训机构要重视课程资源开发建设，并对培训生成性资源、参训学员培训成果进行加工升级，着力建设网络课程、微课程、案例课程等；将资源开发纳入学习小组研修任务，激励参训学员合作建设培训课程资源；将省级精品培训课程和本单位开发的相关资源整理成培训资源包，提供给参训学员，在后续的送教下乡培训、网络研修和校本研修整合培训、教师工作坊研修中使用。

三、实施流程

培训机构根据国家和省级教育行政部门相关要求，按照“集中研修、跟岗实践、返岗实践、总结提升”的环节，研制培训方案，实施培训工作。以下环节可跨年度实施。

1. 集中研修

集中研修重在诊断测评和系统学习。诊断测评重在帮助参训学员明确培训目标，找准培训能力、教研能力和教育教学能力的短板，确定研修重点，制订个人研修计划。诊断测评环节要完成学习小组组建并配备导师。系统学习重在提升培训设计与实施能力，改进教研方式方法，解决教育教学突出问题。培训设计与实施能力应包括基础培训能力、教师工作坊主持能力、送教下乡培训能力和校本研修指导能力等。要有效利用教师工作坊开展教师线上学习，巩固集中研修成效。集中研修阶段要注重实践性培训，主要采取专家诊断、技能训练、观摩体验、案例打磨、行动研究等方式，着力提升培训设计与实施能力，学时原则上不少于该阶段的30%。

集中研修阶段，高等学校要牵头落实方案，选聘师资，提供资源，做好管理。远程培训机构要为参训教师建立个人空间，为导师组建立教师工作坊，支持高等学校建立网络研修社区。市县教师发展中心和优质中小学幼儿园协助提供培训现场示范和培训案例资源。

2. 跟岗实践

跟岗实践重在观摩学习、对照反思、实践体验，分为优质中小学幼儿园跟岗实践和市县教师发展中心跟岗实践。高等学校组织参训学员到优质中小学幼儿园，在优秀教师指导下，对课堂教学和校本研修进行跟岗实践，对照本人本校实际进行系统反思，明晰问题，研究解决方法，提升教育教学能力和校本研修指导能力，制定返岗实践方案。高等学校组织参训学员到市县教师发展中心，在优秀培训者和教研员指导下，对培训活动和教研活动进行跟岗实践，提升培训能力和教研能力，制定返岗实践方案。高等学校要组织学科专家和培训专家全程指导学员跟岗实践，利用教师工作坊对参训学员研修活动进行支持和管理。跟岗实践时间不少于总学时的三分之一。

3. 返岗实践

返岗实践重在落实返岗实践方案，学以致用，开展培训。区县教育行政部门要结合国培、省培、市培和县培，组织参训学员承担送教下乡培训、网络研修和校本研修整合培训、教师工作坊研修等培训工作。参训学员返岗实践主要采取现场指导、课例示范、专题讲座、资源开发、小课题研究等方式进行。区县要为具备条件的参训学员建立教师工作坊，开展工作坊研修。参训学员须形成培训实践案例，加工制作具有代表性的培训课程资源。

高等学校要采取实地指导和网络研修相结合的方式，组织导师组对参训学员返岗实践进行全程指导。利用教师工作坊，定期组织线上研修，解答问题，分享经验，展示成果。

4. 总结提升

总结提升重在提炼成果，促进发展。高等学校通过开展成果展示、专题研讨、经验总结、成效考核等系列培训活动，引领参训学员对培训实践进行深入反思、系统总结。总结内容应包括培训方案设计、课程资源开发、培训方式创新、培训管理评价、教研方式方法、教育教学改进和个人发展规划等。通过总结提升，推动学员分享培训成果，提炼培训经验，明确发展方向，形成发展规划，为后续培训工作奠定坚实基础。

教育部办公厅关于印发《普通学校特殊教育资源教室建设指南》的通知

（2016年1月20日）

各省、自治区、直辖市教育厅（教委），新疆生产建设兵团教育局：

特殊教育资源教室是推进残疾儿童少年在普通学校随班就读工作的关键支撑，对全面提高特殊教育普及水平具有不可替代的重要作用。近年来，一些地区积极推进随班就读工作，对特殊教育资源教室建设进行了有益探索，积累了许多好的做法和经验，但总体来看，特殊教育资源教室工作基础薄弱，存在数量严重不足、设备配备较差、资源教师缺乏和资源教室作用发挥不足等突出问题亟待解决。

根据《义务教育法》和《残疾人教育条例》的有关规定，按照教育规划纲要和特殊教育提升计划的有关要求，为规范普通学校特殊教育资源教室的建设和管理，充分发挥资源教室为普通学校残疾学生提供特殊教育、康复训练和咨询的重要作用，加快推进普通学校随班就读工作，我部研究制定了《普通学校特殊教育资源教室建设指南》，现印发给你们。各级教育行政部门要坚持特教特办的原则，科学规划，统筹安排，合理布局，协调落实好普通学校特殊教育资源教室建设所需的资金、人员和相关政策，切实做好特殊教育资源教室的建设与管理工作。

有关情况请及时报告我部。

教育部办公厅
2016年1月20日

普通学校特殊教育资源教室建设指南

为更好地推进全纳教育，完善普通学校随班就读支持保障体系，提高残疾学生教育教学质量，依据《义务教育法》和《残疾人教育条例》的有关规定，制定本指南。

一、总体要求

在普通学校（含幼儿园、普通中小学、中等职业学校，以下同）建设资源教室，要遵循残疾学生身心发展规律，充分考虑残疾学生潜能开发和功能补偿的需求，以增强残疾学生终身学习和融入社会的能力为目的；要坚持设施设备的整体性和专业服务的系统性，为残疾学生的学习、康复和生活辅导提供全方位支持；要突出针对性和有效性，根据每一个残疾学生的残疾类型、残疾程度和特殊需要，及时调整更新配置；要确保安全，配备的设施设备必须符合国家的相关安全和环保标准，不得含有国家明令禁止使用的有毒材料。

二、功能作用

资源教室是为随班就读的残疾学生及其他有特殊需要的学生、教师和家长，提供特殊教育专业服务的场所，应具备如下主要功能：

（一）开展特殊教育咨询、测查、评估、建档等活动。

（二）进行学科知识辅导。

（三）进行生活辅导和社会适应性训练。

（四）进行基本的康复训练。

（五）提供支持性教育环境和条件。

（六）开展普通教师、学生家长和有关社区工作人员的培训。

三、基本布局

资源教室应当优先设立在招收较多残疾学生随班就读且在当地学校布局调整规划中长期保留的普通学校。招收5人以上数量残疾学生的普通学校，一般应设立资源教室。不足5人的，由所在区域教育行政部门统筹规划资源教室的布局，辐射片区所有随班就读学生，实现共享发展。

四、场地及环境

资源教室应有固定的专用场所，一般选择教学楼一层，位置相对安静、进出方便。其面积应不小于60平方米，若由多个房间组成，应安排在一起。有条件的普通学校，可以结合需要适当扩大。所附基础设施要符合《无障碍环境建设条例》《无障碍设计规范》《特殊教育学校建筑设计规范》中的有关规定。

五、区域设置

资源教室应设置学习训练、资源评估和办公接待等基本区域。

（一）学习训练区。主要用于以个别或小组形式对学生进行学科学习辅导，以及相关的认知、情绪、社交发展方面的训练。根据学生的需求，对学生进行动作及感觉统合训练、视功能训练、言语语言康复训练等。

（二）资源评估区。主要用于存放学生教学训练计划、教师工作计划，教具、学具、图书音像资料。对学生进行学习需求测查，各种心理、生理功能基本测查和评估等。

（三）办公接待区。主要用于教师处理日常工作事务及开展相关管理工作，接待校内学生、教师、家长等来访者。

在不影响资源教室基本功能的情况下，资源教室各功能区域可以根据实际需求相互兼容。有条件的学校还可以适当拓展。

六、配备目录

分为基本配备与可选配备（详见附表）。基本配备是指满足基本需要的教育教学和康复训练设施设备、图书资料等。可选配备是指根据残疾学生的残疾类型、程度及其他特殊需要，选择配备的教育教学和康复训练设施设备、图书资料等。

七、资源教师

资源教室应配备适当资源教师，以保障资源教室能正常发挥作用。资源教师原则上须具备特殊教育、康复或其他相关专业背景，符合《教师法》规定的学历要求，具备相应的教师资格，符合《特殊教育教师专业标准》的规定，经过岗前培训，具备特殊教育和康复训练的基本理论、专业知识和操作技能。资源教师纳入特殊教育教师管理，在绩效考核、评优评先和职务（职称）评聘中给予倾斜。

八、管理规范

（一）开放时间。原则上，学生在校期间每天均应面向本校或片区内随班就读残疾学生开放。安排适当时间向其他有特殊需要的学生、教师和家长开放，并安排专人值班。

（二）经费投入。各地教育行政部门要将资源教室建设纳入当地特殊教育事业发展的总体规划，建立财政支持保障的长效机制。学校也应将资源教室的建设、维护以及工作运行纳入年度经费预算，保证资源教室工作正常开展。

（三）日常管理。资源教室应纳入学校统一管理，建立和完善相关管理制度。资源教室应根据残疾学生的特殊需要制订专门工作计划并开展工作。

（四）指导评估。区域内特殊教育指导中心或特教学校应加强对资源教室的业务指导和评估，定期委派专人为资源教师提供培训和业务支持，并对区域内资源教室的运行及成效进行考核评价，并将结果上报主管教育行政部门。

附表

普通学校特殊教育资源教室配备参考目录

一、基本配备

类别	名称		适用对象*
基础设备	办公用具	办公桌椅、电脑、电子白板	
	学习用具	课桌椅等（含肢体残疾学生使用的轮椅桌及矫形椅，和低视力学生使用的升降桌及椅子等）	
		学生电脑及相关学习软件	
		有声读书机、盲用便携式电脑等	供视力残疾学生使用
	储物用具	各种文件柜及书柜：存放学生资料或其他文件、图书资料的文件柜、书柜；存放教学活动或干预训练所需用品的储存柜或置物架等	
图书音像	特殊教育专业书籍及杂志、一般教育/心理书籍、教法类图书、康复医学类图书及各种专业工具书籍包括手语类、盲文类等相关图书等； 儿童、青少年阅读的各类图书（含绘本）及音像资料、益智类光盘等		
	儿童、青少年阅读的大字及盲文读物、语音读物、触摸式读物		供视力残疾学生使用
益智类教具学具类	橡皮泥、棋子、画笔、模型、玩具、塑封的实物或卡片等；儿童图形认知板、字母数字列车、几何图形插件、蒙台梭利教具、早期干预卡片等能够促进学生认知能力发展的教具学具		
肢体运动辅助类	大动作训练	步态训练器、支撑器、助行器及跳绳、拐杖、球类等能够促进学生大运动技能发展的简单器具	供肢体残疾及感觉统合失调学生使用
	精细动作训练	分指板、抓握练习器、套圈、沙袋、不同硬度和粗细度的磨砂板及手功能训练材料、OT 操作台（注：串珠、小型拼接积木、扣子等都可以帮助精细运动的发展）	
	感觉统合训练	滚筒、大龙球、触觉球、吊揽系列、滑梯和滑板、蹦床、跳袋等	
听觉及沟通辅助类	听觉功能及手语训练	训练听觉功能的各种产生不同频率、响度、声音的物品等； 手语训练卡片及光盘等；助听器及保养仓等	供听力残疾学生使用
	言语沟通训练	用于呼吸、发声、语音训练的物品（蜡烛、气球等）、图片、学具（喇叭、哨子、游戏版等）及软件光盘； 语言训练卡片、沟通板、语言能力评估与训练材料等	供言语残疾学生使用
视觉辅助类	盲文书写工具及盲用教学具	盲文板、盲文笔及盲文纸； 盲用直尺、盲用三角板、盲用算盘、盲用量角器、盲用圆规、盲用卷尺、盲用绘图板等	供视力残疾（全盲）学生使用
	教材及辅具	盲文版教材及各种触摸图集、模型； 语音计算器、盲杖、眼罩等	
	视觉辅助设备	视功能训练工具及材料； 便携式助视器或放大镜、望远镜、可调式照明灯等	供视力残疾（低视力）学生使用
	教材及其他	大字版教材及图集； 助写板、大字格作业本及其他视知觉训练材料等	

二、可选配备

类别	名称	适用对象*
肢体运动辅助类	太极平衡板、手摇旋转器、跳袋、平衡木、独脚椅、平衡功能评定及训练设备等； 作业治疗器等、踏步器、平衡功能评定及训练设备、上肢运动功能训练设备、下肢运动功能训练设备、轮椅等； 多感官统合训练设备	供肢体残疾及感觉统合失调学生使用
听觉及沟通辅助类	手语教学软件等； 言语语言沟通评估训练设备等； 早期语言干预或康复设备	供听力残疾、言语残疾学生使用
视觉辅助类	盲文打字机、点显器等； 著名建筑模型及常用动物模型标本等； 盲用电脑及软件、盲文打印机等	供视力残疾（全盲）学生使用
	可调节式阅读支架、闭路电视放大机等； 视力及视野测试及评估设备等； 视动协调类训练材料等	供视力残疾（低视力）学生使用
身心发展评估工具	学习风格评估量表及工具； 阅读学习能力评估量表及工具； 数学学习能力评估量表及工具； 大动作、精细动作、体能评估量表及工具； 情绪行为问题评估量表及工具； 认知评估量表及工具等	
心理康复训练类	认知干预操作用具； 沙盘等； 进行音乐治疗时使用的电子琴、吉他、音响等（民族地区可选配当地相应的民族乐器）	

* 未特别标明适用对象的，适用各类残疾学生。

教育部办公厅关于推进中国语言资源保护工程建设的通知

（2016 年 2 月 19 日）

各省、自治区、直辖市教育厅（教委）、语委，有关高等学校：

为贯彻中央关于大力推广和规范使用国家通用语言文字，科学保护各民族语言文字的精神，落实相关任务要求，教育部、国家语委于 2015 年 5 月印发了《关于启动中国语言资源保护工程的通知》，在全国范围内开展以语言资源调查、保存、展示和开发利用等为核心的各项工作。通知下发后，各地和有关高校积极参与，社会反响良好，工程建设进展顺利。截至目前，中国语言资源保护工程（以下简称语保工程）已按计划顺利完成2015年度81个少数民族语言（含濒危语言）调查点、53个汉语方言（含濒危方言）调查点和32个语言文化调查点的工作任务。与此同时，完善了管理制度，制定了《中国语言资源保护工程管理办法》《中国语言资源保护工程专项资金管理办法》，以及系列工作规范和技术规范，并初步完成了中国语言资源采录展示平台建设工作。

根据计划，语保工程将用5年时间完成。为此，教育部、国家语委组织专家根据我国汉语方言、少数民族语言的分布和差异情况，结合各地研究力量，研究制定了《中国语言资源保护工程汉语方言调查点总体规划（2015—2019年）》（简称总体规划，见附件），少数民族语言调查点总体规划待进一步完善后，另行下发。2016年，汉语方言调查点共设立319个，为切实落实语保工程总体规划，推动各地按时保质完成调查任务，现提出如下要求。

一、高度重视，全面推进工程建设

各省（区、市）语言文字管理部门是汉语方言点调查任务的责任主体。各地要根据调查点总体规划，积极争取把语保工程建设列入本地“十三五”规划和年度工作任务，科学制定本地区调查规划和分年度工作方案，尽快启动、积极推进工程建设，确保到2019年年底前按时完成本地区调查、入库任务。要充分发挥各方的积极性，特别是本地高校专家的作用，尽快组建调查团队，编写年度设点方案，在中国语言资源保护研究中心的协助下，科学有序地推进工程建设。

二、落实规范，严格执行检查验收制度

语保工程的目标是按照统一的工作和技术规范，对语言和方言进行调查、采录、整理和加工，建成大规模、可持续增长的多媒体语言资源库，具有科学性、规范性的特点。各地各校要认真落实语保工程相关工作和技术规范，严格执行工程管理办法规定的中期检查、年度报告、验收等制度，精心组织实施，确保工程质量。

三、统筹规划，注重建设成果的开发应用

语保工程是一项重要的语言文化保护工程，开展语言和方言文化的整理、保存和展示是语保工程的重要组成部分。各地要将其与当地的文化建设规划、重点文化建设项目相结合，注重发挥语言文字资源的独特作用。要在语保工程建设基础上，积极建设本地区的语言文化资源库或数字博物馆，编写出版本地区语言资源集，推进成果的开发应用。

四、严格管理，提高资金使用效益

列入语保工程总体规划的调查点将由国家财政经费予以保障。各地各校要按照国家有关财经管理制度和《中国语言资源保护工程专项资金管理办法（试行）》（另行印发），规范经费管理，做到专款专用，确保经费使用效益。在国家财政经费之外，各地区可结合本地实际，安排配套资金、筹集社会资金，用于支持本地语言文化资源库的建设和语言资源集的编写，以及开展总体规划外调查点的工作。

教育部办公厅
2016年2月19日

附件

中国语言资源保护工程汉语方言调查点总体规划（2015—2019年）

	省（区、市）	规划调查点	2016年调查点		省（区、市）	规划调查点	2016年调查点
1	北京	11	11	18	湖南	80	21
2	天津	11	11	19	广东	70	20
3	河北	30	10	20	广西	57	20
4	山西	35	15	21	海南	10	2
5	内蒙古	14	5	22	重庆	20	10
6	辽宁	10	6	23	四川	33	10
7	吉林	10	4	24	贵州	20	10
8	黑龙江	12	5	25	云南	20	6
9	上海	12	12	26	西藏	1	1
10	江苏	35	35	27	陕西	30	11
11	浙江	77	10	28	甘肃	15	10
12	安徽	45	10	29	青海	5	1
13	福建	67	22	30	宁夏	5	2
14	江西	70	10	31	新疆	10	1
15	山东	40	10	32	香港	1	—
16	河南	25	4	33	澳门	1	—
17	湖北	50	14	34	台湾	3	—
					合计	935	319

说明：

1. 根据我国汉语方言的分布情况和差异情况，结合各地研究力量，原则上东南方言地区一县一点（位于城区的所有市辖区作为一个县级行政单位对待），官话和晋语地区三四县一点，在此基础上，根据具体情况略有增减。

2. 各省（区、市）应根据“规划调查点”编制总体工作规划和分年度工作方案，必要时可根据当地实际情况，在“规划调查点”的基础上进行适当调整，调整情况需与教育部语言文字信息管理司和中国语言资源保护研究中心沟通。

3. 地方配套资金可用于支持“规划调查点”之外调查点的调查工作。

教育部办公厅关于落实国务院决定取消中央指定地方实施行政审批事项的通知

（2016 年 3 月 4 日）

各省、自治区、直辖市教育厅（教委），各计划单列市教育局，新疆生产建设兵团教育局，有关部门（单位）教育司（局），部属各高等学校，部内各司局：

《国务院关于第一批取消 62 项中央指定地方实施行政审批事项的决定》（国发〔2015〕57 号）和《国务院关于第二批取消 152 项中央指定地方实施行政审批事项的决定》（国发〔2016〕9 号），取消了 7 项中央指定地方实施的教育行政审批。为进一步深化教育行政审批制度改革，现对教育系统贯彻落实国务院决定的有关事项通知如下：

一、各级教育行政部门要坚决贯彻落实国务院取消行政审批的决定。对于国务院决定已经宣布取消的高等学校境外办学实施专科教育或者非学历高等教育审批、校外学习中心（点）审批、高等教育自学考试专科专业审批、省域范围内跨地区举办中小学校际体育竞赛审批、教育网站和网校审批、港澳台本科在读学生转读内地（祖国大陆）普通高等学校本科生的审批、对教育部实施的高等学校设置尚未列入《普通高等学校本科专业目录》的新专业审批的初审，从国务院决定发布之日起，地方各级教育行政部门对上述事项一律不得继续开展行政审批，并对照国务院决定梳理和调整本级行政审批清单或者权力清单、责任清单。发现对已经取消的审批事项仍在实施审批的，要依法依规追究相关人员的责任。

二、地方各级教育行政部门要做好取消审批事项的后续衔接工作，加强后续监管。对已经取消审批的事项，由学校、公民个人、社会组织以及其他组织自主决定。对已取消审批事项负有监管职责的教育行政部门，要研究和明确简政放权新形势下实施监管的有效措施和方式方法，通过探索实施告知承诺、随机抽查、加强行政执法等途径，加强对相关主体的监督检查，维护教育改革和发展的良好秩序。

三、各级教育行政部门要加强对相关配套管理的规章和规范性文件的清理。要对照国务院决定取消的行政审批事项，清理本部门相关规章和规范性文件，对规章与文件中与国务院取消审批决定不一致的内容，对不符合简政放权放管结合优化服务改革精神的内容，要抓紧进行研究修订或者宣布废止。修订后的规章与文件或者宣布废止的清理结果要向社会公开发布。

四、各级教育行政部门要坚持依法行政。要以党的十八届四中全会精神为指引，深入贯彻落实《依法治教实施纲要（2016—2020 年）》（教政法〔2016〕1 号），要把深化行政审批改革作为教育行政部门依法行政依法治教的重要内容，以法治思维和法治方式来加强审批取消的后续监管。要做好规范性文件出台前的合法性审查，加强文件的日常监督与清理，杜绝违法设置行政许可的情况。要以深化行政审批改革为契机，深入推进简政放权、放管结合、优化服务，加快行政职能转变，不断提高行政管理的科学化、规范化、法治化水平。

教育部办公厅

2016 年 3 月 4 日

教育部办公厅关于推进实施高校思想政治理论课特聘教授制度的通知

（2016年3月25日）

各省、自治区、直辖市党委教育工作部门、教育厅（教委），新疆生产建设兵团教育局，部属各高等学校：

为贯彻落实习近平总书记等中央领导同志关于办好高校思想政治理论课的重要批示精神，整合社会资源，推动哲学社会科学人才资源共享，构建全社会关心支持思想政治理论课建设新机制和教学人才新体系，青海、宁夏、山东等省（区）试点实施了思想政治理论课特聘教授制度，聘请本省（区）社科理论界和党政机关、企事业单位的专家学者、领导干部作为特聘教授，结合工作实践和研究领域，承担思想政治理论课教学任务，参与指导学科建设和学术课题研究等工作，取得了较好的效果。为贯彻中共中央办公厅、国务院办公厅印发的《关于进一步加强和改进新形势下高校宣传思想工作的意见》精神，根据中央宣传部、教育部关于印发《普通高校思想政治理论课建设体系创新计划》的通知要求，在总结试点地区经验和做法的基础上，现就推进实施高校思想政治理论课特聘教授制度有关工作通知如下：

1. 切实提高思想政治理论课专职教师整体素质，有条件的地方和高校可设立思想政治理论课特聘教授岗位，建设专兼结合、结构合理的思想政治理论课教学队伍。

2. 严格思想政治理论课特聘教授准入。制定思想政治理论课特聘教授任职标准，明确工作职责，聘请符合条件的专家学者、党政领导干部和先进人物等担任思想政治理论课特聘教授。

3. 规范思想政治理论课特聘教授管理。通过完善遴选程序、严格聘任要求、开展岗前培训、组织聘期考评、实施动态管理等机制，实现优质教师资源共享。

4. 各地教育工作部门要加强组织领导。要积极推进地方有关部门与高校共建马克思主义学院，共同开展马克思主义理论学习研究宣传教育，为实施特聘教授制度搭建平台。要协调完善思想政治理论课特聘教授的相应政策，建立巡讲机制、加大经费投入，组织开展思想政治理论课特聘教授工作落实情况专项督查。

5. 各高校党委要对实施好思想政治理论课特聘教授制度负总责。校领导要带头讲思想政治理论课。各高校马克思主义学院（思想政治理论课教学科研二级机构）负责具体实施，为特聘教授课程安排、讲课场地、教学设施等提供必要保障。要根据教学计划和安排，组织专职任课教师全程参与、跟班听课，不断提高专职教师的理论水平和业务能力。

教育部办公厅
2016年3月25日

教育部办公厅　中国银监会办公厅关于加强校园不良网络借贷风险防范和教育引导工作的通知

（2016年4月13日）

各省、自治区、直辖市党委教育工作部门、教育厅（教委），各银监局，新疆生产建设兵团教育局，部属各高等学校党委：

随着网络借贷的快速发展，一些P2P网络借贷平台不断向高校拓展业务，部分不良网络借贷平台采取虚假宣传的方式和降低贷款门槛、隐瞒实际资费标准等手段，诱导学生过度消费，甚至陷入“高利贷”陷阱，侵犯学生合法权益，造成不良影响。为加强对校园不良网络借贷平台的监管和整治，教育和引导学生树立正确的消费观念，现就有关事项通知如下：

一、加大不良网络借贷监管力度。建立校园不良网络借贷日常监测机制。高校宣传、财务、网络、保卫等部门和地方人民政府金融监管部门、各银监局等部门要密切关注网络借贷业务在校园内拓展情况，高校辅导员、班主任、学生骨干队伍要密切关注学生异常消费行为，及时发现学生在消费中存在的问题。地方金融办（局）要对网络借贷信息中介机构开展虚假片面宣传或促销活动、误导出借人或借款人的行为进行密切跟踪，针对网络借贷信息中介机构向不具备还款能力的大学生群体开展营销宣传活动、对借款人资格审查失职失当等行为加强监管和风险提示。建立校园不良网络借贷实时预警机制。及时发现校园不良网络借贷苗头性、倾向性、普遍性问题，及时分析评估校园不良网络借贷潜在的风险，及时以电话、短信、网络、橱窗、校园广播等多种形式向学生发布预警提示信息。建立校园不良网络借贷应对处置机制。制定完善各项应对处置预案，对侵犯学生合法权益、存在安全风险隐患、未经学校批准在校园内宣传推广信贷业务的不良网络借贷平台和个人，第一时间报请地方人民政府金融监管部门、各银监局、公安、网信、工信等部门依法处置。

二、加大学生消费观教育力度。教育引导学生树立文明的消费观。加强社会主义核心价值观学习教育，深入开展“三爱”“三节”等主题教育活动，培养选树勤俭节约、自立自强方面的先进典型，营造崇尚节约的校园文化环境，帮助学生养成文明、健康的消费习惯。教育引导学生树立理性的消费观。关心关注学生消费心理，纠正学生超前消费、过度消费和从众消费等错误观念。在生活消费、人际消费、娱乐消费等方面，教育学生不盲从、不攀比、不炫耀，引导学生合理消费、理性消费、适度消费。教育引导学生树立科学的消费观。帮助学生科学制订消费计划，结合实际，量入为出。加强与家长的沟通与联系，合理支持、适当控制学生的消费支出。鼓励学生利用业余时间开展勤工俭学，通过诚实合法劳动创造财富，培养节俭自立意识。

三、加大金融、网络安全知识普及力度。大力普及金融、网络安全知识。通过开设金融学、网络安全学等相关公共基础课或选修课，邀请金融机构、监管机构、网信安全等部门专业人员在校内开展金融、网络安全知识普及教育，帮助学生了解金融行业发展前沿动态，掌握逾期滞纳金、违约金、单利与复利等基本金融常识。切实增强学生金融、网络安全防范意识。利用校园网站、微信平台、校园广播等多种渠道向学生推送校园不良网络借贷典型案例。在重要节庆日、购物狂欢日等时间节点，开展金融、网络安全宣讲活动，强化学生对网络借贷风险的理解和认识，帮助学生增强金融、网络安全防范意识。帮助学生提升金融理财实践能力。加强与银监、公安等政府部门和银行、证券等金融机构的合作，积极开展调查研究、志愿服务等社会实践活动，帮助学生增强对有害网络借贷业务甄别、抵制能力。鼓励和支持金融理财类学生社团建设，举办模拟投资大赛等活动，提高学生金融理财实践能力。

四、加大学生资助信贷体系建设力度。加强对学生资助工作的科学管理和制度支撑，切实提高学生资助工作水平，保障国家各项资助政策落到实处，满足家庭经济困难学生学费、生活费等保障性需求。充分挖掘校内外资源，筹集专项基金，作为国家资助政策体系的有益补充，建立健全既有共性需求又能体现个体差异的资助模式，满足学生拓展学习、创新创业等发展性需求。与金融机构合作，积极探索建设和发展校园社区银行，为学生提供渠道畅通、手续便捷、利率合理的金融借贷服务，满足学生临时性需求。

各地各高校要按照通知要求，加强组织领导，抓好工作统筹，做好本地本校工作分层对接和具体落实，及时将工作中发现的问题和相关经验做法报送教育部、中国银监会。

教育部办公厅

中国银行业监督管理委员会办公厅

2016 年 4 月 13 日

教育部办公厅关于进一步规范中小学生学籍管理相关问题处理的通知

（2016 年 6 月 6 日）

各省、自治区、直辖市教育厅（教委），新疆生产建设兵团教育局：

全国中小学生学籍信息管理系统（简称学籍系统）自 2014 年全国联网试运行以来，各地全面应用于学籍管理业务，实现深度融合，面向群众提供服务，有力地提升了教育治理能力，提高了教育治理水平。随着各地管理实践日益丰富，一些学籍管理的深层次问题逐步显现，亟待解决和规范。为全面落实中央“简政放权、放管结合、优化服务”精神，规范办理程序，提升治理水平，现就处理中小学生学籍管理有关问题通知如下。

一、进一步明确相关政策和处理办法

学籍的主要功能是记录。不得将学籍作为入学和转学条件。学籍是学生入学的结果，不是前提条件。转接学籍或新建学籍是招生入学的后置程序，不应将学生之前有无学籍或学籍是否已转至接收地作为确定入学资格的必要条件。原来已建学籍的，应通过学籍系统为其转接学籍；原来没建学籍的，应通过查重程序后为其新建学籍。学籍系统或数据传输出现故障等特殊情况时，可根据家长要求先通过线下流程办理转学，线下流程完成后，学生即视为在校生，之后再通过学籍系统完成电子学籍档案转接，实现“人籍一致”，最终审核以学籍系统的信息为准。

《中小学生学籍管理相关问题处理办法》见附件 1。

二、强化学籍管理员队伍建设

加强学籍管理员培训，新进学籍管理员应接受岗前培训，逐步建立学籍管理员持证上岗制度。建立常态化培训机制，保证学籍管理员每年至少接受一次学籍管理培训。充分调动学籍管理员工作积极性，科学核定工作量，在职称评定、绩效考核等方面考虑相关因素后适当予以倾斜。建立备案制度，保持学籍管理员队伍稳定。学籍系统将开发全国学籍管理员通讯录功能，增进学籍管理员之间的沟通交流。

学校级和区县级学籍管理员、核办人员平时应每周至少登录一次学籍系统，发现有待办业务的，应及时处理。学籍系统将开发对所有账号使用情况的监测功能，并将各地账号使用情况纳入通报。

三、提升服务水平

1. 建设技术服务呼叫中心。教育部教育管理信息中心将按照“统一规划、分级服务”的原则建设部省两级技术服务呼叫中心，推动建立全国分级技术服务网络，承担学籍系统应用技术咨询服务。技术服务呼叫中心服务号码：010-66119801，服务邮箱：66119801@moe.edu.cn。

2. 贯彻落实处理群众投诉工作机制。要按照群众投诉工作机制，分级妥善处理群众关心的学籍相关问题。要进一步向社会公开省级以下学籍管理部门受理投诉的电话和邮箱，广泛听取群众意见，及时处理有关问题。属于省级学籍管理和省级运行环境的问题应由本省解决，跨省业务和系统运行中存在的问题要以报告单（附件2）形式及时报告教育部。为提高办理效率，业务部门和技术部门应紧密协作，充分发挥问题报告单、问题核查单（附件3）、问题督办单（附件4）的作用，问题核查单由技术部门核发，问题督办单由行政部门核发。

3. 提供全国学籍号查询服务。为方便群众办理学籍业务，通过技术服务呼叫中心提供全国学籍号查询服务。初期通过电话和邮件形式，待条件成熟后，开通全国学籍号查询网站。学籍管理事关每一名中小学生，涉及人民群众切身利益，备受社会关注。各地教育行政部门和学校务必高度重视，切实负责，狠抓落实，及时解决各类问题。要组织各地各校开展培训，力争使各级学籍管理员全面理解每一个问题的解决原则，提升服务水平。要加强宣传，采用多种形式，借助各种渠道，使人民群众了解学籍管理问题处理的路径和办法，减少焦虑，充分感受到教育部门做好学籍管理工作的决心，增强对教育改革发展成就的获得感。

教育部办公厅
2016年6月6日

附件1

中小学生学籍管理相关问题处理办法

一、细化学籍号相关规定

1. 建立正式学籍号定期下发机制

将未分配正式学籍号的学生数据与国家人口基础信息库进行比对，通过后分配“G”字头正式学籍号，每年春季学期开学后，通过学籍系统下发。对于没有提供身份证号但查重没有问题的学生，分配“J”字头正式学籍号。探索允许“J”字头学籍号，在学生补充身份证相关信息并通过查重认证之后，变更为“G”字头学籍号，但保存历史信息。

2. 维护“G”字头正式学籍号的权威

“G”字头正式学籍号通过了全国查重、国家人口基础信息库比对等一系列程序的严格检验，是学生身份的权威标识。原则上不允许删除“G”字头正式学籍号，如涉及问题学籍确需删除的，由省级教育行政部门提交佐证材料报教育部处理。身份证号发生变化的，在通过全国查重和身份比对后，将按照规则变更学籍号，并保存历史信息。

3. “G”字头正式学籍号关键信息修改

“姓名”和“身份证号”是两项关键信息，若需修改，应由学生所在学校学籍管理员在学籍系统内上传相关证明材料照片，县级学籍主管部门核办后，重新进行全国查重和身份比对。

4. 保障临时学籍号学生的权益

临时学籍号以“L”开头，是每个学生获得正式学籍号之前的必经阶段，是学生获得正式学籍号前办理各项业务的依据。各地各校在办理有关业务时要对持有临时学籍号的学生一视同仁，切实保障其合法权益。

二、关于非小学一年级新生建籍

全国中小学生原则上应通过与学前教育管理系统对接或在小学一年级入学时建立学籍。少数因故没有建立学籍的非小学一年级学生，由省级教育行政部门在每月月末将学生名单按规定的格式提交教育部教育管理信息中心进行全国学籍查重。查重通过的才能新建学籍，查重不通过的，应按规定办理转学手续。

三、关于转学和毕业后跨省就学业务办理

1. 简化转学证明材料

在转学等业务流程中，学籍系统在学校和区县学籍管理员处理环节的基础上设置了学校和区县教育行政部门负责人的核办环节，相当于纸质材料的盖章审批。因此，通过学籍系统办理转学，除了要求家长提供学籍准确信息（如转出学校打印的学生基本信息表）和转入学校（接收学校）需要在学籍系统内上传说明转学原因的证明材料之外，各地各校不应再要求家长（学生）提供其他材料。除了因故障需要先线下办理以外，取消纸质转学审批表和证明材料。

2. 允许“出国留学”等状态的学生办理转学

为进一步贴近服务学生和家长，适应学籍管理实际，学籍系统将允许处于“出国”“其他离校”“退学”“开除”等状态的学生直接办理转学（含跨省转学）。转学完成后，学生状态不变，在转入学校办理相关手续后变为在校生状态。“休学”状态的学生应在原就读学校办理复学手续后再办理转学手续。

3. 保留毕业后跨省就学功能

在城镇化和户籍制度改革背景下，学生流动日益频繁，跨省招生已成为学籍管理的重要内容。从管理角度，跨省就学与跨省转学核办流程并不一样，学籍系统需要有一个独立功能服务跨省招生业务，经反复论证，暂不将此功能与跨省转学功能合并。

4. 进一步规范毕业后跨省就学核办

转入省份应明确外省学生就学和升学的条件，指导区（县）教育行政部门和学校妥善处理和核办毕业后跨省就学。学生毕业学校所在区（县）学籍主管部门要认真负责核办毕业后跨省就学申请，对于外省份同意接收的要及时办理，不得以接收省份可能违规招生、学生分数可能未达到接收省份要求等理由驳回申请，减少跨省业务纠纷。

5. 明确有关业务办理发起时间

为做好毕业结业和升级处理工作，每年从7月15日零时至8月14日24时，学籍系统暂停发起转学业务，其他时间均可发起，7月15日零时之前发起的转学业务可继续办理。各地各校应在7月30日前在学籍系统内完成中小学生毕业结业操作。毕业年级学生的转学业务和问题学籍处理应在毕业结业操作之前办理完毕，否则转学业务将被清理，清理后须按规定重新发起申请。

全国非毕业年级中小学生升级时间为8月10日24时，由教育部在学籍系统后台统一进行。升级操作不影响非毕业年级学生之前已经发起的转学等业务的办理。

每年毕业后跨省就学新业务发起时间限定为8月15日零时至12月14日24时、3月1日零时至5月31日24时。各地招生处理工作应在11月30日之前完成。

6. 保留跨省业务调档环节

少数跨省转学（就学）的学生，在跨省业务申请核办完成后，没有去学校报到。为有效解决此类问题，保留跨省业务调档环节。学生跨省业务核办完成后，转入学校应根据学生报到情况在10个工作日内发起调档操作，逾期不调档的，学籍系统将自动取消该业务。对于未报到的学生招生学校不得发起调档申请。

7. 清理超期转学和毕业后跨省就学业务

转学和毕业后跨省就学业务发起后，每个环节均应在10个工作日内核办完毕。对于发起后超过90天未完成的业务（不含已经进入调档环节的业务），学籍系统将在后台自动清理，清理后，转入学校需重新发起申请。学籍系统将增加监控功能，除寒暑假外，未在10个工作日内完成核办的责任单位将被记录并纳入月度通报。

8. 慎重对待未足龄学生跨省入学需求

对于8月31日未满6周岁外省儿童入学需求要慎重对待，避免跨省就学后再转回本省就学。

四、关于毕业年级学生业务办理

1. 妥善处理毕业生问题学籍

为保障学生权益，各地各校应尽量在学生毕业前完成毕业年级学生问题学籍处理，未及处理的毕业年级问题学籍学生应允许其毕业和招生。相关学生毕业后被招生的，招生学校应尽快根据实际情况继续处理问题学籍。相关学生毕业后始终未被招生的，不再纳入问题学籍处理范畴。

2. 规范办理不同学制省份间小学生毕业前后跨省业务

不同学制（6-3，5-4等）省份间办理小学生毕业前后跨省业务时，应按照1—9年级进行对应，原则上不得变更就读年级。在保障学生完整接受9年义务教育的前提下，接收学校可以根据本省实际，结合学生意愿和学力，经区县教育行政部门同意变更入读年级。学籍系统的跨省转学和毕业后跨省就学功能将全面支持各种学制对应。

3. 毕业回退与招生回退

学生毕业以后在学籍系统中成为毕业生状态，处于毕业生状态的学生才能被招生。原则上，被招生的学生到下一学段入学报到后才能调转学籍并再次变为在校生状态。作为对误操作的救济措施，学籍系统将按照“谁操作、谁负责”的原则增加回退功能，允许区（县）学籍管理部门将被误招学生回退至毕业生状态，在学生毕业后半年内将毕业生回退至在校生状态。

五、关于其他学籍变动

1. 关于跳级和留级问题

《中小学生学籍管理办法》已授权省级教育行政部门制订中小学生跳级和留级等学籍变动的具体条件和管理办法。学籍系统具备相关处置功能，由省级教育行政部门根据本省学籍管理的具体规定设置地市、区县的处理权限。各省级教育行政部门要把促进每一名学生的健康成长作为工作的出发点和落脚点，探索建立和规范学生跳级或留级的工作机制，指导地市和区县做好相关管理工作。

2. 规范“其他离校”和“辍学”处理

对离校前未告知学校具体原因，离校时间超过3个月且联系不上的学生，学校应在学籍系统中将其置为“其他离校”状态。属于义务教育辍学的，应按照有关规定进行标识和书面报告。

六、关于学籍信息更新

每名学生的学籍信息中，“是否留守儿童”“是否进城务工人员随迁子女”“政治面貌”“现住址”“联系电话”“户口所在地”“上下学交通距离”“上下学交通方式”等字段可能发生变化，班主任要将学生上述信息的变动情况通知学校学籍管理员，在学籍系统内及时更新。县级教育行政部门要建立信息核查工作机制，每学期核查一次学籍信息变动情况，确保学籍信息准确，与实际一致。

七、关于居住证管理

国务院《居住证暂行条例》2016年1月1日已开始实施，义务教育将建立以居住证为主要依据的随迁子女就学政策。为做好相关管理工作，学籍系统将增加居住证管理和统计分析功能，新增“是否持有居住证”“居住证的签发机关”“居住证的签发日期”等字段。各地教育行政部门要指导督促学校及时录入审核和更新各字段。

附件 2

中小学生学籍管理问题报告单

省份：（盖章）

业务联系人		单位		电话	
技术联系人		单位		电话	
报送时间					
问题描述（有多个问题请分条列出）					
教育部受理人		受理单位		受理时间	
处理意见					

说明：

1. 问题报告单需省级教育行政部门盖章后报教育部基础教育一司或教育部教育管理信息中心。
2. 报送问题较多的，“问题描述”部分可另附页。
3. 问题报告单及附件需另以电子格式报送至：wanggw@moe. edu. cn，qingsanji@moe. edu. cn。

附件 3

中小学生学籍管理问题核查单

<table>
<tr><td>问题反映人姓名</td><td></td><td>性别</td><td></td><td>年龄</td><td></td><td>民族</td><td></td></tr>
<tr><td>身份证号</td><td colspan="3"></td><td>联系电话</td><td colspan="3"></td></tr>
<tr><td>学生姓名</td><td></td><td>性别</td><td></td><td>年龄</td><td></td><td>民族</td><td></td></tr>
<tr><td>学生学籍号</td><td colspan="3"></td><td>学生身份证号</td><td colspan="3"></td></tr>
<tr><td>所反映事项
（由交办单位填写）</td><td colspan="7"></td></tr>
<tr><td>交办单位</td><td colspan="3"></td><td>责任人</td><td></td><td>联系电话</td><td></td></tr>
<tr><td>核查单位</td><td colspan="3"></td><td>承办人</td><td></td><td>联系电话</td><td></td></tr>
<tr><td>交办时间</td><td colspan="3">年　月　日</td><td>完成时限</td><td colspan="3">年　月　日</td></tr>
<tr><td>经核实的情况
（由核查单位填写）</td><td colspan="7"></td></tr>
</table>

附件 4

中小学生学籍管理问题督办单

反映问题人姓名		性别		年龄		民族	
身份证号				联系电话			
学生姓名		性别		年龄		民族	
学生学籍号				学生身份证号			
反映事项							
督办单位				责任人		联系电话	
承办单位				承办人		联系电话	
督办时间	年 月 日			完成时限	年 月 日		
办理意见							
办理情况 （承办单位填写）							

教育部办公厅关于印发《全国青少年校园足球教学指南（试行）》和《学生足球运动技能等级评定标准（试行）》的通知

（2016年6月27日）

各省、自治区、直辖市教育厅（教委），新疆生产建设兵团教育局：

为贯彻落实《中国足球改革发展总体方案》和《教育部等6部门关于加快发展青少年校园足球的实施意见》，进一步深化校园足球教学改革，形成内容丰富、形式多样、因材施教的校园足球教学体系，规范和指导中小学积极开展教学活动，大力提升校园足球教学质量，培养德智体全面发展的足球人才，教育部组织专家研制了《全国青少年校园足球教学指南（试行）》和《学生足球运动技能等级评定标准（试行）》，并经全国青少年校园足球专家委员会审议通过。现印发给你们，请结合本地实际认真贯彻执行。

教育部办公厅
2016年6月27日

全国青少年校园足球教学指南（试行）

引言

一、为贯彻落实《中国足球改革发展总体方案》和《中国足球中长期发展规划（2016—2050年）》对发展校园足球的总体要求，指导各地中小学深化足球教学改革，积极推进校园足球普及，制定《全国青少年校园足球教学指南（试行）》（以下简称《指南》）。

二、《指南》坚持立德树人，以普及校园足球、培养学生综合素质和促进青少年健康成长为目标，是指导和规范校园足球教学活动开展的基础性文件，是《体育与健康课程标准》在足球运动项目上的具体落实。主要适用于全国青少年校园足球特色学校。

三、《指南》以目标引领内容，注重学生足球意识、观察能力、交流能力和协作能力的培养。学生在小学阶段主要是了解足球的基本知识，具备足球比赛的基本能力。初中阶段主要是掌握足球比赛的基本要素和竞赛规则，提高控球能力，能够在对抗条件下展现足球基本技战术能力。高中阶段主要是进一步发展对抗条件下的足球技战术能力，培养特长技术和位置意识。

四、《指南》分为两个部分。第一部分是校园足球教学的基本要求，包括小学至高中每一年级的学习目标、学习内容、课时比例和教学要点。第二部分是小学至高中每一年级的课次教学内容示例，在课次内容示例安排中，强调了主要内容，但并不是唯一内容，在教学过程中要注意各课次内容的衔接，注意足球教学的完整性。《指南》按照每一学年40课时设计，略超实际课时，供教师制订教学计划时参考和选择使用。

五、在校园足球教学过程中，教师应注重游戏教学法和比赛教学法的运用。在此基础上倡导教师以《指南》为依据，充分发挥主观能动性，不断丰富完善校园足球课堂教学方法和手段，增强足球教学的吸引力，培养学生的足球兴趣，促进校园足球教学质量的提高。

六、针对当前中小学足球水平起点不一，且相当一部分学生足球水平“零起点”的现状，各地可因地制宜、因校制宜选择《指南》中的教学内容。教师应在教学实施前充分了解学生足球技能基本情况，选择难度适宜的学习内容进行教学，做到因材施教。例如选择《指南》中的低一至两个年级的教学内容或仅挑选《指南》中部分规定内容进行教学，降低学习难度，循序渐进，通过3—5年的规范教学，逐步过渡到能够完成《指南》规定的学习内容，实现规定的学习目标。《指南》所列出的守门员技术、位置技术以及整体攻防战术等内容具有一定实施难度，可以作为教学过程中的介绍内容。

七、各地要依据《指南》精神，制定符合地方和学校实际情况的足球课程实施方案，注重校园足球教学方法和组织形式的改革，做好学生学习评价、教师教学评价以及课程建设评价，因地制宜地开发利用各种课程资源，体现课程弹性和地方特色。各地中小学可根据《指南》编写供教师使用的学校教学指导手册等，不断丰富教学资源。

一、校园足球教学基本要求

（一）小学阶段

表1　小学一年级校园足球教学基本要求（以40课时为例）

学习目标	学习内容		课时（%）	教学要点
	类别	内容		
1. 参与足球游戏和比赛，培养球感。 2. 体验足球活动的乐趣。	游戏比赛	足球游戏、足球比赛	16（40）	1. 以游戏法为主要教学方法。 2. 以比赛培养学生对足球的兴趣。
	球感	踩球、拉球、拨球、跨球	8（20）	
	技术	脚背外侧运球	4（10）	
		脚内侧踢球、接球	8（20）	
	知识	足球故事	4（10）	
	身体素质	柔韧性、灵敏性、协调性、反应能力	—	

表2　小学二年级校园足球教学基本要求（以40课时为例）

学习目标	学习内容		课时（%）	教学要点
	类别	内容		
1. 学习运球、踢球、接球等基本技术动作，培养球感。 2. 体验足球活动的乐趣。	游戏比赛	足球游戏、足球比赛	16（40）	1. 以游戏法为主要教学方法。 2. 以比赛培养学生对足球的兴趣。
	球感	踩球、拉球、拨球、扣球、跨球	8（20）	
	技术	脚内侧、脚背正面运球	6（15）	
		脚内侧踢球、接球，脚底接球	6（15）	
	知识	足球基础知识	4（10）	
	身体素质	柔韧性、灵敏性、协调性、反应能力	—	

表3 小学三年级校园足球教学基本要求（以40课时为例）

学习目标	学习内容		课时（%）	教学要点
	类别	内容		
1. 乐于学习和展示简单的足球动作。 2. 初步掌握简单的足球组合技术。 3. 培养相互配合的合作意识。	游戏比赛	足球游戏、足球比赛	12（30）	1. 游戏法与比赛法相结合。 2. 注重学生球感的培养。 3. 注重学生技术运用的合理性。
	球感	踩球、拉球、拨球、扣球、跨球、挑球、颠球	4（10）	
	技术	脚内侧、脚背正面、脚背外侧运球	4（10）	
		脚背内侧踢球	6（15）	
		运球、传球、接球组合	6（15）	
	战术	2过1	4（10）	
	知识	足球比赛方法	4（10）	
	身体素质	柔韧性、灵敏性、协调性、平衡能力	—	

表4 小学四年级校园足球教学基本要求（以40课时为例）

学习目标	学习内容		课时（%）	教学要点
	类别	内容		
1. 乐于学习和展示简单的足球动作。 2. 发展运球、踢球、接球等基本组合技术能力以及基础战术意识。 3. 培养合作意识和规则意识。	游戏比赛	足球游戏、足球比赛	12（30）	1. 游戏法与比赛法相结合。 2. 注重学生技术运用的合理性。 3. 注重学生基础战术意识的培养。
	球感	踩球、拉球、拨球、扣球、跨球、挑球、颠球	4（10）	
	技术	运球过人	4（10）	
		脚背正面射门	6（15）	
		正面、侧面抢截球	2（5）	
		传、接、运球以及射门组合	4（10）	
	战术	2过1	4（10）	
	知识	足球竞赛规则	4（10）	
	身体素质	柔韧性、灵敏性、协调性、平衡能力	—	

表5 小学五年级校园足球教学基本要求（以40课时为例）

学习目标	学习内容		课时（%）	教学要点
	类别	内容		
1. 主动参与足球学习。 2. 逐步提高组合技术能力以及与同伴的协作能力。 3. 强化规则意识，学会调节情绪的方法。	球感	踩球、拉球、拨球、扣球、跨球、挑球、颠球	4（10）	1. 注重学生左右脚的协调发展。 2. 注重学生局部攻防意识的培养。 3. 注重小场地比赛的运用。
	技术	脚背内侧踢空中球	4（10）	
		脚底、脚内侧接反弹球，大腿接球	4（10）	
		传球、接球、运球、射门组合	4（10）	
	战术	2 vs 1、3 vs 1等攻防	8（20）	
	比赛	小场地比赛	12（30）	
	知识	运动饮食、营养与卫生	4（10）	
	身体素质	灵敏性、协调性、平衡能力、速度素质	—	

表 6 小学六年级校园足球教学基本要求（以 40 课时为例）

<table>
<tr><th rowspan="2">学习目标</th><th colspan="2">学习内容</th><th rowspan="2">课时（%）</th><th rowspan="2">教学要点</th></tr>
<tr><th>类别</th><th>内容</th></tr>
<tr><td rowspan="8">1. 主动参与足球学习。
2. 进一步提高学生在比赛中技战术的运用能力。
3. 强化规则意识，学会调节情绪的方法。</td><td>球感</td><td>踩球、拉球、拨球、扣球、跨球、挑球、颠球</td><td>4（10）</td><td rowspan="8">1. 注重学生左右脚的协调发展。
2. 注重学生攻防意识的培养。
3. 注重小场地比赛的运用。</td></tr>
<tr><td rowspan="3">技术</td><td>脚背接空中球、胸部接球</td><td>4（10）</td></tr>
<tr><td>前额正面头顶球</td><td>4（10）</td></tr>
<tr><td>传球、接球、运球、射门组合</td><td>4（10）</td></tr>
<tr><td>战术</td><td>3 vs 2、3 vs 3 等攻防</td><td>8（20）</td></tr>
<tr><td>比赛</td><td>小场地比赛</td><td>12（30）</td></tr>
<tr><td>知识</td><td>伤害预防、自我保护</td><td>4（10）</td></tr>
<tr><td>身体素质</td><td>灵敏性、协调性、平衡能力、速度素质</td><td>—</td></tr>
</table>

（二）初中阶段

表 7 初中一年级校园足球教学基本要求（以 40 课时为例）

<table>
<tr><th rowspan="2">学习目标</th><th colspan="2">学习内容</th><th rowspan="2">课时（%）</th><th rowspan="2">教学要点</th></tr>
<tr><th>类别</th><th>主要内容</th></tr>
<tr><td rowspan="9">1. 积极参与足球活动。
2. 发展组合技术能力，掌握基础战术方法。
3. 通过足球活动树立自尊和自信。</td><td>球感</td><td>活动中的综合球感</td><td>2（5）</td><td rowspan="9">1. 注重培养学生在活动中的技术能力。
2 注重培养学生的战术协作能力。</td></tr>
<tr><td rowspan="3">技术</td><td>运球及运球过人</td><td>4（10）</td></tr>
<tr><td>活动中的踢、接地滚球、空中球、反弹球</td><td>4（10）</td></tr>
<tr><td>结合射门的组合技术</td><td>6（15）</td></tr>
<tr><td rowspan="2">战术</td><td>1 vs 1、2 vs 2、3 vs 3 等攻防</td><td>6（15）</td></tr>
<tr><td>角球、任意球攻防</td><td>2（5）</td></tr>
<tr><td>比赛</td><td>小场地比赛</td><td>12（30）</td></tr>
<tr><td>理论知识</td><td>足球理论概述</td><td>4（10）</td></tr>
<tr><td>身体素质</td><td>速度素质、耐力素质</td><td>—</td></tr>
</table>

表 8 初中二年级校园足球教学基本要求（以 40 课时为例）

<table>
<tr><th rowspan="2">学习目标</th><th colspan="2">学习内容</th><th rowspan="2">课时（%）</th><th rowspan="2">教学要点</th></tr>
<tr><th>类别</th><th>主要内容</th></tr>
<tr><td rowspan="9">1. 积极参与足球活动。
2. 提高组合技术能力和战术运用能力。
3. 培养顽强拼搏的精神，树立自尊和自信。</td><td>球感</td><td>活动中的综合球感</td><td>2（5）</td><td rowspan="9">1. 注重培养学生在活动中的技术能力。
2 注重培养学生的战术协作能力。</td></tr>
<tr><td rowspan="3">技术</td><td>运球及运球过人</td><td>4（10）</td></tr>
<tr><td>活动中的踢、接地滚球、空中球、反弹球</td><td>4（10）</td></tr>
<tr><td>结合射门的组合技术</td><td>6（15）</td></tr>
<tr><td rowspan="2">战术</td><td>1 vs 1、2 vs 2、3 vs 3 等攻防</td><td>6（15）</td></tr>
<tr><td>角球、任意球攻防</td><td>2（5）</td></tr>
<tr><td>比赛</td><td>小场地比赛</td><td>12（30）</td></tr>
<tr><td>理论知识</td><td>足球文化及足球规则介绍</td><td>4（10）</td></tr>
<tr><td>身体素质</td><td>速度素质、耐力素质</td><td>—</td></tr>
</table>

表 9 初中三年级校园足球教学基本要求（以 40 课时为例）

学习目标	学习内容		课时（%）	教学要点
	类别	主要内容		
1. 积极参与足球活动。 2. 强化在对抗中技术组合和战术配合的灵活运用能力。 3. 培养顽强拼搏的精神，树立自尊和自信。	球感	活动中的综合球感	2（5）	1. 注重培养学生在活动中的技术能力。 2. 注重培养学生的战术协作能力。
	技术	对抗中的运球过人技术综合运用	4（10）	
		对抗中多部位踢接球的灵活运用	4（10）	
		结合射门的组合技术	6（15）	
	战术	1 vs 1、2 vs 2、3 vs 3 等攻防	6（15）	
		角球、任意球攻防	2（5）	
	比赛	小场地或全场比赛	12（30）	
	理论知识	技、战术原理及足球裁判法	4（10）	
	身体素质	速度素质、耐力素质	—	

（三）高中阶段

表 10 高中一年级校园足球教学基本要求（以 40 课时为例）

学习目标	学习内容		课时（%）	教学要点
	类别	主要内容		
1. 通过足球养成良好的体育锻炼的习惯。 2. 发展学生对抗中技战术的综合运用能力。 3. 在足球活动中表现出良好的体育道德和合作精神。	技术	对抗中的综合运控球	6（15）	1. 注重培养学生的位置技术。 2. 注重培养学生的团队合作意识。 3. 注重培养学生对抗中技战术的综合运用能力。
		对抗中的综合踢球、接球及射门等	8（20）	
	战术	定位球攻防	2（5）	
		局部攻防	6（15）	
	比赛	小场地或全场比赛	14（35）	
	理论与实践	整体攻防战术、比赛分析	4（10）	
	身体素质	力量素质、耐力素质	—	

表 11 高中二年级校园足球教学基本要求（以 40 课时为例）

学习目标	学习内容		课时（%）	教学要点
	类别	主要内容		
1. 通过足球养成良好的体育锻炼的习惯。 2. 提高学生对抗中技战术的综合运用能力。 3. 在足球活动中表现出良好的进取和合作精神。	技术	对抗中的综合运控球	6（15）	1. 注重培养学生的位置技术与技能。 2. 注重培养学生的团队合作意识。 3. 注重培养学生对抗中技战术的综合运用能力。
		对抗中的综合踢球、接球及射门等	8（20）	
	战术	定位球攻防	2（5）	
		局部攻防	6（15）	
	比赛	小场地或全场比赛	14（35）	
	理论与实践	整体攻防战术、比赛分析	4（10）	
	身体素质	力量素质、耐力素质	—	

表 12　高中三年级校园足球教学基本要求（以 40 课时为例）

<table>
<tr><th rowspan="2">学习目标</th><th colspan="2">学习内容</th><th rowspan="2">课时（%）</th><th rowspan="2">教学要点</th></tr>
<tr><th>类别</th><th>主要内容</th></tr>
<tr><td rowspan="7">1. 通过足球养成良好的体育锻炼的习惯。
2. 强化学生对抗中技战术的综合运用能力。
3. 在足球活动中表现出良好的进取和合作精神。</td><td rowspan="2">技术</td><td>对抗中的综合运控球</td><td>6（15）</td><td rowspan="7">1. 注重培养学生的位置技能与个人特长。
2. 注重培养学生的团队合作意识。
3. 注重以各种形式的对抗强化学生技战术综合运用能力。</td></tr>
<tr><td>对抗中的综合踢球、接球及射门等</td><td>8（20）</td></tr>
<tr><td rowspan="2">战术</td><td>定位球攻防</td><td>2（5）</td></tr>
<tr><td>局部攻防</td><td>6（15）</td></tr>
<tr><td>比赛</td><td>小场地或全场比赛</td><td>14（35）</td></tr>
<tr><td>理论与实践</td><td>整体攻防战术、比赛分析</td><td>4（10）</td></tr>
<tr><td>身体素质</td><td>力量素质、耐力素质</td><td>—</td></tr>
</table>

二、校园足球教学课次内容示例

（一）小学阶段

表 13　小学一年级教学课次内容示例

一年级—上学期		一年级—下学期	
课次	主要内容	课次	主要内容
第 1 课	持球接力游戏；踩球	第 1 课	足球搬家游戏；踩球
第 2 课	拨地滚球接力游戏；拉球	第 2 课	“橄榄球”游戏；拉球
第 3 课	喊号抛接球游戏；拨球	第 3 课	带球跑接力游戏；拨球
第 4 课	拨地滚球比准游戏；跨球	第 4 课	头顶夹球合作游戏；跨球
第 5 课	踢球比准游戏；踩球	第 5 课	抢球游戏；踩球
第 6 课	两人合作背夹球游戏；拉球	第 6 课	三人围圈拉手运球游戏；拉球
第 7 课	“保龄球”游戏；拨球	第 7 课	“保龄球”游戏；拨球
第 8 课	脚内侧夹球跳比快游戏；跨球	第 8 课	前后搭肩夹球跳比快游戏；跨球
第 9 课	脚内侧踢球；接球	第 9 课	脚内侧踢球；接球
第 10 课	脚内侧踢球；接球	第 10 课	脚内侧踢球；接球
第 11 课	脚内侧踢球、接球；小场地比赛	第 11 课	脚内侧踢球、接球；小场地比赛
第 12 课	脚内侧踢球、接球；小场地比赛	第 12 课	脚内侧踢球、接球；小场地比赛
第 13 课	脚背外侧运球；小场地比赛	第 13 课	脚背外侧运球；小场地比赛
第 14 课	脚背外侧运球；小场地比赛	第 14 课	脚背外侧运球；小场地比赛
第 15 课	脚内侧踢球、接球；小场地比赛	第 15 课	脚内侧踢球、接球；小场地比赛
第 16 课	脚内侧踢球、接球；小场地比赛	第 16 课	脚内侧踢球、接球；小场地比赛
第 17 课	脚背外侧运球；小场地比赛	第 17 课	脚背外侧运球；小场地比赛
第 18 课	脚背外侧运球；小场地比赛	第 18 课	脚背外侧运球；小场地比赛
第 19 课	知识课：足球运动小故事	第 19 课	知识课：足球运动小故事
第 20 课	知识课：足球运动小故事	第 20 课	知识课：足球运动小故事

表 14　小学二年级教学课次内容示例

二年级—上学期		二年级—下学期	
课次	主要内容	课次	主要内容
第 1 课	持球接力游戏；踩球	第 1 课	运球接力游戏；脚底踩拉球
第 2 课	“橄榄球”游戏；拉球	第 2 课	传抢球游戏；扣球、跨球
第 3 课	运球接力游戏；拨球	第 3 课	运球绕杆接力游戏；球感组合练习
第 4 课	抢球游戏；跨球	第 4 课	计时传球接力游戏；球感组合练习
第 5 课	踩球、拉球；小场地比赛	第 5 课	球感组合练习；小场地比赛
第 6 课	拨球、跨球；小场地比赛	第 6 课	球感组合练习；小场地比赛
第 7 课	脚背正面运球；小场地比赛	第 7 课	脚内侧运球、拨球变向运球；小场地比赛
第 8 课	脚背正面运球；小场地比赛	第 8 课	脚内侧运球、扣球变向运球；小场地比赛
第 9 课	脚背正面运球；小场地比赛	第 9 课	脚内侧运球、换脚扣球变向运球；小场地比赛
第 10 课	脚内侧绕圈运球；小场地比赛	第 10 课	脚背正面运球、脚背外侧扣球转身；小场地比赛
第 11 课	脚内侧变向运球；小场地比赛	第 11 课	脚背内侧、脚背外侧交替运球；小场地比赛
第 12 课	脚背正面运球、踩球转身；小场地比赛	第 12 课	脚背内侧、脚背外侧运球绕障碍物；小场地比赛
第 13 课	原地脚内侧踢球、脚内侧接球；小场地比赛	第 13 课	脚内侧连续踢球；小场地比赛
第 14 课	原地脚内侧踢球、脚底接球；小场地比赛	第 14 课	脚内侧连续踢球；小场地比赛
第 15 课	活动中脚内侧踢球、脚内侧接球；小场地比赛	第 15 课	脚内侧踢准；小场地比赛
第 16 课	活动中脚内侧踢球、脚底接球；小场地比赛	第 16 课	脚内侧踢准；小场地比赛
第 17 课	活动中脚内侧踢球、脚内侧接球；小场地比赛	第 17 课	脚内侧踢球、脚底接球；小场地比赛
第 18 课	活动中脚内侧踢球、脚底接球；小场地比赛	第 18 课	脚内侧踢球、脚内侧接球；小场地比赛
第 19 课	知识课：足球运动基础知识	第 19 课	知识课：足球运动基础知识
第 20 课	知识课：足球运动基础知识	第 20 课	知识课：足球运动基础知识

表 15　小学三年级教学课次内容示例

三年级—上学期		三年级—下学期	
课次	主要内容	课次	主要内容
第 1 课	足球游戏；球感练习	第 1 课	足球游戏；球感练习
第 2 课	足球游戏；球感练习	第 2 课	足球游戏；球感练习
第 3 课	球感练习；小场地比赛	第 3 课	球感练习；小场地比赛
第 4 课	球感练习；小场地比赛	第 4 课	球感练习；小场地比赛
第 5 课	脚背内侧踢球；小场地比赛	第 5 课	脚背外侧直线运球、拉球转身组合；小场地比赛
第 6 课	脚背内侧踢球；小场地比赛	第 6 课	运球、左脚右跨球、右脚扣球转身；小场地比赛
第 7 课	脚内侧运球、脚背内侧踢地滚球；小场地比赛	第 7 课	运球、右脚左跨球、左脚扣球转身；小场地比赛
第 8 课	脚背正面运球、脚背内侧踢地滚球；小场地比赛	第 8 课	直线运球、脚底踩球、跳步转身；小场地比赛
第 9 课	脚背外侧运球、脚背内侧踢地滚球；小场地比赛	第 9 课	脚背内侧射门比赛；小场地比赛
第 10 课	脚背外侧运球、脚背内侧扣球转身；小场地比赛	第 10 课	脚背内侧踢空中球；小场地比赛

续表

三年级—上学期		三年级—下学期	
第 11 课	脚背内侧踢地滚球、脚底接球组合；小场地比赛	第 11 课	脚背内侧踢远；小场地比赛
第 12 课	脚背内侧踢地滚球、脚内侧接球组合；小场地比赛	第 12 课	脚背外侧拨球、脚背内侧踢空中球；小场地比赛
第 13 课	脚背内侧踢球、脚内侧接球组合；小场地比赛	第 13 课	接球、脚背内侧踢空中球；小场地比赛
第 14 课	脚内侧接球转身、脚背内侧射门组合；小场地比赛	第 14 课	脚背内侧运球、传接球组合；小场地比赛
第 15 课	脚内侧接球转身、运球绕杆、射门组合；二过一	第 15 课	脚背内侧、外侧运球、变向运球组合；二过一
第 16 课	区域内运球变向转身运球组合；二过一	第 16 课	脚背内侧、外侧运球、变速运球组合；二过一
第 17 课	二过一；小场地比赛	第 17 课	二过一；小场地比赛
第 18 课	二过一；小场地比赛	第 18 课	二过一；小场地比赛
第 19 课	知识课：足球比赛基本方法	第 19 课	知识课：足球比赛基本方法
第 20 课	知识课：足球比赛基本方法	第 20 课	知识课：足球比赛基本方法

表 16　小学四年级教学课次内容示例

四年级—上学期		四年级—下学期	
课次	主要内容	课次	主要内容
第 1 课	足球游戏；综合球感	第 1 课	足球游戏；综合球感
第 2 课	足球游戏；综合球感	第 2 课	足球游戏；综合球感
第 3 课	综合球感；小场地比赛	第 3 课	综合球感；小场地比赛
第 4 课	综合球感；小场地比赛	第 4 课	综合球感；小场地比赛
第 5 课	运球变向假动作；脚背正面射门	第 5 课	对抗下运球变速过人；脚背正面射门
第 6 课	运球变速假动作；脚背正面射门	第 6 课	对抗下假动作过人；脚背正面射门
第 7 课	运球假动作过人；小场地比赛	第 7 课	接控球、运球假动作；小场地比赛
第 8 课	运球过人组合；小场地比赛	第 8 课	运球过人；小场地比赛
第 9 课	脚背正面射门比赛；正面抢截球	第 9 课	运球绕杆射门比赛；正面抢截球
第 10 课	活动中脚背正面射门；侧面抢截球	第 10 课	运球绕杆射门比赛；侧面抢截球
第 11 课	活动中脚背正面射门；小场地比赛	第 11 课	活动中脚背正面射门；小场地比赛
第 12 课	活动中绕障碍物脚背正面射门；小场地比赛	第 12 课	活动中过障碍脚背正面射门；小场地比赛
第 13 课	传接球、射门组合；二过一	第 13 课	曲线运球绕障碍物、射门组合；二过一
第 14 课	运球过人、射门组合；二过一	第 14 课	运球变向过人、脚背正面射门组合；二过一
第 15 课	运球变向假动作过人、射门组合；小场地比赛	第 15 课	运球变向假动作过人、射门组合；小场地比赛
第 16 课	运球变速假动作过人、射门组合；小场地比赛	第 16 课	运球变速假动作过人、射门组合；小场地比赛
第 17 课	二过一；小场地比赛	第 17 课	二过一；小场地比赛
第 18 课	二过一；小场地比赛	第 18 课	二过一；小场地比赛
第 19 课	知识课：足球竞赛基本规则	第 19 课	知识课：足球竞赛基本规则
第 20 课	知识课：足球竞赛基本规则	第 20 课	知识课：足球竞赛基本规则

表 17　小学五年级教学课次内容示例

五年级—上学期		五年级—下学期	
课次	主要内容	课次	主要内容
第 1 课	综合球感；脚背内侧踢空中球	第 1 课	综合球感；脚背内侧空中球踢准
第 2 课	综合球感；脚背内侧踢空中球	第 2 课	综合球感；脚背内侧空中球踢远
第 3 课	综合球感；脚底接控反弹球	第 3 课	综合球感；大腿接控球
第 4 课	综合球感；脚底接控反弹球	第 4 课	综合球感；大腿接控球
第 5 课	脚背内侧踢空中球；小场地比赛	第 5 课	脚背内侧踢角球；小场地比赛
第 6 课	脚背内侧踢空中球；小场地比赛	第 6 课	脚背内侧踢任意球；小场地比赛
第 7 课	脚内侧接控反弹球；小场地比赛	第 7 课	脚内侧接控反弹球；小场地比赛
第 8 课	脚内侧接控反弹球；小场地比赛	第 8 课	脚内侧接控反弹球；小场地比赛
第 9 课	脚内侧接控反弹球、运球绕杆、射门组合；2 vs 1	第 9 课	大腿接控球、脚背内侧射门组合；2 vs 1
第 10 课	接控反弹球、运球过人、射门组合；3 vs 2	第 10 课	脚内侧接控反弹球、脚背正面射门组合；3 vs 2
第 11 课	脚背内侧传空中球、接控反弹球组合；小场地比赛	第 11 课	脚背内侧传空中球、接控反弹球组合；小场地比赛
第 12 课	脚背内侧传空中球、接控反弹球组合；小场地比赛	第 12 课	脚背内侧传空中球、接控反弹球组合；小场地比赛
第 13 课	2 vs 1；小场地比赛	第 13 课	2 vs 1；小场地比赛
第 14 课	2 vs 1；小场地比赛	第 14 课	2 vs 1；小场地比赛
第 15 课	2 vs 1；小场地比赛	第 15 课	2 vs 1；小场地比赛
第 16 课	3 vs 1；小场地比赛	第 16 课	3 vs 1；小场地比赛
第 17 课	3 vs 1；小场地比赛	第 17 课	3 vs 1；小场地比赛
第 18 课	3 vs 1；小场地比赛	第 18 课	3 vs 1；小场地比赛
第 19 课	知识课：运动饮食；营养与卫生知识	第 19 课	知识课：运动饮食；营养与卫生知识
第 20 课	知识课：运动饮食；营养与卫生知识	第 20 课	知识课：运动饮食；营养与卫生知识

表 18　小学六年级教学课次内容示例

六年级—上学期		六年级—下学期	
课次	主要内容	课次	主要内容
第 1 课	综合球感；脚背外侧接空中球	第 1 课	综合球感；脚背正面接空中球
第 2 课	综合球感；脚背外侧接空中球	第 2 课	综合球感；脚背外侧接空中球
第 3 课	综合球感；脚背正面接空中球	第 3 课	综合球感；胸部接球
第 4 课	综合球感；脚背正面接空中球	第 4 课	综合球感；胸部接球
第 5 课	前额正面头顶球；脚背接空中球、反弹球、运球射门组合	第 5 课	前额正面头顶球；胸部接球、射门组合
第 6 课	前额正面头顶球；运球绕杆、脚内侧传球、头球冲顶射门组合	第 6 课	前额正面头顶球；胸部接反弹球、射门组合

续表

六年级—上学期		六年级—下学期	
第 7 课	前额正面头顶球；小场地比赛	第 7 课	前额正面头顶球射门；小场地比赛
第 8 课	前额正面头顶球；小场地比赛	第 8 课	前额正面头顶球射门；小场地比赛
第 9 课	传接球、运球过人、射门组合；3 vs 2	第 9 课	脚内侧传球接球、运球射门组合；3 vs 2
第 10 课	传接球、运球过人、射门组合；3 vs 3	第 10 课	脚背外侧接空中球、运球过杆射门组合；3 vs 3
第 11 课	3 vs 2；小场地比赛	第 11 课	3 vs 2；小场地比赛
第 12 课	3 vs 2；小场地比赛	第 12 课	3 vs 2；小场地比赛
第 13 课	3 vs 2；小场地比赛	第 13 课	3 vs 2；小场地比赛
第 14 课	3 vs 3；小场地比赛	第 14 课	3 vs 3；小场地比赛
第 15 课	3 vs 3；小场地比赛	第 15 课	3 vs 3；小场地比赛
第 16 课	3 vs 3；小场地比赛	第 16 课	3 vs 3；小场地比赛
第 17 课	小场地比赛	第 17 课	小场地比赛
第 18 课	小场地比赛	第 18 课	小场地比赛
第 19 课	知识课：足球运动损伤与自我保护	第 19 课	知识课：足球运动损伤与自我保护
第 20 课	知识课：足球运动损伤与自我保护	第 20 课	知识课：足球运动损伤与自我保护

（二）初中阶段

表 19　初中一年级教学课次内容示例

初中一年级—上学期		初中一年级—下学期	
课次	主要内容	课次	主要内容
第 1 课	球感练习；脚内侧踢、接地滚球	第 1 课	球感练习；活动中脚背内侧踢球、脚内侧接球
第 2 课	球感练习；活动中脚内侧踢、接地滚球、空中球、反弹球	第 2 课	球感练习；脚背外侧踢、接地滚球、空中球、反弹球
第 3 课	变速运球过人；脚背正面踢定位球、活动球；脚内侧、脚背外侧接球	第 3 课	活动中脚背内侧踢定位球；脚内侧、脚背外侧接球
第 4 课	变速运球过人；脚背内侧踢球	第 4 课	运球过人；对抗中利用假动作抢截球；小场地比赛
第 5 课	假动作运球过人；活动中跳起正面头顶球射门；小场地比赛	第 5 课	正面、侧面防守；运球过人；小场地比赛
第 6 课	假动作运球过人；掷界外球；小场地比赛	第 6 课	运球过人后射门；小场地比赛
第 7 课	角球传中；活动中跳起头顶球射门；小场地比赛	第 7 课	接地滚球；运球过人后射门；小场地比赛
第 8 课	脚背正面接空中球射门；小场地比赛	第 8 课	接空中球；运球过人后射门；小场地比赛
第 9 课	脚背内侧、脚背外侧接地滚球、反弹球后运球射门；小场地比赛	第 9 课	接反弹球；运球过人后射门（限制区域）；小场地比赛
第 10 课	介绍守门员基本技术；小场地比赛	第 10 课	介绍守门员基本技术；小场地比赛
第 11 课	角球、界外球攻防；小场地比赛	第 11 课	任意球、界外球攻防；小场地比赛

续表

初中一年级—上学期		初中一年级—下学期	
第12课	1 vs 1攻防的护球、摆脱；小场地比赛	第12课	1 vs 1攻防的护球、摆脱；小场地比赛
第13课	二人进攻配合；小场地比赛	第13课	1防2、2防3、3防4等局部以少防多；小场地比赛
第14课	二人防守配合；小场地比赛	第14课	3防2、4防3、5防4等局部以多防少；小场地比赛
第15课	跑位与接应、墙式配合；小场地比赛	第15课	2攻1、3攻2、4攻3、5攻4等局部以多攻少；小场地比赛
第16课	局部5人攻防配合；小场地比赛	第16课	局部5人攻防配合；小场地比赛
第17课	比赛原则介绍；7 vs 7整体攻防比赛；	第17课	比赛原则介绍；8 vs 8整体攻防比赛
第18课	比赛原则介绍；7 vs 7整体攻防比赛；	第18课	比赛原则介绍；8 vs 8整体攻防比赛
第19课	知识课：足球战术知识；竞赛规则；比赛观摩	第19课	知识课：足球战术知识；竞赛规则；比赛观摩
第20课	知识课：足球战术知识；竞赛规则；比赛观摩	第20课	知识课：足球战术知识；竞赛规则；比赛观摩

表20　初中二年级教学课次内容示例

初中二年级—上学期		初中二年级—下学期	
课次	主要内容	课次	主要内容
第1课	球感练习；活动及对抗中脚内侧踢、接地滚球	第1课	球感练习；较快速及对抗中脚内侧踢接地滚球
第2课	球感练习；活动及对抗中脚内侧踢、接反弹球	第2课	球感练习；较快速及对抗中脚内侧踢接反弹球
第3课	活动及对抗中脚内侧踢、接空中球；变向运球过人	第3课	左右脚背内侧踢反弹球、空中球、地滚球；脚背外侧、脚内侧接球
第4课	左右脚背正面踢、接地滚球、反弹球、空中球；变速运球过人	第4课	左右脚背外侧踢地滚球、反弹球、空中球；脚背外侧、脚内侧接球
第5课	接地滚球；假动作运球过人；小场地比赛	第5课	接空中球、地滚球，拨球；运球过人；小场地比赛
第6课	接空中球、反弹球，拉球；运球过人；小场地比赛	第6课	接空中球、地滚球，扣球；运球过人；小场地比赛
第7课	活动中跳起正面顶球射门；小场地比赛	第7课	接地滚球；运球转身过人后射门；小场地比赛
第8课	活动中跳起侧面顶球射门；小场地比赛	第8课	多部位接空中球射门；小场地比赛
第9课	接反弹球；运球过人后射门；小场地比赛	第9课	区域盯人防守；小场地比赛
第10课	接球；运球过人后射门；小场地比赛	第10课	局部3 vs 3攻防；小场地比赛
第11课	连续2过1的3 vs 2；小场地比赛	第11课	局部4 vs 4攻防；小场地比赛
第12课	第2空当的3 vs 2；小场地比赛	第12课	局部5 vs 4攻防；小场地比赛
第13课	局部3 vs 3攻防；小场地比赛	第13课	局部5 vs 5攻防；小场地比赛
第14课	罚球区附近正面直接任意球攻防；小场地比赛	第14课	罚球区附近侧面直接任意球攻防；小场地比赛
第15课	短传角球攻防；小场地比赛	第15课	长传角球攻防；小场地比赛
第16课	介绍守门员基本技术；小场地比赛	第16课	介绍守门员基本技术；小场地比赛
第17课	比赛原则介绍；8 vs 8整体攻防比赛	第17课	比赛原则介绍；8 vs 8整体攻防比赛

续表

初中二年级—上学期		初中二年级—下学期	
第 18 课	比赛原则介绍；8 vs 8 整体攻防比赛	第 18 课	比赛原则介绍；8 vs 8 整体攻防比赛
第 19 课	比赛原则介绍；11 vs 11 整体攻防比赛	第 19 课	比赛原则介绍；11 vs 11 整体攻防比赛
第 20 课	知识课：足球文化介绍	第 20 课	知识课：足球规则介绍

表 21 初中三年级教学课次内容示例

初中三年级—上学期		初中三年级—下学期	
课次	主要内容	课次	主要内容
第 1 课	快速活动中的球感练习；脚内侧踢接地滚球、反弹球、空中球	第 1 课	快速活动中的球感练习；脚内侧踢接地滚球、反弹球、空中球
第 2 课	快速活动及对抗中脚内侧踢接地滚球、反弹球、空中球	第 2 课	快速活动及对抗中脚背正面踢接反弹球、空中球、地滚球
第 3 课	快速活动及对抗中脚背内侧踢接地滚球、反弹球、空中球	第 3 课	快速活动及对抗中脚背外侧踢接反弹球、空中球、地滚球
第 4 课	运球过人；抢截球技术练习	第 4 课	运球过人；抢截球技术练习
第 5 课	运球过人；抢截球技术练习	第 5 课	运球过人；抢截球技术练习
第 6 课	接球转身后射门；小场地比赛	第 6 课	三人配合中射门；小场地比赛
第 7 课	接空中球凌空射门；小场地比赛	第 7 课	组合传接球结合射门；小场地比赛
第 8 课	接反弹球；运球过人后射门；小场地比赛	第 8 课	快速射门；小场地比赛
第 9 课	介绍守门员基本技术；小场地比赛	第 9 课	介绍守门员基本技术；小场地比赛
第 10 课	任意球攻防；小场地比赛	第 10 课	角球、掷界外球攻防；小场地比赛
第 11 课	活动中争顶球；边路传中球防守；小场地比赛	第 11 课	快攻中边路转移攻防；小场地比赛
第 12 课	快攻中的边路传中攻防；小场地比赛	第 12 课	快攻中的中路突破攻防；小场地比赛
第 13 课	4 vs 4 前场快速进攻；小场地比赛	第 13 课	4 vs 4、5 vs 5 协同防守；小场地比赛
第 14 课	中路渗透进攻；小场地比赛	第 14 课	转移进攻；小场地比赛
第 15 课	边路传中进攻；小场地比赛	第 15 课	边路防守；小场地比赛
第 16 课	11 vs 11 整体进攻；比赛	第 16 课	11 vs 11 整体进攻；比赛
第 17 课	11 vs 11 整体进攻；比赛	第 17 课	11 vs 11 整体进攻；比赛
第 18 课	11 vs 11 整体防守；比赛	第 18 课	11 vs 11 整体防守；比赛
第 19 课	知识课：个人、小组攻防战术	第 19 课	知识课：个人、小组攻防战术
第 20 课	知识课：足球裁判法	第 20 课	知识课：足球裁判法

（三）高中阶段

表 22 高中一年级教学课次内容示例

高中一年级—上学期		高中一年级—下学期	
课次	主要内容	课次	主要内容
第 1 课	比赛情景下运球变向、变速、转身	第 1 课	比赛情景下运球变向、变速、转身
第 2 课	比赛情景下踢地滚球、空中球、反弹球	第 2 课	比赛情景下踢地滚球、空中球、反弹球
第 3 课	比赛情景下的综合传接球	第 3 课	比赛情景下的综合传接球
第 4 课	比赛情景下的综合传接球	第 4 课	比赛情景下的综合传接球
第 5 课	前锋位置技术的抢点射门；小场地比赛	第 5 课	前锋位置技术组合；小场地比赛
第 6 课	前锋、前卫进攻位置技术配合；小场地比赛	第 6 课	前锋、前卫防守位置技术配合；小场地比赛
第 7 课	定位球攻防；小场地比赛	第 7 课	定位球攻防；小场地比赛
第 8 课	1 vs 2 个人进攻；小场地比赛	第 8 课	1 vs 2 个人进攻；小场地比赛
第 9 课	1 vs 2 个人防守；小场地比赛	第 9 课	1 vs 2 个人防守；小场地比赛
第 10 课	2 vs 3 小组进攻；小场地比赛	第 10 课	2 vs 3 小组进攻；小场地比赛
第 11 课	2 vs 3 小组防守；小场地比赛	第 11 课	2 vs 3 小组防守；小场地比赛
第 12 课	边路进攻；小场地比赛	第 12 课	边路进攻；小场地比赛
第 13 课	边路防守；小场地比赛	第 13 课	边路防守；小场地比赛
第 14 课	中路进攻；小场地比赛	第 14 课	中路进攻；小场地比赛
第 15 课	中路防守；小场地比赛	第 15 课	中路防守；小场地比赛
第 16 课	433 基本阵型的 11 人制比赛	第 16 课	433 基本阵型的 11 人制比赛
第 17 课	433 基本阵型的 11 人制比赛	第 17 课	433 基本阵型的 11 人制比赛
第 18 课	442 基本阵型的 11 人制比赛	第 18 课	442 基本阵型的 11 人制比赛
第 19 课	知识课：整体攻防战术；比赛分析	第 19 课	知识课：整体攻防战术；比赛分析
第 20 课	知识课：整体攻防战术；比赛分析	第 20 课	知识课：整体攻防战术；比赛分析

表 23 高中二年级教学课次内容示例

高中二年级—上学期		高中二年级—下学期	
课次	主要内容	课次	主要内容
第 1 课	比赛情景下运球变向、变速、转身	第 1 课	比赛情景下运球变向、变速、转身
第 2 课	比赛情景下传接地滚球、空中球、反弹球	第 2 课	比赛情景下传接地滚球、空中球、反弹球
第 3 课	比赛情景下接球后射门；运球后射门	第 3 课	比赛情景下接球后射门；运球后射门
第 4 课	比赛情景下接球、运球过人后射门	第 4 课	比赛情景下接球、运球过人后射门
第 5 课	后卫防守位置技术；小场地比赛	第 5 课	后卫进攻位置技术；小场地比赛
第 6 课	前卫、后卫防守位置技术配合；小场地比赛	第 6 课	前卫、后卫进攻位置技术配合；小场地比赛
第 7 课	守门员接球、踢球和手抛球体验；小场地比赛	第 7 课	守门员接球、踢球和手抛球体验；小场地比赛
第 8 课	前锋、前卫边路协同进攻；小场地比赛	第 8 课	前锋、前卫边路协同进攻；小场地比赛
第 9 课	前锋、前卫边路协同防守；小场地比赛	第 9 课	前锋、前卫边路协同防守；小场地比赛

续表

高中二年级—上学期		高中二年级—下学期	
第 10 课	前锋、前卫中路协同进攻；小场地比赛	第 10 课	前锋、前卫中路协同进攻；小场地比赛
第 11 课	前卫、后卫协同防守；小场地比赛	第 11 课	前卫、后卫协同防守；小场地比赛
第 12 课	前卫、后卫协同进攻；小场地比赛	第 12 课	前卫、后卫协同进攻；小场地比赛
第 13 课	前卫、后卫协同防守；小场地比赛	第 13 课	前卫、后卫协同防守；小场地比赛
第 14 课	442 基本阵型的 11 人制比赛	第 14 课	442 基本阵型的 11 人制比赛
第 15 课	433 基本阵型的 11 人制比赛	第 15 课	433 基本阵型的 11 人制比赛
第 16 课	433 基本阵型的 11 人制比赛	第 16 课	433 基本阵型的 11 人制比赛
第 17 课	352 基本阵型的 11 人制比赛	第 17 课	451 基本阵型的 11 人制比赛
第 18 课	352 基本阵型的 11 人制比赛	第 18 课	451 基本阵型的 11 人制比赛
第 19 课	知识课：整体攻防战术；比赛分析	第 19 课	知识课：整体攻防战术；比赛分析
第 20 课	知识课：整体攻防战术；比赛分析	第 20 课	知识课：整体攻防战术；比赛分析

表 24　高中三年级教学课次内容示例

高中三年级—上学期		高中三年级—下学期	
课次	主要内容	课次	主要内容
第 1 课	比赛情景下运球变向、变速、转身	第 1 课	比赛情景下运球变向、变速、转身
第 2 课	比赛情景下运球变向、变速、转身及运球过人	第 2 课	比赛情景下运球变向、变速、转身及运球过人
第 3 课	比赛情景下传接球组合	第 3 课	比赛情景下传接球组合
第 4 课	1 vs 1 快速运球过人后射门	第 4 课	1 vs 1 快速运球过人后射门
第 5 课	1 vs 1 接地滚球、快速运球过人后射门；小场地比赛	第 5 课	1 vs 1 接空中球；快速运球过人后射门；小场地比赛
第 6 课	后卫位置技术的抢点解围；小场地比赛	第 6 课	前卫、后卫位置技术组合；小场地比赛
第 7 课	后卫位置技术组合；小场地比赛	第 7 课	前卫位置技术的转移球；后卫防守队形；小场地比赛
第 8 课	前锋、前卫前场协同进攻；小场地比赛	第 8 课	前锋、前卫前场协同进攻；小场地比赛
第 9 课	前锋、前卫前场协同防守；小场地比赛	第 9 课	前锋、前卫前场协同防守；小场地比赛
第 10 课	前卫、后卫后场协同控制球；小场地比赛	第 10 课	前卫、后卫后场协同控制球；小场地比赛
第 11 课	前卫、后卫后场协同防守；小场地比赛	第 11 课	前卫、后卫后场协同防守；小场地比赛
第 12 课	角球攻防组合；小场地比赛	第 12 课	角球攻防组合；小场地比赛
第 13 课	任意球攻防组合；小场地比赛	第 13 课	任意球攻防组合；小场地比赛
第 14 课	11 人制比赛	第 14 课	11 人制比赛
第 15 课	11 人制比赛	第 15 课	11 人制比赛
第 16 课	11 人制比赛	第 16 课	11 人制比赛
第 17 课	11 人制比赛	第 17 课	11 人制比赛
第 18 课	11 人制比赛	第 18 课	11 人制比赛

续表

高中三年级—上学期		高中三年级—下学期	
第 19 课	知识课：整体攻防战术；比赛分析	第 19 课	知识课：整体攻防战术；比赛分析
第 20 课	知识课：整体攻防战术；比赛分析	第 20 课	知识课：整体攻防战术；比赛分析

学生足球运动技能等级评定标准（试行）

一、说明

1.《学生足球运动技能等级评定标准（试行）》（以下简称《标准》）是校园足球教育工作的基础性指导文件和教育质量基本标准，是评价学生足球运动技能和评估校园足球及衡量各地校园足球发展的重要依据，是引导学生提升足球运动技能水平的重要手段，主要适用于全日制普通小学、初中、普通高中、中等职业学校的学生。

2.《标准》从球感、运球、踢球、身体素质和比赛能力五个方面综合评价学生足球技能水平。根据学生掌握足球运动技能的规律，《标准》将学生足球运动技能划分为五个等级，每个等级的测评内容体系不同，每个等级都具有相对独立的评分标准。

3.《标准》每个等级的各单项指标满分为 10 分，综合得分为各单项指标得分与权重乘积之和，达到标准的得分为 7.5 分。

4. 学生可根据本《标准》的要求，定期对所掌握的足球运动技能进行自评，以便了解和掌握学习足球的情况。校园足球特色学校要结合有关活动，组织学生进行测试，对达到《标准》的学生给予认定，并进行公布。学生达到《标准》的情况可纳入学生综合素质评价体系。

5. 各地在《标准》在实施过程中，要根据实际情况，因地制宜，逐步推进，把“达标升级”转化为学生学练足球的自觉行动。

6. 本《标准》由教育部负责解释。

二、单项指标和权重

等级	单项指标	权重（%）
一级	颠球、踩拨球	10
	往返运球	25
	踢准	25
	冲刺跑	15
	小场地比赛	25
二级	脚背正面颠球	10
	绕杆运球	25
	踢准	20
	折线跑	15
	小场地比赛	30
三级	行进颠球	10
	绕杆运球	20
	运球踢准	20
	绕杆跑	15
	小场地比赛	35
四级	头颠球	10
	折线运球	20
	定位球踢准	20
	多向绕杆跑	10
	比赛	40
五级	多部位颠球	10
	折线运球	20
	运球射门	20
	折返跑	10
	比赛	40

三、评分表

表 1　一级评分表

测评内容	单位	单项得分									
		10	9	8	7	6	5	4	3	2	1
颠球、踩拨球	（分）	10	9	8	7	6	5	4	3	2	1
往返运球	（秒）	≤7.2	7.3—8.0	8.1—9.2	9.3—10.0	10.1—11.1	11.2—11.9	12—12.7	12.8—13.3	13.4—14.3	14.4—15.1
踢准	（分）	10	9	8	7	6	5	4	3	2	1
冲刺跑	（秒）	≤4.0	4.1—4.2	4.3—4.4	4.5—4.6	4.7—4.8	4.9—5.0	5.1—5.2	5.3—5.4	5.5—5.6	5.7—5.8
小场地比赛	（分）	10	9	8	7	6	5	4	3	2	1

技能综合评分：颠球或踩拨球得分×0.1+10 米往返运球得分×0.25+8 米踢准得分×0.25+20 米跑得分×0.15+小场地比赛得分×0.25。

一级达标分值：综合得分达到 7.5 分及以上认定达到一级标准。

表 2　二级评分表

测评内容	单位	单项得分									
		10	9	8	7	6	5	4	3	2	1
脚背正面颠球	（个）	≥35	29—34	24—28	19—23	15—18	11—14	7—10	5—6	4	3
绕杆运球	（秒）	≤9.3	9.40—10.0	10.1—10.2	10.3—11.6	11.7—12.8	12.9—13.9	14.0—14.7	14.8—15.8	15.9—16.9	17.0—18.0
踢准	（分）	10	9	8	7	6	5	4	3	2	1
折线跑	（秒）	≤8.8	8.9—9.1	9.2—9.3	9.4—9.6	9.7—9.9	10.0—10.2	10.3—10.5	10.6—10.9	11.0—11.7	11.8—12.5
小场地比赛	（分）	10	9	8	7	6	5	4	3	2	1

技能综合评分：脚背正面颠球得分×0.1+20 米绕杆运球得分×0.25+10 米踢准得分×0.2+折线跑得分×0.15+小场地比赛得分×0.3。

二级达标分值：综合得分达到 7.5 分及以上认定达到二级标准。

表 3 三级评分表

测评内容	性别	单位	单项得分									
			10	9	8	7	6	5	4	3	2	1
行进颠球	—	（次）	0	1	2	3	4	5	6	7	8	9
绕杆运球	女	（秒）	≤9.0	9.1—10.2	10.3—11.1	11.2—12.3	12.4—13.1	13.2—13.9	14.0—14.9	15.0—16.3	16.4—17.6	17.7—18.6
	男		≤8.5	8.6—9.3	9.4—9.8	9.9—10.7	10.8—11.4	11.5—12.4	12.5—13.1	13.2—14.0	14.1—14.8	14.9—15.6
运球踢准	—	（分）	10	9	8	7	6	5	4	3	2	1
绕杆跑	女	（秒）	≤5.8	5.9—6.2	6.3—6.4	6.5—6.6	6.7—6.8	6.9—7.0	7.1—7.2	7.3—7.4	7.5—7.7	7.8—8.5
	男		≤4.9	5.0—5.5	5.6—6.0	6.1—6.3	6.4—6.5	6.6—6.7	6.8—6.9	7.0—7.1	7.2—7.4	7.5—7.9
小场地比赛	—	（分）	10	9	8	7	6	5	4	3	2	1

技能综合评分：行进颠球得分×0.1+20 米不等距绕杆运球得分×0.2+运球踢准得分×0.2+20 米绕杆跑得分×0.15+小场地比赛得分×0.35。

三级达标分值：综合得分达到 7.5 分及以上认定达到三级标准。

表 4 四级评分表

测评内容	性别	单位	单项得分									
			10	9	8	7	6	5	4	3	2	1
头颠球	—	（个）	≥50	45—49	40—44	35—39	30—34	25—29	20—24	15—19	10—14	5—9
折线运球	女	（秒）	≤11.1	11.2—12	12.1—12.8	12.9—13.6	13.7—14.2	14.3—14.7	14.8—15.3	15.4—15.9	16.0—16.5	16.6—17
	男		≤10.4	10.5—11.0	11.1—11.8	11.9—12.2	12.3—12.4	12.5—12.9	13.0—13.2	13.3—14.2	14.3—15.3	15.4—16
定位球踢准	—	（分）	≥15	12—14	11	10	9	8	7	6	5	4
多向绕杆跑	女	（秒）	≤16.4	16.5—16.8	16.9—17.3	17.4—17.8	17.9—18.5	18.6—19.2	19.3—20.0	20.1—20.8	20.9—21.7	21.8—22.5
	男		≤15.4	15.5—15.8	15.9—16.2	16.3—16.4	16.5—16.8	16.9—17.2	17.3—17.8	17.9—18.4	18.5—19.3	19.4—20
比赛	—	（分）	10	9	8	7	6	5	4	3	2	1

技能综合评分：头颠球得分×0.1+折线运球得分×0.2+定位球踢准得分×0.2+多向绕杆跑得分×0.1+比赛得分×0.4。

四级达标分值：综合得分达到 7.5 分及以上认定达到四级标准。

表 5　五级评分表

测评内容	性别	单位	单项得分									
			10	9	8	7	6	5	4	3	2	1
多部位颠球	—	（个）	10	9	8	7	6	5	4	3	2	1
折线运球	女	（秒）	≤10.6	10.7—11.5	11.6—11.8	11.9—12.3	12.4—12.8	12.9—13.8	13.9—14.4	14.5—15.1	15.2—15.9	16.0—16.8
	男		≤9.8	9.9—10.5	10.6—11.3	11.4—11.7	11.8—11.9	12.0—12.4	12.5—13.0	13.1—13.6	13.7—14.8	14.9—15.5
运球射门	—	（分）	10	9	8	7	6	5	4	3	2	1
折返跑	女	（秒）	≤36	36.1—36.6	36.7—37.2	37.3—37.8	37.9—38.4	38.5—39	39.1—39.6	39.7—40.2	40.3—40.8	40.9—41.5
	男		≤33	33.1—33.3	33.4—33.6	33.7—33.8	33.9—34.2	34.3—34.6	34.7—35.5	35.6—36.6	36.7—37.7	37.8—38.5
比赛	—	（分）	10	9	8	7	6	5	4	3	2	1

技能综合评分：多部位颠球得分×0.1+折线运球得分×0.2+运球射门得分×0.2+折返跑得分×0.1+比赛得分×0.4。

五级达标分值：综合得分达到7.5分及以上认定达到五级标准。

四、测试方法与要求

（一）一级测试方法

1. 脚背颠球、双脚交替踩球和脚内侧拨球

测试场地：平整的人工草或天然草足球场，5米×5米区域。

测试方法：

脚背颠球：听测评员口令后，把放在原地的足球，用脚踢起或用手抛起，单脚或双脚脚背进行颠球。球落地可重新开始，球颠出规定区域则停止测试，测评时间不超过1分钟。

双脚交替踩球：听测评员口令后，用双脚前脚掌连续交替做踩球动作，球保持原地或移动状态皆可。球失去控制可重新开始，球出规定区域则停止测试，测评时间不超过1分钟。

双脚脚内侧拨球：听测评员口令后，用双脚脚内侧连续进行横向拨球动作，运动员原地拨球或移动状态皆可。球失去控制可重新开始，球出规定区域则停止测试，测评时间不超过1分钟。

评分方法：测评员根据学生的控球能力表现进行评分，评分为整数分，满分为10分。

2. 往返运球

测试场地：平整的人工草或天然草足球场，10米×5米区域（图1）。

测试方法：听测评员口令后，从起始线开始快速运球，绕过距离起始线10米处的标志桶后运球返回，以脚踩球于起始线上结束。

评分方法：测评员计时，球动开表，球踩到线上停表。根据评分标准打分，测试两次，记录其最佳成绩。

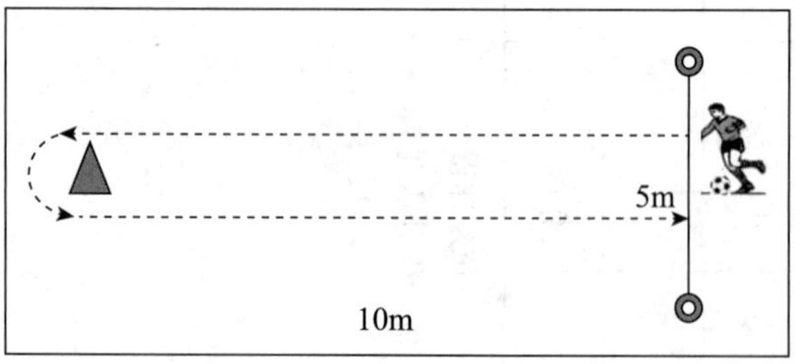

图1

3. 踢准

测试场地：平整的人工草或天然草足球场，10米×6米区域。球门距起始线8米，球门尺寸1.5米×1米，球门和球门之间相距0.5米（图2）。

测试方法：听测评员口令后，在起始线上用脚内侧踢地滚球的方式将球踢进距起始线8米处的三个足球门，每人5球。

评分方法：测评员计分，踢进中间球门得1分，踢进两侧球门得2分，按照每个球踢进球门的分数累计相加得出最后分数。测试两次，记录其最佳成绩。

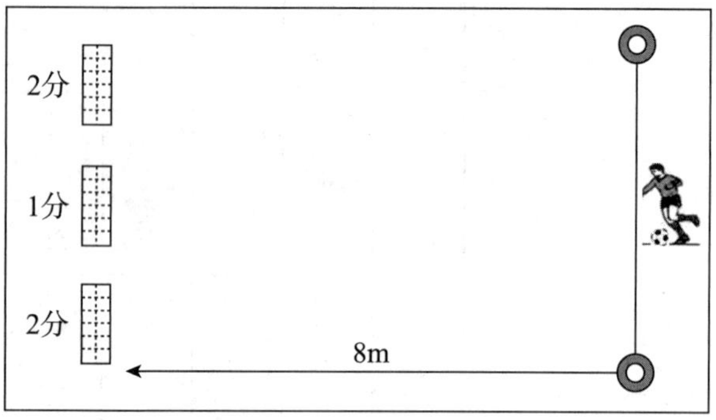

图2

4. 冲刺跑

测试场地：平整的人工草或天然草足球场，20米×5米区域（图3）。

测试方法：测试学生采用站立式起跑，听测评员口令后，加速跑冲过终点线。

评分方法：测评员计时，测试两次，记录其最佳成绩。

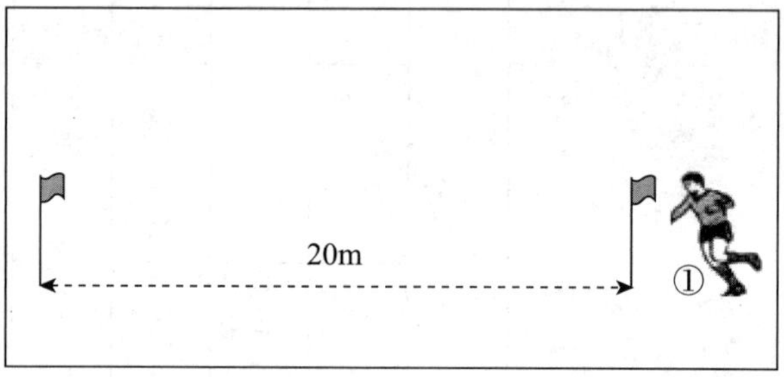

图3

5. 小场地比赛

比赛形式：5人制，4号球，比赛时间15分钟，比赛场地和竞赛规则参照国际足联最新审定的《五人制足球竞赛规则》。

比赛评分：三名测评员对测试学生进行比赛评分，满分为10分，以三人的平均分作为该学生的

最终比赛评分。评分标准参照表 6。

（二）二级测试方法

1. 脚背正面颠球

测试场地：平整的人工草或天然草足球场，划定 5 米×5 米区域。

测试方法：听测评员口令后，把足球用脚踢起或用手抛起，运用脚背正面进行颠球。球落地或球颠出规定区域则停止测试，测评时间不超过 1 分钟。

评分方法：测评员记录学生颠球次数，并根据评分标准进行评分，评分为整数分，满分为 10 分。测试两次，记录最佳成绩。

2. 绕杆运球

测试场地：平整的人工草或天然草足球场，划定 25 米×5 米区域。起点距第一个杆 4 米，其余杆距 2 米，起点距终点 20 米（图 4）。

测试方法：听测评员口令后，从起始线开始运球出发，依次绕过间隔 2 米的 8 个标志杆，以运球过终点线结束。

评分方法：测评员计时，对照评分标准给予相应成绩。测试两次，记录最佳成绩，漏杆则成绩无效。

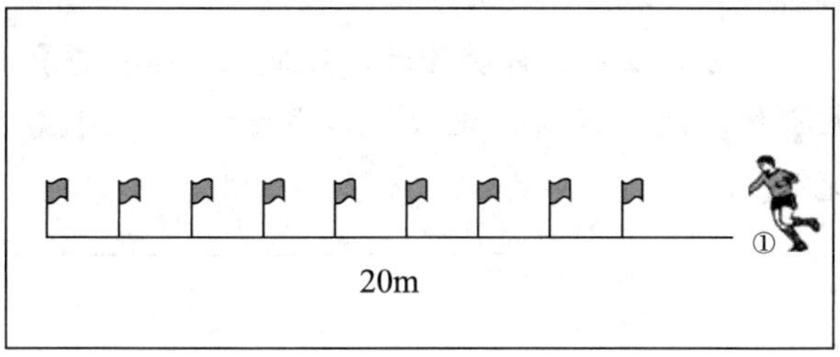

图 4

3. 踢准

测试场地：平整的人工草或天然草足球场，12 米×6 米区域。球门距起始线 10 米，球门尺寸 1.5 米×1 米，球门和球门之间相距 0.5 米（图 5）。

测试方法：听测评员口令后，在起始线上用脚内侧踢地滚球的方式将球踢进距起始线 10 米处的三个足球门，每人 5 球。

评分方法：测评员计分，踢进中间球门得 1 分，踢进两侧球门得 2 分，按照每个球踢进球门的分数累计相加得出最后分数。测试两次，记录其最佳成绩。

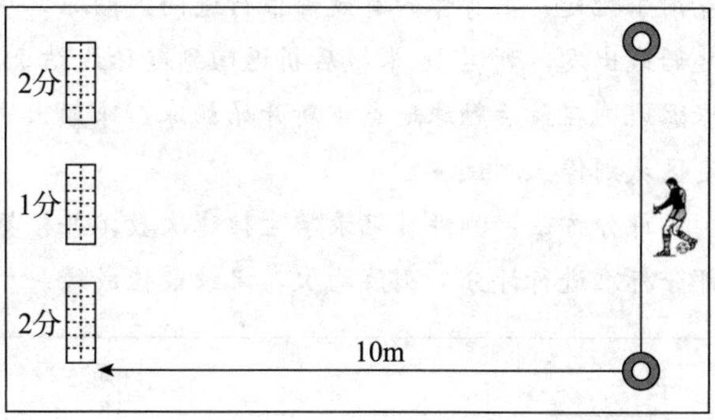

图 5

4. 折线跑

测试场地：平整的人工草或天然草足球场，22 米×5 米区域。起点终点距离 20 米，标志杆宽间距 4 米，长间距 8 米（图 6）。

测试方法：听测评员口令后，从起始线站立式起跑，按顺序依次绕过标志杆外侧，冲过终点线。运球启动开表，冲过终点停表。

评分方法：测评员计时，对照评分标准给予相应成绩。测试两次，记录最佳成绩，碰倒杆或漏杆则成绩无效。

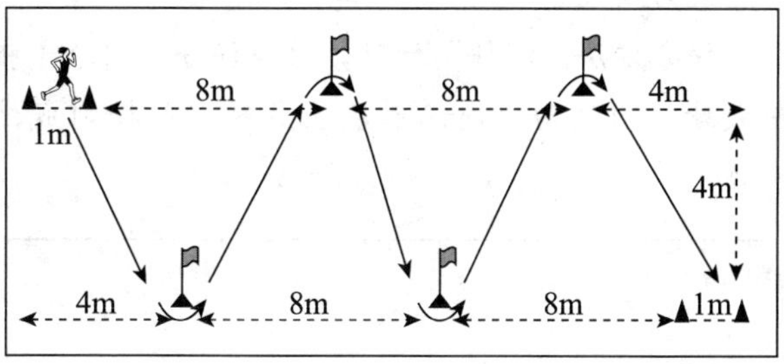

图 6

5. 小场地比赛

比赛形式：5 人制，4 号球，比赛时间 15 分钟，比赛场地和竞赛规则参照国际足联最新审定的《五人制足球竞赛规则》。

比赛评分：三名测评员对测试学生进行比赛评分，满分为 10 分，以三人的平均分作为该学生的最终比赛评分。评分标准参照表 6。

（三）三级测试方法

1. 行进颠球

测试场地：平整的人工草或天然草足球场，划定 10 米×5 米区域（图 7）。

测试方法：听测评员口令后，把足球用脚踢起或用手抛起，用身体的有效部位行进间走颠球，从起始线出发，到达10米线后折返回到起始线结束。球落地则在最后触球地点重新开始颠球，球颠出规定区域则停止测试。

评分方法：测评员记录学生掉球次数，并根据评分标准进行评分。测试两次，记录最佳成绩。

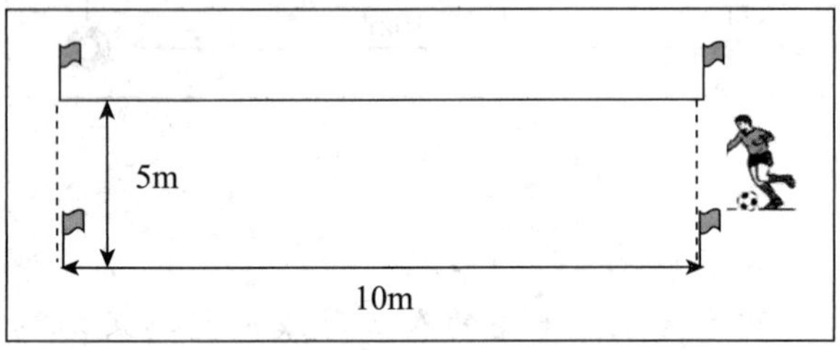

图7

2. 绕杆运球

测试场地：平整的人工草或天然草足球场，划定25米×5米区域。起点距第一个杆4米，其余杆距依次为1米、3米，起点距终点20米（图8）。

测试方法：听测评员口令后，从起始线开始运球出发，依次绕过间隔不等的8个标志杆，以球踩终点线为结束。

评分方法：测评员计时，对照评分标准给予相应成绩。测试两次，记录最佳成绩，漏杆则成绩无效。

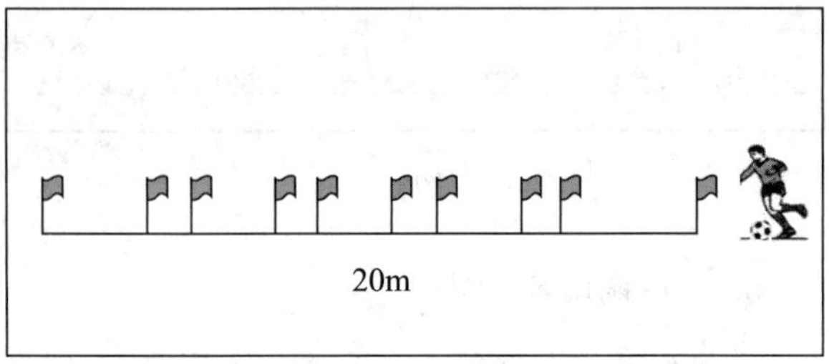

图8

3. 运球踢准

测试场地：平整的人工草或天然草足球场，20米×6米区域。球门距起始线15米，传球区3米×2米，距起始线2米。球门1.5米×1米，球门和球门之间相距0.5米（图9）。

测试方法：听测评员口令后，在起始线上运球，进入传球区内，用脚内侧踢地滚球的方式将球踢进距起始线15米处的三个足球门，每人5球。

评分方法：测评员计分，在传球区内进行传球得分有效，踢进中间球门得1分，踢进两侧球门得2分，累计相加得出最后分数。测试两次，记录其最佳成绩。

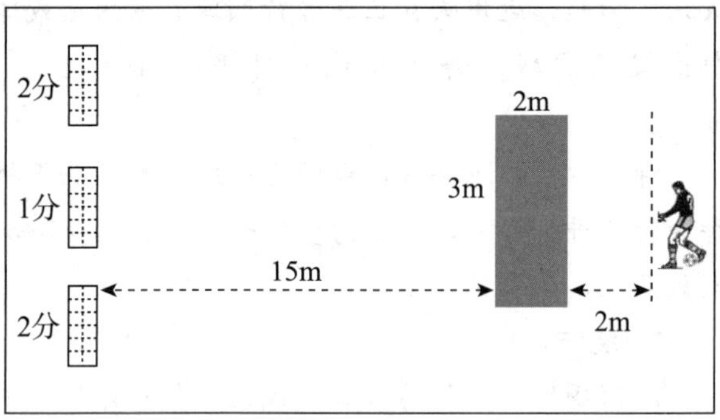

图9

4. 绕杆跑

测试场地：平整的人工草或天然草足球场，划定20米×5米区域。起点距第一个杆4米，其余杆距2米，起点距终点20米（图10）。

测试方法：听测评员口令后，以站立式起跑姿势从起始线开始加速跑，依次绕过间隔2米的8个标志杆，冲过终点线为结束。

评分方法：测评员计时，对照评分标准给予相应成绩。测试两次，记录最佳成绩，漏杆则成绩无效。

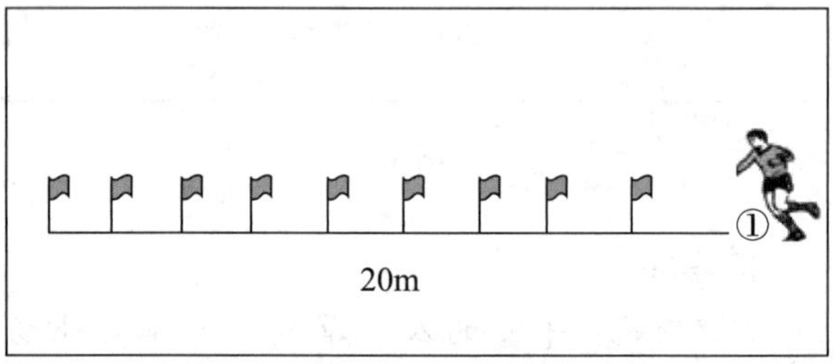

图10

5. 小场地比赛

比赛形式：8人制，4号球，比赛时间15分钟，比赛场地和竞赛规则参照国际足联最新审定的《足球竞赛规则》。

比赛评分：三名测评员对测试学生进行比赛评分，满分为10分，以三人的平均分作为该学生的最终比赛评分。评分标准参照表6。

（四）四级测试方法

1. 头颠球

测试场地：平整的人工草或天然草足球场，划定5米×5米区域。

测试方法：在5×5米的场区内，将球抛起用头部进行颠球，记录其连续头颠球个数。

评分方法：测评员计算连续头颠球个数，球落地、颠出区域或用其他部位调整则结束。对照评分标准给予相应成绩。测试两次，记录最佳成绩。

2. 折线运球

测试场地：平整的人工草或天然草足球场，22米×5米区域。起点终点距离20米，标志杆宽间距4米，长间距8米（图11）。

测试方法：听测评员口令后，从起始线开始运球，分别绕过标志杆外侧，冲过终点线。运球启动开表，运球冲过终点停表。

评分方法：测评员计时，对照评分标准给予相应成绩。测试两次，记录最佳成绩，碰倒杆或漏杆则成绩无效。

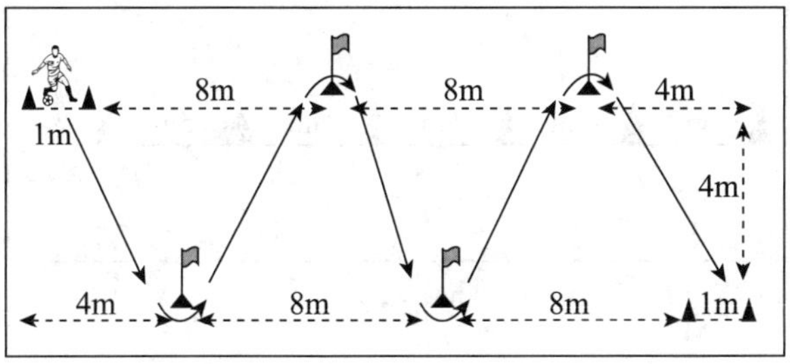

图11

3. 定位球踢准

测试场地：足球墙（可用球门拉线代替），射门位置距球门或足球墙16.8米（图12）。

测试方法：听测评员口令后，将摆在罚球区线上的足球踢向球门，每人踢五个球。

评分方法：测评员按球射中各区域的分值记录得分，如球打在两个或多个区域交界线或点上，记录分值较高分值。最后五个分值累加，对照评分标准给予相应成绩。测试两次，记录最佳成绩。

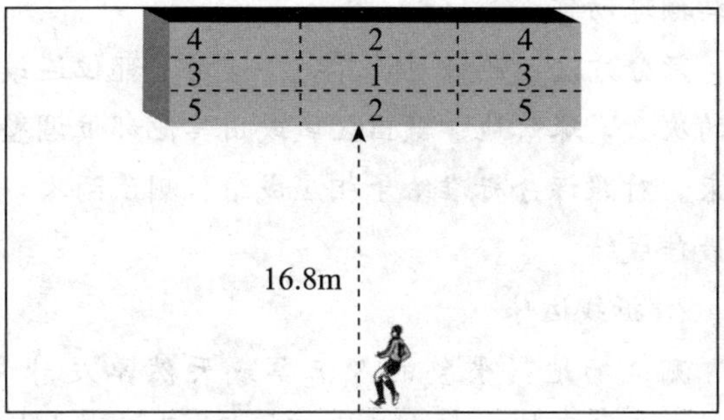

图12

4. 多向绕杆跑

测试场地：平整的人工草或天然草足球场，划定15米×5米区域。中间标志杆间距2米（图13）。

测试方法：听测评员口令后，从起始点采用站立式起跑，按照规定路线，依次越过各标志杆后冲过终点。

评分方法：测评员记录其所用时间，漏杆或者没有按照既定路线则没有成绩。测试两次，记录最佳成绩。

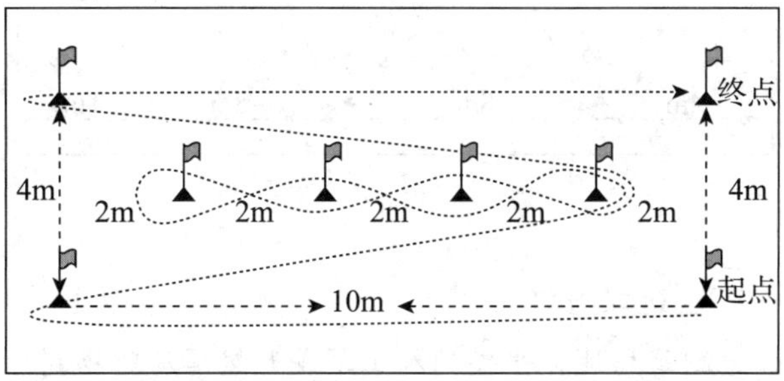

图13

5. 场地比赛

比赛形式：11人制，5号球，比赛时间20分钟，比赛场地和竞赛规则参照国际足联最新审定的《足球竞赛规则》。

比赛评分：三名测评员对测试学生进行比赛评分，满分为10分，以三人的平均分作为该学生的最终比赛评分。评分标准参照表6。

（五）五级测试方法

1. 多部位颠球

测试场地：平整的人工草或天然草足球场，划定5米×5米区域。

测试方法：用身体7个有效部位（左右脚背正面、左右脚内侧、左右大腿正面、头部）依次完成连续颠球动作。

评分方法：测评员计算完整使用7部位连续颠球的次数，球落地、颠出区域或用其他部位调整则结束。对照评分标准给予相应成绩。测试两次，记录最佳成绩。

2. 折线运球

测试场地：平整的人工草或天然草足球场，22米×5米区域。起点终点距离20米，标志杆间宽4米，长间距8米（图14）。

测试方法：听测评员口令后，从起始线开始运球，按照顺序依次绕过标志杆外侧，冲过终点线。运球启动开表，运球冲过终点停表。

评分方法：测评员计时，对照评分标准给予相应成绩。测试两次，记录最佳成绩，碰倒杆或漏杆则成绩无效。

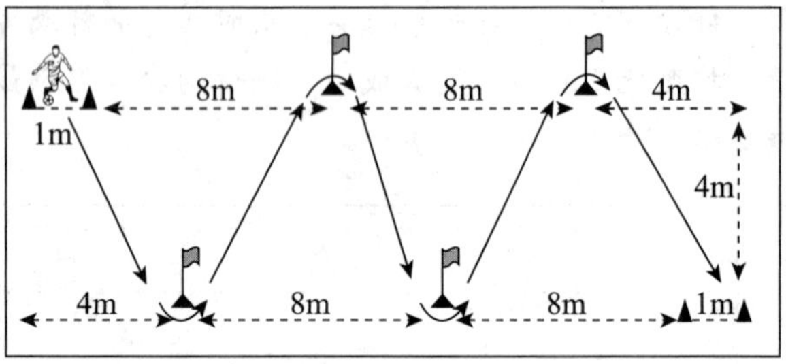

图14

3. 运球射门

测试场地：平整的人工草或天然草足球场罚球区或足球墙，射门区距球门或足球墙16.8米，起点距射门区域2米，射门区3米×2米（图15）。

测试方法：听测评员口令后，从起始线运球进入射门区域后，进行正脚背射门。每人踢五个球。

评分方法：测评员按球射中各区域的分值记录得分，射入球门中间区域一球得1分，射入球门两侧区域一球得2分，其余情况均不得分。五个成绩相加为射门最后成绩，对照评分标准给予相应成绩。测试两次，记录最佳成绩。

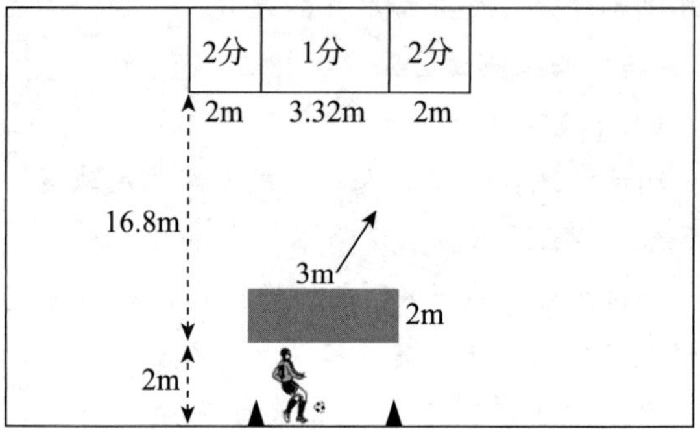

图15

4. 折返跑

测试场地：平整的人工草或天然草足球场，划定25米×5米区域。中间标志桶间距5米（图16）。

测试方法：听测评员口令后，从起始点采用站立式起跑，按照规定路线，进行折返跑。必须按由近及远依次用手触碰每个标志桶，最终跑回终点。

评分方法：测评员记录其所用时间，漏桶或者没有按照既定路线则没有成绩。测试两次，记录最佳成绩。

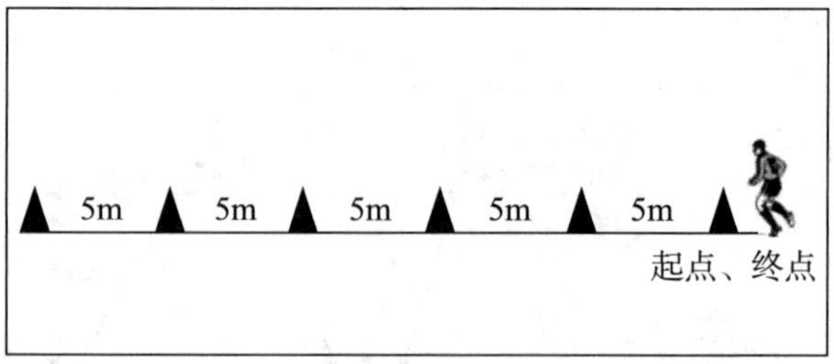

图16

5. 比赛

比赛形式：11人制，5号球，比赛时间20分钟，比赛场地和竞赛规则参照国际足联最新审定的《足球竞赛规则》。

比赛评分：三名测评员对测试学生进行比赛评分，满分为10分，以三人的平均分作为该学生的最终比赛评分。评分标准参照表6。

表6 比赛评分标准

分值	10—9分	8—7分	6—5分	5分以下
参考标准	比赛中技术动作运用合理规范；攻防意识突出，善于和同伴配合；跑动积极，比赛作风优良，心理状态稳定，充满比赛热情。	比赛中技术动作运用较为合理；攻防意识表现较好，能够和同伴队友配合；跑动较为积极，比赛作风良好，心理状态稳定。	比赛中技术动作运用基本合理；攻防意识一般，和同伴协作较少；比赛作风一般，心理状态较为稳定。	比赛中技术动作运用不合理、完成动作不规范；攻防意识较差，协作能力较差；跑动不积极，比赛作风较差，心理状态不稳定。

（六）测评要求

1. 测试场地

运用《标准》对学生进行足球技能等级测试时，要求在天然草或人工草场地进行。测试场地平整、软硬度适中，场地的大小以可容纳五项不同测试内容同时进行为基本条件。

2. 测试器材

运用《标准》对学生进行足球技能等级测试时，需要运用的测试器材包括：皮尺、足球、标志杆（桶、盘）、秒表、口哨、成绩记录表等。其中一级至三级测试使用4号足球、四级至五级测试使用5号足球，标志桶不高于20厘米，标志杆不高于1.2米，小型球门高1米、宽1.5米。

3. 队员装备

学生进行测试时，应穿着较为宽松轻便的运动服，夏天可穿运动短袖和短裤，胶底碎钉足球鞋。进行小场地比赛时应严格按照足球竞赛规则的要求检查装备，除去禁止佩戴和其他随身物品，并佩戴护腿板。

4. 测试程序

学生在测试前应进行不低于15分钟的热身活动，并熟悉测试内容。在此基础上，按照编号依次进行单项内容的测试，比赛为最后一项测试内容。全部测试内容完成后，由测试人员记录最终测试成绩并上报主管部门。

5. 其他要求

参加测评的学生必须具有不少于一年的足球课教学或课余训练经历。测试应在较为适宜的天气条件下进行，避免在恶劣天气条件下进行测评。

教育部办公厅关于印发《教育课程教材改革与质量标准工作专项资金管理办法（试行）》的通知

（2016年9月9日）

有关省、自治区、直辖市教育厅（教委），部属有关高等学校，有关直属单位：

为规范和加强教育课程教材改革与质量标准工作专项资金管理、提高资金使用效益，根据国家有关财经法规和管理制度，特制定了《教育课程教材改革与质量标准工作专项资金管理办法（试行）》，现印发给你们，请遵照执行。

教育部办公厅

2016年9月9日

教育课程教材改革与质量标准工作专项资金管理办法（试行）

第一章 总则

第一条 为贯彻落实《教育部关于全面深化课程改革落实立德树人根本任务的意见》，严格规范并加强教育课程教材改革与质量标准工作专项资金（以下简称专项资金）的管理，提高资金使用效益，根据国家有关财经法规和管理制度，制定本办法。

第二条 本办法中的专项资金是指中央财政通过一般公共预算安排，列入教育部部门预算，专门用于支持教育课程教材教学考试评价改革及相关质量标准体系建设的资金。

第三条 专项资金的使用管理遵循“统筹规划、分年实施，科学安排、突出重点，项目管理、绩效考评”的原则。

第四条 专项资金由教育部管理，具体由教育部基础教育二司、职业教育与成人教育司、高等教育司会同财务司负责；专项资金涉及的各个项目，由项目执行单位和项目负责人具体负责。

第二章 管理职责

第五条 教育部基础教育二司、职业教育与成人教育司、高等教育司负责编报专项资金中期规划和年度预决算；审核各项目执行单位报送的项目计划、项目执行情况报告和项目资金预决算，研究提出专项资金分配方案；审议各项目资金执行中的预算调整申请；对各项目资金的使用情况实施绩效管理。

第六条 教育部财务司负责审核专项资金中期规划和年度预决算；审核专项资金分配方案、开支范围和标准，并拨付各项目资金；审核各项目资金执行中的预算调整申请；对专项资金的使用情况进行监管。

第七条 各项目执行单位负责审议并报送本单位承担的项目执行计划、项目执行情况报告和项目资金预决算；做好项目资金的使用管理、政府采购、审核报销、会计核算和资产管理等工作；组织开展项目财务检查和财务验收，确保资金使用的规范性、安全性和有效性。

第八条 各项目负责人负责提出项目执行计划、项目执行情况报告和资金预决算，提出项目执行过程中的预算调整申请，严格按照批复的项目资金预算和财务规章制度使用管理资金，对资金使用的规范性、安全性和有效性负责。

第三章 支出管理

第九条 专项资金主要用于以下方面：

（一）课程标准与质量标准建设。包括：研制、修订相关早期儿童发展和幼儿园保育教育指导性文件；研制、修订中小学（含特殊教育学校，下同）课程方案和各学科课程标准（指导纲要）、职业学校（含高等职业学校，下同）相关课程标准和专业教学标准（含实习标准）、高等学校相关学科专业课程标准和课程质量评价标准等。

（二）教材建设与管理。包括：编写、修订和审查中小学相关学科国家课程教材、跨区域使用的地方课程教材、职业学校相关课程和专业教材、高等学校相关学科专业教材；对中小学国家课程教材、职业学校相关课程和专业教材、高等学校相关学科专业教材使用情况实施监管等。

（三）教育教学改革。包括：指导幼儿园教育改革；指导中小学各学科、职业学校相关课程和专业、高等学校相关学科专业教学改革，开展教学研究指导和管理；加强与改进中小学信息化教学、实验教学和图书馆应用工作等。

（四）考试招生改革。包括：研究制订相关政策文件，指导和推进初、高中学业水平考试、学生综合素质评价改革；指导各地中考招生制度改革等。

（五）评价制度改革。包括：指导和推进幼儿园教育质量评估；对中小学课程实施情况进行监测评价；推进中小学教育质量综合评价改革等。

第十条 专项资金的拨付按照财政资金支付管理的有关规定执行。各项目资金视情况可实行“一次核定、分期拨付”的办法，预算审核批准后，先拨付部分资金；相关工作完成并检查合格后，再拨付下一期资金。

第十一条　专项资金的开支类别为委托业务费、课题费及其他相关费用等，开支范围一般包括：数据采集费、资料费、设备费、差旅费、会议费、培训费、专家咨询费、劳务费等。

第十二条　专项资金支出涉及差旅费、会议费、培训费等应当严格按照国家有关标准执行。目前尚无统一标准的，应当参照国内有关行业标准或国际同类行业规范，经教育部基础教育二司、职业教育与成人教育司、高等教育司审议并报财务司审核备案后执行。

第十三条　专项资金支出属于政府采购范围的，应严格执行政府采购法律制度规定。

第十四条　使用专项资金形成的资产属于国有资产，应按照国家国有资产管理的有关规定加强管理。

第十五条　各项目执行中或完成后，如有结转或结余资金，按照财政部关于结转结余资金管理的有关规定执行。

第四章　监督检查

第十六条　专项资金的使用管理应严格遵守国家财经纪律，自觉接受财务、审计、纪检等部门的监督检查，及时纠正存在的问题。

第十七条　各项目执行单位应严格按照国家财政财务管理的相关规定和本办法，制定并完善内部管理办法，建立健全内部监管制度，加强对项目资金使用的监督与管理。

第十八条　各项目执行单位和项目负责人应按项目要求定期编制计划执行和预算执行情况报告，报教育部基础教育二司、职业教育与成人教育司、高等教育司；计划执行和预算执行情况作为核拨资金的重要依据。

第十九条　教育部基础教育二司、职业教育与成人教育司、高等教育司定期组织各项目执行单位，对项目实施进展情况进行检查和验收，指导各项目实施和管理工作；检查和验收情况作为项目绩效考评和核拨资金的重要依据。

第二十条　对违反本办法规定使用管理资金或未通过项目检查、验收的，视情况分别采取缓拨资金、停拨资金、通报批评、终止项目并追回已拨资金等措施予以处理；对违反有关法律、法规和财务规章制度使用管理资金的，按照《财政违法行为处罚处分条例》等有关规定给予严肃处理。

第五章　附则

第二十一条　本办法由教育部基础教育二司、职业教育与成人教育司、高等教育司会同财务司负责解释和修订。

第二十二条　本办法自发布之日起实施。

教育部办公厅关于印发《职业教育专业教学资源库建设资金管理办法》的通知

（2016年9月13日）

各省、自治区、直辖市教育厅（教委），计划单列市教育局，新疆生产建设兵团教育局：

为加强职业教育专业教学资源库建设资金管理，提高资金使用的规范性、安全性和有效性，助推优质职业教育资源共享，根据国家有关规定，制定了《职业教育专业教学资源库建设资金管理办法》，现予以印发，请遵照执行。

教育部办公厅

2016年9月13日

职业教育专业教学资源库建设资金管理办法

第一章　总则

第一条　为加强职业教育专业教学资源库建设资金（以下简称建设资金）管理，提高资金使用的规范性、安全性和有效性，助推优质教育资源共建共享，不断提升专业建设能力，根据国家法律制度规定，结合资源库项目建设实际，特制定本办法。

第二条　建设资金是指通过教育部职业教育专业能力建设专项（以下简称部本专项资金）和项目筹措资金统筹安排，用于优质教育资源开发应用，建设国家级专业教学资源库的资金。部本专项资金属于项目建设补助性资金，有序支持经遴选确定的国家级资源库建设项目，由教育部拨付给项目第一主持单位统筹使用与管理。项目筹措资金可以由项目主持单位举办方或地方财政投入资金、行业企业支持资金以及相关院校自筹资金组成。

第三条　建设资金的使用与管理坚持“统一规划、分级管理、专款专用、专账核算、注重绩效、问效问责”的原则。

教育部负责项目中长期规划、建设资金管理办法的制定和组织实施；负责项目建设任务、资金预算及绩效目标的核定；负责部本专项资金的申请、分配、拨付与监管。

省级教育行政管理部门负责项目的推荐，负责项目建设任务、资金预算和绩效目标的审核；负责建设资金使用与管理的日常监督与检查。

项目实施单位按任务书约定筹措、使用与管理建设资金。项目第一主持单位对建设资金使用与管理的真实性、规范性、安全性和有效性负责。联合主持单位和参与建设单位接受第一主持单位的指导和监督。项目实施单位应当充分利用信息化手段，建立健全单位内部资源库项目建设、财务部门和项目负责人共享的信息平台，提高管理效率和便利化程度，在资源库项目预算编制和调剂、经费使用、财务决算和验收等方面提供专业化服务。

第二章　部本专项资金的分配与拨付

第四条　教育部及时发布年度《职业教育专业教学资源库建设工作指南》，按既定规程，在公开、公平、公正的原则下进行备选项目遴选，充实项目库。根据项目年度预算控制总额，确定部本专项资金支持的项目数量和支持额度，优先支持先进制造业战略性新兴产业、现代服务业以及支柱产业的专业教学资源库建设。有下列情形之一的，不予支持。

（1）主持单位举办方或地方政府投入力度较弱的；

（2）行业企业支持力度较弱的；

（3）不具备补齐项目预算差额能力的；

（4）建设资金管理细则不符合内部控制要求，没有对联合主持单位和参与建设单位资金使用与管理以及合同管理等做出详尽规定的；

（5）绩效目标设定不符合实际的；

（6）预算编制不符合要求的；

（7）使用中央财政支持资金，主持单位近5年或参与建设单位近3年有违规现象的；

（8）建设基础、运行平台等其他不能满足有关方面申报条件的。

第五条　部本专项资金对每个新立项项目的补助基数为500万元，以补助方式支持的升级改进项目的补助基数为新立项的三分之一左右。在此基础上，根据国家扶持政策、建设任务轻重、项目第一主持单位所在地财力情况、预算安排等因素，适当上下浮动。

第六条　部本专项资金拨付采取“一次确定，两年拨付，逐年考核，适度调整”的方式。下拨年度部本专项资金时，同时下达年度项目支出绩效目标。

第三章　建设资金使用与管理

第七条　建设资金使用与管理实行项目第一主持单位负责制，要建立健全内部管理机制，制定科学完善的项目建设资金使用与管理细则，强化制度约束，加强预算控制，规范会计核算与监督，确保专款专用、专账核算。建设资金可以实行统一管理，也可以实行分级管理。

第八条 建设资金主要用于调研论证、素材制作、企业案例收集制作、课程开发、特殊工具软件制作、应用推广等方面的支出，按照经济性质分类，相应在咨询费、印刷费、差旅费、会议费、培训费、专用材料费、委托业务费、其他商品和服务支出、专用设备购置费、信息网络及软件购置更新等会计科目中归集与核算。用于升级改进的建设资金不再用于平台维护和资源导入方面的支出。

第九条 建设资金用于专家咨询、调研论证的费用严格控制在项目预算总额的10%以内；上述“第八条”所列六方面支出以外的“其他支出”原则上不得超出项目预算总额的8%。部本专项资金用于职业教育专业教学资源库建设的直接支出，“专家咨询”“其他”等非直接支出从项目筹措资金中统筹安排，不得使用部本专项资金。

凡应纳入政府采购的支出项目，应当按照政府采购及招投标有关规定执行，否则不得列支。凡使用建设资金取得的资产，均为国有资产，应当按照国有资产管理有关规定统一管理。

第十条 项目实施单位要确保项目预算执行进度，如期完成项目建设任务。年度未支出的专项资金，严格按照国家有关结余结转规定进行管理。

第十一条 严禁将建设资金用于偿还债务、支付利息、缴纳罚款、对外投资、弥补其他建设资金缺口、赞助捐赠等，不得从建设资金中提取工作经费或管理经费。

第四章 预算编制与执行

第十二条 项目第一主持单位是预算编制和执行主体，对预算编制的全面性、完整性、真实性和预算执行及结果负责。

第十三条 预算由收入预算和支出预算组成，坚持目标相关性、政策相符性、经济合理性的编制原则，按照功能分类和经济性质分类编制收支预算。项目预（决）算要纳入单位预（决）算管理。

第十四条 项目总预算要与年度预算相匹配。项目第一主持单位应当按项目实施单位分别设定委托业务绩效目标；要详实说明部本专项资金用于其他资本性支出的预算细目；要反映项目筹措资金来源、承诺情况以及前期建设经费投入情况。升级改进项目须说明项目验收后发生的实际投入情况和申报当年的实际投入情况。编制预算时，不考虑不可预见因素。

第十五条 项目预算须经省级教育行政管理部门组织专家进行审核，教育部确认，并与项目建设《任务书》一并下达。

第十六条 项目总预算一经确定，原则上不予调整。确需调整的，须按程序向项目第一主持单位所在省份教育行政管理部门提出申请，省级教育行政管理部门应在收到申请15个工作日内进行审批，并报教育部备案。预算调整方案应当说明预算调整理由、项目和金额。

第十七条 项目第一主持单位应当加强对预算执行的领导。项目实施单位应当加强对预算收入和支出的管理，共同按照《任务书》的约定，确保预算资金及时足额到位。不得截留、挪用项目预算收入，不得擅自扩大支出范围，不得虚假列支，应当对预算支出情况开展绩效评价。

第十八条 项目第一主持单位每季度应当如实填写《职业教育国家级专业教学资源库建设资金预算执行季报表》，于下一季度5个工作日内报备教育部。

第五章 绩效管理与评价

第十九条 项目实施单位应当参照《中央部门预算绩效目标管理办法》（财预〔2015〕88号）精神，增强绩效意识，事前绩效设定，事中绩效监控，事后绩效评价，强化绩效目标管理。

第二十条 绩效目标设定要能清晰反映预算资金的预期产出和效果，并以相应的指标予以细化、量化描述，符合“指向明确、细化量化、合理可行、相应匹配”的要求。按照“谁申请资金，谁拟定目标”的工作原则，由项目第一主持单位负责组织填报《职业教育国家级专业教学资源库建设资金项目支出预算目标申报表》。凡没有绩效目标或绩效目标不符合要求的，部本专项资金不予支持。

第二十一条　省级教育行政管理部门按照预算评审流程，对项目支出绩效目标的相关性、完整性、适当性、可行性进行审核；教育部对项目支出绩效目标进行审定。

第二十二条　项目第一主持单位应当紧扣批复的绩效目标，组织预算执行，并对资金运行状况和绩效目标预期实现程度开展绩效监控，及时发现并纠正绩效运行中存在的问题，力保绩效目标如期实现。省级教育行政管理部门对建设资金使用情况开展绩效追踪，积极推进中期绩效评价。

第二十三条　教育部依据中期绩效评价结果和上年度预算执行等情况，对预算执行进度缓慢、绩效不理想、财务管理较差以及不按要求季报的资源库项目，停拨或核减部本专项资金，由此造成的项目建设资金不足部分按立项承诺予以补齐。扣减、追回以及年度考核核减的部本资金可以调节用于升级改进项目建设。

教育部依据已验收资源库项目的绩效评价结果，坚持“注重实效、择优奖励、宁缺毋滥”原则，以补助方式支持内容更新到位、应用效果较好的资源库进行升级改进。

第六章　监督检查

第二十四条　项目实施单位应当加强内部控制，确保内部控制覆盖经济和业务活动全过程，完善监督体系，确保内部控制有效实施，强化对内部权力运行的制约，确保制度健全、执行有力、监督到位。

第二十五条　项目实施单位应当加强项目管理的跟踪与督办，对项目资金使用与管理应当进行不少于一次的中期内部审计。

第二十六条　项目实施单位应当主动接受教育、财政、纪检、监察等部门的检查，依法接受外部审计部门的监督，对发现的问题，应当及时制定整改措施并落实。

第二十七条　建设资金的预算和绩效目标，应按照有关法律、法规规定逐步予以公开，接受各方监督。

第二十八条　项目终了，应当聘请具有资质的第三方审计机构对项目进行全面审计，独立发表审议意见，出具项目《审计报告》。联合主持和参与建设单位须向项目第一主持单位提供单位法人代表签字、单位盖章的子项目全部建设资金决算报告（须附明细账及承诺资金的到账证明）、管理与绩效情况的详细说明。第三方审计机构须对子项目建设单位提供的相关资料进行职业判断，并对重大事项支出和认为有必要延伸审计的进行延伸审计。项目第一主持单位须针对项目《审计报告》指出的问题及时整改。子项目资金决算报告、管理与绩效情况和项目主持院校单位负责人签字的整改结果作为审计报告附件一并上报。

第二十九条　逐步推行信用管理制度，探索建立覆盖项目第一主持单位负责人、项目负责人、评估（审）专家、中介机构、联合主持单位、参与建设单位等主体，涵盖项目建设全过程的信用记录制度。对异常现象列入“异常名录”，对挤占、挪用、虚列、套取部本专项资金或建设资金管理严重违反制度规定的单位及责任人，对严重违反专家工作纪律的评估（审）专家，对未能独立客观地发表意见，在评审等有关工作中存在虚假、伪造行为的中介机构，列入“黑名单”，阶段性或永久性取消其申请资金支持或参与项目管理的资格。

第三十条　建立和完善责任追究制度。对于挤占、挪用、虚列、套取部本专项资金的行为按照国家法律法规有关规定进行处理。

第七章　附则

第三十一条　项目第一主持单位应当根据本办法，结合项目建设实际，重点围绕内部控制、联合主持单位和参与建设单位资金使用与管理以及合同管理、资金管理等内容，制定实施细则。

第三十二条　本办法由教育部负责解释，自公布之日起实行。

教育部办公厅关于统筹全日制和非全日制研究生管理工作的通知

（2016 年 9 月 14 日）

各省、自治区、直辖市教育厅（教委），新疆生产建设兵团教育局，有关部门（单位）教育司（局），中央军委训练管理部职业教育局，部属各高等学校：

为推进全日制和非全日制研究生教育协调发展，促进全日制和非全日制研究生教育规范管理，依据《中华人民共和国学位条例》《中华人民共和国高等教育法》以及《教育部　国家发展改革委　财政部关于深化研究生教育改革的意见》（教研〔2013〕1 号）相关规定和精神，现就统筹全日制和非全日制研究生管理工作有关要求通知如下，请遵照执行。

一、准确界定全日制和非全日制研究生

全日制研究生是指符合国家研究生招生规定，通过研究生入学考试或者国家承认的其他入学方式，被具有实施研究生教育资格的高等学校或其他高等教育机构录取，在基本修业年限或者学校规定年限内，全脱产在校学习的研究生。

非全日制研究生指符合国家研究生招生规定，通过研究生入学考试或者国家承认的其他入学方式，被具有实施研究生教育资格的高等学校或其他高等教育机构录取，在基本修业年限或者学校规定的修业年限（一般应适当延长基本修业年限）内，在从事其他职业或者社会实践的同时，采取多种方式和灵活时间安排进行非脱产学习的研究生。

2016 年 11 月 30 日前录取的研究生按原有规定执行；2016 年 12 月 1 日后录取的研究生从培养方式上按全日制和非全日制形式区分。

二、统一下达全日制和非全日制研究生招生计划

从 2017 年起，教育部会同国家发展改革委按全日制和非全日制两类分别编制和下达全国博士、硕士研究生招生计划。相关投入机制、奖助和收费等政策按《财政部　国家发展改革委　教育部关于完善研究生教育投入机制的意见》（财教〔2013〕19 号）执行。

三、统一组织实施全日制和非全日制研究生招生录取

全日制和非全日制研究生考试招生依据国家统一要求，执行相同的政策和标准。各研究生培养单位的招生简章须明确学习方式、修业年限、收费标准等内容。考生根据国家招生政策和培养单位招生简章自主报考全日制或非全日制研究生。

四、坚持全日制和非全日制研究生教育同一质量标准

研究生培养单位根据社会需求自主确定不同学科、类别研究生教育形式，根据培养要求分别制定培养方案，统筹全日制与非全日制研究生教育协调发展，坚持同一标准，保证同等质量。

五、做好全日制和非全日制研究生学历学位证书管理工作

全日制和非全日制研究生毕业时，所在高等学校或其他高等教育机构根据其修业年限、学业成绩等，按照国家有关规定发给相应的、注明学习方式的毕业证书；其学业水平达到国家规定的学位标准，可以申请授予相应的学位证书。

全日制和非全日制研究生实行相同的考试招生政策和培养标准，其学历学位证书具有同等法律地位和相同效力。

各省级教育行政部门和研究生培养单位要调整现有的招生计划安排办法，规范招生宣传和正确引导，加强学籍管理，完善研究生奖助体系，强化培养过程管理及质量保障体系建设，确保全日制和非全日制研究生培养质量。

教育部办公厅
2016年9月14日

教育部办公厅关于开展校园网贷风险防范集中专项教育工作的通知

（2016年9月26日）

各省、自治区、直辖市党委教育工作部门、教育厅（教委），新疆生产建设兵团教育局，部属各高等学校党委：

随着各高校相继开学，一些P2P网络借贷平台加大校园业务力度。部分不良网贷平台通过虚假宣传的方式和降低贷款门槛等手段，诱导学生过度消费、超前消费甚至为此背上高利贷。各地各高校要利用秋季开学一段时间，面向广大学生，特别是大学新生集中开展校园网贷风险防范专项教育工作。现就有关事项通知如下：

一、做好校园网贷教育引导工作。开展主题教育，加强社会主义核心价值观教育，培养选树勤俭节约、自立自强方面的先进典型，大力营造崇尚节约的校园文化环境，帮助学生养成文明、健康的生活习惯。培养勤俭意识，及时发现并纠正学生超前消费、过度消费和从众消费等错误观念，引导学生合理消费、理性消费、科学消费。加强与家长的沟通与联系，帮助学生制订消费计划，合理安排生活支出，鼓励学生利用业余时间开展勤工俭学。加强日常排查，建立校园不良网络借贷日常监测机制，高校宣传、财务、网络、保卫等部门要密切关注网络借贷业务在校园内的拓展情况。高校辅导员、班主任、党员骨干队伍要密切关注学生异常消费行为，及时发现学生在消费中存在的问题。对排查中发现的已经参与网络借贷的学生，要及时做好帮扶引导工作。

二、做好校园网贷风险防范工作。增强防范意识，将防范校园不良网贷作为学生日常教育的重要内容，利用校园网站、校园广播、“两微一端”等多种形式多种渠道全方位向学生发布预警提示信息，加强警示教育。提升防范能力，教育引导新生谨慎使用个人信息，不随意填写和泄露个人信息；对于推销的网贷产品，切勿盲目信任，尤其警惕熟人推销，增强学生对网贷业务甄别、抵制能力，保护自身合法权益。普及信贷知识，会同金融机构、网贷监管机构、网络安全等部门组织举办报告会、讲座、知识竞赛等活动，普及金融信贷和网络安全知识及相关法律法规知识。

三、做好经济困难学生精准帮扶工作。加强资助宣传，切实提高奖助学金及相关贷款政策宣传的广泛性和有效性，使那些需要资助，特别是在学费、生活费等方面有保障性需求的学生，都能够明了政策、清楚办理流程。完善资助体系，加强对学生资助工作的科学管理和制度支撑，建立健全既有共性需求又能体现个体差异的资助体系，充分挖掘校内外资源，筹集专项基金，满足学生拓展学习、创新创业等发展性需求。拓展资助渠道，积极探索建设和发展校园社区银行，为学生提供渠道畅通、手续便捷、利率合理的金融借贷服务，满足学生临时性需求。

各地各高校要按照通知要求，加强组织领导，做好本地本校工作具体落实，及时将工作中的相关经验做法报送我部思想政治工作司。

教育部办公厅
2016年9月26日

教育部办公厅关于印发《促进高等学校科技成果转移转化行动计划》的通知

（2016年10月13日）

各省、自治区、直辖市教育厅（教委），新疆生产建设兵团教育局，部属各高等学校：

为贯彻落实《教育部　科技部关于加强高等学校科技成果转移转化工作的若干意见》，推动在高校形成鼓励创新、促进科技成果转移转化的政策环境，现将《促进高等学校科技成果转移转化行动计划》印发给你们，请贯彻执行。

教育部直属高校要在2016年12月底前，其他高校在2017年3月底前完成涉及科技成果转移转化各项制度、工作机制的建立和完善，形成良好的支持科技成果转移转化的政策环境。

教育部办公厅

2016年10月13日

促进高等学校科技成果转移转化行动计划

促进科技成果转移转化工作是高校实施创新驱动发展战略、增强高校服务社会能力的重要手段。为贯彻落实国务院《实施〈中华人民共和国促进科技成果转化法〉若干规定》和国务院办公厅《促进科技成果转移转化行动方案》要求，根据《教育部科技部关于加强高等学校科技成果转移转化工作的若干意见》，制订本行动计划。

一、总体要求

（一）指导思想

贯彻落实党的十八大和十八届三中、四中、五中全会精神，深入实施创新驱动发展战略，充分发挥高校在科技成果转移转化中的突出作用，推进高校科技成果转化体制机制改革，理顺科技成果转移转化各环节，优化资源配置，充分调动高校科技人员积极性，促进科技成果向现实生产力转化，提升高校科技成果转移转化水平，切实增强高校服务经济社会发展能力。

（二）基本原则

——创新体制机制，畅通转移转化渠道。根据高校自身特点，建立有利于高校科技成果转移转化的管理机制和政策体系，探索科技成果转移转化的新机制和新模式。

——落实改革要求，推动成果转移转化。各省级教育行政部门支持并指导高校科技成果转移转化工作，结合落实高校办学自主权，由高校自主决定科技成果的使用、处置和收益分配。

——发挥市场作用，强化产学研用结合。加强产学研合作力度，建立科技成果协同创新机制，完善科技成果转移转化市场需求导向，畅通创新链、产业链和资金链。

——典型示范引领，稳步推进转化工作。充分调动技术转移机构、大学科技园、区域（行业）研究院等机构积极性，结合专项计划实施，优化资源配置，全面开展科技成果转移转化工作。

（三）主要目标

围绕科技成果转移转化难点问题和薄弱环节，加强高校顶层设计与校内协同，建立适合高校特点的科技成果转移转化体制机制，培养一批复合型科技成果转移转化专业人才，建设一批专业化服务机构，拓宽科技成果转移转化渠道，促进产业技术创新联盟及科技成果转移转化平台建设；采用兼顾市场化运营手段的多种转移转化模式，支持创新创业，激发科技人员从事产学研及科技成果转移转化积极性，提高科研质量和科技成果转移转化效益。“十三五”期间，以企业技术需求为导向，依托高校人才、科技优势，推动一批能支撑经济转型升级，带动产业结构调整的重大科技成果转化应用，显著提升高校科技成果转移转化能力。

二、重点任务

尊重科技发展客观规律，全面认识科技成果转移转化工作对深化高校改革的重大意义，教育部、省级教育行政部门和各高等学校要采取切实有效措施，充分调动各方积极性，促进高校科技成果转化。

（一）加强制度建设，营造成果转化良好环境

1. 建立完善工作机制。成立以学校主要领导为组长、相关职能部门负责人组成的科技成果转移转化领导小组，优化科技成果转移转化工作流程，开列权力清单，明确议事规则；建立和完善科技成果使用、处置的政策措施。

2. 实行成果转化公示制度。建立科技成果转移转化工作公示制度及异议处理办法，公示内容包括科技成果转移转化的各项制度、工作流程、重要人事岗位设置以及领导干部取得科技成果转移转化奖励和收益等情况。

3. 健全人事管理制度。制定科技人员在岗兼职、离岗创业和返岗任职的制度，完善鼓励科技人员与企业工程人员双向交流的政策措施。组织开展将企业任职经历作为新聘工程类教师必要条件的试点工作。

4. 完善成果转化收益分配制度。完善科技成果转化收益分配政策，保障参与科技成果转移转化各方的权益。对完成“四技”合同项目科研人员的奖励和报酬，参照科技成果转化收益分配政策。

（二）创新服务模式，形成技术转移服务体系

5. 创新科技成果转移转化新型孵化模式。建立各种形式的“创新创业俱乐部”，在大学科技园等创新资源集聚区域建设专业服务水平高、创新资源配置优、产业辐射带动作用强的众创空间，为教师、学生创新创业提供技术研发、孵化空间、信息网络、法律服务和资本对接等服务。

6. 加强技术转移机构建设。整合校内各类技术转移、转化机构，促进高校技术转移机构与市场化第三方技术转移机构在信息、人才、孵化空间、技术转移平台载体等方面的共享、共建力度，形成集对接市场需求、促进成果交易、投融资服务等为一体的科技成果转移转化服务体系。与地方政府、大型企业共建技术转移机构，积极创建国家技术转移示范机构。

7. 加大专业人才队伍培养力度。推动组织高校技术经纪人联盟，采取特邀讲座、案例研讨、实例调研、参与创新创业竞赛等方式，着力培养既懂技术又懂市场的复合型技术转移转化人才；引入国外先进的技术经理人培训课程体系，培养一批具有国际视野、通晓国际规则的高校技术经纪人队伍；加强技术转移机构管理人员的专题培训。制订并推行《高等学校知识产权管理规范》标准贯彻工作。

（三）加强平台建设，服务国家发展战略实施

8. 推动区域行业联盟载体建设。推动高校与行业、领域上下游科研院所、企业联合建立产业技术创新联盟，推动区域科技成果转移转化联盟建设，支持联盟承担重大科技研发与转化项目。

9. 推动科技成果转化基地建设。结合学校学科特色优势，优化大学科技园、高校区域（行业）研究院等创新载体的空间布局，围绕“一带一路”、京津冀、长江经济带、粤港澳等重点区域的产业规划需求建设一批创新研究基地。以创新性企业、高新技术企业、科技型中小企业为重点，共同建立科技成果转化基地，承担流程改造、工艺革新、产品升级等研究任务，开展成果应用与推广、标准研究与制定等工作。

（四）立足以人为本，助力学生创新创业

10. 加强学生创新创业教育。深化高校创新创业教育改革，探索建立创新创业导向的人才培养机制。开展知识产权专业课程教育及培训工作，与企业、研究院所联合建立学生实习实践培训基地和研究生联合培养基地。组织高校青年教师和高年级研究生深入地方、企业一线，开展创

新创业活动，探索并打造具有高校特色的“师徒创新创业”新模式。

11. 组织参与创新创业竞赛。结合深化创新创业教育改革示范高校建设，推动双创示范基地建设步伐，组织中国“互联网+”大学生创新创业大赛等多种类型的创新创业竞赛活动。

12. 增强学生创新创业能力。组织实施大学生创新创业训练计划，支持学生开展创新训练、创业训练和创业实践。加强高校创新创业典型案例宣传工作，完善升级全国大学生创业服务网，提供创业培训实训、项目对接等服务。加强创业指导，对准备创业的学生，提供创业指导、政策咨询；对正在创业的学生，给予项目孵化、金融服务支持。采取专利许可等方式，向学生授权使用科技成果；推进万名优秀创新创业导师人才库建设。

（五）实施专项计划，促进科技成果转移扩散

13. 推进实施“蓝火计划”。建立校地产学研合作长效机制。结合国家、地方的产业规划，在重点区域分片建设高校科技成果转化中心；针对行业、产业共性技术问题和社会公益等需求，以博士生工作团、科技特派员、科技镇长团、科技专家企业行、企业专家（院士）工作站等多种形式，与地方、企业、园区等开展产学研对接。

14. 组织实施“海桥计划”。争取建立中美、中英等中外大学技术转移与创新合作对话机制，构建高校国际技术转移协作网络和国际先进产业技术创新合作网络，促进高校开展海外专利布局工作。与地方政府合作，建设国际创新园区，汇聚国际创新资源要素，促进一批跨国技术转移项目落地实现产业化。

（六）开展项目筛选，挖掘科技成果转化潜力

15. 加强科技成果源头管理。对科技奖励、专利、结题项目等进行深入挖掘，编辑整理形成技术成果汇编。加强应用类科技成果及基础研究中具有应用前景的科技成果信息的汇交力度，加大对财政资金设立的应用类科技项目成果的转化义务；通过建立专利池、可转移转化科技成果储备库等手段，培育一批具有一定成熟度、市场认可度高的科技成果，推动一批市场前景好的科技成果进行小试、中试。

16. 加强科技成果展示与推广。加强与各级政府的信息共享力度，推动高校积极参与科技成果交易、展示活动；面向产业和地方开展技术攻关、技术转移与示范、知识产权运营等增值服务。结合“中国技术供需在线”建设运营工作，推进建立产学双方交流的公共服务平台；围绕传统产业转型升级、国家战略性新兴产业发展需求，通过举办中国高校科技成果交易会，建设高校科技成果项目库等大数据中心，发布具有自有知识产权的先进实用技术，构建线上信息服务与线下实体服务相结合的高校科技成果转移转化服务网络和服务体系。

（七）产学研用结合，促进创新资源开放共享

17. 加大科教融合力度。完善高校教材管理相关规定，加快推动科技成果以出版专著、编辑教材、讲义等形式尽快转化为教育教学内容，丰富教学手段，革新教学技术，增强教学深度、广度。

18. 加强产学研协同创新。联合有实力的企业承担重点研发计划等国家重点科研任务，加强成果产业化示范工作；围绕“互联网+”战略开展企业技术难题竞标等“研发众包”模式探索。推动建设高校新兴产业技术创新网络，组织高校创新资源与地方政府、行业骨干企业开展合作，建成若干领域产业技术创新协作组织，为相关领域产业向国际风价值链高端攀升提供服务。

19. 加强高校创新资源开放共享。构建高校仪器设备开放共享平台，完善向社会开放科研设施和大型仪器设备的管理运行机制，为创新创业群体开放科技数据、论文等创新资源，提供科技成果相关信息。

（八）拓展资金渠道，加强科技与金融的结合

20. 拓宽社会资金参与渠道。以知识产权作价入股等形式引入产业类资金参与科技成果转化；通过组织成立创业投资基金等方式，吸引天使投资、私募基金、风险投资等社会资本参与高校科技成果转化；向各类基金会等社会团体推介高校科技成果，吸引其以自有资金支持科研成果转移转化工作。

21. 发挥财政资金引导作用。加强高校内部资源整合，鼓励强强联合，与相关单位共同争取国家科技成果转化引导基金以及各级政府财政设立的技术创新引导专项（基金）、成果转化基地、知识产权运营和人才专项等的专项资金（基金）的支持。

（九）建立报告制度，完善成果转化评价体系

22. 建设科技成果信息系统。积极参与各级政府科技成果网络信息系统建设，完善科技成果信息发布机制，向社会公布科技成果和知识产权信息，提供科技成果信息查询、筛选等服务。

23. 完善评价机制。省级教育行政部门定期汇总高校科技成果转移转化报告内容，完善科技成果转移转化绩效评价机制，将科技成果转移转化成效纳入高校考核评价体系，分类指导高校科技成果转移转化工作。

三、组织实施

（一）加强组织领导

省级教育行政部门要加强政策、资源统筹，建立协同推进机制，督促指导高校开展科技成果转移转化工作；各高校要结合自身实际情况，制定切实可行的科技成果转化制度和实施方案，落实任务分工和责任主体，健全工作机制，为科技成果转移转化工作提供政策支持和条件保障。

（二）开展示范推广

教育部和省级教育行政部门将持续跟踪高校科技成果转移转化工作，及时研究、解决高校在科技成果转移转化过程中遇到的实际问题；汇聚可复制、可推广的高校科技成果转移转化成功模式和经验，通过典型示范、经验交流等方式进行宣传、推广，推动高校科技成果转移转化工作迈上新台阶、形成新亮点、做出大贡献。

教育部办公厅等四部门关于印发《普通高中建档立卡家庭经济困难学生免除学杂费政策对象的认定及学杂费减免工作暂行办法》的通知

（2016年10月18日）

各省、自治区、直辖市教育厅（教委）、民政厅（局）、扶贫办、残联，各计划单列市教育局、民政局、扶贫办、残联，新疆生产建设兵团教育局、民政局、扶贫办、残联，黑龙江农垦总局、广东农垦总局：

为深入贯彻党的十八大和十八届三中、四中、五中全会精神，落实《中共中央　国务院关于打赢脱贫攻坚战的决定》等要求，2016年8月，经国务院同意，财政部、教育部印发《关于免除普通高中建档立卡家庭经济困难学生学杂费的意见》（财教〔2016〕292号），决定自2016年秋季学期起，免除公办普通高中建档立卡等家庭经济困难学生（含非建档立卡的家庭经济困难残疾学生、农村低保家庭学生、农村特困救助供养学生）学杂费。为确保以上政策顺利落实，现将《普通高中建档立卡家庭经济困难学生免除学杂费政策对象的认定及学杂费减免工作暂行办法》（以下简称《暂行办法》）印发给你们，并就有关事项通知如下：

一、各地教育、民政、扶贫、残联等部门要高度重视此项工作，加强沟通和配合，按照《暂行办法》确定的政策界限和分工要求，做好政策对象的认定、审核及免除学杂费工作。按地方标准认定的建档立卡家庭普通高中学生免学杂费问题，由地方负责解决。

教育管理部门依法批准的民办性质的中央高校附属普通高中，以及其他已纳入地方统一管理的中

央高校附属普通高中，免学杂费政策按照财教〔2016〕292号文件有关规定执行，财政补助资金由所在地财政、教育部门安排。未纳入地方统一管理的公办性质中央高校附属普通高中学生资助工作，由全国学生资助管理中心统筹组织实施，其建档立卡等四类家庭经济困难学生免除学杂费资金按现行经费渠道由中央财政安排，因地方扩大免学费政策范围所需资金由地方财政负责解决。

二、各地教育、民政、扶贫、残联等部门要高度重视相关人群基础信息的填报、核查工作，做到信息完整准确，并通过本部门全国信息系统及时上传数据。

三、各地在政策对象的认定及审核工作中，如有问题请及时向教育、民政、扶贫、残联等部门反映。

教育部办公厅　民政部办公厅
国务院扶贫办行政人事司　中国残疾人联合会办公厅
2016年10月18日

普通高中建档立卡家庭经济困难学生免除学杂费政策对象的认定及学杂费减免工作暂行办法

一、建档立卡家庭及建档立卡家庭经济困难学生的认定

根据《国务院扶贫办关于印发〈扶贫开发建档立卡工作方案〉的通知》（国开办发〔2014〕24号）规定，建档立卡家庭也就是建档立卡贫困户，是指以2013年农民人均纯收入2 736元（相当于2010年2 300元不变价）的国家农村扶贫标准为识别标准，以农户收入为基本依据，综合考虑住房、教育、健康等情况，通过农户申请、民主评议、公示公告和逐级审核的方式，整户识别的贫困户。

建档立卡贫困家庭中的在校学生为建档立卡家庭经济困难学生，由扶贫部门负责认定。

二、农村低保家庭学生的认定

根据《社会救助暂行办法》（国务院令第649号）和《国务院关于进一步加强和改进最低生活保障工作的意见》（国发〔2012〕45号）规定，最低生活保障标准，由省、自治区、直辖市或者设区的市级人民政府按照当地居民生活必需的费用确定、公布，并根据当地经济社会发展水平和物价变动情况适时调整。

国家对共同生活的家庭成员人均收入低于当地最低生活保障标准，且符合当地最低生活保障家庭财产状况规定的家庭，给予最低生活保障。

农村低保家庭学生由民政部门负责认定。

三、农村特困救助供养学生的认定

根据《社会救助暂行办法》和《国务院关于进一步健全特困人员救助供养制度的意见》（国发〔2016〕14号）规定，国家对无劳动能力、无生活来源且无法定赡养抚养扶养义务人或者其法定义务人无履行义务能力的老年人、残疾人以及未满16周岁的未成年人，给予特困人员救助供养。同时规定，特困人员中的未成年人，满16周岁后仍在接受义务教育或在普通高中、中等职业学校就读的，可继续享有救助供养待遇。

纳入特困人员救助供养的学生由民政部门负责认定。

四、残疾学生的认定

以持有中华人民共和国残疾人证为准。残疾人证是认定残疾学生的合法凭证。

事实上残疾但暂未持有残疾人证的学生，按规定应享受免除学杂费政策的，需先办理残疾人证。

残疾学生由残联负责认定。

五、工作程序

（一）常规程序

1. 县（市、区）教育部门在普通高中招生结束后，应于5个工作日内，将普通高中学生录取名册及按照与相应部门约定的数据格式形式的电子版提供同级民政、扶贫部门和残联。

教育部门提供的需查询学生信息项应至少包含

以下内容：学生本人的姓名、身份证号、学籍所在地（县级）、学籍所在地国家标准区划代码（县级）、户籍所在地（县级）、户籍所在地区划代码（县级）。

2. 县（市、区）民政、扶贫部门和残联在取得普通高中学生录取名册（含电子版）后，应于5个工作日内，将符合条件的名单（含电子版）反馈同级教育部门。

县（市、区）民政、扶贫部门和残联返回名单至少包括数据项：学生本人的姓名、身份证号、学籍所在地（县级）、学籍所在地区划代码（县级）、户籍所在地（县级）、户籍所在地区划代码（县级），学生类型（值域：低保、特困、扶贫、残疾）。

3. 县（市、区）教育部门应于开学前，将同级民政、扶贫部门和残联提供的符合条件人员名单提供给相应学校，并指导学校做好学生的免学杂费工作。

4. 学校根据县（市、区）教育部门提供的名单，免除相应学生的学杂费。

有条件的地方，可以通过网络专线进行数据比对，具体比对办法由地方教育部门与民政、扶贫部门和残联商定。

（二）特殊情况程序

1. 学校应在开学后15个工作日内，将免除建档立卡等家庭经济困难学生学杂费政策告知所有学生。因遗漏、身份变化、跨区域入学、信息存疑等情况，经学生提出申请并填写《普通高中免学杂费申请表》后，学校在5个工作日内将汇总后的学生申请报送县（市、区）教育部门。对于提出申请的学生，学校暂缓收取其学杂费，待相关部门审核后，予以免除或补收。

2. 县（市、区）教育部门应将各校报送的《普通高中免学杂费申请表》形成汇总表，于5个工作日内将汇总表及按照与相应部门约定数据格式形成的电子版提供同级民政、扶贫部门和残联审核。

3. 县（市、区）民政、扶贫部门和残联取得教育部门提供的汇总表（含电子版）后，应于30个工作日内完成审核工作，并将符合条件人员名单（含电子版）反馈同级教育部门。在本县（市、区）入学的学生，由同级民政、扶贫部门和残联审核。

对跨区域入学的学生，审核程序如下：

（1）由县级民政、扶贫部门和残联将户籍为非本县（区、市）的需审核的学生信息通过信息系统上报地市级、省级和国家民政、扶贫部门和残联。

（2）对于户籍跨县（市、区）需审核的学生信息，由市级民政、扶贫部门和残联审核。

（3）对于户籍跨市（地、州）需审核的学生信息，由省级民政、扶贫部门和残联审核。

（4）对于户籍跨省需审核的学生信息，由民政部、国务院扶贫办和中国残联审核。

（5）审核结果逐级返回。

对有条件地区，民政、扶贫部门和残联相关信息系统可以向本系统的县级部门直接提供跨区域查询权限。

4. 县（市、区）教育部门将同级民政、扶贫部门和残联反馈的符合条件人员名单提供给相应学校，并指导学校做好学生的免学杂费工作。

5. 学校根据县（市、区）教育部门提供的享受普通高中免除学杂费政策学生名单，于5个工作日内，完成学生学杂费减免或补收工作。

（三）其他事项

1. 学校应及时将免学杂费情况告知享受免学杂费政策的学生家长。

2. 除按上述时间节点集中办理外，其他时间接到学生免学杂费申请，也应及时受理、及时认定。

3. 中央部门所属高等学校附属普通高中对免学杂费学生的认定及学杂费减免工作参照上述程序开展。

4. 2016年秋季学期普通高中免除学杂费工作，应抓紧时间按上述程序，于10月底前完成免学杂费学生认定和学杂费返还工作。

六、做好普通高中免除学杂费学生信息管理工作

地方教育部门应加强对普通高中免除学杂费学生信息管理，及时将信息录入学生资助信息管理系统，确保学生信息完整准确，促进学生资助信息管理系统进一步完善。

七、加强信息安全管理

各级教育、民政、扶贫部门和残联，各普通高中，应严格管理普通高中免除学杂费工作的相关信息，妥善保管相关纸制档案和存储介质上的学生信息，不得用于免除学杂费工作和更新本部门信息以外的事项，不得未经许可对外提供，更不得随意泄露。通过网络比对的，要加强网络安全建设，确保学生信息不被泄露和窃取。

教育部办公厅关于进一步做好内地西藏班和新疆班学生学籍管理工作的通知

（2016年11月2日）

有关省、自治区、直辖市教育厅（教委）：

教育部自1985年起先后组织举办内地西藏初中班、高中班，内地新疆高中班（以下简称内地班），对加快边疆地区实施科教兴国战略步伐，培养和造就少数民族优秀人才发挥了重要作用。2014年全国中小学生学籍信息管理系统（以下简称全国学籍系统）全面应用后，内地班学生学籍转接同步纳入全国学籍系统管理，更加方便快捷，但操作中也存在一些具体问题。为进一步做好内地班学生学籍管理工作，提升服务保障水平，现就相关工作通知如下。

一、提高思想认识。学籍管理是学生管理和教育管理的重要基础性工作。内地班学籍管理工作是一扇窗口，折射出内地相关教育部门和学校的工作态度、工作能力和工作水平，凝聚着对少数民族地区学生的情感，反映出内地与边疆地区密切协作程度。各有关省份教育行政部门和学校必须高度重视，确保内地班学生人人有籍，转接及时，不能因学籍建立、注册、转接等问题影响学校正常教育教学和学生学习，更不能因此类问题引起炒作，影响社会和谐稳定大局。

二、规范管理流程。内地班举办省份应按照《中小学生学籍管理办法》规定，通过全国学籍系统为内地班学生办理学籍转接手续。要严格遵循“人籍一致，籍随人走”原则，通过跨省就学或跨省转学方式将学生学籍转到内地班办班学校。内地班办班学校应在学生报到后1个月内发起业务办理，并在相关单位核办完成后及时调取学籍档案。原就读学校和双方教育主管部门应在10个工作日内完成核办（跨省就学方式不需要原毕业学校核办）。内地班学生回原户籍地参加高考的，内地班办班学校及所在地教育行政部门应积极配合及时将学生学籍转回。

三、坚持当补即补。学生在进入内地班办班学校之前，原则上均应建立学籍，如出现无正当理由的漏建或故意不建，要追究相关教育行政部门、学校和具体管理人员责任，教育部将适时通报。对于没有建立学籍的，如果其他条件均符合招生要求，内地班办班学校不得以无学籍为理由拒绝接收，要按流程及时为其补建学籍。

四、服务学制管理。针对内地班普通高中学生实行三年或四年弹性学制（预科一年+高中三年）管理的需要，全国学籍系统开通了预科班设置功能。各地要按照操作手册的规范流程进行操作管理。实行三年学制的，要将学生学籍直接转入高中一年级就读。实行四年学制的，则应将学生学籍转入预科班进行管理。

五、增强系统支持。为更好地支持内地班学生管理，全国学籍系统将在系统二期建设中增加内地班学生标识及相关管理功能。近期，将针对全国学籍系统二期需求开展全国性调研，请各相关省份积极配合，确保充分体现基层的实际需求，为完善内地班学生管理功能提供参考依据。

六、强化技术保障。要加大培训力度。边疆地区、内地班举办省份要经常梳理总结相关问题，有针对性、有重点地对学校学籍管理员进行应用培训，提升学籍管理队伍的业务水平。要加强技术协作。边疆地区与内地班举办省份要密切配合解决群众反映的相关学籍管理问题。我部有关司局将全力提供与政策衔接和技术保障有关的支持，确保内地班学生学籍转接顺畅高效和管理水平不断提升。

教育部办公厅
2016年11月2日

教育部办公厅关于印发《国家级实验教学示范中心管理办法》的通知

（2016年12月3日）

各省、自治区、直辖市教育厅（教委），新疆生产建设兵团教育局，有关部门（单位）教育司（局），部属各高等学校：

为加强高等学校实践育人工作，提升大学创新人才培养能力，进一步规范和加强国家级实验教学示范中心的建设和运行管理，现将《国家级实验教学示范中心管理办法》印发给你们，请认真贯彻执行。

教育部办公厅
2016年12月3日

国家级实验教学示范中心管理办法

第一章　总则

第一条　为加快实施国家创新驱动发展战略，提升大学创新人才培养能力，加强实践育人工作，进一步推进实验教学改革，促进优质教学资源整合与共享，规范和加强国家级实验教学示范中心（以下简称示范中心）建设与运行管理，特制定本办法。

第二条　示范中心是高等学校组织高水平实验教学、培养学生实践能力和创新精神的重要教学基地，是教育部依托相关高等学校建设的国家级实验教学示范平台。

第三条　示范中心主要任务是坚持立德树人，聚焦国家人才战略和社会发展需求，紧扣高等学校人才培养目标，开展实验教学研究，创新实验室管理机制，探索引领实验教学改革方向，共享优质实验教学资源，以高水平实验教学支撑高质量人才培养工作。

第四条　示范中心实行“教学为主、开放共享、定期评估、动态调整”的运行机制，坚持育人为本，创新引领，科教一体，产教融合。

第二章　管理职责

第五条　教育部是示范中心宏观管理部门，主要职责是：

（一）制定示范中心发展的方针和政策，编制发展规划，发布立项指南。

（二）制定示范中心管理办法，指导示范中心的建设和运行。

（三）组织或委托相关机构开展示范中心遴选、立项建设，根据省级教育行政部门评估检查结果，提出调整或撤销名单。

（四）组织或委托相关机构组建示范中心协作组织，推动示范中心开展国内外交流。

第六条 省级教育行政部门的主要职责是：

（一）制定本区域省级高等学校实验教学示范中心发展政策和规划。

（二）做好本区域省级高等学校实验教学示范中心的立项建设、评估和检查工作。

（三）指导本区域示范中心的运行和管理，组织、监管区域内示范中心的对外交流合作。

第七条 高等学校是示范中心建设和运行管理的主体，其主要职责是：

（一）将示范中心建设和基本运行经费纳入学校年度预算；在重点改革推进、人才引进和队伍建设、自主选题研究等年度计划中对示范中心给予重点支持；提供人力资源、实验场所和仪器设备等条件保障。

（二）组织示范中心的申报、论证，定期做好自评自查工作。

（三）审议并确定示范中心名称、发展规划和目标、组织结构等重大事项的调整，经主管部门审核后报教育部备案。

（四）制定示范中心运行管理的实施细则，负责日常监督管理，组织示范中心年度考核。

（五）聘任示范中心主任，组建教学队伍和管理团队。

第三章 立项与遴选

第八条 教育部根据高等教育改革与发展规划、人才培养和学科发展的需要，结合示范中心建设整体布局，会同高等学校主管部门，不定期发布立项指南，组织开展示范中心的立项建设。

第九条 示范中心立项申请的基本条件：

（一）人才培养目标明确，实验教学体系完备，实验教学方式方法特色鲜明，学生实践能力和创新精神培养成效显著，具有典型示范意义；有承担国家和地方教学改革的能力；具备开放共享的条件，能够广泛开展国内外交流与合作。

（二）拥有一支由高水平教授负责，实验教学与理论教学队伍互通，校内外师资顺畅流动，教学、科研、技术兼容，核心骨干相对稳定，年龄、职称、知识、能力结构合理的实验教学团队。

（三）具有充足实验教学条件，人员与场所相对集中；具备优良的实验教学和实验室管理信息化、网络化、智能化条件；近4年未发生安全责任事故。

（四）具有较为完善的管理制度、教学质量评价和保障体系，实行中心主任负责制。

（五）示范中心申请立项时，应已经使用申报名称运行4年以上，同时获得省级示范中心称号2年以上，符合教育部立项指南发布的建设要求和申请条件等。

第十条 根据教育部发布的示范中心立项指南，符合立项申请基本条件的高等学校按规定格式填写《国家级实验教学示范中心建设申请书》。高等学校应确保申请书内容的真实性，并签署配套经费及条件保障等意见，经省级教育行政部门审核同意后报教育部。

第十一条 教育部组织或委托相关机构，根据《国家级实验教学示范中心建设申请书》等材料对申报单位进行遴选，择优立项，向高等学校批复遴选结果，并抄送其主管部门。

第四章 运行与管理

第十二条 高等学校应当重视示范中心的建设与发展，成立由校级领导牵头，教务、人事、财务、学科、实验室等管理部门参加的示范中心建设和运行管理委员会，负责落实条件保障、日常监督管理和年度考核工作，协调解决示范中心发展中的重大问题。

第十三条 示范中心实行高等学校领导下的主任负责制。示范中心主任负责示范中心的全面工作。

示范中心主任由高等学校公开招聘和聘任，报主管部门、省级教育行政部门和教育部备案。示范中心主任是高等学校聘任的全职教学科研人员，应为本领域高水平教授，具有正高级专业技术职务，具有较强的组织管理能力。

第十四条 示范中心应成立教学指导委员会，其职责是审议示范中心的人才培养目标、实验教学体系、重大教学改革项目、重大对外开放交流活动、年度报告等。教学指导委员会每年至少召开1次会议。

教学指导委员会主任和委员由高等学校聘任。教学指导委员会主任一般应由非示范中心所在高等学校人员担任。教学指导委员会委员由5—7位校内外优秀专家组成，其中示范中心所在高等学校人员不超过1/3。鼓励聘请行业企业专家和外籍专家。1位专家至多同时担任3个示范中心教学指导委员会委员。委员每届任期5年，一般连任不超过2届，原则上连续2次不出席教学指导委员会会议的应予以更换。

第十五条　示范中心人员由固定人员和流动人员组成。固定人员应是高等学校聘用的聘期2年以上的全职人员，包括教学、技术和管理人员。流动人员包括校内兼职人员、行业企业人员、海内外合作教学人员等。示范中心要保持适当的规模，积极吸引国内外高等学校、相关行业企业等人才。

第十六条　示范中心应围绕人才培养目标，保质保量完成年度教学计划；注重利用先进教学理念、前沿技术等推动教学体系和教学方式方法改革；不断有计划更新实验项目和内容，注重将科学前沿成果和行业产业先进技术及时转化为实验教学项目；充分发挥高等学校多学科优势，确保综合性实验项目和创新创业类实验项目的适当比例；合理调节基础实验和专业实验的比例。

第十七条　示范中心应注重教学研究，组织团队系统开展教学体系、教学内容、教学方法、教学组织、教学评估等研究；独立或联合国内外高等学校开展教学研究，积极承担国家、区域和高等学校教学改革项目；开展跨学科实验教学项目研究；开展仪器设备的自主研发和更新改造，开展实验技术方法的创新研究。

第十八条　示范中心应落实以人为本的理念，建立健全规章制度，不断完善管理体制和运行机制；保障仪器设备的功能完好、使用充分、及时更新；强化实验室安全责任意识，确保实验教学人员和国家财产的安全；加强知识产权的规范管理，在示范中心期间完成的教材、著作、论文、软件、数据库等学术性成果均应标注示范中心名称。

第十九条　示范中心应充分开放运行，在满足本单位教学需求的前提下，所有的教学资源均应面向社会开放运行；应设立公众开放日，面向社会开展科学知识传播和服务。

第二十条　示范中心应积极推进信息化与教学的深度融合，建设各类信息化教学资源，建立统一的实验教学中心信息管理平台，持续提高人员信息技术的应用能力；积极探索校企、校所、校校合作开发网络化、虚拟化教学资源。示范中心信息化建设应纳入学校信息化工作统筹管理，保证安全运行。

第二十一条　示范中心应充分发挥示范引领作用，建立校际访问学者和对外培训制度，设立开放课题，积极承担国内高等学校（特别是西部地区高等学校）实验室人才培训和培养任务；积极与国内外科研机构和行业企业联合培养创新人才，开展实践教学基地和资源建设；积极组织和参加国内外学术交流、竞赛、成果展示与培训活动，与国内外各类实验室机构和团队开展稳定的实质性合作。

第五章　考核与调整

第二十二条　示范中心必须编制年度报告，内容应包括示范中心基本数据、示范辐射和改革建设的主要工作与成效等，并在示范中心网站公布。

第二十三条　高等学校以年度报告为基础，每年组织对示范中心的年度考核，并将考核结果与年度报告一并报省级教育行政部门和教育部备案。

第二十四条　省级教育行政部门对示范中心进行定期评估，定期评估周期为5年。定期评估结果分为合格、整改、不合格三类，对评估结果为整改的示范中心要求限期整改。

第二十五条　教育部根据省级教育行政部门定期评估结果，对示范中心进行动态调整。对评估结果为不合格或整改后仍不合格的示范中心不再列入示范中心序列。

第六章　附则

第二十六条　示范中心统一命名为××国家级实验教学示范中心（××大学），英文名称为National Demonstration Center for Experimental (×××) Education (×× University)。如：化学国家级实验教学示范中心（北京大学），National Demonstration Center for Experimental Chemistry Education (Peking University)。

第二十七条　在示范中心运行管理中，凡是属于国家涉密范围的相关情形和内容，均应按照相关保密法规执行。

第二十八条　本办法自公布之日起施行。

教育部办公厅关于进一步加强和规范高校家庭经济困难学生认定工作的通知

（2016年12月30日）

各省、自治区、直辖市教育厅（教委），各计划单列市教育局，新疆生产建设兵团教育局，有关部门（单位）教育司（局），部属各高等学校：

根据国务院督察组第三次大督查反馈意见，结合当前一些地方和高校学生资助工作中存在的问题，为进一步加强和规范高校家庭经济困难学生认定工作，现将有关要求通知如下：

一、进一步提高思想认识

精准认定家庭经济困难学生是做好学生资助工作的重要前提，是决定资助政策落实效果的基础性工作。各地、各高校要充分认识家庭经济困难学生认定工作的重要性，认定家庭经济困难学生应依据其家庭经济状况，不能加入其他非经济因素。要正确认识国家助学金、国家助学贷款等解困型资助项目对家庭经济困难学生“保基本、兜底线”的功能定位，坚决杜绝将“助学金”变成“奖学金”或用“助学金”代替“奖学金”的行为。

二、进一步完善认定办法、改进认定方式

1. 及时修订认定办法，合理确定认定标准。各地要根据本地经济社会发展水平、城市居民最低生活保障标准以及财力状况等因素，确定本地家庭经济困难学生的认定指导标准。各高校要根据各地指导标准，结合学校所在城市物价水平、高校收费水平、学生家庭经济能力等因素，确定家庭经济困难学生的认定标准和资助档次。对多年前制定、现已不适应新形势新情况的认定办法和条款，要尽快予以修订。修订后的办法要在学校门户网站予以公开。学生家庭经济情况证明材料，由乡镇、街道一级的民政部门出具即可。

2. 健全工作机制，强化责任意识。各高校要建立健全四级资助认定工作机制。学校学生资助工作领导小组领导、监督家庭经济困难学生认定工作，学校学生资助管理机构负责组织、审核和管理全校的认定工作，院（系）认定工作组具体负责组织、审核本院（系）的认定工作，年级（专业）认定评议小组负责民主评议工作。各高校要将班级辅导员（班主任）、院（系）资助工作负责人作为认定工作的主要责任主体，理清岗位职责，建立问责机制。

3. 精准分配资金名额，明确重点受助学生。分配资金和名额，不能搞简单的划比例、“一刀切”。各地在分配资金和名额时，要对民族院校、以农林水地矿油核等国家需要的特殊学科专业为主的高校、家庭经济困难学生多的高校予以适当倾斜。高校分配资金和名额，要统筹考虑不同专业、不同年级、学生经济困难程度等因素。要把建档立卡家庭经济困难学生、农村低保家庭学生、农村特困救助供养学生、孤残学生、烈士子女以及家庭遭遇自然灾害或突发事件等特殊情况的学生作为重点资助对象。

4. 开展调查研究工作，保护受助学生尊严。各高校应采用大数据分析、个别访谈等方式，深入、直观地了解学生家庭经济状况，及时发现那些困难但未受助、不困难却受助的学生，及时纠正认定结果存在的偏差。公示家庭经济困难学生受助情况的内容，不能涉及学生个人及家庭的隐私；评定学生家庭经济状况时，不能让学生当众诉苦、互相比困；宣传学生励志典型时，涉及受助学生的任何事项，都应征求学生本人的同意；采用隐性的方式，避免大张旗鼓地发放款式相同、规格统一的资助物品，把困难学生与非困难学生割裂区分开。

三、进一步加强政策宣传和教育引导

1. 提高政策的透明度。要有计划、有重点地做好高校学生资助政策宣传工作。同时，要提高资助政策及执行情况的透明度，主动接受社会监督。要进一步做到“四公开”：所有资助项目要公开，所有申请条件要公开，所有评审过程要公开，所有资助结果要公开。

2. 引导学生积极受助。要通过讲解国家制定资助政策的目的，为保证资金投入所做出的努力等背景情况，让家庭经济困难学生明白，国家资助是实现教育公平、促进社会公平的一种制度安排和重要举措。要帮助家庭经济困难学生树立正确的荣辱观，正确面对眼前存在的困难，引导他们积极主动地利用国家资助完成学业。

3. 加强对学生的诚信教育。要教育引导学生如实反映家庭经济困难情况，既不应隐而不报，更不能夸大虚报。对申请资助时弄虚作假的学生，要以适当方式予以惩戒。

教育部办公厅
2016年12月30日

2016年教育大事记

1月5日 教育部颁布新修订的《幼儿园工作规程》，自2016年3月1日起施行。1996年颁布的《幼儿园工作规程》同时废止。新规程共11章66条，修订的重点是针对幼儿园管理的薄弱环节，完善制度管理，注重可操作性，强调坚持立德树人、强化安全管理、规范办园行为、完善幼儿园内部管理机制等。

1月7日 教育部印发《依法治教实施纲要(2016—2020年)》。纲要提出，到2020年形成系统完备、层次合理、科学规范、运行有效的教育法律制度体系，形成政府依法行政，学校依法办学，教师依法执教，社会依法评价、支持和监督教育发展的教育法治实施机制和监督体系。

1月8日 中共中央、国务院在北京举行国家科学技术奖励大会。党和国家领导人习近平、李克强、刘云山、张高丽出席大会并为获奖代表颁奖。李克强代表党中央、国务院在大会上讲话。2015年度国家科学技术奖共授奖295项成果和7位外籍科技专家。

1月16日 《教育部关于办好开放大学的意见》印发。文件提出，到2020年，中国特色开放大学体系初步建成，现代信息技术应用更加成熟，优质教育资源更加丰富，学习条件更加先进，学习制度更加灵活，办学体系不断完善，基本满足多样化学习需求，为学习型社会提供重要支撑，为人力资源开发提供重要保障。这是2012年6所开放大学设立以来，教育部关于开放大学建设的第一份指导性文件。

2月4日 《国务院关于加强农村留守儿童关爱保护工作的意见》印发。文件提出，要以促进未成年人健康成长为出发点和落脚点，按照坚持家庭尽责、坚持政府主导、坚持全民关爱、坚持标本兼治的原则，完善农村留守儿童关爱服务体系，建立健全农村留守儿童救助保护机制，从源头上逐步减少儿童留守现象，确保农村留守儿童安全、健康、受教育等权益得到有效保障。

2月24日 中共中央办公厅印发《关于在全体党员中开展“学党章党规、学系列讲话，做合格党员”学习教育方案》。开展“两学一做”学习教育，是推动党内教育从“关键少数”向广大党员拓展、从集中性教育向经常性教育延伸的重要举措。

2月27日 中共中央印发《关于深化人才发展体制机制改革的意见》。文件着眼于破除束缚人才发展的思想观念和体制机制障碍，解放和增强人才活力，形成具有国际竞争力的人才制度优势，聚天下英才而用之，明确深化改革的指导思想、基本原则和主要目标，从管理体制、工作机制和组织领导等方面提出了改革措施。8月3日，《教育部科技部关于加强高等学校科技成果转移转化的若干意见》印发，推动制度机制创新，加快高校科技成果转移转化。8月25日，《教育部关于深化高校教师考核评价制度改革的指导意见》印发，破除束缚高校教师发展的体制机制障碍，激发高校教师教书育人、科学研究、创新创业的活力。

3月5—16日 十二届全国人大四次会议在北京举行。李克强代表国务院作政府工作报告。报告提出，要发展更高质量、更加公平的教育。公共教育投入加大向中西部和边远、贫困地区倾斜力度。统一城乡义务教育经费保障机制，改善薄弱学校和寄宿制学校办学条件。支持普惠性幼儿园发展。办好特殊教育。加快健全现代职业教育体系，分类推进中等职业教育免除学杂费。对贫困家庭学生率先免除普通高中学杂费。落实提高乡村教师待遇政策。加快推进远程教育，扩大优质教育资源覆盖面。提升高校教学水平和创新能力，推动具备条件的普通本科高校向应用型转变。继续扩大重点高校面向贫困地区农村招生规模，落实和完善随迁子女在当地就学和升学考试政策。支持和规范民办教育发展。教育要促进学生德智体美全面发展，注重培养各类高素质创新型人才。会议批准了《中华人民共和国国民经济和社会发展第十三个五年规划纲要》，其中第59章提出推进教育现代化，部署了加快基本公共教育均衡发展、推进职业教育产教融合、提升大学创新人才培养能力、加快学习型社会建设、增强教育改革发展活力等五大任务，实施义务教育学校标准化、高中阶段教育普及攻坚计划、普惠性幼儿园建设、产教融合发展、“双一流”建设、发展继续教育、教师队伍建设、教育信息化、教育国际交流合作等九大工程。

3月17日 《教育部关于加强师范生教育实践的意见》印发。文件提出，要将教育实践贯穿教师培养全过程，组织开展规范化的教育实习，全面推行教育实践“双导师制”，建立健全指导教师激励机制，协同建设长期稳定的教育实践基地，切实保障教育实践经费投入，推动各地各校师范生教育实践在内容、形式、师资、基地、经费等方面进行全方位改革。

3月25日 中共中央、国务院转发《中央宣传部、司法部关于在公民中开展法治宣传教育的第七个五年规划（2016—2020年）》。规划提出，“七五”普法的主要任务包括深入学习宣传习近平总书记关于全面依法治国的重要论述，突出学习宣传宪法，深入宣传中国特色社会主义法律体系，深入学习宣传党内法规，推进社会主义法治文化建设，推进多层次多领域依法治理，推进法治教育与道德教育相结合等。6月28日，教育部等三部门印发《青少年法治教育大纲》，要求以培育和践行社会主义核心价值观为主线，以宪法教育为核心，把法治教育融入学校教育的各个阶段。7月21日，教育部印发《全国教育系统开展法治宣传教育的第七个五年规划（2016—2020年）》。9月1日，《教育部等七部门关于加强青少年法治教育实践基地建设的意见》印发。

4月15日 李克强到清华大学、北京大学考察，并召开高等教育改革创新座谈会。他强调，教育是国家发展的基础，高水平教育是国家综合竞争力的重要体现。高等教育要着力围绕服务国家创新发展，促进大众创业、万众创新，培育更多创新型人才。要加快建设一批高水平大学，加快推进高等教育领域“放管服”改革，充分调动广大教学和科研人员的积极性。

4月18日 习近平主持召开中央全面深化改革领导小组第二十三次会议，审议通过了《关于加强民办学校党的建设工作的意见（试行）》《民办学校分类登记实施细则》《营利性民办学校监督管理实施细则》。会议指出，支持和规范民办教育发展，要坚持和加强党对民办学校的领导，设立民办学校要做到党的建设同步谋划、党的组织同步设置、党的工作同步开展，确保民办学校始终坚持社会主义办学方向。要建立营利性和非营利性民办学校分类登记、分类管理制度，提高教育质量。12月29日，中共中央办公厅印发《关于加强民办学校党的建设工作的意见（试行）》。12月30日，《民办学校分类登记实施细则》《营利性民办学校监督管理实施细则》发布。

4月21日 《国务院办公厅关于强化学校体育促进学生身心健康全面发展的意见》印发。文件提出，到2020年，学校体育办学条件总体达到国家标准，体育课时和锻炼时间切实保证，教学、训练与竞赛体系基本完备，体育教学质量明显提高；学生体育锻炼习惯基本养成，运动技能和体质健康水平明显提升，规则意识、合作精神和意志品质显著增强；政府主导、部门协作、社会参与的学校体育推进机制进一步完善，基本形成体系健全、制度完善、充满活力、注重实效的中国特色学校体育发展格局。

4月26日 习近平在安徽合肥主持召开知识分子、劳动模范、青年代表座谈会并发表重要讲话。他强调，全面建成小康社会，进而实现中华民族伟大复兴的中国梦，必须依靠知识，必须依靠劳动，必须依靠广大青年。广大知识分子、广大劳动群众、广大青年要紧跟时代、肩负使命、锐意进取，把自身的前途命运同国家和民族的前途命运紧紧联系在一起，努力为共同理想和目标而团结奋斗。知识分子工作是党的一项十分重要的工作。知识分子有思想、有主见、有责任，愿意对一些问题发表自己的见解。各级党委和政府要切实尊重知识、尊重人才，充分信任知识分子，加快形成有利于知识分子干事创业的体制机制，放手让广大知识分子把才华和能量充分释放出来。

5月11日 《国务院办公厅关于加快中西部教育发展的指导意见》发布。文件提出了实现县域内义务教育均衡发展、大力发展职业教育等7个方面的重点任务和150项具体项目和工程，强调集中力量从最困难的地区、最困难的学校做起，逐步抬高底部，确保到2020年中西部所有地区的教育发展达到与全面建成小康社会相一致的水平。

同日 教育部等七部门联合印发《职业学校教师企业实践规定》，正式确立职业学校教师定期到企业实践制度，实现教师企业实践的规范化、常态化、长效化。10月28日，《教育部　财政部关于实施职业院校教师素质提高计划（2017—2020年）的意见》印发，提出要重点实施职业院校教师示范培训、中高职教师素质协同提升、校企双方人员交流合作等三大类项目。

5月17日 习近平在北京主持召开哲学社会科学工作座谈会并发表重要讲话。他强调，坚持和发展中国特色社会主义，必须高度重视哲学社会科学，结合中国特色社会主义伟大实践，加快构建中国特色哲学社会科学。坚持以马克思主义为指导，是当代中国哲学社会科学区别于其他哲学社会科学的根本标志，必须旗帜鲜明加以坚持。我国哲学社会科学要有所作为，必须坚持以人民为中心的研究导向。要按照立足中国、借鉴国外，挖掘历史、把握当代，关怀人类、面向未来的思路，着力构建中国特色哲学社会科学，在指导思想、学科体系、学术体系、话语体系等方面充分体现中国特色、中国风格、中国气派。

5月19日 中共中央、国务院发布《国家创新驱动发展战略纲要》。纲要提出，要加快中国特色现代大学制度建设，深入推进管、办、评分离，扩大学校办学自主权，完善学校内部治理结构。引导大学加强基础研究和追求学术卓越，组建跨学科、综合交叉的科研团队，形成一批优势学科集群和高水平科技创新基地，建立创新能力评估基础上的绩效拨款制度，系统提升人才培养、学科建设、科技研发三位一体创新水平。增强原始创新能力和服务经济社会发展能力，推动一批高水平大学和学科进入世界一流行列或前列。6月13日，《教育部关于中央部门所属高校深化教育教学改革的指导意见》印发，提出在“十三五”期间实施中央高校教育教学改革专项，在统筹推进世界一流大学和一流学科建设进程中，建设一流本科教育。

5月20日 国务院召开全国普通高校毕业生就业创业工作电视电话会议。李克强作出重要批示：高校毕业生是国家的宝贵财富。近年来，各地区、各部门、各高校主动作为，千方百计促就业扶创业，高校毕业生就业一直保持较高水平，成绩来之不易。今年经济下行压力仍然较大，高校毕业生人数再创历史新高，各级政府一定要把促进毕业生就业创业作为当前十分重要而紧迫的任务，措施想得更实，工作抓得更紧。要进一步实施大学生就业创业促进计划，加强就业市场供需衔接和精准帮扶，多方拓宽就业渠道；进一步深入推进简政放权和商事制度改革，为广大毕业生投身创业创新清障减负，以创业带动就业；进一步加快发展新经济，不断催生新技术、新产业、新业态、新模式，创造更多适合高素质年轻群体的就业岗位。各方面同心协力，确保今年高校毕业生就业水平不降低，为完成全年经济社会发展目标任务作出新贡献。

5月30日至6月3日 全国科技创新大会、中国科学院第十八次院士大会和中国工程院第十三次院士大会、中国科学技术协会第九次全国代表大会在北京举行。习近平出席大会并发表重要讲话，强调必须坚持走中国特色自主创新道路，加快各领域科技创新，掌握全球科技竞争先机，建设世界科技强国。7月，中共中央办公厅、国务院办公厅印发《关于进一步完善中央财政科研项目资金管理等政策的若干意见》，强调进一步简政放权、放管结合、优化服务，从经费比重、开支范围、科目设置等方面提出了一系列“松绑+激励”的措施，激发科研人员创新创造活力。

6月1日 李克强主持召开国务院常务会议，部署加强困境儿童保障工作。6月13日，《国务院关于加强困境儿童保障工作的意见》印发，提出在教育保障方面，要建立随班就读保障体系，为家庭困难的残疾儿童提供包括高中阶段在内的12年免费教育，确保困境儿童不失学。

6月2日　在马来西亚吉隆坡召开的国际工程联盟会议上，《华盛顿协议》组织全票通过中国由预备成员转为正式成员。这标志着我国工程教育质量标准实现了国际实质等效，工程教育质量认证体系得到国际认可。

6月7日　教育部印发《教育信息化“十三五”规划》。规划提出，到2020年，基本建成“人人皆学、处处能学、时时可学”、与国家教育现代化发展目标相适应的教育信息化体系；基本实现教育信息化对学生全面发展的促进作用、对深化教育领域综合改革的支撑作用和对教育创新发展、均衡发展、优质发展的提升作用；基本形成具有国际先进水平、信息技术与教育融合创新发展的中国特色教育信息化发展路子。

6月12日　中央组织部、中央宣传部、教育部和中共河北省委联合主办的李保国同志先进事迹报告会在人民大会堂举行。习近平作出重要批示：李保国同志35年如一日，坚持全心全意为人民服务的宗旨，长期奋战在扶贫攻坚和科技创新第一线，把毕生精力投入到山区生态建设和科技富民事业之中，用自己的模范行动彰显了共产党员的优秀品格，事迹感人至深。李保国同志堪称新时期共产党人的楷模、知识分子的优秀代表、太行山上的新愚公。广大党员、干部和教育、科技工作者要学习李保国同志心系群众、扎实苦干、奋发作为、无私奉献的高尚精神，自觉为人民服务、为人民造福，努力做出无愧于时代的业绩。

6月16日　教育部颁布《高等学校预防与处理学术不端行为办法》。该办法依据新修订的《中华人民共和国高等教育法》，对预防与处理学术不端行为的工作机制、工作原则、预防措施，学术不端行为的类型，以及学术不端案件的受理、调查、认定、处理、救济与监督等内容作出全面规定。

6月28日　《教育部等九部门关于进一步推进社区教育发展的意见》印发。文件提出，到2020年，基本形成具有中国特色的社区教育发展模式，实现全国开展社区教育的县（市、区）全覆盖。

6月29日　中央组织部、中共教育部党组联合印发《关于加强中小学校党的建设工作的意见》。文件指出，要按照与教育管理体制相适应、管党建管业务相结合的原则，健全完善中小学校党建工作管理体制。要全面提升中小学校党组织建设水平，加大党组织组建力度，推进党组织和党的工作全覆盖。

7月2日　《国务院关于统筹推进县域内城乡义务教育一体化改革发展的若干意见》印发。文件提出，到2020年，县域内城乡义务教育一体化改革发展的主要目标，一是加快推进县域内城乡义务教育学校建设标准统一、教师编制标准统一、生均公用经费基准定额统一、基本装备配置标准统一，“两免一补”政策城乡全覆盖；二是逐步解决“乡村弱、城镇挤”的难题，城乡学校布局更加合理，大班额基本消除，学校标准化建设取得显著进展，城乡师资配置基本均衡，乡村教师待遇稳步提高，岗位吸引力大幅增强，乡村教育质量明显提升；三是九年义务教育巩固率达到95%，县域义务教育均衡发展和城乡基本公共教育服务均等化基本实现。文件明确了10项改革举措和保障性措施。

同日　十二届全国人大常委会第二十一次会议决定，任命陈宝生为教育部部长。

7月13日　教育部印发《推进共建“一带一路”教育行动》，倡议“一带一路”沿线各国携手行动起来，构建教育共同体。至2016年年底，教育部与甘肃、宁夏、福建、广西、海南、贵州、云南、新疆等第一批8个省（自治区）签署了“一带一路”教育行动备忘录，引领这些省（自治区）发挥区位优势和地方特色，对接沿线各国意愿，在教育互联互通、人才培养培训、丝路合作机制共建等方面开展全方位合作。

同日　《教育部关于新形势下进一步做好普通中小学装备工作的意见》印发，提出要重点抓好四项主要任务：做好装备工作，加快形成规范完整的国家装备标准体系；提升管理水平，确保采购达标合规；推动全面应用，推行实验室、专用教室全天向学生开放；增强创新能力，鼓励社会力量参与装备事业发展。这是进入21世纪以来第一个推进中